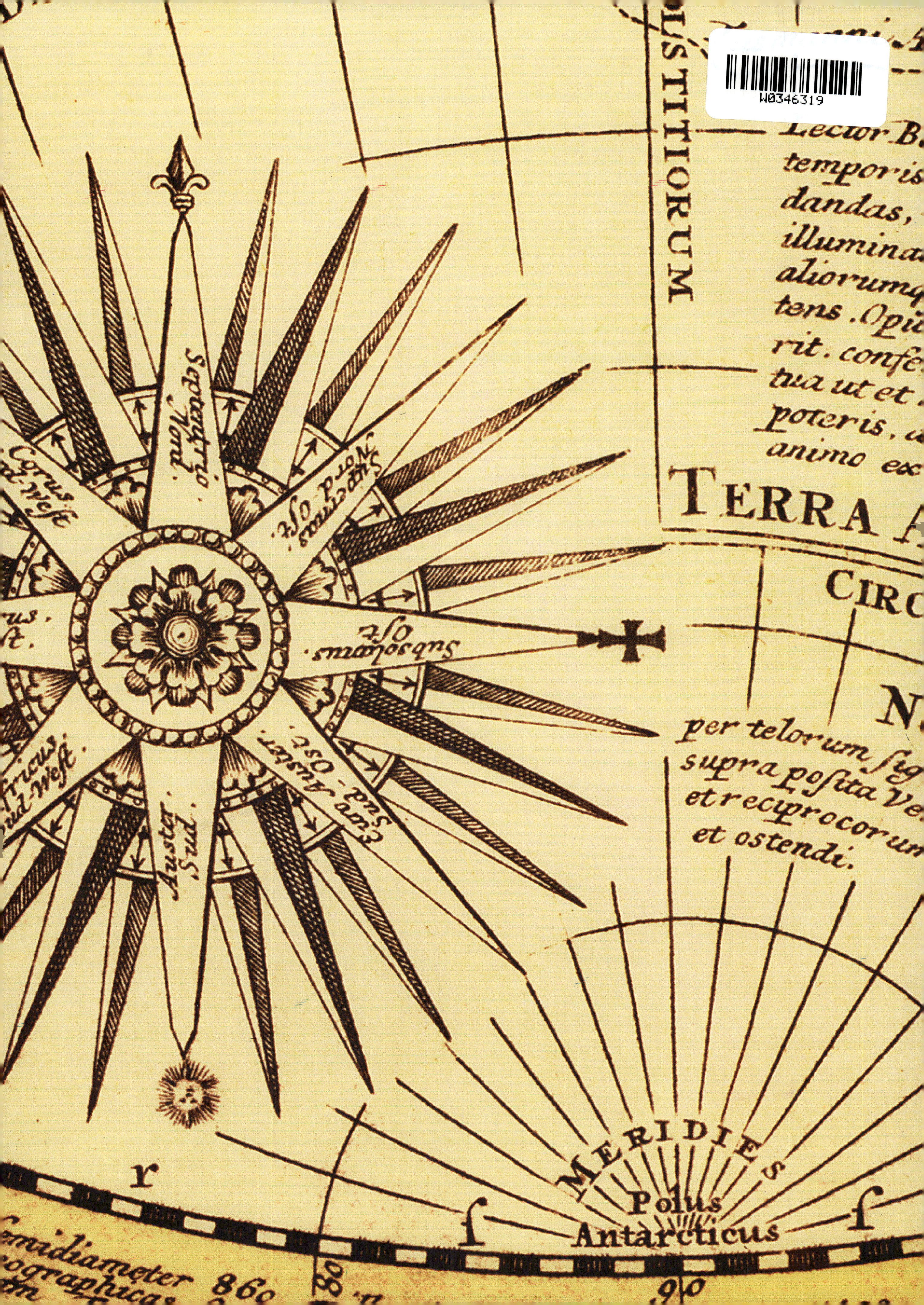

LSTITIORUM
Lector B.
temporis
dandas,
illumina
aliorumq
tens. Opi
rit. confe
tua ut et
poteris,
animo ex
TERRA A
CIRC
N
per telorum fig
supra posita Ve
et reciprocorum
et ostendi.
Septentrio Nord.
Supernas Nord-Ost.
Subsolanus Ost.
Euro Auster Sud-Ost.
Auster Sud.
Corus
Africus
MERIDIES
Polus
Antarcticus

DUMONT
ATLAS DER WELTGESCHICHTE

DUMONT

Das Eüsserste Mitternachtische Theil Americæ Welches noch zur Zeit Unbekandt.
AMERICA Von Christophoro Columbo In Nahmen des Königs In Castilien Erstlich Erfunde im Jahr 1492, Und von Americo Vesputio den Nahmen emp fangen A°. 1499.
Mitternachtische AMERICA
Circulus Arcticus
Anian Regnum
Quiuira Regnum
Sierra Nievada
Totuna gay
Chilaga
NOVA FRANCIA
FLORIDA
Sinus Mexicanus
Tropicus Cancri
Ladronen Insul
MAR DEL
Circulus Æquinoctialis
Insulæ Salomonis
Noua Guinea
ZUR
Tropicus Capricorni
Das Stille Meer
Fretum Magalanicum
Terra del Fuego
Fretum le Maire
MAGALLAN
Terra Australis Incognita
NORT SEE
Spaniola
Guiana
BRASILIA
Mittagische AMERICA
AMERICA SEPTENTRIONALIS
EUROPA
Circulus Arcticus

DUMONT
ATLAS DER WELTGESCHICHTE

HERAUSGEBER
JEREMY BLACK

DUMONT

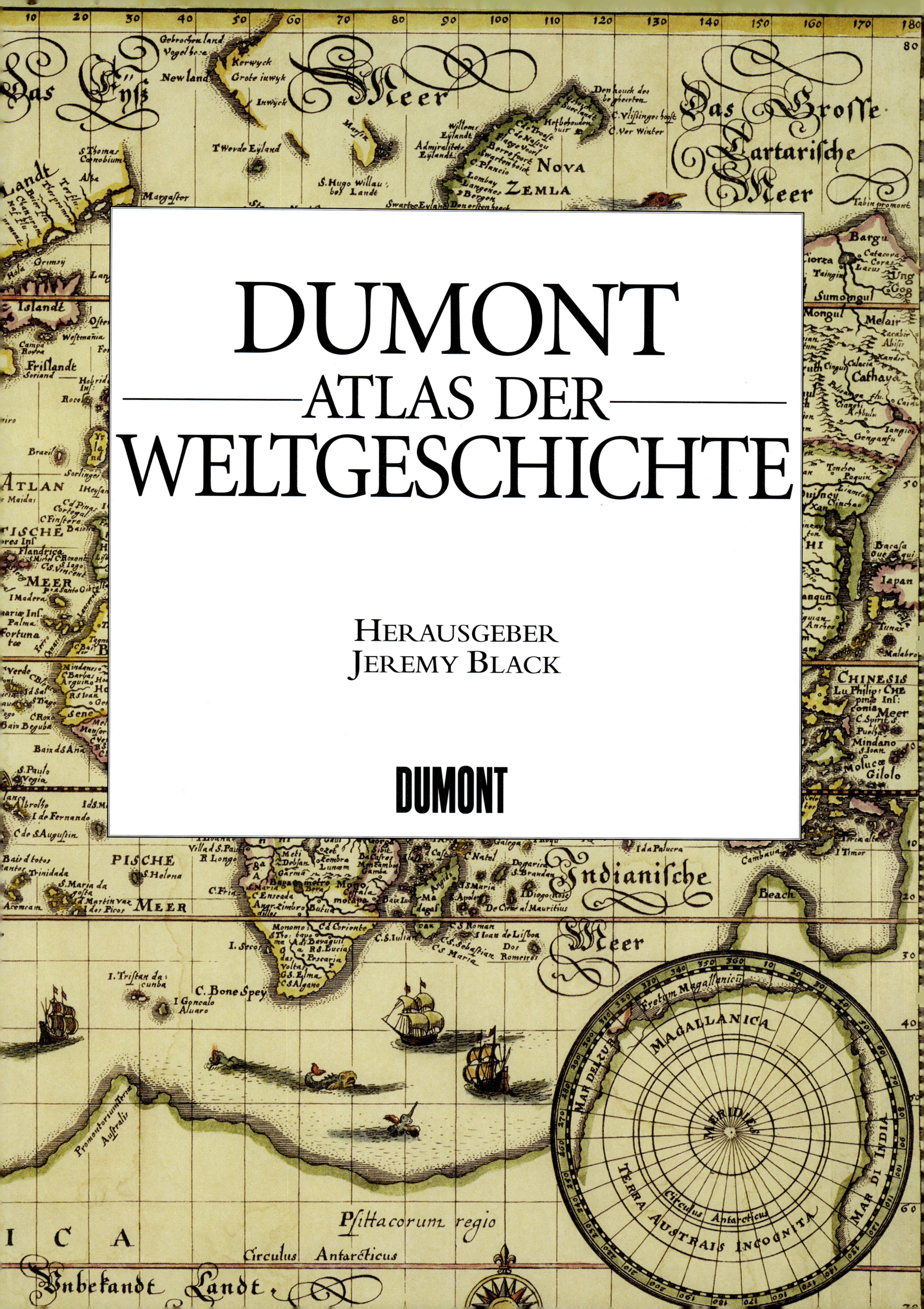

EIN DORLING KINDERSLEY BUCH
www.dk.com

WISSENSCHAFTLICHE BERATUNG

Herausgeber Professor Jeremy Black, Department of History, University of Exeter, UK

Epochen der Weltgeschichte
Professor Jerry Bentley, Dep. of History, University of Hawaii, USA
Professor James Chambers, Dep. of History, Texas Christian University, USA
Dr. John France, Dep. of History, University of Swansea, UK
Dr. Guy Halsall, Dep. of History, Birkbeck College, London, UK
Dr. Chris Scarre, Dep. of Archaeology, Cambridge University, UK
H. P. Wilmott, Royal Military Academy, Sandhurst, UK

Geschichtsraum Nordamerika
Professor Donald S. Frazier, Dep. of History, McMurray University, Texas, USA
Professor Ross Hassig, Dep. of Anthropology, Oklahoma State University, USA
Dr. Kendrick Oliver, Dep. of History, University of Southampton, UK
Professor George Raudzens, Dep. of History, Macquarie University, Sydney, Australien
Dr. Brian Ward, Dep. of History, University of Florida, USA

Geschichtsraum Südamerika
Dr. Edwin F. Early, Dep. of Economics, University of Plymouth, UK
Dr. Anthony McFarlane, Dep. of History, University of Warwick, UK
Dr. Nicholas James, Cambridge, UK
Professor Neil Whitehead, Dep. of Anthropology, University of Wisconsin, USA

Geschichtsraum Afrika
Professor John Thornton, Dep. of History, Millersville University, USA

Geschichtsraum Europa
Professor Richard Britnell, Dep. of History, University of Durham, UK
Dr. Michael Broers, School of History, University of Leeds, UK

Geschichtsraum Europa (Fortsetz.)
Professor Brian Davies, Dep. of History, University of Texas, San Antonio USA
Professor Michael Jones, Dep. of History, University of Nottingham, UK
Dr. Don McRaild, Dep. of History, University of Sunderland
Dr. Susan Rose, Dep. of History, Roehampton Institute, London, UK
Professor Peter Waldron, Dep. of History, University of Sunderland, UK
Dr. Peter Wilson, Dep. of History, University of Sunderland, UK
Professor Spencer Tucker, Dep.t of History, Virginia Military Institute, USA
Professor Edward M. Yates, Dep. of Geography, King's College, London, UK

Geschichtsraum Westasien
Dr. Ahron Bregman, Webster University, Regent's College, London, UK
Professor Ian Netton, School of Arabic Studies, University of Leeds, UK
Sajjid Rizvi, Dep. of Oriental Studies, Cambridge University, UK

Geschichtsraum Süd- und Südostasien
Professor Joseph E. Schwartzberg, Dep. of Geography, University of Minnesota, USA
Dr. Sunil Kumar, Dep. of Medieval History, University of New Delhi, Indien

Geschichtsraum Nord- und Ostasien
Professor Gina Barnes, Dep. of East Asian Studies, University of Durham, UK

Geschichtsraum Australasien und Ozeanien
Dr. Steven Roger Fischer, Inst. of Polynesian Languages and Literatures, Auckland, Neuseeland

Die Verleger danken zudem folgenden Personen für zusätzliche Beiträge und Beratung: Professor Richard Overy, Professor Geoffrey Parker, Gordon Marsden, Professor Kenneth Kiple, Paul Keeler

DAS TEAM VON DORLING KINDERSLEY

Chefredakteur Andrew Heritage

Leitende Redaktion Lisa Thomas, Ferdie McDonald
Redakteure Margaret Hynes, Elizabeth Wyse, Ailsa Heritage, Caroline Chapman, Debra Clapson, Wim Jenkins
Redaktionsassistenz Louise Keane, Adele Rackley
Leitender Art-Director Philip Lord
Layout-Entwurf Nicola Liddiard
Layout-Umsetzung Rhonda Fisher, Carol Ann Davis, Karen Gregory

Leitung Kartografie David Roberts
Kartografische Redaktion Roger Bullen
Kartografie-Design John Plumer
Digitale Kartenerstellung Rob Stokes
Projekt-Kartografie Pamela Alford, James Anderson, Dale Buckton, Tony Chambers, Jan Clark, Tom Coulson, Martin Darlison, Jeremy Hepworth, Chris Jackson, Julia Lunn, John Plumer, Alka Ranger, Ann Stephenson, Julie Turner, Peter Winfield
Externe Kartografie Advanced Illustration Ltd., Arcadia Ltd., Lovell Johns Ltd.

Historische Kartografie András Bereznay
Bild-Recherche Deborah Pownall, Louise Thomas
Index Julia Lynch, Janet Smy, Jo Russ, Sophie Park, Ruth Duxbury, Zoë Ellinson
Datenbank-Verwaltung Simon Lewis
System-Manager Philip Rowles
Produktion David Proffit

Erstveröffentlichung 1999 durch Dorling Kindersley Limited, 9 Henrietta Street, London, WC2E 8PS

Deutsche Ausgabe

Amsterdamer Str.192, 50735 Köln, http://www.dumontverlag.de

Redaktion und Satz: Hans E. Latzke Redaktionsbüro, Bielefeld, für DuMont Buchverlag, Köln, unter Mitarbeit von Lars Dörenmeyer, Anja Grebe, Norbert Grust, Martin Klaus

Übersetzung: Beatrice Janzon, Au (Epochengeschichte S. 80–99, Afrika, Australasien & Ozeanien),
Britta Rath, Wilstedt (Nord- & Ostasien),
Rosemarie Reiners, Aachen (Epochengeschichte S. 40–79, 100–113, Südamerika),
Werner Posselt, Großpösna (Epochengeschichte S. 12–39, Nordamerika, Europa S. 204–215),
Bernd Weiß, Hamburg (Europa bis S. 203, Westasien, Süd- & Südostasien)

Die Deutsche Bibliothek – CIP Einheitsaufnahme
DuMont Atlas der Weltgeschichte/
[übers. aus dem Engl. von Beatrice Janzon ...].
- Köln : DuMont, 2000
Einheitssacht.: Atlas of World History <dt.>
ISBN 3-7701-5095-3

Reproduktion: Colourscan, Singapore, The Printed Word, London, Kilographics, London
Druck und buchbinderische Verarbeitung durch Mondadori, Verona, Italien

ISBN 3-7701-5095-3

Bildlegenden: *S. 1* Andreas Cellarius, Rektor der Lateinschule von Hoorn in Nordholland, erstellte diese Karte der östlichen Hemisphäre (also der ›Alten Welt‹) im Jahr 1708 für seinen ›Himmlischen Atlas‹ *(Atlas Coelestis; seu Harmonia Macrocosmica)*. Die Karte illustriert die Jahreszeiten und die verschiedenen Klimazonen von Pol zu Pol. *S. 2–3* Allgemeine Weltkarte, gestochen 1646 von Matthäus Merian, einem Schweizer Kupferstecher. Die Darstellung basiert auf Weltkarten mit der ebenso einflussreichen wie falschen Mercator-Projektion, die die holländische Familie Blaeu herausgab. *S. 5* Darstellung eines holländischen Kartografen, wahrscheinlich Rogerius Bullenius, aus dem Jahr1598 .

EINFÜHRUNG

WIR SEHEN UNS SELBST im Spiegel der Zeit. In ihm können wir erkennen, wie wir unsere Welt geschaffen haben und woher wir kommen. Der Atlas der Weltgeschichte stellt einen solchen Spiegel dar. Am Beginn eines neuen Jahrtausends soll er uns einen Blick auf die Vergangenheit ermöglichen, was gleichzeitig bedeutet, unseren Weg in die Gegenwart aufzuzeigen.

Bei der Produktion sah sich ein Team internationaler Experten der Aufgabe gegenüber, einen Atlas zu erstellen, der die Geschichte aller Regionen der Welt behandelt. Dabei waren wir im Gegensatz zu vielen anderen Werken darauf bedacht, einen eurozentrischen Ansatz der Geschichtsbetrachtung zu vermeiden. Der Atlas gibt daher im ersten Teil einen globalen Überblick der Weltgeschichte, der zweite Teil ist detaillierten Ausführungen zur Geschichte der einzelnen Kontinente und Regionen gewidmet.

Das ist aber nicht die einzige Besonderheit. Gewiss stehen in diesem Geschichtsatlas die Karten an erster Stelle. Jedoch stellt er keineswegs nur eine Kartensammlung dar, sondern folgt einer integrierten kartografischen Betrachtungsweise der Geschichte. Die Karten wurden mit den modernsten technischen Mitteln angefertigt – entsprechend dem hohen, innovativen Niveau von Dorling Kindersley auf dem Sektor der Kartografie. Eine ganze Reihe historischer Karten stellt außerdem das Weltbild der Vergangenheit dem Wissen der Gegenwart gegenüber. Zudem sollen diese Karten, seien sie europäischer, seien sie außereuropäischer Herkunft, uns daran erinnern, dass es stets verschiedene Beschreibungs- und Darstellungsmöglichkeiten der Welt gab und geben wird.

Der Aufbau des Atlas erlaubt dem Leser, sich der Weltgeschichte aus verschiedenen Blickwinkeln zu nähern: global, thematisch, regional und chronologisch. So entsteht ein umfassendes Bild unserer Vergangenheit.

Jede der thematisch strukturierten Doppelseiten gibt das Porträt einer fremden und oft auch vergessenen Welt wieder. Eine Reihe von ›Werkzeugen‹ soll uns helfen, verlorene und vergessene Epochen wieder zu entdecken: Angaben zur Verbreitung von Kulturstätten und Kulturen, zu politischen Grenzen und Strukturen, zu kulturellen Einflüssen oder politischer Herrschaft, Pfeile für die Wanderungsbewegungen der Völker und die Verbreitung von neuen Technologien oder Ideen. Zusätzlich bietet jede Seite erläuternde Texte, eine Chronologie der Ereignisse und ausgewählte Abbildungen. Sie vermittelt so einen umfassenden Eindruck der jeweiligen Periode oder Epoche. Der Atlas begnügt sich jedoch nicht damit, Daten der Weltgeschichte abzubilden – Daten sind für den Historiker nur eine Hilfskonstruktion, sozusagen Hinweisschilder auf der Reise in die Vergangenheit. Dieser Atlas der Weltgeschichte will vielmehr die Geografie und die ständigen Wandlungsprozesse in der Geschichte miteinander verbinden.

Diese Prozesse zeigen sich von vielen Seiten: politisch und ökonomisch, demographisch und sozial, kulturell und ökologisch. Der Atlas versucht dieser Vielfalt gerecht zu werden. Allerdings sind die Möglichkeiten der kartografischen Darstellung von historischen Entwicklungen begrenzt. Sie hängen von Qualität und Natur der Quellen und den bisherigen Forschungsergebnissen ab. Dennoch gelingt es hier, die konventionellen Grenzen der geografisch-geschichtlichen Betrachtungsweise zu verschieben. Die Karten zeigen bekannte Episoden der Weltgeschichte ebenso wie solche, die bisher nie auf diese Weise präsentiert wurden.

Die Darstellung geschichtlicher Ereignisse in Karten verlangt dynamische Werkzeuge. Die in diesem Atlas verwandten digitalen Herstellungstechniken lassen erstaunliche Perspektiven und Projektionen zu. Die Erde kann von jedem gewünschten Blickwinkel aus betrachtet werden; historische Ereignisse können daher auf völlig neuartige Weise visuell dargestellt und erklärt werden. Schließlich ist die strenge Ausrichtung der Karten nach Norden nur eine relativ junge – europäische – Erfindung.

Bei der Produktion dieses Atlas haben wir versucht, Geografie und Geschichte miteinander zu verknüpfen. Er ist ein modernes Werk, das seiner Zeit entspricht. Sicher kein Atlas für die Ewigkeit, aber das Beste, was man zu Beginn eines neuen Jahrtausends erwarten kann.

Jeremy Black, Juni 1999

INHALT

5 **Einführung**

6 **Inhalt**

10–113 ERSTER TEIL: EPOCHEN DER WELTGESCHICHTE

12 **Die ersten Menschen bis vor 30 000 Jahren**
Karte 1: Frühe Hominiden
Karte 2: Funde früher Menschenarten

14 **Bis zum Beginn des Holozäns**
Karte: Ausbreitung des Menschen

16 **Die Besiedlung der Erde bis 10 000 v.G.**
Karte 1: Produktionsweisen vor 10 000 Jahren
Karte 2: Paläolithische Kunst
Karte 3: Höhlenmalerei in Europa
Karte 4: Venus-Figurinen in Europa
Karte 5: Australische Felsbilder

18 **Die Welt 10 000–5000 v.Chr.**
Karte: Die Welt um 5000 v.Chr.

20 **Die Neolithische Revolution 8000–4000 v.Chr.**
Karte 1: Die Entwicklung der Töpferei
Karte 2: Ausbreitung des Ackerbaus

22 **Die Welt 5000–2500 v.Chr.**
Karte: Die Welt um 2500 v.Chr.

24 **Erste Städte und früher Handel 5000–2500 v.Chr.**
Karte 1: Ur
Karte 2: Frühe Städte und Handelsrouten 3500–2000 v.Chr.
Karte 3: Nachweise für Tauschhandel

26 **Die Welt 2500–1250 v.Chr.**
Karte: Die Welt um 1250 v.Chr.

28 **Urbane Zivilisationen 3500–1250 v.Chr.**
Karte 1: Urbane Kulturen
Karte 2: Nippur
Karte 3: Hattušaš
Karte 4: Zhengzhou
Karte 5: El-Amarna

30 **Die Welt 1250–750 v.Chr.**
Karte: Die Welt um 750 v.Chr.

32 **Schrift, Zahlen, Kalendarien**
Karte 1: Evolution und Verbreitung der Schriftsysteme
Karte 2: Evolution und Form der Zahlensysteme
Karte 3: Entwicklung und Verbreitung kalendarischer Systeme

34 **Die Welt 750–500 v.Chr.**
Karte: Die Welt im Jahr 500 v.Chr.

36 **Ursprünge organisierter Religion 1500–500 v.Chr.**
Karte 1: Die Herausbildung organisierter Religion
Karte 2: Frühe Religionen in Südasien
Karte 3: Mediterrane Religionen
Karte 4: Daoismus und Konfuzianismus

38 **Die Welt 500–250 v.Chr.**
Karte: Die Welt im Jahr 250 v.Chr.

40 **Das Alexander-Reich 336–200 v.Chr.**
Karte 1: Das Reich von Alexander dem Großen
Karte 2: Hellenistische Welt 240 v.Chr.
Kulturaustausch zwischen Griechen und dem Orient

42 **Die Welt 250 v.Chr.–1 v.Chr.**
Karte: Die Welt im Jahr 1 v.Chr.

44 **Handel im klassischen Altertum 150 v.Chr.–400 n.Chr.**
Karte 1: Handel der Alten Welt um 1 n.Chr.
Karte 2: Rekonstruktion der Karte des klassischen Eurasien von Ptolemaeus

46 **Die Welt 1–250 n.Chr.**
Karte: Die Welt im Jahr 250 n.Chr.

48 **Ausbreitung der Weltreligionen 1–800 n.Chr.**
Karte 1: Ausbreitung von Mithraismus, Judaismus und Christentum bis 600
Karte 2: Ausbreitung des Hinduismus
Karte 3: Ausbreitung des Buddhismus bis 400
Karte 4: Religionen der Alten Welt nach 400

50 **Die Welt 250–500**
Karte: Die Welt im Jahr 500

52 **Die Invasion der Barbaren ca. 350–500**
Karte 1: Die Völkerwanderungen 300–500
Karte 2: Europa 526

54 **Die Welt 500–750**
Karte: Die Welt im Jahr 750

56 **Die Expansion des Islam 622–1200**
Karte 1: Ausbreitung des Islam bis 800
Karte 2: Die islamische Welt ca. 800–1200
Karte 3: Samarra

58 **Die Welt 750–1000**
Karte: Die Welt im Jahr 1000

60 **Frühe Entdeckungsfahrten ca. 200 v.Chr.–1000 n.Chr.**
Karte 1: Welt der Wikinger um 1000
Karte 2: Polynesische Wanderung
Karte 3: Der Indische Ozean um 1000

62 **Die Welt 1000–1200**
Karte: Die Welt im Jahr 1200

64 **Das Zeitalter der Kreuzzüge 1095–1300**
Karte 1: Islam und Christentum um 1090
Karte 2: Die Kreuzzüge 1096–1270
Karte 3: Die Kreuzritterstaaten im Hl. Land 1099–1229

66 **Die Welt 1200–1300**
Karte: Die Welt im Jahr 1300

68 **Der Mongolensturm 1200–1350**
Karte 1: Die Feldzüge der Mongolen 1206–94
Karte 2: Eurasien und Afrika 1300
Mongolische Kriegsführung

70 **Die Welt 1300–1400**
Karte: Die Welt im Jahr 1400

72 **Biologische Veränderungen 700–1500**
Karte 1: Ausbreitung der Pest
Karte 2: Die Weltbevölkerung um 1400
Karte 3: Ausbreitung von Anbauprodukten bis 1500

74 **Die Welt 1400–1500**
Karte: Die Welt im Jahr 1500

76 **Wissen über die Welt**
Karte 1: Globale Ökonomien und Technologien 1500
Karte 2–7: Regionales Wissen über die Welt um 1500
Karten 8–10: Die Entstehung der heutigen Weltkarte

78 **Die Welt 1500–1600**
Karte: Die Welt im Jahr 1600

80 **Europäische Expansion 1492–1600**
Karte 1: Entdeckungsfahrten von Europäern 1492–1597
Karte 2: Biologischer Wandel
Karte 3: Das Spanische Reich 1600
Osten und Westen treffen aufeinander

82 **Die Welt 1600–1700**
Karte: Die Welt im Jahr 1700

84 **Menschenhandel 1400–1865**
Karte 1: Globaler Sklavenhandel 1400–1860
Karte 2: Piraterie in der Karibik im 16. und 17. Jahrhundert

86 **Die Welt 1700–1800**
Karte: Die Welt im Jahr 1800

88 **Zeitalter der Revolutionen 1750–1868**
Karte 1: Europäische Mächte und erste globale Kriege
Karte 2: Revolutionen 1768–1868
Karte 3: Revolution auf Haiti

90 **Die Welt 1800–1850**
Karte: Die Welt im Jahr 1850

92 **Der Beginn der Weltwirtschaft 1848–1914**
Karte 1: Technologischer Fortschritt und Welthandel 1870–1910
Karte 2: Entdeckung bedeutender Bodenschätze
Karte 3: Goldrausch an Yukon und Klondike
Karte 4: Baumwollstädte in Lancashire und Yorkshire
Karte 5: Baumwollpolitik

94 **Die Welt 1850–1900**
Karte: Die Welt im Jahr 1900

96 **Das Zeitalter des Imperialismus 1879–1920**
Karte 1: Imperialismus in Afrika 1880–1920
Karte 2: Der Kampf um Südafrika 1854–1914
Karte 3: Imperialismus in Südostasien
Karte 4: Antikoloniale Bewegungen 1880–1920

98 **Die Welt 1900–1925**
Karte: Die Welt im Jahr 1925

100 **Globale Migration 1800–1920**
Karte 1: Globale Migration 1860–1920
Karte 2: Die jüdische Emigration 1880–1914
Karte 3: Migration von Kontraktarbeitern

102 **Die Welt 1925–1950**
Karte: Die Welt im Jahr 1950

104 **Der Zweite Weltkrieg 1939–45**
Map 1: Zweiter Weltkrieg, Sept. 1939–Dez. 1941
Map 2: Zweiter Weltkrieg, Dez. 1941–Juli 1943
Map 3: Zweiter Weltkrieg, Juli 1943–Aug. 1945
Map 4: Der globale Krieg
Mobilmachung und Verluste an Menschenleben

106 **Die Welt 1950–1975**
Karte: Die Welt im Jahr 1975

108 **Der Kalte Krieg 1945–1989**
Karte 1: Bündnisse im Kalten Krieg
Karte 2: Die Cuba-Krise 1961–62
Karte 3: Der Kalte Krieg in Europa
Karte 4: Der Korea-Krieg 1950–53
Karte 5: Der Bürgerkrieg in Angola ab 1975
Der Rüstungswettlauf

110 **Die Welt seit 1975**
Karte: Die Welt im Jahr 2000

112 Aktuelle Tendenzen
Karte 1: Die panafrikanische Nation
Karte 2: Staaten und Separatismus in Europa
Karte 3: Die panislamische Welt
Karte 4: Das organisierte Verbrechen

114–287 ZWEITER TEIL: EINZELNE GESCHICHTSRÄUME

116 NORDAMERIKA
Karte: Nordamerika vor 18 000 Jahren

118 Nordamerika: Erkundung & Kartierung
Karte 1: Die ersten europäischen Erkundungen in Nordamerika
Karte 2: Expeditionen in das Innere Nordamerikas 1600–1775
Karte 3: Erkundung und Vermessung der USA und Kanadas im 19.Jh.

120 Frühe Völker in Nordamerika bis 400 n.Chr.
Karte 1: Subsistenz- und Landwirtschaft im frühen Nordamerika
Karte 2: Frühe Zivilisationen in Mittelamerika
Karte 3: Das Kernland der Olmekens
Karte 4: Die Mound-Kulturen im östlichen Nordamerika 700 v.Chr.–400 n.Chr.

122 Städte und Reiche 1-1500 n.Chr.
Karte 1: Hochkulturen in Mexiko
Karte 2: Die Kultur der Maya
Karte 3: Völker im hohen Norden bis 1500
Karte 4: Kulturen im Südwesten 600–1500
Karte 5: Mississippi-Kulturen im östlichen Nordamerika

124 Rivalisierende Reiche 1200–1600
Karte 1: Expansion des Azteken-Reichs im nachklassischen Mittelamerika
Karte 2: Herrschaft der Azteken
Karte 3: Tenochtitlan und Satellitenstädte
Karte 4: Erforschung und Kolonisierung der Neuen Welt durch Spanien 1492–1600
Karte 5: Cortés' Invasion und Eroberung Mexikos 1519–21

126 Kolonisierung und Unabhängigkeit 1600–1783
Karte 1: Die Kolonisierung Nordamerikas bis 1750
Karte 2: Der britisch-französische Konflikt 1754–60
Karte 3: Der Amerikanische Unabhängigkeitskrieg

128 Die Errichtung neuer Staaten 1783–1890
Karte 1: Expansion der USA 1783–1896
Karte 2: Nordamerika 1783–1905: Staatsbildung und Expansion nach Westen

130 Der Sezessionskrieg 1861–1865
Karte 1: 1820: Der Missouri-Kompromiss
Karte 2: 1850: Ein neuer Kompromiss
Karte 3: 1854: Der Kansas-Nebraska Act
Karte 4: 1857: Die Dred-Scott-Entscheidung
Karte 5: Nord gegen Süd: Die Situation in den Vereinigten Staaten 1861
Karte 6: Bürgerkrieg bis zum Fall von Vicksburg April 1861–Juli 1863
Karte 7: Bürgerkrieg von Juli 1863 bis April 1865

132 Nordamerika 1865–1920
Karte 1: Industrialisierung, Urbanisierung und Einwanderung in die USA und Kanada 1860–1920
Karte 2: Wohnviertel der Einwanderer in Manhattan um 1920
Karte 3: Die Revolution in Mexiko 1910–17
Karte 4: US-Expansion und Imperialismus 1860–1920
Karte 5: US-Intervention in Cuba

134 Erfolg und Rückschlag 1914–1941
Karte 1: Industrie in den USA 1925
Karte 2: Die Folgen der Großen Depression 1933–34
Karte 3: Bevölkerungsentwicklung 1914–41
Karte 4: Filmstudios in Hollywood 1919
Karte 5: Präsidentschaftswahlen (5 Karten)
Karte 6: Rassismus 1914–41

136 Gesellschaft im Umbruch 1941–1998
Karte 1: Familieneinkommen nach Region 1949
Karte 2: Nordamerika nach dem Krieg
Karte 3: Hightech-Industrie im Silicon Valley 1980
Karte 4: Chicago 1850-1969
Karte 5: Ethnische Verteilung in South Central Los Angeles 1960–90 (4 Karten)
Karte 6: Protestbewegungen und Unruhen in den 60er Jahren

138 USA als Supermacht 1941–1998
Karte 1: Strategische Bündnisse 1948–89
Karte 2: Auslandsinvestitionen der USA
Karte 3: Zusammenbruch des Baumwollanbaus (2 Karten)
Karte 4: Präsidentschaftswahlen 1948, 1968, 1996 (3 Karten)
Karte 5: Intervention der USA in Mittelamerika und in der Karibik

140 SÜDAMERIKA
Karte: Südamerika vor 18 000 Jahren

142 Südamerika: Erkundung & Kartierung
Karte 1: Erste Erkundung Südamerikas durch Europäer
Karte 2: Südamerika 1750
Karte 3: Wissenschaftler

144 Die frühen Kulturen Südamerikas 12 000 v.Chr.–600 n.Chr.
Karte 1: Besiedlung und Landwirtschaft im frühen Südamerika
Karte 2: Frühe Besiedlung des Amazonas-Gebiets und des Ostens
Karte 3: Chavín-Kultur
Karte 4: Peru ca. 600 v.Chr.–600 n.Chr.

146 Frühe Großreiche in Südamerika 250–1500
Karte 1: Die Reiche an der Anden-Küste
Karte 2: Südamerika ca. 1500
Karte 3: Das Inka-Reich 1525
Landwirtschaft in den Anden

148 Die Kolonialzeit 1500–1800
Karte 1: Pizarros Eroberung des Inka-Reichs
Karte 2: Das spanische Kolonialreich
Karte 3: Das portugiesische Kolonialreich
Karte 4: Brasilien und Guayana ca. 1640
Die Suche nach El Dorado

150 Unabhängigkeit von Europa 1800–1930
Karte 1: Die Unabhängigkeit Südamerikas 1810–30
Karte 2: Die Auflösung der Gran Colombia
Karte 3: Politik und Wirtschaft in Südamerika 1830–1930
Karte 4: Der Salpeterkrieg 1879–83

152 Das moderne Südamerika seit 1930
Karte 1: Politischer Wandel in Südamerika
Karte 2: Die umstrittene Chaco-Region 1887–1938
Karte 3: Industrie und Rohstoffe im modernen Südamerika
Karte 4: Entwicklung und Abholzung in Amazonia
Karte 5: Drogenhandel

154 AFRIKA
Karte: Afrika vor 18 000 Jahren

156 Afrika: Erkundung & Kartierung
Karte 1: Arabische Darstellung des Niger-Beckens
Karte 2: Portugiesische Darstellung des Niger-Beckens
Karte 3: Expeditionen im 14. und 15. Jh.
Karte 4: Expeditionen im 19. Jh.
Karte 5: Nil-Erkundung

158 Die frühe Geschichte Afrikas 15 000–500 v.Chr.
Karte 1: Entwicklung von Ackerbau und Viehzucht bis 500 v.Chr.
Karte 2: Vordynastisches Ägypten bis 3000 v.Chr.
Karte 3: Das Alte Reich in Ägypten ca. 2650–2134 v.Chr.
Karte 4: Das Mittlere Reich ca.2040–1640 v.Chr.
Karte 5: Das Neue Reich ca.1550–1070 v.Chr.

160 Bildung komplexer Gesellschaften 500 v.Chr.–500 n.Chr.
Karte 1: Entwicklung komplexer Gesellschaften in Afrika
Karte 2: Römisches Nordafrika
Karte 3: Nordostafrika 100–600 (3 Karten)

162 Islamisierung und frühe Reiche 500–1600
Karte 1: Afrikahandel und Islamisierung 500–1500
Karte 2: Reiche und Produktionsformen ca.1350
Karte 3: Die Ruinen von Groß-Zimbabwe
Karten 4–7: Reiche im westlichen Sudangürtel ca.1068–1530

164 Afrika in der frühen Neuzeit 1500–1800
Karte 1: Süd- und Ostafrika ca.1700
Karte 2: Staaten in West- und Zentralafrika 1625
Karte 3: Äthiopien 1500–1700
Karte 4: Sklavenhandel in Afrika ca.1750

166 Die Kolonisierung von Afrika 1800–1910
Karte 1: Handel und Politik in Afrika ca.1830
Karte 2: Buren, Zulu und die Mfecane-Kriege
Karte 3: Islamisierung in Westafrika
Karte 4: Erschließung Afrikas durch die europäischen Mächte

168 Postkoloniales Afrika seit 1955
Karte 1: Dekolonisation Afrikas
Karte 2: Industrie in Afrika 1999
Karte 3: Staatsverschuldung 1999
Karte 4: Konflikte und Krisen der unabhängigen Staaten
Karte 5: Bürgerkrieg in Ruanda

170 EUROPA
Karte: Europa vor 18 000 Jahren

172 Europa: Erkundung & Kartierung
Karte 1: Auf der Suche nach denGrenzen Europas
Karte 2: Die Erschließung Islands durch die Wikinger
Karten im mittelalterlichen Europa
Die Anfänge der modernen Kartografie

174 Prähistorisches Europa 7000–1000 v.Chr.
Karte 1: Die Anfänge des Ackerbaus 7000–5000 v.Chr.
Karte 2: Europa in der Kupferzeit 4500–2500 v.Chr.
Karte 3: Europa in der Bronzezeit 2300–1500 v.Chr.
Karte 4: Die Mykenische Kultur ca.1550–1150 v.Chr.

176 Die mediterranen Stadtstaaten 700–300 v.Chr.
Karte 1: Kulturen der mediterranen Welt 700–300 v.Chr.
Karte 2: Athen und sein Einflussbereich im 5. Jh. v.Chr.
Karte 3: Der Peloponnesische Krieg 431–404 v.Chr.
Karte 4: Die Stadt Athen im Altertum

178 Der Aufstieg Roms 500–100 v.Chr.
Karte 1: Die Italische Halbinsel 240 v.Chr.
Karte 2: Italische Kulturen um 500 v.Chr.
Karte 3: Erster und Zweiter Punischer Krieg, 264–201 v.Chr.
Karte 4: Griechen um 200 v.Chr.
Karte 5: Römische Eroberungen bis 120 v.Chr.

180 Das Römische Reich 1–400 n.Chr.
Karte 1: Das Römische Kaiserreich unter Hadrian ca. 120 n.Chr.
Karte 2: Rom in der Kaiserzeit um 300
Karte 3: Handelswege nach Rom
Karte 4: Das Römische Reich 240–395

182 Europa im frühen Mittelalter 400–775
Karte 1: Europa nach dem Fall von Rom um 500
Karte 2: Neue Königreiche um 600
Karte 3: Britannien um 750
Karte 4: Kampf um Italien 565–750
Karte 5: Das merowingische Königreich der Franken 486–537
Karte 6: Die Teilung des Frankenreichs 561

184 Das Heilige Römische Reich 750–1000
Karte 1: Europa im Arabersturm um 750
Karte 2: Das Reich Karls des Großen
Karte 3: Europa 800–1000

186 Europa zur Zeit der Kreuzzüge 1100–1300
Karte 1: Kreuzzüge und christliche Expansion in Europa 1100–1300
Karte 2: Eroberung Englands durch die Normannen 1066–1095
Karte 3: Das Erwachen Europas im 12. Jh.
Karte 4: Das Reich Heinrichs II. von England 1180
Karte 5: Der östliche Mittelmeerraum um 1214

188 Europa in der Krise 1150–1400
Karte 1: Das Reich Friedrichs II.
Karte 2: Die Britischen Inseln 1200–1400
Karte 3: Baltikum und Mitteleuropa 1100–1400
Karte 4: Mittel- und Südosteuropa 1200–1400

190 Handel und Finanzen im Mittelalter
Karte 1: Handel um 1300
Karte 2: Stadtplan Paris (um 1400)
Karte 3: Stadtplan Venedig (im 14. Jh.)
Geld und Bankwesen

192 Die Geburt der modernen Staaten 1400–1500
Karte 1: Der Hundertjährige Krieg bis 1400
Karte 2: Der Hundertjährige Krieg nach 1400
Karte 3: Die Reconquista in Spanien
Karte 4: Mitteleuropa 1400–1500
Karte 5: Die Schweizer Eidgenossenschaft bis 1815

194 Zeitalter der Reformation 1500–1600
Karte 1: Der Kampf um die Vorherrschaft in Europa 1493–1551
Karte 2: Religionszugehörigkeit 1590
Karte 3: Kampf um die Herrschaft im Ostseeraum im 16. Jh.
Karte 4: Die osmanische Grenze im 16. Jh.
Karte 5: Aufstand der Niederlande 1568–1609

196 Zeitalter des Absolutismus 1600–1700
Karte 1: Der Westfälische Frieden 1648
Karte 2: Die europäischen Staaten zwischen Konsolidierung und inneren Revolten
Karte 3: Schweden als Großmacht 1560–1721
Karte 4: Die osmanische Grenze 1683–1739
Karte 5: Frankreich bis 1715

198 Zeitalter der Aufklärung 1700–1800
Karte 1: Urbanisierung und Wirtschaft um 1750
Karte 2: Die Teilungen Polens 1722–95
Karte 3: Brandenburg-Preußen 1648–1795
Karte 4: Die Französische Revolution 1789–95
Die Aufklärung

200 Europa zur Zeit Napoleons 1796–1815
Karte 1: Napoleons Feldzüge 1794–1815
Karte 2: Napoleons Kaiserreich bis 1812
Karte 3: Die Allianzen gegen Frankreich 1792–1815

202 Erwachen des Nationalismus 1814–1913
Karte 1: Europa nach dem Wiener Kongress 1815–52
Karte 2: Die Einigung Deutschlands
Karte 3: Italien 1815–70
Karte 4: Niedergang des Osmanischen Reichs

204 Die Industrielle Revolution 1750–1920
Karte 1: Die industrielle Revolution in Großbritannien 1770–1870
Karte 2: Erweiterung von Manchester 1840–1900
Karte 3: Cholera in Newcastle 1854
Karte 4: Die Industrialisierung in Europa 1914
Urbanisierung und Gesundheitswesen

206 Der Erste Weltkrieg 1914–1918
Karte 1: Europäische Bündnissysteme 1879–1918
Karte 2: Die Westfront 1914–16
Karte 3: Die Westfront 1916–18
Karte 4: Die Ostfront
Karte 5: Die italienische Front 1915–1918
Karte 6: Der Krieg in Südosteuropa und auf dem Balkan
Kriegsopfer

208 Europa zwischen den Kriegen 1917–1939
Karte 1: Europa nach dem Ersten Weltkrieg
Karte 2: Russische Revolution, Bürgerkrieg und Gründung der Sowjetunion 1917–24
Karte 3: Die Weltwirtschaftskrise in Europa und das Erstarken des politischen Extremismus
Karte 4: Der Spanische Bürgerkrieg 1936–39
Karte 5: Expansion in Mitteleuropa 1936–39

210 Der Zweite Weltkrieg in Europa 1939–1945
Karte 1: Der Krieg in Europa 1939–42
Karte 2: Das Großdeutsche Reich 1942
Karte 3: Die Organisation der Vernichtung
Karte 4: Die Gegenoffensiven der Alliierten 1942–45

212 Das geteilte Europa 1945–1960
Karte 1: Deutschland und Österreich besetzt
Karte 2: Das geteilte Berlin
Karte 3: Umsiedlungen in Ost- und Mitteleuropa
Karte 4: Sowjetische Expansion 1949–59
Karte 5: Marshall-Hilfe und Militärbündnisse in Europa 1948–55

214 Das moderne Europa nach 1957
Karte 1: Entstehung der Europäischen Union
Karte 2: Ende des Kommunismus in Osteuropa
Karte 3: Konflikte in Jugoslawien 1990–99
Karte 4: Das Ende der Sowjetunion

216 **WESTASIEN**
Karte: Westasien vor 18 000 Jahren

218 Westasien: Erkundung & Kartierung
Karte 1: Expeditionen von Griechen und Römern
Karte 2: Die Reisen des Ibn Battuta
Karte 3: Reisende in Mittelalter und Renaissance
Karte 4: Europäische Reisende in Arabien 1500–1950

220 Die Zeit der frühen Reiche 10000–1000 v.Chr.
Karte 1: Früher Ackerbau in Südwestasien 8000–5000 v.Chr.
Karte 2: Die ersten Städte ca. 4300–2300 v.Chr.
Karte 3: Stadtplan von Uruk
Karte 4: Die ersten Reiche ca. 2300–1750 v.Chr.
Karte 5: Südwestasien 1650–1200 v.Chr.

222 Die Zeit der Großreiche 1000–500 v.Chr.
Karte 1: Palästina zur Zeit von David 1006–966 v.Chr.
Karte 2: Assyrisches und Babylonisches Reich 950–539 v.Chr.
Karte 3: Frühe Schriftformen
Karte 4: Das Achämeniden-Reich ca. 550–331 v.Chr.
Das Gilgamesch-Epos

224 Griechen und Römer in Westasien 323 v.Chr.–642 n.Chr.
Karte 1: Diadochen-Reiche nach 301 v.Chr.
Karte 2: Kriege zwischen Parthien und Rom 53 v.Chr.–217 n.Chr.
Karte 3: Handel im Roten Meer im 1. Jh. n.Chr.
Karte 4: Palästina im 1. Jh. n.Chr.
Karte 5: Die jüdische Welt um 150
Karte 6: Das Sassaniden-Reich 224–642

226 Der Siegeszug des Islam 600–1000
Karte 1: Religionen in Westasien um 600
Karte 2: Die Hedjra 622
Karte 3: Die Ausbreitung des Islam bis 720
Karte 4: Das Abbasiden-Kalifat 850
Karte 5: Das Zentrum Baghdads um 800
Karte 6: Die Zersplitterung des Kalifats 900–1030
Der Koran

228 Türken und Mongolen 1000–1405
Karte 1: Die Seldschuken und das Byzantinische Reich ab 1025
Karte 2: Saladin und das Sultanat der Ayyubiden 1169–1193
Karte 3: Aufstieg der Mamluken und das Il-Khanat 1250–1300
Karte 4: Die Eroberungszüge Timurs

230 Das Osmanische Reich 1300–1650
Karte 1: Aufstieg des Osmanischen Reichs von 1300 bis 1481
Karte 2: Handel im Indischen Ozean im 15. und 16. Jh.
Karte 3: Die Osmanen auf dem Zenit der Macht 1512–1639
Karte 4: Persien unter den Safawiden 1501–1736

232 Niedergang der Osmanen 1800–1950
Karte 1: Das Osmanische Reich 1800–1913
Karte 2: Der Erste Weltkrieg in Südwestasien

Karte 3: Südwestasien nach dem Ersten Weltkrieg
Karte 4: Die Gründung von Saudi-Arabien (2 Karten)

234 **Westasien heute**
Karte 1: Ölförderung
Karte 2: Krieg um Palästina 1947–82
Karte 3: Migration 1947–96
Karte 4: Islam in der modernen Welt
Karte 5: Konflikte am Golf

236 **SÜD- UND SÜDOSTASIEN**
Karte: Süd- und Südostasien vor 18 000 Jahren

238 **Süd- und Südostasien: Erkundung & Kartierung**
Karte 1: Reisende und Forscher in Süd- und Südostasien
Karte 2: Die Forschungsreisen von Alfred Wallace in Südostasien
Tradition der Kosmografie
Karten aus der Zeit vor der Ankunft der Europäer
Die Kartierung Indiens

240 **Frühe Kulturen in Südasien 5000 v.Chr.–650 n.Chr.**
Karte 1: Die Zitadelle in Mohenjo-Daro
Karte 2: Harappa-Kultur vom späten 4. bis zum frühen 2. Jahrtausend v.Chr.
Karte 3: Bronzezeit in Südostasien nach 1500 v.Chr.
Karte 4: Nanda-Dynastie und Maurya-Reich 365–181 v.Chr.
Karte 5: Teilnehmer am Mahabharata-Krieg und Bündnisse
Karte 6: Indische Einflüsse in Südostasien bis 650 n.Chr.

242 **Die Religionen im südlichen Asien ca. 900 v.Chr.–1980 n.Chr.**
Karte 1: Indien in den frühen Veden
Karte 2: Indien in den Purana
Karte 3: Anfänge von Buddhismus und Jainismus
Karte 4: Religiöser Wandel vom 8. bis 12. Jh.
Karte 5: Ausbreitung des Buddhismus vom 5. bis 12. Jh.
Karte 6: Ausbreitung des Islam in Südostasien

244 **Staaten und Reiche 300–1525**
Karte 1: Gupta-Reich und zeitgenössische Mächte 300–550
Karte 2: Mittelalterliche Staaten in Südasien
Karte 3: Das Sultanat von Delhi
Karte 4: Vijayanagara, Bahmani-Königreich und Nachfolgestaaten
Karte 5: Südostasien 650–1250
Karte 6: Südostasien 1250–1550

246 **Moguln, Marathen, Europäer 1526–1800**
Karte 1: Das Mogul-Reich 1526–1707
Karte 2: Expansion der Marathen 1708–1800
Karte 3: Europäischer Handel mit Südasien vom 16. bis 18. Jh.
Karte 4: Europäer in Südostasien 1550–1800

248 **Das Zeitalter des Kolonialismus 1757–1914**
Karte 1: Süd- und Südostasien 1765
Karte 2: Britische Indien-Territorien 1757–1914
Karte 3: Der Sepoy-Aufstand
Karte 4: Wirtschaft in Indien und Ceylon 1857

250 **Zenit und Ende der Kolonialzeit 1879–1989**
Karte 1: Der indische Unabhängigkeitskampf 1879–1947
Karte 2: Teilung und Wiedervereinigung Bengalens 1905–12 (zwei Karten)
Karte 3: Die Folgen des Zweiten Weltkriegs
Karte 4: Dekolonisation in Süd- und Südostasien
Karte 5: Kriege in Indochina

252 **Das moderne Süd- und Südostasien seit 1947**
Karte 1: Politische Formierung des heutigen Südasiens 1947–99
Karte 2: Der Konflikt um Kashmir
Karte 3: Gründung Bangladeshs
Karte 4: Unabhängigkeitsbewegungen und regionale Zusammenarbeit
Karte 5: Urbanisierung in Süd- und Südostasien 1993

254 **NORD- UND OSTASIEN**
Karte: Nord- und Ostasien vor 18 000 Jahren

256 **Nord- und Ostasien: Erkundung & Kartierung**
Karte 1: Reisen in Zentralasien 140 v.Chr.–1295 n.Chr.
Karte 2: Europäische Erforschung Nord- und Ostasiens
Karte 3: Erforschung der Gebirge 1873–1929

258 **Erste Zivilisationen in Ostasien bis 200 v.Chr.**
Karte 1: Die neolithische Revolution 6000–2000 v.Chr.
Karte 2: Neolithisches China
Karte 3: Shang-China
Karte 4: Zhou-China
Karte 5: Qin-China

260 **Die Han und die Völkerwanderung 221 v.Chr.–600 n.Chr.**
Karte 1: Han-Reich 140 v.Chr.–220 n.Chr.
Karte 2: Die Drei Reiche um 250 n.Chr.
Karte 3: Die Periode der Sechzehn Reiche um 400
Karte 4: Die Toba-Wei 440–500 n.Chr.
Karte 5: China um 560
Karte 6: Die Steppenreiche Zentralasiens

262 **Von den Tang zu den Yuan 618–1300**
Karte 1: Tang-China und seine Nachbarn 750
Karte 2: Chang'an
Karte 3: Die Fünf Dynastien 881–979
Karte 4: Song-China 960–1127
Karte 5: Die Südlichen Song 1127–1234
Karte 6: Bevölkerungsdichte
Karte 7: Die Mongolen- (Yuan-) Periode ca. 1300

264 **Erste Reiche in Japan und Korea 300 v.Chr.–1333 n.Chr.**
Karte 1: Staaten in Korea und Japan 100 v.Chr.–650 n.Chr.
Karte 2: Die ersten Reiche um 300–900 n.Chr.
Karte 3: Japan in der Nara-Zeit
Karte 4: Aufstieg der Taira und der Bushi
Karte 5: Die Ära der Shogune

266 **Ming-China und Edo-Japan 1368–1600**
Karte 1: China unter den Ming um 1600
Karte 2: Aufstände in der Ming-Zeit
Karte 3: Das China der Ming-Zeit und die Außenwelt
Karte 4: Wiedervereinigung Japans
Karte 5: Japan in der Edo-Zeit

268 **Die Zeit des Qing-Reichs 1644–1914**
Karte 1: Qing-China 1644–1911
Karte 2: Aufstände gegen die Qing
Karte 3: Russische Expansion in Asien 1600–1914
Karte 4: Imperialismus in Ostasien 1840–1910

270 **Die Modernisierung Ostasiens 1860–1936**
Karte 1: Modernisierung Japans 1868–1918
Karte 2: Die japanische Expansion 1868–1936
Karte 3: Chinesisch-Japanischer Krieg 1894–95
Karte 4: Russisch-Japanischer Krieg 1904–05
Karte 5: Die Revolution in China 1911
Karte 6: Der chinesische Bürgerkrieg 1920–26 (3 Karten)
Karte 7: Das nationalistische China
Karte 8: Die Rote Fahne über Asien 1917–30

272 **Der Krieg im Pazifik 1937–1945**
Karte 1: Die japanische Offensive 1941–42
Karte 2: Die alliierte Gegenoffensive 1942–45
Karte 3: Die Bombardierung Japans 1945

274 **Kommunismus und Kapitalismus 1925–2000**
Karte 1: Der chinesische Revolutionskrieg
Karte 2: Wirtschaftliche Entwicklung Chinas ab 1950
Karte 3: Chinesische Expansion seit 1949
Karte 4: Die ›Tigerstaaten‹ des Pacific Rim ab 1960
Karte 5: Islam und ethnische Konflikte

276 **AUSTRALASIEN UND OZEANIEN**
Karte: Australasien und Ozeanien vor 18 000 Jahren

278 **Australasien und Ozeanien: Erkundung & Kartierung**
Karte 1: Ozeanien: Entdeckungsreisen von Europäern
Karte 2: Expeditionen in Australien und Neuguinea 1798–1928
Karte 3: Europäer und Amerikaner im Pazifik 1800–50
Stabkarten von den Marshall-Inseln

280 **Vorgeschichte Ozeaniens 60 000 v.Chr.–1000 n.Chr.**
Karte 1: Besiedlung von Australien, Tasmania und Neuguinea
Karte 2: Das prähistorische Neuguinea
Karte 3: Wanderung von Austronesiern und Polynesiern
Karte 4: Rapa Nui (Osterinsel)
Die ›Traumzeit‹ der Aborigines

282 **Kolonisation Australiens seit 1788**
Karte 1: Britische Kolonisierung in Australien
Karte 2: Goldfelder in Australien 1850–90
Karte 3: Der Australische Bund von 1901
Karte 4: Neuseeland 1800–40
Karte 5: Kolonisation Neuseelands 1830–75
First Fleet und Botany Bay

284 **Kolonisation der Pazifikregion seit 1780**
Karte 1: Besitzungen im Pazifik
Karte 2: Nutzung und Ausbeutung der Natur
Karte 3: Politische Gliederung Ozeaniens
Missionare in der Südsee

286 **Arktis und Antarktis: Erkundung & Kartierung**
Karte 1: Die Suche nach neuen Seerouten nach Asien: Nordpolarforscher 1550–1820
Karte 2: Erkundung der arktischen Küste und der Wettlauf zum Nordpol
Karte 3: Antarktis-Expeditionen

288 **Legenden zu den Karten**

289 **Sach- und Personenregister**

319 **Karten-Index**

350 **Bibliographie**

352 **Nachweise**

CAVRVS·CHORVS·VEL·IAPIX·SIVE·ARGESTES
CIRCIVS VEL·TRESIAS
SEPTENTR
FAVONIVS·ZEPHIRVS
Mare glaciale
EVROPA
DATIA
Pontus euxinus
LIBIA INTERIOR
AFFRICA
Circulus equinoctialis
ARABIA FELIX
ETHIOPIA·INTERIOR
Terra incognita secundum ptholomeum
Sinus·Barbaricus
AFRICVS·VEL·LIBS
LIBONOTVS·EVROAVSTER

ERSTER TEIL

EPOCHEN DER WELT-GESCHICHTE

IN ZEITEN DER GLOBALEN VERNETZUNG am Anfang des 3. Jahrtausends verstehen die Menschen ihre Welt wohl erstmalig als Einheit und nicht mehr nur als die Summe der Einzelteile. Der erste Teil dieses Atlas zur Weltgeschichte präsentiert die historischen Abläufe aus einem globalen Blickwinkel in einer Serie chronologischer Darstellungen der Welt in 20 Jahrtausenden. Die Karten zeigen die Veränderungen der verschiedenen Kulturen und ihrer Umwelt von der Frühgeschichte bis zur Gegenwart, wobei jeweils für jeden Kontinent eine Darstellung der wichtigsten Entwicklungen und Ereignisse gegeben wird. Thematische Doppelseiten erläutern die großen technologischen Entwicklungen jeder Epoche, die – ob politisch, ökonomisch, religiös oder demografisch – von fundamentaler globaler Bedeutung waren.

Der griechische Astronom Ptolemaeus schrieb im 2. Jh. sein berühmtes Werk *›Anleitung zur Kartenzeichnung der Erde‹ (Geographias Hyphigisis),* dessen Thesen bis ins 16. Jh. Gültigkeit behielten. Dieser Holzschnitt einer Karte des ptolemaeischen Weltbilds – mit Afrika, Europa und Asien – wurde 1486 veröffentlicht.

DIE ERSTEN MENSCHEN

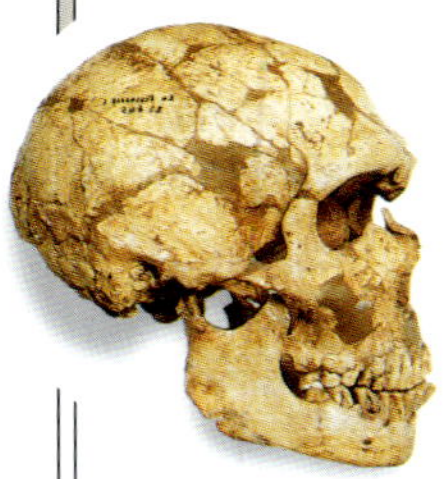

Neandertaler-Schädel von der Fundstätte bei La Ferrassie, Südwestfrankreich.

DIE AUSTRALOPITHECINEN (›Südaffen‹), die vor ca. 4 Mio. Jahren in Afrika auftraten, besaßen noch zahlreiche affenartige Merkmale. Der aufrechte Gang aber unterschied sie von allen Lebewesen jener Zeit. Der früheste Vertreter, *Australopithecus afarensis,* dessen Existenz durch die ›Lucy‹ getauften Skelettfunde in Äthiopien belegt ist, gilt als Vorläufer der ersten Spezies *Homo* (Mensch), der vor etwa 2,5 Mio. Jahren auftrat. Mit seinem vergrößerten Gehirnvolumen entwickelte *Homo habilis* die Fähigkeit zum Gebrauch von Werkzeugen und Feuer. Dies waren entscheidende Voraussetzungen für eine weitere kognitive und soziale Entwicklung, die die Vorfahren des Menschen in die Lage versetzte, zahlreiche neue Nahrungsquellen zu erschließen und bis dahin unzugängliche Regionen zu besiedeln. Der rezente (moderne) Mensch, *Homo sapiens sapiens,* der sich durch die Herstellung komplexer Werkzeuge, Geschicklichkeit und Erfindungsreichtum auszeichnete, überlebte die Widrigkeiten der letzten Eiszeit und breitete sich bis in die entlegensten Winkel der Erde aus.

Frühe Hominiden

Der *Australopithecus* entwickelte sich vor etwa 4 Mio. Jahren im östlichen und südlichen Afrika und starb vor 1,7 Mio. Jahren aus. Die Vertreter dieser Gattung waren von kleinem Wuchs und affenähnlichem Körperbau. Sie beherrschten bereits den aufrechten Gang, was Funde 4 Mio. Jahre alter, fossilierter Fußabdrücke aus Laetolil in Tanzania belegen. Die vier Hauptgattungen der Australopithecinen unterscheiden sich in der Gestalt ihres Schädels und des Gebisses voneinander. Die ältesten fossilen Funde der Gattung Homo, *Homo habilis,* datieren hingegen 2,5 Mio. Jahre zurück.

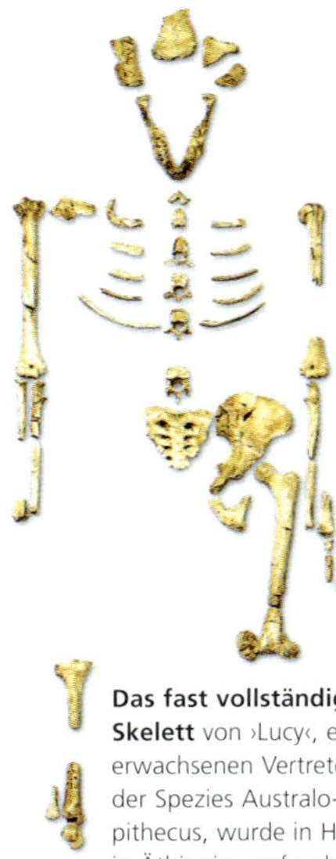

Das fast vollständige Skelett von ›Lucy‹, einer erwachsenen Vertreterin der Spezies Australopithecus, wurde in Hadar in Äthiopien gefunden und ist ca. 3,4 Mio. Jahre alt.

1 Frühe Hominiden

Funde des Australopithecus

- afarensis
- africanus
- boisei
- robustus

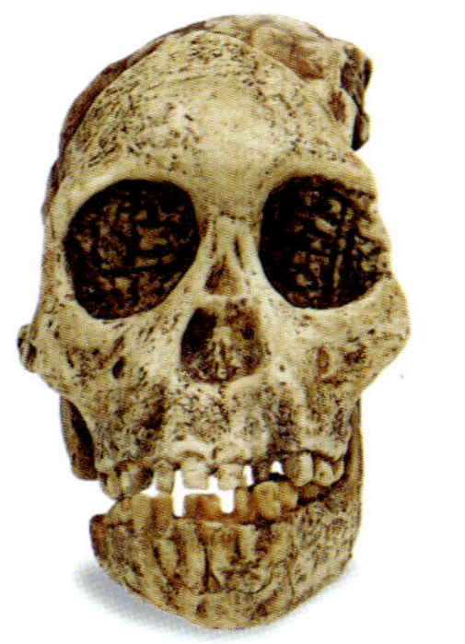

Der Schädel des ›Kindes von Taung‹ ist ca. 2,5 Mio. Jahre alt. Er wurde 1924 entdeckt und veränderte die bestehenden Theorien über die Entwicklung des Menschen grundlegend.

Die Entwicklung der Hominiden

Die Evolution der Hominiden ist umstritten. Der älteste Vertreter der Australopithecinen (*A. afarensis,* ca. 4 Mio Jahre alt) ist möglicherweise auch als Vorfahre der ältesten Art der Gattung *Homo* zu betrachten, die vor ca. 2,5 Mio Jahren auftrat. Es ist aber auch möglich, dass Homo eine eigenständige Entwicklung genommen hat.

Der Neandertaler

In den rauen Klimaten Eurasiens entwickelte sich vor etwa 200 000 Jahren der Neandertaler-Mensch, der einen Nebenzweig des *Homo sapiens* darstellt (*Homo sapiens neanderthalensis*). Er besaß einen schweren Körperbau, vorspringendes Mittelgesicht, breite Nasenrücken und kräftige Brauenwülste und war sehr gut an ein Dasein als eiszeitlicher Großwildjäger angepasst. Die Gehirnmasse übertraf aufgrund der proteinreichen Ernährung sogar die des modernen Menschen. Nach neuen Funden lebten die Neandertaler etwa 15 000 Jahre in Konkurrenz mit dem rezenten Menschen, wurden aber von diesem in einer Zwischenwarmzeit verdrängt. In Spanien verlöschen letzte Spuren im Zeithorizont mit einem Alter von ca. 27 000 Jahren.

Dieses Skelett eines Neandertalers aus Kebana, Israel, ist ca. 60 000 Jahre alt. Die Entdeckung von Grabstätten, häufig mit Beigaben für eine Existenz des Verstorbenen nach dem Tod, war Anlass für eine Neubewertung der Neandertaler, denen man ein transzendierendes Reflexionsvermögen zuvor nicht zugeschrieben hatte.

Prähistorische Werkzeuge

Mit der Benutzung von Faustkeilen aus Stein wurde vor etwa 1,3 Mio. Jahren die erste wichtige Stufe in der Entwicklungsgeschichte früher Werkzeuge erreicht. Sie dienten zur Bearbeitung von Fellen, zum Spalten von Holz und der Zubereitung pflanzlicher Nahrung. Vor ca. 100 000 Jahren entstanden erste Steinwerkzeuge, bei denen der Stein durch das Abhauen von Splittern so lange verkleinert wurde, bis er die gewünschte Form hatte. Vor etwa 45 000 Jahren wurden Mikrolithen (Spitzen, Klingen und Schaber) mit Schäften aus Holz oder Knochen verbunden, so dass zusammengesetzte Werkzeuge entstanden.

Faustkeile aus Stein, wie diese bei Hoxne in Ostengland gefundenen Exemplare mit einem Alter von mindestens 100 000 Jahren, erhielten eine scharfe Schnittkante durch das Abschlagen von Splittern. Solche Schlagsteine waren Allzweckwerkzeuge in ganz Afrika, Asien und Europa.

Vor etwa 30 000 Jahren waren Werkzeuge und Waffen bereits höher entwickelt und entsprachen den Bedingungen und Jagdmethoden der Menschen jener Zeit. Das belegen die aus Knochen geschnitzten Speerspitzen mit ausgeprägten Widerhaken.

Evolution der frühen Menschen

- **Vor 4,2 Mio. Jahren:** *Australopithecus anamensis*, ein Hominide mit aufrechtem Gang am Ufer des Turkana-Sees
- **Vor 3,8 Mio. Jahren:** *Australopithecus afarensis*: Skelettfund ›Lucy‹ in Äthiopien; Körperhöhe des männlichen Individuums: ca. 1,5 m
- **Vor 3 Mio. Jahren:** *Australopithecus africanus*: kleinwüchsig mit eher grazilem Knochenbau
- **Vor 2,6 Mio. Jahren:** *Australopithecus boisei* mit sehr großen Backenzähnen; früheste Nachweise von Steinwerkzeugen
- **Vor 2,5 Mio. Jahren:** *Homo habilis*: ähnlich wie *A. africanus;* großes Gehirnvolumen und geringe Körpergröße (ca. 1,32 m)
- **Vor 2 Mio. Jahren:** *Australopithecus robustus*: robuster Schädel mit größtem Gehirnvolumen aller Australopithecinen
- **Vor 1,8 Mio. Jahren:** *Homo erectus* (früher *Pithecantropus):* lange Gliedmaßen; Körperhöhe ca. 1,77 m
- **Vor 1 Mio. Jahren:** Erster Nachweis für die Nutzung von Feuer
- **Vor 900 000 Jahren:** Frühester Nachweis von Hominiden in Asien
- **Vor 850 000 Jahren:** Von Afrika erreichen die Hominiden Europa
- **Vor 800 000 Jahren:** *Homo sapiens steinheimensis*; Körperhöhe des männlichen Individuums 1,75 m
- **Vor 120 000 Jahren:** *Homo sapiens neanderthalensis* in ganz Europa verbreitet: muskulöser Körperbau, Höhe ca. 1,65 m
- **Vor 100 000 Jahren:** Erster Nachweis des anatomisch rezenten Menschen in Afrika
- **Vor ca. 35 000 Jahren:** *Homo sapiens sapiens* beherrscht Mitteleuropa bis zur Loire-Rhône-Linie; Neandertaler nach Südwesten verdrängt

4 000 000 v.G. – 3 000 000 v.G. – 2 000 000 v.G. – 1 000 000 v.G. – Gegenwart

Die Verbreitung des rezenten Menschen

Der früheste Vertreter der Gattung Homo, *Homo habilis,* lebte vor ca. 2,5 Mio. Jahren. *Homo erectus,* der sich vor ca. 1,7 Mio. Jahren entwickelte, war hoch gewachsen, langbeinig und besaß die Fähigkeit zum voll aufrechten Gang. Er verbreitete sich innerhalb einer Million Jahre von Afrika nach Asien und Europa. *Homo sapiens,* der frühestens vor ca. 800 000 Jahren auftrat, passte sich erfolgreich vielen Lebensräumen an und entwickelte die Fähigkeit zur Herstellung von Werkzeugen weiter. Die ältesten fossilen Funde von *Homo sapiens sapiens*, dem rezenten (heutigen) Menschentypus, stammen aus Afrika und sind ca. 100 000 Jahre alt. Mit seiner großen Anpassungsfähigkeit erwies sich dieser Menschentypus als einzig überlebensfähige Form der Hominiden.

Schädel von *Homo habilis,* in den 1960er Jahren in der Olduvai-Schlucht in Tanzania gefunden.Das Alter wird mit ca. 2,5 Mio. Jahre angesetzt.

Die fossilen Funde von Koobi Fora in Kenya gehören zu den frühesten Funden von *Homo erectus* (ca. 1,7 Mio. Jahre alt). Sie beweisen eine eindeutige Zunahme des Gehirnvolumens.

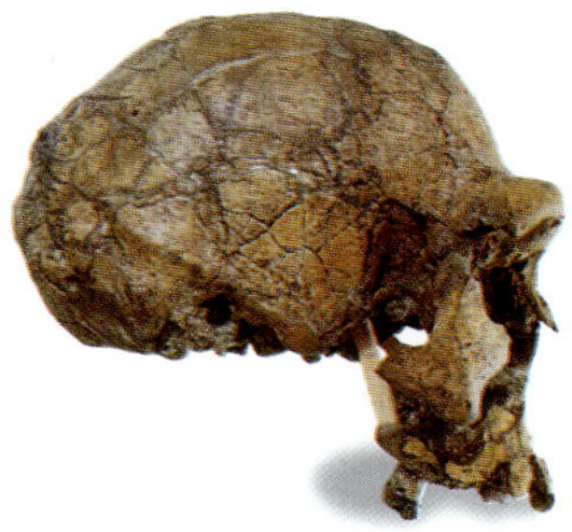

Der Mensch der Neuzeit zog vor ca. 60 000 Jahren von Afrika nach Asien, vor ca. 35 000 Jahren kam er von dort nach Europa, wo er die Neandertaler verdrängte. Dieser Schädel wurde in Predmostí in Osteuropa gefunden.

SIEHE AUCH:

- **Nordamerika:** S. 120–121
- **Südamerika:** S. 142–143
- **Afrika:** S. 160–161
- **Europa:** S. 174–175
- **Westasien:** S. 220–221
- **Süd- und Südostasien:** S. 240–241
- **Nord- und Ostasien:** S. 258–259
- **Australasien und Ozeanien:** S. 278–279

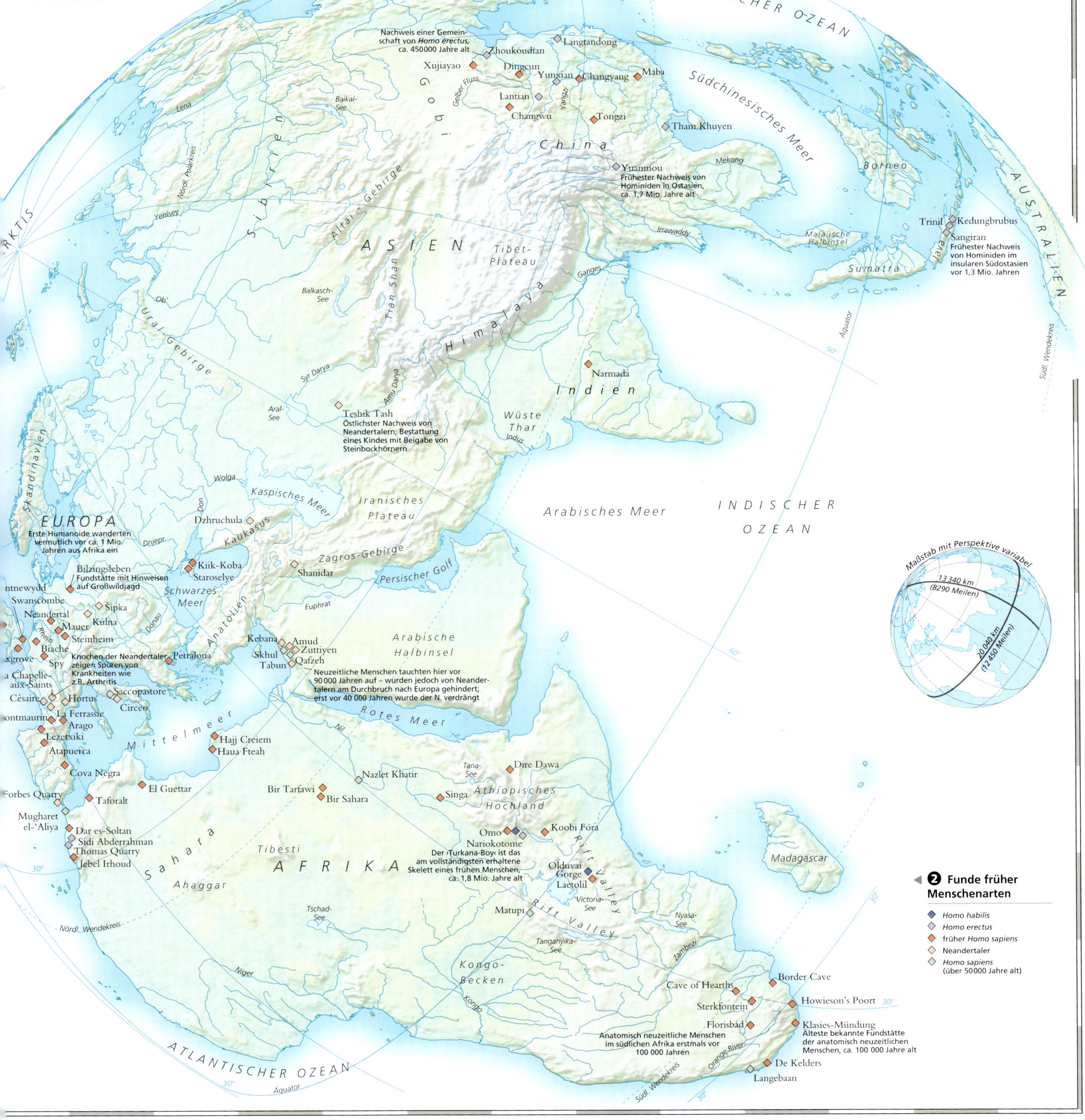

DIE WELT

BIS ZUM BEGINN DES HOLOZÄNS

DER HEUTIGE MENSCHENTYP, *Homo sapiens sapiens,* hatte sich vor etwas mehr als 100 000 Jahren in Afrika entwickelt und vor 60 000 Jahren nach Asien ausgegriffen. Mit der Fähigkeit zur Herstellung von Werkzeugen sowie zur Kommunikation und Bildung von Gruppen verfügten die frühen Jäger und Sammler über die entscheidenden Voraussetzungen zur erfolgreichen Besiedlung neuer Lebensräume. Vor etwa 25 000 Jahren waren große Teile des Planeten von ihnen besiedelt. Auf dem Höhepunkt der letzten Eiszeit vor 18 000 Jahren hatten die Menschen eine neue Bewährungsprobe zu bestehen. Durch Weiterentwicklung der Werkzeuge gelang es ihnen, die verknappten Ressourcen auf neue Weise zu erschließen. Zum Überleben in unwirtlichen Klimaten errichteten sie feste Unterkünfte und schützten sich durch warme Kleidung. Als die Temperatur stieg und das Eis sich zurückzog, vergrößerte sich das Nahrungsangebot, neue Gebiete konnten besiedelt werden. In Westasien errichteten die Menschen erstmals feste Siedlungen, bauten Wildgetreidearten an und unternahmen die ersten Versuche der Domestikation von Tieren. Der Übergang zur Ackerbaugesellschaft hatte begonnen.

FELSZEICHNUNGEN DES MESOLITHISCHEN MENSCHEN

Die Menschen der Mittelsteinzeit, ob Vollnomaden oder teils sesshafte Halbnomaden, besaßen eine ausgeprägte Kenntnis der Landschaft. An ergiebigen Quellen von Wasser und Nahrung könnten erste Kultstätten entstanden sein, wie in der Felszeichnung unten dargestellt. Deren Bedeutung bleibt zwar ungeklärt, doch könnten die senkrecht verlaufenden Wellenlinien Wasserfälle andeuten. Die Zeichnung selbst dürfte die Darstellung einer geheiligten Kultstätte sein.

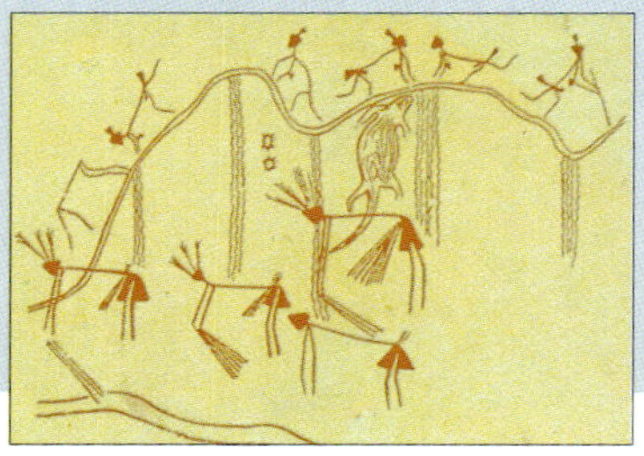

Diese Felszeichnung aus Kalhotia in Zentralindien könnte Wasserfälle, eine Echse oder Krokodil, einen Fluss sowie Menschen darstellen, die Bündel von mit Steinspitzen bewehrten Pfeilen tragen.

Die Clovis-Spitzen, die durch Abschlagen von Steinen zu flachen, scharfen Formen hergestellt wurden, bildeten wirksame Waffen und Schneidwerkzeuge der Großwildjäger.

Amerika

Die ersten Menschenhorden gelangten vermutlich vor etwa 25 000 Jahren über die Bering-Landbrücke (Beringia) von Sibirien nach Amerika. Südamerika hatten die ersten Wildbeuterkulturen wohl schon vor 16 000 Jahren erreicht. Weiterem Vordringen nach Süden standen dann lange die Eisschilde im Norden entgegen. Mit dem Rückzug des Eises erfolgte eine zweite Besiedlungswelle über die freigelegten Landmassen. Die nacheiszeitlichen Großwildjäger der Clovis- und der Folsom-Kultur in Nordamerika schufen große Lanzenspitzen aus Stein, mit denen sie Mammut und Altbison erlegten.

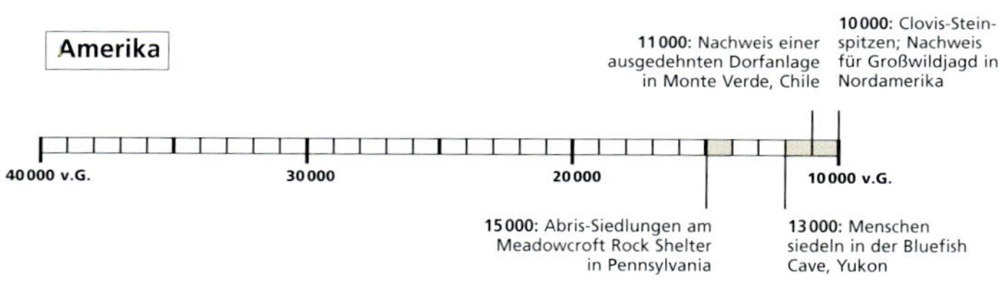

In Namibia, Südwestafrika, wurden die ältesten afrikanischen Felszeichnungen gefunden, darunter dieses Porträt eines Jägers und Sammlers.

DIE ENTWICKLUNG DER TÖPFEREI

Die Töpferei war eine überaus folgenreiche Erfindung. Die frühen Menschen konnten Vorräte anlegen, Nahrungsmittel und Wasser tragen. Ehe das Brennen von Ton erfunden wurde, entstanden grob gefertigte Behältnisse aus Ton, der auf ein Gerüst aus Geflecht aufgetragen und an der Luft getrocknet wurde. Frühe Keramik, die unabhängig voneinander in vielen Teilen der Welt entwickelt wurde, zieren häufig Ornamente, die die Wellenform von Geflecht imitieren. Die ältesten bekannten Keramikgefäße wurden in Japan gefunden.

Dieses spitzbodige Gefäß gehört zum Typus des Früh-Jomon, der ersten Keramik produzierenden Kultur Japans. Die Keramik späterer Phasen zeichnet sich durch Verzierungen mittels Schnureindrücken aus.

Afrika

Die tropischen Regenwälder waren bereits vor etwa 35 000 Jahren von Menschen besiedelt. Nomadisierende Jäger und Sammler durchwanderten die semiariden Savannen Afrikas. Die Zeichnungen in der Höhle Apollo 11 Cave in Südafrika, der früheste Nachweis von Felsbildern auf dem afrikanischen Kontinent, entstanden vor 26 000 Jahren. Vor 10 000 Jahren gab es dann erste dauerhafte Siedlungen in den Tälern von Nil und Niger. Die Flüsse lieferten reichen Fang, dazu ernteten die Menschen Wildgetreide.

Tragbare Kultobjekte – aus Knochen oder Geweih geschnitzte oder in Steinplatten oder Tafeln geritzte Tierfiguren wie dieses Rentier – entstanden vor etwa 25000 Jahren in Europa.

Europa

Nachdem der neuzeitliche Mensch bereits vor 35000 Jahren große Teile des Kontinents besiedelt hatte, bedeutete die Eiszeit eine gewaltige Herausforderung an seine Fähigkeit zu Überleben. Aus Holz, Knochen, Fellen und Geweih errichteten die Menschen feste Unterkünfte. Mit neuen Waffen – Pfeil und Bogen, Wurfspeer und Harpune – gingen sie auf die Jagd nach Großtieren. Als sich das Klima wieder stabilisierte, wurden manche Orte ganzjährig besiedelt, andere nur saisonal zu sommerlichen Jagdzügen besucht.

Europa

35000: Der neuzeitliche Mensch besiedelt den Kontinent und verdrängt den Neandertaler; neue Stufe der Werkzeugindustrie

10000: Rückzug des Eises; Laubgewächse der gemäßigten Breiten dringen nach Norden vor

110000 v.G. | 90000 | 70000 | 50000 | 30000 | 10000 v.G.

120000: Neandertaler verbreitet von Westeuropa bis Zentralasien

10000: Ende des Pleistozäns; Großsäuger wie Wollnashorn, Riesenhirsch und Mammut sterben aus

Westasien

Die älteste bekannte Grabstätte der Welt, aus der Qafzeh-Höhle in Israel, ist 100000 Jahre alt und beweist, dass sich komplexe Formen sozialer Organisation schon zu jener Zeit entwickelt hatten. Bereits vor 13000 Jahren ernteten die Bewohner des Wadi en-Natuf im heutigen Israel schon Wildgetreidearten, mahlten die Körner zu Mehl und legten Vorräte an. Bis zu den ersten Versuchen des Ackerbaus sollte nicht mehr viel Zeit vergehen.

Das Halsband aus Knochen und Muscheln gehörte zu den Beigaben einer Grabstätte in Mugharet el-Kebara in Israel.

SIEHE AUCH:

Nordamerika: S. 118–119

Südamerika: S. 144–145

Afrika: S. 158–159

Europa: S. 174–175

Westasien: S. 220–221

Süd- und Südostasien: S. 240–241

Nord- und Ostasien: S. 258–259

Australasien und Ozeanien: S. 280–28

Westasien

100000: Älteste bekannte Grabstätte in der Höhle Qafzeh, Israel

40000: Neandertaler existieren zeitgleich mit dem neuzeitlichen Menschen in Südwestasien

ab 13000: Ernte von Wildgetreide durch Natufien-Menschen in Israel

11000: Als erstes Tier wird der Hund in Mesopotamien domestiziert

110000 v.G. | 90000 | 70000 | 50000 | 30000 | 10000 v.G.

45000: Kultur des Aurignacien mit Feuersteinwerkzeugen entwickelt sich in Israel und verbreitet sich in ganz Südeuropa

17000: Sammeln von Wildgetreide in Mesopotamien

12000: Erste Anwendung von Mahlsteinen in Mesopotamien

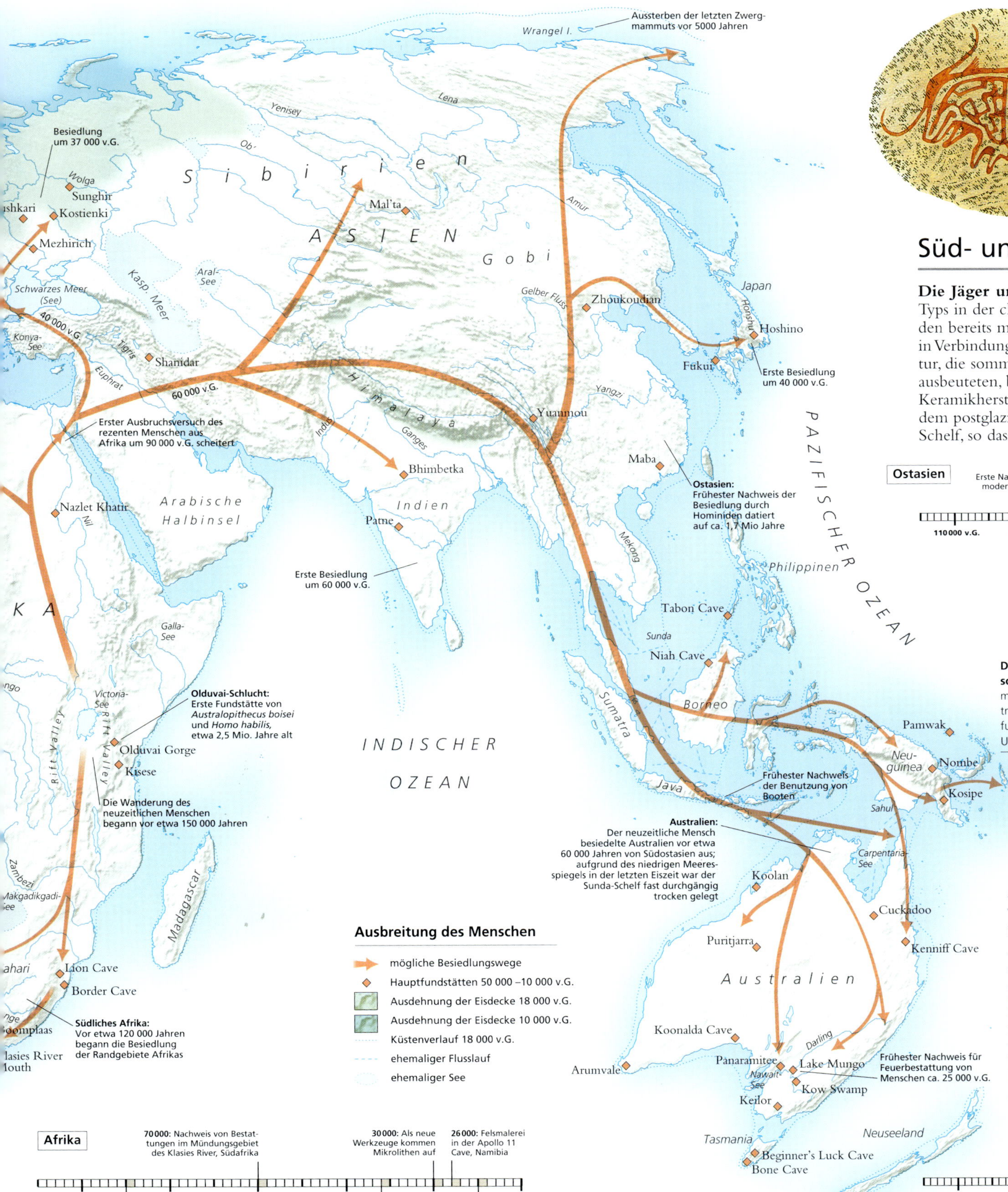

Die Zeichnungen an den Felsüberhängen von Bhimbetka in Zentralindien entstanden in nachpaläolithischen Zeitstufen. Zu ihnen gehört auch diese Darstellung eines Büffels.

Süd- und Ostasien

Die Jäger und Fischerkulturen des Zhoukoudian-Typs in der chinesischen Ebene am Gelben Fluss standen bereits mit sibirischen Gruppen und dem Süden in Verbindung. Die Träger der japanischen Jomon-Kultur, die sommerzeitlich die Fischgründe von Honshu ausbeuteten, beherrschten bereits früh die Kunst der Keramikherstellung, ohne Ackerbau zu entwickeln. Mit dem postglazialen Meeresanstieg versank der Sunda-Schelf, so dass die südostasiatische Inselwelt entstand.

Ostasien

90000: Erste Nachweise für den modernen Menschen

40000: Erste Steinwerkzeuge aus Flintstein im insularen Südostasien

11000: Früheste tragbare Kunstobjekte in China – beschnitztes Tierhorn aus der Longyin-Höhle

110000 v.G. | 90000 | 70000 | 50000 | 30000 | 10000 v.G.

60000: Der moderne Mensch in ganz Südostasien verbreitet

10000: Früheste bekannte Tongefäße der Welt, gefunden auf Honshu, Japan

Die Regenbogenschlange (hier eine Felsmalerei) spielt eine zentrale Rolle in der Schöpfungsgeschichte der Ureinwohner Australiens.

Australasien

Die ersten Menschen erreichten Australien vor etwa 60000 Jahren. Trotz des damals niedrigeren Meeresspiegels war der Kontinent nicht vollständig durch Landbrücken mit Südostasien verbunden. Deshalb mussten die ersten Siedler in Booten die Entfernung von etwa 60 km über das Meer überwinden. Die frühen Fundstätten konzentrieren sich entlang der Küsten und Flüsse.

Afrika

70000: Nachweis von Bestattungen im Mündungsgebiet des Klasies River, Südafrika

30000: Als neue Werkzeuge kommen Mikrolithen auf

26000: Felsmalerei in der Apollo 11 Cave, Namibia

110000 v.G. | 90000 | 70000 | 50000 | 30000 | 10000 v.G.

100000: Ältester Nachweis neuzeitlicher Menschen in Ost- und Südafrika

42000: Gewinnung von Rotocker (vermutl. zur Körperbemalung) in der Höhle Lions Cave, Südafrika

20000: Ton-Figurinen in Algerien; geschnitzte Objekte in der Border Cave, Südafrika

Australasien

45000: Älteste bekannte Felszeichnungen der Welt in Panaramitee, Südaustralien

16000: Aussterben des Riesenmarsupials durch Klimaveränderung

110000 v.G. | 90000 | 70000 | 50000 | 30000 | 10000 v.G.

60000: Besiedlung von Australien durch Gruppen aus Südostasien

20000: Besiedelung der Südküste von Tasmania

DIE BESIEDLUNG DER ERDE

Figur eines Mammuts, geschnitzt aus einem Tierknochen während der letzten Eiszeit.

IM GESAMTEN JUNGPALÄOLITHIKUM, das vor etwa 35 000 Jahren begann und vor 10 000 Jahren (8000 v.Chr.) mit dem Abschmelzen der Gletscher ausklang, waren die ökologischen Bedingungen durch die Eiszeit geprägt. In den Warmstadien erschlossen steigende Temperaturen und verstärkte Niederschläge neue Nahrungsquellen, die Zahl der Menschen konnte steigen. Jäger und Sammler entwickelten Überlebensstrategien zur Besiedlung bislang unerreichbarer Gebiete und erfanden neue Werkzeuge und Techniken. In vielen Regionen lebten die Menschen jetzt in größeren Gemeinschaften, die teils für gewisse Zeit sesshaft blieben. Sie arbeiteten kooperativ zusammen, wobei Einzelne spezialisierte Aufgaben übernahmen; Rituale und Symbole verstärkten die Gruppenidentität.

Überlebensstrategien

Die raschen Veränderungen der Umwelt während der einzelnen Phasen des Würm-Glazials (der letzten Eiszeit) erforderten ein hohes Anpassungsvermögen. In einigen Regionen mit hohen Wildtierbeständen, etwa Osteuropa und Nordamerika, bildeten Mammut, Mastodon und Bison die Nahrungsgrundlage. In den fruchtbaren Flussniederungen Westasiens und Nordafrikas wurden bereits Wildgetreidearten gesammelt und vermahlen. In Europa stellten Wild, essbare Pflanzen, Fisch und Meerestiere (nachgewiesen durch Funde riesiger Muschelhalden) ein abwechslungsreiches Nahrungsangebot. Das Klima und die jeweilige Lebensweise bestimmten die Art der Unterkunft: Höhlen, Abris (Felsüberhänge) oder auch transportable Unterkünfte. Vielfach folgten die Horden der frühen Menschen auf langen Wanderungen den Tierherden, in Gebieten mit einer gesicherten Nahrungsgrundlage entstanden schon erste festere Siedlungen.

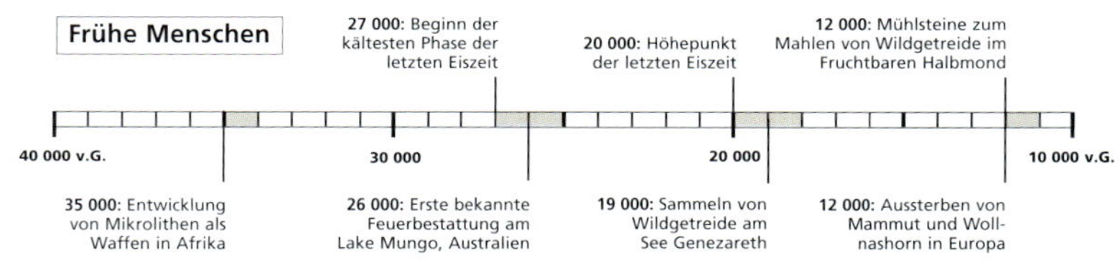

Frankreich

Bei Pincevent im Tal der Seine lebten Jäger, die den Rentierherden durch das Land folgten, von Mitte des Sommers bis in den Winter in transportablen Zelten aus Holzpfählen und Tierfellen.

Östliche Mittelmeerküste

Die Höhle El Wad im heutigen Israel diente Wildbeutern bei der Jagd auf Damwild in den nahen Bergen als Unterkunft. Wahrscheinlich wurde der hochgelegene Ort während der Sommermonate aufgesucht. Die Höhle ist in den letzten 10 000 Jahren vielfach weiter genutzt worden.

Steppen Osteuropas

Im baumlosen, windgepeitschten Grasland der Ukraine errichteten Mammutjäger wegen des Mangels an Holz Unterkünfte aus Teilen der erlegten Tiere. Die Wände bestanden aus Knochen, die mit Tierhäuten bezogen wurden. Die schweren Kieferknochen der Mammute dienten der Befestigung der Häute gegen die heftigen Stürme.

1 Produktionsweisen vor 10000 Jahren

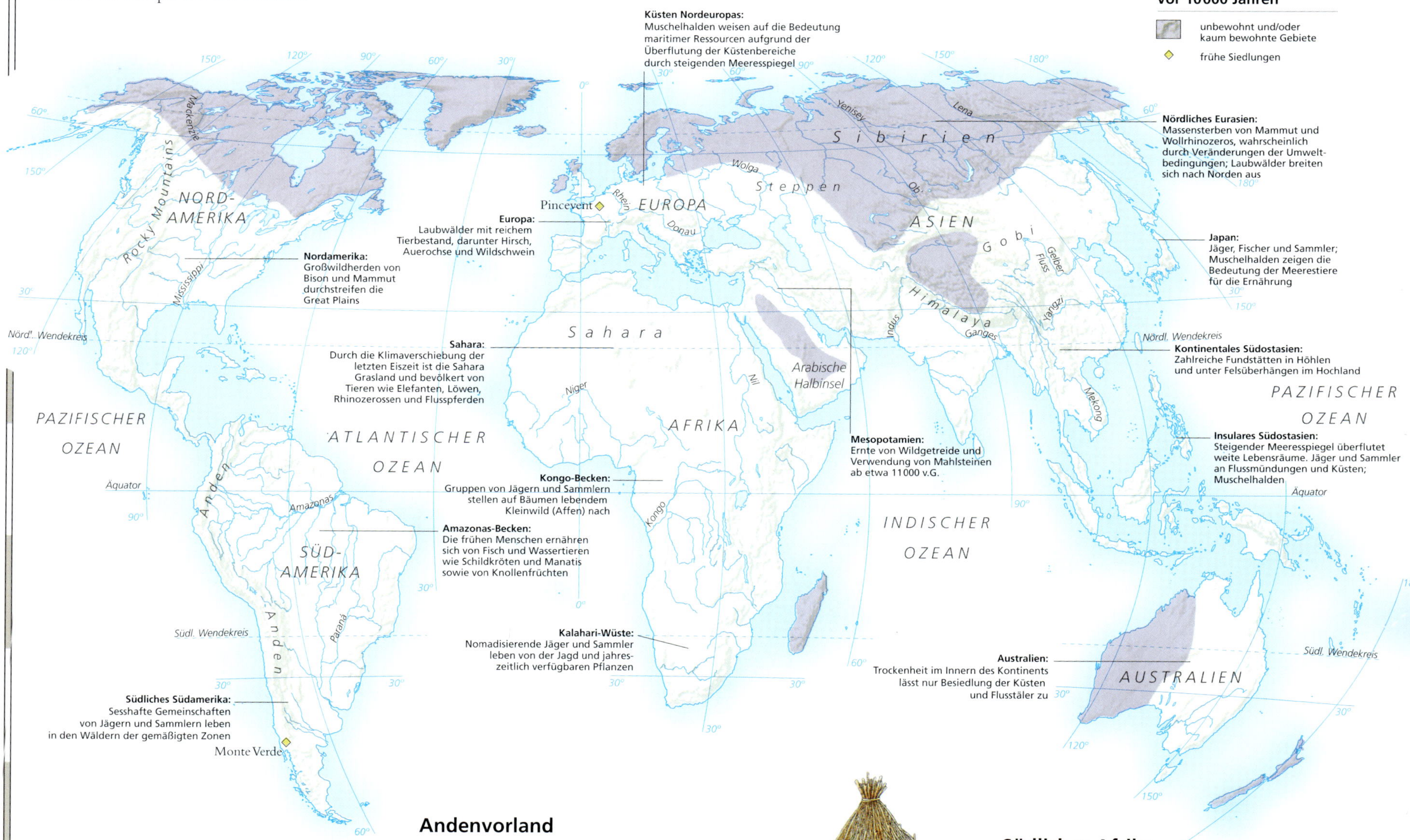

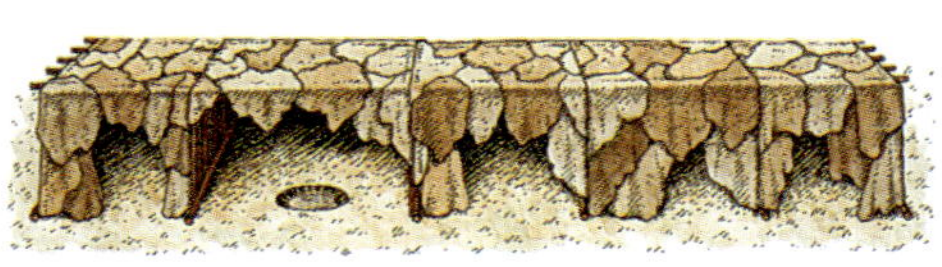

Andenvorland

Bei Monte Verde in Zentralchile wurde ein Dorf ausgegraben, dessen Gebäude aus Holz und Tierfellen bestanden. Wärme spendete eine kleine Feuerstelle in jeder Hütte. Die Speisen wurden an gemeinschaftlich genutzten Kochstellen zubereitet.

Südliches Afrika

In der fruchtbaren postglazialen Epoche errichteten Jäger auf der Suche nach jahreszeitlich gedeihenden Pflanzen in der Wüste Kalahari provisorische Unterkünfte aus Zweigen.

Kunst des Jungpaläolithikums

Die altsteinzeitliche Kunst in der Epoche der Eiszeiten (Glaziale) belegen Höhlenbilder, Ritzzeichnungen sowie geschnitzte oder tönerne Figuren in vielen Teilen der Welt. Diese Kunst ist vermutlich zum großen Teil im Zusammenhang mit religiösen Riten der Jagd, der Fruchtbarkeit und der Initiation zu betrachten und belegt den schon recht hohen Entwicklungsstand der Menschen jener Zeit. Eine der herausragendsten Leistungen der Kunst der jüngeren Altsteinzeit sind zweifellos die Höhlenbilder der Magdalénien-Kultur in Südwesteuropa, etwa in Lascaux oder Altamira. Jedoch sind lokale künstlerische Traditionen in vielen anderen Regionen der Welt belegt – von den Orchideendarstellungen an den Abris (Felsüberhängen) in Kisese (Ostafrika) bis zur Felskunst von Bhimbetka (Südasien) aus der kältesten Periode der letzten Eiszeit.

In den südwesteuropäischen Höhlen finden sich altsteinzeitliche Darstellungen von Bisons, die feinfühlig und flüssig gezeichnet wurden.

Solche Handabdrücke finden sich in vielen Höhlen. Der rote Farbstoff könnte aus Eisenoxid oder Rotocker gewonnen worden sein.

Handabdrücke

Muster von Händen wurden an den Wänden von Höhlen in Westeuropa und Australien entdeckt. Diese Darstellungen könnten mit der Initiation, der Aufnahme junger Menschen in die Erwachsenenwelt, in Verbindung stehen. In europäischen Höhlen wurden auch Abdrücke von Kinderfüßen gefunden.

SIEHE AUCH:

- Nordamerika: S. 116–117
- Südamerika: S. 140–141
- Afrika: S. 154–155
- Europa: S. 170–171
- Westasien: S. 216–217
- Süd- und Südostasien: S. 236–237
- Nord- und Ostasien: S. 254–255
- Australasien und Ozeanien: S. 276–277

◄ ❷ **Paläolithische Kunst**

Frühe Fundstätten
- 55000–36000 v.G.
- 35000–20000 v.G.

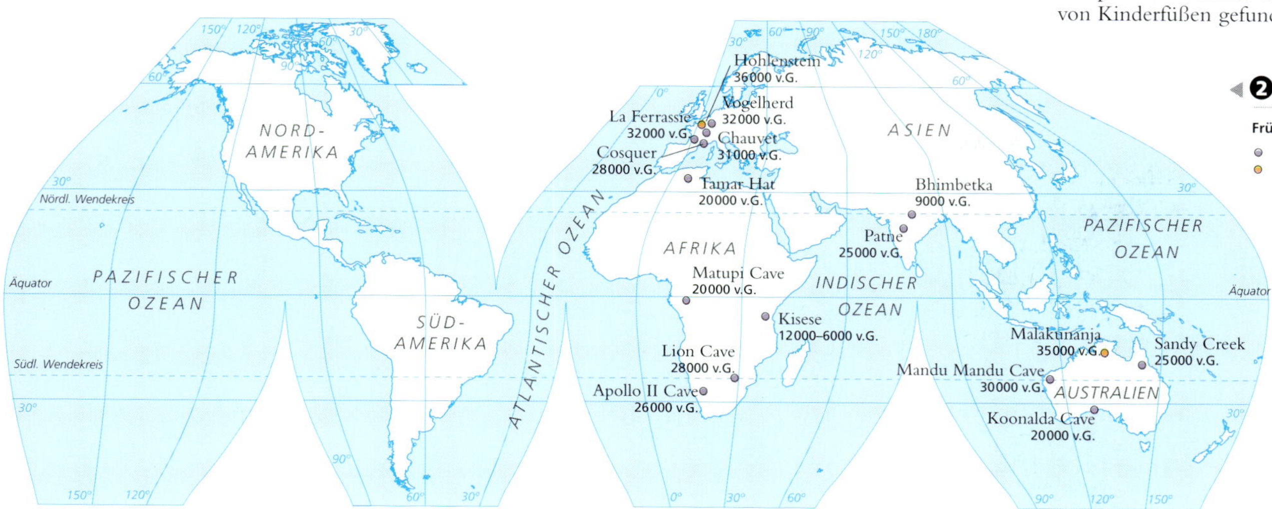

Höhlenmalerei in Europa

Die realistischen Malereien von Bisons, Hirschen, Ochsen und Pferden in den Höhlen des südwestlichen Europa sind besonders beeindruckend. Diese Darstellungen, meist in den dunkelsten und abgelegensten Teilen der Höhlen zu finden, dürften als Jagdzauber gedient haben.

▼ ❸ **Höhlenmalerei in Europa**

◇ bedeutende Fundstätte

Bewegliche Kleinkunst

Kleine Medaillons aus geschnitztem Geweih und aus Knochen mit Verzierungen aus Bernstein und Elfenbein, darunter Anhänger und Perlen sowie geschnitzte Figurinen von Tieren und Menschen wurden in ganz Europa gefunden. Stark stilisierte weibliche Figuren (wie die ›Venus‹ rechts) sind vermutlich Darstellungen einer Muttergottheit (Magna Mater). Sie standen höchstwahrscheinlich mit Fruchtbarkeitsriten in Zusammenhang.

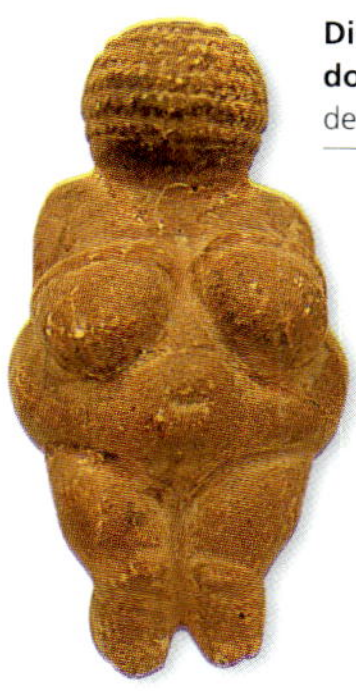

Die Venus von Willendorf (links) stammt aus der Zeit um 20 000 v.G.

Die Figur einer schwangeren Frau aus Lespugue, Frankreich wird auf ein Alter von 25 000 Jahren geschätzt. Sie wurde aus Mammutbein geschnitzt.

❹ **Venus-Figurinen in Europa** ▼

◇ bedeutendste Fundstätten

Australien

Die ältesten Felsritzungen der Welt entstanden in Panaramittee vor 45 000 Jahren. Solche Felsbilder sind in ganz Australien verbreitet. Die Darstellungen aus Linien, Punkten, Halbkreisen und Spiralen sind abstrakt. Einige werden als Känguruspuren oder Vogelspuren gedeutet.

▲ ❺ **Australische Felsbilder**

◇ Felsbilder im Stil von Panaramittee

Hauptregionen mit Felsbildern

Einige der frühesten Exemplare von Felsbildern (Petroglyphen) der Aborigines – in Form von Kreisen und Sternen – wurden im Wilpena Sacred Canyon im südlichen Australien gefunden.

Kunst des Jungpaläolithikums

45 000 v.G. — 35 000 — 25 000 — 15 000 v.G.

- **45 000:** Älteste Felsritzungen in Panaramittee, südliches Australien
- **40 000:** Schalen von Straußeneiern mit abstrakten Mustern in Zentralindien
- **32 000:** Elfenbeinstatuette aus der Höhle Hohlenstein-Stadel, Deutschland – eine der ältesten Figurinen der Welt
- **29 000:** Ockergefärbte Steinpaletten in den Abris von Kisese, Ostafrika
- **26 000:** Älteste Felszeichnungen in Afrika in der Apollo II Cave, Namibia
- **ab 25 000:** Stilisierte weibliche Figurinen in Europa
- **20 000:** Darstellung eines Menschenkopfes auf Kalkstein in Aq Kupruk, Zentralasien
- **17 000:** Höhlenzeichnungen in Lascaux
- **15 000:** Handabdrücke in der Wargata Mina Cave, Tasmania

DIE WELT 10 000 – 5000 V.CHR.

IM FREUNDLICHEREN NACHEISZEITLICHEN KLIMA machten Gruppen von Jägern erste Versuche zur Kultivierung von Getreidearten und zur Domestikation von Tieren. Um 7000 v.Chr. lebten die meisten Menschen in Westasien vom Ackerbau. In anderen Teilen der Welt bildete die Wildbeuterei, das Sammeln und Jagen, noch immer die Lebensgrundlage der Menschen. Im Laufe der nächsten 5000 Jahre kam es auch in anderen Regionen zur Ausformung agrarwirtschaftlicher Produktionsformen. Diese Entwicklung bedeutete grundlegende Veränderungen für die frühen Gemeinschaften. Vom Ertrag der Felder konnte eine größere Zahl von Menschen ernährt werden. In den erweiterten Gemeinschaften bildete sich eine neue Klasse heraus: die der spezielle Tätigkeiten verrichtenden Handwerker. Durch den Austausch von Rohstoffen und Produkten kam es zu Kontakten der Ackerbaugemeinschaften untereinander. Gemeinschaftsaufgaben wie Feldbewässerung erforderten Zusammenarbeit. Diese Entwicklungen waren Vorstufen für die Entstehung der ersten Städte und frühurbanen Staaten.

DER ERSTE GEBRAUCH VON METALL

Die Entdeckung, dass Metall durch Erhitzen aus erzhaltigem Gestein gewonnen werden kann, wurde zwischen 7000–5000 v.Chr. wahrscheinlich unabhängig voneinander in Westasien und Südosteuropa gemacht. Als erste kamen die bei relativ niedrigen Temperaturen schmelzenden Weichmetalle Kupfer, Gold und Blei in Gebrauch. Die frühesten kupferverarbeitenden Kulturen fertigten aus dem Metall Schmuckgegenstände, die den sozialen Status des Eigentümers unterstrichen. Werkzeuge aus dem neuen Material konnten gegen Feuerstein und Steinwerkzeuge nicht bestehen.

Dieses gehörnte Rind aus Blattgold stammt aus den reichen Grabbeigaben eines Bestattungsfeldes bei Varna in Südosteuropa.

Die Menschen in Lepenski Vir an der Donau schmückten ihre Wohnstätten um 6000 v.Chr. mit Fischskulpturen, vermutlich Darstellungen einer Flussgottheit.

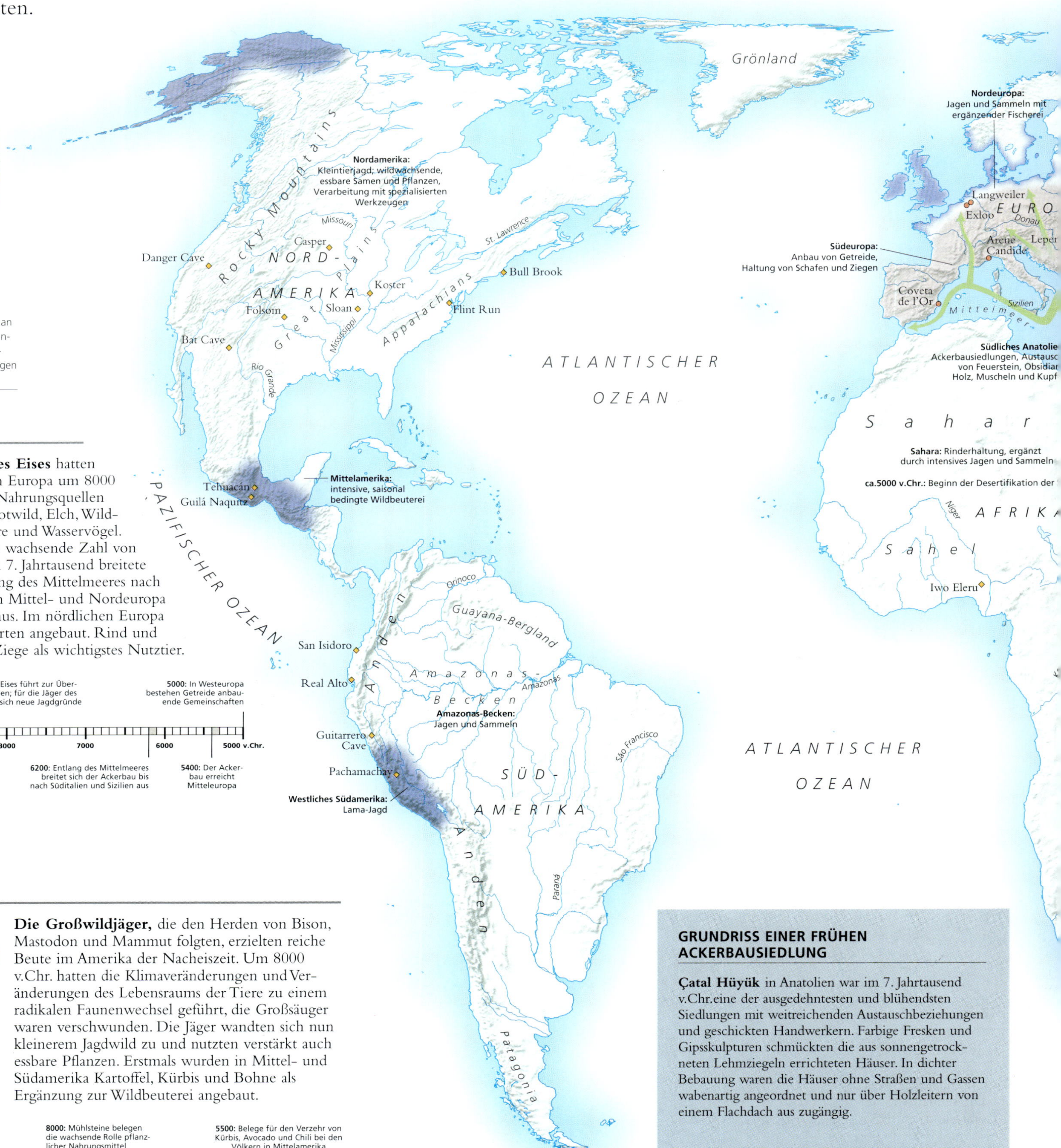

Europa

Mit dem Rückzug des Eises hatten sich den Wildbeutern in Europa um 8000 v.Chr. zahlreiche neue Nahrungsquellen erschlossen, darunter Rotwild, Elch, Wildschwein, Fisch, Schaltiere und Wasservögel. Davon konnte sich eine wachsende Zahl von Menschen ernähren. Im 7. Jahrtausend breitete sich der Ackerbau entlang des Mittelmeeres nach Westen und weiter nach Mittel- und Nordeuropa bis nach Südosteuropa aus. Im nördlichen Europa wurden neue Getreidearten angebaut. Rind und Schwein ersetzten die Ziege als wichtigstes Nutztier.

Europa

8300: Der Rückzug des Eises führt zur Überschwemmung der Ebenen; für die Jäger des Mesolithikums eröffnen sich neue Jagdgründe

5000: In Westeuropa bestehen Getreide anbauende Gemeinschaften

10 000 v.Chr. – 9000 – 8000 – 7000 – 6000 – 5000 v.Chr.

6200: Entlang des Mittelmeeres breitet sich der Ackerbau bis nach Süditalien und Sizilien aus

5400: Der Ackerbau erreicht Mitteleuropa

Amerika

Die Völker der Wüsten im westlichen Nordamerika verarbeiteten alles, was ihnen der Lebensraum bot, zum Beispiel Antilopenhaut zu Mokassins.

Die Großwildjäger, die den Herden von Bison, Mastodon und Mammut folgten, erzielten reiche Beute im Amerika der Nacheiszeit. Um 8000 v.Chr. hatten die Klimaveränderungen und Veränderungen des Lebensraums der Tiere zu einem radikalen Faunenwechsel geführt, die Großsäuger waren verschwunden. Die Jäger wandten sich nun kleinerem Jagdwild zu und nutzten verstärkt auch essbare Pflanzen. Erstmals wurden in Mittel- und Südamerika Kartoffel, Kürbis und Bohne als Ergänzung zur Wildbeuterei angebaut.

10 000: Das Abschmelzen des Eises führt in Nordamerika zu raschen Veränderungen der Umwelt

8000: Mühlsteine belegen die wachsende Rolle pflanzlicher Nahrungsmittel

5500: Belege für den Verzehr von Kürbis, Avocado und Chili bei den Völkern in Mittelamerika

10 000 v.Chr. – 9000 – 8000 – 7000 – 6000 – 5000 v.Chr.

8500: Verzehr von Gräsern, Kürbis, Bohnen, Paprika und Kartoffeln in den Anden

7500: Früheste bekannte Grablegen in Nordamerika bei Sloan

Amerika

GRUNDRISS EINER FRÜHEN ACKERBAUSIEDLUNG

Çatal Hüyük in Anatolien war im 7. Jahrtausend v.Chr. eine der ausgedehntesten und blühendsten Siedlungen mit weitreichenden Austauschbeziehungen und geschickten Handwerkern. Farbige Fresken und Gipsskulpturen schmückten die aus sonnengetrockneten Lehmziegeln errichteten Häuser. In dichter Bebauung waren die Häuser ohne Straßen und Gassen wabenartig angeordnet und nur über Holzleitern von einem Flachdach aus zugängig.

Viele Häuser in Çatal Hüyük waren mit Wandfresken ausgestattet. Eine Abbildung (unten als Umzeichnung) wurde als Plan des Dorfes mit einem tätigen Vulkan im Hintergrund gedeutet.

Westasien

Die ersten Ackerbauern der Welt siedelten im ›Fruchtbaren Halbmond‹ zwischen dem Persischen Golf und dem östlichen Mittelmeer. Großsamige Getreidearten wurden um 8000 v.Chr. in Jericho angebaut. In Anatolien entstanden im 7. Jahrtausend Siedlungsanlagen aus Lehmziegelhäusern. In Zentralmesopotamien beherrschten die Handwerker um 6000 das Schmelzen von Kupfer und Blei. Um 5500 v.Chr. erzielten die Bauern in Südmesopotamien reichere Ernten durch die Bewässerung ihrer Felder.

Ton-Figurinen von weiblichen Gottheiten mit schwellenden Leibern aus Çatal Hüyük gelten als Hinweis auf einen Fruchtbarkeitskult.

Westasien

10000 v.Chr. – 9000 – 8000 – 7000 – 6000 – 5000 v.Chr.

- **9000:** Ernte von Weizen (Einkorn) in Mesopotamien
- **8000:** Erste voll kultivierte Getreidearten in Jericho
- **7000:** Die Ziege ist als Haustier in der Region weit verbreitet. Siedlungsbeginn in Çatal Hüyük, Anatolien
- **6500:** Älteste textile Funde (Leinen) der Alten Welt in Çatal Hüyük
- **6000:** Buntkeramik sowie Schmelzen von Kupfer und Blei in Hassuna in Nordmesopotamien
- **5500:** Die Ubaid-Kultur in Südmesopotamien nutzt die Frühjahrshochwasser des Euphrat zur Feldbewässerung

Ostasien

Die Landwirtschaft in der Nordchinesischen Ebene begann um 7000 v.Chr. In Siedlungen wie Banpo wurde Hirse angebaut und die Ernte in Vorratsgruben gelagert. Auch gibt es Belege für die Haltung von Schweinen und Hunden. Auf getrenntem Wege entwickelte sich wahrscheinlich um 6000 der Anbau von Reis in den Mündungsgebieten des Yangzi. In Japan ernährten sich die Jomon durch Jagen und Sammeln sowie den Fang von Fischen in den Küstengewässern. Obwohl die Töpferei in Japan bereits um 10 500 v.Chr. bekannt war, blieben die Menschen noch mehrere Jahrtausende auf der Entwicklungsstufe der Wildbeuterei stehen.

Die Menschen von Banpo produzierten und brannten bereits im 5. Jahrtausend v.Chr. Keramik wie diese Amphore mit Schnurmuster.

SIEHE AUCH:
Nordamerika: S. 120–121
Südamerika: S. 144–145
Afrika: S. 158–159
Europa: S. 174–175
Westasien: S. 220–221
Süd- und Südostasien: S. 240–241
Nord- und Ostasien: S. 258–259
Australasien und Ozeanien: S. 280–281

Ostasien

10000 v.Chr. – 9000 – 8000 – 7000 – 6000 – 5000 v.Chr.

- **9000:** Beweise für das Leben von Jägern, Sammlern und Fischern in Kalksteinhöhlen in Zentralchina
- **6500:** Verbreitung der Jomon-Keramik im gesamten Gebiet der südlichen Inseln Japans
- **ca. 5000:** Beginn des Reisanbaus im Tal des Yangzi
- **5000:** Import von Jade aus Zentralasien oder Sibirien in die nördliche Mandschurei

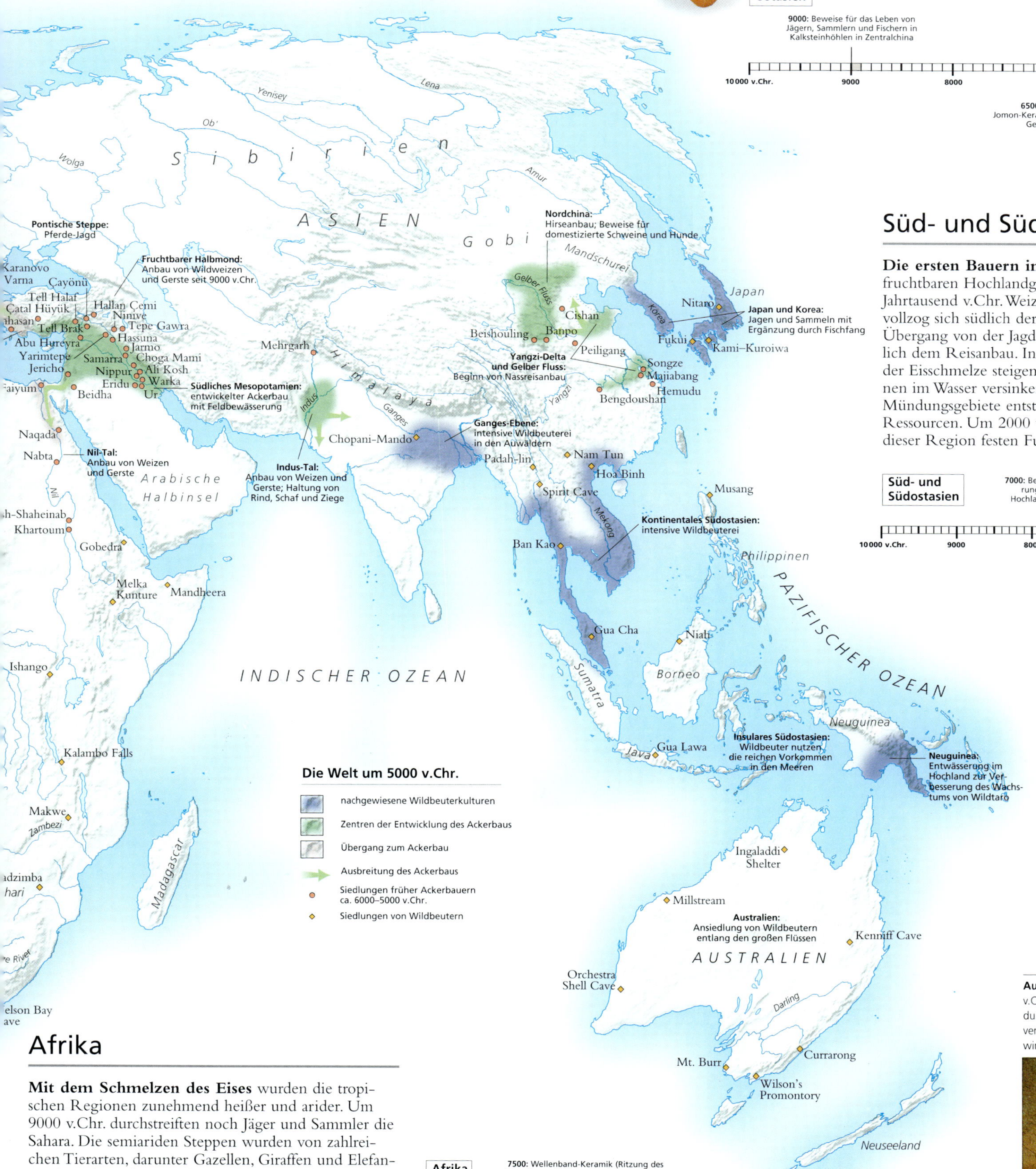

Süd- und Südostasien

Die ersten Bauern in Südasien bauten in den fruchtbaren Hochlandgebieten Nordindiens im 5. Jahrtausend v.Chr. Weizen und Gerste an. Gleichzeitig vollzog sich südlich der Ganges-Ebene der allmähliche Übergang von der Jagd zur Landwirtschaft, hauptsächlich dem Reisanbau. In Südostasien ließ der im Gefolge der Eisschmelze steigende Meeresspiegel große Regionen im Wasser versinken und dabei neue Inseln und Mündungsgebiete entstehen. Dort bot das Meer reiche Ressourcen. Um 2000 v.Chr. hatte die Landwirtschaft in dieser Region festen Fuß gefasst.

Süd- und Südostasien

10000 v.Chr. – 9000 – 8000 – 7000 – 6000 – 5000 v.Chr.

- **7000:** Belege für Entwässerung und Ackerbau im Hochland von Neuguinea
- **6000:** Keramik von Mehrgarh als Grabbeigaben weist auf Kontakte mit Zentralasien hin
- **6000:** Erste Keramikherstellung im kontinentalen Südostasien

Bei Mehrgarh im Hochland von Baluchistan wurden die Toten an offenen Plätzen innerhalb der Siedlung bestattet. Häufig wurden persönliche Schmuckgegenstände aus Knochen, Muscheln und Kalksteinperlen dem Grab beigelegt.

Auf den saharischen Felsbildern nach 5000 v.Chr. wurden Jagdszenen wie diese allmählich durch Darstellungen von domestizierten Rindern verdrängt. Dies zeigt den Übergang zur Weidewirtschaft an.

Afrika

Mit dem Schmelzen des Eises wurden die tropischen Regionen zunehmend heißer und arider. Um 9000 v.Chr. durchstreiften noch Jäger und Sammler die Sahara. Die semiariden Steppen wurden von zahlreichen Tierarten, darunter Gazellen, Giraffen und Elefanten, bewohnt; Flüsse und Seen führten reiche Fischbestände. Im Sahel und im fruchtbaren Nil-Tal gediehen zahlreiche Wildgetreidearten. Um 6000 v.Chr. begann die Desertifikation, die Sahara wurde zur Wüste. Die Bewohner waren zunehmend gezwungen, in weniger lebensfeindliche Regionen auszuweichen.

Afrika

10000 v.Chr. – 9000 – 8000 – 7000 – 6000 – 5000 v.Chr.

- **8500:** Felsbilder in der Sahara zeigen Elefanten, Giraffen, Hippopotamus und Rhinozeros
- **7500:** Wellenband-Keramik (Ritzung des weichen Tons mit Fischgräten) taucht in der Sahara und den südlichen Randgebieten auf
- **6500:** Domestizierung des Rindes in Nordafrika
- **6000:** Anbau von Weizen und Gerste breitet sich von Mesopotamien in das Nil-Tal aus

DIE NEOLITHISCHE REVOLUTION

Fragmente ägyptischer Wellenband-Keramik mit einem mittels Fischgräten erstellten Dekor, um 7000 v.Chr.

DIE ERDE UND DIE SOZIALEN STRUKTUREN der Menschheit veränderten sich mit dem Aufkommen der Landwirtschaft fundamental. Die Domestikation von Tieren und der planmäßige Anbau von pflanzlichen Nahrungsmitteln boten nicht nur die Lebensgrundlage für eine wachsende Zahl von Menschen, sie bedeuteten auch eine grundlegende Veränderung der Lebensweise. Mit der Agrarwirtschaft und der Steigerung der Erträge konnten große Gruppen von Menschen in festen Siedlungen sesshaft leben und materielle Güter und Geräte akkumulieren. Die Gemeinschaft wiederum konnte spezialisierte Handwerker ernähren, die diese Güter herstellten, was den Beginn der sozialen Differenzierung bedeutete. Diese Entwicklung führte endlich zum Entstehen der ersten Städte, doch lebten um 5000 v. Chr. wenige Regionen ausschließlich von der Landwirtschaft. In vielen Teilen der Welt wurde die Wildbeuterei mit Jagen und Sammeln im kleinen Umfang durch Ackerbau ergänzt; erste Schritte des Übergangs zur Sesshaftigkeit fanden statt.

Ackerbau und Sesshaftigkeit

Der Ackerbau führte dazu, dass größere Menschengruppen in festen Gemeinschaften zu leben begannen. So konnte die Erzeugung von Nahrungsmitteln effektiver betrieben werden, auch aus gemeinschaftlicher Tierhaltung ergaben sich Vorteile. Nahrungsüberschüsse halfen den Menschen über die kargen Wintermonate, waren aber auch Voraussetzung, dass manche Menschen handwerkliche Fähigkeiten, Handelsbeziehungen oder neue Techniken entwickeln konnten: Brennen von Keramik, Verarbeitung von Gold und Kupfer und ab 5500 v.Chr. auch Feldbewässerung. Die sesshaft auf engem Raum lebenden Menschen waren aber auch in höherem Maß Infektionskrankheiten ausgesetzt. In Çatal Hüyük konnte z.B. archäologisch die Malaria nachgewiesen werden.

Solche Mahlsteine, datiert um 6000 v.Chr., dienten zum Zerkleinern des Getreides, das in luftdicht verschlossenen Vorratsgruben längere Zeit aufbewahrt werden konnte.

Technologische Innovationen

Hohe Erträge bei den Hauptanbaukulturen, besonders beim Getreideanbau, waren entscheidend für das Bestehen der Ackerbaugemeinschaften. Getreide konnte langjährig gelagert werden und bildete das Grundnahrungsmittel, das durch jahreszeitlich verfügbare Produkte ergänzt wurde. Eng verbunden mit der sesshaften Lebensweise entstand die Töpferei. In Tonkrügen wurden Vorräte gelagert und die Nahrung zubereitet. Die manuelle Töpfertechnik mit Aschenbrand entstand unabhängig in verschiedenen Regionen. Formen, Töpferscheiben und Brennöfen wurden erst später erfunden, als die Keramikproduktion von spezialisierten Handwerkern betrieben wurde.

Frühe Keramiken weisen typische Rundformen auf (rechts). Gelegentlich sind die Stücke mit Ritzungen oder Eindrücken verziert. Typisch für spätere Keramiken in Westeuropa sind die flachbödigen ›Glockenbecher‹-Gefäße (links), die gleichfalls mit Ritzungen verziert sind und einer Regionalkultur den Namen gaben. Aus Südosteuropa sind auch bemalte Varianten bekannt.

Sesshaftwerdung und Innovationen

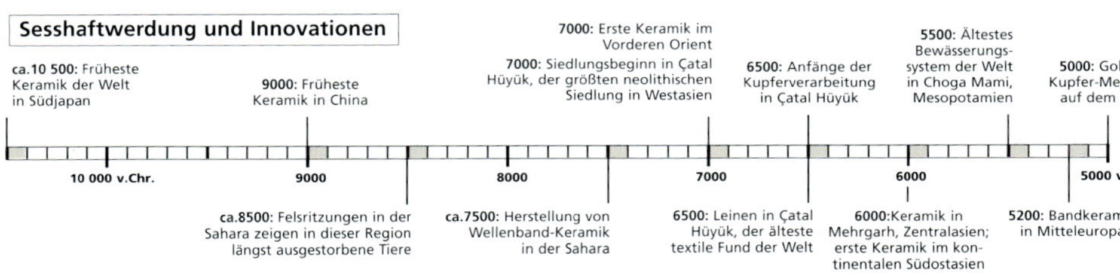

1 Die Entwicklung der Töpferei

Früheste Zeit mit verbreiteter Keramikherstellung

- 11. Jahrtausend v.Chr.
- 9. Jahrtausend v.Chr.
- 8. Jahrtausend v.Chr.
- 7. Jahrtausend v.Chr.
- 6. Jahrtausend v.Chr.
- 3. Jahrtausend v.Chr.
- ◇ früheste bekannte Töpferei

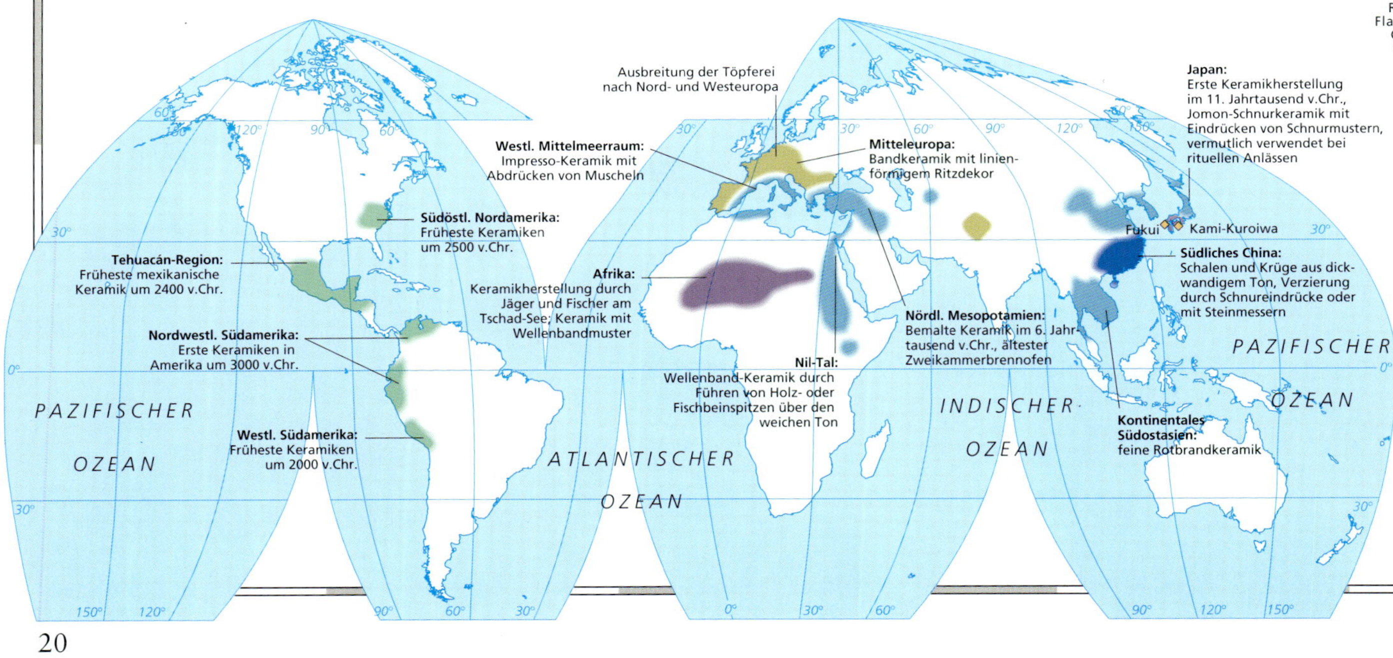

Die frühen Viehzüchter der Sahara hinterließen Bilder der von ihnen domestizierten Tiere auf Felsen und in Höhlen. Zu den häufigsten Darstellungen, von denen einige aus der Zeit um 6000 v.Chr. datieren, zählen Rinder.

Domestikation

Zur Domestikation, der Verbesserung nützlicher Eigenschaften von Wildpflanzen und -tieren in einem langen Auswahlprozess, kam es zu unterschiedlichen Zeiten, hauptsächlich im subtropischen Bereich. Die einzelnen Regionen wurden von verschiedenen Kulturpflanzen als Grundnahrungsmittel abhängig: Weizen und Gerste in West- und Südasien, Hirse und Reis in China und Südostasien, Mais in der Neuen Welt. Die Tierdomestikation wurde nicht zur Erzeugung von Schlachtvieh, sondern zur Versorgung mit Milch oder auch Wolle betrieben. In West- und Zentralasien begann die Zucht von Schafen und Ziegen; Rinder wurden in Europa und Südasien gehalten. Als Zugtiere vor dem Pflug trugen sie zudem zur Steigerung der Ernten bei.

Wilder Einkorn-Weizen hat einen spröden Halm, der Ernte und Transport erschwert.

Domestiziertes Einkorn hat größere Samen und einen kräftigeren Halm als die Wildform. Zur Gewinnung der Samen muss die reife Pflanze gedroschen werden.

SIEHE AUCH:

Nordamerika: S.120–121

Südamerika: S.144–145

Afrika: S.158–159

Europa: S.174–175

Westasien: S.220–221

Süd- und Südostasien: S.240–241

Nord- und Ostasien: S.258–259

Australasien und Ozeanien: S.280–281

Etappen der Domestikation

9000 v.Chr. – 8000 – 7000 – 6000 – 5000 – 4000 v.Chr.

ca.9000: Erste Beweise für den gezielten Anbau von Einkorn-Weizen in Nordsyrien

ca.8500: Anbau von Reis in Südchina

ca.7750: Domestikation von Besenhirse und Kolbenhirse in der Nordchinesischen Ebene

ca.7000: Anbau von Gerste als Hauptkultur in Nordindien

ca.6500: Von Westasien breitet sich Ackerbau zum Balkan aus

ca.6500: Domestikation des Rindes in der Sahara-Region

ca.6000: Ackerbau breitet sich in das Nil-Tal aus

ca.4750: Erste Nachweise für Domestikation von Pflanzen und Tieren in Mittelamerika

ca.4500: Anbau von Mais im Osten Nordamerikas

ca.4500: Belege für Landwirtschaft in den südlichen Zentralanden

ca.4000: Domestikation von Pflanzen im subsaharischen Afrika

Die Ackerbauern von Banpo, Nordchina, lebten in Hütten aus Balken und Flechtwerk, das mit Lehm beworfen wurde. Im Inneren gab es eine zentrale Feuerstelle.

Unterkünfte

Da der Ackerbau den Menschen ganzjährig eine Ernährungsgrundlage sicherte, blieb mehr Zeit für die Errichtung fester Unterkünfte. Nach neuen Methoden wurde alles geeignete Material zur Errichtung von Wohnstätten eingesetzt: von Holz, Flechtwerk und Lehm in Nordeuropa bis zu luftgetrockneten Lehmziegeln in Westasien.

Diese Gipsstatue aus Ain Ghazal, Jordanien, wurde in einer Bestattungsgrube gefunden und datiert um 6800 v.Chr. Statuen dieser Art wurden vermutlich bei Ritualen verwendet.

Rituale

Mit Beginn der Sesshaftigkeit spielten Rituale eine immer stärkere Rolle im Leben der Menschen. Dies ist durch Bestattungen mit Grabbeigaben, die Verehrung heiliger Stätten und die Fertigung von sakraler Gegenständen belegt. Weibliche Gottheiten, wie z.B. aus Çatal Hüyük belegt, sollten die Fruchtbarkeit des Landes verbessern helfen. Verbreitet war auch der Ahnenkult, etwa in Jericho oder auf Zypern, wo die Verstorbenen unter den Wohnhäusern bestattet wurden.

DIE WELT 5000 – 2500 V.CHR.

DIE FRUCHTBAREN TÄLER von Nil, Tigris, Euphrat, Indus und Gelbem Fluss boten gute Grundlagen für die Ernährung zahlreicher Menschen, so dass sie zur Wiege der bedeutendsten urbanen Kulturen der antiken Welt wurden. Obwohl Städte unabhängig voneinander in verschiedenen Regionen entstanden, hatten sie gemeinsame Merkmale. Die urbane Gesellschaft war hierarchisch gegliedert, und es herrschte Arbeitsteilung. Die wirtschaftliche und geistige Macht lag in den Händen einer gebildeten Elite. In einigen Staaten wurde der Herrscher als Gott verehrt. Als Symbole ihrer Macht ließen die Herrscher monumentale Bauten errichten. In ländlichen Regionen übten die Menschen gemeinsam Kulthandlungen aus, gemeinsame Begräbnisstätten entstanden. Die Handwerker bearbeiteten neue Werkstoffe nach neuen Methoden, Kupfer und Bronze wurden verschmolzen und Keramik lasiert. Die Menschen in den aufstrebenden Städten und den ländlichen Regionen erreichten bereits einen hohen Grad gesellschaftlicher Organisation.

FRÜHE VORSTELLUNGEN VOM KOSMOS

Steinkreise und Steinreihungen sind prähistorische Zeugnisse im Nordwesten Europas, die Generationen von Menschen Rätsel aufgaben. Astronomische Beobachtungen zu rituellen Zwecken standen im Mittelpunkt dieser Bauwerke. Oft sind sie so angeordnet, dass ihr Inneres vom Sonnenlicht nur an bestimmten Tagen wie der Sommer- oder der Wintersonnenwende erhellt wird.

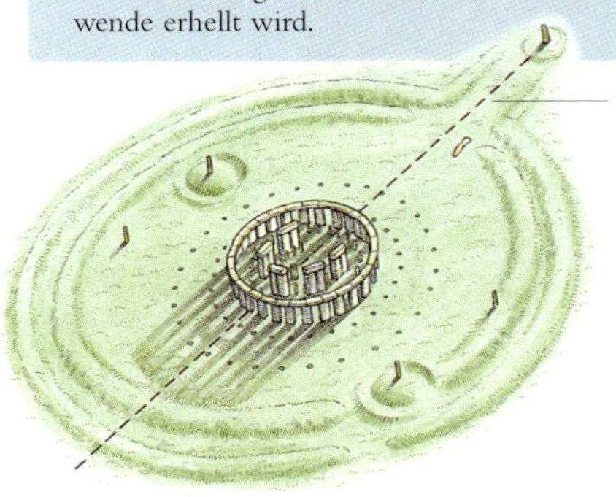

Stonehenge in Südengland wurde um 2500 v.Chr. zum prähistorischen Ritualzentrum. Zur Sommersonnenwende fällt das Licht der aufgehenden Sonne auf die Mittelachse der Anlage. Über die Ausübung ritueller Bräuche ist nur wenig bekannt.

RÄDERKARREN

Der Ursprung des Rades ist unsicher. Wahrscheinlich nutzte der Mensch zuerst Rundbalken zum Lastentransport; aus der Form der Töpferscheibe entwickelten sich dann Räderkarren, die man in Sumer um 3500 v.Chr. kannte. Um 3000 v.Chr. war das Rad auch in Europa und Indien bekannt. Die ersten Karren waren vermutlich zweirädrig und wurden von Ochsen gezogen. Die hölzernen Scheibenräder wurden durch Querleisten zusammengehalten.

Dieses Keramikmodell eines zweirädrigen Ochsenkarrens stammt aus einem Grab von Harappa im Indus-Tal.

Die Pyramiden von Giza wurden zwischen 2530 und 2470 errichtet. Die erste war die ursprünglich 147 m hohe Pyramide von Pharao Khufu (Cheops). Gebaut wurde sie in 23 Jahren während der jährlichen Überschwemmungen des Nils.

Amerika

Der Übergang von der Wildbeuterei zum Ackerbau verlief langsam, doch um 2500 v.Chr. konnten durch verbesserte Feldertrage größere Gemeinschaften ernährt werden. Feste Siedlungen entstanden an der südamerikanischen Westküste und entlang den Flusstälern, wo es reiche Fischgründe gab und Bohnen und Kürbis angebaut wurden. Die Menschen schütteten Erdplattformen bis zu 10 m Höhe auf, errichteten auf ihnen steinerne Tempel, in denen sie Tote beisetzten und Opfer darbrachten. Um 2600 entstanden große Komplexe mit Plattformen, Tempeln und Höfen, die sich zu regionalen Zeremonialzentren ausbildeten.

Die ersten bekannten Darstellungen von Menschen auf dem amerikanischen Kontinent sind diese Figurinen der Valdivia-Kultur an der Westküste Südamerikas, um 3000 v. Chr.

Amerika

5000 v.Chr.	
ca. 4750	Früheste Landwirtschaft in Amerika; Maisanbau im mexikanischen Hochland
4000	Amerikas erste Keramik im Amazonas-Becken
3500	Baumwollanbau in Mittelamerika; Herstellung von Netzen und Textilien
3400	Feldbauerndörfer im mexikanischen Hochland
2600	Tempelkomplexe in Dörfern der Anden-Küste
2500	Fernhandel mit Wertobjekten in Südamerika
2500 v.Chr.	

Afrika

Das Ägypten der Pharaonen entstand aus einer Reihe befestigter Städte, die um 3100 v.Chr. zu einem mächtigen Reich am Nil vereinigt wurden. Narmer war der erste vergöttlichte Herrscher dieses zentralisierten Reiches. Der Glaube an das Fortleben nach dem Tode wurde zum zentralen Merkmal des Staates. Dazu errichtete man den Toten aufwendige und reich ausgestattete Grabstätten. Ab etwa 2650 v.Chr. entstand mit den Pyramiden eine neue Art von Königsgräbern in der Hauptstadt Memphis. Die Pyramiden wurden mit einem enormen Einsatz an Menschen und Material zwischen Wüste und Nil errichtet.

Europa

Aufwendige Grabstätten, von den Hünengräbern in Nordeuropa bis zu den Bestattungsfeldern in Mitteleuropa, weisen auf eine ausgeprägte soziale Organisation der Ackerbauern auf dem europäischen Kontinent hin. Im 3. Jahrtausend v.Chr. schlossen sich kleinere Gemeinschaften zum Bau von Verteidigungswerken zusammen; es bildeten sich regionale Zentren. Steinkreise wie in Stonehenge (England) oder Steinreihen wie in Carnac (Frankreich) sind Gemeinschaftsleistungen, die auf Grundlage einer sozialen, wirtschaftlichen und rituellen Vergesellschaftung entstehen konnten.

Skara Brae ist eine gut erhaltene steinzeitliche Siedlung auf den Orkney-Inseln. Einräumige Häuser aus unbearbeiteten Steinplatten waren durch gepflasterte Gänge verbunden.

Europa

5000 v.Chr. – 4500 – 4000 – 3500 – 3000 – 2500 v.Chr.

- **ca.5000:** Metallurgie in Südosteuropa
- **4500:** Bestattungsfelder, z. B. an der Westküste des Schwarzen Meeres; reich ausgestattete Gräber mit Goldschmuck
- **ca.4500:** Kammergräber als Gemeinschaftsgrabstätten in Westeuropa
- **3800:** Verteidigungsanlagen mit Gräben um Ackerbauersiedlungen in Mitteleuropa
- **3200:** Steinkreise und Menhir-Steinreihen in Nord- und Westeuropa
- **2900:** Älteste Gräber mit Schnurkeramik in Nord- und Mitteleuropa

Ostasien

Die Ackerbaudörfer in China wuchsen, neue Fertigkeiten wurden entwickelt. Bauern der Longshan-Kultur in Ostchina erfanden die Töpferscheibe und stellten bereits um 3000 v.Chr. dünnwandige Gefäße her. Etwa 250 Jahre später begannen sie mit der Seidenraupenzucht und webten Seide. Es entstanden erste von einer Mauer umgebene Siedlungen; deutliche Unterschiede zwischen Gräbern von Reichen und Armen lassen eine zunehmend komplexere Gesellschaft erkennen. Auf dieser Grundlage entsteht schon bald die erste urbane Kultur Chinas, die Shang-Kultur.

Dieser Kui, ein Henkelkrug mit drei Hohlfüßen, zählt zur Keramik der Longshan-Kultur, Ende 3. Jahrtausend v.Chr.

SIEHE AUCH:

Nordamerika: S.120–121

Südamerika: S.144–145

Afrika: S.158–159

Europa: S.174–175

Westasien: S.220–221

Süd- und Südostasien: S.240–241

Nord- und Ostasien: S.258–259

Australasien und Ozeanien: S.280–281

Ostasien

5000 v.Chr. – 4500 – 4000 – 3500 – 3000 – 2500 v.Chr.

- **ca.4000:** Planmäßig angelegte Siedlungen mit getrennten Wohn-, Handwerks- und Bestattungsbereichen in Nordchina
- **3000:** Erster Nachweis für Ackerbau (Hirseanbau) in Korea
- **ca.3000:** Töpferscheibe in der formativen Phase der Longshan-Kultur in Ostchina erfunden
- **2750:** Erste Bronzeartefakte in China
- **2500:** Banshan-Kultur mit farbigen Flächenornamenten in Westchina

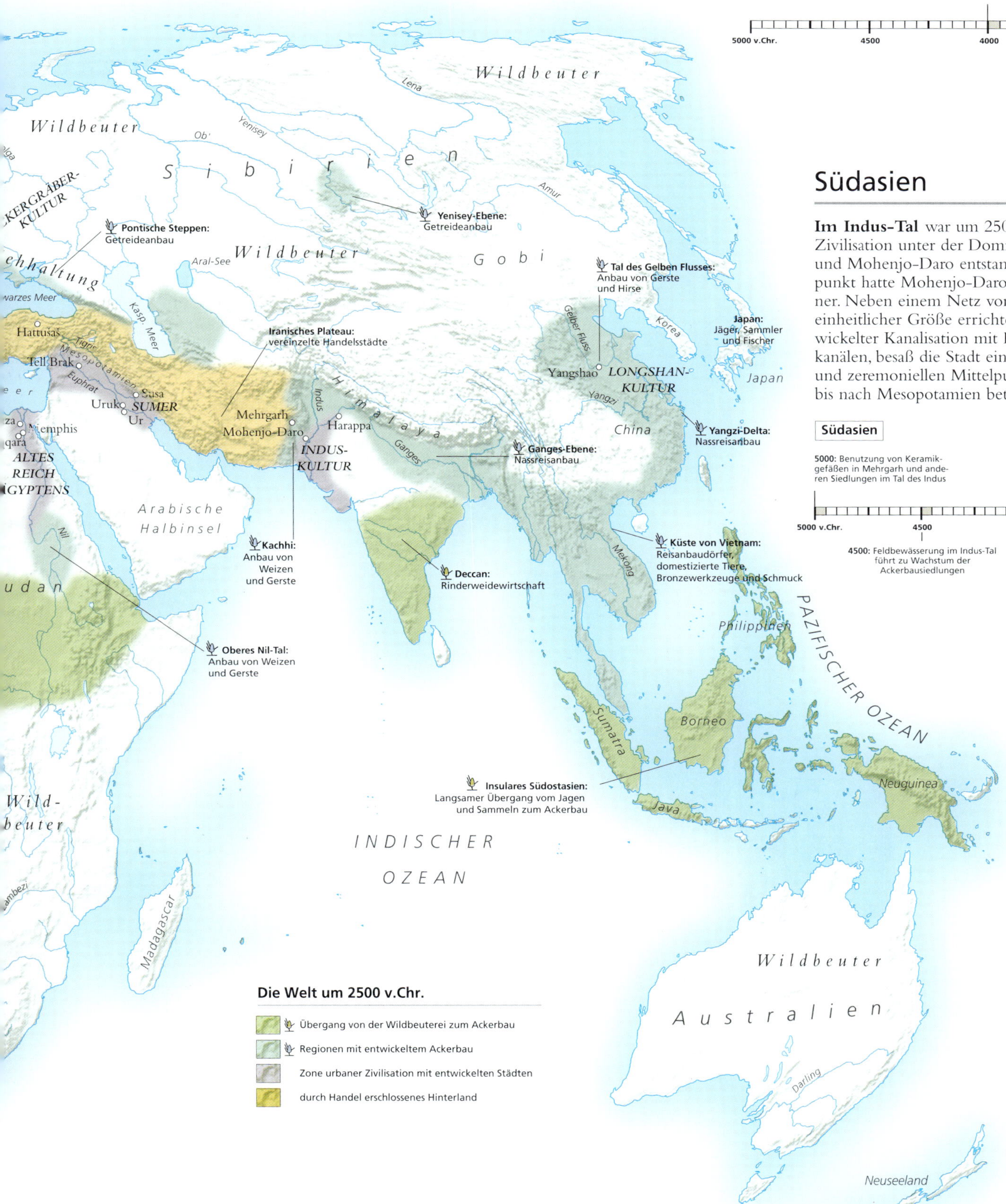

Südasien

Im Indus-Tal war um 2500 v.Chr. eine urbane Zivilisation unter der Dominanz der Städte Harappa und Mohenjo-Daro entstanden. Auf ihrem Höhepunkt hatte Mohenjo-Daro etwa 40 000 Einwohner. Neben einem Netz von Straßen, aus Ziegeln einheitlicher Größe errichteten Häusern, hochentwickelter Kanalisation mit Haupt- und Seitenkanälen, besaß die Stadt eine ›Zitadelle‹ als religiösen und zeremoniellen Mittelpunkt. Fernhandel wurde bis nach Mesopotamien betrieben.

Die Harappa-Kultur entwickelte eine Bilderschrift, die hauptsächlich auf Steinsiegeln verwendet wurde.

Südasien

5000 v.Chr. – 4500 – 4000 – 3500 – 3000 – 2500 v.Chr.

- **5000:** Benutzung von Keramikgefäßen in Mehrgarh und anderen Siedlungen im Tal des Indus
- **4500:** Feldbewässerung im Indus-Tal führt zu Wachstum der Ackerbausiedlungen
- **3500:** Besiedlung der Indus-Niederungen durch Bauern; Errichtung von Schutzmauern
- **2500:** Am Indus entwickeln sich echte Städte; einheitliche Kultur in der gesamten Indus-Ebene, Austauschbeziehungen mit Zentralasien und Mesopotamien

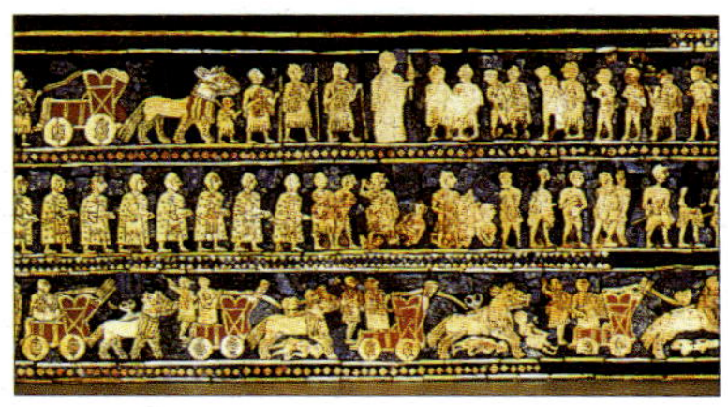

Die Standarte von Ur zeigt die sumerischen Herrscher zu Kriegs- und zu Friedenszeiten. Die Mosaike bestehen aus Lapislazuli und Muscheln – Werkstoffe, die von weither, teils sogar vom Hindukusch, kamen.

Westasien

In den fruchtbaren Flussebenen Mesopotamiens entwickelten sich die ersten urbanen Zivilisationen. Uruk, der erste Stadtstaat, entstand um 3500 v.Chr. Die frühen Städte Mesopotamiens wuchsen um erhöhte, aus Lehmziegeln errichtete Tempelkomplexe. Der Tempel war Verwaltungszentrum für die städtischen Ackerflächen und das Vieh. Den Priestern oblag die Erfassung und Lagerung der Früchte. Aus der Tempelbuchhaltung entstand um 3250 v.Chr. die erste Form der Schrift.

Afrika

5000 v.Chr. – 4500 – 4000 – 3500 – 3000 – 2500 v.Chr.

- **3400:** Erste ummauerte Städte in Ägypten
- **ab 3100:** Gründung der Stadt Memphis; Narmer vereint Ober- und Unterägypten; Beginn der 1. Dynastie;
- **3000:** Frühester Nachweis der Hieroglyphenschrift
- **2650:** Bau der ersten Pyramide (Stufenpyramide des Djoser) in Saqqara
- **2530:** Bau der Großen Pyramide des Khufu (Cheops) bei Giza, der größten Ägyptens

Westasien

5000 v.Chr. – 4500 – 4000 – 3500 – 3000 – 2500 v.Chr.

- **3500:** Erster Stadtstaat Uruk
- **ca.3250:** Tontafeln mit Bildzeichen in Tell Brak; frühester Nachweis für Schrift
- **2500:** Stadtstaaten in ganz Mesopotamien, Syrien und Palästina
- **2500:** Reiche Beigaben in den Königsgräbern von Ur verweisen auf ausgedehnten Handel

ERSTE STÄDTE UND FRÜHER HANDEL

Ägyptische Elfenbeintafel mit dem Namen des Königs Djer (um 3000 v.Chr.).

UM 2500 V.CHR. ENTSTANDEN STÄDTE in drei Regionalzentren, in denen jeweils Flüsse eine bedeutende Rolle spielten: am Nil in Ägypten, zwischen Euphrat und Tigris in Mesopotamien und im Indus-Tal. Verstreut zwischen diesen Regionen strebten weitere Stadtsiedlungen auf. Diese urbanen Zivilisationen mit Siedlungen von mehreren zehntausend Einwohnern waren aus einem langen Prozesses der Sesshaftwerdung und Expansion hervorgegangen. Abhängig waren diese Zivilisationen in hohem Maße von den Erträgen der Felder. Doch der Mangel an wichtigen Rohstoffen wie Holz, Metall und Stein war eine Triebkraft für den Aufbau von Handelsnetzen vom Hindukusch bis in den Mittelmeerraum. Importiert wurden Metalle und Edelsteine wie Lapislazuli, Gold und Türkis, um den Bedarf der sozialen Oberschicht der Städte nach Luxusgütern zu decken. Für die intensive Bautätigkeit mussten große Mengen an Diorit, Kalkstein und Holz bereitgestellt werden. Den Handelsbeziehungen folgte der kulturelle Einfluss. In den Einzugsbereichen der Städte entstanden Handelskontore, aus denen neue Großsiedlungen erwuchsen, z. B. im Hochland von Iran und in Anatolien.

Ur: eine Handelsstadt

Das alte Ur war Hauptort des gleichnamigen Stadtstaates im südlichen Mesopotamien des 3. Jahrtausends. Als bedeutendes Wirtschaftszentrum unterhielt Ur ausgedehnte Handelsbeziehungen bis nach Dilmun (Bahrain) und zu den Städten am Indus. Schiffe mit Gold, Kupfer, Holz, Elfenbein und Edelsteinen hatten über Kanäle, die die Stadt mit dem Euphrat verbanden, Zugang zum Persischen Golf. Auf Tontafeln wurden die Geschäftsvereinbarungen und die Ladungen der Schiffe akribisch notiert. Wachsender Wohlstand äußerte sich in bedeutenden Bauten wie dem von Ur-Nammu erbauten Zikkurat, der der Mondgöttin Nanna, der obersten Stadtgöttin, geweiht war. Die Herrscher ließen sich mit überaus reichen Grabbeigaben in den ›Königsgräbern‹ beisetzen.

Frühe Handelsstädte

3500 v.Chr. – 3000 – 2500 v.Chr.

- **ca. 3500:** Aufstieg des Stadtstaates Uruk
- **ca. 3300:** Erste Stadtmauern in Ägypten: Hierakonpolis und Naqada
- **ca. 3100:** Sumerer haben Handelsposten in Habuba Kabira, Syrien; sumerische Händler auch im persischen Godin Tepe
- **ca. 3100:** Gründung der Stadt Byblos an der Küste Palästinas
- **ca. 2500:** Ur im südlichen Mesopotamien ist wichtiges Handels- und Produktionszentrum
- **ca. 2500:** Handelsposten bei Shortughai, 1000 km von Harappa, beliefert Indus-Kultur mit Zinn und Lapislazuli
- **ca. 2500:** Ebla im westlichen Mesopotamien nimmt Handel mit Mittelmeervölkern auf

1 Ur

- Heiliger Bezirk
- Königspalast
- andere Gebäude
- innere Mauer
- äußere Mauer

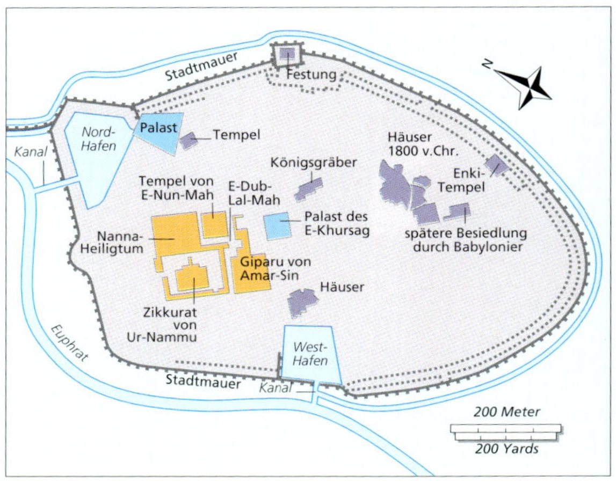

Die Transporttechnologie

Der Ferntransport in der antiken Welt war nur möglich auf Grundlage einer technologischen Revolution der Transportmittel. Zumeist wurden die Waren auf Wasserwegen transportiert. Über Flüsse und Kanäle hatten die Städte Mesopotamiens Zugang zum Persischen Golf und zum Indus-Tal. Für Seehandelstransporte entlang der Golfküste und im Arabischen Meer bis zur Indus-Mündung gibt es zahlreiche Beweise. Darstellungen auf Grabreliefs, Modellen und in Grabstätten zeigen Nilboote aus Holz oder Schilf mit Ladungen von Granit- und Alabastersäulen. Der Landhandel weitete sich nur langsam mit dem Einsatz von Lasttieren wie Esel und Kamel aus. Von Ochsen und Büffeln gezogene Räderkarren wurden in der Regel nur für kürzere Strecken eingesetzt.

Ein hochbugiges Schilfboot zeigt dieser Abdruck eines Rollsiegels aus Uruk aus dem 4. Jahrtausend v.Chr. Das Boot trägt einen Priester oder Herrscher, vermutlich bei einer Prozession.

Diese Kupferskulptur aus Tell Agrab in Mesopotamien zeigt einen zweirädrigen Streitwagen mit vorgespannten Onagern, einer Halbeselart. Räderfahrzeuge wurden für den Handel und im Kriege eingesetzt.

Die ägyptische Kultur entstand am Nil und war vom Fluss, dem wichtigsten Transportweg, bestimmt. In Ägypten entstanden einige der frühesten Schiffe mit Segeln.

Erfindungen und Innovationen

5000 v.Chr. – 4500 – 4000 – 3500 – 3000 v.Chr.

- **ca. 5000:** Erster Gebrauch von Kupfer in Mesopotamien
- **ca. 4500:** Erster Gebrauch von Segeln in Mesopotamien
- **ca. 4000:** Gebrauch des Pfluges in Mesopotamien
- **ca. 3250:** Bildtafeln aus Tell Brak, nördliches Mesopotamien; frühester Beleg für Schrift
- **ca. 3200:** Räderkarren als Grabbeigabe der Herrscher in Ur und Kiš
- **ca. 3100:** Keilschrift in Mesopotamien, erste Bronzebearbeitung

Handel im 3. Jahrtausend v.Chr.

Der Handel zwischen Mesopotamien, dem Hochland von Iran und dem Indus-Tal lässt sich durch Funde von Tauschobjekten hinreichend belegen. Karneolperlen und kunstvoll gestaltete Siegel, vielleicht mit dem Namen der Händler, wurden an zahlreichen Orten im südlichen Mesopotamien gefunden. Gefäße aus Chloritschiefer, einem weichen Gestein aus dem südlichen Persien, sind gleichfalls in der gesamten Region belegt. Dilmun (Bahrain) war ein wichtiger Transitort für Güter im Persischen Golf und zugleich Handelszentrum für Kupfer aus Oman. Handel wurde sowohl mit Ur und Lagaš, den beiden wichtigsten Häfen Mesopotamiens, als auch mit den Städten am Indus getrieben.

Das Iranische Hochland besaß reiche Vorkommen an Chloritschiefer, Lapislazuli, Karneol, Gold und Silber. Importe von Chloritschiefer, aus dem diese Schale besteht, sind durch Funde in der gesamten Region von Mari im Westen bis Mohenjo-Daro im Osten belegt.

Indus-Siegel zur Kennzeichnung von Handelsware wurden in Mesopotamien gefunden. Die kurzen Inschriften sind möglicherweise Namen von Händlern.

SIEHE AUCH:
Afrika: S.158–159
Westasien: S.174–175
Süd- und Südostasien: S.240–241

Figur des ›Widders am Lebensbaum‹, gefunden in den Königsgräbern von Ur. Sie besteht aus Gold, Silber, Muschel und Lapislazuli, Beweis für blühende Fernhandelsbeziehungen bis zum Hindukusch-Gebiet.

2 Frühe Städte und Handelsrouten 3500–2000 v.Chr.

Zone urbaner Zivilisation
durch Handel erschlossenes Hinterland
Städte
bedeutende Handelsroute
Küste heute, falls abweichend
Flussläufe heute, falls abweichend

Handelsgüter
Alabaster
Dolerit
Flint (Feuerstein)
Granit
Kalkstein
Steatit (Speckstein)
Kupfer
Gold
Silber
Zinn
Karneol
Türkis
Lapislazuli
Holz

Händler benutzten Siegel als Eigentumszeichen. Mit diesem Rollsiegel aus Mesopotamien wurden Abdrücke auf weichen Ton übertragen.

Schreiber verfügten über Bildung und bildeten eine privilegierte Schicht. So leitete der ägyptische Schreiber Imhotep den Bau der Pyramide von Saqqara.

Schrift

Die vielleicht folgenreichste Erfindung der städtischen Zivilisationen war die Verwendung von Schriftzeichen zur Aufzeichnung getätigter Geschäfte. Die ersten Texte aus dem 4. Jahrtausend in Mesopotamien sind nur Belege mit Symbolen und Zahlen. (Schrift gleichen Alters ist heute aber auch aus den Königsgräbern von Abydos in Oberägypten bekannt.) Bald entwickelte sich eine Schriftform, in der Bilder für Wörter stehen, dann wurden Symbole zur Wiedergabe von Silben und Lauten verwendet (Keilschrift). Schreiber übernahmen die Verwaltung der Tempelarchive und der Bibliotheken aus Tontafeln, auf denen Einzelheiten der Tempelverwaltung festgehalten wurden. Schrift fand aber auch schon früh Anwendung bei der Niederlegung von Rechtstexten, der Aufzeichnung von Mythen und der Bewahrung religiöser Riten.

Sumerische Keilschrift erhielt ihren Namen nach der Keilform der mit einem Stift in weiche Tontafeln geritzten Zeichen. Nach dem lateinischen *cuneus* für ›Keil‹ wird sie auch Cuneiform genannt.

Die Welt 2500–1250 v.Chr.

Das Aufblühen der ersten Städte führte zur Entstehung größerer Staaten; die Bevölkerung wuchs, aus Rivalitäten um die Territorien erwuchsen Kriege, die mit der Zerstörung oder der Unterwerfung des Unterlegenen endeten. Mit fortschreitender gesellschaftlicher Differenzierung bildeten sich Klassen – Krieger, Priester, Schreiber, Handwerker und Arbeiter – heraus. Der Reichtum der Herrscher und der sozialen Oberschicht spiegelt sich in reichen Grabbeigaben. In globalem Maßstab beanspruchten die städtischen Zivilisationen jedoch noch ein verschwindend kleines Territorium. In Europa erreichten die auf Ackerbau beruhenden Gemeinschaften einen neuen Entwicklungsstand und entwickelten Metallurgie und Handel; Konflikte um Land und Ressourcen spiegeln sich im Bau von Fluchtburgen. In vielen anderen Regionen lebten noch Gruppen von jagenden und sammelnden Wildbeutern.

Sonnensymbole

Symbolische Darstellungen der Sonne, Zeichen für Leben und Fruchtbarkeit, kennen nahezu alle Kulturen. Im Ägypten dieser Zeit war der Sonnengott Ra die höchste aller Gottheiten. Seinen Höhepunkt fand der Sonnenkult in einem kurzen Zeitabschnitt unter Pharao Echnaton (Akhenaton) um 1350 v.Chr., der den monotheistischen Aton-Kult einführte. In Skandinavien belegen rituelle Fundobjekte wie der Sonnenwagen aus einem Moor bei Trundholm (unten) Sonnenanbetung und Fruchtbarkeitsriten während der Bronzezeit in dieser Region.

Diese Bronze eines Pferdes, das eine Scheibe zieht, könnte den Lauf der Sonne über das Firmament darstellen. Der Fund datiert aus der Zeit um 1650 v.Chr.

Die Welt um 1250 v.Chr.

- Neues Reich von Ägypten
- Hethiter
- Mitanni
- Elam
- Shang-China
- mykenische Griechen
- Übergang von Wildbeuterei zu Ackerbau
- andere Regionen mit Stadtkulturen

Bronzeverarbeitung um 1250 v.Chr.

- Andronovo-Steppenkulturen
- bronzezeitliches Europa
- kontinentales Südostasien
- → Kolonisierung des Pazifik ab ca. 1500 v.Chr.

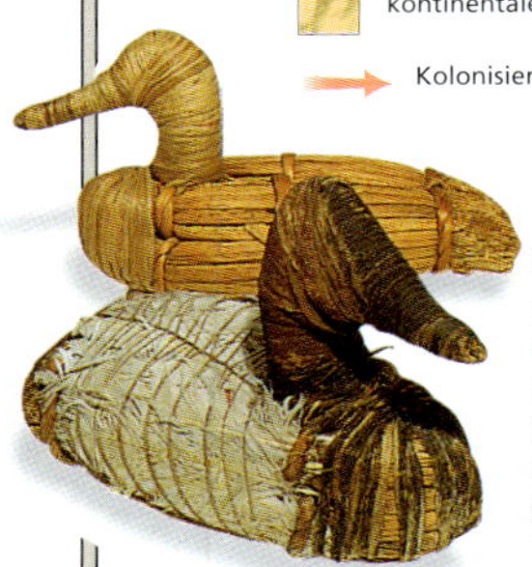

Solche Lockenten aus Binsen und Federn aus der Lovelock Cave in Nevada (um 1500 v.Chr.) unterstreichen die Bedeutung des nahen Sees als Nahrungsquelle für die Bewohner der Höhle.

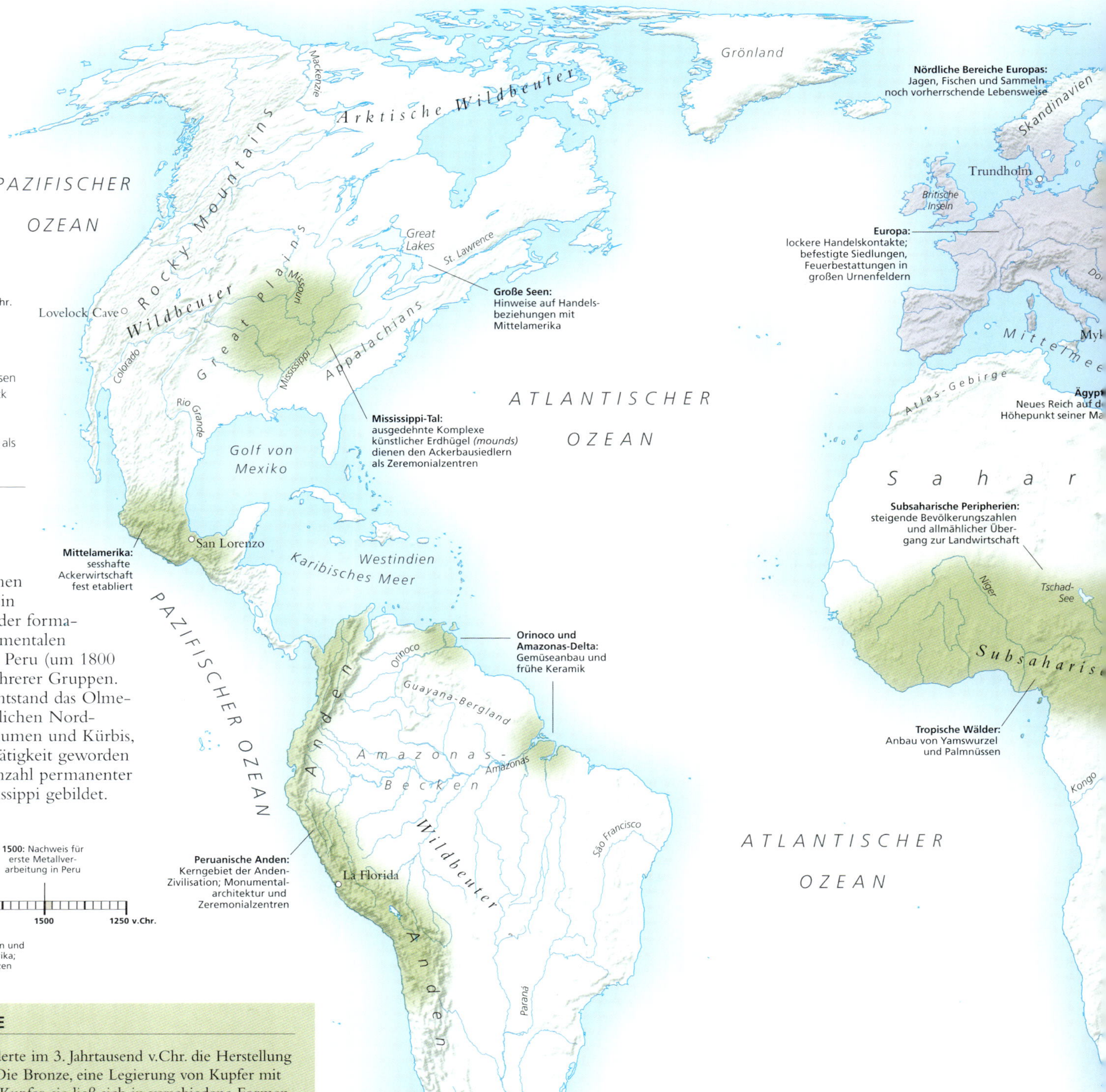

Amerika

Die Vorläufer der urbanen Zivilisationen in Süd- und Mittelamerika entstanden in diesem Zeitabschnitt, so dass man von der formativen Phase spricht. Der Bau des monumentalen Zeremonialzentrums von La Florida in Peru (um 1800 v.Chr.) war das Gemeinschaftswerk mehrerer Gruppen. An der Golfküste von Mittelamerika entstand das Olmeken-Zentrum von San Lorenzo. Im östlichen Nordamerika zeigt der Anbau von Sonnenblumen und Kürbis, dass die Landwirtschaft zur regulären Tätigkeit geworden war. Um 1500 v.Chr. hatte sich eine Anzahl permanenter Siedlungen in den Flusstälern des Mississippi gebildet.

Amerika (Zeitleiste 2500 v.Chr. – 1250 v.Chr.)

- 2000: Früheste Keramik und verbreiteter Maisanbau in Peru
- ca. 1800: Bau des Zeremonialzentrums von La Florida in Peru
- 1800: Anbau von Sonnenblumen und Kürbis im östlichen Nordamerika; Ausbau von Fernhandelsnetzen
- 1500: Nachweis für erste Metallverarbeitung in Peru

Die Anfänge der Metallurgie

Die Verarbeitung von Bronze veränderte im 3. Jahrtausend v.Chr. die Herstellung von Waffen, Werkzeugen und Gefäßen. Die Bronze, eine Legierung von Kupfer mit Zinn, war fester und haltbarer als reines Kupfer, sie ließ sich in verschiedene Formen treiben und in Stein- oder Lehmformen gießen. Kupfer und Zinn gab es jedoch nicht überall in ausreichender Menge. So führte der Bedarf an Erzen zur Herausbildung ausgedehnter Handelsnetze, über die Rohstoffe und Fertigprodukte ausgetauscht wurden.

Die Äygpter verarbeiteten auch Gold, das in verschwenderischem Maße zur Verzierung von Gefäßen, Möbelstücken und bei Bestattungen verwendet wurde (links).

In Mykene wurde der Kriegeradel mit reichen Beigaben von Metallgegenständen beigesetzt. Das Bronzeblatt eines Dolches (ca. 1550 v.Chr.) ist mit der Darstellung einer Löwenjagd in Silber inkrustiert.

Afrika

Die ägyptische Zivilisation erreichte zur Zeit des Neuen Reiches (1550–1070 v.Chr.) ihren Höhepunkt. Die Macht des Herrschers war unangefochten. Der Reichtums des Landes wurde aus den reichen Goldvorkommen in Nubien und der Herrschaft über Palästina und das südliche Syrien gespeist. Die kriegerischen Auseinandersetzungen mit den Hethitern zur Sicherung der Vorherrschaft prägten diese Zeit. Die Ursachen für den Niedergang des Neuen Reiches waren Korruption und der Verfall der Macht des Herrscherhauses, Unruhen in Syrien sowie äußere Angriffe auf Ägypten.

Europa

Geschützte Siedlungen wie Fluchtburgen, Seedörfer oder Pfahlbauten belegen regionale Konflikte um Territorien. Neuartige Bronzewaffen korrespondieren mit der Herausbildung einer Oberschicht von Kriegern. Auf Kreta erlebten die ›minoischen‹ Palastzentren (z.B. Knossos) ihre Blüte und trieben Handel im östlichen Mittelmeerraum. Um 1500 v.Chr. übernahmen die auf dem Peloponnes um Adelsburgen entstehenden Städte der mykenischen Griechen die Führungsrolle, wurden aber im 12. Jh. v.Chr. sämtlich zerstört oder verlassen.

Auf den minoischen Fresken von Knossos ist ein häufiges Thema das akrobatische ›Stierspringen‹, möglicherweise ein zentraler Ritus des religiösen Kultes.

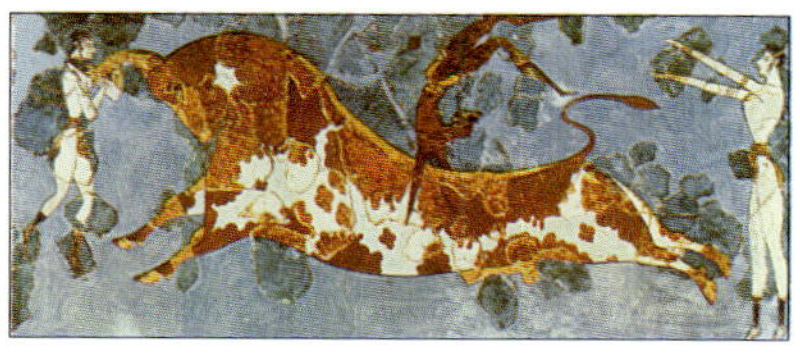

Europa

- **2300:** Beginn der Bronzezeit in Europa
- **2000:** Minoische Kultur auf der Insel Kreta, Bau des Palastes von Knossos
- **2000:** Beginn der mykenischen Kultur auf dem südlichen Balkan
- **1650:** Benutzung der Schrift Linear-A in Kreta
- **1550:** Erste befestigte Siedlungen in Zentral- und Osteuropa

2500 v.Chr. · 2250 · 2000 · 1750 · 1500 · 1250 v.Chr.

Westasien

Das nördliche Mesopotamien wurde von einer Reihe von Stadtstaaten wie Aššur und Mari mit Palästen und religiösen Komplexen als Mittelpunkt beherrscht. Im Palast wurden die Fernhandelsbeziehungen der Stadt verwaltet und alle Geschäfte akribisch auf Tontafeln dokumentiert. Im 18. Jh. v.Chr. errang Babylon kurzzeitig die Herrschaft über die Region. In Zentralanatolien herrschten die Hethiter von ihrer befestigten Zitadelle in Hattušaš (Hattuscha) über ein mächtiges Reich. Bestrebungen, ihre Macht nach Süden auf die reichen Handelsstädte in Syrien und Palästina auszudehnen, waren Ursache für Konflikte mit Ägypten.

Diese Goldfigur eines Hethiterkönigs datiert um 1400 v.Chr.

SIEHE AUCH:
Nordamerika: S.120–121
Südamerika: S.144–145
Afrika: S.158–159
Europa: S.174–175
Westasien: S.220–221
Süd- und Südostasien: S.240–241
Nord- und Ostasien: S.258–259
Australasien und Ozeanien: S.280–281

Westasien

- **2300:** Stadtstaaten im südlichen Mesopotamien zeitweilig unter Sargon von Akkade vereinigt
- **1775:** Bau des Palastes von Zimri-Lim in Mari; Palastarchiv mit 17 500 Tontafeln
- **1760:** Stadtstaat Babylon erringt politische Hegemonie über nördliches Mesopotamien
- **1650:** Reich der Hethiter mit der Hauptstadt Hattušaš
- **1600:** Phöniker benutzen kanaanäische Schrift als erste Buchstabenschrift
- **ab 1500:** Kriege zwischen Hethitern, Ägyptern und Mitanni im nördlichen Mesopotamien
- **1285:** Schlacht bei Kadeš zwischen Hethitern und Ägyptern

2500 v.Chr. · 2250 · 2000 · 1750 · 1500 · 1250 v.Chr.

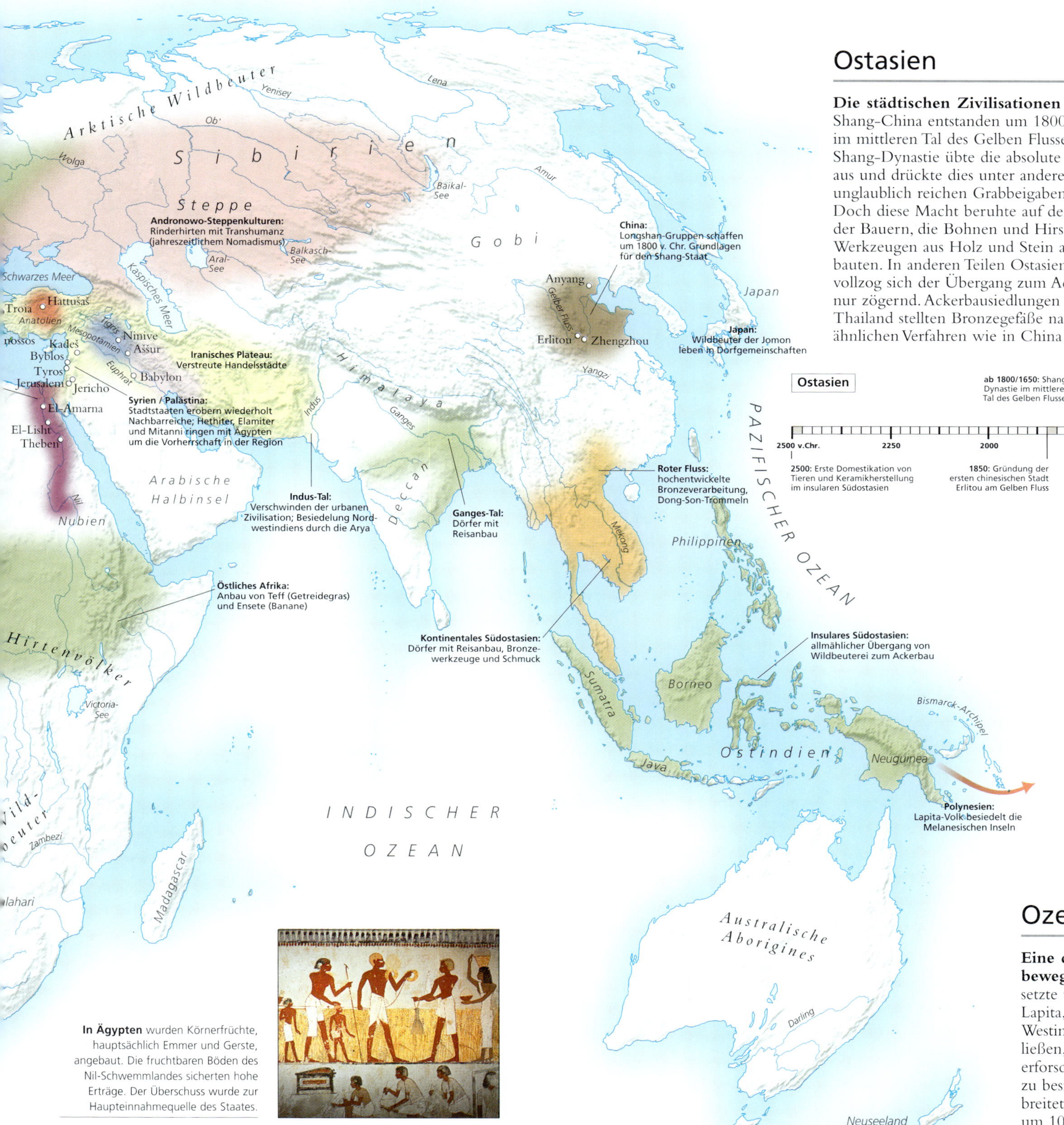

Ostasien

Die städtischen Zivilisationen von Shang-China entstanden um 1800 v.Chr. im mittleren Tal des Gelben Flusses. Die Shang-Dynastie übte die absolute Macht aus und drückte dies unter anderem in unglaublich reichen Grabbeigaben aus. Doch diese Macht beruhte auf der Arbeit der Bauern, die Bohnen und Hirse mit Werkzeugen aus Holz und Stein anbauten. In anderen Teilen Ostasiens vollzog sich der Übergang zum Ackerbau nur zögernd. Ackerbausiedlungen in Thailand stellten Bronzegefäße nach ähnlichen Verfahren wie in China her.

Den Bronzeguss beherrschte China meisterhaft. Solche, für zeremonielle Anlässe gefertigten Gefäße wurden häufig den Verstorbenen der Oberschicht ins Grab mitgegeben.

Ostasien

- **2500:** Erste Domestikation von Tieren und Keramikherstellung im insularen Südostasien
- **1850:** Gründung der ersten chinesischen Stadt Erlitou am Gelben Fluss
- **ab 1800/1650:** Shang-Dynastie im mittleren Tal des Gelben Flusses
- **1800:** Erster Guss von Bronzegefäßen in Keramikformen
- **1500:** Nachweis für Bronzeverarbeitung im kontinentalen Südostasien
- **um 1400:** Anyang wird statt Zhengzhou Shang-Hauptstadt
- **1400:** Erste Schriften auf Orakelknochen

2500 v.Chr. · 2250 · 2000 · 1750 · 1500 · 1250 v.Chr.

Als die Lapita die pazifischen Insel erreichten, brachten sie zahlreiche Nahrungspflanzen, Schweine und eine ausgeprägte Keramik mit stempelartigen Eindrücken und Einritzungen mit.

In Ägypten wurden Körnerfrüchte, hauptsächlich Emmer und Gerste, angebaut. Die fruchtbaren Böden des Nil-Schwemmlandes sicherten hohe Erträge. Der Überschuss wurde zur Haupteinnahmequelle des Staates.

Afrika

- **2040:** Wiedervereinigung Ägyptens unter den Königen des Mittleren Reiches. Neue Hauptstadt bei El-Lisht
- **1633:** Ägypten unter Herrschaft der Hyksos aus Asien
- **1560:** Gaufürsten von Theben kämpfen gegen die Hyksos; 1550 Beginn des Neuen Reichs, neue Hauptstadt ist Theben
- **1417:** Höhepunkt von Macht, Wohlstand und Ansehen Ägyptens unter Pharao Amenophis III.
- **1350:** Pharao Echnaton macht Anbetung des als Sonne symbolisierten Gottes Aton zur Staatsreligion und verlegt Hauptstadt nach El-Amarna

2500 v.Chr. · 2250 · 2000 · 1750 · 1500 · 1250 v.Chr.

Ozeanien

Eine der größten Siedlungsbewegungen der Frühgeschichte setzte um 1500 v.Chr. ein, als die Lapita, die ursprünglichen Siedler der Westindischen Inseln, Neuguinea verließen, um die Salomon-Inseln zu erforschen und die Inseln des Pazifik zu besiedeln. Die Lapita-Kultur breitete sich rasch aus und erreichte um 1000 v.Chr. Tonga und Samoa.

- **ca. 2500:** Einführung des Dingo nach Australien, vermutlich aus Südostasien
- **ca. 1600:** Früheste Lapita-Keramik auf dem Bismarck-Archipel
- **1500:** Lapita beginnen Besiedlung der pazifischen Inseln

2500 v.Chr. · 2250 · 2000 · 1750 · 1500 · 1250 v.Chr.

Ozeanien

URBANE ZIVILISATIONEN

Pharao Echnaton gründete im 14. Jh. v.Chr. beim heutigen El-Amarna eine neue Hauptstadt Ägyptens, die sich jedoch als kurzlebig erwies.

IM VERLAUF VON 2000 JAHREN ab etwa 3500 v.Chr. entwickelten sich Städte in vielfältiger Weise als Spiegelbild der sie hervorbringenden Kulturen. Doch mit der zunehmenden Herausbildung gesellschaftlicher Differenzierung zeigte sich bei allen eine sehr ähnliche Kluft zwischen Herrschern und Beherrschten, Geheiligtem und Profanem. Physisch und symbolisch wurden sie von den Palästen der herrschenden Oberschicht, von Tempeln und religiösen Bereichen dominiert. Die aufwendigen Bauten dieser frühen Zentren unterscheiden sich klar von den Wohn- und Arbeitsstätten der einfachen Menschen, symbolisieren die absolute Macht des Herrscherhauses, der Priester und der Aristokratie. Doch war diese städtische Kultur stets geprägt vom Streben nach Ausdehnung des Territoriums und Mehrung des Reichtums – von jenem Expansionsdrang also, der zur Bildung der Großreiche führte.

Das Wachstum der Städte

In der Region zwischen Mittelmeer und China hatten sich bis 1250 v.Chr. mehrere Zentren urbaner Zivilisationen gebildet. Den Anfängen in Südmesopotamien waren zahlreiche Städtegründungen von Ur bis Mykene gefolgt, die vom Handel sowie der Erhebung von Abgaben, Zöllen und Tributen lebten. Diese Städte (nicht Stämme) führten stetige Kämpfe um die Vorherrschaft, besonders in der Levante. In Ägypten waren die Städte am Nil zu bedeutenden religiösen und dynastischen Zentren aufgestiegen, die sich mit gewaltigen Tempeln, Palästen und sakralen Anlagen für die Toten schmückten. Die Städte in Shang-China waren intern strikt differenziert als Zeichen für eine gesellschaftliche Gliederung, in der der Reichtum und Luxus Weniger auf einfacher Ackerbautätigkeit Vieler beruhte.

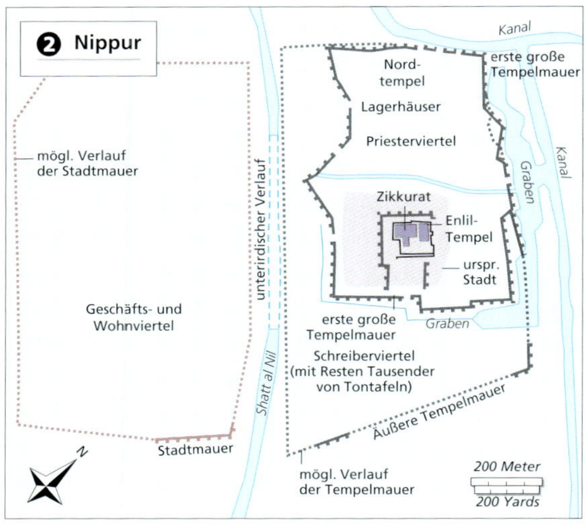

Die Macht der Herrscher wurde durch die Gründung von Städten und Tempeln legitimiert, wie diese Figur eines Baumaterial tragenden babylonischen Königs zeigt.

Nippur

Als Stadt des ›Götterkönigs‹ Enlil, des Hauptgottes im Pantheon der Sumerer, spielte Nippur über drei Jahrtausende eine wichtige Rolle. Am Shatt al Nil, dem alten Lauf des Euphrat, gelegen, wurde die Stadt zuerst um 4000 v.Chr. besiedelt. Um 2100 übernahm Ur-Nammu, der Herrscher des Stadtstaates Ur, die Rolle als Stellvertreter Enlils auf Erden und errichtete dem Gott den ersten Tempel und den Zikkurat. Der Tempel wurde später zerstört und wenigstens drei Mal wieder aufgebaut. Die Reste des ausgedehnten religiösen Bereiches umfassen ein großes Schreiberviertel sowie einen Tempel für die Göttin Inanna.

Ein Plan der Stadt Nippur – vermutlich der älteste Stadtplan der Welt – wurde auf einer Tontafel aus der Zeit um 1500 v.Chr. gefunden. Die beiden Linien ganz links deuten den Euphrat an, die Linien daneben eine der Stadtmauern.

Löwenskulpturen flankieren das ›Löwentor‹, eines der Haupttore der Stadt Hattušaš. Im 14. Jh. v.Chr. wurden die Befestigungen der Stadt erweitert und verstärkt, wie es dem Status einer wichtigen Königsstadt entsprach.

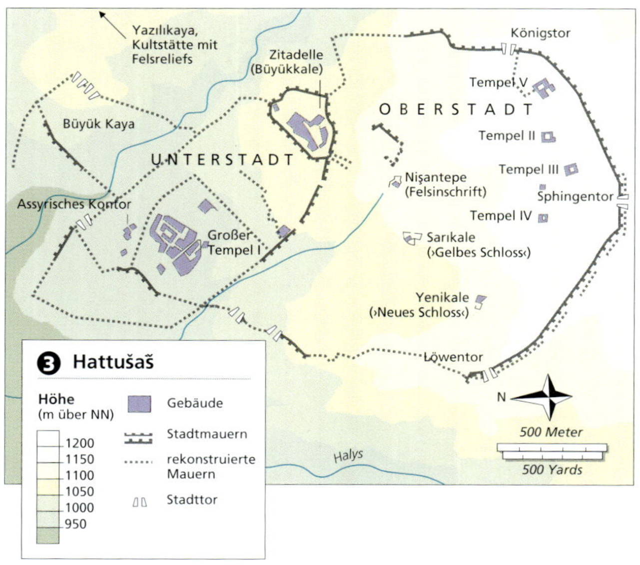

Hattušaš

Die Könige des Hethiter-Reichs, das aus mehreren anatolischen Stadtstaaten im 17. Jh. v.Chr. hervorgegangen war, wählten Hattušaš (auch: Hattuscha) zur Hauptstadt. Am Eingang zu einem fruchtbaren Flusstal gelegen, bildete die Zitadelle den Kern der alten Stadt. Um 1400 umschloss die Stadtmauer die Unter- und die Oberstadt mit zahlreichen Prunkbauten: fünf Tempel und ein Palast innerhalb der Zitadelle mit einem großen Säulensaal für die Audienzen der Großkönige sowie dem königlichen Archiv mit 3000 Tontafeln. Die Stadtmauer, die sich auf einer mit Stein verblendeten Böschung erhob und mit vorspringenden Türmen und doppeltürmigen Toren versehen war, machte die Hethiter-Residenz zu einer der wehrhaftesten Städte der Region.

Die Entwicklung der Städte

3600 v.Chr. – 3200 – 2800 – 2400 – 2000 – 1600 – 1200 v.Chr.

- **ca. 3500:** Uruk-Periode; erste Stadtstaaten in Südmesopotamien
- **ca. 3100:** Frühe urbane Gemeinschaften im Nil-Delta; Gründung von Memphis als Hauptstadt des vereinigten Reichs von Ober- und Unterägypten
- **ca. 2500:** Blüte der urbanen Kultur im Indus-Tal; Mohenjo-Daro und Harappa hatten evtl. bis zu 40 000 Einwohner
- **ca. 2500:** In Syrien und Nordmesopotamien entstehen neue Städte um Palastkomplexe
- **ca. 2400:** Frühdynastische Periode in Südmesopotamien (Sumer); Herrschaft von Stadtkönigen
- **um 2000:** Blütezeit der Stadt Troia in Anatolien
- **2000:** Beginn der Palastkultur auf Kreta mit Zentrum Knossos
- **ca. 2000:** Zerfall der Indus-Zivilisation; Städte verlassen
- **ca. 1990:** Neue ägyptische Hauptstadt bei El-Lisht
- **ca. 1900:** Blütezeit der Stadt Erlitou am Gelben Fluss
- **ca. 1650:** Neugründung der Hethiter-Hauptstadt Hattušaš in Anatolien
- **ca. 1600:** Mykene wird zum Zentrum der ägäischen Zivilisation
- **ca. 1560:** Die Stadt Theben wird Zentrum des Neuen Reiches in Ägypten
- **ca. 1400:** Anyang wird Shang-Hauptstadt
- **ca. 1350:** Gründung der kurzzeitigen ägyptischen Hauptstadt bei El-Amarna
- **ca. 1245:** Ramses II. verlegt ägyptische Hauptstadt nach Pi-Ramesse

Zhengzhou

Die Shang-Dynastie herrschte im mittleren Tal des Gelben Flusses ab etwa 1650 v.Chr. Reste der Shang-Städte, reich ausgestattete Gräber und Luxusgegenstände sind Beweise für das Bestehen einer hoch entwickelten urbanen Oberschicht. Zhengzhou war eine von mehreren Shang-Hauptstädten und nahm ein etwa rechteckiges Areal mit einer 7 km langen und 10 m hohen Erdumwallung ein. Die Mauern beherbergten die Residenz und den Ritualaltar, Wohnstätten, Vorratsgruben für Getreide, Keramik und Orakelknochen (mit deren Hilfe die Shang mit ihren Ahnen in Verbindung traten) sowie Gruben für Menschenopfer. Außerhalb der Umwallung befanden sich die Wohnbereiche und Werkstätten, in denen Artefakte aus Elfenbein, Knochen, Bronze und Keramik geschaffen wurden.

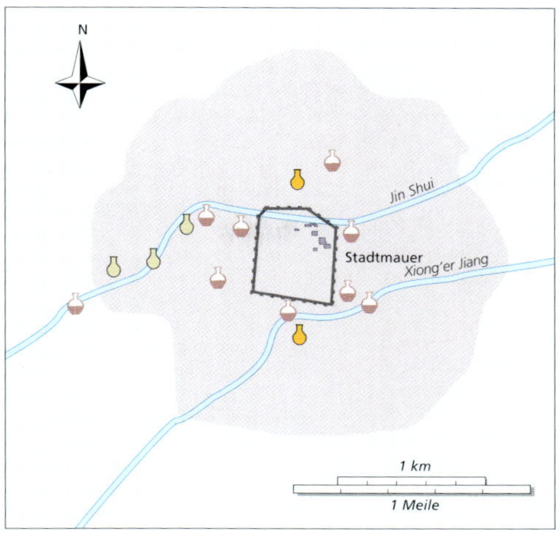

SIEHE AUCH:

Afrika: S. 158–159
Europa: S. 174–175
Westasien: S. 220–221
Süd- und Südostasien: S. 240–241
Nord- und Ostasien: S. 258–259

Die Städte der Shang-Zeit lagen alle am Rand der großen Nordchinesischen Ebene. Dieses fruchtbare Gebiet, reich an alluvialen Anschwemmungen des Gelben Flusses, stellte die agrarwirtschaftliche Basis der Shang-Kultur dar.

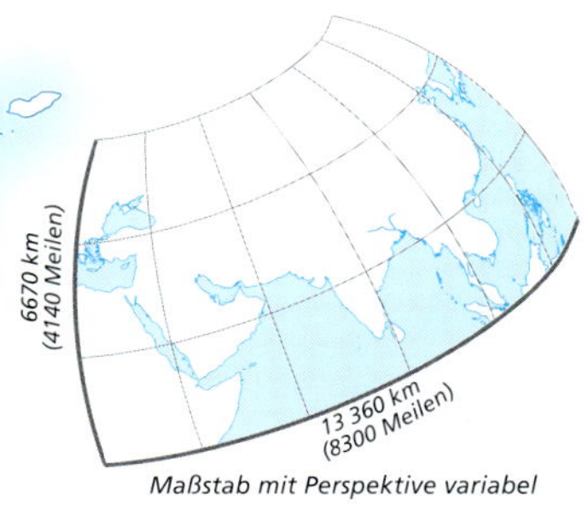

El-Amarna

Der ägyptische Pharao Echnaton (Akhenaten) ließ im 14. Jh. v.Chr. eine neue Residenzstadt beim heutigen El-Amarna errichten; bereits kurz nach seinem Tod wurde sie jedoch wieder aufgegeben. Die Stadt in der Ebene am Ostufer des Nils wurde vom großen Aton-Tempel für den neuen Gott des ›Ketzerpharaos‹ beherrscht. Unmittelbar südlich lag der Königspalast, zweigeteilt durch die parallel zum Nil angelegte Königsstraße. So entstand eine Trennung zwischen privatem und offiziellem Bereich. In den weiter abgelegenen Wohnvierteln befanden sich zahlreiche prächtige Häuser mit Gärten und Bädern, wohl Unterkünfte der Höflinge, dazwischen dicht gedrängt die Quartiere der einfachen Leute.

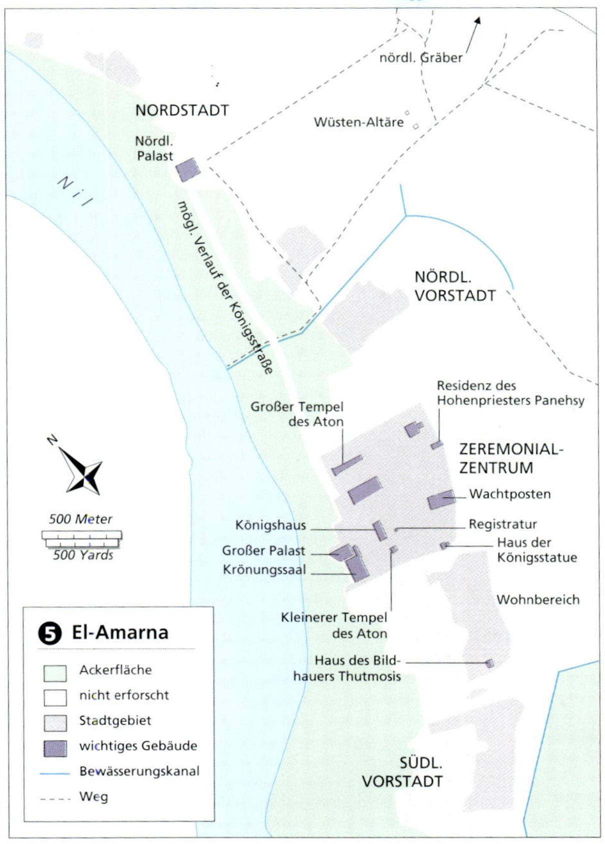

Pharao Echnaton erbaute El-Amarna als Symbol seiner Ablehnung altägyptischer Traditionen und zur Ehre seines Gottes Aton. Sein Nachfolger Tutenchamun ging nach Theben (links der Luxor-Tempel) zurück und belebte die Tempel der alten Gottheiten neu.

Diese Wandmalerei schmückte den großen Palast von Echnaton. Sie zeigt zwei der Töchter des Königs. Die überlängte Darstellung ist typisch für den Kunststil der Amarna-Epoche.

DIE WELT 1250–750 v.Chr.

FORTGESETZTE KONFLIKTE zwischen den Reichen und den Stadtstaaten, vor allem aber Einfälle nomadisierender Stämme sorgten für rasche Veränderungen der Machtverhältnisse im westlichen Asien. Die Assyrer schufen im 9. Jh. ein rasch expandierendes Reich, das sie mit sprichwörtlicher Härte regierten. Kavallerie und Waffen aus Eisen sowie Rüstungen gaben der Kriegführung eine neue Qualität. Waffen, Werkzeuge und Geräte zur Bodenbearbeitung führten zu grundlegendem Wandel in Europa und Asien. Steigende Felderträge ernährten eine immer größer werdende Bevölkerung. Mit dem Fernhandel verbreiteten sich politische und kulturelle Einflüsse entlang den Mittelmeerküsten und nach Europa. Auch die ersten bedeutenden Zentren in Amerika, die Chavín-Kultur in Peru und die Olmeken-Kultur in Mittelamerika, standen vermutlich über mehrere tausend Kilometer in Kontakt. Stile, Religionen und Riten dieser formativen Kulturen wirkten in den nachfolgenden Zivilisationen fort.

Nordamerika

Die Olmeken, die erste Hochkultur im heutigen Mexiko, hatte ihren Ursprung um 1200 v.Chr. in den Niederungen an der Golfküste nordwestlich von Yucatán. Die Olmeken gründeten eine Reihe von Zeremonialzentren wie San Lorenzo und La Venta. Sie betrieben Handel mit Obsidian, Jade und Basalt weit nach Norden und Westen, selbst altweltliche Kontakte mit Phönikern hält man für möglich. Die Adena-Kultur im östlichen Nordamerika errichtete ab 1000 v.Chr. im Tal des Ohio ihren Toten Grabkammern unter zum Teil gewaltigen Erdhügeln (sog. *mounds).*

In San Lorenzo errichteten die Olmeken Steinskulpturen, darunter Kolossalköpfe mit typisch flachem Antlitz, wulstigen Lippen und Schutzhelmen.

Nordamerika

1250 v.Chr. – 1150 – 1050 – 950 – 850 – 750 v.Chr.

1200: Beginn der Olmeken-Kultur in San Lorenzo

1200: Gründung der Stadt Tlatilco im mexikanischen Hochland

1000: Entstehung der Adena-Kultur am mittleren Ohio im Osten Nordamerikas

900: Zerstörung von San Lorenzo; La Venta gewinnt führende Stellung

Die Welt um 750 v.Chr.

- griechische Polis-Welt
- phönikische Welt
- chinesische Reiche unter der Dynastie der Östlichen Zhou

Hauptmotive der Chavín waren mythische und reale Tiergestalten wie Jaguar, Kaiman und Adler mit katzenartigem Kopf und verzerrten menschlichen Zügen.

Südamerika

Die früheste Hochkultur der Anden waren die Chavín zwischen 900 und 200 v.Chr. Der Tempel von Chavín de Huantar gilt als Zentrum eines verbreiteten religiösen Kultes. Der Einfluss dieser Kultur ist in ganz Peru nachweisbar. Die Chavín pflegten ausgedehnte Handelsbeziehungen, eventuell bis hoch zu den Olmeken-Zentren. Keramik, Gegenstände aus Muscheln und Holz sowie bemalte Textilien wurden in der gesamten Region gefunden.

Südamerika

1250 v.Chr. – 1150 – 1050 – 950 – 850 – 750 v.Chr.

1200: Beginn der Chavín-Kultur in den Anden

850: Höhepunkt des Chavín-Kultes mit Verehrung halb menschlicher, halb tierischer Wesen in Peru

ca. 900: Chorrera-Keramikgefäße an zahlreichen Fundstätten im nördlichen Südamerika

HERSTELLUNG VON PAPYRUS

Papyrus ist eine grasähnliche Wasserstaude, die seit frühester Zeit an den Ufern des Nils beheimatet war. Aus den Stängeln der Pflanze wurden Schnüre, Körbe, Matten und Bekleidung hergestellt. Bedeutender aber war die Verwendung als Grundstoff für ein Material, das sich leicht beschreiben ließ. Dazu wurde das Stängelmark entfernt, in lange Streifen geschnitten, aneinander gelegt und kreuzweise darauf eine zweite Streifenschicht gepresst. Danach wurden die Bogen geglättet und getrocknet und ergaben eine dünne, glatte Fläche, die mit Tinte beschrieben und schließlich eingerollt werden konnte.

Das ägyptische Totenbuch war eine Sammlung von Sprüchen, Preisungen und Gebeten zur Erbauung der Seele auf dem Weg ins Jenseits. Der Text wurde auf Papyrusrollen kopiert und zu Beisetzungen benutzt.

Afrika

In Ägypten endete mit der 20. Dynastie (1085 v.Chr.) die Periode der Pharaonenherrschaft des Neuen Reichs. In mehreren Städten regierten rivalisierende Herrscher. Der anhaltende Bürgerkrieg war nur durch kurze Phasen politischer Stabilität unterbrochen. Um 750 weitete das nubische Reich Kusch seine Macht nach Norden aus. Die Phöniker, Semiten von der Levanteküste, errichteten Handelsposten an der nordafrikanischen Küste; die bekannteste wurde später Carthago. Die Eisenbearbeitung verbreitete sich vermutlich über die Handelswege durch die Sahara bis zu den Ackerbau treibenden Gemeinschaften im Süden. Doch noch waren Jagen und Sammeln die wichtigsten Tätigkeiten der Menschen im subsaharischen Afrika zur Sicherung ihres Lebensunterhaltes.

Europa

Nach der Brandschatzung der mykenischen Paläste erlebt der Ägäisraum eine Phase des kulturellen Verfalls. Völker vom Balkan (Dorer) drängten andere Griechen zu Stadtgründungen in Kleinasien. Als die Bevölkerung wuchs, wurden auch am westlichen Mittelmeer griechische Handelskolonien gegründet. In Italien errichteten die Etrusker Festungsstädte auf den Hügeln und trieben Handel mit Afrika und Europa. Die Eisenmetallurgie zur Herstellung von Waffen und Werkzeugen, die sich um 1000 v.Chr. in Mitteleuropa ausgebreitet hatte, erreichte im 8. Jh. die Britischen Inseln.

Die Kämpfe, die zum Untergang der mykenischen Kultur im 12. Jh. führten, reflektieren Berichte über die ›Seevölker‹ und den ›Troianischen Krieg‹. Die frühe Seefahrt wurde mit schmalen, wendigen Schiffen betrieben, wie auf diesem griechischen Krater dargestellt.

Europa

1250 v.Chr. – 1150 – 1050 – 950 – 850 – 750 v.Chr.

- **1200:** Urnenfeldkultur im Donaugebiet; Bestattungen mit Totenverbrennung und Beisetzung der Urnen auf großen Friedhöfen
- **1150:** Zusammenbruch der mykenischen Kultur
- **1000:** Besiedlung der Küste Kleinasiens durch Griechen vom Festland, ausgelöst durch Dorische Wanderung
- **ca.1000:** Eisenverarbeitung erreicht Europa aus Westasien
- **900:** Ende des ›Dunklen Zeitalters‹ der Griechen
- **850:** erste Ansiedlung auf dem Palatin in Rom
- **800:** Aufstieg der etruskischen Stadtstaaten in Mittelitalien
- **800:** erste Phase der nach dem Gräberfeld Hallstadt in Österreich benannten keltischen Eisenzeit
- **776:** erste panhellenische Spiele in Olympia, beim Heiligtum des Zeus

BABYLONISCHE ASTRONOMIE

Die Babylonier betrieben als eines der ersten Völker systematisch die wissenschaftliche Beobachtung des Himmels. Die ersten Aufzeichnungen stammen aus der Zeit um 1800 v.Chr. Um das Jahr 1000 war man in der Lage, Mondfinsternisse vorherzusagen. Innerhalb der nächsten zwei- bis dreihundert Jahre verfügten die Wissenschaftler über genaue Berechnungen der Bahnen der Sonne und einiger Planeten. Der hohe Stand der Astronomie jener Zeit schuf die Grundlage für das spätere Erblühen dieser Wissenschaft in der klassischen griechischen Kultur.

Dieses Bronzemodell des Sonnensystems stammt vom Sevan-See in Armenien. Es entstand im Reich Urartu um das 10./9. Jh. v.Chr.

SIEHE AUCH:

Nordamerika: S. 120–121

Südamerika: S. 144–145

Afrika: S. 160–161

Europa: S. 176–177

Westasien: S. 222–223

Süd- und Südostasien: S. 240–243

Nord- und Ostasien: S. 258–259

Australasien und Ozeanien: S. 280–281

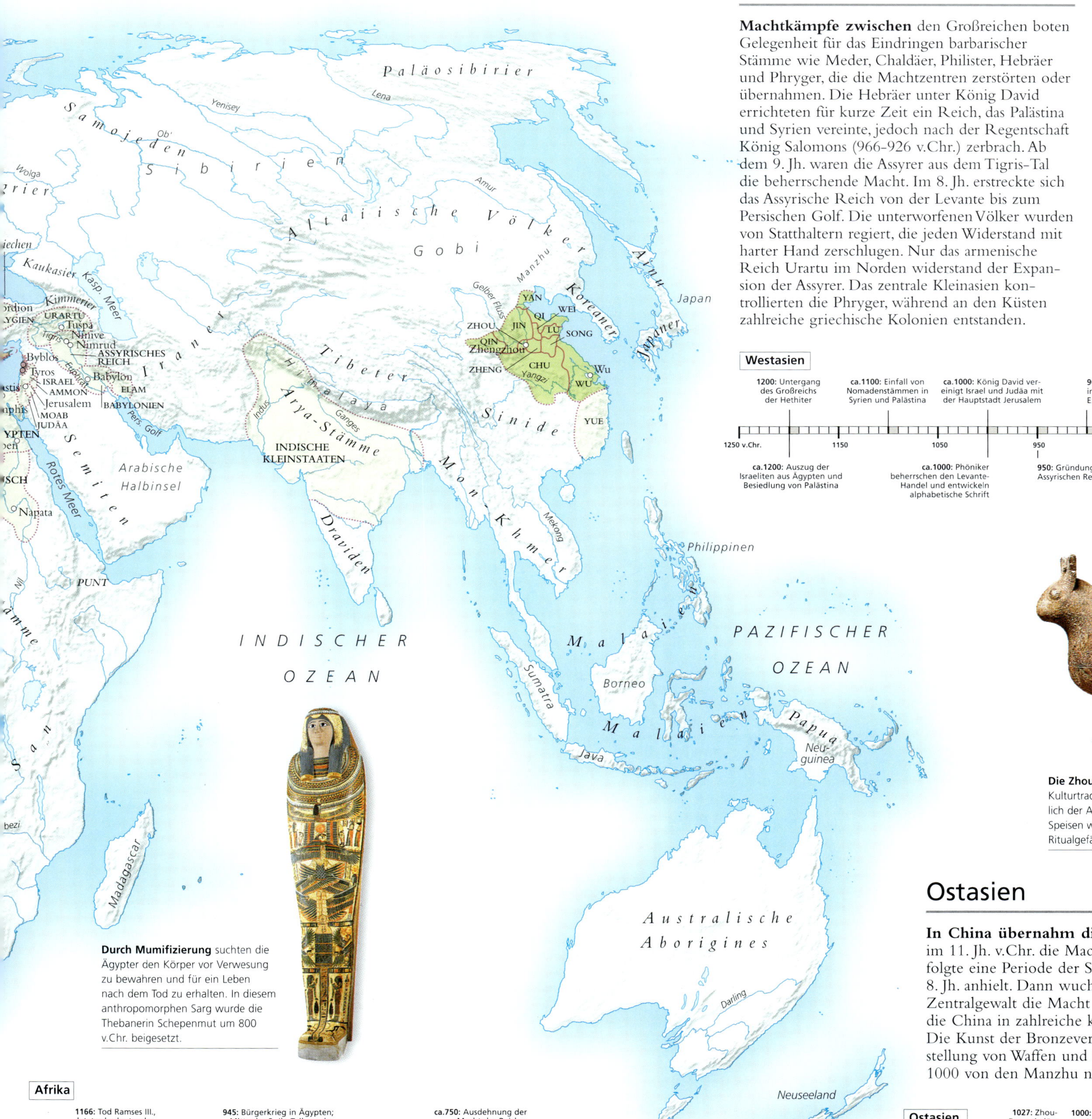

Westasien

Die assyrischen Könige finanzierten mit der Beute ihrer Feldzüge den Bau ausgedehnter Tempelanlagen und Paläste in Nimrud und Ninive. Geraubte Stücke wie diese phönikische Elfenbeintafel einer Sphinx schmückten ihre Paläste.

Machtkämpfe zwischen den Großreichen boten Gelegenheit für das Eindringen barbarischer Stämme wie Meder, Chaldäer, Philister, Hebräer und Phryger, die die Machtzentren zerstörten oder übernahmen. Die Hebräer unter König David errichteten für kurze Zeit ein Reich, das Palästina und Syrien vereinte, jedoch nach der Regentschaft König Salomons (966-926 v.Chr.) zerbrach. Ab dem 9. Jh. waren die Assyrer aus dem Tigris-Tal die beherrschende Macht. Im 8. Jh. erstreckte sich das Assyrische Reich von der Levante bis zum Persischen Golf. Die unterworfenen Völker wurden von Statthaltern regiert, die jeden Widerstand mit harter Hand zerschlugen. Nur das armenische Reich Urartu im Norden widerstand der Expansion der Assyrer. Das zentrale Kleinasien kontrollierten die Phryger, während an den Küsten zahlreiche griechische Kolonien entstanden.

Westasien

1250 v.Chr. – 1150 – 1050 – 950 – 850 – 750 v.Chr.

- **1200:** Untergang des Großreichs der Hethiter
- **ca.1200:** Auszug der Israeliten aus Ägypten und Besiedlung von Palästina
- **ca.1100:** Einfall von Nomadenstämmen in Syrien und Palästina
- **ca.1000:** König David vereinigt Israel und Judäa mit der Hauptstadt Jerusalem
- **ca.1000:** Phöniker beherrschen den Levante-Handel und entwickeln alphabetische Schrift
- **950:** Gründung des Assyrischen Reichs
- **900:** Königreich Urartu in Armenien widersteht Expansion der Assyrer

Die Zhou-Herrscher übernahmen die Kulturtraditionen der Shang, einschließlich der Ahnenverehrung. Getränke und Speisen wurden diesen in bronzenen Ritualgefäßen in Tierform geopfert.

Durch Mumifizierung suchten die Ägypter den Körper vor Verwesung zu bewahren und für ein Leben nach dem Tod zu erhalten. In diesem anthropomorphen Sarg wurde die Thebanerin Schepenmut um 800 v.Chr. beigesetzt.

Afrika

1250 v.Chr. – 1150 – 1050 – 950 – 850 – 750 v.Chr.

- **1166:** Tod Ramses III., letzter bedeutender Pharao Ägyptens
- **1085:** Ende der 20. Dynastie und des Neuen Reiches
- **945:** Bürgerkrieg in Ägypten; Mitte des 8. Jh. Teilung des Landes in Kleinstaaten
- **ca.900:** Gründung des nubischen Reiches Kusch
- **814:** Gründung der phönikischen Kolonie Carthago
- **ca.750:** Ausdehnung der Macht des Reiches Kusch nach Norden

Ostasien

In China übernahm die Zhou-Dynastie im 11. Jh. v.Chr. die Macht von den Shang. Es folgte eine Periode der Stabilität, die bis zum 8. Jh. anhielt. Dann wuchs mit dem Verfall der Zentralgewalt die Macht regionaler Fürsten, die China in zahlreiche kleine Reiche teilten. Die Kunst der Bronzeverarbeitung zur Herstellung von Waffen und Schmuck kam um 1000 von den Manzhu nach Korea.

Ostasien

1250 v.Chr. – 1150 – 1050 – 950 – 850 – 750 v.Chr.

- **1027:** Zhou-Dynastie löst Shang in China ab
- **1000:** Chinesischer Bronzeguss erreicht Höhepunkt der künstlerischen Verarbeitung
- **ca.1000:** Nassreisanbau von China nach Korea eingeführt
- **ca.771/770:** Ende der Periode der westlichen Zhou mit Zusammenbruch der Zentralgewalt

SCHRIFT, ZAHLEN, KALENDARIEN

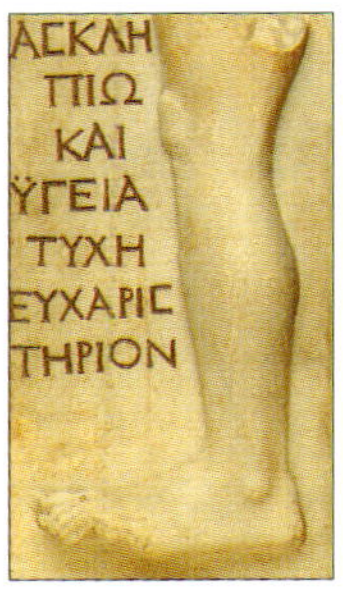

Griechische Inschrift, vermutlich eine Danksagung an Asklepios, den Gott der Heilkunst.

DIE ENTWICKLUNG der Kunst des Schreibens und Zählens stand in engem Zusammenhang mit der Entwicklung des Ackerbaus und der Notwendigkeit, Größen von Speicherbeständen, Herden und Handelsgeschäften exakt bestimmen zu können. Die Vorläufer der frühesten bekannten Schrift- und Zahlensysteme waren Zählmarken aus Ton, die die Sumerer um 3400 v.Chr. zur Bestimmung der Ein- und Abgänge in den Speichern verwendeten. Später wurden sie mit Zeichen für den Speicherinhalt gekennzeichnet – erste Schriftsymbole entstanden. Im Laufe eines Jahrtausends verbreiteten sich Schrift- und Zahlensysteme in ganz Westasien (unabhängig davon auch in China und Mittelamerika) und bewirkten eine grundlegende Erweiterung des menschlichen Wissens. Die Fähigkeit zum abstrakten Zählen ermöglichte es, die Umwelt zu messen, zu bewerten und aufzuzeichnen. So entstanden kalendarische Systeme, Maße und Gewichte, Münzen, astronomische Berechnungen und die Geometrie. Die Schrift wurde zu einem Machtinstrument der Politik, Mittel zur Kommunikation über große Entfernungen, zur Kodifizierung des Rechts und zur Aufzeichnung von Mythen und Legenden.

Evolution und Ausbreitung von Schriftsystemen

Die ältesten symbolischen Aufzeichnungen betreffen Wirtschaftsvorgänge aus der Zeit um 3400 v.Chr. in Sumer. Allmählich entstand eine piktografische Schrift, bei der einzelne Wörter durch Bilderzeichen dargestellt wurden. Trotz ihrer Einmaligkeit entstanden die ägyptischen Hieroglyphen vermutlich unter früh-sumerischem Einfluss. Die Bilderschrift Chinas entwickelte sich in einem eigenständigen Prozess ebenso wie die Systeme der Zapoteken und Maya in Mittelamerika. Die Keilschrift (Einritzen von Zeichen in nassen Ton mit einem Griffel) wurde von Sprechern zahlreicher Sprachen in ganz Westasien verwendet. Später standen Schriftsymbole für übertragene Bedeutungen und Laute. Die alphabetische Keilschrift von Ugarit (um 1400 v.Chr.) war Vorläufer des phönikischen Alphabetes, das von den Griechen im 8. Jh. v.Chr. übernommen und an die Römer weitergegeben wurde.

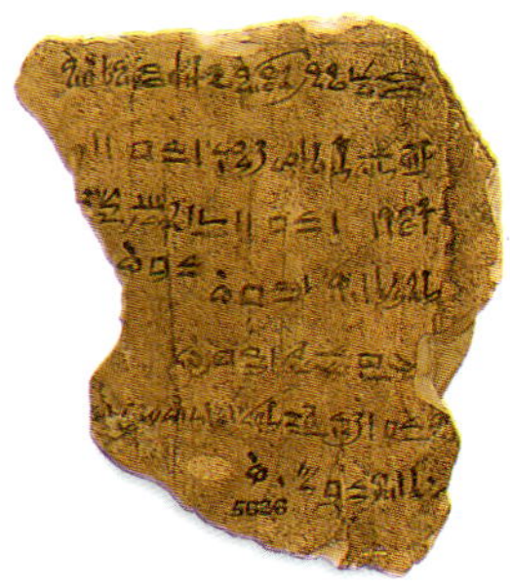

Inschrift in der hieratischen Schrift Ägyptens, die ein Handelsgeschäft verzeichnet. Hieratisch wurde, im Gegensatz zur so gen. Monumentalschrift, für rasches Schreiben mit Binse und Tinte benutzt.

Das Schreiben im alten Ägypten war das Vorrecht ausgebildeter Schreiber. Ihr hohes gesellschaftliches Ansehen zeigt sich in der Befreiung von Steuern.

Diese Glyphe aus Mittelamerika steht für das Wort ›Gras‹.

Orakelknochen mit eingeritzten Schriftzeichen sind die frühesten Belege für die Entwicklung einer Schrift in China. Sie stammen aus der Zeit der Shang-Dynastie.

Die Inschrift auf einer Stele aus schwarzem Basalt enthält den vollständigsten Text der Gesetze des Königs Hammurabi von Babylonien (um 1790-1750 v.Chr.), der am Kopf der Stele dargestellt ist.

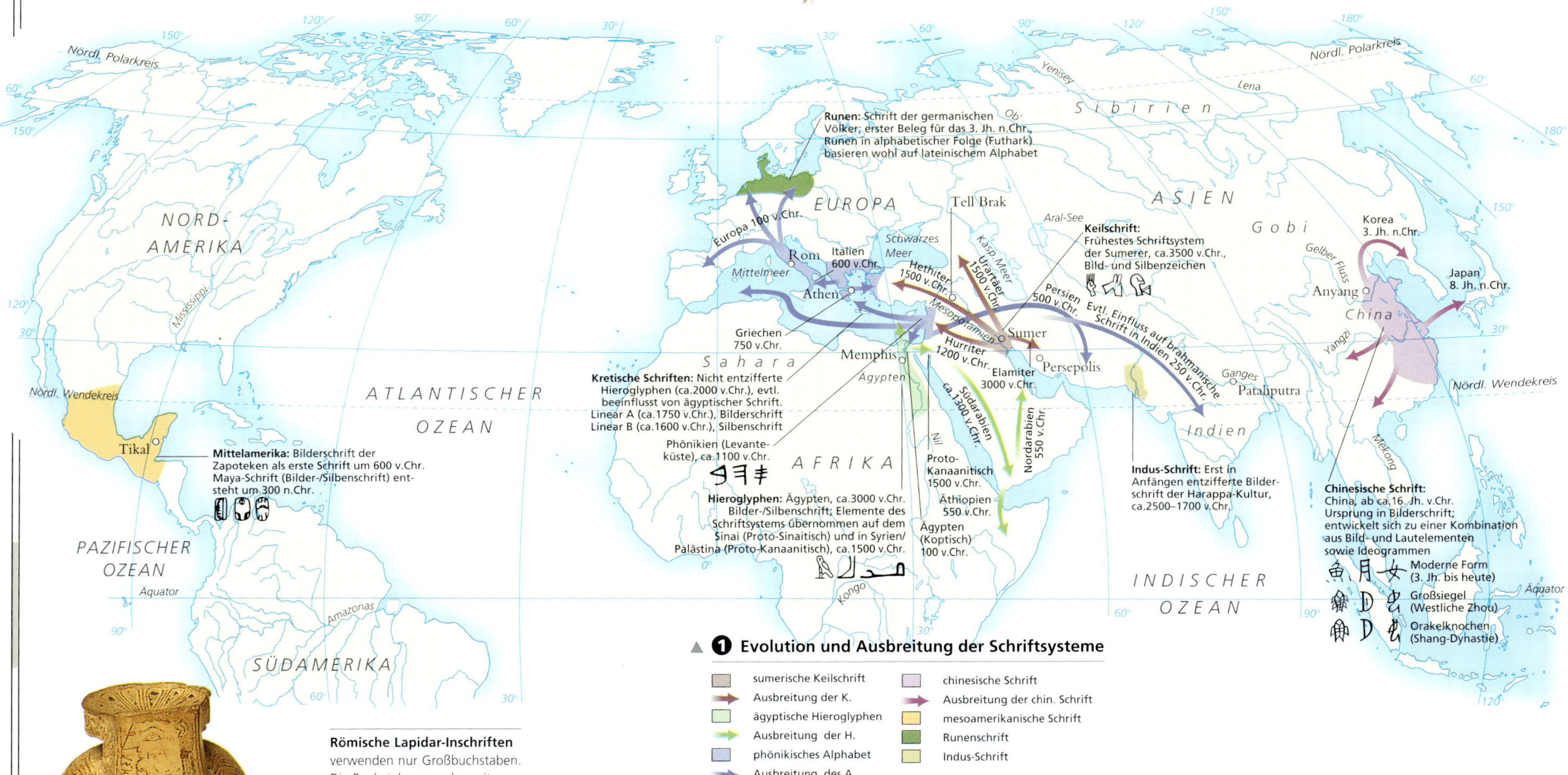

❶ Evolution und Ausbreitung der Schriftsysteme

Parfümgefäß aus Korinth mit einer Inschrift in der aus dem Phönikischen entwickelten alphabetischen Schrift, die seit dem 8. Jh. von den Griechen benutzt wurde.

Römische Lapidar-Inschriften verwenden nur Großbuchstaben. Die Buchstaben wurden mit Kreide vorgezeichnet und dann mit Eisenwerkzeug eingemeißelt.

Entwicklung von Schriften, Zahlen und Kalendarien

3500 v.Chr. – 3000 – 2500 – 2000 – 1500 – 1000 – 500 – 1 n.Chr.

- **ca.3400:** Sumerer benutzen Zählmarken aus Ton und erste Schriftsymbole
- **ca.3250:** Älteste Schriftzeugnisse der Welt; Tontafeln mit Bildzeichen aus Tell Brak, Syrien
- **ca.3000:** Hieroglyphensystem in Ägypten
- **ca.2500:** Ägyptischer Kalender teilt Tag erstmals in 24 Einheiten
- **ca.2000:** Hieroglyphenschrift der Kreter
- **ca.1400:** Erste Inschriften auf Orakelknochen der Shang-Zeit in China
- **ca.1100:** Entwicklung des phönikischen Alphabetes
- **ca.600:** Erste griechische Münzen
- **ca.600:** Erste Schrift in Mittelamerika (Zapoteken)
- **ca.500:** Hebräer teilen Woche in 7 Tage
- **ca.500:** Erste Benutzung von Münzen in China
- **46:** Julianische Kalenderreform Caesars: das ›Jahr der Verwirrung‹ hat 445 Tage

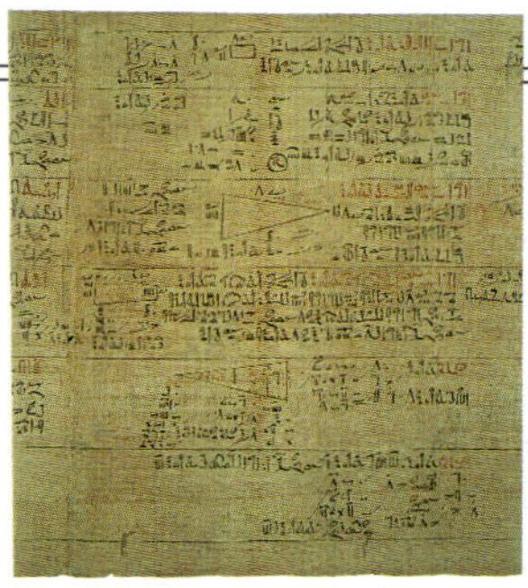

Der mathematische Papyrus von Rhind aus der Zeit um 1575 v.Chr. beweist, dass die Ägypter bereits über Eigenschaften des rechtwinkligen Dreiecks nachdachten.

Die Evolution des Zahlensystems

Zählstäbe aus Holz wurden bereits vor mehr als 30 000 Jahren benutzt, vermutlich zum Zählen der Jagdbeute. Seit etwa 3400 v.Chr. verwendeten die Sumerer Zählmarken, wobei die Form die Größenordnungen angab, und entwickelten auch das erste schriftliche Zahlensystem. Da der Mensch mit den Fingern bis Zehn zählen kann, beruhten die meisten Systeme auf der 10 als Basiszahl. Bei Maya, Azteken und Kelten begegnet uns als Basiszahl die 20. Die Gründe für die Verwendung der 60 als Basiszahl in Sumer und Babylon (noch heute teilen wir die Stunde in 60 Minuten, den Kreis in 360 Grad) sind nicht eindeutig geklärt. Griechen, Hebräer und Römer schrieben Zahlen mit Buchstaben; erst die Araber entwickelten eigene Zeichen für die Grundzahlen. Die Null ist eine Erfindung der Inder.

Aus Babylon ist dieser mathematische Text in Keilschriftzahlen, der um 550 v.Chr. datiert. Die Benutzung des Sexagesimalsystems war ein wichtiger Faktor für die Entwicklung der babylonischen Astronomie.

SIEHE AUCH:
Nordmerika: S.122–123
Südamerika: S.146–147
Westasien: S.222–223
Nord- und Ostasien: S.258–259

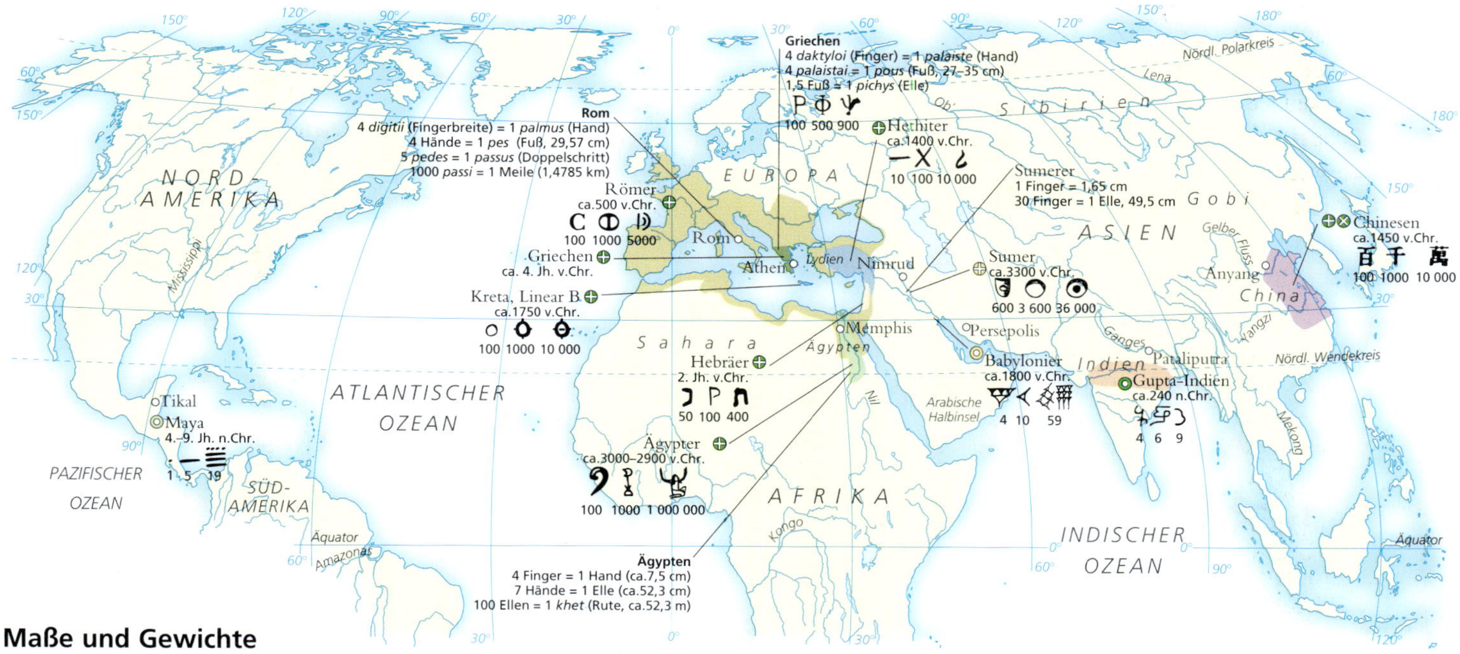

❷ Entwicklung und Form der Zahlensysteme

Frühestes Datum der Zählsysteme

System	Regionen
additiv	Römer
multiplikativ	Hethiter
positional	Ägypter
Basiszahlen	Griechen
Basis 10	Hebräer
Basis 20	Gupta-Indien
Basis 60	Chinesen

Diese Münze aus Theben zeigt Herakles beim Spannen des Bogens (446–426 v.Chr.).

Maße und Gewichte

Körperteile wie Finger, Handteller und Zehen wurden von allen alten Kulturen zum Bestimmen kleiner Maße benutzt. Größere Maßeinheiten reflektieren den Entwicklungsstand einer Kultur: Der römische *passus* (Doppelschritt, ca. 1,6 m) spiegelt das römische Straßensystem und die marschierenden Legionen, die griechische *stadie* bezeichnete ursprünglich die Länge eines Laufs der athletischen Spiele (ca.188–220 m).

Waagen auf Basis eines einfachen Balancesystems waren im antiken Rom üblich. Die Gewichte unterlagen staatlicher Kontrolle.

Gewichte in Mesopotamien wurden nach dem Sexagesimalsystem bestimmt. Dieses Relief aus dem 1. Jahrtausend v.Chr. zeigt das Wägen von Tributleistungen.

Münzen

Der Warentausch hatte sich schon im frühen Handelsverkehr als ungeeignet erwiesen. Waren erst Vieh, dann Metallgeräte als Wertmesser benutzt worden, führte die Notwendigkeit eines Systems von Wertequivalenzen zur Erfindung der Münzen – Metallstücke mit dem Zeichen der staatlichen Autorität, die sie ausgab. Die kleinasiatischen Lyder unter König Kroisos prägten um 630 v.Chr. die ersten Münzen, und zwar mit dem Einheitsgewicht von einem Stater, der einer Tetradrachme entsprach. Bis 600 folgten Aigina, Athen und Korinth.

Tetradrachme aus Athen im Wert von vier Drachmen (479 v.Chr.). Die Eule war das Symbol der Athene.

Früher ägyptischer Zählstab, wurde zusammen mit Metallstücken, die als Geld dienten, entdeckt.

Fragmente eines keltischen Lunisolarkalenders aus Bronze wurden in Coligny (Frankreich) gefunden. Den Lauf der Tage markierten wohl Stöckchen, die man in die Öffnungen steckte.

Evolution kalendarischer Systeme

Die Entwicklung von Kalendarien steht im Zusammenhang mit der Vorausberechnung ackerbaulicher Zyklen (z.B. der Nilschwemme) und der Festlegung von Tagen ritueller Bedeutung wie den Sonnenwenden bei den Sumerern. Kalendarische Systeme waren als Ergebnis astronomischer Beobachtung und Aufzeichnung ohne Schrift und Zahlen nicht möglich. Alle Kalender mussten eine Lösung für die Inkompatibilität von Mondzyklen und Sonnenjahren finden. Dazu wurden regelmäßig Schalttage und Schaltmonate eingefügt. Als Beginn einer Zeitrechnung orientierte man sich an mythischen Daten (Maya, Byzanz), an einer Tradition (Olympiaden der Griechen, Stadtgründung der Römer) an der Regentschaft von Dynastien (Seleukiden, China) oder religiös bedeutsamen Daten (Christentum, Islam).

Zur Wintersonnenwende fällt der erste Sonnenstrahl in dieses neolithische Grab bei Newgrange, Irland. Viele frühe Monumentalbauten hatten ähnliche astronomische Bedeutung.

Die Babylonier in der Stadt Kiš führten systematische Beobachtungen von Aufgang und Untergang des Planeten Venus durch, wie diese Tafel (um 1700 v.Chr.) belegt.

❸ Entwicklung und Verbreitung kalendarischer Systeme

- Lunar (Monate folgen Mondzyklus, bei Bedarf werden Tage zwischengeschaltet)
- Solar (Jahreseinteilung nach Sonnenzyklus mit Schalttagen; Mondzyklus unbeachtet)
- Lunisolar (Monate folgen dem Mondzyklus; Zusatzmonate zwischengeschaltet zur Synchronisierung mit Solarzyklus)
- Variables Jahr (feste Anzahl von Tagen; Mond- und Sonnenzyklen unbeachtet)
- Ausdehnung des Römischen Reichs im 2. Jh. n.Chr.

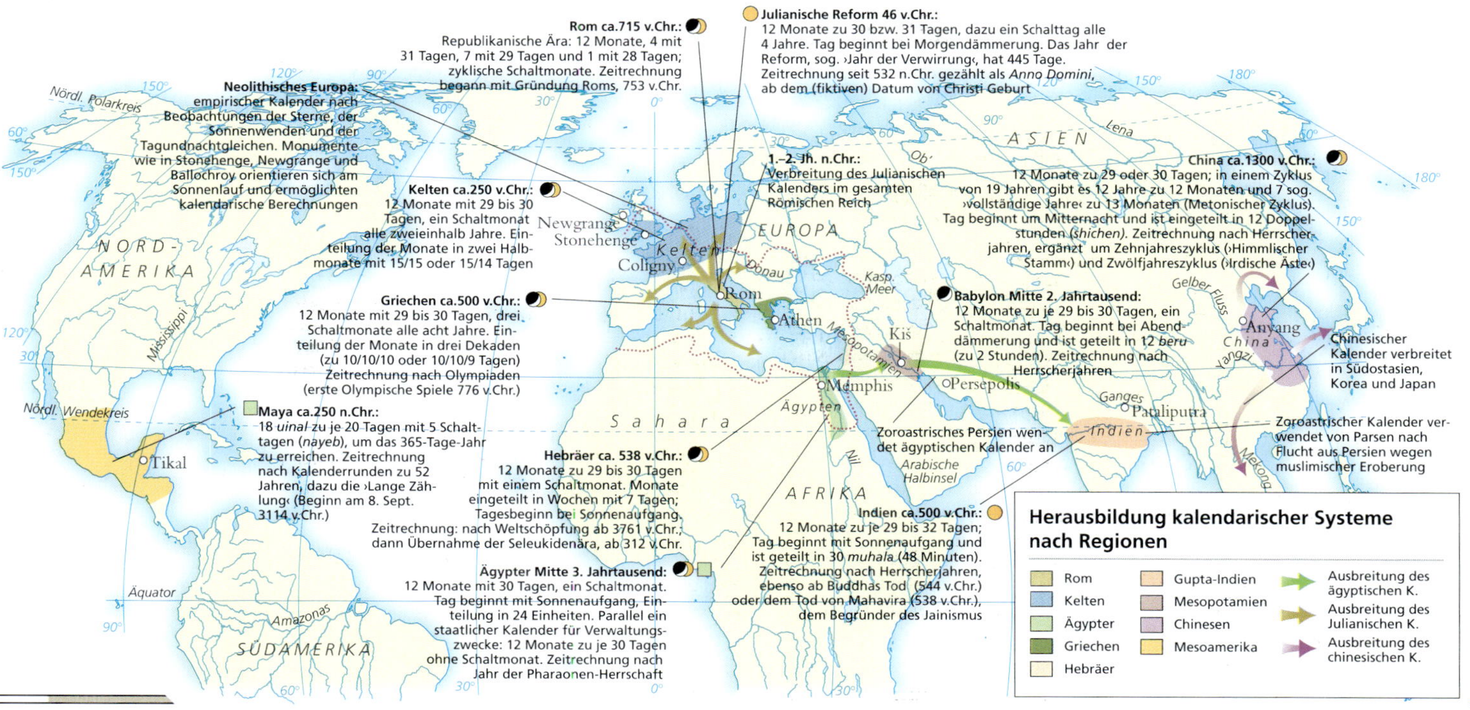

Herausbildung kalendarischer Systeme nach Regionen

Rom	Gupta-Indien	Ausbreitung des ägyptischen K.
Kelten	Mesopotamien	Ausbreitung des Julianischen K.
Ägypter	Chinesen	Ausbreitung des chinesischen K.
Griechen	Mesoamerika	
Hebräer		

DIE WELT 750 – 500 v.Chr.

Die Zivilisationen Eurasiens nahmen zwar nur eine relativ geringe geografische Fläche ein, bildeten inzwischen aber einen nahezu geschlossenen Gürtel vom Mittelmeer bis nach China. Handel und Kultur blühten, die Kunst der Metallverarbeitung war vom Vorderen Orient bis nach China gedrungen. Seit dem 6. Jh. v.Chr., dem Beginn von eineinhalb Jahrtausenden transasiatischen Handels, kannte man chinesische Seide auch in Europa. Ausnahmslos alle Zivilisationen litten jedoch unter dem zunehmenden Druck der Überfälle durch nomadische Hirtenstämme, die sich über Zentralasien, Osteuropa und Sibirien ausbreiteten. Um 500 v.Chr. begann das klassische Zeitalter der Griechen, die das Wissen der altorientalischen Kulturen aufgriffen und mit einer rationalistischen Geisteshaltung die moderne Naturwissenschaft begründeten. Ihr Einfluss auf die politischen Institutionen, auf Kunst, Architektur, Theater und Philosophie Europas sollte nachhaltig bleiben. Im Jahre 505 leitete Solon in der Polis Athen grundlegende politische Reformen ein, so dass dieser Stadtstaat zur Wiege der Demokratie wurde.

Europa

Die Stadtstaaten der Etrusker auf der Italischen Halbinsel und der Griechen rund um das Ägäische Meer entwickelten eine urbane Hochkultur. Griechische Kolonien vom Schwarzen Meer bis zur Iberischen Halbinsel bildeten Handelszentren für Rohstoffe und Nahrungsgüter. Die wachsende Bevölkerung Europas besiedelte jetzt auch Randbereiche, Wälder wurden mit Eisengerät gerodet. Die Kelten zogen bis in den Nordwesten Europas; in Nordeuropa siedelten germanische Stämme. Zentren der Stammesgemeinschaften waren Fürstengräber und Fluchtburgen (Oppida).

Gelage sind ein häufiges Thema der Grabfresken der Etrusker, deren urbane Zivilisation Mitte des 6. Jh. in Italien ihren Höhepunkt erreichte.

Europa

- **750:** Erster Beleg für griechisches Alphabet
- **700:** Skythen aus Zentralasien siedeln in Osteuropa und im Schwarzmeerraum
- **600:** Gründung der griechischen Kolonie Massalia, die mit den Kelten Handel treibt
- **ca.600:** Keltische Fluchtburgen auf Hügeln in Süddeutschland, Ostfrankreich und Norditalien
- **510:** Römer vertreiben etruskischen König und errichten Republik
- **505:** Errichtung der Demokratie in Athen

750 v.Chr. – 700 – 650 – 600 – 550 – 500 v.Chr.

BABYLONISCHE KARTE

Die früheste bekannte Darstellung von Teilen der Erde befindet sich auf Tontafeln aus Babylon. Auf dieser Tafel von etwa 600 v.Chr. erscheint die Erde als eine von Wasser umgebene Scheibe. Der Euphrat ist durch zwei geschwungene Linien dargestellt. Kleine Kreise tragen in Keilschrift die Namen von Städten und Nachbarländern.

Die Babylonier stellten die heilige Stadt Babylon in das Zentrum ihrer Karte.

In Monte Albán entdeckte man Steinplatten mit den Umrissen männlicher Gestalten. Sie wurden Los Danzantes (›Die Tänzer‹) genannt und könnten besiegte Feinde der Zapoteken darstellen.

Amerika

Auf dem Höhepunkt der Olmeken-Kultur, die ihr Zentrum in La Venta hatte, entstanden neue Zivilisationen in Mittelamerika. Zentrum der Zapoteken war Monte Albán. Inschriften aus Glyphen mit kalendarischen Angaben sind die frühesten Belege für die Benutzung von Schrift in Amerika. Die Adena-Kultur im Waldland des östlichen Nordamerika stattete die Gräber der Toten mit reichen Gaben aus, darunter polierte Steinwerkzeuge, Tabakspfeifen, Perlen und Armschmuck. Diese und die gigantischen aufgeworfenen Erdhügel wie der Great Serpent Mound sind Zeichen für eine stark gegliederte, politisch organisierte Gesellschaft.

Amerika

- **ca.700:** Feste Siedlungen mit Gartenbau im Südosten Nordamerikas
- **ca.600:** Olmekische Jadeobjekte, häufig Opfergabe bei rituellen Anlässen, werden bis in den Süden Zentralamerikas gehandelt
- **ca.600:** Plätze für rituelle Ballspiele in Olmeken-Zentren, in späteren Kulturen Zentralamerikas übernommen
- **500:** Kultureller Einfluss der Chavín im Westen Südamerikas schwindet; Beginn der Paracas-Kultur
- **500:** Frühe Glyphen-Inschriften im Zapoteken-Zentrum Monte Albán

750 v.Chr. – 700 – 650 – 600 – 550 – 500 v.Chr.

Afrika

Die nubischen Kuschiten (auch Aithiopen) unter König Piankhi beherrschten Mitte des 8. Jh. ganz Ägypten. Ihre Herrschaft endete mit dem Überfall der Assyrer und der Zerstörung von Memphis und Theben. Auf dem Rückzug gründeten die Nubier ihre neue Hauptstadt Meroe, wo sie ihre Könige in Pyramidengräbern beisetzten und zu ägyptischen Göttern beteten. Nach einer kurzen kulturellen Renaissance unter der saitischen Dynastie wurde Ägypten von den Persern besetzt. Um 500 v. Chr. hatte sich die Eisenverarbeitung südlich der Sahara durchgesetzt. Die Nok in Westafrika erschmolzen Eisen mit Holzkohle in Grubenöfen. Sorghum und Hirse wurden in der westafrikanischen Sahelzone und im heutigen Sudan angebaut.

DIE ERSTEN MÜNZEN

Die Verwendung von Metall als Zahlungsmittel lässt sich mehr als 4000 Jahre zurückverfolgen. Eine Vereinheitlichung und Bestätigung in Form von Münzen kam jedoch erst im 7. Jh. v.Chr. auf. Die ersten Münzen wurden in Lydien in Westanatolien geprägt. Sie bestanden aus bohnengroßen Stücken aus Elektron, einer Legierung aus Gold und Silber. Das Gewicht und damit der Zahlungswert waren aufgeprägt. Um 570 v.Chr. wurden Münzen bereits von Griechenland bis Persien geschlagen. Unabhängig davon entstand um 500 v. Chr. ein Münzwesen auch in China und Indien.

Die ersten chinesischen Münzen aus der Zeit um 500 v.Chr. hatten die Form kleiner Bronzespaten (links). Frühe griechische Münzen wiesen häufig Prägebilder von Tieren auf (rechts).

Westasien

Babyloniern und Medern gelang es 612 v.Chr., Assyrien zu vernichten, Ninive wurde zerstört. Die Vormachtstellung Babylons in Mesopotamien war nur von kurzer Dauer, sie endete wenige Jahre nach dem Tod des großen Königs Nebukadnezar. Im Jahr 550 unterwarf der persische König Kyros II. der Große die Meder und vereinte beide Völker in einem Reich unter Herrschaft der Achämeniden-Dynastie. Diese schuf das bislang größte Reich der Welt, das sich vom Nil bis zum Indus erstreckte. Der spätere persische Herrscher Dareios I. teilte die unterworfenen Gebiete in Satrapien, die für die Steuerabgaben verantwortlich waren. Der Bau der Königsstraße von Susa zum kleinasiatischen Sardis beschleunigte Transporte und Kommunikation.

Der Großkönig steht im Mittelpunkt des Schmucks am Palast von Persepolis, der Zeremonialhauptstadt der achämenidischen Perser. Reliefs zeigen den Hof und Tributträger aus dem Reich.

SIEHE AUCH:
Nordamerika: S. 120–121
Südamerika: S. 144–145
Afrika: S. 158–159
Europa: S. 176–179
Westasien: S. 222–223
Süd- und Südostasien: S. 240–243
Nord- und Ostasien: S. 258–259
Australasien und Ozeanien: S. 280–281

Westasien

750 v.Chr. – 700 – 650 – 600 – 550 – 500 v.Chr.

- **700:** Nomadische Skythen errichten erste feste Siedlungen in der westlichen Steppe
- **ca.663:** Größte Ausdehnung des Assyrer-Reiches mit Zerstörung des ägyptischen Theben
- **612:** Zerstörung von Ninive und Nimrud durch Babylonier und Meder; Ende des Assyrischen Reiches
- **604:** Nebukadnezar II. baut ›Turm zu Babel‹ (Marduk-Tempel) und erobert Jerusalem
- **ca.550:** Der Perser Kyros II. unterwirft die Meder und gründet Achämeniden-Reich
- **539:** Kyros nimmt ohne Blutvergießen Babylon ein
- **521:** Persisches Reich erreicht unter Dareios I. größte Ausdehnung

Ostasien

Mit Beginn der Periode der Östlichen Zhou (Chou) 771/770 setzten in China für mehrere Jahrhunderte Konflikte ein, in denen die früheren Vasallen der Zhou um die Vorherrschaft rangen. Es war eine Zeit technologischer und kultureller Veränderung. Die verbreitete Anwendung von Eisenwerkzeugen verbesserte die Ertragfähigkeit der Felder und führte zu einer raschen Steigerung der Bevölkerungszahlen. Gleichzeitig befruchteten neue Ideen das geistige Leben, etwa die Lehre des Konfuzius, eine praktisch-ethische Anleitung für soziales Wohlverhalten, oder der Daoismus, eine Philosophie auf der Grundlage des mystischen Glaubens an die Naturkräfte.

Chinesische Streitwagen dieser Zeit wurden aufwendig verziert. Dieser bronzene Stierkopf besaß Einlagen in Gold.

Ostasien

750 v.Chr. – 700 – 650 – 600 – 550 – 500 v.Chr.

- **ca.650:** Einführung der Eisenverarbeitung in China; hoher Stand bei Seidenmalerei, Lackarbeiten und Keramik
- **605:** Angebliche Geburt von Laozi, Begründer des Daoismus
- **551:** Geburt von Konfuzius (Kong-Fuzi)
- **ca.500:** Bronzemünzen in China
- **ca.500:** Eisengießerei zur Herstellung großer Mengen von Werkzeugen und Waffen in China

Frühe Traditionen aus der Zeit um 2000 v.Chr.mündeten in Indien im Hinduismus. Diese Steinstatue stellt eine Gottheit der Frühzeit, den Sonnengott Surya, dar.

Südasien

Bei den Arya-Stämmen des zentralen Nordindiens setzte sich ab etwa 1500 v.Chr. die sesshafte Lebensweise durch. Sie griffen nach Osten aus und besiedelten die Ganges-Ebene. Im 7. Jh. bestanden in Nordindien zahlreiche Kleinstaaten. Einige waren Stammesrepubliken, andere absolute Monarchien. Ihre gemeinsamen Wurzeln im Hinduismus und dem Kastensystem bestimmten die religiöse und gesellschaftliche Organisation. Die afghanische Region von Gandhara und das Indus-Tal gingen Ende des 6. Jh. im Persischen Reich auf.

Von Meroe aus konnten die Kuschiten ihre Herrschaft über den mittleren Nil bis ins 4. Jh. v.Chr. erhalten. Ägypten erlebte in dieser Zeit mehrere Invasionswellen. Dieser steinerne Widder, Symboltier des Gottes Amun, liegt in den Ruinen eines meroitischen Tempels in Naqa.

Afrika

750 v.Chr. – 700 – 650 – 600 – 550 – 500 v.Chr.

- **747:** Herrschaft der Nubier in Ägypten
- **671:** Assyrer-König Asarhaddon (Aššurhiddin) erobert ägyptische Hauptstadt Memphis
- **663:** Ägypten wird wieder unabhängig unter der 26. Dynastie, die bis 525 v.Chr. in Sais im Nil-Delta residiert
- **600:** Verlagerung der Kuschiten-Hauptstadt nach Meroe
- **525:** Ägypten wird Teil des Persischen Reiches
- **ca.500:** Perserkönig Dareios I. lässt Kanal zwischen Nil und Rotem Meer bauen

Südasien

750 v.Chr. – 700 – 650 – 600 – 550 – 500 v.Chr.

- **ca.600:** In Nordindien bestehen 16 Arya- Reiche
- **566:** Geburt Buddhas, der auf der Suche nach Erleuchtung das Leben eines Edelmannes aufgibt (neue Chron.: 448)
- **ca.540:** Geburt von Mahavira, Begründer des Jainismus
- **533:** Reich Gandhara wird Satrapie Persiens

URSPRÜNGE ORGANISIERTER RELIGION

Die Herausbildung einer Priesterklasse wie in Sumer war entscheidend für die Organisation religiöser Praktik als Kern gesellschaftlicher Tätigkeit.

FÜR DIE RELIGIONSENTWICKLUNG war das 6. Jh. v.Chr. ein entscheidender Zeitabschnitt. Judaismus, Hinduismus und Daoismus hatten ihre grundlegende Ausprägung erfahren. Propheten oder Reformatoren wie ›Deuterojesaja‹, Mahavira, Siddharta Gautama (der Buddha) und Konfuzius verbreiteten ihre Lehren. Rund um das Mittelmeer, einem Schmelztiegel lokaler Kulte, entstanden die Wurzeln der klassischen europäischen Zivilisation. Zur gleichen Zeit bildeten sich in den ersten urbanen Hochkulturen Amerikas organisierte Religionen. Wie bei Buddhismus, Konfuzianismus und später dem Christentum sicherte häufig die Annahme einer bestimmten Religion durch die politischen Herrscher deren Bestand und Aufstieg zu einer Weltreligion.

Die Herausbildung der Religionen

Der zoroastrische Kult zielte auf die Verehrung eines höchsten guten Wesens, Ahura Mazda, zu dessen Ehren Feuerrituale vollzogen wurden.

Organisierte Religion entwickelte sich stets in Zusammenhang mit dem Aufstieg urbaner Hochkulturen. Die früheste bekannte Staatsreligion war die von Sumer im 3. Jahrtausend v.Chr., die älteste komplexe Mythologie die der Ägypter ab dem 2. Jahrtausend. Bis zum 1. Jahrtausend v.Chr. schließlich hatten sich aus den lokalen Kulten einheitliche Merkmale und Praktiken der organisierten Religion herausgebildet: Aus Schamanen wurden Priester, Mythen wurden zu Glaubenssätzen, Opfer zu Zeremonien, Ahnenkult wurde in zunehmend reicheren und aufwendigeren Bestattungsriten und einer beeindruckenden Monumentalarchitektur gepflegt.

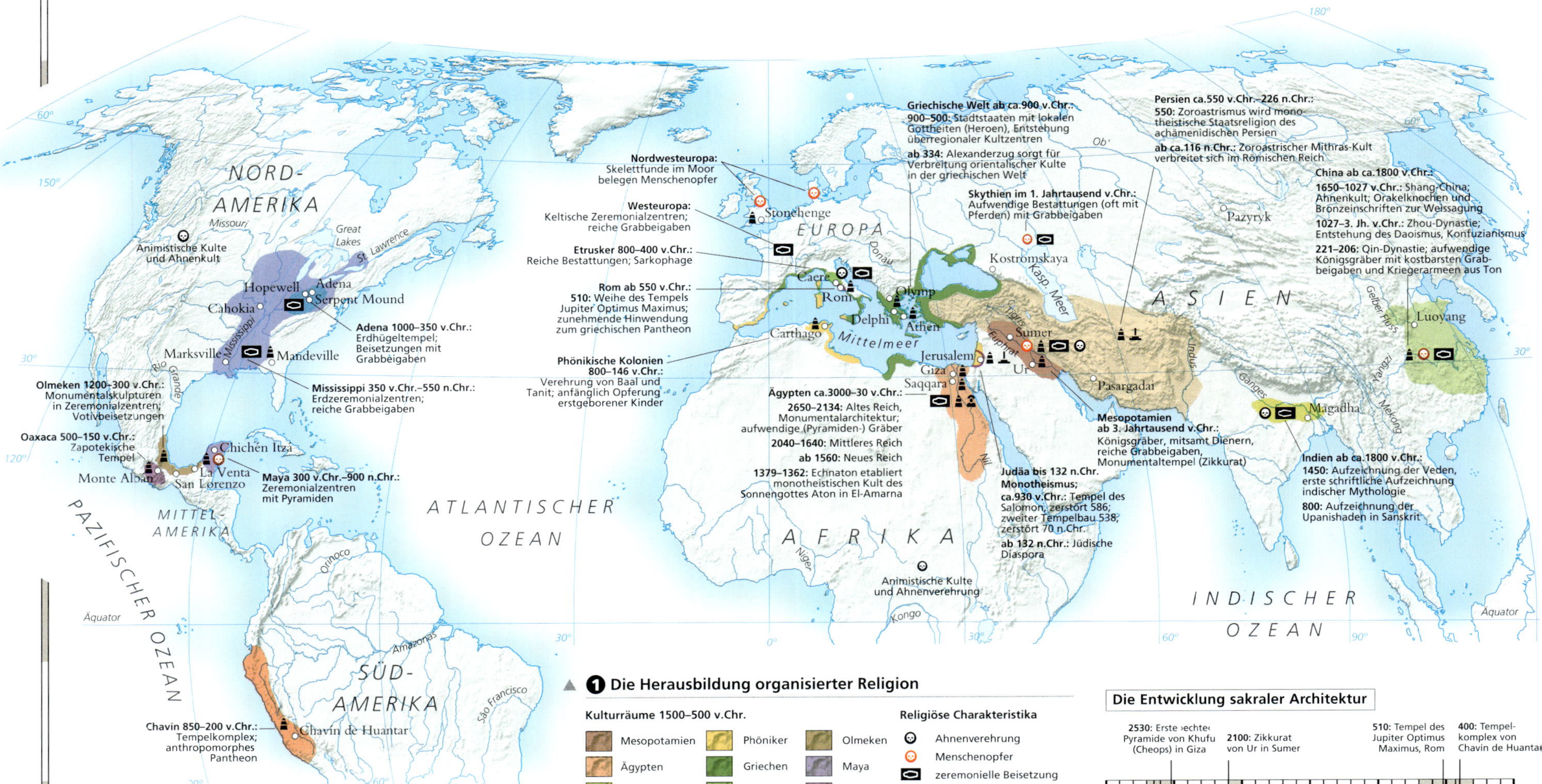

1 Die Herausbildung organisierter Religion

Kulturräume 1500–500 v.Chr.

Mesopotamien, Ägypten, Indien, China, Persien, Phöniker, Griechen, Etrusker, Adena, Hopewell, Olmeken, Maya, Oaxaca, Chavin

Religiöse Charakteristika

- Ahnenverehrung
- Menschenopfer
- zeremonielle Beisetzung
- Vergöttlichung des Herrschers
- Monumentalarchitektur
- Monotheismus

Die Entwicklung sakraler Architektur

3000 v.Chr. – 2000 – 1000 – 1 n.Chr.

- 2650: Stufenpyramide von Djoser in Saqqara
- 2530: Erste ›echte‹ Pyramide von Khufu (Cheops) in Giza
- ca. 2000: Stonehenge aufgestellt
- 2100: Zikkurat von Ur in Sumer
- ca. 700: Erste griechische Peristyltempel mit Säulen
- 510: Tempel des Jupiter Optimus Maximus, Rom
- 432: Fertigstellung des Parthenon, Athen
- 400: Tempelkomplex von Chavin de Huantar

Ein Trimurti im Shiva-Tempel von Elephanta zeigt die drei Hauptgottheiten der Hindu: Shiva, Vishnu und Brahma.

Frühe Religion in Südasien

Die Religion der alten Arya-Stämme ist weitgehend aus den Epen des *Rig Veda* und den brahmanischen *Upanishaden* bekannt. Im Mittelpunkt standen Opfer an zahlreiche Gottheiten und Halbgötter *(devas)*, dazu strebte man nach *prasada*, der ›Gnade‹ der Erlösung durch die Schöpferkraft Brahma. Der vedische Hinduismus breitete sich in großen Teilen von Indien aus, lange bevor Buddhismus und Jainismus entstanden. Beide sind Reaktion auf die Vielgötterei des Hinduismus und haben ihren Ursprung im Nordosten Indiens. Sie betonten *ahimsa* (Gewaltlosigkeit), Meditation und die Entsagung des Strebens nach irdischen Gütern.

2 Frühe Religionen in Südasien

- UDICHYA – Kulturregion der Arya-Stämme
- MAGADHA – andere Regionen
- *Yamuna* – heiliger Fluss
- Kerngebiet von Buddhismus und Jainismus
- Ashoka-Felsen und Säulenedikte

Frühe Religionen in Südasien

1400 v.Chr. – 1000 – 600 – 200 v.Chr.

- ca. 1550: Arya unterwerfen die Industal-Zivilisation und lassen sich in Nordindien nieder
- ca. 800: Beginn urbaner Kultur in der Ganges-Ebene
- 6. Jh.: Lebzeit von Mahavira, Gründer des Jainismus
- ca. 600: Aufstieg von Magadha
- 563: Geburt von Siddharta Gautama, Gründer des Buddhismus
- 322: Chandragupta gründet die Maurya-Dynastie
- 272–232: Regentschaft Ashokas; Buddhismus wird Staatsreligion

Religionen im Mittelmeerraum

Die mediterrane Welt des letzten Jahrtausends vor der Zeitenwende war geprägt von einer Reihe eigenständiger Kulturen mit unterschiedlichen Glaubensvorstellungen. Auffällig sind dennoch zahlreiche Parallelen in der Mythologie, in Charakter und Art der Gottheiten sowie bei der Ausübung der Religion. Kriegerische Konflikte und Handel führten darüber hinaus zu gegenseitiger Beeinflussung. Der Aufstieg des klassischen Griechenland, der hellenistischen und später der römischen Kultur begünstigte die weitere Verbreitung bestimmter Glaubenswelten und Praktiken.

Zeus war der oberste Gott der Griechen; sein Symbol war der Widder. Ihm entsprach Jupiter bei den Römern, Amun bei den Ägyptern, Baal bei den Phönikern.

Griechische Welt

Das auf mykenische Zeit zurückgehende und von Schriftstellern wie Homer beschriebene mythologische Pantheon der Griechen bildete im klassischen Griechenland eine bedeutende Kraft des gesellschaftlichen Polis-Lebens. Jeder Stadtstaat verehrte eine Gottheit besonders, dazu zahlreiche Heroen der Stadtgeschichte. Das Entstehen von Orakeln und anderen Kultzentren (wie in Delphi oder in Olympia) kodifizierte eine panhellenische Kulttradition, die durch die Kolonisierung und die Feldzüge Alexanders d. Gr. (S. 40–41) weitere Verbreitung fand.

SIEHE AUCH:

Afrika: S. 160–161

Europa: S. 174–179

Westasien: S. 220–221

Süd- und Südostasien: S. 242–243

Nord- und Ostasien: S. 258–259

3 Mediterrane Religionen

Kultzentren

- ägyptisch
- griechisch
- andere
- Ares – verehrte Hauptgottheit
- Verbreitung des Kybele-Kults
- Verbreitung des griech. Pantheons
- Verbreitung des Mithras-Kults

Herakles (Hercules in Rom), ein Halbgott der Griechen, zählte zu den Göttern, die die Römer übernahmen.

Rom

Die Römer haben den Begriff Religion geprägt (von *religio*, ›Tabu‹) und stets eine sehr strenge Kultausübung gepflegt, die den Priestern hohe Macht gab. Ihr Götter-Pantheon war jedoch weitgehend von Etruskern, Griechen, später auch aus Ägypten und Syrien übernommen. Aus den italischen Totenritualen entwickelten sich auch die Gladiatorenkämpfe auf Leben und Tod.

Ein Verstorbener kniet vor der ägyptischen Totengottheit Anubis. Das Weiterleben im Jenseits war ein zentraler Glaubenssatz der ägyptischen Religion und fand Ausdruck in aufwendigen Bestattungsritualen.

Ägypten

Eine überaus elaborierte Mythologie um die Hauptgötter Ra, Osiris und Amun bestimmte Leben und Tun im alten Ägypten. Davon geben Votivplastiken und Hieroglyphen-Zeichnungen in Grabstätten Zeugnis. Wahrscheinlich beeinflussten Hierarchie und Charakter der ägyptischen Kosmologie die Götterwelt der Mykener und der Griechen, aber auch in christlichen Vorstellungen finden sich ägyptische Elemente.

Dieses rituelle Wassergefäß aus Mykene hat die Form eines Stierkopfs.

Judaismus

Ursprünglich um 1200 v.Chr. aus der Verehrung des Gottes Jahwe entstanden, war der Judaismus eine sehr strenge monotheistische Religion. Sie wurde unter König David (um 1000 v. Chr.) Staatsreligion der Israeliten, überlebte Verbannung und Verfolgung und war Ausgangspunkt für das Christentum und den Islam.

Der siebenarmige Leuchter (die Menorah) ist Sinnbild für das Ewige Licht (*ner tamid*), das im ersten Tempel Salomons brannte.

Stierkulte

Die Verehrung des Stieres war im Mittelmeerraum weit verbreitet – von Çatal Hüyük in Kleinasien (um 7000 v.Chr.) bis zum Minos-Kult auf Kreta (ab etwa 2000 v.Chr.). Stiere spielten auch in der ägyptischen und griechischen Mythologie eine wichtige Rolle.

Daoismus und Konfuzianismus

In der Zhou-Zeit entwickelte sich der Daoismus zur bedeutendsten Philosophie in China. Laozi (angeblich 605-520) bzw. der Daoismus lehrten ein Leben im Einklang mit der Natur, dem Kosmos und dem *dao*, dem Urgrund allen Seins; unter Einbeziehung von Volksglauben und Ahnenverehrung entstand daraus der religiöse Volksdaoismus. Konfuzius hingegen stellte den Menschen und seinen Platz in der Gesellschaft ins Zentrum der Lehre: Er pries Pflichterfüllung, Gehorsam und Selbstlosigkeit. Gelehrte wie Menzius führten diese Lehre, die später zur Staatsdoktrin Chinas wurde, fort.

4 Daoismus und Konfuzianismus

- chinesischer Kulturkreis um 220 v.Chr.
- YAN – Region mit Entwicklung des Daoismus
- heiliger Berg des Daoismus

Zentren des Konfuzianismus

- Hauptstadt der Fürstentümer
- Qin-Hauptstädte um 220 v.Chr.

Die Lehren des Konfuzius ermöglichten es, dass selbst Angehörige unterer Schichten mit Fähigkeit, korrektem Verhalten und Fleiß hohe Ämter einnehmen konnten.

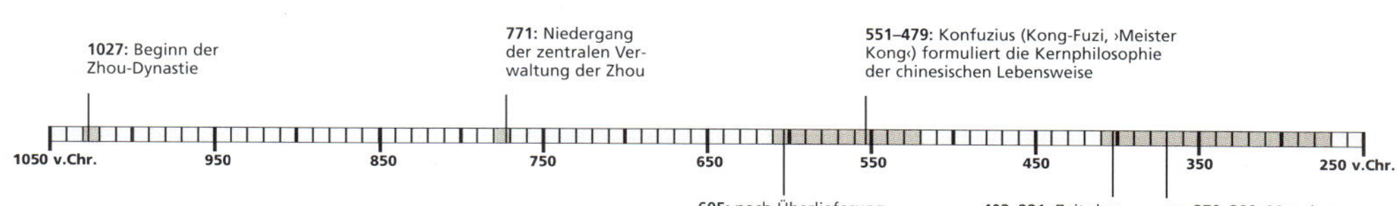

Daoismus und Konfuzianismus in China

DIE WELT 500–250 V.CHR.

DIE KLASSISCHE EPOCHE der griechischen Welt im 5. Jh. v.Chr. war eine Zeit der Aufklärung und Erneuerung. Sie brachte herausragende Leistungen auf den Gebieten von Kunst, Drama, Architektur und politischer Theorie. Auf dem gesamten indischen Subkontinent fand zu dieser Zeit die buddhistische Religion des Siddharta Gautama mit ihrem Verzicht auf jegliche materielle Wünsche Verbreitung. In China befasste sich die Lehre des Konfuzius (551–479) mit ethischen Grundwerten und dem rechten Verhalten der Menschen zueinander. Zwischen 331 und 323 v.Chr. entstand mit den militärischen Siegen des Makedonen-Königs Alexander ein gewaltiges Reich, das sich von der Adria bis an den Indus erstreckte. Ganz bewusst und welthistorisch einzigartig trachtete der Aristoteles-Schüler danach, in seinem Reich eine kosmopolitische Kultur durch Verschmelzung orientalischer und griechischer Traditionen zu begründen. Nach 272 v. Chr. vereinnahmte Kaiser Ashoka große Teile des indischen Subkontinentes in sein Reich, während China eine Epoche innerer Konflikte und kriegerischer Auseinandersetzungen erlebte.

Das Heiligtum von Delphi war Ort der athletischen Wettkämpfe der Pythischen Spiele und das bedeutendste Orakel der Griechen.

Europa

Griechenland war im 5. Jh. geprägt von den Leistungen der Klassik, aber auch auch von Konflikten wie den Perserkriegen und dem Peloponnesischen Krieg zwischen Athen und Sparta. Durch die Schwäche der griechischen Poleis stieg im 4. Jh. Makedonien unter König Philipp zur Hegemonialmacht auf, sein Sohn Alexander der Große eroberte das Perser-Reich. In Italien setzte sich Rom um 264 als Großmacht durch.

Europa

- **490:** Sieg der Griechen über die Perser bei Marathon
- **ca.450:** Kelten erreichen die Britischen Inseln und expandieren nach Osten und Süden
- **443–429:** Athens Blüte unter Perikles
- **431–404:** Peloponnesischer Krieg zwischen Athen und Sparta
- **390:** Kelten plündern Rom
- **338:** Unter Philipp II. steigt Makedonien zur Hegemonialmacht in Griechenland auf
- **334:** Alexander überschreitet den Hellespont zur Eroberung Persiens
- **323:** Tod Alexanders des Großen
- **264:** Rom erringt Vormachtstellung auf der Italischen Halbinsel
- **260:** Beginn des Konfliktes zwischen Rom und Carthago

500 v.Chr. – 450 – 400 – 350 – 300 – 250 v.Chr.

ARCHIMEDISCHE SCHRAUBE

Die nach Archimedes, dem griechischen Mathematiker (287–212), benannte ›Schraube‹ war eines der frühesten Geräte zum Heben von Wasser. Erfunden wurde sie wahrscheinlich im 7. oder 8. Jh. v.Chr. in Mesopotamien. Die im Innern eines Zylinders rotierende spiralförmige Schraube förderte das Wasser. Sie fand über viele Jahrhunderte Anwendung für Bewässerung und Entwässerung.

Ägyptische Figur eines Sklaven, der die Archimedische Schraube antreibt (um 630 v.Chr.).

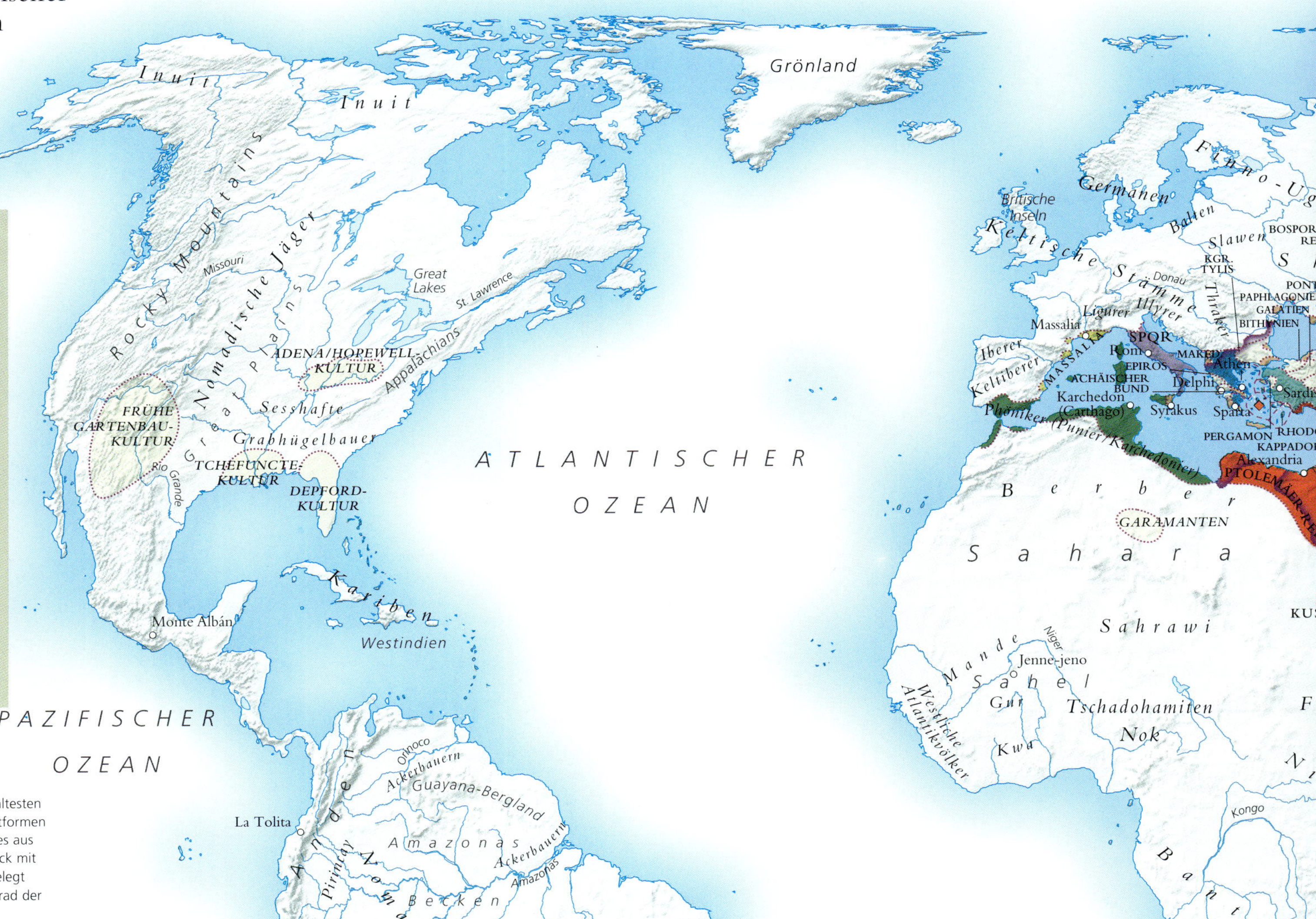

Textilien zählen zu den ältesten und bedeutendsten Kunstformen in der Andenregion. Dieses aus Alpacawolle gewebte Stück mit kunstvollen Stickereien belegt den hohen Abstraktionsgrad der Paracas-Kultur.

Amerika

Als die Chavín-Hochkultur an Einfluss verlor, entstanden in Amerika zahlreiche lokale Hochkulturen. In Paracas in Südperu wurden Friedhöfe mit Tausenden mumifizierter Körper gefunden, gehüllt in farbig gewebte Tücher mit Darstellungen von Fabeltieren und Gottheiten, die noch von der Chavín-Kultur beeinflusst waren. In Nordamerika trat die Hopewell-Kultur in den Waldgebieten des Ostens die Nachfolge der Adena-Kultur an und führte die Tradition der Bestattungen in aufwendig errichteten Erdhügeln und den Bau ausgedehnter Erdanlagen (so gen. ›Mounds‹) fort.

Amerika

- **ca.500:** Paracas-Kultur in Südperu, stark farbige Textilien
- **ca.400:** Frühe Zapoteken-Kultur mit Zentrum in Monte Albán
- **ca.350:** Anfänge der Nazca-Kultur in Südperu
- **ca.300:** Hopewell-Kultur im Osten Nordamerikas übernimmt Traditionen der Adena-Kultur

500 v.Chr. – 450 – 400 – 350 – 300 – 250 v.Chr.

Die Nok stellen Tonbüsten mit kunstvoller Haartracht und natürlichen Gesichtszügen her.

Afrika

Nordafrika und das westliche Mittelmeer war von der ursprünglich phönikischen Kolonie Qart Hadašt (griech. Karchedon, röm. Carthago) beherrscht, die auch den Transsahara-Handel mit Westafrika kontrollierte. Die Eisenverarbeitung war um 500 weit verbreitet in der Region. Die Nok im Niger-Delta brachten die bekannteste Hochkultur der frühen Eisenzeit hervor. Ägypten, jetzt eine persische Satrapie, wurde 332 von Alexander d. Gr. erobert. Nach dessen Tod fiel das Reich am Nil an den makedonischen General Ptolemaios, den Begründer der Ptolemäer-Dynastie.

KARTIERUNG DER FIXSTERNE

Die Astronomen der Antike hatten beobachtet, dass die Stellung von Sonne, Mond und Planeten gegenüber den Fixsternen nicht gleich blieb. Statt dessen schienen sie im Laufe des Jahres jeweils bestimmte Himmelsregionen zu durchlaufen. Diese Regionen konnten zwölf speziellen Sternkonstellationen zugeordnet werden, die als Zodiakus der Tierkreiszeichen dargestellt wurden. Vermutlich waren die Tierkreiszeichen eine Entdeckung Babylons, denn sie tauchen erstmals auf einem Keilschrifthoroskop aus dem Jahr 410 v.Chr. auf.

Die zwölf Zeichen des Zodiakus umrahmen eine Prozession von Pferden und Musikanten auf diesem Fresko in einer thrakischen Grabstätte aus dem 4. Jh. v.Chr.

Westasien

Der Konflikt des Persischen Reichs mit der griechischen Welt rund um die Ägäis führte trotz der Kriege zu intensivem kulturellen Austausch mit dem Orient. Vor allem nach dem Sieg der Griechen kamen griechische Söldner weit nach Osten. Kleinasien blieb jedoch unter persischer Oberhoheit. Das Imperium, das Alexander d. Gr. ab 334 auf den Trümmern des geschwächten Reichs der Großkönige errichtete, wurde unter seinen Nachfolgern (Diadochen) wieder zersplittert. Südwestasien kam zum Seleukiden-Reich, daneben etablierten sich etliche weitere makedonisch-griechische Dynastien.

Nach seinem frühen Tod mit 32 Jahren wurde Alexander eine legendäre Gestalt der antiken Welt. Dieses Detail eines Mosaiks aus dem frühkaiserzeitlichen Pompeii zeigt den Makedonen-König in der Schlacht bei Issos im Jahr 333 v.Chr.

SIEHE AUCH:

- **Nordamerika:** S.120–121
- **Südamerika:** S.144–147
- **Afrika:** S.158–161
- **Europa:** S.176–179
- **Westasien:** S.222–223
- **Süd- und Südostasien:** S.240–243
- **Nord- und Ostasien:** S.258–259
- **Australasien und Ozeanien:** S.280–281

Westasien (Zeitleiste 500 v.Chr. – 250 v.Chr.)

- **490:** Persische Expedition von Dareios I. gegen Griechenland bei Marathon zurückgeschlagen
- **480:** Xerxes, Nachfolger von Dareios I., er fällt in Griechenland ein, wird jedoch bei Salamis, Plataiai und Mykale geschlagen
- **331:** Sieg Alexanders in der Schlacht von Gaugamela bedeutet Ende des achämenidischen Perser-Reichs
- **312:** Seleukos unterwirft Persien, Syrien und große Teile Kleinasiens, gründet die Seleukiden-Dynastie
- **276–272:** Im Krieg mit Seleukiden Ausdehnung des Ptolemäischen Reiches nach Syrien

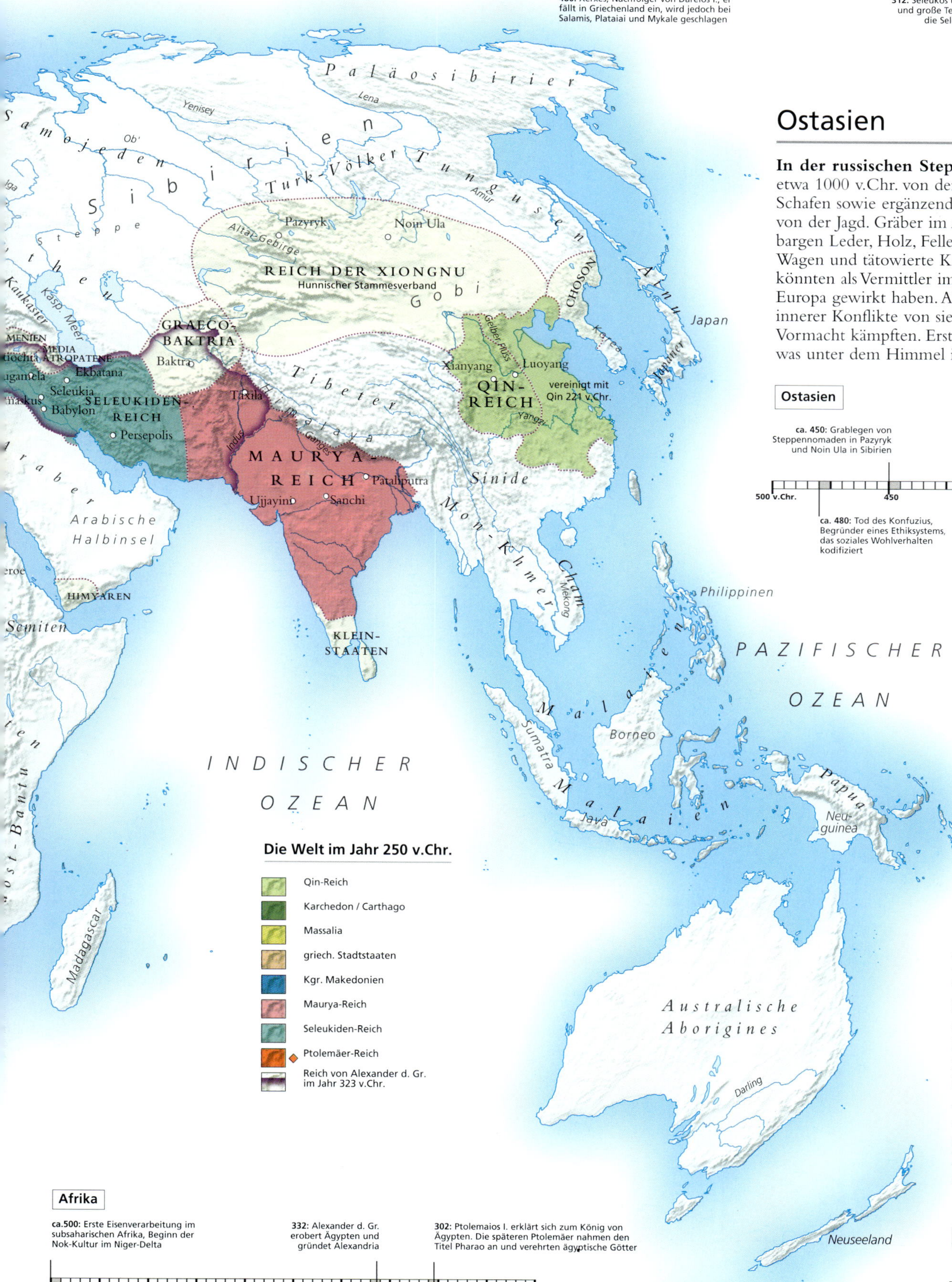

Ostasien

In der russischen Steppe lebten die Nomaden ab etwa 1000 v.Chr. von der Aufzucht von Rindern und Schafen sowie ergänzend vom Ertrag der Felder und von der Jagd. Gräber im Altai-Gebirge aus jener Zeit bargen Leder, Holz, Felle, Textilien, einen hölzernen Wagen und tätowierte Körper. Die Steppenvölker könnten als Vermittler im Handel zwischen China und Europa gewirkt haben. Ab 453 stand China im Zeichen innerer Konflikte von sieben Hauptstaaten, die um die Vormacht kämpften. Erst 221 wurde die Region ›alles was unter dem Himmel ist‹ unter den Qin geeint.

Mythische Kämpfe waren häufiges Thema der Kunst der Jäger- und Hirtenstämme in der Altai-Region. Diese Holzschnitzerei zeigt einen Hirsch in den Zähnen eines Greifes.

Ostasien (Zeitleiste 500 v.Chr. – 250 v.Chr.)

- **ca. 480:** Tod des Konfuzius, Begründer eines Ethiksystems, das soziales Wohlverhalten kodifiziert
- **ca. 450:** Grablegen von Steppennomaden in Pazyryk und Noin Ula in Sibirien
- **403:** Periode der ›Streitenden Reiche‹ in China
- **400:** Beginn der Eisenverarbeitung in Korea
- **ca. 350:** Erfindung der Armbrust in China
- **ab. 350:** Das Reich der Qin (Ch'in) entwickelt neues Politiksystem, das auf rigider Grundlage von ›Lohn und Strafe‹ das gesamte gesellschaftliche Leben den kaiserlichen Gesetzen unterwirft
- **256:** Einnahme der Luoyang-Region durch die Qin

Ashoka gründete den großen Stupa in Sanchi (links). Seine Auslegung der Morallehren des Buddhismus ließ er in Säulen und Steinen an Orten in ganz Indien meißeln.

Südasien

Die Staaten der Ganges-Ebene gingen im 5. Jh. endgültig im Reich Magadha auf. Kurz nach dem Einfall Alexanders im Nordwesten Indiens im Jahr 327 riss Chandragupta Maurya den Thron an sich und begann mit der Ausdehnung des Reiches. Zur Zeit von Ashoka (297-232) herrschte die Maurya-Dynastie über den größten Teil des Subkontinentes. König Ashoka schließlich war vom Krieg angewidert, er trat zum Buddhismus über. Dieser wurde unter ihm zu einer ethischen Hauptkraft in Indien und darüber hinaus.

Afrika (Zeitleiste 500 v.Chr. – 250 v.Chr.)

- **ca.500:** Erste Eisenverarbeitung im subsaharischen Afrika, Beginn der Nok-Kultur im Niger-Delta
- **ca.500:** Eisen verarbeitende Bantu breiten sich vom Niger in die Seenregion Ostafrikas und an der Westküste nach Süden aus
- **332:** Alexander d. Gr. erobert Ägypten und gründet Alexandria
- **302:** Ptolemaios I. erklärt sich zum König von Ägypten. Die späteren Ptolemäer nahmen den Titel Pharao an und verehrten ägyptische Götter
- **ca.250:** Siedlung Jenne-jeno im inneren Niger-Delta gegründet

Südasien (Zeitleiste 500 v.Chr. – 250 v.Chr.)

- **327:** Alexander d. Gr. fällt in Nordwestindien ein
- **320:** Chandragupta Maurya kontrolliert das Reich Magadha und stößt zum Indus und nach Zentralindien vor
- **272:** Ashoka besteigt den Thron und vergrößert das Reich weiter
- **260:** Ashoka konvertiert zum Buddhismus

DAS ALEXANDER-REICH

Alexander der Große (356–323 v.Chr.) war König von Makedonien und eroberte ein großes eurasisches Reich.

DIE EROBERUNGSZÜGE ALEXANDERS führten die Heere der Griechen und Makedonen nach Ägypten, Mesopotamien, in den Hindukusch und bis an die Westgrenze Indiens. Sie zwangen das achämenidische Persien, das mächtigste Reich der Welt, in die Knie. Diese herausragende militärische Leistung, die binnen zehn Jahren vollendet war, brachte eine kosmopolitische Zivilisation hervor: Der Hellenismus drang in die westasiatischen Kulturen ein. Einige hellenistische Königreiche überlebten bis in das 1. Jh. n.Chr. und Griechisch blieb in vielen Teilen Westasiens bis zum 8. oder 9. Jh. die offizielle Sprache. Die von Alexander gegründeten Städte bewahrten die Ideale der griechischen Zivilisation; einige von ihnen, wie Alexandria, Kandahar und Taschkent, haben bis heute überdauert. Schließlich taten sich dank Alexander auch neue Horizonte auf; seine Nachfolger trafen auf unterschiedliche Völker und Kulturen und schufen Handelswege, die den Mittelmeerraum mit dem Osten Afrikas, Indien und Asien verbanden.

Die Schlacht zwischen Griechen und Persern ist auf diesem Sarkophag, den man in Sidon fand, dargestellt.

Der Zug Alexanders d. Großen

Alexander folgte 336 v.Chr., nach der Ermordung seines Vaters Philipp, auf den Thron Makedoniens. Er setzte 334 nach Asien über, besiegte das persische Provinzheer am Granikos und befreite die alten Griechenstädte in Kleinasien. Der Sieg über den persischen Großkönig Dareios III. bei Issos öffnete ihm den Weg nach Syrien, Phönikien und Ägypten. Dann zog er nach Persien und nahm die Königsstädte Babylon, Susa und Persepolis ein. Er zog weiter gegen Baktrien und Sogdiane, die östlichen Außenposten des persischen Reiches, und überschritt den Hindukusch. Am Hyphasis (Bias) verweigerten ihm seine Truppen die Gefolgschaft. 323 v.Chr. starb er 32-jährig in Babylon.

Dieses römische Mosaik des 1. Jh. zeigt den persischen Großkönig Dareios III. in der Schlacht bei Issos (333 v.Chr.). Sein grandioser Sieg über den Perser ermöglichte Alexander die Eroberung der westlichen Hälfte des Großreichs.

Hellenistische Städte in Westasien

Pergamon, die Hauptstadt der Dynastie der Attaliden (282–133 v.Chr.), war die prächtigste hellenistische Stadt Kleinasiens. Die Stadt besaß ein grandioses Theater und eine bedeutende Bibliothek, übertroffen nur von der in Alexandria. Zugleich errang sie Ruhm als Zentrum der Künstler, die hier einen neuen, reich verzierten ›barocken‹ Stil entwickelten.

Der ›Sterbende Gallier‹ war eine der Statuen, die zum Andenken an den 241 v.Chr. zurückgeschlagenen Einfall der Galater-Kelten in Pergamon aufgestellt wurden (hier römische Kopie).

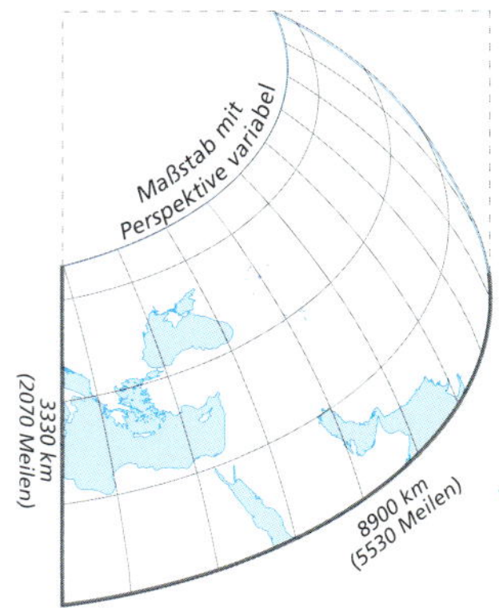

Der Aufstieg Makedoniens

- **359:** Philipp kommt an die Macht und beginnt mit der Ausdehnung des makedonischen Territoriums
- **356:** Philipp II. nimmt den Königstitel an; Geburt seines Sohns Alexander
- **346:** Krieg zwischen Philipp und Athen um Mittelgriechenland
- **342:** Philipp erobert Thrakien, eine der Städte auf Philippopolis umgetauft
- **338:** Schlacht von Chaironaia; Philipp II. besiegt griechische Stadtstaaten
- **336:** Philipp ermordet, sein Sohn Alexander folgt auf den Thron
- **333:** Perser-König Dareios III. bei Issos besiegt
- **332:** Alexander gründet die Stadt Alexandria in Nordägypten
- **331:** Entscheidende Niederlage der Perser bei Gaugamela
- **326:** Alexander erreicht Taxila, kann wegen Meuterei der Soldaten nicht nach Indien vorstoßen
- **323:** Tod Alexanders

360 v.Chr. – 350 – 340 – 330 – 320 v.Chr.

KULTURAUSTAUSCH ZWISCHEN GRIECHEN UND DEM ORIENT

Die Verbreitung der griechischen Zivilisation in der Epoche des Hellenismus wirkte in sehr viele Bereiche hinein. In einem riesigen Gebiet wurde Griechisch gesprochen, das in Ägypten sogar die alte Muttersprache ablöste. Selbst in Gebieten wie dem Norden Indiens stößt man auf griechische Inschriften. Der griechische Porträtstil lässt sich bis zu den Münzen des Graeco-Baktrischen Königreiches in Zentralasien und den Kolossalköpfen am Nemrut Dağ in Kleinasien zurückverfolgen. Doch die griechische Kultur nahm auch orientalische Einflüsse auf, was sich vor allem bei der Übernahme ägyptischer Gottheiten unter den Ptolemäern zeigte.

Unter der Ptolemäer-Herrschaft wurden die ägyptischen Gottheiten hellenisiert und in das griechische Pantheon aufgenommen. Diese griechisch-römische Statue zeigt Anubis, den mit einem Schakalkopf dargestellten Gott der Mumifizierung.

Kriegselefanten wurden von den Makedonen, die erstmals bei Gaugamela gegen sie kämpfen mussten, in den Mittelmeerraum gebracht. Der Kampfturm auf dem Rücken war möglicherweise eine griechische Erfindung.

SIEHE AUCH:

Afrika: S. 160–161

Europa: S. 176–179

Westasien S. 222–225

Süd- und Südostasien: S. 240–241

Eine Silberscheibe aus dem Kybele-Tempel in Ai Khanoum zeigt eine hellenisierte Version der Göttin auf einem Wagen mit einem persischen Priester, der an einem Feueraltar steht.

Hellenismus im Osten

Einer der abgelegensten Außenposten des Hellenismus war die Stadt Ai Khanoum (damals wahrscheinlich Alexandria ad Oxum) an der Grenze zum heutigen Russland und Afghanistan. Sie besaß alle Merkmale einer griechischen Stadt: Agora, Akropolis, Tempel, Gymnasion und Bibliothek. Die Bauform des Kybele-Tempels legt jedoch die Vermutung nahe, dass die Verehrung dieser Göttin nach orientalischem Ritus erfolgte. In der Stadt hat man eine Inschrift mit einem Spruch des Orakels vom ca. 6000 km entfernten Delphi entdeckt.

Diese hellenistische Statue eines Löwen befindet sich in den Ruinen von Bukhara im heutigen Pakistan.

Das Vermächtnis Alexanders

Nach Alexanders Tod führten seine makedonischen Generäle die sogenannten Diadochenkriege um das Erbe. Zuletzt war das Reich unter drei Hauptdynastien aufgeteilt. Die Ptolemäer herrschten bis 30 v.Chr. in Ägypten, wo sie Alexandria zur Hauptstadt ausbauten. Die Antigoniden in Makedonien walteten über die Geschicke Griechenlands. Die Seleukiden herrschten über Syrien und Babylon, verloren allerdings große Gebiete im Osten an unabhängige hellenistische Königreiche wie Baktrien. In Kleinasien stieg Pergamon zur wichtigsten Macht auf.

Auf dieser graeco-baktrischen Münze ist König Demetrios mit einem Elefantenkopfhelm abgebildet – ähnlich wie auch Alexander nach der Eroberung des Ostens.

Hellenistische Reiche

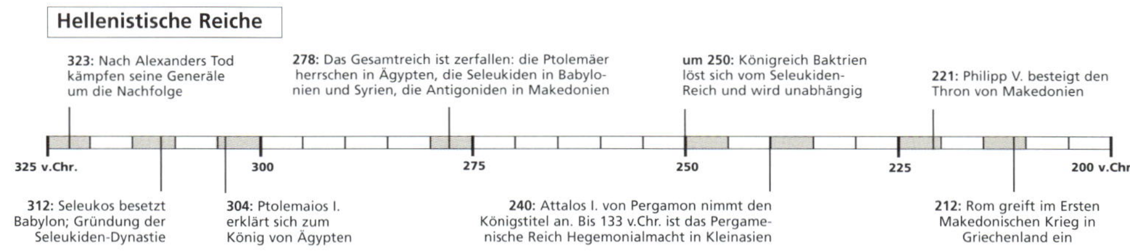

DIE WELT 250 –1 v.Chr.

Die Hälfte der Weltbevölkerung, die inzwischen ca. 250 Mio. Menschen umfasste, lebte zur Zeitenwende innerhalb dreier Weltreiche, dem Römischen Reich, dem Parthischen Reich und Han-China. Rechnet man die Königreiche Nordindiens und Südostasiens hinzu, lässt sich für diese Zeit bereits eine urbanisierte Zone verzeichnen, die die Alte Welt von der Iberischen Halbinsel im Westen bis nach Korea im Osten durchzog. Dieser Hochkulturgürtel war umgeben von nomadisierenden Hirten und Ackerbauern sowie in die Randgebiete abgedrängten Wildbeutern. Durch die Seidenstraße, die Entdeckung der Monsunwinde für die Schifffahrt und die dadurch erschlossenen Handelsrouten über den Indischen Ozean intensivierten sich die Kontakte zwischen den Großreichen, so dass sich religiöse und kulturelle Einflüsse ausbreiten konnten. In der Neuen Welt erlangten die Nazca- und die Moche-Kultur in Peru bereits eine hohe Entwicklungsstufe, während das mexikanische Teotihuacán zu einer der bevölkerungsreichsten Städte der Erde anwuchs.

Europa

Die Ara Pacis (›Friedensaltar‹) ließ Kaiser Augustus im Jahr 9 v.Chr. zum Gedenken an die Befriedung der römischen Welt errichten.

Nach dem Untergang Carthagos begann die Römische Republik mit einer Expansionspolitik, durch die sie ihren Machtbereich auf die hellenistischen Gebiete im Osten und nach Norden auf Gallien ausdehnen konnte. Im 1. Jh. v.Chr. wurde die Einheit des Reichs durch Bürgerkriege gefährdet. 27 v.Chr. wurde Octavian, der den Ehrennamen Augustus erhielt, Alleinherrscher: Die Republik wurde durch den Prinzipat abgelöst, doch leitete Augustus' Herrschaft zwei Jahrhunderte der Stabilität und des Wohlstands ein.

Europa

250 v.Chr. – 200 – 150 – 100 – 50 – 1 v.Chr.

- **241:** 1. Punischer Krieg zwischen Rom und Carthago endet mit Patt
- **218–201:** 2. Punischer Krieg; Hannibal überquert die Alpen, doch Carthago verliert Spanien
- **168:** Roms Expansion in den östlichen Mittelmeerraum beginnt
- **146:** Zerstörung von Korinth; Griechenland kommt unter römische Herrschaft
- **89:** Alle Italiker erhalten römisches Bürgerrecht
- **58–51:** Iulius Caesar erobert Gallien
- **46:** Iulius Caesar zum Diktator ernannt; zwei Jahre später wird er ermordet
- **31:** Octavians Seesieg bei Actium über Antonius und Kleopatra

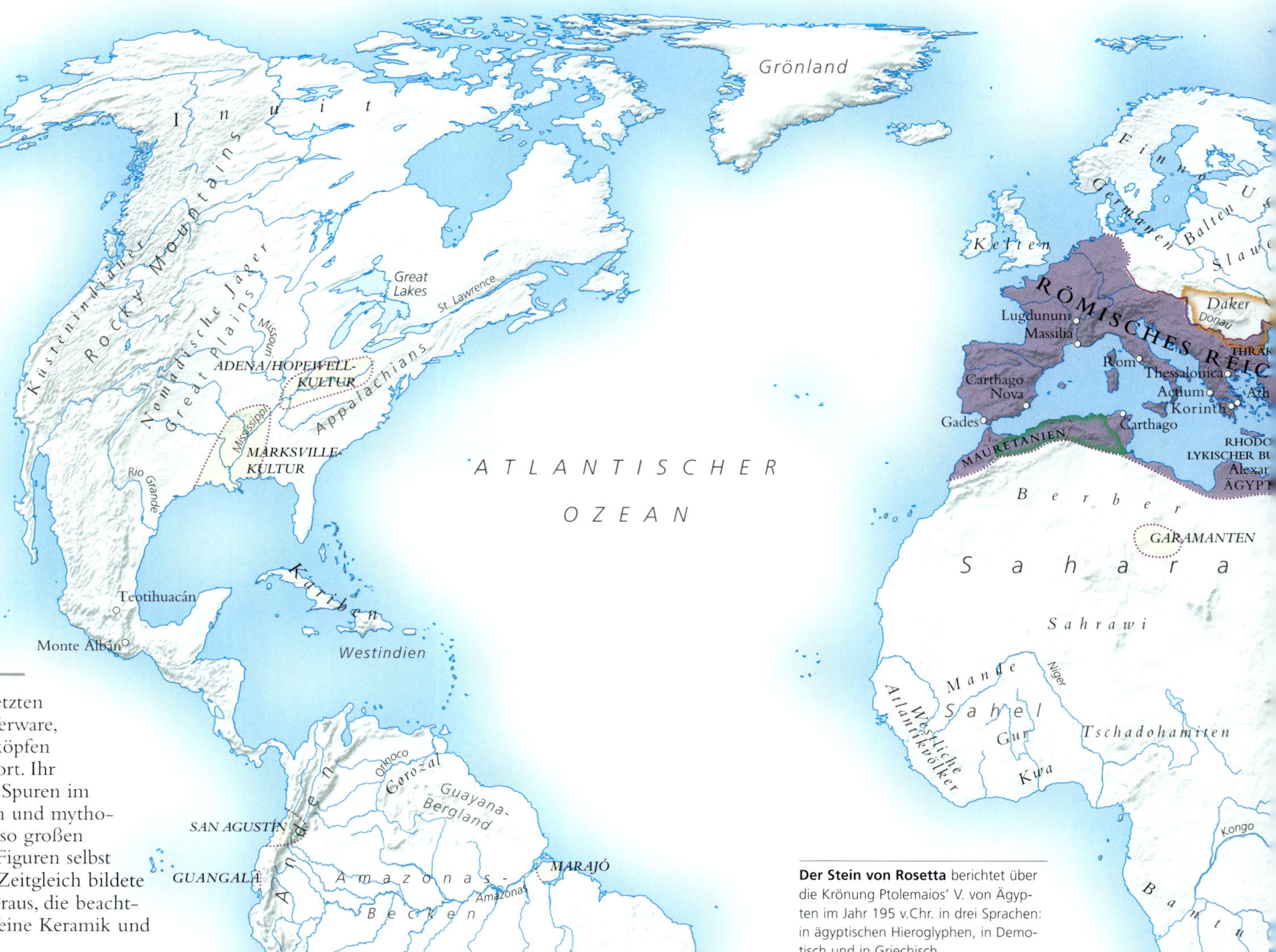

Diese Nazca-Figur aus Keramik, eine Coca-Blätter kauende Frau, zeigt einen bei den Andenvölkern wichtigen rituellen Brauch.

Amerika

Die Menschen der Nazca-Kultur setzten mit feinen Webarbeiten und einer Töpferware, die mit Tieren, Pflanzen und Trophäenköpfen dekoriert wurde, die andine Tradition fort. Ihr bekanntestes Kulturdenkmal sind lange Spuren im Wüstenboden, die Konturen von Tieren und mythologische Figuren bilden. Sie wurden in so großen Dimensionen geschaffen, dass man die Figuren selbst nur aus dem Flugzeug erkennen kann. Zeitgleich bildete sich in Nordperu die Moche-Kultur heraus, die beachtliche städtische und religiöse Zentren, feine Keramik und Goldarbeiten hinterlassen hat.

Amerika

250 v.Chr. – 200 – 150 – 100 – 50 – 1 v.Chr.

- **ca. 250:** Im heutigen Ecuador erleben kleine Küstenkulturen wie Guangala ihre Blütezeit
- **ca. 200:** Im südperuanischen Wüstenboden entstehen die Nazca-Linien
- **ca. 100:** In Nordamerika erreicht Adena-Kultur ihren Höhepunkt
- **ca. 50:** Teotihuacán im Hochtal von Mexiko ist mit 40 000 Einwohnern die größte Stadt Amerikas
- **ca. 1 v.Chr.:** Die Moche, berühmt für ihr Gold und ihre Keramik, beherrschen das nördliche Peru

Der Stein von Rosetta berichtet über die Krönung Ptolemaios' V. von Ägypten im Jahr 195 v.Chr. in drei Sprachen: in ägyptischen Hieroglyphen, in Demotisch und in Griechisch.

RÖMISCHE LANDVERMESSUNG

Für den Straßenbau haben die Römer das Terrain ihres Imperiums von Gallien bis Ägypten vermessen. Diese Straßen dienten vorrangig militärischen Zwecken, um die Legionen schnell heranführen zu können, förderten aber auch den Handelsverkehr. Die Entfernung wurde in 1000 Doppelschritten *(mille passuum)* vermessen – daraus hat sich der Ausdruck ›Meile‹ entwickelt. Die römische Meile betrug ca. 1540 m; in diesem Abstand wurden Meilensteine an den römischen Straßen *(viae)* aufgestellt.

Römischer Meilenstein von der Via Aemilia, die in gerader Linie durch Norditalien verlief. Auf der Inschrift sind die unter Augustus (27 v.Chr. – 14 n.Chr.) vorgenommenen Straßeninstandsetzungsarbeiten verzeichnet.

Afrika

Carthagos Niederlage im Jahr 146 v.Chr. brachte Nordafrika in den Einflußbereich des expandierenden Römischen Reiches. Ägypten wurde von der Ptolemäer-Dynastie regiert, die den Niedergang der ägyptischen Kultur durch Einführung der griechischen Sprache und Schrift beschleunigte. Als Octavian 31 v.Chr. Marcus Antonius und Kleopatra in der Schlacht bei Actium besiegte, wurde Ägypten zu einer römischen Provinz und bald auch eine der Kornkammern Roms. Im Süden blühte das Königreich von Meroe, das über das Rote Meer Weihrauch nach Rom exportierte. Die Bantu rückten weiter in den Süden Afrikas vor, wo sie Ackerbau und Eisenverarbeitung einführten.

Westasien

Als die Ostgebiete des Alexander-Reichs Mitte des 3. Jh. die seleukidische Herrschaft abschüttelten, nutzten nomadisierende Parni diese Umwälzungen zu einer Reichsgründung in Parthien. Im frühen 1. Jh. v.Chr. erstreckte sich ihr Reich von Syrien über Mesopotamien bis Baktrien. Mit ihrer schweren Kavallerie trotzten die Parther der römischen Weltmacht in der Schlacht von Karrhai (53 v.Chr.), bei der Roms Expansion nach Osten Einhalt geboten wurde. Das Parthische Reich währte 500 Jahre und gelangte durch seine Kontrolle der Seidenstraße, die China mit Rom verband, zu großem Wohlstand.

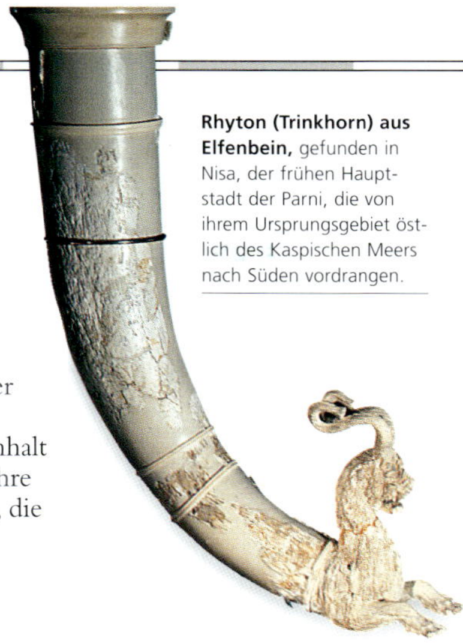

Rhyton (Trinkhorn) aus Elfenbein, gefunden in Nisa, der frühen Hauptstadt der Parni, die von ihrem Ursprungsgebiet östlich des Kaspischen Meers nach Süden vordrangen.

Westasien

- **247:** Arsakes gründet die arsakidische Dynastie
- **171:** Mithradates I. gründet das Parthische Großreich
- **141:** Die Parther nehmen die Seleukiden-Hauptstadt Seleukia am Tigris ein und kontrollieren Mesopotamien
- **124:** Mithradates III. übernimmt die Macht. Das Parthische Reich erreicht seine größte Ausdehnung
- **90:** Ktesiphon wird parthische Hauptstadt
- **53:** Die römische Infanterie unterliegt den Parthern in der Schlacht von Karrhai (Carrhae) in Nordsyrien
- **40:** Rom erkennt Herodes d. Gr. als Herrscher in Judäa an

250 v.Chr. – 200 – 150 – 100 – 50 – 1 v.Chr.

Ostasien

Die Qin (Ch'in) vereinten 221 v.Chr. China zu einem Reich. Ihr Führer nahm den Titel ›Erster Kaiser‹ an und führte ein strenges, zentralisiertes bürokratisches Regime ein. Nach seinem Tod im Jahr 210 kam es in weiten Gebieten zu Aufständen. 206 hatte die Han-Dynastie unter Gaozu (Kao-tsu) die Macht erlangt. Auch die Han stützten sich auf eine straff zentralisierte Bürokratie, wobei ihr Monopol auf Eisen und Salz und der Beginn des Warentransports über die Seidenstraße nach Zentralasien ihren Wohlstand sicherte.

SIEHE AUCH:
Nordamerika: S.120–121
Südamerika: S.144–145
Afrika: S.160–161
Europa: S.178–179
Westasien: S.224–225
Süd- und Südostasien: S.240–243
Nord- und Ostasien: S.258–261
Australasien und Ozeanien: S.280–281

Shi Huangdi, der ›Erste Kaiser‹ der Qin, setzte seine Herrschaft mit militärischer Gewalt durch. Zur symbolischen Bewachung seines Grabes wurde eine Armee aus Tausenden von lebensgroßen Terrakotta-Soldaten aufgestellt.

Ostasien

- **221:** Bau der Großen Mauer zum Schutz vor Nomadeneinfällen aus dem Norden
- **210:** Tod von Shi Huangdi führt zu Aufständen im Qin-Reich
- **206:** Die Han-Dynastie unter Gaozu übernimmt die Macht
- **136:** Der Konfuzianismus wird zur Staatsideologie
- **119:** Eisenverarbeitung zum Staatsmonopol erklärt
- **ca.112:** Beginn des Warentransports über die Seidenstraße durch Zentralasien
- **108:** Chinesen bringen Korea unter ihre Kontrolle
- **55:** Bündnis der Xiongnu zerfällt; ihre südliche Gruppe wird China tributpflichtig

250 v.Chr. – 200 – 150 – 100 – 50 – 1 v.Chr.

RÖMISCHE ARCHITEKTUR

In architektonischer Hinsicht sind von den Römern keine Neuerungen ausgegangen; selbst das charakteristischste Merkmal ihrer Bauten, den Bogen, übernahmen sie von den Etruskern. Doch die Ausmaße ihrer Tempel, Badehäuser, Aquädukte und Amphitheater waren gewaltig. Neben Ziegel und Naturstein verwendeten sie vielfach Puzzolan, einen aus Sand, Löschkalk und Vulkanasche gemischten Mörtel.

Die kassettierte Kuppel des Pantheon in Rom wurde aus Puzzolan gegossen. Bis zum Bau der Kuppel der Peterskirche im 16. Jh. war sie die größte der Welt.

Der große Komplex von aus dem Fels gehauenen Tempeln und Klöstern im zentralindischen Ajanta wurde im 1. Jh. v.Chr. zu einem bedeutenden buddhistischen Zentrum, berühmt für seine in hervorragender Qualität ausgeführten Deckenmalereien mit Darstellungen aus dem Leben Buddhas.

Süd- und Südostasien

Beim Tod Ashokas im Jahr 232 v.Chr. zerfiel das Reich der Maurya-Dynastie, die 185 von der Shunga-Dynastie abgelöst wurde. Die Griechen Baktriens wurden unabhängig und errichteten Königreiche, in denen sich hellenische und indische Einflüsse mischten. Große Teile Südostasiens gerieten mit dem sich nach Osten ausbreitenden Hinduismus und Buddhismus unter den Einfluss Indiens. Die Kontakte mit den Chinesen waren politischer und militärischer Art; Annam geriet gegen Ende des 2. Jh. unter Kontrolle der Han-Dynastie.

Süd- und Südostasien

- **232:** Beginn des Zerfalls des Maurya-Reichs
- **ca.200:** Baktrische Griechen gründen kleine Königreiche
- **185:** Pusyamitra gründet die Shunga-Dynastie
- **111:** Annam fällt an das Han-Reich
- **ca.100:** Indische Einflüsse breiten sich über Seehandelsrouten nach Südostasien aus
- **90:** Das baktrische Königreich Gandhara fällt an die asiatischen Skythen (Shaka)
- **ca.30:** Shaka überrennen die indo-griechischen Königreiche des Indus-Tals

250 v.Chr. – 200 – 150 – 100 – 50 – 1 v.Chr.

Afrika

- **146:** Zerstörung von Carthago; Rom fasst die Besitzungen der Stadt zur Provinz Africa zusammen
- **105:** Jugurtha, der König von Numidien, wird vom römischen General Gaius Marius besiegt
- **ca.100:** Die Römer führen das Kamel in der Sahara ein
- **46:** Neugründung von Carthago als römischer Kolonie
- **31:** Mit Kleopatras Tod endet die ptolemäische Dynastie in Ägypten

250 v.Chr. – 200 – 150 – 100 – 50 – 1 v.Chr.

HANDEL IM KLASSISCHEN ALTERTUM

Feine chinesische Seide dieser Zeit hat man selbst weit im Westen in Ägypten und Griechenland gefunden.

ZU BEGINN DES ERSTEN JAHRTAUSENDS unserer Zeit hatte sich eine Reihe von wirtschaftlich und politisch bedeutsamen Wegenetzen herausgebildet, die die östlichen Küstengebiete am Atlantischen Ozean, den Indischen Ozean und die westlichen Küstengebiete des Pazifischen Ozeans miteinander verbanden. Sie verknüpften das Römische Reich, das sich auf den Mittelmeerraum konzentrierte, mit dem Han-Reich im kontinentalasiatischen China. Da diese Machtzentren ihre wirtschaftlichen Interessen auch über ihre politischen Grenzen hinaus durchsetzen konnten, wurden selbst abgelegene Regionen vom subsaharischen Afrika bis Ostindien in dieses Geflecht einbezogen. Die bedeutendste Verbindung war die ganz Asien umspannende Seidenstraße, die sich durch die Gebirgszüge und Wüsten der zentralasiatischen Landmasse schlängelte, und an der eine ganze Kette mächtiger Handelsstädte und -staaten entstand.

Han-China und Asien

Die Han-Dynastie, die 206 v.Chr. die Territorien des Qin-Reichs übernahm, wandte sich einer Politik der Autarkie zu. Der Handel galt nicht als ein politisch bedeutsames Anliegen, wenngleich begehrte Luxusgüter über mehrere Zwischenhändler in den Randgebieten des Reichs auf die Märkte des Han-Reiches gelangten – Gewürze aus Süd- und Südostasien, Trepang und Perlmutt aus Ostindien –, und man mit dem Gebietszuwachs in Zentralasien auch die schnellen Kavalleriepferde aus Ferghana zu schätzen lernte. Umgekehrt standen chinesische Produkte wie Seide und Lackarbeiten in ganz Asien hoch im Preis.

Verzierte Votivspiegel der Han wurden von den Chinesen an Gesandte verschenkt und später in so fernen Gebieten wie Sibirien, dem Kaukasus und Südrussland gefunden.

Die leichtfüßigen ›Himmelspferde‹ aus Ferghana gaben der Han-Kavallerie die Mittel, um die Xiongnu, ein Hunnenvolk Zentralasiens, in Schach zu halten.

Handel der Han
(Reihenfolge n. Wert geschätzt)

Exporte	Importe
Seide	Pferde
Lackarbeiten	Gewürze
	Edelsteine

Die klassische Antike

200 v.Chr. – 100 – 1 n.Chr. – 100 – 200 – 300 – 400 n.Chr.

- **141:** Wudi (Wu-ti) dehnt Machtbereich der Han nach Zentralasien aus
- **31:** Octavians Sieg bei Actium festigt römische Kontrolle im östlichen Mittelmeerraum
- **60:** Errichtung des Kushana-Reiches
- **117:** Das Römische Reich erreicht größte Ausdehnung.
- **ca.150:** Ptolemaios veröffentlicht erste Karte der Ökumene
- **200:** Zusammenbruch der Han-Dynastie
- **224:** Beginn der Sassaniden-Herrschaft in Persien
- **238:** Erste Germaneneinfälle in das Römische Reich
- **370:** Die Hunnen erreichen Europa
- **395:** Sog. Teilung des Römischen Reichs in östliche und westliche Verwaltungsregion

Handel der Römer

Rom war im Gegensatz zu Han-China ein in hohem Maße auf den Handel angewiesenes Reich. Die Römer importierten ungeheure Warenmengen. Grundlage ihres Handelssystems, das Erzeugnisse von Gebieten weit außerhalb der Reichsgrenzen ins Land brachte, waren eine gemeinsame Währung, ein gemeinsames Bürgerrecht, niedrige Zollschranken und ein weitgehend sicheres Verkehrsnetz von Straßen, Binnenwasserstraßen, Häfen und Seerouten.

Für die populären Kämpfe mit wilden Tieren in der Arena importierten die Römer Bären, Stiere und Keiler aus dem nördlichen Europa, Löwen und Tiger aus Asien, Krokodile aus Ägypten sowie Nashörner, Nilpferde und eine Vielfalt von Großkatzen aus dem subsaharischen Afrika.

Römischer Handel
(Reihenfolge n. Wert geschätzt)

Exporte	Importe
Gold	Getreide
Silber	Sklaven
Wein	Tiere
Olivenöl	Gewürze
Glaswaren	Seide
	Weihrauch
	Elfenbein
	Baumwolle

Die Römer bauten rund ums Mittelmeer zahlreiche Häfen, wohl durchdachte Komplexe mit Leuchttürmen, Getreidespeichern und Kais, die dem römischen Seehandelsnetz dienten.

Geografische Kenntnisse

Für einen direkten Kontakt zwischen Rom und dem Han-Reich gibt es zwar keine Belege, doch war das Wissen um die allgemeine Gestalt des klassischen Eurasiens bereits vorhanden. Der Grieche Strabon lieferte in seiner 17-bändigen *Geographica* (letzte Ausgabe ca. 20 n.Chr.) eine detaillierte Beschreibung der damals bekannten Welt. Bis 150 n.Chr. hatte der in Alexandria lebende Claudius Ptolemaeus in seiner *Geographias Hyphigisis* die eurasische Topographie dargelegt. Seine Weltkarte (unten) nennt Sinae (China), Taprobane (Ceylon) und Sera Metropolis (Chang'an).

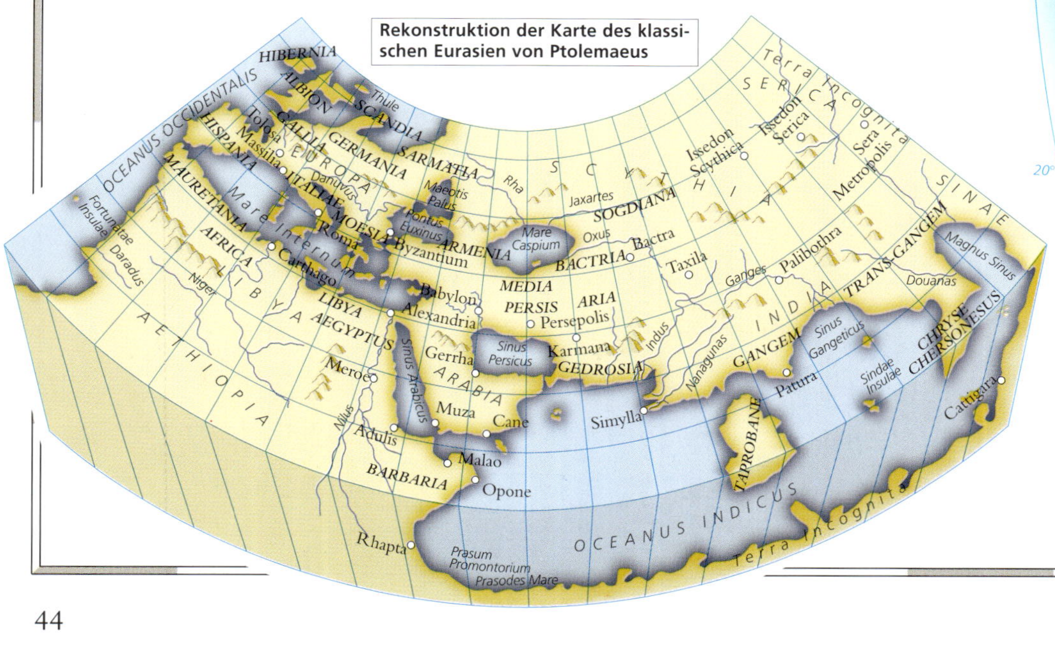

Rekonstruktion der Karte des klassischen Eurasien von Ptolemaeus

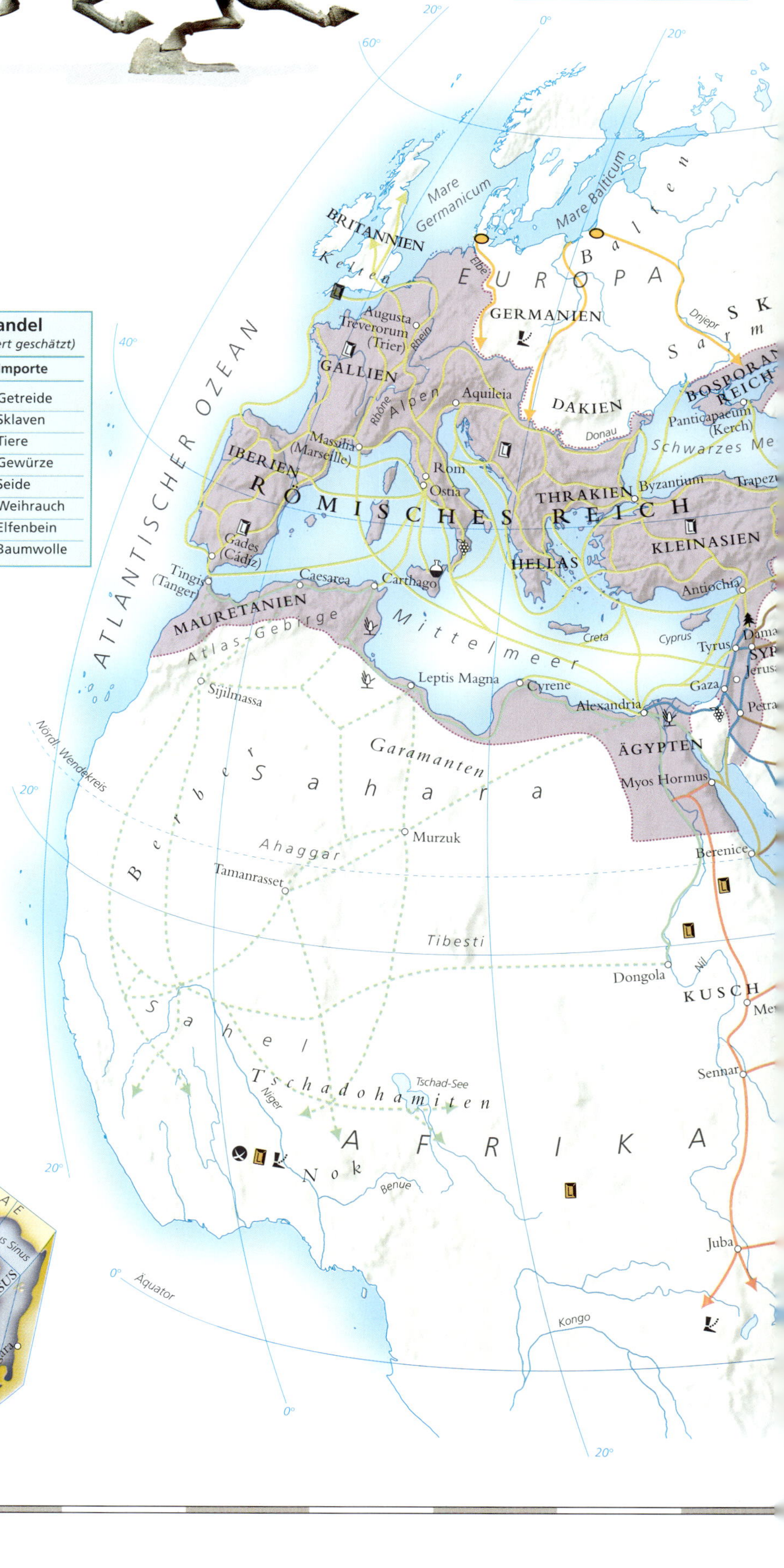

Zentralasiatische Handelsrouten

Entlang der Seidenstraße wuchs eine Kette von mächtigen Städten und Staaten heran, die durch die Kontrolle des Handels wohlhabend wurden und aufblühten. Zu den bedeutendsten gehörte das Parthische Reich in Persien (247 v.Chr. bis 244 n.Chr.); im Norden überspannten Transoxanien, Baktrien und das Kushana-Reich im heutigen Usbekistan das Gebiet, in dem die Seidenstraße mit den Routen von Indien nach Norden über den Hindukusch und weiter an das Kaspische Meer sowie den Flusshandelswegen der Skythia zusammenlief oder sie kreuzte.

Die Seidenstraße

Die Feldzüge des Qin-Kaisers Shi Huangdi und seines Han-Nachfolgers Wudi gegen das Reitervolk der Xiongnu (Hsiung-nu) öffneten Wege durch Zentralasien, über die der Ost-West-Handel für Jahrhunderte führen sollte. Die Seidenstraße verband Samarkand im Westen mit Anxi im Osten; eine Sommerroute verlief nördlich des Tian Shan (›Himmelsgebirge‹), während sich die Hauptroute gabelte, um die Wüste Takla Makan nördlich und südlich zu umgehen.

SIEHE AUCH:
Afrika: S.160–161
Europa: S.180–181
Westasien: S.224–225
Süd- und Südostasien: S.240–241
Nord- und Ostasien: S.260–261

▼ ❶ Handel der Alten Welt um 1 n.Chr.

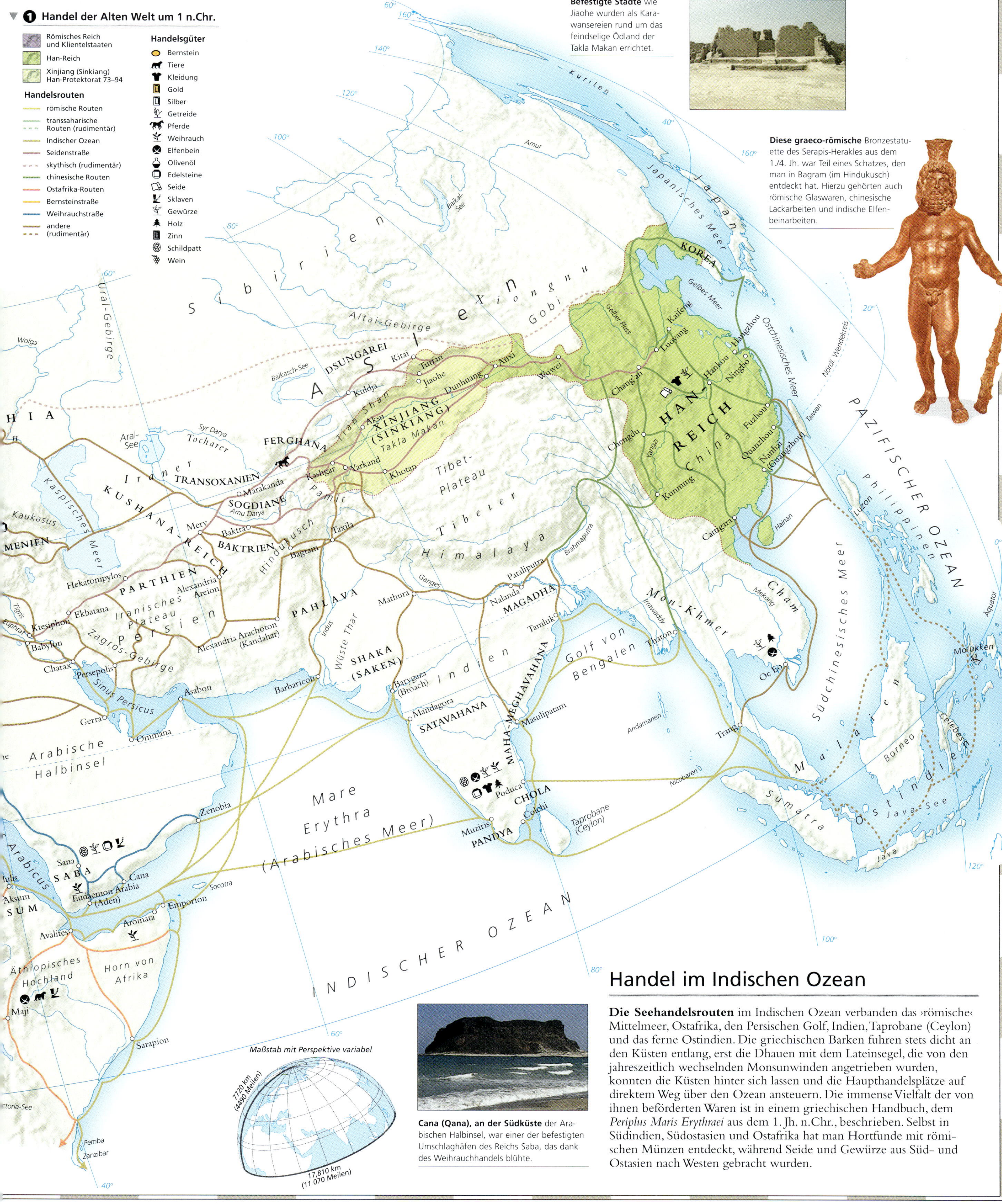

Befestigte Städte wie Jiaohe wurden als Karawansereien rund um das feindselige Ödland der Takla Makan errichtet.

Diese graeco-römische Bronzestatuette des Serapis-Herakles aus dem 1./4. Jh. war Teil eines Schatzes, den man in Bagram (im Hindukusch) entdeckt hat. Hierzu gehörten auch römische Glaswaren, chinesische Lackarbeiten und indische Elfenbeinarbeiten.

Cana (Qana), an der Südküste der Arabischen Halbinsel, war einer der befestigten Umschlaghäfen des Reichs Saba, das dank des Weihrauchhandels blühte.

Handel im Indischen Ozean

Die Seehandelsrouten im Indischen Ozean verbanden das ›römische‹ Mittelmeer, Ostafrika, den Persischen Golf, Indien, Taprobane (Ceylon) und das ferne Ostindien. Die griechischen Barken fuhren stets dicht an den Küsten entlang, erst die Dhauen mit dem Lateinsegel, die von den jahreszeitlich wechselnden Monsunwinden angetrieben wurden, konnten die Küsten hinter sich lassen und die Haupthandelsplätze auf direktem Weg über den Ozean ansteuern. Die immense Vielfalt der von ihnen beförderten Waren ist in einem griechischen Handbuch, dem *Periplus Maris Erythraei* aus dem 1. Jh. n.Chr., beschrieben. Selbst in Südindien, Südostasien und Ostafrika hat man Hortfunde mit römischen Münzen entdeckt, während Seide und Gewürze aus Süd- und Ostasien nach Westen gebracht wurden.

DIE WELT 1–250 N.CHR.

ALS DIE GROSSREICHE DER ALTEN WELT expandierten, erlangte die Sicherung ihrer Grenzen und ihrer Außenposten höchste Priorität. Die wachsende Bedrohung durch berittene Hirtennomaden aus Asien, durch Germanenstämme aus Osteuropa und durch Berber aus Nordafrika beanspruchte die vorhandenen Ressourcen bis zum Äußersten, schwächte die jeweilige Zentralmacht und führte schließlich zur wirtschaftlichen Krise. Als Folge von Hungersnöten, Flutkatastrophen, Aufständen und zunehmender Macht regionaler Militärführer zerbrach 220 n.Chr. das Großreich der Han. Im frühen 3. Jh. hatte der Druck auf Roms Ostgrenzen ein von Bürgerkriegen, dynastischen Machtkämpfen und Militärrevolten zerrüttetes Säkulum heraufbeschworen. In diesem unsicheren Umfeld entwickelte sich das Christentum, das sich in der gesamten römischen Welt ausbreitete. Diese auf jüdischer Überlieferung basierende Erlösungsreligion bewies gegenüber den immer wieder aufflammenden Verfolgungen durch die Kaiser eine erstaunliche Resistenz.

Marcus Aurelius war einer der pflichtbewusstesten Kaiser: ein berühmter Stoiker und ein unermüdlicher Krieger gegen die Germanen.

Europa

Das Imperium Romanum erstreckte sich im 2. Jh. von Westasien bis zum Atlantik, vereint durch eine gemeinsame Sprache, eine gemeinsame Währung und durch befestigte Grenzen geschützt. Das Reich florierte unter starken Imperatoren; doch erste Krisen zeichneten sich bereits ab. Der Streit über die kaiserliche Nachfolge unterminierte die Autorität der Zentralmacht und führte zu Bürgerkriegen zwischen rivalisierenden Parteien, wirtschaftlichen Problemen und militärischen Aufständen. Der Druck auf die Reichsgrenzen, vor allem durch die Germanen östlich des Rheins, belastete die Ressourcen des Imperiums und führte im 3. Jh. zu Inflation, Hungersnot und partieller Gesetzlosigkeit in den Provinzen.

Europa

1 n.Chr. – 50 – 100 – 150 – 200 – 250 n.Chr.

- **14:** Tod von Kaiser Augustus; die iulisch-claudische Dynastie behält den Prinzipat
- **69:** Vierkaiserjahr; Vespasian stellt die Ordnung wieder her
- **79:** Ausbruch des Vesuv zerstört die Stadt Pompeii
- **117:** Beim Tod Traians hat das Römische Reich seine größte Ausdehnung erreicht
- **125:** Bau des Hadrian-Walls im Norden Britanniens
- **161:** Marcus Aurelius kommt an die Macht
- **192:** Ermordung von Kaiser Commodus führt zu Bürgerkrieg; rasche Folge verschiedener Soldatenkaiser
- **212:** Allen freien Bewohnern des Imperiums wird das römische Bürgerrecht verliehen

Die eindrucksvollste Keramik der frühen Andenkulturen wurde von den Moche geschaffen. Dieses Gefäß zeigt eine dreifache Gottheit.

Amerika

Die Moche-Kultur an der peruanischen Küste, deren Blütezeit im 1. Jh. ihren Anfang nahm und sich durch kriegerische Eroberungen ausbreitete, hinterließ bedeutende Überreste, z. B. Tempel aus soliden luftgetrockneten Lehmziegeln *(adobe)*. In Mexiko kontrollierte die gewaltige Metropole Teotihuacán die Produktion und den Handel von Obsidian in ganz Mittelamerika. Die schachbrettartig längs einer Nord-Süd-Achse angelegte Stadt hatte ca. 200 000 Einwohner. Zu den ehrgeizigsten Projekten der damaligen Zeit gehörte die monumentale Sonnenpyramide, das größte Bauwerk des präkolumbischen Amerika.

Amerika

1 n.Chr. – 50 – 100 – 150 – 200 – 250

- **ca. 1:** Erste Maya-Zentren, z.B. in El Mirador
- **ca. 10:** Die Moche-Kultur, bekannt für ihre bedeutenden Bauwerke, Bewässerungsanlagen, Keramik und Goldarbeiten, erreicht ihren Höhepunkt
- **ca. 100:** Teotihuacán wird zur Metropole Mittelamerikas, deren Kultur den gesamten Geschichtsraum beeinflusst
- **ca. 200:** In Nordamerika erlebt die Hopewell-Kultur, die große Mounds (Kultplattformen) hinterließ, ihre Blütezeit

Afrika

Unter der Herrschaft der Römer erfuhr Ägypten einen wirtschaftlichen Aufschwung; mit dem Niedergang der alten Kulte traten viele Ägypter zum Christentum über. Im Westen dehnten die Römer ihre Macht auf die Berber-Königreiche Numidien und Mauretanien aus. Die fruchtbaren Küstenebenen wurden intensiv für die Landwirtschaft genutzt; doch die Südgrenzen des römischen Territoriums waren durch Berber-Einfälle gefährdet. 100 n.Chr. war das Königreich Aksum am Roten Meer, das mit der Kontrolle des Weihrauchhandels Wohlstand erlangte, zu einer bedeutenden Macht aufgestiegen.

DAS ERSTE PAPIER

Der Überlieferung nach wurde das Papier im Jahr 105 erfunden; doch leichtes, verfilztes Material zum Beschreiben war in China schon einige Zeit früher hergestellt worden. Fein zerkleinerte Fetzen von Baumrinde, Bambus und Hanf wurden mit Holzasche zu einem Brei gekocht. Mit der Verbesserung der Technik löste das Papier die teure Seide und die relativ klobigen Holztafeln ab.

Ein chinesischer Arbeiter hebt ein Sieb hoch, das mit einer dünnen Breischicht bedeckt ist, die nach dem Abtropfen und Trocknen zu einem Blatt Papier wird.

Die Nabatäer-Stadt Petra birgt berühmte Felsgräber. 106 wurde sie von den Römern als Hauptstadt der Provinz Arabia annektiert.

Westasien

Das Parthische Reich wurde im 1. Jh. von inneren Zwistigkeiten und dynastischen Kämpfen zerrissen. Zwischen 114 und 198 fielen die Römer dreimal in das Land ein und plünderten die Städte Seleukia und Ktesiphon. 224 besiegte Ardaschir Papakan seine Oberherren und begründete die Sassaniden-Dynastie. Er zentralisierte die Verwaltung und wandelte die Vasallenkönigreiche in sassanidischen Fürsten unterstellte Provinzen um. Sein Sohn Schapur (Sopur) schlug die Römer zurück und machte das sassanidische Persien zur stabilsten Macht der Spätantike.

Westasien

70: Die Römer schlagen Aufstand der Juden nieder und zerstören den Tempel in Jerusalem

ca.114: Traian annektiert Armenien, nimmt Seleukia ein und erreicht Persischen Golf

ca.132: Bar Kochba-Aufstand; Niederschlagung treibt die Juden in die Diaspora

ca.150: Petra, wichtigste Handelsstation für Weihrauch, erreicht höchste Blütezeit

165: Avidius Cassius plündert Seleukia und Ktesiphon

197: Septimus Severus segelt zur Invasion in das Parthische Reich den Euphrat hinunter

224: Die Sassaniden übernehmen die Macht im Parther-Reich

1 n.Chr. – 50 – 100 – 150 – 200 – 250 n.Chr.

Ostasien

Nach einem kurzen Interregnum brachten die Han-Kaiser China im Jahr 25 wieder unter ihre Kontrolle, doch blieb ihre Macht von der Unterstützung mächtiger Grundbesitzer abhängig. Die Hauptstadt wurde nach Luoyang verlegt; Ost- und Südchina gewannen politisch an Einfluss. Im frühen 3. Jh. brach das von Rebellion und Clan-Fehden heimgesuchte Reich zusammen. Regionale Militärführer zergliederten es in drei neue Königreiche, China blieb für mehr als 300 Jahre zerstückelt. Mit dem Niedergang der Han übernahmen kleine lokale Staaten, insbesondere Koguryo und Silla, die Kontrolle über Korea.

Modell eines zweirädrigen Wagens mit Pferd aus dem Grab eines Beamten der Han-Zeit.

SIEHE AUCH:

Nordamerika: S.120–121

Südamerika: S.144–145

Afrika: S.160–161

Europa: S.180–181

Westasien: S.224–225

Süd- und Südostasien: S.240–243

Nord- und Ostasien: S.260–261

Australasien und Ozeanien: S.280–281

Ostasien

9: Wang Mang reißt die Macht an sich und gründet die kurzlebige Dynastie der Xin (Hsin)

23/25: Bauernrevolte stürzt die Xin-Dynastie: Die Han kehren auf den Thron zurück, doch ihre Macht ist begrenzt

159: Durch Fehden in der Kaiserfamilie der Han gelangt die Macht in die Hände von Hofeunuchen

184: Bauernrevolte der ›Gelben Turbane‹ gegen zu hohe Feudalabgaben, getragen von einer daoistisch-messianischen Sekte

ca.200: Herausbildung autochthoner Staaten in Korea

ca.220: Zusammenbruch der Han-Dynastie, die von den drei Königreichen Shu, Wu und Wei abgelöst wird

1 n.Chr. – 50 – 100 – 150 – 200 – 250 n.Chr.

Die ägyptischen Mumienhüllen nahmen unter den Römern eine seltsam hybride Erscheinung an. Dieses Porträt aus dem 2. Jh. zeugt vom Verschmelzen hellenistischer und altägyptischer Formen in römischer Zeit.

MOSAIK DER NILSCHWEMME

Auch die Römer hatten Landkarten, doch leider sind nur wenige in Stein geritzte Fragmente geblieben. Andere Beispiele kennen wir aus mittelalterlichen Abschriften. Eine besonders fantasievolle erhaltene Darstellung der damaligen Welt ist dieses Mosaik, ein Panorama, das den Nil bei Hochwasser zeigt und in Praeneste bei Rom entdeckt wurde.

Der Nil war für die Römer von großer Bedeutung. Sein fruchtbares Schwemmland war die ›Kornkammer‹ des Reichs.

Südasien

Die nomadisierenden Yuezhi (Yüe-tschi) wurden im 1. Jh. von den Grenzen Chinas aus nach Westen getrieben. Von einem dieser Stämme, den Kushana, geeint, zogen sie nach Baktrien und drangen in das nördliche Indien ein, wo sie in Peshawar ihre Hauptstadt gründeten. Als Ende des 2. Jh. bodenständige Völker – die Tamilen aus Südindien und die Satavahana aus dem Deccan – die Herrschaft anstrebten, begann die Macht des Königreiches Kushana zu schwinden.

Der Reichtum der Kushana resultierte aus ihrer Kontrolle der Handelswege zwischen Ost und West. Diese Elfenbeinplatte gehörte zum berühmten Schatz, der in Bagram beim afghanischen Kabul gefunden wurde und Artefakte aus Rom, Afrika, Indien und China umfasste.

Afrika

44: Mauretanien wird von Rom annektiert

ca.50: Herausbildung des Königreichs Aksum.

69: Die Römer besiegen das saharische Königreich der Garamanten, verleiben es jedoch nicht ihrem Reich ein

ca.100: Alexandria wird ein Zentrum der christlichen Lehre und ist Sitz eines der frühesten christlichen Bischöfe

ca.150: Das Christentum breitet sich nach Westen über die römischen Provinzen Numidia und Mauretania aus

1 n.Chr. – 50 – 100 – 150 – 200 – 250 n.Chr.

Südasien

ca.60: Die Kushana unter Kadphises I. vereinen die Yuezhi-Stämme und dringen nach Nordindien vor

99: Indische Gesandtschaft am Hof Traians in Rom, wohl um von den Eroberungen der Kushana zu berichten

ca.102: Tod von Kanishka, dem größten Kushana-Herrscher

ca.150: Die Kushana werden zu Vasallen Persiens

ca.200: Auf dem Deccan-Plateau werden die ersten Städte gegründet

1 n.Chr. – 50 – 100 – 150 – 200 – 250 n.Chr.

AUSBREITUNG DER WELTRELIGIONEN

Die Silberplakatte aus dem 7. Jh. aus England soll einen christlichen Heiliger darstellen.

BIS ZUR MITTE DES 3. JH. HATTEN SICH einige Religionen weit über ihre Ursprungsgebiete (S. 36–37) verbreitet. Im Westen fand der bei den römischen Legionären beliebte monotheistische Mithraismus im gesamten Imperium Verbreitung; in seinem Gefolge etablierte sich bereits die christliche Religion. Außerdem hatten die Römer mit der Niederschlagung des Bar Kochba-Aufstands von 132 n.Chr. viele Juden in die Diaspora in andere Teile des Reichs vertrieben. Da in Südasien die Draviden und Stammesvölker die Praktiken der einwandernden Arya übernahmen, konnte der Hinduismus auf dem ganzen Subkontinent Fuß fassen. Zwischenzeitlich wurde der Buddhismus von Anhängern unterschiedlicher Schulen nach Zentralasien, China und in entferntere Gegenden gebracht.

Mithraismus, Judaismus und Christentum

Der synkretistische Mithras-Kult war Männern vorbehalten. Er erfreute sich in den römischen Legionen großer Beliebtheit und wurde bis in die entlegensten Winkel des Imperiums getragen. Sein Monotheismus ebnete den Weg für das Christentum, das sich parallel zur jüdischen Diaspora in die merkantilen Zentren des ganzen Reichs ausbreitete. Eingeleitet wurde diese Entwicklung durch die Missionsreisen des Paulus im 1. Jh. Zur Zeit der Christenverfolgung unter Diocletian (304 n.Chr.) gab es bereits christliche Gemeinden in Kleinasien, Mesopotamien und rund um das Mittelmeer. Die Verschmelzung von christlicher Theologie und griechischer Philosophie verlieh dem neuen Glauben seine intellektuelle Würde, und als Kaiser Konstantin (306–37) in seinem Zeichen kämpfte, wurde das Christentum sehr bald zur offiziellen Religion des Imperiums.

Diese Keramikamphore aus dem 5. Jh. ist mit dem christlichen Kreuzzeichen verziert, das zum häufigsten Symbol dieser Religion wurde.

Aufstieg des frühen Christentums

- **46–57:** Reisen des Paulus
- **132:** Bar Kochba-Aufstand in Palästina; Beginn der Diaspora
- **304:** Große Christenverfolgung unter Diocletian (284–305)
- **325:** Konzil von Nicaea
- **404:** Vollendung der Vulgata (lateinische Übersetzung der Bibel).

1 n.Chr. – 100 – 200 – 300 – 400 – 500 n.Chr.

- **ca. 32:** Kreuzigung des Jesus von Nazareth
- **64:** Wahrscheinlicher Märtyrertod des Paulus unter Kaiser Nero (37–68) in Rom
- **274:** Mithras wird ins Pantheon des Römischen Reiches aufgenommen
- **313:** Unter Konstantin (306–337) wird das Christentum mit dem Edikt von Mailand als Religion des Reichs bestätigt

Mithras, der Lichtgott, wurde häufig in Verbindung mit den Tierkreiszeichen und beim Töten eines Stiers dargestellt.

Das Aufblühen der südasiatischen Religionen

Zu Beginn des ersten Jahrtausends hatten sich Hinduismus, Buddhismus und Jainismus über den gesamten indischen Subkontinent ausgebreitet. Die Hinduisierung war ein allmählicher Prozess, und heutige Hindu-Praktiken lassen sich nicht genau von älteren Praktiken abgrenzen. Der Buddhismus und der Jainismus sprachen eine relativ elitäre und urbanisierte Anhängerschaft an. Alle drei Glaubensrichtungen genossen königliche Protektion; unter den Gupta (320–ca. 540) und im 7. Jh. erlebte Indien sein goldenes oder klassisches Zeitalter. Viele bis dahin von Brahmanen mündlich überlieferte Texte wurden schriftlich festgehalten; unter Beteiligung der Anhänger aller drei Religionen erstrahlten Architektur, Malerei, Musik und Tanz in voller Blüte.

Die hinduistische Kosmologie – etwa 3000 mythische Gestalten mit Vishnu, Shiva, Brahma und Kali an der Spitze – wurde unter den Gupta eingeführt.

Aufstieg des frühen Hinduismus

- **1. Jh.:** Erste Niederschrift des *Ramayana*
- **5. Jh.:** *Mahabharata*, das längste Epos der Welt, in beinahe endgültiger Form
- **5. Jh.:** Niederschrift der frühen *Purana*

100 v.Chr. – 1 n.Chr. – 100 – 200 – 300 – 400 – 500 n.Chr.

- **100 v.Chr.–100 n.Chr.:** Niederschrift der *Bhagavadgita*
- **2.–3. Jh.:** Die *Dharmashastra* (religiöse Regeln) des Manu erhalten ihre endgültige Form
- **5.–6. Jh.:** Entwicklung der Steinarchitektur

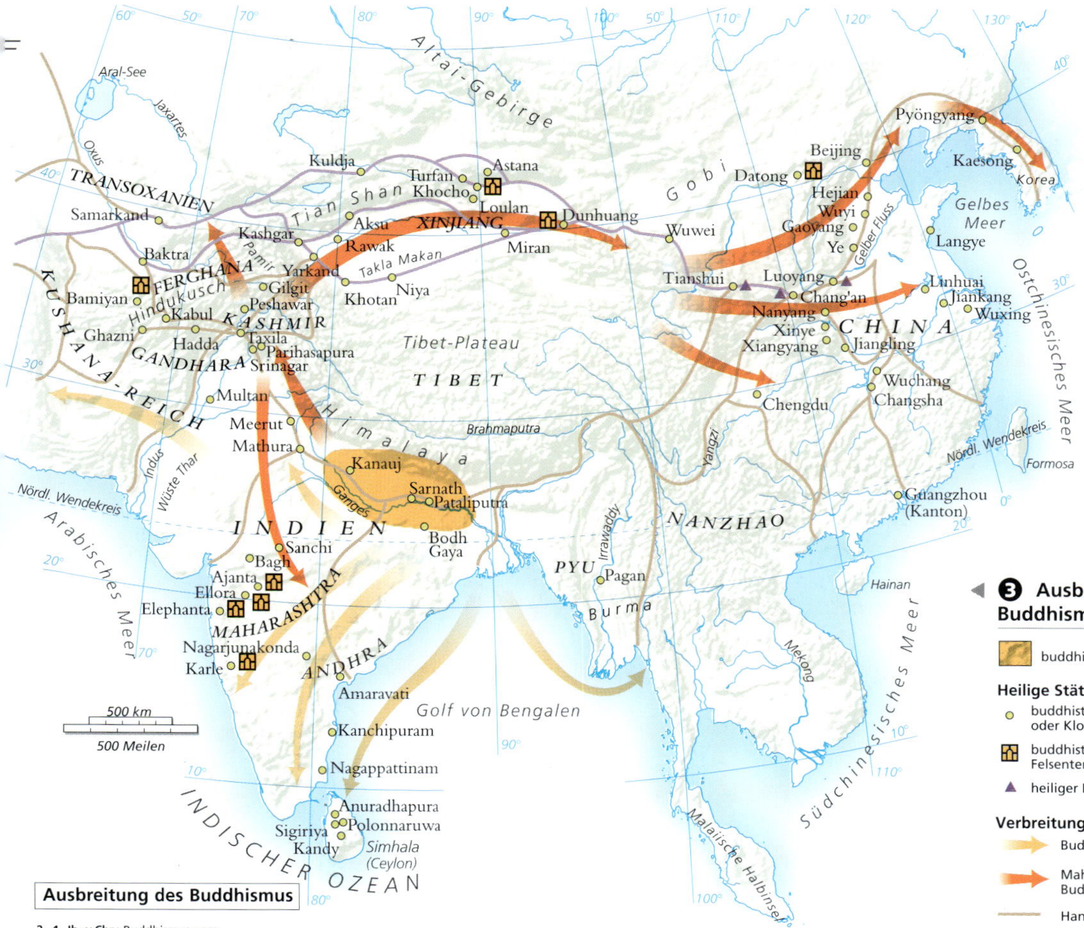

Diese in den Fels geschnittene Kolossalfigur Buddhas in den Yungang-Höhlen von Datong, das älteste bekannte Beispiel (ca. 460) für buddhistische Felsbildkunst, ist ca. 13 m hoch. Kolossalfiguren Buddhas findet man überall in China, Südostasien und auf Sri Lanka.

SIEHE AUCH:
Afrika: S.160–161
Europa: S.180–183
Westasien: S.224–225
Süd- und Südostasien: S.242–245
Nord- und Ostasien: S.260–265

Ausbreitung des Buddhismus

- **2.–1. Jh. v.Chr.:** Buddhismus vom indo-griechischen Königreich in Zentralasien übernommen
- **um 25 v.Chr.:** Buddhistischer Kanon auf Simhala (Ceylon) niedergeschrieben
- **Spätes 1. Jh.:** Kushana-Kaiser Kanishka propagiert Buddhismus in weiten Teilen Zentralasiens
- **65:** Erste Belege für Buddhismus in China
- **384:** Buddhismus erreicht Korea
- **399–415:** Der chinesische Pilger Faxian reist durch Südasien

200 v.Chr. – 100 – 1 n.Chr. – 100 – 200 – 300 – 400 – 500 n.Chr.

❸ Ausbreitung des Buddhismus bis 400

- buddhistisches Kernland

Heilige Stätten

- buddhistisches Zentrum oder Kloster
- buddhistischer Felsentempel
- heiliger Berg des Buddhismus

Verbreitungsrichtung

- Buddhismus
- Mahayana-Buddhismus
- Handelswege
- Seidenstraße

Die Ausbreitung des Buddhismus bis 400 n.Chr.

In der Frühzeit des Buddhismus bildeten sich verschiedene Schulen heraus. Beim Theravada, auch Hinayana (›Kleines Fahrzeug‹) genannt, steht die Erlangung des Nirvana durch das Mönchtum im Vordergrund, während für das Mahayana (›Großes Fahrzeug‹) die Bodhisattva wichtig sind: Menschen, die Erleuchtung erlangt haben, doch auf den Eingang ins endgültige Nirvana (›Erlöschen‹) verzichten, um anderen zur Erlösung zu verhelfen. Beide Schulen wurden von Wandermönchen nach Südostasien gebracht, wo sie mit dem Hinduismus von lokalen Herrschern in eklektische Staatsreligionen übernommen wurden. Dank der Unterstützung durch den Kushana-Kaiser Kanishka konnte sich der Mahayana-Buddhismus auch entlang der Seidenstraße nach Zentralasien und China ausbreiten.

Religionen der Alten Welt nach 400

Zwischen 400 und dem Aufkommen des Islam Mitte des 7.Jh. wurde der Verfall der politischen Ordnung in der Alten Welt durch die Ausbreitung und Diversifizierung der bestehenden Weltreligionen kompensiert. In Südasien war der Hinduismus nun fest verwurzelt, und Reformbewegungen wie der Jainismus gaben ihm dauerhafte Vitalität. Der hier im Schwinden begriffene Buddhismus konnte sich jedoch weiter über das maritime Südostasien ausdehnen, verschmolz als Zen-Buddhismus in Japan mit dem traditionellen Shinto und brachte in Tibet eine neue tantrische Form hervor, die nordwärts nach China und in die Mongolei weiterwanderte. Im Westen entstanden verschiedene christliche Sekten und Kulte, darunter die koptische Kirche in Ostafrika sowie die nestorianische und die jakobitische Kirche im syrischen Raum. Weitere Kulte wie der Gnostizismus, der Manichäismus und der Arianismus aus dem Nahen Osten breiteten sich in den germanischen Nachfolgestaaten des Weströmischen Reiches aus.

❹ Religionen der Alten Welt nach 400

- hauptsächlich christliches Gebiet um 600
- Ausbreitung des Gnostizismus 200–400
- Ausbreitung des Arianismus 300–500
- Ausbreitung des Manichäismus 300–500
- Koptische Missionierung 350
- nestorianische/jakobitische Missionierung 600–1000
- hauptsächlich zoroastrisches Gebiet um 500
- Ausdehnung des Hinduismus um 400
- Ausbreitung des Hinduismus 400–600
- Ausdehnung des Jainismus 700
- Ausdehnung des Buddhismus 400
- Ausbreitung des Mahayana-Buddhismus 400–1000
- Ausbreitung des Buddhismus 400–1000
- Kerngebiet des tibetischen (tantrischen) Buddhismus 800
- Ausbreitung des tibetischen (tantrischen) Buddhismus 800–1100
- Shinto

Religionen der Alten Welt nach 400

- **410:** Westgoten plündern Rom
- **476:** Romulus Augustulus, letzter weströmischer Kaiser, abgesetzt
- **497:** Franken treten zum Christentum über
- **529:** Hl. Benedikt erstellt Regel für das Mönchswesen
- **538:** Neubau der Hagia Sophia in Konstantinopel geweiht
- **um 550:** Buddhismus in Japan eingeführt
- **618:** Aufstieg der Tang-Dynastie in China
- **um 654:** Buddhismus etabliert sich in Tibet
- **um 800:** Errichtung der buddhistischen Tempelanlage Borobudur

400 – 500 – 600 – 700 – 800

Der Jainismus entstand aus einer Reformbewegung innerhalb des Hinduismus, die dessen Göttervielfalt zugunsten des Strebens nach Überwindung der weltlichen Leidenschaften durch Askese verwarf.

DIE WELT 250–500

DIE WANDERUNGSBEWEGUNGEN hatten die Kulturen der alten Welt um 500 so weit geschwächt, dass nur das Oströmische Reich und das sassanidische Persien geblieben waren. Asiatische Nomaden brachen den chinesischen Machtbereich auf und zerstörten das indische Gupta-Reich. Die Hunnen fielen in Europa ein, wo sie von den verbündeten Römern und Goten zurückgeschlagen wurden. In stetig zunehmendem Maß waren die Römer nun auf die Hilfe der Goten und anderer germanischer Völker angewiesen. Diese durften sich innerhalb des Reiches als ›Foederaten‹ ansiedeln, wo sie bei schwindender Autorität der Institutionen eigene Königreiche schufen. Während die Großreiche der Alten Welt untergingen, brach für die großen Stadtkulturen Mittelamerikas – Teotihuacán, die Maya und die Zapoteken – eine Blütezeit an.

Sarkophag der Spätantike mit einer christlichen Szene, ein gutes Beispiel römischer Bildhauerkunst der Spätantike.

Europa

Kaiser Diocletian teilte 293 die Verwaltung des Römischen Reichs zu einer Tetrarchie (Viererherrschaft). Mit dem Sieg des Christentums unter Konstantin und dem 324 begonnenen Ausbau von Byzanz zur neuen Hauptstadt (Nova Roma, später Konstantinopel) verlagerte sich das Machtzentrum nach Osten. Unterdessen drangen germanische und slawische Völker, die an den römischen Nordgrenzen lebten, – manchmal friedlich, oft aber gewaltsam – in das Reichsgebiet ein. 476 endete die Kaiserherrschaft im Weströmischen Reich, auf dessen Gebiet neue germanische Königreiche entstanden.

Europa

- **284**: Diocletian wird Kaiser, durch seine Reformen wird die Reichsverwaltung geteilt
- **312**: Konstantin wird Kaiser, er vereint das Imperium für kurze Zeit als Alleinherrscher
- **378**: Westgoten unter Alarich schlagen die von Valens angeführte römische Armee
- **391**: Christentum wird Staatsreligion; nach Tod von Theodosius I. verfestigt sich die Reichsteilung
- **406**: Alanen, Vandalen und Sueben fallen plündernd in Gallien ein
- **410**: Die Westgoten unter Alarich erobern und plündern Rom
- **451**: Schlacht auf den Katalaunischen Feldern; Römer und Goten besiegen die Hunnen unter Attila
- **476**: Romulus ›Augustulus‹, letzter Kaiser des Westens, abgesetzt

250 300 350 400 450 500

Maya-Vasen zeigen in der Regel Ereignisse aus dem Leben von Königen, häufig verbunden mit Opferungen. Der Rand ist mit Glyphen (Schriftzeichen) verziert.

Amerika

Die Maya-Kultur in Mittelamerika, im präkolumbischen Amerika die einzige Zivilisation mit einem vollständig ausgebildeten Schriftsystem, erlebte ihre Blütezeit zwischen 300 und 900. Hochentwickelte Städte wie Palenque und Tikal wurden aus Stein tief im Regenwald erbaut, den man zur Gewinnung landwirtschaftlicher Nutzflächen rodete. Die von unabhängigen Dynastien regierten Stadtstaaten wahrten eigene Architekturstile und Autonomie. Sie bekriegten sich, trieben Handel und unterhielten diplomatische Beziehungen zur mächtigen Stadt Teotihuacán.

Amerika

- **ca. 250**: In Monte Albán bauen Zapoteken eine große Tempelanlage
- **ca.300**: Beginn des Klassikums der Maya-Kultur; Errichtung von Städten wie Tikal und Palenque
- **ca. 350**: Bau der Stadt Tiahuanaco in der Nähe des Titicaca-Sees
- **ca. 378**: Die Maya-Stadt Tikal überfällt den Stadtstaat Uaxactún
- **ca. 400**: Intensive Bautätigkeit in Teotihuacán; Bevölkerung wird auf 200 000 Menschen geschätzt
- **ca. 450**: Blütezeit des Nazca-Volkes, das für seine in den Wüstenboden gescharrten Linien und Riesenfiguren bekannt ist

250 300 350 400 450 500

Das christliche Ägypten verband den Mittelmeerraum mit den Königreichen am mittleren Nil. Das Leinentuch aus dem 5. Jh. zeigt einen afrikanischen Heiligen

Afrika

Das Königreich Aksum am Roten Meer verdankte seinen wirtschaftlichen Aufschwung der Position als Handelsverbindung zwischen Rom und Indien. Im 4. Jh. gelangte das Christentum von Alexandria aus nach Aksum. In Westafrika revolutionierte die Einführung des Kamels als Transportmittel den Transsahara-Handel. Dieser wurde von den nomadisierenden Berbern beherrscht, die Gold, Elfenbein und Straußenfedern aus Westafrika an die Küstenhäfen des Mittelmeers brachten.

Afrika

- **311**: Donatistisches Schisma: 400 Bischöfe aus Nordafrika lehnen sich gegen die römische Kirche auf
- **ca. 330**: Im Königreich Aksum erste Übertritte zum Christentum
- **ca.350**: Unter König Ezana fallen die Aksumiten in das Königreich Meroe ein
- **ca.397**: Berber-Führer Gildo rebelliert gegen die römische Herrschaft
- **429**: Die germanischen Vandalen fallen von Spanien aus nach Nordafrika ein
- **439**: Vandalen errichten ein nordafrikanisches Königreich mit der Hauptstadt Carthago

250 300 350 400 450 500

DER STEIGBÜGEL

Die meisten technischen Neuerungen bei der Reiterausrüstung gehen auf die Nomadenvölker Zentralasiens zurück, wo das Pferd zum ersten Mal domestiziert wurde. Möglicherweise benutzten die Skythen bereits 400 v.Chr. Lederschlaufen als eine Art Steigbügel, wenngleich es sich dabei wohl nur um eine Aufsteighilfe gehandelt haben mag. Feste Steigbügel aus Metall, die den Kriegern beim Kampf vom Pferderücken aus als Fußstützen dienten, kamen kurz vor 400 n.Chr. in China auf, von wo sie sich über Zentralasien nach Europa ausbreiteten.

Diese chinesische Keramikfigur eines von einem Löwen angefallenen Jägers demonstriert einen Vorteil des Steigbügels für den Reiter, wenn er sich nach dem Angreifer umdrehen muss, um ihn abzuwehren.

Westasien

Das sassanidische Persien hatte sich gegen Ende des 4. Jh. vom Euphrat bis zum Indus ausgedehnt. Das Reich basierte auf einer hochentwickelten Bürokratie, intensiver Landwirtschaft mit Bewässerung und dem Bekenntnis zum Zoroastrismus als Staatsreligion. Die Sassaniden stellten eine starke Bedrohung der römischen Interessen in Asien dar, und 200 Jahre lang lagen sie vor allem wegen Armenien mit den Römern in Konflikt. Obwohl Persien im 5. Jh. den Einfällen östlicher Nomaden, insbesondere den Hephthaliten, den ›Weißen Hunnen‹, trotzen musste, blieb das Reich intakt.

Ein sassanidischer Schah-in-schah (›König der Könige‹), wohl Bahram V., der 421–439 herrschte, stellt seine Tapferkeit als Löwenjäger auf dieser wunderbaren Silberschale zur Schau.

SIEHE AUCH:

Nordamerika: S.120–123

Südamerika: S.144–147

Afrika: S.160–161

Europa: S.180–183

Westasien: S.224–225

Süd- und Südostasien: S.242–245

Nord- und Ostasien: S.260–261

Australasien und Ozeanien: S.280–281

Westasien

- **260:** Bei Edessa schlagen die Sassaniden unter Schapur (Šopur) I. den römischen Kaiser Valerian und nehmen ihn gefangen
- **296:** Sassaniden besetzen Armenien und besiegen Galerius. Ein Vertrag sichert Frieden für 40 Jahre
- **309:** Schapur II. besteigt den Thron; Nomaden bedrohen die Grenzen Persiens
- **337:** Schapur II. beginnt einen neuen Krieg gegen die Römer
- **ca. 450:** Hephthaliten greifen die nordöstlichen Grenzen des Sassaniden-Reichs an
- **484:** Die Hephthaliten besiegen und töten den Sassanidenherrscher; doch das Reich besteht fort

250 – 300 – 350 – 400 – 450 – 500

MOSAIKKARTE VON JERUSALEM

Die mit dem Leben Jesu Christi verbundenen Orte lagen allesamt innerhalb des Oströmischen Reichs. Jerusalem wurde als Schauplatz der Passion Christi ab dem 4. Jh. zu einem bedeutenden Pilgerzentrum und einer Fundgrube für Reliquien. Das im jordanischen Madaba gefundene Mosaik aus dem 6. Jh. bietet eine sehr detaillierte Darstellung der Stadt aus der Vogelperspektive, in der alle wichtigen Kirchen und Pilgerstätten eingetragen sind.

Auf der Madaba-Karte ist die zentrale Kolonnadenstraße, die von Hadrians Wiederaufbau Jerusalems im 2. Jh. datiert, sehr deutlich zu erkennen.

Fresko mit zwei Wolkenmädchen aus dem im 5. Jh. unter Kassapa erbauten Festungspalast Sigiriya auf Ceylon.

Viele frühen Buddhistenklöster in China sind zerstört. Nur kaiserliche Anlagen wie dieser Tempel in Longmen bei Loyang sind noch erhalten.

Südasien

Die Gupta-Dynastie gewann im 4. Jh. an Macht und beherrschte das nördliche Indien. Unter den hinduistischen Gupta entfalteten Sanskritliteratur, Dichtung, Bildhauerkunst und Architektur ihre Blüte. Der Ruhm dieses Zeitalters liegt auch in seiner religiösen Toleranz begründet. Mitte des 5. Jh. drangen jedoch die Hephthaliten in das Gupta-Reich und setzten Indiens ›Goldenem Zeitalter‹ ein Ende. Auf Ceylon wurde unterdessen der Buddhismus zur vorherrschenden Glaubenslehre.

Ostasien

Nach einer Zeit der Zersplitterung wurde China 280 unter den Jin (Chin) wieder für kurze Zeit geeint. Als jedoch im Jahr 316 Nomaden Chang'an plünderten, zog die Östliche Jin-Dynastie nach Nanjing. Zwar brachte sie China wieder unter ihre Kontrolle; doch der Norden blieb weiterhin den Einfällen von Steppennomaden ausgesetzt. In diesem Klima politischer Instabilität erblühte der Buddhismus, das Klosterleben gewann an Attraktivität. Im 4. Jh. entstand der japanische Yamato-Staat, der allmählich die Vorherrschaft über den Süden des Landes erlangte.

Südasien

- **320:** Expansion der Fürstenfamilie Gupta aus Magadha, Beginn der Gupta-Dynastie
- **376:** Unter Chandragupta II. erreicht Gupta-Herrschaft die größte Ausdehnung
- **ca. 415:** Kalidasa, einer der größten Dichter und Dramatiker Indiens, steht auf dem Höhepunkt seines Schaffens
- **495:** Tod von Kassapa, dem selbsternannten Gottkönig von Sigiriya auf Ceylon
- **ca.500:** Wiederholte Angriffe der Hephthaliten bringen das Gupta-Reich zu Fall

250 – 300 – 350 – 400 – 450 – 500

Ostasien

- **280:** Sima Yan, Herrscher der Jin-Dynastie, eint China
- **291:** Steppenvölker jenseits der Großen Mauer dürfen sich im Reich ansiedeln
- **ca. 300:** Aufstieg des Yamato-Staates in japanischer Region Osaka
- **386:** Die Toba-Wei (Nördliche Wei) fallen in Nordchina ein; durch Mischehen Übernahme der chinesischen Kultur
- **420:** Song-Herrschaft in Südchina; Beginn des Zeitalters der Südlichen Dynastien
- **479:** Südchina unter Herrschaft der Qi-Dynastie vereinigt
- **ca. 490:** Loyang wird Hauptstadt der Toba-Wei

250 – 300 – 350 – 400 – 450 – 500

DIE INVASION DER BARBAREN

Der vandalische Heermeister Stilicho regierte für den ›Kinderkaiser‹ Honorius.

DIE GERMANISCHEN BARBARENSTÄMME, die während des 5. Jh. in die Territorien des Römischen Reichs einwanderten, wollten es nicht zerstören, sondern teilhaben an seinen Früchten. Anfangs nahmen die Kaiser die blonden Recken gern in ihre Armeen auf, wo Einzelne zu Heermeistern (Generälen) und Verwaltern aufstiegen. Als der Druck auf die Reichsgrenzen zu wachsen begann, wurden einzelne Stämme als *foederati* (›Verbündete‹) in bestimmten Gebieten angesiedelt und erhielten das Recht, die eigenen Gesetze beizubehalten. Doch dann trieb der Einfall der Hunnen immer mehr Stämme in das ›Land der Zitronen‹, und es kam zur Katastrophe: Raubzüge, Plünderung von Städten und schließlich der Zusammenbruch der kaiserlichen Macht.

Honorius übernahm von seinem Vater, dem aus Spanien stammenden Kaiser Theodosius I., 395 die Herrschaft als Augustus über die westlichen Reichshälfte. Er war noch ein Kind, so dass der Heermeister Stilicho als Berater und Regent eingesetzt wurde.

Aufruhr in Italien

Die Machtkämpfe des 4. Jh. in der westlichen Reichshälfte führten dazu, dass die rivalisierenden Fraktionen zunehmend ›Barbarenkrieger‹ für ihre Armeen rekrutierten. Deren Anführer konnten allzu oft selbst in höchste Positionen aufsteigen. Heermeister wie der Vandale Stilicho, der als ›Reichsgermane‹ bis zu seiner Ermordung loyal zum Kaiserhaus stand, oder der Suebe Ricimer übernahmen die tatsächliche Macht, die Kaiser selbst, etwa der ›kleine Augustus‹ Romulus, wurden zu bloßen Marionetten.

Aufruhr in Italien

- **324:** Konstantin wird Alleinherrscher
- **391:** Theodosius I. erklärt das Christentum zur Staatsreligion
- **395:** Theodosius I. stirbt; Augustus für den Westen wird Honorius, für den Osten Arcadius, beides unmündige Söhne des Kaisers
- **402:** Die kaiserliche Residenz des Westens wird nach Ravenna verlegt
- **410:** Die Westgoten plündern Rom
- **455:** Livius Severus, von Ricimer gesteuerter Marionettenkaiser, wird Augustus im Westen
- **476:** Kinderkaiser Romulus ›Augustulus‹ von Odoaker abgesetzt, der König Italiens wird

300 350 400 450 500

Motive für die Wanderungen

Für den Zug nach Westen hatten die Völker, die im 4. und 5. Jh. in das Römische Reich einfielen, viele Gründe: Bevölkerungswachstum, Hungersnot und die Aussicht auf einen besseren Lebensstandard hatten schon im 2./3. Jh. Goten, Burgunder und Gepiden zur Wanderung veranlasst. Der entscheidende Auslöser war dann jedoch die Invasion der Hunnen nach 370. Die Hunnen waren nomadisierende Steppenreiter, und ihre große Stärke lag in ihrer Mobilität und der Taktik des Sturmangriffs, mit dem später die Mongolen die zivilisierte Welt schrecken sollten. Sie trieben Alarichs Westgoten dazu, die kaiserlichen Autoritäten um Aufnahme im Reich zu bitten, und lösten den Vandalensturm von 406 aus. Mitte des 5. Jh. durchbrachen sie die Reichsgrenzen, wurden jedoch zurückgeschlagen, als sich Goten und Römer gegen sie verbündet hatten. Die Goten waren es auch, die als erste die Nachfolge der Römer in den westlichen Reichsgebieten antraten.

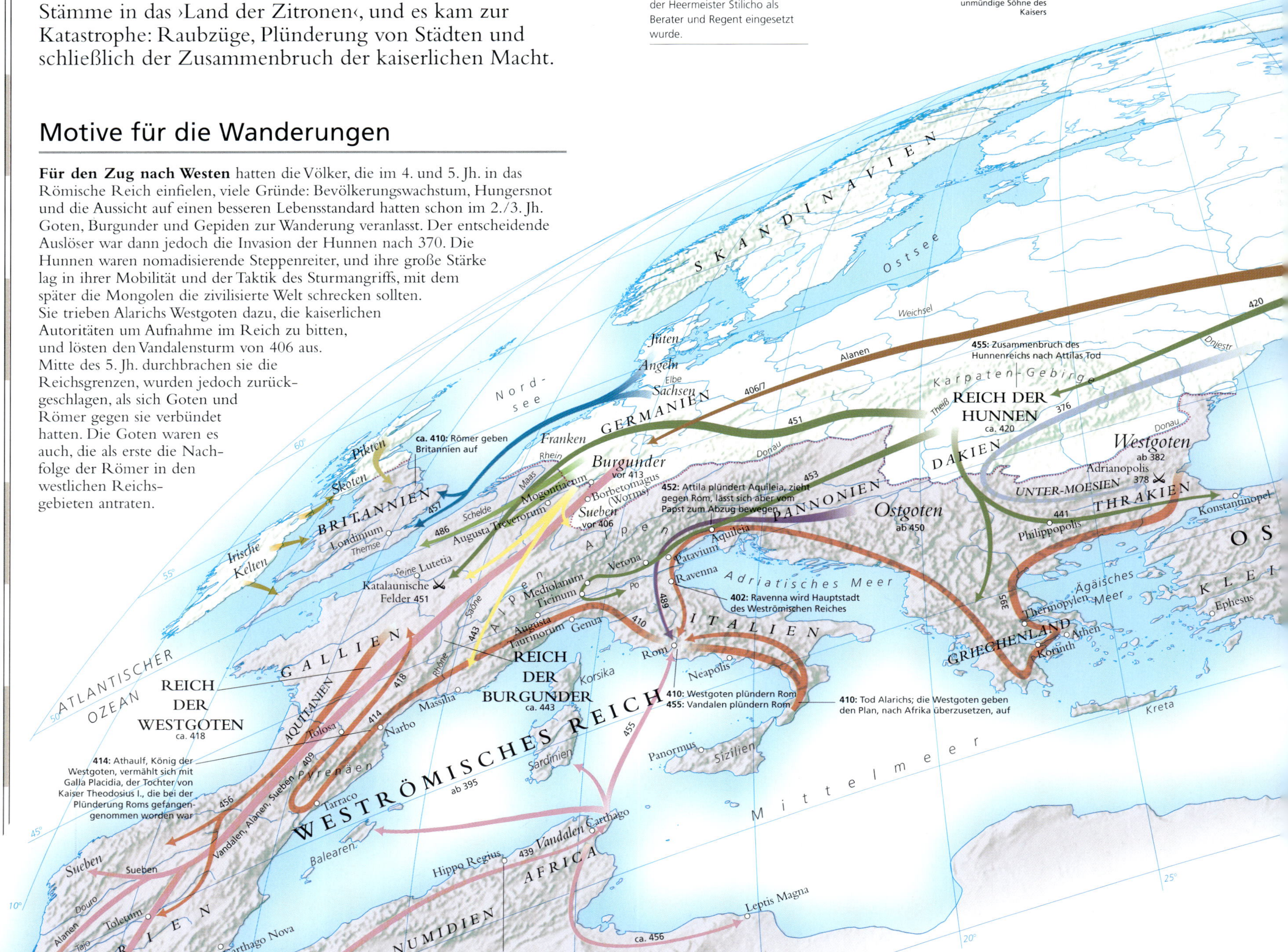

Die vandalischen Adligen führten in Nordafrika das privilegierte Leben ihrer römischen Vorgänger, wie dieses Mosaik eines vandalischen Grundbesitzers zeigt.

Der Vandalensturm

Weihnachten 406 überrannten die Heerhaufen der Vandalen, Sueben und Alanen auf der Flucht vor den Hunnen die Reichsgrenzen und brachen über den Rhein in Gallien ein. Drei Jahre verwüsteten und plünderten sie die Kulturstädte Galliens, bis sie nach Südwesten zur Iberischen Halbinsel weiterzogen. Während die Sueben und die Alanen dort Königreiche errichteten, trieb es die Vandalen bis nach Nordafrika.

Die Barbareneinfälle

- **406:** Vandalen, Sueben und Alanen überqueren den Rhein
- **409:** Vandalen, Sueben und Alanen überqueren die Pyrenäen
- **ca. 411:** Sueben gründen im Nordwesten Iberiens ein Königreich
- **429:** Vandalen überqueren die Straße von Gibraltar
- **439:** Vandalen erreichen Carthago
- **455:** Plünderung Roms durch den Vandalenkönig Geiserich
- **474:** Der Kaiser erkennt das Königreich der Vandalen an

400 425 450 475 500

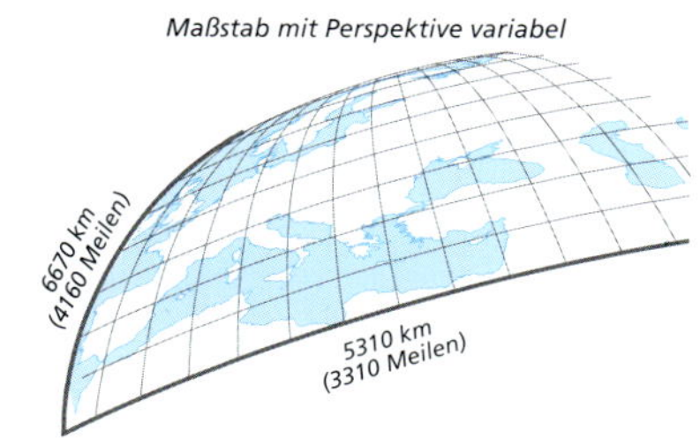

1 Die Völkerwanderungen 300–500

Römisches Reich um 390

wichtige Schlacht mit Datum

Wanderzüge mit Daten:

- Hunnen
- Goten
- Ostgoten
- Westgoten
- Alanen
- Vandalen, Alanen, Sueben
- Burgunder
- Franken
- Jüten, Angeln, Sachsen
- Iren
- Pikten

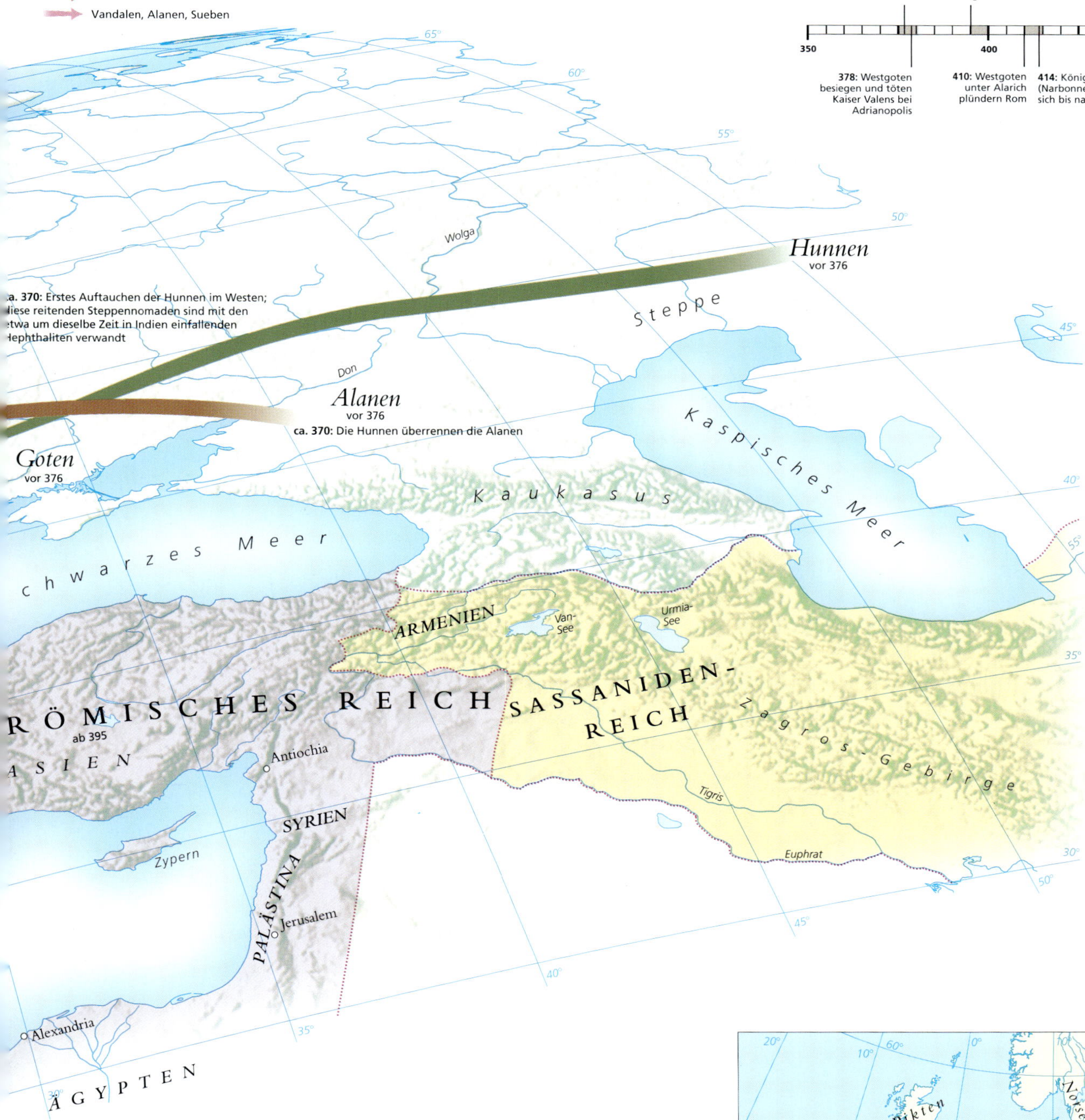

Das Mausoleum des Theoderich in Ravenna zeigt, wie sehr der König der Ostgoten das römische Erbe akzeptierte und ihm nacheiferte.

Die Goten

Die Westgoten (Visigoten) wurden per Vertrag von 382 in Unter-Moesien angesiedelt. Viele von ihnen dienten in der kaiserlichen Armee. Ein Streit zwischen ihrem Anführer Alarich und dem Senat über die Tributzahlungen führte zur Invasion Italiens und zur Plünderung Roms 410, die das Reich in seinen Fundamenten erschütterte. 418 einigten sich die Westgoten mit Rom auf einen Ausgleich und errichteten ein Königreich in Aquitanien. Die Ostgoten wurden nach dem Tod des Hunnen-Königs Attila 455 in Pannonien angesiedelt. Unter ihrem Fürsten Theoderich begannen sie, ihre Unabhängigkeit durchzusetzen. Nach Feldzügen auf dem Balkan zogen sie 489 nach Italien und nahmen nach dreijährigem Belagerung Ravenna ein, das sie zur Hauptstadt des Ostgotischen Reichs in Italien machten.

SIEHE AUCH:

Afrika: S. 160–161

Europa: S. 180–183

Westasien: S. 224–225

Nord- und Ostasien: S. 260–261

Die Goten

- **376:** Westgoten bitten um Erlaubnis, im Römischen Reich zu siedeln
- **378:** Westgoten besiegen und töten Kaiser Valens bei Adrianopolis
- **395:** Alarich erhält Ansiedlungsrecht auf Reichsgebiet
- **410:** Westgoten unter Alarich plündern Rom
- **414:** König Athaulf errichtet in Narbo (Narbonne) einen Westgoten-Staat, der sich bis nach Iberien ausdehnt
- **455:** Ostgoten beginnen Feldzüge gegen das Oströmische Reich
- **493:** Ostgoten-König Theoderich I. ermordet Odoaker in Ravenna, um König von Italien zu werden
- **507:** Westgoten von den Franken besiegt und aus Aquitanien vertrieben
- **526:** Tod Theoderichs I.
- **533:** Beginn der Rückeroberung Italiens durch das Oströmische Reich

(Zeitleiste: 350 – 400 – 450 – 500 – 550)

Die Hunnen

Die Hunnen durchquerten ganz Asien, bevor sie im späten 4. Jh. Europa erreichten. Sie ließen sich zunächst in der Donau-Ebene außerhalb des Römischen Reichs nieder. Unter ihrem König Attila begannen sie ihre blutigen Feldzüge auf dem Balkan gegen die Römer. Nach dem Einfall in Gallien besiegte sie jedoch eine Armee aus Römern und Goten auf den Katalaunischen Feldern. Darauf griff Attila Italien an und plünderte Aquileia und Mediolanum (Mailand). Von Papst Leo I. ließ er sich aber dazu überreden, Rom zu verschonen. Nach seinem Tod 455 zerfiel das europäische Hunnen-Reich.

Die Hunnen

- **350:** Weiße Hunnen fallen in Persien und Indien ein
- **ca. 370:** Erstes Auftauchen der Hunnen in Osteuropa
- **420:** Hunnen schlagen ihre Hauptstadt an der Theiß auf
- **ca. 444:** Attila wird König der Hunnen
- **451:** Attila zieht gegen Gallien und wird besiegt
- **455:** Attilas Tod, dem der Rückzug der Hunnen folgt

(Zeitleiste: 300 – 350 – 400 – 450 – 500)

Für Steppennomaden wie die Hunnen war Mobilität überlebenswichtig. Zur Ausrüstung der Hunnen gehörten daher Bronzekessel, die auf Pferden transportiert werden konnten. Zahlreiche solcher Kessel sind in Mitteleuropa gefunden worden.

Die Erben Westeuropas

526 hatten die Völkerzüge Westeuropa neu gegliedert. Unter ihrem charismatischen Führer Theoderich I. kontrollierten die Ostgoten Italien, während die Westgoten den Großteil der Iberischen Halbinsel eingenommen hatten. Die Vandalen hatten sich in Nordafrika niedergelassen, die Sueben in Galicien, und die Burgunder, deren Wormser Reich 437 durch die Hunnen Attilas (Etzel) vernichtet worden war, siedelten im Südosten Frankreichs. Als das beständigste unter allen Germanenreichen sollte sich jedoch das der Franken erweisen. Es wurde 456 von Chlodwig gegründet und bildete die Grundlage für die späteren Königreiche in Deutschland und Frankreich.

Diese prächtige Votivkrone von König Rekkeswind (7. Jh.) zeugt von der Bedeutung, die das Christentum unter den Westgoten in Iberien hatte. Deren Herrschaft dauerte vom 5. Jh. bis zur Eroberung durch die Araber im Jahr 711.

DIE WELT 500–750

DER AUFSTIEG ZWEIER GROSSREICHE in Westasien und China belegt, dass sich die antike Welt sehr schnell von den Nomadeneinfällen erholt hatte. Zudem erschien mit dem Islam eine neue Religion, die auf den Lehren Mohammeds, eines arabischen Kaufmanns aus Mekka, basierte. Getrieben von glühendem Eroberungseifer überrannten islamische Heere Westasien und Nordafrika. 750 hatten die Araber ein Reich geschaffen, das sich vom Indus bis auf die Iberische Halbinsel erstreckte. Die chinesische Kultur erlebte unter der Tang-Dynastie, deren Machtbereich bis weit nach Zentralasien hineinreichte, neue Höhepunkte und hatte einen großen Einflussbereich. In Amerika blieben die Maya die am weitesten entwickelte Zivilisation. Die kleinen Stadtstaaten konnten jedoch nicht den weitreichenden Einfluss der großen Metropole Teotihuacán erlangen.

Die Byzantiner waren die Verfechter der Christenheit. Dieses Mosaik zeigt Kaiser Justinian als Stellvertreter Gottes auf Erden.

Europa

Die Franken bildeten das mächtigste Germanenreich. Unter Chlodwig I. geeint, dehnten sie ihre Herrschaft auf Südfrankreich und östlich des Rheins aus. Konstantinopel war die christliche Hauptstadt des Byzantinischen Reichs. Kaiser Justinian (527–565) konnte Nordafrika und große Teile Italiens zurückerobern und ein Großreich schaffen, das sich von Spanien bis Persien erstreckte. Doch gingen in den folgenden zwei Jahrhunderten große Gebiete an die Muslime und, auf dem Balkan, an slawische Invasoren verloren.

Europa

- **511:** Tod des fränkischen Königs Chlodwig
- **527:** Justinian wird oströmischer Kaiser
- **531:** Burgund wird dem fränkischen Reich einverleibt
- **ca. 590:** Die Awaren errichten in der ungarischen Tiefebene einen Staat
- **597:** Der päpstliche Missionar Augustinus bekehrt den König von Kent zum Christentum
- **674–678:** Araber belagern Konstantinopel, können es aber nicht einnehmen
- **680:** Bulgaren fallen auf dem Balkan ein
- **711:** Muslime fallen in Spanien ein
- **732:** Der fränkische Herrscher Karl Martell besiegt das arabische Heer bei Poitiers

Die Welt im Jahr 750

- Tang-Reich
- Byzantinisches Reich
- Umayyaden-Kalifat
- Kök-türkisches Reich 551–572
- Oströmisches Reich 554–565
- Harschas Reich ca. 640
- Awaren-Reich ca. 595

Steigbügelgefäße wurden noch im 6. und 7. Jh. von den Moche hergestellt. Mit der Expansion von Huari starb die Moche-Kultur aus

Amerika

In Südamerika bildeten sich zwei Großreiche in dieser Zeit heraus. Das eine hatte sein Zentrum in der Stadt Tiahuanaco, einer Pilgerstätte in den Anden beim Titicaca-See. Das andere, Huari, wurde nach seiner gut befestigten Hauptstadt benannt, von der aus sich der Herrschaftsbereich durch kriegerische Eroberungen ausgedehnt hatte. In Mittelamerika kam es zum Niedergang der bedeutenden Stadt Teotihuacán, die jedoch bis zur Eroberung durch die Spanier im 16. Jh. ein Pilgerzentrum blieb.

Amerika

- **ca. 500:** Teotihuacán ist ein prosperierendes Handelszentrum
- **ca. 600:** In Mittelamerika erreicht die Maya-Kultur ihren Höhepunkt
- **ca. 600:** Aufstieg der eng verwandten Kulturen von Tiahuanaco und Huari in Südamerika
- **ca. 700:** Beginn der Pueblo-Kultur
- **750:** Verwüstung der Stadt Teotihuacán durch Brand

DER MAYA-KALENDER

Die Maya besaßen als einziges frühamerikanisches Volk ein voll ausgebildetes Schriftsystem aus komplexen Glyphen (Bildzeichen). Außerdem waren sie beeindruckende Astronomen und Mathematiker, deren Zahlensystem auf der 20 basierte. Ihre Zeitrechnung setzte sich aus mehreren Zyklen verschiedener Länge zusammen. Die so genannte ›Lange Zählung‹ gab die seit dem fiktiven Beginn der Maya-Zeit (13. Aug. 3114 v. Chr.) abgelaufenen Tage an.

Das Relief dieses steinernen Türsturzes aus Yaxchilán erinnert an ein Ereignis vom 11. Februar 526.

Der Felsendom in Jerusalem wurde 692 über den Ruinen des jüdischen Tempels errichtet. Als Ort von Mohammeds Himmelfahrt ist er den Muslimen heilig.

Westasien

Im 7.Jh. wurde Westasien von arabischen Heeren überrannt, islamischen Soldaten, die sich durch die von Mohammed begründete Religion zur Eroberung und Bekehrung inspiriert fühlten. Dabei konnten sie die Schwächen der beiden Großmächte dieser Region, der Sassaniden und der Byzantiner, ausnutzen. Das sassanidische Persien hatte unter Khosrau (Chosroes) I. (531–79) den Höhepunkt erreicht, doch führten die anhaltenden Auseinandersetzungen mit den Byzantinern zur Niederlage bei Ninive im Jahr 628.

Westasien

- **531:** Machtantritt des Sassaniden-Herrschers Chosroes I. Anuschirvan
- **570:** Der Prophet Mohammed wird in Mekka geboren
- **622:** Hedjra: Mohammed und seine Anhänger siedeln nach Medina um
- **628:** Sieg des byzantinischen Kaisers Herakleios über die Sassaniden
- **637:** Araber erobern die sassanidische Hauptstadt Ktesiphon
- **656:** Araber überrennen Persien
- **661:** Umayyaden-Dynastie; Damaskus ist Zentrum des islamischen Reichs
- **674–78:** Belagerung Konstantinopels durch die Araber
- **698:** Araber erobern Carthago; Ende der römisch-byzantinischen Herrschaft in Afrika
- **711:** Die islamischen Heere überqueren die Straße von Gibraltar und erobern die Iberische Halbinsel

500 550 600 650 700 750

ARABISCHE WELTKARTEN

Als die Araber weite Teile des griechischsprachigen östlichen Mittelmeerraums besetzt hatten, bewahrten sie das klassische Bildungsgut von Alexandria einschließlich der geografischen Werke des Ptolemaeus (z.B. die *Geographias*, S. 44). Zwar sind keine Karten aus dieser Zeit erhalten, doch scheint es, als hätten die arabischen Gelehrten die kartografische Tradition am Leben erhalten, die im Westen untergegangen war.

Al-Istachris Weltkarte aus dem 10. Jh. benutzt die ptolemäische Projektion, jedoch ist der Süden nach oben gewendet.

SIEHE AUCH:
Nordamerika: S. 122–123
Südamerika: S. 142–145
Afrika: S. 162–163
Europa: S. 182–185
Westasien: S. 226–227
Süd- und Südostasien: S. 242–245
Nord- und Ostasien: S. 262–265
Australasien und Ozeanien: S. 280–281

Die Tang-Keramik war von sehr guter Qualität. Diese Figurine aus dem 7.Jh. stellt eins der wegen ihrer Schnelligkeit geschätzten Ferghana-Pferde dar.

Ostasien

- **538:** Buddhismus erreicht Japan
- **ca. 550:** Die Kök-Türken errichten ein Großreich in Zentralasien
- **589:** China von den Sui wiedervereint
- **618:** Ende der Sui-Dynastie, auf die die Tang folgen
- **640:** Die Tang-Heere erreichen Turfan
- **645:** Buddhismus erreicht Tibet
- **ca. 660:** Heere der Tang in Indien und Zentralasien
- **668:** Die koreanische Halbinsel unter der Silla-Dynastie geeint
- **710:** Nara wird japanische Hauptstadt

500 550 600 650 700 750

Ostasien

Nach Jahrhunderten der Unruhe wurde China unter der Sui-Dynastie 581/589 vereint, der 618 die Tang folgten. Wieder wurde das chinesische Herrschaftsgebiet bis nach Zentralasien ausgedehnt. Protektorate wurden selbst in fernen Gebieten wie Ostpersien eingerichtet, und weite Teile der Seidenstraße waren unter chinesischer Kontrolle. Die chinesische Kultur übte starken Einfluß auf die umliegenden Gebiete aus. So gelangte Mitte des 6. Jh. der Buddhismus nach Japan, das unter chinesischem Einfluss weitere Reformen erlebte: die Abschaffung der Sklaverei, den Aufbau eines Beamtenstaats und die Übernahme der chinesischen Schrift.

Ozeanien

Die erste Besiedlung der Fidschi-Inseln erfolgte um 1500 v.Chr. Hier und auf den umliegenden Inseln entwickelte sich die polynesische Kultur. Nachkommen dieser ersten Siedler kolonisierten später den gesamten Pazifik. Auf Doppelrumpfbooten mit Segeln und Paddeln überquerten die Polynesier den Ozean, wobei sie allein von ihren Kenntnissen über Wolkenformationen, Winde und Meeresströmungen geführt wurden. 400 n.Chr. hatten sie die Osterinsel und die Hawaii-Inseln erreicht; in Neuseeland siedelten sie sich jedoch erst um 700 an.

Ozeanien

- **ca. 600:** Die Polynesier besiedeln die Tuamotu-Inseln
- **ca. 650:** Die Bewohner der Osterinsel bauen die ersten *ahu*, sakrale Steinplattformen
- **ca. 700:** Polynesier erreichen Neuseeland

500 550 600 650 700 750

Dieses Heitiki aus Nephrit ist ein traditionelles Schmuckstück der Maori, einer der jüngsten Kulturen Polynesiens.

DIE EXPANSION DES ISLAM

Koran-Ausgabe mit prachtvollem Einband, der 7C4 entstand.

DIE RASCHE AUSBREITUNG DES ISLAM war die einschneidendste Entwicklung des frühen Mittelalters. In nur zehn Jahren wurde die Arabische Halbinsel für den Islam erobert, und auch nach dem Tod Mohammeds im Jahr 632 setzte sich diese Expansion unvermindert fort. Im frühen 8. Jh. hatten die von der Idee des ›Heiligen Kriegs‹ beflügelten arabischen Heere im Osten die Grenzen Indiens erreicht; im Westen drangen sie in Spanien ein. Mit dem Abbasiden-Kalifat erlangte das muslimische Reich 750 eine Ausdehnung und eine kulturelle Stufe, die allein von China noch übertroffen wurden. Das Kalifat kontrollierte den eurasischen Handel an Land und auf See – einen Handel, der den neuen Glauben in den folgenden Jahrhunderten weitertragen sollte, tief in das Innere Afrikas hinein, über den Indischen Ozean und gen Norden nach Zentralasien.

Die Ausbreitung des Islam 623–751

Die Große Moschee in Kairouan ist eines der ältesten noch erhaltenen islamischen Bauwerke. Mit ihrer Errichtung wurde 670 begonnen, kurz nachdem die arabischen Heere über die byzantinischen Besitzungen an der nordafrikanischen Küste hereingebrochen waren.

Mohammeds Vision des Erzengels Gabriel um 610 war der Beginn eines Offenbarungsprozesses, festgehalten im Koran *(qur'an)*, dem Heiligen Buch des Islam. Seine Ablehnung des Polytheismus und seine Befürwortung eines strengen Kodexes mit Verhaltensregeln und Pflichten führten schließlich zu feindseligen Auseinandersetzungen in Mekka und zur Hedjra *(hegira)*, der Übersiedlung nach Medina im Jahr 622. Hier entstand der erste muslimische Staat. 630 zog Mohammed mit einer Armee aus 10 000 Anhängern wieder in Mekka ein und begann die Eroberung Arabiens. Die Bekehrungen ließen das Heer der Muslime anschwellen, und Mohammeds Werk wurde nach seinem Tod im Jahr 632 fortgesetzt. Binnen eines Jahrhunderts beherrschte der Islam das Kerngebiet Eurasiens. Obwohl die muslimischen Krieger die Eroberung im Namen des Islam (Djihad, arab. *ǧihād)* als ihre Pflicht betrachteten, begegneten sie den unterworfenen Völkern, insbesondere Christen und Juden, mit Toleranz.

Die Frühzeit des Kalifats

Mohammeds erste Nachfolger (die ›rechtgeleiteten‹ Kalifen) waren seine frühen Anhänger: Abu Bakr (632–634), 'Umar (634–644) und 'Uthman, der 656 ermordet wurde. Die Rechtmäßigkeit von 'Uthmans Nachfolger Ali, Mohammeds Vetter und Schwiegersohn, wurde von 'Uthmans Familie, den Umayyaden, angefochten. 661 wurde Ali ermordet, und die Umayyaden kamen als Kalifen an die Macht; ihre Anhänger wurden als Sunniten bezeichnet. Es gab jedoch eine muslimische Minderheit, Schia' genannt, die die Nachfolger Alis (die Imame) als die wahren Nachfolger des Propheten betrachtete. Diese fundamentale Spaltung innerhalb des islamischen Glaubens dauert bis zum heutigen Tage an.

Harun ar-Rashid, der große Abbasiden-Kalif, regierte 786–809. Die Abbildung zeigt ihn in einer Episode aus ›Tausendundeiner Nacht‹ mit einem Barbier im Bad.

Die Ausbreitung des Islam

- **622:** Hedjra, Mohammeds Auszug nach Medina; zugleich Beginn des islamischen Kalenders
- **632:** Tod von Mohammed; Nachfolger wird Abu Bakr (bis 634)
- **634:** Kalifat von 'Umar (bis 644)
- **637:** Eroberung Mesopotamiens
- **641:** Ägypten erobert
- **644:** Kalifat von 'Uthman (bis 656)
- **656:** Kalifat von Ali (bis 661)
- **661:** Umayyaden-Kalifat (bis 750)
- **664:** Eroberung von Kabul
- **670:** Gründung von Kairouan
- **692:** Bau der Felsendom-Moschee in Jerusalem
- **711:** Invasion der Iberischen Halbinsel unter Tariq; schnelle Eroberung des Westgoten-Reichs
- **718:** Sieg der Christen bei Covadonga stoppt arabischen Vorstoß auf der Iberischen Halbinsel
- **732:** Arabisches Heer bei Poitiers gestoppt
- **744:** Beginn des Abbasiden-Kalifats
- **751:** Arabisches Heer besiegt Chinesen am Fluss Talas
- **756:** Gründung eines Umayyaden-Emirats in Córdoba (bis 1031), das ab 928 den Status eines Kalifats beansprucht
- **762:** Baghdad wird Hauptstadt der Abbasiden

600 620 640 660 680 700 720 740 760 780 800

Die arabische Sprache breitete sich über die gesamte islamische Welt aus: Die persische Illustration aus dem 13. Jh. zeigt einen Prediger in der Moschee von Samarkand.

In der Bewässerungstechnologie waren die Araber Meister, die so das römische Erbe bewahrten. Dieses Schöpfrad steht in der Stadt Hama im heutigen Syrien.

Die islamische Welt 1000–1200

Im Jahr 1000 hatte sich die arabisch-islamische Welt im wesentlichen in zwei Kalifate aufgespalten: das der Abbasiden in Baghdad und das der Umayyaden in Córdoba, die über die Iberische Halbinsel herrschten. Im riesigen Abbasiden-Reich konnten viele untergeordnete Herrscher eine mehr oder weniger eigenständige Lokalmacht ausüben und autonome Dynastien gründen. Außerdem trug der Einzug anderer Völker in die islamische Welt zu einer weiteren Aufsplitterung der Zentralgewalt bei. Im Westen errichteten die Berber an der Küste des Maghreb nach und nach eine Kette lokaler Dynastien. In Nordafrika eroberten die schiitischen Fatimiden Ägypten und beanspruchten den Status eines Kalifats. Seine Macht verlor das Abbasiden-Kalifat durch die Invasion der türkischen Seldschuken, die von Zentralasien durch den Südwesten Asiens gezogen waren. Sie eroberten Baghdad und beendeten schließlich auch die Herrschaft des Byzantinischen Reiches in Kleinasien (Anatolien).

SIEHE AUCH:
Afrika: S.162–163
Europa: S.186–187
Westasien: S.226–227
Süd- und Südostasien: S.242–243

Islamische Reiche bis 1200

- **935:** Endfassung des Koran niedergelegt
- **936:** Buwaihiden übernehmen die Macht im Abbasiden-Kalifat
- **969:** Fatimiden bringen Ägypten unter ihre Kontrolle
- **1055:** Die türkischen Seldschuken fallen in Baghdad ein
- **1056:** Almoraviden erobern Nordafrika und die Iberische Halbinsel
- **1071:** Die Seldschuken schlagen die byzantinische Armee bei Manzikert (Malasgirt)
- **1096:** Erster Kreuzzug; Gründung lateinischer Feudalreiche in der Levante
- **1135:** Almohaden kontrollieren den Nordwesten Afrikas und die Iberische Halbinsel.
- **1188:** Salah ad-Din (Saladin) erobert die lateinischen Königreiche in der Levante

800 850 900 950 1000 1050 1100 1150 1200

❷ Die islamische Welt ca. 800–1200

islamische Welt um 1000
Abbasiden-Kalifat, größte Ausdehnung um 800
Vorstoß der Seldschuken
Vorstoß der Berber
weitere Expansion des Islam
ZAIDITEN muslimische Dynastie

Samarra: eine islamische Stadt

Die vom abbasidischen Kalifen al-Mu'tasim gegründete Stadt Samarra am Ostufer des Tigris war 836–892 die Hauptstadt der Abbasiden. Die neue Stadt basierte auf früheren Siedlungen und besaß keine äußere Stadtmauer. Sie war in Wohnbezirke mit Truppenunterkünften aufgeteilt, die sich um zentrale Bauten wie Paläste und Moscheen gruppierten, und umfasste auch Freizeitanlagen wie eine Rennbahn und ein 30 km² großes Wildgehege. Spätere Kalifen fügten bedeutende Teile hinzu, vor allem al-Mu'tasims Nachfolger al-Mutawakkil, der im Norden ein neues Zentrum – Ja'fariyya – errichtete. Schließlich erstreckte sich Samarra über 40 km entlang dem Flußufer. Nach dem Tod des achten Kalifen, al-Mu'tamid, wurde die abbasidische Residenz wieder nach Baghdad, in die ursprüngliche Hauptstadt, verlegt.

Das Spiralminarett der Großen Moschee von al-Mutawakkil in Samarra zählt zu den wenigen erhaltenen Bauten dieser Stadt.

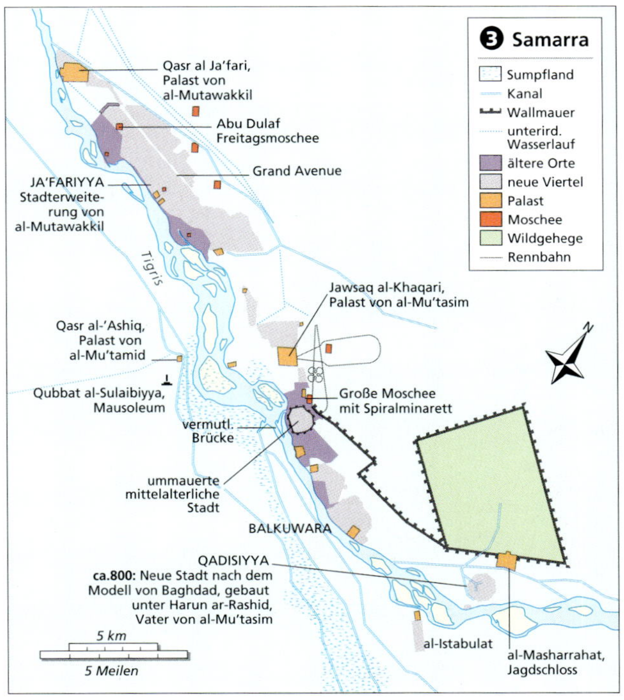

DIE WELT 750–1000

AUFLÖSUNG DER GROSSREICHE und kriegerische Konflikte zwischen Dynastien pägten das 9. und 10. Jh. In Europa krönte der römische Papst Karl d.Gr. 800 zum Kaiser des Westens; doch wurde das Franken-Reich von Erbstreitigkeiten zerrissen. Das Abbasiden-Kalifat in Baghdad konnte die zentrale Gewalt über die enorm ausgedehnte islamische Welt nicht halten. Neue Dynastien wie die Fatimiden in Nordafrika lösten sich von der Oberhoheit des Kalifen. In China spaltete sich das gewaltige Tang-Reich in kleine kriegführende Staaten, während in Mittelamerika die Maya ihren Niedergang erlebten. Doch bildeten sich im Gegensatz zu dieser politischen Aufsplitterung in vielen Teilen der Erde auch neue mächtige Staaten: in Südasien das Reich der Khmer, in Korea Koryo, in Mexiko das Tolteken-Reich, in Afrika Ghana und Kanem und in Osteuropa die Kiever Rus.

Auch Irland litt im 9./10. Jh. stark unter den Wikingern. Die Klöster bauten daher typische runde Wehrtürme wie diesen in Glendalough, die als Ausguck und Zuflucht dienten.

Europa

Karl d.Gr., König der Franken, fasste fast ganz Europa zu einem Reich zusammen, das jedoch in Erbstreitigkeiten dreigeteilt wurde. Im Westen wurden das Karolingische Reich und die Britischen Inseln zum Ziel der Raubzüge der Wikinger. Im Osten setzte sich am Anfang des 9.Jh. der Sachsenherzog Heinrich I. gegen die deutschen Stammesherzöge durch und eroberte Italien. Sein Sohn, Otto I., besiegte die Magyaren und wurde Kaiser des Heiligen Römischen Reichs.

Europa

- **752:** Langobarden erobern Ravenna
- **774:** Karl d.Gr. besiegt die Langobarden in Italien
- **800:** Karl d.Gr. wird in Rom zum Kaiser des Heiligen Römischen Reichs gekrönt
- **827:** Kreta und Sizilien von Arabern (Sarazenen) besetzt
- **843:** Vertrag von Verdun teilt das Karolingische Reich
- **884:** Kiev wird Hauptstadt eines neuen russischen Staats
- **885:** Angriff der Wikinger auf Paris durch Tributzahlung beendet; London durch den angelsächsischen König Alfred d.Gr. von dänischen Wikingern zurückerobert
- **896:** König Arnulf von Kärnten zum letzten Karolinger-Kaiser gekrönt
- **955:** Otto I. besiegt die Magyaren und stoppt die Ausdehnung Ungarns
- **996:** Beginn des Kriegs zwischen den Byzantinern unter Kaiser Basileios II. und den Bulgaren

750 800 850 900 950 1000

In Chichén Itzá steht ein Chac Mool, ein toltekischer Altar in Form einer liegenden Figur, neben dem für die Maya typischen Jaguar-Tempel.

Amerika

Die nomadisierenden Tolteken wanderten im 10. Jh. aus dem Nordwesten nach Zentralmexiko ein. Dort wurden sie Stadtbewohner, dehnten ihr Territorium durch militärische Eroberungen aus und errichteten ein Handelsnetz, das bis nach Südamerika reichte. Im nordamerikanischen Südwesten bildeten sich die Kulturen der Mogollon, Anasazi und Hohokam heraus. Sie errichteten in den wüstenhaften Canyons Pueblos (Siedlungen des Çatal-Hüyük-Typs, S. 18), ihre Wirtschaft basierte auf intensivem Bewässerungsfeldbau. Sie knüpften Handelsbeziehungen, die ihnen den Austausch mit den Zivilisationen Mittelamerikas ermöglichten.

Amerika

- **ca. 750:** Im Tal des Mississippi entstehen erste richtige Städte
- **ca. 800:** Hohokam-, Anasazi- und Mogollon-Kultur im Südwesten Nordamerikas
- **ca. 850:** Zusammenbruch der Maya-Kultur in den südlichen Tiefebenen Mexikos
- **ca. 900:** Topiltzin, der religiöse Führer der Tolteken, gründet die Hauptstadt Tula
- **ca. 900:** Fortschrittliche Thule-Kultur bei den Inuit Alaskas
- **987:** Hohepriester eines Kults, der Menschenopfer bevorzugte, aus Tula verjagt
- **990er Jahre:** Exilierte Tolteken erobern die Maya-Stadt Chichén Itzá

750 800 850 900 950 1000

Das koptische Christentum behauptete sich gegen den Islam in den nubischen Reichen Makuria und Alodia. Aus jener Zeit stammt dieses Altartuch.

Afrika

Die Fatimiden aus Nordafrika eroberten 969 Ägypten, machten Kairo zur Hauptstadt und erklärten sich als unabhängig von Baghdad. Da die arabische Nachfrage an subsaharischem Gold wuchs, durchquerten regelmäßig Karawanen die Sahara, wodurch die Königreiche in Westafrika wie Kanem, Ghana und Takrur einen enormen Aufschwung erfuhren. In Ostafrika dehnte sich der arabische Küstenhandel bis nach Zanzibar (Sansibar) und Madagascar aus.

Afrika

- **800:** Aghlabiden-Dynastie in Tunis
- **800–810:** An der Ostküste entstehen Handelskolonien wie Manda und Kilwa
- **868:** Ahmed Ibn Tulun gründet die Tuluniden-Dynastie in Ägypten
- **909:** Die schiitischen Fatimiden vertreiben die Aghlabiden aus Tunis
- **ca. 950:** Entstehung des Königreichs Igbo Ukwu nahe dem Niger-Delta
- **969:** Die Fatimiden ergreifen in Ägypten die Macht
- **970er:** Gründung der al-Azhar-Universität in Kairo

750 800 850 900 950 1000

CHINESISCHE DRUCKTECHNIK

Die Chinesen hatten sich bereits jahrhundertelang an der Reproduktion von Schriftstücken und Illustrationen versucht, als ihnen im 8. Jh. der Durchbruch gelang. Das seitenverkehrte Einschnitzen von Buchstaben und Bildern in Holzblöcke war zwar aufwändig, doch konnten nun viele hundert Kopien angefertigt werden, bevor die hölzerne Oberfläche abgenutzt war. Alle Arten von Dokumenten – vom religiösen Text bis zur Steuerquittung – wurden so gedruckt.

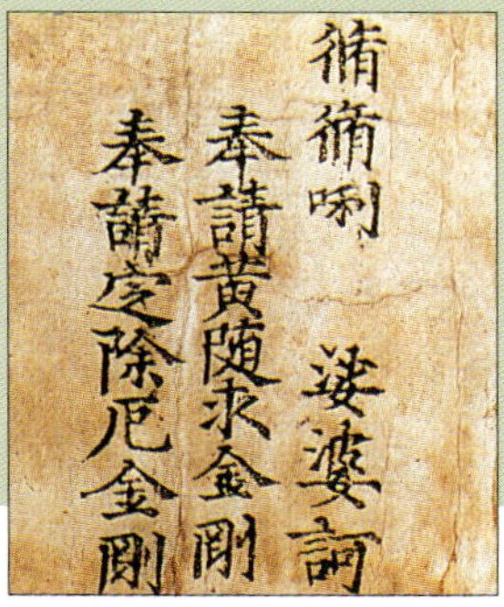

Das früheste sicher datierbare Druckwerk ist das ›Diamant-Sutra‹, eine buddhistische Lehrschrift auf einer Schriftrolle von 868.

Nach den Eroberungskriegen des 7. Jh. rivalisierten die arabischen Stämme untereinander um die Herrschaft über die Gebiete der islamischen Welt.

Westasien

Mit der Abbasiden-Dynastie, die 750 an die Macht kam, erreichte die islamische Welt jene Blütezeit, die in den Erzählungen aus ›Tausendundeiner Nacht‹ legendär wurden. Kunst, Kultur und Handel prosperierten. Am Ende der Epoche aber waren die Kalifen in Baghdad nur noch Marionetten, während die Macht in den Händen türkischer Söldnertruppen (Mamluken) und persischer Verwalter lag. Das Byzantinische Reich erreichte unter der Makedonen-Dynastie (867–1081) seine Blütezeit. Im Konflikt mit den Arabern konnten die byzantinischen Heere den Großteil Anatoliens wieder unter Kontrolle bringen und 969 Antiochia zurückerobern.

SIEHE AUCH:

Nordamerika: S. 122–123

Südamerika: S. 144–145

Afrika: S. 162–163

Europa: S. 184–185

Westasien: S. 226–227

Süd- und Südostasien: S. 244–245

Nord- und Ostasien: S. 262–265

Australasien und Ozeanien: S. 280–281

Westasien

- **750:** Umayyaden-Kalifat von der Abbasiden-Dynastie gestürzt und abgelöst
- **762:** Abbasiden gründen ihre Hauptstadt Baghdad
- **786:** Unter Kalif Harun ar-Rashid wird Baghdad zum Zentrum von Kunst und Lehre
- **836:** Baghdad wird von türkischen Söldnern tyrannisiert; der Abbasiden-Kalif al-Mutasim errichtet eine neue Hauptstadt in Samarra
- **863:** Byzantiner schlagen arabisches Heer vernichtend und stoppen den muslimischen Vorstoß in Anatolien
- **936:** Die Kalifen von Baghdad verlieren ihre Macht; das Kalifat gerät unter Kontrolle türkischer Militärsöldner
- **945:** Persische Buwaihiden erobern Baghdad, lassen aber den Kalifen jedoch weiter regieren
- **976:** Byzantinische Truppen drohen Jerusalem einzunehmen

750 800 850 900 950 1000

ARABISCHE STERNENKARTEN

Die arabische Welt verfügte Ende des 1. Millenniums über die führenden Wissenschaftler und Mathematiker; ihren Astronomen verdanken wir wesentliche Kenntnisse über den Himmel. Die Araber orientierten sich auf See und in Wüsten mit Hilfe der Sterne. Mit deren Benennung und Kartierung setzten sie die Tradition der griechischen Astronomen fort, und viele Sterne, so Aldebaran, Rigel und Rasalgethi, sind noch heute unter ihren arabischen Namen bekannt.

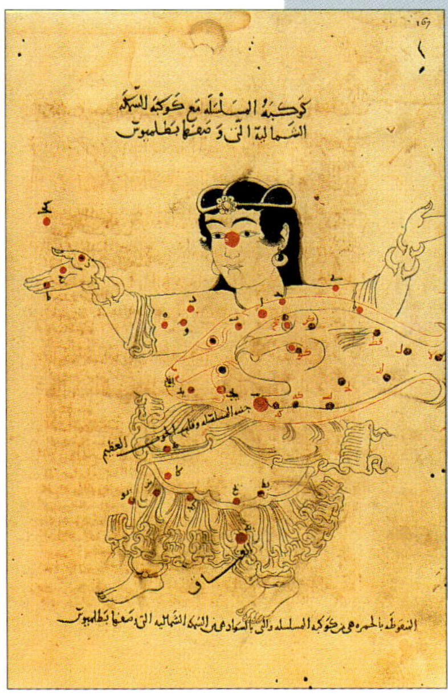

Die Konstellation der Andromeda ist eine von vielen faszinierenden Illustrationen in dem von Abd ar-Rachman ibn Umar al-Sufi verfassten ›Buch der Konstellationen von Fixsternen‹ aus dem 10. Jh. Die einzelnen zur Konstellation zählenden Sterne sind in Rot dargestellt.

Der Buddhismus beeinflusste in Tang-China alle Lebensbereiche. Diese Wandmalerei aus Dunhuang zeigt Buddha mit chinesischen Zügen.

Diese Bronzefigur des Gottes Shiva entstand unter der Chola-Dynastie. Damals gewann die kultische Verehrung hinduistischer Einzelgötter an Beliebtheit.

Süd- und Südostasien

Im Norden erstreckte sich das islamische Königreich des afghanischen Herrschers Mahmud von Ghazna vom Oxus bis zum Indus, während Staatsdynastien wie die Gurjara-Pratihara und die Pala um das Ganges-Tal wetteiferten. Im Süden kämpften die tamilischen Chola und die Chalukya um die Flüsse Godavari und Krishna. Durch ihre Eroberungen dehnten die Chola ihr Reich auf Ceylon und Teile der Malaiischen Halbinsel aus.

Süd- und Südostasien

- **ca. 800:** Bau des buddhistischen Tempels in Borobudur, Java
- **802:** König Jayavarman II. begründet die Dynastie von Angkor
- **886:** Chola-Dynastie regiert weite Teile Südindiens
- **889:** Der Khmer-König Indravarman I. beginnt mit dem Bau von Angkor
- **ca. 900:** Die Gurjara-Pratihara herrschen über Nordindien
- **962:** Gründung der afghanischen Ghaznawiden-Dynastie
- **997:** Mahmud von Ghazna dehnt seine Herrschaft auf Nordwestindien aus

750 800 850 900 950 1000

Ostasien

Die Bedrohung durch Rebellionen im Innern Chinas schwächte Mitte des 8. Jh. die Macht der Tang. Hieraus resultierte eine stärkere Konzentration auf die Zustände innerhalb des Reichs, und der politische und wirtschaftliche Schwerpunkt verschob sich nach Süden in das Yangzi-Tal. Im 9. Jh. brach die Tang-Dynastie nach Bauernrevolten zusammen. China spaltete sich in zehn Einzelstaaten auf und wurde erst 960–79 unter den Song wieder vereint. Korea und Japan unterstanden starken, zentralisierten buddhistischen Dynastien.

Ostasien

- **751:** Arabisches Heer besiegt die Chinesen in der Schlacht am Talas
- **756:** Rebellengeneral An Lushan nimmt Chang'an ein
- **763:** Die Tibeter fallen im Tang-Reich ein
- **794:** Kyoto wird japanische Hauptstadt
- **868:** Das ›Diamant-Sutra‹, das älteste erhaltene Druckerzeugnis
- **870er Jahre:** Im ganzen Tang-Reich brechen Bauernaufstände aus
- **906:** Ende der Tang-Dynastie
- **935:** In Korea wird das Königreich Koryo gegründet
- **970:** Chinesische Regierung führt das Papiergeld ein
- **979:** Die Song erringen die Herrschaft über China

750 800 850 900 950 1000

FRÜHE ENTDECKUNGSFAHRTEN

Die stilisierte Abbildung eines Schiffs schmückt diese frühe Wikingermünze, die im 9. Jh. in Hedeby geprägt wurde.

IM ERSTEN JAHRTAUSEND unserer Zeitrechnung zeichneten sich drei Nationen der Welt als Seefahrer aus: die Wikinger, die Polynesier und die Araber. Die Piraten und Händler aus Skandinavien konnten mit ihren robusten Langbooten nicht nur über den Atlantischen Ozean nach Island, Nordamerika und bis Italien vorstoßen, sondern kamen über die Flüsse auch nach Paris, Köln, Russland und zum Schwarzen Meer. Auch die Araber waren versierte Seefahrer. Die Entdeckung des Seewegs nach China durch die Straße von Malacca im 8. Jh. läutete eine neue Ära des Fernhandels ein; arabische Schiffe fuhren nun an der ostafrikanischen Küste immer weiter nach Süden, nach Indonesien und China. Die wohl bemerkenswertesten Seefahrer waren die Polynesier, die bis zum Jahr 1000 die Besiedlung der Pazifikinseln zum Abschluss gebracht hatten.

Diese Schachfiguren aus Walrosszahn wurden im 12. Jh. auf Lewis, einer Insel der Äußeren Hebriden, angefertigt. Die Inseln wurden im 9. und 10. Jh. von den Norwegern besiedelt, waren aber dennoch immer wieder das Ziel von Wikingerüberfällen.

Die Welt der Wikinger

Die rauen Lebensbedingungen im Norden und die Suche nach neuem Land und neuen Ressourcen trieben die Wikinger auf das Meer hinaus. Zunächst beherrschten sie ihre baltischen Nachbarn, die ihnen Tribut in Form von Bernstein, Wachs, Fisch, Walrosszahn und Pelzen zahlen mussten. Mit ihren schnellen Langbooten fuhren sie die Flüsse von Frankreich, England und Irland hinauf, brandschatzten die Städte; mancherorts siedelten sie sich schließlich auch an. Sie überquerten den Atlantik, erreichten 860 Island und um 1000 Neufundland. Schwedische Wikinger drangen in die schiffbaren Flüsse Russlands vor, um Anschluss an den lukrativen Handel mit Konstantinopel und der arabischen Welt zu finden. Die Waräger, wie diese östlichen Wikinger genannt wurden, gründeten die Kiever Rus, den ersten russischen Staat. Ihre Kriegskunst wurde von den byzantinischen Kaisern sehr geschätzt, die sie als Elitesöldner rekrutierten.

Die Langboote der Wikinger waren 16–30 m lang und mit Rudern und Segeln besetzt. Dank ihres flachen Rumpfs eigneten sie sich bestens für die Fahrt in Küstengewässern und auf Flüssen. So tauchten die Drachenboote überraschend auch vor Städten wie Köln und Duisburg auf und hinterließen Brand und Verwüstung.

Wikingerfahrten

700 – 800 – 900 – 1000 – 1100

- **ca. 789**: Der erste belegte Wikingerüberfall in England; erste Überfälle in Irland und Schottland 795
- **793**: Wikinger plündern das Inselkloster Lindisfarne vor der Nordostküste Englands
- **839**: Schweden erreichen Konstantinopel
- **845**: Wikinger plündern Paris und fordern Tribut von den Franken
- **862**: Der Wikinger Rurik gründet Novgorod
- **866**: Wikinger nehmen York ein
- **ca. 900**: Norweger siedeln in Schottland und Nordwestengland
- **ca. 930**: Wikinger vollenden die Besiedlung Islands
- **986**: Erik der Rote beginnt die Besiedlung Grönlands
- **ca. 1000**: Fahrten von Grönland nach Neufundland und an die Küste Nordamerikas
- **1042**: Ende der dänischen Herrschaft in England

Die Polynesier

Bei der ersten Kolonisierungswelle im Pazifischen Ozean kamen zwischen 2000 und 1500 v.Chr. Einwohner Neuguineas und der Nachbarinseln bis zum fernen Fidschi. Von dort fuhren sie weiter zu den Inselgruppen von Tonga und Samoa. Ca. 200 v.Chr. brachen die Polynesier zu noch ausgedehnteren Reisen auf, überquerten weite Strecken des offenen Ozeans und ließen sich dann auf den Marquesas, den Gesellschaftsinseln, den Hawaii-Inseln, Rapa Nui (Osterinsel) und auch auf Neuseeland nieder. Um 1000 n.Chr. hatten sie nahezu alle Inseln im Pazifik besiedelt. In den Doppelrumpfbooten, die auch am Wind kreuzen konnten, nahmen sie Pflanzensamen, Hühner und Schweine mit auf die Reise. Vermutlich orientierten sie sich an Sonne und Sternen, der vorherrschenden Richtung von Wind und Strömung sowie auch den Routen der Zugvögel.

Ihre Ozeanreisen unternahmen die Polynesier in bis zu 30 m langen Doppelrumpfbooten, wie sie dieser Stich aus dem 19. Jh. zeigt. Auslegerboote kamen wahrscheinlich nur bei der Küstenfahrt und auf Kurzreisen zum Einsatz. Beide Bootstypen konnten gerudert und gesegelt werden.

Die Reisen der Polynesier 1500 v.Chr.–1000 n.Chr.

1500 v.Chr – 1000 – 500 – 1 n.Chr. – 500 – 1000 n.Chr.

- **ca. 1500 v.Chr.**: Frühester Beleg für die Besiedlung Fidschis durch die Produzenten von Lapita-Keramik
- **ca. 1300 v.Chr.**: Besiedlung von Tonga
- **ca. 1000 v.Chr.**: Auf Fidschi, Tonga und Samoa entsteht eine eigenständige polynesische Kultur
- **ca. 500 v.Chr.**: Auf Samoa wird die Lapita-Keramik von schlichten, unverzierten Schalen abgelöst
- **ca. 200 v.Chr.**: Polynesier erreichen von Samoa aus die Marquesas
- **ca. 300**: Besiedlung von Rapa Nui
- **ca. 400**: Polynesier landen auf den Hawaii-Inseln
- **ca. 400**: Kolonisierung der Societätsinseln
- **ca. 700**: Bau der frühesten Tempelplattformen *(ahu)* auf Rapa Nui
- **ca. 700**: Vorfahren der Maori erreichen Aotearoa (Neuseeland)

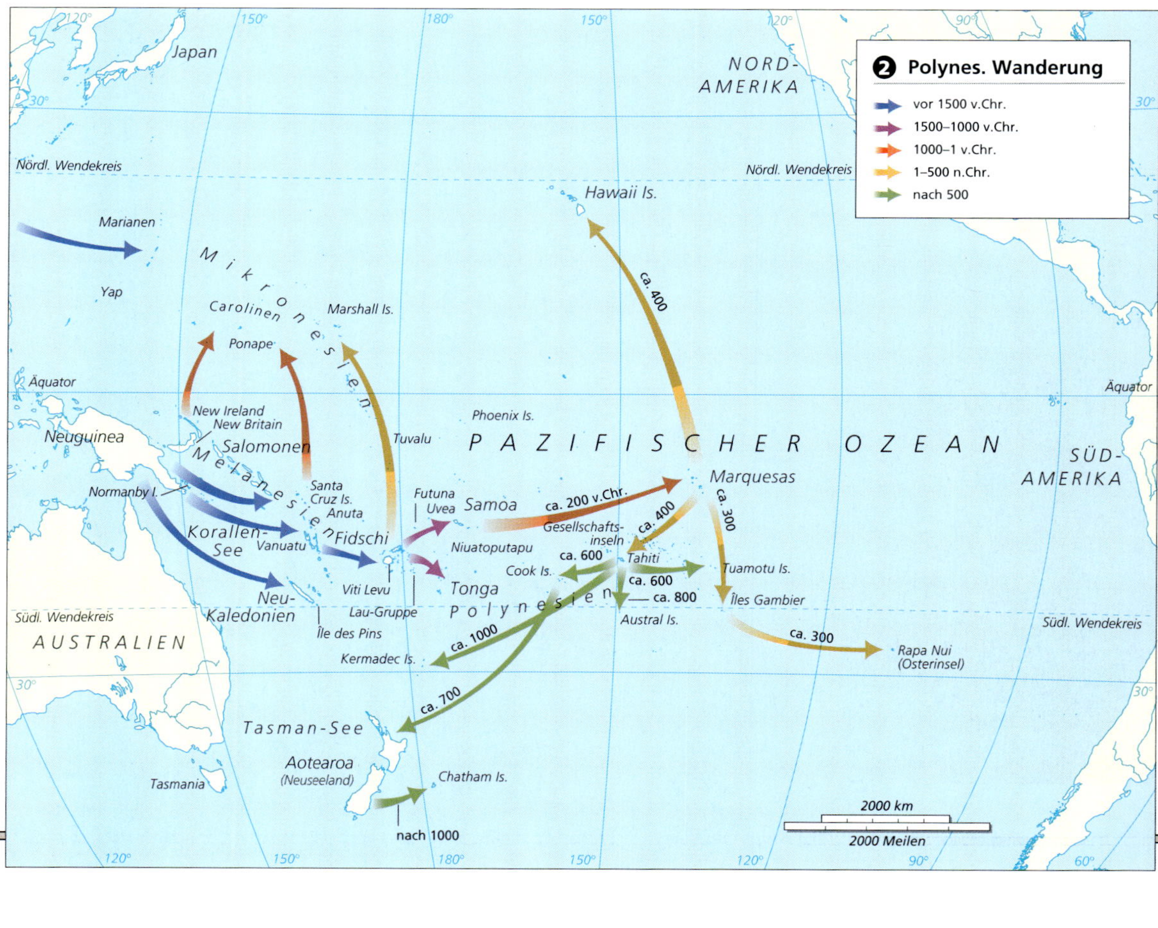

SIEHE AUCH:
Nordamerika: S. 122–123
Europa: S. 184–185
Westasien: S. 226–227
Süd- und Südostasien: S. 244–245
Australasien und Ozeanien: S. 280–281

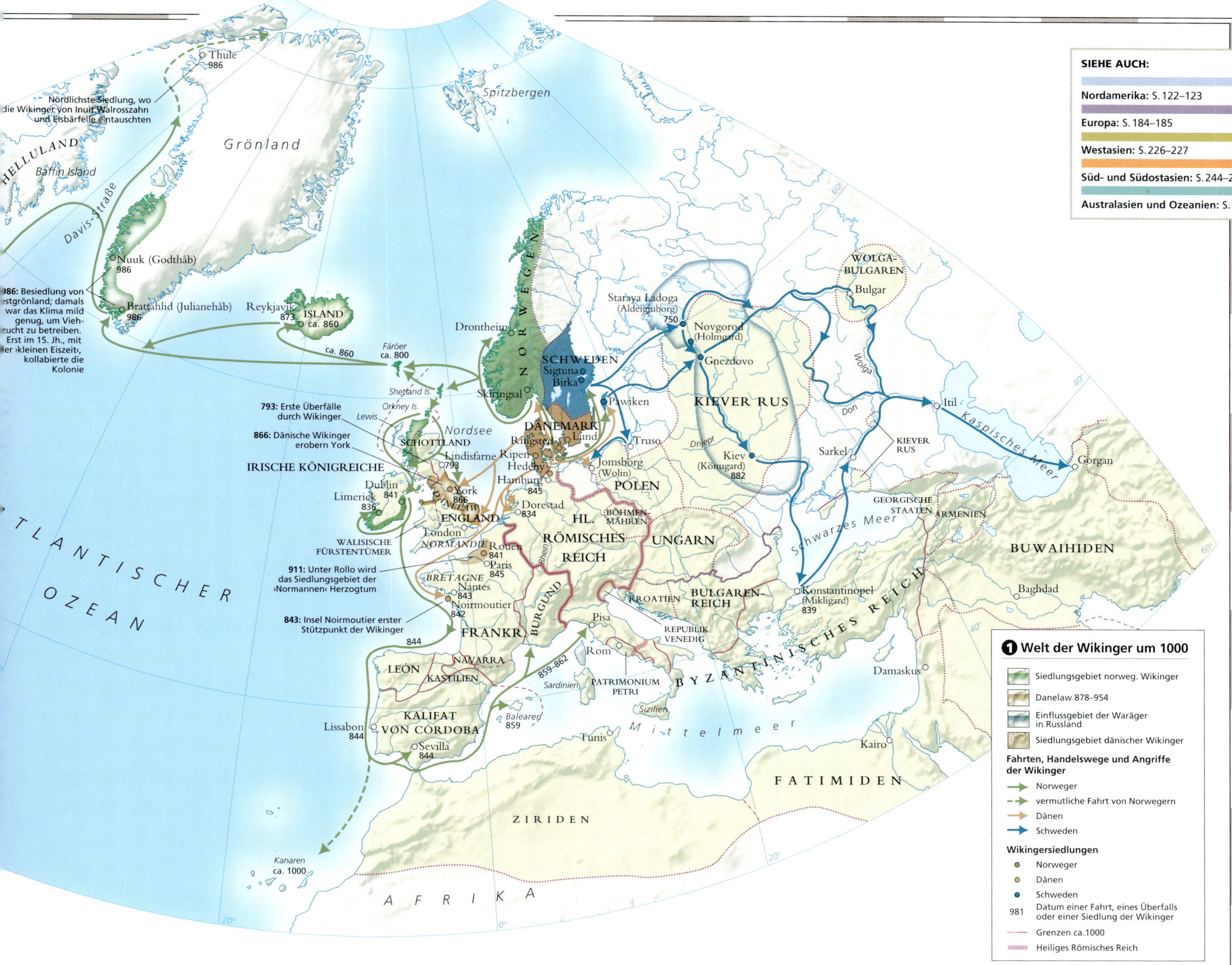

Arabische Händler im Indischen Ozean

Die Araber nutzten die Monsunwinde, mit denen sie im November vom Persischen Golf Richtung Osten und im Sommer zurück segelten. Im 8. Jh. entdeckten sie den Seeweg entlang der Malabar-Küste, durch die Straße von Malacca nach Hanoi und Guangzhou (Kanton), eine Reise von 120 Tagen, für die man allerdings auch zwischen 18 Monaten und drei Jahren benötigen konnte. Die Araber führten Eisen, Wolle, Weihrauch, Gold- und Silbermünzen aus, um ihrerseits Seide und Gewürze zu erhalten. Als der Chinahandel um 1000 mit dem Fall des Tang-Reichs ins Stocken geriet, wandten sie sich die Araber Ostindien zu, so dass der Islam sich auch über die Inselwelt Südostasiens ausbreitete. Außerdem fuhren arabische Händler die ostafrikanische Küste entlang nach Zanzibar (Sansibar) und Madagaskar, wo sie auf die Malaien trafen, die die Insel ca. 300 Jahre zuvor kolonisiert hatten.

Ein indisches Schiff, dargestellt auf einer arabischen Handschrift von 1238. Es hatte das seit dem 1. Jh. n. Chr. bekannte Rahsegel, das sich für die Fahrt mit den starken Monsunwinden bestens eignete. Im geräumigen Schiffsraum konnten Passagiere und Ladung auf den seit dem 8. Jh. stark frequentierten Handelsrouten über den Indischen Ozean transportiert werden.

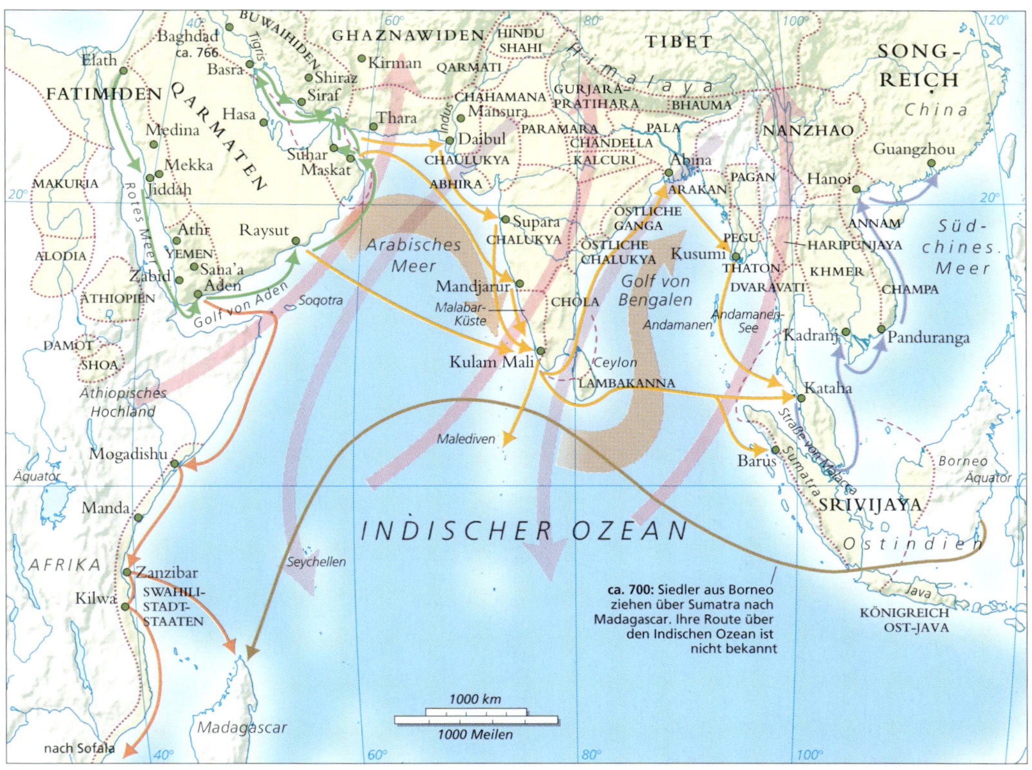

▲ **3 Der Indische Ozean um 1000**

- Handelsrouten um Arabien
- Handelsrouten von Arabien nach Afrika
- Handelsrouten von Arabien nach Indien
- Handelsrouten von Ostindien nach China
- Route der ersten Kolonisten von Madagascar
- wichtiges Handelszentrum
- warmer Monsun (April bis September)
- kühler Monsun (Oktober bis März)
- warme Meeresströmung

Arabische Händler auf dem Indischen Ozean

- **ca. 632:** Nach Mohammeds Tod Beginn der arabischen Expansion
- **756:** Abbasiden-Kalifat: neues Interesse an der Seefahrt, vor allem auf den Routen des Persischen Golfs
- **ca. 700:** Madagascar wird von Malaien aus Südostasien besiedelt
- **ca. 800:** Arabische Schiffe fahren vermutlich schon nach China
- **ca. 900:** Arabische Dhauen (Segelschiffe) erschließen die Küstenrouten Ostafrikas bis nach Sofala
- **906:** Ende des Tang-Reichs. Der Handel zwischen den Arabern und China gerät ins Stocken
- **ca. 1000:** Arabische Händler gründen erste Handelsstaaten im Äthiopischen Hochland

600 — 700 — 800 — 900 — 1000

DIE WELT 1000–1200

IN VIELEN REGIONEN DER ERDE herrschten territoriale und religiöse Konflikte vor. Zugleich aber konnte sich das christliche Europa von dem Niedergang erholen, der dem Ende der römischen Herrschaft gefolgt war. Mit der landwirtschaftlichen Erschließung neuer Anbaugebiete stieg auch die Bevölkerungszahl, daneben entstand eine florierende Handelswirtschaft. Zu einer überaus blutigen Konfrontation mit dem Islam kam es, als das Christentum den Kreuzzugsgedanken zur Eroberung des Heiligen Landes propagierte. Das Unternehmen scheiterte letztlich, doch schritt die Reconquista in Spanien und Portugal weiter voran. Im Osten fielen die nordindischen Staaten in die Hände muslimischer Invasoren, und schließlich wurde der Buddhismus auf dem Subkontinent vollends verdrängt. In China schwand das Song-Reich unter dem Druck der Nomadenvölker im Norden, den Tanguten und den Dschurtschen, die eigene Reiche (das Xixia- bzw. das Jin-Reich) gründeten.

Die gewachsene Macht der Kirche drückt sich in den neuen Kathedralen aus, die erst im romanischen, dann, wie die von Chartres, im ›himmelstrebenden‹ gotischen Stil errichtet wurden.

Europa

Das westliche Christentum dehnte sich im 11. Jh. auf Polen, Ungarn und die skandinavischen Königreiche aus, so dass es an Einfluss gewann. Dies zeigte sich auch im Investiturstreit (um das Recht der Bischofsernennung), mit dem die Befreiung der Kirche von staatlicher Herrschaft durchgesetzt wurde. Zunehmend konnten die Westeuropäer den Arabern und Byzantinern die Kontrolle über den Mittelmeerraum entreißen. Italienische Kaufleute waren Zwischenhändler im Warenverkehr mit Byzanz, die Städte Norditaliens wie Venedig, Genua und Pisa prosperierten. Zudem wurden neue Anbaugebiete erschlossen, so dass es zu einem Bevölkerungwachstum kam.

Europa

1000: Ungarn wird christlicher Staat

1016: Machtantritt Knuts d.Gr. vereinigt England, Dänemark und Norwegen

1031: Beginn der Reconquista in Spanien

1054: Endgültiges Schisma zwischen römischer und orthodoxer Kirche

1066: Schlacht bei Hastings; England von den Normannen erobert

1077: Canossa: König Heinrich IV. muss Papst Gregor VII. um Lösung vom Bann bitten

1091: Sizilien vollends von den Normannen erobert

1119: Universität von Bologna in Italien gegründet

1136: Der russische Staat Novgorod wird unabhängig

1147: Zweiter Kreuzzug; Mauren verlieren Lissabon

1154: Bau der Kathedrale von Chartres

1000 – 1050 – 1100 – 1150 – 1200

WELTKARTE DES AL-IDRISI

Islamische Geografen waren im Mittelalter führend. Al-Idrisi (1100–65) war ein Marokkaner im Dienst Rogers II. von Sizilien. Die Insel hatte im 10. Jh. unter arabischer Herrschaft gestanden und wurde zum Berührungspunkt zweier Kulturen, über den viel Wissen aus der islamischen Welt in den christlichen Westen gelangte.

Die Karte des al-Idrisi zeugt vom lang anhaltenden Einfluss des Ptolemaeus' (S. 44). Allerdings richtete al-Idrisi wie die meisten islamischen Geografen seiner Zeit seine Karte so aus, dass sich Süden oben befindet.

Amerika

Die Chimú wurden im 11. Jh. durch den Bau ihrer Hauptstadt Chan Chan berühmt. Durch militärische Eroberungen vergrößerten sie ihr Reich, das vergöttlichte Könige regierten. Unterworfene Gebiete wurden über ein fortschrittliches Straßennetz miteinander verbunden und ihre Wirtschaft einer straffen Kontrolle unterstellt. In Mittelamerika plünderten chichimekische Stammesangehörige die Toltekenstadt Tula und errichteten kleine Stadtstaaten, die ständig in Vernichtungskriege miteinander verwickelt waren. In Nordamerika entstanden die ersten wirklichen Städte im fruchtbaren Mississippi-Tal, während die Anasazi-Kultur im ariden Klima des Südwestens großartige Klippensiedlungen (›Cliff Dwellings‹ und Pueblos) erbaute.

Die Anasazi waren ein Ackerbauernvolk der Pueblo-Kultur im nordamerikanischen Südwesten, das in Pueblo-Dörfern in schwer zugänglichen Canyons lebte. Ihre Tonware ist mit schwarzer Ornamentik und Flechtmustern verziert.

Amerika

ca. 1000: Leif Eriksson, Sohn von Erik dem Roten, erreicht von Grönland aus Nordamerika

ca. 1050: Die Siedlungen der Mound-Kulturen des Missisipi-Tals wachsen zu Städten heran

ca. 1100: Anasazi in Nordamerikas Südwesten bauen in Mesa Verde und Chaco Canyon befestigte Cliff Dwellings

1121: Bischof Eirik fährt von Grönland aus nach Nordamerika

ca. 1175: Chichimeken plündern die Tolteken-Hauptstadt Tula

ca. 1200: Inka siedeln sich in den Anden in der Nähe von Cuzco an

1000 – 1050 – 1100 – 1150 – 1200

Die Dynastie der Zagwe belebte in Äthiopien das Christentum neu und errichtete beachtliche Kirchen. St. Georg in Lalibela z.B. ist direkt aus dem Sandstein gehauen.

Afrika

Ab Mitte des 11. Jh. übernahmen die Almoraviden Nordwestafrika und einen Teil des muslimischen Spanien; 1076 fielen sie in Ghana ein. Der nachfolgende Niedergang Ghanas wurde durch die Desertifikation der Region noch beschleunigt. 1147 wurden die Almoraviden ihrerseits von den Almohaden überrannt, die den Maghreb vereinigten. Das Wiederaufleben des Handels am Roten Meer und die Herrschaft der Zagwe-Dynastie ab 1150 bescherten Äthiopien eine Ära des Wohlstands und der Expansion. In Ägypten kam 1174 der Sunnit Salah ad-Din (Saladin) an die Macht, der die Fatimiden stürzte und die Dynastie der Ayyubiden begründete.

WINDMÜHLEN

Die Windkraft wurde für verschiedene Zwecke genutzt, besonders in Persien und China zum Kornmahlen und zum Wasserpumpen. Erst im 12. Jh. nahmen die Windmühlen ihre europäische Gestalt an. Die nordeuropäischen Mühlen unterschieden sich von älteren Versionen darin, dass die Welle horizontal rotierte, nicht vertikal. Dafür musste der Propeller stets gegen den Wind gedreht werden. Die ersten Windmühlen im Norden Europas waren Ständermühlen, aus denen sich mit der Zeit die wuchtigeren Turmmühlen mit drehbaren Kappen entwickelten.

In Europa wurden Windmühlen bis zum 15. Jh. nur zum Mahlen von Getreide genutzt, wie es dieser englische Holzschnitt von ca. 1340 zeigt. Später setzte man ihre Energie auch bei der Entwässerung ein, besonders in Holland.

Westasien

Die Wiederbelebung von Byzanz unter Basileios II. war nicht von Dauer, und im 11. Jh. fiel der Großteil Westasiens an die türkischen Seldschuken (Selčuk), die den Islam angenommen und 1055 Baghdad erobert hatten. Als ›Männer des Schwerts‹ schlossen sie sich mit den Persern und Arabern zusammen, den ›Männern des Gesetzes‹. 1095 rief Papst Urban II. dazu auf, Jerusalem für das Christentum wieder zu öffnen. Zehntausende von europäischen Rittern folgten seinem Aufruf zum ›Kreuzzug‹. 1099 wurde die Heilige Stadt erobert; die Kreuzfahrer gründeten in Antiochia, Edessa, Tripoli und Jerusalem eigene Feudalstaaten. Im 12. Jh. begannen muslimische Führer, allen voran Saladin, mit der Rückeroberung dieser Gebiete.

Die Eroberung des stark befestigten Antiochia 1098 war einer der ersten Erfolge der Christen auf ihrem Ersten Kreuzzug.

SIEHE AUCH:
- **Nordamerika:** S. 122–123
- **Südamerika:** S. 146–147
- **Afrika:** S. 162–163
- **Europa:** S. 186–187
- **Westasien:** S. 228–229
- **Süd- und Südostasien:** S. 244–245
- **Nord- und Ostasien:** S. 262–265

Westasien (Zeitleiste 1000–1200)

- **1025:** Tod des byzantinischen Kaisers Basileios II.
- **1055:** Die Seldschuken erobern Baghdad
- **1071:** Die Seldschuken schlagen die Byzantiner bei Manzikert
- **1099:** Jerusalem von den Kreuzfahrern erobert
- **1144:** Edessa fällt an die Muslime
- **1174:** In Ägypten wird das Sultanat der Ayyubiden gegründet
- **1187:** Saladin erobert Jerusalem zurück
- **1188:** Saladin macht die Kreuzfahrerstaaten zu Küstenenklaven

Ostasien

1110 war Song-China der fortschrittlichste, blühendste und bevölkerungsreichste Staat der Erde. Doch schwächte das mit den Jin (Dschurtschen) geschlossene Bündnis zur Vertreibung der Liao von seiner Nordgrenze das Song-Reich. Die Jin überrannten Nordchina, und die Song mussten sich im Südosten neu konstituieren, als ein defensives, äußeren Einflüssen gegenüber feindliches Reich. In Japan musste das Kaiserhaus seine Macht Mitte des 12. Jh. an die Familie Fujiwara abtreten. Eine Zeit von Kriegen zwischen den Familien folgte, die mit dem Sieg des Minamoto-Clans endete.

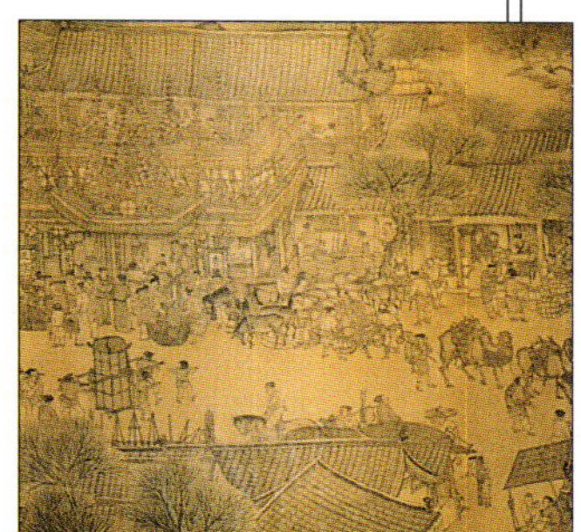

Dieses Song-Rollbild vermittelt einen Eindruck von der Geschäftigkeit in den Straßen Kaifengs im 12. Jh. 1105 zählte die Stadt 260 000 Einwohner.

Ostasien (Zeitleiste 1000–1200)

- **1005:** Song-China mit Beijing als Hauptstadt wird vom nördlichen Liao-Königreich abhängig
- **ca. 1045:** In China wird der Druck mit beweglichen Lettern erfunden
- **1126:** Liao von den Jin aus der Mandschurei besiegt
- **1130:** Hauptstadt der Song wird nach Hangzhou verlegt
- **1191:** Gründung der Zen-buddhistischen Rinzai-Schule in Japan
- **1192:** Minamoto Yoritomo wird in Japan zum Shogun ernannt und bildet eine Militärregierung

Das Reich der Khmer erreichte im 11. und 12. Jh. seinen Zenit. Die Pracht der höfischen Kunst, die sich in diesen Tempelreliefs in Angkor Wat zeigt, stand im krassen Gegensatz zu den Lebensbedingungen der Bevölkerung.

Süd- und Südostasien

Nordindien war wiederholt den Einfällen der muslimischen Ghaznawiden aus Afghanistan ausgesetzt. 1186 wurde der letzte Ghaznawiden-Herrscher vom türkischen Anführer Muhammad al-Ghur abgesetzt, der den Heiligen Krieg in der Region fortsetzte. Die Vorherrschaft über Indiens Südosten hatte die Chola-Dynastie, die den Seeweg zwischen Westasien und China kontrollierte. In den beiden mächtigsten Staaten Südostasiens, dem Reich der Khmer und dem Königreich Pagan, erlebte die Kunst ihre goldene Zeit.

Afrika (Zeitleiste 1000–1200)

- **1048:** Fatimiden verlieren die Kontrolle über Ifriqiyah (Tunesien)
- **1076:** Ghana fällt an die Almoraviden
- **ca. 1110:** Im Sahel setzt eine dramatische Dürre ein
- **1128:** Almohaden beginnen mit der Eroberung almoravidischer Gebiete
- **1147:** Almohaden in Marokko und im Südspanien etabliert
- **1150:** Dynastie der Zagwe in Äthiopien
- **1171:** Schiitische Fatimiden-Dynastie in Ägypten von Saladin gestürzt

Süd- und Südostasien (Zeitleiste 1000–1200)

- **ca. 1000:** Erste muslimische Angriffe in Nordindien, angeführt von Muhammad von Ghazna
- **1014:** Rajendra I. wird Herrscher der Chola im Südosten Indiens
- **1018:** Rajendra I. erobert Ceylon
- **1044:** Errichtung des ersten birmanischen Staates in Pagan
- **1077:** Händler der Chola schicken Botschafter nach China
- **1113:** Suryavarman II., der Kriegerkönig der Khmer besteigt den Thron
- **1152:** Vollendung des Tempels von Angkor Wat
- **1186:** Angriffe Muhammad al-Ghurs leiten in Nordindien das Ende des Buddhismus ein
- **1191:** Muhammad al-Ghur besiegt die Rajputen

DAS ZEITALTER DER KREUZZÜGE

Ein frommer Gläubiger der Kirche und unerbittlicher Kämpfer gegen die Heiden: so sah das 13. Jh. den idealen Kreuzritter.

DEN GEDANKEN EINES HEILIGEN KRIEGES hatte es in der Doktrin der frühen christlichen Kirche nicht gegeben. Das änderte sich, als Papst Urban II. 1095 in einer leidenschaftlichen Rede in Clermont die französischen Barone und Ritter zur Rettung der bedrohten Christen des Byzantinischen Reichs aufrief. Dafür sollten ihnen ihre Sünden vergeben werden. Im Heiligen Land verfolgten die Kreuzritter, die 1099 Jerusalem eroberten, bald weniger geistliche Ziele. Sie gaben die eroberten Ländereien nicht an Byzanz zurück, sondern bauten ein Feudalsystem nach europäischem Modell auf. In den 200 Jahren ihres Bestehens waren jedoch stets zu wenig Europäer in Palästina, um den Fortbestand der Kreuzritterstaaten zu sichern. Doch verselbständigte sich der Kreuzzugsgedanke als Ideal, und es gab noch etliche weitere, weniger erfolgreiche Züge zur Verteidigung oder Rückeroberung Jerusalems.

Der frommste und entschlossenste unter allen kreuzfahrenden Königen war Ludwig IX. von Frankreich, der daher auch den Beinamen ›der Heilige‹ erhielt. Er nahm an zwei Kreuzzügen teil; einmal, um Ägypten zu erobern, das andere Mal, um den König von Tunis zu ›bekehren‹. Beide Unternehmungen endeten in einem Desaster. 1270 wurde Ludwigs Heer vor Tunis von einer Seuche heimgesucht, die den König selbst das Leben kostete. Die Abbildung links zeigt, wie sein Sarg zur Überführung nach Frankreich auf ein Schiff geladen wird.

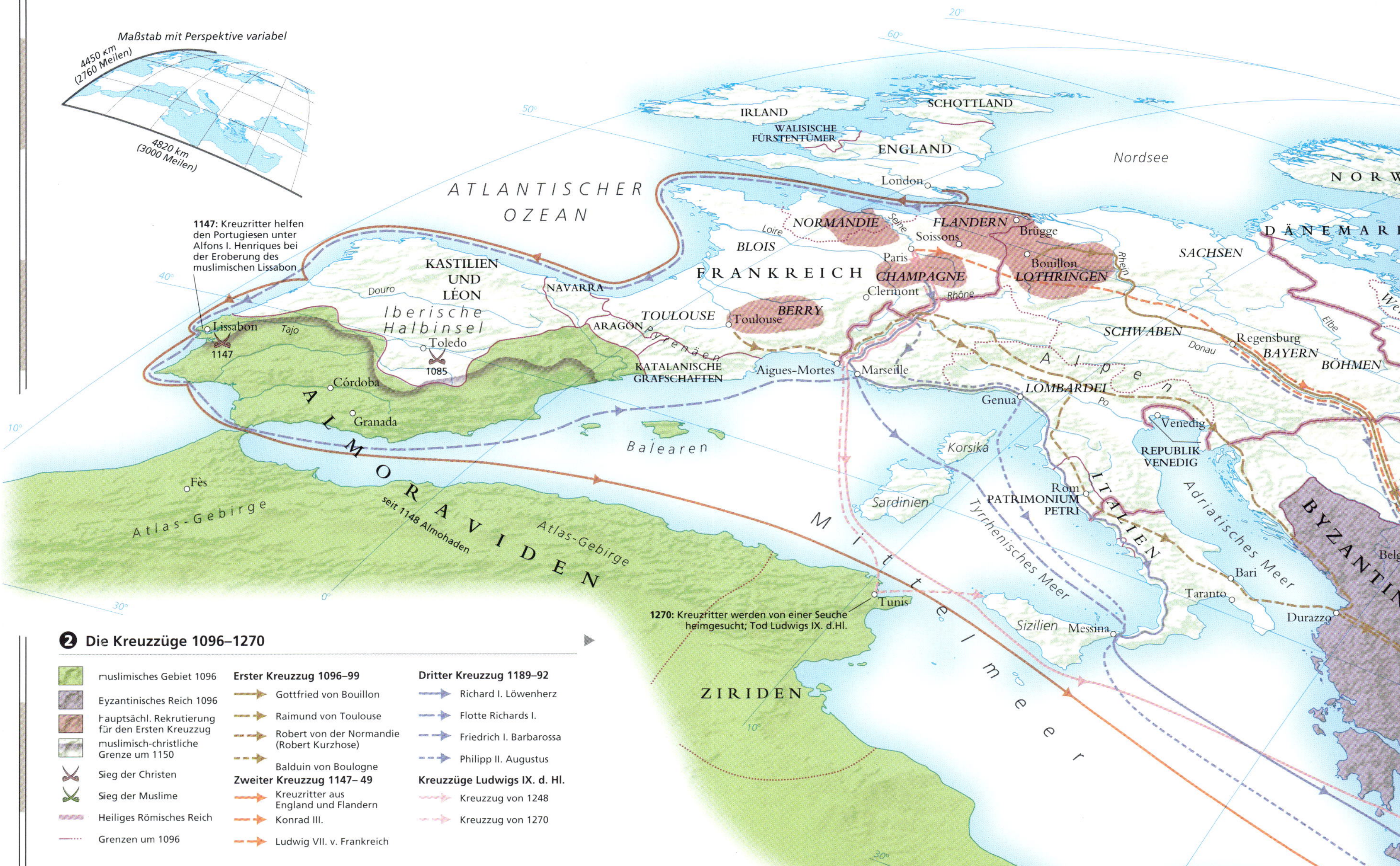

Die wichtigsten Kreuzzüge

Die Führer des Ersten Kreuzzugs waren hauptsächlich Angehörige des niederen Adels aus Frankreich und dem Rheinland. Die späteren Kreuzzüge wurden von Kaisern und Königen geleitet. Rivalitäten zwischen ihnen und den Herrschern der Kreuzritterstaaten führten häufig zu strategischen Fehlern. Der Zweite Kreuzzug, wenngleich ein Erfolg auf der Iberischen Halbinsel, endete in einem Desaster vor Damaskus. Beim Dritten Kreuzzug gab es gegenüber dem mächtigen, gut organisierten Gegner Saladin wohl tapfere Taten zu verzeichnen; doch die Rückeroberung Jerusalems scheiterte. Im 13. Jh. organisierte Ludwig IX. von Frankreich, der Heilige, zwei Kreuzzüge, die jedoch erfolglos blieben.

Richard I. Löwenherz und Saladin beim Zweikampf in einer Darstellung des Dritten Kreuzzugs. In solchen Bildern feierte sich das Tugendideal des westeuropäischen Rittertums. Die Wirklichkeit sah anders aus: Feldzüge durch Wüsten bei grausamem Nahrungs- und Wassermangel. Beim Ersten Kreuzzug hatten die meisten Ritter längst ihre Pferde verloren, als sie das Heilige Land erreichten.

Die Kreuzzüge 1050–1350

1050 – 1100 – 1150 – 1200 – 1250 – 1300 – 1350

- **1071:** Seldschuken besiegen die Byzantiner bei Manzikert
- **1085:** Alfons VI. von León erobert Toledo
- **1095:** Das Byzantinische Reich bittet den Papst um Hilfe, der in Frankreich für Unterstützung predigt
- **1096:** Die ersten Kreuzritter machen sich auf den Weg
- **1099:** Eroberung Jerusalems
- **ca. 1118:** Gründung des Ordens der Ritter vom Tempel des Salomon (Templer)
- **ca. 1130:** Im Hospital St. Johannes zu Jerusalem formiert sich der Orden der Hospitaller (Johanniter)
- **1147:** Zweiter Kreuzzug; Konrad III. wird bei Dorylaion von den Seldschuken geschlagen
- **1148:** Kreuzritter geben die Belagerung von Damaskus auf
- **1187:** Saladin besiegt die Christen bei Hattin
- **1192:** Dritter Kreuzzug; Richard I. von England gewinnt einige der von Saladin eroberten Gebiete zurück
- **1204:** Beim Vierten Kreuzzug wird Konstantinopel besetzt; Kreuzritter gründen das Lateinische Kaiserreich
- **1229:** Kaiser Friedrich II. kann Jerusalem auf diplomatischem Wege zurückgewinnen
- **1250–54:** Kreuzzug Ludwigs d. Hl. nach Ägypten; Niederlage bei Al-Mansura; Ludwig wird gefangen und gegen hohes Lösegeld freigelassen
- **1270:** Ludwig d. Hl. stirbt vor Tunis
- **1291:** Akko geht verloren
- **ca. 1302:** Das letzte christliche Gebiet in der Levante fällt an die Mamluken
- **1310:** Die Johanniter (Hospitaller) erobern Rhodos und gründen einen unabhängigen Staat

Die Grenzen zwischen Christentum und Islam

Im 9. und 10. Jh. hatten sich die Grenzen zwischen der islamischen und der christlichen Welt nur geringfügig verschoben. Mitte des 11. Jh. jedoch sah sich die Christenheit durch die Vorstöße der türkischen Seldschuken, die kurz zuvor zum Islam übergetreten waren, einer neuen Bedrohung ausgesetzt. Seitdem sie Baghdad 1055 erobert hatten, waren die Seldschuken die wahren Herrscher des Abbasiden-Kalifats; nach ihrem Sieg über die Byzantiner bei Manzikert 1071 brachten sie fast ganz Kleinasien unter ihre Kontrolle. Auf der Iberischen Halbinsel dagegen konnten die Christen im 11. Jh. muslimisch besetzte Gebiete zurückgewinnen.

❶ **Islam und Christentum um 1090**

- muslimische Gebiete
- griech.-orthodoxe Christen
- röm.-katholische Christen (Autorität des Papstes)
- griech.-orthodoxe Christen auf muslimischem Gebiet
- andere Christen
- Expansion des muslimischen Glaubens
- Expansion des griech.-orthodoxen Glaubens
- Expansion des röm.-katholischen Glaubens
- Stadt mit bedeutender jüdischer Gemeinde

SIEHE AUCH:
Afrika: S. 162–163
Europa: S. 186–187
Westasien: S. 228–229

Gottfried von Bouillon beim Angriff auf Jerusalem im Jahr 1099. Nach der entbehrungsreichen Reise wurde die Eroberung der Heiligen Stadt als Wunder empfunden, und die Kreuzritter schlachteten mit dem Ruf »Gott will es!« die gesamte muslimische und jüdische Bevölkerung ab.

Der Krak des Chevaliers war eine der vielen Kreuzritterburgen. Sie konnte zwar gegen Saladins Heer gehalten werden, fiel jedoch 1271 nach einmonatiger Belagerung an die Mamluken.

Kreuzritterstaaten in der Levante

Über die Regierungsform in den neuen Gebieten wurde erst nach der Eroberung Jerusalems nachgedacht. Die Lösung – ein feudal organisiertes Königreich Jerusalem mit den Grafschaften Edessa und Tripoli sowie dem Fürstentum Antiochia – befremdete die Byzantiner, die gehofft hatten, ihre ehemaligen Gebiete zurückzuerhalten. Jerusalem blieb stets ein schwacher Staat mit einer kleinen Bevölkerung, der von Nachschub und Rekruten aus dem christlichen Abendland abhängig war. Dem entschiedenen Angriff eines starken islamischen Herrschers wie Saladin hatten die ›Lateiner‹ wenig entgegenzusetzen. An der Küste konnten sie sich im 13. Jh. noch halten; 1291 fiel Akko, die letzte wichtige Stadt in christlicher Hand, an die Mamluken.

Die Kreuzritterstaaten 1099–1250

1099: Gottfried von Bouillon wird König von Jerusalem

1151: Nur ad-Din erobert die letzte Festung der Christen in der Grafschaft Edessa

1191–92: Richard I. gewinnt Jaffa zurück, erreicht Jerusalem aber nicht

1229: Friedrich II. schließt einen Vertrag, durch den Jerusalem für Pilger wieder geöffnet wird

1090 – 1120 – 1150 – 1180 – 1210 – 1240

1098: Die Kreuzritter erobern Antiochia

1124: Einnahme der Hafenstadt Tyros

1144: Edessa fällt an Zengi

1187–88: Kreuzritterstaaten von Saladins Heeren verwüstet

1225: Kaiser Friedrich II. heiratet die Erbin des Königreichs Jerusalem

DIE WELT 1200–1300

MONGOLISCHE REITER BRACHEN im 13. Jh. aus ihrer Heimat in Zentralasien auf und eroberten große Teile der eurasischen Landmasse. 1300 hatten sie die gewonnenen Gebiete, die sich von China bis nach Osteuropa erstreckten, in vier große Reiche aufgeteilt. Auf ihren Feldzügen richteten die Mongolen vor allem in China und den islamischen Staaten Südwestasiens schwere Verwüstungen an, doch als der Widerstand gebrochen war, konnten sich Händler, Gesandte und andere Reisende sicher in den mongolischen Gebieten bewegen. Obwohl die politische Ordnung der islamischen Welt mit dem Abbasiden-Kalifat hinweggefegt wurde, konnte sich der Islam weiter ausdehnen, da die meisten Mongolen diesen Glauben übernahmen. Mächtige neue muslimische Staaten entstanden auch mit dem mamlukischen Ägypten und dem Sultanat von Delhi. Europa blieb angesichts der Bedrohung durch die Mongolen und den Islam defensiv; doch Stadtstaaten wie Venedig und Genua prosperierten dank des zunehmenden Handels mit der östlichen Welt.

Die Hafenstadt Venedig war die reichste Stadt Westeuropas. Diese Abbildung zeigt, wie Marco Polo mit seinem Vater und Onkel 1271 zur ersten Etappe seiner unglaublichen Reise zum Hof des Groß-Khans aufbricht.

Europa

Die feudalen Monarchien Englands und Frankreichs konnten große Regionalstaaten aufbauen, während Konflikte zwischen Päpsten und Kaisern eine ähnliche Entwicklung in Italien und Deutschland verhinderten. In Spanien eroberten die christlichen Heere Córdoba und Sevilla, so dass nur noch das kleine Königreich Granada in maurischer Hand war. In Osteuropa mussten die russischen Fürstentümer Tribut an die Goldene Horde entrichten. Westeuropa dagegen erlebte eine wirtschaftliche Blüte, als die italienischen Kaufleute den nördlichen Gebieten Zugang zum Handel im Mittelmeerraum verschafften.

Europa

1200 – 1220 – 1240 – 1260 – 1280 – 1300

- **1204:** Kreuzritter des Vierten Kreuzzugs besetzen Konstantinopel
- **1214:** Johann ›Ohneland‹ (›Lackland‹) verliert den Lehnsbesitz in Nordfrankreich
- **1236:** Christen erobern Córdoba zurück
- **1237:** Beginn der Eroberung Russlands durch die Mongolen
- **1261:** Das Byzantinische Reich gewinnt Konstantinopel zurück
- **1270:** Tod Ludwigs IX. d.Hl. während eines Kreuzzugs
- **1271:** Abreise Marco Polos nach China
- **1282:** Sizilianische Vesper: Vertreibung der Franzosen von Sizilien, das an Aragón fällt

Die Chimú waren ein vom Fischfang lebendes Küstenvolk. Sie fertigten goldene Totenmasken für die mumifizierten Überreste ihrer Adligen.

Amerika

Viele kleine Stadtstaaten kämpften um die Macht in Zentralmexiko, wo einwandernde Völker nach Ackerland suchten, u.a. die Méxica, die später das Azteken-Reich aufbauten. In den Anden schufen lokale Fürsten autonome Staaten. Chucuito beherrschte das Hochland um den Titicaca-See, während sich das Reich der Chimú an der Pazifik-Küste Südamerikas ausdehnte. Die Völker der Woodland-Kultur in Nordamerika östlich des Mississippi errichteten um flache Erdplattformen (Mounds) aufwändige Zeremonialzentren.

Amerika

1200 – 1220 – 1240 – 1260 – 1280 – 1300

- **ca. 1200:** Expansion des Chimú-Staates
- **ca. 1250:** Beginn des Niedergangs von Cahokia, einer Mississippi-Kultur
- **ca. 1250:** Die Méxica siedeln in Mittelamerika
- **1283:** Gründung der letzten Maya-Hauptstadt Mayapán

Afrika

Im 13. Jh. löste Mali das Königreich Ghana ab und erlangte die Kontrolle über den westafrikanischen Gold- und Sklavenhandel, dessen Karawanen mit bis zu 25 000 Kamelen durch die Sahara nach Nordafrika zogen. Unterdessen führten die Stadtstaaten der Swahili an der ostafrikanischen Küste ihre Waren über den Indischen Ozean aus. Die Herrscher Malis und der Swahili nahmen den islamischen Glauben an, errichteten Moscheen und religiöse Schulen (Medresen). Zwar konnte der Islam nicht weiter nach Süden vordringen, doch aufgrund des Handels, den er nach sich zog, kamen auch innerafrikanische Staaten wie das Königreich Groß-Zimbabwe zu Wohlstand.

MITTELALTERLICHE MAPPAMUNDI

Die Weltkarten *(mappamundi)* aus den mittelalterlichen Scriptorien Europas sollten nicht die physische Welt abbilden, sondern dienten vorrangig religiösen Zwecken; Jerusalem erschien häufig im Zentrum. Diese Zirkularkarte, auf der Asien oben steht, ist reich an christlicher Symbolik und mit grotesken Gesichtern und mythischen Tieren geschmückt.

In einem englischen Psalter aus dem 13. Jh. findet man diese winzige Weltkarte von gerade mal 10 cm Durchmesser.

Diese Kachel aus dem Persien des 13. Jh. ziert eine Koransure. Die Mongolen wechselten sehr bald zum Islam, als sie dessen spirituelle Überlegenheit erkannten.

Westasien

1258 plünderten die Mongolen Baghdad und stürzten das Abbasiden-Kalifat. Ihre Anführer ließen sich als Il-Khane nieder, die nominell dem Groß-Khan von China unterstanden. Ihr Reich dehnte sich fast bis zum Mittelmeer aus, wo ihrer Expansion nach Westen durch die Mamluken von Ägypten Einhalt geboten wurde. Bis 1300 hatten die meisten Mongolen des Il-Khanats wie auch der Goldenen Horde den Islam angenommen. Unterdessen festigten die Seldschuken und andere türkische Dynastien ihre Stellung auf dem Gebiet des früheren Byzantinischen Reichs durch die Gründung von Regionalstaaten (Emiraten).

DER MAGNETKOMPASS

Die Chinesen wussten schon lange, dass eine schwimmende Nadel, wenn sie magnetisiert wird, immer in dieselbe Richtung weist. Ihre Seefahrer machten sich dies ab ca. 1100 zu Nutze. Bis zum 13. Jh. war der Magnetkompass auf den arabischen Schiffen im Indischen Ozean wahrscheinlich üblich geworden. In Europa existierte bereits 1190 eine schriftliche Erklärung seines Funktionsprinzips.

Im 13. Jh. ließen die Chinesen nur eine Magnetnadel auf Wasser treiben. Dieses Kompassgehäuse ist ein frühes Beispiel dafür.

SIEHE AUCH:
- Nordamerika: S. 122–123
- Südamerika: S. 146–147
- Afrika: S. 162–163
- Europa: S. 186–191
- Westasien: S. 228–229
- Süd- und Südostasien: S. 244–245
- Nord- und Ostasien: S. 262–265

Westasien

- **1219:** Mongolen-Einfall in das Reich des Khwarizm-Schah
- **1231:** Mongolen erobern noch einmal das wieder erstarkte Reich des Khwarizm-Schah
- **1258:** Plünderung Baghdads und Sturz des Abbasiden-Kalifats; Hülegü gründet das Il-Khanat
- **1260:** Schlacht an der Goliathquelle (Ain Djalut) nördlich von Jerusalem; die Mamluken schlagen das mongolische Heer
- **1265:** Tod Hülegüs
- **1295:** Der Il-Khan Ghazan tritt zum Islam über
- **1299:** Osman begründet den osmanischen Staat, eines nach-seldschukischen Emirate in Kleinasien

1200 – 1220 – 1240 – 1260 – 1280 – 1300

Nord- und Ostasien

Dschingis Khan fiel 1211 in Nordchina ein; doch das Reich der Südlichen Song konnte erst nach einem langen, von Kublai Khan geführten Feldzug (1260–79) besiegt werden. China war die reichste aller Eroberungen der Mongolen. Kublai wurde Kaiser und gründete die Yuan-Dynastie, doch in die Regierung des Reichs berief er viele Nicht-Mongolen. Er förderte auch den See- und Überlandhandel in Ostasien. Von China aus versuchten die Mongolen zwei Invasionen nach Japan, die jedoch fehlschlugen.

Dschingis Khan nimmt Huldigungen von Anführern anderer Mongolen-Stämme entgegen. Die weißen Pferdeschwänze an seinem Zelt zeigen an, dass die Mongolen Frieden halten. Schwarze bedeuteten Krieg.

Nord- und Ostasien

- **1206:** Temudschin wird zum Dschingis Khan ernannt
- **1211:** Die Mongolen beginnen mit der Eroberung Nordchinas
- **1233:** Mongolen nehmen die Jin-Hauptstadt Kaifeng ein
- **1264:** Kublai wird Groß-Khan
- **1274:** Erster Versuch der Mongolen, in Japan einzufallen
- **1279:** Gründung der Yuan-Dynastie
- **1292:** Abreise Marco Polos aus China
- **1294:** Tod Kublais

1200 – 1220 – 1240 – 1260 – 1280 – 1300

Süd- und Südostasien

1206 bestimmte Qutb al-Din Aybak, der Anführer islamischer Plünderer, die Nordindien 30 Jahre lang terrorisiert hatten, Delhi zur Hauptstadt eines neuen Sultanats. Gelegentlich wurde das Sultanat von Mongolen heimgesucht, die von China aus Raubzüge nach Annam und Pagan unternahmen, ohne aber jemals die Region fest unter ihre Kontrolle bringen zu können. Sie versuchten auch, Java zu erobern, doch war ihre Taktik im tropischen Dschungel der Insel nicht effektiv genug.

Der königliche Kral von Groß-Zimbabwe wurde zwischen dem 11. und 15. Jh. viele Male wieder aufgebaut. Die Könige verdankten ihren Reichtum dem Handel mit Vieh, Gold und Kupfer.

Das Qutb Minar steht neben der Quwwat al-Islam-Moschee in Delhi. Das 1199 begonnene Minarett wurde zum imposanten Symbol der islamischen Herrschaft in Nordindien.

Afrika

- **1228:** Beginn des Zusammenbruchs des Almohaden-Reichs
- **1230:** Sundiata baut Mali zum Reich aus
- **1250:** Mamluken übernehmen Ägypten
- **ca. 1250:** Bau von Steinmoscheen in den Swahili-Stadtstaaten
- **1255:** Tod Sundiatas
- **1269:** In Marokko werden die Almohaden endgültig von den Mariniden besiegt
- **1270:** Expansion des christlichen Königreichs Äthiopien

1200 – 1220 – 1240 – 1260 – 1280 – 1300

Süd- und Südostasien

- **1206:** Gründung des Sultanats von Delhi
- **1258:** Erste Expedition der Mongolen nach Annam
- **1288:** Kublai Khan gibt Unterwerfung Annams und Champas auf
- **1293:** Mongolische Invasion Javas scheitert

1200 – 1220 – 1240 – 1260 – 1280 – 1300

DER MONGOLENSTURM

Dschingis Khan (der Name bedeutet wahrscheinlich ›höchster Herrscher‹) war Sohn eines kleinen Stammesfürsten.

DER HANDEL ZWISCHEN DEN NOMADISCHEN HIRTEN in der mongolischen Steppe und den sesshaften Agrarkulturen in Südchina umfasste Vieh, Pferde und Tierhäute. Allerdings waren die Beziehungen von Misstrauen und Feindseligkeiten gekennzeichnet. Im 13. Jh., als China schwach und zersplittert war, stießen die Mongolen, eine wilde Horde geschickter Reiter unter der Führung von Dschingis Khan (Genghis Han), in das Reich vor. Er wollte nicht Krieg um jeden Preis, sondern gab seinen Feinden zunächst die Gelegenheit, sich zu unterwerfen. Weigerten sie sich, entfesselte er einen Feldzug des Terrors, plünderte Städte und massakrierte ganze Einwohnerschaften. Zwar zählten die Mongolen zuerst nicht mehr als 1 Mio. Menschen, doch sie füllten die Reihen ihrer Heere mit Türken, Arabern und Angehörigen anderer unterworfener Völker. Die Nachfolger Dschingis Khans dehnten das von ihm eroberte Gebiet über Asien und weit nach Europa aus und teilten das Reich in vier Khanate. Um 1400 waren die Mongolen nur noch eine gespaltene und geschwächte Macht; die meisten Eroberungen hatten sie wieder verloren.

Dschingis Khan, hier hinter Jebe, einem seiner vertrautesten Befehlshaber, führt einen Angriff an. Jebe und dem General Sübedei gelang 1222 ein blitzartiger Überfall auf Russland – die erste Begegnung von Europäern und Mongolen.

Die Karawanenrouten durch Zentralasien profitierten von der Ruhe und Ordnung, die die Mongolen-Herrschaft schuf. Diese Abbildung aus dem Katalanischen Atlas von 1375 zeigt europäische Kaufleute auf der Seidenstraße.

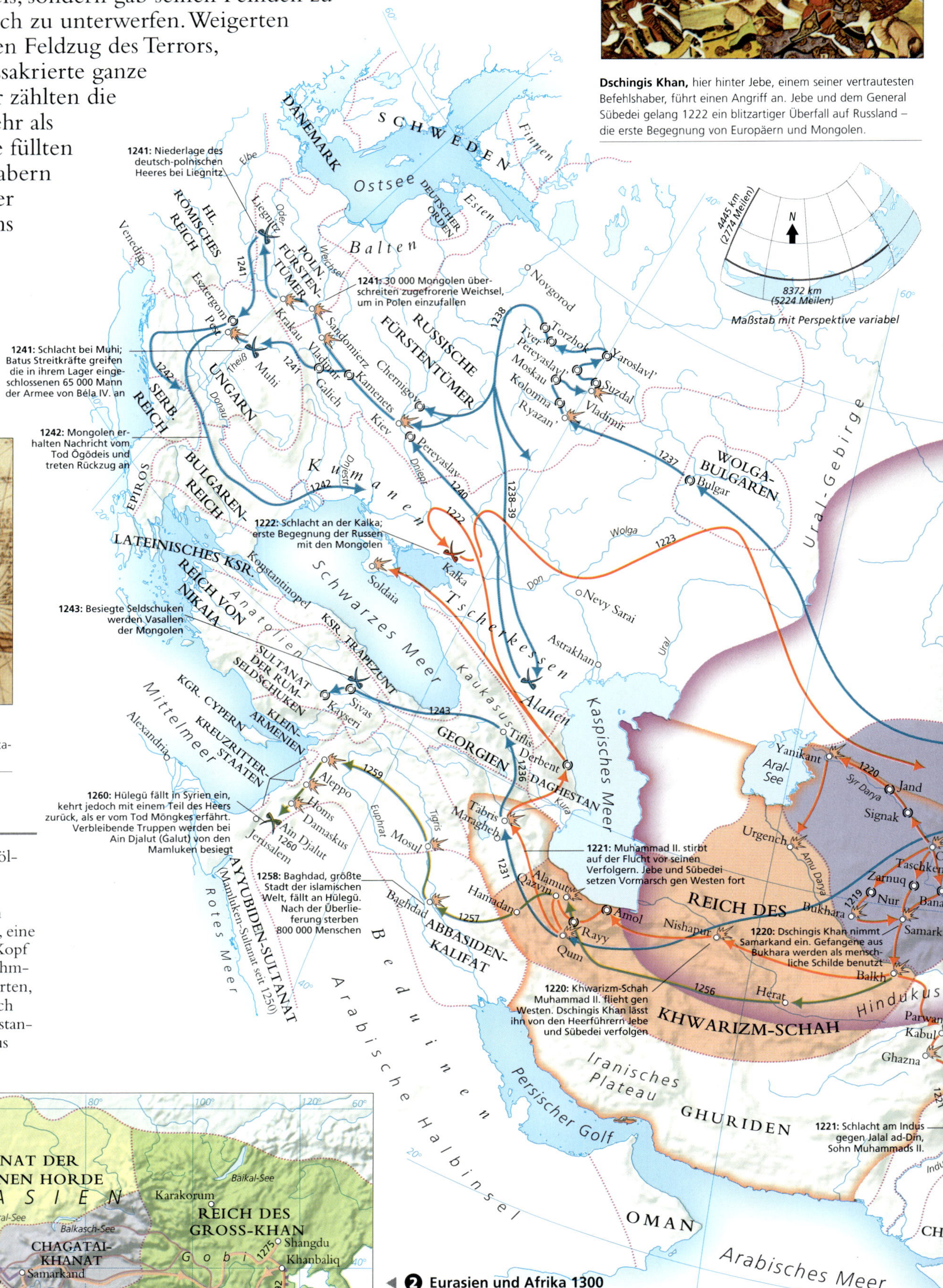

Der Mongolische Frieden

Ziel der Mongolen war es, von den unterworfenen Völkern Tribute einzutreiben. Ihre Herrschaft brachte aber auch lange Friedenszeiten. Kaufleute konnten Eurasien entlang der Seidenstraße sicher durchqueren. Zu Zeiten von Dschingis Khans Enkel Möngke (1251–59) hieß es, eine Jungfrau könne mit einem Topf voller Gold auf ihrem Kopf unbehelligt im Reich umherspazieren. Die beiden berühmtesten Reisenden, die vom ›Mongolen-Frieden‹ profitierten, waren der venezianische Kaufmann Marco Polo, der nach eigenen Aussagen 17 Jahre im Dienst von Kublai Khan stand, und Ibn Battuta, ein muslimischer Rechtsgelehrter aus Marokko, der ebenfalls bis nach China gelangte.

❷ Eurasien und Afrika 1300

Route Marco Polos 1271–1295
Route Ibn Battutas 1325–1345
umstrittene Reisen Ibn Battutas
Seidenstraße

Der Mongolische Frieden

- 1235: Bau der befestigten Mongolen-Hauptstadt Karakorum
- 1264: Kublai besiegt Rivalen im Kampf um Titel des Groß-Khans und beendet damit Bürgerkrieg
- 1266: Kublai gründet neue Hauptstadt Khanbaliq (Beijing)
- 1275: Marco Polo trifft an Kublai Khans Sommerpalast in Shangdu (Xanadu) ein
- 1292: Marco Polo erhält Aufgabe, mongolische Prinzessin nach Hormuz zu eskortieren
- 1325: Ibn Battutas erste Pilgerfahrt nach Mekka
- 1334–41: Ibn Battuta wird *qadi* (›Richter‹) in Delhi
- 1345–46: Ibn Battuta besucht Südostasien und China

1225 · 1250 · 1275 · 1300 · 1325 · 1350

Die mongolischen Eroberungen

In weniger als 20 Jahren erschütterte Dschingis Khan die muslimischen Staaten Zentralasiens, überrannte Nordchina und entsandte Truppen zum Sturmangriff auf Russland – eine in der Geschichte einzigartige Serie von Eroberungszügen. Dschingis Khans unmittelbarer Nachfolger war sein dritter Sohn Ögödei. In seiner Zeit als Groß-Khan wurden das Jin- und das Khwarizm-Reich zerstört, der Kampf gegen Song-China fortgesetzt und eine Invasion Europas bis nach Ungarn und Polen unternommen. Kublai Khan, ein Enkel Dschingis Khans, vollendete die Eroberung des Song-Reiches und wurde Kaiser von China, während sein Bruder Hülegü, der Begründer des Il-Khanats, das Abbasiden-Kalifat vernichtete und die islamische Stadt Baghdad plünderte. Einen ersten Rückschlag erfuhr die mongolische Expansion, als die Mamluken ihren Vorstoß nach Ägypten 1260 bei Ain Djalut stoppen konnten.

Bei der Belagerung von Hezhou 1258/59 versuchten die Mongolen vergeblich, den Yangzi auf einer Brücke aus Booten zu überqueren. Die Eroberung Song-Chinas gelang erst nach vielen langen Belagerungen wichtiger Städte.

Mongolische Eroberungen im 13. Jh.

- **1206:** Dschingis Khan eint Mongolen
- **1211:** Erster Einfall in das Jin-Reich
- **1219:** Dschingis Khan greift Khwarizm-Reich an
- **1227:** Tod von Dschingis Khan. Das Reich wird aufgeteilt: Ögödei wird Groß-Khan, Chagatai herrscht in Transoxanien
- **1229:** Ögödei wird zum Groß-Khan gewählt
- **1242:** Batu gründet das Reich der Goldenen Horde
- **1258:** Plünderung Baghdads
- **1260:** Hülegü fällt in Syrien ein; erste große Niederlage der Mongolen bei Ain Djalut
- **1279:** Letzter Widerstand der Song wird gebrochen
- **1281:** Zweite fehlgeschlagene Invasion nach Japan
- **1294:** Tod Kublai Khans

1200 · 1220 · 1240 · 1260 · 1280 · 1300

SIEHE AUCH:
Europa: S. 188–189
Westasien: S. 228–229
Süd- und Südostasien: S. 244–245
Nord- und Ostasien: S. 262–265

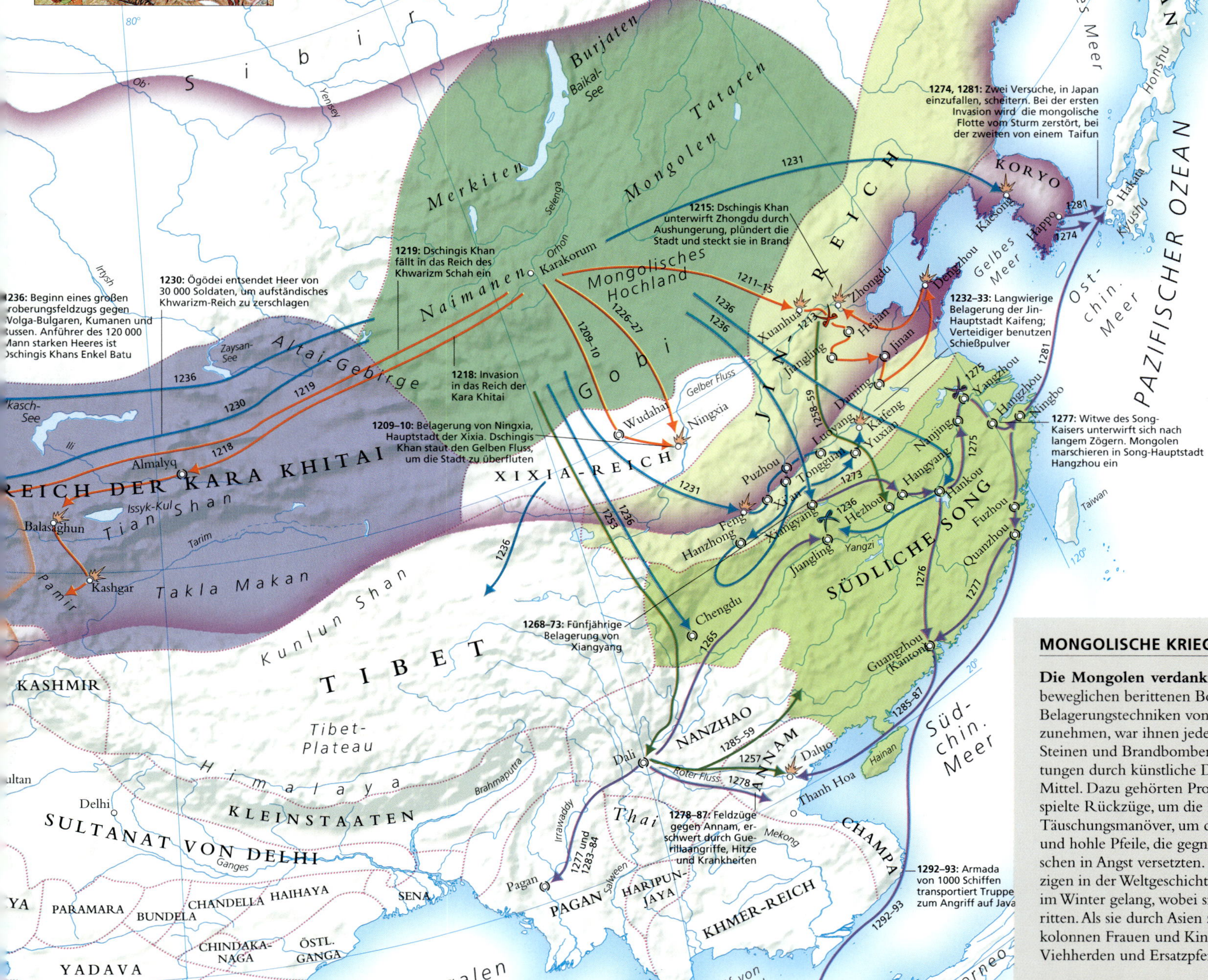

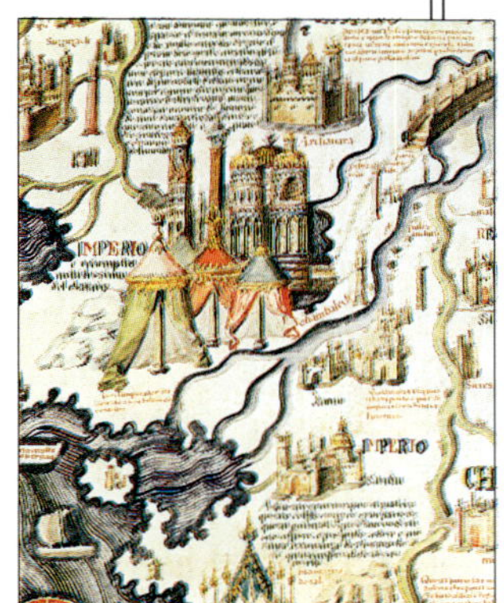

Die italienische Landkarte aus dem 15. Jh. zeigt Kublai Khans Hauptstadt Cambaluc (Khanbaliq). Sie wurde ab 1266 nahe der zerstörten Jin-Hauptstadt Zhongdu gebaut.

MONGOLISCHE KRIEGSFÜHRUNG

Die Mongolen verdankten ihre Anfangserfolge den beweglichen berittenen Bogenschützen, erlernten aber auch Belagerungstechniken von den Chinesen. Um Städte einzunehmen, war ihnen jedes Mittel Recht: Angriffe mit Steinen und Brandbomben, Aushungern oder Überflutungen durch künstliche Dämme und sogar psychologische Mittel. Dazu gehörten Propaganda und Gerüchte, vorgespielte Rückzüge, um die Feinde ins Freie zu locken, Täuschungsmanöver, um die eigene Stellung zu verbergen, und hohle Pfeile, die gegnerische Heere mit Pfeifgeräuschen in Angst versetzten. Die Mongolen waren die Einzigen in der Weltgeschichte, denen die Invasion Russlands im Winter gelang, wobei sie über die zugefrorenen Flüsse ritten. Als sie durch Asien zogen, umfassten ihre Kriegskolonnen Frauen und Kinder, Gefangene und Sklaven, Viehherden und Ersatzpferde – vier für jeden Krieger.

Die mongolischen Reiter auf ihren kleinen, stämmigen Pferden waren die besten ihrer Zeit. Scheibenförmige Steigbügel boten dem Reiter festen Halt; diese Fußstützen ermöglichten es, Pfeile selbst bei hohem Tempo in alle Richtungen abzuschießen.

DIE WELT 1300–1400

DIE BEULENPEST BREITETE SICH im 14. Jh., von China ausgehend, in katastrophalen Epidemien über die Alte Welt bis an die Westküste Europas aus. Der dramatische Bevölkerungsrückgang verursachte wirtschaftliche Stagnation und soziale Spannungen, die die Länder Eurasiens und Nordafrikas schwächten. Zudem bescherte der Beginn der ›kleinen Eiszeit‹, die bis zum 19. Jh. andauern sollte, vielen Regionen schlechtes Wetter und dramatische Ernteeinbrüche. Die Großreiche der Mongolen, die seit den Eroberungen Dschingis Khans im 13. Jh. in Eurasien geherrscht hatten, begannen zu zerfallen, wenngleich das Khanat der Goldenen Horde seine Vormachtstellung im südlichen Russland bis ins 15. Jh. halten konnte. Sowohl in China als auch in Persien gingen die Mongolen in der einheimischen Bevölkerung auf. In China übernahmen die Han-chinesischen Ming die Regierung.

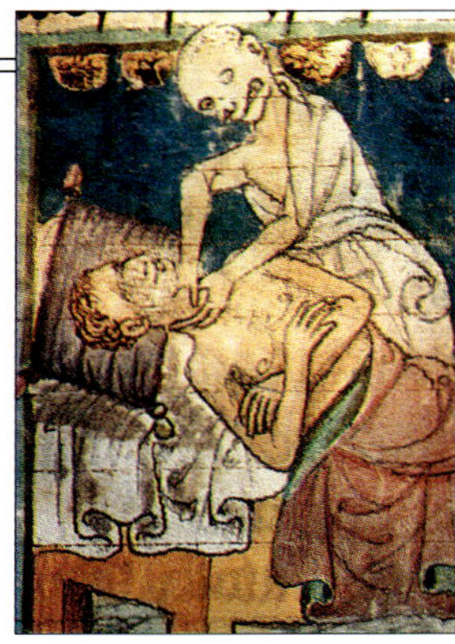

Der Schwarze Tod erreichte Europa im Jahr 1347. Innerhalb von drei Jahren raffte er ein Drittel der Bevölkerung dahin. Die Angst, die er auslöste, wurde in diesem Bild eingefangen: Der Tod erwürgt ein Pestopfer.

Europa

Es dauerte lange, bis sich Europa von den sozialen und wirtschaftlichen Folgen der Pestepidemie erholte. Da Arbeitskräfte knapp geworden waren, forderten Bauern und Arbeiter bessere Arbeitsbedingungen. Grundbesitzer und Unternehmer gaben jedoch nicht nach, so dass in Westeuropa zahlreiche Revolten ausbrachen. Frankreich litt zudem unter dem Hundertjährigen Krieg, mit dem die englischen Könige ihre dynastischen Ansprüche durchsetzen wollten. Auch religiöse Differenzen sorgten für Unruhe. Die rivalisierenden Päpste in Rom und Avignon beanspruchten jeweils die Führung in der katholischen Kirche, und in England stellten die Lollarden die Autorität der Kirche in Frage.

Europa

- **1309:** Papst verlegt Sitz nach Avignon
- **1312:** Papst hebt Templerorden auf
- **1337:** Beginn des Hundertjährigen Krieges
- **1346:** Engländer besiegen Franzosen in der Schlacht von Crécy
- **1347:** Beulenpest erreicht Italien
- **1358:** ›Jacquerie‹, ein Aufstand gegen den Adel in Frankreich
- **1378:** Beginn des Großen Schismas der katholischen Kirche
- **1381:** Bauernrevolte in England
- **1397:** Kalmarer Union: Norwegen, Dänemark und Schweden werden unter einem Monarchen geeint

1300 · 1320 · 1340 · 1360 · 1380 · 1400

DER KATALANISCHE ATLAS

Die Katalanen waren geschickte Seefahrer, die bis zum Schwarzen Meer und zur Ostsee fuhren. Der Katalanische Atlas von 1375 ist eine große Weltkarte auf Holzplatten, wahrscheinlich das Werk des mallorquinischen Juden Abraham Cresques, Kartograf des Königs von Aragón. Die Angaben über Europa entstammten teils den Plänen der Araber, teils den ›Portolanen‹ – Seekarten, die von italienischen und katalanischen Kapitänen benutzt wurden. Als Hauptquelle für China und den Fernen Osten, die nicht so genau eingetragen sind, diente der Reisebericht Marco Polos (S. 68).

Der Katalanische Atlas vermittelt ein umfassendes und ziemlich genaues Bild von der Küste und den Häfen Europas und Nordafrikas.

Afrika

Das islamische Großreich Mali kontrollierte den Karawanenhandel durch die Sahara und nutzte die Gewinne, um ein schlagkräftiges Heer aufzubauen und die Herrschaft in Westafrika zu sichern. Gold und Sklaven wurden gegen Salz, Textilien, Pferde und Waren aus dem Norden eingetauscht. Gerüchte über den Reichtum Malis drangen bis nach Europa und Westasien, vor allem nach der prunkvollen Mekka-Wallfahrt von Mansa Musa, einem der mächtigsten Herrscher Malis. Da der Bedarf des Reiches an Handelsgütern enorm hoch war, entstanden in der Region viele kleinere Staaten. Zwar blieben die Städte der Swahili in Ostafrika von der Pest verschont, doch deren Auswirkungen auf die asiatischen Geschäftspartner führten dazu, dass der Handel spürbar zurückging.

NEUE ARTILLERIETECHNIK

Die Chinesen benutzten seit langem Waffen mit Schießpulver, etwa Bambusrohre zum Abfeuern von Pfeilen und Kugeln. Das Wort ›Kanone‹ leitet sich ab vom italienischen *cannone* und bedeutet ›langes Rohr‹. Metallrohre wurden vermutlich zuerst in China verwendet, waren jedoch im 14. Jh. in ganz Asien und den meisten Gebieten Europas verbreitet. Die ersten Metallkanonen Europas wurden geschmiedet. Zur Herstellung größerer Kanonen griff man später auf Gussverfahren zurück, die für Kirchenglocken entwickelt worden waren.

Kanonen waren bei Belagerungen gefürchtet. Die Bauweise von Burgen musste ihrer Durchschlagskraft angepasst werden.

Westasien

Der mongolische Kriegsherr Timur Lenk (Tamerlan), der sich als Nachfahre Dschingis Khans verstand, schuf im 14. Jh. ein riesiges Reich in Zentralasien und baute Samarkand zu einer prunkvollen Hauptstadt aus. Timur fiel in Indien ein, plünderte Delhi und plante eine Invasion Chinas, die jedoch sein Tod 1405 verhinderte. Zur gleichen Zeit entstand ein weiteres Großreich unter den türkischen Osmanen in Anatolien, die große byzantinische Gebiete in Südosteuropa eroberten. Vom einst so mächtigen Byzantinischen Reich waren um 1400 nur Konstantinopel und wenige Küstenregionen in Griechenland und Westanatolien geblieben, die mit der Hauptstadt lediglich durch Seehandel verbunden waren.

Die Grausamkeiten Timurs riefen Erinnerungen an Dschingis Khan wach. Er verbreitete Angst und Schrecken, indem er die Häupter der Einwohner eroberter Städte zu Schädelpyramiden aufstapeln ließ.

SIEHE AUCH:
Nordamerika: S. 122–123
Südamerika: S. 146–147
Afrika: S. 162–163
Europa: S. 188–191
Westasien: S. 228–231
Süd- und Südostasien: S. 242–243
Nord- und Ostasien: S. 262–267

Westasien

- **1326:** Osmanen nehmen byzantinische Stadt Brussa ein und machen sie zur Hauptstadt
- **1336:** Geburt Timurs
- **1347:** Schwarzer Tod erreicht Baghdad und Konstantinopel
- **1354:** Erste osmanische Eroberungen in Südosteuropa
- **1370:** Timur kommt in Transoxanien an die Macht
- **ca. 1380:** Osmanen gründen den Janitscharen-Armee
- **1393:** Timur plündert Baghdad

1300 1320 1340 1360 1380 1400

Ostasien

Hungersnöte und Überschwemmungen verstärkten die Unzufriedenheit der Chinesen mit der Mongolen-Herrschaft. Aufstände häuften sich und eskalierten 1356 in Südostchina in einer Rebellion, durch die Zhu Yuanzhang, der Begründer der Ming-Dynastie, an die Macht kam. Der Krieg gegen die Mongolen dauerte zwar noch mehrere Jahre, doch die Chinesen drängten sie zurück in ihre ursprüngliche Heimat im Norden. Japan hatte die Invasion der Mongolen abgewehrt, aber das eigene Kamakura-Shogunat brach 1333 zusammen. Die neuen Shogune aus der Familie Ashikaga erlangten nie die Machtfülle ihrer Vorgänger.

Chinesische Traditionen lebten nach der Mongolen-Herrschaft wieder auf. Das Bild zeigt eine Wächterfigur.

Ostasien

- **1335:** Erste Aufstände gegen Mongolen-Herrschaft in China
- **1338:** Ashikaga Takauji wird Shogun in Japan
- **1351:** Verheerende Überschwemmungen entlang dem Gelben Fluss
- **1368:** Beginn der Ming-Herrschaft
- **1392:** Gründung der Yi-Dynastie in Korea

1300 1320 1340 1360 1380 1400

Süd- und Südostasien

In Indien erreichte das Sultanat von Delhi unter der Tughluq-Dynastie seine größte Ausdehnung. Allerdings entglitt der Großteil der Halbinsel bis zum Ende des Jahrhunderts seiner Kontrolle. Die kleinen Königreiche des südostasiatischen Festlands unterhielten diplomatische und wirtschaftliche Beziehungen zu Ming-China. Besonders geschickt im Umgang mit dem mächtigen Nachbarn war Siam, das neue Königreich der Thai. Im 14. Jh. gerieten die südostasiatischen Inseln zunehmend unter den Einfluss von Majapahit, dessen Zentrum auf Java lag. Eine javanische Kriegsmarine, finanziert durch Steuereinnahmen aus dem Gewürzhandel, patrouillierte in den Gewässern des Archipels und kontrollierte den Seehandel.

Mansa Musa, Herrscher von Mali, ist im Katalanischen Atlas von 1375 abgebildet. Die Europäer bewunderten ihn wegen seines angeblichen Reichtums.

Die Marmorkuppel von Tughluqs Mausoleum, das er 1321 in Delhi bauen ließ, überrragt die Mauern der Stadt.

Afrika

- **1324:** Mali-Herrscher Mansa Musa pilgert nach Mekka
- **1331:** Ibn Battuta reist in die ostafrikanischen Städte der Swahili
- **1344:** Äthiopien hat beim Tod des Herrschers Amda Höhepunkt der Macht erreicht
- **1347:** Mariniden nehmen Tunis ein
- **1352:** Ibn Battuta unternimmt Reise ins Reich Mali
- **ca. 1390:** Gründung des Königreiches Kongo

1300 1320 1340 1360 1380 1400

Süd- und Südostasien

- **1320:** Muhammad Ibn Tughluq wird Herrscher des Sultanats von Delhi
- **1343:** Majapahit vollendet Eroberung Balis
- **ca. 1350:** Gründung von Ayutthaya, der Hauptstadt des neuen Königreiches Siam
- **1378:** Sukhothai wird Vasallenstaat von Siam und allmählich einverleibt
- **1398:** Plünderung Delhis durch Timur

1300 1320 1340 1360 1380 1300

BIOLOGISCHE VERÄNDERUNGEN

Die Hausratte, in der Nähe menschlicher Siedlungen heimisch, war Wirt der Flöhe, die den Pesterreger verbreiteten.

DIE AUSDEHNUNG VON GROSSREICHEN, Massenauswanderungen, kulturübergreifende Handelsbeziehungen und Fernreisen begünstigten die Verbreitung von landwirtschaftlichen Anbauprodukten und Nutztieren, aber auch von Krankheiten über weite Teile der Alten Welt. Historische Prozesse zwischen 500 und 1500 trugen wesentlich dazu bei: Die Herrscher in China dehnten ihren Einflussbereich südlich des Yangzi aus, muslimische Heere stießen nach Indien, Persien und Nordafrika vor, und die Bantu-Völker besiedelten große Teile Afrikas südlich der Sahara. Muslimische Kaufleute weiteten ihre Handelsnetze in den Gebieten am Indischen Ozean und in der Sahara aus; Missionare, Pilger, Gesandte, Verwaltungsbeamte und andere Reisende wagten sich in abgelegene Regionen Eurasiens und Nordafrikas. Aus den Begegnungen von Menschen aus unterschiedlichen Kulturen ergaben sich biologische Veränderungen, die die Bevölkerungsentwicklung in der östlichen Hemisphäre tiefgreifend beeinflussten.

Totenköpfe, gekreuzte Knochen und ähnliche Symbole wurden zur Zeit des Schwarzen Todes sowohl in der sakralen als auch in der weltlichen Kunst häufig abgebildet.

Maßstab mit Perspektive variabel

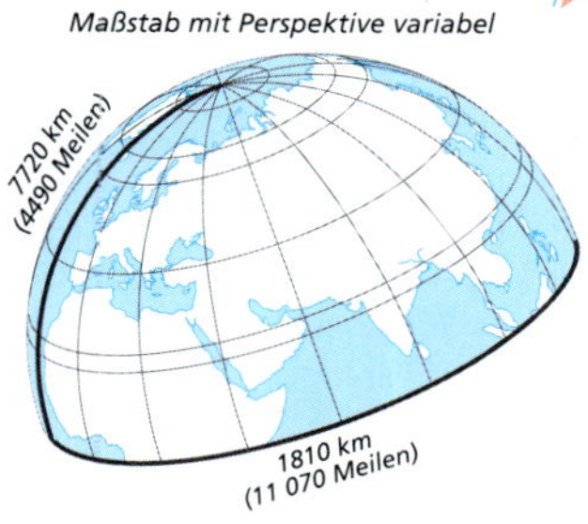

Der Floh übertrug die Beulenpest von der Ratte auf den Menschen.

Am Schwarzen Tod starben in Europa zeitweise so viele Menschen, dass es unmöglich war, sie einzeln zu bestatten. Die Leichen wurden in Massengräbern beigesetzt, in der Regel außerhalb der Stadtmauern. Auf der Abbildung werden Pestopfer von den Knechten des Todes fortgetragen.

Die Ausbreitung der Pest im 14. Jh.

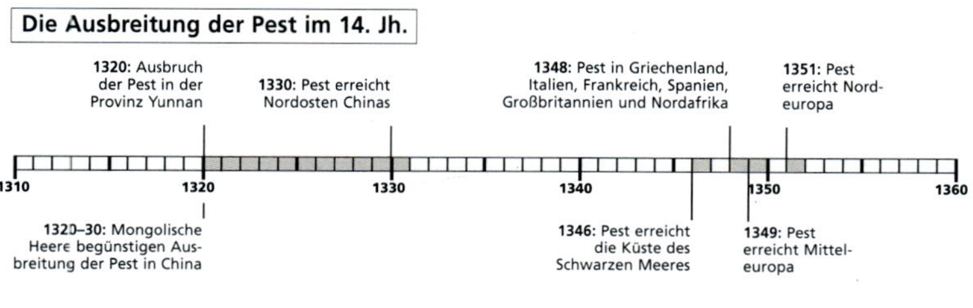

Die Pest machte keine Unterschiede zwischen Arm und Reich. Das Bild aus dem 14. Jh. zeigt Königin Anna von Böhmen, die Gemahlin König Richards II. von England, auf dem Sterbebett.

Die Ausbreitung der Beulenpest

Die Beulenpest trat lange Zeit nur in Yunnan im Südwesten Chinas und vereinzelt im ostafrikanischen Gebiet der Großen Seen auf. Im frühen 14. Jh. verbreiteten Mongolenheere infizierte Flöhe von Yunnan aus über weite Teile Chinas. 1331 soll die Pest im Nordosten 90% der Bevölkerung dahingerafft haben; in den 1450er Jahren brachen in ganz China Epidemien aus. Von China breitete sich die Beulenpest rasch entlang der Seidenstraße aus. 1346 hatte sie Kaffa am Schwarzen Meer erreicht. Von dort brachten sie muslimische Kaufleute nach Südwestasien, Ägypten und Nordafrika, Genuesen und andere italienische Händler in Richtung Westen nach Italien. Weitere drei Jahre benötigte der ›Schwarze Tod‹, wie die Pest bald genannt wurde, dann noch, um Nordeuropa zu erreichen. Man nimmt an, dass bis zu einem Drittel der europäischen Bevölkerung allein dieser ersten Pestwelle zum Opfer fiel.

Entwicklung der Weltbevölkerung

Wie die Ausbreitung von Krankheiten hatte auch die Verbreitung landwirtschaftlicher Anbauprodukte großen Einfluss auf die Bevölkerungsentwicklung in allen Teilen der Alten Welt. Die subsaharischen Waldgebiete etwa eigneten sich nicht für Yamswurzeln und Hirse, die ersten Anbauprodukte der Bantu, wohl aber für Bananen. Lebten um 500 n.Chr. etwa 12 Mio. Menschen im südlich der Sahara gelegenen Teil Afrikas, schnellte die Zahl nach der Verbreitung der Bananen in die Höhe: Im Jahr 1000 lag sie bereits bei 20 Mio. und 1500 bei 35,5 Mio. In China sorgte die Einführung einer schnellreifenden Reissorte für einen noch dramatischeren Anstieg: Von 60 Mio. Menschen im Jahr 1000, als der Reis von Vietnam in das Yangzi-Tal kam, wuchs die chinesische Bevölkerung auf 100 Mio. im Jahr 1100 und 115 Mio. im Jahr 1200 an. Ab dem 14. Jh. jedoch suchte die Beulenpest die dichtbesiedelten Gebiete von China bis Marokko heim und dezimierte die Bevölkerung erheblich. Im Jahr 1400 war die Einwohnerzahl Chinas um 35% auf 75 Mio. gesunken.

Viele Menschen verloren durch die Entvölkerung und die sozialen Veränderungen, die der Schwarze Tod mit sich brachte, ihre Heimat. Vielen blieb nur das Betteln an den Türen von Kirchen oder Klöstern.

SIEHE AUCH:
Afrika: S. 162–163
Europa: S. 188–193
Westasien: S. 228–229
Nord- und Ostasien: S. 262–263

Viele Städte und Dörfer erlitten durch die Pest so starke Bevölkerungsverluste, dass sie von den Überlebenden verlassen und zur Wüstung wurden. Diese Kirchenruine ist eines von wenigen Überbleibseln des Dorfes Calceby im ostenglischen Moorland.

❷ Die Weltbevölkerung um 1400

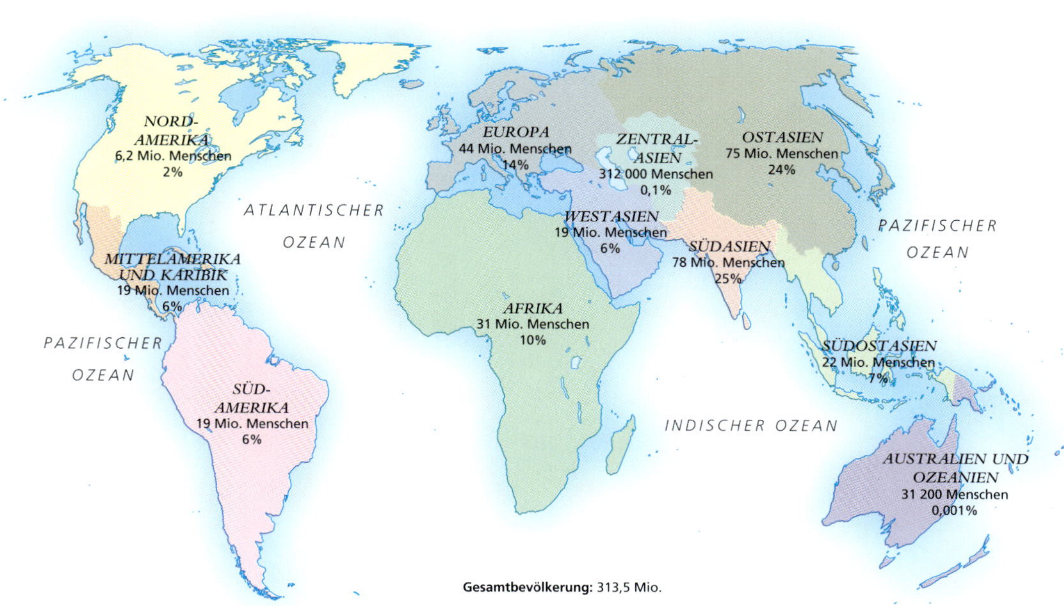

❸ Ausbreitung von Anbauprodukten bis 1500

Ursprüngliche Anbaugebiete (vor 700)
- Bananen
- Zuckerrohr
- Baumwolle
- Sorghum

Ausbreitung 700–1500
- Bananen
- Zuckerrohr
- Baumwolle
- Sorghum

Neue Gebiete der Anbauprodukte um 1500
- Bananen
- Zuckerrohr
- Baumwolle
- Sorghum

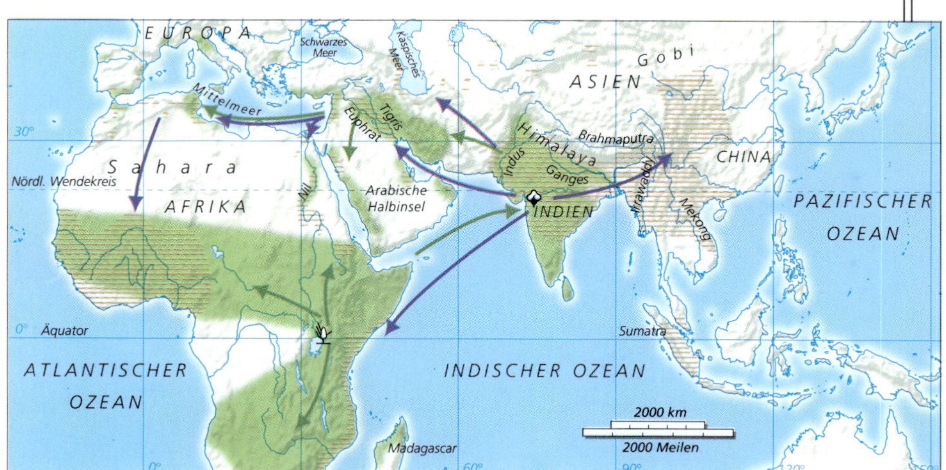

Zuckerrohr wurde ab 600 n.Chr. von Indien nach Europa gebracht. Dieser Stich aus dem 16. Jh. zeigt, wie der Rohstoff in einer sizilianischen Mühle zu Zuckerhüten verarbeitet wurde.

Die Ausbreitung von Anbauprodukten

Zu einer massiven Ausbreitung landwirtschaftlicher Produkte kam es zwischen 700 und 1400. Die meisten gelangten aus den tropischen oder subtropischen Gebieten im Süden und Südosten Asiens in die gemäßigteren Zonen der östlichen Hemisphäre. Viele Agrarprodukte wurden durch muslimische Kaufleute, Verwaltungsbeamte, Gesandte, Soldaten, Missionare, Pilger und andere Reisende, die teilweise bis nach Java und Südchina fuhren, in neue Regionen gebracht. Auf diesem Wege erreichten auch Zuckerrohr aus Neuguinea, Hartweizen, Auberginen, Spinat, Artischocken, Zitronen und Limonen den Mittelmeerraum. Weitere Anbauprodukte, die sich in dieser Zeit ausbreiteten, waren Reis, Sorghum, Bananen, Kokosnüsse, Wassermelonen, Orangen, Mangos, Baumwolle, Indigo und Henna.

DIE WELT 1400–1500

UM 1500 HATTE SICH DIE ÖSTLICHE HEMISPHÄRE weitgehend von der Entvölkerung erholt, die die Pest im 14. Jh. verursacht hatte. China förderte Anfang des 15. Jh. Expeditionen in den Indischen Ozean, denen die Ming-Herrscher in den 30er Jahren allerdings ein Ende bereiteten; sie konzentrierten sich stattdessen auf ihr Reich auf dem Festland. In Südwestasien errichteten zwei Turk-Stämme neue Imperien: die Osmanen in Anatolien und die Safawiden in Persien. Unterdessen begannen die europäischen Staaten mit dem Aufbau von Zentralregierungen mit stehenden Heeren und Feuerwaffen. Im Laufe des 15. Jh. besiedelten portugiesische Seeleute die Atlantikinseln, erforschten die Westküste Afrikas und reisten auf dem Seeweg nach Indien. Es blieb jedoch einer spanischen Expedition unter dem Genuesen Kolumbus vorbehalten, den Atlantik zu überqueren und in Amerika zu landen, wo Azteken und Inka große Reiche mit komplexen Agrargesellschaften geschaffen hatten.

Nordamerika

Das Azteken-Reich erreichte seine Blüte im späten 15. Jh., als es von den unterworfenen Stadtstaaten Tribute eintrieb oder Gefangene für massenhafte Menschenopfer erbeutete. Durch den Handel reichte der Einfluss der Azteken über weite Teile Mittelamerikas bis zu den Pueblo-Bauern nördlich des Río Grande. In den Waldgebieten am Mississippi siedelten die großen Gemeinschaften der Mound-Kulturen, die nach ihren künstlichen Erdhügeln benannt sind und vom Maisanbau lebten.

Menschenopfer für den Sonnengott standen im Zentrum der aztekischen Religion. Tausende Gefangene wurden bei einzelnen Ritualen getötet.

Nordamerika (Zeitleiste 1400–1500)

- **1428:** Itzcoatl wird Herrscher des Azteken-Reichs
- **1434:** Azteken schließen den Dreibund
- **1440:** Moctezuma I. wird Azteken-Herrscher
- **1473:** Azteken annektieren Tlatelolco
- **1487:** Einweihung der Tempelpyramide zu Ehren des Sonnengottes Huitzilopochtli in Tenochtitlan
- **1492:** Kolumbus erreicht Hispaniola und Cuba

Die Stadt Machu Picchu liegt hoch in den Anden auf einem Felsrücken. Das Inka-Heiligtum wurde von den Einwohnern aufgegeben und von den Conquistadoren nie entdeckt.

Südamerika

Ab 1438 unternahmen die Herrscher des Inka-Staates, eines kleinen Königreichs im Hochland der Anden rund um den Titicaca-See, Feldzüge, um ihr Einflussgebiet auszudehnen. Nach 30 Jahren erstreckte sich das Inka-Reich in den Anden und an der Westküste über eine Länge von 4000 km; ein imposantes Straßennetz verband die Regionen. Die Straßenbauarbeiten wurden den Untertanen als eine Art Steuer abverlangt. In anderen Gebieten Südamerikas lebten Völker als Jäger, Sammler und Fischer oder in kleinen Ackerbaugemeinschaften.

Südamerika (Zeitleiste 1400–1500)

- **1438:** Beginn der Eroberungszüge der Inka unter Pachacutec
- **1470er:** Inka erobern das Reich der Chimú
- **1471:** Thronbesteigung von Tupac Yupanqui; unter seiner Herrschaft stockt die Expansion im Dschungel am Amazonas
- **1493:** Thronbesteigung des Inka-Herrschers Huayna Capac
- **1498:** Kolumbus ankert auf seiner dritten Reise nahe Trinidad

BEWEGLICHE LETTERN

Die erste Verwendung von beweglichen Lettern in Mainz bescherte dem intellektuellen Leben Europas einen enormen Aufschwung. Ideen breiteten sich schneller aus, und viele lernten Lesen und Schreiben. Am Ende des Jahrhunderts bedienten sich Drucker überall in Europa der neuen Technik. Zunächst bestanden die Lettern, wie in China seit dem 11. Jh., aus Holz, später wurden sie aus Metall gegossen.

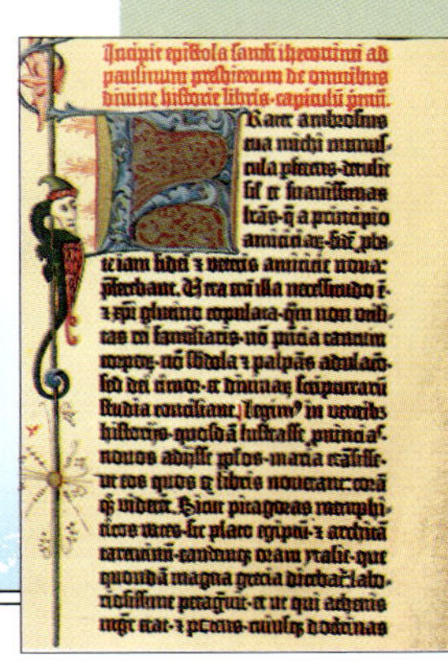

Die Bibel von Johannes Gutenberg aus Mainz (1454/55) gilt als das erste Buch Europas, das mit beweglichen Lettern gedruckt wurde.

Sixtus IV., 1471 gewählt, war ein für die Renaissance typischer Papst. Er gab große Kunstwerke und Bauten in Auftrag, unter anderem die Sixtinische Kapelle im Vatikan.

Europa

Im 15. Jh. nahm die Renaissance ihren Anfang – eine Blütezeit von Architektur, Kunst und humanistischen Idealen, deren Vorbild die Klassik der antiken Griechen war. Die Stadtstaaten Italiens wurden kulturell führend in Europa, die politische Macht jedoch verlagerte sich zu den ›neuen Monarchien‹ in England, Frankreich und Spanien. In Osteuropa dominierte Polen, aber die Zukunft gehörte dem Fürstentum Moskau: Iwan III. leitete die Expansion Russlands nach Osten und Süden ein und nahm 1472 den Zarentitel an.

DER GLOBUS VON MARTIN BEHAIM

Martin Behaim war Geograf in Nürnberg. In den 1580er Jahren bereiste er Portugal und fuhr mit portugiesischen Seeleuten die afrikanische Westküste entlang. Seine 1490–92 hergestellte Weltkugel ist der älteste erhaltene Globus. Da Behaim von der Existenz Amerikas noch nichts wusste, siedelte er die Insel Cipangu (Japan) und das ostasiatische Festland von Europa aus auf der anderen Seite des Atlantik an.

Martin Behaims Globus vermittelt ein gutes Bild davon, wie sich Kolumbus die Welt vor seiner Reise über den Atlantik vorgestellt haben muss.

SIEHE AUCH:
Nordamerika: S. 122–123
Südamerika: S. 146–147
Afrika: S. 162–163
Europa: S. 192–193
Westasien: S. 228–231
Süd- und Südostasien: S. 244–245
Nord- und Ostasien: S. 264–267

Europa (Zeitleiste 1400–1500)

- **1415:** Engländer besiegen Franzosen bei Azincourt
- **1417:** Ende des Schismas in der katholischen Kirche
- **1429:** Jeanne d'Arc beendet englische Belagerung von Orléans
- **1453:** Einnahme von Bordeaux durch Franzosen beendet Hundertjährigen Krieg
- **1454:** Frieden von Lodi beendet Kriege in Italien
- **1469:** Ferdinand von Aragón heiratet Isabella von Kastilien
- **1480:** Moskau befreit sich von Mongolen-Herrschaft
- **1492:** Muslimisches Granada fällt an Spanien
- **1494:** Karl VIII. von Frankreich fällt in Italien ein

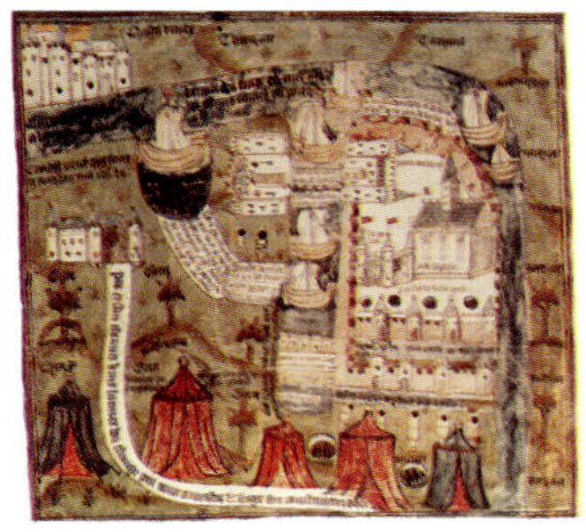

Mit dem Fall Konstantinopels verloren die Christen ihre Festung gegen die Ausbreitung des Islam nach Westen. Die berühmten, 1000 Jahre alten Mauern waren der neuen Artillerie der Osmanen nicht gewachsen.

Westasien

Nach dem Tod Timurs 1405 wurde sein Reich unter den vier Söhnen aufgeteilt. Der östliche Teil erlebte unter Schah Roch eine Zeit des Friedens, in der Kunst und Architektur blühten. Die Schaibaniden, die sich nach Süden über den Syr Darya ausdehnten, waren Nachfahren Dschingis Khans. Allerdings wuchs mit den schiitischen Safawiden eine Großmacht heran, die die mongolischen Dynastien, die um die Kontrolle Persiens stritten, später verdrängten. Im Westen nahmen die osmanischen Türken, angeführt von Sultan Mehmet II. (›dem Eroberer‹), 1453 Konstantinopel ein, was das Ende des Byzantinischen Reichs bedeutete.

Westasien (Zeitleiste 1400–1500)

- **1402:** Timur besiegt Osmanen bei Angora (Ankara)
- **1405:** Tod Timurs
- **1447:** Tod von Schah Roch
- **1453:** Konstantinopel von osmanischem Sultan Mehmet II. erobert
- **1461:** Osmanen nehmen christliche Stadt Trapezunt ein
- **1499:** In Persien kommen Safawiden an die Macht

Diese Seidenmalerei zeigt die Höfe der ›Verbotenen Stadt‹, des kaiserlichen Palastes im Zentrum von Beijing (Peking). Die Ming-Hauptstadt war ab 1421 während des Feldzuges des Yongle-Kaisers gegen die Mongolen von Nanjing nach Beijing verlegt worden.

Ost- und Südostasien

Die Ming-Dynastie festigte ihre Machtstellung in China, indem sie zum Schutz vor Plünderungen durch mongolische und oiratische Nomaden die Große Mauer ausbaute. Nach Zheng Hes berühmten, aber auch kostspieligen Reisen über den Indischen Ozean verfolgten die Ming-Kaiser eine Politik der Autarkie, worunter vor allem der Handel litt. Im Gegensatz dazu florierte der Handel in Südostasien. Der bedeutendste Umschlagplatz war Malacca. 1500 zählte der Ort bereits 50 000 Einwohner, und angeblich konnte man dort 84 verschiedene Sprachen hören.

Ost- und Südostasien (Zeitleiste 1400–1500)

- **ca. 1400:** Gründung von Malacca
- **1405:** Beginn von Zheng Hes Reisen über den Indischen Ozean
- **1424:** Ende des Ming-Feldzuges gegen Mongolen
- **1445:** Malacca tritt zum Islam über
- **1449:** Mongolen besiegen Chinesen und nehmen Kaiser gefangen
- **1471:** Expansion der Annamiten nach Süden beginnt mit Einmarsch in Champa
- **1472:** Geburt des neokonfuzianischen Philosophen Wang Yangming

Die Bronzestatue eines portugiesischen Soldaten wurde in Benin hergestellt, einem der westafrikanischen Handelspartner Portugals.

Afrika

Zwischen den 1560er und 1590er Jahren eroberte Sunni Ali, Herrscher von Songhay, Mali und gewann die Kontrolle über den Karawanenhandel in der Sahara. Unterdessen erkundeten die Portugiesen die Westküste, wo afrikanische Herrscher, die sich Handelsgewinne erhofften, die Grundlagen für die kleinen Königreiche Akan und Benin schufen. Seeleute aus den Stadtstaaten der Swahili im Osten Afrikas halfen Vasco da Gama, seine Reise nach Indien fortzusetzen, indem sie ihm die Monsunwinde erklärten.

Afrika (Zeitleiste 1400–1500)

- **1415:** Portugiesen erobern Ceuta in Marokko
- **1441:** Erster Transport afrikanischer Sklaven nach Portugal
- **1450er:** Groß-Zimbabwe verliert seine Vormachtstellung an das Mutapa-Reich
- **1464:** Begin der Songhay-Expansion unter Sunni Ali
- **1482:** Festung Elmina von Portugiesen gegründet

WISSEN ÜBER DIE WELT

Das Wissen über die Erde und ihre Bewohner schmückten die Menschen mit ihrer Fantasie aus.

DIE WELT ALS GANZES zu betrachten ist ein relativ junges Phänomen. Amerika war der Alten Welt bis vor 500 Jahren unbekannt, und jede Kultur deutete die Welt auf ihre Weise. Wie die Menschen ihr Überleben sicherten, was sie anbauten und welche Techniken sie entwickelten, war der jeweiligen Umgebung angepasst und daher von Region zu Region unterschiedlich. In Eurasien wurden Ideen, Glaubensvorstellungen und technischer Forschritt durch Handel, Wanderungsbewegungen, kulturelle und politische Expansion weitergetragen. Auf diese Weise verbreiteten sich Buddhismus, Christentum und Islam, drang technisches Know-how wie der Buchdruck und das Schießpulver – ursprünglich aus Ostasien stammend – nach Europa. Kartografie wurde in irgendeiner Form in allen Kulturen verwendet, um geografische Kenntnisse festzuhalten, während Wissen auf anderen Gebieten wie der Navigation mündlich weitergegeben oder durch Erfahrungen erworben wurde.

1 Globale Ökonomien und Technologien 1500

Hauptwirtschaftsformen
- Jagen und Sammeln
- Viehhaltung
- Ackerbau ohne Pflug
- Ackerbau mit Pflug
- Ackerbau ohne Pflug, Jagen und Sammeln
- Brandrodungsfeldbau
- Terrassenanbau
- unbewohnt

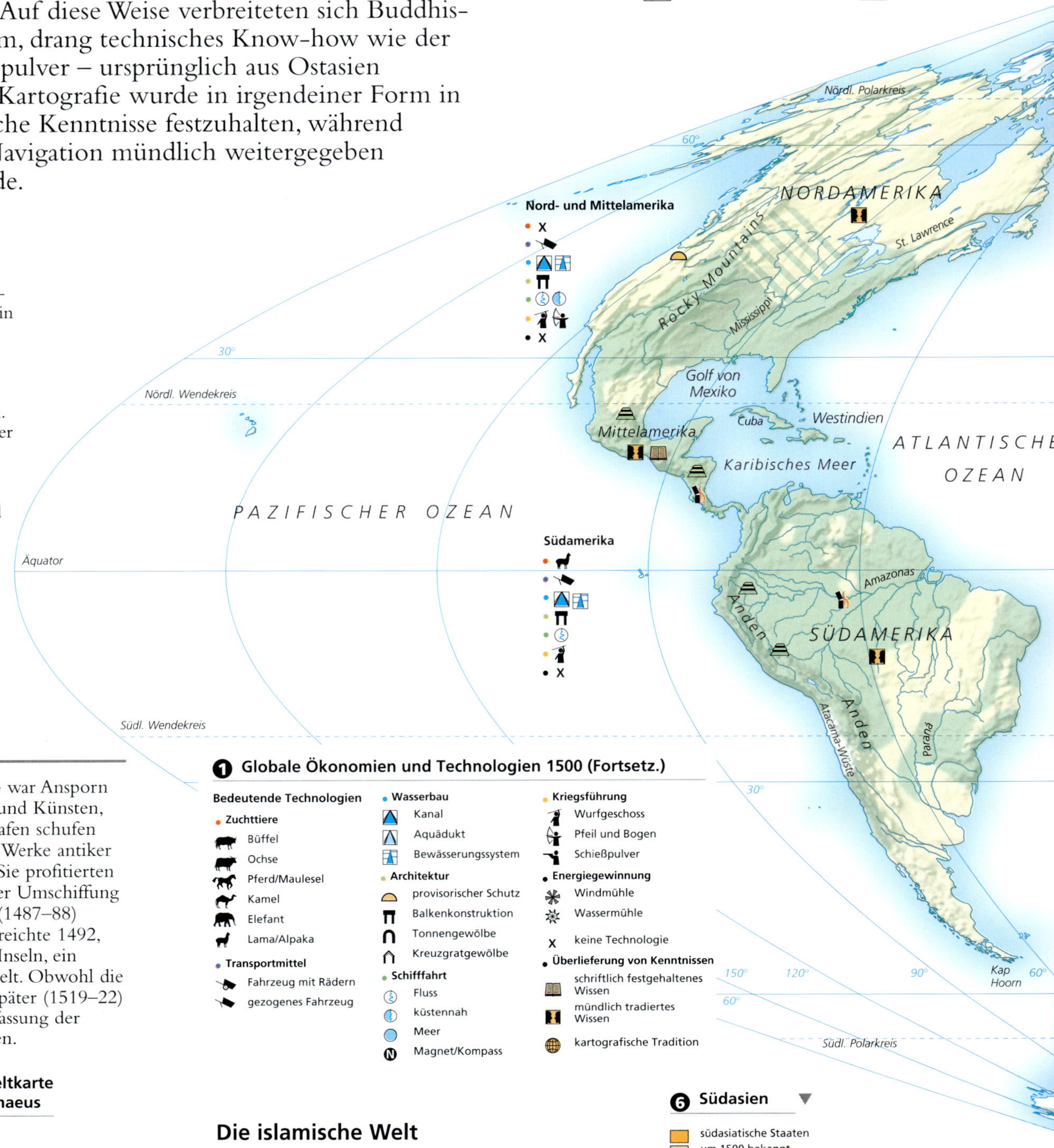

1 Globale Ökonomien und Technologien 1500 (Fortsetz.)

Bedeutende Technologien
- Zuchttiere: Büffel, Ochse, Pferd/Maulesel, Kamel, Elefant, Lama/Alpaka
- Transportmittel: Fahrzeug mit Rädern, gezogenes Fahrzeug
- Wasserbau: Kanal, Aquädukt, Bewässerungssystem
- Architektur: provisorischer Schutz, Balkenkonstruktion, Tonnengewölbe, Kreuzgratgewölbe
- Schifffahrt: Fluss, küstennah, Meer, Magnet/Kompass
- Kriegsführung: Wurfgeschoss, Pfeil und Bogen, Schießpulver
- Energiegewinnung: Windmühle, Wassermühle
- x keine Technologie
- Überlieferung von Kenntnissen: schriftlich festgehaltenes Wissen, mündlich tradiertes Wissen, kartografische Tradition

2 Amerika
- Azteken-Reich
- um 1500 bekannt
- Inka-Reich
- um 1500 bekannt

Amerika

Sowohl die Azteken in Mittelamerika als auch die Inka in den Anden waren gerade gezwungen, ihre durch Thronwirren geschwächten Reiche zu konsolidieren, als die ersten Europäer eintrafen. Obwohl beide Regionen über weitreichende Handelskontakte verfügten, waren ihre Welten durch geografische Hindernisse wie Wüsten und Dschungel und den vergleichsweise niedrigen Entwicklungsstand begrenzt.

Die Größe des Globus

Die Wiederentdeckung von Texten aus der Antike war Ansporn für die Entwicklung von Technik, Naturwissenschaften und Künsten, die in der Renaissance aufblühten. Europäische Kartografen schufen nach und nach eine detaillierte Weltkarte, indem sie auf Werke antiker Geografen wie Strabon und Ptolemaeus zurückgriffen. Sie profitierten dabei von Entdeckungsfahrten über die Meere: Nach der Umschiffung des Kaps der Guten Hoffnung durch Bartolomëu Diaz (1487–88) wusste man um die Ausmaße Afrikas, und Kolumbus erreichte 1492, vier Wochen nach seiner Abfahrt von den Kanarischen Inseln, ein Land, das er für Cipango (Japan) und Cathay (China) hielt. Obwohl die Weltumseglung von Magellan und Elcano ca. 30 Jahre später (1519–22) viele Erkenntnisse brachte, wurde die kartografische Erfassung der Weltmeere und ihrer Küsten erst im 20. Jh. abgeschlossen.

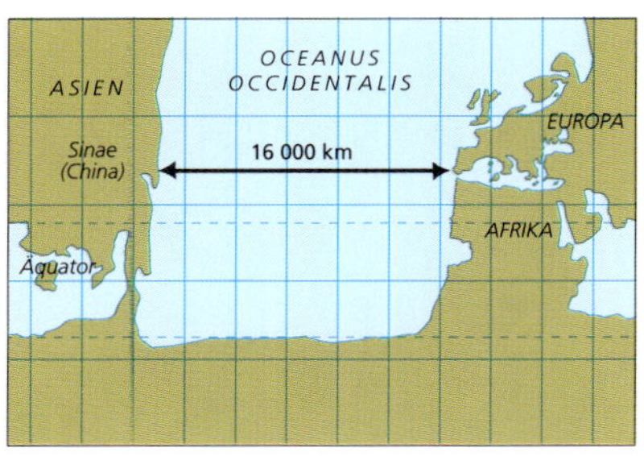

8 Die Weltkarte von Ptolemaeus

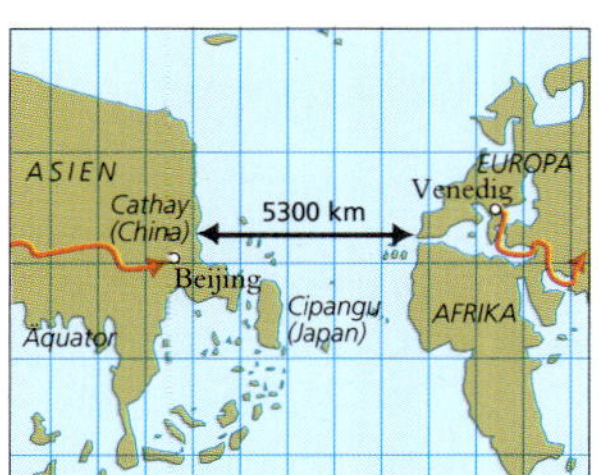

9 Die Weltkarte von Behaim 1492

Marco Polo 1271–75
Marco Polo glaubte 16 000 statt 7000 Meilen gereist zu sein

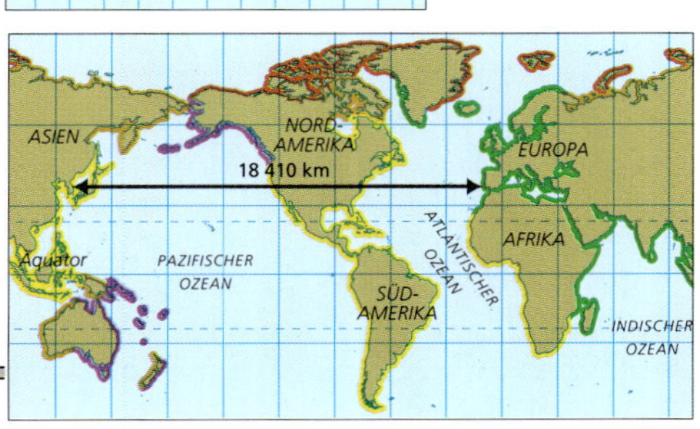

10 Die Weltkarte heute

Küsten kartografiert um
- 1500
- 1600
- 1700
- 1800
- 1900

Die islamische Welt

Keine Kultur war in der Alten Welt so verbreitet und kosmopolitisch wie der Islam. Um 1500 hatte er sich über drei Kontinente ausgedehnt, vom südwestlichen Pazifik bis an die Atlantikküste. Die kulturelle Vormachtstellung und der hohe Bildungsstand der Muslime beruhten auf Kenntnissen, die sie auf Reisen und durch ihre Handelsverbindungen gewannen.

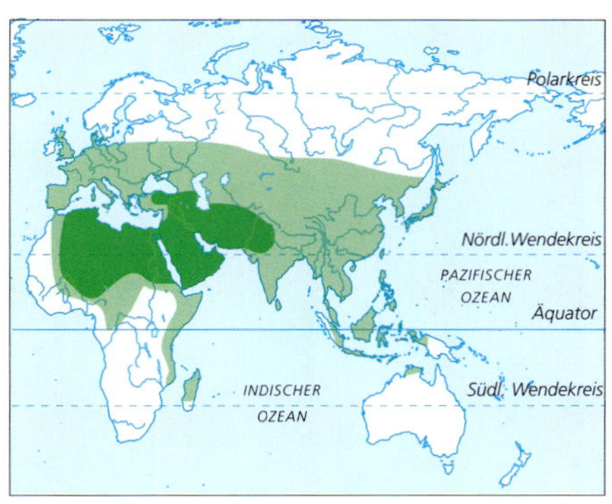

3 Islamische Welt
- muslimisches Kernland
- um 1500 bekannt

6 Südasien
- südasiatische Staaten
- um 1500 bekannt

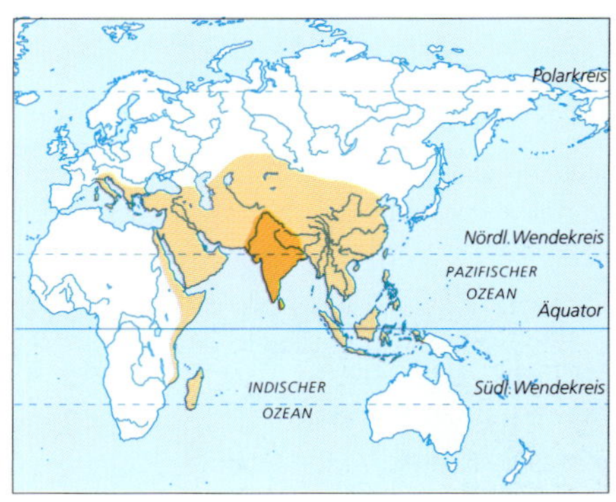

Südasien

Ab 1500 geriet Indien nach und nach unter die muslimische Herrschaft der Moguln. Bereits seit mehreren Jahrhunderten lag es am Schnittpunkt der Handelswege auf dem ost- und südostasiatischen Festland und über den Indischen Ozean; Exporte gelangten bis nach Europa. Obwohl das Augenmerk der südasiatischen Herrscher auf das Innere ihrer Territorien gerichtet war, verfügten sie über ein umfangreiches Wissen von der Alten Welt.

Europa

Ende des 15. Jh. befand sich Europa am Vorabend einer enormen territorialen Ausdehnung im Zuge der kolonialen Expansion. Die im globalen Vergleich inzwischen wieder technisch entwickelten und erfindungsreichen Europäer hatten durch Reisen, Handelsbeziehungen und vor allem durch die antike Überlieferung recht genaue Kenntnisse über große Teile der Alten Welt: von den Küsten Afrikas über Arabien und Südasien bis hin nach China und den südostasiatischen Inseln.

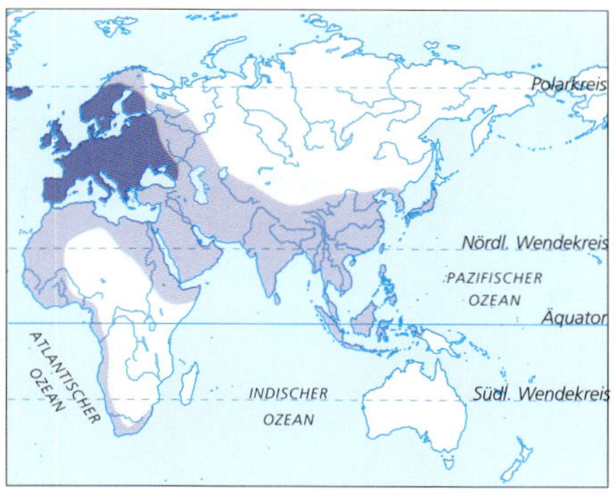

▲ **5 Europa**

westliches Christentum
1492 bekannt

Ostasien

China, Korea und Japan waren zwar teilweise extrem isolationistisch eingestellt – das chinesische ›Reich der Mitte‹ betrachtete sich, nicht völlig unbegründet, als das mächtigste der Welt. Dennoch hatten die Chinesen ein beträchtliches Wissen über die Alte Welt erworben, das durch die Reisen des Ming-Admirals Zheng He über den Indischen Ozean noch erweitert werden konnte (1405–33).

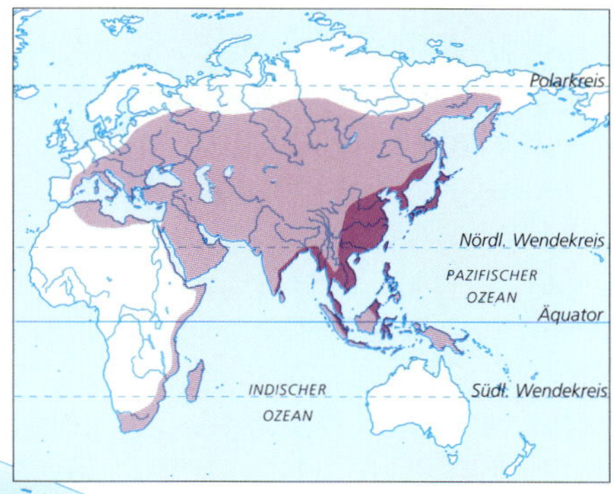

◀ **4 Ostasien**

von Chinesen kartografiert
um 1500 bekannt

SIEHE AUCH:
Nordamerika: S. 118–119
Südamerika: S. 142–143
Afrika: S. 156–157
Europa: S. 172–173
Westasien: S. 218–219
Süd- und Südostasien: S. 238–239
Nord- und Ostasien: S. 256–257
Australasien und Ozeanien: S. 278–279

Ozeanien

Einige der frühesten bedeutenden Ozeanreisen führten polynesische Seeleute zu den Inseln im Südwestpazifik. Um 1500 n. Chr. kannten sie bereits die meisten Inseln dieser Region, einschließlich Neuseeland, das etwa 800 Jahre zuvor besiedelt worden war.

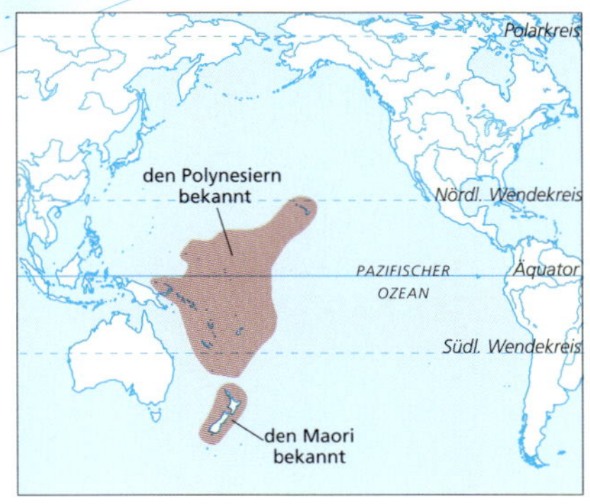

7 Ozeanien ▶

um 1500 bekannt

Die Navigationskunst der Muslime beruhte auf ihrem Wissen in den Bereichen Astronomie und Wetterkunde. In der Himmelsbeobachtung blieben sie den Europäern bis ins 17. Jh. überlegen.

Europäische Seeleute benutzen ein Astrolabium, das die ungefähre Position im Verhältnis zur Stellung der Sterne angab. Für die Messung der Entfernungen von Mond und Sonne benötigte man einen Almanach.

Chinesische Kartografen stellten sehr genaue Navigationskarten her. Dieser Ausschnitt, auf dem die Philippinen, Taiwan und Ostindien zu sehen sind, stammt aus dem im 14. Jh. von Zhu Siben erarbeiteten Weltatlas.

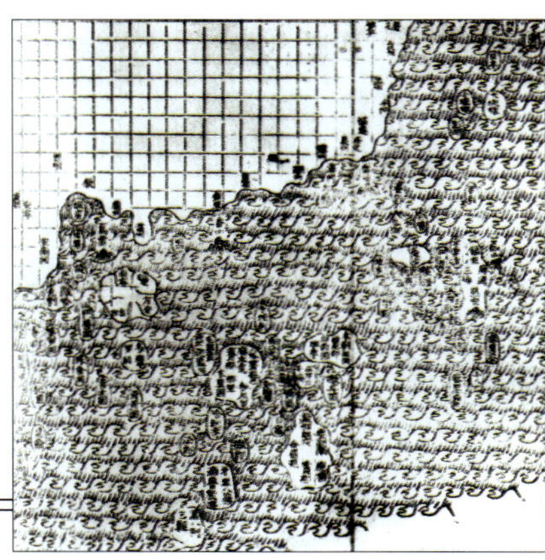

Seefahrer und Fortschritt

Die wichtigsten Seefahrernationen waren um 1500 die am Atlantik liegenden europäischen Staaten (Spanier, Portugiesen, Engländer, Niederländer), die islamischen Kaufleute am Indischen Ozean und die Chinesen. Obwohl die Wikinger bereits 400 Jahre zuvor über den Nordatlantik nach Grönland und Amerika gefahren waren, begann die systematische Erkundung der Inselgruppen im Atlantik und der afrikanischen Küste erst mit den Expeditionen europäischer Seeleute im 15. Jh. Bei den Fahrten gen Osten über den Indischen Ozean profitierten sie von der Ortskenntnis der arabischen und später auch der chinesischen Seefahrer.

DIE WELT 1500–1600

IM 16. JH. ERGRIFF SPANIEN BESITZ von weiten Teilen Süd- und Mittelamerikas, von Westindien und den Philippinen. Unterdessen erwarben die Portugiesen ein Reich, das sich von Brasilien bis nach Malacca und Macao erstreckte. Die Seereisen von Ferdinand Magellan, einem Portugiesen in spanischen Diensten, zeigten, dass alle Weltmeere miteinander verbunden sind. Die Seewege über den Indischen Ozean, den Atlantik und den Pazifik schufen zum ersten Mal ein globales Handelsnetz. Obwohl die Portugiesen mit dem Ming-Reich und Japan Handel trieben, kam es kaum zu kulturellen Kontakten zwischen Europäern und Ostasiaten, ähnlich sah es in Afrika aus. Missionare brachten den katholischen Glauben in entlegene Teile des spanischen und des portugiesischen Weltreiches. In Europa dagegen sah sich die römisch-katholische Kirche von der Reformation bedroht, während die katholischen Herrscher militärisch gebunden waren, um den Vormarsch der Osmanen im Mittelmeerraum und auf die Habsburger-Besitzungen in Mitteleuropa aufzuhalten.

Europa

Die protestantische Reformation drückte Europa im 16. Jh. ihren Stempel auf. In Skandinavien, England und vielen deutschen Staaten sagten sich die Herrscher von der katholischen Kirche los. In Frankreich lieferten sich Protestanten und Katholiken Bürgerkriege (1562–98), und auch beim Aufstand der Holländer gegen die spanische Herrschaft 1565 spielte die Konfession eine zentrale Rolle. Spaniens Könige hielten am katholischen Glauben fest und unterstützten die weltweite Missionierung der Gegenreformation. Im Osten dehnten die russischen Zaren ihr Reich bis nach Sibirien aus.

Die holländischen Unabhängigkeitskriege waren überaus grausam. Hier überfallen Spanier einen Konvoi.

Europa

- **1500**
- **1517:** Luthers 95 Thesen prangern Missstände in katholischer Kirche an
- **1519:** Karl V. wird zum Kaiser des Heiligen Römischen Reiches gewählt
- **1520**
- **1534:** Suprematsakte: Heinrich VIII. von England bricht mit Rom
- **1540**
- **1545:** Trienter Konzil wird zur Abwehr des Protestantismus einberufen
- **1560**
- **1565:** Mit Revolte beginnt Krieg um holländische Unabhängigkeit von Spanien
- **1580**
- **1580:** Philipp II. von Spanien übernimmt portugiesische Krone
- **1588:** Engländer besiegen spanische Armada
- **1598:** Edikt von Nantes beendet nach mehr als 30 Jahren Religionskriege in Frankreich
- **1600**

Ein spanischer *conquistador* reitet auf einem Lama. Die Kronverwaltung verteilte in Amerika Land an spanische Siedler, die es wiederum mit der Arbeitskraft der Ureinwohner ausbeuteten.

Amerika

Die Ankunft der Spanier veränderte Amerika tiefgreifend. Mit ihren Pferden, eisernen Waffen und Gewehren waren die Conquistadoren den einheimischen Völkern militärisch überlegen. Zudem brachten sie Krankheiten ins Land, die für viele Ureinwohner tödlich waren. 1511 hatten die Spanier die wichtigsten Karibik-Inseln in ihre Gewalt gebracht. 1519–22 eroberte Hernán Cortés das Azteken-Reich, und 1531/32 bezwang Francisco Pizarro die Inkas. Die langsamere Kolonisierung Brasiliens durch die Portugiesen begann in den 1630er Jahren, als Adlige und Unternehmer an der brasilianischen Küste große Plantagen errichteten.

Amerika

- **1500**
- **1502:** Machtübernahme des letzten Azteken-Kaisers Moctezuma II.
- **1510:** Erste afrikanische Sklaven in Amerika
- **1519:** Cortés erreicht Tenochtitlan (heute Mexico City), Hauptstadt der Azteken
- **1520**
- **1527:** Tod des Inka-Herrschers Huayna Capac löst Bürgerkrieg aus
- **1533:** Pizarro nimmt Inka-Hauptstadt Cuzco ein
- **1540**
- **1545:** Erschließung der Silbermine von Potosí
- **1549:** Portugal setzt Zentralregierung in Brasilien ein
- **1560**
- **ca. 1575:** Brasilien wird größter Zuckerproduzent der Welt
- **1580**
- **1580:** Philipp II. von Spanien wird König von Portugal und somit von Brasilien
- **1600**

SCHIFFE IM ZEITALTER DER ENTDECKER

Die Schiffe, die Kolumbus und andere europäische Entdecker Ende des 16. Jh. benutzten, waren in der Regel kleine Karavellen von 60 bis 200 Tonnen Gewicht. Sie hatten ein viereckiges Rahsegel an Groß- und Fockmast und ein Lateinsegel am Besanmast, um gegen den Wind kreuzen zu können. Als Spanier und Portugiesen gelernt hatten, die Passatwinde des Atlantischen und des Indischen Ozeans zu nutzen, bauten sie riesige Karacken mit Rahsegeln und hohem Achterkastell. Sie konnten bis zu 1600 Tonnen Ladung aufnehmen und wurden für den Transport großer Gewürz- und Edelmetallfrachten von Ostindien und Amerika nach Europa eingesetzt.

Kolumbus unternahm seine erste Atlantiküberquerung mit einer Karavelle ähnlich diesem Modell.

Die Bronzeskulptur ist ein eindrucksvolles Beispiel für die Bildhauerkunst in Benin.

Afrika

Während der Großteil Nordafrikas an das Osmanische Reich fiel, blieb das islamische Marokko unabhängig. Es stoppte die portugiesische Expansion in der Region und kontrollierte nach der Eroberung Songhays den lukrativen transsaharischen Karawanenhandel. Viele westafrikanische Kleinstaaten pflegten Handelsbeziehungen zu Marokko und den Portugiesen, die einen befestigten Handelsstützpunkt in Elmina errichteten.

Westasien

Süleyman der Prächtige dehnte den osmanischen Herrschaftsbereich bis weit nach Südosteuropa aus. Die Miniatur zeigt, wie er Huldigungen christlicher Vasallen entgegennimmt.

Das Osmanische Reich dehnte sich im 16. Jh. nach Südwestasien, Nordafrika und bis nach Ungarn aus. Die osmanische Marine war bis 1571, als sie bei Lepanto von einer christlichen Flotte geschlagen wurde, die führende Streitmacht. Zwischen dem Osmanischen Reich und den Safawiden in Persien kam es immer wieder zu feindlichen Zusammenstößen. Im späten 16. und frühen 17. Jh. kämpften beide Großmächte um die Kontrolle über Mesopotamien und den Kaukasus. Unter Schah Abbas d. Gr. (1588–1629) gelang es den Safawiden, zahlreiche Landgewinne der Osmanen wieder rückgängig zu machen.

Westasien

- **1507:** Portugiesen besiegen vor Diu die osmanisch-arabische Flotte
- **1514:** Osmanen besiegen Safawiden bei Çaldiran (Tschaldyran)
- **1520:** Süleyman der Prächtige wird osmanischer Sultan
- **1526:** Schlacht von Mohács: Osmanen vernichten ungarisches Heer
- **1566:** Selim II. wird Nachfolger von Süleyman
- **1571:** Schlacht bei Lepanto; Christenflotte besiegt osmanische Marine vor griechischer Küste
- **1587:** Beginn des Ausbaus von Isfahan als Hauptstadt des Safawiden-Reiches
- **1588:** Abbas d. Gr. wird Schah der Safawiden

1500 – 1520 – 1540 – 1560 – 1580 – 1600

Die neue Welt von Abraham Ortelius

Das *Theatrum Orbis Terrarum* von Abraham Ortelius aus dem Jahr 1570 gilt als der erste moderne Atlas. Ortelius, ein Landkartenhändler aus Antwerpen, unternahm weite Reisen, um verlässliche Quellen zusammenzutragen. Sein Atlas fand in ganz Europa mehr als 40 Jahre lang reißenden Absatz. Seine Karte von der Neuen Welt war auf der Höhe der Kenntnisse, die die europäischen Entdecker über Amerika und den Pazifik gesammelt hatten. Der riesige südliche Kontinent *Terra Australis*, ein Relikt der klassischen Geografie von Ptolemaeus, befand sich auf den meisten Karten jener Zeit. Er schließt die *Tierra del Fuego* und einen Teil der Küste Neuguineas ein, der Rest beruht allerdings auf Spekulationen. Ortelius war ein Zeitgenosse Gerhard Mercators. Die beiden großen Kartenzeichner haben viel dazu beigetragen, dass sich das Zentrum der europäischen Kartografie von Italien in die Niederlande verschob.

Die Karte zeichnet ein recht genaues Bild von Mittelamerika und der Karibik. Allerdings hatten die Europäer viele Gebiete Amerikas noch nicht erkundet.

SIEHE AUCH:
Nordamerika: S. 124–125
Südamerika: S. 146–149
Afrika: S. 162–163
Europa: S. 194–195
Westasien: S. 230–231
Süd- und Südostasien: S. 244–247
Nord- und Ostasien: S. 264–267

Süd- und Südostasien

Süd- und Südostasien

- **1510:** Portugiesen erobern Goa
- **1511:** Portugiesen nehmen Malacca ein
- **1526:** Babur erobert das Sultanat Delhi
- **1556:** Akbar wird Großmogul
- **1563:** Burmesischer (birmanischer) König Bayinnaung fällt in Siam ein
- **1565:** Im Namen König Philipps II. beansprucht spanische Flotte Philippinen
- **1600:** Gründung der englischen East India Company

1500 – 1520 – 1540 – 1560 – 1580 – 1600

1523 fiel der letzte Timuriden-Spross Babur in Nordindien ein. Er gründete die islamische Herrscherdynastie der Moguln, die sein Enkel Akbar festigte. Die Moguln konzentrierten sich auf ihr Kontinentalreich und die Landwirtschaft. Sie erlaubten den Portugiesen, ihre Handelsstützpunkte an der Küste und die florierende Kolonie in Goa behalten. Portugal eroberte auch Malacca und die Molukken, die ›Gewürzinseln‹. Vormacht auf dem südostasiatischen Festland war Burma (Birma), das seine größte Ausdehnung unter König Bayinnaung erreichte; er eroberte Siam und Laos und setzte dort Marionettenherrscher ein.

Die größten Gewinne erzielten die europäischen Kaufleute in Süd- und Südostasien mit dem Handel von Gewürzen. Das französische Bild zeigt eine Pfefferernte in Südindien.

Die Welt im Jahr 1600

- Ming-Reich
- Osmanisches Reich
- ◇ Spanien mit Besitzungen
- ◇ ● Portugal mit Besitzungen (1580–1640 von Spanien regiert)
- England mit Besitzungen
- Gebiete der österreichischen Habsburger
- Frankreich
- Dänemark mit Besitzungen
- Republik Venedig mit Besitzungen
- Vereinigte Provinzen (Kampf um Unabhängigkeit von Spanien)
- ◇ Besitzungen der Niederlande (Vereinigte Provinzen)
- Mogul-Reich bei Akbars Machtübernahme 1556
- unter burmesischer Kontrolle, 1575
- Songhay bis 1590
- Heiliges Römisches Reich

Afrika

- **ca. 1500:** Gründung der Waldstaaten Oyo und Benin
- **1505:** Erste portugiesische Handelsposten in Ostafrika
- **1517:** Osmanen unterwerfen Mamluken in Ägypten
- **1546:** Songhay zerstört das Mali-Reich
- **1570:** Portugiesen gründen Kolonie in Angola
- **1578:** Marokkaner vernichten die einfallenden Portugiesen
- **1591:** Songhay-Reich fällt an Marokko

1500 – 1520 – 1540 – 1560 – 1580 – 1600

EUROPÄISCHE EXPANSION

Der Portugiese Vasco da Gama war der erste Europäer, der Indien auf dem Seeweg erreichte.

DAS 16. JH. sah die Ausbreitung zahlreicher europäischer Nationen über die Grenzen Europas hinaus. Auf der Suche nach Luxusgütern und Edelmetallen entdeckten sie neue Territorien, die Monarchen wie Philipp II. von Spanien zu großen kolonialen Imperien in der ›Neuen Welt‹ ausbauten. Den Anfang machten, inspiriert durch die Entdeckungen von Kolumbus und Vasco da Gama, Spanier und Portugiesen, bald folgten Holländer und Engländer. Die Entdecker profitierten vom technischen Fortschritt im Schiffsbau, in der Navigation und Kartografie. War Amerika den Europäern zu Beginn des 16. Jh. fast völlig unbekannt, befanden sich hundert Jahre später überall, wo die Entdecker an Land gegangen waren, Außenposten einer der europäischen Großmächte.

Europäische Entdeckungsfahrten

Spanien und Portugal waren im 16. Jh. Vorreiter bei der Erforschung fremder Welten. Auf der Suche nach Seehandelswegen nach Asien durchquerten die Portugiesen den Atlantik und den Indischen Ozean. Um 1512 hatten sie in Goa und Malacca Handelsniederlassungen errichtet und die Gewürzinseln (Molukken) im Osten Indonesiens erreicht. Die Spanier, die nach Westen gesegelt waren, stießen auf die Karibischen Inseln und Amerika. Auf seiner dreijährigen Weltumsegelung entdeckte Magellan eine westliche Route nach Asien durch die nach ihm benannte Magellan-Straße. Englische und französische Seefahrer suchten nach nördlichen Passagen. Ihre Reisen ebneten den Weg für europäische Niederlassungen in Nordamerika.

Entdeckungsreisen 1492–1590

1492: Kolumbus erreicht auf der Suche nach einem Seeweg nach Asien Cuba und die Bahamas

1498: Vasco da Gama umsegelt Kap der Guten Hoffnung und erreicht Indien

1500: Cabral sichtet auf seiner Fahrt nach Indien brasilianische Küste

1509–16: Portugiesen erreichen Malacca, Macao und die Molukken

1519–22: Magellan und Elcano gelingt die erste Erdumsegelung. Sie erreichen die Molukken über die Philippinen

1532: Cartier entdeckt Strait of Belle Isle und den St.-Lawrence-Strom

1553: Willoughby erreicht Archangelsk bei Suche nach Nordostpassage

1576: Frobisher erreicht Baffin Island

1577–80: Erdumsegelung durch Drake

1490 1510 1530 1550 1570 1590

Die Weltumsegelung Magellans war so außergewöhnlich, dass sie die Fantasie der Künstler beflügelte. Auf diesem Gemälde ist er von moderner Navigationstechnik und neuen Waffen, aber auch von Fabelwesen wie Meeresungeheuern und Seejungfrauen umgeben. Eingeborene töteten Magellan 1521 auf den Philippinen.

OSTEN UND WESTEN TREFFEN AUFEINANDER

Europäer und die Völker im Osten konnten viel voneinander lernen. Jesuitenmissionare schufen Verbindungen zwischen China, Japan und den westlichen Ländern. Während der 80er Jahre des 16. Jh. machte der Jesuit Matteo Ricci den chinesischen Kaiser und seinen Hofstaat mit europäischen Erfindungen bekannt. Er schenkte ihnen kunstvolle Uhren und vermittelte Kenntnisse über Waffen und astronomische Instrumente. Sein Hauptziel war die Bekehrung der Chinesen zum Christentum, was jedoch nur in Maßen gelang, obwohl er versuchte, die chinesische Kultur einzubeziehen – etwa durch das Lesen der Messe in chinesischer Sprache. Allerdings begünstigten diese Kontakte langfristig wissenschaftlichen und technischen Fortschritt: Die chinesische Mathematik lebte wieder auf, die Hängebrücke wurde entwickelt, und im Westen wurden Experimente auf dem Gebiet der Elektrostatik und des Magnetismus durchgeführt.

Portugiesische Händler, hier auf einer japanischen Darstellung, stellten ab Mitte des 16. Jh. eine Verbindung zwischen den feindlichen Ländern China und Japan her. Zugleich begann der hl. Francisco de Xavier seine anfänglich erfolgreiche Missionarstätigkeit. Als das Christentum aber von Kaiser Taycosama verboten wurde, konfiszierte man Schiffe der Europäer und tötete die Besatzungen.

❷ Biologischer Wandel

Ursprung und Verbreitung von Pflanzen und Tieren

- aus Europa
- aus Amerika
- aus Asien

Pflanzen und Tiere

- Bananen
- Peperoni
- Pferde
- Mais
- Maniok
- Erdnüsse
- Kartoffeln
- Reis
- Zuckerrohr
- Süßkartoffeln
- Tomaten
- Weizen
- Yams

Krankheiten

- Beulenpest
- Diphterie, Grippe, Masern, Pocken und Keuchhusten
- Syphilis

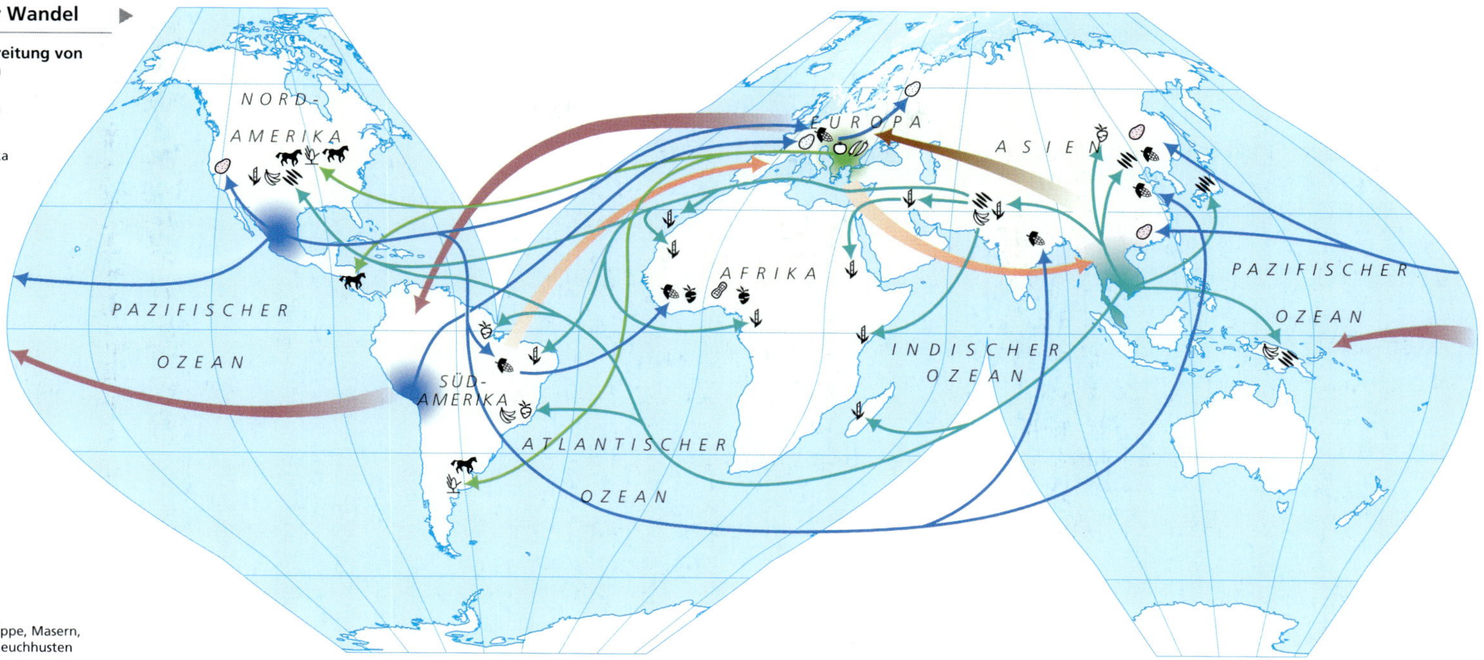

SIEHE AUCH:

Nordamerika: S.118–119, 122–123

Südamerika: S.142–143, 148–149

Afrika: S.156–157, 162–163

Süd- und Südostasien: S.238–239, 246–247

Nord- und Ostasien: S.256–257

Australasien und Ozeanien: S.278–279

Biologische Veränderungen

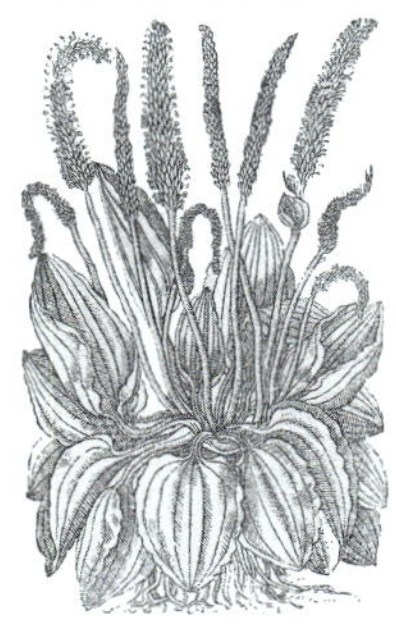

Der Wegerich, ein Heilkraut, wurde von den Ureinwohnern Nordamerikas als ›Engländerfuß‹ bezeichnet, denn sie glaubten, es wachse in den Fußspuren der Engländer.

Die europäische Expansion hatte tiefgreifende biologische Auswirkungen. Reisende brachten Obst- und Gemüsearten sowie Tiere aus Nord- und Südamerika mit in ihre Heimatländer. Zugleich machten Siedler europäische Spezies auf dem amerikanischen Kontinent und in Ozeanien heimisch. Pferde, Schweine und Rinder wurden in die westliche Hemisphäre gebracht, wo sie sich aufgrund fehlender natürlicher Feinde rasch vermehrten. Gezielt führten die Siedler Kulturpflanzen wie Weizen, Weintrauben, Äpfel, Pfirsiche und Zitrusfrüchte ein. Einige Pflanzen, wie Nesseln, Löwenzahn und anderes Unkraut, wurden durch Wind oder Tierfelle verbreitet. Außerdem trugen die Europäer Krankheiten in die fernen Länder, gegen die die Ureinwohner keinerlei Widerstandskräfte hatten. In Amerika grassierten Pocken- und Masernepidemien, denen unzählige Indianer zum Opfer fielen. Umgekehrt starben während des 16. Jh. eine Million Europäer an Syphilis, die, wie man heute annimmt, durch die Verschmelzung zweier ähnlicher Krankheitserreger aus Europa und der Neuen Welt entstanden ist.

An Pocken und Masern starben erheblich mehr Ureinwohner Amerikas, als durch Europäer abgeschlachtet wurden. Bis zu 90% der Gesamtbevölkerung erlagen Krankheiten aus Europa.

❸ Das Spanische Reich 1600

- Spanisches Reich
- Portugal mit Besitzungen, 1580 annektiert von Philipp II. von Spanien

Handel

- Gold
- Silber
- Seide
- Gewürze

Neuspanien: 1521 von Cortés erobert, wurde México-Tenochtitlan Zentrum des spanischen Imperiums in Nordamerika – so wie es die Stadt früher für die Azteken war.

Südamerika: Das Vizekönigreich Peru mit der Hauptstadt Lima war das Zentrum des spanischen Reichs in Südamerika.

Manila-Galeone: brachte einmal jährlich Silber von Acapulco in Neuspanien nach Manila. Mit dem Silber wurden Seide, Porzellan und Farbstoffe gekauft, die über Neuspanien nach Spanien gebracht wurden.

Philippinen: 1521 von Magellan entdeckt und für Spanien in Besitz genommen. Spanische Verwaltung und Besiedlung der Philippinen begannen 1565.

Europa: Um 1600 gehörten auch Portugal, Flandern, Neapel und Sizilien zum spanischen Weltreich.

Vertrag von Tordesillas (1494): Spanien und Portugal einigten sich über die Aufteilung der neuentdeckten Gebiete: Spanien sollte den westlichen Teil erhalten, Portugal den Osten. Im Vertrag von Saragossa (1529) wurde die östliche Hemisphäre aufgeteilt.

Das Spanische Weltreich

Ende des 16. Jh. umfasste das spanische Weltreich Mittelamerika, Westindien, das westliche Südamerika und den größten Teil der Philippinen im Pazifik. Um die neuen Gebiete, die Handelsnetze und die wertvollen Ressourcen (etwa die Gold- und Silberminen) zu schützen, wurde eine Kolonialverwaltung beispiellosen Ausmaßes geschaffen. Die königliche Macht beruhte auf zwei Institutionen: den *Audiencias,* die politische, administrative und richterliche Befugnisse hatten, und den Vizekönigen, die zwar keine richterliche Gewalt besaßen, aber als Gouverneure sehr einflussreich waren. Alles, was die Regierung in den spanischen Territorien betraf, wurde durch eigens dafür geschaffene Institutionen wie den Königlichen Rat von Kastilien und den Westindischen Rat überwacht. Sie traten regelmäßig zusammen, um die Kontrolle der Krone über die fernen Besitzungen zu gewährleisten.

Das gewaltige Weltreich, das Philipp II. von seinem Vater Karl V. erbte, erreichte nach 1580 durch die Annexion Portugals und damit auch Brasiliens und Ostindiens seine größte territoriale Ausdehnung.

Ausdehnung des spanischen Weltreichs

- **1493:** Kolumbus gründet die erste spanische Niederlassung in der westlichen Hemisphäre
- **1494:** Vertrag von Tordesillas teilt die westliche Hemisphäre zwischen Spanien und Portugal auf
- **1509:** Spanien beginnt mit Besiedlung von Mittelamerika
- **1519–21:** Cortés erobert das Azteken-Reich
- **1532–40:** Pizarro erobert das Inka-Reich
- **1540er:** In Potosi entsteht die größte Silbermine der Welt
- **1564:** Regelmäßige Atlantiküberquerungen im Konvoi-System
- **1565–75:** Spanien erobert die Philippinen
- **1571:** Gründung von Manila
- **1580:** Vereinigung der Kronen von Spanien und Portugal
- **1590:** Silber, das nach Manila gebracht wird, hat fast den Wert des Atlantikhandels

1480 · 1500 · 1520 · 1540 · 1560 · 1580 · 1600

DIE WELT 1600–1700

HOLLÄNDER, ENGLÄNDER UND FRANZOSEN erforschten im 17. Jh. wie zuvor Spanier und Portugiesen die Weltmeere. Sie errichteten Kolonien in Nordamerika und nutzten die Handelswege des Indischen Ozeans. Britische und französische Seeleute suchten im Norden nach neuen Routen von Europa nach Asien, der Nordwest- und der Nordostpassage. Die Suche blieb zwar erfolglos, verbesserte aber die geografischen Kenntnisse. Durch das Vordringen der Holländer nach Ostindien schwand allmählich die Vorherrschaft der Portugiesen in der Region. Der Handel zwischen Europa, Afrika, Nordamerika und Südamerika förderte die wirtschaftliche Integration der Gebiete am Atlantik. Der europäische Handel im Indischen Ozean verband europäische und asiatische Märkte miteinander.

Viele europäische Herrscher glaubten, durch göttliches Recht legitimiert zu sein. Das Porträt von Ludwig XIV. ist typisch für den Absolutismus: Es spiegelt die absolute Macht des französischen Königs, der von sich sagte: »Der Staat bin ich«.

Europa

Die Ausbreitung der Reformation verschärfte die politischen Probleme in West- und Mitteleuropa. Der Dreißigjährige Krieg (1618–48) verwüstete weite Teile Deutschlands und wurde erst durch den Westfälischen Frieden beendet, der ein neues Machtgleichgewicht zwischen den Staaten schuf. Dieses System war zwar nicht frei von Konflikten, sorgte jedoch bis zur Französischen Revolution für eine gewisse Stabilität. Das russische Reich dehnte sich bis zur Pazifikküste aus, bis Kosaken und Abenteurer auf der Pelztierjagd Mitte des Jahrhunderts in ganz Sibirien Niederlassungen gründeten.

Europa

- **1611:** Krönung von Gustav II. Adolf gibt Startsignal für Expansion Schwedens
- **1618:** Beginn des Dreißigjährigen Kriegs
- **1643:** Ludwig XIV. wird König von Frankreich
- **1648:** Westfälischer Frieden beendet Dreißigjährigen Krieg
- **1649:** Hinrichtung von Karl I. von England
- **1682:** Peter d. Gr. wird Zar von Russland
- **1683:** Belagerung von Wien endet mit Niederlage der Osmanen

1600 · 1620 · 1640 · 1660 · 1680 · 1700

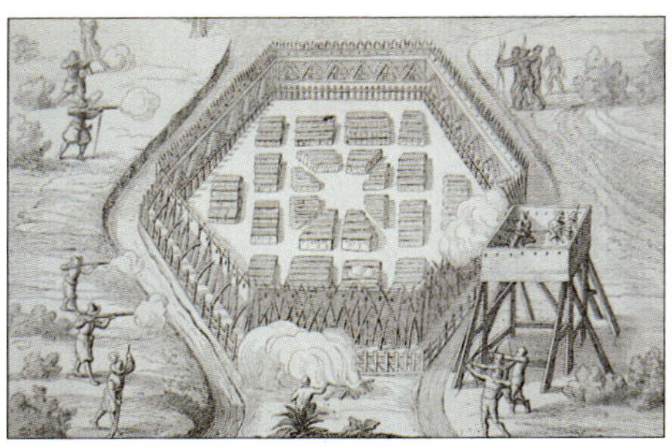

Der Franzose Samuel de Champlain führte mit verbündeten Indianerstämmen blutige Kämpfe gegen die Irokesen. Das Bild zeigt ihn beim Angriff auf eine befestigte Irokesen-Siedlung.

Amerika

Das spanische Reich in Übersee hatte sein Kerngebiet in Mittelamerika und den Anden. Portugal errichtete entlang der Nordostküste von Südamerika eine gewinnbringende Plantagenwirtschaft. Englische Siedler ließen sich entlang der nordamerikanischen Atlantikküste sowie als Zuckerrohrfarmer auf Jamaica und anderen karibischen Inseln nieder. Franzosen und Holländer gründeten Forts und Handelsniederlassungen in Nordamerika und betrieben Zuckerrohrplantagen in der Karibik und in Guayana. Französische Pelztierjäger erkundeten die Great Lakes und das obere Mississippi-Tal, britische die Küste der Hudson Bay. Die einheimischen Völker im Innern des Kontinents blieben von den Europäern weitgehend unbehelligt und unabhängig.

Amerika

- **1604–08:** Gründung der französischen Siedlung Acadia
- **1607:** Gründung der englischen Siedlung Jamestown
- **1630:** Beginn der niederländischen Erschließung Brasiliens
- **1630:** Gründung englischer Siedlungen in der Bucht von Massachusetts
- **1654:** Engländer erobern Jamaica von Spaniern
- **1664:** Engländer erobern holländische Siedlung Neu-Amsterdam, die in New York umbenannt wird
- **1695:** Goldfunde in Brasilien

1600 · 1620 · 1640 · 1660 · 1680 · 1700

Afrika

Der Sklavenhandel wirkte sich auf die Politik und die Gesellschaften in Afrika aus. 1663 besetzten die Portugiesen das Ndongo-Territorium, um die Kolonie in Angola zu erweitern, auch versuchten sie mehrfach, den Kongo zu erobern. Die afrikanische Bevölkerung profitierte von der Einfuhr von Nutzpflanzen aus Amerika, zum Beispiel Maniok, Mais und Erdnüssen. Dem stand jedoch die Versklavung von 2 Mio. Schwarzafrikanern gegenüber, die vorwiegend nach Nord- und Südamerika gebracht wurden. Staaten wie Asante, Dahomey und Oyo überfielen ihre Nachbarn auf der Suche nach Sklaven, um diese gegen europäische Waffen einzutauschen.

OPTISCHE INSTRUMENTE

Die Entwicklung des Fernrohrs und des Mikroskops im 17. Jh. brachte große Fortschritte für das Wissen über Gegenstände, die weit entfernt oder zu klein für das menschliche Auge waren. Galileo baute 1609 ein Teleskop mit Linsen, um den Mond und das All zu beobachten. Mit dem Newtonschen Spiegelteleskop, das Spiegel und Linsen enthielt, waren Sterne und Planeten noch besser erkennbar. 1683 baute Antoni van Leeuwenhoek das erste leistungsstarke Präzisionsmikroskop.

Modell eines Newtonschen Spiegelteleskops aus dem Jahr 1668.

Die Qing-Dynastie begann ihre Herrschaft mit großer Energie und förderte viele Projekte, die auf die Verbesserung der Infrastruktur in den neuerworbenen Gebieten zielten. Hier bauen Arbeiter einen Damm aus Holz und Reisig.

Ostasien

Eine Armee der Mandschu-Fürsten stürzte 1644 die Ming-Dynastie, marschierte in Beijing ein und errichtete die Qing-Dynastie (1644–1911). In den 1780er Jahren hatte diese ihre Stellung im Süden Chinas gefestigt, Formosa erobert und ihren Einfluss bis nach Nord- und Zentralasien ausgedehnt. Die Qing passten sich der chinesischen Kultur rasch an und übernahmen weitgehend das Verwaltungssystem der Ming-Zeit. Das Shogunat der Tokugawa in Japan führte eine Zentralregierung ein. Der Außenhandel wurde von Chinesen und Japanern streng kontrolliert und beschränkte sich im Wesentlichen auf Macao in China und Nagasaki in Japan.

SIEHE AUCH:

- **Nordamerika:** S. 126–127
- **Südamerika:** S. 148–149
- **Afrika:** S. 164–165
- **Europa:** S. 196–197
- **Westasien:** S. 230–231
- **Süd- und Südostasien:** S. 244–245
- **Nord- und Ostasien:** S. 268–269
- **Australasien und Ozeanien:** S. 278–279

Ostasien

1600 – 1620 – 1640 – 1660 – 1680 – 1700

- **1603:** Beginn des Shogunats der Tokugawa in Japan
- **1636:** Verbot von Auslandsreisen für Japaner
- **1644:** Die Mandschu errichten Qing-Dynastie nach Sieg über die Ming
- **1654:** Geburt von Xuanye, 1662–1722 Kangxi-Kaiser der Qing
- **1683:** Eroberung von Formosa durch den Kangxi-Kaiser
- **1689:** Vertrag von Nerchinsk zwischen Russland und China; Russen ziehen sich aus dem Amur-Becken zurück

DIE ÖSTLICHE HEMISPHÄRE VON JAN BLAEU

Holländische Seefahrer und Kaufleute überschritten im 17. Jh. die Grenzen, die den Europäern damals bekannt waren. Willem Blaeu und sein Sohn Jan, Kartografen in Diensten der holländischen Ostindien-Kompanie (Vereenigte Oostindische Kompanie, VOC), sammelten die Informationen von Forschern und veröffentlichten Karten, Schaubilder und Weltatlanten.

Die östliche Hemisphäre aus Jan Blaeus *Nova et accuratissima totius terrarum orbis tabula* wurde 1662 in seinem *Atlas Major* veröffentlicht. Die Karte zeigt die bekannten Konturen von Afrika, Europa und eines Teils von Asien, während Australien nur angedeutet ist.

Das Taj Mahal ließ der Großmogul Jahan Schah als Grabmal für seine Frau Mumtaz errichten. In dem monumentalen Bauwerk spiegeln sich die Macht und der Reichtum der Mogul-Kaiser.

Süd- und Südostasien

Das Territorium der Moguln wurde unter der Herrschaft von Jahan Schah Mitte des 17. Jh. ausgedehnt, allerdings destabilisierte religiöse Intoleranz das Reich. Englische und holländische Handelsgesellschaften sicherten ihre Besitzungen im Indischen Ozean. Die englische Ostindien-Kompanie errichtete Forts und Handelsniederlassungen entlang der indischen Küsten, die Ostindische Kompanie Hollands hatte auf Java ihren Hauptstützpunkt. Von dort aus kontrollierte sie den Handel mit den ›Gewürzinseln‹ (Molukken) und übernahm Gebiete des expansionistischen Sultanats von Mataram.

Fort Jesus in der Nähe von Mombasa wurde 1593 von den Portugiesen errichtet. Araber aus Oman eroberten es 1698 nach einer Reihe von Angriffen auf portugiesische Besitzungen in Ostafrika.

Afrika

1600 – 1620 – 1640 – 1660 – 1680 – 1700

- **1619:** Afrikanische Sklaven werden in die englische Kolonie Jamestown gebracht
- **1641:** Holländer erobern portugiesische Besitzungen in Angola
- **1652:** Gründung einer holländischen Kolonie am Kap der Guten Hoffnung
- **1665:** Portugiesen besiegen Kongo in der Schlacht von Mbwila. Tod des Königs
- **1670:** Nach Niederlage der portugiesischen Armee gibt Angola Versuch auf, Kongo zu erobern
- **1698:** Araber aus Oman erobern Mombasa

Süd- und Südostasien

1600 – 1620 – 1640 – 1660 – 1680 – 1700

- **1619:** Holländer gründen Batavia als Zentrum ihres Handelsimperiums in Südostasien
- **1627:** Jahan wird Großmogul
- **1641:** Holländer erobern Malacca
- **1658:** Aurangzeb wird Großmogul
- **1663:** Holländer verdrängen Portugiesen endgültig aus Ceylon
- **1679:** Geflohene Mandschu siedeln im Mekong-Delta
- **1691:** Südkambodscha kommt zu Annam und wird in zwei Provinzen aufgeteilt

MENSCHENHANDEL

Hugh Crow, ein Kaufmann aus Liverpool, machte im 19. Jh. mit Sklavenhandel ein Vermögen.

DIE GRÜNDUNG EUROPÄISCHER Kolonien und überseeischer Imperien zwischen dem 16. und dem 19. Jh. ging mit einem organisierten Sklavenhandel einher, der die Grundlage für weltweite Handelsverbindungen schuf. Zwar scheint es Sklaven zu allen Zeiten gegeben zu haben: Kriegsgefangene wurden versklavt, und mit Sklaven wurden Tribute bezahlt. Doch durch Handelsgesellschaften wie die ostindischen Kompanien Englands und Hollands erreichte der Handel eine welthistorisch neue Dimension und der Bedarf an Arbeitskräften für die Plantagenwirtschaft in Nord- und Südamerika führte zu den bislang größten Bevölkerungsbewegungen auf dem Erdball.

Transatlantischer Sklavenhandel

Vom späten 15. bis zum frühen 19. Jh. verkauften europäische Kaufleute – vor allem britische und portugiesische – afrikanische Sklaven nach Amerika. Sie bedienten sich der bestehenden Sklavenmärkte in den zentral- und westafrikanischen Königreichen, überfielen auf der Suche nach Nachschub aber auch westafrikanische Küstengebiete. Europäische Handelsgüter, besonders Waffen, wurden gegen Sklaven eingetauscht, die als Landarbeiter für die Plantagen in der Karibik und in den tropischen Zonen Nord- und Südamerikas bestimmt waren. Die Zahl der Sklaven, die in die westliche Hemisphäre gebracht wurden, wird auf mindestens 12 Mio. geschätzt.

Die unmenschlichen Zustände auf der ›Middle Passage‹ bei der Überfahrt von den Sklavenhäfen Westafrikas in die Neue Welt verbesserten sich im Lauf der Jahrhunderte nur wenig. Ursache für die sinkende Sterblichkeitsrate war die abnehmende Fahrtdauer. Es wird geschätzt, dass 4 bis 5 Mio. Sklaven in den Schiffen nach Amerika ums Leben kamen.

Sklaven in der Neuen Welt

Die großen Plantagenbetriebe und Bergbauunternehmen, die ab dem 16. Jh. in der Neuen Welt entstanden, benötigten ein riesiges Reservoir an Arbeitskräften. Die anfängliche Versklavung der indianischen Bevölkerung durch Spanier und Portugiesen erwies sich als nicht ausreichend. Im frühen 16. Jh. begannen die Portugiesen daher, afrikanische Sklaven in die Karibik und nach Brasilien zu holen. Der Boom der Baumwollplantagen im Süden der Vereinigten Staaten sorgte dafür, dass der transatlantische Sklavenhandel fortbestand.

Die Plantagenwirtschaft war äußerst arbeitsintensiv. Auf den karibischen Inseln wurden landwirtschaftliche Erzeugnisse für den europäischen Markt angebaut, zum Beispiel Zucker, Kaffee und Gewürze. Das Bild zeigt Sklaven beim Pflanzen von Zuckerrohrablegern auf einer Plantage in Antigua im Jahr 1823.

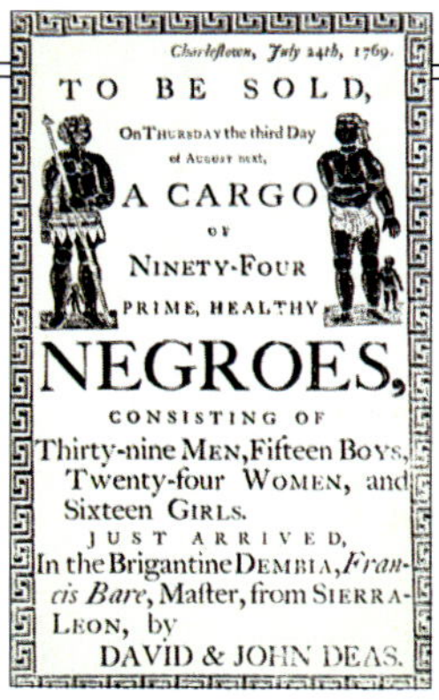
Charlestown, July 24th, 1769.
TO BE SOLD,
On THURSDAY the third Day of AUGUST next,
A CARGO
OF
NINETY-FOUR
PRIME, HEALTHY
NEGROES,
CONSISTING OF
Thirty-nine MEN, Fifteen BOYS,
Twenty-four WOMEN, and
Sixteen GIRLS.
JUST ARRIVED,
In the Brigantine DEMBIA, Francis Bare, Master, from SIERRA-LEON, by
DAVID & JOHN DEAS.

In Hafenstädten wie Charleston wurden Sklaven auf Auktionen verkauft. Dadurch wuchs die Bevölkerung im südlichen Teil Nordamerikas sprunghaft an: Im frühen 18. Jh. machten Sklaven mehr als die Hälfte der Bevölkerung von South Carolina aus.

Sklaverei in anderen Regionen

Im 9. und 10. Jh. gab es in Europa und im Nahen Osten wichtige Sklavenhandelsrouten. Wikinger und russische Kaufleute handelten mit Sklaven aus dem Balkan, die häufig an Harems in Südspanien und Nordafrika verkauft wurden. Über Venedig, Prag und Marseille beschaffte sich das Kalifat Baghdad seine Sklaven aus Westeuropa; aus Osteuropa und Zentralasien kamen slawische und türkische Sklaven. Im 13. Jh. verkauften die Mongolen Sklaven im Karakorum- und Wolgagebiet. Der Handel mit afrikanischen Sklaven, vor allem aus Ostafrika, hatte bereits eine lange Tradition, bevor europäische Seeleute sich am Sklavenhandel beteiligten. Zwischen dem 9. und dem 19. Jh. brachten muslimische Kaufleute etwa 14 Mio. Sklaven mit Kamelkarawanen durch die Sahara und über ostafrikanische Häfen vorwiegend in Gebiete am Indischen Ozean.

Dieses arabische Bild aus dem 13. Jh. zeigt Afrikaner und Europäer, die auf einem Sklavenmarkt zum Kauf angeboten werden. Arabische Sklavenhändler holten ihre Sklaven aus Europa, Zentralasien und Afrika.

SIEHE AUCH:
Nordamerika: S.126–127, 130–131
Südamerika: S.148–149
Afrika: S.162–165

Sklavenhandel

- **1479:** Vertrag von Alcaçovas gestattet Portugiesen Import von Sklaven in spanische Gebiete
- **1502:** Einführung afrikanischer Sklaven in der Karibik
- **1522:** Erste amerikanische Sklavenrevolte auf Hispaniola
- **1685:** ›Code Noir‹ schränkt Sklaverei in französischen Karibik-Kolonien ein
- **1739:** Stono-Aufstand in South Carolina
- **1791:** Sklavenaufstand in Haiti
- **1804:** Gründung eines unabhängigen Staates auf Haiti
- **1807:** Abschaffung des Sklavenhandels in Großbritannien
- **1850:** Endgültige Abschaffung des Sklavenhandels in Brasilien
- **1863:** Ende der Sklaverei in USA nach Emanzipationserklärung
- **1867:** Letzte belegte Ankunft eines Sklavenschiffs auf Cuba

1450 – 1500 – 1550 – 1600 – 1650 – 1700 – 1750 – 1800 – 1850 – 1900

Russland: Die 1497 eingeführte Leibeigenschaft der Bauern wurde 1861 abgeschafft

China: Nach der Abschaffung des transatlantischen Sklavenhandels werden die Arbeitsmärkte in Ostindien und Amerika mit chinesischen Kontraktarbeitern beliefert

1 Globaler Sklavenhandel 1400–1860

- für Sklavenhandel bedeutende Nation
- Zentrum für Export afrikanischer Sklaven
- Zentrum für Export muslimischer Sklaven
- Handel mit afrikanischen Sklaven
- Handel mit muslimischen Sklaven
- afrikanische Staaten mit Sklavenhandel
- Zahl importierter Sklaven
- Routen europäischer Sklavenhändler
- Routen osmanischer Sklavenhändler
- Routen der Sklavenhändler aus der Sahara
- Routen arabischer Sklavenhändler
- Export muslimischer Sklaven aus Südostasien
- Exporte im Austausch gegen Sklaven
- Exporte für Sklaven
- europäische Exporte nach Afrika
- Sklavenfabrik

Von Sklaven erzeugte Waren
- Kakao
- Kaffee
- Baumwolle
- Diamanten
- Gold
- Silber
- Zucker
- Tabak

Andere Handelswaren
- Färbemittel
- Pelze und Häute
- Pfeffer
- Seide und Textilien
- Gewürze
- Zinn

Importe für Sklaven
- Stockfisch

Viele afrikanische Herrscher machten ein Vermögen, indem sie sowohl arabische als auch europäische Händler mit Sklaven belieferten. Der Kongo-König Alvare trieb Handel mit den Portugiesen, die auf dem Bild dem König kniend die Ehre erweisen.

Henry Morgan war ein walisischer Freibeuter, der Ende des 17. Jh. zahlreiche Überfälle auf spanische Schiffe und Gebiete unternahm – der verheerendste war die Zerstörung der Stadt Panama im Jahr 1671.

Piraterie und Schmuggelei

Der umfangreiche Handel mit lukrativen Waren bot Piraten, Freibeutern und Schmugglern ungeahnte Möglichkeiten. In den kaum kontrollierten karibischen und amerikanischen Gewässern waren die Plünderer besonders umtriebig. Die zahlreichen Inseln mit ihren versteckten Häfen und dichter tropischer Vegetation machten die Karibik zu einem Paradies für Schmuggler und Piraten, die hier Schiffen mit wertvoller Fracht wie Zucker, Rum, Silber und Sklaven auflauerten. Einige Plünderer waren Freibeuter mit Kaperbriefen, die mit staatlicher Ermächtigung Schiffe überfielen, zum Beispiel Sir Francis Drake. Die meisten arbeiteten jedoch auf eigene Faust und machten bei der Wahl ihrer Opfer keine Unterschiede.

Mit Hilfe von Vorrichtungen wie diesem Halsreifen aus Eisen sollten Sklaven an der Flucht gehindert werden.

2 Piraterie in der Karibik im 16. und 17. Jh.

Routen der Freibeuter
- John Hawkins 1562
- John Hawkins 1565
- John Hawkins 1567
- Sir Francis Drake 1571
- Sir Francis Drake 1572–73
- Sir Francis Drake 1577–80
- Sir Francis Drake 1585–86
- Piet Heyn 1623–28
- Edward Mansvelt 1665
- François l'Olonnois 1667
- Henry Morgan 1668
- Henry Morgan 1669
- Henry Morgan 1670
- gekapertes Schiff mit Schätzen
- Plünderung oder Eroberung einer Insel oder Stadt (Farbe zeigt Freibeuter an)
- Konflikt mit Spanien

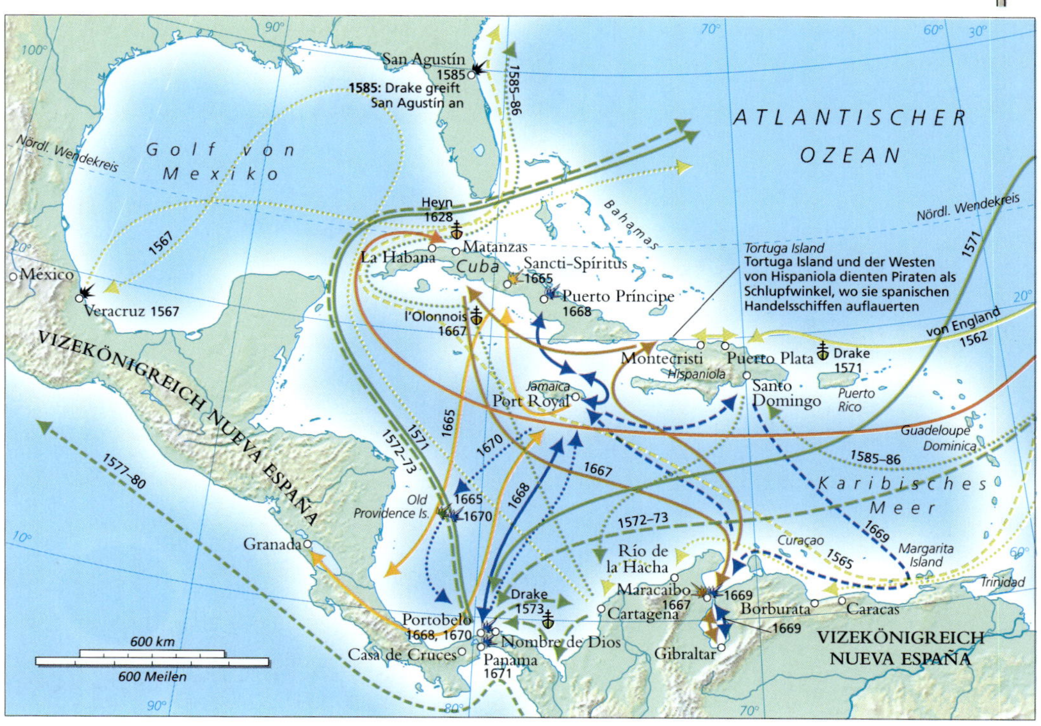

DIE WELT 1700–1800

SEIT ANFANG DES 18. JH. verursachten neue Ideen in Wissenschaft, Philosophie und Politik auf der ganzen Welt tiefgreifende Umwälzungen. Der Protest gegen das *Ancien Régime* führte sowohl in Frankreich als auch in Nordamerika zum Sturz der Königsherrschaft. Mit Agrarreformen und dem Einsatz neuer Techniken in der Landwirtschaft konnte die Nahrungsmittelproduktion gesteigert werden. Die Bevölkerungszahl nahm sprunghaft zu, vor allem in Europa. Dort leiteten technologische Innovationen die Industrielle Revolution und ein stetes Wachstum der Städte ein. Weltweit nahm der europäische Einfluss und Territorialbesitz zu. Forschungsreisende erkundeten die Inseln des Pazifik, und Großbritannien erweiterte seinen Herrschaftsbereich um Indien und Australien.

Am 21. Januar 1793 wurde der französische König Ludwig XVI. in Paris hingerichtet. Seine Gemahlin Marie Antoinette erlitt wenige Monate später das gleiche Schicksal.

Europa

In ganz Europa nahm die Macht der Monarchen zu – vor allem in Russland unter Zar Peter und in Preußen unter Friedrich d. Gr. In Frankreich erreichte die Bourbonen-Monarchie während der Regentschaft von Ludwig XIV. (1643–1715) ihren Höhepunkt. Revolutionäre Ideen, die im Gefolge der Aufklärung entstanden, und wirtschaftliche Probleme schufen eine politisch angespannte Situation, aus der sich 1789 die Französische Revolution entwickelte, deren Auswirkungen ganz Europa erfassten.

Europa

1700 – 1720 – 1740 – 1760 – 1780 – 1800

- **1703:** Peter d. Gr. gründet St. Petersburg
- **1715:** Tod Ludwigs XIV.
- **1740:** Preußen beginnt Österreichischen Erbfolgekrieg und wird Großmacht in Europa
- **1756–63:** Siebenjähriger Krieg in Europa
- **1768:** Krieg zwischen Russland und Osmanen
- **1774:** Verfall des Osmanischen Reichs nach dem Frieden von Küçük Kaynarcı
- **1783:** Russland annektiert die Krim
- **1789:** Beginn der Französischen Revolution
- **1799:** Napoleon nach Staatsstreich in Frankreich an der Macht

Die amerikanische Verfassung von 1789 beruhte auf dem Prinzip von Freiheit und Demokratie für alle Bürger. Sklaven galten jedoch nur zu drei Fünftel als Person und hatten kein Stimmrecht.

Amerika

Rivalitäten zwischen französischen, britischen und spanischen Siedlern sowie Konflikte mit der indianischen Bevölkerung führten im 18. Jh. zu zahlreichen Kriegen. In deren Verlauf sicherten sich die Briten die Vormachtstellung in Nordamerika. 1775 kam es nach der Amerikanischen Revolution zur Spaltung zwischen Kanada, das treu zur britischen Krone stand, und den Vereinigten Staaten von Amerika, deren Unabhängigkeit 1783 im Frieden von Paris besiegelt wurde. In Südamerika kämpften Portugiesen und Spanier in Brasilien um neu entdeckte Goldvorkommen. In Peru scheiterten Aufstände der indianischen Bevölkerung gegen die Spanier.

Amerika

1700 – 1720 – 1740 – 1760 – 1780 – 1800

- **1713:** Asiento de Negros: Großbritannien erhält für 30 Jahre Kontrolle über Sklavenhandel mit spanischen Kolonien
- **1728:** Bering sichtet Alaska
- **1763:** Frieden von Paris: Frankreich verliert Kanada an Großbritannien und den Besitz westlich des Mississippi an Spanien
- **1775:** Beginn des Amerikanischen Unabhängigkeitskriegs
- **1776:** Amerikanische Kolonien erklären Unabhängigkeit von Großbritannien
- **1783:** Frieden von Paris: Großbritannien erkennt Unabhängigkeit der USA an
- **1789:** George Washington wird erster Präsident der Vereinigten Staaten

MESSEN DES LÄNGENGRADES

Lange Zeit ermittelten Navigatoren den Breitengrad mit Hilfe von Sonne und Sternen. Die genaue Bestimmung des Längengrades war nur möglich, indem man die genaue Ortszeit mit der Zeit am Meridian von Greenwich in Beziehung setzte. Mit dem 1762 von John Harrison erfundenen Schiffschronometer war es Navigatoren möglich, die Position exakter zu bestimmen. Die Zahl der Schiffbrüche und die Reisezeit konnten so verringert werden.

Kapitän James Cook hat Harrisons Chronometer bei seiner zweiten Weltumsegelung eingesetzt. Seine Berechnungen der Schiffsposition am Ende der Reise wiesen nur eine Abweichung von 13 km auf.

Afrika

Der islamische Kultureinfluss breitete sich im gesamten nördlichen Afrika aus; die Asande und die Yoruba dominierten in Westafrika. Doch der Sklavenhandel, der in weiten Teilen Afrikas seit Jahrhunderten blühte, wurde in dieser Zeit unter europäischem Einfluss internationalisiert und gewaltig ausgeweitet. Mehr als 13,5 Mio. Afrikaner verließen im 18. Jh. den Kontinent als Sklaven. Westafrikaner und Angolaner wurden in die Neue Welt gebracht – vor allem nach Brasilien –, und Nordafrika betrieb Handel mit dem Osmanischen Reich. Im südlichen Afrika kämpften holländische und britische Siedler gegen das Volk der Xhosa um die Vorherrschaft.

CAPTAIN COOKS KARTE VON NEUSEELAND

Ozeanien und die Südsee waren bis zum 17. Jh. den meisten Navigatoren unbekannt. Der englische Seefahrer James Cook unternahm zwischen 1768 und 1779 drei Entdeckungsfahrten in den Südpazifik. Diese Karte von Neuseeland entstand auf der ersten Fahrt. Mit seinem Schiff, der *Endeavour*, fuhr er die gesamte Küste entlang, um diese bemerkenswert genaue Karte zu erstellen.

Die Karte von James Cook enthielt die erste genaue Skizze von Neuseeland. Kopien gingen an Kartografen in ganz Europa.

Ende des 18. Jh. hatten viele indische Herrscher, so auch der Nawab von Bengalen, administrative Befugnisse an die Briten abgetreten.

Süd- und Westasien

Die Perser unter Nadir Schah bedrohten das Osmanische Reich und drängten zugleich nach Osten in das indische Mogulreich; 1739 eroberten sie Delhi. Mitte des 18. Jh. traten die Marathen die Nachfolge der Moguln an, wurden jedoch 1761 in der Schlacht von Panipat von der afghanischen Armee vernichtend geschlagen. Ende des Jahrhunderts hatte die britische Ostindien-Kompanie nach erfolgreichen militärischen Aktionen einen großen Teil Indiens unter ihre Kontrolle gebracht.

SIEHE AUCH:

- **Nordamerika:** S. 126–129
- **Südamerika:** S. 148–149
- **Afrika:** S. 164–165
- **Europa:** S. 198–201
- **Westasien:** S. 230–231
- **Süd- und Südostasien:** S. 246–249
- **Nord- und Ostasien:** S. 268–269
- **Australasien und Ozeanien:** S. 282–283

Süd- und Westasien

- **1707:** Verfall der Mogul-Herrschaft in Indien nach Tod von Aurangzeb
- **1722–36:** Unterwerfung der Afghanen durch Perser
- **1736:** Nadir wird Schah von Persien
- **1747:** Gründung Afghanistans durch Ahmad Khan Abdali
- **1757:** Niederlage der Bengalen gegen Robert Clive in der Schlacht Plassey
- **1761:** Machtverlust der Franzosen in Indien nach Einnahme von Pondicherry durch die Briten
- **1765:** Bengalen gelangt unter britische Kontrolle
- **1775:** Erster Krieg zwischen Briten und Marathen
- **1786:** Beginn der Kadjaren-Dynastie in Persien
- **1796:** Eroberung der Küste Ceylons durch Briten
- **1799:** Ende der britischen Expansion in Südindien nach Eroberung von Mysore

Ostasien, Südostasien und Ozeanien

Die Einwohnerzahl Chinas hatte sich um 1790 auf 300 Mio. nahezu verdreifacht. Die Qing-Dynastie konnte ihr Herrschaftsgebiet ausweiten, indem sie Tibet zum Protektorat machte und 1760 die Dsungaren in Xiankiang unterwarf. Der Handel mit Tee, Porzellan und Seide nach Russland und dem Westen kurbelte die Wirtschaft an, und die Mandschu-Kaiser widerstanden dem europäischen Expansionsstreben. Auch die militärischen Konflikte der Reiche in Südostasien konnten die Chinesen nutzen, zum Beispiel 1765–69 in Burma. Obwohl Portugiesen und Holländer Handelsposten angelegt hatten, war Ostindien noch frei von kolonialer Herrschaft.

Ostasien, Südostasien und Ozeanien

- **1716:** Beginn der Kyoho-Ära in Japan
- **1751:** Tibet, Dsungarei und das Tarim-Becken werden von Chinesen überrannt
- **1752:** Beginn der Konbaung-Dynastie in Burma
- **1755:** Alaungpaya gründet Rangoon und vereinigt Burma
- **1765–69:** Mandschu dringen in Burma ein
- **1768:** James Cook beginnt mit Erforschung des Pazifik
- **1774:** Nguyen Anh wird Kaiser von Vietnam
- **1788:** Erste britische Siedlung an der Botany Bay in Australien

Seidenmalereien der Qing – hier ein Wettbewerb von Bogenschützen – waren wie das Porzellan bei europäischen Kaufleuten wegen der im Westen unbekannten Qualität überaus begehrt.

Kunstvoll gefertigten Goldschmuck trugen die Würdenträger am Hof von Asante als Insignien.

Afrika

- **1705:** Beginn der Husaini-den-Dynastie in Tunesien, die bis 1957 regiert
- **1720:** Holländische Siedler erreichen vom Kap aus den Oranje (Orange)
- **1730:** Wiedererrichtung des zentralafrikanischen Reichs Bornu
- **1747:** Oyo stärkste Macht im Niger-Delta nach Sieg über Dahomey
- **1757:** Muhammad III. wird Sultan von Marokko
- **1770er:** Höhepunkt des europäischen Sklavenhandels mit Afrika
- **1779–80:** Kämpfe zwischen Buren und Bantu in Südafrika
- **1787:** Briten gründen bei Freetown Siedlung der ersten freigelassenen Sklaven
- **1795:** Briten erobern Kap der Guten Hoffnung von Holländern
- **1798:** Besetzung Ägyptens durch Napoleon Bonaparte

Die Welt im Jahr 1800

- Qing-Reich
- Persien und Besitzungen
- Osmanisches Reich
- Großbritannien und Besitzungen
- Frankreich und Besitzungen
- Dänemark und Besitzungen
- Spanien und Besitzungen
- Portugal und Besitzungen
- Niederlande und Besitzungen
- Preußen und Besitzungen
- Russisches Reich
- Gebiete der österreichischen Habsburger
- Heiliges Römisches Reich
- Persien zum Zeitpunkt des Todes von Schah Nadir 1747
- französischer Besitz, der im 18. Jh. verloren ging

ZEITALTER DER REVOLUTIONEN

Johann V., 1706–50 König von Portugal, finanzierte mit dem größten Teil des Goldes aus den brasilianischen Kolonien aufwendige Bauprojekte.

RASCHES BEVÖLKERUNGSWACHSTUM, die Entstehung der ersten Industriegesellschaften, die Entwicklung der europäischen Kolonien in Amerika sowie neue Vorstellungen von der Rolle des Staates und von individueller Freiheit – all dies bekräftigte im ausgehenden 18. Jh. das Verlangen nach politischem Wandel. Dass die Monarchen Steuern für die Finanzierung von Kriegen verschwendeten und oft mit brutalen Mitteln versuchten, ihre Untertanen unter Kontrolle zu halten, schürte die Unzufriedenheit. Der Erfolg der amerikanischen Siedler im Kampf mit der britischen Kolonialmacht und die Ideen der Französischen Revolution, mit der sich eine Volksvertretung über die königliche Autorität hinwegsetzte, wirkten sich in ganz Europa aus. Die Spannungen nahmen zu und entluden sich ab dem letzten Jahrzehnt des 18. Jh. immer wieder in Aufständen.

Globalisierung von Konflikten

Mit dem Gebietserwerb in Übersee während des 18. Jh. dehnten die europäischen Großmächte auch ihre lokalen Konflikte über den Erdball aus. Der Siebenjährige Krieg (1756–63) tobte nicht nur in Europa, sondern ebenso in den Kolonien. In dessen Verlauf bezwang Großbritannien Frankreich und wurde führende Kolonialmacht in Nordamerika. Wenige Jahre später unterlag das Königreich jedoch einer Allianz von amerikanischen und französischen Streitkräften und musste die Unabhängigkeit der ehemaligen Kolonien anerkennen. Dagegen schufen die Briten in Indien 1757 mit dem Sieg in der Schlacht um Plassey die Grundlage für die Herrschaft über Bengalen und damit für die Expansion von Britisch-Indien.

Der ›Pariser Frieden‹ von 1763 beendete sieben Jahre Krieg zwischen Großbritannien und Frankreich in Nordamerika. Die Unterzeichnung des Vertrages wurde im Londoner Green Park mit einem großen Fest gefeiert.

❷ Revolutionen 1768–1868

- Unabhängigkeitserklärung zwischen 1750 und 1850
- Widerstand gegen imperiale Herrschaft oder Expansion 1750–1850
- Großbritannien mit Besitzungen
- Niederlande mit Besitzungen
- Spanien mit Besitzungen
- Frankreich mit Besitzungen
- Portugal mit Besitzungen
- Dänemark mit Besitzungen
- Russland mit Besitzungen
- Unabhängigkeitserklärung nach Krieg oder Revolution, mit Jahr
- Revolution oder Aufstand in Europa 1750–1830, mit Jahr
- Revolution oder Aufstand in Europa nach 1830, mit Jahr
- 1848 von Revolutionen betroffenes Gebiet
- bedeutender nichteuropäischer Aufstand, mit Jahr

Der Export europäischer Konflikte

- **1743–48:** Krieg zwischen Großbritannien und Frankreich in Nordamerika
- **1744:** Großbritannien und Frankreich treten in Karnatik-Krieg in Indien ein
- **1754:** Krieg von Frankreich und indischen Alliierten gegen Briten
- **1756:** Ausbruch des Siebenjährigen Kriegs in Europa, zugleich Konflikte in Nordamerika
- **1757:** Britischer Sieg in der Schlacht von Plassey in Nordindien
- **1758:** Briten erobern Senegal in Westafrika von Franzosen
- **1758–61:** Britischer Sieg über Frankreich bei Fort St. David und Pondicherry in Indien
- **1760:** Ende des französischen Widerstands in Nordamerika; England beherrscht größten Teil von Französisch-Amerika
- **1763:** Frieden von Paris beendet Siebenjährigen Krieg

1740 · 1750 · 1760 · 1770

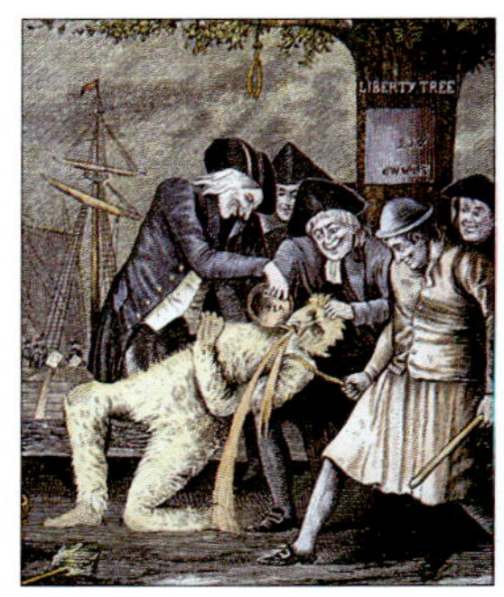

Die amerikanische Karikatur von 1774 zeigt Bewohner von Boston bei Protesten gegen das Stempelakte. Einem geteerten und gefederten Steuereintreiber wird Tee eingeflößt.

❶ Europäische Mächte und erste globale Kriege

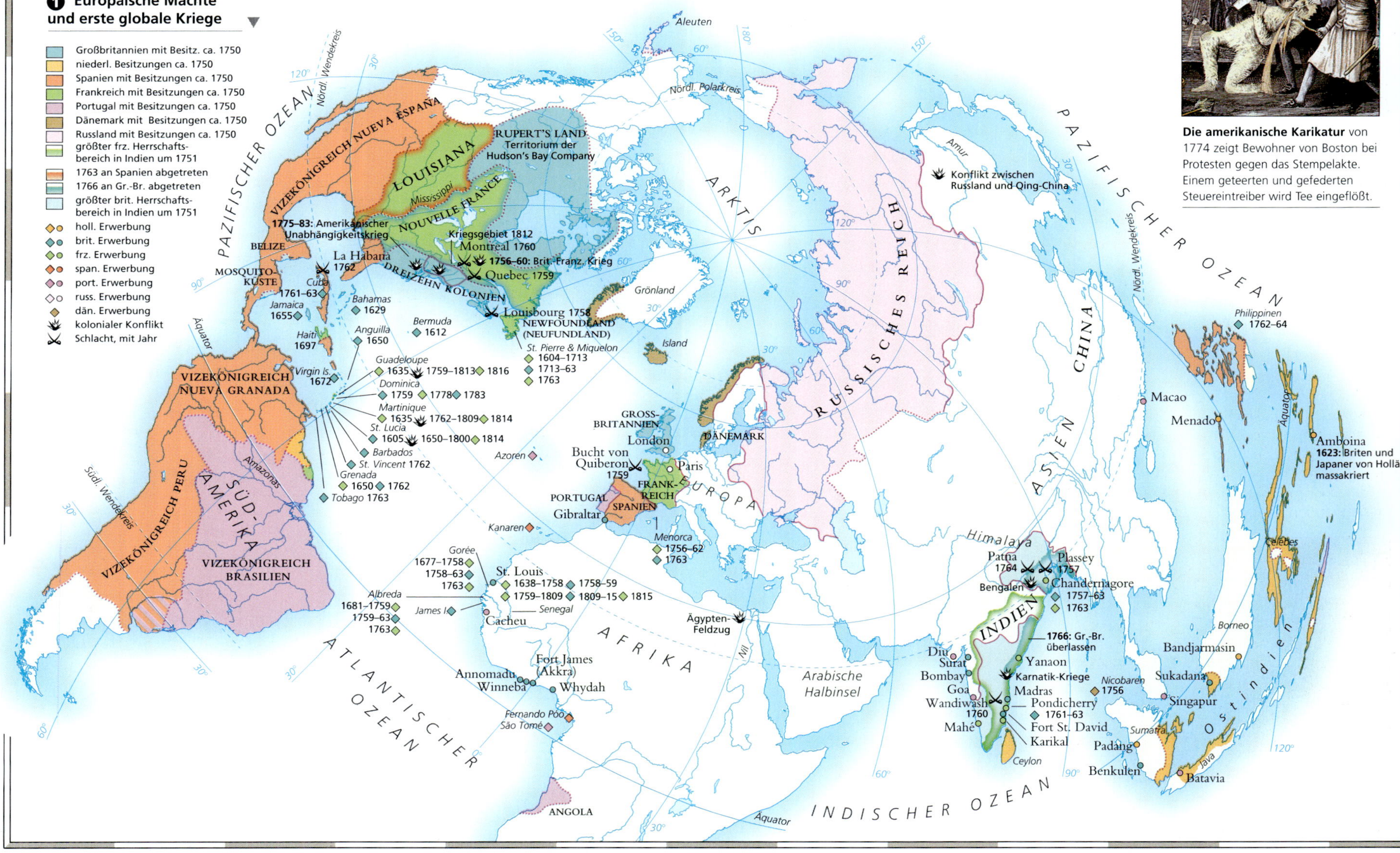

Der katholische Priester Miguel Hidalgo führte 1810 in Mexiko einen Aufstand gegen Spanien an.

SIEHE AUCH:
Nordamerika: S.126–129
Südamerika: S.150–151
Europa: S.198–203
Westasien: S.230–231
Süd- und Südostasien: S.248–249
Nord- und Ostasien: S.268–269

Zeitalter der Revolutionen

Ernsthaft in Frage gestellt wurden die absolute Monarchie und imperialistische Herrschaft erstmals gegen Ende des 18. Jh.: mit dem Aufstand des Kosaken Pugatschew in Russland, der Amerikanischen Revolution gegen die britische Kolonialherrschaft und vor allem mit der Französischen Revolution von 1789. In Mittel- und Osteuropa kam es bis zu Beginn des 19. Jh. immer wieder zu Aufständen. Die Revolution in Spanien 1808 erfasste Amerika, wo die Unabhängigkeitsbewegungen ab 1810 Siege gegen die spanische Kolonialmacht verzeichneten. Versuche, die alte Ordnung wieder herzustellen, stießen auf heftige Gegenwehr, die 1848, im ›Jahr der Revolutionen‹, ihren Höhepunkt erreichte; Auslöser war der Sturz von König Louis Philippe in Frankreich, der zu Aufständen in fast ganz Europa ermutigte.

Das berühmte Bild *Die Freiheit führt das Volk an* von Delacroix drückte die Hoffnungen französischer und anderer europäischer Revolutionsbewegungen im 19. Jh. aus.

Revolutionen und Aufstände 1768–1868

- **1768:** Revolte in Genf
- **1773:** Aufstände im Südosten Russlands, angeführt von Pugatschew
- **1775:** Ausbruch des amerikanischen Unabhängigkeitskriegs
- **1784:** Aufstände in niederländischer Provinz Holland
- **1789:** Beginn der Französischen Revolution
- **1790:** Revolte in Ungarn
- **1791:** Aufstand in Polen
- **1791:** Revolution auf Haiti
- **1793:** Revolte auf Sardinien
- **1793:** Rebellion auf Korsika
- **1798:** Revolte in Irland
- **1804:** Revolte in Serbien
- **1808:** Revolution in Spanien
- **1810:** Beginn der Revolutionen in Spanisch-Amerika; 1826 haben alle spanischen Kolonien in Südamerika Unabhängigkeit erlangt
- **1830:** Julirevolution in Paris; löst nationalistische Bewegungen gegen Ergebnisse des Wiener Kongresses aus; 1832: ›Hambacher Fest‹ in Deutschland
- **1848:** Jahr der Revolutionen in Europa
- **1850er:** Muslim. Hui-Aufstände in China
- **1850er:** Aufstände und Herrschaft der Taiping in China
- **1853–68:** Nian-Aufstand in China

3 Revolution auf Haiti

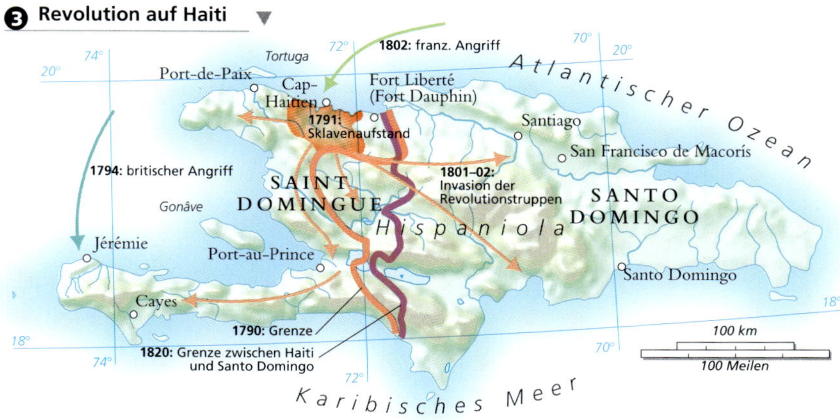

Die Haitianische Revolution

Ermutigt durch die Französische Revolution, rebellierten im Jahr 1791 Sklaven in der reichen französischen Kolonie Saint-Domingue. 1794 wurde die Sklaverei abgeschafft. 1801 drangen Rebellen ins spanische Santo Domingo ein und vereinten für kurze Zeit die Insel. Die britischen und französischen Streitkräfte konnten nicht verhindern, dass Haiti 1804 unabhängig wurde.

Toussaint l'Ouverture, ein ehemaliger Sklave, führte die Revolte von 1791 an. Die Franzosen machten Zugeständnisse und ernannten ihn 1801 zum Generalgouverneur. Als sie 1802 Truppen nach Haiti entsandten, musste Toussaint l'Ouverture Verhandlungen mit dem Befehlshaber aufnehmen. Er wurde gefangen genommen und starb 1803 in einem französischen Gefängnis.

DIE WELT 1800–1850

DIE REVOLUTIONEN IN FRANKREICH UND AMERIKA gaben einem neuen Nationalismus und dem Streben nach Demokratie und Freiheit Auftrieb. Die Kolonialregierungen in Südamerika wurden gestürzt, in Europa gewannen Belgien und Griechenland ihre Unabhängigkeit. Die Industrielle Revolution veränderte die Vereinigten Staaten und Nordeuropa tiefgreifend, da Massenproduktion und Verkehrswesen einen Wirtschaftsboom auslösten. Unzählige Menschen strömten in die wachsenden Städte oder verließen als Auswanderer ihre alte Heimat. Die Suche nach Rohstoffen für die Industrie und der Wunsch, die Weltmärkte zu beherrschen, führten bald zu einer beispiellosen kolonialen Expansion. In den USA, Australien und Neuseeland kämpften die Ureinwohner einen aussichtslosen Kampf um ihr verlorenes Land.

Bahnbrechende Erfindungen waren verantwortlich für den industriellen Vorsprung Großbritanniens. Das 1824 von Nielsen entwickelte Heißwindverfahren erleichterte das Schmelzen von Eisen.

Europa

Das Napoleonische Kaiserreich erschütterte die bestehende Ordnung in Europa, da es die alten Feudalstaaten beseitigte. Auf die Forderung von Liberalen nach mehr Demokratie im Vormärz (1815–48) antworteten die Herrschenden mit repressiven Maßnahmen; Redefreiheit und politische Meinungsäußerung wurden eingeschränkt. Ende der 1840er Jahre führten soziale Unruhen in den wachsenden Städten, schlechte Ernten und Wirtschaftskrisen zu Aufständen. 1848 mußte der französische König Louis Philippe abdanken. In ganz Europa brachen Revolutionen aus.

Europa

- **1804:** Napoleon wird Kaiser
- **1805:** Frankreich besiegt Russland und Österreich in der Schlacht von Austerlitz
- **1812:** Rückzug Napoleons aus Moskau
- **1815:** Neuordnung Europas auf dem Wiener Kongress
- **1819:** Karlsbader Beschlüsse verbieten politische Zusammenkünfte und knebeln die Presse
- **1830:** Erste Welle revolutionärer Aufstände und sozialer Unruhen in Europa
- **1831:** Belgien wird unabhängig
- **1845:** Hungersnot in Irland; 1,17 Mio. Menschen verlassen Europa
- **1848:** Revolutionen in ganz Europa werden rasch niedergeschlagen

Nordamerika

Der Erwerb neuer Territorien ebnete neuen Siedlungen in den Weiten Nordamerikas den Weg. Auf der Suche nach fruchtbarem Land und Wohlstand stießen die Siedler auf die indianischen Ureinwohner, die, ausgerüstet mit Pferden und Gewehren, den Eindringlingen erbitterten Widerstand leisteten. Die Mechanisierung der Landwirtschaft steigerte den Export von Weizen, Tabak und Baumwolle. Da die Wirtschaft florierte, wuchsen die Städte, und zahllose Einwanderer strömten ins Land.

Die Plantagenwirtschaft im Süden der USA war abhängig von der Arbeit von Sklaven bei der Baumwoll- und der Tabakernte.

Nordamerika

- **1803:** Frankreich verkauft das Gebiet zwischen Mississippi und den Rocky Mountains an die USA (Louisiana Purchase)
- **1819:** USA kaufen Florida von Spanien
- **1821:** Mexiko wird unabhängig von Spanien
- **1836:** Texaner lösen sich von Mexiko und rufen die Republik Texas aus
- **1846–48:** Nach verlorenem Krieg muss Mexiko Kalifornien und New Mexico an USA abtreten
- **1849:** Goldrausch in Kalifornien

Südamerika

Während der Napoleonischen Kriege war Spanien von seinen Kolonien abgeschnitten. Nationalistische Kräfte machten sich diese Schwäche zunutze. Argentiniens Kampf um Unabhängigkeit wurde von José de San Martín angeführt, der auch Chile und Peru von der spanischen Vorherrschaft befreite. Simón Bolívar führte Venezuela und Neugranada in die Unabhängigkeit und half 1825 bei der Gründung der neuen Republik Bolivien.

Der Venezolaner Simón Bolívar (1783–1830) ging als der ›Befreier Südamerikas‹ in die Geschichte ein.

Südamerika

- **1810:** Argentinien erklärt seine Unabhängigkeit von Spanien
- **1817:** San Martín gelingt entscheidender Sieg über Spanier und befreit Chile
- **1821:** Bolívar festigt venezolanische Unabhängigkeit
- **1822:** Brasilien löst sich von Portugal und wird unabhängiges Kaiserreich

Afrika

Islamische Reiche führten in Westafrika südlich der Sahara Glaubenskriege gegen die Nachbarstaaten. Unter der Führung des osmanischen Statthalters Mohammed Ali eroberte das Vizekönigreich Ägypten den Sudan. Gegen die Eroberung Algeriens durch die Franzosen leisteten algerische Berberstämme unter der Führung von Abd al-Qadir erbitterten Widerstand. In Südostafrika kam es zu Spannungen zwischen Stammesgruppen (Mfecane-Kriege), als Nahrungsmittel knapp wurden. Der Zulu-Heerführer Shaka vereinigte in Südafrika zahlreiche Stämme zu einem Königreich. Ende der 30er Jahre verließen die Buren auf dem ›Großen Treck‹ die 1806 von den Briten eroberte Kapkolonie und bauten neue Sklavenhalterstaaten im Landesinneren auf.

EISENBAHN

Die Dampflokomotive wurde im frühen 19. Jh. in Großbritannien für den Transport schwerer Industriegüter entwickelt. Um 1830 zogen Lokomotiven Waggons auf Eisenschienen, und die erste Dampfeisenbahn wurde eröffnet. Um 1850 war ganz Großbritannien von einem Schienennetz erschlossen. Eisenbahnen wurden nun im gesamten Empire eingeführt.

Die ›Locomotion‹, eine von Robert Stephenson & Co. gebaute Dampfmaschine, trieb den ersten Zug bei der Eröffnung der Strecke von Stockton nach Darlington 1825 an.

Ost- und Südostasien

Mit Hilfe überlegener Waffentechnik, hier das mit Kanonen ausgestattete Handelsschiff *Nemesis,* bezwangen die Briten die hölzernen Dschunken der Chinesen im ersten Opiumkrieg.

Seit Anfang des 19. Jh. verkauften britische Kaufleute indisches Opium in China. Als der Handel florierte und die Opiumsucht unter den Chinesen zunahm, versuchte die chinesische Regierung den Handel zu unterbinden. Die Briten widersetzten sich, und es kam zum ersten Opiumkrieg. Japan wurde seit 200 Jahren vom Shogunat der Tokugawa regiert. Mit Ausnahme einer kleinen holländischen Handelsniederlassung blieb sämtlichen Ausländern der Zutritt verwehrt.

GEOLOGISCHE KARTEN

Mit Hilfe von Fossilienfunden war es möglich, Felsformationen zu klassifizieren und geologische Schichten zu bestimmen. Gesteinstypen erhielten geografische Namen. So wurde das Juragestein, in dem die berühmten Dinosaurier-Fossilien enthalten sind, nach dem Jura-Gebirge in den Alpen benannt.

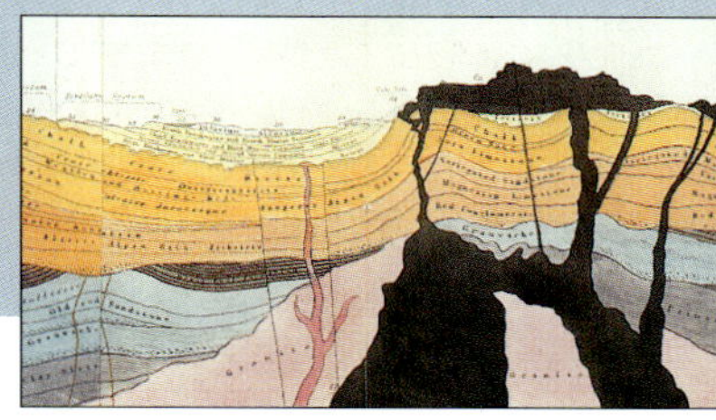

Geologen benutzten Querschnitte, um das Alter von Felsformationen zu veranschaulichen. Diese Darstellung stammt aus *Bridgewater Treatise on Mineralogy and Geology* von Reverend William Buckland.

SIEHE AUCH:

Nordamerika: S. 128–131
Südamerika: S. 150–151
Afrika: S. 166–167
Europa: S. 200–205
Westasien: S. 232–233
Süd- und Südostasien: S. 248–249
Nord- und Ostasien: S. 268–271
Australasien und Ozeanien: S. 282–285

Ost- und Südostasien

1800 – 1810 – 1820 – 1830 – 1840 – 1850

1802: Gia-Long wird Kaiser des vereinigten Annam (Vietnam)
1804: Russischer Gesandter scheitert mit Versuch, Handelsvertrag mit Japan zu vereinbaren
1819: Stamford Raffles von der britischen Ostindischen Kompanie gründet Singapur
1834: Monopol der Ostindischen Kompanie im Handel mit China wird aufgehoben
1837: Tokugawa Ieyoshi wird Nachfolger von Ienari als japanischer Shogun
1839: Vernichtung der englischen Opiumvorräte in Kanton durch chin. Kommissar erzwungen
1842: Friede von Nanjing beendet Opiumkrieg. Hong Kong fällt an Großbritannien, fünf Häfen werden für europäischen Handel geöffnet

Australasien und Ozeanien

Neuseeland und Australien wurden in der ersten Hälfte des 19. Jh. britische Kolonien. In Australien ging die Besiedlung von der Sträflingskolonie Port Jackson aus, das heute zu Sydney gehört. Die Siedler besetzten das Land der Aborigines und gründeten Städte wie Adelaide, Melbourne und Perth. Sie infizierten die Ureinwohner mit tödlichen Krankheiten und zerstörten ihre Gemeinschaften.

Der Vertrag von Waitingi gestand den Maori die Verwaltung ihres Landes zu. Im Gegenzug beanspruchte Großbritannien die Hoheit über Neuseeland – ein ungleicher Tausch, der Unruhen und Kriege auslöste.

Australasien und Ozeanien

1800 – 1810 – 1820 – 1830 – 1840 – 1850

1810: Kamehameha I. vereinigt Hawaii-Inseln
1825: Holländer annektieren Westen Neuguineas
1829: Großbritannien annektiert den Kontinent Australien
1835–36: Briten gründen Melbourne und Adelaide
1840: Vertrag von Waitangi: Briten übernehmen Macht in Neuseeland

Die Welt im Jahr 1850

- Qing-China
- Osmanisches Reich
- Großbritannien und Besitzungen
- Frankreich und Besitzungen
- Dänemark und Besitzungen
- Spanien und Besitzungen
- Portugal und Besitzungen
- Niederlande und Besitzungen
- Preußen
- Russisches Reich
- Japan
- Kaiserreich Österreich
- Französisches Reich unter Napoleon 1812
- Muhammad Alis Besitz 1840
- Vereinigte Provinzen von Zentralamerika 1823–38
- Gran Colombia 1819–30

Die Zulu-Führer Shaka und Panda verfügten über starke und geschickte Krieger, mit deren Hilfe sie im Süden Afrikas ein Königreich errichteten.

Afrika

1800 – 1810 – 1820 – 1830 – 1840 – 1850

1804: Mohammed Ali wird Vizekönig von Ägypten
1804: Fulani-Führer Usuman dan Fodio erobert Hausa-Stadtstaaten
1819: Zulu-Führer Shaka vertreibt seine Feinde gen Norden
1820: Ägypter dringen in den Sudan ein
1822: Ehemalige afrikanische Sklaven gründen Liberia
1830: Französische Invasion in Algerien
1838: Buren leisten Widerstand gegen Zulu-Angriff
1844: Briten annektieren Natal; zweiter ›Treck‹ der Buren
1847: Abd al-Qadir (el-Kader) wird von Franzosen gefangen genommen und ins Exil gebracht

DER BEGINN DER WELTWIRTSCHAFT

Ein innovativer Neubau des ausgehenden 19. Jh. war der Eiffelturm in Paris.

IN DER ERSTEN HÄLFTE DES 19. JH. wurden der Welthandel und die industrielle Entwicklung von Großbritannien beherrscht. In den 70er Jahren verlagerte sich der Schwerpunkt der Industrialisierung auf andere Länder, zu denen vor allem Deutschland, Frankreich, Russland und die Vereinigten Staaten gehörten; Ende des Jahrhunderts hatte die Industrialisierung ganz Europa erfasst. Die Stabilität der Währung und ein funktionierendes privates Bankenwesen wurden als Voraussetzungen für industrielles Wachstum angesehen. Die größten Industrienationen begannen, verstärkt in Übersee zu investieren. Ziel ihrer Bemühungen waren die Entdeckung und die Ausbeutung billiger Rohstoffquellen sowie die Erschließung neuer Märkte, um ihre Fertigprodukte absetzen zu können.

Auswirkungen der Industriellen Revolution

Durch hochseetaugliche Dampfschiffe wurden Fahrzeiten verringert und die Zuverlässigkeit verbessert, da die Schiffe nicht windabhängig waren.

Die globale industrielle Produktion nahm 1870–1914 enorm zu: Der Kohleabbau stieg um 650 %, die Stahlerzeugung um 2500 %, die Kapazität der Dampfmaschinen um mehr als 350 %. Technologie revolutionierte die Weltwirtschaft: Dank der Entwicklung von Kühlschiffen konnten Fleisch, Obst und andere verderbliche Waren aus entfernten Ländern wie Neuseeland nach Europa transportiert werden. Nähmaschinen und mechanische Webstühle ermöglichten die Massenherstellung von Textilwaren. Fernsprecher, Telegrafen und Eisenbahnen vereinfachten die Kommunikation.

Durch die Eröffnung des Suez-Kanals zwischen Rotem Meer und Mittelmeer 1869 wurde der Seeweg zwischen Europa und Indien mehr als halbiert.

In den 80er Jahren wurden die Vereinigten Staaten von einem Schienennetz überzogen. Hierzu gehörte auch die Illinois Central Railroad.

1 Technologischer Fortschritt und Welthandel 1870–1910

- hochindustrialisierte Länder
- industrialisierte Länder
- bedeutende Industriegebiete um 1914

Transport- & Kommunikationswesen

- bedeutende Schienennetze um 1914
- Nordatlantikroute
- weitere Seewege
- Telegrafenleitungen unter Wasser

Produktionszentren

- Maschinenbau
- Eisen und Stahl
- Textilproduktion

Exportfähige Produkte durch Technologie

- Rinder
- Schafe
- Obst

Bedeutende landwirtschaftliche Produkte

- Kaffee
- Baumwolle
- Kautschuk
- Zuckerrohr
- Tee

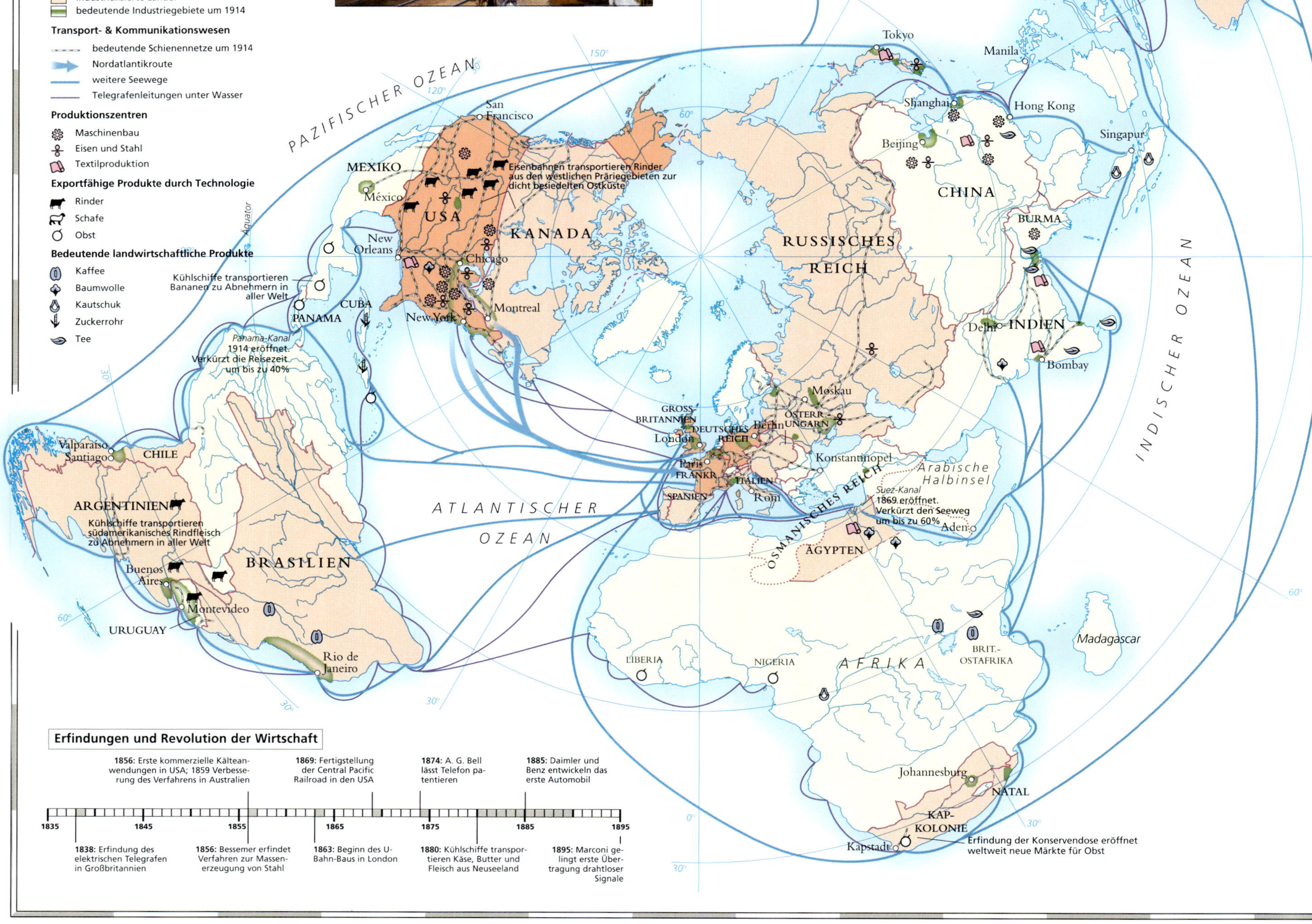

Erfindungen und Revolution der Wirtschaft

- **1838:** Erfindung des elektrischen Telegrafen in Großbritannien
- **1856:** Erste kommerzielle Kälteanwendungen in USA; 1859 Verbesserung des Verfahrens in Australien
- **1856:** Bessemer erfindet Verfahren zur Massenerzeugung von Stahl
- **1863:** Beginn des U-Bahn-Baus in London
- **1869:** Fertigstellung der Central Pacific Railroad in den USA
- **1874:** A. G. Bell lässt Telefon patentieren
- **1880:** Kühlschiffe transportieren Käse, Butter und Fleisch aus Neuseeland
- **1885:** Daimler und Benz entwickeln das erste Automobil
- **1895:** Marconi gelingt erste Übertragung drahtloser Signale

1835 · 1845 · 1855 · 1865 · 1875 · 1885 · 1895

Gold und Diamantenfunde

Die Suche nach Bodenschätzen, ob kostbar oder nutzbringend, erreichte im Jahrhundert der Industrialisierung einen neuen Höhepunkt. Gold- und Diamantenfunde in den USA, Kanada, Australien und Südafrika heizten im ausgehenden 19. Jh. mehrfach einen enormen Ansturm (engl. *rush,* meist falsch als ›Rausch‹ übersetzt) auf die Fundstätten an. Während in Australien und Nordamerika jeder die Möglichkeit hatte, als Goldwäscher tätig zu werden, waren in Südafrika nur die Minengesellschaften mit ihren Maschinen imstande, die in großer Tiefe lagernden Vorkommen abzubauen.

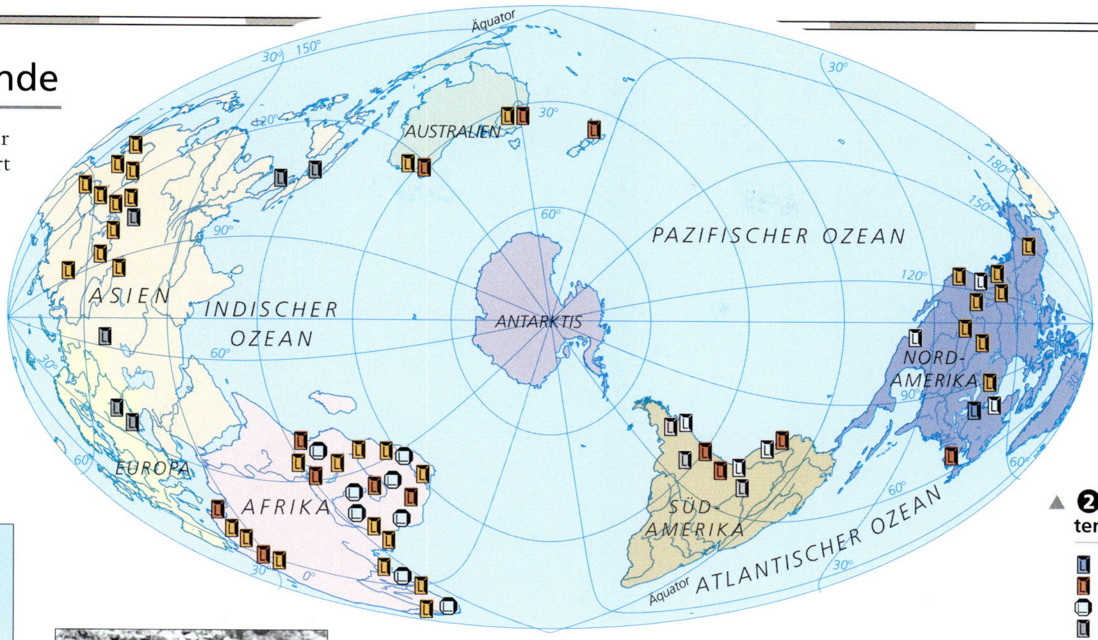

SIEHE AUCH:
Nordamerika: S. 130–133
Südamerika: S. 150–151
Afrika: S. 166–167
Europa: S. 204–205
Westasien: S. 232–233
Süd- und Südostasien: S. 250–251
Nord- und Ostasien: S. 270–271
Australasien und Ozeanien: S. 282–283

▲ **2 Entdeckung bedeutender Bodenschätze**

Kobalt · Kupfer · Diamanten · Eisenerz · Gold · Mangan · Silber · Zinn

In der Hoffnung, über Nacht reich zu werden, waren Goldsucher wie hier 1900 in British Columbia bereit, extreme Entbehrungen hinzunehmen.

◀ **3 Goldrausch an Yukon und Klondike**

bedeutende Goldfunde
Siedlung oder Fort

Goldrausch an Yukon und Klondike

Das erste Gold wurde 1880 nahe der Pazifikküste von Alaska entdeckt. Mitte der 90er Jahre drängten Tausende von Goldsuchern in das entlegene Gebiet des Yukon und seiner Nebenflüsse. Obwohl Siedlungen wie Dawson City rasch wuchsen, um die Versorgung der Goldsucher sicherzustellen, hatte der Boom seinen Höhepunkt 1899 bereits überschritten.

Goldgräberstädte schossen am Yukon wie Pilze aus dem Boden. Das Goldfieber war so groß, dass sogar die Straßen durchwühlt wurden.

Gold- und Diamantenfieber

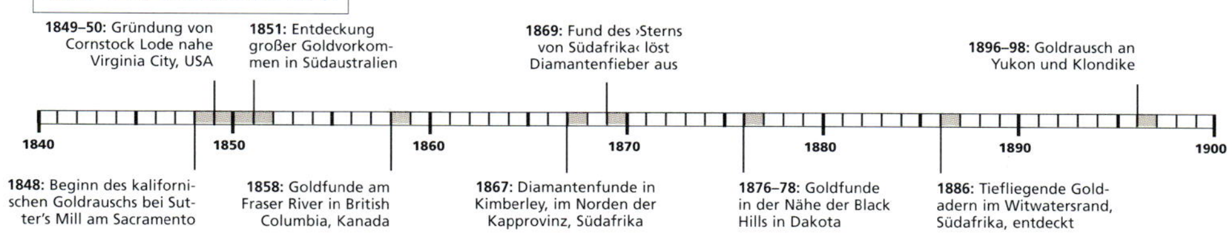

Der Baumwollhandel

Baumwollstoffe wurden in Indien noch in den 70er Jahren nicht in Fabriken, sondern in Heimarbeit hergestellt und auf lokalen Märkten verkauft.

Die Produktion von Baumwolle profitierte von der Industriellen Revolution. Erfindungen wie die Entkernungsmaschine und der mechanische Webstuhl ermöglichten es, die Baumwolle effizienter zu verarbeiten und Baumwollstoffe industriell herzustellen. Die britischen Kolonien in Indien und Amerika lieferten Rohbaumwolle für die Baumwollstädte in Lancashire und Yorkshire; auch nach der Unabhängigkeit der USA stammte ein Großteil der in Großbritannien verarbeiteten Baumwolle aus den Südstaaten. Die wirtschaftliche und politische Bedeutung der Baumwolle für die USA zeigt sich in dem Beschluss der Konföderierten Staaten, Baumwolle als Druckmittel einzusetzen, um nach der Sezession 1861 international anerkannt zu werden. Die Rechnung ging nicht auf, denn während des Bürgerkriegs bezog Großbritannien Rohbaumwolle aus Indien. Britische Stoffe aus indischer Baumwolle wurden nach Indien reimportiert. Dies bedeutete das Ende für die indische Textilindustrie, die bis Ende des 19. Jh. fast alle lokalen Märkte verlor.

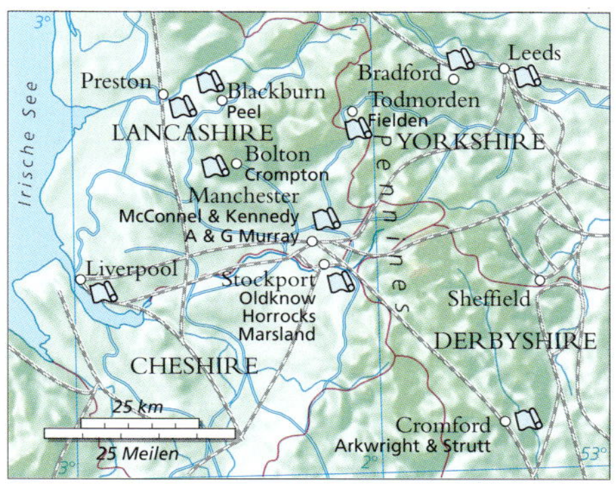

◀ **4 Baumwollstädte in Lancashire und Yorkshire**

Baumwollstadt
Peel — Textilunternehmen
Schienennetz um 1850
bedeutender Kanal

Baumwollproduktion in Lancashire

Da Lancashire über große Wasservorkommen verfügte, die für die neuen Maschinen benötigt wurden, war die Region im 18. Jh. zu einem Zentrum der Baumwollweberei aufgestiegen. Städte mit Textilindustrie wie Stockport und Cromford entwickelten sich im Umland von Manchester, einem wichtigen Markt für Fertigerzeugnisse.

5 Baumwollpolitik ▼

Rohbaumwolle von USA nach Großbritannien
Baumwolltextilien nach Indien
Rohbaumwolle von Indien nach Großbritannien
Baumwollanbaugebiet
Stadt mit Textilindustrie
Staaten mit Baumwollproduktion

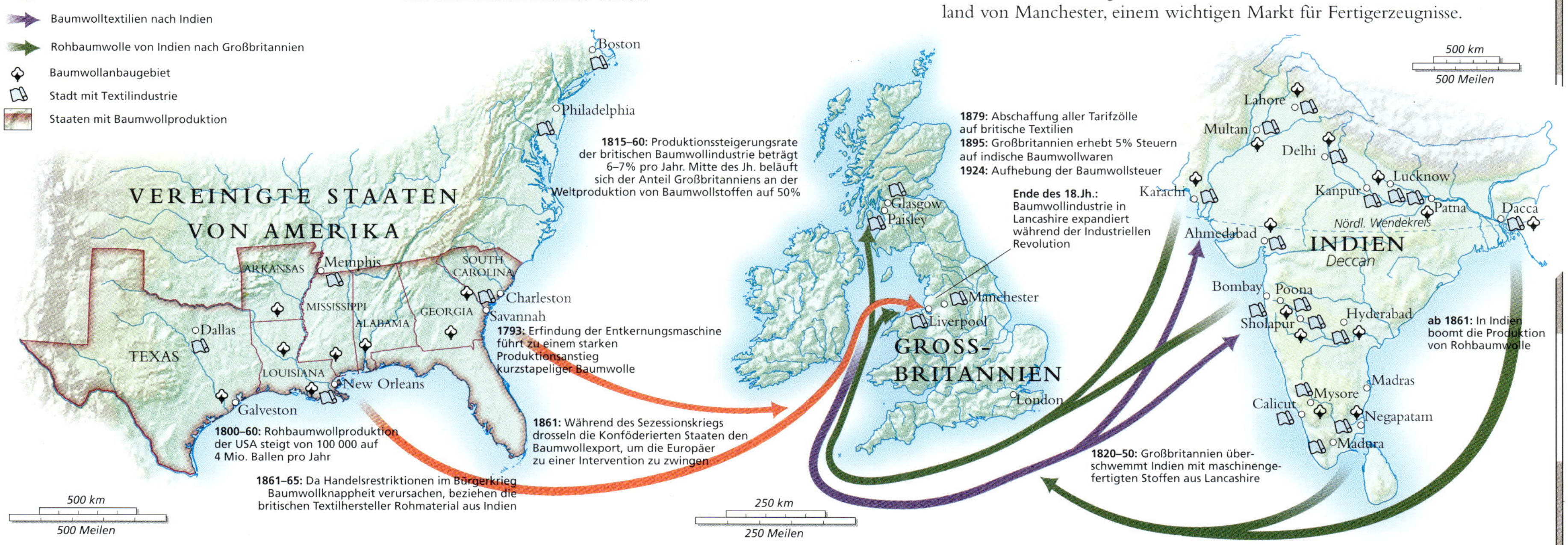

DIE WELT 1850–1900

DIE BEVÖLKERUNG EUROPAS hatte sich um 1900 mit 420 Mio. Einwohnern mehr als verdoppelt, während die Einwohnerzahl der USA auf 90 Mio. angewachsen war. Industrie und Handel boomten, und sowohl Europa als auch die USA hatten ein ausgedehntes Schienennetz aufgebaut. Die führenden europäischen Mächte weiteten ihren wirtschaftlichen und politischen Einfluss auf den ganzen Erdball aus, erbitterter Konkurrenzkampf beherrschte die internationale Politik. Innerhalb von zwei Jahrzehnten teilten sich die europäischen Mächte fast den gesamten afrikanischen Kontinent untereinander auf, Großbritannien brachte Indien unter die Herrschaft der britischen Krone, und in China nutzten die westlichen Mächte die verhängnisvollen Schwächen der zerfallenden Qing (Ch'ing)-Dynastie aus, um weit in das Innere Asiens vorzustoßen.

Kaiser Wilhelm II. war entschlossen, Deutschland zur führenden Militärnation Europas auszubauen.

Europa

Die Entstehung neuer Staaten, der erwachende Nationalismus sowie wachsende wirtschaftliche und politische Macht führten zu Konflikten. 1854 mündete die Expansionspolitik Russlands auf dem Balkan in den Krimkrieg, den eine Allianz aus Franzosen, Briten und Türken gegen Russland führte. 1870 löste der preußische Ministerpräsident Otto von Bismarck mit der ›Emser Depesche‹ den Deutsch-Französischen Krieg aus. Die französische Niederlage verursachte den Zusammenbruch des Zweiten Kaiserreichs, und das italienische Königreich und das neue Deutsche Reich entstanden.

Europa

- **1854–56:** Krimkrieg, Niederlage Russlands gegen Franzosen, Briten, Türken
- **1861:** Abschaffung der Leibeigenschaft in Russland
- **1862:** Otto von Bismarck Kanzler von Preußen
- **1867:** Doppelmonarchie Österreich-Ungarn
- **1870:** Deutsch-Französischer Krieg; der Sieg Preußens führt zum Ende des Zweiten Kaiserreichs
- **1871:** Rom Hauptstadt des vereinigten Italien; König Wilhelm I. von Preußen wird Deutscher Kaiser
- **1887:** Das von den Türken befreite Bulgarien entwickelt sich zu einem der führenden Balkanstaaten
- **1896:** Wiedereinführung der Olympischen Spiele in Athen, Griechenland

1850 · 1860 · 1870 · 1880 · 1890 · 1900

GEFECHTSKARTEN

Im amerikanischen Bürgerkrieg konnte die Öffentlichkeit erstmals direkt und aktuell über den Stand der Gefechte informiert werden. Zeitungskorrespondenten begleiteten die Truppen, die übermittelten Informationen wurden dann in Form vereinfachter Gefechtskarten veröffentlicht.

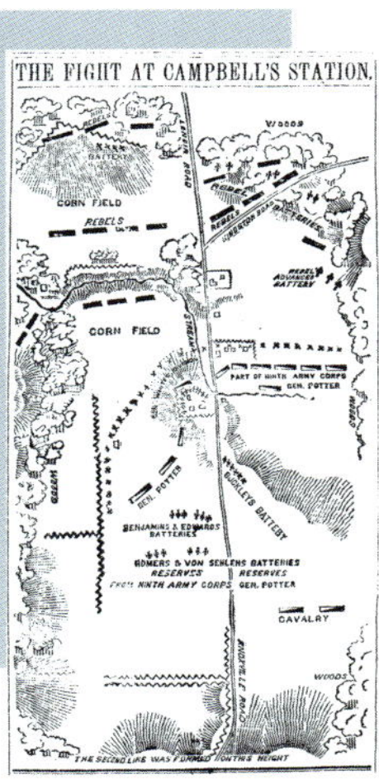

Auf dieser Karte ist die Schlacht von Campbell's Station, Tennessee, aus der Sicht der Unionisten dargestellt. Die Angaben lieferte der Korrespondent der ›New York Tribune‹, Elias Smith.

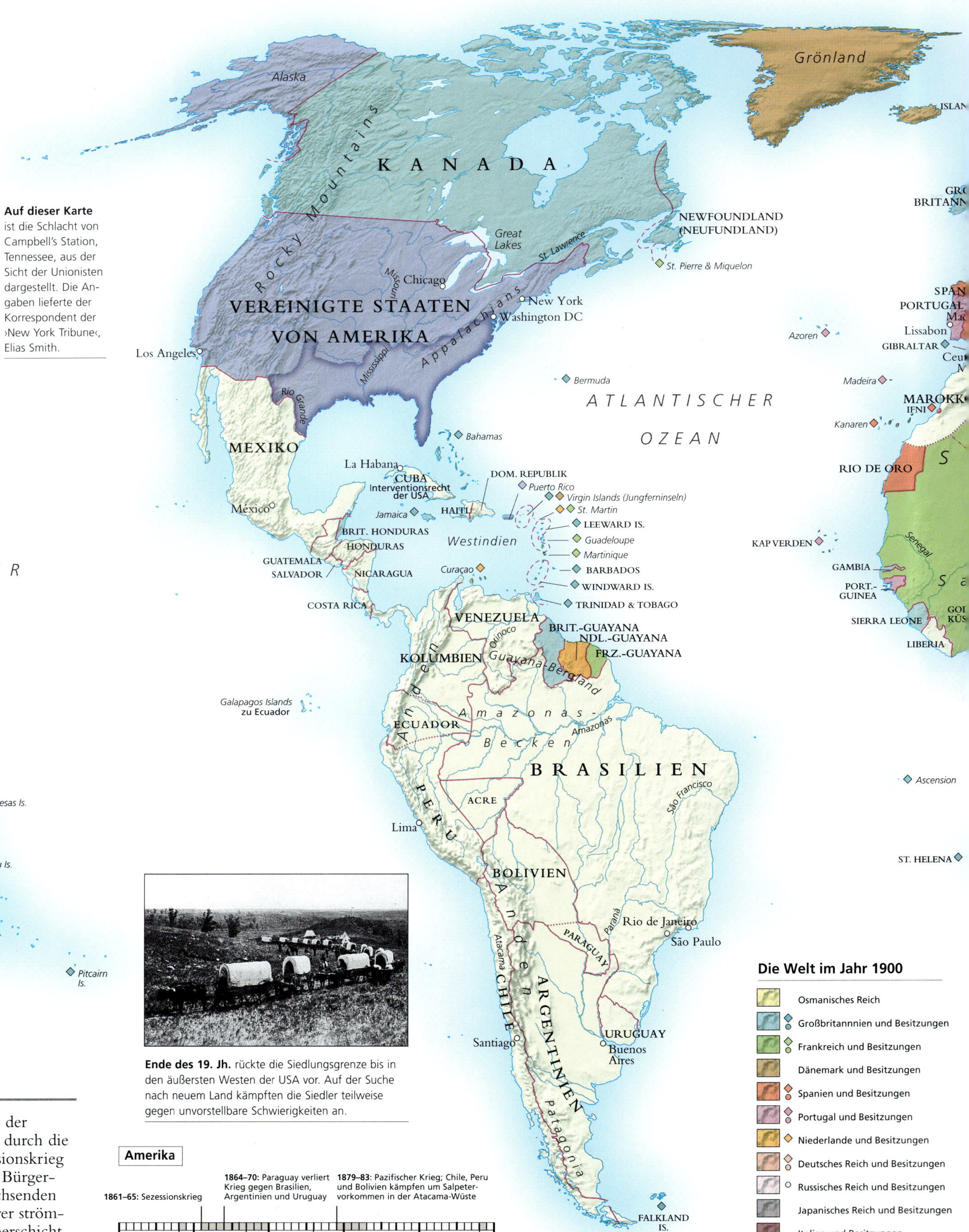

Ende des 19. Jh. rückte die Siedlungsgrenze bis in den äußersten Westen der USA vor. Auf der Suche nach neuem Land kämpften die Siedler teilweise gegen unvorstellbare Schwierigkeiten an.

Amerika

1861 spalteten sich sieben Südstaaten von der Union ab, da sie die Abschaffung der Sklaverei durch die Nordstaaten befürchteten. Im folgenden Sezessionskrieg starben mehr als 600 000 Soldaten. Nach dem Bürgerkrieg wurden die USA zur am schnellsten wachsenden Wirtschaftsmacht der Welt, zahllose Einwanderer strömten ins Land. In Südamerika profitierte die Oberschicht vom vorwiegend durch Fleisch- und Kautschukexporte erzielten Wirtschaftswachstum. Grenzkonflikte erschwerten die Situation in vielen neuen Republiken.

Amerika

- **1858:** Reformkrieg zwischen Konservativen und Liberalen in Mexiko
- **1861–65:** Sezessionskrieg
- **1864–70:** Paraguay verliert Krieg gegen Brasilien, Argentinien und Uruguay
- **1867:** Kanada wird britisches Dominion
- **1876:** Schlacht am Little Bighorn; Sioux-Krieger töten 250 US-Soldaten
- **1879–83:** Pazifischer Krieg; Chile, Peru und Bolivien kämpfen um Salpetervorkommen in der Atacama-Wüste
- **1898:** Spanisch-Amerikanischer Krieg. Die USA besetzen Cuba und gewinnen die Philippinen

1850 · 1860 · 1870 · 1880 · 1890 · 1900

Im späten 19. Jh. öffnete sich ein reformiertes Japan wieder dem Außenhandel.

Ostasien

Bauernunruhen in China führten in den 50er Jahren zu Hungersnöten. Die westlichen Mächte nutzten die internen Konflikte, um Vorrechte in China zu erlangen und Stützpunkte zu errichten. Fremdenhass führte schließlich 1900 zum Boxeraufstand. Westliche Truppen wurden nach China entsandt, und die schwache Regierung musste drückende Sühnebestimmungen erfüllen. In Japan leitete der Sturz des Tokugawa-Shogunats im Jahr 1868 die industrielle und wirtschaftliche Modernisierung des Landes ein.

Südasien

Der Bahnhof von Bombay wurde 1887 eröffnet. Stil und Ausmaß des Bauwerks sind Ausdruck britischen Herrschaftsdenkens in Indien.

Die britische East India Company war um 1850 die stärkste Macht auf dem indischen Subkontinent. Feindseligkeiten gegen Briten, geschürt durch deren Einmischung in das religiöse Leben, mündeten in den Sepoy-Aufstand von 1857/59. Nach dessen Niederwerfung fiel ganz Zentralindien unter britische Kontrolle. Die Briten bauten ein ausgedehntes Schienennetz und begannen mit der Industrialisierung Indiens.

SIEHE AUCH:

Nordamerika: S. 128–133
Südamerika: S. 150–151
Afrika: S. 166–167
Europa: S. 202–207
Westasien: S. 232–233
Süd- und Südostasien: S. 248–251
Nord- und Ostasien : S. 268–270
Australasien und Ozeanien: S. 282–285

Ostasien

1850 – 1860 – 1870 – 1880 – 1890 – 1900

- **1850:** Taiping-Aufstand in der Provinz Guangxi
- **1853:** Rebellen erobern Nanjing (Nanking) – verlieren es ein Jahr später jedoch wieder
- **1860:** Briten und Franzosen besetzen Beijing (Peking)
- **1868:** Sturz des Tokugawa-Shogunats
- **1871:** Abschaffung des Feudalismus in Japan
- **1877–79:** Hungersnot in Nordchina fordert min. 10 Mio. Todesopfer
- **1894–95:** Chinesisch-Japanischer Krieg: China gibt Taiwan an Japan ab
- **1900:** Boxeraufstand: Christliche Missionen und westliche Gesandtschaften werden angegriffen

Südasien

1850 – 1860 – 1870 – 1880 – 1890 – 1900

- **1857:** Beginn des Sepoy-Aufstands in Indien (»Indian Mutiny«)
- **1877:** Königin Victoria wird zur Kaiserin von Indien gekrönt, ein Vizekönig zu ihrem Stellvertreter ernannt
- **1878–79:** Zweiter Afghanischer Krieg; britische Truppen marschieren in Afghanistan ein, das unter russischem Einfluss gerät
- **1885:** Gründung des Indian National Congress
- **1885–86:** Dritter Britisch-Burmanischer Krieg führt zur Annexion Burmas durch Großbritannien

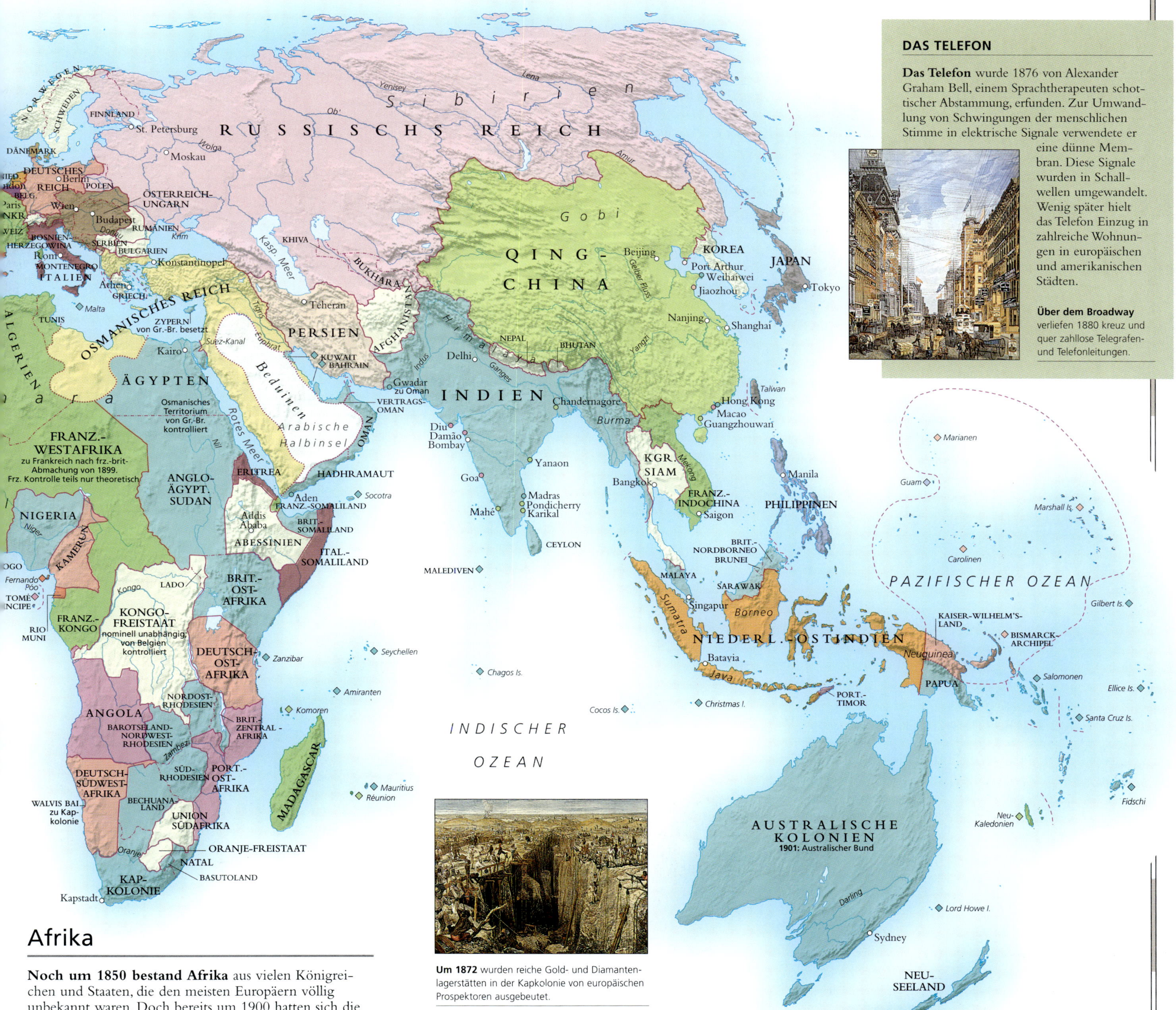

DAS TELEFON

Das Telefon wurde 1876 von Alexander Graham Bell, einem Sprachtherapeuten schottischer Abstammung, erfunden. Zur Umwandlung von Schwingungen der menschlichen Stimme in elektrische Signale verwendete er eine dünne Membran. Diese Signale wurden in Schallwellen umgewandelt. Wenig später hielt das Telefon Einzug in zahlreiche Wohnungen in europäischen und amerikanischen Städten.

Über dem Broadway verliefen 1880 kreuz und quer zahllose Telegrafen- und Telefonleitungen.

Afrika

Noch um 1850 bestand Afrika aus vielen Königreichen und Staaten, die den meisten Europäern völlig unbekannt waren. Doch bereits um 1900 hatten sich die großen europäischen Nationen fast des gesamten Kontinents bemächtigt. Es kam zu Konflikten um Land, Rohstoffe und neue Absatzmärkte. Sie führten 1898 fast zum Krieg zwischen Frankreich und Großbritannien am Oberlauf des Nil. Ein Jahr später brach der Burenkrieg aus, ein erbitterter Kampf zwischen Engländern und den holländischen Einwanderern (Afrikaaner/Buren).

Um 1872 wurden reiche Gold- und Diamantenlagerstätten in der Kapkolonie von europäischen Prospektoren ausgebeutet.

Afrika

1850 – 1860 – 1870 – 1880 – 1890 – 1900

- **1863:** 'Umar Sa'id Tal, genannt El-Hadj, kämpft gegen die Franzosen im Senegal-Tal und gründet muslimischen Staat
- **1869:** Eröffnung des Suez-Kanals
- **1879:** Zulu-Krieg gegen Großbritannien; Niederlage der Zulu
- **1880:** Buren eignen sich den größten Teil des bewohnbaren Lands in den Kapkolonien an
- **1882:** Britische Truppen besetzen Ägypten
- **1893:** Frankreich erobert Dahomey
- **1896:** Abessinien besiegt Italien bei Adowa
- **1898:** Konflikt britischer und französischer Truppen bei Fashoda
- **1899:** Burenkrieg

DAS ZEITALTER DES IMPERIALISMUS

Diese englische Karikatur von 1890 zeigt das Deutsche Reich als Adler über einem afrikanischen Kral. Der Bilduntertitel: »Beim Beutezug«.

DIE LETZTEN ZWANZIG JAHRE des 19. Jh. waren geprägt von einem beispiellosen Wettlauf der großen europäischen Staaten um die Kontrolle überseeischer Gebiete. Das Gleichgewicht imperialer Macht änderte sich: Spanien und Portugal verloren ihre amerikanischen Besitzungen. In den 1830er Jahren begann Frankreich mit der Errichtung eines neuen Imperiums, und Großbritannien erweiterte seinen Besitz während des gesamten Jahrhunderts. Italien und Deutschland strebten in den 80er Jahren danach, ihren internationalen Status durch eigene Imperien zu verbessern. In diesem Wettlauf um die Unterwerfung der nichtindustrialisierten Welt war Afrika der meistumkämpfte Kontinent, doch auch ein großer Teil Südostasiens und Ozeaniens wurde in Besitz genommen. Sogar die USA, aus historischer Sicht eher antikolonialistisch eingestellt, begannen, in den pazifischen Raum zu expandieren.

Das Auftreten der Europäer in Afrika wurde oft kritisch beurteilt. Die deutsche Karikatur links trug die Unterschrift: »Sogar die Löwen weinen über die Behandlung der afrikanischen Bevölkerung durch die Franzosen«.

Viele britische Beamte in Indien hielten an ihrem Lebensstil fest, ohne sich der Kultur des Landes im Geringsten anzupassen.

Wettlauf um Afrika

Der Wettlauf europäischer Staaten um die politische Vorherrschaft in Afrika begann in den frühen 1880er Jahren. Die Berliner Kongo-Konferenz, die Machtkämpfe zwischen den europäischen Nationen in Afrika vermeiden sollte, löste den Wettlauf um die noch nicht beanspruchten Gebiete aus. Zwar holten in einigen Fällen afrikanische Staaten Europäer ins Land, doch meist vollzog sich die politische Machtübernahme durch Eroberung. Bis 1914 wurde ganz Afrika aufgeteilt, wobei die Grenzziehungen ohne Rücksicht auf kulturelle oder sprachliche Traditionen erfolgten.

Kolonialverwalter verlangten von der Bevölkerung oft völligen Gehorsam. Auf der Abbildung kniet ein marokkanischer Sultan vor einem französischen Oberst.

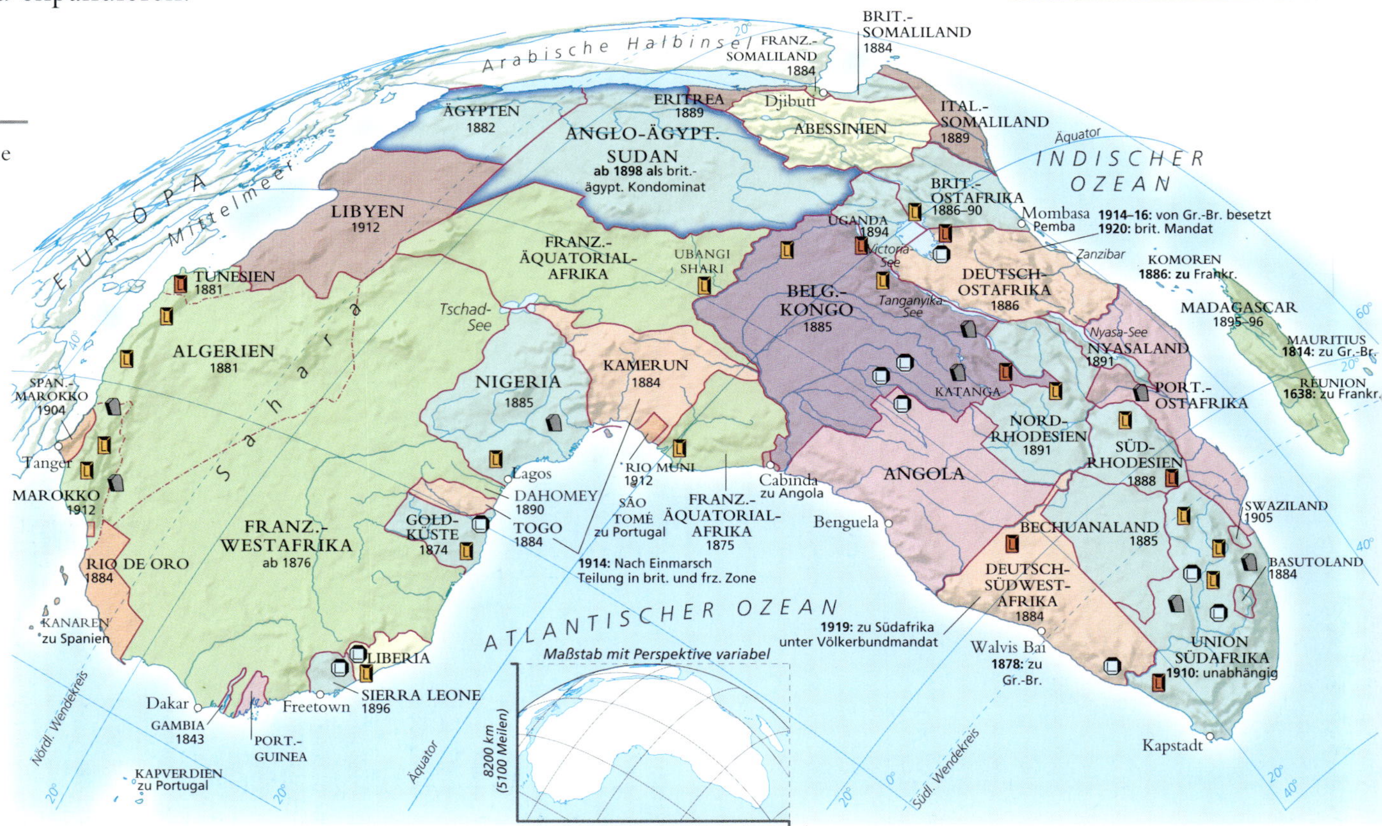

Der Kampf um Afrika 1881–1900

- **1880**
- **1881**: Frankreich besetzt Tunesien
- **1882**: Nach Unruhen besetzt Großbritannien Ägypten
- **1883**: Eroberung von Madagascar durch Franzosen
- **1884**: Deutsches Reich eignet sich Südwestafrika, Togo und Kamerun an
- **1885**: Belgische Inbesitznahme des Kongo
- **1886**: Deutsches Reich und Großbritannien teilen sich Ostafrika
- **1889**: Erste italienische Kolonie in Eritrea
- **1889**: Beginn der Kolonisierung von Rhodesien durch die British South Africa Company
- **1890**: Großbritannien tauscht mit Deutschem Reich Helgoland gegen Zanzibar (Sansibar) und Pemba
- **1894**: Großbritannien besetzt Uganda
- **1895**
- **1896**: Abessinien sichert Unabhängigkeit durch Sieg über italienische Truppen
- **1900**: Beginn des Kupferabbaus in Katanga

▲ ❶ **Imperialismus in Afrika 1880–1920**

Von europäischen Staaten kontrollierte Gebiete 1914

- Belgien
- Großbritannien
- Frankreich
- Deutsches Reich
- Italien
- Portugal
- Spanien
- Osmanisches Reich, unter brit. Kontrolle
- 1882 Jahr der Inbesitznahme
- Grenzen 1914

Bedeutende Bodenschätze

- Kohle
- Kupfer
- Diamanten
- Gold

Der Kampf um Südafrika

Briten, Buren – die ersten europäischen Siedler – und Zulu kämpften im 19. Jh. um die Macht in Südafrika. Um politische Autonomie zu erlangen, zogen sich die Buren aus der Kapprovinz zurück und gründeten eigene Republiken. Die Republik Transvaal, durch Goldfunde zu Wohlstand gelangt, wurde 1877 von den Briten annektiert. Der Einfall der Briten in Zulu-Territorium löste den ersten Zulu-Krieg aus, in dem die Zulus unterlagen. 1881 rebellierten die Buren in Transvaal gegen die britische Herrschaft, um die Republik Südafrika zu gründen. 1899 entbrannte der zweite Krieg zwischen Buren und Briten, der bis 1902 dauerte. Die Buren-Republiken wurden durch den ›Vereeniging‹-Frieden Teil des britischen Empire.

❷ **Der Kampf um Südafrika 1854–1914**

- Kapkolonie und Natal 1854
- Gebiete unter britischer Kontrolle 1895
- Südafrikanische Republik 1895
- Oranje-Freistaat 1895
- Schlacht in Zulu-Kriegen

Buren-Krieg 1899–1902

- Sieg der Afrikaaner (Buren)
- Sieg der Briten
- Belagerungen durch die Afrikaaner
- Union Südafrika 1910
- Eisenbahn

300 000 britische Soldaten und fünf Jahre waren erforderlich, um 75 000 schwerbewaffnete Buren, im Guerillakampf geübt und mit dem Gelände vertraut, zu besiegen.

Der Kampf um Südafrika 1871-1910

- **1871**: Goldfunde in Transvaal
- **1875**
- **1878**: Großbritannien annektiert Transvaal
- **1879**: Erster Zulu-Krieg: Briten werden in Isandhlwana geschlagen, siegen in Ulundi
- **1881**: Erster Buren-Krieg; Briten unterliegen in Majuba Hill; Transvaal wird wieder Republik Südafrika
- **1885**
- **1895**
- **1899**: Beginn des zweiten Buren-Kriegs
- **1902**: Buren kapitulieren
- **1905**
- **1910**: Gründung der Union Südafrika, in der die Buren den größten Teil der weißen Bevölkerung ausmachen
- **1915**

Imperialismus in Südostasien

Obwohl das ostindische Imperium der Niederlande seit dem frühen 17. Jh. bestand, war ein Großteil Südostasiens Mitte des 19. Jh. noch nicht kolonialisiert. Die von Indien nach Osten vordringenden Briten konzentrierten sich auf Burma, die Malaiische Halbinsel und Nordborneo. Das neuerwachte französische Interesse an der Territorialerweiterung eines Imperiums mündete 1858 in die Eroberung von Saigon. 1893 kontrollierte Frankreich ganz Indochina, nämlich Tongking, Laos, Annam und Kambodscha.

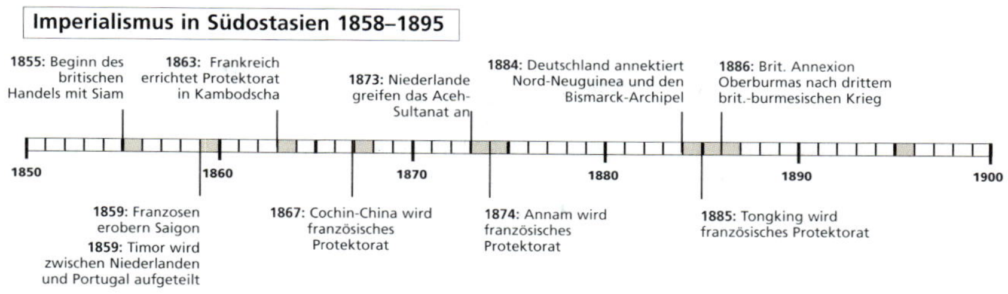

SIEHE AUCH:
Nordamerika: S. 132–133
Afrika: S. 166–167
Europa: S. 202–203, 206
Westasien: S. 232–233
Süd- und Südostasien: S. 250–251
Nord- und Ostasien: S. 268–271
Australasien und Ozeanien: S. 282–283

Vietnamesische Würdenträger begrüßen den Gouverneur von Französisch-Indochina bei seiner Ankunft in Saigon.

Die Malaiische Halbinsel gelangte 1888 unter britische Herrschaft. Kautschukplantagen bildeten eine solide wirtschaftliche Basis der Kolonialmacht.

Widerstandskämpfe

Das aggressive Vorgehen der Kolonialmächte führte in Afrika und Asien zu erbitterten bewaffneten Revolten und Aufständen. Freiheitskämpfer versuchten gegen die europäischen Eindringlinge vorzugehen – etwa gegen die Briten im Sudan, die Italiener in Libyen und die Niederländer auf Sumatra –, mussten jedoch meist vor der militärischen Übermacht kapitulieren. Eine Ausnahme war die Niederlage Italiens bei Adowa in Abessinien 1896. Die Einmischung der Europäer in Ländern wie China und Persien führte zu Aufständen gegen die einheimischen Regierungen, und das angeschlagene russische Zarenreich sah sich 1916 einer großen Revolte in Zentralasien gegenüber.

Die ›Boxer‹ waren eine der Widerstandsbewegungen, die sich Ende des 19. Jh. in China herausbildeten. Sie richteten ihre Angriffe gegen europäische Gemeinden, europäischen Besitz und die von Europäern erbauten Eisenbahnen. Ein internationales Expeditionskorps beendete die Belagerung des Gesandtschaftsviertels.

DIE WELT 1900–1925

IMPERIALISTISCHE INTERESSEN UND MILITÄRISCHE RIVALITÄT zwischen Großbritannien, Frankreich, Deutschland und Österreich-Ungarn lösten 1914 den Ersten Weltkrieg aus. Er kostete Millionen Menschen das Leben und veränderte die Landkarte Europas grundlegend. Österreich-Ungarn und das Osmanische Reich zerfielen. Neue kleinere Staaten entstanden, wobei das Ende des Osmanischen Reichs zu einer territorialen Krise im Mittleren Osten führte. Nach dem Zusammenbruch des russischen Zarenreichs durch die Revolution von 1917 begründeten die Bolschewiken den ersten sozialistischen Staat von Weltrang. Mit dem Kriegseintritt bekräftigten die USA ihren Status als Weltmacht, der durch die zentrale Rolle, die Präsident Wilson im Versailler Vertrag spielte, und durch zunehmende wirtschaftliche Dominanz gefestigt wurde.

Deutsche Soldaten mit Gasmasken verlassen einen Unterstand. Der Stellungskrieg in Frankreich war beiderseits der Front durch ein mörderisches Ringen gekennzeichnet.

Europa

Der Erste Weltkrieg, an dem fast alle europäischen Länder und deren Kolonien teilnahmen, weitete sich zu einem in der Kriegsgeschichte bis dahin unvorstellbaren Ausmaß aus. Kriegsauslöser war die Balkankrise, nachdem sich Rivalitäten zwischen den Großmächten Frankreich, Großbritannien und Deutschland drastisch verschärft hatten. An seinem Ende veränderte der Versailler Vertrag das Machtgleichgewicht in Europa und schuf zugleich die Voraussetzungen für den zweiten Krieg 20 Jahre später.

Europa

- **1905:** Revolution in Russland; Norwegen wird von Schweden unabhängig
- **1910:** Portugiesische Monarchie gestürzt; Ausrufung der Republik
- **1914:** Ermordung des Erzherzogs Franz Ferdinand durch serbische Nationalisten führt zum Ausbruch des Ersten Weltkriegs
- **1915–16:** Tausende Tote im Stellungskrieg an der Somme und bei Verdun
- **1917:** Russische Revolution
- **1918:** Ende des Ersten Weltkriegs
- **1919:** Versailler Vertrag; Neuaufteilung Europas
- **1920:** Gründung des Völkerbunds

RUNDFUNK

1894 erfand Guglielmo Marconi die Rundfunktechnik. 1901 gelang es ihm, mittels Morsealphabet Nachrichten über den Atlantik zu senden. 1920 ging in Pittsburgh, USA, der erste kommerzielle Rundfunksender auf Sendung. Mitte der 20er Jahre des 20. Jh. hatte sich der Rundfunkempfänger zu einem wirkungsvollen Massenkommunikationsmittel entwickelt.

Eine berühmte Radiowerbung aus den Anfängen: Der Foxterrier lauscht andächtig ›His Master's Voice‹...

Die Prohibition begann mit der Verabschiedung des Volstead Act im Jahr 1919, das – allgemein betrauert – den Verkauf von Alkohol in den USA verbot. Infolgedessen blühte das Schwarzmarktgeschäft, der Aufstieg der Mafia begann.

Amerika

1925 waren die USA zur mächtigsten Industrienation der Welt aufgerückt. Ihr internationales Ansehen war durch den Kriegseintritt und den Versailler Vertrag 1919 erheblich gestiegen, da sie sich als Vermittler zwischen den Nationen profilierten. In Mexiko, Mittel- und Südamerika leiteten Revolten gegen die alteingesessenen Großgrundbesitzer eine neue soziale Ordnung und eine zunehmende Verstädterung ein.

Amerika

- **1903:** Panama-Kanal-Zone an USA abgetreten
- **1910:** Beginn der Mexikanischen Revolution
- **1914:** Eröffnung des Panama-Kanals zwischen Atlantik und Pazifik
- **1917:** Kriegserklärung der USA an das Deutsche Reich
- **1919:** US-Senat lehnt den Beitritt zum Völkerbund ab
- **1920:** USA lehnen die Ratifizierung der Pariser Verträge ab und geraten in die Isolation
- **1921:** USA beschränken Einwanderung

Kemal Atatürk war der erste Staatspräsident der neu gegründeten Türkischen Republik. Er führte zwischen 1923 und seinem Tod 1938 umfassende Reformen durch.

Westasien

Das Osmanische Reich zerbrach 1918 nach mehr als 400 Jahren; 1923 wurde die Türkei zur Republik erklärt. Großbritannien und Frankreich kontrollierten während der Nachkriegszeit große Teile des ehemaligen Osmanischen Reichs, einschließlich Transjordanien, Syrien und Irak. Zugleich wuchs eine arabische Nationalbewegung heran, die verantwortlich für zahlreiche politische Unruhen wurde.

Westasien

- **1908:** Jungtürkische Revolution, Einführung einer konstitutionellen Verfassung
- **1912–13:** Balkankriege, Osmanisches Reich verliert die meisten Balkanländer
- **1914:** Osmanisches Reich tritt an der Seite der Mittelmächte in den Ersten Weltkrieg ein
- **1915:** Gallipoli-Schlacht
- **1917:** Balfour-Deklaration unterstützt die Errichtung eines jüdischen Staates in Palästina
- **1918:** Zusammenbruch des Osmanischen Reichs
- **1923:** Gründung der modernen Türkei durch Kemal Atatürk

Die sowjetische Propaganda ermutigte die Bauern, Ersparnisse in staatliche Projekte zu investieren. Die Landbevölkerung sollte nach dem Vorbild der Arbeiter organisiert werden.

Nordostasien

Der Zusammenbruch des chinesischen Kaiserreichs im Jahr 1911, auf den Bürgerkriege folgten, sowie 1917 die Revolution in Russland destabilisierten weite Teile Nord- und Ostasiens. Die siegreichen Bolschewiken hofften auf die Revolution in anderen Ländern. Die Expansionsbestrebungen Japans führten zu Territorialgewinnen in Sibirien, China und auf den pazifischen Inseln.

Nordostasien

- **1904–05:** Russisch-japanischer Krieg
- **1910:** Japan annektiert Korea
- **1911:** Sturz der Qing-Dynastie durch die Nationalisten um Sun Zhongshan; Ausrufung der Republik China
- **1914:** Japan tritt an britischer Seite in den Ersten Weltkrieg ein
- **1918–20:** Japan besetzt Teile der Mandschurei und Sibiriens
- **1922:** Der Washingtoner Flottenvertrag beschränkt die japanische Seemacht im Pazifik

SIEHE AUCH:

Nordamerika: S. 132–133
Südamerika: S. 152–153
Afrika: S. 166–167
Europa: S. 206–207
Westasien: S. 232–233
Süd- und Südostasien: S. 250–251
Nord- und Ostasien: S. 270–271
Australasien und Ozeanien: S. 284–285

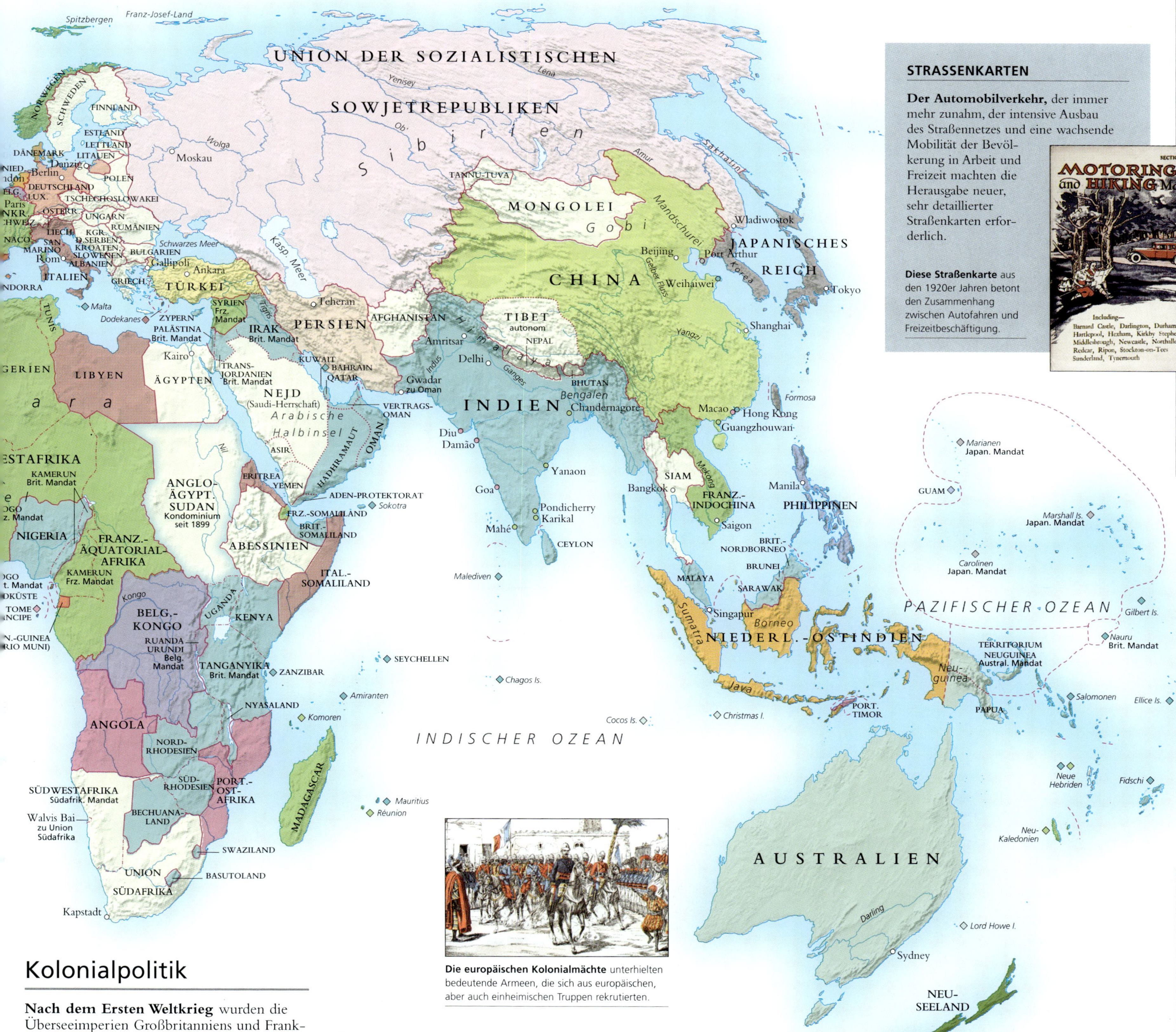

STRASSENKARTEN

Der Automobilverkehr, der immer mehr zunahm, der intensive Ausbau des Straßennetzes und eine wachsende Mobilität der Bevölkerung in Arbeit und Freizeit machten die Herausgabe neuer, sehr detaillierter Straßenkarten erforderlich.

Diese Straßenkarte aus den 1920er Jahren betont den Zusammenhang zwischen Autofahren und Freizeitbeschäftigung.

Die europäischen Kolonialmächte unterhielten bedeutende Armeen, die sich aus europäischen, aber auch einheimischen Truppen rekrutierten.

Kolonialpolitik

Nach dem Ersten Weltkrieg wurden die Überseeimperien Großbritanniens und Frankreichs, die nun auch die ehemaligen deutschen Gebiete einschlossen, kostspieliger und schwieriger. Die USA und die UdSSR prangerten den Kolonialismus an, und in Indien sowie vielen afrikanischen Territorien entwickelten sich Unabhängigkeitsbewegungen. Auch in Südostasien erwachte ein stetig wachsendes Nationalgefühl.

Kolonialpolitik

- **1901:** Entstehung des Commonwealth of Australia
- **1902:** Ende des Buren-Kriegs in Südafrika
- **1904:** Teilung Bengalens: nationalistische Agitation in Indien
- **1906:** Gründung der indischen Muslim-Liga
- **1910:** Zusammenschluss der Union Südafrika
- **1911:** Italien erobert Libyen
- **1919:** Blutbad von Amritsar schürt indischen Nationalismus
- **1920:** Mahatma Gandhi übernimmt die Führung des Indian National Congress

GLOBALE MIGRATION

Die japanische Reederei ›Osaka Shoshen Kaisha‹ brachte Tausende von Immigranten in die USA.

DIE NEUERUNGEN der industriellen Revolution ließen die Welt im 19. Jh. kleiner als je zuvor werden. Eisenbahnen konnten in kurzer Zeit große Menschenmengen quer durch ganze Kontinente befördern; der Suez- und der Panama-Kanal reduzierten die Fahrzeiten von Schiffen um bis zu 50%; die Schiffe selbst wurden immer größer und schneller. Mechanisierung und Zentralisierung in der Industrie erzwangen die Konzentration von Arbeitskraft in nie dagewesenem Maße. Zugleich beuteten die europäischen Kolonialmächte ihre tropischen Besitzungen wirtschaftlich aus. Auch der Anbau von ›Cashcrops‹ auf großen Plantagen erforderte ein immenses Heer an Arbeitskräften. Andererseits lieferten politische Umwälzungen, Kriege und wirtschaftliche Not den Anstoß für die Auswanderung – besonders im Russischen Reich, in Mitteleuropa und in Südostchina.

Migration im 19. Jh.

Mehr als 80 Mio. Menschen wanderten im Laufe des 19. und im frühen 20. Jh. aus ihren Heimatländern aus. Über die Hälfte von ihnen kam über den Atlantischen Ozean nach Nord- und Südamerika. Das Ende des Amerikanischen Bürgerkriegs 1865 und die Öffnung von Indianerland für die Besiedlung lösten den größten Zustrom von Einwanderern in die USA und Kanada aus. Im Russischen Reich erfolgte die Migration vom europäischen Teil Russlands ostwärts nach Sibirien und in das Gebiet des Kaspischen Meeres. Europäer zogen Richtung Süden und Osten, um in den Kolonien zu arbeiten, während Kontraktarbeiter nach Amerika, Afrika und Südostasien fuhren.

Ausschreitungen gegen Juden gab es im späten 19. Jh. in Russland häufig. Viele Betroffene flüchteten, andere wurden aus bestimmten Gebieten, z.B. St. Petersburg, verbannt.

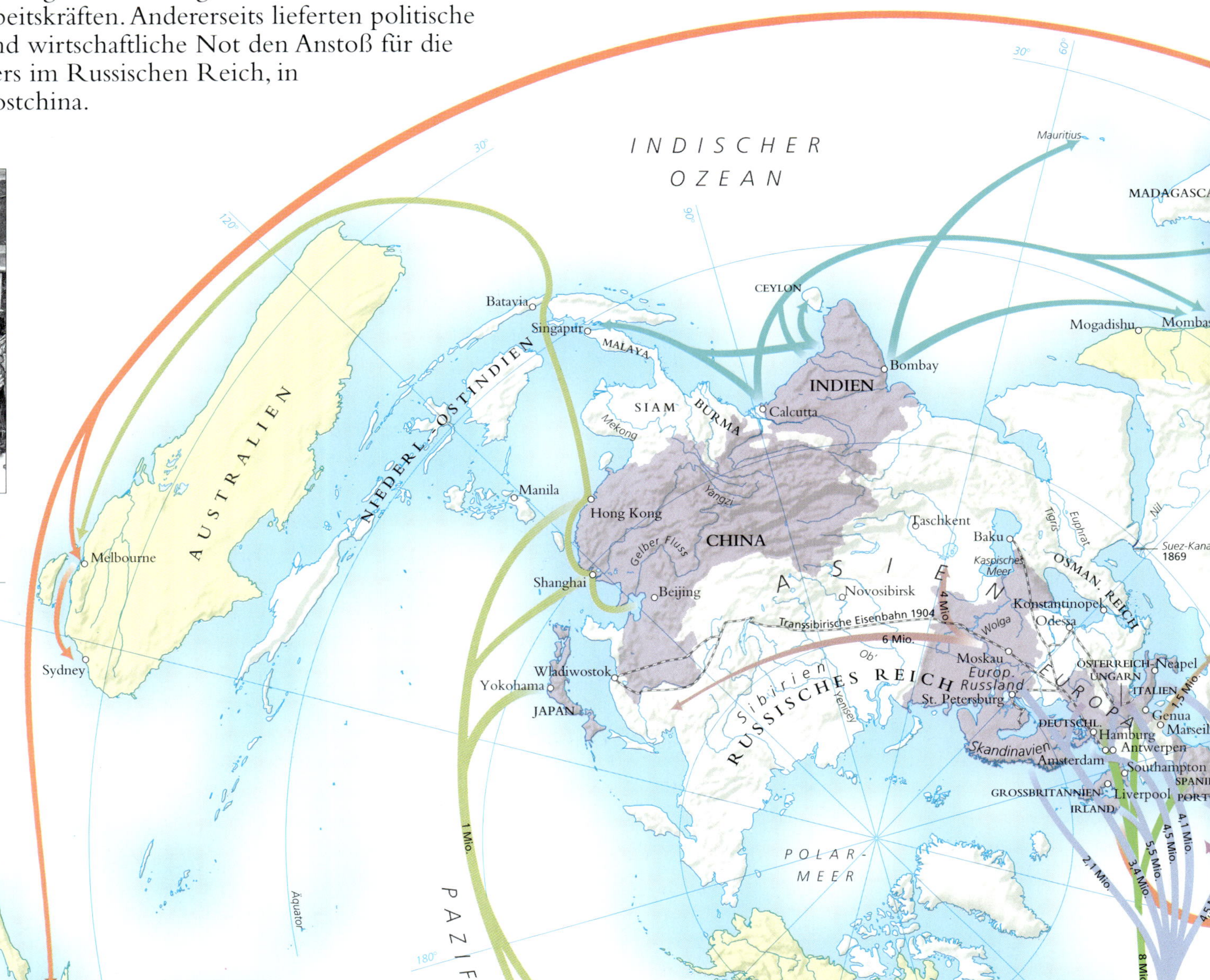

1 Globale Migration 1860–1920

Transatlantische Migration
- nach Nordamerika
- nach Südamerika und in die Karibik
- von Amerika nach Europa

Andere europäische Emigration
- nach Australien und Neuseel.
- nach Nordafrika

Asiatische Migration
- nach Amerika und Australien
- russische Migration nach Sibirien
- ind. interkoloniale Migration

- transkontinentale Eisenbahn
- Hauptauswanderungsgebiete
- Haupteinwanderungsgebiete

Die Auswanderer, die von Europa in die USA und nach Kanada fuhren, taten dies auf stark überfüllten Schiffen (oben).

Um in der Fremde akzeptiert zu werden, ahmten viele Einwanderer die Manieren und Kleidung ihrer neuen Heimat nach (links).

Einwanderung in die Neue Welt

1800 – 1820 – 1840 – 1860 – 1880 – 1900

1816–17: Auswanderung aus Südwestdeutschland als Folge der Napoleonischen Kriege

1818: Wegen der Hungersnot emigrieren 20 000 Iren in die USA

1831–41: 200 000 Menschen verlassen Irland in Richtung Kanada; viele reisen weiter in die USA

1845–54: Die Hungersnot durch Kartoffelfäule in Irland treibt 1,6 Mio. Menschen in die Emigration

1848–49: Unterdrückung der März-Revolutionen führen zum Exodus von Demokraten aus Mitteleuropa

1849: Der Goldrausch in Kalifornien lockt zahlreiche Immigranten aus Europa, Australien, Chile und China ins Land

1850er: Höhepunkt der Auswanderung aus England und Schottland: über 50 000 Emigranten jährlich

1881–90: Höhepunkt der Auswanderung von Deutschen in die USA (1,3 Mio.)

1882: Beginn einer größeren Emigration von Juden aus Russland
1882: 80 000 Skandinavier emigrieren in die USA

1888: Abschaffung der Sklaverei in Brasilien; im nächsten Jahrzehnt über 1 Mio. Immigranten

1900: In Italien setzt eine bedeutende Auswanderungsbewegung in die USA und nach Argentinien ein; 1910 sind bereits über 2 Mio. Menschen dort eingetroffen

SIEHE AUCH:
Nordamerika: S. 132–133
Südamerika: S. 150–151
Afrika: S. 166–167
Europa: S. 202–205
Westasien: S. 232–233
Süd- und Südostasien: S. 250–251
Nord- und Ostasien: S. 270–271
Australasien und Ozeanien: S. 282–283

❷ Die jüdische Emigration 1880–1914

- ›Rayon‹: hoher Bevölkerungsanteil von Juden im Russ. Reich
- Gebiete mit jüdischer Emigration
- Gebiete mit bedeutender jüdischer Immigration
- Gebiet, in dem Pogrome vorkommen
- Zielhäfen
- Sephardim
- Ashkenasim
- 70 000 Anzahl jüdischer Einwanderer 1880–1914

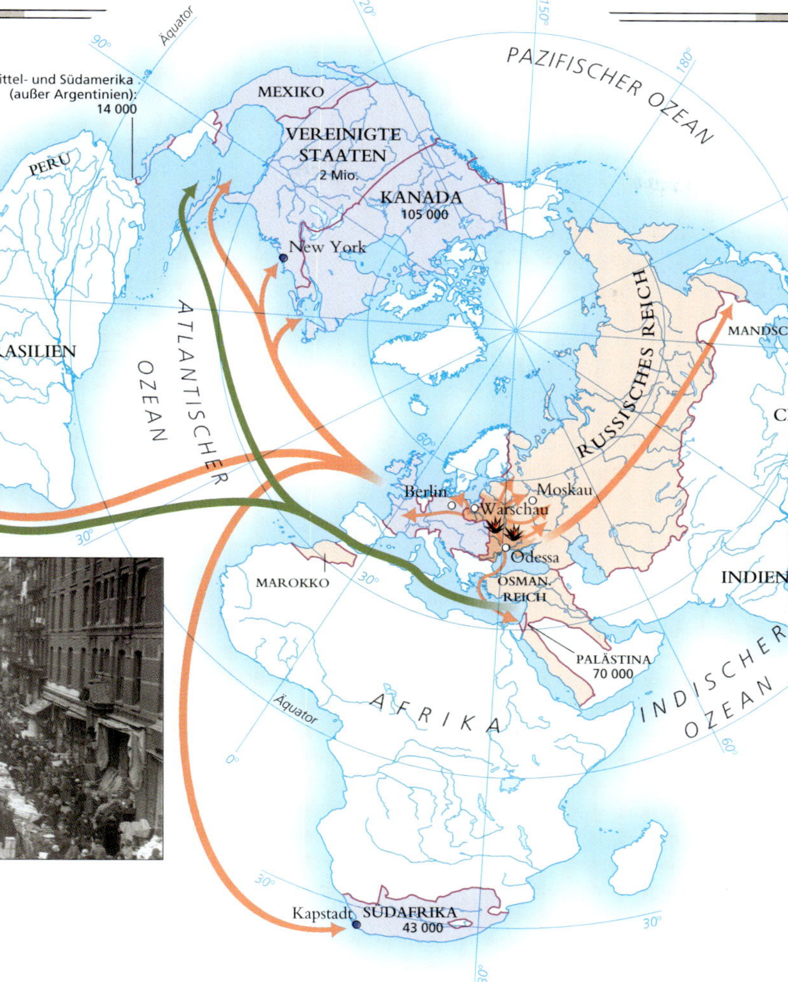

New Yorks Lower East Side war eine der beliebtesten jüdischen Ansiedlungsorte. Hier trafen sich ganze Gemeinden wieder und konnten so ihre alten Traditionen bewahren.

Die jüdische Emigration

Die Französische Revolution, die Napoleonischen Kriege und die Vereinigung Italiens sowie Deutschlands brachten für viele Juden in Europa eine enorme Emanzipation und Liberalisierung. Doch mit der Annexion Polens brachte Russland 1795 die größte jüdische Gemeinde der Welt unter seine Kontrolle. Gesetzliche Diskriminierung und Benachteiligung wichen erst unter Alexander II. einer liberaleren Haltung. Dessen Ermordung 1881 löste jedoch eine über 20 Jahre währende Phase staatlich sanktionierter Pogrome gegen jüdische Gemeinden aus. Die Folge war eine Massenemigration nach Westeuropa und in die Neue Welt.

Die große jüdische Emigration

- **1791:** Französische Revolution gewährt den Juden die vollen Bürgerrechte
- **1796:** Napoleon befreit die italienischen Juden aus den Ghettos
- **1808:** Mehrere deutsche Fürstentümer gewähren Juden die Bürgerrechte
- **1848:** Teilweise bzw. vollständige Emanzipation der Juden in Schweden, Dänemark, Österreich und Griechenland
- **1870–71:** Volle Emanzipation der Juden in Italien und im Deutschen Reich
- **1880:** Etwa 4,9 Mio. Juden leben im ›Ansiedlungsrayon‹ des Russischen Reichs
- **1881:** Ermordung Alexanders II. löst erste Pogrome gegen die Juden in Russland aus
- **1882:** Juden werden aus Moskau, St. Petersburg und Kharkov (Charkow) vertrieben
- **1903:** Pogrome in Kischinev
- **1905:** Gründung des Jüdischen Nationalfonds zum Kauf von Land in Palästina

1775 – 1800 – 1825 – 1850 – 1875 – 1900 – 1925

Kontraktarbeiter

Die Migration aus dem indischen Subkontinent im 19. Jh. geht auf die Abschaffung der Sklaverei im Britischen Empire und in den französischen Kolonien zurück, durch die ein ernster Engpass an Arbeitskräften auf den Plantagen entstand. Migranten oder Kontraktarbeiter wurden für drei bis fünf Jahre angeworben und erhielten neben der Bezahlung der Überfahrt einen Lohn. In dieser Zeit ließen sich auch viele Inder in Ost- und Südafrika nieder. Zwischen 1852 und 1900 emigrierten mindestens 2,3 Mio. Chinesen – unter ähnlichen Voraussetzungen – nach Nordamerika, Australien, Neuseeland und Südostasien. Häufig auf der Flucht vor Hunger und Krieg wurden sie für anstrengende Arbeiten wie den Eisenbahnbau und den Abbau von Gold und Zinn eingesetzt.

Die erste Welle chinesischer Einwanderer kam während des Goldrauschs 1849 in die USA. Später arbeiteten Tausende von Chinesen am Bau der transkontinentalen Eisenbahnen.

❸ Migration von Kontraktarbeitern

Migration von Mitte des 18. bis zum frühen 20. Jh.

- Kerngebiet der indischen Migration
- Kerngebiet der chinesischen Migration
- indische Migranten
- chinesische Migranten

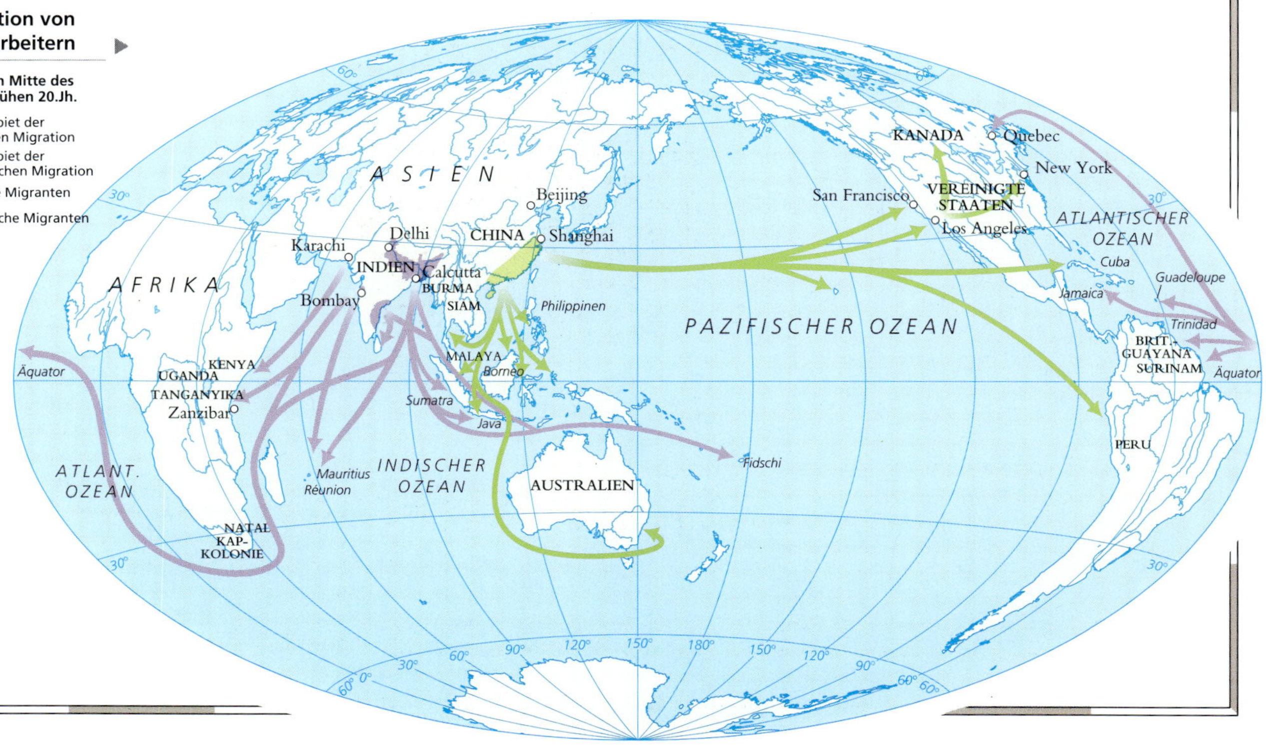

DIE WELT 1925–1950

AUCH WENN DIE PARTEIEN des Versailler Vertrags von 1919 auf politische Stabilität gehofft hatten, erwies sich der 1919 gegründete Völkerbund als ineffektiv. 1939 führte der expansionistische Nationalismus in Deutschland, Italien und Japan abermals zu einem Krieg globalen Maßstabs. Im Zweiten Weltkrieg wurden weite Teile Europas und Asiens verwüstet, über 50 Mio. Menschen fanden den Tod – darunter vielleicht 21 Mio. sowjetische Staatsbürger und über 6 Mio. jüdische Zivilisten. Die wahren Sieger dieses Krieges waren die USA und die UdSSR, die aus ihm als die mächtigsten Nationen der Welt hervorgingen. Das französische und das britische Weltreich dagegen begannen wegen der finanziellen Last des Kriegs und aufkommender Unabhängigkeitsbewegungen zu zerfallen.

Adolf Hitler veranstaltete in Nürnberg gewaltige Massenkundgebungen, um der Welt zu zeigen, wie sehr das Volk hinter ihm stand.

Europa

Der Versailler Vertrag und die Wirtschaftskrise schufen den Nährboden für das Erstarken nationalistisch-faschistischer Parteien in ganz Europa. Der deutschen NSDAP Adolf Hitlers gelang es, die Weimarer Republik zu beenden und ein Großdeutsches Reich zu schaffen. Die weitere Expansion nach Osten führte 1939 zum Zweiten Weltkrieg, zur Zerstörung Europas und zur Teilung in einen US-amerikanischen und einen sowjetrussischen Einflussbereich.

Europa

- **1925:** Josef Stalin kommt in der UdSSR an die Macht
- **1931:** Der Bankenkrach in Mitteleuropa führt zu einer schweren Rezession
- **1933:** Adolf Hitler wird Reichskanzler in Deutschland
- **1936:** ›Säuberungen‹ in der UdSSR
- **1936:** Beginn des Spanischen Bürgerkriegs
- **1938:** Deutscher Einmarsch in die Tschechoslowakei
- **1939:** Deutscher Angriff auf Polen; Kriegserklärung Großbritanniens und Frankreichs an Deutschland
- **1942:** Wannsee-Konferenz: Beginn des Holocaust
- **1945:** Deutsche Kapitulation beendet den Krieg in Europa
- **1948:** In der Tschechoslowakei und in Ungarn übernehmen die Kommunisten die Macht
- **1948–49:** Luftbrücke nach West-Berlin wegen sowjetischer Blockade

SCHEMATISCHE KARTEN

Die U-Bahn-Streckenpläne aus den 30er Jahren des 20. Jh. gehören zu den einfachsten und doch ausgefeiltesten Karten, die je hergestellt wurden. Kräftige, in der Farbe deutlich unterschiedene Linien bezeichneten die Strecken und klar zuzuordnende Symbole die Stationen. Dabei wurde auf die genaue Wiedergabe von Entfernungen verzichtet und die Richtungen wurden nur angedeutet. So konnten Reisende leicht den schnellsten Weg zu ihrem Ziel erkennen.

Der Plan der Londoner U-Bahn, 1931 von Harry Beck entworfen und 1933 gedruckt, ist eine der berühmtesten Karten. Sein Vorbild sind elektronische Schaltpläne.

Amerika

Der Börsenkrach 1929 stürzte die USA in eine schwere Wirtschaftskrise, von der sie sich erst durch die Ankurbelung der Industrie für die Teilnahme am Zweiten Weltkrieg erholen konnten. Die USA wurden dann zur führenden militärischen und wirtschaftlichen Macht. In Süd- und Mittelamerika strebten mehrere Staaten eine Diversifizierung ihrer Wirtschaft und die Kontrolle über die Bodenschätze in ihren Nachbarstaaten an. Der Chaco-Krieg zwischen Bolivien und Paraguay war der schlimmste dieser Konflikte vor dem Zweiten Weltkrieg.

Eva Perón war die charismatische Gattin des argentinischen Präsidenten Juan Perón. Ihre immense Popularität half, die Unbarmherzigkeit seines Regimes zu kaschieren.

Amerika

- **1929:** Beginn der Weltwirtschaftskrise
- **1930:** Revolution in Brasilien
- **1932–35:** Paraguay gewinnt den Chaco-Krieg gegen Bolivien
- **1933:** Beginn der Umsetzung des New Deal in den USA
- **1941:** Kriegseintritt der USA nach japanischem Luftangriff auf Pearl Harbor
- **1945:** Gründung der Vereinten Nationen in New York
- **1946:** Machtantritt Juan Peróns in Argentinien
- **1947:** Beschluss des Marshall-Plans zur Förderung des Wiederaufbaus in Westeuropa

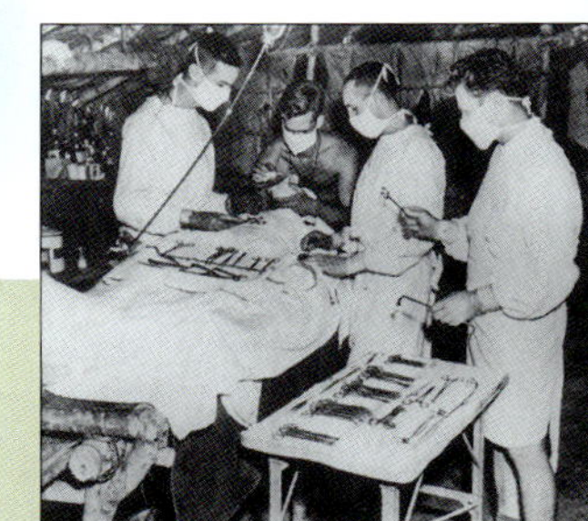

Erste Nutznießer der Antibiotika waren US-Soldaten, die im Zweiten Weltkrieg im Pazifik verwundet worden waren.

ANTIBIOTIKA

Die Entdeckung des Penizillins 1928 führte zur Herstellung von Antibiotika, mit denen epidemische Krankheiten wie Tuberkulose bekämpft werden konnten. Wegen übermäßiger Verordnung entwickelten viele Bakterien eine Resistenz gegen die Antibiotika, so dass neue Wirkstoffe gesucht werden müssen.

Gandhis Strategie gegen die britische Herrschaft in Indien basierte auf zivilem Ungehorsam.

Süd- und Ostasien

Die japanische Expansionspolitik der 30er Jahre führte 1937 zum Krieg mit China, die Bombardierung von Pearl Harbor durch Japan 1941 zog die USA in den Zweiten Weltkrieg. Die chinesischen Kommunisten und Nationalisten hielten die japanischen Truppen in Schach; doch nach dem Krieg überwältigten die Kommunisten ihre früheren Verbündeten. Nach Kriegsende wurde Indien unabhängig. 1947 zogen sich die Briten zurück und das Gebiet wurde in zwei Staaten geteilt: Indien und Pakistan.

Süd- und Ostasien

- **1925:** Bürgerkrieg in China
- **1926:** Jiang Jieshi (Chiang Kai-shek) beginnt die Wiedervereinigung Chinas
- **1934:** Beginn des ›Langen Marsches‹ der chinesischen Roten Armee nach Yan'an
- **1936:** Antikominternpakt zwischen Deutschland und Japan
- **1937:** Chin.-Japan. Krieg
- **1939:** USA kündigt Handelsvertrag mit Japan
- **1942:** Japan kontrolliert weite Teile Süd- und Ostasiens; Verhaftung von Mitgliedern des National Congress in Indien
- **1945:** Atombomben auf Hiroshima und Nagasaki zwingen Japan zur Kapitulation
- **1947:** Indien und Pakistan werden unabhängig
- **1949:** Mao Zedong und Kommunisten gewinnen chinesischen Bürgerkrieg

Südostasien und Ozeanien

Japanische Streitkräfte überrannten 1942 in ganz Südostasien die europäischen Truppen in einem raschen ›Befreiungsfeldzug‹. Zwar wurden sie von den westlichen Alliierten besiegt, doch war die Neigung unter den Völkern dieser Region gering, sich wieder der Kolonialherrschaft zu unterwerfen.

Die starke japanische Flotte wurde von US-Flugzeugen zerstört, die von Flugzeugträgern starteten.

Südostasien und Ozeanien

- **1926–27:** Rebellion gegen die niederländische Herrschaft auf Java und Sumatra
- **1932:** Ende der absolutistischen Monarchie in Siam
- **1942:** Ndl.-Ostindien, Indochina, Malaya, die Philippinen, Neuguinea und Singapur von Japan besetzt
- **1942:** US-Marine stoppt die japanische Expansion in der Seeschlacht von Midway
- **1945:** Ho Chi Minh erklärt Vietnam für unabhängig
- **1946:** Philippinen werden unabhängig
- **1949:** Indonesien wird unabhängig von den Niederlanden

SIEHE AUCH:

- **Nordamerika:** S. 134–137
- **Südamerika:** S. 152–153
- **Afrika:** S. 168–169
- **Europa:** S. 208–209
- **Westasien:** S. 232–235
- **Süd- und Südostasien:** S. 250–251
- **Nord- und Ostasien:** S. 272–273
- **Australasien und Ozeanien:** S. 282–285

Großbritannien blockierte 1948 die Küste Israels, um Schiffe mit jüdischen Flüchtlingen an der Landung zu hindern. Die 700 Juden von diesem Schiff sind mit Hilfe eines Rettungsseils ans Ufer gelangt.

Afrika und Westasien

Ende des Ersten Weltkriegs erlangten Großbritannien und Frankreich die Kontrolle über weite Teile der arabischen Welt – wo nun mit westlichem Kapital die Erdölförderung begann. Das Horn von Afrika und Nordafrika blieben vom Zweiten Weltkrieg nicht verschont, doch wurden die Italiener und Deutschen schließlich besiegt. Die überlebenden Juden des von Nazi-Deutschland verübten Völkermords konnten 1948 auf Basis einer UNO-Resolution den Staat Israel ausrufen, dessen Gründung jedoch zum Krieg mit den Arabern führte.

Afrika und Westasien

- **1932:** Gründung des Königreichs Saudi-Arabien
- **1935:** Italiener fallen in Abessinien ein, um ein Großitalienisches Reich zu gründen
- **1936:** In Palästina revoltieren die Araber gegen jüdische Einwanderung
- **1941:** Deutsche Truppen stoßen nach Ägypten vor
- **1942:** Briten stoppen den deutschen Vorstoß bei El Alamein
- **1945:** Gründung der Arabischen Liga
- **1948:** Gründung Israels führt zum Krieg um Palästina
- **1948:** Nationalpartei gewinnt in Südafrika Wahl mit Programm der Apartheid

DER ZWEITE WELTKRIEG

Adolf Hitler machte Deutschland mit Hilfe der NSDAP, der Nationalsozialistischen Partei, zu einem faschistischen Polizeistaat.

MIT DEM ZWEITEN WELTKRIEG setzten sich die Alliierten, die USA, die UdSSR, Großbritannien und das freie Frankreich, gegen die Expansionsbestrebungen der ›Achsenmächte‹ – der mit Nazi-Deutschland und Japan verbündeten Staaten – durch. Dieser Kampf führte zu einer Mobilisierung von Arbeitskräften und Wirtschaftskraft in bis dahin unbekanntem Ausmaß, zum weltweiten Einsatz von Streitkräften an Land, zu Wasser und in der Luft, sowie zur Weiterführung der Kampfhandlungen auch hinter der Front und in der Organistion des zivilen Lebens. Aus diesen Gründen konnte man von einem ›totalen Krieg‹ sprechen. Die menschlichen Verluste waren enorm (man schätzt 50–60 Mio. Tote), und sein Ende läutete mit der Zündung zweier Atombomben über Japan das nukleare Zeitalter ein.

Der Krieg in Europa 1939–41

Bis Mai 1941 überrannten Japan und Deutschland in einer Reihe von isolierten Feldzügen benachbarte Staaten, die ihnen ohne globale Unterstützung und trotz potentiell überlegener Ressourcen unterlagen. Im Sommer 1941, als Großbritannien ohne sein Weltreich isoliert gewesen wäre, markierten der Einfall der Deutschen in die Sowjetunion und das Übergreifen Japans auf Südostasien den Punkt, an dem die zuvor isolierten Konflikte zusammentrafen. Mit Japans Angriff auf die USA und Deutschlands Scheitern in Russland endete die Erfolgsserie der Achsenmächte, und das globale Kriegsgeschehen setzte ein.

Kriegsverlauf bis Dezember 1941

- **Sept. 1939:** Angriff Deutschlands und der UdSSR auf Polen
- **Sept. 1939:** Großbritannien und Frankreich erklären Deutschland den Krieg
- Jan. 1940
- **Juni 1940:** Italien erklärt Großbritannien und Frankreich den Krieg
- **Juni 1940:** Deutsche Truppen in Paris
- **Juli–Okt. 1940:** Luftschlacht über Südengland
- Jan. 1941
- **Juni 1941:** Deutscher Angriff auf die UdSSR (Operation Barbarossa)
- **Juli 1941:** UdSSR und Großbritannien unterzeichnen Beistandspakt
- **Dez. 1941:** Japans Angriff auf Pearl Harbor; Kriegseintritt der USA
- **Dez. 1941:** Deutschland erklärt USA den Krieg
- Jan. 194[2]

1 Zweiter Weltkrieg, Sept. 1939 – Dez. 1941

- politische Grenzen 1939
- Achsenmächte und Verbündete im März 1940
- Alliierte im Mai 1940
- Alliierte im Dez. 1941
- Territoriale Ausdehnung der Achsenmächte im Juni 1940
- Territoriale Ausdehnung der Achsenmächte Dezember 1941
- Satellitenstaaten der Achsenmächte nach dem Zusammenbruch Frankreichs im Mai 1940
- neutrale Staaten

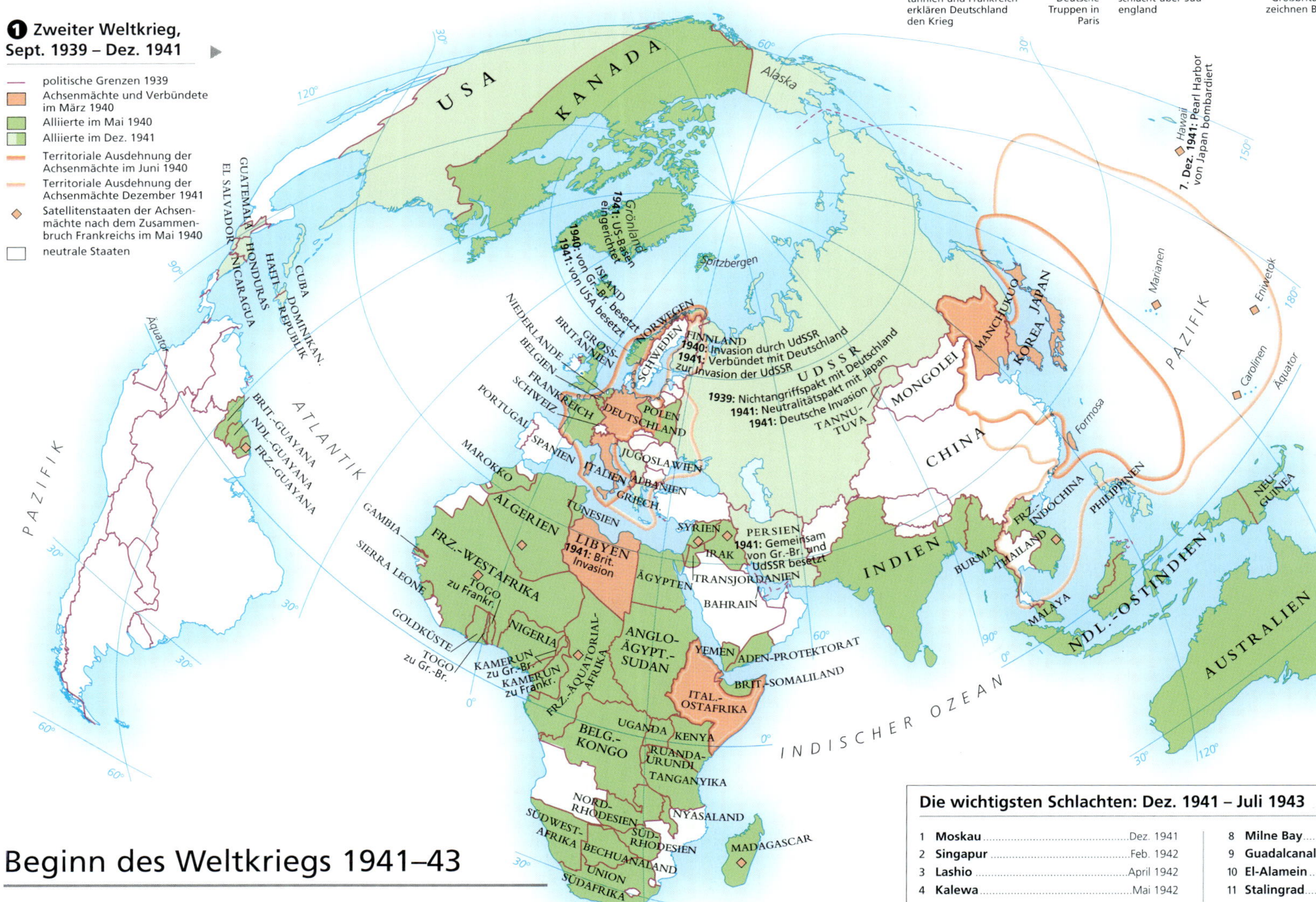

Japans Feldzüge in Asien zielten auf die Ausschaltung des europäischen Einflusses und die Schaffung einer ›Großostasiatischen Wohlstandssphäre‹ unter dem Motto ›Asien den Asiaten‹.

Die wichtigsten Schlachten: Dez. 1941 – Juli 1943

1	Moskau	Dez. 1941
2	Singapur	Feb. 1942
3	Lashio	April 1942
4	Kalewa	Mai 1942
5	Corregidor	Mai 1942
6	Korallen-See	Mai 1942
7	Midway Is.	Juni 1942
8	Milne Bay	Aug. 1942
9	Guadalcanal	Aug. 1942–Feb. 1943
10	El-Alamein	Okt.–Nov. 1942
11	Stalingrad	Okt. 1942–Feb. 1943
12	Tunis	April–Mai 1943
13	Kursk	Juni–Aug. 1943
14	Minsk	Juni–Aug. 1943

Beginn des Weltkriegs 1941–43

Ende 1942 waren Deutschland und Japan durch die ›Anti-Hitler-Koalition‹ isoliert; sie konnten die Kriege, die sie begonnen hatten, aufgrund der massiven Mobilisierung von Streitkräften kaum noch gewinnen. Trotz anfänglicher Erfolge deutete sich bereits im November 1942 mit dem britisch-amerikanischen Erfolg in Nordafrika, der sowjetischen Gegenoffensive in Stalingrad und den Siegen der USA bei Guadalcanal die entscheidende Wende an. Im Sommer 1943 hatten der Ausbau der Alliiertenstellungen im Mittelmeerraum, der Sieg der Sowjets in Kursk und die Rückschläge der Japaner auf Guadalcanal und in der Milne Bay die Stellungen der Achsenmächte bereits in eine fatale Lage gebracht.

2 Zweiter Weltkrieg, Dez. 1941 – Juli 1943

- Ausdehnung der Achsenmächte im Dez. 1942
- Alliierte im Juli 1943
- Achsenmächte Juli 1943
- neutrale Staaten
- Stützpunkte
- bedeutende Schlacht

Kriegsverlauf bis Juli 1943

- Feb. 1942
- **Feb. 1942:** Kapitulation der Briten gegenüber Japan in Singapur
- **März 1942:** Niederlande treten Ostindien an Japan ab
- **Aug. 1942:** Beginn der US-Bombenangriffe in Europa
- **Sept. 1942:** Beginn der deutschen Belagerung Stalingrads (endet Jan. 1943 mit Kapitulation der 6. Armee)
- **Okt.–Nov. 1942:** Briten schlagen die Deutschen in El-Alamein
- Jan. 1943
- **Jan. 1943:** Roosevelt und Churchill fordern in Casablanca bedingungslose Kapitulation der Achsenmächte
- April 1943

Endkampf und Kapitulation 1943–45

Der Erfolg der Alliierten im Jahr 1943 verlief verlustreich und in kleinen Etappen; erst nach Juni 1944 gelang es ihnen, beständig neue Eroberungen zu verzeichnen. Die Verluste der Achsenmächte an ihren Frontlinien und in ihren Kerngebieten stiegen sprunghaft an. Im August 1944 wurde Deutschlands ›Festung Europa‹ in Mitteleuropa von den Sowjets, in Italien und der Normandie von den britisch-amerikanischen Streitkräften durchbrochen; während der Sieg der USA in der Philippinen-See Japans ›Großostasiatische Wohlstandssphäre‹ in fataler Weise aufspaltete. Doch die Hartnäckigkeit der Achsenmächte und das Drängen der Alliierten auf eine bedingungslose Kapitulation bedeuteten, dass Frieden nur durch die Vernichtung Europas und Japans zu erreichen war.

›Fliegende Festungen‹ nannte man die schwer bewaffneten B17-Bomber, mit denen die US-Streitkräfte Tageseinsätze über Europa flogen und viele Städte Deutschlands verwüsteten.

Juli 1943 bis zum Kriegsende

- **Juli 1943**: Alliierte landen auf Sizilien
- **Sept. 1943**: Italien kapituliert; Deutsche besetzen Mailand und Rom
- **Okt. 1943**: Italien erklärt Deutschland den Krieg
- **Nov. 1943**: Roosevelt, Stalin und Churchill treffen sich in Teheran
- **Juni 1944**: D-Day: Landung der Alliierten in der Normandie
- **Aug. 1944**: Alliierte Truppen befreien Paris
- **Okt. 1944**: Sieg der USA am Leyte-Golf gegen Japan
- **Nov. 1944**: USA beginnen direkte Bombardierung Japans aus der Luft
- **Mai 1945**: Berlin ergibt sich der Roten Armee
- **Mai 1945**: Kapitulation Deutschlands
- **Aug. 1945**: Zündung von Atombomben über Hiroshima und Nagasaki
- **Sept. 1945**: Formelle Kapitulation Japans

Juli 1943 – Jan. 1944 – Jan. 1945 – Okt. 1945

SIEHE AUCH:

Europa: S. 210–211

Westasien: S. 234–235

Süd- und Südostasien: S. 250–251

Nord- und Ostasien: S. 272–273

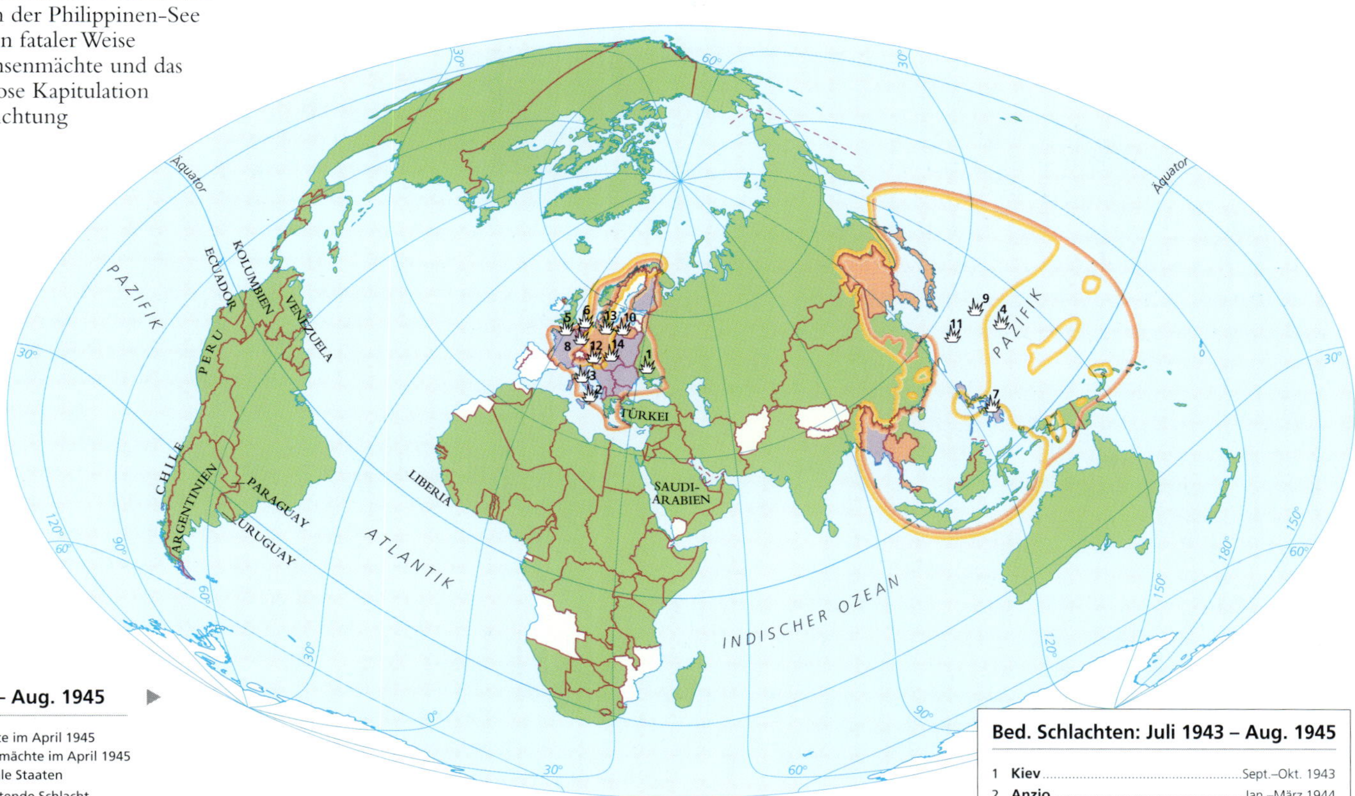

3 Zweiter Weltkrieg, Juli 1943 – Aug. 1945

- unter Kontrolle des Dreimächtepakts im Juli 1943
- von alliierten Truppen befreite Länder im Feb. 1945
- Ausdehnung der Achsenmächte im Jan. 1945
- Alliierte im April 1945
- Achsenmächte im April 1945
- neutrale Staaten
- bedeutende Schlacht

Bed. Schlachten: Juli 1943 – Aug. 1945

1	Kiev	Sept.–Okt. 1943
2	Anzio	Jan.–März 1944
3	Monte Cassino	Jan.–Mai 1944
4	Marianen	Juni–Aug. 1944
5	Normandie	Juni–Juli 1944
6	Arnheim	Sept. 1944
7	Leyte (Philippinen)	Okt. 1944
8	Ardennen	Dez. 1944–Feb. 1945
9	Iwo Jima	Feb.–März 1945
10	Königsberg	Feb.–April 1945
11	Okinawa	März–Juni 1945
12	Wien	April 1945
13	Berlin	April–Mai 1945
14	Prag	Mai 1945

Der globale Krieg

Aufgrund der Ausweitung des Kriegsgeschehens über den ganzen Globus konnten die Alliierten die Achsenmächte an allen Fronten isolieren. Globale Kriegsführung implizierte auch, dass Soldaten fern ihrer Heimatländer eingesetzt wurden. Südasiaten und Australier kämpften in Afrika und Europa, Europäer und Amerikaner in Südostasien, Sibirier in Europa. Bedeutende Bevölkerungsbewegungen fanden in den USA und in der UdSSR statt, doch die enormen Auswirkungen der Kriegswirtschaft bezogen auch neutrale Gebiete ein. Die treibende Kraft der Alliierten waren die USA, die selbst 100 Divisionen aufstellten und ihre Verbündeten mit Nachschub im Wert von 2000 Infanteriedivisionen unterstützten. Als sich die Produktion auf ihrem Höchststand befand, stellte die US-Industrie alle 294 Sekunden ein Flugzeug und in einem einzigen Monat 130 Handelsschiffe her.

Die ›Großen Drei‹ – Stalin, Churchill und Roosevelt – trafen sich im Februar 1945 in Jalta, um die Aufteilung des geschwächten Nazi-Reiches nach Kriegsende festzulegen.

4 Der globale Krieg

- größte Ausdehnung der Achsenmächte in Eurasien
- größte Ausdehnung der Japaner im Pazifikraum

Truppenbewegungen

Achsenmächte
- Deutschland
- Japan

Alliierte
- Großbritannien
- Commonwealth
- USA
- UdSSR

Erstmals wurden auch Frauen in großem Maße eingesetzt, wie diese Luftfahrtsingenieurinnen, die für die boomende Rüstungsindustrie der USA enorm wichtig waren.

Menschenverluste des globalen Krieges

Über 80 Mio. Soldaten wurden während des Krieges von den Alliierten und den Achsenmächten mobilisiert. Fast ein Drittel von ihnen wurden getötet oder verwundet. Die zivilen Verluste waren genauso hoch, insbesondere in der Sowjetunion und unter den europäischen Juden und anderen Minderheiten, die sowohl von den Nazis als auch von den Sowjets systematisch ausgerottet wurden. Das Ausmaß der von den Japanern in China angerichteten Greueltaten bleibt unbekannt.

Mobilmachung und Verluste an Menschenleben

Land	Mobil. Soldaten	Militärische Verluste	Zivile Verluste
USA	11 490 000	292 100	–
Kanada	780 000	39 319	–
Neuseeland	150 000	12 162	–
Australien	680 000	29 395	–
Südafrika	140 000	8681	–
Norwegen	25 000	4780	–
Finnland	250 000	79 047	–
Sowjetunion	ca. 20 000 000	14 500 000	ca.7 000 000
Polen	1 000 000	850 000	5 778 000
Tschechoslowakei	180 000	6683	310 000
Ungarn	350 000	750 000 militärisch und zivil	
Rumänien	600 000	519 822	465 000
Bulgarien	450 000	18 500	1500
Griechenland	150 000	16 357	155 300
Jugoslawien	3 740 000	1 700 000 militärisch und zivil	
Italien	4 500 000	279 820	93 000
Frankreich	5 600 000	210 671	173 260
Belgien	800 000	9561	75 000
Niederlande	500 000	13 700	236 300
Großbritannien	4 600 000	271 311	60 595
Deutschland	10 800 000	2 850 000	2 300 000
Japan	7 400 000	1 506 000	300 000
Indien	2 400 000	36 092	–
China (Nationalisten)	3 800 000	1 324 000	ca.10 000 000
China (Kommunisten)	1 200 000	unbekannt	unbekannt
Dänemark	unbekannt	4339	–
Spanien	unbekannt	23 000 militärisch und zivil	

DIE WELT 1950–1975

DIE GLOBALE POLITIK NACH DEM ZWEITEN WELTKRIEG wurde von der Spannung zwischen den USA und der UdSSR bestimmt. Im ›Kalten Krieg‹, dem Systemkonflikt zwischen westlichem Kapitalismus und sowjetischem Sozialismus, suchte jede Seite zu verhindern, dass die andere die Vorherrschaft in der Welt erreichte. Der Korea-Krieg (1950–53), die Cuba-Krise (1962), der Vietnam-Krieg (1954–75) sowie zahlreiche kleinere Konflikte – besonders in den gerade zur Unabhängigkeit gekommenen Ländern Mittelamerikas und Afrikas – hingen mit dem Kalten Krieg zusammen. Zwar wurden nie Atomwaffen eingesetzt, doch bauten beide Seiten riesige Bestände von nuklearen Waffen zur Abschreckung von Angriffen auf, deren Zerstörungspotential zur mehrfachen Vernichtung allen Lebens auf der Erde ausreichen würde.

Europa

In sowjetrussischer Zeit dienten die Mai-Paraden auf dem Roten Platz in Moskau der Darstellung der militärischen Stärke der UdSSR. Dafür wurden Waffen wie diese Raketen durch die Straßen gefahren.

Die 1950er und 60er Jahre waren in Westeuropa eine Ära von Wohlstand und politischer Stabilität, die erst in den frühen 70er Jahren ins Stocken geriet. Westdeutschland baute seine zerrüttete Wirtschaft und Infrastruktur mit erstaunlichem Erfolg wieder auf. Osteuropa wurde von der UdSSR und dem sozialistischen System dominiert, das die wirtschafliche Entwicklung behinderte und die persönliche Freiheit der Bevölkerung einschränkte.

Europa

- **1955:** Gründung des Warschauer Pakts als Gegenstück zur NATO
- **1956:** Aufstand in Ungarn wird von Sowjettruppen niedergeschlagen
- **1957:** Gründung der Europ. Wirtschaftsgemeinschaft (EWG)
- **1957:** Die UdSSR startet Sputnik II, den ersten künstlichen Erdsatelliten
- **1961:** Bau der Berliner Mauer
- **1968:** ›Prager Frühling‹; Reformen in der Tschechoslowakei von UdSSR niedergeschlagen
- **1968:** Studentenunruhen in ganz Europa
- **1969:** De Gaulle tritt nach Volksentscheid über Entwurf zur Regionalisierung Frankreichs zurück
- **1973:** Inflation und wirtschaftliche Stagnation durch Ölkrise

SATELLITENBILDER

Mit der Raumfahrttechnik gelang es, künstliche Satelliten permanent auf der Erdumlaufbahn zu halten. Sie werden für die Telekommunikation, als Navigationshilfen und für die Weltraumforschung eingesetzt. Daten, die Sensoren über die Erde sammeln, können digital zu Bildern kombiniert werden.

Dieses Satellitenbild von Nord- und Südamerika lässt die Vegetation und die Wetterverhältnisse zum Zeitpunkt der Aufnahme erkennen.

Südamerikas Großstädte erlebten eine starke Bevölkerungszunahme, da Landlose auf der Suche nach Arbeit in die Städte zogen. An deren Rändern, wie z.B. in São Paulo in Brasilien, entstanden riesige Slums mit den Hütten der Ärmsten der Armen.

Amerika

Ihre wirtschaftliche und militärische Stärke machten die USA zu einer Weltmacht, die sich als Bollwerk gegen den Kommunismus verstand und die weltweite Vorherrschaft der amerikanischen Populärkultur sicherte. In Mittel- und Südamerika wurden viele Staaten von Militärdiktatoren beherrscht, die die Freiheit der Bürger stark einschränkten. Wirtschaftliche Instabilität, starkes Bevölkerungswachstum besonders in den Städten und hohe Inflation stellten noch immer die wichtigsten Probleme dar.

Amerika

- **1955:** Der argentinische Präsident Perón durch Militärputsch gestürzt
- **1959:** Fidel Castro Ministerpräsident Cubas; Organisierung der Wirtschaft nach sowjetischem Vorbild
- **1962:** Cuba-Krise
- **1964:** US-Kongress stimmt dem Krieg gegen Vietnam zu
- **ab 1967:** Jugend-Proteste gegen das Eingreifen der USA in Vietnam
- **1969:** NASA bringt erste Menschen auf den Mond
- **1973:** USA unterstützen Putsch gegen die marxistische Regierung in Chile
- **1974:** Rücktritt Nixons infolge der Watergate-Affäre

Die Rivalität zwischen Israel und Ägypten führte im Juni 1967 zum Sechstagekrieg. Mit seiner überlegenen Luftwaffe konnte Israel die ägyptische Luftwaffe und die Bodentruppen Ägyptens, Jordaniens, Iraks und Syriens besiegen.

West- und Südasien

Israel führte einige Kriege gegen seine arabischen Nachbarn, um seine Grenzen festzulegen. Die Ausbeutung beträchtlicher Ölvorkommen brachte der unterentwickelten Arabischen Halbinsel immensen Reichtum. Die Beziehungen zwischen Indien und Pakistan waren wegen territorialer Streitigkeiten angespannt. 1971 erwies sich die Trennung der beiden Teile Pakistans als unhaltbar und Ostpakistan wurde als Bangladesh ein selbständiger Staat.

West- und Südasien

- **1952:** In Indien gewinnt die Congress Party die ersten Wahlen
- **1956:** Pakistan wird Islamische Republik
- **1961:** Gründung der Organisation Erdöl exportierender Länder OPEC
- **1965:** Indisch-pakistanischer Krieg um die Souveränität Kashmirs
- **1967:** Israel besiegt Ägypten und andere arabische Staaten im Sechstagekrieg
- **1971:** Teilung Pakistans; Ostpakistan wird als Bangladesh selbständig
- **1973:** Die OPEC drosselt den Ölexport
- **1973:** Jom-Kippur-Krieg

1950 – 1955 – 1960 – 1965 – 1970 – 1975

Ost- und Südostasien

In China und auf dem südostasiatischen Festland ging die Macht an einheimische kommunistische Bewegungen über. Mao Zedongs kommunistisches China wurde zur Supermacht, die mit der UdSSR konkurrierte. Ab 1950 destabilisierten Konflikte, die Folgen des Kalten Kriegs waren, Laos, Vietnam und Kambodscha; die USA intervenierten in Reaktion auf eine kommunistische Bedrohung in Korea und Vietnam. Japan baute seine Wirtschaft mit amerikanischer Hilfe wieder auf und zählte Mitte der 70er Jahre zu den reichsten Staaten der Welt.

Die politischen Vorstellungen Maos wurden im ›Roten Buch‹, der ›Mao-Bibel‹, veröffentlicht und an die Parteimitglieder verteilt.

Ost- und Südostasien

- **1950:** Ausbruch des Korea-Kriegs
- **1954:** Laos, Kambodscha, Süd- und Nordvietnam werden unabhängig
- **1958:** Beginn von Maos Politik des ›Großen Sprungs‹
- **1962:** USA schicken Militärberater nach Südvietnam
- **1965:** USA entsenden Truppen nach Vietnam – Bombardierung des Nordens
- **1966–69:** Heiße Phase der Kulturrevolution in China
- **1975:** Das US-gestützte Regime Südvietnams fällt

1950 – 1955 – 1960 – 1965 – 1970 – 1975

SIEHE AUCH:

Nordamerika: S. 136–137

Südamerika: S. 152–153

Afrika: S. 168–169

Europa: S. 212–213

Westasien: S. 234–235

Süd- und Südostasien: S. 250–253

Nord- und Ostasien: S. 274–275

Australasien und Ozeanien: S. 284–285

DER MIKROCHIP

Durch die Miniaturisierung von Transistoren und anderen elektronischen Bauteilen konnte man auf einem etwa fingernagelgroßen Siliziumplättchen komplette elektronische Schaltungen unterbringen. Der erste Mikroprozessor-Chip, der 4004 von Intel, wurde 1971 in den USA hergestellt.

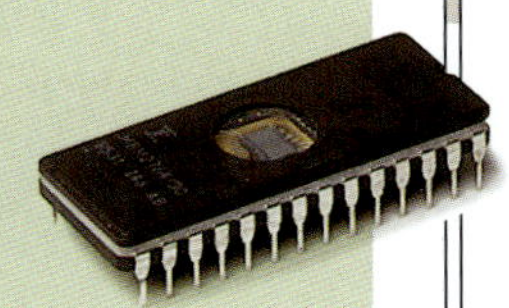

Moderne elektronische Geräte arbeiten mit integrierten Schaltkreisen.

Afrikas postkoloniale Ära bot einigen korrupten Militärdiktatoren reiche Beute, so z.B. Präsident Mobutu, der 1965–97 in Zaire regierte.

Afrika

Zahlreiche ehemalige Kolonien wurden ab 1957 unabhängig; 1975 waren 41 afrikanische Länder unabhängig. Nur wenige waren auf die damit verbundenen Anforderungen vorbereitet; viele Länder blieben Spielfiguren im Kalten Krieg, die von den gegnerischen Großmächten mit Waffen ausgerüstet wurden und ›Stellvertreterkriege‹ für deren Ideologien führten.

Afrika

- **1954:** In Algerien Aufstand gegen die französische Herrschaft
- **1956:** Großbritannien kann Verstaatlichung des Suez-Kanals durch Ägypten nicht verhindern
- **1957:** Ghana wird als erste britische Kolonie unabhängig
- **1960:** 15 afrikanische Länder werden unabhängig; Südafrika tritt aus dem Commonwealth aus
- **1960:** Die Provinz Katanga spaltet sich vom Kongo (Zaire) ab; Intervention der UN
- **1964:** In Südafrika wird Nelson Mandela, Führer des ANC, inhaftiert
- **1967–70:** Bürgerkrieg in Nigeria wegen der Sezession des ölreichen Ostens (Biafra); über eine Million Tote
- **1975:** Angola und Moçambique werden von Portugal unabhängig

1950 – 1955 – 1960 – 1965 – 1970 – 1975

DER KALTE KRIEG

Die Rosenbergs wurden 1953 wegen des Verrats von Geheimnissen der Atomforschung an die UdSSR hingerichtet.

AUS DEM TREFFEN VON AMERIKANERN UND RUSSEN an der Elbe im April 1945 erwuchs in kurzer Zeit die Teilung Europas; der Konflikt zwischen den früheren Verbündeten sollte ein halbes Jahrhundert währen. Defensivmaßnahmen – Sicherung Westeuropas für die USA, eine Pufferzone in Osteuropa für die UdSSR – interpretierte die jeweils andere Seite als Agression, dazu kamen grundlegende ideologische, politische und wirtschaftliche Rivalitäten. Während dieses ›kalten‹ Kriegs verfolgten die USA eine Politik der Eindämmung und Zermürbung der UdSSR, während diese antiwestliche Revolutionsbewegungen in der ganzen Welt unterstützte. Das Patt in den 70er Jahren ermöglichte den Beginn einer Entspannungspolitik, doch endete dieser Systemkonflikt erst mit dem Zusammenbruch der Sowjetunion 1989–91.

›Kalte Krieger‹: Nikita Chruschtschow und J. F. Kennedy unterschätzten die Entschlossenheit des jeweiligen Gegenspielers, als sie sich 1961 in Wien trafen. 1962 brachten sie die Welt während der Cuba-Krise an den Rand eines Atomkriegs.

Die Cuba-Krise 1961–62

Die gefährlichste Episode des Kalten Kriegs war eine Folge der cubanischen Revolution Fidel Castros (1956–59) und der anschließenden Entfremdung zwischen den USA und Cuba. Castros Ausrichtung auf den Ostblock bot der UdSSR die Gelegenheit, Raketenbasen auf Cuba einzurichten, die einen direkten Angriff auf das Kerngebiet der USA erlaubten. Die USA forderten den Abbau der Raketenbasen und blockierten Cuba, bis sich die sowjetische Führung zum Einlenken und dem Rücktransport der Raketen gezwungen sah.

Krisen im Kalten Krieg 1956–64

- 1956–59: Revolution auf Cuba
- 1957: UdSSR starten den ersten Satelliten
- Apr. 1961: UdSSR starten den ersten bemannten Flug in den Weltraum
- 1961: Zunehmende Verwicklung der USA in Vietnam
- 1962: Cuba-Krise
- 1964: Kubricks ›Dr Strangelove‹ sensibilisiert die Öffentlichkeit für die Gefahren der Strategie der atomaren Abschreckung

1956 · 1958 · 1960 · 1962 · 1964

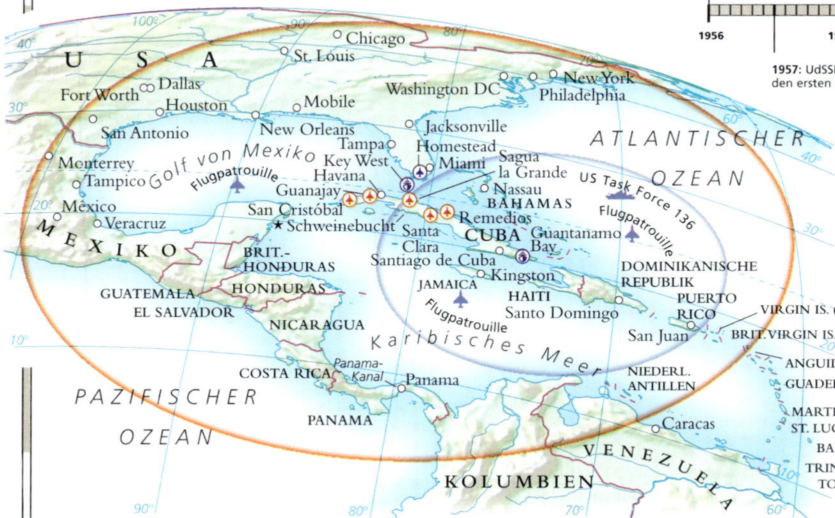

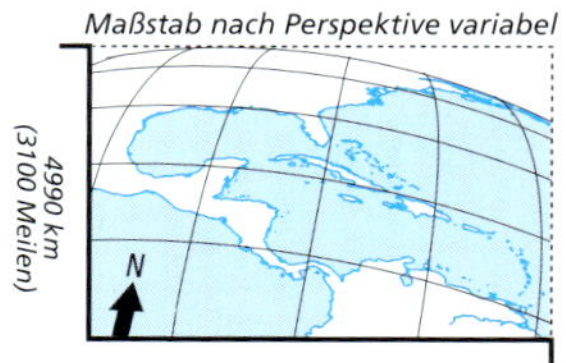

★ April 1961: vom CIA gestützte Invasion von Exil-Cubanern in der Schweinebucht scheitert

❷ Die Cuba-Krise 1961–62

- Potentielle Reichweite sowjetischer Raketen (1770 km)
- Zone der US-Blockade
- Sowjetische Rakete und Abschussbasis
- US-Luftwaffenstützpunkt
- US-Marinestützpunkt

Am 23. Juni 1948 blockierte die sowjetische Armee die Westsektoren Berlins, sodass die Verbündeten zur Versorgung der Enklave eine Luftbrücke einrichten mussten.

Die NATO und der Warschauer Pakt

Die zunehmende Feindseligkeit zwischen den USA und der Sowjetunion sowie die Verteidigungsunfähigkeit Westeuropas führten zur Gründung der NATO (North Atlantic Treaty Organization) im April 1949, die Westeuropa unter den Atomschild der USA stellte. Die anhaltende Kriegsmüdigkeit Westeuropas führte zur Massierung von US-Streitkräften in Europa und trug zur Entscheidung bei, Westdeutschland den Aufbau einer Armee zu erlauben, und es 1955 in die NATO aufzunehmen. Dies wiederum veranlasste die UdSSR und ihre osteuropäischen Satellitenstaaten zur Gründung des Warschauer Pakts. 1961 festigte der Bau der Berliner Mauer den ›Eisernen Vorhang‹, der Europa bis 1989 teilen sollte.

Der Kalte Krieg in Europa 1947–68

- 1947: Marshall-Plan: US-Wirtschaftshilfe für Europa
- 1948: Berliner Luftbrücke
- 1948: In der Tschechoslowakei und Ungarn werden von der Sowjetunion gestützte Regime eingesetzt
- 1955: Westdeutschland wird in die NATO aufgenommen
- 1955: Gründung des Warschauer Pakts
- 1956: Aufstände in Polen und Ungarn von der Sowjetunion unterdrückt
- 1957: Römische Verträge; die Grundlage der Europäischen Wirtschaftsgemeinschaft
- 1961: Bau der Berliner Mauer; Trennung Europas durch den ›Eisernen Vorhang‹
- 1968: Reformen in der Tschechoslowakei werden von der Sowjetunion unterdrückt

1950 · 1955 · 1960 · 1965

❸ Der Kalte Krieg in Europa

- erste NATO-Mitglieder 1949
- spätere NATO-Mitglieder (m. Datum)
- Warschauer Pakt 1955
- neutrale Staaten

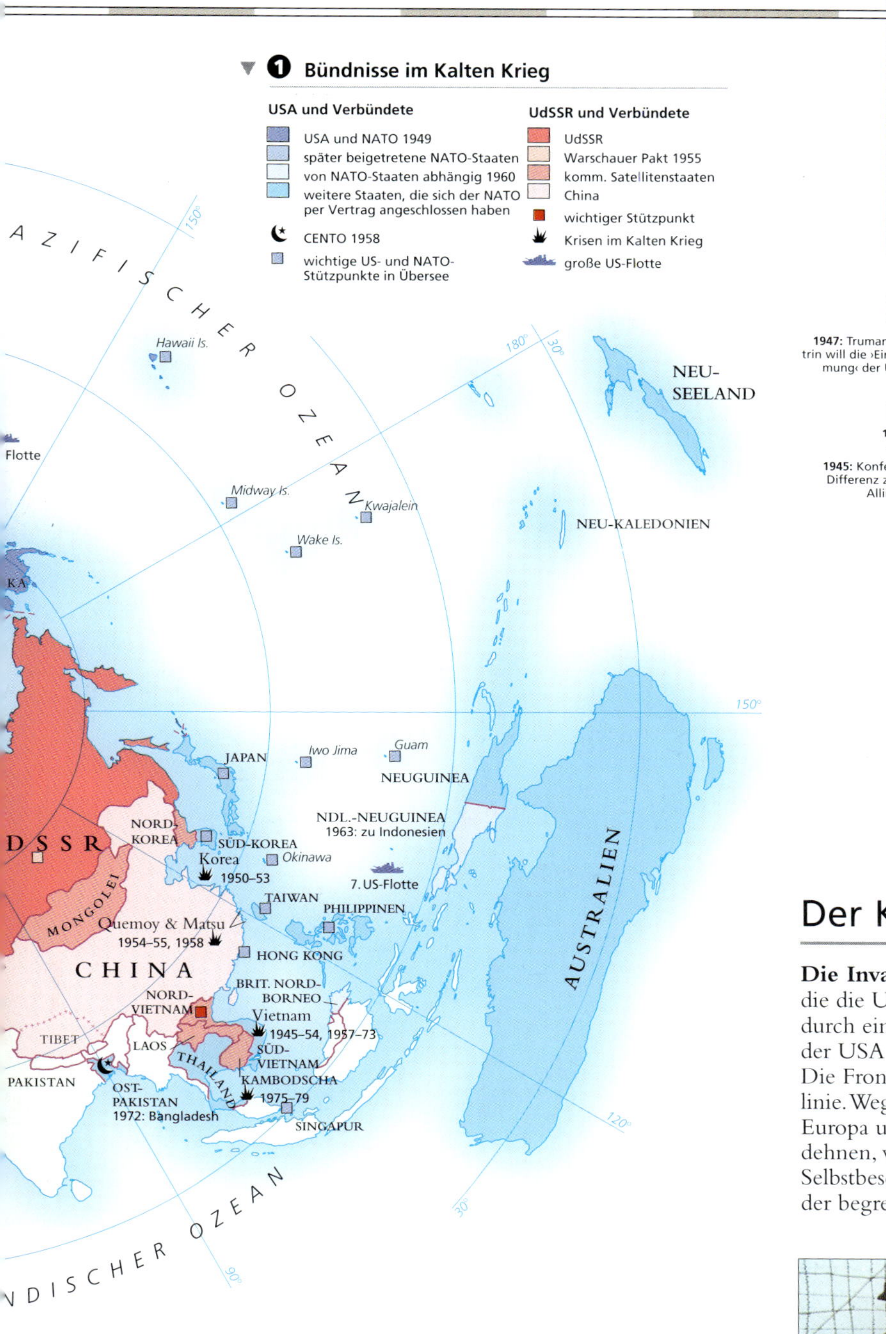

1 Bündnisse im Kalten Krieg

Seit den frühen 60er Jahren setzten die westlichen Verbündeten verstärkt Atom-U-Boote als Raketenbasen ein. In den 80er Jahren wurde mit den Trident-U-Booten die Reichweite auf 7400 km ausgedehnt, ein wichtiger Punkt bei den Verhandlungen zur atomaren Abrüstung 1982–91 (START, Strategic Arms Reduction Talks).

SIEHE AUCH:
Nordamerika: S. 138–139
Südamerika: S. 152–153
Afrika: S. 168–169
Europa: S. 212–215
Westasien: S. 234–235
Süd- und Südostasien: S. 252–253
Nord- und Ostasien: S. 274–275
Australasien und Ozeanien: S. 284–285

Strategische Züge im Kalten Krieg

Das strategische Gleichgewicht

Im ersten Jahrzehnt des Kalten Kriegs versuchten die USA, den weltweiten Vormarsch des Sozialismus durch regionale Verträge und Allianzen, die sich auf ihre wirtschaftliche und militärische Stärke stützten, zu begrenzen. Um 1960 jedoch spaltete sich der kommunistische Block durch einen Bruch in den chinesisch-sowjetischen Beziehungen, und die Entkolonisierung beraubte die europäischen NATO-Verbündeten ihres globalen Einflusses. Damit verschob sich der Schauplatz des Kalten Kriegs von Europa in die Entwicklungsländer. Zahlreiche Konflikte von Cuba bis Vietnam wurden als Stellvertreterkriege zwischen der US-amerikanischen und der sowjetsozialistischen Welt geführt.

DER RÜSTUNGSWETTLAUF

Als das Wettrüsten begann, hatten die USA gegenüber der UdSSR zahlenmäßige, technologische und strategische Vorteile. In den 60er Jahren verlagerte sich die US-amerikanische Strategie von Bombern zu U-Boot- und landgestützten Interkontinentalraketen (ICBM). Als die UdSSR Ende der 60er Jahre ebenfalls Interkontinentalraketen bauen konnten, war beiden Supermächten künftig der Zweitschlag, und damit die gegenseitige Zerstörung sicher (Mutually Assured Destruction = MAD). Diese Situation und die Entwicklung von Mehrfachsprengköpfen (MRV, MIRV) drohten eine neue Runde im Rüstungswettlauf einzuläuten. In den 70er Jahren gab es Obergrenzen für die Zahl von Raketen und Sprengköpfen; die Zahl der Raketenabwehrsysteme (ABM) wurde beschränkt (SALT I und SALT II). Nach dieser kurzen Entspannung verschärfte sich die Situation wieder durch die Entwicklung der US-amerikanischen ›Starwars‹-Strategie (SDI).

Der Korea-Krieg 1950–53

Die Invasion Südkoreas durch den Norden im Juni 1950, die die UdSSR nur widerwillig gebilligt hatte, wurde gleich durch eine Gegenoffensive von UN-Truppen unter Führung der USA gekontert, gegen die wiederum China intervenierte. Die Front stabilisierte sich etwa an der früheren Demarkationslinie. Wegen der Stationierung amerikanischer Truppen in Europa und um den Krieg nicht über Koreas Grenzen auszudehnen, verfolgten die USA eine Politik der defensiven Selbstbeschränkung, die zur Grundlage der NATO-Doktrin der begrenzten Kriegsführung wurde.

Der Korea-Krieg endete im Juli 1953 mit der Teilung Koreas in einen kommunistischen Norden und einen nominell demokratischen Süden durch eine Waffenstillstandslinie entlang des 38. Breitengrads. Diese Grenze wird seither schwer bewacht: Das Foto südkoreanischer Soldaten stammt aus dem Jahr 1996.

4 Der Korea-Krieg 1950–53

- vom nordkoreanischen Militär am 15. Sept. 1950 kontrolliert
- Frontlinie am 15. Sept. 1950
- US-Truppen 16. Sept.–24. Okt. 1950
- chinesische Truppen im Okt. 1950
- Frontlinie am 24. Nov. 1950
- Frontlinie am 25. Jan. 1951
- Waffenstillstandslinie 27. Juli 1953

Die Indoktrination wurde in den Konflikten der Entwicklungsländer von Ost und West ohne Rücksicht auf Geschlecht oder Alter betrieben. Das Bild dieses Kindersoldaten ist ein bleibendes Vermächtnis dieser Konflikte in Afrika.

Der Bürgerkrieg in Angola 1975–88

In den 70er Jahren konnte die Sowjetunion dank ihrer Transportmöglichkeiten zur See- und in der Luft antiwestliche Revolutionen weltweit unterstützen. Doch ihre wichtigsten Unternehmungen in Afrika, in Angola (1976–88) und Äthiopien (1977–89) wurden stellvertretend von Cuba durchgeführt. In Angola waren zwischen den drei bedeutendsten Gruppierungen, die gegen die portugiesische Herrschaft gekämpft hatten, Feindseligkeiten entstanden, und 1975 begann ein Bürgerkrieg mit drei Gegnern, wobei sich der marxistische MPLA mithilfe von 50 000 cubanischen Soldaten gegen die FNLA und die UNITA, die zunächst einen großen Teil Angolas beherrschte, durchsetzen und zuerst die FNLA, dann die UNITA aus dem Norden verdrängen konnte. Die Westmächte sicherten mittels Südafrika das südliche Gebiet für die UNITA. Der Konflikt dauerte bis 1988, als es zu einem Waffenstillstand zwischen Cuba, dem MPLA und Südafrika kam.

5 Der Bürgerkrieg in Angola ab 1975

- 1975 unter Kontrolle der FNLA
- 1975 unter Kontrolle des MPLA
- 1975 unter Kontrolle der UNITA
- Mitte 1976 vom MPLA kontrolliert
- Mitte 1976 von der UNITA kontrolliert
- Cubanische Truppen und sowj. Hilfe für den MPLA ab 1975
- tatsächlich von Südafrika besetztes Gebiet
- Angriffe Südafrikas zur Unterstützung der UNITA 1976–88
- Grenze der Guerilla-Aktivitäten der UNITA 1976–92

DIE WELT SEIT 1975

MIT DEM ENDE DES KALTEN KRIEGS 1989 entstand eine neue politische Landkarte. Die UdSSR zerfiel 1991, die ehemaligen Ostblock-Länder öffneten sich dem Westen und dem freien Markt, obgleich es in Russland selbst zu Vertrauenskrisen kam. Im Nahen Osten blieben die Streitigkeiten zwischen Israel und seinen Nachbarn ungelöst, der islamische Fundamentalismus im Iran und Saddam Husseins aggressiver Militarismus führten wiederholt zu Kriegen in der Region. In Südostasien förderten massive Investitionen während der 80er Jahre einen Wirtschaftsboom, der jedoch in den späten 90er Jahren zusammenbrach und die Region in eine schwere Depression stürzte. Die Wahlen in Südafrika 1990, an denen erstmalig alle Rassen teilnahmen, waren ein Triumph der Demokratie in Afrika; jedoch brachen am Ende des 20. Jh. in Zentralafrika verstärkt regionale Kriege aus.

Die Berliner Mauer, die seit 1961 den Westen und den Osten der Stadt trennte und Symbol der deutschen Teilung war, wurde 1989 geöffnet.

Europa

Während Westeuropa sich mit der Europäischen Union (EU) der wirtschaftlichen und politischen Einheit weiter annäherte, wurde Osteuropa wirtschaftlich noch immer durch die sozialistische Planwirtschaft behindert. Doch bewirkten mächtige Volksbewegungen 1989 die Auflösung des Ostblocks und 1991 die der UdSSR selbst. Jedoch führte diese Auflösung besonders im ehemaligen Jugoslawien und in Georgien, wo ethnische Konflikte den Nationalismus anheizten, zu Bürgerkriegen.

Europa

- **1975:** In Spanien stirbt General Franco; Juan Carlos I. von Bourbon wird König
- **1985:** Gorbatschow leitet Schritte zur Beendigung des Kalten Kriegs ein
- **1989:** Ende des Sozialismus in Polen, Ungarn, Tschechoslowakei, Rumänien, Ostdeutschland und Bulgarien
- **1990:** Deutsche Wiedervereinigung
- **1991:** Auflösung der UdSSR
- **1991:** Beginn des Bürgerkriegs in Jugoslawien
- **1995:** Waffenstillstand in Bosnien-Herzegowina; die UN-Soldaten bleiben

1975 – 1980 – 1985 – 1990 – 1995 – 2000

SATELLITENGESTÜTZTE ERDBEOBACHTUNG

Die genauen Daten, die Satelliten liefern, werden zur Aufzeichnung von veränderlichen geografischen Mustern benutzt. Hierzu gehören z.B. Klimaverhältnisse, Böden, Vegetation, Umweltverschmutzung und Urbanisationsgrad.

Dieses Infrarot-Satellitenbild von Buenos Aires, aufgenommen von einem SPOT-Satelliten, zeigt dicht besiedelte Stadtgebiete in Blau, die Vegetation in Rot und Gewässer in Schwarz.

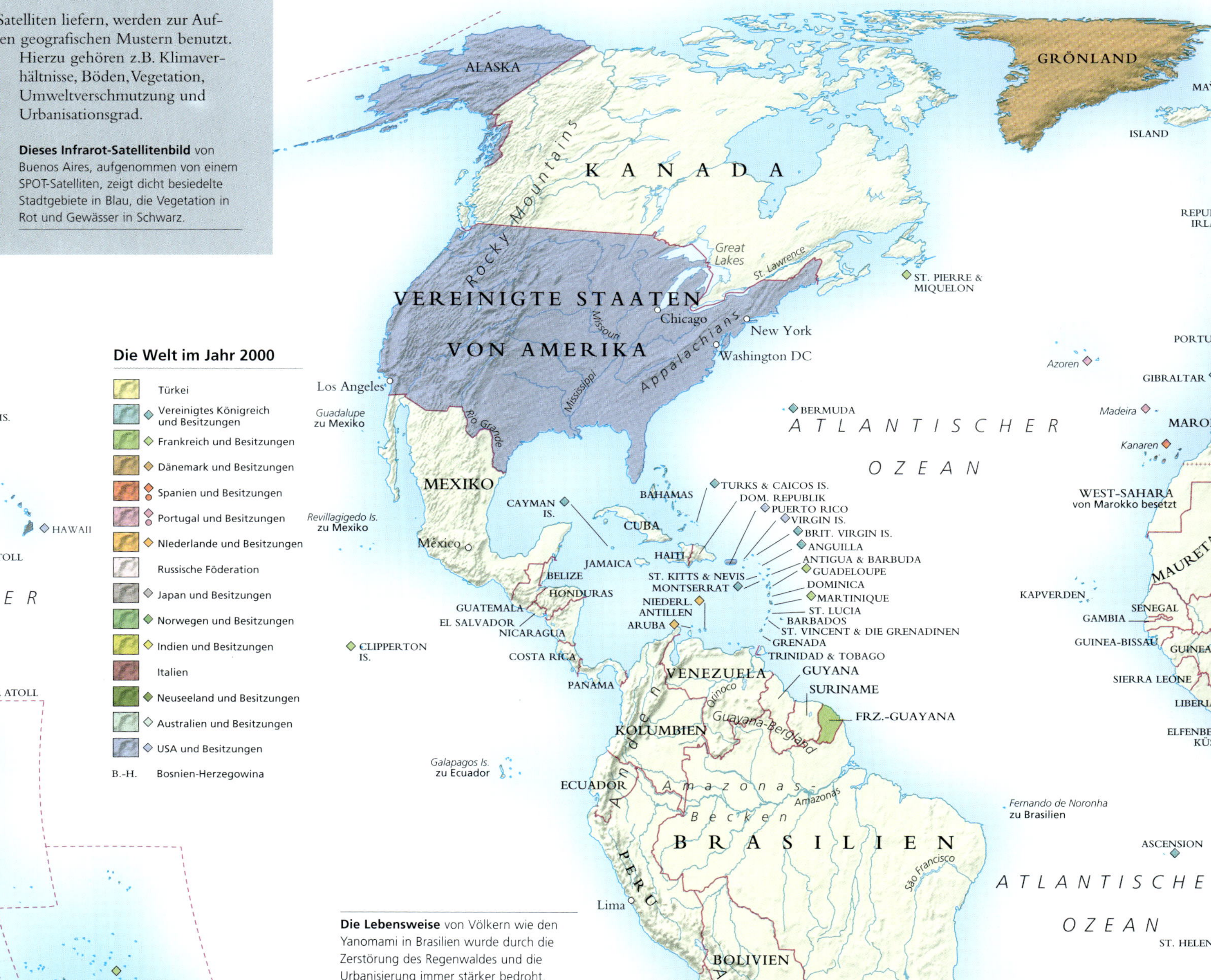

Die Lebensweise von Völkern wie den Yanomami in Brasilien wurde durch die Zerstörung des Regenwaldes und die Urbanisierung immer stärker bedroht.

Amerika

Ende der 70er Jahre begannen die Gesellschaften in Mittel- und Südamerika, sich ihrer repressiven Regime zu entledigen und demokratische Verhältnisse aufzubauen. Doch blieben die Hauptprobleme wirtschaftliche Instabilität, Inflation und hohes Bevölkerungswachstum bestehen. Die USA bewahrten ihre wirtschaftliche und politische Vormachtstellung. Ihre feindselige Haltung gegenüber der UdSSR hielt bis 1985 an, dann wurde eine Annäherung der beiden Supermächte möglich, die zu einer neuen Weltordnung führte.

Amerika

- **1979:** Beginn des Bürgerkriegs zwischen Sandinisten und Contras
- **1982:** Falkland-Krieg zwischen Großbritannien und Argentinien
- **1987:** USA und UdSSR vereinbaren die Begrenzung von Mittelstreckenraketen
- **1989:** Nach dem Rücktritt Pinochets Demokratisierung in Chile
- **1991–92:** Durch Vermittlung der UNO wird der Bürgerkrieg in El Salvador beendet
- **1991–92:** UdSSR beenden den Handelsvorzugsvertrag mit Cuba; USA verstärken Wirtschaftsblockade

1975 – 1980 – 1985 – 1990 – 1995 – 2000

Eine islamische Revolution, angeführt von Ayatollah Khomeini, stürzte 1979 das korrupte Regime des Schah im Iran. Der Iran wurde fortan nach religiösen Gesetzen regiert und jede politische Opposition gnadenlos unterdrückt.

West- und Südasien

Schwere Konflikte prägen den Mittleren Osten. Der Konflikt der Araber mit Israel führte zu einer Reihe von Kriegen und zur Destabilisierung der Region, vor allem des Libanon. Im Iran zog die politische Revolution des Schia-Islam ein Aufleben fundamentalistischer Strömungen von Algerien bis Afghanistan nach sich. Probleme politischer Kontinuität und Machttransition in Syrien, Irak und Jordanien sowie der Konflikt um einen Palästinenser-Staat werden die Region weiterhin prägen.

West- und Südasien

- **1975**
- **1977:** Beginn des Friedensprozesses im Nahen Osten
- **1979:** Islamische Revolution im Iran
- **1979:** Sowjetische Invasion in Afghanistan
- **1980:** Beginn des Iranisch-irakischen Kriegs
- **1984:** Ermordung Indira Gandhis
- **1985**
- **1988:** Ende des iranisch-irakischen Kriegs
- **1989:** UdSSR zieht sich aus Afghanistan zurück
- **1990:** Irakische Invasion in Kuwait löst den Golfkrieg aus
- **1995:** Abkommen zwischen Israel und PLO dehnt palästinensische Selbstverwaltung im Westjordanland aus
- **1996:** Taliban-Milizen erobern Kabul
- **2000**

Ost- und Südostasien

Ab den späten 70er Jahren suchte China engere Verbindungen zum Westen und begann mit einer verstärkten Industrialisierung. Forderungen nach mehr Demokratie wurden 1989 mit dem Massaker an Studenten auf dem Tiananmen (Platz des Himmlischen Friedens) erstickt. Die japanische Wirtschaft boomte, Pazifik-Anrainer wie Südkorea, Taiwan, Singapur und Indonesien erlebten ein nie dagewesenes Wirtschaftswachstum – bis zur Depression Ende der 90er Jahre.

Niedrige Arbeitslöhne bewogen in den 80er Jahren viele Firmen dazu, ihre Produktion nach China und Südostasien zu verlagern. Diese Frauen stellen in Guangzhou Spielzeug für eine Westfirma her.

SIEHE AUCH:

- **Nordamerika:** S. 136–137
- **Südamerika:** S. 152–153
- **Afrika:** S. 168–169
- **Europa:** S. 214–215
- **Westasien:** S. 234–235
- **Süd- und Südostasien:** S. 252–253
- **Nord- und Ostasien:** S. 274–275
- **Australasien und Ozeanien:** S. 284–285

Ost und Südostasien

- **1975:** Indonesien annektiert Osttimor
- **1979:** Vietnamesische Invasion in Kambodscha stürzt Pol Pot
- **1985**
- **1989:** Niederschlagung der Demonstrationen für Demokratie in Beijing
- **1997:** Hong Kong wieder unter chinesischer Hoheit
- **1998:** Die Wirtschaftskrise in Indonesien führt zum Sturz der Regierung
- **2000**

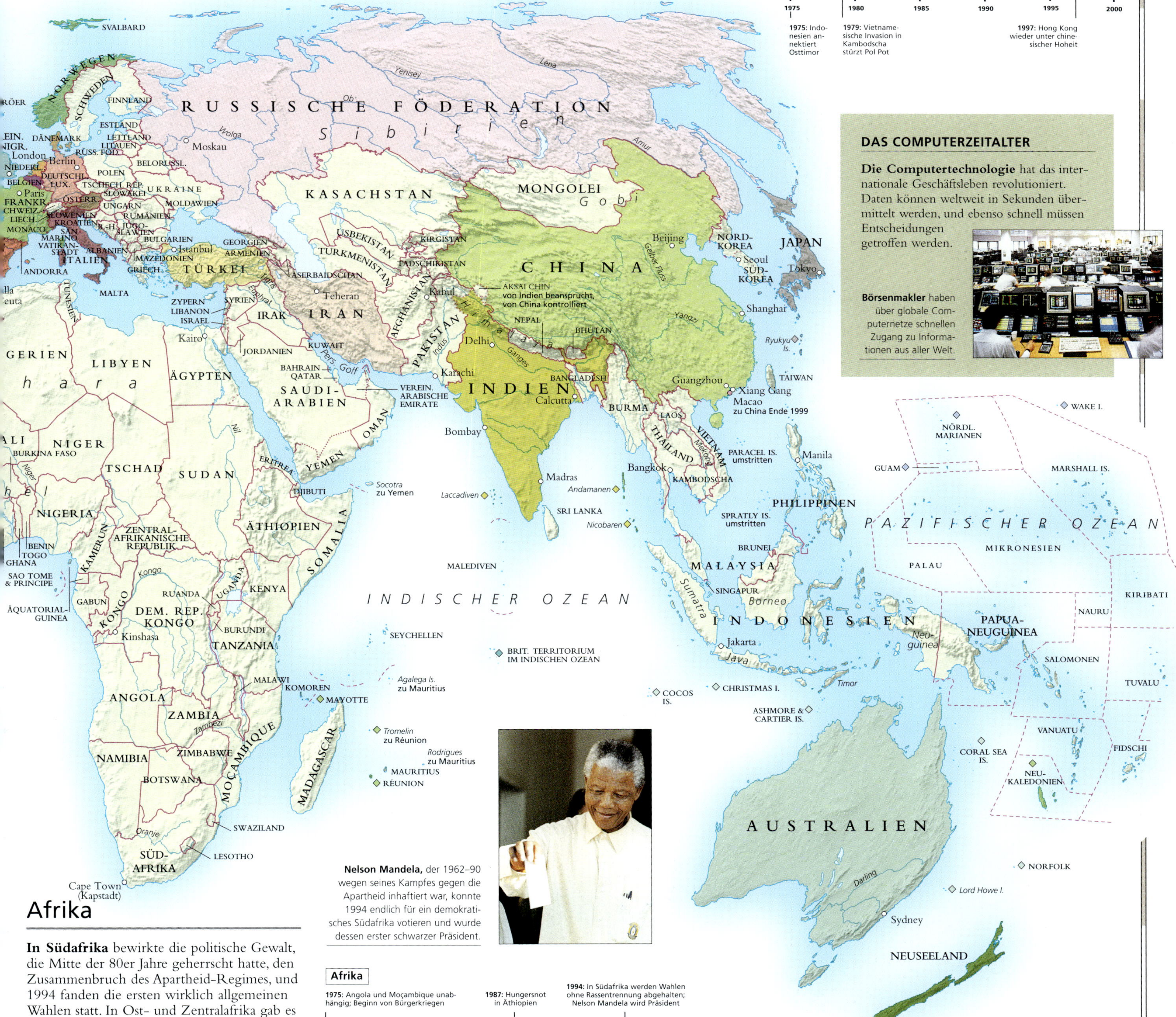

DAS COMPUTERZEITALTER

Die Computertechnologie hat das internationale Geschäftsleben revolutioniert. Daten können weltweit in Sekunden übermittelt werden, und ebenso schnell müssen Entscheidungen getroffen werden.

Börsenmakler haben über globale Computernetze schnellen Zugang zu Informationen aus aller Welt.

Afrika

In Südafrika bewirkte die politische Gewalt, die Mitte der 80er Jahre geherrscht hatte, den Zusammenbruch des Apartheid-Regimes, und 1994 fanden die ersten wirklich allgemeinen Wahlen statt. In Ost- und Zentralafrika gab es wegen ethnischer Kriege in Somalia, im Sudan und in Ruanda Millionen Flüchtlinge. In Nordafrika wurde der islamische Fundamentalismus zu einem destabilisierenden Faktor.

Nelson Mandela, der 1962–90 wegen seines Kampfes gegen die Apartheid inhaftiert war, konnte 1994 endlich für ein demokratisches Südafrika votieren und wurde dessen erster schwarzer Präsident.

Afrika

- **1975:** Angola und Moçambique unabhängig; Beginn von Bürgerkriegen
- **1980**
- **1985**
- **1986:** USA bombardieren Libyen
- **1987:** Hungersnot in Äthiopien
- **1990**
- **1994:** In Südafrika werden Wahlen ohne Rassentrennung abgehalten; Nelson Mandela wird Präsident
- **1994:** In Ruanda massakrieren Hutus 500 000 Tutsi
- **1995**
- **1997:** Präsident Mobutu in Zaire gestürzt
- **2000**

AKTUELLE TENDENZEN

Illegale Drogen werden rund um die Welt produziert; diese Beispiele für Kif und Opium stammen aus Marokko.

DIE WELTWIRTSCHAFT wird seit Ende des 20. Jh. zunehmend von der Verlagerung von Investitionen und Unternehmensstrategien auf die globale Ebene bestimmt, was einen Trend zum Verfall der Nationalstaatsidee einläutete. Die 1995 gegründete Welthandelsorganisation (WTO), die die Grundsätze des freien Handels vertritt, musste ebenso häufig Streitigkeiten von Handelsblöcken vermitteln wie zwischen einzelnen Ländern. Die Globalisierung der Wirtschaft wurde durch die Computertechnik und den schnellen Ausbau der Telekommunikation ermöglicht und enorm verstärkt. Zugleich dienen zunehmend Bindungen an einen ethnischen Ursprung, kulturelle Affinitäten oder religiöse Identitäten zur Definition von Gemeinschaften, die weit über nationale Grenzen hinaus reichen, beispielsweise die islamische Welt. In Europa gibt es neben der politisch vorangetriebenen wirtschaftlichen Integration einen Trend zur Dezentralisierung innerhalb der Nationalstaaten, insofern als große Bevölkerungsgruppen ihre Autonomie und Selbstbestimmungsrechte einklagen.

Die panafrikanische Nation

Die afrikanische Bevölkerung in Amerika, die auf den Sklavenhandel des 16. bis 18. Jh. zurückgeht, umfasst heute über 80 Mio. Menschen. Nur in den Karibikstaaten stellen die Schwarzen die Bevölkerungsmehrheit; doch bilden die Afroamerikaner in den USA die viertgrößte schwarze Gemeinschaft der Welt, und auch die schwarze Bevölkerung Brasiliens zählt zu den zehn größten der Welt. Die schwarze Minderheit in Großbritannien ist wie die in Portugal ein jüngeres Resultat der Einwanderung der Nachkriegszeit. Die schwarze Gemeinschaft hat international betrachtet kaum politische Verbindungen; jedoch durchaus ein gemeinsames Identitätsgefühl bezogen auf die afrikanischen Ursprünge.

Der Karneval in Rio de Janeiro ist ein rauschendes Fest der multikulturellen Bevölkerung der Stadt.

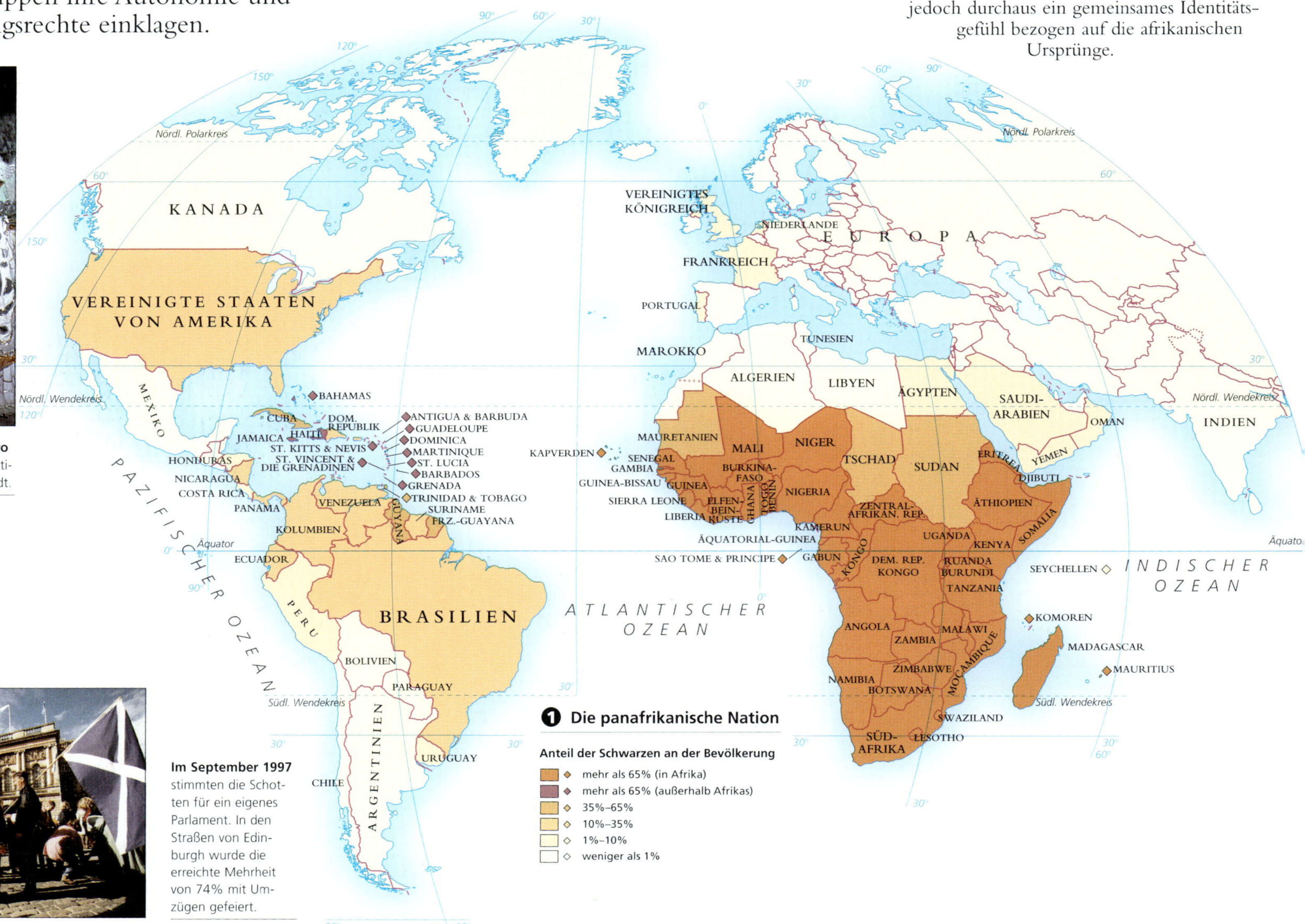

Im September 1997 stimmten die Schotten für ein eigenes Parlament. In den Straßen von Edinburgh wurde die erreichte Mehrheit von 74% mit Umzügen gefeiert.

Staaten und Separatismus in Europa

Neue Nationalstaaten entstanden in Europa in den 90er Jahren durch den Zerfall der Sowjetunion, die sanfte Trennung der Tschechen und Slowaken und die blutige Aufspaltung des sozialistischen Jugoslawien. Ungelöste separatistische Bestrebungen dauern an, vor allem im Kosovo und in Montenegro, während Bosnien über die getrennten Gebiete der serbischen, der kroatischen und der muslimischen Bevölkerung hinaus kaum noch Bestand hat. Das von Rivalitäten zwischen den Flamen und den frankophonen Wallonen zerrissene Belgien entschied sich zur Machtabgabe an die Regionen, ebenso auch Spanien, wenngleich nach Meinung militanter Basken nicht in ausreichendem Maße. Selbst das zentralistische Frankreich bot Pläne für einen Sonderstatus Korsikas an, während in Italien die separatistische Lega Nord zu einer politischen Macht wurde. Innerhalb der Europäischen Union könnte dagegen das föderative System Deutschlands ein Modell für ›überstaatliche Integration‹ werden.

◀ **2 Staaten und Separatismus in Europa**

- nach 1990 entstandener Staat
- eine gewisse Dezentralisierung erreicht
- bedeutende ethnische Gruppen ohne eigenen Staat
- Streben nach mehr Selbstbestimmung

Die Verfolgung der albanischen Bevölkerung in der Kosovo-Region führte Anfang 1999 zu Luftangriffen der NATO auf Serbien und zum Exodus Hunderttausender Flüchtlinge aus ihrer ›ethnisch gesäuberten‹ früheren Heimat.

Die panislamische Welt

Der sunnitische Islam ist die vorherrschende Tradition in der muslimischen Welt – in säkularen Staaten, in den konservativen Scheichtümern am Persischen Golf und bei den militanten afghanischen Taliban. Der Iran ist der bedeutendste Schia-Staat; die iranische Revolution gilt als Vorbild für schiitische Militanz anderswo. Außerhalb des Iran hat die Schia nur in Aserbaidschan, Bahrain und in Teilen des Irak die Mehrheit, doch selbst in Bahrain und im Irak sind die Sunniten an der Macht. Assads Regime in Syrien stützt sich auf die alawitische Minderheit, die sich zu einer Variante des schiitischen Islam bekennt.

Der Pflicht, mehrmals täglich Richtung Mekka zu beten, kommt der Muslim trotz der Zwänge des modernen städtischen Lebens weiterhin nach. Diese ägyptischen Gläubigen beten mitten auf einer Straße in Alexandria.

SIEHE AUCH:

Nordamerika: S. 138–139

Südamerika: S. 152–153

Afrika: S. 168–169

Europa: S. 214–215

Westasien: S. 234–235

Süd- und Südostasien: S. 252–253

Nord- und Ostasien: S. 274–275

③ Die panislamische Welt

Anteil der Muslime an der Bevölkerung
- 91–100%
- 51–90%
- 21–50%
- 6–20%
- 1–5%
- weniger als 1%

Status des Islam
- Formell als Islamische Republik bezeichnet
- Säkularer Staat mit über 50% muslimischer Bevölkerung
- Islam ist etablierte Religion
- Mitglied der Organisation der Islamischen Konferenz (OIC)
- Bewaffneter Konflikt durch militanten Islam

Ein Internet-Café bietet einen Zugang ins World Wide Web, der stundenweise abgerechnet wird.

DAS WORLD WIDE WEB

Großflächige Computernetzwerke, zuerst für die Kommunikation in der NATO geschaffen, erweiterten sich zum weltweiten Internet, das in den 1990er Jahren zum Massenmedium wurde. Seine breite Nutzung verdankt es vor allem der grafischen Benutzerschnittstelle, die das ›Surfen‹ durch die per ›Hyperlinks‹ verknüpften Internet-Seiten sehr einfach gestaltete. Eine ständige Spannung bestand zwischen dem Verlangen der Anwender, anonym zu bleiben und das Fernmeldegeheimnis gewahrt zu wissen und den Überwachungsbestrebungen der staatlichen und überstaatlichen Polizeibehörden.

Die Welt des organisierten Verbrechens

Gute Reisemöglichkeiten und schneller Informationsaustausch förderten die Entstehung internationaler krimineller Organisationen. Wie die Geschäftswelt wurde auch die Korruption im Unternehmens- und Finanzbereich ›globalisiert‹, ebenso wie traditionelle kriminelle Wirtschaftszweige: die Herstellung von Narkotika, Prostitution, Glücksspiel, Erpressung und Geldwäsche. Zwar konnte die Strafverfolgung Erfolge gegen die italienische und die US-amerikanische Mafia verzeichnen, doch schuf der Zusammenbruch der Sowjetunion die Voraussetzungen für die schnelle Entstehung einer russischen Mafia, die in Eurasien und Amerika Fuß fasste. Die großen Drogenkartelle, die mit Kokain und Heroin handelten, kämpften um die Kontrolle der Produktion und der Vertriebswege in die reichen Märkte Nordamerikas und Europas. Die Gewinne wurden durch andere Geschäfte und unter Ausnutzung des Bankgeheimnisses ›gewaschen‹ und zunehmend zur politischen Einflussnahme verwendet.

④ Das organisierte Verbrechen

Narkotikaproduktion und -handel
- Cannabisproduktion
- Kokainproduktion
- Heroinproduktion
- Heroin- und Cannabisproduktion
- Heroinhandel
- Kokainhandel
- Cannabishandel

Zentren krimineller Organisationen
- Mafia
- Triaden
- Zentrum der Drogenkriminalität
- Drogentransit-Zentren
- ›Goldenes Dreieck‹
- Zentrum für Geldwäsche
- Mordrate von über 8 pro 100 000 Ew., mit Zahlenangabe

Ausmaß der internationalen organisierten Kriminalität
- italienische Mafia
- chinesische Triaden
- jamaicanische Possen
- russische Mafia
- kolumbianische Kartelle
- japanische Yakuza
- US-amerik. Cosa Nostra
- türkische Mafia

DIVERSI
GLOBI TERR-AQVEI
STATIONE VARIANTE
ET VISU INTERCEDENTE,
PER COLUROS TROPICORUM,
PER AMBOS POLOS
ET PARTICUL. SPHÆRÆ ZENITH
IN PLANUM DELINEATI
ORTHOGRAPHICI
PROSPECTUS;
ZONA FRIGIDA (SEPTENTRIO) SEPTENTRIONALIS
ZONA TEMPERATA SEPTENTRIONALIS
TROPICUS CANCRI
TROPICUS CAPRICORNI
MAR DEL ZUR
MARE PACIFICUM
REGIONES AUSTRALES NONDUM COGNITÆ
CIRCULUS ANTARCTICUS
COLURUS SOLSTITIORUM
ZONA FRIGI-(MERIDIES)-DA AUSTRALIS
ZONA TEMPERATA AUSTRALIS
Sphæra Recta
Horizon Rectus

Bereits im 18. Jh. nahm die Weltkarte moderne Gestalt an. Diese von dem holländischen Kartografen Matthias Seutter im Jahr 1730 angefertigte Karte zeigt beide Hemisphären in verschiedenen Projektionen sowie Darstellungen der Himmelsrichtungen als Windmacher.

ZWEITER TEIL

EINZELNE GESCHICHTS-RÄUME

Überall auf der Welt betrachten die Menschen ihre Geschichte im Spiegel des jeweiligen kulturellen Erbes. Der zweite Teil dieses Atlas beschäftigt sich daher mit der Chronologie acht großer Weltregionen, die als eigenständige Geschichtsräume begriffen werden können: Nordamerika, Südamerika, Afrika, Europa, Westasien, Süd- und Südostasien, Nord- und Ostasien sowie Australasien und Ozeanien. Jedem Kapitel ist zur Einführung eine Karte der historischen Geografie vorangestellt, die das jeweilige Gebiet im Zustand während der letzten Eiszeit zeigt. Die daran anschließenden Seiten stellen die Erforschung und Kartierung des Gebietes dar und zeichnen nach, wie das Wissen über die Region seine gegenwärtige Form annahm. Zum Schluss folgen, geordnet nach den bedeutsamsten Epochen, Kapitel zur historischen Entwicklung der Region, jeweils mit zahlreichen Detailkarten versehen.

Nordamerika vor 18 000 Jahren

Nordamerika wurde von der letzten Eiszeit stark betroffen. Der Laurentinische und der Kordilleren-Eisschild wuchsen zu einer immensen Eiskappe zusammen, die den größten Teil der nördlichen Gebiete Nordamerikas bedeckte. Im Südosten gab es überwiegend Wälder und Gehölze, Florida war teilweise von Wüstendünen bedeckt. Der tropische Regenwald in Mittelamerika war flächenmäßig weitaus kleiner als heute.

Geschichtsraum Nordamerika

Die historische Landschaft

Vor ca. 25 000 Jahren wurde Nordamerika von Sibirien aus besiedelt, als erste Menschenhorden über die Beringia-Landbrücke zogen. Als die Eismassen zurückgingen, zogen die neuen Bewohner weiter südwärts in das wildreiche Gebiet der Great Plains und besiedelten in mehreren Wanderungswellen auch Mittel- und Südamerika. Mit dem Abschmelzen des Eises und dem Ansteigen des Meeresspiegels wurde Nordamerika von Eurasien getrennt. Im Norden des Kontinents, wo ein reicher Bestand an Jagdwild zur Verfügung stand, gingen die Menschen nur teilweise zur sesshaften Lebensweise über. Einige Stämme sind bis heute auf der Stufe der Jäger und Sammler geblieben. Abgetrennt vom afro-eurasischen Raum, vollzog sich aufgrund der isolierten Lage eine besondere ökologische, genetische und soziale Entwicklung. Mit dem Eindringen der ersten europäischen Kolonisten im 15. Jh. erwies sie sich jedoch als sehr zerbrechlich: Innerhalb von kaum 150 Jahren wurden die eigenständigen Kulturen Nordamerikas zerstört oder durch die zahlreichen Einwanderer aus der Alten Welt an den Rand gedrängt. Diese, zumeist Europäer, errichteten mit Energie und Ausdauer auf dem amerikanischen Kontinent eine der ökonomisch, industriell und politisch stärksten Mächte der Welt.

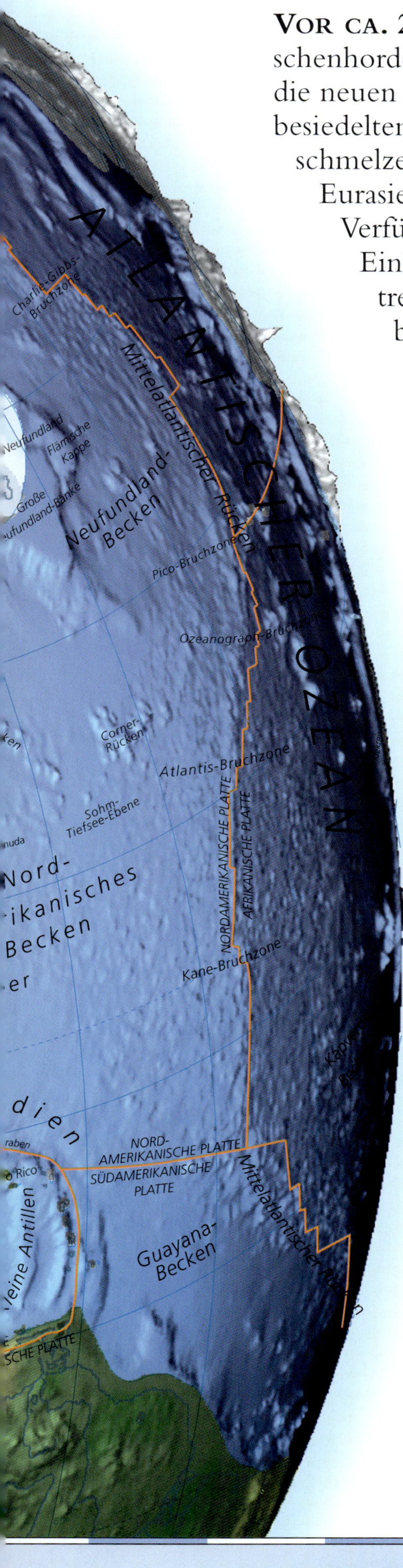

Die gewaltigen Bisonherden, die Nordamerika einst durchstreiften, schienen eine unerschöpfliche Nahrungsquelle für die Ureinwohner zu sein. Sie wurden jedoch bis auf geringe Restbestände dezimiert, um die Indianer von ihrem Land zu vertreiben.

Die riesige Beckenlandschaft, die der Mississippi entwässert und die sich von den Appalachen bis zu den Rocky Mountains erstreckt, bot den frühen Siedlern ideale Bedingungen für den Feldbau.

Im Gebirgshochland Mittelamerikas entstanden einige der ältesten Hochkulturen des nordamerikanischen Kontinents. Die Kombination von vorteilhaftem Klima und fruchtbarem Land begünstigte die Entstehung von Feldbau und Agrarwirtschaft.

NORDAMERIKA

ERKUNDUNG & KARTIERUNG

Lewis (oben) und Clark leiteten 1805–06 eine Expedition zur Erkundung des Westens.

ÜBER JAHRHUNDERTE hatte Nordamerika keine Kontakte zu anderen Kontinenten. Die Wikinger gelangten auf ihren Seereisen von Island und Grönland um das Jahr 1000 nach Neufundland, doch musste ihre Handelssiedlung bei L'Anse aux Meadows, die ohnehin nur ein vergleichsweise kleines Gebiet nutzte, schon bald wieder aufgegeben werden. Erst im frühen 16. Jh. wurde man sich in Europa der Existenz eines riesigen Kontinents jenseits des Atlantik voll bewusst, auch wenn das Wissen über ihn zunächst doch sehr fragmentarisch blieb. Als die Europäer schließlich mit der Erkundung der ›Neuen Welt‹ begannen, konnten sie das Wissen der Einheimischen nutzen, auf deren Pfaden sie den Kontinent nun zu erforschen begannen.

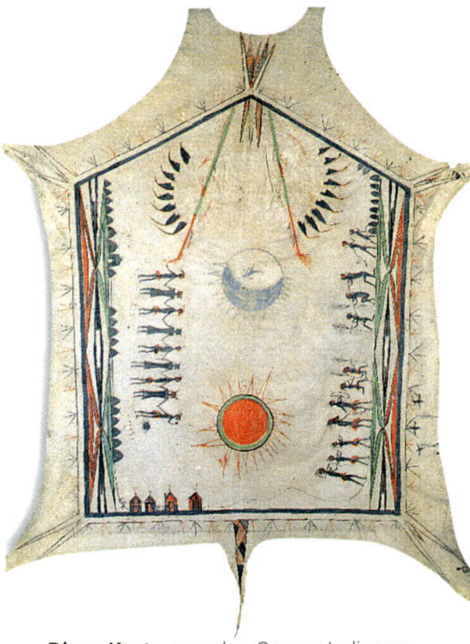

Diese Karte, von den Qapaw-Indianern auf Büffelleder gezeichnet, zeigt die Lage dreier Dörfer bezogen auf den Stand von Sonne und Mond.

Karten der Ureinwohner

Die Ureinwohner Nord- und Mittelamerikas verfügten lange vor der Ankunft der ersten europäischen Expeditionen über fundierte Kenntnisse des Kontinents. Bestimmt wurde ein großer Teil dieses Wissens mündlich überliefert, doch sind frühe Felsbild-Karten entdeckt worden, die Jägern zur Orientierung sowie zur Markierung des Geländes gedient haben könnten. Spätere Karten, die häufig im Auftrag der Europäer angefertigt wurden, zeugen von der genauen Kenntnis der Landschaft sowie der Prinzipien Raum und Entfernung. Manche Stämme belegten mit ihren Karten während der Indianervertreibungen im 19. Jh., dass sie dieses Land schon lange bewohnten und somit einen Anspruch auf die Siedlungsgebiete hatten.

Frühe Expeditionen

Obwohl die Wikinger schon im 10. Jh. als erste Europäer Nordamerika erreicht hatten, begann die systematische Erforschung des Kontinents erst Ende des 15. Jh., als Verbesserungen im Schiffbau die Reisen von Kolumbus und Cabot möglich machten. Mitte des 16. Jh. errichteten Expeditionen, die Spanien zur Suche nach Gold und Land ausgerichtet hatte, die ersten Siedlungen in Florida, Mittelamerika sowie in der Karibik und drangen in südöstliche und südwestliche Richtung vor. Zur gleichen Zeit erkundeten englische und französische Expeditionen auf der Suche nach neuen Seewegen nach Asien den Verlauf der Atlantikküste.

❶ Die ersten europäischen Erkundungen in Nordamerika

Wikinger
- Bjarni Herjolfsson 985–86
- Leif Eriksson 1003
- Thorvald Eriksson 1005–12

Spanier und Portugiesen
- Christoph Kolumbus 1492–93
- Miguel Corte-Real 1501, 1502
- Christoph Kolumbus 1502–04
- Hernán Cortés 1519–21
- Juan Ponce de León 1513
- Panfilo de Narváez und Álvar Núñez Cabeza de Vaca 1528–36
- Francisco de Ulloa 1539–40
- Hernando de Soto 1539–43
- Francisco Vázquez de Coronado and Garcia Lopez de Cardeñas 1540–42
- Sebastián Vizcaíno 1602–03

Engländer
- John Cabot 1497
- Martin Frobisher 1576–77
- Francis Drake 1579
- John Davis 1585–87
- Henry Hudson 1610–11

Franzosen
- Giovanni da Verrazano 1524
- Jacques Cartier 1535–36
- Samuel de Champlain 1604–07

○ europäische Siedlung
1608 mit Gründungsjahr

Europäische Expeditionen im 15. und 16. Jh.

- **1492:** Columbus landet auf den Bahamas und meint, Asien erreicht zu haben
- **1497:** Cabot landet in Neufundland
- **1501:** Miguel Corte-Real versklavt 50 Indianer aus Beothuk
- **1513:** Ponce de León erkundet die Küste Floridas
- **1524:** Verrazano segelt die Atlantikküste bis Nova Scotia hinauf
- **1528:** Cabeza de Vaca erkundet den Golf von Mexiko und den Südwesten
- **1534:** Cartier beginnt Erkundung des St. Lorenz-Stroms
- **1539–43:** De Soto erkundet den Südwesten Nordamerikas

1490 – 1500 – 1510 – 1520 – 1530 – 1540

Diese Karte von Florida und der Chesapeake Bay (oben) entstand Ende des 16. Jh. Die Darstellung entspricht nicht der Realität: So sind die Karibischen Inseln viel zu weit nördlich dargestellt.

Europäische Forscher waren überrascht von der Vielfalt der Tierwelt Nordamerikas (links). Schon bald lockte die lukrative Jagd auf Pelztiere wie den Biber ›Waldläufer‹ ins Innere des Kontinents.

Die Erkundung des Ostens

Die reichen Fischgründe des Atlantik sowie die Wildbestände des Nordostens zogen europäische Fischer und Jäger an, viele der frühen Siedlungen entstanden als Pelzhandels-Stationen. Samuel de Champlain erkundete mit der Hilfe von Irokesen und Montagnais den St. Lorenz-Strom und die Großen Seen (Great Lakes). Hudson und Davis zogen weiter nach Westen bis in die großen Buchten Kanadas. Andere Expeditionen hatten missionarische Ziele, so auch die Mississippi-Reise Jolliets in Begleitung von Pater Marquette. Im späten 17. und 18. Jh. machten sich mehrere Expeditionen auf die Suche nach Wegen durch das Appalachen-Gebirge, über die Siedler in den Mittleren Westen gelangen konnten.

Daniel Boone, einer der berühmten Waldläufer Amerikas, führt eine Gruppe von Siedlern auf dem Weg nach Westen durch den Cumberland Gap, einen Pass in den Appalachen.

❷ Expeditionen in das Innere Nordamerikas 1600-1775

Briten
- John Smith 1608
- Thomas Batts und Robert Fallam 1671
- James Needham und Gabriel Arthur 1673
- Dr. Henry Woodward 1674, 1685

Franzosen
- Samuel de Champlain 1609–16
- Medart Chouart des Groseillers und Pierre-Esprit Radisson 1659–1660
- Pater Claude Allouez 1665–67
- Pater Charles Albanel 1671–72
- Louis Jolliet und Jacques Marquette 1672–73
- René-Robert Cavelier Sieur de La Salle 1684–87
- Louis Hennepin 1680
- Chaussegros de Léry 1729

Holländer
- Arnout Viele 1692–94
- Johannes Rosebloom 1685–87

Amerikaner
- Christopher Gist 1750–51
- Thomas Walker 1750
- Daniel Boone 1769–71

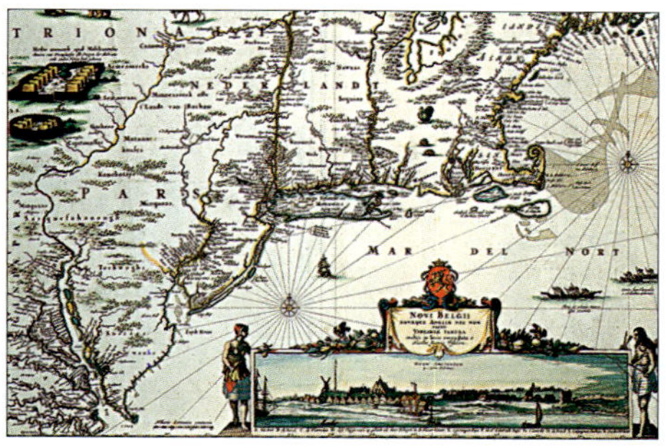

Ende des 17. Jh. war die Ostküste Nordamerikas bereits gut erforscht. Diese Tafel aus Visschers *Atlas Contractus* von 1671 zeigt die Atlantikküste von Neu-England Richtung Süden bis Chesapeake Bay. Die Gebiete weiter westlich sowie die Great Lakes waren im Wesentlichen noch unbekannt.

Expeditionen des 17. und 18. Jh. im Osten Nordamerikas

- **1607–08:** John Smith führt Kolonisierungsexpeditionen nach Virginia
- **1609–13:** Champlain erkundet den St. Lorenz-Strom und die östlichen Großen Seen
- **1665–67:** Pater Allouez erkundet die Großen Seen
- **1673:** Jolliet und Marquette erkunden Mississippi und Illinois
- **1673:** Needham und Arthur folgen dem Occanneechee-Pfad durch die Appalachen
- **1682:** La Salle folgt dem Mississippi bis zur Mündung
- **1729:** Zuverlässige Vermessung von Allegheny und oberem Ohio durch Léry
- **1752:** John Finley entdeckt, dass Cumberland Gap ein Zugang zur Ebene von Kentucky ist

1600 – 1650 – 1700 – 1750

Erkundung des Westens

Die rasche Ausdehnung der Vereinigten Staaten erforderte dringend die Vermessung und Kartierung ihres riesigen Territoriums. Die berühmte Durchquerung des Kontinents durch Lewis und Clark wurde auf ausdrücklichen Wunsch Präsident Jeffersons vom Kongress finanziert. Fremont begann mit Unterstützung des US Army Corps of Topographical Engineers mit der Erkundung des Westens. Die Vermessung der Trassen für den Bau von Eisenbahnen in den 1850er Jahren waren von ökonomischen und politischen Interessen bestimmt, wohingegen die Vermessung der westlichen Wüsten durch King wissenschaftliche Motive hatte.

Eine Illustration aus den Memoiren Lieutenant Fremonts zeigt Mitglieder eines Vermessungstrupps am Ufer des Pyramid Lake. Später führte Clarence King eine detaillierte Vermessung des Sees durch.

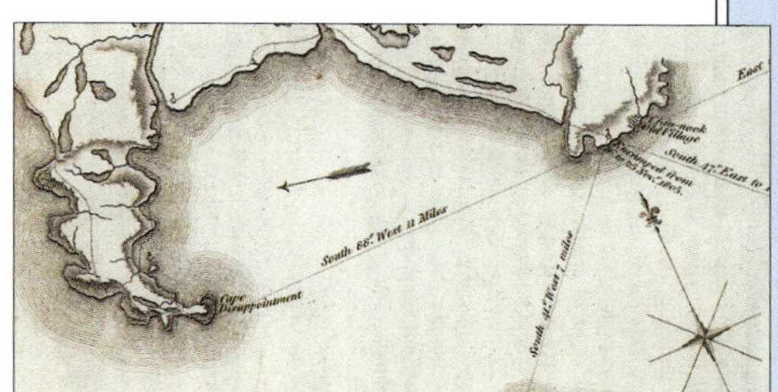

Lewis und Clark fertigten auf ihrer Reise nach Westen Tagebücher mit Skizzen an. Diese Karte zeigt die Mündung des Columbia River.

❸ Erkundung und Vermessung der USA und Kanadas im 19. Jh.

individuelle Expeditionen
- Meriwether Lewis und Wiliam Clark 1805–07
- Lt. Zebulon M. Pike 1806–07
- Major Stephen Long 1819–20
- Lt. John Franklin 1820–21
- Lt. John Franklin 1825–27
- Lt. John C. Fremont 1842–44
- Lt. William Emory 1846
- Lt. James Simpson und Capt. Lorenzo Sitgreaves 1849–51
- Lt. John Palliser 1857–59

weitere Expeditionen
- russische Expeditionen nach Alaska 1816–65
- Western Railroad 1853–55
- Western Union Telegraph 1865–67
- kanadische Expedition zur Erforschung des Yukon 1887–89

erfasste Gebiete
- Henry Hind 1857–58
- George Wheeler 1867–72
- Clarence King 1867–73

Dieses Aquarell der Kanab-Wüste malte ein Mitglied des Teams des US Geographical Survey 1880.

Kartierungen im Norden und Westen

- **1805–06:** Lewis und Clark erkunden das beim Kauf von Louisiana neu erworbene Land
- **1816:** Beginn der Erforschung Alaskas durch Russland
- **1819:** Mitglieder der Long-Expedition durch die Great Plains zeichnen Landschaft und Tiere
- **1821:** Unglückliche Expedition Franklins entlang der Flüsse Yellowknife und Coppermine
- **1842:** Erste Expedition Fremonts zur Kartierung und Besiedelung des Westens der USA
- **1846:** Vermessung der spanischen Gebiete durch Emory
- **1849–51:** Simpson und Sitgreaves entdecken alte Kulturen im Südwesten
- **1853–55:** Vermessungen für den Bau einer Eisenbahn zum Pazifik
- **1857–72:** Wheeler stellt erste Reliefkarten des Südwestens der USA her

1800 – 1810 – 1820 – 1830 – 1840 – 1850 – 1860 – 1870

FRÜHE VÖLKER IN NORDAMERIKA

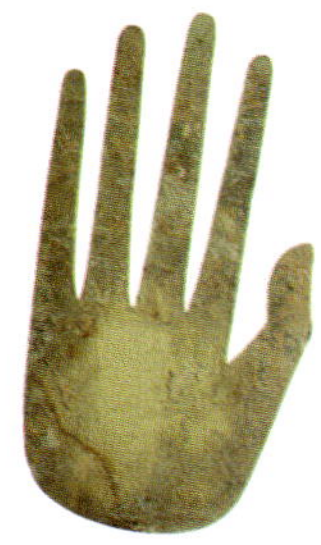

Die Menschen der Hopewell-Kultur gaben ihren Toten kunstvolle Objekte wie diese aus einer Glimmerplatte hergestellte Hand mit in die Gräber.

DIE ERSTEN SIEDLER NORDAMERIKAS erreichten den Kontinent vermutlich schon vor über 25 000 Jahren über die Beringia-Landbrücke, die während der letzten Eiszeit zwischen Asien und Nordamerika bestand. Anfangs siedelten sie möglicherweise nur an der Pazifikküste. Mit dem Abschmelzen des Eises vor etwa 15 000 Jahren drangen sie weiter in den Süden und Nordosten vor. Um 11 000 v.Chr. wurden die Tiere in den südlicheren Gebieten intensiv bejagt. Zahlreiche Großsäuger, darunter das Wollmammut, sind vermutlich durch zu starke Bejagung ausgestorben. Kurz nach der Besiedlung Mittelamerikas wurden die Menschen sesshaft. In relativ kurzer Zeit entstanden aus einfachen Dorfstrukturen komplexe Gesellschaften. Die archäologischen Zeugnisse der Olmeken und Zapoteken in Mittelamerika und die Mounds (Zeremonialplattformen) der Adena- und der Hopewell-Kultur im Südosten Amerikas zeugen von hochentwickelten Kulturen.

Wildbeuter-Kulturen

Die Wildbeuter haben Szenen ihres Lebens in Höhlenmalereien festgehalten. Diese Darstellung aus Cueva Flecha in Baja California zeigt aufgespießte Menschen und Tiere – eventuell ein Hinweis auf Konflikte mit anderen Gruppen.

Die ersten Menschen in Nord- und Mittelamerika lebten ohne soziale Differenzierung in Großfamilien zusammen und ernährten sich vom Jagen und Sammeln. Mit der Zeit besiedelten sie die Ebenen, Gebirge, Wüsten, Wälder, Flusstäler und Küsten des Kontinents und passten sich den jeweiligen Gegebenheiten an. Spezielle Speerspitzen der Kulturen ermöglichen Rückschlüsse auf die jeweils bevorzugten Beutetiere. Die charakteristischen Clovis-Speerspitzen wurden von Großwildjägern verwendet, um Mammut, Mastodon und Büffel zu erlegen. Die Fischer an den Küsten jagten Meerestiere mit Harpunen, deren Spitzen Widerhaken hatten. Die Bewohner der Ebenen und der Berge jagten mit Pfeilen, an denen Steine befestigt waren, Vögel, die einen wichtigen Teil ihrer Nahrung bildeten.

Mais und Kürbis wurden bereits vor 7000 Jahren angebaut. Durch Zucht veränderte sich der Mais von einer niedrig wachsenden Grasart mit Einzelkörnern zu den uns bekannten Kolben, an denen zahlreiche Körner sitzen.

Früher Ackerbau

Die Landwirtschaft Nordamerikas entwickelte sich nur langsam, brachte jedoch nachhaltige Veränderungen. Tierhaltung war weithin unbekannt, und es gab nur wenige domestizierte Arten. In Mittelamerika wurden schon um 5000 v.Chr. zur Ergänzung der Wildbeuterei Pflanzen kultiviert. Neue Kulturen wie Mais, Bohnen und Kürbis kamen später hinzu und stabilisierten die Nahrungsgrundlage. Die Jäger-Gruppen nutzten erst nur jahreszeitlich feste Unterkünfte, später änderte sich ihre Lebensweise zu einer halbsesshaften. Zwischen 2500 und 1400 v.Chr. lebten die Menschen in Mittelamerika schon überwiegend in festen Siedlungen und bauten verschiedene Gemüse an. Weiter im Norden war Getreide anfangs nur eine Ergänzung zur traditionellen Nahrung. Erst im 1. Jahrtausend n.Chr. wurde der Feldbau allmählich zu einer wichtigen Nahrungsquelle, bis er zu Beginn des 2. Jahrtausends zur Entwicklung fester dörflicher Siedlungen führte.

Hunde, Honigbienen und Truthühner waren die ersten domestizierten Tierarten in Nordamerika – Truthühner gelangten vor etwa 2000 Jahren nach Mittelamerika.

Frühe Besiedlung Nord- und Mittelamerikas

- **15 000 v.Chr.:** Menschen siedeln in Nordamerika; sichere Beweise an den Felsüberhängen des Meadowcroft Rock Shelter
- **10 000:** Jäger ernähren sich von Großwild, Pflanzen, Fischen und Meerestieren
- **8000:** Mit dem Aussterben des Mammuts und anderer Großsäuger wird Kleinwild zunehmend wichtig für die Ernährung
- **7000:** Erste Belege für Pflanzenanbau in Mittelamerika
- **7000:** Anfänge einer halbsesshaften Lebensweise in Nordamerika
- **5000:** Erster Maisanbau in Mittelamerika
- **2500:** Erste sesshafte Kulturen in Mittelamerika
- **2300:** Erste Keramik in Mittelamerika

15 000 v.Chr. – 12 000 – 9000 – 6000 – 3000 – 1 n.Chr.

Frühe Zivilisationen in Mittelamerika

Mit der Entstehung dörflichen Lebens bildeten sich in den tropischen Ebenen am Golf von Mexiko und am Isthmus von Tehuantepec bis hin zur Pazifik-Küste des heutigen Guatemala die frühesten Hochkulturen. Neue Kulturpflanzen und fruchtbaren Böden schufen die Bedingungen für eine zunehmend komplexe Gesellschaftsform. Die Zivilisation der Olmeken, die gemeinhin als Mutterkultur Mesoamerikas gilt, entstand um 1150 v.Chr. an der Golfküste und bestand bis 400 v.Chr. Nur kurze Zeit nach dem Höhepunkt der Olmeken-Kultur wurde Oaxaca zum Zentrum einer komplexen Gesellschaftsform; um 500 v.Chr. bestanden in den drei verbundenen Tälern von Oaxaca Stammesgemeinschaften oder frühe Staaten. Wo die drei Täler zusammenstoßen, errichteten die Zapoteken auf dem Gipfel eines Bergs eine heute Monte Albán genannte Stadt, die die Region für mehr als ein Jahrtausend beherrschte. Weiter im Süden war nach 500 v.Chr. Kaminaljuyú ein bedeutendes Zentrum, doch ein Vulkanausbruch um 250–200 v.Chr. in der Nähe entvölkerte die Region, denn daraufhin wanderten die Menschen nach Süden ab. Im Hochland südlich der Halbinsel Yucatán sind ab 1000 v.Chr. erste Grundlagen der Maya-Hochkultur belegt.

Das olmekische Zeremonialbeil aus La Venta wurde aus dem jadeähnlichen Grünstein gefertigt, der für den Fundort charakteristisch ist.

3 Das Kernland der Olmeken
- Olmeken-Zentrum
- olmekische Skulptur

Die Olmeken

Die früheste Zivilisation in Mittelamerika, die der Olmeken, legte die Grundlage für das mesoamerikanische Götter-Pantheon, sie basierte auf einer sozialen Schichtung mit Königen und einer Aristokratie, sie führte Kriege und Fernhandel und hatte einen nachhaltigen Einfluss auf andere Kulturen. Die Olmeken errichteten große Plattformen und Erdhügel zu kultischen Zwecken, erzeugten feine Keramik, bearbeiteten Grünstein und stellten beeindruckende Plastiken auf. Darüber hinaus erfanden sie vermutlich auch den mesoamerikanischen Kalender und die Silbenschrift. Um 500–400 v.Chr. zogen sich die Olmeken in ihr Kernland am Golf zurück. Obwohl sie während des 1. Jahrtausend v.Chr. ihren hohen Kulturstand hielten, schwand ihr unmittelbarer Einfluss auf andere Gruppen.

2 Frühe Zivilisationen in Mittelamerika

- olmekisches Einflussgebiet
- Maya-Einflussgebiet ca. 1000 v.Chr.
- weiteres Einflussgebiet der Maya ca. 800 v.Chr.
- zapotekisches Einflussgebiet
- von den Olmeken besiedelte oder beeinflusste Stätte
- andere Stätten der formativen Periode
- Handelsroute der Olmeken

Mineralien
- Basalt
- Obsidian
- Eisenerz (Magnetit)
- Serpentin
- Grünstein

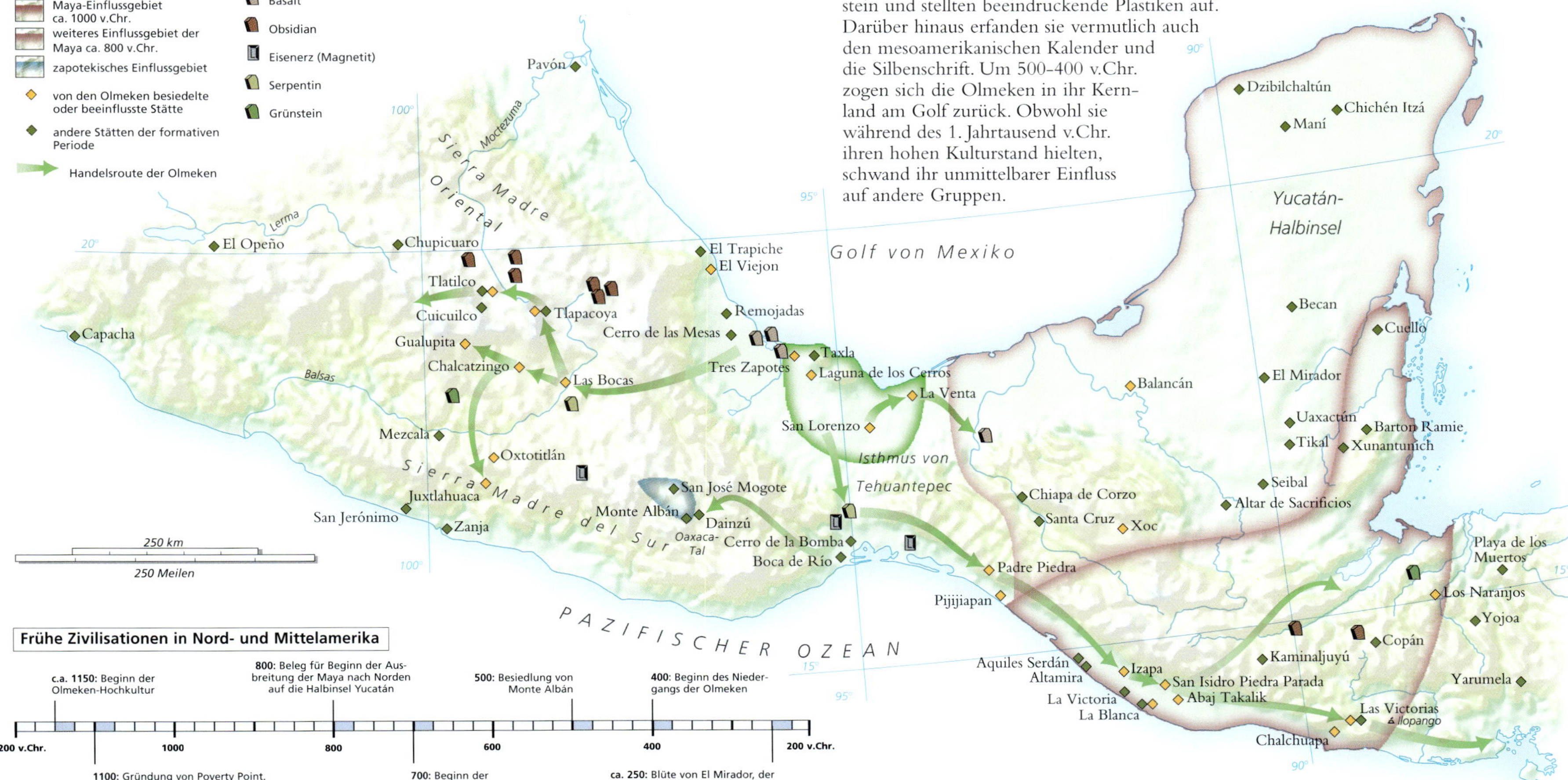

Frühe Zivilisationen in Nord- und Mittelamerika

- 1200 v.Chr.
- ca. 1150: Beginn der Olmeken-Hochkultur
- 1100: Gründung von Poverty Point, einer frühen nicht-agrarischen Siedlung, im heutigen Louisiana
- 1000
- 800: Beleg für Beginn der Ausbreitung der Maya nach Norden auf die Halbinsel Yucatán
- 800
- 700: Beginn der Adena-Kultur
- 600
- 500: Besiedlung von Monte Albán
- 400: Beginn des Niedergangs der Olmeken
- 400
- ca. 250: Blüte von El Mirador, der größten frühen Maya-Stadt; Orte wie z.B. Becan werden befestigt
- 200 v.Chr.

4 Die Mound-Kulturen im östlichen Nordamerika 700 v.Chr.–400 n.Chr.

- Adena-Kernland
- Adena-Stätte
- Einflussgebiet der Hopewell-Kultur
- *OHIO* Gebiet der Hopewell-Kultur
- Mound-Stätte
- Statuen-Mound-Stätte

Handelsgüter der Hopewell
- Hornstein
- Chlorit
- Obsidian
- Silber
- Kupfer
- Bleiglanz
- Kristallglimmer
- Olivenmuschel
- Tulpenmuschel
- Wellhornschnecke
- Schildkröte
- Alligator
- Barrakuda
- Hai

Die Mound-Kulturen der östlichen Flusstäler

Die Adena-Kultur entstand schon um 700 v.Chr. im oberen Ohio-Tal. Ihre Siedlungen gruppierten sich um sog. Mounds, lange flache Zeremonialplattformen aus aufgehäufter Erde mit weiteren kultischen Anlagen. Grabbeigaben waren u.a. Schmuck aus importiertem Kupfer, Flachreliefs und Pfeifen, die Belege für den frühen Tabakanbau sind (siehe Karte 1). Die Hopewell-Kultur entstand im 3. Jh. v.Chr. und breitete sich im gesamten Mississippi-Tal aus. Ihre Grundlage war die im kleinen Maßstab betriebene Landwirtschaft. Die Hopewell-Menschen bauten ein komplexes, ausgedehntes Handelsnetz auf, über das sie zahlreiche Rohstoffe bezogen, darunter Obsidian, Quarz, Muscheln, Zähne und Kupfer, aus denen sie ihre typischen Vogel- und andere Tierplastiken herstellten. Elemente der Hopewell-Kultur wurden von zahlreichen anderen indianischen Gruppen übernommen.

Für die Hopewell-Kultur charakteristisch sind zahlreiche Tierplastiken, darunter Vögel, Biber und Bären. Hier ist ein Pfeifenkopf als Frosch gestaltet. Der Tabak wurde in eine Vertiefung in seinem Rücken gestopft.

STÄDTE UND REICHE

Hunde als Hohlkeramik, beispielhaft für die Keramik im westlichen Mexiko, waren häufige Grabbeigaben.

MESOAMERIKA war geprägt von den Kulturen des mexikanischen Raums und der Maya-Zivilisation weiter südlich, die sich durch ihre Sprache, Schrift, Kunst und Architektur unterschieden. Politisch waren beide Kulturkreise in Form von Stadtstaaten organisiert. Die der Maya waren zumeist kleine, mehrere Städte umfassende regionale Verbände oder autonome Städte, wohingegen in Mexiko mehrere größere Einflussgebiete entstanden. Die Völker im südlichen Nordamerika wurden zunehmend sesshaft und betrieben Landwirtschaft. Die Gebiete der Kulturen in den Wüstenregionen des Südwestens, darunter die der Hohokam, Anasazi und Mogollon, überschnitten sich teilweise. Im Südosten ersetzten um 800 n.Chr. größere Siedlungen im Tal des Mississippi die Hopewell-Kultur.

Hochkulturen in Mittelamerika 400–1400

Teotihuacan wurde im 1. Jh. n.Chr. Hauptstadt des ersten bedeutenden Reichs. Von hier aus verbreiteten sich neue Entwicklungen und beeinflussten Städte in ganz Mexiko und Guatemala. Um 500 hatte die multiethnische Stadt über 150 000 Einwohner und exportierte Waren in das gesamte Mittelamerika. Um 550 hatte der Niedergang Teotihuacans schon begonnen, um 750 war die Stadt verlassen. Das entstandene politische Vakuum beschleunigte ab 650 den Aufstieg mehrerer unabhängiger, befestigter Bergstädte, darunter Cacaxtla und Xochicalco. Sie verfügten über ausgedehnte Handelsverbindungen und hatten unterschiedlich enge Kontakte zu anderen Kulturen. Im 10. Jh. entstand das Reich der Tolteken mit Tula als Zentrum. Die Tolteken trieben Handel bis Costa Rica im Süden und in die Wüstenregionen des Nordens. Eine Dürre schädigte Tulas Landwirtschaft so sehr, dass die Stadt 1168 aufgegeben wurde.

Teotihuacan war eine zentral geplante und regelmäßig errichtete Stadt, deren Panorama riesige Tempelpyramiden beherrschten. Mit großen Teilen Mittelamerikas wurde Handel betrieben. Zu den Handelsgütern zählten Obsidian-Erzeugnisse, Keramik und Federarbeiten.

Diese massigen Basaltskulpturen stehen auf der Zentralpyramide von der toltekischen Hauptstadt Tula. Die Stadt hatte in ihrer Blütezeit 60 000 Einwohner, noch einmal so viele Menschen bewohnten das Umland.

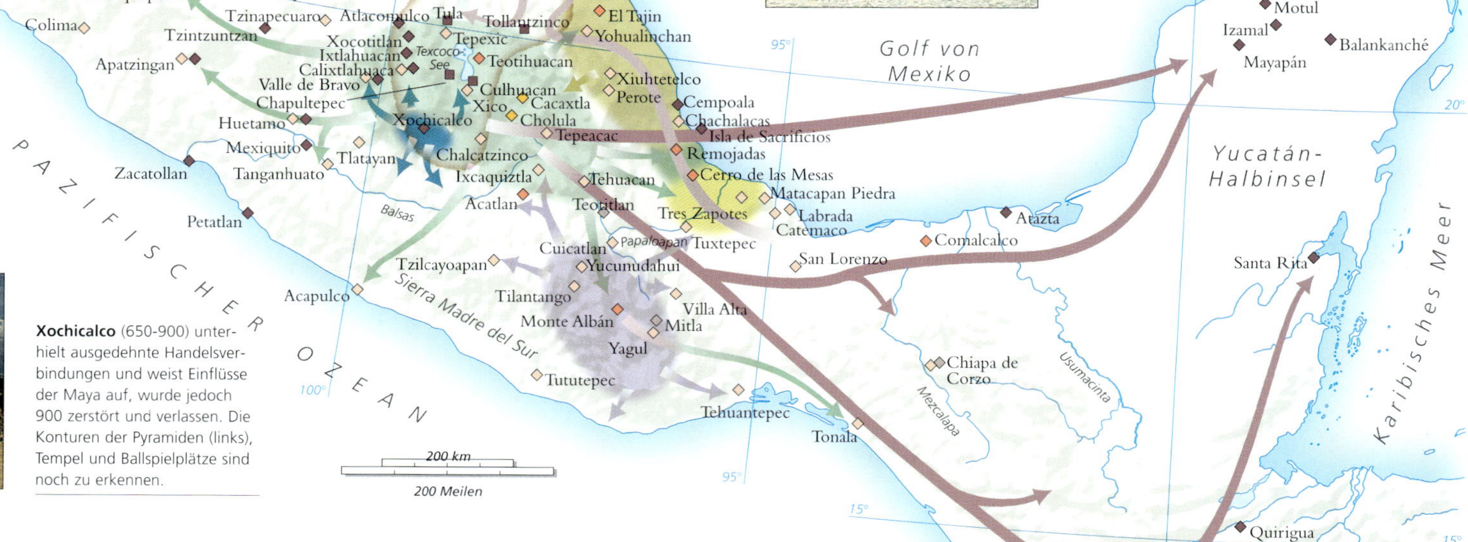

Xochicalco (650-900) unterhielt ausgedehnte Handelsverbindungen und weist Einflüsse der Maya auf, wurde jedoch 900 zerstört und verlassen. Die Konturen der Pyramiden (links), Tempel und Ballspielplätze sind noch zu erkennen.

Monte Albán war ein wichtiges Zeremonialzentrum mit Plätzen, Terrassen, Tempelplattformen und einer großen Pyramide. Die Stadt mit 24 000 Einwohnern beherrschte bis 600 n.Chr. das Tal von Oaxaca.

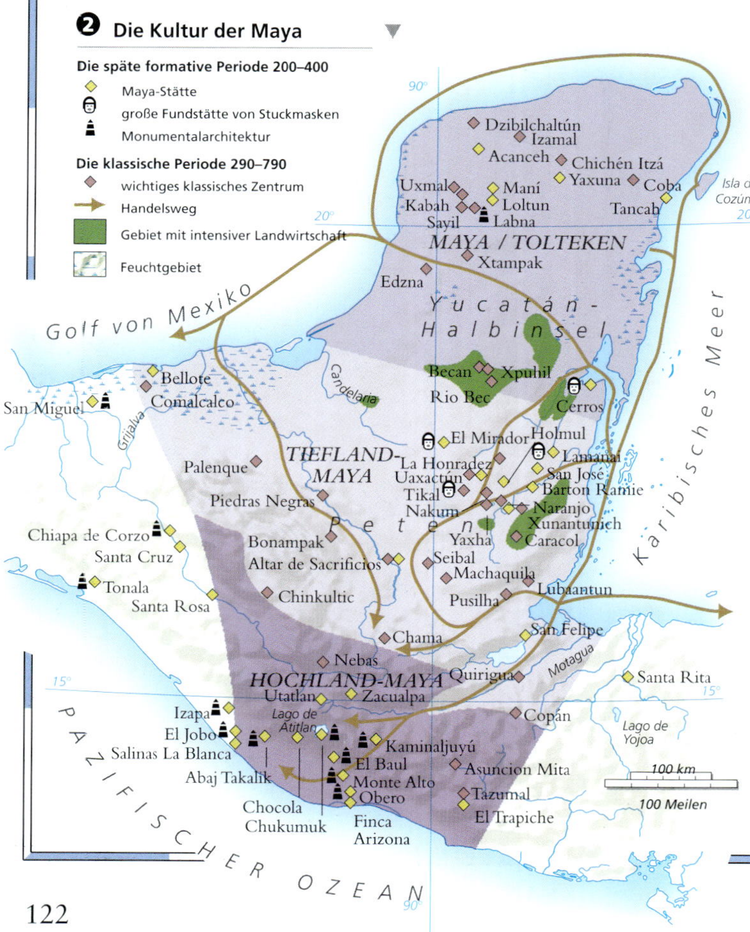

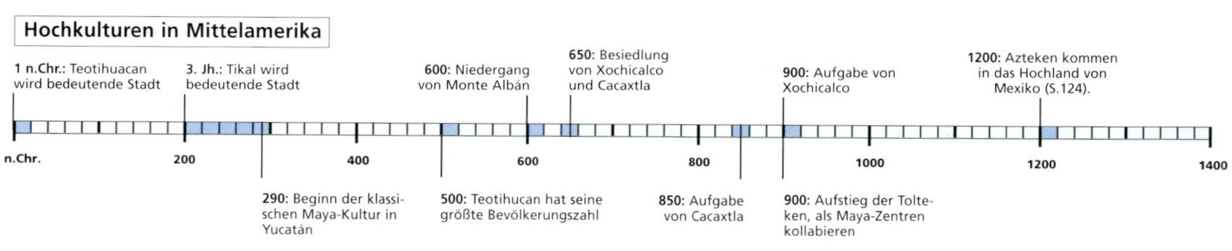

Die Stadtstaaten der Maya

In den Urwäldern von Guatemala und Yucatan blühte die Maya-Kultur. Zahlreiche Stadtstaaten entstanden hier, die durch Heirat oder Verwandtschaft miteinander verbunden waren. Doch waren politische Bindungen selten und brüchig. Die klassische Maya-Kultur, die eine Glyphenschrift entwickelt hatte, gilt als erste vollständig alphabetisierte Kultur Amerikas. Klassische Städte der Maya werden durch ihre Größe und die Komplexität ihrer Anlage charakterisiert. Nach 700 wurden zahlreiche Städte verlassen, und das Zentrum der Maya-Kultur verlagerte sich in die nördlichen Ebenen.

Der Torbogen von Labna im nördlichen Yucatán entstand in der spätklassischen Periode. Charakteristisch für diese Zeit sind seine Größe und die reichen Reliefs.

Dieses Messer der Inuit aus Walrossbein wurde vermutlich zum Schneiden von Eisblöcken benutzt. Die Verzierungen zeigen Jäger, Tiere und Siedlungen.

Kulturen im hohen Norden

Die nördlichen Landschaften waren nur spärlich von nomadischen Jägern besiedelt: Aleuten und Inuit (Eskimo) hatten in der Arktis eine dem Klima angepasste Lebensweise entwickelt, die Stammesgruppen der Athabasca (im Westen), Algonquin und Beothuk (im Osten) in der Subarktis. Ab etwa 1000 zogen die Thule-Inuit Richtung Osten und beherrschten um 1500 den hohen Norden. Felle, Kupfer und Tran – Produkte der Bewohner des Nordens – waren seit 1000 auf dem ganzen Kontinent begehrt. Sie wurden entlang von Küsten und Flüssen gehandelt, aber auch mit den Wikingern, die Grönland besiedelten und die Nordostküste Amerikas besuchten.

Der hohe Norden bis 1500 n.Chr.

700 – 900 – 1100 – 1300 – 1500

- **ca.700:** Inuit benutzen Pfeil und Bogen zur Jagd
- **986:** Wikinger gründen den drei Siedlungen auf Grönland
- **ab ca.1000:** Cree und andere Stämme tauschen mit südlichen Indianern Pelze gegen Getreide
- **ca.1500:** Inuit sind in der ganzen Arktis verbreitet

Der amerikanische Südwesten

Im halbariden Südwesten wurden die Menschen im 1. Jahrtausend n.Chr. sesshaft. Nach 1000 entstanden Dörfer und Klippensiedlungen wie die der Hohokam in Arizona und regionale Gemeinschaften wie Chaco Canyon und Casas Grandes. Die Hohokam bauten Bewässerungssysteme, über die sie das Wasser auf ihre Maisfelder leiteten, und errichteten mehrstöckige Gebäude: Vorratshäuser und Wohnbauten aus Stein oder Lehmziegeln, Ballspielplätze sowie Mounds (Tempelhügel) in Form langer flacher Plattformen. Die Pueblos der Anasazi und Mogollon dienten offenbar der Verteidigung – wahrscheinlich mussten sie sich feindlicher Gruppen erwehren, die ab etwa 1300 einfielen. Zunehmende Trockenheit brachte die Einwohner um 1250 dazu, die Region zu verlassen, nur einige versprengt lebende Pueblo-Gruppen blieben zurück.

Der Mimbres-Zweig der Mogollon-Kultur brachte eine bemerkenswerte Töpferei hervor, deren mit geometrischen Mustern verzierte Produkte häufig als Grabbeigaben dienten.

Besiedlung des Südwestens bis 1500

1 n.Chr. – 200 – 400 – 600 – 800 – 1000 – 1200 – 1400

- **100:** Beginn der Hohokam- und Mogollon-Kultur
- **800:** Beginn der Mimbres-Töpferei bei den Mogollon
- **ca.950:** Blühende Pueblo-Kultur im Südwesten
- **1050:** Bau von Verteidigungs-Pueblos durch Anasazi
- **1100:** Bau des ›Cliff Palace‹ von Mesa Verde
- **1200:** Blütezeit von Chaco Canyon
- **1350:** Viele Anasazi-Pueblos verlassen – vermutlich wegen Trockenheit

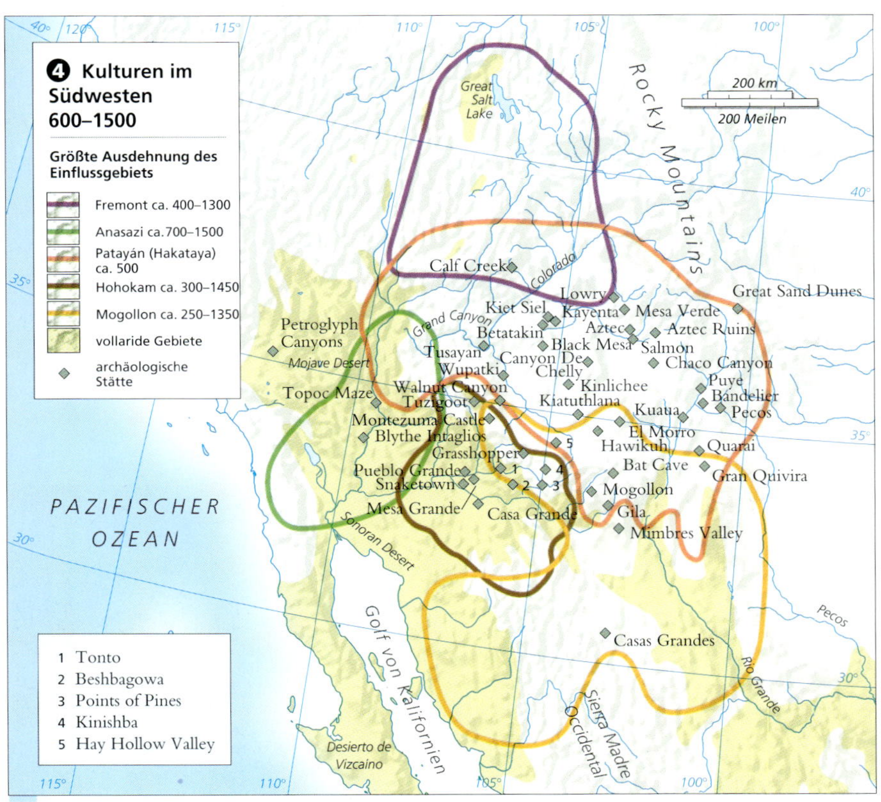

Der Süden und das Mississippi-Tal

Im östlichen Nordamerika konnten Verbesserungen in der landwirtschaftlichen Technik erzielt werden, und aus Mexiko wurden Kulturpflanzen, darunter Bohnen und neue Maissorten, eingeführt. Doch folgte dem Niedergang des Hopewell-Handelsimperiums eine Zäsur von etwa 400 Jahren. Ab etwa 800 entstanden jedoch größere Siedlungen, bis um 1000 die Mississippi-Kultur auftauchte, die eine stärkere regionale Integration und bedeutend ausgeprägtere soziale Schichtung hervorbrachte. Zahlreiche Zentren, darunter Stätten wie Etowah und Moundville, gelangten zu regionaler Bedeutung. Das größte Zentrum war Cahokia mit 15 000 Einwohnern.

Die Specksteinpfeife aus dem Spiro Mound stellt vermutlich einen Krieger bei der Enthauptung eines Feindes dar.

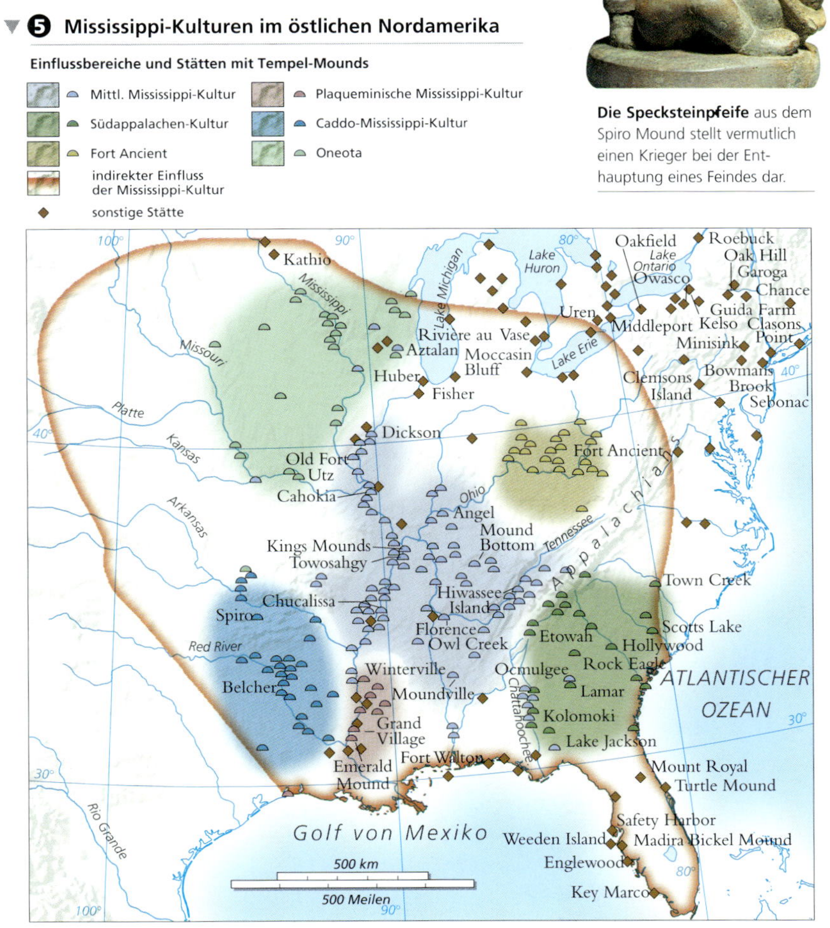

Besiedelung des Südostens bis 1500

400 – 600 – 800 – 1000 – 1200 – 1400 – 1600

- **ca.400:** Niedergang der Hopewell-Kultur
- **ca.800:** Jäger im Mississippi-Tal benutzen Pfeil und Bogen
- **1000:** Beginn der Mississippi-Kultur
- **1050:** Cahokia mit 10 000 Einwohnern ist Zentrum der Mississippi-Kultur
- **1200:** Bau von Moundville; Blütezeit bis 1300
- **ca.1450:** Einbruch der Bevölkerungszahl am mittleren Mississippi

RIVALISIERENDE REICHE

Quetzalcoatl, oft mit langem Schnabel und Kolibri dargestellt, war der Windgott der Azteken.

BIS ZUR ANKUNFT DER EUROPÄER Ende des 15. Jh. hatten Nord- und Mittelamerika keinerlei feste Kontakte zu anderen Kontinenten. Auf der Suche nach neuen Seewegen und Märkten für ihre Waren erkundeten spanische Entdecker und Händler zuerst die Inseln der Karibik und Mittelamerika. Später beanspruchten sie Mexiko und große Teile Südamerikas für die spanische Krone. Eine der bedeutendsten spanischen Eroberungen war das Reich der Azteken in Zentralmexiko. Auch andere Teile Amerikas, die von Europäern besucht wurden, erlebten im 16. Jh. bedeutende Veränderungen: Neben neuen Tierarten wie dem Pferd, das eine enorme Rolle im Leben der nordamerikanischen Ureinwohner erlangen sollte, brachten die Europäer auch neue Krankheiten mit, die die Bevölkerung dezimierten.

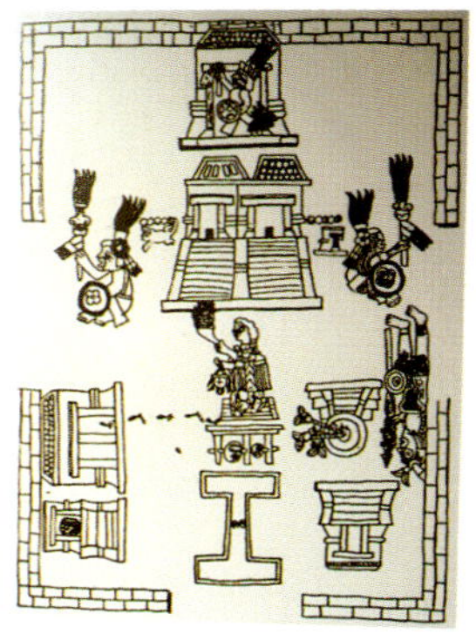

Der Große Tempel beherrschte die zentrale Plaza von Tenochtitlan. Der Nordtempel (links) war dem Regengott Tlaloc geweiht, der Südtempel (rechts) dem aztekischen Schutz- und Kriegsgott, Huitzilopochtli.

Das Reich der Azteken

Die Azteken kamen um 1200 in das bereits hoch entwickelte Plateau von Mexiko und errichteten 1325 ihre Hauptstadt Tenochtitlan auf Inseln im Texcoco-See. 1428 beendeten sie die Herrschaft der Tepaneken, die sie als Hilfstruppen eingesetzt hatten, und errichteten ein eigenes Reich. Um 1519 kontrollierten die Azteken große Teile Zentralmexikos sowie die Gebiete der Maya im Osten. Ihre Vorherrschaft erstreckte sich auch über eine Reihe von Stadtstaaten, die zwar autonom blieben, jedoch tributpflichtig waren. Die Azteken führten ständig militärische Auseinandersetzungen mit den Nachbarstaaten, die ihnen dauerhaft Tributleistungen und ›Götterspeise‹ (Gefangene für das Menschenopfer) sicherten.

Mosaikschmuck aus Türkis in Form einer doppelköpfigen Schlange, die als Symbol des Regengotts Tlaloc galt. Vermutlich schickte Moctezuma II. Xocoyotzin das Stück an Cortés.

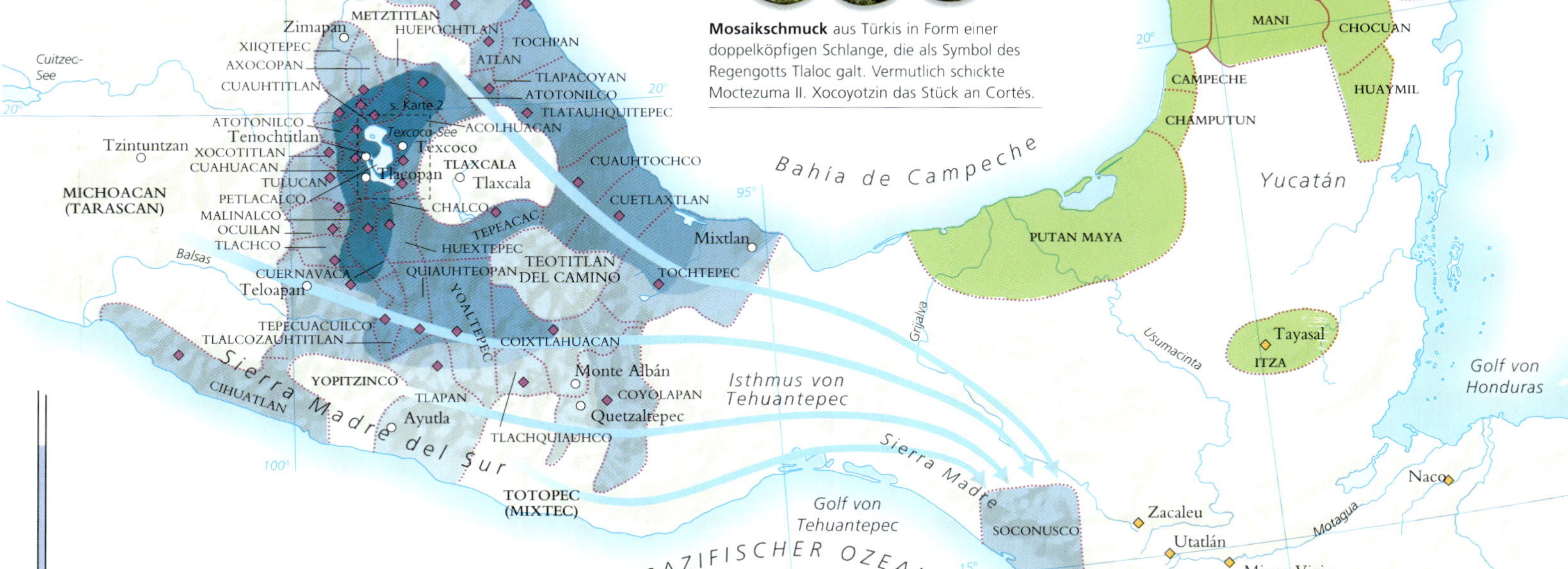

1 Expansion des Azteken-Reichs im nachklassischen Mittelamerika

Ausdehnung des Azteken-Reichs

- Itzcoatl (1427–40)
- Moctezuma I. Ilhuicamina (1440–68)
- Axayacatl (1469–81)
- Ahuitzotl (1486–1502)
- Moctezuma II. Xocoyotzin (1502–20)
- aztekische Route nach Soconusco
- Zentrum zur Sammlung von Tribut

Die Maya der post-klassischen Periode

- unabhängige Staaten in Yucatán
- nachklassisches Maya-Zentrum

Das Hochland von Mexiko

Die Siedlungen der Azteken befanden sich hauptsächlich im Gebiet des Texcoco-Sees. Sie versorgten sich mittels künstlicher Inseln im See (Chinampas), auf denen sie Nahrungsmittel anbauten. Die Technik war nicht nur produktiv, sondern erlaubte auch den Anbau saisonaler Produkte.

Diese Darstellung der aztekischen Kosmologie zeigt im Zentrum vermutlich das Erdungeheuer Tlalteuctli. Eine andere Deutung sieht in der Scheibe eine Darstellung des Sonnengotts Tonatiuh.

2 Herrschaft der Azteken

- Azteken-Stadt
- Aquädukt
- Damm
- Deich
- Salzwasser
- Süßwasser
- Marsch
- Chinampa

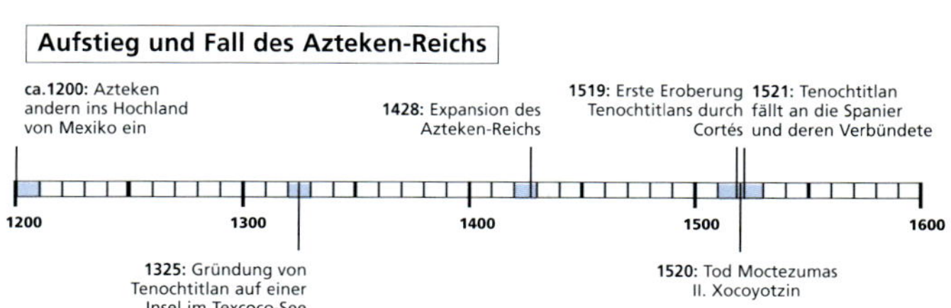

Tenochtitlan

1325 auf einer Insel im Texcoco-See gegründet, wurde Tenochtitlan 1428 Hauptstadt des Azteken-Reichs. Ein dichtes Netz von Kanälen durchzog die Stadt, zahlreiche Dämme stellten die Verbindung zum Festland her. Die Stadt vermutlich über 300 000 Einwohner und war Zentrum eines Reichs mit bis zu 10 Mio. Einwohnern.

3 Tenochtitlan und Satellitenstädte

- Straße
- Aquädukt
- Damm
- Deich

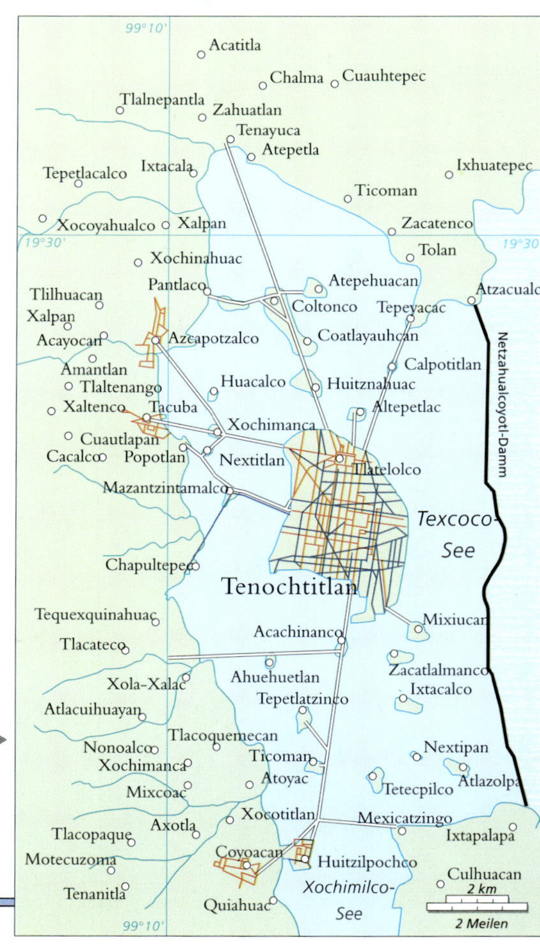

Früheste Zeugnisse spanischer Präsenz in Mexiko und Nordamerika sind sakrale Bauwerke. Die Kirche des hl. Franziskus von Tlaxcala stammt aus dem Jahr 1521.

Eroberung durch die Spanier

Die Spanier erreichten Ende des 15., Anfang des 16. Jh. den Golf von Mexiko und die Karibik und eroberten rasch die Westindischen Inseln. Deren Einwohner wurden versklavt und zur Arbeit gezwungen, doch dezimierten Krankheiten der Alten Welt wie die Pocken ihre Zahl enorm. Die erste offizielle Expedition nach Mexiko unter Leitung Córdobas erreichte 1517 die Halbinsel Yucatán. Ein Jahr später landete Grijalva an der Küste beim heutigen Veracruz, wo er mit den Einheimischen Waren tauschte. Hier sahen Gesandte der Azteken zum ersten Mal Europäer. Dann folgte bis Mitte des 16. Jh. die Vernichtung des Azteken-Reichs und der Aufbau der spanischen Herrschaft und Verwaltung in Mittelamerika; sehr bald war auch das Christentum an die Stelle indianischer Kulte getreten. Vorstöße nach Nordamerika wurden unternommen – in den Südosten z.B. durch de Soto 1539–42, in den Südwesten durch Coronado 1540. Sie führten zur ersten Eroberung von New Mexico und zur Gründung von Santa Fe im Jahr 1609.

Spanische Expeditionen in die Neue Welt

1	Sebastian de Ocampo	1508	18	Pedro de Alvarado	1523–24
2	Juan Ponce de León	1508 und 1512	19	Cristóbal de Olid	1524
3	Juan de Esquival	1509	20	Hernández de Córdoba	1524
4	Diego Velasquez	1511	21	Estaban Gomez	1524–25
5	Vasco Núñez de Balboa	1513–14	22	Lucas Vázquez de Ayllón	1526
6	Pedrarias Davila	1514–19	23	die Montejos	1527
7	Hernández de Córdoba, Juan de Grijalva, Alonso Álvarez de Peneda und Francisco de Garay	1517–23	24	Panfilo de Narváez und Álvar Núñez Cabeza de Vaca	1528
8	Pedrarias Davila	1519	25	Nuño de Guzmán und Cristóbal de Oñate	1529
9	Hernán Cortés	1519	26	Hurtado de Mendoza, Becerra, Grijalva, Cortés, Tapia, Ulloa, Alarcon	1532–42
10	Gonzalo de Sandoval	1521	27	Hernando de Soto	1539–42
11	Luis Marín	1521–24	28	Francisco Vásquez de Coronado	1540
12	Francisco Orozco	1521	29	die Montejos	1545
13	Francisco Gordillo und Pedro de Quexos	1521	30	Francisco de Ibarra	1554
14	Pedro de Alvarado	1522	31	Pedro Menéndez de Avilés	1565
15	Hernán Cortés	1522	32	Juan de Oñate	1595
16	Cristóbal de Olid	1522	33	Sebastián Vizcaíno	1596
17	Gil Gonzalez Dávila und Andres Niño	1522–23			

San Agustín wurde 1565 von Pedro Menéndez de Avilés gegründet. Das mächtige Küstenfort Castillo de San Marcos war typisch für die militärische Architektur im 16. Jh.

Spanische Kolonisierung Mexikos und Nordamerikas

- **1492:** Kolumbus' erste Expedition erreicht die Bahamas
- **1496:** Gründung Santo Domingos auf Hispaniola
- **1509:** Gründung San Juans auf Puerto Rico
- **1517:** Córdoba führt Expedition nach Mexiko
- **1518:** Grijalva erreicht die Golfküste bei Veracruz
- **1519–21:** Expedition Cortés' nach Mexiko führt zum Untergang des Azteken-Reichs
- **1539:** De Soto leitet Expedition in den Südosten Nordamerikas
- **1540:** Coronado leitet Expedition in den Südwesten Nordamerikas
- **1560er:** Gründung von Jesuiten-Missionen im Südosten (Florida) und Südwesten Nordamerikas
- **1565–67:** Spanier gründen San Agustín und errichten befestigte Städte an der Ostküste und an der Golfküste Mexikos

1490 · 1510 · 1530 · 1550 · 1570

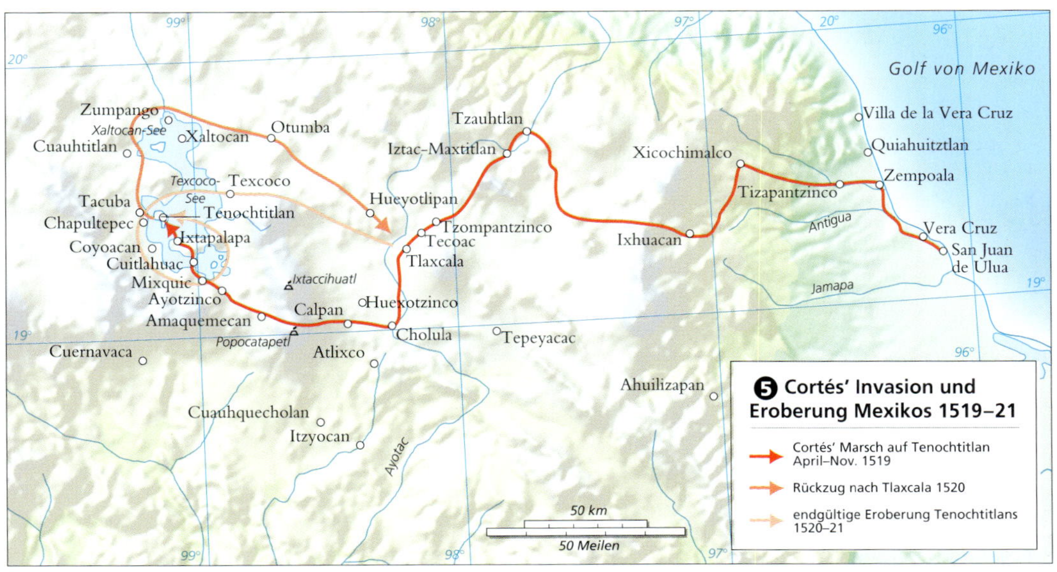

Die Unterwerfung der Azteken

1519 landete Hernán Cortés, den der Gouverneur von Cuba unterstützt hatte, mit etwa 450 Bewaffneten an der Golfküste und gründete die Stadt Vera Cruz. Durch Bündnisse mit den Totonaken und den Tlaxcalteken gelang ihm im November 1519 die Eroberung der aztekischen Hauptstadt Tenochtitlan. Gouverneur Velasquez wollte Cortés bestrafen, weil er Befehle nicht befolgt hatte. Die Soldaten, die Velasquez zu seiner Verhaftung schickte, zwangen Cortés schließlich, Tenochtitlan zu verlassen. Doch konnte er seine Bündnisse mit den Chalca und den Acolhua fortsetzen. 1520 leitete er weitere Expeditionen in das Hochland von Mexiko und eroberte Tenochtitlan im August 1521 ein zweites Mal.

Zwar beanspruchte Cortés den Sieg für Spanien, doch die Schlachten gegen die Azteken hatten Zehntausende indianische Verbündete geschlagen. Da Cortés Bündnisse mit mehreren großen Gruppen eingegangen war, konnte kein Stamm die alleinige Macht erringen, und Cortés fiel der Sieg von Indianern über Indianer in den Schoß.

KOLONISIERUNG UND UNABHÄNGIGKEIT

George Washington zeichnete sich in den anglo-französischen Konflikten der 1750er Jahre aus.

SEIT ANFANG DES 17. JH. ließen sich britische, französische und holländische Einwanderer an der Atlantikküste und am St. Lawrence-Golf nieder und verdrängten dabei die Ureinwohner aus ihren Siedlungsräumen. Zwar konnten die Franzosen für beide Seiten nützliche Bündnisse mit Indianerstämmen schließen, doch waren die Beziehungen ansonsten von Konflikten bestimmt. Schon um 1759 waren die meisten der überlebenden Indianer in den Westen vertrieben worden. In der zweiten Hälfte des 18. Jh. wurden die Engländer zur führenden Macht in Nordamerika. 1775, als die französische Herrschaft in Kanada ausgeschaltet war, begann die Amerikanische Revolution, mit der die Kolonisten das Feudalregime der Briten abschüttelten und die Unabhängigkeit der Vereinigten Staaten von Amerika erkämpften.

Europäische Besiedlung 1600–1750

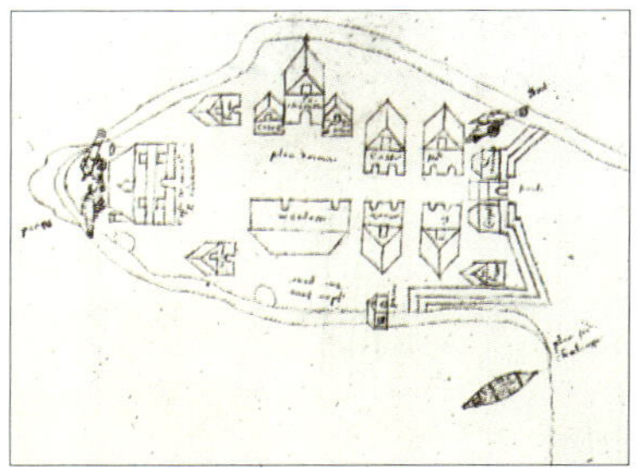

Die Stelle Montreals wurde zuerst von Jacques Cartier 1535 besucht. Die Karte von 1642 zeigt die im selben Jahr entstandene französische Siedlung.

Während des 17. Jh. richteten die Engländer zahlreiche Kolonien am Atlantik ein, deren Einwohnerzahl mit Sklaven bei etwa 1 Mio. lag. Man exportierte Tabak, Holz und Nahrungsgüter und unterhielt eine Handelsflotte, die den Atlantikhandel sowie den Austausch mit den Zucker-Kolonien auf den Westindischen Inseln beherrschte. Im Norden und Westen schmiedeten die französischen Siedler starke Bündnisse mit Indianerstämmen, betrieben Pelzhandel und richteten einen Streifen von Territorien ein, der das Vordringen der Engländer stoppen sollte.

Besiedlung und Auseinandersetzungen im 17. Jh. in Nordamerika

1607: Gründung von Jamestown
1608: Champlain kolonisiert Quebec für Frankreich
1609: Champlain verbündet sich mit Algonquin und beginnt Krieg mit den Irokesen (Iroquois)
1609–14: Krieg zwischen Briten und Powhatan
1620: Beginn der Besiedlung der heutigen New England-Staaten
1637: Indianer unterliegen im Pequot-Krieg
1648–51: Irokesen vernichten die Huronen, die Verbündeten der Franzosen
1653–60: Frieden zwischen Franzosen und Irokesen
1661: Franz.-irokesischer Krieg wieder aufgenommen
1675: Indianisches Heer im King Philip's War von Briten aufgerieben
1690: Nach Neutralität gehen Irokesen ein Bündnis mit Engländern ein

1600 1620 1640 1660 1680 1700

Europäische Händler nutzten die Handesrouten für Pelze, die die Ureinwohner seit langer Zeit betrieben. 1670 errichtete die Hudson's Bay Company ›Pelz-Kontore‹, um das Hinterland besser für den Handel zu erschließen.

Bevölkerungswandel

Die Zusammensetzung der Bevölkerung Nordamerikas veränderte sich durch die Ankunft der Europäer grundlegend. Die einheimischen Stämme wurden durch europäische Krankheiten wie Masern und Pest und durch die militärische Überlegenheit der Europäer dezimiert. Im 17. Jh. kamen erst vergleichsweise wenige Afrikaner als Sklaven nach Amerika, doch führte die Ausbreitung der arbeitsintensiven Plantagenwirtschaft im Süden und auf den Westindischen Inseln zur Intensivierung des Sklavenhandels über den Atlantik.

Indianer-Kriege bis 1728

1	Jamestown	1622, 1644
2	Pequot War	1636–37
3	New Haven	1637
4	Kieft's War	1643–46
5	King Philip's War	1675–76
6	Bacon's Rebellion	1676
7	Deerfield	1676
8	Boston	1676
9	Montreal	1689
10	Tuscarora War	1711–13
11	Yamasee War	1715–28

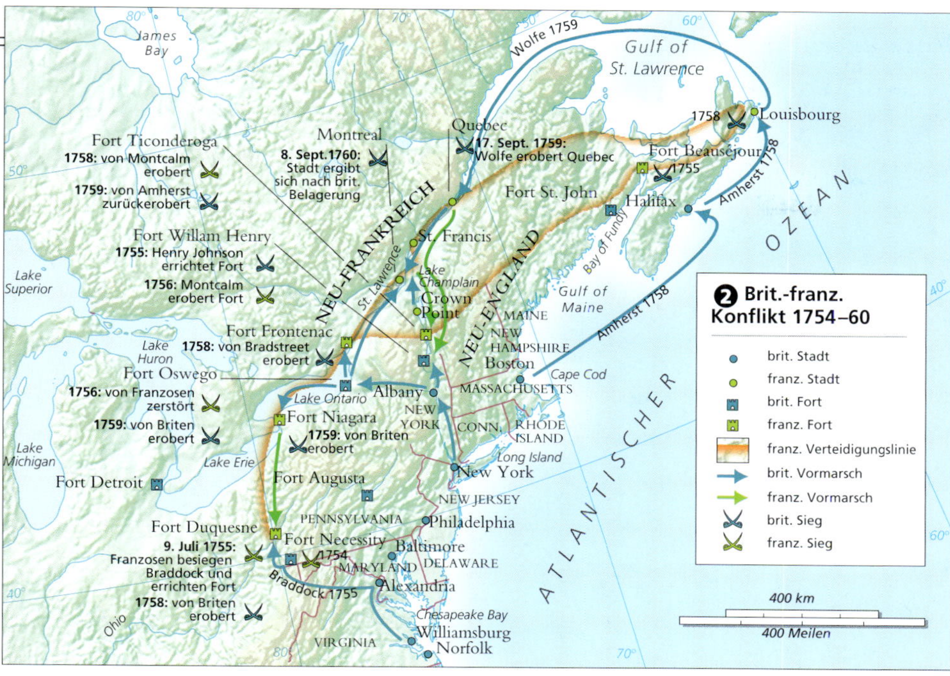

Kampf um Nordamerika 1690–1761

Der britisch-französische Konflikt in Nordamerika spiegelte anfangs die Kriege Ludwigs XIV. in den 1690er Jahren in Europa wider. Ende der 1730er Jahre kam es zu Zusammenstößen zwischen Briten und Spaniern in den spanischen Kolonien. Ernsthafte Kämpfe zwischen Briten und Franzosen gab es erneut 1744–48. Der entscheidende Kampf um die Vorherrschaft auf dem Kontinent wurde jedoch 1754–61 geschlagen: Im Juli 1755 marschierte General Braddock mit seinen Truppen, die u.a. von George Washington geführt wurden, auf Fort Duquesne, wurde aber von den Franzosen zurückgeworfen. Es bedurfte des vollen Einsatzes der britischen Armee bis 1759, um die Franzosen und deren indianische Verbündete zu besiegen. Nach der Einnahme Quebecs durch General Wolfe im September 1759 folgte die Kapitulation Montreals. Durch den Frieden von Paris 1763 wurde Großbritannien die vorherrschende Kolonialmacht in Nordamerika.

Anglo-französischer Konflikt in Nordamerika 1754–1760

- **1754:** Franzosen erobern das britische Fort Necessity
- **1755:** Braddock von Franzosen bei Fort Duquesne zurückgeschlagen
- **1755:** Briten erobern das französische Fort Beauséjour
- **1756–57:** Franzosen erobern die britischen Forts Oswego und William Henry
- **1757:** Franzosen geben Forts am Lake Champlain auf
- **1758:** Franzosen wehren englischen Angriff auf Ticonderoga ab; Briten nehmen Fort Duquesne ein
- **1758:** Louisbourg von Briten erobert
- **1759:** Zu Eroberung Quebecs fahren britische Kräfte den St. Lorenz-Strom hinauf
- **1760:** Montreal kapituliert vor den starken britischen Truppen

Der heftige Kampf um Quebec im September 1759 kostete die Kommandeure beider Seiten das Leben. Einen Tag nach dem Tod des britischen Generals Wolfe (links) fiel auch der französische Marquis de Montcalm. Die Briten, die über den St. Lawrence-Golf angegriffen hatten, konnten schließlich den Sieg erringen.

Der Unabhängigkeitskrieg 1775–1783

In den 1760er Jahren war die Einwohnerzahl in den englischen Kolonien stark gestiegen. Wohlstand und Selbstbewusstsein der Siedler hatten zugenommen, sie widersetzten sich zunehmend der britischen Kolonialherrschaft. Zudem bestand die Auffassung, die britische Regierung behalte die Früchte des Siegs über die Franzosen, darunter den kanadischen Pelzhandel und die westlichen Gebiete, für sich allein. Die ersten Schüsse des Unabhängigkeitskriegs fielen 1775 in Boston. Zunächst endeten nahezu alle Auseinandersetzungen in einem Patt, da die britischen Truppen in Stärke und Bewaffnung überlegen waren, doch erhielten die Aufständischen mit der Verlagerung der Kämpfe nach Süden zunehmend Unterstützung. Der amerikanische Sieg bei Saratoga 1777 führte zur Entscheidung der französischen Regierung, die Amerikaner zu unterstützen, später schlossen sich auch die Holländer und Spanier an. 1781 besiegte George Washington General Cornwallis in Yorktown und sicherte so den Bestand der jungen Nation.

Kämpfe im Unabhängigkeitskrieg

Nr.	Schlacht	Datum
1	Concord	19. April 1775
2	Lexington	19. April 1775
3	Bunker Hill (Boston)	16. Juni 1775
4	Fort Ticonderoga	Herbst 1775
5	Quebec	30.–31. Dez. 1775
6	Charleston	28. Juni 1776
7	Long Island	27. Aug. 1776
8	White Plains	28. Okt. 1776
9	Trenton	25. Dez. 1776
10	Princeton	3. Jan. 1777
11	Oriskany	6. Aug. 1777
12	Brandywine	11. Sept. 1777
13	Freeman's Farm	19. Sept. 1777
14	Bemis Heights	19. Sept., 7. Okt. 1777
15	Paoli	20. Sept. 1777
16	Germantown	4. Okt. 1777
17	Bennington	15. Okt. 1777
18	Saratoga	17. Okt. 1777
19	Wyoming Massacre	Herbst 1778
20	Savannah	29. Dez. 1778
21	Monmouth Court House	28. Juni 1778
22	Augusta	29. Jan. 1779
23	Briar Creek	3. März 1779
24	King's Mountain	7. Okt. 1780
25	Blackstock	20. Nov. 1780
26	Camden	16. Jan. 1781
27	Cowpens	17. Jan. 1781
28	Guilford Court House	5. März 1781
29	Hobkirk's Hill	25. April 1781
30	Jamestown	6. Juli 1781
31	Virginia Capes	5. Sept. 1781
32	Eutaw Springs	8. Sept. 1781
33	Yorktown	19. Okt. 1781

In der Schlacht von Bunker Hill am 16. Juni 1775 versuchten die Briten, die amerikanische Belagerung Bostons zu lockern. Unter schweren Verlusten erreichten sie ihr Ziel, doch die Standhaftigkeit der Kolonisten unter heftigem Artilleriefeuer stärkten die Moral der Amerikaner.

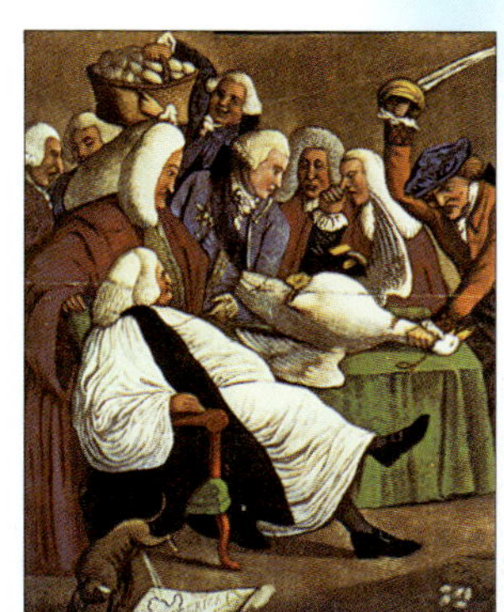

Diese Karikatur von 1776 zeigt das britische Kabinett, das die ›goldene Gans‹ – die amerikanischen Kolonien – schlachtet. Unpopuläre Steuern und die Unterdrückung jeglicher Opposition entfremdeten die Kolonisten und verstärkten den Widerstand gegen die königliche Verwaltung.

Der Weg zur Unabhängigkeit

- **1764:** Sugar Act: neue Steuer auf Melasse aus nicht-britischen Kolonien
- **1765:** Der Stamp Act bringt die Losung ›No taxation without representation‹ hervor
- **1767:** Townshend Acts besteuern Tee, Papier und andere Importe
- **1770:** Soldaten erschießen in Boston fünf Kolonisten
- **1772:** Die Committees of Correspondence fördern amerikanische Identität
- **1773:** Tee-Ladungen werden zerstört (Boston Tea Party)
- **1775:** Beginn des Unabhängigkeitskriegs
- **4. Juli 1776:** Verabschiedung der Unabhängigkeitserklärung
- **1778:** Frankreich Verbündeter der Amerikaner
- **1781:** Washington schlägt Briten bei Yorktown
- **1783:** Frieden von Paris: Anerkennung der Vereinigten Staaten von Amerika

DIE ERRICHTUNG NEUER STAATEN

Thomas Jefferson war der wichtigste Autor der Unabhängigkeitserklärung und dritter Präsident der USA.

DREIZEHN BRITISCHE KOLONIEN hatten sich 1783 zu einer lockeren Konföderation, den ›United States of America‹, vereint, deren Grenzen bald bis an den Mississippi reichten. Die beständige Expansion aufgrund einströmender Neusiedler weckte bei den Nachbarn (Spaniern in Mexiko, Briten in Kanada und Indianern im Westen) nicht unbegründete Befürchtungen. Im Krieg von 1812 schlug Kanada eine Invasion der USA erfolgreich zurück, sah sich aber dennoch mit einer beständigen Bedrohung konfrontiert. In Mittelamerika begannen um 1810 die verlustreichen Kämpfe für die Unabhängigkeit vom spanischen Weltreich, in Mexiko zerstörten die Befreiungskriege die koloniale Infrastruktur. Mittelamerika und Mexiko erlangten in den 1820er Jahren ihre Unabhängigkeit, waren aber gegenüber ihrem Status in der Kolonialzeit stark geschwächt.

Die Vergrößerung der USA

Durch den Kauf von Louisiana 1803 erwarben die USA ein riesiges Territorium im Westen, das vorher von Frankreich kontrolliert worden war. Nach dem amerikanisch-britischen Krieg von 1812 war die Hoffnung auf den Anschluss Kanadas geschwunden, und die USA drängten verstärkt nach Westen. Siedler strömten in die Great Plains, nach Oregon und bis an den nördlichen Rand Mexikos, zu dem damals noch Texas und Kalifornien gehörten. Der Santa Fe Trail, der 1823 für den Handel eröffnet wurde, brachte New Mexico unter den Einfluss der USA. Mitte des Jahrhunderts besaßen die USA ein ausgedehntes Verkehrsnetz: Auf den großen Strömen verkehrten Dampfschiffe, Kanäle wurden gebaut, und Eisenbahnlinien durchzogen das Land.

Die Konsolidierung im Westen bewog Millionen Pioniere, dort eine neue Existenz aufzubauen. Der Geist der aggressiven Expansion, der immer weitere Siedler nach Westen drängte, wurde als ›manifest destiny‹ (unabwendbares Schicksal) empfunden.

❷ Nordamerika 1783–1905: Staatsbildung und Expansion nach Westen

Europäische Siedlungen in den USA und Kanada
- bis ca.1860
- russischer Anspruch 1821–24
- Nordgrenze Mexikos 1821
- Vereinigte Provinzen von Zentralamerika 1823–38
- Mexiko nach 1854
- Alaska Purchase (Kauf Alaskas) 1867
- Kanada bei Gründung des Dominions 1867
- Territorium Kanadas 1880 mit Jahr der Eingliederung
- territoriale Erweiterung Kanadas 1905

Konflikte zwischen Indianern und Siedlern
- ›Trail of Tears‹ – Umsiedlung der Stämme im Süden
- Fluchtweg der Nez Percé
- Indianerkriege 1783–1850
- Krieg der Creek 1813–14
- Seminolen-Kriege 1816–58
- Gefechte im Westen 1850–1890

Internationale Konflikte
- Krieg der USA gegen Gr.-Br. 1812
- ›Texas Revolution‹ 1835–36
- Sieg der USA im Krieg von 1846–48
- Sieg Mexikos im Krieg von 1846–48
- Riel-Aufstände 1869–1885

Aufstand in Texas 1835–36
- Bewegung Santa Anas

Krieg USA–Mexiko 1846–48
- Bewegung der US-Truppen
- Bewegung der mexikan. Truppen

Wagen-Trails der Neusiedler
- Oregon Trail
- Mormon Trail
- Central Overland Trail
- Southern Overland Trail
- Santa Fe Trail
- Old Spanish Trail
- California Trail
- Chisholm Trail
- Bozeman Trail

- Landeshauptstadt
- Staats-/Provinz-Hauptstadt
- 1804 Jahr der Unabhängigkeit
- Eisenbahn
- Strecke des Pony Express
- Gebiet der Bisonherden

In den Ebenen von Texas und im Westen wurden riesige Rinderherden gehalten. Zum Transport in die Schlachthöfe im Osten trieb man sie nach Abilene und Dodge City, Kansas. Besonders Chicago hatte eine florierende Fleischindustrie.

Die Expansion der USA

- **1803:** Kauf von Louisiana
- **1811:** Annexion von Westflorida
- **1820:** Missouri-Kompromiss
- **1821:** Mexiko wird unabhängig
- **1821:** Austin führt Siedler nach Texas
- **1824:** Erste Verfassung Mexikos verabschiedet
- **1846:** Besiedlung Oregons
- **1853:** Gadsden Purchase
- **1867:** USA kaufen Alaska für $ 7,2 Mio. von Russland
- **1867:** Erster Rindertrieb nach Kansas
- **1869:** Fertigstellung der Union Pacific Railroad
- **1877–87:** Höhepunkt der Abschlachtung der Bisons
- **1885:** Fertigstellung der kanadischen transkontinentalen Eisenbahn
- **1890:** Erklärung über den Fortfall der Westgrenze der USA

1800 · 1820 · 1840 · 1860 · 1880 · 1900

Konflikte und Expansion der USA

Versuche der USA, im Krieg gegen die Briten auch Kanada zu besetzen, scheiterten, gegenüber Mexiko konnten sie jedoch Gebietsansprüche durchsetzen. Nach der Sezession von Texas 1836 bot Präsident Andrew Jackson vergeblich an, dieses Land zu kaufen. 1845 annektierten die USA Texas, weshalb es 1846 zum Krieg mit Mexiko kam. Mexiko unterlag und musste mit dem Frieden von Guadaloupe Hidalgo 1848 Texas und weitere große Gebiete im Norden an die USA abgeben. Indem die USA mit der Teilung Oregons 1846 dessen südlichen Teil erhielten und im Jahr 1853 mit dem Gadsden Purchase 30 000 Quadratmeilen Land südlich des Gila River von Mexiko erwarben, vervollständigten sie ihre Expansion im Westen. Im Norden konnten die USA 1867 Alaska von Russland kaufen, was ihr letzter Gebietszugewinn auf dem Kontinent war.

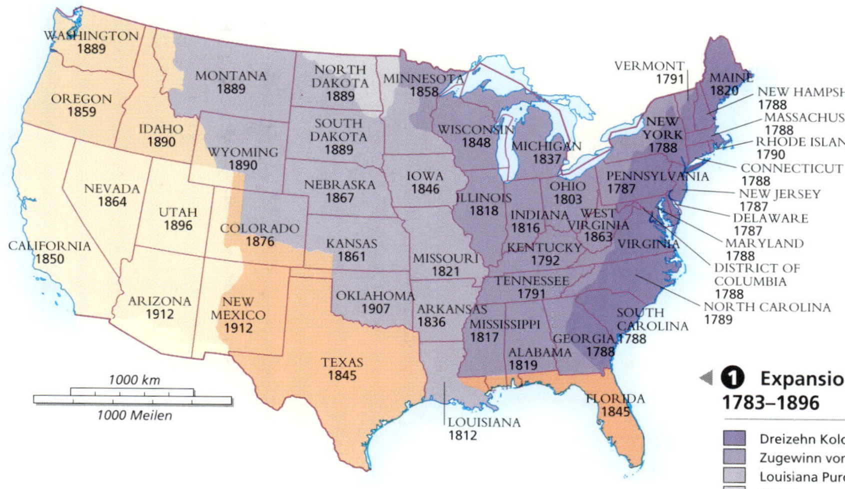

1 Expansion der USA 1783–1896

- Dreizehn Kolonien 1776
- Zugewinn von 1783
- Louisiana Purchase 1803
- Abtretung von Red River 1818
- Kauf von Florida 1819
- Annexion von Texas 1845
- Abtretung von Oregon 1846
- mexikanische Abtretung 1848
- Gadsden Purchase 1853
- 1812 Jahr der Anerkennung als Staat
- heutige Staatsgrenzen

Die Vernichtung der Indianer

Seit den 1790er Jahren wurden die Indianer aus ihren angestammten Lebensräumen nach Westen vertrieben, was als ›Trail of Tears‹ in die Geschichte eingegangen ist. Einige Stämme widersetzen sich jedoch, darunter die Seminolen in Florida. Die Besiedlung des amerikanischen Westens ab den 1860er Jahren traf ebenfalls auf den erbitterten Widerstand der Indianer. Mit dem endgültigen Verlust ihres Landes verloren sie auch ihre eigenständige Kultur und Gesellschaftsform.

Sitting Bull (oben), Schamane der Teton Dakota, war spiritueller Führer der Sioux beim Versuch, die Lebensräume auf den Plains zu halten. Er betete, als sein Kriegshäuptling Crazy Horse die Einheit unter Custer am Little Big Horn vernichtete.

White Cloud (links) war Häuptling der Iowa, die eine halbsesshafte Ackerbau-Lebensweise in der östlichen Prärie führten. 1836 traten die Iowa ihr Land an die USA ab und siedelten in ein Reservat zwischen den heutigen Staaten Kansas und Nebraska um.

Territorialkonflikte 1783–1890, einschließlich der Indianer-Kriege

- **1794:** Schlacht von Fallen Timbers ebnet den Weg für die Besiedlung durch Weiße
- **1810:** Grito de Dolores (›Ruf von Dolores‹): Priester Hidalgo beginnt Aufstand in Mexiko
- **1812:** Amerikanisch-britischer Krieg; Versuch der USA, über die kanadische Grenze vorzudringen, scheitert
- **1828:** Kriege zwischen Föderalisten und Zentralisten in Mexiko bis1859
- **1835–36:** Sezession von Texas
- **1846–48:** Krieg zwischen USA und Mexiko
- **1857:** Verabschiedung einer neuen Verfassung in Mexiko; ab 1858 Reformkrieg
- **1861–65:** Amerikanischer Sezessionskrieg (S. 130–131)
- **1866–76:** Erster Sioux-Krieg
- **1871:** Beginn der Apache-Kriege
- **1873–75:** Red River War
- **1877:** Nez Percé-Krieg
- **1890:** Massaker bei Wounded Knee

1790 – 1810 – 1830 – 1850 – 1870 – 1890

Die transkontinentalen Eisenbahnen, die in Kanada und den USA in der zweiten Hälfte des 19. Jh. entstanden, öffneten den Jägern den Westen. Sie konnten nun Millionen von Bisons niederschießen und so den Indianern die Lebensgrundlage nehmen. Ende des Jahrhunderts waren die Bestände fast ausgerottet.

DER SEZESSIONSKRIEG

Lincolns Emanzipationserklärung 1863 beendete die Sklaverei in den Südstaaten.

ZWISCHEN DER UNABHÄNGIGKEIT 1783 UND 1860 bildeten sich in den USA zwei sehr unterschiedliche Gesellschaftsstrukturen heraus. Im dicht besiedelten Norden entstand eine moderne Industriegesellschaft mit einem entwickelten Finanz- und Verkehrswesen. Der Süden war dagegen dünn besiedelt, betrieb Plantagenwirtschaft; seine patriarchalische Führungsschicht stellte sich gegen jede Einschränkung der Sklaverei, auf der sein Wohlstand beruhte. Für Konflikte in den Institutionen der Union sorgte auch die wachsende politische und rechtliche Überrepräsentierung des Südens gegenüber dem bevölkerungsreicheren Norden. Die Demokratische Partei hielt die beiden Lager bis 1859 zusammen, doch ihr Zerfall und die Wahl Abraham Lincolns (einem entschiedenen Gegner der Sklaverei) zum Präsidenten, ließen die Union auseinander brechen: Noch vor Lincolns Amtseinführung hatten sich sieben Südstaaten aus der Union gelöst.

Die Erfindung der Entkörnungsmaschine 1793 durch Eli Whitney ermöglichte die Verarbeitung kurzstapeliger Baumwolle, die in den Südstaaten einen großen Aufschwung erlebte. Dementsprechend wurden mehr Sklaven für die Arbeit in den Plantagen benötigt.

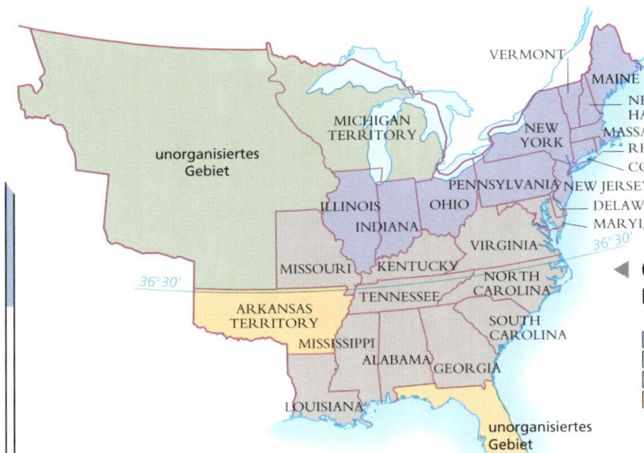

◀ **1 1820: Der Missouri-Kompromiss**

- freie Staaten
- freie Gebiete
- Sklavenstaaten
- Gebiete, in denen Sklaverei erlaubt war

▼ **2 1850: Ein neuer Kompromiss**

- freie Staaten
- freie Gebiete
- Sklavenstaaten
- Gebiete, in denen Sklaverei erlaubt war

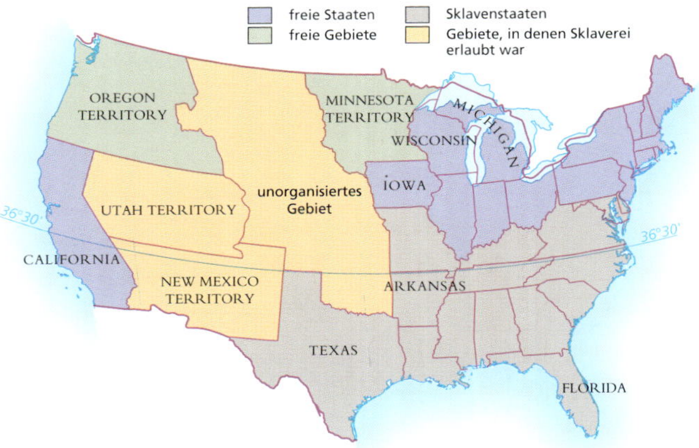

▼ **3 1854: Der Kansas-Nebraska Act**

- freie Staaten
- freie Gebiete
- Sklavenstaaten
- Gebiete, in denen Sklaverei erlaubt war
- Gebiete, die 1854 Sklaverei neu zuließen
- Gebiet unterliegt nicht der Gesetzgebung

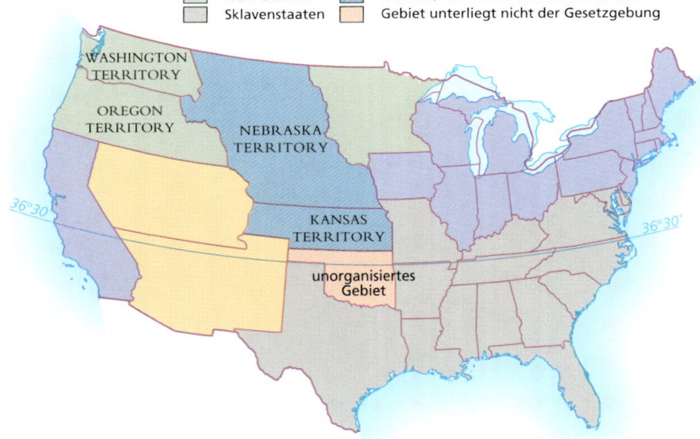

▼ **4 1857: Die Dred-Scott-Entscheidung**

- freie Staaten
- Sklavenstaaten
- Gebiete, die Sklaverei neu zuließen
- Gebiet unterliegt nicht der Gesetzgebung

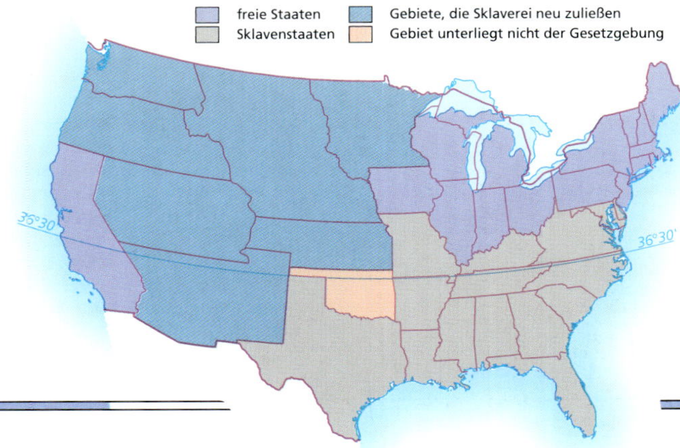

Eine ungleiche Nation

1860 bestanden die USA aus 18 ›freiheitlichen‹ Staaten im Norden und 15 Sklavenhalterstaaten, zumeist im Süden. Auch wirtschaftlich war der aufstrebende Staat sehr unterschiedlich entwickelt. Im Norden dominierten Industrie und Finanzen. Dort wohnten auch 71% der Bevölkerung, befanden sich 81% der Bankeinlagen, 72% aller Eisenbahnkilometer und 85% der Fabriken des Landes. Der Süden konzentrierte sich auf die Landwirtschaft, insbesondere den Anbau von Baumwolle, Tabak und Zucker für den Export nach Europa. 1850 besaßen in den Südstaaten bei einer Gesamtbevölkerung von 6 000 000 Menschen 347 000 Familien Sklaven. Im Westen entwickelte sich ebenfalls eine landwirtschaftliche Ökonomie, die jedoch vielfältiger war und mit ihren Produkten hauptsächlich den Nordosten versorgte.

Industrielle Produktion war der Motor für das Wachstum der Städte im Norden wie z.B. Chicago in den 1860er Jahren. Die Südstaaten blieben in ihrer ökonomischen Entwicklung hinter dem Norden zurück.

6 Bürgerkrieg bis zum Fall von Vicksburg April 1861–Juli 1863 ▶

- Unionsstaaten 1861
- konföderierte Staaten 1861
- Front der Union bis Dez. 1861
- Front der Union bis Dez. 1862
- Vorstoß der Unionstruppen
- Vorstoß der Konföderierten
- Fort der Union
- Fort der Konföderierten
- Seeblockade durch Union
- Sieg der Union
- Sieg der Konföderierten
- 6. Feb. 1865 Datum von Schlacht oder Angriff

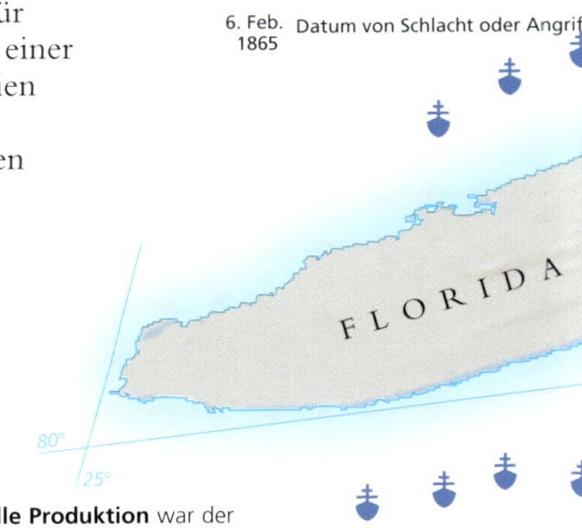

Kompromisse über die Sklaverei

Der Kauf Missouris 1820 war der erste Gebietszugewinn für die Union westlich des Mississippi. Die Frage, ob die Sklaverei in dem neuen Staat erlaubt sein sollte oder nicht, wurde durch den Missouri-Kompromiss beigelegt, demnach nördlich von 36° 30' nördl. Breite Sklaverei verboten, südlich davon erlaubt war. 1854 wurde durch den Kansas-Nebraska Act den Bewohnern der beiden Territorien die Möglichkeit gegeben, selbst über die Sklaverei zu entscheiden. Die Dred-Scott-Entscheidung von 1857, wonach Sklaven, die mit ihren Herren nach Westen kamen, keine Bürgerrechte hätten, also nicht frei waren, führte zu der Festlegung, dass die Sklaverei in den neuen Territorien nicht verhindert werden könne.

▼ **5 Nord gegen Süd: Die Situation in den Staaten 1861**

- Unionsstaaten
- konföderierte Staaten
- Sklaverei legal
- Routen des Sklavenhandels
- Jan. 1861 Datum der Sezession

Ressourcen und Industrie

- Baumwollgürtel
- Getreidegürtel
- Kohle
- Eisenerz
- Edelmetall
- Textilproduktion
- Industriestadt

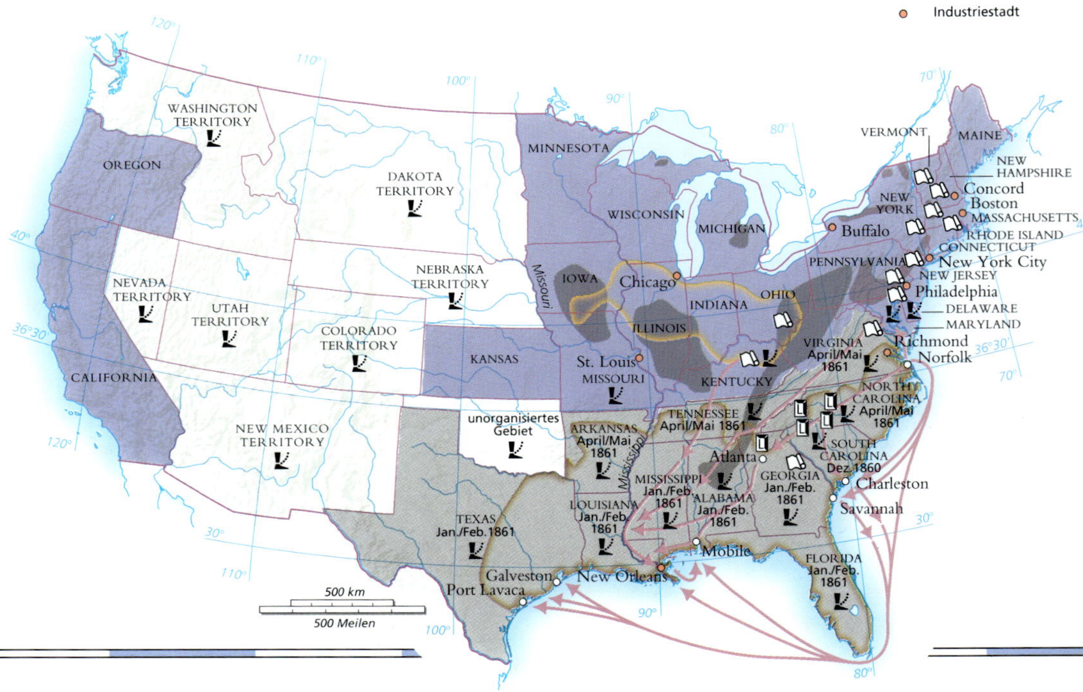

Der Sezessionskrieg 1861–65

1860 lösten sich sieben Südstaaten von der Union, weil sie Einschränkungen der Sklaverei befürchteten. Gemeinsam mit vier weiteren Südstaaten, die sich ihnen 1861 anschlossen, bildeten sie die Konföderation. Die verbleibenden 23 ›Unionsstaaten‹ blieben den Bundesinstitutionen gegenüber loyal. Mit der Beschießung Fort Sumters im Hafen von Charleston im April 1861 begann der Amerikanische Bürgerkrieg, der zum Erschöpfungskrieg wurde: Die bevölkerungsmäßige und industrielle Überlegenheit des Nordens und die Blockade der Häfen der Konföderation schwächten deren Fähigkeit, den Krieg weiter zu führen. Nur in wenigen Fällen versuchten die Konföderierten, die Kämpfe in den Norden zu tragen; im Juli 1863 erlitten sie dabei vor Gettysburg eine entscheidende Niederlage. Der Süden führte zumeist einen Verteidigungskrieg und versuchte auf diese Weise, den Kriegswillen der Union zu ermüden. Tatsächlich machte sich 1864 im Norden Kriegsmüdigkeit breit, doch die Wiederwahl Lincolns in diesem Jahr besiegelte die endgültige Niederlage der Südstaaten.

Der Sezessionskrieg war die erste fotografisch dokumentierte militärische Auseinandersetzung. Wie hier Matthew Brady bei Gettysburg hielten Fotografen den Schrecken der Schlachten im Bild fest.

Bis zum Fall von Vicksburg

In den Jahren 1861–62 verlor die Union einige Schlachten gegen die militärisch überlegenen Südstaaten, denen jedoch die Seeblockade durch den Norden gleichermaßen Versorgung und Exportwege abschnitt. Die Unionstruppen rückten im Osten gegen die konföderierte Hauptstadt Richmond vor und marschierten westlich über Memphis den Tennessee und Mississippi hinunter. Den Vormarsch gegen Richmond konnten die Konföderierten stoppen, doch gelang es Marineeinheiten, New Orleans zu besetzen. Am 4. Juli 1863 eroberten Unionstruppen Vicksburg und trieben so einen Keil in das Territorium der Konföderation.

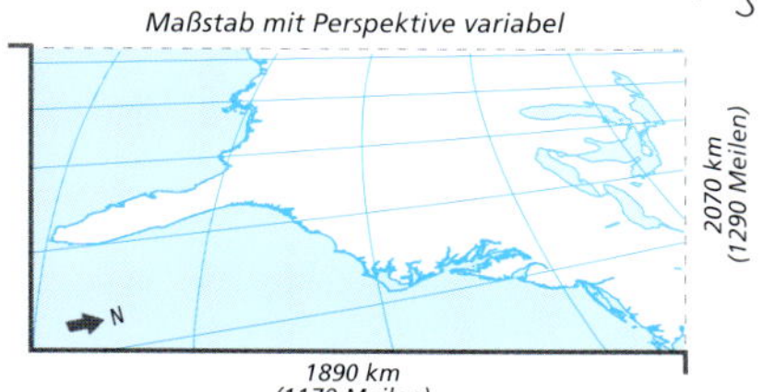

Schwarze Soldaten setzten die Unionisten erst ab 1863 ein, was durch die Verabschiedung des Militia Act ermöglicht wurde. Am Ende des Kriegs hatten mehr als 180 000 Schwarze auf Seiten der Union gekämpft. Etwa 100 von ihnen erreichten den Offiziersrang.

Von Gettysburg bis Petersburg

Nach ihren Siegen bei Fredericksburg und The Wilderness erlitten die Konföderierten mit ihrem Vorstoß Richtung Pennsylvania bei Gettysburg zur selben Zeit, als auch Vicksburg fiel, eine herbe Niederlage. Als Grant Oberbefehlshaber der Unionstruppen wurde, mussten die Konföderierten weitere Niederlagen hinnehmen. Grant begann eine Offensive gegen Richmond, die den Handlungsspielraum der Konföderierten durch die Belagerung von Petersburg stark einschränkte, während Sherman in Georgia und South Carolina einmarschierte. Mit der Niederlage vor Petersburg brach der Widerstand der Konföderierten im April 1865 zusammen.

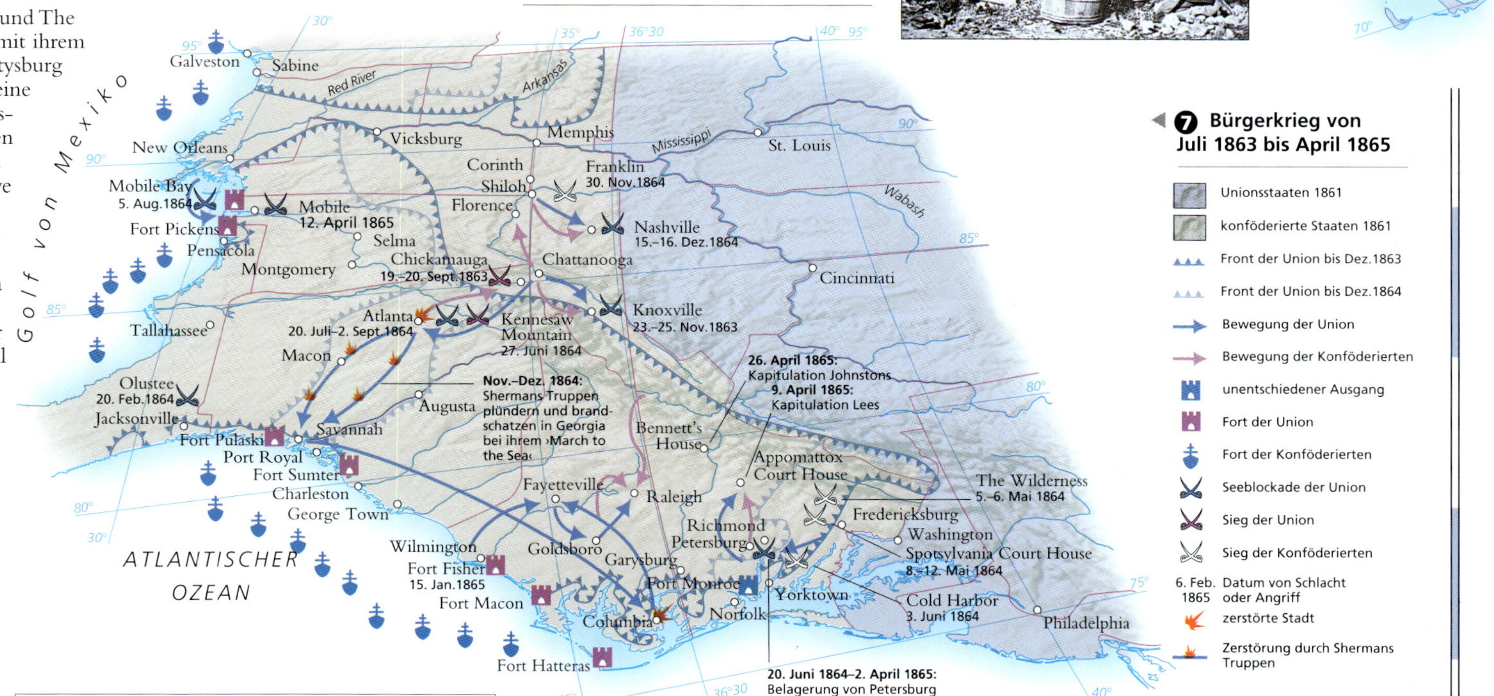

Ulysses S. Grant wurde 1864 zum Oberbefehlshaber der Unionstruppen berufen.

Der Verlauf des Amerikanischen Bürgerkriegs 1861–65

- **12. April 1861:** Angriff der Konföderierten auf Fort Sumter
- **15. April 1861:** Präsident Lincoln ordnet Mobilmachung an
- **19. April 1861:** Lincoln ruft die Blockade des Südens aus
- **6.–7. April 1862:** Schlacht von Shiloh; schwere Verluste auf beiden Seiten
- **16. April 1862:** Beginn der Rekrutierung in der Konföderation
- **1. Mai 1862:** Unions-Flotte besetzt New Orleans
- **22. Sept. 1862:** Vorläufige Proklamation zur Befreiung der Sklaven
- **13. Dez. 1862:** Schwere Niederlage der Union bei Fredericksburg
- **1. Jan. 1863:** Emancipation Proclamation befreit Sklaven in der Konföderation
- **3. März 1863:** Rekrutierung im Norden beschlossen
- **Mai 1863:** Grants Armee besiegt Konföderierte in Mississippi und beginnt Belagerung von Vicksburg
- **1.–3. Juli 1863:** Niederlage der Konföderierten bei Gettysburg
- **4. Juli 1863:** Einnahme von Vicksburg durch Unionstruppen
- **19. Nov. 1863:** Rede von Gettysburg (Gettysburg Address)
- **2. Sept. 1864:** Shermans Truppen marschieren in Atlanta ein
- **15. Nov. 1864:** Sherman beginnt ›Marsch zum Meer‹
- **15.–16. Dez. 1864:** Schlacht von Nashville; konföderierte Armee aufgerieben
- **9. April 1865:** Lee kapituliert vor Grant bei Appomattox
- **14. April 1865:** Ermordung Lincolns

1861 1862 1863 1864 1865

NORDAMERIKA 1865–1920

Die Freiheitsstatue wurde Symbol für die Hoffnung und die Freiheit, die die USA den Einwanderern boten.

DIE STAATEN NORDAMERIKAS widmeten sich nach 1865 verstärkt der eigenen Entwicklung. In den USA wurde nach dem Ende des Bürgerkriegs der Wiederaufbau in Angriff genommen, und wie in Kanada arbeitete man an der Fertigstellung der transkontinentalen Eisenbahnen zur weiteren Erschließung des Kontinents. Die USA dehnten ihren Einfluss in Mittelamerika und im Westen bis zum Pazifik aus, gewannen neue Territorien und wirtschaftliche Vorteile. In Mexiko stürzten Benito Juárez und die Republikaner Kaiser Maximilian und leiteten damit eine Phase relativer Ruhe ein. Unter Porfirio Díaz kamen ausländische Investoren und Einwanderer nach Mexiko, doch wurde die Bevölkerung weiterhin unterdrückt.

Industrialisierung und Urbanisierung

Industrielle Produktion und Maschinenbau wurden in der zweiten Hälfte des 19. Jh. in den USA erheblich verbessert.

Die Erweiterung des Eisenbahnnetzes und die Industrialisierung veränderten die Landkarte Nordamerikas enorm. Der wirtschaftliche Boom zog Immigranten an: Tausende kamen in der Hoffnung auf ein besseres Leben. Es war eine Zeit der Erfindungen und Neuerungen, überall im Land entstanden neue Städte. Fabriken, in denen Material für den Sezessionskrieg produziert worden war, wuchsen weiter. Die neuen Industriestädte wurden zu Zentren sozialer und politischer Unzufriedenheit. Wiederholt kam es zu blutigen Zusammenstößen organisierter Arbeiter mit der Polizei und der Armee.

Theodore Roosevelt war während des Wirtschaftsbooms Anfang des 20. Jh. Präsident der USA (1901–09).

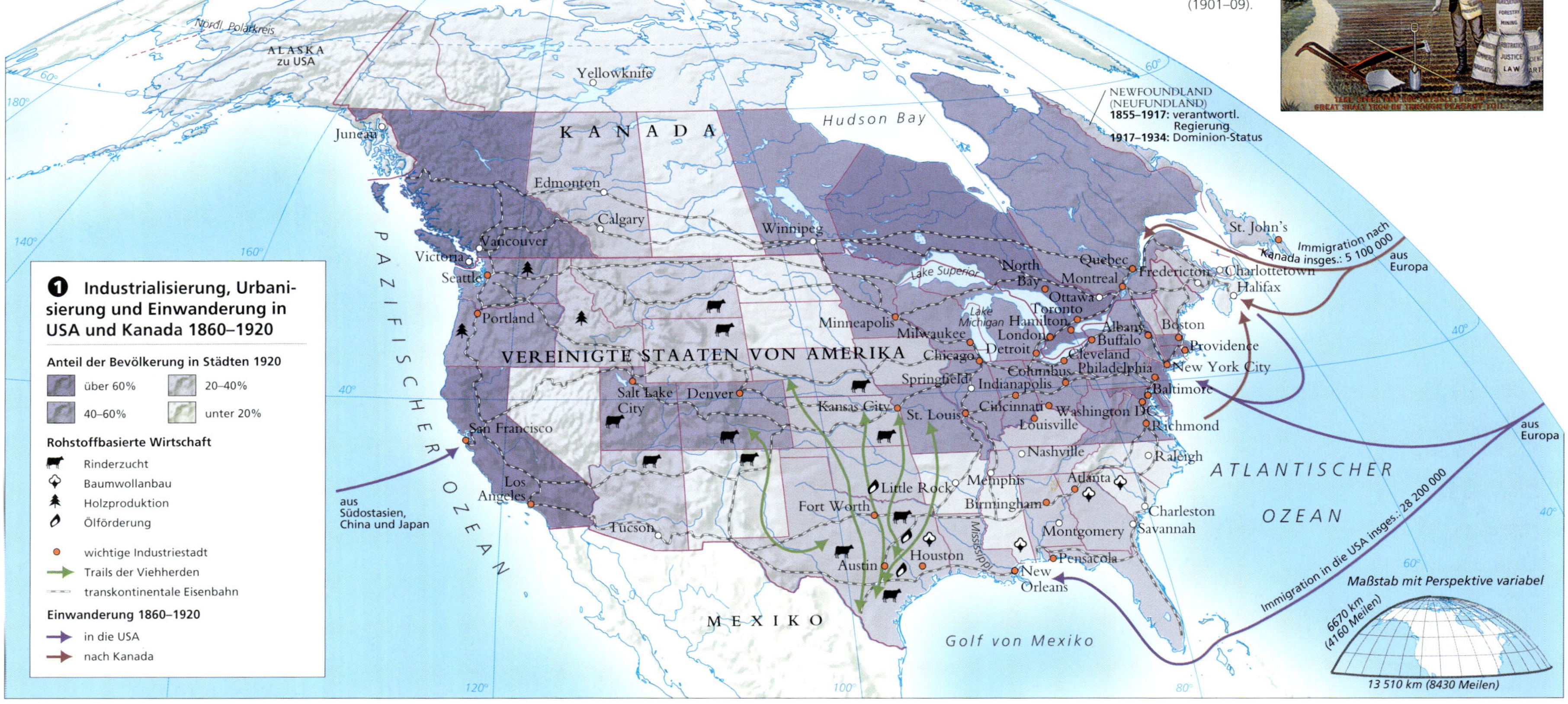

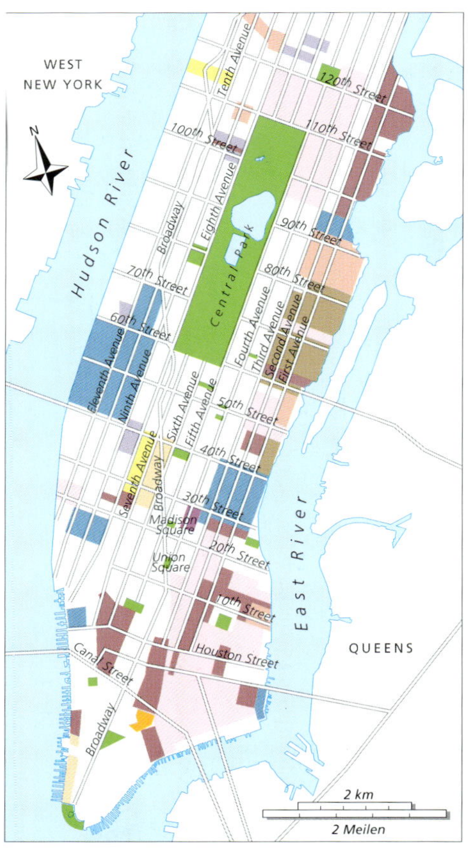

2 Wohnviertel der Einwanderer in Manhattan um 1920

- Afrikaner
- Chinesen
- Tschechen, Ungarn
- Franzosen
- Deutsche
- Iren
- Italiener
- Juden
- Skandinavier, Finnen
- Syrer, Türken, Armenier, Griechen

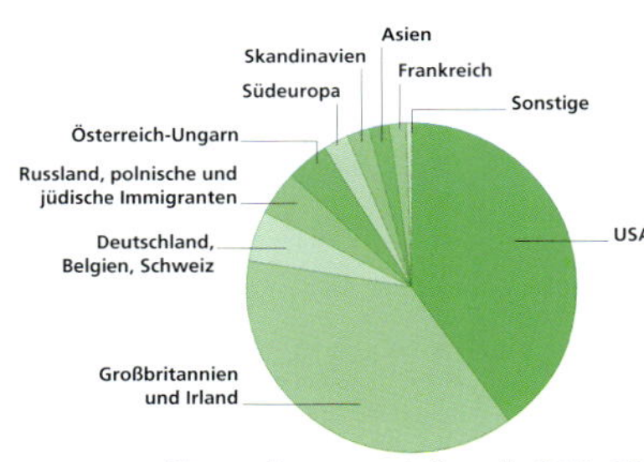

Einwanderung nach Kanada 1860–1920

In Kanada war die Zuwanderung wesentlich geringer als in den USA, nahm aber in den 1890er Jahren zu.

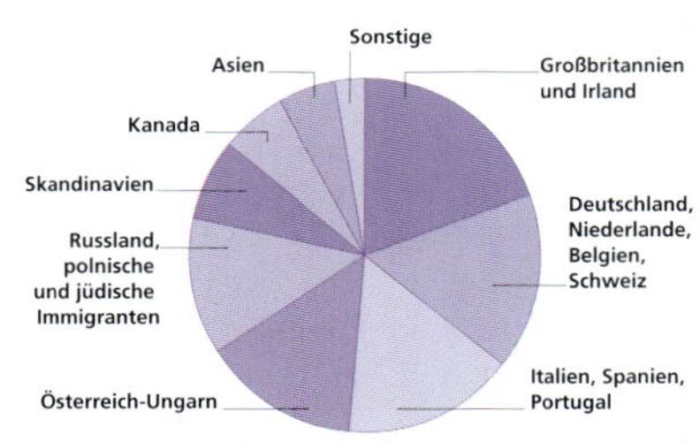

Einwanderung in die USA 1860–1920

Die Zeit der Masseneinwanderung

Die Bevölkerungen Kanadas und der USA wurden im 19. Jh. durch nahezu 50 Mio. Einwanderer verstärkt. Zuerst kamen sie aus Nordeuropa: Deutschland, Skandinavien, Großbritannien und Irland – ab den 1880er Jahren dann überwiegend aus Ost- und Südosteuropa. Die meisten Menschen wurden durch die wirtschaftlichen Möglichkeiten nach Amerika gelockt, andere erhofften sich Freiheit von religiöser Verfolgung und politischer Unsicherheit. Nach dem Ersten Weltkrieg wurde die Einwanderung stark eingeschränkt.

Die Neuankömmlinge durften meistens in Amerika bleiben. Nur etwa 2% wurden zurückgewiesen.

New York

Über Ellis Island vor New York kamen zwischen 1892 und 1920 Millionen Immigranten in die USA. Viele blieben gleich in New York, um ein neues Leben zu beginnen. Zumeist siedelten sie sich in einem Stadtviertel an, in dem es bereits eine Gemeinschaft ihrer Nationalität, Religion oder Herkunft gab. So spiegelte Manhattan um 1920 die Zusammensetzung der gesamten US-amerikanischen Bevölkerung wider.

Die USA: 1865–1914

- **1866:** Railroad Act ermöglicht Nutzung von Indianerland durch Eisenbahngesellschaften
- **1869:** 15. Zusatzartikel gibt befreiten Sklaven das Stimmrecht
- **1881–85:** Einwanderung von ca. 400 000 Kanadiern in die USA
- **1882:** Verbot der Einwanderung von Chinesen in die USA
- **1889:** Zwei Mio. Acres (809 400 ha) Indianerland in Oklahoma an weiße Siedler vergeben
- **1896:** Goldrausch am Klondike; über 100 000 Menschen kommen in das Yukon-Gebiet
- **1903:** Flug der Gebrüder Wright in Kitty Hawk
- **1917:** Immigration Act nimmt Arbeiter aus Asien von Immigration aus

Die mexikanische Revolution 1910–20

Verfehlte Landbesitzverteilung und die politische Unterdrückung unter Porfirio Díaz führten 1910 zu einer explosiven Situation, die sich in Francisco Maderos ›Plan de San Luis Potosí‹ niederschlug. Revolutionstruppen unter Führung von Pascual Orozco und Pancho Villa überfielen Kasernen der Regierungstruppen im Norden. Im Süden führte Emiliano Zapata den Kampf gegen die politischen Führer der Region. 1911 trat Díaz zurück und Madero übernahm die Regierung. Victoriano Huerta schlug mit Hilfe von Regierungstruppen 1912 einen Aufstand gegen Madero nieder. Bei einer Konterrevolution der Militärs wurde Madero 1913 ermordet; General Huerta führte die Regierung fort; Venustiano Carranza stürzte Huerta und konnte sich als Präsident behaupten. Die USA sahen ihre wirtschaftlichen Interessen gefährdet und intervenierten 1914. Carranza verkündete 1917 eine neue Verfassung, die dem Präsidenten diktatorische Vollmacht übertrug, der Regierung ermöglichte, Land der Großgrundbesitzer zu enteignen, den Arbeitern Rechte zusicherte und die Macht der katholischen Kirche beschnitt.

Die mexikanische Revolution spielte sich vornehmlich unorganisiert ab, indem sich lokale Guerilla-Gruppen Kämpfe mit Regierungstruppen lieferten.

Imperialistische Ambitionen der USA

Die Zerstörung der *USS Maine* 1898 im Hafen von Havanna (La Habana), bei der 266 Mann starben, führte zum Krieg zwischen den USA und Spanien.

Die Expansion der USA im pazifischen Raum war – besonders im Fall der Philippinen – gleichzeitig durch missionarischen Eifer und den Wunsch nach Zugang zu den riesigen chinesischen Markt motiviert. Auch in Lateinamerika dominierten die USA mittels politischer und wirtschaftlicher Interventionen. Der Spanisch-Amerikanische Krieg von 1898 führte zur Unabhängigkeit Cubas und zur US-amerikanischen Kontrolle über Puerto Rico und die Philippinen.

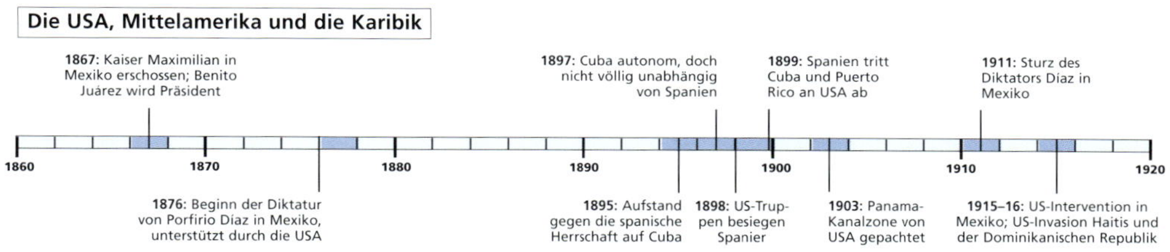

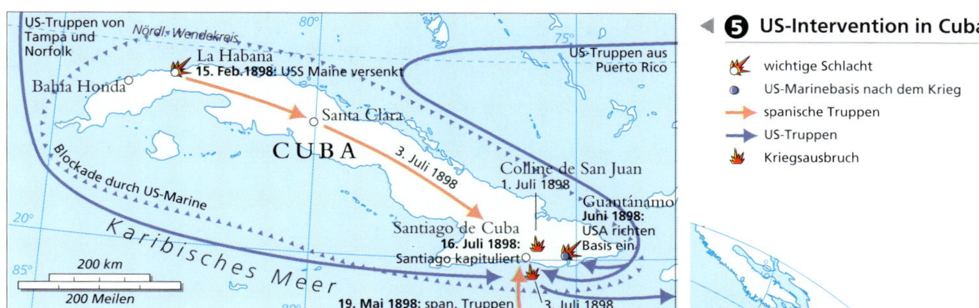

BOOM, BÖRSENKRACH UND NEW DEAL

Das NRA von 1933 war das erste Förderprogramm im Rahmen des New Deal.

DIE BETEILIGUNG DER USA am Ersten Weltkrieg unterstrich die Stellung des Landes als Weltmacht. Die Einwanderung ließ die Bevölkerung wachsen, doch führten in den 1920er Jahren zunehmend strengere Gesetze zur Eindämmung des Zustroms aus Europa. Die Wirtschaft wuchs zunächst sehr rasch, aber dieser Boom erwies sich als wenig gefestigt und 1929 kam es zum großen Börsenkrach. 1930–32 stieg die Zahl der Arbeitslosen von 4 Mio. auf 12–15 Mio., also auf bis zu 25% der Beschäftigten. Die republikanische Regierung, die den Aufschwung gefördert hatte und der man nun die Schuld am Zusammenbruch gab, wurde 1932 abgewählt. Das führte zur 13 Jahre währenden politischen Vormachtstellung der Demokraten unter Franklin Delano Roosevelt.

Der Boom in der Industrie

Der Ford Modell T war das erste Kraftfahrzeug, das am Fließband hergestellt wurde. In den 1930er Jahren verwirklichte Henry Ford seinen Traum von einem ›Auto, dessen Preis so niedrig ist, dass es sich ein jeder mit einem anständigen Gehalt leisten kann‹.

Die frühen 1920er Jahre waren eine Zeit raschen Wirtschaftswachstums in den USA. Traditionelle Branchen wie Eisen- und Stahlindustrie gingen zurück, doch die Auto- und petrochemische Industrie, Bauwesen und Dienstleistungsgewerbe florierten, wie auch die Aktienspekulation an der Börse. Freilich stand der Boom auf schwachen Füßen. Der Bankrott vieler kleiner Unternehmen in den 20er Jahren war erstes Anzeichen der Schwäche. Die Produktion lief dem Verbrauch davon. Durch den Wall Street Crash 1929 schließlich gingen enorme Vermögen, die in Aktien angelegt waren, verloren.

Die große Depression und der New Deal

Beim Börsenkrach von 1929, der die Weltwirtschaftskrise einleitete, verloren Aktien innerhalb eines Monats 40% ihres Werts. Die Konsequenzen trafen besonders die Farmer, denen die Banken die finanzielle Unterstützung entzogen, und die Schwarzen. Die Regierung Roosevelt beschloss eine Reihe von Hilfsprogrammen, den so genannten New Deal, um die Wirtschaft wieder in Schwung zu bringen und neue Arbeitsplätze zu schaffen. Trotz erheblicher staatlicher Förderung lag die Arbeitslosenquote in den USA 1939 noch bei 20%. Die Wirtschaft erholte sich erst während des Zweiten Weltkriegs.

Die Works Progress Administration (WPA) brachte 8,5 Mio. Arbeitslosen Beschäftigung u.a. bei Bau und Instandsetzung von Straßen, Brücken, Schulen und Krankenhäusern.

❶ Industrie in den USA 1925

Eisen und Stahl
Fleischverarbeitung
Öl und Gas
Textilproduktion
Holz
Fahrzeugbau
Kohle
bedeutende Industriestadt

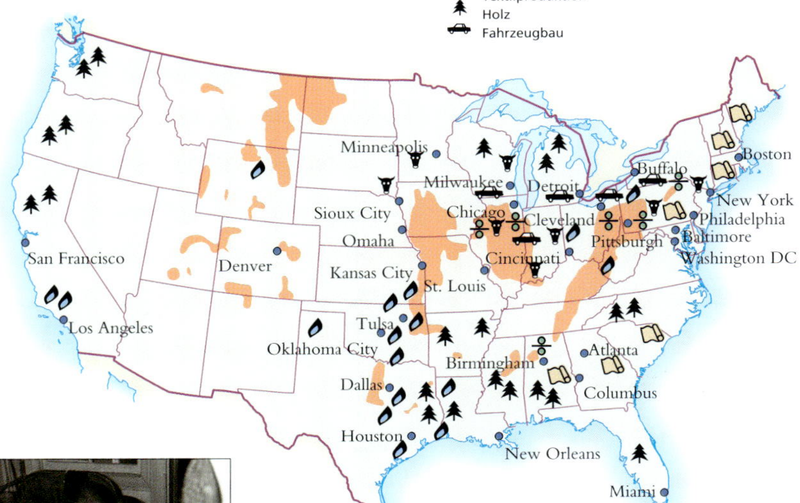

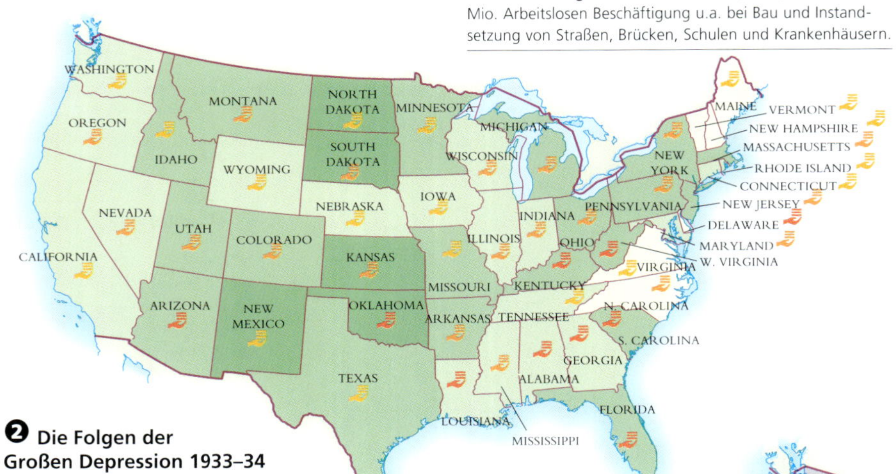

❷ Die Folgen der Großen Depression 1933–34

Arbeitslose: unter 10%; 11–15%; 16–25%; über 25%

Fürsorge-Empfänger: unter 10%; 10–15%; über 15%

Die Schwarzen, die aus dem Süden in die Städte des Nordens umsiedelten, fanden hier häufig ebenso ärmliche Lebensbedingungen vor wie im Süden.

❸ Bevölkerungsentwicklung 1914–41

Bevölkerung 1940: unter 500 000; 500 000–1 Mio.; 1–2 Mio.; 2–3 Mio.; 3–6 Mio.; über 6 Mio.

Veränderung 1929–39: Abnahme; Zunahme 0–10%; Zunahme 10–20%; Zunahme über 20%

Migration: Dürregebiete; aus den Prärie-Staaten; aus den Appalachen; Schwarze aus dem Süden; sonstige

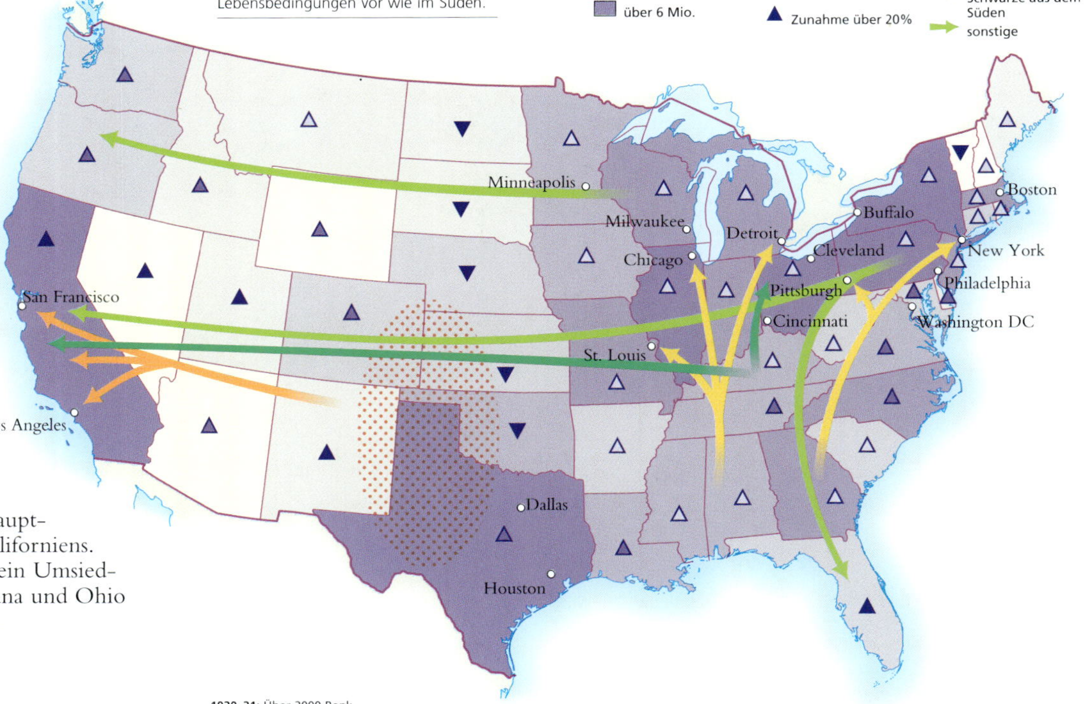

Migration in den USA 1914–41

Flüchtlinge aus der Dust Bowl (der ›Staubschüssel‹) nahmen nur das Nötigste mit, als sie sich auf den Weg nach Los Angeles machten.

1917–20 siedelten mehr als 400 000 Schwarze aus den ländlichen Bereichen des Südens in die Städte im Norden um, nach 1920 waren es noch einmal 600 000. Mitte der 1930er Jahre verließen Tausende Farmer der von Dürre heimgesuchten Prärie-Staaten ihre Farmen und zogen nach Westen, hauptsächlich in die Städte und Täler Kaliforniens. Aus den Appalachen bewegte sich ein Umsiedlerstrom in den Norden nach Indiana und Ohio sowie nach Kalifornien im Westen.

Die USA 1914–1941

- **1917–20:** Abwanderung Schwarzer aus dem Süden in die Städte des Nordens
- **1917:** USA treten in den Ersten Weltkrieg ein
- **1918:** Ende des Ersten Weltkriegs
- **1919:** 500 000 Grippetote in Amerika
- **1920:** Frauenstimmrecht in USA
- **1923:** Über 13 Mio. Autos auf den Straßen der USA
- **1923:** Der Republikaner Calvin Coolidge wird nach dem Tod Warren Hardings Präsident
- **1928:** Republikaner Herbert Hoover zum Präsidenten gewählt
- **1929:** Wall Street Crash: Zusammenbruch des Aktienmarkts führt zur Großen Depression
- **1930–31:** Über 3000 Bankzusammenbrüche
- **1930:** Einführung des Smoot-Hawley-Schutzzolls verschärft die Weltwirtschaftskrise
- **1932:** Demokrat Franklin D. Roosevelt wird Präsident
- **1933:** National Recovery Administration (NRA) zur Regelung von Löhnen und Kinderarbeit eingesetzt
- **1934–36:** Migration von Farmern aus den Great Plains nach Kalifornien
- **1937:** Roosevelt versucht verstärkt Durchsetzung der Gesetze des New Deal
- **1941:** Angriff auf Pearl Harbor; USA treten in Zweiten Weltkrieg ein

1915 – 1920 – 1925 – 1930 – 1935 – 1940 – 1945

Populäre Kultur in den USA

Der technische Fortschritt in den Jahren des Ersten Weltkriegs führte zum Ausbau der Kommunikationsmedien in den USA. Bereits in den 1920er Jahren war praktisch das ganze Land an das Netz der Gesellschaft Bell Telephone angeschlossen. Das Radio brachte Informationen auch in abgelegene Orte, und das Kino wurde zur Unterhaltungsindustrie. Von den bescheidenen Anfängen zu Beginn des 20. Jh. wurde Hollywood in den 1930er Jahren zu einer Glitzerwelt, die ihre Produkte rund um den Globus exportierte. Durch niedrige Eintrittspreise konnten die Kinos trotz der Krise weiterhin hohe Besucherzahlen verzeichnen. Sportarten wie Football, Baseball und Boxen wurden zum ersten Mal landesweit populär und brachten hoch bezahlte Profisportler hervor.

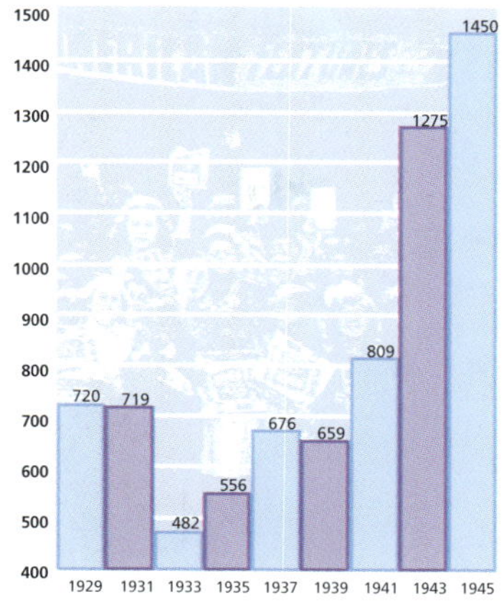

Ausgaben für Kinobesuche in USA (in Mio. $)

Die Entwicklung der Ausgaben für Kinobesuche reflektiert den Wohlstand der Kriegsjahre.

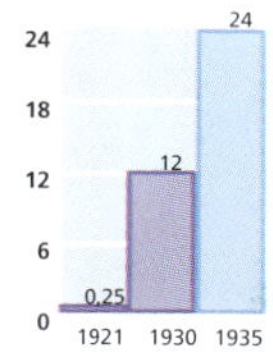

Zahl der Radios in den USA (in Mio.)

1924 besaßen bereits 2,5 Mio. Haushalte in den USA einen Rundfunkempfänger.

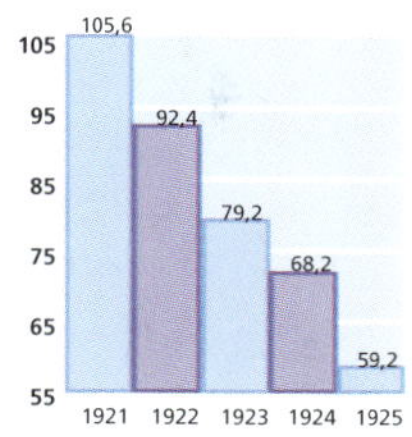

Schallplattenverkauf in den USA (in Mio. $)

Die steigende Popularität des Radios führte in fünf Jahren zu einem 50%-igen Rückgang beim Verkauf von Schallplatten.

Die Entwicklung der populären Kultur in den USA brachte eine neue Generation von Nationalhelden hervor, darunter Filmstars und Sportler wie Baseballstar ›Babe‹ Ruth, der in nur einer Spielzeit für die New York Yankees 60 Home Runs erzielte.

4 Filmstudios in Hollywood 1919

- Nestor
- Famous Players – Lasky Clater Paramount
- National Film Corporation of America
- Metro
- Chaplin
- Brunton
- Fox
- D.W. Griffith
- Vitagraph
- Mack Sennett
- Universal
- Ince
- Goldwyn

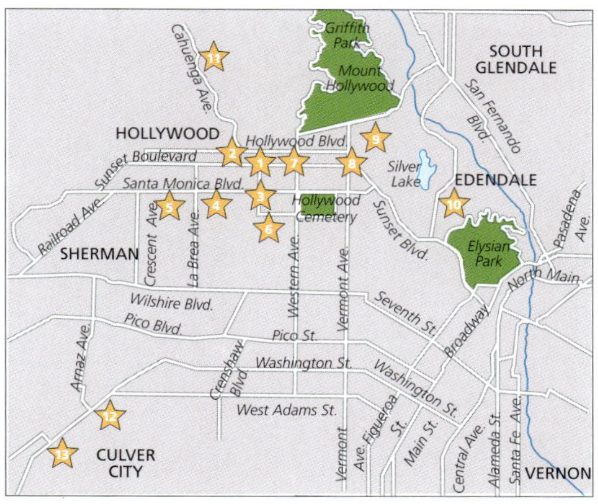

Die wichtigsten Filmstudios hatten sich schon 1919 nördlich von Los Angeles eingerichtet. Hollywood wurde weltweit zum Inbegriff der Filmindustrie und zum Magneten für angehende Filmemacher.

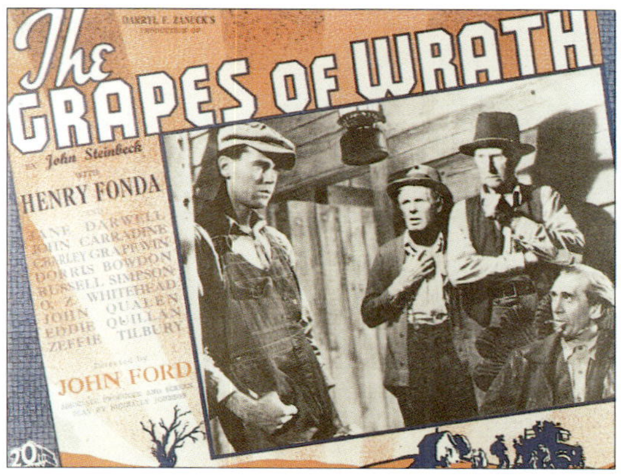

Musicals und Comedy lenkten die Zuschauer von den Realitäten der Wirtschaftskrise ab. Filme wie *The Grapes of Wrath* (›Früchte des Zorns‹) von John Ford dagegen thematisiertendie Alltagsprobleme der Menschen.

Walt Disneys Mickey Mouse war zuerst 1928 im Zeichentrickfilm zu sehen. Sie wurde zum Symbol des ersten Unterhaltungsimperiums überhaupt.

© Disney

Massenunterhaltung 1914–41

- **1915:** D.W. Griffiths Film *The Birth of a Nation*
- **1917:** Erste Jazz-Aufnahme
- **1921:** Charlie Chaplin produziert *The Kid*, seinen ersten abendfüllenden Film
- **1927:** Al Jolson bringt den ersten Tonfilm heraus, *The Jazz Singer*
- **1928:** Mickey Mouse erscheint zum ersten Mal im Film
- **1929:** Erste Verleihung der Academy Awards (›Oscar‹)
- **1930:** Verkauf von über 100 Mio. Kinokarten pro Woche
- **1934:** Über 583 Rundfunkstationen arbeiten in den USA
- **1935:** Box-Weltmeisterschaften im Schwergewicht erbringen über 1 Mio. Dollar Eintrittsgelder
- **1939:** *Gone With the Wind* (›Vom Winde verweht‹) erzielt Rekordeinnahmen
- **1940:** 86% der US-Bevölkerung haben eigenes Radio

1915 · 1920 · 1925 · 1930 · 1935 · 1940 · 1945

DER FDR-EFFEKT

Die politische Situation in den USA änderte sich radikal in den 1930er Jahren. Die Republikaner, die mit Hoover während des Booms in den 1920er Jahren den Präsidenten gestellt hatten, wurden 1932 von den Demokraten abgelöst. Franklin Delano Roosevelt gründete eine ›Koalition des New Deal‹ aus Schwarzen, Frauen, Arbeitergruppierungen und Weißen des Südens, die über 30 Jahre einflussreich war.

Roosevelt sprach regelmäßig in seinen ›Fireside chats‹, die vom Radio übertragen wurden, zur amerikanischen Bevölkerung.

5 Präsidentschaftswahlen

- Republikaner
- Demokraten

1928

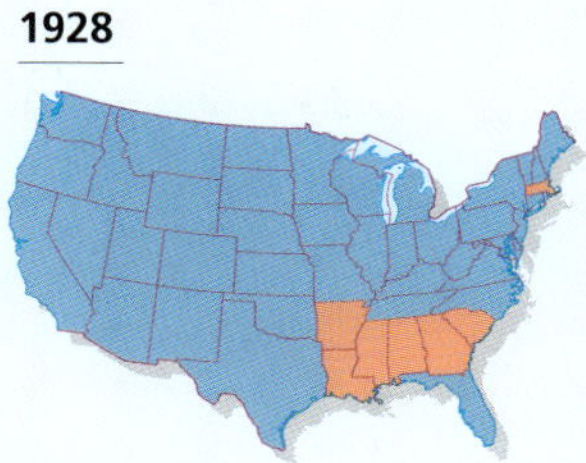

1932

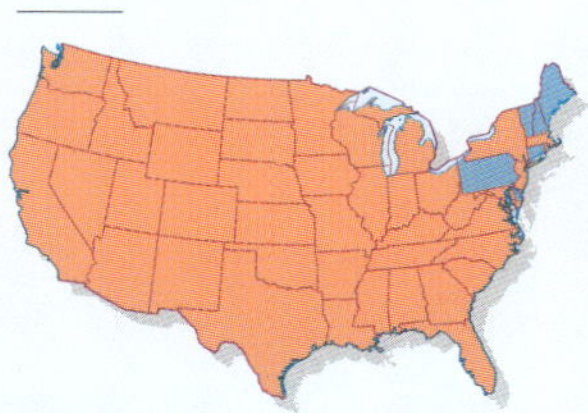

1936

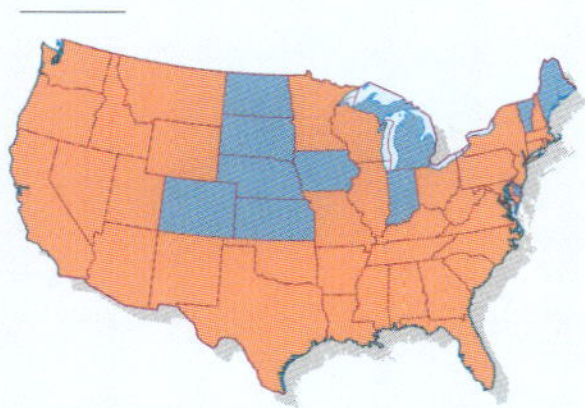

1940

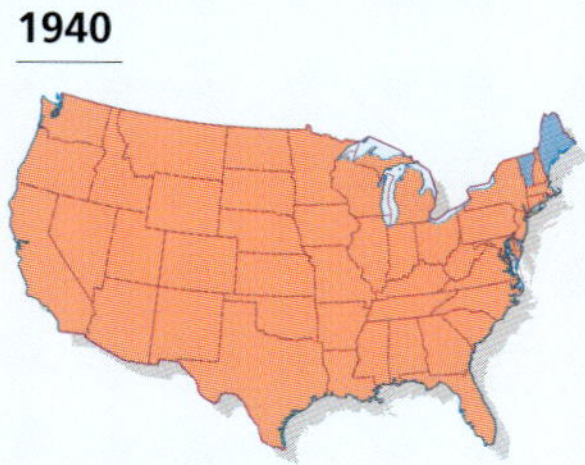

1944

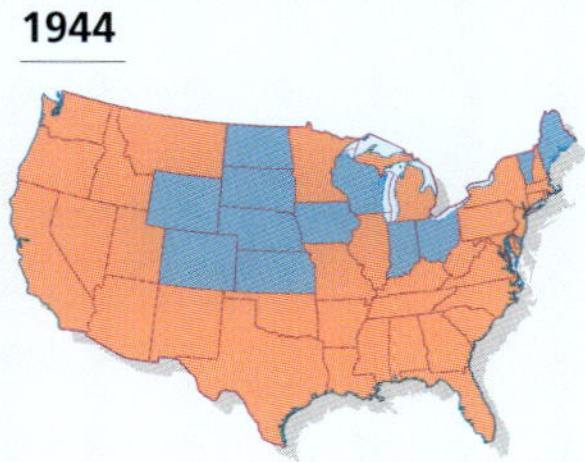

Intoleranz

In den 1920er Jahren gab es zahlreiche Ausdrucksformen von Intoleranz gegenüber vermeintlichen Bedrohungen des American Way of Life. ›Neue‹ Einwanderer, die Migration der Schwarzen, die Emanzipierung der Frau und wirtschaftliche Instabilität schürten die Ängste der Menschen. Mit Alkoholverbot (Prohibition), der Festlegung von Einwanderungsquoten und den Aktivitäten des FBI als Antwort auf die ›Rote Gefahr‹, der Furcht vor dem Kommunismus von 1919-20, ging die Politik auf diese Intoleranz ein. Nichtstaatliche Reaktionen waren Rassenunruhen in den Südstaaten und im Mittleren Westen sowie das Erstarken des Ku Klux Klan mit seiner Ideologie von der Überlegenheit der weißen Rasse, der in den 1920er Jahren mehr als 2 Mio. Mitglieder zählte.

Das Erstarken des Ku Klux Klan in diesen Jahren war ein Ausdruck der Unsicherheit unter den WASPs, den weißen angelsächsischen Protestanten in den Kleinstädten, angesichts der scheinbaren Bedrohungen ihrer Macht und ihres Einflusses.

6 Rassismus 1914–41

Anhänger des Ku Klux Klan (% der Einw.)

- unter 1%
- 1–2%
- 2–3%
- 3–4%
- über 4%

Lynch-Morde (nach Staat) 1914–41

- 150–300
- über 300
- Städte mit über 10 000 Klan-Mitgliedern
- Rassenunruhen

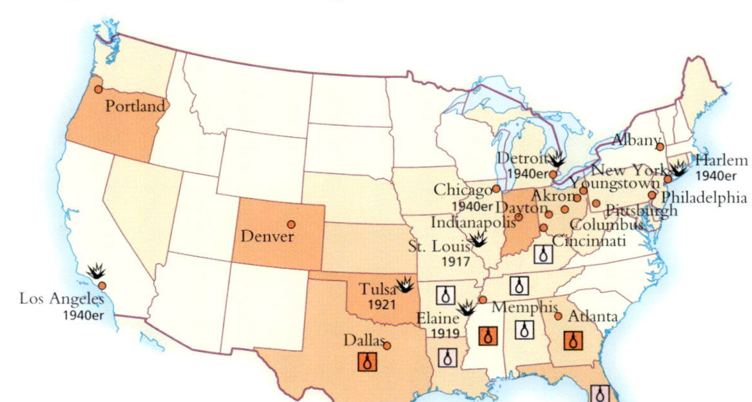

Ereignisse der Intoleranz 1914–41

- **1917–21:** Rassenunruhen im Süden und Mittelwesten
- **1919–20:** Prohibition: Volstead Act und Artikel 18 der Verfassung verbieten Herstellung, Verkauf und Transport von Alkohol
- **1919–20:** ›Red Scare‹: Furcht vor Kommunisten führt zu politischer Verfolgung von Intellektuellen
- **1920er:** Höhepunkt der Aktivitäten des Ku Klux Klan
- **1921–29:** Einwanderungsbeschränkung durch die Quota Acts auf jährlich 150 000
- **1925:** Scopes' ›Affenprozess‹ verbietet Lehre der Evolutionstheorie
- **1933:** Prohibition wird aufgehoben
- **1940er:** Rassenunruhen in Harlem, Los Angeles, Detroit und Chicago

1915 · 1920 · 1925 · 1930 · 1935 · 1940 · 1945

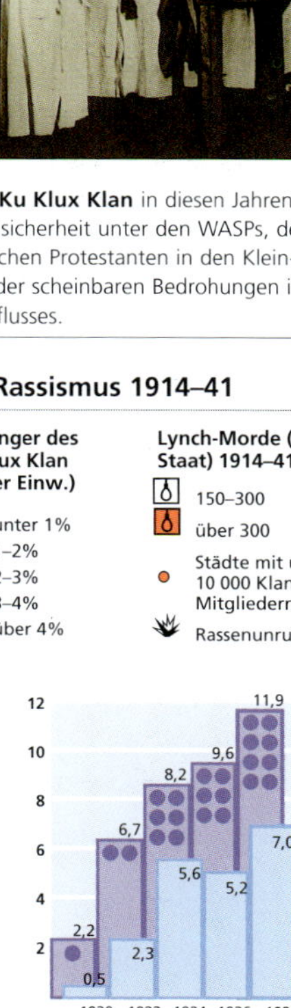

Kosten der Prohibition 1920–28 (Mio. US-$)

- Kosten für die Durchsetzung des Alkoholverbots (vom Kongress genehmigte Gelder)
- Strafgelder von verurteilten Personen
- verhaftete Personen (je 20 000)

GESELLSCHAFT IM UMBRUCH

Martin Luther King vereinigte die spontanen Proteste in den 1950er Jahren zu einer antirassistischen Bewegung.

IN DEN 1950ER JAHREN entwickelten sich die USA zu einer wahren ›Überflussgesellschaft‹. Diese Bezeichnung reflektiert den einzigartigen Reichtum des Landes und die gesellschaftliche Entwicklung seit dem Ende der Weltwirtschaftskrise. Die meisten Amerikaner kamen in den Nachkriegsjahren in den Genuss steigender Löhne und Gehälter, und die Lebensqualität erhöhte sich durch neue Konsumgüter, neue Möglichkeiten der Freizeitgestaltung und das Wohnen in den Randbereichen der großen Städte. In Mexiko, Mittelamerika und der Karibik blieb jedoch der Lebensstandard weit hinter dem der USA und Kanadas zurück, und auch in den USA konnten nicht alle Regionen und gesellschaftlichen Gruppen im selben Maße am Reichtum teilhaben.

Wohlstand in den USA nach dem Krieg

Die ideale Familie mit dem Mann als Ernährer wurde in den 1950er Jahren zum beliebten Klischee in Werbung und Politik.

Der wirtschaftliche Impuls des Kriegs und später des Wettrüstens mit der Sowjetunion waren die Hauptgründe für die Prosperität in den Jahrzehnten nach dem Zweiten Weltkrieg. Als die Industrie auf Friedensproduktion umstellte, strömten Konsumgüter auf den heimischen Markt. Der Konsumismus brachte gleichzeitig einen starken Dienstleistungssektor hervor. Amerika hatte Zugang zu allen ausländischen Märkten und Rohstoffquellen, was die Grundlage für den wirtschaftlichen Erfolg bildete. Der Boom endete in den 1970er Jahren, als auf den Vietnam-Krieg und die Energiekrise eine anhaltende Rezession folgte. Zudem wurden Europa und Japan wichtige Konkurrenten Amerikas.

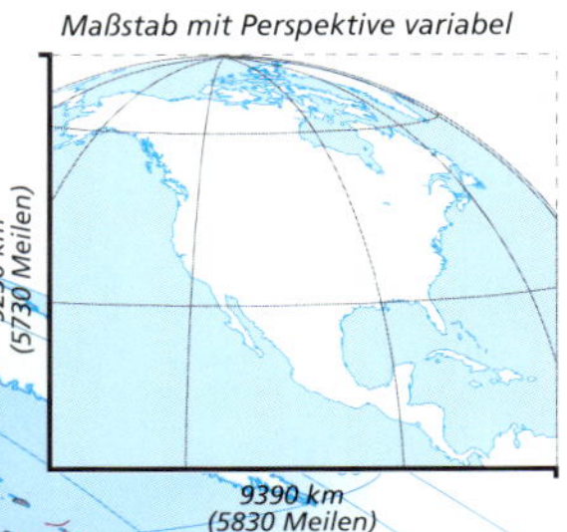

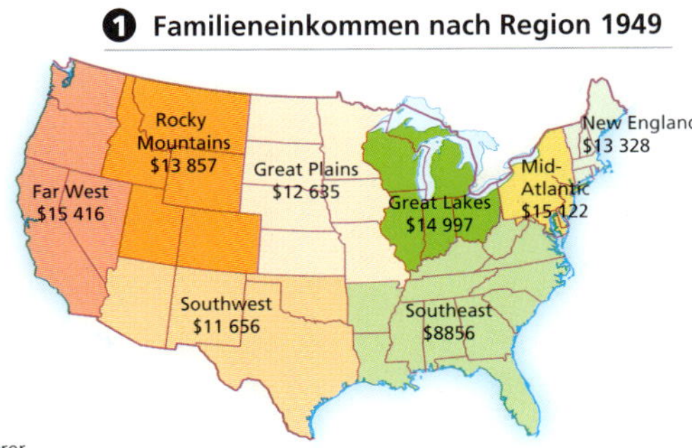

Nicht alle Amerikaner partizipierten am Wohlstand der Nachkriegszeit. Während Kalifornien und der industrialisierte Norden boomten, verharrte besonders der Süden in der Krise. Dort erreichte das Durchschnittseinkommen nur wenig mehr als die Hälfte desjenigen anderer Regionen der USA.

Autos, Waschmaschinen und Kühlschränke fanden in den 1950er und 1960er Jahren durch die gestiegene Kaufkraft reißenden Absatz. Raffinierte Werbestrategien taten ein Übriges.

Regionale Ungleichheit

Soziale und ökonomische Bedingungen unterschieden sich stark in Mexiko und Mittelamerika auf der einen, Kanada und den USA auf der anderen Seite. Das 1994 abgeschlossene NAFTA-Abkommen (North American Free Trade Agreement) sollte Mexiko in den Kreis der wohlhabenden Nachbarn im Norden einbeziehen. Zahlreiche Montagebetriebe für ausländische Produkte, die *maquilladoras,* entstanden – hauptsächlich an der Grenze zu den USA. In den Staaten wiederum haben sich die Bedingungen in Gebieten, die von der Landwirtschaft oder der Schwerindustrie bestimmt sind, in den letzten 30 Jahren verschlechtert. Lediglich die Hightech-Industrie erzielte überragende Zuwachsraten. In Kanada bestehen die auffälligsten regionalen Unterschiede im kulturellen Bereich: So hätte ein Referendum in der Französisch sprechenden Provinz Quebec über den Austritt aus dem Staatenbund im Oktober 1995 beinahe zum Erfolg geführt.

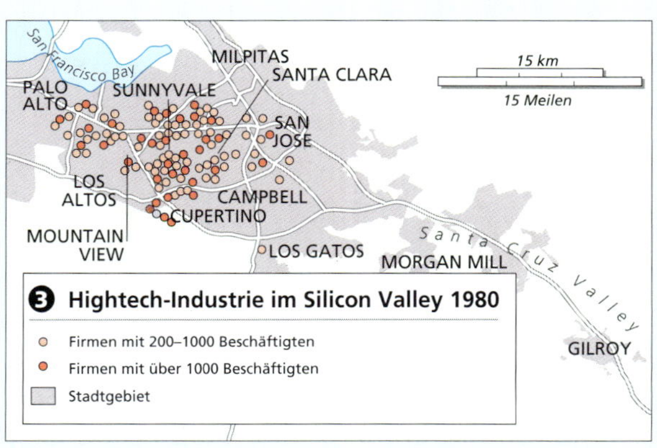

SILICON VALLEY

Zahlreiche Hightech-Unternehmen, die keine besonderen Ansprüche an den Standort hatten, siedelten sich in nichturbanen Gebieten des Südens und Westens an. So wurde die Wirtschaft in diesen Regionen wieder belebt. In Silicon Valley bei San Francisco haben sich viele Unternehmen der Computer- und Elektronikbranche niedergelassen. Anfänglich arbeiteten sie vor allem für militärische Auftraggeber, doch spielten sie mit der Verbreitung der PCs (Personal Computer) eine wichtige Rolle für den US-amerikanischen Export.

Hightech-Unternehmen wie in Silicon Valley (rechts) entstanden Ende der 1970er Jahre und schlossen die Lücke, die der Niedergang der traditionellen Schwerindustrie hinterlassen hatte.

Wandel in den Städten

Als die Afroamerikaner in den 1940er und 1950er Jahren aus dem ländlichen Süden in die Ballungszentren des Nordens zuwanderten, zogen zahlreiche Weiße in die ›Suburbs‹ der städtischen Randbereiche. Anstatt die bestehenden kommunalen Einrichtungen zu nutzen, widersetzten sich die Bewohner der Vorstädte heftig jeglicher Form der Angliederung an die Zentren. Damit entgingen den Städten jedoch die Steuergelder der wohlhabenden Weißen, die zur Unterhaltung der kommunalen Infrastruktur nötig gewesen wären. Verschärft wurde die Finanzkrise durch den Niedergang der traditionellen Industriezweige. In den 1960er und 1970er Jahren zeigte sich die Krise der Städte an verfallenden Häusern, Straßen, die nicht mehr instand gesetzt wurden und häufigen Rassenunruhen. Allerdings war Armut nicht auf die Stadtzentren beschränkt: Die Menschen in den ländlichen Gebieten im tiefen Süden und in den Appalachen hatten den niedrigsten Lebensstandard der gesamten USA.

Die Zentren vieler Großstädte in den USA verfielen mit dem Wegzug der Bewohner in die Vorstädte. Bausubstanz wurde zerstört, aber nicht ersetzt und für die Erhaltung der Infrastruktur war kein Geld da.

Das Wachstum der Vorstädte

In den 1950er Jahren wuchsen die Vorstädte besonders rasch. Neue Bauweisen senkten die Baukosten und gut ausgebaute Straßen sicherten die Anbindung an die Stadt. So fraßen sich Städte wie Chicago in der Nachkriegszeit immer weiter in das Umland hinein.

Die neuen Vorstädte boten einen krassen Gegensatz zu den verfallenden City-Zentren. Wer in die Vororte ziehen wollte, konnte mit großzügigen Beihilfen zum Wohnungsbau rechnen. Bis in die 1960er Jahre pumpten die Baubehörden Gelder in die ›Suburbs‹, während Bauwilligen in den Städten Kredite verweigert wurden.

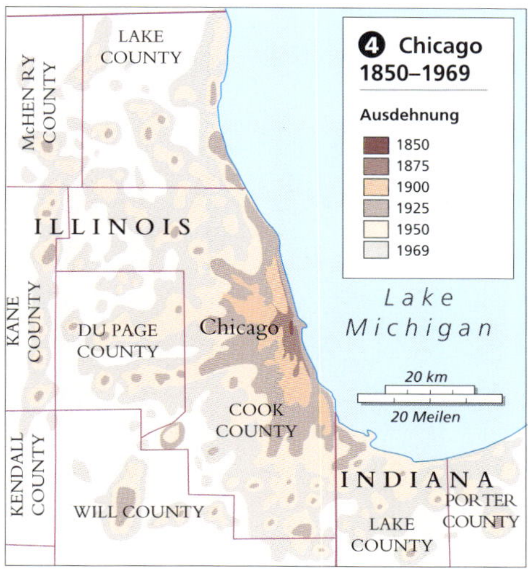

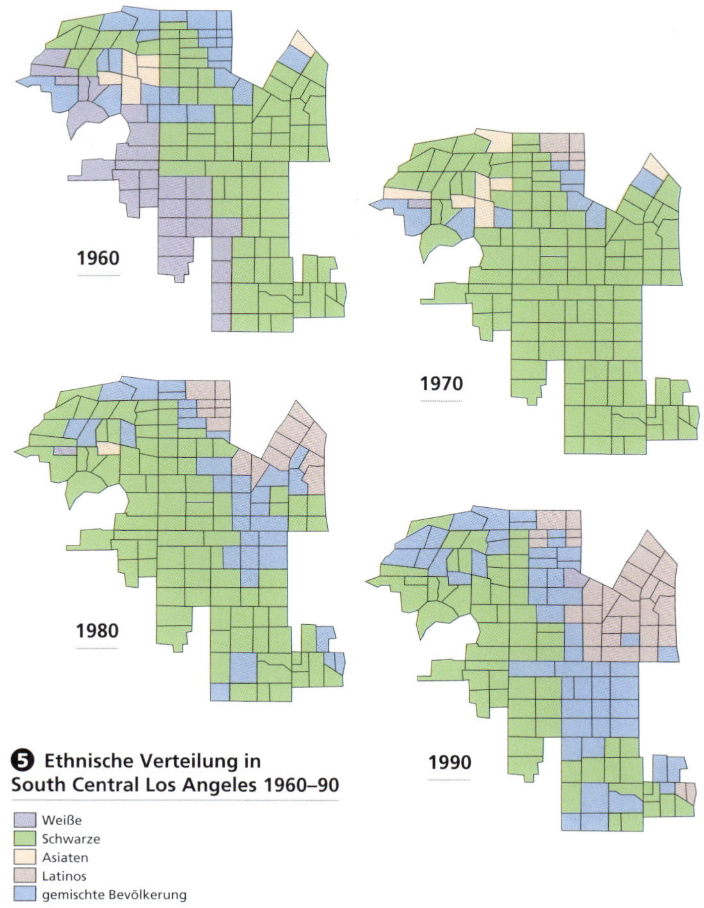

5 Ethnische Verteilung in South Central Los Angeles 1960–90

Armut und Ethnien im Zentrum von Los Angeles

Für die getrennten Lebensbereiche von Reich und Arm im urbanen Nachkriegsamerika war Los Angeles exemplarisch. Im Zentrum einer generell prosperierenden Stadt konzentrierte sich die arme Bevölkerung, deren ethnische Zusammensetzung sich ständig wandelte. In den 1960er Jahren wohnten in South Central Los Angeles hauptsächlich Weiße. In den 70er Jahren zogen die Weißen fort und die schwarze Bevölkerung war in der Überzahl. Zwanzig Jahre später stellten Latinos die Mehrheit der Einwohner in vielen Gebieten von South Central Los Angeles.

Bürgerrechts- und andere Protestbewegungen

1955: Busboykott gegen Segregation (Rassentrennung) in Montgomery, Alabama
1957: Martin Luther King führt die koordinierte Widerstandsbewegung
1961: Studenten ziehen in den Süden, um gegen Rassentrennung zu demonstrieren
1963: Marsch auf Washington unter Führung von King
1964: Der Civil Rights Act verbietet Segregation in der Öffentlichkeit
1965: Voting Rights Act erhöht Zahl der schwarzen Wähler; schwere Rassenunruhen in Los Angeles (Watts Riots)
1966: Rassenkrawalle in Atlanta
1968: Ermordung Martin Luther Kings führt zu Unruhen in 124 Städten der USA
1968: Unruhen und Proteste nach Veranstaltung der Demokraten in Chicago
1969: 250 000 Menschen marschieren zum Protest gegen den Vietnam-Krieg nach Washington
1970: *Four Dead in Ohio*: Vier Studenten an der Kent State University, Ohio, beim Protest gegen Engagement der USA in Kambodscha getötet
1974: High Court gibt grünes Licht für integrierten Schülertransport zu Schulen

400 000 Menschen versammelten sich im August 1969 zur Bildung der ›Woodstock Nation‹ auf einer Farm bei Bethel im Bundesstaat New York. Das Musikfestival, das auch eine friedliche Demonstration gegen das Establishment war, wurde weltweit stilbildend.

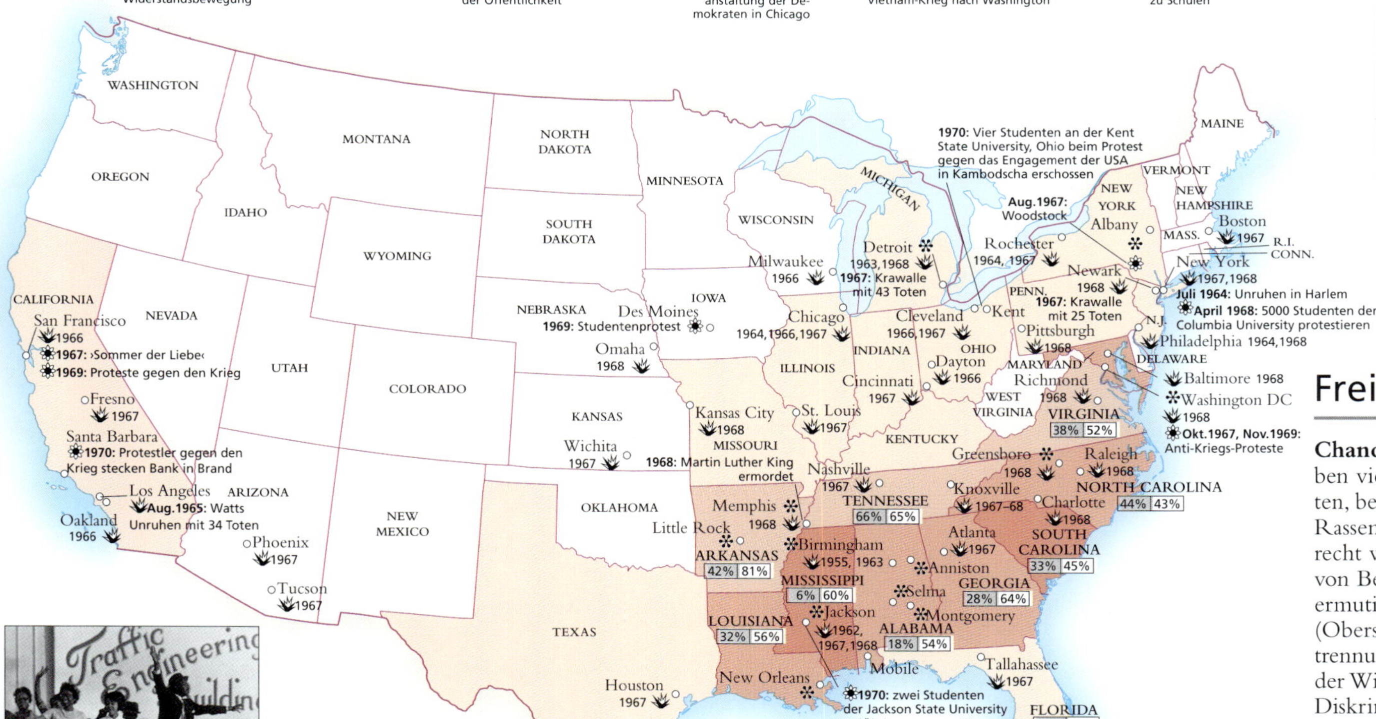

Eine Frau betet in Birmingham, Alabama, während der Proteste im Mai 1963 um Frieden, während andere Demonstranten hinter ihr singen und tanzen.

6 Protestbewegungen und Unruhen in den 60er Jahren

Protest gegen den Krieg
Aktion der Bürgerrechtsbewegung
Unruhen in Städten/Rassenkrawalle
GEORGIA 28% 64% – Anteil der wahlberechtigten Schwarzen vor dem Voting Rights Act von 1965 und im Jahr 1971

Schwarze in der Bevölkerung
über 30%
20%–30%
15%–20%
7%–15%
unter 7%

Freiheitsbewegungen

Chancen, die Nachkriegsamerika bot, blieben vielen schwarzen Amerikanern vorenthalten, besonders im Süden mit seiner anhaltenden Rassentrennung (Segregation). Sogar das Stimmrecht war vielen von ihnen verwehrt. Inspiriert von Befreiungsbewegungen in aller Welt und ermutigt durch ein Urteil des Supreme Court (Obersten Gerichts) von 1954, wonach Rassentrennung verfassungswidrig sei, formierte sich der Widerstand der Schwarzen gegen die Diskriminierung. So zwang ein Busboykott in Montgomery 1955 das Unternehmen, die Segregation aufzuheben. Dieser Erfolg ermutigte ähnliche Proteste überall im Süden. In den Jahren 1964 und 1965 verabschiedete der Kongress Gesetze zum Verbot der Rassentrennung und zum Schutz der demokratischen Rechte aller Amerikaner. Auch andere Gruppierungen zeigten in den 1960er Jahren größere politische Sensibilität: So verstärkten sich Ende der 60er Jahre die Proteste gegen den Vietnam-Krieg, gleichzeitig erstarkte die Frauenbewegung.

DIE USA ALS SUPERMACHT

John F. Kennedy, charismatischer und populärer Präsident der USA, wurde 1963 ermordet.

MIT DEM ÜBERFALL DER JAPANER auf Pearl Harbor im Dezember 1941 und dem darauf folgenden Eintritt der USA in den Zweiten Weltkrieg begannen die Amerikaner, ihre Rolle in der Weltpolitik neu zu definieren und endgültig Abschied vom Isolationismus zu nehmen. Durch Bündnispolitik, militärische Intervention und Handel erlangten sie bedeutenden Einfluss auf andere Staaten. Während die USA und Kanada weiterhin Stabilität und Wohlstand genießen konnten, kämpften die Völker Mittelamerikas und der Karibik in der Nachkriegszeit für Demokratie und Autonomie. Auch wenn die Revolution auf Cuba 1959 Anlass zur Sorge gab, konnten die USA die Macht in der Region behalten, häufig indem sie brutale Militärdiktaturen unterstützten.

Globale Präsenz der USA

Während des Zweiten Weltkriegs errichteten die USA Militärbasen rund um den Globus. Mit dem Beginn des Kalten Kriegs gegen die Sowjetunion und den Sozialismus ab Ende der 40er Jahre erhielten diese Stützpunkte erneut Bedeutung. Der Kalte Krieg veranlasste die USA dazu, mit zahlreichen anderen Ländern ein globales Bündnissystem zu knüpfen. So entstand 1949 die Nato (North Atlantic Treaty Organization). Eine schmerzliche Erfahrung für die US-amerikanische Gesellschaft war der erfolglose, verlustreiche Vietnam-Krieg. Mit der sowjetischen Invasion in Afghanistan 1979 erhielt der Kalte Krieg neue Nahrung. Seit dem Zusammenbruch der Sowjetunion 1991 sind die USA die einzige wirkliche Supermacht der Welt.

❶ Strategische Bündnisse 1948–89

Verteidigungsbündnisse der USA
- NATO seit 1983
- Vertrag von Rio (Rio Treaty) bis 1975
- ANZUS-Pakt 1951
- Southeast Asia Collective Defence Treaty 1954
- bilaterale Verteidigungsbündnisse (Japan 1960; Südkorea 1953; Philippinen 1951, Taiwan 1954)
- US-Truppen im Kampfeinsatz
- Mitgliedsstaaten des COMECON (RGW)
- andere kommunistische Staaten 1977
- militärische Überflugrechte, östliche Hemisphäre

Die Beteiligung der USA am Zweiten Weltkrieg mit ihren Operationen im Pazifik und der Unterstützung der europäischen Alliierten war entscheidend für den Sieg gegen die Achsenmächte. Gegen Kriegsende befreiten die US-Truppen Konzentrations- und Kriegsgefangenenlager (oben) der Nazis.

US-Soldaten mit einer als Vietkong Verdächtigten während des Vietnam-Kriegs (1965–73), dem längsten und teuersten Versuch der USA, den Sozialismus einzudämmen.

Weltweites Engagement der USA 1950–90

- **1950:** Korea-Krieg
- **1950:** Beginn des Engagements der USA in Vietnam
- **1955:** Intervention der USA in Iran
- **1957:** Eisenhower-Doktrin verpflichtet USA, Ausbreitung des Sozialismus im Nahen Osten zu verhindern
- **1961:** Cuba-Krise
- **1973:** Rückzug der US-Truppen aus Vietnam beginnt
- **1973:** USA unterstützen Rechtsputsch in Chile
- **1978:** Friedensabkommen von Camp David zwischen Ägypten und Israel durch Vermittlung der USA
- **1979:** Iranische Geiselkrise
- **1983:** Intervention der USA in Grenada
- **1990:** USA senden in Reaktion auf Iraks Überfall auf Kuwait Truppen nach Saudi-Arabien (Golf-Krieg)

1950 · 1960 · 1970 · 1980 · 1990

Auslandsinvestitionen

Während des Kalten Kriegs wurden Auslandsinvestitionen zur Bindung anderer Länder an das markwirtschaftlich-kapitalistische System benutzt. So sollte der Marshall-Plan von 1948 einerseits Westeuropa bei der Überwindung der Kriegsfolgen helfen, andererseits die Möglichkeit der kommunistischen Einflussnahme einschränken. Amerikanische Firmen waren zudem bestrebt, sich wichtige Rohstoffquellen, in erster Linie das Erdöl des Nahen Ostens, zu sichern. Zeitweise verlagerten auch US-amerikanische Unternehmen ganze Produktionszweige in Billiglohnländer und vernichteten damit zahlreiche Arbeitsplätze im eigenen Land. Erst das ›Jobwunder‹ des Präsidenten Clinton löste diese Spirale der Verelendung auf.

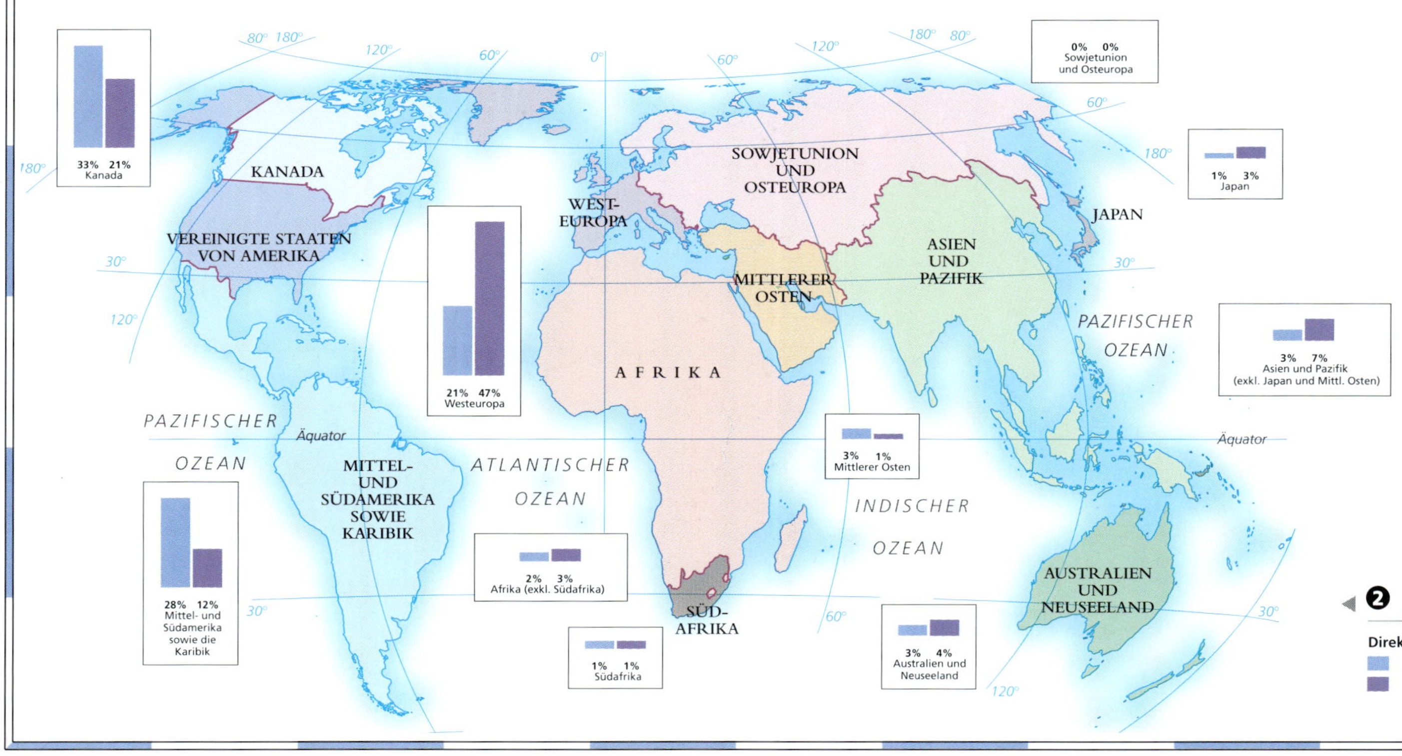

❷ Auslandsinvestitionen der USA

Direkte Privatinvestitionen im Ausland
- 1960
- 1984

Der Niedergang des Südens

Die Abwanderung der Schwarzen aus dem Süden in die Städte des Nordens in den 40er und 50er Jahren bedeutete das Ende für die meisten verbliebenen Baumwollplantagen, die von billigen Arbeitskräften abhängig waren. Im Norden wurde die schwarze Bevölkerung ein wichtiger Faktor bei den Wahlen. Die Demokratische Partei bemühte sich um ihre Stimmen und versuchte gleichzeitig diejenigen der Weißen in den Südstaaten, die traditionell demokratisch wählten, zu behalten. Doch seit Ende der 60er Jahre, nach Beginn der Bürgerrechtsgesetzgebung unter Präsident Lyndon B. Johnson, lösten sich viele Südstaatler aus ihrer traditionellen Bindung an die Demokraten.

1930

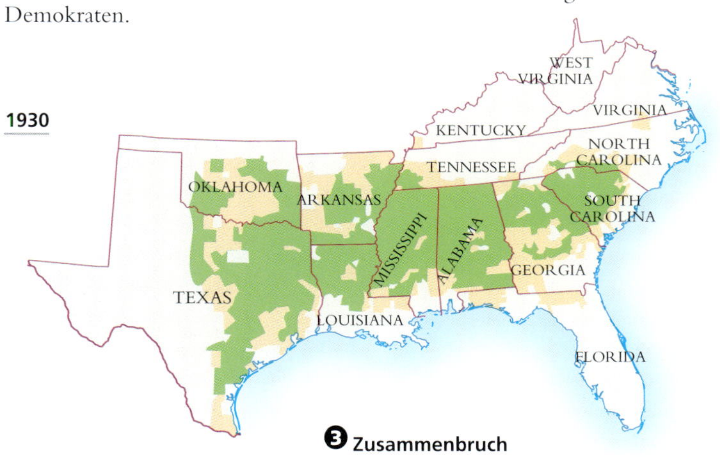

3 Zusammenbruch des Baumwollanbaus

- primär Baumwolle
- Baumwolle u.a. Produkte

1959

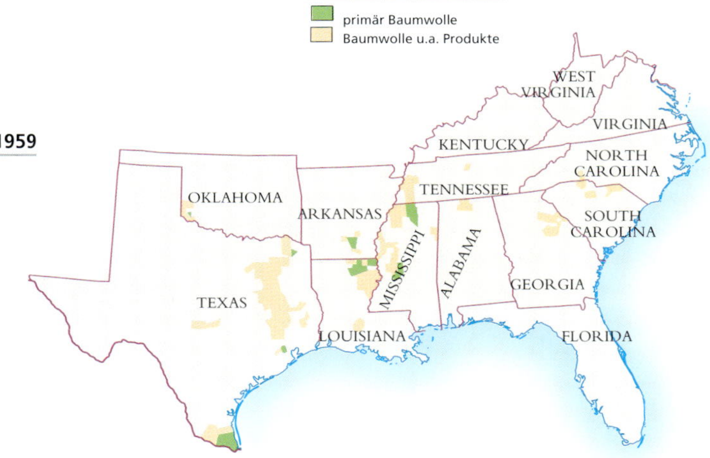

SCHLÜSSELWAHLEN 1948–96

Der Demokrat Harry Truman errang 1948 unerwartet den Sieg über den Republikaner Thomas Dewey. Doch war der Erfolg der pro-segregationistischen States Rights Party ein Hinweis darauf, dass es die Demokraten zukünftig schwer haben würden, die von den Südstaatlern und den Schwarzen zugleich unterstützt zu werden. In den Wahlen von 1968 verloren sie denn auch alle Südstaaten außer Texas. Zwar hielten die Republikaner in den 80er Jahren die Präsidentschaft, doch zeigten die Wahlen von 1992 und 1996, dass die Demokraten trotz eines republikanischen Südens noch Wahlen gewinnen können.

Der Chicago Daily Tribune war vom Ausgang der Präsidentschaftswahlen 1948 so überzeugt, dass sie die Ausgabe druckte, ohne das offizielle Ergebnis abzuwarten. Der siegreiche Demokrat Harry Truman dürfte seine Freude an der Überschrift gehabt haben.

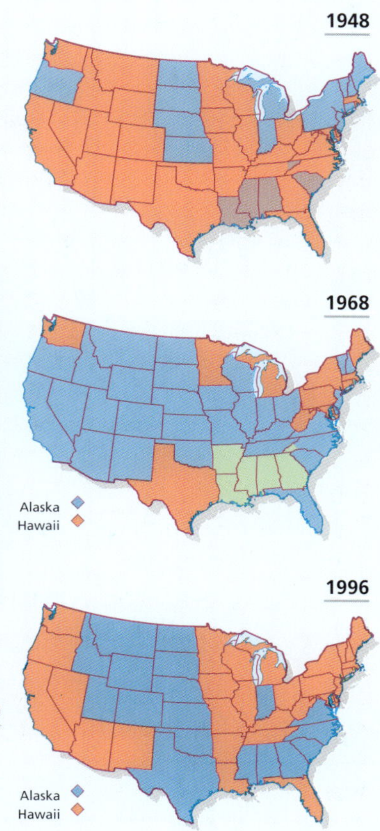

4 Präsidentschaftswahlen

Wahlerfolg nach Bundesstaaten

- Republikaner
- Demokraten
- States Rights Party
- American Independent Party

Wahlergebnisse in den USA 1944–96

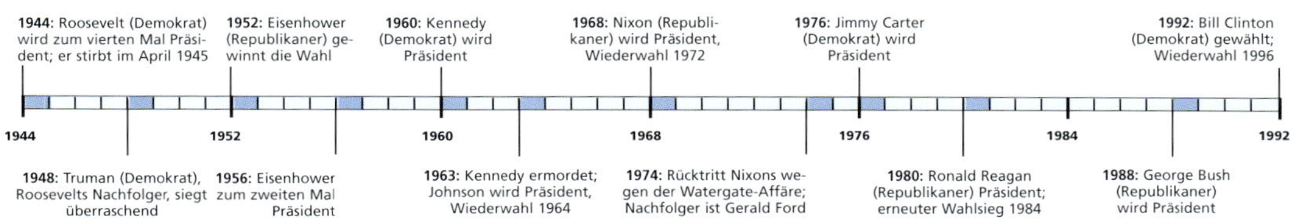

Interventionen in Mittelamerika

Das Vorgehen der USA in Mittelamerika sollte politische Instabilität verhindern und wirtschaftliche Interessen sichern. Während des Kalten Kriegs wuchs die Sorge der USA, in ihrem Hinterhof könnten sich kommunistische Bewegungen etablieren. 1954 organisierten US-Agenten den Sturz der Regierung in Guatemala. 1962 führte die Cuba-Krise (S. 108) um die Stationierung sowjetischer Raketen auf der Insel beinahe zum Atomkrieg. In den 80er Jahren intervenierte Präsident Reagan gegen linksgerichtete Regierungen auf Grenada und in Nicaragua. Nach dem Ende des Kalten Kriegs blieben die USA wegen des Drogenproblems in der Region präsent.

Die sandinistische Revolution 1978–79 beendete über 40 Jahre Militärdiktatur in Nicaragua. Die USA misstrauten den linksgerichteten Sandinisten und unterstützten die von Honduras aus gegen die Regierung Nicaraguas operierenden Contras (links).

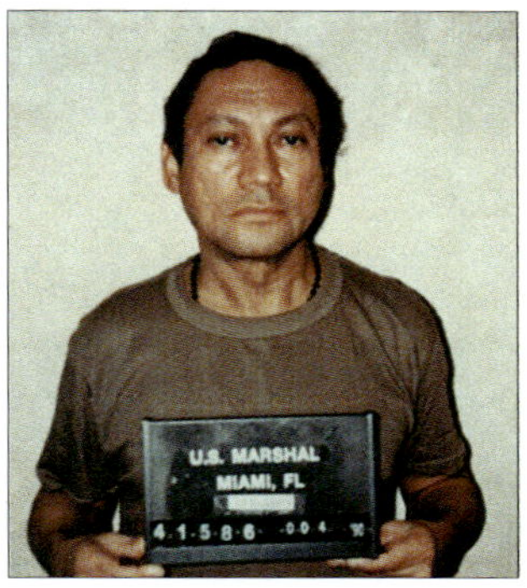

23 000 US-Soldaten marschierten 1989 in Panama ein und verhafteten den regierenden General Manuel Noriega (oben) wegen Drogenhandels. Guillermo Endara trat mit Billigung der USA dessen Nachfolge an.

5 Intervention der USA in Mittelamerika und in der Karibik ▼

- von Cuba unterstützte Guerilla 1959–68
- Intervention der USA

Geschichtsraum Südamerika

Die historische Landschaft

Abgesehen von der Antarktis war Südamerika der letzte Kontinent, der von Menschen besiedelt wurde – die ersten Siedler kamen erst vor 20 000 Jahren aus Nordamerika. Extreme Gegensätze kennzeichnen Klima, Umwelt und Gesellschaft in Südamerika. Die frühen Siedler breiteten sich über die fruchtbaren Gebiete des Amazonas-Beckens aus; nur wenige wagten sich in die dürren Salzpfannen des Desierto de Atacama vor, eine der trockensten Wüsten der Erde, oder in die unwirtliche Patagonia ganz im Süden. Die Kordilleren des Anden-Gebirges waren das Kerngebiet der ersten komplexen Gesellschaften und Kulturen. Die Begegnung mit den Europäern im 16. Jh. führte wie überall in Amerika zum Untergang der einheimischen Zivilisationen, wenngleich die weit verbreitete Schließung von Mischehen und der Import afrikanischer Sklaven ein vielfältiges genetisches, sprachliches und kulturelles Gemisch schufen. Als sich der Kontinent im 19. Jh. nach zahlreichen Kämpfen vom europäischen Kolonialismus befreit hatte, musste er sich der Herausforderung einer wirtschaftlichen, gesellschaftlichen und politischen Modernisierung stellen, die mit unterschiedlichem Erfolg bewältigt wurde: Nur Wenigen brachte dieser Prozess Wohlstand, während Viele an den Rand gedrängt wurden, vor allem in den schnell wachsenden Ballungszentren. Die enorm zunehmende Ausbeutung der natürlichen Ressourcen der Regenwälder am Amazonas scheint sogar eine Bedrohung des globalen Ökosystems zu bedeuten.

Die Anden gehören zu den Gebieten, in denen vor etwa 10 000 Jahren die ersten Ackerbaukulturen Südamerikas entstanden. Das gemäßigte Klima der Bergregionen bot den Pflanzen gute Wachstumsbedingungen. Knollenfrüchte wie Kartoffeln und Maniok wuchsen hier von Natur aus und waren leicht zu kultivieren.

Die Regenwälder im Amazonas-Gebiet bedecken heute eine Fläche von etwa 5 300 000 km². Das für tropische Pflanzen ungeeignete kalt-aride Klima während der Eiszeit vor 18 000 Jahren reduzierte den Wald auf etwa 10% seiner jetzigen Fläche. Das feuchtere Klima in den letzten 10 000 Jahren ermöglichte das erneute Wachstum des Waldes.

Die flachen Graslandebenen der Pampas im Südosten des Kontinents waren vor 18 000 Jahren hauptsächlich Wüste *(Karte rechte Seite)*. Als das Klima feuchter wurde, konnte sich zwar eine Grassteppe entwickeln, doch die Gegend ist stets trocken und schwach bevölkert geblieben.

Vegetation

- Eiskappe, Gletscher
- Tundra
- Polar-, Hochgebirgswüste
- Halbwüste, Gariden
- Grasland, Savanne
- Wald, offene Baumgehölze
- tropischer Regenwald
- gemäßigte Wüste
- tropische Wüste
- Küste heute
- Küste vor 18 000 Jahren

Südamerika vor 18000 Jahren

Auf dem Höhepunkt der letzten Eiszeit vor 18000 Jahren herrschte in Südamerika ein kalt-arides Klima. Im Südosten hatte der niedrige Meeresspiegel den größten Teil des Festlandsockels freigegeben. Der Regenwald am Amazonas war auf eine kleinere Fläche in der Mitte und im Südwesten des Amazonas-Beckens geschrumpft, Grassteppen bedeckten das restliche Gebiet. In der Llanos-Region im Norden und in den Pampas im Südosten hatten sich Sandwüsten gebildet.

SÜDAMERIKA

ERKUNDUNG & KARTIERUNG

Amerika ist nach Amerigo Vespucci benannt, einem italienischen Entdecker in Diensten Portugals.

DIE INKA haben zwar keine Landkarten hinterlassen, doch das ausgedehnte Straßennetz des Anden-Reiches zeugt von ihrem topografischen Wissen lange vor Ankunft der Europäer. Als Kolumbus 1498 erstmals die südamerikanische Küste sichtete, bemerkte er zwar, dass er auf Festland gestoßen war, hielt es jedoch für einen Teil Asiens. Diese Annahme widerlegten die Reisen von Vespucci und anderen entlang der Atlantikküste sowie die Umrundung des Kontinents von Ferdinand Magellan (Fernão de Magalhães), der 1520 in den Pazifik vorstieß. Beflügelt von Pizzaros Eroberung Perus und dem Raub des Inka-Goldes, träumten viele Entdecker vom schnellen Reichtum. Das Hauptergebnis der Expeditionen war jedoch meist die Zerstörung der einheimischen Kulturen und die Verbreitung tödlicher Krankheiten aus Europa. Von der Mitte des 17. Jh. bis ins späte 18. Jh., als man mit wissenschaftlichen Aufzeichnungen begann, unternahmen in erster Linie unerschrockene Missionare, besonders die Jesuiten, und die Sklavenjäger in Brasilien die Erforschung des Kontinents.

Europäische Eroberer und Entdecker

In den ersten beiden Jahrzehnten des 16. Jh. fuhren die portugiesischen und spanischen Seefahrer an der Atlantikküste in jede breitere Mündung, da sie hofften, einen Weg nach Indien zu finden. Magellan entdeckte eine solche Route, die jedoch für den angestrebten Handel mit dem Osten unbrauchbar war. Die am Atlantik gelegenen Küstenregionen waren daher bald bekannt und kartografisch erfasst. Weitere Informationen trugen die portugiesischen Händler bei, die auf der Suche nach Brasilkiefernbäumen die Küste entlangsegelten. Diese Kiefernart, aus der ein wertvoller roter Farbstoff gewonnen wurde, gab der Region auch ihren Namen. In den Anden profitierten Pizarro, Benalcázar und andere *conquistadores* von den gut erhaltenen Straßen des Inka-Reiches. In den meisten anderen Teilen des Kontinents scheiterten Expeditionen an feindlich gesinnten Ureinwohnern, unbegehbaren Sümpfen und Wäldern sowie unpassierbaren Stromschnellen.

Der Ausschnitt aus einer Südamerika-Karte, erstellt von John Rotz 1542, zeigt Ureinwohner beim Tragen von Holzstämmen für den Handel mit Europäern.

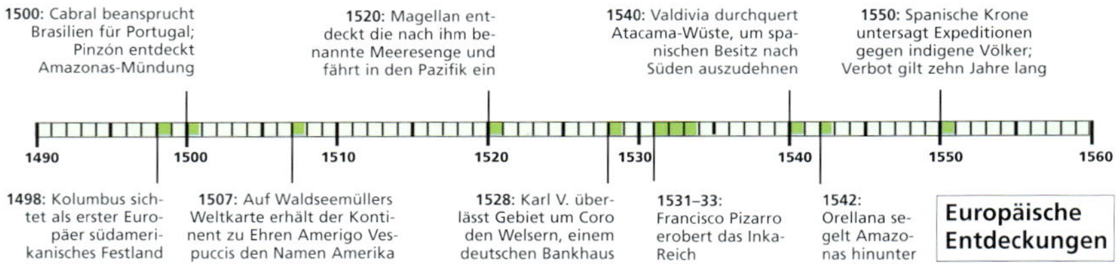

Die Cantino-Planisphäre, die älteste Karte von Südamerika, wurde 1502 in Lissabon erstellt. Sie zeigt einen Teil Brasiliens und die im Vertrag von Tordesillas vereinbarte Grenze, mit der Portugal und Spanien die Neue Welt unter sich aufteilten.

1 Erste Erkundung Südamerikas durch Europäer

Bedeutende Reisen

- spanische Expedition
- portugiesische Expedition
- deutsche Expedition
- englische Expedition
- holländische Expedition
- Recife 1535 – europäische Siedlung und Jahr ihrer Gründung

Jesuitenmissionen

Zentren der spanischen Jesuiten waren die *reducciones*, Siedlungen mit bis zu 4000 Menschen. Die Orte besaßen eigene Kirchen, Werkstätten, Gießereien, sogar Waffenfabriken und das gesamte Land, auf dem die Indianer Feldfrüchte anbauten und Vieh züchteten. Die Jesuiten handelten mit den spanischen Siedlern, die ihnen den Erfolg, vor allem bei den Guaraní-Stämmen, neideten. Aus Sicht der Krone waren die *reducciones* ein wichtiges Bollwerk gegen portugiesische Übergriffe auf spanischen Besitz; mit den Sklavenjägern aus São Paulo, den sogenannten Paulistas oder *mamelucos*, lieferten sich die von Jesuiten geführten Ureinwohner regelrechte Schlachten.

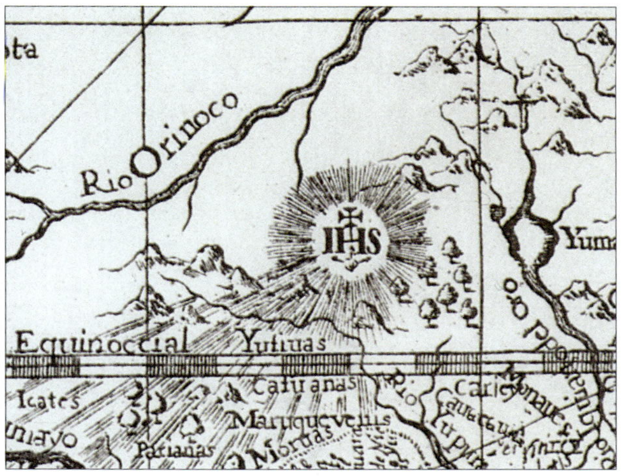

Vermessungen und Kartierungen des Landesinnern stammten im 17. Jh. meist von Missionaren. Dieser Ausschnitt ist aus einer Amazonas-Karte, die von Samuel Fritz, einem böhmischen Jesuiten, zusammengestellt und 1707 veröffentlicht wurde. Über dem Äquator ist das IHS-Monogramm der Jesuiten zu erkennen.

❷ Südamerika 1750

Kolonialisierte Gebiete
- spanisch um 1650
- spanisch um 1750
- portugiesisch um 1650
- portugiesisch um 1750
- holländisch
- französisch

Missionstätigkeit
- Hauptgebiete der jesuitischen *reducciones*
- weitere bedeutende Jesuitenmissionen
- Franziskanermissionen
- *CHACO* 1732: *reduccion* mit Gründungsjahr
- 1630–32: Dauer der Missionstätigkeit

Erkundung des Landesinnern
- Jesuiten
- Franziskaner
- Übergriffe der Paulistas

Gebiet, das die Karte von Pater S. Fritz (links) im Detail zeigt.

Die Jesuiten in Südmerika

- **1550:** Ankunft der ersten Jesuiten in Brasilien
- **1573:** Richtlinien für die Planung von Jesuitenstädten
- **1607:** Jesuiten gründen um Asunción die Provinz Paraguay
- **1631:** Pater Ruiz de Montoya flieht mit 12000 Indianern auf dem Fluss Paraná vor Sklavenjägern
- **1640er:** Langer Streit zwischen Jesuiten und dem Gouverneur von Asunción
- **1641:** Indianer und Jesuiten besiegen Sklavenjäger aus São Paulo am Río Uruguay
- **1649:** Vizekönig gewährt *reducciones* faktische Unabhängigkeit
- **1690:** Gründung der ersten Chiquito-Reducción
- **1711:** Jesuiten wird Zugang zur Region Minas Gerais untersagt
- **1750:** Vertrag von Madrid: Gebiet der sieben Guaraní-Reducciones wird Portugal überlassen
- **1754–55:** Guaraní-Krieg aus Protest gegen Vertragsbestimmungen
- **1759:** Vertreibung der Jesuiten aus Brasilien
- **1767:** Vertreibung der Jesuiten aus allen spanischen Kolonien

1550 | 1575 | 1600 | 1625 | 1650 | 1675 | 1700 | 1725 | 1750 | 1775

Wissenschaftliche Erforschung

- **1735:** Expedition nach Quito zur Untersuchung der Kugelform der Erde unter der Leitung des Franzosen La Condamine
- **1783:** Spanische Krone finanziert Botanikerexpedition in die Kolonien Südamerikas
- **1802:** Humboldt stellt bei Besteigung des Chimborazo Höhenrekord auf; die Höhenkrankheit führt er zu Recht auf Sauerstoffmangel zurück
- **1826–34:** D'Orbigny untersucht Fossilien enthaltende Gesteinsschichten
- **1832:** Darwin entdeckt bei Bahía Blanca Fossilien von Riesensäugetieren wie dem *Megatherium*
- **1835:** Darwin stößt auf einzigartige Tierwelt der Galapagos-Inseln
- **1835–44:** Sir Robert Schomburgk erforscht Guayana-Region und legt Grenze der britischen Kolonie fest
- **1859:** Naturforscher Henry Bates bringt nach elf Jahren im Amazonas-Gebiet 8000 Insekten mit nach England, die der Wissenschaft unbekannt sind
- **1872:** Der Deutsche Wilhelm Reiss besteigt den Cotopaxi, was Humboldt für unmöglich erklärt hatte

1725 | 1750 | 1775 | 1800 | 1825 | 1850 | 1875 | 1900

Wissenschaftliche Forschung

Die Strapazen, die Humboldt auf sich nahm, als er mit dem französischen Botaniker Aimé Bonpland den Regenwald am Orinoco durchquerte, waren größer, als das Gemälde vermuten lässt.

Drei Jahrhunderte lang vernachlässigten die Kolonialbehörden in Südamerika die wissenschaftliche Erforschung des Kontinents. Erst im 19. Jh. begannen Wissenschaftler sämtlicher Disziplinen die Anden-Gipfel, das Amazonas-Becken und die Wildnis Patagonias zu erkunden. Alexander von Humboldt sammelte eine Unmenge an Material zur Geografie, Geologie, Meteorologie und Naturgeschichte Südamerikas. Er kartierte den Lauf des Casiquiare, der die Einzugsgebiete von Amazonas und Orinoco miteinander verbindet. Der berühmteste unter den späteren Reisenden war Charles Darwin: Die Beobachtungen, die er 1831–36 als junger Naturkundler an Bord der *HMS Beagle* machte, sollten ihn zu seiner Evolutionstheorie anregen, die er in dem Werk *On the Origin of Species* darlegte. Der französische Paläontologe Alcide d'Orbigny studierte acht Jahre die Mikrofossilien des Kontinents und veröffentlichte 1842 die erste ausführliche physische Landkarte von Südamerika.

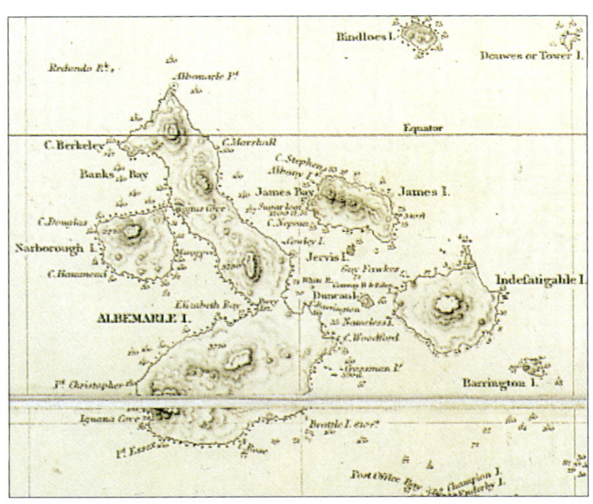

Die Galapagos-Inseln sind eine vulkanische Inselgruppe am Äquator. Diese Karte wurde von Offizieren der *Beagle* gezeichnet, die für die britische Marine die Küste Südamerikas zu vermessen hatten. Die eigentümliche Fauna der Inseln mit ihren Meerechsen, Riesenschildkröten und Finken, von denen sich auf jeder Hauptinsel abgewandelte Formen herausgebildet hatten, weckte Darwins Interesse.

Dickschnabeliger, samenfressender Fink

Insektenfressender Waldsängerfink

Die Finken, die Darwin auf den Galapagos-Inseln fing, belegten seine Theorie der natürlichen Auslese. Mehrere verwandte Arten stammen von einem Vorfahren ab. Sie haben sich unterschiedlich entwickelt, um in den vielfältigen ökologischen Nischen der Inseln überleben zu können.

DIE FRÜHEN KULTUREN SÜDAMERIKAS

Die Bewohner der Bahia an der Küste von Ecuador stellten Tonskulpturen wie diese Figur mit Wickelkind her.

DIE BESIEDLUNG SÜDAMERIKAS durch Einwanderer aus dem Norden setzte wahrscheinlich vor mehr als 20 000 Jahren ein. 10 000 Jahre später hatten Jäger und Sammler die Südspitze erreicht, und um 5000 v.Chr. begannen sie, Mais, Maniok, Kartoffeln und andere Pflanzen landwirtschaftlich zu nutzen. Der ertragreiche Ackerbau beschleunigte das Bevölkerungswachstum und die Herausbildung einer gesellschaftlichen Differenzierung. Um 2500 v.Chr. wurden die ersten für Peru typischen Tempelhügel gebaut, und nach 1200 v.Chr. breitete sich die religiöse Bilderwelt der Chavín-Kultur über ganz Peru aus. Um 300 n.Chr. dominierten in Peru zwei große Kulturen: die Nazca-Kultur und die stärker auf Expansion ausgerichtete Moche-Kultur.

Die ersten Siedlungen in Südamerika

- **ca. 20 000:** Ankunft der ersten Siedler in Südamerika; Hinweise darauf liefern DNA-Analysen
- **ca. 11 000:** Zeugnisse der Besiedlung von Monte Verde im heutigen Chile
- **ca. 10 000:** Zeugnisse von Jägern und Sammlern in Fell's Cave (Patagonia)
- **6000:** Maisanbau in Ecuador
- **3000:** Baumwollanbau in den Zentralanden; Entstehung der ersten großen Dörfer
- **ca. 2500:** Steinhäuser und Tempelbauten an Orten wie Aspero und Kotosh
- **ca. 1750:** Massive Zeremonialbauten in Sechín Alto

20 000 v.Chr. | 16 000 | 12 000 | 8000 | 4000 v.Chr.

Die ersten Siedlungen

Die ersten Bewohner Südamerikas waren Jäger und Sammler. Sie ernährten sich vor allem von Großwild, das sich nach der letzten Eiszeit stark vermehrt hatte. Die Speerspitzen und Pfeile von Fell's Cave (nach dem Entdecker John Fell benannt) beweisen, dass diese Kultur um 10 000 v.Chr. den äußersten Süden erreicht hatte. Bis auf 11 000 v.Chr. reicht die Siedlung Monte Verde im heutigen Chile zurück, deren Holzhäuser mit Tierhäuten abgedeckt waren. Funde von Arzneipflanzen, Kartoffelschalen, Grabwerkzeugen, Holzschalen und Mörsern zeigen, dass Pflanzen die Ernährung mit Fleisch von Mastodonten (einer ausgestorbenen Elefantenart) und Kleinwild ergänzten.

Monte Verde, die älteste bekannte Siedlung in der Südhälfte des Kontinents, wurde vermutlich spätestens ab 11 000 v.Chr. bewohnt. Die Steinwerkzeuge, die man dort fand, eigneten sich zum Zerhacken, Schaben und Zerstoßen.

1 Besiedlung und Landwirtschaft im frühen Südamerika

- Kulturen der Ureinwohner Amerikas
- archäologische Stätte, älter als 10 000 v.Chr.
- archäologische Stätte, 10 000–2500 v.Chr.
- frühes Kultzentrum, 2500–1000 v.Chr.
- Funde früher Keramik mit Jahr

Entwicklung des Ackerbaus von ca. 6000 bis ca. 1000 v.Chr.

- erste Herausbildung von Ackerbau
- frühe Ausdehnung des Ackerbaus
- spätere Ausdehnung des Ackerbaus
- anfängliche Ausbreitung des Ackerbaus
- spätere Ausbreitung des Ackerbaus
- Muschelhaufen

Domestikation von Pflanzen und Tieren

Tabak, Riesenkürbis, Oqa, Ulluku, Kakao, Süßkartoffel, Baumwolle, Kartoffel, Meerschweinchen, Lama, Bohnen, Avocado, Alpaka, Maniok, Mais, Gartenkürbis, Quinoa, Erdnuss, Chili, Amarant, Hund, Sonnenblume

Rote Symbole kennzeichnen die Kerngebiete der Domestikation, grüne Symbole deren Ausbreitung

Komplexe Gesellschaften

Der enorme Anstieg der Ernteerträge förderte das Bevölkerungswachstum. Die Dörfer wuchsen zu kleinen Städten heran, und die großen Tempelhügel, die ab ca. 2500 v.Chr. an der Küste Zentralperus entstanden, deuten auf komplexe und hochorganisierte Gemeinschaften hin. Zu den bedeutenden Stätten dieser Art zählen Huaricoto, La Galgada und Aspero sowie das spätere El Paraíso.

Die bemalte Vase mit kultischer Bedeutung zeigt einen Mann auf der Jagd nach wilden Lamas. Sie gehörten zu den ersten Tieren, die von den Andenbauern domestiziert wurden.

Ackerbau

Die ersten Bauern Südamerikas lebten an der nördlichen Pazifikküste. Mais, das Hauptanbauprodukt Amerikas, wurde um 6000 v.Chr. in Ecuador kultiviert. Die bedeutendste Feldfrucht in den Anden, die Kartoffel, wurde wohl bereits um 4000 v.Chr. angepflanzt. Lamas und Alpacas wurden wegen ihrer Wolle gezüchtet und in den Anden als Lasttiere eingesetzt. Den Anbau von Maniok, für die Bauern im tropischen Regenwald die wichtigste Kulturpflanze, gab es im Amazonas-Becken bereits um 3000 v.Chr.

Das Wassergefäß aus der Zeit zwischen 900 und 200 v.Chr. wurde bei Cupisnique im Norden der Chavín-Region gefunden.

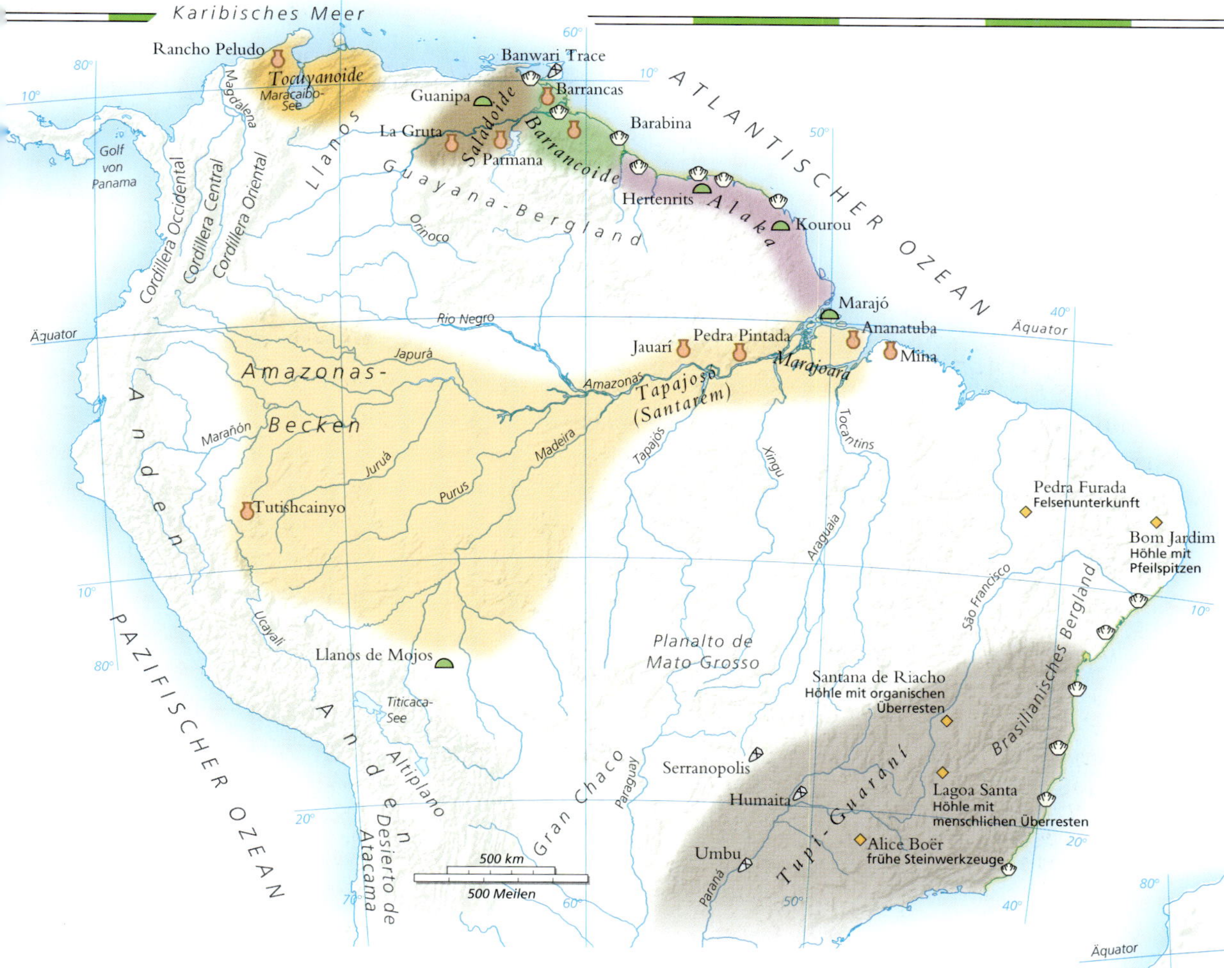

Die Völker im Amazonas-Becken und an der Atlantikküste

Unterkünfte und Steinwerkzeuge sind die ältesten Hinweise auf eine Besiedlung östlich der Anden vor 12 000 Jahren. Der Übergang vom Jagen und Sammeln zum Ackerbau – vor allem zum Anbau von Maniok – setzte wahrscheinlich um 3000 v.Chr. ein. An den Mündungen von Amazonas und Orinoco bergen Muschelhalden Keramiküberreste, die auf ca. 5000 v.Chr. datiert werden – sehr viel älter als die erste Keramik Perus. Als im ersten Jahrtausend v.Chr. in den Schwemmebenen der Flüsse der Maisanbau eingeführt wurde, konnte die Bevölkerung wachsen; es bildeten sich hierarchisch gegliederte Gemeinschaften. Entwässerungssysteme in den Llanos de Mojos lassen vermuten, dass zahlreiche Menschen bei der Kultivierung des Landes zusammenarbeiteten.

◀ **❷ Frühe Besiedlung des Amazonas-Gebiets und des Ostens**

- archäologische Stätte, 12 000–6000 v.Chr.
- Keramik, 5000–1000 v.Chr.
- Steinwerkzeuge
- Erdarbeiten und Bewässerungssysteme
- Muschelhaufen

Kulturen Perus 1300 v.Chr. – 600 n.Chr.

Die einflussreichste Kultur in den Zentralanden war die Chavín-Kultur, die von 850 bis 200 v.Chr. ihre Blütezeit erlebte; ihr religiöses Zentrum war Chavín de Huantar. Die Chavín-Kultur zeichnete sich durch ihre Architektur und Bildhauerei sowie durch technologische Errungenschaften wie den Kanalbau aus. Als ihr Einfluss ab ca. 200 v.Chr. schwand, entstanden im Andenhochland zahlreiche kleinere Kulturen. An der peruanischen Küste dominierten dagegen zwei große Zivilisationen: Nazca im Süden und Moche im Norden. Da sie sich stark nach außen abgrenzten, nahmen militärische Rivalitäten zu, die ab 500 n.Chr. den heranwachsenden und später bedeutenden Staaten Tiahuanaco und Huari den Weg ebneten.

Die großen Gräberfelder in der Paracas-Region bargen Tausende von mumifizierten Körpern, die in farbenprächtige Wolle gewickelt waren. Die Textilien trugen das Bild einer Gottheit, die dem als ›Lächelnder Gott‹ bezeichneten Chavín-Gott ähnelt.

❹ Peru ca. 600 v.Chr. bis ca. 600 n.Chr.

- Paracas-Kultur ca. 600–350 v.Chr.
- bedeut. Paracas-Stätten
- Kulturregion Ecuador ca. 500 v.Chr.–500 n.Chr.
- Kulturregion Lima ca. 400 v.Chr.–500 n.Chr.
- Nazca-Kultur ca. 350 v.Chr.–450 n.Chr.
- älteste Moche-Stätten ca. 1 n.Chr.
- Moche-Kultur ca. 1–600 n.Chr.
- Kulturregion Recuay ca. 500 n.Chr.
- Flusstal mit Bewässerung

❸ Chavín-Kultur

- Chavín-Kernland
- Chavín-Stätten 2000–850 v.Chr.
- Chavín-Stätten 850–200 v.Chr.
- Handelsroute

Chavín

Chavín de Huantar (ca. 1200–200 v.Chr.) war ein Zeremonialzentrum mit Tempeln und großen Steinskulpturen. In ganz Peru sind Chavín-Motive auf Gebäuden, Textilien, Töpferwaren und Goldarbeiten nachweisbar.

Der ringförmige Ausguss dieses Trinkgefäßes ist typisch für die Moche-Keramik, ebenso die realistische und detaillierte Abbildung der Gesichtszüge.

Moche

Der Ort Moche war Zentrum der gleichnamigen Kultur. Überragt wurde die Stadt vom berühmten, 40 m hohen Sonnentempel Huaca del Sol. Der Moche-Staat war gut organisiert und erlangte große Macht, sein Einflussgebiet wurde durch militärische Expansion ausgeweitet. Gewaltige Menschenmassen wurden eingesetzt, um öffentliche Arbeiten zu verrichten wie den Bau technischer Anlagen und der ›königlichen‹ Grabstätten.

Kulturen Perus 1300 v.Chr. bis 1 n.Chr.

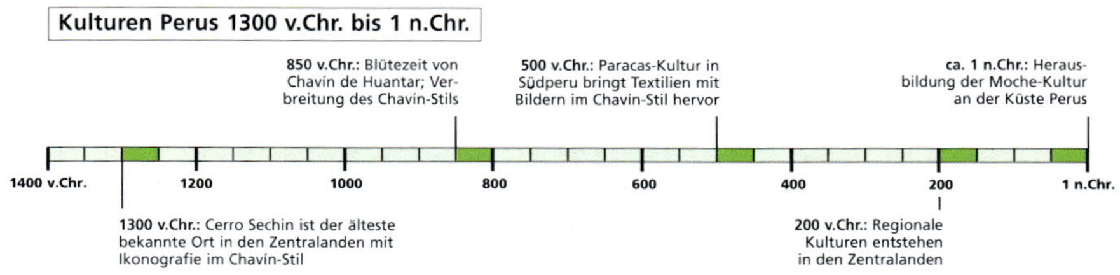

Nazca

Die Nazca-Kultur, die an der Südküste Perus beheimatet war, ist bekannt für ihre Webarbeiten, bemalten Keramiken und vor allem für die rätselhaften Scharrbilder: teilweise mehrere hundert Meter lange Linien, geometrische Muster und Figuren, die eventuell als Zeichen für die Götter in den Wüstenboden geritzt wurden.

Die Luftaufnahme zeigt Nazca-Linien, die einen Kolibri darstellen. Einige Figuren haben einen Durchmesser von mehr als 100 Metern.

FRÜHE GROSSREICHE IN SÜDAMERIKA

Das Goldmesser mit einem Chimú- (oder Sicán-) Sonnengott stammt von ca. 1100 n.Chr. Der Körper ist mit Türkisen geschmückt.

DIE REICHE TIAHUANACO, Huari und Chimú, die zwischen 500 und 1450 in den Anden dominierten, waren die Vorläufer der Inka. Sie schufen die Grundlagen für deren Religion, Gesellschaftsordnung und autoritäre Herrschaftsform. Das Inka-Reich (1438–1532) war der größte Staat Südamerikas und übte eine scharfe Kontrolle über die Untertanen aus. Sie mussten Steuern zahlen, hatten Zwangsarbeit und Militärdienst zu verrichten, und je nach Bedarf der Inka wurden ganze Völker zwangsumgesiedelt. Als Pizarro in Peru eintraf, hatten die rigide Hierarchie und ein Krieg um die Thronfolge das Reich in eine tiefe Krise gestürzt. Unfähig, den wenigen Spaniern energisch Widerstand zu leisten, mussten sich die Inka 1532 den *conquistadores* unterwerfen.

Reiche an der Anden-Küste 250–1375

Die Reiche von Tiahuanaco und die Huari, die ab 500 n.Chr. in den Anden herrschten, besaßen einen ähnlichen Kunststil, wahrscheinlich auch dieselbe Religion. Die Stadt Tiahuanaco auf dem stürmischen Altiplano im heutigen Bolivien war ein bedeutendes Pilgerzentrum, ihr kultureller Einfluss breitete sich zwischen 500 und 1000 im gesamten Süden der Zentralanden aus. Das zeitgenössische Huari-Reich im Küstengebiet bei der heutigen Stadt Lima war im Vergleich dazu stärker zentralisiert und militarisiert; durch Eroberungen dehnte es seinen Machtbereich aus. Am meisten übernahmen die Inka von ihrem unmittelbaren Vorgänger, dem Chimú-Reich im Norden der Anden. Auf der Basis einer effizienten Verwaltung und eines ausgedehnten Kommunikationsnetzes betrieb es eine koloniale Expansionspolitik.

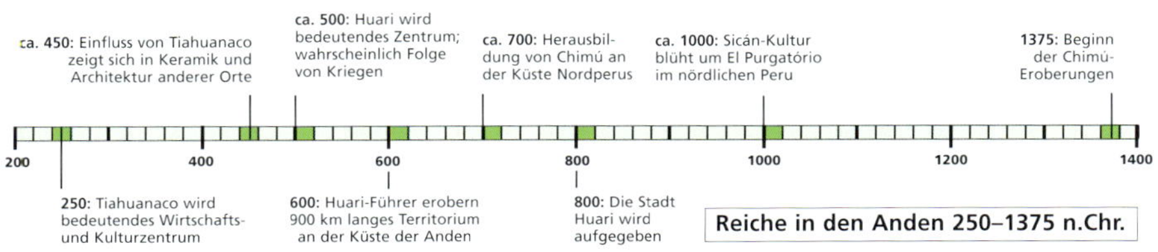

Reiche in den Anden 250–1375 n.Chr.

Tiahuanaco

Die Stadt Tiahuanaco am Südostufer des Titicaca-Sees hatte sich bis 500 n.Chr. zu einer Stadt mit bis zu 40 000 Menschen und einem Pilgerzentrum für die gesamte Anden-Region entwickelt. Paläste und eine Kultstätte mit Tempeln, monumentalen Toren und großen monolithischen Skulpturen beherrschten das Stadtbild. Die Bilderwelt dieser Kultur, ihre Wasser-, Sonnen- und Wettersymbole, breiteten sich im gesamten südlichen Raum der Zentralanden aus.

Die Portada del Sol (Sonnentor), die aus einer einzigen Andesitplatte gehauen wurde, versinnbildlicht den Kosmos mit dem Schöpfergott im mittleren Teil des Frieses.

Huari

Das Huari-Reich mit der gleichnamigen Hauptstadt erlebte zwischen 500 und 800 n.Chr. seine Blütezeit. Die Kultur ähnelte zwar der von Tiahuanaco, doch das Huari-Reich war in stärkerem Maße durch militärische Expansion gekennzeichnet; davon zeugen Überreste des weit verzweigten Straßennetzes und regionaler Zentren mit Militärkasernen. Die Untertanen hatten Steuern in Form von Arbeit an öffentlichen Bauten, etwa Straßen, zu entrichten.

Die Rückseite des Huari-Spiegels zeigt in der Mitte ein Gesicht mit kleinen Köpfen an jeder Seite. Die Spiegelfläche besteht aus Pyrit, das Mosaik auf der Rückseite aus bunten und kontrastreichen Steinen.

Chimú

Hauptstadt des Chimú-Reiches, das die Küste Nordperus beherrschte (ca. 700–1476), war Chan Chan. Große königliche Gebäudekomplexe in der Stadt dienten zehn aufeinander folgenden Fürsten als Paläste und Mausoleen. Das Reich erstreckte sich über 1000 km entlang der peruanischen Küste und wurde von mehreren regionalen Zentren aus verwaltet.

Die Träger der Chimú-Kultur waren geschickt bei der Verarbeitung von Metall. Sie stellten vielfältige Kultobjekte her wie diese Goldtaube mit Türkisaugen.

Die Quimbaya-Goldschmiede beherrschten ausgeklügelte Guss- und Polierverfahren, wie die Figur zeigt. Sie stellten auch Masken, Speerspitzen, Ohrgehänge und Helme her.

Häuptlingstümer in den nördlichen Anden

Viele Völker in den Nordanden waren im 15. Jh. in Häuptlingstümern vergesellschaftet. Sie lebten in großen Dörfern, betrieben Bewässerungsfeldbau und konnten zahlreiche Krieger mobilisieren. Ihre Goldschmiedekunst löste den Mythos von ›El Dorado‹ (S. 149) aus. Die Entwicklung effizienter Methoden für Gold- und Kupferabbau zeugen von einer komplexen Gesellschaftsform mit einem gewissen Maß an sozialer Differenzierung.

Der *quipumayoc*, eine Art Schatzmeister, hält hier ein Bündel *quipus* (Knotenschnüre), das für statistische Berechnungen verwendet wurde. Die Daten wurden durch die Farben der Schnüre und die Art der Knoten festgehalten.

Das Reich der Inka

Die Inka (Inca) schufen in weniger als 100 Jahren das bedeutendste Reich in Südamerika, das ab 1470 von der Hauptstadt Cuzco aus weite Anden-Gebiete beherrschte. An der Spitze der Gesellschaftshierarchie stand der *Sapay Inca*, der als Sohn der Sonne galt. Die Herrschaft beruhte auf der massenhaften Ausbeutung menschlicher Arbeit. Erwachsene Männer waren zum Arbeitseinsatz auf den Feldern, beim Bergbau sowie beim Bau von Terrassen und Gebäuden verpflichtet und mussten in der Armee dienen. Ein ausgedehntes Straßennetz mit Stationen und regionalen Zentren hielt das Imperium zusammen. Eine Schrift besaßen die Inka nicht, allerdings waren sie imstande, genaue Statistiken, etwa über Steuerzahlungen, zu führen.

Die Inka-Statue eines tanzenden Mädchens stammt von ca. 1438. Solche Kunstobjekte wurden in großer Zahl und in bemerkenswert einheitlichem Stil hergestellt.

Der Mann, den die Silberfigur darstellt, hat lange Ohrläppchen – ein Hinweis darauf, dass er der Elite angehörte.

Die Völker Südamerikas um 1500

Das goldene Floß, auf dem eine gottähnliche Figur mit Gefolge zu sehen ist, war ein *tunjo*, eine Opfergabe, die in den nordöstlichen Anden von den Muisca (Chibcha) hergestellt wurde.

Eine Vielzahl von Kulturen lebte Anfang des 16. Jh. in Südamerika. Sie reichten von der Hochkultur der Inka bis zu den Jägern und Sammlern Patagonias. Auch am Amazonas hatten sich große Bevölkerungsgruppen angesiedelt: Am Oberlauf dominierten die Omagua, weiter im Westen die kriegerischen Tapajosó. Viele Häuptlingstümer kontrollierten große Gebiete, und oft wurden die unterworfenen Völker zu Zwangsarbeit bei riesigen Bauvorhaben herangezogen. Stark verbreitet waren Ahnenkulte, bei denen die Verehrung der mumifizierten Körper ehemaliger Häuptlinge im Mittelpunkt stand.

Nazca-Figur eines Baumes in einem Abhang in der Küstenwüste oberhalb des heutigen Paracas.

LANDWIRTSCHAFT IN DEN ANDEN

Aufgrund der großen Höhenunterschiede gibt es in den Anden sehr unterschiedliche Landschaften, die schon die Inka zu nutzen wussten. Auf den hoch gelegenen Grasebenen *(puna)* weideten Lamas. Darunter lag auf einer Höhe von bis zu 4000 Metern die *suni*, wo Kartoffeln und Knollenfrüchte angebaut wurden. Mais, Kürbisgewächse, Obst und Kakao wuchsen in den tiefer gelegenen frostfreien Tälern *(quechua)*, während die Berghänge noch weiter unten *(yunga)* mit Pfeffer-, Coca-Sträuchern und anderen Früchten bepflanzt wurden. Die Fischerei im Pazifik wurde schon damals regelmäßig durch eine heute El Niño genannte Klimastörung erschwert, die den Ozean aufwärmt und verheerende Regenfälle und Flutkatastrophen verursacht.

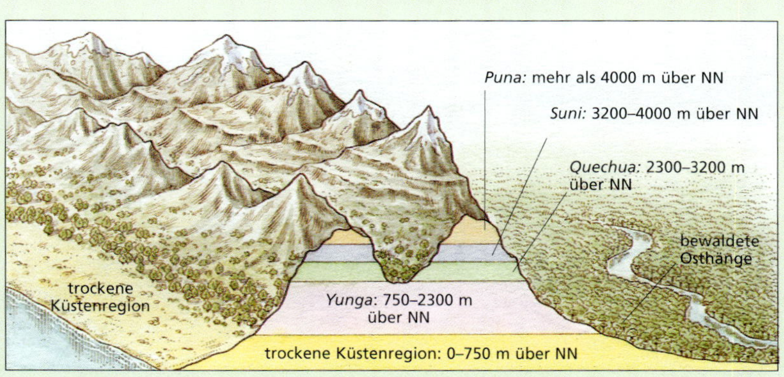

Das Inka-Reich

1400 · 1425 · 1450 · 1475 · 1500 · 1525 · 1550

1438: Inka übernehmen Macht, greifen Region am Titicaca-See an und errichten das Hochlandreich

1440er: Pachacutec Inca startet Eroberungszüge vom Titicaca-See bis nach Quito

1476: Inka erobern Chimú

1500: Nach langen Feldzügen im Norden und Süden des Imperiums Gründung einer zweiten Hauptstadt in Tomebamba

1525: Huayna Capac stirbt und hinterlässt zwei Anwärter auf die Thronfolge; Bürgerkrieg bricht aus

1532: Francisco Pizarro besiegt den Sapay Inca

DIE KOLONIALZEIT

Das Christentum in Südamerika verschmolz mit lokalen Traditionen. Es entstanden farbenprächtige Rituale wie diese Fronleichnamsprozession in Cuzco (18. Jh.).

DIE GIER NACH GOLD UND SILBER trieb die Spanier bei der Eroberung Südamerikas an. Es gelang ihnen in weniger als zehn Jahren, die reichen Anden-Staaten zu besiegen. Die Portugiesen brauchten deutlich länger, um Brasilien zu erschließen. Nachdem sie zunächst nur Handel getrieben hatten, wandten sie sich dem Zuckerrohranbau zu. Aufgrund fehlender Resistenz gegen eingeschleppte Krankheiten ging die indigene Bevölkerung bald rapide zurück. Viele Ureinwohner kamen in Kriegen gegen die Kolonisten ums Leben, anderen wurde die Errichtung großer Rinderfarmen zum Verhängnis, da sie die Lebensgrundlage der kleinen Ackerbauern zerstörten. Durch die Vermischung der Einwanderer aus Spanien und Portugal mit den Indianern entstand eine neue Bevölkerung: die *mestizos* oder *caboclos*. Vor allem in Brasilien wurden auch afrikanische Sklaven importiert, um den Mangel an Arbeitskräften auszugleichen. Katholische Missionare, vor allem Jesuiten, spielten in den Kolonien eine wichtige Rolle, u.a. weil sie sich für die Ureinwohner einsetzten. Die Kolonialreiche brachen im 19. Jh. zusammen, Religion und Sprachen der Eroberer haben jedoch überlebt.

Die Silberminen von Potosí waren die Haupteinnahmequelle der spanischen Krone von 1550 bis 1650. Tausende Indianer (Indigenas) wurden dort zur Arbeit gezwungen. Für die Lösung des Silbers war Quecksilber nötig, das aus Huancavelica stammte.

Die Eroberung Perus

1531 stach Francisco Pizarro vor Panama in See, um Peru zu erobern. Obwohl seine Truppe nur noch 180 Mann umfasste, als er Cajamarca erreichte, wo Atahualpa mit 40000 Kriegern lagerte, gelang ihm die Gefangennahme des Inka-Herrschers. Nachdem Pizarro das geforderte Lösegeld erhalten hatte, ließ er Atahualpa hinrichten, und die *conquistadores* zogen weiter, um die Inka-Hauptstadt Cuzco einzunehmen. Sie profitierten davon, dass die spanischen Pferde und Gewehre die Inka-Krieger einschüchterten. Entscheidend für die Eroberung war jedoch, dass das Inka-Reich durch eine Blatternepidemie und einen Bürgerkrieg stark geschwächt war.

❶ **Pizarros Eroberung des Inka-Reichs**

- Expedition 1524
- Expedition 1526
- Expedition 1531–33
- Ausdehnung des Inka-Reichs
- 1526 Jahr der Gründung

Atahualpa wurde nach dem Verrat von Pizarro garrottiert oder, wie das zeitgenössische Inka-Bild zeigt, enthauptet.

Inka-Schmuck wie dieses goldene Lama ist heute selten, da er meist eingeschmolzen und nach Spanien verschifft wurde.

Francisco Pizarro, der Gründer des spanischen Kolonialreichs in Südamerika, war in Machtkämpfe mit Landsleuten verwickelt. Eigene Offiziere lehnten sich gegen ihn auf, und 1541 wurde er in Lima von spanischen Rivalen getötet.

Das spanische Südamerika

Der spanische Herrschaftsbereich in Amerika war in zwei Vizekönigreiche unterteilt: Nueva España (mit Mexiko als Zentrum) und Peru. Hauptaufgabe der Vizekönige war es, den Gold- und Silberfluss an die Krone zu gewährleisten. Als die Schätze der indigenen Reiche geplündert waren, beuteten die Kolonisten die Bodenschätze aus. Bei der Gewinnung von Edelmetallen, vor allem Silber, machten sie sich präkoloniale Formen indianischer Zwangsarbeit *(mita)* zunutze. Kleineren Verwaltungseinheiten, den *audiencias*, stand jeweils ein Richter vor, der die komplizierten Gesetze umzusetzen hatte, die in Spanien für die Kolonien entworfen wurden. Versuche, das Imperium auszudehnen, scheiterten im Süden am Widerstand der Araucanos, in anderen Gebieten am unzugänglichen Gelände.

Das spanische Kolonialreich 1500–1800

- **1533:** Pizarro erobert Inka-Hauptstadt Cuzco
- **1535:** Gründung der Stadt Lima
- **1541:** Pedro de Valdivia gründet Santiago
- **1545:** Öffnung der Silberminen von Potosí
- **1607:** Jesuiten gründen die ersten Missionsdörfer am Rio Paraguay
- **1630er:** Intensive Missionarstätigkeit der Jesuiten in der Region Paraguay
- **ca.1680:** Beginn einer tiefen Wirtschaftskrise im spanischen Südamerika
- **1739:** Gründung des Vizekönigreichs Nueva Granada zur Verteidigung der Karibikküste
- **1750:** Vertrag von Madrid legt Grenze zwischen spanischen Kolonien und Brasilien fest
- **1776:** Gründung des Vizekönigreichs Rio de la Plata mit Zentrum Buenos Aires
- **1777:** Vertrag von San Ildefonso

1500 1550 1600 1650 1700 1750 1800

Das portugiesische Südamerika

Die formale Inbesitznahme Brasiliens durch Portugal erfolgte im Jahr 1500. Da man keine Bodenschätze fand, konzentrierte sich die Kolonialmacht auf die Landwirtschaft. Um einen Siedlungsanreiz zu bieten, verschenkte König Johann III. von Portugal in den 1530er Jahren jeweils 50 Meilen breite Küstenstreifen *(capitanias)* als erbliche Lehen an zwölf Großgrundbesitzer. Das Vorhaben scheiterte jedoch. Als man 1549 einen königlichen Generalgouverneur nach Bahia schickte, war nur ein kleiner Teil der Küstenebene besiedelt. Erst mit dem Zuckerrohranbau erzielten die portugiesischen Kolonisten gegen Ende des 16. Jh. wirtschaftliche Gewinne. Zur Verrichtung der Arbeit wurden Sklaven aus Afrika importiert, da die einheimische Bevölkerung nahe der Küste durch Krankheiten und Kriege nahezu ausgelöscht war und die Überlebenden zur Plantagenarbeit kaum bereit waren. Goldfunde lenkten im 18. Jh. die Aufmerksamkeit auf die Region Minas Gerais, doch bis auf die Sklavenjäger, die es auf Indianer abgesehen hatten, und Gold- und Diamantensucher drangen nur wenige in das Landesinnere vor.

Zwischen 1550 und 1800 wurden etwa 2,5 Mio. afrikanische Sklaven nach Brasilien gebracht. Mehr als 70% arbeiteten auf den Zuckerrohrplantagen und in den Zuckermühlen, die das Rückgrat der Wirtschaft bildeten.

Sklaven arbeiteten auch in den Gold- und Diamanten-Minen. Dieser Druck aus dem frühen 19. Jh. zeigt Sklaven beim Waschen des diamanthaltigen Gesteins.

Brasilien 1500–1800

- **1502:** Von Lissabon aus startet erste Expedition zur Erforschung der neu entdeckten Küstenabschnitte
- **1532:** Zur Förderung der Besiedlung werden erste *capitanias* zugeteilt
- **1549:** Einsetzen eines königlichen Generalgouverneurs in der neuen Hauptstadt Bahia
- **1562–63:** Kriege und Krankheiten vernichten Großteil der indigenen Bevölkerung
- **1580:** Portugal und sein Reich geraten unter die Herrschaft der spanischen Könige
- **1621:** Teilung des Kolonialreichs in zwei Generalgouvernements, Brasilien und Maranhão
- **1663:** Brasilien wird Vizekönigreich
- **1674:** Gründung von Manaus, 1600 km von der Amazonas-Mündung entfernt
- **1680er:** Portugiesen gründen Colônia do Sacramento
- **1695:** Goldfunde in der Region Minas Gerais
- **1750:** Portugal verzichtet auf Colônia do Sacramento
- **1763:** Rio de Janeiro wird brasilianische Hauptstadt

1500 1525 1550 1575 1600 1625 1650 1675 1700 1725 1750 1775 1800

DIE SUCHE NACH EL DORADO

Sagenhafte Geschichten über das Königreich von El Dorado (dem ›Vergoldeten‹) waren im 16. und 17. Jh. Anlass für zahlreiche waghalsige Expeditionen durch die Anden, das Orinoco-Becken und das Guayana-Bergland. Der englische Kaperkapitän Walter Raleigh segelte zweimal zum Orinoco, doch beide Reisen scheiterten. Bei der zweiten Fahrt 1617 wurde sein Sohn von Spaniern getötet.

Die Legende von El Dorado geht wohl auf einen Brauch zurück, bei dem ein Priesterkönig bei Festen mit Gold bepudert wurde, das er durch Baden in einem See wieder abwusch.

Andere Kolonialmächte

150 Jahre lang war Portugals Herrschaft über Brasilien gefährdet. Die Franzosen, die an der Küste mit den Indianern handelten, versuchten wiederholt, Kolonien zu gründen. In der ersten Hälfte des 17. Jh., als die spanischen Könige über Portugal herrschten und dessen Kolonien vernachlässigten, gelang es den Niederländern, ein großes Gebiet an der Nordostküste zu erobern. Sie wurden jedoch 1654 wieder vertrieben und mussten sich, ebenso wie Engländer und Franzosen, mit einer kleinen Kolonie in Guayana zufriedengeben.

Das niederländische Brasilien erlebte seine Blütezeit unter dem Gouverneur Prinz Maurits van Nassau (1636–44), der viele Städte bauen ließ. Der Künstler Frans Post idealisierte diese Zeit in seinen Bildern. Der Ausschnitt zeigt die Sklavenhütten einer Plantage.

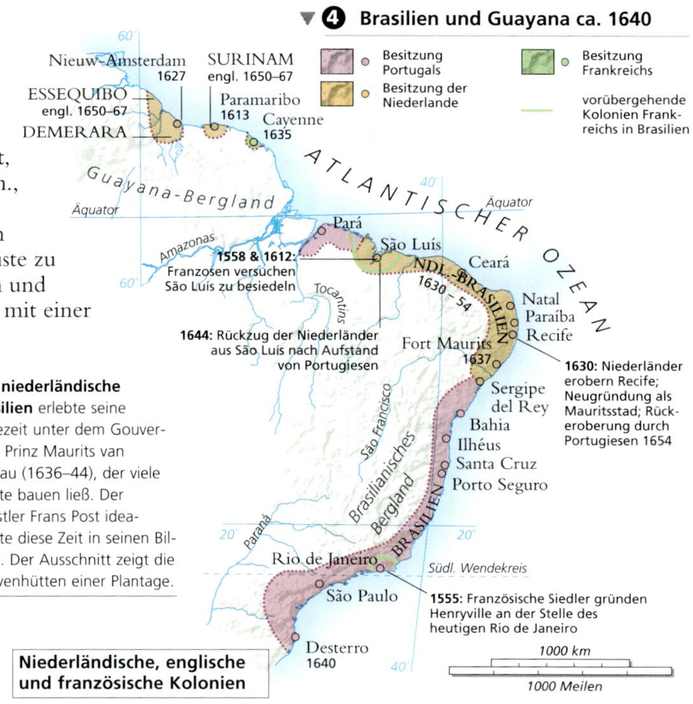

Niederländische, englische und französische Kolonien

- **1555:** 600 französische Siedler gründen kurzlebige Kolonie France Antarctique
- **1568:** Franzosen besetzen Norden von Maranhão
- **ca.1610:** Erste niederländische Siedlungen am Essequibo
- **1625:** Portugiesen werden aus Maranhão vertrieben
- **1630:** Niederländer gründen Nieuw-Holland, das weite Teile im Nordosten Brasiliens umfasst
- **1654:** Portugiesen erobern Recife und bringen Brasilien wieder unter ihre Kontrolle
- **1667:** Frieden von Breda; Niederländer erhalten Teil des englischen Territoriums in Guayana

1550 1600 1650 1700

UNABHÄNGIGKEIT VON EUROPA

Pedro I. erklärte sich 1822, nach der Rückkehr seines Vaters nach Portugal, zum Kaiser eines unabhängigen Brasilien.

NACH DREI JAHRHUNDERTEN unter spanischer Herrschaft begannen auch die Kolonien Südamerikas Selbstbestimmungsrechte einzufordern. Als Spanien 1808 durch den Einfall Napoleons von seinem Kolonialreich abgeschnitten wurde, übernahmen 1810 in mehreren Kolonien Juntas die Macht. Die Unabhängigkeitskriege, in denen Freiheitskämpfer wie Simón de Bolívar und José de San Martín Heldenstatus erlangten, endeten 1826 mit dem Abzug der spanischen Truppen. Der Aufbau neuer Republiken war mit zahlreichen Problemen verbunden. Bürgerkriege zwischen Liberalen und Konservativen brachen aus, Militärdiktaturen wurden errichtet und ausländische Handelsmächte, allen voran Großbritannien, beherrschten die Wirtschaft der neuen Staaten. Friedlicher als im spanischen Teil verlief die Trennung Brasiliens von Portugal, wozu vor allem die Flucht der portugiesischen Königsfamilie nach Brasilien 1807 beitrug. Thronfolger Dom Pedro erklärte 1822 die Unabhängigkeit Brasiliens als Kaiserreich, nachdem sein Vater nach Portugal zurückgekehrt war und die Kolonie erneut wirtschaftlich und politisch der Zentralregierung in Portugal unterwerfen wollte.

Bolívar ließ sich 1829 mit einem Triumphzug durch Caracas feiern, nachdem er den Aufstand seines früheren Leutnants Antonio Páez niedergeschlagen hatte. Erst als Bolívar 1830 starb, konnte sich Páez als Diktator der neuen Republik Venezuela durchsetzen.

Der Zerfall der Gran Colombia

Die Einheit der Republik Gran Colombia (Großkolumbien) gründete vor allem in der charismatischen Person Simón de Bolívar und in der Notwendigkeit, sich gegen Spanien militärisch zu verbünden. Darüber hinaus war der innere Zusammenhalt des Staates mit seiner abgelegenen Hauptstadt Bogotá jedoch schwach. Der Handel und das Verkehrsnetz waren kaum entwickelt. 1830, im Todesjahr Bolívars, erklärten die ehemaligen spanischen Kolonien Nueva Granada, Venezuela und Quito (Ecuador) ihre Unabhängigkeit, und die Generäle Santander, Páez und Flores übernahmen die Macht.

❷ Die Auflösung der Gran Colombia

- Republik Gran Colombia 1819–30
- Nueva Granada 1830
- Ecuador 1830
- Venezuela 1830
- heutige Staatsgrenzen

Die Befreiung des spanischen Südamerika

In den Befreiungskriegen standen sich Unabhängigkeitskämpfer und Königstreue gegenüber. Am längsten währte der Kampf von Simón de Bolívar in seiner Heimat Venezuela und dem benachbarten Kolumbien. Die ersten unabhängigen Staaten waren Paraguay und Argentinien, von wo aus José de San Martín 1817 mit einem Heer die Anden überquerte, um den Befreiungskampf in Chile zu unterstützen. Der Vormarsch Bolívars von Venezuela nach Ecuador 1818–22 führte zur Vereinigung der Heere aus Norden und Süden, um Peru zu befreien. Zu Ehren Bolívars wurde der Süden Perus auf den Namen ›Bolivia‹ getauft.

Die *llanero*-Lanzenreiter aus den Ebenen Venezuelas pries Bolívar als seine ›Kosaken‹. Sie fügten der Armee, die Spanien 1815 entsandt hatte, um die Befreiungsbewegung zu unterdrücken, schwere Verluste zu.

Befreiungskriege 1808–30

- **1805**
- **1807:** Portugiesische Königsfamilie flieht nach Brasilien
- **1808–09:** Invasion Napoleons auf der Iberischen Halbinsel
- **1810:** Bildung erster unabhängiger Regierungen
- **1811:** Bolívar beginnt Kampf zur Befreiung von Venezuela
- **1815:** Spanien schickt General Morillo zur Rückeroberung Venezuelas
- **1816:** Unabhängigkeitserklärung der Provincias Unidas del Río de la Plata
- **1817:** O'Higgins wird ›Oberster Diktator‹ von Chile
- **1822:** Brasilien wird unabhängig
- **1823:** USA erkennen neue Staaten Südamerikas an
- **1824:** Sieg über Spanier in Peru
- **1825:** Gründung von Bolivien
- **1828:** Uruguay wird unabhängig
- **1830:** Venezuela und Ecuador spalten sich von Gran Colombia ab; Tod Bolívars

Politik und Wirtschaft im 19. Jahrhundert

Unmittelbar nach der Befreiung ergriffen in vielen Ländern *caudillos* die Macht – Militärdiktatoren wie Páez in Venezuela und Rosas in Argentinien. In den anderen Ländern brachen Bürgerkriege aus, und vielerorts machten sich Sezessionsbestrebungen breit. Die Ökonomien hingen von Rohstoffexporten ab: Brasilien führte Kaffee und Kautschuk aus, Argentinien Gefrier- und Pökelfleisch. In Argentinien und Chile erzielten britische und US-amerikanische Firmen große Gewinne mit Investitionen in den Bergbau und die Eisenbahn. In Brasilien stieg nach Abschaffung der Sklaverei 1888 der Bedarf an Arbeitskräften, der durch Einwanderer aus Europa gedeckt wurde. Auch in Argentinien und Uruguay, beide an der Atlantikküste gelegen, trafen Tausende von Immigranten ein, die auf der Suche nach Arbeit oder Ackerland oft in andere Länder weiterreisten. In Argentinien, dessen Wirtschaft sich am schnellsten entwickelte, ließ sich eine große Zahl Italiener nieder.

Die Sklaverei wurde in Brasilien erst 1888 abgeschafft. Sklaven hatten vor allem auf Plantagen und als Hauspersonal gearbeitet. Auf dem Gemälde sieht man einen brasilianischen Farmer mit Sklaven, von denen zwei sein Gattin in einer Sänfte tragen.

Juan Manuel de Rosas war ein typischer südamerikanischer *caudillo*. Er führte einen brutalen Krieg gegen die Indianer in Patagonia und kontrollierte, obwohl nur Gouverneur der Provinz Buenos Aires, ganz Argentinien.

Der Salpeterkrieg 1879–83

Auslöser des Salpeterkrieges, auch Pazifischer Krieg genannt, zwischen Chile und einem Bündnis von Peru und Bolivien waren Auseinandersetzungen um die Salpetervorkommen in der Atacama-Wüste (Salpeter wurde für die Herstellung von Düngemitteln und Schießpulver verwendet). Die Weigerung eines anglo-chilenischen Salpeterunternehmens, Steuern zu zahlen, die Bolivien 1878 erhoben hatte, unterstützte Chile durch die Entsendung von Truppen. Sie landeten in Antofagasta, nahmen die Küste und die südlichen Provinzen Perus ein und griffen, von den eigenen Erfolgen beflügelt, Lima an. Nach vier Jahren Krieg brachte ein Friedensvertrag Bolivien den Verlust seines Zugangs zum Pazifik, Peru und Chile einen Grenzkonflikt, der erst 1929 gelöst wurde.

Iquique war einst der wichtigste Ausfuhrhafen für Salpeter am Pazifik. Seine Entstehung verdankte er vor allem britischen Investitionen. Iquique lag in der Provinz Tarapacá, die Chile Peru im Salpeterkrieg abgenommen hatte. Viele betrachteten die Durchsetzung britischer Geschäftsinteressen als eigentlichen Zweck des Krieges.

Politische und wirtschaftliche Entwicklung in Südamerika 1830–1900

- **1829:** Juan Manuel de Rosas wird für 23 Jahre Diktator von Buenos Aires
- **1839:** Chilenische und peruanische Nationalisten zerschlagen die ›Confederación Perú-Boliviana‹ in Schlacht von Yungay
- **1840:** Guano-Boom trägt zur Stabilisierung Perus bei
- **1851:** Eisenbahnstrecke von Copiapó zur Hafenstadt Caldero in Chile fertiggestellt
- **1853:** Ende der Sklaventransporte nach Brasilien
- **1860:** Ecuadors Präsident Garcia Moreno setzt ehrgeiziges Programm öffentlicher Arbeiten in Gang
- **ca. 1865:** Aus Chile stammen 44 % des Kupfers auf dem Weltmarkt
- **1864–70:** ›Krieg der Tripelallianz‹: vernichtende Niederlage Paraguays gegen Brasilien, Argentinien und Uruguay
- **ab 1870:** Rapide Zunahme von Investitionen und Einwanderern aus Europa in Argentinien
- **1879–83:** Salpeterkrieg
- **1881:** Patagonia kommt zu Argentinien
- **1888:** Endgültige Abschaffung der Sklaverei in Brasilien
- **1889:** Brasilien wird Republik nach Vertreibung des Kaisers
- **1896:** Höhepunkt des Kautschukbooms in Brasilien; Bau eines Opernhauses in Manáos
- **1900:** Chile und Argentinien stimmen Grenzvertrag zu
- **1900:** Brasilien produziert 66 % des weltweit angebauten Kaffees; in Bolivien löst Zinn Silber als bedeutendstes Exportgut ab

DAS MODERNE SÜDAMERIKA

Augusto Pinochet stand 1974–90 an der Spitze einer Militärjunta, die die demokratisch gewählte Regierung in Chile gestürzt hatte.

IN DEN 1930ER JAHREN gerieten die demokratischen Institutionen in den Staaten Südamerikas unter enormen Druck. Schuld daran war in erster Linie die Weltwirtschaftskrise, die den Kontinent mit voller Wucht traf. Der steile Bevölkerungsanstieg, die Verstädterung und die sozialen Folgen der Industrialisierung verschärften die Lage. Die Opposition gegen den Status quo wuchs, vor allem unter Intellektuellen, Studenten und Gewerkschaftern. Gegen Ende der 60er Jahre nahmen die sozialen und ideologischen Auseinandersetzungen für die Regierungen bedrohliche Formen an. Die Repressionen wurden erhöht und es bildeten sich konservative Regime mit autoritären Zügen heraus. In den 80er Jahren demokratisierten sich die Länder und öffneten ihre Märkte. Grenzstreitigkeiten dauerten während des gesamten 20. Jh. an, doch sie mündeten nur selten in Kriege wie den Chaco-Krieg 1932–35.

Von der Instabilität zur Demokratie

Der Sendero Luminoso (›Leuchtender Pfad‹), eine Revolutionsbewegung in Peru, demonstrierte 1989 in Ayacucho seinen Herrschaftsanspruch, indem er provokativ durch die Straßen fuhr.

Auch Südamerika hatte unter der Weltwirtschaftskrise der 1930er Jahre stark zu leiden. Die populistischen Regierungen reagierten darauf mit einer Politik wirtschaftlicher Autarkie und trieben die Industrialisierung energisch voran. Ende der 1950er Jahre hatte die wirtschaftliche und soziale Entwicklung eine stärkere Demokratisierung ermöglicht. Allerdings drohte die kommunistische Revolution in Cuba den Status quo zu erschüttern. Die Spannungen zwischen Linksguerillas und der herrschenden Schicht nahmen zu, worauf Militärs die Macht an sich rissen. Auch die USA mischten sich ein: Um die Ausbreitung des Kommunismus zu verhindern, bewilligten sie Gelder in Höhe von 10 Mrd. Dollar und stützten die Militärdiktaturen. Deren Zeit ging allerdings zu Beginn der 1980er Jahre dem Ende entgegen.

Politische Entwicklung ab 1930

- **1932:** Beginn des Chaco-Krieges zwischen Bolivien und Paraguay
- **1937:** Vargas ruft in Brasilien den ›Neuen Staat‹ (Estado Novo) aus
- **1946:** Perón übernimmt die Macht in Argentinien
- **1968:** Gründung der Tupamaros, einer Stadtguerilla-Organisation in Uruguay
- **1968:** In Peru übernimmt eine Militärjunta die Macht
- **1974:** Beginn der Diktatur Pinochets in Chile
- **1976:** Guerra Sucia (›Schmutziger Krieg‹) in Argentinien: Ermordung von 15 000 Oppositionellen durch rechtsgerichtete Todesschwadronen
- **1980er:** Demokratisierung vieler Länder
- **1982:** Argentinien besetzt South Georgia und Falkland-Inseln, muss aber vor britischen Streitkräften kapitulieren

Große Verluste erlitt Paraguay im Chaco-Krieg gegen Bolivien. Das Foto zeigt bolivianische Soldaten mit Gasmasken bei einer Offensive 1934.

Der Chaco-Krieg

Die Guerra del Chaco, der Krieg zwischen Bolivien und Paraguay um das Chaco-Gebiet nördlich des Río Pilcomayo, brach 1932 aus und dauerte drei Jahre. Bolivien wollte über die Flüsse der Region, die in den Río de la Plata einmünden, einen Zugang zur Atlantikküste gewinnen. Dem stand die Hoffnung Paraguays auf Erdölvorkommen entgegen. Bei Kriegsende hatte das vermeintlich schwächere Paraguay durch Mobilisierung aller Reserven ein Territorium erobert, das größer war als das ursprünglich beanspruchte Gebiet.

Explosionsartiges Städtewachstum

Die Großstädte Lateinamerikas, die vor allem Handels- und Verwaltungszentren waren, erfuhren nach 1930 eine zunehmende Industrialisierung. Hohe Geburtenraten und die Zuwanderung von Arbeitern führten in den meisten Städten zum raschen Anwachsen von Slums.

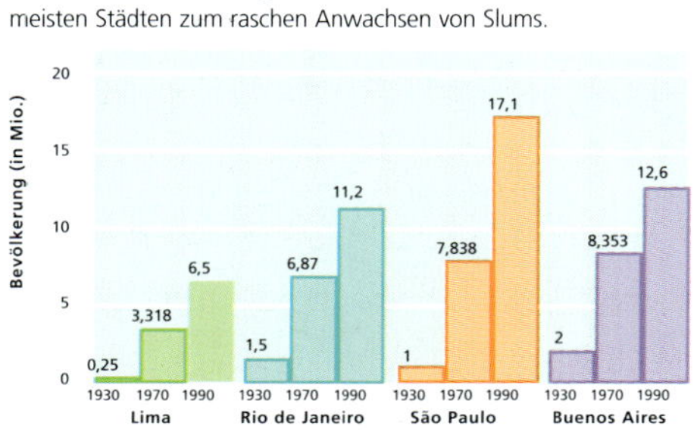

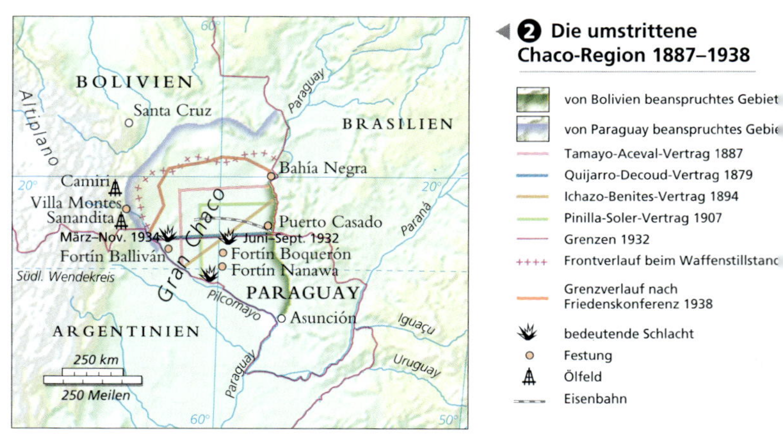

Der Chaco-Krieg

- **Juni 1932:** Beginn des Chaco-Kriegs; Bolivien erobert paraguayische Stellungen und führt erfolgreichen Angriff gegen Fortín Boquerón aus
- **Aug. 1932:** Paraguayer werden zur Großoffensive gegen Boquerón mobilisiert
- **Sept. 1932:** Paraguay erobert Fortín Boquerón
- **Mai 1933:** Offizielle Kriegserklärung Paraguays
- **Okt. 1933:** Paraguay erobert große Gebiete an der Front
- **März–Juli 1934:** Schwerste Gefechte des Kriegs nahe Fortín Ballivián
- **Nov. 1934:** Paraguay erobert Fortín Ballivián
- **Juni 1935:** Waffenstillstand; 1938 folgt Unterzeichnung des Friedensvertrags

Wirtschaftliche Entwicklung

Nach 1930 versuchten viele Staaten Südamerikas, die Industrialisierung der Wirtschaft, die in erster Linie auf Rohstoffgewinnung und -produktion beruhte, voranzutreiben. In den 1940er Jahren wurden Handelszölle erhoben, um die einheimische Industrie zu schützen, und hohe Inflationsraten toleriert, um die Nachfrage nach Waren und Dienstleistungen zu steigern. Eine Vielzahl von Industriezentren entstand, allerdings blieb die Verteilung des Einkommens extrem ungleich. Die Öffnung der Märkte führte in den 1980er Jahren dazu, dass Investitionen aus dem In- und Ausland zunahmen. Um die Inflation einzudämmen, wurden in den 90er Jahren Wirtschaftsreformen verabschiedet, die unter anderem die Privatisierung zahlreicher Staatsbetriebe vorsahen.

Multinational Konzerne errichteten in den 1990er Jahren verstärkt Fabriken für gering ausgebildete Arbeiter in Südamerika, etwa dieses Automobilwerk in Argentinien.

❸ Industrie und Rohstoffe im modernen Südamerika

Industrie
- Luft- und Raumfahrt
- Kraftfahrzeugproduktion
- Chemie
- Elektronik
- Maschinenbau
- Geldwirtschaft
- Nahrungsmittel (inkl. Brauerei, Fisch-, Fleisch- und Zuckerverarbeitung)
- Gas
- Hochtechnologie
- Eisen und Stahl
- Metallraffination
- Rauschgift
- Öl
- Arzneimittel
- Druck- und Verlagswesen
- Schiffsbau
- Textilien
- Bauholzverarbeitung
- Tabakverarbeitung
- Hauptindustrieregion

Landwirtschaft
- Rinder
- Kakao
- Getreide (Mais)
- Baumwolle
- Kaffee
- Fischfang
- Obst
- Ölpalmen
- Erdnüsse
- Kautschuk
- Schafe
- Schalentiere
- Sojabohnen
- Zuckerrohr
- Wein
- Weizen

Bodenschätze
- Bauxit (Aluminium)
- Kupfer
- Diamanten
- Gold
- Eisenerz
- Blei
- Mangan
- Nickel
- Silber
- Zinn
- Kohle
- Gasfeld
- Ölfeld

Bruttosozialprodukt pro Kopf 1998
- weniger als 1000 $
- 1000–2500 $
- 2501–4500 $
- 4501–7000 $
- 7001–10 000 $

Ein Kind bei der Coca-Ernte in Kolumbien, wo die Sträucher wegen des tropischen Klimas gut gedeihen. Seit Urzeiten kauen die Anden-Bewohner Südamerikas Coca als Mittel gegen die Höhenkrankheit.

Abholzung des Regenwaldes in Amazonia

Die brasilianische Regierung versuchte in den 1950er Jahren, die Armut unter der besitzlosen Landbevölkerung zu verringern. Zu diesem Zweck gab sie Grundstücke entlang der neuen Straßen durch den Regenwald Amazonias zur Besiedlung frei. In den 60er Jahren intensivierte die Regierung die wirtschaftliche Förderung der Region und lockte mit Subventionen und Steuervergünstigungen. Nutznießer waren in erster Linie Großgrundbesitzer, die in großem Stil Rinderzucht betrieben. Die Zerstörung der Waldfläche fällt zu 80% in ihre Verantwortung. 1998 waren bereits 12% des brasilianischen Regenwaldes abgeholzt.

1953: Gründung der SUDAM zur Förderung der Besiedlung der Amazonas-Region

1964: Pläne für ein Straßennetz durch das Amazonas-Becken

1967: Daniel Ludwig startet in Nord-Brasilien das Jari-Projekt mit Zellulosefabrik und Reisanbau

1978: Fertigstellung der 5470 km langen Transamazônica von Recife bis zur Grenze Perus

1981: USA stellen Brasilien 1,5 Mrd. Dollar für Umwandlung von Wald- in Weideland zur Verfügung

1992: UN-Konferenz für Umwelt und Entwicklung in Rio de Janeiro; Indianern wird 1 Mio. Hektar Land zugesprochen

1960 · 1970 · 1980 · 1990

Nutzung des brasilianischen Regenwaldes ab 1960

❹ Entwicklung und Abholzung in Amazonia

Umwelt
- tropische Regenwälder
- Wälder, die mäßig bis stark bedroht sind
- abgeholzte Gebiete

Verkehrsnetz
- bedeutende Eisenbahn
- bedeutende Straße

Bodenschätze
- Bauxit (Aluminium)
- Gold
- Kupfer
- Eisenerz
- Mangan
- Nickel
- Zinn

Entwicklungsprogramme
- Entwicklungsgebiet mit Art der Erschließung

Wissenschaftler nehmen an, dass die Abholzung des Regenwaldes zur Erwärmung der Erdatmosphäre beiträgt. Durch Brandrodung wird in großen Mengen Kohlendioxid freigesetzt, das zuvor in der Biomasse gebunden war.

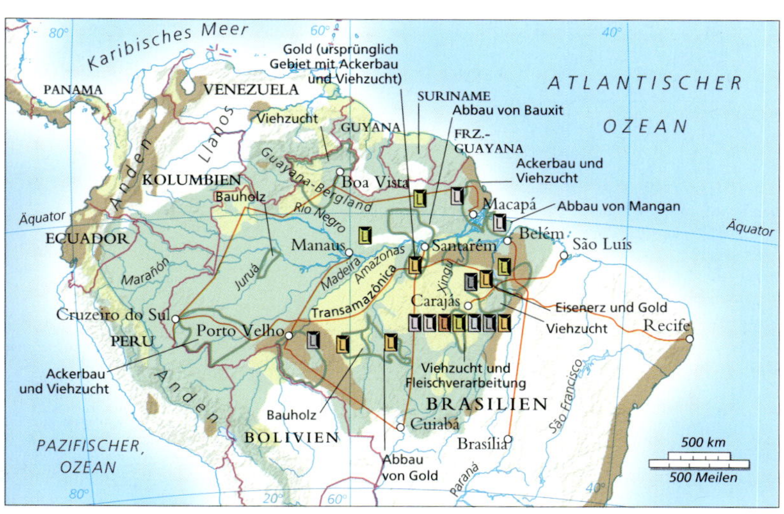

❺ Drogenhandel

- Anbau von Coca
- Anbau von Mohn
- Provinzen Kolumbiens
- Grenzen 1999

Der Handel mit Rauschgift

Seit den 1970er Jahren exportiert Lateinamerika enorme Mengen Kokain in seinen wichtigsten Markt, die USA. Angebaut werden die Coca-Blätter, aus denen man die Droge gewinnt, in den Anden-Ländern Bolivien, Kolumbien und Peru. Organisation und Leitung dieses Handels liegen in den Händen der Drogenkartelle von Medellín und Cali in Kolumbien, die mittlerweile auch Mohn, denn Ausgangsstoff für Heroin, produzieren. Selbst internationale Maßnahmen vermochten bislang nicht, die Gewinne aus dem Drogenhandel nennenswert zu verringern.

GESCHICHTSRAUM AFRIKA

DIE HISTORISCHE LANDSCHAFT

GEOGRAFIE UND KLIMA haben die Rolle Afrikas in der Weltgeschichte wahrscheinlich stärker beeinflusst, als dies für andere Kontinente gilt. In den Verwerfungen des Rift Valley und im südlichen Afrika wurden die ältesten menschlichen Überreste gefunden. Obwohl Afrika von den Vergletscherungen der letzten Eiszeit nicht betroffen war, führten damit verbundene Klimaveränderungen an derem Ende dazu, dass sich die Sahara von einer Wüste in eine gemäßigte Graslandzone verwandelte, in der vor 8000 Jahren eine reiche Tierwelt und in Gruppen lebende Jäger und Sammler zu Hause waren. Etwa 4000 v.Chr. setzte, bedingt durch Wassermangel, eine erneute Desertifikation ein, die die Subsahara-Regionen vom Mittelmeer getrennt hat und die bis heute anhält. Einziges Verbindungsglied ist das Nil-Tal, wo sich eine der ältesten Kulturen der Welt herausbildete. Im Süden der Sahara entwickelte sich eine Vielzahl von Kulturen, die weitgehend durch die natürliche Umwelt geprägt und durch mündliche Überlieferungen miteinander verbunden waren. Da weite Regionen im Inneren des riesigen Kontinents aufgrund von Wüsten oder dichtem Dschungel nur schlecht zugänglich sind, war Afrika (mit Ausnahme der Antarktis) der letzte Kontinent, der von Europäern kolonisiert wurde. Ihr kaum ein Jahrhundert währendes Gastspiel hinterließ den Kontinent in einem Zustand wirtschaftlicher Unterentwicklung und politischer Instabilität.

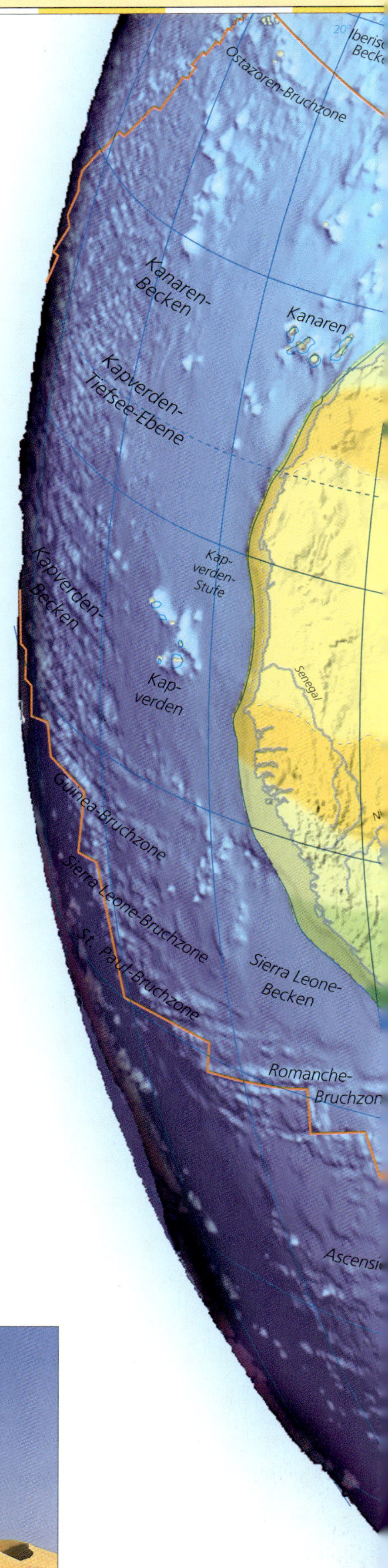

Das Rift Valley war vor 3,8 Mio. Jahren Heimat eines der ältesten bekannten menschlichen Vorfahren, des *Australopithecus afarensis*. Auch *Homo sapiens sapiens* lebte hier vor mehr als 100 000 Jahren, bevor er sich nach Asien, Australasien, Europa und schließlich auch Amerika ausbreitete.

Die Sahara erstreckt sich über weite Teile Nordafrikas. Zu einem Viertel besteht die Wüste aus Sanddünen, ansonsten aus unfruchtbaren, von Geröll bedeckten Gebieten. In diesem Teil Afrikas gibt es seit fast 5 Mio. Jahren Wüstengebiete. Das raue Klima und die unwirtliche Landschaft haben die Entstehung von Dauersiedlungen verhindert.

Eingebettet in fruchtbare Schwemmflächen, durchfließt der Nil die Sahara und mündet ins Mittelmeer. Seit der Altsteinzeit bewohnen Menschen die Nil-Region und nutzen die fruchtbaren Böden, die die jährliche Überflutung der Ufer hervorbrachte.

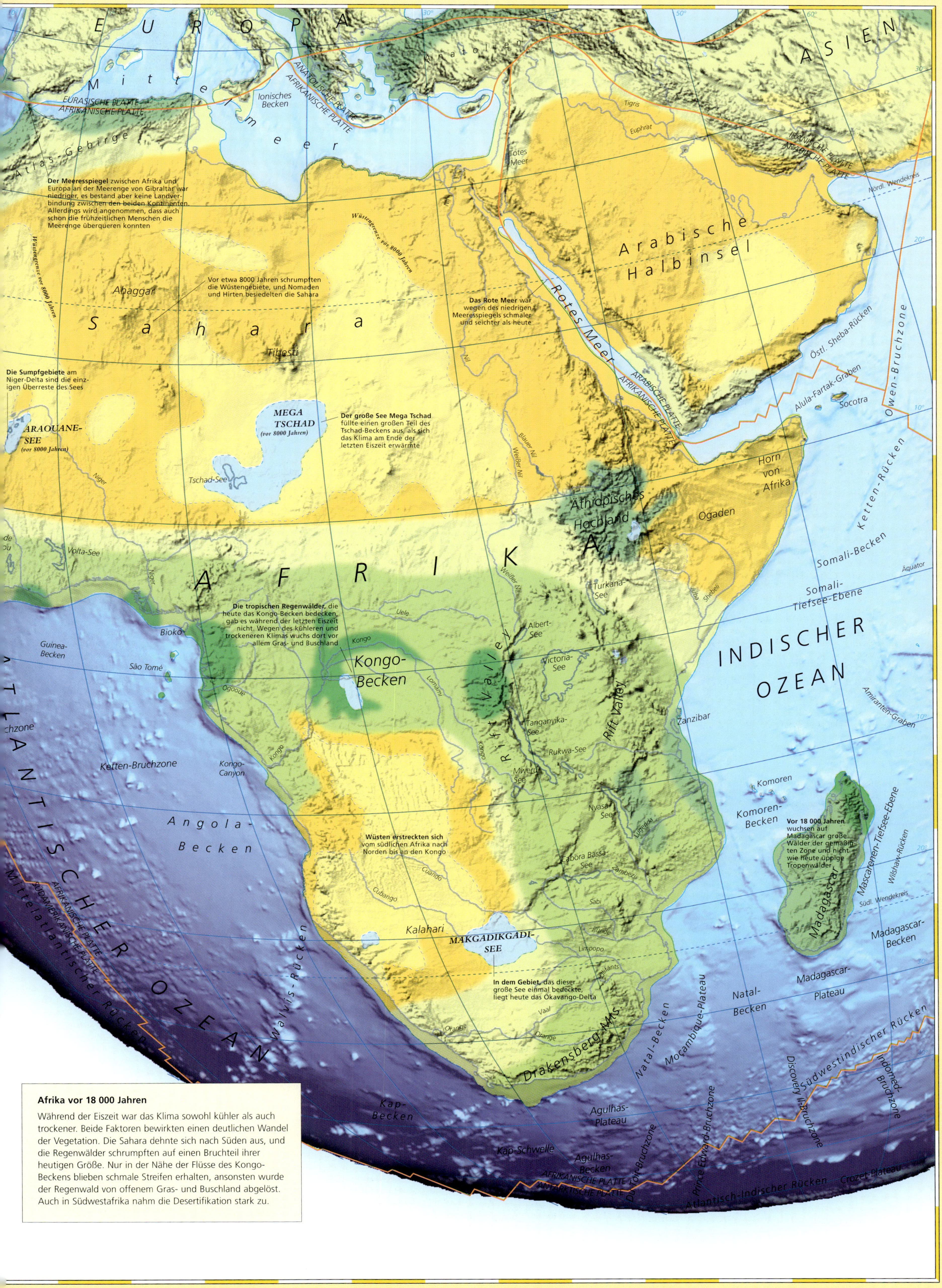

Afrika vor 18 000 Jahren

Während der Eiszeit war das Klima sowohl kühler als auch trockener. Beide Faktoren bewirkten einen deutlichen Wandel der Vegetation. Die Sahara dehnte sich nach Süden aus, und die Regenwälder schrumpften auf einen Bruchteil ihrer heutigen Größe. Nur in der Nähe der Flüsse des Kongo-Beckens blieben schmale Streifen erhalten, ansonsten wurde der Regenwald von offenem Gras- und Buschland abgelöst. Auch in Südwestafrika nahm die Desertifikation stark zu.

AFRIKA

ERKUNDUNG & KARTIERUNG

Die Inbesitznahme von Land markierten portugiesische Seeleute mit einem Steinkreuz *(padrão)* an der Küste.

DA SCHRIFTLICHE AUFZEICHNUNGEN fehlen, ist über die frühe Geschichte des südlich der Sahara gelegenen Teils von Afrika kaum etwas bekannt. Der griechische Historiker Herodot erwähnte eine Umsegelung des Kontinents durch Phöniker im Jahr 600 v.Chr. Aus den Werken des alexandrinischen Mathematikers Ptolemaeus darf man schließen, dass um 150 n.Chr. der Bereich nördlich der Verbindungslinie zwischen Mombasa und den Kanaren kartografisch erfasst war (S. 44). Nach 600 n.Chr. zogen arabische Händler durch die Sahara und errichteten muslimische Niederlassungen. Einige europäische Handelsnationen besaßen um 1600 Küstenstützpunkte, doch bis 1800 blieb Afrika unzureichend kartiert. Erst im 19. Jh. wurden Forschungsreisen zur Erkundung des Landesinneren unternommen.

WISSEN ÜBER WESTAFRIKA IM MITTELALTER

Obwohl die Westafrikaner keine Karten besaßen, verfügten Reisende über umfangreiche Topografiekenntnisse. Davon profitierten Araber und später Portugiesen bei der Erstellung von Karten. 1154 berichtete al-Idrisi von einem einzigen Fluss in Westafrika. Der ägyptische Geograf al-'Umari erwähnte einen Nil der Schwarzen, der sich in zwei Flüsse teile, von denen einer in den Ozean und der andere durch den Tschad-See zum ostafrikanischen Nil fließe. 1456 schrieb der Portugiese Diogo Gomes Angaben des afrikanischen Händlers Buquer nieder, der von einem großen Fluss, genannt Emin, gesprochen hatte. Berichte von Mandinka-Händlern von 1585 stimmten damit überein und lieferten weitere Details.

1 Arabische Darstellung des Niger-Beckens

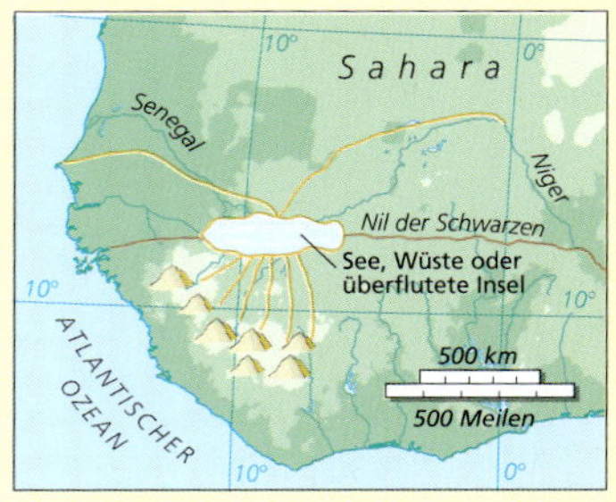

2 Portugiesische Darstellung des Niger-Beckens

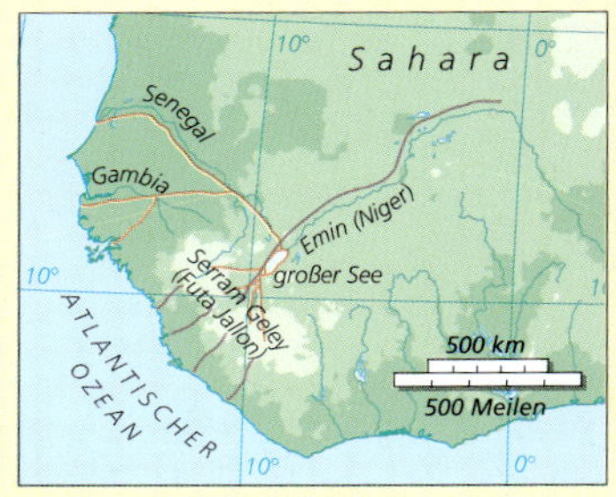

Die Karavelle war ein leichtes Segelschiff, das die Portugiesen für die Erkundung der afrikanischen Küste entwickelt hatten. Ihre Lateinsegel erlaubten hohe Geschwindigkeiten.

3 Expeditionen im 14. und 15. Jh.

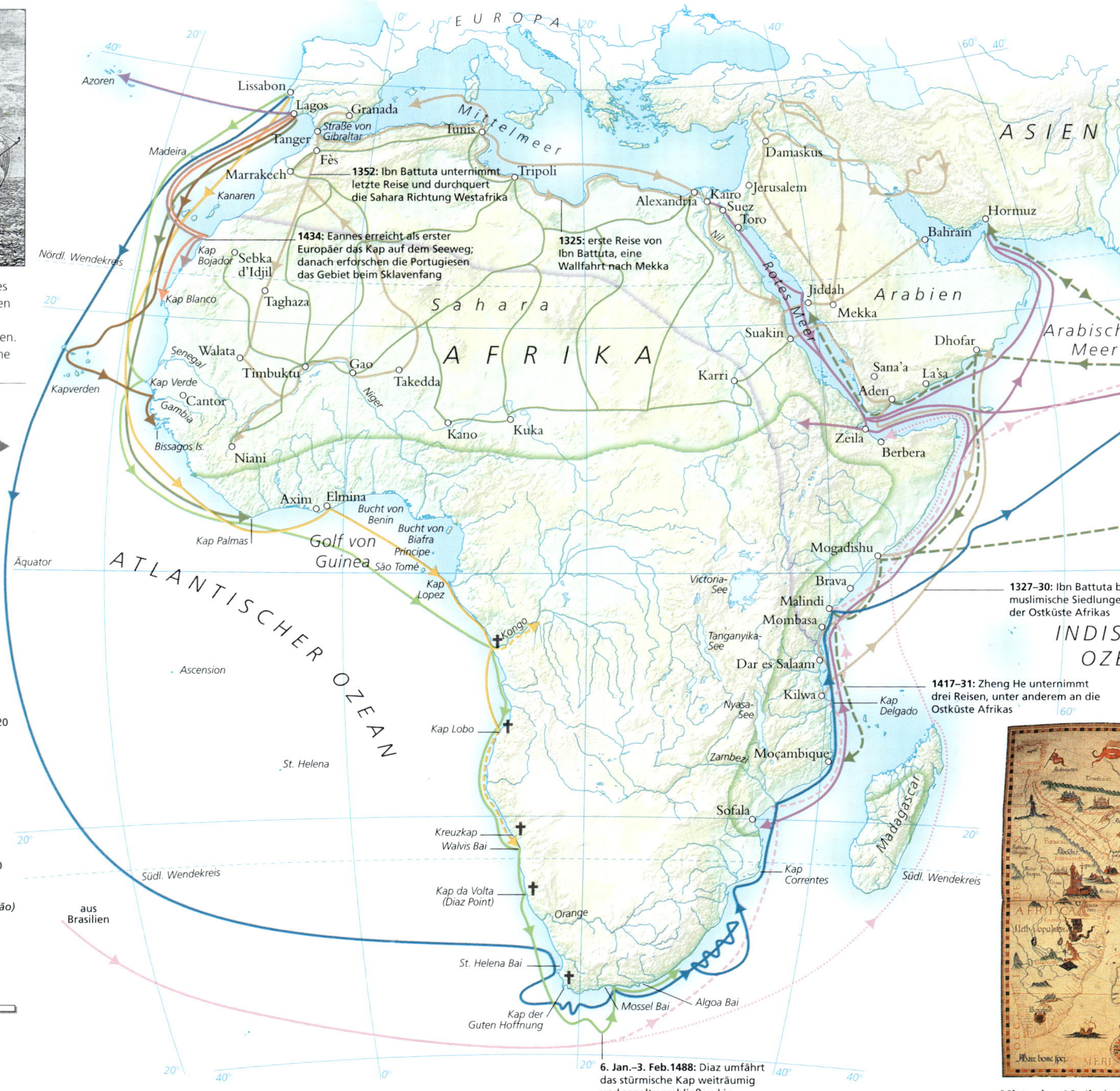

Mitte des 16. Jh. hatten europäische Seefahrer umfangreiche Kenntnisse über die Küste von Madagascar und Ost-Afrika, wie diese portugiesische Karte von 1558 zeigt.

Portugiesische Erkundungsfahrten

Portugiesen unternahmen systematische Entdeckungsreisen entlang der westafrikanischen Küste. Mit ihren Expeditionen wollten sie zu denjenigen Gebieten in Westafrika vorstoßen, in denen große Goldvorkommen vermutet wurden. Auch suchte man einen Handelsweg nach Indien um die Südspitze des Kontinents herum, um so die osmanische Sperre im Arabischen Meer zu umgehen. Dabei wurden die küstennahen Bereiche der Flüsse Gambia und Senegal erforscht, Verbindungen zum Mali-Reich hergestellt und die Kapverdischen Inseln entdeckt.

Portugiesische Entdeckungsfahrten

- **1416:** Heinrich der Seefahrer gründet Akademie mit der Absicht, einen Seeweg nach Asien zu finden
- **1434:** Eannes umrundet das gefürchtete Kap Bojador
- **1445:** Entdeckung der Senegal-Mündung
- **1446:** Portugiesen erreichen den Fluss Senegal und die Kapverden
- **1482:** : Portugiesen errichten das Fort São Jorge da Mina (Elmina)) an der Goldküste; Diogo Cão entdeckt Kongo-Mündung
- **1488:** Diaz umsegelt das Kap der Guten Hoffnung
- **1497:** Vasco da Gama wird beauftragt, Handel mit Indien aufzunehmen
- **1500:** Cabral erreicht Brasilien und segelt weiter nach Indien

1420 · 1440 · 1460 · 1480 · 1500

Erkundung des Landesinneren

Europäische Exeditionen in das Innere Afrikas galten der Suche nach den Quellen einiger der längsten Flüsse der Welt. Der schottische Forscher James Bruce bereiste Äthiopien in den Jahren 1768–73 und entdeckte 1772 die Quelle des Blauen Nils. Systematische Entdeckungsreisen wurden seit 1778 unter der Ägide der African Association, einer Gruppe britischer Wissenschaftler und Forscher, durchgeführt. 1795 unterstützte die Vereinigung Mungo Parks erste Reise nach Westafrika; er erforschte den Gambia, erreichte den Niger und stellte fest, dass der Strom nach Osten floss. In der ersten Hälfte des 19. Jh. verstärkten sich die britischen Forschungsbemühungen, die 1862 in John Hanning Spekes triumphaler, doch fälschlicher Entdeckung der Nil-Quelle in Gestalt der Ripon-Fälle am Victoria-See gipfelten. Angesichts des bevorstehenden Wettlaufs um Territorialbesitz entsandten nun zahlreiche europäische Nationen weitere Forschungsexpeditionen.

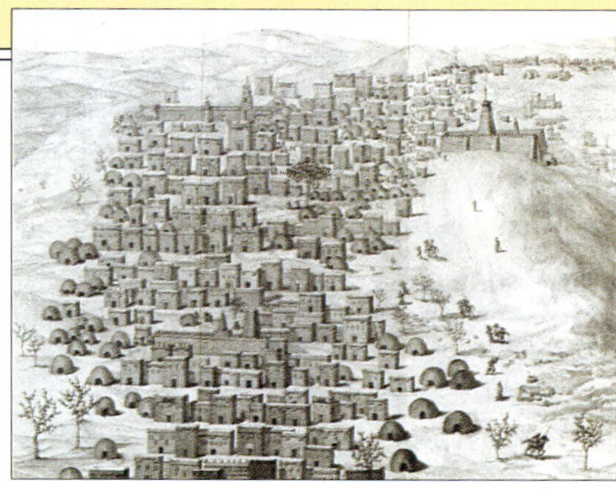

Der französische Forscher René Caillié fertigte die Skizze von Timbuktu an, als er die Wüstenstadt 1828 aufsuchte. Für seine Bemühungen erhielt er einen mit 10 000 Francs dotierten Preis, den die Société Géographique für den ersten Europäer ausgeschrieben hatte, der aus dieser Stadt zurückkehrt.

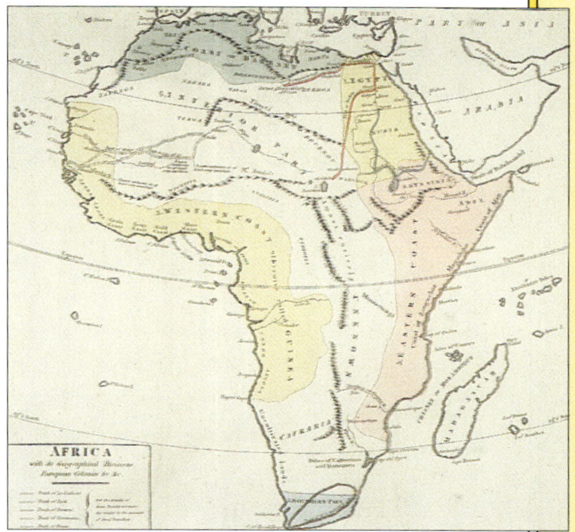

Das Innere Afrikas wurde erst im 19. Jh. systematisch und wissenschaftlich erforscht. Kartografen veröffentlichten daher nur ungern unbestätigte Daten. Die Afrika-Karte von 1808 enthält weniger Angaben als viele ihrer ehemals spekulativen Vorgänger.

4 Expeditionen im 19. Jh.

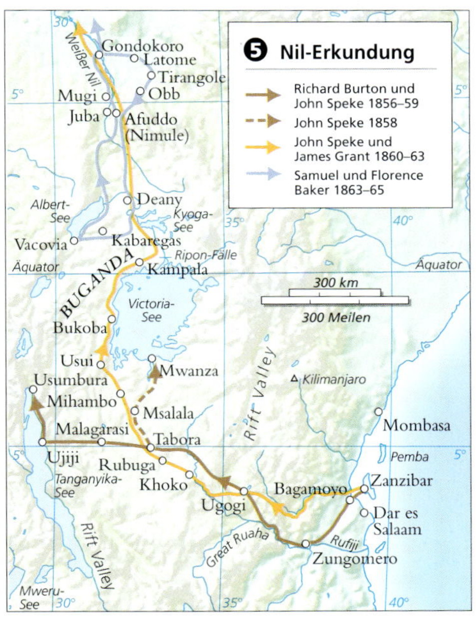

John Hanning Speke, 1856–59 Begleiter von Richard Burton, entdeckte 1862 mit James Grant die Quelle des Nils als Abfluss des Victoria-Sees.

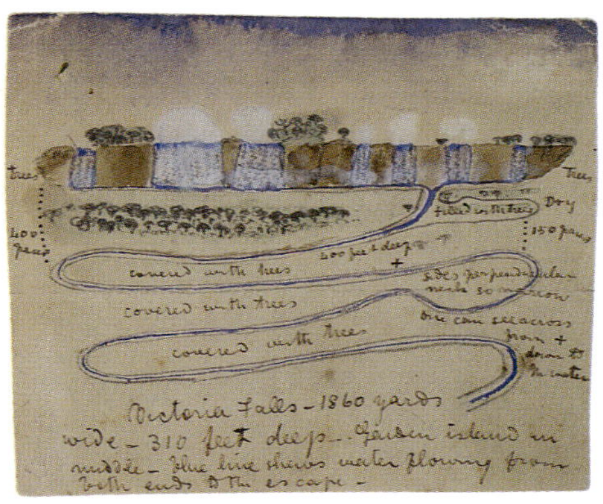

Livingstone notierte sorgfältig die geografischen Einzelheiten seiner Entdeckungen. Diese Karte der Victoria-Fälle versah er mit genauen Maßen und Erläuterungen.

Die Quelle des Nils

Die Suche nach den Nil-Quellen beschäftigte die Fantasie im Europa des 19. Jh., auf die Entdeckung wurde in England ein Preis ausgesetzt. Nachdem Speke zu den Ripon-Fällen am Victoria-See vorgestoßen war und sie für die Quelle hielt, wurde ihm vehement widersprochen, die Anfeindungen sollen ihn sogar zum Selbstmord getrieben haben. Erst viel später, als die wirtschaftlich bedeutsame Region längst unter den imperialistischen Mächten aufgeteilt war, entdeckte man den Kagera aus Ruanda als Hauptquellfluss des Nil.

Sir Henry Morton Stanley, britisch-amerikanischer Journalist, wurde 1871 vom ›New York Herald‹ nach Afrika entsandt, um David Livingstone zu finden, der seit Monaten verschwunden war. In den 1880er Jahren half er König Leopold II., den Kongo-Freistaat zu errichten.

Europäische Erkundung Afrikas nach 1772

- **1772:** Bruce entdeckt die Quelle des Blauen Nils
- **1778:** Sir Joseph Banks gründet in London die African Association
- **1806:** Mungo Park, schottischer Forscher, wird beim Passieren der Niger-Stromschnellen ermordet
- **1823:** Denham und Clapperton erreichen den Tschad-See
- **1828:** Caillié erreicht Timbuktu
- **1849:** Livingstone erreicht den Ngami-See
- **1853:** Ankunft von Barth in Timbuktu. Livingstone durchquert Afrika; er entdeckt und benennt die Victoria-Fälle
- **1858:** Burton und Speke erreichen den Tanganyika-See
- **1859:** Livingstone erreicht den Nyasa-See
- **1862:** Speke entdeckt Ripon-Fälle als Nil-Quelle
- **1875:** Stanley bestätigt Ripon-Fälle als Nil-Quelle
- **1876–77:** Stanley durchquert Afrika auf dem Kongo

1760 · 1780 · 1800 · 1820 · 1840 · 1860 · 1880

DIE FRÜHE GESCHICHTE AFRIKAS

Hatschepsut verdrängte ihren Stiefsohn vom Thron und regierte Ägypten 1472–1458.

FÜR DIE ENTWICKLUNG DER LANDWIRTSCHAFT in Afrika wurde von drei Faktoren bestimmt: die Ausbreitung der Herdenwirtschaft in der Sahara, weiter südlich die Domestikation einheimischer Pflanzen und die Einfuhr von westasiatischen Nutztieren und Getreidesorten nach Ägypten. Weizen und Gerste aus Asien verbreiteten sich von der Mittelmeerküste über das Nil-Tal bis in den Sudan und in das äthiopische Hochland. Nach 3000 v.Chr. verlagerte sich die Herdenwirtschaft wegen des trockeneren Klimas in das Nil-Tal, dessen fruchtbare Schwemmflächen seit 5000 v.Chr. gute Ernten ermöglichten. Ägypten entwickelte sich zu einem mächtigen Staat, der über 2500 Jahre von 30 Dynastien regiert wurde. Seine Einheit wurde nur durch zwei ›Zwischenzeiten‹, gekennzeichnet durch politische Wirren, unterbrochen.

Ackerbau und Viehzucht

Kolbenhirse und Sorghum wurden ab 4000 v.Chr. im südlichen Sudan angebaut.

Die Herdenwirtschaft in der Sahara und die Domestikation einheimischer Pflanzen im Süden begannen ab etwa 6000 v.Chr. Weizen und Gerste aus Südwestasien wurden in Ägypten um 5000 v.Chr. angepflanzt. Während um 2000 v.Chr. die Herdenwirtschaft nördlich des Äquators weit verbreitet war, wurden Ackerbau und Viehzucht südlich des Äquators durch dichte Wälder und die parasitäre Tsetsefliege behindert. Die Nutztierhaltung verlagerte sich daher nur langsam entlang der Ostküste nach Süden und erreichte Südafrika etwa 1000 n.Chr.

Felsbilder aus der Sahara zeugen von der Besiedlung der Region durch Menschen und Tiere. Das um 6000 v.Chr. entstandene Bild vom Plateau Tassili n'Ajjer zeigt eine Jagd auf Giraffen, die heute nur noch südlich der Sahara anzutreffen sind.

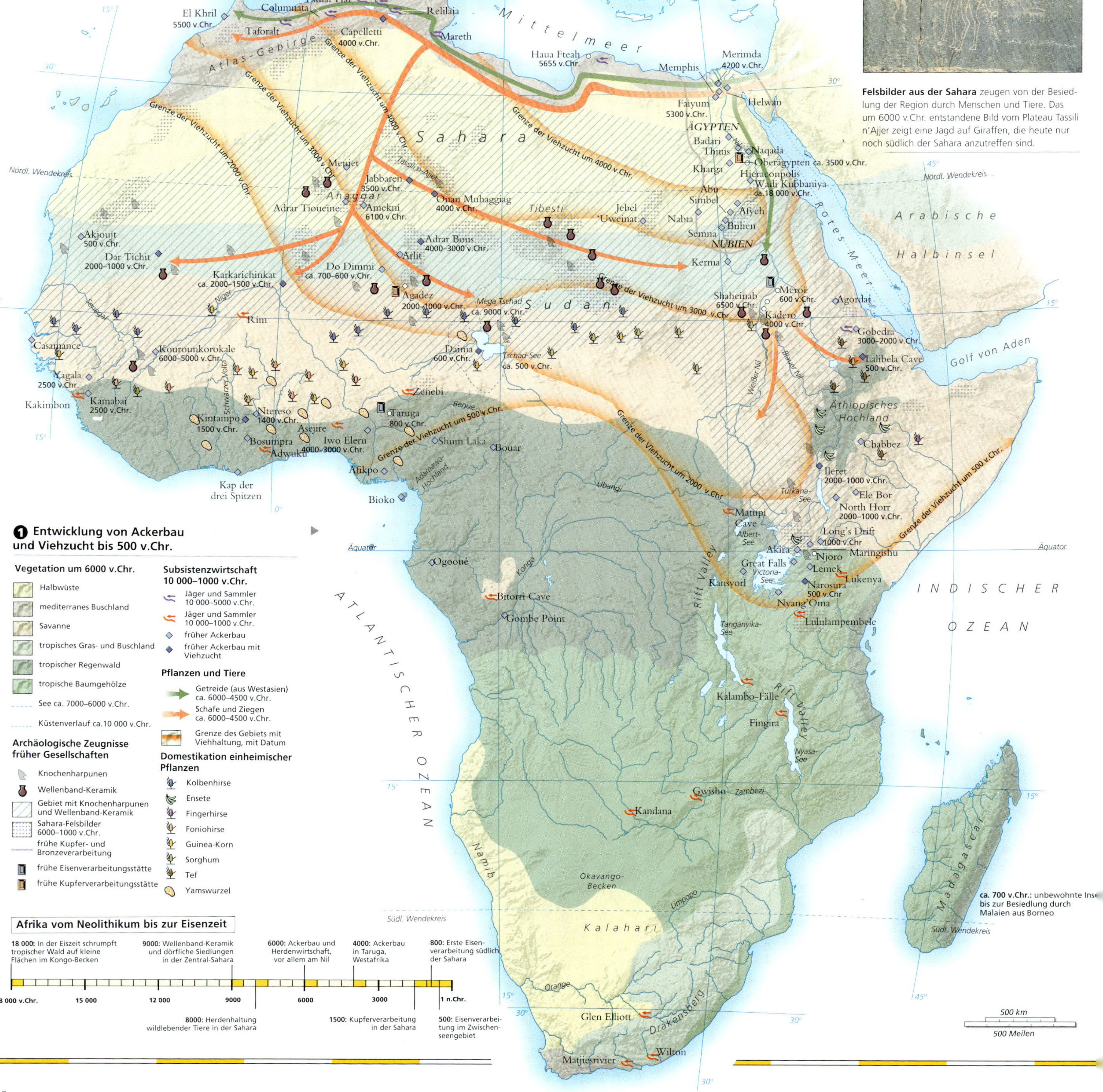

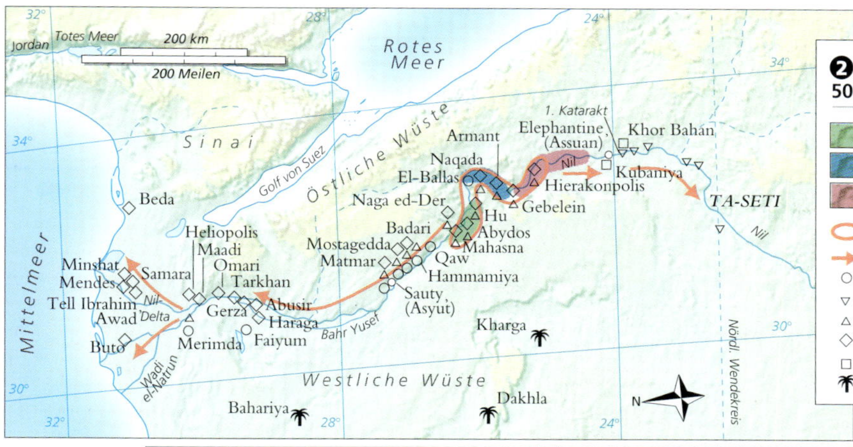

2 Vordynastisches Ägypten 5000–3000 v.Chr.

- Verband von Thinis 3500–3000
- Verband von Nubt 3500–3000
- Verband von Nekhen 3500–3000
- Reich von Hierakonpolis (Naqada II)
- Expansion von Hierakonpolis
- frühe vordynastische Funde
- mittlere vordynastische Funde
- mittlere vordynastische nubische Funde
- späte vordynastische Funde
- späte vordynastische nubische Funde
- Oase

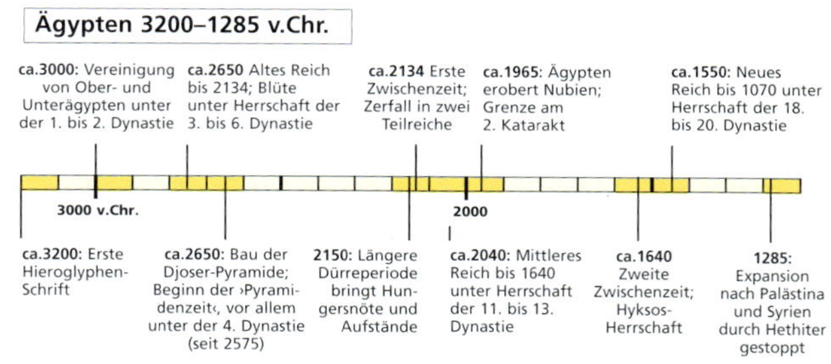

3 Altes Reich in Ägypten ca. 2650–2134 v.Chr.

- unter direkter Kontrolle des Königs
- in Kontakten stehende Regionen
- nubische Häuptlingstümer
- Königsresidenz
- Pyramide
- Oase
- Handelsroute

Handelsgüter

- Gold
- Kupfer
- Kalkstein
- Türkise
- roter Granit
- Alabaster

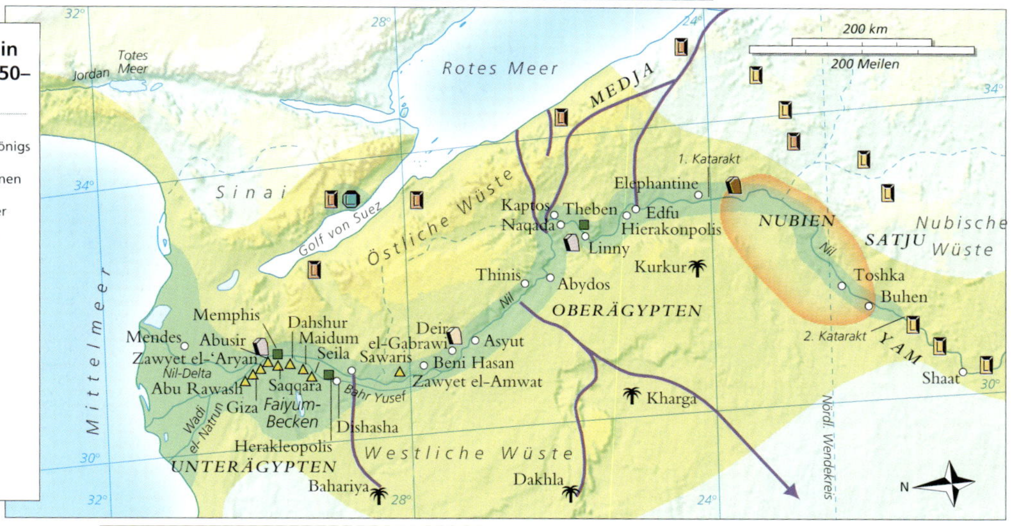

Reichsbildung in Ägypten zwischen 3500 und 2134 v.Chr.

Im Nil-Tal entstanden seit 5000 v.Chr. Siedlungen mit bäuerlicher Kultur, die sich im Lauf der Zeit unter der Führung lokaler Herrscher zu urbanen Zentren mit einer Beamtenschicht entwickelten. Um 3000 v.Chr. vereinigte ein legendärer König Narmer (oder Menes, ägypt. Hor Aha) Ober- und Unterägypten und begründete die sog. 1. Dynastie. In diesen Zeitraum fallen auch die Gründung von Memphis und die Verbreitung der Hieroglyphen-Schrift. Mit der 3. Dynastie und einer verstärkten Machtzentralisierung begann das Alte Reich. In dieser Zeit wurde mit dem Bau der großen Pyramiden als königliche Grabanlagen begonnen. Nach 2400 sank die Macht der Könige, und 2134 v.Chr. zerfiel das Alte Reich wieder in rivalisierende Dynastien in Oberägypten und Unterägypten. Diese Periode politischer Instabilität ging als 1. Zwischenzeit in die Geschichte ein.

4 Mittleres Reich ca. 2040–1640 v.Chr.

- unter direkter Kontrolle des Königs
- Region mit Kontakten zu Ägypten
- Handelsposten
- Nubische Festung
- Tempelanlage des Mittleren Reichs
- Oase
- Handelsroute

Handelsgüter

- Gold
- Kupfer
- Türkise

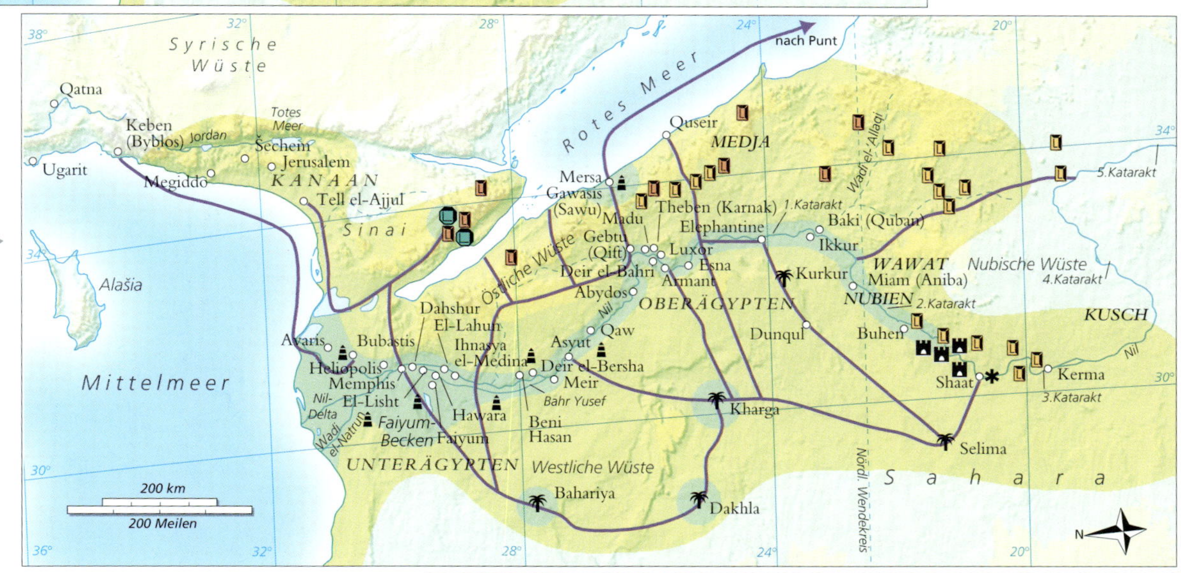

Die Stufenpyramide von König Djoser wurde um 2650 v.Chr. errichtet. Für den Bau wurden Tausende von Arbeitskräften herangezogen, die in der Zeit der Nilschwemme, wenn die Landarbeit ruhen musste, dem vergöttlichten Pharao ein gewaltiges Grabmal schufen.

Der Tempel der Königin Hatschepsut in Deir el-Bahri in entstand um 1473 v.Chr. Dieses schöne Beispiel für die Architektur der 18. Dynastie ist ein von Säulenhallen umgebener, auf drei Ebenen angelegter Terrassentempel.

Mittleres und Neues Reich

Die Gaufürsten von Theben in Oberägypten setzten sich nach der 1. Zwischenzeit gegen die Herakleopoliten im Norden durch. Mentuhotep einigte das Reich um 2040 v.Chr. und gründete das sog. Mittlere Reich. Militär und Verwaltung konnten eine starke Expansion des Reichs tragen: Erschließung des Fayum-Beckens, Vorstoß nach Palästina und nach Süden bis Wawat und in das nördliche Kusch-Reich bis zum 2. Katarakt. In der 2. Zwischenzeit verlor Ägypten die Kontrolle über Nubien, die Nildelta-Region zerfiel in mehrere Königreiche. Nach 1640 v.Chr. zogen die Hyksos, ein semitisch-kanaanäisches Volk, nach Ägypten und übernahmen die Regierung, bis Ahmose, König von Theben und erster Herrscher des Neuen Reichs, sie vertrieb. Während des Neuen Reichs setzte Ägypten erneut auf Expansion – sowohl nach Norden als auch nach Süden – und stieg zur bedeutendsten Handelsmacht des Altertums auf, doch um 1200 v.Chr. setzte nach dem Tod König Ramses II. bereits der Verfall ein.

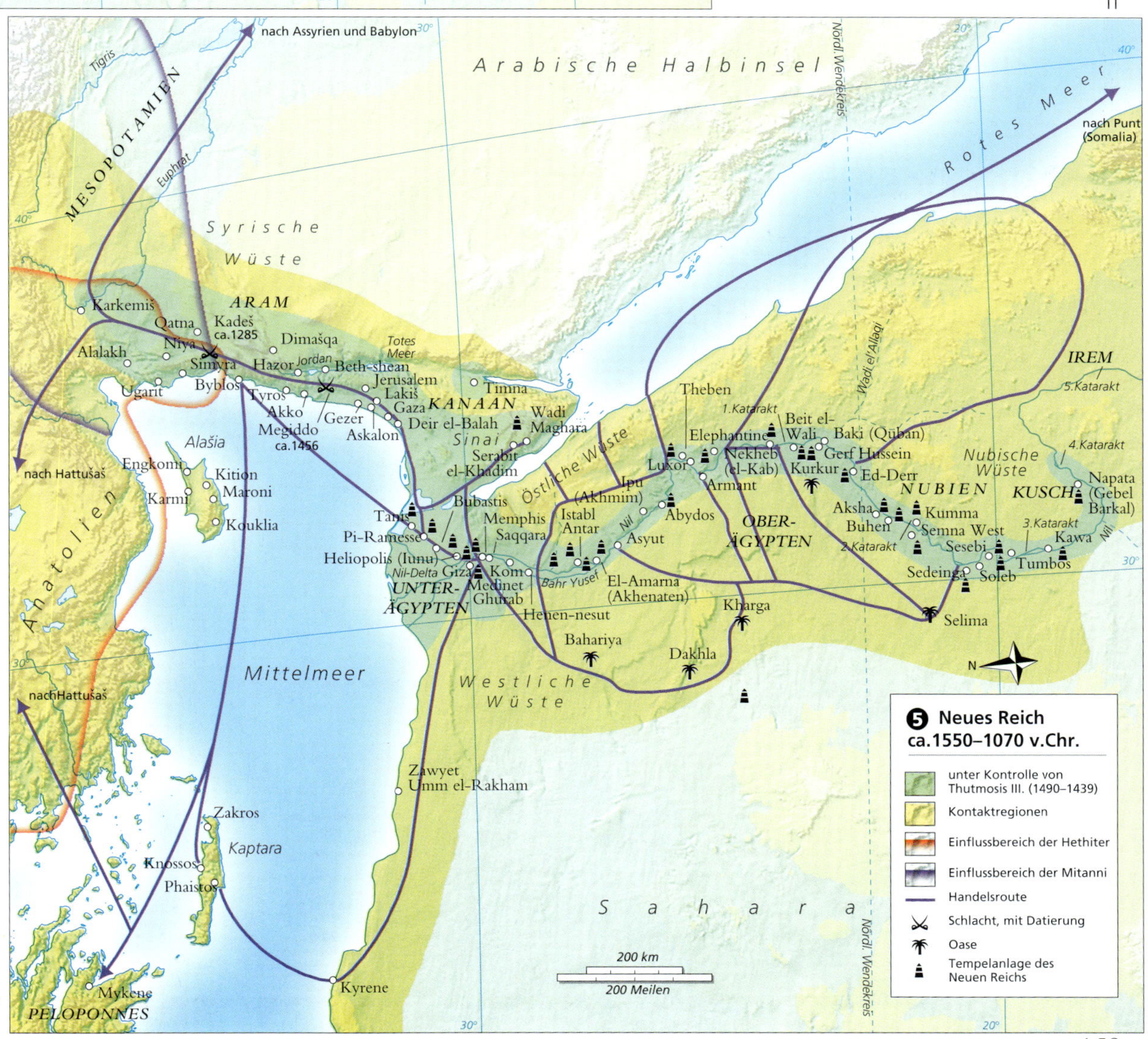

5 Neues Reich ca.1550–1070 v.Chr.

- unter Kontrolle von Thutmosis III. (1490–1439)
- Kontaktregionen
- Einflussbereich der Hethiter
- Einflussbereich der Mitanni
- Handelsroute
- Schlacht, mit Datierung
- Oase
- Tempelanlage des Neuen Reichs

BILDUNG KOMPLEXER GESELLSCHAFTEN

Die Nok-Kultur in Westafrika ist für ihre feinen Tonfiguren berühmt.

OBWOHL HANDELSSTRASSEN die Subsahara-Regionen mit dem mediterranen Norden verbanden, haben sich die beiden Räume relativ unabhängig voneinander entwickelt. Die nach 2000 v.Chr. in Richtung Süden einsetzende Wanderung von Stämmen der Bantu-Sprachgruppe mag dort zur Verbreitung sesshafter bäuerlicher Kulturen beigetragen haben. Schafzucht und Eisenverarbeitung gelangten zu einem späteren Zeitpunkt nach Süden. Um 600 v.Chr. beherrschte das in Westafrika beheimatete Volk der Nok die Technik der Eisengewinnung. In Nordafrika wurden die begünstigten Landstriche am Mittelmeer und Ägypten von Phönikern, Griechen und Römern besiedelt. Doch ab 300 v.Chr. entstanden auch mächtige Reiche ansässiger Völker, insbesondere das Königreich Aksum am Roten Meer und die Berberstaaten, die mit Rom um Nordwestafrika rivalisierten.

Ausbreitung der Eisenverarbeitung

Erste Hinweise auf eisenverarbeitende Techniken südlich der Sahara stammen aus dem Gebiet der Nok-Kultur in Westafrika, d. h. aus Nok, Taruga und Samun Dukiya, und datieren aus der Zeit um 600 v.Chr. Um 300 v.Chr. hatte sich das Wissen um die Eisenverarbeitung bis zum Kongo verbreitet. Seit dem 1. Jh. n.Chr. entsprechen die Daten von Fundstätten an der subäquatorialen Westküste denen in Ostafrika. Daher könnten die Kenntnisse der Eisenschmelztechniken sowohl entlang dem östlichen wie über den westlichen Teil des Kontinents nach Süden gelangt sein. Abgesehen von der Verwendung für Werkzeuge wie Hacken, Äxte, Messer und Speere, wurde Eisen auch zu einem Luxushandelsgut und trug dazu bei, die Kontakte zwischen den Subsahara-Völkern aufrechtzuerhalten.

Darstellungen von Wagen wurden entlang den großen kontinentalen Handelsrouten entdeckt, über die vermutlich auch das Wissen über die Eisenverarbeitung nach Süden gelangte.

Einfluss der Bantu-Völker

Von ihrem Ursprungsgebiet im heutigen Nigeria an der afrikanischen Westküste wanderten Völker der Bantu-Sprachgruppe im 2. Jahrtausend v.Chr. sowohl über den Osten als auch den Westen des Kontinents in das Gebiet des äquatorialen Regenwalds und später in das südliche Afrika ein. Die Bantu rodeten Wälder und betrieben Ackerbau und Viehzucht. Seit dem späten 1. Jh. v.Chr. verschaffte ihnen ihr Wissen um die Eisenverarbeitung einen entscheidenden Vorsprung vor den als Wildbeutern lebenden Völkern (wie etwa den Khoi-San, früher Hottentotten und Buschmänner genannt). Diese schuf die Basis für einen Wohlstand, aus dem ein Bevölkerungszuwachs resultierte, wie er in einer Gemeinschaft von Jägern nicht möglich gewesen wäre. Daher war die Zeit zwischen 500 v.Chr. und 1000 n.Chr. durch die Ausbreitung der Bantu-Traditionen in fast dem gesamten südlich der Sahara gelegenen Teil Afrikas gekennzeichnet.

Die Bantu-Völker lebten im 1. Jahrtausend v.Chr. in Dörfern am Rand des zentralafrikanischen Regenwalds und betrieben Ackerbau und Viehzucht.

Entwicklung von Eisengewinnung und sozialen Strukturen

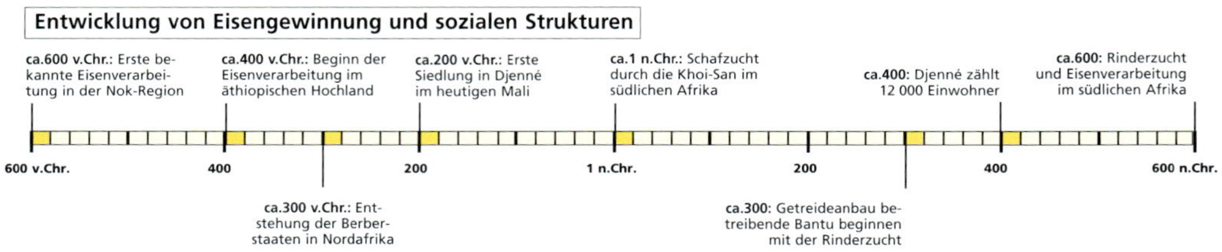

Berberstaaten in Nordafrika

Die Berber in Nordafrika, zu denen die Mauri, die Masaesyli und die Massyli gehörten, begannen ab 300 v.Chr. mit dem Aufbau staatlicher Strukturen. Im Bündnis mit den Römern wurden die Königreiche 201 v.Chr. größtenteils von Masinissa vom Volk der Massyli zum Reich Numidien vereinigt. Später führte Masinissas Enkel Jugurtha einen Krieg gegen die Römer, in dem er 104 v.Chr. besiegt wurde; danach teilten Rom und Boccus von Mauretanien sein Reich unter sich auf. Durch die Schenkung von König Boccus II. 33 v.Chr. wurde sein Reich zur römischen Provinz Mauretania. Die gesamte nordafrikanische Küste versorgte Rom nun mit Agrarprodukten, vornehmlich mit Weizen und Oliven; Küstenstädte wie Caesarea Mauretania, Carthago und Leptis Magna waren vollständig romanisierte Handelszentren.

Auf dieser Münze aus dem 2. Jh. v.Chr. ist Jugurtha dargestellt, numidischer König seit 118 v.Chr., der nach seiner Niederlage an die Römer ausgeliefert und 104 v.Chr. in Rom getötet wurde.

Die Städte in Nordafrika wiesen alle charakteristischen Merkmale römischer Städte auf, besaßen etwa Amphitheater wie das von Thysdrus (El-Djem) im heutigen Tunesien. In diesem im Jahr 300 n.Chr. errichteten Bauwerk hatten 50 000 Zuschauer Platz.

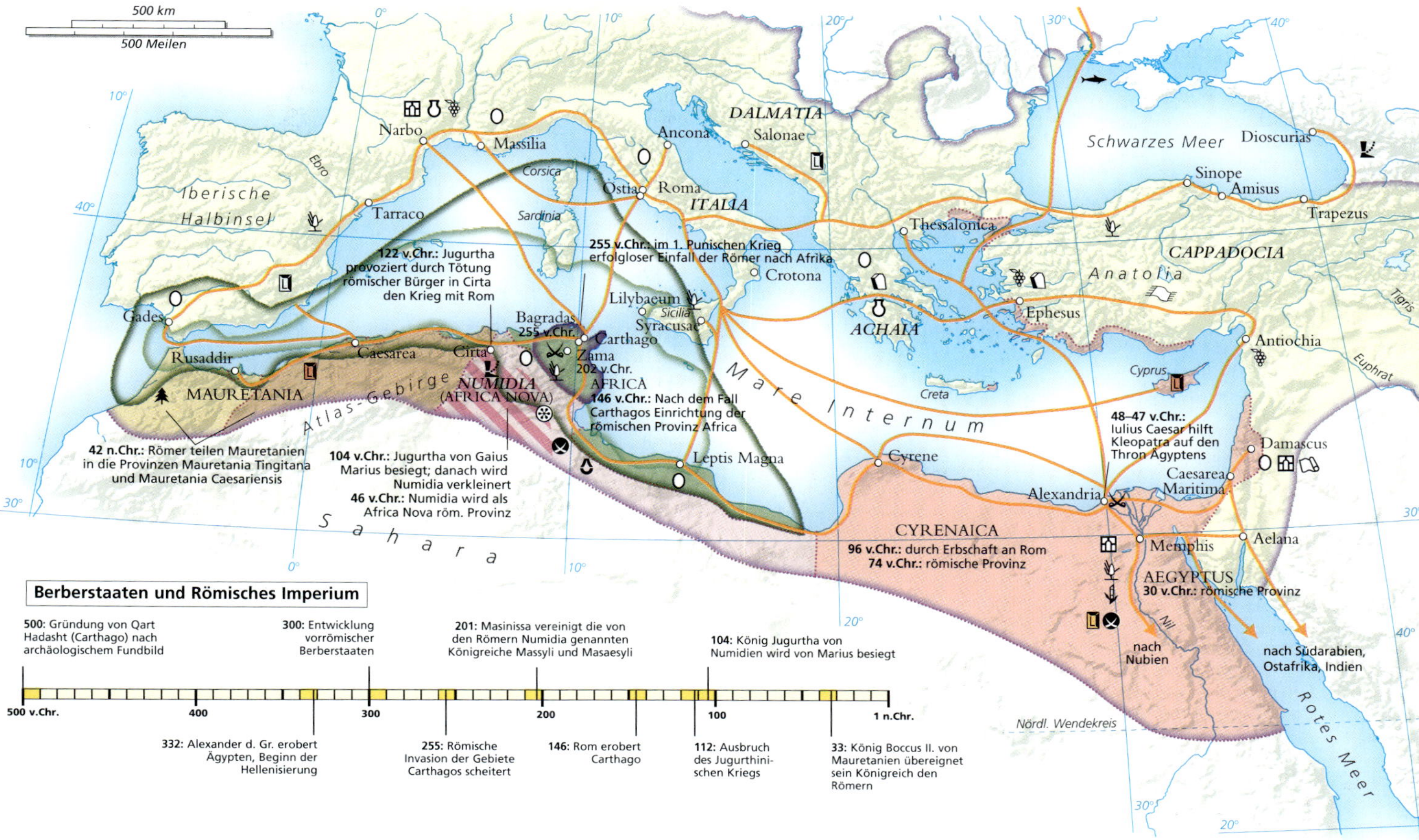

Berberstaaten und Römisches Imperium

500: Gründung von Qart Hadasht (Carthago) nach archäologischem Fundbild
300: Entwicklung vorrömischer Berberstaaten
201: Masinissa vereinigt die von den Römern Numidia genannten Königreiche Massyli und Masaesyli
104: König Jugurtha von Numidien wird von Marius besiegt

500 v.Chr. – 400 – 300 – 200 – 100 – 1 n.Chr.

332: Alexander d. Gr. erobert Ägypten, Beginn der Hellenisierung
255: Römische Invasion der Gebiete Carthagos scheitert
146: Rom erobert Carthago
112: Ausbruch des Jugurthinischen Kriegs
33: König Boccus II. von Mauretanien übereignet sein Königreich den Römern

❷ Staaten in Nordafrika

- von Carthago kontrolliert 500 v.Chr.
- von Carthago kontrolliert 202 v.Chr.
- Carthagisches Gebiet am Ende des 2. Punischen Kriegs 201 v.Chr.
- Ptolemäer-Reich 202 v.Chr.
- Römische Provinz Africa 146 v.Chr.
- Römisches Reich beim Tod Traians 117 n.Chr.

Berber-Königreiche in Nordafrika

- Massyli-Reich unter Masinissa bis 201 v.Chr.
- Masaesyli-Reich unter Syphax 201 v.Chr.
- Massyli-Reich bis 104 v.Chr.
- Mauri-Reich unter Boccus II. bis 104 v.Chr.
- Gebiet des Massyli-Reichs nach Jugurthas Niederlage 104 v.Chr.
- Mauretanien 104–33 v.Chr.; ab 42 n.Chr. M. Tingitana / M. Caesariensis
- Schlacht, mit Datierung
- Handelsroute

Handelsgüter

Gold	Teppiche
Silber	Tonwaren
Kupfer	Tuch
Holz	Wein
Salz	Oliven
Marmor	Weihrauch
Glas	Weizen
Sklaven	Fisch
Elfenbein	Papyrus

Das Reich Aksum

Der Aufstieg von Aksum, dem Kernland Äthiopiens, setzte um 100 v.Chr. ein; bis Ende des 1. Jh. hatte sich das Königreich zu einer bedeutenden Handelsmacht entwickelt. Seinen Wohlstand verdankte es dem Weihrauchhandel, der über die Hafenstadt Adulis (S. 225) abgewickelt wurde. Nach Ägypten, Persien und Indien exportierte Aksum Schildpatt, Elfenbein und Rhinozeros-Horn. Das Land erlebte seine Blütezeit unter König Ezana, der 350 n.Chr. zum Christentum übertrat. Um 500 war der größte Teil des Landes christianisiert. 525 eroberte Kaleb, ein Nachfolger Ezanas, den südlichen Teil der Arabischen Halbinsel, über den Aksum bis 574 herrschte. Ab etwa 600 setzte jedoch der Niedergang ein, vor allem weil das Reich seine Handelsposten am Roten Meer durch die Ausbreitung des Islam an muslimische Händler verlor.

Die Könige von Aksum ließen Steinstelen von einer Höhe bis zu 30 m über ihren Erdgräbern errichten. Insgesamt war die Kultur stark vom pharaonischen Ägypten beeinflusst.

Nordostafrikanische Königreiche

500: Gründung des Königreichs Daamat, des ersten Reichs im Äthiopischen Hochland
100 v.Chr.: Aufstieg des Reichs Aksum
330 n.Chr.: Meroe wird von Aksum erobert
ca. 540: Nubien wird christlich

400 v.Chr. – 200 – 1 n.Chr. – 200 – 400 – 600 n.Chr.

300: Meroe wird Hauptstadt von Napata; das Königreich expandiert
350: König Ezana von Aksum bekehrt sich zum Christentum
525–574: Aksum erobert den südlichen Teil der Arabischen Halbinsel

❸ Nordostafrika 100 n.Chr.

- Weihrauch und Myrrhe
- Gold
- Elfenbein
- Obsidian
- Edelsteine
- Rhinozeros-Horn
- Sklaven
- Schildkrötenpanzer
- Handelsrouten

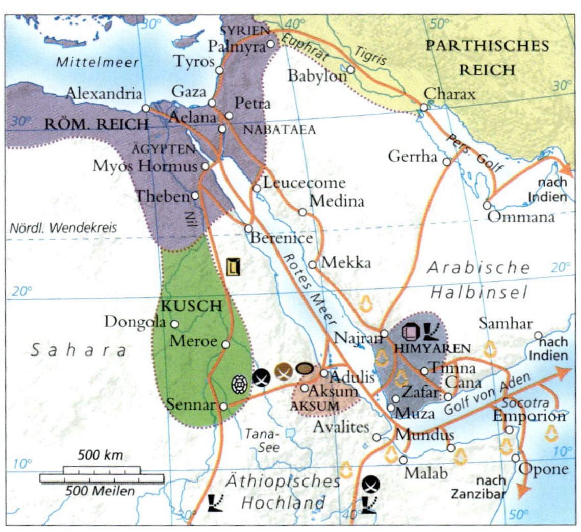

❹ Nordostafrika 350 n.Chr.

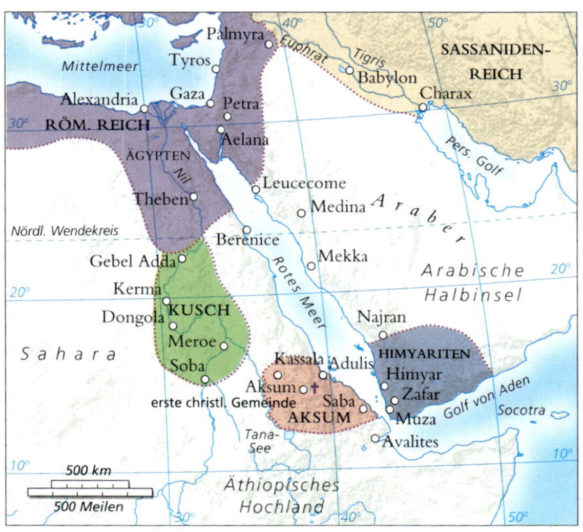

❺ Nordostafrika 500 n.Chr.

✝ frühchristliche Gemeinden 350–600

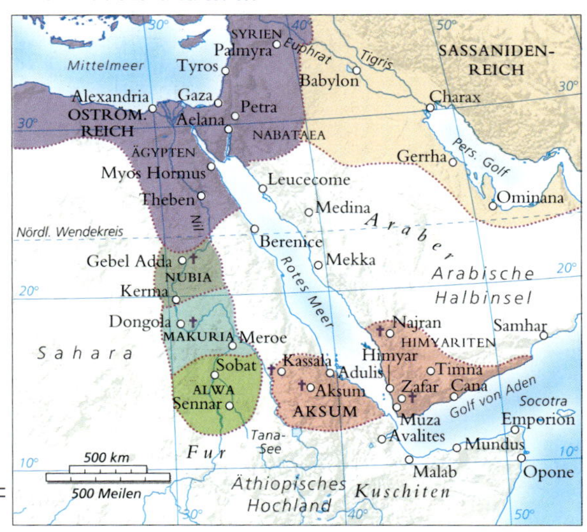

Islam und neue Reiche in Afrika

Auf der Insel Pemba wurden Goldmünzen entdeckt, die den Handel der Swahili mit der arabischen Welt belegen.

In der subsaharischen Savanne entstanden ab dem 10. Jh. etliche neue Kleinreiche. Durch die Kontakte mit muslimischen arabischen Händlern, die auf der Suche nach Salz, Gold und Sklaven die Wüste durchquerten, vollzog sich eine weitgehend friedliche Islamisierung. Verstärkt wurde diese, als die Almoraviden, muslimische Berber aus dem westlichen Nordafrika, 1076 die Hauptstadt von Ghana eroberten und damit das Ende des ghanaischen Reichs herbeiführten. Mali und Songhay, die Nachfolger Ghanas, verdankten einen Großteil ihres Reichtums und ihres Fortschritts dem Übertritt zu der neuen Religion. Dies trifft ebenfalls auf das Reich Kanem-Bornu in der Gegend des Tschad-Sees und, nach dem 15. Jh., auf die Hausa-Stadtstaaten zu. Ab dem ausgehenden 10. Jh. entstanden arabische Handelsstützpunkte in den Küstenstädten Ostafrikas, die den afrikanischen Handel mit Arabien und Indien belebten und die Ausbreitung des Islam nach Süden beschleunigten. Lediglich das christliche Äthiopien widerstand den Versuchen einer Islamisierung.

Afrika-Handel und Islamisierung

Die große Moschee von Djenné im heutigen Mali wurde im 14. Jh. aus luftgetrockneten Lehmziegeln erbaut.

Die Expansion des Islam über Arabien hinaus erfolgte erst nach dem Tod des Propheten Mohammed im Jahr 632. Ägypten fiel 640 in die Hände muslimischer Truppen und wurde in relativ kurzer Zeit arabisiert. Seit dem 8. Jh. betrieben Händler und muslimische Geistliche die Islamisierung, die den nach Westen führenden Karawanenrouten durch die Sahara folgte. Im 13. Jh. schlossen sich die Saifawa-Könige von Kanem der neuen Glaubensgemeinschaft an. Auch entlang der Ostküste Afrikas, wo sie Handelsstützpunkte einrichteten, hatten arabische Seeleute den Islam verbreitet. Im Handel zwischen Arabern und Bantu-Völkern entwickelte sich das Swahili zur Lingua franca an der Ostküste.

Dieser Elfenbein-Stoßzahn (oben) wurde im 16. Jh. in Westafrika für den europäischen Markt hergestellt. Er zeigt Inschriften und Schnitzereien im portugiesischen Stil.

Diese blauweiße Schale aus der Ming-Dynastie, gefunden an der afrikanischen Ostküste, liefert den Beweis für Handelsbeziehungen mit China im 16. Jh.

Islamische Expansion in Afrika ab 600

- **632:** Tod von Mohammed
- **635–40:** Araber erobern Ägypten
- **ca.800:** Entstehung von Handelsstädten an der Ostküste
- **909:** Ubaidullah gründet die Fatimiden-Dynastie
- **1050:** Der König von Takrur tritt zum Islam über
- **1270:** Beginn der Solomiden-Dynastie in Äthiopien
- 600 – 700 – 800 – 900 – 1000 – 1100 – 1200 – 1300
- **625:** Erster Einfall islamischer Araber nach Makuria
- **680:** Arabische Heere erreichen den Atlantik bei Marokko
- **1076:** Der Almoravide Abu Bakr erobert Ghanas Hauptstadt Kumbi Saleh und islamisiert das Reich

❶ Afrika-Handel und Islamisierung 500–1500

- Grenzen um 1500
- muslimische Handelsrouten
- muslimisches Gebiet um 900
- muslimisches Gebiet um 1100
- muslimisches Gebiet um 1300
- muslimisches Gebiet um 1500
- Grenze der muslimischen Herrschaft in Spanien 1492
- christliche Bevölkerung um 1100
- christliche Bevölkerung um 1500
- portugiesische Stützpunkte um 1500

Kupfer · Gold · Datteln · Fisch · Mehl · Elfenbein · Kola-Nüsse · Leder · Porzellan · Parfüm · Safran · Salz · Seide · Sklaven · Gewürze · Wachs · Wolle

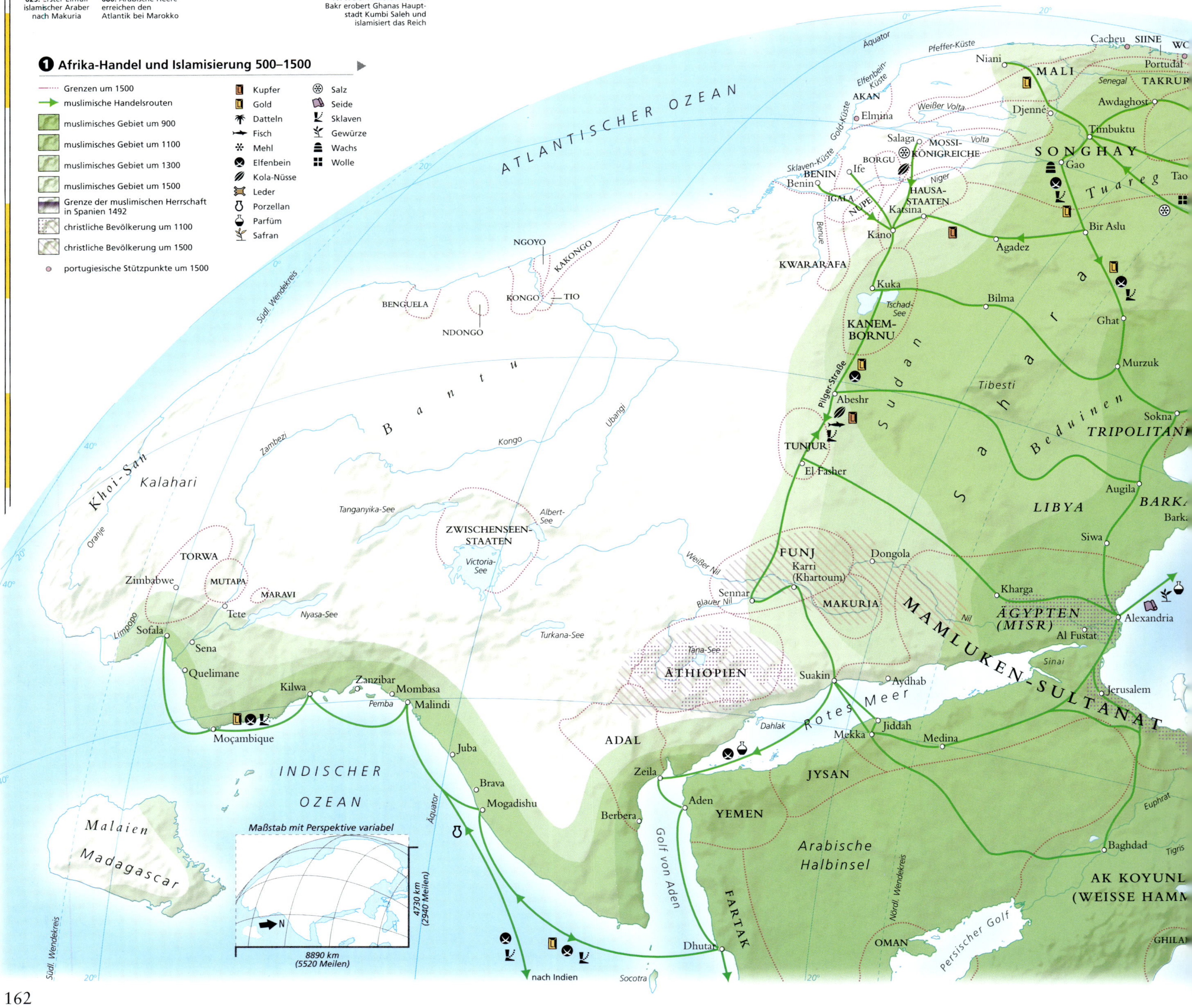

2 Reiche und Produktionsformen ca.1350

- Handelsgebiet am Indischen Ozean
- komplexe Agrargesellschaften
- einfache Agrargesellschaften
- nomadische Hirten
- Jäger und Sammler
- Staatsgrenze

Reiche und Staaten

An den Karawanenstraßen durch die Sahara entstanden zwischen 800 und 1500 mächtige Staaten, etwa Mali und Songhay. Entlang der Küste bildeten sich Stadtstaaten, die ihren Wohlstand dem Zwischenhandel verdankten, während im südlichen Afrika das Reich Groß-Zimbabwe entstand, das sich auf Gold- und Viehhandel gründete. Von den Völkern, die nicht in einen Staat eingebunden waren, lebten kleinere Gruppen als Nomaden und Jäger; andere Gemeinschaften, oft mit mehreren tausend Menschen, waren sesshaft und betrieben Ackerbau oder Viehzucht.

3 Die Ruinen von Groß-Zimbabwe

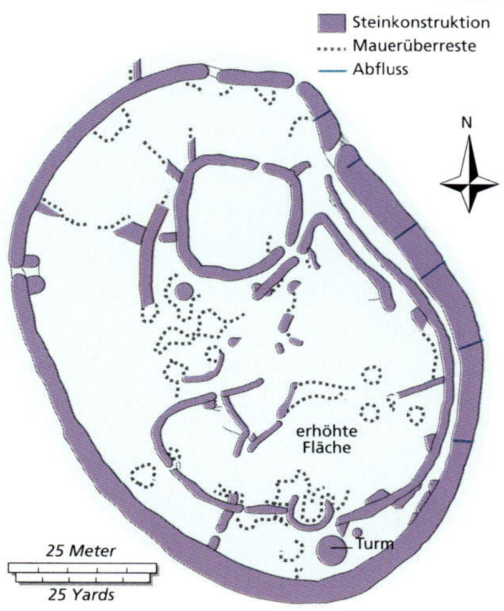

Der Königspalast in Groß-Zimbabwe

Zwischen dem 7. und. dem 15. Jh. entstanden in Zimbabwe aus Steinwällen bestehende Umfriedungen. Mit dem Bau des gewaltigen Königspalastes, der sich über 400 Jahre hinzog, wurde im 11. Jh. begonnen. Ihn schützte eine Außenmauer, die 250 m lang, 9 m hoch und an der Basis 5 m dick war.

Entwicklung von Staaten in Afrika

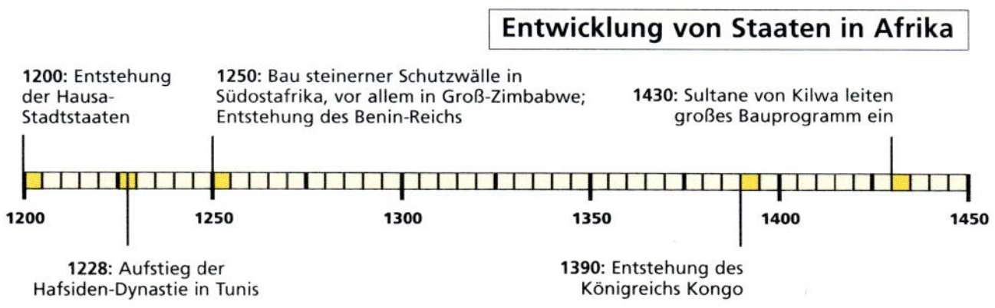

Politische Entwicklung im westlichen Sudan

Zwischen 600 und der Mitte des 11. Jh. erlebte Ghana eine Blütezeit. Grund dafür war seine solide landwirtschaftliche Basis und die Kontrolle des Transsahara-Handels. Das Königreich wurde 1076 durch den Einfall der Almoraviden völlig zerstört und zerfiel in mehrere zerstrittene Kleinstaaten. Das nächste Großreich in Westafrika war das Malinke-Reich Mali, das 1235 unter der Führung von Prinz Sundiata entstand. In der Folgezeit unternahm das benachbarte Songhay mehrfach Feldzüge gegen Mali, und im 15. Jh. stieg Songhay aufgrund seiner Monopolstellung am Niger zur größten Macht in Westsudan auf.

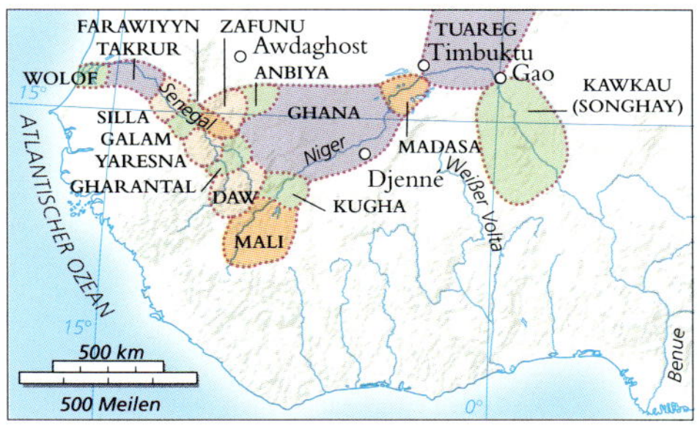

▲ **4 Westsudan ca.1068**

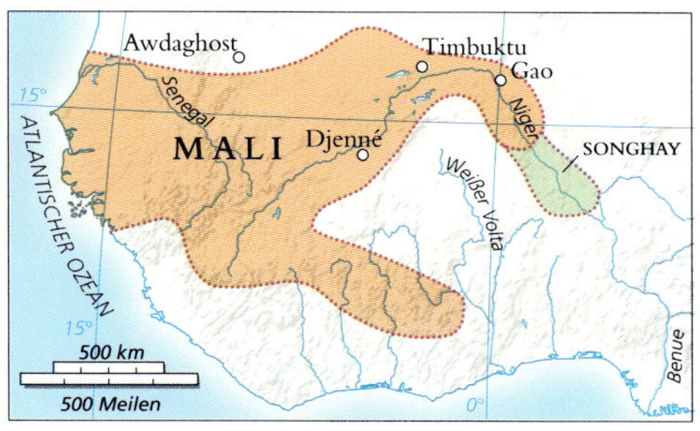

▲ **5 Westsudan ca.1350**

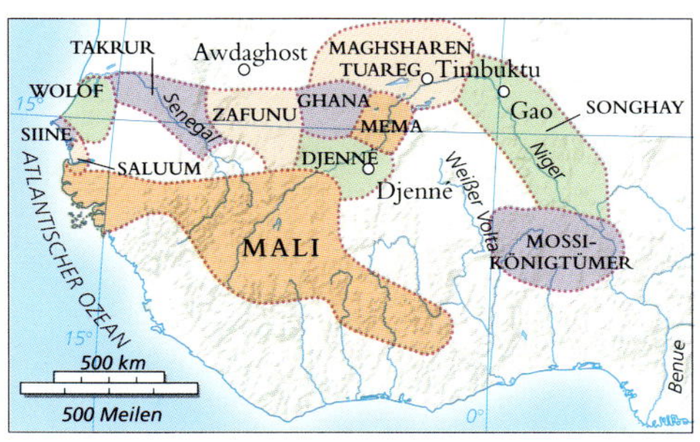

▲ **6 Westsudan ca.1440**

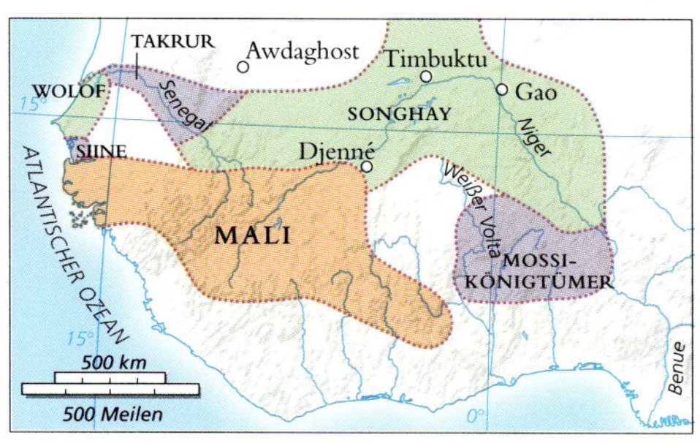

▲ **7 Westsudan ca.1530**

Der bronzene Ibis aus dem 11. Jh. wurde Anfang des 20. Jh. in der Nähe von Gao, Mali, entdeckt. Die alten Völker Westafrikas verehrten den Ibis, da er angeblich prophetische Fähigkeiten besaß.

Politische Entwicklung in Westafrika nach 600

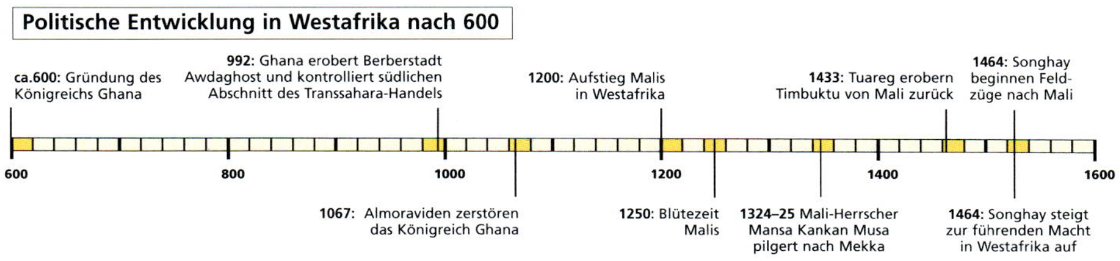

AFRIKA IN DER FRÜHEN NEUZEIT

Asantes Dominanz an der Goldküste beruhte auf seinen gut ausgerüsteten Kriegern.

NACHDEM DIE PORTUGIESEN die europäische Ausbreitung in Afrika im 15. Jh. eingeleitet hatten, entstanden einige Kolonien – etwa in Angola, im Tal des Zambezi (Sambesi) und am Kap der Guten Hoffnung. In der Regel beschränkten und überwachten jedoch die einheimischen Machthaber die Handelsaktivitäten der Neuankömmlinge. In einigen Teilen Westafrikas erlaubten sie den Europäern, Küstenforts und Handelsposten zu errichten. Die Folge war ein deutlicher Anstieg des Handelsvolumens, vor allem bei Gold, Elfenbein und Sklaven. Nach 1700 stellte dann der transatlantische Sklavenhandel alle anderen Märkte in den Schatten. Im 16. Jh. dehnte sich das Osmanische Reich über Nordafrika bis zum Atlas-Gebirge aus. Im Süden überrannten 1591 marokkanische Invasoren das große Songhay-Reich, danach bildete sich in Westafrika die neue Macht Groß-Fulo heraus. Im frühen 18. Jh. entstanden die mächtigen Küstenkönigreiche der Asante und Dahomey, während Rozwi in Südostafrika das Erbe von Mwenemutapa antrat.

Süd- und Ostafrika

Die Portugiesen in Süd- und Ostafrika standen im 17. Jh. zunehmend unter dem Druck des Rozwi-Reichs, das sie aus dem Hochland von Zimbabwe verjagte. Außerdem eroberten osmanische Flottenverbände zahlreiche portugiesische Festungen an der Ostküste. Die Portugiesen hielten sich nur noch in den halbwegs unabhängigen Gebieten *(prazos)* des Zambezi-Tals und in den Küstenstädten Sofala, Moçambique und Inhambane auf. 1652 gründete die holländische Ostindische Kompanie eine Kolonie in Kapstadt. Die rasche Expansion im 18. Jh. führte zu Zusammenstößen der holländischen Siedler mit den vielen kleinen Herrschaftsgebilden der Nguni-Region.

Fort Jesus, von Portugal 1593 zum Schutz seines Handels in Mombasa gebaut, eroberten Oman-Araber 1698.

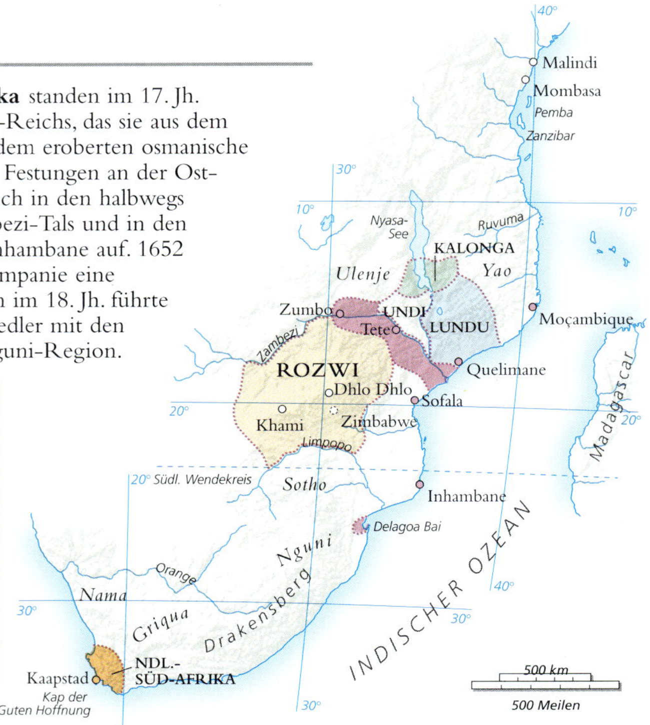

❶ Südostafrika um 1700

- Besitzungen Portugals
- Besitz. der Niederlande
- zerstörte Stadt

Süd- und Ostafrika

1650 – 1675 – 1700 – 1725 – 1750 – 1775 – 1800

- **1652:** Holländer errichten Kolonie am Kap der Guten Hoffnung
- **1696:** Dombo Changamire verleibt Zimbabwe-Region dem Rozwi-Reich ein
- **1720–30:** Holländer nehmen die portugiesische Siedlung in der Delagoa-Bai ein
- **1729:** Portugiesen verlassen Ostafrika aus Furcht vor Angriffen aus Oman
- **1779:** Beginn einer Reihe von Kriegen zwischen Niederländern und Nguni
- **1795:** Briten erobern Kapstadt von Holländern

Die Fulbe (auch Ful), die als Viehzüchter lebten, hatten sich über einen Großteil Westafrikas ausgebreitet. Dieser Stich aus dem Jahr 1730 zeigt eine Fulbe-Stadt am Gambia mit einer Pflanzung und einem Pferch für das Vieh.

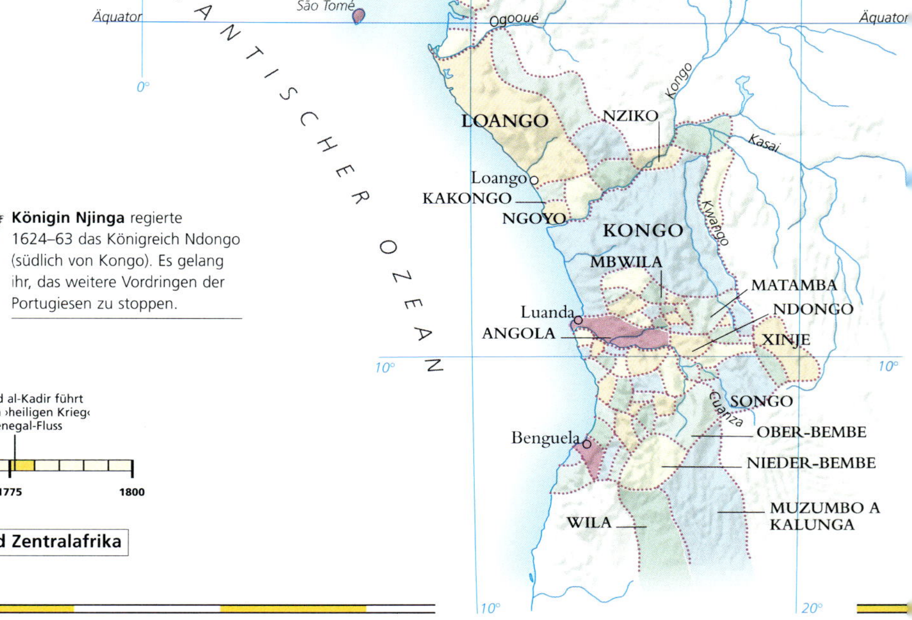

Politische Entwicklung Afrikas

Der südlich der Sahara gelegene Teil des Kontinents bestand im 17. Jh. größtenteils aus vielen kleinen unabhängigen Herrschaftsgebilden, deren Durchmesser meist nicht mehr als 50 km betrug. Vermutlich lebte 70% der westafrikanischen Bevölkerung in solchen Kleinstaaten. Die Grenzen blieben über einen langen Zeitraum unverändert, die jeweiligen Herrscher wurden durch Erbfolge, Wahl oder lokales Brauchtum bestimmt. Zwar gab es ausgedehnte Reiche wie Songhay und Mali, doch erstreckten diese sich in der eher dünn besiedelten Sahelzone. Diese beiden und die anderen größeren Staaten erweiterten ihre Territorien im Allgemeinen dadurch, dass sie kleinere Gebilde eingliederten und die lokalen politischen Strukturen nutzten, um ihrem Recht Geltung zu verschaffen oder Tribute einzuziehen. Die Besteuerung erfolgte in Form einer Haus- oder Kopfsteuer. Landbesitz gab es nicht; Ackerland konnte weder erworben noch veräußert werden, sondern gehörte demjenigen, der es bestellte. Als wichtiger Gradmesser für Reichtum galt der Besitz von Sklaven.

Königin Njinga regierte 1624–63 das Königreich Ndongo (südlich von Kongo). Es gelang ihr, das weitere Vordringen der Portugiesen zu stoppen.

West- und Zentralafrika

1600 – 1625 – 1650 – 1675 – 1700 – 1725 – 1750 – 1775 – 1800

- **1591:** Marokkaner zerstören das Songhay-Reich
- **1624:** Beginn der Regentschaft von Königin Njinga von Ndongo
- **1637:** Niederländer erobern portugiesisches Fort Elmina
- **ca.1660:** Zusammenbruch des Mali-Reichs
- **1665:** Schwächung des Königreichs Kongo durch Bürgerkrieg
- **1701:** Aufstieg des Asante-Königreichs unter Osei Tutu
- **1727:** Truppen aus Dahomey nehmen Whydah ein
- **ca.1730:** Entstehung des Fulbe-Staats Futa Jallon in Guinea
- **1776:** Abd al-Kadir führt Muslime in ›heiligen Krieg‹ am Senegal-Fluss

Der Kampf um das Horn von Afrika

Die Vorherrschaft Äthiopiens in der Region endete im 16. Jh. Die Ausdehnung des christlichen Reichs auf muslimische Gebiete im Süden ging oft mit einer erzwungenen Christianisierung und der Zerstörung islamischer Literatur und heiliger Stätten einher. 1529 rief der mächtige Imam von Adal, Ahmad Grañ, zu einem Heiligen Krieg gegen Äthiopien auf, in dem er zahlreiche Triumphe feierte. 1540 riefen die Äthiopier Portugal zu Hilfe. Der Krieg, in dem schließlich auch Grañ 1543 fiel, verwüstete die Region, was den Oromo ermöglichte, aus dem Süden nach Äthiopien einzufallen. Hierbei handelte es sich um viele unabhängige Gruppen, die sowohl christliches als auch muslimisches Land einnahmen und neue Königreiche gründeten. Viele Oromo traten zum Islam über, und einige verdingten sich als Söldner in den äthiopischen Bürgerkriegen. Im 17. Jh., als Gondar Hauptstadt war, erlebte das Äthiopische Reich eine neue Blütezeit, wenngleich es starke Gebietsverluste erlitt.

Untergang Äthiopiens

- **1529:** Ahmad Grañ führt hl. Krieg gegen Äthiopien
- **1540:** Portugal kommt Äthiopien zu Hilfe
- **1543:** Ahmad Grañ wird von portugiesischem Musketier erschossen
- **1590:** Oromo-Banden beginnen mit Besetzung Südäthiopiens
- **1597:** Beginn der Bürgerkriegsperiode
- **1632:** Ende der Bürgerkriege; Jesuiten-Missionare werden aus Äthiopien ausgewiesen
- **1636:** König Fasiladas gründet Gondar als Sitz der äthiopischen Könige
- **1682:** Thronbesteigung von Iyasu I., dem letzten großen Gondar-König

(Zeitleiste: 1500 – 1550 – 1600 – 1650 – 1700)

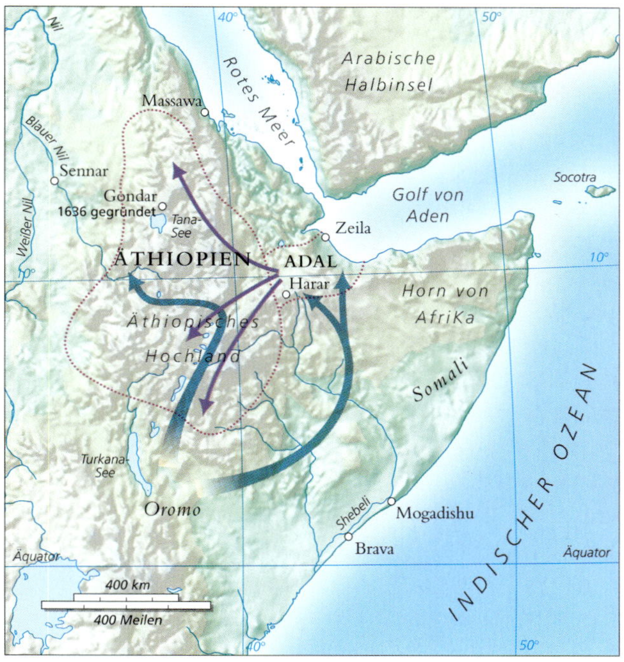

3 Das Horn von Afrika 1500–1700

- Krieg von Ahmad Grañ 1529–43
- Oromo-Expansion 1550–1700
- ungefähre Staatsgrenzen 1500

Äthiopiens König Fasiladas ließ 1636 die Stadt Gondar und dieses Schloss bauen. Vor seiner Zeit hatten die Herrscher Äthiopiens keinen festen Wohnsitz. Sie schlugen ihre Zelte für die Dauer von 6 bis 12 Monaten an einem Ort auf, anschließend zog der nomadische Hofstaat in einen anderen Teil des Königreichs.

4 Sklavenhandel in Afrika ca. 1750

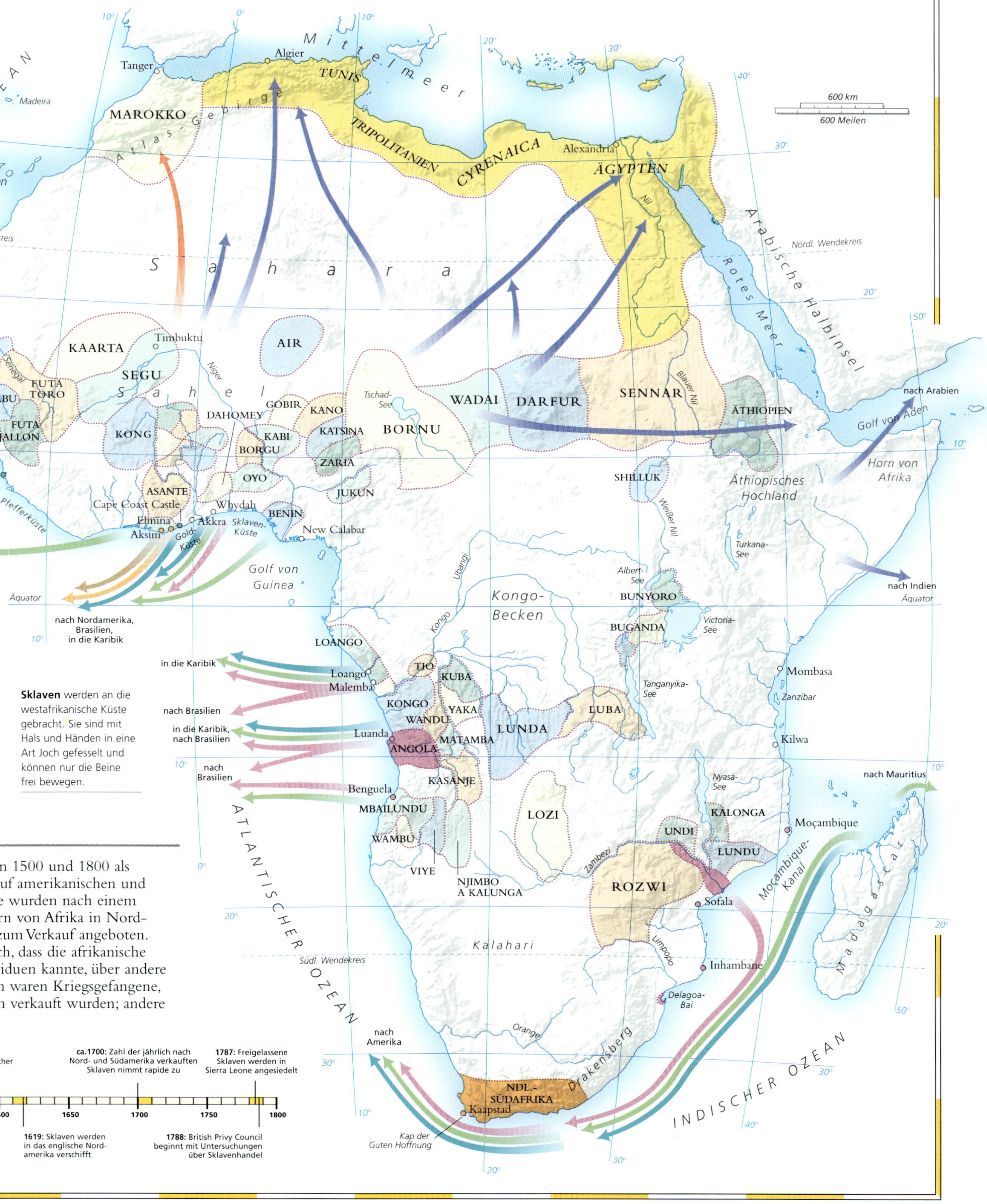

Sklaven werden an die westafrikanische Küste gebracht. Sie sind mit Hals und Händen in eine Art Joch gefesselt und können nur die Beine frei bewegen.

Der Sklavenhandel

Etwa 15 Mio. Afrikaner wurden zwischen 1500 und 1800 als Sklaven verkauft. Der größte Teil gelangte auf amerikanischen und europäischen Schiffen nach Amerika; andere wurden nach einem Marsch durch die Sahara oder über das Horn von Afrika in Nordafrika, im Mittleren Osten und Südeuropa zum Verkauf angeboten. Erleichtert wurde der Sklavenhandel dadurch, dass die afrikanische Tradition das Recht von Staaten oder Individuen kannte, über andere Menschen zu verfügen. Die meisten Sklaven waren Kriegsgefangene, die bei Stammeskämpfen gemacht und dann verkauft wurden; andere gerieten per Gerichtsurteil in die Sklaverei.

Afrikanischer Sklavenhandel

- **1441:** Portugiesen bringen Sklaven von der Atlantikküste nach Europa
- **1502:** Erste Sklaventransporte in die Neue Welt
- **ca. 1550:** Sklavenhandel umfangreicher als Goldhandel
- **1592:** Britische Schiffe beteiligen sich am Sklavenhandel
- **1619:** Sklaven werden in das englische Nordamerika verschifft
- **ca. 1700:** Zahl der jährlich nach Nord- und Südamerika verkauften Sklaven nimmt rapide zu
- **1787:** Freigelassene Sklaven werden in Sierra Leone angesiedelt
- **1788:** British Privy Council beginnt mit Untersuchungen über Sklavenhandel

(Zeitleiste: 1400 – 1450 – 1500 – 1550 – 1600 – 1650 – 1700 – 1750 – 1800)

DIE KOLONISIERUNG AFRIKAS

Cecil Rhodes, Verkörperung des Kolonialismus, wollte eine britische Hegemonie von Kairo bis Kapstadt.

DAS 19. JH. war in Afrika ein Jahrhundert revolutionärer Unruhen. Islamische Glaubenskämpfe *(Djihad)* erschütterten die westafrikanischen Staaten, während im Süden die kriegerischen Übergriffe des straff organisierten Zulu-Reiches katastrophale Auswirkungen auf die benachbarten Völker hatte. Afrika war Mitte des 19. Jh. auch Schauplatz einer wirtschaftlichen Revolution. Die Europäer waren in der Lage, maschinell hergestellte, hochwertige Waren in großen Mengen anzubieten. Afrika hingegen musste sich auf die Rolle des Rohstofflieferanten beschränken. Am Ende des Jahrhunderts wurden die zahlreichen afrikanischen Königreiche und auf Klans gegründeten Gemeinschaften durch Flächenstaaten ersetzt. Die Aufteilung des Kontinents unter den bedeutenden europäischen Mächten, die ethnische Differenzen ebenfalls kaum beachteten, beendete diesen Prozess.

Handel im 19. Jahrhundert

Der arabische Sklavenhändler Tibbu Tib baute zum Schutz seiner Karawanen eine bewaffnete Truppe auf, mit deren Hilfe er ab 1875 ein großes Territorium beherrschte.

Die Entwicklung der Exportgüterindustrie in Europa hatte enorme Folgen für Afrika. Sinkende Frachtkosten nach der Einführung von Dampfschiffen ließen die Einfuhr europäischer Textil- und Metallwaren ansteigen. Der daraus folgende Niedergang der einheimischen Industrie ging mit einem wachsenden Handel einher, der nicht nur Güter, sondern auch Sklaven umfasste. Der notwendige, umfangreiche Transporthandel, vor allem in Zentralafrika und im arabisch kontrollierten Ostafrika, wurde in der Regel innerhalb größerer Regionen von bestimmten Ethnien organisiert. Die Stammesführer wiederum konnten durch die Gewinne neue, erweiterte Machtpositionen aufbauen. Afrikaner und Araber profitierten so von der wirtschaftlichen Durchdringung des Kontinents, die die Franzosen so bezeichnend *mise en valeur,* ›Inwertsetzung‹ nannten.

Handel in Afrika nach 1815

1815 – 1825 – 1835 – 1845 – 1855 – 1865 – 1875

1816: Verarbeitung von Zucker, Indigo, Glas, Wolle, Leinen in Ägypten

1830: Verschiffung von 20000 Sklaven von Zentralafrika nach Brasilien

ca.1850: Transatlantischer Sklavenhandel verliert an Bedeutung

1866: Kupferhändler Msiri errichtet auf der Grundlage von Handel in Zentralafrika politische Herrschaft

1875: Sklavenhändler Tibbu Tib gründet eigenen Staat

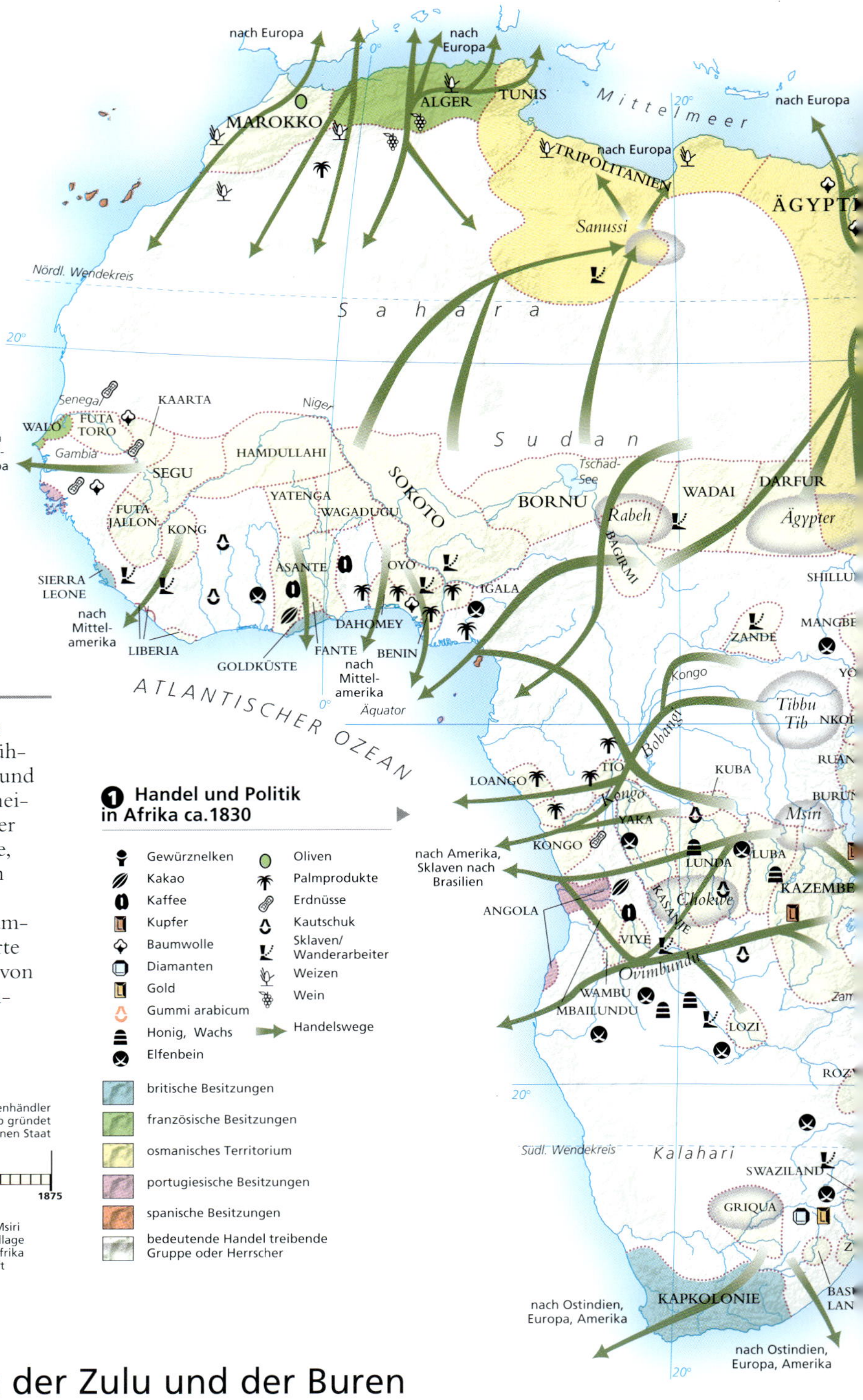

Expansion der Zulu und der Buren

Unter Herrscher Shaka wandelte sich das Zulu-Königreich zu einem straff geführten Militärstaat. Er besiegte die benachbarten Nguni-Völker und entfesselte zahlreiche Kriege *(Mfecane),* die weite Teile des südafrikanischen Landesinneren entvölkerten; sie leisteten so der Ausbreitung der Buren Vorschub. Die Buren verließen die Kapkolonie ab 1835 auf der Suche nach Weideland und weil sie der britischen Vorherrschaft entkommen wollten. Auf ihrem Weg nach Norden besiegten sie alle einheimischen Königreiche.

Britische Reformen wie die Abschaffung der Sklaverei führten dazu, dass viele Buren die Kapkolonie verließen. In Planwagen unternahmen sie ab 1835 den ›Großen Trek‹.

2 Buren, Zulu und die Mfecane-Kriege

- Kernland des Zulu-Königreichs
- Zulu-Königreich unter Shaka 1817
- Swazi-Königreich unter Sobhuza 1820
- Lesotho-Königreich unter Moshoeshoe 1824
- Ndebele-Königreich unter Mzilikazi 1826
- Sieg der Nguni
- Sieg der Briten
- Sieg der Buren
- Hauptroute der Buren 1835–54
- Wanderungsbewegung der Nguni
- Grenzen 1895

Shaka bewaffnete die Zulu mit Speeren mit langer Klinge *(assegais),* die sie zu gefürchteten Nahkämpfern machten. Die Regimenter unterschieden sich durch Schild- und Haarschmuck.

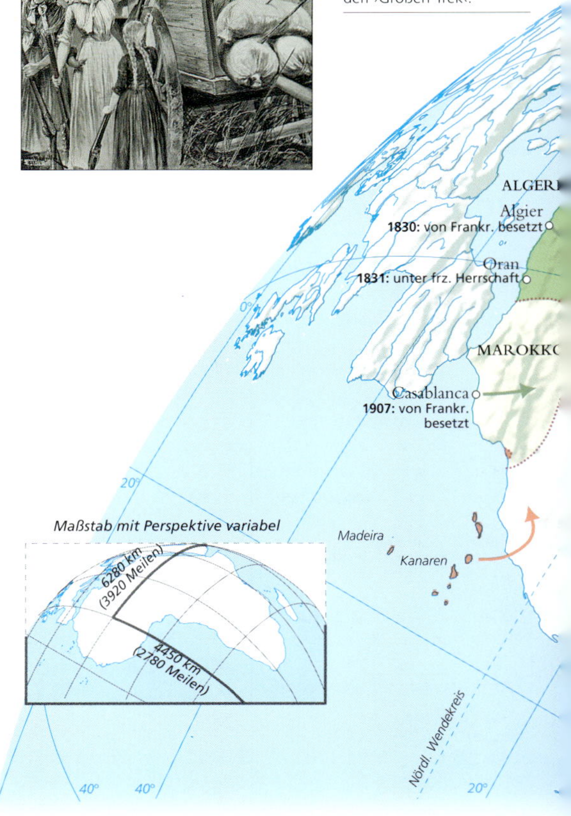

Ausbreitung von Zulu und Buren

1820 – 1830 – 1840 – 1850 – 1860

1816: Shaka, unehelicher verstoßener Sohn des Königs, wird Herrscher der Zulu, eines Nguni-Volks

ab 1820: Nguni fliehen in alle Richtungen vor kriegerischen Zulu

1835: Zwangendaba überschreitet den Limpopo gen Norden

1835: Beginn des Großen Trecks

1843: Briten annektieren kurzlebige Buren-republik Natal

1852: Großbritannien gewährt burischen *Voortrekkers* in Transvaal Unabhängigkeit

1854: Buren gründen den Oranje-Freistaat

Islamische Kriege in Westafrika

- 1804: »Heiliger Krieg« von Usuman dan Fodio
- 1807: Fulbe-Emire lösen Hausa-Könige ab
- 1816: Amadu Lobbo beginnt in Masina *Djihad* nach dem Vorbild von Usuman dan Fodio
- ca. 1820: Sultanat Sokoto umfasst nach dan Fodios Tod die meisten Hausa-Staaten
- 1852: 'Umar Sa'id Tal erobert Senegal-Tal
- 1861: Streitkräfte von 'Umar Sa'id Tal erobern Segu
- 1863: 'Umar Sa'id Tal erobert Timbuktu und gründet das Tukolor-Reich
- 1864: 'Umar Sa'id Tal wird getötet bei dem Versuch, Fulbe-Aufstand zu stoppen

1800 · 1810 · 1820 · 1830 · 1840 · 1850 · 1860 · 1870

Der verzierte Koran-Text aus dem 19. Jh. ist in westafrikanischer Sudan-Schrift abgefasst. Das große rechteckige Ornament kennzeichnet das Ende eines Kapitels.

Islamisierung in Westafrika

Islamische Glaubenskämpfe haben in Westafrika im 19. Jh. viel Aufruhr bewirkt. Die Vorstellung, Reformer seien befugt, eine ungerechte Regierung zu stürzen, stammte aus der Zeit der Almoraviden-Bewegung des 11. Jh. Männer, die im Ruf der Heiligkeit standen, zogen gegen korrupte Herrscher zu Felde und forderten die Rückkehr zum islamischen Gesetz. Wie heute vollzog sich die Islamisierung vor dem Hintergrund sozialer Konflikte. So unterstützten die Viehhirten der Fulbe die Reformer im Kampf gegen ihre Tributherren. In anderen Fällen traten Bauern oder Sklaven zum Islam über. Der *Djihad* des Schriftgelehrten Usuman dan Fodio führte zur Unterwerfung der Hausa-Staaten 1804–07, die 1817 überwiegend dem islamischen Sultanat Sokoto zugeschlagen wurden. Der Fulbe-Schriftgelehrte El-Hadj 'Umar Sa'id Tal eroberte 1851 die Segu-Region und gründete 1863 das Tukolor-Reich.

3 Islamisierung in Westafrika

- Ful-Sultanat Sokoto ca. 1820
- Tukolor-Reich ca. 1864
- britische Besitzungen
- französische Besitzungen
- portugiesische Besitzungen
- *Djihad*-Strecke von 'Umar Sa'id Tal
- Grenzen ca. 1850
- Konflikt

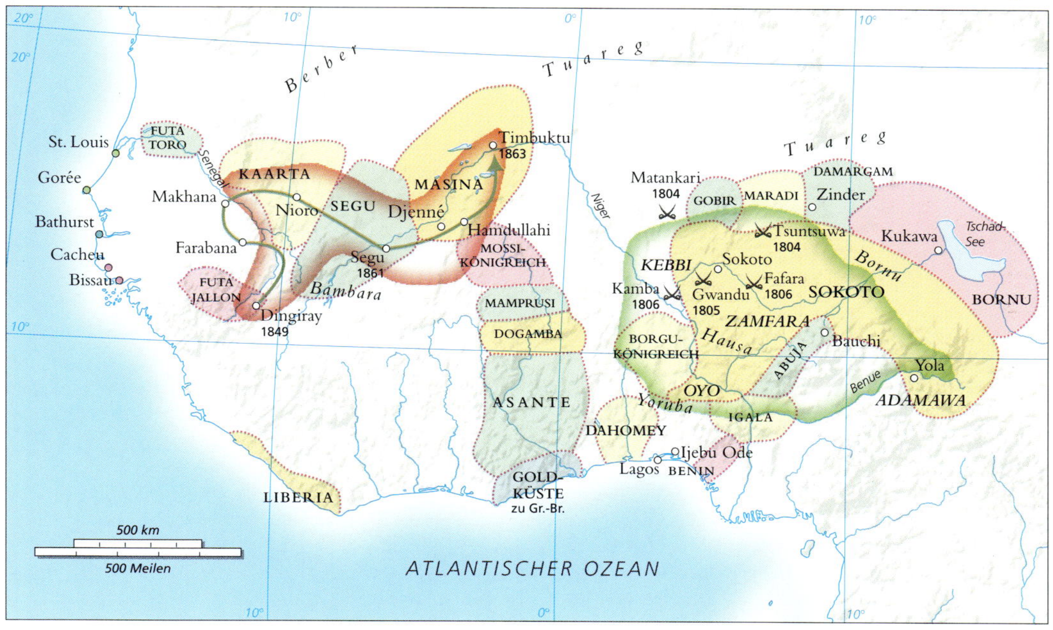

Eroberung des Landesinneren

Nach 1885 setzte der Wettlauf um die Eroberung des restlichen Afrika ein (S. 96). Rivalitäten zwischen den europäischen Mächten, angetrieben von den Emotionen, die das Thema in der Heimat entfachte, ließen das Interesse der europäischen Regierungen an diesem Kontinent nicht erlahmen. In vielen Fällen standen kommerzielle Überlegungen im Vordergrund, etwa bei der Gesellschaft De Beers Consolidated Mines von Cecil Rhodes. Als Soldaten kämpften meist Afrikaner, angeworbene Söldner oder militärisch ausgebildete Sklaven. Genauso effektiv wie militärische Gewalt und das automatische Maxim-Gewehr waren jedoch Kontakte zu afrikanischen Händlern und die Ausnutzung lokaler Rivalitäten.

Eroberung Afrikas nach 1880

- 1882: Gr.-Br. besetzt Ägypten; König Leopold von Belgien gründet Kongo-Freistaat
- 1883: Frankreich beginnt mit Eroberung Madagascars
- 1884: Berliner Kongo-Konferenz; Samory Touré proklamiert islamischen Gottesstaat
- 1889: Eritrea wird erste Kolonie Italiens
- 1892: Frankreich zerschlägt das Tukulor-Reich
- 1894: Gr.-Br. besetzt Buganda
- 1896: Frankreich besetzt Madagascar
- 1900–01: Gr.-Br. annektiert Asante
- 1904: Frankreich bildet die Föderation Französisch-Westafrika
- 1908: Leopold II. verkauft Kongo an belgischen Staat

1880 · 1890 · 1900 · 1910

4 Erschließung Afrikas durch die europäischen Mächte

Kolonialgebiete ca. 1880

- osmanische Oberherrschaft
- Großbritannien
- Portugal
- Frankreich
- Spanien
- Buren-Republiken
- Grenze christlicher Missionarstätigkeit ca. 1880

Europäische Expansion

- Belgien
- Großbritannien
- Frankreich
- Deutsches Reich
- Italien
- Portugal
- Spanien
- Vordringen von Missionaren
- 1888 Gründungsjahr einer Siedlung

Koloniale Siedlungen

- Belgien
- Buren
- Großbritannien
- Frankreich
- Deutsches Reich
- Italien
- Portugal
- andere Siedlung

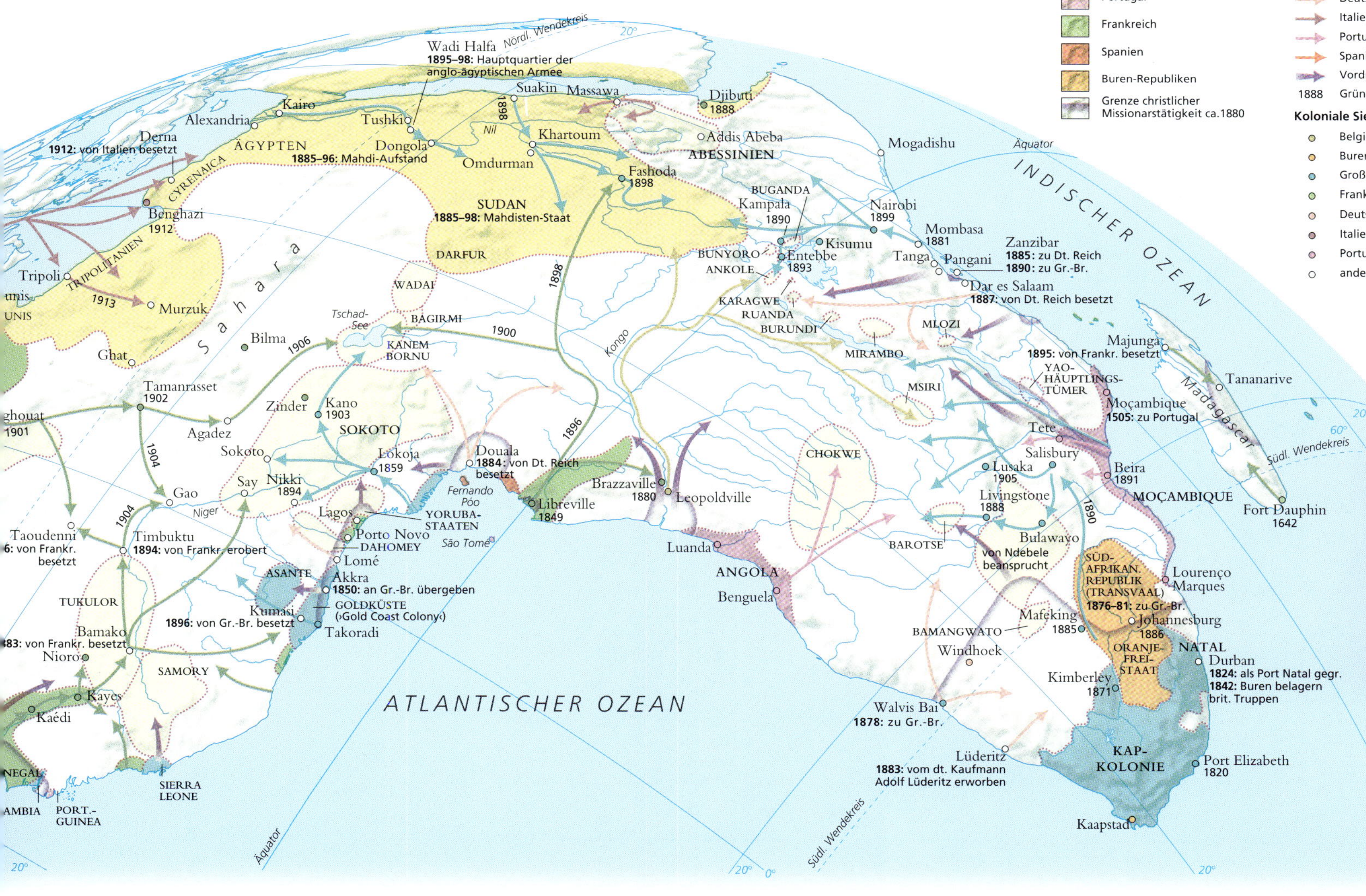

Afrikanische Soldaten, hier die *tirailleurs sénégalais*, wurden von Frankreich für Eroberungen in Afrika bewaffnet und ausgebildet.

POSTKOLONIALES AFRIKA SEIT 1955

Julius Nyerere führte Tanganyika in die Unabhängigkeit.

DIE UNABHÄNGIGEN STAATEN Afrikas waren in vielen Fällen territorial identisch mit den ehemaligen Kolonialgebieten, die zum Großteil zwischen 1956 und 1968 in die Unabhängigkeit entlassen wurden. In vielen Fällen versuchten die abziehenden Europäer eher überstürzt, Regierungen nach westlichen Muster zu schaffen. Oft entpuppten sich die neuen Herrschenden aber als Diktatoren oder Militärs übernahmen die Macht. Viele Regierungen waren korrupt, durch blutige Kriege wurden Grenzverläufe korrigiert. In jüngster Zeit ist jedoch ein Trend in Richtung Mehrparteiensysteme zu beobachten, nicht nur in Südafrika, wo die Apartheid 1990 beseitigt wurde.

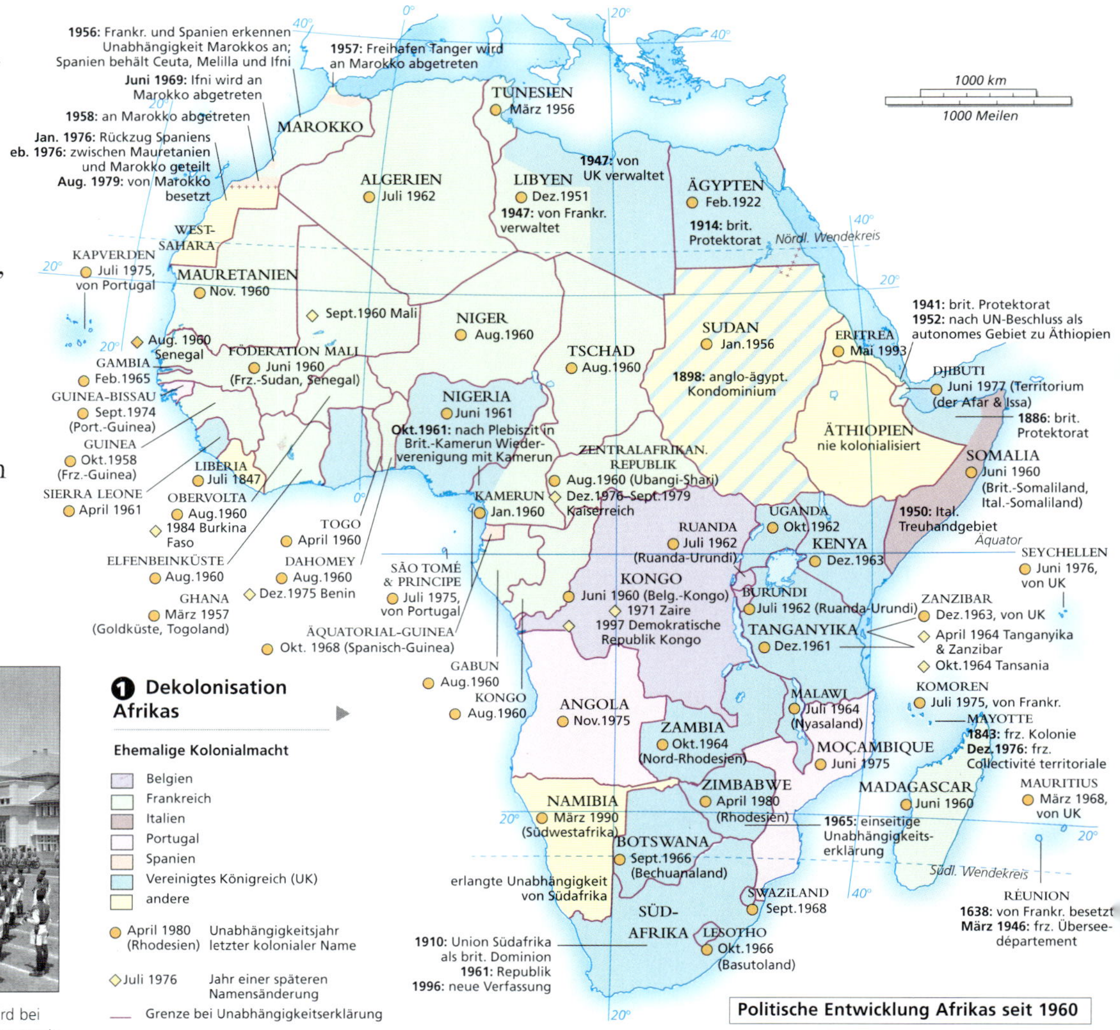

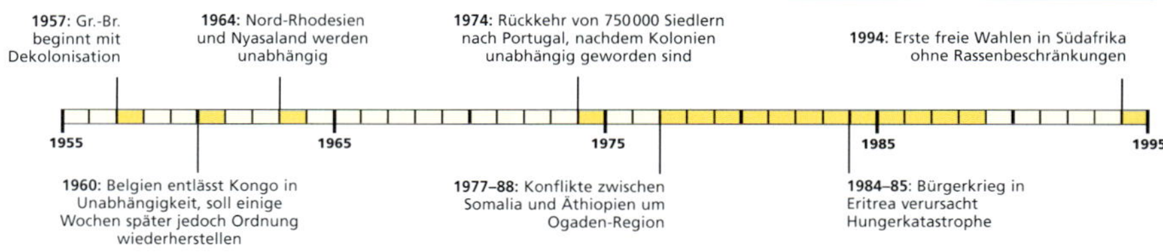

Unabhängigkeit

Nach dem Zweiten Weltkrieg sahen sich die Kolonialmächte in Afrika mit der Forderung nach Selbstbestimmung konfrontiert. 1960 wurden die meisten Länder unabhängig. Nur Portugal hielt trotz heftigen Widerstands in den 1960er Jahren an seinen Kolonien fest. Es folgten lange und blutige Kriege in Angola, Guinea-Bissau und Moçambique. Auch in den früheren britischen Kolonien Zimbabwe und Südafrika gab es ein langes und erbittertes Ringen um eine Mehrheitsregierung. Mit der Wahl Nelson Mandelas zum südafrikanischen Präsidenten wurde 1994 das Ende der letzten weißen Minderheitsregierung in Afrika besiegelt.

Die Nationalflagge Ghanas wird bei einer Unabhängigkeitsfeier gehisst. Nach Ausrufung der Republik am 1. Juli 1960 übernahm Dr. Kwame Nkrumah das Amt des ersten Staatspräsidenten von Ghana.

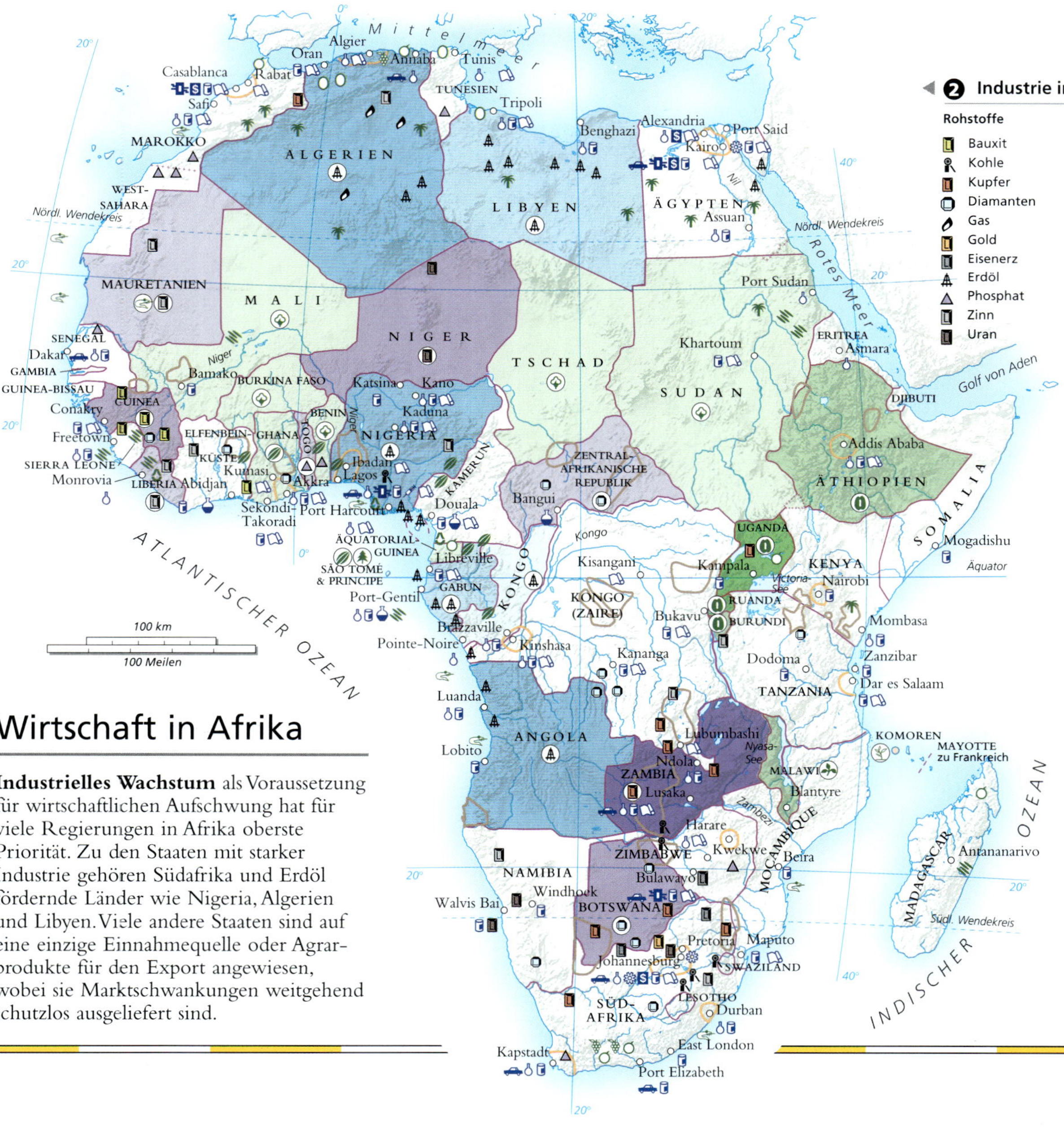

Wirtschaft in Afrika

Industrielles Wachstum als Voraussetzung für wirtschaftlichen Aufschwung hat für viele Regierungen in Afrika oberste Priorität. Zu den Staaten mit starker Industrie gehören Südafrika und Erdöl fördernde Länder wie Nigeria, Algerien und Libyen. Viele andere Staaten sind auf eine einzige Einnahmequelle oder Agrarprodukte für den Export angewiesen, wobei sie Marktschwankungen weitgehend schutzlos ausgeliefert sind.

Die Schuldenkrise

Die wirtschaftlichen Probleme im Gefolge der Ölkrise von 1974 – vor allem die Verteuerung von Importen – zwangen viele afrikanische Länder, Kredite bei westlichen Banken aufzunehmen. In den 1980er Jahren sollten Umschuldungsabkommen die Außenschulden der Länder verringern und ihre Zahlungsfähigkeit aufrechterhalten. Die Bedingungen der Gläubiger, etwa die massive Kürzung öffentlicher Ausgaben, erschwerten aber zugleich die wirtschaftliche Genesung.

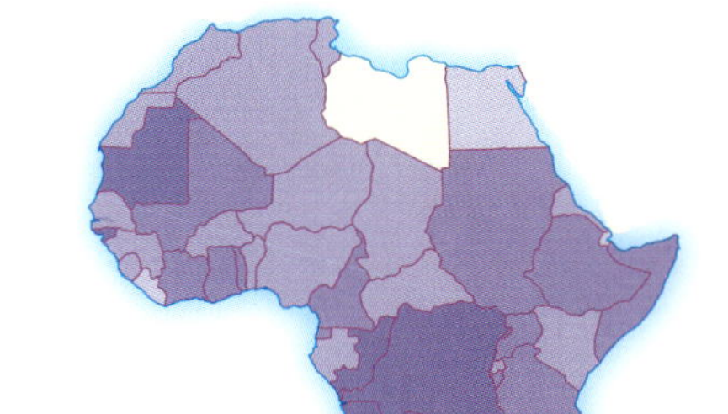

4 Konflikte und Krisen der unabhängigen Staaten

- Hungersnot
- antikolonialer Krieg
- Bürgerkrieg
- Krieg zwischen Staaten
- erfolgreicher Staatsstreich
- ›Homelands‹ für Südafrikas schwarze Bevölkerung
- formal unabhängige ›Homelands‹, international nicht anerkannt

Rebellen aus Guinea-Bissau suchen Schutz hinter einem Sandwall. Im Zusammenhang mit einer Meuterei in der Armee lieferten sie sich im Jahr 1998 Gefechte mit Regierungstruppen.

Das Erbe der Kolonialzeit

Der Versuch, politische Systeme nach europäischem Muster einzuführen, führte in vielen jungen afrikanischen Staaten zu erheblichen Konflikten. Schwache Regierungsinstitutionen waren mitverantwortlich für zahlreiche Bürgerkriege, die nach der Entlassung in die Unabhängigkeit ausbrachen. Machtwechsel erfolgten meist durch einen Militärputsch. Die Umstellung der nationalen Ökonomien von der Subsistenzwirtschaft auf den Export, herbeigeführt durch die Kolonialmächte, machte viele Länder abhängig von unerschwinglichen Importen. Große Teile Afrikas, vor allem die Sahelzone, litten unter Dürreperioden. Die Not wurde durch das Bevölkerungswachstum verschärft, denn in den übervölkerten Landstrichen nahm die Bodenerosion dramatische Ausmaße an. Verarmung und politische Spannungen führten zu wachsender Urbanisierung, und obwohl die Städte wirtschaftlich bevorzugt wurden, nahmen dort Slumbildung und Verelendung stark zu.

Politische Entwicklung in Afrika 1960–1990

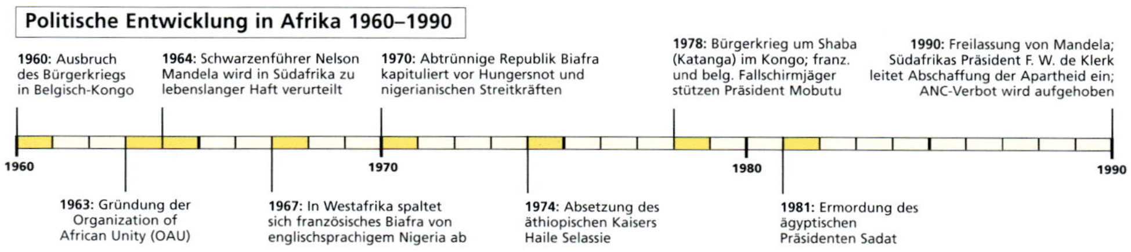

Völkermord in Ruanda

Das Volk der Hutu in Ruanda stürzte 1959 die Herrschaft der Tutsi-Minderheit. 1990 eroberten die in der RPF organisierten englischsprachigen Tutsi-Rebellen von Uganda den Norden des Landes. Nach dem Waffenstillstand von 1993 löste der Tod des Präsidenten Habyarimana im April 1994 eine Welle der Gewalt aus, die als Völkermord eskalierte. Mehr als 500 000 französischsprachige Ruanda-Tutsi sollen ermordet worden sein, danach konnten die RPF-Rebellen die Macht im Land an sich reißen.

5 Bürgerkrieg in Ruanda

- vorrückende Tutsi-Einheiten (RPF)
- Hutu-Flüchtlinge
- Flüchtlingscamp

Mehr als zwei Mio. Hutu-Ruander flohen 1994 aus Angst vor der Rache der Tutsi in die Nachbarstaaten. Die hygienischen Verhältnisse waren meist katastrophal, Tausende starben in den überfüllten Flüchtlingslagern an der Cholera.

Europa vor 18000 Jahren

Auf dem Höhepunkt der letzten Eiszeit war Nordeuropa von einem riesigen Eisschild bedeckt, der sich bis über die Britischen Inseln erstreckte. Südlich des Eisschilds gab es wegen der damit einhergehenden Klimaänderung praktisch keine Wälder mehr. An ihre Stelle waren karge Tundragräser und Gestrüpp getreten. Gletscher bildeten sich auch in den Pyrenäen und den Alpen. Als um 10 000 v.Chr. die Eisschmelze einsetzte, entstand dort, wo sich heute die Ostsee befindet, ein riesiger See, der Ancylus-See.

Vegetation

- Eiskappe, Gletscher
- Polarwüste, Hochgebirgswüste
- Tundra
- Halbwüste, Gariden
- Wald, offene Baumgehölze
- gemäßigte Wüste
- tropische Wüste vor 18 000 Jahren
- tropische Wüste vor 8000 Jahren
- Küste heute
- Küste vor 18 000 Jahren

GESCHICHTSRAUM EUROPA

DIE HISTORISCHE LANDSCHAFT

EUROPA, DER ZWEITKLEINSTE KONTINENT DER ERDE, weist eine große topografische, klimatische und ökologische Vielfalt auf. Dank der langen Küsten- und Uferstreifen an Meeren und Binnengewässern, dank der fruchtbaren Böden und der gemäßigten Klimabedingungen konnten sich hier unterschiedliche Kulturen herausbilden. Blutige Kriege schufen wechselnde Rahmenbedingungen, die wiederholt von Wanderungs- und Invasionsbewegungen überlagert wurden. An den Küsten des Mittelmeers entstanden mächtige Kulturvölker, die bis ins 15. Jh. hinein zahlreiche Staaten und Reiche gründeten. Danach verschob sich das Machtzentrum zugunsten der Staaten an der Atlantikküste, die besseren Zugang zu überseeischen Gebieten hatten. Der Kolonialismus, die aggressive Wirtschafts- und Expansionspolitik der Seemächte, sicherte Europa in der zweiten Hälfte des 2. Jahrtausends die Vormachtstellung in der Welt. Auch nach dem Zusammenbruch der Kolonialreiche im 20. Jh. war europäischer Einfluss in Sprache, Wirtschaft, Technologie und Kultur weltweit unübersehbar, auch wenn die politische Vormachtstellung an Nordamerika abgegeben werden musste.

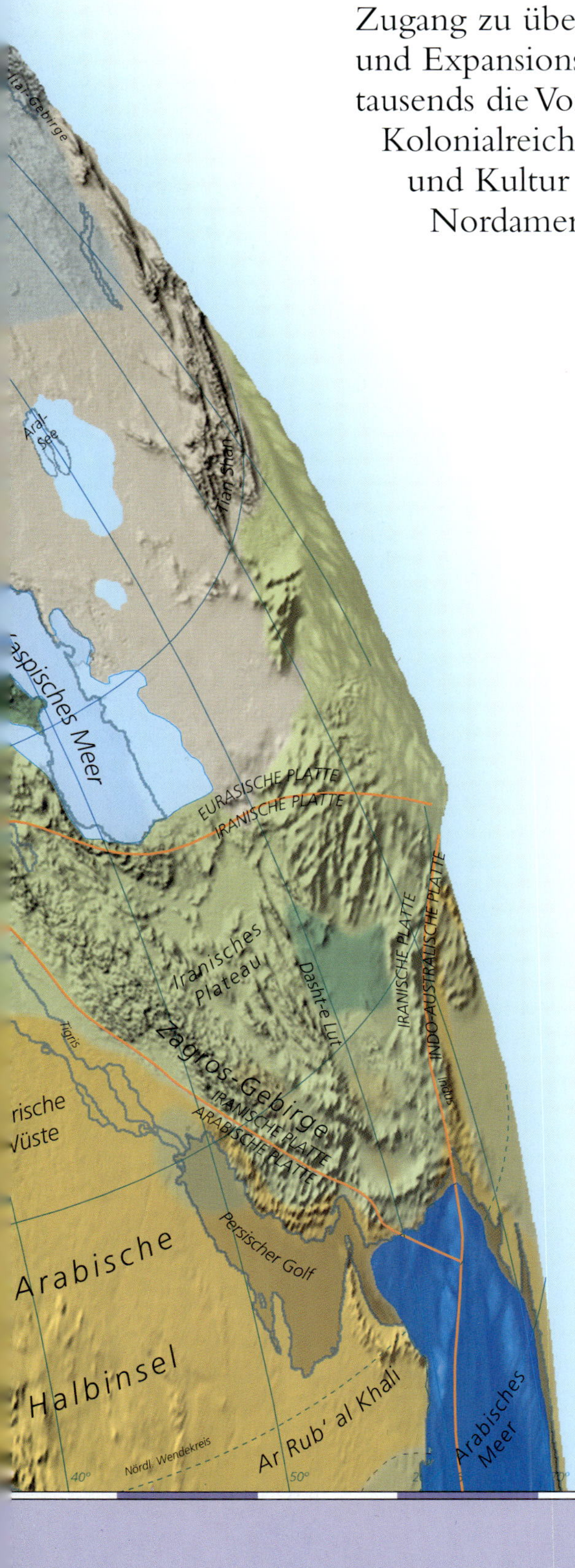

Während der Eiszeit waren die Alpen von immensen Gletschern bedeckt, die das junge Gebirge zu seinem heutigen zerklüfteten Aussehen modellierten. Die Alpen bildeten seit jeher die Grenze zwischen den Kulturen des Mittelmeerraums und denen Nordeuropas.

Fruchtbare Flussebenen wie die der Donau boten ideale Voraussetzungen für Sesshaftigkeit und frühe Landwirtschaft, die sich ab 5000 v. Chr. vom Ägäischen Meer nach Norden ausbreiteten.

Europas erste Kulturen breiteten sich westwärts von Anatolien her aus und erreichten die fruchtbaren, oft isolierten Küstentäler an der Ägäis zwischen 7000 und 6000 v. Chr.

Europa

Erkundung & Kartierung

Der erste Theodolit stammt aus dem 17. Jh. Dieses Modell von 1765 maß bereits Azimut und Höhe über dem Horizont.

Zur Erschliessung ihrer Länder verwendeten die Europäer sowohl praktische als auch wissenschaftliche Methoden. Oft gaben Handelsinteressen und die Suche nach neuem Siedlungsland den Ausschlag für Erkundungsfahrten. Bereits ab dem 9. Jh. v.Chr. segelten Handelsschiffe der Phöniker und der Griechen entlang den Mittelmeerküsten. Der Verkehr spielte sich zu dieser Zeit nur auf Meeren und Flüssen ab, erst die Römer überzogen ihr Imperium im Süden und Westen Europas mit einem schon erstaunlich modernen Straßennetz. Nach der Erschließung Europas durch die Römer unternahmen erst die Wikinger im 9. und 10. Jh. wieder Entdeckungsfahrten, bei denen sie den Atlantik überquerten. Die Griechen dokumentierten als erste ihr Wissen über Europa und schufen auch die ersten verlässlichen Karten des Mittelmeerraums. Im 16. Jh. legten schließlich holländische Kartografen den Grundstein zur modernen wissenschaftlichen Kartierung.

Karten aus klassischer Zeit

Rekonstruktion der Europakarte des Pytheas, der Nordeuropa bereiste. Diese Karte beruht auf dem Drei-Kontinenten-Weltbild des Eratosthenes: Europa, Libya (= Afrika) und Asia. Das den Griechen wohlbekannte Mittelmeer ist sehr genau abgebildet, die Gebiete im Norden Europas hingegen sind eher vage gehalten.

Die Mittelmeervölker waren die ersten, die Europa auf Karten abzubilden versuchten. 340 v.Chr. erreichte der Grieche Pytheas von Massalia (Marseille) aus die Britischen Inseln. Er besuchte die Orkney- und die Shetland-Inseln sowie Norwegen und Germanien. Auch die wissenschaftliche Kartografie nahm ihre Anfänge im Mittelmeerraum: Eratosthenes errechnete den richtigen Umfang der Erde; Hipparchos von Nikaia schlug eine Einteilung in Längen- und Breitengrade vor und Ptolemaeus versuchte die Oberfläche der Erde mittels Kegelprojektionen abzubilden. Er führte Längen- und Breitengrade von über 8000 Orten auf.

Die Wikinger im Nordatlantik

Die Expeditionen der Wikinger im 9. und 10. Jh. waren in erster Linie Beutezüge – das Interesse an Handel und Landnahme erwachte erst später. Norwegische Wikinger besiedelten auf ihrer Reise durch das gefahrvolle Nordmeer erst die Shetland- und dann die Färöer-Inseln. Island wurde in der Mitte des 9. Jh. erschlossen. Trotz der extrem kalten Winter blieben Siedler auf der Insel zurück und gründeten um 873 die ersten Niederlassungen und späteren Ausgangspunkte für Reisen nach Grönland und Labrador.

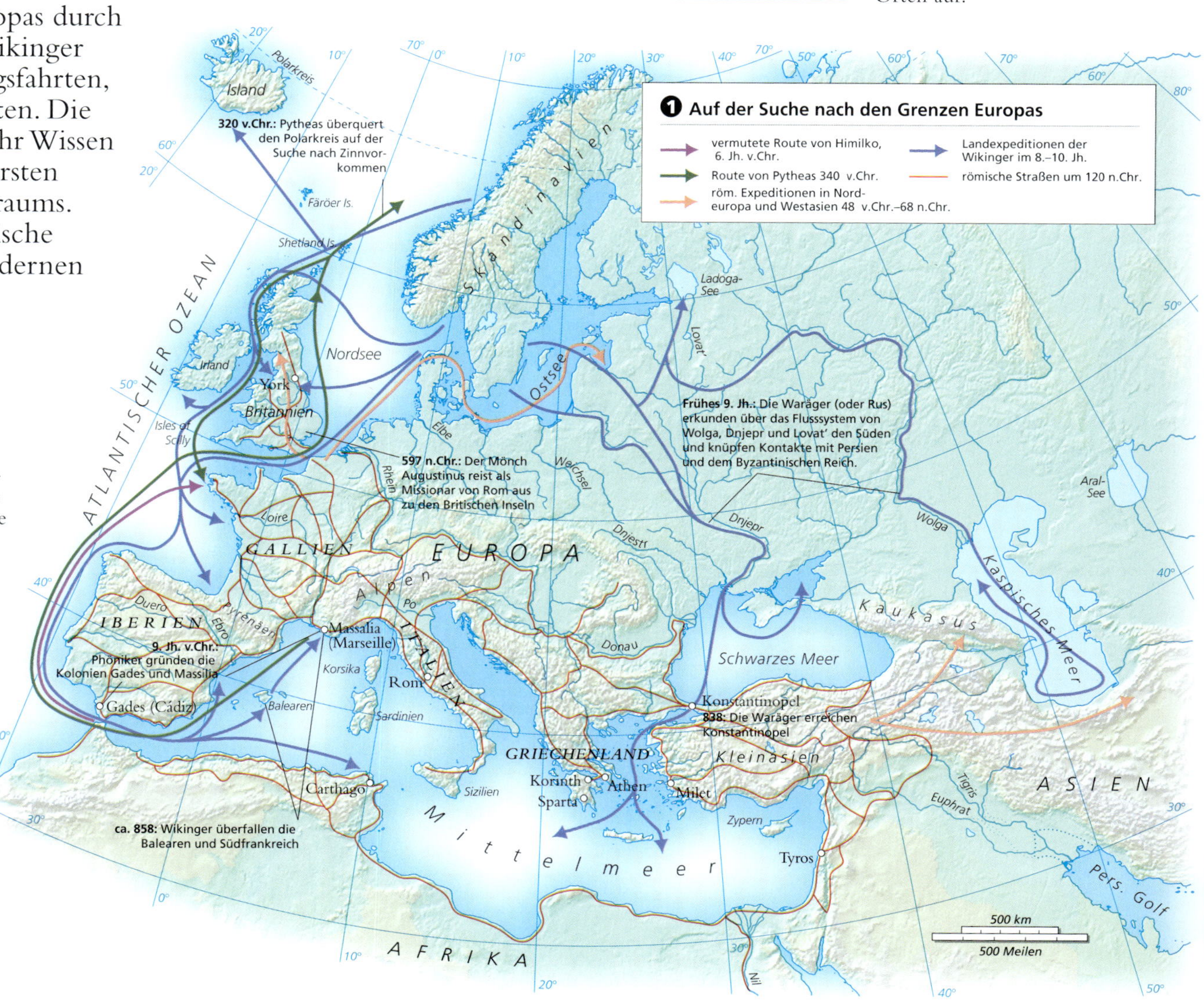

Die Wikingerschiffe waren überaus sorgfältig gebaut. Die Ruderpinne links war in Form einer Schlange gearbeitet. Die Windfahne unten besteht aus polierter Bronze und wird von einem Hund geziert.

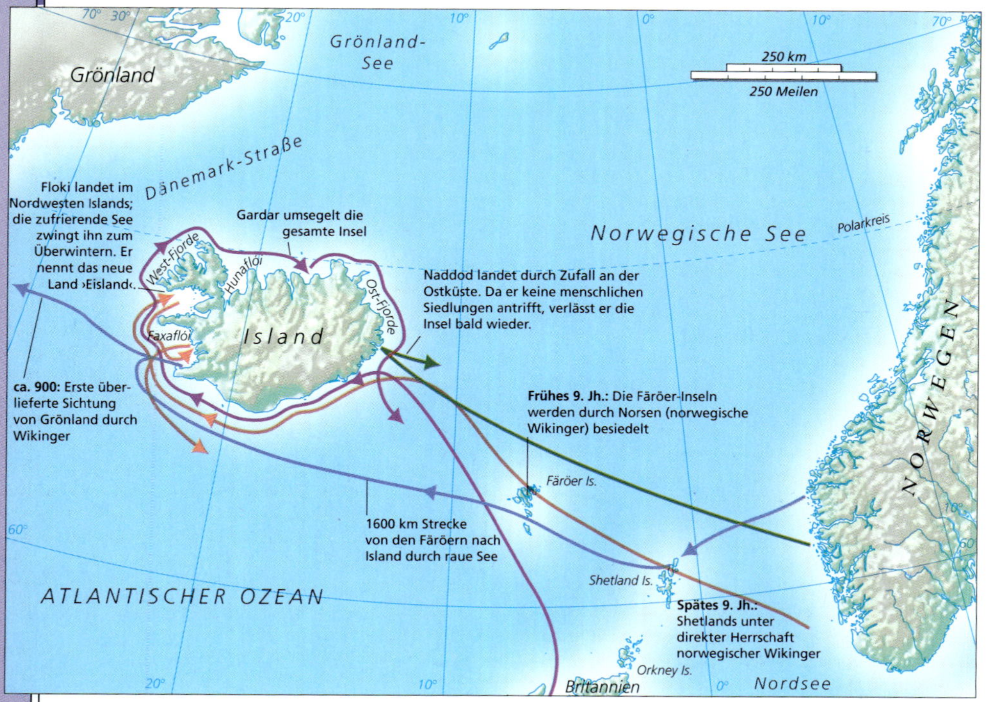

❷ Die Erschließung Islands durch Wikinger

- Gardar Svavarsson ca. 860
- Naddod ca. 870
- Floki Vilgerdarsson
- andere Wikingerzüge

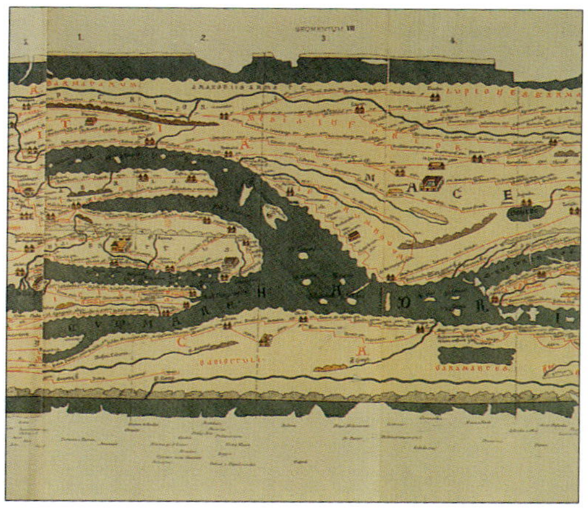

Die Peutinger-Tafel aus dem 13. Jh., eine 7 m lange und 32 cm breite Karte, zeigt Straßen des römischen Imperiums und ist mit Hinweisen auf Landschaften und Orte versehen. Das Original wurde wohl im 3. Jh. angefertigt und stellte eine nützliche Grundlage für Reisevorbereitungen dar. Etwa 5000 europäische Orte sind auf ihr verzeichnet.

Die Wikinger im Nordatlantik

750 – 800 – 850 – 900

- **795**: Erster bekannter Plünderungszug der Wikinger auf Hebriden-Insel Iona
- **ca. 825**: Erste Siedlungen auf den Färöer-Inseln
- **ca. 825**: Irische Mönche entdecken vermutlich als erste Island
- **ca. 860**: Erste Umsegelung Islands durch Gardar Svavarsson
- **Späte 860er**: Die Brüder Ingolf und Hjerleif erkunden die Ost-Fjorde Islands
- **873**: Erste permanente Siedlung auf Island unter Ingolf
- **Spätes 9. Jh.**: Die Shetlands kommen unter Wikingerherrschaft
- **ca. 900**: Erste Sichtung Grönlands durch Wikinger

Karten im mittelalterlichen Europa

Der größte Teil Europas war ab dem 11. Jh. recht genau bekannt, die Qualität der Karten ließ jedoch noch stark zu wünschen übrig. Lesekundige Seeleute im Mittelmeer konnten sich an den durchaus verlässlichen Portolanen orientieren, die vor allem von italienischen und katalanischen Navigatoren erstellt wurden. Für den Norden gab es jedoch keine vergleichbaren Aufzeichnungen. Die meisten Karten der Zeit spiegelten das christliche Weltbild wider, mit dem ›heiligen‹ Jerusalem als Mittelpunkt, Europa zur Linken und Asien zur Rechten. Ein zweiter Kartentyp beruhte auf gesammeltem Wissen und zeigt ein zwar noch sehr verzerrtes, nicht maßstabsgetreues, aber doch klareres Bild Europas. Beispiele dieses Typs sind die Gough-Karte und die Karten von Matthäus von Paris (1200–59). Im 15. Jh. war auch die antike Europakarte des Alexandriners Ptolemaeus (S. 44) wieder zugänglich. Sie wurde mit Ergänzungen und Korrekturen neueren Wissens in den *Tabulae Modernae* veröffentlicht. 1425 ergänzte sie der Däne Clavus, der Island und Südgrönland besucht hatte, um diese Regionen und um den skandinavischen Raum.

Die Wandkarte von Hereford (links) ist die wohl bekannteste der rund 600 erhaltenen ›T-Karten‹ (oder genauer ›T-in-O-Karten‹). Das Mittelmeer teilt die Welt T-förmig in die drei Kontinente Europa, Afrika und Asien und ist in einen Kreis *(orbis)* eingebettet.

Mittelalterliche Karten

- **1276:** Richard von Haldingham und Lafford entwerfen die Wandkarte von Hereford
- **1276:** Erscheinungsjahr des *Compasso da Navigare*, einer Sammlung von Beschreibungen der wichtigsten Seerouten
- **1321:** Pietro Vescontes *Mappamundi* enthält bereits Angaben der späteren Portolan-Karten
- **1472:** Erste Veröffentlichung einer ›T- Karte‹ auf Grundlage der *Etymologiae* von Isidor von Sevilla aus dem 7. Jh.
- **1475:** Neuveröffentlichung der *Geographias* von Ptolemaeus
- **1485:** Veröffentlichung Bartolomeo da li Sonettis *Isolario*, beruhend auf den Beobachtungen von Seefahrern
- **16. Jh.:** Portolan-Karten werden mit Breitengraden versehen
- **1539:** Erste gedruckte Portolan-Karte von Giovanni Andrea di Vavassore aus Venedig

1200 · 1300 · 1400 · 1500 · 1600

Portolan-Karten (oben) wurden für die Seefahrer des Mittelmeers schon im frühen Mittelalter angefertigt. Sie führten die Häfen von Mittelmeer und Schwarzem Meer sowie Orientierungspunkte an Land, Windrosen und Entfernungen an, die auf der römischen Meile mit 1000 Doppelschritten beruhten.

Die Anfänge der modernen Kartografie

Im frühneuzeitlichen Europa leiteten die wachsenden Handelsverbindungen und das Interesse einer neuen Bürgerschicht eine neue Phase in der Geschichte der Kartografie ein. Die Besitzungen in Übersee und privater Landbesitz wurden mit Instrumenten wie den Theodoliten vermessen. Dabei waren holländische Kartografen bahnbrechend. Gerardus Mercator löste sich als erster vom ptolemäischen Modell. Er verwarf die Kegelprojektion und entwickelte Karten mit gleichen Maßstäben für alle Himmelsrichtungen. Dieses System bot große Vorteile für Seefahrer und ist noch heute in Gebrauch. Sein Landsmann Willebrord Snell (Snellius) setzte als erster die Triangulation zur Vermessung großer Landstriche ein. Nach einer sorgfältigen Festlegung der Grundlinie errechnete er den Abstand zu weit entfernten Messpunkten mit Hilfe der Trigonometrie.

Diese Karte Europas schuf Mercator im Jahre 1554. Sie zeigt ein detailliertes Bild von Städten, Flüssen, Waldgebieten und Landesgrenzen. Einige Angaben, wie zum Beispiel die Ausdehnung Skandinaviens, sind allerdings noch recht ungenau.

Diese Ansicht von Paris aus der Kavaliersperspektive stammt aus dem Jahr 1576. Zu erkennen sind die beiden alten Stadtmauern, die Straßenzüge sowie die noch eng bebauten Seine-Brücken. Eine horizontale Perspektive am unteren Rand ergänzt die sehr detailreiche Darstellung.

Die Anfänge der modernen Kartografie in den Niederlanden

- **1530:** Jacob van Deventer gibt die Vermessung sowie Karten von fünf Provinzen und Regionen der Niederlande in Auftrag
- **1533:** Gemma Frisius veröffentlicht Anweisungen über die Triangulationsmethode
- **1554:** Mercator veröffentlicht große Karte Europas und führt neue Breitengraddarstellung ein
- **1569:** Mercators neue Projektion wird erstmals für eine Weltkarte verwandt
- **1570:** Abraham Ortelius vereint in seinem *Theatrum orbis terrarum* erstmals alle Elemente eines modernen Atlanten
- **1606:** In Mercators *Atlas sive cosmographicae meditationes* taucht erstmals das Wort ›Atlas‹ für eine Kartensammlung in Buchform auf
- **1606:** Spätere Ausgabe von Ortelius' *Atlas* zeigt herrliche Karten Nordeuropas von großer Genauigkeit

1530 · 1540 · 1550 · 1560 · 1570 · 1580 · 1590 · 1600 · 1610

Saxtons Landkarte von England und Wales aus dem Jahr 1579 belegt die im 16. Jh. erreichte Genauigkeit der Karten. Andere Beispiele sind Nordens Grafschaftskarten (*County Maps*) aus dem Jahr 1593 und Ogilvies Straßenkarte aus dem Werk *Britannia*.

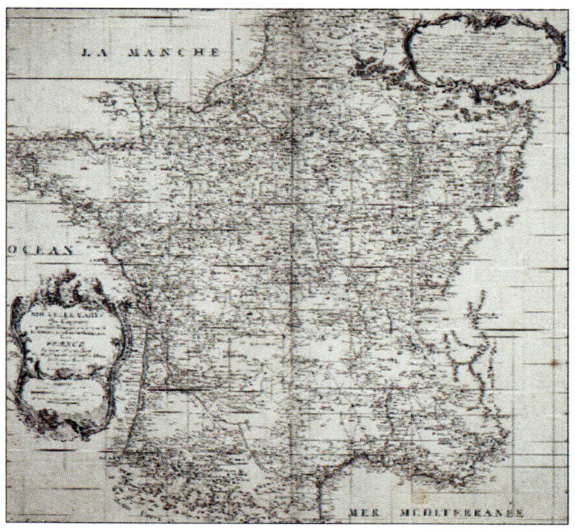

J. D. und C. F. Cassini führten Snells triangulatorische Vermessung Frankreichs fort. 1744 war das ganze Land in rund 2000 Dreiecke unterteilt. Die ersten Blätter einer Frankreichkarte im Maßstab 1:86400 entstanden 1756. Das letzte der 182 Blätter wurde erst zu Beginn der Revolution veröffentlicht.

Die Furcht vor einer Invasion Napoleons führte zu einer detaillierten Aufnahme der Topografie Englands im Maßstab 2 Inch/Meile und der Veröffentlichung von Karten im Maßstab 1 Inch/Meile. Die erste Karte aus dieser Serie kam 1801 in den Handel.

Landvermesser der Royal Engineers waren im 19. Jh. für die Genauigkeit der Karten der Britischen Inseln und Kolonien verantwortlich. Hier führen sie gerade eine Triangulation durch.

PRÄHISTORISCHES EUROPA

Mykenische Töpferware wie der Pokal aus Rhodos (1300 v.Chr.), wurde am gesamten östlichen Mittelmeer gehandelt.

IM NACHEISZEITLICHEN EUROPA DES 7. Jahrtausends v.Chr. dehnten sich dank der steigenden Temperaturen die Waldgebiete wieder aus. Die reichen natürlichen Ressourcen ermöglichten eine erste, noch spärliche Besiedlung durch Jäger und Sammler. Um 1000 v.Chr. war der Kontinent bis hinauf nach Skandinavien besiedelt, der Ackerbau hatte sich selbst in den entlegensten Gebieten durchgesetzt. Salz, Metalle und Bernstein wurden durch ganz Europa transportiert, und auf Kreta und dem griechischen Festland waren bereits die ersten Palastkulturen entstanden. Obwohl heute nur wenige Siedlungen gut erhalten sind, geben uns doch zahlreiche Gräber anhand der Beigaben - z. B. Stoffe, Keramikgefäße oder bronzene Äxte - Auskunft über die Gesellschaftsstrukturen jener Zeit. Persönlicher Besitz galt schon damals als Statussymbol.

Frühe Landwirtschaft 7000–5000 v.Chr.

Die ersten Töpfer Mitteleuropas formten menschliche Figuren aus gebranntem Lehm.

Als sich der Ackerbau von Anatolien auf den Balkan und darüber hinaus ausbreitete, passte er sich gleichzeitig den nördlicheren Klimabedingungen an; man baute nun anspruchslosere Getreidesorten an und betrieb zunehmend Viehzucht mit Schweinen. Den aus Lehmziegeln erbauten Dörfern in Westasien standen in den dicht bewaldeten Flusstälern Mitteleuropas Ansammlungen von Langhäusern aus Holz gegenüber. Die Gebiete mit früher Landwirtschaft lassen sich durch die unterschiedliche Keramikware abgrenzen. Bandkeramiken finden sich von Ungarn bis an die Nordsee, während die mit Mustern von Herzmuscheln (Kardium) verzierte Impresso-Keramik im westlichen Mittelmeerraum anzutreffen ist.

Ausbreitung des Ackerbaus 7000–5000 v.Chr.

7000 v.Chr. – 6500 – 6000 – 5500 – 5000 v.Chr.

- **ca. 7000:** Landwirtschaft breitet sich von Anatolien nach Südosteuropa aus
- **ca. 6500:** Mit steigendem Meeresspiegel werden die Britischen Inseln vom europäischen Festland getrennt
- **ca. 6000:** Ackerbau breitet sich entlang der Westküste des Mittelmeeres aus
- **ca. 6000:** Erste Bauerndörfer in Süditalien und Sizilien
- **ca. 5400:** Beginn der (Linear-) Bandkeramik-Kultur in Mitteleuropa
- **ca. 5000:** Ackerbau in Südfrankreich und in den Niederlanden verbreitet

Die frühen Bauern Mitteleuropas errichteten Langhäuser aus Holz, wie diese Rekonstruktion nach Funden aus Bylany in Tschechien zeigt. Das Grundgerüst aus Baumstämmen wurde mit Flechtwerk und Lehm verputzt. Die Gebäude erreichten eine Länge von bis zu 45 m. Sie wurden von einer oder mehreren Familien bewohnt und dienten zugleich als Viehstall und Vorratslager.

❶ Anfänge des Ackerbaus ca. 7000–5000 v.Chr. ▶

- Ausbreitung des Ackerbaus
- Ackerbau bis 7000 v.Chr.
- Ackerbau bis 6000 v.Chr.
- Ackerbau bis 5000 v.Chr.
- mesolithische Siedlungen um ca. 5000 v.Chr.
- frühe Ackerbausiedlung
- Buntkeramik (Balkan-Kultur)
- Bandkeramik (Donauländische Kultur)
- Kardiumkeramik oder Ritzkeramik (Mediterran-Kultur)

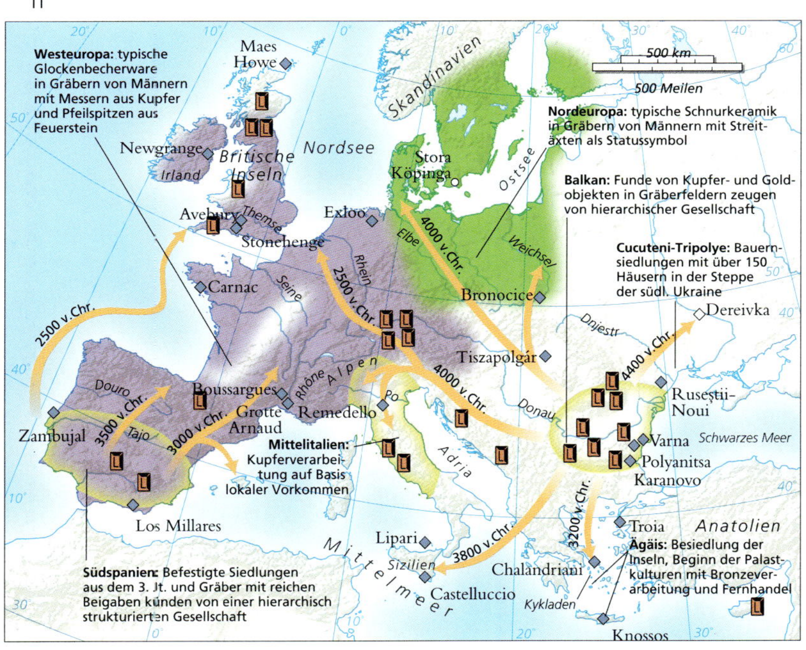

Die Kupferzeit 4500–2500 v.Chr.

Diese Epoche, eigentl. Chalkolithikum (Steinkupferzeit), war eine Ära gewaltiger technischer Neuerungen und eines gesteigerten kulturellen Austausches zwischen den einzelnen Siedlungsgebieten Eurasiens. Pferd und Wagen erreichten um 2500 v.Chr. über die Steppen im Osten Westeuropa; die Einführung des Hakenpflugs brachte höhere Feldbauerträge. Die Kupferverarbeitung, um 5000 v.Chr. im anatolisch-balkanischen Raum entstanden, breitete sich im folgenden Jahrtausend über ganz Europa aus. Grabfunde mit filigranen Metallarbeiten weisen auf die zunehmende Hierarchisierung der Gesellschaft hin. Charakteristische Keramikware (Trichterbecher in Nordeuropa, Glockenbecher in Westeuropa, Schnurkeramiken in Osteuropa) ist als Grabbeigabe weitverbreitet und zeugt vom einem regen wirtschaftlichen Austausch.

In der helladischen Kykladen-Kultur (Griechenland) dienten solche Marmoridole als Kultobjekte und Grabbeigaben.

◀ **❷ Europa in der Kupferzeit 4500–2500 v.Chr.**

- frühe Kupferverarbeitung, ca. 4000 v.Chr.
- Kupfervorkommen
- Ausbreitung der Kupferverarbeitung mit Datum
- Gebiet mit Schnurkeramik, ca.2900–2000 v.Chr.
- Gebiet mit Glockenbecherkeramik, ca.2500–2000 v.Chr.
- bedeutende archäologische Stätte

Europa in der Kupferzeit 4500–2500 v.Chr.

4000 v.Chr. – 3500 – 3000 – 2500 v.Chr.

- **ca. 4000:** Bauernsiedlungen vom Typ Cucuteni-Tripolye in der südlichen Ukraine
- **ca. 4000:** Erste Kupferverarbeitung auf dem Balkan
- **ca. 3500:** Steinkreise (*henges*), lineare Steinsetzungen (*alignements*) und Menhire in ganz Nordwesteuropa
- **ca. 3500:** Erste Radkarren in Mitteleuropa
- **ca. 3000:** Beginn der Kupferverarbeitung in Südfrankreich
- **ca. 2900:** Schnurkeramik und Streitäxte aus Stein in den Gräbern Nordeuropas
- **ca. 2500:** Kupferverarbeitung erreicht die Britischen Inseln. Glockenbecher in einigen Gräbern Westeuropas

Die Steinsetzungen aus Menhiren (›Langsteinen‹) von Kermario in der Bretagne entstanden um 3000 v.Chr. Hier fanden wahrscheinlich Rituale von Fruchtbarkeitskulten statt.

Die Bronzezeit 2300–1500 v.Chr.

Die Bronzezeit in Europa war eine Periode von bemerkenswerter kultureller und technischer Einheit. Das für die Kupferverarbeitung ebenso wichtige wie seltene Zinn wurde über große Entfernungen gegen andere Waren getauscht, vor allem gegen Bernstein aus dem Baltikum und Salz. Der beschränkte Zugang zu diesen Rohstoffen ließ eine soziale Elite entstehen, die man nach ihrem Tod in großen Tumuli mit reichen Grabbeigaben bestattete. Um 1500 v. Chr. begann man damit, bisher unberührtes Land zu kultivieren, um die Nahrungsversorgung für die wachsende Zahl von Menschen zu sichern. Der soziale und ökonomische Druck führte zu Auseinandersetzungen mit Nachbarvölkern; es entstanden befestigte Siedlungen, in denen sich Kriegereliten ausbildeten.

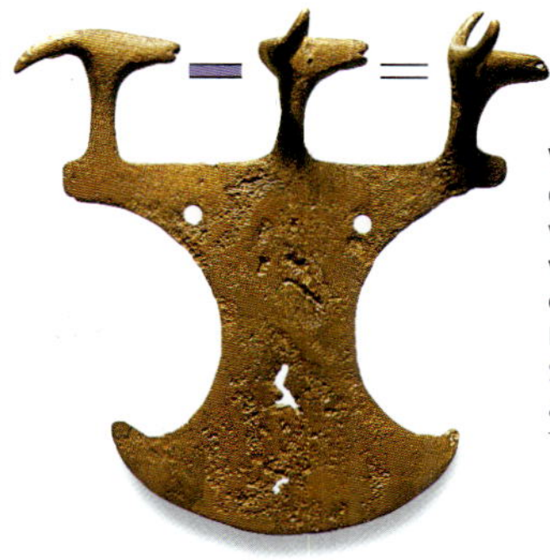

Viele Bronze-Artefakte, die im Europa des 2. Jt. v.Chr. hergestellt wurden, waren auch Statussymbole einer sich herausbildenden Kriegerelite. Im Bild eine Streitaxt für rituelle Zwecke aus Teteven im Balkanraum.

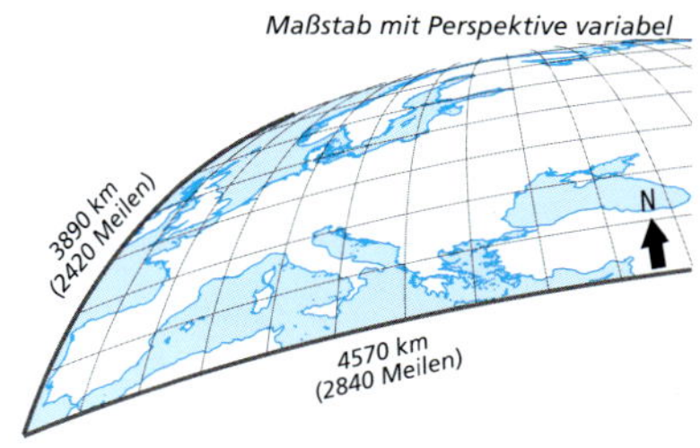

3 Europa in der Bronzezeit 2300–1500 v.Chr.

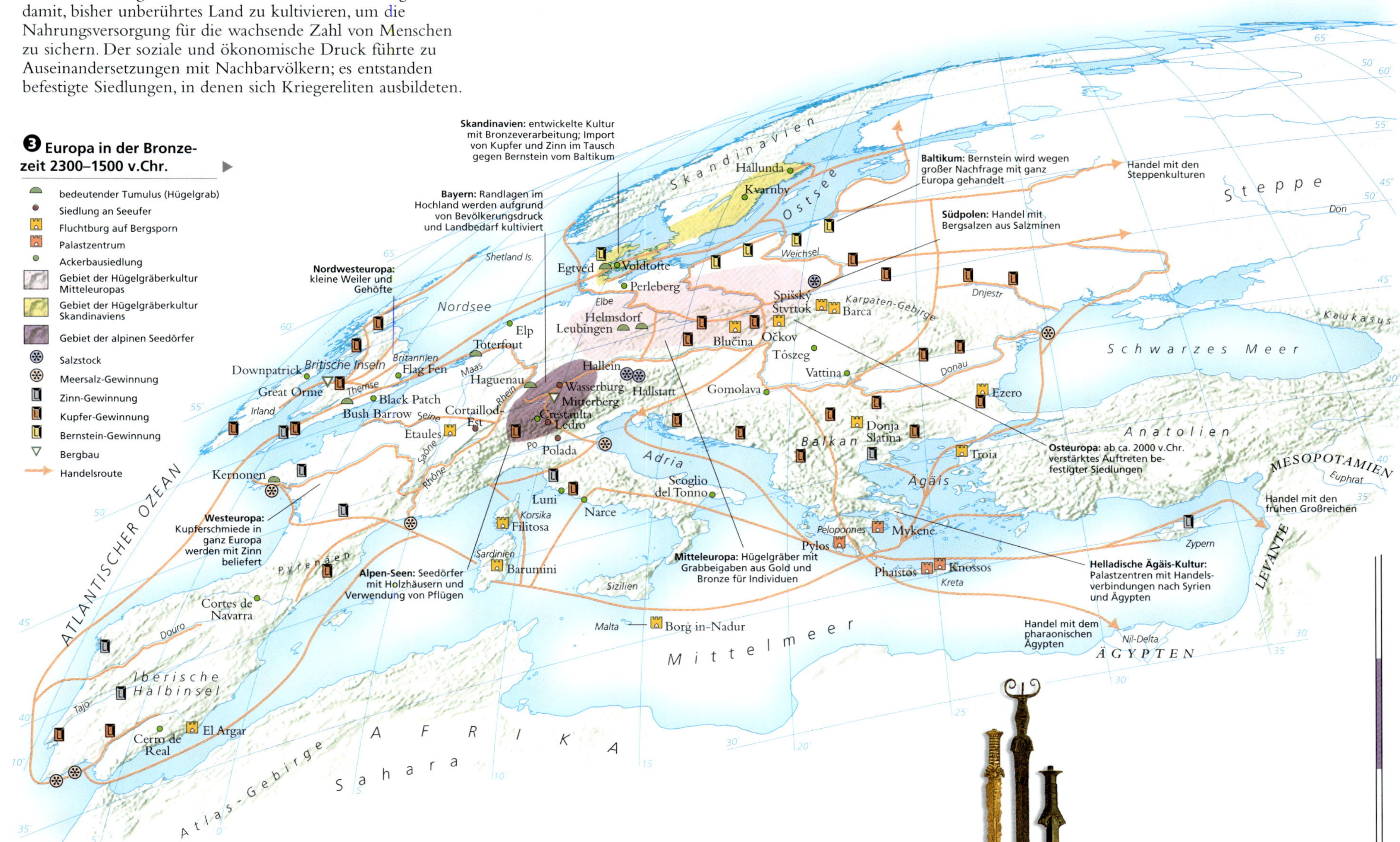

Europa in der Bronzezeit 2300–1500 v.Chr.

- **ca. 2300:** Beginn der Bronzezeit in Europa; erste Objekte aus Bronze als Grabbeigaben
- **ca.2200:** Befestigte Siedlungen in Südengland
- **ca. 2000:** Erste befestigte Siedlungen in Mittel- und Osteuropa
- **ca. 2000:** Erster Palast in Knossos auf Kreta; Palastzentren entstehen auf der gesamten Insel
- **ca.1900:** Einführung der Töpferscheibe auf Kreta
- **ca.1800:** Hochentwickelte Bronzekultur in Skandinavien: Funde von hölzernen Pflügen in Sümpfen; bronzene Artefakte lassen auf Sonnenkult schließen

2300 v.Chr. – 2200 – 2100 – 2000 – 1900 – 1800 v.Chr.

Solche Bronze-Schwerter wurden gegen Ende des 2. Jt. v.Chr. gefertigt. Zusammen mit der Verbreitung von befestigten Siedlungen weisen sie auf die Entwicklung einer zunehmend kriegerischen Gesellschaft hin.

Minoische und mykenische Kultur

Die minoischen Paläste auf Kreta waren blühende Handelszentren, Königssitz und religiöser Mittelpunkt in einem. Als die minoische Kultur von Katastrophen wie dem Vulkanausbruch auf der Insel Thera (Santorin) geschwächt war, erlangte um 1450 v.Chr. die mykenische Kultur auf dem griechischen Festland die Vorherrschaft. Die Mykener betrieben Seefahrt und Handel bis zur Kolchis und nach Ägypten. Stark befestigte Städte, bemalte Keramik, Wappen und Waffen belegen den hohen Stand der Militärtechnik. Innere Konflikte und der Einfall von Völkern vom Balkan führten um 1100 v.Chr. zu ihrem Untergang.

Im minoischen Kreta galt die Schlangengöttin als Beschützerin des Hauses. Diese Figur stammt aus Knossos, ca. 1500 v.Chr.

4 Mykenische Kultur ca.1550–1150 v.Chr.

Mykenische Kultur

- **ca. 2000:** Herausbildung der Palastkultur auf Kreta
- **ab ca.1550:** Mykene erlangt die Vorherrschaft auf dem Peloponnes
- **ca.1450–1250:** Mykene auf dem Zenit der Macht, Handelsverbindungen von der Levante bis nach Sizilien
- **ca.1450:** Zerstörung der minoischen Paläste auf Kreta; Mykener sind auf der Insel (v.a. Knossos) nachweisbar
- **ca.1250:** Einige mykenische Paläste werden stärker befestigt; Zeichen für Krieg oder Invasion
- **ca.1100:** Mykenische Orte und Paläste werden geplündert oder verlassen

2000 v.Chr. – 1800 – 1600 – 1400 – 1200 – 1000 v.Chr.

DIE MEDITERRANEN STADTSTAATEN

Phönikische Elfenbeinschnitzerei, gefunden in der assyrischen Stadt Nimrud.

DIE KULTUR DER WESTLICHEN WELT wurde zwischen 700 und 300 v. Chr. im Mittelmeerraum geformt. Der Einfluss der griechischen Klassik auf Kunst, Architektur, Literatur, Philosophie, Wissenschaft und – aufgrund der revolutionären Einführung der Demokratie – auch auf die politische Verfassung, war grundlegend und vielfältig. Die Eroberungen Alexanders (S. 40–41) trugen die Grundzüge griechischer Kultur bis an die Grenzen Indiens. Selbst andere bedeutende europäische Kulturen wie die der Etrusker wurden unzweifelhaft von den Griechen beeinflusst. Dies wird an den gitterförmigen Grundrissen ihrer Städte und den lebensgroßen Terrakottastatuen deutlich. Mit der Gründung von Kolonien brachten die Phöniker, ein wagemutiges Seefahrervolk mit Stammsitz in den Küstenstädten der Levante, ihre Kultur bis an die westlichen Ufer des Mittelmeers.

Die Kolonisierung des Mittelmeers

Rotfigurige attische Vase mit einer Szene aus den Epen des Homer: Odysseus bei den Sirenen (ca. 490 v. Chr.).

Sowohl Phöniker als auch Griechen gründeten im 1. Jahrtausend v. Chr. zahlreiche überseeische Kolonien. Vornehmlich um der Überbevölkerung Herr zu werden, entsandten die Stadtstaaten Kolonisten nach Westanatolien, an die Küsten des Schwarzen Meeres, Siziliens und Italiens, selbst Marseille wurde als Massalia von Griechen gegründet. Allein Milet war Mutterstadt von über 80 Kolonien. Um Metall zu importieren, gründeten die Phöniker auf Zypern ihre erste Kolonie in der Nähe einer Kupfermine. Wahrscheinlich geht auch die Entstehung der Stadt Gadira (heute Cadiz) mit nahe gelegenen Silberminen auf sie zurück. Größte phönikische Kolonie war Carthago (phönikisch Qart Hadašt, griech. Karchedon), das später zur Großmacht wurde.

Etruskische Wandmalerei aus einem Grab bei Tarquinii mit Tänzern.

Die Etrusker

Die etruskische Kultur entwickelte sich zwischen 800 und 300 v. Chr. in Städten der Toscana und basierte auf Landwirtschaft sowie den reichen Kupfer- und Eisenvorkommen. Ein Großteil unseres Wissens über die Etrusker stammt aus den Grabmalereien, auf denen Feiern, Jagden, Tänze und Ringkämpfe abgebildet wurden. Die Grabbeigaben zeugen von Kunstfertigkeit in der Kupferverarbeitung und in der Skulptur. Nach langen Kämpfen mussten sich die Etrusker schließlich der erstarkenden Macht Roms beugen.

Die Etrusker 1000–1 v.Chr.

- **ca. 1000:** Erste Dörfer auf dem Palatin und den Hügeln Roms
- **ca. 800:** Erste etruskische Stadtstaaten
- **ca. 690:** Etruskische Schrift aus griechischer entwickelt
- **616:** Etrusker-König Tarquinius I. herrscht über Rom
- **ca. 530:** Höhepunkt der etruskischen Macht. Ihr Einfluss reicht bis in den Süden nach Neapolis
- **509:** Römer verbannen König Tarquinius II.
- **396:** Etruskische Stadt Veii von Rom erobert
- **250:** Rom kontrolliert gesamte italische Halbinsel
- **ca. 100:** Sprache und Kultur der Etrusker nahezu verschwunden

1000 v.Chr. – 800 – 600 – 400 – 200 – 1 n.Chr.

Griechen 1000–300 v.Chr.

- **ca. 1000:** Erste Kolonisation in Kleinasien und in der östlichen Ägäis
- **776:** Erste panhellenischen Wettkämpfe in Olympia
- **733:** Korinth gründet die Kolonie Syrakus. Beginn der Kolonisation im Mittelmeerraum
- **ca. 700:** Archaische Zeit; zweite Kolonisation nach Osten
- **ca. 650:** Viele Städte werden von ›Tyrannen‹ (Alleinherrschern) regiert
- **490:** Griechen besiegen Perser bei Marathon
- **480:** Persische Armee unter Xerxes zieht nach Hellas, wird aber bei Salamis, Plataiai, Mykale geschlagen
- **448:** Bau des Parthenon in Athen beginnt
- **431–404:** Peloponnesischer Krieg zwischen Sparta und Athen
- **356:** Philipp II. wird König von Makedonien und beginnt, hellenische Städte zu unterwerfen
- **338:** Makedonien kontrolliert nach Sieg bei Chaironeia fast die ganze griechische Welt

1000 v.Chr. – 900 – 800 – 700 – 600 – 500 – 400 – 300 v.Chr.

Auch Sizilien mit seinen großen Kolonien gehörte zur griechischen Welt. Als Selinus während des Peloponnesischen Krieges erobert wurde, gerieten 30 000 Menschen in Gefangenschaft. Die Tempel Siziliens zählen zu den besterhaltenen der Magna Graecia.

Die Griechen

Die Basis der griechischen Kultur war die *polis*, der Stadtstaat. Die Städte, oft durch Bergzüge voneinander isoliert, besaßen Stadtmauern, hinter die sich Ackerbauern der umliegenden Dörfer flüchten konnten. Trotz der politischen Zersplitterung besaßen die Griechen eine gemeinsame Sprache und Mythologie und waren auch in der kulturellen Entwicklung eng verbunden. Die Regierungsform in den Stadtstaaten reichte von der Oligarchie bis hin zur Demokratie. Während man Athen als Wiege der Demokratie bezeichnen kann, existierte in Sparta eine vom König regierte, militärisch gegliederte Gesellschaft, auf deren unterster Stufe die Heloten (›Staatssklaven‹) standen.

Die Basaltbüste der ›Dame von Elche‹ aus Südspanien beweist den kulturellen Einfluss der Phöniker im westlichen Mittelmeerraum.

Die Phöniker (Phönizier)

Das semitische Volk der Phöniker, dessen Heimatstädte am schmalen Küstenstreifen der östlichen Mittelmeerküste lagen, wurde früh die führende Handelsmacht im mediterranen Raum. Ihre Handwerker waren für Elfenbeinschnitzereien, Metall- und Glaswaren berühmt. Ihr größtes Vermächtnis stellt sicherlich das alphabetische Schriftsystem dar, auf dem später die griechische wie die lateinische Schrift aufbauten. Die phönikische Kolonie Qart Hadašt (Carthago) führte einen Städtebund an, dessen Machtbereich die Iberische Halbinsel, die Inseln im westlichen Mittelmeer und Nordafrika einschloss.

Phöniker und Carthago 1000–200 v.Chr.

- **ca.1600:** Phöniker benutzen kanaanitische Schrift; Entstehung der ersten Buchstabenschrift
- **c. 900:** Phönikische Seefahrer gründen im westlichen Mittelmeer Kolonien in der Nähe von Metallvorkommen
- **ca.1000:** Phöniker werden zur führenden Seemacht in der Levante
- **814:** Traditionelles Datum der Gründung von Qart Hadašt (›Neue Stadt‹; lat. Carthago)
- **264–241:** 1. Punischer Krieg; Rom vertreibt Carthago aus Sizilien
- **218–201:** 2. Punischer Krieg. Carthagos Feldherr Hannibal steht vor den Toren Roms; Römer schlagen Carthago jedoch in Afrika. Rom steigt zur regionalen Supermacht auf

1600 v.Chr. – 1400 – 1200 – 1000 – 800 – 600 – 400 – 200 v.Chr.

▲ 2 Athen und sein Einflussbereich im 5. Jh. v.Chr.

Gebiete, die Tribut an Athen zahlten (Zahl der tributzahlenden Städte in Klammern)
- Inseln (29)
- Thrakien (62)
- Hellespont (45)
- Ionien (35)
- Karien (81)
- Kernland Athens
- Gebiete d. Delischen Seebundes, die keine Tribute zahlten
- Städte mit Tributzahlung von über 5 Talenten Silber p.a. (454–428 v.Chr.)
- Städte mit Tributzahlungen von 1–5 Talenten Silber p.a. (454–428 v.Chr.)
- Stützpunkte der Athener Flotte
- Städte mit Aufständen gegen Athen

In der Polis Athen verehrte man besonders Athene, die Göttin der Weisheit, des Krieges, der Künste und des Handwerks.

Athen als Großmacht

Die verbündeten griechischen Städte errangen entscheidende Siege über die Perser bei Marathon (490) und Salamis (480). Aus den Perser-Kriegen ging Athen 478 v.Chr. als führende Macht einer losen Konföderation der ostägäischen Staaten hervor, deren Zentrum auf der kleinen Insel Delos lag. Die Mitglieder des Delisch-attischen Seebundes betrieben eine gemeinsame Militärpolitik, zu deren Finanzierung alle Bündner beitrugen. Nach der Verlegung der Bundeskasse nach Athen 454 erhob sich Athen selbst zur Herrin der Bundes und ging gegen Aufständische hart vor. Um die Tribute der Bundesgenossen bereichert, erlangte Athen den Höhepunkt an Macht und Wohlstand. Dieser Entwicklung hin zu einem attischen Reich standen viele griechischen Städte ablehnend gegenüber.

Der Peloponnesische Krieg

Athens Großmachtpolitik mündete unweigerlich in einen Krieg mit dem politisch und kulturell so unterschiedlichen Sparta, in den alle griechischen Städte in verschiedenen Allianzen verwickelt wurden. Nach wechselndem Kriegsglück, schweren Verwüstungen und Verlusten bis hin zur Auslöschung ganzer Städte (Melos) und Ausweitung des Konflikts bis nach Byzantion und Sizilien musste Athen 404 v.Chr. schließlich kapitulieren, als die Spartaner seine Flotte vernichteten. Bis zur Vereinigung durch Philipp II. von Makedonien im Jahr 338 v.Chr. durchlebte Griechenland eine Zeit voller Wirren.

▼ 3 Peloponnesischer Krieg 431–404 v.Chr.

- Athen u. Delischer Seebund
- Bundesgenossen Athens
- Sparta und Bundesgenossen
- neutrale Gebiete
- Sieg der Athener
- Sieg der Spartaner

Die militaristische Kultur Spartas ist in dieser kleinen Bronzefigur eines Kriegers verkörpert.

▼ 4 Die Stadt Athen im Altertum

- Baureste des 6./5. Jh. v.Chr.
- Baureste des 4. Jh. v.Chr. – 2. Jh. n.Chr.
- Straße
- Aquädukt
- Stadtmauer

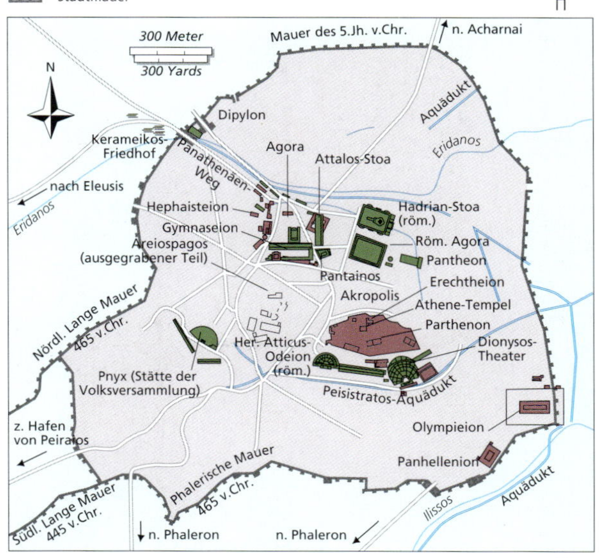

Athen zur Zeit der Klassik

Mitte des 5. Jh. erreichte Athen seine Blütezeit unter der Regierung des großen Staatsmannes Perikles. Berühmte Denker wie Platon, Sophokles und Euripides waren hier zu Hause. Der von Phidias aus Marmor erbaute Parthenon überragte die Stadt, und wer zu ihm aufstieg, musste die ebenso monumentalen Propyläen durchschreiten. Die Akropolis war das militärische und religiöse Zentrum der Stadt, politisches Leben und Handel spielten sich auf der Agora ab, die Pnyx war Ort der Volksversammlung.

DER AUFSTIEG ROMS

Die Soldaten der römischen Legionen waren durch harten Drill sehr diszipliniert und kampfstark.

DIE REPUBLIK ROM hatte sich bis zu Beginn des 4. Jh. v.Chr. zur mächtigsten Stadt innerhalb des Latinischen Städtebunds entwickelt. Durch die Eroberung der etruskischen Stadt Veii 396 v.Chr. konnte es sein Territorium verdoppeln, und nach dem Zusammenbruch des Bundes (338 v.Chr.) beherrschte Rom das gesamte Latium. Die erstarkte Militärmacht konnte denn auch 295 v. Chr. eine Koalition aus Samniten, Etruskern und Kelten schlagen. Zwanzig Jahre später errang Rom gegen den Griechen Pyrrhos nach zwei Niederlagen einen endgültigen Sieg und kontrollierte nun ganz Italien. Danach gerieten ausländische Rivalen ins Visier der römischen Expansionspolitik. Nach dem Sieg über Carthago 202 v.Chr. dauerte es nicht einmal ein Jahrhundert, bis Nordafrika, große Teile Iberiens, Südgallien, Makedonien, Griechenland und halb Kleinasien zur römischen Welt gehörten.

Rom und die italischen Verbündeten

Diese Bronzebüste eines römischen Aristokraten stellt nach der Tradition Lucius Junius Brutus dar, einen der Begründer der Römischen Republik im Jahr 509.

Bis zum 3. Jh. v.Chr. weitete die Stadt Rom ihr Herrschaftsgebiet zu einem italischen Bund aus. Dabei wurden einige Städte einfach annektiert und ihre Bürger erhielten den Status römischer Bürger oder auch nur einen eingeschränkten Bürgerstatus ohne Wahlrecht in Rom (*sine suffragio*). Andere Völker wurden als ›Verbündete‹ angesehen und waren durch Verträge an Rom gebunden. Die neu gegründeten ›latinischen Kolonien‹ erweiterten den Einfluss Roms auf der Apenninenhalbinsel, während ›römische Kolonien‹ zu Verteidigungszwecken vor allem entlang der tyrrhenischen Küste entstanden. Deren Bürger besaßen ebenfalls römisches Bürgerrecht. Ab dem 4. Jh. v.Chr. – beginnend mit der Via Appia – errichteten die Römer ein Straßennetz, das bald ganz Italien durchzog.

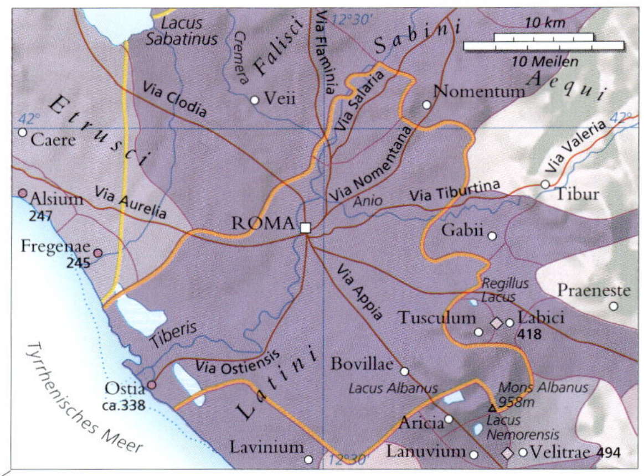

Rom und seine latinischen Bundesgenossen um 495 v.Chr.

Rom war die mächtigste Stadt der latinischen Stadtstaaten, als 509 die Römische Republik entstand, kontrollierte aber nur ein Territorium von 800 km².

❶ Italische Halbinsel 240 v.Chr. ▶

Gebiete unter Kontrolle Roms
- volles röm. Bürgerrecht
- passives röm. Bürgerrecht (ohne Wahlrecht)
- Kolonien mit latinischem Recht
- Verbündete (*Socii*) Roms
- römische Kolonie
- andere Siedlung
- 295 Jahr der Gründung (v.Chr.)
- administrative Grenze
- römisches Kerngebiet (*ager Romanus*) 495 v.Chr.
- Rom und Verbündete um 300 v.Chr.
- römische Straße
- moderne Küstenlinie

Die italische Welt um 500 v.Chr.

Latein war nur eine der vielen, miteinander verwandten Stammessprachen Mittelitaliens. Später sollten die Römer diese Sprache in ganz Westeuropa verbreiten. Die mächtigste Stellung besaßen die griechischen Kolonisten und die Etrusker, ein hoch entwickeltes Volk, das in Stadtstaaten lebte. Die Ursprünge ihrer Sprache sollen im östlichen Mittelmeerraum liegen. Die Etrusker waren es auch, die im 7. Jh. v.Chr. die verstreut liegenden Dörfer auf den Hügeln um Rom zu einer Stadt vereinten.

◀ ❷ Italische Kulturen um 500 v.Chr.

- Griechen
- Etrusker
- Carthager
- Latinisch-sprachige Völker
- Städte des etruskischen Zwölfstädtebundes

Dieser Sarkophag eines Ehepaares kündet von der Kunstfertigkeit und der fast verspielten Gestaltung etruskischer Grabdenkmäler.

Die griechischen Kolonien an der Küste Süditaliens haben zahlreiche beeindruckende Bauwerke hinterlassen. Hier der Neptun-Tempel in Paestum (Phaistos).

Der Aufstieg Roms 800–200 v.Chr.

800 v.Chr. – 700 – 600 – 500 – 400 – 300 – 200 v.Chr.

- **753:** Traditionelles Datum der Gründung Roms
- **ca. 700:** Beginn der etruskischen Expansion nach Süden
- **616:** Tarquinius I. wird König von Rom
- **509:** Gründung der Römischen Republik
- **496:** Rom besiegt latinische Stämme am Regillus-See
- **396:** Römer erobern Veii
- **390:** Kelten plündern Rom
- **340–338:** Krieg gegen die latinischen Stämme endet mit der Auflösung des Latinischen Bundes
- **312:** Bau der Via Appia
- **290:** Sieg Roms im Dritten (und letzten) Samniten-Krieg
- **280–275:** Die Römer besiegen die griechische Invasionsarmee unter Pyrrhos

Rom und Carthago

Die 814 von Phönikern (lateinisch *Punici* genannt) gegründete Stadt Carthago war beherrschende Seemacht im westlichen Mittelmeer. Ab 264 führte die römische Expansion zum kriegerischen Konflikt mit Carthago. Im Ersten Punischen Krieg vertrieben die Römer ihre Rivalen aus Sizilien. 218–202 erzwangen die Römer einen zweiten Krieg, indem sie der Politik Carthagos in Iberien entgegentraten. Trotz zahlreicher Niederlagen gegen Hannibal gewannen die Römer zuletzt auch diesen Krieg und beraubten Carthago seiner Flotte. Der Dritte Punische Krieg endete mit der Eroberung Carthagos. Die Bewohner der einst mächtigen Stadt wurden in die Sklaverei geführt, die Stadt dem Erdboden gleichgemacht.

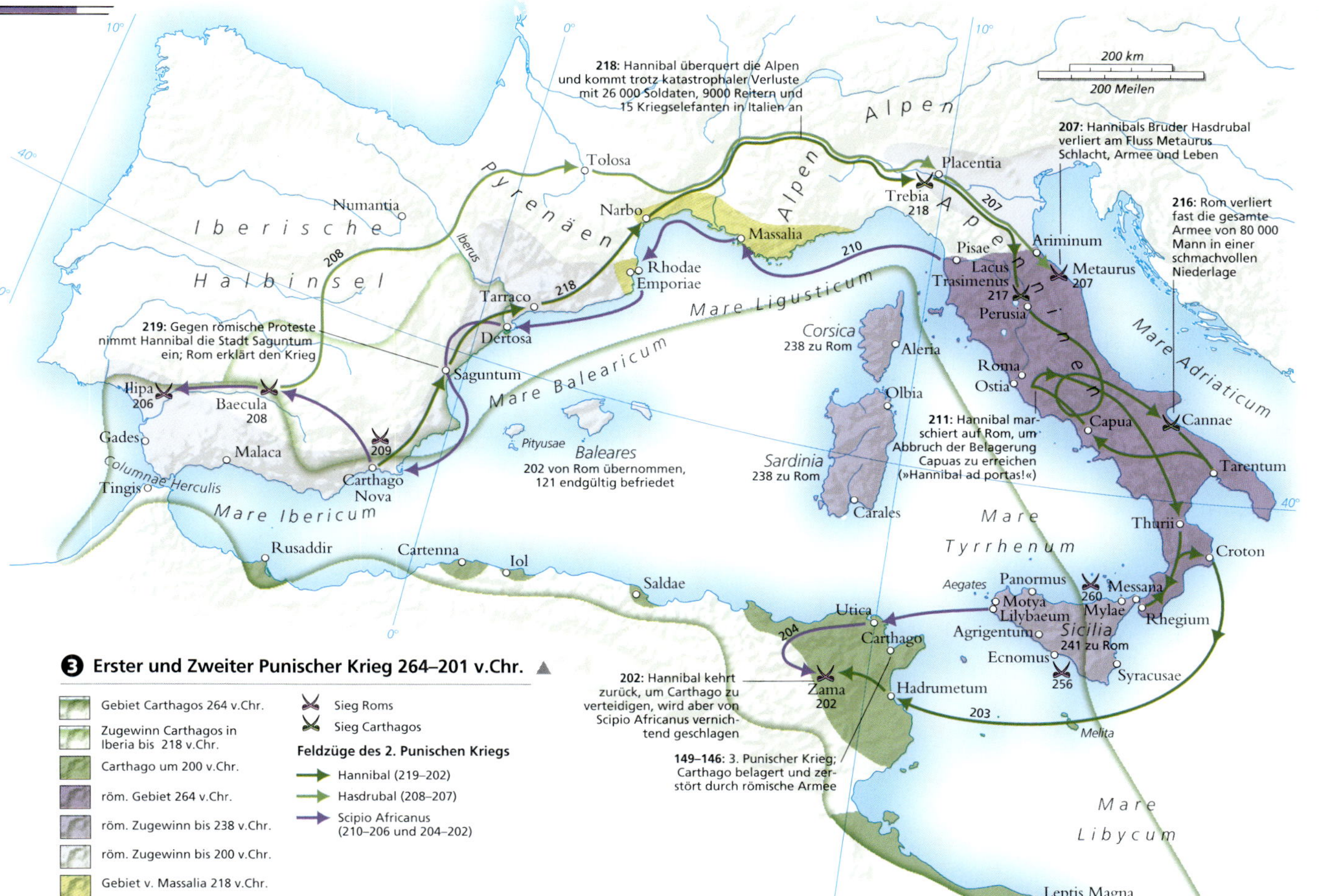

15 Jahre lang kämpfte Hannibal (links) auf italischem Boden gegen Rom. Die kleine Münze (rechts) zeigt einen afrikanischen Elefanten. Die Kriegselefanten Carthagos versetzten die römischen Soldaten in Angst und Schrecken.

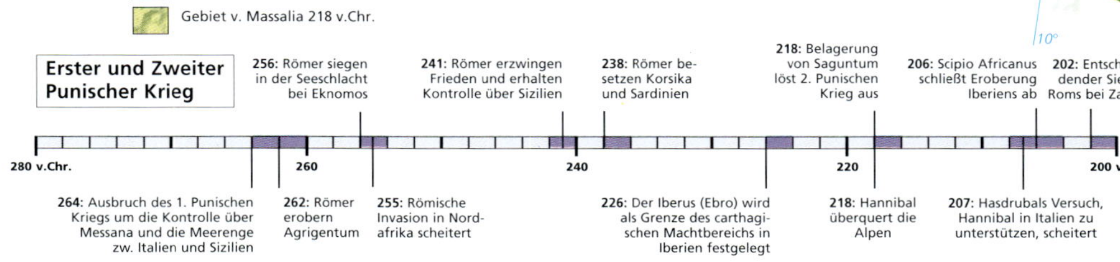

Die Unterwerfung Griechenlands

Makedonien und die Seleukiden bestimmten im 2. Jh. v.Chr. die Machtpolitik in der griechischen Welt, lockere Bündnisse stellten der Aitolische Bund und der Achaiische Bund dar, zu dem mit Korinth die größte Stadt Griechenlands gehörte. Das kleinasiatische Königreich Pergamon und Stadtstaaten wie Rhodos, Athen oder Sparta versuchten dagegen, ihre Unabhängigkeit zu bewahren. Politische Spannungen und wiederholte Hilfsersuchen boten den Römern Anlass für insgesamt fünf Feldzüge im Laufe des 2. Jh. Makedonien wurde 148 v.Chr. römische Provinz, und Griechenland fiel nach dem Achaiischen Krieg 146 v.Chr. unter römische Herrschaft.

Korinth war erst Verbündeter, dann Widersacher Roms. 146 ließ der römische General Mummius die eroberte Stadt dem Erdboden gleich machen. Heute sind nur Reste der späteren römischen Stadt sichtbar (links).

Dieses Mosaik einer Löwenjagd zierte den Königspalast in der makedonischen Hauptstadt Pella. Schon vor der Annektierung Griechenlands hatten die Römer die hellenistische Kultur angenommen.

Das römische Provinzsystem um 120 v.Chr.

Nach der Niederlage Carthagos im Jahre 202 v.Chr. dehnte sich das Römische Reich mit großer Geschwindigkeit aus. Griechenland und die griechischen Staaten Kleinasiens wurden durch Diplomatie und Kriege kontrolliert. Die wilden Stämme auf der Iberischen Halbinsel verwickelten die Römer hingegen in langwierige Kämpfe. 146 wurde Carthago zerstört; danach wichen die Römer von der bisherigen Politik der indirekten Kontrolle ab: Die erworbenen Gebiete wurden nun als Provinzen von Statthaltern verwaltet, die für die Ordnung und die Eintreibung der Steuern zuständig waren. Sie blieben zwar nur ein bis zwei Jahre im Amt, doch sogar unter diesen Umständen waren Korruption und Ausbeutung der Statthalter so geläufig, dass sich ab 149 ein permanentes Sondergericht mit solchen Fällen beschäftigte.

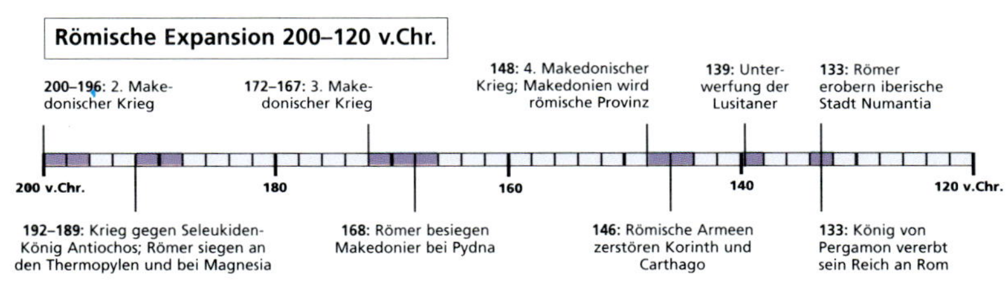

DAS RÖMISCHE REICH

Kaiser Konstantin bekannte sich zum Christentum und verlegte die Reichshauptstadt in den Osten.

DIE REPUBLIKANISCHE ÄRA brachte Rom die militärische Kontrolle über den größten Teil des mediterranen Raumes ein. Doch die Machtkämpfe der Patrizierfamilien um die gewonnenen Gebiete führten zu einem Jahrhundert innerer Streitigkeiten, das zur Kaiserzeit überleitete. Caesars Großneffe Octavian Augustus beendete die römischen Bürgerkriege mit seinem Sieg über Marcus Antonius im Jahr 31 v.Chr. und begründete das Prinzipat, das er 27 v.Chr. bis 14 n.Chr. innehatte. Innerhalb dieser Regierungsform wurden bis zu den Reformen von Diocletian am Ende des 3. Jh. die Geschicke des Imperiums gelenkt. Im 2. Jh. n.Chr., auf dem Höhepunkt seiner Macht, gebot Rom über 50 Mio. Menschen in über 5000 Verwaltungseinheiten. Fast überall erkannten die Völker des Reichs die römische Oberherrschaft an, und von der Nordsee bis zum Nil übernahmen sie die römische Kultur und lateinische Sprache. Ab 212 n.Chr. genossen alle freien Einwohner des Reichs den Status römischer Bürger.

Das Imperium unter Hadrian

Die größte Ausdehnung erreichte das Römische Reich im frühen 2. Jh. unter Traian, der es um die Provinzen Dacia, Arabia, Armenia, Assyria und Mesopotamia erweiterte. Als Hadrian ihm 117 n.Chr. auf den Thron folgte gab er die letzten drei Provinzen auf und betrieb eine defensive Grenzpolitik, die viele seiner Nachfolger weiterführten. Die Armee – unter Hadrian 300 000 Mann stark – verteidigte die Grenzen und war für die Niederschlagung von Aufständen wie in Judäa oder Britannien zuständig. Die Flotte ging im Mittelmeer gegen Piraten vor. Auch auf dem Rhein und auf der Donau, die die nordöstliche Grenze des Reiches bildeten, waren Flotten stationiert.

Der Pont du Gard gehörte zu dem Aquädukt, der die südfranzösische Stadt Nemausus (Nîmes) mit Wasser versorgte und ist ein beeindruckendes Beispiel römischer Ingenieurbaukunst.

Der Wohlstand der Stadt Thugga (Dougga) in Tunesien wird in den Ruinen des herrlichen Theaters sichtbar. Nordafrika galt einst als Kornkammer Roms.

Das römische Reich

- **51 v.Chr.:** Caesar schließt Eroberung Galliens (Gallia) ab
- **30 v.Chr.** Ägypten wird nach Octavians Sieg über M. Antonius annektiert
- **27 v.Chr.:** Octavian nimmt den Titel ›Augustus‹ an und wird erster römischer Kaiser
- **9:** Die neue Provinz Pannonia sichert die Donau-Grenze
- **9:** Nach Niederlage gegen die Germanen sichern die Römer die Rhein-Grenze
- **14:** Tod des Augustus
- **43:** Die Römer erobern das südliche Britannien
- **44:** Die Balkanregion bis zur Donau wird zur autonomen Provinz Mösien (Moesia)
- **67:** Nero erklärt griech. Städte für frei; Achaea nach Unruhen ab 73 jedoch wieder Provinz
- **69/70:** Vierkaiserjahr; Aufstände in Gallien erst unter Vespasian unterdrückt
- **106:** Traian erobert Dakien (Dacia)
- **115–17:** Aufstand des Diaspora-Judentums im gesamten Reich
- **135:** Fertigstellung des Hadrian-Walls in Britannien zur Abwehr der Nordstämme
- **138:** Tod Hadrians

50 v.Chr. – 1 n.Chr. – 50 n.Chr. – 100 – 150 n.Chr.

Die Stadt Rom

Das Colosseum, 80 n.Chr. erbaut, war neben dem Circus Maximus die beliebteste Arena und konnte rund 50 000 Menschen fassen. Die blutigen Gladiatoren- oder Tierkämpfe waren meist ausverkauft.

Wie das Reich dehnte sich auch die Stadt Rom aus. Gegen Ende 2. Jh. n.Chr. lebten etwa 1 Mio. Menschen in der Stadt. Die Versorgung erfolgte per Schiff vom Hafen Ostia über den Tiber. Aquädukte lieferten rund 400 Liter Wasser pro Tag und Kopf. Viele Römer gingen keiner Arbeit nach, da sie Anrecht auf eine *annona*, eine freie Getreideration besaßen. Dem Beispiel Augustus' folgend wollte jeder Herrscher der Stadt sein Denkmal hinterlassen. So entstanden einzigartige Foren, Paläste, Theater, Arenen und Tempel.

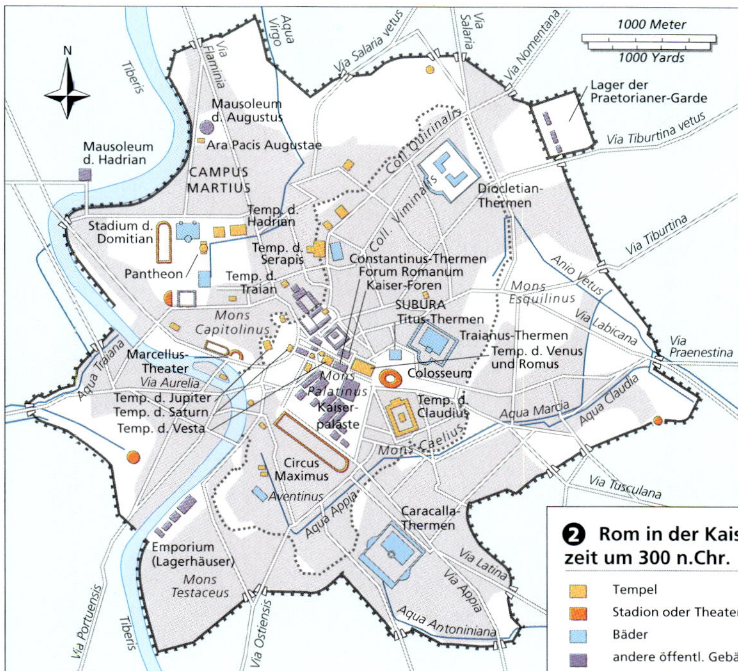

2 Rom in der Kaiserzeit um 300 n.Chr.

- Tempel
- Stadion oder Theater
- Bäder
- andere öffentl. Gebäude
- bebaute Gebiete innerhalb der Stadtmauer
- Stadttor
- Aquädukt
- Stadtmauer zur Republik-Zeit im 4. Jh. v.Chr.
- Aurelianische Mauer (271)

In tönernen Amphoren transportierte man Wein, Oliven, Öl und die sehr beliebte Fischsauce Garum.

3 Handelswege nach Rom

- bedeut. Seeroute
- bedeut. Getreidelieferanten
- Wein
- Olivenöl
- Garum (Fischsauce)
- Honig
- Sklaven
- Pferde
- Wolle
- Flachs/Leinen
- Murex (Purpurschnecken)
- Marmor
- Holz
- Gold
- Zinn
- Kupfer

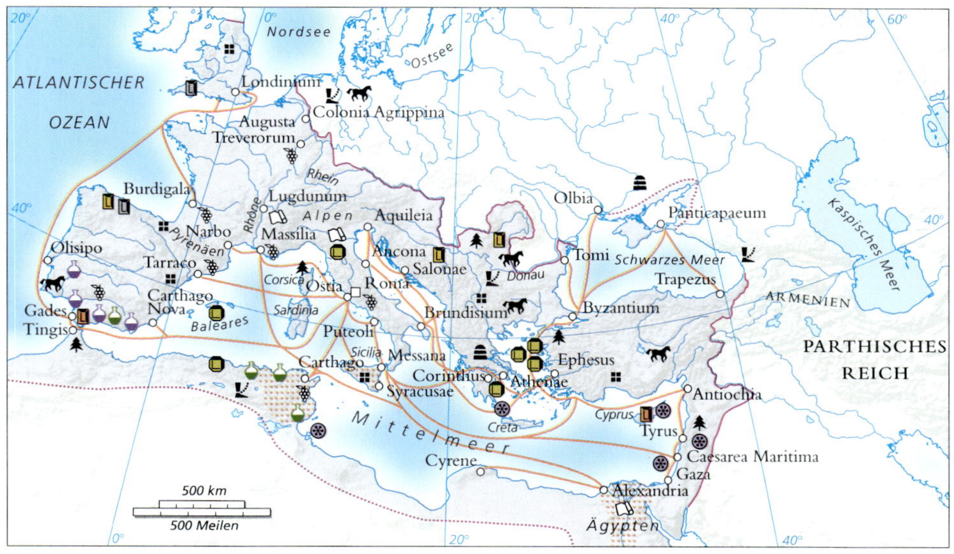

Die Versorgung der Stadt

Die Versorgung der Einwohner Roms war in der Kaiserzeit vollständig von regelmäßigen Getreidelieferungen aus Ägypten und Nordafrika abhängig. Sie wurden an der Tiber-Mündung, in Ostia und Portus, dem von Traian ausgebauten Hafen, gelöscht und von dort in kleineren Booten den Tiber aufwärts in die Hauptstadt gebracht. Wenn möglich, beförderte man die Waren per Schiff, dem schnellsten und billigsten Transportmittel. Rom importierte Waren und Rohstoffe aus dem ganzen Reich. Der Marmor für die Säulen und Skulpturen, welche die Tempel und Paläste der Stadt zierten, stammte aus Griechenland, Libanon, Ägypten oder Afrika. Zu den ungewöhnlicheren Importgütern zählten das *garum*, eine vergorene Fischsauce – die Römer benutzten sie wie Ketchup und würzten damit ihre Speisen – oder Purpurschnecken, aus denen man die rote Farbe für die kaiserliche Toga gewann. Der Mons Testaceus gibt einen Eindruck von der Masse importierter Güter. Der 50 m hohe Hügel wurde in der Kaiserzeit einzig und allein aus Amphorenscherben aufgehäuft, die aus den zahllosen Läden stammten, die sich im Südwesten der Stadt am Tiber befanden.

Dieses Bodenmosaik mit Orpheus zierte eine Villa in Daphne, einem reichen Vorort Antiochias, der Hauptstadt der Provinz Syrien.

Die Tetrarchie unter Diocletian und der Zerfall des Reichs

Im 3. Jh. n.Chr. drohte das Reich auseinander zu brechen; Randstaaten wie z. B. das Palmyrenische Reich strebten nach Selbständigkeit. Sowohl Diocletian (284–305) als auch Konstantin (307–337) versuchten dies durch eine Neuordnung der Verwaltung zu verhindern. Die bestehenden Provinzen wurden in 100 kleinere Einheiten unterteilt und in 12 große Regionen, den Diözesen, zusammengefasst. Jede Diözese wurde von einem sogenannten Vikar geleitet. Um die Militärführung und eine geregelte Nachfolge zu sichern, führte Diocletian die Tetrarchie ein: den beiden Seniorkaisern mit dem Titel ›Augustus‹ stand je ein Juniorkaiser mit dem Titel ›Caesar‹ zur Seite. Jeder ›Imperator‹ war für einen bestimmten Reichsteil zuständig.

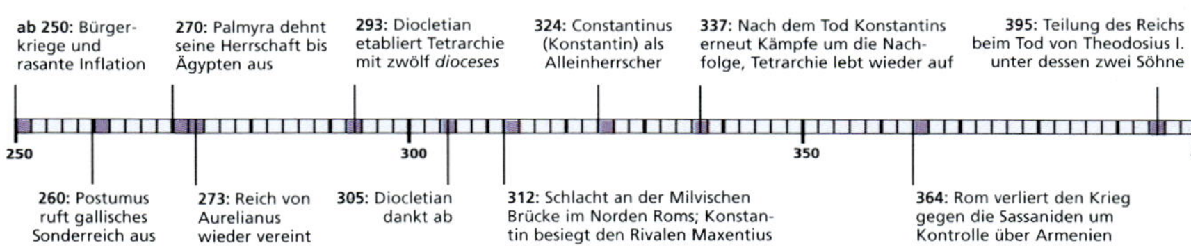

Das späte Kaiserreich 250–400 n.Chr.

4 Das Römische Reich 240–395 n.Chr.

Reichsteile unter:

- Diocletianus (Osten)
- Maximianus (Italien, Spanien, Afrika)
- Galerius (Balkan)
- Constantius Chlorus (Gallien, Britannien)
- Reichsgrenze um 293
- PONTUS Diözese der Reform Diocletians 293
- Regierungssitze der Tetrarchen
- Gallisches Reich von Postumus 260–274
- Königreich von Palmyra 260–272
- von Rom aufgegebenes Gebiet, mit Datum
- Grenze der Reichsteilung in Ost- und Westreich 395

Durch die Reformen Diocletians wurde die Reichsverwaltung unter vier Imperatoren aufgeteilt. Die Prinzipien der Tetrarchie hatten bis zum Untergang des Westreichs 473 Bestand.

Die Goldmünze zeigt Diocletian und Maximian, die ersten beiden Doppelkaiser des Römischen Reichs.

Europa im frühen Mittelalter

Aus solchen Hörnern tranken die Langobarden-Könige auf ihren Festen.

Nach dem Untergang des Westreichs im Jahr 476 unterhielten die Herrscher der neuen Königreiche weiterhin Beziehungen zum Kaiser in Konstantinopel (Byzanz), viele gaben vor, in seinem Namen zu regieren. Obwohl in großen Teilen Westeuropas römisches Recht und römische Institutionen zunächst weiterbestanden und die Barbarenvölker bald den christlichen Glauben annahmen, setzte doch eine schleichende ›Barbarisierung‹ des Westens ein. Vor allem den Klöstern ist es zu verdanken, dass kulturelle Techniken und antike Werke bewahrt blieben. Im 6. Jh. gelang es Justinian I., dem Kaiser des Ostens, große Gebiete im westlichen Mediterranraum zurückzugewinnen. Als Byzanz aber die Invasion der Langobarden in Italien 568 nicht stoppen konnte, war die Reichsspaltung nicht mehr aufzuhalten. Hilfesuchend wandte sich das Papsttum an die Franken im romanisierten Gallien, die nun die Nachfolge der Römer im Westen antraten.

Die germanische Reichsbildung

Der letzte römische Alleinherrscher war Theodosius I. der Große. Die Reichsteilung nach seinem Tod im Jahr 395 (unter seine unmündigen Söhne) bedeutete einen historischen Einschnitt: Nun verlagerte sich die Macht in Westeuropa von den Kaisern zu Herrmeistern aus Germanen-Stämmen, die die Römer oft zur Verteidigung des Reiches ins Land gerufen hatten. Die chaotischen Machtkämpfe im Westreich endeten 476 mit der Absetzung des letzten legitimierten Vertreters der Reichsmacht. Bis 480 schufen die Westgoten in Aquitanien und auf der Iberischen Halbinsel ein großes Königreich mit Toulouse als Hauptstadt; 492 eroberten die Ostgoten Italien und die dalmatinische Küste.

Das Christentum bewahrte in den neuen Königreichen kulturelle Kontinuität. Dieser spätantike Sarkophag stammt aus Ravenna, Hauptstadt der Ostgoten in Italien.

Classis war der Hafen von Ravenna, der Hauptstadt sowohl des ostgotischen Reichs als auch des byzantinischen Italien. Der Ausschnitt eines Mosaiks aus dem 6. Jh. zeigt den Palast und im Hafen liegende Schiffe.

Europa im Jahr 500

Das ›Reich der Italiker und Goten‹ des Ostgoten Theoderich war das mächtigste Königreich Westeuropas Anfang des 5. Jh. Der König regierte von Ravenna aus, während der Senat in Rom saß. Zwischen Römern und Ostgoten bestand ein freundschaftliches Verhältnis; die Heiratspolitk des Königshauses schuf Allianzen mit den Westgoten und den Vandalen in Nordafrika. Theoderich war in Konstantinopel erzogen worden und beabsichtigte wohl eine Erneuerung der kaiserlichen Macht im Westen. Nach seinem Tode 526 regierte seine Tochter Amalaswintha für seinen Enkel, der bereits jung starb. Mit der Ermordung von Amalaswintha endete die Dynastie: Die Tat gab Kaiser Justinian Anlass, 535 die Rückeroberung Italiens einzuleiten.

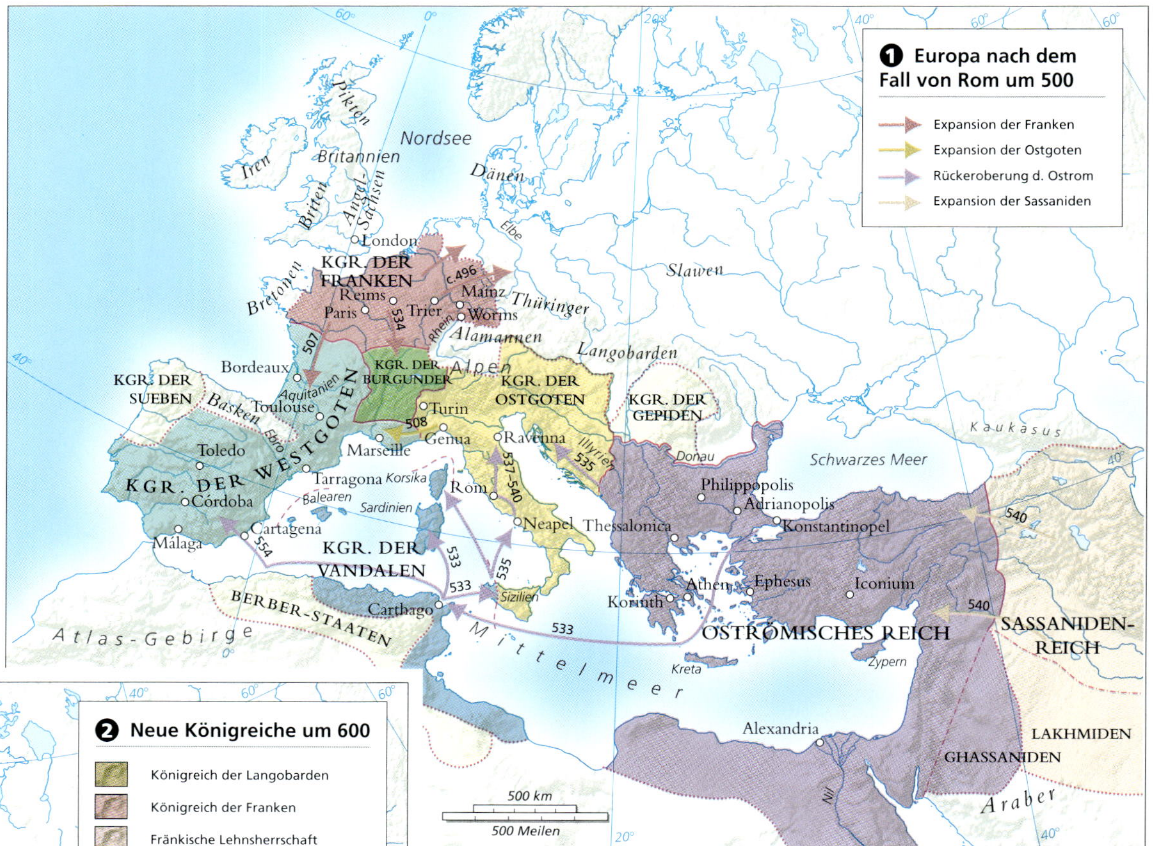

Dieses westgotische Kreuz datiert aus dem 6. Jh. Die Westgoten waren mit der Christianisierung dem Arianismus gefolgt (der die Trinität leugnete). Dies änderte sich nach 589, als König Rekkared zum orthodoxen Katholizismus seiner hispano-römischen Untertanen übertrat.

Europa um 600

Die politische Landschaft Europas hatte sich im 6. Jh. dramatisch verändert. Um 600 kontrollierten die Westgoten zwar immer noch die Iberische Halbinsel, die Franken hielten aber mittlerweile den größten Teil des heutigen Frankreichs besetzt. Byzanz (das Oströmische Reich) hatte Nordafrika, Italien, Illyrien und sogar Teile Südspaniens zurückerobert. Im 20-jährigen Krieg mit den Goten wurde mehr vom römischen Erbe zerstört als im Jahrhundert zuvor. So konnte Italien schließlich den Langobarden in die Hände fallen, einem Germanen-Stamm, der zuvor von der Unterelbe nach Pannonien gewandert war und nun unter Druck der Awaren geriet.

Germanische Reichsgründungen 400–650

- **410:** Plünderung Roms durch Westgoten
- **406/7:** ›Große Invasion‹ der Alanen, Vandalen und Sueben nach Gallien
- **418:** Westgoten begründen den Tolosanisches Reich in Aquitanien
- **439:** Vandalen erobern Carthago
- **455:** Vandalen plündern Rom
- **476:** Absetzung des letzten Westkaisers in Rom. Odoaker herrscht als König über Italien
- **490–492:** Theoderich erobert Italien
- **493:** Theoderich erobert Ravenna (›Rabenschlacht‹), dort ermordet er Odoaker
- **507:** Franken vertreiben Westgoten aus Aquitanien
- **508:** Ostgoten besetzen die Provence
- **526:** Tod Theoderichs; Enkel als Nachfolger, Tochter Amalaswintha als Regentin
- **533:** Ostrom besiegt die Vandalen und erobert Nordafrika zurück
- **535:** Oströmischer General Belisarius marschiert nach Süditalien ein
- **540:** Belisar nimmt Ravenna ein
- **555:** Byzantiner schließen Rückeroberung Italiens ab; südspanische Küste der Westgoten erobert
- **568:** Langobarden fallen in Italien ein
- **585:** Westgoten unterwerfen die Sueben in Galicien
- **597:** Mission des hl. Augustinus in England
- **617:** Slawen wandern nach Süden, überschwemmen Griechenland und erscheinen vor den Toren Konstantinopels
- **624:** Westgoten vertreiben letzte byzantinische Truppen aus Südspanien

400 · 425 · 450 · 475 · 500 · 525 · 550 · 575 · 600 · 625 · 650

Diese Goldschnalle ist ein typisches Kunstwerk der Langobarden, die Norditalien zwei Jahrhunderte beherrschten.

In Sutton Hoo wurde der Grabschatz eines angelsächsischen Königs oder Häuptlings gefunden, darunter auch dieser vergoldete Helm aus Bronze.

Frühe angelsächsische Königreiche

- **597:** Der hl. Augustinus beginnt Mission in den angelsächsischen Königreichen
- **603:** Northumbria besiegt Skoten bei Degsastan
- **616:** Northumbria besiegt Briten bei Chester
- **655:** Northumbria besiegt Mercia bei Winwaed
- **663:** Synode von Whitby bekennt sich zum »römischen« anstelle des »keltischen« Christentums
- **679:** Mercia erobert Lindsey von Northumbria
- **685:** Letzter großer König Northumbrias von Pikten bei Nechtansmere getötet
- **716:** Ethelbald erkämpft sich die Krone von Mercia; das Königreich beherrscht ganz England südlich des Humber
- **757:** Aufstieg von Offa, dem mächtigsten König Mercias, der mit Karl d. Gr. verglichen wird

600 · 650 · 700 · 750 · 800

Britannien in angelsächsischer Zeit (600–800)

Aus den zwei Jahrhunderten nach dem Rückzug der Römer aus Britannien im Jahre 410 sind keine nennenswerten Ereignisse bekannt. Die keltischen Briten bekämpften sich untereinander ebenso wie die eindringenden Skoten aus Irland (Schotten) und die Angeln, Sachsen und Jüten, die von Dänemark und Norddeutschland über die Nordsee nach England kamen. Erst um 600, mit der Mission des hl. Augustinus, werden angelsächsische Königreiche (deren Herrscher zum Teil auch britische Namen trugen) wieder namentlich erwähnt. Der Westen, vor allem Wales und West-Wales (Dumnonia), blieben in keltischer Hand. Im 7. Jh. stellte Northumbria die größte Macht im Lande dar und kontrollierte kurzzeitig auch große Teile Schottlands. Am Übergang zum 8. Jh. ging diese Machtstellung jedoch an das mittelenglische Königreich Mercia über.

Byzantiner und Langobarden in Italien

Nach der Vertreibung der Goten stritten sich Byzanz und die Langobarden um die Vorherrschaft in Italien. Letztere hatten seit ihrer Invasion ab 568 mehr und mehr Land dazu gewonnen. Nur selten konnten die langobardischen Könige in Pavia ihre Autorität auf die süditalienischen Herzogtümer Spoleto und Benevento ausüben. Auch die Repräsentanten von Byzanz, einschließlich der Päpste, handelten oftmals unabhängig voneinander nach eigenem Gutdünken und Interesse. 751 wurden die Byzantiner aus Ravenna vertrieben, doch nur fünf Jahre später marschierte der fränkische König Pippin III. auf Gesuch des Papstes in Norditalien ein und unterwarf die Langobarden.

Der Kampf um Italien 550–750

- **554:** Fränkische Invasion zurückgeschlagen, Italien unter Oströmischer Kontrolle
- **568:** Langobarden fallen in Italien ein
- **590–604:** Papst Gregor d. Gr.; er rettet Rom durch Verhandlungen mit den Langobarden
- **643:** Edikt des Rothar (Edictus Rothari): erstes Gesetzbuch der Langobarden
- **653:** Langobarden bekennen sich zum Christentum
- **663:** Kaiser Constans II. versucht persönlich Italien wiederzugewinnen, bleibt aber auf Süditalien beschränkt
- **712:** Liutprand wird König der Langobarden und versucht Italien zu vereinen
- **751:** Langobarden unter Aistulf erobern Ravenna. Ende der byzantinischen Herrschaft in Italien
- **753–56:** Pippin III. fällt in Italien ein
- **773–74:** Karl der Große erobert das Langobardenreich. Norditalien gerät unter fränkische Herrschaft

550 · 600 · 650 · 700 · 750

Das frühe Frankenreich 481–650

Zum stärksten germanischen Reich stieg das Reich der Franken unter der Dynastie der Merowinger auf. Chlodwig vereinigte von Tournai aus die Franken, besiegte den letzten römischen Dux Syagrius bei Soissons und drang bis an die Loire vor. Kurz vor seinem Tod 511 schlug er die Westgoten und vertrieb sie aus Aquitanien. Die Söhne Chlodwigs unterwarfen Burgund und die ostgermanischen Alamannen und Thüringer. 558 einte Chlothar das Reich erneut. Bei seinem Tod entstanden die drei großen Teilreiche Austria (Austrasia), Neustria mit Aquitanien sowie Burgund. Die Erben verstrickten sich in einen langwierigen Kampf um die Königsmacht, bei dem die Bedeutung des Adels und der Hausmeier (Reichsverwalter) stetig wachsen konnte.

Der sog. Thron Dagoberts I., bis zur Revolution in Gebrauch, steht beispielhaft für die Kontinuität des französischen Königreiches.

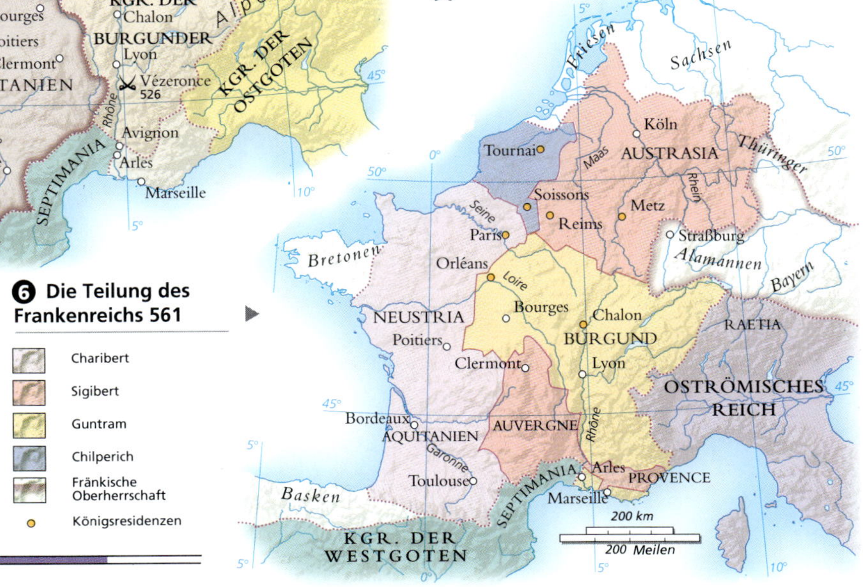

Das frühe Frankenreich, 481–650

- **481:** Chlodwig I. besteigt den Thron
- **497:** Chlodwig nimmt den christlichen Glauben an
- **507:** Chlodwig besiegt Westgoten bei Vouillé
- **511:** Tod Chlodwigs; sein Reich wird unter den vier Söhnen aufgeteilt
- **558:** Chlothar I. Alleinherrscher der Franken
- **561:** Tod Chlothars; das Reich wird erneut aufgeteilt
- **573:** Beginn der fränkischen Bürgerkriege, wachsender Einfluss des Adels
- **613:** Reichseinigung unter Chlothar II.
- **629:** Tod Chlothars II.; sein Sohn Dagobert I. wird König und reorganisiert die Franken-Herrschaft östlich des Rheins
- **639:** Tod Dagoberts; Beginn des Aufstiegs der Pippiniden-Familie

450 · 500 · 550 · 600 · 650

DAS HEILIGE RÖMISCHE REICH

Die Statue von Karl dem Großen zeigt ein idealisiertes Porträt aus dem 9. Jh., das nach dem Tod des Kaisers entstand.

DIE FRÄNKISCHEN KÖNIGE Pippin und Karl der Große zerschlugen im Bündnis mit dem Papst das Langobardenreich in Italien und trugen das Christentum weiter nach Osten. Die Krönung Karls zum römischen Kaiser im Jahre 800 entsprang dem Versuch des Papstes, die zentrale Rolle Roms und das Weströmische Reich wieder herzustellen. Doch schon 843 wurde das Karolinger-Reich erneut geteilt. Erst mit dem Übergang der Kaiserkrone an die sächsischen Ottonen im 10. Jh. kristallisierten sich die Grenzen eines neuen römischen Reichs heraus, das im Unterschied zum früheren *sacrum* ›heilig‹ genannt wurde. In dieser Zeit versetzten die Wikinger mit ihren Beutezügen Westeuropa in Angst und Schrecken, in Osteuropa hingegen waren schwedische Wikinger (Waräger oder Rus) an der Gründung des Reichs von Kiev beteiligt.

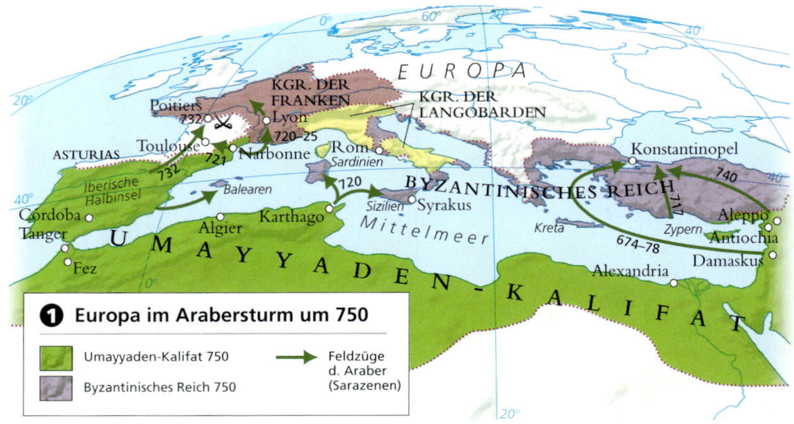

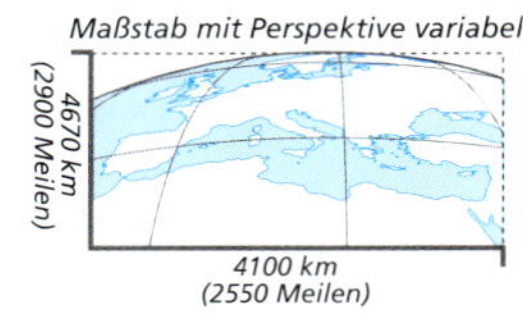

Vordringen des Islam

Arabische Armeen trugen im 7. Jh. das Banner des Islam über den Mittleren Osten nach Nordafrika; 711 erreichten sie die Iberische Halbinsel. Das Byzantinische Reich musste schwere Gebietsverluste hinnehmen, und Konstantinopel wurde 674 und 717 belagert. Im Westen konnte Karl Martell, der Großvater Karls des Großen, die islamische Invasion 732 bei Poitiers stoppen. Der islamische Vorstoß geriet ins Stocken, die Überfälle auf christliche Staaten im Mittelmeerraum hielten jedoch an.

Das Reich Karls des Großen

Karl der Große, den man im Westen Charlemagne nennt, war zugleich Krieger und Reformer. Um 800 hatte er die Sachsen unterworfen und bekehrt und mit dem Sieg über die Awaren die Ostgrenzen seines Reiches in den slawischen Raum erweitert. Grenzmarken schützten als Pufferzonen das Reich gegen Slawen und das umayyadische Emirat von Córdoba. Die Einheit der westlichen Christenheit war aber nicht von langer Dauer. Nach dem Tode Ludwigs des Frommen im Jahr 840 wurde das Reich unter dessen drei Söhnen aufgeteilt und zerfiel bis 900 in kleinere Königreiche. Stammesherzöge und lokale Grafen, die ersten Feudalherren, gewannen gegenüber der Zentralmacht immer mehr Einfluss.

Der ›Königsstuhl‹, der schlichte Thron Karls d. Gr., steht heute noch in der Pfalzkapelle von Aachen, der bedeutendsten Kaiserpfalz.

Papst Leo III. krönte Karl im Jahr 800 zum Kaiser und bestätigte damit den Herrschaftsanspruch der Karolinger. Bei der Geburt Karls um 744 war sein Vater Pippin noch nicht König der Franken, sondern Hausmeier. Seine Königswahl erfolgte erst 751.

Aufstieg der Ottonen bis 1000

Der Zerfall des Karolinger-Reichs spaltete Europa um 900 in das Westfränkische Reich, in dem nach Aussterben der Karolinger 987 die Kapetinger die Königswürde übernahmen, und das Ostfränkische Reich. 919 wurde Heinrich I. von Sachsen im Osten zum König gewählt und begründete die Dynastie der Ottonen, die das Reich durch die entschlossene Abwehr der Ungarn zur führenden Macht Europas machten. Der Italienzug Ottos I. führte zu seiner Krönung zum Kaiser des Heiligen Römischen Reiches (962). Ottos Nachfolger stärkten ihre Position in den deutschen Herzogtümern, indem sie das ganze Reich bereisten. Sie kontrollierten Bistümer und Klöster, förderten die Literatur und kämpften für die Gründung christlicher Staaten in Polen, Ungarn und Böhmen.

Darstellung eines Wikingerschiffs aus Gotland, die im 8. Jh., vor dem Einsetzen der Raubzüge, entstand. Hier wird es von den Geistern toter Helden gelenkt.

Die Wikinger in Skandinavien

Größer noch als Furcht vor den Arabern war ab Mitte des 8. Jh. in Europa die Furcht vor den Wikingern von den dänischen und norwegischen Küsten, die über den Rhein bis nach Mainz und über die Seine bis nach Burgund vordrangen. Bei ihren ›Seekönigen‹ handelte es sich wahrscheinlich um Kriegsherren, die in der Heimat mächtigeren Fürsten unterlegen waren. Sie kamen mit bis zu 100 ›Drachenbooten‹, plünderten Städte, Klöster, Kirchen und brannten sie nieder. Im späten 9. Jh. jedoch hatten sie den christlichen Glauben angenommen, siedelten in der Normandie und in Irland und eroberten wenig später England. Die Handelsfahrten der Wikinger aus dem schwedischen Raum (Waräger) führten bis tief nach Russland und brachte sie in Kontakt mit Konstantinopel und der islamischen Welt. Die Waräger gründeten die Handelsstadt Novgorod und erlangten die Kontrolle über Kiev, das zur Hauptstadt des großen Reichs der Kiever Rus wurde.

Otto II. (973–83) hält Hof. Die Porträts der deutschen Kaiser des Hochmittelalters ähnelten denen byzantinischer Kaiser, die man als Statthalter Gottes auf Erden abbildete.

3 Europa 800–1000

- Grenzen um 1000
- Muslimische Gebiete
- Magyaren/Ungarn
- Dänemark
- Schweden
- Norwegen (unter dän. Krone)
- Byzantinisches Reich (unter direkter Herrschaft)
- Byzantinische Vasallen (faktisch unabhängig)
- Hl. Römisches Reich

Wikinger-Besiedlung

- Dänen
- Schweden
- Norweger
- dänisches Siedlungsgebiet (Danelag) 878–954

Fahrten und Plünderungszüge

- Dänen
- Schweden
- Norweger
- Wanderung d. Magyaren
- Vorstöße d. Magyaren
- Vorstöße muslimischer Sarazenen

Stephan I. von Ungarn entschied sich gegen die orthodoxe und für die römische Kirche. 1001 wurde er vom Papst, von dem er auch die Krone erhielt (oben), als König anerkannt.

Der slawische Raum

Die Ungarn und Bulgaren kamen aus Westasien nach Osteuropa. Vor allem im slawischen Gebiet gründeten sie mächtige Königreiche und bedrängten das christliche Europa. Überfälle der Ungarn führten sogar bis nach Frankreich. In den letzten beiden Jahrhunderten des ersten Jahrtausends zogen christliche Herrscher aus, um diese Heidenvölker zu unterwerfen und bekehren: Ungarn, Dänen, Polen und Tschechen (Böhmen) gehörten bis 1000 alle der katholischen Kirche an, während Byzanz 1018 das Bulgaren-Reich unterwarf.

Europa 800–1000

- **ab 790:** Wikinger-Überfälle in Westeuropa
- **816:** Byzanz schließt mit den Bulgaren nach langem Krieg Frieden
- **841:** Wikinger gründen Siedlung in Dublin
- **844:** Wikinger dringen auf ihren Raubzügen bis nach Toulouse
- **863:** Hll. Kyrillos und Methodios als Missionare in Moravia (Mähren)
- **874:** Die ›Große Armee‹ der Wikinger erobert das Königreich York
- **896:** Ungarn beginnen das Donaubecken zu besiedeln
- **911:** Wikinger als Herzöge der Normandie anerkannt
- **919:** Heinrich von Sachsen wird König des Ostfränkischen Reichs (Deutschland)
- **933:** Heinrich besiegt Ungarn bei Riade
- **936:** Otto I. folgt seinem Vater Heinrich auf den Thron. Aufstand der Böhmen (ab 950 tributpflichtig)
- **955:** Endgültiger Sieg Ottos über die Ungarn auf dem Lechfeld
- **962:** Otto I. von Papst Johannes XII. zum Kaiser gekrönt. Er verbringt seine letzten Jahre in Italien
- **980:** Wikinger-dynastie in Dublin beendet
- **980–83:** Feldzug Ottos II. gegen die Araber in Italien
- **990:** Feldzüge der Ottonen gegen die Böhmen
- **1000:** Das slawische Polen bekehrt sich zur katholischen Kirche
- **1001:** Krönung Stephans I. von Ungarn
- **1018:** Bulgaren unterwerfen sich nach Niederlage dem Byzantinischen Reich

780 – 800 – 820 – 840 – 860 – 880 – 900 – 920 – 940 – 960 – 980 – 1000 – 1020

EUROPA ZUR ZEIT DER KREUZZÜGE

Kaiser Friedrich Barbarossa als Kreuzfahrer. Der Herrscher ertrank 1190 während des Dritten Kreuzzugs.

NACH DEM ERFOLGREICHEN Ersten Kreuzzug (S. 64–65) ergriff ein bislang unbekannter Abenteuergeist das christliche Europa. Feldzüge zur Christianisierung des Balkan und gegen die Muslime in Spanien wurden mit päpstlichem Segen gestartet. Von solchem Ideal waren auch die neuen Orden der Rittermönche, wie Templer und Johanniter, inspiriert, die zum Schutz der Pilger im Heiligen Land entstanden. Sie errangen große Macht und besaßen Hunderte von Kommenden (Klöster oder Güter) in ganz Europa. Das Zeitalter der Kreuzzüge war auch eine Periode des kulturellen Erwachens. Die Wiederentdeckung klassischer Texte weckte das Interesse an der Philosophie. Universitäten entstanden, und neue Mönchsorden verhalfen der katholischen Kirche durch Klostergründungen zu wachsender Macht.

Die ›Ketzerkreuzzüge‹ in Europa

Die Templerritter wurden für den Schutz, den sie den Pilgern boten, reich entlohnt und stiegen zu einer mächtigen politischen Kraft Europas auf.

Die Idee des ›heiligen‹ Krieges, die die Kreuzfahrer zur Eroberung des Heiligen Landes und der Iberischen Halbinsel antrieb, wurde auch zur Rechtfertigung für Kriege oder rassistische Gräueltaten in Europa benutzt. 1096 schlachteten aufgebrachte Menschenmengen in deutschen Städten die ›ungläubigen‹ Juden ab. Die Missionierung heidnischer Völker in Litauen, Livland und Preußen nahm mit dem Segen des Papstes Innozenz III. den Charakter von Kreuzzügen an. Auch ›Häretiker‹ in Europa – die Katharer (Albigenser) in Südfrankreich – wurden mit Kreuzzügen vernichtet. Und 1212 führte ein französischer Hirtenjunge gar einen Kreuzzug von Kindern an; doch diese kamen nur bis Genua oder Marseille.

Europa und die Kreuzzüge

1050 – 1100 – 1150 – 1200 – 1250 – 1300 – 1350

- **1096:** Pogrome gegen jüdische Gemeinden von Kreuzfahrern und deren Anhängern
- **1118:** Gründung des Templerordens mit Sitz neben dem Salomon-Tempel in Jerusalem
- **1126:** Hospitaller (oder Johanniter) übernehmen militärische Funktionen
- **1197:** Gründung des Deutschen Ordens im Heiligen Land
- **1209:** Kreuzzug gegen die Albigenser (Katharer) in Südfrankreich
- **1233:** Inquisition wird in Toulouse eingerichtet
- **1283:** Unterwerfung der Prussen durch Deutschritter abgeschlossen
- **1306–10:** Johanniterorden erobert Rhodos und gründet auf der Insel einen unabhängigen Staat
- **1312:** Templerorden wird der Ketzerei angeklagt und vernichtet

Die Normannen erobern England

Das normannische Herzogtum war 911 im Norden Frankreichs gegründet worden. 1066 führte Wilhelm, Herzog der Normandie, eine Armee über den Kanal, um das angelsächsische Britannien zu erobern. König Harold II. hatte zuvor bereits Harald Hardrada von Norwegen besiegt, wurde jetzt aber nach einem langen Marsch in den Süden von Wilhelm bei Hastings geschlagen. Nach der vollständigen Eroberung teilte Wilhelm England unter seinen normannischen Rittern in Lehen auf.

2 Eroberung Englands d. Normannen 1066–1095

- Zug v. Harald Hardrada 1066
- Zug von Harold 1066
- Zug von Wilhelm 1066
- Besitz von Wilhelm 1066
- Eroberungen bis 1070
- Eroberungen bis 1095
- Gebiet der Revolte gegen die Normannen um 1070
- Schlacht

Eroberung Englands durch die Normannen 1066

Jan. 1066 – April 1066 – Juli 1066 – Okt. 1066 – Jan. 1067

- **5. Jan.:** Edward der Bekenner, König von England, stirbt. Harold besteigt den Thron
- **April:** Harolds Flotte vertreibt Tostig und überwacht den Kanal bis September
- **April:** Harolds verbannter Bruder Tostig überfällt wiederholt die Südküste Englands
- **Aug.–Sept.:** Herzog Wilhelm sammelt seine Flotte und Armee in Dives-sur-Mer
- **25. Sept.:** Harold schlägt Tostig und den norw. König Harald Hardrada bei Stamford Bridge
- **28. Sept.:** Wilhelm landet in Pevensey
- **14. Okt.:** Schlacht bei Hastings; Harold fällt
- **25. Dez.:** Krönung Wilhelms in London

Wilhelms Erfolg beruhte auf einer starken Flotte, die Soldaten und Pferde nach England übersetzte. Die Normannen hatten zu dieser Zeit aber schon lange das Seefahrerleben ihrer Wikingervorfahren aufgegeben. Dennoch gelang es ihnen, eine Flotte zu bauen, die rund 7000 Mann über den Kanal brachte. Hier eine Szene aus den Wandteppichen von Bayeux, die die Eroberung Englands darstellen.

1 Kreuzzüge und christliche Expansion in Europa 1100–1300

- Gebiete mit paganen Kulten um 1100
- muslimische Gebiete um 1180
- Gebiete der Katharer
- Gebiete der Waldenser
- Vorstoß der Reconquista in Spanien

Kreuzzüge im Baltikum

- Expeditionen von Dänen
- Expeditionen von Schweden
- Vormarsch der Schwertbrüder
- Vormarsch des Deutschen Ordens

Andere Kreuzzüge

- Albigenser-Kreuzzug 1209–13
- Kinderkreuzzug 1212
- Massaker an Juden 1096
- Komturei der Templer 1300
- Sitz der Ritterorden der Reconquista in Spanien
- Grenzen um 1180
- Heiliges Römisches Reich
- erfolglose Staatsgründung des Deutschen Ordens 1211–15

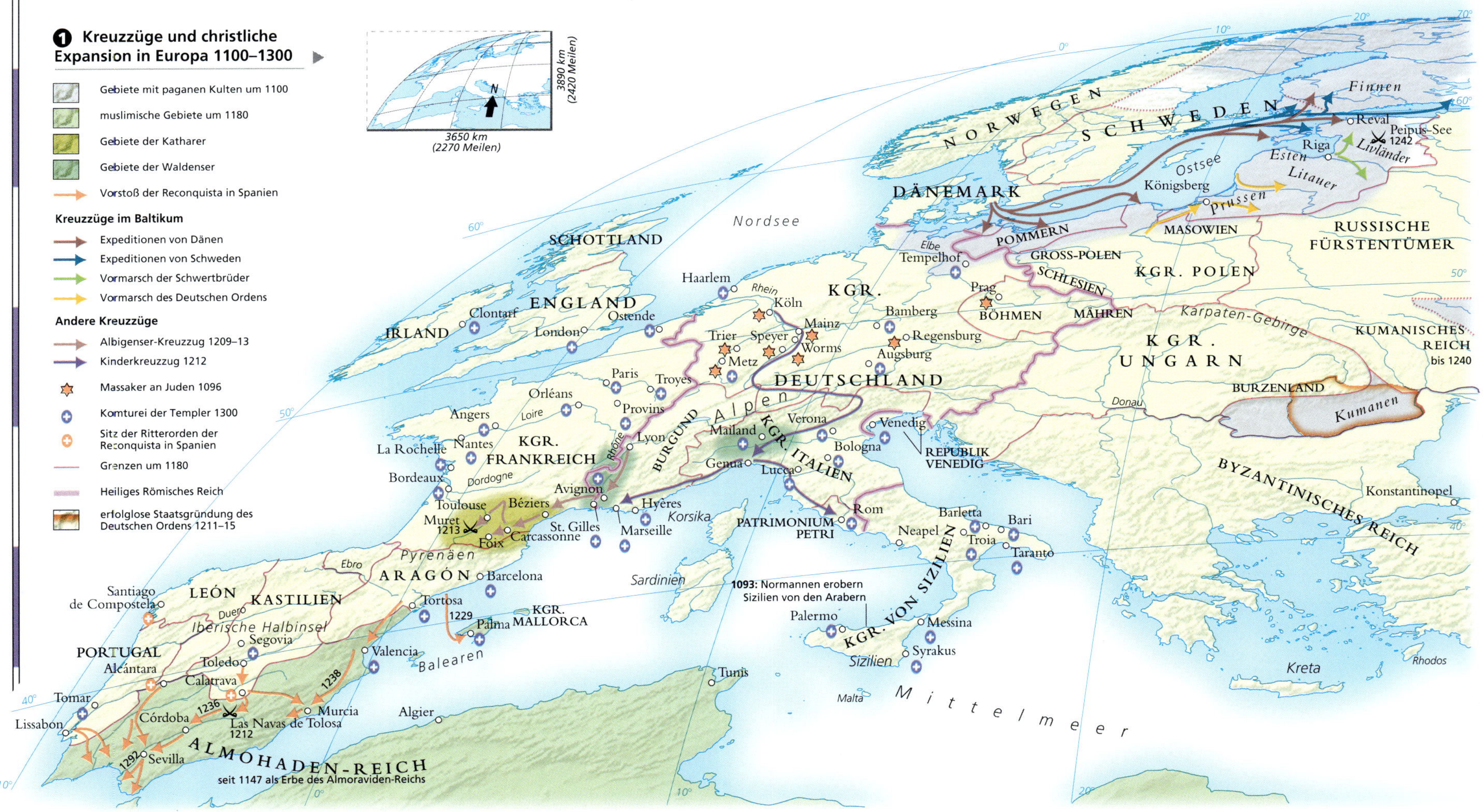

Orden und Universitäten

Das christliche Ideal jener Zeit spiegelt sich in dem Anwachsen neuer Mönchsorden wider. Der Zisterzienser-Orden, 1098 in Cîteaux gegründet, verbreite sich unter der Führung des charismatischen Bernhard von Clairvaux in ganz Europa. Im frühen 13. Jh. erhielten die Orden des Franziskus von Assisi und des hl. Dominicus gar noch größeren Zulauf. Das erwachende Bildungsinteresse führte zur Gründung neuer Universitäten. Für die mittelalterlichen Gelehrten waren die nunmehr als Übersetzung aus dem Arabischen verfügbaren Quellentexte der Antike von größter Bedeutung. Thomas von Aquin (gest. 1274) verband das aristotelische Denken mit dem christlichen Glauben und verlieh der katholischen Kirche damit ein philosophisches Grundgerüst, das für Jahrhunderte Bestand haben sollte.

Der Zisterzienser-Orden entstand als Reaktion auf das von den Zehntabgaben finanzierte üppige Leben der Mönche. Die Zisterzienser bestellten ihre Felder selbst, nahmen aber auch neu erobertes oder erschlossenes Land zum Geschenk. Das Refektorium in Fountains Abbey, England, zeigt die schöne Schlichtheit ihrer Architektur (rechts).

Das Erwachen Europas im 12. Jh.

- **1098:** Gründung eines neuen Klosters in Cîteaux
- **1115:** Bernhard gründet Haus des Zisterzienser-Ordens in Clairvaux
- **1126:** Geburt des islamischen Philosophen Averroes in Córdoba
- **1158:** Friedrich Barbarossa gewährt der Universität Bologna kaiserlichen Schutz
- **1210:** Papst erkennt den Bettelorden des Franziskus von Assisi an
- **1220:** Gründung der ersten Kapitel des Dominikaner-Ordens
- **1249:** Gründung des Merton College, Oxford

1100 – 1150 – 1200 – 1250 – 1300

Das Angevinische Reich

Aufgrund der Erbschaftsgesetze im feudalen Europa konnte Heinrich II., Graf von Anjou und König von England, ein Reich gründen, das große Teile Westeuropas umfasste. Nach der Vermählung mit Eleonore von Aquitanien besaß er in Frankreich mehr Land als der französische König, der nominell sein Lehnsherr war. Er konnte sein Reich gegen Ludwig VII. von Frankreich und seine Söhne verteidigen, doch nach seinem Tod 1198 brach das Angevinische Reich bald auseinander. 1214 schlug Philipp II. Augustus von Frankreich Heinrichs Sohn Johann (›Ohneland‹) und beendete die englische Herrschaft in der Normandie. England behielt jedoch Westaquitanien und sollte im 14. Jh. wieder Gebietsforderungen an Frankreich stellen. Sie markierten den Beginn des Hundertjährigen Krieges.

Das Angevinische Reich 1154–89

- **1151:** Heinrich folgt Gottfried Plantagenet als Graf von Anjou
- **1152:** Heinrich heirate Eleonore von Aquitanien
- **1154:** Heinrich II. besteigt den englischen Thron
- **1173–74:** Heinrich unterdrückt die Rebellion seiner Söhne
- **1189:** Richard Löwenherz besteigt den Thron
- **1199:** Johann Ohneland folgt auf den Thron
- **1214:** Niederlage des englisch-deutschen Heers bei Bouvines

1140 – 1160 – 1180 – 1200 – 1220

Heinrich II. Plantagenet und Eleonore von Aquitanien führten eine ebenso intensive wie stürmische Beziehung. Sie intrigierte zugunsten ihres ältesten Sohnes Richard und wurde daher 1173–74 arrestiert.

◀ **4 Das Reich Heinrichs II. von England 1180**

- Erwerbung durch Heirat mit Eleonore von Aquitanien 1152
- Territorien unter Kontrolle von Heinrich II. 1180
- Territorien unter nomineller Lehnsherrschaft Heinrichs II. 1180
- franz. Krondomäne 1180
- norwegische Besitzungen
- Grenze des Hl. Röm. Reichs

Venedig und das Lateinische Kaiserreich

Die Kreuzfahrer belagerten Konstantinopel 1203, weil sie für die Wiedereinsetzung von Alexios IV. (Sohn des abgesetzten Kaisers Isaak Angelos) Geld erhalten sollten. Als die Einwohner rebellierten und Alexios 1204 ermordeten, übernahmen die Kreuzfahrer selbst die Herrschaft.

Venedig, die Serenissima Republica, war Drehscheibe für den Seehandel mit dem Osten, verdiente aber auch an der Bereitstellung von Schiffen für die Kreuzfahrer. Als die Ritter des Vierten Kreuzzugs 1203 nicht genügend Geld für die Überfahrt aufbringen konnten, lenkten die Venezianer das Heer zuerst auf den lange begehrten Adriahafen Zara und schließlich nach Konstantinopel. 1204 plünderten die Kreuzfahrer die Stadt und setzten einen eigenen Kaiser ein; Griechenland wurde in venezianische Kolonien und feudale Lehen aufgeteilt. Nun gab es im Osten zwei Kaiserreiche: das ›lateinische‹ (römisch-katholische) von Konstantinopel sowie das anatolische Restreich mit der Hauptstadt Nikaia.

Das Lateinische Kaiserreich 1204–1300

- **1204:** Vierter Kreuzzug erobert Konstantinopel
- **1212:** Venedig besetzt Kreta (Candia)
- **1224:** Lateinisches Königreich Saloniki vom Despotat Epiros erobert
- **1261:** Michael VIII. Palaiologos erobert Konstantinopel und stellt das Byzantinische Reich wieder her
- **1278:** Karl von Anjou, der als König von Sizilien in Neapel regiert, erbt das Fürstentum Achaia

1200 – 1220 – 1240 – 1260 – 1280 – 1300

▲ **5 Der östliche Mittelmeerraum um 1214**

- Byzantinisches Reich vor dem 4. Kreuzzug 1202
- Republik Venedig und Kolonien
- Lateinisches Kaiserreich
- Kreuzritterstaaten
- Byz. Staaten n. d. 4. Kreuzzug
- Muslimische Staaten
- Route des 4. Kreuzzugs
- Grenze d. Hl. Röm. Reichs

EUROPA IN DER KRISE

Der Silberpfennig zeigt Kaiser Friedrich II., dessen Ansprüche in Italien zum Konflikt mit den Päpsten führte.

DER KONSOLIDIERUNG von Nationalstaaten in West- und Osteuropa steht im 13. Jh. der Niedergang des Heiligen Römischen Reichs gegenüber, dessen Macht unter langen Auseinandersetzungen mit der Kirche und den italienischen Stadtstaaten gelitten hatte. Im Osten wurde das Kiever Reich 1240 von den Mongolen zerstört und Russland, von mongolischen Khanen unterworfen, blieb bis in das 15. Jh. hinein isoliert. Die deutsche Ostsiedlung veränderte die politische und wirtschaftliche Landschaft im Nordosten Europas und schuf im Baltikum neuen Handelsraum. Hunger, wirtschaftliche Not und endlose Kriege erschütterten jedoch im 14. Jh. ganz Europa, und die Pest von 1347 (S. 72-73) löschte innerhalb von nur zwei Jahren rund ein Drittel der europäischen Bevölkerung aus.

Kaiserreich und Papsttum

Gegen den Machtanspruch der staufischen Kaiser in Italien machten die Päpste und die in der Lombardischen Liga zusammengeschlossenen norditalienischen Stadtstaaten Front. Als Kaiser Friedrich II. (1211-50) sich mit den Päpsten überwarf, verfügten diese bereits über große politische Macht. Nach seinem Tod übergaben sie das Königreich Sizilien an Karl von Anjou, Friedrichs Erben wurden ausgeschaltet. Angesichts der wachsenden Macht Frankreichs und Englands verlor das Kaiserreich jeglichen Anspruch auf eine Vormachtstellung in Europa. In Deutschland selbst wurde die kaiserliche Macht durch die feudale Zersplitterung in ein wahres Mosaik von Fürstentümern, klerikalen Staaten und Freistädten untergraben.

Unter Innozenz III. (1198-1216) erreichte das Papsttum den Höhepunkt seiner geistlichen Autorität und weltlichen Macht.

Der schottische König Robert Bruce, hier mit seiner Gemahlin, stammte wie der englische König aus normannischem Geschlecht.

England, Schottland und Wales

An der englisch-schottischen Grenze herrschte ein Jahrhundert lang Frieden, bis Edward I. (1272-1307) beschloss, seine Vorherrschaft über die gesamten Britischen Inseln auszudehnen. 1284 annektierte er Wales und verlieh seinem Sohn den Titel ›Prince of Wales‹. Die Schotten zeigten sich jedoch äußerst widerstandsfähig. Unter der Führung von Robert Bruce, dem Sieger von Bannockburn (1314), lehnten sie sich gegen Edward auf. 1315 entsandte Bruce Truppen unter seinem Bruder nach Irland, um die Insel zu erobern, jedoch starb Edward Bruce dort 1318. 1328 musste England nach einem langen Guerillakrieg und ständigen Grenzübergriffen die Unabhängigkeit Schottlands anerkennen.

England, Schottland und Wales 1284–1337

- **1284:** Edward I. annektiert Wales
- **1296:** Edward I. usurpiert den Thron Schottlands
- **1305:** Hinrichtung des schottischen Führers William Wallace
- **1314:** Engländer bei Bannockburn geschlagen
- **1318:** Edward Bruce in Irland getötet
- **1322:** Erklärung von Arbroath: schottische Barone fordern Unabhängigkeit
- **1328:** Schottische Unabhängigkeit im Vertrag von Northampton festgeschrieben
- **1329:** Tod von Robert Bruce
- **1337:** Beginn des Hundertjährigen Krieges; Schotten verbünden sich mit Frankreich gegen England

1280 · 1290 · 1300 · 1310 · 1320 · 1330 · 1340 · 1350

2 Britische Inseln 1200–1400

- Grenzen um 1070
- zu England 1092; zu Schottland 1136
- Südgrenze Schottlands 1139–57
- zu Schottland von Norwegen 1266
- Nordgrenze Englands um 1400
- walisische Fürsten, bis 1247 unter Kontrolle Englands gebracht
- Feldzüge v. Edward I., mit Datum
- Feldzüge v. Robert Bruce 1307–08
- von Edward Bruce besetzte Gebiete in Irland 1315–18
- MIDHE Königreiche in Irland um 1100
- irische Staaten, nach päpstlicher Schenkung 1155 unter englischer Kontrolle; bis 1169 schrittweise unterworfen
- autonome irische Stammesgebiete um 1300
- Kerngebiet der Bauernaufstände 1381

1 Das Reich Friedrichs II.

- Hl. Römisches Reich 1250
- Königreich Deutschland
- Königreich Italien
- um 1250 von den Hohenstaufen kontrolliert
- Deutsche Territorien, vornehmlich in Besitz des Kaisers oder der Hohenstaufen
- Gebiete in Besitz des Papstes um 1178
- Erwerbungen bis 1219
- Erwerbungen bis 1278
- Republik Venedig und Kolonien
- Mitglieder der Lombardischen Liga 1167
- Grenzen im Jahr 1250

Die Hohenstaufen und das Papsttum

- **1167:** Städte in der Lombardei schließen sich gegen Kaiser Friedrich I. zusammen
- **1194:** Kaiser Heinrich VI. zum König von Sizilien gekrönt
- **1198:** Innozenz III. wird Papst
- **1211:** Friedrich II. wird Kaiser
- **1237:** Friedrich II. schlägt italienische Stadtstaaten bei Cortenuova
- **1245:** Innozenz IV. exkommuniziert Friedrich II.
- **1250:** Tod Friedrichs II.
- **1268:** Karl von Anjou besiegt Friedrichs Enkel Konradin bei Tagliacozzo und lässt ihn enthaupten
- **1282:** Sizilianische Vesper: Karl von Anjou zugunsten von Aragón vertrieben
- **1305:** Papst Clemens V. siedelt nach Avignon in französischen Schutz über

1150 · 1170 · 1190 · 1210 · 1230 · 1250 · 1270 · 1290 · 1310

Die deutsche Ostsiedlung und das Baltikum

Die deutsche Kolonisation zwischen 1100 und 1350 veränderte Osteuropa und den Ostseeraum grundlegend. Die von slawischen Fürsten zur Erschließung des Landes herbeigeholten Siedler führten das deutsche Stadtrecht in Osteuropa ein. Zahlreiche Städte schlossen sich in der Hanse zusammen, die von Moskau bis nach London Handel trieb. An der Spitze der Kreuzzüge im Osten standen die Deutschordensritter, die ab 1226 gegen die heidnischen Prussen und Litauer zu Felde zogen. Sie übernahmen auch das Land des Schwertbrüderordens in Livland. Liven und Prussen wurden unterworfen, Litauen hingegen wurde zu einem mächtigen Staat, der sich nach Süden in die russische Tiefebene ausdehnen konnte.

Marienburg war ab 1309 der Sitz des Deutschen Ordens. Die Klosterburg war wie die meisten Burgen der Kreuzritter im Osten ganz aus Backstein erbaut.

Das Baltikum 1200–1400

- ca. 1200: Bistum Riga gegründet
- 1226: Herzog von Masowien ruft Deutschordensritter zum Kreuzzug gegen die Prussen
- 1237: Beginn des Mongolen-Einfalls in Russland; Durchstoß zur Ostsee unterbleibt 1238 aufgrund von Tauwetter
- 1242: Russen besiegen Deutschordensritter am Peipus-See
- 1309: Der Deutsche Orden schließt Unterwerfung der Prussen ab
- 1342: Tod Gedymins, Gründer Litauens
- 1386: Polen und Litauen werden durch Heirat vereint

1200 – 1250 – 1300 – 1350 – 1400

3 Baltikum und Mitteleuropa 1100–1400

- Grenzen der Kiever Rus um 1100
- Hl. Römisches Reich, 1100
- Erwerbungen des Reichs bis 1380
- Schweden
- Erwerbungen Schwedens bis 1323
- Hauptrichtung der dänischen Expansion
- dänische Kontrolle um 1225
- Ostgrenze deutscher Siedlung um 1100
- Grenzen deutscher Siedlung um 1400
- Besitzungen der ungarischen Angeviner (Anjou)
- Mitglieder der Hanse (nicht vollständig)
- Grenzen um 1380

Mittel- und Südosteuropa

Nach der Katastrophe des Mongolensturms entstanden um die Mitte des 13. Jh. in der Region neue, mächtige Reiche. Von Böhmen aus gelang es dem ehrgeizigen Přemysliden Ottokar II. (1253–78), seine Macht bis Schlesien und zur Adria auszudehnen. Seine Pläne scheiterten aber an den böhmischen und deutschen Fürsten, die statt seiner den Habsburger Rudolf zum Kaiser wählten. Nach Ottokars Tod in der Schlacht setzten die Habsburger ihre Erbansprüche in Österreich durch. Auch in Litauen unter Gedymin (ca. 1315–42), in Polen unter Kasimir III. d. Gr. (1333–70) und in Ungarn unter Ludwig I. d. Gr. (1342–82) entstanden mächtige Monarchien. Böhmen blieb unter dem Hause Luxemburg ein einflussreicher Staat, vor allem nach der Wahl des böhmischen Königs Karl zum Kaiser Karl IV. Auf dem Balkan errichtete Stefan Dušan (1331–55) ein Großserbisches Reich, das jedoch unter dem Ansturm der Osmanen nach der Schlacht auf dem Amselfeld 1389 zusammenbrach.

Kaiser Karl IV. mit seinen Kurfürsten. In der Goldenen Bulle von 1356 legte er die genauen Regeln für die Kaiserwahl fest.

Mittel- und Südosteuropa 1200–1400

- 1212: Goldene Bulle Friedrichs II. begründet Königreich Böhmen
- 1241: Mongolen fallen in Polen und Ungarn ein
- 1260: Ottokar II. von Böhmen besiegt Bela IV. von Ungarn
- 1278: Kaiser Rudolf I. von Habsburg besiegt und tötet Ottokar II.
- 1306: Böhmen kommt an das Haus Luxemburg
- 1333: Kasimir III. d. Gr. wird König von Polen
- 1342: Ludwig I. d. Gr. wird König von Ungarn
- 1389: Schlacht auf dem Amselfeld (Kosovo polje) Osmanen erobern den Balkan

1200 – 1250 – 1300 – 1350 – 1400

4 Mittel- und Südosteuropa 1200–1400

- Byzantinisches Reich
- Habsburger-Besitzungen
- Lateinische Staaten im Osten
- polnische Fürstentümer
- russische Fürstentümer, Vasallen der Goldenen Horde
- Republik Venedig und Kolonien
- Bulgaren-Reich 1230
- Mongolen-Züge 1240–42
- Besitzungen Ottokars II. von Böhmen bei seinem Tod 1278
- Grenzen um 1320
- Serbisches Reich unter Stefan Dušan bei seinem Tod 1355
- Besitzungen Kasimirs III. von Polen bei seinem Tod 1370
- Besitzungen Ludwigs I. von Ungarn bei seinem Tod 1382
- Grenze des Osmanischen Reichs und Vasallenstaaten um 1400
- Grenze des Königreichs Litauen 1400
- Grenze des Hl. Römischen Reichs

HANDEL UND FINANZEN IM MITTELALTER

Siegel von Lübeck mit einer Kogge. Größere Frachten wurden in Nordeuropa meist auf solchen Schiffen transportiert.

HÖHERE AGRARERTRÄGE in Verbindung mit technischen Neuerungen – vor allem der Gebrauch von Eisenpflügen – führten im europäischen Raum zwischen dem 10. und 14. Jh. zu einer Bevölkerungsexplosion mit der Verdopplung der Einwohnerzahl. In groß angelegten Siedlungsvorhaben wurde ganze Landstriche gerodet und zahlreiche neue Städte gegründet. Auch der wirtschaftliche Austausch nahm zu; Händler transportierten ihre Waren durch den gesamten Kontinent, wobei die Alpenpässe wichtige Verkehrsadern zwischen Italien und dem Norden darstellten. Ab dem 14. Jh. erschlossen neue Seerouten die Nordsee und Ostsee. Die Urbanisierung der Gesellschaft und der finanzielle Wohlstand wirkte sich auch auf das kulturelle Leben aus. In den Städten entstanden prachtvolle Gebäude und Kirchen im Stil der Gotik; ab Beginn des 13. Jh. wurden zahlreiche neue Universitäten gegründet. Nicht zuletzt bildete sich mit der Urbanisierung auch eine neue Schicht heraus, das Bürgertum.

Handel im Mittelalter

Über die Alpenpässe verband seit dem 11. Jh. ein reger Handel die Städte der Lombardei mit ihren Textilmanufakturen mit dem nördlichen Europa, das reich an Rohstoffen wie Bauholz, Getreide, Wolle und Metallen war. Händler aus dem gesamten Europa trafen sich auf großen Messen (jahreszeitlichen Märkten), international tätige Bankhäuser wie das Florentiner Haus Peruzzi erleichterten mit ihren Wechseln das Zahlungswesen. Um 1300 öffneten die Genuesen, die erbitterten Konkurrenten von Venedig, den Seeweg vom Mittelmeer in die Nordsee nach Brügge. Diese Stadt in Flandern entwickelte sich nun rasch zu einem bedeutenden Handelszentrum. Venedig hingegen kontrollierte fast unangefochten das östliche Mittelmeer und damit den Handel mit Seide, Zucker, Gewürzen und Edelsteinen aus Indien und Ostasien. Die Kaufmannschaften Norddeutschlands schlossen sich zur Hanse zusammen, einem Städtebund, an dessen Spitze Lübeck stand, und sicherten sich das Monopol für den Handel mit Städten in England, Skandinavien und Flandern.

Italienische Stadtstaaten

In Norditalien kamen zahlreiche Städte wie Mailand oder Florenz durch den Handel zu Wohlstand. Im Konflikt zwischen Papst und Kaisertum konnten sie auch eigene politische Macht behaupten. Sie lösten sich aus der direkten Herrschaft von König, Kaiser und Adel und gaben sich in ›kommunaler Organisation‹ eigene Rechts- und Regierungsformen und entwickelten sogar bedeutende militärische Stärke.

Das Textilhandwerk brachte Norditalien und Flandern großen Wohlstand. Im 11. Jh. wurde in Europa der Flachwebstuhl (oben) eingeführt.

Handel und Finanzen 1100–1400

- 1100
- **1143:** Gründung von Lübeck
- **1167:** Lombardische Liga widersetzt sich Friedrich Barbarossas Versuch, die Freiheit der italienischen Städte zu beschneiden
- **ca.1200:** In Norditalien werden Silbermünzen, vor allem der Grosso, eingeführt (daraus später ›Groschen‹)
- 1200
- **1237:** Der St. Gotthard-Pass durch die Alpen wird eröffnet
- **1245:** Italienische Händler gründen eigene Gerichte, um Streitigkeiten auf den Champagne-Messen zu schlichten
- **1275:** Handelsgesellschaft Peruzzi in Forenz gegründet
- **1291:** Genua öffnet Seeroute nach Brügge durch die Straße von Gibraltar
- 1300
- **ca.1300:** Venezianer bauen Brenner-Pass für Fahrzeuge aus
- **1320:** Flandern verliert das Wollemonopol an Brabant. Niedergang der Champagne-Messen
- **1340er:** Konkurs des Hauses Peruzzi; wirtschaftliches Chaos durch Ausbrechen der Pest 1347
- 1400

GELD UND BANKWESEN

Zahlreiche Gold- und Silbermünzen waren im mittelalterlichen Europa im Umlauf, unabhängig vom Münzort. Das Wechseln von Geld entwickelte sich zu einem wichtigen Gewerbe. Reisende Händler hinterlegten Geld in Depots bei Geldwechslern und erhielten dafür einen Beleg. Damit war der Grundstein des Bankwesens gelegt. Ab dem 14. Jh. waren Wechselbriefe gebräuchlich, auf denen eine Person eine andere zur Auszahlung von Geld an eine dritte Person ermächtigte. Solche Wechsel brachten auch den Vermittlern Gewinne ein und Bankierfamilien wie die Bardi oder Perzuzzi in Florenz kamen zu Reichtum und Macht.

Im mittelalterlichen Italien wurde das Wort ›Bank‹ geprägt. Es leitet sich von *banco* ab, dem Tisch, an dem die Wechsler ihre Geschäfte tätigten.

Venezianische Münzen: der silberne Grosso und der weitverbreitete Golddukaten.

Städte im Mittelalter

Viele Städte im mittelalterlichen Europa verdanken ihre Entstehung und Entwicklung dem Handel und Gewerbe. Die norditalienischen Städte blüten ab dem 10. Jh. als Handelsplätze zwischen Europa, Byzanz und der islamischen Welt. Aufgrund der Nachfrage nach Fertigwaren wie Glas, Textilien, und Metallarbeiten bildeten sich im 13. Jh. erste frühindustrielle Zentren, wie z. B. in den Textilstädten der Lombardei oder den flämischen Wollspinnereien in Gent, Brügge und Eupen. Im Ostseeraum kam es mit der deutschen Ostkolonisation ab dem 13. Jh. zur Gründung eines Netzwerkes baltischer Handelsstädte, zu denen unter anderem Lübeck, Hamburg, Danzig und Riga zählten.

Die Seine war die Lebensader von Paris. Schiffe jeder Größe lieferten Waren und über die befestigten Brücken strömten die Händler.

Mittelalterliches Paris

Paris profitierte ab dem 11. Jh. von der stabilen Situation unter den Kapetingern. Die Straßen waren gepflastert, die Stadtmauern vergrößert und es hatten sich drei spezialisierte Stadtbereiche herausgebildet: die Händler lebten in der Regel am rechten Seine-Ufer, die Universität (1200 anerkannt) befand sich am linken Ufer, die weltlichen und geistlichen Institutionen lagen auf der Île de la Cité. Im 14. Jh. stagnierte die Entwicklung der Stadt unter den Auswirkungen der Pest (S. 72–73) und des Hundertjährigen Krieges. Der ständige Streit der rivalisierenden Parteien um die Stadt stürzte sie in chaotische Zustände.

▼ 2 Paris um 1400

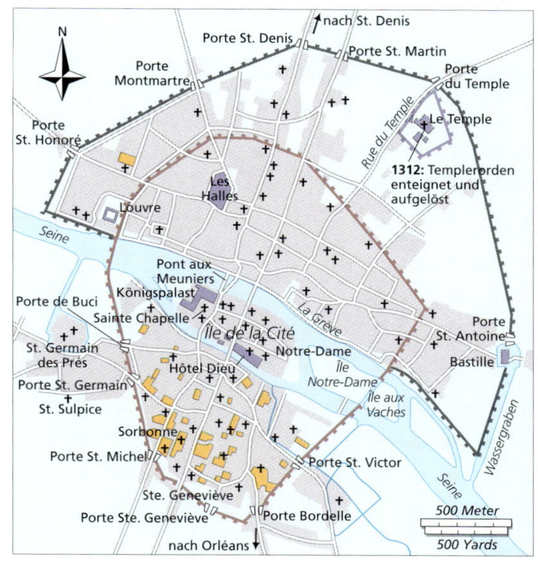

Aufstieg von Paris

1100 – 1200 – 1300 – 1400

- **1171:** König Ludwig VII. verleiht der Händlergilde das Monopol über Flusshandel
- **ca.1200:** Paris erhält gepflasterte Straßen
- **1220:** Pariser Bürger dürfen Importzölle erheben
- **1257:** Gründung der Sorbonne, die bald zum bekanntesten Kolleg der Pariser Universität aufsteigt
- **1356:** Der Vorsteher der Pariser Kaufmannschaft, Etienne Marcel, übernimmt die Leitung der Stadt und beginnt Bau einer neuen Stadtmauer
- **1382:** Aufstände gegen hohe Steuern brutal unterdrückt; Stadtregierung suspendiert

Mittelalterliches Venedig

Venedig galt als das symbolische Zentrum einer liberalen Adelsregierung mit einem von göttlicher Hand geordneten religiösen, zivilen und wirtschaftlichen Leben. Politischer Fokus der Stadt war die Residenz des gewählten Dogen, gleichzeitig Regierungssitz. Seitdem das Wohlergehen der Stadt vom Seehandel abhing, unterhielt man eine riesige Werft – die Darsena –, in der die Kriegs- und Handelsschiffe gebaut wurden.

In der Basilika San Marco zeigt ein Goldmosaik aus dem 13. Jh. den Dogen bei einer Prozession.

◀ 3 Venedig im 14. Jh.

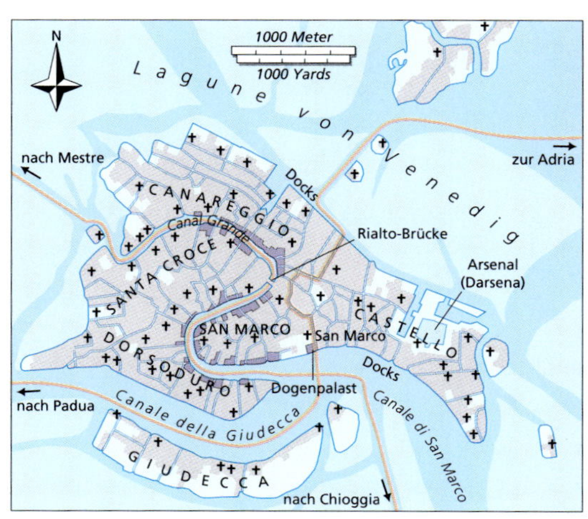

- **976:** Neubau des durch Brand zerstörten Dogenpalastes beginnt
- **1071:** Vollendung der Markus-Basilika
- **1204:** Plünderung Konstantinopels; Venedig beherrscht die Adria und Griechenland
- **1284:** Erste Golddukaten in Venedig geprägt
- **1295:** Schließung des Großen Rates (Maggior Consiglio); keine neuen Familien werden aufgenommen
- **1354:** Frieden mit Genua nach 50-jährigem Krieg um die Vorherrschaft im Handel

Der Aufstieg von Venedig

DIE GEBURT DER MODERNEN STAATEN

Jeanne d'Arc (Johanna von Orléans, 1412–31) führte die Franzosen 1429 bei Orléans siegreich gegen die Engländer.

MIT DER ENTSTEHUNG VON NATIONALSTAATEN im 15. Jh. veränderte sich die politische Karte Europas grundlegend. Frankreich ging angeschlagen aus dem Hundertjährigen Krieg hervor, galt aber bald als Vorbild eines modernen Nationalstaats. Das vereinigte Spanien eroberte 1492 das letzte islamische Reich in Europa und stieg zur Weltmacht auf. Osteuropa wurde durch das riesige Reich Polen-Litauen kontrolliert, während Böhmen die kaiserliche Herrschaft abschütteln konnte. Zunehmend wurde das feudale Herrschaftsmodell ersetzt; die Monarchien schufen eine Zentralverwaltung und waren immer öfter auf die Zustimmung der Ständevertretungen des Adels, des Klerus und des neuen Bürgertums angewiesen. In Handelszentren wie den Niederlanden und Italien erreichten die humanistische Philosophie, Wissenschaft, Literatur sowie die Künste einen schöpferischen Höhepunkt, dem die Geschichtsschreibung später den Namen Renaissance gab.

Der Hundertjährige Krieg

Der über ein Jahrhundert (1337–1453) währende Konflikt hatte seinen Ursprung in den Ansprüchen der englischen Könige auf die französische Krone, die sie aus ihren Feudalgütern in Frankreich herleiteten. 1338 unternahm Edward III. den ersten von insgesamt sechs königlichen Feldzügen gegen Frankreich; der letzte endete 1422 mit dem Tode Heinrichs V. Dazwischen lagen zahlreiche Gefechte sowie kleinere Feldzüge weiterer Kriegsparteien. Nach vielen Niederlagen stärkten die Erfolge Jeanne d'Arcs (1429–30) das Selbstvertrauen der Franzosen und brachten ihnen bald darauf den endgültigen Sieg.

In der Schlacht bei Crécy 1346 vernichteten die 10 000 Langbogenschützen des englischen Heers die französische Kavallerie, die Blüte des Adels, fast vollständig.

2 Der Hundertjährige Krieg nach 1400

- Feldzug Heinrichs V. 1415
- Feldzug Heinrichs V. 1421–22
- 1429 von England oder Burgund kontrolliert
- Feldzug des Grafen von Salisbury, Herbst 1428
- Besitzungen des Hauses Burgund 1429
- Feldzug von Jeanne d'Arc 1429
- von Burgund bis 1453 kontrolliert
- Gebietsgewinne Frankreichs 1477
- Gebietsgewinne Frankreichs 1481
- zeitweise von Frankreich erworben oder besetzt, mit Datum
- Grenzen 1493

1 Hundertjähriger Krieg bis 1400

- Grenzen der englischen Besitzungen um 1300
- englische Besitzungen bei Ausbruch des Krieges 1338
- Zugewinne nach dem Frieden von Brétigny 1360
- bei Kriegsausbruch unter englischem Einfluss
- bis 1380 unter englischer Kontrolle
- Feldzug von Edward III. 1339–40
- Feldzug von Edward III. 1342
- Feldzug von Edward III. 1346
- Feldzug des Schwarzen Prinzen 1355
- Feldzug des Schwarzen Prinzen 1356
- Feldzug von Edward III. 1359–60
- Gebietsgewinne Frankreichs 1301–16
- Gebietsgewinne Frankreichs 1349
- Gebiet des Jacquerie-Aufstands 1358
- Von Plünderungszügen der Briganten (Grands Compagnies) verwüstete Gebiete 1360–66
- Grenzen 1380

Der Hundertjährige Krieg 1337–1453

- **1337:** Philip VI. von Frankreich konfisziert die Guyenne. Edward III. erhebt Ansprüche auf französische Krone
- **1346:** Sieg der Engländer bei Crécy
- **1356:** Sieg der Engländer bei Poitiers
- **1358:** Jacquerie: Bauernaufstand gegen die Kosten des Krieges
- **1360:** Friede von Brétigny (hält neun Jahre); Söldnerbanden, die Grands Compagnies, verwüsten den Südwesten Frankreichs
- **1396:** Waffenstillstand für 28 Jahre ausgehandelt. Richard II. heiratet Isabelle von Frankreich
- **1415:** Heinrich V. landet in Frankreich. Sieg der Engländer bei Agincourt (heute Azincourt)
- **1420:** Vertrag von Troyes; Heinrich V. heiratet Catherine von Frankreich
- **1429:** Jeanne d'Arc sprengt Belagerung von Orléans
- **1435:** Kongress von Arras; Burgund, englischer Verbündeter, schließt Frieden mit Frankreich
- **1450:** Engländer verlieren die Normandie
- **1453:** Engländer verlieren Guyenne

1300 · 1350 · 1400 · 1450

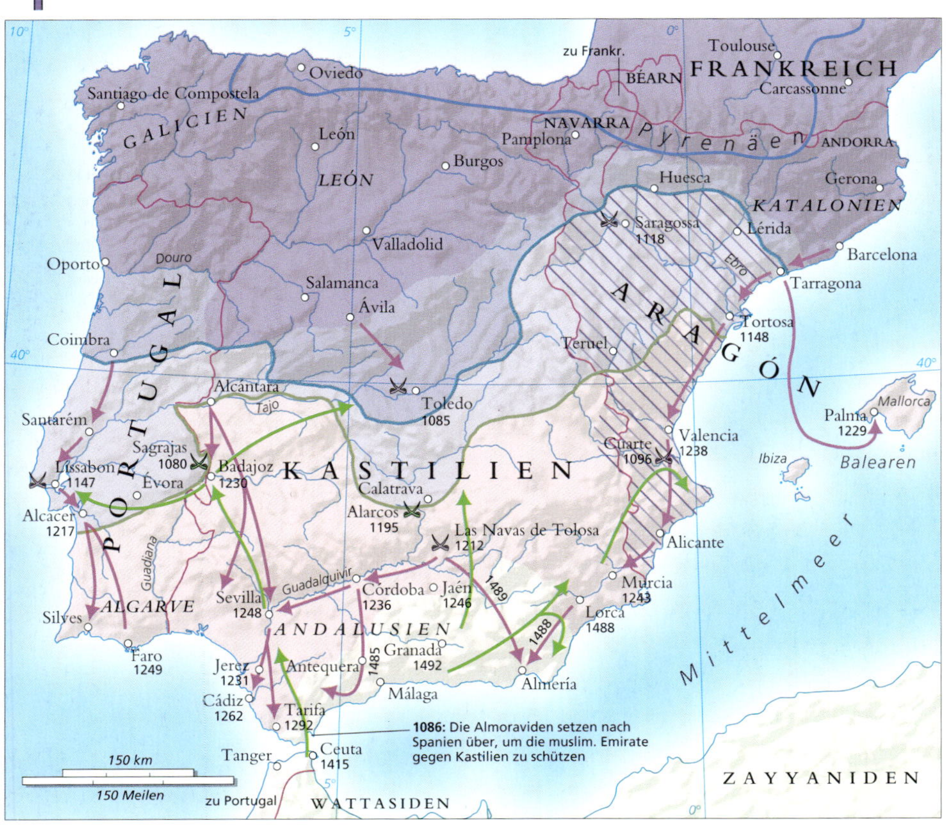

3 Die Reconquista

- Grenze d. Umayyaden-Kalifats 732
- christlich bis 1030
- Züge der Almoraviden 1086–1100
- Gebiet von El Cid 1092
- christlich bis 1100
- Grenze d. Almoraviden-Reichs 1115
- christlich bis 1180
- Grenze d. Almohaden-Reichs 1180
- christlich bis 1280
- christlich bis 1492
- Grenzen 1493
- muslim. Sieg, mit Jahresangabe
- christl. Sieg, mit Jahresangabe
- wichtige Feldzüge der Reconquista, mit Jahresangabe

Die spanische Reconquista

Die Rückeroberung des maurischen Spanien durch die Christen begann im 11. Jh. und wurde von den Königshäusern Navarra-Aragón, Léon-Kastilien und Portugal angeführt. Bis 1260 konnten die Christen den größten Teil Spaniens bis auf das kleine Königreich Granada befreien. Während Léon-Kastilien Spanien dominierte, erwarb Aragón Besitzungen im westlichen Mittelmeer und auf Sizilien. Nach der Vermählung von Ferdinand III. von Aragón mit Isabella von Kastilien rüstete sich das vereinte Spanien zu einem letzten Kreuzzug und eroberte Granada schließlich 1492.

Die Alhambra in Granada wurde von den Mauren als Palast und Festung erbaut. Nach ihrer Vertreibung im Jahr 1492 wurde ein Großteil der einzigartigen Dekorationen zerstört oder entfernt.

Die Rückeroberung Spaniens

- **1085:** Christen erobern Toledo
- **1094:** El Cid erobert Valencia
- **1137:** Zusammenschluss von Aragón und Katalonien
- **1147:** Lissabon von Christen erobert
- **1212:** Schlacht von Las Navas de Tolosa; Niederlage der Almohaden
- **1248:** Sevilla fällt an die Christen
- **1282:** Peter III. von Aragón erobert Sizilien
- **1410:** Ferdinand, Erbprinz von Kastilien, erobert Antequera und wird König von Aragón
- **1469:** Ferdinand III. heiratet Isabella
- **1479:** Zusammenschluss von Aragón und Kastilien
- **1492:** Granada erobert

1000 · 1100 · 1200 · 1300 · 1400 · 1500

Mitteleuropa im 15. Jahrhundert

Unter Kaiser Karl IV. aus der Luxemburger-Dynastie (1333–1378) erlebte Böhmen sein ›Goldenes Zeitalter‹. Gegen die deutsche Vorherrschaft trat Jan Hus auf, der auch die Privilegien des Klerus anprangerte. Seine Anhänger forderten ein freies Böhmen und gründeten eine nationale tschechische Kirche. Die Union Polens und Litauens unter der Jagiellonen-Dynastie 1386 schuf das größte Reich der Christenheit, dessen Zukunft durch die Niederlage des Deutschen Ordens im Jahr 1410 gesichert schien. Während Böhmen und Ungarn in Personalunion vereint wurden, legten die Habsburger die Grundlage für ihre spätere Vormachtstellung. Durch Verträge, Heiraten oder Eroberungen vergrößerten sie ihre Besitzungen, die sich bald von Österreich bis in die Niederlande erstreckten. 1477 kamen die burgundischen Besitzungen des Hauses Valois hinzu.

Die Hussitenkriege wurden durch die Verbrennung des Kirchenreformers Jan Hus ausgelöst. Der deutsche König Sigismund wurde als König von Böhmen nicht akzeptiert und führte bis zu seinem Tod 1437 Jahr für Jahr Krieg gegen die Tschechen. Das Bild (links) zeigt Trosswagen der Hussiten, die zu einer Wagenburg formiert wurden.

Diese Münze wurde zu Ehren von Jan Hus geprägt, der 1415 wegen Ketzerei auf dem Scheiterhaufen in Konstanz endete.

4 Mitteleuropa 1400–1500

- Gebietsverluste der Habsburger im 14. und 15. Jh.
- ungefährer Einflussbereich der Hussiten
- von Hussitenkriegen betroffene Gebiete 1425-34
- Feldzug von János Hunyadi 1443
- Grenze des direkten Herrschaftsgebiets der Osmanen 1451
- von Burgund kontrolliert bis 1477
- Besitzungen von Matthias Corvinus von Ungarn bei seinem Tod 1490
- Besitzungen der Jagiellonen um 1500
- Besitzungen der Habsburger um 1500
- Kirchenstaat und nominell abhängige Gebiete um 1500
- Venezianische Republik um 1500
- Grenzen um 1500
- nominelle Grenze des Hl. Römischen Reichs um 1500

Mittel- und Osteuropa 1400–1500

- **1410:** Schlacht bei Tannenberg (Grunwald). Polen besiegen den Deutschen Orden
- **1415:** Jan Hus in Konstanz wegen Ketzerei verbrannt
- **1419:** Fenstersturz zu Prag: Der deutsche Bürgermeister wird von Tschechen aus dem Fenster gestürzt
- **1434:** Schlacht bei Lipany: Sieg der gemäßigten Utraquisten über die radikalen Hussiten (Taboriten)
- **1454:** Beginn des Dreizehnjährigen Krieges zwischen Polen und dem Deutschen Orden
- **1456:** Tod des ungarischen Führers János Hunyadi
- **1466:** Zweiter Frieden von Thorn. Preußen wird Vasall Polens
- **1477:** Tod Karls des Kühnen. Habsburger erhalten burgundische Besitzungen, darunter die Niederlande und die Freigrafschaft Burgund (Franche Comté)
- **1490:** Die polnische Jagiellonen-Dynastie regiert Polen, Böhmen, und Ungarn

1400 – 1420 – 1440 – 1460 – 1480 – 1500

Die Entstehung der Schweiz

Die schweizerischen ›Waldstätten‹ am Vierwaldstätter See sicherten die strategisch wichtigen Alpenpässe, auf denen Pilger und Händler zwischen Italien und Nordeuropa verkehrten. Aufgrund des immer größer werdenden Machtanspruchs der Nachbarstaaten schlossen sich die Kantone Uri, Schwyz und Unterwalden zu einem ›Ewigen Bund‹ zusammen, dem später auch andere Kantone und Städte beitraten, um ihre Autonomie zu verteidigen. In den Kriegen mit Habsburgern und Burgund erlangten die Schweizer großen militärischen Ruhm. Der Sieg im Schwabenkrieg brachte 1499 die faktische Unabhängigkeit vom Reich. Bis ins 16. Jh. stieg die Zahl der Mitglieder in der Eidgenossenschaft beständig an.

In der Schlacht am Morgarten 1315 wehrte eine Armee von Schweizer Bauern den Angriff der Habsburger Ritterarmee unter Leopold I. von Österreich ab.

5 Die Schweizer Eidgenossenschaft bis 1815

- erste drei Urkantone 1291
- Beitritte zur Eidgenossenschaft bis 1501
- Beitritte bis 1579
- Grenze der Schweiz 1579
- Grenzen 1815

Die Schweizer Eingenossenschaft

- **1291:** ›Ewiger Bund‹ von Uri, Schwyz und Unterwalden
- **1315:** Schlacht am Morgarten; Niederlage Habsburgs
- **1332:** Luzern tritt dem Bund bei
- **1352:** Bern tritt dem Bund bei
- **1386:** Niederlage und Tod des Habsburg Kaisers Leopold III. bei Sempach
- **1476:** Schlachten von Grandson und Morat gegen Karl den Kühnen von Burgund
- **1477:** Schlacht bei Nancy. Karl der Kühne getötet
- **1499:** Schweizer Sieg im Schwabenkrieg

1300 – 1400 – 1500

Der Aufstieg Ungarns

Nach dem verheerenden Mongolensturm im Jahr 1241, bei dem in manchen Gegenden bis zu 60% der Bevölkerung den Tod fanden, wechselten sich angevinische und deutsche Fürsten auf dem ungarischen Thron ab. Die wachsende Bedrohung durch die Osmanen, die 1453 Konstantinopel erobert hatten, führte zu einem Aufstand unter János Hunyadi. 1458 sicherte er seinem Sohn Matthias Corvinus (1458-90) den Thron. Er errang zahlreiche militärische Siege über die osmanische Türken und machte Ungarn zu einem Zentrum der Renaissance.

Matthias Corvinus reformierte die Verwaltung ebenso wie die Gesetzgebung. Dennoch mussten seine Untertanen hohe Steuerlasten tragen, die der Unterhaltung des riesigen stehenden Heeres dienten. Aufgrund der Bedrohung durch die Osmanen und andere ausländische Gegner befand es sich in ständiger Alarmbereitschaft.

ZEITALTER DER REFORMATION

Martin Luthers Kritik an der christlichen Glaubenspraxis der Papstkirche führte zur Entstehung des Protestantismus.

EINE TIEFGREIFENDE KRITIK der theologischen Doktrin und Praxis erlangte im 16. Jh. enorme Auswirkungen auf die politische Entwicklung Europas. Die von Martin Luther 1517 eingeleitete Reformation spaltete den Kontinent in verfeindete Lager unterschiedlicher Anschauung. Die darauf folgenden, schier endlosen Kriege schwächten die Macht des katholischen Habsburger-Reichs in vielen Regionen. In Nordeuropa stritten Schweden, Russland und Dänemark um die Vorherrschaft im Baltikum, während in den Niederlanden nach Aufständen gegen die katholisch-spanische Herrschaft der calvinistische Norden die Unabhängigkeit erstritt. Im Osten prallten durch die Expansion des Osmanischen Reichs Christentum und Islam erneut aufeinander. Die Türken nutzten die Uneinigkeit der europäischen Staaten und drangen bis nach Wien vor.

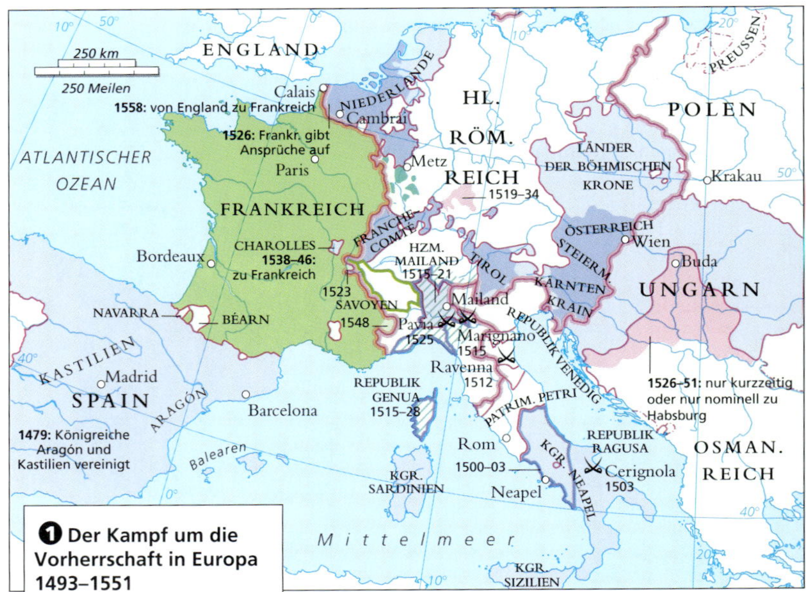

1 Der Kampf um die Vorherrschaft in Europa 1493–1551

- Habsburger Besitzungen 1493
- Gebietsgewinne bis 1551
- zeitweise zu Habsburg, mit Erläuterungen
- Frankreich 1493
- Gebietsgewinne bis 1551
- Bistümer Metz, Nancy und Toul, 1552 zu Frankreich
- französisch 1499–1512
- zeitw. französisch, mit Datum
- besetzt von Frankreich 1536–39
- Grenzen 1551
- Grenze des Hl. Römischen Reichs Dt. Nation 1551

Die Reformation

Geistliche Pfründenwirtschaft, materieller Wohlstand und der Machtmissbrauch der römisch-katholischen Kirche führte zu einer wahren Revolution innerhalb des Christentums, die sich insbesondere an den Lehren von Martin Luther (1482–1546) entfachte. Seine reformierte Glaubenslehre basierte vor allem auf dem Studium der Bibel durch die Gläubigen selbst und verbreitete sich rasch über ganz Nordeuropa. Opportunistische Herrscher wie Heinrich VIII. von England begrüßten die protestantischen ›Reformen‹, um sich die Kirchengüter anzueignen. 1570 herrschten die Protestanten über weite Teile Mittel- und Nordeuropas. 1547 ächtete die katholische Kirche mit dem Konzil von Trient die schlimmsten Missbräuche, hielt jedoch an den Grundlagen der Glaubenslehre fest.

Der Sieg der Habsburger gegen Frankreich in der Schlacht von Pavia im Jahr 1525 ist Thema dieses Wandteppichs. Obwohl Franz I. von den Spaniern gefangen genommen wurde, verzichtete Frankreich erst im Frieden von Cateau-Cambrésis 1559 endgültig auf weitere Ansprüche in Italien.

Ignatius von Loyola gründete 1534 den Jesuitenorden als Speerspitze der katholischen Gegenreformation. Den hochgebildeten Jesuiten oblag die Verbreitung der katholischen Glaubenslehre im rasant wachsenden spanischen Weltreich.

Habsburg gegen Frankreich

Das Reich Kaiser Karls V. (1516–56) umfasste Flandern, Spanien, Teile Italiens sowie die habsburgischen Besitzungen in Mitteleuropa. Er musste sich jedoch gegen den Widerstand der protestantischen deutschen Fürsten durchsetzen sowie gegen die französischen Könige Franz I. und Heinrich II., die alte Ansprüche in Italien geltend machten. In zahlreichen Kriegen wurde viel Blut vergossen und Geld verschwendet, wirkliche Erfolge blieben jedoch aus. 1556 dankte Karl V. ab und teilte das Reich unter seinem Sohn und seinem Bruder auf.

Habsburg gegen Frankreich 1515–59

1510 – 1520 – 1530 – 1540 – 1550 – 1560

- **1515:** Franz I. fällt in Norditalien ein und schlägt die Schweizer bei Marignano
- **1519:** Wahl Karls V. gegen Franz I. zum deutschen Kaiser
- **1521:** Krieg zwischen Franz I. und Karl V. um Italien beginnt
- **1525:** Franz I. bei Pavia gefangen
- **1529:** Franz I. unterzeichnet den Vertrag von Cambrai und gibt seine Ansprüche in Italien auf
- **1543:** Franz I. greift Karl V. in den Niederlanden und Nordspanien an, Frieden von Crépy 1544 bestätigt Frankreichs Verzicht auf Italien
- **1552:** Der Nachfolger von Franz I., Heinrich II., zwingt Karl V., die Belagerung von Metz zu beenden (Waffenstillstand 1556)
- **1559:** Heinrich II. akzeptiert den Vertrag von Cateau-Cambrésis; Habsburg siegreich

Die Reformation in Europa 1517–55

1510 – 1520 – 1530 – 1540 – 1550 – 1560

- **1517:** Luther schlägt 95 Thesen an die Tür der Kirche von Wittenberg, in denen er die Missbräuche der katholischen Kirche anprangert
- **1529:** Auf dem Reichstag zu Speyer erzielt Karl V. einen Kompromiss mit den lutheranischen Fürsten
- **1532:** Heinrich VIII. von England ernennt sich selbst zum Oberhaupt der Kirche von England
- **1535:** Johannes Calvin formuliert Doktrin der Prädestination in Genf
- **1545:** Konzil von Trient begründet den modernen Katholizismus
- **1555:** Frieden von Augsburg; lutheranische Fürsten erlangen Recht der freien Religionswahl

2 Religionszugehörigkeit 1590

- fast ausschließlich Katholiken, geringe Präsenz von Protestanten im Norden
- vornehmlich Katholiken, mit bedeutender protestantischer Minderheit
- katholische Mehrheit mit sehr starker protestantischer Minderheit
- ausschließlich oder überwiegend Protestanten, mit vereinzelter Präsenz von Katholiken
- protestantische Mehrheit, kaum Katholiken
- vornehmlich Katholiken mit starker griechisch-orthodoxer Präsenz
- griechisch-orthodoxe Mehrheit mit bedeutender muslimischer Minderheit
- muslimische Mehrheit
- Grenzen 1590
- Grenze des Hl. Röm. Reichs Dt. Nation 1590

Calvinisten dominierende Beweg. des Protestantismus

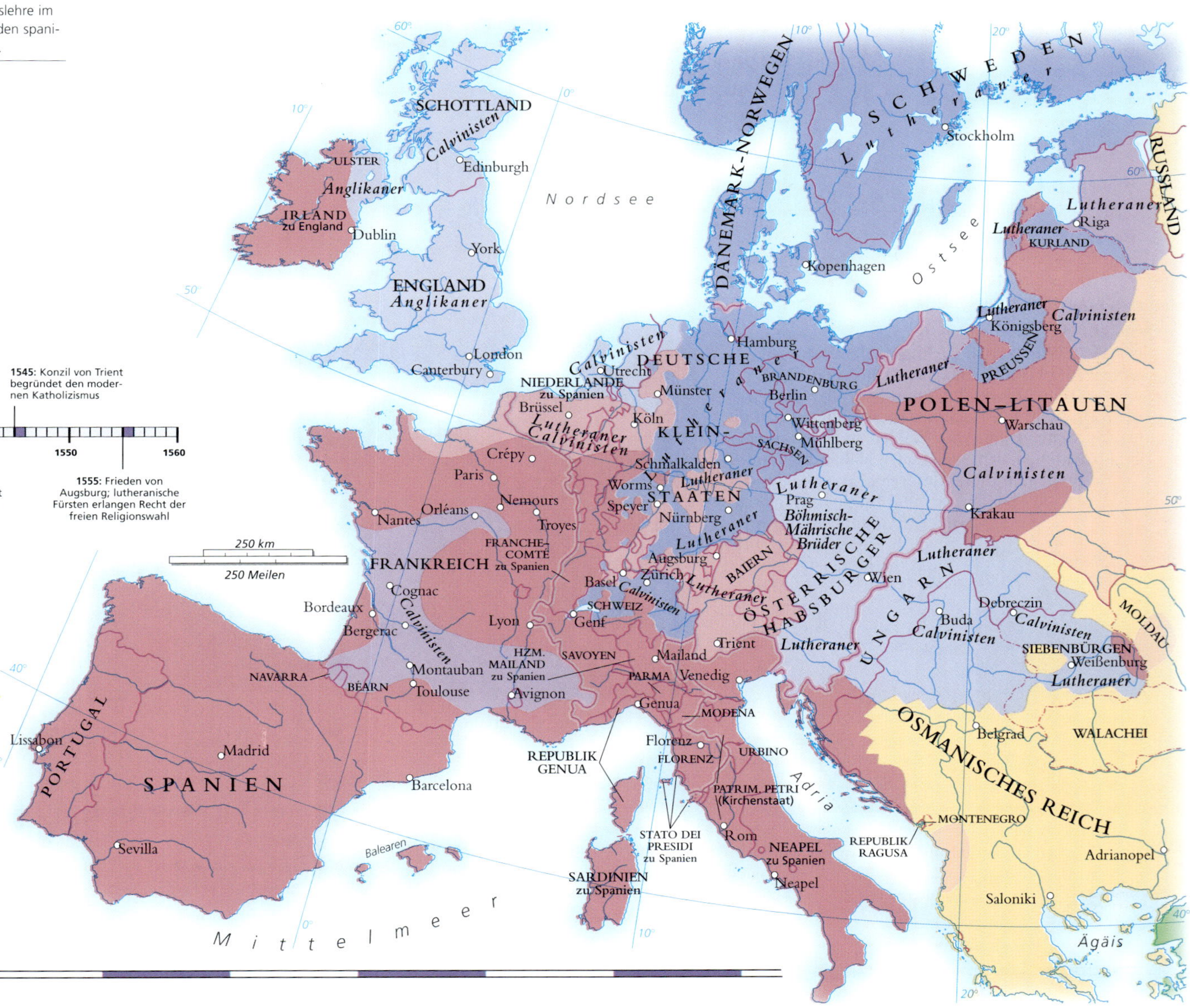

Konflikt im Baltikum 1500–1595

Das Ende der Kalmarer Union im Jahr 1523, mit dem die Personalunion von Schweden, Norwegen und Dänemark zerbrach, zog ein Jahrhundert voller Kriege im Ostseeraum nach sich. Das erstarkende Schweden stieß auf den Widerstand von Russland und Dänemark, dass den für Schweden lebenswichtigen Durchgang zur Nordsee kontrollierte. Die Reformation führte nicht zuletzt zum Untergang des Deutschen Ordens und gab damit das Gebiet Livlands den erstarkenden Großmächten Russland, Schweden und Polen-Litauen preis.

Iwan IV. Wassiljewitsch, 1547-84 Zar von Russland, erhielt wegen seiner drastischen Politik gegenüber dem Hochadel den Beinamen ›der Schreckliche‹. Obwohl seine Kriege gegen Schweden und Polen erfolglos blieben, konnte er dem russischen Reich auch nicht-slawische Staaten einverleiben.

3 Kampf um die Herrschaft im Ostseeraum im 16. Jh.

- Gebiet des Deutschen Ordens 1450
- Polen-Litauen und abhängige Gebiete im Jahr 1558
- Gebietsgewinne Polens bis 1585
- Gebietsgewinne Schwedens bis 1583
- zu Schweden 1583–95
- unter dänischer Kontrolle 1558
- Gebietsgewinne Dänemarks 1573
- Besitzungen von Herzog Magnus von Holstein 1564
- weitester Vorstoß der russischen Armeen in Livland zwischen 1558 und 1573
- zu Russland 1563–70
- Feldzüge des poln. Königs Stephan IV. (István Báthory) 1579, 1580, 1581
- Grenze des Hl. Röm. Reich Dt. Nation
- Grenzen 1595

- 1561: Ende des Deutschen Ordens in Livland. Russland, Polen-Litauen und Schweden teilen das Gebiet auf
- 1563: Krieg zwischen Dänemark und Schweden. Göteborg (Schwedens Nordseehafen) fällt an Dänemark
- 1567: Schweden erobern das dänische Oslo
- 1576: Zar Iwan IV. von Russland erobert weite Teile Livlands, wird aber von polnisch-schwedischer Allianz bei Wenden besiegt (1578)
- 1581: Schweden erobert Estland zurück
- 1582: Iwan IV. muss mit König Stephan IV. von Polen nach dessen erfolgreichen Feldzügen gegen Russland Frieden schließen
- 1595: Frieden von Teusina. Russland verzichtet auf alle Ansprüche in Estland

1550 – 1560 – 1570 – 1580 – 1590 – 1600

Der Ostseeraum bis 1595

Die Expansion des Osmanischen Reichs

Die Osmanen kontrollierten um 1500 die gesamte Region südlich und westlich des Schwarzen Meeres. Unter Sultan Süleyman I. dem Prächtigen (1520–66) richteten sie ihr Expansionsbestreben auf Europa und brachten das gesamte östliche Mittelmeer unter ihre Kontrolle. Zu Lande drangen sie bis nach Moldau, Ungarn und zur Donau-Ebene vor. 1529 wurden sie nach der erfolglosen Belagerung Wiens zurückgeschlagen, hielten aber den Druck auf die Grenzen des habsburgischen Reiches aufrecht. Dabei nutzten sie auch innereuropäische Streitigkeiten und schlossen mit Frankreich ein Bündnis gegen Habsburg, das ihnen 1562 die Herrschaft in Siebenbürgen einbrachte.

Sieg der Habsburger über die Osmanen während der Belagerung Wiens im Jahr 1529; eine Darstellung aus einer Serie von Illuminationen mit dem Titel ›Die Siege von Karl V.‹

4 Die osmanische Grenze im 16. Jh.

- Osmanisches Reich 1500
- Gebietsgewinne der Osmanen bis 1606
- Vasallen der Osmanen 1606
- Habsburger Besitzungen 1606
- zeitweise von den Osmanen erobert, mit Datum
- Vorstöße der Tataren unter osman. Oberherrschaft
- Grenzen 1606
- Hl. Römisches Reich Dt. Nation

Expansion der Osmanen 1453–1571

- 1453: Konstantinopel von Osmanen erobert
- 1484: Türken erobern Akkerman an der Mündung des Dnjestr
- 1526: Osmanen überfallen Ungarn; Schlacht von Mohács
- 1529: Erfolglose Belagerung Wiens durch die Türken
- 1547: Friedensverhandlungen bringen Osmanen die Kontrolle über weite Teile Ungarns ein
- 1562: Nach langen Gefechten gewinnen die Osmanen Siebenbürgen
- 1571: Seeschlacht bei Lepanto; Sieg der christlichen ›Heiligen Allianz‹ rettet Südeuropa vor Osmanen

1450 – 1500 – 1550 – 1600

Die holländische Revolte

Philipp II. von Spanien, ein glühender Katholik, war fest entschlossen, den Calvinismus in den Niederlanden zu unterdrücken. Auf die Bitte der holländischen Adligen nach Religionsfreiheit reagierte er äußerst ablehnend. Die Repressalien unter Herzog Alba und die hohe Steuerlast lösten Unruhen aus, angeführt von Wilhelm von Oranien. 1579 wurde zehn katholischen Provinzen im Süden Unabhängigkeit gewährt. Daraufhin schlossen sich sieben calvinistische Provinzen im Norden zur Union von Utrecht zusammen. Deren Unabhängigkeit musste Spanien 1609 erstmalig anerkennen.

Die Wasser-Geusen waren calvinistische Adelige aus Holland, die zur See Krieg gegen Spanien führten. 1572 nahmen sie die Festung Den Briel in Südholland (oben) und konnten die Provinzen Holland und Zeeland zur Teilnahme an der Revolte bringen.

Der niederländische Freiheitskampf 1565–1609

- 1566: Aufstände gegen die Religions- und Steuerpolitik Philipps II. von Spanien
- 1568–72: Überfälle der Wasser-Geusen auf spanische Handelsschiffe und Häfen
- 1574: Holländer erobern Middelburg, sodass Spanier Belagerung Leidens beenden
- 1576: Unbezahlte spanische Truppen meutern und plündern Antwerpen
- 1579: Katholischer Adel im Süden unterzeichnet mit Philipp II. den Friedensvertrag von Arras
- 1585: Alba, Herzog von Parma, erobert Antwerpen; Engländer kämpfen mit den Rebellen
- 1590: Holländische Rebellen erlangen Gebietsgewinne im Nordosten
- 1600: Sieg der Vereinigten Provinzen in Nieuwpoort
- 1609: 12-jähriger Waffenstillstand mit Spanien

1560 – 1570 – 1580 – 1590 – 1600 – 1610

5 Aufstand der Niederlande 1568–1609

- Grenze des Hl. Römischen Reichs Dt. Nation 1568
- Spanische Niederlande bei Ausbruch d. Revolte 1568
- Union von Utrecht zwischen 1579 und 1581
- Union von Arras 1579
- Grenze der spanischen Eroberungen bis 1589
- Vereinigte Niederlande nach dem Vertrag von 1609
- Sieg der Holländer
- Sieg der Spanier

ZEITALTER DES ABSOLUTISMUS

Kardinal Richelieu, Erster Minister des französischen Königs Ludwig XIII., war Architekt der absolutistischen Monarchie in Frankreich.

IM 17. JH. BEGANNEN SICH nach verheerenden Kriegen die Staatensysteme des modernen Europa herauszubilden. Die absolutistische Monarchie mit zentralistischer Verwaltung setzte sich durch, die Grenzen waren klar umrissen und militärisch gesichert. Große Teile Mitteleuropas wurden im Dreißigjährigen Krieg verwüstet und entvölkert; die Einwohnerzahl sank von 21 Mio. im Jahr 1618 auf 13 Mio. im Jahr 1648. Frankreich führte unter Ludwig XIV. vier kostspielige Kriege, aus denen es als führende Macht des Kontinents hervorging und Spanien ablöste. Schweden musste unter den Vasa-Königen bis 1721 viele Gebiete im Ostseeraum abtreten und die osmanischen Türken bedrohten Europa erneut. Sie konnten jedoch vom stärker werdenden Österreich aufgehalten werden, dessen Expansionsbestreben aber auf den Widerstand Russlands stieß.

Der Dreißigjährige Krieg 1618–48

1620: Schlacht am Weißen Berg bei Prag. Habsburger besiegen die Böhmen
1629: Habsburger im Norden Deutschlands siegreich
1630: Schwedenkönig Gustav II. Adolf greift in Krieg ein
1635: Frieden von Prag stärkt die Position des Habsburger Kaisers Ferdinand II.
1648: Westfälischer Friede

1620 · 1630 · 1640 · 1650

1618: Prager Fenstersturz: protestantische Böhmen verlangen Religionsfreiheit
1629: Dänemark durch Kaiserliche zum Frieden gezwungen
1631: Habsburger Armee von Gustav Adolf bei Breitenfeld geschlagen
1636: Offener Krieg zwischen Frankreich und dem Kaiserreich beginnt
1644–48: Kaiserliche Armeen von Franzosen, Schweden und Holländern geschlagen

Der Dreißigjährige Krieg

Im Dreißigjährigen Krieg wendete man völlig neue Methoden der Massenvernichtung an und warf eine bis dato unglaubliche Zahl an Soldaten ins Feld. Über eine Million fand im Laufe des Krieges den Tod. Der größte Teil Deutschlands war verwüstet, die Städte waren geplündert, ihre Einwohner ausgeraubt und ermordet.

Der Religionskonflikt zwischen Katholiken und Protestanten sowie die Machtkämpfe im Kaiserreich weiteten sich zu einem Krieg aus, der fast das gesamte Europa erfasste. Die Versuche der Habsburger, die Kontrolle über Böhmen zu erlangen und den Protestantismus zu zerschlagen, gingen mit dem Zerfall verfassungsrechtlicher Mechanismen der Konfliktlösung im Reich einher. Die Spanier unterstützten die Niederlande, während Dänen und Schweden ins Feld zogen, um nach dem Baltikum zu greifen. Aus Angst vor einem kaiserlichen Absolutismus und beunruhigt durch die Siege der Habsburger in den Jahren 1621 und 1634–35, stellte sich Frankreich 1635 auf die Seite Schwedens. Die 1643 begonnenen Verhandlungen mündeten schließlich in den Westfälischen Frieden, der Europa befrieden und zugleich die Macht des deutschen Kaisers beschneiden sollte.

Konsolidierung und Revolutionen

Die Staaten Europas wurden in einem langen Prozess innerer Zentralisierung und äußerer Konsolidierung geformt, die Legitimität dieser Entwicklung war allerdings oft in Frage gestellt: Bürgerkriege und Volksaufstände waren die Folge, die sich durch Einmischung ausländischer Mächte oft zu internationalen Konflikten wandelten. In Westeuropa wurde die Führungsrolle Spaniens durch die Unabhängigkeit Portugals und der Niederlande gebrochen. Die beiden aufstrebenden Mächte Frankreich und England durchliefen sehr unterschiedliche Entwicklungen. Während Ludwig XIV. in Frankreich als absolutistischer Herrscher regierte, wurde Karl I. in England wegen Missachtung des Parlaments verhaftet und schließlich hingerichtet. Obwohl die englische Monarchie danach wieder hergestellt wurde, war ihre Macht von nun an drastisch beschränkt.

Bürgerkriege und Revolten 1625–65

1628–29: Belagerung der Protestanten-Hochburg La Rochelle
1640: Portugal erklärt Unabhängigkeit von Spanien
1640: Katalanische Revolte
1649: Hinrichtung Karls I. von England
1660: Restauration der Monarchie in England

1625 · 1635 · 1645 · 1655 · 1665

1640: Ausbruch des Bürgerkriegs in England
1648–53: Fronde: Widerstände gegen die absolutistische Königsherrschaft in Frankreich

Die Union von Spanien und Portugal endete im Jahr 1640, als das Haus Braganza eine nationalistische Revolte anführte. Oben die Belagerung der Grenzstadt Elvas während des Unabhängigkeitskrieges.

Oliver Cromwell (links) spielte als einer der Anführer der Parlamentstruppen im englischen Bürgerkrieg eine entscheidende Rolle. Nach der Hinrichtung von Karl I. besiegte er die Royalisten in Schottland und Irland. Nach Auflösung des Parlaments wurde er vom ›Rumpfparlament‹ zum Lord Protector der Englischen Republik ernannt.

Die Nordischen Kriege

Schwedens Expansion machte es im 17. Jh. sehr rasch zu einer Großmacht im Ostseeraum. Um 1648 erreichte es seine größte Ausdehnung und den Höhepunkt seiner Macht unter der Herrschaft von Karl X. Gustav (1654–60). Schwedens Stärke war jedoch mangels eigener Rohstoffvorkommen von der Kontrolle strategisch wichtiger Häfen und Handelsplätze entlang der Ostseeküsten abhängig. Die Verteidigung eben dieser Plätze zwang das Land ab 1655 zu kostspieligen Kriegen. Nach der Niederlage im Zweiten Nordischen Krieg teilten die aufstrebenden Mächte Russland und Preußen den Großteil des schwedischen Reiches unter sich auf.

Das 1703 von Peter dem Großen gegründete St. Petersburg orientierte sich an modernen europäischen Städten und sollte den Wandel der zaristischen Politik hin zu westeuropäischen Vorstellungen symbolisieren.

Aufstieg und Fall Schwedens

- **1629:** Schweden erobert Livland
- **1632:** Gustav Adolf fällt in der siegreichen Schlacht bei Lützen
- **1643:** Schweden überfällt Dänemark
- **1648:** Schwedische Gebietsgewinne im Westfälischen Frieden bestätigt
- **1654:** Karl X. kommt auf den Thron
- **1658:** Friede von Roskilde, Dänemark verliert Südschweden
- **1675:** Brandenburg besiegt die Schweden bei Fehrbellin
- **1700:** Beginn des Großen Nordischen Kriegs
- **1709:** Karl XII. fällt in Russland ein, wird jedoch bei Poltava gestoppt
- **1721:** Friede von Nystad. Schweden muss Ingermanland, Livland und Karelien an Russland abtreten

1625 · 1645 · 1665 · 1685 · 1705 · 1725

Kampf gegen die Osmanen 1663–1718

1683 führten die Osmanen ihren größten Angriff gegen die Habsburger und belagerten Wien mit einer riesigen Armee. Polen und der Papst standen den deutschen Fürsten in einer internationalen Hilfsaktion bei und erzwangen die Niederlage der Türken.

Die osmanische Expansion im Südosten Europas erreichte Mitte des 17. Jh. ihren Höhepunkt. Versuche Österreichs, die türkische Tributherrschaft über Siebenbürgen zu beenden, führten 1663 zum Krieg. Der Vormarsch der Türken auf Wien konnte 1664 gestoppt werden, 1683 standen sie jedoch erneut vor den Toren der Stadt. Die Belagerung schlug fehl und der Krieg wandelte sich ab 1687 zu einem Eroberungszug der Habsburger. Mit der Einnahme von Siebenbürgen und Ungarn wuchs Österreich zu einer führenden europäischen Macht heran.

Kampf gegen Osmanen 1663–1718

- **1664:** Türkischer Vorstoß auf Wien wird bei St. Gotthard zurückgeschlagen
- **1672:** Osmanisches Reich erreicht größte Ausdehnung
- **1683:** Belagerung Wiens löst den Großen Türkenkrieg aus
- **1699:** Friede von Karlowitz bestätigt österreichische Eroberungen
- **1716–18:** Weitere österreichische Siege, u.a. Eroberung Belgrads

1660 · 1680 · 1700 · 1720 · 1740

Frankreich unter Ludwig XIV. 1660–1715

Unter der Herrschaft von Ludwig XIV., dem ›Sonnenkönig‹, betrieb Frankreich eine expansionistische, anti-spanische Politik. Die enormen Ausgaben für eine stehende Armee und den Bau von Grenzfestungen erforderten administrative Reformen. Die Steuereintreibung in den Provinzen lag nun in den Händen der Intendanten. Beginn des Königs. 1667–68 griffen Ludwigs Armeen im ›Devolutionskrieg‹ die Spanischen Niederlande an und bald darauf im Niederländischen Krieg (1672–79) die Vereinigten Provinzen. Die Reunionen von 1679–84, die Annektierung zahlreicher Reichsgebiete auf feudalrechtlicher Basis, bereinigte die Ostgrenze Frankreichs, doch nach der Niederlage im Pfälzischen Erbfolgekrieg (1688–97) musste es die meisten Territorien bis auf das Elsass wieder abtreten. Der Spanische Erbfolgekrieg (1701–14) brachte Frankreich keine weiteren Gebietsgewinne.

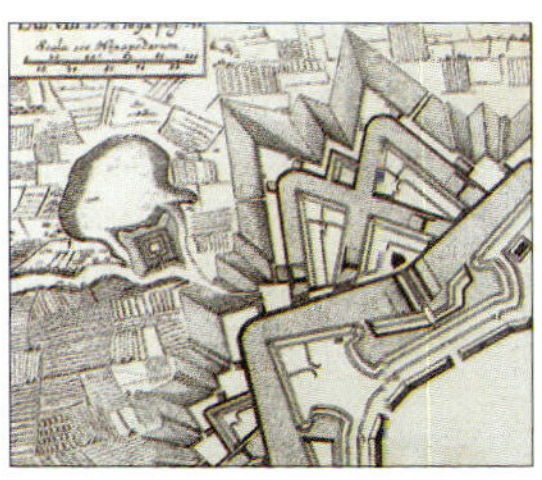

Vauban, der Meister der Militärarchitektur, errichtete zahlreiche Festungen an Frankreichs Grenzen.

Unter Ludwig XIV. (links) wurde Frankreich zur kulturell und politisch führenden Nation Europas.

Der Aufstieg Frankreichs

- **1661:** Ludwig XIV. übernimmt selbst die Regierung
- **1667–68:** Frankreich erobert Teile Flanderns von Spanien
- **1672–79:** Niederländischer Krieg bringt große Gebietsgewinne
- **1679–84:** Reunionen: Annexion von Gebieten westlich des Rheins
- **1688–97:** Pfälzischer Erbfolgekrieg; Friede von Ryswick (Rijswijk) macht die Reunionen teilweise rückgängig
- **1701–14:** Spanischer Erbfolgekrieg
- **1715:** Tod von Ludwig XIV.

1660 · 1680 · 1700 · 1720

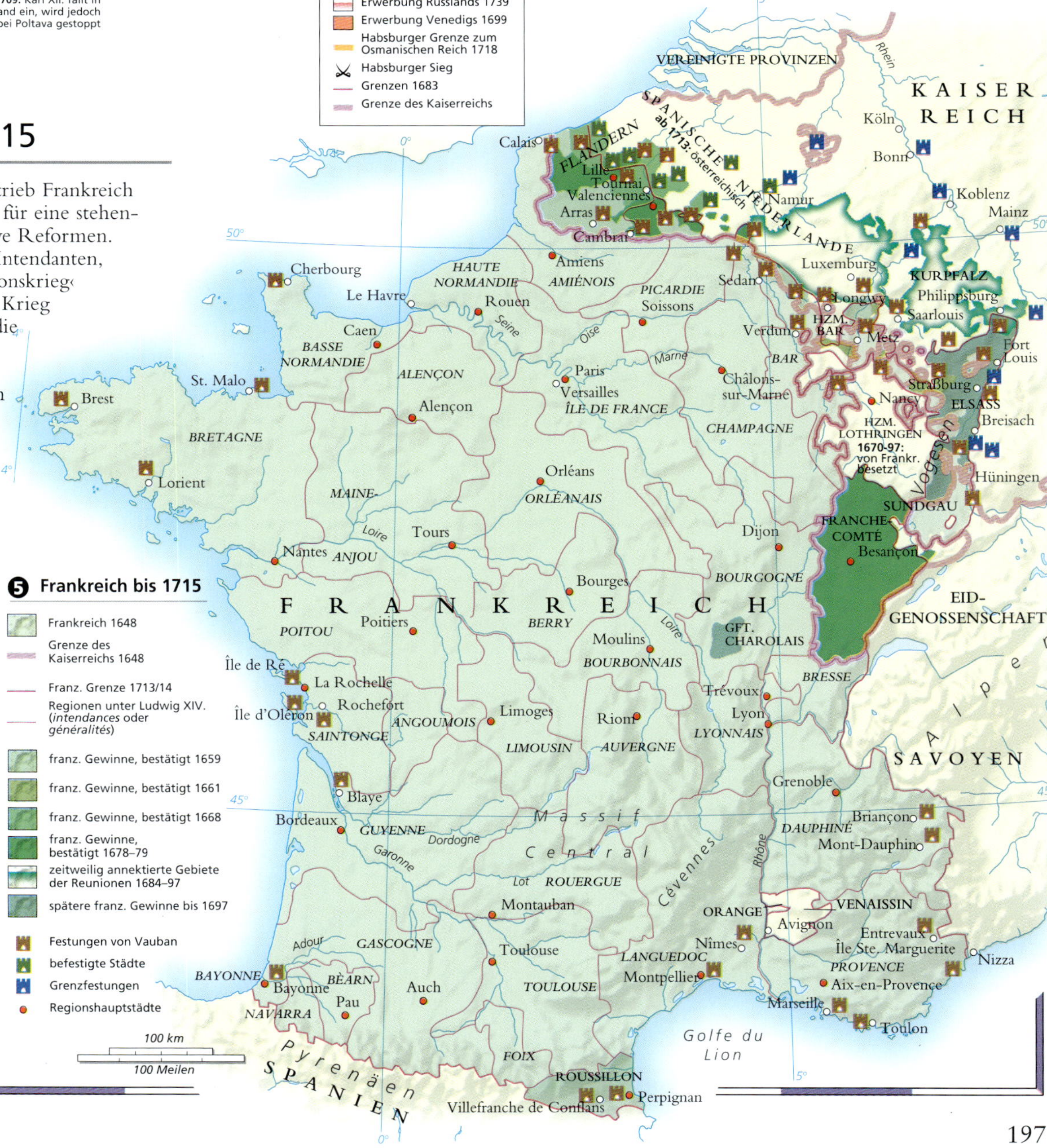

ZEITALTER DER AUFKLÄRUNG

Katharina die Große, eine Prinzessin aus dem deutschen Haus Anhalt-Zerbst, herrschte 1762–96 als aufgeklärte Monarchin über Russland.

DAS 18. JH. WAR EINE ZEIT RELATIVER STABILITÄT, in der fest etablierte Monarchien in Europa herrschten. Russland und Preußen stiegen zu Großmächten auf; der Rest Deutschlands bot sich dagegen als ein Flickenteppich von Kleinstaaten dar, ebenso Italien, während Polen von den mächtigen Nachbarn aufgeteilt wurde. Verbesserte Anbaumethoden ließen die Bevölkerungszahlen sprunghaft steigen, Größe und Zahl der Städte wuchsen, Handel und Industrie schufen globale Märkte. Auch für die schönen Künste und die Wissenschaften war es eine Zeit der Blüte. Die gesteigerte Wertschätzung der Vernunft begünstigte die Entstehung radikaler politischer Theorien. Als im letzten Jahrzehnt des Jahrhunderts in Frankreich das Banner der Freiheit gehisst wurde, setzte jedoch eine starke Gegenbewegung ein. Und obwohl die Träume der Französischen Revolution letztendlich nicht in Erfüllung gingen, schuf sie die Grundlage für viele soziale und politischen Reformen des 19. Jh.

Städte und wirtschaftliches Leben im 18. Jh.

Trotz der einsetzenden Industrialisierung, vor allem in der Textilindustrie, arbeiteten im Jahr 1800 immer noch vier von fünf Europäern in der Landwirtschaft. Der Bevölkerungszuwachs, der vor allem der besseren Gesundheits- und Hygienevorsorge und sinkenden Sterberaten zu verdanken war, führte zu einem sprunghaften Wachstum der Städte. Im Jahr 1700 gab es in Europa ganze zehn Städte mit über 100 000 Einwohnern, 17 waren es bereits im Jahr 1800. Zugleich wurde die Landwirtschaft mit wissenschaftlichen Methoden verbessert; man führte ertragreichere Getreidesorten und Anbautechniken ein. Auch die Fortschritte im Transportwesen (See-, Binnenschifffahrt, Straßen, Kanäle) förderten den Handel in ganz Europa und – mit dem Aufkommen des Kolonialismus – in der ganzen Welt.

Thomas Coke aus Holkham in Norfolk war als ›Vater der Versuchsfarmen‹ bekannt. Er führte neue Agrartechniken ein und züchtete neue Schaf-, Schweine- oder Rinderrasssen, die mehr Wolle, Fleisch oder Milch lieferten.

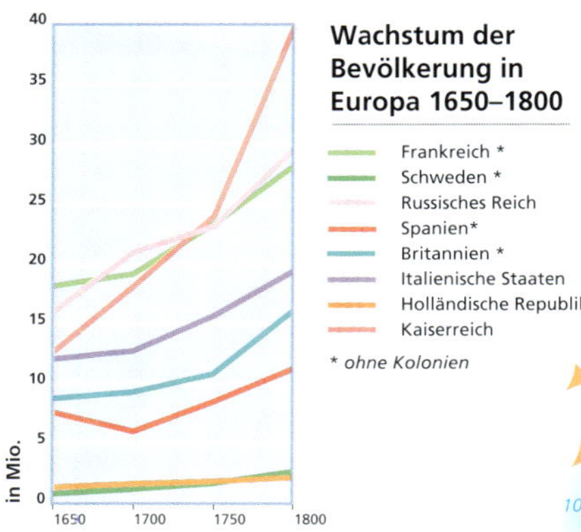

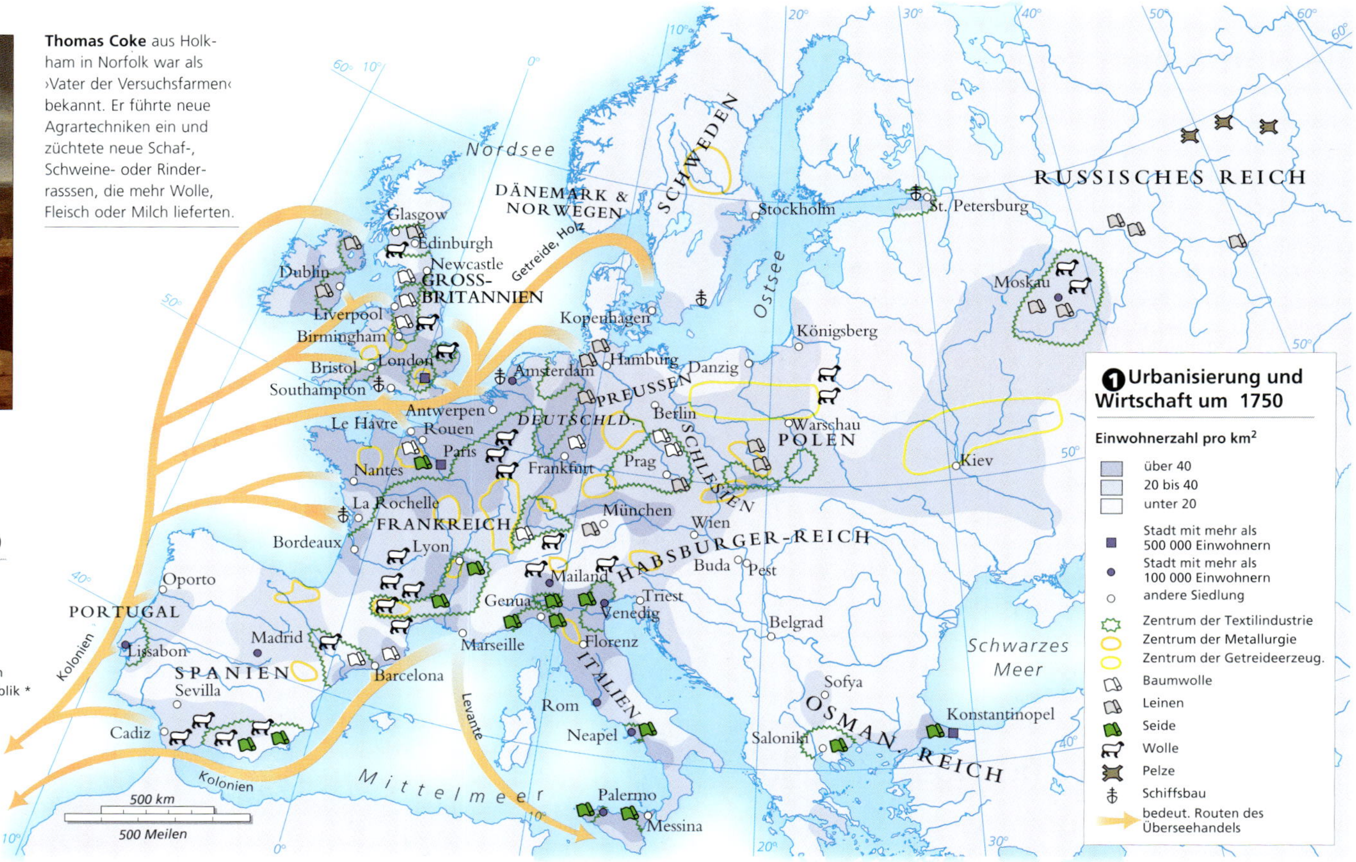

Die Teilung Polens

Polen war im 17. Jh. einer der größten Staaten Europas. Doch ständige Gebietsverluste, vor allem an Russland, schwächten zusehends seine Stellung. Die Wahlmonarchie ermöglichte ausländischen Mächten eine politische Einflussnahme und im ausgehenden 18. Jh. konnten Russland, Habsburg und Preußen ihre Konflikte zu Lasten Polens ausfechten. Sie teilten das Land unter sich auf, bis es von der Landkarte verschwunden war.

2 Die Teilungen Polens 1772–95

Grenze Polens 1699

Erste Teilung 1772
- an Preussen
- an das Russische Reich
- an das Habsburger Reich

Zweite Teilung 1793
- an Preussen
- an das Russische Reich

Dritte Teilung 1795
- an Preussen
- an das Russische Reich
- an das Habsburger Reich

Grenzen 1795

Der Niedergang Polens 1550–1795

- **1569:** Union von Polen und Litauen
- **1629:** Schweden erobert Livland
- **1660:** Ostpreußen von Polen unabhängig
- **1667:** Russland erobert östliche Ukraine
- **1697:** August der Starke von Sachsen poln. König
- **1764:** Russland sichert Stanislaw II. Poniatowski die polnische Krone
- **1772:** Erste Teilung Polens
- **1793:** Zweite Teilung
- **1795:** Dritte Teilung

1550 – 1600 – 1650 – 1700 – 1750 – 1800

DIE AUFKLÄRUNG

Die ›aufgeklärten‹ Denker des 18. Jh., *philosophes* wie sie sich nannten, appellierten wie Voltaire und Diderot an die Vernunft des Menschen und forderten die traditionellen Anschauungen von Kirche, Staat, Monarchie, Bildung und sozialen Institutionen heraus. »Der Mensch ist frei geboren, und doch liegt er überall in Ketten« schrieb Jean-Jacques Rousseau in seinem *Contrat Social* (1762). In seinem Werk versuchte er, eine demokratische Gesellschaft zu begründen.

Voltaire (1694–1778) brachte seine politische Anschauung in Poesie, Drama und Satire zum Ausdruck und war ein vehementer Kritiker der Kirche. Sein Radikalismus zwang ihn wiederholt ins Exil.

Die ›Encyclopédie‹ von Diderot und d'Alembert stellte mit 28 Bänden eine umfassende Sammlung des Wissens zur Zeit der Aufklärung dar. Alle zeitgenössischen Einrichtungen und Techniken wurden ausführlich beschrieben, Stiche illustrierten die Handwerke, etwa das des Instrumentenbauers (oben).

Der Aufstieg von Brandenburg-Preußen

Nach dem Westfälischen Frieden 1648 war Deutschland in rund 300 katholische und protestantische Kleinfürstentümer zersplittert. Brandenburg entwickelte sich gegen Ende des 17. Jh. zum wichtigsten protestantischen Staat. Friedrich Wilhelm von Brandenburg (der ›Große Kurfürst‹) wurde König von Preußen und schuf einen mächtigen Staat mit zentralistischer Verwaltung und einer stehenden Armee. Als Friedrich II. 1740 an die Macht kam, führte er die Expansionspolitik fort und eroberte Schlesien von den Habsburgern. Zusätzliche Gebietsgewinne und die Teilung Polens ließen Preußen bis Ende des Jahrhunderts zu einer europäischen Großmacht aufsteigen.

Die Kavallerieoffiziere mit ihren schmucken Uniformen stehen beispielhaft für die hohe Disziplin und die Schlagfertigkeit der preußischen Armee, die bis 1763 dem Land die Rolle der führenden europäischen Militärmacht des 18. Jh. sicherte.

Der Aufstieg von Brandenburg-Preußen 1648–1795

- **1713:** Friedrich Wilhelm I. wird ›König in Preußen‹
- **1713:** Frieden von Utrecht: Preußen erhält Ober-Gelderland und Neuchâtel (Neuenburg)
- **1715:** Preußen erobert im Nordischen Krieg das schwedische Stralsund
- **1720:** Im Frieden von Stockholm erhält Preußen Teile Vorpommerns
- **1740:** Friedrich II. (der Große) wird König
- **1740–48:** Österreichischer Erbfolgekrieg
- **1742:** Friedrich beendet die schnelle Eroberung Schlesiens
- **1756–63:** Siebenjähriger Krieg. Preußen kämpft gegen die Koalition von Österreich, Russland und Frankreich
- **1760:** Österreichische und russische Truppen besetzen Berlin. Preußen übersteht die Krise
- **1763:** Friede von Hubertusburg bestätigt den Gewinn Schlesiens
- **1772:** Erste Teilung Polens; preußische Gebiete im Osten mit Brandenburg verbunden
- **1786:** Tod Friedrichs des Großen
- **1793:** Dritte Teilung Polens
- **1795:** Zweite Teilung Polens unter dem Preußenkönig Friedrich Wilhelm II.

1700 – 1720 – 1740 – 1760 – 1780 – 1800

Die Französische Revolution 1789–95

Eine fiskalische Krise zwang König Ludwig XVI. im Mai zur Einberufung der Generalstände, der Vertretungen von Adel, Klerus und Bürgertum. Der bürgerliche Dritte Stand forderte Reformen und erklärte sich zur Nationalversammlung; die Privilegien der Adligen und des Klerus wurden abgeschafft. Aufstände in den Provinzen richten sich gegen die grundbesitzenden Adligen, von denen viele des Landes fliehen mussten. 1792 erreichte die Revolution ihren Höhepunkt: die Monarchie wurde abgeschafft, die Französische Republik ausgerufen und König Ludwig XVI. wenig später hingerichtet. Mit der ›Erhebung der Massen‹ mobilisierte man gegen die drohende Invasion Österreichs und Preußens. Die Macht lag nun in den Händen der radikalen Jakobiner, deren Schreckensherrschaft viele ›Volksfeinden‹ das Leben kostete. In zahlreichen Regionen kam es zu Revolten gegen den *terreur*, insbesondere in der Vendée im Westen. Die Aufstände wurden aber alle niedergeworfen. 1794 erlitten die Jakobiner schließlich das Schicksal ihrer Opfer. Frankreich hatte die Gefahr einer Invasion gebannt und blickte einer Zeit gemäßigter Herrschaft unter dem Direktorium entgegen.

Der Sturm auf die Bastille am 14. Juli 1789 markiert den Beginn der Französischen Revolution. Der mittelalterliche Kerker wurde von der aufgebrachten Menge als Symbol der Unterdrückung angesehen, befreit wurden jedoch nur eine Handvoll Gefangene (darunter der Marquis de Sade).

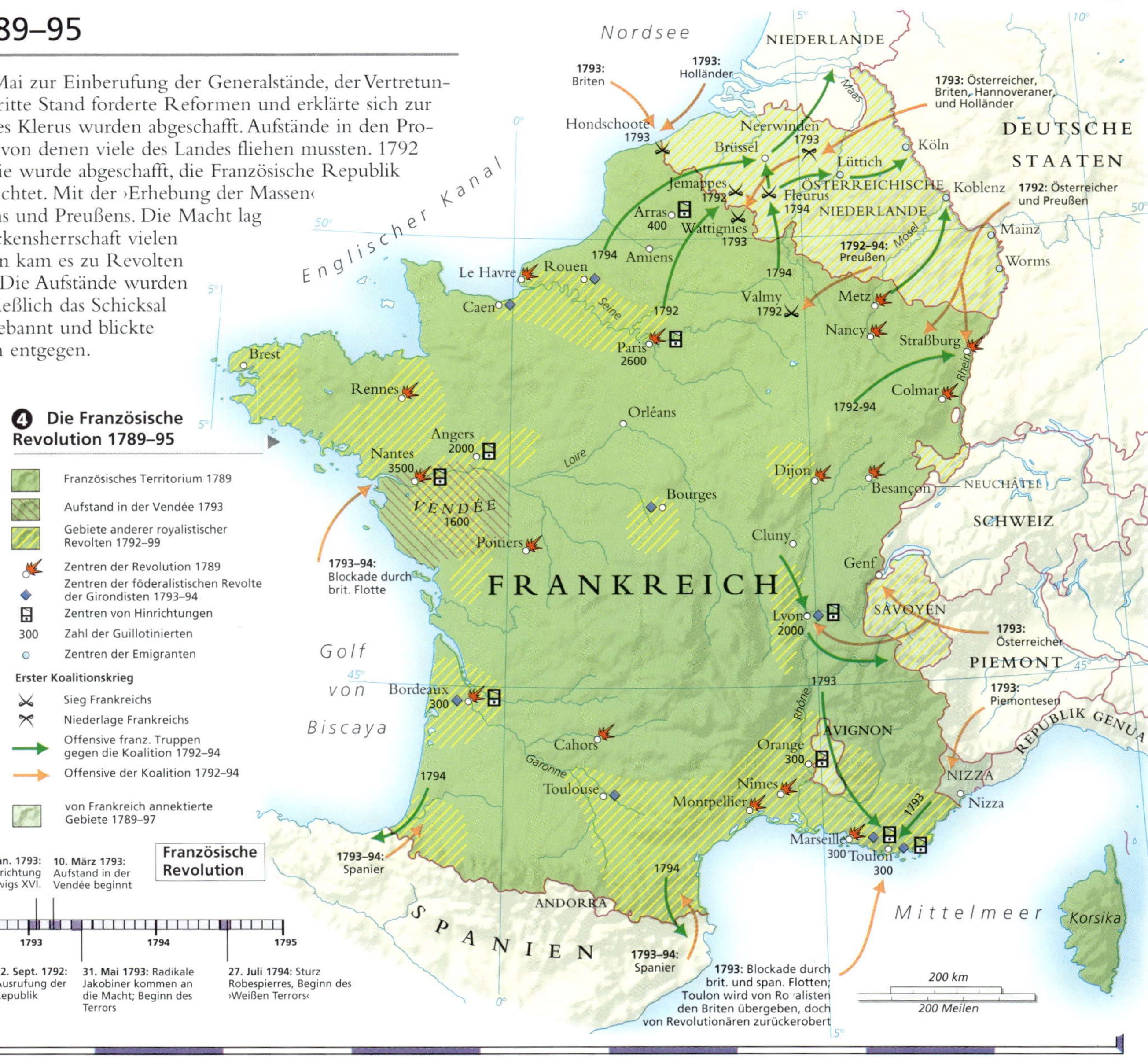

Französische Revolution

- **5. Mai 1789:** Eröffnung der Generalstände
- **14. Juli 1789:** Sturm auf die Bastille
- **26. Aug. 1789:** Erklärung der Menschenrechte
- **12. Juli 1790:** Zivilverfassung für den Klerus
- **1. Okt 1791:** Erste Sitzung der neugewählten Gesetzgebenden Versammlung (*Constituante*)
- **20. April 1792:** Beginn des ersten Koalitionskriegs
- **10. Aug. 1792:** Sturm auf die Tuilerien, Ludwig XVI. gestürzt
- **22. Sept. 1792:** Ausrufung der Republik
- **21. Jan. 1793:** Hinrichtung Ludwigs XVI.
- **10. März 1793:** Aufstand in der Vendée beginnt
- **31. Mai 1793:** Radikale Jakobiner kommen an die Macht; Beginn des Terrors
- **27. Juli 1794:** Sturz Robespierres, Beginn des ›Weißen Terrors‹

1789 – 1790 – 1791 – 1792 – 1793 – 1794 – 1795

EUROPA ZUR ZEIT NAPOLEONS

Der Code Napoléon, der Prinzipien der Französischen Revolution übernahm, war das erste moderne Gesetzbuch.

NAPOLEON BONAPARTE, DER BRILLANTE GENERAL der Revolutionsarmee, kehrte 1799 ohne Armee von seinem Ägypten-Feldzug zurück. Er stürzte das Direktorium in einem Staatsstreich, wurde Erster Konsul in Frankreich und reformierte Verwaltung, Kirchenrecht, Gesetz- und Bildungswesen. Er konnte Europa Frankreichs Vorherrschaft unterwerfen, und krönte sich 1804, zehn Jahre nach der Exekution Ludwigs XVI. durch die Revolutionäre, selbst zum Kaiser. Die Mitglieder seiner Familie wurden mit den Kronen der eroberten Länder bedacht. Doch wendete sich Napoleons Geschick nach dem katastrophalen Ausgang des Zugs nach Moskau. Die Koalition von England, Russland, Österreich, Preußen und Schweden brachte Napoleon in der Völkerschlacht bei Leipzig eine Niederlage bei, die das Ende seiner Macht ankündigte.

In der Schlacht von Eylau 1807 brachten die Russen den Franzosen schwere Verluste bei. Beide Parteien beanspruchten den Sieg, allerdings hatte man auf französischer Seite mehr Tote zu beklagen. In der Schlacht bei Friedland wurden die Russen jedoch vernichtend geschlagen.

In dieser Karikatur von 1812 versucht Napoleon verzweifelt, die rund 3000 km zwischen Madrid und Moskau zu überbrücken. Die Probleme der Feldzüge auf der Iberischen Halbinsel und in Russland führten zu seinem Untergang.

Die Feldzüge der Napoleonischen Kriege 1794–1815

Seekrieg 1794–1805
In einer Reihe von Angriffen vor Europa und in Westindien behauptet die britische Flotte ihre Vorherrschaft gegenüber Frankreich. Bestätigt wird sie durch Nelsons historischen Sieg bei Trafalgar.

Der Feldzug in Oberitalien April 1796–Jan. 1797
Ende 1795 übernimmt Napoleon das Kommando über die Truppen in Oberitalien. Trotz schlechter Ausrüstung und schwerer Verluste gewinnt er gegen die Österreicher und vertreibt sie schließlich aus Norditalien.

Zweiter Koalitionskrieg 1798–1801
Die Koalition will die Franzosen aus Norditalien vertreiben, Napoleon führt jedoch seine Armee mitten im Winter über den St. Bernhard-Pass und schlägt die Österreicher bei Marengo. Weitere Niederlagen bei Zürich und Hohenlinden zwingen Österreich zum Friedensvertrag.

Der Ägypten-Feldzug 1798–1801
Durch den Ägypten-Feldzug will Napoleon den Handelsweg nach Indien öffnen. Trotz der anfänglichen Erfolge zu Lande scheitert sein Plan wegen der britischen Überlegenheit zur See.

Dritter Koalitionskrieg 1805–1807
Die Koalition plant die Invasion Frankreichs. Napoleon führt seine Armee von Boulogne nach Ulm und schlägt die Österreicher. Einen zweiten wichtigen Sieg erringt er bei Austerlitz gegen Österreicher und Russen. Nach Österreichs Niederlage tritt auch Preußen in den Krieg ein. Napoleon erlebt den Höhepunkt seiner Macht.

Der Aufstand in Spanien 1808–1814
Um die Kontinentalsperre auch auf die Iberische Halbinsel auszuweiten, fällt Napoleon in Portugal und darauf in Spanien ein. Die Spanier erheben sich gegen die Franzosen; es folgt ein sechsjähriger Guerillakrieg.

Der Krieg gegen Österreich 1809
Österreich glaubt Napoleon in Spanien gebunden und versucht, Deutschland von den Franzosen zu befreien, muss aber nach drei Monaten einen Waffenstillstand akzeptieren.

Der Krieg gegen Russland 1812
Die Beziehungen zwischen Frankreich und Russland, dem einzigen wirklichen Rivalen auf dem Kontinent, verschlechtern sich zusehends. Großbritannien überredet Zar Alexander, aus der Kontinentalsperre auszutreten. Daraufhin marschiert Napoleon mit 450 000 Mann gegen Russland.

Die Völkerschlacht bei Leipzig 1813
Russland, Preußen und Österreich verbünden sich gegen Napoleon. Trotz der schweren Niederlage bei Leipzig lehnt Napoleon die Friedensangebote der Alliierten ab.

Die Verteidigung Frankreichs 1814
Napoleons Armeen sind in ganz Europa verstreut. Als die Alliierten auf Paris marschieren, beruft er rund 118 000 Mann ein. Zwar hat er anfangs Erfolg gegen die Koalition, muss aber nach der Besetzung von Paris 1814 abdanken.

Die Herrschaft der Hundert Tage, März–Juni 1815
Napoleon kehrt nach Paris zurück, stellt eine Armee auf und marschiert Richtung Norden. Am 18. Juni wird er von den verbündeten Truppen bei Waterloo geschlagen.

Aufstieg und Fall Napoleons

Seinen militärischen Ruhm begründete Napoleon durch die gewagten Manöver, mit denen die französische Revolutionsarmee in Italien gegen Österreich siegte (1796–97). Der Erfolg seiner Expedition nach Ägypten wurde durch den Verlust der französischen Flotte abgeschwächt, doch krönten seine Feldzüge in Europa glanzvolle Siege wie 1805 bei Austerlitz. 1809 kontrollierte er ganz Mitteleuropa, die Aufstände in Spanien (1808–12) und der winterliche Rückzug aus Moskau (1812) brachten jedoch die Wende. 1814 musste er nach seiner Niederlage gegen die Koalition abdanken und wurde auf die Insel Elba verbannt. Er kehrte jedoch zurück und wurde 1815 bei Waterloo endgültig geschlagen. Napoleon wurde auf der Insel St. Helena im Südatlantik interniert, wo er 1821 starb.

Napoleons Feldzüge 1796–1815

- **1796–97:** Italien-Feldzug
- **Okt. 1797:** Friede von Campo Formio zwischen Frankreich und Österreich
- **Mai 1798:** Beginn des Ägypten-Feldzugs
- **Juli 1798:** Niederlage der Mamluken bei den Pyramiden
- **Aug. 1798:** Schlacht bei Abukir
- **1799:** Sturz des Direktoriums und Auflösung der Ersten Republik; Napoleon wird zum Ersten Konsul gewählt
- **14. Juni 1800:** Franzosen besiegen Österreicher bei Marengo
- **1801:** Frieden von Lunéville zwischen Österreich und Frankreich
- **27. März 1802:** Frieden von Amiens zwischen Großbritannien und Frankreich
- **18. Mai 1803:** Großbritannien erklärt Frankreich den Krieg
- **2. Dez. 1804:** Napoleon krönt sich zum ›Kaiser der Franzosen‹
- **19. Okt. 1805:** Napoleon besiegt die Österreicher bei Ulm
- **21. Okt. 1805:** Nelson zerstört französisch-spanische Flotte bei Trafalgar
- **2. Dez. 1805:** Schlacht von Austerlitz
- **14. Okt. 1806:** Niederlage der Preußen bei Jena-Auerstädt
- **7.–8. Feb. 1807:** Niederlage der Russen bei Eylau
- **Juli 1807:** Friede von Tilsit zwischen Frankreich und Russland
- **1808:** Frankreich überfällt Spanien. Beginn der spanischen Aufstände
- **16. Jan. 1809:** Briten bei La Coruña besiegt
- **1810:** Russen treten aus der Kontinentalsperre aus
- **Mai 1812:** Napoleon marschiert in Russland ein
- **7. Sept. 1812:** Schlacht von Borodino
- **Sept.–Okt. 1812:** Franzosen besetzen Moskau, müssen sich aber zurückziehen
- **16.–18. Okt. 1813:** Niederlage Napoleons in der Völkerschlacht bei Leipzig
- **30. März 1814:** Verbündete marschieren in Paris ein. Napoleon dankt ab
- **18. Juni 1815:** Napoleon von Engländern und Preußen bei Waterloo besiegt

Napoleons Kaiserreich

Das napoleonische Imperium wuchs in zwei Phasen. In der ersten (1800–07) begründete Napoleon die Vorherrschaft Frankreichs in Europa. Die Länder, die in dieser Zeit unter seine Herrschaft gerieten – Frankreich, die Niederlande, Norditalien und der Westen Deutschlands – bildeten das ›innere Reich‹. Hier wurden französische Institutionen und napoleonische Gesetze eingeführt. In den nach 1807 gewonnenen Gebieten – Spanien, Süditalien, Norddeutschland und Polen – wirkte sich die napoleonische Herrschaft weniger stark aus. Sie traf z.B. in Spanien auch auf starken Widerstand.

Am 2. Dez. 1804 krönte sich Napoleon in der Kathedrale Notre Dame selbst zum ›Kaiser der Franzosen‹. Jacques-Louis David erinnert mit seinem Gemälde an den Krönungsakt.

2 Napoleons Kaiserreich bis 1812

- von Paris verwaltetes Territorium 1812
- abhängiger Staat 1812
- britisches oder von Briten besetztes Territorium
- von Napoleon selbst oder einem Mitglied seiner Familie regierter Staat 1805–12

Napoleons Invasion in Ägypten 1798 sollte den Landweg nach Indien sichern. Die Zerstörung seiner Flotte durch Nelson in der Schlacht von Abukir führte jedoch zum baldigen Abzug der französischen Truppen.

Widerstand gegen Napoleon

Nach seinem Sieg im Dritten Koalitionskrieg 1807 beherrschte Napoleon beinahe den gesamten Kontinent. Nur die Briten vermochten ihm noch Widerstand zu leisten. Um sie wirtschaftlich zu schwächen, versuchte Napoleon den Handel zwischen Großbritannien und dem Festland zu unterbinden, doch zeigte die ›Kontinentalsperre‹ nicht den gewünschten Erfolg. Nachdem sich die Russen daraus zurückgezogen hatten und ein Bündnis von Russen und Briten seine Macht bedrohte, mobilisierte Napoleon zum Krieg gegen das Zarenreich. Napoleons Armee konnte zwar 1812 in Moskau einmarschieren, dennoch endete der Feldzug in einem Desaster für die Grande Armée.

Im Juli 1807 traf Napoleon mit Preußens König Friedrich Wilhelm III. und Königin Marie Luise sowie Zar Alexander I. von Russland in Tilsit zusammen, um einen Friedensvertrag auszuhandeln.

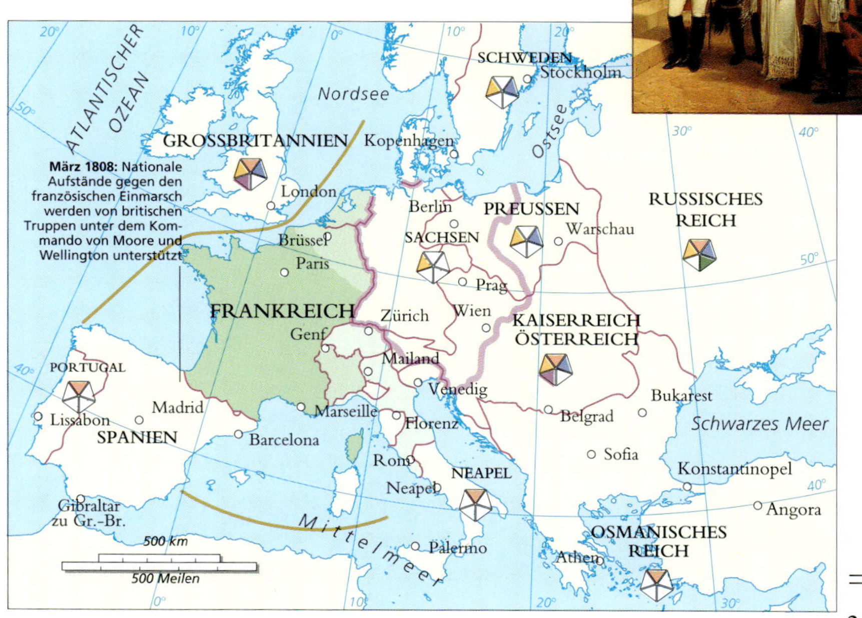

3 Allianzen gegen Frankreich 1792–1815

Allianzen gegen Frankreich in den Napoleonischen Kriegen:

- Zweiter Koalitionskrieg 1798–1800
- Dritter Koalitionskrieg 1805–07
- Krieg gegen Österreich 1809
- Krieg gegen Russland 1812
- Befreiungskriege 1813–15

- Frankreich 1792
- von Frankreich annektiert 1802
- franz. Satellitenstaaten 1802
- Kontinentalsperre
- Grenze des Kaiserreichs
- Grenzen um 1802

ERWACHEN DES NATIONALISMUS

Otto von Bismarck, Preußens ›Eiserner Kanzler‹ bis 1890, war der Architekt der deutschen Einigung.

DER WIENER KONGRESS trat 1814 zusammen, um nach den Wirren der Napoleonischen Kriege Frieden und Stabilität in Europa zu schaffen. Sämtliche europäischen Mächte waren anwesend, doch dominierten Österreich, Großbritannien, Russland und Preußen den Kongress, der die politische Landkarte des Kontinents neu zeichnete. Die früheren Herrscherhäuser wurden wieder eingesetzt, doch in den folgenden drei Jahrzehnten reaktionärer Herrschaft entwickelten sich republikanische und nationalistische Bestrebungen nach französischem Vorbild. In Südosteuropa nutzten Griechenland und die Balkan-Staaten die Schwäche des Osmanischen Reichs und erkämpften ihre Unabhängigkeit. Deutschland und Italien erreichten jeweils ihre nationale Einigung. Die traditionellen Rivalitäten zwischen den Herrschaftshäusern gingen nun in den Konkurrenzkampf zwischen industrialisierten Nationalstaaten über, der schließlich zum Ersten Weltkrieg führte.

Europa nach dem Wiener Kongress

Der Kongress trat nach dem Sieg über Napoleon Ende Oktober 1814 zusammen. Aufgrund der territorialen Veränderungen der vorangegangenen 20 Jahre sollte Europa neu geordnet werden. Frankreich verlor alle eroberten Gebiete und bekam wieder einen Bourbonen auf den Thron. Durch die Restauration der von Napoleon entmachteten Erbmonarchien sollte die politische Stabilität in Europa wieder hergestellt werden. Doch regierten die Monarchen mit harter Hand und liberal, republikanisch und nationalistisch motivierte Aufstände waren die Folge. 1848 gab es Revolutionen in Frankreich, Italien, Deutschland und Österreich.

Auf dem Wiener Kongress versammelten sich fünf Monarchen und die Häupter von 216 Fürstenfamilien. Der österreichische Kanzler, Fürst Metternich, leitete die Verhandlungen. Auf dem Bild ist er links bei der Unterzeichnung des endgültigen Vertragstextes zu sehen.

Bedrohungen der Wiener Ordnung 1814–50

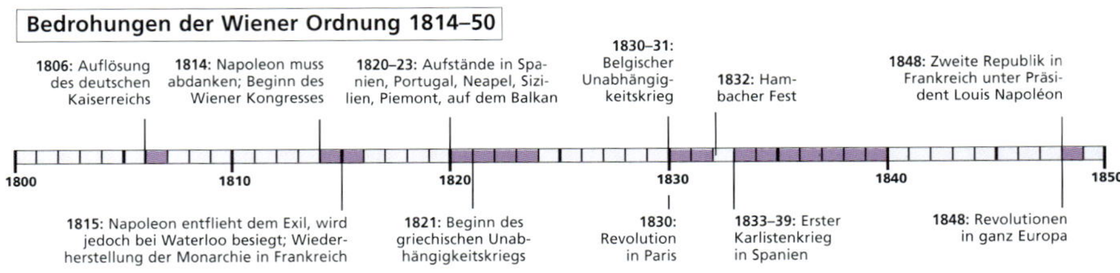

1 Europa nach dem Wiener Kongress 1815–52

Große Karte

- Deutsche Kleinstaaten
- Aufstände gegen Louis Napoléon 1851
- Deutscher Bund
- Widerstand gegen die Neuordnung 1817–39
- Revolution 1848–49
- Grenzen 1815

Kleine Karte: Belgiens Unabhängigkeit 1831–39

- Vereinigte Niederlande 1815–31
- Grenze des Deutschen Bundes 1815
- Grenze des Deutschen Bundes 1839
- französisch-flämische Sprachgrenze

400 km
400 Meilen

Belgiens Unabhängigkeit

Um künftigen Expansionen Frankreichs vorzubeugen, schuf der Wiener Kongress einen Pufferstaat, indem er die früheren Österreichischen Niederlande mit Holland zum Königreich der Vereinigten Niederlande zusammenfügte. Der belgische Widerstand gegen diese Willkür führte 1830 zur Revolution, aus der 1831 das neue Königreich Belgien hervorging.

Die Einigung Deutschlands

Die deutschen Kleinstaaten, jetzt auf 39 reduziert, wurden durch den Wiener Kongress zum Deutschen Bund unter österreichischer Oberhoheit zusammengefasst. 1833 war mit dem Zollverein unter preußischer Führung (aber ohne Österreich) auch eine wirtschaftliche Einheit erreicht. Durch den Sieg Preußens im Deutschen Krieg von 1866, den Bismarck betrieben hatte, um die deutsche Einigung voranzubringen, wurde der Norddeutsche Bund unter Ausschluss Österreichs geschaffen. Nach Preußens Sieg im Deutsch-Französischen Krieg 1870–71 erreichte Bismarck den Zusammenschluss der süddeutschen Staaten mit dem Norddeutschen Bund zum Deutschen Reich.

Pickelhauben wie die der Dragoneroffiziere wurden zum Symbol des deutschen Militarismus.

Napoleon III., beunruhigt von den preußischen Ambitionen, erklärte Preußen 1870 den Krieg. Auf der Abbildung links ergibt sich Napoleon dem Preußenkönig Wilhelm I.

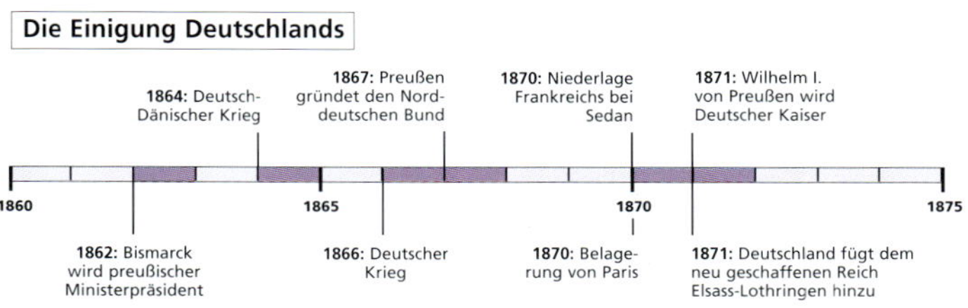

Die Einigung Italiens

Die Restauration von 1815 brachte die Bewegung des Risorgimento hervor, die zur Einigung Italiens führen sollte. 1859 gelang es Cavour, dem Ministerpräsidenten des Königreichs Sardinien-Piemont, im Bündnis mit dem französischen Kaiser Napoleon III., die Österreicher aus der Lombardei zu vertreiben. 1860 eroberte Garibaldi mit dem ›Zug der Tausend‹ das Königreich Sizilien und Neapel für Viktor Emanuel II., der sich daher 1861 zum König des vereinten Italien krönen lassen konnte. Rom wurde dem neuen Königreich schließlich 1870 im Zuge des Deutsch-Französischen Kriegs einverleibt.

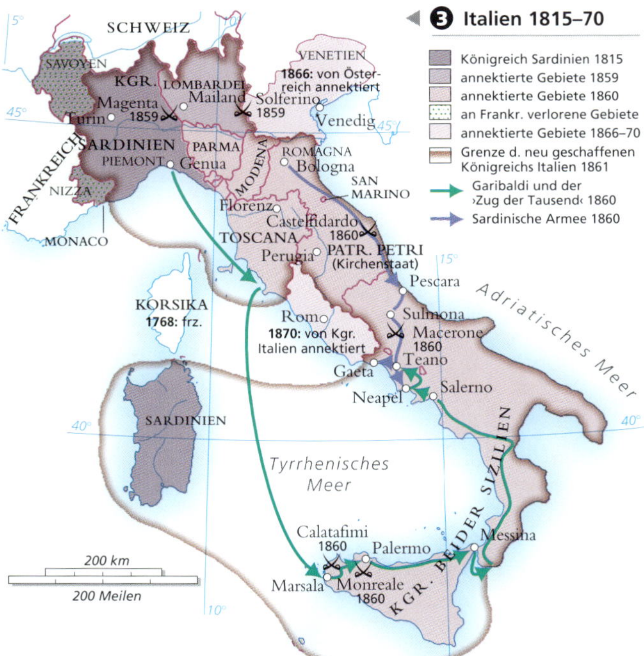

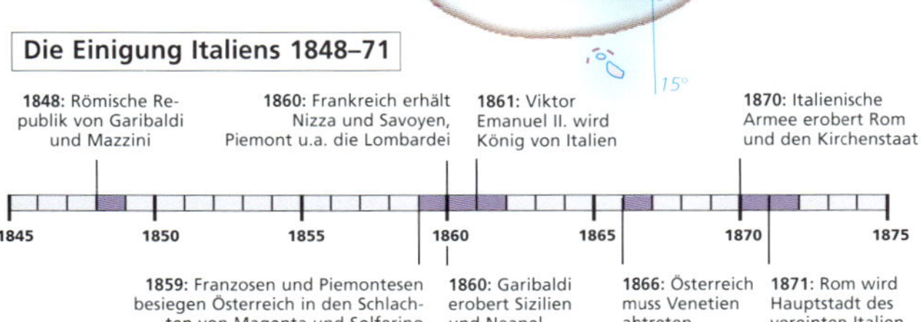

Garibaldi, zeitlebens ein überzeugter Republikaner, übergab König Viktor Emanuel II. von Piemont 1860 bei einem Treffen in Teano das südliche Italien, das er erobert hatte.

Sultan Abdülhamit II. sieht in dieser Karikatur bestürzt, wie ihm Österreich und Bulgarien immer weitere Balkangebiete unter den Füßen wegreißen.

Nationalismus auf dem Balkan

Zahlreiche Balkan-Völker strebten die Unabhängigkeit von den Osmanen an, doch hatte nur der griechische Unabhängigkeitskrieg Erfolg. Zugleich versuchten Österreich und Preußen, den Türken die Vorherrschaft in der Region abzunehmen. Der Versuch Russlands, Einfluss im Balkan zu gewinnen, führte 1854 zum Krimkrieg, in dem Russland gegen Großbritannien, Frankreich und das Osmanische Reich unterlag, sowie zum Russisch-Türkischen Krieg 1877–78. Auf dem Berliner Kongress 1878 musste das Osmanische Reich seine Ansprüche auf Montenegro, Rumänien und Serbien abtreten. 1912 konnten Griechenland, Serbien und Bulgarien im Ersten Balkankrieg die Vorherrschaft der Türken auf dem Balkan beenden und das Reich bis auf Ost-Thrakien zurückdrängen. Über die Verteilung der eroberten Gebiete entbrannte ein neuer Krieg, aus dem Serbien siegreich hervorging. Die äußerst gespannte Situation trug letztendlich zum Ausbruch des Ersten Weltkriegs bei.

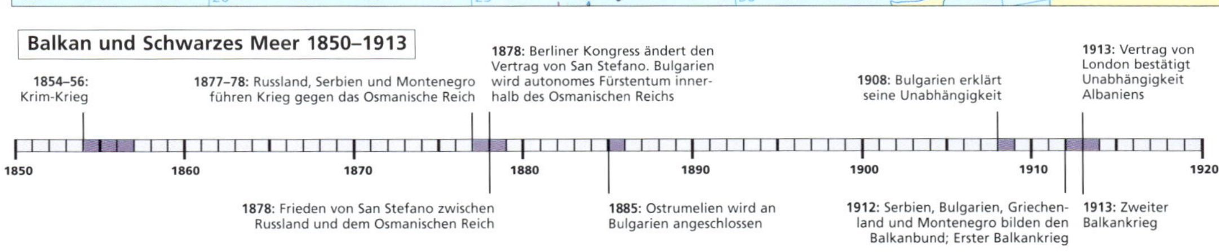

DIE INDUSTRIELLE REVOLUTION

In Matthew Boultons Eisenfabrik in Birmingham wurde die Dampfmaschine für den industriellen Einsatz entwickelt.

IN DER ZWEITEN HÄLFTE DES 18. JH. begann in Großbritannien die Industrielle Revolution, die erhebliche technische, soziale und ökonomische Veränderungen mit sich brachte: Aus der Agrar- wurde eine Industriegesellschaft. Im Laufe des 19. Jh. breiteten sich die industriellen Fertigungtechniken über ganz Europa aus. Kohle wurde ausgenutzt, um Dampf für den Antrieb von Maschinen in den entstehenden Fabriken zu erzeugen. Die Eisenbahn revolutionierte das Verkehrswesen. Die Eisen- und Stahlproduktion wurden verbessert und billiger. Steigende Erträge in der Landwirtschaft sicherten die Nahrungsgrundlage für eine schnell wachsende Bevölkerung. Doch führte das rapide Wachstum der Städte auch zu katastrophalen Epidemien.

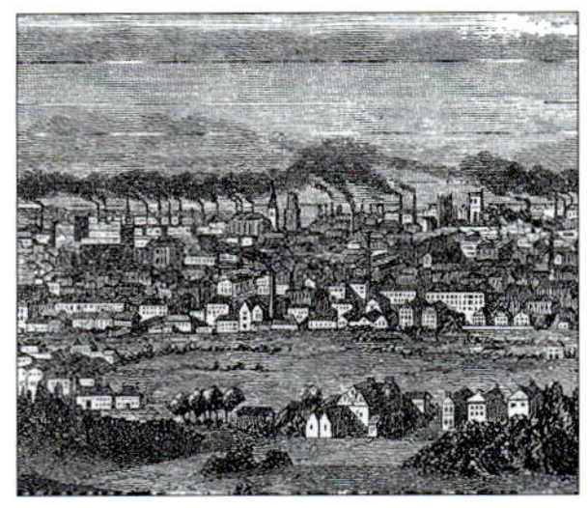

Fabrikschornsteine prägten im 19. Jh. die Silhouette von Manchester. Industrie siedelte sich vorzugsweise in Städten an, die in der Nähe reicher Kohle- und Eisenerzvorkommen lagen.

Der Drang zur Stadt

Die Industrialisierung war untrennbar mit dem Wachstum der Städte verbunden. Am raschesten wuchsen die Städte mit arbeitsintensiven und mechanisierten Industrien. Die Verstädterung beschleunigte sich zuerst in Großbritannien. Lebten dort 1800 nur 20% der Bevölkerung in Städten, war dieser Anteil 1850 bereits auf 41% gestiegen. Ein ähnlicher Prozess wie in Großbritannien vollzog sich nach den 1850er Jahren in den meisten übrigen europäischen Ländern. Ballungsräume und Industriezentren wie Manchester oder das Ruhrgebiet entstanden.

Die Ablösung der Wasserkraft durch Dampf ließ die Produktivität rasch steigen, da große Maschinen nun schneller angetrieben werden konnten wie in dieser Seilerei. Typisch für die Dampfmaschinen waren ihre riesigen Schwungräder.

Vorreiter Großbritannien

Das Zusammenspiel günstiger geografischer, politischer und sozialer Faktoren machte Großbritannien zum ersten Industriestaat der Welt. Das Land besaß mehrere natürliche Häfen am Atlantik, verfügte über eine lange Tradition des Seehandels und in seinem Innern bestand ein ausgedehntes Netz von Wasserstraßen. Neben den eigenen reichen Vorkommen an Kohle und Eisenerz standen auch Rohstoffe aus den Kolonien zur Verfügung. Zugleich boten das Mutterland mit seiner rasch wachsenden Bevölkerung und die Kolonien aufnahmefähige Märkte. Die Textilindustrie in Großbritannien profitierte als erste vom technischen Fortschritt, indem sie die Produktion weitgehend mechanisierte.

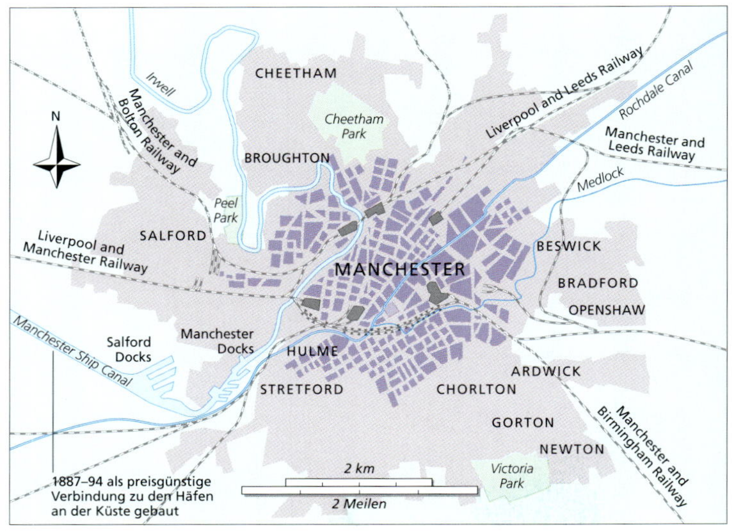

▲ **2 Erweiterung von Manchester 1840–1900**

- Eisenbahn
- Bahnhof
- Manchester South Junction Viaduct
- Park
- bebautes Gebiet 1840
- Erweiterung 1840–1900

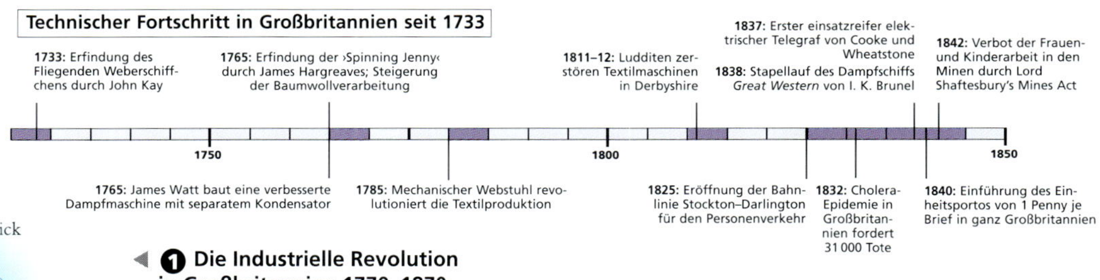

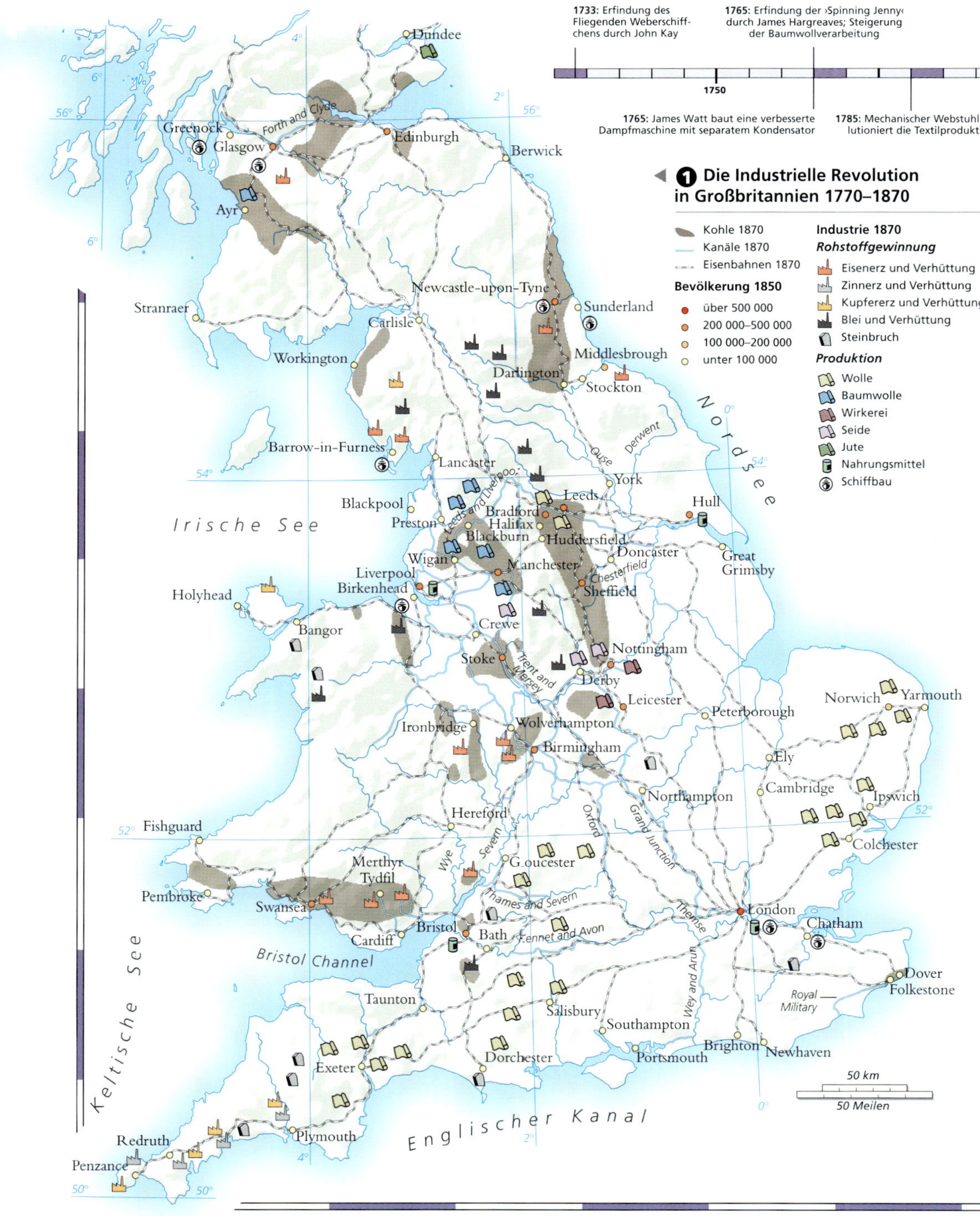

URBANISIERUNG UND GESUNDHEITSWESEN

Ab Mitte des 19. Jh. konnte die urbane Infrastruktur mit dem Wachstum der Städte nicht mehr Schritt halten. Die Wohnviertel der Industriearbeiter waren hoffnungslos überbelegt und in einem äußerst schlechten hygienischen Zustand: Bis zu fünf Personen lebten in einem Raum ohne sanitäre Einrichtungen und sauberes Wasser; das Trinkwasser war durch Fäkalien und industrielle Abwässer verseucht. 1854 hatten von den 9453 Häusern der Stadt Newcastle 8032 keine Toilette. Die miserablen Zustände begünstigten Krankheiten wie Cholera, Pocken, Ruhr, Tuberkulose und Rachitis. In den Jahren 1854 und 1855 grassierte die Cholera in den engen Vierteln von Newcastle. Die Cholera-Epidemie von 1853 hatte von den 90 000 Einwohnern der Stadt innerhalb von fünf Wochen 1500 dahingerafft.

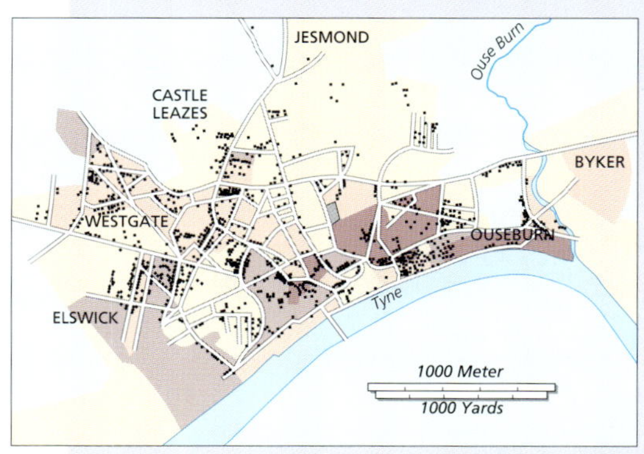

◀ **3 Cholera in Newcastle 1854**

Durchschnittl. Zahl der Bewohner eines Hauses

- über 12
- 10–12
- 8–10
- unter 8
- ein Cholera-Toter

Der Public Health Act von 1848 markierte eine Wende in der Gesundheitspolitik Großbritanniens, indem er die Einrichtung von Gesundheitsstationen vorsah. Das Plakat ›Die Cholera trampelt den Sieger und den Besiegten nieder‹ verdeutlichte, dass keine soziale Schicht vor der Epidemie gefeit war.

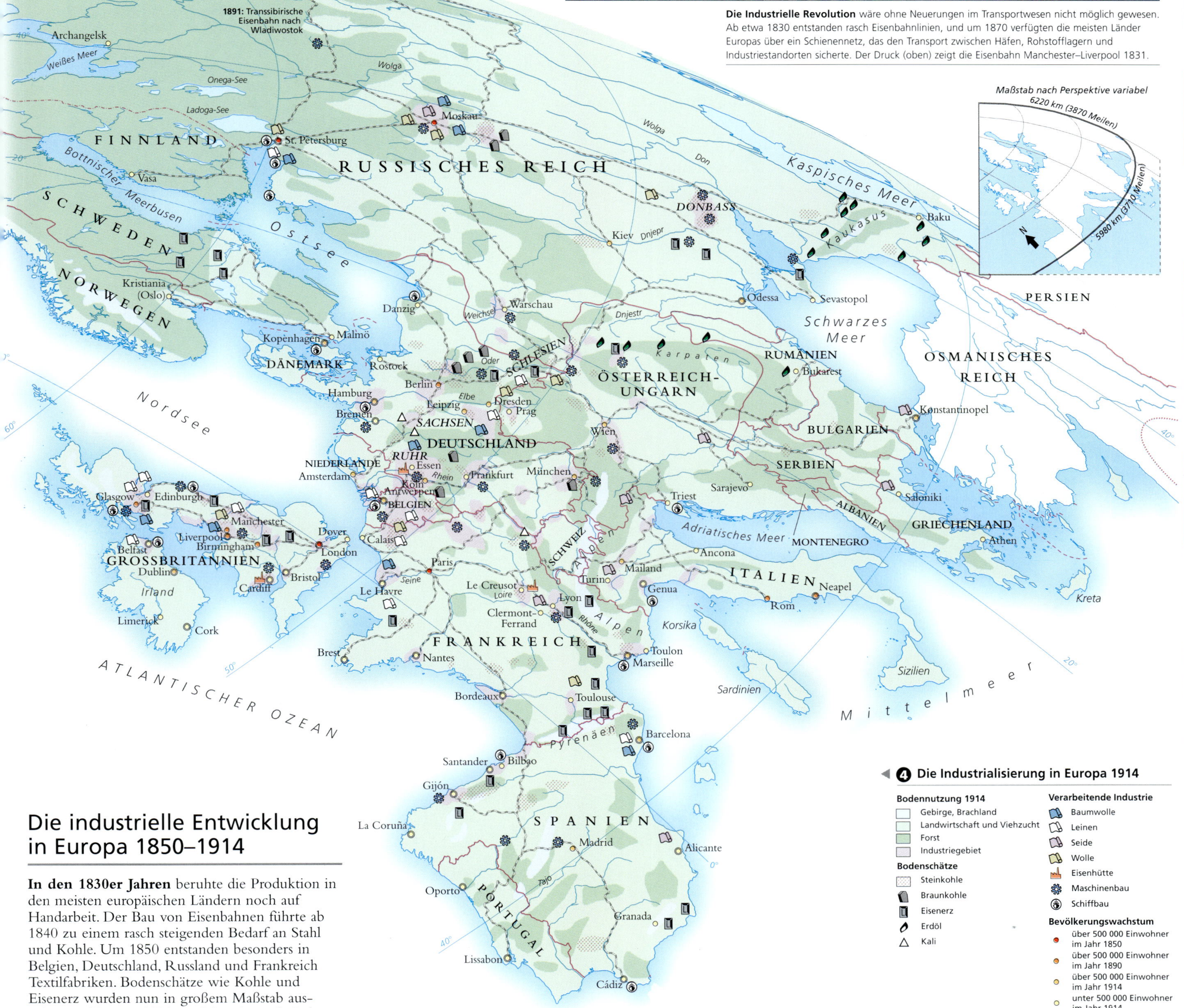

Die Industrielle Revolution wäre ohne Neuerungen im Transportwesen nicht möglich gewesen. Ab etwa 1830 entstanden rasch Eisenbahnlinien, und um 1870 verfügten die meisten Länder Europas über ein Schienennetz, das den Transport zwischen Häfen, Rohstofflagern und Industriestandorten sicherte. Der Druck (oben) zeigt die Eisenbahn Manchester–Liverpool 1831.

Die industrielle Entwicklung in Europa 1850–1914

In den 1830er Jahren beruhte die Produktion in den meisten europäischen Ländern noch auf Handarbeit. Der Bau von Eisenbahnen führte ab 1840 zu einem rasch steigenden Bedarf an Stahl und Kohle. Um 1850 entstanden besonders in Belgien, Deutschland, Russland und Frankreich Textilfabriken. Bodenschätze wie Kohle und Eisenerz wurden nun in großem Maßstab ausgebeutet. Ab etwa 1870 erreichte der technische Fortschritt auch Südeuropa. Um 1900 hatte Deutschland Großbritannien in zahlreichen Bereichen, so z.B. Maschinenbau, Werkzeugmaschinen und Chemie, überflügelt.

4 Die Industrialisierung in Europa 1914

Bodennutzung 1914
- Gebirge, Brachland
- Landwirtschaft und Viehzucht
- Forst
- Industriegebiet

Bodenschätze
- Steinkohle
- Braunkohle
- Eisenerz
- Erdöl
- Kali

Verarbeitende Industrie
- Baumwolle
- Leinen
- Seide
- Wolle
- Eisenhütte
- Maschinenbau
- Schiffbau

Bevölkerungswachstum
- über 500 000 Einwohner im Jahr 1850
- über 500 000 Einwohner im Jahr 1890
- über 500 000 Einwohner im Jahr 1914
- unter 500 000 Einwohner im Jahr 1914
- wichtiger Hafen
- wichtige Eisenbahn 1914
- Grenzen 1914

Das Ruhrgebiet wurde das Zentrum der Schwerindustrie in Deutschland. Essen (links) war der wichtigste Standort der Krupp'schen Stahl- und Rüstungsindustrie.

Kapital und Arbeit

Die industrielle Entwicklung führte zu einem neuen Verhältnis zwischen Kapital und Arbeit. Änderungen in der Arbeitsorganisation lösten Unruhen und Proteste aus. Handwerkern wurde durch die Mechanisierung die Existenzgrundlage entzogen und sie leisteten gelegentlich Widerstand in Form von Maschinenstürmerei. Mit den Fabriken entstanden in Großbritannien auch die Gewerkschaften. Anfangs Organisationsform qualifizierter Angehöriger der Gewerbe, schlossen sich ihnen nach 1870 auch Arbeiter an.

Im 19. Jh. inspirierte die neu entstandene Industrie auch die Kunst. Dieses Bild einer Kupferschmiede in Toulon stammt von dem realistischen Maler Ignace François Bonhomme.

Die industrielle Entwicklung in Europa ab 1840

- **347:** Siemens verlegt erste Telegrafenleitung zwischen Berlin und Frankfurt
- **1844:** Engels' ›Die Lage der arbeitenden Klasse in England‹ veröffentlicht
- **1851:** Große Industrieausstellung im Londoner Kristallpalast
- **1867:** Marx' ›Das Kapital‹ (Bd. 1), eine Analyse der kapitalistischen Gesellschaft, erscheint
- **1868:** Zusammenschluss der brit. Einzelgewerkschaften zum Trade Union Congress
- **1870:** Industrielle Revolution erreicht Russland
- **1878:** Gilchrist-Thomas-Verfahren zur Stahlproduktion; Nikolaus Otto baut Verbrennungsmotor
- **1889:** Fertigstellung des Eiffelturms zur Pariser Weltausstellung
- **1891:** Baubeginn der Transsibirischen Eisenbahn
- **1908:** Fritz Hofmann gelingt synthetische Herstellung von Kautschuk

1840 1850 1860 1870 1880 1890 1900 1910

DER ERSTE WELTKRIEG

Mit dynamischen Rekrutierungsplakaten appellierten Europas Regierungen an Patriotismus und Nationalismus.

DER ERSTE WELTKRIEG brachte eine historische Wende. Der Versuch Österreich-Ungarns, seine Macht zu erhalten, führte zu einem langen Krieg, in den große Teile Europas und zahlreiche Staaten der Welt verwickelt wurden. 65 Mio. Soldaten kamen zum Einsatz, von denen 9 Mio. den Tod fanden und mehr als ein Drittel verwundet wurde. Kampfhandlungen, Hunger und Krankheit forderten Opfer auch in der Zivilbevölkerung. Die Entente-Mächte konnten den Krieg für sich entscheiden, und Europa wurde in der Folge neu geordnet: Österreich-Ungarn und das Osmanische Reich wurden aufgelöst, in Deutschland und Russland endeten die Monarchien, zahlreiche Grenzen wurden verändert und neue Staaten entstanden. Weltpolitisch verlor Europa seine Vormachtstellung an die USA. Kriegsschulden und Desillusion in der Bevölkerung verschafften radikalen Linken und Rechten in ganz Europa Auftrieb.

Von der Balkankrise zum Krieg

Imperialistische Machtpolitik und nicht zuletzt die Flottenrivalität zwischen Deutschland und Großbritannien hatten eine explosive Lage entstehen lassen, die von einer komplizierten Bündnislage geprägt war. Die Ermordung des österreichischen Thronfolgers Franz Ferdinand in Sarajevo am 28. Juni 1914 löste die Kriegserklärung an Serbien aus, was dann automatisch zum Kriegseintritt aller anderen führte. Die Entente-Mächte Serbien, Montenegro, Russland, Frankreich, Belgien und Großbritannien standen Österreich-Ungarn, Deutschland und dem Osmanischen Reich (den Mittelmächten) gegenüber. Ihnen schloss sich 1915 Bulgarien an, Italien stieß 1915 zur Entente, Rumänien 1916 und die USA 1917.

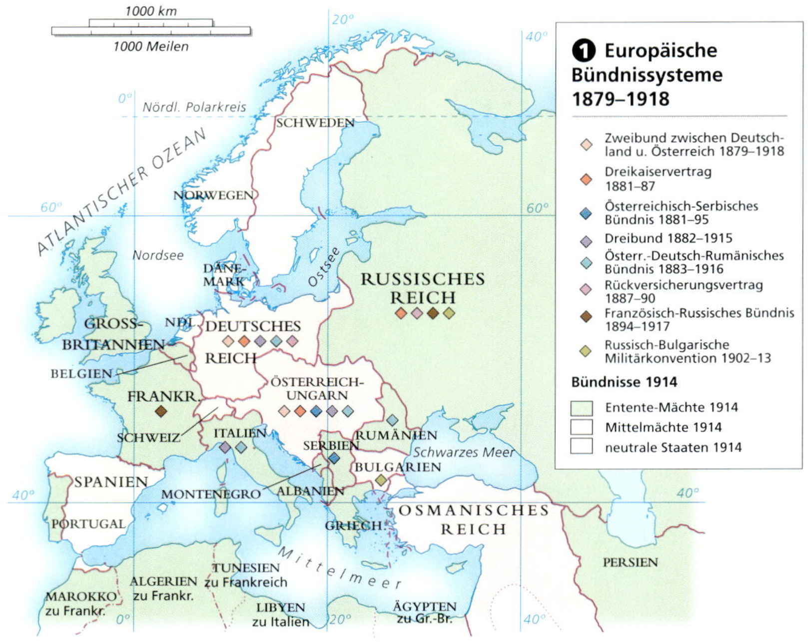

Die Westfront

Ab November 1914 war an der Westfront eine Pattsituation entstanden. Die deutsche Offensive über Belgien gegen Paris scheiterte bald am Widerstand französischer und britischer Streitkräfte, die die Deutschen nach Flandern zurückdrängten. Der Krieg an der Westfront wurde zum Stellungskrieg von der Nordsee bis zur Schweizer Grenze. Drei Jahre lang verwickelten sich Franzosen, Engländer und Deutsche bei Verdun in außerordentlich verlustreiche Offensiven, durch die in der Regel nur wenige Kilometer Boden gewonnen wurden. Typisch für die Front waren die Schützengräben, in denen beide Seiten ihre Positionen verteidigten.

Jahrelang gab es kaum Bewegung an der Westfront, wo sich beide Seiten in Schützengräben eingerichtet hatten. Das Bild zeigt Angehörige des britischen Grenzregiments in ihren Unterständen während der Schlacht an der Somme 1916.

Panzer wurden erstmals in der Schlacht an der Somme Ende 1916 und während des Vormarsches der Alliierten im Sommer und Herbst 1918 eingesetzt. Zwar waren sie geländegängig, doch konnten Schützengräben nicht immer überwunden werden (links).

Die Westfront

- **Aug. 1914:** Kriegsbeginn
- **Sept. 1914:** Schlacht an der Marne; 1. Schlacht an der Aisne
- **Okt. 1914:** ›Wettlauf zum Meer‹
- **Feb.–Dez. 1916:** Schlacht von Verdun
- **Mai 1916:** Seeschlacht vor dem Skagerrak
- **Juli–Nov. 1916:** Schlacht an der Somme
- **Feb.–März 1917:** Deutscher Rückzug in die Siegfriedstellung
- **April 1917:** USA erklären Mittelmächten den Krieg
- **April–Mai 1917:** Offensiven der Entente
- **Aug.–Nov. 1917:** 3. Schlacht von Ypern
- **März–Juli 1918:** Deutsche Offensiven: Somme, Aisne, Noyon-Mondidier und Champagne-Marne
- **Juli–Okt. 1918:** Gegenoffensiven der Entente
- **Nov. 1918:** Waffenstillstand an der Westfront

1915 · 1916 · 1917 · 1917 · 1919

Flugzeuge wurden zuerst zur Aufklärung und für die Artilleriebeobachtung eingesetzt. 1918 flogen Deutsche und Briten auch Bombenangriffe in den Frontgebieten.

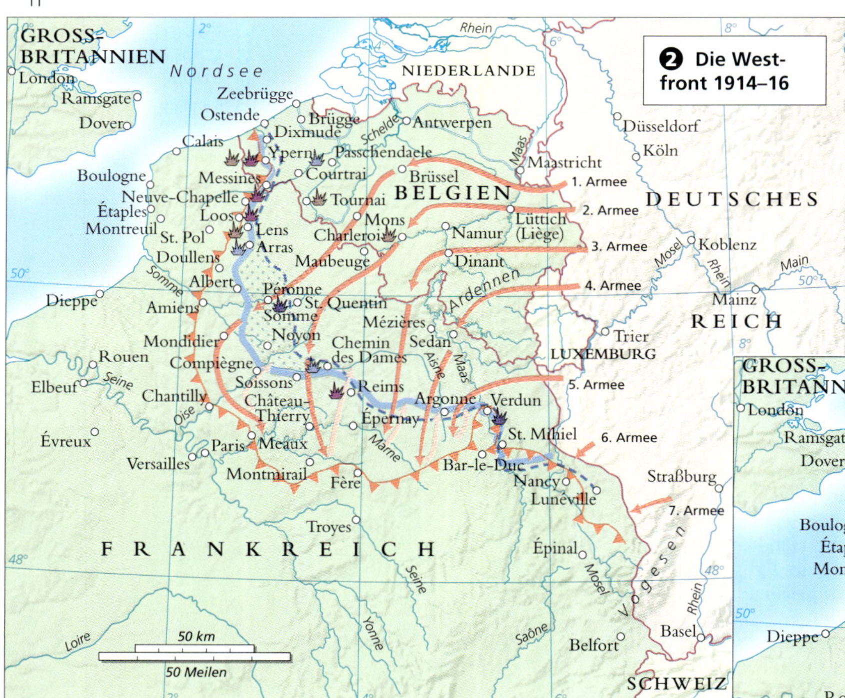

Deutsche Offensive führte zum Patt

Angesichts eines drohenden Zweifrontenkriegs gegen Feinde mit überlegenen Heeren wollte Deutschland Frankreich besiegen, noch ehe Russland voll mobilisiert haben würde. Nach dem Schlieffen-Plan sollte die französische Hauptstreitmacht über Belgien umgangen und Paris innerhalb von sechs Wochen eingekreist werden. Nachschubmängel und unzureichende Absprachen zwischen den beiden Hauptarmeen ließen den Plan scheitern. Zudem hatte man nicht mit der Intervention Großbritanniens gerechnet. Der Erfolg der Franzosen gegen die Deutschen in der Marne-Schlacht zerstörte die deutschen Hoffnungen auf einen raschen Sieg im Westen und führte zum Stellungskrieg, der bis in das Frühjahr 1918 dauern sollte.

Offensiven und Gegenoffensiven 1918

Nach dem Ausscheiden Russlands galt es für Deutschland, an der Westfront zu siegen, bevor das Kräfteverhältnis durch das Eintreffen von US-Truppen in Europa sich zugunsten der Alliierten wandelte. Die Offensiven von 1918 schlugen fehl, und die Entente-Mächte konnten ihre militärische Überlegenheit für eine erfolgreiche Gegenoffensive nutzen. Mit dem Ausscheiden der Verbündeten sah sich die deutsche Führung gezwungen, den Krieg im Westen durch einen Waffenstillstand zu beenden.

Die Westfront 1914–1918

- deutscher Einmarsch in Belgien und Frankreich 1914
- weitester Vormarsch der Deutschen 1914
- deutscher Rückzug
- Frontlinie Ende 1914–Juli 1916
- Siegfriedstellung
- Geländegewinne der Entente 1916–17
- Kaiserschlacht 1918
- deutsche Offensive März–Juli 1918
- Offensiven der Entente 1918
- Waffenstillstandslinie 11. Nov. 1918

Wichtige Schlachten

- 1914
- 1915
- 1916
- 1917
- 1918

Die Ostfront

Sept.–Okt. 1914: Deutsche Operationen in Südwestpolen
Feb. 1915: 2. Schlacht an den Masurischen Seen
Juli–Sept. 1915: Russischer Rückzug
Aug.–Sep. 1916: Rumänische Offensive
März 1917: Russische Revolution
Juli 1917: 2. Brussilow-Offensive
Dez. 1917: Waffenstillstand

1914 · 1915 · 1916 · 1917 · 1918

Aug. 1914: Schlacht von Tannenberg
Sept. 1914: 1. Schlacht an den Masurischen Seen
Nov. 1914: Schlacht um Lodz
Mai 1915: Deutscher Durchbruch bei Gorlice-Tarnow
Juni–Aug. 1916: Brussilow-Offensive durch Russland
Sept.–Dez. 1916: Sieg der Mittelmächte über Rumänien
Feb. 1918: Frieden mit der Ukraine
3. März 1918: Frieden von Brest-Litowsk

❹ **Die Ostfront**

- russische Vorstöße 1914
- Front 1914–15 (weitester russischer Vormarsch)
- weitester deutsch-österr. Vormarsch 1915–16
- Brussilow-Offensive 1916
- Waffenstillstandslinie 1917
- deutsche Landung 1917–18
- deutsche Vorstöße nach Russland 1918
- deutsches Vordringen in Russland bis Juni 1918
- nach dem Vertrag Brest-Litowsk von Mittelmächten besetztes Gebiet

Wichtige Schlachten: 1914 · 1915 · 1916 · 1917

Die Ostfront

Der Krieg an der Ostfront war nach den Durchbrüchen der Mittelmächte durch raumgreifende Operationen gekennzeichnet. Trotz der zahlenmäßigen Überlegenheit der russischen Armee konnte sie die Wucht der deutschen Angriffe nicht auffangen: Ende 1915 hatte Russland große Teile Polens verloren; 2 Mio. russische Soldaten waren in Gefangenschaft geraten. Unzureichender Nachschub und Schwächen in der Führung führten zu hohen Verlusten. Eine katastrophale Versorgungslage, Kriegsmüdigkeit und Meuterei waren wichtige Faktoren für die Russische Revolution von 1917.

Während der ersten Offensive der Deutschen an der Ostfront mussten selbst Kirchen notdürftig als Feldlazarette hergerichtet werden. Ein Priester spendet Kranken und Verwundeten Soldaten den Segen.

KRIEGSOPFER

Die Zahl der Toten und Verwundeten war erschreckend. Insgesamt verloren in nur vier Jahren nahezu 9 Mio. Menschen das Leben, 23 Mio. erlitten körperliche und seelische Schäden, auf Seiten der Entente wie auch der Mittelmächte fast die Hälfte der mobilisierten Truppen. Unter der Zivilbevölkerung gab es Opfer durch Bomben, Hunger und Krankheit.

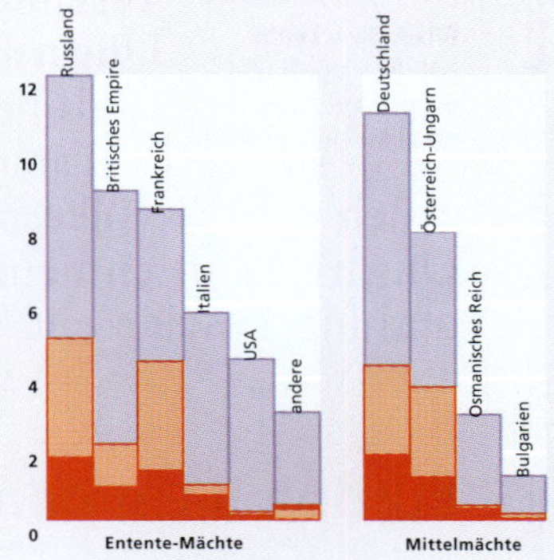

Kriegsopfer (in Mio.)

mobilisiert · verwundet · gefallen

Der Krieg in den Alpen

Italien trat 1915 in den Krieg ein, nachdem seine Führung eine Vereinbarung mit den Entente-Mächten über Gebietszugewinne in Österreich-Ungarn getroffen hatte. An der italienischen Front wurden einige der erbittertsten Kämpfe des Krieges geführt. Mehrere Schlachten konzentrierten sich auf das Gebiet um den Fluss Isonzo. Die Schlacht von Caporetto 1917 hätte beinahe die Niederlage Italiens besiegelt, doch konnte mit Hilfe der Alliierten die Piavefront gehalten und Österreich bei Vittorio Veneto geschlagen werden. Die Enttäuschung über den enormen Preis für die Gebietsgewinne trugen neben wirtschaftlichen Schwierigkeiten zur Machtergreifung der Faschisten Mussolinis bei.

Als einzige Hafenstadt an der Nordägäis war Saloniki im Ersten Weltkrieg ein wichtiger Nachschubstützpunkt der Entente für ihre Operationen auf dem Balkan.

Krieg auf dem Balkan

Serbien überstand 1914 drei Invasionen, hielt jedoch einer österreichisch-deutschen Offensive 1915 nicht Stand, Belgrad wurde erobert und schließlich ganz Serbien besetzt. Nachdem die Entente erfolgreich bei Saloniki zurückdrängt wurde, griffen bulgarische Streitkräfte Rumänien an und vereinigten sich 1916 mit den deutschen und österreichisch-ungarischen Streitkräften, die im Dezember Bukarest einnahmen. Die Bulgaren wehrten alliierte Vorstöße vor Saloniki erfolgreich ab, bis eine Großoffensive im September 1918 den Durchbruch schaffte. Die bulgarische Armee brach zusammen, Bulgarien wurde zum Waffenstillstand gezwungen und musste die Besetzung seiner Hauptstadt durch die Briten dulden. Franzosen und Serben befreiten am 1. November Belgrad.

❺ **Die italienische Front 1915–1918**

- Offensiven der Italiener am Isonzo 1915–17
- Vorstöße Österreich-Ungarns 1917
- Frontverlauf im Sept. 1917
- Frontverlauf Dez. 1917–Okt. 1918
- Offensive der Alliierten im Okt. 1918
- Waffenstillstandslinie 1918

Wichtige Schlachten: 1915 · 1917 · 1918

Die Zivilbevölkerung in Norditalien litt in den Kriegsjahren unter großer Not. Frauen und Kinder mit Handkarren auf der Flucht nach der 6. Schlacht am Isonzo.

Der Krieg auf dem Balkan

Aug. 1914: 1. Invasion Serbiens
Nov.–Dez. 1914: 3. Invasion Serbiens
Okt.–Dez. 1915: Eröffnung der Saloniki-Front
Aug. 1916: Bulgarischer Überraschungsangriff zwingt Alliierte zur Gegenoffensive
Dez. 1917–Sept. 1918: Vorstoß der Alliierten an griechischer Grenze und begrenzte Offensiven
Sept. 1918: Alliierte Offensive gegen geschwächte bulgarische Armee

1915 · 1916 · 1917 · 1918 · 1919

Sept. 1914: 2. Invasion Serbiens
Okt.–Nov. 1915: Eroberung Serbiens
Aug. 1916: Eintritt Rumäniens in den Krieg
Nov. 1917: Monastir fällt an Alliierte
Sept. 1918: Waffenstillstand mit Bulgarien

❻ **Der Krieg in Südosteuropa und auf dem Balkan**

- Truppen der Mittelmächte Okt.–Nov. 1915
- britisch-französische Truppen 1915
- Rückzug der serbischen Truppen Nov. 1915
- Saloniki-Front Sept. 1918
- alliierte Offensive Sept. 1918

Wichtige Schlachten: 1914 · 1915 · 1916 · 1917 · 1918

Die Italienfront

Juni–Sept. 1915: 1. und 2. Schlacht am Isonzo
März 1916: 5. Schlacht am Isonzo
Aug.–Sept. 1916: 6. und 7. Schlacht am Isonzo
Mai–Juni 1917: 10. Schlacht am Isonzo
Okt. – Nov. 1917: Schlacht von Caporetto
Juni 1918: Schlacht an der Piave

1915 · 1916 · 1917 · 1918 · 1919

Okt.–Nov. 1915: 3. und 4. Schlacht am Isonzo
Mai–Juni 1916: Asiago-Offensive durch Österreich
Okt.–Nov. 1916: 8. und 9. Schlacht am Isonzo
Aug.–Okt. 1917: 11. Schlacht am Isonzo
Okt.–Nov. 1918: Schlacht von Vittorio Veneto

EUROPA ZWISCHEN DEN KRIEGEN

Wladimir I. Lenin war der Visionär und Stratege der russischen Kommunisten.

AM ENDE DES ERSTEN WELTKRIEGS unterlagen die drei konservativen Reiche Europas, Russland, Österreich-Ungarn und Deutschland, grundlegenden Veränderungen. In Russland führte die Revolution von 1917 zur Machtergreifung durch Lenin und die Bolschewiki. Durch die Friedensverträge, darunter der Versailler Vertrag, wurde das Ende Österreich-Ungarns besiegelt und das Territorium Deutschlands beschnitten. Beiden Staaten wurden hohe Reparationen auferlegt. Mit dem Zusammenbruch der Vielvölkerreiche Deutschland und Österreich-Ungarn konnten neue Staaten wie die Tschechoslowakei und Jugoslawien entstehen.

Europa nach dem Ersten Weltkrieg

Die politische Landkarte Europas änderte sich nach dem Ende des Ersten Weltkriegs erheblich: Finnland, Estland, Lettland und Litauen erlangten die Unabhängigkeit von Russland, die Tschechoslowakei und Jugoslawien entstanden aus den Scherben Österreich-Ungarns, Polen wurde zum ersten Mal seit seiner Teilung 1794 wieder ein selbständiger Staat. In Westeuropa löste sich ein Teil der irischen Insel von Großbritannien und bildete den unabhängigen Irischen Freistaat. Doch kehrte mit der Gründung neuer Staaten nicht gleich Frieden in Europa ein: Finnland und der neue irische Staat versanken im Bürgerkrieg.

Die hohen Reparationen, die Deutschland durch den Versailler Vertrag auferlegt wurden, konnten von dem Land, das bereits unter den enormen Kriegskosten gelitten hatte, nicht mehr aufgebracht werden. Die Hyperinflation in den 1920er Jahren machte das deutsche Geld wertlos – Kinder benutzten Bündel von Geldscheinen als Bauklötze.

Nach dem Ersten Weltkrieg

- **1919:** Versailler Vertrag erlegt Deutschland u.a. hohe Reparationszahlungen auf
- **1920:** Gründung des Völkerbunds
- **1921:** Irischer Freistaat gegründet
- **1923:** Beginn der Hyperinflation in Deutschland
- **1923:** Frankreich besetzt das Ruhrgebiet als Ausgleich für Reparationen
- **1924:** Reduzierung der deutschen Reparationen nach dem Dawes-Plan
- **1925:** Festlegung der europäischen Grenzen durch den Vertrag von Locarno

1 Europa nach dem Ersten Weltkrieg

Europäische Reiche 1914
- Deutsches Reich
- Österreich-Ungarn
- Russisches Reich

Nachkriegseuropa
- Grenzen 1923
- Neue Staaten

Revolution und Bürgerkrieg in Russland

Wegen der Misswirtschaft in Russland brach das Zarenregime 1917, noch im Krieg, zusammen. Der bürgerlichen Provisorischen Regierung Kerenskis gelang es nicht, die wirtschaftliche Lage zu verbessern. Im Oktober 1917 besetzten die Bolschewiki (die ›Mehrheitler‹ der Kommunistischen Partei) wichtige Einrichtungen in Petrograd und übernahmen auch in einigen großen Städten die Kontrolle. Als monarchistische Kräfte mit militärischer Unterstützung der Entente-Mächte zur ›weißen‹ Gegenrevolution ansetzten, kam es zum Bürgerkrieg. Doch konnte die straff organisierte ›Rote Armee‹ das russische Kernland halten und 1921 ihre schlecht organisierten Gegner besiegen. Inzwischen wurden verschiedene Nationen am Rande Russlands unabhängig: Finnland, Estland, Lettland, Litauen und Polen, ebenso Armenien, Aserbaidschan und Georgien, die ihre Unabhängigkeit jedoch nur bis zur Konsolidierung der neu gegründeten Sowjetunion 1924 halten konnten.

Maßstab mit Perspektive variabel

▲ **2 Die Russische Revolution, Bürgerkrieg und die Gründung der Sowjetunion 1917–24**

- Russisches Reich 1914
- Staaten, die 1917–18 ihre Unabhängigkeit von Russland erklärten

Die Russische Revolution
- Städte 1917 unter Kontrolle der Bolschewiki
- 1918 neu unter Kontrolle der Bolschewiki

Bürgerkrieg gegen die ›weißen‹ Armeen
- russische Grenzen nach dem Vertrag von Brest-Litowsk im März 1918
- Rote Armee unter Leo Trotzki
- Truppen der ›weißen‹ Konterrevolution
- Entente-Truppen

Die Gründung der Sowjetunion
- zeitweilig von Russland unabhängige Republiken 1917–21
- von Japan besetzt 1918–22
- Gebiet der Bolschewiki Mitte 1919
- Sowjetunion 1924
- Grenzen 1924
- Transsibirische Eisenbahn

Revolution und Bürgerkrieg in Russland 1917–24

- **März 1917:** Zar Nikolaus II. dankt ab
- **Nov. 1917:** Bolschewiken übernehmen Kontrolle über das europäische Russland
- **1918:** Beginn des Bürgerkriegs in Russland
- **1918:** Vertrag von Brest-Litowsk beendet den Krieg im Osten
- **1920:** Beginn von Bauernaufständen in ganz Russland
- **1920:** Weißrussland, Ukraine und kaukasische Republiken wieder unter russischer Kontrolle
- **1921:** Russischer Bürgerkrieg endet mit Sieg der Bolschewiken; Bauern werden aufgefordert, mehr Nahrungsmittel zu produzieren
- **1922:** Gründung der UdSSR (Union der Sozialistischen Sowjetrepubliken)
- **1924:** Lenins Tod, Nachfolger wird Josef Stalin

3 Die Weltwirtschaftskrise in Europa und das Erstarken des politischen Extremismus

Wirtschaftskrise und politischer Extremismus

Die Wirtschaftskrise der USA 1929 traf ein Europa, das die Folgen des Ersten Weltkriegs noch nicht überwunden hatte. Weltweit ging die Produktion in Industrie und Landwirtschaft dramatisch zurück. Am härtesten waren die Industrieländer betroffen. Bauern konnten zurechtkommen, indem sie für das eigene Überleben produzierten, doch der Zusammenbruch der Industrie führte zu Massenarbeitslosigkeit. Bei der damaligen schlechten sozialen Absicherung griff Armut um sich. Von den wirtschaftlichen Problemen der 1930er Jahre profitierten besonders extreme politische Gruppen wie Kommunisten und Nationalisten. In Deutschland und Italien wurde der Faschismus unter Hitler und Mussolini zur bestimmenden politischen Kraft.

Beim ›Jarrow-Kreuzzug‹ marschierten 1936 über 200 Männer aus Protest von Jarrow in Nordengland nach London. Das frühere Zentrum des Schiffbaus hatte damals eine Arbeitslosenquote von über 70%.

Die Weltwirtschaftskrise in Europa

- **1929:** Börsenkrach an der Wall Street führt zu weltweiter Wirtschaftskrise
- **1930:** In Deutschland liegt die Arbeitslosigkeit knapp unter 40%
- **1931:** Zusammenbruch europäischer Zentralbanken verschärft den wirtschaftlichen Niedergang
- **1933:** Arbeitslosigkeit in Großbritannien knapp 25%

1925 – 1927 – 1929 – 1931 – 1933 – 1935

Expansion der faschistischen Staaten

Im März 1939 marschierten deutsche Truppen in der Tschechoslowakei ein, entwaffneten die tschechoslowakische Armee und teilten den Staat. Oben der Einmarsch der Deutschen in der Hauptstadt Prag.

Nach der Machtübernahme 1933 begann Hitler mit der Wiederherstellung Deutschlands als Großmacht. 1936 marschierten deutsche Truppen wieder ins Rheinland ein, worauf das westliche Ausland nur schwach reagierte. Im März 1938 folgte der Anschluss Österreichs an das nationalsozialistische Deutschland. Sechs Monate später stimmten Großbritannien und Frankreich im Münchener Abkommen der Annexion des tschechischen Sudetenlands zu, womit das Ende der Tschechoslowakei eingeläutet war. Das faschistische Italien wollte wie Deutschland expandieren und besetzte 1935–36 Äthiopien und 1939 Albanien. Im September 1939 überfiel Hitler Polen und begann einen neuen europäischen Krieg.

◀ **4** Der Spanische Bürgerkrieg 1936–39

Von Nationalisten gehaltenes Gebiet
- Juli 1936
- Okt. 1937
- Juli 1938
- Feb. 1939

Von Republikanern gehaltenes Gebiet
- Feb. 1939
- zeitweilige Unabhängigkeit (mit Jahr)

Der Bürgerkrieg in Spanien

Nach den Wahlen 1936 hatte Spanien eine linksgerichtete Volksfront-Regierung. Die Armee revoltierte, und es entbrannte ein verlustreicher Bürgerkrieg, den die Nationalisten unter General Franco mit der Unterstützung durch die faschistischen Staaten Deutschland und Italien gewannen.

Der Bürgerkrieg in Spanien forderte zahlreiche Opfer unter der Zivilbevölkerung. Die Postkarte von 1937 ruft zur Hilfe für die Opfer der Luftangriffe auf.

5 Expansion in Mitteleuropa 1936–39

von Deutschland übernommen
- 1936
- 1938
- 1939

von Italien übernommen
- 1939

von Ungarn übernommen
- 1938
- 1939

— Grenzen 1936

Ausbreitung des Nationalismus in Europa

- **1931:** Erfolg der Republikaner bei Wahlen in Spanien führt zur Flucht des Königs
- **1933:** Hitler wird Reichskanzler
- **1934:** Ermordung des österreichischen Kanzlers Dollfuß durch Anhänger der Nazis
- **1936:** Deutschland besetzt das Rheinland
- **1936:** Beginn des spanischen Bürgerkriegs
- **1938:** Zerfall der Tschechoslowakei
- **1938:** Anschluss Österreichs an Deutschland
- **1938:** Münchener Abkommen führt zur Besetzung des Sudetenlands durch Deutschland
- **1939:** Deutsch-sowjetischer Nichtangriffspakt
- **1939:** Deutsche Invasion Polens

1931 – 1933 – 1935 – 1937 – 1939

DER ZWEITE WELTKRIEG IN EUROPA

Frauen waren aufgerufen, ihren Beitrag zum Krieg im zivilen und militärischen Bereich zu leisten.

DER GRÖSSTE KRIEG in der Geschichte Europas wurde durch Hitlers Versuch ausgelöst, aus Polen einen Satellitenstaat Deutschlands zu machen. Obwohl Großbritannien und Frankreich Polen seine Unabhängigkeit garantiert hatten, marschierten deutsche Truppen in Polen ein. Frankreich und Großbritannien erklärten Deutschland daraufhin den Krieg. Bis Ende 1941 konnte Deutschland West- und Nordeuropa sowie große Teile Osteuropas erobern. Danach mussten sich die deutschen Armeen unter dem Druck der sowjetischen Offensiven immer weiter zurückziehen. Die Landungen alliierter Truppen in Süd- und Westeuropa besiegelten das Ende der Nazi-Herrschaft in Europa. Da die Sowjetunion und die USA den Krieg weitgehend allein entschieden hatten, verlor Westeuropa auch seine historische weltbeherrschende Rolle.

Blitzkrieg in Europa 1939–42

Die deutschen Feldzüge waren zuerst außerordentlich erfolgreich, weil sie in bis dahin unbekannter Weise den Vormarsch stark motorisierter Bodentruppen durch Luftwaffeneinsätze vorbereiteten und unterstützten (›Blitzkrieg‹). Polen wurde 1939, Dänemark, Norwegen, Belgien, die Niederlande und Frankreich wurden von April bis Juni 1940 besetzt. Jugoslawien und Griechenland eroberten die deutschen Truppen im April und Mai 1941. Bulgarien, Rumänien und Ungarn standen unter deutscher Vorherrschaft, Großbritannien war in Europa isoliert. Trotz der Bindung eines starken Kontingents deutscher Truppen zur Unterstützung Italiens in Nordafrika ordnete Hitler im Juni 1941 den Überfall auf die Sowjetunion in der Hoffnung an, sie schnell in die Knie zwingen zu können. Die riesigen Entfernungen, der russische Winter und der heftige Widerstand der sowjetischen Streitkräfte machten diese Hoffnung zunichte. Im Winter 1941 kam der deutsche Vormarsch vor Moskau zum Stehen.

Nach dem ›Blitz‹, den Luftangriffen von Sept. 1940 bis Mai 1941, wurde London als erste Stadt der Geschichte 1944–45 Ziel von Raketenangriffen: der Flügelbombe V1 und der ballistischen Rakete V2.

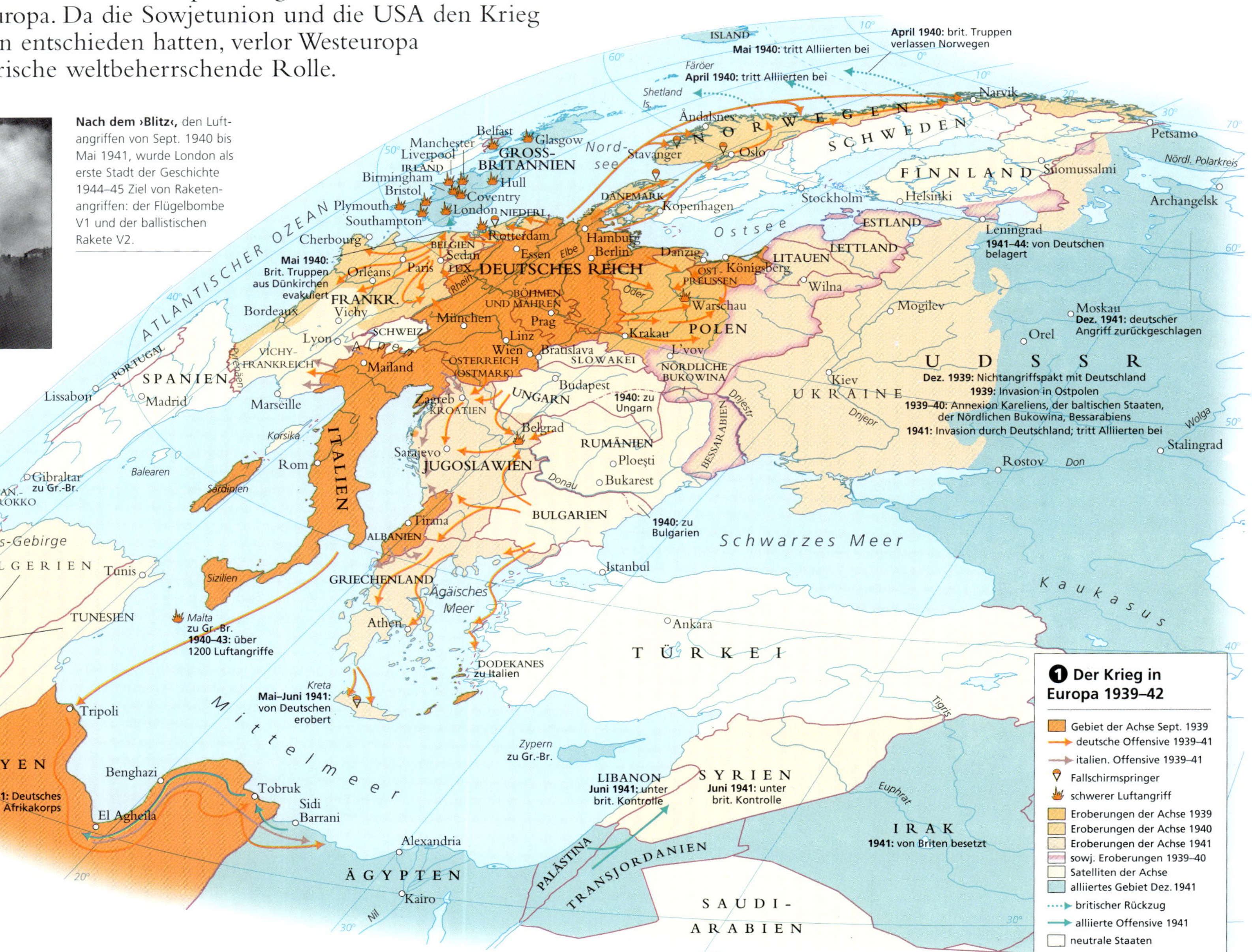

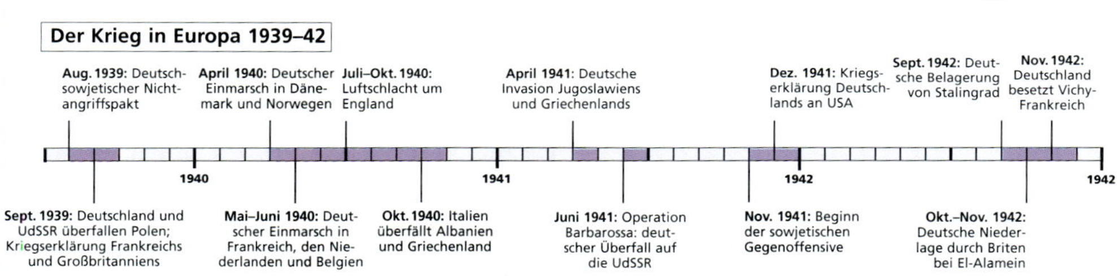

Die Schlacht im Atlantik

Die Versorgung Großbritanniens, aber auch Deutschlands und später der Sowjetunion lief über den Atlantik. Die Alliierten blockierten den Nachschub für die ›Festung Europa‹ und versuchten, die deutsche Kriegsmarine aus dem Atlantik fernzuhalten. Ein Höhepunkt des Seekriegs war die Versenkung der *Bismarck* im Mai 1941. Jedoch führte die deutsche Kriegsmarine einen zunächst erfolgreichen U-Boot-Krieg gegen die Briten, nach dem Kriegseintritt der USA im Dezember 1941 im ganzen Atlantik. Ab Sommer 1943 nahmen die Erfolge der U-Boote deutlich ab, Gründe waren der verstärkte Einsatz von Liberty-Schiffen, das Konvoi-System, die Flugpatrouillen und nicht zuletzt auch, weil der deutsche Funkverkehr dechiffriert wurde.

Das Chiffriergerät Enigma, das die Deutschen für sicher hielten, wurde in allen Teilstreitkräften eingesetzt. Im Sommer 1940 hatte der britische Geheimdienst jedoch die Enigma-Verschlüsselung geknackt und konnte seither den deutschen Funkverkehr verfolgen.

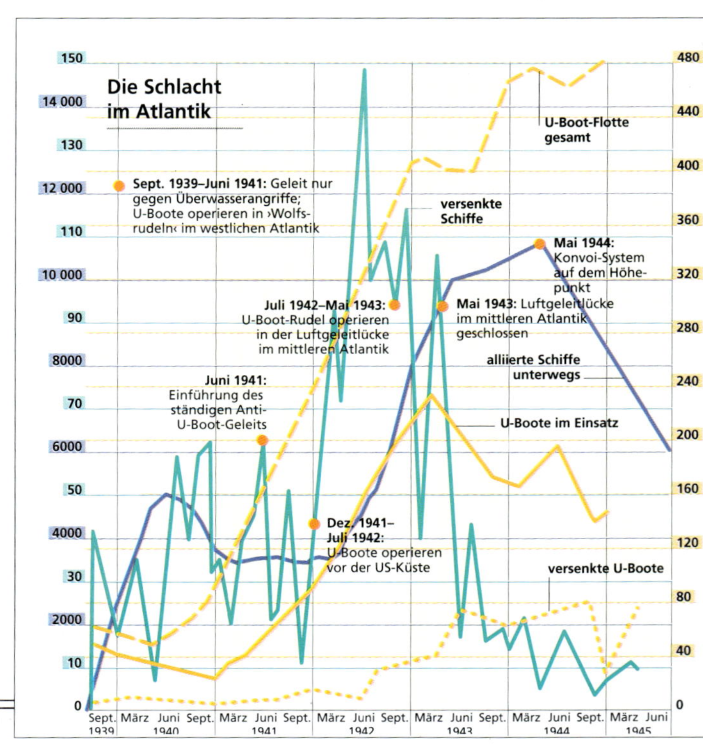

Europa unter dem Hakenkreuz 1939–1943

Die von den Deutschen eroberten Gebiete wurden auf unterschiedliche Weise mit dem Deutschen Reich verbunden: ›Rein arische‹ Gebiete wurden annektiert oder okkupiert und Deutschland eingegliedert; die Gestapo führte hier ihre Schreckensherrschaft. Nicht eingegliederte Gebiete waren militärischer Verwaltung unterstellt. Marionetten- und Satellitenstaaten wurden strenger Kontrolle unterworfen und ausgebeutet. Die eroberten osteuropäischen Gebiete wurden geplündert und entvölkert, um von Deutschen besiedelt zu werden. Grundsätzlich führte die SS in den neu erworbenen Gebieten ›Säuberungen‹ durch, die sich besonders gegen Juden, Zigeuner und politische Gegner richteten. Diese Politik begann mit Konzentrationslagern und Zwangsarbeit und führte ab 1942 zur Politik der systematischen Ausrottung.

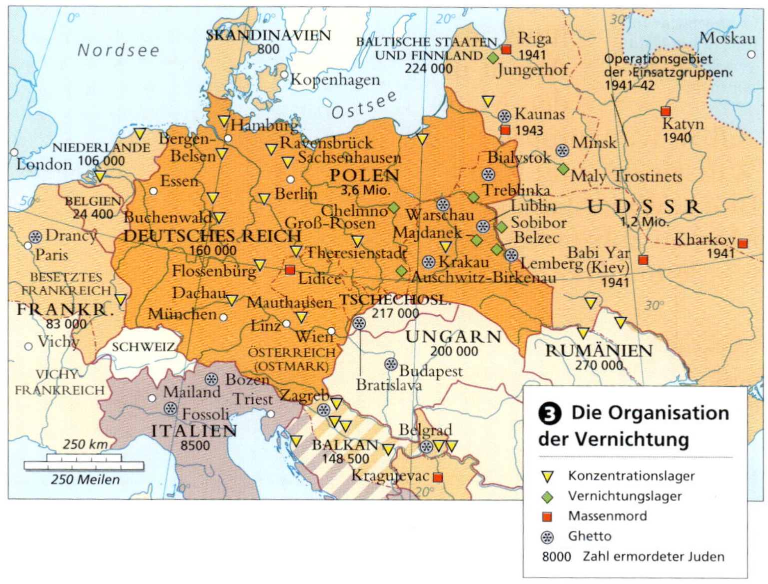

Holocaust in Europa

- **Nov. 1938:** ›Kristallnacht‹: organisierte Überfälle auf jüdische Einrichtungen in Deutschland
- **Sept.–Okt. 1939:** Überfall auf Polen, Massenermordung von Juden; Einrichtung von Ghettos
- **Juni 1941:** Überfall auf Sowjetunion; Einsatzgruppen morden in Osteuropa
- **Juli 1941:** Hitler ordnet die ›Endlösung‹ (Ausrottung der europäischen Juden) an
- **Dez. 1941:** Eröffnung des ersten Vernichtungslagers in Chelmno
- **Jan. 1942:** Pläne für die ›Endlösung‹ auf Wannsee-Konferenz mitgeteilt
- **Juli 1942:** Abtransport von 350 000 Juden aus dem Warschauer Ghetto ins Vernichtungslager Treblinka
- **April 1943:** Aufstand der Juden im Warschauer Ghetto
- **Juli 1944:** KZ Majdanek durch sowjetische Armee befreit
- **Jan. 1945:** KZ Auschwitz durch sowjetische Armee befreit

Eroberung Europas durch die Alliierten 1943–45

In einem letzten Versuch zur Eroberung der UdSSR stießen die deutschen Truppen im August 1942 bis Stalingrad vor, wo sie jedoch im folgenden Winter geschlagen wurden. Gleichzeitig siegten die Briten und Amerikaner in Nordafrika, sodass die militärische Initiative an die Alliierten überging. Im Juli 1943 siegte die Rote Armee in der Schlacht am Kursker Bogen und ging in die Offensive, Briten und Amerikaner landeten auf Sizilien. Der italienische Faschismus brach zusammen. Nachdem die Alliierten auch in Südfrankreich und in der Normandie gelandet waren, befanden sich die deutschen Truppen im Sommer 1944 an allen Fronten auf dem Rückzug. Als Deutschland am 7. bzw. 9. Mai 1945 bedingungslos kapitulierte, waren seine Infrastruktur und Industrie weitgehend zerstört.

- **Jan. 1943:** Deutsche Kapitulation in Stalingrad
- **Jun.–Aug. 1943:** Sowjetischer Sieg am Kursker Bogen
- **Juli 1943:** Landung der Alliierten auf Sizilien
- **Sept.–Okt. 1943:** Italien kapituliert vor den Alliierten; Deutschland besetzt Rom und Mailand. Italien erklärt Deutschland den Krieg
- **Jan. 1944:** Ende der 900-tägigen Belagerung von Leningrad
- **Juni 1944:** D-Day: Alliierte landen in der Normandie
- **Juli 1944:** Sowjetische Truppen betreten polnisches Gebiet
- **Okt.–Nov. 1944:** Alliierte befreien Griechenland
- **Jan. 1945:** Sowjetische Truppen befreien Budapest, Warschau und Auschwitz
- **März 1945:** Alliierte überqueren den Rhein
- **Mai 1945:** Kapitulation Berlins vor sowjetischen Truppen
- **7./9. Mai 1945:** Deutsche Kapitulation

Der Zweite Weltkrieg 1942–45

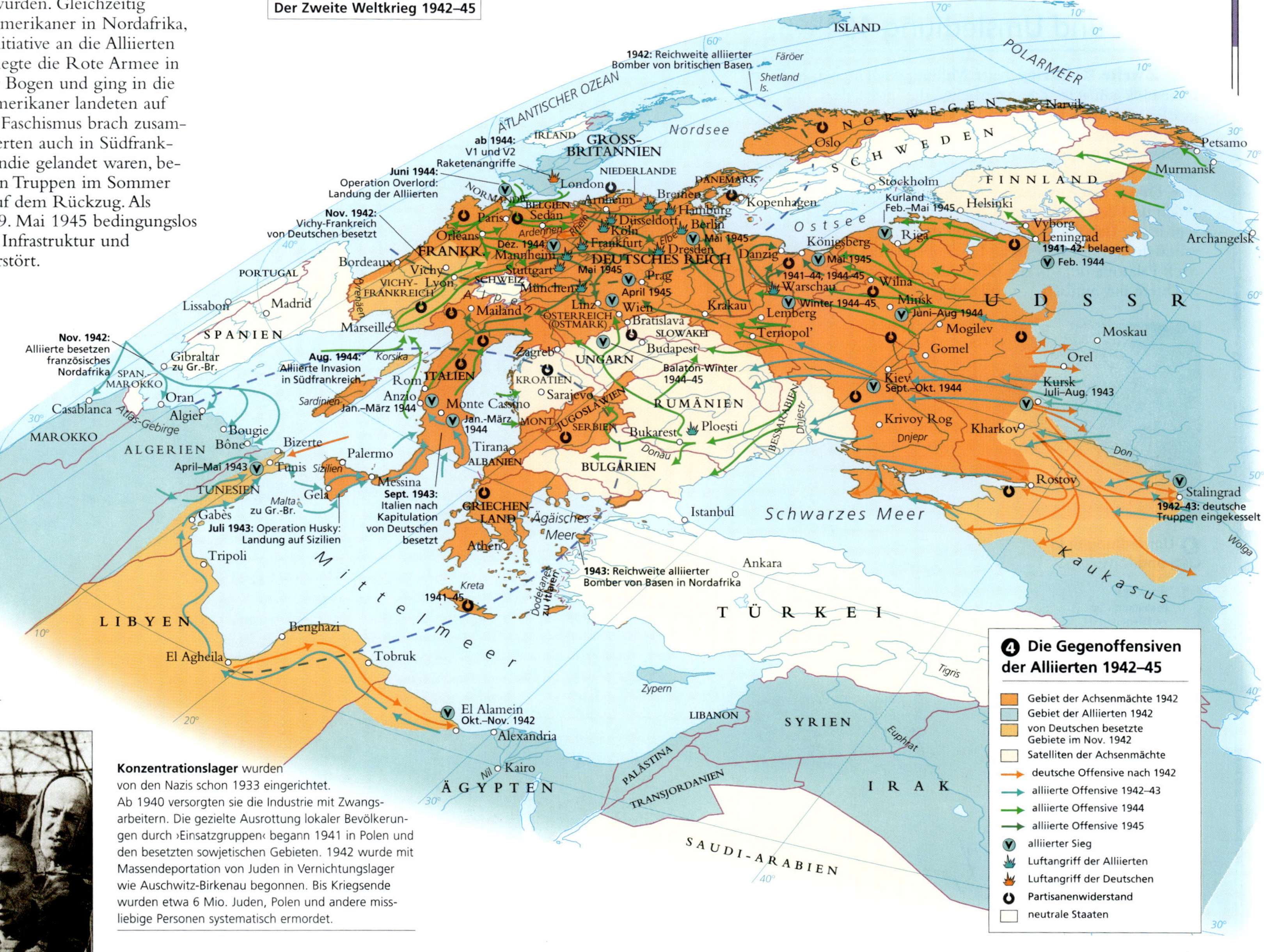

Die Rückeroberung Europas durch die Alliierten begann u.a. mit der Operation Overlord, der größten Landungsoperation der Geschichte. Am 6. Juni 1944 errichteten acht See- und Luftlandedivisionen mit Unterstützung von 6500 Schiffen und 12 000 Flugzeugen einen Brückenkopf in der Normandie.

Konzentrationslager wurden von den Nazis schon 1933 eingerichtet. Ab 1940 versorgten sie die Industrie mit Zwangsarbeitern. Die gezielte Ausrottung lokaler Bevölkerungen durch ›Einsatzgruppen‹ begann 1941 in Polen und den besetzten sowjetischen Gebieten. 1942 wurde mit Massendeportation von Juden in Vernichtungslager wie Auschwitz-Birkenau begonnen. Bis Kriegsende wurden etwa 6 Mio. Juden, Polen und andere missliebige Personen systematisch ermordet.

DAS GETEILTE EUROPA

Josef Stalin, 1929–53 sowjetischer Diktator, ist berühmt für seine Schreckensherrschaft.

NACH DEM ZWEITEN WELTKRIEG war Europa in den marktwirtschaftlich organisierten Westen und den sowjetisch beherrschten Osten geteilt. Deutschland, seit 1947 ebenfalls geteilt, spielte eine zentrale Rolle als ›Frontstaat‹ zwischen beiden Blöcken. Eine Folge der Neuorganisation Europas war die zwangsweise Umsiedlung von Millionen Menschen, besonders in Mitteleuropa. Da die USA fürchteten mussten, der Kommunismus könnte angesichts von Armut und Vertreibung attraktiv werden, legten sie den Marshall-Plan zum wirtschaftlichen Wiederaufbau Westeuropas auf. In Osteuropa entstand bis 1948 ein durch Wirtschafts- und Militärabkommen gesicherter pro-sowjetischer Block. Widerstand gegen die sowjetische Vorherrschaft – bzw. von Moskau abhängige Regierungen in den 1950er und 60er Jahren – wurde mit Gewalt niedergeschlagen.

Die alliierte Besatzung Deutschlands

Nach der Kapitulation Deutschlands im Mai 1945 teilten die Siegermächte USA, Großbritannien, Frankreich und UdSSR das Land in vier Besatzungszonen. Berlin, das in der sowjetischen Zone lag, wurde ebenfalls unter den Siegermächten aufgeteilt. Im März 1948 schlossen die Westmächte ihre Zonen zu einer Wirtschaftseinheit zusammen. Als Protest dagegen begann die Sowjetunion mit der Blockade der Landwege nach Berlin. Die Westmächte richteten daraufhin die Berliner Luftbrücke ein, um ihre Sektoren auf dem Luftweg zu versorgen. Die Berlin-Blockade wurde erst 1949 aufgehoben.

1 Deutschland und Österreich besetzt

Besatzungszonen
- amerikanisch
- britisch
- französisch
- sowjetisch
- sowjetische Verbündete
- Kontrollpunkt zwischen Ost und West
- Luftkorridor
- Viersektorenstadt

Mit sowjetischer Zustimmung riegelte die DDR 1961 Ostberlin von den westlichen Stadtteilen ab. ›Die Mauer‹ trennte 28 Jahre lang Ostdeutsche und Westdeutsche und wurde zum Symbol für den Kalten Krieg.

Die Besetzung Berlins

Nach den Vereinbarungen des Potsdamer Abkommens von 1945 wurde Berlin wie Deutschland aufgeteilt. 1949–61 flohen rund 2,5 Mio. Ostdeutsche nach Westdeutschland, darunter besonders Facharbeiter und Akademiker. Die Abwanderung drohte die wirtschaftliche Leistungsfähigkeit des Landes zu unterminieren. Um den wirtschaftlichen Zusammenbruch zu vermeiden, wurde 1961 mit dem Bau der Berliner Mauer sowie der Sperranlagen an der Grenze zur BRD begonnen.

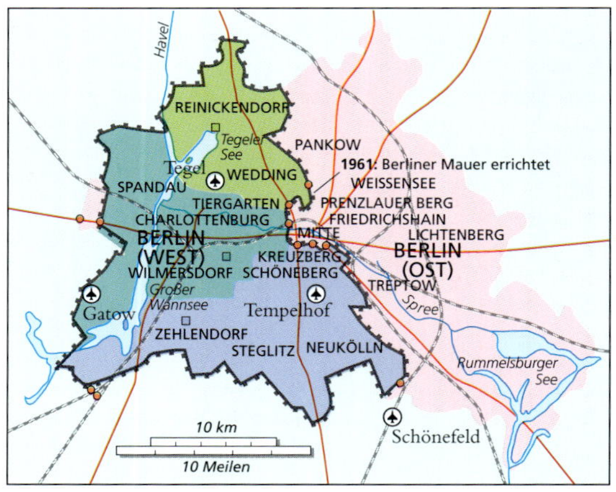

2 Das geteilte Berlin

Besatzungszonen
- amerikanisch
- britisch
- französisch
- sowjetisch
- Hauptquartier der Amerikaner
- Hauptquartier der Briten
- Hauptquartier der Franzosen
- Kontrollpunkt
- Berliner Mauer

Interzonenverkehr
- Eisenbahn
- Straße

Teilung Deutschlands

- **1945:** Potsdamer Konferenz: Einigung der Siegermächte auf die Behandlung des Deutschen Reichs
- **1948:** Beginn der Berliner Blockade durch die Sowjetunion
- **1949:** Sowjetunion gibt die Blockade Berlins auf; Gründung der DDR
- **1952:** 985 000 Ostdeutsche flüchten in den Westen
- **1955:** Österreichischer Staatsvertrag: Wiederherstellung Österreichs in den Grenzen vor 1938
- **1961:** Bau der Berliner Mauer in der Nacht vom 12./13. Aug.

1945 · 1950 · 1955 · 1960

Flucht und Umsiedlung 1945–52

Der Zweite Weltkrieg hatte Millionen Menschen in Europa heimatlos gemacht. Zwangsarbeiter, die in der deutschen Industrie gearbeitet hatten, kehrten in ihr Heimatland zurück oder wanderten nach Übersee aus. Millionen Deutsche wurden aus Osteuropa nach Deutschland umgesiedelt. Kosaken und russische Kriegsgefangene wurden zwangsweise repatriiert, was für viele Tod oder Haft bedeutete. Durch den Austausch von Einwohnern beispielsweise zwischen Polen und den baltischen Republiken, Ungarn und Jugoslawien wurde die Bevölkerung innerhalb der neu gezogenen Grenzen ethnisch homogen. Jüdische Überlebende des Holocaust flohen nach Palästina oder in die USA. Als die Sowjets Karelien besetzten, flüchtete die finnische Bevölkerung.

Diese Kinder gehörten zu den Millionen Menschen, die in Flüchtlingslagern leben mussten, bevor manche von ihnen in ihre angestammte Heimat zurückkehren durften.

3 Umsiedlungen in Ost- und Mitteleuropa

- UdSSR 1945
- kommunistische Länder 1948
- Vorkriegsgrenzen
- Nachkriegsgrenzen
- ›Eiserner Vorhang‹ 1948

Völkerwanderungen 1945–52
- (300) Anzahl der Umgesiedelten (in Tausend)
- Balten
- Tschechen
- Finnen
- Deutsche
- Griechen
- Ungarn
- Italiener
- Polen
- Rumänen
- Russen
- zwangsrepatriierte Russen
- Türken
- jüdische Emigranten nach Israel 1945–50 (in Tausend)

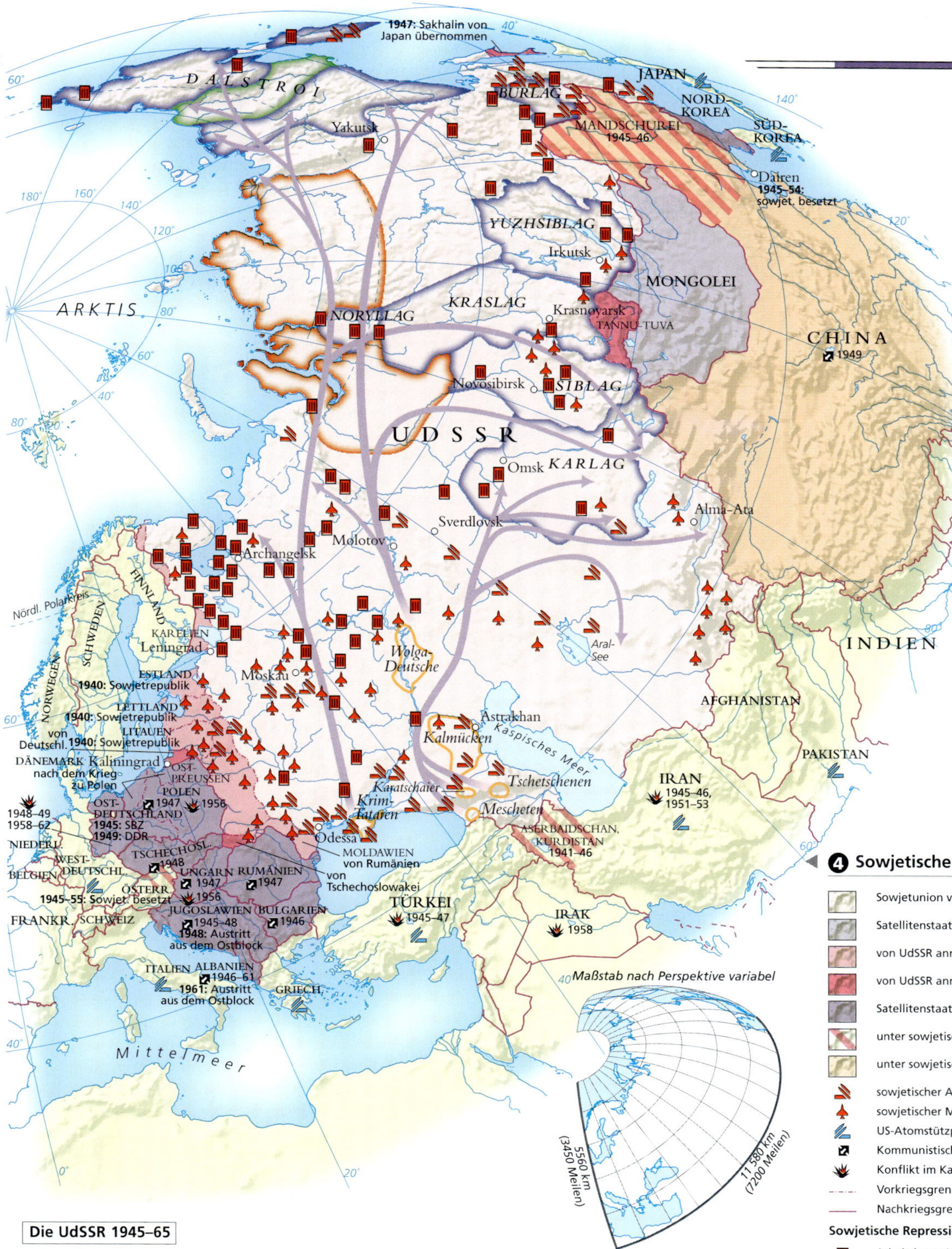

4 Sowjetische Expansion 1949–59

- Sowjetunion vor dem Krieg
- Satellitenstaaten der UdSSR vor dem Krieg
- von UdSSR annektiertes Gebiet 1939–40
- von UdSSR annektiertes Gebiet 1944–45
- Satellitenstaaten der UdSSR nach dem Krieg
- unter sowjetischer Besatzung
- unter sowjetischem Einfluss ab 1954
- sowjetischer Atomstützpunkt
- sowjetischer Militärflughafen
- US-Atomstützpunkt
- Kommunistische Machtübernahme mit Jahr
- Konflikt im Kalten Krieg mit Jahr
- Vorkriegsgrenze
- Nachkriegsgrenze

Sowjetische Repression

- Arbeitslager 1947
- Arbeitslager-Verwaltungsbezirk (Gulag)
- Isolationslager-Verwaltungsbezirk (Gulag)
- Arbeitsregion
- Deportationen 1942–45
- von Deportationen betroffene Gebiete

Expansion der UdSSR unter Stalin

Als Puffer gegen neue Angriffe auf die Sowjetunion annektierte Stalin nach dem Zweiten Weltkrieg Gebiete in Osteuropa, das seit der Potsdamer Konferenz zur Einflusssphäre der UdSSR gehörte. Zudem wurden osteuropäische Staaten wie Polen, Ungarn und Rumänien dem politischen System der UdSSR als Satelliten angeglichen und unterstellt. Zwischen 1952 und 1976 betrugen die Militärausgaben ein Fünftel des Staatshaushalts und die Sowjetunion schuf ein Kernwaffenarsenal, das dem der USA ebenbürtig war.

Gegner von Stalins Regime wurden in Arbeitslagern inhaftiert. Unter den Häftlingen befanden sich Deutsche, sowjetische Bauern und repatriierte Russen, von denen Stalin glaubte, sie hätten sich im Zweiten Weltkrieg als Verräter erwiesen.

Aufstände im Ostblock 1950–1970

In den 50er und 60er Jahren gab es in einigen osteuropäischen Ländern Volksaufstände gegen die sowjetische Vorherrschaft und die stalinistische Repression. 1953 kam es in Polen zu Unruhen und in der DDR am 17. Juni zum Aufstand, den sowjetische Truppen ebenso niederschlugen, wie auch den ungarischen Aufstand von 1956. Auch den ›Prager Frühling‹ 1968, die politische Liberalisierung unter dem Führer der Tschechoslowakischen KP Alexander Dubček, beendete der Einmarsch von Truppen des Warschauer-Pakts im August.

Am Abend des 20. Aug. 1968 marschierten sowjetische, ostdeutsche, polnische, ungarische und bulgarische Streitkräfte in die Tschechoslowakei ein. Der tschechische Widerstand war in der Regel gewaltlos und brach bald zusammen.

Die UdSSR 1945–65

- **1945:** Stalin beginnt mit der Deportation ethnischer Minderheiten in Arbeitslager
- **1946:** Stalin beschlagnahmt Land und Vermögen von Bauern in der UdSSR
- **1948:** Ausschluss der jugoslawischen KP aus dem moskautreuen Kominform. Wirtschaftsblockade Jugoslawiens durch den Ostblock
- **1949:** UdSSR testet erste Atombombe
- **1953:** Stalin stirbt
- **1956:** Chruschtschow rechnet auf Parteitag mit Verbrechen der Stalin-Zeit ab
- **1956:** Ungarischer Aufstand von Sowjetunion niedergeschlagen
- **1962:** Cuba-Krise (S. 108–109)
- **1964:** Chruschtschow entmachtet, Nachfolger wird Breschnew

1945 · 1950 · 1955 · 1960 · 1965

Vor einem Plakat, das für die Hilfe aus dem Marshall-Plan wirbt, arbeitet ein Steinmetz an einem Wiederaufbauprojekt im Nachkriegs-Berlin.

Militärblöcke in Europa

Die Länder, die zwischen 1948 und 1951 von den Geldern profitierten, die im Rahmen des Marshall-Plans nach Europa geflossen waren, schlossen sich 1949 im Gefühl der Bedrohung durch den expandierenden Sowjet-Kommunismus zur Nato (North Atlantic Treaty Organization) zusammen, dem Verteidigungsbündnis zwischen den USA, Kanada und mehreren westeuropäischen Ländern. Das sowjetische Gegenstück, der Warschauer Pakt, entstand 1955 als Reaktion auf den Beschluss der Westmächte, die Bundesrepublik Deutschland wieder zu bewaffnen.

5 Marshall-Plan und Militärbündnisse in Europa 1948–55

- Empfänger von Marshall-Hilfe (Betrag in $)
- Hilfe beantragt und Antrag zurückgezogen
- Marshall-Hilfe beantragt und nicht erhalten
- Hilfe nicht beantragt
- Warschauer Pakt 1955–1991
- Mitglieder des Nordatlantischen Bündnisses (Nato) mit Beitrittsjahr für Länder, die nach 1949 beigetreten sind

Die Polarisierung Europas

- **19. Jan. 1948:** Von Sowjetunion unterstütztes Lublin-Komitee übernimmt Macht in Polen
- **5. Juni 1948:** US-Außenminister Marshall verkündet das Hilfsprogramm zum Wiederaufbau Europas (Marshall-Plan)
- **4. April 1949:** Unterzeichnung des Nordatlantikvertrags in Washington
- **1949:** Gründung des Rates für Gegenseitige Wirtschaftshilfe (RGW) als Wirtschaftsorganisation der kommunistischen Länder
- **6. Okt. 1949:** US-Präsident Truman unterzeichnet Gesetz über gegenseitigen Beistand

1948 · 1949 · 1950

DAS MODERNE EUROPA

Der Euro wurde im Januar 1999 zur offiziellen Währung der Europäischen Union.

ZWISCHEN 1948 UND 1989 war Europa in das kommunistische Osteuropa und den marktwirtschaftlichen Westen geteilt, was durch enormes wirtschaftliches Wachstum im Westen und bleierne Stagnation im Osten noch verschärft wurde. Im November 1989 zeigte der Fall der Berliner Mauer das Ende des Kalten Kriegs an. Schon 1991 waren die sowjetisch geführten Bündnissysteme zerfallen, in den nun von Moskau unabhängigen Staaten wurden freie Wahlen abgehalten. Viele ehemalige Ostblockstaaten beantragten eine Aufnahme in die Europäische Union, die ihre Integration mit dem Beschluss zur Einführung einer gemeinsamen Währung vorantrieb. Doch brachte die politische Freiheit auch neue Spannungen. 1991 zerbrach Jugoslawien an ethnischen Konflikten, die dann 1992 in Bosnien zum Bürgerkrieg und 1999 in der serbischen Provinz Kosovo zum ersten Krieg der Nato in Europa führten.

▲ **1** **Entstehung der Europäischen Union**

- Mitglieder der Europ. Gemeinschaft f. Kohle u. Stahl (EGKS), der Europ. Atomgemeinschaft (Euratom) u. der Europ. Wirtschaftsgemeinschaft (EWG) seit 1957
- EWG-Mitglieder 1957
- EG-Mitglieder 1973
- EG-Mitglieder 1986
- EU-Mitglieder 1995
- Antrag auf EU-Mitgliedschaft (mit Antragsjahr)
- Mitglieder des Rats für Gegenseitige Wirtschaftshilfe (Comecon/RGW) 1949
- € Mitglieder der Europäischen Währungsunion 1. Jan. 1999

Die Europäische Union

Die Europäische Wirtschaftsgemeinschaft (EWG) wurde 1957 gegründet, um ihren Mitgliedern wirtschaftlichen Erfolg zu sichern und durch die Bildung eines Staatenverbundes die Gefahr eines neuen Krieges in Europa zu verringern. Der Erfolg der liberalisierten Handelspolitik der EWG seit den 1960er Jahren ermutigte zu weiteren Schritten. Im Dezember 1991 entstand mit dem Maastrichter Vertrag die Europäische Union (EU), deren Mitgliedsstaaten den Euro als gemeinsame Währung einführen wollen. Von anfänglich sechs Mitgliedern 1957 stieg die Zahl der Mitglieder in der EU bis 1999 auf 15 Länder.

Der Sitz der Europäischen Union befindet sich seit 1957 in Brüssel.

▲ **2** **Ende des Kommunismus in Osteuropa**

- Sowjetunion bis 1991
- Osteuropa unter sowjetischer Vorherrschaft bis 1989
- Deutsche Demokratische Republik (1990 der Bundesrepublik Deutschland beigetreten)
- Tschechoslowakei bis 1992
- Jugoslawien bis 1991
- andere komm. Staaten vor 1991
- 1990 Jahr der ersten freien Wahlen

Der Zerfall des sowjetischen Machtbereichs

Seit den 1970er Jahren gerieten die sozialistischen Länder Ost- und Mitteleuropas in eine ökonomische Krise, die die zentralistische Wirtschaftsorganisation nicht aufhalten konnte. Zugleich verzichtete der Reformpolitiker Michail Gorbatschow darauf, Autonomie- und Reformbestrebungen sowie die Bildung einer nichtkommunistischen Regierung in Polen mit militärischer Gewalt zu beantworten. In der DDR führten die Proteste der ›Montagsmärsche‹ 1989 zum Sturz der SED-Regierung und 1990 zum Beitritt der ›Fünf neuen Länder‹ zur Bundesrepublik Deutschland. In sämtlichen Staaten des früheren ›Ostblocks‹ entstanden nun bürgerlich-demokratische Regierungen, die sich um eine Integration in die supranationalen Institutionen der westlichen Welt bemühten.

Der Niedergang der sowjetischen bzw. russischen Wirtschaft seit 1990 zwang viele Menschen, sich den Lebensunterhalt in der ›Schattenwirtschaft‹ zu verdienen. Diese Frau verkauft Spielzeug.

Im November 1989 gab es friedliche Demonstrationen in Prag und anderen Städten in der Tschechoslowakei. Der Protest gegen das kommunistische Regime führte zur so genannten ›Sanften Revolution‹.

Reformbewegungen

Nachdem Michail Gorbatschow, der sowjetische Parteichef, jedem Land das Recht zugestanden hatte, über seine Regierungsform selbst zu bestimmen, fanden 1989 zahlreiche sozialistische Regierungen durch demokratische Revolutionen ihr Ende. In der Regel verlief der Systemwechsel friedlich, indem nach großen Massenkundgebungen so genannte »runde Tische« eingerichtet wurden, an denen die verschiedenen gesellschaftlichen Gruppen zusammen nach Auswegen aus der Krise suchten. Lediglich in Rumänien musste das Ceaușescu-Regime in einem blutigen Aufstand besiegt werden.

Konflikte in Jugoslawien seit 1991

Etwa zehn Jahre nach Titos Tod 1980 zerfiel die Sozialistische Föderative Republik Jugoslawien: 1991 erklärten Slowenien und Kroatien ihre Unabhängigkeit. Serbien unter Führung von Slobodan Milošević weigerte sich, den Zerfall des alten Jugoslawien anzuerkennen. Serbisches Militär griff Slowenien und Kroatien an, um deren Rückkehr in die Föderation zu erzwingen. Im Januar 1992 begannen bosnische Serben mit Unterstützung Serbiens eine Offensive in Bosnien-Herzegowina. Serben, Muslime und Kroaten lieferten sich erbitterte Kämpfe. Die Serben verfolgten eine Politik der ›ethnischen Säuberungen‹, die sich besonders gegen die muslimische Bevölkerung richtete. Der Krieg konnte erst durch die Intervention des Auslands 1995 beendet werden, doch schwelten im Kosovo schon neue ethnische Spannungen. Sie richteten sich gegen die albanische Bevölkerung und eskalierten zum Bürgerkrieg mit massiven Flüchtlingsbewegungen, der erst durch wochenlange Luftangriffe der Nato beendet wurde.

Bosnische Muslime finden auf der Flucht vor den serbischen Soldaten während der ›ethnischen Säuberung‹ 1993 zeitweilig Unterkunft in einer Basketballhalle.

3 Konflikte in Jugoslawien 1990–99

Ethnische Zusammensetzung Jugoslawiens 1991
- Albaner
- Bulgaren
- Kroaten
- Ungarn
- Mazedonier
- Muslime
- Rumänen
- Serben und Montenegriner
- Slowenen
- jugoslawische Regionen
- (Nov. 1992) Datum des Austritts aus der Föderativen Republik Jugoslawien

Der Konflikt in Kroatien
- serb. Vorstöße bis Dez. 1991
- serb. kontr. Gebiete 1991–1996
- kroatische Vorstöße, Herbst 1995

Der Bosnienkrieg
- von jugosl. Armee und bosnisch-serb. Kräften gesichert, Dez. 1992
- von bosnisch-kroat. Kräften kontrolliertes Gebiet, Dez. 1992
- angreifende Serben 1993
- angreifende bosn. Muslime 1993
- Autonome Provinz West-Bosnien Sept. 1993–Aug. 1994
- unter Kontrolle abtrünniger Serben verbliebenes Gebiet, Okt. 1995
- Kampfgebiet zwischen Kroaten und bosnischen Muslimen
- Schutzzone für bosnische Muslime

Die Kosovo-Krise
- Gebiet der Befreiungsarmee für das Kosovo (UCK)
- serbische Kräfte im Angriff auf UCK 1999

Das Ende der Sowjetunion

Ab 1985 leitete Michail Gorbatschow, Parteichef der KPdSU (ab 1990 Staatspräsident der UdSSR), mit der Perestroika (›Umbau‹) politische und wirtschaftliche Reformen in der Sowjetunion ein. Der Oberste Sowjet als Machtorgan wurde 1988 vom Kongress der Volksdeputierten abgelöst und 1989 ein Parlament (Duma) gewählt. Als Resultat verstärkter separatistischer Tendenzen in der Union hatten im Dezember 1990 alle 15 ehemaligen Sowjetrepubliken ihre Unabhängigkeit erklärt; 1991 löste sich auch der Warschauer Pakt auf. Gegen den Zerfall kam es August 1991 zu einem Putsch kommunistischer Hardliner, der jedoch durch das Eingreifen von Boris Jelzin, dem russischen Präsidenten, scheiterte. Durch Gründung der Gemeinschaft Unabhängiger Staaten (GUS) im Dezember 1991 wurde die Sowjetunion faktisch beendet.

Ethnische Spannungen und Kriege in Jugoslawien seit 1974

- **1974:** Geänderte jugoslawische Verfassung gewährt dem Kosovo Autonomie
- **1980:** Jugoslawischer Staatschef Tito stirbt
- **1987:** Beginn des Aufstiegs von Slobodan Milošević
- **1989/90:** Milošević hebt Autonomie des Kosovo auf; Spannungen zwischen Serben und Kosovo-Albanern eskalieren
- **1991:** Kroatien, Slowenien und Bosnien-Herzegowina erklären ihre Unabhängigkeit von Jugoslawien
- **1992:** Bürgerkrieg in Bosnien beginnt
- **1995:** Bosnienkrieg mit Dayton-Vertrag beendet
- **1998:** Milošević entsendet Truppen in das von der UCK kontrollierte Gebiet
- **1999:** Friedensgespräche abgebrochen; Nato beginnt Luftangriffe

1970 – 1980 – 1990 – 2000

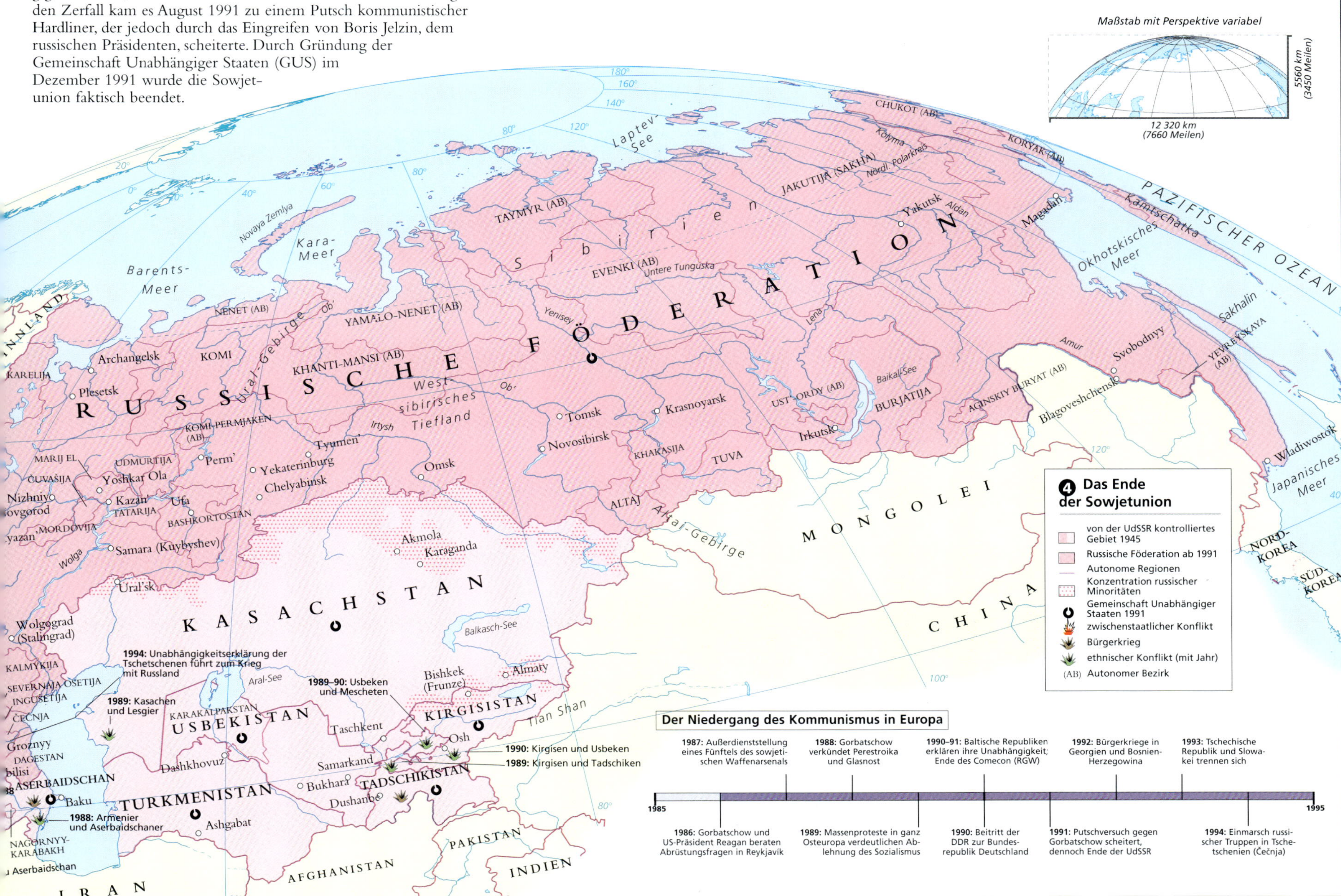

4 Das Ende der Sowjetunion

- von der UdSSR kontrolliertes Gebiet 1945
- Russische Föderation ab 1991
- Autonome Regionen
- Konzentration russischer Minoritäten
- Gemeinschaft Unabhängiger Staaten 1991
- zwischenstaatlicher Konflikt
- Bürgerkrieg
- ethnischer Konflikt (mit Jahr)
- (AB) Autonomer Bezirk

Der Niedergang des Kommunismus in Europa

- **1986:** Gorbatschow und US-Präsident Reagan beraten Abrüstungsfragen in Reykjavík
- **1987:** Außerdienststellung eines Fünftels des sowjetischen Waffenarsenals
- **1988:** Gorbatschow verkündet Perestroika und Glasnost
- **1989:** Massenproteste in ganz Osteuropa verdeutlichen Ablehnung des Sozialismus
- **1990:** Beitritt der DDR zur Bundesrepublik Deutschland
- **1990–91:** Baltische Republiken erklären ihre Unabhängigkeit; Ende des Comecon (RGW)
- **1991:** Putschversuch gegen Gorbatschow scheitert, dennoch Ende der UdSSR
- **1992:** Bürgerkriege in Georgien und Bosnien-Herzegowina
- **1993:** Tschechische Republik und Slowakei trennen sich
- **1994:** Einmarsch russischer Truppen in Tschetschenien (Čečnja)

1985 – 1995

Geschichtsraum Westasien

Vegetation

- Eiskappe, Gletscher
- Polarwüste, Hochgebirgswüste
- Tundra
- Halbwüste, Gariden
- Grasland, Savanne
- Wald, offene Baumgehölze
- gemäßigte Wüste
- tropische Wüste vor 18 000 Jahren
- tropische Wüste vor 8000 Jahren
- Küste heute
- Küste vor 18 000 Jahren

Die historische Landschaft

Weite Teile Westasiens sind scheinbar unwirtliche und trockene Regionen, durchzogen von endlosen Wüsten oder kargen Hochebenen. Die Geschichtsschreibung bedenkt diesen Raum jedoch mit einer Vielzahl wohlklingender Namen: Garten Eden, Fruchtbarer Halbmond, Gelobtes Land, Wiege der Zivilisation usw. Hier treffen die drei Kontinente der Alten Welt – Afrika, Europa und Asien – aufeinander und das milde Klima, die fruchtbaren Böden sowie die ethnologische Vielfalt rechtfertigen diese Beinamen durchaus. Die Region, seit jeher Drehscheibe des kulturellen wie wirtschaftlichen Austauschs, war natürlich auch Schauplatz vieler kriegerischer Auseinandersetzungen im afro-eurasischen Raum. Aufgrund dieser besonderen geografischen Lage konnten nicht zuletzt auch Judentum, Christentum und Islam, die in diesem Raum entstanden, ihre große Verbreitung finden. Die europäischen Kolonialmächte haben grundlegende Veränderungen eingeleitet, dennoch bewahrte sich Westasien seine Eigentümlichkeit. Dem häufigen Wechsel der Machtverhältnisse stehen jahrhundertealte Traditionen und Lebensweisen gegenüber. Dieses kulturelle Beharrungsvermögen wurde in früher Zeit von der Religion getragen, ab dem 20. Jh. vor allem aber vom Reichtum, der aus der Kontrolle über den wichtigsten Rohstoff der Welt - das Erdöl – erwächst.

Trockene Sandwüsten oder Gebirgsplateaus bilden den Großteil Westasiens. Sie sind auch heute nur wenig besiedelt bzw. völlig unbewohnt.

Das Iranische Plateau ist von feuchter Meeresluft abgeschnitten und weist extrem hohe Temperaturschwankungen zwischen Tag und Nacht auf. Die Menschen lebten meist an den Berghängen, das Innere der Ebene war wegen des trockenen und kalten Klimas nicht besiedelt.

An den Ufern von Euphrat und Tigris entstanden die ersten Siedlungen und Städte Westasiens. Auf dem fruchtbaren Boden wurden ab dem 8. Jahrtausend v.Chr. erstmals in der Geschichte Getreidekulturen angebaut.

Westasien vor 18000 Jahren

Wüstengebiete waren noch ausgedehnter als heute und erstreckten sich bis jenseits der zentralasiatischen Gebirgszüge. Die Entwicklung der Flora war auf bestimmte Gebiete begrenzt. Mit dem Temperaturabfall und dem Absinken des Meeresspiegels in der letzten Eiszeit fiel auch der Persische Golf trocken und wurde zur Wüste.

WESTASIEN

ERKUNDUNG & KARTIERUNG

Das Astrolabium, eine Erfindung der Griechen, wurde von den Arabern zu einem unverzichtbaren Navigationsinstrument weiter entwickelt.

SEIT DER ENTSTEHUNG von Stadtstaaten und Handelsbeziehungen bildet Westasien die Drehscheibe zwischen Europa, Afrika und Asien. Bereits die Sumerer und die Babylonier besaßen geografisches Wissen über die Region, die man in Europa auch den Vorderen Orient genannt hat. Jedoch begannen erst die Griechen des Hellenismus nach den Eroberungszügen Alexanders, ihre Kenntnisse systematisch zu dokumentieren. Die Römer machten sich das Wissen der Griechen ebenso zunutze wie die Araber, als der Islam sich ab dem 7. Jh. über ganz Westasien ausbreitete. Die guten Handelsbeziehungen zwischen China und Europa ermöglichten im 13. Jh. – zur Zeit des Mongolen-Friedens in Zentralasien – die Erkundungsreisen von Marco Polo oder Wilhelm von Rubruk. Das von den Wüstenvölkern beherrschte Arabien konnte hingegen erst im 19. und 20. Jh. kartografisch erschlossen werden.

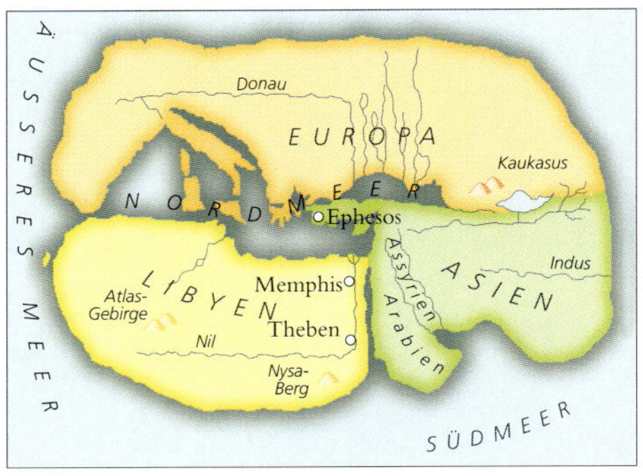

Diese rekonstruierte Karte beruht auf Angaben Herodots und zeigt die den Griechen im 5. Jh. v.Chr. bekannte Welt. Herodot bereiste Europa, Ägypten und Westasien und ergänzte seine Beobachtungen mit den Berichten von Einheimischen.

Das Weltbild der Antike

Die griechischen Kaufleute Kleinasiens betrieben stets Handel in Richtung Osten, so dass grundlegendes Wissen schon bekannt war, als Alexander d. Gr. im 4. Jh. v.Chr. seine Armee nach Westasien führte. Die Aufzeichnungen seiner Militärgeografen sind nicht überliefert, bildeten jedoch eine wichtige Quelle für die nachfolgenden Generationen. Auf dem Rückweg von Indien ließ Alexander seine für den Indus gebaute Flussflotte den Seeweg zum Persischen Golf erkunden. Hippalos, ein griechischer Händler, war der erste, der die Regelmäßigkeit der Monsunwinde beschrieb, die Händler für ihre Reisen nach Indien nutzten. Der erste Römer, der Arabien erkundete, war der in Ägypten stationierte General Aelius Gallus. Erst durch die Nabatäer wurde die Halbinsel an den Mittelmeerhandel angeschlossen.

Griechen und Römer in Westasien

- **6. Jh.:** Skylax erreicht den Indus und kehrt über das Rote Meer zurück
- **ca.410:** Xenophon führt 10 000 griechische Söldner zurück von Babylon zum Schwarzen Meer
- **334–323:** Alexander d. Gr. erobert ein Reich vom Mittelmeer bis zum Himalaya
- **325:** Nearchos segelt vom Indus zum Persischen Golf
- **ca.146:** Eudoxos segelt im Auftrag der Ptolemäer nach Indien
- **120:** Eudoxos soll als erster Grieche von Ägypten aus Afrika umfahren haben
- **50:** Geburt von Strabon, Autor der *Geographica*
- **25–24:** Aelius Gallus erkundet das westliche Arabien
- **14–37 n.Chr.:** Hippalos beschreibt die Monsunwinde im Arabischen Meer, das nach ihm in der Spätantike Pelagos Ippalou genannt wird.
- **ca.150:** Ptolemaeus von Alexandria schreibt die *Geographias Hyphisis*, eine Anleitung zur Erstellung von Karten

500 v.Chr. – 400 – 300 – 200 – 100 – 1 n.Chr. – 100 – 200 n.Chr.

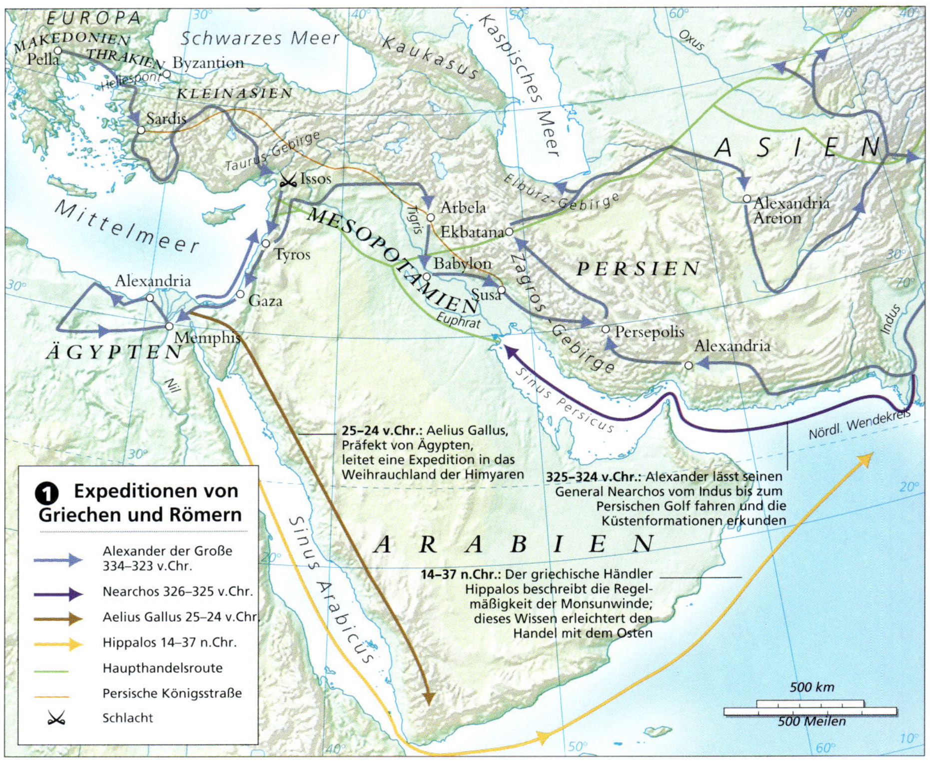

Islamische Reisende

Nur ein Jahrhundert nach dem Tode Mohammeds im Jahr 632 erstreckte sich die islamische Welt bereits von der Iberischen Halbinsel bis an die Grenzen des chinesischen Tang-Reiches. Die arabischen Geografen bauten auf dem Wissen früherer Kulturen auf und trugen Berichte von Kaufleuten, Seefahrern und anderen Reisenden zusammen. So waren sie in der Lage, detailgetreue Karten der islamischen Welt zu erstellen. Im 12. Jh. besaßen sie bereits ausgezeichnete Kenntnis über Westasien, Europa und Nordafrika. Der berühmte Gelehrte Ibn Battuta (S. 68) war 1325 der erste ›Weltreisende‹, der alle Regionen der islamischen Welt erkundete.

Aufbruch der Pilgerkarawane nach Mekka, die jedes Jahr quer durch die Arabische Wüste zog.

Al-Idrisi aus Marokko war einer der berühmtesten Geografen seiner Zeit. Die Karte ist ein Faksimileausschnitt aus der Weltkarte, die er für König Roger II. von Sizilien um 1154 anfertigte. Auf dem Ausschnitt Westasiens ist Süden oben, das Mittelmeer befindet sich also rechts auf der Karte.

Europäische Reisende in Westasien 1200–1700

1200 – 1300 – 1400 – 1500 – 1600 – 1700

1253–55: Wilhelm von Rubruck durchquert Asien auf dem Weg zum Karakorum

1271–95: Marco Polo bereist Asien und kehrt per Schiff über den Persischen Golf zurück

1487–89: Der Portugiese Pero de Covilhã segelt durch das Rote Meer nach Indien

1502: Der Italiener Lodovico di Varthema bereist als Araber verkleidet Arabien

1557–64: Jenkinson reist durch Russland zum Kaspischen Meer

1581–82: Newbery bereist Mesopotamien und Persien

1598: Anthony und Robert Sherley reisen nach Persien und treffen Schah Abbas

1627: Herbert bereist Persien

Europäische Weltreisende in Mittelalter und Renaissance

Im ausgehenden 13. Jh. und direkt nach dem Mongolensturm machten sich die ersten Europäer in Richtung Osten auf und bereisten Asien. Wilhelm von Rubruk erschien im Auftrag des französischen Königs Ludwig IX. am Hofe des Khans und auch Marco Polos Reiseberichte enthalten geografische Informationen. Mit dem Erstarken des Osmanischen Reiches waren die zentralasiatischen Handelswege für Europa wieder verschlossen. Spätere Reisende wie Sir Robert Sherley konzentrierten ihr Interesse daher auf das mit den Osmanen befeindete Persien.

Pilger aus Europa besuchen das Heilige Grab in Jerusalem. Die Darstellung stammt aus einer illuminierten Handschrift über die Reisen Marco Polos.

Die Karte von Juan de la Cosa aus dem frühen 16. Jh. beweist, wie wenig die Europäer damals über Westasien östlich des Heiligen Landes wussten. Der Geograf versuchte, die mangelnde Kenntnis mit einer Darstellung der Heiligen Drei Könige auf ihrer Reise nach Bethlehem wett zu machen.

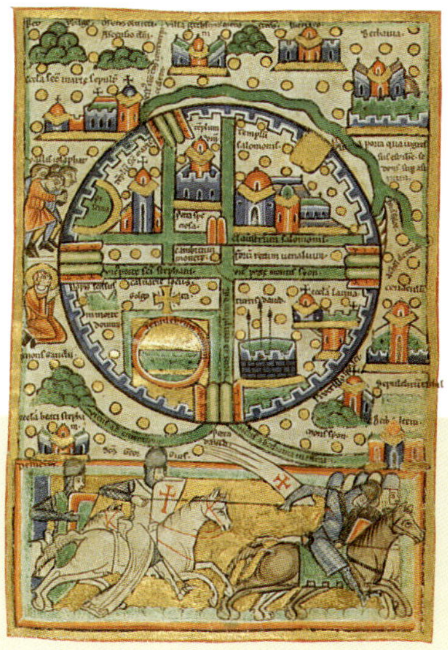

Diese französische Karte aus dem 13. Jh. zeigt den Plan des befestigten Jerusalems mit den wichtigsten Stätten, darunter das Heilige Grab und den Davidsturm. Am unteren Bildrand schlägt ein Kreuzfahrer bewaffnete Sarazenen in die Flucht.

PILGERKARTEN

Das Heilige Land wurde wohl öfter als jede andere Region der Welt auf Karten abgebildet. Für die Christen des Mittelalters galt Jerusalem als das Zentrum der Welt; eine Vorstellung, die sich in vielen mittelalterlichen Karten niederschlug. Sie zeigen eine kreisrunde Stadt mit Mauer als Symbol für die Göttlichkeit des Himmlischen Jerusalem. Pilger und Kreuzfahrer führten diese Karten im Reisegepäck mit sich. Sie waren nichts weiter als bebilderte Auflistungen der Städte, die sie auf ihrem Weg durch Europa passieren würden.

Europäische Reisende in Asien

Obwohl die Pilgerrouten der Muslime ganz Innerarabien durchzogen, waren Karten bis in das 19. Jh. hinein selten. Das lebensbedrohliche Klima und der religiöse Fanatismus der Bewohner bildeten für europäische Expeditionen, trotz der Rohstoffvorkommen auf der Halbinsel, beinahe unüberwindliche Grenzen. Wer sich in diese Region wagte, tat dies mit soliden arabischen Sprachkenntnissen und in Verkleidung, vor allem wenn die heiligen Stätten des Islams Ziel der Reise waren. Im 19. Jh. stieg die Zahl der europäischen Forschungsreisenden in Arabien stark an, besonders die der britischen. Letztes unerforschtes Gebiet war die Rub al-Khali (›Leeres Viertel‹) genannte Sandwüste, die Bertram Thomas 1930–31 als erster durchquerte und die Wilfried Thesiger später erforschte. In den 1920er Jahren begannen dann die Ölgesellschaften, detaillierte Karten der Halbinsel zu erstellen.

Der Däne Carsten Niebuhr, ein Landvermesser, nahm 1762 an der ersten wissenschaftlichen Expedition auf der Arabischen Halbinsel teil, um Flora und Fauna des Yemen zu dokumentieren und die Bevölkerung zu studieren. Niebuhr, einer der wenigen Überlebenden, verfasste einen Bericht dieser Reise, *Beschreibung von Arabien*, mit einigen detaillierten Karten der Region.

Für Nicht-Muslime bedeutete das Betreten der heiligen Stätten des Islams große Gefahr. Richard Burton besuchte als Pilger verkleidet (Bild) Mekka und Medina.

Europäer auf der Arabischen Halbinsel 1800–1950

1800 – 1850 – 1900 – 1950

1812: Burckhardt entdeckt Petra, die alte Hauptstadt der Nabatäer

1814: Burckhardt besucht Mekka

1818: Sadleir gelingt erste Ost-West-Querung

1853: Richard Burton besucht Mekka und Medina

1862–63: Palgrave gelingt erste Durchquerung der Nafud-Wüste

1864: Guarmani bereist nördliche Nejd-Wüste

1876–78: Doughtys Reisen durch Arabien

1879: Wilfried Scawn Blunt und seine Frau Anne bereisen die Nejd zu Pferd

1888: Doughty veröffentlicht *Travels in Arabia Deserta*

1930: Thomas bereist als erster Europäer das Leere Viertel

1932: Philby durchquert die Rub al-Khali, das ›Leere Viertel‹

1946–48: Thesiger erkundet das Leere Viertel

Diese Kaffekanne aus Silber erhielt St. John Philby bei seiner Durchquerung des ›Leeren Viertels‹ 1932 als Geschenk.

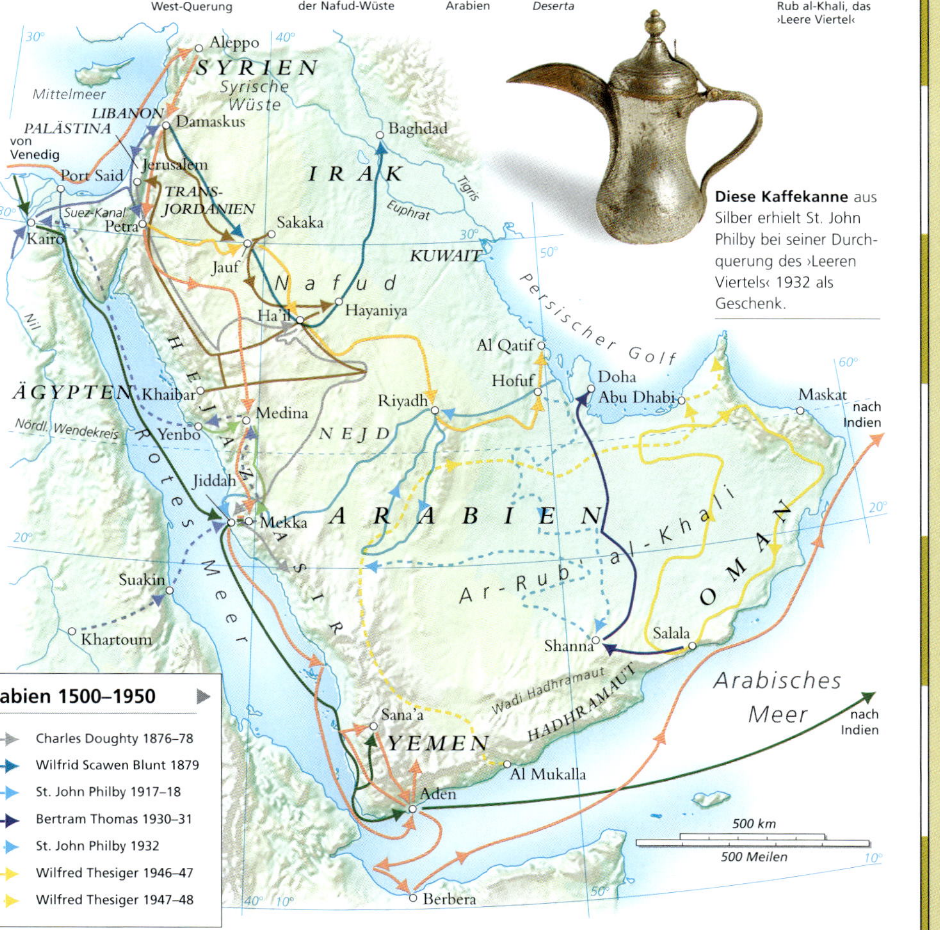

DIE ZEIT DER FRÜHEN REICHE

Becher aus persischem Chloritschiefer, gefunden in Nippur. Die Inkrustationen zeigen eine Katze im Kampf mit einer Schlange.

DER FRUCHTBARE HALBMOND erstreckt sich vom Persischen Golf entlang dem Zagros-Gebirge, schwenkt dann nach Westen um die Syrische Wüste und reicht über Nordmesopotamien, Syrien und Palästina bis nach Ägypten. Dieser Raum wird im allgemeinen als die Wiege der eurasischen Zivilisation angesehen. Hier entstanden die ersten Ackerbausiedlungen, aus denen sich mit Mauern befestigte Städte entwickelten. Um 3500 v.Chr. waren in Mesopotamien die ersten Stadtstaaten entstanden, die zugleich als Produktions- und Handelszentren (S. 24-25) fungierten. 2300 v.Chr. vereinigte Sargon von Akkade einige dieser Städte zu einem ersten Reich. Weitere Reichsbildungen folgten: Ur, Assyrien, Babylon. Im 2. Jahrtausend bildete sich ein neues Machtzentrum in Anatolien: das Reich der Hethiter, das mit Ägypten um die Vorherrschaft im syrisch-palästinensischen Raum kämpfte.

Die Entwicklung des Ackerbaus im Fruchtbaren Halbmond

Das im Norden und Osten von Bergen und im Süden von Wüsten begrenzte Gebiet des Fruchtbaren Halbmonds besitzt relativ große Wasservorkommen. Wilde Getreidesorten wie Einkorn und Gerste wuchsen im feuchten Berghochland, in dem auch die Vorgänger der heutigen Hausschafe und Ziegen weideten. Um 10 000 v.Chr. ließen diese Bedingungen erste sesshafte Agrargemeinschaften zu. Diese bauten Getreide an, legten Vorratslager an und domestizierten Tiere. Größere Siedlungen wie Jericho (8. Jt. v.Chr.) im Jordan-Tal oder Çatal Hüyük (7. Jt. v.Chr.) in Anatolien wuchsen zu Zentren von regionaler Bedeutung. Sie lagen inmitten kultivierter Landstriche und trieben bereits Fernhandel mit Handwerksprodukten.

Menschliche Schädel mit in Gips modellierten Gesichtszügen und Augen aus Kaurimuscheln fanden sich unter den Häusern in Jericho.

Wandmalerei aus Çatal Hüyük, hier eine Rekonstruktion mit einem Hirschkopf aus einer Sakralstätte. Die Lehmziegelhäuser einer der ältesten Städte der Welt standen ohne Zwischengassen dicht gedrängt aneinander und besaßen Flachdächer.

1 Früher Ackerbau in Südwestasien 8000–5000 v.Chr. ▶

Vegetation

- Schwemmebene
- Mediterraner Wald
- Wald
- Steppe
- Halbwüste
- Wüste
- über 250 mm Niederschlag pro Jahr

Gebiete der Domestikation der wichtigsten Getreidesorten

- Gerste
- Einkorn-Weizen
- Emmer-Weizen
- heutiger Küstenverlauf/Fluss
- bedeutende Ackerbausiedlung

Die ersten Städte Westasiens

Bauern aus Nord- und Mittelmesopotamien begannen um 6000 v.Chr. sich in den Flussebenen von Euphrat und Tigris niederzulassen. Die Bewässerung der Felder erlaubte Erträge, die auch für größere Siedlungsgemeinschaften ausreichten, von denen sich einige zu Städten entwickelten. Im Zentrum dieser Städte stand auf einer Hochterrasse ein Tempel aus Lehmziegeln. Später entstanden daraus die Zikkurat wie in Ur (S. 24-25), eine der großen sumerischen Städte des 3. Jahrtausends v.Chr. Diese Siedlungsgemeinschaften gehörten zwar dem gleichen Kulturkreis an, bildeten jedoch unabhängige Stadtstaaten.

Nach 3500: Entwicklung der ersten Stadtkulturen in Sumer, Aufstieg Uruks
3100: Aufkommen der Keilschrift (Cuneiform) in Sumer
2700: Gilgamesch ist König in Uruk
2500: ›Königsgräber‹ von Ur

3500 v.Chr. – 3300 – 3100 – 2900 – 2700 – 2500 v.Chr.

3250: Lehmtafeln mit Bilderschrift für die Tempelbuchhaltung
3200: Transport auf Rädern in Sumer belegt

Die ersten Städte

Sumerisches Spielbrett aus Holz mit Perlmutt-, Knochen- und Lapislazuliintarsien aus den ›Königsgräbern‹ von Ur (ca. 2500 v.Chr.). Die Spielsteine wurden in einer kleinen Schublade im Spielbrett aufbewahrt.

Uruk als führende Stadt Sumers

Im späten 4. Jahrtausend v.Chr. war Uruk die führende Stadt der Sumerer. Die dicht beieinander stehenden Lehmziegelhäuser wurden von einer 9,5 km langen Mauer umschlossen. Bewässerungskanäle durchzogen die Felder innerhalb des Mauerkreises, auf denen Gerste, Sesam und Zwiebeln wuchsen. Sie bezogen ihr Wasser aus dem Euphrat. Zwei Hochtempel beherrschten das Stadtbild: die Zikkurat der Hauptgöttin Inanna und die Anu-Zikkurat. Die Säulen der 30 m breiten Halle des Eanna-Heiligtums waren mit Mosaiken aus gefärbten Steinen in Lehmmörtel verziert. Für die kunstvollen Handwerksprodukte aus Uruk, Ur und anderen sumerischen Städten verwendete man Alabaster, Edelsteine und Lapislazuli. Die Rohstoffe wurden aus Zentralasien und aus dem Indus-Tal importiert.

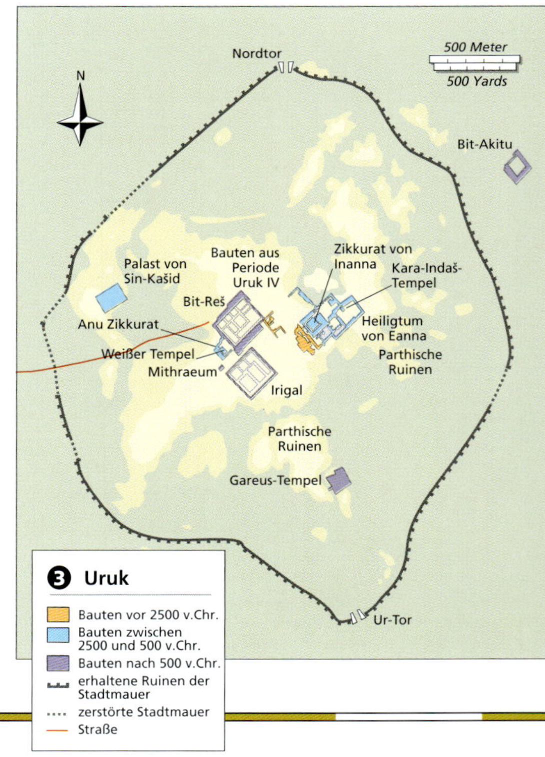

Die ersten Reiche

Šarru-Kinu, ein semitischer Beamter in Kiš, riss Mitte des 24.Jh. v.Chr. die Macht an sich und gründete nach der frühdynastischen Zersplitterung Sumers ein neues Reich. Von seiner Palaststadt Akkade brach Sargon, wie ihn die Bibel nennt, zu einer Reihe großer Feldzüge auf und vereinte dabei die Stadtstaaten Südmesopotamiens, Elam sowie Teile Syriens zum ersten Weltreich der Geschichte. Der Einfall der Gutäer führte nach einem Jahrhundert zum Untergang der akkadischen Dynastie. Nach einer Restauration des sumerischen Stadtstaaten-Systems wuchs mit König Ur-Nammu die 3. Dynastie von Ur zur führenden Kraft in der Region heran. Um 2004 v.Chr. wurde Ur seinerseits unterworfen und im frühen 2. Jahrtausend vom Babylonischen Reich des Hammurabi abgelöst.

Dieser Bronzekopf stellt wahrscheinlich König Sargon von Akkade dar, der sich selbst als ›Herrscher über die vier Weltteile‹ bezeichnen ließ.

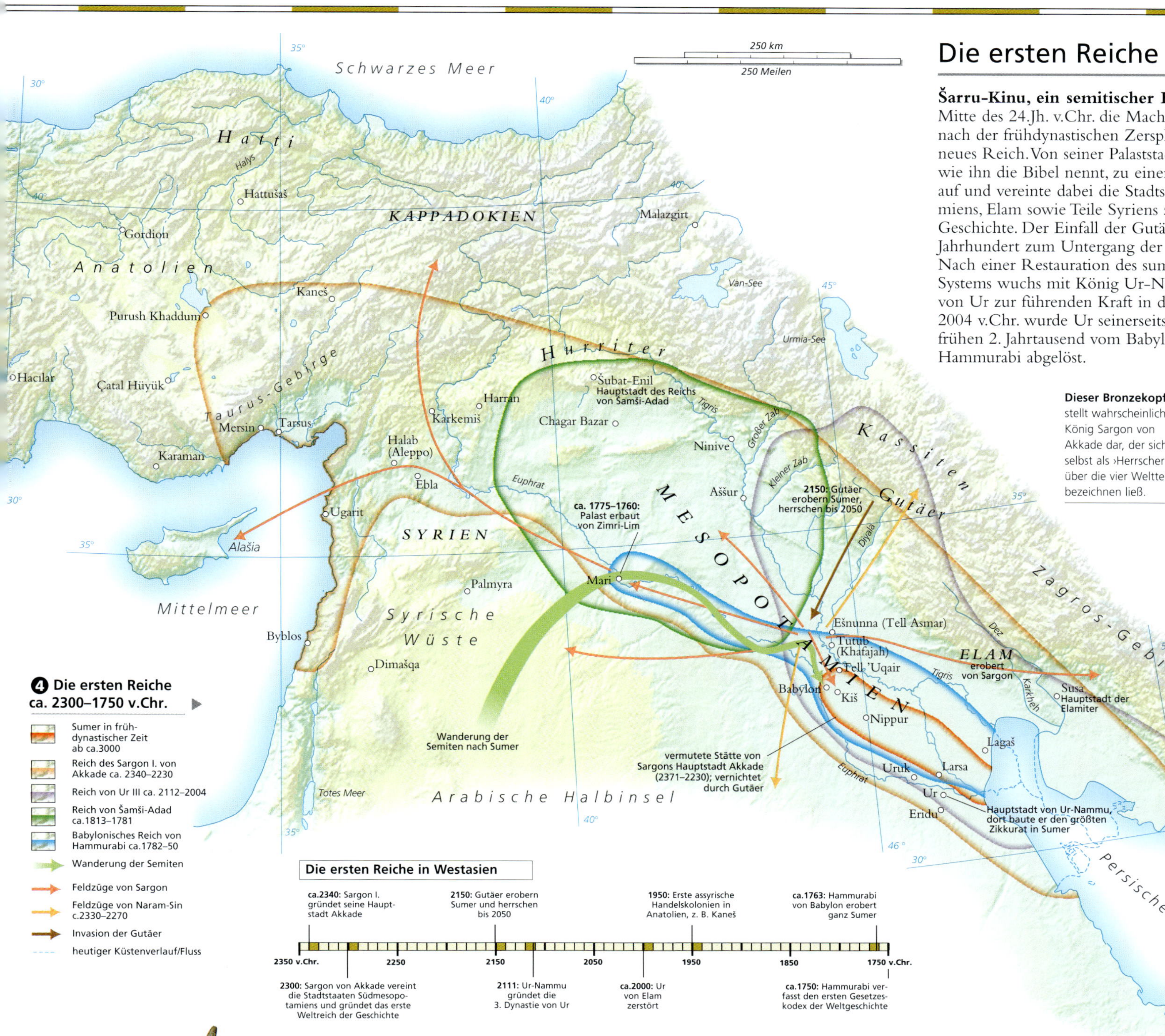

4 Die ersten Reiche ca. 2300–1750 v.Chr.

- Sumer in frühdynastischer Zeit ab ca.3000
- Reich des Sargon I. von Akkade ca. 2340–2230
- Reich von Ur III ca. 2112–2004
- Reich von Šamši-Adad ca.1813–1781
- Babylonisches Reich von Hammurabi ca.1782–50
- Wanderung der Semiten
- Feldzüge von Sargon
- Feldzüge von Naram-Sin c.2330–2270
- Invasion der Gutäer
- heutiger Küstenverlauf/Fluss

Die ersten Reiche in Westasien

- **ca.2340:** Sargon I. gründet seine Hauptstadt Akkade
- **2150:** Gutäer erobern Sumer und herrschen bis 2050
- **1950:** Erste assyrische Handelskolonien in Anatolien, z. B. Kaneš
- **ca.1763:** Hammurabi von Babylon erobert ganz Sumer

2350 v.Chr. – 2250 – 2150 – 2050 – 1950 – 1850 – 1750 v.Chr.

- **2300:** Sargon von Akkade vereint die Stadtstaaten Südmesopotamiens und gründet das erste Weltreich der Geschichte
- **2111:** Ur-Nammu gründet die 3. Dynastie von Ur
- **ca.2000:** Ur von Elam zerstört
- **ca.1750:** Hammurabi verfasst den ersten Gesetzeskodex der Weltgeschichte

Dieser kleine Stier aus Silber mit Goldeinlagen wurde in einem Grab in Alaça Hüyük, im Norden der Hethiterhauptstadt Hattušaš gefunden. Er krönte vielleicht die Stütze eines Baldachins oder die Spitze eines Zeremoniestabs.

Das Reich der Hethiter ca.1650–1200 V.CHR.

Die Hethiter bildeten im Anatolien des 2. Jahrtausends v.Chr. die führende Macht. Von ihrer Hauptstadt Hattušaš (Hattuscha) aus eroberten sie weite Teile Anatoliens und Syriens. 1595 v.Chr. nahmen sie Babylon ein, wurden aber wieder vertrieben und mussten die Stadt den Kassiten überlassen. Der Höhepunkt der hethitischen Macht war unter Šuppiluliumaš erreicht. Er führte einen erfolgreichen Feldzug gegen das Mitanni-Reich, den mächtigen Rivalen in Nordsyrien, und erweiterte sein Herrschaftsgebiet nach Süden entlang der Mittelmeerküste. Um die verlorenen Gebiete in Syrien zurückzuerobern, traten die Ägypter den Hethitern um 1285 in der Schlacht bei Kadeš entgegen. Da sie unentschieden ausging, schlossen beide Nationen den ersten überlieferten Friedensvertrag der Welt. Ca. 1200 v.Chr. brach das hethitische Reich unter dem Ansturm der Phryger aus dem Norden zusammen.

Die Religion der Hethiter kannte eine bemerkenswerte Vielzahl an Gottheiten. In ihren Texten ist von den ›tausend Göttern‹ des Reiches die Rede. Auf diesem Relief des Felsheiligtums Yazılıkaya nahe Hattušaš umarmt Gott Šarrumaš den König Tuthalija (Tudhaliyaš) IV. in einer schützenden Geste.

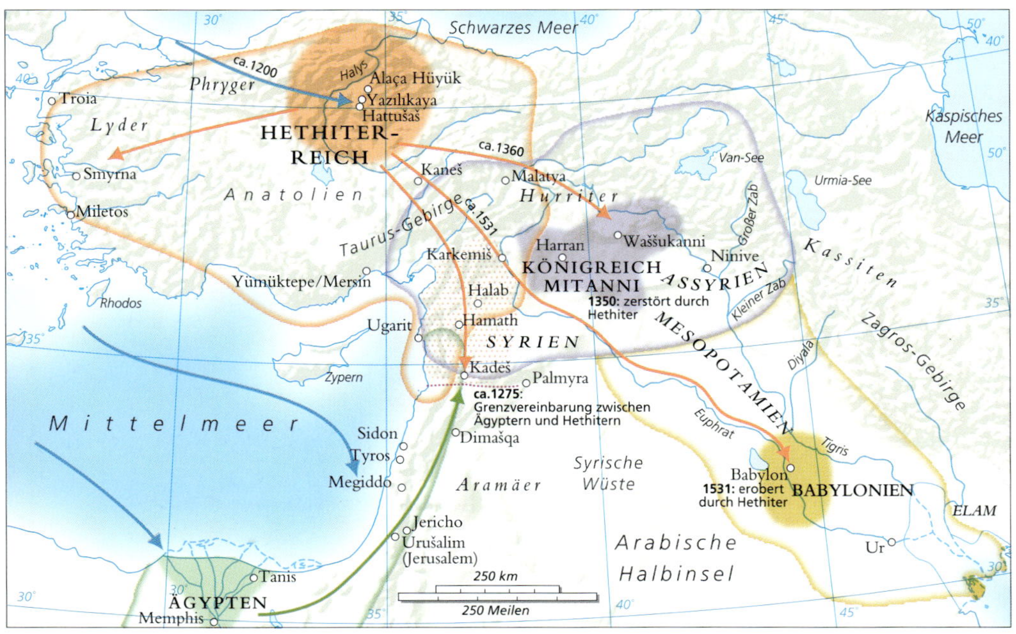

5 Südwestasien 1650–1200 v.Chr.

- Hethiter-Kernland
- Einfluss-Sphäre der Hethiter
- Mitanni-Kernland
- Einfluss-Sphäre der Mitanni
- Ägyptisches Reich
- Einfluss-Sphäre Ägyptens
- Babylonien
- Einfluss-Sphäre Babyloniens
- zwischen Ägypten und Hethitern umstritten
- Feldzüge der Hethiter
- Feldzüge der Ägypter
- Invasion der ›Seevölker‹

Hethiter, Mitanni, Ägypten 1650–1200 v.Chr.

- **1600:** Kassiten erobern große Teile Mesopotamiens
- **1595:** Hethiter plündern Babylon
- **1500:** Ägypter, Hethiter und das Mitanni-Reich kämpfen um die Vorherrschaft in Syrien
- **1200:** Invasion der ›Seevölker‹; Zusammenbruch des hethitischen Reiches

1700 v.Chr. – 1600 – 1500 – 1400 – 1300 – 1200 v.Chr.

- **1650:** Stadtstaaten Zentralanatoliens zum hethitischen Königreich vereinigt
- **ca.1375:** Krönung von Šuppiluliumaš
- **ca.1285:** Schlacht bei Kadeš zwischen Hethitern und Ägyptern

DIE ZEIT DER GROSSREICHE

Das Ishtar-Tor, das Stadttor des ›heiligen‹ Babylon, wurde unter dem König Nebukadnezar II. gebaut.

EINE REIHE MÄCHTIGER REICHE beherrschte den westasiatischen Raum von Anatolien bis zum Hindukusch im ersten Jahrtausend v.Chr. Den Anfang bildete im 10. Jh. das assyrische Reich, das auf der Tapferkeit seiner Armee und einer effizienten Verwaltung aufbaute. Nachdem Babylonier und Meder die Assyrer 612 v.Chr. vereint niederwarfen, wurde Babylon bis zu seiner Eroberung durch die Perser zur führenden Macht der Region. Das von Kyros dem Großen gegründete persische Imperium wuchs zum bis dahin größten Reich heran und erstreckte sich von der Ägäis bis zum Indus. Herrscher und Reiche kamen und verschwanden, eine kulturelle Errungenschaft Westasiens sollte jedoch wegweisend für die Zukunft bleiben: Die in Mesopotamien erfundene Schrift wurde von den Phönikern zu einem Alphabet weiterentwickelt und dieses später von den Griechen übernommen.

DAS GILGAMESCH-EPOS

Ein Großteil unseres Wissens über die frühe Geschichte Westasiens basiert auf den Tontafel-Bibliotheken, die im Palast der mächtigen Herrscher Mesopotamiens gefunden wurden. Aus der königlichen Bibliothek des Assyrer-Herrschers Aššurbanipal in Ninive barg man rund 20 000 Tontafeln, die beinahe alle Aspekte des Lebens behandeln. Zu den großen literarischen Werken zählt das Epos des sagenhaften Königs Gilgamesch von Sumer, das im frühen 2. Jahrtausend v.Chr. nach alten sumerischen Texten von den Babyloniern niedergeschrieben wurde. Neben einem Schöpfungsbericht ist in ihr auch von einer Sintflut die Rede. Diese Angaben decken sich teilweise mit jenen des Alten Testaments im Buch Genesis.

Gilgamesch war König des sumerischen Stadtstaates Uruk. Er ist der Held des gleichnamigen Epos, das von seinen Abenteuern auf der Suche nach Unsterblichkeit berichtet.

Elfenbeintafel aus Megiddo, einem kleinen, aber wichtigen befestigten Ort in Nordisrael. Sie zeugt von dem starken Einfluss Ägyptens an der palästinischen Mittelmeerküste.

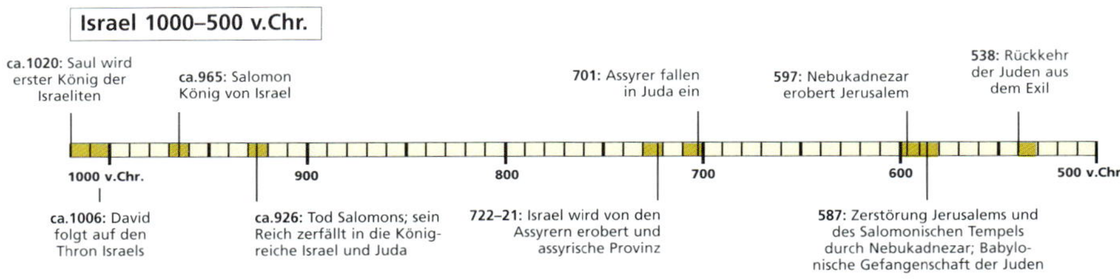

Die Israeliten zur Zeit Davids

Als David den Thron Israels um 1006 v.Chr. bestieg, verlegte er die Hauptstadt von Hebron nach Jerusalem und machte die Stadt zum politischen und religiösen Zentrum der Israeliten. Mit dem Sieg über die Philister und der Ausweitung seiner Macht begründete er ein Großreich. Unter seinem Nachfolger Salomon – dem Erbauer des Jahve-Tempels in Jerusalem – erlebte das Land eine Periode des Wohlstands. Nach dessen Tod 926 zerfiel es allerdings in die beiden Königreiche Israel und Juda. Israel wurde 721 v.Chr. Teil des assyrischen Reiches, Juda, das mehreren Überfällen standhalten konnte, wurde erst 597 von Nebukadnezar erobert. Zehn Jahre später ließ dieser auch Jerusalem zerstören und verschleppte die Juden für über 50 Jahre in die ›Babylonische Gefangenschaft‹.

1 Palästina zur Zeit von David 1006–966 v.Chr. ▶

- Juda und Israel
- unterworfene Reiche
- Vasallenstaaten
- Grenzen von Davids Reich
- Grenze zwischen den Reichen Juda und Israel nach 926

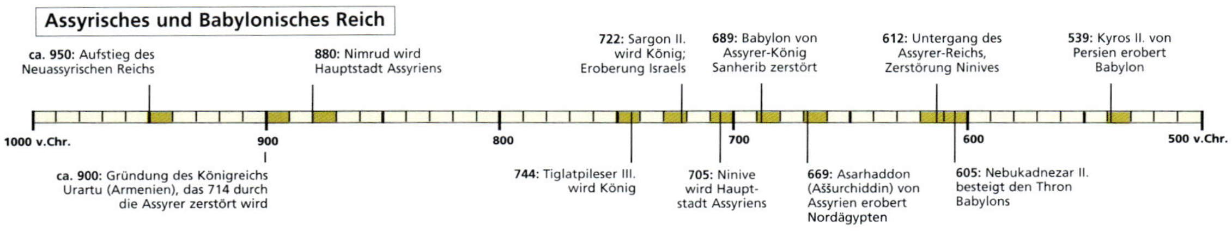

Assyrisches und Babylonisches Reich ca.950–600 v.Chr.

Das erste Reich der Assyrer entstand im frühen 2. Jahrtausend v.Chr., brach aber unter dem Ansturm Babylons und Mitannis zusammen. Eine Reihe sprichwörtlich unbarmherziger Könige führte es nach der Jahrtausendwende zu einer neuen Blüte, die ihren Höhepunkt unter den Regierungen von Tiglatpileser III., Sargon II. und Aššurbanipal erreichte. Babylon wurde erobert, das Königreich Urartu besiegt und das Reich bis zum Mittelmeer, für kurze Zeit sogar bis nach Nordägypten, vergrößert. Die Siege waren vor allem den gut ausgerüsteten und disziplinierten Armeen und dem Einsatz von Streitwagen zu verdanken. In der Mitte des 7. Jh. bereiteten die Angriffe von Medern und Skythen sowie Aufstände in Babylonien dem Reich ein Ende. 625 v.Chr. übernahmen die Chaldäer die Kontrolle über Babylon. Unter Nebukadnezar II. schloss das babylonische Reich die meisten der früheren assyrischen Provinzen ein, darunter auch Syrien und Palästina.

Assyrische Soldaten auf Sturmleitern bei der Belagerung einer elamitischen Stadt unter König Aššurbanipal, Relief aus der assyrischen Hauptstadt Ninive.

◀ **2 Assyrisches und Babylonisches Reich 950–539 v.Chr.**

- unter Aššurdan II. (934–912)
- Ausdehnung beim Tod von Šalmanassar III. (858–824)
- Ausdehnung beim Tod von Sargon (Šarru-Kinu) II. (745–705)
- Ausdehnung beim Tod von Aššurbanipal (668–626)
- Neubabylonisches Reich (625–539)
- heutiger Küstenverlauf/Fluss

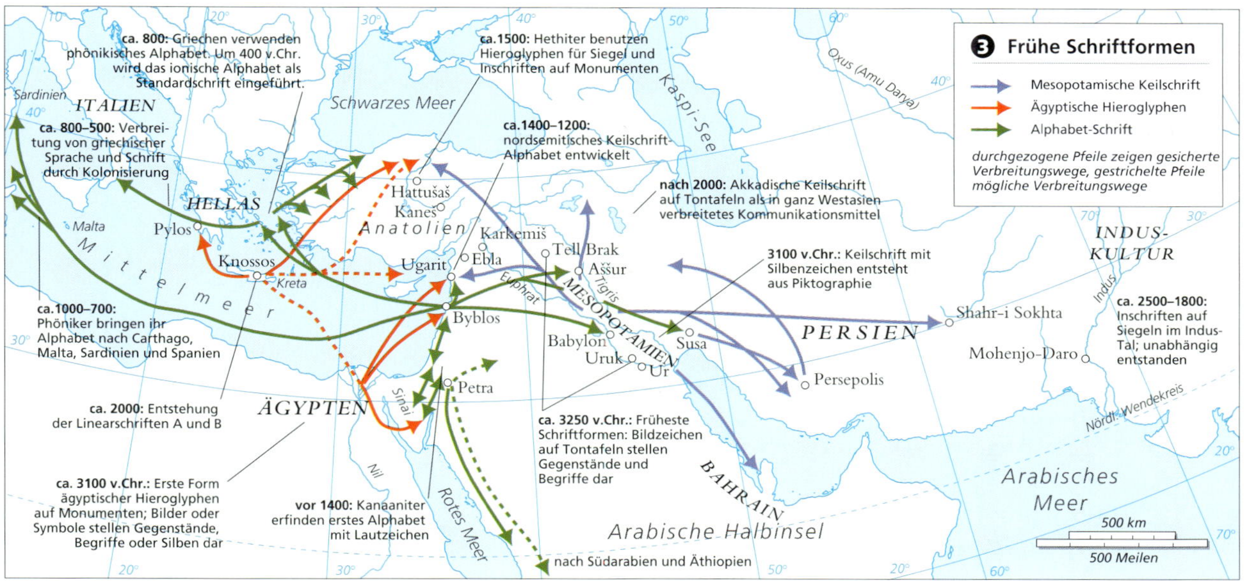

Die Entwicklung der Schrift in Westasien

Die früheste Form der Schrift sind piktografische Schriftzeichen, die ganze Gegenstände oder Begriffe darstellen. Sie tauchen im 4. Jahrtausend v.Chr. in Mesopotamien auf. Aus ihnen entwickelt sich im Laufe der Zeit die von verschiedenen Sprachen verwendete Keilschrift, wo ein Zeichen nicht mehr für ein Wort, sondern für eine Silbe steht. Die nächste Entwicklungsstufe stammt von den Phönikern, die nur noch 22 Lautzeichen verwendeten, aus denen jedes Wort gebildet werden konnte. Dieses Alphabet vereinfachte das Schreiben erheblich. Es wurde von Griechen und schließlich von Römern übernommen und wird in einer weiter entwickelten Form noch heute angewandt.

Assyrische Keilschrift, die von einer ›Sintflut‹ berichtet. Die keilförmigen Schriftzeichen wurden mit Rohrgriffeln in weichen Lehm gedrückt. Diese Schrift heißt auch Cuneiform (von lat. *cuneus*, Keil).

Entwicklung der Schrift in Westasien

- ca. 3250: Erste Piktogramme in Tell Brak in Mesopotamien
- ca. 3100: Auftauchen der Keilschrift in Mesopotamien; Monumentalform der ägyptischen Hieroglyphenschrift
- ca. 2500: Erste Silbenschrift in der sumerischen Literatur
- ca. 2500: Siegel-Inschriften im Indus-Tal
- ca. 2000: Ägyptisch beeinflusste Ideogramme auf Kreta: Linear A und Linear B
- ca. 1400: Erste semitische Alphabetschriften auf dem Sinai, in Ugarit und in Byblos
- ca. 1000–700: Verbreitung des phönikischen Alphabets am westlichen Mittelmeer (Malta, Carthago)
- ca. 800: Griechen übernehmen phönikisches Alphabet aus Byblos

3500 v.Chr. · 3000 · 2500 · 2000 · 1500 · 1000 · 500 v.Chr.

Zylindersiegel des 5. Jh. v.Chr. mit einem aramäischen Text im phönikisch-hebräischen Alphabet. Das Aramäische war im persischen Reich Verwaltungssprache und somit von Anatolien bis zum Indus verbreitet.

Das erste Persische Reich

Die babylonische Herrschaft wurde durch den Perser Kyros II. beendet. Er vereinte Meder und Perser und legte durch schnelle Feldzüge den Grundstein für das Großreich der Achämeniden-Dynastie. Kyros unterwarf die Lyder und setzte den babylonischen König Nabonidas ab. Der tolerante Herrscher befreite die Juden aus der Babylonischen Gefangenschaft und gestattete den Wiederaufbau des Tempels in Jerusalem. Unter Dareios I. und Xerxes I. wurde das Reich erweitert und in 20 Provinzen gegliedert, die von Satrapen (Statthaltern) verwaltet wurden. Durch den Bau eines Straßennetzes intensivieren sich die Kontakte zwischen Griechen und dem Orient; die Perser-Könige scheiterten jedoch im Versuch, Hellas zu erobern. Aufstände von Nomadenstämmen und ehrgeizigen Satrapen schwächten das riesige Reich, das ab 334 v.Chr. von Alexander dem Großen unterworfen wurde.

Das Grab Kyros des Großen in Pasargadai ist einer Zikkurat nachempfunden. Kyros, der Begründer des Achämenidenreichs und ein in seiner Toleranz herausragender Herrscher, errichtete in Pasargadai seine ständige Residenz.

Das erste Persische Reich

- 550: Reichsgründung durch Kyros II. den Großen
- 547–46: Kyros besiegt Kroisos, König von Lydien
- 539: Einnahme von Babylon durch Kyros II.
- 530: Kyros fällt in einer Schlacht gegen nomadische Steppenreiter aus Zentralasien
- 525: Kambyses II. erobert Ägypten und dringt bis Nubien und Libyen vor
- 521: Dareios I. der Große wird König
- 513: Dareios I. zieht gegen die Skythen
- ca. 500: Bau der persischen Königsstraße
- 490: Persisches Invasionsheer von Athen bei Marathon besiegt
- 486: Xerxes I. wird König
- 480: Xerxes gewaltiges Heer wird bei Salamis von den Griechen geschlagen

545 v.Chr. · 535 · 525 · 515 · 505 · 495 · 485 · 475 v.Chr.

Der große Palast in Persepolis wurde 518 v.Chr. unter Dareios I. begonnen und unter Xerxes I. erweitert. Die Reliefs auf der breiten Freitreppe zur *apadana* genannten Audienzhalle sind mit den Darstellungen Tribut darbringender Völker geschmückt.

GRIECHEN UND RÖMER IN WESTASIEN

Opaleszierende Glasvase, hergestellt im 1. Jh. n.Chr. im römischen Syrien.

ALEXANDER D. GR. konnte mit seinen Eroberungszügen (S. 40–41) große Teile Westasiens zu einem Reich vereinen. In den makedonisch-griechischen Reichen seiner Nachfolger (Diadochen) blieb die hellenistische Kultur bis zur Römerzeit lebendig. In Persien und Mesopotamien mussten sich die Seleukiden gegen das Parthische Reich behaupten, mit dem auch Rom beim Vordringen nach Osten zusammenstieß. Im 1. Jh. n.Chr. bildete das Römische Reich einen geschlossenen Wirtschaftsraum, in dem die griechischsprachigen Provinzen Westasiens zu den reichsten gehörten, denn der Handel mit Südarabien warf hohe Gewinne ab. In Palästina schlug Rom zwei Revolten nieder und gab damit Anstoß zur jüdischen Diaspora. Eine Sekte des Judaismus, das Christentum, verbreitete sich jedoch schnell über die ganze Region (S. 48–49). Im Osten wurden 226 n.Chr. die Parther von den Sassaniden abgelöst, die eine neue Hauptstadt in Ktesiphon errichteten.

Seleukos I. Nikator sicherte sich den größten Teil von Alexanders Imperium. 129 v.Chr. fielen große Teile des Seleukiden-Reiches an Rom und Parthien.

Alexanders Nachfolger

Der Tod Alexanders löste die Diadochen-Kriege um sein riesiges Erbe aus. Nachdem drei Widersacher ausgeschieden waren – Antigonos in der Schlacht von Ipsos, Lysimachos in der Schlacht bei Kurupedion, Kassandros und Demetrios durch Tod – bildeten sich drei große Reiche: Makedonien unter den Antigoniden, Ägypten unter Ptolemaios I. Soter, Mesopotamien und Persien unter Seleukos I. Nikator. Der mächtigste seleukidische Herrscher, Antiochos III., konnte sein Reich noch erweitern. Die Invasion nach Makedonien 192 v.Chr. führte allerdings zum Zusammenstoß mit Rom, der mit einer Niederlage endete. Danach setzte der Verfall des Seleukiden-Reiches ein.

Die Diadochen-Reiche im 3. Jh. v.Chr.

320 v.Chr. – 300 – 280 – 260 – 240 – 220 v.Chr.

- **323:** Tod Alexanders des Großen
- **301:** Antigonos von Seleukos I. und Lysimachos bei Ipsos besiegt und getötet
- **300:** Gründung Antiochias durch Seleukos I.
- **281:** Lysimachos unterliegt Seleukos bei Kurupedion
- **ca.280:** Gründung des Königreichs Pontos
- **ca. 280:** Einfall der Parni aus der Chorasmia nach Parthien
- **ca. 240:** Parther erreichen Unabhängigkeit von den Seleukiden
- **223:** Antiochos III. wird König des Seleukiden-Reichs

1 Diadochenreiche nach 301 v.Chr.

- Reich Alexanders 323
- Königreich von Antigonos 301
- Königreich von Lysimachos 301
- Einflussbereich von Lysimachos
- Königreich von Kassandros 301
- Einflussbereich von Kassandros
- Königreich von Ptolemaios 301
- Einflussbereich von Ptolemaios
- Königreich von Seleukos 301
- Einflussbereich von Seleukos
- Invasion der Parther

Die Parther waren für ihre schwere Kavallerie und die Geschicklichkeit ihrer berittenen Bogenschützen berühmt.

Parther und Römer

Die Parni, ein skythisches Volk aus der turkmenischen Steppe, lösten sich um 240 v.Chr. aus der Herrschaft der Seleukiden und gründeten in Parthien ein unabhängiges Reich. Ein Jahrhundert später wurde unter Mithradates I. Mesopotamien erobert und Ktesiphon als Hauptstadt gegründet. 53 v.Chr. konnte sogar das expandierende Rom von den Parthern bei Karrhai vernichtend geschlagen werden. Erst im 2. Jh. gelang es den Römern, das geschwächte Parthische Reich zu besiegen, das durch die Machtübernahme der persischen Sassaniden im 3. Jh. unterging.

Die Parther-Kriege

50 v.Chr. – 1 n.Chr. – 50 – 100 – 150 – 200 – 250 n.Chr.

- **53 v.Chr.:** Parther besiegen Römer bei Karrhai (Carrhae)
- **41–39 v.Chr.:** Parther erobern Syrien sowie Palästina und besetzen Jerusalem und Antiochia
- **114–117:** Rom annektiert Armenien und Nordmesopotamien
- **117:** Tod Traians; Ende der römischen Expansion in Mesopotamien
- **165:** Römer erobern Dura Europos und plündern Ktesiphon
- **198:** Nordmesopotamien wird römische Provinz
- **216:** Römer fallen in Parthien ein und greifen Arbela an
- **226:** Parthisches Reich fällt an die Sassaniden

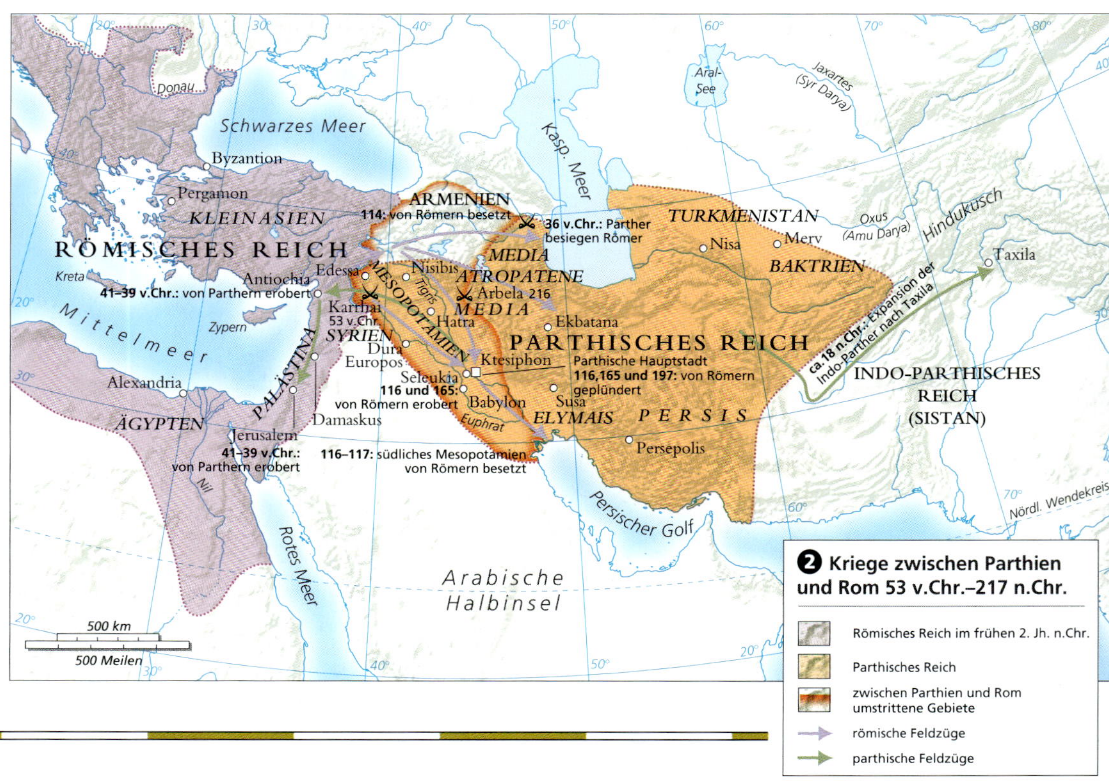

2 Kriege zwischen Parthien und Rom 53 v.Chr.–217 n.Chr.

- Römisches Reich im frühen 2. Jh. n.Chr.
- Parthisches Reich
- zwischen Parthien und Rom umstrittene Gebiete
- römische Feldzüge
- parthische Feldzüge

3 Handel im Roten Meer im 1. Jh.

Römisches Reich 117 n.Chr. · bedeutender Hafen · Myrrhe · Handelsroute · Weihrauch

Römisches Palästina

Rom unterwarf Judäa im Jahr 63 v.Chr.; doch wurde das Reich erst nach Herodes' Tod eine römische Provinz. Unter dem Einfluss einer breiten anti-römischen Stimmung entwickelten sich im 1. Jh. n.Chr. sowohl die Bewegung der Zeloten als auch das Christentum. Den offenen Aufruhr im Jahr 66 unterdrückte Vespasian mit 60 000 Legionären; sein Sohn Titus ließ später den Tempel in Jerusalem zerstören. Die Zeloten flohen auf die Bergfestung Masada und begingen Massenselbstmord. 132 n.Chr. endete der zweite jüdische Aufstand unter Bar Kochba mit der Zerstörung Jerusalems durch die Römer.

Sarkophag aus frühchristlicher Zeit mit neutestamentarischen Szenen; angefertigt im 4. Jh. unter Kaiser Konstantin.

4 Palästina im 1. Jh. n.Chr.

- Grenze des Römischen Reichs 66 n.Chr. (mit Klientelstaaten)
- Königreich des Herodes 20 v.Chr.
- Römische Provinz Judaea
- Königreich von Agrippa II., 61
- Gebiet des Aufstands von 66
- Gebiet des Aufstands von 69
- Heer von Vespasian, 67–68
- Heer von Titus, 70
- Heer von Bassus und Silva, 71–74
- Belagerung
- jüdischer Sieg

Rom und Palästina 63 v.Chr.–135 n.Chr.

- **63 v.Chr.:** Pompeius bringt Judäa unter römische Kontrolle
- **40:** Herodes d. Gr. wird König von Judäa, das als Klientelreich loyal zu Rom steht
- **4 v.Chr.:** Wahrscheinliches Jahr der Geburt Jesu in Bethlehem
- **4 v.Chr.:** Tod von Herodes; das Königreich wird unter seinen Söhnen aufgeteilt
- **6 n.Chr.:** Judäa erhält einen römischen Prokurator
- **39–44:** Herodes Agrippa I. Ethnarch von Judäa
- **66:** Beginn des ersten jüdischen Aufstands
- **67:** Rom entsendet Vespasian nach Judäa
- **70:** Titus erobert Jerusalem. Tempel zerstört. Judäa wird römische Provinz (Judaea)
- **74:** Römer nehmen nach langer Belagerung Masada ein
- **132–35:** Zweiter jüdischer Aufstand unter Bar Kochba
- **135:** Wiederaufbau Jerusalems als Kolonie Aelia Capitolina

Die jüdische Diaspora

Die fehlgeschlagenen Aufstände von 66 und 132 leiteten die Diaspora (griech. ›Zerstreuen‹) der Juden aus Palästina ein. Viele wurden als Sklaven verkauft oder flohen nach Galiläa und über das Meer, die meisten in die alten jüdischen Gemeinden in Kleinasien und Mesopotamien. Die Juden wurden aus Jerusalem verbannt, das mit dem Status einer römischen Kolonie neu gegründet wurde (Aelia Capitolina). Im 2. Jh. stellten die Juden wohl 5–10% der Bevölkerung des Reiches, in manchen Städten im Osten sogar bis zu ein Viertel. Die Exiljuden hielten aber an ihrem Glauben fest und betrachteten Judäa weiterhin als ihre Heimat.

Am Triumphbogen des Titus in Rom zeigt ein Relief, wie Legionäre den siebenarmigen Leuchter (Menorah) und andere Schätze aus dem Tempel in Jerusalem plündern.

5 Die jüdische Welt um 150

Gebiete mit jüdischen Gemeinden

- dichtes Vorkommen
- weniger dichtes Vorkommen
- bedeutende jüdische Ansiedlungen
- Haupthandelsrouten

Arabischer Handel im Roten Meer

Aromatische Harze, Weihrauch und Myrrhe galten bereits in den frühen Kulturen Ägyptens und Westasiens als Luxusgüter. Aus ihnen wurden Duftstoffe und Kosmetika hergestellt, Myrrhe wurde auch zum Einbalsamieren verwendet. Die Anbaugebiete lagen vor allem in Südarabien, Äthiopien und auf der Insel Sokotra. Kamelkarawanen brachten die Stoffe nach Norden in die Küstenstädte der Levante. Petra, die Hauptstadt der Nabatäer, nahm eine Schlüsselstellung in diesem Handel ein und wurde zu einer wohlhabenden Stadt. Dank verbesserter Navigationskenntnisse und der Ausnutzung der Monsunwinde wurden Weihrauch und Myrrhe bald nur noch über See transportiert. Davon profitierten besonders die Araber in den großen Hafenstädten am Golf von Aden, wie Cana (Qana), Muza und Eudaemon Arabia.

Weihrauch ist eine Mischung aus Gummiharzen und Gewürzen. In ganz Westasien und im östlichen Mittelmeerraum war das Verbrennen von Weihrauch auf Steinaltären bei rituellen Handlungen oder Gebeten verbreitet, daher sein hoher Wert. Der Altar links stammt aus Südarabien.

6 Sassaniden-Reich 224–642

- Größte Ausdehnung des Sassaniden-Reiches
- Römisches Reich im 3. Jh.
- umstritten zwischen Sassaniden und Oströmischem Reich im 6. Jh.
- Feldzüge der Sassaniden
- Feldzüge der Araber
- Feldzüge der Hunnen
- Sieg der Sassaniden über Römer
- Sieg der Araber über Sassaniden

Sassanidisches Persien

Der Perser Ardaschir I. lehnte sich gegen den parthischen König Ardavan (Artabanus) V. auf und begründete das Reich der nach dem Stammvater Sasan benannten Sassaniden. Ktesiphon blieb Hauptstadt, doch führte er den Zoroastrismus wieder als Staatsreligion ein. Unter Khosrau I. erreichte das Land seine Blüte. Khosrau II. fiel im 7. Jh. vergeblich in Babylonien ein, wenig später unterlag das geschwächte Reich den muslimischen Arabern.

Sapor (Schapur) I. nimmt Kaiser Valerianus beim persischen Sieg über die Römer bei Edessa 259 gefangen; Darstellung der Szene auf einer Kamee.

Sassanidisches Persien 226–642

- **226:** Ardaschir begründet Sassaniden-Dynastie
- **230:** Ardaschir fällt in Syrien ein
- **253:** Sassaniden nehmen Antiochia ein
- **259:** Sassaniden besiegen Römer und nehmen Kaiser Valerianus gefangen
- **350:** Invasion der Kidariten (Hunnen)
- **400:** Invasion der Hephthaliten (Weißen Hunnen)
- **531:** Khosrau I. besteigt den Thron
- **611:** Araber fallen in Mesopotamien ein
- **611–626:** Persische Heere erobern Jerusalem und überrennen Kleinasien
- **637:** Araber erobern Ktesiphon
- **642:** Araber schlagen Sassaniden bei Nehavend

DER SIEGESZUG DES ISLAM

Kalif Abd al-Malik (685-705) auf einem Golddinar. Der weltliche und geistliche Herrscher reorganisierte die Armee und den Staat.

DER PROPHET MOHAMMED (eigtl. Abu al Qassim Muhammad Ibn Abdallah) erhielt 610 in einer Höhle südlich von Mekka die erste seiner göttlichen Offenbarungen. Die klar monotheistische Botschaft des Islam überzeugte die Araber und innerhalb von 30 Jahren verbreiteten sie diese bis nach Persien und Palästina. Das frühe islamische Reich stellte eine politische Einheit dar und wurde von einem Kalifen regiert, dem ›Nachfolger‹ Mohammeds (S. 56-57). Um 750 hatten die arabischen Armeen den Islam bereits bis auf die Iberische Halbinsel und nach Zentralasien getragen. Im gleichen Jahr gründeten die Abbasiden ihr Kalifat in Baghdad. Eine Ära des Wohlstands setzte ein, die unter Harun ar-Rashid ihren Höhepunkt erreichte. Die späteren Kalifen jedoch regierten nur noch dem Namen nach über ein zerfallendes Reich.

Kreuz der koptischen Christen, die unter islamischer Herrschaft an ihrem Glauben und den frühchristlichen Symbolen festhielten.

Religionen Westasiens um 600

Drei große Religionen waren um 600 n.Chr. fest in Westasien verankert: Christentum, Judentum und Zoroastrismus. Im oströmischen (byzantinischen) Reich war das orthodoxe Christentum Staatsreligion. Andere christliche Gruppen wie die Nestorianer besaßen in Mesopotamien oder Persien eine starke Anhängerschaft. Die jüdischen Gemeinden waren in der ganzen Region verteilt. Die größte existierte wohl in Babylonien, wo auch das kulturelle Zentrum der Juden lag. Die sassanidischen Herrscher Persiens tolerierten trotz der zoroastrischen Staatsreligion sowohl Christen wie Juden. Mit den muslimischen Invasionen flohen jedoch viele Zoroastrier des Landes, vor allem nach Indien.

DER KORAN

Fragment eines Korans aus dem 9. Jh., geschrieben in arabischer Kalligraphie, die dem Islam als höchster der Künste gilt. In dem Text in kufischer Schrift sind die Vokale als rote Punkte angegeben.

Als Koran (Qur'an) werden die gesammelten Botschaften des Propheten Mohammed bezeichnet, die dieser von dem Erzengel Gabriel erhalten hat. Die Muslime sehen in ihnen die unfehlbaren Worte Gottes (Allah). Der Koran bildet die Grundlage des Islam. Er wird nicht nur in theologischen oder moralischen Fragen konsultiert, sondern gilt auch als Regelwerk für juristische, politische und soziale Entscheidungen. Der erste autorisierte arabische Text wurde 651 fertiggestellt. Die Offenbarungen wurden von den Schülern des Propheten aus dem Gedächtnis niedergeschrieben. Sie sind in 114 Suren (Kapitel) unterteilt, entsprechend der Folge, wie sie dem Propheten in Mekka oder Medina zuteil wurden.

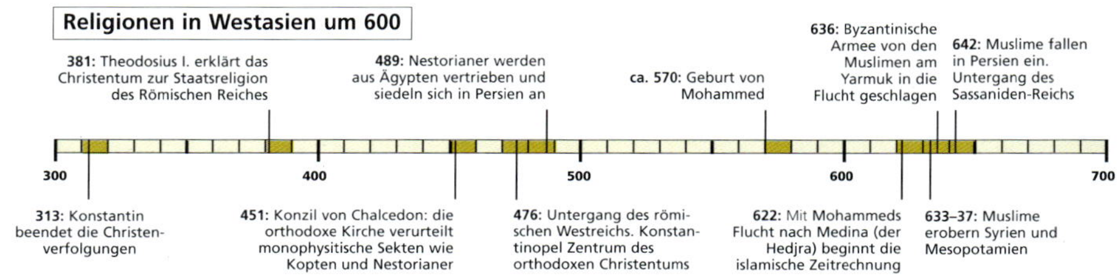

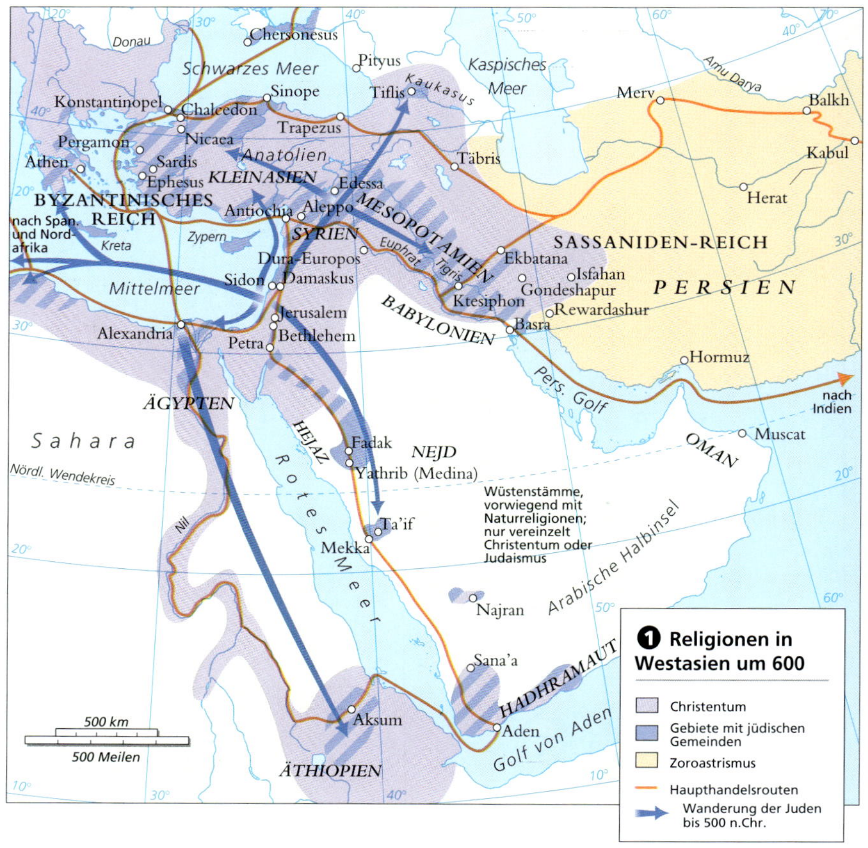

Die Ausbreitung des Islam

622 mussten Mohammed und seine Anhänger aus Mekka fliehen und zogen nach Medina. 630 kehrten sie mit einer Armee zurück und eroberten die Stadt, die zum religiösen Zentrum des Islams wurde. Bei seinem Tod gebot Mohammed beinahe über die Hälfte der Arabischen Halbinsel. Seine Nachfolger gaben sich den Titel Kalif (›Nachfolger‹ oder ›Stellvertreter‹) und verbreiteten seine Botschaft auf ihren Eroberungszügen: Syrien, Mesopotamien, Persien und Ägypten wurden rasch von arabischen Armeen überrannt. 661 erlangte die Dynastie der Umayyaden die Kontrolle über das Kalifat. Sie wählte Damaskus als Hauptstadt und erweiterte das Reich nach Westen bis zum Atlantik und nach Osten bis zum Indus.

Pilger in der rituellen Kleidung aus weißem Tuch versammeln sich um die Ka'aba in der Großen Moschee von Mekka.

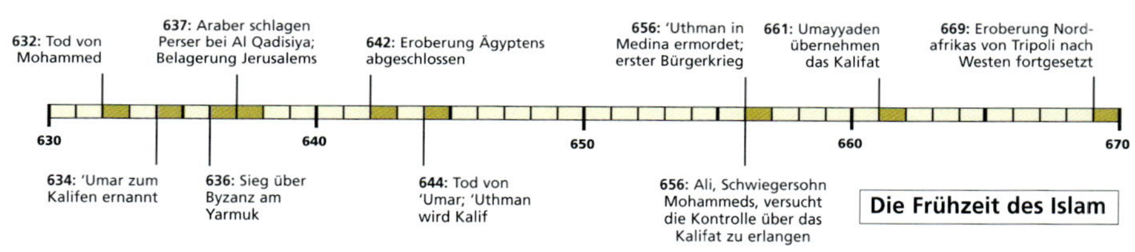

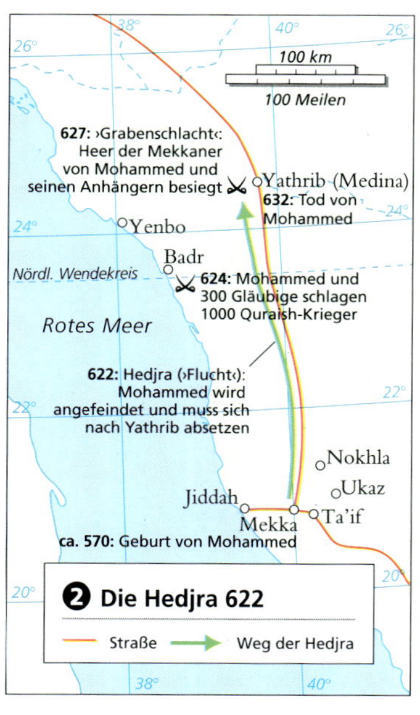

Die Hedjra *(heğira)*

Mohammeds Flucht von Mekka nach Medina markiert den Beginn des islamischen Kalenders. Von Medina aus startete Mohammed mit seinen Predigten und verbreitete die Botschaft des Islam. Die Stadt wurde im Andenken daran von Yathrib in Medina (›Stätte der Religion‹) umbenannt und so zum ersten politischen Zentrum der islamischen Welt. Mekka galt den Stämmen der arabischen Halbinsel bereits in vorislamischer Zeit als heilige Stadt und war ein bedeutendes Pilgerzentrum. Dort wurde der schwarze Stein der Ka'aba verehrt, bei dem es sich wahrscheinlich um einen Meteoriten handelt. Als Geburtsort Mohammeds und Ort der ersten Offenbarung ist es heute die heiligste Stadt des Islam.

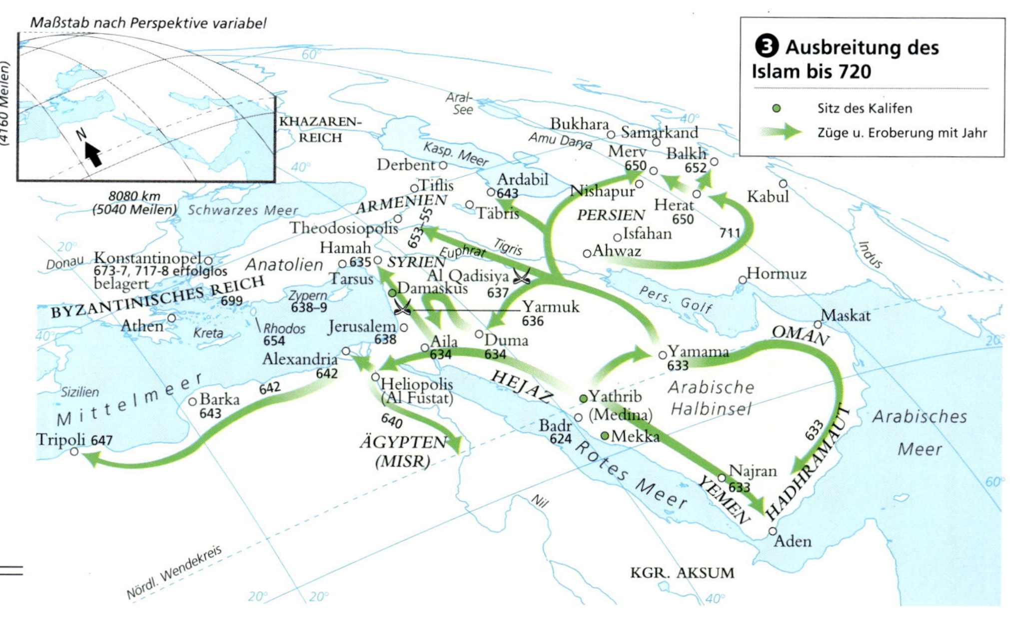

4 Das Abbasiden-Kalifat 850

- Abbasiden-Kalifat in größter Ausdehnung 786–809
- andere muslimische Dynastien
- Expansion des Islam 750–850
- Byzantinisches Reich
- Vordringen der Saffariden
- Feldzüge der Abbasiden
- Expansion der Qarmaten
- islamische Seekampagnen

5 Das Zentrum Baghdads um 800

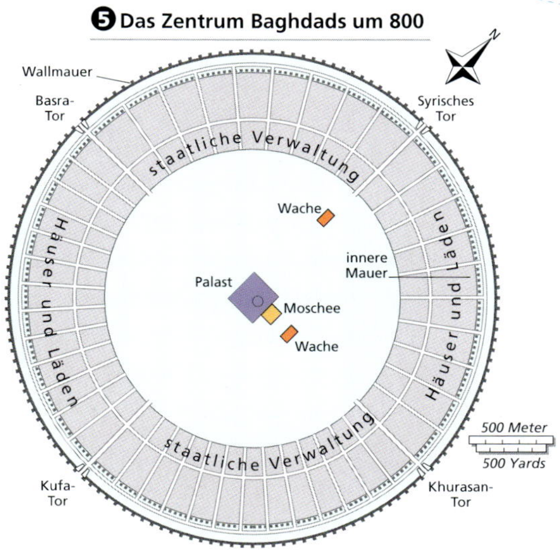

Baghdad zur Zeit von Harun ar-Rashid

Die 762 von al-Mansur gegründete Stadt besaß eine innere Zitadelle, die auf den kreisrunden befestigten Lagern der Assyrer basierte. Im äußeren Ring lagen die Wohnhäuser und Läden, im Zentrum der Palast, von einer grün leuchtenden Kuppel gekrönt, und die Moschee. Unter Harun ar-Rashid erlebte Baghdad seine Blütezeit und war Zentrum von Kultur, Bildung und Handel.

Zu Beginn des 9. Jh. verlegten die Abbasiden den Hof von Baghdad nach Samarra, einer prunkvollen Stadt am Tigris (S. 57). Diese Rekonstruktion einer Wandmalerei stammt aus dem Jawsaq-Palast von al-Mu'tasim.

Das Abbasiden-Kalifat

Die Abbasiden führten sich auf Abbas, einen Onkel Mohammeds, zurück. 750 entrissen sie den Umayyaden die Macht. Die Kalifen besaßen keinen religiösen Führungsanspruch. Sie regierten ein blühendes Reich, in dem alle Nationen und Völker vom Islam vereint waren. Ihre Hauptstadt Baghdad war Zentrum eines weitgespannten Handelsnetzes zwischen Indien, Afrika und China. Unter dem fünften Abbasiden Harun ar-Rashid (786–809) stand das Reich auf dem Höhepunkt seiner Macht. Nach seinem Tod zerfiel das Reich in Gebiete unter rivalisierenden Dynastien.

Das Abbasiden-Kalifat 750–809

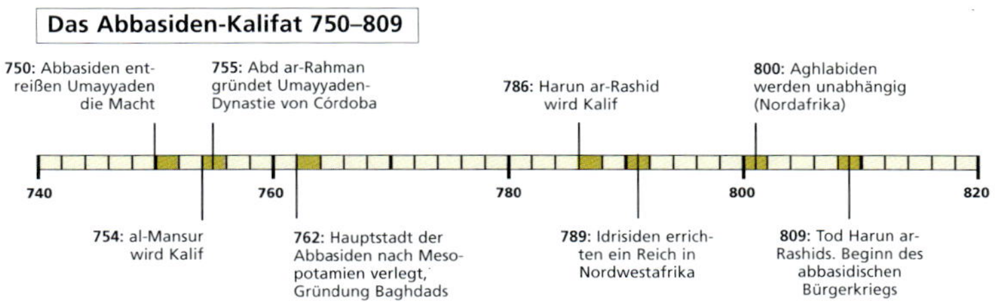

Die Zersplitterung des Kalifats

Der Bürgerkrieg nach dem Tod Harun ar-Rashids beschleunigte den Verfall der abbasidischen Macht, obwohl die Dynastie nominell bis 1258 bestehen blieb. Die islamischen Länder wurden nun von nahezu unabhängigen Dynastien regiert. In Ägypten herrschten die Fatimiden, in Transoxanien die Samaniden und in Afghanistan die Ghaznawiden. Diese waren maßgeblich an der Einführung des Islam in Indien beteiligt. 946 besetzten die persischen Buwaihiden Baghdad und übernahmen als Großwesire die Kontrolle des Kalifats. Ihr Aufstieg führte zu einer Restauration des persischen Nationalbewußtseins.

Alle Moscheen folgen dem Vorbild von Mohammeds Haus in Medina. Sie besitzen eine Qibla, die nach Mekka zeigende Wand, einen Minbar (Kanzel) und ein Minarett. Von diesem Turm werden die Gläubigen zum Gebet gerufen. Das Minarett der Ibn Tulun-Moschee in Kairo wurde im 9. Jh. errichtet.

6 Die Zersplitterung des Kalifats 900–1030

- Abbasiden-Kalifat um 900
- Sitz des Kalifen im Jahr 900
- Byzantinisches Reich
- Samaniden-Expansion im frühen 10. Jh.
- Ghaznawiden-Expansion

Herrschaftsgebiete 1028

- Ghaznawiden
- Fatimiden
- Buwaihiden

Die Zersplitterung des Kalifats 800–1055

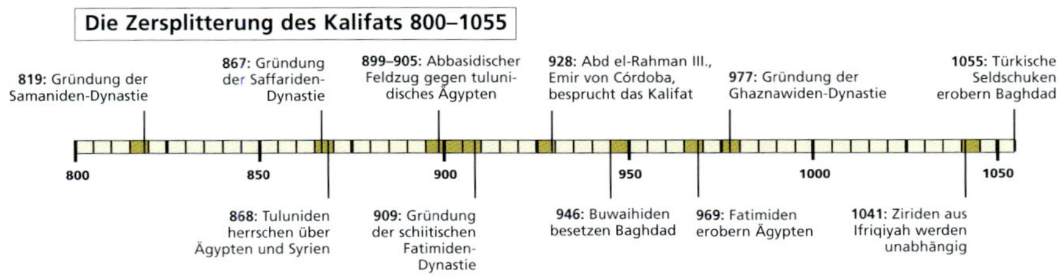

Das Samaniden-Mausoleum in Bukhara ist eines der frühesten Monumentalgräber der islamischen Architektur. Die dekorative Wirkung des Baus aus dem 10. Jh. wird nur durch das Ziegelsteinmuster erzielt.

TÜRKEN UND MONGOLEN

Die islamischen Krieger trugen lange Krummsäbel aus getempertem Stahl, der meist noch fein graviert war.

TÜRKISCHE NOMADEN aus Zentralasien strömten ab dem 10. Jh. nach Westasien. Eine ihrer führenden Dynastien, die Seldschuken (Selčuk), stiegen mit der Wiedervereinigung der zentralen abbasidischen Länder zur beherrschenden Macht zwischen Kaspischem Meer und Mittelmeer auf. Ihr Sieg über Byzanz bei Manzikert 1071 bedeutete das Ende der byzantinischen Herrschaft in Kleinasien und gab Anlaß zu den Kreuzzügen. 1099 eroberten die Kreuzfahrer Jerusalem, mussten es allerdings nach einem Jahrhundert Saladin (Salah ad-Din) überlassen, der später auch Ägypten beherrschte. In der Mitte des 13. Jh. überrannten die Mongolen große Teile Westasiens und vernichten mit Baghdad das kulturelle Zentrum des Islam. Sie konnten erst von den Mamluken, die nun in Ägypten herrschten, gestoppt werden. Die Feldzüge des letzten Mongolen-Khans, Timur, führten bis Ankara und Delhi.

Die Seldschuken-Türken und Byzanz

Auf die Kunst des Islam hatten die architektonischen Formen und abstrakten Ornamente der seldschukischen Bauten bleibenden Einfluss. Diese glasierten Kacheln (spätes 11. Jh.) sind aus in der Freitagsmoschee von Isfahan.

Um 1040 wanderten türkische Stämme, unter denen die Seldschuken (Selčuk) den bedeutendsten Clan bildeten, aus dem Gebieten nördlich des Oxus nach Westen. 1055 eroberten sie Baghdad und regierten dort im Namen des abbasidischen Kalifen. Da sie kurz zuvor zum sunnitischen Islam übergetreten waren, erwiesen sich die Seldschuken als besonders tatkräftige Glaubenskrieger. Sie eroberten Armenien und besiegten Byzanz 1071 bei Manzikert; von den Fatimiden eroberten sie auch Syrien und große Teile Palästinas. In Nachfolgestreitigkeiten wurde das Reich geteilt: in das Großseldschukische Reich in Persien und das unabhängige Sultanat von Rûm (d.i. Ostrom) in Anatolien. Die Rûm-Seldschuken, die nach und nach die Kontrolle über ihr Reich an Stammes-Emirate verloren, wurden schließlich 1243 von den Mongolen am Köse Dağ besiegt.

Das Ayyubiden-Sultanat

Der kurdische Militärführer Saladin führte die Armee Nur ad-Dins, des Zengidenherrschers von Mosul, erfolgreich gegen die Kreuzfahrer (S. 64-65) und die muslimischen Nachbarn. Nach der Vertreibung der Fatimiden aus Ägypten vereinte er Ägypten und Syrien. Streitigkeiten mit den Kreuzfahrerstaaten führten 1187 zu der Vernichtung der christlichen Armeen bei Hattin und der Einnahme von Jerusalem und Akko. Daraufhin wurde der 3. Kreuzzug ausgerufen, der mit einem Vertrag über friedliche Koexistenz zwischen Muslimen und Christen endete. Die von Saladin begründete Ayyubiden-Dynastie herrschte bis zur Machtübernahme durch die Mamluken im Jahr 1250.

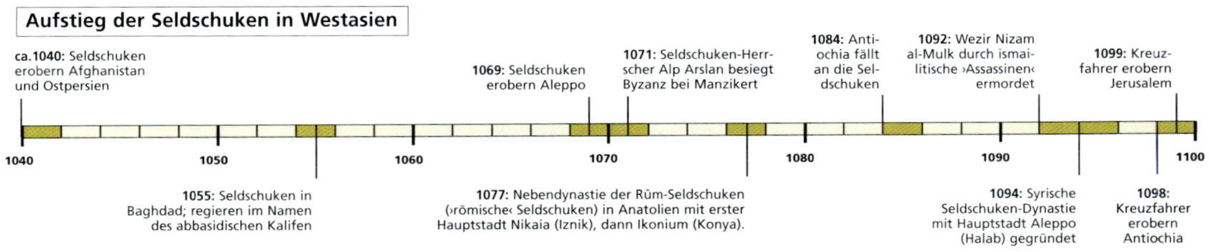

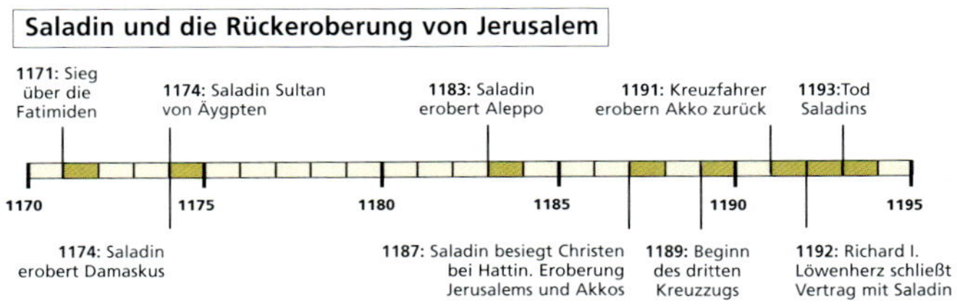

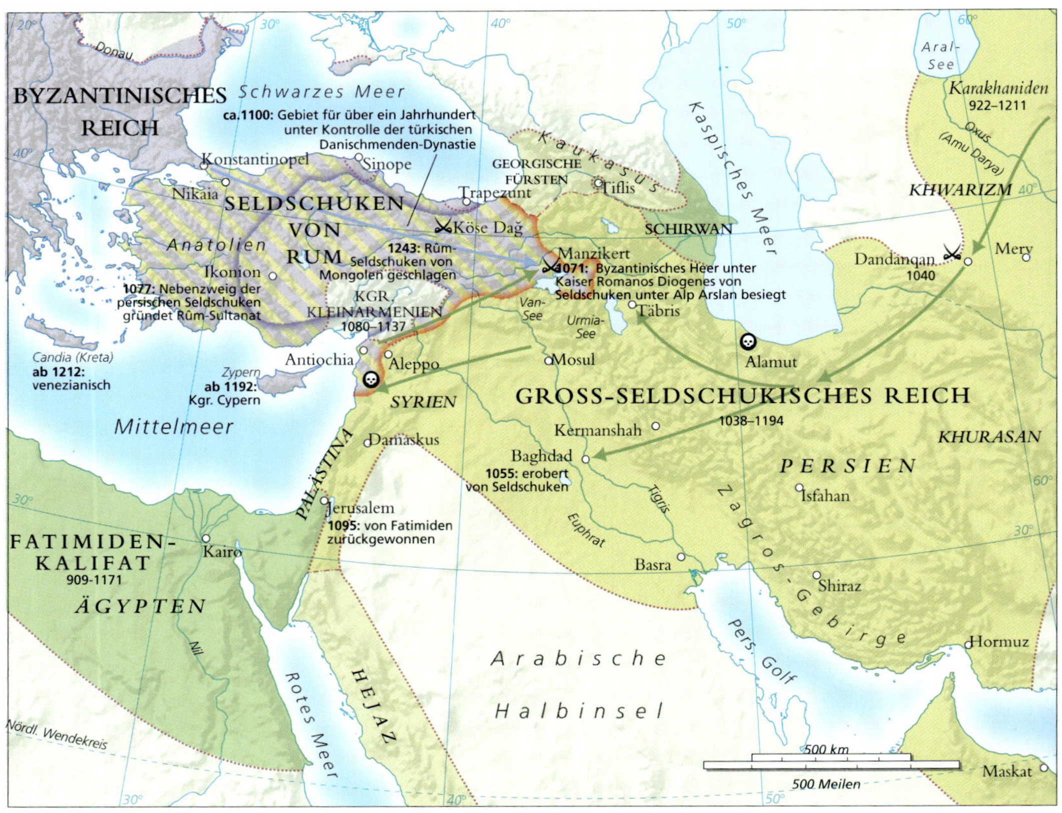

▲ ❶ **Die Seldschuken und das Byzantinische Reich ab 1025**

- Grenze des Byzantinischen Reichs in Asien um 1025
- Byzantinisches Reich 1095
- Seldschuken-Gebiete 1095
- seldschukische Vasallenstaaten
- byzantinische Gebiete 1095 von Seldschuken überrannt
- östliche Grenze des bis 1180 von Byzantinern zurückgewonnenen Gebiets
- andere muslimische Dynastien
- Zug der Seldschuken aus Asien ab 1038
- Weg der byzantinischen Heere
- Festung der Assassinen

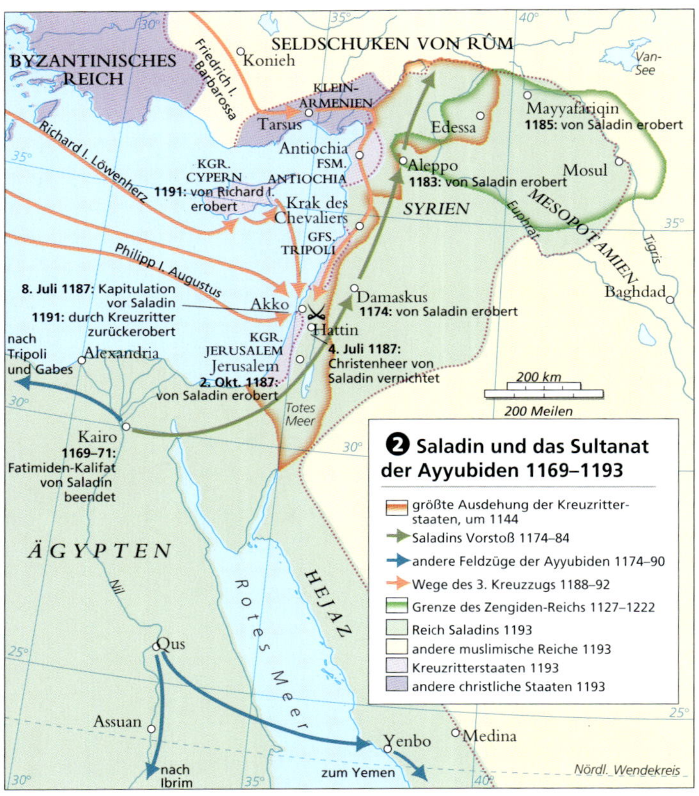

❷ **Saladin und das Sultanat der Ayyubiden 1169–1193**

- größte Ausdehnung der Kreuzritterstaaten, um 1144
- Saladins Vorstoß 1174–84
- andere Feldzüge der Ayyubiden 1174–90
- Wege des 3. Kreuzzugs 1188–92
- Grenze des Zengiden-Reichs 1127–1222
- Reich Saladins 1193
- andere muslimische Reiche 1193
- Kreuzritterstaaten 1193
- andere christliche Staaten 1193

Der islamische Führer Saladin (1138–93) vertrieb an der Spitze einer ägyptischen Armee die Kreuzfahrer aus Syrien und eroberte Jerusalem. Er ließ den Felsendom wieder erbauen, eines der ältesten islamischen Heiligtümer. Selbst die Kreuzfahrer achteten den begnadeten Führer als ritterlichen Gegner.

Persische Illustration, die den Feldzug der Mongolen unter Timur durch den Hindukusch 1398 zeigt. Der große Eroberungszug gegen die Städte des Punjab, der mit der Zerstörung Delhis endete, war nur einer der grausamen Züge des auch Tamerlan (›Timur der Lahme‹) genannten Khans, der seine Krieger vor den eroberten Städten Pyramiden aus den Schädeln der Einwohner auftürmen ließ.

Mamluken und Mongolen

Bei den Mamluken, die 1250 die Macht in Ägypten übernahmen, handelte es sich ursprünglich um tscherkessische Militärsklaven aus dem Kaukasus, die als Kinder geraubt und für die Leibwache am Hof der Ayyubiden ausgebildet wurden. Sie dehnten ihren Machtbereich bis nach Syrien aus und profitierten vom Handel mit Afrika und den Ländern am Indischen Ozean. Nur fünf Jahre nach der Machtübernahme durch die Mamluken führte der Mongole Hülegü (S. 68–69) eine mächtige Armee nach Westasien. Nachdem er Alamut, den Sitz der Assassinen (einer ismailitischen schiitischen Sekte), zerstört hatte, plünderte er Baghdad. Der Tod von Großkhan Möngke zwang Hülegü jedoch, die Hauptarmee zurückzuziehen. So konnten die Mamluken 1260 in Palästina bei der Goliathsquelle Ain Djalut die Mongolen schlagen.

3 Aufstieg der Mamluken und das Il-Khanat 1250–1300

- Grenzen des Ayyubiden- Sultanats 1247
- Territorium der Mamluken 1250
- von Mamluken 1253 erobert
- von Mamluken 1260 erobert
- christliche Gebiete, 1263–1291 von Mamluken erobert
- christliche Gebiete nach 1291
- Il-Khanat und Vasallen 1259
- Invasion der Mongolen unter Hülegü
- von Mongolen geplünderte Stadt

Mamlukische Krieger genossen eine hervorragende Ausbildung. Theorie und Praxis des Kampfes studierten sie auch anhand von militärischen Lehrbüchern. In diesem sind vier Reiter bei einer Übung um ein Becken abgebildet.

Mamluken und Mongolen in Westasien

- **1250:** Mamluken entreißen den Ayyubiden die Macht
- **1251:** Mamluken besiegen Syrer bei al-'Abbasa
- **1256:** Hülegü überquert den Oxus (Amu Darya)
- **1256–57:** Hülegü erobert die Assassinen-Festung Alamut
- **1258:** Hülegü plündert Baghdad
- **1259:** Großkhan Möngke stirbt
- **1260:** Mamluken schlagen Mongolen bei Ain Djalut; Aleppo und Damaskus werden erobert
- **1265:** Tod Hülegüs
- **1268:** Mamluken erobern die Kreuzfahrerstadt Antiochia

1250 – 1255 – 1260 – 1265 – 1270

Das Il-Khanat ca.1260–1353

Hülegü, ein Enkel Dschingis Khans, war von seinem Bruder, dem Großkhan Möngke, mit dem Feldzug nach Westasien beauftragt worden. Nach der Niederlage gegen die Mamluken ließ er sich in den wasserreichen Ebenen am Urmia-See nieder, wo er mit Maragheh eine neue Hauptstadt errichtete. Von hier regierte der zum Islam übergetretene Hülegü mit Hilfe der alten islamischen Verwaltungsklasse seine in Persien, Mesopotamien, Kleinasien und im Kaukasus eroberten Länder. Die von Hülegü begründete Dynastie, das Il-Khanat, blieb in Persien bis 1353 an der Macht.

1258 plünderten die Mongolen unter Hülegü Baghdad, das Herz der arabischen Kultur, und ermordeten 800 000 Einwohner. Den letzten Abbasiden-Kalifen ließ Hülegü in einen Teppich einrollen und von Pferden zu Tode trampeln.

Das Reich von Timur

Der Türke Timur Leng (Tamerlan) wurde 1369 Herr über Transoxanien. Von seiner Hauptstadt Samarkand aus zog er zu Feldzügen gegen Persien, die Goldene Horde, das Sultanat von Delhi, die Mamluken und die Osmanen aus. Bei Ankara besiegte er 1402 den osmanischen Sultan Beyazit. In 35 Jahren baute sich Timur ein gewaltiges Reich auf und nur sein Tod setzte Expansionsplänen nach China ein Ende. Obwohl Timurs Eroberungszüge mit seinen beispiellosen Grausamkeiten das islamische Asien in Angst und Schrecken versetzten, erwies sich sein Reich nur von kurzer Dauer.

Die Feldzüge Timurs 1379–1405

- **1379:** Timur zieht gegen Urgench
- **1380:** Timur überfällt mehrfach Persien
- **1384:** Aufstand in Herat. Timur stürzt die regierende Dynastie
- **1387:** Aufstand in Isfahan. Timur lässt 70 000 Einwohner hinrichten und aus ihren Schädeln Türme errichten
- **1388–91:** Krieg gegen das Khanat der Goldenen Horde
- **1392–94:** Weitere Züge gegen Persien
- **1393:** Eroberung Baghdads
- **1395:** Plünderung von Nevy-Sarai, Hauptstadt der Goldenen Horde
- **1398:** Invasion nach Indien. Plünderung von Delhi
- **1400:** Plünderung von Aleppo und Damaksus
- **1401:** Plünderung von Baghdad
- **1402:** Sieg über die Osmanen bei Ankara
- **1405:** Tod von Timur

1375 – 1380 – 1385 – 1390 – 1395 – 1400 – 1405

Timur liegt in Samarkand im Mausoleum Gur Emir begraben.

4 Eroberungszüge Timurs

- von Timur beherrschte Gebiete
- Osmanisches Reich
- Mamluken-Sultanat

Züge von Timur: 1379–1405

- gegen Khwarizm und Persien 1379–88
- gegen die Goldene Horde 1388–91 und 1395
- gegen Sultanat von Delhi 1398–99
- gegen Mamluken-Sultanat und Baghdad 1399–1401
- gegen Osmanisches Reich 1402
- begonnener Zug gegen China 1404–05
- von Timur zerstörte Stadt

DAS OSMANISCHE REICH

Osman Gazi, der Dynastiegründer (1299–1326), legte den Grundstein des Osmanischen Reichs.

DAS REICH DER OSMANISCHEN DYNASTIE wurde zu einer der großen Weltmächte der frühen Neuzeit. In seiner größten Ausdehnung erstreckte es sich vom Indischen Ozean bis nach Algier, nach Ungarn und über die Krim. 1453 fiel den Osmanen mit Konstantinopel ein Schlüsselzentrum der Macht in die Hände, das über 1000 Jahre dem Ansturm der Barbaren-Völker und den Kämpfern des Islam standgehalten hatte. Die türkische Expansion auf dem Balkan schuf religiöse und ethnische Grenzen, deren Folgen noch heute schmerzhaft zu spüren sind. Nach der Eroberung Ägyptens und Syriens waren die Osmanen in Afrika und Westasien fest etabliert. Im Osten mussten sie sich allerdings im 16. und 17. Jh. gegen die mächtige Dynastie der persischen Safawiden behaupten.

Der Aufstieg der Osmanen

Das Osmanische Reich ging hervor aus einem türkischen Klein-Emirat, das immer wieder Angriffe auf Konstantinopel geführt hatte. Anfang des 14. Jh. begannen die Osmanen, geführt von Sultanen wie Osman I., Orhan und Murat I. eine Reihe schneller Eroberungszüge. Im Versuch, dem Vordringen Einhalt zu gebieten, stellten die christlichen Balkanstaaten unter Führung des serbischen Adels eine Armee zusammen, wurden aber 1389 auf dem Amselfeld im Kosovo geschlagen. Sultan Beyazıt I. konnte daraufhin Bulgarien erobern und fiel in Ungarn ein. Die Expansion nach Osten wurde 1402 für einige Zeit von den Mongolen unter Timur gestoppt. Doch 1453 fiel die christliche Kaiserstadt Konstantinopel in die Hände von Sultan Mehmet II.

Die Osmanen 1300–1500

- **ca.1300:** Osman beginnt Kampf gegen Byzanz
- **1326:** Osmanen erobern Brussa (Bursa)
- **1356:** Eroberung von Gallipoli. Osmanen drängen nach Europa
- **1361:** Eroberung von Adrianopel (Edirne)
- **1389:** Sieg über Serben und Bosnier auf dem Amselfeld (Kosovo polje)
- **1389:** Beyazıt I. wird Sultan
- **1396:** Beyazıt I. siegt über Kreuzritter bei Nikopolis
- **1402:** Beyazıt I. von Timur bei Angora (Ankara) besiegt
- **1453:** Sultan Fatih Mehmet II. erobert Konstantinopel und nimmt den Kaisertitel an
- **1459–60:** Eroberung von Serbien und der Peloponnes

1300 1350 1400 1450 1500

Der Aufstieg der Osmanen zur Weltmacht war vor allem ihren Armeen zu verdanken, hier bei der Belagerung Belgrads im Jahr 1456. Am meisten waren die Janitscharen (von *yeni çeri,* ›neue Truppe‹) gefürchtet. Dies waren Sklaven tributpflichtiger Völker, die von Kindheit an zu Kriegern erzogen wurden.

1 Aufstieg des Osmanischen Reichs von 1300 bis 1481

- Gebiet des Emirats von Osman I. ca.1300
- Eroberungen von Osman I. bis 1326
- Eroberungen von Orhan (1326–62)
- Eroberungen von Murat I. (1362–89)
- Eroberungen von Beyazit I. (1389–1402)
- osmanische Ostgrenze nach dem Einfall Timurs 1402
- osmanisches Gebiet um 1451
- osmanische Eroberungen bis 1481
- Vasallen der Osmanen um 1481
- unter Kontrolle Venedigs um 1450
- Hl. Römisches Reich dt. Nation um 1480
- Grenzen im Jahr 1481
- Schlacht, mit Jahresangabe
- Belagerung, mit Jahresangabe

Osmanisches Hegemoniestreben im Indischen Ozean

- **1516–17:** Osmanen erobern Syrien, Ägypten, Hejaz und Yemen
- **1517:** Selim I. befiehlt Bau der osmanischen Flotte in Suez. Angriff der Portugiesen auf Jiddah (Djidda) abgewehrt
- **1525:** Osmanen besiegen portugiesische Flotte im Roten Meer
- **1538:** Osmanen unterwerfen Yemen und Aden und besetzen den Hafen Basra im Persischen Golf
- **1538:** Missglückte osmanische Belagerung der portugiesischen Kolonie Diu
- **1546:** Osmanen erobern Basra nach Aufständen zurück
- **1551–52:** Osmanen gelingt es nicht, die Portugiesen aus Hormuz zu vertreiben

1510 1520 1530 1540 1550 1560

Handel im Indischen Ozean

Mit der Eroberung Ägyptens, Mesopotamiens, des Hejaz (Hedjas) und des Yemen im frühen 16. Jh. erlangten die Osmanen die Kontrolle über den Handel im Persischen Golf und im Roten Meer. Die Schiffe brachten Gewürze aus Indien und von den Molukken-Inseln oder Sklaven aus Ostafrika nach Aden und Jiddah (Ǧidda, Djidda). Von dort gelangten sie über Land auf die Märkte in Kairo, Aleppo, Damaskus und Anatolien. Gegen die ständige portugiesische Bedrohung stationierten die Osmanen Flotten in Suez und Basra. Mehrere Versuche, die Portugiesen endgültig aus der Region zu vertreiben, hatten freilich keinen Erfolg.

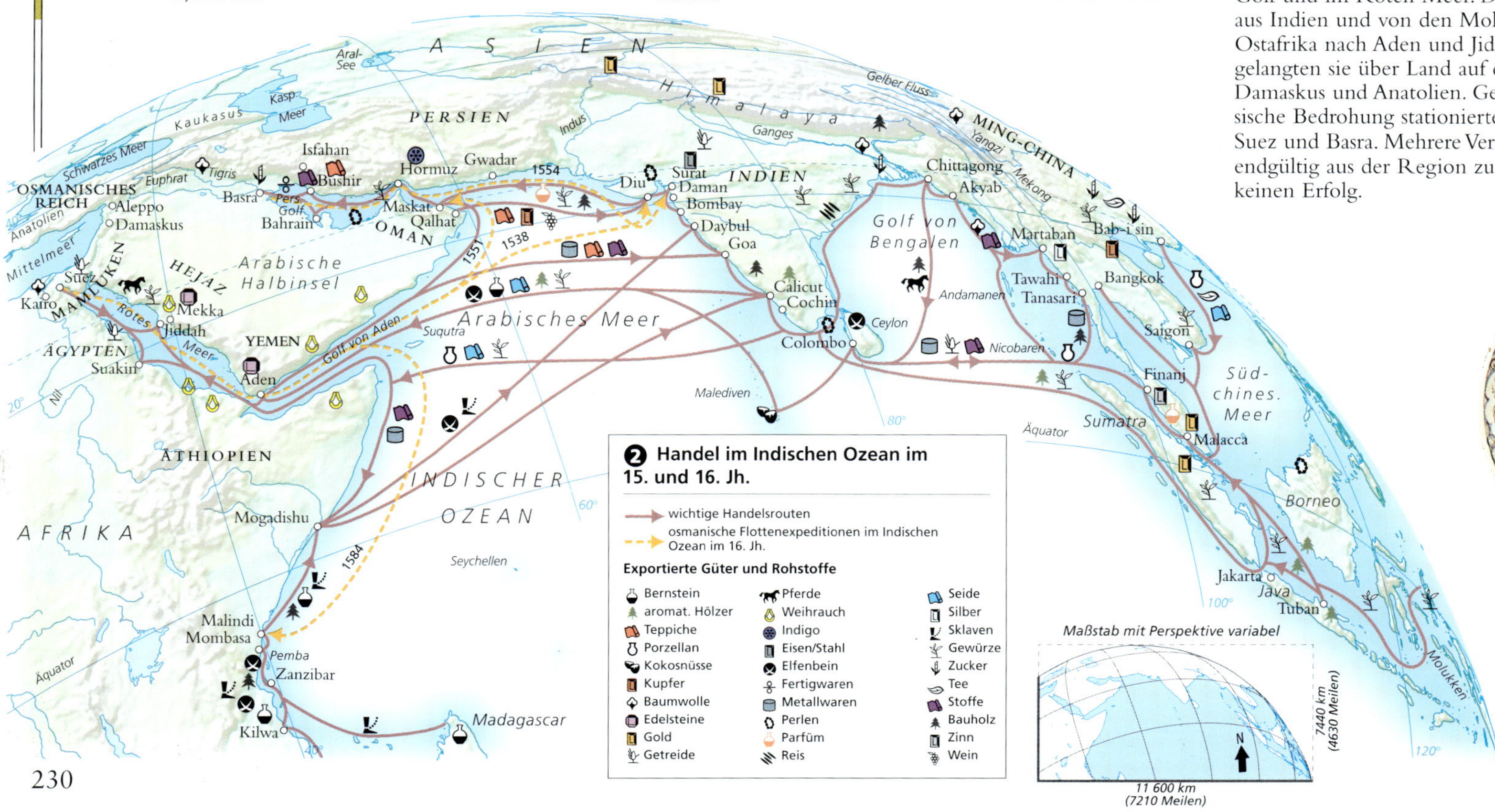

2 Handel im Indischen Ozean im 15. und 16. Jh.

- wichtige Handelsrouten
- osmanische Flottenexpeditionen im Indischen Ozean im 16. Jh.

Exportierte Güter und Rohstoffe

Bernstein	Pferde	Seide
aromat. Hölzer	Weihrauch	Silber
Teppiche	Indigo	Sklaven
Porzellan	Eisen/Stahl	Gewürze
Kokosnüsse	Elfenbein	Zucker
Kupfer	Fertigwaren	Tee
Baumwolle	Metallwaren	Stoffe
Edelsteine	Perlen	Bauholz
Gold	Parfüm	Zinn
Getreide	Reis	Wein

Keramiken aus Iznik zählten im späten 15. Jh. zu den feinsten Produkten des osmanischen Kunsthandwerks. Sie besaßen reiche figurative Muster, hier z.B. ein Handelsschiff.

Sultansmoscheen wie die Selimiye in Edirne machten Mimar Sinan zum berühmtesten Baumeister des Reichs.

Der Topkapı-Palast in Konstantinopel (Istanbul) war zugleich Regierungssitz, Kaserne der Janitscharen-Truppe und seit dem 16. Jh. auch Residenz des Sultans.

Die Osmanen auf dem Zenit der Macht

Als Sultan Selim I. 1512 an die Macht kam, begann er mit seinem Krieg gegen den sich im Osten ausbreitenden schiitischen Islam die zweite Phase der osmanischen Expansion. Nach seinem Sieg über die Perser bei Çaldiran führte er seine Armee nach Süden und überrollte Syrien, Ägypten und den Hejaz. Selims Sohn Süleyman führte den Heiligen Krieg gegen die Christen weiter, eroberte Ungarn und gelangte bis vor die Tore von Wien. Die Eroberung von Baghdad und Nordafrika festigte seine Vorherrschaft in der islamischen Welt. Seine Flotte beherrschte das gesamte östliche Mittelmeer.

Der Zenit osmanischer Macht

- **1510**
- **1512:** Selim I. wird Sultan
- **1514:** Selim I. schlägt Safawiden bei Çaldiran (Tschaldyrán)
- **1517:** Eroberung von Kairo
- **1520:** Süleyman I. (der ›Prächtige‹) wird Sultan
- **1521:** Süleyman erobert Belgrad
- **1526:** Sieg über die Ungarn bei Mohács
- **1529:** Erste Belagerung Wiens durch die Osmanen
- **1534:** Süleyman erobert Baghdad von den Safawiden
- **1538:** Osmanische Flotte besiegt die venezianisch-spanisch-päpstliche Armada bei Preveza
- **1565:** ›Große Belagerung‹ von Malta durch die Osmanen scheitert
- **1571:** Osmanen erobern das venezianische Zypern, werden aber von der Heiligen Liga bei Lepanto geschlagen
- **1570**

Dieses Fresko aus Isfahan zeigt einen Prinzen und eine Frau seines Harems in einem Garten. Am Hof der Safawiden unter Schah Abbas I. erreichte die bildende Kunst eine Blütezeit.

Safawidisches Persien

Die osmanische Expansion nach Osten wurde um 1500 vom raschen Aufstieg der persischen Dynastie der Safawiden gestoppt. Der erste Safawide, Schah Ismail I. vereinte Persien und führte gegen den Sunna-Islam den schiitischen Glauben ein. Das Vordringen nach Westen über Kurdistan hinaus wurde von den Osmanen verhindert, aber im Osten konnte das Reich erheblich erweitert werden. Unter der Herrschaft von Abbas I., wurde das Reich der Safawiden bis nach Balkh erweitert und die Osmanen aus Mesopotamien vertrieben.

Das Safawiden-Reich 1500–1620

- **1500**
- **1501:** Schah Ismail I. besteigt den Thron
- **1514:** Osmanen besiegen Ismail Schah bei Çaldiran (Tschaldyrán)
- **1528:** Safawiden entreißen Baghdad einem kurdischen Usurpator
- **1534–35:** Krieg gegen die Osmanen, die Täbris und Baghdad einnehmen
- **1553–55:** Krieg gegen die Osmanen
- **1578–90:** Krieg gegen die Osmanen
- **1588:** Schah Abbas I. (der ›Große‹) besteigt den Pfauenthron
- **1598:** Isfahan wird Reichshauptstadt
- **1603–19:** Krieg gegen die Osmanen; im ersten Jahr erobert Abbas Täbris zurück
- **1604:** Abbas I. erobert Armenien, Schirwan und Kars
- **1620**

DER NIEDERGANG DER OSMANEN

Sultan Abdülhamit II. regierte das Reich mit einer allmächtigen Geheimpolizei. Er wurde 1908–09 von den Jungtürken abgesetzt.

AUF DEM HÖHEPUNKT DER MACHT erstreckte sich das Osmanische Reich im 16. Jh. von Wien bis zum Indischen Ozean und von der Krim bis nach Algier. Gegen Ende des 18. Jh. begann das Vielvölkerreich aufgrund wachsender Unabhängigkeitsbestrebungen und der Ambitionen der europäischen Großmächte zu schrumpfen. Versuche, die westliche Kultur einzuführen und das Reich zu stärken, schlugen fehl. So waren bereits alle nordafrikanischen und große Teile der europäischen Besitzungen verloren, als die Türken auf der Seite der Mittelmächte in den Ersten Weltkrieg eingriffen (S. 206). Die Niederlage bedeutete das Ende des Reichs: In Syrien und Palästina wurden britische und französische Mandate errichtet, Saudi-Arabien erhielt die Unabhängigkeit. Die Türken in Anatolien wurden jedoch von Kemal Atatürk durch ein neues Nationalbewusstsein zusammengeschweißt. Sie konnten die Griechen aus Anatolien vertreiben und 1923 die Türkische Republik gründen.

Der Zerfall des Reiches 1800–1913

Als Reiseziel zog Konstantinopel, hier die Silhouette der berühmten Sultansmoscheen, ab 1900 zunehmend europäische Touristen an. Auch viele Türken trugen nun westliche Kleidung, der Turban als Kopfbedeckung war durch den Fez, einen roten, ursprünglich aus Tunesien stammenden Filzhut, abgelöst worden.

Unter dem Druck des Westens unternahm man verschiedene Versuche, das Reich zu modernisieren, vor allem zwischen 1839 und 1876. 1909 gelang es den Jungtürken, die eine liberalere Regierung anstrebten, Sultan Abdülhamit II. zu stürzen. Die osmanische Herrschaft über den Balkan fand mit der Unabhängigkeit Griechenlands 1830, gefolgt von der Serbiens, Montenegros und Rumäniens im Jahr 1878 ein Ende. Russland machte den Türken die Kontrolle über das Schwarze Meer streitig. In Afrika bemächtigten sich die Franzosen Algeriens und Tunesiens, während die Briten Ägypten und die Italiener Libyen eroberten.

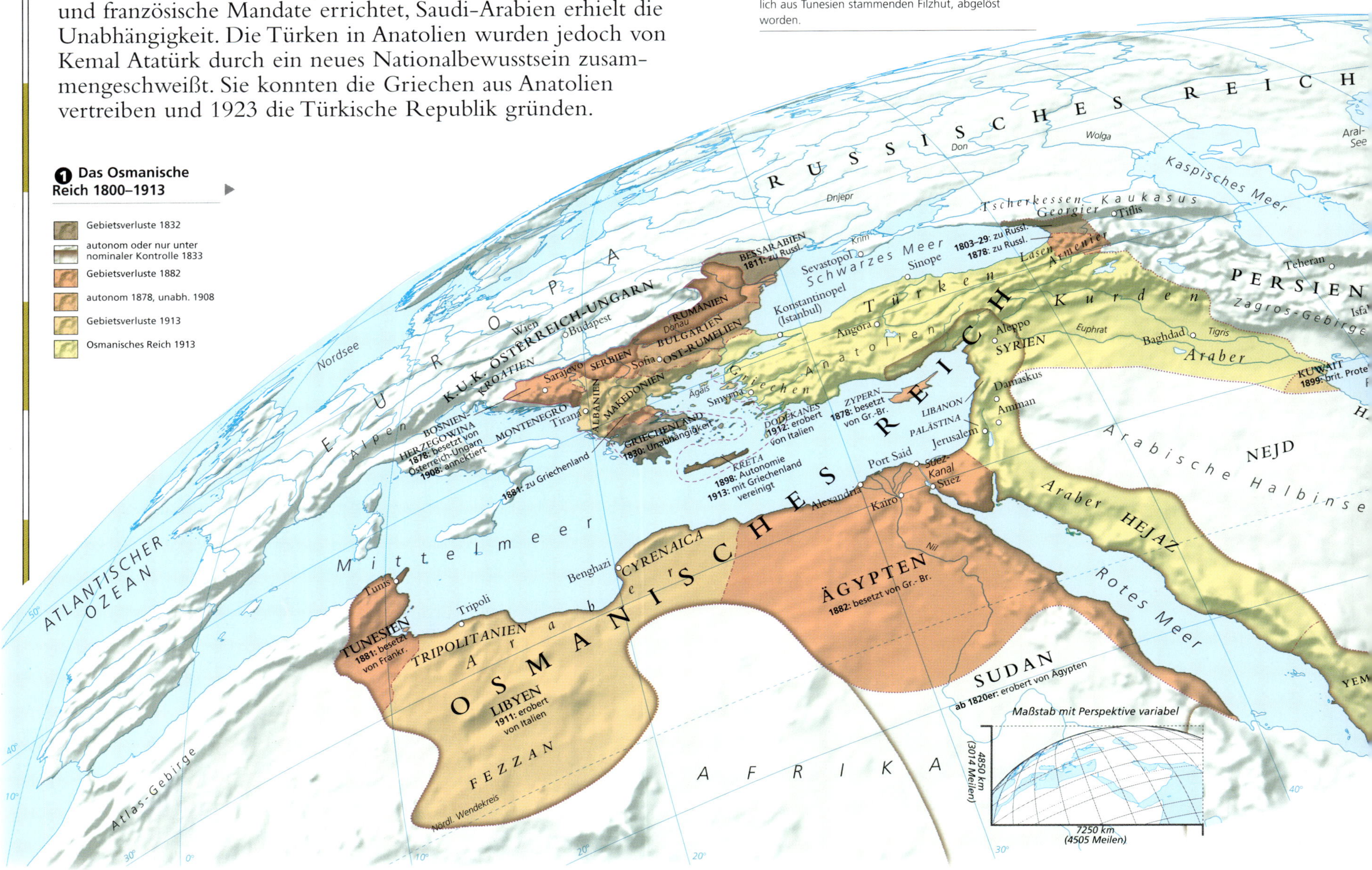

Das Osmanische Reich 1815–1913

- **1821–30:** Griechischer Unabhängigkeitskrieg
- **1830:** Algier von Franzosen besetzt
- **1839–61:** Sultan Abdülmecit I. erlässt die Tanzimat-Gesetze zur Reform der Reichsverwaltung
- **1840:** Pascha von Ägypten bedroht das Reich; Rettung durch Briten und Österreicher
- **1853:** Russen schlagen türkische Flotte bei Sinope
- **1854–56:** Krimkrieg; Franzosen und Briten helfen den Osmanen gegen Russland
- **1878:** Unabhängigkeit von Serbien, Montenegro und Rumänien auf dem Berliner Kongress anerkannt
- **1878:** Zypern von Briten besetzt
- **1881:** Tunesien von Franzosen besetzt
- **1882:** Ägypten von Briten besetzt
- **1908:** Bulgarien erklärt Unabhängigkeit
- **1908:** Bosnien-Herzegowina von Österreich-Ungarn annektiert
- **1911:** Libyen von Italien besetzt
- **1912–13:** Balkan-Kriege

1815 · 1825 · 1835 · 1845 · 1855 · 1865 · 1875 · 1885 · 1895 · 1905 · 1915

Emir Faisal vereinte 1916 die Araber und führte zusammen mit Colonel T.E. Lawrence einen erfolgreichen ›Aufstand in der Wüste‹ gegen die Türken an. Nach dem Krieg wurde Faisal unter britischem Mandat König des Irak.

ÄGYPTEN UND DER SUEZ-KANAL

Erste Anzeichen für den Zerfall des Osmanischen Reichs war die quasi autonome Herrschaft des ägyptischen Statthalters Mohammed Ali ab 1805. Er und seine Nachfolger förderten europäische Investitionen im Land. 1859 begann man unter Leitung des Franzosen Ferdinand de Lesseps mit dem Bau des Suez-Kanals, der das Mittelmeer mit dem Roten Meer verbindet. Der Seeweg von England nach Indien verkürzte sich dadurch um 9700 km. Der Kanal wurde 1869 eröffnet und zu einer der meistbefahrenen Wasserstraßen der Welt. 1875 kauften die Briten dem bankrotten Khediven von Ägypten für vier Mio. Pfund die Kontrollrechte über den Kanal ab und sicherten so die Verbindung zu ihren Kolonien im Osten.

Am Tag nach der Eröffnungsfeier in Port Said durchsegelten 68 Schiffe den Suez-Kanal, an der Spitze die *Aigle* mit der französischen Kaiserin Eugénie an Bord. Diese Zeichnung stammt aus ihrem Erinnerungsalbum.

Der Erste Weltkrieg in Westasien

- **Okt. 1914:** Türkei sperrt die Dardanellen
- **Feb. 1915:** Erster türkischer Versuch, Suez einzunehmen
- **Feb. 1915:** Gallipoli-Offensive der Alliierten scheitert
- **1915:** Ca. 1 Mio. Armenier von Türken deportiert und ermordet
- **Feb. 1916:** Russen erobern Erserum (Erzurum)
- **April 1916:** Kapitulation der Briten in Kut al-Amara
- **Juni 1916:** Arabischer Aufstand beginnt
- **März 1917:** Briten erobern Baghdad
- **Dez. 1917:** Briten erobern Jerusalem
- **Sept. 1918:** Schlacht bei Meggido
- **Okt. 1918:** Türkische Kapitulation

1914 · 1915 · 1916 · 1917 · 1918 · 1919

Die Aufteilung des Osmanen-Reichs 1918–23

Nach der türkischen Kapitulation 1918 wurde Syrien unter französisches Mandat gestellt, während Palästina, Irak und Transjordanien unter britische Kontrolle gerieten. Im Vertrag von Sèvres (1920) wurde der Sultan gezwungen, alle nichttürkischen Besitzungen abzutreten. Ost-Thrakien und Smyrna sollten an Griechenland fallen. Doch dann benötigten die Alliierten die Türkei als Bollwerk gegen die UdSSR und zogen sich zurück. Angeführt von Mustafa Kemal (Atatürk) begannen die türkischen Nationalisten den Krieg gegen die Griechen und vertrieben sie aus Anatolien. 1923 schrieb der Vertrag von Lausanne die neuen Grenzen fest, dabei wurden 1,3 Mio. Griechen und 400 000 Türken aus ihrer Heimat vertrieben. Im gleichen Jahr wurde der letzte Sultan Mehmet VI. gestürzt und die Türkische Republik gegründet.

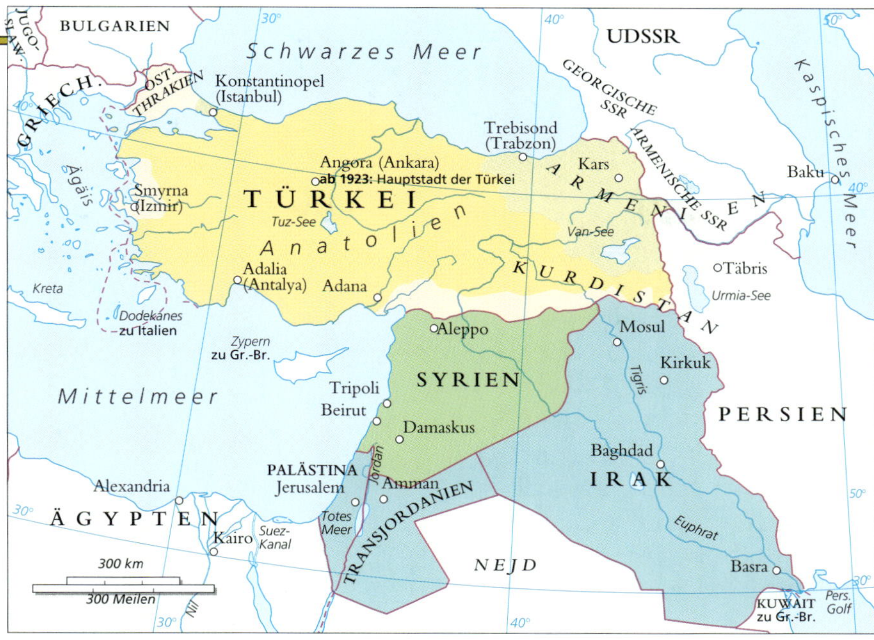

▲ **3** Südwestasien nach dem Ersten Weltkrieg

- Brit. Mandat
- Franz. Mandat
- Türkei nach Vertrag von Sèvres (1920)
- von Atatürk 1921 erobert
- an die Türkische Republik gefallen im Vertrag von Lausanne (1923)
- internationale Grenze 1926

Von Smyrna und der zumeist griechisch besiedelten Westtürkei stießen griechische Truppen bis nach Ankara vor. Gegen sie führten die türkischen Nationalisten unter Mustafa Kemal (Atatürk) einen dreijährigen Krieg, an dessen Ende sie Ostthrakien und Westanatolien zurückgewannen.

Die Türkei nach 1918

- **Mai 1919:** Griechische Truppen landen in Smyrna
- **Aug. 1919:** Kemal Pascha sagt sich von der Regierung in Istanbul los und beginnt Kampf im Osten
- **Aug. 1920:** Vertrag von Sèvres
- **Dez. 1920:** Armenien verliert die Hälfte des Staatsgebiets an die Türkei
- **1921:** Türkische Nationalregierung in Ankara gebildet
- **Sept. 1922:** Türken erobern Smyrna zurück
- **Juli 1923:** Vertrag von Lausanne erkennt die türkische Souveränität über Smyrna und Ost-Thrakien an
- **Okt. 1923:** Türkische Republik mit Kemal Pascha als Präsident gegründet

1919 – 1920 – 1921 – 1922 – 1923 – 1924

▲ **2** Der Erste Weltkrieg in Südwestasien

- Osmanisches Reich 1914
- Britisches Empire 1914
- Russisches Reich 1914
- Gebiet des Araber-Aufstands (1916–18)
- russisch/türkische Front 1917
- türkische Stellung bei Kapitulation 1918
- türkische Truppen
- Briten (inkl. ANZAC)
- Araber unter Col. T.E. Lawrence
- Franzosen
- Russen
- Eisenbahn

Britische und australische Truppen landen auf der Gallipoli-Halbinsel (links). Im Januar 1916 mussten sie die Offensive nach schweren Verlusten von 250 000 Mann beenden.

Der französische General d'Esperey geht 1919 in Istanbul an Land und wird vom britischen General Wilson begrüßt (unten). Hinter Wilson steht Kemal Pascha (später Atatürk genannt), der die Türkei zu einem modernen Staat machte.

Der Erste Weltkrieg 1914–18

Für die Türken begann der Krieg erfolgreich. Sie hielten die alliierten Streitkräfte neun Monate lang auf der Gallipoli-Halbinsel fest und stoppten den britischen Vormarsch in Mesopotamien. Doch die Einnahme von Suez schlug zweimal fehl und 1916 wurde die 3. Armee von den Russen bei Erserum (Erzurum) nahezu vernichtet. 1917 drangen die Briten, von arabischen Aufständischen unterstützt, nach Norden vor und eroberten Baghdad, Jerusalem und 1918 schließlich auch Damaskus.

Die Bildung des Königreichs Saudi-Arabien 1800–1932

Der saudische Staat nahm seine Anfänge im 18. Jh., als die Wahhabiten – eine orthodoxe Sekte, die die ›reine‹ Lehre des Islam verteidigte – die zuvor zerstrittenen arabischen Stämme vereinte. Die von der Sa'ud-Familie angeführten Wahhabiten drangen in Mesopotamien, den Hejaz (Hedjas) und Syrien ein und eroberten 1806 Mekka. Ägyptische Truppen des osmanischen Statthalters Mohammed Ali konnten ihren Staat jedoch 1812–18 zerschlagen. 1902 eroberte Abd al-Aziz Ibn Sa'ud den Heimatort Riyadh (Riad) im Nejd (Nedjd) zurück. Die Familie festigte nach und nach ihre Macht auf der Halbinsel, auf der 1932 schließlich das Königreich Saudi-Arabien ausgerufen wurde.

Abd al-Aziz Ibn Sa'ud gründete das bis heute bestehende Königreich Saudi-Arabien, das er bis zu seinem Tod 1953 regierte.

Die Arabische Halbinsel 1750–1950

- **ca.1750:** Auftauchen der Wahhabiyya
- **1806:** Wahhabiten erobern Mekka
- **1812:** Ägypter erobern Mekka und Medina zurück
- **1818:** Wahhabiten-Widerstand von Ägyptern unterdrückt
- **1843:** Herrschaft der Sa'ud-Familie von Faisal restauriert
- **ca.1880:** Geburt von Abd al-Aziz Ibn Sa'ud in Kuweit
- **1887:** Riyadh von Schammar-Beduinen besetzt
- **1902:** Ibn Sa'ud kehrt in die Heimat zurück und erobert Riyadh
- **1926:** Ibn Sa'ud macht sich zum König des Hejaz und Sultan des Nejd
- **1932:** Köngreich Saudi-Arabien proklamiert
- **1938** Erste Ölexporte aus Saudi-Arabien

1750 – 1800 – 1850 – 1900 – 1950

▼ **4** Die Gründung von Saudi-Arabien

HAUPTKARTE: 1912–1932

- Osmanisches Reich 1912
- Saudi-Gebiet 1912
- Zugewinn 1913
- Zugewinn 1920
- Zugewinn 1921–22
- Zugewinn 1924–25

KLEINE KARTE: 1800–1812 ▶

- Osmanisches Reich ca. 1800
- Wahhabiten-Gebiet ca.1800
- Wahhabiten-Expansion im frühen 19. Jh.
- 1805 Jahr der Eroberung durch Wahhabiten

WESTASIEN HEUTE

Yassir Arafat, seit 1969 Chef der PLO, führt die Palästinenser im Kampf um die Anerkennung ihrer Rechte.

SEIT DEM ZWEITEN WELTKRIEG bestimmten zwei Faktoren die Entwicklung Westasiens: Erdöl und die Gründung des Staates Israel. Die Entdeckung der enormen Ölreserven in der Golfregion war für den wirtschaftlichen und politischen Status ihrer Staaten von größter Bedeutung. Die Teilung Palästinas und Bildung eines jüdischen Staates entsprechend der UNO-Resolution von 1947 leitete den Anfang des arabisch-israelischen Konflikts ein, der bis in unsere Tage andauert. Israel wurde von der PLO und von den Nachbarn Ägypten und Jordanien anerkannt, jedoch nicht von Syrien und dem Irak. Der Süden Libanons ist heute eine Pufferzone zwischen Israel und arabischen Guerillatruppen. Eine weitere Bedrohung für die Stabilität der Region stellt der wachsende islamische, aber auch jüdische Fundamentalismus dar, vor allem dessen Opposition gegen westliche Einflüsse, durch die sich viele verunsichert und bedroht fühlen.

Ölförderung am Golf

Die Staaten am Persischen Golf liefern mit 41% (1998) den Löwenanteil der weltweit produzierten Erdöl- und Erdgasfördermengen und besitzen damit großen Einfluss auf die Entwicklung der Weltwirtschaft. Preiserhöhungen für Rohöl, wie 1973-74 durch die OPEC (Organisation Erdöl exportierender Länder), haben eine rezessive Wirkung auf die globale Ökonomie, und regionale Konflikte, die den Nachschub gefährden, beunruhigen die ganze Welt. In den 1990er Jahren zogen vor allem neue Ölfelder am Kaspischen Meer, weit nördlich des Golfs, aber ebenfalls in politisch instabilen Gebieten, ausländische Investoren an.

Im Königreich Saudi-Arabien lagern schätzungsweise 25,2% der bekannten Erdölreserven der Welt sowie 3,7% der Erdgasreserven. Das Land ist der größte Erdölexporteur der Welt.

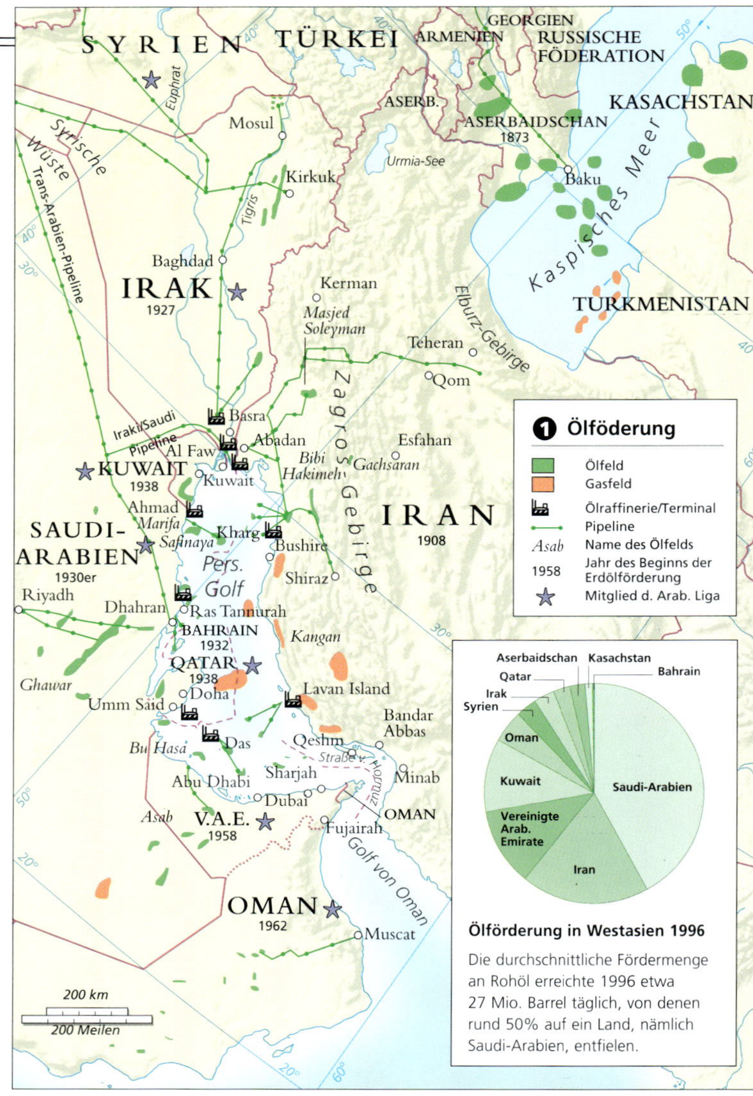

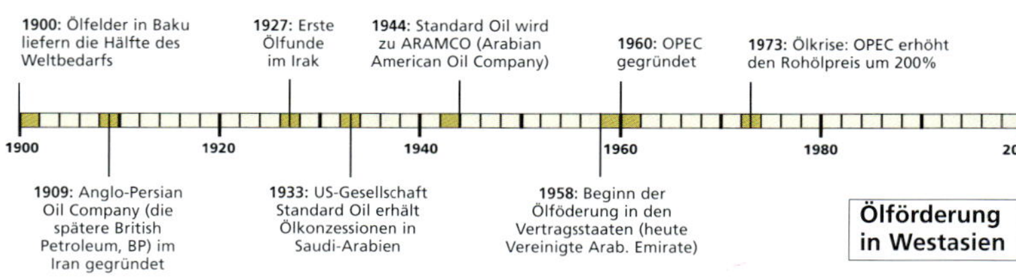

2 Krieg um Palästina 1947–82

▲ HAUPTKARTE: Entwicklung 1947-82
- Israel 1949
- besetzt von Israel 1967
- besetzt von Israel 1973
- besetzt von Israel 1967; rückerobert von Ägypten 1973
- demilitarisierte Zone unter UN-Aufsicht nach dem 2. Sinai-Abkommen 1975
- Israelischer Einmarsch in den Libanon 1982
- Palästinenser-Lager 1982
- umstrittene Grenze

KL. KARTE: UNO-Plan 1947 ▲
- Grenzen des britischen Mandatsgebiets 1923
- geplanter Araber-Staat
- geplanter Juden-Staat
- geplante internationalisierte Zone

Arabisch-israelische Kriege

Der Staat Israel wurde am 14. Mai 1948 ausgerufen. Am Tag darauf marschierten arabische Armeen in Israel ein, wurden jedoch zurückgeschlagen. Die Nichtanerkennung Israels durch die arabischen Staaten und die Vertreibung der Palästinenser zog eine Reihe von Kriegen nach sich, in denen Israel weitere arabische Gebiete besetzen konnte. Gebietskonflikte und die Palästinenserfrage destabilisieren die Region auch nach dem Friedensvertrag von Camp David (1979). Das ›Land gegen Frieden‹-Abkommen zwischen Israel und der PLO (1993) wurde nach der Ermordung des Premiers Rabin 1995 blockiert, die Verhandlung mit Syrien (1999) haben keinen raschen Durchbruch gebracht.

Ägyptische Gefangene werden von Israelis aus dem Sinai abtransportiert. In einer der erfolgreichsten Militäroperationen der modernen Geschichte besiegte Israel 1967 Ägypten, Syrien und Jordanien in sechs Tagen. Überraschende Luftangriffe zerstörten die arabische Luftwaffe; Panzerverbände drangen auf den Sinai vor.

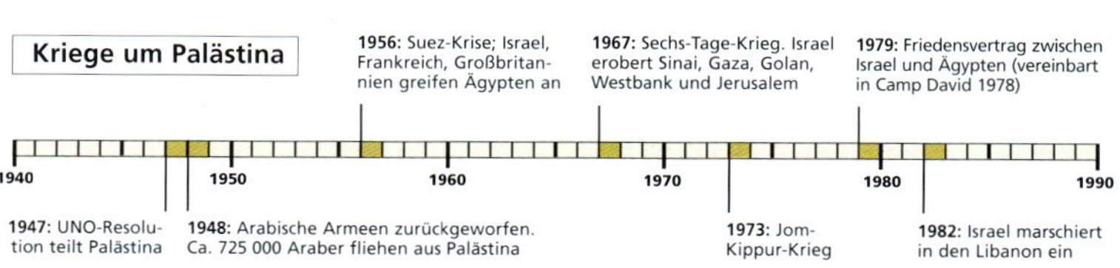

Immigration und Vertreibung

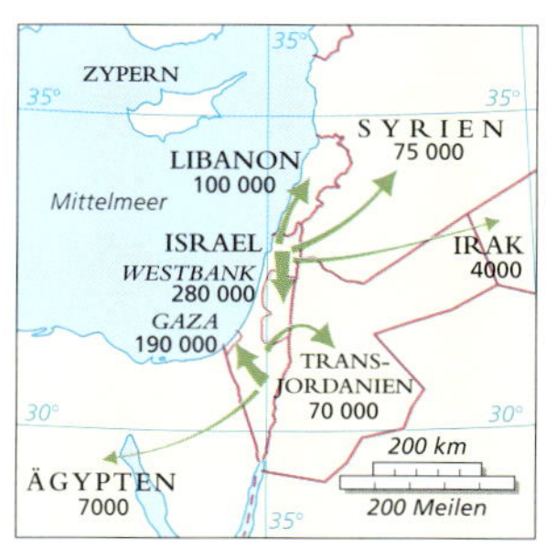

Verfolgung und Holocaust führten in den 1930er–40er Jahren zu einem starken Anstieg der Auswanderung europäischer Juden nach Palästina. Während die Juden den Teilungsplan der UNO akzeptierten, lehnten ihn die Araber ab. Im darauffolgenden Krieg der beiden Volksgruppen 1948–49 wurden zehntausende Palästinenser aus ihrer Heimat vertrieben und zu Flüchtlingen (links). Nach 1948 nahm die Einwanderung nach Israel noch zu (unten).

3 Migration 1947–96

▲ KLEINE KARTE: Flucht der Palästinenser
- 1947–48

▼ HAUPTKARTE: Einwanderung von Juden
- 1948–71
- 1972–96

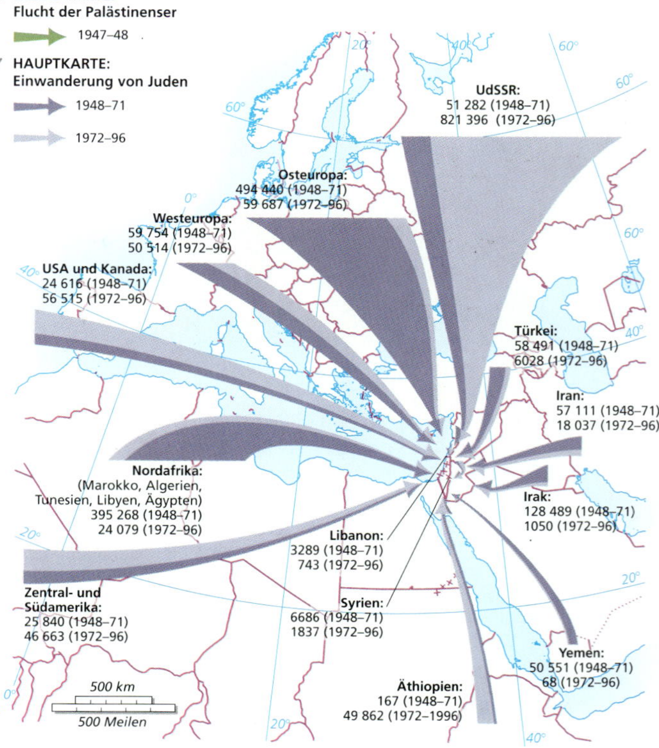

4 Islam in der modernen Welt

- Verbreit. des Islam
- Regionen mit schiitischer Mehrheit
- Islamische Republik
- aktueller Konflikt mit militanten Islamisten

Islamischer Fundamentalismus ab 1979

- **1979:** Revolution im Iran. Gründung der islamischen Republik
- **1981:** 52 Botschaftsangehörige der USA, seit 1979 als Geiseln gehalten, kommen frei
- **1983:** Im Sudan wird islamisches Recht eingeführt
- **1989:** Fundamentalisten übernehmen die Macht im Sudan
- **1991:** Islamische Heilsfront (FIS) steht vor Gewinn der Parlamentswahlen in Algerien; Militär sagt Stichwahlen ab
- **1993:** Islamische Staaten verabschieden ›Kairo-Erklärung‹ zur Einschränkung des Fundamentalismus
- **1998:** USA bombardieren Sudan als Rache für Bombenanschläge in Kenya und Tanzania

Islamischer Fundamentalismus

Der heutige Islamismus als politische Bewegung wurde vor allem von Ayatollah Chomeini, dem Führer der islamischen Revolution im Iran, begründet. Er forderte einen Staat auf Grundlage der Scharia, der islamischen Rechtsprechung, in der alle Institutionen den religiösen Regeln verpflichtet sind. Das folgende Aufflammen fundamentalistischer Bewegungen – Anfang der 80er Jahre vor allem im Sudan, in Ägypten, Algerien und Afghanistan, inzwischen in der gesamten islamischen Welt – ließ bei den Großmächten Sorge um den wirtschaftlichen und politischen Status Quo in der Welt aufkommen. Direkte militärische Interventionen blieben jedoch stets erfolglos.

Ayatollah Chomeini, iranischer Staatsführer und Symbolfigur der islamischen Revolution im Iran, wurde im Juni 1989 unter großer Trauer der Bevölkerung zu Grabe getragen.

Konflikte in der Golfregion

1980, nach der Revolution im Iran veranlassten die USA Saddam Hussein, den Herrscher des mehrheitlich sunnitischen Irak, dazu, das Nachbarland anzugreifen. Der überaus blutige Krieg endete erst 1988, als die UN einen Waffenstillstand vermittelte, und war der längste ›heiße‹ Krieg des 20. Jh. Zum zweiten Golfkrieg kam es, als der Irak 1990 das Emirat Kuwait besetzte und die dortigen Ölfelder unter seine Kontrolle brachte. Da die Forderung der UN nach Rückzug der irakischen Truppen erfolglos blieb, startete im Januar 1991 eine Koalition aus 29 Staaten unter der Führung der USA Luft- und Bodenangriffe gegen den Irak. Kuwait wurde befreit, dem Irak musste sehr harte Sanktionen akzeptieren. Die schwelende Feindschaft zwischen dem Irak und den USA kann die Region jederzeit in einen neuen Krieg stürzen.

Tausende überlebensgroßer Darstellungen, die Saddam Hussein z.B. in Soldatenpose zeigen, sind überall im Irak aufgebaut worden. Dieser Personenkult erinnert an den des Sowjet-Führers Stalin.

Das Schicksal der irakischen Kurden

Kurdische Siedlungsgebiete befinden sich in der Türkei, im Iran und im Irak. Wegen ihrer Unterstützung des Iran im ersten Golfkrieg führte Saddam 1988 einen Rachefeldzug gegen die Kurden durch, bei dem chemische Waffen Tausende von Toten forderten. Nach der Niederlage des Irak im Kuwait-Krieg entbrannten im Nordirak kurdische Aufstände, die jedoch brutal unterdrückt wurden. Über eine Million irakischer Kurden flohen in die Türkei und in den Iran. Geschützt von der Flugverbotszone unter UN-Aufsicht wählten die Kurden des Nordirak im Mai 1992 eine eigene Verwaltung und bildeten eine halb-autonome politische Einheit.

Kurdische Flüchtlinge fliehen 1991 über die Berge in die Türkei, nachdem Saddam Hussein ihre Dörfer im Nordirak mit chemischen Waffen angegriffen hatte.

Nach dem Krieg die Ölpest

Der Golfkrieg hinterließ der Region eine katastrophale Ölpest. Bei ihrem Rückzug aus Kuwait 1991 setzten die Iraker beinahe alle 950 Ölquellen des Landes in Brand. Über der gesamten Region schwebte eine dicke schwarze Rauchwolke und eine Ölschicht bedeckte weite Teile des Golfs. Viele der Quellen konnten erst nach Monaten mit US-Hilfe gelöscht werden.

Bilder von Seevögeln wie diesem Kormoran inmitten des ölverpesteten Golfs wurden zum Wahrzeichen für die schweren Umweltschäden, die der Golfkrieg hinterlassen hat.

Der Golfkrieg 1990–91

- **2. Aug.:** Irak überfällt Kuwait. UN fordern Irak zum sofortigen Rückzug auf
- **7./8. Aug.:** USA entsenden Truppen an den Golf
- **29. Nov.:** UN-Resolution ermächtigt die Mitglieder, ›alle nötigen Mittel‹ gegen den Irak einzusetzen
- **15. Jan.:** Frist für den Rückzug des Irak verstreicht
- **17. Jan.:** Operation ›Desert Storm‹ startet mit Bombardierung irakischer Truppen und Einrichtungen
- **24. Feb.:** Beginn der Bodenoffensive
- **28. Feb.:** Waffenstillstand

Geschichtsraum

Süd- und Südostasien

Vegetation

- Eiskappe, Gletscher
- Polar-, Hochgebirgswüste
- Tundra
- Halbwüste, Gariden
- Grasland, Savanne
- Wald, offene Baumgehölze
- tropischer Regenwald
- gemäßigte Wüste
- tropische Wüste vor 18 000 Jahren
- tropische Wüste vor 8000 Jahren
- Küste heute
- Küste vor 18 000 Jahren

Die historische Landschaft

Eine äusserst vielfältige Geografie kennzeichnet die zwischen den Wendekreisen liegende Region Süd- und Südostasien. Sie umfasst das höchste Gebirge der Welt, einige der größten Flusssysteme und Regenwälder sowie den ausgedehntesten Archipel. Die letzte Eiszeit legte die flachen Meere trocken, die das südostasiatische Festland umgaben, und Menschen zogen über die Landbrücke zu den vormaligen Inseln. In Indien entstanden an den Ufern des Ganges und des Indus einige der ältesten uns bekannten Kulturen. Die Größe des indischen Subkontinents und die Vielfalt der dort lebenden Bevölkerung verhinderten, dass sich eine politische Zentralgewalt dauerhaft etablieren konnte. Hinduismus, Buddhismus und Islam brachten Perioden kultureller, wirtschaftlicher und politischer Blüte hervor. Da die Region reich an Rohstoffen ist, entwickelte sich schon früh ein reger Handel. Erst in den letzten Jahrhunderten hat das Problem, wie die rasant wachsende Bevölkerung zu versorgen sei, die Sorge um Selbstbestimmung verdrängt.

Der Mekong ist einer der vielen Flüsse, die vom tibetischen Hochland nach Süden und Osten fließen. In tieferen Bereichen sind die Böden entlang der Flüsse äußerst fruchtbar und werden seit langem landwirtschaftlich genutzt, vor allem für den Reisanbau.

Der Himalaya bildete stets ein natürliches Hindernis zwischen den Menschen in Süd- und Ostasien. Die ersten Siedler erreichten Südasien über Pässe, die auch heute noch die einzige Möglichkeit bieten, das Gebirge zu überqueren.

Der Indus entspringt im Himalaya und fließt durch Bergwiesen und fruchtbare Ebenen zum Meer. Die Kulturen des Indus-Tales zählten in der Frühzeit zu den am weitesten entwickelten Kulturen in Südasien.

Süd- und Südostasien vor 18 000 Jahren

Veränderungen des Klimas und das globale Absinken des Meeresspiegels hatten auch in Süd- und Südostasien tiefgreifende Folgen. Das Schelf der vielen Inseln wurde trockengelegt und es entstand eine Landbrücke, die Java, Sumatra und Borneo miteinander verband. Regenwälder bedeckten kleinere Gebiete als heute, und viele Wälder verwandelten sich in Gras- und Buschland. In Indien dehnten sich die Sanddünen der Wüste Thar über eine Fläche aus, die die heutige deutlich übertraf.

SÜD- UND SÜDOSTASIEN

ERKUNDUNG & KARTIERUNG

Der Hindu-Globus aus dem 18. Jh. zeigt auf der oberen Hälfte das himmlische Reich, unten das irdische.

OBWOHL DIE SÜDASIATISCHEN RELIGIONEN auf eine lange Tradition der Kosmografie zurückblicken, stammen die überlieferten Karten aus jüngerer Zeit. Nur ein Teil der frühen Karten dürfte sich ausschließlich mit der säkularen Welt befasst haben. In die meisten Karten gingen religiöse Vorstellungen ein, die von Hinduismus, Buddhismus und Jainismus geprägt waren und die den Menschen in ein übergeordnetes Universum einordneten. Obwohl die Wissenschaft in Indien weit entwickelt war und indische Händler und Geistliche, vor allem Buddhisten, weite Reisen unternahmen, gibt es keine Belege für rein geografische Karten aus der Zeit vor der Etablierung des Islams in der Region. Nachdem die Portugiesen 1498 die ersten Niederlassungen in Westindien errichtet hatten, gingen die Eroberer dazu über, Süd- und Südostasien zu verzeichnen. Wirtschaftliche und militärische Beweggründe, gepaart mit unbändigem Wissensdrang, mündeten 1767 in den ›British Survey of India‹, ein riesiges Projekt mit dem Ziel, das gesamte britische Reich im Osten auf Karten festzuhalten.

Tradition der Kosmografie

Das jainistische Bild vom Universum zeigt in der Mitte den Berg Meru, umgeben von konzentrischen Kreisen, die Ozeane und Kontinente darstellen.

In den kosmografischen Vorstellungen von Hinduismus, Buddhismus und Jainismus war die Erde in ein umfassendes Universum eingebettet. Die von Menschen bewohnte Erde – Jambudvipa genannt – war nur ein kleiner Teil davon. In allen Kulturen Asiens ist der Glaube verbreitet, dass das Schicksal der Menschen übernatürlichen Kräften unterliegt, deren Einflüsse durch die Beobachtung der Sterne teilweise vorhergesagt werden kann. Die Abbildung des Himmels auf einem Astrolabium oder anderen astronomischen Geräten war daher nicht nur von topografischer Bedeutung, sondern drückte auch metaphysische Vorstellungen aus.

Die Lotusblüte, hier eine Zeichnung von Francis Wilford aus dem Jahr 1805, ist im Buddhismus ein Symbol für das Universum.

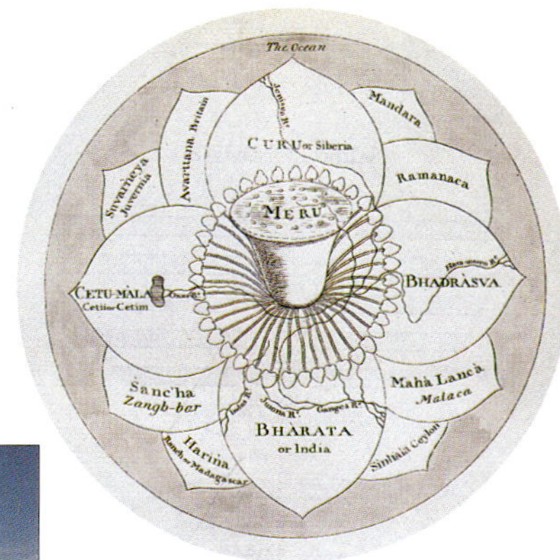

Fünf Observatorien ließ der Rajputen-König Sawai Jai Sing zwischen 1722 und 1739 errichten. Die Station in Jaipur (Bild) stellte erstaunlich genaue Messgeräte dar.

Karten aus der Zeit vor der Ankunft der Europäer

Kaum eine Karte aus der Zeit vor dem 16. Jh. ist erhalten oder überliefert. Karten wurden aus verschiedenen Gründen erstellt: um Informationen für das Militär festzuhalten, Reiserouten abzubilden oder Gebietsansprüche zu legitimieren. Die ältesten indischen Seekarten – sie stammen aus dem 17. Jh. – fand man in Gujarat. Keine Karte aus der Zeit vor der Ankunft der Europäer besitzt einen festen Maßstab, und nur selten sind die Angaben rein geografischer Natur. Zuweilen verschmolz das Wissen von der Welt mit kosmografischen Vorstellungen.

Kartografie in Süd- und Südostasien in präkolonialer Zeit

- **ca.1647:** Fertigstellung des Atlanten von Indien durch Sadiq Isfahani
- **ca.1660:** In Gujarat werden erste überlieferte Seekarten Indiens angefertigt
- **ca.1700:** Moguln beginnen, Karten für militärische Zwecke anzufertigen
- **1776:** ›Trai Phum‹, Thai-Handschrift mit längster Karte der Welt (52 m)
- **ca.1800:** Marathen und Burmesen stellen große Karten für Verwaltung und Militär her

1600 | 1650 | 1700 | 1750 | 1800

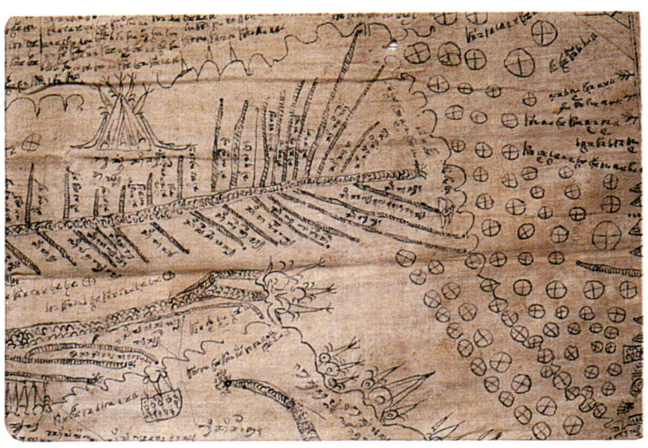

Die heilige Karte aus dem Sunda-Reich Timbanganten im Westen Javas (links) entstand im 16. Jh. Dorfbewohner glauben heute noch, dass sie Schutz vor dem Vulkan biete, der links im Bild zu erkennen ist.

Der Mogul-Herrscher Jahangir umarmt, auf einem Globus stehend, Schah Abbas von Persien. Vorbild für die Weltkugel war ein Globus vom Hof der Königin Elisabeth I., den der erste englische Gesandte 1615 als Geschenk mitgebracht hatte (rechts).

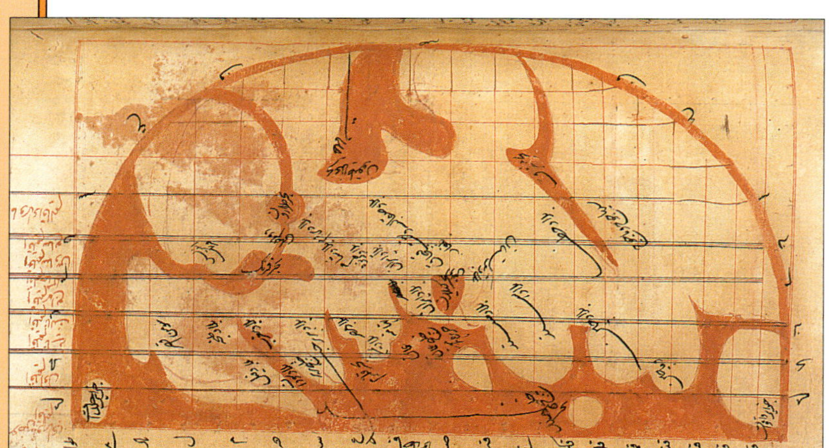

Sadiq Isfahani aus Jaunpur in Nordindien stellte 1647 eine Enzyklopädie in persischer Sprache fertig. Das Kapitel über Reisen enthält eine Karte vom ›bewohnten Viertel‹ des Erdballs (Afrika und Eurasien), die im traditionellen Stil der islamischen Kosmografie verfasst ist.

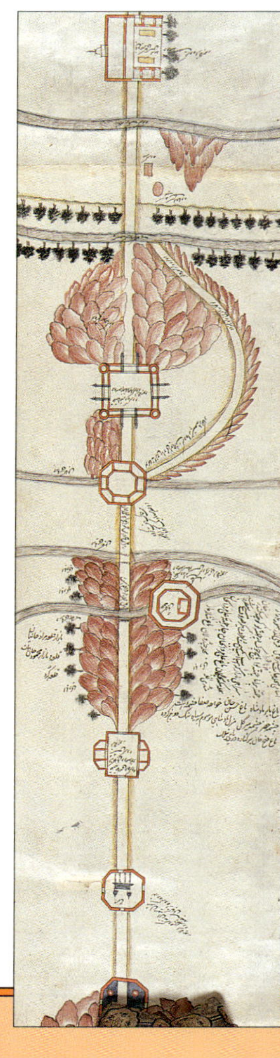

Auf dem Ausschnitt aus einer Mogul-Karte ist die Straße von Delhi nach Kandahar mit Querstraßen und Knotenpunkten abgebildet.

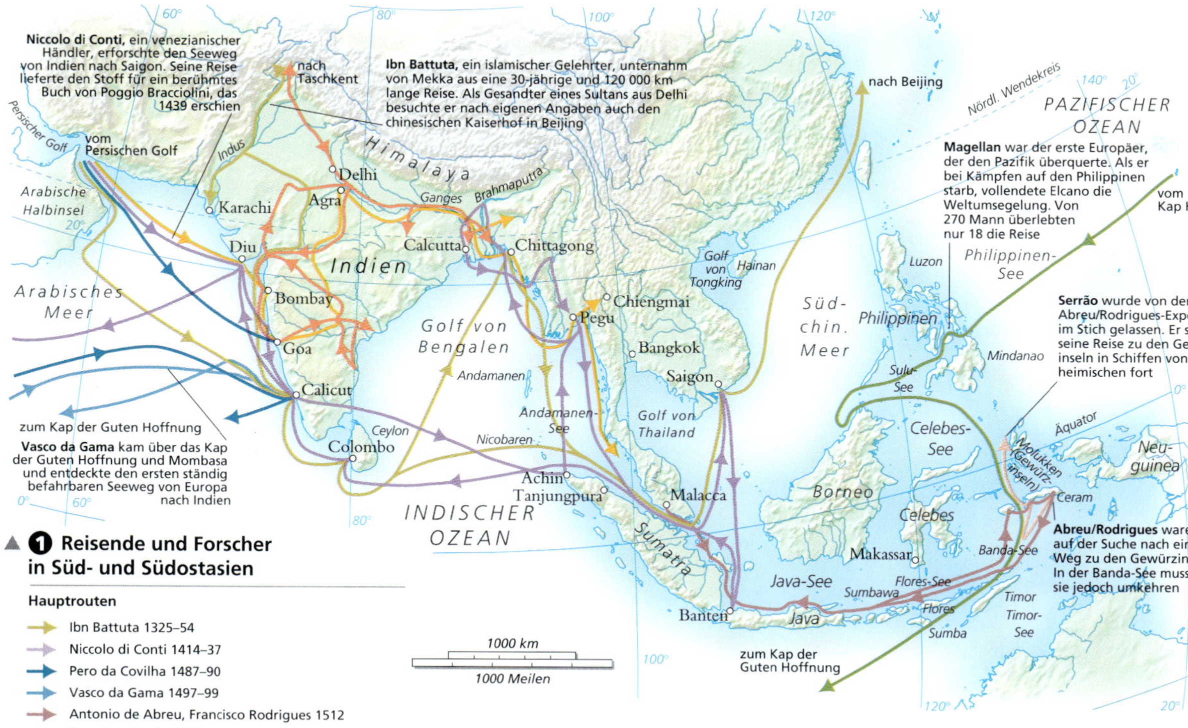

1 Reisende und Forscher in Süd- und Südostasien

Hauptrouten

- Ibn Battuta 1325–54
- Niccolo di Conti 1414–37
- Pero da Covilha 1487–90
- Vasco da Gama 1497–99
- Antonio de Abreu, Francisco Rodrigues 1512
- Francisco Serrão 1512
- Ferdinand Magellan, Juan Sebastián Elcano 1519–22
- Ralph Fitch 1583–91
- Jean Baptiste Tavernier 1639–67 (fünf Reisen)

Reisende in Süd- und Südostasien

- 1439: Poggio Bracciolini sammelt Angaben über Asienreisen von Niccolo di Conti
- 1498: Vasco da Gama erreicht Calicut; es folgen geheime Expeditionen der Portugiesen
- 1502: Erste Karte mit korrekten Umrissen des indischen Subkontinents von Alberto Cantino
- 1512: Francisco Serrão aus Portugal erreicht die Molukken
- 1535: Waldseemüllers Karte liefert genauere Umrisse des Subkontinents
- 1596: *Itinerario* von J.H. van Linschoten enthält viele Karten in großem und kleinem Maßstab
- 1619: William Baffins Karte vom Mogul-Reich; erste Karte eines englischen Kartografen

(Zeitleiste: 1400 – 1450 – 1500 – 1550 – 1600)

Reisende in Süd- und Südostasien

Ibn Battuta aus Tanger war der berühmteste Reisende in der Region während des Mittelalters – auch wenn fraglich ist, ob er China erreicht hat, wie er behauptete. Ein Jahrhundert später geleitete ein Muslim aus Gujarat Vasco da Gama durch den Indischen Ozean. Eine Route weiter im Süden erwies sich später als der Schlüssel zur Schatztruhe Südostasiens: den sagenumwobenen Gewürzinseln (Molukken), die ab 1512 von Portugiesen kontrolliert wurden. 1590 begannen Holländer, von Mauritius aus den Indischen Ozean zu erkunden.

Die Karte von Indien und Ceylon erschien 1596 im *Itinerario* von Jan Huygen van Linschoten. Sie erleichterte vielen britischen und niederländischen Kaufleuten den Handel mit Indien.

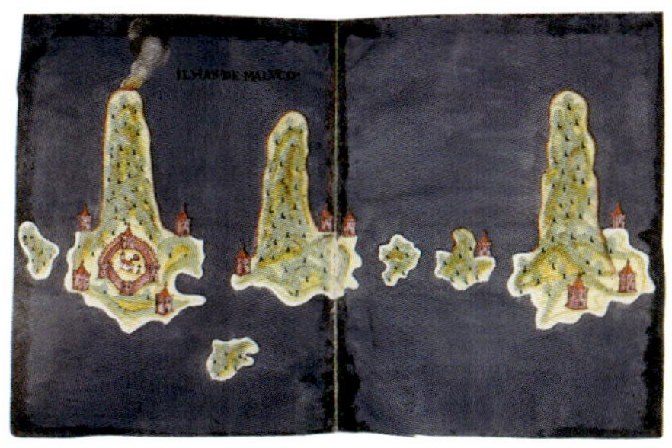

Die portugiesische Karte von den Molukken (1646) zeigt die großen Siedlungen, Vulkane und die Vegetation der Insel *(links)*.

Aus dem 17. Jh. stammt die französische Karte mit dem Königreich Siam, der malaiischen Halbinsel, Sumatra und Java. Auch die politischen Grenzen und Einflussbereiche sind eingezeichnet *(rechts)*.

Die Kartierung Indiens

Schon kurz nach der Reise Vasco da Gamas begannen Europäer, Karten von Indien anzufertigen. Systematische Vermessungen führte jedoch erst der neu ernannte Surveyor General der neu erworbenen Provinz Bengalen, James Rennell, durch. Die Karten beruhten zunächst vor allem auf Beobachtungen und Berichten. Im späten 18. Jh. gingen britische Armeeoffiziere wie Colin Mackenzie und William Lambton zu trigonometrischen Vermessungen über. Sir George Everest, Lambtons Nachfolger, plante umfangreiche Triangulationen (den ›Survey of India‹), an denen ein großer Mitarbeiterstab mitwirkte. Er musste dabei behutsam mit den lokalen Fürsten umgehen, da sie die Vermessung ihres Landes als Verletzung ihrer ohnehin beeinträchtigten Souveränität empfanden.

James Rennell, Kartograf von Bengalen und Bihar, veröffentlichte diese Karte 1782, vier Jahre nach der Rückkehr nach England. Auf der Kartusche erhält Britannia von einem Brahmanen die heiligen Schriften Indiens.

George Everest plante Triangulationen mit Hilfe eines Netzes, das den gesamten Subkontinent überzog. Sein Vorgänger, William Lambton, legte die Nord-Süd-Achse fest.

Der Indienatlas von J. und C. Walker entstand 1823 im Auftrag der Ostindischen Kompanie. Ein Inch in den Karten entsprach vier Meilen.

Die Kartierung Indiens

- 1767: Ernennung von James Rennell zum ersten Surveyor General in Bengalen
- 1792: Colin Mackenzie erstellt erste Karte von Tipu Sultan (Hyderabad)
- 1800: William Lambton beginnt mit Triangulation Indiens
- 1823: George Everest wird Superintendent des ›Great Trigonometrical Survey of India‹
- 1852: Mount Everest, benannt nach Sir George Everest, wird als höchster Berg der Welt anerkannt

(Zeitleiste: 1750 – 1775 – 1800 – 1825 – 1850 – 1875)

Wissenschaftliche Erforschung Südostasiens

Der britische Naturwissenschaftler Alfred Wallace machte sich 1854 auf den Weg nach Singapur und bereiste in den folgenden acht Jahren den gesamten malaiischen Archipel und Neuguinea. Er beobachtete und sammelte eine große Zahl von Tierarten, die im Westen bislang unbekannt waren. Im Herzen der Region fand er eine Grenze, die zwei unterschiedliche Faunen voneinander trennte. Die Arten im Osten waren eindeutig australischer Abstammung, die westlichen asiatischer. Er schloss daraus, dass der östliche Teil des Archipels früher Teil eines pazifischen Kontinents gewesen sein musste. Die Grenze zwischen beiden Zonen wird heute als Wallace-Linie bezeichnet.

Alfred Wallace veröffentlichte im Jahr 1869 Berichte über seine Südostasienreisen. Sie enthalten viele Zeichnungen von Tieren, die er beobachtet hatte, unter anderem vom schwarzen Kakadu, der auf den Aru-Inseln lebt.

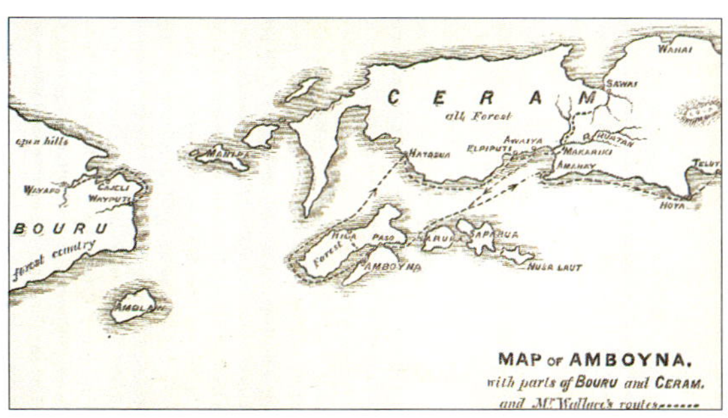

Die Karten von Alfred Wallace zeichnen ein genaues Bild des von ihm erforschten Gebietes. Diese Karte von der Molukken-Insel Ceram (Seram) zeigt die Region, in der er eine Fülle malaiischer Paradiesvögel beobachtete und wo er seine Theorien über die Evolution der Arten entwickelte.

2 Die Forschungsreisen von Alfred Wallace in Südostasien

- Reisen von Alfred Wallace 1854–62
- Wallace-Linie
- vermuteter früherer Küstenverlauf
- Ostgrenze der Zone mit den zwei Faunatypen

FRÜHE KULTUREN IN SÜDASIEN

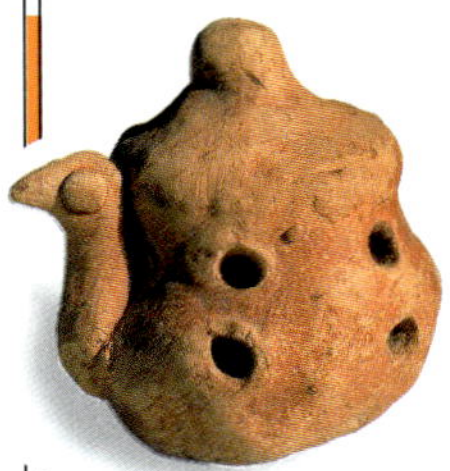

Dieses Gefäß aus Mohenjo-Daro war mit Bohrlöchern versehen und diente als Behälter für wohlriechende Essenzen.

DIE KUPFER- UND BRONZEVERARBEITUNG setzte sich in Süd- und Südostasien zwischen dem 5. und 3. Jahrtausend v.Chr. durch. Wahrscheinlich hat sie auch die Entwicklung der Städte im Indus-Tal Mitte des 3. Jahrtausends v.Chr. beeinflusst. Die Handelsbeziehungen der Indus-Kultur reichten bis zu den Stadtstaaten Mesopotamiens, wie Funde typischer Produkte aus der Region vermuten lassen. Der Untergang der Städte zwischen 2000 und 1500 v.Chr. hängt vielleicht mit dem Eindringen Sanskrit sprechender Aryer zusammen, deren Einfluss sich in den nächsten tausend Jahren über ganz Indien ausdehnte. Im 5. Jh. v.Chr. stieg Maghada zum Machtzentrum an der Spitze einer Reihe kleinerer Staaten in der Ganges-Ebene auf. Chandragupta Maurya errichtete 321 v.Chr. eine glanzvolle neue Dynastie mit der Hauptstadt Pataliputra, die ihre Blütezeit im folgenden Jahrhundert unter König Ashoka erfuhr. Die südostasiatischen Sanskrit-Inschriften um 400 v.Chr. bezeugen den frühen indischen Einfluss in der Region.

Entwicklung der Harappa-Kultur

Die Büste aus Mohenjo-Daro (um 2100 v.Chr.) stellt wahrscheinlich einen Priesterkönig dar.

Ursprung der Harappa-Kultur, die sich im 4. Jahrtausend v.Chr. herausbildete, waren die Ackerbau-Kulturen im nahen Bergland von Baluchistan. Die Kultur dehnte sich von ihrem Kernland, dem Indus-Tal, nach Osten bis zum Ganges und nach Süden bis in das heutige Maharashtra aus. Kennzeichnend für die Harappa-Kultur sind die systematisch angelegten, aus Ziegelsteinen gebauten Städte, die stets von einer Zitadelle beherrscht wurden, in der Gebäude mit kultischer, religiöser und administrativer Bedeutung lagen. Dass viele Wohnbezirke über eine Kanalisation verfügten, zeugt ebenso vom hohen Entwicklungsstand der Indus-Kultur wie die Normierung von Gewichten, Maßen und Ziegeln. Warum die Kultur unterging, ist unklar. Eine Invasion wird ebenso für möglich gehalten wie veränderte Umweltbedingungen, die das fragile Gleichgewicht zwischen den Städten und der sie versorgenden Landwirtschaft zerstört haben könnten.

Prä-Maurya-Kulturen in Südasien

- **ca. 2500:** Harappa-Bronzekulturen im Indus-Tal bis ca. 1500 v.Chr.
- **ca.1500:** Arya breiten sich über Nordwesten und Norden des indischen Subkontinents aus
- **ca.1000:** Eisenverarbeitung breitet sich über weite Teile Indiens aus
- **ca.1000:** Arya-Hirten werden als Bauern sesshaft und gründen zahlreiche Kleinstaaten
- **spätes 6. bis frühes 5. Jh.:** Auftreten von Buddhismus und Hinduismus
- **Mitte 6. Jh.:** Maghada steigt zum Machtzentrum Indiens auf

2500 v.Chr. – 2000 – 1500 – 1000 – 500 v.Chr.

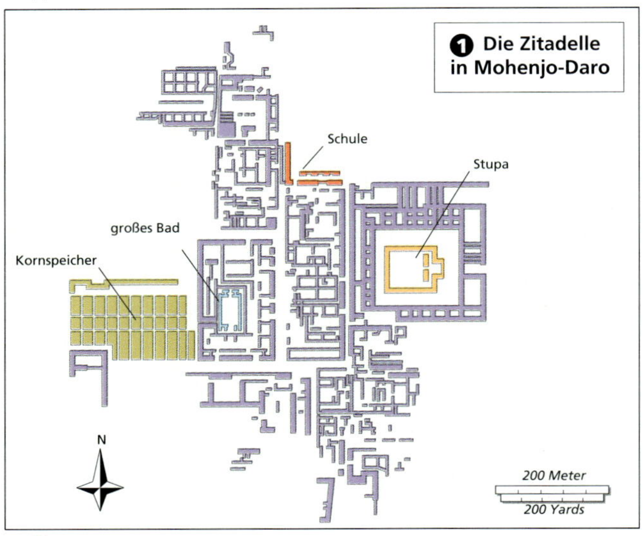

1 Die Zitadelle in Mohenjo-Daro

2 Harappa-Kultur vom späten 4. bis zum frühen 2. Jahrtausend v.Chr.

Kulturen in Baluchistan
- Kulturen zwischen dem späten 4. und späten 3. Jt. v.Chr.
- bedeutende Stätte
- andere Stätte (Auswahl)

Harappa-Kulturen
- Gebiet der frühen Harappa-Kultur, Mitte bis Ende des 3. Jt. v.Chr.
- Harappa-Kultur zur Blütezeit, bis Mitte des 2. Jt. v.Chr.
- bedeutende Stätte
- andere Stätte
- Anhäufung von Städten
- andere bedeutende Stätten

Bronzewerkzeuge und -waffen aus Mohenjo-Daro zeugen vom hohen technischen Stand des Handwerks.

Mohenjo-Daro

Mohenjo-Daro war neben Harappa die größte Stadt der Harappa-Kultur: Auf einer Fläche von rund 60 ha lebten etwa 50 000 Menschen. Der untere Teil der Stadt war durch ein regelmäßiges Straßensystem in neun Viertel unterteilt. Zudem war Mohenjo-Daro ein bedeutendes Zentrum für Handel und Handwerk.

Einen Tänzer stellt diese Bronzeskulptur der Harappa-Kultur dar.

Die Bronzezeit in Südostasien bis 1000 v.Chr.

Archäologen haben in Südostasien zahlreiche Bronzegegenstände ausgegraben, von denen manche 4000 Jahre alt sind. Dennoch ist der kulturelle Entwicklungsstand aus der Zeit vor dem Eindringen indischer und chinesischer Einflüsse kaum bekannt. Die Bronzefunde aus einigen Gräbern in Non Nok Tha und Ban Chiang in Thailand weisen darauf hin, dass sich ein differenziertes Gesellschaftssystem herausbildete. Für die Herstellung der Objekte benutzten die Menschen komplexe Techniken wie das Wachsausschmelzverfahren. Schmelztiegel aus Ton, die neben Gräbern gefunden wurden, deuten auf lokales Handwerk hin.

3 Bronzezeit in Südostasien nach 1500 v.Chr.
- bedeutende Stätte
- Funde von Dong-Son-Trommeln

Die Urne aus Ton wurde zwischen 3000 und 2000 v.Chr. hergestellt.

Dong-Son-Trommeln aus Bronze wie diese aus Vietnam (ca. 500 v.Chr.) wurden in der ganzen Region gefunden.

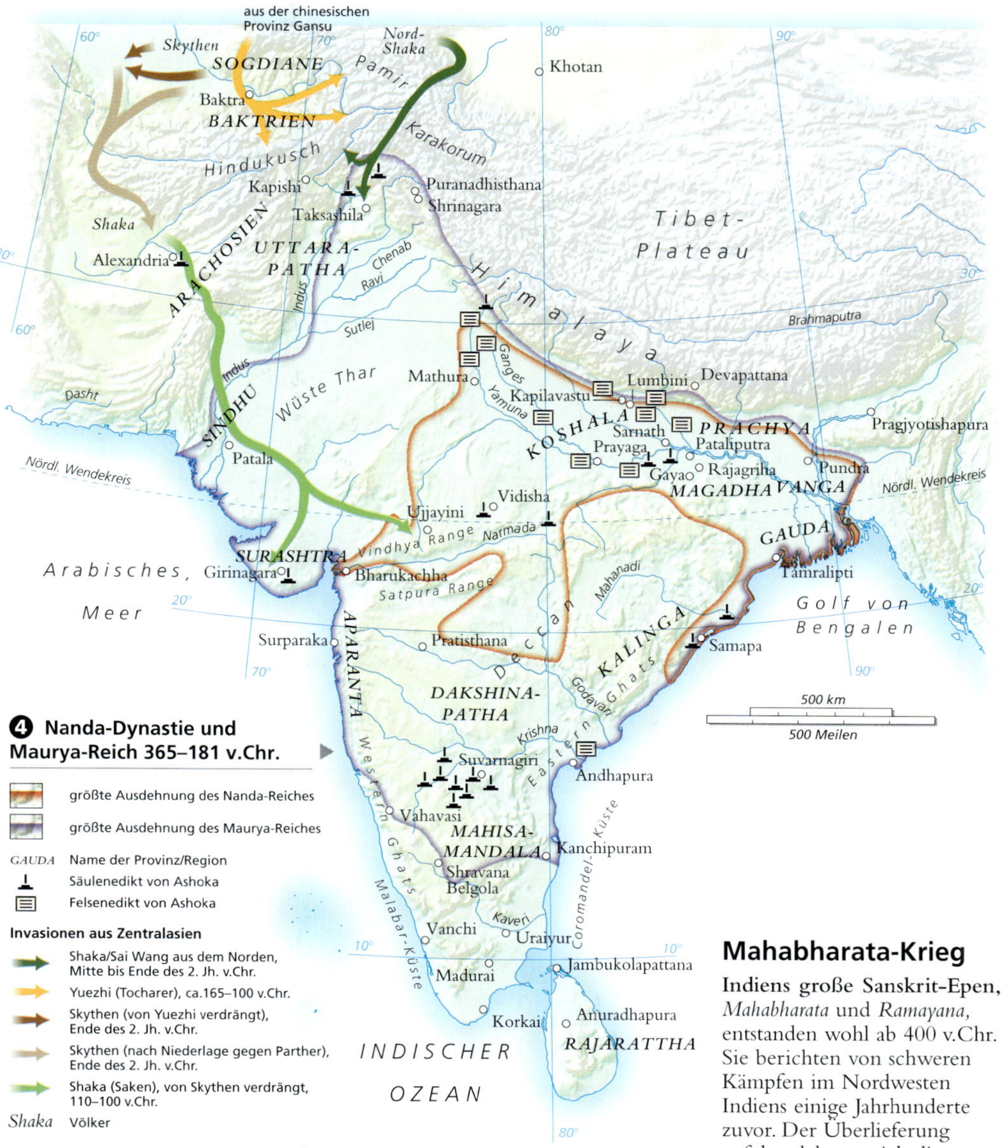

Nanda-Dynastie und Maurya-Reich ca. 365–181 v.Chr.

Ein buddhistischer Stupa steht heute noch in Sarnath, einer Maurya-Stadt im Norden der Ganges-Ebene.

In der Ganges-Ebene gab es um 600 v.Chr. rund sechzehn politische Einheiten, die im folgenden Jahrhundert unter die Herrschaft des Maghada-Reiches gerieten. Zwar hatte sich das Reich zur Zeit der Nanda-Dynastie (ca. 365–321) stark ausgedehnt, aber das erste indische Großreich entstand erst mit dem Maurya-Reich (321–181), dessen politischer und kultureller Einfluss weit über die Grenzen des Subkontinents hinausreichte. Als der Maurya-Herrscher Ashoka den buddhistischen Glauben annahm (um 260 v.Chr.), verzichtete er auf weitere kriegerische Eroberungen. Nach dem Zerfall des Reiches litt der Nordwesten Indiens unter den Überfällen nordasiatischer Völker, die von den Han aus China vertrieben worden waren.

Maurya-Reich und Nachfolgestaaten in Südasien

- **321 v.Chr.:** Chandragupta Maurya gründet Maurya-Reich
- **ca. 269 v.Chr.:** Beginn der Herrschaft des Maurya-Königs Ashoka
- **ca.190 v.Chr.:** Errichtung griechischer Königreiche im Nordwesten Südasiens
- **ca.181 v.Chr.:** Ende der Maurya-, Beginn der Shunga-Dynastie
- **ca. 50 v.Chr.:** Vorherrschaft der Satavahana-Dynastie in Deccan, dauert bis 250 n.Chr.
- **frühes 1. Jh. n.Chr.:** Kushana-Invasion im Nordwesten Indiens
- **ca. 90:** Invasion der Shaka (Saken) in Südasien
- **ca. 200:** Indiens Handelsbeziehungen zu westlicher Welt und China erreicht Höhepunkt

300 v.Chr. – 200 – 100 – 1 n.Chr. – 100 – 200 – 300 n.Chr.

Im Mittelpunkt des ›Mahabharata‹ steht die Geschichte vom Kampf zwischen den Nachkommen Bharatas, den Kaurava und Pandava, um die Königswürde. Die Zeichnung zeigt die Widersacher in einer Schlacht mit Streitwagen.

Mahabharata-Krieg

Indiens große Sanskrit-Epen, *Mahabharata* und *Ramayana*, entstanden wohl ab 400 v.Chr. Sie berichten von schweren Kämpfen im Nordwesten Indiens einige Jahrhunderte zuvor. Der Überlieferung zufolge dehnten sich die Konflikte über ganz Indien aus, was jedoch wahrscheinlich der mythischen Verklärung aus der Zeit nach der Maurya-Herrschaft entspringt. Die auf der Karte genannten Völker lagen im Machtbereich des expandierenden Mauyra-Reiches.

Indischer Einfluss in Südostasien bis 650 v.Chr.

Im alten Indien wurde Südostasien als *Suvarnadvipa*, der ›goldene Kontinent‹, bezeichnet. Obwohl sich nur wenige Inder dorthin begaben, war ihr Einfluss groß. Hinduistische Priester verbreiteten Glaubensinhalte und Rituale, andere waren als Berater an Königshäusern gefragt. Die indischen Traditionen sowie Kunst und Musik stießen bei den einheimischen Kulturen auf großen Zuspruch. Auch Hinduismus und Buddhismus fielen auf fruchtbaren Boden, allerdings wurden sie mit lokalen Bräuchen vermischt und erhielten so ein besonderes Gepräge.

Die thailändische Bronzestatue der Hindu-Gottheit Vishnu (7. Jh.) spiegelt den Einfluss der indischen Kultur auf Südostasien.

Frühe Kulturen in Südostasien

- **257 v.Chr.:** Gründung des Staates Au Lac im Becken des Roten Flusses; 207 gefolgt von Nam Viet
- **111 v.Chr.:** Nordvietnam wird chinesischem Han-Reich einverleibt
- **1. Jh. n.Chr.:** Buddhismus verbreitet sich in vielen Küstenstädten des südostasiatischen Festlands
- **1. Jh. n.Chr.:** Gründung von Funan, dem ersten hinduistischen Staat Südostasiens (Vorläufer von Kambodscha)
- **ca.192:** Gründung von Lin-yi/Champa, dem beständigsten hinduistischen Staat Südostasiens
- **ca. 550:** Gründung des Khmer-Königtums von Chenla nach Befreiung von Funan
- **6. Jh.:** Aufstieg des indisierten Mon-Reiches Dvaravati im heutigen Thailand

300 v.Chr. – 150 – 1 n.Chr. – 150 – 300 – 450 – 600 n.Chr.

DIE RELIGIONEN IM SÜDLICHEN ASIEN

Das Relief im Gandhara-Stil zeigt einen sitzenden Buddha. Es scheint inspiriert von griechisch-römischen Skulpturen zu sein.

DIE GESCHICHTE INDIENS UND SÜDOSTASIENS ist untrennbar mit der Verbreitung und Entwicklung der Religionen und der Beziehungen zwischen den Glaubensrichtungen verbunden. Religionen prägten die Identität der Menschen in der Region lange Zeit in hohem Maße. Indien ist die Heimat von Hinduismus und Buddhismus, aber auch andere, weniger verbreitete Religionen wie Jainismus und Sikhismus entstanden hier. Zwar genoss der Buddhismus in Indien den politischen Schutz der Herrscher, aber er konnte sich beim einfachen Volk nicht durchsetzen. Die Ausbreitung von Hinduismus (im Verlauf des 1. Jahrtausends) und Islam (8. bis 13. Jh.) beschleunigten den Niedergang des Buddhismus in seiner ursprünglichen Heimat. Heute sind in weiten Teilen Südostasiens die ursprünglichen Naturreligionen von importierten Glaubensrichtungen – vor allem Buddhismus, Hinduismus, Islam und nicht zuletzt das Christentum – abgelöst worden.

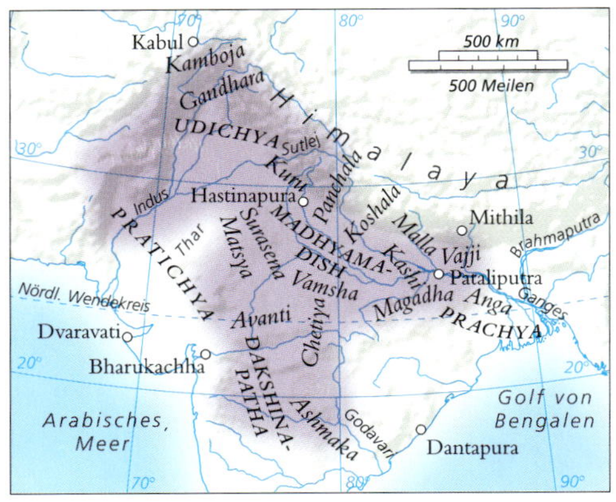

1 Indien in den frühen Veden

arysche Siedlung um 900 v.Chr.
PRACHYA große Kulturregion
Kashi Mahajanapada (eins der 16 Königreiche, die in späteren buddhistischen Texten erwähnt werden)

Indien in den Veden, 1500–1000 v.Chr.

Der *Rig Veda* ist das erste große literarische Werk Indiens. Es wurde um 900 v.Chr. von den Arya in Nordindien kompiliert. Der Rig Veda gibt Auskunft über die Entwicklung der Glaubensvorstellungen, da er Hymnen an die Götter enthält, die über Jahrhunderte mündlich überliefert worden waren. Die Arya werden darin als wagenführende Krieger und Nomaden beschrieben, die mit der Zeit sesshaft wurden. Spätere buddhistische Schriften enthalten geografische Angaben und erwähnen 16 große Königtümer in Nord- und Zentralindien, die Mahajanapadas.

Vedisches Indien

1500 v.Chr. – 1000 – 500 – 1 n.Chr. – 500 n.Chr.

ca.1500 v.Chr.: Komposition der ersten Hymnen der *Rig Veda*
ca. 900 v.Chr.: Entstehung der ersten späteren *Veden: Upanishaden* und *Brahmana*
ca. 500–300 v.Chr.: Verschriftlichung religiöser Regeln *(Dharmashastra)*
ca. 400 v.Chr.: Beginn der Ausbreitung des Hinduismus nach Ceylon und Südindien
ca. 400 v.Chr.: Beginn mit Dichtung und Sammlung der Epen *Mahabharata* und *Ramayana*
ca. 50 v.Chr.: Dichtung der *Bhagavadgita* setzt ein
ca. 450 n.Chr.: Dichtung der frühen *Purana; Mahabharata* kurz vor Fertigstellung

Indien in den Purana

Als die Arya-Stämme im 1. Jahrtausend v.Chr. viele kleine Königreiche und Republiken bildeten, passten sie ihre Religion dem Hinduismus an. Sie vermischten sich mit unterworfenen Völkern, und es entstand eine Gesellschaft, die durch Kasten hierarchisch gegliedert war. An der Spitze standen brahmanische Priester, die für den kultischen Bereich zuständig waren, sowie die Kriegerkaste (*Kshatriya);* die unterworfenen Völker bildeten die unterste Stufe. Die Verbreitung des Hinduismus spiegelt sich in den heiligen Texten. Die *Purana*-Schriften etwa, die sich mit der Schöpfung der Welt und der Genealogie der Götter befassen, enthalten zahlreiche geografische Angaben, wonach Indien in eine Reihe von Staaten und Stammesgebieten, den sogenannten *Janapada,* unterteilt war.

Die Bronzefigur aus dem 11. Jh. zeigt den Gott Shiva als Tänzer. Er wird von einem Feuerkranz umgeben, der Tod und Wiedergeburt symbolisiert.

Der Hindu-Gott Vishnu bewahrt die Ordnung im Universum.

Das Hindu-Pantheon

Mehr als tausend Jahre lang veränderte und vergrößerte sich die hinduistische Götterwelt. Viele lokale Gottheiten kamen erst in jüngerer Zeit dazu. Als wichtigste Götter werden Shiva, der Zerstörer, und Vishnu, der Bewahrer, verehrt.

Buddhismus und Jainismus

Buddhismus und Jainismus entstanden im 6. Jh. v.Chr. in der Ganges-Ebene, zum Teil als Reaktion auf die rituellen Exzesse und die soziale Ungerechtigkeit des Brahmanismus. Von zentraler Bedeutung für beide Konfessionen sind Gewaltfreiheit (*ahisma),* die Lossagung von weltlichen Gütern und religiöse Meditation. Bis zur Ausbreitung des Islam in Nordindien standen Buddhismus und Jainismus in ganz Indien unter dem Schutz zahlreicher Herrscher. Eine besonders große Anhängerschaft konnten sie, vor allem der Jainismus, jedoch nie gewinnen.

Indiens größte Ansammlung buddhistischer Denkmäler wurde im zentralindischen Sanchi gefunden. Sie entstanden zwischen dem 3. Jh. v.Chr. und dem 11. Jh.

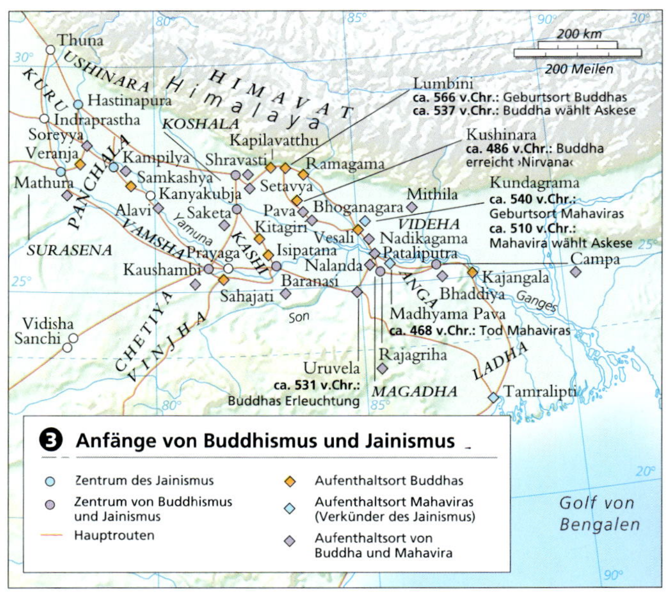

Anfänge von Buddhismus und Jainismus

900 v.Chr. – 600 – 300 – 1 v.Chr. – 300 – 600 v.Chr.

817: Vermutliches Geburtsjahr des ersten Jain-Lehrers Parshvanatha
ca. 566–486: Gautama Siddhartha (Buddha)
ca. 540–468: Mahavira, Verkünder des Jainismus
ca. 260: Maurya-König Ashoka wird Buddhist
ca. 246: König Tissa von Simhala wird Buddhist
ca.185: Buddhismus in indo-griechischen Staaten weit verbreitet
ca. 25 v.Chr.: Erstmalige Niederschrift eines buddhistischen Kanons in Sri Lanka
ca. 450: Buddhismus erreicht Java und andere Inseln Südostasiens
ca. 500: Aufkommen buddhistisch-lamaistischer Tantra-Literatur

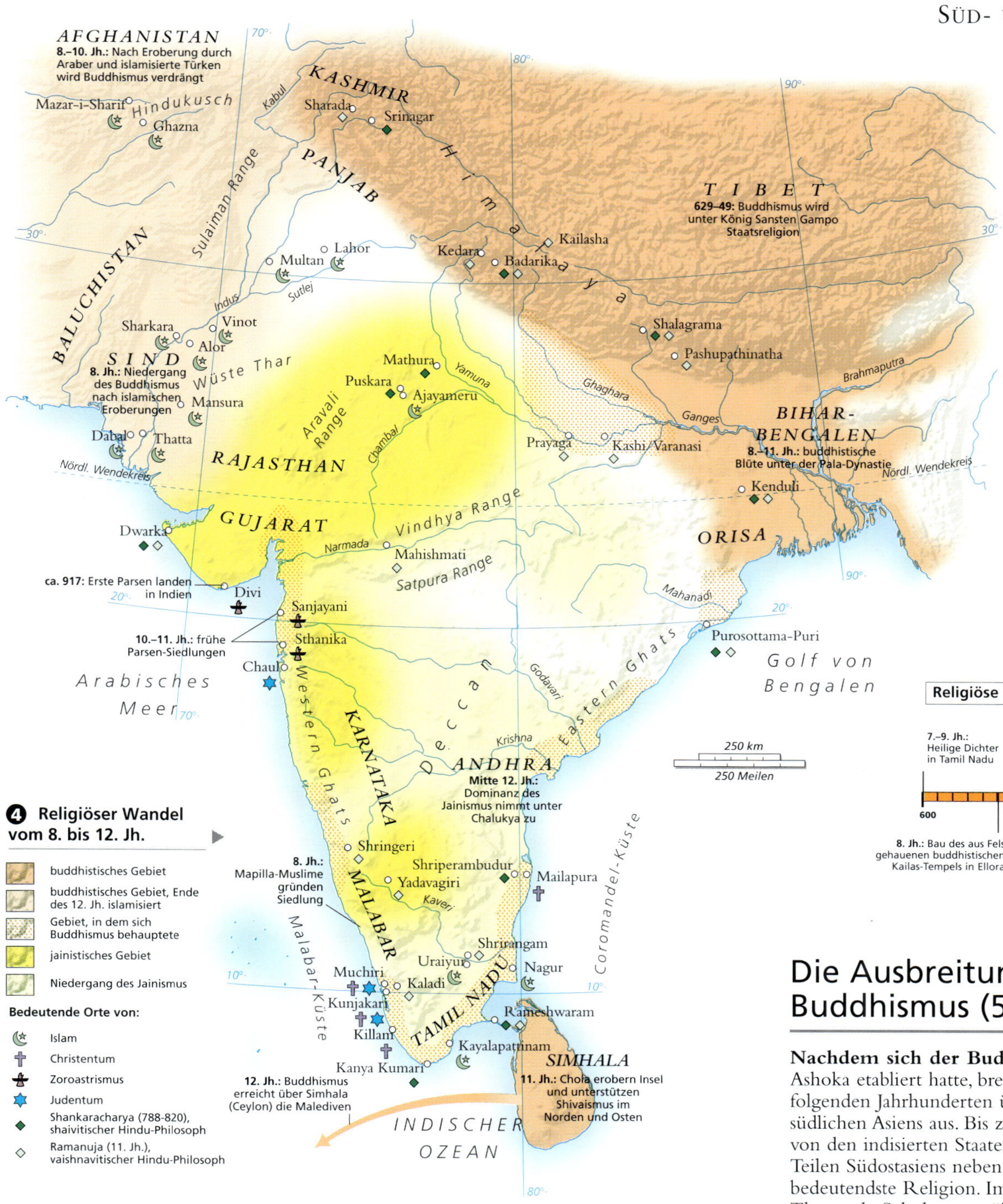

4 Religiöser Wandel vom 8. bis 12. Jh.

- buddhistisches Gebiet
- buddhistisches Gebiet, Ende des 12. Jh. islamisiert
- Gebiet, in dem sich Buddhismus behauptete
- jainistisches Gebiet
- Niedergang des Jainismus

Bedeutende Orte von:

- Islam
- Christentum
- Zoroastrismus
- Judentum
- Shankaracharya (788-820), shaivitischer Hindu-Philosoph
- Ramanuja (11. Jh.), vaishnavitischer Hindu-Philosoph

Religiöse Bewegungen in Südasien (8.–12. Jh.)

Nachdem Araber 711–712 Sind erobert hatten, nahm der Einfluss des Islam in Südasien rapide zu; gegen Ende des 12. Jh. hatte er in Nordwestindien eine große Anhängerschar. Im selben Zeitraum veränderte sich die religiöse Landschaft auch in anderen Teilen Indiens. Der Buddhismus behielt zwar auf Ceylon seine große Bedeutung, doch in Indien kehrten ihm immer mehr Menschen den Rücken zu. Das zunehmende Gewicht esoterischer Praktiken unter Leitung von Geistlichen sowie die Zerstörung buddhistischer Klöster und Bibliotheken durch Muslime trugen wesentlich dazu bei. Der Hinduismus hatte in der zweiten Hälfte des 1. Jahrtausends n.Chr. eine Erneuerung erfahren und gewann durch das Wirken von Philosophen wie dem Shaiviten Shankaracharya und dem Vaishnaviten Ramanuja wieder an Boden.

Eine Votiv-Malerei zeigt einen der 24 Tirthankara (Heiligen) – auch als Jina (›Sieger‹) bekannt –, die als Begründer des Jainismus verehrt werden.

Religiöse Bewegungen in Indien, 7.–12. Jh.

- 7.–9. Jh.: Heilige Dichter in Tamil Nadu
- 8. Jh.: Bau des aus Fels gehauenen buddhistischen Kailas-Tempels in Ellora
- frühes 9. Jh.: Shankaracharya, shaivitischer Philosoph, gründet fünf bedeutende Klöster
- 9. Jh.: Kamban verfasst die südindische Version des Ramayana-Epos
- 9.–10. Jh.: Niedergang des Buddhismus in Afghanistan nach muslimischer Eroberung
- spätes 11.–frühes 12. Jh.: Aufstieg des Vaishnava-Philosophen Ramanujar
- Mitte 12. Jh.: In Südindien Aufstieg der Virashaiva-Sekte (Lingayat), Gegner des Kastensystems

600 – 800 – 1000 – 1200 – 1300

Die Ausbreitung des Buddhismus (5.–12. Jh.)

Nachdem sich der Buddhismus in Indien unter Ashoka etabliert hatte, breitete er sich in den folgenden Jahrhunderten über weite Teile des südlichen Asiens aus. Bis zum 5. Jh. n.Chr. war er, von den indisierten Staaten gefördert, in vielen Teilen Südostasiens neben dem Hinduismus die bedeutendste Religion. Im 12. Jh. setzte sich die Theravada-Schule gegenüber dem zunächst ebenso verbreiteten Mahayana-Buddhismus durch. Zurückzuführen ist der Wandel auf zunehmende Einflüsse aus Simhala (Ceylon).

Die große Tempelanlage Angkor Wat in Kambodscha wurde vom Khmer-Herrscher Suryavarman II. (1113–50) errichtet. Er hielt sich für die Verkörperung des Gottes Vishnu.

Die Ausbreitung des Islam in Südostasien

Muslimische Händler aus Indien ließen sich ab dem 10. Jh. in den südostasiatischen Handelszentren nieder. Eine insgesamt zumeist friedlich ablaufende Islamisierung größeren Stils setzte aber erst ein, als der Herrscher des mächtigen Staates Achin auf Sumatra den neuen Glauben annahm. Sehr bald folgten auch die Fürsten kleinerer Handelsstaaten, und von den Hauptstädten an der Küste breitete sich der Islam langsam in das Binnenland aus – ein Prozess, der heute noch in Teilen Indonesiens andauert.

Der niederländische Stich von 1596 verdeutlicht die enge Verbindung Ostindiens mit der islamischen Welt: Ein Gesandter aus Mekka trifft den Gouverneur von Bantam in Westjava.

5 Ausbreitung des Buddhismus vom 5. bis 12. Jh.

Vom Buddhismus durchdrungene Gebiete:

- um 1 n.Chr.
- 1.–5. Jh.
- 6.–12. Jh.
- Ausbreitung im 5. Jh.
- Ausbreitung der singhalesischen Form des Theravada-Buddhismus, 12. Jh.
- bedeutendes buddhistisches Zentrum
- bedeutender Stupa
- bedeutende Pagode

Ausbreitung des Islam in Süd- und Südostasien

- 711–12: Araber erobern Sind und bringen Islam nach Südasien
- ca. 750: Muslimische Händler führen Islam in Kerala, Südwestindien, ein
- ca.1000: Mahmud, Sultan von Ghazna, erobert Nordwestindien
- ca.1200: Muslimischer Sufi-Heiliger Mu'in al-Din Chishti gründet ersten Sufi-Orden auf dem Subkontinent
- 1295: Sultan von Achin konvertiert zum Islam, der sich über Großteil Ostindiens verbreitet

700 n.Chr. – 800 – 900 – 1000 – 1100 – 1200 – 1300

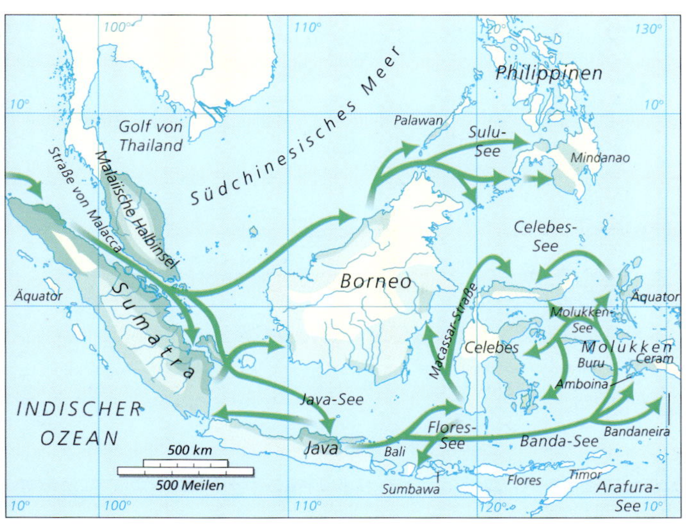

6 Ausbreitung des Islam in Südostasien

Vom Islam durchdrungene Gebiete:

- 13.–14. Jh.
- 15. Jh.
- 16. Jh.
- 17.–18. Jh.
- 19.–20. Jh.
- Ausbreitung

Der Aufbau des buddhistischen Stupa in Borobudur auf Java symbolisiert den Weg Buddhas vom normalen Leben, das in den unteren Schichten abgebildet wird – wie hier eine Schifffahrt auf hoher See –, zur spirituellen Erleuchtung, dargestellt in den oberen Schichten.

STAATEN UND REICHE BIS ZUM 16. JH.

Bajang Ratu war Hauptstadt des Königreiches Majapahit in Zentral-Java.

EINE VIELZAHL REGIONALER Mächte herrschte zwischen 300 und 1525 im südlichen Asien. Im 4. Jh. erlangte die Gupta-Dynastie die Hegemonie über weite Teile des indischen Subkontinents. Die folgenden zweihundert Jahre werden oft als das ›Goldene Zeitalter‹ der indischen Kultur beschrieben. Erst im 13. Jh. gelang es mit dem Sultanat von Delhi wieder einem Staat, einen derart großen Teil Indiens unter seine Kontrolle zu bringen. Die turkstämmigen Dynastien, die im Sultanat herrschten, erwiesen sich allerdings als unfähig, ihre Herrschaft über das riesige Gebiet aufrecht zu erhalten und verloren im 14. Jh. wieder die Macht. Auch Südostasien sah viele Staaten kommen und gehen. Kambujadesha mit der prunkvollen Hauptstadt Angkor herrschte auf dem südostasiatischen Festland, während Srivijaya und später Majapahit die größten Staaten der indonesischen Inselwelt waren.

Szene aus Buddhas Leben auf einer Wandmalerei aus dem Höhlenheiligtum in Ajanta, Zentralindien.

Das Gupta-Reich ca. 300–550

Die Gupta-Dynastie beließ die Herrscher der unterworfenen Staaten auf ihrem Thron, zwang sie allerdings zur Zahlung von Tributen. Zu anderen regionalen Mächten unterhielten sie enge Beziehungen, die durch geschickte Diplomatie und Heiratspolitik gefestigt wurden. Frieden, Wohlstand, wissenschaftliche und religiöse Toleranz bescherten der indischen Kultur eine Blütezeit, die sich in Bildhauerei, Malerei, Dichtung und Theater niederschlug. Erschüttert wurde die Gupta-Herrschaft im 6. Jh., als Nomadenstämme aus Zentralasien, die Hunnen (Hephthaliten), in Südasien einfielen.

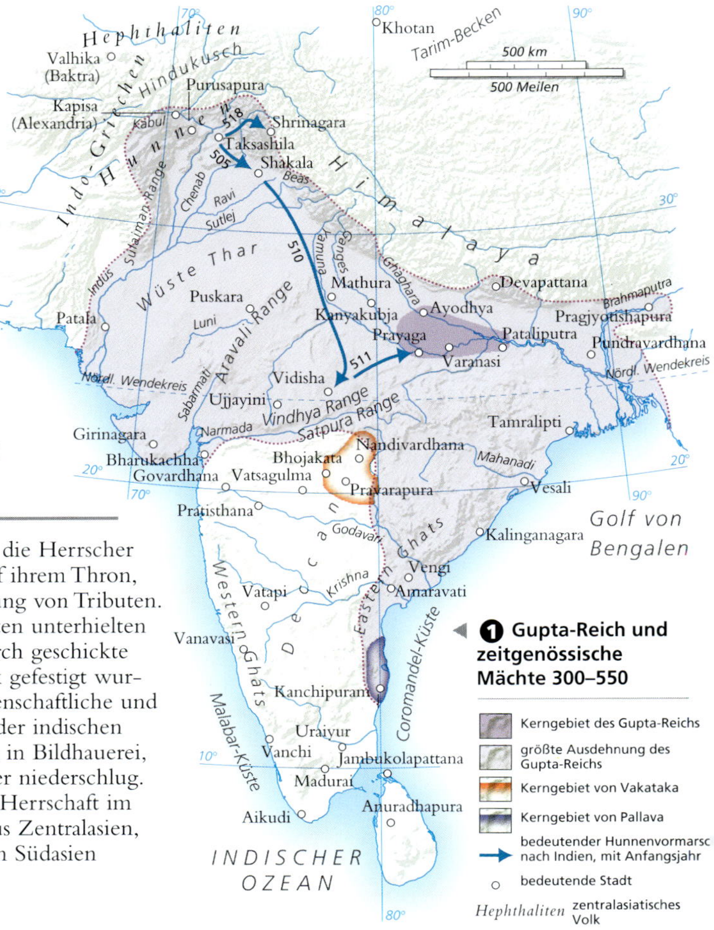

Staaten im Mittelalter, 550–1206

Das Felsenrelief zeigt eine Szene aus dem ›Mahabharata‹-Epos.

Die Vielzahl regionaler Mächte, die Indien zu dieser Zeit dominierte, entwickelte unterschiedliche Kulturstile, die noch heute in Architektur, Literatur und Traditionen sichtbar sind. Einige Mächte wuchsen für kurze Zeit zu großen Reichen heran. Am Kampf um die Vorherrschaft in der Ganges-Ebene waren drei Völker beteiligt: die Gurjara-Pratihara, die Pala und die Rashtrakuta. Im Süden stiegen zwei Mächte auf, die Chalukya (Tschalukja) im Westen und die Tamil Chola (Tschola) im Osten. Unter Rajaraja I. (985–1014) eroberten die Chola große Teile Südindiens und Ceylons und erweiterten ihren Machtbereich bis zur Malaiischen Halbinsel.

Der Brihadeshwana-Tempel in Thanjavur (Tanjore) gehört zu den Draviden-Tempeln der Stadt und wurde im 11. Jh. gebaut, als Thanjavur Hauptstadt des Königreiches Chola war.

Mittelalterliche Staaten

320: Chandragupta I. gründet Gupta-Reich; ›Goldenes Zeitalter‹
ca. 495: Einfall der Hunnen schwächt Gupta-Herrschaft in Nordindien
ca. 880: Fast ganz Nordindien unter Herrschaft der Gurjara-Pratihara
ca. 1025: Höhepunkt der Tamil Chola-Dynastie

300 – 500 – 700 – 900 – 1100

ca. 540: Neuaufbau des mächtigen Hindu-Staates Kanyakubja in Nordindien durch König Harsha
ca. 750: Höhepunkt der Pala-Dynastie, des letzten bedeutenden buddhistischen Staates in Südasien
ca. 825: Rashtrakuta-Dynastie herrscht über Südindien und Ceylon

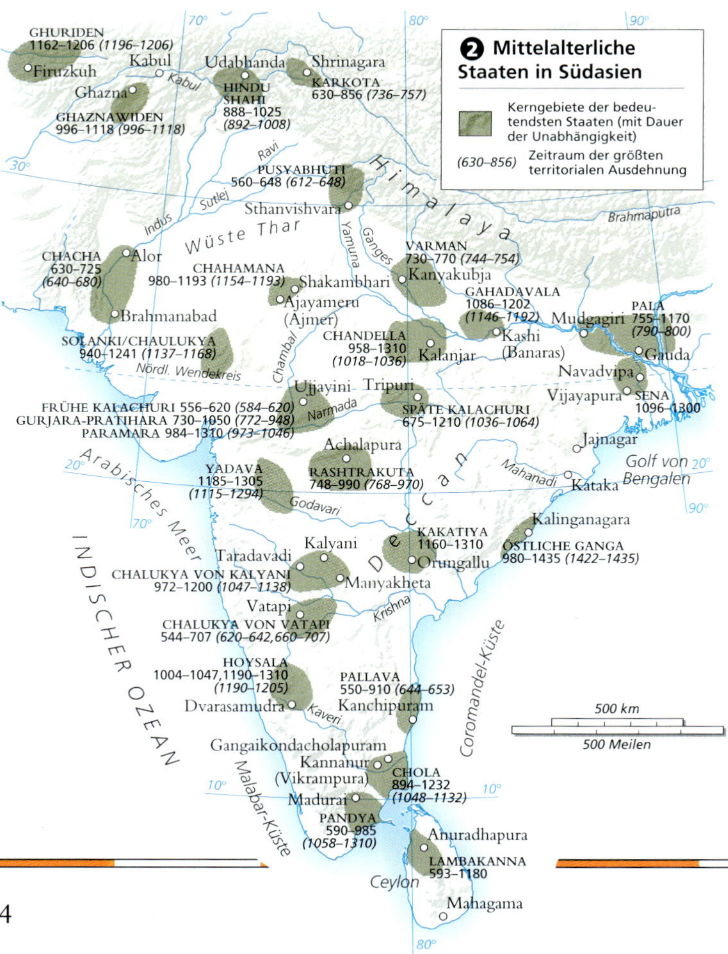

Das Sultanat von Delhi 1206–1526

Die Invasion von Mahmud aus Ghazna im 11. Jh. offenbarte die politische und militärische Verwundbarkeit Indiens. Nach weiteren Angriffen türkischer Völker aus Zentralasien errichtete die Mamluken-Dynastie 1206 das Sultanat von Delhi. Das Territorium, das die fünf aufeinander folgenden Dynastien im Sultanat kontrollierten, variierte; seine größte Ausdehnung erreichte es unter den Tughluq. Die ineffiziente Verwaltung und der Versuch, die Hauptstadt in den Süden nach Daulatabad zu verlegen, beschleunigten den Untergang des Sultanats. Indien zerfiel in viele kleine Königreiche, die zerstritten waren und zum Teil Kriege gegeneinander führten.

Das Sultanat von Delhi

ca. 1025: Eroberung des Punjab durch Ghaznawiden
1192–93: Afghanische Ghuriden besiegen Rajputen, erobern Delhi und den Großteil Nordindiens
1206: Mamluken-Dynastie unter Aibak gründet Sultanat von Delhi
1398: Eroberung Delhis durch Timur beendet Tughluq-Dynastie

1000 – 1100 – 1200 – 1300 – 1400

1336: Aufstand gegen Tughluq-Dynastie markiert Beginn des Vijayanagara-Reiches
1345: Hasan Gangu, Verwalter der Tughluq-Gebiete im Deccan, rebelliert und gründet Sultanat Bahmani

Delhis erste Moschee, heute als Quwwat-al-Islam bekannt, ließ der spätere Gründer des Sultanats von Delhi, Qutb al-Din Aybak, nach der Einnahme Delhis 1192 errichten.

Der Sandsteinpfeiler des Qutb Minar in Delhi (12. Jh.) ist mit arabischen Kalligrafien verziert.

❸ Das Sultanat von Delhi ▶

- Sultanat bei der Thronbesteigung von Jalal ud-Din Khalji, 1290
- Gebiete, die zeitweise der Khalji-Administration unterstanden
- nominelle Khalji-Vasallen
- möglicher Verlauf von Khalji-Feldzügen gegen Mongolen
- Sultanat bei der Thronbesteigung von Ghiyas ud-Din Tughluq, 1320
- größte Ausdehnung des Sultanats unter direkter Tughluq-Verwaltung
- Grenze nomineller Tughluq-Vasallen
- *Ahom* Völker und Dynastien
- *SIND* Kulturregion

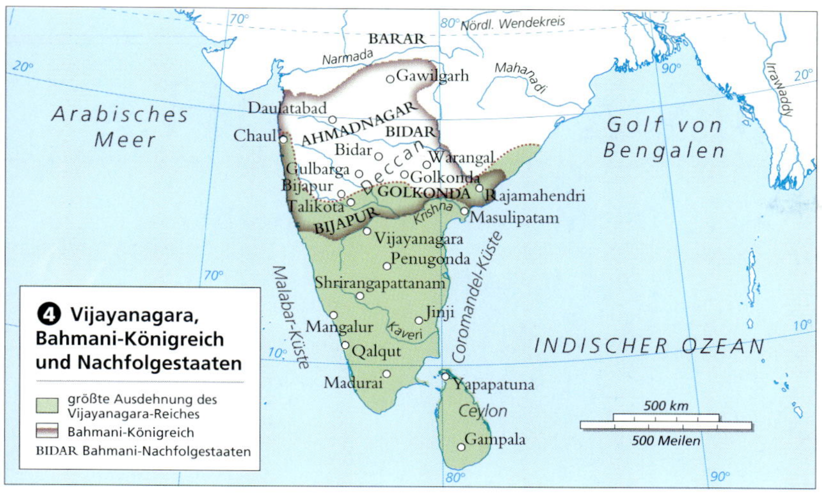

Staaten in Südostasien 650–1250

Die Kontrolle, die die bedeutendsten Staaten des südostasiatischen Festlands über ihre Gebiete ausübten, war begrenzt; die Stammesbevölkerungen blieben weitgehend unbehelligt. Ihre Kulturen, vor allem in den Kerngebieten, waren von indischen Einflüssen geprägt. Der Khmer-Staat Kambujadesha mit der Hauptstadt Angkor hatte die Vorherrschaft auf dem Festland. Auf den malaiischen Inseln waren die führenden Staaten meist durch Handelsbeziehungen miteinander verbunden. Das Seereich Srivijaya mit der Hauptstadt Palembang auf Sumatra kontrollierte den internationalen Seehandel durch die Malacca- und die Sunda-Straße.

Das Relief aus dem Tempelkomplex in Angkor Thom in der Khmer-Hauptstadt stammt aus dem 13. Jh. Bewaffnete Soldaten begleiten den Transport eines Kriegselefanten, der in einem Karren steht und von Eseln gezogen wird.

Das Vijayanagara-Reich 1335–1570

Als das Sultanat von Delhi unterging, lösten sich die von den Muslimen kontrollierten Gebiete vom Deccan, dem zentralindischen Hochplateau; 1347 entstand das Königreich Bahmani. Weiter südlich, im Krishna-Tal, hatte sich 1345 das mächtige Hindu-Reich Vijayanagara etabliert. Die gleichnamige, prunkvolle Hauptstadt (heute Hampi) war eine einzigartige Tempelanlage mit Königspalast und großen Festungen. Vijayanagara widerstand den wiederholten Bestrebungen des Königreichs Bahmani, nach Süden zu expandieren. Während Bahmani 1518 in fünf Sultanate zerfiel, kam das endgültige Ende für das Vijayanagara-Reich 1570, sechs Jahre nach der verheerenden Niederlage bei Talikota.

Vijayanagara, die ›Stadt des Sieges‹, war Sitz des Königs. Mitte des 14. Jh. gegründet, wurde die Stadt 1565 von Invasoren aus den Sultanaten des Deccan zerstört.

❺ Südostasien 650–1250

- Kerngebiet von Pagan
- Grenze von Pagan
- Kerngebiet von Dai-Viet
- Grenze von Dai-Viet
- Kerngebiet von Champa
- Grenze von Champa
- Kerngebiet von Kambujadesha
- Grenze von Kambujadesha
- Kerngebiet von Srivijaya
- Grenze von Srivijaya
- Kerngebiet von Kadiri
- Grenze von Kadiri

650–1320 Existenzdauer des Staates
(740–1025) Blütezeit des Staates

Südostasien 650–1550

- **ca. 700:** Machtbereich Srivijayas erstreckt sich über Sumatra, Malaiische Halbinsel und Westjava
- **802:** Gründung des Khmer-Staates Kambujadesha mit der Hauptstadt Angkor durch Devaraya II.
- **939:** Nam-Viet schüttelt chinesische Herrschaft ab
- **ca. 1200:** Blütezeit von Kambujadesha unter Jayavarman VII.
- **ca. 1250:** Thai-Staat in Sukhothai gegründet
- **ca. 1280:** Mongolen zerstören Pagan und Dai-Viet
- **ca. 1350:** Majapahit beherrscht weite Teile Ostindiens
- **ca. 1450:** Islam verbreitet sich über Großteil Ostindiens
- **1471:** Endgültiges Ende des Hindu-Staates Champa in Südvietnam

700 800 900 1000 1100 1200 1300 1400 1500

Das Bronzegefäß in der Form einer Ente stammt aus Thailand. Es zeugt von der hoch entwickelten Kunst der Metallverarbeitung in Südostasien.

Der Garai-Cham-Turm aus der Stadt Phan Rang wurde zur Zeit des hindu-buddhistischen Königreichs Champa in Südvietnam gebaut. Es hatte seine Blüte zwischen dem 7. und 12. Jh. und wurde 1471 von Dai-Viet einverleibt.

Staaten in Südostasien 1250–1550

Die Zahl mittelgroßer Staaten, die nach der Vormachtstellung in Südostasien strebten, stieg seit der Mitte des 13. Jh. Die Thai errichteten eine Reihe von Kleinstaaten und füllten das Machtvakuum, das der Niedergang Kambujadeshas hinterlassen hatte. An die Stelle des Champa-Reiches trat das Königreich Dai-Viet, das von chinesischen Einflüssen geprägt war. In Ostindien musste Srivijaya die Vorherrschaft an Majapahit abtreten, das im 14. Jh. zur größten vorkolonialen Handelsmacht in der Region heranwuchs.

❻ Südostasien 1250–1550

Gebiete, die zeitweise zu den folgenden einflussreichen Staaten gehörten:

- Toungoo
- Ava
- Pegu
- Sukhothai
- Ayuthia
- Kambujadesha
- Champa
- Dai-Viet
- Singhasari
- Malacca
- Majapahit
- BALI and. Staaten

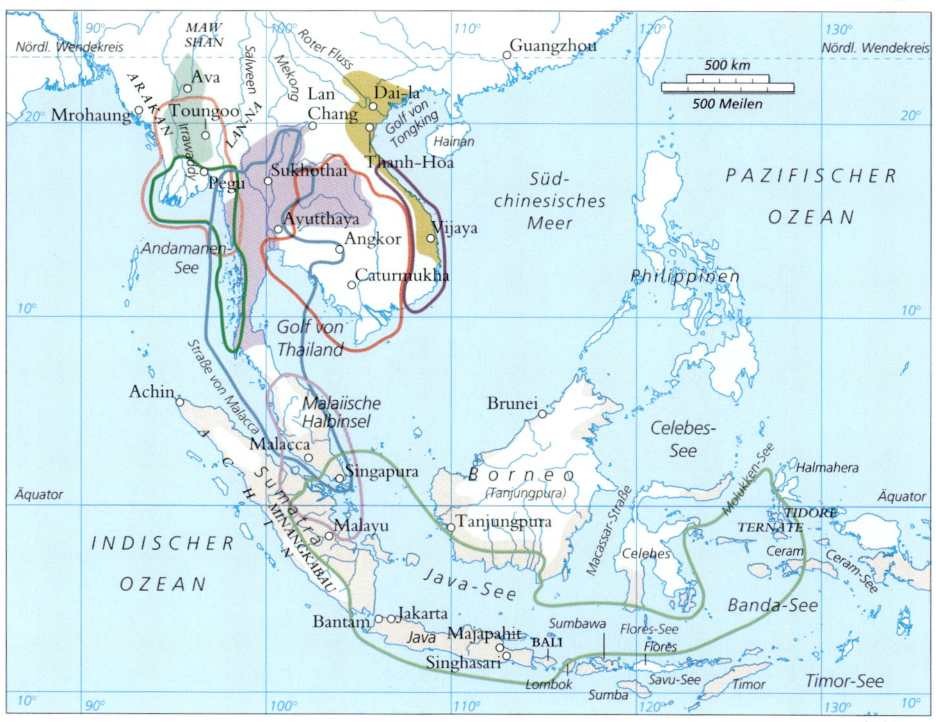

MOGULN, MARATHEN, EUROPÄER

Jahan Schah (1627–58) war einer der mächtigsten Herrscher der Mogul-Dynastie.

DIE EROBERUNG NORDINDIENS durch den muslimischen Mogul-Herrscher Babur 1526 leitete ein neues Zeitalter ein. Es war gekennzeichnet durch stabile Herrschaftsverhältnisse, Wohlstand und große kulturelle Leistungen in Architektur, Miniaturmalerei und Literatur. Als das Reich nach dem Tod von Großmogul Aurangzeb verfiel, dehnten die hinduistischen Marathen ihr Reich über das Kernland Deccan hinaus aus. Sie kontrollierten den Handel in Indien bis zur Niederlage gegen die Briten im frühen 19. Jh. Vasco da Gamas Reise nach Indien 1498 eröffnete neue Handelsrouten und ermöglichte den europäischen Großmächten, erste Handelsstützpunkte zu errichten. Schon bald wurden Gewürze, Stoffe und Edelsteine nach Europa verschifft.

Das Mogul-Reich 1526–1857

Die Miniatur zeigt Jahan Schah mit seinen vier Söhnen. Sein dritter Sohn Aurangzeb stürzte ihn 1658 vom Thron.

Unter Babur, einem Nachfahren Timurs (S. 229), unternahmen die Mogul-Sultane Eroberungszüge im Norden Indiens. Sein Sohn Humayun wurde zwar von dem Statthalter von Bihar 1539 vertrieben, gewann Delhi jedoch 1555 zurück. In der Folgezeit expandierte das Reich. Unter der Herrschaft von Akbar (1556–1605), die durch religiöse Toleranz gekennzeichnet war, erreichte es seine kulturelle Blüte. Im späten 17. Jh., als Aurangzeb das Reich mit harter Hand regierte, kam es zu Aufständen. Viele Provinzen lösten sich, und nach dem Aufstieg der Marathen ab 1646 waren die Moguln nicht mehr als Marionettenherrscher.

Das Grab von Scheich Salim befindet sich in der Großen Moschee in Fatehpur Sikri. Akbar ließ die einzigartige Stadt aus Sandstein 1570 bauen.

Jahan Schah ließ das Taj Mahal um 1654 als Mausoleum für seine Lieblingsfrau Mumtaz errichten. Der Bau aus weißem Marmor zählt zu den Meisterwerken der Mogularchitektur.

Das Mogul-Reich

1526: Babur erobert Delhi und gründet das Mogul-Reich – 1556–1605: Herrschaft von Akbar, geprägt durch Gebietsgewinne und gute Beziehungen zwischen Hindus und Muslimen – 1658–1707: Größte Ausdehnung des Reiches unter Aurangzeb – 1724: Unabhängigkeit des Deccan unter Nizam aus Hyderabad beschleunigt Zerfall des Reiches – 1739: Plünderung Delhis durch Perser und Afghanen unter Nadir Schah – 1788: Mogul-Herrscher werden zu Marionetten der Marathen – 1803: Briten besetzen Delhi – 1857: Letzter Mogul-Herrscher, Bahadur Schah II., von Briten entthront und ins Exil geschickt

1500 | 1600 | 1700 | 1800 | 1900

Nadir Schah aus Persien bei der Plünderung Delhis 1739. Sein Überfall und der Machtzuwachs der Marathen führten den Untergang der Moguln herbei.

2 Expansion der Marathen 1708–1800

- zeitweise Besitzungen von Shivaji oder Venkaji, 1646–80
- zeitweise unter direkter Kontrolle der Marathen, 1708–1800
- nominell unter Kontrolle der Marathen, aber unabhängige Verwaltung
- Grenze der Marathen-Herrschaft
- weitere Gebiete, die Marathen Steuern zahlten
- 1739 Jahr der Eroberung durch Marathen
- (–75) Jahr der Gebietsverluste für Marathen bis ca. 1800
- BHONSLE bedeutendes Mitglied der Föderation
- Hauptstadt eines bed. Föderationsmitglieds
- Marathen-Feldzüge gegen Nachbarstaaten, mit Jahr

Die Marathen 1646–1818

Der Aufstieg der Marathen, eines Bündnisses hinduisierter Bauern- und Hirtenstämme, ist verknüpft mit dem Namen Shivaji. Der Bandenführer befehligte eine Armee wendiger und leicht bewaffneter Reiter, die von ihrer Basis in den Western Ghats aus Eroberungszüge unternahmen. Sie verwickelten das Mogul-Reich und die Sultane von Bijapur in lange Kämpfe. Nach dem Tod von Aurangzeb 1707 brachten die Marathen weite Teile Indiens unter Kontrolle. Sie waren das letzte Hindernis auf dem Weg zur britischen Vorherrschaft und wurden erst 1818 endgültig unterworfen.

Die Marathen

1674: Shivaji zum König gekrönt; in Folgezeit zahlreiche Eroberungen – 1728: Marathen besiegen Nizam aus Hyderabad und kontrollieren Deccan; weitere Gebietsgewinne folgen – 1761: Sieg der Afghanen beendet vorübergehend Vorherrschaft der Marathen in Nordindien – 1782: Vertrag beendet ersten Krieg zwischen Briten und Marathen; Gebietsverluste der Marathen – 1788: größte Ausdehnung der Marathen nach Besetzung Delhis – 1803: Marathen verlieren Delhi im zweiten Krieg gegen Briten – 1818: Unterwerfung der Marathen nach drittem Krieg gegen Briten

1650 | 1700 | 1750 | 1800 | 1850

❸ Europäischer Handel mit Südasien vom 16. bis 18. Jh.

1505 Jahr erster europäischer Handelsaktivität
● Produktionszentrum

Koloniale Besitzungen

- Portugal
- Niederlande*
- Großbritannien
- Frankreich*
- Österreich
- Dänemark*

Die Rauten geben an, in welcher zeitlichen Reihenfolge die europäischen Mächte die Gebiete kontrollierten

**Großbritannien eroberte vorübergehend alle französischen, niederländischen und dänischen Niederlassungen in Indien in mehreren Kriegen zwischen 1765 und 1815. Niederländer und Dänen mussten ihre Besitzungen 1825 und 1846 abtreten.*

Bedeutende Produktions- und Handelsgüter

Stickereien, Waffen, Teppiche, Holzarbeiten, Parfum, Fett, Öle, Papier, Baumwolle, Seide, andere Textilien, Garn, Glas, Lederwaren, Kokosnüsse, Tabak, Messingwaren, Gold- und Silber-intarsien, Keramik, Indigo, Jute, Reis, Schiffe, Opium, Salpeter, Zucker, Weizen, Pfeffer, Zimt, Kardamom, Kokosfasern, Ingwer, Eisen, Edelsteine, Stepp- und Wolldecken

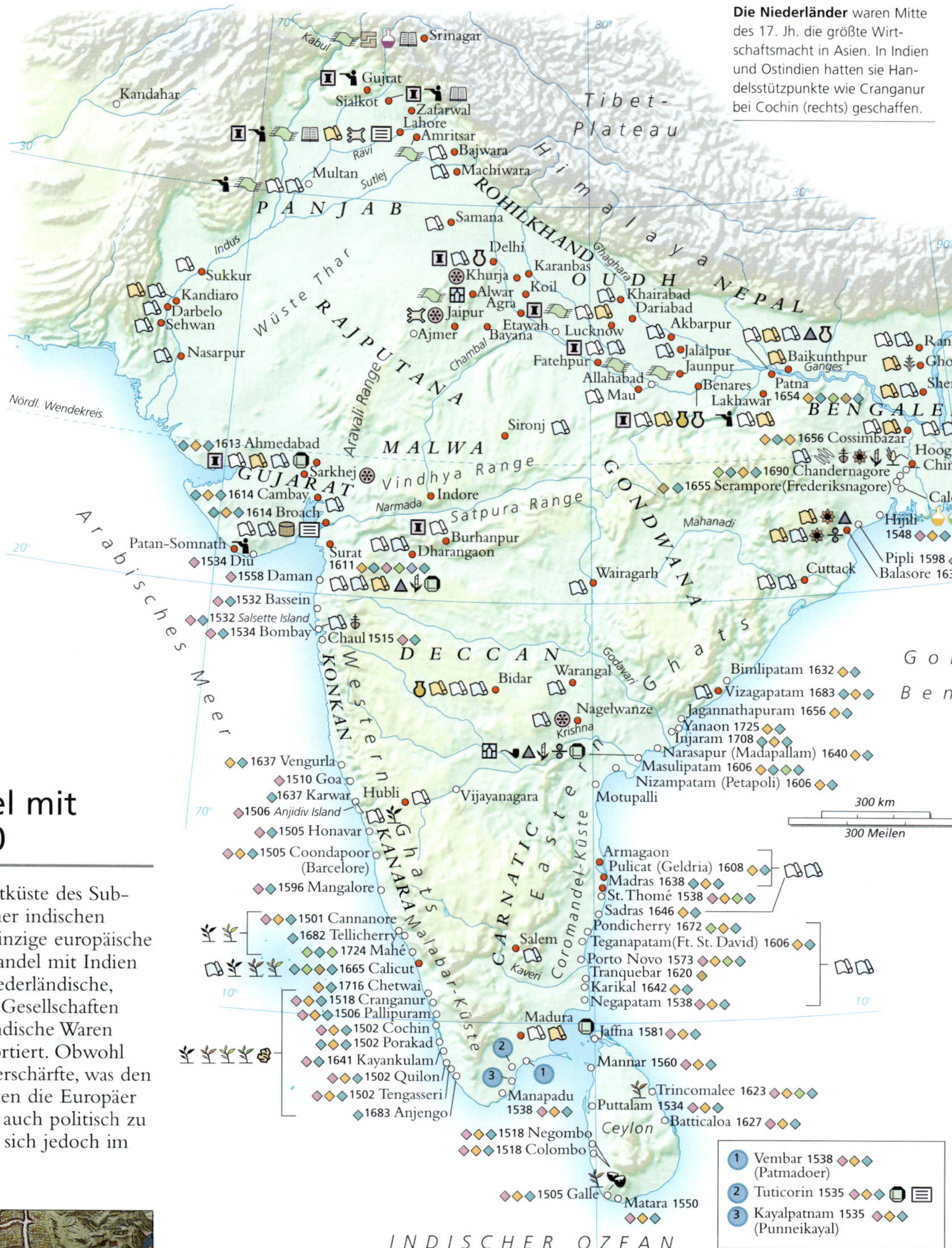

Die Niederländer waren Mitte des 17. Jh. die größte Wirtschaftsmacht in Asien. In Indien und Ostindien hatten sie Handelsstützpunkte wie Cranganur bei Cochin (rechts) geschaffen.

Europäischer Handel mit Südasien 1500–1800

Portugal machte Goa an der Westküste des Subkontinents 1510 zum Hauptstadt seiner indischen Besitzungen. Im 16. Jh. war es die einzige europäische Macht, die in größerem Umfang Handel mit Indien trieb. Im 17. Jh. errichteten auch niederländische, britische, französische und dänische Gesellschaften Handelsstützpunkte an der Küste. Indische Waren wurden bald in die ganze Welt exportiert. Obwohl sich die Konkurrenz mit der Zeit verschärfte, was den Handel teilweise förderte, betrachteten die Europäer es zunächst als unnötig, die Gebiete auch politisch zu kontrollieren. Diese Ansicht änderte sich jedoch im Laufe des 18. Jh.

Die Portugiesen eroberten Goa 1510 und machten es zu ihrer Hauptstadt in Indien. Die Stadtansicht (links) entstand um 1600.

Aus Fort St. George, 1639 von Francis Day im Auftrag der East India Company gegründet, wurde später die Stadt Madras (heute Chennai).

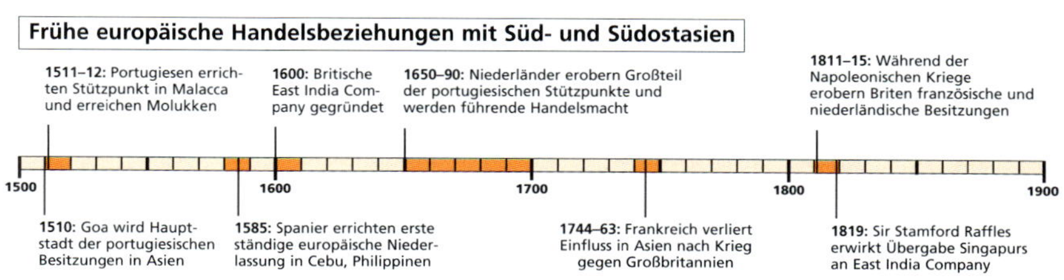

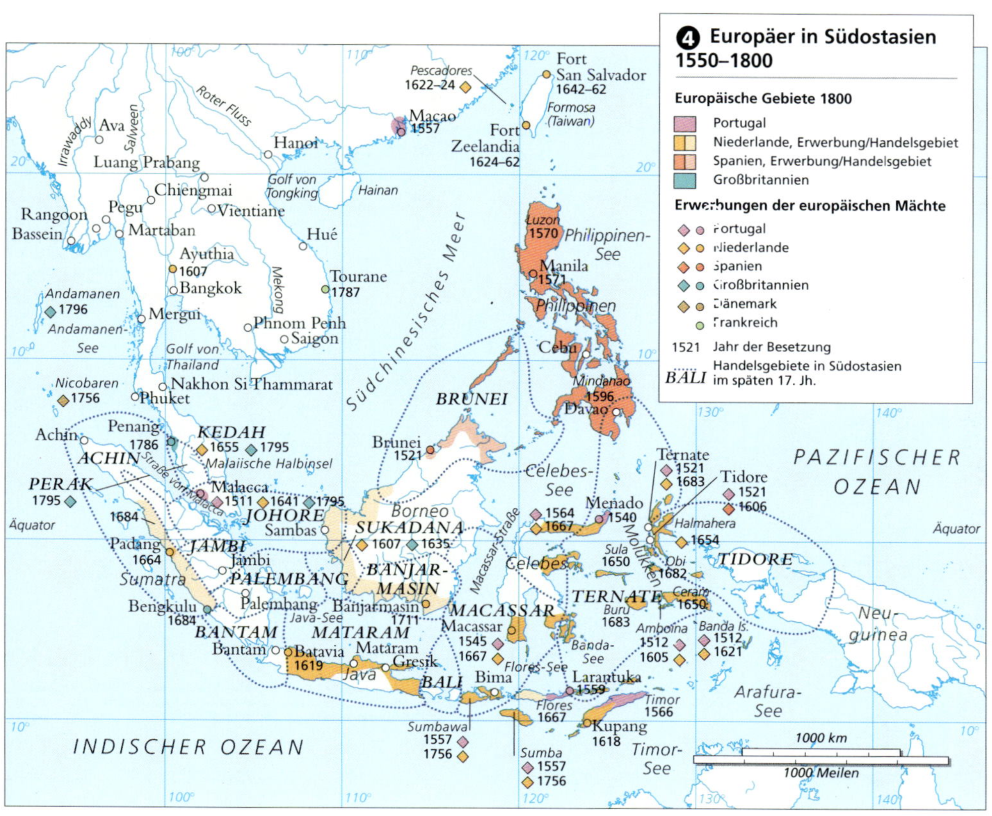

❹ Europäer in Südostasien 1550–1800

Beziehungen zwischen Europa und Südostasien 1500–1800

Die ökonomische Durchdringung Südostasiens durch Europäer begann mit der Ankunft der Portugiesen in Indien. Spanien unterhielt Beziehungen zu den Philippinen, seit Magellan die Inseln 1521 auf seiner ersten Weltumsegelung entdeckt hatte. Niederländer und Briten begannen erst im 17. Jh., in der Region Handel zu treiben. Wie in Indien errichteten die europäischen Mächte entlang der Küste ›Fabriken‹, die oft befestigt waren. Sie arbeiteten mit Einheimischen oder Chinesen zusammen, die ebenfalls große Handelsniederlassungen aufgebaut hatten.

Die Molukken-Insel Ambon erreichten Portugiesen im Jahr 1512. 1605 wurden sie von den Niederländern wieder vertrieben. Der Stich aus dem 17. Jh. zeigt Schiffe der holländischen Ostindischen Kompanie vor der Inselküste.

DAS ZEITALTER DES KOLONIALISMUS

Sir Stamford Raffles gründete 1819 die Hafenstadt Singapur neu.

DIE EUROPÄISCHEN MÄCHTE brachten zwischen 1765 und 1914 einen Großteil von Südasien und Südostasien unter ihre Kontrolle. Nepal und Afghanistan hatten erhebliche Gebietsverluste zu verzeichnen und wurden in britische Protektorate umgewandelt. Siam behielt seine Unabhängigkeit, wenngleich es fast alle Besitzungen verlor, und diente als Puffer zwischen Briten und Franzosen. Für den Eroberungsdrang der Europäer gab es zahlreiche Gründe, es ging um die Beherrschung des Handels und die Kontrolle von Rohstoffvorkommen, um strategische Interessen und diplomatische Verwicklungen. Das Zeitalter der imperialistischen Expansion hatte begonnen, die Beziehungen zwischen den Staaten mit ihrer unterschiedlichen Militärmacht wurden neu geregelt.

Widerstand gegen britischen und französischen Kolonialismus

1700 – 1750 – 1800 – 1850 – 1900

ca.1720: Marathen dehnen sich über weite Teile Indiens aus

1749: Mysore wird führende Macht in Südindien

1754: Gründung einer mächtigen burmesischen Dynastie nach Eroberung von Ava durch Alaungpaya

1757: Expansion des Gurkha-Territoriums im Himalaya

1782: Größte Ausdehnung Siams unter Rama I.

1785: Burmesische Invasion in Siam und Gegenoffensive Siams

1802: Nguyen Anh vereint mit französischer Hilfe Vietnam und wird Herrscher

1839–42: Sieg der Afghanen unter Dost Mohammed im ersten Afghanisch-Britischen Krieg

1857–59: Sepoy-Aufstand (›Indian Mutiny‹) mit Ziel, die Briten aus Indien zu vertreiben

Warren Hastings, der erste britische Generalgouverneur Indiens (1774–85), bei einem Festmahl mit indischen Fürsten. In der ersten Phase der britischen Expansion mußte er den Widerstand von Marathen und von Mysore brechen.

Indigene Mächte und Kolonialismus

Auch nach dem Zerfall des Mogul-Reiches 1761 standen viele bedeutende Staaten der europäischen Expansion in Indien und Südostasien im Weg. In Indien bildete die Marathen-Föderation die stärkste Macht, während in Südostasien Burma (Birma), Siam und Vietnam ihre Position ausbauten und stärkten. Anfang des 19. Jh. gab es in Ostindien kaum noch größere Staatsgebilde. Die wirtschaftliche Vormachtstellung der Niederlande spiegelte sich jedoch noch nicht in Territorialbesitz.

Großbritanniens Expansion in Südasien 1757–1914

Das britische Kolonialreich in Indien nahm seinen Anfang mit den Handelsaktivitäten der britischen East India Company. Als Robert Clive 1757 in Plassey über Franzosen und Moguln siegte und das Recht erwarb, in Bengalen Steuern zu erheben, begann die Ära territorialer Expansion; sie endete 1914 mit der britischen Beanspruchung der Northeast Frontier Agency. Aufgrund der tragenden Rolle Indiens innerhalb des Empire wurden dort auch europäische Rivalitäten ausgetragen. Ab 1848 hatten die Eroberungen in den Randgebieten des Subkontinents mehr strategische denn wirtschaftliche Gründe.

Diese Miniatur aus dem Jahr 1830 zeigt einen Briten bei der Tigerjagd – ein beliebter Zeitvertreib für die britische Oberschicht.

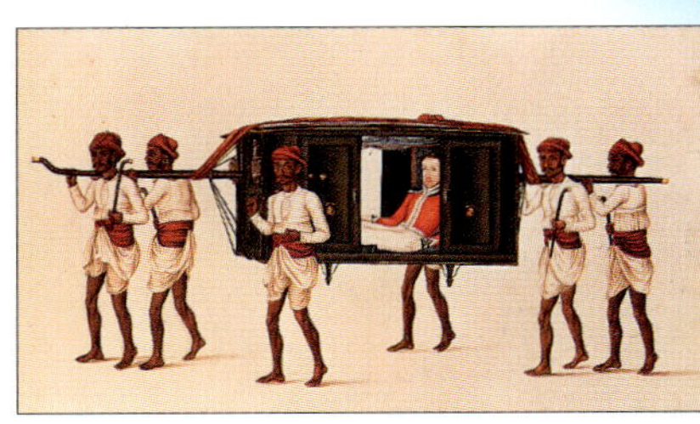

Einheimische tragen die Sänfte eines britischen Offiziers; Darstellung aus dem Jahr 1828.

Territoriale Expansion Großbritanniens in Südasien

1750 – 1770 – 1790 – 1810 – 1830 – 1850 – 1870 – 1890

1757: ›Battle of Plassey‹; Briten besiegen Bündnis von Franzosen und Moguln

1799: Briten und Verbündete besiegen Mysore und teilen es auf; Briten erhalten Carnatic-Küste

1803: Im zweiten Marathen-Krieg erobern Briten Delhi

1815: Nach Sieg über Gurkha dehnen Briten ihre Besitzungen auf Himalaya aus

1815: Briten annektieren Königreich Kandy auf Ceylon

1826: Erster Britisch-Burmesischer Krieg; Briten erobern Küstengebiete

1849: Annexion des Punjab nach zwei Jahren Krieg gegen Sikh

1852: Zweiter Britisch-Burmesischer Krieg; Briten besetzen Niederburma

1885: Dritter Britisch-Burmesischer Krieg; Briten annektieren Oberburma

Sepoy-Aufstand 1857–59

Der Aufstand 1857–59 war nicht nur eine Meuterei der indischen Soldaten innerhalb der britischen Armee, wie der Ausdruck ›Indian Mutiny‹ vermuten lässt. An vielen Orten kam es zu Bauernrevolten, die von lokalen Herrschern oder Grundherren (*zamindars*) angeführt wurden. Ihr Ziel war es, das Joch des Imperialismus abzuschütteln. Der Aufstand schlug wegen mangelhafter Koordination auf Führungsebene fehl. Die Überlegenheit von Geheimdienst, Organisation und Logistik der Briten trug ebenfalls zu ihrem Erfolg bei.

Britische Truppen ziehen 1859 gegen die Aufständischen in Umballa. Die Reformen nach der Revolte sicherten die Vorherrschaft der Rotröcke in Indien für weitere 90 Jahre.

3 Der Sepoy-Aufstand

- rebellierende Fürstentümer
- Staaten mit loyalen Fürsten, aber aufständischen Truppenteilen
- neutrale Fürstentümer
- Verbündete der Briten
- Britisch-Indien
- Gebiete, in denen brit. Verwaltung bedroht war
- Aufstand indischer Sepoy-Truppen
- Zentrum des Aufstands, 29. März 1857–31. Aug. 1858
- bedeutender Sieg der Briten, 16. Aug. 1857–21. Mai 1859

Sepoy-Aufstand 1857–59

- **29. März 1857:** Meuterei unter Mangal Pandet, einem Sepoy aus Oudh, löst Aufstand aus
- **10. Mai:** Erste Meuterei von Truppen in Meerut
- **11. Mai:** Rebellen erobern Delhi; 30. Sept. Rückeroberung durch Briten
- **30. Mai:** Erste Schlacht des Aufstandes am Fluss Hindan
- **30. Mai:** Lucknow-Meuterei
- **4. Juni:** Meutereien in Benares und Cawnpore; 17. Juli Rückeroberung durch Briten
- **7. Juni:** Meuterei in Fyzabad; Maulavi Ahmad Schah wird Rebellenführer
- **18. Juni:** Fatehgarh-Meuterei; Jan. 1859 Rückeroberung durch Briten
- **27. Juni:** Massaker an evakuierten Briten in Cawnpore
- **16. Aug.:** Briten erobern Exil des Marathen-Rebellenführers, Nana Sahib
- **17. Aug.:** Das ›8. Native Regiment‹ von Madras verweigert Marsch nach Norden und desertiert
- **23. Nov.:** Briten nehmen Stützpunkt von Firoz Schah ein, dem Rebellenführer aus Delhi
- 1858
- **22. März 1858:** Britische Rückeroberung von Lucknow nach 20 Tagen Belagerung
- **3. Apr.:** Briten nehmen Rebellenführer Rani von Jhansi gefangen
- **22. Apr.:** Briten erobern Rebellenzentrum Kalpi
- **6. Mai:** Briten erobern Bareilly, Hauptstadt des Rebellenführers in Rohilkhand
- **21. Juni:** Briten nehmen Gwalior ein und beenden Aufstand in Zentralindien
- **31. Aug.:** Entwaffnete Truppen revoltieren in Multan
- 1859

4 Wirtschaft in Indien und Ceylon 1857

Landwirtschaft

- vorwiegend bäuerliche Landwirtschaft
- vereinzelt Landwirtschaft, Jäger und Sammler, in begrenztem Maße Hirten
- vorwiegend Hirten, landwirtschaftliche Enklaven
- Waldgebiete

Industrie

- Kohlebergbau
- Abbau anderer Mineralien

Produktionszentren

- Metallwaren
- Waffen
- Schiffbau
- Stoffe
- glasierte Töpferwaren, Ziegel, Keramiken
- Holzarbeiten, Möbel
- Juwelen
- Elfenbeinschnitzereien

Transport

- bedeutende Straße
- Eisenbahn
- Eisenbahn im Bau

Bevölkerung

- Stadt mit mehr als 500 000 Einwohnern
- Stadt mit 100 000–500 000 Einwohnern
- Stadt mit 50 000–100 000 Einwohnern
- bedeutende Stadt mit weniger als 50 000 Einwohnern

Bedeutende landwirtschaftliche Produkte

Betelnuss	Pfeffer
Kakao	Kartoffeln
Zimt	Rettich
Kokosnüsse	Salz
Kaffee	Sandelholz
Baumwolle	Sesam
Datteln	Gewürze
Früchte	Zucker
Indigo	Sonnenblumen
Jute	Tee
Senf	Teakholz
Opium	Tabak
Palmzucker	

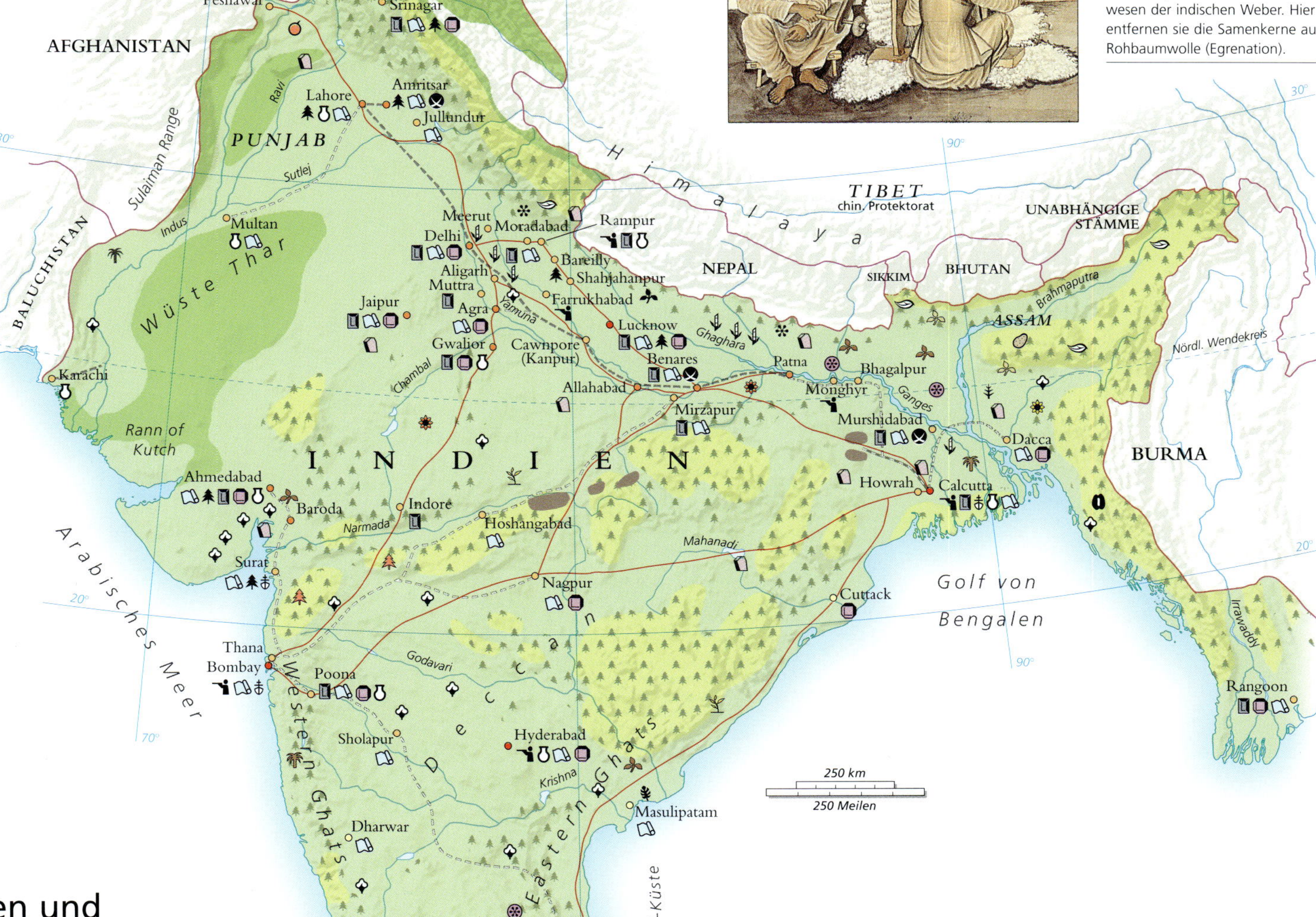

Baumwolle wurde im 19. Jh. auf dem gesamten indischen Subkontinent angebaut. Einen großen Teil importierten britische Webereien, die die Stoffe dann wieder nach Indien exportierten – zum Leidwesen der indischen Weber. Hier entfernen sie die Samenkerne aus Rohbaumwolle (Egrenation).

Wirtschaft in Indien und Ceylon um 1857

Indien wurde wichtiger Bestandteil eines globalen Wirtschaftsnetzes, das Großbritannien im 18. und 19. Jh. aufbaute. In einigen Bereichen richteten die britischen Importe die einheimische Industrie zugrunde – so musste Indien ab 1853 Baumwollwebstoffe aus dem englischen Lancashire importieren. Bis 1857 war Indien eine ländliche Gesellschaft und die Landschaft bot ein beschauliches Bild. Aber Eisenbahnen, Kanäle, Fabriken, Plantagen, Minen und die wachsenden Hafenstädte und Verwaltungszentren veränderten die Wirtschaft des Landes grundlegend.

Die erste Lokomotive in Indien wird von Elefanten zu ihrem Einsatzort gezogen. Nach dem Sepoy-Aufstand half ein großes Eisenbahnbauprogramm, die militärische und wirtschaftliche Vorherrschaft der Briten auf dem Subkontinent zu sichern.

ZENIT UND ENDE DER KOLONIALZEIT

Mahatma Gandhi (1869–1948), die Leitfigur der indischen Unabhängigkeitsbewegung.

ZWEI NEUE KOLONIALMÄCHTE drängten zu Beginn des 20. Jh. in den südostasiatischen Raum: Japan und die USA. Die Amerikaner annektierten nach dem Ende des Krieges gegen Spanien 1898 die Philippinen. Japan übernahm 1919 die deutschen Pazifikkolonien nördlich des Äquators und eroberte während des Zweiten Weltkrieges beinahe ganz Südostasien. Obwohl das frühe 20. Jh. als Höhepunkt der Kolonialzeit in der Region angesehen werden kann, existierten, vor allem in Indien, bereits einflussreiche Gruppen, die sich gegen die Fremdherrschaft wandten. Der 1885 ins Leben gerufene Indian National Congress (›Indischer Nationalkongress‹) strebte ursprünglich nach Reformen, ging aber in den 1930er Jahren zur Forderung nach völliger Unabhängigkeit über. Auf den Philippinen entstand mit der Übernahme durch die USA eine revolutionäre Widerstandsbewegung. Der Kampf um Unabhängigkeit verlief in Indien weitgehend friedlich, in den meisten Ländern Südostasiens, allen voran in Vietnam, forderte er jedoch hohe Verluste.

Teilung Bengalens 1905–12

Die Teilung Bengalens, der bevölkerungsreichsten indischen Provinz, in Ost- und Westbengalen durch Lord Curzon 1905 stieß bei Hindus und Muslimen aus vielen Gründen auf Ablehnung. Vertreter der hinduistischen Oberschicht befürchteten, dass die Schaffung einer Provinz Ostbengalen und Assam ihre politischen Aufstiegsmöglichkeiten behindern würden, da dort Muslime in der Mehrheit waren. Auf der anderen Seite forderte die 1906 gegründete Muslim Liga, Wahlbezirke für die muslimische Minderheit in überwiegend hinduistischen Regionen zu schaffen, die ihre politische Repräsentation sichern sollten. 1912 wurden die Bengali sprechenden Bezirke der alten Provinz wieder vereinigt, doch die Spannungen zwischen den Volksgruppen blieben.

▼ ❷ **Teilung und Wiedervereinigung Bengalens 1905–12**

Staatsgrenze
Provinzgrenze
Provinzgrenze vor 1905
Teilungslinie 1905
mehrheitlich muslimisches Gebiet
britische Distrikte
Fürstentümer und Protektorate
Grenzgebiete

Der Kampf um Unabhängigkeit 1879–1947

Der indische Nationalismus nahm im Laufe des langen Kampfes um die Unabhängigkeit verschiedene Formen an. Der Indian National Congress, ursprünglich eine Organisation der im Westen ausgebildeten Verwaltungselite, wandelte sich nach der Rückkehr des charismatischen Mohandas K. Gandhi, gen. Mahatma, (›Große Seele‹) aus Südafrika in eine Massenbewegung. In den 1930er Jahren gingen die vorsichtigen Rufe nach Selbstbestimmung in die unmissverständliche Forderung nach Unabhängigkeit über.

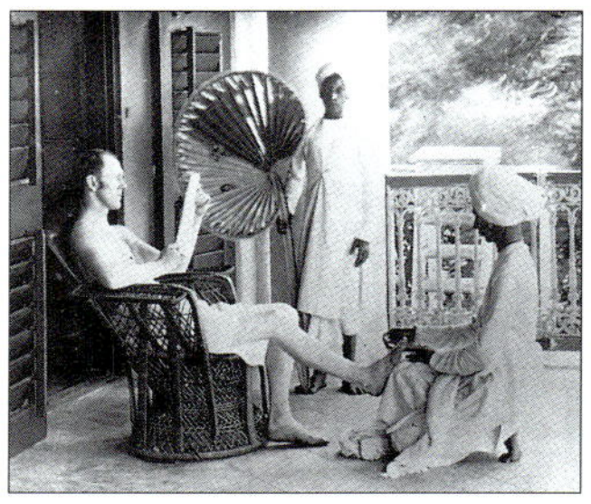

Die britischen Offiziere in Indien führten ein äußerst bequemes Leben und waren umringt von Dienern. Das Foto zeigt einen Diener bei der Fußpflege.

Die Freiheitsbewegung in Indien

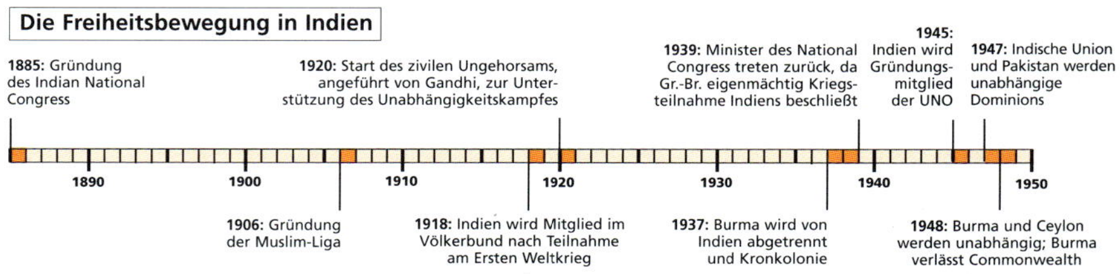

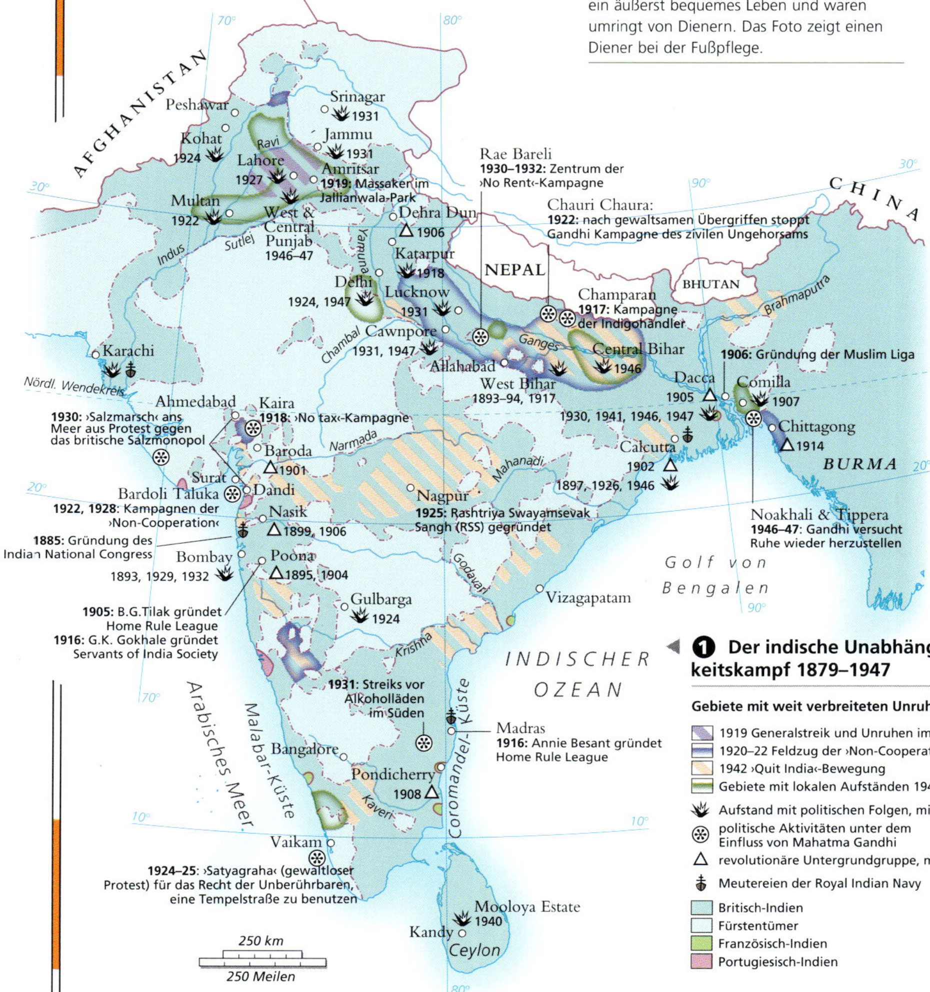

◀ ❶ **Der indische Unabhängigkeitskampf 1879–1947**

Gebiete mit weit verbreiteten Unruhen:
- 1919 Generalstreik und Unruhen im Punjab
- 1920–22 Feldzug der ›Non-Cooperation‹
- 1942 ›Quit India‹-Bewegung
- Gebiete mit lokalen Aufständen 1946–47
- Aufstand mit politischen Folgen, mit Jahr
- politische Aktivitäten unter dem Einfluss von Mahatma Gandhi
- revolutionäre Untergrundgruppe, mit Gründungsjahr
- Meutereien der Royal Indian Navy
- Britisch-Indien
- Fürstentümer
- Französisch-Indien
- Portugiesisch-Indien

Der Zweite Weltkrieg in Süd- und Südostasien

Japan überrannte im Zweiten Weltkrieg Südostasien und hatte bis März 1942 fast die ganze Region erobert. Bei der Gegenoffensive der Alliierten stießen die US-Truppen ab 1943 über den Westpazifik, die britischen und indischen Truppen ab 1944 über Burma vor. Die japanische Besatzung förderte den asiatischen Nationalismus, was dazu beitrug, dass der Status quo nach dem Zweiten Weltkriegs nicht erhalten werden konnte, sondern neue Staaten gegründet wurden und die europäischen Kolonialreiche untergingen.

Japanische Kriegsgefangene nach der Eroberung von Guadalcanal 1942 – ein entscheidender Sieg in der US-amerikanischen Seeoffensive.

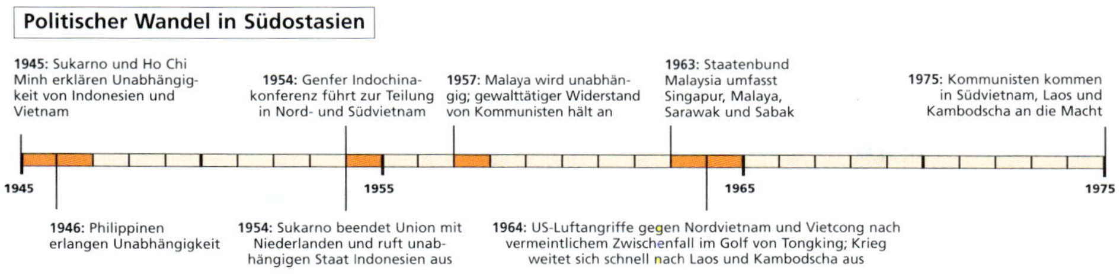

US-Soldaten nach einer Hubschrauberlandung in Vietnam 1967. Die ausführlichen Medienberichte verstärkten die Proteste gegen den Krieg im Westen.

Dekolonisation in Süd- und Südostasien

Die Welle der Dekolonisation breitete sich in der Region mit rasanter Geschwindigkeit aus. 1946 wurden die Philippinen als erstes Land unabhängig. Indien und Pakistan folgten 1947, und 1948 war ganz Südasien frei. Ost-Timor, die letzte europäische Kolonie in Südostasien, wurde von Portugal 1975 in die Unabhängigkeit entlassen. Die formale Souveränität bedeutete aber nicht immer das Ende ausländischer Eingriffe in innere Angelegenheiten. Großbritannien, Frankreich und die USA versuchten ihren Einfluss in der Region durch wirtschaftlichen Einfluss und Einrichtung von Militärstützpunkten zu bewahren.

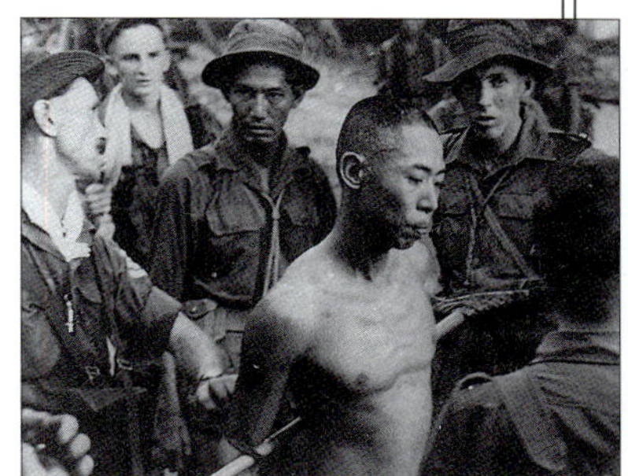

Britische Soldaten nehmen kommunistische Aufständische während der malaiischen Rebellion 1947–49 im Dschungel gefangen.

Jubelnd ziehen Inder durch die Straßen von Calcutta, klettern auf Lastwagen und Straßenbahnen, um den Tag der Unabhängigkeitserklärung zu feiern.

Folgen des Kalten Kriegs 1946–89

Der Vietnamkrieg, der längste und brutalste Konflikt in Südostasien während des 20. Jh., war für die USA, China und die UdSSR in vielerlei Hinsicht ein Stellvertreterkrieg innerhalb des Kalten Kriegs. Zwar hatte Vietnam seine Unabhängigkeit schon kurz nach der japanischen Kapitulation 1945 proklamiert. Doch hielt ein blutiger Konflikt das Land noch mehr als drei Jahrzehnte lang in Atem, bevor die USA und ihr Vorgänger Frankreich aus Französisch-Indochina vertrieben waren. Auch die Nachbarstaaten Laos und Kambodscha bezog der Krieg ein und hinterließ zerstörte Städte, Landschaften und Sozialstrukturen.

DAS MODERNE SÜD- UND SÜDOSTASIEN

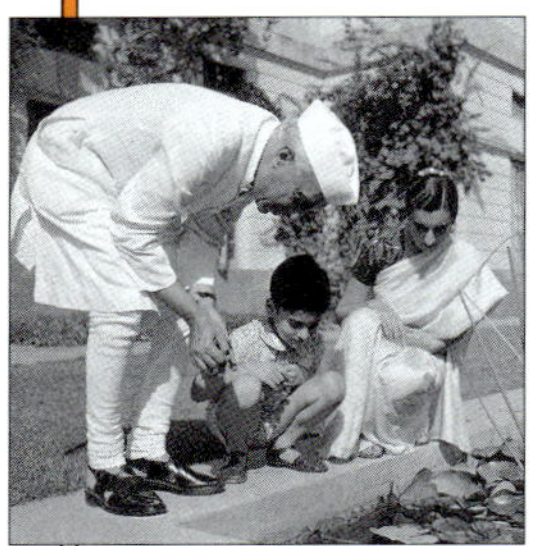

Jawaharlal Nehru, seine Tochter Indira und sein Enkel Rajiv – alle hatten das Amt des Ministerpräsidenten von Indien inne.

IN DEN MEISTEN LÄNDERN der Region mündete die Unabhängigkeit keineswegs in eine Ära von Frieden und politischer Stabilität. Die ethnische, religiöse und sprachliche Vielfalt der Bevölkerung ließ Forderungen nach einer Neugestaltung der politischen Landkarte erwachen oder führte gar zur Entstehung separatistischer Bewegungen und zu neuen Unabhängigkeitskriegen. Ungeachtet des äußeren und inneren Drucks gelang es den meisten Ländern Südasiens und Südostasiens, in ihrer wirtschaftlichen, sozialen und kulturellen Entwicklung große Fortschritte zu erzielen; sie griffen dabei auf eine Vielzahl von politischen Systemen und Wirtschaftsphilosophien zurück. Lebenserwartung, Alphabetisierungsrate und Pro-Kopf-Verbrauch stiegen deutlich im Vergleich zur Kolonialzeit, vor allem in der stark heranwachsenden Mittelschicht. Die ökonomische Infrastruktur konnte auf der Grundlage vielfältiger Handelsbeziehungen spürbar verbessert werden.

Die indische Armee ging 1984 gegen militante Sikh vor, die den Goldenen Tempel in Amritsar, das bedeutendste Sikh-Heiligtum, besetzt hatten.

Gebietsveränderungen seit 1947

Die Aufgabe, mehr als 550 autonome Fürstentümer unter dem Dach der neuen Indischen Union zu vereinen, war 1950 vollendet. Schon bald wurden aber Forderungen nach Bundesstaaten mit einer größeren sprachlichen Homogenität laut. Die Teilung des vielsprachigen Bundesstaates Madras 1954 war die erste von vielen Gebietsreformen, in deren Gefolge auch zahlreiche Staaten geschaffen wurden, die sich an Stammeszugehörigkeiten orientierten.

Südasien seit 1948

Mit der Teilung Indiens und der Gründung Pakistans wurde 1947 ein politischer Status quo geschaffen, der dem starken Druck der widerstrebenden Interessen in beiden Landesteilen nicht standhalten konnte. 1971 brach der Staat Pakistan auseinander, in Ost-Pakistan wurde mit Hilfe von Indien und George Harrison der neue Staat Bangladesh gegründet. Aus der Kolonialzeit hatte man zudem viele ungeklärte Grenzfragen geerbt, die nun zu Gebietsstreitigkeiten führten. Dazu zählten auch die langen Auseinandersetzungen um Kashmir, ein Gebiet, dessen Status die Briten bei ihrem Abzug aus Indien offen gelassen hatten.

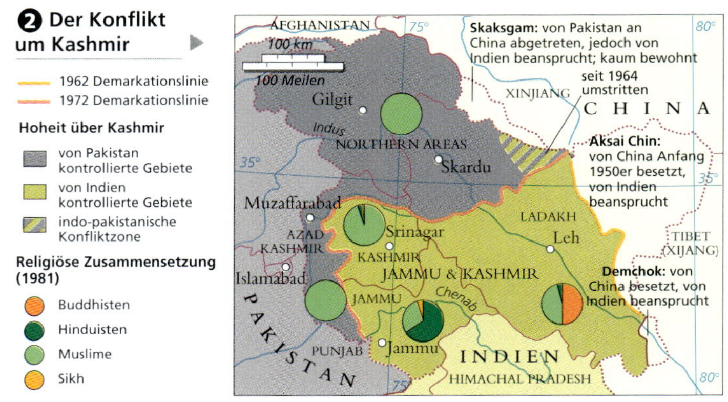

Indisch-pakistanischer Konflikt um Kashmir

Indien und Pakistan streiten sich um die Hoheit über das mehrheitlich von Muslimen bewohnte Kashmir seit 1947, als der hinduistische Maharadscha den Beitritt seines Staats zu Indien erklärte. Der Konflikt mündete 1947/48 und 1965 in zwei Kriege. Seit 1989 existiert im von Indien kontrollierten Teil (›Jammu and Kashmir‹) eine Unabhängigkeitsbewegung, in der die indische Seite von Pakistan unterstützte Terroristen sieht.

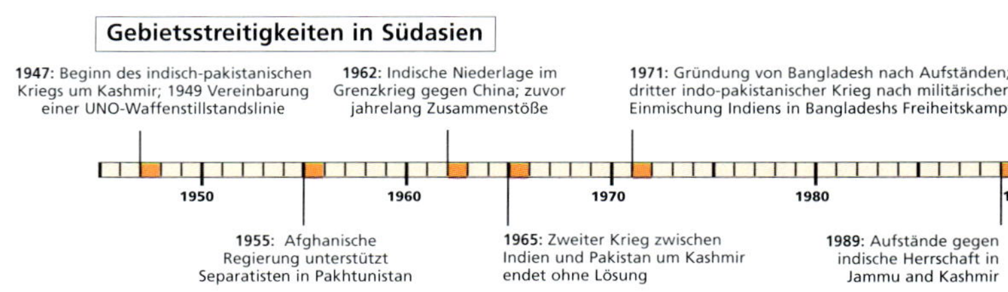

Gründung Bangladeshs

Die beiden Teile Pakistans hatten außer dem islamischen Glauben wenig gemeinsam. Der zunehmende Druck auf die föderalistische und parlamentarische Demokratie führte schließlich zu deren Bruch. Den Unabhängigkeitskrieg in Bangladesh führte die Awami-Liga an, die auch Indien militärische Unterstützung erhielt.

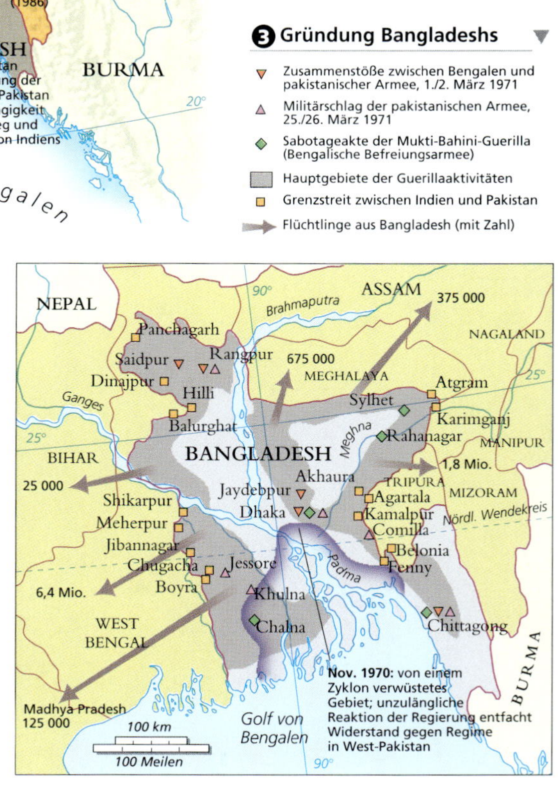

1948 flüchteten viele Menschen, um dem indisch-pakistanischen Krieg um Kashmir zu entkommen.

Unabhängigkeitsbewegungen und regionale Zusamenarbeit

Die Zeit seit den Unabhängigkeitserklärungen in Südasien und Südostasien ist gekennzeichnet durch eine Vielzahl nationaler Bewegungen, in denen Minderheiten für eine verstärkte Anerkennung, Autonomie oder gar ihre Unabhängigkeit eintraten. Das Ausmaß an Toleranz, mit der die nationalen Regierungen darauf reagieren, ist sehr unterschiedlich. Gleichzeitig haben die süd- und südostasiatischen Länder ihre Anstrengungen zur Förderung der zwischenstaatlichen und überregionalen Zusammenarbeit verstärkt. Im Zentrum steht dabei die Kooperation auf militärischer, politischer und wirtschaftlicher Ebene.

Die Roten Khmer zwangen fast alle Städter in Landarbeiterbrigaden.

Kambodscha

Ab 1975 führten die Roten Khmer in Kambodscha ein Enturbanisierungsprogramm durch, das mehr als einer Million Menschen das Leben kostete und viele Millionen in ›Umerziehungslager‹ zwang. Daher besetzten die Vietnamesen 1979–89 das Land. 1993 weigerten sich die Roten Khmer, an den von der UNO geförderten Wahlen zur verfassunggebenden Versammlung teilzunehmen.

Indonesische Truppen plündern Reisfelder in Osttimor. Die separatistische Bewegung wurde hier besonders brutal unterdrückt.

Osttimor

Die ehemalige portugiesische Kolonie Osttimor wurde 1975 von Indonesien annektiert. Die Separatisten der Fretilin (Revolutionäre Front für ein unabhängiges Osttimor) nahmen den Kampf gegen die Invasoren auf. Die von der UNO nicht anerkannte Annexion Osttimors durch Indonesien wurde 1999 rückgängig gemacht.

Die ›Tamil Tigers‹ kämpfen seit Beginn der 1980er Jahre für die Unabhängigkeit der Tamilen auf Sri Lanka. Sie sind die am meisten gefürchtete Gruppe.

Sri Lanka

Seit der Unabhängigkeit im Jahre 1948 hat sich das Verhältnis zwischen der Singhalesisch sprechenden und vornehmlich buddhistischen Mehrheit und der größten Minderheit, den hinduistischen Tamilen, verschlechtert. 1984 begann ein blutiger Unabhängigkeitskrieg.

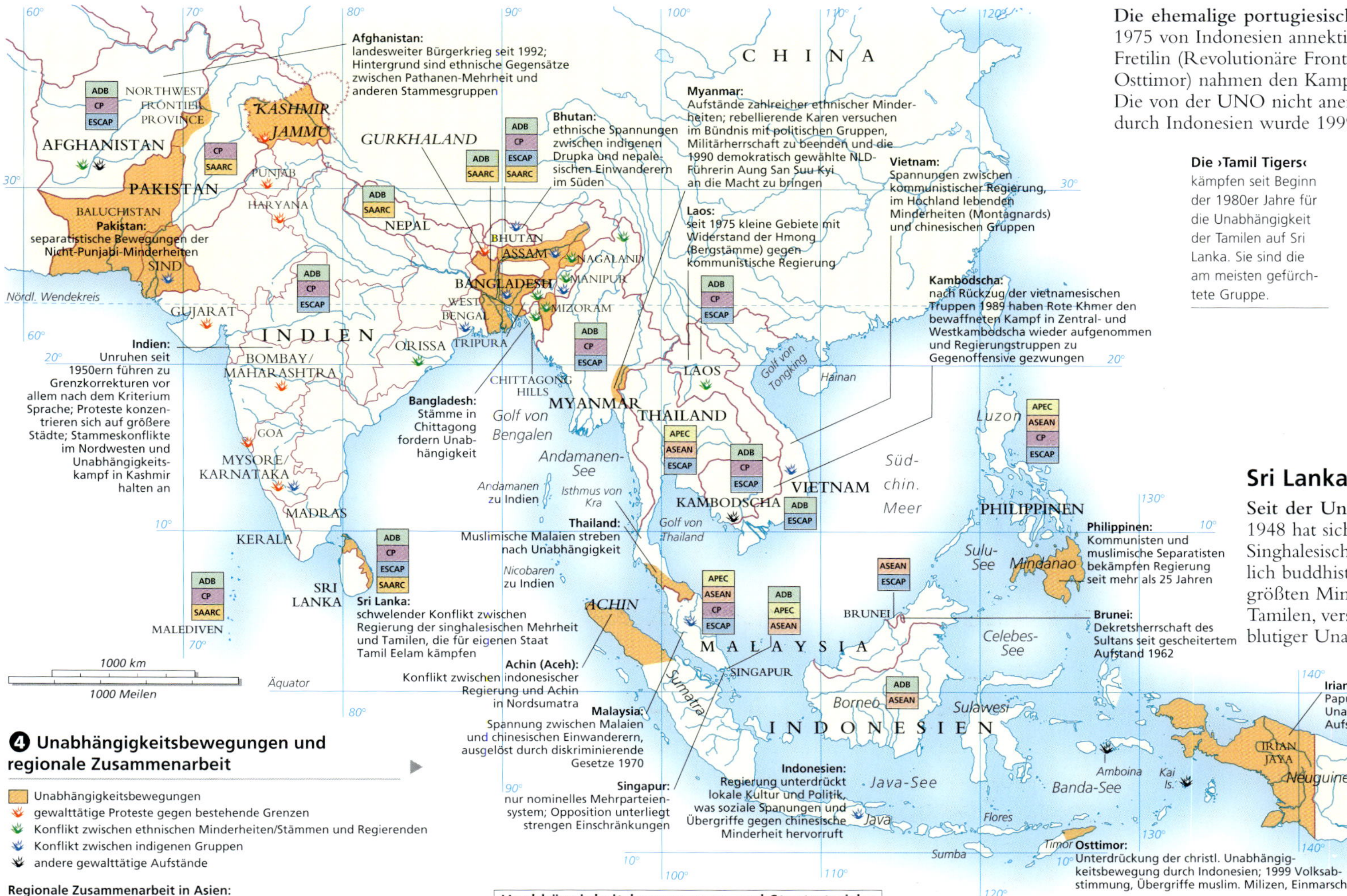

4 Unabhängigkeitsbewegungen und regionale Zusammenarbeit

- Unabhängigkeitsbewegungen
- gewalttätige Proteste gegen bestehende Grenzen
- Konflikt zwischen ethnischen Minderheiten/Stämmen und Regierenden
- Konflikt zwischen indigenen Gruppen
- andere gewalttätige Aufstände

Regionale Zusammenarbeit in Asien:

- ADB – Asian Development Bank, 1966 gegründet
- APEC – Asia-Pacific Economic Cooperation, 1989 gegründet
- ASEAN – Association for Southeast Asian Nations, 1967 gegründet
- CP – Colombo Plan, 1951 gegründet
- ESCAP – Economic and Social Commission for Asia and Pacific, 1947 gegründet
- SAARC – South Asian Association for Regional Cooperation, 1985 gegründet

Unabhängigkeitsbewegungen und Staatsstreiche

- **1955:** Naga-Aufstand in Nordostindien; erste von zahllosen Stammesrebellionen
- **1958:** Erfolglose Aufstände von Separatisten in Baluchistan, Pakistan
- **1962:** Militär übernimmt Macht in Burma
- **1965:** Fehlgeschlagener Staatsstreich von Marxisten und militärischer Gegenschlag in Indonesien beenden Sukarno-Regime
- **1972:** Ferdinand Marcos ruft Kriegsrecht auf Philippinen aus
- **1975:** Rote Khmer erobern Kambodscha und errichten Terrorregime
- **1979:** Beendigung der Monarchie in Afghanistan; Einmarsch der UdSSR und Bürgerkrieg
- **1981:** Sikh beginnen im indischen Bundesstaat Punjab Kampf um unabhängiges Khalistan
- **1982:** Tamilen beginnen in Sri Lanka mit Kampf um unabhängigen Staat Tamil Eelam

1955 – 1965 – 1975 – 1985

Urbanisierung in Süd- und Südostasien

Die Entwicklung Südasiens und Südostasiens spiegelt sich auf dramatische Weise in den wachsenden Städten wider, von denen einige, vor allem Mumbai (ehem Bombay), zu den größten der Welt gehören. Von den beinahe 1,8 Milliarden Menschen in der Region leben rund 500 Millionen in Städten. Der rasante Bevölkerungszuwachs und die immer noch von der Landwirtschaft abhängige Mehrheit in den dichtbesiedelten Ebenen von Ganges, Indus und Mekong sind für das fragile Ökosystem eine enorme und stetig zunehmende Belastung, deren wohl katastrophale Folgen für die Umwelt zu den großen Herausforderungen des 21. Jh. zählen dürften.

Armut treibt die Landbevölkerung Indiens in die ohnehin überbevölkerten Städte.

Das moderne Finanzzentrum Singapur mit seinen Wolkenkratzern verdeutlicht die Rolle des Inselstaates als globales Wirtschaftszentrum.

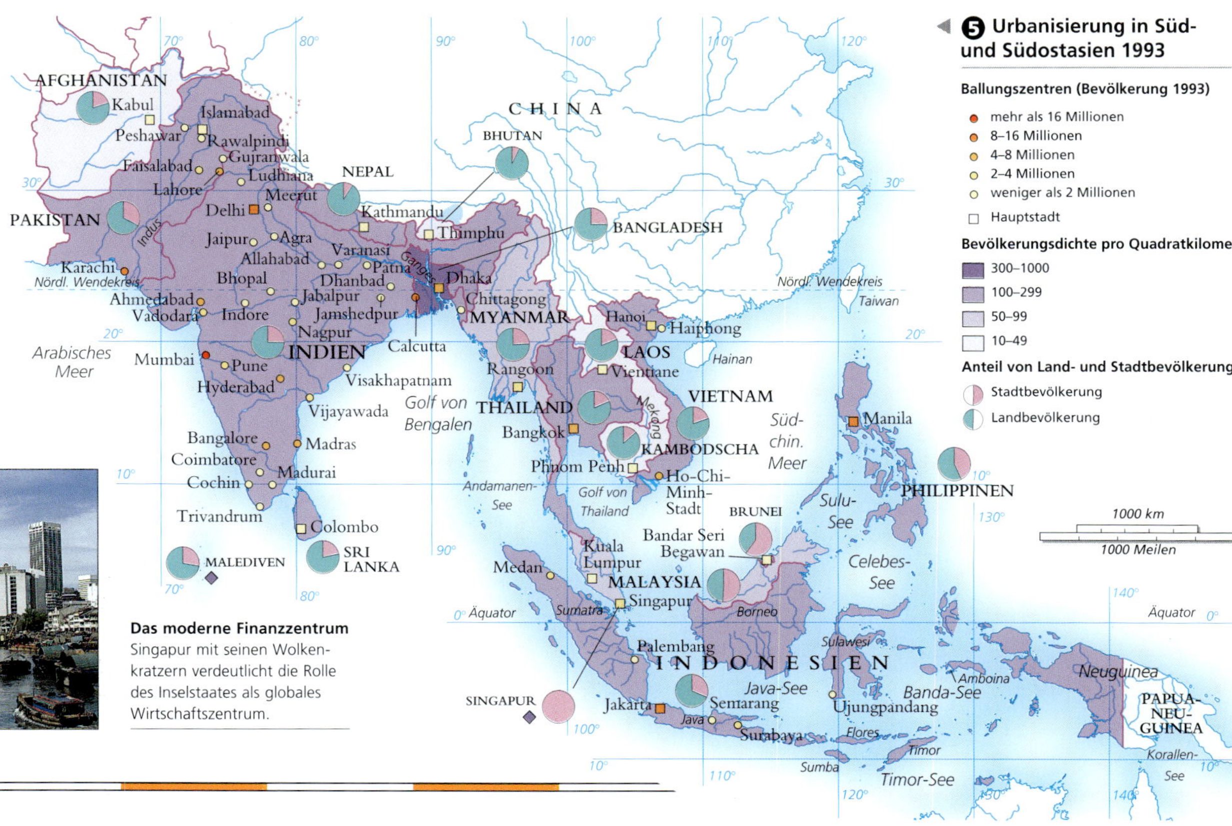

5 Urbanisierung in Süd- und Südostasien 1993

Ballungszentren (Bevölkerung 1993)

- mehr als 16 Millionen
- 8–16 Millionen
- 4–8 Millionen
- 2–4 Millionen
- weniger als 2 Millionen
- Hauptstadt

Bevölkerungsdichte pro Quadratkilometer

- 300–1000
- 100–299
- 50–99
- 10–49

Anteil von Land- und Stadtbevölkerung

- Stadtbevölkerung
- Landbevölkerung

GESCHICHTSRAUM
NORD- UND OSTASIEN

DIE HISTORISCHE LANDSCHAFT

DIE STARK ZERGLIEDERTE GEOGRAFIE ASIENS, der größten zusammenhängenden Landmasse der Welt, hat unterschiedlichste geschichtliche Szenarien entstehen lassen. Die Gebirgsmassive – das Hochland von Tibet, das Altai-Gebirge, der Tian Shan und das Pamir-Gebirge – umschließen die Wüsten Takla Makan, Gobi und Ordos, ein großes lebensfeindliches und kaum besiedeltes Gebiet. Die Region insgesamt umgeben weite Steppen, die lange Zeit die Heimat von Hirtennomaden waren. Angriffe auf ihre sesshaften Nachbarn führten die gewandten und schnellen Reiter schließlich quer durch Eurasien. Breite Ströme fließen durch Sibirien nach Norden zur Arktis und nach Westen in Binnenmeere wie den Aral-See oder das Kaspische Meer. Im Osten entstand auf den fruchtbaren Schwemmlandebenen des Gelben Flusses (Huang He) und des Yangzi die älteste überlebende Zivilisation der Menschheit, die chinesische. Dieses demographische und kulturelle Zentrum beherrschte Ostasien, sein Einfluss reichte weit über die Halbinseln und Archipele des Pazifischen Gürtels hinaus.

Japan wurde vor etwa 30 000 Jahren von Jägern und Sammlern besiedelt. Während der letzten Eiszeit waren die japanischen Inseln überwiegend dicht bewaldet, menschliche Siedlungen fanden sich nur in den Küstenregionen.

Der Gelbe Fluss durchquert auf dem Weg zu den ostchinesischen Ebenen ein fruchtbares Lössgebiet. Bei Löss handelt es sich um Sedimentboden, der infolge von eiszeitlicher Erosion entstanden ist. Der Fluss gräbt sich in den weichen Boden ein, trägt das Material stromabwärts und lagert es in der Großen Chinesischen Tiefebene, einer außerordentlich fruchtbaren Landschaft, ab.

Sibirien war während der letzten Eiszeit eine kalte, eisige und nur spärlich von Sammlern und Jägern besiedelte Region. Wegen der geringen Feuchtigkeit wurde Sibirien nicht wie Europa und Nordamerika von einer Eisschicht bedeckt. Dank der extremen Kälte, die noch heute in diesem Gebiet herrscht, blieben Überreste ausgestorbener Tiere, z.B. Mammuts, ebenso erhalten wie die Unterkünfte der Menschen, die sie jagten.

Vegetation

- Eiskappe, Gletscher
- Polar-, Hochgebirgswüste
- Tundra
- Halbwüste, Gariden
- Grasland, Savanne
- Wald, offene Baumgehölze
- tropischer Regenwald
- gemäßigte Wüste
- tropische Wüste vor 18 000 Jahren
- tropische Wüste vor 8000 Jahren
- Küste heute
- Küste vor 18 000 Jahren

Nord- und Ostasien vor 18 000 Jahren

Während der letzten Eiszeit war Nordasien relativ eisfrei. Eine Ausnahme bildete der europäische Eisschild, der sich bis östlich des Ural-Gebirges erstreckte und einen kleinen Teil der Westsibirischen Ebene bedeckte. Es war sehr viel kälter als heute. Wegen der extremen Temperaturen in Südsibirien gedieh im Großteil Nordasiens lediglich Tundra-Buschwerk. An den Flüssen Ob' und Yenisey entstanden dort, wo die Flüsse durch die europäische Eisdecke aufgestaut wurden, zwei große Seen.

NORD- UND OSTASIEN

ERKUNDUNG & KARTIERUNG

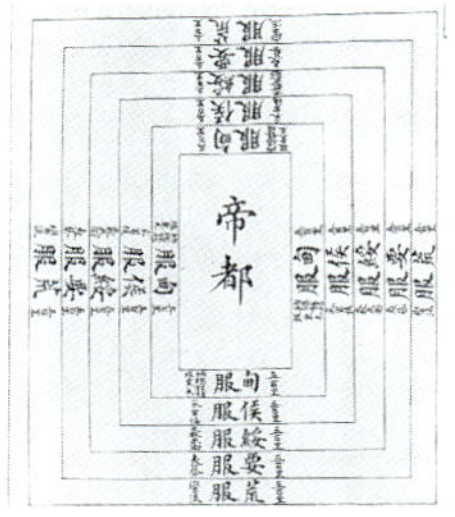

Die chinesische Karte des 3. Jh. platzierte die Hauptstadt im Zentrum eines Schachtelmusters; andere Gebiete wurden nach ihrer Entfernung zum Zentrum angeordnet.

DAS WISSEN ÜBER ZENTRALASIEN wuchs nur vergleichsweise langsam. Gebirgsbarrieren, große Wüsten und klimatische Extreme prägten die Kulturen der Region nicht nur, sondern schotteten sie auch vom Rest der Welt ab. Die Herrscher Indiens und Chinas blickten nur selten über ihre Grenzen hinaus, und Länder wie Tibet oder Japan vermieden bewusst Kontakte zum Ausland. In klassischer Zeit und im Mittelalter boten die oft gefährlichen Handelsrouten Missionaren und Händlern nur eingeschränkte Reisemöglichkeiten, doch mit der Zunahme des Seehandels im 16. Jh. intensivierte sich der Kontakt. Im 19. Jh. wetteiferten die europäischen Mächte um die Kontrolle Asiens. Noch heute weckt Ostasien wegen seiner reichen Mineralvorkommen das Interesse vieler Industrieländer.

Frühe Karten von Japan

Chinesische Verwaltungskonzepte sind im 7. Jh. in Japan eingeführt worden, was zur Gliederung des Landes in 68 Provinzen führte. Wegen der geringen Größe des Staates konnten Überblicke über Land und Bevölkerung zur Steuererhebung erstellt werden. Die ersten Landkarten verzeichneten einzelne Besitzungen. Nachdem 710 eine Zentralregierung entstanden war, begann der buddhistische Mönch Gyogi, Landesübersichten zu erstellen, die die Gliederung in Provinzen erfasste. Typisch für Landkarten im Stil Gyogis ist, dass sie nach Süden ausgerichtet sind und häufig auch Fantasieländer zeigen.

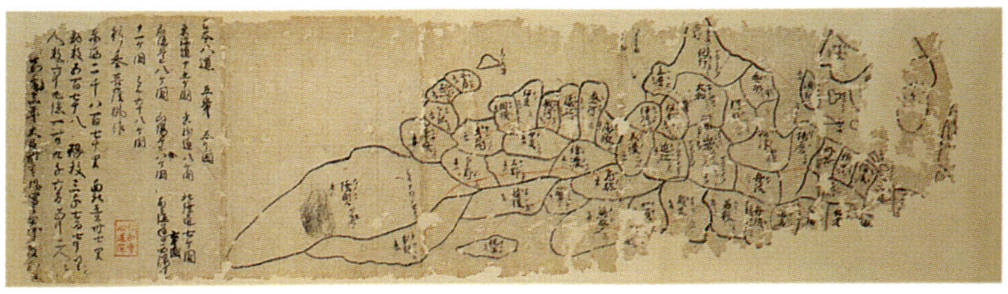

Die Landkarte Honshus aus dem Jahr 1305 in Gyogis Stil nennt und bezeichnet 68 japanische Provinzen.

Kartierung zählte zu den wesentlichen Hilfsmitteln für die Verwaltung des riesigen chinesischen Reichs. Hier präsentiert ein Kartograf einem Kaiser der Tang die Karte seiner Besitzungen.

Die Eroberung Zentralasiens durch die Mongolen im 13. Jh. öffnete die Seidenstraße wieder für den transasiatischen Handel. Dieses persische Gemälde zeigt chinesische Kaufleute.

Reisende in Zentralasien

Die ersten erwähnten Reisenden in Zentralasien waren Gesandte wie Zhang Qian oder chinesische buddhistische Mönche wie Faxian und Xuanzang. Über 1000 Jahre nach Zhang Qian ermöglichte der Mongolische Friede die weiten Reisen Changchuns; die sicheren Handelswege zogen christliche Missionare und Händler wie Marco Polo nach Osten. Deren Berichte haben das europäische Wissen über Asien stark erweitert.

Die europäische Kopie aus dem 17. Jh. gibt eine chinesische Karte von Zhu Siben wieder, der im 14. Jh. einer der führenden Kartografen Chinas war. Bemerkenswert ist die Darstellung der Küstenlinie und der Wasserwege – die Kenntnis der Fluss-Systeme galt als unerlässlich für die Kontrolle Chinas. Das Gitternetz zur Erstellung der Karte ist eine chinesische Erfindung.

Frühe Kenntnis Asiens

1000 v.Chr. – 500 – 1 n.Chr. – 500 – 1000 n.Chr.

- **ca. 1000 v.Chr.:** Die Westlichen Zhou fördern die Erforschung und Erfassung der Geografie Chinas
- **1. Jh. v.Chr.:** Die Seidenstraße verbindet Südwestasien mit China
- **2 n.Chr.:** Erste Volkszählung in China
- **ca. 250:** Magnetkompass in China verwendet
- **607:** Erster Bericht über eine japanische Gesandtschaft nach China
- **751:** Araber erreichen Zentralasien und besiegen Tang
- **ca. 900:** Erste Karten von Japan zeigen die Provinzen
- **1206:** Mongolen beginnen mit Eroberung Zentralasiens
- **ca. 1220:** Zhao Ruguas »Bericht über die fremden Länder«

Die Nordostpassage und Sibirien

Das Scheitern der Versuche, eine Nordostpassage nach Asien zu finden, und das Wissen um den Überfluss an Mineralien und Pelzen jenseits des Ural führten zu einer raschen Expansion des russischen Reichs nach Sibirien. Unternehmungen wie die Große Nordische Expedition folgten den Pfaden der Pelzhändler, unterwarfen lokale Stämme und bereiteten den Kolonisten den Weg. Zwischen den 1580er Jahren und 1650 gewannen die Russen das bis dahin größte Landreich der Welt; sie überquerten auch die Bering-Straße und nahmen Alaska in Besitz. Erst im 20. Jh. konnten Eisbrecher den Seeweg durch das Polarmeer öffnen.

Die Eroberung Sibiriens 1580–1932

- **1581–82:** Yarmak beginnt Eroberung Sibiriens
- **1649:** Russen erreichen die Pazifikküste
- **1689:** Vertrag von Nerchinsk legt russischen und chinesischen Einflussbereich in Ostasien fest
- **1728:** Vitus Bering befährt die Bering-Straße
- **1733–42:** Die Große Nordische Expedition unter Berings Leitung erfasst die nördlichen Küsten Sibiriens
- **1878–79:** Nordenskiöld bewältigt als erster die Nordostpassage von Westen her
- **1914–15:** Eisbrechern gelingt die Durchfahrt der Nordostpassage von Osten her
- **1932:** Eisbrecher *Sibiryakov* bewältigt die Nordostpassage in einer Saison

Russische Händler und Kolonisten reisten in Sibirien häufig per Schlitten; dabei folgten sie den zugefrorenen Flüssen, die sie im Sommer mit dem Boot befuhren.

Nominell unter chinesischer Herrschaft, war Tibet im 19. Jh. de facto unabhängig. Das tibetische Gemälde des 18. Jh. (oben) zeigt den Potala in Lhasa, den Palast des Dalai Lama, des religiösen und weltlichen Oberhaupts von Tibet.

Russen und Briten war exakte Kartografie (unten) unerlässlich für die Kontrolle eines Gebiets. Die Landkarten von Nepal und Tibet, die Pandits geheim erstellten, waren für die anglo-indischen Behörden äußerst informativ.

Auf dem Dach der Welt

Im 19. Jh. erfasste der Expansionsdrang der Kolonialmächte auch die entlegensten Gebiete Zentralasiens. Lediglich in Tibet kamen sie nicht recht voran. Selbst Jesuiten-Missionare und Gesandte, die häufig über militärische Druckmittel verfügten, konnten Tibet nicht öffnen, das Land war sogar ab 1792 für Ausländer geschlossen. Die Briten rekrutierten in Indien Mitte des 19. Jh. einheimische Führer *(pandits)*, darunter Nain Singh, zur Kartierung der Region. Erst im 19. Jh. erforschten vorwiegend russische Wissenschaftler wie Przhevalsky und Roerich die Hochebenen und Bergzüge genau.

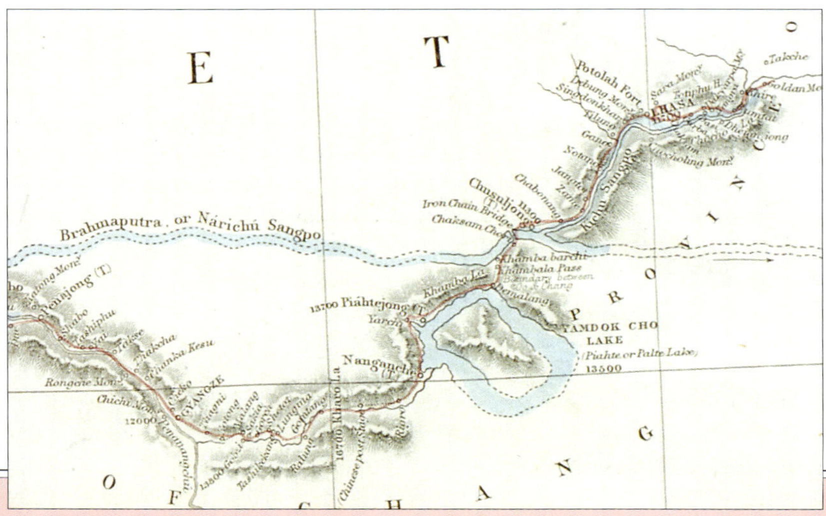

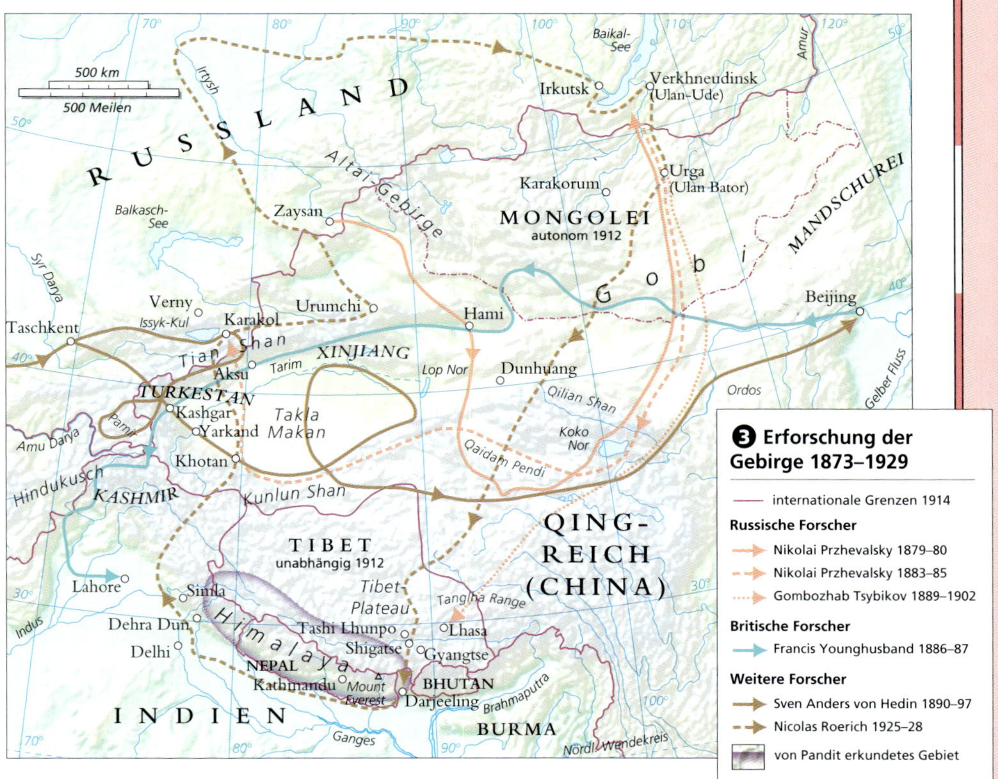

Eindringlinge in Tibet

- **1661:** Erste jesuitische Gesandte in Lhasa
- **1750er Jahre:** Qing-China erobert Tibet und Turkestan
- **1774:** Erste britische Gesandte in Tibet
- **1792:** China schließt Tibet für Besucher
- **1846:** Französische Mönche besuchen Lhasa
- **1865:** Nain Singh beginnt mit der Kartierung Tibets
- **1904:** Younghusband besiegt die tibetische Armee; Anglo-Tibetischer Vertrag

ERSTE ZIVILISATIONEN IN OSTASIEN

Einige der ältesten chinesischen Schriftzeichen sind auf Orakelknochen der Shang-Zeit (um 1400 v.Chr.) erhalten.

DIE ERSTEN KULTUREN entwickelten sich entsprechend der natürlichen Ressourcen unterschiedlich: Die fruchtbaren Böden im Becken des Gelben Flusses und im Yangzi-Tal ermöglichten vor 8000 Jahren die Entwicklung erster Agrargemeinschaften in dieser Region. Töpferei mit Brennöfen und die Bronzetechnik entwickelten sich, die ersten chinesischen Reiche entstanden. Das Gebiet ist noch heute das chinesische Kultur- und Bevölkerungszentrum. In Japan führte der Überfluss an natürlichen Ressourcen, insbesondere an Fisch und Meeresfrüchten, dazu, dass die Wildbeuterei mit Merkmalen einherging, die normalerweise zur sesshaften Landwirtschaft gehören: Hier hat man die frühesten Töpferwaren der Welt gefunden. Die Steppenbewohner im Grasland Zentralasiens bildeten dagegen eine nomadische Kultur aus, über die aufwendige Grabstätten und reich verzierte Grabbeigaben Aufschluss geben.

Die neolithische Revolution in Zentral- und Ostasien

Das widerstandsfähige Yak lieferte reichlich Milchprodukte und Fleisch sowie Fell für Kleidung und Zelte der Hirtennomaden Zentralasiens.

Zahlreiche Getreidesorten und Grünpflanzen wurden schon am Ende des Pleistozäns in Ostasien angebaut. Das Schwein war das am stärksten domestizierte Tier; nomadische Hirten lebten von verschiedenen Vieharten wie Rinder, Yaks und Banteng. Mit der Kultivierung von Hirse und Reis wurde die Ernährung einer größeren Bevölkerung möglich, in der Folge entstanden erste chinesische Städte und Staaten. Um 6000 v.Chr. wurde im Yangzi-Tal Reis angebaut, in Korea 4000 Jahre später und in Japan im 1. Jahrtausend v.Chr. Im Tal des Gelben Flusses in Nordchina baute man Hirse an.

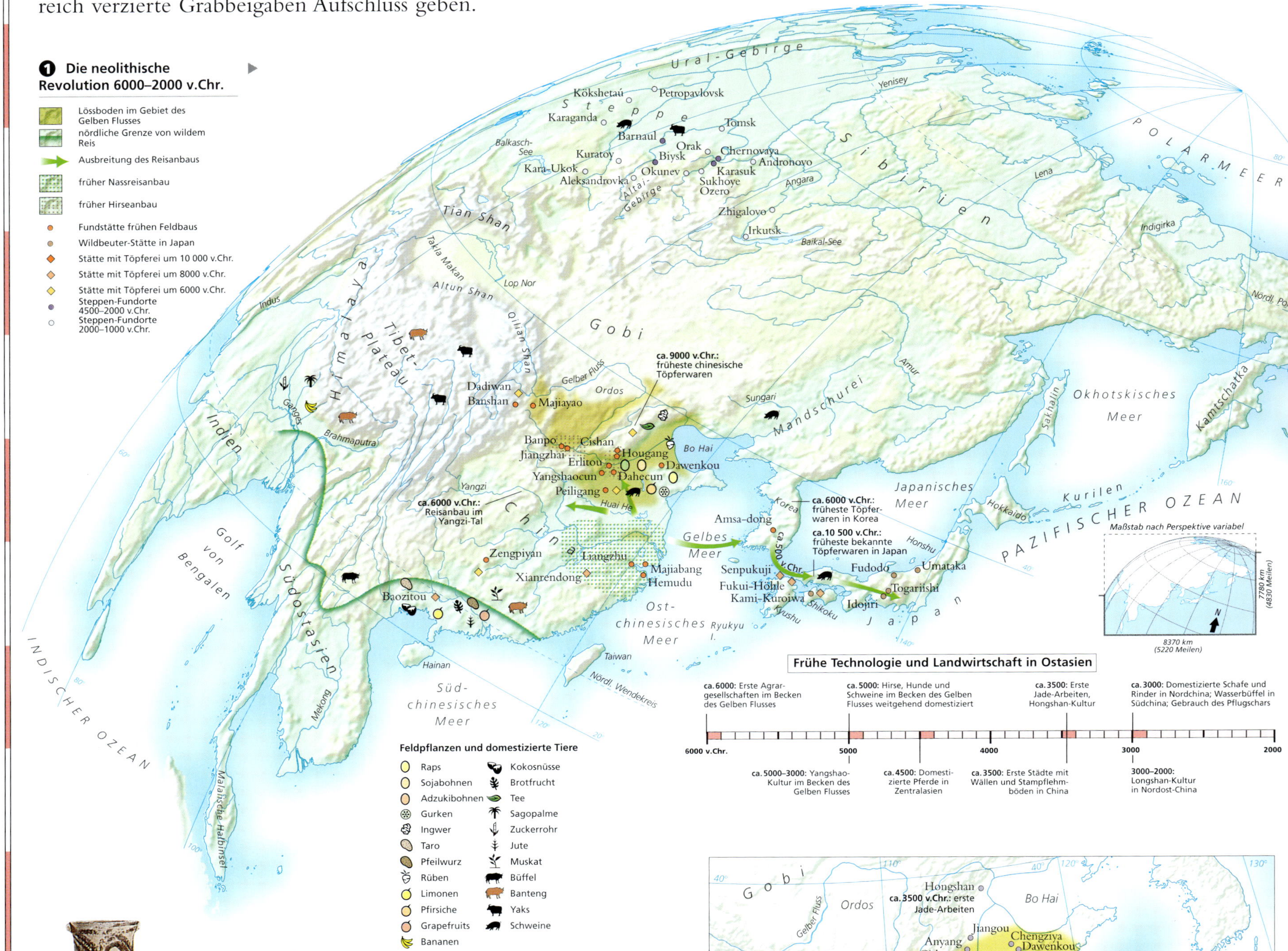

Das geometrische Dekor der Yangshao-Töpferwaren hatte vermutlich eine rituelle Bedeutung.

Das neolithische Ostasien

Die frühen Agrargemeinschaften im Becken des Gelben Flusses entwickelten übereinstimmende kulturelle Merkmale, die uns durch Siedlungsmuster, Begräbnispraktiken und Töpferwaren bekannt sind. Als erste identifizierbare Kultur gilt die Yangshao-Kultur, die charakteristische verzierte Tongefäße herstellte. Um 3000 wurde sie von der reicheren und höher entwickelten Longshan-Kultur abgelöst, die sich bis zur Küstenebene ausbreitete. In der Töpferei gab es technische Fortschritte, Kupfer konnte bearbeitet werden, der Pflug kam in Gebrauch und um 2700 v.Chr. begann man mit der Seidenweberei.

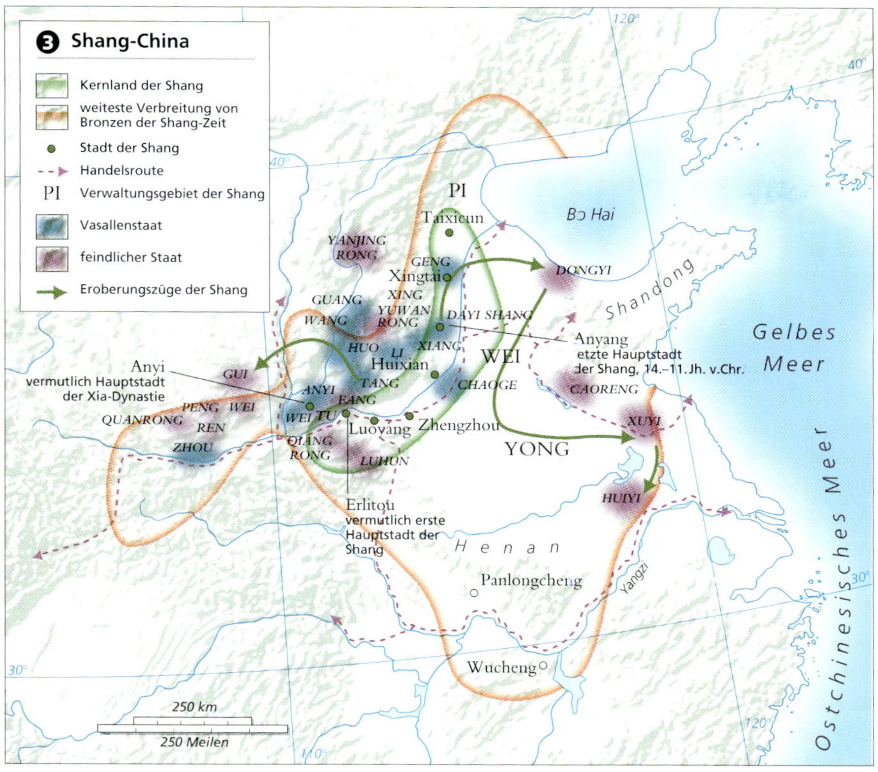

China zur Zeit der Shang 1650–1027 v.Chr

Im Tal des Gelben Flusses entstand um 1800 v.Chr. die Keimzelle des ersten chinesischen Staats. Im proto-feudalen Staat der Shang (ab 1650) stand das Kernland unter der direkten Kontrolle der Herrscher, während die weiter entfernten Gebiete lose angeschlossen waren. Sechs Hauptstädte sollen die Shang nacheinander errichtet haben. Diese waren rituelle Zentren mit Palastanlagen und königlichen Grabstätten. Die Shang kannten die Schrift, Bronze, Pferd und Wagen, und sie führten kriegerische Eroberungszüge durch. Ahnenkult – mit Menschenopfern – und Orakelbefragung waren von großer Bedeutung innerhalb des Reichs. Durch sie festigten die Shang-Könige den Bestand ihrer Dynastie.

Ritualgefäße, nicht selten in Tiergestalt, und Waffen wurden in der Shang-Zeit aus Bronze gefertigt. Bronzeobjekte für Opfer- und andere rituelle Handlungen waren der Aristokratie vorbehalten.

Shang-China

- **ca. 2000:** Vermutlich Gründung der Xia-Dynastie, Vorläufer der Shang
- **nach 1800:** Anfänge des Shang-Reichs
- **ca. 1700:** Guss der ersten Bronzegefäße
- **1400:** Anyang wird Hauptstadt der Shang
- **ca. 1400:** Frühester Nachweis von chinesischer Schrift auf Orakelknochen
- **ca. 1200:** Radkarren gelangen aus Zentralasien nach China
- **1027:** Die Westlichen Zhou lösen die Shang ab

2000 v.Chr. – 1800 – 1600 – 1400 – 1200 – 1000 v.Chr.

China unter den Zhou 1027–256 v.Chr.

Im 11. Jh. entrissen die Zhou den Shang die politische Kontrolle. Den Westlichen Zhou gelang es zunächst, eine größere politische Einheit zu schaffen; sie wiesen ihren Vasallen Territorien zu und schufen so einen proto-feudalen Staat. Der Ahnenkult blieb bestehen, Menschenopfer wurden weniger. Als obersten Ahnherrn verehrte man den Himmel, *tian*. Der Herrscher galt als ›Sohn des Himmels‹ – ein Bild, das sich durch alle Dynastien bewahren sollte. Man begann, Verteidigungswälle zu bauen, und die ersten schriftlichen Aufzeichnungen der chinesischen Geschichte entstanden. Nomadenangriffe und unzufriedene Vasallen zwangen die Zhou 771/770 v.Chr., ihre Hauptstadt nach Osten, nach Luoyang, zu verlegen. Die Zeit der Östlichen Zhou prägten Machtkämpfe und Kriege, doch entstanden auch philosophische Lehren wie die des Konfuzius und der Daoismus.

Münzen kamen in China um 500 v.Chr. in Gebrauch. Meist goss man sie in Form von Werkzeugen.

Zhou-China

- **1027:** Die Zhou stürzen die Shang-Dynastie
- **771/770:** Östliche Zhou machen Luoyang zu ihrer Hauptstadt; Beginn der Frühlings- und Herbstperiode
- **722–481:** Zeit der Frühlings- und Herbstannalen; China ein loser Verbund unter nomineller Kontrolle der Östlichen Zhou
- **ca. 500:** Einführung der ersten chinesischen Münzen
- **520:** Tod des Laozi, Begründer des Daoismus
- **479:** Konfuzius' Tod
- **458–424:** Periode der Streitenden Reiche
- **403:** Anerkennung der Dreiteilung des Jin-Reichs

1100 v.Chr. – 900 – 700 – 500 – 300 v.Chr.

China unter den Qin 221–206 v.Chr.

Die Herrschaft der Zhou endete in heftigen Bürgerkriegen. Dem Qin-Reich gelang es schließlich, die Periode der Streitenden Reiche (um 458–221 v.Chr.) allmählich zu beenden. Die Qin schufen durch Bündnisse, diplomatisches Geschick und Eroberungskämpfe das erste vereinigte chinesische Kaiserreich. Mit einer Serie unbarmherziger Eroberungszüge dehnte Shi Huangdi (der ›Erste Kaiser‹) das Herrschaftsgebiet der Qin weit in den Norden und im Süden über das Yangzi-Tal hinaus bis zur vietnamesischen Grenze aus. Den Eroberungen folgten Zentralisierung und Vereinheitlichung, um regionale Unterschiede und Stammesstreitigkeiten so gering wie möglich zu halten. Binnen 16 Jahren verdoppelte sich das chinesische Staatsgebiet. Wegen der ständigen Bedrohung der Nordgrenze durch das Steppenvolk der Xiongnu wurde die erste Große Mauer gebaut.

Qin-China

- **247:** König Zheng (der spätere Shi Huangdi) wird Herrscher von Qin
- **230:** Die Eroberungszüge der Qin beginnen
- **221:** Gründung des Kaiserreichs von Qin mit seinen 36 Kommandanturen
- **221–207:** Allgemeine Abrüstung, Vereinheitlichung von Maßen, Gewichten und Achsständen
- **214:** Mit Sklaven werden einzelne Befestigungen zur Großen Mauer verbunden
- **213:** Verbot nichtwissenschaftlicher Bücher; Vereinheitlichung und Vereinfachung der Schrift
- **210:** Tod des Shi Huangdi, der mit einer riesigen Terrakotta-Armee beigesetzt wird
- **206:** Beginn der Han-Dynastie

250 v.Chr. – 240 – 230 – 220 – 210 – 200 v.Chr.

Tausende lebensgroßer Terrakotta-Soldaten und -Pferde wurden außerhalb von Xianyang in der Nähe des Grabhügels von Shi Huangdi vergraben. Sie sollten seine militärische Macht und seine Sorge um sein Schicksal nach dem Tod bezeugen.

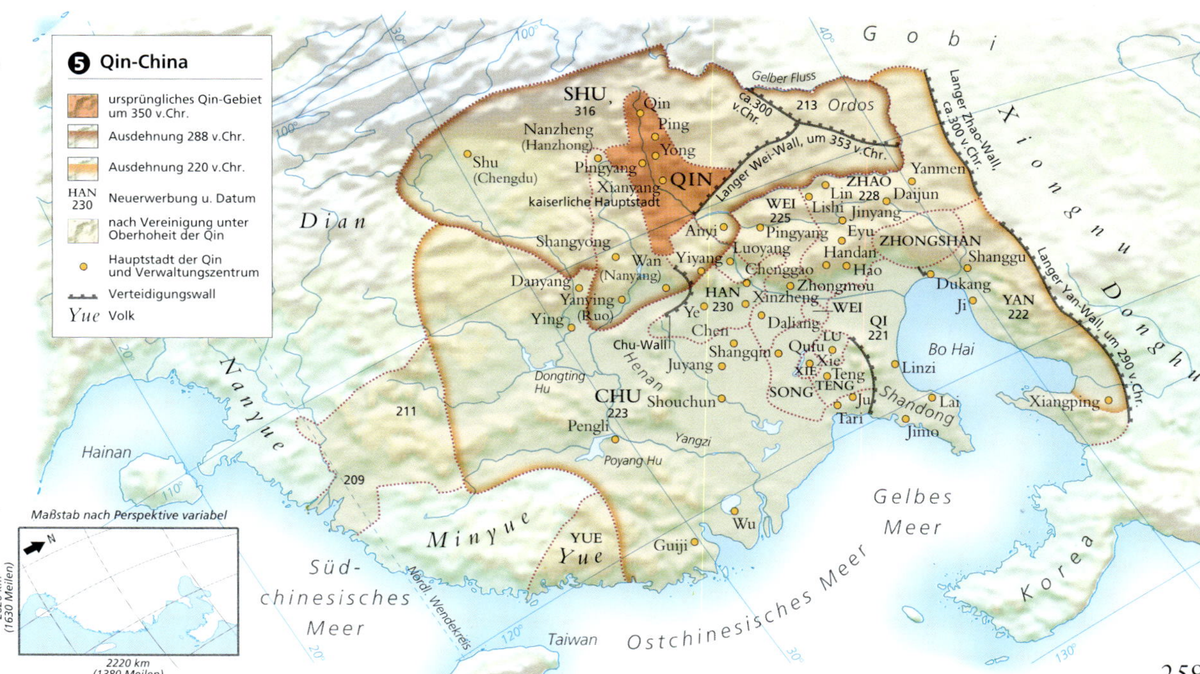

DIE HAN UND DIE VÖLKERWANDERUNG

Zaumzeug aus Bronze der Han-Zeit für zeremonielle Zwecke zeugt von der Bedeutung ihrer Reitkunst.

DIE VEREINIGUNG CHINAS unter dem autoritären Regime der Qin 221 v.Chr. ebnete den Weg für die Han, die 206 v.Chr. die Macht ergriffen. Die Han festigten die Kontrolle Chinas über den Süden, indem sie die einheimische Bevölkerung in Randgebiete abdrängten, und dehnten ihr Reich entlang der Seidenstraße weit nach Zentralasien hinein aus. So errichteten sie das bis dahin größte Herrschaftsgebiet der Welt. Damit lieferten sie auch den Maßstab für die territorialen Ansprüche, die China in den folgenden zwei Jahrtausenden erheben würde. Obwohl Han-China wirtschaftlich weitgehend autark war, profitierte es vom Transasienhandel (s. S. 44–45). Allerdings wurde es ständig von nomadischen Steppenvölkern wie den berittenen Xiongnu behelligt, die an der Nordgrenze in China einfielen.

Han-China 206 v.Chr.–220 n.Chr.

Grabbeigaben aus Ton stellten in der Han-Zeit oft Alltagsszenen dar, z.B. ein Bauernhaus mit Schaf und Esel.

Die Han, die China mit Unterbrechung durch das Interregnum des Wang Mang (9–23 n.Chr.) über 400 Jahre lang regierten, machten das Reich zur dominierenden kulturellen, politischen und wirtschaftlichen Macht in Asien. Zum Schutz gegen die Nomadeneinfälle an ihrer Nordgrenze bauten sie eine neue Große Mauer und errichteten von Korea im Osten bis nach Champa (Vietnam) im Süden und Ferghana im Westen Militärgarnisonen, um ihr ständig wachsendes Reich zu sichern. Der Handel über den transeurasischen Landweg und über die See blühte. In dieser Zeit gelangte auch der Buddhismus nach China, obwohl die Han-Verwaltung auf konfuzianischen Prinzipien beruhte. Beim ersten Zensus im 2. Jh. n.Chr. wurden 57 Mio. Einwohner in China gezählt, von denen die meisten in den nördlichen Tälern lebten.

Die Han-Dynastie

250 v.Chr. – 150 – 50 v.Chr. – 50 – 150 – 250 n.Chr.

- **221 v.Chr.:** Shi Huangdi (›Erster Kaiser‹) vereinigt China unter der Qin-Dynastie (bis 207 v.Chr.)
- **206 v.Chr.:** Beginn der Han Dynastie; Hauptstadt ist ab 200 Chang'an
- **141 v.Chr.:** Der Han-Kaiser Wudi dringt nach Zentralasien vor
- **138–126 v.Chr.:** Zhang Qian reist als Gesandter zu den Xiongnu und nach Zentralasien
- **9 n.Chr.:** Xin-Dynastie des Wang Mang (bis 23 n.Chr.)
- **11:** Der Gelbe Fluss verlagert sein Bett und fließt nun südlich der Shandong-Halbinsel
- **25:** Restauration der Han-Dynastie; Hauptstadt Luoyang
- **91:** Han besiegen die Xiongnu
- **105:** Erste gesicherte Verwendung von Papier in China
- **184:** Aufstand der Gelben Turbane
- **220:** Zusammenbruch der Han-Dynastie

Han-Kommandanturen

1 JINGZHAOYIN	6 HENEI	11 HEJIAN	16 YUNZHONG	21 GUANGYANG	26 JINAN	31 GAOMI	36 DONG	41 CHENLIU
2 YOUFUFENG	7 WEI	12 JULU	17 DINGXIANG	22 YUYANG	27 QIANCHENG	32 JIAODONG	37 DONGPING	42 HUAIYANG
3 ZUO PINGYI	8 GUANPING ZHAO	13 ZHONGSHAN	18 YANMEN	23 YOUBEIPING	28 QI	33 LANGYA	38 JIYIN	43 YINGCHUAN
4 HEDONG	9 QINGHE	14 CHANGSHAN	19 DAIZHUO	24 BOHAI	29 ZICHUAN	34 CHENGYANG	39 SHANYANG	44 HENAN
5 SHANGDANG	10 XINDU	15 WUYUAN	20 SHANGGU	25 PINGYUAN	30 PEIHAN	35 TAISHAN	40 LIANG	45 HONGNONG

1 Han-Reich 140 v.Chr.–220 n.Chr.

- Qin-China 206 v.Chr.
- Königreich Nanyue 206–113 v.Chr.
- Reich der Früheren Han um 2 n.Chr.
- Han-Fürstenstaaten
- Kommandanturen
- Große Mauer unter den Han
- kaiserliche Kanäle
- kaiserliche überregionale Straße
- von den Späteren Han hinzugewonnene Gebiete, 25–220 n.Chr. (mit Datum)
- Han-Expeditionen gegen Nachbarvölker

Die chinesische Architektur erhielt ihr charakteristisches Aussehen mit ihren sorgfältig ineinandergepassten Holzelementen und den weit auskragenden Stockwerken in der Han-Zeit.

2 Die Drei Reiche um 250 n.Chr. ▲

5 China um 560 ▲

Der Zerfall Chinas 220–589 n.Chr.

Die Bedrohung, die die außerordentliche Reitkunst der Steppenkrieger darstellte, illustriert dieses Relief aus Sichuan. Der Bogenschütze führt gerade in vollem Galopp einen Parther-Schuss aus, wobei er gleichzeitig seine Waffe und sein Pferd kontrollieren muss.

Mehrere Aufstände, die Unfähigkeit, Steuern bei den nördlichen Vasallen einzutreiben und die zunehmende Abhängigkeit von Söldnern, die man bei den Steppenvölkern rekrutierte, führten zum Zusammenbruch der Han-Dynastie. Den Norden Chinas übernahmen nichtchinesische Völker, von denen die turkstämmigen Toba-Wei, auch Nördliche Wei genannt, die bekanntesten sind. Der chinesische Adel zog sich derweil in den Süden zurück. Der Zusammenbruch chinesischer Institutionen ging einher mit dem Verfall konfuzianischer Werte und einer Zunahme daoistischer Kulte und des Buddhismus.

3 Die Periode der Sechzehn Reiche um 400 ▲

Der Zerfall Chinas

- **220:** Zeit der Drei Reiche (bis 280)
- **265:** Die Westlichen Jin übernehmen das Wei-Reich
- **280:** Die Westlichen Jin erobern Südchina
- **304:** Zeit der Sechzehn Reiche (bis 439)
- **439:** Die Toba-Wei beherrschen Nordchina (bis 534)
- **490:** Nördliche Wei machen Luoyang zu ihrer Hauptstadt
- **523/24:** Aufstände und Bürgerkrieg in Wei, getragen von Ruanruan, Xianbi und Tölös-Türken
- **557:** Nördliche Qi-Dynastie (bis 577)
- **557:** Beginn der Nördlichen Zhou-Dynastie (bis 581)
- **581:** Sui-Dynastie (bis 618); 589 Wiedervereinigung Chinas

200 n.Chr. – 300 – 400 – 500 – 600 n.Chr.

4 Die Toba-Wei 440–500 ▲

Kaiserl. Weiden der Toba-Wei — Eroberung d. Toba-Wei 500

Die Steppenreiche Zentralasiens

Der Zusammenbruch des Han-Reichs war nur eine der Folgen des Zusammenschlusses der Steppenvölker Nord- und Zentralasiens zu militärischen Bündnissen. Zwischen dem 3. und 6. Jh. lösten ihre Angriffe, von denen die gefährlichsten die der Xiongnu waren, gegen die sesshaften Nachbarn im Süden sukzessive Migrationsbewegungen Richtung Süden und Westen aus – eine Art Dominoeffekt in verschiedene Richtungen, der in ganz Eurasien zu spüren war.

Die Xiongnu verdankten ihre militärischen Erfolge nicht zuletzt den Taktiken ihrer Kavallerie. Zusätzlich zu den leicht bewaffneten Kämpfern, wie man sie gemeinhin mit den Steppenvölkern assoziiert, unterhielten sie auch schwere Kavallerie (links), die große Infanterieeinheiten durchbrechen konnte.

▼ **6** Die Steppenreiche Zentralasiens

- Gebiet nomadisierender Ackerbauern
- Stammland der Xiongnu
- Han-Reich um 200
- Gupta-Reich um 400
- Sassaniden-Reich um 250
- Kushana-Reich um 275
- Toba-Wei um 500
- Osttürken um 600
- Westtürken, um 600
- Seidenstraße

Bewegungen der Steppenvölker

- 1.–3. Jh. n.Chr.
- 300–350
- 350–500
- nach 500

Die baktrische Plakette zeigt einen Reiter. Das eiserne Schmuckstück, mit Blattgold und Türkisen verziert, ist typisch für die aufwändige, aber leicht zu transportierende Kunst der Steppenvölker.

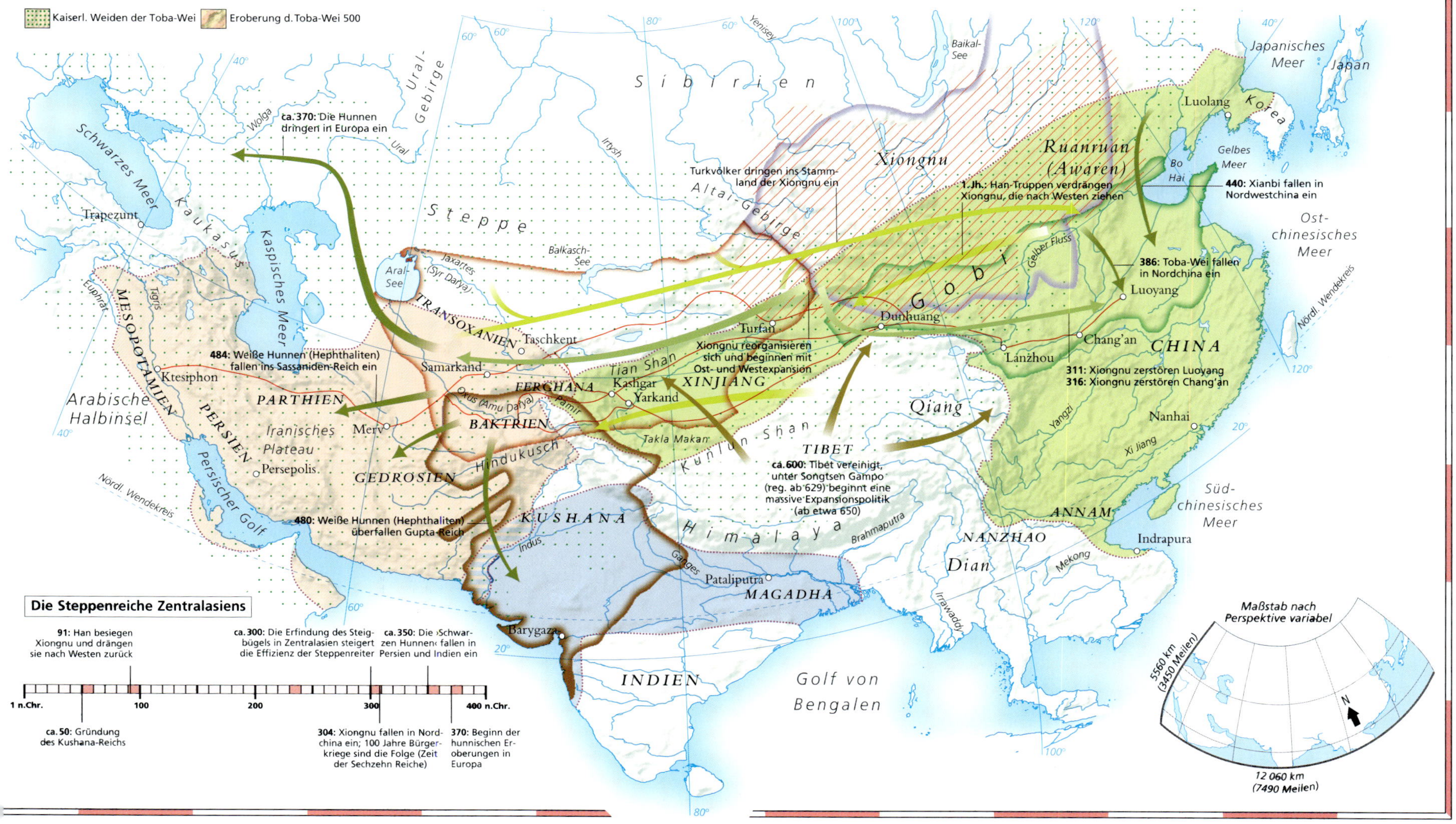

Die Steppenreiche Zentralasiens

- **ca. 50:** Gründung des Kushana-Reichs
- **91:** Han besiegen Xiongnu und drängen sie nach Westen zurück
- **ca. 300:** Die Erfindung des Steigbügels in Zentralasien steigert die Effizienz der Steppenreiter
- **304:** Xiongnu fallen in Nordchina ein; 100 Jahre Bürgerkriege sind die Folge (Zeit der Sechzehn Reiche)
- **ca. 350:** Die »Schwarzen Hunnen« fallen in Persien und Indien ein
- **370:** Beginn der hunnischen Eroberungen in Europa

1 n.Chr. – 100 – 200 – 300 – 400 n.Chr.

VON DEN TANG ZU DEN YUAN

Song-Porzellan, wie diese Weihrauch-Lampe in Form einer Ente, war ein weithin beliebtes Handelsgut.

DIE TANG-DYNASTIE herrschte seit 618 über China und dehnte ihr Territorium schnell bis weit nach Zentralasien aus. 742 ähnelten Ausdehnung und wirtschaftliche Blüte in etwa denjenigen der Han-Zeit. Die chinesische Kultur gewann an Einfluss, und rund um das chinesische Kernland entstanden ähnlich organisierte Reiche. Allerdings wurden 751 die chinesischen Truppen am Talas von den Arabern besiegt, was zu einem Islamisierungsprozess in Zentralasien führte und die chinesische Kontrolle über das Gebiet verminderte. Doch die wichtigste Bedrohung Chinas lag weiterhin im Norden. Dort hatten sich die Steppenvölker zusammengeschlossen und errichteten expansionistische Regime, die darauf aus waren, das chinesische Kernland zu kontrollieren, was den Yuan im 13. Jh. auch gelang.

Tang-China

Das China der Tang unterstand einer Zentralregierung. Die politische und kommerzielle Integration aller Reichsteile wurde durch ein Netz von Straßen und Kanälen ermöglicht, die alle auf die Hauptstadt Chang'an zuliefen. Das Yangzi-Tal wurde wirtschaftlich immer bedeutender, doch konzentrierte sich der Handel auf die Küstenebene. Die Stabilität und der Wohlstand Chinas machten die Nachbarn zwar neidisch, doch waren es Bauernrevolten, die ab den 70er Jahren des 9. Jh. die Tang-Dynastie schwächten, bis das Reich schließlich in viele kleinere Reiche zerfiel, die über 100 Jahre lang um die Vorherrschaft konkurrierten.

Chang'an

Seit der Han-Zeit war Chang'an immer wieder chinesische Hauptstadt. Im 8. Jh. lebten etwa 1 Mio. Menschen innerhalb der Stadtmauern und noch einmal die gleiche Anzahl in der näheren Umgebung. Somit war Chang'an damals die größte Stadt der Welt. Die Stadtteile fügten sich in das Raster der Anlage, ein jeder hatte seine eigene Funktion.

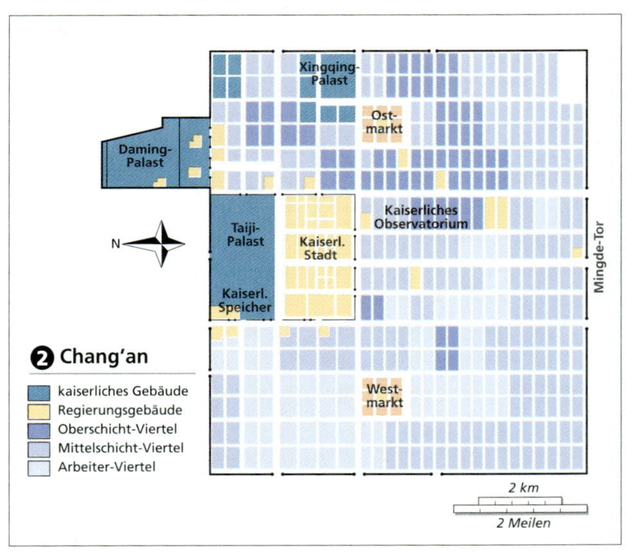

Mit der Stabilität in der Tang-Zeit belebte sich der transasiatische Handel neu. Daher waren baktrische Kamele mit exotischen Händlern ein beliebtes Motiv in der Kunst der Tang-Zeit.

Die Tang-Vorherrschaft wird hier illustriert, indem karikierte Uighuren einen unbewaffneten General der Tang ehren (links).

Tang-China und seine Nachbarn

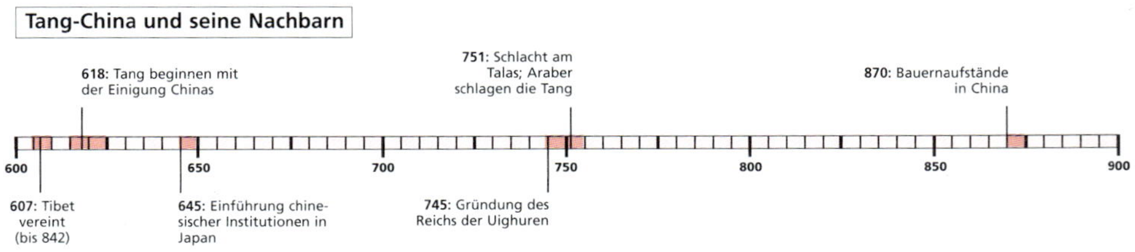

Song-China

Dem Chaos, das nach dem Zusammenbruch der Tang-Dynastie zunächst herrschte, folgte die Periode der Fünf Dynastien und Zehn Reiche. 960 tauchten in Nordchina die Song auf und erweiterten ihren Machtbereich, bis sie 979 ein chinesisches Reich gründen konnten. Allerdings verloren sie die Kontrolle über den Norden an die Khitan, die in der Mandschurei das Liao-Reich gründeten, das durch ein weiteres Steppenreich im Westen, das tangutische Xixia-Reich, ein Gegengewicht erhielt. Die Dschurtschen (Nüzhen), Vasallen der Liao, gründeten das Reich Jin und besetzten die Song-Hauptstadt Kaifeng. So blieb die Herrschaft der Song auf Südchina begrenzt. Dennoch prägte großer Wohlstand die Song-Zeit.

Der zunehmende Handel unter den Tang und den Song machte eine Währung notwendig. Die Regierung übernahm daher in den 1120er Jahren die kaufmännische Gepflogenheit, statt schwere Silber- oder Goldbarren auszutauschen, Papierquittungen auszustellen. So entstand das erste Papiergeld. Die gedruckte Banknote (links) datiert auf das Jahr 1287.

3 Die Fünf Dynastien 881–979 ▲

- chinesische Staaten
- Staaten, die nicht-chinesische Völker besetzt haben

5 Die Südlichen Song 1127–1234

- Hauptstadt
- Song-Reich
- andere Staaten

4 Song-China 960–1127 ▲

- kaiserlicher Kanal
- kaiserliche Straße
- Reichshauptstadt
- Provinzhauptstadt

Feines Porzellan und Steingut wurde in einigen Zentren im China der Song-Zeit hergestellt. Techniken zur Massenproduktion wurden entwickelt, um die internationale Nachfrage zu decken.

BEVÖLKERUNGSWANDEL IN CHINA

Zur Zeit der Song-Dynastie waren die Ufer des Gelben Flusses weiter dicht besiedelt, aber das Bevölkerungszentrum war nun das Yangzi-Becken geworden.

6 Bevölkerungsdichte

- hoch
- niedrig

742

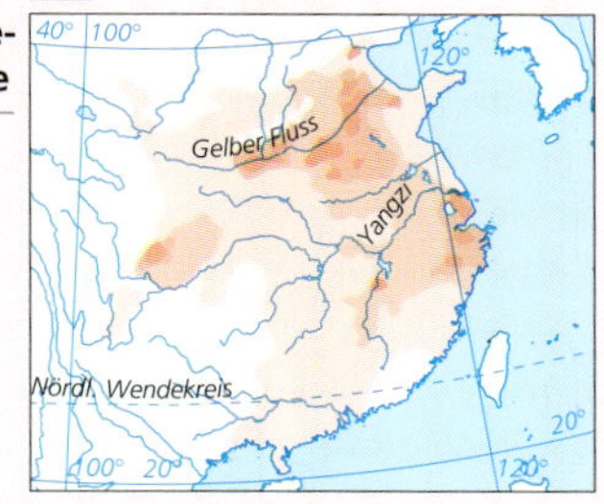

1102

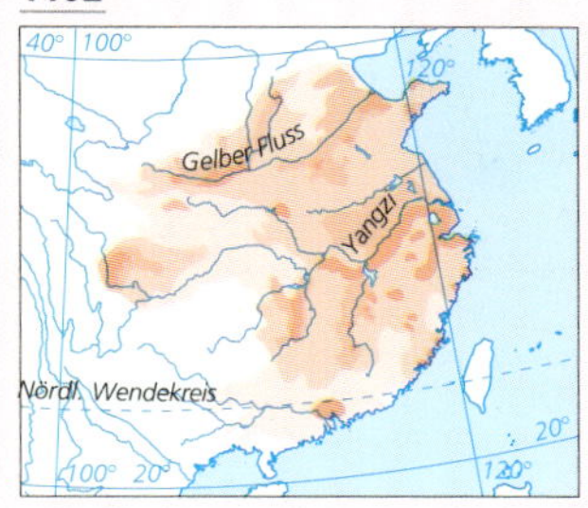

Song-China

- 907: Beginn der Periode der Fünf Dynastien und Zehn Reiche (bis 960)
- 916: Gründung des Khitan-Reichs
- 939: Annam wird unabhängig
- 947: Khitan dringen in Nordchina ein und errichten in Beijing die Liao-Dynastie
- 974: Song-Dynastie vereinigt China
- 1035: Gründung des Xixia-Reichs
- 1126: Jin übernehmen die Kontrolle über Nordchina

7 Die Mongolen-(Yuan-) Periode ca. 1300

- Südgrenze der mongol. Eroberungen bis 1279
- mongol. Eroberung 1280–1368
- kaiserliche Hauptstadt
- Provinzhauptstadt
- GANSU Provinz der Yuan
- Gebiet locker oder zeitweise unter mongol. Herrschaft

Invasion durch die Mongolen (Yuan)

Gewalt und Zerstörung gingen mit der Eroberung des Jin-Reichs durch die Mongolen 1234 einher. Doch übernahmen die Mongolen in der Folge chinesische Gebräuche und Institutionen (S. 68–69), Kublai Khan gründete die Yuan-Dynastie, die bis ins 14. Jh. herrschen sollte. Mit den anschließenden Eroberungen des Song-Reichs weiterer Gebiete dehnten sie auch chinesische Verwaltungsstrukturen in südwestlicher Richtung aus. Tibet und Südostasien unterstanden jedoch nur vorübergehend der mongolischen Herrschaft.

Tragbare Leitern, wie sie diese Abbildung aus einem frühen Militärhandbuch zeigt, wurden bei Belagerungen eingesetzt. Eine Erfindung dieser Zeit war auch das Katapult.

Kublais Invasionsversuche in Japan 1274 (mit 30 000 Soldaten) und 1281 (mit 140 000 Soldaten) wurden von den Japanern zurückgeschlagen. Die Bildrolle von 1290 (links) hält den japanischen Sieg fest.

Die Yuan-Dynastie

- 1234: Invasion der Mongolen im Jin-Reich
- 1264: Kublai Khan gründet die Yuan-Dynastie
- 1274: Erster Versuch, Japan zu erobern
- 1279: Yuan übernehmen Reich der Südlichen Song
- 1281: Zweiter Versuch, Japan zu erobern
- 1283: Kriegszüge gegen Annam und Champa
- 1287: Kriegszug nach Pagan
- 1292: Kriegszug nach Java

ERSTE REICHE IN JAPAN UND KOREA

Zeremonial-Glocken wie die Dotaku sind typisch für frühen Bronzeguss in Japan.

IN DEN ERSTEN JAHRHUNDERTEN nach der Zeitenwende entstanden östlich von China mächtige Reiche. Yamato, dessen Zentrum zum Kernland Japans werden sollte, übernahm die Vorherrschaft über die südjapanischen Inseln, und in Korea bildeten sich drei Reiche heraus: Paekche, Silla und Koguryo. Im 5. und 6. Jh. gelangten die japanischen Inseln und Korea unter den Einfluss des Buddhismus sowie chinesischer Kultur und Politik. Die Chinesen betrachteten die koreanischen Reiche auch in der Folgezeit als ihre Vasallenstaaten. Japan hingegen wahrte seine Unabhängigkeit: Es unterhielt einen kaiserlichen Hof, der jedoch von Militärführern dominiert wurde.

▲ **1 Staaten in Korea und Japan 100 v.Chr.–650 n.Chr.**

- Yayoi-Kultur bis 100 v.Chr.
- 100 v.Chr.–100 n.Chr.
- nach 100 n.Chr.
- Han-Reich 108 v.Chr.
- SILLA Reiche, die um 100–650 n.Chr. entstehen
- Expansion von Yamato
- Expansion von Silla
- Reichshauptstadt

Staatsbildung in Japan und Korea

Haniwa-Figuren von Kriegern wurden in Japan an Gräbern aufgestellt und zeigen, welche Wertschätzung den Kriegern zuteil wurde.

Grundlage für die Staatenbildung in Ostasien war der landwirtschaftliche Überschuss, den der Reisanbau, in Japan zur Zeit der Yayoi-Kultur, ermöglichte. Um 500 n.Chr. begann das Yamato-Reich in Südostjapan zu expandieren: Angrenzende Gebiete wie Kibi und Izumo wurden erobert. Yamato geriet immer stärker unter den Einfluss der chinesischen Kultur. Dank der chinesischen Schrift konnte die Verwaltung zentralisiert werden, und schon gegen Mitte des 6. Jh. trat der Hochadel teilweise zum Buddhismus über, der Ende des 6. Jh. Staatsreligion wurde. In Korea, das im 1. Jh. v.Chr. teilweise von Han-China besetzt war, entstanden die drei Staaten Koguryo, Paekche und Silla, die um die Vorherrschaft stritten. Mitte des 7. Jh. unterwarf Silla seine Nachbarn und herrschte nun über ganz Korea.

Die ersten Staaten

- **500 v.Chr.**: Der Reisanbau verbreitet sich von China nach Japan
- **108 v.Chr.**: Han-China besetzt Nordkorea
- **ca. 200**: Ende der chinesischen Besetzung Koreas; Wachsen von Koguryo, Paekche und Silla
- **ca. 300**: Der Reisanbau erreicht den Norden Honshus
- **ca. 550**: Buddhismus wird in Japan eingeführt

500 v.Chr. – 300 – 100 v.Chr. – 100 n.Chr. – 300 – 500 – 700 n.Chr.

◀ **2 Die ersten Reiche um 300–900 n.Chr**

- YANGJU Verwaltungseinheiten in Silla
- Ausdehnung von Paekche bis 660
- größte Ausdehnung der chin. Kontrolle (Han und Wei) in Korea
- Machtgebiet Sillas 670–935
- Nara-Staat um 600
- Handelsweg

Phasen japanischer Besiedlung und Expansion

- Mitte des 8. Jh.
- spätes 8. Jh.
- frühes 9. Jh.
- Mitte des 9. Jh.

Die ersten Reiche um 600–900

Imperialistische Interessen der Japaner richteten sich schon um 500 n.Chr. auf die koreanische Halbinsel. Das Yamato-Reich hatte sich mit Paekche gegen Silla verbündet. Tang-China betrachtete alle Reiche auf der Halbinsel als seine Vasallen, unterstützte jedoch Silla in den 660er Jahren mit Truppen, um Paekche und den Bergstaat Koguryo zu zerstören. Die Japaner zogen sich daraufhin von der Halbinsel zurück und nahmen formelle diplomatische Beziehungen mit China auf. Die besiegten Koguryo flüchteten nordwärts und gründeten etwa 30 Jahre später in der Mandschurei das neue Reich Bohai (Parhae), das nach chinesischem Vorbild organisiert war.

Dieser Schrein in Hakata auf Kyushu ist typisch für die japanische Shinto-Religion. Im Shinto werden *kami* verehrt, Seelenkräfte, die der Natur – insbesondere Felsen, Wasser und Bäumen – innewohnen, und Ahnengeister. Häufig stehen Schreine auf Felsen, Inseln oder an Wasserfällen. Stets gehört ein *torii*, ein heiliges Tor, dazu. Das Strohseil verbindet in der Regel ein weibliches und männliches Symbol, oft Felsen. Am berühmtesten sind die Felsen im Meer vor Futamigaura bei Ise. Sie symbolisieren das japanische Urgötterpaar Izanagi und Izanami.

Der Kampf um Korea

- **562**: Yamato unterstützt Paekche gegen Silla
- **ca. 600**: Yamato kontrolliert die südliche Hälfte Japans
- **660**: Tang-Heer unterstützt Silla bei der Zerstörung von Paekche
- **668**: Tang-Heere zerstören Koguryo; Flüchtlinge entkommen in die Mandschurei
- **668**: Silla übernimmt die Kontrolle über die koreanische Halbinsel
- **696**: In der Mandschurei gründen die Flüchtlinge aus Koguryo das Bohai-Reich

550 – 600 – 650 – 700 – 750

Taika-Reform und die Nara-Zeit

Ab dem 6. Jh. entwickelte sich Japan unter chinesischem Kultureinfluss zu einem Kaiserreich. Shotoku Taishi (reg. 592–622), der den Buddhismus neben dem Shinto zur Staatsreligion erklärt hatte, wandelte durch die 17-Punkte-Verfassung von 604 die frühere Sippengesellschaft in einen Vasallenstaat unter Führung der Herrscher von Yamato, die sich fortan *tenno* nannten, um. Zwei Jahrzehnte nach Taishis Tod stärkte die Taika-Reform 645/646 die Macht des japanischen Kaisers und sprach ihm sämtliches Land zu. Das Reich wurde in Provinzen und Distrikte gegliedert, ein zentralisiertes Steuerwesen eingeführt. Die Taiho-Gesetze von 702 griffen auf das chinesische Straf- und Zivilrecht (jap. *ritsu* und *ryo*) zurück. 710 ließ sich der Kaiser in der neuen Hauptstadt Heijo-kyo, dem heutigen Nara, nieder. Ab 794 war Heian-kyo, heute Kyoto, die Hauptstadt. Die Nara- und die Heian-Zeit zählen zu den blühendsten Epochen der japanischen Kunst und Kultur. Im 10. Jh. waren die Provinzgouverneure in verlustreiche Kriege verstrickt, an denen auch buddhistische Tempelarmeen beteiligt waren.

❸ Japan in der Nara-Zeit

- Distriktgrenzen nach der Taika-Reform (646)
- Provinz-Zentrum
- Straße
- Seeweg
- heiliger Berg

Der Aufstieg der Bushi

645: Taika-Reform (645 Putsch, 646 Reform)
794–1185: Heian-Zeit; Übergang von der Ära des chinesischen Einflusses zur Macht der Bushi
ca. 1160: Der Taira-Clan gewinnt die politische Kontrolle
600 – 700 – 800 – 900 – 1000 – 1100 – 1200
710–784: Nara-Zeit. Gründung einer neuen Hauptstadt, Schaffung eines kaiserlichen Hofes; japanischer Buddhismus
858–1160: Aufstieg des Fujiwara-Clans
1051–1087: Der Minamoto-Clan gewinnt die Kontrolle über Nord- und Ost-Honshu

Die Buddha-Figur aus vergoldeter Bronze datiert aus dem 8. Jh. Der Buddhismus, der im 6. Jh. nach Japan gelangte, übte starken Einfluss auf alle Aspekte der japanischen Zivilisation aus.

❹ Aufstieg der Taira und der Bushi

Clans der Bushi (Samurai)
- Taira
- Minamoto
- Fujiwara
- buddhistisches Tempelheer
- Minamotos Angriffe auf den Norden 1051–62, 1083–87
- Taira-Lehen um 1150
- Grenzen der Daimyo-Gebiete

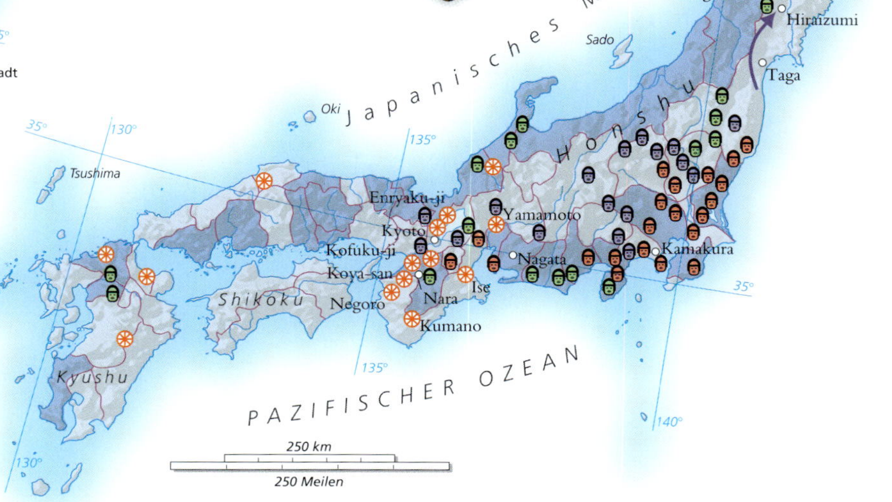

❺ Die Ära der Shogune

- Grenzen der Daimyo-Gebiete

Herrschaftsgebiete in 1180er Jahren
- Taira
- Nördliche Fujiwara
- Minamoto Yoshitomo
- Minamoto Yoshinaka
- Minamoto Yoritomo 1190
- Späteres Paekche 892–930
- Invasion der Mongolen 1274
- Invasion der Mongolen 1281
- Feldzüge der Minamoto
- Noriyori Minamoto-General
- Schlacht, mit Datum

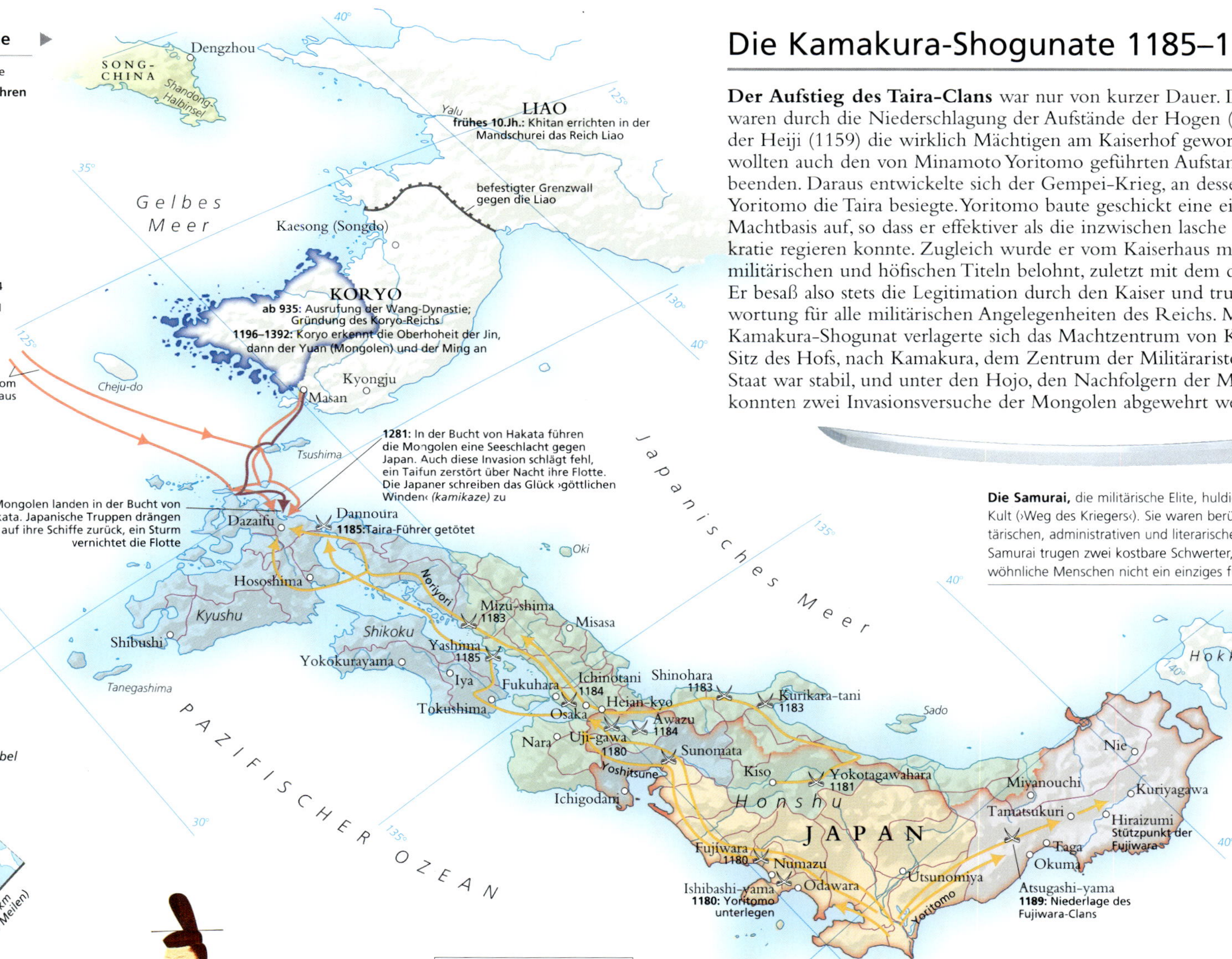

Maßstab nach Perspektive variabel

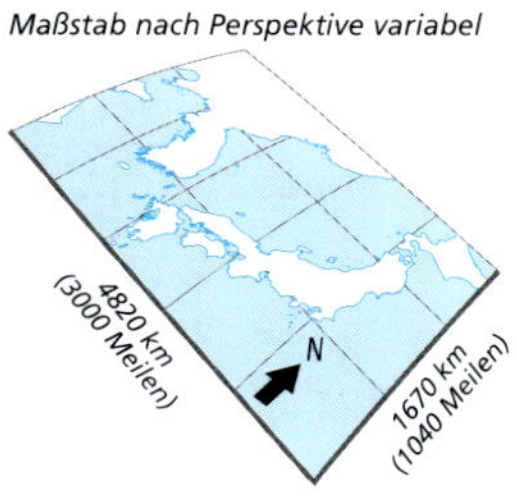

Die Kamakura-Shogunate 1185–1333

Der Aufstieg des Taira-Clans war nur von kurzer Dauer. Die Taira waren durch die Niederschlagung der Aufstände der Hogen (1156) und der Heiji (1159) die wirklich Mächtigen am Kaiserhof geworden und wollten auch den von Minamoto Yoritomo geführten Aufstand 1180 beenden. Daraus entwickelte sich der Gempei-Krieg, an dessen Ende Yoritomo die Taira besiegte. Yoritomo baute geschickt eine eigene Machtbasis auf, so dass er effektiver als die inzwischen lasche Hofbürokratie regieren konnte. Zugleich wurde er vom Kaiserhaus mit hohen militärischen und höfischen Titeln belohnt, zuletzt mit dem des Shogun. Er besaß also stets die Legitimation durch den Kaiser und trug die Verantwortung für alle militärischen Angelegenheiten des Reichs. Mit dem Kamakura-Shogunat verlagerte sich das Machtzentrum von Kyoto, dem Sitz des Hofs, nach Kamakura, dem Zentrum der Militäraristokratie. Der Staat war stabil, und unter den Hojo, den Nachfolgern der Minamoto, konnten zwei Invasionsversuche der Mongolen abgewehrt werden.

Die Samurai, die militärische Elite, huldigten dem Bushido-Kult (›Weg des Kriegers‹). Sie waren berühmt für ihre militärischen, administrativen und literarischen Fähigkeiten. Samurai trugen zwei kostbare Schwerter, während gewöhnliche Menschen nicht ein einziges führen durften.

Minamoto Yoritomo, der Gründer des Kamakura-Shogunats, war ein herausragender Militärführer, der den Taira die Macht entrang. Die stilisierte Darstellung zeigt ihn als erleuchteten Verwalter und Politiker.

Das Kamakura-Shogunat

1185: Beginn des Kamakura-Shogunats
1189: Yoritomo zerschlägt die Fujiwara, die in Nord-Honshu mächtig werden
1274: Erste Abwehr der Mongolen
1150 – 1200 – 1250 – 1300 – 1350
1180–1185: Feldzüge Minamoto Yoritomos
1185: Zerschlagung des Taira-Clans
1219: Ende der Minamoto-Linie; Hojo-Clan stellt die Regenten unter dem Fujiwara-Shogun
1281: Zweite Abwehr der Mongolen
1333: Ende des Kamakura-Shogunats

MING-CHINA UND EDO-JAPAN

Zhu Yuanzhang, der Begründer der Ming-Dynastie, vertrieb die Mongolen und wurde Kaiser von China.

SEIT GRÜNDUNG DER MING-DYNASTIE durch Zhu Yuanzhang 1368 stand China zum ersten Mal nach 400 Jahren unter der Herrschaft einer einheimischen Dynastie. Nach einer Phase der Expansion und internationalen Diplomatie, insbesondere der Gesandtschaften des Admirals Zheng He, wurden die Ming-Herrscher jedoch passiv und von Bürokraten dominiert. Dennoch profitierte das China der Ming-Zeit erheblich vom entstehenden weltweiten Handelsnetz und seine Bevölkerung wuchs bis 1600 auf 150 Mio. an. Die Nachbarstaaten eiferten China nach, wohlhabende Handelsnationen entstanden in Zentralasien und Japan wurde unter dem Ashikaga-Shogunat und dessen Nachfolgern wieder vereinigt. In China führten Intrigen und Machtkämpfe zwischen rivalisierenden Cliquen, gepaart mit Hungersnöten und Bauernaufständen, schließlich zum Niedergang der Ming-Dynastie.

China zur Ming-Zeit

Die Große Mauer geht auf die Qin-Zeit (221 v.Chr.) zurück, doch erneuerten die Ming die Befestigung und verliehen ihr die heutige Form.

Die Ming stiegen aus dem Chaos auf, das den Niedergang der mongolischen Yuan-Dynastie begleitete. Der Rebellenführer Zhu Yuanzhang (Taizu, Hongwu-Kaiser) besiegte seine Rivalen und gründete die neue Dynastie. 1356 errichtete er in Nanjing seine Hauptstadt. Die anfangs offensive Außenpolitik führte zur Wiedereingliederung des Südwestens und zu Feldzügen nach Annam und in die Mongolei, doch Mitte des 15. Jh wurde das Reich defensiv und war zerstritten. Trotzdem wurde landesweit die Infrastruktur verbessert, der Handel förderte das Wachstum vorindustrieller Zentren (Seiden-, Baumwoll- und Porzellanmanufakturen) von der Mündung des Yangzi bis nach Yangzhou und Nanjing, die durch den Großen Kanal mit Beijing verbunden waren. Der neue Wohlstand führte zu einer kulturellen Blüte, doch zerbrach die Ming-Dynastie an fehlender Flexibilität, an Intrigen und Aufständen.

Unter Chengzu (Zhu Di, Yongle-Kaiser), dem Sohn Taizus, erreichte das Expansionsstreben der Ming mit den Reisen Zheng Hes nach Südostasien und in den Indischen Ozean seinen Höhepunkt. Diese Gesandtschaften wurden mit großem Aufwand betrieben (bei der vierten Reise, 1413–15, waren über 60 große Schiffe und 28 000 Mann dabei); ihr Ziel war die Eintreibung der Tribute für den Ming-Hof. Die Seidenmalerei zeigt eine Giraffe, die auf der siebten Reise (1431–33) aus Afrika mitgebracht worden war.

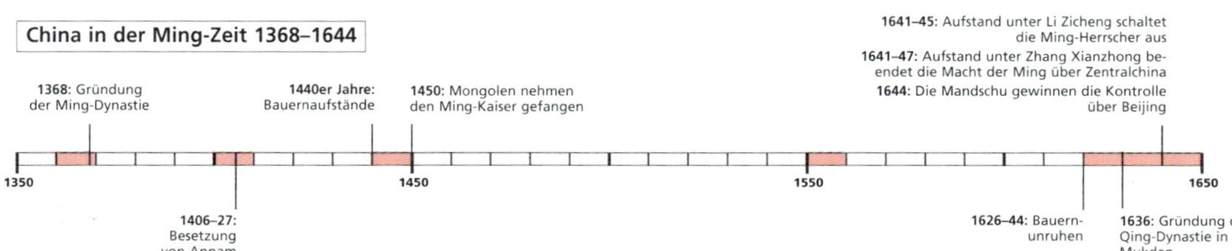

Aufstände in der Ming-Zeit

Die Regierung der Ming sah sich mit zunehmender Unzufriedenheit im Land konfrontiert, die sich auf Missernten und Flutkatastrophen gründete und durch den Druck, den das rasante Städtewachstum, die Inflation und Steuererhebungen ausübten, verstärkt wurde. Aufstände in den 1440er Jahren forderten über 1 Mio. Tote, das 17. Jh brachte das Ende der Ming: 1644 nahm das Rebellenheer Li Zichengs Beijing ein, und der letzte Ming-Kaiser beging Selbstmord.

2 Aufstände in der Ming-Zeit

- Ming-China
- Bauernunruhen 1626–41
- Gebiet unter Kontolle Zhang Xianzhongs 1641–44
- Gebiet unter Kontolle Zhang Xianzhongs 1644–47
- Gebiet unter Kontolle Li Zichengs 1641–45
- städtische Unruhen

Die Staaten Zentralasiens

Mitte des 16. Jh. entstanden in Zentralasien einige islamische Staaten, die danach strebten, den Ost-Westhandel, der unter dem Mongolischen Frieden entstanden war und sich nun wieder belebt hatte, zu kontrollieren. Obwohl ihre Herrscher ständig um die Kontrolle der Region miteinander konkurrierten, genoss sie eine Zeit des Wohlstands und kultureller Kontinuität. Sie blühte am Rand von und im Austausch mit älteren und stabileren Kulturen.

Moghul-Truppen überfallen die Herde nomadischer Schafhirten der zentralasiatischen Hochebenen. Die Illustration stammt aus einem indischen Manuskript.

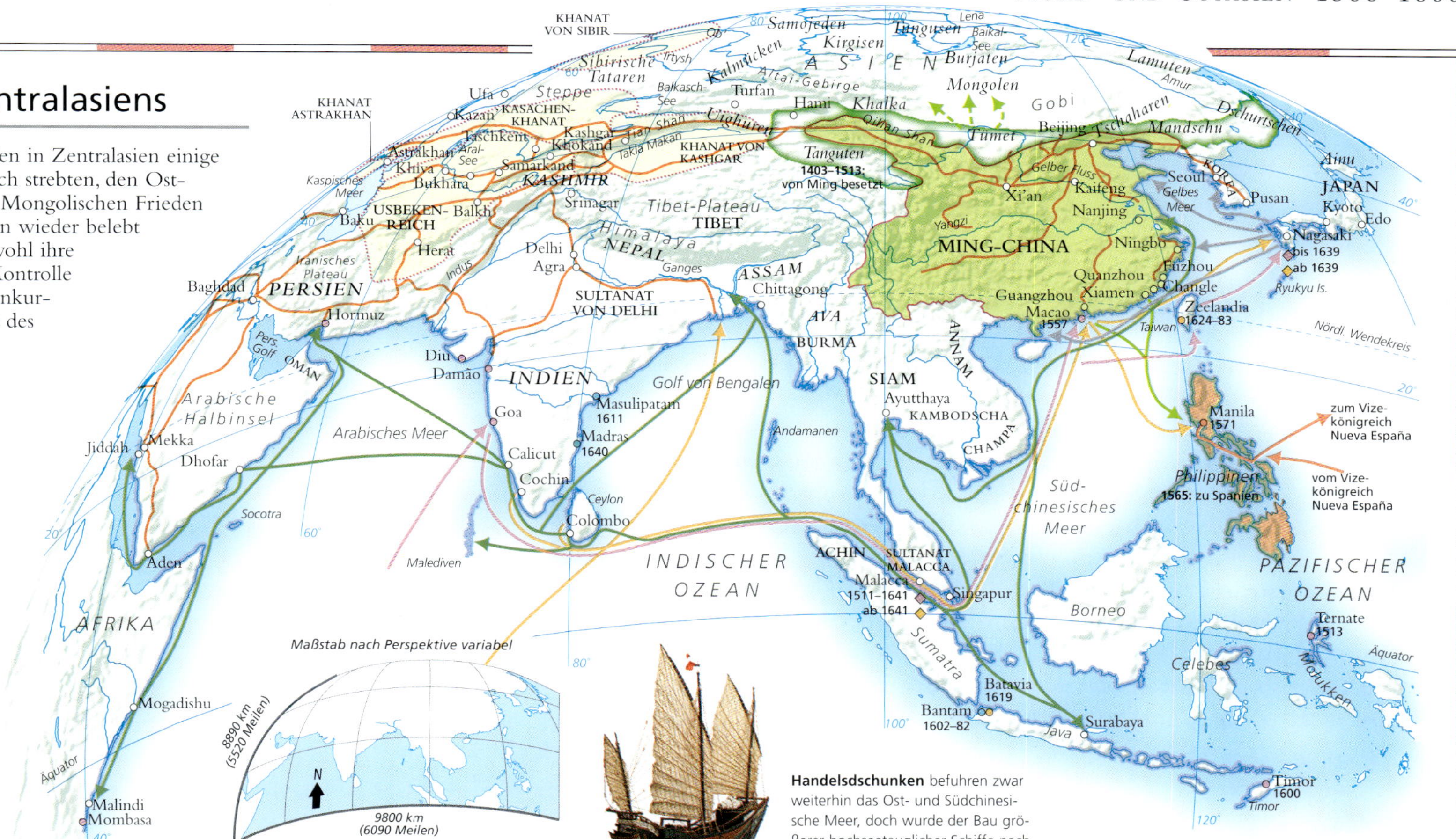

Handelsdschunken befuhren zwar weiterhin das Ost- und Südchinesische Meer, doch wurde der Bau größerer hochseetauglicher Schiffe nach Zheng Hes siebter Reise verboten.

❸ Das China der Ming-Zeit und die Außenwelt

- Ming-Reich
- den Ming tributpflichtige Völker
- span. Hoheitsgebiet auf den Philippinen
- transkontinentale Handelsroute
- chin. Seglern bekannter Küstenverlauf
- port. Handelsrouten
- niederl. Handelsrouten
- span. Handelsrouten
- chin. Handelsroute n. Manila
- Reisen des Zheng He
- japanische Überfälle
- Feldzüge gegen die Mongolen
- niederl. Gebiet/Handelsstation, mit Datum
- port. Gebiet/Handelsstation, mit Datum
- brit. Handelsstation, mit Datum
- span. Handelsstation, mit Datum
- wichtiger chin. Hafen

Das China der Ming-Zeit und die Außenwelt

Trotz seiner Isolation blieb das Ming-zeitliche China nicht von äußeren Kräften unberührt. Im frühen 16. Jh machten sein Wohlstand und seine Produktivität das Land zu einem Magneten für den globalen Handel. Europäische seefahrende Nationen, darunter das mächtige Spanien, dessen territoriale Ausdehnung zu Beginn des 17. Jh sogar die Chinas übertraf, fühlten sich aufgrund der Handelschancen von Ostasien angezogen. Ein Umstand, der auch unliebsame Besucher brachte: Japanische Piraten und Kriegsherren überfielen immer wieder Chinas Ostküste.

Handel und erste Kontakte mit Europa

- **1349:** Erste chinesische Siedlung in Singapur; Beginn des Seehandels
- **1405–33:** Zheng Hes sieben Reisen
- **ca. 1433:** Verbot des Baus hochseetauglicher Dschunken
- **1520:** Erste portugiesische Handelsdelegation in China
- **1523:** Japanische Piraten vom chinesischen Festland vertrieben
- **1552:** Gründung der portugiesischen Kolonie Macao
- **1552–53:** Japanische Piraten belagern Nanjing

1300 – 1400 – 1500 – 1600

❹ Wiedervereinigung Japans

- Grenzen der Daimyo-Gebiete
- *Oda* wichtige Clans nach den Onin-Kämpfen (1467–77)
- von Oda Nobunaga bis 1582 geeintes Gebiet
- Feldzüge Toyotomi Hideyoshis für die Wiedervereinigung
- Feldzüge in Korea 1592
- Feldzüge in Korea 1597
- Zentren koreanischen Widerstands
- Ming-Feldzüge zur Verteidigung Koreas
- japanisch besetztes Gebiet in Korea 1593–98
- Hauptstadt

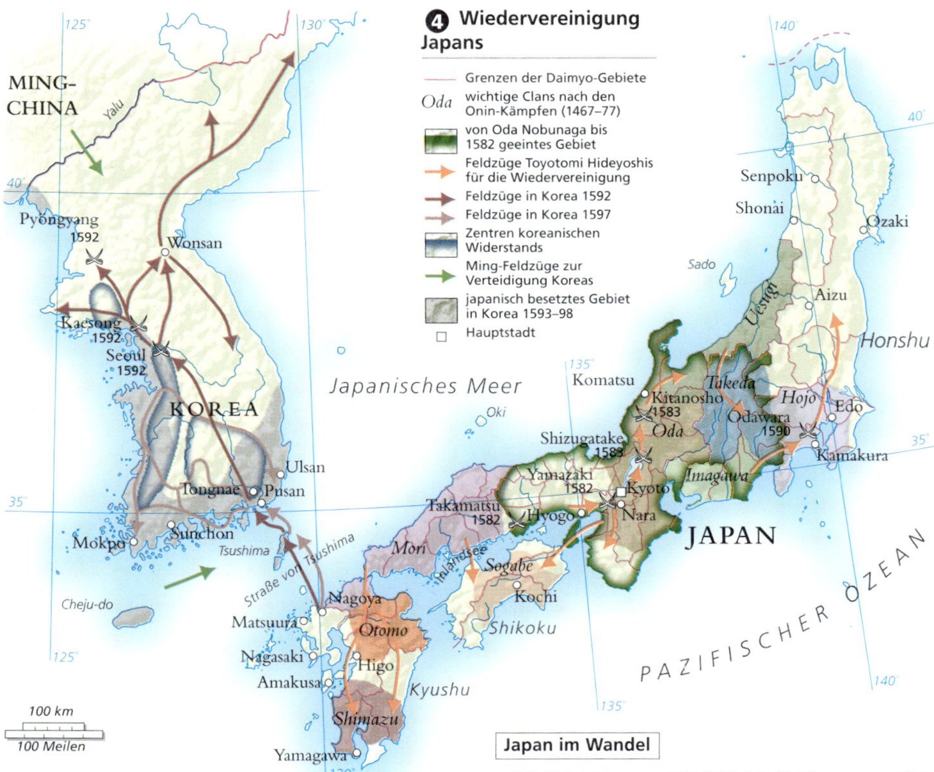

Japan vor der Edo-Zeit

Die militärische Vorherrschaft, die vom Kamakura- und später vom Ashikaga-Shogunat aufgebaut worden war, wurde von den nahezu ständigen, verlustreichen Kriegen zwischen Samurai-Kriegsherren untergraben. Diese gipfelten in den Onin-Kämpfen von 1467–77. Die Kämpfe führten im folgenden Jahrhundert zum Aufstieg des Shoguns Oda Nobunaga, der mittels einer Diktatur die nationale Einheit erzwang. Dessen Nachfolger Toyotomi Hideyoshi trieben seine imperialistischen Ambitionen dazu, wiederholt Feldzüge gegen Korea zu führen. In dieser Zeit fanden auch die ersten Kontakte mit Europäern und christlichen Missionen statt.

Ieyasu, der Gründer des Tokugawa-Shogunats (1609–68), profitierte von der Zentralisierungspolitik seiner Vorgänger Oda Nobunaga und Toyotomi Hideyoshi.

Japan im Wandel

- **1333:** Niedergang des Minamoto-Clans (Kamakura)
- **ca. 1350:** Dominanz der Ashikaga-Shogune
- **1467–77:** Die Onin-Kämpfe läuten die Ära der ›Streitenden Reiche‹ ein
- **1542:** Erste portugiesische Handelsmission
- **1570:** Nagasaki wird für den Außenhandel geöffnet
- **1592–93:** Japanische Feldzüge in Korea
- **1597–98:** Zweite japanische Invasion in Korea
- **ca. 1600:** Edo (Tokyo) wird Hauptstadt
- **1609:** Eröffnung einer Faktorei in Hirado

1300 – 1400 – 1500 – 1600

Der Himeji-Palast in Hyogo war eine der über 200 Festungen, die zwischen 1570 und 1630 gebaut wurden, um die kaiserliche Autorität zu festigen und der Gefährdung durch Feuerwaffen Rechnung trugen.

Die Edo-Zeit

Der Tod Toyotomi Hideyoshis 1598 löste einen kurzen Machtkampf aus, der mit dem Sieg Tokugawa Ieyasus in der Schlacht von Sekigahara (1600) beendet wurde. Die Tokugawa machten Edo (Tokyo) zur kaiserlichen Hauptstadt. Der Kontakt und der Austausch mit dem Ausland wurde, nach Errichtung erster europäischer Manufakturen in Westjapan, ab 1639 beschnitten.

❺ Japan in der Edo-Zeit

- Daimyo-Grenzen
- Tokugawa-Gebiet ab 1560

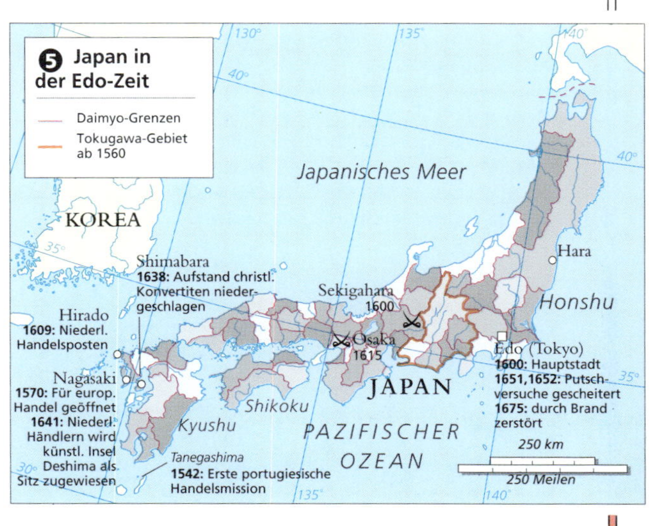

DIE ZEIT DES QING-REICHS

Qing-China stellte Porzellan-, Jade-, Teppich- und Seidenwaren für westliche Märkte her.

DIE MANDSCHU hatten bereits einen Staat, dessen Zentrum Mukden war, entlang der chinesischen Linien in der südlichen Mandschurei. 1644 nutzten sie den Zusammenbruch der Ming-Dynastie. Rasch unterwarfen sie die Aufständischen, und Ende des 17. Jh. hatten sie auch den Widerstand der Ming im Süden verringert. Das 18. Jh. war eine stabile Zeit der Expansion und des steigenden Wohlstands, in dem die Mandschu – bzw. die Qing-Dynastie – chinesische Sitten übernahmen. Durch Eroberungen entstand ein riesiges Reich mit einer Reihe tributpflichtiger Länder. Doch gegen Ende des 19. Jh. führten der Druck des europäischen Imperialismus und innere Unstimmigkeiten zu Regression, Isolationismus, Widerstand gegenüber Reformen und politischem Niedergang.

China unter der Qing-Dynastie

Die Expansion des Qing-Reichs setzte sich im 17. und 18. Jh. fort, nicht zuletzt, weil Russen, Briten und Franzosen nach Asien vorzudringen drohten. Nur ein Teil des riesigen Qing-Reichs wurde direkt von den Mandschu regiert und von Chinesen besiedelt, doch sicherten Militärgarnisonen das ganze Land. Die immensen Kosten für die Verwaltung und Sicherung des Reichs wurden im Wesentlichen durch den Handel finanziert. Doch als im 19. Jh. die chinesische Wirtschaft unter dem europäischen Druck in Schwierigkeiten geriet, ließ auch die Fähigkeit der Qing nach, ihre Gebiete zu verwalten.

Die mandschurischen Herrscher der Qing-Dynastie übernahmen schnell die höfischen Sitten und die aristokratische Unnahbarkeit der Ming. Links ist der Kangxi-Kaiser (reg. 1662–1722) in seiner kaiserlichen Pracht dargestellt.

Expansion unter der Qing-Dynastie

1600 – 1700 – 1800

- **1636:** Mandschu errichten in Mukden das Qing-Kaisertum
- **1644:** Qing-Heer marschiert in Beijing ein
- **1683:** Eroberung von Taiwan
- **1689:** Vertrag von Nerchinsk regelt den Grenzverlauf im Amur- und Ussuri-Gebiet
- **1696–97:** Sieg über die Mongolen
- **1720:** Errichtung der formellen Herrschaft über Xinjiang; Suzeränität in Tibet
- **1751:** Tibet ist Protektorat
- **1758–59:** Feldzüge gegen die Kalmücken
- **1766–69:** Invasionsversuch in Burma; Errichtung der Suzeränität
- **1788:** Invasionsversuch in Annam
- **1792:** Invasion in Nepal

Niedergang der Qing

Die Mandschu konnten in der Frühphase ihrer Herrschaft durch massiven Druck den großen Aufstand der Ming-Anhänger im Süden des Reichs beenden. Später erhoben sich einzelne Stämme, muslimische Bevölkerungsteile (Hui) und millenaristische Sekten. Meistens waren Bevölkerungsdruck und wirtschaftliche Not die Auslöser. Die große Taiping-Rebellion und der Nian-Aufstand forderten Mitte des 19. Jh. etwa 25 Mio. Tote, und obwohl sie die Qing-Herrschaft ernsthaft bedrohten, waren sie letztlich erfolglos. Die Taiping-Rebellion, geführt von einem christlichen Visionär, genoss seitens der aggressiven europäischen Mächte stille Unterstützung, der ›Boxer‹-Aufstand zu Beginn des 20. Jh. hingegen war ausgesprochen anti-europäisch und wurde von den Qing-Herrschern unterstützt.

Die Taiping-Rebellion hatte 1850 in Südchina begonnen; 1853 befand sich der Stützpunkt der Rebellen in Nanjing (oben), von wo aus sie bei den europäischen Mächten in Shanghai dafür warben, die Qing in Beijing zu bedrohen.

Aufstände gegen die Qing

1700 – 1800 – 1900

- **1674:** Beginn von pro-Ming-Aufständen in Südchina; 1683 endgültig niedergeschlagen
- **1850:** Beginn der Taiping-Rebellion; in Südchina verbreitete Erhebung, endet 1863
- **1853:** Nian-Aufstand in Nordchina, endet 1868
- **1855:** Aufstand der Hui in Yunnan, endet 1873
- **1863:** Beginn der Hui-Rebellion im Nordwesten, endet 1873
- **1900–01:** ›Boxer‹-Aufstand, gegen die westlichen Mächte gerichtet

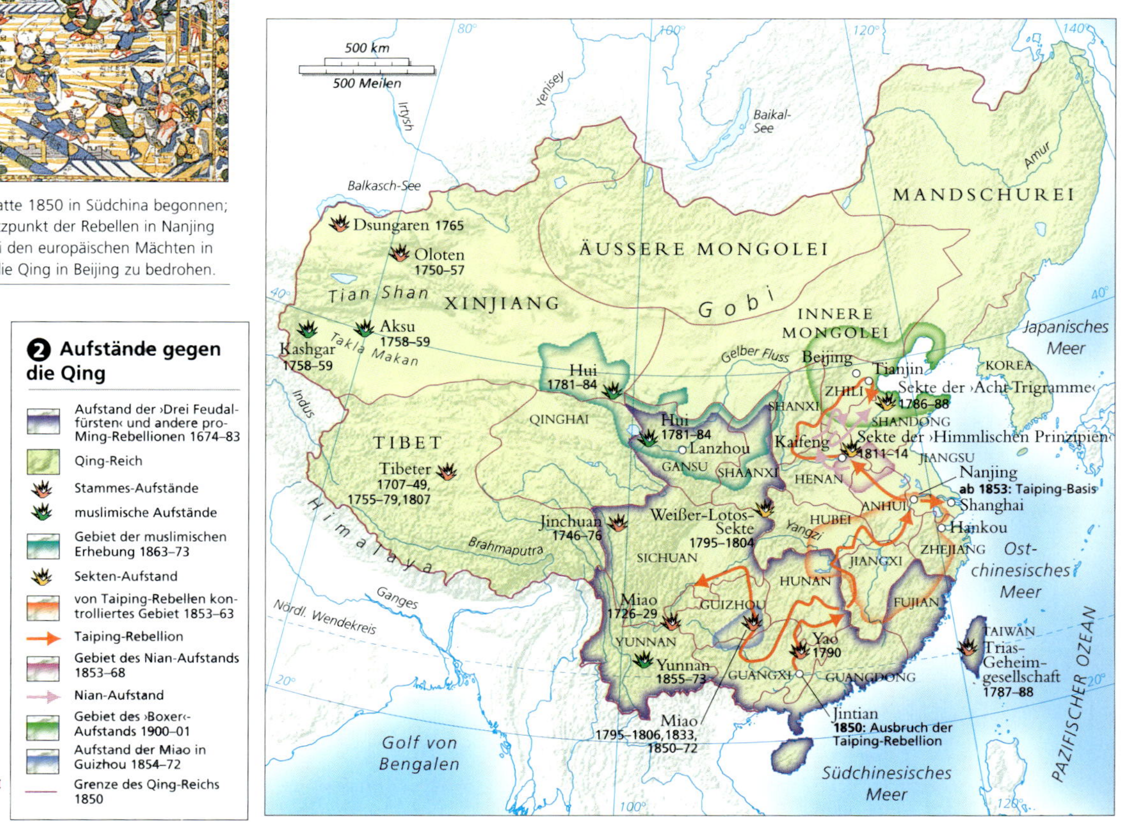

Die russische Expansion in Nordasien 1600–1914

Die Expansion Russlands auf den Spuren der Pelzjäger quer durch Sibirien war körperlich strapaziös, traf jedoch nicht auf bedeutenden Widerstand durch einheimische Völker. Die Expansion nach Süden gegen Kasachen und Turkvölker in Zentralasien musste härter erkämpft werden, doch war die westliche Militärtechnik überlegen. Indem Russland die Amur- und Ussuri-Gebiete von Qing-China zurückeroberte, erlangte es Zugang zum Pazifik. Mit der Abschaffung der Sklaverei 1861 schwappte eine Welle russischer Migranten nach Osten. Die russische Expansion bewirkte, dass 1902 das Britisch-Japanische Bündnis zustande kam; gestoppt wurde sie erst durch den Russisch-Japanischen Krieg 1904–05 (S. 270).

Die Transsibirische Eisenbahn verbindet Moskau mit dem 7360 km entfernten Wladiwostok. Die Errichtung sollte nicht zuletzt Russlands Präsenz am Pazifik bekräftigen.

3 Russische Expansion in Asien 1600–1914

- Russisches Reich um 1600
- Erwerbungen 1600–1725
- Erwerbungen 1726–1855
- Erwerbungen 1856–76
- Erwerbungen 1877–1914
- temporäre Erwerbungen, mit Datum
- russischer Einflussbereich 1914
- 1788 Datum der Gründung oder des Erwerbs
- Transsibirische Eisenbahn
- Grenzen 1914

Russische Expansion in Asien

- **1689:** Vertrag von Nerchinsk beendet die Gebietsstreitigkeiten mit China
- **1697:** Beginn der Eroberung von Kamtschatka; mit dem erfolgreichen Abschluss 1732 erlangt Russland die Kontrolle über Sibirien
- **1730–34:** Unterdrückung der Kasachen
- **1858–60:** Russland gewinnt das Amur-Ussuri-Gebiet zurück
- **1860:** Gründung von Wladiwostok
- **1864:** Kontrolle über Kalmücken (Semipalatinsk)
- **1868–70:** Unterdrückung der muslimischen Reiche Bukhara und Samarkand
- **1891:** Transsibirische Eisenbahn wird gebaut; Fertigstellung 1917
- **1900–05:** Besetzung der Mandschurei
- **1904–05:** Russisch-Japanischer Krieg stoppt russische Expansion

1700 · 1750 · 1800 · 1850 · 1900

Imperialistischer Druck auf China

Die dynamische Wirtschaft Qing-Chinas im 18. Jh. machte China zum Ziel ausländischer Interessen. Die mittlerweile geschwächte Qing-Dynastie konnte den hochprofitablen, illegalen Opiumhandel der Briten 1839–42 nicht unterbinden. Hong Kong war die erste einer Reihe von Gebiets- und Handelskonzessionen, durch die Qing-China nicht nur den westlichen Staaten, sondern auch Russen und Japanern Einlass ins ›Reich der Mitte‹ gewähren musste. Die Selbstgefälligkeit der Qing, ihr Widerstand gegenüber Modernisierung und ihre Unfähigkeit, Unzufriedenheiten im Land entgegenzutreten, spielte ihren Gegnern in die Hände. Ende des 19. Jh. waren die Qing nur mehr dem Namen nach eine Macht.

Ausländische Einmischungen in China

- **1840–42:** Opiumkrieg; britische Angriffe erzwingen Handelskonzessionen
- **1842:** Hong Kong wird den Engländern überlassen
- **1858–60:** Verlust des Amur-Ussuri-Gebiets an Russland
- **1860:** Anglo-französische Truppen besetzen Beijing und erzwingen weitere Gebietsabtretungen
- **1898–1905:** Port Arthur (Lüshun) an Russland verpachtet
- **1900–05:** Mandschurei von Russland besetzt
- **1904–05:** Russisch-japanischer Krieg; Japan übernimmt russisch besetzte Gebiete

1840 · 1850 · 1860 · 1870 · 1880 · 1890 · 1900

4 Imperialismus in Ostasien 1840–1910

Herrschaftsgebiete
- russisch
- japanisch
- französisch
- britisch
- niederländisch
- US-amerikan.
- portugiesisch
- 1893 Datum der Übernahme durch andere Macht

Einflussbereiche
- russisch
- japanisch
- französisch
- britisch
- deutsch

Pachtgebiete
- japanisch
- französisch
- britisch
- portugiesisch
- deutsch

Vertragshäfen
- japanisch
- französisch
- britisch
- US-amerikanisch
- offener Hafen

- Qing-Reich in größter Ausdehnung um 1850

Angriffe gegen China
- britisch (Opiumkrieg 1840–42)
- anglo-französische Feldzüge 1858–60
- französisch 1883–85

Westliche Lagerhäuser und Schiffe säumten ab den 1930er Jahren das Ufer von Guangzhou.

AUF DEM WEG IN DIE MODERNE

Jiang Jieshi (Chiang Kai-shek) hatte ab 1925 die Kontrolle über die Guomindang.

JAPAN UND CHINA begannen das 19. Jh. unter feudalen, isolationistischen und reaktionären Regierungen, die seit dem 17. Jh. an der Macht waren. Dennoch entwickelten sich beide Länder sehr unterschiedlich: Japan war unter dem Tokugawa-Shogunat eine blühende Gesellschaft, allgemein alphabetisiert und bereit für eine Modernisierung. Als diese Mitte des 19. Jh. durch die erzwungene Öffnung der japanischen Häfen für den internationalen Handel eingeleitet wurde, übernahm Japan bald die Rolle eines fortschrittlichen Industriestaats und entwickelte zunehmend das Interesse, ganz Ostasien zu kontrollieren. Japanische Gebietsansprüche koinzidierten mit dem Niedergang der Qing-Dynastie (S. 268) und konnten selbst gegen den großen Nachbarn Russland durchgesetzt werden. In China und Ostasien zog die russische Revolution von 1917 die Gründung kommunistischer Parteien nach sich, die sich gegen die Kolonialherrschaft wandten.

1854: Erste internationale Handelsverträge

1868–69: Boshin-Krieg; reformistische Kaisertreue stürzen das Tokugawa-Shogunat

1877: Satsuma-Aufstand, angeführt von Saigo Takamori, zur Verteidigung traditioneller Werte

1889: Neue Verfassung kontert Autorität des Kaisers durch parlamentarische Kontrolle

1894–95: Chinesisch-Japanischer Krieg erweitert japanischen Einflussbereich

1904–05: Russisch-Japanischer Krieg festigt die japanische Kontrolle in Korea und in der Mandschurei

1918: Japan besetzt russische Gebiete

1919: Der Völkerbund stellt die deutschen Pazifikgebiete unter japanisches Mandat

1840 1860 1880 1900 1920

Die Modernisierung Japans

Besucher Japans mussten sich fast 400 Jahre lang mit Nagasaki begnügen. 1853, als Kommodore Perrys Kanonenboote in die Bucht von Edo einliefen, erreichten die Spannungen zwischen dem Westen und Japan einen kritischen Punkt.

Modernisierung Japans 1868–1919

Als Kommodore Perrys Kanonenboote 1853 in die Bucht von Edo (Tokyo) einliefen, um die Öffnung eines japanischen Hafens für den Handel mit den USA zu fordern, endete der 200-jährige Isolationismus unter dem Tokugawa-Shogunat *(bakufu)*. Reformkräfte führten vom Süden des Landes aus einen Kampf (den Boshin-Krieg, 1868–69), der mit der Wiederherstellung der Kaiserherrschaft, der Meiji-Restauration, endete. Es folgten politische, soziale und wirtschaftliche Reformen. Das Reich wurde in Präfekturen gegliedert. Die zentralistische Verwaltung führte eine neue Verfassung ein, ließ ein Eisenbahnnetz und moderne Industrien, z.B. Schiffswerften, aufbauen.

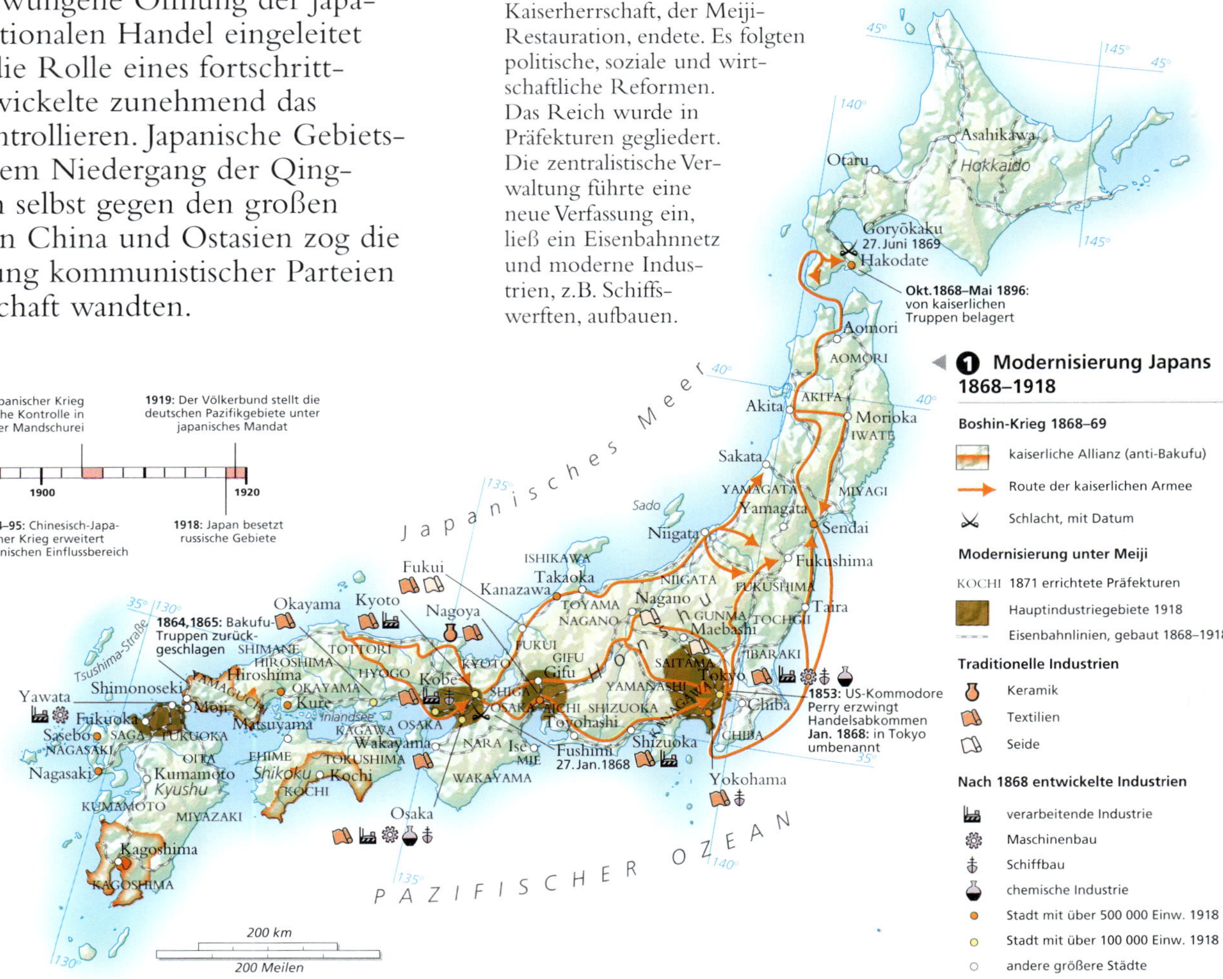

Japanische Expansion 1868–1936

Japans Erscheinen auf der Weltbühne ging mit einer aktiven Politik der räumlichen Expansion einher, die der schnell wachsenden Wirtschaft des Landes nützen sollte. Mit Unterstützung der USA (1918 Japans Haupthandelspartner) beanspruchte Japan Nachbarinseln. Die Kriege gegen China (1894–95) und Russland (1904–05) führten zur Annexion Formosas (Taiwans) und Koreas. Weitere Gebietsgewinne im pazifischen Raum verdankte Japan seiner Unterstützung der Allierten im Ersten Weltkrieg (1914–18). Noch Anfang der 1930er Jahre konnte Japan seinen Einfluss auf dem Festland durch die Gründung von Manzhuguo ausdehnen.

Nach der Meiji-Restauration wurden schnell moderne Verkehrsmittel wie Dampfschiffe, Eisenbahnen und Autos eingeführt.

Der Chinesisch-Japanische Krieg 1894–95

Als der Tonghak-Aufstand, eine populistische, quasi-religiöse und nationalistische Rebellion, in Korea ausbrach (1894), bat der koreanische Hof in China und in Japan um Hilfe. Der Streit um die Oberhoheit in Korea führte zum Chinesisch-Japanischen Krieg, in dem Japan das Qing-China vernichtend geschlagen wurde. China musste die ›Unabhängigkeit‹ Koreas anerkennen, das tatsächlich unter japanischen Einfluss geriet. Die Liaodong-Halbinsel und Formosa (Taiwan) musste China den Japanern überlassen.

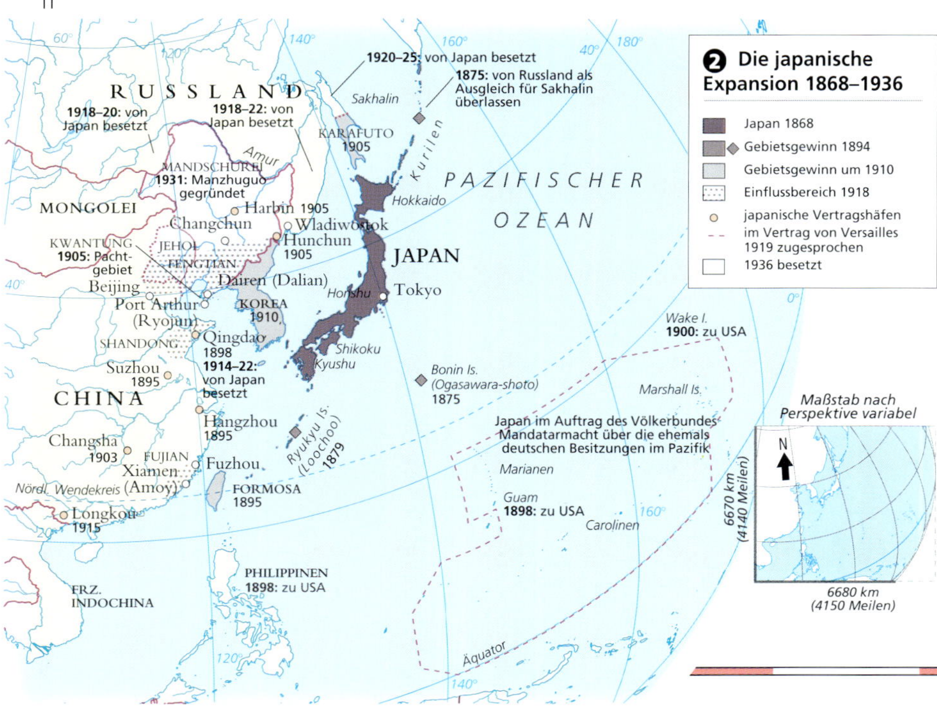

Der Russisch-Japanische Krieg 1904–05

Erfolglose Versuche Russlands und Japans, sich über die Grenzen der Einflussbereiche zu einigen, führten 1904 zum japanischen Überraschungsangriff auf die russische Flotte in Port Arthur. Japanische Truppen rückten zügig gegen die russischen Stellungen in der südlichen Mandschurei vor. Schließlich gelang es der japanischen Marine, die aus Europa angereiste Baltische Flotte der Russlands in der Seeschlacht in der Straße von Tsushima (1905) zu vernichten, wodurch der japanische Sieg gesichert war. Im Frieden von Portsmouth trat Russland Südsakhalin an Japan ab.

Siege gegen China und Russland feierten japanische Künstler durch dynamische Bilder, deren Stil die Entwicklung der grafischen Kunst im 20. Jh. beeinflussen sollte.

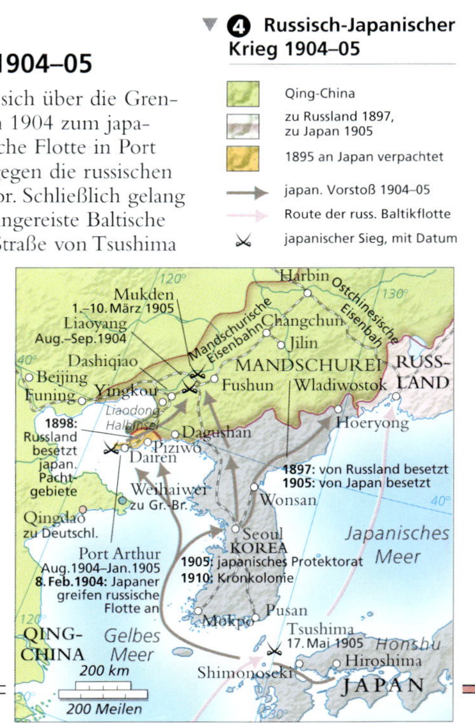

Die Revolution in China 1911

Nach einem Jahrhundert nahezu ständiger innerer Konflikte und zahlreichen Revolutionsversuchen seit 1890 erkannte auch die Qing-Dynastie die Notwendigkeit von Reformen. Ein fast spontaner Revolutionsausbruch in ganz China (mittels Telegrafenmeldungen gesteuert) führte innerhalb von fünf Monaten zur Abdankung des Kindkaisers. Sun Zhongshan (Sun Yat-sen), der unbestrittene Führer der Bewegung, kehrte 1911 aus dem Ausland nach China zurück und verkündete in Nanjing als Präsident der Republik China die neue Verfassung. Er trat jedoch 1912 zugunsten von Yuan Shikai zurück, der bald diktatorische Maßnahmen ergriff, was zu heftigen regionalen Unruhen führte.

Die Kaiserinwitwe Cixi wurde kurz vor Ende der Qing-Dynastie in höfischem Prunk fotografiert. Ihre Regentschaft 1861–1908 bildete die letzte Bastion des Konservativismus der Qing gegen Reformen und Modernisierung.

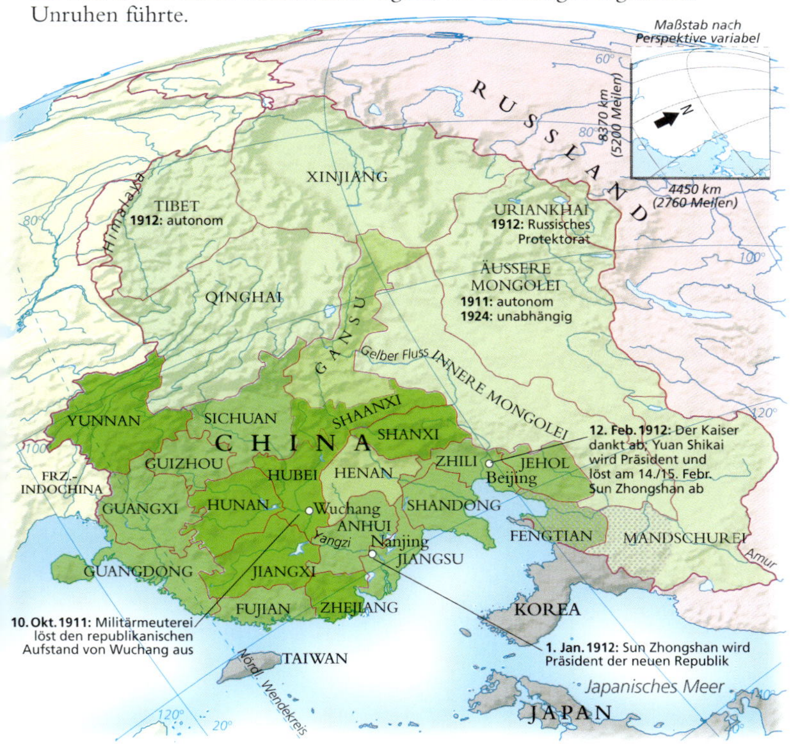

5 Die Revolution in China 1911

- Aufstand Okt. 1911
- Aufstand Nov. 1911
- Aufstand nach Nov. 1911
- übriges Qing-Reich
- japanisch besetzt

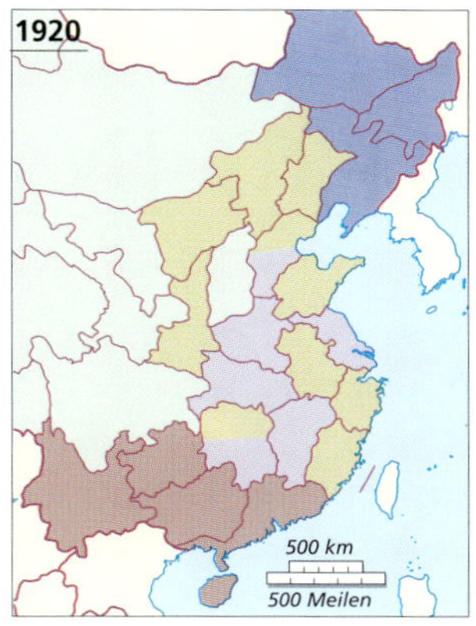

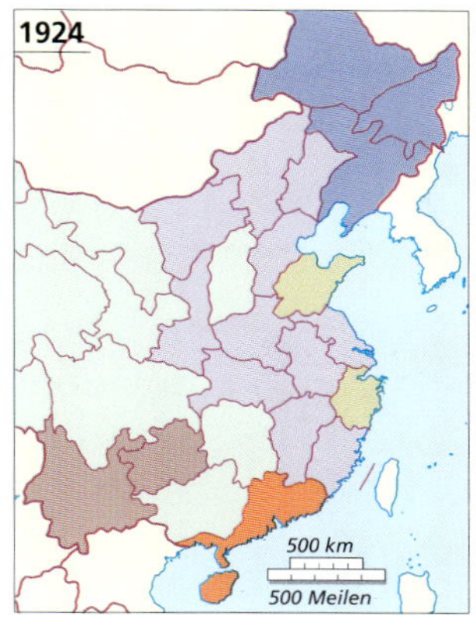

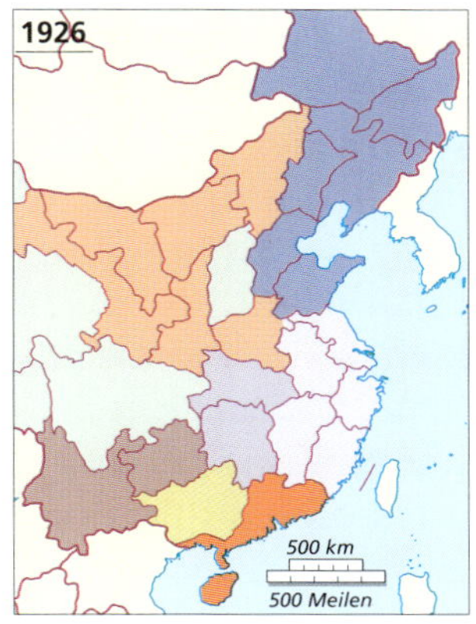

6 Der chinesische Bürgerkrieg 1920–26

Gruppierungen
- Fengtian-Militärclique
- Anhui-Militärclique
- Zhili-Militärclique
- Zhili-Gruppe
- Nationalisten (Guomindang)
- pro-Nationalisten (Guominzhong)
- Guangxi-Militärclique
- unabhängige Warlords
- nicht-angeschlossene Gebiete

Der chinesische Bürgerkrieg 1920–26

Nach dem Tod Yuan Shikais 1916 wankte die chinesische Republik. Der Staat zerbrach in einzelne Machtsphären, die häufig von lokalen ›Warlords‹, unabhängigen Militärgouverneuren, beherrscht wurden. Für die folgenden zwölf Jahre bestimmten wechselnde Bündnisse und Zerwürfnisse die politische Landschaft. Die ›Vierte-Mai-Bewegung‹ von 1919 in Shanghai löste eine Welle nationalistischer Begeisterung aus, in deren Folge 1921 die Kommunistische Partei Chinas gegründet wurde. Die nationalistische Partei (Guomindang) verbündete sich mit den Kommunisten und begann den Kampf um die Einheit des Landes, der im Nordfeldzug von 1926–28 gegen die ›Warlords‹ gipfelte. Sun Zhongshans Nachfolger in der Guomindang, Jiang Jieshi (Chiang Kai-shek), leitete diesen Feldzug, begann jedoch auch bald die blutige Verfolgung der ehemals verbündeten Kommunisten.

Revolution in China 1911–28

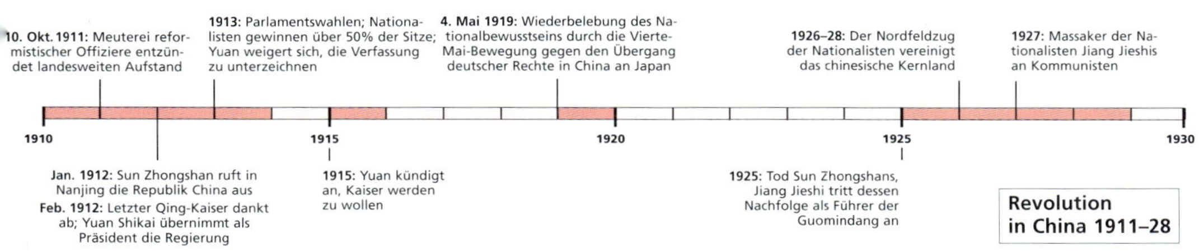

Die Rote Fahne über Asien

Eisenbahnzüge der Bolschewiken, die mit Revolutionsbildern dekoriert waren, fuhren zwecks Agitation und Instruktion quer durch die UdSSR.

Nach dem russischen Bürgerkrieg (1918–21) bemühten sich die Bolschewiken, auch in den asiatischen Gebieten Russlands die Revolution durchzusetzen, indem sie moderne Technologie mit geschickter Propaganda verbanden. Kommunistische Republiken sind im Fernen Osten, in Tannu-Tuva und in Zentralasien gegründet worden. Nach und nach wurden sie genötigt, der Sowjetunion beizutreten; die Mongolei unterstützte die UdSSR militärisch, um die chinesischen Truppen zu vertreiben. Der ›aktive Export‹ des bolschewikischen Kommunismus (Komintern) setzte sich auf unterschiedliche Weise insbesondere in China und Indien fort.

7 Das nationalistische China

- unter direkter Kontrolle der nationalistischen Regierung in Nanjing 1928
- Kontrolle d. Nanjing 1929–34
- Kontrolle d. Nanjing 1935–37
- japanisches Einflussgebiet um 1935
- Route des Nordfeldzugs
- pro-nationalistische Armee

Ausbreitung des Sozialismus in Asien

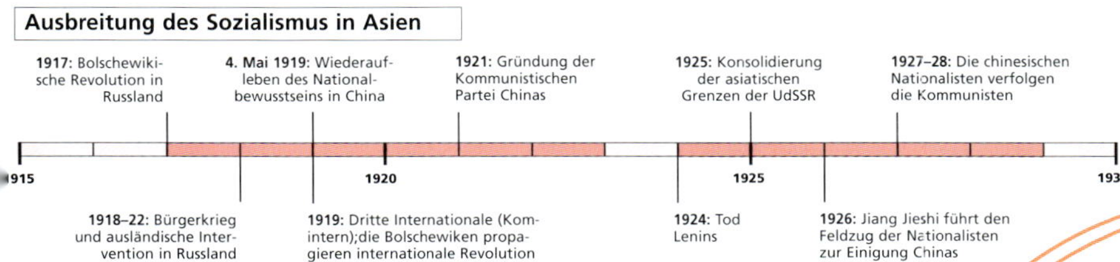

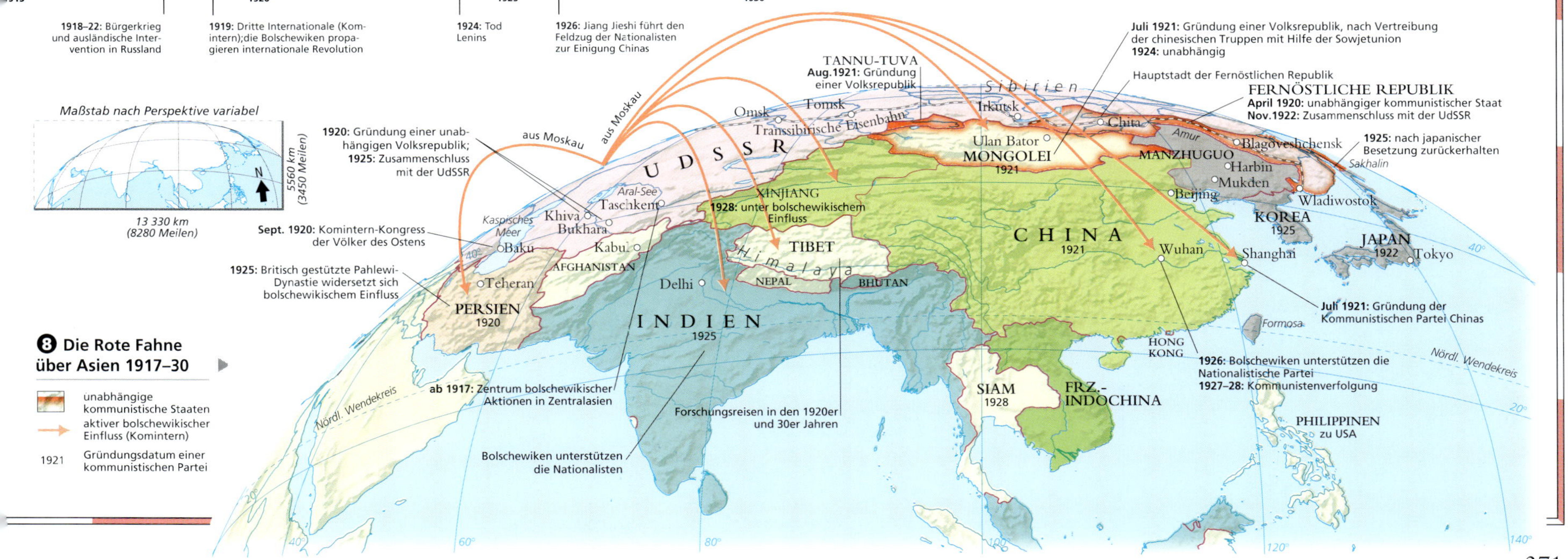

8 Die Rote Fahne über Asien 1917–30

- unabhängige kommunistische Staaten
- aktiver bolschewikischer Einfluss (Komintern)
- 1921 Gründungsdatum einer kommunistischen Partei

DER KRIEG IM PAZIFIK

Nach der Expansion in der Mandschurei und in Jehol griff Japan 1937 China direkt an.

NACH DEM ERSTEN WELTKRIEG wurde Japan eine große Sphäre territorialer Kontrolle im pazifischen Raum zugestanden. Wegen des chinesischen Bürgerkriegs konnte es seine Ambitionen auf dem ostasiatischen Festland ausweiten, was 1937 zum Krieg mit China führte. Internationale Sanktionen, die Japans Expansion in Grenzen halten sollten, brachten das Land 1940 ins politische Abseits. Ein Jahr später trat Japan in den Zweiten Weltkrieg ein, wobei es sich wegen seiner schnellen industriellen Entwicklung, der Verwicklung der Kolonialmächte in Hitlers Krieg in Europa und dem wirtschaftlichen Nutzen, den es sich aus der Errichtung einer antiwestlichen ›Großostasiatischen Wohlstandssphäre‹ versprach, gute Chancen ausrechnete. Doch im Juni 1942 musste Japan eine Frontlinie von 35 000 km gegen die Alliierten aufrecht erhalten, was sich letztlich als unmöglich erwies.

Die japanische Offensive 1941–42

Nahezu gleichzeitige Angriffe gegen Pearl Harbor auf Hawaii, die von den USA kontrollierten Philippinen, Niederländisch-Ostindien und Britisch-Malaya schufen für kurze Zeit das größte zusammenhängende Reich, das die Welt je gesehen hatte. Die Eroberungen in Neuguinea, auf den Salomonen und in Burma vergrößerten dieses Territorium noch. Die Kombination aus Überraschung (Japan griff an, bevor es den Krieg erklärt hatte), detaillierter strategischer Planung, innovativen Angriffsmethoden (Landung mit Amphibienfahrzeugen, Lufttransporter, taktisches Bombardement, Dschungeltaktiken) und die Missachtung ›anerkannter‹ Regeln der Kriegführung erwies sich anfangs als unschlagbar.

Die japanische Armee war sehr gut für den Dschungelkrieg und amphibische Angriffe ausgebildet. Das war ausschlaggebend für ihre großen Anfangserfolge in China und im tropischen Südostasien.

Der überraschende Bombenangriff auf den US-Marinestützpunkt Pearl Harbor am 7. Dezember 1941 sollte zumindest vorübergehend die US-Seemacht im Pazifik ausschalten. Doch nur 18 der 94 vor Anker liegenden Schiffe wurden tatsächlich außer Gefecht gesetzt, dafür traten nun die USA in den Krieg gegen Japan und seine Verbündeten ein.

Die alliierte Gegenoffensive 1942–45

Der Sieg der Alliierten über die japanische Marine in der See-Luft-Schlacht bei Midway und in der Korallen-See 1942 stoppte den japanischen Vormarsch. Im folgenden Jahr markierten heftige Kämpfe auf und um Guadalcanal in den Salomonen einen Wendepunkt. Die starke Mobilisierung der US-Industrie ermöglichte den US-Streitkräften das ›Inselspringen‹, bei dem durch die Eroberung ausgewählter Inseln die Kommunikation innerhalb des japanischen Reichs unterbrochen und zugleich die Luftwaffe in Reichweite der japanischen Mutterinseln gebracht werden sollte. Die Kapitulation Japans wurde schließlich durch den Abwurf zweier Atombomben und den Angriff der UdSSR in der Mandschurei erzwungen.

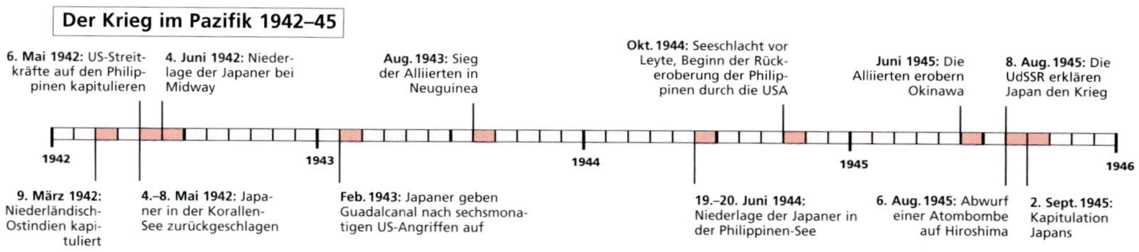

Bei der Rückeroberung des Pazifiks durch die Amerikaner kam den ausgereiften amphibischen Aktionen, die unterstützt von der Marine und Trägergestützten Flugzeugen große Streitkräfte landeten, eine Schlüsselrolle zu.

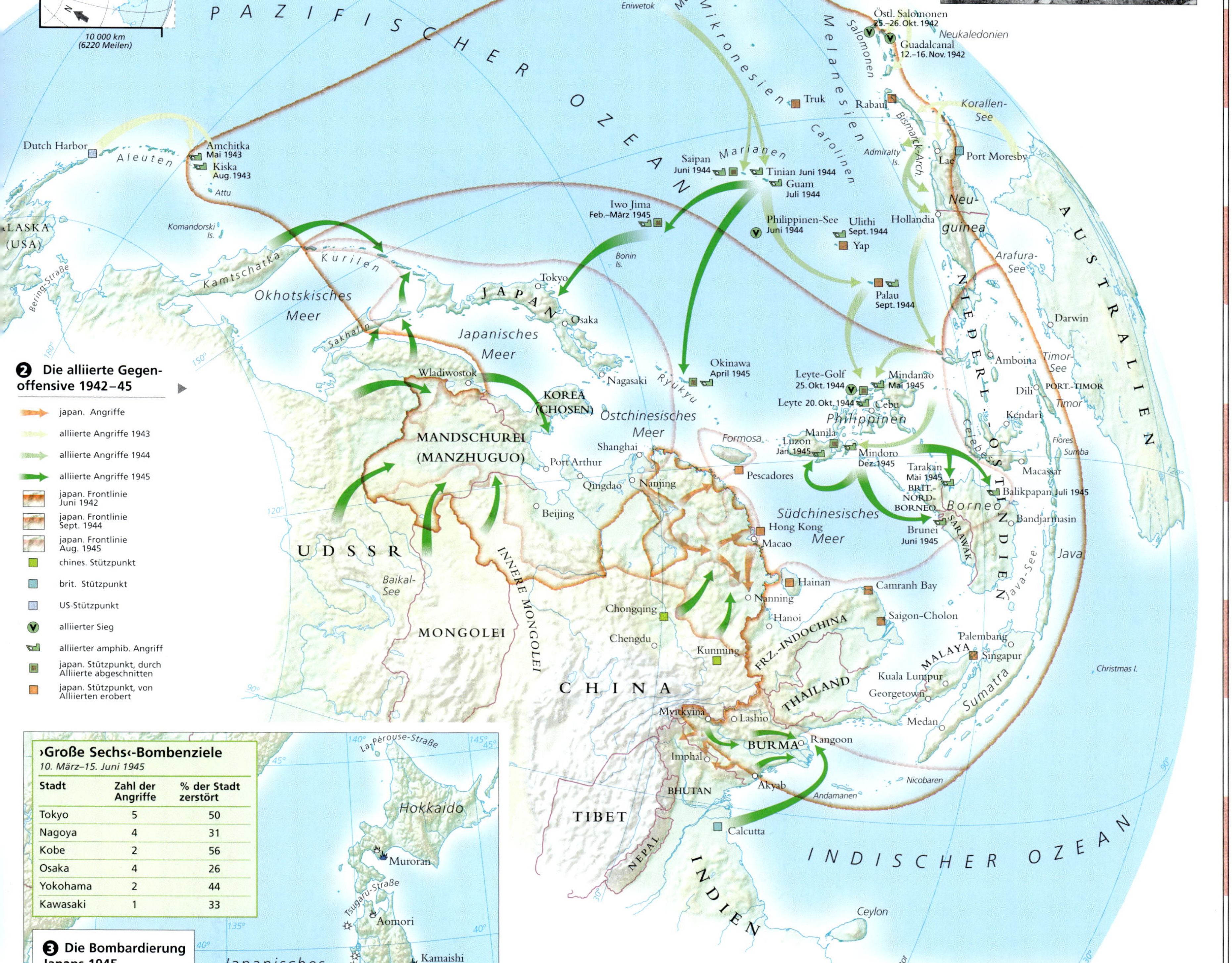

›Große Sechs‹-Bombenziele
10. März–15. Juni 1945

Stadt	Zahl der Angriffe	% der Stadt zerstört
Tokyo	5	50
Nagoya	4	31
Kobe	2	56
Osaka	4	26
Yokohama	2	44
Kawasaki	1	33

Die Bombardierung Japans

Alliierte Luftangriffe auf Japan wurden zuerst im Juni 1944 vom chinesischen Chengdu aus geflogen. Mit der Eroberung der Marianen, Iwo Jimas und Okinawas kam die alliierte Luftwaffe näher an die japanischen Mutterinseln heran. Ab März 1945 wurden über 50 Städte auch von Flugzeugträgern aus angegriffen, darunter die ›Sechs Großen‹ japanischen Städte, die mit Brandbomben angesteckt wurden. Über 80% der japanischen Handelsflotte wurden vernichtet, über die Hälfte der japanischen Stadtgebiete verwüstet, ein Drittel aller Gebäude zerstört und 13 Mio. Menschen obdachlos. Die Angriffe gipfelten in den Abwürfen der Atombomben auf Hiroshima und Nagasaki, durch die über 150 000 Menschen getötet wurden.

Als die Alliierten an die japanischen Mutterinseln herankamen, wurde der japanische Widerstand heftiger. Freiwillige Selbstmordpiloten *(kamikaze)* wurden rekrutiert, die sich mit ihrem Flugzeug auf amerikanische Schiffe stürzen sollten.

KOMMUNISMUS UND KAPITALISMUS

Der Shinkansen, früher der schnellste Zug der Welt, ist zum Symbol für den technischen Fortschritt Japans geworden.

DIE KONTRÄREN IDEOLOGIEN des Kommunismus und des Kapitalismus prägten seit 1945 die Geschichte Ostasiens. China wurde nach dem Sieg der Kommunisten gegen die Guomindang zuerst nach sowjetischem Modell organisiert, nach dessen Fehlschlag leitete Mao Zedong (Mao Tse-tung) 1966 die ›Kulturrevolution‹ ein. Japan, das von den westlichen Siegermächten wieder aufgebaut und unterstützt wurde, erfreute sich eines enormen wirtschaftlichen Aufschwungs. Angesporn vom japanischen Beispiel und von den USA gefördert, die die Verbreitung des Kommunismus verhindern wollten, erlebten auch die Staaten des ›Pacific Rim‹ einen starken Wirtschaftsboom. Im zentralasiatischen Raum lebten nach dem Zusammenbruch der Sowjetunion 1990 historische ethnische Konflikte wieder auf; auch der Islam erhielt neuen Zulauf.

Mao Zedongs Vision einer kommunistischen Revolution sollte durch die Mobilisierung der Massen verwirklicht werden. Seine Schriften, Volkserziehung und Propaganda wirkten bis in die Familien hinein.

Die chinesischen Kommunisten 1927–49

Nach der Spaltung zwischen Kommunisten und Nationalisten 1927 zogen sich die Kommunisten in isolierte Stützpunkte in den Bergen zurück. Unter dem Druck der Nationalisten brachen sie 1934 unter Mao Zedong zum ›Langen Marsch‹ nach Yan'an im Norden auf. Während des Kriegs gegen Japan operierten kommunistische Guerillaeinheiten im besetzten Gebiet und organisierten den Widerstand der Bevölkerung, während sich die Nationalisten in den abgelegenen Südwesten nach Chongqing zurückzogen. Kurz vor der Kapitulation Japans besetzte die Sowjetunion die Mandschurei, was Mao Zedongs Roter Armee (NBA) weiteren Vorteil verschaffte. 1946 kontrollierte sie das kulturelle und industrielle Kernland im Nordosten. Ab 1946 führten die Kommunisten einen offenen Krieg gegen die Nationalisten, die sich schließlich nach Taiwan zurückzogen. 1949 wurde die Volksrepublik China gegründet.

❶ Der chinesische Revolutionskrieg

- kommunistische Zentren 1934
- ›Langer Marsch‹ Okt. 1934–Okt. 1935
- unter japanischer Kontrolle 1944
- unter kommunistischer (NBA) Kontrolle 1946
- unter kommunistischer (NBA) Kontrolle 1949
- kommunistischer Guerillakampf 1944–49
- Schlacht
- Vormarsch der Kommunisten
- Stadt mit Datum der Übernahme durch die Kommunisten

Die Volksrepublik China

Der ›Große Sprung nach vorn‹ (1958) sollte aus China einen modernen Industriestaat machen. Indem jedoch Arbeitskraft aus der Landwirtschaft abgezogen wurde, sank deren Produktion, wodurch in den 1960er Jahren große Hungersnöte zu verzeichnen waren.

Nach ihrem Sieg mussten die Kommunisten zunächst das Land wieder aufbauen und die beabsichtigte zentralisierte politische und wirtschaftliche Infrastruktur unter Führung der Kommunistischen Partei schaffen. Nach 40 Jahren Unruhen im Land galt es auch, die Industrie zu modernisieren. Mao Zedong setzte Propaganda und Zwangsmaßnahmen ein, um die Bauern zur Kollektivierung der Landwirtschaft und zu Masseneinsätzen zu mobilisieren. Programme zur Energiegewinnung steigerten die Kohle- und Erdölförderung, Wasser- und Atomkraftwerke wurden errichtet. Der ›Große Sprung nach vorn‹ zog Arbeitskraft aus der Landwirtschaft zur Industrie in die Städte ab und endete in einer Hungersnot, die 30 Mio. Tote forderte. Politische Säuberungen setzten sich fort, besonders während der Kulturrevolution (1966). Nach Maos Tod 1976 setzte in China eine Phase der Liberalisierung ein, die jedoch 1989 mit dem Massaker auf dem Platz des Himmlischen Friedens ins Wanken geriet.

Die Volksrepublik China

- **1950–56:** Landreform und Kollektivierung der Landwirtschaft; Millionen Grundbesitzer hingerichtet
- **1957:** Politik des ›Großen Sprungs nach vorn‹ zeichnet sich in Maos Rede im Februar ab
- **1959:** Beginn der ›Drei Harten Jahre‹; verbreitete Hungersnot
- **1966–69:** Kulturrevolution; Verfolgungen, Bildung der revolutionären Roten Garden
- **1968:** Auflösung der Roten Garden
- **1976:** Tod von Mao Zedong und Absetzung der ›Viererbande‹
- **1978:** Beginn wirtschaftlicher Liberalisierung unter Deng Xiaoping
- **1989:** Niederschlagung der Demokratiebewegung

1950 · 1960 · 1970 · 1980 · 1990

❷ Wirtschaftliche Entwicklung Chinas ab 1950

- Grenzen der Autonomen Regionen

Bevölkerungswachstum 1950–90

- über 100%
- 75–100%
- 55–75%
- unter 55%

Wirtschaftliche Entwicklung unter Mao Zedong

- Ölfeld
- Kohlebergbau
- Atomkraftwerk
- Industriegebiet

Wirtschaftliche Entwicklung seit 1980

- Sonderwirtschaftszone
- offener Hafen
- Durchschnittseinkommen über 80% des nationalen Durchschnitts, 1990er Jahre
- Durchschnittseinkommen unter 80% des nationalen Durchschnitts, 1990er Jahre

Der ›Lange Marsch‹ 1934–35 rettete die Rote Armee vor den Nationalisten. Die etwa 8000 Überlebenden von ursprünglich 90 000 Mann wurden später zum Kern der Kommunistischen Partei. Mao (hier bei seinen Truppen) konnte sich erst nach einem erbitterten Machtkampf als Führer durchsetzen.

Die kommunistische Revolution in China

- **1927:** Bruch zwischen Nationalisten (GMD) und Kommunisten (KPCh)
- **Okt. 1934–Okt. 1935:** Der ›Lange Marsch‹
- **1937:** Chinesisch-Japanischer Krieg beginnt
- **1945:** Kapitulation Japans im Zweiten Weltkrieg
- **1946–49:** Bürgerkrieg zwischen Nationalisten und Kommunisten
- **1949:** Gründung der Volksrepublik China
- **1949:** Gründung der Republik China auf Taiwan

1925 · 1930 · 1935 · 1940 · 1945 · 1950

❸ Chinesische Expansion seit 1949

- chinesische Provinzen
- autonome Regionen (*zizhiqu*)
- Gebiets-/Grenzstreitigkeiten
- chinesischer Einmarsch
- chinesische Unterstützung kommunistischer Erhebungen
- sowjetische Unterstützung für Kommunisten nach 1960
- Unterdrückung antikommunistischer Bewegungen

Die Expansion Chinas seit 1949

Durch die Verstrickung Chinas in den Korea-Krieg und die Unterstützung kommunistischer Guerilla andernorts kühlten Chinas Beziehungen mit dem Westen zusätzlich ab. Als es durch Streitigkeiten um den Grenzverlauf im Amur-Ussuri-Gebiet zum ideologischen Bruch mit der Sowjetunion kam, war China politisch isoliert. Dieser weltpolitischen Situation standen Chinas aggressive Innen- und Außenpolitik gegenüber: China besetzte Tibet und der ›Gottkönig‹, der Dalai Lama, musste 1959 ins Exil gehen. 1965 wurde Tibet als Autonome Region dem chinesischen Staatsgebiet angeschlossen. Grenzstreitigkeiten führten 1962 zu einem kurzen Krieg mit Indien und 1979 zu einer Invasion in Nordvietnam. Taiwan blieb stets ein Ärgernis, und um potenzielle Öl- und Erdgasvorkommen zu kontrollieren, verteidigte China abgelegene Claims im Südchinesischen Meer.

Der Einmarsch in Tibet war das wichtigste Ereignis der Expansionspolitik Chinas seit der kommunistischen Revolution. Traditionelle Lebensweise und Religion wurden unterdrückt, und nach einem Aufstand 1959 musste der Dalai Lama ins Exil fliehen.

Die chinesische Expansionspolitik 1950–1980

- **1950:** Chinesischer Einmarsch in Tibet
- **1950:** Chinesische Truppen marschieren in Korea ein
- **1959:** Niederschlagung des tibetischen Aufstands, Verbot religiöser Institutionen
- **1960:** Amur-Ussuri-Grenzstreit; Bruch mit der UdSSR
- **1962:** Chinesisch-indischer Krieg um den Grenzverlauf in Arunachal Pradesh; Korrektur der Grenzverläufe mit Pakistan, Nepal und Burma
- **1971:** Aufnahme Chinas in die Vereinten Nationen, Ausschluss Taiwans
- **1979:** Die USA lösen ihre Beziehung zu Taiwan, um eine Entspannung mit China zu erzielen
- **1979:** Einmarsch Chinas in Nordvietnam

1950 · 1955 · 1960 · 1965 · 1970 · 1975 · 1980

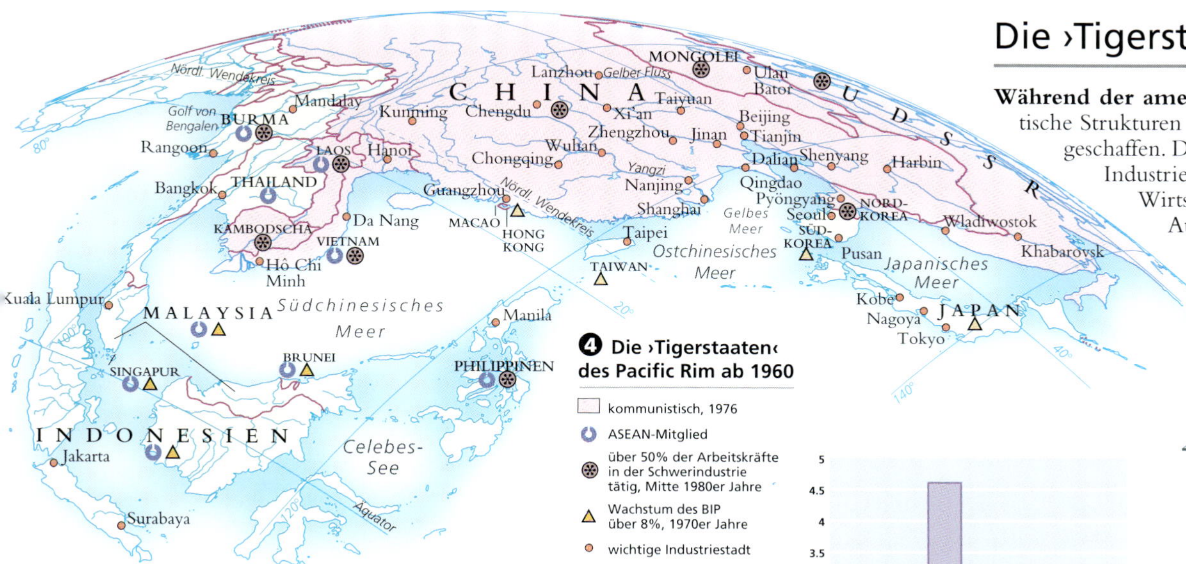

❹ Die ›Tigerstaaten‹ des Pacific Rim ab 1960

- kommunistisch, 1976
- ASEAN-Mitglied
- über 50% der Arbeitskräfte in der Schwerindustrie tätig, Mitte 1980er Jahre
- Wachstum des BIP über 8%, 1970er Jahre
- wichtige Industriestadt

Die ›Tigerstaaten‹ ab 1960

Während der amerikanischen Besatzung Japans (1945–52) wurden demokratische Strukturen und die Grundlagen für eine rasche wirtschaftliche Erholung geschaffen. Da eine stehende Armee verboten war, konnte verstärkt in die Industrie investiert werden. Die phänomenale Dynamik der japanischen Wirtschaft konzentrierte sich auf Schiffbau, Elektronik, Kameras und Automobilindustrie. Ende der 70er Jahre hatte Japan, nun der drittgrößte Industriestaat der Welt, ein Auslands-Investitionsprogramm aufgelegt. Das japanische Beispiel förderte in den folgenden 20 Jahren die Entwicklung einer ganzen Serie wirtschaftlicher Erfolge in den pazifischen Anliegerstaaten (›Pacific Rim‹ genannt).

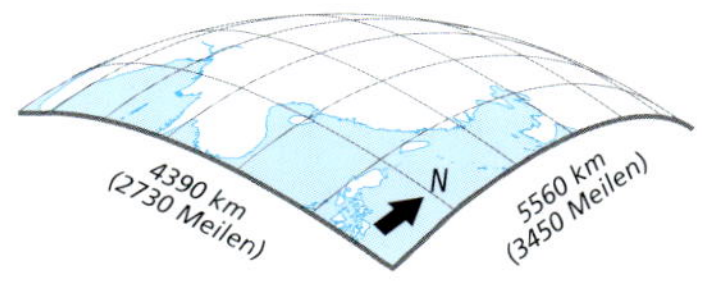

Wirtschaftsentwicklung in Ostasien

- **1952:** Vertrag von San Francisco; Japan wieder unabhängig
- **1965:** Singapur unabhängig; schnelles Wachstum im Dienstleistungs- und Elektroniksektor
- **1967:** Gründung der ASEAN
- **1973:** Ölkrise bewirkt, dass sich Japan auf die Hightech-Industrie konzentriert
- **1975:** Ende des Vietnamkriegs
- **1980er:** Schnelles Wirtschaftswachstum in Süd-Korea
- **1986:** Zusammenbruch des Marcos-Regimes auf den Philippinen
- **1989:** Börsenkrach in Tokyo beendet das außerordentliche Wirtschaftswachstum
- **1997:** Dominoeffekt der japanischen Krise im pazifischen Raum
- **1997:** Ende des Booms in Hong Kong

1950 · 1960 · 1970 · 1980 · 1990 · 2000

Wachstum der ›Tigerstaaten‹ 1980–96

BIP in US-$ (Mrd.)

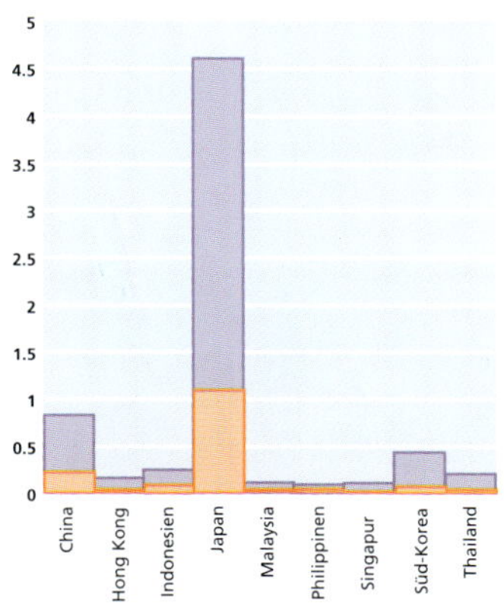

Japan erschien in den 60er Jahren als Vorbild der Modernisierung und übernahm die Führung in den Bereichen Elektronik und Automobilindustrie – bis seine Wirtschaft in den 90er Jahren stagnierte.

Die islamischen Staaten in Zentralasien erbten von der UdSSR große Umweltschäden, besonders in Kasachstan, wo das ehemals sowjetische Atomtest- und Raumfahrtzentrum Baykonur (oben) liegt.

Islam und Nationalismus in Zentralasien

Der Islam in Zentralasien überlebte Unterdrückung und politischen Wandel und begann, das politische Geschehen der Region wieder mitzubestimmen. Angekündigt wurde das durch den Aufstand der Mujahedin in Afghanistan (ab 1973) und die Errichtung eines islamischen Staats im Iran 1979. Mit dem Zusammenbruch der UdSSR 1990 entstanden zahlreiche neue Republiken, in denen ethnische Konflikte aufflammten, oft verbunden mit Spannungen zwischen schiitischen und sunnitischen Muslimen, die sich durch die Offensive der radikal-sunnitischen Taliban in Afghanistan 1995 ausdrückten.

Nord- und Zentralasien 1970–95

- **1973:** Aufstand der Mujahedin in Afghanistan
- **1979:** Sowjetischer Einmarsch in Afghanistan
- **1979:** Islamische Revolution im Iran
- **1989:** Sowjetische Truppen ziehen sich aus Afghanistan zurück
- **1990–91:** Zusammenbruch der UdSSR, Entstehung neuer Staaten in Zentralasien
- **1995:** Taliban-Milizen beginnen neuen Bürgerkrieg in Afghanistan

1970 · 1975 · 1980 · 1985 · 1990 · 1995

❺ Islam und ethnische Konflikte

- überwiegend muslim. Bevölkerung
- muslim. Minderheiten
- schiitische Mehrheit
- ethnischer Konflikt
- islamische Revolution/Bürgerkrieg

GESCHICHTSRAUM
AUSTRALASIEN UND OZEANIEN

DIE HISTORISCHE LANDSCHAFT

DER INSELKONTINENT AUSTRALIEN und die unzähligen Inselgruppen Melanesiens, Mikronesiens und Polynesiens im Pazifik teilen eine einzigartige Geschichte. Die Besiedlung Australiens und Neuguineas erfolgte vor etwa 60 000 Jahren. Die Siedler kamen über die südostasiatische Landbrücke nach Süden und legten die letzte Strecke in Booten zurück – sie waren die ersten Seefahrer der Welt. Als der Meeresspiegel nach der letzten Eiszeit anstieg, wurden die Gebiete sowohl voneinander als auch von der übrigen Welt getrennt. Die Bewohner lebten als einfache Jäger und Sammler in verstreut gelegenen Gemeinschaften, bis der Kontakt mit den Europäern im 18. Jh. ihre Schutzlosigkeit offenbarte. Auch die Besiedlung der pazifischen Inseln, die vor etwa 30 000 Jahren begann, setzte navigatorische Kenntnisse voraus, und sie nahm ab etwa 1500 v.Chr. deutlich zu. Um 1000 n.Chr. waren die Polynesier die geografisch am weitesten verbreitete ethnische Gruppe auf dem Globus: Ihr Siedlungsgebiet reichte vom südlichen Neuseeland bis nach Hawaii im Norden. Australasien und Ozeanien waren das vorletzte Ziel des europäischen Imperialismus. Weitgehend unberührt blieben anschließend nur die unfruchtbaren Gebiete der arktischen Eislandschaft und die Antarktis, die für das Ringen der Europäer um die Weltherrschaft bedeutungslos waren.

Siedlungen wurden ursprünglich nur an den Küsten errichtet. Als die Bevölkerung zunahm, zogen die Menschen landeinwärts und besiedelten die flachen, eisigen Ebenen im Landesinneren.

Australiens Wüsten waren während der letzten Eiszeit wesentlich größer. Als die Landbrücke zwischen Neuguinea und Australien überflutet wurde, zogen sich die Bewohner nach Süden in die Wüstenrandgebiete zurück.

Die meisten Pazifikinseln sind vulkanischen Ursprungs. Eruptionen auf dem Meeresboden führten zu einer Anhäufung vulkanischen Gesteins, bis es aus dem Meer herausragte. Nach dem Erlöschen des Vulkans bildeten sich rings um die Inseln Korallenriffe. Die ersten Menschen, die zu den pazifischen Inseln segelten, kamen aus Neuguinea und von den Salomonen. Um 1500 v.Chr. erreichten sie die Fidschi-Inseln.

Vegetation

- Eiskappe, Gletscher
- Tundra
- Halbwüste, Gariden
- Grasland, Savanne
- Wald, offene Baumgehölze
- tropischer Regenwald
- tropische Wüste vor 18 000 Jahren
- tropische Wüste vor 8000 Jahren
- Küste heute
- Küste vor 18 000 Jahren

Australasien und Ozeanien vor 18 000 Jahren

Während der letzten Eiszeit waren Neuguinea und das australische Festland durch eine Landbrücke miteinander verbunden. Während Neuseeland heute zum großen Teil von Wäldern bedeckt ist, bestanden die Nordinsel vor allem aus Gras- und Buschland und die Südinsel aus Tundra. Das australische Klima war kühler und trockener als heute; Wüsten machten mehr als drei Viertel des Kontinents aus.

AUSTRALASIEN UND OZEANIEN

ERKUNDUNG & KARTIERUNG

Abel Tasman entdeckte Tasmania und Neuseeland 1642 auf der Suche nach einem großen Kontinent im Süden.

FAST ALLE PAZIFISCHEN INSELN wurden etwa 500 Jahre, bevor europäische Seefahrer den Pazifik erkundeten, von Polynesiern entdeckt und, soweit überhaupt möglich, auch besiedelt. Nach Magellans erster Weltumsegelung im Jahr 1521 dauerte es drei Jahrhunderte, bis der gesamte Pazifik kartografisch erfasst war. Die Erkundung Australiens verlief noch langwieriger. Seit der Antike wurde auf europäischen Weltkarten im Süden ein großer ›Unbekannter Südkontinent‹ verzeichnet, die *Terra Australis Incognita*. Wie groß dieser tatsächlich ist, offenbarte sich allerdings erst im 18. Jh. durch die Entdeckungsreisen von James Cook. Das Landesinnere Neuguineas konnte hingegen sogar erst im 20. Jh. von Europäern erforscht werden.

STABKARTEN VON DEN MARSHALL-INSELN

Die Völker Melanesiens und Polynesiens, die seit vier Jahrtausenden den Pazifik befahren, besitzen ein umfangreiches Wissen über die Inseln, die Winde und Strömungen. Die Bewohner der Marshall-Inseln haben Karten entwickelt, die aus Stäben und Muscheln bestehen. Karten, die Angaben über die umliegenden Inseln enthalten, werden in Booten mitgeführt. Andere Karten dienen als Lernhilfen. So zeigt eine *mattang*, wie sich die Inseln auf die Dünung des Ozeans auswirken, was für das Auffinden tiefliegender Atolle sehr hilfreich ist.

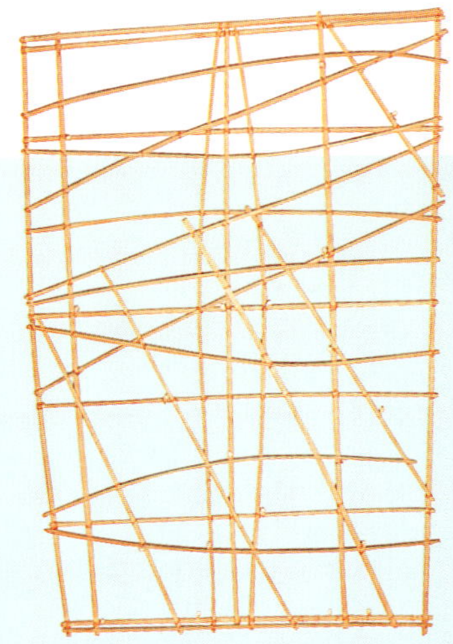

Eine *mattang*-Karte besteht aus den Rippen von Kokosnussblättern. Muscheln kennzeichnen die Position von Inseln, die Stäbe die Richtungen der Meeresdünung.

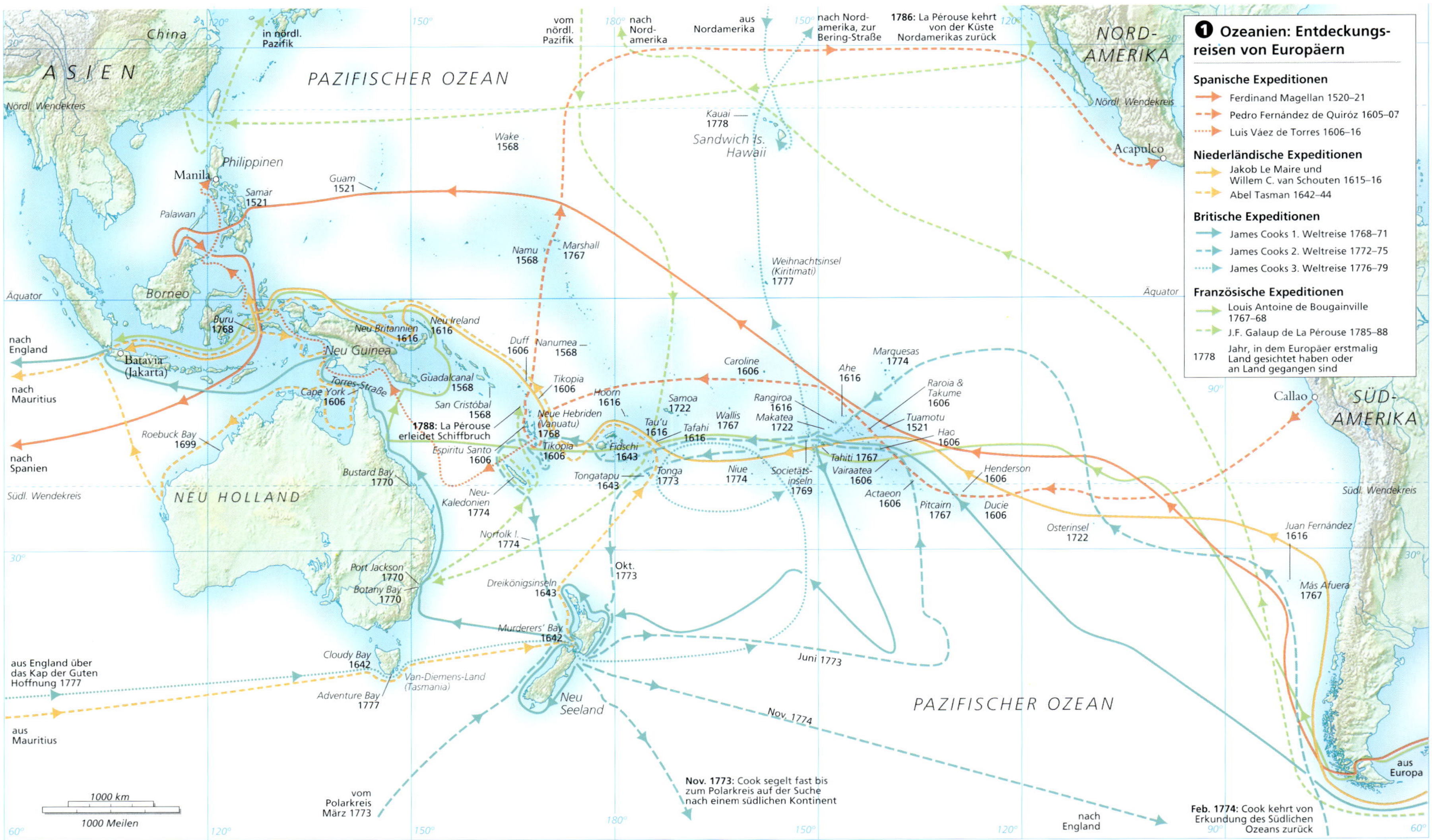

Entdeckungsfahrten von Europäern

Im 16. Jh. erkundeten Spanier den Pazifik – zum einen aus Neugier, zum anderen in der Hoffnung, Seewege zu den Reichtümern in China und auf den Gewürzinseln (Molukken) zu finden. Die Inseln blieben zunächst weitgehend unberührt, denn die Spanier füllten dort nur ihre Lebensmittelvorräte auf. Auch in Australasien, wo Niederländer erste Erkundungsfahrten unternahmen, verhinderte die fehlende Aussicht auf große Gewinne die Gründung europäischer Siedlungen. Dies änderte sich im 18. Jh., als Franzosen und Briten um die Vorherrschaft in Übersee stritten. Die Reiseberichte von James Cook sorgten dafür, dass sich in Europa das Bild von Ozeanien wandelte. Sie dürften auch dazu beigetragen haben, dass im 19. Jh. das Interesse Europas und der USA geweckt wurde, die Region auszubeuten.

Erkundungen des Pazifiks durch Europäer

- **1520:** Magellan befährt den Pazifik
- **1526:** Jorge de Meneses erblickt als erster Europäer die Küste Neuguineas
- **1567–69:** Alvaro de Mendaña erforscht Salomon-Inseln
- **1606:** Torres segelt durch die nach ihm benannte Straße und zeigt, dass Neuguinea eine Insel ist
- **1642:** Tasman entdeckt Tasmania und Neuseeland auf der Suche nach südlichem Kontinent
- **1688:** William Dampier als erster Engländer auf australischem Boden
- **1699:** Dampier erkundet australische Westküste, reist aber enttäuscht ab
- **1721–22:** Jakob Roggeveen erkundet Inseln Polynesiens
- **1768:** Cooks erste Weltumsegelung
- **1779:** Cook wird bei dritter Weltumsegelung auf Hawaii getötet
- **1788:** La Pérouse sinkt vor Vanikoro

1500 – 1550 – 1600 – 1650 – 1700 – 1750 – 1800

Von niederländischen Seeleuten stammen die Angaben für diese Karte aus dem Jahr 1593. Die Salomonen und ein Teil der Nordküste Neuguineas sind detailliert verzeichnet, Australien wird dagegen nur angedeutet. Immerhin werden Neuguinea und Australien als getrennte Landmassen gezeigt – im Gegensatz zu vielen späteren Karten.

Die *Resolution*, Cooks Schiff bei seiner zweiten Weltumsegelung 1772–75, war für den Kohletransport gebaut worden.

Burke und Wills erregten großes Aufsehen, als sie 1860 aufbrachen, um Australien zu durchqueren. Ihre Expedition scheiterte. Sie verhungerten, obwohl Aborigines bei der Suche nach Nahrung und Wasser geholfen hatten.

❷ Expeditionen in Australien und Neuguinea 1798–1928 ▶

- George Bass und Matthew Flinders 1798–99
- Matthew Flinders 1802–03
- Charles Sturt 1828–46
- Thomas Mitchell 1836–46
- Edward Eyre 1839–41
- Ludwig Leichhardt 1844–45
- Edmund Kennedy 1848
- Robert Burke und William Wills 1860–61
- John Stuart 1861–62
- Peter Warburton 1872–73
- John Forrest 1874
- Ernest Giles 1875–76
- Luigi Maria d'Albertis 1876
- Alexander Forrest 1879
- Charles Karius 1927–28

Erforschung Australiens und Neuguineas

- **1802–03:** Flinders umsegelt Australien
- **1813:** Überquerung der Blue Mountains
- **1829–30:** Sturts Reisen ebnen Weg für Gründung der neuen Kolonie Southern Australia im Jahr 1836
- **1841:** Eyre durchquert als erster Europäer die Nullarbor Plain
- **1875:** D'Albertis unternimmt erste von drei Fahrten auf Fly River
- **1879:** Forrest erkundet von Port Hedland aus das Kimberley-Plateau
- **1927–28:** Karius-Expedition durchquert Neuguinea von Süden nach Norden

1800 · 1825 · 1850 · 1875 · 1900 · 1925 · 1950

Erkundung von Australien und Neuguinea

Das Interesse der Niederländer, die nur die unwirtliche Westküste Australiens kennen lernten, blieb eher gering. Doch die Briten, die sich im gemäßigteren Südosten niederließen, drangen allmählich in das Landesinnere vor – zunächst auf der Suche nach Gold und Weideland, später zur Erforschung der ausgedehnten Wüstengebiete. Für die Expeditionen von Burke und Leichhardt wurden sogar Kamele nach Australien verschifft. Erheblich schwieriger war die Erkundung Neuguineas mit seinen hohen Bergen und den dichten Regenwäldern. Im 19. Jh. folgten die meisten Forscher den Flussläufen, während Teile des Hochlands bis zu Beginn des Flugzeitalters unzugänglich blieben.

James Cook nahm eine Kopie dieser französischen Karte von 1756 mit auf seine erste Weltumsegelung 1768–71. Die Westküste Australiens, wo holländische Schiffe der Ostindischen Kompanie erste Erkundungen unternommen hatten, ist detailliert eingezeichnet. Der Osten war bis zur Erkundung durch Cook unerforscht. Erst 1798–99 entdeckten Flinders und Bass, dass Tasmania eine Insel ist.

Robbenjäger, Walfänger und Händler

Die ersten Fremden, deren Erscheinen tiefgreifende Auswirkungen für die Menschen auf den Pazifikinseln hatte, waren amerikanische Robbenfänger. Ihnen folgten Händler, die Versorgungsstützpunkte für ihre Segelschiffe errichteten. Als in den 1820er Jahren die Walpopulation im Atlantik erheblich zurückging, zog es viele Walfischfänger in den Pazifik – mit verheerenden Folgen: Eingeschleppte Krankheiten rotteten ganze Inselvölker aus. In den 1860er Jahren kam eine weitere Bedrohung hinzu: ›Blackbirders‹ – Sklavenjäger, die ursprünglich von Peru aus operierten – verschleppten einen Großteil der jungen männlichen Bevölkerung zahlreicher Inseln auf die Zuckerrohrplantagen von Queensland in Australien.

Pottwale waren das Hauptziel der Walfischfänger im Pazifik. Grund dafür war die wachsende Nachfrage nach Tran, der in Europa und in den USA als Maschinenöl verwendet wurde.

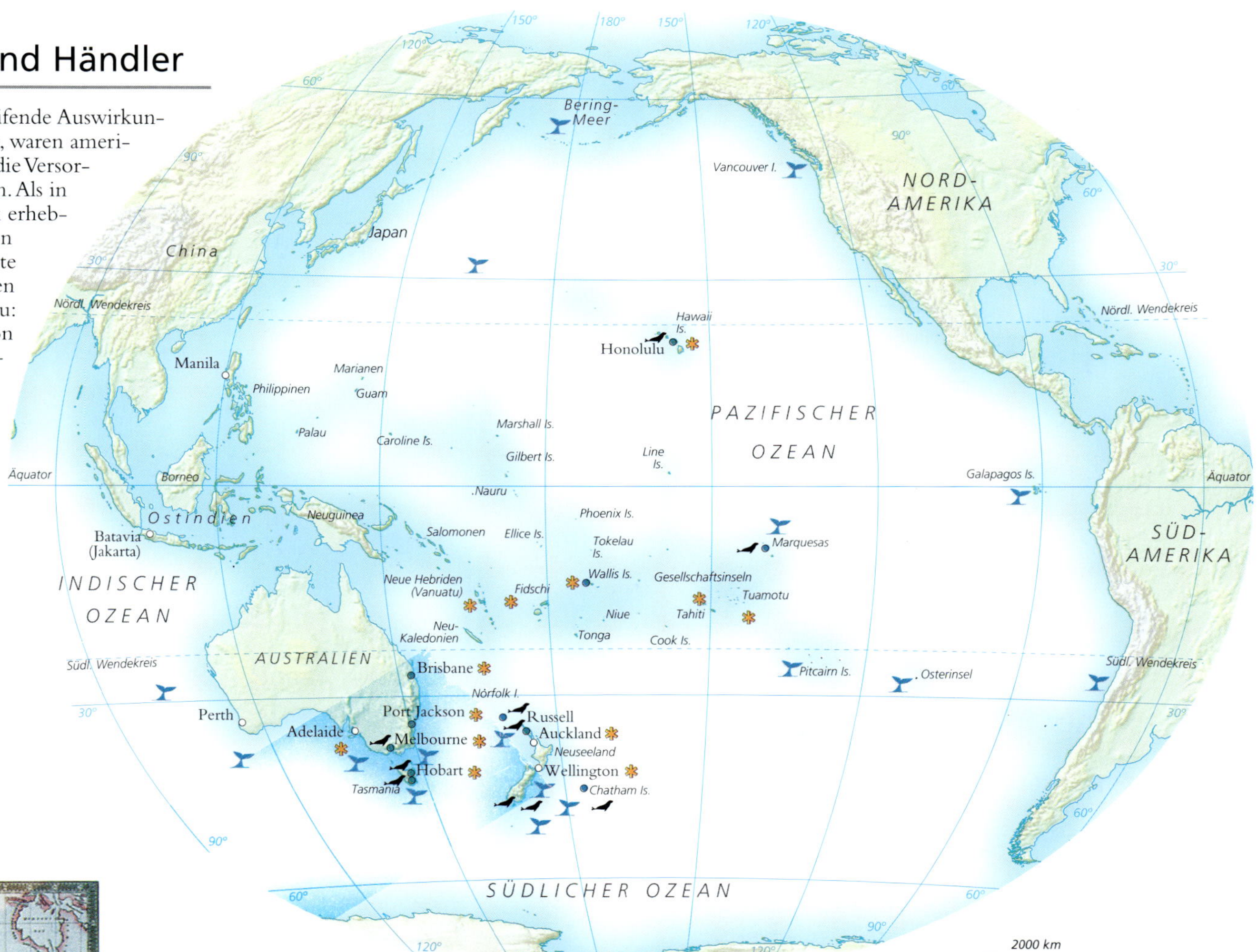

❸ Europäer und Amerikaner im Pazifik 1800–50 ▲

- bedeutendes Walfanggebiet
- Stützpunkt für Walfänger
- Stützpunkt für Robbenfänger
- Handelsposten

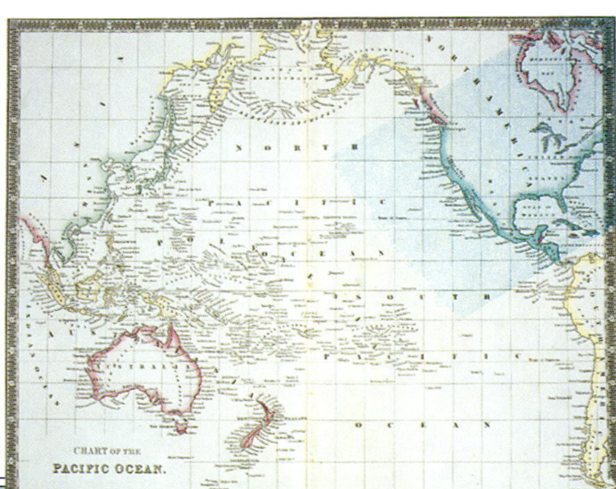

Das Wissen über den Pazifik nahm nach der Ankunft amerikanischer und europäischer Walfänger im 19. Jh. rasch zu. 1837, als diese Karte veröffentlicht wurde, war das Bild vom Pazifik fast vollständig.

Wirtschaftliche Ausbeutung des Pazifik 1800–1850

- **1800:** Tahiti beliefert Port Jackson (Sydney) mit Schweinen
- **1804:** Sandelholz-Händler lassen sich auf Fidschi-Inseln nieder
- **1820:** Fangstation amerikanischer Walfänger auf Wallis-Inseln
- **1825:** Auf Salomon-Inseln siedeln Schildpatt- und Perlmutthändler
- **ca.1825:** Stützpunkte für Wal- und Robbenfänger an Ostküste Neuseelands
- **ca.1840:** Kopra wird wichtigstes Handelsgut der Gesellschaftsinseln
- **1841:** Mindestens 35 Walfangstützpunkte auf Tasmania
- **1849:** Allein 760 Walfangschiffe aus den USA im Pazifik

1800 · 1810 · 1820 · 1830 · 1840 · 1850

VORGESCHICHTE OZEANIENS

Die Holzfigur aus Rurutu auf den Austral-Inseln verkörpert den lokalen Gott A'a.

WÄHREND DER EISZEITEN waren Australien, Neuguinea und Tasmania durch Landbrücken verbunden und bildeten den Kontinent Sahul. Die ersten Bewohner der Region waren Australiden, Vorfahren der heutigen Papua-Völker und der australischen ›Aborigines‹, die den Sahul-Kontinent wahrscheinlich schon vor 60 000 Jahren besiedelten. Die nächste große Einwanderungswelle setzte 6000 v.Chr. ein, als austronesische Völker über die Philippinen und Ostindien einwanderten. Sie vermischten sich mit den Australiden, so dass sich die heterogene Bevölkerung Melanesiens herausbildete. Um 1500 v.Chr. erreichten Austronesier, die wohl größten Seefahrer vorgeschichtlicher Zeit, die Fidschi-Inseln und kurz darauf Samoa. Von dort aus breitete sich die Bevölkerung über die Inseln im östlichen Pazifik aus und besiedelte so entlegene Inseln wie Hawaii und Neuseeland.

DIE ›TRAUMZEIT‹ DER ABORIGINES

Die Kulturen der australischen Aborigines sind sehr unterschiedlich, aber fast alle teilen den Begriff der ›Traumzeit‹, in der der Mensch geschaffen wurde. Die Aborigines glauben, dass Geister aus der Traumwelt die Erde mit Lebewesen und spiritueller Energie füllten. In ihren Augen ist die Natur voller Zeichen, die von der Schaffenskraft der Urahnen zeugen.

Die Felsmalerei im Kakadu National Park zeigt das Traumwesen Barrginj, die Frau des Lightning Man.

Die Besiedlung von Australien, Tasmania und Neuguinea

Wann und auf welchem Weg die ersten Menschen nach Australien und Neuguinea gelangten, ist nicht bekannt. Fest steht, dass sie teilweise offenes Meer überqueren mussten. Im Fall Australiens kamen die Einwanderer vermutlich von der 70 km entfernten Insel Timor, als der Meeresspiegel den niedrigsten Stand erreicht hatte. Obwohl in Australien damals ein besseres Klima als heute herrschte, dürfte sich die Besiedlung weitgehend auf die Küstenzonen beschränkt haben. Archäologische Beweise gingen verloren, als das Wasser am Ende der letzten Eiszeit wieder anstieg. Die Tasmanier, die mit einer frühen Einwanderungswelle gekommen waren, wurden dadurch vom Festland abgeschnitten.

◀ **1 Besiedlung von Australien, Tasmania und Neuguinea**

Archäologische Stätten mit ungefährem Datum der frühesten Besiedlung
- ◇ vor 20 000 v.Chr.
- ◆ nach 20 000 v.Chr.
- wahrscheinliche Wanderungsbewegung
- mögliche Wanderungsbewegung
- größte Ausdehnung von Sahul ca. 16 000 v.Chr.
- größte Ausdehnung von Sunda ca. 16 000 v.Chr.

Die meisten Aborigines waren Nomaden und folgten dem Nahrungsmittelangebot, das sich mit den Jahreszeiten änderte. Wie die Felsmalerei zeigt, trugen die Männer Speere für die Jagd, die Frauen Körbe und Stöcke zum Graben.

Die Besiedlung von Australien und Neuguinea

- **60 000:** Geschätztes Alter eines menschlichen Skeletts, das im Kow Swamp am Murray River gefunden wurde
- **40 000:** Australide beginnen Wanderung Richtung Salomonen
- **38 000:** Feuerstellen auf der Huon-Halbinsel in Neuguinea
- **30 000:** Bestattung eines Mannes nahe des Lake Mungo, der zu den Willandra Lakes gehört
- **18 000:** Fraser-Höhle im Süden von Tasmania bewohnt
- **10 000:** Erste Felsmalereien mit menschenähnlichen Gestalten
- **ca. 10 000:** Überflutung der Landverbindung zwischen Tasmania und Australien setzt ein
- **ca. 8000–6000:** Trennung von Neuguinea und Australien durch Anstieg des Meeresspiegels

60 000 v.Chr. | 50 000 | 40 000 | 30 000 | 20 000 | 10 000 | 1 n.Chr.

Frühe Kulturen auf Neuguinea

Die Australiden auf dem Kontinent Sahul waren Jäger und Sammler. Um 10 000 v.Chr. begannen die Bewohner Neuguineas mit der Rodung der dichten Wälder – sie gehörten somit zu den ersten Ackerbauern der Welt. Überreste, die bis zu 5000 Jahre alt sind, deuten darauf hin, dass Austronesier Schweine und Hunde nach Neuguinea brachten und Techniken zum Anbau von Taro und zur Trockenlegung von Sümpfen einführten. Diese Techniken verbreiteten sich von den Küstenregionen bis ins westliche Hochland. Die Bewohner des östlichen Hochlands dagegen bauten ein anderes Gemüse als Grundnahrungsmittel an, die *Pueraria lobata*, und betätigten sich weiterhin als Jäger und Sammler.

▲ **2 Das prähistorische Neuguinea**
- mögliche Wanderungsbewegung der Austronesier
- größte Ausdehnung von Sahul ca. 16 000 v.Chr.
- ◇ archäologische Fundstätte

Der Gartenbau hat sich in Neuguinea mehr als 10 000 Jahre lang kaum verändert. Yamswurzeln, die austronesische Völker um 4000 v.Chr. aus Asien eingeführt hatten, verbreiteten sich in der gesamten Pazifikregion als Grundnahrungsmittel.

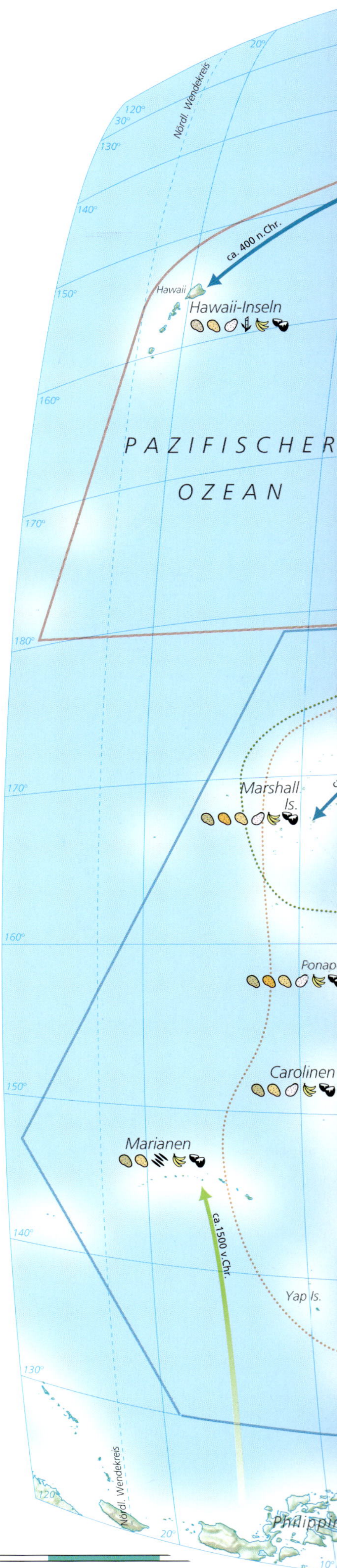

Bevölkerungsentwicklung im Pazifik

Die Besiedlung des Pazifik erfolgte in zwei großen Migrationsschüben. Ab etwa 2000 v.Chr. kamen austronesische Völker von den Philippinen, Salomonen, Fidschi-Inseln und dem Bismarck-Archipel nach Melanesien. Das Ausbreitungsgebiet lässt sich anhand der austronesischen Lapita-Keramik bestimmen. Der Fidschi-Tonga-Samoa-Bogen war die Wiege einer neuen und dynamischen Kultur: der polynesischen. Eine weitere Einwanderungswelle zu den Marquesas, vermutlich von Samoa aus, war Auslöser für die Besiedlung der restlichen, weit entfernten Pazifikinseln durch die Polynesier: von Neuseeland im Süden bis Hawaii im Norden und Rapa Nui (Osterinsel) im Osten.

Viele Gottheiten in Polynesien haben gemeinsame Wurzeln und unterscheiden sich von Region zu Region nur geringfügig. Die Holzskulptur des Kriegsgotts Ku entstand im frühen 19. Jh. auf Hawaii.

Wanderungsbewegungen im Pazifik

- **ca. 6000:** Nach Einwanderung aus Südostasien entwickelt sich austronesische Kultur
- **ca. 4000:** Austronesier erreichen Inseln im Südwestpazifik
- **2000:** Austronesier besiedeln Neu-Kaledonien
- **1600:** Älteste bestimmbare Lapita-Töpferei vom Bismarck-Archipel
- **ca.1000:** Herausbildung der polynesischen Kultur auf Fidschi-Inseln, Tonga und Samoa
- **ca. 200:** Einwanderungswelle von Samoa zu den Marquesas
- **ca. 300 n.Chr.:** Besiedlung von Rapa Nui (Osterinsel)
- **1000 n.Chr.:** Fast alle pazifischen Inseln sind bewohnt

6000 v.Chr. – 5000 – 4000 – 3000 – 2000 – 1000 v.Chr. – 1 n.Chr. – 1000 n.Chr.

Die Boote, die die Polynesier für ihre weiten Reisen verwendeten, besaßen zwei Rümpfe, ähnlich wie die Nachbildung auf dem Foto. Außer den Grundnahrungsmitteln wurden Schweine, Hühner und Hunde mitgenommen.

Der geschmückte Bug, den ein Zeichner des 19. Jh. festgehalten hat, war Teil eines Kriegsbootes der Maori. Zwar unterschied sich das Leben der Maori im kühlen und gemäßigten Klima Neuseelands erheblich von dem auf den kleineren Inseln weiter im Norden, doch in der Kunst und der geistig-religiösen Orientierung sind die polynesischen Ursprünge deutlich erkennbar.

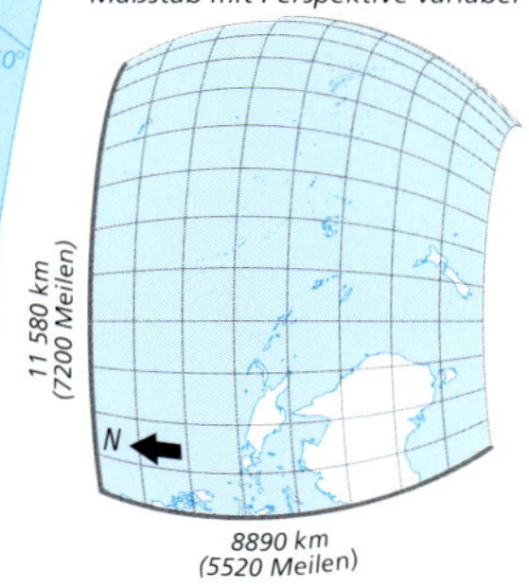

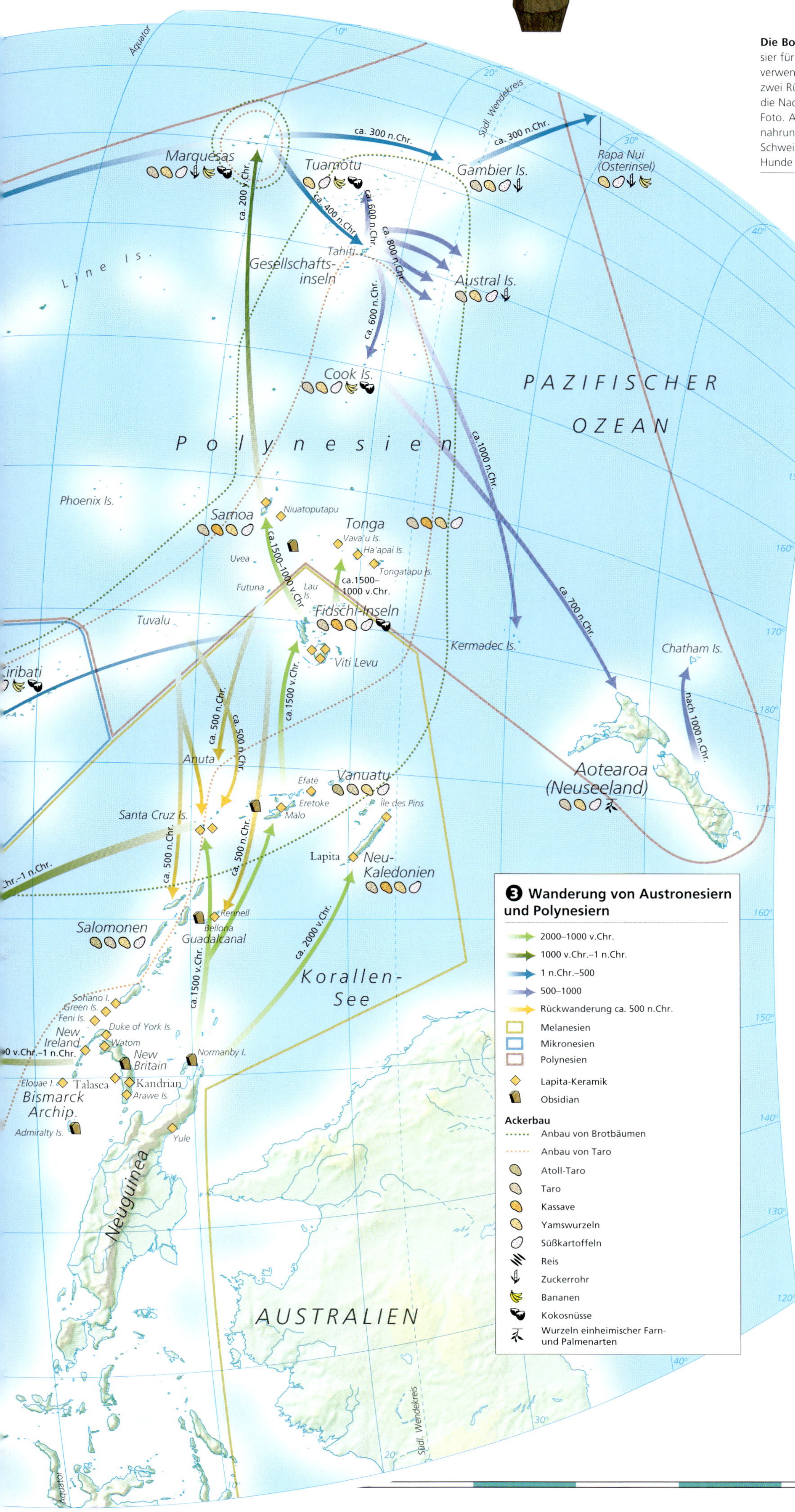

Rapa Nui (Osterinsel)

Die Geschichte der Insel Rapa Nui, die um 300 n.Chr. besiedelt wurde, ist geprägt von seiner geografischen Lage. Der Untergang der Kultur, die etwa 7000 Menschen zählte und die berühmten monumentalen Ahnenstatuen schuf, setzte um 1680 ein. Da die einst mit Palmen bewachsene Insel völlig abgeholzt war, konnten keine Boote mehr für den Fischfang gebaut werden. Die Bewohner versuchten ihre Ernährung auf Hühner, Bananen und Yams umzustellen, obwohl die Bedingungen dafür schlecht waren. Ein weiterer Einschnitt war 1862 die Verschleppung von etwa 1300 Inselbewohnern, einem Drittel der Bevölkerung, durch peruanische Sklavenhändler.

Die Statuen von Rapa Nui wurden auf Podesten errichtet, die als Altäre für die Inselbewohner dienten. Viele Figuren hatten Haarknoten aus rotem Tuffstein. Die Statuen auf dem Foto wurden in den Steinbrüchen zurückgelassen, als die Kultur im 17. Jh. unterging.

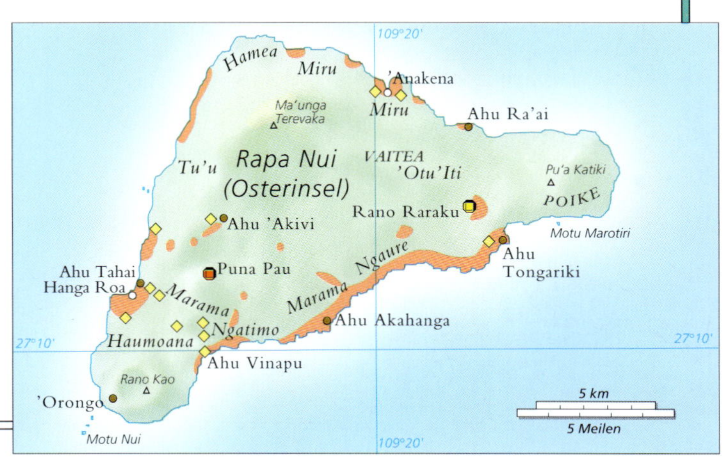

KOLONISATION AUSTRALASIENS

Die ersten ›Siedler‹ in Australien waren zumeist Sträflinge aus England.

DIE BRITISCHEN KOLONIEN in Australien und Neuseeland sind neben den Vereinigten Staaten in Amerika ein Beispiel dafür, wie es der europäischen Kultur gelang, sich auf einem anderen Kontinent zu etablieren. Dabei waren die ersten Kontakte nicht vielversprechend: Nach Australien schob Großbritannien lästige Strafgefangene ab, und Neuseeland diente als Stützpunkt für Robben- und Walfänger, die nur schnellen Profit suchten. Im Lauf der Zeit zogen beide Landmassen Zehntausende Europäer an. Wie in den USA vertrieben die neuen Siedler die einheimische Bevölkerung rücksichtslos. Die australischen Aborigines und die neuseeländischen Maori waren den Eindringlingen, die auf dem Land der Ureinwohner Ackerbau und Viehzucht nach europäischem Vorbild betreiben wollten, im Weg. Auf Tasmania wurde die Urbevölkerung innerhalb von 70 Jahren völlig ausgerottet.

FIRST FLEET UND BOTANY BAY

Im Januar 1788 segelten elf Schiffe, die ›First Fleet‹, in die Botany Bay. An Bord befanden sich 778 Sträflinge und ihre Aufseher. Nach seinem Besuch im Jahr 1770 hatte Captain Cook die Botany Bay als fruchtbar und wasserreich geschildert, was sich jedoch als Irrtum erwies. Die Häftlinge wurden daher nach Port Jackson gebracht, einem weiter nördlich gelegenen Naturhafen. Diese Sträflingskolonie Port Jackson wuchs zu Australiens größter Stadt heran und heißt heute Sydney. In Großbritannien blieb jedoch vor allem der Name Botany Bay als Ziel für Strafgefangene in Erinnerung.

Ein Teil der ›First Fleet‹ segelt in die Botany Bay, wo die anderen Schiffe bereits vor Anker liegen.

Britische Besiedlung Australiens

Die britische Entscheidung, New South Wales zu kolonisieren, ist zum Teil auf den Verlust der Kolonien in Nordamerika zurückzuführen, wohin zuvor Sträflinge abgeschoben worden waren. Welche Folgen dies für die Geschichte Australiens haben würde, zeichnete sich bereits kurz nach der Gründung der ersten Strafkolonie in Port Jackson (Sydney) ab. Die Ureinwohner (Aborigines) in der Umgebung wurden durch eingeschleppte Krankheiten fast ausgerottet, der Rest mit Waffengewalt vertrieben. Weitere Strafkolonien entstanden, von denen die auf Tasmania (Van Diemen's Land) am berüchtigtsten war. Die ersten Sträflinge trafen dort 1803 ein, 1821 machten sie mehr als die Hälfte der Inselbevölkerung aus. Ab 1793 kamen dann auch freiwillige Einwanderer nach New South Wales und es entstanden die Kolonien Western Australia (1829) und Southern Australia (1836). In den 1850er Jahren wurden Strafgefangene nach Westaustralien verschifft, um den Arbeitskräftemangel zu beheben. Die Zunahme der europäischen Bevölkerung und damit auch des Bedarfs an Weideland führte immer wieder zu Konflikten mit den Aborigines.

Strafkolonien in Australien

- **1788:** Erste Strafkolonie in Port Jackson (Sydney)
- **1789:** Pockenepidemie unter Aborigines an der Küste von New South Wales
- **1803:** Erste Transporte ›unverbesserlicher‹ Strafgefangener nach Van Diemen's Land
- **1829:** Briten annektieren Westen Australiens von den Niederlanden
- **1832:** Strafvollzug wird als »zu milde« eingestuft; Gründung der berüchtigten Strafkolonie Port Arthur
- **1869:** Letztes Schiff mit Sträflingen ankert vor Fremantle
- **1876:** Truganini, der angeblich letzte tasmanische Ureinwohner, stirbt

1780 – 1800 – 1820 – 1840 – 1860 – 1880

Jagd nach Gold

Die Entdeckung von Goldvorkommen in New South Wales und Victoria im Jahr 1851 beeinflusste die Entwicklung in den autralischen Kolonien maßgeblich. Die größten Goldmengen fand man in Bendigo und Ballarat. In den 1850er Jahren wurden in Victoria mehr als 1000 t Gold gefördert. Der Goldrausch, ähnlich dem in Kalifornien im Jahr 1849, führte zu einer Verdreifachung der Einwohnerzahl Australiens in weniger als einem Jahrzehnt. Die nächste Welle setzte in den 1890er Jahren ein, als in Kalgoorlie, in den Wüstengebieten Westaustraliens, Gold entdeckt wurde.

Goldrausch in Australien 1851–1900

- **1851:** Erste Goldfunde in Bathurst, New South Wales
- **1854–55:** Eureka-Aufstand der Goldgräber in Ballarat, bei dem die Polizei 45 Menschen tötet; im Jahr darauf erhalten New South Wales und Victoria eigene Parlamente
- **1861:** In Lambing Flat brennen Europäer die Lager von 3000 chinesischen Goldsuchern nieder
- **ca. 1890:** Goldfunde in Kalgoorlie, Westaustralien
- **1890:** Western Australia erhält als letzter Staat eine eigene Regierung

1850 – 1860 – 1870 – 1880 – 1890 – 1900

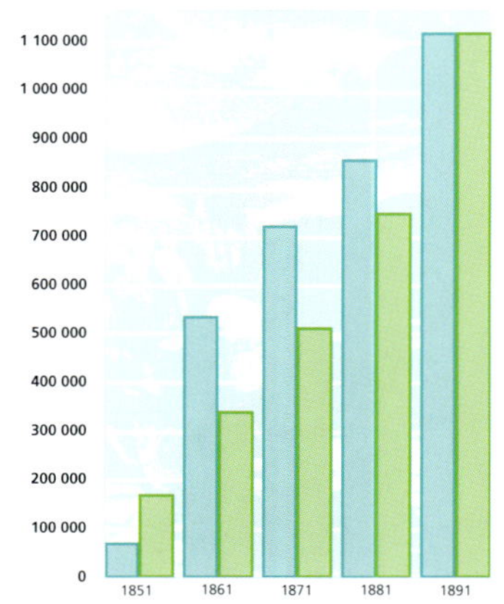

Bevölkerung in Victoria und New South Wales 1851–91

Victoria
New South Wales

Goldsucher auf einem Claim bei Bathurst pumpen Wasser zum Goldwaschen. Viele, die in den 1850er Jahren nach Australien kamen, hatten bereits in Kalifornien Erfahrungen als Goldsucher gesammelt.

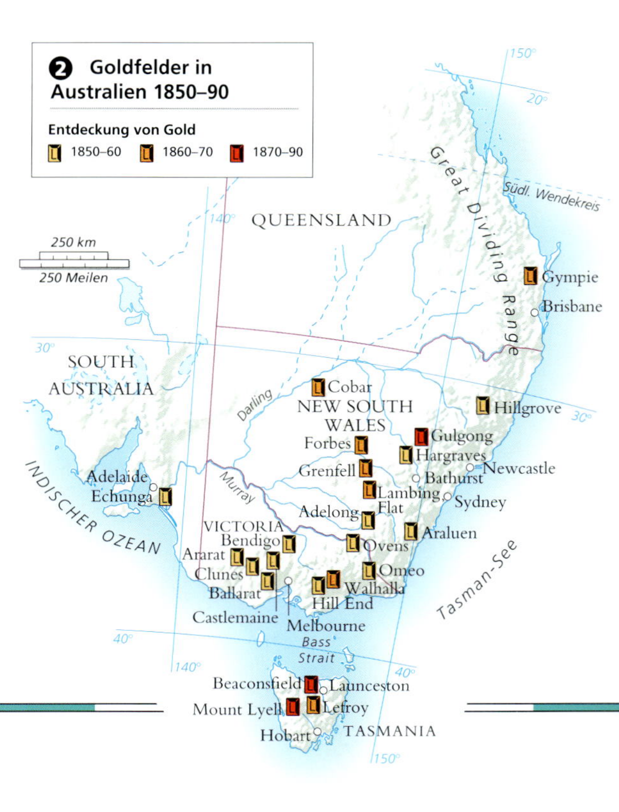

Der Australische Bund

Der ›Commonwealth of Australia‹ entstand 1901, nachdem die Bevölkerung der sechs australischen Staaten in Referenden ihre Zustimmung erteilt hatten. Während des gesamten 20. Jh. hatte die traditionelle Agrar- und Viehwirtschaft mit Dürreperioden und Katastrophen wie der von Europäern verursachten Kaninchenplage zu kämpfen. Nach dem Zweiten Weltkrieg erlebte das Land jedoch dank der Entdeckung von Rohstoffvorkommen einen wirtschaftlichen Aufschwung, der zu einer Zunahme der Einwanderung führte. In den späten 1980er Jahren fanden die Aborigines zu neuem Selbstbewusstsein und machten Ansprüche auf Land geltend.

Aborigines demonstrieren bei den Feiern zum 200-jährigen Bestehen Australiens im Jahr 1988 mit ihrer Flagge gegen zwei Jahrhunderte Unterdrückung und Ausgrenzung.

Australischer Bund 1901–99

- **1901**: Australien wird Bundesstaat mit eigener Regierung im Britischen Empire
- **1914–18**: Mehr als 60 000 Australier fallen im Ersten Weltkrieg
- **1930er**: Weltwirtschaftskrise trifft Australien hart
- **1942**: Nach Bombardierung Darwins droht Australien japanische Invasion
- **1948**: Australien fördert Einwanderung von Weißen, v.a. aus Großbritannien
- **1972**: Labour-Regierung unter Gough Whitlam kritisiert Bevormundung Australiens durch das Vereinigte Königreich
- **1975**: Verschärfung der Einwanderungsbestimmungen
- **1988**: 200-Jahr-Feier ist Anlass für Proteste der Aborigines

1900 · 1920 · 1940 · 1960 · 1980 · 2000

❸ Der Australische Bund von 1901

Europa entdeckt Neuseeland

Die ersten europäischen Siedlungen in Neuseeland waren Robben- und Walfangstationen, die um 1800 errichtet wurden. Die Europäer unterhielten zunächst gute Beziehungen zu den einheimischen Maori, die vor allem am Erwerb von Metalläxten und Gewehren interessiert waren. Die Folgen waren verheerend: Die neuen Waffen verliehen den Stammesfehden der Maori eine neue Dimension. Wanderungsbewegungen der Maori sorgten dafür, dass sich die Konflikte über beide Inseln ausweiteten. Vor diesem Hintergrund wurde die New Zealand Company gegründet, deren Ziel es war, britischen Einwanderern Schutz zu gewähren.

Stolz und Würde der Maori-Krieger hielt ein Künstler in diesem Bild fest, das 1769 auf James Cooks erster Erdumsegelung entstand.

❹ Neuseeland 1800–40

Neuseeland 1800–40

- **1802**: Erste britische und amerikanische Robbenfangstationen an der Ostküste
- **1814**: Samuel Marsden errichtet Missionsstation in Bay of Islands
- **1818**: Beginn der ›Musketenkriege‹ der Maori
- **1825**: Höhepunkt der Musketenkriege; christliche Missionare versuchen zu vermitteln
- **1830**: Nur 200 Ausländer, mehrheitlich Briten, haben Wohnsitz in Neuseeland
- **1833**: Ernennung eines britischen Regierungsvertreters in Kororareka als Reaktion auf Versuche Frankreichs, Neuseeland zu besiedeln
- **1837**: Gründung der New Zealand Company

1800 · 1810 · 1820 · 1830 · 1840

Neuseeland wird britisch

Der Vertrag von Waitangi, den 1840 mehr als 500 Maori-Führer unterzeichneten, sicherte Großbritannien die Hoheit über Neuseeland, während den Maori formal die Rechte auf das Land garantiert wurden. Die Praxis sah allerdings so aus, dass die Krone – später auch Privatpersonen – das Land zu Spottpreisen kaufte. Die Maori reagierten mit gewaltsamem Widerstand. Anders als die Aborigines mit ihren blitzartigen Überfällen verwickelten sie ihre Gegner, den Schutz von Palisaden und Erdwällen nutzend, in lange und blutige Kämpfe. Nach ihrer Unterwerfung sanken sie herab auf den Status einer Randgruppe. Erst in den 1990er Jahren wurden die Maori, die nur noch 15 % der Bevölkerung ausmachen, für das Unrecht von Waitangi entschädigt.

Neuseeland 1840–70

- **1840**: Vertrag von Waitangi
- **1841**: Neuseeland wird Kronkolonie
- **1845–46**: Ngapuhi-Führer beginnen Krieg im Norden; Wechsel der Hauptstadt von Russel nach Auckland hatte Handel beeinträchtigt
- **1852**: Constitution Act unterteilt Neuseeland in sechs Provinzen
- **1858**: King-Bewegung fordert Maori-Staat und wendet sich gegen weitere Landverkäufe
- **1860**: Mit 100 000 Siedlern sind mehr Europäer als Maori auf Neuseeland
- **1861**: Goldfunde in Otago
- **1862**: Zweiter Maori-Krieg
- **ca.1865**: Stationierung von etwa 14 000 britischen Soldaten
- **1870**: Widerstand der Maori endgültig niedergeschlagen

1840 · 1850 · 1860 · 1870

Da es in Neuseeland keine Säugetiere gab, konnten sich die eingeführten Arten gut entfalten. Schafzucht wurde die wichtigste Einkommensquelle für die Bevölkerung, vor allem nach der Einführung von Kühlschiffen in den 1880er Jahren.

❺ Kolonisation Neuseelands 1830–75

KOLONISATION DER PAZIFIKREGION

Mit dem Pazifik verbinden viele Menschen heute vor allem Freizeitspaß wie Surfen vor Hawaii.

AUF VIELEN PAZIFIKINSELN wurde die Bevölkerung im 19. Jh. fast ausgerottet. Die modernen Schusswaffen ließen die Zahl der Todesopfer in den Stammeskriegen rapide ansteigen. Weit mehr Menschen gingen allerdings an eingeschleppten Krankheiten zugrunde, vor allem an Masern und Grippe. Andere wurden von den Kolonialherren umgebracht oder versklavt, etwa um auf den Zuckerrohrfeldern im australischen Queensland zu arbeiten. Die Demoralisierung der Überlebenden äußerte sich in einem drastischen Geburtenrückgang. Auf der anderen Seite kamen nun zahlreiche Einwanderer aus Europa, Indien, China, Japan sowie Nord- und Südamerika, die neue Formen des Handels, der Verwaltung und des kulturellen Lebens einführten. Unter der Vormundschaft amerikanischer und europäischer Regierungen bildete sich im 20. Jh. eine Vielfalt politischer Verfassungen heraus. Sie umfasst unabhängige Staaten ebenso wie Föderationen mit den ehemaligen Kolonialmächten. In jüngster Zeit mehren sich Stimmen, die einen politischen Zusammenschluss der Pazifikinseln fordern und einige Regierungen haben in den 1990er Jahren zur Gründung der ›Vereinigten Staaten des Pazifik‹ aufgerufen.

MISSIONARE IN DER SÜDSEE

Das Christentum verdrängte die traditionellen Glaubensvorstellungen der Menschen im Pazifikraum, deren Kultur geprägt war von der Auseinandersetzung mit der Natur und der Verehrung der Vorfahren. Im 17. Jh. gründeten Spanier Missionen in Mikronesien, und Mitte des 19. Jh. gab es überall in Polynesien römisch-katholische, anglikanische und methodistische Niederlassungen. Missionare sorgten dafür, dass die Inselbevölkerung mit europäischen Bräuchen in Berührung kam; sie ebneten so den Weg für die Europäisierung der Kulturen. Heute sind in vielen Gebieten konservative christliche Vorstellungen vorherrschend.

Der Hohepriester von Pomare II., Herrscher von Tahiti, kniet vor Abgesandten der London Missionary Society nieder. Die Bekehrung von Pomare, seit 1815 in Tahiti an der Macht, wertete man als Triumph der Missionsgesellschaft.

Imperialismus im Pazifik

Die Verwaltung der entlegenen Pazifikinseln verursachte enorme Kosten. Die Kolonialmächte zogen es im 19. Jh. daher in der Regel vor, Protektorate einzurichten und sie von verbündeten einheimischen Autoritäten regieren zu lassen. Gegen Ende des Jahrhunderts nahm jedoch die Konkurrenz um Einfluss in Übersee zu, vor allem zwischen Franzosen, Deutschen und Briten, so dass zahlreiche Territorien auch offiziell annektiert wurden. Wo – wie auf Hawaii und den Fidschi-Inseln – die Aussicht lockte, Gewinne mit der Landwirtschaft zu erzielen, wurden in großer Zahl Arbeiter ins Land geholt.

1 Besitzungen im Pazifik

Erster Kontakt mit Europäern
- 16. Jahrhundert
- 17. Jahrhundert
- 18. Jahrhundert

Handelstützpunkte (Europäer und USA)
- um 1700
- um 1850

Protektorate und Kolonien
- Protektorat mit Gründungsjahr
- Kolonie mit Gründungsjahr
- Australien
- Großbritannien
- Chile
- Niederlande
- Frankreich
- Deutschland
- Japan
- Neuseeland
- Spanien
- USA
- australisches Mandat 1920
- Grenzen 1900

In den britischen Kolonien Australiens wurde 1829 dieses Plakat veröffentlicht, das zeigen sollte, dass die britische Justiz gerecht urteilte: Die Tötung eines Ureinwohners durch einen Europäer werde ebenso mit dem Tode bestraft wie der umgekehrte Fall. Die Wirklichkeit freilich sah anders aus.

Die Kolonisierung des Pazifik

1780 – 1800 – 1820 – 1840 – 1860 – 1880 – 1900

- **1788:** ›First Fleet‹ mit Strafgefangenen an Bord kommt in New South Wales an
- **1840:** Zustrom britischer Siedler nach Neuseeland setzt ein
- **ca.1850:** Wanderarbeiter aus China, Japan und Philippinen kommen nach Hawaii
- **1864:** Erste französische Sträflinge in Neu-Kaledonien
- **1865–66:** 1000 Chinesen werden nach Tahiti gebracht, um auf Baumwollplantagen zu arbeiten
- **ca.1870:** Deutsche beginnen, Gebiete in West-Samoa aufzukaufen
- **1874:** Ankunft indischer Arbeiter für Zuckerrohrplantagen auf Fidschi-Inseln
- **1888:** Chile beginnt mit Kolonisierung der Osterinsel
- **1898:** USA annektieren Hawaii und erhalten von Spanien Guam

Zerstörung der Natur im Pazifik

Die Ausbreitung des europäischen und amerikanischen Einflusses im Pazifik seit Ende des 18. Jh. ging einher mit einer rücksichtslosen Ausbeutung der Natur. Die isolierte Lage der Inseln spielte dabei eine wichtige Rolle. Im 19. Jh. wurden sie zur Errichtung von Sträflings- und Leprakolonien genutzt. In jüngerer Zeit begann man, dort Waffen zu testen. Atomwaffenversuche der USA auf den Marshall-Inseln haben die Inselbewohner für mindestens 50 Jahre ihrer Heimat beraubt, Frankreich hat Mururoa und Fangataufa in der Tuamotu-Inselgruppe zerstört. Der Abbau von Phosphat auf Nauru hat eine Mondlandschaft hinterlassen, die sich erst in Jahrhunderten erholt haben wird.

Eine Atombombe mit einer Sprengkraft von 13 000 Tonnen zündeten die USA 1956 auf dem Grund des Enewetak-Atolls, das zu den Marshall-Inseln gehört.

▲ **2 Nutzung und Ausbeutung der Natur**

19. Jahrhundert
- Sträflingskolonie
- Kolonie mit Leprakranken

20. Jahrhundert
- Atomwaffenversuche 1946–63
- Atomwaffenversuche 1966–96

Ausbeutung der Natur im Pazifikraum seit 1800

- **1814:** Australische Holzfäller vernichten innerhalb von 10 Jahren Sandelholzbestand der Fidschi-Inseln
- **1815:** Erste Kopalharzexporte von Neuseeland nach Sydney
- **ca. 1850:** Kopra wird wichtigster Wirtschaftsfaktor der ›Societätsinseln‹ (Gesellschaftsinseln)
- **1862–63:** Sklavenhändler verschleppen Tausende Inselbewohner nach Peru
- **1870:** Erstes Schiff mit Leprakranken trifft auf Hawaii-Insel Molokai ein
- **1890:** Kopalharz, Rohstoff für Lackherstellung, wird Neuseelands wichtigstes Exportgut
- **1895:** Mehr als 50 000 Melanesier arbeiten auf Zuckerrohrplantagen in Australien
- **1912:** Beginn des Phosphatabbaus auf Nauru
- **1946:** USA starten Atomwaffenversuche auf Enewetak- und Bikini-Atoll in Mikronesien
- **1966:** Frankreich beginnt mit Atomwaffentests auf Tuamotu-Inseln
- **1985:** South Pacific Forum fordert Stopp von Atomwaffenversuchen im Pazifik; USA und Frankreich lehnen ab
- **1996:** Frankreich stellt Atomwaffenversuche ein

Dekolonisation und Staatenbildung

Zu Beginn des 20. Jh., nachdem die Europäer sich das Land der Ureinwohner angeeignet hatten, wurden Australien (1901) und Neuseeland (1907) unabhängig. Die indigenen Völker im Pazifikraum erlangten erst sehr viel später politische Selbstbestimmungsrechte. Der Zweite Weltkrieg spielte dabei eine wichtige Rolle. Er förderte das Gefühl nationaler Identität und löste die Bindungen zu den Kolonialmächten. West-Samoa wurde 1962 in die Unabhängigkeit entlassen und war damit der erste souveräne Pazifikstaat. In den folgenden 18 Jahren wurden acht weitere Staaten ausgerufen. Heute gibt es im Pazifik eine große Vielfalt politischer Systeme: Während Tonga als Monarchie regiert wird, gehört Hawaii seit 1959 als 50. Bundesstaat zu den USA.

West-Samoa wurde 1962 unabhängig von Neuseeland. In der Hauptstadt Apia mit ihrem Postamt und dem Uhrturm ist die koloniale Vergangenheit sichtbar. Die Beziehungen zu Neuseeland sind nach wie vor eng: Das Bevölkerungswachstum und die Arbeitslosigkeit zwingen viele Inselbewohner, nach Neuseeland auszuwandern.

Pazifikraum seit 1945

- **1945:** Kriegsende im Pazifik
- **1951:** ANZUS-Sicherheitspakt zwischen Australien, Neuseeland und USA
- **1962:** West-Samoa wird unabhängig
- **1971:** 1. South Pacific Forum – jährliches Treffen der Regierungschefs
- **1983:** Föderierte Staaten von Mikronesien und Marshall-Inseln schließen Assoziationsvertrag mit USA
- **1987:** Militärputsche auf Fidschi-Inseln; Demokratie vorübergehend abgeschafft
- **1997:** Erste Vereinbarungen über Revision des Vertrags von Waitangi (1840)
- **1998:** Ende des blutigen Bürgerkriegs in Bougainville

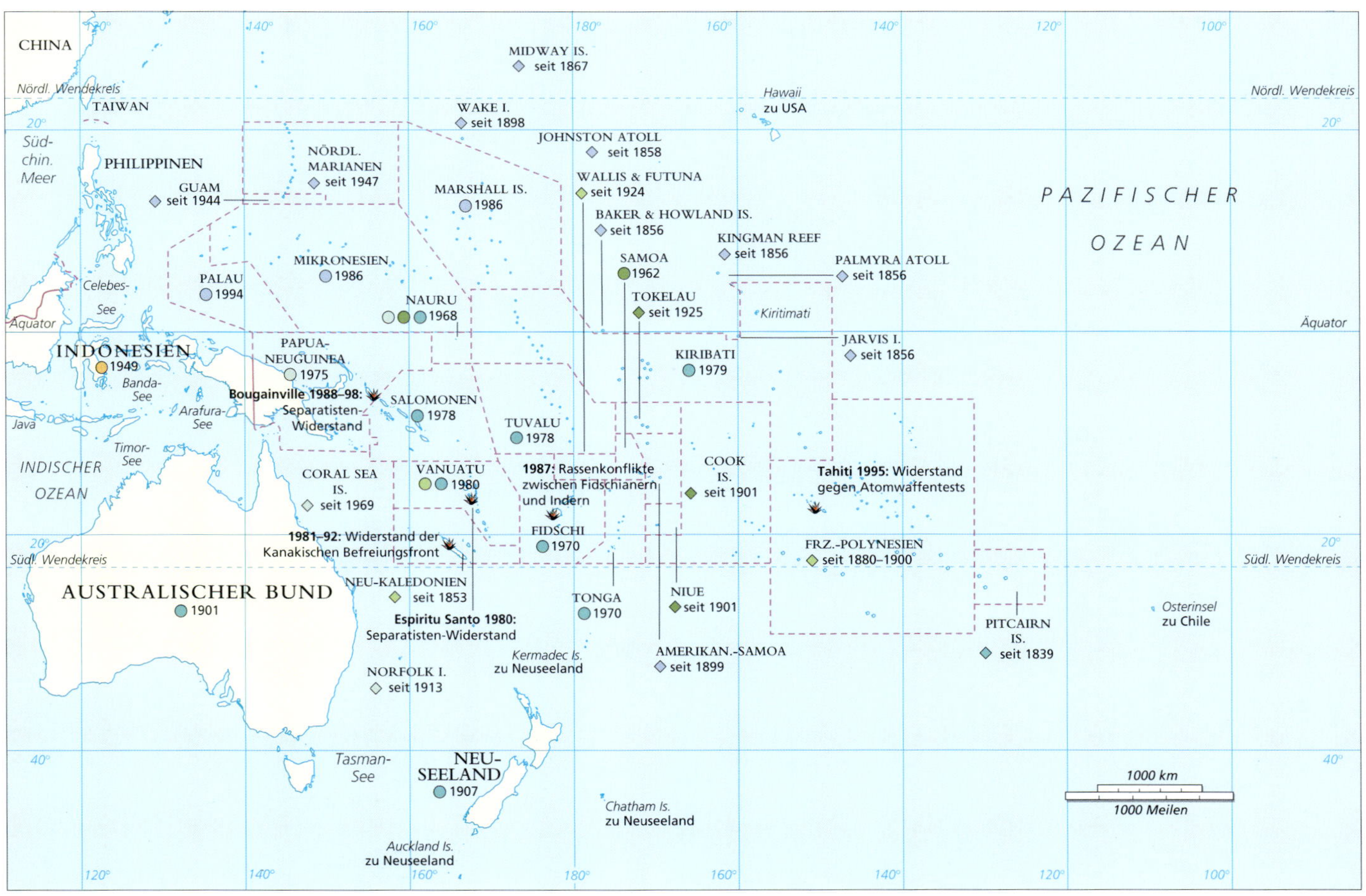

3 Politische Gliederung Ozeaniens ▶

- ○ unabhängig von (mit Jahr)
- ◇ abhängig von
- Australien
- Frankreich
- Niederlande
- Neuseeland
- Vereinigtes Königreich
- USA
- Konflikt seit 1980

ARKTIS UND ANTARKTIS

ERKUNDUNG & KARTIERUNG

Der Norweger Roald Amundsen leitete Expeditionen in die Arktis und in die Antarktis.

DIE POLARGEBIETE, im Norden das arktische Eismeer und im Süden der eisbedeckte Kontinent Antarktis, waren bis ins 20. Jh. hinein nur wenig erforscht. Ein Grund dafür sind die extremen natürlichen Bedingungen, die bis heute für jeden Forscher eine große Herausforderung sind. Wikinger segelten bereits im 9. und 10. Jh. nach Island und Grönland und errichteten dort Siedlungen. Die ersten gezielten Versuche, einen Weg um den arktischen Ozean herum zu finden, wurden im 16. Jh. unternommen. Die Antarktis blieb lange von Geheimnissen umgeben – trotz der Mühe derjenigen, die sich von den rauen Gewässern im Süden nicht abschrecken ließen. Erst im 20. Jh. entdeckte man, dass die Antarktis nicht nur eine Eismasse ist, die Inseln miteinander verbindet, sondern ein riesiger Kontinent. Weitere Erkenntnisse lieferten Erkundungen aus der Luft sowie, im Fall der Arktis, der Einsatz von Unterseebooten.

Die Suche nach einem Weg nach Asien

Holländische und britische Seefahrer suchten im 16. Jh. einen nördlichen Weg nach Asien, um der spanischen Kontrolle über den Mittelatlantik zu entgehen. Bei den Fahrten gen Nordosten erhielten sie Unterstützung von russischer Seite, etwa von der Moskauer Handelsgesellschaft, und Richard Chancellor gelang es, eine Handelspartnerschaft mit Russland aufzubauen. Willem Barentsz, ein in nördlichen Gewässern erfahrener Seemann, erreichte 1596 Novaya Zemlya. Den ersten Versuch, eine Nordwestpassage zu finden, unternahm Martin Frobisher im Jahr 1576. In den 1580er Jahren erkundete John Davis die Baffin Bay zwischen Grönland und Baffin Island bis zum 72. Grad nördlicher Breite. Henry Hudson segelte nach Westen und gelangte 1610 in die nach ihm benannte große Bucht, und William Baffin fuhr mit Hudsons Schiff, der *Discovery,* bis in die nördlichen Randgebiete der Baffin Bay. Eine Nordpassage zum Pazifik wurde jedoch erst im 19. Jh. gefunden.

❷ Erkundung der arktischen Küste und der Wettlauf zum Nordpol ▶

Der Westen der Arktis
- James Clark Ross (Gr.-Br.) 1829–33
- John Franklin (Gr.-Br.) 1845–47
- Roald Amundsen (Norwegen) 1903–06
- Vilhjalmur Stefansson (Kanada) 1913–18

Der Osten der Arktis
- Edward Parry (Gr.-Br.) 1827
- Nils Nordenskjöld (Schweden) 1878–79
- Fridtjof Nansen (Norwegen) 1893–96

Erforschung des Nordpols
- Robert Peary (USA) 1909
- Richard Evelyn Byrd (USA) 1926
- Umberto Nobile (Italien) 1926

Russische Eisbrecher
- Fahrten der *Taymar* und der *Vaygach* 1914–15
- Fahrt der *Sibiryakov* 1932

❶ Suche nach neuen Seerouten nach Asien: Nordpolarforscher 1550–1820

Nordostpassage
- Sir Hugh Willoughby und Richard Chancellor (England) 1553–54
- Willem Barentsz (Niederlande) 1556

Nordwestpassage
- Martin Frobisher (England) 1576
- John Davis (England) 1585–87
- Henry Hudson (England) 1610–11
- William Baffin (England) 1616
- Alexander Mackenzie (Gr.-Br.) 1789
- John Franklin (Gr.-Br.) 1819
- Vitus Bering (Dänemark) 1728–30

1576 segelte Martin Frobisher mit drei Schiffen von England nach Labrador und von dort aus in die Baffin Bay, um eine Nordwestpassage zu finden. Mehrere Mitglieder seiner Mannschaft wurden getötet, als sie auf feindlich gesinnte Inuit stießen (links).

Der Holländer Willem Barentsz segelte 1596 über Spitzbergen nach Novaya Zemlya, wo er und seine Mannschaft den Winter verbrachten. Sie bauten eine Unterkunft aus Holz und erlegten Wale (unten) und Eisbären.

Erforschung des Nordpols

Britische Expeditionen versuchten im 19. Jh. erneut, eine Nordwestpassage zum Pazifik zu finden. Dies gelang allerdings erst 1906 dem Norweger Roald Amundsen, nachdem Nils Nordenskjöld in den Jahren 1878/79 eine Nordostroute gefunden hatte. Andere Polarforscher hatten zum Ziel, den Nordpol zu erreichen. Edward Parry, der sich zu Fuß über das Eis aufgemacht hatte, scheiterte 1827 jedoch ebenso wie Fridtjof Nansen 1895/96 mit drei Hundeschlitten. 1908/09 behaupteten sowohl Robert Peary als auch Frederick Cook, als Erster den Nordpol erreicht zu haben. Ob sie tatsächlich dort angekommen sind, ist jedoch umstritten.

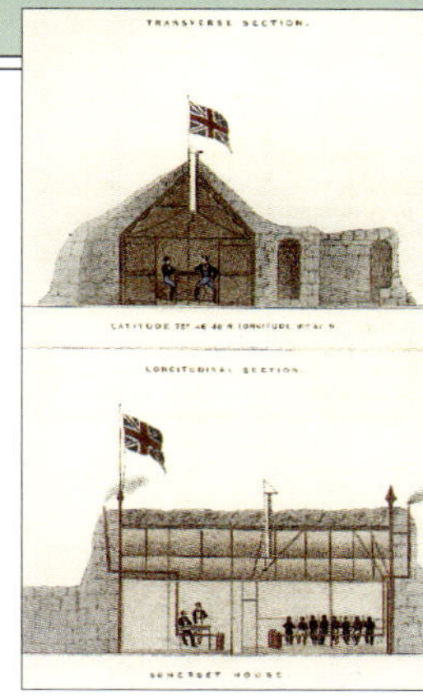

Somerset House war das Hauptquartier von Captain Ross und seinen Leuten auf der Arktis-Expedition 1820.

Der Wettlauf zwischen Peary und Cook, als Erster den Nordpol zu erreichen, war 1909 ein beliebtes Thema von Cartoonisten.

Die Erkundung der Arktis

- **1553:** Willoughby und Chancellor suchen nach Nordostpassage
- **1576:** Frobisher erreicht Baffin Island
- **1610:** Hudson entdeckt die nach ihm benannte Hudson Bay
- **1728:** Bering entdeckt Meerenge zwischen Nordamerika und Asien
- **1819–22:** Franklin fährt Nordküste Nordamerikas ab
- **1833:** James Clark Ross erreicht magnetischen Nordpol
- **1850–53:** MacClure entdeckt mögliche Nordwestpassage
- **1878:** Nordenskjöld befährt Nordostpassage
- **1909:** Peary erreicht Nordpol angeblich am 6. April
- **1926:** Erste Luftschifffahrt über den Nordpol
- **1926:** Byrd fliegt angeblich als Erster über den Nordpol

1550 · 1650 · 1750 · 1850 · 1950

Erkundung der Antarktis

Bereits 1775 umschiffte James Cook die Antarktis, allerdings ohne es zu wissen, denn Land sichtete er nicht. Die erste überlieferte Entdeckung der Antarktis machte 44 Jahre später der Russe Bellingshausen, der das Eis jedoch nicht betrat. In den 1830er Jahren kartierten Expeditionen Abschnitte der antarktischen Küste. Höhepunkt der Fahrten war die Entdeckung eines riesigen Eisschelfs durch James Clark Ross. Seine robusten Schiffe waren die ersten, die das Packeis durchquerten. Im frühen 20. Jh. erforschten Expeditionen das Innere der Antarktis und versuchten, den Südpol zu erreichen. Der Erste, dem dies gelang, war 1912 der Norweger Amundsen. Er kam dem Briten Scott wenige Wochen zuvor, der auf dem Rückweg mit seinen Begleitern ums Leben kam.

1915 blieb die *Endurance* von Ernest Shackleton im Eis der Weddell-See stecken. Die Mannschaft musste solange auf dem Eis ausharren, bis sie die Rettungsboote zu Wasser lassen konnte.

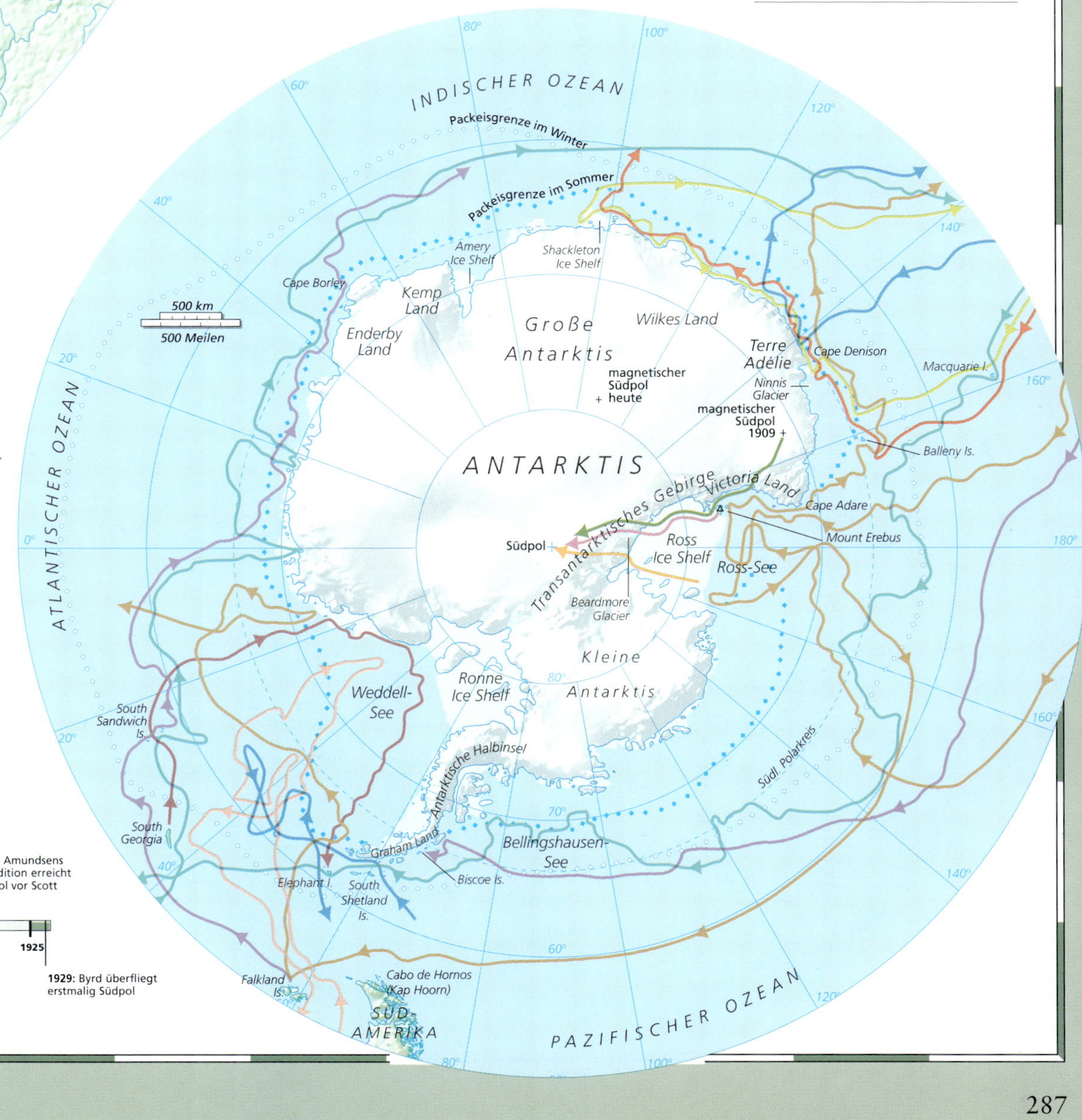

Robert Scotts Antarktis-Expedition 1901–04 benutzte leichte Schlitten, die der Norweger Fridtjof Nansen entwickelt hatte. Sie konnten sowohl von Hunden als auch von Menschen gezogen werden. Bei seiner Expedition 1912, die ihn das Leben kostete, wählte er Ponys als Zugtiere.

3 Antarktis-Expeditionen ▶

- Thaddeus Bellingshausen (Russland) 1819–21
- James Weddell (Gr.-Br.) 1822–24
- John Biscoe (Gr.-Br.) 1830–33
- Jules Dumont d'Urville (Frankreich) 1837–40
- Charles Wilkes (USA) 1838–42
- James Clark Ross (Gr.-Br.) 1839–43
- Ernest Shackleton (Gr.-Br.) 1907–9
- Roald Amundsen (Norwegen) 1910–12
- Robert Scott (Gr.-Br.) 1910–12
- Douglas Mawson (Australien) 1911–14
- Ernest Shackleton (Gr.-Br.) 1914–16

Erforschung der Antarktis

- **1773–75:** Cook überquert südlichen Polarkreis und umsegelt den Kontinent
- **1819–21:** Bellingshausens Expedition sichtet Antarktis
- **1823:** Weddell segelt in die nach ihm benannte See
- **1839–45:** Ross leitet drei Expeditionen ins Südpolargebiet
- **1840:** Dumont d'Urville gibt Terrre Adélie ihren Namen
- **1898:** Erstes Winterlager in der Antarktis auf Cape Adare
- **1909:** Mawson erreicht magnetischen Südpol
- **1912:** Amundsens Expedition erreicht Südpol vor Scott
- **1929:** Byrd überfliegt erstmalig Südpol

1775 · 1825 · 1875 · 1925

Legenden

Physikalische Faktoren

- Küstenlinie
- ehem. Küstenlinie
- Strom, Fluss
- Nebenfluss
- saisonaler Flusslauf
- ehem. Flusslauf
- Kanal
- Aquädukt
- Damm
- Quelle / Brunnen / Wasserloch / Oase
- ganzjähriger See
- saisonaler See
- Salzsee
- ehem. See
- Marsch / Salzsumpf
- Eisdecke / Eisschild
- Eisschelf
- Gletscher
- Packeisgrenze im Sommer
- Packeisgrenze im Winter
- Erhebung über NN (Berghöhen)
- Vulkan
- Pass

Geodätische Faktoren

- Äquator
- Breiten- und Längengrad
- Wendekreis / Polarkreis
- 45° Breitengrad / Längengrad

Grenzen

- internationale Grenze
- undefinierte Grenze
- Grenze eines Vasallenstaats
- umstrittene Grenze
- Seegrenze
- interne Grenze

Verkehrswege

- bedeutende Straße
- Nebenstraße
- bedeutende Eisenbahn
- Eisenbahn im Bau

Siedlung / Besitzung

- ○ Siedlung / Ort / Stadt
- ◇ Besitzung / Kolonie

Beschriftung

Regionen

Staat / politische Region...LAOS

administrative Region in einem Staat......HENAN

Kulturregion / kulturelle Gruppe.............*FERGHANA*

Siedlungen

Siedlung / Symbolerklärung / Definition...........................Farnham

Physikalische Faktoren

Kontinent / Ozean...........*AFRIKA*

INDISCHER OZEAN

Landschaftsfaktoren.....*Mekong*

Tana-See

Tian Shan

Sahara

Verschiedenes

Wendekreise / Polarkreise......................*Nördl. Wendekreis*

Volk / Stamm / Gruppe...*Samojeden*

Anmerkung.....................**1914:** britisches Protektorat

Farbcodierung: Politische Einheiten

- ◇ ○ China
- ◇ ○ Persien / Iran
- ◇ ○ Rom / Römisches Reich
- ◇ ○ Japan
- ◇ ○ Norwegen
- ◇ ○ USA
- ◇ ○ Italien
- ◇ ○ Osman. Reich / Türkei
- ◇ ○ England / Großbritannien / UK
- ◇ ○ Frankreich
- ◇ ○ Dänemark
- ◇ ○ Spanien (Kastilien)
- ◇ ○ Spanien (Aragón)
- ◇ ○ Portugal
- ◇ ○ Niederlande
- ◇ ○ Deutschland
- ◇ ○ Russland
- ◇ ○ Indien
- ◇ ○ Neuseeland
- ◇ ○ Australien
- ◇ ○ Belgien
- ◇ andere Staaten

(diese Farbcodierungen wurden, soweit möglich, im gesamten Atlas durchgängig verwendet; Abweichungen sind in der jeweiligen Kartenlegende angegeben)

Religionen

- Buddhismus
- Islam
- Hinduismus
- Konfuzianismus / Daoismus
- Christentum
- Römischer Katholizismus
- Judaismus (Judentum)
- andere Religion

Karten-Beispiele

Landgrenzen sind als durchgehende Linien dargestellt, während Seegrenzen gestrichelt sind.

Auf den Karten sind zeitgenössische historische Namen und Bezeichnungen verzeichnet; moderne Entsprechungen oder Varianten sind im Index zu finden.

Politische Gliederung, Einflussgebiete und Staaten sind farbig abgehoben.

Anmerkungen geben zusätzliche Informationen.

Herrschaft über Siedlungen, Kolonien oder Inseln ist mit der Farbcodierung dargestellt.

Dünne Pfeile kennzeichnen Reisen, Expeditionen oder Feldzüge.

Übergreifende Grenzen werden entsprechend der politischen Einheit mit unterschiedlichen Stilen dargestellt.

Breite Pfeile kennzeichnen Wanderungen oder Ausbreitungsrichtungen.

Verlaufene Farben zeigen eine Region mit nicht exakt definierten Grenzen.

PERSONEN- UND SACH-REGISTER

Dieses Register verzeichnet Personen, Völker, Ereignisse und Schlagworte, ist zugleich aber auch ein kommentiertes Glossar, das zusätzliche Informationen und Erläuterungen zu historischen Gegebenheiten bietet.
Die Seitenverweise sind durch folgende Symbole aufgeschlüsselt:

- ✤ Textverweis ● Zeitleiste
- ◆ Kartenverweis (Seite mit Kartennummer)
- ❑ Bild/Legendenverweis

Jahresdaten sind nach folgendem System spezifiziert:

- v.G. ›vor Gegenwart‹; verwendet für Daten die mehr als 10 000 Jahre zurückliegen.
- v.Chr. ›vor Christi Geburt‹; Jahre vor dem Beginn unserer Zeitrechnung
- n.Chr. ›nach Christi Geburt‹; entspricht ›Anno Domini‹; Jahre seit dem Beginn unserer Zeitrechnung

A

Abbas I. *auch* Abbas der Große (ca.1571–1629), Safawiden-Schah von Persien (reg.1588–1629). Warf die Rebellion der Usbeken (Özbegen) nieder und gewann persische Gebiete von den Osmanen zurück, die er aus Mesopotamien vertrieb. 1598 begründete er die persische Hauptstadt in Isfahan. ◆79, ✤219●, ◆231, ✤231●, ❑238
Abbasiden-Kalifat (ca.750–1258). Die zweite große Dynastie des Islam, ersetzte 750 die Umayyaden. Die Abbasiden-Hauptstadt war ab 762 Baghdad, ihre Kontrolle über die gesamte Welt des Islam konnten sie bis ins 10. Jh. aufrecht erhalten. Der letzte Abbasiden-Kalif wurde von den Mongolen 1258 getötet. ✤56, ◆57 (2), ✤227, ◆58–9, ◆227 (4)
  Dynastiegründung (750) ✤59
  Seefahrt ✤61
  Herrscher von Baghdad ✤228
  Zersplitterung des Kalifats (800–1055) ✤227, ◆227 (6)
  Ende durch Mongolen (1258) ✤67●
Abd al-Qadir *var.* Abd el-Kader (1808–1883). Algerischer Widerstandsführer gegen Frankreich. ✤90, ✤91●
Abd ar-Rachman Ibn Umar al-Sufi Arab. Astronom, 10. Jh. ❑59
Ahmad Khan *siehe* Ahmad Shah Abdali
Ahmad Shah Abdali *var.* Ahmad Khan (1724–73)
  gründet Afghanistan (1747) ✤87●
Abdülhamit II. (1842–1918). Osman. Sultan, auch Abd'ül Hamid (reg. 1876–1909). Begann seine Regierung mit der Verabschiedung einer Verfassung, die er jedoch bald wieder zurückzog. Er unterdrückte Revolten auf dem Balkan, die zum Krieg mit Russland führten (1877–78), und befahl das erste Massaker an den Armeniern (1894–96). Sein Unwillen, das Reich zu modernisieren, führte 1909 (nach der Jungtürkischen Revolution 1908) zu seiner Absetzung. ✤232, ❑232
Abdülmecit I. *var.* Abd'ül Madschid (1823–61) Osman. Sultan (reg. 1839–61). Gedrängt von den europ. Mächten erließ er die Tanzimat-Gesetze (1839–61), um Verwaltung und Rechtsprechung des Reichs zu reformieren. ✤232●
Abendländisches Schisma *var.* Großes Schisma (1378–1417). Spaltung der Katholischen Kirche nach dem Tod von Papst Gregor XI, ausgelöst durch die Wahl Clemens VII. zum Papst durch die Kardinäle, die Urban VI. die Anerkennung verweigerten. Während Urban VI. in Rom residierte, musste Clemens VII. nach Avignon ausweichen. Erst das Konstanzer Konzil (1414–18) und die Wahl Martins V. zum Papst vermochten den Gegensatz zwischen Avignon und Rom zu beenden. ✤70●
ABM (Anti-Ballistic Missile). Raketenabwehrsysteme, die in den späten 1960er Jahren entwickelt wurden. ✤109●
Aborigines Eingeborene Australiens, die vor etwa 60 000 Jahren den Kontinent als erste besiedelten. Nach der Überflutung der Landbrücke zwischen Australien und Neuguinea um 8000 v.Chr. lebten sie bis ins 18. Jh. in beinahe völliger Isolation. Lediglich im Norden kam es zu vereinzelten Kontakten mit Seefahrern von den indonesischen Inseln und den Inseln in der Torresstraße. ✤280, ❑280, ◆282, ◆282 (1)
  Felsbilder und-malereien ❑15, ✤280
  Zerstörung der Lebensform ✤91
  Antikolonialer Widerstand ◆282 (1)
  Proteste gegen Diskriminierung ❑283
  Brit. Justiz ❑284
Abreu, António de Port. Seefahrer im 16. Jh. Er segelte 1508 nach Indien, 1512 scheiterte ein Versuch, die Gewürzinseln zu erreichen. Er erkundete Amboina, Sumatra, Java und einen Teil Neuguineas und war 1526 Gouverneur von Malacca. ◆239 (1)
Abydos Königsgräber, Ägypten ✤25
Abessinien *var.* Äthiopien.
  Italienische Niederlage bei der ⚔ von Adowa (1896) ✤95●
Academy Award Erste Oscar-Verleihung (1929) ✤135●
Acadia Gründung (1604–08) ✤82●
Achaiischer Bund *var.* Achäischer Bund. Vereinigung griech. Stadtstaaten auf dem nördlichen Peloponnes ab dem 4. Jh. v.Chr., stand stets in Feindschaft zu Sparta. Nach dem Angriff des A.B. auf Sparta im Jahr 150 v.Chr. zerstörten die Römer Korinth, die führende Stadt des Bundes, und machten das Gebiet zur röm. Provinz Achaea. ✤179
Achämeniden-Reich (ca. 550–330 v.Chr.) Reich der persischen Königsdynastie, die von Hachamani (Gr. Achaimenes), einem Vorfahren von Kyros II. d. Gr., begründet wurde. Ab ca.550 v.Chr., trieb Kyros die Expansion des Persischen Reichs voran und eroberte Lydien, Phrygien, Ionien und Babylonien. Die Dynastie endete 330 v.Chr., als Dareios III. nach der Niederlage gegen Alexander bei Gaugamela getötet wurde. ✤35, ◆34–5, ✤39●, ✤223, ✤223●, ◆223 (4)
Achin *var.* Acheh, Atchin, Atjeh. Die indonesische Insel Sumatra war ab dem 7. Jh. Zentrum des mächtigen Hindu-Königreichs A., das von ind. Einwanderern gegründet worden war. Im 13. Jh. drangen Araber in das Königreich ein, das zum Islam konvertierte. Ende des 16. Jh. versuchten die Holländer, die Kontrolle über A. zu erlangen, ein Unterfangen, das 3 Jh. dauerte. ◆245 (6), ◆247 (4), ◆248 (1)
Achsenmächte *var.* Die Achse. Begriff für das Bündnis von Deutschland, Japan, Italien und deren Satellitenstaaten im ZWK. Ursprung war der Stahlpakt zwischen Hitler und Mussolini (Mai 1939), der dann durch den Dreibund (einschl. Japan, Sept. 1940) ergänzt wurde und gegenseitige politische, wirtschaftliche und militärische Hilfe im Fall des Ausbreitens des Kriegs über Europa hinaus vorsah. ◆104–105, ◆210–211
  Sept. 1939–Dez. 1941 ◆104 (1)
  Dez. 1941–Juli 1943 ◆104 (2)
  Juli 1943–Aug. 1945 ◆104 (3)
  Globale Kriegsführung ◆104 (4)
  Satellitenstaaten ✤104
Ackerbau
  Afrika ◆158 (1), ◆166–7 (1)
  Ägypten (v.Chr.) ❑27
  Anden ✤147, ❑147
  Beginn und Verbreitung ◆18–19, ✤20–1, ◆21 (2), ✤22–3, ✤34
  Cucuteni-Tripolye-Kultur (ca. 4000 v.Chr.) ✤174●
  Domestikation ✤21, ✤21●
  Europa (7000–5000 v.Chr.) ✤174●, ◆174 (1)
  Frühe Ackerbaukulturen in Afrika (ca.1350) ◆163 (2)
  Frühe Siedlungen ✤120, ◆120–1 (1), (2), ❑171
  Gartenbau-Kultur in N Amerika (v.Chr.) ✤34●
  Globale Verbreitung ✤20–1
  Maya-Kultur ✤50
  N Amerika (v.Chr.) ✤120, ◆120 (1)
  Neuguinea ✤280, ❑280, ◆280 (2)
  O Asien (6000–2000 v.Chr.) ◆258 (1)
  Pazifische Inseln ◆280–1 (3)
  S Amerika (v.Chr.) ✤144, ◆147 (2)
  SW Asien (ab 8000 v.Chr.) ◆220 (1)
  Werkzeuge (v.Chr.) ✤16●, ✤22, ✤34, ✤258●
  siehe auch Landwirtschaft; Bewässerung; Domestikation
Acolhua Azteken-Zivilisation ✤125
Adelaide Gegründet 1835–36 ✤91, ◆279 (2)
Adena-Kultur (ca. 500–100 v.Chr.). Gruppe nordamerikanischer Völker in der Region des heutigen US-Bundesstaates Ohio. Die Wildbeuter lebten in kreisrunden Häusern mit kegelförmigen Dächern aus Weiden und Rinden, benutzten Steinwerkzeuge und stellten Töpferwaren her. Kupfergegenstände und Muschelverzierungen deuten auf weit reichende Handelsbeziehungen hin. ✤30●, ✤34, ◆36 (1), ✤38●, ✤42●
  Mound-Kulturen ◆121 (4)
Adowa *var.* Adua. ⚔ während der italienischen Invasion in Abessinien (1896). Nach der schweren Niederlage anerkannte Italien zwar die völlige Souveränität und Unabhängigkeit Äthiopiens, erhielt aber seine Ansprüche in Eritrea aufrecht. ✤95, ✤97
Adrianopolis ⚔ (378). Sieg der Westgoten über Römer. ◆52–3 (1)
Adua *siehe* Adowa
Aegospotami *siehe* Aigospotami
Aelfred *siehe* Alfred der Große
Aelius Gallus Röm. General augusteischer Zeit, Statthalter von Ägypten. ◆218 (1)
Afghanistan
  Mahmud von Ghaznas Königreich ✤59, ✤63, ◆227 (6)
  Unterwerfung durch Perser (1722–36) ✤87●
  Gegründet (1747) ✤87●
  Marathen bei Panipat geschlagen (1761) ✤87
  Zweiter Afghanischer Krieg (1878–79) ✤95●
  Brit. Protektorat ◆248 (2)
  Mudjahedin im Kampf gegen russ. Besatzer (1982) ◆235 (4)
  Sowjetische Invasion (1979–89) ✤111●, ✤138
Africa Röm. Provinz (ab 146 v.Chr.) ✤42, ✤43●, ✤46, ◆161 (2)
Africa Nova Röm. Provinz (ab 46 v.Chr.) ◆161 (2)
African Association 1778 in London »zur Unterstützung der Erkundung des Inneren Afrikas« gegründeter Verein. ✤157●
Afrika 154–169
  Vor 18000 Jahren ✤154, ◆154–5
  Besiedlung ❑14, ✤15●, ✤16, ✤19, ❑19, ❑158, ❑160
  Kolonialismus ◆94–5, ◆96 (1), ✤96, ◆164 (1), (2), ◆166–7 (1), (4)
  Dekolonisation ✤107, ◆168 (1)
  Panafrikanische Nation ✤112
  Handel ◆44–5, ✤66, ◆161 (3), ✤162, ◆162 (1), ✤166, ◆166–7 (1)
  Landwirtschaft ✤82, ✤158, ◆166–7 (1)
  Ökonomie (1999) ✤168, ◆168 (2), (3)
  siehe einzelne Regionen und Länder
Afrikaander *siehe* Buren
Aghlabiden *var.* Banu al-Aghlab. Arab.-muslim. Dynastie, die 800–909 in Ifriqiyah im heutigen Tunesien und O Algerien herrschte. Die Aghlabiden unterstanden zwar nominell den Abbasiden-Kalifen in Baghdad, waren aber faktisch unabhängig. ◆227 (4)
  Dynastie gegründet (800) ✤58●
  Von Fatimiden verjagt (909) ✤58●
Ägypten
  siehe auch Pharaonisches Ägypten; Saitische Dynastie; Ptolemäer; Fatimiden
  Politik
    Mamluken übernehmen Macht (1250) ✤67●
    Eroberung durch Osmanen (1517) ✤79●
    Invasion des Sudan (1820) ✤90
    Napoleons Ägyptenfeldzug (1798) ✤87●, ✤200, ❑201, ◆201 (1)
    Besetzt von Gr.-Br. ✤95●, ✤167●, ✤232
    Sechs-Tage-Krieg (1967) ✤107●
    Camp David-Abkommen (1978) ✤138●, ✤234●
  Religion
    Übertritte zum Christentum (1–500) ✤46, ✤50●
    Islamischer Fundamentalismus ✤235
  Ökonomie
    Fabriken und Raffinerien (1816) ✤166●
Ägyptisch-Israelischer Friedensvertrag 1979 unterzeichnetes Abkommen, in dem Ägypten als erster arabischer Staat Israel anerkannte und mit dem Israel die 1967 eroberten Sinai-Gebiete an Ägypten zurückgab. Die Voraussetzungen wurden mit dem Camp David-Abkommen 1978 geschaffen. *siehe auch* Camp David-Abkommen ✤138●, ✤234●
Ahnenkult ❑31, ✤36
Ahuitzotl Azteken-Kaiser (1486–1502) ◆124 (1)
Ahura Mazda Altiran. Gottheit ❑36
Aibak *siehe* Qutb ad-Din Aybak
Aigospotami ⚔ des Peloponnesischen Kriegs (405 v.Chr.). Sieg Spartas über Athen. ◆177 (3)
Ai Khanoum (Alexandria ad Oxum). Hellenistische Stadt ✤41
  Silberscheibe aus Kybele-Tempel ❑41
Ain Djalut *var.* Ain Ǧalut, Ain Jalut, *Dtsch.* Goliathquelle. ⚔ der Mongolen-Feldzüge (1260).
  Mamluken besiegen Mongolen ✤67●, ✤69, ◆68–9 (1), ✤229
Aistulf (gest. 756) Langobarden-König, der Ravenna von den Byzantinern eroberte und auch Rom bedrohte. Als Gegengewicht verbündete sich der Papst mit dem Franken-König Pippin. ✤183●
Aitolischer Bund Bündnis der Aitoler im antiken Griechenland; stieg um 340 v.Chr. zu einer Militärmacht auf. Nachdem der A.B. Invasionsversuche Makedoniens zurückgeschlagen hatte (322 und 314–311 v.Chr.), expandierte er bis nach Delphi und verbündete sich um 300 v.Chr. mit den boiotischen Städten. 189 v.Chr. von Rom vernichtend geschlagen. ✤179, ◆179 (4)
Ajanta Buddhisten-Zentrum ❑43
Akbar *auch* Akbar der Große (1542–1605). Mogulkaiser (reg. 1556–1605). Im Alter von 14 Jahren inthronisiert. In den ersten sieben Jahren seiner Herrschaft erkämpfte sich Akbar die unbestrittene Vorherrschaft über ein Reich, das sich von Bengalen bis nach Sind und von Kashmir bis zum Godavari erstreckte. Er führte ein einheitliches Steuersystem ein, integrierte die Herrscher der eroberten Gebiete in seine Armee und verschmolz durch Heiratspolitik die Mogul-Fürsten und die Rajputen-Clane. War der hinduist. Religion gegenüber sehr aufgeschlossen. Unter seiner Regierung erreichten die Künste, insbesondere die Miniaturmalerei und die Architektur, ihre Blüte. Letztere bildet eine bemerkenswerte Synthese aus westlichem und islamischem Stil. ✤79●, ◆78–9, ✤246, ❑246, ✤246●, ◆246 (1)
Akkade Palaststadt von Sargon ◆221 (4)
Akkader Semitische Einwanderer aus dem Westen, die um 2350 v.Chr. die sumerische Bevölkerung Mesopotamiens überschichtete. *siehe auch* Sargon I. von Akkade
Akko Vertreibung der Kreuzritter (1291) ✤64●, ✤65, ◆64–5 (2), ◆65 (3)
Akropolis Aus dem griechischen abgeleiteter Name (›Oberstadt‹) für die befestigte, hoch gelegene Zitadelle antiker Städte. Berühmt wurde die A. von Athen, die unter Perikles über dem Perserschutt in der Mitte des 5. Jh. v.Chr. erbaut wurde (mit Parthenon, Erechtheion etc.). ✤177
Aksum ◆161 (3), (4), (5)
  Weihrauchhandel ✤46
  Bildung des Reichs (ca.50) ✤47●
  Handelsmacht ✤161
  Christentum (ca. 330–500) ✤50●, ✤161
  Einfall in Meroe-Reich (ca.350) ✤50●
  Posten im röm.-indischen Handel ✤50
  Steinstelen ❑161
Al-Hajj Umar Ibn Said Tal *siehe* 'Umar Sa'id Tal, El-Hadj
Al-Idrisi *siehe* Idrisi
Alaça Hüyük Grabbeigabe Stier ❑221
Alamo, The ⚔ der Texas Revolution (1836); mexikan. Sieg. ◆128–9 (2)
Alanen Reitervolk, das von den Steppen rund um das Kaspische Meer nach Europa vordrang. 406 schlossen sie sich mit den Vandalen und Sueben zusammen und zogen über Deutschland bis auf die Iberische Halbinsel. Ihr dort gegründetes Königreich wurde schon bald von den Westgoten zerstört.
  Völkerwanderung (300–500) ✤50●, ◆52–3 (1), ✤182●
Alarich (ca. 370–410). Ab 395 König der Westgoten und Anführer der Armee, die 410 Rom plünderte. Die Plünderung Roms symbolisierte für die Zeitgenossen den Untergang der Reichsordnung im Westen. ✤50●, ✤53
Alaska
  Thule-Kultur (ca. 900) ✤58●
  Von Bering gesichtet (1728) ✤86●
  Russische Expeditionen ◆119 (3), ✤257, ✤286, ◆286–7 (1), (2), ✤287●
  Goldfunde (1880) ✤93
Alaska Purchase *auch* Seward's Folly. Der amerikanische Außenminister William H. Seward erwarb 1867 Alaska von Russland für 7,2 Mio. US-Dollar. ◆128–9
Alaung Phra *siehe* Alaungpaya
Alaungpaya *var.* Alaung Phra, Alompra, Aungzeya (1714–1760). Vereinte als König (reg. 1752–60) Burma und gründete die Alaungpaya-Dynastie, die in Burma bis zur Annexion des Nordens durch Großbritannien 1886 an der Macht blieb.
  Gründung Rangoons (1755) ✤87●
Albanel, Pater Charles (1616–96). Französischer Jesuit, der Ostkanada durchquerte. Er erreichte die Hudson Bay und bereiste den Saguenay River auf der Suche nach Pelzhandelsrouten. ◆119 (2)
Albert, Prinz von Sachsen-Coburg und Gotha *siehe* Victoria
d'Albertis, Luigi Maria (1841–1901). Italienischer Neuguinea-Forscher. ◆279 (2)
Albigenser *siehe* Katharer
Aleuten Bewohner der gleichnamigen Inselgruppe im SW Alaskas sowie des W Alaskas. ✤123, ◆123 (3)
Alexander I. (1777–1825) Russ. Zar (reg.1801–25). Bemühte sich in den ersten Jahren seiner Herrschaft, neuzeitliche Staatsstrukturen durch Verwaltungsreformen und Universitätsgründungen in Russland durchzusetzen. Ursprünglich ein Mitglied der Koalition gegen Napoleon, ging er nach der Niederlage bei Friedland das Tilsiter Bündnis (1807) mit Napoleon ein. Nach dem Einmarsch Napoleons in Russland trat A. der Koalition Österreichs und Preußens gegen Napoleon bei. ❑201
Alexander der Große *auch* Alexandros III. (356–323 v.Chr.). Makedonischer König (reg. 336–323 v.Chr.), Sohn von Philippos II. von Makedonien, Schüler des Aristoteles. A. führte den schnellsten und weitesten Feldzug der Weltgeschichte, durch ganz Westasien bis an den Indus. Er brachte hellenische Kultur in den Osten, konnte aber sein Ziel, die Bildung eines multikulturellen Reichs, aufgrund des frühen Todes nicht verwirklichen. 40–41
  Diadochen (Nachfolger) ✤224, ✤224●, ◆224 (1)
  Erkundung Westasiens ◆218 (1)
  Erbe ✤41, ✤41●
  Feldzüge ✤38, ✤40, ✤223
  Pompeii-Mosaik ❑39
  Reich ◆38–9, ◆40–1 (1)
  Tod ✤38, ✤39
  Alexander-Sarkophag ❑40
Alexandria Hafenstadt im Nil-Delta, gegründet von Alexander d. Gr. und nach ihm benannt. Unter der Ptolemäer-Dynastie wurde A. seit dem 3. Jh. v.Chr. für über 1000 Jahre eines der in wirtschaftlicher, kultureller und wissenschaftlicher Hinsicht bedeutendsten Zentren Eurasiens. A. besaß die größte Bibliothek der Antike und brachte wichtige Schulen der Dichtkunst, Medizin, Philosophie und Kosmologie hervor.
  Gründung (332 v.Chr.) ✤39●, ✤40●
  Christl. Zentrum (100) ✤47●
  Fortführung der klassischen Wissenschaft durch Araber ✤55
  Muslime beim Gebet ❑113
Alexios IV. (gest.1204) Byz. Kaiser (reg.1203–1204). Bestieg den Thron im Gefolge des 4. Kreuzzugs, dankte jedoch ein Jahr später nach massiven Protesten der Bevölkerung ab. ❑187
Alfons VI. *auch* Alfons der Mutige, *Sp.* Alfonso El Bravo (1040–1109). König von León (reg.1065–70) und König des vereinigten Kastilien und León (1072–1109). Ernannte sich 1077 zum ›Kaiser von ganz Spanien‹. Die Unterdrückung seiner muslim. Vasallen führte 1086 zur Besetzung Spaniens durch eine Almoraviden-Armee aus N Afrika.
  Eroberung Toledos (1085) ✤64●
Alfred der Große *var.* Aelfred. König von Wessex (reg. 871–899). Herrschte über das sächsische Königreich im Südwesten Englands. A. verhinderte die Übernahme Englands durch die Wikinger und förderte Bildung sowie die Alphabetisierung. Die Angelsächsische Chronik begann in seiner Regierungszeit (ca. 890).
  Rückeroberung Londons (885) ✤58●
Algerien
  Einmarsch der Franzosen (1830) ✤90, ✤232●
  Industrie ✤168, ◆168 (2)
  Krieg gegen Frankreich (1954) ✤107●
  Islamischer Fundamentalismus ✤235●
Algonquin
  Nomadische Jäger in N Amerika ✤123
  Krieg gegen Irokesen (1609) ✤126●
Alhambra Mauren-Palast in Granada, S Spanien. ❑192
Al-Istachri Islam. Geograf, 10. Jh. ❑55
Allegheny River Vermessungen (1729) ✤119●
Alliierte *auch* Westmächte. Bezeichnung für die am Ende des EWK siegreichen Großmächte (nachdem die USA 1917 der Entente – bestehend aus Großbritannien, Frankreich, Russland – beigetreten waren). Geläufiger ist die Bezeichnung für die Allianz gegen die Achsenmächte während des ZWK, die von Großbritannien, Frankreich, Polen und der UdSSR sowie den USA (ab 1941) angeführt wurde. ✤104–5●, ✤206–211●
Allouez, Pater Claude (1622–89). Franz. Jesuit, der das Gebiet der Großen Seen in Nordamerika sowie den St.-Lorenz-Strom erforschte und im heutigen US-Bundesstaat Wisconsin Missionen gründete. ✤119●, ◆119 (2)
Almagro, Diego de (1475–1538) Span. Conquistador. Begleitete Pizarro 1532 bei seiner Eroberung Perus. 1535 setzte er sich Richtung Süden ab und eroberte Teile Chiles. Nachdem er sich mit Pizarro zerstritten hatte, brach ein Bürgerkrieg zw. ihren Anhängern aus. Auf Befehl Pizarros wurde er ermordet. ◆142 (1)
Al Mansura ⚔ der Kreuzzüge (1250). Niederlage der Kreuzritter des franz. Königs Ludwig IX. auf dem Vormarsch in Ägypten und dessen Gefangennahme. ✤64●, ◆65 (3)
Almohaden-Dynastie (1130–1269). Muslim. Dynastie, gegründet durch eine muslim. Wiederbelebungsbewegung. Beherrschten N Afrika, in östl. Richtung bis Tripoli, und kontrollierten große Teile der Iberischen Halbinsel. ◆186 (1), ✤192●, ◆192 (3)
  Eroberung almoravidischer Territorien (1128) ✤63●
  Marokko und Spanien (1147) ✤63●
  Niedergang des Reichs (1228) ✤67●
  Von Mariniden besiegt (1269) ✤67●
Almoraviden-Reich Berber-Dynastie, die aus streng sunnitischer Religionsauffassung einen ›Kampf zur Reinigung des Islam‹ begann und im 11. und 12. Jh. den NW Afrikas und das muslim. Iberien (al Andalus) unterwarf ◆192 (3)
  Einfall nach Ghana ✤163
  Expansion (ca.1050) ✤63
  12. Jh. ◆62–3
  Machtübernahme durch die Almohaden (1128) ✤63●
  Rückeroberung Spaniens ◆192 (3)
Alodia Altartuch des koptischen Christentums ❑58
Alompra *siehe* Alaungpaya
Alphabet *siehe* Schrift
Altai-Gebirge
  Vorgeschichtl. Gräber ✤39
  Holzschnitzerei ❑39
Alter vom Berge *siehe* Assassinen
Altes Reich (2575–2134 v.Chr.). Periode der ägyptischen Geschichte von der 4. bis zur 6. Dynastie, die auch die große Zeit des Pyramidenbaus war. ✤36 (1), ✤159●, ◆159 (3)
Alte Welt Allgemeiner geo-historischer Begriff für Afrika und Eurasien, die ›bekannten‹ Erdteilen vor der ›Entdeckung‹ von Amerika und Australasien durch europ. Seefahrer.
Altsteinzeit *siehe* Paläolithikum
Alvarado, Pedro de (ca.1485–1541) Span. Conquistador. Er nahm an den Expeditionen von Juan de Grijalva und Hernán Cortés in Mexiko und Mittelamerika teil. Später erlangte er die Kontrolle über das Hochland Guatemalas und El Salvadors und wurde zum

Legende: ✤ Text ● Zeitleiste ❑ Bild ◆ Karte *var.* Variantname *nwb.* nachweisbar *ehem.* ehemals *passim* und folgende *reg.* regierte ⚔ Schlacht EWK Erster Weltkrieg ZWK Zweiter Weltkrieg

Gouverneur von Honduras und Guatemala ernannt. ✣125
Alvare (gest. 1614) König des Kongo. Eroberte mit Hilfe von portugiesischen Truppen seinen Thron zurück, nachdem sein Land 1568 überfallen worden war. ❑85
Álvarez de Peneda, Alonso Span. Erkunder der mittelamerikanischen Halbinsel Yucatán (1517–23). ◆125 (4)
Amadu Lobbo (1775–1844). Fulbe-Führer, der im 19. Jh. einen muslim. Staat in Masina (W Afrika) gründete. ✣167●
Amazonas
Frühe Siedlungen ◆145 (2)
Entdeckung der Mündung (1500) ✣142●
Von Orellana befahren (1542) ✣142●
Amazonia
Entwicklung und Abholzung ✣153, ✣153●, ◆153 (4)
Amda Sion Herrscher Äthiopiens (gest.1344) ✣71●
Amenhotep *siehe* Echnaton
Amenhotep III. *siehe* Amenophis III.
Amenophis III. *var.* Amenhotep (ca.1390–1353 v.Chr.) Ägypt. Pharao des Neuen Reichs (reg.1411–1375 v.Chr.). Seine Herrschaft brachte dem Reich friedliche Entwicklung durch geschickte Diplomatie gegenüber den Nachbarn. ✣27●
Amenophis IV. *siehe* Echnaton
Amerika
siehe Mittelamerika; N Amerika; S Amerika; Sklaverei; USA; einzelne Länder bzw. Kulturen
Amerikanischer Bürgerkrieg *var.* Sezessionskrieg (1861–65). Krieg zwischen den Nordstaaten (Union) und den Konföderierten Staaten der südl. USA, der wegen der Sklaverei und dem Recht der einzelnen Staaten auf eigene Gesetzgebung entbrannte. Die Union ging siegreich aus dem Krieg hervor, die Sklaverei wurde darauf in allen Staaten der USA verboten. ✣94, ✣130–31, ✣130–31●, ◆130–31, ❑131
Amis de la Constitution *siehe* Jakobiner
Amphipolis ⚔ des Peloponnesischen Krieges (422 v.Chr.). Sieg Spartas über Athen. ◆177 (3)
Amphitheater Arena etruskischen Ursprungs, von den Römern als Veranstaltungsort für Gladiatoren- und Tierkämpfe zu monumentaler Größe entwickelt. Im Gegensatz zum Theater bestanden sie aus gestaffelten Sitzreihen rund um die meist ovale Bühnenfläche. Das bekannteste Amphitheater ist das Colosseum in Rom, 72–80 erbaut. ❑181
Amphore Zweihenkeliges Tongefäß mit mehr oder weniger spitzer Basis, meist zum Transport von Olivenöl und Wein genutzt. Oft mit dem Stempel der Produktionsstätte versehen, der auch die Größe garantiert. ❑48, ❑181
Amritsar, Massaker (13. Apr.1919) Bei Unruhen in den Straßen von Amritsar im indischen Bundesstaat Punjab, die sich gegen die Rowlatt-Gesetze richteten (Anti-Aufruhr-Gesetze), schossen brit. Soldaten in die Menge. Rund 400 Menschen starben, über 1000 wurden verwundet. Das Massaker rief weltweit Empörung hervor. ✣99●
Amselfeld *Serb.* Kosovo polje. ⚔ (1389). Niederlage der christlichen Serben und Bosnier gegen die muslim. Osmanen unter Murat I., der nach der Schlacht von einem Serben getötet wurde. ◆189 (4)
Amundsen, Roald (1872–1928) Norw. Polarforscher. A. durchfuhr 1903–06 erstmalig die Nordwestpassage und entdeckte den magnetischen Nordpol. Er leitete 1911 die erste Expedition zum Südpol und erforschte in den 20er Jahren die Arktis aus der Luft. ❑286
Nordwestpassage ◆286–7 (2)
Antarktis-Expedition (1910–12) ◆287 (3)
Amur-Becken Russischer Rückzug (1689) ◆83●
Anasazi-Kultur (200–1500). Alte Kultur im Südwesten der USA. In der Spätphase entstanden komplexe Adobe-Siedlungen, die Pueblos. ✣58, ◆123 (4)
Verteidigungs-Pueblos (1050) ✣123●
Befestigte Klippensiedlungen (ca.1100) ◆62, ✣62●, ✣123
Keramik ❑62
Anatolien Asiatischer Teil der Türkei. Das überwiegend gebirgige Hochplateau nimmt die gesamte westasiatische Halbinsel zwischen Schwarzem Meer, Mittelmeer und dem Ägäischen Meer ein.
Frühe Ackerbausiedlungen ✣19
Frühe Kulturen ❑171
Arabischer Vormarsch gestoppt (863) ✣59●
Eroberung durch Osmanen ✣71
siehe auch Kleinasien
ANC (African National Congress) 1912 in Südafrika gegr. Partei, die sich für die Gleichberechtigung der Schwarzafrikaner einsetzte, 1961 verboten. Obwohl ihre Anführer inhaftiert oder exiliert waren, entwickelte sich der ANC zum Zentrum des Widerstands gegen das Apartheid-Regime. Nach seiner Wiederzulassung 1990 gewann er die Wahlen 1994 und bildete unter Führung von Nelson Mandela die Regierung. ✣169
Anden
Zeremonialzentren (2600 v.Chr.) ✣22●
Vase ❑144
Pflanzendomestikation (v.Chr.) ✣18●, ✣144
Landwirtschaft ❑140, ✣147, ❑147
Autonome Staaten (13. Jh.) ✣66
Reiche an der Küste (250–1375) ✣146, ◆146 (1)
Häuptlingstümer im Norden ✣146, ❑146, ◆146 (1)
siehe auch Chavín; Inka; Moche; Nazca
Andersson, Karl (1827–67). Schwedischer SW Afrika-Forscher (1853–59). ◆157 (4)
Andronovo Steppenkulturen (1250 v.Chr.) ◆26–7
Angeln Germanisches Volk, das im 5. Jh. mit Jüten und Sachsen in Britannien einfiel.
Völkerwanderung ◆52–3 (1), ✣183
Angeviner Mittelalterlicher Name für das Haus Anjou, speziell auch für die Anjou-Könige Ungarns zwischen 1308 und 1387.
Baltikum (1100–1400) ◆189 (3), (4)
Angevinisches Reich Von Heinrich II., Graf von Anjou-Plantagenet, im 12. Jh. begründetes Reich, das weite Teile W Europas umfasste. ✣187, ✣187●, ◆187 (4)
Angkor Hauptstadt des Khmer-Reichs (Kambodscha) in Zentralkambodscha. Residenz- und Tempelstadt von über 25 km² Fläche. Die beeindruckendsten Tempelanlagen sind Angkor Wat (12. Jh.) und Angkor Thom (13. Jh.).
Baubeginn (889) ✣59●
Angkor Wat, Tempelanlage ✣63●, ❑63, ❑243
Angkor Thom, Tempelanlage ❑245
Angkor-Dynastie Gründung (802) ✣59●
siehe auch Kambujadesha
Anglo-Persian Oil Company Gründung (1909) ✣234●
Anglo-Tibetische Konvention *siehe* Anglo-Tibetischer Vertrag
Anglo-Tibetischer Vertrag *var.* Anglo-Tibetische Konvention (6. Sept. 1904). Vertrag über gegenseitige Unterstützung zwischen Gr.-Br. und Tibet nach der Aufnahme wirtschaftlicher Beziehungen und der Festlegung von Grenzen durch die Sikkim-Konvention (1890, 1893). ✣257●
Angola
Kolonisierung (1570) ✣79●, ✣82
Eroberungen der Holländer (1641) ✣83●
Bürgerkrieg ✣109, ◆109 (5)
Unabhängigkeit (1975) ✣107●, ✣111●, ✣168, ◆168 (1)
An Lushan (703–757). Chin. General, der ein 160 000 Mann starkes Heer um sich scharte und gegen die Tang rebellierte. Er nahm 756 Chang'an ein, wurde aber ein Jahr später ermordet. ✣59●
Anna von Böhmen (1366–94). Erste Frau von Richard II. von England. Sie starb an der Pest, ohne einen Erben zu hinterlassen. ❑72
An Nafud Palgrave durchquert die Arabische Halbinsel (1862–63) ✣219●
Annam Historischer Staat auf dem südostasiatischen Festland, etwa im heutigen Nord-Vietnam. Wiederholt unter chin. Suzeränität zwischen dem 2. Jh. und 1428, ab 1880er Jahren Teil von Französisch-Indochina. ◆43, ✣43●, ✣59, ◆61 (3), ◆63, ✣67, ✣67●, ◆69 (1), ◆71, ✣75, ✣75●, ◆79, ✣83, ✣83●, ◆263 (5), (7)
siehe auch Dai-Viet; Vietnam
Anpu *siehe* Anubis
Anschluss (1938). Nazi-Kampfbegriff für die Annektierung von Österreich. Gegen das Verbot durch den Versailler Vertrag durch Mobilisierung der österreichischen NSDAP-Anhänger durchgesetzt. ✣209●
Ansiedlungsrayon *var. Russ.* Cherta Osedlosti. Gebiet innerhalb des Russischen Reichs, in dem Juden die Ansiedlung erlaubt war. Er entstand im Anschluss an die Teilungen Polens im späten 18. Jh. Zwischen 1783 und 1794 erließ Katharina die Große eine Reihe von Dekreten, welche jüdische Geschäftstätigkeit nur in den neu annektierten Gebieten zuließ. Im 19. Jh. umfasste der Rayon die an Russland gefallenen Gebiete Polens, Litauen, Belorussland, große Teile der Ukraine, die Krim und Bessarabien. Bis auf wenige Ausnahmen wurde die jüdische Ansiedlung zunehmend auf diese Regionen beschränkt, wobei weitere Restriktionen gegen Ende des 19. Jh. eingeführt wurden, nachdem eine Volkszählung ca. 5 Mio. Juden innerhalb des Rayons und 200 000 im restlichen Russland ermittelte. ✣101●, ◆101 (2)
Antarktis-Expeditionen ✣287●, ◆287 (3)
Anthropomorphismus Übertragung menschlicher Eigenschaften auf Nichtmenschliches wie Götter, Tiere und Dinge.
Antibiotika Verwendung im ZWK. ✣102
Antietam ⚔ im Sezessionskrieg (17. Sept.1862). Sieg der Union. ◆131 (6)
Antikominternpakt (25. Nov.1936). Pakt Deutschlands und Japans gegen den Sowjetkommunismus und die Kommunistische Internationale. Beitritt Italiens im Okt. 1937. ✣272●
Antigoniden-Dynastie (ca. 306–168 v.Chr.). Dynastie der makedonischen Monarchen, die durch einen General Alexanders d.Gr., Antigonos Monophthalmos, der ›Einäugige‹, begründet wurde. Eine Reichsbildung in den Diadochenkriegen scheiterte, doch konnte Antigonos II. Gonatas im 3. Jh. König von Makedonien werden. Die A. herrschte in Griechenland als Hegemonialmacht, bis sie 179 durch Roms Makedonische Kriege ausgelöscht wurde. ✣41, ✣224, ✣224●, ◆224 (1)
Antigua Sklaven auf Plantage (1823) ❑84
Antiochia *var.* Antiocheia
Bodenmosaik mit Orpheus ❑181
Von Byzanz zurückerobert (969) ✣59
Kreuzritter-Staat ✣63, ✣65, ❑63
Antiochos III. (gest.187 v.Chr.) Seleukiden-König (reg. 223–187 v.Chr.). Herrschte über Syrien und große Teile Kleinasiens. Seine Einmischung in griech. Angelegenheiten brachte ihn in Konflikt mit Rom. 190 wurde er von den Römern entscheidend geschlagen. ✣224, ✣224●
Anubis *var.* Anpu. Altägyptische Gottheit des Totenreichs, dargestellt meist mit dem Kopf eines Schakals. ❑37
Anxi Seidenstraße ✣45
Anyang Shang-Hauptstadt (1400 v.Chr.) ✣27●
Anzio ⚔ im ZWK (Jan.–Mai 1944). Landung alliierter Truppen (USA) in Mittelitalien, bildete einen Brückenkopf nördlich der deutschen Linien. ◆211 (4)
Anzus-Pakt *var.* Australia-New Zealand-United States-Treaty (1951). Verteidigungsbündnis zwischen Australien, Neuseeland, und den USA. ◆138 (1)
Aotearoa *siehe* Neuseeland
Apache *Dtsch.* Apatschen. Indianervolk im Südwesten der USA. Wegen ihrer abgelegenen Siedlungsgebiete waren sie von der Expansion der Europäer erst spät betroffen. Unter ihrem Häuptling Geronimo führten sie Mitte des 19. Jh. mehrere Kriege (Apache-Kriege) gegen die US-Armee. Ab 1887 waren sie jedoch gezwungen, in Reservaten zu leben. ◆125 (4), ◆126 (1), ✣129●, ✣128–9 (2)
Apartheid Staatliches System der Rassentrennung in Südafrika von den 1960er bis in die 1990er Jahre: soziale, politische und wirtschaftliche Diskriminierung der farbigen Bevölkerung Südafrikas.
siehe auch Südafrika
Appalachians *var.* Appalatschen
Erkundung des Occaneechee-Pfades (1673) ✣119●
Migration (1917–20) ✣134, ◆134 (3)
Appomattox (1865) Kapitulation der Konföderierten im Sezessionskrieg. ✣131●
Aquaedukt Wasserkanal aus dem röm. Altertum zur Versorgung der Städte. Oft über riesige Stützbauten zur Überbrückung von Tälern geleitet, wobei die röm. Ingenieure meisterhaft die Prinzipien kommunizierender Röhren und Artesischer Brunnen nutzten. ❑180
Aquileia Plünderung durch Hunnen ✣53
Aquin, Thomas von *siehe* Thomas von Aquin
Aquitainien
Reich der Westgoten (418) ✣53, ✣182
Eroberung durch Franken (507) ✣53●, ✣182●, ✣183
Ara Pacis Friedensaltar des Augustus ❑42
Araber Ursprünglich die auf der Arabischen Halbinsel lebenden semitischen Stämme, heute die Bevölkerung in SW Asien und N Afrika mit Arabisch als Muttersprache.
Felsendom ❑55
Handelsstützpunkte an der afrikanischen Küste ✣58
Astronomen ✣59
Stammeskonflikte ❑59
Expansion nach ca. 632 ✣61●
Handel im Indik (bis 1000) ✣61, ◆61 (3)
Machtverlust im Mittelmeer (11. Jh.) ✣62
Kartierung des Niger-Beckens ◆156 (1)
Arabien
Erkundung durch Aelius Gallus ◆218 (1)
Europ. Reisende ◆219 (4)
Handel mit aromatischen Harzen (1. Jh.) ✣225, ❑225, ◆225 (3)
siehe auch Saudi-Arabien, Hejaz
Arabische Liga Assoziation arabischer Staaten, gegründet 1945 zur Förderung der Einheit der arabischen Welt. Die Gründungsmitglieder waren Ägypten, Syrien, Libanon, Transjordanien, Irak, Saudi-Arabien und Yemen. 1994 hatte die Liga 22 Mitgliedstaaten, einschließlich der Palästinenser, vertreten durch die PLO.
Gründung (1945) ✣103●
Arabisch-Israelische Kriege (1948–49, 1956, 1967, 1973, 1982). Bislang fünf Kriege zwischen Israel und seinen arabischen Nachbarstaaten wegen der Gründung eines unabhängigen jüdischen Staats in Arabien. ✣234, ✣234●
siehe auch Libanon-Invasion; Sechs-Tage-Krieg; Suez-Krise; Yom-Kippur-Krieg
Arafat, Yassir (1929–). Führer des palästinensischen Widerstands, Mitgründer der ›Palästinensischen Befreiungsorganisation‹ (PLO) im Jahr 1959 und ihr Vorsitzender seit 1969. Er überzeugte die Mehrheit der PLO 1988, Israel das Recht zuzugestehen, in Koexistenz mit einem unabhängigen paläst. Staat zu existieren. 1993 einigte er sich mit dem israelischen Ministerpräsidenten Yitzhak Rabin in einem Friedensabkommen, in dem Israel sich zu einem Rückzug aus dem Gaza-Streifen und aus Jericho bereit erklärte. ❑234
Aragón
Kontrolle über Sizilien (1282) ✣66●
Besitzungen (1300, 1400) ◆66–7, ✣70–1
ARAMCO (Arabian American Oil Company). 1936 von der Standard Oil of California und Texaco gegründetes Unternehmen, das die Erdölkonzessionen in Saudi-Arabien ausbeuten sollte. Heute einer der mächtigsten Ölkonzerne der Welt. 1979 übernahm die Regierung Saudi-Arabiens die Kontrolle über die Gesellschaft. ✣234●
Araucanos *var.* Araukanier. Volk in Zentralchile. Die A. widerstanden den Europäern über 300 Jahre lang. Sie lernten die von den Spaniern eingeführten Pferde zu reiten und wurden zu gefürchteten Gegnern. Die letzten Aufständischen wurden in den 1870er Jahren von der chilenischen Armee unterworfen. ◆151 (3)
Arbela ⚔ der römischen Partherkriege (216 v.Chr.). ◆224 (2)
Archangelsk Von Willoughby erreicht (1553) ✣80●
Archimedes (ca. 287–212 v.Chr.). Griechischer Forscher und Mathematiker aus Syrakus. Berühmt für seine Arbeiten zur theoretischen Mathematik und praktischen Mechanik und Hydromechanik (›Archimedische Schraube‹). Der ›Archimedische Satz‹ besagt, dass das Volumen eines Körpers mit dem von ihm verdrängten Wasser gemessen werden kann. ✣38
Archimedische Schraube ❑38
Arcole ⚔ (1796) in den Napoleonischen Kriegen während des Italien-Feldzugs, die die Franzosen gewannen. ◆200 (1)
Ardaschir I. *var.* Artaxerxes I. (gest. 241). Persischer König (reg. 208–241). A. besiegte 224 den parthischen König Ardavan V. (Artabanus V.), besetzte Syrien und gründete das Sassaniden-Reich. Er erklärte Ktesiphon am Tigris zur Hauptstadt (nahe dem heutigen Baghdad) und führte den Zoroastrismus wieder ein. ✣47, ✣225, ✣225●, ◆225 (6)
Ardennen ⚔ ZWK (Dez. 1944–Feb. 1945). Letzte Großoffensive der Deutschen im ZWK in W Europa. ◆211 (4)
Argentinien 148–153
Unabhängigkeit (1816) ✣90, ✣150, ✣150●, ◆150 (1)
Krieg gegen Paraguay (1864–70) ✣94●
Regierung Peróns (1946–55) ✣102●, ✣106●
Falkland-Krieg (1982) ✣110●
Ökonomie ◆151 (3), ◆153 (3)
Politische Entwicklung (seit 1930) ◆152 (1)
siehe auch Südamerika
Arianismus Frühchristliche Lehre des Arius aus Antiochia (ca. 318), nach der Jesus Christus von Gott erschaffen, doch nicht wesensgleich mit ihm ist. Der A. wurde auf dem Konzil von Nicaea (324) verworfen, der Streit prägte aber die Politik des 4. Jh., da Kaiser wie Bischöfe mal diesem, mal jenem Lager angehörten. Am längsten hielt er sich bei den christl. Germanen; nach dem Untergang von Goten-, Vandalen- und Langobarden-Reich verschwand auch er. ◆49 (4)
Arica ⚔ im Salpeterkrieg (1880). Chilen. Sieg. ◆151 (4)
Arier *siehe* Arya
Arme Brüder von Lyon *siehe* Waldenser
Armenien
Urartu-Reich ✣31
Konflikt mit Rom ✣47●, ✣51
Besetzt von Sassaniden ✣51●
Königreich ◆65 (3)
Arnheim ⚔ im ZWK. Verlustreiches Luftlandeunternehmen der Alliierten, um die Rheinbrücken zu besetzen (›Operation Market Garden‹, Sept. 1944). ◆211 (4)
Arnulf von Kärnten Sohn des Karolingers Karlmann (König von Bayern bis 880) und Urenkel Karls d. Gr., 887–899 König des ostfränkischen Reichs, 896 als letzter Karolinger zum Kaiser gekrönt. Besiegte bei Löwen die Normannen, die das gesamte untere Rheinland verwüstet hatten. ✣58●
Arras, Kongress von (1435) ✣192●
Arsakes I. (gest. 211 v.Chr.). Begründer des Parther-Reichs (reg. ca. 250–211 v.Chr.), der den Aufstand gegen die Seleukiden anführte. ✣43●
Arsuf ⚔ der Kreuzzüge im Hl. Land. Sieg der Kreuzritter. ◆65 (3)
Arthur, Gabriel 17. Jh. Nordamerika-Forscher. Begleitete 1673 James Needham in Richtung Südwesten. Sie überquerten die Blue Ridge Mountains und erreichten das von den Cherokee bewohnte Gebiet. Während seiner Reisen wurde A. von den Indianern gefangen genommen. ◆119 (2)
Arya *var.* Arier. Indo-europäisches Nomadenvolk, das bald nach 1500 v.Chr. in das nordwestliche Indien einwanderte. Ursprüngl. wohl ein Hirtenvolk, wurden sie dort sesshafte Bauern und besiedelten langsam die Ganges-Ebene nach Osten. Die einzelnen Stämme bekriegten sich untereinander, bildeten aber bis ca. 600 v.Chr. 16 unterschiedliche politische Verbände (*siehe* Magadha). In der deutschnationalen Ideologie des 19./20. Jh. galten die ›Arier‹ als Vorfahren der Hethiter und der Germanen. ✣35, ✣36●, ◆242 (1), (2)
Asante *var.* Ashanti
Schwerbewaffneter Krieger ❑164
Aufstieg (1701) ✣164●
Sklavenhandel ✣82
Herrschaft in W Afrika ✣86
Insignien ❑87
Von Gr.-Br. annektiert (1900–01) ✣167●
ASEAN (Association of South-East Asian Nations) 1967 gegründet zur Förderung wirtschaftlicher, sozialer und kultureller Zusammenarbeit in Südostasien. ◆253 (5)
Ashanti *siehe* Asante
Ashikaga-Shogunat (1336–1573) Dynastie von Militärgouverneuren in Japan.
Gründung (1336) ✣71●
Konflikte ✣267
Ashoka *var.* Asoka (gest. 227 v.Chr.). Maurya-Kaiser (reg. 264–227 v.Chr.). A., Enkel von Chandragupta Maurya, dehnte seine Herrschaft über den größten Teil des ind. Subkontinents aus. Nach seinem Sieg in Kalinga in der Bucht von Bengalen konvertierte er zum Buddhismus und ließ Glaubenssätze in Felsen und Steinsäulen meißeln, die in ganz Indien zu finden sind. ✣36●, ◆36 (2), ✣38–9, ✣241, ✣242●, ✣243
Asien
siehe Ostasien, Süd- und Südostasien, Westasien.
Asiento De Negros Vertragsform, die vom 16. Jh. bis Mitte des 18. Jh. angewandt wurde zwischen der span. Krone und einem Vertragsnehmer (*asentista*), der für eine vorher vereinbarte Summe das Monopol erwarb, afrikanische Sklaven an die span. Kolonien in Amerika zu liefern. ✣86●
Askalon ⚔ der Kreuzzüge im Hl. Land (1191). Erobert durch Kreuzritter. ◆64 (1), (3)
Asoka *siehe* Ashoka
Assassinen Ismailitische Sekte, zur Schi'a gehörig ✣229, ◆229 (3)
Assur *var.* Aššur, Aschur. Früher Stadtstaat in Mesopotamien, Keimzelle des Assyrischen Reichs ✣27
Aššurbanipal *var.* Aschurpanipal. Letzter der großen Könige des Assyrischen Reichs (reg. 668–627 v.Chr.). Ließ die erste systematisch organisierte Bibliothek des Alten Orients in Ninive anlegen. ✣222, ◆34–5, ◆222 (2)
Assyrisches Reich Hervorgegangen aus dem Stadtstaat Aššur (*var.* Assur, Aschur) in Obermesopotamien am Tigris seit dem 3. Jt. v.Chr. Mit den Kriegszügen von König Tiglatpileser I. (1115–1078 v.Chr.) begann der Aufstieg zum Großreich. Die Könige des Neuassyrischen Reichs unterwarfen ab ca. 900 v.Chr. den gesamten Vorderen Orient zwischen Armenien, Persien und Ägypten. 612 v.Chr. wurde das A.R. von den Babyloniern und den Medern vernichtet. ✣31, ✣34–5, ✣222, ✣222●, ◆221 (5), ◆222 (2)
Elfenbeinsphinx ❑31
Eroberung von Memphis (671 v.Chr.) ✣35●
Bibliothek in Ninive ✣222
Astronomie
Astrolabium ❑218, ✣238
Babylonier ❑33
Babylonische Venus-Tafel ✣31
Fixstern-Kartierung ✣39
Jaipur-Observatorium ❑238
Maya-Kalender ✣54
Muslime ❑77
Newgrange-Monument ❑33
Rigel (Stern) ✣59
Asunción Konflikt mit Jesuiten (1640er) ✣143●
Atacama ⚔ im Pazifischen Krieg (1879–83). ✣94●
Atahualpa (1502–1533). Letzter Inka-Herrscher. Siegte im Bürgerkrieg mit seinem Halbbruder. Er wurde von Francisco Pizarro gefangen genommen und umgebracht, obwohl Lösegeld für ihn gezahlt worden war. ❑148
Atatürk, Mustafa Kemal (1881–1938). Gründer und erster Präsident der Türkischen Republik. Nahm am Aufstand der Jungtürken teil (1908) und diente als Oberst mit Auszeichnung im EWK. 1919 organisierte er den Kampf gegen die Aufteilung Anatoliens und formierte die Nationalregierung in Ankara. In schweren Kämpfen konnte er die Griechen militärisch aus Westanatolien (1919–22) verdrängen. 1922 wurde das osmanische Sultanat abgeschafft und die Türkei zu einer säkularen Republik – mit Kemal als Präsidenten – erklärt. Er startete ein Programm sozialer und politischer Reformen, das die Türkei in eine moderne, westliche Republik umwandeln sollte. Erst 1934 erhielt er den Namen Atatürk, ›Vater der Türken‹. ❑99
Athapasken *var.* Athapaskan, Athapascan. Nomaden- und Jägervolk im subarktischen Norden Amerikas, vor allem in Westkanada ansässig. Gleichzeitig Bezeichnung für die Sprachgruppe, zu der einige Völker dieses Gebiets zählen. ✣123, ◆123 (3)
Athaulf Anführer der Westgoten (*nwb.* 414). ◆52–3 (1), ✣53●
Athen Der wegen seiner kulturellen Errungenschaften und seiner Großmachtrolle unter Perikles im 5. Jh. v.Chr. berühmteste Stadtstaat der griechischen Welt der Antike. Athens Führungsposition im Delisch-attischen Seebund 431 v.Chr. provozierte die Gegnerschaft Spartas und führte zum Peloponnesischen Krieg, der mit einer vollständigen Niederlage Athens endete. Unter röm. Herrschaft (ab 146 v.Chr.) besaß Athen mehr kulturelle als politische Bedeutung. Im 18. Jh. wurde es zur Hauptstadt des Neugriechischen Königreichs (1834).
Demokratie (505 v.Chr.) ✣34●
Als Großmacht (5. Jh. v.Chr.) ✣177, ◆177 (2)
Konflikt mit Sparta ✣38
Unterwerfung durch Rom ✣179
Stadtplan ◆177 (4)
Schutzgöttin Athene ❑177
Wiedereinführung der Olympischen Spiele (1896) ✣94●
siehe auch Peloponnesischer Krieg
Äthiopien *var.* Abessinien
Handel mit aromatischen Harzen (1. Jh.) ✣225, ◆225 (3)
Arabische Händler im Hochland (ca.1000) ◆61 (3), ✣61●
Christl. Königreich expandiert ✣67●
Wiederaufleben des Handels im Roten Meer ✣62
Kirche der Zagwe-Dynastie ❑62
Tod Amda Sions (1344) ✣71●
Von James Bruce erkundet (1768–73) ✣157
Untergang (16./17. Jh.) ✣165, ✣165●
Vertreibung von Jesuiten (1632) ✣165●
Kampf ums Horn von Afrika ✣165, ◆165 (3)
Italienische Invasion (1935) ✣103●
Konflikt um Ogaden-Region (1977–88) ✣168●
Antiwestliche Unterstützung durch UdSSR ✣109
Hungersnot (1987) ✣111●
Arabien im 20. Jh. ◆234 (3)
Atjeh *siehe* Achin
Atlanta ⚔ im Sezessionskrieg (20. Juli–2. Sept.1864). Sieg der Union. ✣131●
Atlanta Rassenunruhen (1966) ✣137●
Atlanten und Karten
Afrika 1808 ❑157
Al-Istachri, Weltkarte (10. Jh.) ❑55
Amerikan. Bürgerkrieg ❑94
Arabische Welt (12. Jh.) ❑62
Atlas Contractus (1671) ❑119
Babylonische Karte (ca.600 v.Chr.) ❑34

Legende: ✣ Text ❑ Bild *var.* Variantname *ehem.* ehemals *reg.* regierte EWK Erster Weltkrieg
● Zeitleiste ◆ Karte *nwb.* nachweisbar *passim* und folgende ⚔ Schlacht ZWK Zweiter Weltkrieg

Behaims Globus (1492) ❏75
Capt. Cooks Karte von Neuseeland ❏87
Eratosthenes' Dreikontinentkarte (3. Jh. v.Chr.) ❏172
Geologische Karten (19. Jh.) ❏91
Herodotos' Weltbild (500 v.Chr.) ❏218
Indische Karten (16./17. Jh.) ❏238
Jerusalem-Karte (Mosaik) ❏51
Kartografie im europ. Mittelalter ✤173, ✤173●, ❏173
Kartografie in neuzeitl. Europa ✤173, ❏173
Katalanischer Atlas (1375) ❏68, ❏70, ❏71
Mappamundi ◆66, ❏66
Mattang-Karte der Melanesier ❏278
Neue Welt von Ortelius (16. Jh.) ✤79, ❏79
Nippur, Stadtplan ❏28
Östl. Hemisphäre von Jan Blaeu (17. Jh.) ❏83
Peutinger-Tafel ❏172
Portugiesische Goa-Karte ❏247
Ptolemäisches Eurasien ❏44, ✤44
Römische Nilkarte (Mosaik) ❏47
Salomonen (1593) ❏278
Satelliten-Kartografie ❏110
Schematische Karten ❏102
Straßenkarten ❏99
siehe auch Kartografie
Atlantik, Schlacht im See- und Luft-⚔ im ZWK. Deutscher Versuch, die transatlantischen Seeverbindungen der Alliierten durch Angriffe mit Überwasserschiffen und U-Booten zu stören. ✤210 (mit Tabelle)
Atlantischer Ozean
Konvoi-System (1564) ✤81●
Schifffahrtsrouten (1870–1910) ✤92 (1)
Expeditionen an N Amerika-Küste ✤118
Atlas (Ortelius) ✤173●
Atlas Contractus (Visscher) ❏119
Atlas Major (Blaeu) ✤83
Atlas sive cosmographicae meditationes (Mercator) ✤173●
Ätolischer Bund *siehe* Aitolischer Bund
Atomzeitalter *siehe* Nukleares Zeitalter
Aton *var.* Aten. Ursprüngl. ägypt. Wort für die Sonnenscheibe, unter Pharao Echnaton vergöttlicht und in Form des ersten Monotheismus der Geschichte an Stelle des Götterpantheons des Mittleren Reichs verehrt. ✤26, ✤29
Atsugashi-yama ⚔ (1189). Niederlage des Fujiwari-Clans. ◆265 (5)
Attaliden-Dynastie (282–133 v.Chr.). Von dem Eunuchen Philatairos mit dem Staatsschatz des Lysimachos begründete Dynastie, die im 3. und 2. Jh. v.Chr. über das Königreich Pergamon in NW Asien herrschte. ✤40
Attila (ca.400–453). Ab ca. 445 Alleinherrscher des Hunnischen Reichs, das sich unter ihm als Völkerverband vom Kaspischen Meer bis zum Rhein erstreckte. A. zwang den Kaiser des röm. Ostreichs zu enormen Tributen, verschonte aber den Westen aufgrund der Freundschaft mit dem röm. Heermeister Aetius. Doch 451 zog er mit großer Heeresmacht nach Gallien, wurde aber von Römern und Westgoten auf den Katalaunischen Feldern geschlagen. Nach dem Abzug über Italien 452, als die Hunnen Aquileia zerstörten und Rom durch den Papst gerettet wurde, starb er; sein Reich zerfiel rasch. ✤50●, ✤50–1, ✤52–3 (1), ✤53
siehe auch Hunnen
Aufklärung Geistesströmung des 18. Jh., die die neuen wissenschaftl. Ansätze erst in den Naturwissenschaften, dann auch in den Sozial- und Geisteswissenschaften propagierte. Führte (u.a. durch Übernahme durch ›aufgeklärte‹ Monarchen) zu einer gewissen Verbesserung der Lebensbedingungen (Medizin, Agrarchemie etc.), schließlich aber zur Infragestellung monarchischer Regierung im Generellen. ✤198–9
Aufstand der drei Vasallen (1674–83) Pro-Ming-Rebellion in China, die schließlich von den Qing niedergeschlagen wurde. ◆268 (2)
Aufstände
Antikoloniale Bewegungen (1880–1920) ◆97, ◆97 (4)
Boxer-Aufstand (1900) ✤95, ◆97, ❏97, ◆268 (2)
Englische Bauern (1381) ✤70●, ◆188 (2)
Europ. Studenten (1968) ✤106●
Februar-Revolution in Paris (1848) ✤202,
Gelbe Turbane (147) ✤47●
Hunyadi-Aufstand in Ungarn ✤193●
Juli-Revolution in Paris (1830) ✤202●
Niederländische A. (1568–1609) ✤195, ✤195●, ◆195 (5)
Sepoy-Aufstand ✤95●, ✤249, ✤249●, ◆249 (3)
Sowjets schlagen ungar. Volksaufstand nieder (1956) ✤106●
Taiping-Rebellion (1850–64) ✤95●, ❏268
W Europa (14. Jh.) ✤70
Zersplitterung Chinas (220–589) ✤261
Aufstand in der Wüste (1916). Revolte mehrerer arabischer Stämme unter Faisal und T.E. Lawrence (›of Arabia‹) gegen die türkische Herrschaft. Begann im Hejaz (Hedschas) und ermöglichte den Briten im EWK, Palästina zu erobern. ✤232–3●, ◆233 (2)
siehe auch Lawrence, T.E. und Faisal, Emir.
Augusta ⚔ im amerikan. Unabhängigkeitskrieg (29. Jan.1779). Brit. Sieg. ◆127 (3)
Augustinus (354–430). Bischof von Hippo Regius (seit 395) und Theologe, der *Über den Gottesstaat* verfasste. ◆52 (1)
Augustinus, Hl. (Augustinus von Canterbury, gest. 604). Christlicher Missionar, der 597 nach Britannien reiste. Nach seiner Mission traten viele Menschen in den angelsächsischen Königreichen S Britanniens zum christlichen Glauben über. ✤54●, ✤183●
Augustus *var.* Octavian, C. Iulius Caesar Octavius (63 v.Chr.–14). Röm. Kaiser (ab 27 v.Chr.). C. Octavius war Neffe und adoptierter Erbe von Iulius Caesar. Im Bürgerkrieg nach Caesars Tod schaltete er alle Konkurrenten im Kampf um die Macht im Röm. Reich aus, zuletzt Marcus Antonius und Kleopatra. Der Senat gab ihm den Titel Augustus und akklamierte ihn zum Prinzeps auf Lebenszeit. ✤42, ✤46●, ✤180
Aungzeya *siehe* Alaungpaya
Aurangzeb *var.* Aurangseb (1618–1707), Mogul-Kaiser (reg. 1658–1707). Eroberte als erster Mogulherrscher das Sultanat von Delhi und weitete sein Herrschaftsgebiet bis in den äußersten Süden Indiens aus. Aurangzeb konnte seine Vormachtstellung nur schwer gegen den starken Widerstand der Marathen halten. Sein despotischer Regierungsstil führte schließlich zu Aufständen und dem Abfall vieler Provinzen. ✤83●, ✤87●, ❏246
Aurelius, Marcus *siehe* Marcus Aurelius
Aurignacien-Industrie Jungpaläolithische Werkzeugkultur, die sich im Nahen Osten entwickelte und über ganz S Europa verbreitete. Typisch sind grobe Schaber und Klingen mit gespaltener Basis, die in Griffe aus Holz oder Knochen eingesetzt wurden. ✤15●
Ausschmelzen Verfahren, mit dem Rohmetall durch große Hitze aus Erz gewonnen wird. Andere Bestandteile des Erzes (z.B. Sauerstoff in Oxiden) und Unreinheiten werden beseitigt. Als erstes Metall wurde vermutlich Kupfer auf diese Weise gewonnen. Bis ins 18. Jh. verwendete man vor allem Holzkohle als Brennstoff. ✤19, ◆204 (1)
Austerlitz ⚔ der Napoleonischen Kriege (1805). Russ./österr. Niederlage gegen franz. Armee. Der Sieg gab Napoleon die Kontrolle über Kontinentaleuropa. ✤90●, ◆200 (1)
Australide Menschenrasse, die vor etwa 60 000 Jahren Australien und Neuguinea besiedelte. Vorfahren der australischen Aborigines und der Papua. ✤280
Australien 276–285
Vor-, Frühgeschichte
Vor 18 000 Jahren ✤276, ✤276–7
Besiedlung ✤280, ✤280●, ◆280 (1)
Felsreliefs, -malerei ✤17, ◆17 (5), ❏280
Kolonialismus ✤282–3
Europ. und amerikan. Einflüsse ✤279, ◆279 (3), ✤279●
Brit. Besitzungen ✤87●, ✤91, ✤282, ✤282●, ◆282 (1), ❏282, ◆284 (1)
Brit. Justiz ❏284
Bevölkerungswachstum (1851–91) ❏282
20. Jahrhundert
Australischer Bund (seit 1901) ✤99●, ✤283, ✤283●, ◆283 (3), ✤285, ◆285 (3)
ZWK, mobilisierte Soldaten und Verluste ✤105
Besitzungen
1925 ◆98–9
1950 ◆102–3
1975 ◆106–7
Erkundung und Kartierung ✤279, ❏279, ◆279 (2), ✤279●
Ökonomie
Dingo (ca. 2500 v.Chr.) ✤27●
Goldfunde ✤282, ◆282 (2), ❏282
Mineralienfunde ◆93 (2)
Landschaft ❏276
Australopithecinen (›Südaffen‹). Gattung von affenähnlichen, schon bipeden (zweifüßig aufrecht gehenden) Hominiden, die sich im östlichen Afrika vor etwa 4 Mio. Jahren entwickelte. Mehrere Arten von *Australopithecus* sind bislang identifiziert, doch ist umstritten, ob diese frühen Hominiden Vorfahren des Jetztzeitmenschen sind oder eine eigenständige Evolutionslinie darstellen. *A. afarensis* ist nachgewiesen für die Zeit vor 4 bis 3,2 Mio. Jahren; bester Fund das fast vollständige, etwa 3,4 Mio. Jahre alte Skelett eines erwachsen Weibchens (›Lucy‹) aus dem Hadar in Äthiopien. *A. africanus* (ca. 3 bis 2 Mio. Jahre alt) war eine kleinere Art mit kräftigen, langen Armen. *A. boisei* (ca. 2,7 bis 1,7 Mio. Jahre) besaß einen kräftigen Oberkörper und die größten Zähne aller Hominiden. ✤12, ◆12 (1), ✤154
Austronesier Die A. breiteten sich von Asien kommend ab etwa 6000 v.Chr. gen Südosten aus. Sie erreichten Indonesien, Neuguinea und den Bismarck-Archipel, von wo aus sie die Pazifischen Inseln besiedelten. Zur austrones. Sprachfamilie gehören die indones., polynes. und madagass. Sprachen. ✤280–1, ◆280 (2), ✤280–1 (3), ✤281●
Avaren *siehe* Awaren
Averroes (geb. ca.1126) Muslim. Philosoph ✤187●
Avidius Cassius Gaius (gest .175). Röm. Militärkommandant. Der Sohn eines Staatsbeamten Hadrians war römischer Heerführer im Partherkrieg (161–65) und wurde zum Oberbefehlshaber der militärischen Kräfte in den Ostprovinzen. Aufgrund der falschen Nachricht vom Tod Marcus Aurelius' besetzte er 175 für drei Monate den Thron. Noch bevor es zu einer Auseinandersetzung mit Aurelius kam, wurde er von den eigenen Soldaten getötet. ✤47●
Avignon Papst-Residenz (1309) ✤70●
Avila, Pedro Arias *siehe* Davila, Pedrarias
Awaren *var.* Avaren. Asiat. Steppennomaden, die im 6. Jh. westwärts wanderten. Im 7. Jh. ließen sie sich an der Donau nieder und erlangten die Kontrolle über die slaw. Bevölkerung. Ihr Reich wurde 796 von Karl d.Gr. zerstört. ✤54● ◆54–5, ◆182, ◆182 (2)
siehe auch Ruanruan
Axayacatl Azteken-Kaiser (1469–81) ◆124 (1)
Ayacucho ⚔ in den südamerikan. Befreiungskriegen (Dez.1824). Sieg Sucres bringt Unabhängigkeit Nord-Perus (Bolivien) von Spanien. ◆150 (1)
Ayuthia *siehe* Ayutthaya
Ayutthaya *var.* Ayuthia. Gründung der siamesischen Hauptstadt ca.1350. ✤71●
Ayyubiden-Dynastie (1171–1250). Sunnitische, muslim. Dynastie gegründet von Saladin. Die Ayyubiden beherrschten große Teile Syriens und Ägyptens bis zu ihrer Niederlage gegen die Mamluken 1250.
Gründung des Sultanats (1174) ✤63●
al-Azhar-Universität Gründung (970er) ✤58●
Azincourt *var.* Agincourt. ⚔ des Hundertjährigen Kriegs (1415). Engländer besiegen Franzosen. ✤75●
Azteken-Reich (Mitte 14. Jh.–1521). Dominierender Staat des 16. Jh. im präkolumbischen Mexiko. Das kulturell hoch entwickelte Reich umfasste den größten Teil Zentral- und Südmexikos, sein Zentrum war das Mexikanische Hochland. ✤66, ◆74, ✤78, ✤124, ◆76 (2), ◆124 (1)–(3), ✤125 (4), (5)
Besiedlung des mexikanischen Hochlands ✤122●
Expansion ◆124 (1)
Herrscher ✤74●, ✤78●, ✤124, ◆124 (1)
Menschenopfer ❏74
Kosmologie ❏124
Bekannte Welt (ca.1500) ✤76, ◆76 (2)
Aufstieg und Fall ✤124●
Dreibund (1434) ✤74●
Von Cortés erobert (1519–22) ✤78, ◆81 (3), ✤81●, ✤125, ◆125 (4), (5)

B

Babur *var.* Babar, Baber (1483–1530), Gründer der Mogul-Dynastie (reg.1526–30). In der Schlacht bei Panipat (1525) besiegte Babur den afghan. Sultan Lodi und besetzte Delhi und Agra. Um 1530 erstreckte sich sein Reich vom Oxus bis zur bengalischen Grenze und vom Himalaya bis nach Gwalior. ✤79, ✤246, ✤246●, ◆246 (1)
Babylonisches Reich (ca.1795–1538 v.Chr., 612–539 v.Chr.). Reich des Alten Orients im südlichen Mesopotamien. Das erste Babylonische Reich schuf Hammurabi (ca.1790–1750 v.Chr.), der König von Babylon am Euphrat. Nach dem Zusammenbruch des Reichs um 1595 herrschten die Kassiten für 400 Jahre in Babylon. Das Zweite Babylonische Reich wurde begründet durch die Zerstörung des Assyrischen Reichs 612 v.Chr. Unter ihrem größten Herrscher, Nebukadnezar II. (605–562 v.Chr.), umfasste es Mesopotamien, Ägypten und Palästina. Sein Ende kam durch die Eroberung durch die Perser 539–538 v.Chr.
Stadtstaat ✤27
Hammurabis Gesetzestafel ❏32
Astronomie ❏31, ✤39
Babylonische Karte ❏34
Neubabylonisches Reich (612–539 v.Chr.) ✤34–5, ✤222, ◆222 (2)
Eroberung von Ägypten ✤34
Nebukadnezar II. (604 v.Chr.) ✤35●
Bacon's Rebellion (1676). Versuch des Plantagenbesitzers Nathaniel Bacon aus Virginia, seine Plantagen in das Indianergebiet auszudehnen. Gouverneur William Berkeley bezeichnet diesen Versuch als Rebellion, worauf Bacon bewaffnete Männer gegen Berkeley sandte und eine Zeitlang den größten Teil Virginias beherrschte. ✤126, ◆126 (1)
Baecula ⚔ der Punischen Kriege (208 v.Chr.). Röm. Sieg über Carthago. ◆179 (3)
Baffin, William (1584–1622) Eng. Seefahrer, der die Nordwestpassage suchte. Entdeckte die Baffin Bay und bestimmte mittels der Position des Mondes die Längengrade auf See. ✤239●, ◆286 (1)
Baghdad *var.* Bagdad, Bardad
Abbasiden-Hauptstadt ✤59●, ✤227, ❏227, ◆227 (5)
Zentrum von Kunst und Lehre (786) ✤59●
Sklavenhandel (9.–10. Jh.) ✤85
Türkische Herrschaft (936) ✤59●
Von Buwaihiden erobert (945) ✤59●
Mongolen-Plünderung (1258) ✤67, ✤69●, ✤229, ❏229
Schwarzer Tod (1347) ✤71●
Von Timur geplündert (1393) ✤71●
Bahamas Kolumbus geht an Land (1492) ✤80●, ✤118●, ✤125●
Bahia *var.* Salvador. Hauptstadt Brasiliens (1549–1763).
Ton-Skulptur ❏144
Generalgouverneur wird eingesetzt (1549) ✤149●
Bahmani-Königreich (1347–1583). Erste muslim. Dynastie im Deccan, 1347 gegründet, mit der Hauptstadt Gulbarga. Das B.-K. zerfiel im späten 14. Jh. in 5 unabhängige Königreiche. ◆74–5, ✤245, ◆245 (4)
Bahram V. (gest. 439) Sassaniden-König (reg. 421–439) ❏51
Bajazet *siehe* Beyazıt
Baker, Samuel (1821–93). Englischer Forscher. Fand auf der Suche nach den Nilquellen 1864 den Albert-See und die Murchison-Fälle. ◆157 (4)
Baktrien *var.* Baktria, Bactria
Münze von König Demetrios ❏41
Unabhängigkeit ✤43
Handel in der Antike ◆44–5
Invasion der Kushana ✤47
Plakette ❏261
Baku Aserbaidschan, Ölförderung (ca.1900) ✤234●
Balaton ⚔ im ZWK (März 1945). Schlacht in NO Ungarn, in der die Sowjets die militärische Vormacht der Deutschen in SO Europa zerstörten. ◆211 (4)
Balboa Núñez de, Vasco (ca.1475–1519). Span. Conquistador. Auf einer Expedition über den Isthmus von Panama 1513 erreichten er und seine Begleiter als erste Spanier den Pazifik. ◆125 (4)
Baldaya, Alfonso 15. Jh. Port. Seefahrer, der im Auftrag von Heinrich dem Seefahrer die Küste W Afrikas erforschte. ◆156 (3)
Balduin I. *var.* Balduin von Boulogne, *Frz.* Baudouin (1058–1118). Als einer der Führer des Ersten Kreuzzugs eroberte B. 1098 Edessa und gründete dort den ersten Kreuzritter-Staat. Er wurde 1100 zum König von Jerusalem gekrönt. ◆64–5 (2)
Balfour-Deklaration (1917). In einem Brief des Außenministers Arthur Balfour an den prominenten Juden und Zionisten Lord Rothschild erklärte die brit. Regierung ihre Unterstützung zur Schaffung eines jüdischen Staats in Palästina. ✤99●
Bali Von Majapahit erobert (1343) ✤71●
Balkan
Kupferabbau (4000 v.Chr.) ✤174, ✤174●, ◆174 (4)
Streitaxt aus Bronze ❏175
Bulgaren-Invasion (680) ✤54●
Sklavenhandel (9./10. Jh.) ✤85
Osmanen-Invasion ✤189●
Religionszugehörigkeit in Europa (1590) ◆194 (2)
Krimkrieg (1854) ✤94
Karikatur des osman. Sultans (1908) ❏203
EWK (1914) ✤98● *siehe* Weltkriege
Nationalismus ✤203, ◆203 (4)
Separatismus ✤112
Balkan-Kriege (1912–1913). Zwei Kriege um die europäischen Gebiete des Osman. Reichs in Europa. Im ersten Krieg griffen Montenegro, Bulgarien, Griechenland und Serbien das Osman. Reich an und siegten, so dass die Osmanen große Gebiete auf dem Balkan aufgeben mussten und ein unabhängiger Staat Albanien entstand. Im zweiten Balkan-Krieg führte Bulgarien Krieg gegen Griechenland und Serbien, verlor jedoch nach dem Kriegseintritt Rumäniens und musste Gebiete an alle Gegner abgeben. Dem Osman. Reich blieb in europ. Seite nur Ost-Rumelien mit den Städten Konstantinopel und Adrianopel. ✤99●, ✤203●, ◆203 (4)
Baltikum
Kreuzzüge ◆186 (1)
Ausbreitung von Deutschen ✤189
Staaten (1100–1400) ✤189●, ◆189 (3)
Konflikt ✤195, ✤195●, ◆195 (3), ✤197, ◆197 (3)
Bandkeramik Tonware, dekoriert mit eingeritzten linearen Kerben, verbunden mit früher Ackerbaukultur in Mitteleuropa (ca. 5000 v.Chr.), die nach diesem Stil benannt ist. ✤20●, ✤174●
Bangladesh *ehem.* Ostpakistan
Gründung (1971) ✤107●, ✤252, ◆252 (3)
Banks, Sir Joseph (1743–1820). Brit. Reisender und Naturwissenschaftler. Lange Zeit Präsident der Royal Society und ein bekannter Förderer der Wissenschaften.
African Association (1778) ✤157●
Bankwesen *siehe* Münzen, Wirtschaft
Bannockburn ⚔ (1314). Sieg der Schotten unter der Führung von Robert Bruce über englisches Heer. ◆188 (2)
Banpo Vorgeschichtl. Ackerbausiedlung in China ✤19
Haus aus Flechtwerk ❏21
Banshan-Kultur *var.* Panshan. Chines. Kultur des Neolithikums zwischen ca. 2500–2000 v.Chr., benannt nach der Fundstätte Ban-shan in der Provinz Gansu. Bekannt für die typ. Buntkeramik, zumeist große bemalte Urnen. ✤23●
Banteng Wildrind in SO Asien ◆20 (1), ✤258
Bantu Große Sprachgruppe im gesamten südlichen Afrika. Vom Ursprungsland im heutigen Nigeria zogen die B. im Verlauf des 2. Jt. v.Chr. sowohl im Westen als auch im Osten des Kontinents nach Süden; im 8. Jh. erreichten sie das heutige Zimbabwe.
Expansion nach S Afrika (ca. 500 v.Chr.) ✤39●, ✤42, ✤160, ◆160 (1)
Dorfhütten ❏160
Krieg mit Buren (1779–80) ✤87●
Banu al-Aghlab *siehe* Aghlabiden
Barbarossa Codename für den deutschen Angriff auf die UdSSR im ZWK (Sommer/Herbst 1941). ✤104●, ✤210●, ◆210 (1)
Barentsz, Willem (ca.1550–97). Holl. Seefahrer, der die Nordostpassage nach Asien suchte. Er entdeckte die Bären-Insel und Spitzbergen und kam bis an die Ostspitze von Novaya Zemlya, wo er und seine Mannschaft als erste Europäer in der Arktis überwinterten.
Nordostpassage gesucht (1556) ◆257 (2), ❏286, ◆286 (1)
Barth, Heinrich (1821–65) Deutscher Geograf und Afrikaforscher. Er bereiste die Mittelmeerküste des heutigen Tunesiens und Libyens (1845–47) und veröffentlichte seine Aufzeichnungen 1849. ◆157 (4)
Basileios II. (958–1025) Byz. Kaiser (reg. 976–1025). Dehnte den byz. Herrschaftsbereich bis zum Balkan, Georgien, Armenien und Mesopotamien aus. Der 15 Jahre dauernde Krieg mit Bulgarien endete für ihn siegreich und bescherte ihm den Beinamen ›Bulgarentöter‹. ✤58●, ✤63●
Bass, George (1771–1803). Brit. Schiffsarzt und Seefahrer, der mit Matthew Flinders den Inselcharakter von Tasmania feststellte und Vermessungen der australischen Küste vornahm. ✤279 (2)
Bataan ⚔ im ZWK im Pazifik (Jan.–April 1941). Japan. Sieg über alliierte Kräfte. ◆272 (1)
Batavia *mod.* Jakarta. Verwaltungs- und Handelszentrum Holländisch-Ostindiens. ◆247 (4)
Gründung (1619) ✤83●
Handelszentrum ✤83
Bates, Henry (1825–92). Englischer Naturwissenschaftler und Reisender. B. verbrachte 11 Jahre in Südamerika. In Brasilien studierte er die verschiedenen Formen der Mimikry, bei der ein Organismus ohne Verteidigungsmöglichkeiten die Gestalt einer giftigen oder abschreckenden Art annimmt. ✤143●
Baton Rouge ⚔ im amerikan. Unabhängigkeitskrieg (21. Sept.1779). Sieg brachte Spanien die Kontrolle über das Gebiet für die nächsten 20 Jahre. ◆127 (3)
Batts, Thomas (gest.1698) N Amerika-Forscher. Erreichte auf der Suche nach der Südsee mit Robert Fallam 1671 die Mississippi-Wasserscheide. ◆119 (2)
Battuta, Ibn *siehe* Ibn Battuta
Batu Khan (gest.1255) Mongolenfürst und Enkel Dschingis Khans. Leitete die Invasion nach Europa (1236–42) und begründete die Herrschaft der Goldenen Horde.
Feldzüge in Europa ✤69●, ◆68–9 (1)
Bauernaufstand (1381). Gegen die Poll Tax gerichtete Revolte in England, angeführt von Wat Tyler. ✤70●
Baumwolle
Anbau in Indien ❏93
Handel in Afrika (19. Jh.) ◆166 (1)
Industrielle Fertigung ✤93
Niedergang des Anbaus in USA ✤139, ◆139 (3)
Plantagenwirtschaft ❏90
Verarbeitung in Lancashire ◆93 (4)
Weltwirtschaft ◆93 (5)
Zentralanden (3000 v.Chr.) ✤144●
Bayeux-Wandteppiche ❏186 *siehe auch* Wilhelm I.
Bayezid *siehe* Beyazıt
Bayinnaung (gest.1581) Herrscher des Toungoo-Königreichs in Burma (reg.1551–81). Eroberte die siames. Hauptstadt Ayutthaya, unterwarf die Shan-Staaten und herrschte mit Ausnahme von Arakan über ganz Burma. ✤79●
Baykonur Sowjet. Raumfahrtzentrum ❏275
Becan Befestigte Maya-Stadt (ca. 250 v.Chr.) ✤121●
Beck, Harry Designer des Londoner U-Bahn-Plans ❏102
Behaim, Martin Geograf
Weltkarte (1490–92) ✤75, ❏75, ◆76 (9)
Beijing *var.* Beiping, Peking
Hauptstadt Song-Chinas (1005) ✤63●
Gegründet von Kublai Khan (1266) ✤68●
Höfe der verbotenen Stadt ❏75
Von Mandschu-Armee erobert ✤83
Besetzung (1860) ✤95●
Demonstration auf dem Platz des Himml. Friedens (1989) ✤111●
siehe auch Khanbaliq
Beiping *siehe* Beijing
Belgien
Vereinigte Niederlande ✤202, ◆202 (1)
Unabhängigkeit ✤90●, ✤202, ◆202 (1)
Dezentralisierung ✤112
Kolonialismus ✤96●, ◆96 (1), ✤167●, ◆167 (4), ◆168 (1)
Besitzungen
1925 ◆98–9
1975 ◆106–7
siehe auch Weltkriege
Bell, Alexander Graham (1847–1922) Amerikan. Erfinder. 1876 ließ er sich den Entwurf eines Telefons patentieren. B. erfand später das Grammophon. 1883 Gründung der Zeitschrift *Science*. In den letzten Jahren seines Lebens arbeitete er vor allem an Flugzeugentwürfen. ✤92●, ✤95, ✤135
Belle Isle, Strait of Von Cartier entdeckt (1532) ✤80●
Bellingshausen, Thaddeus *var.* Faddey Faddeyvich Bellingsgauzen (1778–1852). Russischer Marineoffizier. Umsegelte 1820–21 die Antarktis und entdeckte die Peter- und die Alexander-Insel. ◆287 (3)
Bemis Heights ⚔ im amerikan. Unabhängigkeitskrieg (7. Okt. 1777). Brit. Erfolge. ◆127 (3)
Benalcázar, Sebastián (ca.1495–1551) Span. Conquistador. Mitglied der Peru-Expedition von Francisco Pizarro; eroberte 1533 die nördl. Inka-Hauptstadt Quito. ◆142 (1)
Benedikt, Hl. (ca. 480–547) Italienischer Gründer des westlichen Mönchstums. Begründete das Kloster auf dem Monte Cassino bei Neapel. Die Benediktinische Regel war Grundlage für alle späteren Mönchsorden.
Klosterregel (529) ✤49●
Bengalen *Eng.* Bengal
Kolonialismus ❏87
Teilung und Wiedervereinigung ✤99●, ✤250, ◆250 (2)
Benin
Bronzestatue ❏75
Staaten in MA/FNZ ✤79●, ✤163●
Skulptur eines Pferdes ❏78
Bennington ⚔ im amerikan. Unabhängigkeitskrieg (15. Okt.1777). Amerikan. Sieg. ◆127 (3)
Benz, Carl Friedrich (1844–1929). Deutscher Ingenieur, der den ersten Entwurf eines Automobils anfertigte und 1885 unabhängig von G. Daimler einen 1-PS-Einzylinder-Viertaktmotor entwickelte und 1886 ein fahrtüchtiges Auto vorstellte. ✤92●
Beothuk Indianerstamm im Osten Kanadas
Nomadische Jäger ✤123, ◆123 (3)
Versklavungen (1501) ✤118●
Berber Vorarabische Bewohner von N Afrika (von Marokko bis Ägypten, zumeist in Bergregionen und Wüsten), die in Stämmen organisiert sind und teils bis heute als

Nomaden leben. Ursprüngliche Herkunft von der Iberischen Hbl. gilt als wahrscheinlich; die Römer nannten sie *maurii* (Mauren).
  Trans-Sahara-Handel ✤50
  Feldzüge ✤46, ✤57, ◆57 (2)
  Staaten in Nordafrika ✤161, ◆161 (2)
Bering, Vitus Jonassen (1680–1741). Dänischer Seefahrer, der im Auftrag von Zar Peter d. Gr. herausfinden sollte, ob zwischen Asien und N Amerika Wasser oder Land liege. 1728 begann seine Reise, die ihn durch die Meerenge, die heute seinen Namen trägt, in den Pazifik führte. Doch sah B. wegen schlechten Wetters den nordamerikan. Kontinent nicht. 1733 leitete er die Große Nordische Expedition, in deren Verlauf der Großteil der sibirischen Arktisküste kartogr. erfasst wurde. ✤86●, ◆257 (2), ◆286 (1)
Beringia Landbrücke zwischen N Amerika und O Asien in der Eiszeit ✤14, ◆116, ◆255
Bering-Straße Route nach Alaska ✤257
Berlin ⚔ im ZWK (April/Mai 1945). Eroberung von Berlin durch die Sowjetarmee ✤105, ◆211 (4)
Berlin, Blockade von (1948–49). Internationale Krise, als sowjet. Kräfte in Ostdeutschland die Verbindungsstraßen zwischen Berlin und dem Westen blockierten, um die Westalliierten zu zwingen, ihre Nachkriegspräsenz in der Stadt aufzugeben. ✤102●, ❑108, ◆212 (1)
Berliner Kongo-Konferenz (Nov.1884–Feb.1885). Verhandlungen der bedeutenden europ. Großmächte über die Aufteilung Zentralafrikas. ✤96, ✤167●
Berliner Kongress (13. Juni–13. Juli 1878). Gipfeltreffen der wichtigsten europ. Mächte, auf dem der Vertrag von San Stefano, mit dem der Russisch-Türkische Krieg (1877/78) geendet hatte, durch eine neue Vereinbarung ersetzt wurde, wonach das Osman. Reich alle Ansprüche auf Serbien, Bulgarien und Griechenland aufgeben musste. ✤203, ✤232●
Berliner Luftbrücke (Juni–Sept. 1949). Versorgung des Westberliner Sektors während der sowjetischen Blockade und der formalen Teilung Deutschlands in Ost- und Westdeutschland mit Flugzeugen (›Rosinenbomber‹). ✤102●, ❑108, ✤212, ◆212 (1)
  siehe auch Berlin, Blockade von
Berliner Mauer Grenzanlage rund um West-Berlin und mitten durch die Berliner Innenstadt, um die Flucht aus der DDR zu verhindern. Zuvor waren zwischen 1949 und 1961 fetwa 2,5 Mio. Menschen aus der DDR geflohen. Bestand 1961–89. ✤106●, ✤108, ❑110, ✤212, ❑212, ✤214
Bernhard von Clairvaux, Hl. *auch* Bernard (1090–1153). Franz. Zisterziensermönch und religiöser Reformer. War zunächst Abt in Clairvaux in der Champagne und gründete mehr als 70 Klöster. Verfasste die Statuten des Templerordens (1128) und erlangte für die Zisterzienser die Anerkennung durch Papst Innozenz II. Heiligsprechung 1174. ✤187●
Bernstein Handel der alten Welt (ca.1 n.Chr.) ◆44–5
Bessemer, Sir Henry (1813–98). Brit. Erfinder und Ingenieur, entwickelte das Bessemerverfahren (1856), das ab 1860 die Massenerzeugung von Flussstahl ermöglichte. ✤92●
Beulenpest Bakterielle Infektion, die von Rattenflöhen auf den Menschen übertragen wird und noch heute in Asien vorkommt. Symptome sind Fieber, Delirium und schwärig aufbrechende Pusteln. Seit dem Mittelalter kam es zu mehreren Pestepidemien. Die verheerendste war die Epidemie Mitte des 14. Jh., wobei etwa ein Drittel bis die Hälfte der europäischen Bevölkerung starb. Die Bezeichnung ›Schwarzer Tod‹ kam erst nach den Epidemien des 18. Jh. auf. ◆72–73, ✤72–73
Bewässerung
  Arabisches Schöpfrad in Hama, Syrien ❑57
  Archimedische Schraube ❑38
  Früher Ackerbau (5500 v.Chr.) ✤18–19, ✤20●
  Globale Technologien (ca.1500) ◆76–7 (1)
  Indus-Kultur (v.Chr.) ✤23●
  N Amerika (ca. 800) ✤58
Beyazıt I. *var.* Bayezid, Bajazet (ca.1360–1403). Osman. Sultan (reg.1389–1403); *gen.* Yıldırım, ›Blitz‹. Eroberte große Teile Anatoliens und des Balkans und fiel in Ungarn ein. Wurde von Timur in der ⚔ bei Angora (Ankara) geschlagen (1402). ✤230●
Bhimbetka-Felsbilder ❑15
Biafra (1967–70) ✤107●, ◆106–7, ◆169 (4)
Birmingham, Alabama Bürgerrechtsbewegung (1963) ❑137
Birth of a Nation, The Film von David W. Griffith (1915) ✤135●
Biscoe, John Antarktis-Forscher ◆287 (3)
Bismarck, Otto von (1815–98). Deutscher Staatsmann, preußischer Ministerpräsident (1862–90) und Architekt des Deutschen Reichs. Preußens Herrschaft über Mitteleuropa wurde durch drei Kriege erreicht: den Deutsch-Dänischen Krieg (1864) um Schleswig-Holstein, den Deutschen Krieg (1866) und den Deutsch-Franz. Krieg (1870–71). Mit der Gründung des Deutschen Reichs 1871 wurde B. erster Reichskanzler. Er regierte autokratisch (›Eiserner Kanzler‹), reformierte die Preußische Armee und führte weitreichende Verwaltungsreformen durch. ✤94●, ❑202, ✤203, ✤203●
Bismarck-Archipel Lapita-Töpferei (ca.1600 v.Chr.) ✤27●, ◆280–1 (3)
Blackburn Zentrum englischer Textilherstellung ◆93
Blackstock ⚔ im amerikan. Unabhängigkeitskrieg (20. Nov. 1780). Amerikan. Sieg. ◆127 (3)
Blaeu, Willem und Jan, Holländische Kartografen im 17. Jh. ✤83, ❑83
Blauer Nil Quelle 1772 entdeckt ✤157
Blei Erste Nutzung ✤18–19
Blitz Bombardierung von London und anderen brit. Industriezentren durch die Deutschen 1940. ❑210
Blitzkrieg Deutsche Militärstrategie im ZWK: hochbewegliche Operationen von schnellen Panzern mit Luftunterstützung, denen die Infanterie folgt. ✤210
Blunt, Wilfred Scawen (1840–1922). Brit. Diplomat. 1879 bereiste er mit seiner Ehefrau Anne die Arabische Halbinsel. ◆219 (4)
Blutfeld ⚔ (1119) der Kreuzzüge. Sieg der Muslime. ◆65 (3)
Bodenschätze
  Funde im späten 19. Jh. ◆93 (2), (3)
  Lagerstätten in Afrika ◆96 (1)
  Mittelamerika (v.Chr.) ◆121 (2)
  S Amerika ◆153 (3)
Bohai *var.* Parhae. Reich in der Mandschurei, das Flüchtlinge aus Koguryo 696 gegründet haben. Von den Khitan 926 zerstört. ✤264●, ◆264 (2)
Böhmen
  Unter Karl IV. ✤189●, ✤193
  Unter Ottokar II. ✤189●, ◆189 (4)
  Abschütteln der kaiserlichen Herrschaft ✤192
  Hussiten gründen nationale Kirche ✤193
  Hussitenkriege ❑193, ◆193 (4)
Bohnen Frühe Domestikation ✤18, ◆120 (1), ◆144 (1)
Bojador, Kap Von portugiesischen Forschern umfahren (1434) ✤156●
Bolívar, Simón (1783–1830). Südamerikanischer Freiheitskämpfer und Nationalheld. Befreite Venezuela, Kolumbien, Panama, Ecuador, Peru und Bolivien von der span. Herrschaft. Den Plan zur Bildung einer Konföderation aller südamerikan. Staaten konnte er nicht verwirklichen. ❑90, ❑150, ✤150, ◆150 (1)
Bolivien
  Gründung (1825) ✤90
  Salpeterkrieg (1879–83) ✤94●, ✤151, ◆151 (4)
  Chaco-Krieg (1932–35) ✤102●, ✤152●, ❑152, ◆152 (2)
  Ökonomie ◆151 (3), ◆153 (3)
  Politische Entwicklung (seit 1930) ◆152 (1)
  siehe auch Südamerika
Bologna Universität gegründet (1119) ✤62●
Bolschewiki Mitglieder das radikalen Flügels der Sozialdemokratischen Arbeiterpartei Russlands, der mit der Oktober-Revolution 1917 an die Macht kam. 1918 benannten sie sich in ›Kommunisten‹ um. ✤98●, ✤99●, ✤208, ◆208 (2)
Bombay *heute* Mumbai
  Bahnhof (1887) ❑95
  Urbanisierung ✤253
Bonpland, Aimé (1773–1858). Franz. Botaniker. Bereiste Südamerika (1799–1804) und erfasste 6000 unbekannte Pflanzenarten. ✤143
Boone, Daniel (1735–1820) Pionier in N Amerika. Durchquerte 1767 Kentucky über das Cumberland Gap in den Appalachians. Später steckte er die Wilderness Road ab und gründete die Stadt Boonesboro am Kentucky River. Seine Expeditionen bildeten die Grundlage für die Besiedlung der Gebiete westlich der Appalachians. ❑119, ◆119 (2)
Booneville ⚔ im Sezessionskrieg (17. Juni 1861). Sieg der Union. ◆131 (6)
Boote *siehe* Transport
Bornu-Reich Königreich und Emirat im Nordosten Nigerias. Urspünglich eine Provinz im Kanem-Reichs, bis dieses um 1380 auf das Gebiet von Bornu reduziert wurde. Im frühen 16. Jh. eroberte Bornu Kanem als Protektorat zurück. Das wiedervereinte Reich erlebte seine Blütezeit unter der Herrschaft von Mai Idris Alawma (Reg.1571–1603). ✤87●, ◆165 (4), ◆167 (3)
Borobudur Buddhistischer Tempel (ca. 800) ✤49●, ✤59●
Borodino ⚔ (7. Sept. 1812) der Napoleonischen Kriege. Niederlage der Russischen Armee, die zudem 50 000 Soldaten verlor. ◆200 (1)
Boshin-Krieg (1868–69). Setzte den Meiji-Kaiser (›erleuchtete Herrschaft‹) wieder ein und eröffnete eine Periode politischer und sozialer Refomen. ◆270 (1)
Bosnien
  Bosnien und Herzegowina von Österr.-Ungarn annektiert (1908) ✤232●
  Unabhängigkeitskrieg (1992) ✤110●, ◆215 (3)
  ›Ethnische Säuberung‹ ✤215, ❑215
Boston
  Indianer-Kriege ◆126 (1)
  Massaker (1770) ✤127●
  ›Tea Party‹ (1773) ✤127●
  Unabhängigkeitskrieg (1775) ✤127, ◆127 (3)
Boston-Massaker (5. März 1770). Höhepunkt der Revolte amerikanischer Kolonisten in Boston, Massachusetts. Fünf Menschen starben, als die brit. Truppen in die Menge feuerten. ✤127●
Botany Bay Brit. Siedlung in Australien (1788) ✤87●, ✤282, ❑282
Bottego, Vittorio 19. Jh. Italienischer Äthiopien-Forscher (1892–97) ◆157 (4)
Bougainville, Louis Antoine de (1729–1811). Franz. Soldat und Forscher. Umsegelte 1776–79 als erster Franzose die Erde. Seine wichtigsten Entdeckungen machte er im Pazifik, und seine begeisterten Beschreibungen von Tahiti weckten das Interesse der Franzosen (und anderer Europäer) am polynes. ›Garten Eden‹. ◆278 (1)
Boulton, Matthew (1728–1809). Englischer Fabrikant und Techniker, der James Watts Dampfmaschine finanzierte und einführte. ❑204
Bourbonen (1589–1830). Franz. Königsdynastie, die ihren Anfang mit der Thronbesteigung Heinrichs von Bourbon, König von Navarre, nahm. Im Angesicht der Gegnerschaft der franz. Katholiken wandte er sich 1593 vom Calvinismus ab und wurde zu Heinrich IV. gekrönt. Die Bourbonen-Dynastie erreichte ihren Zenit unter Ludwig XIV. (1638–1715), der über 50 Jahre als Personifikation der absoluten Macht regierte. Die B. konnten sich bis zur Franz. Revolution (1791) auf dem franz. Thron halten und nahmen von 1814–48 nochmals diese Position ein. ✤197●, ◆197 (5), ❑197, ✤202
Boxer-Aufstand (1900–01). Volksaufstand in China, der alle ausländischen Händler, Diplomaten und Missionare aus dem Land treiben sollte. ✤95, ◆97 (4), ❑97, ◆268 (2)
Boyacá ⚔ in südamerikan. Befreiungskriegen. Befreiung Kolumbiens durch Bolívar. ◆150 (1)
Braddock, General Edward (1675–1755). Führte im Krieg mit Frankreich in Amerika die brit. Angriffe. 1755 wurde er auf dem Weg nach Fort Duquesne (Pittsburgh) tödlich verwundet. Seine Truppen wurden wenig später aufgerieben. ✤127, ◆127 (2)
Braganza, Herrschergeschlecht *var.* Herrschergeschlecht von Bragança. Herrschende Dynastie Portugals (1640–1910) und Brasiliens (1822–89).
  Nationalistische Revolte ✤196
Brahma, Hauptgottheit der Hindu ✤36
Brahmanen Hindus, die der obersten Kaste angehören, aus der sich die Priesterschaft rekrutiert. ✤242
Brandenburg-Preußen Im Mittelalter war Brandenburg eine Grenzmark des Hl. Röm. Reiches. Die Markgrafen Brandenburgs aus dem Hause Hohenzollern waren ab 1415/17 Kurfürsten. Ihr Territorium wurde über die Jh. ausgebaut und umschloss später auch Preußen. 1701 krönte sich der Kurfürst von B. zum ›König in Preußen‹. 1871–1918 waren die preußischen Könige auch deutscher Kaiser.
  Aufstieg (1648–1803) ✤199, ◆199 (3)
  Besitzungen der Hohenzollern ◆82–3
  Westfälischer Friede ◆196 (1)
  Konsolidierung in Europa ◆196 (1)
Brandywine ⚔ im amerikan. Unabhängigkeitskrieg (11. Sept.1777). Brit. Sieg. ◆127 (3)
Brasilien 149–153
  Kolonialismus
    Portugiesische Kolonie ✤78●, ✤142●, ✤149, ◆149 (3)
    Erste Jesuiten-Missionen (1550) ✤143●
    Dezimierung der indigenen Bevölkerung (1562–63) ✤149●
    Spaniens Philip II. wird König von Portugal (1580) ✤78●
    Holl. Besitzungen (1630–54) ✤82●, ◆82–3, ✤149, ◆149 (4)
    Portug. Vizekönigreich (1663) ✤149●
    Grenzen zu span. Gebieten ◆148 (2)
    Vertreibung von Jesuiten (1759) ✤143●
  19./20. Jahrhundert
    Unabhängigkeit (1822) ✤90●, ✤150, ✤150●, ◆150 (1)
    Krieg mit Paraguay (1864–70) ✤94
    Revolution (1930) ✤102●
    Schwarze Bevölkerung (1999) ✤112, ◆112 (1)
  Ökonomie
    Zuckerproduktion (ca.1575) ✤78●
    Sklavenhandel ✤84, ✤85●, ❑149
    Goldfunde (1695) ✤82●
    Entwicklung des Regenwaldes ✤153●, ❑153, ◆153 (4)
  Yanomami ❑110
  siehe auch Sklavenhandel; Südamerika
Brazza, Pierre Savorgnan de (1852–1905). In Italien geborener Forscher aus Frankreich. Als Kolonialverwalter Gründung von Französisch-Kongo, Erforschung des Gabun und Gründung der Stadt Brazzaville. ◆157 (4)
BRD *siehe* Bundesrepublik Deutschland
Breda ⚔ der holländ. Revolte (1590). Holländ. Sieg gegen Spanien. ◆195 (5)
Breitenfeld ⚔ des 30-jähr. Kriegs (1631). Truppen der protestantischen Schweden von Habsburger-Kaiser Friedrich II. und der Katholischen Liga geschlagen. ◆196 (1)
Brest-Litowsk, Vertrag von (März 1918). Waffenstillstandsvertrag zwischen Russland und den Mittelmächten. Russland erkannte darin die Unabhängigkeit Polens, Finnlands, Georgiens, der baltischen Staaten und der Ukraine an. Der Vertrag wurde durch den Waffenstillstand am Ende des EWK nichtig. ◆207 (4)
Brétigny, Frieden von (1360). Von England und Frankreich in Brétigny unterzeichneter Vertrag, der die erste Phase des Hundertjährigen Krieges beendete. Edward III. von England erhielt franz. Gebiete einschließlich Aquitanien gegen die Zusage, seinen Anspruch auf den franz. Thron fallen zu lassen. ✤192●
Briar Creek ⚔ im amerikan. Unabhängigkeitskrieg (3. März 1779). Brit. Sieg. ◆127 (3)
Bridgewater Treatise on Mineralogy and Geology ❑91
Britisch-Burmesische Kriege (1824–26, 1852, 1885). Nach burmes. Überfällen auf von Briten beanspruchtes Territorium erklärte Gr.-Br. 1824 Burma den Krieg. Nach 2 Jahren unterzeichnete der König von Ava den Vertrag von Yandabo, in dem er auf Assam, Arakan und Tenasserim verzichtete. Weitere Konflikte führten 1852 zur Annexion des Irrawaddy-Deltas. Ein dritter Zusammenstoß 1885 endete mit der brit. Einverleibung Oberburmas und der Shan-Staaten. ✤248●
Britisch-Japanisches Bündnis (1902–23).✤269
British Columbia Goldwäscher ❑93
British South Africa Company Handelsgesellschaft mit Sitz in London. Sie wurde 1889 mit einer königlichen Charta auf Veranlassung von Cecil Rhodes gegründet und sollte vor allem Handels- und Verwaltungsrechte im Süden Zentralafrikas erwerben und nutzen. 96●
Bronze
  Anfänge der Metallurgie ✤26
  Benin, Pferdeskulptur ❑78
  Benin, Statue eines portugiesischen Soldaten ❑75
  Chin. Münze (v.Chr.) ❑35, ❑259
  Chin. Bronzeguss ❑31, ✤258
  Dong-Son-Trommeln ❑240
  Dotaku-Zeremonialglocke (ca.100 v.Chr.) ❑264
  Ibis (11. Jh.) ❑163
  Karl d.Gr., Statue ❑184
  Lunisolarkalender ❑33
  Modell des Sonnensystems (v.Chr.) ❑31
  Mykenischer Dolch ❑26
  Ritualgefäß (v.Chr.) ❑31
  Shang-Dynastie ❑259
  Shiva, Chola-Dynastie ❑59
  Streitaxt ❑175
  Verarbeitung nach Gebieten ◆26–7, ✤27●, ✤31, ✤31●, ✤258
  Waage ❑33
  Waffentechnik ✤31, ✤175
Bronzezeit Nach dem Paläolithikum und dem Neolithikum die dritte Entwicklungsphase rohstoffverarbeitender Kulturen Europas, Asiens und des Mittleren Ostens. Der Begriff markiert zugleich die erste Nutzung von Metallen. Der Beginn der B. wird je nach Region unterschiedlich datiert: In Griechenland und China begann sie etwa 3000 v.Chr., während sie in Großbritannien erst um 1900 v.Chr. einsetzte. ✤26, ◆26–7, ✤175, ◆175 (3), ✤240, ✤240●, ◆240 (3)
Broz, Josip *siehe* Tito, Josip
Bruce, James (1730–94). Schottischer Afrikareisender. Erreichte bei seiner Reise durch Äthiopien 1772 den Oberlauf des Blauen Nil, der damals als Quellfluss des Nil galt. ◆157 (4)
Brügge Handelsstadt im Mittelalter ✤190
Brunel, Isambard Kingdom (1806–59). Brit. Ingenieur, der 1838 die *Great Western* entwarf, das erste Dampfschiff auf der transatlantischen Route. ✤204●
Brussa *mod.* Bursa. Erste Hauptstadt der Osmanen-Dynastie (1326) ✤71●
Brussilow-Offensive (Juni–Aug. 1916). Große russische Offensive im EWK gegen Österreich-Ungarn unter Führung von Alexej Alexejewitsch Brussilow (1853–1926). ◆207 (4)
Brutus, Lucius Junius Legendäre Figur aus dem 6. Jh. v.Chr. Hat wahrscheinlich 509 den despot. Etrusker-König Lucius Tarquinius Superbus aus Rom verjagt und die Röm. Republik gegründet. ❑178
Bucephala ⚔ bei Alexanderfeldzug (326 v.Chr.). Alexanders Heer weigerte sich, in den Osten weiterzuziehen. ◆40–1 (1)
Buch der Konstellationen von Fixsternen ❑59
Buchdruck
  Chinesische Erfindung ✤59, ❑59
  Erfindung beweglicher Lettern (ca.1045) ✤63●
  Einsatz beweglicher Bleilettern ✤74
Buckland, Revd. William (1784–1856). Brit. Geologe und Geistlicher. Versuchte die Erkenntisse der Geologie mit dem biblischen Schöpfungsbericht zu verknüpfen. 1845 Dekan von Westminster. ✤91, ❑91
Buddha *auch* Siddartha Gautama (ca. 563–483 v.Chr.), Gründer des Buddhismus. Geboren als Sohn eines Edlen aus der hinduistischen Kshatriya-Kaste. Im Alter von 30 Jahren gab er alle diesseitigen Ambitionen auf, um die Erleuchtung zu finden. Nach der Legende erlangte er diese unter einem Baum in Bodh Gaya sitzend. Die nächsten 40 Jahre verbrachte er als Lehrer einer Gruppe von Schülern und Anhängern. Starb in Kushinagara. ❑49, ✤242●, ◆242 (3), ❑242
  siehe auch Buddhismus
Buddhismus Bedeutende Religion in S und O Asien, begründet von Siddhartha Gautama, dem historischen Buddha. Erklärt Leid und Trauer als dem menschlichen Leben inhärent; der Mensch kann nur erlöst werden, wenn er Begehren und Selbsterhöhung aufgibt. ✤36, ✤43, ✤238, ✤242, ✤242●, ◆242 (3), ◆243 (4), (5)
  Ausbreitung (bis 400) ✤49, ✤49●, ◆49 (3), ✤243, ◆243 (5)
  Bedeutungsverlust in S Asien ✤63●, ✤243, ✤243●, ◆243 (4)
  Ceylon ✤51
  China ✤260–1
  Darstellungen
    Ashoka-Edikt ❑39
    Bronzestatue des Buddha aus
    Buddha-Gemälde ❑43
    Buddha-Skulptur (ca. 460) ❑49
    Diamant-Sutra ❑59
    Fresko mit Wolkenmädchen ❑51
    Höhlentempel ❑244
    Lotusblume ❑238
    Nara ❑265
    Sanchi-Gebäude ❑242
    Stupa in Borobudur ❑243
    Tang, Wandmalerei ❑59
  Entstehung des Zen-B. (1191) ✤63●
  Japan ✤49●, ✤55, ✤264–5
  Mahayana-B. ◆49 (4)
  Tantrismus ◆49 (4)
  Tempel in Borobudur ✤49●, ✤59●, ❑243
  Tempelarmeen ✤265, ◆265 (4)
  Tibet (645) ✤49●, ✤55●
Buena Vista ⚔ im Krieg zwischen USA und Mexiko (1847). Sieg der USA. ◆128–9 (2)
Buenos Aires Satellitenbild ❑110
Buganda Von Gr.-Br. besetzt (1894) ✤167●
Bulgaren Türkisches Volk, im frühen MA in Osteuropa ansässig. Sie könnten um 370 mit den Hunnen aus Zentralasien in die Steppe westlich der Wolga gezogen sein; um 460 siedelten sie sich nördlich des Kaspischen Meeres an. Ein Zweig zog später auf den Balkan und gründete das Bulgarische Reich, in dem sie mit romanisierten Thrakern verschmolzen.
  Invasion auf den Balkan (680) ✤54●
  Unterworfen von Byz. Kaiser (1018) ✤185, ✤185●
Bulgarien
  Niederlage gegen Byzanz (1018) ✤58●, ✤185●
  1200–1400 ◆189 (4)
  Osman. Provinz ✤230, ◆230 (1)
  Unabhängigkeitserklärung (1908) ✤232●
  Führender Balkanstaat ✤94●
  ZWK, mobilisierte Soldaten und Verluste ✤105
  Ende des Kommunismus (1989) ✤110●
  siehe auch Balkan, Nationalismus
Bull Run *auch* Manassas. ⚔ im Sezessionskrieg (2 Schlachten: 21. Juli und 29.–30. Aug.1862). Siege der Konföderierten. ◆131 (6)
Bundesrepublik Deutschland (BRD) *Eng.* Federal Republic of Germany (FRG), *ehem. var.* Westdeutschland. 1949 gemäß den Besatzungszonen des besetzten Nachkriegsdeutschlands gegründet; 1955 Nato-Beitritt. Gründungsmitglied der EWG, das enormes wirtschaftliches Wachstum verzeichnete, bis es im Rahmen der deutschen Vereinigung (1990) zu Einbrüchen kam.
  1950 ◆102–3
  1975 ◆106–7
  Nato-Beitritt (1955) ✤108
  Wirtschaftl. Wiederaufbau ✤106, ✤212
  Europapolitik ◆214 (1)
  siehe auch Deutschland
Bunker Hill (Boston) ⚔ im amerikan. Unabhängigkeitskrieg (16. Juni 1775). Brit. Sieg. ❑127, ◆127 (3)
Buquer Afrikanischer Händler, dessen Berichte über einen großen Fluss in Westafrika vom Portugiesen Diogo Gomes aufgeschrieben wurden (1456). ✤156, ◆156 (2)
Burckhardt, Johann Ludwig (1784–1817). Schweizer Erkunder des Mittleren Ostens. Er war der erste Europäer, der die Stadt Petra und den ägyptischen Tempel von Abu Simbel besuchte. 1814 überquerte er vom Sudan aus das Rote Meer und pilgerte als Moslem verkleidet nach Mekka. ◆219 (4)
Burebista König von Dakien, gelegen im Karpaten-Gebirge und in Siebenbürgen (rum. Transylvania), heute Nord-, Zentral- und Westrumänien. Die römische Provinz erstreckte sich womöglich noch weiter Richtung Norden und Westen. Um 60–50 v.Chr. vereinte und vergrößerte B. das Königreich, das jedoch nach seinem Tod in vier Teile zerfiel (45 v.Chr.). ◆42–3
Buren *var.* Afrikaander, Afrikaner. Südafrikaner holländischer oder hugenottischer Abstammung, vor allem die frühen Siedler in Transvaal und im Oranje-Freistaat.
  Bantu-Krieg (1779–80) ✤87●
  Kapkolonie ✤95●, ✤166
  Trecks ✤90, ✤91●, ◆166 (2), ❑166
  Zulu-Angriff (1838) ✤91●
  Natal von Briten annektiert (1843) ✤166●
  Unabhängigkeit der Vootrekker (1852) ✤166●
  Oranje-Freistaat gegründet (1854) ✤166●
  Zulu-Krieg (1879) ✤95●
  Republik (ca.1880) ◆167 (4)
  Burenkrieg (1899–1902) ✤95●, ✤96●, ◆96 (2)
  siehe auch Afrikaaner
Burgund
  Eingliederung in fränk. Reich (531) ✤54●
  Besitzungen (1400) ◆70–1
  15. Jh. ◆192 (1)
  Besitzungen (1477) ◆193 (4)
Burgunder Ostgermanisches Volk, das ab dem 5. Jh. den Westen der Schweiz besiedelte. Obwohl die B. dort die politische Kontrolle übernahmen, verloren sie den Kontakt zu ihren Ursprungsgebieten und gingen in der galloromanischen Bevölkerung auf. ◆52–3 (1)
Burke, Robert O'Hara (1821–61). Austral. Forschungsreisender. 1853 von Irland nach Melbourne ausgewandert, wurde er 1860 für die Leitung einer Expedition ausgewählt, die Australien von Norden nach Süden durchqueren sollte. Wegen der küstennahen Sümpfe konnte sie am Carpentariagolf das Meer nicht erreichen. Die Reise endete als Tragödie. Burke und zwei Begleiter verhungerten. ◆279 (2), ❑279
Burma *var.* Birma, *mod.* Myanmar ◆248 (1), ◆249 (4), ◆250 (1), ◆251 (4)
  Erste Staatsgründung (1044) ✤63●
  Kontrollierte Gebiete (1575) ◆78–9
  Konbaung-Dynastie gegründet (1752) ✤87●
  Vereinigung (1755) ✤87●
  Besetzung durch Mandschu (1765–69) ✤87
  Annexion durch Briten (1885–86) ✤95●
Bursa *siehe* Brussa
Burton, Sir Richard Francis (1821–90). Brit. Linguist, Diplomat, Autor und Entdecker. Dank seiner ausgezeichneten Kenntnisse der nahöstlichen Sitten und Sprachen konnte er als Moslem verkleidet 1853 nach Medina und Mekka reisen. Mit John Speke erforschte er Ostafrika und 1858 den Tanganyika-See. Der Autor von über 50 Büchern ist für seine Übersetzung von *Tausend und eine Nacht* (*The Arabian*

Legende: ✤ Text ● Zeitleiste ❑ Bild ◆ Karte *var.* Variantname *nwb.* nachweisbar *ehem.* ehemals *passim* und folgende *reg.* regierte ⚔ Schlacht EWK Erster Weltkrieg ZWK Zweiter Weltkrieg

Nights) berühmt.
◆157 (4), ❑219, ◆219 (4)
Bush, George (1924–) 41. Präsident der USA (Republikaner, 1988–92). In seine Amtszeit fallen die amerikanische Beteiligung im Golfkrieg (1990–91) und die Unterzeichnung von Abrüstungsverträgen mit der UdSSR bzw. der Russischen Föderation. 1992 Zusammenschluss der USA mit Kanada und Mexiko zur NAFTA (North American Free Trade Agreement, ›Nordamerikanische Freihandelszone‹). ✤139●
Bushi *siehe* Bushido
Bushido *Jap.* ›Weg der Krieger‹ (*bushi*). Ritterkodex, der auf feudaler Loyalität zum Herrn oder Kaiser beruht und eine starke philosophische Komponente hat. Enge Verbindung mit Samurai. ✤265, ✤265●, ◆265 (4)
Buwaihiden *var.* Buyiden, Bujiden (945–1055). Iranisch-schiitische Dynastie, die in der Periode zwischen den arabischen und türkischen Eroberungen in W Iran und Irak herrschte. ✤59●, ✤227, ◆227 (6)
Byblos Gründung (ca. 3100) ✤24●
Byrd, Richard Evelyn (1888–1957). Amerikan. Marineoffizier. Überflog als erster 1926 den Nordpol, 1929 auch den Südpol. Leitete 1933–34, 1939–41 und 1955–56 Expeditionen durch die Antarktis. ◆287 (3)
Byzantinisches Reich *var.* Oströmisches Reich, Rhomäer-Reich. Das Weströmische Reich brach 476 zusammen, während das Byzantinische Reich mit seiner Hauptstadt Konstantinopel (Byzantium) fortbestand, bis es von osmanischen Türken 1453 erobert wurde. Obwohl röm. Institutionen überlebten, war das Reich griechisch-orthodox geprägt, und das Christentum war Staatsreligion. Das B.R. expandierte unter den Herrschern Justinian I. (reg. 527–565) und Basileios II. (reg. 976–1025), befand sich aber sonst zumeist in der Defensive, wobei es im 7. Jh. große Gebiete an die Araber verlor. Auf Veranlassung Venedigs wurde in der ersten Hälfte des 13. Jh. Konstantinopel von Kreuzrittern eingenommen.
✤54–5, ✤58–9, ✤62–3, ✤64–5 (2), (3), ✤66–7, ✤70–1, ◆185 (3), ◆189 (4)
Rückeroberungen (6. Jh.) ✤182, ✤182●, ◆182 (1)
Vordringen des Islam (750) ✤184, ◆184 (1)
Kampf um Italien ✤183, ✤183●, ◆183 (4)
Muslim. Vormarsch gestoppt (863) ✤59●
Vor Jerusalem (976) ✤59●
Wiedererstarken unter Basileios II. ✤63
Krieg mit Bulgarien (996) ✤58●
Konflikt mit türk. Seldschuken ✤63●, ✤228, ◆228 (1)
Makedonische Herrscher (867–1081) ✤59
Vor dem 4. Kreuzzug ◆187 (5)
Rückeroberung Konstantinopels (1261) ✤66●
Brussa von Osmanen erobert (1326) ✤71●
Niedergang ✤62, ✤71, ✤75

C

Cabeza de Vaca, Álvar Núñez (ca. 1490–1560). Entdeckungsreisender in Nord- und Südamerika. Überlebte als einziger eine Expedition an die Nordküste des Golfs von Mexiko 1528, die der Kolonisierung neuer Gebiete dienen sollte, und durchstreifte die Region acht Jahre lang. Später bereiste er Südamerika und wurde zum Gouverneur der Provinz Río de la Plata ernannt, 1545 nach einer Meuterei jedoch abgesetzt. ◆118 (1), ◆142 (1)
Cabot, John (ca.1450–1499). Seefahrer aus Genua. Leitete 1497 im Auftrag Heinrichs VII. von England die erste bekannte europäische Erkundung der nordamerikanischen Küste seit den Fahrten der Norweger im 10. Jh. Er hielt den Kontinent für China. ◆118 (1)
Cabot, Sebastian (1474–1557). Sohn von John Cabot. Kartograf, Seefahrer und Forscher, der erstmals 1508 nach Nordamerika aufbrach, wahrscheinlich die Hudson Bay erreichte und die Ostküste bereiste. 1526 leitete er im Auftrag Spaniens eine Expedition nach Südamerika, um die Westroute in den Pazifik zu erkunden. Spätere Reisen galten der Suche der Nordostpassage nach China. ◆142 (1)
Cabral, Gonçalo Velho Frühes 15. Jh. Port. Seefahrer und einer der ersten Portugiesen, die die Azoren erreichten. ◆156 (3)
Cabral, Pedro Álvares (1467–1520). Port. Seefahrer, der als erster Europäer Brasilien erreichte. Nach Vasco da Gamas erfolgreicher Indienreise (1498) finanzierte König Manuel von Portugal eine weitere Expedition unter Leitung von C. Nachdem heftige Stürme seine Schiffe auseinander getrieben hatten, landete er 1500 an einem Küstenabschnitt in S Amerika (Porto Seguro), den er für Portugal reklamierte. ✤80●, ✤142●, ◆156 (3), ✤156●
Cacaxtla Befestigte Bergstadt in Mittelamerika ✤122
Cadamosto, Alvise (1432–88). Venezianischer Händler und Entdecker in Diensten Heinrichs des Seefahrers. Glaubte, als erster Europäer die Kapverden erreicht zu haben (1456). ◆156 (3)
Caesar, Gaius Iulius (102–44 v.Chr.). Röm. Politiker und Feldherr. Nach der Eroberung von Gallien (58–51 v.Chr.) wurde C. durch den Sieg im Bürgerkrieg gegen seinen Rivalen Pompeius (48) zur überragenden politischen Figur der röm. Politik. 46 wurde er Diktator für 10 Jahre, doch 2 Jahre später von einer Gruppe von Senatoren ermordet, die die Institutionen der Röm. Republik wiederherstellen wollten. ✤42●, ✤180●
Cahokia
Kulturelle Stätte (1050) ✤123●
Niedergang der Mississippi-Kultur (ca.1250) ✤66●
Caillé, René (1799–1839). Franz. Reisender. Erreichte als erster Europäer Timbuktu und konnte lebendig zurückkommen und davon berichten. ◆157 (4), ❑157
Cairn *siehe* Tumulus
Cajamarca Inka-Stadt ✤148
Calabozo ⚔ in südamerikan. Befreiungskriegen (Feb.1818) in Venezuela. ◆150 (1)
Calama ⚔ im Salpeterkrieg (1879). Chilen. Sieg. ◆151 (4)
Calcutta Feiern der Unabhängigkeit ❑251
Çaldiran *var.* Tschaldyrán. ⚔ zwischen Osmanen und Safawiden (1514). Sieg der Osmanen gab diesen Kontrolle über ganz Ostanatolien. ✤79●, ◆231 (4)
Calvin, Johannes (1509–64). Franz. Theologe. Führer der protestantischen Reformation in Frankreich und in der Schweiz. Sein Hauptwerk *Christianae Religionis Institutio* (1536) bildete die Grundlage für die Lehre des Calvinismus. ✤194●, ✤195, ✤195●, ◆195 (5)
Cambaluc *siehe* Khanbaliq
Camden ⚔ im amerikan. Unabhängigkeitskrieg (16. Jan. 1781). Brit. Sieg. ◆127 (3)
Camp David-Abkommen (1978). Benannt nach dem Landsitz des US-Präsidenten im Bundesstaat Maryland. Bildete den Rahmen für die Beilegung des ägyptisch-israelischen Konflikts und wurde 1978 von Präsident Jimmy Carter mit dem ägypt. Staatspräsidenten Sadat und dem israelischen Ministerpräsident Begin ausgehandelt. ✤138●, ✤234●
siehe auch Ägyptisch-israelischer Friedensvertrag
Campbell's Station Tennessee, Gefechtskarte im amerikanischen Bürgerkrieg ❑94
Cana Befestigter Umschlaghafen ❑45
Čandra Gupta *siehe* Chandragupta Maurya
Cannae ⚔ des 2. Punischen Kriegs (216 v.Chr.). Hannibals größter Sieg über die Römer. ◆179 (3)
Cantino, Alberto Agent des Herzogs von Ferrara in Lissabon, wo er 1502 in den Besitz einer portugiesischen Weltkarte mit den neuesten Entdeckungen portugiesischer Seefahrer gelangte. Die Karte zeigte die Küsten von Brasilien und Madagaskar und ist als *Cantino Planisphere* bekannt.
Karte (1502) ✤239●, ❑142
Canton *siehe* Guangzhou
Cão, Diogo (*nwb.*1480–86). Port. Seefahrer, der 1482 als erster Europäer die Kongo-Mündung entdeckte. ✤156●, ◆156 (3)
Carabobo ⚔ in südamerikan. Befreiungskriegen. Bolivar gewinnt letzte Schlacht auf venezolanischem Boden. ◆150 (1)
Cardium-Keramik *siehe* Impresso-Keramik
Carlowitz *siehe* Karlowitz
Carnac Steinreihungen ✤23
Carolina Stono-Sklaven-Aufstand (1799) ✤85●
Carpini, Giovanni de Piano (ca.1182–1252). Italien. Franziskanermönch, den Papst Innozenz IV. nach Karakorum sandte, wo er den Groß-Khan der Mongolen treffen sollte. ◆256 (1)
Carranza, Venustiano (1859–1920). Mexikanischer Politiker. Führte 1910 die Revolution gegen die Regierung von Porfirio Diaz an und stürzte 1913 General Victoriano Huerta. Nach hartem Machtkampf wurde er 1915 Präsident Mexikos. C. versuchte dem Land eine fortschrittliche Verfassung zu geben, die auch 1917 verabschiedet wurde. C. wurde 1920 gestürzt, musste fliehen und wurde später ermordet. ✤133, ◆133 (3)
Carter, James Earl (Jimmy) (1924–) 39. Präsident der USA (Demokrat, 1977–81). Während C.s Präsidentschaft wurden der Panama-Kanal-Vertrag und die Abkommen von Camp David unterzeichnet. ✤139●
Carthago *var.* Karthago. Stadt in N Afrika, je nach Quelle 814 oder um 750 v.Chr. von Phönikern gegründet. War zunächst Hafen, der die phönik. Händler mit den Zinn- und Silberminen im Süden der Iberischen Halbinsel verband. Im 6. Jh. v.Chr. stieg C. zur führenden Macht im westl. Mittelmeer auf, eroberte W Sizilien, Sardinien, die Balearen und Teile N Afrikas. Der Konflikt mit dem Röm. Reich eskalierte in den Punischen Kriegen und endete mit der Zerstörung der Stadt 146 v.Chr.
Phönikische Stadtgründung ✤31●, ✤177
Italische Welt (500 v.Chr.) ✤178, ◆178 (2)
Carthago und Rom: Punische Kriege (264–146 v.Chr.) ✤179, ◆179 (3)
Röm. Provinz (46 v.Chr.) ✤43●, ◆161 (2)
Einflusssphäre Carthagos ✤42, ✤177●, ✤34–5, ✤38–39, ◆179 (3)
Hauptstadt der Vandalen (439) ✤50●, ✤52●
Eroberung durch Araber (698) ✤55●
Cartier, Jacques (1491–1557). Französischer Forscher und Seefahrer. Franz I. sandte ihn 1534 auf Goldsuche. Er erforschte das St. Lawrence-Gebiet und kehrte 1535 und 1541 an die Stelle des heutigen Montreal zurück. Seine Entdeckungen begründeten die französischen Gebietsansprüche in Nordamerika. ✤80, ◆118 (1), ✤126
Casablanca, Konferenz von (12.–14. Jan. 1943). Gipfeltreffen im ZWK zwischen US-Präsident Roosevelt und dem brit. Premier Churchill, auf dem die Landungen der Alliierten in Europa, der Anti-U-Boot-Krieg, die gemeinsamen Bombenangriffe auf Deutschland (Combined Bombing Offensive) sowie die Belieferung der UdSSR mit Versorgungsgütern beschlossen wurden. ✤104●
Casiquiare Kartierung durch Humboldt ✤143, ◆143 (3)
Cassini, César François (1714–84). Franz. Astronom und Kartograf. Folgte seinem Vater Jacques Cassini als Direktor des Pariser Observatoriums und begann eine detaillierte topografische Karte Frankreichs mit Hilfe der Triangulation zu zeichnen. ❑173
Cassini, Jacques Dominique, Comte de (1748–1845). Franz. Astronom und Kartograf. Sohn von C.F. Cassini und sein Nachfolger als Direktor des Pariser Observatoriums. Vollendete die von seinem Vater begonnene topografische Karte Frankreichs. ❑173
Castro, Fidel (1926–). Führer der Cubanischen Revolution (1954–58) gegen das repressive, US-gestützte Regime von Fulgencio Batista. 1958 eroberte die Rebellenarmee La Habana, ein Jahr später wurde C. Regierungschef. Unter seiner Ägide wurde Cuba kommunistisch (neue Verfassung 1976). Auch nach dem Ende der UdSSR lehnte Castro trotz internationaler Isolierung eine größere Liberalisierung ab, um das Land vor dem Zugriff der US-Konzerne zu schützen. ✤106●, ✤108
Çatal Hüyük Stadtartige Großsiedlung in Kleinasien (7./6. Jt. v.Chr.)
Tonfigurinen ❑19
Wandmalerei ❑19, ❑220
Kupferverarbeitung (6500 v.Chr.) ✤20●
Frühe Textilien (6500 v.Chr.) ✤20●
Muttergottheit ✤21
Stierverehrung ✤37
Cavour, Camillo, Benso Graf (1810–61) Piemontesischer Staatsmann, der die Einigung Italiens (Risorgimento) unter Viktor Emanuel II. durch den Sieg über Österreich 1859 vorantrieb. Veranlasste 1860 Garibaldis ›Zug der Tausend‹ nach Sizilien und Neapel, der auch den Süden dem vereinigten Italien hinzufügte. ✤203
CENTO (Central Treaty Organization) Verteidigungsallianz von 1955 zwischen Gr.-Br., Türkei und Irak, der dann auch Iran und Pakistan beitraten. Er wurde zuerst Baghdad-Pakt benannt und sollte ein Verbindungsglied zwischen Nato und CEATO bilden. ◆108–9 (1)
Ceuta Von Portugiesen erobert (1415) ✤75●
Ceylon
Buddhismus dominiert ✤51
Chola-Herrschaft ✤59
Holländer verdrängen Portugiesen (1663) ✤83●
Brit. Eroberung (1796) ✤87●
Ökonomie (1857) ✤249, ◆249 (4)
Chacabuco ⚔ in südamerikan. Befreiungskriegen (Feb.1817). San Martin besiegt span. Truppen. ◆150 (1)
Chaco Canyon
Klippensiedlungen (ca.1100) ✤62●
Blütezeit (1200) ✤123●
Chaco-Krieg (1932–35). Krieg zwischen Bolivien und Paraguay wegen der bolivian. Expansionsbestrebungen im Gran Chaco. Paraguay konnte Bolivien 1935 den Waffenstillstand aufzwingen, im Frieden von Buenos Aires (1938) erhielt Paraguay den größten Teil der umstrittenen Region. Bolivien erhielt einen Korridor zum Rio Paraguay. ✤152●, ◆152 (2), ❑152
Chagatai *var.* Tschagatai (gest.1241). Mongol. Herrscher und 2. Sohn Dschingis Khans. Nach dessen Tod 1227 wurde er Herrscher über ein Khanat in Z Asien zwischen Transoxanien und Turkestan. Trotz des Aufstiegs der Timuriden am Ende des 14. Jh. hatte das C.-Khanat Bestand bis ins 16. Jh. ✤66–7, ✤69●
Chaironaia ⚔ der makedonischen Expansion (338 v.Chr.). Brachte Alexanders Vater Philipp die Kontrolle über Griechenland. ✤40●
Chaka Zulu *siehe* Shaka Zulu
Chalca Azteken-Zivilisation ✤125
Chaldäer-Dynastie (626–539 v.Chr.). Aus der Region am oberen Persischen Golf stammend, begründeten die Chaldäer 626 v.Chr. eine babylonische Dynastie. Nach ihrem Sturz 539 v.Chr. ging der Begriff Chaldäer auf die Babylonier über. ✤31, ✤222, ◆222 (2)
Chalukya *var.* Tschalukja (550–750 v.Chr.). Dynastie mit Basis im Deccan, um 550 gegründet. Die C. verloren um 750 die Macht im Deccan an die Rashtrakuta, die 973 von Taila II. besiegt wurden, einem C.-Spross. Taila II. gründete eine weitere Dynastie, die C. von Kalyani, deren Niedergang im 11. Jh. erfolgte. ✤59, ✤244
Champa Hindu-buddhist. Königreich in Südvietnam mit der Hauptstadt Vijaya (mod. Binh Dinh), die 1471 vom expandierenden Königreich Dai-Viet (Nordvietnam) erobert wurde. ✤67●, ✤75●, ✤245●, ❑245, ◆245 (5), (6)
Champagne-Messen ✤190●
Champlain, Lake Franzosen geben Forts auf (1757) ✤127●, ◆127 (2)
Champlain, Samuel de (1567–1635). Franz. Forscher in N Amerika. Gründete die Kolonie Neu-Frankreich, das spätere Kanada. Während seiner Reisen auf dem St. Lorenz-Strom gründete C. 1604 eine Kolonie in Port Royal, 1608 Quebec und entdeckte 1609 den nach ihm benannten Lake Champlain.
❑82, ✤118, ✤118–19 (1), (2), ✤126●
Chan Chan Chimú-Hauptstadt (11. Jh.) ✤62, ◆146 (1)
Chancellor, Richard (gest.1556). Brit. Seefahrer, unternahm 1553 mit Sir Hugh Willoughby den Versuch, eine nordöstliche Passage nach China zu finden. Sturm trieb die beiden Schiffe auseinander, und C. segelte weiter in das Weiße Meer. Von der Dvina-Bucht aus ging C. über Land nach Moskau, wo er den ersten eng.-russ. Handelsvertrag unterzeichnete. Daraufhin wurde in London die Moskowitische Handelsgesellschaft gegründet. ◆257 (2), ✤286 (1)
Chancellorsville ⚔ im Sezessionskrieg (1.–4. Mai 1863). Sieg der Konföderierten. ◆131 (6)
Chandragupta Maurya *var.* Čandra Gupta, Tschandragupta, *Gr.* Sandrokottos. Gründer der Maurya-Dynastie (reg. ca. 321–297 v.Chr.) und der erste Kaiser, der fast ganz Indien unter einer Verwaltung einigte. Nach der Entmachtung des Nanda-Königs in Maghada 327 v.Chr. annektierte C. die Gebiete östlich des Indus und besetzte einen Großteil N Indiens. Weite Gebiete Afghanistans eroberte er von Seleukos I. Nikator, einem Nachfolger von Alexander d. Gr. ✤36●, ✤39, ✤240
Chandragupta II. (380–415) König der Gupta-Dynastie (reg. ca. 375–415). Berühmt für seine Feldzüge gegen die einfallenden Shaka (Skythen) zwischen 388 und 409. Er dehnte das Herrschaftsgebiet der Gupta durch militärische Eroberungen und geschickte Heiratspolitik aus. ✤244
Chang'an
Von Nomaden geplündert (316) ✤51
Von An Lushan erobert (756) ✤59●
Stadtplan ❑262
Chang Ch'ien *siehe* Zhang Qian
Changchun *var.* Chang Zhun, Ch'iu Ch'ang-ch'un (1148–1227). Chin. Asienforscher (1219–22). C. soll am Hof Dschingis Khans gedient haben und von diesem nach Beijing und Z Asien geschickt worden sein. ✤256, ◆256 (1)
Chang Zhun *siehe* Changchun
Chao-Dynastie *siehe* Zhao-Dynastie.
Chao Ju-kua *siehe* Zhao Rugua
Chaplin, Sir Charlie *eigentl.* Charles Spencer Chaplin (1889–1977). Brit. Filmschauspieler und Regisseur, der durch in den USA produzierte Stummfilme internationalen Ruhm erlangte.
Erster abendfüllender Film (›The Kid‹, 1921) ✤135●
Charleston ⚔ im amerikan. Unabhängigkeitskrieg (28. Juni 1776). Brit. Sieg. ◆127 (3)
Chartres Beginn des Kathedralenbaus (1154) ❑62
Château-Thierry ⚔ Napoleons zur Abwehr der gegen Paris vorrückenden Koalitionstruppen (12. Feb. 1814). ◆200 (1)
Chattanooga ⚔ im Sezessionskrieg (23.–25. Nov. 1863). Sieg der Union. ◆131 (7)
Chavín-Kultur (1000–200 v.Chr.). Seit ihrem Bestehen umfasste die C. ein rund 800 km² großes Gebiet an der peruanischen Küste mit Chavín de Huántar in den Ostanden als Zentrum. Die Blütezeit des Reichs lag zwischen 400–200 v. Chr. Die C. ist vor allem für ihre in Stein geschnitzten Gottheiten mit Jaguarzähnen bekannt, brachte es aber auch im Maisanbau, in der Metallverarbeitung und der Textilproduktion zu erstaunlichen Leistungen. ✤145, ◆145 (3)
Tierkopf (Stein, 900 v.Chr.) ❑30
Religion ✤38, ◆36 (1)
Gefäß ❑144
Chavín de Huántar (ca. 200–200 v. Chr.). Früheste Stadtkultur in den Anden. Die Stadt überragte ein zentraler Tempelkomplex, der mit 4,5 m hohen Steinskulpturen einer Gottheit mit vorstehenden Fangzähnen und halb geöffnetem Maul, dem ›Großen Idol‹, geschmückt war. Elemente der Ikonografie C.s verbreiteten sich über die ganze Andenregion und finden sich auch in Kunst und Religion späterer Andenkulturen. ✤30, ✤145, ◆145 (3)
Chemische Waffen
Gasmasken im EWK ❑98
Einsatz gegen Kurden ✤235
Cheng Ho *siehe* Zheng He.
Ch'eng-tsu *siehe* Chengzu
Chengzu *auch* Yongle-Kaiser, Zhu Di (1360–1424, reg.1402–24). Sohn von Zhu Yuanzhang und Gründer der Ming-Dynastie in China. ❑266
Cheops *siehe* Khufu
Cherokee Ureinwohner Nordamerikas. Die ursprünglich überwiegend im Süden der USA ansässigen C. mussten sich im späten 19. Jh. in Reservaten in Oklahoma und North Carolina ansiedeln. ◆124 (4), ◆126 (1), ✤128–9●, ◆128–9 (2)
Chesapeake Bay
Gemalte Karte (16. Jh.) ❑118
Tafel aus dem *Atlas Contractus* ❑119
Chester ⚔ (616). Bretonen von Northumbria besiegt. ◆183 (3)
Ch'i *siehe* Qi-Dynastie
Chiang Kai-shek *siehe* Jiang Jieshi
Chibcha *siehe* Muisca
Chicago
1860er ❑130
Rassenunruhen (1940er) ✤135●
Wachstum der Vorstädte (1850–1950) ✤137, ◆137 (4)
Unruhen nach Veranstaltung der Demokraten (1968) ✤137●
Chichén Itzá Tolteken-Altar ❑58
Chichimeken Volk im NW Mexikos (ca.12. Jh.). Die C. errichteten kleine Stadtstaaten und lagen ständig in Streit miteinander. Ab 1170 setzte eine Trockenphase in ihren Siedlungsgebiete ein. Von Hungersnot geplagt, plünderten sie die toltekische Stadt Tula. ✤62●
Chickamauga ⚔ im Sezessionskrieg (19.–20. Sept.1863). Sieg der Konföderierten. ◆131 (7)
Chile 148–153
Kolonisierung von Rapa Nui (Osterinsel) ✤284●
Vorgeschichtl. Lebensweise ✤16
Befreiung (1817) ✤90●, ✤150, ✤150●, ◆150 (1)
Salpeterkrieg (1879–83) ✤94●, ✤151, ◆151 (4)
Putsch gegen Marxisten (1973) ✤106●, ✤138●
Ökonomie ◆151 (3), ◆153 (3)
Politische Entwicklung (seit 1930) ◆152 (1)
Demokratisierung (1989) ✤110●
siehe auch Südamerika
Chimú-Kultur (ca.700–1476). Kultur im Norden Perus mit der Hauptstadt Chan Chan. Bis zur Eroberung durch die Inkas 1476 war Chimú ein blühendes Reich, das auf militärischen Eroberungen, einer effizienten Nachrichtenübermittlung und sozialer Kontrolle basierte. Chimú-Handwerker waren für ihre Textilarbeiten bekannt.
11. Jh. ✤62
Expansion (1200) ✤66●
Reich ✤146, ◆146 (1)
Von Inka erobert (1476) ✤74●, ✤147●
Totenmaske ❑66
Goldtaube ❑146
Goldmesser ❑146
Chin *siehe* Jin-Dynastie
Ch'in *siehe* Qin-Dynastie
China
Neolithische Kulturen
Banshan ✤23●
Longshan ✤23●
Dynastien *siehe* Han; Hongshan; Jin; Ming; Qi; Qin; Qing; Shang; Song; Sui; Tang
Erkundung und Kartierung
Schachtelmuster-Karten ❑256●
Kartierung unter Westlichen Zhou ca.1000 v.Chr. ✤256●
Kartierung Z Asiens ◆256 (1)
Inneres
Vorgesch. Ackerbau ◆19, ✤21
Qin-Reich erweitert (3. Jh. v.Chr.) ◆259 (5)
Drei Reiche (ca. 250) ◆261 (2)
Sechzehn Reiche (ca.400) ◆261 (3)
Toba-Wei (ca.440–500) ◆261 (4)
Bauernaufstände (870er) ✤59●
Mongolische Eroberung (1211) ✤67●, ✤263●, ◆263 (7)
Mission der Jesuiten (16. Jh.) ✤80
Hungersnot (1877–79) ✤95●
Revolution von 1911 ✤99●, ✤271●, ◆271 (5)
Ausrufung der Republik (Jan. 1912) ✤99●, ✤271●
Nationalisten (Guomindang) ✤271, ◆271 (7)
Wiedervereinigung durch Jiang Jieshi (Chiang Kai-shek) ✤103●
›Langer Marsch‹ ✤103●, ❑274
›Großer Sprung nach vorn‹ ✤107●, ❑274
Hong Kong wieder unter chin. Hoheit (1997) ✤111●
Massaker auf dem Platz des Himml. Friedens (1989) ✤111
Konflikte und Revolutionen
Aufstände gegen Mongolen (1335) ✤71●
Boxeraufstand (1900) ✤95, ❑97
Revolution (1911) ✤99●, ✤271●, ◆271 (5)
Bürgerkrieg (1920–26) ✤103●, ✤271, ◆271 (6)
Kommunistische Revolution (1927–49) ✤274, ✤274●, ◆274 (1)
Kulturrevolution (1966–70) ✤107●
Äußeres
Kontrolle über Korea (108 v.Chr.) ✤43●
Einfluss auf Japan ✤55, ✤256, ✤265
Japan. diplomatische Mission (607) ●256
Taiwan an Japan abgetreten (1894–95) ✤95
Vertrag von Nerchinsk mit Russland (1689) ✤83●, ✤257●
Krieg mit Japan (1937) ✤103
ZWK, mobilisierte Soldaten und Verluste ✤105
Expansionismus seit 1949 ✤275, ✤275●, ◆275 (3)
Kontakte zum Westen ✤111
Innovationen
Bronzeguss ✤22, ✤31●, ❑27
Bronzemünzen ❑35, ❑259
Buchdruck (8./9. Jh.) ✤59, ❑59
Druck mit beweglichen Lettern (ca.1045) ✤63●
Damm aus Holz und Reisig ❑83
Kompass (13. Jh.) ❑67
Magnetkompass (ca. 250) ✤256●
Neolith. Revolution ◆258 (2)
Papier ❑46
Papiergeld ✤59●, ❑263
Schießpulver ✤71
Seidenverarbeitung ✤23, ✤34
Steigbügel aus Metall ❑51
Töpferscheibe (ca.3000) ✤23
Windkraft ✤63
Bevölkerung
Erste Volkszählung (2) ✤256●
Song-Periode ◆263 (6)
1790 ✤87
Religion ◆36 (1)
Buddhist. Kloster ❑51
Ökonomie
Seidenhandel (v.Chr.) ✤34
Eisenverarbeitung ✤35●, ✤43●
Handel mit Europa (v.Chr.) ✤39
Handel der Han-Dynastie ◆44–5 (1)
Handel mit arab. Welt (ca. 800–906) ✤61●
Exporte nach Russland und in den Westen (18. Jh.) ✤87
Wirtschaftliche Entwicklung (1950) ✤274, ◆274 (2)
Verstärkte Industrialisierung (späte 1970er) ✤111
Spielzeugfabrik bei Guangzhou (1990er) ❑111
siehe auch Seidenstraße
Chinampa Künstliche Inseln, angelegt von den Azteken für den Nahrungsmittelanbau. ✤124, ◆124 (2)
Chinesische Mauer *var.* Große Mauer. Name für das Verteidigungssystem in Nordchina, das sich von der Pazifikküste bis in die Takla Makan-Wüste erstreckt, um das chin. Kernland vor den Einfällen der Xiongnu und anderer zentralasiatischer Völker zu schützen. In der Qin-Periode (ca. 220) wurden erstmals mehrere Wälle zusammengefasst, unter den Ming ausgebaut zu einer gemauerten Anlage mit Wachtürmen zur Übermittlung von Feuersignalen. ✤43●, ✤51●, ◆260 (1), ◆262 (1)
Ausbau ✤75, ✤260, ❑266, ◆266 (1)
Chinesische Schrift *siehe* Schrift

Chinesisch-Japanischer Krieg (1894–95) Krieg zwischen China und Japan wegen Interessenkonflikten in Korea. Durch den Frieden von Shimonoseki 1895 kam Taiwan zu Japan. ✤270●, ◆270 (3)
Ch'ing *siehe* Qing-Dynastie
Chiquito Gründung der Reducción (1690) ✤143●
Ch'iu Ch'ang-ch'un *siehe* Changchun
Chlodwig I. *ma.* Clodowech, *Frz.* Clovis (ca. 465–511). Fränk. König und Gründer des Frankenreiches auf dem Gebiet des römischen Galliens. Besiegte die Westgoten in Aquitanien. ✤53, ✤54, ✤183●, ◆183 (5)
Choga Mami Feldbewässerung (5500 v.Chr.) ✤20●
Chola-Dynastie *var.* Cola, Tschola (ca. 860–1279). Das Königtum C., bereits in den Inschriften von Ashoka erwähnt, stieg um 860 zum Machtzentrum in Südindien auf. Rajaraja der Große, seit 985 auf dem Thron, dehnte den Machtbereich der C. über Ceylon und Teile der Malaiischen Halbinsel aus. Der Niedergang der C. setzte nach dem 11. Jh. ein.
- Eroberung von Ceylon (1018) ✤63●
- Herrschaft in SO Indien ✤59, ✤59●, ✤63, ✤63●, ✤244, ◆244 (2)
- Shiva-Statue ❑59

Choresm-Reich *siehe* Khwarizm-Reich
Chosroes *siehe* Khosrau
Chou Dynastie *siehe* Zhou-Dynastie
Chou En-lai *siehe* Zhou Enlai
Christentum Eine der großen Weltreligionen, hervorgegangen aus dem Judaismus in Palästina im 1. Jh. n.Chr. Grundlage ist das Neue Testament, eine Sammlung von Berichten über das Leben und die Predigten von Jesus aus Nazareth, die 30–50 Jahre nach dessen Tod niedergeschrieben wurden. Im Frühchristentum entstanden zahlreiche Sekten, doch ab dem 8. Jh. gibt es zwei Hauptzweige: die östliche Orthodoxe und die Röm.-Katholische Kirche. Im 16. Jh. führte die Reformation, eine Protestbew. gegen die Missstände in der Röm. Kirche, zur Gründung verschiedener Protestantischer Kirchen, die die Autorität des röm. Papstes sowie verschiedene Charakteristika der kath. Religion nicht akzeptieren.
- Kreuzigung Christi (ca. 32) ✤48●
- Anfänge ✤36, ✤46, ✤225
- Verfolgung unter Diocletian (304) ✤48●
- Donatistisches Schisma (311) ✤50●
- Frühchristentum (bis 500) ✤48●
- Ausbreitung (600) ◆48 (1), ✤226, ✤226●, ◆226 (1)
- Staatsreligion des Röm. Reichs ✤50●
- Byz. Reich ◆54–5
- Afrika ✤47●, ✤50, ◆161 (5)
- Röm.-Orthodox Schisma (1054) ✤62●
- 11.–12. Jh. in Europa ✤62, ✤62●
- Angelsächsisches England ✤183●
- Reformen (12. Jh.) ✤187, ◆187 (3)
- Kreuzzüge (1096–1270) ✤64–5, ◆64–5 (1)–(3), ✤187–7, ◆186 (1)
- Reformation ✤78, ✤82, ✤194, ✤194●
- Religionszugehörigkeit in Europa (1590) ◆194 (2)
- Missionare
  - Afrika (ca.1880) ◆167 (4)
  - Augustinus in Britannien (597) ✤54●
  - Baltikum (Mittelalter) ✤186
  - China, Missionen angegriffen (1900) ✤95●
  - Paulus, Reisen ◆48 (1)
  - Pazifik ✤284, ❑284
  - S Amerika ✤143, ◆143 (2) ✤148●
- Abbildungen
  - Amphore mit Kreuzen ❑48
  - Corpus Christi-Prozession ❑148
  - Koptisches Altartuch ❑58
  - Röm. Sarkophag ❑50, ❑225
- *siehe auch* Katholizismus, Protestantismus

Chruschtschow, Nikita Sergejewitsch (1894–1971) Sowjet. Staatsmann und Nachfolger Stalins. Erster Sekretär der KPdSU (1953–64). Er wurde gestürzt und von Leonid Breschnew ersetzt. ❑108
Chucuito Südamerikan. Kultur in den Anden
- Stadtstaaten im 13. Jh. ✤66

Churchill, Sir Winston Leonard Spencer (1874–1965) Brit. Staatsmann. Diente im Omdurman-Krieg (1897–98) und war Journalist während des Burenkriegs (1899–1900), bevor er ins Parlament kam (1900). Wurde Innenminister (1910) und Erster Lord der Admiralität (1911–15), nach dem Scheitern der Dardanellen-Offensive trat er zurück, blieb aber in unterschiedlicher polit. Verantwortung. Aufgrund seiner beständigen Warnung vor der Appeasement-Politik gegenüber Nazi-Deutschland wurde er nach Kriegsausbruch Premierminister (1940) und darin Symbol für brit. Durchhaltewillen. Nach dem Krieg verlor die Wahlen (1945), kehrte aber noch einmal als Premierminister zurück (1951–55).
- Casablanca-Konferenz (1943) ✤104●
- Teheran-Konferenz ✤105●
- Jalta-Konferenz (1945) ❑105

Chu-ssu-pen *siehe* Zhu Siben
Chu Yuan-chang *siehe* Zhu Yuanzhang
CIA (Central Intelligence Agency). Auslandsgeheimdienst der USA. Er wurde 1947 gegründet und liefert seine Berichte an den Präsidenten und den Nationalen Sicherheitsrat (National Security Council). ✤113
Cipangu *siehe* Japan
CIS *siehe* GUS
Civil Rights Movement (Bürgerrechtsbewegung) Massenbewegung in den USA, die seit den 1950er Jahren gegen Rassentrennung und Diskriminierung der schwarzen Bevölkerung kämpfte. Begann mit dem Montgomery Bus-Boykott 1956, dessen Auslöser die Festnahme der Schwarzen Rosa Parks war. Parks wurde verhaftet, weil sie sich geweigert hatte, den für ›Neger‹ reservierten Teil des Busses aufzusuchen. Die Bewegung gewann mit der Beteiligung von Martin Luther King an Bedeutung und erreichte mit dem Marsch nach Washington mit über 1 Mio. Teilnehmern 1963 einen Höhepunkt. Der Civil Rights Act von 1964 und der Voting Rights Act von 1965 lassen sich auf die Aktivitäten des C. zurückführen. ✤137, ✤137●, ◆137 (6)
Cixi, Kaiserinwitwe *var.* Tz'u-Hsi (1835–1908), Mandschu-Kaiserin (reg.1861–1908). Herrschte als Regentin über 50 Jahre mit Intrigen und Mord über in China und widersetzte sie sich jeglicher Modernisierung. Sie heizte den Boxer-Aufstand (1900) an, um die Volkswut von sich selbst abzulenken, und organisierte noch kurz vor dem eigenen Tod 1908 die Ermordung des designierten Nachfolgers Guangxu. ❑271
Clapperton, Hugh (1788–1827). Erster europäischer Westafrika-Forscher, der eigene Berichte aus dem Gebiet des heutigen Nordnigeria geben konnte. C. reiste gemeinsam mit Dixon Denham und Walter Oudney (1821–26). ◆157 (4)
Clark, William (1770–1838). US-amerikan. Forscher. Zusammen mit Meriwether Lewis von Präsident Thomas Jefferson beauftragt, die im Louisiana Purchase 1803 erworbenen Gebiet zu erforschen und eine Landroute zum Pazifischen Ozean zu finden. ◆119 (3)
Claudius Ptolemaeus *siehe* Ptolemaeus
Clavus Dänischer Kartograf des 15. Jh. Ergänzte die Weltkarte von Ptolemaeus mit Details aus Nordeuropa (1425). ✤173
Clermont Aufruf Urban II. zum Ersten Kreuzzug (1095) ✤63, ✤64
Clinton, William Jefferson (Bill) (1946–) 42. Präsident der USA. (Demokrat, 1992–2000). Der jüngste Gouverneur von Arkansas besiegte 1992 George Bush und wurde der erste Präsident der Demokraten seit Jimmy Carter. Clinton genoss aufgrund seines ›Jobwunders‹ und der Tilgung der Staatsschulden große Popularität und wurde 1996 wiedergewählt. ✤139●
Clive, Sir Robert (1725–74). Offizier der brit. East India Company. 1757 besiegte er im ›Scharmützel bei Plassey‹ ein Militärbündnis von Franzosen und Moguln, wo er den Grundstein für das brit. Kolonialreich in Indien legte. Er wurde der erste Gouverneur der East India der Niederlassungen in Bengalen (1757–60, 1765–67). ✤87●, ✤248
Clovis-Spitzen Schwere Lanzenklingen aus Stein, häufig in Blattform, v.a. in O New Mexiko. Datiert ins 10. Jt. v.Chr. und oft in der Nähe von Mammutknochen gefunden, gilt als Hinweis auf Großwildjäger-Kulturen. ❑14●
Coke, Thomas William (1752–1842) (Earl of Leicester of Holkham seit 1837). Brit. Agrarwissenschaftler, der auf seinen Versuchsfarmen neue und robustere Rinder, Schweine und Schafe züchtete. C. förderte zudem im Nordwesten von Norfolk die Umstellung von Roggen- auf Weizenanbau. ❑198
Cold Harbor ⚔ im Sezessionskrieg (3. Juni 1864); kein eindeutiger Sieger. ◆131 (7)
Colombo, Cristoforo *siehe* Kolumbus, Christoph
Colón, Cristóbal *siehe* Kolumbus, Christoph
Colônia do Sacramento
- Gründung (1680er) ✤149●
- Portugiesen verzichten (1750) ✤149●

Combined Bombing Offensive Von US-Airforce und Royal Air Force gemeinsam geführte Bombardierung deutscher Städte im ZWK; begann 1942 und gipfelte in der Zerstörung von Dresden am 13.–15. Feb. 1945. ✤211, ◆211 (4)
Comecon *siehe* Rat für Gegenseitige Wirtschaftshilfe
Commodus, Caesar Marcus Aurelius (161–92) Commodus' Herrschaft als röm. Kaiser (reg. 180–92) beendete eine 84-jährige Epoche von Stabilität und Wohlstand. Schon bald zeigte er Züge von Größenwahn: Er benannte Rom in ›Colonia Commodiana‹ um und ließ sich als Gott Hercules verehren. Als er unter grotesken Sicherheitsvorkehrungen als Gladiator auftrat, um missliebige Höflinge abzuschlachten, ließen ihn seine engsten Berater von einem Ringer erdrosseln. ✤46●
Computertechnologie ❑111
- Mikroprozessor-Chip ❑107
- World Wide Web ❑113

Comstoke Lode Nevada, Goldfunde (1849–50) ✤93●
Concepción ⚔ in chilenischen Befreiungskriegen (Mai 1817). ◆150 (1)
Concord ⚔ im amerikan. Unabhängigkeitskrieg (19. April 1775); amerikan. Sieg. ◆127 (3)
Conquistadoren (Eroberer) Anführer der span. Eroberung Amerikas im 16. Jh., vor allem in Mexiko und Peru. ❑78
siehe auch einzelne Eroberer.
Conti, Niccolo di (ca.1395–1469). Venezianischer Kaufmann, der Reisen durch Arabien, Persien, Indien, Burma und Ostindien unternahm. Er wurde gezwungen, zum Islam überzutreten, nahm aber nach seiner Rückkehr nach Europa wieder das Christentum an. ✤239●, ◆239 (1)
Contras Konterrevolutionäre in Nicaragua in den 1980er Jahren. Mit Unterstützung der USA führten sie von Honduras aus Guerrillaaktionen gegen die regierenden Sandinisten aus. ✤110●
Cook, James (1728–79). Brit. Pazifikforscher. C. unternahm drei lange Erkundungsreisen in den Pazifik. Bei seiner ersten Reise (1768–71) kartierte er Neuseeland und die Ostküste Australiens. Auf der zweiten Reise (1772–75) umsegelte er die Antarktis, die dritte (1776–79) führte ihn nach Norden bis in die Bering-Straße. Nach Entdeckung der Hawaii-Inseln wurde er bei einem Streit seiner Mannschaft mit den Inselbewohnern getötet.
- Navigation 18. Jh. ✤86
- Karte von Neuseeland ❑87
- Erkundung des Pazifik ✤87●, ✤278, ✤278●, ◆278 (1)
- Schiff *Resolution* ❑278

Cook, Frederick Arktis-Forscher (20. Jh.) ✤287, ❑287
Coolidge, (John) Calvin (1872–1933) 30. Präsident der USA (Republikaner, 1923–28). Nachfolger Warren Hardings. Seine Politik der Steuersenkungen und Deregulierung des Handels wurde später als Auslöser für den Börsenkrach 1929 angesehen. In seine Amtszeit fielen der Dawes-Plan, der die deutschen Reparationen herabsetzte, sowie der Briand-Kellogg-Pakt. ✤134●
Coral Sea See- ⚔ im ZWK (Mai 1942). US-Kräfte stoppten japan. Vormarsch im SW Pazifik ◆272 (1)
Córdoba, Hernández de Span. N Amerika-Forscher (1517–24). ✤125●, ◆125 (4)
Córdoba, Kalifat von (756–1031). Nachdem das Umayyaden-Kalifat 749 an die Abbasiden gefallen war, gewann ein Zweig der Umayyaden-Dynastie die Kontrolle über die islam. Gebiete auf der Iber. Halbinsel. Abd al-Rahman ernannte sich 929 zum Kalifen. Die Herrschaft der Umayyaden endete im 10. Jh., und das Kalifat wurde in viele kleine Königreiche zersplittert. ◆57 (2), ◆227 (4)
Cornwallis, Charles (1738–1805) Brit. Militär, Marquess und Earl. Führte die brit. Truppen im amerikan. Sezessionskrieg. Siegte bei Camden (1780), musste jedoch nach der Belagerung Yorktowns (1781) kapitulieren. Später bekleidete er hohe Militär- und Regierungsämter in Frankreich, Irland und Indien. ✤127, ◆127 (3)
Coronado, Francisco Vásquez de (1510–54) Span. Gouverneur der mexikan. Provinz Nueva Galicia. 1540 führte C. auf Befehl des Vizekönigs eine Expedition zu den legendären ›sieben goldgepflasterten Städten von Cibola‹ im Norden des Landes. 1541 bereiste er das Gebiet nördlich des Arkansas. ◆118 (1), ✤125●, ◆125 (4)
Corregidor ⚔ im ZWK (Mai 1942). Bei der Insel in der Manila Bay, Philippinen, konnte Japan den USA die letzte Niederlage beibringen. ◆104 (2)
Cortenuova ⚔ (1237). Von Friedrich II. eroberte italien. Stadt ◆188 (1)
Corte-Real, Gaspar und **Miguel** (gest.1501 und 1502) Port. Forscher. Gaspar segelte um 1500 von der nordamerikanischen Küste nach Grönland. Bei einer späteren Expedition ging sein Schiff verloren; Miguels Schiff erlitt bei einer Expedition 1502 das gleiche Schicksal. Die Anerkennung der von ihnen entdeckten Länder durch Spanien erlaubte den Portugiesen die Ausbeutung der reichen Fischgründe Neufundlands. ◆118 (1)
Cortés, Hernán *var.* Hernando Cortez (1485–1547). Span. Conquistador, der das Azteken-Reich bezwang (1519–21) und Mexiko der spanischen Krone unterwarf.
- N Amerika-Expedition (1519–21) ◆118 (1)
- Expeditionen (1519, 1522, 1532–42) ✤125, ◆125 (4), (5)
- Eroberung des Azteken-Reichs ✤78, ✤81, ◆81 (3), ✤124
- Inidigene Verbündete ❑125
- Eroberung Mexikos (1519–21) ◆125 (5)
- Türkis-Schlange, Geschenk von Moctezuma II. ❑124

Cosa, Juan de la (gest.1509) Span. Kartograf und Seefahrer. C. begleitete Columbus auf seiner zweiten Reise 1493. 1500 erstellte er eine Weltkarte, in der auch Columbus' Entdeckungen verzeichnet waren. ❑219
Cosa Nostra *siehe* Mafia
Cotopaxi Von Wilhelm Reiss bestiegen (1872) ✤143●
Covilha, Pero da *var.* Pedro de Covilham, Covilhão (ca.1460–1526). Port. Seefahrer, der 1487 das Rote Meer hinuntersegelte und die Westküsten Indiens und Afrikas erkundete. Er stellte Beziehungen zwischen Portugal und Äthiopien her. ◆156 (3), ◆239 (1)
Covilham, Pedro de *siehe* Covilha, Pero da
Cowpens ⚔ im amerikan. Unabhängigkeitskrieg (17. Jan.1781); amerikan. Sieg. ◆127 (3)
Crécy ⚔ des Hundertjährigen Krieges (1346). England besiegt Frankreich. ✤70●, ❑192
Cree Indianerstamm in N Amerika. ✤123●, ◆123 (3), ◆126 (1)
Cresques, Abraham 14. Jh. Mallorquinischer Kartograf von König Peter IV. von Aragón. Schuf den ›Katalanischen Atlas‹. ✤70
Cromford Zentrum der Textilienherstellung ✤93, ◆93 (5)
Cromlechs *siehe* Megalithen
Cromwell, Oliver (1599–1658) Englischer Offizier und Staatsmann. Führte im Englischen Bürgerkrieg erfolgreich die Parlamentstruppen gegen die Royalisten. Nach der Schlacht von Naseby (1645) forderte er mit anderen den Tod von Karl I. Nach dessen Hinrichtung besiegte er die Royalisten in Schottland und Irland. 1653 löste C. das ›Lange Parlament‹ auf und setzte das Barebone's Parlament an seine Stelle; C. übernahm als ›Lord Protector‹ die Regierungsgewalt (1653–58). ❑196
Cuba
- Landung Kolumbus' (1492) ✤74●, ✤80●
- Letztes Sklavenschiff (1867) ✤85●
- Spanisch-Amerikan. Krieg (1898) ✤94●, ✤133, ◆133 (4), (5)
- Ende des Handelsvorzugsvertrages (1991–92) ✤110●
- Revolution ✤106●, ✤152
- Fidel Castro Ministerpräsident (1959) ✤106●
- Rolle im angolan. Bürgerkrieg ✤109, ◆109 (5)
- Verstärkte US-Handelsblockade (1991–92) ✤110●

Cuba-Krise (1961–62). Wichtigster direkter Konflikt zwischen den USA und der Sowjetunion im Kalten Krieg, entzündete sich an der Stationierung sowjetischer Raketenabschussrampen auf Cuba. ✤106●, ✤108, ✤138●, ✤139, ◆108 (2), ◆139 (5)
Cúcuta ⚔ in kolumbianischen Befreiungskriegen (Feb.1813). ◆150 (1)
Cucuteni-Tripolye Bauernsiedlungen (ca. 4000 v.Chr.) ✤174●, ◆174 (2)
Cumberland Gap Route durch die Cumberland Mts. an der Grenze von Virginia, Kentucky and Tennessee im Osten der USA. Daniel Boones Wilderness Road durchquerte den Gap, der 1750 von Thomas Walker benannt wurde.
- Von John Finley erkundet (1752) ✤119●
- Daniel Boone und Siedler ❑119

Curzon, Lord (George Nathanial Curzon, Marquis of Kedleston, 1898–1905) Vizekönig von Indien (1898–1905). Engagierter Reformer der öffentlichen Verwaltung, inneren Sicherheit und des Erziehungssystems. Er schuf die Northwest Frontier Province (1898) und war für die Teilung Bengalens verantwortlich (1905). ✤250
Cuzco
- Von Pizarro erobert (1533) ✤78●, ✤148, ◆148 (1)
- Corpus Christi-Prozession ❑148
- Inka-Siedlung (ca.1200) ✤62●

D

Dagobert I. (reg. 623–638). Merowinger-König der Franken, der vorübergehend das Franken-Reich vereinigte und Paris zur Hauptstadt machte. ✤183●, ❑183
Dahomey
- Eroberung Whydahs (1727) ✤164●
- Besiegt durch Oyo (1747) ✤87●
- Sklavenhandel ✤82
- erobert von Franzosen (1893) ✤95●

Dai-Viet 946 wurde Nordvietnam nach fast 1000 Jahren unabhängig von China und es entstand das Königreich D. (Groß-Viet). Nachdem es 1076 eine chin. Invasion abgewehrt hatte, fielen 1406 die Ming ein, deren brutales Regime auf großen Widerstand stieß. China musste seine Armeen 1426 zurückziehen und die Unabhängigkeit Vietnams 1427 anerkennen. Hanoi wurde neue Hauptstadt. ◆245 (5), (6)
Daimler, Gottlieb Wilhelm (1834–1900). Entwickelte das erste Automobil 92●
Daimyo (10.–19. Jh.). Feudale Herrschaftsbereiche in Japan. ◆265 (4), (5)
Dakota Goldfunde (1876–78) ✤93●
Dakota *siehe* Sioux
Dalai Lama *var.* Tenzin Gyatso (1935–). Geistl. und nomineller Regent von Tibet; gilt als Reinkarnation des Bodhisattva Avalokiteshvara. 1937 als 14. D. L. ernannt, übernahm er das Amt 1940. Nach der chin. Invasion in Tibet (1950) handelte er das Abkommen über die tibet. Autonomie aus. Seit der Niederschlagung des tibet. Aufstands (1959) regiert er aus dem Exil. Erhielt 1989 den Friedensnobelpreis. ❑275
Damaskus
- Zentrum des Islam (661) ✤55●
- Kreuzritter geben Belagerung von Damaskus auf (1148) ✤64●

Dampier, William (ca.1652–1715) Englischer Abenteurer und Forscher. D. wurde vor allem als Bukanier berühmt und überfiel die span. Kolonien in der Karibik und in Südamerika. Er landete als erster Engländer 1688 an der australischen Küste und wurde später von der Admiralität auf eine Forschungsreise zur Erkundung der Küsten Australiens und Neuguineas geschickt (1699–1701). ✤278●
Dänemark
- 800–1000 ◆185 (3)
- Thronbesteigung Knuts d.Gr. (1016) ✤62●
- Ende der Herrschaft in England (1042) ✤60●
- Kalmarer Union (1397) ✤70●
- Baltikum (1100–1400) ◆189 (3)
- Konflikt im Baltikum (16. Jh.) ✤195, ✤195●, ◆195 (3)
- Westfälischer Friede ◆196 (1)
- Besitzungen
  - 1000 ◆58–9
  - 1600 ◆78–9
  - 1700 ◆82–3
  - 1800 ◆86–7
  - 1900 ◆94–5
  - 1925 ◆98–9
  - 1950 ◆102–3
  - 1975 ◆106–7
- ZWK, mobilisierte Soldaten und Verluste ✤105

Daoismus *var.* Taoismus. Bedeutendste Philosopie in China. Ihr Begründer Laozi (Lao-tse) postulierte ein Leben in Einklang mit der Natur, dem Kosmos, die Selbstlosigkeit und den Ahnenkult. *siehe auch* Laozi. ✤35, ✤37 (4)
- Gegründet durch Laozi ✤259●
- Verbreitung in China ✤261

Darios I. *auch* Darios der Große, *Pers.* Darayavahusch, *Gr.* Dareios (550–486 v.Chr.), König von Persien (522–486 v.Chr.). Gerühmt für seine administrativen Reformen und religiöse Toleranz. Seine militärischen Eroberungen konsolidierten die Grenzen des Achämeniden-Reichs, seine Einteilung der Gebiete in Provinzen (Satrapien) überdauerten das Reich selbst. Er ließ u.a. die Königsstraße durch Kleinasien bis Sardis anlegen und den berühmten Palast in Persepolis bauen. ✤35, ✤223●, ◆223 (4)
Darios III. *var.* Dareios, *gen.* Codomannus (381–331 v.Chr.), König von Persien (reg. 336–331 v.Chr.). Neffe von Artaxerxes II.; kämpfte erfolgreich gegen die Caduser und kam 336 v.Chr. nach der Ermordung des rechtmäßigen Thronerben Artaxerxes Ochos (Dareios II.) auf den pers. Thron. Nach dem Tod seines Admirals und Heerführers Memnon von Rhodos übernahm er im Krieg gegen Alexander d. Gr. selbst den Oberbefehl. Nach Niederlagen bei Issos (333) und Gaugamela (331) wurde er schließlich vom baktrischen Satrap Bessos ermordet.
- Alexanderkrieg ❑40, ◆40 (1)

Darwin, Charles Robert (1809–82). Entwarf nach seinen Beobachtungen auf den Galapagos-Inseln als erster die Theorie von der Evolution durch natürliche Selektion. ✤143, ✤143●, ◆143 (3)
David (reg. ca.1000–966 v.Chr.). Zweiter König des Reichs Israel und erster der Dynastie, der Judäa und Israel und damit alle jüdischen Stämme in einem Staat vereinigt regierte. Er verlegte die Hauptstadt von Hebron nach Jerusalem (Zion, ›Stadt Davids‹), dorthin ließ er auch die Bundeslade mit den Zehn Geboten bringen. ✤31, ✤37, ✤222●
Davila, Pedrarias *var.* Pedro Arias Davila (ca.1440–1531). Span. Soldat und Kolonialbeamter, der die erste Expedition mit dem Ziel leitete, dauerhafte Siedlungen in der Neuen Welt zu gründen (1514–19) ◆125 (4)
Davis, John (ca.1550–1605). Eng. Seefahrer. Erkundete 1585–1587 auf der Suche nach der Nordwest-passage nach Indien die Davis-Straße, Baffin Island und den Cumberland Sound in Kanada. 1591 erreichte er sogar die Falkland-Inseln. ◆118 (1), ◆286 (1)
Dawes-Plan Internationaler Vertrag (1924), der die Reparationszahlungen Deutschlands nach dem EWK festlegte. 1924 beliefen sie sich auf 1 000 000 000 Goldmark. 1928 wurden sie ohne Festsetzung einer Endsumme auf 2 500 000 000 angehoben. Deutschland wurde ein erster Kredit von 800 000 000 Mark gewährt. ✤208●
Dawson's City Goldgräberstadt ✤93
D-Day *siehe* Normandie, Landung
DDR *siehe* Deutsche Demokratische Republik
De Beers Consolidated Mines ✤167
Deccan Erste Städte (ca.200) ✤47●
Deerfield Indianer-Kriege (1676) ◆126 (1)
Delagoa Bai Holländer besetzen por[…] Siedlung (1720–30) ✤164●
Del Cano, Juan Sebastián *siehe* Elcano, Juan Sebastián
Delhi ◆244–5 (3)
- Qutb Minar (Minarett) ❑67
- Quwwat al-Islam-Moschee (1199) ✤67
- Tughluqs Mausoleum (1321) ❑71
- Ibn Battuta ist Richter (1334–41) ✤68●
- Karte mit Straße nach Kandahar ❑238
- Brit. Okkupation ✤246●

Delhi, Sultanat von (1206–1526) Türk.-afghan. Dynastie mit Basis in Delhi. Der Herrschaftsbereich in Nordindien war je nach Herrscher unterschiedlich. 1294 marschierte eine Armee des Sultanats nach Gujarat, Rajputana und bis in den äußersten Süden des Subkontinents ein. Muslime besetzten im Sultanat wichtige Ämter, während Hindus nur ein Status als Vasallen zugewiesen wurde. ✤67, ✤71, ✤244, ◆244 (3)
Delisch-attischer Seebund Bündnis antiker griech. Städte unter der Führung von Athen. 478 v.Chr. während der Perserkriege gegründet, Hauptquartier erst in Delos, später in Athen. ✤177, ◆177 (2)
Delphi Ort athlet. Wettkämpfe ❑38
Demokratie *Griech.* ›Volksherrschaft‹ Politisches System, in dem die Staatsgewalt direkt oder indirekt vom Volk ausgeht. In den griechischen Stadtstaaten der Antike herrschte kein allgemeines Wahlrecht. Das Ideal der Demokratie wurde in Europa im 18. Jh., besonders während der Französischen Revolution, wieder zum Leben erweckt. Seither ist das Wahlrecht auf immer weitere Bevölkerungskreise ausgedehnt worden. ✤90
Democratic Party (›Demokratische Partei‹) Wichtige politische Partei in den USA. Sie wurde von Thomas Jefferson als Democratic Republican Party gegründet und trägt den heutigen Namen seit ca. 1828. Seit den 1930er Jahren ist die D. besonders im Süden der USA populär. Franklin D. Roosevelts Politik des New Deal in den 30er Jahren sowie die sozialen und Bürgerrechts-Reformen der 60er Jahre verschafften der Partei eine breitere Basis. ✤139, ◆135 (5), ◆139 (4)
Deng Xiaoping *var.* Teng Hsiao-ping (22.8.1904–19.2.1997). Chin. Politiker und Militär. Nahm am Langen Marsch teil, mehrfach stellv. Ministerpräsident (1952–67, 1975–76, 1977–80). ✤274●
Denham, Dixon (1786–1828). Eng. Soldat und früher Westafrikaforscher. Er begleitete Walter Oudney und Hugh Clapperton auf ihrer Expedition durch die Sahara zum Tschad-Becken (1921–1926). ◆157 (4)
Desert Storm (›Wüstensturm‹, 1991) Gegen den Irak gerichtete alliierte Militäroperation, die u.a. der Rückeroberung Kuwaits diente. ✤235●, ◆235 (5)
siehe auch Golfkrieg
Detroit Rassenunruhen (1940er) ✤135●, ◆135 (6)

Legende: ✤ Text ● Zeitleiste ❑ Bild ◆ Karte *var.* Variantname *nwb.* nachweisbar *ehem.* ehemals *passim* und folgende *reg.* regierte ⚔ Schlacht EWK Erster Weltkrieg ZWK Zweiter Weltkrieg

eutsche Demokratische Republik (DDR). Kommunistischer Staat, 1949 mit Unterstützung der Sowjetunion aus der Sowjetischen Besatzungszone in Deutschland nach dem ZWK entstanden. Mit dem Beitritt zur BRD (1990) hörte die DDR auf zu bestehen. ✤212●, ◆212–3 (1), (3), (4), (5), ✤215●, ◆214 (1), (2)
eutscher Bund (1815–66). Zusammenschluss 39 souveräner dtsch. Staaten zur Erhaltung der äußeren und inneren Sicherheit Deutschlands, der mit dem Wiener Kongress 1815 gegründet wurde. ✤203, ◆203 (2)
eutscher Orden *var.* Deutschritterorden. Kreuzritterorden, der während der Belagerung von Akko (1190) gegründet wurde. Der D.O. unterwarf die heidnischen Völker des Baltikums im 13. und 14. Jh. und errichtete einen eigenen Staat in Preußen, Kurland, Livland und Estland. ✤186●, ◆186 (1), ✤189, ◆189 (3), ✤193
Konflikte im Baltikum (16. Jh.) ✤195, ✤195●, ◆195 (3)
eutscher Zollverein Wirtschaftspolitischer Zusammenschluss deutscher Staaten 1834 unter preußischer Federführung. markierte einen wichtigen Schritt auf dem Weg zur deutschen Einheit im 19. Jh. ✤203
eutsch-Französischer Krieg (1870–71) Letzter der drei dtsch. Einigungskriege. Preußische Unterstützung für die Thronkandidatur des Hohenzollern-Prinzen Leopold in Spanien provozierte die Kriegserklärung Napoleons III. von Frankreich, die dazu führte, dass auch die verbündeten süddeutschen Staaten Preußen unterstützten. Nach der Niederlage bei Sedan wurde Napoleon III. gefangen genommen. Paris kapitulierte am 28. Jan. 1871, Frieden wurde am 10. Mai 1871 in Frankfurt geschlossen. Elsass-Lothringen kam in Folge des Kriegs an Deutschland. König Wilhelm I. von Preußen wurde im dtsch. Hauptquartier in Versailles am 18. Jan. 1871 zum Deutschen Kaiser proklamiert. ✤203, ◆203 (3)
eutschland 185–214
Vor-, Frühgeschichte
Germaneneinfälle in Röm. Reich ✤44●
Mittelalter, Frühe Neuzeit
Dreißigjähriger Krieg (1618–48) ✤82
Reformation ✤78
19. Jahrhundert
Deutsche Vereinigung ✤203, ✤203●, ◆203 (2)
Industrialisierung ✤205, ✤205●, ◆205 (4), ❑205
Kolonialismus
Imperialismus ✤96, ◆96 (1), ✤98, ◆167 (4)
SO Asien ✤97, ✤97●, ◆97 (3)
Pazifik-Besitzungen ✤99●, ◆284 (1)
Reich und Besitzungen, 1900 ◆94–5
20. Jahrhundert
Versailler Vertrag ✤102
Nationalismus, 20er Jahre ✤102
Antikominternpakt mit Japan (1936) ✤103●
Besatzungszeit ✤212, ◆212 (1)
Im Kalten Krieg ✤212●
DDR, Ende des Kommunismus (1989) ✤110●
Deutsche Wiedervereinigung (1990) ✤110, ✤214–15●
Erkundung und Kartierung
Erkundung des Inneren Afrika (19. Jh.) ◆157 (4), (5)
Erkundung Südamerikas ◆142 (1)
Ökonomie ✤190●, ◆190 (1), ◆199 (1), ✤205●, ◆205 (4), ◆214 (1)
Expansion in Europa
Ostsiedlung in den slawischen Raum und ins Baltikum (1100–1400) ✤189●, ◆189 (3)
Aufstieg von Brandenburg-Preußen (17./18.Jh.) ✤199●, ◆199 (3)
Die Teilungen Polens (18.Jh.) ✤198●, ◆198 (2)
Einmarsch in die Tschechoslowakei (1938) ✤102●, ✤209●, ❑209
Überfall auf Polen (1939) ✤102●, ✤210●, ◆210 (1)
Nazi-Deutschland 1942 ✤211●, ◆211 (2)
Deutschland in der EU ◆214 (1)
EWK *siehe* Weltkriege
ZWK *siehe* Weltkriege
siehe auch Heiliges Römisches Reich; Bundesrepublik Deutschland; Deutsche Demokratische Republik
eutschritterorden *siehe* Deutscher Orden
eventer, Jacob van Niederl. Kartograf des 16. Jh. ✤173●
iamanten
Diamantenschürfung (19. Jh.) ❑95, ◆166–7 (1)
Funde ◆93 (2)
iamant-Sutra Ältestes datierbares Druckerzeugnis ❑59
Diaspora Begriff für die Zerstreuung einer Gruppe in fremde Gebiete. ✤47●, ✤48●, ◆225, ◆225 (5)
siehe auch Jüdische Diaspora.
Diaz, Bartoloměu *var.* Dias (1450–1500). Port. Seefahrer und Entdecker, der 1488 die erste europ. Expedition um das Kap der Guten Hoffnung leitete. Er eröffnete damit einen Seeweg nach Asien über den Atlantik und den Indischen Ozean.
Erkundung Afrikas (1487) ✤76, ◆156 (3)
Diaz de Solis, Juan (ca.1470–1516). Span. Erkunder der Atlantik-Küste S Amerikas, der mit Vicente Yáñez Pinzón und Amerigo Vespucci segelte. Er wurde von Indianern getötet bei dem Versuch, auf dem Rio de la Plata einen Weg zum Pazifik zu finden. ◆142 (1)
Diaz, Diogo Port. Seefahrer, der 1500 an Cabrals Expedition nach Indien teilnahm. Nachdem er vom Rest der Flotte getrennt worden war, entdeckte er Madagaskar. ✤156●, ◆156 (3)
Diaz, Porfirio (1830–1915). Mexikan. Staatsmann und Soldat. Held im Bürgerkrieg (1857–60) und im Kampf gegen die Franzosen (1861–67). 1876 wurde D. nach dem Aufstand gegen die vierte Wiederwahl von Benito Juárez Präsident, 1884 wieder gewählt. Er regierte ununterbrochen bis zu seiner Absetzung zu Beginn der Mexikanischen Revolution 1911. ✤133
Diderot, Denis (1713–84) Franz. Philosoph und Schriftsteller. Herausgeber der *Encyclopédie* (1751–72), die das gesamte Wissen zur Zeit der Aufklärung in 28 Bänden bündelte. ✤198
Dien Bien Phu ⚔ (3. Feb.–7. Mai 1954). Beim Versuch, die Kontrolle in Vietnam zurückzugewinnen, wurden die Franzosen von den Viet-Minh gezwungen, sich aus dem Land zurückzuziehen. ◆251 (5)
Difaqane *siehe* Mfecane
Dilmun (Bahrain), Handelsbeziehungen (v.Chr.) ◆24–5
Diocletian (C. Aurelius Valerius D., 245–316), röm. Kaiser (reg. 284–305). Reorganisierte die Verwaltung des Röm. Reichs: Bildung von 12 Dioecesii (Diözesen), die unter zwei Hauptkaisern (Augusti) mit je zwei Mitkaisern (Caesares) aufgeteilt worden. D. befahl die letzte große Christenverfolgung.
Röm. Kaiser ✤50, ✤180, ❑181
Tetrarchie ✤181, ◆181 (4)
Christenverfolgung (304) ✤48●
Direktorium *Frz.* Directoire. Name für die oberste Regierungsbehörde in Frankreich nach der Revolution von Nov. 1795 bis Nov. 1799. Das D. wurde durch einen Staatsstreich Napoleons entmachtet, der sich zum Ersten Konsul ernannte. ✤199, ✤200●
Disney, Walter Elias (Walt) (1901–66). Amerikan. Filmproduzent. Seit den 20er Jahren Produktion von Zeichentrickfilmen. Weltweit bekannteste Schöpfung ist Mickey Mouse. D.s Unternehmen wurde führend in der Unterhaltungsbranche. ❑135
Diu Port. Kolonie in Indien ✤79●, ◆247 (3)
Djet, ägyptischer König
Elfenbeintafel ❑24
Djihad Islamischer Glaubenskrieg ✤56, ✤167, ◆235 (4)
Djoser, Pharao *var.* Zoser, Netjerykhet. Ägypt. Herrscher der 3. Dynastie (ca.2650–2575 v.Chr.), der Memphis als erster zur festen Hauptstadt machte. Seine Herrschaft war eine Periode technischer Innovation und kultureller Blüte (u.a. Bau der ersten Steinbauten; vorher bestanden Häuser aus Lehmziegeln). Er befahl auch den Bau der ersten Stufenpyramide, bei Saqqara. ✤23●, ❑159
Doge Titel des auf Lebenszeit gewählten Herrschers von Venedig (von Lat. *dux*) ab dem Jahr 697 bis zum Ende der Republik 1797. ✤191, ◆191 (3), ❑191
Doktrin der begrenzten Kriegsführung Strategie der regionalen Begrenzung militärischer Auseinandersetzungen, die während des Korea-Kriegs von der Nato entwickelt wurde, um eine Ausweitung von lokalen Konflikten im Kalten Krieg zu einem neuen Weltkrieg zu vermeiden. ✤109
Domesday Book *siehe* Wilhelm der Eroberer
Domestikation Tier- und Pflanzenzucht ◆14, ✤16●, ◆18–19, ✤21, ◆22–3, ✤26, ✤34, ✤39, ✤120●, ◆120 (1), ✤145, ✤258●, ◆258 (1)
Ursprungsgebiete u. Verbreitung ◆81 (2)
Viehzucht ◆76–7 (1)
Dominik, Hl. *var.* Dominicus (ca.1170–1221) Span. Stifter des Dominikanerordens (Ordo fratrum praedicatorum); wurde 1234 heilig gesprochen. ✤187, ✤187●
Dominikanische Republik US-Invasion ✤133●, ◆133 (4)
Dong Son Prähistorische indo-chinesische Kultur, benannt nach einer nordvietnamesischen Fundstätte. Sie ist gekennzeichnet durch Eisenverarbeitung und Steingebäude. Bekannt ist sie v.a. für kunstvolle Verarbeitung von Bronze, z.B. für Kesselpauken. ◆240 (3), ❑240
Dorylaion ⚔ der Kreuzzüge (1147). Sieg der Seldschuken über Kaiser Konrad III. ✤64●, ◆64 (1)
Dougga *siehe* Thugga
Doughty, Charles Montagu (1843–1926). Brit. Reisender, der 1876–78 von Damaskus aus Mekka erreichte, sein abenteuerlicher Bericht *Travels in Arabia Deserta*, erschien 1888. ◆219 (4)
Dr Strangelove (Film 1964) ✤108●
Drake, Francis (ca. 1540–1596) Eng. Freibeuter. Sein Ruhm gründet sich auf seine Angriffe auf span. Schiffe und Häfen mit dem Ziel, das in der Neuen Welt gefundene Gold und Silber zu rauben. D. war maßgeblich an dem Sieg über die span. Armada 1588 beteiligt. Seine größte seemännische Leistung war die Weltumseglung 1577–80 mit der *Golden Hind*. ✤80●, ✤85
N Amerika-Expedition (1579) ✤80–1 (1), ✤118 (1)
Freibeuter-Routen (16. Jh.) ◆85 (2)
Dred-Scott-Entscheidung (6. März 1857). Bahnbrechende Entscheidung über die Verbreitung der Sklaverei in den USA. Scott, ein Sklave, der mit seinem Herrn in den Westen fuhr, betrachtete sich dort als freier Mann, da die Sklaverei in den neuen Gebieten verboten war. Der Oberste Gerichtshof entschied jedoch, dass der Kongress nicht berechtigt sei, die Sklaverei im Westen zu untersagen und legalisierte sie damit für das ganze Staatsgebiet der USA. ✤130, ◆130 (4)
Drei Harte Jahre Phase der mod. chin. Geschichte (1959–62), die auf den Fehlschlag des ›Großen Sprungs nach vorn‹ folgte. Landwirtschaftl. Produktion nahm ab, zusätzl. Trockenheit und Missernten verursachten allgemeine Hungersnot mit 30 Mio. Toten. ✤274●
Dreimächtepakt Am 27. Sept. 1940 zwischen Italien, Deutschland und Japan geschlossenes Abkommen über die gegenseitige Unterstützung im Falle der Ausweitung des ZWK in den Fernen Osten. ✤272●
Drei Reiche (Shu, Wu und Wei) Als die Han-Dynastie zusammenbrach, kämpften einige Generäle um die Herrschaft in China. 220–280 war China daher in drei Reiche geteilt; diese Zeit ist auch als ›San-kuo-Periode‹ bekannt. ✤47, ✤261●, ◆261 (2)
Dreißigjähriger Krieg (1618–48). Sehr verlustreicher Konflikt der katholischen kaiserlichen Partei gegen protestantische Landesherren. Obwohl Drittstaaten eingriffen, wurde er im Wesentlichen auf dem Territorium des Hl. Röm. Reichs geführt. Die Auseinandersetzungen begannen mit einem protestantischen Aufstand in Böhmen, der sich gegen die Gegen-Reformation der Prager Habsburg-Regierung richtete. Der Krieg wird nach den teilnehmenden Mächten in vier Perioden unterteilt: die böhmische (1618–25), die dänische (1625–29), die schwedische (1630–35) und die schwedisch-französische Periode (1635–48). ✤196, ✤196●, ❑196, ◆196 (1)
Dschihad *siehe* Djihad
Dschingis Khan *var.* Djingis Chan, Genghis Han, *eigentl.* Temudschin (gest. 1227). Heerführer, der die mongol. Stämme vereinigte und das Reich durch militärische Feldzüge über Asien bis zur Adria ausdehnte.
Ernennung zum Dschingis Khan ✤67●, ❑68
Invasion in N China (1211) ✤67, ✤67●
Angriff auf Khwarizm-Reich (1219) ✤69●
Reich bei seinem Tod (1227) ◆66–7, ◆68–9 (1)
Huldigungen von mongol. Stammesfürsten ❑67
Angriff auf Persien ❑68
Dschurtschen *var.* Dschürtschen, Jurchen, Tschurtschen. Volk, das ursprünglich aus den Bergen der östl. Mandschurei stammt. Gründeten das Reich Jin und eroberten N China 1126, sodass die Song-Herrschaft auf S China beschränkt wurde. ✤263, ◆263 (5)
siehe auch Jin-Dynastie
Dsungarei besetzt duch China (1751) ✤87● *siehe auch* Xiankiang
Dubček, Alexander (1921–92). Erster Sekretär der KP der Tschechoslowakei (5. Jan. 1968–17. Apr. 1969), dessen liberale Reformen zum Einmarsch der Warschauer Pakt-Truppen und zur Niederschlagung des ›Prager Frühlings‹ führten. ✤213
Dublin Wikinger-Siedlungen ✤185●, ◆185 (3)
Dumont d'Urville, Jules Sébastien-César (1790–1842). Frz. Seefahrer und Entdecker, der 1826–29 als Biologe an mehreren Pazifik-Expeditionen teilnahm. 1837–40 erkundete er die Antarktis, wo er Terre Adélie und die Joinville-Insel entdeckte. ◆287 (3)
Dunhuang Chinesischer Buddha ❑59
Dušan, Stefan (ca.1308–55). Serbischer Herrscher. Schuf durch Feldzüge auf dem Balkan das Großserbische Reich. ✤189, ◆189 (4)
Dust Bowl Bezeichnung der Prärie-staaten in den USA (Oklahoma, Kansas etc.), die während der 1930er Jahre nach einer langen Trockenperiode unter starker Bodenerosion litten. Tausende Farmer mussten damals ihr verödetes Land aufgeben. ✤134, ◆134

E

Eanna-Heiligtum in Uruk ✤220
Eannes, Gil 15. Jh. Port. Entdecker, der auf Betreiben von Heinrich dem Seefahrer 1434 das Kap Bojador in Afrika umfuhr.
Erkundung Afrikas (1433–35) ✤156●, ◆156 (3)
East India Company *Dtsch.* Ostindien-Kompanie. Die Handelsgesellschaft wurde 1600 von Elisabeth I. unter dem Namen ›Governor and Company of Merchants of London trading into the East Indies‹ gegründet. Zuerst an der indischen Westküste tätig, dann Expansion an die Ostküste. Mit dem Bau einer Faktorei in Surat (1612) begann die eng. Kolonialgeschichte in Ostindien. Die E. erhielt von den Moguln Konzessionen und erlangte 1757 die Kontrolle über Bengalen. Der Versuch der E., Indien zu annektieren, führte nach Intervention der brit. Regierung zu politischem Bedeutungsverlust. Nach dem Sepoy-Aufstand von 1857 hatte sie keine Regierungsfunktion mehr und wurde 1873 aufgelöst. ✤79●, ✤91●, ✤95, ❑239, ❑247, ✤248
Küstennahe Handelsniederlassungen (17. Jh.) ✤83
Militäraktionen (17. Jh.) ✤87
Echenaton *var.* Akhenaten, Amenhotep, Amenophis IV. Herrscher der 18. Dynastie von Ägypten (reg.1353–1336 v.Chr.). Seine Regierung bedeutete für Ägypten eine kulturelle Revolution, denn er entmachtete die alte Amun-Priesterkaste, begründete mit dem Aton-Kult den ersten Monotheismus der Weltgeschichte und erbaute eine neue Hauptstadt in der Wüste beim heutigen El-Amarna (*gen.* Achetaton, *var.* Akhetaten). Mit dieser Zeit verbunden ist ein besonderer künstler. Stil, der sich durch überlängte und verzerrte Proportionen auszeichnet. E.s Reformen blieben aber unpopulär und wurde nach seinem Tod (vermutl. durch Gift) von der Priesterkaste rückgängig gemacht. Sein unmündiger Sohn Tutenchamun (*erst* Tutenchaton) starb ebenfalls überraschend jung.
Ägypt. Pharao ✤26, ✤27●, ❑28
Gründet El-Amarna ✤29, ◆29 (5)
Großer Palast ❑29
Ecuador
Abholzung ◆153 (4)
Kulturregion ◆145 (4)
Ökonomie ◆151 (3), ◆153 (3)
Politische Entwicklung (seit 1930) ◆152 (1)
Unabhängigkeit ✤150, ✤150●, ◆150 (1)
v.Chr. ✤42●
siehe auch Groß-Kolumbien; Südamerika
Edessa
Fällt an Muslime (1144) ✤63●
Gefangennahme Valerians (260) ✤51●
Kreuzritter-Staat ✤63, ✤65
Polit. u. wirtschaftl. Entwicklung ◆151 (3)
Edo Kaiserliche Hauptstadt Japans während des Tokugawa-Shogunats. ✤267
Edward I. (1239–1307) König von England (reg. 1272–1307). Ältester Sohn von Heinrich III. Er unterstützte Simon de Montfort im Aufstand der Barone (1264–67), besiegte aber später de Montfort an der Seite seines Vaters in der Schlacht von Evesham (1265). Auf seinen zahlreichen Feldzügen annektierte er N und W Wales. Den größten Teil seiner weiteren Regierungszeit widmete er dem Versuch, England und Schottland zu vereinen, gegen den heftigen Widerstand der Schotten. Obwohl E. die Armee von William Wallace bei Falkirk 1298 besiegte, erlangte er keine Kontrolle über Schottland und starb in Carlisle auf dem Feldzug gegen den neu gekrönten Robert Bruce. Wegen der Neuordnung der Verwaltung und seiner Reformen im Rechtswesen wird er mit dem römischen Kaiser Justinian verglichen. ✤188, ◆188 (2)
Edward III. (1312–77) König von England (reg.1327–77). Sohn von Edward II. Bis 1330 regierte seine Mutter Isabella an seiner Stelle. In seinen ersten Regierungsjahren war er in Kriege mit Schottland verwickelt. 1337 löste sein Anspruch auf den französischen Thron den Hundertjährigen Krieg aus, in dem er die Schlacht von Crécy und die Belagerung von Calais leitete. ✤192, ◆192 (1)
Edward, Prince of Wales *auch* ›Schwarzer Prinz‹ (1330–76). Sohn von Edward III. Siegreicher Feldheer im Hundertjährigen Krieg, der in Crécy glänzte und bei Poitiers einen großen Sieg errang (1356). Seinen Namen verdankt er der schwarzen Rüstung, die er in der Schlacht getragen haben soll. ◆192 (1)
Edward der Bekenner (ca. 1003–66). König von England (reg. 1042–66). Edward ist bekannt für seine Gläubigkeit – 1611 wurde er heilig gesprochen – und als Begründer der Westminster Abbey in London. Seine Herrschaftszeit war jedoch von Fehden gekennzeichnet, die nach seinem Tod zu einem Krieg um die Thronnachfolge zwischen Harold, Sohn des Grafen Godwin von Wessex, und Wilhelm dem Eroberer führten. ✤186●
EG *siehe* Europäische Union
Einkorn Prähistorische Weizenart (Vorläufer des Zuchtweizens) ❑21
Einsatzgruppen Sicherheitspolizei der Deutschen bzw. ihrer Verbündeten, unter Kontrolle der SS. Waren für ›ethnische Säuberungen‹ (mit ca 2 Mio. Ermordeten) hinter den deutschen Linien verantwortlich. ✤211●
Eisen v.Chr. ✤31, ✤34, ✤35●, ✤38, ✤39●
Verarbeitung in Afrika ✤38, ✤39●, ✤160, ✤160●
Nielsen entwickelt Heißwindverfahren (1824) ❑90
Nok-Kultur ✤160, ◆160 (1)
Eisenbahnen
Amazonia ◆153 (4)
Ausfuhrhafen am Pazifik ❑151
Central Pacific Railroad (1869) ✤92●
Dampflokomotive ✤90
Europa (1900) ◆94–5
Hochgeschwindigkeitszug in Japan ❑274
Indien ✤95, ❑249
Londoner U-Bahn ✤92●, ❑102
Stockton-Darlington-Linie (1825) ✤204●
Transsibirische ❑269
USA ❑92, ✤94–5, ✤128, ❑128, ◆128–9 (2), ❑129, ✤132, ◆132 (1)
Wichtige Verbindungen (ca.1914) ◆92 (1)
Eiserner Vorhang Begriff für die Grenze zwischen dem Komm. Block unter Führung der UdSSR und den Westalliierten (›Freie Welt‹) nach dem ZWK. Charakt. durch rigiden Abschluss in politischer, militärischer und ideologischer Hinsicht. ✤108●, ✤213●, ◆213 (1), (2)
Eisenhower-Doktrin (1957). Außenpolitische Erklärung des US-Präsidenten Eisenhower. Der Präsident sagt darin jedem Land des Nahen Ostens Unterstützung für den Fall eines Angriffs durch ein kommunistisches Land zu. Wie die Truman-Doktrin sollte dadurch die Ausdehnung des sowjetischen Einflussbereichs verhindert werden. ✤138●
Eisenhower, Dwight David (1890–1969) US-General und 34. Präsident der USA (Republikaner 1952–60). Im ZWK hatte er das Kommando über die US-Kräfte in N Afrika und die Operation Overlord. 1944 übernahm er das Oberkommando der alliierten Truppen. Nach dem Krieg war er Oberkommandierender der Nato-Landstreitkräfte bis zur Wahl als US-Präsident 1952. In seiner Amtszeit endete der Korea-Krieg (1953), wurde die SEATO gegründet und begann die Bürgerrechtsbewegung in den USA. 1956 wurde er wiedergewählt. ✤139●
Eisenzeit Letzte vorgeschichtliche Periode in der Alten Welt (ab ca. 1100 v.Chr. in Kleinasien mit starkem regionalem Zeitgefälle: erst um 1 n.Chr. in Nordeuropa). Charakt. durch allgemeinen Gebrauch von Eisen als Werkstoff für Waffen, Geräte, Werkzeuge. In der Regel folgte die E. der Bronzezeit, doch in manchen Teilen der Alten Welt, z.B. Afrika, erfolgte der Übergang direkt von der Steinzeit ohne intermediäre Kupfer- und Bronzeverarbeitung. ✤31●, ✤158●
In Afrika ◆158 (1)
Eiszeit Erdgeschichtliche Periode großer Kälte. Verbunden mit dem Absinken der Meeresspiegel, da das Wasser in Eisdecken und Gletschern gebunden wurde. Auf den so entstandenen Landbrücken konnten Tiere und Menschen neue Teile der Erde erreichen und besiedeln. Die letzte Eiszeit erreichte ihren Klimax vor 20 000 Jahren und endete vor etwa 10 000 Jahren. ◆114–5, ◆140–1, ◆154–5, ◆170–1, ◆216–7, ◆236–7, ◆254–5, ◆276–7
Eisschilde und -decken ✤14, ✤18●, ✤120●
Europa ◆170–1, ❑171
Felsritzungen (Petroglyphen) ❑17
Handabdrücke ❑17
Höhlenmalerei ✤17, ◆17 (3), (5)
N Amerika ◆116–7
Paläolithische Kunst ✤17, ◆17 (2)
Überlebensstrategien ✤16●
Venus-Figurinen in Europa ✤17, ◆17 (4)
Vorgeschichtl. Lebensweisen ✤16, ◆16 (1)
EGKS *siehe* Europäische Gemeinschaft für Kohle und Stahl
El Alamein ⚔ im ZWK (Okt.–Nov. 1942). Deutsche Niederlage bedeutete den Beginn der Eroberung von N Afrika durch brit. Truppen in Verbindung mit den ANZAC-Einheiten aus dem Commonwealth. ◆211 (4)
El-Amarna *var.* Akhetaton.
Stadtplan ✤29, ◆29 (5)
Wandmalerei des Großen Palastes ❑29
siehe auch Echnaton
Elcano, Juan Sebastián *var.* Del Cano, Delcano (ca.1476–1526). Baskischer Seefahrer und Begleiter Magellans. Kapitän eines der Schiffe bei Magellans erster Weltumsegelung 1519–21. Nach der Ermordung Magellans auf den Philippinen 1521 führte Del Cano die *Victoria* mit ihrer wertvollen Fracht von Gewürznelken zurück nach Spanien. Er war der erste Weltumsegler überhaupt. ◆80–1 (1)
El Dorado *Dtsch.* Der Vergoldete. Je nach Überlieferung Bezeichnung für ein Land oder einen Priesterkönig mit unermesslichem Reichtum. Der Mythos vom E.D. war unter den Europäern in S Amerika stark verbreitet und Antrieb für zahlreiche Expeditionen.
Suche nach E. D. ✤149, ❑149
Elfenbein
Afrikanischer Handel ◆166–7 (1)
Geschnitzter Zahn (16. Jh.) ❑162
Handel d. Alten Welt (ca.1 n.Chr.) ◆44–5
Inuit-Messer ❑123
Kushana-Platte ❑47
Megiddo-Tafel ❑222
Schachfiguren (12. Jh.) ❑60
El Mirador Maya-Stadt ✤46●, ✤121●
El Salvador, Bürgerkrieg (1979–1992). Bürgerkrieg zwischen der von den USA unterstützten Militärjunta und den linksgerichteten Guerillas der FMLN (benannt nach Farabundo Martí, Anführer eines kommunistischen Aufstandes 1932). Der Krieg endete unter Vermittlung der UN mit einem Friedensabkommen.
Ende des Bürgerkrieges (1992) ✤110●
US-Intervention ◆139 (5)
Elam Königreich in SW Mesopotamien. Die Elamiter machten Susa zu ihrer Hauptstadt und erreichten im 13. Jh. v.Chr. eine Ausdehnung von Babylon bis nach Persepolis. Sie erlangten die Kontrolle über die sumerische Stadt Ur um 2000 v.Chr. ◆26–7, ✤221●, ◆222 (2)
Assyrische Belagerung einer elamitischen Stadt ❑222
Eleonore von Aquitanien (ca.1122–1204). Nach der Annulierung ihrer Ehe mit Ludwig VII. von Frankreich heiratete sie Heinrich II. von England. Unterstützte ihre Söhne Richard und John beim Aufstand gegen ihren Vater und war später, während der Teilnahme Richards I. an den Kreuzzügen, Regentin. Sie führte eine Armee zur Niederschlagung eines Aufstandes gegen ihren Sohn John in Anjou (1200). ❑187
Elektron Gold-Silber-Legierung ✤35
Elektrostatik Entwicklung ✤80
Elisabeth I. (1533–1603) Königin von England (1558–1603). Die Tochter von Heinrich VIII. und Anne Boleyn bestieg nach dem Tod ihrer Halbschwester Maria I. den Thron. E. stellte die anglikanische Staatskirche wieder her und beendete die Verschwörungen der Katholiken durch drakonische Hinrichtung der Beteiligten, die schottische Königin Maria Stuart wurde 1587 gehenkt. In ihre Regierungszeit fällt auch der Sieg über die span. Armada (1588). Unter der Herrschaft E. erlebte England eine Zeit von Stabilität, Wohlstand und kultureller Blüte.
Elmina *var.* São Jorge da Mina
Von Portugiesen gegründet (1482) ✤75●, ✤78, ✤156●
Von Holländern erobert (1637) ✤164●
Elvas Ende der Belagerung ❑196
Emancipation Proclamation (›Emanzipationserklärung‹) Erklärung US-Präsident Abraham Lincolns vom 22. Sept.1862, dass alle Sklaven, die gegen die konföderierten Staaten rebellierten, ab 1863 frei wären. So wurde aus dem Bürgerkrieg ein Krieg gegen die Sklaverei. Bald darauf kämpften Tausende Schwarze in der Unionsarmee für

die Abschaffung der Sklaverei. ✤130–131
Emory, Lt. William 19. Jh. Erkunder des Westens der USA.
Expedition (1846) ◆119 (3)
Encyclopédie *siehe* Diderot
Endara, Guillermo 1989 von den USA unterstützter Präsident von Panama ❑139
Endeavour Schiff Captain Cooks ✤87
Endlösung der Judenfrage Nat.-soz. Umschreibung für die geplante organisierte Ausrottung des europ. Judentums. Das erste Vernichtungslager eröffnete im Dez. 1941 in Chelmno, die Wannsee-Konferenz im Jan. 1942 leitet den Höhepunkt des nat.-soz. Völkermords ein. ✤211, ◆211 (3), (4), ❑211
Energiegewinnung Globale Technologien (ca.1500) ◆76–7 (1)
England
Schottland und Wales (1284–1337) ✤188●
siehe auch Großbritannien
England, Luftschlacht um Luft ⚔ im ZWK (Juli–Okt. 1940). Kampf um die Lufthoheit über dem Kanal und dem Süden Englands, in dem die Royal Air Force die Angriffe der Deutschen Luftwaffe auf London (›Blitz‹) stoppte und eine geplante deutsche Invasion der Insel verhinderte. ✤210●, ❑210, ◆210 (1)
Englischer Bürgerkrieg *auch* Great Rebellion (1640–51). Krieg zwischen dem Parlament unter Führung von Oliver Cromwell und Royalisten auf den Brit. Inseln. Er begann mit dem ›Bischofs-Krieg‹ (1639, 1640) gegen Schottland und führte nach Siegen der ›Neuen Armee‹ des Parlaments zur Hinrichtung von Karl I. ✤196●, ◆196 (2)
Enigma Deutsches Verschlüsselungsgerät im ZWK. ❑210
siehe auch Ultra
Enlil ›Götterkönig‹ des sumerischen Pantheons. E. verkörperte Energie und Stärke. Sein akkadisches Gegenstück Bel war der mesopotamische Gott des Kosmos. ✤28
Ensete Afrikanische Bananenart ◆21 (2), ◆158 (1)
Entdeckungen *siehe* Erkundung
Entente Ursprünglich Abkommen zwischen Frankreich und Großbritannien über koloniale Fragen (1904). Im EWK und in der Zwischenkriegszeit Bezeichnung für die Allianz gegen Deutschland, Österreich-Ungarn und deren Verbündete (Zentralmächte) bzw. gegen die Bolschewiki (im russ. Bürgerkrieg). *siehe auch* Alliierte. ✤206–7, ◆206–7, ◆208 (2)
Eratosthenes von Kyrene (ca.276–194 v.Chr.). Griech. Geograf, Astronom und Mathematiker. Neben einer Vielzahl von anderen Fertigkeiten und Entdeckungen berechnete er als Erster den Erdumfang, entwickelte ein System zur Identifizierung von Primzahlen und schrieb geografische Abhandlungen. ✤172
Erde Babylonische Weltkarte ❑34
Jainistisches Bild vom Universum ❑238
Erdgas Reserven Saudi-Arabiens ✤234, ❑234
Erdöl
Förderung in der Golf-Region ✤107, ◆234 (1)
Gründung der OPEC ✤107●
Ölkrise (1973) ✤106●
Erfindungen
Archimedische Schraube ❑38
Astrolabium ❑218, ✤238
Bronzeguss ✤22, ✤31●, ❑27
Bronzemünzen ❑35, ❑259
Damm aus Holz und Reisig ❑83
Druck mit beweglichen Lettern (ca.1045) ✤63●
Flachwebstuhl ❑190
Industrielle Revolution ✤92●, ✤204●
Kompass (13. Jh.) ❑67
Magnetkompass (ca. 250) ✤256●
Mumifizierung ❑31
Papier (um 105 n.Chr.) ✤46, ❑46
Papiergeld ✤59●, ✤263
Papyrus ❑30
Rundfunktechnik von Marconi (1894) ❑98
Schiffschronometer (1762) ✤86
Steigbügel aus Metall ❑51
Telefon (1876) ✤95
Töpferscheibe (ca.3000) ✤23
Von Jesuiten in China eingeführt (16. Jh.) ✤80
Windkraft ✤63
siehe auch Optische Instrumente, Telekommunikation
Erik der Rote *var.* Erik Raude (10. Jh.), norweg. Seefahrer. Musste aus Island fliehen, entdeckte Grönland 983 und kehrte nach Island zurück, um norweg. Siedler zu überzeugen, sich mit ihm auf Grönland niederzulassen. 986 brach er mit 25 Schiffen dorthin auf und gründete zwei Siedlungen. Die frühen Bewohner pflegten weiter das isländische Regierungsmodell. Auf dem Höhepunkt der norweg. Besiedlung lebten rund 4000 Wikinger auf Grönland. ✤60●
Erik Raude *siehe* Erik der Rote
Eriksson, Leif ›der Glückliche‹ (geb. ca. 970) Norw. Seefahrer. E. gründete Siedlungen auf Grönland, lebte später in Anse-aux-Meadows im heutigen Neufundland und dürfte der erste Europäer sein, der in Nordamerika gelandet ist. ✤62●, ◆118 (1)
Eriksson, Thorvald Wikinger und Bruder von Leif Eriksson; erkundete N Amerika (1005–12). ◆118 (1)
Eritrea
Ital. Kolonie (1889) ✤167●
Bürgerkrieg (1984–85) ✤168●
Erkundung
Regionen
Afrika ◆80–1 (1), ✤156–7, ◆156 (1)–(3), ◆157 (4), (5)
Amerika ◆80–1 (1)
N Amerika ◆118 (1)–(3)
S Amerika ◆142 (1)–(3)
Arktis, Rennen zum N Pol ✤286, ◆286–7 (2)
Asien, W Asien ◆218–9 (1)–(4)
Pazifik ✤60, ◆60 (2), ◆77 (7), ◆80–1 (1), ✤278, ◆278 (1), ❑279
S u. SO Asien ◆80–1 (1), ✤238–9, ❑239, ◆239 (1), (2), ❑247
Entdeckungsfahrten
Antarktis-Expeditionen ✤287, ✤287●, ◆287 (3)
Arktis-Expeditionen ✤286, ◆286–7 (2)
Europa in der Antike ◆172 (1)
Europäer in Arabien ◆219 (4)
Europäer in S und SO Asien ◆80–1 (1), ◆239 (1), ✤239●
Europäer in Westasien ◆219 (3)
Europäer im Pazifik ◆80–1 (1), ✤278●, ◆278 (1), ✤279, ❑279, ◆279 (3)
Indik ◆80–1 (1), ◆61 (3)
Nordostpassage ✤286, ◆286 (1), ✤257, ◆257 (2)
Nordwestpassage ✤286, ◆286 (1)
Spanier in Mittelamerika ✤125, ◆125 (4)
Westasien in der Antike ◆218 (1)
Weltumrundungen von europ. Seefahrern ◆80–1 (1)
Wikinger (ca.1000) ◆60–1 (1)
Zentralasien ✤256 ◆256 (1)
siehe auch einzelne Reisende
Erster Kaiser *siehe* Qin-Dynastie, Shi Huangdi
Erster Weltkrieg *siehe* Weltkriege
Erste Zwischenperiode etwa 100 Jahre in Ägypten ab ca. 2134 v.Chr., in denen sich die Regierungsgewalt vom Hof zurück in die Provinzen verlagerte. ✤158●
Eskimo *siehe* Aleut, Inuit
Esperey, General d' landet in Instanbul ❑233
Esquival, Juan de Span. N Amerika-Forscher des 16. Jh. ◆125 (4)
Essequibo
Brit. Kolonie ◆149 (4)
Erste niederl. Siedlungen ✤149●, ◆149 (4)
Estado Novo Diktatur von Präsident Getúlio Vargas in Brasilien (1937–45). Grundlage war eine neue Verfassung, die von Vargas und seinem Justizminister Francisco Campos formuliert und die im Nov. 1937 verabschiedet wurde. ◆152 (1)
Ethelbald König des angelsächsischen Königreichs Mercia ✤183●
Etowah Kulturelle Stätte am Mississippi ✤123
Etrusker *Lt.* Tusci, *Gr.* Tyrrhenoi. Volk der antiken Welt im Westen und Zentrum der Italischen Halbinsel seit dem 8. Jh. v.Chr., die im Bündnis mit Carthagern die griechische Kolonisation auf den Süden beschränkten. Auf dem Höhepunkt ihrer Macht beherrschten sie auch Rom. 510 v.Chr. wurden der Etrusker-König aus Rom vertrieben, und 283 v.Chr. das gesamte Etruskergebiet dem röm. Machtbereich einverleibt. In der röm. Kultur blieb jedoch ihr kultureller Einfluss bewahrt; das Tyrrhenische Meer ist heute nach ihnen benannt. ✤176●
Etrusk. Stadtstaaten ✤31●, ◆176 (1)
Grabmalerei ❑34, ❑176
Italische Kulturen (500 v.Chr.) ◆178, ◆178 (2)
Religion ◆36 (1)
Rom vertreibt etrusk. König (509 v.Chr.) ✤34●
Sarkophag ❑178
EU *siehe* Europäische Union
Eudoxos von Kyzikos (geb. ca.135 v.Chr.). Griechischer Seefahrer, der im Auftrag der Ptolemäer-Könige von Ägypten nach Indien und Afrika fuhr. ✤218●
Eugénie (1826–1920) Kaiserin von Frankreich. Geboren in Spanien, wurde sie Gemahlin des frz. Kaisers Napoleon III. Nach dessen Sturz 1871, floh sie nach England, wo er sie nach der Haft in Deutschland wiedertraf. ❑232
Eunuchen in China ✤47●
Euphrat Babylonische Weltkarte ❑34
Eurasien Geopolitische Bezeichnung der beiden Kontinente Europa und Asien, oft einschließlich Ägypten und der griech.-röm. Besitzungen in N Afrika. ◆44–5
Karte von Ptolemaeus ❑44
Landkarte ca.1300 ◆68 (2)
Euratom (European Atomic Energy Community, ›Europäische Atomgemeinschaft‹) Internationale Organisation, die 1957 mit den Römischen Verträgen ins Leben gerufen wurde, um die friedliche Nutzung der Atomenergie in Europa zu fördern und zu entwickeln. ◆214 (1)
Euripides (484–406 v.Chr.). Künstler und Tragiker aus Athen, der mehr als 80 Dramen verfasst hat, von denen 19 überliefert sind. ✤177
Europa 170–215
Vor-, Frühgeschichte ✤15●, ✤18, ✤27, ✤31●, ✤38, ◆170–1, ✤174–5
Erben des Röm. Reichs (500) ✤182–3, ◆182 (1)
Handel im Mittelalter ✤190
Bekannte Welt (1492) ◆77 (5)
Entstehung von Staatensytemen (17. Jh.) ✤196–7
Bevölkerung ✤94, ✤198, ❑215
siehe auch einzelne Länder, Weltkriege
Europäische Atomgemeinschaft *siehe* Euratom
Europäische Gemeinschaft für Kohle und Stahl (EGKS) *var.* Montanunion. 1952 von Frankreich, Italien, der BRD und den Beneluxländern gegründete Organisation zur Schaffung eines gemeinsamen Markts für Kohle und Stahl. ◆214 (1)
Europäische Union (EU) *ehem.* Europäische Wirtschaftsgemeinschaft (EWG), Europäische Gemeinschaft (EG). 1993 geschaffene Organisation von 15 Staaten, die ein gemeinsames wirtschaftliches Gebiet bilden und eine weitgehende Abstimmung ihrer Politik anstreben. Die EU ist die vorerst letzte Etappe einer Entwicklung, die mit den Römischen Verträgen (1957) und der Gründung der EWG (Frankreich, Deutschland, Italien, Belgien, Niederlande) begann, zu der sich 1972 das Vereinigte Königreich, Irland, Spanien, Portugal, Dänemark und Griechenland gesellten (EG). Seit den 90er Jahren verstärkte Einbindung ehemaliger Ostblockländer. ✤108, ✤214, ◆214 (1)
Gründung (1957) ✤106●, ✤214, ❑214
European Recovery Program *siehe* Marshall-Plan
European Union Treaty *siehe* Maastrichter Vertrag
Eutaw Springs ⚔ im amerikan. Unabhängigkeitskrieg (8. Sept. 1781); Brit. Sieg. ◆127 (3)
Everest, Sir George (1790–1866). Ingenieuroffizier in Diensten der British East India Company. Er leitete die trigonometrische Vermessung Indiens (›Survey of India‹). Nach 1823 war er für die Triangulationen des gesamten Subkontinents verantwortlich. Als Anerkennung seiner Verdienste wurde der Mount Everest nach ihm benannt. ✤239, ✤239●, ❑239
Evolution
Homo sapiens sapiens ✤14–15, ◆14–15, ❑14–15
Scopes' ›Monkey Trial‹ (Deut. ›Affenprozess‹, 1925) ✤135●
EWG Europ. Wirtschaftsgemeinschaft gegründet (1957) ✤106●
siehe auch Europäische Union
Eylau ⚔ (1807) der Napoleonischen Kriege im 3. Koalitionskrieg. Franz. Sieg. ◆200 (1)
Eyre, Edward (1815–1901). Brit. Australienforscher, der die Nullarbor-Ebene 1840–41 durchquerte. Ohne die Hilfe der dort lebenden Aborigines wäre er allerdings verdurstet. ✤279 (2)✤279 (2)
Ezana Aksumiten-König (ca. 350) ✤50●

F

Fa Hsien *siehe* Faxian
Faisal I. *var.* Feisal (1885–1933). Gab T.E. Lawrence Unterstützung für den arabischen ›Aufstand in der Wüste‹ (1916–18) im EWK. Nach dem Scheitern der arabischen Vereinigung (Seykes-Picot-Abkommen) ließ er sich von den Briten zum König des Irak (1921–33) machen. 1930 unterzeichnete er den Vertrag, mit dem die brit. Mandatarmacht den Irak in die Unabhängigkeit entließ. ❑232 *siehe auch* Lawrence, T.E.
Falkland-Krieg (1982) zwischen Argentinien und dem Vereinigten Königreich. ✤110●, ◆152 (1)
Fallam, Robert 17. Jh. Erkunder NO Amerikas. Begleitete Thomas Batts 1671 bei der Suche nach einem sagenumwobenen See im Süden. ◆119 (2)
Fallen Timbers ⚔ (20. Aug. 1794). Sieg der US-Truppen über das Bündnis der nordwestlichen Indianerstämme. Danach konnten die weißen Siedlungsgebiete in indianische Gebiete ausgedehnt werden, besonders in Ohio. ◆128–9 (2)
Färöer Inseln
Besiedlung durch Wikinger ✤172
Fashoda ⚔ (1898). Britisch-Franz. Konflikt in N Afrika ✤95●
Fasiladas (gest.1667) Äthiopischer König (reg.1632–67). Kappte die Verbindungen zwischen seinem Land und Europa durch eine isolationist. Politik, die mehr als 2 Jh. andauerte. ✤165, ❑165
Fatimiden-Dynastie (909–1171). Muslim. schiitische Dynastie, gegründet in Ifriqiyah (heutiges Tunesien, N Afrika). Die Fatimiden bezeichneten sich als Nachkommen von Fatima, der Tochter Mohammeds. 910 ließen sie sich zum Gegenkalifen ausrufen, 969 eroberte der vierte Fatimiden-Kalif, Muizz, Ägypten. Er gründete die Hauptstadt Al Qāhira (›Die Siegreiche‹ = Kairo), wo die F. bis zum 12. Jh. residierten. ✤58, ✤227, ◆227 (6)
Eroberung Ägyptens (969) ✤58●
Dynastie (969–1171) ✤58●, ✤63●, ✤162●
Sturz der Aghlabiden (909) ✤58●
Verlust von Ifriqiyah (1048) ✤63●
Kreuzzüge (1144) ◆65 (3)
Faxian *var.* Fa-Hsien (*nwb.* ca. 400). Chin. Buddhistenmönch und Reisender. Unternahm die erste überlieferte Reise über Land von China nach Indien und zurück über See zwischen 399 und 414. Zweck der Reise war die Aufnahme religiöser Texte im Ursprungsland des Buddhismus; seine Berichte befruchteten auch die chinesische Geografie. ✤49●, ◆256 (1)
FBI (Federal Bureau of Investigation) 1908 gegründete US-Regierungsbehörde, die für Innere Sicherheit, Spionageabwehr und die Aufklärung von Verstößen gegen das Bundesstrafrecht zuständig ist. ✤135●
Federmann, Nikolaus (gest.1542) Dtsch. Südamerikaforscher. F. war Repräsentant der Welser, den Bankiers von Karl V., die von diesem Ländereien im heutigen Venezuela erhielten. 1530 und 1537 unternahm er Expeditionen ins Landesinnere. Auf der zweiten bestieg er die westlichen Kordilleren und erreichte 1539 Bogotá. Wegen Veruntreuung von königlichem Besitz wurde er nach Spanien zurückbeordert. ◆142 (1)
Feisal I. *siehe* Faisal I.
Felsbilder Älteste bekannte, in allen Erdteilen vorkommende Kunstform, bis zu 30 000 Jahre alt. Abgebildet wurden meist Jagdszenen, die auf die Steinoberfläche, meist in Höhlen oder Felsvorsprüngen, geritzt oder gemalt wurden und wohl rituelle Funktion besaßen. Die meisten Felsbilder wurden in der Sahara gefunden. ❑14, ✤14, ❑15, ✤15●, ✤17●, ❑17, ◆17 (3), (5)
Ferdinand II. (1578–1637) Kaiser des Hl. Röm. Reichs (1619–37). Die Absetzung des streng gläubigen Katholiken F. als König von Böhmen durch böhmische Protestanten führte zum Dreißigjährigen Krieg. Nach seinem Sieg am Weißen Berg (1620) wurde der Katholizismus in Böhmen wiedereingeführt. ✤196●
Ferdinand von Aragón *var.* F. der Katholische (1452–1516), König von Kastilien (ab 1474), von Aragón und Sizilien (ab1479), von Neapel (ab 1503). Seine Heirat mit Isabella von Kastilien (1451–1504) 1469 führte zur Union Aragóns und Kastiliens. Mit der Eroberung Granadas von den Mauren (1492), der Einführung der Inquisition und der Eroberung Navarras (1512) waren die ›Katholischen Könige‹ Wegbereiter des span. Nationalstaats. In ihre Regierungszeit fiel die Vertreibung von Juden und Mauren und Kolumbus Entdeckung von Amerika. ✤75●, ✤192●
Ferghana Keramik-Pferd ❑44, ❑55
Fessan *siehe* Garamanten
Festung Europa Bezeichnung für das von den Deutschen besetzte Europa im ZWK nach dem Kriegseintritt der Sowjetunion. ✤210
Feuerbestattung Erste bekannte (vor 26 000 Jahren) ✤16●
Fezzan *siehe* Garamanten
Fidschi *var.* Fiji.
Polynesische Kultur ✤55, ✤60
Arbeiter-Einwanderung (1874) ✤284, ✤284●
Finley, John 18. Jh. Erkunder des Ostens der USA.
Erkundung der Cumberland Gap (1752) ✤119●
Finnland
Unabhängigkeit ◆208 (1)
ZWK, mobilisierte Soldaten und Verluste ✤105
First Fleet *Dtsch.* ›Erste Flotte‹. Name der aus 11 Sträflingsschiffen bestehenden Flotte, die 1788 in Botany Bay landeten und die erste brit. Kolonie in Australien gründeten. Sie stand unter dem Befehl von Captain Arthur Phillip, der erster Gouverneur von New South Wales wurde. ✤282, ❑282
Fitch, Ralph (ca.1550–1611). Brit. Kaufmann. Einer der ersten Engländer, die Indien und SO Asien bereisten. ◆239 (1)
Flandern
Teil des Span. Reichs ◆81 (3)
Holländ. Revolte ◆195 (5)
Fliegende Festung *siehe* Flying Fortress
Flinders, Matthew (1774–1814) Brit. Marineoffizier. 1798–99 umsegelte er mit George Bass Tasmania und bewies damit, daß es sich um eine Insel handelt. Er wurde daraufhin zum Kapitän der *HMS Investigator* ernannt, die die Küstenlinie Australiens vollständig erfassen sollte. ◆279 (2)
Florida
Erkundung ◆118 (1), ◆125 (4)
Gründung von Jesuiten-Missionen (1560er) ✤125●
Gemalte Karte (16. Jh.) ❑118
Gründung span. Siedlungen (16. Jh.) ✤118, ◆125 (4)
Seminolen-Kriege (1816–50) ◆128–9 (2)
Span. Gebiet erobert (1820) ✤90●
Fluchtburg *var.* Fliehburg, Oppidum. Meist auf einer Erhebung errichtete Wallanlage, in deren Inneres man durch eine oft komplexe Toranlage gelangte. F. wurden seit der Bronzezeit in Westeuropa angelegt und dienten den Ackerbaugemeinschaften als Zuflucht. ✤34, ◆175, ◆175 (3)
Flying Fortress *Dtsch.* ›Fliegende Festung‹. Spitzname für amerikan. B17-Bomber. Die F. flogen im ZWK auch tagsüber Angriffe gegen Deutschland. ❑105
FNLA *siehe* National Front for the Liberation of Angola.
Fodio, Osman dan *siehe* Usuman dan Fodio
Ford, Gerald Rudolf (1913–) 38. US-Präsident (Republikaner,1974–76). Übernahm das Amt 1974 nach dem Rücktritt von Richard Nixon, konnte sich bei den folgenden Präsidentschaftswahlen jedoch nicht durchsetzen. ✤139●
Ford, Henry (1863–1947). Amerikan. Ingenieur. Er gründete 1903 die Ford Motor Company und führte damals als erster für seinen Ford Model-T die Fließbandproduktion ein. ❑134
Ford, John (1895–1973). Amerikan. Filmregisseur. F. war ein wichtiger Vertreter des Western-Genres. 1939 entstand sein Film ›The Grapes of Wrath‹ (Früchte des Zorns). ❑135
Formosa *var.* Taiwan
Eroberung durch Kangxi-Kaiser (1683) ✤83●
Forrest, Alexander Australien-Forscher im 19. Jh. ◆279 (2)
Forrest, John (1847–1918). Austral. Forscher und Politiker. Seine erste Unternehmung (1869) galt der Suche nach der Expedition von Ludwig Leichhardt. F. unternahm danach weitere Reisen ins Innere Westaustraliens. 1883 wurde er Generalvermesser der Kolonie, später erster Ministerpräsident von Western Australia. ◆279 (2)
Fort Donelson ⚔ im Sezessionskrieg (16. Feb.1862); Sieg der Union. ◆131 (6)
Fort Henry ⚔ im Sezessionskrieg (6. Feb.1862); Sieg der Union. ◆131 (6)
Fort Jesus
Von Portugal gegründet (1593) ❑83
Schutz des portugiesischen Handels (1593–1698) ❑164
Von Arabern aus Oman erobert (1698) ❑83, ✤83●
Fort St. George *var.* Madras ❑247
Fort Sumter ⚔ und Beginn des Sezessionskriegs (12. April 1861). ◆131 (6)
Fountains Abbey Refektorium der Zisterzienser ❑187
France Antarctique *var.* Ilha de Villegagnon. Insel vor der SO Küste Brasiliens. Wurde 1555 von franz. Hugenotten unter der Führung von Nicolas Durand de Villegaignon kolonisiert. Eine port. Invasion zwang sie 1560, die Insel zu verlassen. ✤149●
Francisco de Xavier Span. Missionar in China (16. Jh.) ❑80
Franco, General Francisco, Francisco Paulino Hermenegildo Teódulo Franco Bahamonde (1892–1975). Span. General und Diktator, der im Spanischen Bürgerkrieg (1936–39) von Marokko aus mit Unterstützung der Italiener die Volksfrontregierung stürzte. Bis zu seinem Tod am 20.11.1975 Diktator von Spanien. ✤110●, ✤209
Fränkisches Reich Die Franken, ein germanisches Volk mit Sitz in den heutigen Niederlanden (incl. Niederrhein), stiegen nach dem Zusammenbruch der Weströmischen Herrschaft zur stärksten Macht in Westeuropa auf. Unter Clodowech (Chlodwig) I. (481–511) und dessen Nachfolgern (den Merowingern) konnte das Reich bis nach Aquitanien und an das Gebiet der Sachsen vergrößert werden. Karl der Großen erreichte dann die weiteste Ausdehnung. 182–3, ◆182 (1), (2), ❑183, ◆183 (5), (6), 184–5, ◆184 (2)
Übertritt zum Christentum (497) ✤49●
Expansion (500) ◆182 (1)
Königreiche ✤183●, ◆183 (5), (6
Völkerwanderung (300–500) ◆52–3 (1)
Tribute an Wikinger (845) ✤60●
siehe auch Karl der Große
Franklin ⚔ im Sezessionskrieg (30. Nov.1864); kein eindeutiger Sieger. ◆131 (7)
Franklin, Sir John (1786–1847). Brit. Marineoffizier und Forscher. Leitete 1818 die erste Expedition i die Arktis und später zwei Landexpeditionen zur Kartografierung der nordamerikanischen Arktisküste (1819–22 und 1825–27). 184 begann er die Suche nach einer Nordwestpassage. Alle 129 Mann der Expedition blieben verschollen. Mehrere Expeditionen machten sich vergeblich auf die Suche nach der vermissten F.-Expedition.
Arktis-Forscher (1845–47) ◆286 (1), ◆286–7 (2)
Erkundung N Kanadas (1820–21, 1825–27) ◆119 (3)
Frankreich
Auswärtige Beziehungen
Besitzungen
1500 ◆74–5
1600 ◆78–9
1700 ◆82–3
1800 ◆86–7
1850 ◆90–1
1900 ◆94–5
1925 ◆98–9
1950 ◆102–3
1975 ◆106–7
Verlorene Kolonien im 18. Jh ◆86–7
Afrika
Erkundung des Inneren (19. Jh.) ◆157 (4), (5)
Kolonialismus (19. Jh.) ◆166–7 (1), (3), (4)
Algerien, Invasion (1830) ✤90, ✤232, ✤232●
Imperialismus (1880–1920) ✤96, ◆96 (1)
Tunesien, Besetzung (1881) ✤232, ✤232●
Eroberung von Dahomey (1893) ✤95●
Dekolonisation ✤168, ◆168 (1)
Amerika
Erkundung N Amerikas (16.–17. Jh.) ◆118 (1)
Handelsniederlassungen in N Amerika ✤82
Kolonien in S Amerika (16./17. Jh.) ◆143 (2)
Kolonisation N Amerikas ✤126–7, ◆126–7 (1), (2)
Unabhängigkeitskrieg (1775–83) ✤127 (3)
USA verkaufen Territorium (1803) ✤90●
Asien
Guayana, Kolonie (ca.1640) ✤149, ◆149 (4)
Indien, Machtverlust (1761) ✤87●
Beijing, Besetzung ✤95●
Aufteilung des Osman. Reichs ✤233
Imperialismus ✤97, ✤97●, ◆97 (3)
Suez-Krise ✤234●
Europa
Johann Ohneland verliert Erbe (1214) ✤66●
Sizilien, von Aragón erobert ✤66●
Hundertjähriger Krieg (1337–1453) ✤70●, ✤75●, ◆192, ✤192●, ◆192 (1), (2)
Italien, Invasion (1494) ✤75●
Rivalität mit Habsburgern ✤194, ✤194●, ◆194 (1)
Reunionen (1679–84) ✤197
Österreich u. Russland besiegt (1805) ✤90●
Kriegserklärung an Deutschland (1939) ✤102●
Pazifik-Besitzungen ◆284 (1), ✤285, ◆285 (3)
Entdeckungsreisen (1492–1597) ◆80–1 (1)
Inneres
Schlacht von Crécy (1346) ✤70●, ❑192
Jacquerie (1358) ✤70●, ✤192●, ◆192 (1)
Niederlage bei Azincourt (1415) ✤75●
Belagerung von Orléans (1429) ✤75●, ✤192●
Konsolidierung und Revolutionen (17. Jh.) ✤196, ✤196●, ◆196 (2)
Unter Ludwig XIV. (1660–1715) ✤197, ◆197 (5)
Revolution ✤86, ✤90, ✤199, ❑199, ◆199 (4)
Staatsstreich durch Napoleon (1799) ✤86●
Bevölkerungswachstum (1650–1800) ❑198
Zusammenbruch des Zweiten Kaiserreichs (1870) ✤94
Innovationen, Eiffelturm (1889) ❑92
siehe auch Weltkriege
Franz I. von Frankreich *var.* François Ier (1491–1547), König von Frankreich (reg.1515–47). Seine Herr-

Legende: ✤ Text ● Zeitleiste ❑ Bild ◆ Karte *var.* Variantname *nwb.* nachweisbar *ehem.* ehemals *passim* und folgende *reg.* regierte ⚔ Schlacht EWK Erster Weltkrieg ZWK Zweiter Weltkrieg

schaft wurde bestimmt durch die Kriege mit den Habsburgern (besonders mit Karl V.) um die Vorherrschaft in Italien. F. war ein herausragender Förderer der Renaissance und ließ das Schloss von Fontainebleau erbauen. ✣194, ✣194●, ◆194 (1)
Franz Ferdinand (1863–1914), Erzherzog von Österreich-Este. Österreichischer Thronfolger, dessen Ermordung in Sarajevo (Bosnien-Herzegowina) den EWK auslöste. ✣98●, ✣206
Franziskus von Assisi (ca.1181–1226). Gründer des Franziskaner-Ordens und später des weiblichen Klarrissen-Ordens. 1228 wurde F. kanonisiert. Die Ordensmitglieder befolgen die von Papst Honorius III. 1223 bestätigten Regeln Franziskus', deren Leitprinzip die *Heilige Armut* ist. ✣187, ✣187●
  Erkundung S Amerikas ✣143●
Französische Revolution (1789). Politisch motivierter Aufstand, der mit dem Fall der Monarchie endete und die franz. Gesellschaft und das Staatswesen tiefgehend veränderte. Der ›Dritte Stand‹, die Vertretung des Bürgertums in den 1789 von Ludwig XVI. einberufenen Generalständen, erklärte sich mit dem Ballhausschwur zur Nationalversammlung, die auf die öffentliche Unzufriedenheit und Aufruhr, wie die Erstürmung der Bastille (14. Juli), mit weitreichenden politischen, wirtschaftl. u. sozialen Reformen reagierte. Diese bedeuteten die Abschaffung von Adelsprivilegien, den Einzug von Kirchengut und die Verkündung der ›Menschenrechte‹. Die königl. Familie wurde von Versailles nach Paris gebracht. 1792 wurde Ludwig XVI. nach einem Fluchtversuch inhaftiert und später exekutiert, die Monarchie abgeschafft und Frankreich zur Republik erklärt. *siehe auch* Bourbonen, Direktorium, Jakobiner, Robespierre, Schreckensherrschaft. ✣86●, ❑86, ✣88–9●, ◆88–9 (2), ✣199●, ◆199 (4), ❑199
Französisch-Westafrika Gründung der Föderation (1904) ✣167●
Fraser River Goldfunde ✣93●
Fredericksburg ⚔ im Sezessionskrieg (13. Dez.1862); Sieg der Konföderierten. ◆131 (6)
Freeman's Farm ⚔ im amerikan. Unabhängigkeitskrieg (19. Sept. 1777); amerikan. Sieg. ◆127 (3)
Freetown Brit. Siedlung befreiter Sklaven (1787) ✣87●
Fremont, John Charles (1813–90). US-Amerikan. Forscher. Anfang der 1940er Jahre erkundete er große Teile des Südwestens der USA. Die Kartierung führte zu einer stärkeren Besiedlung des Westens. F. reiste bis nach Kalifornien und nahm an der Bear Flag Revolt teil. Daraufhin wurde er degradiert und musste seinen Auftrag abgeben. Im kalifornischen Goldrausch 1848 gewann er ein Vermögen und kandidierte 1856 erfolglos für das Amt des Präsidenten.
  US-Expedition (1842–44) ◆119 (3)
  Zeichnung aus seinen Memoiren ❑119
Fresken
  Etruskisches Grab ❑34
  Kassapa, Wolkenmädchen (5. Jh.) ❑51
  Zodiakus-Grabstätte ❑39
FRG *siehe* Bundesrepublik Deutschland
Friedland ⚔ (1807) in den Napoleonischen Kriegen, 3. Koalitionskrieg. Franz. Sieg. ◆200 (1)
Friedrich I. *var.* Friedrich Barbarossa (1123–90), Kaiser des Hl. Röm. Reichs (reg.1152–90) und König von Deutschland und Italien. Errichtete eine deutsche Vorherrschaft über weite Teile W Europas. Gewann die Macht über Italien, Polen, Ungarn, Dänemark und Burgund. Führte 1189 den Dritten Kreuzzug an, siegte bei Philomelium und Iconium, ertrank aber vor Erreichen des Hl. Lands.
  Schutz für Universität von Bologna ✣187●
  Dritter Kreuzzug (1189–92) ◆64–5 (2)
  Als Kreuzfahrer ❑186
  Konflikt mit italien. Handelsstädten ✣190●
Friedrich II. *var. Lat.* Stupor Mundi, ›Das Staunen der Welt‹ (1194–1250), Kaiser des Hl. Röm. Reichs (reg.1220–1250) und Deutscher König. Enkel von Friedrich I. Barbarossa und letzter großer Herrscher des Hauses Hohenstaufen, Sohn von Konstanze von Hauteville, der Erbin des normannischen Königreichs in Sizilien. Wuchs im normannisch-arabisch geprägten Sizilien auf, studierte bei muslim. Gelehrten, kämpfte gegen das Papsttum und erreichte durch Verhandlungen einen Zugang nach Jerusalem für die Christen. »Durch die Jahrhunderte von Karl dem Großen bis Napoleon ist ihm kein Herrscher ebenbürtig.« (M. Schipa)
  Vertrag über Jerusalem (1229) ✣64●, ✣65●
  Herrschaftsgebiet ◆188 (1)
  Konflikt mit Päpsten ✣188
Friedrich II. *var.* Friedrich der Große (1712–86), König von Preußen (reg.1740–86). Fähiger Verwalter und brillanter Soldat, regierte Preußen als aufgeklärter Monarch, führte religiöse Toleranz ein und reformierte das Heer und die Landwirtschaft (Anbau von Kartoffeln). 1740 besetzte er Schlesien und kämpfte den Österreichischen Erbfolgekrieg (1740–48) und den Siebenjährigen Krieg (1756–63), um es zu behalten. Bei der ersten Teilung Polens (1772) gewann er Westpreußen (Pomerellen). Unter ihm wurde Preußen eine europ. Großmacht. ✣199
Friedrich Barbarossa *siehe* Friedrich I.
Friedrich Wilhelm *var.* der ›Große Kurfürst‹, 1620–88 Kurfürst von Brandenburg (reg.1640–88). Im Westfälischen Frieden vergrößerte er Brandenburgs Besitz, nach dem Nordischen Krieg erlangte er 1660 volle Souveränität in Preußen. Er legte den Grundstein für den Aufstieg Brandenburg-Preußens und schuf ein diszipliniertes stehendes Heer. ✣199, ◆199 (3)
Frisius, Gemma Flämischer Mathematiker, Physiker und Astronom des 16. Jh., der den flämischen Kartografen Gerardus Mercator als Ratgeber zur Seite stand. ✣173●
Fritz, Samuel (ca.1659–1725) Deutscher Jesuit. Wirkte ab 1686 bei der Missionierung der Omagua am Oberlauf des Amazonas mit. Er setzte sich gegen die Einmischung von Portugiesen ein und leistete wichtige Beiträge zur Kartierung der Region.
  Aragon-Karte ❑143
Frobisher, Sir Martin (ca.1535–94) Brit. Seefahrer, der 1576 aufbrach, um eine Nordwestpassage zu finden. Dabei entdeckte er die nach ihm benannte Frobisher Bay in Kanada. ◆80–1 (1), ✣80●
  Suche nach Nordwestpassage (1576) ❑286, ◆286 (1)
  N Amerika-Expedition (1576–77) ◆118 (1)
Fruchtbarer Halbmond Die Region gilt als Wiege der eurasischen Zivilisation. ✣220, ◆220 (2)
Fruchtbarkeitskulte In den meisten Kulturen der Erde verbreitete Bräuche, die die natürliche Fruchtbarkeit von Boden oder Lebewesen fördern sollten. In der Regel verbunden mit einer weiblichen Gottheit, der sog. Magna Mater, der ›Großen Mutter‹ (die Gaia des gr. Mythos davon ein Nachhall). Die Venus-Figurinen oder die Statuetten schwangerer Frauen gelten als Ausdruck des F. ❑19
Früchte des Zorns *Eng.* The Grapes of Wrath (Film, 1939) ❑135
Frühdynastische Periode Epoche der frühen Geschichte des Alten Orients in S Mesopotamien, die der frühsumerischen Uruk-Periode folgte (ca 28.–24. Jh. v.Chr.). Die Zeit ist geprägt durch die Blüte der sumerischen Kultur (Erfindung der Keilschrift, Niederschrift zahlreicher Mythen, wie z.B. der Sintflut) und durch politische Organisation in urbanen Kleinstaaten unter der Führung von dynastischen Priesterkönigen. Wurde durch das akkadische Reich von Sargon I. abgelöst. ✣28●, ✣221
  siehe auch Akkader, Keilschrift, Sargon I., Sintflut, Sumer
Frühere Han *siehe* Han-Dynastie
Fujiwara-Sippe Dynastie, die durch Heirat und Diplomatie die japan. kaiserliche Regierung vom 9. bis zum 12. Jh. dominierte. ✣63, ✣265●, ◆265 (4), (5)
Ful *siehe* Fulbe
Fulani *siehe* Fulbe
Fulbe *Franz.* Peul, *Eng.* Fulani. Vorwiegend muslim. Stammesgruppe, die vom Tschad-See bis zur Atlantikküste weite Teile W Afrikas bewohnt.
  Fulbe-Stadt (1730) ❑164
  siehe auch Futa Jallon
Fünf Dynastien und zehn Reiche (907–60) Periode der chin. Geschichte, die auf die Tang-Dynastie folgte, als China in zehn Einzelstaaten zerfiel. ✣263
Fünfundneunzig Thesen (1517). Von Martin Luther verfasstes Dokument, das kirchliche Reformen insbesondere zum Ablasshandel forderte. An eine Kirchentür in Wittenberg genagelt. ✣194
  siehe auch Martin Luther.
Futa Jallon Fulbe-Staat (Afrika)
  Aufstieg (ca.1730) ✣164●
  siehe auch Fulbe

G

Gadsden Purchase (1853). Kauf von 30 000 Quadratmeilen (77 700 km²) Land von Mexiko (im heutigen New Mexico und Arizona) für die USA durch James Gadsden, um eine südliche Eisenbahnlinie zum Pazifik zu bauen. ✣129, ◆128–9 (2)
Galapagos-Inseln
  Darwin erforscht Finkenarten ❑143
  Von Beagle-Offizieren erstellte Karte ❑143
Galeone Hochbordige Kriegs- und Handelsschiffe zwischen dem 15. und 18. Jh. Die größten Galleonen erbauten die Spanier und Portugiesen für den gewinnträchtigen Überseehandel.
  Manila-Galeone ◆81 (3)
  siehe auch Verkehr
Galerius *var.* Gaius Galerius Valerius Maximianus (ca. 250–311), röm. Kaiser (reg. 305–311) und entschiedener Gegner des Christentums. ✣51●
Galilei, Galileo (1564–1642). Ital. Naturphilosoph, Astronom und Mathematiker. Leistete einen wesentlichen Beitrag zur Kinematik und Astronomie und zählt zu den Begründern der modernen Naturwissenschaft. ✣83
Gallien *var.* Gallia
  Eroberung durch Rom ✣42●
  Röm. Provinz ◆180 (1)
  Gallisches Reich des Postumus (260–74) ✣181●
  Einfall der Vandalen (406) ✣50●
  Einfall der Hunnen (451) ✣53●
Gallipoli Schlacht im EWK (Feb.1915–Dez.1916) zwischen alliierten und türkischen Verbänden. Versuch der Alliierten, die Dardanellen zu kontrollieren und Konstantinopel zu erobern. ✣99●, ◆207 (6), ◆233 (2), ❑233
Gama, Vasco da (ca.1460–1524). Port. Seefahrer. 1497 erhielt er vom port. König den Auftrag, den Seeweg nach Indien zu finden. Er umsegelte das Kap der Guten Hoffnung, lief die Handelszentren Ostafrikas an, überquerte den Indischen Ozean und erreichte am 20. Mai 1498 Kalkutta. 1502 unternahm er mit einer Kriegsflotte eine zweite Reise nach Indien und erzwang die Anerkennung der Oberhoheit Portugals an der Westküste Indiens. ✣80●, ❑80, ◆80–1 (1), ◆239 (1)
  Erkundung Afrikas (1497–99) ◆156 (3)
  Reise nach Indien ✣75, ✣80, ✣156●, ✣239●, ◆239 (1)
Gandhara *var.* Kandahar. Indo-griechischer Staat im südl. Z Asien (3. Jh. v.Chr.–5. Jh.). Im Punjab gelegen, war G. eines der Königreiche, welche die Nachfolge der von Alexander d. Gr. gegründeten griech. Kolonie Baktrien antraten. Mit dem Niedergang des Maurya-Reichs zogen die baktrischen Griechen ins Tal des Kabul und in den Punjab und gründeten dort unabhängige Königreiche. Die buddhistische Kunst G.s ist bekannt für ihre breit gefächerte Mischung westlicher und indischer Stilrichtungen. G. mit seiner Hauptstadt Taxila wurde um 90 v.Chr. von asiatischen Nomaden (den Skythen) eingenommen. ◆224 (1), ◆242 (1), (2)
  Einnahme durch asiatische Skythen (90 v.Chr.) ✣43
  Persische Übernahme (533 v.Chr.) ✣35●
Gandhi, Indira (1917–84). Ind. Politikerin. Tochter von Nehru, 1966–77 Ministerpräsidentin (Kongresspartei). Wegen der wachsenden regierungsfeindlichen Proteste rief sie 1975 den nationalen Ausnahmezustand aus. Nach der Wahlniederlage 1977 trat sie zurück, gewann jedoch 1980 wieder und wurde erneut Ministerpräsidentin. Bald darauf wurde G. von einem extremistischen Sikh ermordet. ✣111●, ❑252
Gandhi, Mohandas K. *gen.* Mahatma (1869–1948). Führer der indischen Unabhängigkeitsbewegung. Arbeitete als Anwalt in Südafrika und stand dort an der Spitze einer Bewegung, die sich für die Bürgerrechte der indischen Minderheit einsetzte. Bei seiner Rückkehr nach Indien 1915 übernahm er die Führung des Indischen Nationalkongresses und setzte sich für das Ende der brit. Herrschaft in Indien ein, wobei er gewaltlosen Widerstand (*satyagraha*) und die Nichtbeteiligung an der Verwaltung (*asahayoga*) propagierte. Seine Kampagne gegen das Salzmonpol der Briten, der ›Marsch zum Meer‹ (1930) und die Demonstrationen zivilen Ungehorsams (1920–22, 1930–34, 1940–42) waren wichtige Schritte auf dem Weg Indiens in die Unabhängigkeit. Gandhi wurde von einem fanatischen Hindu ermordet. ✣99●, ❑103, ❑250
Gandhi, Rajiv (1944–1991). Generalsekretär der ind. Kongresspartei ab 1981. Nach der Ermordung seiner Mutter Indira Gandhi indischer Ministerpräsident (1984–89). 1991 wurde G. von tamilischen Separatisten ermordet. ❑252
Ganges-Ebene
  Beginn des Ackerbaus ✣19
  Frühe Stadtkultur ✣36●
Gao Zu *var.* Kao Tsu, *auch* Liu Chi, Liu Pang (256–195 v.Chr.). Gründer und erster Kaiser der Han-Dynastie 206 v.Chr., nachdem er siegreich aus dem Nachfolgekrieg nach dem Tod von Shi Huangdi hervorgegangen war. ✣43
Garamanten Schon von Herodot erwähntes saharisches Volk und Staatsgebiet im SW des heutigen Libyen. Die Römer, die die G. 19 v.Chr. unterwarfen, nannten das Reich Phazania, daraus abgel. der heutige Name Fezzan. ✣38–39
Garay, Francisco de Span. N Amerika-Forscher im 16. Jh. ✣125 (4)
Garibaldi, Giuseppe (1807–82). Ital. Revolutionär und Freiheitskämpfer und eine der wichtigsten Gestalten des Risorgimento. Erfolgreich im Krieg gegen die Österreicher in der Lombardei (1848), Mitbegründer der Römischen Republik (1848). Eroberte 1859 auf Veranlassung Cavours mit einem Alpenjägerkorp Sizilien und Neapel (›Zug der Tausend‹) und übergab sie Viktor Emanuel II.
  Treffen mit Viktor Emanuel II. ❑203
  Einigung Italiens ✣203, ✣203●, ◆203 (3)
Gasmasken *siehe* Chemische Kriegführung
Gaugamela ⚔ bei Alexanderfeldzug (331 v.Chr.). Entscheidende Schlacht gegen Perser. ✣39●, ◆39 (1)
Gaulle, Charles de (1890–1970). Franz. Offizier und Politiker. Aus dem Londoner Exil konnte er die Résistance organisieren, nahm an der Rückeroberung Frankreichs teil und wurde 1947 und 1953 franz. Staatspräsident. 1958 wurde G. erster Präsident der Fünften Republik. 1959–60 förderte er die Entlassung zahlreicher Kolonien in die Unabhängigkeit. ✣106●
Gaza Eroberung durch Israel im Sechs-Tage-Krieg (1967) ✣234●
Gedymin (ca.1275–1341) Großherzog von Litauen (ca.1315–42). Seine Eroberungen legten den Grundstein für das große Litauische Reich (mit Polen) des späten MA. ✣189●, ◆189 (3)
Gegenreformation *var.* Katholische Reformation. Maßnahmen der Kath. Kirche im 16. und frühen 17. Jh., um die protestantische Reformation aufzuhalten und die Kath. Kirche von innen zu erneuern. ✣78●, ✣194, ◆194 (2)
Geheime Staatspolizei *siehe* Gestapo
Geiserich (gest. 477). König der Vandalen und Alanen (reg. 428–477), der weite Teile des Römischen Reiches in Afrika eroberte und 455 in Rom einfiel. ✣52●, ◆52 (1)
Gelber Fluss
  Neolith. Revolution (v.Chr.) ◆258 (1)
  Überschwemmungen (1351) ✣71●
Gelbe Turbane *var.* Zhang Yue. Aufstand einer religiösen Sekte unter den Späten Han (184). Ihr gemeinschaftl. Lebensstil und ihre Vision eines Zeitalters ›Großen Wohlergehens‹ ließ ihn unter den ländl. Aufständen, die den Niedergang der Han begleiteten, zum bedeutendsten werden. ✣47●, ✣260●
Geld *siehe* Münzen, Wirtschaft
Gemeinsamer Markt *siehe* Europäische Union.
Gempei-Krieg Krieg zwischen Taira- und Yoritomo-Clan um die Vorherrschaft in Japan. ✣265
Genezareth, See Anbau von Wildgetreidearten (19 000 v.Chr.) ✣16●
Genghis Khan *siehe* Dschingis Khan
Genseric *siehe* Geiserich
Genua
  Aufschwung im 11. Jh. ✣62
  Handelswege (ca.1300) ✣190, ◆190–1 (1)
  Besitzungen (1400) ◆70–1
Geographias Hyphigisis (Ptolemaeus) ✣44, ✣55, ✣173●, ✣218●
Geographica (Strabon) ✣44, ✣218●
Geological Survey, US Aquarell von der Wüste Kanab (1880) ❑119
Georgien Ehem. Sowjetrepublik, die 1991 unabhängig wurde.
  Ende der Sowjetunion ◆215 (4)
  Bürgerkrieg ✣110
Germanen Eindringen ins Röm. Reich ✣44●, ✣46, ✣50
Germantown ⚔ im amerikan. Unabhängigkeitskrieg (4. Okt.1777). Brit. Sieg. ◆127 (3)
Gerste Frühe Domestikation ✣19
Gestapo (Geheime Staatspolizei). Seit 1936 politische Polizei des nationalsozialistischen Deutschlands, von Göring und Himmler geformt. Zu ihren Aufgaben zählte neben der Ermittlung politischer Straftaten auch die Verfolgung von Personen und Gruppen, die das NS-Reich als seine Gegener betrachtete. ✣211
Gettysburg ⚔ im Sezessionskrieg (1.–3. Juli 1863). Sieg der Union, der als Wendepunkt des Krieges gilt. ❑131, ◆131 (6)
Gettysburg Address (19. Nov.1863) Rede von US-Präsident Abraham Lincoln bei der Einweihung des Nationalfriedhofs in Gettysburg. Am Ende der Rede verlieh Lincoln seiner Hoffnung Ausdruck, dass die Nation mit Gott eine neue Freiheit erleben und dass die Demokratie niemals von der Erde verschwinden möge. ✣131●
Gewichte und Maße ✣33, ❑33
Gewürzhandel ✣71
  Afrika (19. Jh.) ◆166–7 (1)
  Alte Welt (ca.1 n.Chr.) ◆44–5
  Pfefferernte in Südindien ❑79
Gewürzinseln *siehe* Molukken
Ghana
  Königreich ✣58, ✣163, ✣163●
  Invasion durch Almoraviden (1076) ✣63●
  Vom Mali-Reich verdrängt (13. Jh.) ✣66, ✣163, ◆163 (4)–(7)
  Unabhängigkeit (1957) ✣107●, ❑168
Ghaznawiden-Dynastie ✣59●, ✣63, ✣227, ◆227 (6)
  siehe auch Mahmud von Ghazna
Gia-Long *var.* Nguyen Phuc Anh (1762–1820). Kaiser und Gründer der letzten Dynastie Vietnams vor der franz. Besetzung. ✣91
Gildo Berberführer (ca. 397) ✣50●
Giles, Ernest (1835–97). Brit. Forscher, der zwischen 1872 und 1876 den Westen Australiens erforschte. ◆279 (2)
Gilgamesch Legendärer sumerischer König (3. Jt. v.Chr.). Von ihm berichtet das Gilgamesch-Epos, die erste überlieferte Schöpfungsgeschichte der Welt. ✣220●, ❑222
Gist, Christopher (ca.1705–59). Amerikan. Forscher. Er vermaß 1750–51 das Ohio-Tal und nahm 1753–54 an George Washingtons Feldzug gegen die Franzosen teil, mit dem sie aus der Region vertrieben wurden. ◆119 (2)
Giza Pyramiden (2530–2470 v.Chr.) ✣23●, ❑22
Glendalough Irisches Kloster mit Wehrtürmen ❑58
Glockenbecher-Kultur Neolithische Kultur, die ihren Ursprung wohl am Unterlauf des Rheins besitzt und sich etwa 2600–2200 v.Chr. über ganz Europa ausbreitete. Benannt nach der typ. Keramik, die die Form einer umgedrehten Glocke hat. G. finden sich oft zusammen mit Waffen als Grabbeigaben und gelten als Anzeichen für die Abkehr von der Tradition der Gemeinschaftsgräber hin zu Einzelgräbern, die den Status der Bestatteten zum Ausdruck bringen. ✣174
Gnostizismus Religiöse Bewegungen, speziell Sekten der vor- und frühchristlichen Jh. Charakteristisch ist der Glaube, dass die materielle Welt vom Bösen geschaffen sei. Erlösung könne dadurch erreicht werden, dass man sie mittels ›Gnosis‹ (Erkenntnis) überwindet.
  Ausbreitung (200–400) ◆49 (4)
Goa Hauptstadt der port. Besitzungen in Indien ✣79●, ✣247, ❑247, ◆247 (3)
Golanhöhen Eroberung durch Israelis im Sechs-Tage-Krieg (1967) ✣●
Gold
  Afrika, Handel (19. Jh.) ◆166–7 (1)
  Ägyptische Grabbeigaben ❑26
  Australien ✣282, ❑282, ◆282 (2)
  Bedeutende Funde (spätes 19. Jh.) ◆93 (2)
  Chimú, Kultgegenstände ❑146
  Erster Gebrauch ✣18
  Figurine eines Hethiter-Königs (ca.1400 v.Chr.) ❑27
  Funde in Brasilien (1695) ✣82●, ✣149●
  Gold aus Nubien (v.Chr.) ✣26
  Goldwäscher in British Columbia ❑93
  Handel d. Alten Welt (ca.1 n.Chr.) ◆44–5
  Insignien des Hofs v. Asante ❑87
  Kalifornischer Goldrausch (1849) ✣90●, ✣93, ◆93 (3), ✣100●
  Lama der Inka ❑148
  Münzen aus N Afrika ❑162
  Sklaven in brasilian. Minen ❑149
  Stier ❑18
  Sub-Sahara ✣58
  W Afrika, Handel (13. Jh.) ◆66
Goldene Bulle (1356). Wichtigste Verfassungsurkunde des Hl. Röm. Reichs. Kaiser Karl IV. bestätigte mit ihr das Königswahlrecht der sieben Kurfürsten und die Unteilbarkeit der Kurlande. ✣189●
Goldene Horde Mongolen-Khanat in Zentralasien mit der Hauptstadt Saray. Im 13. bis 15. Jh. war das Khanat Großmacht und erhielt Tribute von den russischen Fürstentümern im Nordwesten. ✣67, ✣70, ✣229, ◆229 (4)
  Gegründet von Batu (1242) ✣69●
  Vasallen (1200–1400) ◆189 (4)
Goldenes Dreieck Bezeichnung für das Grenzgebiet von Thailand, Burma, Vietnam und Laos. Eins der größten Anbaugebiete und einer der größten Umschlagplätze für Drogen, besonders für Heroin. ◆113 (4)
Golfkrieg (1990–91). Krieg am Pers. Golf. Ausgelöst durch den Einmarsch Iraks in Kuwait (Aug.1990) unter Präsident Saddam Hussein. Auf Basis einer UN-Resolution begann ein Bündnis aus 29 Staaten unter der Führung der USA militärische Operationen, die in der Operation ›Wüstensturm‹ (Desert Storm) gipfelten. Saddams Armee kapitulierte im Feb.1991 und zog sich aus Kuwait zurück. Die UN verhängten schwere Wirtschaftssanktionen gegen Irak, um Forderungen bezgl. der irak. Abrüstung durchzusetzen. ✣111●, ◆235 (5)
Golf-Staaten
  Konflikt ◆235 (5)
  Ölförderung ◆234 (1)
  Operation ›Desert Storm‹ ✣235●
Goliathquelle *siehe* Ain Djalut
Gomes, Diogo (1440–84). Port. Entdecker, den Heinrich der Seefahrer um 1458 aussandte, um die Küste W Afrikas zu erforschen.
  Bericht über Fluss in W Afrika (1456) ✣156
  Erkundung Afrikas (1458–60) ◆156 (3)
Gomez, Estaban *var.* Estevão Gomes (ca. 1484–1538). Port. Lotse im Dienste Spaniens. 1520 weigerte er sich, den südlichen Teil der Magellan-Straße zu erkunden, und desertierte. 1524–25 kartierte er die nordamerikanische Küste zwischen Nova Scotia und Florida. Bei der Expedition Pedro de Mendozas zum Rio de la Plata wurde er von Indianern getötet. ✣125, ◆125 (4)
Gone with the Wind *siehe* Vom Winde verweht
Gonzalez Davila, Gil Span. Conquistador. Er erforschte die Region um den Nicaragua-See und versuchte 1522 als Erster und ohne Erfolg, das Gebiet des heutigen Nicaragua zu erobern. ✣125, ◆125 (4)
Gorbatschow, Michail Sergejewitsch (1931–). Sowj. Politiker. 1985–1991 Generalsekretär der Kommunistischen Partei der Sowjetunion (KPdSU), Präsident der Sowjetunion 1990–91. G. setzte *Glasnost* (›Offenheit‹) durch, eine Politik, die die Annäherung der Sowjetunion an den Westen erlaubte, und trieb die Verhandlungen zum Abbau der Atomwaffen voran. ✣110●, ✣214–15
Gordillo, Francisco Span. Seefahrer. Erkundete 1522 die Region beim Cape Fear. ✣125
Gorlice-Tarnow ⚔ im EWK (Mai 1915). Russische Truppen wurden von den Mittelmächten zurückgeschlagen. ◆207 (4)
Goten Germanischer Stamm aus Südschweden/Weichsel-Mündung, der ab dem 1. Jh. nach Süden zog, sich dabei in Ost- und Westgoten aufspaltete und im 4. Jh. in die Gebiete des Röm. Reichs eindrang. *siehe auch* Ostgoten, Westgoten ✣53, ✣53●
  Kampf gegen Attila (451) ✣50●
  Völkerwanderung (300–500) ◆52–3 (1)
  Ostgoten ✣53
    Reich (370) ◆50–1
    Expansion (500) ◆182 (1)
    Völkerwanderung (300–500) ◆52–3 (1)
  Westgoten ✣53
    Sieg über Kaiser Valens (378) ✣50●, ✣53●
    Plünderung Roms (410) ✣49●, ✣50●, ✣53, ✣53●
    Tolosanisches Königreich (418) ✣182, ✣182●
    Völkerwanderung (300–500) ◆52–3 (1)
    Kreuz aus dem 6. Jh. ❑182
    Königreich (500) ◆182 (1)
    Eroberungen (600) ◆182 (2)
Gotland Darstellung eines Wikingerschiffs ❑185
Gottfried von Bouillon (ca. 1060–1100) Erster König von Jerusalem (reg.1099–1100). ✣65●
  Kreuzzüge, Routen (1096–99) ◆64–5 (2)
  Angriff auf Jerusalem ❑65
Grabbeigaben
  Adena-Kultur ✣34
  Ain Ghazal, Gipsstatue ❑21
  Gelber Fluss, China ✣258
  Han ❑47, ❑260
  Hopewell, geschnitzte Hand ❑120
  Mehrgarh ✣19●
  Mexiko, Gefäß in Form eines Hundes ❑122
  Mykenischer Dolch ❑26
  Mugharet el-Kebara, Halskette ❑15
  Tell Agrab, Modell eines Streitwagens ❑24
  Ur, Königsgräber ✣24●, ✣24, ❑25
  Varna, Stier aus Goldblech ❑18
  Xianyang, Terrakotta-Armee ❑259
  siehe auch Grabstätten
Grabstätten
  Adena-Kultur (v.Chr.) ✣30, ✣34, ✣38
  Afrika (v.Chr.) ✣15●
  Altai-Gebirge ✣39
  Ägypten (v.Chr.) ❑26
  Mehrgarh (v.Chr.) ✣19
  Neandertaler ❑12
  O Asien (v.Chr.) ✣258
  Qafzeh ✣15●

Rituale ✤21, ✤22–3
Shang-Dynastie (v.Chr.) ✤27
Urnenfelder (1200 v.Chr.) ✤31●
siehe auch Grabbeigaben; Pyramiden
Grañ, Ahmad Glaubenskrieg gegen Äth ◆165 (3)
Granada Als letztes maurisches Königreich auf der iberischen Halbinsel fiel G. 1492 an Spanien. ✤192●, ◆192 (3)
Von Mauren kontrolliert ✤66
Rückeroberung durch Spanier (1492) ✤75●
Gran Colombia *var.* Groß-Kolumbien (1822–30). Republik auf dem Gebiet des früheren Vizekönigreichs Nueva Granada, der heutigen Staaten Ecuador, Kolumbien, Panama und Venezuela. G. wurde nach den Unabhängigkeitskriegen unter Simón Bolívar gegründet. Der Abfall Venezuelas und Ecuadors sowie der Tod Bolivars 1930 führten zum Zusammenbruch der Republik.
1819–30 ◆90–1
Auflösung ✤150, ✤150●, ◆150 (2)
Granikos ⚔ des Alexanderzugs (334 v.Chr.). Erster Zusammenstoß der Makedonen mit dem Heer der persischen Satrapen Kleinasiens an dem Flussübergang, der als ›Asiatische Tore‹ bekannt war. Alexander siegte durch Überraschungsangriff unmittelbar aus der Flussüberquerung heraus. ◆223 (4)
Grant, James Suche nach Nil-Quelle ❑157, ◆157 (5)
Grant, Ulysses Simpson (1822–85) US-General und 18. Präsident der USA (Republikaner,1869–77). Erhielt 1864 den Oberbefehl über die Unionsarmee im Sezessionskrieg. Er griff mit mehreren Armeen gleichzeitig und an verschiedenen Stellen die zahlenmäßig überlegene Konföderation an. Die von E. Lee geführten Truppen der Konföderierten mussten im April 1865 bedingungslos kapitulieren. ✤131, ❑131
Grapes of Wrath, The *siehe* Früchte des Zorns
Great Lakes Erkundung (17. Jh.) ✤119●
Great Rebellion *siehe* Englischer Bürgerkrieg
Griechenland
Antike
Archaische und klassische Zeit (700–300 v.Chr.) ✤176, ◆176 (1)
Diadochen-Reiche (200 v.Chr.) ◆179 (4)
Erkundung
Afrika (ca.150) ◆156 (3)
Im Osten ◆218 (1)
Weltbild (500 v.Chr.) ❑218
Erfindungen
Alphabet ✤34●
Archimedische Schraube ❑38
Kultur
Klassische Epoche (v.Chr.) ✤34, ✤37, ✤38
Kontakt mit Orient ✤41
Mythologie ✤36 (1) ◆37 (3) ❑41
Kolonisation (v.Chr.) ✤176, ❑178
Mykener (ca.1500–1150 v.Chr.) ✤175, ✤175●, ◆175 (4)
Mykenischer Krater ❑174
Mykenisches Gefäß ❑31
Röm. Herrschaft ✤42
Stein von Rosetta ❑42
Stadtstaaten ✤27, ✤31, ✤176, ✤179, ✤34–5, ◆38–9
Modernes Griechenland
19. Jh. ✤203, ◆203 (4)
Unabhängigkeit ✤90, ✤202, ◆202 (1), ✤232
Aufteilung des Osman. Reichs ✤233
EWK ✤207●, ◆207 (6)
ZWK, mobilisierte Soldaten und Verluste ✤105
siehe auch Klassik
Griechischer Unabhängigkeitskrieg (1821–30). Revolte der orthodoxgläubigen Griechen gegen die osman. Herrschaft. Nach 1825 wurden die Griechen von Briten, Russen und später auch Franzosen unterstützt. Nach der Zerstörung der osman. Flotte vor Navarino (1827) und dem Vertrag von Adrianopel (1829) wurde die Unabhängigkeit des neugriechischen Staates als Monarchie 1830 von den europ. Mächten bestätigt. ✤90, ✤202, ✤232●
Gregor VII., St. (ca.1020–1085). Reformerischer Papst (reg.1073–85), der gegen Simonie und Priesterehe anging. Lag ab 1075 im Investiturstreit mit Heinrich IV., der in der Bannung des deutschen Kaisers gipfelte. ✤62●
Grenada US-Intervention (1983) ✤138●, ✤139, ◆139 (5)
Griffith, David Wark *eigentl.* David Llewelyn Wark (1875–1948). Pionier des US-Films und Regisseur von ›Birth of a Nation‹ ✤135●
Grijalva, Juan de (ca.1480–1527) Span. Conquistador. Er nahm 1508 an der Eroberung Cubas teil. Erfuhr 1518 bei der Erkundung Yucatans als erster Europäer von der Existenz des Aztekenreichs und diente später unter Pedrarias Dávila in Mittelamerika. ✤125, ◆125 (4)
Grönland
Wikinger im N Atlantik ✤172
Besiedlung durch Eric den Roten (986) ✤60●
Eriksson segelt nach N Amerika (ca.1000) ✤60●, ✤62●
Bischof Eirik segelt nach N Amerika (1121) ✤62●
Groseilliers, Medart Chouart des Französischer N Amerika-Forscher (1659–60). ◆119 (2)
Großbritannien Nach dem Anschluss von Schottland und Irland die Bezeichnung für das Reich der englischen Könige.
Inneres
Britannien um 750 ◆183 (3)
Angelsächsische Königreiche ✤183●
Wikinger-Feldzüge ✤58, ✤60
Norweger-Siedlungen (ca. 900) ✤60●, ◆60–1 (1)
Machtantritt Knuts d.Gr. (1016) ✤62●
Ende der Dänen-Herrschaft (1042) ✤60●
Brit. Inseln (1200–1400) ◆188 (2)
Bauernaufstand (1381) ✤70●, ◆188 (2)
Sieg über span. Armada (1588) ✤78●
Bürgerkrieg (17. Jh.) ✤196●, ❑196
Bevölkerungswachstum (1650–1800) ❑198
Schwarze Bevölkerung ✤112, ◆112 (1)
Ökonomie
Eisenmetallurgie (v.Chr.) ✤31
Sklavenhandel ✤84, ✤85●, ✤165●
Industrielle Revolution ✤90, ✤204, ✤204●, ◆204 (1)–(3)
Industrialisierung (1914) ◆205 (3)
Äußeres
Entdeckungsfahrten (1492–1597) ◆80–1 (1)
Englische Besitzungen
1000–1200 ◆62–3
1180 ◆187 (4)
1300 ◆66–7
1400 ◆70–1
1500 ◆74–5
1600 ◆78–9
1700 ◆82–3
Britische Besitzungen
1800 ◆86–7
1850 ◆90–1
1900 ◆94–5
1925 ◆98–9
UK-Besitzungen
1950 ◆102–3
1975 ◆106–7
Pazifik-Besitzungen ◆284 (1), ✤284●, ✤285, ◆285 (3)
Amerika
Erkundung S Amerikas ◆142–3 (1), (2)
Erkundung N Amerikas (15.–17. Jh.) ◆118–19 (1)–(3)
Guayana, Kolonie (ca.1640) ✤149, ◆149 (4)
Jamaica, Eroberung (1654) ✤82●
Kolonisation N Amerikas (bis 1750) ◆126 (1)
Brit.-franz. Konflikt (1754–60) ✤126–7, ◆127 (2)
Gr.-Br. erhält Kanada von Frankreich (1763) ✤86
Unabhängigkeitskrieg (1775–83) ◆127 (3)
Schlacht von Bunker Hill (1775) ❑127
Gr.-Br. schröpft Kolonien (1776) ❑127
Unabhängigkeitserklärung der USA (1776) ✤86●
Argentinien, Falkland-Krieg (1982) ✤110●
Afrika
Erkundung des Inneren (19. Jh.) ✤157, ◆157 (4), (5)
Kolonisierung ✤87●, ✤95, ✤166, ◆166–7 (1), (3), (4)
Buren-Trecks und Mfecane-Kriege ◆166 (2)
Natal annektiert (1844) ✤91●
Imperialismus (1880–1920) ✤96, ◆96 (1)
Ägypten, militär. Besetzung (1882) ✤95
Kampf um Südafrika ✤96, ✤96●, ◆96 (2)
Dekolonisation ✤168, ◆168 (1)
Ghana erreicht Unabhängigkeit (1957) ✤107●
Südafrika verlässt den Commonwealth ✤107●
Europa
Koalition gegen Frankreich (1792–1815) ✤201, ◆201 (3)
Asien
Tibet, erste brit. Gesandtschaft ✤257●
Indien, Expansion ✤87●, ✤248, ✤248●, ◆248 (1), (2)
Ceylon, Küstenstreifen erobert (1796) ✤87●
Hong Kong übernommen (1842) ✤91
Beijing besetzt (1860) ✤95●
Afghanistan, Invasion (1878–79) ✤95●
Burma annektiert (1885–86) ✤95●
Imperialismus ✤97, ✤97●, ◆97 (3)
Naher Osten
Aufteilung des Osman. Reichs ✤233
Suez-Krise (1956) ✤234●
Golfkrieg (1990–91) ◆235 (5)
Australien
Botany Bay gegründet (1788) ✤87●
Brit. Kolonie (1829) ✤91
Neuseeland annektiert (1840) ✤91●
Commonwealth ausgerufen (1901) ✤99●
EWK *siehe* Weltkriege
ZWK *siehe* Weltkriege
Großdeutsches Reich Nach dem Anschluss des Saarlands, Österreichs, Böhmen, Mährens und des Memellands ab 1939 inoffizielle Bezeichung für das Deutsche Reich, die später auch amtlich verwendet wurde. ✤211●, ◆211 (2), (3)
›Große Drei‹ Die drei Führer der Alliierten im ZWK: Roosevelt (USA), Churchill (Gr.-Br.) und Stalin (UdSSR). ❑105
Große Mauer *siehe* Chinesische Mauer
Große Nördliche Expedition (1733–42) Russ. Expedition im Auftrag Peters d. Gr. unter Leitung von Vitus Bering. Ziel war die Kartierung der sibirischen N Küste und der Kurilen. ◆257 (2)
Großer Nordischer Krieg (1700–21). Langjähriger Kampf zwischen Schweden und Russland um die Macht im Ostseeraum. Nach anfänglichen Erfolgen von Karl XII. schlug Russland unter Peter d. Gr. zurück und gewann die Vormachtstellung in der Region. ✤197, ◆197 (3), ✤197
Großer Sprung nach vorn (1958) Versuch, die Produktivität in China durch die Schaffung großer ländl. und städtischer Kommunen zu steigern. Schlug jedoch fehl und verursachte Hungersnot mit 30 Mio. Toten. 1961 aufgegeben. ✤274●, ❑274
Großer Treck *Afr.* Groot Trek. Auszug von mehr als 12 000 Buren aus der Kapkolonie in Südafrika zwischen 1835 und den frühen 1840ern mit dem Ziel, neues Weideland zu finden. Sie reagierten damit auf die Anti-Sklaverei-Politik der brit. Kolonialverwaltung. ✤166●, ◆166 (2), ❑166
Großes Fahrzeug *siehe* Mahayana-Buddhismus
Groß-Kolumbien *siehe* Gran Colombia
Großostasiatische Wohlstandssphäre Japan. Begriff für den Einflussbereich in O Asien ab den 1930ern. Brach 1945 mit japan. Niederlage zusammen ✤272
Großseldschukisches Reich *siehe* Seldschuken ◆62–3
Groß-Zimbabwe Komplex von Steinbauten im südl. Afrika, von den Shona zwischen dem 3. und 15. Jh. gebaut. Der Name bezeichnet auch das Königtum, das dort sein Zentrum hatte und im 13. und 14. Jh. die Blütezeit erlebte.
Islamisches Königreich ✤66
Machtverlust an das Mutapa-Reich (ca.1450) ✤75●
Königspalast ❑67, ✤163
Ruinen ◆163 (3), ✤163
Guadalcanal Folge von See- und Land ⚔ im ZWK (Aug. 1942–Feb. 1943) bei der Insel Guadalcanal (Salomon-Inseln). Hier konnten die Alliierten den Vormarsch japan. Truppen im Südwestpazifik stoppen.. ✤104, ❑250
Guam US-Territorium mit Selbstverwaltung ✤284●, ◆284 (1)
Guangala Kultur an der Küste des westl. S Amerika (ca.250 v.Chr.). ✤42●
Guangzhou *var.* Kanton, Stadt in S China
Arab. Indik-Handel (8. Jh.) ✤61
Hafen ❑269
Guaraní Südamerikanisches Volk der Tupi-Guaraní-Sprachfamilie. Die Ur-Guaraní bewohnten den östlichen Teil Paraguays und die an Brasilien und Argentinien grenzenden Gebiete. Im 14. und 15. Jh. wanderten Guaraní zum Río de la Plata aus, die späteren Paraguay-Guaraní.
Handel mit Jesuiten ✤143, ◆143 (2)
Proteste gegen Vertrag von Madrid (1754–55) ✤143●
Guarmani, Carlo Italien. Erkunder der Arabischen Halbinsel des 19. Jh., der mit arabischen Zuchthengsten handelte. ◆219 (4)
Guatemala
Maya-Stadtstaaten ✤122
Sturz der Regierung (1954) ✤139
Guayana
Kolonisierung ✤149 (4)●
Erkundung durch Schomburgk (1835–44) ✤143●
Zuckerrohrplantagen ✤82
Ökonomie ◆151 (3), ◆153 (3)
Politische Entwicklung (seit 1930) ◆152 (1)
siehe auch Südamerika
Guerra de 1847 *siehe* Texas-Krieg
Guilford Court House ⚔ im amerikan. Unabhängigkeitskrieg (5. März 1781). Kein klarer Sieger. ◆127 (3)
Guinea-Bissau Rebellen-Truppen ❑169
Guomindang *var.* Kuomintang. Nationalistische Partei in China, regierte China von 1928 bis zum kommunist. Sieg 1949. ✤271
Gupta-Dynastie (320–480). Herrschergeschlecht in Indien, das erst in der Stadt Pataliputra, dann in Ayodhya residierte. Das Reich erstreckte sich zeitweise vom Punjab im Westen bis Nord-Bengalen. Die Herrschaft der 5 Gupta-Monarchen war tolerant; Künste, Musik, Bildhauerei und Malerei erblühten, und der Handel florierte. Staatsreligion war der Buddhismus. Einfälle der Hunnen im 5. und 6. Jh. ließen das Reich zusammenbrechen. ✤48, ❑48, ✤51, ✤244, ◆244 (1)
Gurjara-Pratihara (8.–11. Jh.). Indisches Königreich mit Ursprung in Rajasthan, das ab 836 das Gebiet zwischen dem östlichen Punjab und dem nördlichen Bengalen kontrollierte. Zerfiel im 10. Jh. in Kleinreiche. ✤55, ✤59●
Gurkha-Krieg (1814–16). Konflikt zw. nepalesischen Gurkha und Gr.-Br. in Sikkim und der Ganges-Ebene. Im Vertrag von Segauli wurde festgelegt, dass sich die Nepalesen aus Sikkim und dem Gebiet am Fuße des westl. Himalaya zurückziehen mussten. ✤248●
GUS (Gemeinschaft Unabhängiger Staaten) *Eng.* CIS (Commonwealth of Independent States), *Russ.* Sodruzhestvo Nezavisimykh Gosudarstv. Assoziation souveräner Staaten, gegründet 1991, die Russland und 11 weitere Republiken umfasst, die früher Teil der UdSSR waren. ✤215
siehe auch Russische Föderation
Gustav Adolf (Gustav II., 1594–1632). König von Schweden (reg.1611–32). Siegte in Kriegen gegen Russland (1617) und Polen (1629). Als Anhänger des Protestantismus gewann er im Dreißigjährigen Krieg eine Reihe von Schlachten, bis er bei Lützen 1632 fiel. Während seiner Regentschaft wurde Schweden zur führenden europ. Großmacht. ✤82●, ✤197●
Gutäer Eroberung von Sumer ✤221, ✤221●
Gutenberg, Johannes *var.* Johann Gensfleisch zur Laden zum Gutenberg (gest. 1468). Deutscher Handwerker, Erfinder des Buchdrucks mit Hilfe beweglicher Lettern aus Blei. Seine Methode wurde ohne große Veränderungen bis ins 20. Jh. benutzt. ✤74
Bibel ❑74
Güyük (1206–1248) Enkel von Dschingis Khan (reg.1246–48). ◆68–9 (1)
Guzmán, Nuño de Spanischer Conquistador des 16. Jh., der an der Eroberung Mexikos teilnahm. ◆125 (4)
Gyogi 8. Jh. Japan. Buddhist. Priester, begann mit der Kartierung der japan. Provinzen. ✤256, ❑256

H

Haarlem ⚔ der Holländ. Revolte (1572–73). Span. Sieg über Holländer. ◆195 (4)
Habsburger *var.* Hapsburg. Bedeutende europ. Königs- und Herrscherfamilie. Von 1438 bis 1806 gehörten alle Kaiser des Hl. Röm. Reiches bis auf eine Ausnahme dem Hause Habsburg an. Die Habsburger erreichten ihre Blütezeit als europ. Großmacht unter Karl V., der Spanien hinzugewinnen konnte. Nach Karls Tod spaltete sich das Haus in die Spanische Linie, die 1700 ausstarb, und die Österreichische Linie, die bis 1918 an der Macht blieb.
Sieg über Frankreich ❑194
Expansion ✤193, ◆193 (4)
Kampf um Vorherrschaft ✤194, ✤194●, ◆194 (1)
Konflikt mit Osmanen (1663) ✤197, ◆197 (4)
Aufstieg von Brandenburg-Preußen ✤199, ◆199 (3)
Zerfall ✤98
siehe auch Karl V., Heiliges Römisches Reich, Österreich
Habuba Kabira Handelsposten (ca. 3100 v.Chr.) ✤24●
Habyarimana, Juvénal (1937–94) Präsident von Ruanda (reg.1973–94) ✤169
Hadj *var.* Hadjdj, Hadsch, Hajj, Hadschdsch. Pilgerfahrt nach Mekka. Jeder erwachsene Muslim ist aufgefordert, mindestens einmal im Leben in die heilige islam. Stadt Mekka in Saudi-Arabien zu reisen. Ziel ist die Kaaba, das Hauptheiligtum des Islam mit einem schwarzen Meteoriten. ◆218 (2)
Hadrian (Publius Aelius Hadrianus, 76–138) Röm. Kaiser (reg.117– 138). Er konsolidierte das Röm. Reich und dessen Grenzen (Limes-Bau), so dass das Reich eine Periode von Frieden und Wohlstand erlebte. Hadrian reiste sehr viel, weniger als Soldat denn als Verwalter und Kunstliebhaber. Er baute viele neue Bauten in Italien, v.a. in Athen und Rom, und neue Städte wie Aelia Capitolina, gebaut auf den Ruinen von Jerusalem. ✤180●, ◆180 (1)
Hadrianswall 117 km langer Wall, gebaut 122–28 unter Kaiser Hadrian (reg.117–38), um die Nordgrenze des Römischen Reichs zu sichern. Er zog sich durch das nördliche England vom Solway Firth zum River Tyne und war mit 16 Festungen und zahlreichen Türmen bewehrt. Er trotzte den Angriffen der nördlichen Stämme bis ca. 400 n.Chr. ✤46●, ✤180●, ◆180 (1)
Hafsiden-Dynastie Berber-Dynastie des 13. bis 16. Jh. in Ifriqiyah (Tunesien, Ostalgerien), gegründet vom Almohaden-Statthalter Abu Zakriyya' Yahya um etwa 1229. ◆162–3 (1), ✤163●
Hagia Sophia *mod.* Aya Sofya Camii Müsezi. Eine der ältesten und größten christl. Kirchen, gebaut 532–37 unter Kaiser Justinian in Konstantinopel (Istanbul). Ab 1453 von den Muslimen als Moschee genutzt, seit den 1920er Jahren als Museum säkularisiert. ✤49●
Haile Selassie I. (1892–1975, reg. 1930–74). Kaiser von Äthiopien, geb. als Prinz Ras Tafari. Die Phase der italien. Okkupation 1936–41 verbrachte H. im Londoner Exil. Nach der Rückeroberung Äthiopiens durch brit. Verbände versuchte er die Wirtschaft des Landes zu modernisieren. Ein Militärputsch während einer Hungersnot stürzte ihn 1974; er starb unter Hausarrest. Bis heute wird H. von bestimmten Gruppen verehrt, vor allem von den nach ihm benannten Rastafari. ✤169●
Haiti
Sklavenrevolte (1791) ✤85●, ✤89, ◆89 (3)
Unabhängigkeit (1804) ✤85●
US-Invasion ✤133●, ◆133 (4)
Hakataya-Kultur *siehe* Patayan-Kultur
Haldingham und Lafford Englische Kartenzeichner des 13. Jh. ✤173●
Hallstatt Eisenzeit (800 v.Chr.) ✤31●
Hama, Schöpfrad von Syrien, ❑57
Hambacher Fest (1832) Die erste deutsche Massenkundgebung (ca. 30 000 Teilnehmer, zumeist Burschenschaftler) für ein freies und vereinigtes Deutschland; richtete sich gegen die Restauration unter dem Wiener System. ✤202●
Hammurabi Babylonischer König (1790–1750 v.Chr.) ❑32, ✤221, ✤221●
Handel
Biologische Veränderungen ✤72–3
Frühe Stadtstaaten ◆25 (2), (3)
Frühgeschichtlicher Handel ✤18–19, ✤30–1, ✤34–5
Handel d. Alten Welt (ca.1 n.Chr.) ✤44–5
Handelswaren
Opium ✤269, ❑112
Perlmutt ✤44
Rauschgift ✤153, ◆153 (5)
Weihrauch ✤42
Handelsrouten
Alpenpässe ✤190
Persische Königsstraße ◆218 (1)
Seewege ✤190
Seidenstraße ✤43, ✤44–5, ◆256 (1)
Transasiatisch ✤44–5, ◆260–1, ✤262–3
Kontinentalsperre ✤201
Regionen
Afrika
Altes Ägypten ◆159 (3), (4)
Norden (v.Chr.) ◆161 (2)
Nordosten ◆161 (3)
Unter muslim. Kontrolle ◆162 (1)
Asien
Antike ✤44–5
Japan ✤270
Ming-China ✤267●, ◆267 (3)
Süd- und Südostasien ✤247, ✤247●, ◆247 (3), ✤249, ◆249 (4)
Westasien ◆226 (1)
Europa
Griech. Kolonien ✤34
Mittelalter ✤190, ◆190–1 (1)
Römisches Reich ✤44–5
Indischer Ozean (15.–16. Jh.) ✤230, ◆230 (2)
Nordamerika ✤30
Südamerika ✤94, ✤153 (3)
Welthandel (1870–1910) ◆92 (1)
siehe auch Trans-Sahara-Routen
Han-Dynastie Herrscherdynastie in China, Nachfolger der Qin. Die Früheren bzw. Westlichen Han (206 v.Chr.–9), deren Hauptstadt Chang'an war, erweiterten das chin. Territorium beträchtlich unter Kaiser Wudi (141–87 v.Chr.) Die Späteren oder Östlichen Han (25–220) machten Luoyang zu ihrer Hauptstadt. Der Buddhismus wurde eingeführt und das Gebiet bis nach Z Asien ausgedehnt, doch brach das Reich wegen Fraktionskämpfen unter den ›großen Familien‹ sowie wegen Bauernunruhen zusammen. ✤46, ✤260, ✤42–3, ◆260 (1)
Architektur ✤260
Zaumzeug aus Bronze ❑260
Zusammenbruch ✤47, ✤261
Kommandanturen ◆260 (1)
Dynastie ✤260●
Grabbeigaben aus Ton ❑260
Handel ✤44–5
Hängebrücke Fortschritt in China ✤80
Hangzhou, Hauptstadt der Song (1130) ✤63●
Hannibal (247–183 v.Chr.). Karthag. Feldherr, der 218 v.Chr. in Italien einfiel, nachdem er mit einer Armee samt 37 Kriegselefanten die Alpenüberquerung gewagt hatte. Nach erfolgreichen Feldzügen auf italischem Boden musste er nach Afrika zurückweichen, wo er 202 bei Zama von Scipio d.Ä. besiegt wurde. Die Großmachtstellung Carthagos war damit zerstört. H. floh in den hellenistischen Osten und diente den Seleukiden; zuletzt nahm er sich auf der Flucht vor seinen röm. Verfolgern in Bithynien das Leben. ❑179, ✤179●, ◆179 (3)
Hanse Bedeutende und machtvolle Handelsvereinigung norddeutscher und baltischer Städte; Blütezeit zwischen 12. und 15. Jh. Wichtige Städte waren Lübeck, das 1152 von Heinrich dem Löwen gegründete ›Haupt‹ der Hanse, Köln, Danzig und Braunschweig.
Handelswege (ca.1300) ✤189, ◆189 (3), ✤190, ◆190–1 (1)
Harald Hardrada *var.* Haardraade (1015–66). König von Norwegen. Floh als junger Mann aus Norwegen und wurde Kommandant der Waränger-Wache in Konstantinopel, wo er einen Ruf als Krieger begründete (Hardrada bed. ›der Strenge‹). Bei seiner Rückkehr teilte er die Herrschaft mit seinem Neffen, 1048 wurde er Alleinherrscher. 1066 verfocht er einen Anspruch auf den englischen Thron, starb aber in der Schlacht bei Stamford Bridge, England, gegen König Harold II. ✤186, ◆186 (2)
Harappa-Kultur Die ersten Städte des indischen Subkontinents entstanden um 2500 v.Chr. in der Indus-Ebene; die größten davon waren Harappa und Mohenjo-Daro. Die meisten der mehr als 100 bekannten Orte bestanden aus Ziegelsteinhäusern; sie wurden von Zitadellen dominiert, die die religiösen und kultischen Gebäude beherbergten. Die Städte der H. verfügten über umfangreiche Handelsbeziehungen, die bis nach Südmesopotamien reichten. Sie löste sich gegen 2000 v.Chr. auf, wofür die Invasion der Arya oder veränderte Umweltbedingungen, die die Landwirtschaft beeinträchtigten, verantwortlich gewesen sein könnten.
Kultur ✤23, ✤240, ✤240●, ❑240, ◆240 (1), (2)
Bilderschrift ❑23
Handel ✤24●, ✤25
Räderkarren mit Ochsen ❑22
Harding, Warren Gamaliel (1865–1923) 29. Präsident der USA (Republikaner, 1921–23). Während H.s Regierung wurden die Friedensverhandlungen zur Beendigung des EWK abgeschlossen und eine teilweise Revision des Versailler-Systems vereinbart. ✤134●
Hargreaves, James *var.* Hargraves (ca.1720–78). Erfinder der Jenny-Spinnmaschine (ca. 1764), eine der der wichtigsten Entwicklungen der Industriellen Revolution. ✤204●
Harlem Rassenunruhen (1940er) ✤135●
Harold II. *var.* Harold Godwinson (ca.1022–66)
siehe Wilhelm der Eroberer
Harris, Richard T. Forschungsreisender in Alaska (im 19. Jh.).
Erste Goldfunde in Alaska (1880) ✤93
Harrison, John (1693–1776). Brit. Uhrmacher. Die von ihm gebauten Uhren waren so genau, dass sie zur Navigation eingesetzt werden konnten (Schiffschronometer). ✤86
Hastings ⚔ der Normannen-Invasion in England (1066). Wilhelm der Eroberer, Herzog der Normandie, besiegte den englischen König Harold II. ✤62●, ◆186 (2)
Hastings, Warren (1732–1818). Erster Generalgouverneur Indiens (1774–85). Er führte Reformen in der Steuererhebung und in der Zivilprozessordnung ein. Wegen Amtsmissbrauchs und Korruption in England angeklagt und 1795 freigesprochen. ❑248
Hatschepsut *var.* Hatshopitu (reg.1479–1458 v.Chr.). Tochter des Thutmosis I., Gemahlin ihres Stiefbruders Thutmosis II., regierte 22 Jahre für den minderjährigen Stiefsohn Thutmosis III., der nach ihrem Tod alle ihre Inschriften tilgen ließ. ❑158
Tempel in Deir el-Bahri ❑159
Hattin ⚔ der Kreuzzüge (1187), Saladin schlägt Kreuzritter ✤64●

Legende: ✤ Text ● Zeitleiste ❑ Bild ◆ Karte *var.* Variantname *nwb.* nachweisbar *ehem.* ehemals *passim* und folgende *reg.* regierte ⚔ Schlacht EWK Erster Weltkrieg ZWK Zweiter Weltkrieg

Hattušaš *var.* Hattuscha
Hethitische Zitadelle ✤27
Reich der Hethiter ✤221
Stadtplan ✤28, ◆28 (3)
Hausa, Stadtstaaten
◆74–5, ◆91●, ◆163●
Hausaland Glaubenskrieg von Usuman dan Fodio (1804) ✤167
Hawaii
Polynesische Besiedlung
✤55, ◆60, ◆280–1 (3)
Vereinigt durch Kamehameha I. (1810) ✤91
Annexion durch USA
◆284 (1), ✤284●
Surfen ❑284
Hawkins, Sir John (1532–95). Eng. Admiral. Er unternahm drei Reisen in die Neue Welt (1562, 1564 und 1567), um port. Sklaventransporte anzugreifen und span. Silberschiffe zu kapern. Verantwortlich für den Bau der leichten und wendigen eng. Schlachtschiffe, mit denen der Sieg über die span. Armada errungen wurde. Starb 1595 auf See vor Puerto Rico. ◆85 (2)
Hebräer ✤31 *siehe auch* Juden
Hedeby Wikingermünze (9. Jh.) ❑60
Hedin, Sven Anders von (1865–1952). Schwed. Entdecker und Geograf, der zahlreiche Regionen in Z Asien, Tibet und China erkundete. ◆257 (3)
Hedjra *var.* Hiğra. Mohammeds Flucht von Mekka nach Medina (622) ✤55●, ◆226, ◆226 (2)
Hedschas *siehe* Hejaz
Hegemonie Führerschaft oder Dominanz einer sozialen Gruppe oder eines Staates über alle anderen innerhalb eines bestimmten Bezugrahmens.
Heian-Zeit (794–1185) Periode der japan. Geschichte, die mit der Verlegung der Hauptstadt nach Heian-kyo beginnt. ✤265●
Heijn, Piet *siehe* Heyn, Piet
Heiliges Land Kreuzritter-Staaten (1099–1229) ✤65, ◆65 (3)
Heiliges Römisches Reich *Lat.* Sacrum Romanum Imperium. Der Herrschaftsbereich des abendländischen Römischen Kaisers, umfasste anfänglich die deutschen Herzogtümer, Burgund sowie Teile Italiens. Durch Krönung von Karl d.Gr. im Jahr 800 begründet, erreichte es seine größte Machtfülle unter den Hohenstaufen im 12.–13. Jh. (dort auch erstmals die Bez.). Seit Mitte des 15. Jh. ergänzt um den Zusatz *Nationis Germanicae* (Deutscher Nation). Von Napoleon 1806 aufgelöst.
800–1000 ◆185 (3)
1100–1400 ◆189 (3), ◆189 (4)
1200 ◆62–3, ◆187 (3)
1300 ◆66–7
1400 ◆70–1
1500 ◆74–5
1600 ◆78–9
1700 ◆82–3
1800 ◆86–7
✤184–5, ◆185 (3)
Kreuzzüge (1096–1270)
◆64–5 (2), ◆186 (1)
Konflikt in Böhmen (15. Jh.)
✤193, ◆193 (4)
Konflikt im Baltikum (16. Jh.)
✤195, ✤195●, ◆195 (3)
Holländ. Revolte (1568–1609)
✤195, ✤195●, ◆195 (5)
Westfälischer Frieden ◆196 (1)
Bevölkerungswachstum (1650–1800) ❑198
Auflösung (1806) ✤202●
Heinrich I. *auch* Heinrich der Vogelfänger (ca. 876–936). Herzog von Sachsen (seit 912) aus dem Geschlecht der Liudolfinger; deutscher König (reg. 919–936). Wurde von Franken und Sachsen zum König gewählt und legte durch Einigung mit Baiern und Westfranken die territorialen Grundlagen für das Ostfränkische Reich, dessen Einfluss sein Sohn, Nachfolger und Kaiser Otto I. weiter ausdehnte. Wird oft als Gründer des ›deutschen‹ Reichs bezeichnet. ✤58, ✤185
Heinrich II. von England (1133–89) Englischer König (reg.1154–89). Geboren in Frankreich, wurde er Herzog der Normandie beim Tod der Mutter und Herzog von Anjou beim Tod des Vaters, durch die Heirat mit Eleonore von Aquitanien erhielt er Poitou und Guyenne. 1154 erbte er die englische Krone, sodass sein Reich nun von Schottland bis Spanien reichte. Er vergrößerte die politische und administrative Macht der Krone, doch kam es zu Konflikten mit Thomas Becket über seine Politik gegen den Einfluss des Klerus und später auch mit Eleonore und seinem ersten Sohn Richard. ✤187, ❑187, ◆187 (4)
siehe auch Angevinisches Reich
Heinrich II. von Frankreich (1519–59) König von Frankreich (reg.1547–59). Aus seiner Ehe mit Katharina von Medici gingen drei Könige Frankreichs hervor. H. stand unter dem Einfluss seiner Mätressen Diane de Poitiers, Anne de Montmorency und der de Guise-Familie, die ihn zu einem Bündnis mit Schottland überredete. Er erklärte England den Krieg, der 1558 mit der franz. Besetzung von Calais endete. Weitere Kriege gegen Kaiser Karl V. und Spanien. ✤194, ✤194●
Heinrich IV. (1050–1106). Deutscher Kaiser (Sohn von Heinrich III.), der die Königreiche Deutschland, Italien und Burgund 1056 unter der Regentschaft seiner Mutter erbte. Der Investiturstreit mit Papst Gregor VII. führte 1075 zu seiner Exkommunikation. Durch seinen Bußgang nach Canossa 1077 wurde der gegen ihn verhängte Bann wieder aufgehoben. Er ernannte Klemens III. 1084 zum Gegenpapst und wurde von ihm zum Kaiser gekrönt. Wiederholte Konflikte mit deutschen Fürsten, die schließlich von seinem jüngeren Sohn (Heinrich V.) angeführt wurden, zwangen ihn 1105 zur Abdankung. ✤62●
Heinrich V. von England (1387–1422) Englischer König (reg.1413–22). Ließ den Hundertjährigen Krieg wieder aufleben und setzte 1415 nach Frankreich über, wo er die Blüte der französischen Ritterschaft bei Agincourt vernichtend schlug. 1419 hatte er die Normandie erobert und war als Erbe des franz. Throns anerkannt. Nur sein früher Tod und Jeanne d'Arc retteten Frankreich. ◆192 (2)
Heinrich VIII. von England (1491–1547) König von England (reg.1509–1547). Die Weigerung des Papstes, Heinrichs Ehe mit Katharina von Aragón zu annullieren, führte zu Englands Bruch mit der Röm.-Kath. Kirche. H. wurde Oberhaupt der neugegündeten anglikanischen Staatskirche. 1536 ließ er seine zweite Frau Anne Boleyn wegen angebl. Ehebruchs hinrichten. Spätere Ehen mit Johanna Seymour (verstarb), Anne von Cleve (geschieden), Katharina Howard (geköpft) und Katharina Parr (überlebte H.) folgten.
Suprematsakte (1534) ✤78●
Bruch mit Rom (1534) ✤78●
Anhänger des Protestantismus ✤194
Heinrich der Seefahrer *Port.* Henrique o Navegador. Königssohn und Gründer der ›Villa Tercanabal‹ (1416): einer Akademie mit dem Ziel, einen Plan für ein port. Weltreich auszuarbeiten. ✤156●
Hejaz *var.* Hedschas. Gebirgiges Hochlandplateau im westlichen Saudi-Arabien, Fläche ca. 388 500 km². Im Hejaz liegen die hl. Städte des Islam, Mekka und Medina. ◆227 (4)
Helladische Kultur Kultur des bronzezeitlichen griechischen Raums (2500–1100 v. Chr.). Ursprünglich rein auf Artefakte des Festlands bezogen, doch wird heute auf Grundlage einer sicheren Parallelisierung das Helladikum auf den gesamten Ägäisraum bezogen, d.h. auf Kreta und Westkleinasien (minoische Kultur) und die Kykladen (kykladische Kultur). Durch Unterteilung in Früh-, Mittel- und Späthelladikum, jeweils untergliedert nach Stufen I, II und III sowie Unterstufen a und b, ist eine Zeiteingrenzung bis auf 50 Jahre möglich. Die mykenische Kultur ist danach als Späthelladikum anzusprechen.
✤27, ❑174, ✤175, ◆175 (3), (4)
Hellenismus Abgeleitet vom Begriff *hellenoi* (›Griechen‹); meint die Phase der Verschmelzung der griechischen Kultur (Klassik) mit der orientalischen des Perserreichs: allgem. Übergang zum Königtum, Barockisierung des Kunstschaffens. Als Epoche von Gustav Droysen eingeführt für die Zeit nach dem Alexanderzug bis in das 1. Jh. v.Chr.
Städte Kleinasiens ✤40
Kultur ✤37
Reiche ✤41, ✤41●, ◆41 (2), ❑41
Henge Bauwerk mit kultischer Bedeutung. Erd-, Holz- oder Steinkreise mit ein oder zwei Eingängen, die nach den Sternzeichen ausgerichtet sind. Besonders häufig in der Bretagne und in England. ✤22, ❑22, ✤174●
Hennepin, Pater Louis (1640–ca. 1701) Belg. Forscher. Er reiste 1675 als Franziskanermissionar nach Kanada und erforschte gemeinsam mit dem Franzosen La Salle den Oberlauf des Mississippi. Entgegen seinen Behauptungen hatte er aber nicht die Mündung des Flusses entdeckt. ◆119 (2)
Hepthaliten *siehe* Weiße Hunnen
Herakleios *var.* Heraklius (ca. 572–642). Oström. Kaiser (reg. 610–642). Geboren in Carthago, wurde er in höchster Bedrängnis des Reichs zum Kaiser erhoben. Er schlug die Perser 627 entscheidend in der Tigris-Ebene und zwang sie zum Friedensschluss. 629 tauchten jedoch die Araber erstmals in Syrien auf und besetzten bis 637 Palästina, Mesopotamien und Ägypten. Gegen diese neue Gefahr konnte H. wenig ausrichten. ✤55●
Herakles *Lat.* Hercules. Populärster Halbgott des griechischen Pantheons, Sohn von Jupiter und Alkmene. ✤37, ❑37
Herbert, Sir Thomas (1602–82) Eng. Reisender und Schriftsteller. 1627 begann er eine Reise zum Kap der Guten Hoffnung, nach Madagascar, Goa, Surat und durch Persien. Über Sri Lanka, die Coromandelküste und St. Helena kehrte er nach England zurück. Für seine Dienste im Englischen Bürgerkrieg verlieh ihm der König bei der Restauration den Titel eines Barons (1660). In seinem Werk *Description of the Persian Monarchy* (1634) beschreibt er seine Reisen und die Ruinen von Persepolis. ◆219 (3)
Hercules *siehe* Herakles
Hereford ›T-Karten‹ ❑173
Herjölfsson, Bjarni Wikinger-Seefahrer des 10. Jh. Sichtete als erster Europäer die Neue Welt. Die isländischen Sagas berichten, wie der Wind Herjölfsson um 985 von seinem Kurs nach Grönland abbrachte und er daraufhin im Westen Land sichtete: die Küste Labradors. Angeregt durch Herjölfssons Entdeckung brach rund 15 Jahre später Leif Eriksson von Grönland aus nach Westen auf. ◆118 (1)
Herodes der Große (ca.73–4 v.Chr.). Herodes Vater, Gefolgsmann des jüdischen Königs Hyrkanos II., diente unter Caesar in Ägypten und stieg zum eigentl. Regenten des Königreichs auf. Dieser machte H. zum Strategen von Galiläa. 40 v.Chr. befehligte Herodes die röm. Legionen, die die Parther aus Jerusalem vertrieben, danach wurde er König von Judäa und stand stets loyal zu Rom. ✤43●
Herodot *Gr.* Herodotos (ca. 484–420 v.Chr.). Griechischer Geschichtsschreiber und Geograf, der als ›Vater der Geschichte‹ gilt. Er unternahm lange Reisen durch die antike Welt. Am bekanntesten ist seine Geschichte der Perserkriege.
Afrika-Bericht (600 v.Chr.) ✤156
Heroin (Diacetylmorphin) Morphinderivat, aus den Fruchtkapseln des Schlafmohns gewonnen. Wegen seines hohen Suchtpotenzials ist H. in den meisten Kulturländern verboten, H.schmuggel daher ein einträgliches Geschäft. ◆113 (4)
Hethiter *var.* Chettiter. Indoeurop. Stamm, der vermutlich vom Norden des Schwarzen Meers nach Anatolien kam, dort die ältere luwisch-hurritische Bevölkerung überschichtete und zu großen Teilen deren Kultur übernahm. Um 1550 gründete König Hatušili das alte Reich der Hethiter (auch Hatti, Chatti; Hittim in der Bibel) mit der Hauptstadt Hattušaš beim heutigen Boğazköy. Sie beherrschten ganz Anatolien, handelten mit Mykenern und Ägyptern und zerstörten das Babylonische Reich. Die unentschiedene Schlacht bei Kadeš gegen die Ägypter (ca.1285 v.Chr.) bestätigte sie als Großmacht, doch ab 1220 ging diese unter dem Ansturm der ›Seevölker‹ zugrunde.
1200 v.Chr. ✤31●
1600-1250 v.Chr. ◆26–7, ✤221, ◆221, ✤221●
Konflikte mit Ägypten ✤27
Goldfigurine eines Königs Ca.1400 v.Chr. ✤27●
Heyn, Piet *var.* Heijn (1577–1629). Holl. Kapitän. Als Vize-Admiral der holländ. Ostindienkompanie besiegte er die Spanier 1624 nahe San Salvador (Brasilien) und 1626 vor Bahia. Die Kaperung der span. Silberflotte (1626) führte 1629 zu seiner Ernennung zum Admiral von Holland. ◆85 (2)
Hezhou Mongol. Belagerung (1258–59) ❑69
Hidalgo y Costilla, Miguel (1753–1811). Mexikan. Priester. Führte 1810 einen indian. Aufstand gegen Spanien an. Vor dem Sturm auf México 1811 war sein Volksheer 80 000 Mann stark. Im selben Jahr wurde H. vernichtend geschlagen und erschossen. ❑89
Hierakonpolis ✤24●, ◆159 (2)
Hieratische Schrift ❑32
siehe auch Schrift
Hieroglyphen (›heilige Bildzeichen‹). Altes Schriftsystem Ägyptens, dessen Bildzeichen in der Regel von rechts nach links geschrieben wurden und entweder ein Objekt bzw. einen Begriff aus der realen Welt, einen Konsonanten oder eine Konsonantenfolge bedeuten oder ein nicht eindeutiges Symbol erklären konnten. Die Verwendung der Hieroglyphen reicht bis ca. 3250 v.Chr. zurück und war bis ins späte 3. Jh. üblich. Sie finden sich vor allem an religiösen Bauten und Denkmälern.
✤23●, ✤32, ✤32●, ◆32 (1), ✤37, ✤223, ◆223 (3)
Stein von Rosetta ❑42
Himeji Burg in Japan ❑267
Hind, Henry 19. Jh. Kartograf des Westens der USA (1857–58) ◆119 (3)
Hindenburg-Linie *siehe* Siegfriedstellung
Hinduismus Dominierende Religion in Indien; verbindet den Glauben an Schicksal (Karma) und Wiedergeburt (Samsara) und verlangt die Befolgung bestimmter Moralgesetze (Sharma). Ist verbunden mit einer sozialen Organisation in Kasten (sozialen Klassen) und kennt rituelle Zeremonien, mystische Meditation und asketische Praktiken. Der H. kann sehr verschiedene Formen vereinen, von extremer Vielgötterei bis zum Monotheismus, von Tieropfern bis Ablehnung jeder Form des Tötens. Als einzige Weltreligion geht der H. nicht auf einen Gründer zurück, sondern entwickelte sich über einen Zeitraum von 4000 Jahren. Die Veden, die hl. Schriften des H., sollen auf das 3. Jt. zurückgehen. ✤36, ✤43
Aufstieg ✤48●
Ausbreitung ◆48 (2), ◆49 (4), Bronzestatuen ❑59, ❑241, ❑242
Kosmologie ❑48, ✤238
✤243, ✤243●, ◆243 (4)
Purana ✤242, ◆242 (2)
Surya-Statue ❑35
Trimurti ❑36
Hippalos Griechischer Seefahrer im 1. Jh. n.Chr., der als erster den Nutzen der Monsunwinde erkannte. Er nutzte sie für seine Handelsreisen (14-37 n.Chr.) durch das Rote Meer zum Indus. ◆218 (1)
Hipparchos (ca.180–125 v.Chr.). Griechischer Astronom und Mathematiker. Er war der Erste, der Längen- und Breitengrade benutzte, um eine Positionsbestimmung durchzuführen. ✤172
Hiroshima, Atombombe (1945) ✤103●, ✤105●
Hirtenvölker Lebensgrundlage der Hirtenvölker ist Viehzucht (Rinder, Schafe oder Kamele), in der Regel in Gebieten, die sich wegen der klimatischen Verhältnisse nicht für Ackerbau eignen. Ihre oft nomadische Lebensweise verbinden die Hirtenvölker auch mit Fernhandelsaktivitäten.
Hisbollah *var.* Hizbollah, Hizbullah ›Partei Gottes‹. Größte politische Schiitenorganisation Libanons. Unterstützt durch den Iran, wurde sie mit der Entführung westlicher Staatsangehöriger und Terrorüberfällen, die ihre polit. Ziele unterstreichen sollten, in Verbindung gebracht. Die H. befindet sich seit der israelischen Besetzung Libanons 1982 im Kriegszustand mit Israel. ◆235 (4)
Hispaniola
Ankunft Kolumbus' (1492) ✤74●
Sklavenaufstand (1522) ✤85●
Hitler, Adolf (1889–1945) Deutscher Politiker und Staatsoberhaupt (1933–45). Nach der Erfahrung in den Schützengräben des EWK wurde er zum politischen Agitator in der Weimarer Republik, gründete die Nationalsozialistische Deutsche Arbeiterpartei (NSDAP), deren Programm auf extremem Nationalismus, Antikommunismus und Rassismus basierte. H. wurde 1933 Reichskanzler, verwarf mit der ›Gleichschaltung‹ den demokratischen Parlamentarismus und errichtete eine Diktatur (nach dem Tod von Reichspräsident Hindenburg 1934 als ›Führer‹). H. transformierte die deutsche Wirtschaft, indem er sie dem Diktat der Rüstungsproduktion unterwarf, gewann deutsche Territorien aus der Zeit vor dem EWK zurück, annektierte Österreich und überfiel Polen (1939), woduch er den ZWK auslöste. Er übernahm persönlich Verantwortung für die Kriegsführung und betrieb die ›Endlösung der Judenfrage‹. Als die Rote Armee Berlin besetzte, beging er Selbstmord. ❑104
Wird Reichskanzler (1933) ✤102●, ✤209
Nürnberg, Reichsparteitage ❑102
Annexion von Österreich und Tschechoslowakei ◆209 (5)
ZWK ◆210–11 (1)–(4)
Beginn der jüdischen Massenvernichtung (1942) ✤102●
Hizbollah, Hizbullah *siehe* Hisbollah
Hobkirk's Hill ⚔ im amerikan. Unabhängigkeitskrieg (25. April 1781). Amerikan. Sieg. ◆127 (3)
Ho Chi Minh *eigtl.* Nguyen That Thanh, *auch* Nguyen Ai Quoc (1890–1969). Vtn. Politiker. Gründete 1930 H. die Kommunistische Partei Indochinas und wurde zum Führer der Viet Minh-Guerrilla. Am Ende des ZWK bildete er in Hanoi eine eigene Regierung. Als die Franzosen wieder die Kontrolle über ihre ehemalige Kolonie erlangen wollten, organisierte er den Widerstand. 1954 wurde H. Präsident Nord-Vietnams und wehrte in den 60er Jahren die amerikan. Intervention in Vietnam ab. Als der Vietnam-Krieg 1975 mit dem Fall Saigons endete, wurde die Stadt in Ho Chi Minh-Stadt umbenannt. ✤103●
Hohenlinden ⚔ (1800) in den Napoleonischen Kriegen – 3. Koalitionskrieg. Der franz. Sieg zwang die Österreicher zum Friedensvertrag. ◆200 (1)
Hohenstaufen *var.* Staufer. Schwäbische (Suebische) Dynastie, die 1138 auf den deutschen Königsthron kam und aus der die machtvollsten Kaiser des Hl. Röm. Reichs hervorgingen: Friedrich I. Barbarossa (1152–1190), Heinrich VI. (1190–1197) und Friedrich II. 1212–1254. In Deutschland setzten sich die H. im Konflikt gegen die Welfen durch, doch verlagerte sich ihr politischer Schwerpunkt immer mehr nach Italien, Friedrich II. begriff sich schon gänzlich als ›Sizilianer‹. So konnten die Stammesherzöge erstarken und sich zu Landesherren wandeln; die verhinderte Nationalstaatsentwicklung in den deutschen Landen hat hier ihre Begründung.
Dynastie ✤188, ◆188 (1)
Konflikte mit Päpsten ✤188●
Hohokam Indianerstamm im SW N Amerikas. ✤58●, ✤123, ◆123 (4)
Hojo Japan. Familie von Kriegerfürsten, die in Japan im 13. Jh. dominierten, besonders während der mongol. Invasionen in Japan 1274 und 1281. ✤265●
Holländisch-Ostindien Begriff für den niederl. Kolonialbesitz in SO Asien vom 17.–20. Jh. ✤86, ✤90, ✤94, ◆97 (3), ◆247 (4), ◆251 (4)
Imperialismus ◆97 (3)
Japan. Besetzung ◆250–1 (3)
siehe auch Vereinigte Ostindische Kompanie
Hollywood
Filmindustrie (1919)
✤135, ❑135, ◆135 (4)
Ausgaben für Kinobesuche (1919–45) ❑135
Holocaust Bezeichnung für die Politik und industrielle Organisation der Vernichtung der europäischen Juden durch die Nationalsozialisten. Etwa 6 Mio. Juden wurden ermordet. ✤211, ✤211●, ◆211 (3), ✤234
Homer *Gr.* Homeros. 9. Jh. v.Chr. Griech. Dichter. Verfasste die frühesten erhaltenen griech. Epen *Ilias* und *Odyssee*, die Motive und Formen antiker mündlicher Überlieferung aufgreifen. ✤37
Homo Einzige Gattung der Hominiden, zu denen auch der moderne Mensch zählt. Ältester Vertreter ist der *H. habilis*, der vor rund 2,5 Mio. Jahren erstmals auftrat, benutzte erstmals Steine als Werkzeuge. *H. erectus* trat vor ca. 1,7 Mio. Jahren auf. Charakteristisch sind ein vergrößertes Gehirn sowie die Fähigkeit, Werkzeuge durch Abschlagtechniken herzustellen. Er lernte, das Feuer zu beherrschen. *H. sapiens* bezeichnet die Entwicklungslinie zum rezenten Menschen. Erstes Auftreten vor ca. 500 000 Jahren, als Unterart die Neandertaler. Der Jetztzeitmensch (*H. sapiens sapiens*) besiedelte ursprünglich Afrika und konnte sich aufgrund hoher Anpassungsfähigkeit über den Rest der Erde ausbreiten. ✤12–13, ❑13, ◆13 (2)
Honduras Contra-Rebellen ❑139
Hong Kong *var.* Xiang Gang
Brit. Übernahme (1842) ✤91●
Unter chinesischer Hoheit (1997) ✤111●
Hong Xiuquan *var.* Hung Hsui-ch'uan (1814–64)
siehe Taiping-Rebellion
Hongwu-Kaiser *siehe* Zhu Yuanzhang
Honig Afrikanischer Handel (19. Jh.) ◆166–7 (1)
Honshu Karte im Stil von Gyogi ❑256
Hoover, Herbert Clark (1874–1964) 31. Präsident der USA (Republikaner, 1929–33). Gelangte während des EWK wegen der Organisation der Versorgung der USA mit Lebensmitteln und der Gründung eines amerikan. Hilfwerks für die notleidenden europ. Gebiete zu Ansehen. In seine Regierungszeit fielen der New Yorker Börsenkrach 1929 und die nachfolgende Weltwirtschaftskrise. H. verlor die Präsidentschaftswahlen 1933 gegen den Demokraten Franklin D. Roosevelt. ✤134●, ✤135
Hopewell-Kultur Kultur im Scioto River Valley im heutigen Bundesstaat Ohio, zwischen 500 v.Chr. und 400 n.Chr. Die Hopewell besaßen eine reiche Bestattungstradition, errichteten konische Grabhügel (Mounds) und werden mit den geometrischen Erdanlagen in Verbindung gebracht, die sich am größten Grabkomplex der USA befinden. Bekanntestes Monument ist der 213 m lange Great Serpent Mound (›Schlangen-Hügel‹) in Ohio. Die H. ist auch für ihre figürlichen Darstellungen von Säugetieren und Vögeln bekannt.
◆36 (1), ✤38●, ✤46●
Grabbeigaben ❑120
Pfeife ❑121
Mound-Kulturen ◆121 (4)
Handel und Landwirtschaft ✤121, ◆121 (4)
Untergang ✤123
Hormuz Reise Marco Polos (1292) ✤68●
Hospitaller *siehe* Johanniter-Orden
Hsi-hsia *siehe* Xixia-Reich
Hsia-Dynastie *siehe* Xia-Dynastie
Hsin-Dynastie *siehe* Xin-Dynastie
Hsuan-tsang *siehe* Xuanzang
Hsiung-nu *siehe* Xiongnu
Huancavelica Quecksilbermine ◆148 (2)
Huari (ca. 500–800). Andenstaat und Kultur im Ayacucho-Becken, stark von Tiahuanaco beeinflusst. Steinplastik, Keramik-, Textil- und Goldarbeiten. Der H.-stil breitete sich mit der militärischen Expansion bis an die Pazifikküste aus.
✤54●, ✤145
Reich ◆146 (1)
Handspiegel ❑146
Huayna Capac (reg.1493–1525). Sapay Inca, der nach einem Erbfolgestreit 1493 den Thron bestieg. Er dehnte das Inka-Reich in nördliche Richtung bis zum Ancasmayo aus. Nach seinem Tod 1525 brach unter seinen beiden Söhnen ein erbitterter Kampf um die Thronfolge aus, der das Reich schwächte – ein wesentlicher Grund dafür, dass die Eroberung durch die Spanier nur 3 Jahre dauerte (1532–1535).
✤74●, ✤78● ◆147 (3), ✤147●
Hudson, Henry (ca. 1565–1611) Eng. Seefahrer. Suchte auf zwei Reisen nach einem nördlichen Seeweg von Europa nach Asien, wobei er1908 bis nach Novaya Zemlya kam. Darauf versuchte er im Auftrag der Holländischen Ostindischen Kompanie die Nordwestpassage zu finden und kam 1609 in den Hudson River und 1610 in die Hudson Bay. ◆118 (1), ◆286 (1)
Hudson's Bay-Kompanie Die 1670 gegründete Pelzhandelsgesellschaft hatte weitgehende Hoheitsrechte für das Gebiet um die Hudson Bay inne. Sie kontrollierte den kanadischen Pelzhandel fast 200 Jahre lang, bis sie ihre Rechte 1863 an eine Kapitalgesellschaft veräußerte, die sie 1869 an das Dominium of Canada weiterverkaufte. ❑126
Huerta, Victoriano (1854–1916). Mexikan. General und Politiker. H. verbündete sich zu Beginn der mexikan. Revolution 1910 mit dem liberalen Präsidenten Francisco Madero und besiegte die von Zapata und anderen angeführten bewaffneten Gegner. 1913 stürzte er Maderos Regime und unterdrückte Widerstand mit Gewalt. Nach einem Konflikt mit den USA wurde H. 1914 abgesetzt und floh ins Exil. ✤133, ◆133
Huitzilopochtli
Azteken-Tempel ❑124
Einweihung der Pyramiden-Tempel (1487) ✤74●
Menschenopfer für Sonnengott ❑74
Hülegü (ca.1217–65). Mongolen-General aus der Familie Dschingis Khans. Gründer des Il-Khanats nach der Eroberung von Baghdad 1258.
Ende des Abbasiden-Kalifats (1258) ✤67●, ✤69
Gründer des Il-Khanats (1258) ✤67●, ✤229, ◆229 (3)
Plünderung Baghdads (1258) ✤67, ✤69●, ✤229, ❑229
Einfall nach Syrien (1260) ✤69●
Tod ✤67●
Humboldt, Alexander von (1769–1859). Preußischer Naturwissenschaftler, der 1799–1804 in Mittel- und Südamerika forschte und genaue Landvermessungen vornahm. ❑143, ✤143, ◆143 (3)
Huna *siehe* Hunnen
Hundertjähriger Krieg (1337–1453). Konflikt zwischen England und Frankreich mit mehreren ›heißen‹ Kriegsphasen und längeren Friedensdekaden um die Ansprüche von Edward III. auf den franz. Thron. Englische Siege bei Crécy (1346), Poitiers (1356) und Agincourt (1415) brachten keine dauernden Erfolge. Mit dem Auftreten von Jeanne d'Arc 1429 wendete sich das Blatt, und obwohl die Engländer sie als Hexe verbrannten, hatten sie 1455 alle Besitzungen außer Calais an König Karl VII. verloren.
✤192●, ◆192 (1), (2), ❑192
Hünengräber *siehe* Kammergräber
Hung Hsui-ch'uan *siehe* Hong Xiuquan
Hung-wu *siehe* Zhu Yuanzhang
Hunnen Verband reitender Steppenvölker, der im späten 4. Jh. aus Zentralasien nach Westen zog. Die Schwarzen Hunnen unter Attila fielen Mitte des 5. Jh. in das Röm. Reich ein und lösten so die Völkerwanderung aus. Die Weißen Hunnen (Huna oder Hephthaliten) fielen in Gupta-Indien (480) und das sassanidische Persien (484) ein.
siehe auch Xiongnu
Einfall in Europa ✤44●
Reich unter Attila (450) ◆50–1

Völkerwanderung (300–500) ◆52–3 (1)

Hunyadi, János (ca.1387–1456). Ungar. Reichsverweser (1446–52) und Feldherr, Vater von Matthias I. Corvinus. Führte mehrere Feldzüge gegen die Türken, wurde bei Varna (1444) und auf dem Amselfeld (1448) geschlagen, konnte jedoch durch seinen Sieg bei Belgrad (1456) das Vordringen der Türken für 70 Jahre verhindern. ✤193, ◆193 (4)

Huronen Nordamerikan. Indianer aus der Region des St.-Lorenz-Stroms. Sie empfingen die von Cartier und Champlain geführten französischen Expeditionen (1543, 1603) äußerst gastfreundlich. Ende des 16. Jh. vertrieben die Irokesen viele Huronen Richtung Westen nach Ontario. 1648–50 unterlagen sie dem Ansturm der Irokesen, der Tausenden Huronen das Leben kostete. ✤126●, ◆126 (1;

Hus, Jan (ca.1369–1415). Böhmischer Religionsreformer. Seine Predigten gegen klerikale Privilegien führten zur Exkommunikation im Jahr 1411. 1413 erschien sein Hauptwerk *De Ecclesia*. Wurde wegen Ketzerei auf dem Scheiterhaufen verbrannt; sein Tod löste die Hussitenkriege aus. ✤192, ✤192●

Husainiden-Dynastie Herrschende Dynastie Tunesiens von 1705 bis zur Gründung der Republik Tunesien 1957. ✤87●

Husky Codewort für die alliierte Landung auf Sizilien im ZWK im Juli 1943. ◆211 (4)

Hussein, Saddam *var.* Husain, Saddam (1937–). Irak. Politiker, Staatschef (1979–). Mitglied der sozialistischen Baath-Partei seit 1957. H. spielte eine führende Rolle beim Putsch von 1968, bei dem die zivile Regierung gestürzt und durch ein diktatorisches Militärregime ersetzt wurde. H. wurde 1979 Präsident des Irak. Sein Angriff auf den Iran 1980 führte zu einem Krieg mit dem Nachbarstaat, der acht Jahre andauerte. Die Invasion Kuwaits im Aug. 1990 zog den Irak in einen weiteren Krieg. Obwohl H. den Krieg verlor, sich aus Kuwait zurückziehen musste und sein Land unter den von der UN verhängten Wirtschaftssanktionen schwer litt, konnte sich Saddam an der Macht halten.
siehe Iranisch-Irakischer Krieg; Golfkrieg
Krieg gegen Kurden ✤235
Konflikte in der Golfregion ◆235 (5)
Personenkult ❑235

Hussiten Anhänger von Jan Hus, eines religiösen Reformers aus Böhmen.
Hussitenkriege ❑193, ◆193 (4)

Hutu *var.* Bahutu, Wahutu. Bantu sprechendes Volk aus Ruanda und Burundi.
Massaker in Ruanda (1994) ✤111●, ✤169, ◆169 (5)

Hyksos Nach dem Niedergang des Mittleren Reichs von Ägypten drangen ab ca. 1750 die Hyksos, ägypt. ›Hirtenkönige‹, ins Nil-Delta ein. Dabei handelte es sich wohl um Nomaden aus dem syrischen Raum, die vom Reichtum am Nil angelockt wurden. Sie gründeten die 15. Dynastie (ab ca.1670 v.Chr.), die Unterägypten und Teile von Oberägypten bis ca.1550 v.Chr. beherrschte. Sie sollen Pferd und Streitwagen nach Ägypten eingeführt haben, passten sich ansonsten aber der älteren ägyptischen Kultur an. ✤27●, ◆159 (4)

I

I-Dynastie *siehe* Yi-Dynastie

Ibarra, Francisco de Span. Gouverneur der mexikan. Provinz Nuevo Viscaya im 16. Jh. Der Ort Durango, unter seiner Leitung 1563 gegründet, wurde nach einer Stadt in seiner Heimatprovinz benannt. ◆125 (4)

Iberische Halbinsel
Dame von Elche (4. Jh. v.Chr.) ❑177
Sueben gründen Königreich (ca. 411) ✤52●
Expansion der Westgoten (414) ✤53●, ✤182
Christen erobern Gebiete von Muslimen ✤65

Ibn Battuta *var.* Muhammad Ibn Abdullah (1304–68). Muslim. Weltreisender und Autor zahlreicher Reiseberichte. Von Tanger aus reiste er 1325 die Nordküste Afrikas entlang bis nach Ägypten und weiter nördlich nach Damaskus. Nach einer Mekka-Pilgerfahrt unternahm er mehrere Reisen durch Afrika und W Asien. Über die Seidenstraße erreichte er Delhi und von dort aus Sumatra und China.
Erkundungsreisen von Muslimen ◆218 (2), ◆239 (1)
Erste Pilgerfahrt nach Mekka (1325) ✤68●
Richter in Delhi (1334–41) ✤68●
Reiseroute (1325–1345) ◆68 (2)
Afrika-Reisen ✤71●, ◆156 (3)
Reise nach SO Asien und China (1345–46) ✤68●

Ibn Saud *siehe* Sa'ud, Abd al-Aziz Ibn

Ibn Tughluq, Muhammad (reg. 1325–51). Zweiter Herrscher der Tughluq-Dynastie.
Mausoleum (1321) ❑71
siehe auch Tughluq

Ibn Tulun, Ahmed (reg. 868–883). Begründer der Tuluniden-Dynastie in Ägypten. Der Stiefsohn eines türkischen Generals wurde 868 Vizestatthalter von Ägypten, wo er seine Machtposition ausbaute. Es kam zum Bruch mit Baghdad, als er 875 die Tributzahlungen verweigerte und 878 die wichtigsten syrischen Städte unterwarf. Ibn Tulun führte Verwaltungs- und Agrarreformen durch sowie gewaltige Bauvorhaben, zu denen die Ibn-Tulun-Moschee in Kairo gehört. ✤58●

ICBM *siehe* Interkontinentalraketen

I-ching *siehe* Yijing

al-Idrisi, ash Sharif *var.* Muhammad bin Muhammad al-Idrisi (ca.1099–1165). Arabischer, in Spanien geborener Geograf. Nach Reisen durch Spanien, N Afrika und Kleinasien ging er 1148 nach Sizilien an den Hof des Normannenkönigs Roger II. Dort erstellte er bis 1154 ein Werk mit zahlreichen Landkarten, auf denen die Welt in Klimazonen eingeteilt ist. Es beruht teilweise auf eigenen Nachforschungen. Al-Idrisi hinterließ zudem etwa 70 Landkarten.
Marokkanischer Geograf ✤156, ✤218
W Asien-Karte (ca.1154) ❑218
Weltkarte ❑62

Ieyasu *siehe* Tokugawa Ieyasu

Ifriqiyah (*Gr.* Libya). Fatimiden verlieren Kontrolle (1048) ✤63●

Igbo Ukwu Kleines Königreich in den Wäldern von Süd-Nigeria (8.–9. Jh.). Grabfunde deuten darauf hin, dass die Bewohner mit dem Handel in Sahara und Sahel verbunden waren. Pflanzenüberreste (Kornelkirsche) im Grab eines Würdeträgers stammen vermutlich sogar aus Persien oder Indien. Bronzegegenstände, die wohl Geistlichen bei Bestattungen mitgegeben wurden, zeugen vom hohen Stand der Metallverarbeitung. ✤58●

Ignatius von Loyola Gründer des Jesuitenordens ❑194
siehe auch Jesuiten

Il-Khanat (1256–1353) Mongolische Dynastie, gegründet von Hülegü, der 1258 Persien eroberte und Baghdad einnahm. Der Kontakt zu den Mongolen-Herrschern von China ging verloren, als Il-Khan Ghazan (1255–1304) zum Sunni-Islam übertrat. Konflikte zwischen Sunni-Muslimen und Schiiten schwächten die Dynastie.
Gründung durch Hülegü ✤67●, ✤229, ◆229 (3)
Übertritt zum Islam (1295) ✤67●

Illinois River Von Jolliet und Marquette erkundet (1673) ✤119●

Imhotep (*nwb.* 2680 v.Chr.) Ägyptischer Wesir, Architekt, Schreiber, Physiker und Hohepriester in Heliopolis während der Herrschaft von Djoser (3. Dynastie). Er baute Djosers Stufenpyramide in Saqqara; dabei übernahm er Bautechniken, die bis dahin nur in Holzbauten verwendet wurden, zu solchen aus Bruchstein. Unter der Ptolemäer-Dynastie wurde er vergöttlicht. ❑25

Imperialismus
Afrika (1880–1920) ◆96, ✤96●, ❑96, ◆96 (1)
Antikoloniale Bewegungen ◆97, ◆97 (4)
Deutsches Reich auf Beutezug in Afrika, Karikatur (1890) ❑96
Kampf um Südafrika ◆96, ✤96●, ❑96, ◆96 (2)
Pazifik ✤284, ◆284 (1)
Südostasien ✤97, ✤97●, ◆97 (3)
Westlicher Imperialismus (1879–1920) ✤96–7

Impresso-Keramik *var.* Kardium-, Cardium-Keramik. Mit Abdrücken von Muscheln (oft von Cardium edule) verzierte Tonware. Hergestellt von den ersten Landwirtschaft betreibenden Gemeinschaften am Mittelmeer (ca. 6200–5000 v.Chr.). ✤174

Inca *siehe* Inka-Reich

Inca Yupanqui *siehe* Topa

Indien
Vor-, Frühgeschichte
Frühe Reiche ✤241●, ◆241 (4), (5)
Frühe Kulturen ✤240–1, ◆240 (1), (2), ✤240●, ✤241●
Mittelalter
Präkoloniale Staatenbildung ✤244, ✤244●, ◆244 (2)
Gurjara-Pratihara (ca. 900) ✤59●
Mahmud von Ghazna ✤59, ✤244
Chola-Herrschaft ✤59, ✤59●, ✤244, ◆244 (2)
Perser-Feldzüge (18. Jh.) ✤87
Moguln ✤246, ◆246 (1)
Marathen ✤246, ◆246 (2), ✤246●
Kolonialismus
Brit. Herrschaft ✤95●, ✤248
Vermessung ✤239, ✤239●, ❑239
Marathen-Kriege ✤87●, ✤248●
Sepoy-Aufstand ✤95●, ✤249, ✤249●, ❑249, ◆249 (3)
Muslim-Liga ✤99●, ✤250
Unabhängigkeitskampf ✤250, ✤250●, ◆250 (1)
Blutbad von Amritsar (1919) ✤99●
20. Jahrhundert
ZWK *siehe* Weltkriege
Unabhängigkeit (1947) ✤103●, ✤107●, ✤252, ◆252 (1)
Konflikte mit Pakistan u. China ✤252●
Kashmir-Konflikt ✤252●
Armut in Städten ❑253
Ökonomie
Landwirtschaft (v.Chr.) ✤19
Handel (16.–18. Jh.) ◆247 (3), ✤247●
Baumwollpolitik ✤93, ❑93, ◆93 (5), ❑249
Wirtschaftsstruktur (1857) ✤249, ◆249 (4)
Regionale Zusammenarbeit ✤253, ◆253 (4)
Religion ◆36 (1), ✤242–3, ✤242●, ✤243●, ◆243 (4)
siehe auch Buddhismus; Hinduismus; Indian National Congress; Islam; Jainismus; Süd- und Südostasien

Indian Mutiny *siehe* Sepoy-Aufstand

Indian National Congress (Kongresspartei) 1885 gegründete Partei, die sich unter dem Einfluss von Mahatma Gandhi zur Massenbewegung für die ind. Unabhängigkeit wandelte.
Gründung (1885) ✤95●, ✤250
Gandhi (1920) ✤99●
Verhaftung von Anführern (1942) ✤103●
Wahlen (1952) ✤107●

Indian Removal Act (28. Mai 1830). US-amerikanisches Gesetz, das es ermöglichte, Indianern des Ostens und Südostens der USA im Tausch gegen ihre Gebiete Siedlungsland im Westen zu geben, um neuen Siedlungsraum für weiße Siedler zu gewinnen. Während viele Stämme im Norden friedlich in die ihnen zugewiesenen Gebiete zogen, kam es im Südosten zu starkem Widerstand, der in die Indianerkriege mündete. ✤128●, ◆128–9 (2)

Indisch-Chinesischer Krieg Konflikt zwischen Indien und China um das Gebiet Arunachal Pradesh im NO Indiens (1962), der mit indischer Niederlage endete. Chinesische Truppen besetzten weite Gebiete einschließlich Aksai Chin. ◆252 (1)

Indischer Ozean
Handel
1 n.Chr. ◆44–5
Arabische Händler ca.1000 ✤61, ◆61 (3)
13. Jh. ✤66
15.–16. Jh. ✤230, ✤230●,◆230 (2)
Zheng He-Reise (1405) ✤75●

Indisch-Pakistanischer Krieg 1948 ausgebrochener bewaffneter Konflikt zwischen Indien und Pakistan um das mehrheitlich von Muslimen bewohnte und von Hindi geführte Kashmir. Nach dem Waffenstillstand von 1949 wurde Kashmir zwischen beiden Ländern aufgeteilt, der Konflikt jedoch nicht endgültig beigelegt. Im Aug. 1965 kam es zu erneuten Kampfhandlungen. Die Vermittlung der Sowjetunion führte zum Vertrag von Taschkent (Jan. 1966). Der Status Kashmirs ist für Indien und Pakistan auch heute noch umstritten. ✤252●, ◆252 (2)

Indochina
Imperialismus ◆269 (4)
Französische Kontrolle ✤97
Von Japan besetzt (1942) ✤103●
Dekolonisation ◆251 (4)
Vietnam-Krieg ◆251 (5)

Indo-griechische Kultur *siehe* Gandhara

Indonesien
Besetzt von Japan (1942) ✤103●
Unabhängigkeit (1949) ✤103●, ◆251 (4), ✤251●
Besetzung Timors (1975) ✤111●, ❑253
Unabhängigkeitsbewegungen ◆253 (4)
Urbanisierung ◆253 (5)
Wirtschaftskrise (1998) ✤111●

Indravarman I. Khmer-König ✤59●

Industrielle Revolution Der Übergang von der landwirtschaftlichen zur industriellen Wirtschaft. Die I.R. setzte um 1750 in Großbritannien mit einer sprunghaften technischen Entwicklung und dem starken Ausbau der Schlüsselindustrien Textilherstellung und Bergbau ein. Die Entwicklung und Verbesserung der Dampfmaschine halfen, die Produktion erheblich zu steigern, mit dem Bau von Eisenbahnen konnten Rohstoffe schneller und in größeren Mengen als zuvor transportiert werden. Die Industrialisierung breitete sich über ganz Europa aus, vor allem in Gebiete mit großen Kohlevorkommen wie Nordfrankreich und das Ruhrgebiet. 204–5
Auswirkungen (1870–1914) ✤92
Dampfkraft ❑204
Gewerkschaft ✤205, ✤205●
Großbritannien (1770–1870) ✤204–5,◆204 (1), ❑205,
Industrialisierung in Europa (1914) ✤205, ❑205, ◆205 (4)
Produktionszentren ◆92 (1)
Technische Entwicklungen ✤204●
Wirtschaftsboom ✤90

Inka-Reich (ca.1470–1532). Einer der führenden Staaten Südamerikas, der ab ca.1438 seine Nachbarn unterwarf und ab ca.1470 ein Großreich bildete, dessen Expansion nur der östlich gelegene Urwald aufhielt. Das I. wurde 1532 von den span. Conquistadoren erobert. Die Gesellschaft war streng hierarchisch geordnet, die Bevölkerung war dem Staat gegenüber zu Arbeitsleistungen im Straßen- und Städtebau sowie in den Bergwerken verpflichtet. Die Inkas kannten keine Schrift, die Verwaltung stützte sich auf Knotenschnüre zur Kommunikation und Dokumentation. ✤147●, ◆76 (2), ◆147 (3)
Besiedlung des Anden-Hochlands ✤62
Siedlungen ✤62●
Expansion ✤74, ✤74–5
Bekannte Welt (ca.1500) ✤76, ◆76 (2)
Machu Picchu ❑74
Statue ❑147
Rechengerät ❑147
Goldlama ❑148
Von Pizarro erobert ✤78, ✤81●, ✤148, ◆148 (1)

Innozenz III. *var.* Innocenz III., *ehem.* Lotario de'Conti di Segni (1160–1216), Papst (reg.1198–1216). Sein Pontifikat bedeutete den Zenit der päpstlichen Macht des Mittelalters. Er erlebte die Eroberung Konstantinopels durch lateinische Christen beim 4. Kreuzzug, förderte die Franziskaner und ihr Armutsideal und verbündete sich mit Friedrich II. ❑188

Interkontinentalraketen (Intercontinental Ballistic Missile, ICBM). In beiden Militärblöcken Anfang der 1960er Jahre, während des Kalten Kriegs, entwickelte Land- oder U-Boot-gestützte, mit Atomsprengköpfen ausgerüstete Raketen. Ab den 1970er Jahren wurden sie von beiden Machtblöcken auch an andere Staaten geliefert. ✤109

Internet *var.* das Web, World Wide Web, WWW. Internationales Computernetz, aus einem Nato-Computernetzwerk hervorgegangen, das dann auch Universitäten und andere Forschungseinrichtungen miteinander verband. In den 1980er Jahren entwickelte sich das I. zu einem weltweiten Informationsnetz. Gegenwärtig entwickelt sich ›das Web‹ zum elektronischen Marktplatz. ✤113

Inuit *var.* Eskimos. Eingeborene im hohen Norden Kanadas, Angehörige der Inupiat-Sprachfamilie. Die Anfänge ihrer Jäger- und Sammlerkultur reichen wahrscheinlich 30 000 Jahre zurück. ✤123●, ◆123 (3), ❑123

Ipsos ⚔ (301 v.Chr.). Antigonos besiegt durch Seleukos I. und Lysimachos. ◆224 (1)

Irak
Brit. Mandat ✤233
Golfkriege ◆235 (5), ✤235●
Iranisch-Irakischer Krieg (1980–88) ✤111●, ◆235 (5), ✤235●
Invasion Kuwaits (1990) ✤111●, ◆235 (5)
Ölfunde ✤234●
Sechs-Tage-Krieg (1967) ✤107●

Iran
Handelsbeziehungen (v.Chr.) ✤25
Gründung der Anglo-Persian Oil Company ✤234●
US-Intervention (1955) ✤138●
Gründung der Islamischen Republik ✤235●
Islamische Revolution (1979) ✤111●
Geiselkrise (1979) ✤138●
Islam. Fundamentalismus ✤111, ✤235
Arabien im 20. Jh. ◆234 (3)

Iranisch-Irakischer Krieg (1980–88). Ausgelöst durch den Überfall des Irak auf Iran, das seit 1979 Islamische Republik war. Bei Ende des Kriegs hatten auf beiden Seiten ca. eine halbe Million Menschen ihr Leben verloren. ✤111●, ◆235 (5)

Irische Hungersnot (1845–51) Eine Periode der Hungersnot und Unruhen in Irland, die durch eine Kartoffelmissernte 1845 ausgelöst wurde. Nach Schätzungen starben ca. 1 Mio. Menschen, und eine weitere Million emigrierte hauptsächlich nach Amerika.
Hungersnot und Emigration (1845) ✤90●, ✤100●

Irischer Freistaat Nach der Teilung Irlands 1921 erhielt der südliche Teil den Status eines Dominion und trug den Namen Irish Free State. 1937 erlangte er unter dem Namen Eire die volle Unabhängigkeit und nennt sich seit 1949 offiziell Republik Irland (Republic of Ireland). ◆208 (1)

Irland
Völkerwanderung (300–500) ◆52–3 (1)
Wikinger-Feldzüge ◆58, ✤58●, ✤60●
1100–1300 ◆188 (2)
Invasion von Edward Bruce ◆188 (2)
Hungersnot und Emigration (1845) ✤90●, ✤100●

Irokesen *Eng./Frz.* Iroquois. 1570 verbanden sich die fünf Indianerstämme Mohawk, Oneida, Seneca, Onondaga und Cayuga zu einem Bündnis, dem später auch die Tuscarora beitraten. Dieser Verband, den die Franzosen Iroquois nannten, war in der frühen Kolonialzeit Amerikas ein erheblicher Machtfaktor. Nach dem Unabhängigkeitskrieg spaltete sich das Bündnis, und die englandfreundlichen Stämme (Cayuga, Seneca und Mohawk) wanderten nach Kanada aus. ◆126 (1)
Erkundung des St. Lawrence-Stroms durch Champlain ✤119
Krieg mit Algonquin (1609) ✤126●
Vernichtung der Huronen (1648–51) ✤126●
Champlain greift befestigte Siedlung an ❑82
Bündnis mit Briten (1690) ✤126●

Isabella von Kastilien (1451–1504)
siehe Ferdinand von Aragón
Heirat mit Ferdinand von Aragón (1469) ✤75●, ✤192●

Isandhlwana ⚔ der Zulu-Kriege (1879). Schwere Niederlage für Briten. ◆96 (2), ◆166 (2)

Isfahan Safawiden-Hauptstadt (1598) ✤79●, ✤231●

Isfahani, Sadiq Verfasser einer 1647 veröffentlichten Enzyklopädie ❑238

Isidor von Sevilla (ca.560–636) Span. Historiker und Universalgelehrter, der 600 Erzbischof von Sevilla wurde. Er widmete sich hauptsächlich der Überlieferung der antiken griech. und röm. Kultur. Sein Hauptwerk *Originum sive etymologiarum libri* (622–633) ist eine enzyklopädische Zusammenfassung des seiner Zeit verfügbaren Wissens. ✤173●

Islam Religion der Muslime, gegründet von Mohammed (ca. 570–632). Der I. gebietet die unbedingte Unterwerfung (Islam) unter den Willen des einen Gottes (Allah) und lehrt, dass Mohammed (im Unterschied zu Jesus bei den Christen) ein Prophet ist. Der Koran (Qu'ran) ist das heilige Buch des Islam, er wird ergänzt durch die Überlieferung der vom Propheten aufgestellten Lebensregeln (Sunna).
Anfänge
✤54, ✤55●, ✤226, ◆226 (2)
Felsendom in Jerusalem gebaut (692) ❑55
Islam. Welt 800–1000 ◆185 (3)
Fundamentalismus im 20. Jh. ✤111, ✤235, ✤235●
Verbreitung ✤56, ✤56●, ◆56 (1), ❑57, ✤226, ✤226●, ◆226 (3)
7./8 Jh. ✤56–7, ✤57●, ✤184, ◆184 (1), ✤226
Islam. Welt (1000–1200) ✤57, ◆57 (2)
Handel ✤61, ✤66
Islam. Welt (ca.1500) ◆76 (3)
Religionszugehörigkeit in Europa (1590) ◆194 (2)
Panislam. Welt ✤113, ◆113 (3)
Heutige Welt ◆235 (4)
Expansion
Hedjra (622) ✤226, ◆226 (2)
Invasion der Iber. Halbinsel (711) ✤54●, ✤55●
Ausdehnung um 1090 ◆65 (1)
Einnahme von Edessa (1144) ✤63●
Schlachten mit Kreuzrittern ◆64–5 (2)
Djihads in W Afrika ✤167●, ◆167 (3)
Afrika
Islamisierung ✤162–3, ✤162●, ◆162 (1)
Reform und Expansion in W Afrika (19. Jh.) ✤167●, ◆167 (3)
Asien
Ausbreitung in SO Asien ✤243, ✤243●, ◆243 (6)
Islam. Reisende ✤218
Islamismus im 20. Jh. ✤275, ◆275 (5)
Übertritte zum Islam
Goldene Horde ✤67
Il-Khan Ghazan (1295) ✤67●
Malacca (1445) ✤75●
Erkundung und Kartografie
Reisen von Ibn Battuta (1325–46) ◆218 (2)
Karte des al-Idrisi ❑218
siehe auch Fatimiden, Mongolen, Osmanisches Reich

Island
Entdeckung durch Wikinger ✤172, ◆172 (2)
Von Wikingern besiedelt (930) ✤60●

Ismail I. (ca.1487–1524) Schah von Persien und Gründer der schiitischen Safawiden-Dynastie (1499). Er einte Persien und wurde als Schah und schiitischer Heiliger zugleich verehrt. Die rasche und gewaltige Expansion seines Reichs verdankte er seinen fanatisierten Kriegern. ✤231●, ◆231 (4)

Isonzo ⚔ im EWK (1915–17). Serie von 11 Schlachten am Fluss Isonzo zwischen den Österreichern und den Italienern an der östlichen Italienfront. Obwohl die Italiener in der 11. Schlacht im Okt. 1917 eine Niederlage erlitten, konnte keine Partei am Isonzo den Krieg für sich entscheiden. ✤207●, ◆207 (6)

Israel 234
Frühe Höhlen ✤15, ✤16
Zur Zeit Davids ✤222, ✤222●, ◆222 (1)
Balfour-Deklaration (1917) ✤99●
Staatsgründung (1948) ✤103, ✤234, ◆234 (2)
Suez-Krise (1956) ✤234●
Sechs-Tage-Krieg (1967) ✤107●, ✤234●, ◆234 (2), ❑234
Yom-Kippur-Krieg (1973), ✤107●, ✤234●, ◆234 (2)
Camp David-Abkommen (1978) ✤138●, ✤234●
Ägypt.-Israel. Friedensvertrag (1979) ✤234●
Besetzung Libanons (1982) ✤234●
›Land gegen Frieden‹-Abkommen mit PLO (1993) ✤234
Abkommen mit der PLO (1995) ✤111●
Jüdische Migration (1948–96) ❑103, ✤234, ◆234 (3)

Issos ⚔ des Alexanderfeldzugs (333 v.Chr.). Alexanders Sieg öffnet Weg nach Asien. ✤40, ◆218 (1), ✤223

Italien 178–214
Vor-, Frühgeschichte
Einführung des Ackerbaus ✤18●
Etruskische Festungsstädte (v.Chr.) ✤31
Italische Kulturen (500 v.Chr.) ✤178, ◆178 (2)
Plünderung durch Goten ✤53, ✤182, ◆182 (1)
Mittelalter, Frühe Neuzeit
Kampf um Italien ✤183, ◆183 (4)
Invasion durch O Röm. Reich (533) ✤53●
Beulenpest (1347) ✤70●
Stadtstaaten im Mittelalter ✤190
Einfluss auf europ. Kultur ✤75, ✤190
Invasion durch Frankreich (1494) ✤75●
Bevölkerungswachstum (1650–1800) ❑198
19. Jahrhundert
Einigung (Risorgimento; 1850–70) ✤203, ✤203●, ◆203 (3)
Kolonialismus
Koloniegründung in Eritrea (1889) ✤167●
Niederlage bei Adowa (1896) ✤95●, ✤97
Eroberung Libyens ✤232, ✤232●
Imperialismus (1880–1920) ✤96, ◆96 (1)
Abessinien besetzt (1935) ✤103●
Expansion in Afrika ◆167 (4)
Dekolonisation ✤168, ◆168 (1)
Besitzungen
1900 ◆94–5
1925 ◆98–9
1975 ◆106–7
20. Jahrhundert
Ausdehnung 1942 ◆102–3
Dezentralisierung ✤112
Ökonomie
Handel v.Chr. ✤31
Wohlstand im 12. u. 13. Jh. ✤62, ✤66
Handel im Mittelalter ✤190
siehe auch Rom; Römisches Reich; Weltkriege

Itzcoatl Herrscher des Azteken-Reichs (reg.1428–40) ✤74●, ✤124 (1)

Iwan III. *var.* Ivan Vasilyevich, *auch* Iwan der Große (1440–1505). Großfürst von Moskau (reg.1462–1505), der die Stadt von der Vorherrschaft der Tataren befreite und das Einflussgebiet Moskaus ausbaute. ✤75

Iwan IV. *auch* Iwan der Schreckliche (1530–84), erster Zar Russlands (reg.1533–84). Er baute einen zentral verwalteten russischen Staat auf und betrieb die Ost-Expansion Russlands in nichtslawische Territorien. Unter I. wurde 1549 die erste Nationalversammlung Russlands einberufen. In den späten Jahren seiner Herrschaft gewannen psychopathische Züge die Oberhand; er ermordete seinen

Sohn Iwan und verfolgte die Bojaren-Aristokratie mit fast schrankenlosem Terror. ❑195, ◆195 (3)
Iwo Jima ⚔ im ZWK (Feb.–März 1945). Landungsoperation im Pazifik, die die Insel zusammen mit Okinawa als Basis für die strategische Bombardierung Japans eroberte. ✣273●, ◆273 (2)
Iyasu I. *var.* Jasus der Große. Äthiopischer König ✣165●
Izumo Volk auf SW Honshu, Japan. ✣264

J

Jackson, Andrew *auch* Old Hickory (1767–1845). 7. Präsident der USA (Demokrat, 1829–37). Die Verteidigung von New Orleans gegen die Briten bescherte ihm nachhaltigen nationalen Ruhm. Als Präsident verteidigte er entschlossen die Union und siedelte die Indianer des Irokesenbundes in Reservate westlich des Mississippi um. ✣129
Jacquerie Bauernaufstand im NO Frankreichs gegen die adeligen Grundherren (1358); ausgelöst u.a. durch die Not im Hundertjährigen Krieg. ✣70●, ✣192●, ◆192 (1)
Jagatai *siehe* Chagatai
Jäger und Sammler *siehe* Wildbeuter
Jagiello (ca.1351–1434). Großherzog von Litauen (reg.1377–1401) und König von Polen (reg.1386–1434), der die polnische Jagiellonen-Dynastie gründete (1386–1572).
Besitzungen (1500) ✣193, ◆193 (4)
Jahan *siehe* Schah Jahan
Jainismus *var.* Dschainismus. Sekte des Hinduismus, der Jain-Tradition zufolge im 7. Jh. v.Chr. gegründet. Der J. strebt nach Befreiung von der Seelenwanderung durch mönchische Disziplin, Askese und Keuschheit. Besonders wichtig ist die Beachtung des Schwurs, kein lebendes Wesen zu töten. ✣36, ✣36●, ✣48, ✣242, ✣242●, ◆242 (3)
Ausbreitung ◆49 (4), ✣243, ◆243 (4)
Diagramm des Universums ❑238
Kunst ❑49, ❑243
Jakobiner *var.* Amis de la Constitution. Politischer Club der Franz. Revolution, benannt nach dem Dominikanerkloster St. Jacques, wo sie tagten (eigtl. ›Gesellschaft der Verfassungsfreunde‹). Entwickelten sich bis 1791 zum radikalsten Flügel der Republikaner, die ab 1793 (nach dem Sturz der Girondisten) die Nationalversammlung dominierten. Unter Führung von Robespierre organisierten sie die Schreckensherrschaft. ✣199●
siehe auch Französische Revolution, Robespierre, Schreckensherrschaft
Jakobitische Kirche Christl. Kirche in Syrien, Irak und Indien, gegründet im 6. Jh. als Zweig des Monophysitentums in Syrien. Von Röm.-Kath. Kirche und der Orthodoxen Kirche als ketzerisch angesehen. ◆49 (4)
Jalta-Konferenz (4.–11. Feb. 1945) Treffen der Alliierten unter Führung von Roosevelt, Churchill und Stalin. Bestätigung der Forderung nach bedingungsloser Kapitulation der Achsenmächte und Plan zur Besetzung Deutschlands durch die vier Siegermächte. Außerdem Überlegungen bezgl. der Vereinten Nationen.
Konferenz der ›Großen Drei‹ (1945) ✣105, ✣109●
Jamaica Besetzt von Engländern (1654) ✣82●, ◆126 (1), ✣128–9 (2)
Korsaren der Karibik ◆85 (2)
Jamestown ⚔ im amerik. Unabhängigkeitskrieg (6. Juli 1781). Brit. Sieg. ◆127 (3)
Jamestown
Gründung der eng. Kolonie (1607) ✣82●, ✣126●
Ankunft von Sklaven (1619) ✣83●
Indianer-Kriege (1622, 1644) ✣126
Jammu *siehe* Kashmir
Janapada Staaten und Reiche, die in Indien im 1. Jt. v.Chr. von Arya-Stämmen gebildet wurden. ◆241 (5), ✣242, ◆242 (2)
siehe auch Magadha
Jangtse-kiang *siehe* Yangzi
Janitscharen Spezielle Soldaten, die das stehende Herr des Osman. Reichs bildeten. Ab 1330 wurden befähigte Knaben der unterworfenen christlichen Völker aus ihren Familien an den osman. Hof geholt, wo sie für das Heer und die Verwaltung des Reichs ausgebildet wurden. Sie durften nicht heiraten und lebten am Sultanshof im Topkapı-Palast. 1582 wurde diese strikte Rekrutierung aus der ›Knabenlese‹ gelockert und die Aufnahme in das Korps auch als Privileg der großen Familien möglich. 1591 umfassten die J. 48 688 Männer. Im 17. Jh. wurden die J. zu einer beherrschenden Macht im Staat. Nach mehreren Revolten wurden die J. 1826 zum größten Teil im Hippodrom massakriert und das Korps aufgelöst. ✣71●
Japan 258, 264–5, 267, 269–275
Vor-, Frühgeschichte
Wildbeuter ◆258 (1)
Frühe Töpferei ✣20●, ◆258 (1)
Reisanbau ✣258, ✣264
Staatenbildung (100 v.Chr.–650) ✣264, ◆264 (1)
Mittelalter/Frühe Neuzeit
Staatenbildung (300–900) ◆264 (2)
Religion ✣49●, ✣55, ✣264–5, ◆49 (4)
Chin. Einfluss ✣55, ✣256, ✣265
Nara-Zeit ◆265 (3)
Bushi-Kult ❑264, ❑265
Aufstieg der Bushi ✣265●, ◆265 (4)
Gempei-Krieg ✣265
Shogunate ✣265, ◆265 (5)
Kamakura-Shogunat ✣265
Wiedervereinigung ✣267, ◆267 (4)
Isolationismus ✣83●
Edo-Zeit ✣267, ◆267 (5)
Neuzeit
Modernisierung ✣270, ✣270●, ❑95, ❑270, ◆270 (1)
Abschaffung des Feudalismus (1871) ✣95●
Wandel ✣267●
Dynastien
Ashikaga-Shogunat gegründet (1338) ✣71●, ✣267
Fujiwara-Familie ✣63
Gempei-Krieg ✣265
Kamakura-Shogunat ✣71, ✣265, ✣265●, ✣267
Kyoho-Ära beginnt (1716) ✣87●
Tenno ✣265
Tokugawa-Shogunat (1603) ✣83●
Yamato (Reich) entsteht ✣51, ✣264–5, ◆264 (1)
Yoritomo-Clan ✣63●, ✣265, ◆265 (5), ❑265
Erkundung
Kartierung ✣256
Erste kartografisch erfasste Provinzen (ca. 900) ✣256●
Ökonomie
Ankunft portugiesischer Händler (16. Jh.) ❑80
Modernisierung (1868–1918) ◆270 (1)
Wiederaufbau der Wirtschaft mit US-Hilfe ✣107
Wirtschaftswachstum ❑275, ◆275 (4)
Äußere Angelegenheiten
Erste bekannte Gesandtschaft nach China (607) ✣256●
Mongol. Invasion ✣67●, ✣69●
Handelsgespräche mit Russland (1804) ✣91●
Expansionismus (1868–1936) ✣270, ◆270 (2)
Annexion Taiwans (1894–95) ✣95●
Besitzungen
1900 ◆94–5
1925 ◆98–9
1950 ◆102–3
Annexion Koreas (1910) ✣99●
Teilweise Besetzung der Mandschurei (1918–20) ✣99●
Teilweise Besetzung Sibiriens (1918–20) ✣99●
Washingtoner Flottenvertrag (1922) ✣99●
Expansionspolitik (1930er) ✣103
Antikominternpakt mit Deutschland (1936) ✣103●
Krieg mit China (1937) ✣103
Ausdehnung 1942 ◆102–3
Zweiter Weltkrieg
Angriff auf Pearl Harbor (1941) ✣103, ✣138, ✣272, ❑272
Feldzüge in Asien ❑104, ❑272
Japanische Offensive ✣272, ✣272●, ◆272 (1)
Krieg im Pazifik ✣272–3, ✣273●
Kamikaze-Piloten ❑273
Atombombe ✣103●, ✣273, ◆273 (3)
siehe auch Weltkriege
Jasus *siehe* Iyasu I.
Java
Buddhist. Tempel (ca. 800) ✣59●
Mongol. Invasion scheitert (1293) ✣67●
Majapahit-Reich ✣71, ❑244
Gewürzhandel ✣71
Heilige Karte (16. Jh.) ❑238
Rebellion gegen niederl. Herrschaft (1926–27) ✣103●
Jayavarman II. (reg. 802–869). Gründer der Angkor-Dynastie und als Gott verehrter König im kambodschan. Khmer-Staat (9.–12. Jh.). In seiner Herrschaftszeit war Roulos Khmer-Hauptstadt. Sein Großneffe Yasovarman begann mit dem Bau des eindrucksvollen Tempels Angkor Thom (ca. 900). ✣59●
Jazz Singer, The Erster Tonfilm (1927) ✣135●
Jeanne d'Arc *var.* Jungfrau von Orléans, *Frz.* La Pucelle (ca.1412–31). Franz. Nationalheldin. Von ›göttlichen Stimmen‹ veranlasst, führte sie eine Armee an, die die eng. Belagerung von Orléans sprengte (1429) und die Krönung von Karl VII. in Reims ermöglichte. Gefangen genommen und an die Engländer verkauft, wurde sie wegen Häresie verurteilt und auf dem Scheiterhaufen verbrannt. 1920 wurde sie heilig gesprochen. ❑192
Feldzüge ◆192 (2)
Rettung von Orléans (1429) ✣75●, ✣192, ✣192●
Jebe Mongol. General ❑68
Jefferson, Thomas (1743–1826) 3. Präsident der USA (Demokrat, 1801–09). Verfasste die Unabhängigkeitserklärung der USA und unterstützte als Gouverneur die Entstehung des Staates Virginia 1779–81. 1789 wurde er von George Washington zum Außenminister ernannt und unter John Adams (1797–1801) Vizepräsident. In seine Regierungszeit fällt der Tripoliskrieg sowie der Kauf Louisianas (Louisiana Purchase, 1803), mit dem ein Großteil des Westens für die Besiedlung geöffnet wurde, sowie der Embargo Act 1807. ✣119, ❑128
Jena-Auerstädt ⚔ (1806) in den Napoleonischen Kriegen – 3. Koalitionskrieg. Franz. Sieg über Preußen. ◆200 (1)
Jenkinson, Anthony (gest.1611). Englischer Kaufmann, der von Moskau die Wolga hinunter nach Astrakhan fuhr, das Kaspische Meer überquerte und bis nach Persien und zur Mongolenstadt Bukhara gelangte. Er schrieb den ersten Bericht über die Tataren in englischer Sprache. ◆219 (3)
Jenne-jeno Siedlung im Niger-Delta (gegründet ca. 250 v.Chr.) ✣39●
Jericho, Ahnenverehrung (v.Chr.) ✣21, ❑220
Jerusalem
Hauptstadt (ca.1000 v.Chr.) ✣31●
Zerstörung und Wiederaufbau (v.Chr.) ✣35●, ✣222, ✣222●
Römer zerstören Tempel (70) ✣47●, ✣225, ❑225
Karte aus Mosaik ❑51
Pilgerzentrum (4. Jh.) ✣51
Felsendom (692) ❑55
Byzantinische Bedrohung (976) ✣59●
Eroberung durch Kreuzritter ✣63, ✣63●, ✣64
Eroberung durch Saladin (1187) ✣228
Mittelalterliche Karte ❑219
Sechs-Tage-Krieg (1967) ✣234●
Jesuiten Mitglieder der ›Gesellschaft Jesu‹, *Lat.* Societas Jesu, *Abk.* SJ, des religiösen Ordens, den Ignatius Loyola 1534 gründete. Ziel der Jesuiten war, den katholischen Glauben durch Bildung und Missionierung zu verbreiten und zu befestigen. Sie missionierten in Asien, Afrika und Südamerika. Mit wachsender Bedeutung der J. blieben Konflikte nicht aus. Sie wurden 1759 aus Portugal und den portugiesischen Besitzungen vertrieben. 1773 löste der Papst den Orden auf, aber schon 1814 wurde er wiederhergestellt.
Gründung durch Ignatius von Loyola ❑194
Beziehungen zw. Osten u. Westen ✣80
Florida-Missionen gegründet (1560er) ✣125
Vertreibung aus Äthiopien (1632) ✣165●
Missionare in Tibet ✣257
S Amerika ✣143●, ❑143, ◆143 (2), ◆148 (2)
siehe auch Katholizismus
Jesus von Nazareth *aus Hebr.* Joshua, *auch* Jesus Christus (ca. 4 v.Chr.–30/31). Begründer der christlichen Religion (seit dem Konzil von Chalkedon als Sohn Gottes verehrt). Sein Leben fiel in die Zeit der weit verbreiteten Unzufriedenheit über die römische Herrschaft in Palästina. Am 7. April 30, 27. April 31 oder 3. April 33 soll er unter dem Statthalter Pontius Pilatus in Jerusalem gekreuzigt worden sein. Das griechische *Khristos* bedeutet wie das hebräische *Messias* ›der Gesalbte‹, eine Anspielung auf den Erlösungskönig des Alten Testaments. Über Leben, Predigten und Wunder berichten die 35–70 Jahre nach seinem Tod entstandenen Bücher des Neuen Testaments. ✣225●
siehe auch Christentum
Jiang Jieshi *var.* Chiang Kai-shek (1887–1975). Chin. General und politischer Führer. Führer der Guomindang ab 1926, Staatspräsident 1928–31. Bekämpfte die chin. KP, nach der Niederlage 1949 zog er sich nach Taiwan zurück und gründete dort die Nationalchinesische Republik, deren Präsident er wurde. ✣103●, ❑270–1
Jiang Qing *siehe* Kultur-Revolution
Jin-Dynastie Chin. Dynastie in der Zeit der Sechzehn Reiche. ◆261 (3)
Einigung Chinas (280) ✣51●
Östliche Jin ziehen nach Nanjing ✣51
Jin-Dynastie *var.* Chin-Dynastie (1115–1234). Dynastie in N China.
Gegründet durch die Dschurtschen ✣263
Allianz mit Song-China ✣63
Ausdehnung (ca.1206) ◆68–9 (1)
Eroberung durch Mongolen ✣69, ✣69●, ✣262●, ✣263, ◆263 (7)
Johann III. *Port.* João III. (1502–57). König von Portugal (reg.1521–57). Wegen seiner Ergebenheit gegenüber der Katholischen Kirche litt das Königreich unter seiner Herrschaft in sozialer und wirtschaftlicher Hinsicht. Er versuchte die Kolonisierung der portugiesischen Besitzungen in Brasilien voranzutreiben, indem er Land verschenkte *(capitanias)*. ✣149
Johann V. *Port.* João V. (1689–1750) König v. Portugal (reg.1706–50). Als Anhänger der Allianz (Großbritannien, Österreich u. die Niederlande) führte er einen Reihe von erfolglosen Feldzügen in Kastilien während des Span. Erbfolgekriegs. Obwohl seine Finanzen durch die Goldfunde in Brasilien gestützt wurden, stand J. weitgehend unter dem Einfluss der Kirche. ❑88
Johann Moritz von Nassau (1604–79). Von seinem Cousin, dem Statthalter Friedrich Heinrich, beauftragt, die Kolonie in Brasilien zu verwalten, die die Holländer von Portugal erobert hatten. Nach seiner erfolgreichen Amtszeit (1636–44) kehrte er nach Europa zurück und kämpfte in Kriegen gegen England und Frankreich. ✣149
Johann Ohneland *var.* John Lackland (1167–1216). König von England (reg. 1199–1216). Versuchte, durch einen neuen Krieg gegen Philipp II. August von Frankreich, die eng. Festlandsgebiete, die er an ihn verloren hatte, zurückzugewinnen. Konflikte zwischen J. und Papst Innozenz III. führten 1208 zu einem Interdikt über England. 1213 erkannte J. den Papst als Lehnsherrn an, um das Interdikt zu lösen. Die eng. Barone zwangen ihn 1215 zur Unterzeichnung der Magna Carta in Runnymede. ✣66●
Johanniter-Orden *var.* Hospitaller. Religöser Militärorden, im frühen 12. Jh. nach dem 1. Kreuzzug in Jerusalem gegründet. Er führte das Hospital des hl. Johannes und bot Pilgern ins Hl. Land Unterkunft. Bald spielten die Ritter eine wichtige militärische Rolle in den Kreuzritter-Staaten. Nach dem Fall von Akko 1299 zogen die Johanniter nach Zypern, von dort eroberten sie bis 1310 die Insel Rhodos, wo sie einen vom Papst anerkannten autonomen Staat gründeten. 1522 wurde Rhodos von den Osmanen erobert; die Johanniter erhielten nun die Insel Malta von Kaiser Karl V. als Lehen und bauten sie zur Festung gegen die Osmanen aus. ✣186, ◆189 (4)
Übernahme militär. Aufgaben (ca.1130) ✣64●, ✣186●
Eroberung von Rhodos (1306–10) ✣186●
Osman. Eroberung von Rhodos (1522) ◆231 (3)
John Lackland *siehe* Johann Ohneland
Johnson, Lyndon Baines (1908–73) 36. Präsident der USA (Demokrat, 1963–68). Folgte Präsident John F. Kennedy nach dessen Ermordung 1963 ins Amt. Mit dem Civil Rights Act (1964) und dem Voting Rights Act (1965) wurde während seiner Regierung die Stellung der schwarzen Amerikaner verbessert. Unter dem Schlagwort der ›Great Society‹ führte J. eine Reihe wirtschaftlicher und sozialer Reformen ein. Sein Ansehen litt jedoch unter der Eskalation des Vietnam-Kriegs und der öffentlichen Proteste dagegen. ✣139, ✣139
Jolliet, Louis (1645–1700). Kanad. Geistlicher und Nordamerikaforscher. J. entdeckte zusammen mit Jacques Marquette die Quelle des Mississippi. 1672–73 folgten beide dem Flusslauf und näherten sich dem Golf von Mexiko bis auf 640 km. ◆119 (2)
Jolson, Al *ehem.* Asa Yoelson (1886–1950). Amerikan. Schauspieler und Sänger russ. Abstammung. Vor seinem Debüt auf dem Broadway 1911 sang er auf verschiedenen Bühnen und auf Jahrmärkten. 1928 wurde er als Hauptdarsteller des ersten großen Tonfilms berühmt, *The Jazz Singer*. Sein Hit ›Sonny boy/there's a rainbow round my shoulder‹ aus dem selben Jahr verkaufte sich über 3 Mio. Mal. ✣135●
Jomon-Kultur Wildbeuter in Japan ca.7500–250 v.Chr. Die reichen Fischgründe sowie Flora und Fauna boten der J. ausreichend Nahrung im dicht besiedelten O Japan, wo die Menschen in festen Dörfern lebten. Es gibt keine Hinweise auf Landwirtschaft. Töpferwaren der J. werden bis auf 10 000 v. Chr. datiert und sind damit die ältesten bekannten der Welt. Die Kultur ist nach den mit Bändern verzierten Töpferwaren aus den Omori-Muschelhügeln nahe Tokio benannt. ✣19
Jordanien Sechs-Tage-Krieg (1967) ✣107●
Juan Carlos I. (1938–) König von Spanien (reg.1978–). Enkel von Alfons XIII. (der 1931 abdankte); er wurde 1969 zum Nachfolger des Diktators General Franco ernannt und 1975 zum König ausgerufen. Juan Carlos war Garant für die schnelle und friedliche ›Transition‹ zur Demokratie; bereits 1978 wurde Spanien zur parlamentarischen Demokratie erklärt. 1981 vereitelte Juan Carlos einen falangistischen Staatsstreich. ✣110●
Juan-juan *siehe* Ruanruan
Juárez Garcia, Benito, (1806–72) Mexikan. Politiker (Präs. 1861–72). Als Mitglied der liberalen Regierung, die die konservative Regierung unter Santa Anna ablöste, unterstützte Juárez die antiklerikale und liberale Verfassung von 1857. 1861 zum mexikan. Präsidenten gewählt, hatte er das Amt bis zu seinem Tod inne. Die französische Invasion und Inthronisierung Maximilians zwang seine Truppen zum Rückzug in den Norden. Nach der Niederlage der Franzosen 1867 konnte J. die Republik wiederherstellen. ◆128–9 (2), ✣129
Judaismus *var.* Judentum. Religion des jüdischen Volks, entwickelt von den Hebräern des Altertums und charakterisiert durch strengen Monotheismus. Ethik und Ritus basieren auf dem Pentateuch (den 5 Büchern Mose) und den Interpretationen der Talmudischen Periode (der ersten fünf Jh.) und ihrer heutigen Nachfolger durch die Rabbiner.
Siebenarmiger Leuchter ❑37
Ursprung ✣36–7
Verbreitung (600 n.Chr.) ◆48 (1)
Juden Mitglieder der jüdischen Glaubensgemeinschaft; Name abgel. von Stamm und Königreich Juda des Volks der Hebräer in Südwestasien, ursprüngl. Nachfahren von Juda, dem vierten Sohn Jakobs.
Vertreibung aus Ägypten (ca.1200 v.Chr.) ✣31●
Jüd. Gemeinden um 600 ✣226, ◆226 (1)
Massaker in Kreuzzügen ✣186, ◆186 (1)
Verbannung aus St. Petersburg ❑100
Migration (1880–1914) ✣101, ✣101●, ◆101 (2)
Niederlassung in New York ❑101
Arab. Revolte gegen Immigration (1936) ✣103●
Holocaust ✣102●, ✣211, ◆211 (3)
Opfer im ZWK ✣105
Migration nach Israel ◆234 (3)
Jüdische Aufstände Serie von Aufständen in Judäa nach der Besetzung durch die Römer im Jahr 63. Der erste Aufstand begann 66, wurde von Vespasian und seinem Sohn Titus niedergeschlagen und führte 74 zum jüdischen Massenselbstmord von Masada. Der zweite Aufstand (132–135) wurde von Simon Bar Kochba angeführt. Die Unterdrückung der Juden resultierte in der Zerstreuung (Diaspora) der Juden über ganz SW Asien und das Röm. Reich. ✣225, ◆225 (4)
Jüdische Diaspora Heute alle Gemeinden der Juden außerhalb Palästinas. Bezeichnete ursprünglich die ›Zerstreuung‹ der Hebräer in der Babylonischen Gefangenschaft 586 v.Chr. und nach den jüdischen Aufständen 66–74 und 132–35 n.Chr. ✣47●, ✣225, ◆225 (5), ✣226, ◆226 (1)
Jugoslawien 208–215
Gründung ◆208 (1)
Bürgerkrieg (1991) ✣110●
Konflikte ✣215, ✣215●, ◆215 (3)
ZWK *siehe* Weltkriege
siehe auch Balkan
Jugurtha (160–104 v.Chr.) König von Numidien (reg.118–105 v.Chr.). Kämpfte zunächst erfolgreich (durch Bestechung) gegen die Römer in N Afrika, wurde dann aber von seinem Schwiegervater Boccus von Mauretanien an Rom ausgeliefert und nach dem Triumph seines Bezwingers Marius erdrosselt. ✣43●, ✣161●, ❑161
Juli-Revolution (1830) Bürgerlicher Aufstand in Paris, der Karl X. stürzte und den ›Bürgerkönig‹ Louis Philippe an die Macht brachte. Griff auch auf andere europäische Länder über und führte in Deutschland zum Hambacher Fest. ✣88●
Julisch-Claudische Dynastie Die Nachfolger von Augustus (reg. 31 v.Chr.–14 n.Chr) auf dem röm. Kaiserthron, die alle aus der Familie von Iulius Caesar stammten. Dem Kaiser Augustus, der eine effektive Verwaltung aufbaute und den ›Weltfrieden‹ proklamierte, folgte Tiberius (reg.14–37), der mit Besonnenheit regierte. Gaius Caligula (›Stiefelchen‹, reg. 37–41), wurde berühmt für seine exzessiven Orgien. Claudius (41–54) verschrieb sich öffentlichen Arbeiten und administrativen Reformen. Nero (reg. 54–68) führte ein tyrannisches Regime, das in der großen Christenverfolgung gipfelte, die er als Rache für den Brand Roms (64) anordnete (den er selbst gelegt haben soll). ✣46●
Juneau, Joe Französischer Entdecker Alaskas (im 19. Jh.). Gründete die Stadt Juneau.
Findet Gold in Alaska (1880) ✣93, ◆93 (3)
Jungfrau von Orléans *siehe* Jeanne d'Arc
Jungtürken Das repressive Regime des osman. Sultans Abdülhamit II. führte 1908 zu einer Revolution von reformorientierten Offizieren, den sog. Jungtürken. Der Sultan wurde gezwungen, die suspendierte Verfassung wieder in Kraft zu setzen, bevor er 1909 abgesetzt wurde. Danach wurden die Jungtürken die wichtigste politische Strömung des Reichs: Sie stellten die Regierung und beschlossen den Eintritt des Reichs in den EWK. ✣232
siehe auch Atatürk.
Jupiter *Gr.* Zeus. Oberste Gottheit des griechisch- römischen Pantheons. ✣37
Jurchen *siehe* Dschurtschen
Justinian I., der Große (483–565) Byz. Kaiser. Im heutigen Jugoslawien geboren, wurde er von seinem Onkel, dem späteren Kaiser Justin I., adoptiert und 527 sein Nachfolger. Hauptverdienst ist die Kodifikation des römischen Rechts (Codex Iustinianus) im Jahr 534. Zu seinen kostspieligen Bauvorhaben gehörte der Neubau der Hagia Sophia in Konstantinopel. Er unternahm zwei große Feldzüge gegen die Vandalen in Spanien und N Afrika sowie die Goten in Italien, allerdings ohne entscheidende Siege zu erringen. ❑54
Jüten Germanischer Volksstamm, der im 5. Jh. mit Angeln und Sachsen Britannien besiedelte.
Völkerwanderung ◆52–3 (1), ✣183

K

Kabul, erobert durch Taliban (1996) ✣111●
Kader, Abd el- *siehe* Abd al-Qadir
Kadeš *var.* Kadesch. ⚔ zwischen Ägyptern und dem Großreich der Hethiter (ca.1285 v.Chr.). Erster überlieferter Friedensvertrag der Weltgeschichte. ✣27●, ✣221, ◆221 (5)
Kadphises I. *var.* Kujula Kadphises, Chiu-Chiu-Chueh. Kushana-Herrscher, der die politische Einheit der Yuezhi-Stämme (Yüe-tschi) im 1. Jh. herstellte und über das nördliche Indien, Afghanistan und Teile von Zentralasien herrschte. ✣47●
Kaifeng
Von Mongolen erobert (1233) ✣67●, ◆68–9 (1)
Roll-Bild (Straßenbild des 12. Jh.) ❑63
Hauptstadt der Song ✣263, ◆263 (7)
Kairo
Fatimiden-Hauptstadt (969) ✣58●, ◆227 (6)
al-Azhar-Universität gegründet (970er) ✣58●
Ibn Tulun-Moschee ❑227
Kairouan Große Moschee ❑56
Kalahari-Wüste Vorgeschichtl. Lebensweise ✣16
Kalender
Islamischer ✣226, ◆226 (2)
Maya ✣54
Systeme nach Regionen ✣33, ◆33 (3)
Zapoteken ✣34
Kalewa ⚔ im ZWK (Mai 1942). Punkt des weitesten Vorstoßes der Japaner in Burma. ◆104 (2)
Kalhotia Felszeichnung ❑14
Kali Weibl. Gottheit des Hinduismus, verbunden mit Tod, Krankheit und Zerstörung. ❑48
Kalidasa 4. Jh. Indischer Dichter und Dramatiker. ✣51●
Kalifat Der Kalif – er galt als Nachfolger des Propheten Mohammed – war Führer der islamischen Welt. Anfänglich hatten die Kalifen ihr Zentrum in Medina und Damaskus, unter der Abbasiden-Dynastie (756–1258) in der neuen Stadt Baghdad (766 gegründet); sie stieg später zum Symbol arabischer Macht auf. ✣59, ✣227●, ◆227 (4)
siehe auch Abbasiden-Kalifat, Baghdad, Umayyaden
Kalifornien
Übernahme duch die USA (1849) ✣90●, ◆129 (1)
Goldrausch ✣90●, ✣93●, ✣100●
Migration (1917–20) ✣134
Kalmarer Union (Juni 1397). Skandinavisches Bündnis, das die Königtümer von Norwegen, Schweden und Dänemark bis 1523 unter einem Monarchen vereinte. ✣70●, ✣195, ✣70–1, ◆74–5, ◆195 (3)
Kalmyken *var.* Kalmücken Buddhistisches Volk in der Mongolei, das

1758–59 aus Qing-China vertrieben wurden. ✣268●, ◆268 (1)
Kalter Krieg (ca. 1947–91). Periode von ideologischen, politischen, ökonomischen und militärischen Auseinandersetzungen zwischen dem von der Sowjetunion und China dominierten kommunistischen Block und den US-dominierten marktwirtschaftlich organisierten Staaten. Der K. endete mit der Auflösung der Sowjetunion 1991.
Nato und Warschauer Pakt ✣108
Bündnisse ◆108–9 (1)
Korea-Krieg (1950–53) ✣106, ✣107●, ◆109 (4)
Vietnam-Krieg (1954–75) ✣106, ✣107●
Cuba-Krise (1961–62) ✣106, ◆109 (2)
Bürgerkrieg in Angola ◆109 (5)
Rüstungswettlauf ✣109
Kalter Krieg in Europa ◆108 (3)
Indoktrination ❑109
Kamakura-Shogunat (1185–1333) Herrschaft durch Militärführer in Japan ✣71, ✣265, ✣265●
Kambodscha
Südkambodscha wird Annam zugeordnet (1691) ✣83●
Unabhängigkeit (1954) ✣107●
Rote Khmer ✣253
USA, Studentenproteste gegen Krieg (1970) ✣137●
Vietnamesische Invasion (1979) ✣111●
Kambujadesha Der Khmerstaat K., 802 von Devaraya II. gegründet, kontrollierte 4 Jh. lang den Großteil SO Asiens. Der Hinduismus war zwar Staatsreligion, jedoch waren auch buddhist. Einflüsse wirksam, wie die Architektur in der prunkvollen Hauptstadt Angkor im Süden des Landes zeigt. Die Stadt erlebte ihre Blütezeit unter Jayavarman VII. (ca.1200).
❑63, ✣244, ✣245, ✣245●, ◆245 (5)
Kambyses II. (reg. 529–522 v.Chr.). Achämenidischer König des Persischen Reichs, Sohn von Kyros dem Großen.
Eroberung von Ägypten (525 v.Chr.) ✣223●
Kamehameha I. (1782–1819). Der König eines der vier hawaiischen Königreiche, der mit überlegener Flotte und fremder Hilfe bis 1795 alle Inseln des Archipels eroberte (mit Ausnahme von Kauai und Niihau). Er reformierte die Verwaltung und förderte die Wirtschaft, wobei er ausländischen Einflüssen widerstand und traditionellen religiösen Riten anhing, die jedoch nach seinem Tod von seiner Nachfolgerin Kaahumanu abgeschafft wurden. ✣91●
Kamele
Einführung in die Sahara (ca.100 v.Chr.) ✣43●
Karawanen ✣50, ✣58
Sklavenhandel in W Afrika (13. Jh.) ✣66
Kami Im Shinto verehrte Seelenkräfte, die der Natur, besonders Felsen, Wasser und Bäumen, innewohnen. ❑264
Kamikaze Jap. für ›göttlicher Wind‹, ein Taifun, der die mong. Invasion Japans vereitelte (1281); wurde als Name für die japan. Selbstmord-Bomberstaffeln übernommen, die gegen Ende des ZWK die amerikan. Schiffe angriffen. ✣273, ❑273
Kaminaljuyú Zivilisation in Mittelamerika (500 v.Chr.) ✣121
Kammergräber *var.* Dolmen, Hünengräber. Megalithische Grabbauten des europäischen Neolithikums (Jungsteinzeit ab 5000 v.Chr.) aus hochkant gestellten Großsteinen (Orthostaten) und aufgelegten Decksteinen, ursprünglich mit einem Erdhügel bedeckt. Meist für Kollektivbestattungen über viele Generationen hinweg genutzt. ✣23●
Kanaaniter Kanaan ist der altägyptisch-alttestamentarische Name für das Westjordanland zwischen Libanon und Negev-Wüste, also den Küstenstreifen Palästinas. Als K. bezeichnete man die heterogene Bevölkerung des 2. Jt. v. Chr., die unter starkem Einfluss des Mittleren Reichs in Ägypten stand und in unzähligen Zwergstaaten organisiert war. Beim Einbruch der israelitischen Stämme waren diese schon von Teilen der ›Seevölker‹, den Philistern, überlagert. Nach dem Zeugnis des AT verehrten sie Idolgottheiten und pflegten die Tempelprostitution. Sie entwickelten die erste Alphabetschrift, die von den Phönikern adaptiert wurde. ✣32 (1), ◆223 (3)
Kanab Desert Aquarell des US Geological Survey (1880) ❑119
Kanada
Von Gr.-Br. erobert, Vertrag von Paris (1763) ✣86, ✣86●
Europ. Besiedlung ✣126, ◆126 (1) ✣128, ◆128–9 (2)
Brit. Dominion (1867) ✣94●, ✣128, ◆128 (2),
Einwanderung ◆132 (1), ❑132
Entdeckung von Bodenschätzen (spätes 19. Jh.) ◆93 (2)
Industrialisierung, Urbanisierung ◆132 (1)
ZWK, mobilisierte Soldaten und Verluste ✣105
Ökonomie (20. Jh.) ✣136, ◆136 (2)
Sezessionismus (Quebec) ✣136
Erkundung und Kartierung ✣118–9, ◆118–9 (1)–(3)
siehe auch Nordamerika
Kandahar *siehe* Gandhara
Kanem Königreich in W Afrika ✣58
siehe auch Bornu
K'ang-hsi *siehe* Kang xi
Kangxi *var.* K'ang-hsi, *eigentl.* Xuanye (1654–1722). Qing-Kaiser in China (reg.1662–1722). Benannt nach seiner Regierungsdevise. ✣83●, ❑268
Kanishka *var.* Kaniska (reg. ca.78–96). Herrscher der Kushan (Kushana-Reich in S Zentralasien), dessen Übernahme des (Mahayana-) Buddhismus die Ausbreitung des Glaubens über die Seidenstraße nach China ermöglichte. ✣47●, ✣49
Kansas-Nebraska Act (1854). Umstrittenes Gesetz über die Ausdehnung der Sklaverei in den USA, nach dem die Bevölkerung in den neuen Territorien über die Sklaverei entscheiden sollte. Die Annahme des Gesetzes führte zur Bildung der Republikanischen Partei, die sich gegen Sklaverei einsetzte. ✣130, ◆130 (3)
Kao Tsu *siehe* Gao Zhu
Kap der Guten Hoffnung
Von Diaz umfahren (1488) ✣156●
Gründung einer holländischen Kolonie (1652) ✣83●, ✣164●
Eroberung durch Briten (1795) ✣87●
Kapetinger (987–1328). Franz. Herrscher-Dynastie, gegründet von Hugo Capet; löste im Westfränkischen Reich die Karolinger ab. ✣191
Kapkolonie
Großer Treck der Buren (1830er) ✣90, ✣95●, ✣166, ◆166 (2)
Bodenschätze (1872) ❑95
Kapstadt
Von Holländern gegründet (1652) ✣164
Von Briten erobert (1795) ✣164●
Kapverden 1446 von Portugiesen erreicht ✣156●, ◆156 (3)
Kara Khitai *var.* Kara-Chitai. Muslim. Reich in Z Asien, das im 12. Jh. großen Einfluss erlangte. 1141 besiegten die K.K. die Seldschuken nördl. von Samarkand.
Mongolen-Feldzüge (13. Jh.) ◆68–9 (1)
Karakorum ◆68–9 (1), (2)
Bau der Mongolen-Hauptstadt (1235) ✣68●
Sklavenhandel (13. Jh.) ✣85
Karavelle Leichter Segelschifftyp in Europa vom 15.–17. Jh., der von den Portugiesen zur Erkundung der afrikanischen Küste entwickelt worden war. ✣78, ❑78
Kardium-Keramik *siehe* Impresso-Keramik
Karibik
Von Spaniern kolonisiert (16. Jh.) ✣78, ✣118
Piraterie (16.–17. Jh.) ✣85, ◆85 (2)
Code Noir schränkt Sklaverei ein (1685) ✣85●
Plantagenwirtschaft ✣82, ✣84
Bevölkerung afrikanischer Herkunft ✣112, ◆112 (1)
Karius, Charles Brit. Neuguinea-Forscher (1927–28). ◆279 (2)
Karl I., der Große *Lat.* Carolus Magnus, *Eng./Frz.* Charlemagne (ca.742–814). König der Franken und Röm. Kaiser. Karls Königreich umfasste das heutige Frankreich, einen Großteil Deutschlands und N Italien. Der Papst krönte ihn 800 zum Röm. Kaiser.
Franken-König ✣58
Röm. Kaiser (800) ✣184
Reich ◆184 (1)
Bronzestatue ❑184
›Königsstuhl‹ ❑184
Karl I. von England (1600–49) König von England, Schottland und Irland (reg. 1625–49). Seine Heirat mit der katholischen Henrietta Maria rief im anglikanischen England Empörung hervor. In den ersten vier Jahren seiner Amtszeit löste er drei Parlamente auf und regierte 11 Jahre ohne Parlament, bis ihn der Aufstand in Schottland zwang, wieder ein Parlament einzuberufen. Die Auseinandersetzung mit dem ›Langen Parlament‹ führte zum Bürgerkrieg (1642–46). 1645 unterlag K. in der Naseby-Schlacht den Parlamentstruppen und floh. Nach seiner Gefangennahme wurde er wegen Verrats verurteilt und enthauptet. ✣82●, ✣196
Karl IV. (1316–78) Kaiser des Hl. Röm. Reichs (reg.1347–78) und König von Böhmen (als Karl I.). Der größte der böhmischen Herrscher aus dem Haus Luxemburg. Er machte Prag zum Zentrum des Reichs. ✣189, ❑189
Karl V. (1500–58) Kaiser des Hl. Röm. Reichs. Karl erbte vor seinem 20. Geburtstag die Niederlande von seinem Vater, Spanien (das er als Karl I. regierte) von seiner Mutter und die Territorien der deutschen Habsburger von seinem Großvater. 1519 wurde er zum Kaiser gewählt. Zur Wahrung seines Reichs führte er diverse Kriege gegen Frankreich und das Osmanische Reich. Während seiner Regentschaft wurden die deutschen Territorien durch die Reformationskriege weitgehend zerstört. Er dankte 1555/56 ab, überließ die span. Besitzungen und die Niederlande seinem Sohn Philip II. und die österreichischen und deutschen Territorien seinem Bruder Ferdinand I.
✣78●, ✣142●, ✣194, ✣194●
Karl VII. von Frankreich (1403–61) König von Frankreich (reg.1422–61). Wurde erst gekrönt (1429), nachdem Jeanne d'Arc die Belagerung von Orléans gesprengt hatte. Vertrieb die Engländer bis 1453 aus Frankreich (mit Ausnahme von Calais) und beendete damit den Hundertjährigen Krieg. ◆192 (2), ◆194 (1)
Karl VIII. von Frankreich (1470–1498). König von Frankreich (reg.1483–98), begann die Italienkriege, die bis Mitte des 16. Jh. andauerten. ✣75●
Karl X. Gustav (1622–60) König von Schweden (reg.1654–60). Marschierte 1655 in Polen ein. Mit dem Sieg im Krieg gegen Dänemark (1657–58) erreichte Schweden die größte territoriale Ausdehnung. ✣197●
Karl der Kühne (1433–77) Letzter Herzog von Burgund (reg.1467–77). Führte Krieg gegen Ludwig XI. und stand kurz vor der Errichtung eines von Frankreich unabhängigen Königreichs. Mit seinem Tod auf einem Feldzug gegen die Schweizer endete der Widerstand Burgunds gegen Frankreich. ✣193●
Karl Martell (ca. 688–741). Hausmeier am Hof der Merowinger-Könige (reg. 719–741). Eigentlicher Herrscher im Fränk. Reich, der den Grundstein für den Aufstieg der Karolinger legte. Besiegte 732 die muslim. Invasoren bei Poitiers. ✣54●, ✣184
Karlistenkriege In Spanien führten Anhänger des Thronbewerbers Don Carlos (1788–1855) und seiner Nachkommen drei Kriege (1834–39, 1847–49, 1872–76) gegen die Anhänger Königin Isabellas II., die sie verloren. ✣202●, ◆202 (1)
Karlowitz, Frieden von *var.* Carlowitz (1699). Beendete die kriegrischen Auseinandersetzungen (1683–99) zwischen dem Osman. Reich und der Hl. Liga (Österreich, Polen, Venedig und Russland). Der Frieden von K. verringerte den türkischen Einfluss in Südosteuropa deutlich und brachte Österreich die Vormachtstellung in der Region. ✣197●, ◆197 (4)
Karlsbader Beschlüsse (6.–31. Aug. 1819) Zensur in Deutschland nach Wiener Kongress ✣90●
Karneol Halbedelstein. Griechen und Römer schätzten den durchscheinenden Stein mit seiner rotbraunen Farbe als Schmuckstein für Ringe. ✣25, ◆25 (2)
Karolinger (751–987). Fränkische Dynastie, benannt nach Karl d. Gr. Der erste karolingische Franken-König war Karls Vater, Pippin der Jüngere, der 751 gekrönt wurde. ◆184 (1)
Krönung Pippins d.J. ✣184●
Wikinger-Feldzüge ✣58
Vertrag von Verdun (843) ✣58●, ✣184●
Zerfall des Reichs ✣185
Karrhai *auch* Carrhae. ⚔ (53 v.Chr.). Stoppte die Röm. Invasion des parthischen Mesopotamien. ✣43, ✣224●, ◆224 (2)
Karten *siehe* Atlanten und Karten
Karthago *siehe* Carthago
Kartografie
siehe Atlanten und Karten, einzelne Forschungsreisende, Erkundung
Kasachen Volk in Zentralasien. Traditionell nomadische Hirten, Mitte des 19. Jh. an das Russische Reich angeschlossen, siedeln sie heute überwiegend in Kasachstan. ◆89 (2), ◆267 (3)
Kashmir Mehrheitlich von Muslimen bewohnte Region, die zwischen Indien und Pakistan seit der Teilung Brit.-Indiens 1947 umstritten ist. Bislang wurden zwei Kriege um K. geführt. (1947–48 und 1965). Nach Festlegung einer Demarkationslinie (1949) entstanden das pakistanische Azad K. (Freies K.) und das indische Jammu and K. ✣107●, ✣252, ◆252 (2), ❑252
Kasimir III., der Große (1310–70). König von Polen (1333–70). K. machte Polen wieder zu einer Macht in der Region, reformierte die Verwaltung und errichtete eine Universität in Krakau. 1386 heiratete seine Tochter den litauischen Großfürsten Jagiello, der als Wladislaw II. König von Polen wurde. ✣189●, ◆189 (4)
Kaspisches Meer Ölfelder entdeckt (1990er) ✣234
Kassandros Königreich (301 v.Chr.) ✣224, ◆224 (1)
Kassapa (447–495) Herrscher von Sigiriya auf Ceylon und selbst ernannter Gottkönig
Gottkönig von Sigiriya ✣51●
Palast, Fresko mit Wolkenmädchen (5. Jh.) ❑51
Kasten-Ordnung Soziale Ordnung im Hinduismus. Gemäß einer Hierarchie unterschiedlicher Grade spiritueller Reinheit werden die Menschen nach Abstammung und Beschäftigung ›eingeordnet‹. Die höchste Kaste ist die Priesterklasse der Brahmanen. Außerhalb des ind. Kastenwesens stehen die ›Unberührbaren‹. Der Kontakt zwischen den Kasten wird als verunreinigend angesehen und vermieden. ✣242
Katalanischer Atlas (ca.1375) ❑68, ❑70, ❑71
Katalaunische Felder ⚔ (451). Attilas Hunnen von Römern und Goten besiegt ✣50●, ◆52 (1)
Katanga Spaltet sich von Republik Kongo (Zaire) ab (1960) ✣107●
Katharer *auch* Albigenser, Patarener, Manichäer. Häretische religiöse Bewegung, die sich im 12. Jh. vor allem in S Frankreich und Oberitalien ausbreitete. Die K. glaubten an einen Gegensatz zwischen dem bösen Gott des Alten Testaments und dem guten Gott des Neuen Testaments. Sittliche Reinheit sollte durch Verzicht auf alles Materielle erreicht werden. Die Albigenser-Kriege führten nicht nur zum Erlöschen der Bewegung (1209–29), sondern auch zur Unterwerfung von Toulouse und einem Großteil S Frankreichs unter die franz. Krone.
Albigenser-Kriege ✣186, ✣186●, ◆186 (1)
Katharina II. *auch* Katharina die Große (1729–96). Zarin von Russland (reg.1762–96). Die deutsche Prinzessin aus dem Haus Anhalt-Zerbst kam durch Heirat mit Zar Peter III. auf den Thron. Sie war eine aufgeklärte Monarchin (Briefwechsel mit Voltaire), doch blieben ihre Reformversuche wenig wirkungsvoll. Außenpolitisch führte ihre Herrschaft zur Expansion nach Süden an das Schwarze Meer und zu Territorialgewinnen durch die Teilung Polens. ❑198
Katholizismus *var.* Römischer Katholizismus
Regel des hl. Benedikt (529) ✣49●
Zurückdrängen des Islam (12./13. Jh.) ✣187, ◆187 (3)
Entstehung von Mönchsorden (Renaissance) ✣187, ✣187●
Großes Schisma (1378–1417) ✣70, ✣70●, ✣75●
Reformation ✣78, ✣82, ✣194, ✣194●
95 Thesen (Luther) ✣194●
Konzil von Trient ✣78●, ✣194, ✣194●
Erkundung S Amerikas ✣143●
Religionszugehörigkeit in Europa (1590) ◆194 (2)
siehe auch Jesuiten, Papsttum, einzelne Päpste
Kaukasus Kämpfe zwischen Osmanen und Safawiden ✣79, ◆231 (4)
Kay, John Erfinder des Fliegenden Weberschiffchens (1733) ✣204●
Kebana Neandertaler-Gräber ❑12
Keilschrift Von den Sumerern entwickelte Schriftform, bei der keilförmige Zeichen mit Griffeln in feuchten Ton gedrückt wurden (daher von lat. *cunei*, Keile, auch Cuneiform genannt). Die frühesten K.en wurden von oben nach unten geschrieben, benutzt wurde K. in ganz SW Asien über 3000 Jahre lang ab dem Ende des 4. Jt. v.Chr., u.a. für Hethitisch, Aramäisch, Assyrisch, Babylonisch.
✣25, ❑25, ✣32, ◆32 (1), ✣220●
Kelten Europ. Völker mit gemeinsamer Sprache und Kultur; ihr Ursprung liegt wahrsch. in S Deutschland. Die frühesten kelt. Relikte am Oberlauf der Donau stammen aus dem 13. Jh. v.Chr. Ab 800 v.Chr. erweiterten die K. ihr Siedlungsgebiet. Sie plünderten 390 v.Chr. Rom, ein Jahrhundert später Delphi und besiedelten Kleinasien, N Italien, Spanien, Gallien und Britannien. Sie waren Träger der europ. Eisenzeit (Latène-Kultur) und gefürchtete Krieger, im 1. Jh. v.Chr. wurden sie jedoch von Römern und german. Stämmen verdrängt. Kelt. Dialekte findet man heute noch in der Bretagne, Wales und Irland.
Eisenzeit (800 v.Chr.) ✣31●
Kalender ❑33
Stammesgesellschaft ✣34
Plünderung Roms ✣38●
Invasion der Brit. Inseln ✣38●
Britannien in angelsächs. Zeit (600–800) ✣183, ✣183●
Kenia *siehe* Kenya
Kennedy, Edmund (1818–48). Der auf den Kanal-Inseln geborene K. wanderte 1840 nach Neusüdwales aus und begleitete 1847 nach seiner Ausbildung zum Landvermesser Sir Thomas Mitchells Expedition in das Innere Queenslands. 1848 führte er eine eigene Expedition entlang der Ostküste Queenslands bis nach Cape York. Alle Teilnehmer kamen bei der strapaziösen Reise ums Leben, K. wurde in Sichtweite seines Versorgungsschiffs von Aborigines mit Speeren getötet. ◆279 (2)
Kennedy, John Fitzgerald (1917–63) 35. Präsident der USA (Demokrat, 1961–63). Nach seinem Dienst in der US-Navy im ZWK wurde K. im Alter von 43 Jahren der jüngste Präsident der USA. Er strebte Bürgerrechtsreformen und eine Aufstockung der Mittel für das Gesundheits- und Bildungswesen an. Wichtige außenpolitische Ereignisse seiner Amtszeit waren die fehlgeschlagene Landung in der Schweinebucht auf Cuba und die Cuba-Krise, die beinahe einen Atomkrieg ausgelöst hätte, sowie das militärische Engagement der USA in Vietnam. K. wurde am 22. Nov. 1963 in Dallas, Texas, ermordet. ✣139●, ❑108
Kennesaw Mountain ⚔ im Sezessionskrieg (27. Juni 1864). Sieg der Konföderierten. ◆131 (7)
Kent König konvertiert zum Christentum (597) ✣54●
Kenya 167–169
Brit. Expansion (19. Jh.) ◆167 (3)
Unabhängigkeit ◆168 (1)
Terrorismus (1998) ✣235●
Keramik
Afrika
Amphore mit christlichen Kreuzen ❑48
Saharische Wellenbandkeramik ✣19●, ✣20●
Amerika
Amazonas (4000 v.Chr.) ✣22●
Anasazi-Kultur ❑62
Chavin-Kultur ✣30
Chorrera-Stil (ca.900 v.Chr.) ✣30●
Hund aus Mexiko ❑122
Maya-Vase ❑50
Mimbres ❑123
Mittelamerika (2300 v.Chr.) ✣120●
Moche-Gefäß ❑46, ❑54, ❑145
Nazca-Figur ❑42
Valdivia-Figurine ❑22
Asien ✣35●, ✣20●, ◆258 (1)
Amphore mit Schnureindrücken ❑19
Tang, Ferghana-Pferd ❑55
Han-Periode ❑260
Jomon-Ware ✣15, ❑14
Kampf zwischen Löwe und Jäger ❑51
Longshan-Ware ❑23
Mehrgarh-Ware (v.Chr.) ✣19, ✣20●, ✣23●
Neolith. China ◆258 (2)
Osman. Iznik-Ware ❑230
Shang-Dynastie ✣259
Song-Dynastie ❑262
Formen für Bronzeguss (v.Chr.) ✣27●
Europa
Bandkeramik (5200 v.Chr.) ✣20●, ✣174, ✣174●, ◆174 (1)
Glockenbechergefäß ❑20, ◆22–23 (1), ✣174, ◆174 (2)
Impresso-Keramik ◆20 (1), ✣174
Schnurkeramik ◆22–23 (1), ✣23●, ✣174●, ◆174 (2)
Mykenischer Pokal (ca.1300 v.Chr.) ❑174
Figurinen ✣17 (4), ❑174
Grabbeigaben ✣19●, ✣22–3, ❑259
Lapita ❑27, ✣280–1 (3)
Neolithikum ✣14, ✣20●, ◆20 (1)
Kermario Steinreihung (*eng.* alignment, ca. 3000 v.Chr.). ❑174
Khanbaliq *var.* Beijing, Cambaluc. Mongolen-Hauptstadt.
Gegründet von Kublai Khan (1266) ✣68●
Italienische Karte (15. Jh.) ❑69
Khedive von Ägypten 1867 vom Osmanischen Sultan an den Vizekönig von Ägypten, Ismail Pascha, verliehener Titel. ›Khedive‹ ist ein persisches Wort und bedeutet Prinz oder Fürst. ✣232
Khitan *var.* Liao (907–1125). Mongolisches Volk, das im 10. Jh. das Reich Liao in der Mandschurei gründete. ✣263, ◆263 (3), (4)
Khmer-Reich *siehe* Kambujadesha
Khomeini, Ayatollah Ruhollah (1900–1989) Religiöser und politischer Führer des Iran. Ein schiitischer Muslim, dessen erbitterte Opposition gegen das pro-westliche Regime des Schah Muhammad Reza Pahlevi 1964 zu seiner Flucht ins Exil führte. Nach der von breiten Massen getragenen Revolution und dem anschließenden Sturz des Schah 1979 kehrte er in den Iran zurück und wurde zum religiösen Führer der Islamischen Revolution ernannt. Das islamische Recht wurde wieder eingeführt und die Rückkehr zur strikten fundamentalistischen Tradition betrieben. ❑111, ✣235, ❑235
Khosrau I. *var.* Chosroes I. (reg. 531–579). Sassanidischer Schah in Persien, der die mazdaktische Rebellion niederschlug und den Byzantinern erfolgreich Widerstand leistete. ✣55, ✣225
Khosrau II. *var.* Chosroes II., ›der Siegreiche‹ (reg. 591–628). Persischer Schah zur Blütezeit der Sassaniden-Herrschaft. 601 griff er das Byzantinische Reich an und eroberte Antiochia, Jerusalem und Alexandria. ✣225
Khufu *var.* Cheops. Ägyptischer Pharao der 4. Dynastie (ca. 2575–2465 v.Chr.), der die größte der Pyramiden von Giza bauen ließ: 147 m hoch, mit ca. 2,3 Mio. Blöcken zu jeweils 2,5 Tonnen Gewicht. ✣23●
Khwarizm-Reich *var.* Reich des Chwarism-Schahs, Usbeken-Reich. Staat türk. Ursprungs, dessen Gebiet weitgehend dem antiken Choresmia in N Persien entsprach. Zentrum war ab dem 12. Jh. Samarkand. Von den Mongolen militärisch besiegt, war das K. Teil des Khanats der Goldenen Horde. Nach der Eroberung durch Timur (1378) zerfiel es in zahlreiche muslim. Khanate, die um Bukhara und Samarkand angesiedelt waren. Im 19. Jh. wurden sie ins Russische Reich eingegliedert.
Ausdehnung (ca.1206/19) ◆66–7, ◆68–9 (1)
Mongol. Invasion (1219) ✣67●, ✣69●
Kibi Altes Volk auf S Honshu, Japan ✣264
Kiev ⚔ im ZWK (Sept.–Nov. 1943). Sowjetische Truppen stoßen in der Ukraine gegen die deutsche Armee vor. ◆105 (3), ◆211 (4)
Kiev
Eroberung durch Wikinger ✣185
Russische Hauptstadt ✣58●
Kiever Rus Reich, gegründet um 840 von schwed. Wikingern, die auf den Flüssen zwischen Ostsee und Schwarzem Meer Handel trieben. Kiev entwickelte sich zur blühenden Hauptstadt. Gegen Ende des 10. Jh. verbreitete sich über die Handelsbeziehungen mit Byzanz der christliche Glaube im gesamten Reich. Durch wiederholte Invasionen der Steppenvölker aus dem Osten zerfiel die K. ab Mitte des 11. Jh. in eine Reihe verfeindeter Fürstentümer.
✣185, ◆185 (3), ◆189 (3)
Gründung durch Waräger ✣60
Besitzungen ◆58–9
Kilwa
Handelskolonie an der Küste (ca. 800) ✣58●
Bauvorhaben ✣163●
Kimberley Goldfunde in Südafrika (1867) ✣93●
Kinderkreuzzug ✣186, ◆186 (1)
King, Clarence (1842–1901). Amerikanischer Forscher und Geologe. 1867 begann er als Leiter der ›United States Geological Exploration of the Fortieth Parallel‹ (Geologische Erkundung des 40. Breitengrads) die ausführliche Vermessung eines 160 km breiten Landstreifens von Cheyenne und Wyoming bis in den Osten der Sierra Nevada, die über zehn Jahre dauern sollte. ◆119 (3)
King, Martin Luther (1929–68) Führer der Bürgerrechtsbewegung in der USA. Der Baptistenpriester aus Alabama gründete 1957 die Southern Christian Leadership Conference, um in den ganzen USA eine Verbesserung der rechtlichen Situation für Schwarze durchzusetzen. Seine Politik des gewaltfreien Widerstands und zivilen Ungehorsams war sehr erfolgreich und mitverantwortlich für den Civil Rights Act (1964) und den Voting Rights Act (1965). K. erhielt für seine Verdienste den Kennedy-Friedenspreis und den Friedensnobelpreis. 1968 wurde er in Memphis, Tennessee, ermordet. Seither wird der dritte Montag im Januar in den USA als Martin Luther King Day begangen. ❑136, ✣137●
King-Bewegung Maori-Bewegung, die sich gegen Ende der 1850er Jahre gegen die Landverkäufe an Europäer einsetzte und einen Maori-Staat forderte. Anführer war ›King‹ Te Wherowhero. ✣283●, ◆283 (5)
King Philip's War (1675–76) Konflikt zwischen eng. Kolonisten und Indianern in Neu-England nach dem massiven Eindringen europäischer Siedler in Indianergebiete ab ca. 1640. Der Krieg, in den beinahe alle Stämme Neu-Englands verwickelt waren, darunter auch die Wapanoag und Narragansett, kostete etwa 600 Siedlern und 3000 Indianern das Leben. Letztere zogen sich daraufhin nach Norden und Westen zurück. ✣126, ◆126 (1)
King's Mountain ⚔ im amerikan. Unabhängigkeitskrieg (7. Okt. 1780). Amerikan. Sieg. ◆127 (3)
Kingsley, Mary (1862–1900). Eng. Reisende, die West- und Äquatorialafrika durchquerte. K. bereiste als erste Europäerin Teile des heutigen Gabun. ◆157 (4)
Kirchenstaat *siehe* Patrimonium Petri

Legende: ✣ Text ● Zeitleiste ❑ Bild ◆ Karte *var.* Variantname *nwb.* nachweisbar *ehem.* ehemals *passim* und folgende *reg.* regierte ⚔ Schlacht EWK Erster Weltkrieg ZWK Zweiter Weltkrieg

Kisese Höhlenmalerei (29 000 v.G.) ✣17●
Klassik, griechische (5.–3. Jh. v.Chr.). Zeitalter der hellenischen Stadtstaaten, Blütezeit der Philosophie, Naturwissenschaft, Höhepunkt von Theater, Kunst und Bildhauerei, der für die nächsten 2500 Jahre in der bildenden Kunst Standards für Schönheit und Proportionen setzte. ✣34, ✣37, ✣38, ◆176 (1), ✣177
Klassik, römische (1. Jh. v.Chr.–2. Jh. n.Chr.). Zeit der späten Republik und des frühen Prinzipats, charakterisiert durch Übernahme der griechischen Kulturleistungen und eine Monumentalisierung der Stadtarchitektur mit Stein oder Marmor. ✣37, ✣42, ◆44–5, ✣179, ◆180 (1)
Kleinasien *Lat.* Asia Minor
Frühe Stadtstaaten ✣31
Persische Herrschaft ✣39●
Kleopatra VII. *var.* Thea Philopator, (69–30 v.Chr.). Letzte Königin der makedonischen Ptolemäer-Dynastie (reg. 51–30 v.Chr.). K. regierte mit ihren Brüdern, Ptolemaios XIII. und Ptolemaios VIX., und später ihrem Sohn Ptolemaios XV. Caesarius und lernte als einzige der Dynastie ägyptisch sprechen. Sie nutzte ihren berühmten Charme, um die ägyptische Annexion durch Rom zu verzögern, und gebar zwei Söhne von Iulius Caesar und Marcus Antonius. Letzterer schenkte ihr Teile des alten Ptolemäer-Reichs in den östlichen röm. Provinzen. Diese Politik bestärkte seinen Widersacher Octavian, der ihn bei Actium besiegte. Daraufhin begingen Antonius und K. Selbstmord. ✣42–43●
Klerk, Frederik Willem de (1936–). Südafrikan. Politiker. Als Präsident (1989–94) war er für die Abschaffung der Apartheid in Südafrika mitverantwortlich. K. und Nelson Mandela erhielten für ihre Bemühungen, in Südafrika eine auf der Gleichberechtigung aller Rassen beruhende Demokratie zu schaffen, 1993 den Friedensnobelpreis. ✣169●
Klondike Goldrausch ✣93, ◆93 (3)
Knossos Bronzezeitliche Palastsiedlung auf Kreta, ein Zentrum der minoisch-helladischen Zivilisation. Der Palast, erstmals erbaut kurz nach 2000 v.Chr., ist für seine kunstfertigen Wandgemälde berühmt geworden. Knossos wurde wahrscheinlich vom Santorin-Vulkanausbruch in Mitleidenschaft gezogen und um 1450 v. Chr. von den Mykerner erobert. Endgültig zerstört wurde die Stadt 68–67 v.Chr. bei der römischen Eroberung Kretas.
siehe auch Minoische Zivilisation
Knut der Große (ca. 995–1035) Dänischer König von England (reg.1016–35), Dänemark (als Knut II., reg.1018–35) und Norwegen (reg.1028–35). Hatte großen Einfluss auf die europ. Politik im 11. Jh.
Thronbesteigung (1016) ✣62●
Besitzungen (1028–35) ✣62–3
Kobalt *siehe* Metallurgie
Koguryo Nordkoreanischer Herrscher-Clan, den die Tang 668 zerschlugen.
Gründung von Bohai ✣264
siehe auch Korea
Kokain Weißes, kristallines Alkaloid aus den Blättern der Kokapflanze, die in Afrika, im Norden Südamerikas, in Südostasien und Taiwan angebaut wird. Kokain findet als Mode-Droge zunehmend Verbreitung.
◆113 (4), ✣153, ◆153 (5), ❑153
Kök Türk, Reich der *var.* Blaue Türken (551–572) ◆54–5
Kolumbien
Ökonomie ◆151 (3), ◆153 (3)
Bürgerkrieg ◆151 (3)
Politische Entwicklung (seit 1930) ◆152 (1)
siehe auch Groß-Kolumbien, Südamerika
Kolumbus, Christoph *It.* Cristoforo Colombo; *Span.* Cristóbal Colón; *var.* Columbus, Christoph (ca. 1451–1506). Genuese, der als Entdecker Amerikas (nach den Wikingern) gilt. 1492 überquerte K. mit einer von Ferdinand und Isabella von Spanien finanzierten Flotte den Atlantik, um einen westlichen Seeweg nach Indien zu finden. K. landete offenbar auf den Bahamas, von wo aus er nach Cuba segelte und auf Hispaniola eine Kolonie gründete. Während seiner dritten Reise beim Span. Hof in Ungnade gefallen, wurde er 1500 in Ketten nach Spanien zurückgebracht, konnte sich aber rechtfertigen und und zu einer vierten Reise aufbrechen. War bis zu seinem Tod überzeugt, den Seeweg nach Indien entdeckt zu haben.
Ankunft in Westindien (1492) ✣74●, ✣76, ✣80●
N Amerika-Expeditionen (1492–93, 1502–04) ◆80–1 (1), ✣81●, ◆118 (1), ✣125●
Ankunft in S Amerika (1498) ✣74●, ✣142●
Schiffe der Entdecker ✣78, ❑78
Komintern *auch* Kommunistische Internationale. 1919 auf Anregung Lenins gegründete Vereinigung aller kommunistischen Parteien. Stand in scharfem Gegensatz zur Sozialistischen Internationale. Ziel war die Weltrevolution. 1943 aus Rücksicht auf westl. Bündnispartner der UdSSR aufgelöst. ✣271●
Kommunikation
Fortschritte (1870–1910) ◆92 (1)
Organisiertes Verbrechen ✣113, ◆113 (4)
Kommunismus Politische und soziale Ideologie, die insbesondere von Karl Marx (1818–83) und Friedrich Engels (1820–95) ausgearbeitet wurde. Demnach vollzieht sich Geschichte gesetzmäßig in strukturell aufeinander aufbauenden Etappen (Sklavenhaltergesellschaft, Feudalismus, Kapitalismus); in der Endphase soll es kein Privateigentum mehr geben, und die Güter werden nach Bedarf verteilt. Alle politisch organisierten Transitionsversuche (unter Lenin, dann Stalin in der UdSSR, unter Mao Zedong in der VR China) scheiterten.
Bolschewiki ✣98, ✣271●, ❑271
China ✣103, ✣107, ✣271, ✣271●, ◆271 (7), ✣274, ◆274 (1), ✣274●
Eisenhower-Doktrin (1957) ✣138●
Europa, Zusammenbruch (1989–90) ✣109●, ✣110●
Khmer Rouge ❑253
Rote Fahne über Asien ✣251●, ✣271, ✣271●, ◆271 (8)
Sowjetunion ✣106, ✣213, ✣215●, ◆213 (4)
Tschechoslowakei ✣102●, ✣213, ✣213●
Ungarn ✣102●, ✣213
USA fürchten ›Rote Gefahr‹ ✣135, ✣138–9
Widerstand gegen Kommunismus (1950–70) ✣213, ◆213 (4)
Konbaung-Dynastie In Burma gegründet (1752) ✣87●
Konföderation *var.* Konföderierte Staaten. Die 11 südlichen US-Bundesstaaten, die sich 1860–61 von den USA lossagten, um eine eigene Regierung zu bilden, und somit den amerikan. Bürgerkrieg auslösten: Alabama, Arkansas, Florida, Georgia, Louisiana, Mississippi, North Carolina, South Carolina, Tennessee, Texas und Virginia. Sie wurden nach der Kapitulation der Konföderierten 1865 wieder in die Union integriert.
✣130–131, ◆130–131 (1)–(7)
Konfuzius *var.* K'ung-fu-tzu, Kong-Fuzi (551–479 v.Chr.). Chin. Philosoph, dessen Lehre darauf basiert, dass der Mensch durch rechtes Verhalten (Treue gegen sich und andere, Selbstlosigkeit, Menschlichkeit, Rechtschaffenheit, Weisheit und Aufrichtigkeit) beruht. Übte starken Einfluss besonders auf chin. und ostasiatische Kultur aus.
Chin. Philosoph (v.Chr.) ✣35, ✣38, ✣39●, ✣259, ◆37 (4)
Lehre ❑37
In Han-China verwendete Prinzipien ✣260–1
Kongo
Flussmündung entdeckt (1482) ✣156●
Königreich (ca.1390) ✣71●, ✣163●
Bürgerkrieg (1665) ✣164●
Portugiesische Eroberungsversuche ✣82
Freistaat gegründet (1882) ✣167●
Kongo (Brazzaville) Staatsgründung ◆168 (1)
Kongo (Zaire) *var.* Kongo (Léopoldville), Kongo (Kinshasa)
Abzug der Belgier (1960) ✣168●
Provinz Katanga spaltet sich ab ✣107●
Umbenennung in Zaire ◆168 (1)
siehe auch Zaire
Kongzi *siehe* Konfuzius
Königlicher Rat von Kastilien Span. Verwaltungsinstitution, die im späten 15. Jh. geschaffen wurde, um die königliche Politik umzusetzen. Die Katholischen Könige schafften nach seinem Vorbild den Finanzrat (1480), den Rat der Hermandad (1476), den Inquisitionsrat (1483) und den Rat der Ritterorden und reorganisierten den Rat von Aragón. Karl I. und Philip II. setzten später diese Arbeit fort und fügten weitere Räte hinzu, insbesondere den Westindischen Rat (1524) und den Italienischen Rat (1558). ✣81
Königsberg ⚔ im ZWK (Feb.–April 1945). Lange Belagerung deutscher Truppen durch Rote Armee ✣105, ◆211 (4)
Königsstraße Im 6. Jh. v.Chr. von den achämenidischen Persern gebaute Straße, die Susa, die Hauptstadt Persiens, und Sardis in Lydien miteinander verband.
Bau ✣35, ✣223●, ◆223 (4)
Konquistadoren *siehe* Conquistadoren
Konrad III. (1093–1152). Deutscher König (reg.1138–1152), der erste Herrscher der Hohenstaufen-Dynastie. ◆64–5 (2)
Konstantin der Große *var.* Constantinus I. (ca. 280–337). Röm. Kaiser (reg. 306–337). Aufgewachsen am Hof Kaiser Diocletians, wurde er nach dem Tod seines Vaters Constantius Chlorus in Britannien von den Legionen zum Kaiser ausgerufen. 312 wurde er Alleinherrscher im Westreich, 324 im gesamten Reich. Er stand dem Christentum wohlwollend gegenüber, mit dem Edikt von Mailand (313) garantierte er Religionsfreiheit. Er verlegte 330 die Reichshauptstadt nach Byzantion (Nova Roma, später Konstantinopel).
Röm. Kaiser ✣48, ✣50●, ✣180
Tetrarchie ✣50, ✣181, ◆181 (4)
Edikt von Mailand (313) ✣48●
Konzil von Nicaea (325) ✣48●
Konstantinopel *var.* Byzantion, Byzantium, *mod.* Istanbul
Röm. Hauptstadt (324) ✣50
Byz. Hauptstadt ✣54
Belagert von Arabern (674–78) ✣54●, ✣55●, ✣184
Handel der Wikinger ✣60
Erobert beim 4. Kreuzzug (1204) ✣64●, ✣66●, ✣187, ❑187, ◆187 (5)
Rückeroberung durch Byz. Kaiser (1261) ✣66●
Schwarzer Tod (1347) ✣71●
Eroberung durch Osmanen (1453) ❑75, ✣195●, ✣230
Topkapı-Palast ❑231
Europ. Touristen (1900) ❑232
Konzentrationslager *var.* KZ. Lager zur Zusammenziehung best. Bevölkerungsteile. Erstmals eingerichtet von den Briten im Burenkrieg, dann auch im Spanischen Bürgerkrieg von den Falangisten, in den USA 1941 für Japaner. Am bekanntesten die deutschen KZ, wo politische Gegner interniert wurden. Daraus hervorgegangen sind die Vernichtungslager für die europäischen Juden in den besetzten Ostgebieten. ✣211
Konzil von Nicaea Konzil, einberufen von Konstantin I., beschloss ein Glaubensbekenntnis gegen den Arianismus, durch das Jesus vergöttlicht wurde (325). ✣48●
Kopten Mitglieder der Koptischen Kirche, eine auf frühchristliche Zeit zurückgehende monophysitische Glaubensrichtung, gegründet in Ägypten im 5. Jh., die sich dort trotz Eroberung durch Islam bis heute gehalten hat.
Altartuch ❑58
Koran *Arab.* Qu'ran. Das heilige Buch des Islam. ❑56, ❑67, ❑167, ✣226
siehe auch Islam
Korea Halbinsel in O Asien. Häufig unter chin. oder japan. Kontrolle oder Einfluss. Erste Staaten waren Koguryo (ca.150–668), Paekche (ca. 250–663) und Silla (ab 313). Silla-Periode (676–935), Koryo-Periode (936–1392). Die Machthaber der I- (oder Li-) Dynastie herrschten in der Hauptstadt Kyongsang häufig als Vasallen der chin. Ming und Qing (1392–1910). Von Japan 1910–1945 annektiert, 1948 in die unabhängigen Staaten N- und S-Korea geteilt.
Ackerbau (v.Chr.) ✣258
Dynastien
Buddhistische ✣59
Yi (1392) ✣71●
Inneres
Staatenbildung (100 v.Chr.–650) ✣264, ◆264 (1), (2)
Autochthone Staaten (ca. 200) ✣47●
Sillas Vormachtbestrebungen ✣264●
Halbinsel unter Silla-Dynastie geeint ✣55●
Königreich Koryo gegründet (935) ✣59●
Annektiert durch Japan (1910) ✣99●
Innovationen
Bronzeverarbeitung ✣31
Eisenverarbeitung (400 v.Chr.) ✣39●
Tonwaren ◆258 (1)
Korea-Krieg Krieg (1950–53) zwischen den neu gegründeten (1948) Staaten Nord- und Süd-Korea. Wurde durch den Einmarsch von Truppen des kommunistischen Nordens in Süd-Korea ausgelöst und verwickelte chin. und UN-Truppen in die Kampfhandlungen.
Korea-Krieg (1950–53) ✣106, ✣107●, ◆109 (4), ✣275, ◆275 (3)
Teilung ✣109, ❑109
Süd-Korea, industrielles Wachstum ✣111
Korinth
Römische Herrschaft (146 v. Chr.) ✣42●
Ruinen d. späteren röm. Stadt ❑179
Korsika Sonderstatus ✣112
Koryo Königreich gegründet (935) ✣59●
Kosaken *var.* Kasaken. Bewohner der Gebiete nördlich des Schwarzen und des Kaspischen Meeres, seit dem 15. Jh. militärisch organisiert, im 16. Jh. Bildung von K.-Reichen. Später bildeten sie die gefürchtete leichte Kavallerie des Zarenreichs. Wiederbelebung des Kosakentums nach dem Zusammenbruch der UdSSR. ✣82
Köse Dağ ⚔ (1243). Rum-Seldschuken von Mongolen besiegt ◆228 (1)
Kosmologie ✣22, ❑22, ❑124, ❑238
Kosovo Provinz in der Republik Jugoslawien mit überwiegend albanischer Bevölkerung. Serbische Versuche, die albanische Bevölkerung zu vertreiben, führten zur Intervention der Nato 1999.
Bürgerkrieg ✣214, ◆215 (3)
Flüchtlinge ❑112
Kosovo polje *siehe* Amselfeld
Krak des Chevaliers Kreuzritterburg ◆65 (3), ❑65
Kreta
Entstehung d. minoischen Kultur (2000 v.Chr.) ✣27●, ✣175, ◆175 (4)
Minos-Stierkult ✣37
Von Arabern besetzt (827) ✣58●
Schrift Linear A (1650 v.Chr.) ✣27●
Paläste als Mittelpunkt (ca. 2000) ✣175
Einführung der Töpferscheibe (ca.1900) ✣175●
Kreuzzüge Eine Reihe von Feldzügen westeurop. Ritterarmeen zur Rückeroberung des ›Heiligen Landes‹ von den Muslimen. Der Erfolg des Ersten Kreuzzugs 1099 führte zur Gründung des Königreichs Jerusalem und anderer Kreuzritter-Staaten. Nachfolgende K. zur Verteidigung der eroberten Gebiete oder zur Rückeroberung von verlorenen Territorien waren weniger erfolgreich. Mit dem Begriff K. wurden auch militär. Aktionen in anderen europ. Gebieten, v.a. in Spanien und im Baltikum belegt.
✣64–5, ◆64–5 (2)
Islam u. Christentum (ca.1090) ◆65 (1)
Eroberung Antiochias (1098) ❑63
Mauren verlieren Lissabon ✣62●
Saladin (1187) ✣63●, ✣64●, ✣228●
Konstantinopel erobert (1204) ✣66●
Eroberung Jerusalems durch Levante-Staaten ✣63, ◆187 (5)
Kreuzritter-Staaten im Hl. Land ◆65 (3)
Ketzerverfolgung in Europa (1100–1300) ✣186, ✣186●, ◆186 (1)
Venedig u. das Latein. Kaiserreich ✣187, ✣187●
Kriege
Achaiischer Krieg ✣179
Amerikan.-Brit. Krieg von 1812 ✣128, ✣129●, ◆128–9 (2)
Amerikan. Unabhängigkeitskrieg (1775–83) ✣127, ◆127 (3)
Arabisch-Israelische Kriege ✣234●
Balkan-Krieg (1912–13) ✣99●, ✣203, 203●, ✣232●
Bantu u. Buren (1779–80) ✣87●
Belgischer Unabhängigkeitskrieg (1830–31) ✣202●
Boshin-Krieg (1868–69) ✣270, ◆270 (1)
Burenkrieg (1899–1902) ✣95●, ✣96, ✣96●, ◆96 (2)
Chaco-Krieg (1932–35) ✣102●, ◆152 (2)
Chinesischer Bürgerkrieg (1920–26) ✣271, ◆271 (6)
Chinesisch-Japanischer Krieg (1894–95) ✣270, ◆270 (3)
Deutsch-Dänischer Krieg (1864) ✣203●
Deutscher Krieg (1866) ✣203●
Deutsch-Französischer Krieg (1870–71) ✣94●, ✣203, ✣203●, ❑203
Dreißigjähriger Krieg (1618–48) ✣82, ✣196, ❑196, ◆196 (1)
Englischer Bürgerkrieg ✣196●, ❑196
Falkland-Krieg (1982) ✣110●
Golfkrieg (1990–91) ✣111●, ✣138●, ◆235 (5)
Griechischer Unabhängigkeitskrieg (1821) ✣202●, ✣232●
Großer Nordischer Krieg (1700–21) ✣197●
Großer Türkenkrieg ✣197●
Holländische Unabhängigkeitskriege ❑78
Hundertjähriger Krieg ✣70●, ✣75●, ✣187, ✣191, ✣192, ◆192 (1), (2)
Iberische Halbinsel (1808–12) ✣200
Indianer und Siedler ✣128, ✣129●, ◆128–9 (2)
Indisch-Pakistanischer Krieg (1965) ✣107●
Iranisch-Irakischer Krieg (1980–88) ◆235 (5)
Kalter Krieg ✣106–7, ✣108–9, ✣138–9, ✣212, ✣214, ✣251 (5)
Kieft's War (1643–46) ◆126 (1)
King Philip's War (1675–76) ◆126 (1)
Korea-Krieg (1950–53) ✣106, ✣107●, ◆109 (4), ✣138●
Krimkrieg (1854–56) ✣94, ✣203, ✣203●, ◆203 (4), ✣232●
Makedonischer Krieg ✣179●
Marathen u. Briten (1775) ✣87●
Mexikan. Reformkrieg (1858) ✣94●
Napoleonische Kriege (1794–1815) ✣90, ✣200–1, ✣200●, ◆200–1 (1), (3)
Niederländischer Krieg (1672–79) ✣197●
Nordischer Krieg (1715) ✣199●
Onin-Kämpfe (1467–77) ✣267
Opium-Krieg (1840–42) ✣91●, ◆269 (4)
Österreichischer Erbfolgekrieg (1740) ✣86●, ✣199●
Paraguayischer Krieg (1864–70) ✣94●
Partherkriege ✣224, ◆224 (2)
Peloponnesischer (431–404) ✣38●, ✣177, ◆177 (3)
Pequot War (1636–37) ◆126 (1)
Pfälzischer Erbfolgekrieg (1688–97) ✣197●
Punische Kriege ✣42●, ✣177●, ✣179, ◆179 (3)
Riel-Aufstände (1869–85) ◆128–9 (2)
Russisch-Japanischer Krieg (1904–05) ✣269●, ✣270, ◆270 (4)
Russisch-Osmanischer Krieg (1768) ✣86●
Russisch-Türkischer Krieg (1877–78) ✣203
Salpeterkrieg (1879–83) ✣94●, ✣151, ◆151 (4)
Sechs-Tage-Krieg (1967) ✣107●, ✣234●
Sezessionskrieg in USA (1861–65) ❑94, ✣130–1, ◆130–1 (1)–(7)
Siebenjähriger Krieg (1756–63) ✣86●, ✣88, ✣127, ◆127 (2), ✣199●
Spanisch-Amerikan. Krieg ✣94●
Spanischer Bürgerkrieg (1936–39) ✣102●, ✣209, ◆209 (4)
Spanischer Erbfolgekrieg (1701–14) ✣197●
Spanischer Karlistenkrieg (1833–39) ✣202●
Südamerikan. Befreiungskriege (1808–30) ◆150 (1), ✣150●
Texas-Krieg (1846–48) ✣90●, ✣129, ✣129●, ◆128–9 (2)
Texas Revolution (1835–36) ◆128–9 (2)
Tuscarora War (1711–13) ◆126 (1)
USA: internationale Konflikte ✣128, ✣129●, ◆128–9 (2)
Vietnam-Krieg ✣106●, ✣107●, ✣108●, ✣137●, ✣138●, ❑138, ✣251, ◆251 (5)
Yamasee War (1715–28) ◆126 (1)
Yom-Kippur-Krieg (1973) ✣107●, ✣234●
Zulu-Kriege (Mfecane) ✣95, ✣96●
Zweiter Afghanischer Krieg (1878–79) ✣95●
siehe auch Weltkriege
Kriegführung
Amphibische Invasion (1281) ❑263
Chinesische Waffen (v.Chr.) ✣35●, ✣39●
Festungen ❑197
Globale Technologien (ca.1500) ◆76–7 (1)
Kanone ❑71
Mongolen ✣69
Tragbare Leitern ❑222, ❑263
UdSSR, Mai-Parade ❑106
Waffen mit Schießpulver ✣71
Zweirädriger Streitwagen ❑24
Krim Erobert u. annektiert durch Russland (1783) ✣86●
Krimkrieg (1853–56). Krieg zuerst zwischen dem Osman. Reich und Russland, dem später Frankreich und Großbritannien, schließlich auch Sardinien (gegen Russland) beitraten. Anlass war der russische Anspruch, Schutzmacht der griech. Christen im Osman. Reich zu sein. Franzosen und Briten wollten jedoch eine russische Vormacht am Schwarzen Meer verhindern. Nach Schlachten auf der Halbinsel Krim und der Belagerung und Besetzung der russ. Festung Sevastopol zog Russlands seine Truppen zurück und musste seine Macht in Südosteuropa durch den Pariser Frieden (1856) beschneiden lassen. ✣203●, ◆203 (4)
Kristallnacht *siehe* Reichspogromnacht
Ktesiphon
Parthische Hauptstadt (90 v.Chr.) ✣43●, ✣224
Plünderung durch Römer (ca.114) ✣47
Hauptstadt des Sassaniden-Reichs ✣225
Eroberung durch Araber (637) ✣55●, ✣225●
Kuba *siehe* Cuba
Kublai Khan *var.* Kubilai, Kublai Chan (1215–94). Groß-Khan der Mongolen ab 1260, Gründer der Yuan-Dynastie und erster Herrscher, der ein vereinigtes China regierte.
Sieg im Bürgerkrieg (1264) ✣68●
Wahl zum Groß-Khan (1264) ✣67●
Gründung von Khanbaliq (Beijing) (1266) ✣68●, ❑69
Niederlage gegen Japaner (1274) ❑263
Song-Feldzüge (1260–79) ✣67
Mongolen-Feldzüge (1206–94) ◆68–9 (1)
Tod (1294) ✣67●, ✣69●
Kühltechnik Erste kommerzielle Nutzung (1856) ✣92●
Ku Klux Klan Rassistische Organisation, die nach dem Sezessionskrieg in den USA entstand und gegen die Gleichberechtigung der Schwarzen kämpft. Nachdem der Ur-Klan 1871 verboten wurde, trat ab 1915 eine neue Gruppierung in Erscheinung. Seine höchste Mitgliederzahl verzeichnete der K. in den 1920er Jahren. Er verübte Attentate und ermordete Angehörige von Minderheiten wie Juden, Katholiken oder Einwanderer.
✣135, ❑135, ◆135 (6)
Kulte
Chavín (850 v.Chr.) ✣30
Stier ❑37 ✣37
Ursprünge der Religionen ✣37
Kultur-Revolution *var.* Große Proletarische Kultur-Revolution. Von Mao Zedong 1966 veranlasste Bewegung zur Bestätigung der ideolog. Werte des chin. Kommunismus. Wurde energisch durch Studentengruppen umgesetzt, die sich als ›Rote Garden‹ (nach dem Vorbild der russischen Revolutionäre 1917) organisiert hatten. Sie befürworteten extremen Kollektivismus und griffen Revisionisten, Intellektuelle und jeden an, der als ideologisch schwach verdächtigt wurde. Tausende von Exekutionen waren die Folge, und auch viele aus Maos ursprüngl. Kreis wurden ausgeschaltet. Nachdem Mao die Roten Garden außer Kontrolle geraten waren, löste er sie 1968 auf, jedoch gingen die Übergriffe bis Maos Tod 1976 weiter, zuerst unter der Führung von Lin Biao, dann unter der ›Viererbande‹, die Maos Frau Jiang Qing anführte. ✣274–5●
K'ung-fu-tzu *siehe* Konfuzius
Kuomintang *siehe* Guomindang
Kupfer
Afrikanischer Handel (1868) ✣166●, ◆166–7 (1)
Balkan (5000 v.Chr.) ✣20●
Çatal Hüyük, Verarbeitung (6500 v.Chr.) ✣20●
Erster Gebrauch ✣18–19, ✣20●, ✣24●, ✣258
Lagerstätten im 19. Jh. ◆96 (1)
Vorgeschichtl. Handel ◆25 (2)
Kupferzeit Periode der europäischen Geschichte (5.–4. Jahrtausend v.Chr.), die der Bronzezeit vorausging. In der K. begannen zahlreiche Kulturen mit der Metallbearbeitung mit dem Hammer, später durch Schmelzen. Die verwendeten Metalle waren meistens Kupfer und Gold. Hergestellt wurden hauptsächlich Schmuck-, seltener Gebrauchsgegenstände. ✣174, ✣174●, ◆174 (2)
Kurden Volk, das sich mehrheitlich zum sunnitischen Islam bekennt. Die 9–10 Millionen K. leben in einer Bergregion, die zwischen den Staaten Türkei, Iran, Irak und Syrien aufgeteilt ist und von den K. Kurdistan genannt wird. In der Türkei werden sie politisch unterdrückt, auch im Irak sind sie religiöser Verfolgung ausgesetzt. Die kurdische Unterstützung des Iran während des Iranisch-Irakischen Kriegs führte 1988 zum Einsatz von Giftgas gegen die K. durch Saddam Hussein. Nach der irakischen Niederlage im Golfkrieg begannen die K. einen Aufstand im nördl. Irak. ✣235, ◆235 (5)
Kurland *Eng.* Courland Pocket. ⚔ im ZWK (Feb.–Mai 1945). Schwächte den deutschen Widerstand gegen den russischen Vormarsch im Baltikum. ◆211 (4)
Kursk ⚔ im ZWK (Juli–Aug. 1943). Bedeutende Panzerschlacht, in der die Sowjets einen großen Teil der deutschen Panzerfahrzeuge in Russland zerstörten; größte Panzerschlacht der Geschichte. ◆211 (4)
Kurupedion ⚔ (281 v.Chr.). Lysimachos von Seleukos besiegt ◆224 (1)
Kusch *var.* Kuschta. Nubisches Königreich in vorgeschichtlicher Zeit; kämpfte gegen das Neue Reich in Ägypten und die Assyrer. Hauptstadt war, nach der Zerstörung von Napata, zuletzt Meroe. ✣30, ✣31●, ✣34, ◆159 (4), (5), ◆161 (3), (4)
Kushana-Reich *var.* Kuschana. Staat in Zentral- und Südasien, gegründet im 1. Jh. n.Chr. mit der Hauptstadt Peshawar. Umfasste den Hindukusch, Pamir, Punjab, Afghanistan und Sogdiane. Der Gründer der zweiten Kushana-Dynastie, Kanishka (reg. ca 78–96), brachte den Buddhismus über die Seidenstraße bis nach China. ◆44–5, ◆46–7, ✣47●
Kutosow, Michail Ilarionowitsch (1745–1813) Russischer Feldmarschall, den Napoleon in der Schlacht von Borodino (1812) besiegte, der jedoch die französische Armee bei ihrem Rückzug aus Moskau verfolgte und ihr eine schwere Niederlage beibrachte. ◆200 (1)
Kybele-Kult v.Chr. ◆37 (3)
Kykladen Marmor-Idol (ca. 2600 v.Chr.) ❑174

Kynoskephalai ⚔ (197 v.Chr.). Röm. Sieg über Griechenland ◆179 (4)
Kyoho-Ära Beginn in Japan (1716) ✣87●
Kyoto Japan. Hauptstadt (794) ✣59●, ◆265 (4)
Kyrillos, Hl. *eigtl.* Konstantinos (826–69). Christl. Gelehrter und Missionar, der mit seinem Bruder Methodios (ca. 815–885) den orthodoxen Glauben von Konstantinopel aus unter den Slawen in Moravia (Mähren) ausbreitete. K. entwickelte auf der Grundlage des Griechischen ein Alphabet, um die Bibel ins Slawische zu übersetzen. Eine Weiterentwicklung des Alphabets, das Kyrillische, wird heute in Russland und Bulgarien verwendet. ✣185●
Kyros II. *var.* Cyrus, *auch* Kyros der Große (ca. 580/590 v.Chr.–529 v.Chr.). Kyros begründete das persische Achämeniden-Reich (benannt nach seinem Vorfahren Achaemenes), nachdem er die Meder, Lyder und Babylonier besiegt hatte. Er war berühmt für hellsichtige und tolerante Politik, insbesondere in Religionsfragen. Das Reich erstreckte sich vom Mittelmeer bis zum Hindukusch. ✣35, ✣223, ✣223●, ❏223, ◆223 (4)

L

La Florida Zeremonialzentrum (ca.1800 v.Chr.) ✣26
La Habana Zerstörung der *USS Maine* ❏133
Lamaismus *var.* Tantrischer Buddhismus. Ausrichtung des Buddhismus, die sich seit dem 7. Jh. in Tibet herausbildete und sich seit dem 13. Jh. in der Mongolei ausbreitete. Dem L. gehören nur Mönche (Lamas) an, deren Oberhaupt der Dalai Lama ist. ✣242●
 siehe auch Buddhismus, Dalai Lama
Landwirtschaft
 Australien (1845–1900) ◆282 (1)
 Europa ✣62, ✣198, ◆198 (1)
 S Amerika ◆153 (3)
 Globaler Handel und Cash Crops (1870–1910) ◆92 (1), ✣92●
 Mechanisierung ✣90
 Verbreitung von Nutzpflanzen ✣73, ◆73 (3)
 siehe auch Ackerbau; Domestikation
Langobarden (›Langbärte‹) *var.* Lombarden. Germanischer Stamm, der im 5. Jh. entlang der Donau angesiedelt war. 568 marschierten die L. in Italien ein und überrannten die Region, die heute als Lombardei bekannt ist. In S Italien entstanden die zeitweilig unabhängigen Herzogtümer Benevento und Spoleto. Die L., die Italien nie ganz kontrollierten, standen 200 Jahre lang im Konflikt mit dem Byz. Reich und dem Vatikan, bis sie 774 von Karl d.Gr. unterworfen wurden.
 Königreich (600) ◆182 (2)
 Horn als Trinkgefäß ❏182
 Eroberung Ravennas (752) ✣58●
 Von Karl d.Gr. unterworfen (774) ✣58●
 Goldschnalle mit Edelsteinen ❏183
 Kampf um Italien ✣183, ✣183●, ◆183 (4)
La Pérouse, Jean François Galaup de (1741–88). Frz. Seefahrer und Entdecker, der wichtige Beiträge zur Kartierung des Pazifik leistete. Seine Reise 1785–88 war, finanziert von Ludwig XVI., als Weltumsegelung geplant und sollte die begehrte Nordwest-Passage finden. La Pérouse und seine zwei Schiffe wurden zuletzt von der First Fleet zur australischen Botany Bay im März 1788 gesichtet. Später wurde angenommen, dass sie vor Vanikoro im Santa Cruz-Archipel sanken. ◆278 (1), ✣278●
La Rochelle Belagerung (1628–29) ✣196●
La Salle, René-Robert Cavelier Sieur de (1643–87) Franz. Nordamerikaforscher. Erkundete 1679–1681 die Großen Seen und folgte dann dem Lauf des Mississippi bis zu seiner Mündung, die er 1682 erreichte. Er nahm das Tal des Mississippi für Frankreich in Besitz und nannte die Region Louisiana. ◆119 (2)
La Venta Zeremonialzentrum der Olmeken (v.Chr.) ✣30, ✣34
Lackarbeiten Alte chinesische kunsthandwerkliche Technik. Der von dem Baum *rhus vernicifera* gewonnene Lack kann bemalt, geschnitten und mit Einlegearbeiten verziert werden. L. werden für verschiedenste dekorative Zwecke ausgeführt. ✣35●, ✣44
Lambton, William ›Survey of India‹ ✣239, ✣239●, ❏239
Lancashire Baumwollzentrum ◆93 (4)
Lander, Richard (1804–34). Brit. W Afrika-Forscher, der dem Unterlauf des Niger bis ins Delta folgte. ◆157 (4)
Lao-tse *siehe* Laozi
Laos
 Burmesische Invasion ✣79
 Unabhängigkeit (1954) ✣107●, ◆251 (4)
 Vietnam-Krieg ◆251 (5)
Laozi *var.* Lao-tse, Lao-tzu, Laodan. Wohl legendärer chin. Philosoph und Weiser des 6. Jh. v.Chr. Gilt als Anreger des Daoismus und eines seiner wichtigsten Werke, des Daote Ching, das im 3. Jh. zusammengestellt wurde. Dieses Werk lehrt Selbstgenügsamkeit, Einfachheit sowie die Achtung der Natur und der Ahnen. ✣35●, ✣37, ✣259●
Lapislazuli Tiefblaues Mineralaggregat u.a. aus Sodium und Aluminium. Gemahlen diente es früher als Farbpigment.
 Standarte von Ur ❏23
 Handel (ca.2500 v.Chr.) ✣24●, ✣25, ◆24–5 (2)
Lapita Vorfahren der heutigen Polynesier und Mitglieder der austronesischen Sprachfamilie. Wegen ihres besonderen Töpferstils lassen sich ihre Wanderungen im gesamten Westpazifik verfolgen. Töpferwaren der Lapita fanden sich auf dem Bismarck-Archipel, Fidschi, Samoa und auf Neu-Kaledonien. Sie stammen alle aus dem 1. Jt. v.Chr. ◆280–1 (3), ✣281●
 Ausbreitung im Pazifik ✣27, ✣60●
 Keramik ❏27
Lascaux Höhlenzeichnungen (17 000 v.Chr.) ✣17●, ◆17 (3)
Lashio ⚔ im ZWK (April 1942) Japaner gewinnen Kontrolle über Zentral-Burma. ✣104, ◆104 (2)
Las Navas de Tolosa ⚔ der Reconquista in Spanien (1212). Niederlage der Almohaden. ◆186 (1)
Latiner Bevölkerung Mittelitaliens, als deren mächtigste die Stadt Rom hervorging. Durch die Römer wurde die latinische Sprache (Latein) zur ersten Weltsprache, deren Einfluss noch in allen heutigen europäischen Sprachen überaus groß ist. ✣178●
Latinierbund Im 5. Jh. v.Chr. gegründetes Bündnis kleiner Stadtstaaten unter der Vorherrschaft Roms. Nach dem Latineraufstand 338 v.Chr. aufgelöst. ✣178, ✣178●
Latinische Kolonien Städte in Italien unter dem Herrschaft Roms; ihre Einwohner waren gegenüber den röm. Bürgern rechtlich benachteiligt, aber gegenüber denen der Städte des Italischen Bundes bevorrechtigt. ✣178, ◆178 (1)
Lausanne, Vertrag von (1922–23). Vertrag zwischen den Westmächten des EWK und der Türkei zur Revision des Vertrag von Sèvres. Die Türkei erhielt die heutigen Grenzen, die Dardanellen wurden internationalisiert. ◆233 (3)
 siehe auch Sèvres, Vertrag von
Lawrence, Thomas Edward *auch* ›Lawrence of Arabia‹ (1888–1935). Brit. Orientalist und Soldat, der 1915–1916 den arabischen ›Aufstand in der Wüste‹ gegen die Türken initiierte, der 1918 zur Eroberung von Damaskus führte. Er war Ratgeber Emir Faisals auf der Versailler Konferenz, zog sich aber nach dem offensichtlichen Bruch der Versprechungen, die Briten und Franzosen den Arabern gemacht hatten, aus dem öffentlichen Leben zurück. Sein Bericht über seine Zeit bei den Arabern, *Die Sieben Säulen der Weisheit* (1926), wurde ein Klassiker der englischen Literatur. ❏232, ◆233 (2)
Lechfeld ⚔ (955). Magyaren von Otto I. besiegt. ◆185 (3)
Leeres Viertel *siehe* Rub' al-Khali
Leeuwenhoek, Antoni van Entwickler optischer Instrumente ✣83
Legnano ⚔ (1176). Niederlage von Friedrich Barbarossa gegen Lombardische Liga ◆188 (1)
Leibeigene Bäuerliche Klasse ohne persönliches Eigentum oder Bewegungsfreiheit, dem Leibherrn verpflichtet, auf dessen Land sie arbeiteten und an den eine Abgabepflicht bestand.
 Leibeigenschaft in Russland abgeschafft (1861) ✣94●
Leichhardt, Ludwig (1813–48) Preuß. Erkunder des Landesinneren von Australien. Seine Expedition verschwand 1848 spurlos bei dem Versuch, den Kontinent von Osten nach Westen zu durchqueren. ◆279 (2)
Leipzig ⚔ (16.–19. Okt.1913) in den Napoleonischen Kriegen, die ›Völkerschlacht‹. Die Koalition errang einen wichtigen Sieg über Napoleon, der jedoch mit den Resten seiner Armee entkommen konnte. ◆200 (1)
Le Maire, Jacob (gest.1616) Holl. Forscher. Befehligte 1615–16 die Reise um Kap Hoorn und in den Pazifik mit Willem Schouten als Lotsen. L. konnte sein Ziel, den Seeweg nach nach Indien zu finden, um das Gewürz-Monopol der Holländischen Ostindindischen Kompanie zu durchbrechen, nicht erreichen. Er starb auf der Heimreise im Indischen Ozean.◆142 (1), ◆278 (1)
Lenin, Wladimir Iljitsch *eigentl.* Uljanow (1870–1924), russischer Revolutionsführer. Um die kommunistische Revolution in Russland zu erreichen, baute L. einen Kader gut geschulter Berufsrevolutionäre auf. Nach der Abdankung von Zar Nikolaus II. und der Machtübernahme durch die Provisorische Regierung stürzten die Bolschewiki diese in einem von Lenin organisierten Aufstand im Oktober 1917, um die ›Diktatur des Proletariats‹ zu errichten. ❏208, ✣208
Leningrad *hist.* und *mod.* Sankt-Peterburg, *zeitw.* Petrograd (1914–23). Stadt und Hafen der Sowjetunion, von Peter dem Großen gegründet. ⚔ im ZWK, von Deutschen 1941–43 belagert. ◆210 (1), ◆211 (4), ✣211●
Leo I., Papst *auch* Leo der Große (reg. 440–61).
 Rettet Rom vor den Hunnen ✣53
Leo III., Papst (reg. 795–816). Verbündete sich mit Karl dem Großen, um sich gegen den Byz. Kaiser zu schützen, und krönte ihn dafür zum Röm. Kaiser. Damit begann die ma. wechselseitige Abhängigkeit und Rivalität zwischen Papst und Kaiser. ❏184
Leopold II. (1835–1909). Zweiter belgischer König (reg.1865–1909). Betrieb die Gründung des Kongo-Freistaats, der schrittweise in seinen Privatbesitz überging. Die Verwaltung des Gebiets wurde scharf kritisiert wegen der Brutalität, mit der die Afrikaner zur Kautschukernte gezwungen wurden. 1908 musste Leopold den Kongo als Kolonie an die belgische Regierung übergeben. ✣167●, ◆195 (4)
Lepanto See- ⚔ von (1571). Entscheidungsschlacht zwischen der osmanischen Flotte und einer von Venedig geführten christlichen Flotte, die mit einem Sieg der Christen endete. ✣79, ✣195●
Lepenski Vir Frühe europäische Siedlung ca. 6000 v.Chr. ❏18
Léry, Chaussegros de 18. Jh. Franz. N Amerikaforscher. Als oberster Ingenieur Kanadas leitete de Léry 1729 eine umfassende Vermessung am Oberlauf des Ohio. ✣119●, ◆119 (2)
Lesotho Königtum (1824) ◆166 (2)
Lesseps, Ferdinand Vicomte de (1805–94) Frz. Diplomat, der ab 1854 den Bau des Suez-Kanals betrieb und die Arbeiten 1859–69 leitete. 1881 organisierte er den Bau des Panama-Kanals, der jedoch scheiterte und erst unter US-amerikanischer Leitung wieder aufgenommen wurde. ✣232
 siehe auch Suez-Kanal.
Leuchtender Pfad *siehe* Sendero Luminoso
Levante Bezeichnung der Länder am östlichen Mittelmeer, vom syrischen Raum bis Ägypten. ✣31
 Kreuzritter-Staaten ✣65, ◆65 (3)
Lewis, Meriwether (1774–1809) US-amerik. Forscher. Zusammen mit Clark leitete er die Expedition zur Erforschung der im Louisiana Purchase erworbenen Gebiete (1803–06) und zur Entdeckung eines Landwegs zum Pazifik.
 Porträt ❏118
 US-Expeditionen (1805–07) ◆119 (3)
 Karte vom Columbia River ❏119
Lewis Schachfiguren (12. Jh.) ❏60
Lexington ⚔ im amerikan. Unabhängigkeitskrieg (19. April 1775); brit. Sieg. ◆127 (3)
Leyte-Golf See- ⚔ im ZWK (Okt. 1944). Wichtiger Sieg der USA über die Japaner, der die Invasion der Philippinen durch US-Truppen erleichterte. ✣105, ◆273 (2)
Lhasa
 Potala, Palast des Dalai Lama ❏257
 Erste jesuit. Mission (1661) ✣257●
 Franz. Mönche in L. (1846) ✣257●
Li-Dynastie *siehe* Yi-Dynastie
Li Tzu-cheng *siehe* Li Zicheng
Li Zicheng *var.* Li Tzu-cheng (ca.1605–45). Chin. Rebellenführer, dessen Einmarsch in Beijing 1644 den Selbstmord des letzten Ming-Kaisers bewirkte. ✣266●
Liao Ausgedehntes Reich, das die nomadischen Khitan im frühen 10. Jh. in der Mandschurei, der Mongolei und NO Chinas gründeten. Das Reich bestand gleichzeitig mit der chin. Song-Dynastie, fiel jedoch 1125 an die Dschurtschen, die die Jin-Dynastie in N China begründeten. ◆263 (3), (4)
 Gründung durch Khitan ✣263
 Besiegt durch Jin aus der Mandschurei (1125) ✣63●
 Song-China wird von Liao abhängig (1005) ✣63●
Libanon Invasion durch Israel (1982) ✣234●, ◆234 (2)
Liberia Gründung durch ehemalige Sklaven (1822) ✣91●
Libyen 168–9
 Eroberung durch Italien ✣232
 Luftangriff der USA (1986) ✣111●
 Industrie ✣168, ◆168 (2)
 Konflikte seit 1969 ✣169 (4)
Liegnitz ⚔ (1241). Polnische Armee von Mongolen besiegt. ◆189 (3)
Lima
 Kulturregion ◆145 (4)
 Gründung (1535) ✣148●
 Zentrum des span. S Amerika ◆81 (3)
Limes System der Grenzbefestigung der Römer, zumeist im 2./3. Jh. gebaut. Die *limes* konnten aus einer festen Wallmaueranlage mit Forts bestehen wie in Britannien und Germanien oder auch nur aus einer Kette einzelner Festungen wie in Syrien. ◆180 (1)
Lincoln, Abraham (1809–65) 16. Präsident der USA (Republikaner, 1861–65). Durch die Gründung der Republikanischen Partei 1856, die sich gegen die Ausweitung der Sklaverei in den USA wandte, wurde der Anwalt und Kongressabgeordnete L. landesweit bekannt. L. Wahl löst den Sezessionskrieg aus, in dem L. insbesondere für den Erhalt der Union kämpfte. Mit der Emancipation Proclamation (›Gleichberechtigungsproklamation‹) erklärte L. 1863 alle Sklaven in den Südstaaten zu freien Menschen. Knapp einen Monat nach seiner Wiederwahl wurde er 1865 ermordet.
 Emancipation Proclamation ✣130, ✣131●
 Porträt ❏130
 Ermordung ✣131●
Linear A *siehe* Minoische Zivilisation
Linschoten, Jan Huygen van. Holl. Kartograf im späten 16. Jh. ✣239●, ❏239
Lissabon
 Mauren verlieren gegen Kreuzritter (1147) ✣62●, ◆64 (2)
 Expedition nach Brasilien (1502) ✣149●
 Span. Weltreich ◆81 (3)
Litauen
 Expansion ✣189, ◆189 (4)
 Vereinigung mit Polen (1386) ✣189●
Little Bighorn ⚔ (1876). US-Einheiten unter General Custer, die ein Indianerdorf mit 2500 Menschen massakrieren wollen, werden von Sioux und Cheyenne aufgerieben. ◆128–9 (2)
Livingstone, David (1813–73). Schott. Missionar. Bei seinen drei Afrikareisen erforschte er auch die Südhälfte des Kontinents. Als erster Europäer erreichte L. 1849 den Ngami-See und 1855 die Victoria-Fälle. Von der Behandlung der afrikanischen Sklaven angewidert, setzte er sich Zeit seines Lebens gegen den Sklavenhandel ein und geriet dabei oft in Konflikt mit Buren und Portugiesen. Als 1866–71 keine Lebenszeichen mehr von ihm ankamen, begann Henry M. Stanley für eine New Yorker Zeitung mit der Suche. ◆157 (4)
Llanos de Mojos Entwässerungsanlagen ✣145
Lodi ⚔ (1796) während Napoleons Italien-Feldzug. Franz. Sieg über die Österreicher. ◆200 (1)
Lodi, Frieden von (1454) Friedensabkommen zw. Mailand, Venedig, Florenz, Neapel-Sizilien und dem Papst. ✣75●
Lodz ⚔ im EWK (11.–25. Nov. 1914). Nach russischer Niederlage von Deutschen besetzt. ✣206●, ◆206 (4)
Lollarden Reformerische religiöse Gruppe, die im 14./15. Jh. in Europa großen Einfluss ausübte. Berühmt für ihre Angriffe auf das Besitzstreben der Kirche und das Eintreten für eine an der Bibel orientierte Glaubenspraxis. ✣70
Lombardische Liga Allianz der Städte im nördlichen Italien, gebildet 1167 gegen den deutschen Kaiser Friedrich I. (Barbarossa). ✣188●, ◆188 (1), ✣190●
London
 Rückeroberung durch Alfred d.Gr. (885) ✣58●
 U-Bahn ✣92●, ❏102
Long Island ⚔ im amerikan. Unabhängigkeitskrieg (27. Aug.1776); brit. Sieg. ◆127 (3)
Long, Major Stephen H. (1784–1864) Ingenieur und Erkunder in Diensten der US-Armee. Leitete Expeditionen entlang des Missouri (1819–20) und der Flüsse Platte und South Platte in den Rocky Mountains, südlich des Red River (1821). Stellte eine Karte her, in der die Region als Great American Desert bezeichnet wurde. Später erkundete er das Gebiet am 49. Grad nördlicher Breite. ◆119 (3)
Langer Marsch (Okt. 1934–Okt. 1935). Rückzug der kommunistischen Truppen während des chin. Bürgerkriegs aus ihren Stützpunkten im südl. China in den Nordwesten unter Führung von Mao Zedong. ✣274●, ❏274, ◆274 (1)
Longmen (bei Luoyang) Buddhist. Höhlenklöster in China. ❏51
Longshan-Kultur Benannt nach dem Long Shan (Drachenberg) in der Provinz Shandong in NO China. Diese neolith. Kultur entwickelte sich aus der Yangshao-Kultur, als Bronze in Gebrauch kam, und blühte ca.3000–1700 v.Chr. im Tal des Gelben Flusses. Ihre Wirtschaft basierte auf Hirse, Schweinen und Ziegen, typisch waren die polierten Steinwerkzeuge und ihre eigenen Tonwaren, die als erste im fernen Osten auf der Töpferscheibe hergestellt wurde. ✣258●, ❏23, ◆258 (2)
López de Cárdenas, Garcia Span. Amerikaforscher und Mitglied der Expedition Coronados in N Mexiko 1540–42. ◆118 (1)
Los Angeles
 Hollywood-Filmstudios (1919) ✣135, ❏135, ◆135 (3)
 Rassenunruhen (1940er) ✣135●
 Watts Riots (1965) ✣137●
 Ethnische Zusammensetzung (1960–90) ✣137, ◆137 (5)
Louis Napoleon *siehe* Napoleon III.
Louis Philippe (1773–1850) König von Frankreich (reg.1830–48). Der Sohn des Herzog von Orléans, Cousin von Ludwig XVI., unterstützte anfangs, wie auch sein Vater (gen. ›Philippe Égalité‹) die Revolution. Nachdem L. P. aus Frankreich geflohen war, wurde sein Vater 1793 hingerichtet. L. P. bestieg nach der Julirevolution 1830 den Thron, nach der Februarrevolution 1848 musste er abdanken. Er starb im englischen Exil. ✣90
Louisiana Purchase (›Louisiana-Kauf‹) 1803 erwarben die USA L. für 15 Mio. $ von Frankreich, das seinerseits die Region erst 1800 von Spanien zurückgekauft hatte. Das Gebiet der USA hatte sich nach diesem Erwerb fast verdoppelt. ✣90●, ✣119●, ◆129 (1), ✣128
Lovelock Cave Lockenten (ca.1500 v.Chr.) ❏26
Loyang *var.* Luoyang
 Von Qin erobert (256 v.Chr.) ✣39
 N Wei-Hauptstadt (ca. 490) ✣51●
Lübeck Siegel ❏190
Lucius Tarquinius Priscus *siehe* Tarquinius I.
Lucius Tarquinius Superbus *siehe* Tarquinius II.
Ludditen-Aufstände Aufstände eng. Textilarbeiter, vor allem in den Midlands, die nach der Einführung von Webmaschinen aus Angst um ihre Arbeitsplätze zahlreiche Spinnmaschinen und Webstühle zerstörten. Die ersten Aufstände entbrannten 1811. ✣204●
Ludwig der Fromme (778–840) Franken-König, Sohn von Karl dem Großen. Gekrönt 813 noch vom Vater, versuchte L. das gewaltige Karolinger-Reich zusammenzuhalten, doch schon die letzte Dekade seiner Herrschaft war geprägt von Bürgerkriegen zw. ihm und seinen vier Söhnen, die das Reich das schließlich teilten. ✣184, ✣184●
Ludwig I. *auch* Ludwig der Große (1326–82). König von Ungarn. Stammte aus dem Zweig des Hauses Anjou (Angevin), das im 13. Jh. die Königskrone von Neapel erhalten hatte. L. griff oft in die politischen Verhältnisse in Neapel ein, nachdem sein Bruder 1345 ermordet worden war. Er führte auch drei Kriege mit Venedig um die dalmatinische Küste. 1370 erhielt er durch Erbschaft die Krone Polens, konnte aber seine Herrschaft dort nicht vollständig durchsetzen. ✣189, ◆189 (4)
Ludwig VII. (1120–80) König von Frankreich (reg.1137–1180). Ließ sich 1152 von Eleonore von Aquitanien scheiden, die den späteren König von England, Heinrich II., heiratete. Große Gebiete Frankreichs kamen dadurch unter engl. Kontrolle, was die Stellung der franz. Krone wesentlich schwächte und den Hundertjährigen Krieg verursachte. ✣187
 Kreuzzüge, Routen (1147–49) ◆64–5 (2)
 Gilde erhält Monopol für Flusshandel ✣191●
Ludwig IX. *auch* der Heilige, *Frz.* St. Louis (1214–70). König von Frankreich (reg.1226–70). Berühmt für seinen Glaubenseifer, der ihm 1297 die Heiligsprechung brachte. L. organisierte zwei Kreuzzüge. Im Lauf des ersten (1248–54) geriet er in ägypt. Gefangenschaft. Er starb bei der Belagerung von Tunis während des zweiten Kreuzzugs (1270). ✣64, ◆64–5 (2), ✣66●
 Erkundung W Asien ✣219
 Überführung nach Frankreich ❏64
Ludwig XIV. *auch* ›Sonnenkönig‹ (1638–1715) König von Frankreich (reg.1643–1715). Nach der realen Machtübernahme 1661 etablierte er die absolute Monarchie. In den folgenden 50 Jahren war er der mächtigste Monarch Europas, dessen Streben nach franz. Vorherrschaft in Europa zu einer Vielzahl an Kriegen, insbesondere mit Spanien, Großbritannien und den Niederlanden, führte. Sein Versuch, eine Union zw. Frankreich u. Spanien zu schmieden, führte zum Span. Erbfolgekrieg (1701–14), der Frankreich in den Staatsbankrott trieb. Seine lange Regentschaft, die längste eine bekannten Herrschers, wurde begleitet vom Aufblühen der Künste, wofür das Schloß von Versailles beispielhaft ist.
 Frankreich unter Ludwig XIV. ✣197, ✣197●, ◆197 (5)
 König von Frankreich (1643–1715) ✣86●, ✣196
 Porträt ❏82, ❏197
Ludwig XVI. (1754–93) König von Frankreich. Die ernste Finanzkrise zwang L. 1788 zur Einberufung der Generalstände, die seit 1614 nicht mehr getagt hatten. Der dritte Stand erklärte sich zur Nationalversammlung und löste die Französische Revolution aus. L.'s erfolgloser Fluchtversuch 1791 führte im folgenden Jahr zu einem Prozess gegen ihn. Wegen Landesverrats verurteilt, wurde er 1793 guillotiniert.
 Französische Revolution ✣86, ✣90, ✣199, ❏199, ◆199 (4)
 Hinrichtung (1793) ❏86
Ludwig, Daniel Keith (1897–1992). Amerik. Unternehmer, der ein 1-Mrd.-$-Projekt im Tal des Jari in Brasilien verfolgte, das Projekt jedoch 1982 aufgab, als bereits riesige Urwaldflächen gerodet waren. ✣153●
Luoyang *siehe* Loyang
Luther, Martin (1483–1546). Deutscher Gelehrter und Priester, der gewisse kirchliche Praktiken in Frage stellte und somit die protestantische Reformation initiierte. Er überwarf sich erstmals 1517 mit den katholischen Autoritäten, als er mit seinen 95 Thesen den Ablaßhandel angriff und leugnete, dass Papst und Klerus Sünden vergeben könnten. Seine Ideen führten zur Gründung einer Bewegung, die das religiöse Denken revolutionierte und zu großer sozialer und politischer Unruhe in Europa führte. ✣78●, ✣194, ✣194●
Luxemburger Dynastie mit großem Einfluss in Europa während des MA. Die Grafen von Luxemburg waren ab 1310 Könige von Böhmen, aus ihrem Hause stammten vier Kaiser des Hl. Römischen Reichs, darunter Karl IV.
 Besitzungen (1400) ◆70–1, ✣189, ◆194 (2)
 Heutiges Herzogtum ✣202, ◆202 (Einklinkkarte)
Luxor-Tempel in Theben ❏29
Lydien *Gr./Lat.* Lydia ✣223, ◆34–5, ◆223 (4)
 Erste Münzen ✣35
Lysimachos (360–281 v.Chr.) Feldherr von Alexander d. Gr. Nach dessen Tod 323 v. Chr., wurde L. in den Diadochenkriegen König von Thrakien und dem Westen Kleinasiens. Schließlich wurde er bei Korupedion in der Schlacht gegen Seleukos, seinen früheren Verbündeten, getötet. ✣224●, ◆224 (1)

M

Maastrichter Vertrag *var.* EU-Vertrag (Dez.1991). Abkommen zwischen den Staaten der Europäischen Gemeinschaft (EG), unterzeichnet im niederländischen Maastricht, Gründungsakte der Europäischen Union (EU). Nach dem M. hat jeder Staatsangehörige eines Mitgliedslandes die Bürgerschaft der EU. Gleichzeitig wurde ein gemeinsames Bankensystem sowie die Einführung einer gemeinsamen Außen- und Sicherheitspolitik vereinbart. ✣214
Macao *var.* Macau. Portugiesische Kolonie in China.
 Portugiesische Reisen im 16. Jh. ✣80●
 Rückgabe an China (1999) ◆111
Machu Picchu Inka-Heiligtum ❏74
MacKenzie, Colin (ca. 1753–1821) Offizier in der Armee der East India Company. 1819 wurde er Generalvermesser in Indien. ✣239, ✣239●
Mackenzie, Sir Alexander (ca. 1755 oder 64–1820) Forscher und Pelzhändler. 1789 erkundete M. im Auftrag der Northwestern Company den Großen Sklavensee und den späteren Mackenzie River bis zum Polarmeer. Bei seiner zweiten Expedition, die am Athabasca-See 1792 begann, erreichte er wahrscheinlich den Pazifischen Ozean, damit hätte er als erster Weißer den nordamerikanischen Kontinent nördlich von Mexiko durchquert. ◆286 (1)
MAD *siehe* Mutually Assured Destruction
Madaba 6. Jh. Mosaik-Karte. ❏51
Madagascar
 Besiedlung durch Malaien ◆158 (1)
 Arab. Handelsniederlassungen (ca.1000) ✣58, ✣61, ◆61 (3)
 Portugiesische Karte (1558) ❏156

Legende: ✣ Text ❏ Bild *var.* Variantname *ehem.* ehemals *reg.* regierte EWK Erster Weltkrieg
● Zeitleiste ◆ Karte *nwb.* nachweisbar *passim* und folgende ⚔ Schlacht ZWK Zweiter Weltkrieg

Von Frankreich erobert (1883–96) ✤167●, ◆167 (4)
Madero, Francisco Indalecio (1873–1913) Mexik. Revolutionär und Politiker. 1908 trat M. bei den Präsidentschaftswahlen gegen den Diktator Porfirio Díaz an, wurde von diesem aber eingekerkert. M. konnte in die USA fliehen und von dort einen Feldzug vorbereiten. Im Mai 1911 nahm er seine künftige Hauptstadt Ciudad Juárez ein. Als Präsident führte M. gemäßigte Reformen durch, sah sich aber mit immer stärkeren Forderungen nach einer Bodenreform konfrontiert. Im Feb. 1913 wurde er nach dem Militärputsch von Victoriano Huerta ermordet, der die Unterstützung des US-Botschafters genoss. ✤133, ◆133 (3)
Mafia Internationale Verbrecherorganisation, deren Ursprünge in Sizilien bis in das 13. Jh. zurückreichen. In den USA wurde die Mafia (Cosa Nostra) während der Prohibition zur führenden Verbrecherorganisation. ❑98, ✤113, ◆113 (4)
Magadha Eines der 16 Mahajanapada (Großreiche), die die Ganges-Ebene ab etwa 600 v. Chr. dominierten. Im folgenden Jh. absorbierte Magadha fast alle anderen Königtümer. Seine Hauptstadt Pataliputra (Patna) spielte eine wichtige Rolle beim lukrativen Handel in der Ganges-Region. Magadha war nach der Machtübernahme von Chandragupta Maurya 327 v. Chr. Mittelpunkt des ersten ind. Großreiches Maurya. Im 4. Jh. n. Chr. wurde es Zentrum der Gupta-Dynastie; auch der Buddha lebte und wirkte zeitweise in Magadha. ◆36 (2), ✤39, ✤241, ◆241 (4), ◆242 (1), (2)
Magellan, Ferdinand *Port.* Fernão Magalhães (ca.1480–1521). Port. Seefahrer. Unternahm seine berühmteste Reise im Auftrag der span. Krone. 1519 sollte er mit fünf Schiffen einen westl. Seeweg zu den Molukken finden. Er entdeckte die später nach ihm benannte Magellan-Straße und erreichte die Philippinen, wo er im Kampf mit Ureinwohnern umkam. Sein Nachfolger Elcano vollendet die erste Weltumsegelung, indem er über das Kap der Guten Hoffnung nach Spanien zurückkehrte.
Port. Seefahrer ✤78, ◆239 (1)
Weltumsegelung ✤76, ✤80, ❑80, ✤142, ◆142 (1), ◆278 (1)
Magnesia, ⚔ (190 v.Chr.). Röm. Sieg über den Seleukiden-König Antiochos III. ✤179●, ◆179 (4)
Magyaren Steppenvolk und Vorfahren der Ungarn. Zogen im späten 9. Jh. in das Gebiet des heutigen Ungarn. Ihre Feldzüge lösten in W Europa Angst und Schrecken aus. Nach ihrer Niederlage gegen Otto I. auf dem Lechfeld bei Augsburg (955) gingen die M. zu einer friedlicheren Lebensweise über. Im 11. Jh. wurde Ungarn christliches Königtum.
Feldzüge (ca. 800–1000) ◆185 (3)
Siedlungen im Donaubecken ✤185●
Von Otto I. besiegt ✤58, ✤58●
Mahabharata In Sanskrit geschriebenes Epos, das zwischen dem 4. Jh. v.Chr. und dem 4. Jh. n.Chr. entstand. Im Zentrum der Erzählung steht die Geschichte eines Machtkampfes zwischen zwei Cousins und ihren Anhängern, den Kaurava und den Pandava, um die Königswürde. Die Entscheidungsschlacht, in der die Kaurava unterlagen, fand im Nordwesten Indiens statt.
✤241, ❑241, ◆241 (5), ❑244
Mahavira (ca. 540–468 v.Chr.) Letzter und bedeutendster der 24 Tirthankara (Stifter) des Jainismus. Der Mönch Vardhamana (gen. Mahavira, ›Held‹ oder Jina, ›Sieger‹) unterrichtete 11 Schüler, die durch Askese dem Wesenskreislauf zu entgehen versuchten. ✤242●, ◆242 (3)
Mahayana-Buddhismus *auch* Großes Fahrzeug. Interpretation des Buddhismus, die im 1. Jh. entwickelt wurde und sich von NW Indien nach China, Korea, Japan und Tibet verbreitete. Grundkonzept ist das eines den Menschen hilfreichen Zwischenwesens, des Bodhisattva, der seinen Eintritt in das *Nirvana* aufschiebt, bis alle anderen gleichartige Erleuchtung erreicht haben. M. sieht den histor. Buddha als zeitgebund. Manifestation der ewigen Natur des Erleuchteten. *siehe auch* Buddhismus.
Mahlstein *siehe* Schleifstein
Mahmud von Ghazna *var.* Mohammed von Ghazni (971–1030). Herrscher über ein Reich, zu dem Afghanistan, NO Persien und NW Indien gehörten (reg. 998–1030). M. war Sohn eines ehem. türk. Sklaven in samanidischen Diensten, der 977 Statthalter von Ghazna wurde. Unter M.'s Regierungszeit, die durch zahlreiche Feldzüge nach N Indien gekennzeichnet war, erreichte die Ghaznawiden-Dynastie ihren Höhepunkt. Ihr Ende kam im späten 12. Jh. mit dem Aufstieg der Ghuriden. ✤59●, ✤63, ◆227 (6), ✤244, ✤244●,
Mailand, Edikt von (313). Proklamation religiöser Toleranz für das Christentum im Röm. Reich. Es war Ergebnis des in Mediolanum (Mailand) geschlossenen Bündnisses der röm. Kaiser Konstantin I. und Licinius im Feb. 313. ✤48●
Mainz Erster Einsatz beweglicher Bleilettern für den Buchdruck ✤74
Majapahit (spätes 13. bis 16. Jh.) Javanesisches Reich. M. übte zwar nur über Java und nahe gelegene kleine Inseln direkte Herrschaft aus, kontrollierte aber im 14. Jh., auf dem Höhepunkt seiner Macht, mit seiner Flotte den Handel in weiten Teilen der Region, einschließlich der Molukken. ✤71●, ❑244, ◆245 (6), ✤245●
Majuba Hill ⚔ (1881). Brit. Niederlage gegen Buren. ◆96 (2), ◆166 (2)
Makedonien *Gr.* Makedonia, *Lat.* Macedonia
Vorgeschichte ✤34–5, ✤38–9
Unter Alexander Aufstieg zur Großmacht ✤40, ✤40●, ✤40–1 (1), ◆223 (4)
Antigoniden-Dynastie ✤41, ◆41 (2), ✤224, ✤224●, ◆224 (1)
Makedonische Dynastie des Byz. Reichs (867–1081) ✤59
Makuria
Araber-Einfall ✤162●
Reichsbildung ◆161 (5)
Koptisches Christentum ❑58
Malacca
Gründung (ca.1400) ✤75●
Konvertierung zum Islam (1445) ✤75●
Portugiesische Erwerbung (1510) ✤79●, ◆247 (4)
Holländische Erwerbung (1641) ✤83●
Handelszentrum ✤75
Malaiische Halbinsel
Chola-Eroberungen ✤59
Kautschukplantagen ❑97
Malawi *ehem.* Nyasaland
Unabhängigkeit (1964) ✤168●, ◆168 (1)
Ökonomie (1999) ◆168 (2)
Malaya (heute Malaysia)
Unabhängigkeit (1957) ✤251●, ◆251 (4)
Aufstand (1947–48) ❑251
Besetzt von Japan (1942) ✤103●
Mali Reich in W Afrika, im 13./14. Jh. auf dem Höhepunkt der Macht. Gegründet von Sundiata ca.1235, nachdem schon 2 Jh. vorher ein Kleinstaat dort bestanden hatte. ◆162 (1)–(7)
Aufstieg ✤67●, ✤163●
Zusammenbruch (ca.1660) ✤164●
Eroberung durch Songhay (1546) ✤79●
Eroberung durch Sunni Ali ✤75
Kontrolle über Karawanenhandel ✤70, ✤163
Ibn Battutas Reisen (1352) ✤71●
Djenné-Moschee ❑162
Herrschaft Mansa Musas (14. Jh.) ❑71
Verdrängung des Königreichs Ghana (13. Jh.) ✤66
Malinke Volk in W Afrika mit dem größten Einfluss im Mali-Reich. Zudem bekannt wegen seiner reisenden Händler. ✤163
Mamluken *ehem.* Mamelucken. Militärsklaven in vielen mittelalterl. islamischen Reichen, meist türk. Ursprungs und berühmt für ihre Kampfkunst und Tapferkeit. Die Mamluken dienten meist als Leibwächter und konnten mehrfach hohe Machtpositionen einnehmen. In Ägypten herrschten sie von 1250 bis 1517, als das Land von den Osmanen erobert wurde. Die letzten Vertreter der großen Familien wurden Anfang des 19. Jh. von Vizekönig Mohammed Ali bei einem Bankett ermordet.
Kontrolle über Baghdad (936) ✤59●
Machtübernahme in Ägypten (1250) ✤67●
Kampfausbildung ❑229
Konflikt mit Mongolen in W Asien ✤69, ◆68–9 (1), ✤229, ✤229●, ◆229 (3)
Unterwerfung durch Osmanen (1517) ✤79●
Mammut Vorgeschichtliche Elefantenart, bis zu 4 m groß und mit bis zu 5 m langen Stoßzähnen und langem Fell. Lebte in den Steppen Eurasiens und N Amerikas. ✤18
Manassas *siehe* Bull Run
Manaus Gründung (1674) ✤149●
Manchester
Wachstum im 19. Jh. ◆204 (2)
Markt f. textile Fertigwaren ✤93
Manda Handelskolonie an der Küste (ca. 800) ✤58●
Mandela, Nelson (Nelson Rolihlahla Mandela, 1918–). Südafrik. Bürgerrechtler und Politiker. War 28 Jahre in Südafrika inhaftiert (1962–90) und wurde 1994 zum Staatspräsidenten gewählt.
Haft (1962–90) ✤107●, ✤111, ✤169●
Porträt ❑111
Sieg bei Präsidentschaftswahlen (1994) ✤111●, ✤168
Mandinka Berichte von Kaufleuten über W Afrika ✤156, ✤156●
Mandschu *var.* Manchu, Manzhu. Volk in Ostasien, eigener Staat mit Mukden als Hauptstadt in der südl. Mandschurei ab 1636. Ab 1644 als Qing-Dynastie Herrscher in China ◆266 (1), ◆267 (3), ✤268
Mandschu-Dynastie *siehe* Qing-Dynastie
Mandschukuo *siehe* Manzhuguo
Mandschurei
Jade-Importe (v.Chr.) ✤19●
Bronzeverarbeitung ✤31
Song-Jin Allianz ✤63
Sturz der Ming-Dynastie (1644) ✤83
Siedlungen im Mekong-Delta (1679) ✤83●
Besetzung Burmas (1765–69) ✤87●
Besetzung durch Japan (1918–20) ✤99●
Qing-Dynastie ✤268
Manichäismus Dualistische Religion, begründet in Persien im 3. Jh. durch Mani, der versuchte, die Lehren von Zoroaster (Zarathustra), Jesus und Buddha in einem universellen Glauben zu vereinen. Oft als häretische Sekte des Christentums angesehen. ✤49, ◆49 (4)
Manila-Galeone Seit dem späten 16. Jh. sandten die Spanier jedes Jahr eine Galeone mit Silber an Bord von Acapulco nach Manila auf den Philippinen, um dort Luxusgüter aus China zu kaufen. Die Galeone kehrte beladen nach Mexiko zurück, von wo aus die Waren nach Spanien weitertransportiert wurden. ◆81 (3)
Mansa Musa Herrscher des Großreichs Mail (reg. ca.1312–1337). Unter ihm erreichte Mali die größte Machtfülle, v.a. durch die Kontrolle über den westafrikan. Goldhandel. Er demonstrierte den Wohlstand seines Landes auf seiner Pilgerfahrt nach Mekka (1324).
Pilgerfahrt nach Mekka (1324) ✤70, ✤70●
Herrscher von Mali (14. Jh.) ❑71
Mansura *siehe* Al Mansura
Mansvelt, Edward (17. Jh.) Holländ. Freibeuter, der span. Kolonien in der Karibik überfiel. ◆85 (2)
Manuv *siehe* Dharma Shastras
Manzhu *siehe* Mandschu
Manzhuguo Staat in O Asien (1931–45), Kaiserreich ab 1934. Umfasste insbesondere das Gebiet der Mandschurei; unter japan. Protektorat. Nach Besetzung durch die UdSSR 1945 Auflösung des Staats. ✤270, ◆270 (2), ◆271 (7), (8), ◆273 (2)
Manzikert *var.* Mantzikert, *Türk.* Malazgırt ⚔ 1071. Entscheidender Sieg der Seldschuken über die Byzantiner; als Resultat brach deren Herrschaft über Kleinasien zusammen. ✤228●, ◆228 (1)
Mao Tse-tung *siehe* Mao Zedong
Mao Zedong *var.* Mao Tse-tung (1893–1976). Chin. kommunistischer Führer und erster Vorsitzender der VR China (1949).
Sieg der chin. Kommunisten im Bürgerkrieg (1949) ✤103●, ✤274, ◆274 (1)
›Großer Sprung nach vorn‹ (1958) ✤107●, ✤274, ❑274
Kulturrevolution (1966–70) ✤107●
›Das Rote Buch‹ ✤107
Porträt ❑107
Maori Einwohner Neuseelands mit polynes. Ursprung. Die M. erreichten Neuseeland (Aotearoa) ca. 700 v.Chr. Die Inselgruppe gehört somit zu den am spätesten besiedelten Archipeln des Pazifiks. ✤283
Bootsschmuck ❑281
Antikolonialer Widerstand ✤283●
Musketenkriege ◆283 (4), (5)
Mappamundi ❑66, ✤173●
Maquilladora Montagebetriebe in Mexiko, die im Besitz von Ausländern (meist US-Amerikanern) und für Import und Weiterverarbeitung von zollfreien Waren bestimmt sind. ✤136, ◆136 (2)
Maranhão
Frankreich besetzt Norden (1568) ✤149●
Gründung als von Brasilien unabhängige Kolonie (1621) ✤149●, ◆149 (3)
Holländer vertreiben Portugiesen (1625) ✤149●
Marathen Hindu-Reich mit Basis in den West-Ghats. Die M. waren ein Bündnis von Bauern- und Hirtenstämmen, die Shivaji zusammengeführt hatte. Nach dem Tod des Mogul-Kaisers Aurangzeb, der den Vormarsch der Marathen eindämmen konnte, erlangten die M. die Kontrolle über einen großen Teil Indiens. 1761 stießen sie auf vorrückende Afghanen und wurden in der Schlacht bei Panipat besiegt. Dennoch waren die M. für die brit. Kolonialmacht ein militärisches Hindernis und wurden erst nach 3 Kriegen (1775–1818) unterworfen. ✤87●, ✤246, ✤246●, ◆246 (2)
Marathen-Kriege (1775–82, 1803–05, 1817–18). Ursprung für den ersten M. war brit. Eingreifen in Auseinandersetzungen zwischen Marathen-Führern. Nachdem die Briten 1778 bei Wadgaon geschlagen worden waren, eroberten sie Gujarat und Gwalior. Der Vertrag von Salabai beendete den Krieg 1782. Im zweiten M. waren die Marathen in Schlachten bei Assaye und Argaon vorübergehend erfolgreich (1803). Der dritte M. 1818 brachte die endgültige Unterwerfung der drei Marathen-Mächte, deren Territorium die Briten zum großen Teil in ihr Empire eingliederten. ✤248●
Marathon ⚔ der Perserkriege (490 v.Chr.). Athener siegen über Perser. ◆223 (4)
Marchand, Jean-Baptiste (1863–1934). Franz. Erkunder und Offizier, der 1898 Fashoda im Sudan besetzte. ◆157 (4)
Marconi, Guglielmo Marchese (1874–1937) Italienischer Physiker und Erfinder der drahtlosen Nachrichtenübermittlung (1895). ✤92●
Marcos, Ferdinando (1917–89). Von den USA gestützter Präsident der Philippinen (reg. 1965–86), regierte ab 1972 diktatorisch. Nach seinem Sturz 1986 ging er Exil und starb wenig später auf Hawaii. ✤253●
Marcus Antonius *auch* Mark Anton (83 v.Chr.– 30 v.Chr.). Neffe und Anhänger von Iulius Caesar. Nach dessen Tod 44 v.Chr. riss M.A. die Macht in Rom an sich, was zu Konflikten mit Caesars Erben Octavian führte. Bei der Neuorganisation der Verwaltung in den östl. Provinzen traf er Kleopatra, die ihm mehrere Kinder gebar. Brachte Rom gegen sich auf, als er Teile der röm. Ostgebiete seinen Söhnen übertrug und den Sohn von Kleopatra und Caesar an Octavians Stelle zum Erben erklärte. M.A. wurde 31 v.Chr. bei Actium besiegt und stürzte sich bei der Eroberung Alexandrias in sein Schwert. ✤180
Mari Eine der wichtigsten Städte am mittleren Euphrat im 3. und 2. Jt. v.Chr., wurde 1759 v.Chr. durch das erste Babylonische Reich zerstört. Maris Bedeutung als Handelsknotenpunkt im Alten Orient ist durch etwa 20 000 Keilschrifttafeln bezeugt, die dort gefunden wurden. ✤27
Marianen ⚔ im ZWK (Juni–Aug. 1944). Landungsoperationen während des ›Island-hopping‹ der US-Amerikaner im Pazifik. ◆105 (3), ◆272 (1), ✤273, ◆273 (2)
Marie Antoinette (1755–93) Königin von Frankreich. Die Tochter Maria Theresias von Österreich heiratete 1770 den zukünftigen Ludwig XVI. von Frankreich. Als Österreicherin war sie bei den Franzosen nie sehr beliebt. Während der Franz. Revolution wurde sie vor ein Revolutionstribunal gestellt und 1793 enthauptet. ✤86
Marienburg Sitz des Deutschritterordens ❑189
Marignano ⚔ (1515). Schweizer Niederlage gegen Franz I. von Frankreich. ◆194 (1)
Marin, Luis Span. Kolonisator Mexikos im 16. Jh. ✤125
Mariniden Berber-Dynastie, die vom 13.–15. Jh. in Marokko herrschte.
Sieg über Almohaden (1269) ✤67●
Einnahme von Tunis (1347) ✤71●
Marius, Gaius (157–86 v.Chr.). Röm. Feldherr und Politiker, der aufgrund militärischer Erfolge (Sieg über Jugurtha) gegen die Verfassung siebenmal das Konsulat erhielt. Er reformierte die Armee (Umwandl. in Berufsheer, Einteil. der Legionen in *Cohortes* und *Centuries*) und schlug Teutonen und Kimbern. Sein Triumph sprengte die Grenzen des bis dato Schicklichen und leitete die Phase der späten Republik ein. Ab 89 v.Chr. Konflikt mit Sulla (Beginn der röm. Bürgerkriege); C. M. eroberte Rom und hielt Strafgericht, starb aber bei Vorbereitungen für einen Feldzug in den Osten gegen Sulla. ✤43●
Mark Anton *siehe* Marcus Antonius
Marne ⚔ im EWK (Sept. 1914). Entente konnte den Vormarsch der Deutschen nach Paris stoppen. ◆206 (2)
Marne ⚔ im EWK (Juli 1918). Ende der deutschen Offensive am Ausgang des EWK. ◆206 (3)
Marokko 165–169
Almohaden etabliert (1147) ✤63●
Mariniden besiegen Almohaden (1269) ✤67●
Ceuta von Portugiesen besetzt (1415) ✤75●
Von Frankreich besetzt ◆167 (4)
Unabhängigkeit ◆168 (1)
Muhammad III. wird Sultan (1757) ✤87●
Portugiesische Invasion zerschlagen (1578) ✤79●
Songhay-Reich erobert (1591) ✤79●
Marquesas Besiedlung durch Polynesier ✤60
Marquette, Pater Jacques (1637–75) Franz. Jesuiten-Missionar, der Louis Jolliet bei seiner Mississippi-Reise 1673 begleitete. Als sie sich der Mündung in den Golf von Mexiko bis auf 640 km genähert hatten, kehrten sie wegen der gefährlichen Strecke um. ◆119 (2)
Marshall-Plan *var.* European Recovery Program (April 1948–Dez. 1951). Von den USA finanziertes Programm zum Wiederaufbau der Wirtschaft von 17 europ. Staaten, um stabile Bedingungen als Grundlage demokratischer Institutionen zu schaffen. ✤102●, ✤108●, ✤138, ✤213, ❑213, ◆213 (5)
Martínez de Irala, Domingo (ca.1512–56) In den 1540/50ern Kommandeur in der span. Kolonie Asunción. Erforschte die Gran Chaco-Region und fand eine Route über den Kontinent nach Peru. ◆142 (1)
Masada Massenselbstmord der jüdischen Zeloten ✤225
Masaeyli-Reich Berber-Staat in N Afrika, später Numidien ✤162●
Masina Djihad von Amadu Lobbo (1816) ✤167●
Masinissa (ca. 238–148 v.Chr.). Reiterführer vom Stamm der Masaesyli, der im 2. Punischen Krieg für Carthago kämpfte, den von Scipio als Verbündeter gewonnen wurde und Herrscher des Königreichs Numidien in N Afrika wurde. ✤161●
Massachusetts Bay Englische Kolonie gegründet (1630) ✤82●
Massalia *var. Lat.* Massilia, *mod.* Marseille. Griechische Kolonie in S Frankreich mit großem wirtsch. und polit. Einfluss im 3./2. Jh. v.Chr. Schrittweise von Rom absorbiert. ✤34●, ✤38–9
Besitzungen im 2. Jh. v.Chr. ◆179 (3)
Besitzungen 120 v.Chr. ◆179 (5)
Mastodon Vorgeschichtliche Elefantenart, Beute der Großwildjägerkulturen bis zu seinem Aussterben (oder Ausrottung) vor ca.10 000 Jahren. ✤18
Mataram Sultanat von Java ✤83●, ◆245 (5), ◆247 (4)
Mathematik
Ägyptischer Zählstab ❑33
Babylonischer Text ❑33
Evolution des Zahlensystems ✤33, ◆33 (2)
Maya-Zahlensystem ✤54
Papyrus von Rhind ❑33
Rechengerät der Inka ❑147
Wiederaufleben in China (16. Jh.) ✤80
Matthias Corvinus *var.* Matthias I. Hunyadi (1443–90). König von Ungarn (reg.1458–90). Unter seiner Herrschaft befand sich Ungarn fast ständig im Kriegszustand mit Böhmen und den Türken. 1477 marschierten seine Soldaten in Österreich ein und eroberten Wien. M.C. reformierte die Verwaltung und förderte die Wissenschaft; er gründete die Corvina-Bibliothek in Buda. ❑193, ◆193 (4)
Matthias I. Hunyadi *siehe* Matthias Corvinus
Mauren *Lat.* Maurusii, Mauri. Afroiberische Stämme in NW Afrika (Atlas-Gebirge), nach denen die röm. Provinz Mauretania benannt wurde, heute meist als Berber angesprochen. ◆161 (2)
Mauretanien
Annexion durch Rom ✤46, ✤47●
Christentum (ca.150) ✤47●
Maurya-Dynastie *var.* Maurja-Dynastie (321–180 v.Chr.). Erste ind. Dynastie, der es gelang, die Kontrolle über ganz Indien zu erlangen. Sie wurde 321 v.Chr. von Chandragupta Maurya gegründet. Für die Ausdehnung des Herrschaftsbereichs waren vor allem sein Sohn Bindusara und sein Enkel Ashoka verantwortlich. Die Macht der M. schwand unter den Nachfolgern Ashokas und endete um 180 v.Chr. ✤38–9, ✤43, ✤241, ✤241●, ◆241 (4)
Mawson, Sir Douglas (1882–1958) Austral. Forscher und Geologe. Er begleitete Shackleton 1907–09 auf seiner Antarktis-Expedition und erreichte den magnetischen Südpol. Unter seiner Führung fanden eine austral.-asiat. (1911–14), sowie eine brit.-austral.-neuseel. Antarktis-Expedition statt (1929–31). ◆287 (3)
Maya Mittelamerik. Volk und beherrschende Kultur zwischen 250 und 900, heute in Südmexiko, Guatemala, Nordbelize und Westhonduras. Die M. sind für ihre astronomischen Kenntnisse berühmt, die sie für die Erstellung von Sonnen- und Ritualkalendern verwendeten. Sie verfügten über eine ideografische Schrift und errichteten große Kultbauten. Die bäuerliche Bevölkerung wurde von einer Führungsschicht aus Adligen und Priestern in Städten beherrscht, für die Paläste, großzügig angelegte Plätze und Tempelpyramiden charakteristisch waren.
Einflussgebiet (v.Chr.) ◆121 (2)
Entstehung von El Mirador (1 n.Chr.) ✤46●
Formative Periode ◆122 (2)
Klassische Periode (ca. 300–900) ✤50●, ✤54●, ✤122, ◆122 (2)
Vase ❑50
Torbogen von Labna ❑122
Jaguar-Tempel ❑58
Niedergang im mexikan. Tiefland (850) ✤58●
Post-klassische Periode ◆124 (1)
Gründung von Mayapán (1283) ✤66●
Von Azteken kontrolliert (1519) ✤124
Religion ◆36 (1)
McCarthy, Joseph US-amerikanischer Senator, der auf Basis der ab Ende der 40er Jahre in den USA verbreitete Angst vor kommunistischer Unterwanderung das Federal Employee Loyalty Program mit inquisitorischen Anhörungen auflegte. Zahlreiche Beschäftigte in der Regierung, den Schulen, Universitäten und Medien wurden aufgrund seiner Anschuldigungen mit Arbeitsverbot belegt. ✤135●
Meadowcroft Rock Shelter (15 000 v.Chr.) ✤14●, ✤120●, ◆120 (1)
Meder Antikes Volk südwestlich des Kaspischen Meeres. Blütezeit im 7. Jh. v.Chr., als es ihnen gelang, mit den Babyloniern Assyrien zu erobern und den Herrschaftsbereich westlich bis nach Anatolien und östlich bis nach Persien auszudehnen. Ihr Reich wurde Mitte des 6. Jh. v.Chr. von den Persern erobert. ✤31, ✤35, ✤35●
Medina Mohammeds Residenzstadt (622) ✤55●, ✤56, ✤226
Megalithen *var.* Cromlechs, *Gr.* mega lithoi: große Steine. Prähistorische Anlagen, die in neolithischer Zeit ab ca. 5000 v.Chr. in Europa meist über Gräbern aus großen, grob aufgestellten Steinplatten errichtet wurden. Trotz Ähnlichkeiten keine Verbindung mit den Megalithbauten in Südindien, Tibet und Südostasien. ✤23, ❑23
Mehmet Ali *siehe* Mohammed Ali
Megiddo *var.* Mageddo. Siedlung des 4. Jt. v.Chr. in palästinischen Levanteküste, die bis zur Zeit des Assyrer-Reichs bestand.
Elfenbeintafel ❑222
Megiddo ⚔ des EWK (18.–23. Sept. 1918). Letzte Schlacht des Palästina-Feldzugs der brit. und Commonwealth-Truppen gegen die Türken. Endete mit türk. Niederlage. Es handelte sich hier um den letzten großen Kavallerie-Einsatz in der Kriegsgeschichte. ✤232●, ◆233 (2)
Mehmet II. *gen.* Fatih, ›Eroberer‹ (1432–1481), osman. Sultan (reg. 1451–81). Nahm 1453 Konstantinopel (Istanbul) ein und trieb die rasche Expansion des Osman. Reichs bis nach Ungarn voran.
Eroberung von Konstantinopel (1453) ✤75, ✤230
Topkapı-Palast ❑231
Mehmet VI. (1861–1926) Osman. Sultan (reg.1918–22). Nachkriegssultan, der den Vertrag von Sèvres akzeptierte. Wurde von den türkischen Nationalisten unter Mustafa Kemal (Atatürk) abgesetzt, womit das osman. Sultanat endete. ✤233
Mehrgarh Vorgeschichtliche Keramik ❑19, ✤20●, ✤23●
Meiji *Jap.* ›Erleuchtete Herrschaft‹. Die Restauration der Meiji-Kaiser 1868 beendete den zwei Jahrhunderte währenden Isolationismus Japans während des Tokugawa-Shogunats und eröffnete eine Phase sozialer und politischer Reformen.
Modernisierung Japans ◆270 (1)
Mekka Hauptstadt der Region Hejaz (Hedschas) im westlichen Saudi-Arabien. Geburtsort des Propheten Mohammed und die heiligste Stadt des Islam und seiner Pilger. *siehe auch* Hadj
Muslim. Pilgerfahrt ❑218
Eroberung durch Wahhabiten (1806) ✤233
Ibn Battutas erste Reise (1325) ✤68●
Religiöses Zentrum des Islam ✤56, ✤226, ❑226, ◆226 (2), (3)
Pilgerfahrt von Mansa Musa (1324) ✤70
Melanesien Eine der 3 großen Inselgruppen des Pazifikraums neben Mikronesien und Polynesien. Zu M. gehören Neuguinea, Neu-Kaledonien, die Salomonen und Vanuatu. ✤276
siehe auch Pazifische Inseln
Melbourne Gründung (1835–36) ✤91
Memphis ⚔ im Sezessionskrieg (5. Juni 1862); Sieg der Union. ◆131 (6)
Memphis (Ägypten)
Gründung (3100 v.Chr.) ✤23●
Invasion der Assyrer ◆34, ✤35●
Mena *siehe* Narmer
Mendaña de Neyra, Álvaro de (ca.1542–95) Span. Entdecker und Seefahrer. Auf seiner ersten Pazifikreise entdeckte M. 1568 die Salo-

monen. Sein Vorhaben, dort eine Kolonie zu errichten, scheiterte 1595, weil er die Inseln nicht wiederfand. Er starb auf den Santa-Cruz-Inseln. ✤278●
Mendoza, Hurtado de Span. Erkunder von Baja California im 16. Jh. ◆125 (4)
Menéndez de Avilés, Pedro Span. Conquistador und N Amerika-Forscher. Gründete 1565 San Agustín in Florida. ◆125 (4)
Menes *siehe* Narmer
Meneses, Jorge de Port. Ostindienreisender. Sichtete als erster Europäer 1526 Neuguinea. ✤278●
Meng-tzu *siehe* Menzius
Meng-zi *siehe* Menzius
Menschen
Frühe Hominiden ✤12, ✤12●, ◆12 (1)
Auftauchen des modernen Menschen ✤13, ◆13 (2), ❑13
Besiedlung der Erde ✤14–15, ◆14–15
-opfer
Azteken ❑74
Shang-Dynastie ✤29, ✤259
Tula (Mexiko) (987) ✤58●
Menzius *var.* Meng-zi (ca. 371–ca. 289 v. Chr.) Chin. Philosoph, der die Ethik des Konfuzius weiterentwickelte. Nach M. ist der Mensch von Natur aus gut und bedarf nur der richtigen Bedingungen, um moralische Reife zu erlangen. ✤37
Mercator, Gerardus *geb. als* Gerhard Kremer (1512–94). Flämischer Kartograf. Entwickelte die nach ihm benannte Mercator-Projektion und veröffentlichte die erste Kartensammlung, für die der Begriff ›Atlas‹ verwendet wurde. ✤79, ✤173, ✤173●, ❑173
Meroe
Hauptstadt von Ägypten ✤34–5, ✤42
Kuschiten-Tempel ❑35
Invasion der Aksumiten (ca. 350) ✤50●
Merowinger (ca.448–751) Die erste Dynastie der fränkischen Könige in Gallien, benannt nach Merowech, dem Großvater von Clodowech I. (*Dtsch.* Chlodwig, *Frz.* Clovis) ◆183, ◆183 (5), (6)
Mesa Verde Klippensiedlungen (ca.1100) ✤62●, ✤123●
Mesoamerika Teil Mittelamerikas in präkolumbischer Zeit; umfasst die Gebiete des heutigen Mexiko, Guatemala, Belize, El Salvador, NW Honduras und N Nicaragua.
Frühe Besiedlung ✤120●, ◆120 (1)
Landwirtschaft ✤18, ✤22●, ◆120 (1)
Kulturen
Azteken ✤66, ✤74, ✤78, ✤124, ◆124 (1)–(3)
Kaminaljuyú (ca. 500 v. Chr.) ✤121
Maya ◆36 (1), ✤50, ✤66●, ◆121 (2), ◆122 (2), ✤124
México ✤66
Olmeken (1200 v. Chr.) ✤30, ✤30●, ✤34, ◆36 (1), ◆121 (2), (3)
Tolteken ✤58, ✤58–9, ✤62, ✤122●, ◆122 (1)
Zapoteken ✤34, ◆121 (2)
Zivilisationen (100–1200 n. Chr.) ◆122 (1)
Stadtstaaten ✤66, ✤122
Hund aus Keramik ❑122
siehe auch Mittelamerika, einzelne Länder und Kulturen
Mesolithikum (›Mittelsteinzeit‹) Der Begriff bezeichnet die Übergangsperiode vom Paläolithikum (›Altsteinzeit‹) zum Neolithikum (›Jungsteinzeit‹) in Westeuropa. Die mesolithische Periode umfasst etwa 5000 Jahre vom Ende der letzten Eiszeit bis zum Aufkommen des Ackerbaus. Durch den Klimawechsel kam es zu stärkerer Bewaldung, sodass sich der Wildbestand durch Abwanderung und Aussterben dramatisch änderte und die Lebensweisen sich den neuen Verhältnissen anpassen mussten. Archäologisch zeichnet sich das M. durch Mikrolithen, sehr kleine Steinwerkzeuge, aus. Für diese Zeit sind auch erste größere Friedhöfe nachgewiesen, was auf ein ausgeprägtes Gemeinschaftsleben schließen lässt. ✤14, ❑14, ✤18●
Mesopotamien *Gr.* ›Zwischenstromland‹. Das Gebiet zwischen den Flüssen Tigris und Euphrat. Das untere Mesopotamien reichte von Baghdad bis zum Persischen Golf und war Ausgangspunkt der ersten städtischen Zivilisation der Menschheitsgeschichte im 4. Jt. v. Chr. Das obere M. erstreckte sich von Baghdad in nordwestlicher Richtung bis nach Ostanatolien. ◆222 (2)
v.Chr. ✤19, ✤35, ✤43, ◆36 (1)
Frühurbane Kultur (v. Chr.) ✤23, ✤24●, ✤28, ◆28 (1)
Schrift (ca.3250) ✤23
Stadtstaaten ✤27
Seleukiden-Reich ◆38–9, ✤41, ✤224, ◆224 (1)
Zusammenstöße zw. Osmanen u. Safawiden ✤79
Handelsbeziehungen ✤25
Metallurgie Gesamtheit der mit der Metallverarbeitung verbundenen Verfahren: Gewinnung, Veredelung und Herstellung.
Vorgeschichte ✤18–19, ✤23●, ✤26, ✤26●, ✤30–1, ✤34, ✤174–5
Eurasischer u. afrikanischer Zinnhandel (ca.1 n. Chr.) ◆44–5
Goldrausch ✤90●, ✤93
siehe auch Bronze; Kupfer; Gold; Silber
Metaurus ⚔ in den Punischen Kriegen (207 v. Chr.). Röm. Sieg. ◆179 (3)
Metternich, Clemens Fürst von (1773–1859) Österreichischer Staatsmann. Wurde 1809 Außenminister und schmiedete die Koalition gegen Napoleon. Als Architekt der Beschlüsse des ›Wiener Kongress‹ 1814–15 machte er Österreich zu Vormacht in Mitteleuropa. Seit 1821 Staatskanzler bis zum Sturz durch die Revolution von 1848. ❑202
Mexikanischer Bürgerkrieg (1858–67). Entbrannte 1858 zwischen Konservativen und Liberalen, als Benito Juárez, der Führer der Liberalen, zum Präsidenten gewählt wurde. Seinen Sieg über die Truppen der Konservativen 1860 hatte er mit Krediten aus westeuropäischen Ländern finanziert. Frankreich, Spanien und England marschierten bald darauf in Mexiko ein, um die Rückzahlung der Kredite zu erzwingen. 1863 besetzten die Franzosen México und setzten Erzherzog Maximilian von Österreich als Kaiser von Mexiko ein. Maximilian unterlag 1867 der republikanischen Armee und wurde erschossen, Juárez erneut zum Präsidenten (1867–72) gewählt. ✤94●, ✤128–9●
Mexikanische Revolution (1910–20). Die Revolution in Mexiko begann 1910 mit dem Aufstand der Campesinos unter den Anführern E. Zapata und F. ›Pancho‹ Villa gegen den Diktator Porfirio Díaz und die Großgrundbesitzer. Díaz' Nachfolger F. Madero wurde mit Hilfe der USA 1913 gestürzt. Aus den nachfolgenden Machtkämpfen ging V. Carranza als Sieger hervor, der 1917 eine progressive Verfassung, die u.a. Bodenreformen vorsah, durchsetzte. Nach Carranzas Ermordung 1920 konnte A. Obregón den Bürgerkrieg beenden. ✤133, ◆133 (3)
siehe auch Huerta, Victoriano; Madero, Francisco; Villa, Pancho; Zapata, Emiliano
Mexiko ✤118–129, ◆133 (3), ◆136–139
Spanische Kolonialherrschaft (16.–18. Jh.) 78–88
Von Cortés erobert (1519–21) ◆125 (5)
Spanische Kolonisation ✤125●
Zentrum von Span.-N Amerika (1521) ◆81 (3)
Kirche des hl. Franziskus von Tlaxcala ❑125
Unabhängigkeit (seit 1821)
Loslösung von Spanien (1821) ✤90●
Kriege zwischen Föderalisten und Zentralisten (1828) ✤129●
Texas Revolution (1836) ✤90●
Texas-Krieg (1846–48) ✤90●, ✤129, ✤129●, ◆128–9 (2)
Reformkrieg (1858–61) ✤94●, ✤129●
Revolution (1910) ✤98●, ◆132–3, ❑133, ◆133 (3)
Kriminalität (heute) ◆113 (4)
Regionale Ungleichheit (heute) ✤136, ◆136 (2)
Beziehungen zu USA ◆139 (5)
Ökonomie
Handelsbeziehungen (1400–1860) ◆84–5 (1)
Exportwaren (ca.1900) ◆92 (1)
BSP (1990er) ◆136 (2)
siehe auch Mesoamerika, Mittelamerika
Mfecane-Kriege *var.* Difaqane, Shaka-Kriege. Kriege der Zulu unter Shaka gegen benachbarte Völker im südlichen Afrika (1822–28). Eine Folge waren Massenmigrationen. ✤90, ✤166, ✤166●, ◆166 (2)
Michael VIII. Palaiologos (ca.1224–1282). Byz. Kaiser, der 1261 Konstantinopel zurückeroberte und damit das Byz. Reich wiederherstellte. Rief seinen Sohn Andronikos II. im gleichen Jahr zum Mitkaiser aus. Seit dem Konzil von Lyon (1274) Union mit dem Papsttum, was heftige Proteste in der Orthodoxie Konstantinopels hervorrief. ✤187●
Mickey Mouse Erster Film (1928) ❑135
Middelburg ⚔ der Holländ. Revolte (1574). Holländ. Sieg über Spanier. ◆195 (5)
Middendorff, Alexander Theodor von (1815–1894) Russ. Sibirien-Forscher. ◆257 (2)
Midway See- ⚔ im ZWK (Juni 1942). Niederlage der Japaner durch US-Streitkräfte im mittleren Pazifik, markiert die Wende im Pazifikkrieg. ✤103●, ◆104 (2), ◆272 (1)
Migration
Auswanderung in die Neue Welt ✤90, ✤100●
Chinesische Bauarbeiter ❑101
Deutsche Ostsiedlung ✤189
Globale (ca.1860–1920) ✤100–1, ◆100 (1)
Irland, Auswanderung (1845) ✤90●
Jüdische Auswanderung (1880–1914) ✤101, ✤101●, ◆101 (2)
Kontraktarbeiter ✤101, ◆101 (3), ✤151
Magyaren (vor 1000) ◆185 (3)
Palästina/Israel (1947–96) ◆234 (3)
Polynesier ✤60, ◆60 (2)
Steppenvölker Zentralasiens ✤261, ◆261 (6)
USA, Besiedlung des Westens ❑94
USA, überfüllte Schiffe ❑100
USA, ›Trail of Tears‹ der Indianer ✤129, ❑129
USA ✤134–5, ✤134●, ◆134 (3)
Völkerwanderung (300–500) ✤52–3●, ◆52–3 (1)
Mikrolithe Kleine Steinwerkzeuge, häufig Spitzen an Waffen und Schneiden an Werkzeugen. In Afrika seit vor rund 35 000 Jahren nachweisbar, in Europa kurz nach dem Höhepunkt der letzten Eiszeit, also vor etwa 16 000 Jahren. ✤16●
Mikronesien Region im Westpazifik, die aus kleinen Inselgruppen darunter die Marianen und die Marshall-Inseln, besteht. Die Bevölkerung ist mit den Polynesiern verwandt, hat aber einen stärkeren mongoliden Einschlag. ✤276, ◆280–1 (3)
Mikroskop *siehe* Optische Instrumente
Milne Bay ⚔ im ZWK (Aug 1942). Niederlage der japanischen Landungstruppen im Südosten Neuguineas. ✤104, ◆104 (2)
Milošević, Slobodan (1941–). Serbischer Politiker, ab 1984 Parteisekretär der KP von Belgrad, danach Erster Parteisekretär in Serbien und serbischer Präsident (1989–97). Seine serbisch-nationalistische Machtpolitik löste mehrere Bürgerkriege im ehemaligen Jugoslawien aus und führte zu internationalen Sanktionen gegen Rest-Jugoslawien. ✤215
Milvische Brücke ⚔ zwischen Konstantin und seinem Rivalen Maxentius nördlich von Rom (312). Konstantin führte seinen Sieg, der ihn zum Herrscher über das West-Reich machte, darauf zurück, dass er am Vorabend der Schlacht das Kreuz Christi gesehen habe. ✤181●
Minamoto Yoritomo (1147–99). Gründer des Kamakura-Shogunats in Japan, das den Taira-Clan stürzte. ✤63●, ❑265
Minas Gerais Gebiet in Brasilien mit reichen Goldvorkommen, die die portugiesische Wirtschaft im 18. Jh. ankurbelten. Die ersten Goldfunde wurden 1695 gemacht.
Goldfunde (1695) ✤149●
Ausschluss von Jesuiten (1711) ✤143●, ◆143 (2)
Kapitanatsgründung (1720) ◆149 (3)
Mines Act (1842) Vom brit. Parlament verabschiedetes Gesetz, das die Arbeit von Frauen und Kindern unter Tage verbot. ✤204●
Ming-Dynastie (1368–1644) Chinesische Dynastie.
Herrscher in China ✤266–7, ◆266 (1), ◆70–1, ◆78–9
Schale (16. Jh.) ❑162
Feldzug gegen die Mongolen ✤75●, ✤266
Wächterfiguren ❑71
und die Außenwelt ✤267, ◆267 (3)
Wiederbelebung chin. Werte ✤71
Aufstände ✤266, ◆266 (2)
Politik der Autarkie ✤75
Gestürzt durch Mandschu (1644) ✤83
Zhu Yuanzhang, Gründer der Dynastie ✤71, ✤266
Minoische Zivilisation Nach dem legendären König Minos benannte bronzezeitl. Kultur auf Kreta, die erste Hochkultur im Ägäisraum, ab 2000 v. Chr. Die bedeutendsten Palaststädte waren Knossos, Mallia, Phaistos. Der Reichtum der Minoer, die Handel mit Ägypten, Kleinasien und der Balkanhalbinsel betrieben, beruhte auf der Kontrolle der Seehandelsrouten (Thalassokratie genannt) bis ca. 1450 v. Chr. Ausgrabungen der Paläste bezeugten den hohen Stand von Kunst und Metallverarbeitung. Die minoische Schrift gliedert sich in das immer noch nicht entzifferte Linear A (ab ca. 1880 v. Chr.) und das von den frühen mykenischen Griechen daraus entwickelte Linear B.
Beginn der Palastkultur (2000 v. Chr.) ✤27●
Handelsbeziehungen ✤175●, ◆175 (4)
Stierkult ✤37
Stierspringer-Fresko ❑27
Schlangengöttin (ca.1500 v. Chr.) ❑175
Minos Legendärer erster König von Kreta, nach dem Mythos Sohn von Zeus und der phönikischen Prinzessin Europa. Nach ihm ist die die minoische Kultur Kretas benannt, die ca. 2000 v. Chr. beginnt. ✤37
Minsk ⚔ im ZWK (Juni–Aug. 1943). Einschließung deutscher Truppen durch sowjet. Armee. ◆211 (3), (4)
MIRV (Multiple Independently Targeted Warhead Re-entry Vehicle, ›Vielfacher, individuell lenkbarer Wiedereintrittsgefechtskopf‹) Von den USA Ende der 60er Jahre entwickelte Interkontinentalrakete, die vor Erreichen des Ziels mehrere kleinere Gefechtsköpfe ausstößt. Die nukleare Schlagkraft der USA wurde damit wesentlich verstärkt. ✤109
Mississippi-Kultur (ca. 800–1500). Die Hauptsiedlungsgebiete der M. lagen entlang dem Mississippi in den US-Bundesstaaten Mississippi, Alabama, Georgia, Arkansas, Missouri, Kentucky, Illinois, Indiana und Ohio. Vereinzelt ist sie auch in Wisconsin, Minnesota und den Great Plains nachgewiesen. Die Völker dieser Kultur lebten als Bauern in festen Dörfern. Charakteristisch sind die mounds (Tempel- und Bilderhügel), die bei den meisten Siedlungen gefunden wurden. ✤66●, ◆123 (5)
Städtebildung ✤58●, ✤62●
Ausdehnung ◆74–5
Erdhügel (Mounds) ✤66, ✤74
Mississippi River
Kulturen ◆123 (5)
Expeditionen (17. Jh.) ✤119●
Von Jolliet und Marquette erkundet (1673) ✤119●
Von La Salle erkundet (1682) ✤119●
Missouri-Kompromiss (1820). Löste den Streit um die Frage, ob bei der Aufnahme neuer Staaten in die USA dort Sklaverei erlaubt sein solle oder nicht. Der Kompromiss sah vor, dass in den Gebieten des Louisiana Purchase und nördlich von 36°30' nördl. Breite Sklavenhaltung nicht gestattet sei. ✤130, ◆130 (1)
Mitanni Indo-persisches Volk, dessen Königreich im N Mesopotamien um 1500-1360 v.Chr. seine Blütezeit erlebte. Seine größte Ausdehnung reichte vom W Zagros-Gebirge bis zum Mittelmeer. Die Hauptstadt Waššukanni lag vermutlich nahe dem Khabur.
Konflikte mit Ägyptern und Hethitern (1250 v.Chr.) ✤27●, ◆26–7, ◆221 (5)
Mitchell, Thomas (1792–1855) Schott. Forscher. Als Generalvermesser von New South Wales leitete er ab 1827 mehrere Expeditionen in das Innere Australiens. ◆279 (2)
Mithraismus *var.* Mithras-Kult. Verehrung von Mithras, einem älteren, aus dem indo-iranischen Raum stammenden Gott, der ursprünglich Schützer des Rechts und als ›Tausendäugiger‹ mit dem Tag verbunden war. Im Mittelmeerraum trat M. die Nachfolge des Sonnengottes Helios an; mit ihm verband sich ein Mysterienkult des Hellenismus und Röm. Reichs, in dem M. als Mittler zwischen Gut und Böse, seit dem 1. Jh. als wiederauferstehender, erlösender Gott v.a. von den Legionären verehrt wurde (v.a. als Stiertöter). Im 4. Jh. in der Verehrung von Sol Invictus und darüber in der Christus-Verehrung aufgegangen.
Verbreitung des Kults ◆37 (3)
Mithras-Darstellung ❑48
Verbreitung ✤48, ◆48 (1)
Mithradates II. (gest.88 v. Chr.). Einer der erfolgreichsten parthischen Könige. Stellte die Vormacht des Parth. Reiches im Osten wieder her, die sein Vater verspielt hatte, und schloss 92 v.Chr. den ersten parth.-röm. Vertrag. ◆42–3
Mittelamerika
Spanische Kolonisation ✤78, ◆81 (3), ✤82, ◆125 (4), ◆126 (1)
Vereinigte Provinzen 1823–38 ◆90–1
Revolten gegen Großgrundbesitzer ✤98
US-Interventionen ✤139, ◆139 (5)
Demokratisierung (1970er) ✤110
siehe auch Mesoamerika, einzelne Länder und Kulturen
Mittelmächte Name für die mitteleuropäischen Mächte Deutschland und Österreich-Ungarn mit ihren Verbündeten Türkei und Bulgarien im EWK. ✤206–07, ◆206–07
Mittleres Reich Epoche der Geschichte des alten Ägypten, ca.2050–1750 v. Chr., in der Ägypten Teile Palästinas beherrschte und im Süden die Grenze zu Nubien bis zum 2. Nilkatarakt hinausschob. ✤27●, ✤159●, ◆159 (4)
Mixteken *Span.* Mixtec. Präkolumbian. Indianer Zentralamerikas. Die M. lebten vorwiegend im Hochland von Oaxaca und hatten eine hohe Kultur entwickelt, die auch die Azteken stark beeinflusste. ◆124 (1)
Mobile *auch* ⚔ of Mobile Bay. ⚔ im Sezessionskrieg (5. Aug.1864); Sieg der Union. ◆131 (7)
Mobuto, Sese Seko Koko Ngbendu wa za Banga (Joseph-Désiré), (1930–97). Präsident von Zaire. Mobutu putschte sich 1965 zum Präsidenten und hielt sich trotz seines äußerst korrupten Regimes über 30 Jahre an der Macht. Er wurde während eines medizinischen Aufenthaltes in Europa 1997 gestürzt. ✤111
Porträt ❑107
Moçambique
Konflikte seit 1964 ◆169 (4)
Unabhängigkeit (1975) ✤107●, ✤111●, ✤168, ◆168 (1)
Moche-Kultur *var.* Mochica. Früheste bedeutende Kultur an der Nordküste Perus. Von 200 v. Chr.–550 war die Stadt Moche das Zentrum dieser Kultur. Sie ist vor allem für die Sonnen- und Mondpyramiden Huaca del Sol und Huaca de la Luna aus Ziegelsteinen und mit reichen Wandmalereien berühmt. Die Mochica besaßen ausgedehnte Bewässerungssysteme, befestigten ihre Kultzentren, stellten Metallgegenstände aus Legierungen und vergoldeten sie. ✤42●, ✤145, ◆145 (4), ◆146 (1)
Keramikfigur ❑46
Keramikgefäß ❑54, ❑145
Moctezuma I. Ilhuicamina Azteken-Kaiser (1440–68) ✤74●, ◆124 (1)
Moctezuma II. Xocoyotzin *auch* Montezuma, Moteuzoma (1466–1520), 9. Kaiser des Azteken-Reichs (1502–20). Bei der span. Eroberung Mexikos durch Hernán Cortés wurde er gefangen genommen und nach Spanien gebracht, wo er bald starb.
letzter Azteken-Kaiser (1502) ✤78●, ✤124, ◆124 (1)
Mogollon Indianer-Kultur im SW N Amerikas. ✤58, ✤58●, ◆123 (4)
Verteidigungs-Pueblos (1050) ✤123●
Mimbres-Keramik ❑123
Mogul-Dynastie *var.* Mughal-Dynastie (1526–1857). Der Sieg des afghanischen Muslim Babur bei Panipat 1525 markierte den Beginn des Mogul-Reichs, das Indien bis 1739 dominierte. Seinen Höhepunkt erreichte es unter Akbar, der den Herrschaftsbereich von Bengalen bis nach Sind und Gujarat, von Kashmir bis zum Fluss Godavari ausdehnte. Konflikte mit den Marathen, einer aufstrebenden hinduistischen Macht, beschleunigten seit den 1670ern den Untergang. 1739 fiel Nadir Schah von Persien in Indien ein und plünderte Delhi. Von da an waren die Moguln nur noch Marionettenherrscher. ✤79, ◆78–9, ✤246, ✤246●, ◆246 (1)
Persische Einfälle ✤87
Machtverlust (1707) ✤87●
Straßenkarte ❑238
Angriff auf Schafherde ❑267
Mohács ⚔ von (1526). Osmanen vernichten ungarisches Heer. ✤79●, ◆195 (2)
Mohammed *var.* Muhammad, *eigentl.* Abu al-Qassim Muhammad Ibn Abdallah (ca. 570–632). Stifter des Islam, der in Mekka (Saudi-Arabien) geboren wurde. Eine Erscheinung des Erzengels Gabriel 610 brachte M. Offenbarungen Gottes nahe. Diese Offenbarungen, unter dem Begriff Koran (bedeutet ›Lesen‹ oder ›Rezitieren‹) niedergeschrieben, erhoben diesen zum Heiligen Buch des Islam. M. und seine Anhänger flüchteten 622 nach Medina. Die Flucht (*Hedjra, Hegira*) markiert den Beginn des islamischen Kalenders. Als religiöser Führer eroberte er 630 Mekka, zerstörte heidnische Symbole und vereinigte große Teile Arabiens. Sein Erbe ging an seinen Schwiegervater Abu Bakr, den ersten Kalifen.
✤55, ✤56, ✤218, ✤226
Hedjra ◆226 (2)
Mohammed Ali *var.* Mehmet Ali (ca. 1769–1849), Vizekönig von Ägypten (1805–48). Unter M.s Regierung stieg Ägypten zur führenden Macht im östlichen Mittelmeerraum auf. Der albanische Offizier wurde 1801 mit einer osman. Armee nach Ägypten geschickt, um gegen Napoleon zu kämpfen. Nach erfolgreichen Feldzügen wandte er sich zuletzt gegen die Osmanen und schlug sie in Kleinasien (1839). Europ. Intervention verhinderte jedoch weitere Angriffe gegen den Sultan und dessen Sturz. ✤232
Vizekönig von Ägypten (1804) ✤90
Territorium 1840 ◆90–1
Mohenjo-Daro ✤23, ❑240, ◆240 (1)
Mohica *siehe* Moche-Kultur
Molukken *var.* Gewürzinseln ✤79, ✤80, ❑239, ❑247
Möngke *var.* Möngkä (gest.1259) Mongolen-Anführer und Enkel Dschingis Khans, 1251 zum Groß-Khan gewählt. Möngkes Herrschaft leitete den ›Mongolen-Frieden‹ ein, der einen starken Zuwachs des Handels und Reiseverkehrs quer durch Z Asien ermöglichte. ✤68
siehe auch Mongolen
Mongolen Nomadisch lebender Volksstamm in Z Asien. Die Eroberungsfeldzüge der M. ab dem 13. Jh. waren die historisch letzten Angriffe nomadischer Armeen auf die sesshaften Völker W Asiens und O Europas.
✤68–9, ◆68–9 (1), (2)
Hauptstadt Karakorum gegründet (1235) ✤68●
Feldzüge ◆68–9 (1), ✤69, ✤75●, ◆189 (4), ◆263 (7), ◆265 (5)
Bewaffneter Reiter ❑69
Übertritt zum Islam (1300) ✤67
Aufstände in China (1335) ✤71●
Eroberungen
13. Jh. ✤69●
Z Asien (1206) ✤256●
N China (1211) ✤67●
Khwarizm-Reich (1219) ✤67●
Kaifeng (1233) ✤67●
Baghdad (1258) ✤67, ✤67●, ✤69●, ✤229, ❑229
Russland ✤66●, ✤69, ✤75●, ✤189●
Song (1279) ✤69●
China (1449) ✤75●
Niederlagen
Ain Djalut (1260) ✤67●, ✤69●
Beutezüge in Annam u. Pagan ✤67
Invasion in Japan (1274, 1281) ✤67●, ✤69●
Java (1293) ✤67
Mamluken ✤67●, ✤69, ◆69 (1), ✤229, ✤229●, ◆229 (3)
Mongolen-Frieden ✤68, ❑68, ✤267
Yuan-Periode (ca.1300) ✤263, ◆263 (7)
Monmouth Court House ⚔ im amerikan. Unabhängigkeitskrieg (28. Juni 1778); kein eindeutiger Sieger. ◆127 (3)
Monotheismus ◆36 (1), ✤37
Monsun Tropische großräumige Luftströmung mit halbjährlichem Richtungswechsel, als M.-gebiete bekannt sind der Indische Ozean, der westliche Pazifik und die ostafrikanische Küste. Wegen der ausgiebigen Regenfälle, die der M. u.a. in Indien bedingt, bezeichnet M. dort auch die Regenzeit.
Montagnais Indianerstamm in N Amerika. ◆119, ◆126 (1)
Montanunion *siehe* Europäischen Gemeinschaft für Kohle und Stahl
Montcalm, Louis Joseph, Marquis de (1712–59). Befehlshaber der franz. Truppen während des Siebenjährigen Krieges in Kanada. Bei der Verteidigung von Quebec wurde er tödlich verwundet. ◆127 (2)
Monte Albán
Los Danzantes ❑34
Zapoteken ✤38●, ✤121, ◆121 (2)
Einflussreiche mexikan. Stadt ❑122, ◆122 (1)
Monte Cassino ⚔ im ZWK (Jan.–Mai 1943). Wichtigste Abwehrschlacht der Deutschen gegen den Vormarsch der Alliierten in Mittelitalien. ◆211 (4)
Monte Verde
Archäologische Stätte ✤14●, ✤16, ✤144●, ◆144 (1)
Stein-Werkzeuge ❑144
Montejo Span. N Amerika-Forscher (1527, 1545). ◆125 (4)
Montenegro ✤203, ✤203●, ◆203 (4), ◆232 (1), ✤232
siehe auch Balkan, Nationalismus
Montezuma II. *siehe* Moctezuma Xocoyotl
Montgomery, Alabama Busboykott gegen Diskriminierung (1955) ✤137●, ◆137 (6)
Montmirail ⚔ in den Befreiungskriegen (11. Feb.1814). Franz. Sieg über die Koalition. ◆200 (1)
Montoya, Pater Ruiz de 17. Jh. Jesuiten-Missionar in S Amerika ✤143●
Montreal
Karte der franz. Siedlung (1642) ❑126
Indianer-Kriege (1689) ✤126 (1)
Von Briten erobert (1760) ✤127●, ◆127 (2)
Morgan, Sir Henry (ca.1635–88) Walisischer Freibeuter, dessen Raubzüge sich vor allem gegen span. Schiffe und Niederlassungen in Westindien richteten. Eroberte 1671 Panama. Um die Spanier zu beschwichtigen, wurde er gefangen gesetzt und nach London gebracht, konnte sich aber später in Westindien als Plantagenbesitzer niederlassen. ❑85, ◆85 (2)
Morgarten ⚔ (1315). Österr. Streitkräfte von Schweizer Bauernarmee geschlagen. ◆193 (5)
Morsealphabet Code, bei dem die Buchstaben des Alphabets durch Kombinationen von langen (Strichen) und kurzen (Punkten) Signalen mit dem elektrischen Telegraphen übermittelt werden. Das M. wurde vom amerikanischen Maler und Erfinder Samuel Morse (1791–1872) entwickelt. ✤98
Mosaiken
Dareios III. in ⚔ bei Issos ❑40
Jerusalem-Karte ❑51
Makedonische Löwenjagd ❑179

Legende: ✤ Text ● Zeitleiste ❑ Bild ◆ Karte *var.* Variantname *nwb.* nachweisbar *ehem.* ehemals *passim* und folgende *reg.* regierte ⚔ Schlacht EWK Erster Weltkrieg ZWK Zweiter Weltkrieg

Nilschwemme (röm. Mosaik) ❑47
Orpheus-Bodenmosaik ❑181
Ravenna: Burg, Schiffe und Hafen (6. Jh.) ❑182
Türkis-Schlange der Azteken ❑124
Vandalischer Adeliger ❑52
Moshoeshoe *var.* Moshweshwe. Sotho-Herrscher (1824) ◆166 (2)
Moshweshwe *siehe* Moshoeshoe
Moskau, Fürstentum *var.* Muscovia. Von den Großfürsten von Moskau im 13 Jh. gegründeter Staat. Trotz Isolation konnte M. seine Macht durch die Annexion Novgorods und die Befreiung von den Mongolen (1480) ausbauen. 1556 annektierte M. das Khanat Astrakhan und kontrollierte die Wolga bis zur Mündung im Kaspischen Meer. 1571 wurde M. von Krim-Tataren erobert.
14. Jh. ◆70–1
Befreiung von Mongolenherrschaft (1480) ✤75●
Moskau
Napoleons Rückzug (1812) ✤90●
⚔ im ZWK (Dez. 1941). Die sowjetische Armee hält den deutschen Vormarsch auf. ◆210 (1), ◆211 (4)
Moskauer Handelsgesellschaft 1555 vom Seefahrer und Entdecker Sebastian Cabot und Kaufleuten aus London gegründet. Ziel der M. war es, den brit.-russ. Handel zu fördern, wofür sie das Monopol hatte.
Arktis-Expedition ✤286
Moslems *siehe* Muslime
Moteuzoma *siehe* Moctezuma
Mounds *Dtsch.* Erdhügel. Errichtet von nordamerikan. Kulturen zwischen 500 v.Chr. u. 1600 n.Chr.
Mound-Kulturen (ca. 400) ✤121, ◆121 (4)
Stätten am Mississippi ✤66, ✤74, ✤123, ◆123 (5)
Moundville Kulturelle Stätte am Mississippi ✤123, ◆123 (5)
MPLA (Movimento Popular de Libertação de Angola). Angolan. marxistisch orientierte Befreiungsbewegung; 1956 gegründet und im Bürgerkrieg (1975–91) von Cuba und der Sowjetunion unterstützt. ✤109, ◆109 (5)
MRV (Multiple Re-entry Vehicle, ›Mehrfach-Wiedereintrittsgefechtskopf‹) Von den USA Anfang der 60er Jahre entwickelte Interkontinentalrakete, die nach ihrem Wiedereintritt in die Erdatmosphäre mehrere Sprengköpfe über einem ausgewählten Bereich abwerfen konnten. Erhöhte die Kampfkraft der US-amerik. Atommacht erheblich. ✤109
Msiri 19. Jh. Kaufmann, der sich 1856 mit seinem Gefolge, den Nyamwezi, im südlichen Katanga (Zentralafrika) niederließ und eine eigene Herrschaft errichtete. Um 1870 beherrschte er die Region. ✤166
Mudjahedin Nationalistische islamische Verbände während des Bürgerkriegs in Afghanistan (ab 1973), die den Widerstand gegen die sowjetische Invasion (1979–89) anführten und dabei von Pakistan unterstützt wurden. Installierten 1983 eine Regierung, der sich ab 1995 die radikal-islamistischen Taliban-Milizen entgegenstellten. ◆235 (4)
Mugharet el-Kebara Grabstätte in Israel ❑15
Muhammad *siehe* Mohammed
Muhammad III. Sultan von Marokko (reg.1757–90), der Verwaltungsreformen einführte und den Handel mit Europa nach einem langen Embargo wiederaufnahm. ✤87●
Muhammad al-Ghur *var.* Ghiyas ad-Din (gest.1202, reg.1173–1202). Führer der afghanischen Armee, der 1191 die Rajputen-Könige im nördlichen Indien besiegte. Sein General Qutb ad-Din Aybak, errichtete 1206 als Sultan die erste Turko-Afghanische Dynastie in Delhi.
Besiegt Rajputen-Könige (1191) ✤63●
Ghuriden-Dynastie ◆244 (2)
Muhammad von Ghazni *siehe* Mahmud von Ghazna
Muisca *var.* Chibcha. Urbevölkerung des Hochlands von Bogotá. Vom Land der M. aus verbreitete sich unter den Spaniern die Legende von El Dorado. ◆74–5, ❑147
Mumbai *siehe* Bombay
Mumifizierung Die Konservierung menschlicher oder tierischer Körper durch Einbalsamierung und das Einschlagen in Tücher nach Entfernung der inneren Organe. Die Mumifizierung steht in Zusammenhang mit dem Glauben an ein Leben nach dem Tod. Die M. wurde u.a. im pharaonischen Ägypten und in Südamerika praktiziert.
Ägypten ❑31
Anubis ❑37
Chimú-Totenmaske ❑66
Paracas-Region ❑145
Rom, Mumiensarg ❑47
Südamerika, Ahnenkult ✤147
Münchener Abkommen Am 30. Sept. 1938 von Hitler, Chamberlain, Daladier und Mussolini unterzeichneter Vertrag, der dem Dt. Reich das Sudetenland zusprach. Die Kriegsgefahr wurde dadurch vorübergehend gebannt. Gilt als Abschluss der territorialen Revision des Versailler Vertrages. ✤209
Mungo, Lake Erste bekannte Totenverbrennung (vor 26 000 Jahren) ✤16●
Münzen
Abd al-Malik ❑226
Athenische Tetradrachme ❑33
Baktrischer König Demetrios ❑41
Berber (ca.118 v.Chr.) ❑161
Carthag. Kriegselefant ❑179
China (v.Chr.) ❑35, ❑259
Diocletian und Maximian ❑181
Evolution ✤33
Golddinar mit der Abbildung von Golddukaten ✤191●, ❑191
Grosso eingeführt (ca.1200) ✤190●
Lydien, erste Münzen (v. Chr.) ✤33, ✤35
Münze mit Jan Hus-Prägung ❑193
N Afrika (Fatimidisch) ❑162
Seleukos I. ❑224
Silberpfennig ❑188
Theben ❑33
Venezianisch ❑191
Wikinger (9. Jh.) ❑60
Murat I. (ca.1326–89) 3. Osman. Sultan, betrieb die Expansion auf den Balkan, annektierte Bulgarien und große Teile Serbiens. Er wurde in der Schlacht auf dem Amselfeld (Kosovo polje) getötet. ✤230, ◆230 (1)
Muret ⚔ im Albigenser-Kreuzzug (1213). Peter II. von Aragón von Kreuzrittern getötet. ◆186 (1)
Murfreesboro *auch* ⚔ am Stones River. ⚔ im Sezessionskrieg (31. Dez.1862–2. Jan.1863); Sieg der Union. ◆131 (6)
Muschelhaufen Ablagerungen von Abfällen von Frühmenschen, die hauptsächlich aus den Schalen essbarer Muscheln bestehen. Sie wurden meist über lange Zeiten aufgetürmt und bezeugen die Rolle von Meeresfrüchten auf dem prähistorischen Speiseplan. ◆16 (1), ◆145 (2)
Musketenkriege Blutige Konflikte zwischen Maori-Stämmen in den 1820ern. Die Einführung von Schusswaffen in Neuseeland durch Europäer hatte wesentlich zur Eskalation beigetragen. ✤283, ✤283●, ◆283 (4)
Muslim *var.* Moslem, *ehem.* Muselman. Anhänger der islamischen Glaubens. *Siehe* Islam.
Muslim-Liga (All India Muslim League) 1906 gegründet als Reaktion auf die Konflikte, die mit der Teilung der Provinz Bengalen 1905 entstanden. Ursprüngliches Ziel der Liga war die Schaffung separater Wahlbezirke für die muslim. Minderheit in Gebieten, die von Hindus dominiert waren. Seit den 1940ern setzte sich die Liga zunehmend für einen unabhängigen muslim. Staat ein. Ihr Einfluss trug bei zur Gründung Pakistans 1947. ✤250●
Mussolini, Benito Amilcare Andrea (1883–1945) Italienischer Diktator (1925–43). Aus der sozialistischen Partei, in der er zunächst Mitglied war, wurde er 1914 ausgeschlossen, weil er zum Eintritt Italiens in den EWK gegen Österreich aufgerufen hatte. Nach dem Krieg gründete M. die *Fasci di Combattimento* (›Kampfbund‹), die Arbeiterorganisationen angriffen. Nach dem ›Marsch auf Rom‹ 1922 beauftragte ihn König Viktor Emanuel III. mit der Regierungsbildung. Durch den Staatsstreich von 1925 wurde M. zum *Duce* (›Führer‹) mit diktatorischen Vollmachten und schaltete seine politischen Gegner aus. 1935 eroberte er Äthiopen mit der Absicht, ein italienisches Reich zu schaffen. 1936 bildete er mit Hitler die ›Achse‹ Rom–Berlin. 1940 trat Italien in den ZWK ein. Wegen der italienischen Niederlagen sprach der Faschistische Großrat M. 1943 das Misstrauen aus. Er wurde verhaftet, von deutschen Fallschirmjägern befreit und gründete im Sept. 1943 die *Republica Sociale Italiana,* die vollständig von Hitler abhängig war. 1945 wurde M. mit seiner Geliebten auf der Flucht von italien. Partisanen verhaftet und erschossen. ✤207, ✤209, ◆209 (3)
Mustafa Kemal *siehe* Atatürk
Mutapa-Reich *var.* Mwenemutapa. Königreich im südl. Afrika mit Blütezeit zwischen 15. und 18. Jh. ✤164
Einverleibung von Groß-Zimbabwe (ca.1450) ✤75●
al-Mutasim *var.* al-Mu'tasim (794–842). Abbasiden-Kalif (reg. 833–842) und Sohn von Harun ar-Rashid. Verlegte die Abbasiden-Hauptstadt von Baghdad nach Samarra und kämpfte erfolgreich gegen die Byzantiner in Kleinasien, indem er viele Militärsklaven türkischen Ursprungs (Mamluken) rekrutierte, die später großen Einfluss im Kalifat erlangten. ✤59●
Mutually Assured Destruction (MAD, ›Gegenseitige sichere Vernichtung‹). Von US-Außenminister John Foster Dulles (1953–59) geprägte Bezeichnung, mit der er das Patt zwischen den USA und der UdSSR hinsichtlich des Arsenals an Interkontinentalraketen umschrieb. ✤108●
Mwenemutapa *siehe* Mutapa-Reich
Mykale ⚔ (479 v.Chr.) Niederlage der pers. Flotte gegen Griechen vor der kleinasiat. Küste. ✤39●, ◆176 (1)
Mykenische Kultur Nach der bedeutenden Stadt Mykene benannte bronzezeitliche Kultur, die Griechenland und die Ägäis zwischen 1580–1120 v.Chr. beherrschte. Die Mykener scheinen um 1450 v.Chr. das minoische Knossos auf Kreta erobert zu haben und handelten mit Kleinasien, Zypern, Syrien und Ägypten. Auch der Trojanische Krieg, von dem Homer in der Ilias berichtet, dürfte um 1200 v.Chr. von Mykenern (Homer nennt sie Achaier) geführt worden sein. Die Archäologie bewies eine kriegerische Kultur mit Palastzentren (Mykene, Tiryns, Pylos) deren Kunst auf der minoischen beruhte, sie aber nicht erreichte. Ihr Untergang wurde mit den ›Seevölkern‹ der ägyptischen Quellen in Verbindung gebracht, doch geht man heute davon aus, dass sie aufgrund innerer Konflikte einer redistributiven Ökonomie zusammenbrach. Am sog. Seevölkersturm werden Mykener dann zumindest beteiligt gewesen sein. ✤175●, ◆175 (4)
Bronzene Dolchklinge ❑26
Zivilisation (1250 v.Chr.)
Vormacht auf griech. Festland (1550 v.Chr.) ✤27● ◆26–7
Mythologie ✤37
Krater ❑31
Ritualgefäß ❑37
Mysore erobert durch Briten (1799) ✤87●
Mythologie Frühe Religionen ✤36–7
Mzilikazi Ndebele-Herrscher (1826) ◆166 (2)

N

Naddod Wikinger, der im 9. Jh. nach Island gelangte (ca. 870). ◆172 (2)
Nadir Schah (1688–1747) Bandenführer türk. Herkunft, der 1736 den Thron der Safawiden bestieg und Schah von Persien wurde. Er unternahm zahlreiche Feldzüge gegen Nachbarstaaten. 1739 überfiel er Delhi, Hauptstadt der Moguln, massakrierte die Bevölkerung und stahl unermessliche Werte, u.a. den Koh-i-noor-Diamanten. Seine brutale Regierung führte dazu, dass er von eigenen Truppenangehörigen umgebracht wurde. ✤87, ✤246●, ❑246
NAFTA (North American Free Trade Agreement, ›Nordamerikanische Freihandelsabkommen‹). Vertrag zwischen den USA, Kanada und Mexiko zum Abbau von Handelsbarrieren für einen Zeitraum von zehn Jahren. Trat im Jan. 1994 in Kraft. ✤136
siehe auch Kanada, Vereinigte Staaten von Amerika
Nagasaki Atombombe gezündet (1945) ✤103●, ✤105●, ◆273 (3)
Naher Osten
Arabisch-Israelische Kriege ✤234●, ◆234 (2)
Eisenhower-Doktrin (1957) ✤138●
Beginn des Friedensprozesses (1977) ✤111●
Territoriale Konflikte ✤98
siehe auch einzelne Länder; W Asien
Nain Singh (19. Jh.) Indischer Landvermesser, der im Zusammenhang mit der Vermessung Indiens verkleidet Tibet bereiste. ✤257●
Nanda-Reich ✤241, ◆241 (4)
Nanjing
Zentrum der Östlichen Jin ✤51
Rebellion (1853) ✤95●
Vertrag von (1842) ✤91●
Nanjing, Vertrag von *siehe* Opiumkrieg
Nansen, Fridtjof (1861–1930). Norw. Wissenschaftler, Forscher und Politiker. Überquerte die grönländische Eiskappe 1888 zu Fuß. Erforschte 1893–96 die Arktis mit dem speziell für diesen Zweck entworfenen Schiff *Fram* und versuchte einen Vorstoß zum Nordpol. 1918 Hochkommissar des Völkerbundes, 1923 für seinen Kampf gegen die Hungersnot in der Sowjetunion mit dem Friedensnobelpreis ausgezeichnet. ◆286–7 (2)
Nantes, Edikt von (1598). Befehlsorder von Heinrich IV. von Frankreich, die den Hugenotten Religionsfreiheit und zahlreiche Sicherheitsplätze gewährte und die Religionskriege des 16.Jh. in Frankr. beendete. 1685 von Ludwig XIV. widerrufen, woraufhin tausende Nicht-Katholiken aus Frankreich flohen. ✤78●
Napoleon I., Bonaparte (1769–1821) Frz. General und Politiker, 1804–1815 Kaiser von Frankreich. Nach erfolgreichen Feldzügen in der Revolutionszeit stürzte er 1799 das Direktorium und übernahm als Erster Konsul die Macht, 1804 krönte er sich selbst zum Kaiser. Bei Leipzig (1813) von einer gesamteurop. Allianz besiegt, musste N. ins Exil auf Elba gehen, kehrte aber zurück und konnte als ›Kaiser der Hundert Tage‹ noch einmal die Macht übernehmen. Definitive Niederlage bei Waterloo (1815) und anschließende lebenslängliche Verbannung nach St. Helena. Seine legislativen und administrativen Neuerungen (›Code Napoléon‹) wurden ein Modell für moderne Zivilgesetze. ◆200–1 (1), (2)
Aufstieg und Fall ✤200
Feldzüge ✤200–1, ✤200●, ❑200, ◆200 (1)
Invasion in Ägypten (1798) ✤87●, ✤200, ❑201, ◆201 (1)
Staatsstreich ✤86●
Koalitionen gegen Napoleon ✤201, ◆201 (3)
Code Napoléon ❑200
Kaiser von Frankreich ❑201
Französisches Kaiserreich ◆90–1, ✤201, ◆201 (2)
Frieden von Tilsit ❑201
Rückzug aus Moskau (1812) ✤90●, ✤200
Abdankung (1814) ✤202●
Niederlage bei Waterloo (1815) ✤200, ✤202●
Folgen der Napoleonischen Kriege ✤90
Napoleon III. *var.* Charles Louis Napoléon Bonaparte (1808–1873). Neffe von Napoleon I. Durch Staatsstreich 1851 Präsident Frankreichs, Kaiser der Franzosen 1852–71. Beteiligung am Krimkrieg gegen Russland, Unterstützung der ital. Einigung gegen Österreich; ließ sich von Bismarck zum Deutsch-Französischen Krieg (1870–71) provozieren, der mit seiner Gefangennahme und Frankreichs Niederlage endete. Exil in Großbritannien. ✤202●, ❑203
siehe auch Krimkrieg, Deutsch-Französischer Krieg
Naqa Kuschiten-Tempel ❑35
Naqada Gründung (ca.3300) ✤24●
Nara-Zeit (710–784). Periode der japan. Geschichte, beginnt mit der Einrichtung der Hauptstadt in Heijo-kyo (westl. der heutigen Stadt Nara). ✤55●, ✤265, ◆265 (3)
Narbo *var.* Narbonne. Staat der Westen (414) ✤53●
Narmer *var.* Menes, Meni, Min. Legendärer erster König in Ägypten (um 2925 v.Chr.), der die in lockeren Verbänden zusammengeschlossen Stadtstaaten von Ober- und Unterägypten in einem Reich vereinte. Seine Hauptstadt begründete er in Memphis (bei Kairo). Nach der Königsliste von Manetho (3. Jh. v. Chr.) regierte N. 62 Jahre und wurde von einem Nilpferd getötet. ✤22, ✤23●, ✤159●
Narváez, Panfilo de (ca.1478–1528) Span. Conquistador. Nahm an den Eroberungen Cubas und Mexikos teil und versuchte 1526, Florida zu gewinnen. Während der 10-monatigen Reise kam ein Großteil der Mannschaft ums Leben, darunter Narváez selber, der an der Texas-Küste starb. Die Überlebenden setzten die Fahrt fort und vervollständigten die Kartierung der Nordküste des Golfs von Mexiko. ◆118 (1), ◆125 (4)
NASA (National Aeronautics and Space Administration) Weltraumprogramm (1969) ✤106●
Nasca *siehe* Nazca
Nashville ⚔ im Sezessionskrieg (15.–16. Dez.1864); Sieg der Union. ◆131 (7)
Natal ◆96 (2), ◆166 (2)
annektiert von Briten (1843) ✤91●, ✤166●
FNLA Politische Gruppierung in Angola. ◆109 (5)
National Recovery Administration (NRA). US-Regierungsbehörde, im Zusammenhang mit Roosevelts Politik des New Deal zur Bekämpfung der Wirtschaftskrise gegründet. Der National Industrial Recovery Act berechtigte die N., bundesweit geltende Gesetze zugunsten eines fairen Wettbewerbs zu erlassen. Weiterhin sollte sie die Arbeitslosigkeit bekämpfen, Minimallöhne und Höchstarbeitszeiten festsetzen. 1953 wurde die NRA vom Obersten Gerichtshof aufgelöst. Viele ihrer Vorschläge fanden jedoch Eingang in die spätere Gesetzgebung. ❑134
Nationalismus
Europa ✤202–3
Bewegungen ✤90, ✤94, ✤99
Serbien ✤215
Nationalsozialismus Politische Weltanschauung, die von Adolf Hitler in den 1920er Jahren entwickelt und durch die Nationalsozialistische Deutsche Arbeiterpartei (NSDAP) umgesetzt wurde, nachdem Hitler 1933 Reichskanzler geworden war. Basierend auf extremem Nationalismus, Antikommunismus und Rassismus (insb. Antisemitismus), führte die Politik der sozialen und wirtschaftlichen Mobilisation zu einem ökonomischen Aufschwung Deutschlands in den 1930er Jahren, aber auch zu einem Programm territorialer Aggression, das Europa in den ZWK zog. ✤209●, ◆209 (3)
Nationalsozialisten ✤102, ✤104
Konzentrationslager ✤211, ◆211 (3), ✤211●, ❑211
Holocaust ✤211●
Jalta-Konferenz der ›Großen Drei‹ (1945) ❑105
NATO (North Atlantic Treaty Organization, ›Nordatlantikpakt‹). 1949 von den westlichen Alliierten gegründete Militärallianz unter Führung der USA. Sie verfügt auch in Friedenszeiten über vollständige globale Organisationsmittel zur militärischen Verteidigung der Mitgliedstaaten.
Gründung 1949 ✤108, ✤109●, ✤213
Warschauer Pakt (1955) ✤106●, ✤108, ◆108 (3)
Verbündete im Kalten Krieg ✤109, ◆108–9 (1), ✤138
Mitgliedsstaaten (1983) ◆138 (1)
Beschränkung konventioneller Waffen (1990) ✤109●
Natufien Nach dem Wadi en-Natuf in Israel benannte spätsteinzeitl. Kultur von Syrien bis Ägypten ab 11 000 v.Chr. Der Natufien-Mensch verwendete Werzeuge aus Mikrolithen, darunter in Knochen geschäftete Sichelmesser zur Ernte von Wildgetreide, sowie auch schon Mahlsteine. ✤15●
Navigation
Arab. Seefahrer im Indik ✤61, ◆61 (3)
Winde ✤61, ✤75, ✤78, ✤218
Instrumente
Astrolabium ❑77, ❑218
Chines. Magnetkompass (13. Jh.) ❑67
Harrisons Schiffschronometer ❑86
Magnetkompass in China (ca. 250) ✤256●
Messung der Längengrade ✤86
Magellans Weltumseglung ❑80
Erkundung und Kartierung
Breitengrade (16. Jh.) ✤173●
Mittelalter ✤173
Portolan-Karten ✤70, ✤173, ❑173
Stabkarte ❑278
Nordostpassage ◆257 (2)
Polynesier ✤55, ✤60
Technologie
Globale (ca.1500) ◆76–7 (1)
Seefahrer ✤77
Satellitennavigation ❑106
Karavelle ✤78
Nazca *var.* Nasca. Frühe Kultur in S Peru, deren Blüte von ca. 200 v.Chr. bis 500 währte. Die Nazca sind für ihre Darstellungen von Menschen und Tieren aus Keramik bekannt, vor allem aber für die ›Nazca-Linien‹, riesige abstrakte Zeichnungen und Tiersilhouetten, die sie als Scharrbilder und durch Aufstellen von Steinen schufen. ✤38●, ❑42, ◆145 (4), ◆146 (1)
Scharrbilder (ca. 450) ✤50●, ✤145, ❑145
Reich ◆146 (1)
Keramikfigur ❑42
Nazis Kurzbezeichnung für Angehörige der NSDAP (National-Sozialistische Deutsche Arbeiterpartei). Im w. S. Bezeichnung für Rechtsradikale. *siehe* Nationalsozialismus
Ndebele Königtum im südl. Afrika (1826) ◆166 (2)
Ndongo Portugiesen besetzen Territorium (1663) ✤82
Neandertaler (vor ca. 120 000 bis vor 27 000 Jahren). Nebenzweig des *Homo sapiens,* aber kein direkter Vorfahre des Jetztzeitmenschen. Benannt nach dem Neandertal im Ruhrgebiet, wo eine Schädeldecke dieses Typs gefunden wurde. Die N. siedelten in Europa und in Westasien, besaßen ein sehr kräftiges Skelett; sie fertigten Werkzeuge und bestatteten ihre Toten in Gräbern. ✤12, ❑12, ◆13 (2), ✤15●
Nearchos (gest.312 v.Chr.) Heerführer (Stratege) von Alexander d.Gr. 325 v.Chr. führte er die Indus-Flotte entlang der Küste zurück zum Euphrat. ◆218 (1)
Nebukadnezar II. (ca. 630–562 v. Chr.). Berühmtester König Babyloniens und Gründer des neuen Babylonischen Reichs (reg. 605–562 v. Chr.). Unter seiner Herrschaft erreichte die babylon. Kultur ihren Höhepunkt. N. gab viele große Bauten in Auftrag, darunter die Hängenden Gärten, eins der 7 Weltwunder der Antike. Führte die Armee seines Vaters zum Sieg über Ägypter bei Karkemisch, zerstörte 587 v. Chr. Jerusalem und führte die Juden in die babylon. Gefangenschaft. ✤35●, ✤222●, ❑222
Needham, James (gest. 1673) 17. Jh. Nordamerikaforscher. Erkundete die Grenzregionen zusammen mit Henry Woodward und begleitete Gabriel Arthur auf der Suche nach einer Route zur ›Südsee‹. ◆119 (2)
Nehru, Jawaharlal (1889–1964) Erster Premierminister des unabhängigen Indien (reg.1947–64). Er gehörte seit 1920 der nationalistischen Unabhängigkeitsbewegung an und war Präsident des Indian National Congress (1920–30, 1936–7, 1946, 1951–4). ❑252
Nekhen Kulturverband und -stufe im vordynastischen Ägypten ◆159 (2)
Nelson, Horatio Viscount (1758–1805) Brit. Admiral. Vernichtete die franz. Flotte vor Abukir 1798 und die dän. Flotte bei Kopenhagen 1801. Sein Sieg über die franz.-span. Flotte bei Trafalgar war entscheidend für die Sicherung der brit. Seeherrschaft. Hatte im Kampf gegen die franz. Flotte 1794 ein Auge und 1797 einen Arm verloren; sein Triumph bei Trafalgar kostete ihn das Leben. ◆200 (1), ✤200●
Nemausus *var.* Nîmes. Pont du Gard ❑180
Neolithikum Jungsteinzeit, letzte Periode der Steinzeit; umfasst den menschheitsgeschichtl. Zeitraum, in dem Getreide und Tiere domestiziert, Tonwaren hergestellt und Werkzeuge aus Stein durch Hauen und Polieren erzeugt wurden.
Afrika ◆158 (1), ◆160 (1)
China ◆258 (2)
Nepal Kartierung ◆257 (3)
Nerchinsk, Vertrag von (1689). Friedensvertrag zwischen Russland und China, in dem sich Russland zum Rückzug aus dem Gebiet nördl. des Amur verpflichtete. Erster Vertrag zwischen China und einer europ. Macht. ✤83●, ✤269●
Nero (37–68) Röm. Kaiser. Letzter Kaiser der iulisch-claudischen Dynastie des Augustus (reg. 54–68). Palastintrigen, der Brand Roms und zahlreiche Morde (inkl. die Tötung seiner Mutter) machten Nero zum berüchtigtsten Kaiser. Er beging Selbstmord, als die Provinzverwalter die Kraft zu einem gemeinsamen Aufstand fanden. ✤48●
Nestorianismus Frühchristl. Lehre des Nestorius, der die Unabhängigkeit der göttlichen und der menschlichen Natur in Christus behauptete. Sie wurde auf den Konzilien zu Ephesus (431) und zu Chalcedon (451) verworfen. Heute bekennt sich noch die Syrisch-Orthodoxe Kirche zum N. ✤226, ✤226●, ✤49, ◆49 (4)
Neu-Amsterdam *siehe* Nieuw-Amsterdam
Neu-Assyrisches Reich *siehe* Assyrisches Reich
Neues Reich (ca.1550–1050 v.Chr.). Epoche der Geschichte des alten Ägypten, geprägt durch starke zentralistische Regierung, der Höhepunkt altägyptischer Macht. Reichszentren waren Theben, das Kultzentrum des Gottes Amun und seiner machtvollen Priesterschaft, später Pi-Ramesse zur Zeit der Ramessiden (20. Dynastie). Zwischenzeitlich, unter Herrschaft von Pharao Echenaton, lag das Reichszentrum in El-Amarna. ✤26, ◆26–7, ✤159●
Neufundland Von Wikingern erreicht (ca.1000) ✤60●
Neu-Granada *siehe* Nueva Granada
Neuguinea
Erste Besiedlung ✤280, ✤280●, ◆280 (1)
Frühe Kulturen ✤19●, ✤280, ❑280, ◆280 (2)
Niederl. Annexion (1825) ✤91●, ◆91
Imperialismus ✤284, ◆284 (1)
Japan. Besatzung (1942) ✤103●
Unabhängigkeit ◆285 (3)
Erkundung und Kartierung ✤279, ◆279 (2)
Neu-Holland Histor. Name für den von Holländern entdeckten Teil Australiens. ◆86–7, ◆278 (1)
Neu-Holland Holländische Kolonie in S Amerika
siehe Nieuw-Holland
Neu-Kaledonien Frz. Besitzung ✤284●, ◆284 (1), ◆285 (3)
Neuseeland
Früh-, Vorgeschichte
Besiedlung und Landwirtschaft ✤55●, ✤60, ✤281, ◆280–1 (3)
Kolonialismus
Europ. Besiedlung ◆279 (3), ✤283, ◆283 (4), (5)
Brit. Besitzung ✤91, ✤283, ◆283 (5), ✤284●, ◆284 (1)
Ökonomie ✤92●, ✤279●, ◆279 (3), ◆283 (4)
Schafzucht ❑283
Maori-Bootsschmuck ❑281
20. Jahrhundert
Unabhängigkeit ✤285, ◆285 (3)
Besitzungen
1925 ◆98–9
1975 ◆106–7

ZWK, mobilisierte Soldaten und Verluste ✤105
Erkundung und Kartierung ❑87, ✤278, ◆278 (1), ✤278●, ✤279 (3)
Neu-Spanien *siehe* Nueva España
New Deal *siehe* Roosevelt, Franklin
New England Siedlungsbeginn (1620) ✤126●, ◆126 (1)
New Haven Indianer-Kriege (1637) ◆126 (1)
New York
Englische Kolonie (1664) ✤82●
siehe auch Nieuw-Amsterdam
Newbery, John 16. Jh. Eng. Forscher und Kaufmann. Reiste 1581–83 nach Hormuz, um Handelskontakte zu knüpfen und war der erste Engländer, der Shiraz und Isfahan besuchte. Kehrte über Land durch Persien nach Konstantinopel zurück. ◆219 (3)
Newton, Sir Isaac (1642–1727). Eng. Mathematiker und Physiker. Seine Arbeiten über die Differenzial- und Integralrechnung, die Bewegungsgesetze der Mechanik und die Emissionstheorie des Lichts machten ihn zum berühmtesten Wissenschaftlers seiner Zeit. ❑83
Nez Percé-Krieg (1877) Krieg zwischen der Nez Percé-Indianern in den NW-Plains und der US-Armee. Ausgelöst durch das Vorhaben, das Nez Percé-Reservat drastisch zu verkleinern, nachdem man dort Gold gefunden hatte und europ. Siedler in das Gebiet drängten. Unter der Führung von Häuptling Joseph leisteten 250 Nez Percé den US-Truppen über fünf Monate Widerstand, bevor sie unterlagen. Danach mussten die Nez Percé nach Oklahoma umsiedeln. ◆128–9 (2)
Ngami-See 1849 von Livingstone erreicht. ✤157●
Nguni
Kriege mit Holländern (1779) ✤164●
Flucht vor Zulu (1820) ✤166●
Mfecane-Kriege ◆166 (2)
Nguyen Anh Kaiser von Vietnam (1774) ✤87●
Nguyen Puc Anh *siehe* Gai Long
Nian-Rebellion *var.* Nien (1853–68). Bauernaufstand in China Mitte des 19. Jh. ◆268 (2)
Nicaraguanischer Bürgerkrieg (1978–89). Schon seit 1962 hatte die linksgerichtete Sandinistische Nationale Befreiungsfront die Diktatur Somozas bekämpft. Als der Oppositionspolitiker Chamorro ermordet wurde, kam es 1978 zum Aufstand, der in einen elf Jahre währenden Bürgerkrieg überging. Die Sandinisten konnten 1979 Somoza vertreiben und die Regierung übernehmen, doch organisierte sich ab 1981 von Honduras aus mit amerik. Unterstützung eine rechtsgerichtete Opposition, die ›Contras‹, mit denen es immer wieder zu bewaffneten Auseinandersetzungen kam.
Bürgerkrieg (1979) ✤110●
US-Intervention ✤139, ◆139 (5)
Nichtangriffspakt 1939 zwischen Deutschland und der Sowjetunion geschlossener Vertrag zur Vorbereitung des deutschen Überfalls auf Polen. Die künftige Aufteilung Polens zwischen den Vertragspartnern wurde vereinbart. ✤209●
Niebuhr, Carsten (1733–1815). In Deutschland geborener Forscher, der 1761 an einer internationalen, von dem König von Dänemark finanzierten Expedition zur Erforschung der Arabischen Halbinsel teilnahm. Als einziger Überlebender verfaßte er systematische Berichte mit Landkarten und Illustrationen (1772 und 1774). ◆219 (4)
Niederlande
Innere Angelegenheiten
Holländ. Revolte (1568–1609) ✤195, ✤195●, ◆195 (5)
Bevölkerungswachstum (1650–1800) ❑198
Auswärtiges
Entdeckungsfahrten (1492–1597) ◆80–1 (1)
Besitzungen
1600 ◆78–9
1700 ◆164 (1)
Afrika
Angola erobert (1641) ✤83●
Briten übernehmen Kapkolonie (1795) ✤87●
Kolonie am Kap der Guten Hoffnung gegründet (1652) ✤83●
Siedlungen am Oranje gegründet (1720) ✤87●
S und O Afrika (ca.1700) ◆164 (1)
W und Zentralafrika (1625) ◆164 (2)
Asien
Indonesien gewinnt Unabhängigkeit (1949) ✤103●
Malacca erobert (1641) ✤83●
Rebellion gegen niederl. Herrschaft (1926–27) ✤103●
Südostasiatischer Handel ✤83●, ❑247
Brasilien, Kolonialisierung (1630–54) ✤82●, ✤149, ◆149 (4)
Guayana, Kolonie (ca.1640) ✤149, ◆149 (4)
N Amerika
Kolonisation und Besiedlung ✤126, ◆126 (1)
Handelsniederlassungen ✤82
Engländer erobern Neu-Amsterdam (1664) ✤82●
Pazifik ◆284 (1)
S Amerika, Erkundung ◆142–3 (1), (2)
ZWK *siehe* Weltkriege
Nielsen Heißwindverfahren (1824) ❑90
Nieuw-Amsterdam *Dtsch.* Neu-Amsterdam. Holländische Kolonie in N Amerika.
Gründung (1625) ◆126 (1)
Von Engländern erobert, Umbenennung in New York (1664) ✤82●
Nieuw-Holland *Dtsch.* Neu-Holland. Holländische Kolonie in S Amerika
Gründung (1630) ✤149●
Nieuwpoort ⚔ der Holländ. Revolte (1600). Holländ. Sieg gegen Spanier. ◆195 (5)
Niger-Becken ◆156 (1), (2)
Niger-Delta
Nok-Kultur (v.Chr.) ✤38, ❑38
Oyo werden stärkste Macht (1747) ✤87●
Nigeria
Unabhängigkeit (1961) ◆169 (1)
Abtrennung von Biafra und Konflikte seit 1966 ✤107●, ◆169 (4), ✤169●
Ökonomie (1999) ✤168, ◆168 (2)
Nimrud
Assyrer-Reich ✤31
Zerstörung durch Babylonier ✤35●
Phönikische Elfenbeinplakette ❑176
Ninive (v.Chr.) ❑31, ✤35●
Niño, Andres Span. Mittelamerika-Forscher des 16. Jh. ◆125 (4)
Nippur Stadtplan (v.Chr.) ✤28, ❑28, ◆28 (2)
Nirvana *siehe* Buddhismus
Nisa Hauptstadt der Parni ✤43
Nixon, Richard Milhous (1913–94) 37. Präsident der USA. (Republikaner, 1969–74). Seine politische Karriere begann als Mitglied des House Committee on Un-American Activities (›Ausschuss des Repräsentantenhauses für unamerikanische Aktivitäten‹) während der Ermittlung im Alger Hiss-Fall. Vizepräsident unter Dwight D. Eisenhower 1952–59, kandidierte 1960 für das Präsidentenamt, verlor aber gegen John F. Kennedy. 1968 zum Präsidenten gewählt und 1972 mit knapper Mehrheit wiedergewählt. In N. Amtszeit fielen der Einmarsch in Kambodscha 1970, das Ende des Vietnamkriegs, der Beginn der Abrüstungsgespräche mit der Sowjetunion und die Annäherung zwischen den USA und China. Wegen des Watergate-Skandals trat er 1974 zurück, um einer Amtsenthebung zuvorzukommen. Sein Nachfolger Gerald Ford befreite N. kurz darauf von jeder Strafverfolgung. ✤139●
Njassaland *siehe* Malawi
Njinga Königin von Ndongo in SW Afrika (reg.1624–63). Sie wehrte die Versuche der Portugiesen ab, ihren Machtbereich in Angola auszudehnen. ❑164
Nkrumah, Dr. Kwame (1909–72). Ghanaischer Nationalist und Anführer des Kampfes der Goldküste um Unabhängigkeit von Gr.-Br. Unter seiner Ministerpräsidentschaft wurde das Land 1957 als Ghana souverän. Ein Militärputsch stürzte ihn 1966 vom Amt des Staatspräsidenten. ✤168
Nobile, Umberto (1885–1978) Italien. Luftfahrtingenieur, der mit Amundsen und 14 anderen in dem Luftschiff *Norge* 1926 den N Pol überflog. In einer Katastrophe endete eine zweite Expedition, bei der 7 Menschen starben. ◆286–7 (2)
Nobunaga Oda *siehe* Oda Nobunaga
Noin Ula Grabstätten in Sibirien (v.Chr.) ✤39●
Nok-Kultur Eisenzeitliche Kultur im Benue-Plateau in Nigeria (Westafrika) zwischen 500 v.Chr. und dem 3. Jh. Die Nok produzierten die frühesten bekannten Eisenartefakte südl. der Sahara und typische, sehr fein modellierte Tonfigurinen. ❑38, ✤160, ◆160 (1)
Nordafrika 158–169
Berberstaaten ✤161, ◆161 (2)
Röm. Provinz ✤42, ✤161, ◆161 (2)
Röm. Amphitheater ❑161
Vandalen-Reich ✤52–3, ◆52–3 (1), (2)
Justinians Rückeroberung ✤54
Islamisierung ◆56 (1), ✤86, ✤111
Fatimiden-Herrschaft ✤58, ◆227 (6)
siehe auch Carthago, Ägypten und einzelne Regionen.
Nordamerika 116–139
Vor-, Frühgeschichte ✤14, ◆14–15, ✤18, ✤30, ✤34, ✤38, ✤120, ◆120
Kolonialismus ✤86, ✤125–9, ◆125 (4) ◆126 (1), ◆128–9 (2), ❑128, ✤129●, ✤136–7
siehe auch einzelne Kulturen und Länder
Nordenskjöld, Baron Nils Adolf Erik (1832–1901) Schwed. Forscher, der mehrere Expeditionen nach Spitzbergen unternahm. 1870 führte er eine Expedition an, die die Eiskappe bei Grönland erforschte. 1878–79 bezwang er mit seinem Schiff *Vega* die Nordostpassage. ◆286–7 (2)
Nordfeldzug (1926–28) Versuch der Guomindang (Kuomintang) unter Führung von Jiang Jieshi (Chiang Kai-shek), China zu vereinigen. ✤271●
Nord-Korea *siehe* Korea
Nördliche Chou *siehe* Nördliche Zhou
Nördliche Song *siehe* Song-Dynastie
Nördliche Wei *siehe* Toba-Wei
Nördliche Zhou *var.* Nördliche Chou. Herrscherdynastie in N China (557–581). ✤261●, ◆261 (5)
Nordostpassage Seeweg entlang der Nordküste Europas und Asiens zwischen Atlantik und Pazifik. 1878–79 von Nils Nordenskjöld bezwungen. ◆257 (2)
Suche nach Wegen nach Asien (1550–1820) ✤80●, ✤257●, ✤286, ◆286 (1), ◆286–7 (2)
Nord-Vietnam *siehe* Vietnam
Noriega, Manuel Antonio Morena (1940–) Panamaischer Politiker und Offizier. Befehlshaber der Nationalgarde und de facto-Herrscher Panamas (1982–89), genoss bis 1987 die Unterstützung der USA. 1988 wurde er in den USA des Drogenhandels angeklagt, 1989 nach einer Militäraktion von US-Truppen in Panama verhaftet und in die USA gebracht. ❑139
Normannen Bezeichnung für die Wikinger aus Dänemark, die unter ihrem Anführer Rollo seit dem frühen 10. Jh. im nördlichen Frankreich siedelten. Ursprünglich bedeutete der Ausdruck ›Nordmänner‹ (Norsen). Die wikingischen Siedler in der Normandie übernahmen die französische Sprache und erkannten die Lehnsoberhoheit des französischen Königs an. Ihre kämpferische Natur zeigte sich aber noch in der Eroberung Englands im 11. Jh. (durch die Enkel von Rollo) und Süditaliens zu Beginn des 12.Jh.
Eroberung Englands (1066) ✤62●, ✤186, ✤186●, ❑186, ◆186 (2)
Eroberung Siziliens (1091) ✤62●
Normandie, Landung *var.* D-Day, Operation Overlord. ⚔ im ZWK (Juni–Juli 1944). Die größte amphibische Landung der Weltgeschichte, die die alliierte Invasion des von Nazi-Deutschland besetzten Europas einleitete. ✤105, ✤105●, ◆105 (3), ◆211 (4)
Normandie
Herzogtum der Wikinger (911) ✤185●, ◆185 (3)
Norsen Wikinger aus Norwegen ◆52–3 (1), ◆54–5
siehe auch Wikinger
Norwegen
800–1000 ◆185 (3)
Thronbesteigung durch Knut d. Großen (1016) ✤62●
Auswärtiges
Besitzungen
1925 ◆98–9
1950 ◆102–3
1975 ◆106–7
Norweger-Siedlungen in Schottland (ca. 900) ✤60●
Kalmarer Union (1397) ✤70●
ZWK, mobilisierte Soldaten und Verluste ✤105
Novgorod
Vom Warägerfürsten Rurik gegründet (862) ✤60●, ✤185
Unabhängigkeit (1136) ✤62●
NRA *siehe* National Recovery Administration
Nubien Das Gebiet südlich von Oberägypten, vom 1. Nilkatarakt bis zum Sudan. Im 2. Jt. v.Chr. standen die Nubier unter ägypt. Herrschaft, und wurden in die Provinzen Wawat und Kusch geteilt. Nach dem Niedergang des Neuen Reichs gewann das nubische Reich Kusch (nach dem biblischen Wort für Kusch auch Äthiopien genannt) Einfluss in ganz Ägypten: Die 25., ›äthiopische‹ Dynastie herrschte 751–668 v.Chr., bis zum Einfall der Assyrer.
Reich Kusch ✤30, ✤31●, ◆38–9
In vordynastischer Zeit ◆159 (3)
Koptisches Christentum ❑58
Im Neuen Reich ✤26
Nubt Kulturverband und -stufe des vordynastischen Ägypten ◆159 (2)
Nueva España *Dtsch.* Neu-Spanien. Span. Vizekönigreich. 1535 gegründet zur Verwaltung der Besitzungen nördlich des Isthmus von Panama und der Region Baja California. ◆126 (1), ◆148 (2)
siehe auch Mexiko, Mittelamerika
Nueva Granada
Vizekönigreich gegründet (1739) ✤148●
Unabhängigkeit ✤90●
Nukleares Zeitalter *var.* Atomzeitalter. Allgemeine Bezeichnung für die Zeit nach Ende des ZWK, seitdem die Kernspaltung für friedliche Zwecke und für Massenvernichtungswaffen genutzt wird.
Bombardierung Japans ✤104, ✤273, ◆273 (3)
Atomwaffentests im Pazifik ❑285, ◆285 (2), ✤285●
Numidien *Lat.* Numidia. Region in N Afrika im Süden des heutigen Tunesien.
Berberstaat ◆161 (2)
Christentum (ca.150) ✤47●
Röm. Provinz ◆46, ✤161●
Unter Masinissa (ca. 201 v.Chr.) ◆42–3, ✤161●
Nur ad-Din (gest.1174). Türkischer Anführer des muslim. Widerstandes gegen die Kreuzritterstaaten. Operierte von seinen Gebieten in Syrien aus und schickte seinen General Saladin nach Ägypten, wo er die Herrschaft des Fatimiden-Kalifats beendete (1169). ✤65●
Nyasa-See 1859 von Livingstone erreicht. ✤157●
Nyasaland *siehe* Malawi
Nyerere, Julius (1922–) 1. Ministerpräsident (1961) und erster Staatspräsident (1964) des unabhängigen Staates Tanzania. N. war eine treibende Kraft innerhalb der OAU (Organisation der Afrikanischen Einheit). ❑168

O

OAU (Organization of African Unity).
Gründung (1963) ✤169●
O'Higgins, Bernardo (1776–1842) Chilenischer Unabhängigkeitskämpfer und erster Präsident Chiles, wg. seines autoritären Führungsstils jedoch bald unbeliebt und 1823 des Amtes enthoben. O. starb im Exil in Peru. ◆150 (1)
Oaxaca Region im S Mexikos, die die frühesten Kulturen Mittelamerikas beheimatete, darunter auch die Olmeken. ◆36 (1), ✤121
Ocampo, Sebastián de Span. Conquistador des frühen 16. Jh., der eine Expedition von Hispaniola nach Cuba leitete. ◆125 (4)
Occaneechee-Pfad Erkundung N Amerikas (1673) ✤119●
Octavian *siehe* Augustus Caesar
Oda Nobunaga (1534–82) Provinzgouverneur, der die Vereinigung Japans initiierte (reg.1568–82). ✤267, ◆267 (4)
Odoaker 5. Jh. Germanischer Heerführer, der 476 den letzten röm. Kaiser, Romulus ›Augustulus‹, absetzte und König von Italien mit der Hauptstadt Ravenna wurde. Er wurde vom Ostgotenkönig Theoderich besiegt und 493 bei einem Gelage zum Zweck des Friedensschlusses erschlagen.
Herrschaft in Italien (476) ✤182●
Von Ostgoten besiegt (493) ✤53●
Offa (reg. 757–96). König von Mercia, das unter seiner Regierung zum mächtigsten angelsächs. Königreich in Britannien aufstieg. ✤183●
Offas Wall 785 von Offa von Mercia gebauter Wall zur Kennzeichnung der Grenze zwischen Engländern und Walisern. ◆183 (3)
Ogilbys Straßenkarte ❑173
Ögödei *var.* Ögädäi (gest.1241). Groß-Khan der Mongolen, Sohn von Dschingis Khan. Führte erfolgreiche Feldzüge gegen den Khwarizm-Schah und die Jin im nördlichen China.
Wahl zum Groß-Khan (1229) ✤69●
Feldzüge (1229–41) ◆68–9 (1)
Ohio
Migration (1917–20) ✤134
Proteste an Kent State University (1970) ✤137●, ◆137 (6)
Ohio River
Adena-Kultur (1000 v.Chr.) ✤30
Erste genaue Vermessung (1729) ✤119●
Oiraten Überfälle nomadischer Oiraten auf China ✤75
Okinawa ⚔ im ZWK (März–Juni 1945). Großes Landungsunternehmen der USA, die die Insel neben Iwo Jima als Basis für die strategische Bombardierung Japans eroberten. ◆273 (2)
Ökonomie
Erste Münzen ✤35
18. Jh. Europa ✤198–9, ◆198 (1)
19. Jh. Aufstieg der USA ✤94
Erfindungen und ökonomische Revolution (1835–95) ✤92●
Mittelalterliches Europa ✤191, ❑191
Plantagenwirtschaft ✤82, ❑84, ❑90, ❑149
Afrika (1350) ◆163 (2)
S Amerika ✤152, ✤153, ◆153 (3)–(5)
Tigerstaaten nach 1960 ✤275 (4)
Weltmarkt✤90, ✤112
siehe auch Industrielle Revolution, Handel
Oktober-Revolution Schlussphase der Russischen Revolution; führte zur Machtergreifung der Bolschewiki ✤208●, ◆208 (2) *siehe auch* Lenin, Russische Revolution
Olduvai-Schlucht Prähistorische Fundstätte ◆14–15
Olid, Cristóbal de Span. Conquistador des frühen 16. Jh., der eine Expedition von Mexiko nach Honduras leitete. ◆125 (4)
Oligarchie In den Stadtstaaten der antiken Griechen sprach man von Oligarchie, wenn die Herrschaft von einer Minorität (der männlichen Vollbürger) ausgeübt wurde, die durch Reichtum oder Zugehörigkeit zu einer politischen Clique zur Macht gelangt waren (für Aristoteles eine Entartung der Aristokratie). Gegensatz die Demokratie, wo alle Vollbürger an der Willensbildung beteiligt waren. ✤176
Olmeken-Kultur Hoch entwickelte mesoamerikanische Kultur am Golf von Mexiko, die zwischen 1200 und 400 v.Chr. ihre Blüte erlebte. Die Olmeken hatten großen Einfluss auf die späteren Zivilisationen der Region (Tolteken, Maya etc.). Sie bauten als Erste groß angelegte Zeremonialzentren mit monumentalen Skulpturen und Tempeln und entwickelten den mesoamerikan. 260-Tage-Kalender.
Entstehen (1150 v.Chr.) ✤30●, ❑30
Kernland ✤121●, ◆121 (2), (3)
Religion ◆36 (1)
Kultobjekte aus Jade ✤34●, ❑121
l'Olonnois, François Franz. Freibeuter in der Karibik (17. Jh.) ◆85 (2)
Olustee ⚔ im Sezessionskrieg (20. Feb.1864); Sieg der Union. ◆131 (7)
Olymp Hl. Berg der Griechen ◆37 (1)
Olympiaden Nach den alle vier Jahre stattfindenden pan-hellenischen Spielen in Olympia auf dem Peloponnes datierte die antike Welt ihre Zeitrechnung. Selbst nach Paralleldatierung durch Römer (*ab urbe conditio*) und Seleukiden (Einnahme Babylons durch Seleukos) blieb diese Datierung bestehen. Unregelmäßigkeiten in der Durchführung (anfängl. mußten Kriege ruhen, später fielen einige O. aus) führten im 5. Jh. n.Chr. bei der Umstellung auf die Zeitrechnung Anno Domini (›im Jahre des Herrn‹) zur Fehldatierung der Geburt Jesu Christi um 4 Jahre.
Gründung (776 v.Chr.) ✤31●
Olympische Spiele wiedereingeführt (1896) ✤94●
Omagua Volk in S Amerika. ✤147, ◆147 (2)
Omaijaden *siehe* Ummayaden-Kalifat
Oman
Eroberung von Mombasa (1698) ✤83●
Vertreibung von Portugiesen aus O Afrika (1729) ✤164●
Oñate, Cristóbal de Span. Conquistador des 16. Jh. ✤125, ◆125 (4)
Oñate, Juan de (ca.1550–1630) Span. Erkunder. Leitete 1598 eine Expedition nach Neu-Mexiko und gründete Siedlungen nördlich des Rio Grande. Erreichte 1605 die Mündung des Colorado. 1605–08 Gouverneur von Neu-Mexiko. ◆125 (4)
Onin-Kämpfe (1467–77). Kämpfe zwischen japan. Bushi. ✤267●, ◆267 (4)
OPEC (Organization of Petroleum Exporting Countries, ›Organisation Erdöl exportierender Länder‹). Zwischenstaatliche Organisation zur Regulierung der Erdölpreise. Sie wurde 1960 gegründet und besteht aus 13 Erdöl produzierenden Staaten, darunter Saudi-Arabien, Iran, Irak, Kuwait, Venezuela, Libyen und Algerien.
Gründung ✤107●, ✤234●
Erhöhung des Ölpreises ✤234●
Beschränkung der Ölversorgung (1973) ✤107●
Opium-Krieg Militärische Konfrontationen (1840–42 und 1858–60), die sich aus den Versuchen Chinas ergaben, den profitablen Opiumhandel der Briten in S und O China zu unterbinden. Brit. Seestreitkräfte griffen chin. Häfen an oder blockierten sie (Guangzhou, Xiamen, Fuzhou, Ningbo, Tianjin, Shanghai) und erzwangen schließlich die ersten von zahlreichen territorialen Abtretungen (Vertragshäfen) durch den Friedensvertrag von Nanjing (1842). ✤91●, ✤269●, ◆269 (4)
Oppidum *siehe* Fluchtburgen
Optische Instrumente Newtonsches Spiegelteleskop ❑83
Orakel Knochen mit Schriftzeichen ✤27●, ❑32
Oranje *mod.* Orange River. Erreicht durch niederl. Siedler (1720) ✤87●
Oranje-Freistaat Gründung (1854) ✤166●
Orbigny, Alcide Dessalines d' (1802–57). Franz. Paläonthologe, der 8 Jahre durch S Amerika reiste (1826–34). Er veröffentlichte ein 10-bändiges Werk über seine Reisen, das die erste genaue Karte des gesamten Kontinents enthielt. Seine Studien über Fossilien gaben der Mikropaläontologie starken Auftrieb. ✤143
Orellana, Francisco de (ca. 1511–46) Span. Conquistador. Orellana nahm an einer Expedition zur Ostseite der Anden teil, die Gonzalo Pizarro, Bruder von Francisco Pizarro, anführte. Mit einigen anderen von der Hauptgruppe getrennt, fuhr er als erster Europäer den Amazonas bis zur Mündung hinab. ✤142●, ◆142 (1)
Orinoco Raleighs Expeditionen ✤149
Oriskany ⚔ im amerikan. Unabhängigkeitskrieg (6. Aug.1777); amerikan. Sieg. ◆127 (3)
Orléans Belagerung (1429). Wendepunkt des Hundertjährigen Kriegs. Die von Engländern belagerte Stadt wurde von den Franzosen unter Führung Jeanne d'Arcs entsetzt. ✤75●, ✤192, ✤192●
Oromo Volk in Ostafrika, von dem zahlreiche Angehörige im 16. und 17. Jh. aus dem Süden nach Äthiopien einwanderten. ✤165, ◆165 (3)
Orozco, Francisco Span N Amerika-Forscher des 16. Jh. ◆125 (4)
Orozco, Pascual Mexikanischer Revolutionsführer ✤133
Ortelius, Abraham (1527–98) Holl. Kartenzeichner. Veröffentlichte 1670 den ersten ›modernen‹ Atlas, das *Theatrum orbis terrarum*. ✤79, ✤173●
Osaka Aufstieg von Yamato (ca. 300) ✤51●
Osei Tutu (gest. 1712). Gründer und erster Herrscher des Königreichs Asante. ✤164●
Osman I. *var.* Uthman (ca.1258–1324) Gründer der osman. Dynastie, beherrschte ein kleines Emirat im nordwestlichen Anatolien nahe bei Konstantinopel. Bei seinem Tod kontrollierten die Osmanen fast ganz Bithynien und hatten Brussa zu ihrer Hauptstadt gemacht. ✤67●, ❑230
Osmanisches Reich Islamisches Reich, im 13. Jh. von Osman I. in Anatolien von türkischen Glaubenskämpfern begründet. Es griff zuerst nach Europa aus und erreichte seine Blüte im 16. Jh., als es sich im Süden vom Persischen Golf bis Marokko, im Norden von der Krim bis nach Wien erstreckte. Im 18. Jh. begann der Niedergang des Reichs, das am Ende des EWK zusammenbrach. 230–233
1200–1400 ◆189 (4)
1300–1500 ◆230 (1)
1400 ◆70–1, ◆229 (4)
1500 ◆74–5, ◆193 (4)
1512–1639 ✤231, ◆231 (3)
1600 ◆78–9
1700 ◆82–3
1800 ◆86–7
1800–1913 ✤232, ✤232●, ◆167 (4), ◆232 (1)
1850 ◆90–1
1900 ◆94–5, ◆166–7 (1)
Gründung (1299) ✤67●, ✤230
Brussa als Hauptstadt (1326) ✤71●
Expansion
Aufstieg des Reichs ✤230, ✤230●, ◆230 (1)
Eroberung von Anatolien ✤71
Eroberungen in Südost-Europa (1354) ✤71●
Janitscharen-Korps (ca.1380) ✤71●, ❑230
Eroberung von Trapezunt (1461) ✤75●
Expansion zur Großmacht (1453–1571) ✤194, ✤194●
Eroberung des mamlukischen Ägypten (1517) ✤79●
Blütezeit (1512–1639) ✤231, ✤231●, ◆231 (3)
Expansion in Indischen Ozean (15.–16. Jh.) ✤230, ◆230 (2)
Grenzen (16. Jh.) ◆195 (4)
Konsolidierung in europ. Politik (17. Jh.) ✤196, ✤196●, ◆196 (2)
Niederlagen
Durch Timur (1402) ◆229 (4)
⚔ Lepanto (1571) ✤79, ✤231●
Safawiden (1501–1736) ✤231, ◆231 (4)
Belagerung von Wien (1683) ✤82●, ✤195
Konflikt mit Habsburg (1663–1739) ✤197, ◆197 (4)
Jungtürkische Revolution (1908) ✤99●
Verlust europ. Gebiete (1912–13) ✤99●, ✤203, ◆203 (4)
EWK ✤99●
Ende des Osman. Reichs (1918) ✤86●, ✤98, ✤99●, ✤232–33, ❑232, ◆232 (1), ◆233 (3)
Aufteilung (1918–23) ✤233
siehe auch Balkan; Türkei
Ostafrika
Arab. Küstenhandel (ca. 900) ✤61
Ethnische Kriege ✤111
Portugiesische Karte (1558) ❑156
Portugiesische Besitzungen ✤78, ◆164 (1)
Ostasien Geografischer Oberbegriff für die Gebiete Chinas, der Mongolei, der Mandschurei, Koreas und Japans.
Vor-, Frühgeschichte ✤15●, ✤19, ✤31●, ✤35, ✤39
Vor 18 000 Jahren ✤254–5, ◆254–5

Legende: ✤ Text ❑ Bild *var.* Variantname *ehem.* ehemals *reg.* regierte EWK Erster Weltkrieg
● Zeitleiste ◆ Karte *nwb.* nachweisbar *passim* und folgende ⚔ Schlacht ZWK Zweiter Weltkrieg

Neolithische Revolution (v. Chr.) ◆258 (1)
Erste Zivilisationen ✤258–9
Aufstände (8. Jh.) ✤59
Erste Staaten in Japan und Korea ✤264–5
Russische Expansion ✤269, ◆269 (3)
Bauernunruhen (1850) ✤95
Ausländischer Imperialismus ✤269, ◆269 (4)
Modernisierung ✤270–1
Kommunismus ✤274–5
Wirtschaftswachstum ✤275●
siehe auch einzelne Länder, einzelne Dynastien
Ostblock Wirtschaftliche und militärische Allianz kommunistischer Staaten nach dem ZWK, angeführt von der UdSSR und China. Die sowjetische Hegemonie wurde durch den RGW (1949) und den Warschauer Pakt (1955) institutionalisiert, 1960 wurde der O. jedoch durch den russisch-chinesischen Konflikt geschwächt. ✤213, ✤213●, ✤214
Osterinsel *var.* Rapa Nui
Polynesische Besiedlung ✤55●, ✤60, ✤281, ◆281 (4)
Ahnenstatuen ✤60●, ❑281
Chilenische Kolonie ◆284 (1), ✤284●
Österreich 188–9, 193–203, 207–214
Habsburger-Besitzungen
1200–1400 ◆189 (4)
1400 ◆70–1
1500 ◆74–5, ◆193 (4)
1600 ◆78–9
1700 ◆82–3
1795 ✤199, ◆199 (3)
Habsburger Territorien 1800 ◆86–7
Westfälischer Friede ◆196 (1)
Konsolidierung und Revolutionen (17. Jh.) ✤196, ✤196●, ◆196 (2)
Koalition gegen Frankreich (1792–1815) ◆201 (3)
Napoleonische Kriege (1805) ✤90●
Europ. Macht ✤197
Kaiserreich, 1850 ◆90–1
Deutsche Einigung ✤203, ◆203 (2)
Besatzungszeit ✤212, ◆212 (1)
siehe auch Habsburger
Österreich-Ungarn
Doppelmonarchie (1867) ✤94●
EWK *siehe* Weltkriege
Rivalität mit Deutschland ✤98
Österreichischer Erbfolgekrieg (1740–48) Im Konflikt um die Erbfolge Maria Theresias besetzte Friedrich II. (der Gr.) von Preußen mit seinen Truppen das österreichische Schlesien. Frankreich verbündete sich mit Preußen, während Österreich mit Großbritannien eine Allianz bildeten. In Italien stand Österreich einer bourbonischen Allianz aus Frankreich und Spanien gegenüber. Der Krieg dehnte sich auf Schlesien, Österreich, die Österreichischen Niederlande, Süddeutschland, Italien, Indien und Nordamerika aus. Im Aachener Friede 1748 wurde die Annexion Schlesiens durch Preußen anerkannt. ✤199●
Ostfront Östlicher Kriegsschauplatz im EWK mit Deutschland, Österreich-Ungarn, Polen, Rumänien und Russland als Kriegsparteien. ✤207, ✤207●, ❑207, ◆207 (4)
Ostgoten *var.* Ostrogothi. Im 1. Jh. von der Ostsee ans Schwarze Meer gezogen, wurden die Ostgoten 453, nach dem Tod von Attila und dem Zerfall der Hunnen-Macht, eine Bedrohung für das Röm. Reich. Unter Theoderich d.Gr. eroberten sie Italien 493 und gründeten ein Königreich, das bis 553 bestand. ✤182, ◆182 (1) *siehe auch* Goten
Ostindien Geografischer Oberbegriff für das maritime SO Asien
Arab. Handel ✤61, ◆61 (3)
Kolonialismus ◆247 (4)
Imperialismus ✤97●, ◆97 (3)
Dekolonisation ◆250–1 (3)
Staaten- und Reichsbildung ✤245●, ◆245 (5), (6)
Niederl. Abtretung an Japan (1942) ✤104●
Islam ✤61, ◆243 (6)
Ostindienkompanie *siehe* East India Company, Vereinigte Ostindische Kompanie
Östliche Han *siehe* Han-Dynastie.
Östliche Jin *siehe* Jin-Dynastie
Östliche Zhou *siehe* Zhou-Dynastie
Ost-Pakistan *siehe* Bangladesh.
Ost-Timor
Unabhängigkeit (1975) ✤251, ◆251 (4)
Besetzung durch Indonesien (1975) ✤111●
Zerstörte Reisfelder ❑253
Ostturkestan *siehe* Xinjiang
Otto I. *auch* Otto der Große (912–73). 936 zum Deutschen König gewählt, 962 zum Röm. Kaiser gekrönt. Sein Sieg über die Magyaren (Ungarn) auf dem Lechfeld 955 beendete ihre Einfälle nach Westeuropa. Er machte Deutschland zum mächtigsten Reich im westlichen Europa.
Kaiser des Hl. Röm. Reich ✤58, ✤185, ✤185●
Sieg über Magyaren (955) ✤58, ✤58●, ✤185
Otto II. (955–83) Kaiser des Hl. Röm. Reichs. Regierte ab 967 zusammen mit seinem Vater Otto I.
Italien-Feldzüge ✤185●
Porträt ❑185
Ottokar II. *var.* Přemysl Ottokar II. (1230–78). König von Böhmen, der den böhm. Herrschaftsbereich fast bis zur Adria ausdehnte. Von Kaiser Rudolf von Habsburg in der Schlacht auf dem Marchfeld besiegt und getötet. ✤189, ✤189●, ◆189 (4)
Ottonische Dynastie Sächsische Dynastie im 10. und 11. Jh.; benannt nach Otto I., Kaiser des. Hl. Röm. Reichs. ✤185, ✤185●
Oudney, Walter (gest.1824) Brit. Marineoffizier. Begleitete 1822 Denham und Clapperton durch die Sahara zum Tschad-See, erlag jedoch kurz darauf den Strapazen. ✤157 (4)
Oyo Staat in Westafrika, der das Gebiet zwischen Volta und Niger im 18. Jh. beherrschte.
Stärkste Macht im Niger-Delta (1747) ✤87●
Sklavenhandel ✤82
Staat gegründet (ca.1500) ✤79●
Ozeanien *siehe* Pazifische Inseln

P

Pachacutec Inca *var.* Pachacuti. Herrscher (1438–71), unter dem das Inka-Reich von seinem Kernland bei Cuzco aus zur dominierenden Macht in den Anden aufstieg und nördlich bis nach Quito expandierte. ✤74●, ✤147●, ◆147 (3)
Pacific Rim Geopolitischer Begriff für die Pazifik-Anrainer O Asiens, Australasiens und Amerikas. Wird im Zusammenhang mit transpazifischen Handelsabkommen verwendet und mit dem Wirtschaftsboom der Region in den 1980er und 90er Jahren assoziiert. ◆275 (4)
siehe auch Tigerstaaten
Padrão (port.). Steinkreuz, im 14. und 15. Jh. von port. Seefahrern an den Küsten Afrikas aufgestellt, um Gebietsansprüche zu bekunden. ❑156
Paekche Königreich auf der korean. Halbinsel; *siehe auch* Korea. ✤264
Páez, Jose Antonio (1790–1873) Venezolanischer Revolutionär, der mit Simón de Bolívar gegen Spanien kämpfte, und erster Präsident Venezuelas. 1829 führte er die Bewegung zur Befreiung Venezuelas von Gran Colombia an und regierte das neue Land von seiner Wahl zum Präsidenten 1831 bis 1846, als er ins Exil gezwungen wurde. War nach seiner Rückkehr Diktator (1861–63) und starb im New Yorker Exil. ❑150
Pagan (ca.1050–1287) Birmanisches (burmesisches) Reich. Hauptstadt war die gleichnamige, buddhist. Tempelstadt, die 847 am Irrawaddy gegründet worden war. P. wurde 1287 von Mongolen überrannt. ✤63, ✤245, ◆245 (5)
Erster burmesischer Staat (1044) ✤63●
Mongolen-Invasion (13. Jh.) ✤67
Pakistan 252–3
Unabhängigkeit (1947) ✤103●, ✤251, ◆251 (4), ✤252, ◆252 (1)
Umstrittene Gebiete ◆252 (1), (2)
Islamische Republik (1956) ✤107●
Teilung (1971) ✤107●
siehe auch Indien
Pala spätes 8. Jh. Ind. Dynastie im NO Indiens, durch den Buddhismus eng mit Tibet verbunden. ✤59, ✤58–9, ◆244 (2)
Paläolithikum (›Altsteinzeit‹) Früheste Epoche der menschlichen Entwicklungsgeschichte. Unterscheidung in Alt-P. (Beginn ca. 850 000 v.Chr.), in dem die ersten Hominiden von Afrika aus Europa erreichten, Mittel-P. (ab ca. 200 000 v.Chr.), dessen prominentester Bewohner der Neandertaler ist, der erstmalig seine Toten bestattet, und Jung-P. (ca. 35 000–10 000 v. Chr.). In Europa ist die jungpaläolithische Zeit durch komplexe soziale Strukturen, feste Siedlungen, technologische Neuerungen (Feuersteinklingen und Knochengeräten), Felsmalerei und Steinplastik gekennzeichnet. ✤17, ◆17 (2), ❑17
Palästina
Jüdische Siedlungen (ca.1200 v.Chr.) ✤31●
Vereint mit Syrien (ca.1100 v.Chr.) ✤31
Unter König David (ca.1006–966 v.Chr.) ✤222, ◆222 (1)
Eroberung durch Rom (63 v.Chr.) ✤225, ✤225●
Jüdische Diaspora (ab 66) ✤48●, ✤225, ◆225 (5)
Jüdischer Aufstand (66–74) ✤225, ◆225 (4)
Balfour-Deklaration (1917) ✤99●
Brit. Mandat ✤233
Immigration (1930–40er) ✤103●, ✤234
Emigration (1947–48) ✤234, ◆234 (3)
siehe auch Heiliges Land, Israel
Palenque Bau der Maya-Stadt (ca. 300) ✤50●
Palgrave, William Gifford (1826–88) Brit. Jesuit, durchquerte im Dienst von Kaiser Napoleon III. die Arabische Halbinsel 1862–63. ◆219 (4)
Palliser, Lt. John 19. Jh. Irischer Kanada-Forscher, der in den 1850ern umfangreiche Vermessungen der Prärien und der Rocky Mountains leitete. ◆119 (3)
Panama-Kanal Schifffahrtskanal durch den Isthmus von Panama (etwa 65 km Länge). Stellt die Verbindung zwischen dem Atlantischen und dem Pazifischen Ozean her. 1903 trat Panama den USA einen Landstreifen ab, die spätere Kanalzone. 1904 wurde mit dem Bau des Kanals begonnen, eröffnet wurde er am 15. Aug. 1914. 1959 wurde der Kanal vertieft und ausgebaut, 1999 an Panama zurückgegeben.
Eröffnung (1914) ✤98●
Zone von USA gepachtet (1903) ✤98●, ✤133●, ◆133 (4)
Panaramittee, Felsritzungen (Petroglyphen) ❑17
Panda Zulu-König (reg.1840–72). ❑91
Pandits Indische Geheimkartografen der Briten ✤257, ◆257 (3)
Panipat ⚔ von (20. April 1526). Sieg des Mogul-Führers Babur gegen die Verbände des afghanischen Sultans Lodi. Baburs Artillerie entschied die Schlacht, der Sultan wurde vernichtend geschlagen und die Moguln übernahmen die Kontrolle über die gesamte Ganges-Ebene. ✤87
Pannonien *auch* Pannonische Mark. Röm. Provinz, die den Großteil des heutigen Ungarn und Jugoslawien umfasste. ✤53, ◆180 (1), ◆184 (2)
Pantheon Tempel in Rom, ca. 27 v.Chr. gebaut für alle Götter. Bis heute gut erhalten. ❑43
Paoli ⚔ im amerikan. Unabhängigkeitskrieg (20. Sept.1777); brit. Sieg. ◆127 (3)
Papier
Papierherstellung in China ❑46
Erfindung (105) ✤46
Papiergeld in China ✤59●, ❑263
Papyrus ✤30, ❑30
Paracas-Kultur Altindianische Kultur auf der zu Peru gehörenden Paracas-Halbinsel. Bezeichnend sind die verzierten Töpferwaren und Textilien aus farbigen Stoffen. Viele Artefakte stammen aus Mumiengräbern, die in die Zeit zwischen 600 u. 100 v.Chr. datiert werden. ✤34●, ✤38, ✤38●, ✤145, ❑147, ◆145 (4)
Paraguay
Jesuiten-Mission gegründet (1607) ✤143●, ✤148●
Unabhängigkeit von Spanien ✤150, ◆150 (1)
Chaco-Krieg (1932–35) ✤102●, ✤152, ◆152 (2), ❑152
Ökonomie ◆151 (3), ◆153 (3)
Politische Entwicklung (seit 1930) ◆152 (1)
siehe auch Südamerika
Paraguaykrieg *var.* Krieg der Tripelallianz (1864–70) Grenzstreitigkeiten führten 1864 zur Kriegserklärung Paraguays an Brasilien, worauf Anfang 1865 vereinte Truppen aus Argentinien, Brasilien und Uruguay in Paraguay einmarschierten. Er endete mit der totalen Niederlage der paraguayischen Truppen. Von 1 337 439 Einwohnern waren am Ende des Krieges weniger als 250 000 am Leben. ✤94●
Parhae *siehe* Bohai
Paris, Matthew (ca.1200–1259) Benediktinischer Mönch und Chronist. Verfasste die *Chronica Majora*, eine der genauesten Chroniken des 13. Jh. ✤173
Paris
Plünderung durch Wikinger (845) ✤60●
Belagert von dänischen Wikingern (885) ✤58●
Besetzt von deutschen Truppen (1940) ✤104●
Befreit durch Alliierte (1944) ✤105●
Spätmittelalter ✤191, ✤191●, ◆191 (2)
Karte (1576) ❑173
Belagerung (1870) ✤203●
Seine-Handel ❑191
Park, Mungo (1771–1806) Schott. Arzt, Forscher und der Autor von *Travels in the Interior of Africa*. Vor seinen beiden Erkundungen des Niger arbeitete er als Sanitätsoffizier für die East India Company.
Erkundung Afrikas (1795–96, 1805–06) ✤157, ◆157 (4)
Parry, Sir William Edward (1790–1855) Brit. Seefahrer und Forscher. Reiste im Auftrag der Royal Navy in die Arktis, um ein Überjagen der Walbestände zu verhindern. P. leitete zwischen 1818 und 1827 vier Expeditionen in die Arktis, durchfuhr die Nordostpassage bis zur Hälfte und versuchte von Spitzbergen aus, den Nordpol zu Fuß zu erreichen. ◆286–7 (2)
Parthenon Tempel der Athene Parthenos, errichtet auf der Athener Akropolis als Ersatz für einen Tempel, den die Perser 480 v. Chr. zerstört hatten. Der P., unter Perikles gebaut, besteht ganz aus Marmor und war verziert mit einem Fries mit Reliefdarstellungen. Ein Teil davon ist im British Museum in London zu sehen (Elgin Marbles). 432 v. Chr. fertiggestellt. ✤177
Parther Skythisch-iranisches Steppenvolk (Parni) am Kaspi-See, das um 240 v.Chr. gegen die hellenistische Seleukiden-Herrschaft ein Reich begründete und sich der zuerst eroberten Satrapie Parther nannte. Innenpolitisch kam es zu einer Wiederbelebung iranischer Traditionen (obwohl Griechisch Reichssprache blieb), aussenpolitisch verschob sich ihr Einflussgebiet aus den östlichen Stammlanden nach Westen (140 v.Chr.), wo sie Ktesiphon am Tigris zur Hauptstadt machten. Nach langen Konflikten mit dem Röm. Reich wurde die P.-Dynastie von den persischen Sassaniden 224 n.Chr. entthront.
Parthisches Reich ✤43●, ✤45, ✤47
Trinkbecher ❑43
Bogenschützen ❑224
Krieg gegen Rom ✤224, ◆224 (2)
Patayán *var.* Hakataya. Kultur im SW N Amerikas. ◆123 (4)
Patna ⚔ (1759). Revolte durch einen Mogul-Kronprinzen, der jedoch durch die brit. Armee unter Clive niedergeschlagen wurde. ◆88 (1)
Patrimonium Petri *var.* Kirchenstaat. Das Staatsgebiet des Papsttums, das aus dem Besitz der kath. Kirche hervorgegangen ist. Zeitweilig nahm es große Teile der zentralen Apenninnen-Halbinsel ein. Nach Auflösung durch Napoleon I. und Restitution gingen die Gebiete im Königreich Italien auf (1870), nur der Vatikan als Regierungssitz blieb als souveräner Staat bestehen. ◆184 (2), ◆188 (1), ◆193 (4)
Paulistas Sklavenjäger, die im 17. und 18. Jh. von São Paulo aus Feldzüge in den Dschungel unternahmen, um Indianer zu fangen. Im 17. Jh. stießen sie auf zunehmenden Widerstand der Jesuiten aus Paraguay. ✤143
siehe auch São Paulo
Paulus, Apostel Hellenisierter Jude aus Tarsus (heute Türkei), der sich als Anhänger der Nazarener (Urchristen) bekannte und der erste Missionar und Theologe der neuen Glaubensgemeinschaft wurde. Unternahm mehrere Reisen nach Kleinasien und Griechenland, seine Briefe sind die ältesten schriftlichen Zeugnisse des Christentums. Erlitt den Märtyrertod in Rom vermutl. zwischen 62 und 68.
Reisen ✤48●, ◆48 (1)
Martyrium (64) ✤48●
Pazifik, Krieg im (1937–45). Oberbegriff für den Krieg auf der östlichen Bühne des ZWK. ✤272–273●, ◆272–273, ❑272–273
Pazifische Inseln *auch* Ozeanien. Begriff für die Inselgruppen des Pazifik, gegliedert in Melanesien, Polynesien und Mikronesien. Zuweilen werden auch Australien und Neuseeland zu den P. gerechnet. 276–285
Vor-, Frühgeschichte
Vor 18 000 Jahren ✤276–7
Besiedlung und Landwirtschaft ✤27, ✤55, ✤60, ◆60 (2), ✤60●, ✤281, ✤280–1 (3), ✤281●
Boote ❑60, ❑281
Kolonialismus und Imperialismus
Erste Europäer und Amerikaner ✤279, ◆279 (3), ✤284, ❑284
Besitzungen ✤284, ✤284●, ◆284 (1)
20. Jahrhundert
Japanischer Einfluss ✤99, ✤99●
Politische Gliederung ✤285, ✤285●, ◆285 (3)
Umweltzerstörung ✤285, ✤285●, ◆285 (2), ❑285
Tourismus ❑284
Erkundung und Kartierung ✤278–9, ◆278 (1), ✤278●, ◆279 (3), ✤279●
Landschaft ❑276
Pazifischer Krieg *siehe* Salpeterkrieg
Pazyryk Grabstätte in Ostasien (v.Chr.) ✤39●
Pearl Harbor (1941) Japan. Bombenangriff auf die Basis der US-Marine auf Hawaii, der den Eintritt der USA in ZWK bewirkte. ✤102●, ✤104●, ◆104 (4), ✤134●, ✤138, ✤272, ❑272, ◆272 (1)
Peary, Robert Edwin (1856–1920) US-amerikan. Arktis-Forscher und wohl der erste Mensch am N Pol (6. April 1909). ◆286–7 (2), ❑287
Pedro I., Kaiser von Brasilien *auch* Pedro IV., König von Portugal (1798–1834, reg.1822–31 in Brasilien). Als die portugiesische Kolonie 1822 unabhängig wurde, blieb P., Sohn von König Johann VI., als erster Kaiser in Brasilien. Als sein Vater 1826 starb, verzichtete Pedro zugunsten seiner Tochter Maria auf die Thronfolge. 1831 kehrte er nach Portugal zurück, um gegen seinen Bruder Miguel zu kämpfen, der den Thron für sich beanspruchte. ❑150, ◆150 (1)
Peipus-See ⚔ (1242). Russen besiegen Kreuzritter. ◆186 (1)
Peking *siehe* Beijing
Peloponnesischer Krieg (431–404 v.Chr.). Langjähriger kriegerischer Konflikt zu Land und zur See zwischen Athen und Sparta, in den die gesamte griechische Welt hineingezogen wurde. Verursacht durch die Machtausweitung Athens nach den Perserkriegen, führte er zur Intervention der Perser auf Seiten Spartas und zum Ende athenischer Macht. ✤177, ◆177 (3)
Pelzjäger N und O asiat. Routen ◆257 (2)
Penizillin ✤102
Pequot War (1637) Indianer-Aufstand gegen das europ. Vordringen in New England (N Amerika). ✤126●, ◆126 (1)
Pergamon *Lat.* Pergamum.
Hauptstadt d. Attaliden-Dynastie ✤40
›Sterbender Gallier‹, Statue ❑40
Kleinasiatisches Königreich ✤41, ✤179, ◆179 (4)
Perikles (ca. 500–429 v.Chr.) Athenischer Feldherr und durch seinen Populismus der ungekrönter König zu Athens Blütezeit (reg. 443–429). Seine politische Radikalität brachte die Demokraten in Athen zur Macht, aber auch scharfe Gegensätze zu Sparta hervor, die in den Peloponnesischen Krieg mündeten. ✤38●
Periplos maris Erythraei Küstenbeschreibung für Seefahrer im Erythäischen Meer (›Roten Meer‹, heute Arabisches Meer). Stammt aus dem 1. Jh. n.Chr. und geht auf den Griechen Hippalos zurück. ✤45
Perón, Eva Ehefrau J. Peróns. ❑102
Perón, Juan Domingo (1895–1974). Armeeoberst und Politiker. Argentin. Präsident (1946–55, 1973–74), Begründer und Führer der Peronisten. ✤102●
Pérouse, Jean François Galaup de la (1741–88) Franz. Pazifikforscher. Seine Reise 1785–88 wurde von König Ludwig XVI. finanziert. Vor ihm war niemand so weit in den Pazifik vorgedrungen, doch konnt er sein eigentliches Ziel, eine Nordwestpassage zu finden, nicht verwirklichen. P.s zwei Schiffe wurden zum letzten Mal im März 1788 von der 1. Flotte in der Botany Bay gesichtet. Später stellte sich heraus, dass sie vor der Santa-Cruz-Insel Vanikoro gesunken waren. ✤286●, ◆286 (1)
Perry, Matthew (1794–1858) Kommodore der US-Marine. Leitete die Expedition nach Japan von 1853–54, durch die Japan zur Aufgabe seiner Isolationspolitik und zur Schaffung von Handels- und diplomatischen Beziehungen gezwungen wurde. ✤270, ❑270, ◆270 (1)
Perryville ⚔ im Sezessionskrieg (8. Okt.1862); Sieg der Union. ✤131 (6)
Persepolis Zeremonialhauptstadt der achämenidischen Perser. Um 151 v. Chr. von Dareios I. gegründet.
Palastdekoration (v.Chr.) ❑35, ❑223
Persien 223–235
Dynastien
Achämeniden ✤223●, ◆223 (4)
Parther ✤43●, ✤45, ✤47
Safawiden (1501–1736) ✤79, ✤231, ◆231 (4)
Sassaniden ✤44●, ✤47, ✤51, ✤55, ✤225, ✤225●, ◆225 (6)
Seleukiden ✤41, ✤38–9, ✤224, ◆224 (1)
Auswärtiges
Konflikt mit Osmanen ✤79, ✤231, ◆231 (4)
Eroberung von Ägypten (v.Chr.) ✤34
Unterwerfung Westasiens (v.Chr.) ✤34–5, ✤39, ✤223, ✤223●, ◆223 (4)
Expansion unter Nadir Schah (1747) ✤86–7
Besitzungen ◆86–7
Unterwerfung der Afghanen (1722–36) ✤87●
Inneres
Staatsreligion (v.Chr.) ◆36 (1)
Eroberung durch Alexander d. Gr. ✤39, ✤39●
Hephthaliten-Einfälle ✤51
Erobert von Arabern (656) ✤55●
Windkraft ✤63
Dekorierte Kachel (13. Jh.) ❑67
siehe auch Achämeniden-Reich, Parthisches Reich, Safawiden-Reich, Sassaniden-Reich, Seleukiden-Reich, Iran
Persischer Golf Ackerbausiedlungen ✤19
Persische Königsstraße *siehe* Königsstraße
Perth Gründung ✤91
Peru 142–3, 148, 150–3
Kulturen ✤30, ✤38●, ✤42, ✤46, ✤145, ✤145●, ◆145 (4)
Früher Ackerbau ✤26●
Metallverarbeitung ✤26●
Pizarros Eroberungen ✤148, ◆148 (1)
Spanisches Vizekönigreich (16. Jh.) ◆81 (3), ✤148, ◆148 (2)
Sklavenhandel ✤279, ✤281
Widerstand gegen Spanien ✤86
Befreiung durch San Martin ✤90, ✤150, ◆150 (1)
Salpeterkrieg (1879–83) ✤94●, ✤151, ◆151 (4)
Revolutionäre Bewegungen ❑152
Ökonomie ◆151 (3), ◆153 (3)
Politische Entwicklung (seit 1930) ◆152 (1)
siehe auch Südamerika; einzelne Kulturen
Peruzzi Bankiers-Familie aus Florenz, deren Einfluss sich ab etwa 1275 in Europa ausbreitete. Gingen in den 1340ern bankrott, nachdem Edward III. von England sich weigerte, seine Schulden zu zahlen. ✤190–1, ◆190–1 (1), ✤190●
Peshawar Kushana-Hauptstadt ✤47
Petersburg ⚔ im Sezessionskrieg (20. Juni 1864–2. April 1865); Sieg der Union. ◆131 (7)
Peter der Große (Peter I.), (1672–1725) Zar von Russland. Er bestieg den Thron 1682, übernahm die komplette Herrschaft jedoch erst 1689. Nach einer ausgiebigen Reise durch Europa (1697–8) forcierte er die Westorientierung Russlands. Er führte große Kriege mit dem Osman. Reich, Persien und Schweden, wobei er letztere im Großen Nordischen Krieg besiegte (1700–1721). Durch diesen Sieg gewann Russland die Ostseeküste, an der P. seine neue Hauptstadt St. Petersburg gründete.
Zar von Russland, Thronbesteigung (1682) ✤82●
Gründung St. Petersburgs (1703) ✤86●
siehe auch Großer Nordischer Krieg
Petra Hauptstadt der Nabatäer seit dem 4. Jh. v.Chr. bis 2. Jh. n.Chr., wurde wohlhabend als Mittler im Karawanenhandel mit S Arabien (der ›Weihrauchstraße‹). Berühmt sind die in den Fels skulptierten Tempelfassaden der Wüstenstadt (der ›Gralstempel‹ aus dem 3. Indiana Jones-Film).
Annexion durch Rom (106) ❑47
Entdeckt von Burckhardt (1812) ✤219●
Felsgräber ❑47
Petroglyphen Prähistorische Felsritzungen, oft als früheste Beispiele von Schrift interpretiert. ❑17, ✤118
Petrograd *siehe* Leningrad
Peul *siehe* Fulbe
Peutinger-Tafel Kopie (1265) einer röm. Karte, die Straßen und Orte innerhalb des Röm. Reich zeigt. In der Karte wurden die Nord-Süd-Distanzen deutlich verkürzt, während die Verbindungen von Westen nach Osten ausführlich dargestellt wurden. ❑172
Pferde
Domestikation (v.Chr.) ✤258●
China, Ferghana-Pferd ❑44, ❑55
Eurasischer und afrikanischer P.handel (ca.1 n.Chr.) ✤44–5
Grabbeigabe der Han ❑47
Erfindung von Steigbügeln aus Metall ✤51
Kampf zwischen Löwe und Reiter ❑51
Mongol. Krieger zu Pferd ❑69
Steppenkrieger ❑261
Pharaonisches Ägypten Der Begriff Pharao bezeichnete altägyptisch zunächst den Palast des Gottkönigs. Im Neuen Reich ab ca.1500 v.Chr. auch als Bezeichnung für den König selbst, seit 950 v.Chr. auch als Namensbestandteil benutzt (so in der Bibel, AT). Als vergöttlichten Königen (in Gestalt von Horus, Osiris, Re und zuletzt Amun) kam den P. enorme religiöse, militärische und soziale Macht zu; sie galten als Mittler zwischen ihrem Volk und jenseitigen Mächten.
Früher Ackerbau ❑27, ✤158, ◆159 (2)–(5)
Vordynastische Zeit (5000–3000 v.Chr.) ✤159●, ◆159 (2)
1. u. 2. Dynastie ✤22, ✤23●, ✤159●
Altes und Mittleres Reich ✤159●, ◆159 (3), (4)
Hyksos-Herrschaft (1633 v.Chr.) ✤27●
Neues Reich ✤26, ✤26–7, ✤159, ◆159 (5)
Konflikt mit Hethitern und Mitanni (1500) ✤27●
1250–750 v. Chr. ✤30, ✤31●
Auszug der Israeliten (ca.1200 v.Chr.) ✤31●
Einfall von Assyrern und Nubiern ✤35●
Röm. Provinz ✤42, ✤46
Innovationen
Mumifizierung ❑31
Papyrus ✤30, ❑30
Pyramiden ❑22
Nilkanal zum Roten Meer (500 v.Chr.) ✤35●
Mumienhülle (röm. Zeit) ❑47
Religion
Sonnengott Ra (Re) ✤26, ✤37
Aton-Kult ✤26, ✤27●

Kultzentren ◆37 (3)
Mythologie ✣37
Phidias *var.* Pheidias (ca. 490–430 v.Chr.). Berühmtester Bildhauer im antiken Griechenland. Von Perikles mit der Durchführung der bedeutendsten Bauten beauftragt. Leitete die Arbeiten auf der Akropolis und führte die Gold- und Elfenbeinarbeiten für den Parthenon durch. Angeklagt, das Gold für die Zeus-Statue in Olympia gestohlen zu haben, floh P. aus Athen oder starb im Gefängnis. ✣177
Philby, Harry St. John (1885–1960) Brit. Arabist, der 1932 die Rub' al-Khali durchquerte. ❑219, ◆219 (4)
Philipp II. (1527–98) König von Spanien (reg.1556–98) und König von Portugal als Philipp I. (reg.1580–98). Sohn Karls des V. und Erbe der Spanisch-Niederländischen Territorien mitsamt den Ländern in der Neuen Welt. Unterstützte die Gegenreformation der Kath. Kirche. Unter seiner Regentschaft erreichte das Spanische Weltreich die Zeit seiner höchsten Blüte, obwohl es ihm nicht gelang, die Rebellion der Niederlande ab 1566 zu unterdrücken. Auch verlor er beim Versuch der Invasion Englands die Armada (1588).
Holländ. Revolte (1568–1609) ✣195, ✣195●, ◆195 (5)
Inbesitznahme der port. Krone (1580) ✣78●
Reich ✣81, ◆81 (3)
Porträt ❑81
Philipp II. (ca. 382–336 v.Chr.) König von Makedonien. Bestieg den Thron 359 v.Chr. und baute eine schlagkräftige Armee auf. Nach der Schlacht von Chaironaia (338 v.Chr.) kontrollierte er ganz Griechenland und plante einen Feldzug gegen das Persische Reich, wurde jedoch zuvor bei einem Bankett in Aigai ermordet. Vater von Alexander d.Gr. ✣38●
Philipp II. von Frankreich *var.* Philipp Augustus, *Frz.* Philippe Auguste (1165–1223). Erster großer Kapetinger-König im mittelalterlichen Frankreich (reg. 1179–1223). Eroberte nach und nach die von England besetzten Gebiete auf dem Festland zurück und dehnte den Einfluss der Krone bis nach Flandern und Languedoc aus. War eine der Hauptprotagonisten des 3. Kreuzzugs 1191. ◆64–5 (2), ✣187
Philippinen
Kolonisierung durch Spanien (16. Jh.) ✣78, ✣79●, ✣81, ◆81 (3)
Unabhängigkeit (1946) ✣103●, ✣251
Besetzt d. Japan (1942) ✣103●
Spanisch-Amerikanischer Krieg (1898) ✣94●, ✣133, ◆133 (4)
Philister Volk des Altertums an der Südostküste des Mittelmeeres, rund um das heutige Gaza; kamen ursprünglich wohl im 12. Jh. v.Chr. als Träger des Seevölkersturms in das südliche Palästina. Sie zählten zu den Hauptfeinden der Israeliten, bis sie unter Führung von König David besiegt wurden. ✣31
Phöniker Oft auch verderbt Phönizier genannt. Bewohner des schmalen Küstenstreifens der Levanteküste des östl. Mittelmeeres, Nachfolger der Kanaanitischen Kultur des 2. Jt. v. Chr. Sie waren in Stadtstaaten organisiert, besaßen entwickelte Mythologie, die später zum Teil von den Griechen übernommen wurde (Melqart = Herakles; Baal = Zeus), und entwickelten die erste Alphabet-Schrift, die über die Griechen Grundlage für die lateinische Schrift wurde. Sie handelten mit Assyrien und Ägypten; als erste aus dem Osten fuhren sie weit ins westl. Mittelmeerbecken, wo sie zahlreiche Handelsposten gründeten (z.B. Gadira = Cádiz). Der wichtigste wurde Carthago, *siehe dort.* ✣30, ✣31●, ✣176–7, ✣177●
Religion ◆36 (1)
Kolonien am Mittelmeer (700–300 v.Chr.) ◆176 (1)
Elfenbeinschnitzerei ❑176
Dame von Elche ❑177
Phosphat-Gewinnung auf Nauru ✣285
Phryger Volksstamm mit Ursprung in Europa um 1200 v.Chr. Besiedelten das Hochland und den Westen Kleinasiens und erreichten die maximale Ausdehnung zu Beginn des 1. Jt. v.Chr. Ihre Macht schwand im 6. Jh. v.Chr. mit dem Vordringen der Lydier. ✣31, ◆221 (5)
Piankhi *var.* Pianchi (reg. ca. 741–715 v.Chr.) König des antiken Nubien (Kusch). Unterwarf ca.721 v.Chr. Oberägypten, besiegte Tefnacht in Unterägypten und kehrte ca.718 v.Chr. in die nubische Hauptstadt Napata zurück. ✣34
Piktografie Die ersten Schriftsysteme basierten auf stilisierten Darstellungen von Objekten (Piktogrammen). Früheste Beispiele entstanden ab ca. 3000 v.Chr. in Ägypten, sie sind aber auf allen Kontinenten anzutreffen. Da Piktogramme keine Laute, sondern Objekte darstellen, sind sie im modernen Gebrauch (z.B. Hinweisschilder) über Sprachbarrieren hinweg verständlich. ✣32●, ◆32 (1), ✣223
Harappa ❑23
Kreta ✣32●
Maya-Glyphen ✣122
Maya-Kalender ✣54, ❑54
Mittelamerika ❑32, ✣34
siehe auch Schrift
Pike, Zebulon Montgomery (1779–1813) Amerikanischer Soldat und Forscher. 1805–06 leitete P. eine Expedition auf der Suche nach den Quellen des Mississippi. 1806–07 folgte er dem Lauf des Arkansas flussaufwärts bis zu den Colorado Mountains, wo er den nach ihm benannten Pike's Peak zu besteigen versuchte. Die Expedition wurde von den Spaniern aufgebracht, später aber wieder frei gelassen. ◆119 (3)
Pikten Gruppe von Stämmen, die in frühchristlicher Zeit N Schottland besiedelten; bekannt für ihre brutale Kriegsführung. Die Annäherung zwischen Pikten und Skoten mündete im 9. Jh. in der Vereinigung zu einem Königtum von Schottland. ◆52–3 (1)
Pilgerfahrten
Anden, Teotihuacán ✣54
Karte von Jerusalem aus dem 13. Jh. ❑219
Marco Polos Reisen ❑219
Mekka ✣70, ◆218 (2)
Pincevent Vorgeschichtl. Lebensweise ◆16, ❑16
Pinochet, General Augusto Ugarte (1915–). Führer der Militärjunta, die die sozialistische Regierung des chilenischen Präsidenten Salvador Allende am 11. Sept. 1973 stürzte. Anschließend leitete er die chilenische Militärregierung. (1974–90). ✣110●, ❑152
Pinzón, Vicente Yáñez (*nwb.* 1492–1509). Span. Seefahrer, der Kolumbus als Kapitän auf seiner ersten Reise in die Neue Welt begleitete. Entdeckte die Amazonas-Mündung (1500) und wurde zum Gouverneur von Puerto Rico ernannt. Mit Juan Diaz de Solis erkundete er die Küsten von Honduras und Venezuela (1508/9). ✣142●
Pippin III., der Jüngere *var.* Pippin der Kurze, *Frz.* Pépin le Bref (ca. 714–68). Fränk. König. Zunächst Hausmeier des letzten Merowinger-Königs, Childerich III. Zwang ihn abzudanken und wurde 751 an seiner Stelle gekrönt. Schenkte dem Papst Territorium, das er auf Feldzügen gegen die Langobarden erobert hatte (›Pippinische Schenkung‹, 754/56).
Feldzüge (751–68) ◆184 (1), (2)
Gründer der Karolinger-Dynastie ✣184●
Piraterie
in der Karibik (16.–17. Jh.) ◆85 (2)
Pisa Wohlstand im 11. Jh. ✣62
Pittsburgh Erster kommerzieller Radiosender der USA. ✣98
Pizarro, Francisco (ca. 1478–1541) Span. Conquistador. Pizarro segelte erstmals 1502 in die Neue Welt. Er nahm an mehreren Expeditionen an die südamerik. Pazifikküste teil (1522–28). Eroberte 1531–33 das Inka-Reich in Peru, wurde span. Statthalter und ließ den letzten Inka-Kaiser Atahualpa 1533 hinrichten. P. kam in den Besitz großer Mengen goldenen Schmucks, den er einschmelzen und nach Spanien transportieren ließ. Aufgrund von Rivalitäten zwischen den Conquistadoren und Pizarro wurde er 1541 von Anhängern seines Leutnants Diego de Almagro ermordet.
Porträt ❑148
Eroberung des Inka-Reichs ✣78, ✣81●, ✣142●, ✣148, ◆148 (1)
Plantagenwirtschaft Großflächiger Anbau von Nutzpflanzen wie Gummibäume oder Baumwolle in den Kolonien der europäischen Staaten. Für die Arbeiten in den Plantagen wurden hauptsächlich Sklaven eingesetzt. ✣82, ✣84, ❑84, ❑90, ❑149, ❑151
Plantagenets *siehe* Angevinisches Reich
Plassey ⚔ des brit.-franz. Krieges in Indien (23. Juni 1757). Niederlage einer großen indischen Armee unter Nabob von Bengalen durch brit. Truppen unter dem Kommando von Robert Clive bei dem Dorf Plassey im Gangesdelta. ✣87●, ◆87 (1)
Plataiai ⚔ der Perserkriege (479 v.Chr.). Entscheidende Niederlage der Perser beim Angriff auf die Griechen unter Xerxes. ✣39●
Platon (ca.427–347 v.Chr.). Athen. Aristokrat und Philosoph, Schüler von Sokrates. Gründete in Athen die Akademie für Philosophie. In 35 Dialogen über moral. Grundsätzen entwickelt er die P.sche Lehre. Kern ist die Unterscheidung zwischen den sinnlich erfahrbaren Dingen und ihrem ewigen Seins- und Erkenntnisgrund, den Ideen. Die sinnlich fassbare Welt ist nur Abbild der Ideen, so dass es kein Wissen über sie geben kann. P.s Philosophie hatte großen Einfluss auf die Römer und als Neuplatonismus auf christl. Theologie und den Idealismus der westl. Philosophie. ✣177
PLO (Palestine Liberation Organization). Die von Yassir Arafat geführte Palästinensische Befreiungsorganisation zielt auf die Rückführung der Palästinenser in ihre Heimat. Die arabischen Staaten erkannten die PLO 1974 als ›einzig rechtmäßige Vertretung des paläst. Volkes‹ an. 1993 unterzeichnete die PLO ein Abkommen, mit dem der Staat Israel erkannt und die PLO als Behörde zur Verwaltung der Autonomen Gebiete West Bank und Gaza eingesetzt wurde.
Vorsitzender Yassir Arafat ❑234
Krieg um Palästina (1947–82) ◆234 (2)
Unterzeichnung des ›Land gegen Frieden-Abkommens‹ (1993) ✣234
Ausdehnung der Selbstverwaltung im Westjordanland (1995) ✣111●
siehe auch Arafat, Yassir
Pogrom (Russ. ›Verwüstung‹) Organisierte Massenmorde oder Plünderungen. Der Begriff wurde ursprünglich für die Ausschreitungen gegen die russischen Juden im späten 19. und Anfang des 20. Jh. verwendet. ❑100
Polarmeer
Kartierung der Küste ✣286, ◆286–7 (2)
Erkundung ✣287●
Routen nach Asien ✣286, ◆286 (1)
Nordostpassage durchfahren ◆257 (2), ◆286–7 (2)
Polen 185–198, 208–215
Mittelalter
Beitritt zur Kath. Kirche (1000) ✣185●
Einfluss des westl. Christentums (11. Jh.) ✣62
Mongol. Invasion ✣69, ◆68–9 (1)
Vereinigung mit Litauen (1386) ✣189●
Staaten in Europa (1200–1400) ◆189 (4)
Neuzeit
Konflikt im Baltikum (16. Jh.) ✣195, ✣195●, ◆195 (3)
Niedergang (1550–1795) ✣198●
Teilungen (1772–95) ✣198, ◆198 (2)
Kommunistische Ära
Lublin-Komitee ✣213●
Sowjets schlagen Aufstand nieder (1956) ✣108●
Ende des Kommunismus (1989) ✣110●
ZWK *siehe* Weltkriege
Polis Bezeichnung für die griech. Stadtstaaten, darunter Athen, in der Antike. ✣34
Polo, Marco (1254–1324) Venez. Kaufmann und Reisender. 1271 begleitete er seinen Vater Nicolò und seinen Onkel Maffeo auf deren zweiten Reise an den Hof des Mongolenherrschers in China, Kublai Khan. Er blieb fast 17 Jahre in China und bereiste im Auftrag des Khans weite Teile des Landes, bevor er 1295 nach Venedig zurückkehrte. Diktierte in Haft seinen Reisebericht, dessen Wahrheitsgehalt jedoch umstritten ist.
Abfahrt nach China (1271) ❑66
In Diensten Kublai Khans ✣68
Reisender in Z Asien ◆256 (1)
Erkundung W Asiens ❑219, ◆219 (3)
Ankunft in Kublais Sommerpalast (1275) ✣68●
Begleitung einer mongol. Prinzessin nach Hormuz (1292) ✣68●
Abreise aus China (1292) ✣67●
Route (1271–1295) ◆68 (2), ◆76 (9)
Pol Pot *auch* Saloth Sar (1926–98). Kambodschan. Politiker, Mitbegründer der KP Kambodschas. Er führte in den 60er Jahren die prochinesische Guerilla der Roten Khmer im Bürgerkrieg gegen die ›Khmerrepublik‹ unter Non Lol. Nach dem Sieg der Roten Khmer 1975 war er 1976–79 Ministerpräsident. Er führte eine Schreckensherrschaft, durch die über 2 Mio. Einwohner, ein Fünftel der Bevölkerung, ums Leben kam. Durch Intervention der Vietnamesen wurde er 1979 gestürzt und ging erneut in den Untergrund. ✣111●
Polynesien Eine der drei großen Inselgruppen des Pazifikraums neben Mikronesien und Melanesien. Zu P. gehören die Inseln im zentralen Pazifikraum, einschl. Hawaii-, Samoa- und Gesellschafts-Inseln. ✣276
siehe auch Pazifische Inseln
Polynesier In Geschichte und Sprache mit den Völkern der Philippinen, Zentral- und Ostindonesiens verwandt. Die P. besiedelten die pazifische Inselwelt von den Inseln vor der Küste Südostasiens bis nach Tonga und Samoa im Osten. Die Anfänge der polynes. Kultur sind in der Region von Fidschi und Samoa zu suchen und reichen bis ca. 1000 v.Chr. zurück. Ab ca. 200 v.Chr. besiedelten P. den ganzen Pazifikraum, um 700 Neuseeland. Hoch entwickelt waren Schiffbau und Navigation, aber auch Holz- und Steinskulptur. ✣276
Frühgeschichtliche Migrationen ◆280–1 (3)
Kultur ✣55, ✣60●
Migrationen (1500 v.Chr.–1000) ✣60, ◆60 (2)
Kanu ❑60, ❑281
Ku-Holzfigur (19. Jh.) ❑281
Pomare II. Herrscher auf Tahiti, der zum Christentum konvertierte. ❑284
Pompeii
Zerstörung durch Vulkanausbruch (79) ◆46●
Alexander-Mosaik ❑39
Ponce de León, Juan (1460–1521). Span. Conquistador. Entdeckte 1513 Florida und wurde zum Gouverneur ernannt. Nachdem es ihm nicht gelungen war, die dortigen Eingeborenen zu unterwerfen, trat er seinen Posten ab und ging nach Cuba. ◆118 (1), ◆125 (4)
Pondicherry Eroberung durch Briten (1761) ✣87●
Pontos, Pontus Reich unter Mithradates Eupator (ca.100 v.Chr.) ◆42–3
Populärkultur (USA)
Baseballstar ›Babe‹ Ruth ❑135
Wachstum der Unterhaltungsindustrie ✣135, ✣135●
Kinobesuche (1929–45) ❑135
Ausbreitung des Radios (1921–35) ❑135
Schallplattenverkäufe (1921–25) ❑135
Walt Disneys Mickey Mouse ❑135
Port Hudson ⚔ im Sezessionskrieg (9. Juli 1863); kein eindeutiger Sieger. ◆131 (6)
Port Jackson (Sydney). Strafkolonie ✣91, ✣282●, ◆282 (1)
Portolan-Karte Seekarten des 14.–16. Jh. vor allem in Italien und Spanien. In den P. sind zahlreiche Windrosen eingetragen, deren sich netzartig überschneidende Windstrahlen (Rumben) als Navigationshilfe dienten. ✣70, ✣173, ❑173
Portsmouth, Frieden von (5. Sept. 1905). Ende des Russisch-Japan. Kriegs (1904–05). Russland verpflichtete sich zur Räumung der Mandschurei, trat Sakhalin an Japan ab, erkannte die japan. Hegemonie in Korea an.
Portugal 186, 190, 192, 194–214
Schiffe aus dem 16. Jh. ✣78
Auswärtiges
Entdeckungsfahrten (1492–1597) ◆80–1 (1)
Besitzungen
1500 ◆74–5
1600 ◆78–9, ◆164 (2)
1700 ◆82–3, ◆164 (1)
1800 ◆86–7
1850 ◆90–1
1900 ◆94–5
1925 ◆98–9
1950 ◆102–3
1975 ◆106–7
Afrika
Unterstützung für Äthiopien (1540) ✣165●
Kolonie in Angola errichtet (1570) ✣79●, ✣82
Kolonialismus (19. Jh.) ◆166–7 (1), (3), (4)
Dekolonisation ✣168, ◆168 (1)
Erkundung (1416–1500) ✣156, ✣156●, ◆156 (3)
Imperialismus (1880–1920) ✣96, ◆96 (1)
Rückzug aus O Afrika (1729) ✣164●
Ceuta (Marokko) erobert (1415) ✣75●, ✣75
Besiedlung von Atlantik-Inseln (15. Jh.) ✣75, ◆75
Kartierung des Niger-Beckens ◆156 (2)
Steinkreuz zur Markierung von Gebietsanspruch ❑156
Amerika
Erkundung N Amerikas (15.–17. Jh.) ◆118–9 (1), (2)
Erkundung S Amerikas ◆142–3 (1), (2)
Kolonisierung Brasiliens (1530er) ✣78, ✣86, ◆148 (2), ◆149 (3)
Brasilien wird unabhängig (1822) ✣90
Asien
Imperialismus in SO ✣97, ◆97 (3)
Malacca eingenommen (1511) ✣79●
Indien, Goa ✣79●, ✣247, ❑247, ◆247 (3)
Japan, Ankunft von Händlern (16. Jh.) ❑80
Innere Angelegenheiten
Schwarze Bevölkerung ✣112, ◆112 (1)
Monarchie gestürzt (1910) ✣98
Union mit Spanien (1580) ✣78●, ◆81 (3), ✣81●, ✣149●, ❑196
Ökonomie
Handelsposten in O Afrika (1505) ✣79●
Sklaverei ✣75●, ✣84, ✣85●
Post Einführung des Standardportos ✣204●
Potosí
Errichtung von Silberminen ✣78●, ✣81●, ✣148●
Zwangsarbeit in den Silberminen ❑148
Potsdamer Konferenz (17. Juli–2. Aug. 1945). 3. Konferenz der ›Großen Drei‹ der Alliierten des Zweiten Weltkriegs. US-Präsident Harry Truman, der brit. Premier Winston Churchill (bzw. ab 28.7. der neue Premier Clement Attlee) und der Generalsekretär der KPdSU Josef Stalin diskutierten im Potsdamer Cecilienhof die Chancen, einen dauerhaften Frieden zu schaffen. Wichtigste Themen waren die Regelung der Verwaltung im besiegten Deutschland, die polnischen Grenzen, die gemeinsame Besetzung Österreichs, die Definition der Rolle der SU in Osteuropa, die Festlegung von Reparationen und die Fortführung des Kriegs gegen Japan. ✣212●
Powhatan Indianerstamm im NO N Amerikas.
Kriege gegen Engländer und Franzosen (1609–14) ✣126●, ◆126 (1)
Praeneste Mosaik der Nilschwemme ❑47
Prag ⚔ im ZWK (Mai 1945). Abschließender sowjet. Sieg über deutsche Truppen in Mitteleuropa. ✣105, ◆211 (4)
Prager Fenstersturz
Erster (1419) ✣193●
Zweiter (1618) ✣196●
›Prager Frühling‹ Tschechoslowakische Reformen niedergeschlagen (1968) ✣106●
siehe auch Dubček, Alexander
Predmostí Schädel des neuzeitlichen Menschen ❑13
Přemysl Ottokar *siehe* Ottokar II.
Preußen 193–203
Unterwerfung durch Deutschritter (1283) ✣186●, ✣189
Brandenburg-Preußen (18. Jh.) ✣199, ✣199●, ◆199 (3)
Kavallerieoffiziere (18. Jh.) ❑199
1800 ◆86–7
1850 ◆90–1
Wilhelm I. ❑203
Auswärtiges
Österreichischer Erbfolgekrieg (1740) ✣86●
Deutsch-Dänischer Krieg (1864) ❑203
Deutscher Krieg (1866) ✣203●
Deutsch-Französischer Krieg (1870–71) ❑203
siehe auch Brandenburg-Preußen, Französisch-Deutscher Krieg
Preveza, ⚔ von 1538. Niederlage der venezianisch-spanisch-päpstliche Flotte gegen die Osmanen. ✣231●
Princeton ⚔ im amerikan. Unabhängigkeitskrieg (3. Jan.1777); brit. Sieg. ◆127 (3)
Prohibition Staatliches Verbot der Herstellung und des Verkaufs von Alkohol in den USA 1919–33. Sie wurde der US-Verfassung als 18. Amendment (Zusatz) hinzugefügt und trat mit dem Volstead Act 1919 in Kraft. Das 33. Amendment widerrief die P. 1933. ❑98, ✣133●, ✣135●
Protestantismus Form des westl. Christentums, die nach der Abspaltung Martin Luthers und seiner Anhänger von der Kath. Kirche 1529 entstand. Protestanten verweigerten sich der Autorität des Papstes und sahen die Bibel (in einer ursprünglichen Übersetzung) als Hauptquelle ihrer religiösen Überzeugung an.
Reformation ✣78, ✣82, ✣194, ✣194●
Religionszugehörigkeit in Europa (1590) ◆194 (2)
Przhevalsky, Nikolai Mikhailovich (1839–88) Russ. Soldat und Entdecker in Ostasien. Sammelte zahlreiche botanische und zoologische Spezies, darunter das *Equus przevalskii*, die letzte existierende Art von Wildpferden. ◆257 (3)
Ptolemäer-Dynastie Makedonische Dynastie in Ägypten, gegründet vom Alexander-General Ptolemaios I. Nach Alexanders Tod 323 v.Chr. begründete er ein hellenistisches Reich, das neben Ägypten die Cyrenaica, die Ägäis und Teile Palästinas umfasste. Die P. endete mit dem Tod von Kleopatra 30 v.Chr. ◆38–9, ✣41, ✣42, ✣43●, ◆161 (2), ✣224, ◆224 (1)
Ptolemaeus, Claudius *var.* Ptolemaios (ca. 90–168). Astronom und Geograf aus dem röm.-hellenistischen Alexandria, Ägypten. Autor des mathematischen Werks *Almagest* und der *Geographias Hyphisis*, einer Anleitung zur Erstellung einer Weltkarte anhand astronomisch gemessener Ortsdaten.
Karte der Oikumene ✣156, ✣173
Meridianangaben ✣172
Späterer Einfluss ✣55, ✣62, ✣79, ✣218●
Ptolemaios I. *var.* Soter, ›Retter‹ (ca. 366–283 v.Chr.). Einer d. größten Feldherrn Alexanders d. Gr. und Herrscher über Ägypten nach dessen Tod. 305 nahm er den Königstitel an und gründete die Ptolemäer-Dynastie. Geschickter Militärstratege und Regent, der Palästina Zypern und Teile Kleinasiens unter Kontrolle brachte. ✣39●, ◆224 (1)
Ptolemaios V. (reg. 204–180 v.Chr.) König im antiken Ägypten aus der makedon. Dynastie. Unter seiner Herrschaft verlor Ägypten alle Besitzungen in Kleinasien. Erreichte Frieden durch die Hochzeit mit Kleopatra, der Tochter von Antiochos III. von Syrien. ❑42
Pueblo Indianervolk, das vor allem in New Mexico und Arizona lebt und dessen Vorfahren der Anasazi-Kultur angehörten (*siehe* Anasazi). Mit P. werden auch die von ihnen errichteten Siedlungen bezeichnet.
Dörfer in Canyons ✣58
Kultur ✣54●, ✣74, ◆74–5, ✣123, ◆123 (4)
Punische Kriege Drei Kriege zwischen Rom und Carthago. Im ersten (264–241 v.Chr.) machte Rom mit seiner starken Flotte zahlreiche Eroberungen, konnte Carthago jedoch nicht in die Knie zwingen. Im 2. P.K. (218–201) war Rom durch die Invasion Hannibals bedroht, konnte den Gegner jedoch zurückschlagen und zum Friedensschluss zwingen. Der dritte P.K. (149–146) endete mit der völligen Zerstörung Carthagos. ✣179, ✣179●, ◆179 (3)
Purana Sammlung von Texten, die sich mit der Schöpfung und Frühgeschichte der Menschheit befassen und zu den heiligen Schriften des Hinduismus zählen. Die P. enthalten Informationen über die Expansion der Arya-Stämme und die Bildung kleiner Königtümer und Republiken im 1. Jt. v.Chr. mit zahlreichen geografischen Angaben ✣242, ◆242 (2)
Pusyamitra Gründung der Shunga-Dynastie (185–73 v.Chr.) ✣43●
Puzzolan Mit Vulkanasche und Kies hergestellter Beton, beliebt in der röm. Baukunst, wo er mit Steinplatten verkleidet wurde. ✣43
Pydna ⚔ of (168 v.Chr.). Römischer Sieg über Griechenland. ◆179 (4)
Pyramiden
Altes Reich in Ägypten ◆159 (3)
Djoser ✣23●, ❑159
Giza (Giseh) (2530–2470 v.Chr.) ✣23●, ❑22
Reich Kusch ✣34
Teotihuacán, Sonnenpyramide ✣46
Weihe des Huitzilopochtli-Tempels (1487) ✣74●
siehe auch Grabstätten
Pytheas aus Massalia (300 v.Chr.) Griech. Seefahrer und Geograf, der die Meere Nordeuropas bereiste und vermaß. Als einer der ersten nutzte er Breitengrade zur Ortsbestimmung. ◆172 (1)
Pythische Spiele Pan-Hellenische Feiern, die n. 582 v. Chr. alle vier Jahre bei Krisa am Fuß des Parnassos stattfanden, dort, wo Apollon auf dem Weg zu seinem Heiligtum in Delphi nach der Mythologie den Python-Drachen getötet hatte. Die Spiele standen unter Aufsicht der Delphi-Priester und umfassten neben sportlichen auch musische Disziplinen. ❑38

Q

Qafzeh Älteste Grabstätte der Welt in Israel. ✣15, ✣15●
Qapaw N Amerik. Indianerstamm.
Karte eines Dorfes ❑118
Qi-Dynastie *var.* Ch'i. Eine der Dynastien in S China (reg. 420–589). ✣51●
Qin-Dynastie *var.* Ch'in-Dynastie. Herrscher-Dynastie in China (221–206 v.Chr.), gegründet durch König Zheng, der sich später zum Ersten Kaiser (Shi Huangdi, 259–210, reg. 247–210) machte. Er herrschte von Xianyang aus und vereinigte ab 230 China, setzte eine territoriale Reorganisation und zentralisierte Bürokratie durch, ließ die erste Große Mauer errichten, verbot Bücher und führte allgemeine Maße und Gewichte ein. ✣39, ◆38–9, ✣39, ✣43, ✣44, ◆259 (5)
Qing-Dynastie *var.* Ching, *auch* Mandschu-Dynastie (1644–1911). Herrscherdynastie der Mandschu in China. Im 19. Jh. war China das bevölkerungsreichste Land der Erde, das zugleich immense Gebiete kontrollierte und dem Korea, Indochina, Siam, Burma und Nepal tributpflichtig waren. 268–269
Gründung (1644) ✣83
Dammbau ❑83
1800 ◆86–7
1850 ◆90–1
Seidenmalerei ❑87
China (1644–1911) ✣268, ◆268 (1)
Eroberung von Xiankiang (1760) ✣87
Niedergang ✣94, ✣268

Expansion ✤268●
Ausländische Einmischung ✤269●
Vertrag von Nerchinsk (1689) ✤83●, ✤269●
Abgesetzt durch Sun Zhongshan (1911) ✤99●, ◆271 (5)
Produkte für den Westen ❑268
Protektorat in Tibet (18. Jh.) ✤87
Aufstände ✤268●, ◆268 (2)
ing-Reich *siehe* Qing-Dynastie
in-Reich *siehe* Qin-Dynastie
uebec ⚔ im amerikan. Unabhängigkeitskrieg (30.–31. Dez.1775); franz. Sieg. ◆127 (3).
uebec ⚔ im Siebenjährigen Krieg in N Amerika (1759). Nach Sieg über Frankreich hatte Gr.-Br. Kontrolle über Großteil N Amerikas. ◆88 (1), ◆127 (2), ✤127●
uebec
Kolonisierung durch Champlain (1608) ✤126●
Von Briten erobert (1759) ✤127, ◆127 (2), ✤127●
uetzalcoatl Als Schlange dargestellter Gott der Tolteken und Azteken. Er war Symbol für Tod und Wiederauferstehung und galt als Patron der Priester, Erfinder der Bücher und Kalender. ❑124
uexos, Pedro de Span. N Amerika-Forscher (1521). ◆125 (4)
uiróz, Pedro Fernandez de (ca.1560–1614) Span. Entdecker und Seefahrer. Nachdem er an mehreren Pazifik-Überquerungen teilgenommen hatte, stach er 1605 mit einer eigenen Expedition in See. Er entdeckte zahlreiche kleine Pazifik-Inseln, einschl. Espiritu Santo, die Hauptinsel von Vanuatu, die er für einen Teil der Ostküste der *Terra Australis Incognita* hielt. ◆278 (1)
uito Expedition zur Untersuchung der Kugelform der Erde (1735) ✤143●
utb al-Din Aybak *var.* Kutb-ud-Din Aibak. Gründer des Sultanats von Delhi ✤67, ❑244
utb Minar Minarett ❑67, ❑244
uwwat al-Islam Moschee (1199) ❑67, ❑244

R

a *auch* Re. Sonnengott und einer der wichtigsten Götter der alten Ägypt. Kultur. Die frühen Könige galten als Nachfahren von Ra, der meist als Löwe oder Falke abgebildet wurde. ✤26, ✤37
adio
Technologie von Marconi erfunden (1894) ❑98
Verbreitung in USA (1921–35) ✤135, ❑135
adisson, Pierre-Esprit (ca. 1636–1710). Pelzhändler und N Amerikaforscher. R. gründete Fort Nelson in der Hudson Bay, nachdem sein Schwager Groseilliers Fort Rupert gegründet hatte. Ihre Aktivitäten führten 1670 zur Gründung der Hudson's Bay Company in London. ◆119 (2)
affles, Sir Thomas Stamford (1760–1841). Gründer von Singapur. ✤91●, ❑248
siehe auch Singapur
ailroad Act (1866). Gesetz, mit dem der Kongress den Eisenbahngesellschaften den Bau ihrer Linien durch die Indianer-Gebiete im Westen erlaubte. ✤128–9●
aimund von Toulouse Routen der Kreuzfahrer (1096–99) ◆64–5 (2)
ajaraja der Große (reg. 985–1014). Chola-König, der den Machtbereich über den Osten des Deccan, Ceylon und die Malaiische Halbinsel ausdehnte. Als er starb, war er der mächtigste Herrscher Südindiens. ✤244
ajendra I (reg.1014–44). König der Chola-Dynastie im südl. Indien. Während seiner Regentschaft kontrollierte die Chola-Flotte die östl. Seeroute zwischen Arabien u. China. Sein Herrschaftssitz war Tanjore.
Chola-König (1014) ✤63●
Eroberung Ceylons (1018) ✤63●
ajputen *var.* Radschputen. Fürsten in Rajputana, N Indien. 1191 vom Afghanenführer Muhammad al-Ghur besiegt. ✤63●, ◆244 (3)
aleigh, Sir Walter (ca. 1554–1618). Eng. Seefahrer. Er genoss die Gunst Elisabeths I. und benannte daher die erste eng. Kolonie in Nordamerika 1584 nach der ›jungfräulichen Königin‹ Virginia. 1603 wg. Teilnahme an einer Verschwörung zum Tode verurteilt, wurde er in Haft gehalten. Nach seiner Freilassung 1616 fuhr er nach Guyana, um El Dorado zu finden. R. zerstörte in Guyana eine span. Stadt und wurde bei seiner Rückkehr nach England hingerichtet. ✤149
amayana In Sanskrit verfasstes ind. Epos, das zwischen dem 4. Jh. v.Chr. und dem 2. Jh. n.Chr. entstand und zahlreiche Legenden enthält. Im Zentrum stehen die Abenteuer von Rama, der später als Gott verehrt wurde. Die am weitesten verbreitete Nachdichtung stammt von Tulsi Das (1532–1623). ◆36 (2), ✤241
Ramses III. *var.* Ramesses (reg. ca.1183–52 v.Chr.) Zweiter König der 20. Dynastie in Ägypten. Führte Krieg gegen die Libyer und Seevölker. ✤31●
Rangoon gegründet (1755) ✤87●
Rapa Nui *siehe* Osterinsel
ar-Rashid, Harun *var.* Harun ar-Rashid Ibn Muhammad al-Mahdi Ibn al-Mansur al-'Abbasi (763/766–809). 5. Kalif der Abbasiden-Dynastie (786–809). Unter seiner Herrschaft erreichte das Reich seinen Höhepunkt. ❑56, ✤59●, ✤58–9, ✤227, ✤227●, ❑227,
Rashtrakuta Mächtiges Königreich im Norden des Deccan, 753 gegründet. Der Machtbereich reichte zeitweise vom Süden Gujarats bis Tanjore. ✤244●, ◆244 (2)
Rat für Gegenseitige Wirtschaftshilfe (RGW), *Eng.* Council for Mutual Economic Assistance (Comecon). 1949 gegründete wirtschaftliche Allianz kommunistischer Staaten unter Führung der Sowjetunion. Als Gegenbündnis zum westlichen OEEC von 1948 sollte der RGW den Handel der Partnerländer in die UdSSR umlenken. ✤213●, ◆138 (1) *siehe auch* Ostblock.
Ravenna Hauptstadt Italiens unter den Ostgoten und Byzantinern.
Von Ostgoten erobert (493) ✤53, ✤182●
Ausschnitt eines Mosaiks (6. Jh.) ❑182
Von Langobarden erobert (752) ✤58●
Sarkophag ❑182
Re *siehe* Ra
Reagan, Ronald Wilson (1911–). 40. Präsident der USA (Republikaner, 1981–89). Zuerst Reporter, dann Filmschauspieler und Vorsitzender der Film- und Fernsehschauspielervereinigung. 1962 Beitritt zur Republikanischen Partei. 1967–74 Gouverneur Kaliforniens. 1980 gewann er überlegen die Präsidentschaftswahlen. Er erhöhte zur Wirtschaftsbelebung den Verteidigungshaushalt erheblich, was insbesondere zur Lasten der Sozialausgaben ging. R. führte die umstrittene ›Strategische Verteidigungsinitiative‹ (Strategic Defense Initiative, SDI) ein und schloss mit der Sowjetunion den Vertrag über den vollständigen Abbau von nuklearen Mittelstreckenwaffen. ✤139, ✤139●
Recife Von Portugiesen erobert (1654) ✤149●
Reconquista Rückeroberung des muslim. Teil Spaniens durch die christl. Staaten vom 11.–15. Jh. ◆186 (1), ✤192, ✤192●, ◆192 (3)
Reconstruction (›Rekonstruktion‹, 1865–77). Zeitraum nach Ende des amerikanischen Bürgerkriegs, in dem die Südstaaten unter Aufsicht der Bundesregierung standen und den Schwarzen politische Rechte eingeräumt wurden. Nachdem jedoch die Republikaner die Regierung wieder übernommen hatten, führten weiße Politiker im Süden nach und nach die Rassentrennung wieder ein. ✤132
Recuay Kulturregion ◆145 (4)
Red River-Indianerkrieg *var.* Red River War (1874–75). Aufstände der Arapaho, Cheyenne, Comanche (›Komantschen‹), Kiowa und Kataka-Indianer in den Reservaten von Oklahoma und Texas gegen das Eindringen weißer Siedler in ihre Gebiete. Erst nach 14 Schlachten im Tal des Red River hatten die von General William Sherman geführten US-Truppen endgültig über die Indianer gesiegt. ✤128–9●, ✤128–9
Reducciones Jesuiten-Siedlungen an den Grenzen des spanischen S Amerika ✤143, ◆143 (2)
Reformation Religiöse Revolution im 16. Jh., die innerhalb der Röm.-Kath. Kirche stattfand und von Martin Luther und Johannes Calvin angeführt wurde. Die R. hatte weitreichende politische, wirtschaftliche und soziale Auswirkungen und bildete die Grundlage für den entstehenden Protestantismus. ✤194–5, ✤195●
Regenwald
Afrika ✤14, ◆160 (1)
Amazonas ❑140
Maya-Städte ✤50
Nutzung in Brasilien ✤153, ✤153●, ◆153 (4)
Yanomami in Brasilien ❑110
Regillus-See *Lat.* Regillus Lacus ⚔ (496 v.Chr.). Röm. Sieg über Allianz der umliegenden latin. Städte. Schlacht festigte Vorherrschaft Roms. ✤178●, ◆178 (1)
Reichspogromnacht *var.* Kristallnacht (9. Nov. 1938). Bei organisierten Übergriffen gegen Juden und jüdisches Eigentum durch Nazis wurden in Deutschland und Österreich 91 Juden getötet und fast alle größeren Synagogen niedergebrannt. ✤211●
Reiss, Wilhelm 19. Jh. Deutscher S Amerika-Forscher, der 1872 den Vulkan Cotopaxi bestieg. ✤143●
Religion
Anfänge ✤36, ◆36 (1)
Buddhismus (bis 400) ✤49, ◆49 (3)
Christentum (bis 600) ◆48 (1)
Daoismus ✤37, ◆37 (4), ✤37●
Hinduismus ◆48 (2)
Konfuzianismus ✤37, ◆37 (4)
Mediterrane Kulte ✤37, ◆37 (3)
Mithraismus, Judaismus und Religionen der Alten Welt (nach 400) ✤49, ◆49 (4)
Südasien ◆36 (2)
Remojadas Frühe mexikanische Zivilisation (ca. 600–900) ◆122 (1)
Renaissance (ca.1300–1550). Periode des kulturellen, wirtschaftl. und polit. Aufblühens im mittelalterlichen Europa, gekennzeichnet durch die Wiederentdeckung der klassischen griechischen und römischen Kultur. Die R. fand, von Italien ausgehend, ihre Ausprägung in der anwachsenden humanistischen Forschung und in der Wiederbelebung der Architektur, der Malerei, der Bildhauerei und der Kunst im Allgemeinen.
Aufblühen ✤75
Europa (12. Jh.) ✤187, ✤187●, ◆187 (3)
Reisende in W Asien ◆219 (3)
Rennell, James (1742–1830). Brit. Marineoffizier, der 1764 Surveyor General von Bengalen wurde. Er war verantwortlich für die erste systematische Vermessung des indischen Subkontinents, den ›Survey of India‹. ✤239●, ❑239
Republikanische Partei Eine der beiden großen politischen Parteien der USA. Sie wurde 1854 mit Abraham Lincoln als ersten Vorsitzenden gegründet, um die Abschaffung der Sklaverei voranzutreiben. Heute steht sie für eine wirtschaftsliberale Regierung sowie eine interventionistische Außenpolitik und wird rechts von der Demokratischen Partei eingeordnet. ✤130–1, ◆135 (5), ◆139 (4)
Reunionen Unter Ludwig XIV. annektierte linksrheinische Gebiete, die Frankreich von eigens eingesetzten Reunionskammern auf Grundlage alter Feudalrechte zugesprochen wurden. Die bedeutendsten Annexionen betrafen Luxemburg (1679) und Straßburg (1684). Mit dem Frieden von Ryswick (Rijswijk, 1697) musste Frankreich die meisten Gebiete wieder abtreten. ✤197●, ◆197 (5)
Revolution
Amerikanische (1775) ✤86, ✤126–7, ◆127 (3)
Chinesische (1911) ✤271, ✤271 (5)
Cubanische ✤106●, ✤152
Ökonomische ✤92–3
Zeitalter der Revolutionen 1768–1868 ✤89, ✤89●, ✤88–9 (2)
Europa ✤90●, ✤202●, ✤209
Gründe für Industrielle R. ✤86
Französische ✤86, ✤90, ✤199, ❑199, ◆199 (4)
Auswirkungen der Industriellen ✤92, ◆92 (1)
Erfindungen und Weltwirtschaft (1835–95) ✤92●
›Die Freiheit führt das Volk an‹ (Gemälde) ❑89
Unterdrückung der Märzrevolutionen ✤100●
Russische (1905, 1917) ✤98●, ✤99, ✤208, ◆208 (2)
siehe auch Industrielle Revolution
RGW *siehe* Rat für gegenseitige Wirtschaftshilfe
Rheinbund Zusammenschluss deutscher Kleinstaaten unter Hegemonie des napoleonischen Frankreich. ✤201, ◆201 (2)
Rheinland Einmarsch der Deutschen (1936); Franzosen ziehen sich kampflos zurück. ✤209
Rhodes, Cecil (1853–1902). Unternehmer, Kolonialpolitiker und Gründer von British South Africa. Er gründete 1888 das Diamantenunternehmen De Beers Consolidated Mines Limited und war Premierminister der Kapkolonie (1890–96). Erzwang mit militärischer Gewalt die Angliederung der Burenrepubliken Transvaal und Oranje-Freistaat an Britisch-Südafrika.
De Beers Consolidated Mines ✤167
Porträt ❑166
Rhodesien
siehe Zambia, Zimbabwe
Rhodos Hauptquartier der Johanniter (1310) ✤64●
Rhomäer-Reich *siehe* Byzantinisches Reich
Ri Dynastie *siehe* Yi Dynastie
Ricci, Matteo (1552–1610) Ital. Jesuit und Kartograf. Kam 1582 in die Jesuitenmission Macao und eröffnete weitere Missionen auf dem chin. Festland. 1601 ließ er sich schließlich in Beijing nieder, wo er auch starb. Durch seine Karten und Berichte erhielt die westliche Welt bis dahin neue Kenntnisse über China. ✤80
Richard I. von England *var.* Richard Löwenherz (1157–1199). Erster Sohn von Eleonore von Aquitanien und Heinrich II. Plantagenet. Ab 1168 Herzog von Aquitanien, 1172 von Poitiers. Wurde 1189 König von England, Herzog der Normandie und Graf von Anjou. Seine Beliebtheit beim Volk gründete v.a. in Berichten über seinen Wagemut im 3. Kreuzzug (1189–92). Freilich war er auf dem Rückweg vom deutschen Kaiser Heinrich VI. gefangen worden und musste ein enormes Lösegeld aufbringen, was zu Steuererhöhungen in England und vielfachen Revolten führte.
Sohn von Eleonore von Aquitanien ❑187
Thronbesteigung (1189) ✤187●
Zweikampf mit Saladin ❑64
Kreuzzüge, Routen (1189–92) ◆64–5 (2)
Richard II. (1367–1400) König von England (reg.1377–99). Sohn von Edward, dem Schwarzen Prinzen. 1399 wurde seine Willkürherrschaft von seinem Cousin, Heinrich von Lancaster, dem späteren König Heinrich IV., beendet. R. starb im Gefängnis und wurde wahrscheinlich ermordet. ✤192●
Richelieu, Kardinal Erster Minister von Ludwig XIII., mit dem er Frankreich zur führenden Macht Europas machte. ❑196
Riel-Aufstände (1869), (1885). Gewaltsamer Widerstand der Meti (Mischlinge aus Cree-Indianern und französischen Pelzhändlern) und verbündeten Indianerstämmen gegen Übergriffe europ. Siedler auf ihr Land. ◆128–9 (2)
Rig Veda *var.* Rigveda. Erstes Zeugnis der ind. Literatur, um 900 v.Chr. von Arya-Stämmen des Punjab fertiggestellt. Die R. sind eine Sammlung von Hymnen an die Götter, die über Jahrhunderte mündlich überliefert worden waren, und enthalten viele geografische Angaben. Den R. zufolge wandelten sich die Arya von wagenführenden Kriegern zu einem friedlicheren, sesshaften Volk. ✤36, ✤242, ✤242●, ◆242 (1)
Rio de Janeiro
Hauptstadt Brasiliens (1763) ✤149●
Karneval ❑112
Kolonie France Antarctique (1555) ✤149●
Río de la Plata Vizekönigreich gegründet (1776) ✤148●
Rio-Gipfel (UN-Konferenz für Umwelt und Entwicklung). Internationale Umweltkonferenz in Rio de Janeiro, Brasilien (3.–14. Juni 1992), um die weltweite ökonomische Entwicklung mit dem Schutz der Umwelt zu verbinden. ✤153●
Rippon-Fälle Suche nach Nil-Quelle. ✤157, ◆157 (5)
Robert I. *var.* Robert Bruce (1274–1329). König von Schottland (reg.1306– 29). 1306 Gekrönt gegen den Willen von König Edward I. von England. Entscheidender Sieg gegen die Engländer in der Schlacht von Bannockburn (1314). 1328 anerkannte England die Unabhängigkeit Schottlands und Roberts Anspruch auf den Thron.
Sieg in Bannockburn ✤188●, ❑188, ◆188 (2)
Robert Kurzhose (ca.1054–1134) Herzog der Normandie (reg. 1087–1106). Ältester Sohn von König Wilhelm I. von England. Erbte nach dem Tod seines Vaters die Normandie, während sein Bruder William König von England wurde. Nahm am 1. Kreuzzug teil (1096–1100).
Kreuzzüge, Routen (1096–99) ◆64–5 (2)
Robespierre, Maximilien François Marie-Isidore de (1758–94). Franz. Revolutionär und Führer der Jakobiner, der maßgeblich zum Sturz der gemäßigten Girondisten beitrug. R. war Mitglied des Wohlfahrtsausschusses, der die ›Schreckensherrschaft‹ (1793–4) organisierte. Im Sommmer 1794 wurde er vom Konvent gestürzt und am folgenden Tag guillotiniert. ✤199●
siehe auch Französische Revolution, Jakobiner, Schreckensherrschaft
Roerich, Nicolas (1874–1947) Russ. Reisender und Maler in Z Asien. ◆257 (3)
Roger II. von Sizilien (1095–1154), (reg.1101–54) Erster Normannen-König auf Sizilien, dessen Hof in Palermo einer der beeindruckendsten Europas war, in dem sich christliche und arabische Gelehrte trafen. Während seiner Herrschaft entstand das *Buch von Roger*,eine mittelalterliche Kartensammlung. ✤62, ✤218
Roggeveen, Jakob (1659–1729). Holländischer Seefahrer. Seine Überquerung des Pazifik 1722 brachte den ersten Kontakt von Europäern mit zahlreichen Inseln, einschl. Rapa Nui (Osterinsel) und Samoa. ✤278●
Rom Der vormals kleine Stadtstaat Rom eroberte durch militärische Macht, kombiniert mit dem geschickten Einsatz von Drohungen und Bündnissen, erst die italische Halbinsel, anschließend den gesamten Mittelmeerraum (1. Jh. v.Chr.). Die Bedeutung R. sank im 4. Jh., nahm ab dem 7. Jh. als Sitz des Papstes und der Röm.-Kath. Kirche jedoch wieder zu. R. stand unter päpstlicher Regentschaft, bis es zur Hauptstadt des vereinigten italienischen Königreichs wurde (1871).
Antike
Italischer Bund ✤178
Latinischer Bund (ca.495 v.Chr.) ◆178
Legionäre ❑178
Tönerne Amphore ❑181
Kaiserzeitliches Rom (ca.300) ✤181, ◆181 (2)
Colosseum ❑181
Versorgung im Altertum ✤181, ◆181 (3)
Plünderung durch Westgoten (410) ✤53●, ✤182●
Vor den Hunnen gerettet ✤53
Plünderung durch Vandalen (455) ✤52●
Vor Langobarden gerettet ✤183●
Hauptstadt des vereinigten Italien (1871) ✤94●
siehe auch Römisches Reich
Römisches Reich Größtes Reich, das je Europa beherrscht hat; reichte von N Britannien bis Ägypten. Ab dem 2. Jh. wurde die Verwaltung durch Wirtschaftskrise, Inflation, Kindermangel und äußere Feinde immer schwieriger, bis es im 3. und 4. Jh. durch mehrere Reformen geteilt wurde. Das westl. Reich ging 476 unter, das Oströmische oder Byzantinische Reich mit der Hauptstadt Konstantinopel existierte bis 1453. ◆42–3, ◆46–7, ◆50–1, ◆52–3
Expansion
Expansion im Überblick ✤42, ✤179●, ✤224–5, ◆224 (2)
Grenzen des antiken Europa ◆172 (1)
Vormacht auf Italischer Halbinsel (264 v.Chr.) ✤38●
Territorium (240 v. Chr.) ◆178 (1)
Carthago: Punische Kriege ✤42, ✤179, ◆179 (3)
Eroberungen (bis 120 v.Chr.) ✤179, ◆179 (5)
Unterwerfung Griechenlands ✤179, ◆179 (4)
51 v.Chr. bis 138 ✤180●
Grenzen beim Tod Traians (117) ◆161 (2)
Unter Hadrian (ca.120) ✤180, ◆180 (1)
Afrika (ca.150) ◆156 (3)
250–400 ✤181, ◆181 (4), ✤181●
Sieg über Attila (451) ✤50●
Konflikt mit Sassaniden ✤51
Untergang des Reichs (476) ✤50●, ✤182
Europa nach Roms Untergang ✤182, ◆182 (1)
Innere Verwaltung
Provinz-System (120 v.Chr.) ✤179
Tetrarchie Diocletians ✤50, ✤181, ❑181, ◆181 (4)
Kultur
Palatin-Besiedlung (850 v.Chr.) ✤31●
Erkundung und Kartierung ✤42, ✤47, ◆218 (1)
Tierkämpfe ❑44
Mumienhülle ❑47
Mosaik der Nilschwemme ✤47
Pantheon ✤37
Ökonomie
Seehandel ❑44
Handel der Antike ◆44–5
siehe auch Rom, Italien
Römische Verträge *siehe* Europäische Union
Romulus ›Augustus‹ Röm. Kaiser des Westreichs, abgesetzt 476 ✤50●
Roosevelt, Franklin Delano *auch* FDR (1882–1945), 32. Präsident der USA (Demokrat, 1933–45). Roosevelt gewann 1932 auf dem Höhepunkt der Weltwirtschaftskrise in den USA die Präsidentschaftswahlen. Gleich nach der Amtseinführung leite er eine Reihe von Reformen ein, die unter dem Namen ›New Deal‹ bekannt sind. Maßnahmen waren u.a. die Abkehr vom Goldstandard und von der Subvention der Agrarpreise, Programme wie die ›Works Progress Administration‹ zur Schaffung neuer Arbeitsplätze und der ›Social Security Act‹ zur sozialen Absicherung der Arbeiter. Entgegen der amerikanischen Tradition wurde R. drei weitere Male ins Amt gewählt. Obwohl er bei Ausbruch des ZWK einer Einmischung ablehnend gegenüberstand, traten die USA 1941 als Verbündete Großbritanniens und der UdSSR in den ZWK ein.
Porträt ❑135
US-Präsident (1932–45) ✤134
New Deal ✤102●, ✤134, ✤134●, ✤135
FDR-Effekt ✤135
National Recovery Administration (NRA) ❑134, ✤134●
Works Progress Administration (WPA) ❑134, ✤134●
Zweiter Weltkrieg
Casablanca-Konferenz (1943) ✤104●
Teheran-Konferenz ✤105●
Jalta-Konferenz der ›Großen Drei‹ (1945) ❑105
Roosevelt, Theodore *gen.* Teddy (1858–1919), 26. Präsident der USA (Republikaner, 1901–09). Befehlshaber der ›Rough Riders‹ im Spanisch-Amerikanischen Krieg (1898), Gouverneur von New York (1898–1900), dann Vize-Präsident unter W. McKinley (1901), nach dessen Ermordung Präsident der USA (1901). R. leitete den Bau des Panamakanals ein, stärkte die US-Navy und bekam für seine erfolgreiche Vermittlerrolle zur Beendigung des Russisch-Japanischen Kriegs 1906 den Friedensnobelpreis. Er gründete den Progressive Movement und konnte als einer dessen Führer eine beschränkte Kontrolle der Großindustrie und innenpolitische Reformen verwirklichen. ❑132
Rosas, Juan Manuel de (1793–1877) Argentin. Diktator. Obwohl offiziell nur Gouverneur der Provinz Buenos Aires, herrschte R. 1829–52 faktisch über ganz Argentinien. Grundlage seiner Macht waren seine loyalen Gauchos und die Eroberungszüge gegen die Ureinwohner Patagonias. ❑151
Rosebloom, Johannes 17. Jh. Nordamerikaforscher. Sollte im Auftrag von Gouverneur Thomas Dongan neue Routen für den Pelzhandel erkunden. Er erreichte 1685 nach drei Monaten Michilimackinac zwischen dem Huron- und dem Michigan-See. ◆119 (2)
Rosenberg, Ethel und Julius (1915–53, 1918–53). Amerikanische Kommunisten, die wegen angebl. Verrats von Atomgeheimnissen an die Sowjetunion zum Tode verurteilt und auf dem elektrischen Stuhl hingerichtet wurden. ❑108
Rosetta, Stein von Basalt-Platte mit Inschrift von Ptolemaios V. von Ägypten in hieroglyphischer, demotischer und griech. Schrift. 1799 nahe der ägypt. Stadt Rosetta gefunden, 1801 von Briten ins British Museum nach London gebracht. Ermöglichte die Entschlüsselung der ägypt. Hieroglyphen. ❑42
Ross, Sir James Clark (1800–62) Brit. Marineoffizier und Polarforscher. Er begleitete 1819–27 Edward Parry und 1829–33 seinen Onkel John Ross auf ihren Expeditionen in die Arktis. 1839–43 leitete er die erste bedeutende Antarktis-Expedition der brit. Marine. R. entdeckte das nach ihm benannte Ross-Meer, den Ross-Eisschelf, die Ross-Insel und Victorialand.
Arktis-Forscher (1829–33) ❑287, ◆286–7 (2)
Antarktis-Expedition (1839–43) ◆287 (3)
Rote Armee Truppen der Bolschewiki nach der Oktober-Revolution, von Leo Trotzki aufgebaut gegen die ›Weißen Armeen‹ der konterrevolutionären Zaristen. ✤208
Rote Khmer *Frz.* Khmer Rouge. Kommunist. Partei in Kambodscha unter der Führung von Pol Pot. Truppen der R. stürzten 1975 die rechtsgerichtete Regierung unter Lon Nol (seit 1970 an der Macht). Die R. wurden 1979 von oppositionellen Kommunisten, unterstützt vom vietnamesischen Militär, entmachtet, bilden aber nich heute eine politische Kraft. ✤253, ✤253●, ◆253 (4), ❑253
siehe auch Pol Pot
Rotes Meer Handel (1. Jh.) ✤225, ◆225 (3)
Rotz, John Frühe Karte von S Amerika (1542) ❑142
Rousseau, Jean Jacques (1712–78) Franz. Philosoph und Schriftsteller. R. hatte ein grundsätzlich positives Menschenbild und vertrat die Auffassung, dass es v.a. die Gesellschaft sei, die Ungerechtigkeit und Elend verbreitete. Sein bekanntestes Werk *Du Contrat Social* (1762) beeinflußte das Denken der franz. Revolutionäre. ✤198
Rozwi-Reich Reich im südl. Afrika (ca.1684–frühes 19. Jh.)
Aufstieg (17. Jh.) ✤164, ✤164●, ◆164 (1)
Ruanda
Bürgerkrieg (1990er) ✤111, ✤111●, ✤169, ◆169 (5)
Flüchtlinge ❑169
Ruanruan *var.* Juan-juan, Awaren. Nomadische Steppenvölker, deren Vertreibung aus der Mongolei durch die Blauen (Himmlischen) Türken im 4. Jh. sie nach Westen führte, sodass sie Mitte des 6. Jh. nach Europa kamen; *siehe auch* Awaren. ✤261●, ◆261 (4)
Rub' al-Khali *var.* ›Leeres Viertel‹. Die große, völlig vegetationslose Sandwüste im Süden der Arabischen

Halbinsel mit einer Fläche von 777 000 Quadratkilometern. Forschungsreisende im 19. und 20. Jh. ✤219●
Rudolf I. (1218–91) Graf von Habsburg und Kaiser des Hl. Röm. Reichs. Er war erster Habsburger auf dem Kaiserthron, erkämpfte sich Austria (Österreich) als Zentrum der Habsburger Besitzungen durch den Sieg über Ottokar II. von Böhmen im Jahr 1278. ✤189●
Roch (1377–1447). Mongolischer Schah, Sohn Timurs ✤75
Rumänien
Unabhängigkeit (1878) ✤232
Ende des Kommunismus (1989) ✤110●
siehe auch Balkan, Nationalismus; Weltkriege
Rûm-Seldschuken Sultanat in Anatolien im 12. und 13. Jh. mit Hauptstadt Ikonion (Konya). Der Name ist abgeleitet von Rom, weil sie ihr Territorium von den ›Rhomäern‹ (damaliger Name für das Oströmische/Byzantinische Reich) erobert hatten. ◆64–5 (1), ✤228
Rurik Sagenumwobener Warägerfürst und Herrscher in der Handelsstadt Novgorod (reg. ca. 862–79). Gilt als Gründer des russischen Staates (benannt nach ›Rus‹, dem finnischen Wort für Schweden). ✤60●
Russland Staat, der im 16. Jh. unter Iwan IV. (›der Schreckliche‹) in und um Moskau entstand. Iwan IV. besiegte die Tataren, vereinigte die benachbarten Fürstentümer und krönte sich zum Zaren. R. konsolidierte seine Macht in Osteuropa und expandierte jenseits des Ural im 17. Jh. (insbesondere unter Peter d. Gr.), um im 18. Jh. Nord- und Zentralasien zu dominieren. Die Zarenherrschaft endete mit der Revolution 1917. ✤194–215, 257–273
siehe auch Gemeinschaft Unabhängiger Staaten, Union der Sozialistischen Sowjetrepubliken
Mongolen-Feldzüge (13. Jh.) ✤66●, ❑68, ◆68 (1)
Neuzeit
Konsolidierung und Revolutionen (17. Jh.) ✤196, ✤196●, ◆196 (2)
Bevölkerungswachstum (1650–1800) ❑198
Russisches Reich1800 ◆86–7
Handelsgespräche mit Japan (1804) ✤91●
Russisches Reich1850 ◆90–1
Leibeigenschaft abgeschafft (1861) ✤94●, ✤269
Russisches Reich1900 ◆94–5
Auswärtiges
Expansion auf dem Balkan ✤203, ◆203 (4)
Konflikt im Baltikum ✤195, ✤195●, ✤197, ◆195 (3), ◆197 (3)
Vertrag von Nerchinsk mit China (1689) ✤83●, ✤257●
Koalition gegen Frankreich (1792–1815) ✤90●, ✤201, ◆201 (3)
Rückzug aus dem Amur-Becken (1689) ✤83●
Vasallen der Goldenen Horde (1200–1400) ◆189 (4)
Erkundung
Alaska-Expeditionen (1816–65) ◆119 (3)
Bering-Straße, Alaska (16.–17. Jh.) ✤257
Expansion ✤78, ✤82, ✤257, ✤269, ✤269●, ◆269 (3)
Eroberung der Krim (1783) ✤86●
Ansprüche in N Amerika (1821) ◆128–9 (2)
Kriege
Krimkrieg (1854–56) ✤94, ✤203, ◆203 (4), ✤232●
Türkei und Schwarzes Meer ✤232
EWK *siehe* Weltkriege
ZWK *siehe* Weltkriege
Revolutionen
Russische Revolution (1917) ✤98●
Revolutionen (1905, 1917) ✤98●, ✤99, ✤208, ◆208 (2)
Russische Revolution (1917). In der Februar-Revolution wurde Zar Nikolaus II. zur Abdankung gezwungen. Die anschließende Provisorische Regierung zunächst unter Fürst G.J. Lwow, danach unter A.F. Kerenski wurde in der Oktober-Revolution 1917 von den Bolschewiki gestürzt. Nach dem Sieg der roten Bolschewiki im anschließenden Bürgerkrieg gegen die ›Weißen‹ wurde 1922 die UdSSR gegründet. ✤208, ✤208●, ◆208 (2)
Russisch-Japanischer Krieg (1904–05) wegen Gebietsstreitigkeiten zwischen Japan und Russland. Gipfelte im japan. Sieg über die russische Baltische Flotte in der Tsushima-Straße. ✤99, ✤270, ◆270 (4)
siehe auch Portsmouth, Friede von
Ruth, ›Babe‹ *eigentl.* George Herman Ruth (1895–1948). US-Baseballstar. Schaffte 714 Home Runs und gilt als größter Baseballspieler aller Zeiten. ❑135

S

Sachsen Germanisches Volk, ursprüngl. aus Holstein nördl. der Elbe; breitete sich im 3./4.Jh. nach Süden aus (entlang der Weser zwischen d. heutigen Paderborn und Magdeburg); Teile zogen mit Angeln und Jüten nach Britannien (5. Jh.) und überschichteten dort als ›Angelsachsen‹ die keltische Altbevölkerung. In Germanien gliederten sich die S. in die Verbände der ›Westfalen‹, die zuerst von Karl d. Gr. unterworfen wurden, und den Kreis der ›Ostfalen‹, die erst nach seiner Kaiserkrönung besiegt wurden.
Völkerwanderung ◆52–3 (1), ✤183
Sadat, Anwar as- (1918–81) Präsident Ägyptens (reg.1970–81). Scheiterte 1973 mit einer Invasion Israels. Er unterschrieb 1978 das Camp David Abkommen mit Israel, wurde für diesen ›Verrat‹ aber 1981 von militanten Islamisten ermordet. ✤138●, ◆235 (4)
Sadlier, George 19. Jh. Brit. Offizier; querte mit ägypt. Truppen im Krieg gegen den Wahhabi-Aufstand als erster Europäer die Arabische Halbinsel von Ost nach West. ✤219●
Safawiden Dynastie aus dem Kaukasus, die um 1500 unter Schah Ismail Persien vereinigte und gegen den Sunni-Islam die Shi'a durchsetzte. Die Safawiden stoppten die Expansion der Osmanen nach Osten. ✤231, ◆231 (4)
Konflikt mit Osmanen ✤79
Aufstieg zur Macht (1499) ✤75, ✤75●, ✤231
Sahara
Vorgeschichtl. Wildbeuter ✤19
Desertifikation ✤19
Felsbilder ✤19●, ❑19, ✤20●, ❑21, ❑158
Wellenband-Keramik ✤19●, ✤20●
Einführung des Kamels (ca.100 v.Chr.) ✤43●
Sahel *auch* Sahelzone (v.Chr.) ✤34
Beginn einer dramatischen Dürre (ca.1110) ✤63●
Saint Lawrence *var.* Sankt Lorenz
Von Cartier erkundet (1532, 1534) ✤80●, ✤118●
Europ. Siedlungen (bis 1750) ✤126, ◆126 (1)
Saint Louis *siehe* Ludwig IX. von Frankreich
Sait(isch)e-Dynastie 26. Dynastie des alten Ägypten, die nach dem Einfall der Assyrer in der Stadt Sais residierte (662–525 v.Chr.). Pharao Psammetich (Samtik) I. erkämpfte die Unabhängigkeit vom nubischen Königreich Kusch, beschnitt die Macht der Gaufürsten und einigte das Reich letztmals unter einheimischer Führung. Sein Sohn Necho (Niku) II. ließ phönikische Seeleute Afrika umschiffen. ✤35●
Saladin *var.* Salah ad-Din (1138–93). Kurdischer General im Heer des muslim. Herrschers Nur ad-Din, der die europ. Kreuzritter bei Aleppo, Hattin und Akko besiegte und sie 1187 aus Jerusalem vertrieb. Er wurde Herrscher von Ägypten, begründete die Ayyubiden-Dynastie in Palästina und ließ das muslim. Heiligtum des Felsendoms in Jerusalem erneuern.
Gründer der Ayyubiden-Dynastie (1174) ✤63●, ✤228, ✤228●, ❑228, ◆228 (2)
Eroberung Jerusalems (1187) ✤63●, ✤64●, ✤228●
Kampf gegen Kreuzritterstaaten (1188) ✤63●, ✤228
Eroberungen ◆65 (3)
Salamis See- ⚔ der Perserkriege (480 v.Chr.). Griechischer Sieg. ✤39●, ✤223●, ◆223 (4)
Salomo *var.* Salomon (ca. 966–926 v.Chr.) König von Israel und Juda, 2. Sohn von David und Bathseba. Führte das Königreich zu max. Ausdehnung und ließ eindrucksvolle Tempel und Paläste bauen. Nach jüd. Überlieferung mit außerordentlicher Weisheit ausgestattet. ✤31, ✤222●
Salpeterkrieg *var.* Pazifischer Krieg (1879–83). Krieg zwischen Chile, Peru und Bolivien um die Nutzung der reichen Salpetervorkommen in der Atacama-Wüste. Chile erzielte dabei große Gebietsgewinne zu Lasten Boliviens und Perus. Bolivien verlor dauerhaft seinen Zugang zur Pazifikküste. ✤151, ◆151 (4)
SALT (Strategic Arms Limitation Treaty) Verhandlungen über die Begrenzung des strategischen Atomwaffenarsenals von USA und Sowjetunion. Die S. wurden bereits 1969 aufgenommen und führten zu der Unterzeichnung von SALT I (1972). SALT II wurde 1979 unterzeichnet, von den USA aber bis 2000 nicht ratifiziert. ✤109●
Salvador *siehe* Bahia
Samaniden-Dynastie (819–1005) Muslim. Dynastie Persiens. ✤227, ❑227, ◆227 (6)
Samarkand
Seidenstraße ✤45
Timurs Hauptstadt ✤71, ✤229
Samarra Islamische Stadt ✤57, ◆57 (2), ◆57 (3)
Gründung durch al-Mutasim (ca. 836) ✤59●
Wandmalerei im Jawsaq-Palast ❑227
Spiraliertes Minarett der Großen Moschee ❑57
Sambia *siehe* Zambia
Samniten *Lat.* Samnites. Volksstamm in S Italien. Widersetzten sich am längsten der röm. Expansion in Italien im 4./3. Jh. v.Chr. Erst im 3. S.-Krieg konnten sie bezwungen werden (290 v.Chr.). ✤178●, ◆178 (1)
Samoa
Lapita-Kultur (v.Chr.) ✤27, ✤60●
Von Polynesiern besiedelt ✤60, ◆60 (2)
Samurai Ritterlicher Krieger eines japan. Feudalherren oder des Kaisers. ❑265
San Agustín *var.* St. Augustine.
Gründung (1565) ✤125
Küstenfort, Castillo de San Marcos ❑125, ◆125 (4)
San Francisco, Frieden von (1951) Friedensvertrag zwischen Japan und vielen seiner Gegner im ZWK (außer der Sowjetunion), durch den Japan die Unabhängigkeit wieder erlangte. ✤148●
San Ildefonso, Vertrag von (1777). Span.-port. Vertrag, der die Grenzen zwischen den von ihnen beanspruchten Gebieten in S Amerika, vor allem Uruguay, festlegte. ✤148●
San Juan Puerto Rico
Gründung (1509) ✤125●, ◆125 (4)
San Lorenzo Kultzentrum der Olmeken
Arch. Stätte ✤26, ◆121 (2), (3)
Olmeken-Skulptur ❑30
San Martín, José de (1778–1850) Argentinischer General, der Chile und Peru aus spanischer Herrschaft befreite. Nach Differenzen mit Simón de Bolívar trat er 1822 als Protektor von Peru zurück und starb im Exil in Frankreich.
Befreiungskampf ✤90, ◆150, ◆150 (1)
Sanchi Großer Stupa ❑39
Sandinisten Mitglieder der Sandinistischen Nationalen Befreiungsfront (FSLN), 1962 in Nicaragua als linksorientierte, gegen die USA gerichtete Guerilla gegründet. Ihr Kampf mündete in einen Bürgerkrieg, der schließlich zum Sturz des US-freundlichen Somoza-Regimes führte (1979).
Bürgerkrieg in Nicaragua ✤110●
Contras in Honduras ❑139, ◆139 (5)
Sandoval, Gonzalo de Span. N Amerika-Forscher (1521) ◆125 (4)
Sandwich-Inseln *siehe* Hawaii
Sankt Petersburg Gründung (1703) ✤86●, ❑197
Sansibar *siehe* Zanzibar
Santa Fe Gründung (1609) ✤125
Santo Domingo Gründung (1496) ✤125●, ◆125 (4)
São Jorge da Mina *siehe* Elmina
São Paulo
Slums ❑106
Sklavenjäger (Paulistas) ✤143
Schahpur, Šapor *siehe* Schapur
Saqqara Pyramide ✤23●, ❑25
Sarajevo Ermordung des österr. Thronfolgers Franz Ferdinand ✤98
Saratoga ⚔ im amerikan. Unabhängigkeitskrieg (17. Okt.1777); amerikan. Sieg. ◆127 (3)
Sarazenen In der Antike Bezeichnung für die Araber im NW Arabiens und auf der Arabischen Halbinsel; im mittelalterl. Europa verwendet für alle Muslime.
Besetzen Kreta und Sizilien (827) ✤58●
Sardis Bau der Königsstraße des Persischen Reichs ✤35
Sargon I. von Akkade *var.* Šarru Kin (ca. 2334–2279 v.Chr.). Ursprüngl. ein akkadischer (semitischer) Beamter eines sumerischen Stadtstaates in S Mesopotamien, stürzte seinen Herrn vom Thron, gründete die Palaststadt Akkade (Agade) und unterwarf die sumerischen Städte. Dann dehnte er sein Reich bis Syrien und zum östlichen Kleinasien aus. Er soll 56 Jahre regiert haben, und trotz Revolten am Ende sicherten seine Eroberungen die akkadische Kulturdominanz für die nächsten Jahrhunderte. ✤27●, ✤221, ✤221●, ◆221 (4)
Sassaniden-Reich Pers. Herrscherdynastie, gegründet 224 von Ardaschir I. (reg. 208–241). Zur Blütezeit im 6. Jh. unter Khosrau (Chosroes) I. erstreckte sich das S. vom römischen Anatolien im Westen bis Taxila (heute Pakistan) im Osten. Das Reich fiel an die muslim. Araber mit der 637 erfolgten Eroberung der Hauptstadt Ktesiphon und dem arabischen Sieg 642 bei Nehavend. ✤44●, ✤51, ✤225, ✤225●, ◆225 (6)
Niederlage gegen Herakleios (628) ✤55●
Dynastiegründung ✤47
Expansion ✤224, ✤224●, ◆182 (1), ◆224 (2)
Eroberung Armeniens ✤51●
Schah-in-Schah ❑51
Satavahana Dynastie in Z Indien, 1.–2. Jh. Abgelöst von der Vakataka-Dynastie. ✤47
Satelliten
Erster bemannter Weltraumflug (1961) ✤108●
Fotos ❑106, ❑110
Sputnik II gestartet (1957) ✤106●, ✤108●
Satrapen Statthalter des achämenidischen Perser-Reichs (v.Chr.) ✤35, ✤223
Sa'ud, Abd al-Aziz Ibn *var.* Ibn Saud (1880–1953). Gründer des Königreichs Saudi-Arabien. Er wurde nahe Riyadh (Riad) geboren, sein Vater war der jüngste Sohn des Sultan von Nejd (Nedschd). Nach den Bürgerkriegen (1875–91) zwischen den Nachfolgern des Sultan eroberte Ibn Saud Riyadh zurück und wurde 1901 erneut zum Herrscher ausgerufen. Er legte die Grundlage für einen nicht stammesgebundenen arabischen Nationalstaat, basierend auf einer landwirtschaftlich geprägten Ökonomie und von den Gesetzen der islamischen Scharia bestimmt. Ibn Saud begann sein Königreich ab 1918 auszubauen und bereits 1926 hatte er das Königreich Hejaz mit seinem Heiligtum Mekka erobert. ❑233, ✤233
Saudi-Arabien
Gründung (1932) ✤103●
Entstehung (1800–1932) ✤233, ◆233 (4)
Erdgasreserven ✤234
Ölförderung ❑234, ◆234 (1)
Savannah ⚔ im amerikan. Unabhängigkeitskrieg (29. Dez.1778); brit. Sieg. ◆127 (3)
Savorgnan de Brazza, Pierre *siehe* Brazza, Pierre Savorgnan de
Saxtons Landkarte von England und Wales ❑173
Schah *Pers.* ›König‹, Herrschertitel seit dem 3. Jh., auch in Indien
Schah-in-Schah *siehe* Sassaniden-Reich
Schah Jahan *var.* Schah Dschahan (1592–1666) Mogul-Kaiser (reg.1627–58). Der Enkel von Akbar beherrschte das Reich in seiner glanzvollsten Periode. Gründete die Stadt Delhi und ließ das Taj Mahal in Agra bauen als Grabmal für seine Lieblingsfrau Mumtaz. Er hatte vier Söhne; Aurangzeb, der dritte, ermordete den Thronerben und übernahm die Herrschaft schon zu Lebzeiten des Vaters. ✤83, ✤246, ❑246, ◆246 (1)
Schaibaniden *siehe* Usbeken.
Nachfahren Dschingis Khans ✤75
Schapur I. *var.* Šapor I. (reg. 242–272). Sohn Ardaschirs und Gründer des Sassaniden-Reichs. Fügte den Römern zahlreiche schwere Niederlagen zu, etwa bei Edessa 260, und vollendete die Eroberung des Kushana-Reichs. ✤51●
Schapur II. *var.* Šapor (309–79). König von Persien, der Feldzüge gegen die Römer unternahm und sie zur Aufgabe von fünf Provinzen zwang (363). Unterwarf auch Armenien der Sassaniden-Herrschaft. ✤51●
Scharia Das heilige, da von Gott geoffenbarte, und immer gültige islam. Gesetz, dessen Befolgung konstitutiv für die Zugehörigkeit zur Umma, die Gemeinschaft der Gläubigen ist. Es regelt das Verhalten des Menschen als ›Gehilfe‹ Gottes, ist daher prinzipiell nicht nach sakralen und profanen Bereichen zu trennen. Es enthält zahlreiche genaue Regeln für das Alltagsleben, deren Einhaltung in der Öffentlichkeit die Rechtschaffenheit des Menschen beweist.
siehe auch Islam
Schepenmut Priesterin in Theben ❑31
Schiffe *siehe* Navigation, Verkehr
Schiiten *var. Ar.* Shi'āt i-'Ali, ›Anhänger Alis‹. Die S. bilden die größte Minderheit des Islam, der mehrheitl. von den Sunniten geprägt ist. Sie haben unterschiedliche relig. Interpretationen und Praktiken entwickelt, wobei es neben der Zwölfer-Schi'a des Iran, der Hauptströmung, eine Vielzahl von regionalen Sekten und Gruppen gibt.
siehe auch Sunniten.
Frühgeschichte ✤56
Fatimiden ✤57, ✤58●
Panislamische Welt ✤113, ◆113 (3)
Aufflammen des Islamismus ◆235 (4)
Schisma, Großes *siehe* Abendländisches Schisma
Schiwadschi *siehe* Shivaji
Schlafmohn *(Papaver somniferum)* Besonders für die Herstellung von Drogen genutzte Pflanze. Aus dem Milchsaft der unreifen Fruchtkapseln werden Opium und die Opiumalkaloiden Morphin, Heroin, Kodein und Papaverin gewonnen gewonnen. ◆153 (5)
Schleifstein Bearbeiteter Sandstein, der sich wegen der Quarzkörner gut zum Schleifen eignet. Er wird in zahlreichen Fertigungsprozessen eingesetzt, z.B. zum Polieren von Oberflächen. ✤16●, ✤18●, ❑20
Schlesien Eroberung durch Preußen ✤199
Schomburgk, Sir Robert Hermann (1804–65). In Preußen geborener brit. Beamter, der für die Royal Geographical Society Britisch-Guayana (Guiana) erforschte (1831–35). Er zog die umstrittene ›Schomburgk-Linie‹, die Venezuela und Brasilien vorübergehend voneinander abgrenzte. ✤143●
Schottland
Wikinger-Überfälle (ca.795) ✤60●
Von Norwegern besiedelt (ca. 900) ✤60●
Konflikt mit England (11.–14. Jh.) ✤188●, ◆188 (2)
Reformation ✤78
Dezentralisierung ❑112
Schouten, Willem C. van (ca.1567–1625) Holländischer Entdecker und Seefahrer. Vollendete eine Weltumsegelung, nachdem er 1616 das Südkap Südamerikas passiert hatte, es der nach seiner Heimatstadt Hoorn in den Niederlanden benannte. ◆142 (1), ◆278 (1)
Schnurkeramik (ca. 5. Jt. v.Chr.) Tongefäße mit Schnurrillendekor. ❑19
Schreckensherrschaft (1793–94) *Frz.* Terreur. Letzte Phase der Franz. Revolution. Der ›Wohlfahrtsausschuss‹ unter der Führung von Robespierre verfolgte eine Politik der brutalsten Ausschaltung der politischen Opposition. Gegner der Jakobiner wurden erbarmungslos hingerichtet. Geschätzte 40 000 Menschen fielen der S. zum Opfer. ✤199●
siehe auch Französische Revolution, Jakobiner, Robespierre
Schrift 32, 223
Ägypt. Totenbuch (v.Chr.) ❑30
Alphabet ✤31●, ◆223 (3)
Chinesische Schrift ✤259●, ❑258, ◆32 (1)
Erste Buchstabenschrift (1600 v.Chr.) ✤27●
Etruskische Schrift (ca.690 v.Chr.) ✤176●
Evolution ✤32●, ✤223, ✤223●, ◆32 (1), ◆223 (3)
Induskultur-Schrift ◆32 (1)
Kanaanit. Schrift (1600 v.Chr.) ✤27●
Keilschrift ✤24●, ✤25, ❑25, ◆32 (1), ❑34, ✤223, ◆223 (3)
Linear A (1650 v.Chr.) ✤27●
Mesoamerikan. Schrift ◆32 (1)
Olmeken-Schrift ✤121
Phönikische Schrift ✤27●, ✤31●, ✤32●, ❑32, ◆32 (1)
Röm. Lapidar-Inschriften ❑32
Runen-Schrift ◆32 (1)
Überlieferung von Kenntnissen ◆76–7 (1)
Zapoteken-Schrift ✤32, ✤34●
siehe auch Hieroglyphen
Schutzstaffel (SS). Nationalsozialistische Eliteeinheiten, 1925 geschaffen, ab 1929 von Heinrich Himmler in eine Sicherheitseinheit umgeformt. Die Waffen-SS operierte an der Front, während andere Einheiten u.a. mit der ›Endlösung der Judenfrage‹ befasst waren. ✤211
Schwarze Hunnen *siehe* Hunnen.
Schwarzer Prinz *siehe* Edward, Prinz von Wales
Schwarzer Tod Beiname der Pestepidemie, die Eurasien im 14. Jh. heimsuchte. Der Name wurde erstmals im 19. Jh. verwendet. ✤72–3, ◆72–3 (1), ✤188
siehe auch Beulenpest
Schweden 186–215
800–1000 ◆185 (3)
Baltikum
(1100–1400) ◆189 (3)
Konflikt (16. Jh.) ✤195, ✤195●, ◆195 (3)
Dreißigjähriger Krieg ✤196, ◆196 (1)
Großmacht (1560–1721) ◆197 (3)
Westfälischer Friede ◆196 (1), ✤197●
Expansion
Konsolidierung und Revolutionen (17. Jh.) ✤196, ✤196●, ◆196 (2)
Ausdehnung (1560–1721) ◆197 (3)
Besitzungen (1700) ◆82–3
Handel mit Konstantinopel ✤60
Kalmarer Union (1397) ✤70●
Innere Angelegenheiten
Bevölkerungswachstum (1650–1800) ❑198
Schweiz 196–215
Bildung der Eidgenossenschaft ✤193, ✤193●, ◆193 (5)
Schlacht am Morgarten ❑193
Schwertbrüder 1202 gegründeter Ritterorden, der im frühen 13. Jh. Livland im Baltikum eroberte. Von den Litauern 1236 besiegt, gingen die Schwertbrüder im Deutschen Orden auf. ◆186 (1), ✤189
Scipio Africanus (Publius Cornelius Scipio, 236–183 v.Chr.). Röm. Feldherr. Seine Feldzüge auf der Iberischen Halbinsel gegen Carthago (210–206 v.Chr.) trugen entscheidend zu Roms Sieg im 2. Pun. Krieg bei. 204 setzte Scipio nach Afrika über, um Carthagos Heimatgebiete zu erobern. 202 besiegte er bei Zama Hannibal, de größten Feldherrn Carthagos, der zum Schutz seiner Heimat aus Italien zurückgekehrt war. Bei seiner Rückkehr nach Rom erhielt Scipio einen Triumph und den Ehrentitel Africanus. ✤179●, ◆179 (3)
Scopes' ›Monkey Trial‹ *siehe* Affenprozess
Scott, Robert Falcon (1868–1912) Bri[…] Marineoffizier und Polarforscher. 1901–04 leitete er im Auftrag der Royal Geographical Society zusam[…] men mit Edmund Wilson und Ernest Shackleton eine Expedition in die Antarktis. Bei seiner zweiter[…] Expedition 1910 erreichte er am 17. Jan.1912 den Südpol – einen Monat nach dem Norweger Roald Amundsen. Sämtliche Mitglieder seiner Expedition kamen bei der Rückkehr zum Basislager ums Leben. ❑287, ◆287 (3)
Schreiber
Ägypten ❑25, ❑32
siehe auch Hieroglyphen; Schrift
SDI (Strategic Defense Initiative) *auc[…]* Star Wars. Satelliten-gestütztes Raketenabwehrsystem, mit dessen Planung die USA Mitte der 80er Jahre als Antwort auf eine Erhöhung des sowjetischen Rüstungsetats begannen. ✤109
Siegel
Lübeck ❑190
Uruk, Rollsiegel ❑24, ❑223
Sechs-Tage-Krieg (5.–10. Juni 1967). Arabisch-Israelischer Krieg, der durch die von Ägypten betriebene Schließung des Golfs von Aqaba für israelischen Schiffe ausgelöst wurde. Israel besiegte die verbündeten Armeen Ägyptens, Jordaniens und Syriens und besetzte de[…] Gaza-Streifen, die Sinai-Halbinsel, Jerusalem, die Westbank und die Golanhöhen. ✤234●, ❑234, ◆234 (2)
Sechzehn Reiche Periode der chin. Geschichte (304–439), in der N China unter chin., Xiongnu- und tibet. Herrschern aufgeteilt war. ✤261●, ◆261 (3)
SED *siehe* Sozialistische Einheitspart[…] Deutschlands
Segu Von El-Hadj 'Umar Sa'id Tal erobert (1861) ✤167●
Seide
Weben im neolith. China ✤23, ✤258
Eurasischer und Afrikanischer Handel (ca.1 n.Chr.) ◆44–5
Export durch Han-China ✤44
Malerei, Chinesische (650 v.Chr.) ✤35●
Malerei, Abb. eines Bogenschieß[…] wettbewerbs ❑87
Seidenstraße Handelsroute in Z Asien, die SW Asien, das Mittelmeer und China miteinander verband, benannt nach dem kostbarsten Transportgut, der Seide (Endpunkte waren Merv in Baktrien und Anxi oder Luoyang in China). Entwickelte sich erstmals i[…] der Han-Zeit (ab ca. 200 v.Chr.) un[…] blieb stets vom Einverständnis der Nomadenstämme in Z Asien abhängig. Über diesen Hauptweg de[…] Ost-West-Handels verbreiteten sic[…] rel. Ideen wie Buddhismus und Islam. Nach Zusammenbruch im Mittelalter wurde er während des ›Mongolen-Friedens‹ (1250–1350) wiederbelebt. ✤43, ✤55, ✤44–5, ◆256 (1)
Karawane mit Kaufleuten ❑68
Pers. Gemälde ❑256
Kunst der Tang-Zeit ❑262
Sekigahara ⚔ (1600), durch die das japan. Tokugawa-Shogunat definitiv die Vorherrschaft über andere Bushi-Clans erringen konnte. ◆267 (5)
Seldschuken Nomadisches Turk-Volk Z Asiens nördl. des Amudarja (*ant.* Oxus), die im 11. Jh. nach Süden zogen. Sie eroberten Baghdad 1055, besetzten Armenien, vertrieben die Byzantiner aus Kleinasien und übernahmen Syrie[…] und Palästina von den Fatimiden. Bis zum 12. Jh. hatten sie die Territorien des alten Abbasiden-Reichs wiedervereinigt, wurden aber 1243 von den Mongolen am Berg Köse Dağ geschlagen. Die S. hinterließen ein Erbe großartiger Architektur.
Ausdehnung des Reichs ✤228, ✤228●, ◆228 (1)
Konflikt mit Byz. Reich (ab ca.1025) ✤228, ◆228 (1)
Feldzüge (ca.800–1200) ✤57, ◆57 (2)
Eroberung Baghdads (1055) ✤63●
Eroberung Manzikerts (1071) ✤63●

Legende: ✤ Text ● Zeitleiste ❑ Bild ◆ Karte *var.* Variantname *nwb.* nachweisbar *ehem.* ehemals *passim* und folgende *reg.* regierte ⚔ Schlacht EWK Erster Weltkrieg ZWK Zweiter Weltkrieg

Gründung von Emiraten (13. Jh.) ✤67
Moschee in Isfahan ❑228
Bedrohung für Christentum ✤65
Seleukia-ad-Tigris
Eroberung durch Parther (141 v.Chr.) ✤43●
Plünderung durch Römer (ca.114) ✤47
Seleukiden Makedonisches Königsgeschlecht. Gegründet 312 v.Chr. von Seleukos I. Nikator (ca.358–281 v.Chr.), einem General Alexanders, nach dessen Tod 323 v.Chr. Die S. herrschten über Babylonien (Syrien und Persien), bis es 129 v.Chr. an Parther und Römer fiel. Unter Antiochos III. (reg. 223–187 v.Chr.) dehnte sich das S.-Reich von Baktrien im Osten bis nach Ägypten und Griechenland im Westen aus. ◆38–9, ✤41, ✤41●, ✤224, ◆224 (1)
Selim I. (1470–1520) Osman. Sultan, *gen.* Yavuz, der ›Gestrenge‹ (reg.1512–1520). Kämpfte gegen die schiitischen Anhänger des Safawiden Ismail Schah und besetzte Täbris (Tabriz). 1516–17 besiegte er die Mamluken in Ägypten und Syrien und bei seinem Tod reichte die osman. Herrschaft bis Jerusalem, Kairo und Mekka. ✤231
Selim II. (1524–74) Osman. Sultan (reg.1566–74). Mußte die Niederlage vor Lepanto (1571) durch Don Juan d'Austria hinnehmen. ✤79●
Selimiye-Moschee ❑231
Selinus Ruinen der griech. Kolonie ❑176
Seminolen Nordamerik. Indianerstamm. Entstand, als Angehörige der Creek nach Nordflorida flüchteten und sich mit den dort einheimischen Gruppen mischten. In drei Kriegen zwischen 1816 und 58 leisteten sie Widerstand gegen ihre Zwangsumsiedlung. ✤129, ✤128–9 (2)
Semiten Sprecher einer semitischen Sprache. Präsenz semit. Völker ist bis in das 3. Jt. v.Chr. zurückzuverfolgen; Arabisch, Ivrit (Hebräisch) und Amharisch sind die noch heute bedeutendsten semit. Sprachen. ✤30
Sendero Luminoso *var.* Partido Comunista de Peru. *Dtsch.* Leuchtender Pfad, eigentl. ›Erleuchteter Pfad‹. Um 1980 gegründete revolutionäre Bewegung, die dem Maoismus nahe steht. Versucht mit Guerilla-Taktik und terroristischen Mitteln die Weltrevolution herbeizuführen. ◆152 (1), ❑152
Senegal
Von El-Hadj 'Umar Sa'id Tal erobert (1852) ✤167●
Muslim. Reich (1863) ✤95●
Kampftruppe der Tirailleurs sénégalais ❑167
Senegal, Fluss
Von Portugiesen erreicht (1445–46) ✤156●
Djihad von Abd al-Kadir (1776) ✤164●
Sepoy-Aufstand *Eng.* Indian Mutiny (1857–59). Anlass für den S., der von Offizieren der bengalischen Armee, Adeligen und Großgrundbesitzern getragen wurde, waren Annexionen der East India Company und eine Agrarreform. Der Aufstand begann mit der Besetzung Delhis (Mai 1857), das im September zurückerobert wurde. Das Massaker an evakuierten Briten in Cawnpore (27. Juni 1857) löste einen Sturm der Entrüstung aus. Die brit. Rückeroberung von Lucknow (22. März 1858) brachte die Wende im Aufstand, der durch einen Feldzug in Zentralindien (Feb.–Juni 1858) fast vollständig niedergeschlagen wurde. Eine Folge des Aufstands war 1858 die Übertragung der Verwaltung Indiens von der East India Company auf die brit. Krone. ✤95●, ✤249, ✤249●, ❑249, ◆249 (3)
Septimius Severus (Lucius Septimius Severus, 146–211), röm. Kaiser (reg.193–211). Mit seiner Proklamation zum Kaiser durch seine Legionen begann die Epoche der Soldatenkaiser, in der das Heer eine immer größere Rolle spielte. Er löste die Prätorianerkohorte auf, die ihn ins Amt gebracht hatte, und ersetzte sie durch ergebene Männer. Er starb in Eburacum (York, England); indem er seine Söhne zu Mitkaiser gemacht hatte, begründete er die Severische Dynastie. ✤47●
Sera Metropolis *siehe* Chang'an
Serapis-Hercules *siehe* Herakles. Statuette (1.–4. Jh.) ❑45
Serbien
Unabhängigkeit (1878) ✤232, ✤232●
Verfolgung von Albanern ✤215, ❑112
siehe auch Balkan, Nationalismus; Weltkriege
Serpa Pinto, Alexandre (1846–1900). Port. Erkunder und Kolonialbeamter, der das südl. und zentrale Afrika durchquerte und das Innere des Kontinents kartierte. 1887 ging er als Generalkonsul nach Zanzibar, 1889 wurde er Generalgouverneur von Moçambique. ◆157 (4)
Serrão, Francisco (gest. ca.1516) Port. Seefahrer. Er begleitete Abreu auf seinen Ostindienfahrten, wurde von Piraten gefangen genommen und nach Ternate gebracht – und so der erste Portugiese auf den Molukken. ✤239●, ◆239 (1)
Seuchen
Cholera (1832) ✤204●, ◆204 (3)
Diphtherie ◆81 (2)
Europ. Kolonien ✤126, ✤142, ✤148, ✤282●
Folgen für Bevölkerungsentwicklung ✤73, ◆73 (2), ✤74
Grippe ◆81 (2), ✤284
Herkunft u. Ausbreitung ◆81 (2)
Keuchhusten ◆81 (2)
Masern ✤81, ◆81 (2), ❑81, ✤126, ✤284
Pest ❑70, ✤72–3, ✤190●, ✤191
Infizierung durch Floh u. Ratte ❑72
Ausbreitung ✤70●, ✤72, ✤72●, ◆72 (1)
Tod von Königin Anna von Böhmen ❑72
Pocken ✤81, ❑81, ◆81 (2)
Syphilis, Opferzahl (16. Jh.) ✤81, ◆81 (2)
Tuberkulose ✤102
Sevan-See Bronzemodell des Sonnensystems (v.Chr.) ❑31
Seven Days' Battle ⚔ im Sezessionskrieg (25. Juni–1. Juli 1862); Sieg der Konföderierten. ◆131 (6)
Sevilla Rückeroberung durch Christen ✤66
Sèvres, Vertrag von (1920). Teil der Versailler Friedensvereinbarungen, geschlossen zw. den Westmächten und dem Osmanischen Reich, das gezwungen wurde, alle nicht-türkischen Siedlungsgebiete aufzugeben. Griechenland sollte Westkleinasien, Italien den Südwesten, Armenien den Nordwesten erhalten, im Südosten sollte ein kurdischer Staat entstehen. Syrien (mit Kilikien) wurde Frankr. Mandat, Gr.-Br. erhielt das Mandat für Irak, Palästina und Transjordanien. Der Vertrag, der den Türken nur die anatolische Hochebene um Konya und den Großen Salzsee beließ, wurde von Atatürk abgelehnt, dessen Nationalregierung nach Kriegen gegen Armenier und Griechen die Grenzen im Vertrag von Lausanne revidieren konnte (1923). ✤233●
siehe auch Atatürk; Lausanne, Vertrag von
Seward's Folly *siehe* Alaska Purchase
Sezessionskrieg *siehe* Amerikanischer Bürgerkrieg
Shackleton, Sir Ernest Henry (1874–1922) Offizier der brit. Handelsmarine und Antarktisforscher. Nachdem er 1901–04 die Scott-Expedition begleitet hatte, erkundete 1908/09 erneut die Antarktis und gelangte bis auf 150 km an den Südpol heran. 1914–17 unternahm er mit dem Schiff *Endurance* eine Reise in die Weddell-See. Das Schiff wurde dort von den Eismassen zerdrückt. ❑287, ◆287 (3)
Shaka Zulu *var.* Chaka, Tschaka (ca.1787–1828). Zulu-König (reg.1816–28), der im südl. Afrika das Zulu-Reich gründete und mit seinen kampfkräftigen Verbänden die gesamte Region dominierte.
Zulu-Führer (1816) ✤90, ❑91, ✤166●
Expansion ✤166
Zulu-Königreich (1817) ◆166 (2)
Shang-Dynastie (11.–6. Jh. v.Chr.). Nach archäologischen und anderen dokumentarischen Indizien die erste Dynastie Chinas. Shang-Könige konsultierten Wahrsager; die Kultur ist nach Anyang benannt, wo Orakelknochen gefunden wurden, die die ersten chin. Schriftzeichen trugen. Die Shang waren Jäger und Krieger in der nordchin. Ebene, doch dehnte sich ihr Herrschaftsgebiet langsam in das Tal des Gelben Flusses aus, wo sie komplexe Landwirtschaft und die Anfänge des Bronzegusses entwickelten. Die spätere Shang-Dynastie ist auch als Yin-Dynastie bekannt, die dann durch die Zhou-Dynastie abgelöst wurde.
◆259 (3)
(1250 v.Chr.) ◆26–7
Städte (v.Chr.) ✤28, ❑29
Zhengzhou ✤29, ◆29 (4)
Früheste chin. Zeichen ❑258
Ablösung durch Zhou ✤31
Orakelknochen ✤32●, ❑32
Shangdu *var.* Xanadu. Kublai Khans Sommerpalast ✤68●
Sherley, Sir Robert (ca.1581–1628). Brit. Händler, der 1598 nach Isfahan reiste. ◆219 (3)
Sherman, William Tecumseh (1820–91) Unions-Soldat im Sezessionskrieg, der nach der ersten Schlacht von Bull Run zum General befördert wurde. Zerschlug die Konföderierten-Truppen bei seinem Georgia-Feldzug (1864). 1869 wurde er von Präsident Grant zum Oberbefehlshaber der US-Armee ernannt. ✤131
Shetland-Inseln Besiedlung durch Wikinger ✤172
Shi Huangdi *var.* Shi Huang-ti. Herrscher der Qin-Dynastie, der sich selbst Erster Kaiser (= Shi Huangdi) nannte. ✤43, ✤45, ✤259●
Beerdigte Terrakotta-Armee ❑43, ❑259
siehe auch Qin-Dynastie.
Shiloh ⚔ im Sezessionskrieg (6.–7. April 1862); Sieg der Union. ✤131●, ◆131 (6)
Shinto Alte Japanische Religion, charakterisiert durch Ahnenverehrung, Glaube an göttliche Kräfte in natürlichen Kräften und Vergöttlichung des Kaisers. ◆49 (4)
Als Staatsreligion ✤265
Heiligtum in Hakata ❑264
Shiva (›Der Gütige‹) Hindu-Gott und Verkörperung widersprüchlicher Phänomene: Zerstörung und Heilung, Rache und Großmut, Asketentum und Sinnesfreude.
Tempel von Elephanta ❑36
Bronzestatue, Chola-Dynastie ❑59
Shivaji *var.* Schiwadschi (1627–80). Der charismatische Gründer des Marathen-Königreichs operierte von seiner Festung in den West-Ghats aus. Er befehligte eine Streitmacht beweglicher schwer bewaffneter Reiter, die den Truppen der Moguln schwere Verluste zufügten. S. dehnte sein Reich aus und trug wesentlich zum Niedergang des Mogul-Reiches bei. ✤246, ✤246●
Shogun Japan. Militär-Gouverneur oder Bushi vor der Meiji-Restauration (1868). ✤265, ◆265 (5)
Shortughai Handel mit Indus-Kultur (ca. 2500 v.Chr.) ✤24●
Shotoku, Prinz Japan. Herrscher ✤265
Shu *siehe* Drei Reiche
Shunga-Dynastie ✤43
Siam *siehe* Thailand
Sibirien
Jade-Export (v.Chr.) ✤19●
Kosaken ✤82
Schlittenreise von Händlern und Kolonisten ❑257
Von Japan besetzt (1918–20) ✤99●
Eroberung (1580–1932) ✤257●
Russische Expansion ✤269, ◆269 (3)
Sibiryakov Russ. Eisbrecher ◆257 (2), ◆286–7 (2)
Siddhartha Gautama *siehe* Buddha
Siebenbürgen Hochland zw. Karpaten- und Bihor-Gebirge im heutigen Rumänien. In der Antike besiedelt von den Dakern; seit dem 9. Jh. von Magyaren (Ungarn) überflutet und erobert. Ab 1150 wurden von ungar. Königen Deutsche (›Sachsen‹) angesiedelt. 1225 scheiterte eine Staatsgründung des Deutschen Ordens im Burzenland. Trotz ›Union der drei Nationen‹ (Ungarn, Sachsen, Szekler) zur Abwehr der Türken ab 1526 (Schlacht bei Mohács) unter osman. Oberhoheit. Durch die Türkenkriege seit 1699 zu den Habsburgern, ab 1867 mit Ungarn vereinigt, seit 1947 vollständig zu Rumänien.
Deutscher Orden im Burzenland ◆186 (1)
Eroberung durch Osmanen ✤195●, ✤197
Siebenjähriger Krieg (1756–63). Weltweiter Konflikt zwischen Preußen und Gr.-Br. auf der einen, Russland, Österreich und Frankreich auf der anderen Seite. Auslöser waren zum einen koloniale Interessengegensätze zwischen Gr.-Br. und Frankreich, zum anderen der Versuch Österreichs, Schlesien zurückzugewinnen, das es 1748 an Preußen verloren hatte. Am Ende des S.K. war in Europa der Status quo von 1756 wiederhergestellt, während Gr.-Br. fast alle franz. Besitzungen in N Amerika und Indien erobert hatte. ✤88●, ◆88 (1), ❑88, ✤127●, ◆127 (2), ❑127, ✤199●
Siegfriedstellung *var.* Hindenburg-Line. Befestigte Verteidigungslinie der Deutschen im EWK an der Westfront, in die sich die Truppen nach ihrem ersten Vorstoß nach Frankreich zurückzogen. Bis 1918 konnten die Alliierten die Stellung nicht durchbrechen. ◆206 (2), (3)
Sierra Leone Für ehemalige Sklaven gegründet (1787) ✤165●
Sigirya Berg auf Sri Lanka mit einer von Kassapa erbauten Palastfestung (447–495). Über der eindrucksvollen Zitadelle befindet sich der Königspalast, während unterhalb weitere Räume und Höfe liegen. Der Palast konnte nur auf gefährlichem Weg entlang der Felswand erreicht werden. ❑51
Sikhismus Religiöser Orden in Indien, gegründet von Guru Nanak (1469–1539), dessen Religiosität darauf zielte, den Gegensatz von Islam und Hinduismus zu überwinden. Im 18. und 19. Jh. traten Sikh, angeführt von Ranjit Singh, im Punjab als militante Bewegung in Erscheinung. Sie wurden von der brit. Kolonialmacht in zwei Kriegen besiegt. ✤242, ✤248●, ❑252
Sikh-Kriege 1845 marschierte eine 60 000 Mann starke Sikh-Armee in brit. Territorium ein. Sie musste sich jedoch ergeben, als sie von den Briten nach Schlachten bei Mudki, Frerozeshah, Aliwal und Sobraon über den Sutlej zurückgedrängt wurden. Die Briten annektierten das Gebiet zwischen den Flüssen Sutlej und Ravi. 1848 brach ein Sikh-Aufstand aus. Nach verheerenden Verlusten bei Chillianwalla vernichteten die Briten die Sikh-Armee bei Gujarat und annektierten den Punjab. ✤248●
Silber
Eurasischer u. afrikanischer Handel (ca.1 n.Chr.) ◆44–5
Fundstätten (19. Jh.) ◆93 (2)
Handel in Europa (ca.1300) ◆190–1 (1)
Handel am Indischen Ozean (16. Jh.) ◆230 (2)
Südamerika
Potosi ✤78●, ✤81●, ✤148, ❑148
Abbau durch Spanier ✤148
Handel ✤81
Silicon Valley Hightech-Industrie (1980) ✤136, ❑136, ◆136 (3)
Silla Im 3. Jh. gegründeter Staat auf der korean. Halbinsel. ✤55●, ✤47
Expansion ◆264 (1)
siehe auch Korea.
Sima Yan Einigung Chinas (280) ✤51●
Simpson, Lt. James Vermessung des Westens der USA (1849–51) ◆119 (3)
Sinae *siehe* China
Sinai Eroberung durch Israelis im Sechs-Tage-Krieg (1967). ✤234●
Singapur 1819 erwarb Stamford Raffles (1760–1841), Vizegouverneur von Benkulen, die unbewohnte Insel vom Sultan von Johore. 1826 wurde Singapur brit. Kolonie.
Gründung (1819) ✤91
industrielles Wachstum ✤111
Modernes Finanzzentrum ❑253
⚔ im ZWK (Feb. 1942). Sieg der Japaner über britische Garnison. ✤103●, ✤104●, ◆272 (1)
siehe auch Raffles, Sir Thomas Stamford
Sinkiang *siehe* Xinjiang
Sino- auf China bezogen
Sioux *var.* Sju. Familie nordamerik. Indianerstämme im oberen Mississippi- und Missouri-Becken (u.a. Crow, Dakota). Die S.-Stämme lebten halbnomadisch von der Bisonjagd und setzten der Besiedlung ihrer Jagdgründe durch Europäer heftigen Widerstand entgegen. In der ⚔ am Little Bighorn vernichteten sie unter Führung von Sitting Bull (Schamane) und Crazy Horse (Kriegshäuptling) die Einheiten von General Custer. Die S. gehörten zu den letzten Indianerstämmen, die in Reservate umgesiedelt wurden. Ihr Widerstand endete mit dem Massaker von Wounded Knee 1890, bei der sie über 200 Tote zu beklagen hatten. ✤94●, ✤125●, ◆125 (4), ◆126 (1), ◆128–9 (2), ✤129●
Sitgreaves, Capt. Lorenzo 19. Jh. Vermessung des Westens der USA ◆119 (3)
Sitting Bull *var.* Tatanka Yotanka (ca. 1834–90). Schamane der Teton Dakota-Sioux, der sich gegen die Vertreibung der Indianer ihren Gebieten wandte. Trotz des Siegs über General Custers Einheit am Little Bighorn River (1876), musste er später in das Sioux-Reservat Standing Rock umsiedeln. ❑129
Sixtinische Kapelle Von Sixtus IV. in Auftrag gegebener Bau ❑75
Sixtus IV., Papst *vorm.* Francesco della Rovere (1414–84). Papst ab 1471 und berühmter franziskanischer Prediger. Er ließ die Sixtinische Kapelle bauen und tat sich als Kunstmäzen hervor, worunter jedoch die moralische Autorität des Papsttums litt. ❑75
Sizilianische Vesper (1282). Großer Aufstand in Sizilien gegen die Herrschaft Karls von Anjou. Die sizilische Krone ging daraufhin an Peter III. von Aragón; die Anjou behielten aber das Königreich Neapel (Süditalien). ✤66●
Sizilien 174–203
Ackerbau eingeführt ✤18●
Zuckermühle (ca.600) ❑73
Von Sarazenen besetzt (827) ✤58●
Eroberung durch Normannen (1091) ✤62●
Kaiser Heinrich VI. zum König von S. gekrönt ✤188●
Königreich von Kaiser Friedrich II. ◆188 (1)
Durch den Papst an Karl von Anjou ✤188
Vertreibung der Franzosen (1282) ✤66●
Von Aragón kontrolliert ✤66●
Teil des span. Reichs ◆81 (3)
Landung der Alliierten (1943) ✤105●
Skagerrak See- ⚔ im EWK (31. Mai 1916) zwischen brit. und deutscher Flotte. Brachte keine Änderung der strategischen Lage, denn die Briten konnten weiterhin die Nordsee kontrollieren. ✤206●
Skandinavien
Einfluss des westl. Christentums (11. Jh.) ✤62
Protestantische Reformation ✤78
Trundholm, Sonnenwagen ❑26
Skara Brae Steinzeitdorf ❑23
Sklaverei
Menschenhandel ✤84–5, ✤85●, ◆84–5 (1)
Anti-Sklaverei-Bewegung
Emancipation Proclamation (USA) ✤130, ✤131●
Freetown, Siedlung (1787) ✤87●
Ersetzt durch Kontraktarbeiter ✤101, ◆101 (3)
Afrika
Eurasischer Handel (ca.1 n.Chr.) ◆44–5
Handel in NO Afrika ◆161 (3)
Handel in W Afrika ✤66, ✤84, ❑165
Sklavenjagd ✤82
Wachstum des Binnenhandels (19. Jh.) ✤166, ✤166●
Amerika
Asiento De Negros (1713) 86●
Brasilien-Handel ✤151, ❑151, ◆151 (3), ✤166●
Dred-Scott-Entscheidung ✤130, ◆130 (4)
Erste Verschiffung (1510) ✤78●
Minen in Brasilien ✤149, ✤149●, ❑149
Paulista-Feldzüge ✤143, ◆143 (2)
Sklavenauktion ❑85
Staaten mit Sklaverei ✤130, ◆130 (1)–(5)
Wahlrecht verweigert (1789) ✤86
Australien ✤279, ✤284, ✤285●
Europa
Einfluss (18. Jh.) ✤86, ✤165●
Kolonien ✤126
Portugiesische Transporte ✤75●, ✤165●
Sklavenhandel ✤82, ❑84, ❑90, ❑149
Handelsrouten
Atlantik ✤78●, ✤82, ✤84, ✤126, ✤165, ✤166●
Amerika (1861) ✤130, ◆130 (5)
Brit. Transporte (1592) ✤165●
Indischer Ozean (15.–16. Jh.) ◆230 (2)
›Middle Passage‹-Transport ❑84
Hauptsklavenrouten ◆165 (4)
Welt (1400–1860) ◆84–5 (1), ✤165●, ◆165 (4)
Skulptur
Babylon. König trägt Baumaterial ❑28
Bahia, Tonfigur ❑144
Benin, Bronzereiter ❑78
Bukhara, hellenist. Löwenstatue ❑41
Dame von Elche (4. Jh. v.Chr.) ❑177
Echnaton, Büste ❑28
Europa, vorgeschichtl. Kultobjekte ❑15, ❑17
Hattušaš, Löwentor ❑28
Kykladen-Idol (ca.2600 v.Chr.) ❑174
Mithras ❑48
N Amerika, Specksteinpfeife aus dem Spiro Mound ❑123
Nok ❑38, ❑160
Olmeken-Skulpturen ❑30, ◆121 (3)
Olmeken, Jadefigur ❑121
Römischer Sarkophag der Spätantike ❑50
Skylax Seefahrer und Geograf aus Karyanda (Karien), der um 519 im Auftrag des Perserkönigs Dareios I. die erste überlieferte Umsegelung der Arabischen Halbinsel, vom Indus-Tal bis zum Roten Meer, leitete. ✤218●
Skythen Name der Griechen für indoeuropäische nomadische Stämme aus der Russischen Steppe. Ihre beweglichen Reiterhorden vernichteten im 9. Jh. v.Chr. das Reich Urartu. Ab dem 7. Jh. v.Chr. siedelten die S. im Gebiet nördlich des Schwarzen Meers und handelten mit den Griechen Getreide gegen Luxusgüter. Später zog der östlichste Stamm, die Saken (Shaka), nach Arachosien und zum Indus-Tal.
(700 v.Chr.) ✤34●, ✤35●
Steigbügel aus Leder ✤51
Shaka erobern Reiche im Indus-Tal ✤43●
Handelsroute (ca.1 n.Chr.) ◆44–5
Slawen Größte ethnische Gruppe Europas, zählt linguistisch zur indogermanischen. Sprachfamilie. S. wanderten im 5./6. Jh. nach Westen bis zur Elbe, nach Süden bis zum Peloponnes. Heute unterscheidet man Westslawen (v.a. Polen, Tschechen, Slowaken und Wenden), Südslawen (v.a. Slowenen, Serben, Kroaten, Bosnier, Mazedonier und Bulgaren) und Ostslawen (v.a. Russen, Belorussen und Ukrainer). ✤50
Expansion (600) ◆182 (2)
Sluis ⚔ der Holländ. Revolte (1604). Holländ. Sieg über Spanier. ◆195 (5)
Smith, John (ca. 1580–1631) Brit. Soldat, Kolonist und Nordamerikaforscher. Bereiste auf der Suche nach einer Route zum Pazifik 1605 als erster Europäer Virginia. 1608 wurde er zum Führer der ersten Kolonie Virginias gewählt. ◆119 (2)
Smoot-Hawley-Zollgesetz (Smoot-Hawley-Tariff, 17. Juni 1930). Schutzzölle auf Importware, die in den USA nach dem Börsenkrach 1929 erlassen wurden. Die Zölle wurden von zuvor 26% auf durchschnittlich 50% angehoben, was zu einem starken Rückgang des Handels zwischen Europa und den USA führte. ✤134●
Snell, Willebrord van Roijen *var. Lat.* Snellius (1580–1626). Niederl. Mathematiker, der das nach ihm benannte Gesetz der Lichtbrechung entdeckte. Er war auch an der Entwicklung des Triangulationsverfahrens beteiligt. ✤173
Snellius *siehe* Snell, Willebrord van Roijen
Sobhuza Swazi-Herrscher (1820) ◆166 (2)
Societäts-Inseln Historischer Name für die Gesellschafts-Inseln. ◆278 (1), ◆279 (3)
Sofala Arab. Handelszentrum (ca.1000) ✤61●
Sokoto Fulbe-Königtum in W Afrika (1820) ✤167●, ◆167 (3)
Solon (ca.640–n.561 v.Chr.) Athen. Politiker, ursprünglich Händler (reiste bis zum Nil und nach Zypern). 594 v.Chr. wurde er zum Archon und Schiedsmann gewählt, um die starken sozialen Spannungen in der Bürgerschaft zu schlichten. Seine umfassenden Gesetze, darunter ein Gesetz gegen Verwendung von Parfüm, lösten zwar die Konflikte nicht, wurden aber bis in die hellenistische und römische Zeit übernommen. ✤34●
Somalia
Ethnische Kriege ✤111
Konflikt um Ogaden-Region (1960) ✤168●
Unabhängigkeit ◆168 (1)
Industrie ◆168 (2)
Somme ⚔ im EWK (Juli–Nov. 1916). Große Schlacht an der Westfront, im Laufe von vier Monaten starben über 1 Mio. Menschen. ✤206●, ◆206 (3)
Sonderwirtschaftszone Regionen in Ost- und Südchina (Beijing, Shanghai, Xiamen, Shantou, Shenzhen, Guangzhou und seit 1997 Hong Kong), die nach 1978 unter Deng Xiaoping eingerichtet wurden, um ausländische Investitionen ins Land zu holen, die chin. Wirtschaft zu entwickeln und die Beziehungen zu marktwirtschaftl. Ökonomien auszubauen. ◆274 (2)
Sonetti, Bartolommeo dalli Verfasser des *Isolario*, ein Buch bestehend aus See- und Inselkarten. ✤173●
Song-Dynastie *var.* Sung-Dynastie (960–1279). Herrscherdynastie in China, die 960–1126 als Nördliche Song und nach der Eroberung N Chinas durch die Jin in S China als Südliche Song (1127–1279) regierte, bis sie von der mongol. Yuan-Dynastie verdrängt wurde. ◆58–9, ✤263, ✤263●, ◆263 (3)–(5)
Hauptstadt Kaifeng ✤63●, ✤263
Machtaufstieg in China (979) ✤59●
Fünf Dynastien ✤263, ◆263 (3)
Feldzüge von Kublai Khan (1260–79) ✤67, ✤69●
Porzellan-Herstellung ❑263
Roll-Bild Kaifengs (12. Jh.) ❑63
Südliche Song ◆68–9 (1), ✤263, ◆263 (5)
Liao untergeben ✤63●, ✤263
Songgye *siehe* Yi Dynastie
Songhay Reich in W Afrika im 15./16. Jh. 162–164
Kontrolle trans-saharischer Handelsrouten ✤78
Zerstörung des Mali-Reichs (1546) ✤79●
Expansion (1464) ✤75●
Von Marokko erobert (1591) ✤79●, ✤164●
bis 1590 ◆78–9
Sonnenpyramide Teotihuacán ✤46
Sorbonne Gründung (1257) ✤191●
Sorghum *var.* Sorgum, Sorghumhirse. Dem Mais ähnliches Getreide mit kleineren Ähren. In weiten Teilen Afrikas und Asiens das Hauptnahrungsmittel. ◆20–1 (2), ◆73 (3)
Soto, Hernando de (ca. 1496–1542) Span. Conquistador und Amerikaforscher. Kämpfte in Panama und Nicaragua, bevor er sich an der Eroberung Perus beteiligte. Unternahm 1539–42 eine Expedition nach Florida und in das Mississippi-Gebiet, von der nicht zurückkehrte. ◆118 (1), ◆125, ◆125 (4)
Sozialistische Einheitspartei Deutschlands (SED) Herrschende Partei in der DDR, hervorgegangen aus der Zwangsvereinigung von KPD und SPD (April 1946). ✤214
Spanien 192–215
Mittelalter
Invasion von Muslimen auf der Iberischen Halbinsel ✤54●, ✤55●, ✤62

Almohaden in Südspanien etabliert (1147) ✣63●
Christl. Zurückeroberung beginnt (1031) ◆62●
Neuzeit
Reconquista ◆186 (1), ✣192, ✣192●, ◆192 (3)
Königlicher Rat von Kastilien ✣81
Globaler Handel (16. Jh.) ◆81 (3)
Westfälischer Friede ◆196 (1)
Union mit Portugal ✣81●, ✣149●, ❑196
Bevölkerungswachstum (1650–1800) ❑198
20. Jahrhundert
Bürgerkrieg (1936–39) ✣102●, ✣209, ◆209 (4)
Dezentralisierung ✣112
ZWK, mobilisierte Soldaten und Verluste ✣105
Kolonialismus
Entdeckungsfahrten (1492–1597) ✣78, ◆80–1 (1)
16. Jh. ships ✣78
Reich um 1600 ◆81 (3)
Besitzungen
1500 ◆74–5
1600 ◆78–9
1700 ◆82–3
1800 ◆86–7
1850 ◆90–1
1900 ◆94–5
1925 ◆98–9
1950 ◆102–3
1975 ◆106–7
Afrika
Kolonialismus (19. Jh.) ◆166–7 (1), (4)
Diamantenfunde (1867, 1869) ✣93●
Imperialismus (1880–1920) ✣96, ◆96 (1)
Dekolonisation ✣168, ◆168 (1)
Amerika
Expeditionen in der Neuen Welt ✣125, ◆125 (4), ✣126, ◆126 (1)
Erkundung N Amerikas (15.–17. Jh.) ◆118 (1)
Kolonisation von Mexiko und N Amerika ✣125●
Erkundung S Amerikas ✣142●, ◆142 (1), ✣143●
Kolonien in S Amerika ✣78, ✣79●, ✣86, ✣142–3, ◆143 (2), ◆148 (2)
Westindischer Rat ✣81
Westindien, Jamaica an Engländer verloren (1654) ✣82●
Conquistador auf einem Lama ❑78
Pazifik
Pazifik-Besitzungen ◆284 (1)
Konflikte
Niederlage der spanischen Armada (1588) ✣78●
Holländ. Revolte (1568–1609) ✣195, ✣195●, ◆195 (5)
Holländischer Unabhängigkeitskrieg ✣78●, ❑78
Revolutionen (17. Jh.) ✣196, ✣196●, ◆196 (2)
Spanisch-Amerikan. Krieg ✣133, ◆133 (4), (5)
Spanien-Feldzug (1808–14). Krieg, Napoleons gegen span. und portugies. Aufständische, die von Großbritannien unterstützt wurden. Ausgelöst wurden die Aufstände durch Napoleons Einfall in Portugal (1807) und die Einsetzung seines Bruders Joseph als König von Spanien. Die Briten zogen ihre anfängliche Unterstützung der Aufständischen zurück, doch als Napoleon Truppen für den Russland-Feldzug abzog, fiel Arthur Wellesley, der künftige Duke of Wellington, von Portugal aus in Spanien ein und siegte 1813 entscheidend bei Vitoria. ✣200●, ◆200 (1)
Spanisch-Amerikanischer Krieg (1898) Die Intervention der USA in einen cuban. Aufstand führte zum Krieg mit Spanien. Die span. Fern-Ost-Flotte wurde von Admiral Dewey geschlagen, obwohl auch einheimische Partisanen gegen die Invasion der Amerikaner auf den Philippinen kämpften. Nach 14 Tagen Belagerung kapitulierte auch die span. Garnison in Santiago de Cuba. Im Friedensvertrag vom 9 Aug. 1898 verzichtete Spanien auf seine Oberhoheit über Cuba und Puerto Rico und trat die Philippinen und Guam an die USA ab. ✣133●, ◆133 (4)
Spanischer Bürgerkrieg (1936–39). Krieg zwischen Spaniens gewählter Volksfront-Regierung und konservativen Nationalisten unter Führung von General Franco, der 1936 eine Gegenregierung in Burgos gebildet hatte. Beide Kriegsparteien erhielten internationale Unterstützung: Franco durch die faschistischen Länder Deutschland und Italien, die Republikaner durch Mexiko, die Sowjetunion und Kommunisten aus aller Welt. Ab Ende 1936 wurde der Krieg zu einem Abnutzungskrieg, bei dem die Nationalisten langsam an Terrain gewannen. Im März 1939 zogen Francos Truppen in Madrid ein. Der Bürgerkrieg soll mindestens 500 000 Menschenleben gefordert haben. ✣209, ◆209 (4)
Spanischer Erbfolgekrieg (1701–14). Leopold I. von Österreich besetzte 1701 mit Unterstützung Großbritanniens und der Generalstaaten die ital. Halbinsel und verweigerte sich damit dem Testament Karl II. von Spanien, der die span. Besitzungen in Europa und Übersee an Philipp V., Enkel Ludwig XIV. von Frankreich, vermacht hatte. Portugal, Savoyen und das Hl. Röm. Reich erklärten Frankreich ebenfalls den Krieg. Mit dem Frieden von Utrecht (1714) wurde schließlich ein Kompromiß erreicht; Philipp behielt Spanien, musste jedoch die span. Niederlande und die ital. Besitzungen an Österreich und Savoyen abtreten. ✣94●, ✣197, ◆197 (5)
Sparta Einer der führenden griech. Stadtstaaten, eigentl. Lakedaimon. Die Vollbürgerklasse der ›Spartaten‹ (urspr. unter einem Doppelkönigtum, dann unter gew. Ephoren) lebte von der Arbeit der ›Heloten‹, der unterworfenen Bevölkerung Messeniens. Zur Aufrechterhaltung der Herrschaft kam es zu einer rigiden Militarisierung, die verhinderte, dass S. wie Athen demokrat. Strukturen ausbildete. Nach Sieg über Athen im Peloponnesischen Krieg (431–404 v.Chr.), verlor S. 371 v.Chr. seine Vormachtstellung. ❑177, ✣179, ◆179 (4)
Speke, John Hanning (1827–64). Brit. Soldat und Afrikaforscher. Er begleitete 1854 Richard Burton auf seiner Reise nach Somaliland. Drei Jahre später schickte ihn die Royal Geographical Society auf die Suche nach den großen afrikanischen Seen. Speke erreichte 1860 den Oberlauf des Nil und den Victoria-See, den er für den Quellsee des Nil hielt. ✣157, ◆157 (4), ❑157
Spion Kop ⚔ im 2. Burenkrieg (1900). burischer Sieg über Briten ◆96 (2)
Spiro Mound Specksteinpfeife ❑123
Spotsylvania Court House ⚔ im Sezessionskrieg (8.–12. Mai 1864); kein eindeutiger Sieger. ◆131 (7)
Sputnik Erster Weltraumsatellit, von der Sowjetunion im Okt. 1957 gestartet. ✣106●
Sri Lanka
Tamil Tigers ❑253
Sezessionskrieg ✣253, ✣253●
Srivijaya *var.* Schriwidschaja. Maritimes Reich, das im 7. Jh. in Westindonesien zur Macht aufstieg. Hauptstadt war Palembang im Süden Sumatras. 7 Jh. lang kontrollierte S. die Handelswege in der Malacca- und der Sunda-Straße und auf dem Isthmus von Kra. ✣245 (5)
SS *siehe* Schutzstaffel
Städte
Erste chinesische ✣28, ✣258●
Erste auf dem Deccan-Plateau (ca. 200) ✣47●
Handel (v.Chr.) ✣24●
Mittelalter ✣190–1
Mittelamerikan. Zivilisationen ✣122, ❑122
Mongol. Kriegsführung ✣69
Tolteken ✣58, ◆122 (1)
Urbanisierung (v.Chr.) ✣24, ✣28–9, ◆28–9 (1)–(5)
Wachstum in Europa (18. Jh.) ✣198, ◆198 (1)
Stadtstaat Begriff für ein politisch autonomes urbanes Zentrum und dessen Hinterland. S. bestimmter Regionen besaßen meist kulturelle Gemeinsamkeiten, z.B. Sprache und Religion, oder waren durch Heiratsbeziehungen miteinander verbunden, führten aber stets Kriege untereinander.
Afrika (800–1500) ✣163, ✣163●, ◆163 (2)
Griechenland ✣31, ✣34, ✣176, ✣179, ◆179 (4)
Italien ✣31●, ✣75, ✣190
Maya ✣50, ✣58●, ✣122
Mesopotamien ✣23–4, ✣27
Mexiko ✣66, ✣122
Swahili ✣66, ✣67●, ✣75
Stahl Verfahren zur Massenproduktion entwickelt (1856) ✣92●
Stalin, Josef *var.* Iosif Vissarionovich Stalin, *Georg.* Ioseb Dzhugashvili (1879–1953). Generalsekretär der Kommunistischen Partei der Sowjetunion (1922–53) und Vorsitzender des Ministerrates (1941–53), der für ein Vierteljahrhundert die Sowjetunion diktatorisch führte und sie zu einer Weltmacht formte.
Kommt an die Macht (1925) ✣102
Sowjetische Expansion ✣213, ◆213 (4)
Teheran-Konferenz ✣105●
Jalta-Konferenz der ›Großen Drei‹ (1945) ❑105
Stalingrad ⚔ im ZWK (Sept. 1942–Feb. 1943). Markiert das Ende des deutschen Vormarsches in der Sowjetunion; nach einer längeren Belagerung erzwingt die Rote Armee die erste Kapitulation deutscher Wehrmachtsverbände in diesem Krieg. ✣104●, ◆104 (2)
Stamford Bridge ⚔ der Eroberung Englands durch Normannen (25. Sept. 1066). Der eng. König Harold II. siegte gegen Harald Hardrada, wurde jedoch im selben Jahr bei Hastings von Wilhelm dem Eroberer besiegt und getötet. ◆186 (2)
Stamp Act (1765). Brit. Gesetz, das bedrucktes Papier einschließlich offizieller Dokumente, Zeitungen und Pamphlete in den amerik. Kolonien einer direkten Steuer unterwarf. Die Einnahmen sollten der Verteidigung der Kolonien dienen. Die Kolonisten wehrten sich gegen diese Steuer, verweigerten den Import brit. Waren. Das Gesetz wurde zwar schnell zurückgezogen, doch gab der gleichzeitig verabschiedete Declaratory Act der brit. Regierung die Möglichkeit, im gesamten Empire direkte Steuern zu erheben. ❑88, ✣127●
Standard Oil Company Ölförderung in Saudi-Arabien (1933) ✣234●
Stanley, Henry Morton *eigentl.* John Rowlands (1841–1904). Brit. Journalist und Afrikaforscher. Berühmt für seine Suche nach dem schott. Missionar und Forscher David Livingstone und die Erkundung des Kongo. 1899 zum Ritter geschlagen. ◆157 (4), ❑157
START (Strategic Arms Reduction Talks) Gespräche über den Abbau strategischer Waffen. 1982 eingeleitete Gespräche zur Rüstungskontrolle in den USA und der Sowjetunion während des Kalten Kriegs. Führte 1991 zur Unterzeichnung des START-Vertrags. ✣109●
Staufer-Dynastie *siehe* Hohenstaufen
Staunton ⚔ im Sezessionskrieg (8.–9. Juni 1862); Sieg der Konföderierten. ◆131 (6)
Stefansson, Vilhjalmur (1879–1962). Ethnologe und Erkunder der kanadischen Arktis. S. studierte 1906–12 die Kultur der Inuit und erforschte 1913–18 riesige Gebiete im arktischen Norden von Kanada und Alaska. ◆286–7 (2)
Steinzeit Die erste vorgeschichtliche Periode der menschlichen Entwicklung; meist nur für Altweltliche Kontinente gebraucht. Charakt. durch Gebrauch von Werkzeugen und Waffen aus Stein. Unterteilt in Paläolithikum (bis ca. 8000 v.Chr.), Mesolithikum (bis ca. 5000 v.Chr.) und Neolithikum (bis ca. 2500 v.Chr.). ✣12–19, ❑144, ◆158 (1), ✣258, ◆258 (1), (2)
Stephan I. (977–1038). König von Ungarn. Gründete das Königreich Ungarn und trug zur Etablierung des röm. Katholizismus in seinem Land bei, weshalb er 1083 heilig gesprochen wurde. ❑185
Stephenson, George (1781–1848). Brit. Ingenieur, Eisenbahnpionier. Baute die erste funktionierende Dampflokomotive und mit seinem Sohn George S. (1803–59) die Eisenbahnlinien Stockton–Darlington (1825) und Liverpool–Manchester (1829), für die sie die berühmte Lokomotive *Rocket* entwarfen. ✣90, ❑90
Steppennomaden Allg. Begriff für verschiedene von der Weidewirtschaft lebende Nomaden der eurasischen Steppen von der S Ukraine bis zur Mandschurei. Von griech. und röm. Schreibern oft summarisch als Skythen bezeichnet. *siehe auch* Hunnen, Kasachen, Usbeken, Turk-Völker, Xiongnu. ✣39, ✣51
Baktrische Plakette ❑261
Bronzekessel der Hunnen ❑53
Kulturen (1250 v.Chr.) ◆26–7
Reiter ❑261
Reiche in Z Asien ✣261, ✣261●, ◆261 (6)
Stierkulte ✣37
Stilicho, Flavius (365–408, reg. 394–408). Halb-Vandale und röm. General, der für den ›Kinderkaiser‹ Honorius regierte. ✣52, ❑52
Stockport Zentrum d. Textilind. ✣93
Stockton-Darlington Eisenbahn, erster Passagierverkehr (1825) ✣90
Stoiker Die Stoa (benannt nach der Stoa Poikile, der ›bemalten Säulenhalle‹ als ihrem Treffpunkt) war die jüngste Philosophenschule Athens. Um 300 v.Chr. von Zenon von Kition (Zypern) gegründet, blieb sie bis 180 n. Chr. sehr einflussreich in Griechenland und Rom. Das zentrale Axiom ist, das Vernunft das beherrschende Prinzip aller Dinge sei; der Weise löse sich daher vom weltlichen Streben und finde Glückseligkeit in der Tugend. ❑46
Stonehenge Kreisförmige Anlage aus der Jungsteinzeit in der Nähe von Salisbury in England. Ursprünglich umschlossen zwei konzentrische Kreise aus aufrecht stehenden Steinen zwei Reihen kleinerer Steine. Zweck und Bedeutung sind unbekannt, können aber mit Weih- oder Opferriten in Zusammenhang stehen. Bei der Errichtung müssen astronomische Kenntnisse eine Rolle gespielt haben. ❑22, ✣23
Stono-Sklavenaufstand (1799) ✣85●
Strabon (ca.64 v.Chr.–23) Römerzeitl. Historiker und Geograf aus der griechischen Pontos-Region. Er reiste nach Rom und weit in den Osten (Ägypten, Syrien). Seine *Historischen Kommentare* sind fast ganz verloren, aber sein Werk *Geographica* wurde überliefert und stellt eine wertvolle Quelle zu den Ländern der damaligen Oikumene dar, darunter erstmals ausführlicher auch Germanien und Britannien. ✣44, ✣218●
Straßen
Karten ❑99
Ogilbys Straßenkarte ❑173
Peutinger-Tafel ❑172
Römische (um 120) ◆172 (1)
Streifende Horden *siehe* Wildbeuter
Streitenden Reiche, Periode der (ab Mitte 5. Jh. v.Chr., 403 offiziell anerkannt). Phase von Bürgerkriegen in China, als die Zhou-Konföderation in rivalisierende Fraktionen auseinander brach: die Qi im NO, Chu im S und die Qin im NW. Die Qin-Dynastie beendete diese Phase durch Reichseinigung 221 v.Chr. ✣37●, ✣259●
Stuart, John McDouall (1815–66) Schott. Australienforscher. 1861–62 duchquerte er den Kontinent in Süd-Nord-Richtung und erreichte den Indischen Ozean im Osten von Darwin. ◆279 (2)
Sturt, Charles (1795–1869) Brit. Soldat und Erkunder Australiens. 1830 schloss er die Verzeichnung des Murray-Darling-Flusssystems ab. 1844–46 unternahm S. eine Expedition ins Landesinnere mit dem Ziel, dort einen großen See zu finden, was jedoch nicht gelang. ◆279 (2)
Suaheli *siehe* Swahili
Sübedei Mongolen-General und einer der engsten Vertrauten Dschingis Khans.
Anführer eines Überfalls auf Russland (1222) ✣68
Sucre, Antonio José de (1790–1830). Weggefährte Simón de Bolívars, Befehlshaber der Befreiungsarmeen in Kolumbien, Ecuador, Peru und Bolivien. ◆150 (1)
Südafrika 168–169
siehe auch Afrika
Ökonomie
Bodenschätze (spätes 19. Jh.) ◆93 (2)
Ökonomie (1999) ◆168 (2)
Unabhängigkeit
Machtkämpfe (1854–1914) ✣96, ✣96●, ❑96, ◆96 (2)
Buren-Trecks ✣90, ◆166 (2)
Burenkriege (1899–1902) ✣95●, ◆166–7 (1)
Gründung der Union (1910) ✣96●, ✣99●
Außenpolitik
ZWK, mobilisierte Soldaten und Verluste ✣105
Verlassen des Commonwealth (1960) ✣107●
Angolanischer Bürgerkrieg ✣109, ◆109 (5)
Apartheid
Nationale Partei bekennt sich z. Apartheid (1948–49) ✣103●
Demokratisierung ✣168
Wahlen ohne Rassentrennung (1994) ✣111●, ✣168●
Konflikte seit 1948 ◆168 (2)
SUDAM *Port.* Superintendencia para o Desenvolvimento de Amazonia. Brasilianische Organisation, die 1953 gegründet wurde, um mit Bundesmitteln Entwicklungsprojekte in Amazonia zu fördern und Wege zu finden, private Investitionen zu erhöhen. ✣153●
Südamerika 140–153
Vor-, Frühgeschichte ✣18, ✣22, ✣30, ✣34, ✣38
Besiedlung (bis 1500) ◆74–5, ✣147, ◆147 (2)
Kolonialismus ✣78, ✣90, ✣148–9, ◆148–9 (1)–(4), ✣150
Politik u. Ökonomie (19./20. Jh.) ✣94, ✣98, ✣110, ◆153 (5)
siehe auch einzelne Kulturen und Länder; Sklaverei
Sudan
v.Chr. ✣34
Staatenbildung (1068–1530) ◆163 (4)–(7)
Kolonialismus ◆167 (4)
Ägyptische Invasion (1820) ✣91●
Einführung islamischen Rechts (1983) ✣235●
Fundamentalisten übernehmen Macht (1989) ✣235, ✣235●
Ethnische Kriege ✣111
Ökonomie (1999) ◆168 (2)
Südliche Song *siehe* Song-Dynastie
Süd- und Südostasien 236–253
Vor-, Frühgeschichte ✣35, ✣39, ✣43, ✣236, ✣236–7
Frühe Kulturen ✣15, ✣19, ✣27, ✣43, ✣240–1
Präkoloniale Staatenbildung ✣244–5, ◆244–5 (1)–(6)
Ökonomie (1857) ◆249 (4)
Kolonialismus ✣97, ◆97 (3), ◆247 (4), ✣248–9, ◆248 (1), (2)
Dekolonisation ✣250–1, ◆251 (4)
Sezessionismus ◆253 (4), ✣253●
Regionale Zusammenarbeit ✣253, ◆253 (4)
siehe auch einzelne Länder und Kulturen
Sueben *var.* Suevi, Suebi, Sweben. Römischer Name für eine Gruppe german. Völker. Eine Teilgruppe beteiligte sich an der Völkerwanderung von 406 und gründete ein Königreich in N Spanien und Portugal, aus den am Oberrhein verbleibenden ging das Herzogtum Schwaben hervor.
Invasion Galliens (406) ✣50●
Völkerwanderung (300–500) ✣52–3 (1), ✣182●
Suez-Kanal Großschifffahrtskanal in Ägypten, der über 170 km Mittelmeer und Rotes Meer verbindet. Gebaut von Ferdinand de Lesseps, wurde er 1869 eröffnet und schnell eine der wichtigsten Wasserstraßen der Welt. 1875 kauften die Briten dem bankrotten Khediven von Ägypten für 4 Mio. Pfund den entscheidenden Aktienanteil ab. Als Ägypten unter Nasser 1956 die Suez Canal Company nationalisierte, löste dies die Suez-Krise aus. *siehe auch* Lesseps, Ferdinand de.
Eröffnung (1869) ✣95●, ✣232, ❑92, ❑232
Nationalisierung durch Ägypten (1956) 107●
Suez-Krise (1956) Militärischer Konflikt, ausgelöst durchdie Verstaatlichung des Suez-Kanals. In einer gemeinsamen Operation besetzten die Israelis die Sinai-Halbinsel, während franz. und brit. Verbände die Kanalzone übernahmen. Auf Druck der USA zogen sich die Besatzer zurück und wurden durch UN-Friedenstruppen ersetzt. ✣234●
Sugar Act (1764). Von der brit. Regierung verabschiedetes Gesetz, das Zölle für bestimmte Waren einführte – Zucker, Kaffee, Wein –, die aus Frankreich und Holl.-Westindien in die brit. N Amerika-Kolonien gebracht wurden. Zudem sollte die brit. Militärpräsenz in Übersee gestärkt werden. Das Gesetz stieß in den Kolonien auf großen Widerstand. ✣127●
Sui-Dynastie (581–618) Chin. Dynastie, die China 589 nach den drei Jahrhunderten politischer Wirren, die dem Zusammenbruch der Han-Dynastie folgten, wieder vereinigte. 619 wurden die Sui von den Tang abgelöst. ✣55, ✣127●
Sukarno, Ahmed *auch* Bung Karno (1902–70). Indon. Staatsmann und Führer der 1927 gegründeten Indon. Nationalpartei (PNI). S. wurde von der niederl. Kolonialregierung verbannt. Nach seiner Befreiung durch die Japaner arbeitete er mit der neuen Besatzungsmacht zusammen (1942–45). Im Aug. 1945 erklärte er Indonesien für unabhängig von den Niederlanden. Nach 4-jährigem Guerillakrieg wurde das unabhängige Indonesien anerkannt und S. als Präsident bestätigt. 1959 erlangte er diktatorische Vollmachten. Zwar scheiterte 1965 ein Putschversuch gegen ihn, doch wurde seine Macht schrittweise eingeschränkt. 1967 trat er zurück. ✣253●
Sukhothai Mittelalterliches Thai-Königreich. ✣71●, ✣245●, ◆245 (6)
Süleyman I. (ca.1495–1566) Osman. Sultan, *gen.* Kanuni, der ›Gesetzgeber‹, in Europa der ›Prächtige‹ (reg. 1520–1566). Der Sohn von Selim I. beherrschte das Reich auf dem Höhepunkt seiner Macht und Ausdehnung. 1521 eroberte er Belgrad, 1522 Rhodos, 1526 schlug er die Ungarn bei Mohács. Süleyman kodifizierte das türk. Gewohnheitsrecht und förderte Kunst und Bauwesen, v.a. seinen Architekten Mimar Sinan.
Christen bringen Tribut ❑79
Osman. Expansion ✣79●
✣195, ◆195 (4), ✣231, ◆231 (3)
Selimiye-Moschee ❑231
Sumatra Rebellion gegen niederl. Herrschaft (1926–27). ✣103●
Sumer *var.* Šumer, Schumer. Name für die südliche Region des alten Mesopotamien, in der ab 4000 v.Chr. die sumerische Hochkultur entstand, die auf Ackerbau und Handel basierte. Die Sumerer sollen über das Meer gekommen sein; ihre Sprache ähnelt keiner anderen. Sie lebten in Stadtstaaten und erfanden das Rad und die Keilschrift.
Priester-Statue ❑36
Sun Yat-sen *siehe* Sun Zhongshan
Sun Zhongshan *var.* Sun Yat-sen (1866–1925). Gewählter provisorischer Präsident Chinas während der chin. Revolution (1911). Trat jedoch wenige Monate später zurück. Gewann 1923 die vollständige Kontrolle über das Land und reorganisierte die Guomindang (Kuomintang) nach dem Vorbild der Kommunistischen Partei der Sowjetunion. Regte die Parteigründung von Nationalisten und Kommunisten an. Seine Bemühung um die Vereinigung Chinas setzte Jiang Jieshi fort. ✣99●, ✣271●.
Sundiata (gest.1255) Westafrikan. Monarch, Gründer des Mali-Reichs. ✣67●
Sung-Dynastie *siehe* Song-Dynastie
Sunna (›Brauch‹). Als Sunna bezeichnet man das Tun des Propheten Mohammed (überliefert im Hadith). Ein Sunni (Sunnit) ist ein Muslim, der diese Überlieferung neben dem Koran als Richtschnur des Handelns annimmt. Schiiten lehnen die Sunna als spätere Fälschung ab. ✣56, ✣113, ✣231
siehe auch Islam, Schiiten.
Sunni Ali (reg.1464–92) Herrscher der Songhay in W Afrika. Er eroberte Mali und verleibte es seinem Songhay-Reich ein, baute eine professionelle Armee und Flussflotte auf und führte administrative Reformen durch. ✣75
Suprematsakte (1534). Parlamentarische Akte, mit der König Heinrich VIII. und alle späteren englischen Könige als Oberhaupt der anglikanischen Kirche anerkannt wurden. ✣78●
Suriname *ehem.* Surinam; Niederländisch Guayana
Zu Niederlande ◆150 (1)
Ökonomie ◆151 (3), ◆153 (3)
Politische Entwicklung (seit 1930) ◆152 (1)
siehe auch Südamerika
Surya Hindu-Gott ❑35
Suryavarman II. Kriegerkönig der Khmer (reg. ca.1113–50) ✣63●
Susa Königsstraße erbaut (v.Chr.) ✣35
Sutter's Mill Beginn des kaliforn. Goldrauschs (1848) ✣93●
Sutton Hoo Vergoldeter Bronzehelm (7. Jh.) ❑183
Svavarsson, Gardar Wikinger, der im 9. Jh. Island umsegelte (ca.860). ◆172 (2)
Swahili *var.* Suaheli, *Arab.* Sawahili. Bantu-Kultur und -Sprache, die durch den Kontakt zwischen arabischen Händlern und den Ureinwohnern der Ostküste Afrikas über viele Jahrhunderte entstand.
Moscheen (ca.1250) ✣66, ✣67●
Lingua franca der Ostküste Afrikas ✣162
Ibn Battutas Reisen (1331) ✣71●
Swahili-Stadtstaaten ✣162 (1), ✣163 (2)
Handel im Indik (13. Jh.) ✣66
Swazi Afrikanisches Königtum (1820) ◆166 (2)
Sweben *siehe* Sueben
Syr Darya Kolonisation durch Schaibaniden ✣75
Syrien *Lat.* Syria. Landschaft in Westasien, nach alter Definition zwischen der Syrischen Wüste und dem Taurus.
Moderner Staat ✣ 233–235
Seleukiden-Herrschaft ✣39●
Parthische Herrschaft (v.Chr.) ✣43
Ende der osman. Herrschaft ✣99
Französisches Mandat ✣233
Sechs-Tage-Krieg (1967) ✣107●
Glasvase ❑224

T

Tabak Plantagenwirtschaft ❑90
Tahiti
Konversion von Pomare II. ❑284
Chin. Plantagenarbeiter ✣284●
Frz. Besitzung◆284 (1)
Proteste gegen Atomwaffentests ✣285 (3)
Taika-Reform Soziale und politische Reform in Japan (645). ✣265, ✣265●
Taiping-Rebellion (1850–64) Großer Bauernaufstand in China zur Zeit der späten Qing-Dynastie. Er begann in S China bei Guangxi, wo der Anführer Hong Xiuquan das Reich Taiping (das Himmliche Reich des allgemeinen Friedens) proklamierte. Mitte der 1850er Jahre verlagerte sich der Aufstand nordwärts, wurde dann aber nach Niederlagen vor Shanghai (1860, 1862) von den Qing niedergeschlagen. ✣95●, ❑268
Taira-Clan Japan. Bushi-Familie des 12. Jh. ✣265 (4)
Taiwan *auch* Formosa. Insel zwischen dem Ost- und dem Südchinesischen Meer. Seit dem 17. Jh. gehört T. zu China. 1624–62 holl. Handelsposten (Zeelandia), 1895 an Japan, 1945 an China zurück; Sitz der nationalchin. Regierung, seit sie den Bürgerkrieg auf dem Festland 1949 verloren hat. Bilaterales Verteidigungsabkommen mit den USA 1955, jedoch verlor T. seinen Sitz in der UN 1971 an die VR China. Wird zu den ›Tigerstaaten‹ gezählt.
Holl. Handelsposten ◆267 (3)
Unabhängige Republik China ◆274 (1)
Industrielles Wachstum ✣111
Japan. Imperialismus ◆269 (4)
Pro-Ming-Rebellion ◆268 (2)
Qing-China ◆268 (1)
Taizu *siehe* Zhu Yuanzhang.
Takla Makan Seidenstraße ✣45
Takrur Königtum in W Afrika ✣58
Talas ⚔ zwischen Arabern und Tang in Z Asien (751), Niederlage der Chinesen stoppt weitere Expansion. ◆56 (1), ✣59●
Taliban Sunnitische, fundamentalistische Militärmiliz, die während der russ. Besetzung Afghanistans (1979–89) entstand. Übernahm 1996 die Kontrolle über die Haupt-

Legende: ✣ Text ❑ Bild *var.* Variantname *ehem.* ehemals *reg.* regierte EWK Erster Weltkrieg
● Zeitleiste ◆ Karte *nwb.* nachweisbar *passim* und folgende ⚔ Schlacht ZWK Zweiter Weltkrieg

stadt und die südl. Regionen des Landes.
Eroberung Kabuls (1996) ✣111●
Tamerlan *siehe* Timur
Tamilen Ziel der Tamilen-Minderheit in Sri Lanka ist die Loslösung von der singhalesischen Bevölkerungsmehrheit und die Bildung eines eigenen Staates (Tamil Eelam) im Norden und Osten des Landes. Die Regierung Sri Lankas lehnt dies jedoch ab, was seit den 1980er Jahren zu blutigen Zusammenstößen führt.
Tamilen-Herrschaft (2. Jh.) ✣47
Tamil Tigers ◆253 (4), ❑253
Tang-Dynastie (618–907). Chin. Dynastie, die China nach langer Zeit politischer Instabilität vereinigte. Tang-China erstreckte sich bis nach Z Asien und hatte eine Bevölkerung von etwa 60 Mio. Es unterhielt Handelsverbindungen über Land und Wasser mit dem Westen.
Aufstieg der Dynastie (618) ✣49●
Erfindung des Buchdrucks (8. Jh.) ✣59
Herrschaftsgebiet (750) ◆54–5
Nachbarn (ca.750) ✣262, ❑262, ◆262 (1)
Niederlage gegen Araber (751) ✣59●, ✣256●
Tibetische Invasion (763) ✣59●
Bauernaufstände (870er) ✣59●
Ende der Dynastie (906) ✣59●, ✣61●, ✣262
Kaiser wird eine Karte präsentiert ❑256
Chinesischer Buddha ❑59
Unterstützung für Silla ✣264
Tanganyika Von Burton und Speke 1858 erreicht ✣157●
Tanguten Volk der südl. Mongolei. Errichteten einen Staat in NW China, das Xixia-Reich (1035). ✣263●, ◆263 (3)
Tannenberg ⚔ im EWK (26.–30. Aug. 1914). Bedeutender Sieg Deutschlands über Russland, das beinahe eine ganze Armee und große Mengen an Waffen verlor. Wegen des russischen Einfalls in Ostpreußen mussten die Deutschen Truppen vom Angriff auf Frankreich in einer kritischen Phase des Kriegs abziehen. ◆207 (4)
Tapajós Häuptlingstum in Santarém (Brasilien), das die Region im 16. und 17. Jh. beherrschte. Die kriegerischen Tapajosó verlangten von den unterworfenen Stämmen Tributzahlungen und Arbeitsdienste. ◆145 (2), ✣147, ◆147 (2)
Taprobane *siehe* Sri Lanka
Tarim-Becken Invasion durch China (1751) ✣87●
Tarquinius I. *var.* Lucius Tarquinius Priscus, (reg. 616–578 v.Chr.). Der erste etruskische König von Rom. ✣176●
Tarquinius II. *var.* Lucius Tarquinius Superbus (*nwb.* 534–509 v.Chr.). Etruskischer König von Rom, nach der Tradition der siebente und letzte, dessen Vertreibung wg. seines tyrann. Regimes im Jahr 509 v.Chr. als Beginn der Republik angesehen wurde. Ob es tatsächlich eine historische Figur war, wird teilweise bestritten. ✣176●
Tasman, Abel Janszoon (ca.1603–59). Holländischer Seefahrer in Diensten der Vereinigten Ostindischen Kompanie, der Neu-Holland (Australien) erkundete. Auf seiner ersten Reise von Mauritius aus (1642–43) stieß er auf die Insel Tasmania, die er nach dem Generalgouverneur von Batavia Van-Diemens-Land nannte. Er erkundete auch Neuseeland, Tonga und die Fidschi-Inseln. Die zweite Reise zur Umrundung Neuguineas (1644) scheiterte. ❑278, ◆278 (1)
Tasmania
Frühgeschichtliche Besiedlung ✣280, ◆280 (1)
Europäische Besiedlung ◆279 (2), ✣282, ◆282 (1), ✣282●, ◆285 (2)
Ökonomie ◆282 (1), ◆283 (3)
Erkundung und Kartografie ◆278 (1), ✣278●, ◆279 (2)
Tatanka Iyotake *siehe* Sitting Bull
Tavernier, Jean Baptiste (1605–89) Frz. Forscher, der Asien bereiste. ◆239 (1)
Taymar Russ. Eisbrecher ◆257 (2), ◆286–7 (2)
Technologie
Vor-, Frühgeschichte ✣12, ❑12, ✣120, ◆120 (1), ◆220 (1)
Kupferzeit ✣174●, ◆174 (2)
Afrika bis 500 v.Chr. ◆158 (1)
Landwirtschaft (ca.1500) ✣76–7, ◆76–7 (1)
Industrielle Revolution in Großbritannien (ab 1733) ✣204●
Einfluss auf Welthandel ◆92 (1)
Tef Getreidesorte, die hauptsächlich in Äthiopien wächst und zur Herstellung von Mehl verwendet wird. ◆158 (1)
Teheran-Konferenz (Nov. 1943–Jan. 1944). Treffen der drei alliierten Führer (Roosevelt, Churchill and Stalin), bei dem Pläne für eine anglo-amerikanische Invasion in Frankreich und eine sowjetische Offensive gegen Deutschland erörtert wurden. ✣105●
Telekommunikation
Erster elektrischer Telegraf ✣92●, ✣204●
Drahtlose Nachrichtenübermittlung erfunden (1895) ✣92●
Telefon erfunden (1876) ✣95
Satellitenfoto ❑106
Teleskop *siehe* Optische Instrumente
Tell Agrab Zweirädriger Karren ❑24
Tell Brak Bilderschrift (ca.3250) ✣23●, ✣24●
Templerorden Religiöser u. militär. Orden, ca.1118 zum Schutz der Pilger nach Jerusalem gegründet. Im 12. u. 13. Jh. waren die Ordensritter an allen wichtigen Feldzügen gegen den Islam beteiligt. Sie erwarben große Besitztümer im christlichen Teil Europas, allerdings brachte ihr Wohlstand und Einfluss ihnen auch Feinde ein. 1307 beschuldigte Philipp IV. von Frankreich sie der Häresie und anderer Vergehen und ließ führende Ordensmitglieder verbrennen. 1312 wurde der T. aufgelöst.
Gründung (ca.1118) ✣64●, ✣186●
Politischer Einfluss in Europa ❑186
Auflösung des Ordens (1312) ✣70●
Komtureien ◆186 (1)
Temudschin *siehe* Dschingis Khan
Teng Hsiao-ping *siehe* Deng Xiaoping
Tenno *Jap.* ›Himmlischer Souverän‹. Seit 7. Jh. Titel der japan. Kaiser. ✣265
siehe auch Japan
Tenochtitlan *var.* Tenochtitlán
Gründung (1325) ✣124
Hauptstadt des Azteken-Reichs (1428) ✣124
Großer Tempel ❑124
Satellitenstädte ◆124 (3)
Einweihung des Huitzilopochtli-Tempels (1487) ✣74●
Von Cortés erobert ✣78●, ◆81 (3), ✣124●, ✣125●, ◆125 (5)
Umbenennung in Ciudad de México ✣78●, ◆81 (3)
Tenzin Gyatzo *siehe* Dalai Lama
Teotihuacan *var.* Teotihuacán
Größte Stadt Amerikas (ca. 50) ✣42●, ✣46, ✣46●, ✣122, ◆122 (1)
Expansion der Stadt (400) ✣50●
Handelszentrum (ca. 500) ✣54●
Verwüstung durch Brand (750) ✣54●
Tepaneken Von Azteken unterworfen (1428) ✣124
Tetrarchie *Dtsch.* Viererherrschaft. Bezeichnung für das röm. Herrschaftssystem mit zwei Kaisern (*Augusti*) und zwei Unterregenten (*Caesares*). Eingeführt im späten 3. Jh. von Diocletian, um die Verwaltung des Röm. Reichs zu reformieren. ✣181, ❑181, ◆181 (4)
Texas-Krieg *var. Sp.* Guerra de 1847 (April 1846–Feb. 1848). Auslöser war die Annexion von Texas durch die USA 1845. Die USA gewannen den Krieg, und Mexiko verlor neben Texas alle Gebiete nördlich des Rio Grande del Norte, praktisch die Hälfte seines Staatsgebiets. ✣129●, ◆128–9 (2)
siehe auch Texas Revolution
Texas Revolution (1835–36). Texas, ein Teil Mexikos, erklärte 1836 seine Unabhängigkeit und wurde für kurze Zeit Republik. 1845 wurde T. der 28. Bundesstaat der USA, was den Texas-Krieg auslöste. ✣90●, ◆128–9 (2)
siehe auch Texas-Krieg
Texcoco-See Gründung von Tenochtitlan (1325) ✣124, ◆124 (2), (3)
Thailand
Bronzeskulpturen ✣27, ❑240, ❑241, ❑245
Als Siam
Hauptstadt gegründet (ca.1350) ✣71●
Einverleibung Sukhothais (1378) ✣71●
Invasion duch Bayinnaung, König v. Burma (1563) ✣79●
Thea Philopator *siehe* Kleopatra VII.
Theatrum orbis terrarum (Ortelius) ✣79, ✣173●
Theben
Hauptstadt des Neuen Reichs ✣27●, ✣159
Eroberung durch Assyrer ✣34
Theoderich (ca. 445–526) Anführer der Ostgoten und König von Italien. Nach mehreren Schlachten gegen das O Röm. Reich fiel T. 489 in Italien ein. 493 besiegte und ermordete er Odoaker und machte Ravenna zur Hauptstadt. Übernahm viele Elemente der röm. Herrschaft, die Sage verehrte ihn als Dietrich von Bern. ✣53, ✣182
Theodolit Vermessungsinstrument ❑172
Theodosius I., der Große (ca. 347–395). Röm. Kaiser (reg. 379–95). Nachfolger von Valens als Kaiser des Ost-Reichs. Führte das Christentum als Staatsreligion ein (380) und verwaltete nach dem Tod von Maximus (388) auch den Westen. Als er starb, wurde das Reich endgültig zweigeteilt. ✣182
Theravada-Buddhismus *auch* Kleines Fahrzeug. Traditionelle Interpretation des Buddhismus, basierend auf der Erleuchtungserfahrung und den Lehren des Buddha (Siddhartha Gautama); praktiziert v.a. in Sri Lanka, Myanmar und SO Asien. *Siehe* Mahayana-Buddhism.
Thermopylen ⚔ (191 v.Chr.). Röm. Sieg über den Seleukiden-König Antiochos III. ✣179●
Thesiger, Wilfred (1910–) Brit. Soldat, der 1946–47 und 1947–49 die Wüste Rub' al-Khali (das ›Leere Viertel‹) in S Arabien durchquerte; darüber sein Buch *Arabian Sands* (1959) ◆219 (4)
Thinis vordynastischer Kulturverband in Ägypten ◆159 (2)
Thomas, Bertram (1892–1950). Brit. Offizier, Berater des Sultans von Oman; der erste Europäer, der die Wüste Rub' al-Khali in S Arabien durchquerte und eine systematische Aufnahme der Topographie vornahm.◆219 (4)
Thomas von Aquin *var.* Thomas von Aquino, Doctor angelicus (ca.1224–74). Italien. Philosoph, Theologe und Kirchenlehrer. Die Lehre des Dominikanermönchs wird als Thomismus bezeichnet. ✣187
Thugga *var.* Dougga. Theaterruinen ❑180
Thule-Kultur Inuit-Kultur Nordkanadas und Grönlands. Die vereinzelt auch sesshaften Stämme lebten von der Jagd. Ab ca.1000 breiteten sie sich nach Westen aus und entwickelten sich zur wichtigsten Kultur der Region. ✣58●, ◆123 (3)
Thutmosis III. (reg. ca.1458–1425) Ägyptischer Pharao der 18. Dynastie, einer der erfolgreichsten Herrscher Ägyptens. Er dehnte das Territorium bis an den Euphrat und zum 4. Katarakt aus und baute viele Tempel bzw. ließ sie restaurieren. Auch ließ er den als ›Nadel der Kleopatra‹ bekannten Obelisken aufstellen, der 1878 von Sir Erasmus Wilson nach London gebracht wurde. ◆159 (5)
Tiahuanaco Anden-Kultur zwischen 500 und 1000 n.Chr., deren Steinarchitektur gewaltige Tempelanlagen umfasste. Zur Ernährung der Bevölkerung wurden umfangreiche Maßnahmen zur Kultivierung des Landes ergriffen.
Reich ✣54●, ✣145, ◆146 (1)
Kultur- und Pilgerzentrum ✣146, ◆146 (1)
Tiananmen-Massaker (1989). Prodemokratische Proteste Tausender Chinesen auf dem ›Platz des Himmlischen Friedens‹ im Mai und Juni endeten in der blutigen Niederschlagung durch die Armee. 400–800 Demonstranten sollen dabei umgekommen sein. ✣111
Tibbu Tib *var.* Tippu Tip (1837–1905). 19. Jh. Arabischer Händler im östl. Afrika, der in den 1860er Jahren einen auf Elfenbeinhandel basierenden Staat in Zentralafrika aufbaute. ❑166
Tibet Himalaya-Staat in Z Asien, wurde mit der Einführung des Buddhismus im 7. Jh. vereinigt, Blüte im 7.–9. Jh., unter Kontrolle Qing-Chinas ab 1720; bis ins späte 19. Jh. für Ausländer geschlossen. T. gelangte mit dem Brit.-Tibet. Vertrag in die brit. Einfluss-Sphäre (1904). Invasion durch die VR China 1950, Aufstand in Tibet und dessen Niederschlagung durch China (1959). Der nominelle Herrscher, der Dalai Lama flüchtete ins Exil. T. wurde 1965 formal zu einer Autonomen Region Chinas.
Buddhismus ✣49●, ◆49 (4), ✣55●
(ca. 800) ◆58–9
Expansion und Zusammenbruch des Reichs 650–840 ◆262 (1)
Chin. Invasion ❑275
Kartierung ✣257, ❑257
Mongol. Kontrolle ◆263 (7)
Bevölkerungswachstum ◆274 (2)
Qing-China ◆268 (1)
Qing-Protektorate (18. Jh.) ✣87
Vereinigt mit Qiang und Dian ca.600 ◆261 (6)
siehe auch Lamaismus; Dalai Lama.
Tigerstaaten Name für SO asiatische Staaten wie Singapur, Indonesien, und Malaysia, die sich in den 1980er und frühen 90er Jahren eines außerordentlichen Wirtschaftsbooms erfreuten. ◆275 (4)
Tikal
Von Maya erbaut (ca. 300) ✣50●
Überfall auf Uaxactún (ca. 378) ✣50●
Timbuktu
Von 'Umar Tal erobert (1863) ✣167●, ◆167 (3)
Von Franzosen besetzt (1894) ◆167 (4)
Islam und Handel ◆162 (1)
Eroberung durch Tuareg ✣163●
Zeichnung von René Caillié (1828) ❑157
Timur *var.* Timur Leng, Timur Lenk, Timur der Lahme, Tamerlan (1336–1405). Mongolen-Führer aus türkischer Familie; führte im 14. Jh. von seiner Hauptstadt Samarkand aus zahlreiche Blitzfeldzüge in Westasien, Indien und selbst gegen China. Berüchtigt wegen seiner Grausamkeit (Bau von Schädeltürmen, für die alle Einwohner geplünderter Städte getötet wurden) und der Schnelligkeit seiner Reiter.
Plünderung Baghdads (1393) ✣71●, ❑71
Plünderung Delhis ✣71, ✣244●
Sieg über Osmanen (1402) ✣75●
Feldzüge (1379–1405) ❑228, ✣229, ✣229●, ◆229 (4)
Grabstätte ❑229
Tippu Tip *siehe* Tibbu Tib
Titicaca Chucuito-Kultur ✣66
Tito, Josip (Josip Broz), (1892–1980) Jugoslawischer kommunistischer Politiker. Gelernter Mechaniker, seit 1920 Mitgl. der jugosl. KP. Führte im Zweiten Weltkrieg die jugosl. Partisanen gegen die deutschen Besatzer. 1945–53 Minister-Präsident, ab 1953 Staatspräsident in J., ab 1963 auf Lebenszeit. Tito widersetzte sich sowj. Versuchen der Einflussnahme, sodass es zum Bruch mit Stalin kam. Nach anfänglicher Anlehnung an den Westen wurde Tito zum Sprecher der blockfreien Staaten. ✣215
Tlaloc
Regengott der Azteken ❑124
Türkis-Schlange ❑124
Tlalteuctli Erdgott der Azteken ❑124
Tlaxcala
Kirche des hl. Franziskus ❑125
Cortés' Rückzug (1520) ◆125 (5)
Tlaxcalteken Ureinwohner Zentral-Mexikos. Bei Cortés' Eroberung des Azteken-Reichs (1519–21) waren sie Verbündete der span. Conquistadoren. ✣125, ◆125 (4), (5)
Toba-Wei *var.* Nördliche Wei. Herrscher-Dynastie in N China (ca. 380–524)
Einfall in N China (386) ✣51●, ◆261 (6)
Toba-Wei-Reich 440–500 ◆261 (4)
Toiltzin Religiöser Führer der Tolteken (ca. 900) ✣58●
Tokugawa Ieyasu (1543–1616) Shogun (reg.1603–05), der im japan. Vereinigungskrieg 1600 die ⚔ von Sekigahara gewann. Gründer des Tokugawa-Shogunats. ✣267, ❑267, ◆267 (5)
Tokugawa-Shogunat (1603–1868) Dynastie von Shogunen oder Militärdiktatoren in Japan. Gegründet von Tokugawa Ieyasu. ✣91, ✣95, ◆267 (5)
Isolationismus Japans (1636) ✣83●
Gründung durch Ieyasu ✣83●, ❑267
Tolteken Dominierende Kultur Zentralmexikos ca. 900–1200 mit der um 968 gegründeten Stadt Tula (Tikal) als Zentrum. Die T. zerstörten die mächtige Stadt Teotihuacán; später war ihre Hegemonie durch Dürrekatastrophen und zunehmende politische Fragmentierung geprägt. ✣58, ◆58–9, ◆122 (1)
Aufstieg (900) ✣122●
Altar in Chichén Itzá ❑58
Tonga
Lapita-Kultur (v.Chr.) ✣27
Von Polynesiern besiedelt ✣60
Tonghak-Aufstand (1894). Populistisch-nationalistische, quasi-religiöse Rebellion in Korea, die zum Anlass für den Chinesisch-Japanischen Krieg wurde. ✣270
Topa *var.* Inca Yupanqui (reg.1471–93). Inka-Herrscher, der das Territorium bis ins Zentrum des heutigen Chile ausdehnte und den Widerstand gegen die Inka-Herrschaft im südlichen Peru beseitigte. ✣74●
Töpferei *siehe* Keramik
Tordesillas, Vertrag von Abkommen zwischen Spanien und Portugal, in dem sie die Neue Welt unter sich aufteilten; 1506 durch eine päpstliche Bulle bestätigt. ◆81 (3), ❑142
Torii Heiliges Tor zu einem Shinto-Heiligtum. ❑264
Torres, Luís Váez de Span. Seefahrer, der an der Quiróz-Expedition 1605–07 teilnahm. 1606 stieß er auf die Pazifik-Insel Espiritu Santo. Er trennte sich von der Expedition und übernahm das Kommando über zwei Schiffe, die er westlich durch die Straße zwischen Australien und Neuguinea führte, die seinen Namen trägt. Erst im 18. Jh. tauchte die T.-Straße auf Karten auf, da seine Aufzeichnungen fast 100 Jahre unveröffentlicht blieben. ◆278 (1)
Totenbuch der Ägypter ❑30
Totonaken Ureinwohner Zentral-Mexikos. Während Cortés' Eroberung des Azteken-Reichs (1519–21) waren sie Verbündete der span. Conquistadoren. ✣125, ◆125 (4), (5)
Toulouse
Inquisition eingerichtet (1233) ✣186●
Wikinger-Feldzüge (844) ✣185●
Touré, Samory Proklamation eines islamischen Gottesstaates (1884) ✣167●
Toussaint l'Ouverture, Pierre Dominique Haitianischer Unabhängigkeitskämpfer (1743–1803). 1791 führte der ehemalige Sklave T. die Revolution Farbiger zur Befreiung Haitis aus der Kolonialherrschaft. Von Frankreich zum General ernannt, kämpfte er gegen Briten und Spanier auf der Insel, 1801 wurde er Staatspräsident der Republik Haiti. Jedoch wurde er 1802 von den franz. Truppen verhaftet und nach Frankreich gebracht, wo er im Gefängnis starb. ✣89, ◆89 (3), ❑89
Townshend Acts (15. Jun.–2. Juli 1767). Vier brit. Gesetze zur Durchsetzung der kolonialen Autorität in den nordamerikanischen Kolonien durch Auflösung der unkooperativen Kolonialversammlung und Einführung neuer Steuern. Nach dem heftigen Widerstand gegen die Gesetze wurden am 5. März 1770 die meisten Maßnahmen rückgängig gemacht. ✣127●
Toyotomi Hideyoshi (1536–98, reg.1585–98) Führte den Kampf, den Oda Nobunaga begonnen hatte, fort und vereinigte Japan im 16. Jh. ✣267, ◆267 (4)
Trafalgar See-⚔ (21. Okt. 1805) in den Napoleonischen Kriegen. Sieg der brit. Flotte unter Admiral Nelsons Kommando über die franz.-span. Flotte, der die brit. Seeherrschaft sicherte. ◆200 (1)
Traian (Marcus Ulpius Traianus, 53–117). Aus Veteranenfamilie in Spanien stammender röm. Kaiser. Wie er adoptiert wurde von Kaiser Nerva, adoptierte er seinen Nachfolger Hadrian. Traians Herrschaft (98–117) war die letzte Phase einer signifikanten Reichsexpansion. Er gewann Dakien (Dacia) als Provinz des Reichs (Feldzüge dargestellt an der Traian-Säule in Rom). Siege gegen die Parther waren weniger ergiebig, viele Eroberungen gingen nach seinem Tod verloren.
Röm. Kaiser ✣46●, ✣47●, ✣180
Annexion Armeniens ✣47●
Indische Gesandtschaft in Rom ✣47●
Eroberung Seleukias ✣47●
Trail of Tears (›Zug der Tränen‹, 1838–39). Die Umsiedlung der Cherokee aus ihren Gebieten östlich des Mississippi nach NO Oklahoma. 15 000 Indianer zogen in Begleitung von 7000 US-Soldaten nach Westen, über 4000 starben unterwegs. ◆128–9 (2)
Trans-Sahara-Handelsrouten ◆156 (1), ◆162 (1)
Antike ◆44–5, ✣50
Kamelkarawanen ✣50, ✣58, ✣66
Mali-Reich ✣70, ✣75
Phöniker ✣38
Songhay ✣75
Sunni Ali (1460er–90er) ✣75
Transamazônica 5470 km lange Straße vom Atlantik-Hafen im brasilianischen Recife bis nach Cruzeiro do Sul an der peruanischen Grenze. ✣153●, ◆153 (4)
Transilvania *siehe* Siebenbürgen
Transjordanien Ostjordanland; Gebiete östl. des Jordan, die nach dem EWK 1923 unter brit. Mandat von Palästina abgetrennt und unter die Regierung des Haschemiten-Emirs Abdallah gestellt wurden. ✣99, ✣233
Transoxanien *Lat.* Transoxiana. Name des Gebietes jenseits des Oxus (Amu Darya); heute Usbekistan ◆44–5, ✣69●, ✣71●, ✣227, ◆227 (6)
Transsibirische Eisenbahn Eisenbahnverbindung zwischen Moskau und Wladiwostok. Die 9198 km lange Strecke wurde 1891–1917 erbaut. ◆208 (2)
Transvaal
◆166 (2), ◆167 (4)
Von Briten annektiert (1877) ✣96
Unabhängigkeit für Voortrekker (1852) ✣166●
Trapezunt, Kaiserreich Eroberung durch Osmanen (1461) ✣75●
Trasimenischer See *Lat.* Lacus Trasimenus ⚔ des 2. Punischen Kriegs (217 v.Chr.). Sieg Hannibals und der Invasionsarmee Carthagos über die Römer. ◆179 (3)
Trebia ⚔ der Punischen Kriege (218 v.Chr.). Sieg Carthagos. ◆179 (3)
Trenton ⚔ im amerikan. Unabhängigkeitskrieg (25. Dez.1776); amerikan. Sieg. ◆127 (3)
Trident Auf US-amerik. U-Booten stationierte atomare Langstreckenraketen. ✣109
Trient, Konzil von Neunzehntes ökumenisches Konzil der röm.-kath. Kirche (1545–63), das die Gegenreform einleitete und wichtige Reformen für Klerus und Liturgie verabschiedete. ✣78●, ✣194, ✣194●
Tripoli Kreuzritter-Staat ✣63, ✣65
Truman-Doktrin (12. März 1947) Inoffizielle Bezeichnung für die Zusage wirtsch. und milit. Unterstützung durch die USA für Länder, deren Freiheit durch komm. Staaten bedroht sei, durch US-Präsident Truman. ✣109●
Truman, Harry S. (1884–1972) 33. Präsident der USA (Demokrat, 1945–53). Senator von Missouri 1922–34. 1944 wurde T. unter Roosevelt Vize-Präsident, nach dessen Tod 1945 Präsident und 1948 wiedergewählt. Er veranlasste den Abwurf der Atombomben in Japan, den Marshall-Plan und die Berliner Luftbrücke (1948–49). In seine Amtszeit fallen weiter die Gründung der Nato (1949), der Koreakrieg, die Gründung des CIA und die Politik des Fair Deal. ✣109●, ✣213●, ❑139
Trundholm Sonnenwagen ❑26
Tschad-See Von Denham und Clapperton 1823 erreicht ✣157●
Tschaldyrân *siehe* Çaldiran
Tschalukja *siehe* Chalukya
Tschandragupta *siehe* Chandragupta
Tschechoslowakei Nach dem EWK in Mitteleuropa gegründeter Staat (1918), aus ehem. Regionen Österreich-Ungarns (Böhmen, Mähren, Slowakei, Karparto-Ukraine) gebildet; 1939 als Reichsprotektorat Böhmen und Mähren an das Deutsche Reich angeschlossen. Nach dem ZWK Mitglied des Warschauer Pakts. Unterdrückung liberaler Reformen (›Prager Frühling‹, 1968) durch Intervention des Warschauer Pakts. Teilung in die zwei Staaten Tschechische Republik und Slowakische Republik (1993) nach der ›sanften Revolution‹ und freien Wahlen (1990).
Gründung ◆208 (1)
Weltwirtschaftskrise ◆209 (3)
Besetzt d. Deutschland (1938) ✣102●, ✣209, ❑209, ◆209 (5)
Einsetzung eines moskautreuen Regimes (1948) ✣102●, ✣108●, ✣213●
›Prager Frühling‹ (1968) ✣106●, ✣108●, ❑213
Ende des Kommunismus (1989) ✣110●, ◆214 (2)
siehe auch Weltkriege
Tschola *siehe* Chola-Dynastie
Tsybikov, Gombozhab (1873–1930) Russ. Gelehrter und Reisender in Tibet. ◆257 (3)
Tuamotu-Inseln Polynesische Kolonie in Ozeanien (ca. 600) ✣55●
Tughluq *var.* Tughluk. Dynastie des Sultanats von Delhi. Unter dem zweiten T.-Herrscher Muhammad Ibn Tughluq (reg.1325–51) erreichte das Sultanat seine größte Ausdehnung; es umfasste 23 Provinzen und die Königtümer im Süden Indiens. Ineffiziente Verwaltung, hohe Steuern und der Versuch, die Hauptstadt nach Daulatabad zu verlegen, beschleunigten den Verfall des Sultanats, das um 1398 in zahlreiche kriegerische Königstümer zerfallen war. ✣70–1, ✣71, ✣71●, ✣244, ✣244●, ◆244 (3)
siehe auch Ibn Tughluq, Muhammad
Tukulor-Reich Muslim. Gottesstaat, der sich im 19. Jh. in W Afrika von Senegal ostwärts bis nach Timbuktu ausdehnte.
Gründung (1863) ✣167●, ◆167 (3)
Von Frankreich zerstört (1892) ✣167●
Tula
Tolteken-Hauptstadt ✣122, ❑122
Von Topiltzin gegründet (ca.900) ✣58●
Von Chichimeken geplündert (ca.1175) ✣62●
Tunis
Aghlabiden-Dynastie gegründet ✣58●
Erobert von Mariniden (1347) ✣71●
Husainiden-Dynastie gegründet (1705) ✣87●
Tunis ⚔ im ZWK (April–Mai 1943). Besiegelte die Niederlage des deutschen Afrikakorps und die endgültige Eroberung Nordafrikas durch die Alliierten. ◆211 (4)
Tumulus Hügelgrab neolithischer und bronzezeitlicher Bestattungstradition, im 3. und 2. Jahrtausend v.Chr. in Europa, Mittel- und Südasien verbreitet. Über Einzel- oder Sammelgräbern wurden Erdhügel errichtet (aus Stein errichtete Hügel werden als ›Cairn‹ bezeichnet). Je nach Rang des Toten barg ein T. unterschiedliche Bestattungen, vom Baumsarg bis zum Totenhaus. ✣175, ◆175 (3)
Tupac Yupanqui Inka-Herrscher, in dessen Regierungszeit (1471–93) die Expansion im Urwald am Amazonas stockte. ✣74●, ◆147 (3)
Tupamaros Linke Stadtguerrilla in Uruguay, gegründet 1963. ◆152 (1), ✣152●
Turkestan
Erobert von Qing-China (1750er) ✣257●
Erkundung ◆257 (3)
Türkei 233–235
Osman. Reich, Aufteilung (1918) ✣233, ◆233 (3)
Auswärtiges
Arabien im 20. Jh. ◆234 (3)
Kurdische Flüchtlinge (1991) ✣235
Inneres
Republik, Gründung (1923) ✣99, ◆98–9
Atatürk ✣233
Nach dem EWK ✣233
siehe auch Osman. Reich; Weltkriege, EWK

Turk-Völker Allgemeiner Name für die zentralasiatischen Völker, die von der nomadischen Weidewirtschaft in den Steppen lebten und nach dem Jahr 1000 in mehrfachen Wellen nach Westen zogen. ✤59●, ✤63●, ◆227, ✤228● *siehe auch* Türken, Uighuren, Mongolen, Seldschuken, Mamluken
Türkische Nationalbewegung *siehe* Atatürk
Tuscarora War (›Tuscarorakrieg‹ 1711). Krieg zwischen den T.-Indianern Nord-Carolinas und europäischen Siedlern nach der Inbesitznahme von Tuscarora-Gebieten und der Entführung von Stammesmitgliedern durch Kolonisten. Die T. zogen dann nach Norden, traten als 6. Stamm dem Irokesenbündnis bei und ließen sich im Gebiet des heutigen US-Bundesstaates New York und im Südosten Kanadas nieder. ◆126 (1)
siehe auch Irokesen. ◆126 (1)
Tutenchamun *var.* Tutanchamun, Tutanchaton, Tutankhamun. Ägypt. Pharao der 18. Dynastie (reg. 1333–1323 v.Chr.). Wurde bekannt wg. der Pracht seines ungeöffnet entdeckten Grabes durch Howard Carter. Als minderjähriger Nachfolger des monotheistischen Echnaton stand er unter Vormundschaft der Amun-Priesterschaft, die ihn sämtliche Reformen rückgängig machen ließ. ❑29
Tutsi *var.* Batusi, Tussi, Watusi. Ethnische Gruppe in Ruanda und Burundi.
Massaker duch die Hutu in Ruanda (1994) ✤111●
Tyros Von Kreuzrittern erobert ✤65●
Tz'u-Hsi *siehe* Cixi, Kaiserinwitwe

U

Uaxactún Von Tikal überfallen (ca. 378) ✤50●
Ubaid-Kultur Letzte vorgeschichtl. Kultur in Sumer (spätes Chalkolithikum), benannt nach dem Siedlungshügel El-Obaid nahe Ur. Die Menschen waren noch keine Semiten und werden heute Proto-Euphrater genannt. Sie waren Vorläufer der sumerischen Zivilisation, die allerdings erst mit dem Auftauchen der Semiten beginnt. ✤19●, ◆220 (2)
UdSSR *siehe* Union der Sozialistischen Sowjetrepubliken
Uganda Invasion aus Ruanda (1990) ✤169
Uighuren Turk-Volk in Z Asien. Gründeten ein Steppenreich nordwestl. von China und bildeten später die größte muslim. Bevölkerungsgruppe in China. ❑262, ◆262 (1)
Ulloa, Francisco de (gest. ca.1540) Span. Forscher, der im Auftrag von Hernan Cortés den Golf von Kalifornien erkundete. Er zeigte, dass Baja California eine Halbinsel ist. ✤125, ◆118 (1)
Ultra Brit. Codename für die von den Briten entschlüsselten Enigma-Meldungen der obersten deutschen Befehlsebene. ❑210
al-'Umari *var.* Shihab Ad-Din, Ahmad Ibn Fadl Allah Al-'Umari (1301–49). Forscher und Nachfahre von 'Umar, dem 2. islamischen Kalifen. Seine Schriften über die Verwaltung der Mamluken-Güter in Ägypten und Syrien sind eine der Hauptquellen für die Mamluken-Forschung. ✤156, ◆156 (1), (2)
'Umar Sa'id Tal, El-Hadj *var.* Al-Hajj 'Umar Tal (ca.1797–1864). Westafrikan. Tukulor-Anführer, der 1854 einen Glaubenskrieg entfachte, der in die Gründung des muslim. Tukulor-Reichs zwischen dem oberen Senegal und dem Niger mündete. ✤95●, ✤167●, ◆167 (3)
Umayyaden-Kalifat *var.* Omaijaden. Muslim. Dynastie, 661 gegründet, die 750 von den Abbasiden gestürzt wurde. Ein Zweig gründete 756 in Spanien das selbständige Emirat von Córdoba (929–1031 Kalifat). ✤56–7, ✤59●, ◆54–5, ◆184 (1), ◆192 (3)
Umsiedlung und Flucht ✤212, ◆212 (3)
UN (United Nations, *Dtsch.* Vereinte Nationen). 1945 als Nachfolger des Völkerbundes gegründete Organisation zur Wahrung des internationalen Friedens und zur Förderung der Zusammenarbeit bei wirtschaftlichen, sozialen, kulturellen und humanitären Problemen. Im Sicherheitsrat (Weltsicherheitsrat) sind China, Frankreich, Großbritannien, die Russische Föderation und die USA vertreten.
Kalter Krieg ✤108–9, ◆108–9 (1)
Konflikte in der Golfregion ✤235
Ende des Bürgerkrieg in El Salvador ✤110●
Gründung (1945) ✤102●
Plan für Palästina (1947) ◆234 (2)
UN-Konferenz für Umwelt und Entwicklung *siehe* Rio-Gipfel.
Unabhängigkeitserklärung der 13 Gründerstaaten der USA vom brit. Mutterland am 4. Juli 1776. ✤127●
Ungarischer Volksaufstand (1956). Studentenforderungen nach Abzug der sowjetischen Truppen führte zu Massendemonstrationen. Als der zuvor entlassene Imre Nagy wieder zum Ministerpräsidenten ernannt wurde, erklärte er den Austritt Ungarns aus dem Warschauer Pakt. Sowjetische Truppen marschierten ein und schlugen den Aufstand nieder, wobei ca. 2600 Menschen umkamen. Nagy wurde 1958 nach einem Schauprozess hingerichtet. ✤108●
Ungarn185–215
Mittelalter
Awaren-Reich (590) ◆54, ✤54●
800–1000 ◆185 (3)
Christl. Staat (ca.1000) ✤62●
Magyaren-Expansion ✤58●, ✤185●
Einfluss des westl. Christentums (11. Jh.) ✤62
Mongol. Invasion ✤69, ◆69 (1), ✤193
Aufstieg ✤193, ◆209 (5)
20. Jahrhundert
ZWK, mobilisierte Soldaten und Verluste ✤105 (mit Tabelle)
Einsetzung eines sowjettreuen Regimes (1948) ✤102●, ✤108●
Aufstand von 1956 ✤106●, ✤108●
Ende des Kommunismus (1989) ✤110●
Union der Sozialistischen Sowjetrepubliken (UdSSR). Aus der russischen Revolution hervorgegangener Staat, gegründet 1922. Infolge des ZWK deutlich vergrößert und der führende Staat des Weltkommunismus. Dominierte Osteuropa während des Kalten Kriegs. Löste sich unter dem Reformdruck von *glasnost* (Transparenz), *perestroika* (Umgestaltung) und Dezentralisierung 1991 auf; der Rumpfstaat bildete die Russische Föderation; die Union wurde durch die Gemeinschaft Unabhängiger Staaten (GUS) ersetzt. 208–213
Gründung
Russische Revolution (1917) ✤98●, ✤208, ✤208●, ◆208 (2)
Propaganda ❑99
UdSSR 1925 ◆98–9
Stalin-Ära
Expansionismus und ›Säuberungen‹ (1936) unter Stalin ✤102●, ✤213, ◆213 (4)
Zweiter Weltkrieg
Sept. 1939–Dez. 1941 ◆104 (1)
Dez. 1941–Juli 1943 ◆104 (2)
Juli 1943–Aug. 1945 ◆104 (3)
Gründe und Folgen ✤102–3
wichtige Schlachten ✤104–5
mobilisierte Soldaten und Verluste ✤105
Auflösung der UdSSR ✤110●, ✤214–15, ◆214–15 (4)
Außenpolitik
Kritik am Kolonialismus ✤99
Blockade von Berlin (1948–49) ✤102●
Gründung des Warschauer Pakts (1955) ✤106●
Kalter Krieg ✤106–7, ✤108–9, ✤138, ✤212, ✤214, ◆213 (4)
Korea-Krieg (1950–53) ✤109
Rüstungswettlauf ✤109
Cuba-Krise ✤108, ◆108 (2)
Tschech. Reformen niedergeschlagen (1968) ✤106●
Mai-Parade ❑106
Bürgerkrieg in Angola ✤109, ◆109 (5)
Handelsabkommen mit Cuba beendet (1991–92) ✤110●
Innovationen, Sputnik II Satellit (1957) ✤106●
siehe auch Russland
UNITA (União Nacional para Independencia Total de Angola). Im Bürgerkrieg (1975–91) gegen die MPLA von Südafrika unterstützt. ✤109, ◆109 (5)
United Nations *siehe* UN
UNO *siehe* UN
Unter-Moesien Siedlungsgebiet der Westgoten ✤53
Upanishaden Prosa- und Verssammlung mit zentraler Bedeutung für den Hinduismus. Entstanden im Anschluss an die Veden zwischen 800 v.Chr. und 1500. ✤36
Ur
Handelsplatz ◆24 (1), ✤28, ✤220
Hauptstadt von Ur-Nammu ✤221●
Königsgräber ✤23●, ✤24, ✤220●
Standarte von Ur ❑23
Widder am Lebensbaum ❑25
Ur-Nammu Gründer der 3. Dynastie von Sumer, der Ur zum Zentrum des Neusumerischen Reichs machte (um 2050 v.Chr.). Er ließ die Zikkurat von Ur, Uruk und Nippur bauen und sich als irdischer Repäsentant des Gottes Enlil verehren. ✤24, ✤221, ✤221●, ❑221
Urartu Frühgeschichtliches Königreich im östlichen Anatolien rund um den Van-See (ca.1270–612 v.Chr.), mehrfach von assyrischen Königen angegriffen und schließlich von den Skythen und Medern erlegen. ✤31●, ◆222 (2)
Modell des Sonnensystems ❑31
Urban II. (ca.1035–99, reg.1088–99). Papst, der 1095 zum Ersten Kreuzzug aufrief. ✤63, ✤64
Urbanisierung
Großbritannien ✤204, ◆204 (1), (2)
Gesundheit ✤204, ◆204 (3)
USA ✤132, ◆132 (1)
S Amerika ◆152 (1), ❑152
Süd- und Südostasien ◆253 (5)
Urnenfelder-Kultur (1200 v.Chr.) Sammelbegriff für eisenzeitl. Hallstatt- und Villanova-Kultur ✤31●
Uruguay
Krieg mit Paraguay (1864–70) ✤94●
Ökonomie ◆151 (3), ◆153 (3)
Politische Entwicklung (seit 1930) ◆152 (1)
siehe auch Südamerika
Uruk
Stadtstaat (ca.3500 v.Chr.) ✤23–4, ✤220
USA *siehe* Vereinigte Staaten von Amerika
Usbeken-Reich *siehe* Khwarizm-Reich
Usuman dan Fodio *var.* Osman dan Fodio, *Arab.* Uthman Ibn Fudi (1754–1817). Fulbe-Geistlicher und islamistischer Reformer, der zw. 1804 und 1808 ein muslim. Reich im heutigen Nigeria gründete.
Erobert Hausa-Stadtstaaten (1804) ✤91●
Gründet Fulbe-Königtum Sokoto (1820) ✤167●, ◆167 (3)
Djihad (1804) ✤167●, ◆167 (3)
Utrecht, Union von (1579) Während der Holländ. Revolution (1565–1609) schlossen sich sieben calvinistische Provinzen des Nordens zur Union von Utrecht zusammen. Ihnen wurde 1609 von Spanien Unabhängigkeit zugestanden. ✤195, ◆195 (5)

V

Valdivia Ton-Figurinen (ca. 3000 v.Chr.) ❑22
Valdivia, Pedro de (1497–1553). Span. Conquistador und Leiter zahlreicher Expeditionen nach Chile. Gründete u.a. Santiago, Chiles Hauptstadt. Seine Unternehmungen waren erfolgreich, bis er auf kriegerische Araucanos stieß. In einer Schlacht gegen sie wurde V. getötet.
Durchquerung der Desierto de Atacama (1540) ✤142●, ◆142 (1)
Gründung Santiagos (1541) ✤148●
Valens (Flavius Valens, ca. 328–378) Röm. Kaiser (reg. 364–378), zum Mitkaiser ernannt von seinem Bruder Valentinian. Besiegt und getötet von Westgoten in ⚔ bei Adrianopolis. ✤50●, ✤53●
Valerian (P. Licinius Valerianus, ca.190–260). Röm. Kaiser (reg. 253–260). Führte Feldzüge gegen Goten und Sassaniden-Perser; bei Edessa von Persern geschlagen, starb in Gefangenschaft.
Gefangennahme ❑225
Niederlage bei Edessa (259) ✤51●
Vandalen *var.* Wandalen. German. Stamm, der die Politik des späten Röm. Reichs stark beeinflusste. Nach Wanderungen durch Gallien und Spanien erreichten sie N Afrika (429), wo sie ein Königreich mit der Hauptstadt Carthago gründeten, das bis zur Eroberung durch Byzanz (534) bestand. Die V. wurden durch die Plünderung Roms (455) zum Synonym für blinde Zerstörungswut.
Invasion in Gallien (406) ✤50●
Invasion in N Afrika (429) ✤50●, ✤53
Königreich (439) ✤50●
Völkerwanderung (300–500) ◆52–3 (1), ✤182●
Mosaik mit Adeligem ❑52
Vardhamana *siehe* Mahavira
Vargas, Getúlio Dornelles (1883–1954). Präsident Brasiliens (reg.1930–45, 1951–54), der durch seine Wirtschafts- und Sozialpolitik maßgeblich zur Modernisierung des Landes beitrug. 1937 wurde er per Staatsstreich Diktator des ›Estado Nuevo‹. 1954 von der Armee zum Rücktritt gezwungen und beging Selbstmord. ✤152, ◆152 (1)
Varna Rind aus Blattgold ❑18
Varthema, Ludovico di (ca.1468–1517) Italien. Abenteurer. 1502–07 bereiste er den Mittleren Osten und war vermutlich der erste Christ, der als Araber verkleidet Mekka besuchte. ✤219●, ◆219 (4)
Vasa *var.* Wasa Von Gustav Eriksson Vasa gegründete schwedische und polnische Dynastie. Gustav Vasa wurde 1523 als Gustav I. zum schwed. König gekrönt, seine Nachfahren hielten sich bis 1818 auf dem schwed. Thron. ◆197 (3)
Vauban, Sébastien le Prestre de (1633–1707). Franz. Militäringenieur, der Belagerungstechniken und den Festungsbau revolutionierte. ❑197, ◆197 (5)
Vavassore, Giovanni Andrea di Italienischer Kartograf (16. Jh.) ✤173●
Vaygach Eisbrecher V. durchfährt die Nordostpassage (1914–15) ◆257 (2)
Vázquez de Ayllón, Lucas (gest. ca.1528) Span. Conquistador. Begleitete Narváez bei der Verfolgung von Cortés und erhielt 1523 den Auftrag, eine Route zum Pazifik zu finden. Nachdem er die Küste von Georgia und S Carolina erreicht hatte, starb er, evtl. an Verletzungen, die er in Kämpfen mit Indianern erlitten hatte. ✤125, ◆125 (4)
Veden *var.* Vedas. Sammlung alter Hindu-Hymnen und sakraler Legenden, entwickelt ab ca. 1800 v.Chr. ✤36
Veii Etruskische Stadt erobert von Rom (396) ✤176●, ✤178●
Velasquez, Diego Span. N Amerika-Forscher des 16. Jh. ◆125 (4)
Venedig, Republik *var.* Venezianische Republik 184–198
Marco Polos Abreise nach China (1271) ❑66
Lateinisches Kaiserreich (1204–1300) ✤187, ✤187●
Handelsrouten (ca.1300) ✤190, ✤191●, ◆190–1 (1)
Aufstieg ✤62, ✤191, ✤191●, ◆191 (3)
Markus-Basilika ❑191
Besitzungen
1200 ◆62–3
1214 ◆187 (5)
1200–1400 ◆189 (4)
1300 ◆66–7, ◆188 (1)
1400 ◆70–1
1500 ◆74–5, ◆193 (4)
1600 ◆78–9
1700 ◆82–3
Venezuela
Unabhängigkeit (1821) ✤90●, ✤150, ◆150 (1)
llanero-Lanzenreiter ❑150
Ökonomie ◆151 (3), ◆153 (3)
Politische Entwicklung (seit 1930) ◆152 (1)
siehe auch Gran Colombia; Südamerika
Venus-Figurinen Naturalistische Darstellungen von weiblichen Figuren, in der Regel mit üppigen Brüsten und ausladenden Hüften; wahrscheinl. Verkörperungen einer Muttergottheit (Magna Mater) oder mit Fruchtbarkeitsriten verbunden. Zählen zu den ältesten Kultobjekten (bis zurück zu 20 000 v.G.), vor allem in Europa und Russland gefunden. ✤17, ❑17, ◆17 (4)
Veracruz *var.* Vera Cruz
Ankunft von Cortés (1519) ✤125, ◆125 (4), (5)
Schlacht im Krieg zwischen USA und Mexiko (1847) ◆128–9 (2)
Verdun ⚔ im EWK (1916). Franzosen konnten die von Feb. bis Dez. 1916 währenden Versuche Deutscher Truppen, die Festung Verdun einzunehmen, abwehren. Die Schlacht war außerordentlich verlustreich: Etwa 700 000 Menschen, fast zu gleichen Teilen Deutsche und Franzosen, fanden den Tod. ✤98●, ◆206 (2)
Verdun, Vertrag von (843). Vertrag, mit dem das Fränkische Reich unter den drei Söhnen von Ludwig dem Frommen aufgeteilt wurde: Karl der Kahle erhielt Francia (Franzien) und Aquitanien, Ludwig der Deutsche die Länder östlich des Rheins; Kaiser wurde Lothar I., der den Mittelstreifen von Friesland über Lothringen bis Norditalien erhielt. ✤58, ✤184●
Vereeniging-Frieden (31. Mai 1902). In Pretoria von Briten und Burenregierung unterzeichneter Vertrag, der den Burenkrieg mit Zustimmung zur Vereinigung beeendete. Transvaal und der Oranje-Freistaat wurden hierbei der brit. Militärverwaltung unterstellt. ✤96●
Vereinigte Arabische Emirate
Ölförderung (1958) ✤234●
Golfkrieg ◆235 (5)
Vereinigte Provinzen Unabhängigkeitskampf gegen Spanien ◆78–9, ◆195 (5)
siehe auch Holland, Niederlande
Vereinigte Ostindische Kompanie *Holl.* Vereenigde Oost-Indische Compagnie). Von den Holländern 1602 gegründete Gesellschaft zum Schutz ihres Handels im Indischen Ozean und zur Unterstützung im Unabhängigkeitskrieg gegen Spanien. Sie wurde 1799 aufgelöst.
Kartografen im 17. Jh. ✤83
Gründung Kapstadts (1652) ✤164
Hauptquartier auf Java ✤83, ❑243
Handel mit Molukken ✤83
Handelsmonopol abgeschafft (1834) ✤91●
Vereinigte Staaten von Amerika (United States of America, USA) 128–139
Weg in die Unabhängigkeit (1764–83) ✤127●
Stempelakte (1765) ❑88, ✤127●
Unabhängigkeitskrieg (1775–83) ✤86, ✤126–7, ◆127 (3)
Unabhängigkeitserklärung (1776) ✤86
Gründung (1783) ✤127, ◆127 (3), ✤128
Verfassung ratifiziert (1789) ❑86
Gesellschaft und innere Konflikte
Konflikte zwischen Indianern und Siedlern ✤128–9, ◆128–9 (2), ✤129●
Sklavenbefreiungen (1863) ✤85●
Manhattans ethnische Zusammensetzung (ca.1920) ◆132 (2)
Einwanderungsbegrenzung (1921–29) ✤98●, ✤135●
Urbanisierung ✤132, ◆132 (1)
Prohibition (1919–33) ❑98, ✤135●, ❑135
Intoleranz (1914–41) ✤135, ✤135●, ◆135 (6)
Wachstum der Vorstädte (1950–60er) ✤137, ❑137
Bürgerrechtsbewegung ✤137, ✤137●, ✤139
Wählerverluste für Demokraten im Süden ✤139
Protestbewegungen und Unruhen (1960er) ✤137, ◆137 (6)
Unterhaltungsindustrie ✤135
Städtewandel ✤137, ◆137 (4), (5)
Migrationen ✤128–9, ❑132, ◆132 (1), ✤134, ◆134 (3), ✤139
Schwarze Bevölkerung ✤112, ◆112 (1)
Präsidentschaftswahlen ✤135, ◆135 (5), ✤139, ✤139●, ◆139 (4)
Außenpolitik
Asien, Imperialismus in SO ✤97, ◆97 (3)
Besitzungen
1900 ◆94–5
1925 ◆98–9
1975 ◆106–7
Cuba
Intervention (1898) ◆133 (5)
Cuba-Krise (1961–62) ✤108, ◆108 (2), ✤138●, ✤139, ◆139 (5)
Verstärkte Blockade (1991–92) ✤110●
Erster Weltkrieg (1917) ✤98●
Europa
Beitritt zum Völkerbund abgelehnt (1919) ✤98●
Pariser Verträge werden nicht ratifiziert (1920) ✤98●
Marshall-Plan ✤138
Expansion und territoriale Konflikte (1783–1896) ✤90●, ✤94●, ✤98●, ✤128–9, ✤128●, ◆128–9 (1), (2), ✤133, ◆133 (4)
Golfkrieg (1990–91) ✤138●, ◆235 (5)
Imperialismus (1860–1920) ✤133, ◆133 (4), (5), ✤133●
Iran
Intervention (1955) ✤138●
Geiselkrise in Teheran (1979) ✤138●, ✤235●
Japan, Handelsverträge (1853) ✤270
Kalter Krieg ✤106–7, ✤108–9, ✤138–9
Kanada, Krieg von 1812 mit Großbritannien ✤128, ✤129●
Korea-Krieg (1950) ✤107, ✤138●
Mexikanischer Krieg (1846–48) ✤90●
Mittelamerika, Interventionen ✤138●, ✤139, ◆139 (5)
Naher Osten
Eisenhower-Doktrin (1957) ✤138●
Camp David-Abkommen (1978) ✤138●, ✤234●
Pazifik-Besitzungen ◆133 (4), ◆284 (1), ✤285, ◆285 (3)
Spanisch-Amerikanischer Krieg (1898) ✤94●
Sudan, Vergeltungsschlag (1998) ✤235●
Verteidigungsbündnisse (1948–89) ✤138, ◆138 (1)
Vietnam-Krieg, *siehe* Vietnam
Zweiter Weltkrieg
Sept. 1939–Dez. 1941 ◆104 (1)
Pearl Harbor (1941) ✤102●, ✤104●, ✤134●, ✤138
›Fliegende Festung‹, B17-Bomber ❑105
Krieg im Pazifik ✤272–3, ✤273●, ❑102, ❑273
Ökonomie
Kalifornischer Goldrausch (1849) ✤90●, ✤93, ◆93 (2)
Baumwollanbau ✤93, ◆93 (5), ✤139, ◆139 (3)
Eisenbahnlinien ◆128–9 (2)
Industrialisierung ✤132, ❑132, ◆132 (1)
Auswirkung der Industriellen Revolution ✤90, ◆92 (1)
Bedeutende Industrien (ca.1925) ✤134, ◆134 (1)
Mächtigste Industrienation der Welt ✤98
Wirtschaftsboom und Depression (1914–1933) ✤102●, ✤134–5, ◆134 (2)
New Deal (1933) ✤102, ✤134–5, ✤134●
Familieneinkommen nach Region (1949) ◆136 (1)
Auslandsinvestitionen ✤138, ◆138 (2)
Konsumgesellschaft ❑136
Hightech im Silicon Valley ◆136 (1), ❑136
Regionale Ungleichheit ✤136
siehe auch einzelne Präsidenten
Vereinigtes Königreich *siehe* Großbritannien
Vereinte Nationen *siehe* UN
Verkehr
Boote und Schiffe
16. Jh. ✤78
Ägypt. Segelschiff ❑24
Einführung der Dampfschifffahrt ❑92
Handelsdschunke ❑267
Indisches Schiff ❑61
Kühlschiffe (1880er) ✤92●
Langboote der Wikinger ❑60
Polynesische Doppelrumpfboote ❑60
Portugiesische Karavelle ❑156
Schilfboot ❑24
Spanische Karavelle ❑78
Globaler (ca.1500) ◆76–7 (1)
Handelsnetze (v.Chr.) ✤24
Schlitten in Sibirien ❑257
Wagen
Afrikanische Streitwagen ❑160
China ❑35, ✤259●
Erstes Automobil entwickelt (1885) ✤92●
Fahrzeuge in der Kupferzeit ✤174
Ford Model-T ❑134
Harappa, Ochsenkarren aus Keramik ❑22
Streitwagen aus Tell Agrab ❑24
siehe auch Eisenbahn
Vermessung u. Positionsbestimmung
Röm. Meilensteine ✤42, ❑42
British Royal Engineers (19. Jh.) ❑173
Theodoliten ❑172, ✤173
Verrazano, Giovanni da (ca.1480–1527) Ital. Seefahrer und Erkunder. Fuhr 1524 im Auftrag des franz. Königs Franz I. nach N Amerika, um die Küste von Cape Fear bis Cape Breton zu erkunden und anschließend nach Brasilien und Westindien weiterzufahren. ◆118 (1)
Versailles, Vertrag von (28. Juni 1919) Abkommen zwischen Deutschem Reich und Alliierten nach Beendigung des EWK. Deutschland verlor Territorien an Frankreich, Belgien, Dänemark, Polen und Japan; das Rheinland wurde zur entmilitarisierten Zone und Danzig zur Freien Stadt unter Kontrolle des neugeschaffenen Völkerbundes erklärt. Zusätzlich wurden Deutschland schwere Reparationszahlungen auferlegt. ✤98, ✤208●, ❑208
siehe auch Dawes Plan, Völkerbund
Verträge
Camp David-Abkommen (1978) ✤138●, ✤234●
Alcáçovas (1479) ✤85
Anglo-Tibetischer (1904) ✤257
Arras (1579) ✤195●, ◆195 (5)
Brétigny (1360) ✤192●, ◆192 (1)
Cateau-Cambrésis (1559) ✤194●
Hubertusburg (1763) ✤199●
Küçük Kaynarcı (1774) ✤86●
Lausanne (1923) ✤233, ✤233●
London (1913) ✤203●
Maastricht (1991) ✤214
Madrid (1750) ✤143●, ✤148●, ◆148 (2)
Nanjing (1842) ✤91●
NATO seit 1983 ◆138 (1)
Nerchinsk (1689) ✤83, ✤269●
Nystad (1721) ✤197●, ◆197 (3)
Paris (1763) ✤86, ❑88
Paris (1783) ✤127
Paris (1920) ✤98●
Frieden von Augsburg (1555) ✤194●
Frieden von Breda (1667) ✤149●
Frieden von Karlowitz (1699) ✤197●
Frieden von Lodi (1454) ✤75●
Frieden von Roskilde (1658) ✤197●
Rio (1975) ◆138 (1)
Rom (1957) ✤108●
San Ildefonso (1777) ✤148●, ◆148 (2)
San Stefano (1878) ✤203●
Saragossa (1529) ✤81 (3)
Sèvres (1920) ✤233
South-East Asia Collective Defence (1954) ◆138 (1)
Stockholm (1720) ✤199●
Teusina (1595) ✤195●
Thorn (1466) ✤193●
Tordesillas (1494) ✤81 (3), ❑142
Troyes (1420) ✤192●
USA: bilaterale Verteidigungsbündnisse ◆138 (1)
Utrecht (1713) ✤199●
Verdun (843) ✤58●, ✤184●
Vereeniging-Frieden ✤96
Versailles (1919) ✤102
Waitangi ✤91, ✤283, ◆283 (5)
Westfälischer Friede (1648) ✤82, ✤196, ◆196 (1), ✤197●, ✤199
Vesconte, Pietro (*nwb.*1311–27) Italienischer Kartograf, der bereits 1311–27 Portolan-Karten zeichnete. Seine *Carta Nautica* (1311) ist die älteste erhaltene Karte, seine *Mappamundi* die bekannteste. ✤173●
Vespasian (Titus Flavius Sabinus Vespasianus, 9–79), röm. Kaiser

Legende: ✤ Text ● Zeitleiste ❑ Bild ◆ Karte *var.* Variantname *nwb.* nachweisbar *ehem.* ehemals *passim* und folgende *reg.* regierte ⚔ Schlacht EWK Erster Weltkrieg ZWK Zweiter Weltkrieg

(69–79) und Gründer der Flavischen Dynastie. Der Bürgerkrieg nach Neros Absetzung und Tod endete, als Vespasian von seinen Legionen zum Kaiser erhoben wurde und nach Italien zog. Er festigte das Reich und die Disziplin der Truppen, sanierte das Finanzsystem und begann in Rom ein gewaltiges Bauprogramm (z.B. Colosseum). ✚46●
Vespucci, Amerigo Ital. Seefahrer. (1451–1512). V. war an der Vorbereitung der 2. und 3. Reise von Kolumbus beteiligt. V. entdeckte und erforschte die Mündung des Amazonas und segelte bis zum Rio de la Plata. Unternahm in span. und port. Diensten mehrere Reisen nach Südamerika. Erkannte als erster, dass Amerika nicht Indien, sondern ein eigener Kontinent ist, der dann nach ihm benannt wurde. ❑142, ◆142 (1)
Vichy-Frankreich Der von den Deutschen im ZWK zunächst nicht besetzte Teil Frankreichs (1940–42). Die Regierung mit Sitz in Vichy verwaltete diesen Teil sowie franz. Übersee-Territorien in enger, freundschaftlicher ›Kollaboration‹ mit den Deutschen. Staatspräsident war Marschall Pétain, eigentl. Machthaber der 1936 von der Volksfront abgewählte Ultra-Rechte Pierre Laval. Laval organisierte die Beendigung der 3. Republik und ihre Überführung in einen autoritären État Français nach dem Vorbild Nazi-Deutschlands. Nach dem Einmarsch der Allierten mit De Gaulle, der von Vichy als Verräter verurteilt worden war, an der Spitze, brach das Regime zusammen. Die gerichtliche Aufarbeitung der ›Kollaboration‹ der Führungselite erfolgte in der Nachkriegszeit ebenso schleppend wie in der BRD.
✚210●, ◆210 (1), ◆211 (2), (3), (4)
Vicksburg ⚔ im Sezessionskrieg (19. Mai–4. Juli 1863); Sieg der Union. ✚130–1, ◆131 (6)
Viktor Emanuel II. (1820–78), (reg.1861–78) Erster König des vereinigten Italien. ❑203
Victoria (1819–1901). Als Königin von Gr.-Br. und Irland (reg.1837–1901) sowie Kaiserin von Indien (ab 1877), folgte sie ihrem Onkel Wilhelm IV. auf den Thron. Verheiratet (seit 1840) mit Prinz Albert von Sachsen-Coburg und Gotha (1819–61), war ihre lange Regentschaft durch die Entwicklung des brit. Empire und Expansion Gr.-Br. zur globalen Industrie- und Militärmacht charakterisiert. Einen weiteren Schwerpunkt setzte sie mit der Akzentuierung bürgerlicher Familienwerte. Ihr Diamantjubiläum (1897) markierte den Höhepunkt im britischen Selbstverständnis als Weltmacht.
  Kaiserin von Indien (1877) ✚95●
Victoria-Fälle
  Karte mit Notizen von Livingstone ❑157
  Von Livingstone benannt (1853) ✚157●
Viele, Arnout (1640–ca.1704) Holl. N Amerika-Forscher. 1692–94 leitete er eine Expedition nördlich der Great Lakes nach Kanada und fuhr den Ohio hinunter bis zum heutigen Indiana. ◆119 (2)
Viererbande *siehe* Kultur-Revolution
Vierkaiserjahr (68–69) Als der röm. Kaiser Nero im Jahr 68 entthront war, begann der Kampf um die Nachfolge, der das Reich in den Bürgerkrieg stürzte. In den folgenden 12 Monaten wurde Galba in Spanien zum Kaiser ausgerufen, doch bei der Ankunft in Rom ermordet. Sein Nachfolger Otho beging Selbstmord, als Vitellius in Trier zum Kaiser proklamiert wurde. Schließlich wurde Vespasian zum Kaiser erhoben, zog nach Italien und setzte sich durch. ✚46●
Vietnam *auch* Annam, Dai-Viet 251–255
  Aufteilung in Provinzen (1679) ✚83●
  kommt zum Han-Reich (111 v.Chr.) ✚43
  Erste Mongolen-Expedition (1258) ✚67●
  Gia-Long wird Kaiser (1802) ✚91
  Einmarsch in Champa (1471) ✚75●
  Invasion in Kambodscha (1979) ✚111●
  Unabhängigkeit (1945) ✚103●, ✚251●, ◆251 (4)
  Begrüßung des franz. Gouverneurs von Indochina ❑97
  Nguyen Anh wird Kaiser (1774) ✚87●
  Französische Kolonisation ✚97●, ◆97 (3)
  Nord- u. Südvietnam werden unabhängig (1954) ✚107●
Vietnam-Krieg Die beiden Indochinakriege (1946–54) endeten mit der Niederlage Frankreichs bei Dien Bien Phu und der Teilung Vietnams bei 17°N. Gegen Ende der 1950er Jahre spitzte sich der Konflikt zwischen Norden und Süden unter dem Einfluss von UdSSR und USA zu. Das militärische Engagement der USA begann 1965 und endete 1973 mit der Waffenstillstandsvereinbarung von Paris. Die Kämpfe zwischen den Vietnamesen dauerten jedoch an. 1975 eroberte Nordvietnam Saigon, die US-amerikanische Bevölkerung wurde evakuiert. 1976 wurde Vietnam als Sozialistische Republik wiedervereinigt.
  Kalter Krieg ✚251, ◆251 (5)
  US-Berater unterstützen den Süden (1962) ✚107●
  US-Kriegsengagement ✚106●, ✚108●, ✚138●, ❑251
  Nord-Vietnam bombardiert (1965) ✚107●
  US-Proteste (1967) ✚106●
  US-Soldaten mit Gefangener ❑138
  Protestmarsch nach Washington (1969) ✚137●
  US-Truppenrückzug (1973) ✚138●
  Regime im Süden fällt (1975) ✚107●
Vijayanagara Mächtiges Hindu-Königreich (1345–1570) mit Zentrum im Krishna-Tal. Vom 14. bis 16. Jh. kontrollierte es von der gleichnamigen, prunkvollen Hauptstadt (mod. Hampi) aus den gesamten Süden Indiens. 1565 vereinigten sich die muslim. Sultanate des Deccan (ehem. Bahmani-Königreich) gegen den hinduist. Raja von Vijayanagara. Er wurde besiegt und in der Schlacht von Talikota getötet. Die Hindu-Vorherrschaft im Süden war damit endgültig gebrochen.
✚245, ❑245, ◆245 (4)
Vilgerdarsson, Floki Wikinger des 9. Jh., der vom Eis eingeschlossen im Nordwesten von Island überwintern musste und somit den Grundstein für eine Besiedlung der Insel durch die Wikinger legte. Er prägte den Namen ›Eisland‹. ◆172 (2)
Villa, Francisco (Pancho) *var.* Doroteo Arango (1877–1923). Mexik. Revolutionsführer. Verbündete sich mit Venustiano Carranza gegen Victoriano Huerta. V. und Zapata wurden von Carranza 1915 im Kampf um die Kontrolle über das Militär geschlagen. V. zog sich daraufhin in den N Mexikos zurück und führte entlang der Grenze zu den USA Guerillaaktionen durch. Seine Angriffe auf Städte im S der USA veranlassten die US-Armee zu einer Strafexpedition. ✚133, ◆133 (3)
Virginia Capes ⚔ im amerikan. Unabhängigkeitskrieg (5. Sept. 1781); franz. Sieg. ✚127 (3)
Virginia Kolonisierungsexpedition (1607–08) ✚119●, ◆119 (2)
Vishnu Hindugott, der als Bewahrer und Beschützer der Welt verehrt wird. Der Überlieferung zufolge wurde Vishnu 9-mal wiedergeboren, unter anderem als Buddha, um die Menschen vom Bösen zu befreien. Die 10. und letzte Inkarnation steht noch bevor. ❑36, ❑241, ❑242, ✚242
Visscher's Atlas Contractus ❑119
Vittorio Veneto ⚔ im EWK (Okt.–Nov. 1918). Letzte Schlacht an der Italienfront. Endete mit einem Sieg der Italiener über die Österreicher, die im Nov. 1918 einen Waffenstillstand erzielten.
✚207●, ◆207 (5)
Vizcaíno, Sebastián Span. Seefahrer, der ab 1586 regelmäßig auf der Manila-Galeone fuhr. Anfang des 17. Jh. unternahm er Expeditionen zur Erkundung der Pazifik-Küste N Amerikas, bei denen er einen geeigneten Hafen bei Monterey ausmachte. Später versuchte er im N Pazifik die Inseln Rica de Oro und Rica de Plata zu finden und diplomatische Beziehungen zu Japan herzustellen.
✚118 (1), ◆125 (4)
Völkerbund Der von den Alliierten in der Pariser Friedenskonferenz (1919) nach dem EWK gegründete Bund sollte durch Abrüstung, Diplomatie und durch seine Funktion als internationales Schiedsgericht die Gefahr weiterer Kriege verringern. Die Stellung des V. wurde jedoch durch die Weigerung des US-Kongresses geschwächt, den Vertrag von Versailles zu ratifizieren. In den 30er Jahren gelang es dem V. nicht, den Expansionen des Deutschen Reichs, Japans und Italiens Einhalt zu gebieten. 1946 wurde er durch die Vereinten Nationen (UN) abgelöst.
  Gründung (1920) ✚98●
  Ineffektivität ✚102
Völkerwanderung Bezeichnung für die Wanderungsbewegungen ganzer Stämme und Völker, bekannt seit dem 3. Jt. v.Chr. Im deutschen Sprachgebrauch meint V. im Anschluss an deutschnationale Tradition die Züge der Germanen zwischen dem 3. und dem 6. Jh., die letztlich die römische Herrschaft in W und SW Europa beendeten. Die romanische Geschichtswissenschaft verwendet für dieses Phänomen den Begriff der ›Barbareneinfälle‹, der neuerdings auch in deutschen Veröffentlichungen bevorzugt wird.
✚52–53●, ❑52–53, ◆53 (1)
Volksfront Koalition zwischen linksgerichteten Parteien wie Kommunisten und Sozialdemokraten mit linksliberalen bürgerl. Parteien. Zuerst 1935 von der Komintern als Strategie zur Verhinderung einer faschistischen Regierung empfohlen. Eine V.-Regierung bestand in Spanien ab 1936, konnte sich aber im Bürgerkrieg gegen Franco nicht behaupten. Die franz. V. wurde durch den Sieg Nazi-Deutschlands gestürzt und durch das konservativ-faschistoide Vichy-Regime ersetzt. ◆208 (4)
siehe auch Vichy-Regime
Voltaire Pseudonym von François-Marie Arouet (1694–1778). Philosoph, Poet und Dramatiker. Sein offenes Eintreten für politische, soziale und religiöse Freiheit machte ihn zur Personifizierung der Aufklärung des 18. Jh. Seine Hauptwerke waren *Lettres Philosophiques* (1734) und die Satire *Candide* (1759). ❑198
Vom Winde verweht *Engl.* Gone With the Wind (Film, 1939) ✚135●
Voortrekker *siehe* Buren
Vormärz Begriff für die von Restauration einerseits, nationalrevolutionären Bestrebungen andererseits geprägte Epoche nach dem Wiener Kongress (1815–48) ✚90
Voting Rights Act (1965) ✚137●
Vouillé ⚔ (507). Westgoten von Chlodwig I. besiegt. ◆183 (5)
Vulgata Lateinische Übersetzung der Bibel (404) ✚48●

W

Wahhabiten Nachfolger des Muhammad Ibn 'Abd al-Wahhab (1703–92), der im Nejd eine orthodoxe Sekte gründete, um die ›reine‹ Lehre des Islam zu bewahren. Eine Allianz zwischen den W. und der Sa'ud-Familie führte im 18. Jh. zu einer Vereinigung großer Teile der Arabischen Halbinsel unter dem Banner der Sa'ud. Abd al-Aziz Ibn Sa'ud begann 1902 mit der Reformierung und der Expansion des modernen Königreichs Saudi-Arabien. Die Lehre der W. ist die offizielle religiöse Ausrichtung Saudi-Arabiens. ◆233, ✚233●
siehe auch Abd al-Aziz Ibn Sa'ud.
Waitangi, Vertrag von (6. Feb. 1840) Vertrag, der die brit. Annexion Neuseelands festschrieb. Die Maori erkannten die brit. Souveränitätsrechte an und erhielten im Gegenzug dafür die Unantastbarkeit ihres Landbesitzes garantiert. Über 500 Maori-Führer stimmten dem Vertrag zu, dessen Übersetzung sie in dem Glauben ließ, weiterhin die Herrschaft über Territorium und Untertanen auszuüben. ❑91
Waldenser *var.* Arme Brüder von Lyon. Reformierte christl. Sekte, seit ca. 1170, basierend auf den Predigten von Peter Waldo/Valdez (ca.1140–1217), der Armut, Einfachheit und wörtl. Auslegung des Evangeliums propagierte. Aufgrund seiner Kritik am Verhalten des Klerus wurde Waldo vom Konzil von Verona (1184) verurteilt, seine Anhänger wurden durch den Albigenser-Kreuzzug (1209) verfolgt und vernichtet ◆186 (1)
Waldseemüller, Martin (1470–1521) Kartograf aus Lothringen. In Anlehnung an den italienischen Seefahrer Amerigo Vespucci bezeichnete er in seiner Weltkarte von 1507 die Neue Welt erstmalig als ›America‹. 1513 publizierte er eine Ausgabe der *Geographias* von Ptolemaeus. ✚142●, ✚239●
Wales
  England und Schottland (1284–1337) ✚188●
Walker, J. & C. (19. Jh.) Brit. Kartografen. ❑239
Walker, Thomas (1715–94) Amerikan. Grundstücksspekulant und Beamter. Entdeckte 1748 das Cumberland Gap wieder. ◆119 (2)
Wall Street Crash *siehe* Börsenkrach
Wallace, Alfred Russel Brit. Zoologe und Forschungsreisender (1823–1913). Bereiste den Amazonas (1848–52) und den Malaiischen Archipel (1854–62). Unabhängig von Darwin hatte er natürliche Selektion als Ursache für den Artenwandel beschrieben, was Darwin zur Veröffentlichung seiner eigenen Erkenntnisse bewegte. Nach W. ist die Wallace-Linie benannt, die die Fauna Borneos in eine östliche und eine westliche Gruppe trennt.
✚239●, ❑239, ◆239 (2)
Wallace, William (ca.1270–1305). Schott. Nationalheld, der in den ersten Jahren des langen Kampfes gegen England den schott. Widerstand anführte. ✚188●
Wandalen *siehe* Vandalen
Wandiwash ⚔ des Siebenjährigen Kriegs in Indien (1760). Franzosen von Briten geschlagen. ◆88 (1)
Wang Mang Gründer der Xin-Dynastie. ✚47●
siehe auch Xin-Dynastie.
Wang Yangming *var.* Wang Yang-min (1472–1529). Chinesischer, neokonfuzianischer Philosoph der Ming-Dynastie, nach dessen Lehre die konfuzianische Ethik korrekten und moralischen Verhaltens angeboren ist und durch Kontemplation und Selbstfindung besser entdeckt und gefördert werden kann als durch das Studium klassischer Texte und alter Traditionen. Seine Lehren werden häufig mit den Prinzipien des Zen-Buddhismus verglichen.
✚75●
Waräger Bezeichnung der schwedischen Wikinger, die ab dem 8. Jh. über Flüsse bis nach Russland vordrangen. Sie erreichten Konstantinopel, wo die byz. Herrscher sie als Elitetruppe einsetzten.
siehe Wikinger
Warburton, Peter (1813–89) Brit. Australienforscher. Erkundete 1853 die Simpson-Wüste und den Süden von Queensland. 1872 durchquerte er die Große Sandwüste von Alice Springs bis an die Westküste.
◆279 (2)
Warna *siehe* Varna
Warschauer Pakt (1955). Militärische und politische Allianz im Kalten Krieg, die durch die UdSSR dominiert wurde; Mitgliedsstaaten: Polen, DDR, Tschechoslowakei, Ungarn, Rumänien, Bulgarien, Albanien (bis 1968).
  Gründung (1955) ✚106●, ✚109●, ✚213, ◆213 (5)
  Im Kalten Krieg ◆108 (3)
  Niederschlagung von Aufständen ✚106●, ✚213
  Beschränkung konventioneller Waffen (1990) ✚109●
Wasa *siehe* Vasa
Washington, George Amerik. Tabakpflanzer, Offizier und Politiker (1732–99). 1. Präsident der USA (1789–97). Der aus Virginia stammende W. zeichnete sich im Siebenjährigen Krieg gegen Frankreich aus (1754–61) und saß im House of Burgesses von Virginia sowie im Kontinentalkongress von 1774 und 1775. Im Unabhängigkeitskrieg war W. Befehlshaber der Kolonialarmee. Zu seinen bedeutenden Siegen zählen die Schlachten von Trenton und Princeton sowie die entscheidende Schlacht von Yorktown 1781, mit der der amerik. Unabhängigkeitskrieg praktisch endete. Ab 1783 arbeitete W. eine Verfassung für die neue Nation aus. Nach deren Inkrafttreten nahm 1789 die erste Regierung mit W. als Präsident die Arbeit auf. 1797 zog sich W. während seiner zweiten Amtszeit angesichts der zunehmenden Meinungsverschiedenheiten zwischen den Demokratischen Republikanern Thomas Jeffersons und den von Alexander Hamilton geführten Föderalisten aus der Politik zurück.
  Sieg über Cornwallis (1781) ✚127
  Erster US-Präsident (1789) ✚86●
Washingtoner Flottenkonferenz (1922). Vertrag zw. USA, Großbritannien, Japan, Frankreich und Italien über die jeweilige Flottenstärke. 1934 von Japan gekündigt.
✚99●
WASP (White Anglo-Saxon Protestants) ✚135
Watergate *auch* Watergate-Affäre. Innenpol. Skandal der USA, den ein Artikel der ›Washington Post‹ auslöste. Darin wurde nachgewiesen, dass Vertraute Richard Nixons den Einbruch in die Parteizentrale der Demokratischen Partei (Watergate Building, Washington) und die Installation von Abhörgeräten vor den Präsidentschaftswahlen im Juni 1972 in Auftrag gegeben hatten. Abhörprotokolle bewiesen, dass Nixon versuchte, die Täter zu decken. Nach der Verurteilung von drei engen Mitarbeitern Nixons bereitete der Kongress ein Amtsenthebungsverfahren (Impeachment) gegen den Präsidenten vor, dem Nixon durch seinen Rücktritt am 9. Aug. 1974 zuvorkam. Sein Nachfolger Gerald R. Ford befreite ihn später von jeder Strafverfolgung.
✚106●
siehe auch Nixon, Richard Milhous
Waterloo ⚔ (18. Juni 1815) in den Napoleonischen Kriegen. Definitive Niederlage Napoleons gegen die Koalition. Führte zu N.s zweiter Abdankung und Verbannung nach St. Helena. ◆200 (1)
Watt, James (1736–1819) Ingenieur, der die Dampfmaschine verbesserte (1765) ✚204●
Weddell, James Brit. Seefahrer (1787–1834). W. entdeckte 1823 das nach ihm benannte antarktische Randmeer zwischen der Antarktischen Halbinsel, Coats Land und dem Ronne-Schelfeis. ◆287 (3)
Wei *siehe* Drei Reiche
Weizen
  Domestikation ◆18–9
  Landwirtschaftl. Mechanisierung ✚90
  Handel in Afrika (19. Jh.) ◆166–7 (1)
Wellenband-Keramik Erste Tonware in Afrika (um 7000 v.Chr.), die von subsaharischen Jägern und Fischern im Gürtel von Mali bis zum Nil-Tal hergestellt wurde. Die Ware war dekoriert mit parallelen Wellenlinien, die durch Ziehen von Fischgräten über den feuchten Ton entstanden sein können.
✚19●, ✚20●
Wellington, Arthur Wellesley, Herzog von (1769–1852) Brit. Feldmarschall, 1828–30 brit. Premier. Nach Feldzügen in Indien befehligte er während der Napoleonischen Kriege die brit. Expeditionstruppen auf der Iberischen Halbinsel (1808–14) und konnte die Franzosen zum Rückzug aus Portugal und Spanien zwingen. Nach Napoleons erneuter Machtergreifung 1815 besiegte er mit den Preußen die franz. Armee bei Waterloo.
◆200 (1)
Welthandelsorganisation *siehe* WTO
Weltkriege
  Erster Weltkrieg
  var. Eng. The Great War (1914–18). Krieg der ›Mittelmächte‹ Deutschland, Österreich-Ungarn und Osman. Reich gegen eine Koalition aus Frankreich, Großbritannien, Russland, Italien und ab 1917 auch USA. Kriegsursache waren einerseits die Konkurrenz zwischen den europ. imperialistischen Mächten, das Expansionsstreben Serbiens und der Gegensatz zw. Österreich-Ungarn und Russland. Der EWK war der erste Krieg, der in industrieller Weise geführt wurde, mit einer starken Mobilisierung der Bevölkerung und der Wirtschaft. Folgen des EWK waren die kommunistische Revolution in Russland, die Auflösung der Monarchien in den besiegten Mittelmächten und das Ende des europ. Imperialismus. ✚206–207, ✚206–207●, ❑206–207, ◆206–207 (2)–(6), ✚232
    Opfer ✚206 (mit Tabelle) ❑207
    Gründe ✚98, ✚206, ◆206 (1)
    Ostfront ✚207, ❑207, ◆207 (4)
    Italienfront ❑207, ◆207 (5)
    Südosteuropa und Balkan ✚207, ✚207●, ❑207, ◆207 (6)
    SW Asien ✚232●, ◆233 (2)
    Westfront ❑98, ✚206●, ❑206, ◆206 (2), (3)
  Zweiter Weltkrieg
  Weltweiter Konflikt (1939–45), der durch territoriale Expansion und aggressiven Rassismus Deutschlands, Italiens und Japans (Achsenmächte) ausbrach, denen eine alliierte Koalition aus Großbritannien und dem Commonwealth, Kolonialtruppen der von den Achsenmächten besetzten Staaten, der UdSSR und den USA (ab 1941) gegenüberstand. Charakterisiert war der ZWK durch Massenmobilisierung der Bevölkerungen und der Industrien, allumfassende Kriegsführung zu Land, zu Wasser und in der Luft, Partisanenkrieg, durch enorme technologische Innovationen und erhebliche Auswirkungen auf die Zivilbevölkerung. Der Krieg endete mit der Zerstörung und Teilung Europas, der Amerikanisierung des Pazifischen Raums und der Entstehung der ideologisch konträren Supermächte UdSSR und USA im Kalten Krieg. ✚104–5●, ◆104–5, ✚210–11●, ✚210–11, ✚272–3●, ◆272–3 (1), (2)
    Sept. 1939–Dez. 1941 ◆104 (1)
    Dez. 1941–Juli 1943 ◆104 (2)
    Juli 1943–Aug. 1945 ◆105 (3)
    Hitlers Blitzkriegs in Europa (1939–42) ✚210, ◆210 (1)
    Atlantik, Schlacht im ✚210
    Großdeutsches Reich (1942) ✚211, ◆211 (2)
    Eroberung Europas durch Alliierte (1943–45) ✚211, ◆211 (4)
    S und SO Asien ✚250–1, ◆250–1 (3)
    Japanische Offensive ✚272, ✚272●, ◆272 (1)
    Gegenoffensive der Alliierten ✚273, ◆273 (2)
    Bombardierung Japans ✚273, ◆273 (3)
    Pazifik ✚272–3, ✚273●
    Gründe und Folgen ✚102–3
    Befreiung von Konzentrationslagern und Kriegsgefangenen ❑138
    Bedeutende Schlachten ✚104–5
    Mobilisierte Soldaten und Opfer ✚105
Weltwirtschaftskrise (ca.1929–34). Die W. begann mit dem Wall Street Crash von 1929, dem New Yorker Börsenkrach. Die Folge war, dass das Vertrauen in die Banken sank und viele Anleihen aus Europa zurückgezogen wurden. In Europa und Nordamerika stieg daraufhin die Arbeitslosigkeit in den 30er Jahren sprunghaft an.
✚102●, ✚134–5, ◆134 (2), ✚209, ✚209●, ◆209 (3)
Weiße Hunnen *var.* Hephthaliten
siehe Hunnen
Weißer Berg ⚔ des Dreißigjährigen Kriegs (1620). Böhmische Niederlage gegen Habsburger. ◆196 (1)
Werkzeuge
  Stein ✚12, ❑12, ❑14, ✚15●, ✚18
  Eisen (v.Chr.) ✚35●
Westafrika 156–169
  Eisenverarbeitung (ca. 500 v. Chr.) ✚34
  Trans-Sahara-Handel ✚58
  Staatenbildung (1068–1530) ◆163 (4)–(7)
  Erkundung und Kartierung ✚156
  Islam (19. Jh.) ✚167, ✚167●, ◆167 (3)
Westasien 216–235
  Vor 18 000 Jahren ❑216, ◆216–17
  Vorgeschichte ✚15●, ✚31●, ✚35●, ✚39, ✚220 *passim*
  Pflanzendomestikation ✚19
  Entwicklung der Schrift ✚223, ❑223, ◆223 (3)
  Religionen (ca.600) ✚226, ✚226●
  Islamische Eroberung ✚55
  Ölförderung ◆234 (1)
  siehe auch einzelne Reiche und einzelne Regionen
West Bank ›Westufer‹, *var.* Westjordanland. Eroberung durch Israel im Sechs-Tage-Krieg (1967) ✚234●
Westen, der Geopolitischer Sammelbegriff für marktwirtschaftlich organisierte Länder und die während des Kalten Kriegs mit USA/NATO verbündeten Staaten.
Westfront Westlicher Kriegsschauplatz des EWK; verlief durch Nordwestfrankreich und Südbelgien.
✚206, ✚206●, ❑206, ◆206 (2), (3)
Westindische Inseln *var.* Westindien. Insel der Karibik in Mittelamerika, die Kolumbus entdeckte und für zum indischen Raum gehörend hielt.
  Spanische Kolonisation (16. Jh.) ✚78, ✚125, ◆125 (4)
  Kolonisation durch andere europ. Staaten ◆126 (1)
  Piraterie ✚85, ◆85 (3)
  US-Intervention ✚139, ◆139 (5)
Westliche Han *siehe* Han-Dynastie.
Westliche Jin Herrscherdynastie in China (265–304), die die Wei stürzten und kurzzeitig China einigten. ◆261 (3)
Western Railroad Vermessungen in N Amerika (1853–55) ◆119 (3)
Western Union Telegraph
  Vermessungen in N Amerika (1865–67) ◆119 (3)
Westfälischer Friede (1648) Bezeichnung für die elf einzelnen Abkommen, die 1643–48 zwischen den Habsburgern und ihren Gegnern ausgehandelt wurden und den Dreißigjährigen Krieg beendeten. Im W.F. wurden religiöse Toleranz festgeschrieben und die Unabhängigkeit der Niederlande und der Schweizer Eidgenossenschaft garantiert. ✚82, ✚199
Westgoten *Lat.* Visigotes. Bezeichnung zunächst der Goten, die sich im späten 4. Jh. in Moesien niedergelassen hatten. Unter Alarich überfielen sie den Balkan und Italien und plünderten Rom (410). Die Römer gewährten ihnen Siedlungsrechte in SW Frankreich, darüber hinaus dehnten die W. ihr Königreich bis nach Spanien aus. Von den Franken gen Süden verdrängt, machten sie Toledo zur Hauptstadt. Bis zur muslim. Invasion von 711 kontrollierten sie fast die ganze Iberische Halbinsel.
siehe Goten
Westindischer Rat *Span.* Consejo de Indias. Oberste Regierungsbehörde für die span. Überseeterritorien in Amerika (1524–1834. ✚81
siehe auch Königlicher Rat von Kastilien
Westliche Zhou *siehe* Zhou-Dynastie.
West-Samoa Erlangung der Unabhängigkeit (1962) ✚285●, ❑285
siehe auch Samoa
Wettrüsten Rüstungswettlauf von West- und Ostblock, um die technische und zahlenmäßige militärische Überlegenheit während des Kalten Krieges. ✚109●
Wheeler, George Montague US-amerik. Offizier und Forscher (1842–1905). Nachdem er 1869 im Auftrag der Armee die Gebiete westlich der Sierras vermessen hatte, gründete er ein eigenes Unternehmen, die ›United States Geographical Surveys West of the One-Hundredth Meridian‹, um im Westen Land zu vermessen.
◆119 (3)
Whitby, Synode von (663). Kirchenkonzil, das dazu führte, dass sich die christl. Gemeinden in Britannien dem Katholizismus der röm. Kirche annäherten und vom kelt. Christentums entfernten. ✚183●
White Cloud Iowa-Häuptling ❑129
White Plains ⚔ im amerikan. Unabhängigkeitskrieg (28. Okt.1776); brit. Sieg. ✚127 (3)

Whitney, Eli US-amerik. Erfinder (1765–1825). Seine Baumwollentkernungsmaschine (1793) führte zu einer radikalen Steigerung der Produktionskapazitäten in der Baumwollindustrie des Südens und der Arbeitsbedingungen für Sklaven. Die Maschine wurde, da nicht patentiert, vielfach nachgebaut. Später stellte W. Feuerwaffen aus Einzelteilen in Massenproduktion her. ✤93, ❑130
Whydah von Dahomey erobert (1727) ✤164●
Wien
Osmanische Belagerung (1683) ✤82●, ✤197, ❑197, ◆197 (4)
⚔ im ZWK (April 1945) ◆211 (4)
Wiener Kongress (1814–15). Internationale Friedenskonferenz nach der Niederlage Napoleons, an der die europäischen Mächte Österreich, Preußen, Russland und Großbritannien sowie zahlreiche Vertreter europäischer Fürstenfamilien teilnahmen. Ziel war die Wiederherstellung monarchischer Herrschaft und vorrevolutionärer Grenzen. ✤90●, ✤202, ✤202●, ❑202, ◆202 (1)
Wikinger *var.* Normannen, Nordmänner, Waräger, Norsen. Bezeichnung für die skandinavischen Seefahrer und Krieger zwischen dem 8. und 12. Jh. Norweg., dän. und schwed W. unternahmen Expeditionen bis ins Kaspische Meer und nach N Amerika. Sie besiedelten Island und Grönland, setzten sich in der Normandie fest und herrschten unter Knut dem Großen über England.
Überfälle auf Brit. Inseln ✤58
Münze (9. Jh.) ❑60
Waräger ✤60
Langboot ❑60
N Amerika ✤60, ◆60–1 (1), ◆118 (1), ◆123 (3)
Expansion in Europa (8.–11. Jh.) ✤60, ◆60–1 (1), ◆172 (1), (2), ✤172●, ✤185, ◆185 (3)
Feldzüge in W Europa ✤185●
Ruderpinne u. Windfahne ❑172
Wikingerschiff, Holzschnitt ❑185
Wildbeuter *auch* Jäger und Sammler, Streifende Horden. Gesellschaften, die von der Jagd und vom Sammeln leben. Zu Beginn des Mesolithikums ernährten sich alle Menschen auf diese Weise. Wo dies heute noch der Fall ist, jagen ausschließlich die Männer, während die Frauen sammeln. ✤18–20, ◆18–9, ◆22–3, ◆26–7, ✤30–1, ✤258
Afrika ◆158 (1), ◆162 (1)
Höhlenmalereien ❑120
N Amerika ✤120
N und O Asien ❑254
S Amerika ✤144–5
Wilderness, The ⚔ im Sezessionskrieg (5.–7. Mai 1864); kein eindeutiger Sieger. ◆131 (7)
Wilhelm I., Graf von Nassau, Prinz von Oranien *auch* Wilhelm von Oranien (1533–84). Holländ. Adliger, der den Widerstand gegen die span. Herrschaft und den Katholizismus in den Niederlanden anführte.
Holländ. Revolte (1568–1609) ✤195, ✤195●, ◆195 (5)
Wilhelm I. von England *siehe* Wilhelm der Eroberer
Wilhelm I. von Preußen (1797–1888) Preußischer König (reg.1861–88) und erster Deutscher Kaiser (reg.1871–88). Politisch stand er im Schatten seines Kanzlers Bismarck, unter dessen Führung das Deutsche Reich entstand, das mit Wilhelms Proklamation zum Kaiser im Spiegelsaal von Versailles 1871 begründet wurde. ✤94●, ❑203, ✤203●
Wilhelm II. (1859–1941) Deutscher Kaiser und König von Preußen (reg.1888–1918). Er entließ Bismarck (1890) und begann eine lange Periode persönlicher Regierung, während der er Deutschlands Rolle als Welt- und Kolonialmacht vorantrieb. Sein Rolle beim Ausbruch des EWK ist umstritten, doch war sein ehrgeiziges Flottenprogramm einer der Kriegsgründe für Großbritannien. Zur Abdankung gezwungen am Ende des EWK, bestattet in seinem niederländischen Exil. Testamentarisch verfügte er, erst nach Deutschland überführt werden zu wollen, wenn die Monarchie wieder eingeführt sei. ❑94
Wilhelm der Eroberer (ca.1028–87). Herzog der Normandie seit 1035, annektierte er 1063 das franz. Maine und fiel 1066 in England ein. Das von siegreicher Schlacht gegen den Norweger Harald Hardrada im Sept. und Eilmärschen geschwächte Heer der Angelsachsen unter König Harold Godwinson schlug er im Okt. bei Hastings vernichtend. Zu Weihnachten 1066 wurde er zum ersten normannischen König Englands gekrönt (Wilhelm I., reg.1066–87). Sein Sieg wurde auf dem berühmten Wandteppich von Bayeux festgehalten. Er zerschlug die gesamte angelsächsische Lehensstruktur. Die Verteilung des Landes unter normannische Ritter wurde mit dem Domesday Book (1085) festgehalten, das das bis heute gültige englische Feudalsystem begründete. ✤186●, ◆186 (2)
Wilhelm von Rubruk (ca.1215–95). Der Franziskanermönch wurde 1253 von Ludwig IX. zu den Mongolen gesandt. Die Schilderung seiner Reise und seines Treffens mit dem Groß-Khan zählen zu den bekanntesten Reisebeschreibungen des Mittelalters.
Reisen in Zentralasien (1253–54) ◆256 (1)
W Asien (1253–55) ◆219 (3)
Wilkes, Charles US-amerik. Admiral und Antarktisforscher (1798–1877). Er leitete eine Forschungsexpedition der USA in den Südlichen Ozean (1838–42) und entdeckte das heute nach ihm benannte Wilkes-Land. Nach seiner Degradierung aufgrund von Grausamkeit diente er im Sezessionskrieg und ging als Konter-Admiral in den Ruhestand. ◆287 (3)
Willoughby, Sir Hugh (gest.1554) Brit. Offizier und Entdecker. Hatte den Oberbefehl über die Schiffe, die Londoner Kaufleute auf die Suche nach der Nordostpassage schickten. Das Schiff seines Gefährten Richard Chancellor erreichte das Weiße Meer. ✤80●, ◆257 (2), ◆286 (1)
Wills, William (1834–61) Brit. Australien-Forscher, der Robert Burke bei seiner Durchquerung des Kontinents von Süden nach Norden begleitete. Verhungerte am Cooper's Creek, nachdem er die Sümpfe am Golf von Carpentaria erreicht hatte. ❑279, ◆279 (2)
siehe auch Burke, Robert O'Hara.
Wilson, Thomas Woodrow US-amerik. Politiker (1856–1924). 28. Präsident der USA. (Demokrat, 1913–21). In W. Amtszeit erhielten Frauen das Wahlrecht und die Prohibition wurde eingeführt. Unter W.s Regierung Eintritt der USA in den EWK (1917) und Intervention nach den Übergriffen von Pancho Villa auf amerikanische Gebiete in der Mexikanischen Revolution. W. entwarf den ›Vierzehn-Punkte‹-Friedensplan, der zum Waffenstillstand im EWK (Nov. 1918) führte und unterstützte die Gründung des Völkerbunds. Erhielt 1919 den Friedensnobelpreis. ✤98
Wilson's Creek ⚔ im Sezessionskrieg (10. Aug.1861); Sieg der Konföderierten. ◆131 (6)
Windmühlen ✤63, ❑63
Witwatersrand
Goldfunde (1886) ✤93●
Wolfe, General James (1727–59) Brit. General. Befehligte während des Siebenjährigen Krieges die brit. Truppen in N Amerika gegen Frankreich. Eroberte 1758 Louisburg und 1759 Quebec; allerdings starb er in der Schlacht, ebenso wie der französische Oberbefehlshaber Montcalm. ❑127
Wolga Sklavenhandel (13. Jh.) ✤85, ◆84 (1)
Woodstock (1969) Großes Rockfestival im Bundesstaat New York. Gilt als Höhepunkt des ›Sommers der Liebe‹. ◆137 (6), ❑137
Woodward, Dr. Henry (gest. ca.1686) Nordamerikaforscher des 17. Jh. Ab 1668 erkundete er weite Teile von Carolina und den Savannah River. ◆119 (2)
Works Progress Administration (WPA) *var.* 1939–43 Work Projects Administration. Die 1935 als Teil von Roosevelts Politik des New Deal gegründete Behörde sollte durch Bauprojekte (Straßen, öffentliche Gebäude, Brücken, Flughäfen) Arbeitsplätze schaffen. Auch Schriftstellern, Künstlern und Schauspielern wurde zu Aufträgen verholfen. ❑134
WTO (World Trade Organization). Internationale Organisation zur Regulierung und Liberalisierung des Welthandels. Löste im Januar 1995 das seit 1947 bestehende GATT (Allgemeines Zoll- und Handelsabkommen) ab.
World Wide Web *siehe* Internet
Wounded Knee, Massaker am (1890). Mit dem Abschlachten von Frauen, Kindern und Greisen, bei dem 200–350 Indianer starben, brachen die US-Truppen den letzten Widerstand der Dakota. ◆128–9 (2)
Wrangel, Baron Ferdinand Petrowitsch von (1796–1870) Russ. Offizier und Arktisforscher. ◆257 (2)
Wu *siehe* Drei Reiche
Wudi *var.* Wu-ti, 156–87 v.Chr. Mächtigster Herrscher des Han-Reichs (reg.140–87 v.Chr.), dessen Feldzüge in Süd- und Südwestchina, Vietnam und gegen die Xiongnu in Z Asien das Chinesische Reich stark ausweitete. Er festigte Die Rolle des Kaisers und den Konfuzianismus als Staatsreligion, und baute die Zentralverwaltung aus. ✤44●, ✤45

X

Xanadu *siehe* Shangdu
Xenophon (ca.431–350 v.Chr.). Griech. Historiker und Schüler von Sokrates. Ausgebildet in der attischen Reiterei, doch Sparta zuneigend, zog er 401 v.Chr. mit 10 000 griech. Söldner für den persischen Prinzen Kyros gegen dessen Bruder Artaxerxes II. Nach Kyros' Tod bei Kunaxa führte er die Griechen über 1500 km nach Hause zum Schwarzen Meer (»Thalatta! Thalatta!«). Darüber schrieb er später ein berühmtes Buch (die Anabasis), das u.a. Alexander bei Aristoteles studierte. ✤218●
Xerxes I. (519–465 v.Chr.). Sohn von Dareios I., Achämeniden-König in Persien (reg. 486–465 v.Chr.). Führte die Invasion nach Hellas 480 v.Chr., die mit dem Sieg der Griechen endete ✤39●, ✤223, ✤223●
Xhosa Bantu-sprechendes Volk im südlichen Afrika, das im späten 20. Jh. das südafrikanische Homeland Transkei besiedelte.
Widerstand gegen europ. Kolonisten ✤86
Xia-Dynastie *var.* Hsia (ca. 2000–1800 v.Chr.) Herrscher-Dynastie des ersten chin. Protostaats, vermutliche Vorläufer der Shang. ✤259●
Xiankiang *var.* Dsungarei. Eroberung durch Qing (1760) ✤87
Xin-Dynastie *var.* Hsin-Dynastie. Chin. Dynastie (9–23), gegründet durch Wang Mang (Han-Regent 1–8), der auch ihr einziger Kaiser blieb. Wang Mang führte während seiner kurzen Regierungszeit wichtige Reformen durch, u.a. in Besteuerung, Geldverleih, die Verstaatlichung von Grundbesitz und das staatliche Monopol auf Grundindustrien wie Salz, Münzwesen, Eisen und Wein. ✤47●
Xinjiang *ehem.* Sinkiang *var.* Ostturkestan. Provinz in NW China. Seit den Han chin. Einflussgebiet, 1759 an das Qing-Reich angeschlossen. ◆257 (3), ◆262 (1), ✤268●, ◆268 (1)
Xiongnu *var.* Hsiung-nu. Chin. Name für einen Verband von Steppenvölkern, die Z Asien seit dem 3. Jt. v.Chr. bis zum 4. Jh. beherrschten. Waren eine ständige Bedrohung für Chinas Nordgrenze. Getrennt durch die Feldzüge der Frühen Han, teilten sie sich in die östlichen und die westlichen Horden. Nach dem Niedergang der Han-Dynastie errichteten Xiongnu-Fürsten Königreiche in N China in der Periode der Sechzehn Reiche. Sie werden gelegentlich in Zusammenhang mit den Hunnen gebracht.
Zusammenbruch des Bündnisses (55 v.Chr.) ✤43●
Nomad. Steppenvolk ✤259
Taktik der Kavallerie ❑261
Xixia-Reich *var.* Hsi-hsia.
Gegründet von Tanguten ✤263
siehe auch Tanguten
Xochicalco Mächtige befestigte Stadt in Mesoamerika ❑122, ◆122 (1)
Xuanye *siehe* Kangxi
Xuanzang *var.* Hsuan-tsang (596–664). Chin. Pilger und Reisender, den seine Suche nach buddh. Texten durch die Wüsten Gobi und Takla Makan, nach Baktria und in den Punjab führte. Auf Befehl des Kaisers wurde der Bericht seiner 16-jährigen Reise mit den geografischen Beschreibungen veröffentlicht. ◆256 (1)

Y

Yak Frühe Domestikation ❑258
Yamasee-Krieg (1715–16). Konflikt zwischen brit. Siedlern und den Yamasee-Indianern und ihren Verbündeten im SO von South Carolina. Auslöser waren europ. Übergriffe auf indianisches Land und Spannungen, die im Zusammenhang mit dem Pelzhandel entstanden waren. ◆126 (1)
Yamato Japanischer Staat und Clan auf Honshu.
Aufstieg (ca. 300) ✤51
Chin. Einfluss ✤264
Expansion ◆264 (1)
Yan'an *var.* Yenan. Endpunkt des ›Langen Marsches‹ der chin. Kommunisten ✤103●
Yangshao-Kultur (ca.5000–3000 v.Chr.) Frühe Kultur in China, die sich im 4. und frühen 3. Jt. v.Chr. im Umkreis des Beckens des Gelben Flusses konzentrierte. Später von der Longshan-Kultur abgelöst. Für die Y. sind die runden und rechteckigen Holz- und Strohbauten sowie rote gebrannte Tonwaren typisch, die auf einer langsamen Töpferscheibe gefertigt wurden. Yangshao-Gemeinschaften bauten Hirse an, hatten Schweine und Hunde domestiziert.
Geometrisch dekoriertes Tongefäß ❑258
Neolith. China ◆258 (2)
Yangzi *var.* Yang-tse, Jangtse-kiang
Früher Reisanbau im Y.-Delta ✤19
Erste Agrargesellschaften ✤258
Belagerung von Hezhou (1258–59) ❑69
Yanomami Tribal organisierte Wildbeuter des Regenwaldes der Amazonasregion, deren traditionelle Lebensweise durch kommerzielle Interessen, die sich gegen Ende des 20. Jh. in der Region entwickelten, bedroht ist. ❑110
Yayoi-Kultur (ca.300 v.Chr.–300). Zeitraum in japan. Geschichte, in dem Reis, Töpferei und Metall eingeführt wurden. ✤264, ◆264 (1)
Yellowknife River Expedition von Franklin (1821) ✤119●, ◆119 (3)
Yenan *siehe* Yan'an
Yermak, Timofeyevich (gest.1585) Russ. Kosake, dessen Feldzug gegen die Tataren über den mittleren Ural (1581) zur ersten russ. Siedlung in Sibirien führt. Zwar wurde er in einer Gegenoffensive getötet, doch initiierte sein Erfolg die systematische Eroberung und Besiedlung Sibiriens. ✤257●
Yi-Dynastie *var.* I, Li, Ri (1392–1910). Korean. Dynastie, gegründet von Yi Songgye mit Unterstützung der Ming. ✤71●
Yijing *var.* I-ching. Chin. buddh. Pilger des späten 7. Jh., der wichtige buddh. Zentren bereiste (685–695). ◆256 (1)
Yi Songgye *siehe* Yi-Dynastie
Yom-Kippur-Krieg (6.-22./25. Okt. 1973). Überraschungsangriff Ägyptens und Syriens auf Israel während des jüdischen Yom Kippur-Fests. Der Krieg endete nach ca. drei Wochen mit dem durch die Israelis erzwungenen Rückzug Syriens und dem Überschreiten des Suez-Kanals durch israelische Verbände und die Einkesselung der ägyptischen Armee. Nach einem von der UN vermittelten Waffenstillstand zogen sich die Israelis von der ägyptischen Seite des Kanals zurück. Nach dem Abkommen von 1979 räumten sie die gesamte Sinai-Halbinsel. ✤234, ✤234●, ◆234 (2)
Yongle-Kaiser *siehe* Chengzu
York Wikinger-Herrschaft ✤60●, ✤185●
Yorkshire Zentrum der Baumwollverarbeitung ◆93 (4)
Yorktown ⚔ im amerikan. Unabhängigkeitskrieg (28. Sept.–19. Okt. 1781); amerikan. Sieg. ◆127 (3)
Yoruba Volk in W Afrika, bekannt wegen seiner urbanen Kulturen am Niger. Das Yoruba-Königreich Oyo stieg zu Beginn des 18. Jh. zu einem der einflussreichsten Mächte in der Region auf. ✤86, ◆164 (2), ◆165 (4), ◆166–7 (1), ◆167 (3), (4)
Younghusband, Sir Francis Edward (1863–1942) Brit. Asienforscher, führte 1902 die Expedition, die Tibet für den Westen öffnete und zum Anglo-Tibet. Vertrag führte (1904). ◆257 (3)
Yuan-Dynastie *var.* Yüan-Dynastie (1264–1367) Mongol. Herrschergeschlecht in China. ✤67●, ✤263, ✤263●, ✤266, ◆263 (7)
Yuan Shikai *var.* Yuan Shih-k'ai (1859–1916). Erster Präsident der Republik China 1912 nach der Revolution von 1911. Verursachte einen Bürgerkrieg, indem er führende Reformpolitiker ermorden ließ und versuchte, eine neue kaiserliche Dynastie zu schaffen. ✤271●
Yucatán
Olmeken-Zivilisation (1200 v.Chr.) ✤30, ◆121 (2), (3)
Maya-Zivilisation (1000 v.Chr.) ✤121, ◆121 (2), ✤122, ◆122 (2)
Yuezhi *var.* Yüe-tschi. Nomadenstämme in Z Asien, die zum Kushana-Reich vereinigt wurden (ca. 60) ✤47
Yukon
Bluefish Cave-Siedlung (13 000 v.Chr.) ✤14●
Goldrausch ✤93, ❑93, ◆93 (3)
Yungang-Höhle Datong, N Zentralchina, erste kolossale Buddha-Skulptur, ca. 460 ❑49

Z

Zagwe-Dynastie (1137–1270). Herrscher-Dynastie Äthiopiens, deren Regentschaft durch Zersplitterung der Reichs und den Bedeutungsverlust der alten Hauptstadt Aksum gekennzeichnet war.
Kirche ❑62
Erringung der Herrschaft (1150) ✤63●
Zahlensysteme
Entwicklung ✤33, ◆33 (2)
siehe auch Mathematik
Zaire *mod.* Demokratische Republik Kongo
Unabhängigkeit ◆168 (1)
Präsident Mobutu gestürzt (1997) ✤111●
siehe auch Kongo (Zaire)
Zama ⚔ des 2. Punischen Kriegs (202 v.Chr.); entscheidender römischer Sieg. ◆179 (3)
Zambia *ehem.* Nord-Rhodesien, *var.* Sambia
Unabhängigkeit (1964) ◆168 (1), ✤168●
Ökonomie (1999) ◆168 (2)
Zangi *siehe* Zengi
Zanzibar *ehem.* Sansibar. Arabische Handelsniederlassung ✤58, ✤61, ◆162 (1)
Zapata, Emiliano Mexik. Revolutionsführer (1879 oder 1883–1919). Führte bei Ausbruch der Mexikanischen Revolution (1910–20) die mexik. Bauern und forderte die Übergabe des Grundbesitzes an das Volk. Seine Armee war maßgeblich am Sieg über den Diktator Porfirio Diaz beteiligt. Später stellte er sich gegen die Regierung von Venustiano Carranza und führte im Süden des Landes Bodenreformen durch. ✤133, ◆133 (3)
Zapoteken Präkolumbianische Indianer Zentralamerikas. Zentrum ihrer Kultur, die ihre Blüte 300 v.Chr.–300 n.Chr. in Südmexiko erlebte, war Monte Albán. Die Z. hatten eine der ersten Bilderschriften Amerikas.
✤34, ✤34●, ✤38●, ✤121, ◆121 (2)
Zen-Buddhismus Schule des Buddhismus in China, Korea und Japan. Basiert auf intensiver Meditation, strenger Disziplin und Mönchstum, sucht Erleuchtung durch nichtrationale Formen der Erkenntnis. Oft verbunden mit Kampfsport und strenger Askese. ✤63●
Zengi *auch* Imad al-Din Zangi (1084–1146). Seldschuken-Gouverneur von Mosul (1126), der einen unabhängigen Staat mit Aleppo als Zentrum errichtete. Seine Eroberung Edessas von den Franken (1144) löste den 2. Kreuzzug aus. Er wurde während eines Damaskus-Feldzugs von eigenen Leuten umgebracht. Nachfolger wurde sein Sohn Nur ad-Din. ✤65●
Zentralafrika
Ethnische Kriege ✤111
Bürgerkrieg in Ruanda ✤169, ◆169 (5)
Zentralasien
Handel der Antike ◆44–5●
Steppenreiche ✤261, ✤261●, ◆261 (6)
Muslimische Staaten (16. Jh.) ✤267
Islam und Nationalismus ✤275, ◆275 (5)
Zeus Griechischer Gott ❑37
Olympische Spiele beim Tempel in Olympia (776 v.Chr.) ✤31●
siehe auch Jupiter
Zhang Qian *var.* Chang Ch'ien (gest. ca.114 v.Chr.). Diplomat und Botschafter der Han, den seine Reisen in Z Asien auf der Suche nach Verbündeten gegen die Xiongnu zum ersten bekannten Reisenden in der Region machten. Nachdem die Xiongnu ihn 10 Jahre eingesperrt hielten (139–129 v.Chr.), entkam er und reiste nach Ferghana und Baktrien und kehrte 126 v.Chr. nach China zurück. Berichte seiner Reisen, die die Seidenstraße vermaßen und eine zweite Reise nach Parthien (115) beinhalteten, ermunterten die Han zur Expansion in Z Asien.
Reisender in Z Asien (138–126 v.Chr.) ✤256, ◆256 (1), ✤260●
Zhang Yue *siehe* Gelbe Turbane
Zhao Rugua *var.* Chao Ju-kua (13. Jh.) Zeitgenosse Marco Polos; chin. Reisender, der die Berichte seiner Reisen durch SO Asien veröffentlichte. ✤256●
Zheng He *var.* Cheng Ho (1371–1435) Chin. Admiral und Gesandter von Kaiser Chengzu. Unternahm Expeditionen nach SO Asien, Indien, Arabien und Afrika.
Erkundung Afrikas ◆156 (3)
Reisen über den Indischen Ozean ✤75●, ✤77, ❑267, ◆267 (3)
Seidenbild aus Afrika ❑266
Zhengzhou
Shang-Hauptstadt ✤27●
Stadtplan ✤29, ◆29 (4)
Zhongdu Jin-Hauptstadt ❑69
Zhou-Dynastie *var.* Chou (1111–558 v.Chr.). Chin. Dynastie, die die Shang-Dynastie 1027 v.Chr. stürzte. Die Westlichen Zhou entwickelten pol. Einheit bis 770 v.Chr., als sie unter dem Druck von Nomadeneinfällen ihre Hauptstadt nach Luoyang verlegten, von wo sie als Östliche Zhou nur noch nominell die Macht hatten. Die Zhou-Konföderation brach in der Periode der Streitenden Reiche Mitte des 5. Jh. v.Chr. auseinander. ◆30–1, ✤35, ◆259 (4)
Bronze-Ritualkessel ❑31
Kartierung Chinas 1000 v.Chr. ✤256●
Daoismus ✤37, ✤37●, ◆37 (4)
Zhou Enlai *var.* Chou en-lai (1898–1976). Chin. Staatsmann, Gründungsmitglied der Chinesischen Kommunistiachen Partei und loyaler Anhänger Mao Zedongs. Aktiv im Chinesisch-Japanischen und im Bürgerkrieg, war nach dem komm. Sieg (1949) bis zu seinem Tod Premierminister und diente auch als Außenminister (1949–58). Der Politiker konnte 1975 gegen die ›Viererbande‹ einen gemäßigten Reformkurs (Politik der vier Modernisierungen) durchsetzen.
Zhu Di *siehe* Chengzu
Zhu Siben *var.* Chu-ssu-pen (1273–1337). Chin. Kartograf der mong. Yuan-Dynastie, dessen Atlas eine Karte enthielt, die China und seine Nachbarn sowie Einzelheiten des Indischen Ozeans und der afrikan. Küste in einheitlichem Maßstab zeigt. ❑77, ❑256
Zhu Yuanzhang *var.* Taizu, Hongwu-Kaiser, Hung-wu-Kaiser, Chu Yuanchang (1328–98). Gründer und erster Kaiser der chin. Ming-Dynastie (reg.1366–98). Als Kind armer Leute wurde er 1344 Mönch und schloss sich später Banditen an. Konnte sich zum Anführer einer Rebellenarmee aufschwingen, die 1356 Nanjing einnahm und in folgenden zwölf Jahren die Mongolen (Yuan) stürzte, um 1366 die kaiserliche Dynastie der Ming zu proklamieren. ✤71, ✤266, ❑266
Zikkurat Kultische Bauten in Sumer und Elam: Stufenpyramiden, an deren vier Seiten Treppen zu dem Tempel auf der Spitze führen. Formal ähneln sie stark Maya-Bauten, die 3000 Jahre später entstanden. ✤220
Zimbabwe *ehem.* Rhodesien, *var.* Simbabwe
Unabhängigkeit ◆168 (1)
Kampf um Dekolonisierung ✤168
Ökonomie (1999) ◆168 (2)
siehe auch Great Zimbabwe, Rhodesien
Zimri-Lim Palast von (2300 v.Chr.) ✤27●
Zinn *siehe* Metallverarbeitung
Ziriden Muslim. Dynastie ✤57 (2)
Zisterzienser *var.* Bernhardiner. Kath. Mönchsorden, 1098 gegründet; der Name ist abgeleitet von dem von Robert von Molesme gegründeten Kloster Cîteaux in Frankreich. Die Ordensstifter waren Benediktinermönche, die ein Leben in völliger Abgeschiedenheit unter strengster Einhaltung der Regeln des hl. Benedikt anstrebten. ✤187, ✤187●, ◆187 (3)
Zodiak-Tierkreiszeichen Thrakisches Fresko (v.Chr.) ❑39
Zoroastrismus Dualistische Religion, die auf die Achämeniden-Zeit zurückgeht; gegründet durch Zoroaster (Zarathustra, Zardushi), einen persischen oder baktrischen Propheten, der etwa 628–551 v.Chr. lebte. Die Ursprünge des Zoroastrismus liegen in Indien; er postuliert den Gegensatz eines höchsten Wesens, Ahura Mazda, und dessen bösen Gegenspielers Angra Mainyu (Ahriman). Der Mensch ist frei, sich zwischen diesen zu entscheiden. Im Mittelpunkt des Kultes stand ein Feuerritual. Nach der griechischen und römischen Epoche restaurierter die Sassaniden den Zoroastrismus als Staatsreligion in Persien. In den Kulten der Parsen lebt der Z. bis heute fort. ❑36, ◆36 (1), ◆49 (4), ✤51, ✤226, ◆226 (1)
Zoser *siehe* Djoser
Zulu-Königreich Königreich im südl. Afrika, das unter dem Zulu-Führer Shaka (reg.1816–28) entstand. Mit seinen disziplinierten und gefürchteten Kriegern eroberte er große Teile der heutigen Natal-Region.
Expansion ✤166●, ◆166 (2)
Kampf um Südafrika ✤95●, ✤96●, ◆96 (2)
Zweite Republik, Frankreichs (1848–52). Republikanische Staatsform von der Absetzung des ›Bürgerkönigs‹ Louis Philippe (1848) bis zum Zweiten Kaiserreich (1852). ✤90●
Zweiter Weltkrieg *siehe* Weltkriege
Zypern
Ahnenverehrung (v.Chr.) ✤21
Besetzung durch Gr.-Br. (1878) ✤232●

Legende: ✤ Text ● Zeitleiste ❑ Bild ◆ Karte *var.* Variantname *nwb.* nachweisbar *ehem.* ehemals *passim* und folgende *reg.* regierte ⚔ Schlacht EWK Erster Weltkrieg ZWK Zweiter Weltkrieg

KARTEN-INDEX

Verzeichnis der Abkürzungen
Alle in den Karten und den Registern verwendeten, soweit nicht gängig oder üblich.

A
Abk. Abkürzung
Afr. Afrikaans
Alb. Albanisch
Amh. Amharisch
ant. antiker Name
Arab. Arabisch
Aram. Aramäisch
arch. archäologisch
Arm. Armenisch
As. Aserbaidschanisch
Aserb. Aserbaidschan
Ass. Assyrisch

B
B.-H. Bosnien-Herzegowina
Bask. Baskisch
Belg. Belgien, Belgisch
Beloruss. Belorussisch
Ben. Bengalisch
Bibl. Biblisch
BIP Bruttoinalndsprodukt
Bret. Bretonisch
Brit. Britisch
BSP Bruttosozialprodukt
buddh. buddhistisch
Bul. Bulgarisch
Bur. Burmesisch
Byz. Byzantinisch

C
C. Cape (Kap)
ca. circa
Chin. Chinesisch

D
Dän. Dänisch
Dom. Dominikanisch
Dtsch. Deutsch

E
ehem. ehemalig
Eng. Englisch
Est. Estnisch
EU Europäische Union
europ. Europäisch
EWK Erster Weltkrieg

F
Fär. Färöisch
Finn. Finnisch
Fläm. Flämisch
Föd. Föderation
Frankr. Frankreich
Fries. Friesisch
Frz. Französisch
Fsm. Fürstentum

G
Gäl. Gälisch
Gal. Galizisch
Geor. Georgisch
Gfs. Grafschaft
Gfsm. Großfürstentum
Gr. Griechisch
Gr.-Br. Großbritannien
Griech. Griechenland
GUS Gemeinschaft unabhängiger Staaten

H
ha Hektar
Hbl. Halbinsel
hist. historisch
hl. heilig
Holl. Holländisch
Hzm. Herzogtum

I
I. Insel (Island)
Ind. Indisch
Indon. Indonesisch
Intern. International
Ir. Irisch
Is. Inseln (Islands)
Isl. Isländisch
It. Italienisch
Ital. Italisch
Ivr. Ivrit (Hebräisch)

J
Jap. Japanisch
Jh. Jahrhundert
Jt. Jahrtausend
Jugo. Jugoslawien

K
Kamb. Kambodschanisch
Kant. Kantonesisch
Kas. Kasachisch
Kast. Kastilisch
Kat. Katalanisch
Kgr. Königreich
Kir. Kirgisistan, Kirgisisch
komm. kommunistisch
Königl. Königlich
Kont. Kontinental
Kor. Koreanisch
Kroat. Kroatien
Ksr. Kaiserreich
Kurd. Kurdisch
K.u.k. kaiserlich und königlich

L
Lao. Laotisch
Lat. Lateinisch
Lett. Lettland, Lettisch
Liech. Liechtenstein
Lit. Litauen, Litauisch
Lux. Luxemburg

M
ma. mittelalterlich
Mak. Makedonisch
Maked. Makedonien
Mal. Malaiisch
Malg. Malagasisch
Mar. Maritim
Maz. Mazedonisch
Mazed. Mazedonien
Mio. Million
Mitgl. Mitglied
mod. modern
Mong. Mongolisch
Mrd. Milliarde
Mt. Mountain (Berg)
Mts Mountains (Gebirge)
Muslim. Muslimisch

N
N Nord-, Norden
Ndl. Niederländisch
Nep. Nepal, Nepalisch
Neuseel. Neuseeländisch
Niederl. Niederlande
NN Normal Null
Norw. Norwegisch
nwb. nachweisbar
NZ/nz. Neuzeit, neuzeitlich

O
O Ost-, Osten
off. offiziell
Osman. Osmanisch
Österr. Österreich, Österreichisch

P
Patrim. Patrimonium
Pers. Persisch
PNG Papua-Neuguinea
Poln. Polnisch
Poly. Polynesisch
Port. Portugiesisch

R
Rätorom. Rätoromanisch
reg. regiert
Rep. Republik
Res. Reservoir, Stausee
Röm. Römisch
Rum. Rumänisch
Russ. Russisch

S
S Süd-, Süden
Schwe. Schwedisch
Serb. Serbien
Sinh. Sinhala
SKr. Serbo-Kroatisch
Slwk. Slowakisch
Slwn. Slowenisch
Som. Somalisch
sowj. Sowjetisch
Span. Spanisch, Spanien
SSR Sozialistische Sowjetrepublik
St., St Sankt, Saint (Eng./Frz.)
Swa. Swahili

T
Tadsch. Tadschikisch
Thai. Thailand
Tib. Tibetisch
Tschech. Tschechisch
Türk. Türkisch
Turkm. Turkmenistan

U
Uigh. Uighurisch
UK United Kingdom (Vereinigtes Königreich, Großbritannien
Ukr. Ukrainisch
UN United Nations (Vereinte Nationen); Int. UN-Staatsname
Ungar. Ungarisch
US/USA Unites States of America (Vereinigte Staaten von Amerika)
Usb. Usbekisch

V
VAE Vereinigte Arabische Emirate
var. Variantname
Vtn. Vietnamesisch

W
W West-, Westen
Wal. Walisisch

X, Y, Z
Z Zentral
ZAR Zentralafrikanische Republik
ZWK Zweiter Weltkrieg

Schreibweisen

In der Regel wurden die jeweils zeitgenössischen historischen Namen und/oder Schreibweisen verwendet. Im Deutschen übliche Namen sind, soweit gängig, für internationale Landschaftsfaktoren wie z.B. Ozeane oder Ländernamen benutzt worden.

Diakritische Zeichen (Akzente, Sonderzeichen etc.) wurden in der Regel bei allen europäischen Sprachen übernommen. Zur Transliteration chinesischer Namen wurde das moderne Pinyin-System benutzt; russische Namen sind bis auf gängige Ausnahmen im internationalen angelsächsischen System umschrieben. Auch arabische Namen folgen in der Regel dem wissenschaftlich üblichen anglophonen System, wohingegen die Namen der westasiatischen Keilschrift-Kulturen mit diakritischen Zeichen verschriftet sind. Übliche ältere oder alternative Schreibungen sind jedoch stets durch Querverweise erschlossen.

Das Register enthält darüber hinaus zahlreiche häufig gebrauchte alternative Namen und/oder Schreibungen, die ebenfalls durch Querverweise zu erschließen sind.

Sortierung und Gliederung der Einträge

Alle Haupteinträge bezeichnen Orte (Siedlungen), wenn sie nicht durch Kurzdefinitionen in kursiver Typo besonders gekennzeichnet sind.

Um unnötige Wiederholung zu vermeiden, wurden Namen häufig auftauchender Reiche und Staaten auf den Überblickskarten zur Epochengeschichte im ersten Teil weggelassen. Namen, die *nur* auf diesen Karten erscheinen, wurden jedoch stets aufgenommen.

A

Aachen *ant.* Aquae Grani, Aquisgranum, *Ndl.* Aken, *Frz.* Aix-la-Chapelle Mitteleuropa (Deutschland) EWK 206 (3) Franken 184 (2) Frühe Neuzeit 193 (4) Handel im Mittelalter 190–191 (1) Mittelalterliche Staaten 188 (1), (2) Reformation 195 (5)
Aarhus *var.* Århus Skandinavien (Dänemark) Mittelalterliche Staaten 185 (3)
Abadan Südwestasien (Iran) Ökonomie 234 (1)
Abai *siehe* Blauer Nil
Abaj Takalik Mittelamerika (Mexiko) Frühe Kulturen 121 (2)
Abancay Südamerika (Peru) Inka 147 (3)
Abay Wenz *siehe* Blauer Nil
Abbasiden-Kalifat *Staat* Südwestasien Die Welt 1200 62–63 Islam 57 (2) Mittelalterliche Staaten 185 (3) Mongolen 68–69 (1)
Abbeville Westeuropa (Frankr.) Mittelalterliche Staaten 192 (2)
Abdera Südosteuropa (Griech.) Antike Griechen 177 (2), (3) Erste Hochkulturen 176–177 (1)
Abéché *siehe* Abeshr
Abenaki *Volk* Nordamerika Kolonialismus 126 (1)
Aberbrothock *siehe* Arbroath
Aberdeen *ant.* Devana Brit. Inseln (UK) Mittelalterliche Staaten 188 (2)
Abergwaun *siehe* Fishguard
Abertawe *siehe* Swansea
Aberteifi *siehe* Cardigan
Aberystwyth Brit. Inseln (Wales) Mittelalterliche Staaten 188 (2)
Abeshr *mod.* Abéché Zentralafrika (Tschad) Islam 162 (1)
Abessinien *mod.* Äthiopien *Staat* Ostafrika Arabien im 20. Jh. 233 (4) Imperialismus 96 (1), 97 (4) Kolonialismus 166–167 (4) ZWK 104 (2) *siehe auch* Äthiopien
Abhira *Dynastie* Südasien Die Welt 1000 58–59 Erkundung 61 (3) Frühe Reiche 241 (5) Frühe Religion 242 (2)
Abhisara *Staat* Südasien Frühe Reiche 241 (5)
Abidjan Westafrika (Elfenbeinküste) Ökonomie 168 (2)
Abina Südasien (Indien) Erkundung 61 (3)
Abitibi *Volk* Nordamerika Präkolumbische Kulturen 123 (3)
Abkhasien *Region* Südwestasien UdSSR 215 (4)
Åbo Skandinavien (Finnland) Frühe Neuzeit 195 (3) Mittelalterliche Staaten 189 (3)
Abodriten *Volk* Mitteleuropa Franken 184 (2)
Aborigines *Volk* Australien Die Welt 750 v.Chr. 30–31 *passim*
Abu Dhabi *var.* Abū Ẓabī, *Arab.* Abū Ẓaby Südwestasien (VAE) Arabien im 20. Jh. 233 (4) Erkundung 219 (4) Ökonomie 234 (1)
Abu Dulaf *Moschee* Südwestasien (Irak) Stadtplan Samarra 57 (3)
Abu Hurayrah *siehe* Abu Hureyra
Abu Hureyra *var.* Abu Hurayrah Südwestasien (Syrien) Die Welt 5000 v.Chr. 18–19
Abuja Westafrika (Nigeria) Afrika nach 1960 169 (4)
Abuja *Staat* Westafrika Die Welt 1850 90–91
Abu Rawash Ägypten Altes Ägypten 159 (3)
Abu Salabikh Südwestasien (Irak) Erste Städte 220 (2)
Abu Simbel Ägypten Früher Ackerbau 158 (1)
Abusir Ägypten Altes Ägypten 159 (2), (3)
Abū Ẓabī *siehe* Abu Dhabi
Abydos *var.* Abydus Ägypten Altes Ägypten 159 (2)–(5) Erste Städte 24 (2) Urbane Zivilisationen 28–29 (1)
Abydos *var.* Abydus Südwestasien (Türkei) Antike Griechen 177 (2), 179 (4) Erste Hochkulturen 176–177 (1)
Abydus *siehe* Abydos
Acachinamco Mittelamerika (Mexiko) Azteken 124 (3)
Acadia *mod.* Nova Scotia *Region* Nordamerika Die Welt 1700 82–83 *siehe auch* Nova Scotia
Acalbixca Mittelamerika (Mexiko) Azteken 124 (2)
Acanceh Mittelamerika (Mexiko) Frühe Kulturen 122 (2)
Acapulco *var.* Acapulco de Juárez Mittelamerika (Mexiko) Erkundung 80–81 (1), 143 (3) Frühe Kulturen 122 (1) Kolonialismus 81 (3) Ökonomie 136 (2) Sklavenhandel 84–85 (1)
Acapulco de Juárez *siehe* Acapulco
Acarí Südamerika (Peru) Inka 147 (3)
Acatitla Mittelamerika (Mexiko) Azteken 124 (3)
Acatlan Mittelamerika (Mexiko) Frühe Kulturen 122 (1)
Acayocan Mittelamerika (Mexiko) Azteken 124 (3)
Accho *siehe* Akko
Accra *siehe* Akkra
Aceh *siehe* Achin
Acemhüyük Südwestasien (Türkei) Urbane Zivilisationen 28–29 (1)
Achaea *siehe* Achaia
Achaia *var.* Achaea Südosteuropa (Griech.) Antike Griechen 177 (3) Antikes Rom 179 (5) Die Welt 1300 66–67 *passim*
Achäischer Bund *var.* Achaiische Liga *Staat* Südosteuropa (Griech.) Die Welt 250 v.Chr. 38–39 *siehe auch* Achaia
Achalapura Südasien (Indien) Mittelalterliche Staaten 244 (2)
Acheh *siehe* Achin
Achin *mod.* Aceh, *var.* Acheh, Atjeh *Region/Staat* Mar. Südostasien Handel 267 (3) Imperialismus 97 (3) Kolonialismus 247 (4) Mittelalterliche Staaten 245 (6) Nachkriegszeit 253 (4) Reiche & Revolutionen 88–89 (1)
Acigöl Südwestasien (Türkei) Früher Ackerbau 220 (1)
Acolapissa *Volk* Nordamerika Kolonialismus 126 (1)
Acolhuacan *Staat* Mittelamerika Azteken 124 (1)
Acoma *Volk* Nordamerika Kolonialismus 126 (1)
Açores *siehe* Azoren
Açores, Arquipélago dos *siehe* Azoren
Açores, Ilhas dos *siehe* Azoren
Acragas *siehe* Akragas
Acre *siehe* Akko
Acre *Staat* Südamerika Staatenbildung 151 (3)
Acrothooi *Staat* Südosteuropa (Griech.) Antike Griechen 177 (2)
Actaeon-Inseln *Frz.* Groupe Actéon *Archipel* Pazifik Erkundung 278 (1)
Actium *Gr.* Aktion Südosteuropa (Griech.) Die Welt 1 n.Chr. 42–43
Acton *Schlacht* Nordamerika (USA) Aufstieg der USA 129 (2)
Adab Südwestasien (Irak) Erste Städte 25 (3), 220 (2)
Adal *Staat* Ostafrika Die Welt 1600 78–79 Frühe Neuzeit 165 (3) Islam 162 (1)
Adalia *mod.* Antalya, *ant.* Attalia, *var.* Attaleia Südwestasien (Türkei) Arabien im 20. Jh. 233 (3) Kreuzzüge 65 (3), 64–65 (2) Timur 229 (4) *siehe auch* Attalia
Adamawa *Region* Westafrika Islam 167 (3)
Adamawa-Hochland *Gebirge* Westafrika Ökonomie 163 (2)
Adamello *Berg* Ital. Hbl. EWK 207 (5)
'Adan *siehe* Aden, Eudaemon Arabia
Adana *var.* Seyhan Südwestasien (Türkei) Arabien im 20. Jh. 233 (3) Islam 56–57 (1) Osmanen 230 (1)
Adare, Cape *Kap* Antarktis Erkundung 287 (3)
Adda, Djebel *siehe* Ġebel Adda
Ad Dawḩah *siehe* Doha
Addis Ababa *var.* Addis Abeba, *Amh.* Ādīs Ābeba Ostafrika (Äthiopien) Afrika nach 1960 169 (4) Kolonialismus 166–167 (4) Ökonomie 168 (2)
Adelaide Australien Die Welt 1850 90–91 Erkundung 279 (2), (3) Imperialismus 284-285 (1) Kolonisation 282 (1) Ökonomie 282 (2) Staatenbildung 283 (3) Weltwirtschaft 92 (1)
Adélie, Terre *Landschaft* Antarktis Erkundung 287 (3)
Adelong *Goldlagerstätte* Australien Ökonomie 282 (2)
Aden *Lat.* Eudaemon Arabia, *Arab.* 'Adan, *Chin.* A-tan Südwestasien (Yemen) Arabien im 20. Jh. 233 (4) Biol. Austausch 72–73 (1) Die Welt 1850 90–91 *passim* Erkundung 61 (3), 156 (3), 218 (2), 219 (4) Handel 230 (2), 267 (3) Islam 56–57 (1), 57 (2), 162 (1), 226 (3), 227 (4) Mongolen 68 (2) Osmanen 231 (3) Sklavenhandel 84–85 (1) Weltwirtschaft 92 (1) *siehe auch* Eudaemon Arabia
Aden, Golf von *var.* Badyarada 'Adméd Südwestasien Arabien im 20. Jh. 233 (4) Erkundung 218 (2) Handel 230 (2) Handel d. Antike 225 (3) Islam 162 (1) Ökonomie 163 (2) Osmanen 231 (3) Sklavenhandel 165 (4) Spätantike 161 (3)–(5) Timur 229 (4)
Adena *Grabhügel* Nordamerika (USA) Die Welt 500 v.Chr 34–35 Frühe Kulturen 121 (4) Frühe Religion 36 (1)
Adena/Hopewell-Kultur *Volk* Nordamerika Die Welt 250 v.Chr. 38–39 Die Welt 1 n.Chr. 42–43
Adena Park *Grabhügel* Nordamerika (USA) Frühe Kulturen 121 (4)
Aden-Protektorat *Kolonie* Südwestasien Arabien im 20. Jh. 233 (4) Kalter Krieg 109 (1) ZWK 104 (1)
Adige *Dtsch.* Etsch *Fluss* Ital. Hbl. EWK 207 (5)
Ādīs Ābeba *siehe* Addis Ababa
Admiralitätsinseln *siehe* Admiralty Islands
Admiralty Islands *var.* Admiralitätsinseln *Archipel* Pazifik Frühe Kulturen 280–281 (3) ZWK 272 (1), 273 (2)
Adobe Walls *Schlacht* Nordamerika (USA) Aufstieg der USA 129 (2)
Adour *Fluss* Westeuropa (Frankr.) Frühe Neuzeit 197 (5)
Adramyttion *mod. Türk.* Edremit Südwestasien (Türkei) Erste Hochkulturen 176–177 (1)
Adrar Bous Westafrika (Niger) Früher Ackerbau 158 (1)
Adrar Tioueïne Nordafrika (Algerien) Früher Ackerbau 158 (1)
Adria *siehe* Hadria
Adrianopel *mod.* Edirne, *ant.* Hadrianopolis Südwestasien (Türkei) EWK 207 (6) Kreuzzüge 64–65 (2) Mittelalterliche Staaten 187 (5), 189 (4) Osmanen 195 (4), 230 (1), 231 (3) Reformation 194 (2) *siehe auch* Adrianopolis, Edirne, Hadrianopolis
Adrianopolis *Dtsch.* Adrianopel, *Türk.* Edirne Südwestasien (Türkei) Mittelalterliche Staaten 182 (2) Spätantike 182 (1) Völkerwanderung 52–53 (1) Weltreligionen 48 (1) *siehe auch* Adrianopel, Edirne, Hadrianopolis
Adriaticum, Mare *Dtsch.* Adriatisches Meer, Adria *Meer* Ital. Hbl. Antikes Rom 179 (3)
Adulis *Staat* Ostafrika (Eritrea) Frühe Kulturen 160 (1) Handel d. Antike 44–45 (1), 44 (2), 225 (3) Spätantike 161 (3), (4), (5)
Adventure Bay *Bucht* Australien Erkundung 278 (1)
Adwuku Westafrika (Ghana) Früher Ackerbau 158 (1)
Adygeja *Region* Osteuropa UdSSR 215 (4)
Aegates *mod.* Isole Egadi *Archipel* Ital. Hbl. Antikes Rom 179 (3)
Aegina *siehe* Aigina
Aegospotami *siehe* Aigospotami
Aegyptus *Provinz* Nordafrika Antikes Rom 180–181 (1) Handel d. Antike 44 (2) Weltreligionen 48 (1)
Aelana Südwestasien (Jordanien) Antikes Rom 161 (2) Spätantike 161 (3)–(5) *siehe* Aila, Aqaba, Elath
Aelaniticus, Sinus *siehe* Aqaba, Golf von
Aelia Capitolina *siehe* Jerusalem
Aemona *siehe* Ljubljana
Aenea *siehe* Aineia
Aenus *siehe* Ainos
Aequer *Lat.* Aequi *Volk* Ital. Hbl. Antikes Rom 178 (1), (2)
Aesernia *mod.* Isernia Ital. Hbl. Antikes Rom 178 (1)
Aethiopia *Region* Afrika Handel d. Antike 44 (2)
Afalou Bou Rhummel Nordafrika (Algerien) Die Welt 10000 v.Chr. 14–15
Afar und Issa, Französisches Territorium der *mod.* Djibuti, *ehem.* Französisch-Somaliland *Staat* Ostafrika Die Welt 1975 106–107 *siehe auch* Djibuti, Französisch-Somaliland
Afghanistan *off.* Dowlāt-e-Eslāmī-ye Afqānestān (Islamischer Staat Afghanistan) *Staat* Zentralasien Die Welt 1800 86–87 Die Welt 1950 102–103 *passim* Heutige Welt 113 (3), (4) Kalter Krieg 109 (1) Kolonialismus 248 (1), 249 (3), 269 (3), (4) Kommunismus 271 (8) Nachkriegszeit 253 (5), (4) Safawiden 231 (4) Supermacht USA 138 (1) UdSSR 208 (2), 213 (4) Weltreligionen 243 (4) ZWK 250–251 (3)
Afikpo Westafrika (Nigeria) Früher Ackerbau 158 (1)
Africa *Arab.* Ifriqiyah *Provinz* Nordafrika Antikes Rom 161 (2), 179 (5) Weltreligionen 48 (1) *siehe auch* Ifriqiyah
Africa Nova *var.* Numidia *Provinz* Nordafrika Antikes Rom 161 (2) *siehe auch* Numidien
Afrika *Kontinent* 154–169 Biol. Austausch 73 (2), (3) Wissen & Technologie 76 (8)–(10), 76–77 (1), 81 (2)
Afuddo *mod.* Nimule Ostafrika (Sudan) Erkundung 157 (5)
Afyeh Ägypten Früher Ackerbau 158 (1)
Agade *siehe* Akkade
Agadès *siehe* Agadez
Agadez *ehem.* Agadès Westafrika (Niger) Erkundung 157 (4) Früher Ackerbau 158 (1) Islam 162 (1) Kolonialismus 166–167 (4) Ökonomie 163 (2)
Agadir Nordafrika (Marokko) Erkundung 157 (4)
Ägäis *siehe* Ägäisches Meer
Ägäisches Meer *var.* Ägäis, *Gr.* Aigaío Pélagos, *Türk.* Ege Denizi *Meer* Europa/Kleinasien Antike Griechen 177 (2), (3), 179 (4) Arabien im 20. Jh. 233 (3) Bronzezeit 175 (3) Erste Hochkulturen 175 (4), 176–177 (1) EWK 207 (6) Handel im Mittelalter 190–191 (1) Mittelalterliche Staaten 187 (5), 189 (4) Osmanen 230 (1), 232–233 (1) Reformation 194 (2) ZWK 210 (1), 211 (4)
Agartala Südasien (Indien) Nachkriegszeit 252 (1), (3)
Agatha *siehe* Agathe
Agathe *var.* Agatha, *mod.* Agde Westeuropa (Frankr.) Erste Hochkulturen 176–177 (1)
Agde *siehe* Agathe
Agendicum *siehe* Sens
Aggassiz, Lake *See* Nordamerika Die Welt 10000 v.Chr. 14–15
Aghlabiden *Dynastie* Nordafrika Islam 57 (2), 227 (4)
Agincourt *var.* Azincourt *Schlacht* Westeuropa (Frankr.) Mittelalterliche Staaten 192 (2)
Aginskiy Buryat (AB) *Autonome Region* Sibirien (Russ. Föderation) UdSSR 215 (4)
Agora *Tempel* Südosteuropa (Griech.) Stadtplan des antiken Athen 177 (4)
Agordat Ostafrika (Eritrea) Früher Ackerbau 158 (1)
Agra Südasien (Indien) Die Welt 1600 78–79 Handel 267 (3) Kolonialismus 248 (1) Mittelalterliche Staaten 244–245 (3) Mogul-Reich 246 (1) Nachkriegszeit 253 (5) Ökonomie 249 (4)
Agra *Staat* Südasien Mogul-Reich 246 (1)
Agra & Oudh, Vereinigte Provinzen *siehe* Uttar Pradesh
Agram *mod.* Zagreb, *SKr.* Zágráb Südosteuropa (Kroatien) Frühe Neuzeit 193 (4) Mittelalterliche Staaten 188 (1), 189 (4) Osmanen 230 (1) *siehe auch* Zagreb
Agri Decumates *Region* Mitteleuropa Antikes Rom 181 (4)
Agrigento *siehe* Agrigentum
Agrigentum *mod.* Agrigento Sizilien (Italien) Antikes Rom 179 (3), 180–181 (1) Frühe Religion 37 (3)
Aguascalientes Mittelamerika (Mexiko) Mexikan. Revolution 133 (3)
Agulhas, Kap *Afr.* Kaap Agulhas *Kap* Südafrika Imperialismus 96 (2)
Ägypten *Gr.* Aigyptos, *Lat.* Aegyptus, *Arab.* Misr, *Eng.* Egypt *Region/Staat* Afrika Afrika nach 1960 169 (4) Altes Ägypten 159 (2)–(5) Antikes Persien 223 (4) Antikes Rom 161 (2), 181 (4), 224 (2), 225 (5) Arabien im 20. Jh. 234 (3) Biol. Austausch 72–73 (1) Die Welt 1800 86–87 *passim* Erkundung 157 (5), 218 (1), (2), 219 (3), (4) Erste Hochkulturen 176–177 (1) Erste Städte 220 (2) EWK 206 (1), 233 (2) Früher Ackerbau 220 (1) Frühe Reiche 221 (5), 222 (1), (2) Frühe Religion 36 (1), 37 (3) Handel 166–167 (1), 230 (2) Handel d. Antike 44–45 (1), 225 (3) Hellenist. Welt 224 (1), 41 (2) Imperialismus 96 (1), 97 (4) Islam 57 (2), 162 (1), 226 (3), 227 (4), (5) Kolonialismus 166–167 (4) Kreuzzüge 64–65 (1), 65 (3), 228 (2) Mittelalterliche Staaten 187 (5) Mongolen 229 (3) Napoleon 200–201 (1) Osmanen 231 (3), 232–233 (1) Schrift & Zahl 32 (1), 33 (2), (3), 223 (3) Seldschuken 228 (1) Sklavenhandel 84–85 (1), 165 (4) Spätantike 161 (3), (4), (5) Timur 229 (4) Weltreligionen 49 (4), 226 (1) Weltwirtschaft 92 (1) *siehe auch* Aegyptus
Ägypten, Arabische Republik *off.* al Ġumhūriyya al Misrīyya al 'Arabīyya, *Arab.* Misr, *ehem.* Vereinigte Arabische Republik, Königreich Ägypten *Staat* Afrika Arabien im 20. Jh. 233 (3), (4), 234 (2), 235 (5) Dekolonisation 168 (1) Heutige Welt 112 (1), 113 (3), (4) Islam 235 (4) Ökonomie 168 (2), (3) ZWK 104 (1), (2), 210 (1), 211 (4) *siehe auch* Ägypten, Aegyptus
Ahaggar *var.* Hoggar *Gebirge* Nordafrika Eiszeit 154–155 (1) Frühe Kulturen 160 (1) Handel d. Antike 44–45 (1)
Ah Canul *Staat* Mittelamerika Azteken 124 (1)
Ahe *Insel* Pazifik Erkundung 278 (1)
Ah Kin Chel *Staat* Mittelamerika Azteken 124 (1)
Ahmad Südwestasien (Kuwait) Ökonomie 234 (1)
Ahmadābād *siehe* Ahmedabad
Ahmadnagar *var.* Ahmednagar Südasien (Indien) Die Welt 1500 74–75 *passim* Mogul-Reich 246 (1)
Ahmadnagar *Staat* Südasien Mittelalterliche Staaten 245 (4) Mogul-Reich 246 (1)
Ahmedabad *var.* Ahmadābād Südasien (Indien) Dekolonisation 250 (1) Kolonialismus 248 (1) Nachkriegszeit 253 (5) Ökonomie 247 (3), 249 (4) Weltwirtschaft 93 (5)
Ahmednagar *siehe* Ahmadnagar
Ahom *Dynastie* Südasien Mittelalterliche Staaten 244–245 (3) Mogul-Reich 246 (1)
Ahtena *Volk* Nordamerika Präkolumbische Kulturen 123 (3)
Ahteut Nordamerika (USA) Präkolumbische Kulturen 123 (3)
Ahu Akahanga *arch. Stätte* Pazifik (Osterinsel) Frühe Kulturen 281 (4)
Ahu 'Akivi *arch. Stätte* Pazifik (Osterinsel) Frühe Kulturen 281 (4)
Ahuehuetlan Mittelamerika (Mexiko) Azteken 124 (3)
Ahuilizapan Mittelamerika (Mexiko) Kolonialismus 125 (5)
Ahu Ra'ai *arch. Stätte* Pazifik (Osterinsel) Frühe Kulturen 281 (4)
Ahu Tongariki *arch. Stätte* Pazifik (Osterinsel) Frühe Kulturen 281 (4)
Ahu Vinapu *arch. Stätte* Südamerika (Chile) Frühe Kulturen 281 (4)
Aichi *var.* Aiti *Präfektur* Japan Ökonomie 270 (1)
Aigai Südosteuropa (Griech.) Hellenist. Welt 40–41 (1)
Aigaíon Pélagos *siehe* Ägäisches Meer
Aigina *var.* Aegina, Aíyina, Egina *Insel/Ort/Staat* Südosteuropa (Griech.) Antike Griechen 177 (2) Erste Hochkulturen 175 (4)
Aigospotami *Lat.* Aegospotami *Schlacht* Südwestasien (Türkei) Antike Griechen 177 (3)
Aigues-Mortes Westeuropa (Frankr.) Kreuzzüge 64–65 (2)
Aigun *siehe* Aihun
Aigyptos *siehe* Ägypten
Aihun *var.* Aigun Ostasien (China) Kolonialismus 269 (4)
Ai Khanoum *siehe* Alexandria ad Oxum
Aikudi Südasien (Indien) Mittelalterliche Staaten 244 (1)
Aila *Lat.* Aelana, *Gr.* Aila, *mod.* Aqaba Südwestasien (Jordanien) Handel d. Antike 225 (3) *siehe auch* Aelana, Aqaba, Elath
Ain Djalut *var.* Ain Jalut, *Arab.* Ain Ġalūt, *Dtsch.* Goliathsquelle *Schlacht* Südwestasien (Israel) Mongolen 68–69 (1), 229 (3)
Aineia *Lat.* Aenea Südosteuropa (Griech.) Antike Griechen 177 (2)
Ainos *Lat.* Aenus Südosteuropa (Griech.) Antike Griechen 177 (2) Erste Hochkulturen 176–177 (1)
Ainu *Volk* Japan Die Welt 750 v.Chr. 30–31 *passim* Handel 267 (3) Mittelalterliche Staaten 264 (2), 265 (3)
Air *Staat* Westafrika Sklavenhandel 165 (4)
Airgialla *Staat* Brit. Inseln Mittelalterliche Staaten 188 (2)
Ais *Volk* Nordamerika Kolonialismus 125 (4), 126 (1)
Aisne *Fluss* Westeuropa (Frankr.) EWK 206 (2), (3)
Aiti *siehe* Aichi
Aitolia *var.* Ätolien *Region* Südosteuropa (Griech.) Hellenist. Welt 40–41 (1)
Aix-en-Provence Westeuropa (Frankr.) Frühe Neuzeit 197 (5)
Aix-la-Chapelle *siehe* Aachen
Aíyina *siehe* Aegina
Aizawl Südasien (Indien) Nachkriegszeit 252 (1)
Aizu Japan Frühe Neuzeit 267 (4)
Ajanta Südasien (Indien) Weltreligionen 49 (3)
Ajayameru *var.* Ajmer, Ajmere Südasien (Indien) Mittelalterliche Staaten 244 (2) Weltreligionen 243 (4) *siehe auch* Ajmer
Ajdabiya Nordafrika (Libyen) Islam 56–57 (1)
Ajman Südwestasien (VAE) Erste Städte 25 (3)
Ajmer *var.* Ajayameru, Ajmere Südasien (Indien) Ökonomie 247 (3) Mogul-Reich 246 (1) *siehe auch* Ajayameru
Ajmer *var.* Ajmere *Staat* Südasien Kolonialismus 248 (2) Mogul-Reich 246 (1)
Ajmere *siehe* Ajmer, Ajayameru
Ajnadain Südwestasien (Israel) Islam 56–57 (1)
Ajodhya Südasien (Indien) Mogul-Reich 246 (1)
Akaba *siehe* Aelana, Aila, Aqaba, Elath
Akamagaseki *siehe* Shimonoseki
Akan-Staaten *Staat* Westafrika Die Welt 1500 74–75 Frühe Neuzeit 164 (2) Islam 162 (1)
Akanthos *Lat.* Acanthus Südosteuropa (Griech.) Antike Griechen 177 (2), (3)
Akarnania *Staat* Südosteuropa (Griech.) Antike Griechen 177 (3), 179 (4)
Akaroa Neuseeland Kolonisation 283 (5)
Akbarpur Südasien (Indien) Ökonomie 247 (3)
Aken *siehe* Aachen
Akermanceaster *siehe* Bath
Akhaura Südasien (Bangladesh) Nachkriegszeit 252 (3)
Akhenaten *siehe* El-Amarna
Akhisar *siehe* Thyatira
Akhmim *var.* Ipu Ägypten Altes Ägypten 159 (5)
Akira Ostafrika (Kenya) Früher Ackerbau 158 (1)
Akita Japan Mittelalterliche Staaten 264 (2), 265 (3), (4) Ökonomie 270 (1)
Akita *Präfektur* Japan Ökonomie 270 (1)
Akjoujt *ehem.* Fort-Repoux Westafrika (Mauretanien) Früher Ackerbau 158 (1)
Akkade *var.* Agade, Akkad Westasien (Irak) Frühe Kulturen 221 (4)
Akkerman Osteuropa (Ukraine) Osmanen 195 (4)
Akko *var.* Akkon, *mod.* 'Akko, *Aram.* Akko, *Bibl.* Accho, *var.* Ptolemais, *Eng.* Acre, *Frz.* St-Jean-d'Acre Südwestasien (Israel) Altes Ägypten 159 (5) Erkundung 219 (3) Handel im Mittelalter 190–191 (1) Kreuzzüge 64–65 (1), 65 (3), 228 (2) Mittelalterliche Staaten 187 (5) Mongolen 68 (2), 229 (3) Napoleon 200–201 (1) *siehe auch* Ptolemais
Akkon *siehe* Akko

Ak Koyunlu var. Akkoyunlu, Aq Qoyunlu, Dtsch. Weiße Hammel Staat Südwestasien Die Welt 1500 74–75 Islam 162 (1)
Akkra var. Accra, ehem. Fort James Westafrika (Ghana) Afrika nach 1960 169 (4) Frühe Neuzeit 164 (2) Kolonialismus 166–167 (4) Ökonomie 168 (2) Reiche & Revolutionen 88 (1) Sklavenhandel 165 (4)
Akmola Zentralasien (Kasachstan) UdSSR 215 (4)
Akmolinsk Region Sibirien Kolonialismus 269 (3)
Akragas Lat. Acragas Ital. Hbl. Erste Hochkulturen 176–177 (1)
Akron Nordamerika (USA) US-Gesellschaft 135 (6)
Akropolis Tempel Südosteuropa (Griech.) Stadtplan des antiken Athen 177 (4)
Akrotiri Südosteuropa (Thera/Santorin) Erste Hochkulturen 175 (4)
Aksai Chin Chin. Aksayqin Region Südasien China nach 1949 275 (3) Nachkriegszeit 252 (1), (2)
Aksayqin siehe Aksai Chin
Aksha Ägypten Altes Ägypten 159 (5)
Aksim var. Axim Westafrika (Ghana) Erkundung 156 (3) Frühe Neuzeit 164 (2) Sklavenhandel 165 (4)
Aksu var. Aqsu Ostasien (China) Handel d. Antike 44–45 (1) Mittelalterliche Staaten 262–263 (1) Qing-China 268 (1), (2) Weltreligionen 49 (3)
Aksum var. Axum Ostafrika (Äthiopien) Frühe Kulturen 160 (1) Handel d. Antike 44–45 (1), 225 (3) Spätantike 161 (3)–(5) Weltreligionen 49 (4), 226 (1)
Aksum Staat Ostafrika Die Welt 1 n.Chr. 42–43 Die Welt 250 46–47 Frühe Kulturen 160 (1) Handel d. Antike 44–45 (1) Islam 226 (2), (3) Spätantike 161 (3), (4), (5) Weltreligionen 49 (4)
Aktion siehe Actium
Akwamu Staat Westafrika Die Welt 1700 82–83
Akwe Shavante Volk Südamerika Frühe Reiche 147 (2)
Akyab Kont. Südostasien (Burma) Handel 230 (2) ZWK 272 (1), 273 (2)
Ala Ital. Hbl. EWK 207 (5)
Alabama Staat Nordamerika Aufstieg der USA 129 (1) Ökonomie 134 (2), 139 (3) US-Bürgerkrieg 130 (1), (5), 131 (6) US-Gesellschaft 137 (6) Weltwirtschaft 93 (5)
Alabama Volk Nordamerika Kolonialismus 125 (4), 126 (1)
Alabama Fluss Nordamerika US-Bürgerkrieg 131 (6)
Al-'Abbasa Ägypten Mongolen 229 (3)
al Abyaḍ, Al Baḥr siehe Weißer Nil
al Abyaḍ, An Nīl siehe Weißer Nil
Alaça Hüyük Südwestasien (Türkei) Frühe Reiche 221 (5) Urbane Zivilisationen 28–29 (1)
Alacant siehe Alicante
Alaka Volk Südamerika Die Welt 250 46–47 Frühe Kulturen 145 (2)
Alalakh var. Alalah, mod. Tell Açana Westasien (Türkei/Syrien) Altes Ägypten 159 (5)
Alalia mod. Aleria Westeuropa (Frankr.) Erste Hochkulturen 176–177 (1) siehe auch Aleria
Alamannen var. Alamanni Volk Mitteleuropa Antikes Rom 181 (4) Franken 183 (5), (6) Mittelalterliche Staaten 182 (2) Spätantike 182 (1) Völkerwanderung 53 (2)
Alamannia Region Mitteleuropa Franken 184 (2)
Al 'Amārah siehe Amara
Alamgirpur arch. Stätte Südasien (Indien) Erste Städte 240 (2)
Alamo, The Schlacht Nordamerika (USA) Aufstieg der USA 129 (2)
Alamut Südwestasien (Iran) Mongolen 68–69 (1), 229 (3) Seldschuken 228 (1)
Alanen var. Alani Volk Westasien/Europa Antikes Rom 180–181 (1), 181 (4) Mongolen 68–69 (1) Völkerwanderung 52–53 (1), 53 (2)
Al 'Arabīyah as Su'ūdīyah siehe Saudi-Arabien
Alarcos Iberische Hbl. (Spanien) Islam 192 (3)
Al 'Aṣab siehe Asab
Alašia var. Alashiya, mod. Zypern, Gr. Kypros, Lat. Cyprus, Türk. Kıbrıs Insel/Staat Mittelmeer Altes Ägypten 159 (4), (5) siehe auch Cypern, Cyprus, Kypros, Zypern
Alaska ehem. Russisch-Amerika Kolonie/Staat Nordamerika Aufstieg der USA 129 (2), 132 (1) Die Welt 1850 90–91 Erkundung 257 (2) Kalter Krieg 109 (1) Kolonialismus 269 (3) Ökonomie 136 (2) Reiche & Revolutionen 88–89 (2) Weltwirtschaft 93 (3) ZWK 104 (1), 273 (2)
Alaska, Golf von Nordamerika Aufstieg der USA 129 (2) Eiszeit 116 Erkundung 118 (1), 119 (3), 286 (1) Präkolumbische Kulturen 123 (3)
Alaska-Halbinsel Nordamerika Eiszeit 116
Alaska Range Gebirge Nordamerika Aufstieg der USA 129 (2)
Alavi Südasien (Indien) Frühe Religion 242 (3)
al Azraq, An Nīl siehe Blauer Nil
Albacete Iberische Hbl. (Spanien) Zwischenkriegszeit 209 (4)
Alba Fucens Ital. Hbl. Antikes Rom 178 (1)
Al Baḥrayn siehe Bahrain
Alba Iulia siehe Apulum, Weißenburg
Albaner Volk Südosteuropa Heutige Welt 112 (2)
Albanien Alb. Republika Shqipëria Staat Südosteuropa Europapolitik 214 (1), (2), 215 (3) EWK 206 (1) Heutige Welt 112 (2), 113 (3), (4) Kalter Krieg 108 (3), 109 (1) Nachkriegszeit 212 (3), 213 (5) Ökonomie 205 (4) Osmanen 203 (4), 230 (1), 232–233 (1) UdSSR 213 (4) Zwischenkriegszeit 208 (1), 209 (3), (5) ZWK 104 (1), 211 (2), (4)
Albanus, Lacus See Ital. Hbl. Antikes Rom 178 (1)
Albanus, Mons Berg Ital. Hbl. Antikes Rom 178 (1)
Albany Australien Erkundung 279 (2) Kolonisation 282 (1) Ökonomie 285 (2) Staatenbildung 283 (3)
Albany Nordamerika (USA) Aufstieg der USA 129 (2), 132 (1) Erkundung 119 (2) Kolonialismus 126 (1), 127 (2) Staatenbildung 127 (3) US-Gesellschaft 135 (6), 137 (6)
Alba Regia siehe Székesfehérvár
Al Baṣrah siehe Basra
Albert Westeuropa (Frankr.) EWK 206 (2), (3)
Alberta Provinz Nordamerika (Kanada) Aufstieg der USA 129 (2) Ökonomie 136 (2)
Albert Nyanza siehe Albert-See
Albert-See var. Albert Nyanza, Lac Mobutu Sese Seko Ostafrika Eiszeit 154–155 (1) Erkundung 157 (4), (5) Früher Ackerbau 158 (1) Islam 162 (1) Sklavenhandel 165 (4)
Albi ant. Albiga Westeuropa (Frankr.) Handel im Mittelalter 190–191 (1)
Albiga siehe Albi
Albigenser christl. Sekte Westeuropa (Frankr.) Kreuzzüge 186 (1)
Albion Region Brit. Inseln Handel d. Antike 44 (2)
Albis mod. Elbe Fluss Mitteleuropa Antikes Rom 180–181 (1) siehe auch Elbe
Alborz, Reshteh-ye Kūhhā-ye siehe Elburz-Gebirge
Albreda Westafrika (Gambia) Die Welt 1700 82–83
Albreda Insel Westafrika Reiche & Revolutionen 88 (1)
Albury Australien Kolonisation 282 (1)
Alcacer Iberische Hbl. (Portugal) Islam 192 (3)
Alcántara Iberische Hbl. (Spanien) Islam 192 (3) Kreuzzüge 186 (1)
Alcobaça Iberische Hbl. (Spanien) Mittelalterliche Staaten 187 (3)
Alcudia Iberische Hbl. (Spanien) Handel im Mittelalter 190–191 (1)
Aldan Fluss Osteuropa Qing-China 268 (1) UdSSR 215 (4)
al Dar al Baida siehe Rabat
Al Djīzah siehe Giza
Aleksandrovka arch. Stätte Sibirien (Russ. Föderation) Früher Ackerbau 258 (1)
Alemannen siehe Alamannen
Alençon Westeuropa (Frankr.) Frühe Neuzeit 197 (5)
Aleppo Aram. Halab, ant. Beroea, Arab. Ḥalab, Südwestasien (Syrien) Antikes Persien 223 (4) Arabien im 20. Jh. 233 (3) Biol. Austausch 72–73 (1) Erkundung 219 (3) EWK 233 (2) Handel 230 (2) Handel im Mittelalter 190–191 (1) Islam 184 (1) Kreuzzüge 228 (2), 65 (1), (3) Mongolen 68–69 (1), 229 (3) Napoleon 200–201 (1) Osmanen 230 (1), 231 (3), 232–233 (1) Seldschuken 228 (1) Timur 229 (4) Weltreligionen 226 (1) siehe auch Halab
Aleria Korsika (Frankr.) Antikes Rom 178 (2), 179 (3), 180–181 (1)
Alessandria Frz. Alexandrie Ital. Hbl. Handel im Mittelalter 190–191 (1), 190–191 (1) Mittelalterliche Staaten 188 (1)
Aleuten Volk Nordamerika Präkolumbische Kulturen 123 (3)
Aleuten Archipel Nordamerika Aufstieg der USA 129 (2) Erkundung 257 (2) Dekolonisation 250 (2) Präkolumbische Kulturen 123 (3) Supermacht USA 138 (1) ZWK 272 (1), 273 (2)
Alexander-Reich Staat Südwestasien Hellenist. Welt 40–41 (1), 224 (1)
Alexandretta Türk. İskenderun Südwestasien (Türkei) EWK 233 (2) Kreuzzüge 65 (3)
Alexandria Nordamerika (USA) Kolnialismus 127 (2)
Alexandria Südwestasien (Karmania/Iran) Hellenist. Welt 40–41 (1)
Alexandria Arab. Al Iskandarīyah Ägypten Antikes Persien 225 (6) Antikes Rom 161 (2), 179 (5), 180–181 (1), 181 (4), 224 (2), 225 (5) Arabien im 20. Jh. 233 (3) Biol. Austausch 72–73 (1) Erkundung 156 (3), 157 (4), 218 (1), (2) EWK 233 (2) Frühe Kulturen 160 (1) Handel d. Antike 44–45 (1), 44 (2), 181 (3), 225 (3) Hellenist. Welt 40–41 (1), 41 (2), 224 (1) Islam 56 (1), 57 (2), 162 (1), 226 (3) Kolonialismus 166–167 (4) Kreuzzüge 65 (3), 228 (2) Mittelalterliche Staaten 185 (3) Mongolen 229 (3) Napoleon 200–201 (1) Ökonomie 163 (2), 190–191 (1) Osmanen 231 (3), 232–233 (1) Sklavenhandel 84–85 (1), 165 (4) Spätantike 161 (3), (4), (5), 182 (1) Weltreligionen 48 (1), 49 (4), 226 (1) ZWK 210 (1), 211 (4)
Alexandria ad Caucasum var. Kapisa, mod. Begram Zentralasien (Afghanistan) Hellenist. Welt 41 (2) siehe auch Kapisa
Alexandria ad Oxum var. Ai Khanoum Zentralasien (Afghanistan) Hellenist. Welt 40–41 (1)
Alexandria Arachoton mod. Kandahar Zentralasien (Afghanistan) Frühe Reiche 241 (4) Handel d. Antike 44–45 (1) Hellenist. Welt 40–41 (1) siehe auch Kandahar, Qandhar
Alexandria Areion var. Aria, mod. Herat Zentralasien (Afghanistan) Handel d. Antike 44–45 (1) Hellenist. Welt 40–41 (1), 41 (2) siehe auch Herat
Alexandria Eschate mod. Kokand, Khokand, ehem. Chodschand Zentralasien (Usbekistan) Hellenist. Welt 40–41 (1)
Alexandria Margiana mod. Merv Zentralasien (Turkmenistan) Hellenist. Welt 41 (2)
Alexandrie siehe Alessandria
Alexandroupolis siehe Dedeagach
Al Fāshir siehe El Fasher
Al Faw var. Fao Südwestasien (Irak) Arabien im 20. Jh. 235 (5) Ökonomie 234 (1)
Al Fujayrah siehe Fujairah
Al Furāt siehe Euphrat
Al Fustat mod. Kairo, Arab. Al Qāhirah, ant. Heliopolis, Memphis Ägypten Islam 56–57 (1), 162 (1) siehe auch Kairo, Heliopolis
Algarve Region Iberische Hbl. (Portugal) Islam 192 (3)
Alger mod. Algerien Staat Nordafrika Handel 166–167 (1) siehe auch Algerien
Algerien ehem. Alger Staat Nordafrika Afrika nach 1960 169 (4) Dekolonisation 168 (1) Die Welt 1850 90–91 passim EWK 206 (1) Heutige Welt 112 (1), 113 (3), (4) Imperialismus 96 (1), 97 (4) Islam 235 (4) Kalter Krieg 109 (1) Kolonialismus 166–167 (4) Napoleon 200–201 (1) Ökonomie 168 (2), (3) Reiche & Revolutionen 88–89 (2) ZWK 104 (1), 210 (1), 211 (4) siehe auch Alger
al Gharbīyah, Aş Şaḥrā' siehe Westliche Wüste
Algier Arab. Al Jazair, Frz. Alger, ant. Icosium Nordafrika (Algerien) Afrika nach 1960 169 (4) Biol. Austausch 72–73 (1) Die Welt 1600 78–79 passim Erkundung 157 (4) Islam 184 1) Kolonialismus 166–167 (4) Kreuzzüge 18 (1) Mittelalterliche Staaten 185 (3) Napoleon 200–201 (1), 201 (2) Ökonomie 168 (2), 190–191 (1) Osmanen 231 (3) Sklavenhandel 84–85 (1), 165 (4) Supermacht USA 138 (1) ZWK 211 (4)
Algoa Bai Bucht Südamerika Erkundung 156 (3)
Algonquin Volk Nordamerika Kolonialismus 126 (1) Präkolumbische Kulturen 123 (3)
Al Hadhar siehe Hatra
Al Ḥaḍr siehe Hatra
Al Hamad siehe Syrische Wüste
Al Ḥijāz siehe Hejaz
Al Hira Südwestasien (Irak) Islam 56–57 (1)
Al Hufūf siehe Hasa
Alicante Lat. Lucentum, Kat. Alacant Iberische Hbl. (Spanien) Franken 184 (2) Islam 192 (3) Handel im Mittelalter 190–191 (1) Ökonomie 205 (4) Zwischenkriegszeit 209 (4)
Alice Boër arch. Stätte Südamerika (Brasilien) Frühe Kulturen 145 (2)
Alice Springs Australien Erkundung 279 (2) Staatenbildung 283 (3)
Aligarh Südasien (Indien) Ökonomie 249 (4)
Ali Kosh var. Ali Kosch Südwestasien (Irak) Die Welt 5000 v.Chr. 18–19 Früher Ackerbau 220 (1)
Al Iskandarīyah siehe Alexandria
Al Jawf siehe Jauf
Al Kūfah siehe Kufa
Al-Kuwait siehe Kuwait
Al Kuwayt siehe Kuwait
Allada Staat Westafrika Die Welt 1700 82–83
Allahabad Südasien (Indien) Dekolonisation 250 (1) Kolonialismus 248 (1) Mogul-Reich 246 (1) Nachkriegszeit 253 (5) Ökonomie 247 (3), 249 (4)
Allahabad Staat Südasien Mogul-Reich 246 (1)
'Allaqi, Wadi el- Fluss Ägypten Altes Ägypten 159 (4)
Allen's Cave Australien Frühe Kulturen 280 (1)
Allia Bay arch. Stätte Ostafrika (Kenya) Frühmensch 12 (1)
al Lībīyah, Aş Şaḥrā' siehe Libysche Wüste
Allobroges Dtsch. Allobroger Volk Westeuropa (Frankr.) Antikes Rom 179 (5)
Al Lubnān siehe Libanon
Alma-Ata Osteuropa (Russ. Föderation) UdSSR 213 (4)
Al Madain Südwestasien (Irak) Islam 56–57 (1)
Al Madīnā siehe Medina
Al Mahdīyā siehe Mahdia
Al Makkā siehe Mekka
Almalyk var. Almalyq Ostasien (China) Biol. Austausch 72–73 (1) Mongolen 68–69 (1)
Al Mamlakah siehe Marokko
Al Manāmah siehe Manama
Al Mansura Ägypten Kreuzzüge 65 (2), (3)
Al Mariyya siehe Almería
al-Masharrahet Palast Südwestasien (Irak) Stadtplan Samarra 57 (3)
Almaty Zentralasien (Kasachstan) UdSSR 215 (4)
Al Mawşil siehe Mosul
al Mayyit, Al Baḥr siehe Totes Meer
Almería ant. Unci, Lat. Portus Magnus, Arab. Al-Mariyya Iberische Hbl. (Spanien) Handel im Mittelalter 190–191 (1) Islam 192 (3) Zwischenkriegszeit 209 (4)
Almohaden Dynastie Nordafrika Die Welt 1200 62–63 Islam 57 (2) Kreuzzüge 186 (1)
Almoraviden Staat Iberische Hbl./Nordafrika Islam 57 (2) Kreuzzüge 64–65 (2), 186 (1)
Al Mukalla var. Al Mukallā Südwestasien (Yemen) Erkundung 219 (4)
Alodia Staat Ostafrika Die Welt 750 54–55 Die Welt 1000 58–59 Erkundung 61 (3)
Alor Südasien (Pakistan) Mittelalterliche Staaten 244 (2) Weltreligionen 243 (4)
Alpen Eng. Alps, Frz. Alpes, Ital. Alpi Gebirge Mitteleuropa Antikes Rom 179 (3), 180–181 (1) Biol. Austausch 72–73 (1) Erkundung 172 (1) EWK 207 (5) Franken 183 (5), (6), 184 (2) Frühe Neuzeit 193 (4), (5) Handel d. Antike 181 (3) Handel im Mittelalter 190–191 (1) Kreuzzüge 64–65 (2) Kupferzeit 174 (2) Mittelalterliche Staaten 192 (1), (2) Napoleon 200–201 (1) Osmanen 232–233 (1) Sklavenhandel 84–85 (1) ZWK 210 (1), 211 (4)
Alpes Cottiae Provinz Westeuropa (Frankr.) Antikes Rom 180–181 (1)
Alpes Graiae et Poeninae var. Alpes Penninae Provinz Westeuropa (Frankr.) Antikes Rom 180–181 (1)
Alpes Maritimae Provinz Westeuropa (Frankr.) Antikes Rom 180–181 (1)
Alpes Penninae siehe Alpes Graiae et Poeninae
Alpi siehe Alpen
Alpi Giulie siehe Julische Alpen
Al Qadisiya Südwestasien (Irak) Antikes Persien 225 (6) Islam 226 (2)
Al Qāhirah siehe Kairo, Al Fustat
Al Qatif Südwestasien (Saudi-Arabien) Erkundung 219 (4)
Al Qayrawān siehe Kairouan
Al Quds siehe Jerusalem
Al Quds ash Sharīf siehe Jerusalem
Al Raydaniyya Ägypten Osmanen 231 (3)
Alsace siehe Elsass
Alsium Ital. Hbl. Antikes Rom 178 (1)
Alt siehe Olt
Altai-Gebirge Chin. Altay Shan, Russ. Altay Gebirge Ostasien/Sibirien Biol. Austausch 72–73 (1) Eiszeit 217 Erkundung 256 (1), 257 (3) Früher Ackerbau 258 (1) Frühe Reiche 260 (1) Handel 267 (3) Handel d. Antike 44–45 (1) Kolonialismus 269 (3), (4) Mongolen 68–69 (1) UdSSR 215 (4) Völkerwanderung 261 (6)
Al Ṭa'if siehe Ta'if
Altaiische Völker Ostasien Die Welt 750 v.Chr. 30–31
Altaj Region Sibirien UdSSR 215 (4)
Altamira Mittelamerika (Mexiko) Frühe Kulturen 121 (2)
Altamira arch. Stätte Iberische Hbl. (Spanien) Frühmensch 17 (3)
Altar de Sacrificios Mittelamerika (Mexiko) Frühe Kulturen 121 (2)
Altar, Desierto de siehe Sonoran Desert
Altay siehe Altai-Gebirge
Altay Shan siehe Altai-Gebirge
Altepetlac Mittelamerika (Mexiko) Azteken 124 (3)
Alt-Goa siehe Goa, Gove
Altiplano Landschaft Südamerika Frühe Kulturen 145 (2), (4) Politik nach 1930 152 (2)
Alto Paraná siehe Paraná
Alto Ramírez Südamerika (Chile) Frühe Reiche 146 (1)
Altun Shan Gebirge Ostasien Früher Ackerbau 258 (1) Frühe Reiche 260 (1)
Altxerri arch. Stätte Iberische Hbl. (Spanien) Frühmensch 17 (3)
Al Urdunn siehe Jordanien
Alvastra Skandinavien (Schweden) Mittelalterliche Staaten 187 (3)
Alwa Staat Ostafrika Die Welt 1200 62–63 passim Frühe Kulturen 160 (1) Ökonomie 163 (2) Spätantike 161 (5)
Al Wajh siehe Wejh
Alwar Südasien (Indien) Ökonomie 247 (3)
Amadzimba Südl. Afrika (Südafrika) Die Welt 5000 v.Chr. 18–19
Amakusa Japan Frühe Neuzeit 267 (4)
Amalfi Ital. Hbl. Franken 184 (2) Mittelalterliche Staaten 182 (2), 183 (4), 185 (3), 187 (5), 188 (1)
Amantlan Mittelamerika (Mexiko) Azteken 124 (3)
Amaquemecan Mittelamerika (Mexiko) Kolonialismus 125 (5)
Amara var. Al 'Amārah Südwestasien (Irak) EWK 233 (2)
Amaravati Südasien (Indien) Mittelalterliche Staaten 244 (1) Weltreligionen 49 (3)
Amasia mod. Türk. Amasya Südwestasien (Türkei) Osmanen 231 (3) Weltreligionen 48 (1)
Amathous Lat. Amathus Südwestasien (Zypern) Erste Hochkulturen 176–177 (1)
Amazonas Fluss Südamerika Die Welt 1300 66–67 Drogenhandel 153 (5) Erkundung 142 (1), 143 (2), (3) Frühe Kulturen 144 (1), 145 (2), 146 (1) Früher Ackerbau 20–21 (2) Frühe Reiche 147 (2) Globale Migration 100 (1) Inka 147 (3), 148 (1) Kolonialismus 148 (2), 149 (3), (4) Ökonomie 153 (3), (4) Sklavenhandel 84–85 (1) Staatenbildung 150 (1), (2), 151 (3), 88 (1), 88–89 (2) Weltwirtschaft 92 (1) Wissen & Technologie 76–77 (1)
Amazonas-Becken Region Südamerika Eiszeit 140 Frühe Kulturen 145 (2), (4), 147 (2) Früher Ackerbau 20–21 (2) Frühmensch 16 (1) Inka 148 (1) Kolonialismus 149 (3) Ökonomie 153 (3)
Ambala siehe Umballa
Ambianum siehe Amiens
Amboina ehem. Ambon, Amboyna mod. Pulau Ambon Mar. Südostasien (Indonesien) Die Welt 1600 78–79 passim Imperialismus 284-285 (1) Islam 243 (6) Kolonialismus 247 (4) Nachkriegszeit 253 (4), (5) Reiche & Revolutionen 88 (1) ZWK 272 (1), 273 (2)
Ambon siehe Amboina
Ambon, Pulau siehe Amboina
Amboyna siehe Amboina
Ambrakia Lat. Ambracia Südosteuropa (Griech.) Antike Griechen 177 (3), 179 (4)
Ameca Mittelamerika (Mexiko) Frühe Kulturen 122 (1)
Amekni Westafrika (Algerien) Früher Ackerbau 158 (1)
Amerika Doppelkontinent Wissen & Technologie 76–77 (2) siehe auch Nordarmerika, Südamerika, Vereinigte Staaten von Amerika
Amerikanische Jungferninseln siehe Virgin Islands of the US
Amerikanisch-Samoa Kolonie Pazifik Aufstieg der USA 133 (4) Dekolonisation 285 (3) Erkundung 279 (3) Imperialismus 284–285 (1) Supermacht USA 138 (1)
Amery-Eisschelf Eisformation Antarktis Erkundung 287 (3)
Amida ma. Dijarbekr mod. Türk. Diyarbakir Südwestasien (Türkei) Weltreligionen 48 (1) siehe auch Diyarbakir
Amiénois Region Westeuropa (Frankr.) Frühe Neuzeit 197 (5)
Amiens ant. Ambianum, Samarobriva Westeuropa (Frankr.) EWK 206 (2), (3) Franken 184 (2) Frühe Neuzeit 197 (5) Handel im Mittelalter 190–191 (1) Mittelalterliche Staaten 192 (2) Reformation 195 (5)
Amirante Islands siehe Amiranten
Amiranten var. Amirantes Group, Amirante Islands Archipel Indischer Ozean Die Welt 1850 90–91 Die Welt 1900 94–95 Die Welt 1925 98–99
Amirantes Group siehe Amiranten
Amisos var. Amisus mod. Türk. Samsun Südwestasien (Türkei) Antikes Rom 161 (2) Hellenist. Welt 40–41 (1) Weltreligionen 48 (1)
Amjhera Schlacht Südasien (Indien) Kolonialismus 249 (3)
Amman Arab. 'Ammān, ant. Philadelphia, Bibl. Rabbath Ammon Südwestasien (Jordanien) Arabien im 20. Jh. 233 (3), (4), 234 (2), 235 (5) EWK 233 (2) Islam 56–57 (1) Osmanen 232–233 (1)
Ammon Staat Südwestasien Frühe Reiche 222 (1)
Ammonion var. Amun-Heiligtum siehe Siwa, Oase
Amnok-kang siehe Yalu
Amol var. Amul Südwestasien (Iran) Hellenist. Welt 40–41 (1) Mongolen 68–69 (1)
Amoy siehe Xiamen
Amphipolis Schlacht Südosteuropa (Griech.) Antike Griechen 177 (2), (3)
Ampurias siehe Emporiae
Amri arch. Stätte Südasien (Pakistan) Erste Städte 240 (2)
Amritsar Südasien (Indien) Dekolonisation 250 (1) Kolonialismus 248 (1) Nachkriegszeit 252 (1) Ökonomie 247 (3), 249 (4)
Amsa-dong arch. Stätte Ostasien (Süd-Korea) Früher Ackerbau 258 (1)
Amselfeld siehe Kosovo Polje
Amsterdam Westeuropa (Niederl.) Frühe Neuzeit 193 (4) Globale Migration 100 (1) Kalter Krieg 108 (3) Ökonomie 198 (1), 205 (4) Reformation 195 (5), 196 (1) Reiche & Revolutionen 202 (1) 203 (2) Sklavenhandel 84–85 (1)
Amud arch. Stätte Südwestasien (Israel) Frühmensch 13 (2)
Amu Darya ant. Oxus, Russ. Amudar'ya, Tadsch. Dar'yoi Amu, Turkm. Amyderya, Usb. Amudaryo Fluss Zentralasien Erkundung 257 (3) Erste Städte 24 (2), 25 (3) Frühmensch 13 (2) Handel d. Antike 44–45 (1) Islam 56–57 (1), 57 (2), 226 (3), 227 (4), (6) Kolonialismus 269 (3) Mongolen 68 (2), 68–69 (1) Osmanen 232–233 (1) Safawiden 231 (4) Weltreligionen 226 (1) siehe auch Oxus
Amudaryo siehe Amu Darya
Amur Region/Staat Sibirien Kolonialismus 269 (3), (4) Qing-China 268 (1)
Amur Chin. Heilong Jiang Fluss Sibirien/Ostasien Biol. Austausch 72–73 (1) China nach 1949 275 (3) Chinesische Revolution 271 (5) Erkundung 257 (2), (3) Früher Ackerbau 20–21 (2) Handel 267 (3) Imperialismus 270 (2) Kolonialismus 269 (3), (4) Kommunismus 271 (8) Mittelalterliche Staaten 262–263 (1), 263 (7), 264 (2) Mongolen 68–69 (1) Ökonomie 274 (2) Qing-China 268 (2) UdSSR 215 (4)
Amyderya siehe Amu Darya
Ana Südwestasien (Irak) Islam 56–57 (1)
Anadolu siehe Anatolien
Anadyr' siehe Anadyrsk
Anadyrsk var. Novomarinsk, mod. Anadyr' Sibirien (Russ. Föderation) Erkundung 257 (2), 287 (2)
Anahilapataka Südasien (Indien) Die Welt 750 54–55
'Anakena Südamerika (Chile) Frühe Kulturen 281 (4)
Ananatuba arch. Stätte Südamerika (Brasilien) Frühe Kulturen 144 (1), 145 (2)
Anartta Reich Südasien Frühe Reiche 241 (5)
Anasazi-Kultur Staat Nordamerika Die Welt 1200 62–63
Anatolien Gr./Lat. Anatolia, Türk. Anadolu var. Lat. Asia Minor, Dtsch. Kleinasien Region Südwestasien Antike Griechen 177 (2) Arabien im 20. Jh. 233 (3) Biol. Austausch 72–73 (1) Eiszeit 155, 217 Erkundung 218 (2), 219 (3) Erste Hochkulturen 175 (4), 176–177 (1) Erste Städte 220 (2) Früher Ackerbau 174 (1) Frühe Reiche 222 (2) Frühe Religion 37 (3) Frühmensch 13 (2) Handel 230 (2) Handel im Mittelalter 190–191 (1) Hellenist. Welt 161 (2), 224 (1) Islam 56–57 (1), 57 (2), 227 (4) Kreuzzüge 64–65 (2) Mongolen 68 (2), 68–69 (1), 229 (3) Osmanen 203 (4), 230 (1), 232–233 (1) Schrift & Zahl 223 (3) Seldschuken 228 (1)
Anazarbos var. Anazarbus Südwestasien (Türkei) Weltreligionen 48 (1)
Anbiya Staat Westafrika Mittelalterliche Staaten 163 (4)
Anchorage Nordamerika (USA) Erkundung 287 (2)
Ancón arch. Stätte Südamerika (Peru) Frühe Kulturen 145 (3), 146 (1)
Ancona Ital. Hbl. Antikes Rom 161 (2), 178 (1), 180–181 (1) Frühe Neuzeit 193 (4) Handel d. Antike 181 (3) Handel im Mittelalter 190–191 (1) Mittelalterliche Staaten 188 (1) Ökonomie 205 (4)
Ancud siehe San Carlos de Ancud
Ancylus-See Stadium der Ostsee Skandinavien Eiszeit 170, 217
Ancyra siehe Ankyra
Andahuaylas Südamerika (Peru) Inka 147 (3)
Åndalsnes Skandinavien (Norwegen) ZWK 210 (1)
Andalucia Region Iberische Hbl. Islam 192 (3)
Andamanen Eng. Andaman Islands Archipel Südasien Biol. Austausch 72–73 (1) Dekolonisation 251 (4) Eiszeit 236–237 (1) Erkundung 61 (3), 239 (1) Handel 230 (2), 267 (3) Handel d. Antike 44–45 (1) Imperialismus 97 (3) Kolonialismus 248 (1), 269 (4) Nachkriegszeit 253 (4) ZWK 250–251 (3), 272 (1)
Andamanen-See Meer Indischer Ozean Eiszeit 236–237 (1) Erkundung 61 (3), 239 (1) Imperialismus 97 (3) Kolonialismus 247 (4) Mittelalterliche Staaten 245 (5), (6) Mongolen 68–69 (1) Weltreligionen 243 (5) ZWK 250–251 (3)
Anden Gebirge Südamerika Drogenhandel 153 (5) Eiszeit 140 Erkundung 142 (1), 143 (2), (3) Frühe Kulturen 144 (1), 145 (2)–(4), 146 (1), 147 (2) Früher Ackerbau 20–21 (2) Frühmensch 16 (1) Inka 147 (3), 148 (1) Kolonialismus 148 (2) Ökonomie 153 (3), (4) Sklavenhandel 84–85 (1) Staatenbildung 150 (1), (2), 151 (3) (4) Weltwirtschaft 92 (1) Wissen & Technologie 76–77 (1)
Anden-Stämme Staat Südamerika Die Welt 500 50–51 Die Welt 750 54–55 Die Welt 1300 66–67
Anderson Grabhügel Nordamerika (USA) Frühe Kulturen 121 (4)
Andha Reich Südasien Frühe Reiche 241 (5)
Andhapura Südasien (Indien) Frühe Reiche 241 (4)
Andhra Region/Reich Südasien Frühe Reiche 241 (5) Frühe Religion 242 (2) Weltreligionen 49 (3), 243 (4)
Andhra Pradesh Region Südasien Nachkriegszeit 252 (1)
Anding Provinz Ostasien Frühe Reiche 260 (1)
Andong var. Antung, mod. Dandong, Jap. Antō Ostasien (Süd-Korea) Aufstieg der USA 133 (4) Imperialismus 270 (3) Kolonialismus 269 (4) siehe auch Dandong
Andorra Kat. Valls d'Andorra, Frz. Vallée d'Andorre Staat Iberische Hbl. Heutige Welt 112 (2) Islam 192 (3) Mittelalterliche Staaten 192 (1), (2) Napoleon 200–201 (1) Reiche & Revolutionen 199 (4), 202 (1)
Andravida Südosteuropa (Griech.) Mittelalterliche Staaten 189 (4)
Andronovo arch. Stätte Sibirien (Russ. Föderation) Früher Ackerbau 258 (1)
Andros Insel/Ort/Staat Mittelmeer Antike Griechen 177 (2), (3) Osmanen 230 (1)
Androsovo siehe Andrusovo
Andrusovo mod. Androsovo Osteuropa (Russ. Föderation) Reiche & Revolutionen 198 (2)
Anga Region/Reich Südasien Frühe Religion 36 (2), 242 (1), (3)
Angara Fluss Ostasien Früher Ackerbau 258 (1)
Angel Nordamerika (USA) Präkolumbische Kulturen 123 (5)
Angeln var. Angles Volk Mitteleuropa Antikes Rom 181 (4) Völkerwanderung 53 (2)
Angelsachsen Volk Brit. Inseln Spätantike 182 (1)
Angelsächsische Königreiche Staat Brit. Inseln Mittelalterliche Staaten 182 (2)
Angers ant. Juliomagus Westeuropa (Frankr.) Franken 184 (2) Kreuzzüge 186 (1) Mittelalterliche Staaten 187 (3) Reiche & Revolutionen 199 (4) siehe auch Juliomagus
Angevinisches Reich Staat Brit. Inseln/Westeuropa (Frankr.) Die Welt 1300 66–67 (1)
Angkor Kont. Südostasien (Kambodscha) Biol. Austausch 72–73 (1) Die Welt 1200 62–63 Mittelalterliche Staaten 245 (6), 262–263 (1) Mongolen 68 (2) Weltreligionen 49 (4), 243 (5)
Angkor Borei siehe Naravaranagara
Angles-sur-l'Anglin arch. Stätte Westeuropa (Frankr.) Frühmensch 17 (3), (4)
Anglia siehe England
Anglo-Ägyptischer Sudan mod. Sudan Staat Ostafrika Arabien im 20. Jh. 233 (4) Imperialismus 96 (1), 97 (4) ZWK 104 (1) siehe auch Sudan
Angola ehem. Volksrepublik Angola, Port.-Westafrika Region/Staat Südl. Afrika Afrika nach 1960 169 (4) Dekolonisation 168 (1) Die Welt 1700 82–83 passim Frühe Neuzeit 164 (2) Handel 166–167 (1) Heutige Welt 112 (1) Imperialismus 96 (1), 97 (4) Kalter Krieg 109 (1), (5) Kolonialismus 166–167 (4) Ökonomie 168 (2), (3) Reiche & Revolutionen 88 (1) Sklavenhandel 84–85 (1), 165 (4)
Angora Gr. Ankyra, Lat. Ancyra, mod. Ankara Südwestasien (Türkei) Arabien im 20. Jh. 233 (3) EWK 233 (2) Napoleon 200–201 (1), 201 (3) Osmanen 203 (4), 230 (1), 232–233 (1) Timur 229 (4) siehe auch Ankyra, Ankara
Angostura mod. Ciudad Bolívar Südamerika (Venezuela) Erkundung 143 (3) Staatenbildung 150 (1), (2) siehe auch Ciudad Bolívar
Angoulême ant. Iculisma Westeuropa (Frankr.) Franken 184 (2)
Angoumois Region Westeuropa (Frankr.) Frühe Neuzeit 197 (5)
Anguilla Kolonie Westindien Kalter Krieg 108 (2) Reiche & Revolutionen 88 (1)
Anhalt Region/Staat Mitteleuropa Reiche & Revolutionen 199 (3)
An-hsi siehe Anxi
Anhui var. Anhwei, Wan Provinz Ostasien Chinesische Revolution 271 (5) Ökonomie 274 (2) Qing-China 268 (1), (2)
Anhwei siehe Anhui
Aniba var. Miam Ägypten Altes Ägypten 159 (4)
Anio Fluss Ital. Hbl. Antikes Rom 178 (1)
Anjengo Südasien (Indien) Ökonomie 247 (3)
Anjidiv Island Südasien (Indien) Ökonomie 247 (3)
Anjou Region Westeuropa (Frankr.) Mittelalterliche Staaten 187 (4)
Anju Ostasien (Nord-Korea) Imperialismus 270 (3)
Ankara ehem. Angora, Gr. Ankyra, Lat. Ancyra Südwestasien (Türkei) EWK 233 (2) Kalter Krieg 108 (3) ZWK 210 (1), 211 (4) siehe auch Angora, Ankyra
Ankole Staat Ostafrika Die Welt 1700 82–83 passim Kolonialismus 166–167 (4)
Ankyra Lat. Ancyra, ma. Angora, mod. Ankara Südwestasien (Türkei) Antikes Rom 180–181 (1) Hellenist. Welt 40–41 (1) Islam 56–57 (1) Weltreligionen 48 (1) siehe auch Angora, Ankara
An Loc Schlacht Kont. Südostasien (Vietnam) Vietnam-Krieg 251 (5)
Annaba ehem. Bône Nordafrika (Algerien) Ökonomie 168 (2) siehe auch Bône
Annam mod. Trung Phân Staat/Provinz Kont. Südostasien Biol. Austausch 72–73 (1) Die Welt 1 n.Chr. 42–43 passim Erkundung 61 (3) 80–81 (1) Frühe Neuzeit 266 (1), (2) Handel 267 (3) Imperialismus 97 (3), (4) Kolonialismus 269 (4) Mittelalterliche Staaten 262–263 (1), 263 (3), (7) Mongolen 68–69 (1) Qing-China 268 (1)
Annanduhufu Ostasien (China) Mittelalterliche Staaten 262–263 (1)
Annapolis Nordamerika (USA) Aufstieg der USA 129 (2)
Anniston Nordamerika (USA) US-Gesellschaft 137 (6)
Annomadu Westafrika (Ghana) Reiche & Revolutionen 88 (1)
Anping Ostasien (China) Frühe Reiche 260 (1)
Anshan Südwestasien (Iran) Erste Städte 24 (2), 25 (3) Urbane Zivilisationen 28–29 (1)
Antakya siehe Antiochia
Antalya ma. Adalia, ant. Attalia, var. Attaleia Südwestasien (Türkei) Arabien im 20. Jh. 233 (3) siehe auch Adalia, Attalia
Antananarivo Madagascar Afrika nach 1960 169 (4) Ökonomie 168 (2)
Antandrus var. Antandros Staat Südosteuropa (Griech.) Antike Griechen 177 (2)
Antarktische Halbinsel Region Antarktis Erkundung 287 (3)
Antequera siehe Oaxaca
Antietam Nordamerika (USA) US-Bürgerkrieg 131 (6)
Antigua Insel Westindien Die Welt 1700 82–83 passim ZWK 104 (2)
Antigua Fluss Südamerika Kolonialismus 125 (5)
Antigua & Barbuda Staat Westindien Heutige Welt 112 (1) Ökonomie 136 (2) Supermacht USA 139 (5)
Antiochia var. Antiocheia, mod. Antakya, Türk. Hatay Südwestasien (Türkei) Antikes Persien 225 (6) Antikes Rom 161 (2), 180–181 (1), 181 (4), 224 (2), 225 (5) Die Welt 1200 62–63 Frühe Religion 37 (3) Handel d. Antike 44–45 (1), 181 (3), 225 (3) Handel im Mittelalter 190–191 (1) Hellenist. Welt 224 (1), 41 (2) Islam 184 (1), 227 (6) Kreuzzüge 64–65 (1), 65 (3), 228 (2), Mittelalterliche Staaten 185 (3), 187 (5) Mongolen 229 (3), 68 (2) Seldschuken 228 (1) Weltreligionen 48 (1), 226 (1)
Antiochia, Fürstentum Staat Südwestasien Kreuzzüge 228 (2), 65 (3) Mittelalterliche Staaten 187 (5)
Antiochia Pisidiae Dtsch. Antiochia in Pisidien Südwestasien (Türkei) Antikes Rom 180–181 (1)
Antioquia Südamerika (Kolumbien) Staatenbildung 150 (2)
Antissa Staat Südosteuropa (Griech.) Antike Griechen 177 (2)
Antium mod. Anzio Ital. Hbl. Antikes Rom 178 (1) siehe auch Anzio
Antō siehe Andong, Dandong
Antofagasta Südamerika (Chile) Ökonomie 153 (3) Staatenbildung 151 (3), (4)
Antoniniana, Aqua Aquädukt Ital. Hbl. Stadtplan des antiken Rom 181 (2)
Antoninianae, Thermae siehe Caracalla-Thermen
Antonini, Vallum siehe Antoninuswall
Antoninuswall Lat. Vallum Antonini Limes Brit. Inseln Antikes Rom 180–181 (1)
Antonio Plaza arch. Stätte Mittelamerika (Mexiko) Frühe Kulturen 121 (3)
Antung siehe Andong, Dandong
Antwerpen Engl. Antwerp, Frz. Anvers Westeuropa (Belgien) EWK 206 (2), (3) Frühe Neuzeit 193 (4) Globale Migration 100 (1) Handel im Mittelalter 190–191 (1) Mittelalterliche Staaten 188 (1), 192 (2) Ökonomie 205 (4) Reformation 195 (5) Reiche & Revolutionen 202 (1)
Anupa Region/Reich Südasien Frühe Reiche 241 (5) Frühe Religion 242 (2)
Anuradhapura Südasien (Sri Lanka) Erkundung 256 (1) Frühe Reiche 241 (4) Mittelalterliche Staaten 244 (1), (2) Weltreligionen 49 (3)
Anuta var. Cherry Island Insel Pazifik Erkundung 60 (2) Frühe Kulturen 280–281 (3)
Anu Zikkurat Gebäude Südwestasien (Irak) Stadtplan Uruk 220 (3)
Anvers siehe Antwerp
Anxi var. An-hsi Ostasien (China) Biol. Austausch 72–73 (1) Erkundung 256 (1) Handel d. Antike 44–45 (1) Mittelalterliche Staaten 262–263 (1)
Anyang arch. Stätte Ostasien (China) Die Welt 1250 v.Chr. 26–27 Früher Ackerbau 258 (2) Frühe Reiche 259 (3), (4) Schrift & Zahl 32 (1), 33 (2), (3) Urbane Zivilisationen 28–29 (1)
Anyi Ostasien (China) Frühe Reiche 259 (3), (5) Frühe Religion 37 (4)
Anyi Staat Ostasien Frühe Reiche 259 (3)
Anzio Schlacht Ital. Hbl. ZWK 105 (3), 211 (4)
Aomen siehe Macao
Aomori Japan ZWK 273 (3) Ökonomie 270 (1)
Aomori Präfektur Japan Ökonomie 270 (1)
Aóos siehe Vjosë
Aornos-Fels Zentralasien (Tadschikistan) Hellenist. Welt 40–41 (1)
Aotearoa mod. Neuseeland Staat Neuseeland Erkundung 60 (2) Frühe Kulturen 280–281 (3)
Ao Thai siehe Siam, Golf von; Thailand, Golf von
Apache Volk Nordamerika Die Welt 1600 78–79 passim Kolonialismus 126 (1)
Apalachee Volk Nordamerika Kolonialismus 125 (4), 126 (1)
Apameia var. Apamea Südwestasien (Türkei) Hellenist. Welt 40–41 (1), 41 (2) Weltreligionen 48 (1)
Aparanta var. Pascad-Desha Region Südasien Frühe Reiche 241 (4) Frühe Religion 48 (2), 242 (2)
Apatzingan Mittelamerika (Mexiko) Frühe Kulturen 122 (1)
Apenninen Gebirge Ital. Halbinsel Antikes Rom 179 (3) Handel im Mittelalter 190–191 (1) Mittelalterliche Staaten 183 (4) Napoleon 200–201 (1)
Aphrodisias Südwestasien (Türkei) Hellenist. Welt 40–41 (1)
Aphytis Südosteuropa (Griech.) Antike Griechen 177 (2)
Apollo II Cave arch. Stätte Südl. Afrika (Namibia) Frühmensch 17 (2)
Apollonia mod. Sozopol, ehem. Sizebolu Südosteuropa (Bulgarien) Antike Griechen 179 (4) Erste Hochkulturen 176–177 (1) Hellenist. Welt 40–41 (1)
Apollonia Nordafrika (Libyen) Erste Hochkulturen 176–177 (1)
Apollonis Südwestasien (Türkei) Hellenist. Welt 41 (2)
Apologos Südwestasien (Kuwait) Handel d. Antike 225 (3)
Appalachians Gebirge Nordamerika Aufstieg der USA 129 (2) Eiszeit 116 Erkundung 118 (1), 119 (2), (3) Frühe Kulturen 121 (4) Früher Ackerbau 120 (1), 20–21 (2) Kolonialismus 126 (1) Präkolumbische Kulturen 123 (5)
Appia, Aqua Aquädukt Ital. Hbl. Stadtplan des antiken Rom 181 (2)
Appia, Via Straße Ital. Hbl. Antikes Rom 178 (1) Stadtplan des antiken Rom 181 (2)
Appomattox Nordamerika (USA) US-Bürgerkrieg 131 (7)
Apuler Lat. Apuli Volk Ital. Hbl. Antikes Rom 178 (1), (2)
Apulia var. Apulien Region Ital. Hbl. Mittelalterliche Staaten 183 (4)
Apulum mod. Rum. Alba Iulia, ma. Weißenburg, Ungar. Gyulafehérvár, Slaw. Bâlgrad, später Karlsburg, Ungar. Károly-Fehérvár, Südosteuropa (Rumänien) Antikes Rom 180–181 (1) Weltreligionen 48 (1) siehe auch Weißenburg
Apure Fluss Südamerika Erkundung 143 (3) Politik nach 1930 152 (1) Staatenbildung 150 (1)
Aqaba var. Akaba, 'Aqabah, Gr. Aila, Lat. Aelana, ma. Elath Südwestasien (Jordanien) Arabien im 20. Jh. 233 (4), 234 (2) EWK 233 (2) siehe auch Aelana, Aila, Elath
Aqaba, Golf von var. Golf von Elat, ant. Sinus Aelaniticus, Arab. Khalīj al 'Aqabah Südwestasien Arabien im 20. Jh. 234 (2) Kreuzzüge 65 (3)
'Aqabah, Khalīj al siehe Aqaba, Golf von
Aq Qoyunlu siehe Ak Koyunlu
Aqsu siehe Aksu
Aqua Antoniniana Aquädukt Ital. Hbl. Stadtplan des antiken Rom 181 (2)
Aqua Appia Aquädukt Ital. Hbl. Antikes Rom 180–181 (1)
Aqua Claudia Aquädukt Ital. Hbl. Stadtplan des antiken Rom 181 (2)
Aquae Calidae siehe Bath
Aquae Grani siehe Aachen
Aquae Solis siehe Bath
Aqua Marcia Aquädukt Ital. Hbl. Stadtplan des antiken Rom 181 (2)
Äquatorial-Guinea var. Rio Muni, ehem. Spanisch-Guinea Staat Zentralafrika Afrika nach 1960 169 (4) Dekolonisation 168 (1) Heutige Welt 112 (1) Ökonomie 168 (2), (3) siehe auch Spanisch-Guinea
Aqua Traiana Aquädukt Ital. Hbl. Stadtplan des antiken Rom 181 (2)
Aqua Virgo Aquädukt Ital. Hbl. Stadtplan des antiken Rom 181 (2)
Aquila Ital. Hbl. Mittelalterliche Staaten 189 (4)
Aquileia Ital. Hbl. Antikes Rom 179 (5), 180–181 (1) Handel d. Antike 44–45 (1), 181 (3) Mittelalterliche Staaten 182 (2), 185 (3) Völkerwanderung 52–53 (1) Weltreligionen 48 (1)
Aquiles Serdán Mittelamerika (Mexiko) Frühe Kulturen 121 (2)
Aquincum mod. Budapest Mitteleuropa (Ungarn) Antikes Rom 180–181 (1) siehe auch Buda, Budapest
Aquisgranum siehe Aachen
Aquitanien Lat. Aquitania, Frz. Aquitaine, var. Guyenne Region/Provinz

Westeuropa (Frankr.) Antikes Rom 180–181 (1) Die Welt 750 54–55 Franken 183 (5), (6), 184 (2) Mittelalterliche Staaten 187 (4) siehe auch Guyenne

Arabia Provinz Südwestasien Antikes Persien 223 (4)

Arabicus, Sinus Dtsch. Arabischer Golf, mod. Dtsch. Rotes Meer Meer Indischer Ozean Handel d. Antike 44 (1), (2) siehe auch Rotes Meer

Arabien Region Südwestasien Antikes Rom 180–181 (1) Erkundung 156 (3), 157 (4), 218 (1), (2), 219 (3), (4), 239 (1) Handel d. Antike 44 (2) Kreuzzüge 65 (1)

Arabische Halbinsel Landschaft Südwestasien Antikes Persien 223 (4) Biol. Austausch 72–73 (1) Eiszeit 217 EWK 233 (2) Frühe Reiche 222 (2) Handel 230 (2), 267 (3) Hellenist. Welt 41 (2) Islam 57 (2), 162 (1), 227 (4), (5) Ökonomie 163 (2) Osmanen 231 (3), 232–233 (1) Safawiden 231 (4) Sklavenhandel 165 (4) Spätantike 161 (3) Völkerwanderung 261 (6) Weltreligionen 49 (4) Weltwirtschaft 92 (1)

Arabisches Meer Lat. Mare Erythra Meer Indischer Ozean Antikes Persien 225 (6) Biol. Austausch 72–73 (1) Eiszeit 236–237 (1) Erkundung 61 (3), 156 (3), 218 (2), 219 (4), 239 (1) Erste Städte 24 (2), 25 (3) Früher Ackerbau 20–21 (2) Handel 230 (2) Handel d. Antike 44–45 (1), 225 (3) Hellenist. Welt 224 (1) Islam 56–57 (1) Mongolen 68–69 (1), 229 (3) Timur 229 (4) siehe auch Erythra, Mare; Arabicus, Sinus

Arab, Khalīj al siehe Persischer Golf

Araber Volk Nordafrika Antikes Rom 181 (4) Islam 275 (5) Mittelalterliche Staaten 182 (2) Osmanen 232–233 (1) Spätantike 182 (1)

Aracaju Südamerika (Brasilien) Politik nach 1930 152 (1)

Arachosien Gr. Arachosia Region Südasien Antikes Persien 223 (4) Frühe Reiche 241 (4) Hellenist. Welt 40–41 (1), 224 (1)

Arados Frz. Rouad, Bibl. Arvad, Arwad Südwestasien (Libanon) Erste Hochkulturen 176–177 (1) Hellenist. Welt 40–41 (1)

Arafura-See Indon. Laut Arafuru Meer Südostasien Erkundung 279 (2) Imperialismus 97 (3) Kolonisation 282 (1) Staatenbildung 283 (3) ZWK 272 (1), 273 (2)

Arafuru, Laut siehe Arafura-See

Arago arch. Stätte Iberische Hbl. (Westeuropa (Frankr.)) Frühmensch 13 (2)

Aragón var. Aragon Staat Iberische Hbl. Die Welt 1200 62–63 passim Frühe Neuzeit 194 (1) Islam 192 (3) Kreuzzüge 186 (1), 64–65 (2) Mittelalterliche Staaten 187 (3), (4), 192 (1), (2) Reformation 196 (2)

Araguaia var. Araguaya, Río Araguaia Fluss Südamerika Frühe Kulturen 144 (1), 145 (2) Kolonialismus 149 (3) Ökonomie 153 (3)

Araguaia, Río siehe Araguaia

Arakan ehem. Candra Staat Kont. Südostasien Die Welt 750 54–55 passim Erkundung 61 (3) Kolonialismus 269 (4) Mittelalterliche Staaten 245 (6) Mogul-Reich 246 (1) siehe auch Candra

Araks var. Aras Nehri Fluss Südwestasien Erste Städte 24 (2), 25 (3)

Aral-See Kas. Aral Tengizi, Russ. Aral'skoye More, Usb. Orol Dengizi Binnenmeer Zentralasien Erkundung 172 (1), 218 (2), 219 (3), 256 (1) Handel 230 (2), 267 (3) Handel d. Antike 44–45 (1) Hellenist. Welt 224 (1) Islam 56–57 (1), 57 (2), 226 (3), 227 (4), 275 (5) Kolonialismus 269 (3) Mittelalterliche Staaten 262–263 (1) Mongolen 68–69 (1), 229 (3) Seldschuken 228 (1) Timur 229 (4) UdSSR 208 (2), 213 (4) Völkerwanderung 261 (6)

Araluen Goldlagerstätte Australien Ökonomie 282 (2)

Aram mod. Syrien Staat Südwestasien Altes Ägypten 159 (5) Frühe Reiche 222 (1) siehe auch Syrien

Aramäer Volk Südwestasien Frühe Reiche 221 (5)

Aramis arch. Stätte Zentralafrika (Tschad) Frühmensch 12 (1)

Arancanos Volk Südamerika Die Welt 750 54–55 passim

Aranquinoide Volk Südamerika Die Welt 500 50–51 Die Welt 1000 58–59 Die Welt 1300 66–67

Araouane-See Westafrika Eiszeit 154–155 (1)

Arapaho Volk Nordamerika Kolonialismus 126 (1)

Ara Pacis Augustae Gebäude Ital. Hbl. Stadtplan des antiken Rom 181 (2)

Ararat Goldlagerstätte Australien Ökonomie 282 (2)

Arash Schlacht Südwestasien (Aserbaidschan) Safawiden 231 (4)

Aras Nehri siehe Araks

Araucanos Volk Südamerika Frühe Reiche 147 (2)

Arausio mod. Orange Westeuropa (Frankr.) Weltreligionen 48 (1) siehe auch Orange

Aravali Range Gebirge Südasien Erste Städte 240 (2) Ökonomie 247 (3)

Arawak Volk Westindien Die Welt 750 54–55 passim Kolonialismus 125 (4)

Arawe Islands Archipel Neuguinea Frühe Kulturen 280–281 (3)

Araxes Fluss Südwestasien Hellenist. Welt 40–41 (1)

Arbela mod. Arbīl, var. Erbil, Irbīl, Kurd. Hawlēr Südwestasien (Irak) Antikes Rom 224 (2) Erkundung 218 (1) Hellenist. Welt 40–41 (1) Weltreligionen 48 (1) siehe auch Arbil

Arbil Südwestasien (Irak) Arabien im 20. Jh. 235 (5) siehe auch Arbela

Arbroath ant. Aberbrothock Brit. Inseln (UK) Mittelalterliche Staaten 188 (2)

Archangelsk Russ. Arkhangel'sk Osteuropa (Russ. Föderation) Erkundung 80–81 (1), 257 (2), 286 (1), 287 (2) Kalter Krieg 108 (3) Ökonomie 205 (4) UdSSR 208 (2), 213 (4), 215 (4) ZWK 210 (1), 211 (4)

Archipelago, Herzogtum siehe Naxos, Herzogtum

Arcola Schlacht Ital. Hbl. Napoleon 200–201 (1)

Arcot Südasien (Indien) Kolonialismus 248 (1)

Arcy-sur-Cure arch. Stätte Westeuropa (Frankr.) Frühmensch 17 (3)

Ardabil Südwestasien (Iran) Die Welt 1400 70–71 Islam 56–57 (1), 226 (3), 227 (4) Mittelalterliche Staaten 185 (3) Safawiden 231 (4)

Ardea Ital. Hbl. Antikes Rom 178 (1)

Ardeal siehe Siebenbürgen

Ardennen Landschaft Westeuropa (Belgien) EWK 206 (2), (3) ZWK 105 (3), 211 (4)

Ardwick Brit. Inseln (UK) Ökonomie 204 (2)

Areia Provinz/Region Zentralasien Antikes Persien 223 (4) Handel d. Antike 44 (2) Hellenist. Welt 40–41 (1)

Areiospagos Gebäude Südosteuropa (Griech.) Stadtplan des antiken Athen 177 (4)

Arelas siehe Arelate, Arles

Arelat, Königreich Staat Mitteleuropa/Westeuropa (Frankr.) Mittelalterliche Staaten 188 (1)

Arelate mod. Arles Westeuropa (Frankr.) Antikes Rom 180–181 (1) Weltreligionen 48 (1) siehe auch Arles

Arene Candide Ital. Hbl. Früher Ackerbau 174 (1)

Areopagus Gebäude Südosteuropa

Arequipa Südamerika (Peru) Kolonialismus 148 (2) Ökonomie 153 (3) Staatenbildung 151 (3), (4)

Arezzo ant. Arretium Universität Ital. Hbl. Handel im Mittelalter 190–191 (1) Mittelalterliche Staaten 187 (3) siehe auch Arretium

Argentinien Span. Argentina Staat Südamerika Aufstieg der USA 133 (4) Globale Migration 100 (1), 101 (2) Heutige Welt 112 (1), 113 (4) Kalter Krieg 109 (1) Ökonomie 153 (3) Politik nach 1930 152 (1), (2) Staatenbildung 151 (3), (4) Supermacht USA 138 (1) Weltwirtschaft 92 (1) ZWK 105 (3) siehe auch Argentinische Konföderation

Argentinische Konföderation mod. Argentinien Staat Südamerika Die Welt 1850 90–91 siehe auch Argentinien

Argentinisches Becken Meer Südamerika Eiszeit 140

Argentoratum mod. Strasbourg, Dtsch. Straßburg Westeuropa (Frankr.) Antikes Rom 180–181 (1) Weltreligionen 48 (1) siehe auch Strasbourg, Straßburg

Argeş var. Arges, Argesch Südosteuropa (Rumänien) EWK 207 (6) Osmanen 230 (1)

Argesch siehe Argeş

Argilus Staat Südosteuropa (Griech.) Antike Griechen 177 (2)

Arginusai Lat. Arginusae Insulae Schlacht Südosteuropa (Griech.) Antike Griechen 177 (3)

Argissa Südosteuropa (Griech.) Früher Ackerbau 174 (1)

Argonne Westeuropa (Frankr.) EWK 206 (2), (3)

Argos Südosteuropa (Griech.) Antike Griechen 177 (2), (3), 179 (4) Erste Hochkulturen 175 (4), 176–177 (1)

Arguin var. Arguin-Insel Westafrika (Mauretanien)/Atlantik Die Welt 1500 74–75 passim Sklavenhandel 84–85 (1)

Århus siehe Aarhus

Aria siehe Areia, Alexandria Areion, Herat

Arica ehem. San Marcos de Arica Südamerika (Chile) Kolonialismus 81 (3), 148 (2) Ökonomie 153 (3) Staatenbildung 150 (1), 151 (3), (4)

Arica Schlacht Südamerika (Chile) Staatenbildung 151 (4)

Aricia Ital. Hbl. Antikes Rom 178 (1)

Arickara Schlacht Nordamerika (USA) Aufstieg der USA 129 (2)

Arier siehe Aryer

Arīḥā siehe Jericho

Arikara Volk Nordamerika Kolonialismus 126 (1)

Ariminum mod. Rimini Ital. Hbl. Antikes Rom 178 (1), (2), 179 (3), 180–181 (1) Weltreligionen 48 (1) siehe auch Rimini

Arisbe Staat Südwestasien (Türkei) Antike Griechen 177 (2)

Aristé Volk Südamerika Die Welt 1300 66–67

Arizona Staat Nordamerika Aufstieg der USA 129 (1) Mexikan. Revolution 133 (3) Ökonomie 134 (2)

Arizpe Fort Mittelamerika (Mexiko) Kolonialismus 125 (4)

Arkansas Staat Nordamerika Aufstieg der USA 129 (1) Ökonomie 134 (2), 139 (3) US-Bürgerkrieg 130 (2), (5), 131 (6) US-Gesellschaft 137 (6) Weltwirtschaft 93 (5)

Arkansas Territory Region Nordamerika US-Bürgerkrieg 130 (1)

Arkansas Fluss Nordamerika Aufstieg der USA 129 (2) Erkundung 118 (1), 119 (2) Frühe Kulturen 121 (4) Kolonialismus 125 (4), 126 (1) Präkolumbische Kulturen 123 (5) US-Bürgerkrieg 131 (6)

Arkat mod. Arcot Südasien (Indien) Mogul-Reich 246 (1) siehe auch Arcot

Arktis Region Nordamerika Erkundung 286 (1), 287 (2) Früher Ackerbau 120 (1)

Arktischer Ozean siehe Polarmeer

Arles var. Arles-sur-Rhône, ant. Arelas, Arelate Westeuropa (Frankr.) Franken 183 (5), (6), 184 (2) Handel im Mittelalter 190–191 (1) Mittelalterliche Staaten 188 (1) siehe auch Arelate

Arles-sur-Rhône siehe Arelate, Arles

Arlit Westafrika (Niger) Früher Ackerbau 158 (1)

Armagaon Südasien (Indien) Ökonomie 247 (3)

Armagnac Region Westeuropa (Frankr.) Mittelalterliche Staaten 192 (2)

Armant var. Erment, ant. Hermonthis Ägypten Altes Ägypten 159 (2), (4), (5)

Ärmelkanal siehe Englischer Kanal

Armenien Lat./Eng. Armenia ehem. Armenische SSR, ant. Urartu, Arm. Hayastan Region/Staat Südwestasien Antikes Persien 223 (4), 225 (6) Antikes Rom 180–181 (1), 181 (4), 224 (2), 225 (5) Arabien im 20. Jh. 233 (3) Die Welt 1 n.Chr. 42–43 Europapolitik 214 (2) EWK 233 (2) Handel d. Antike 44 (2), 44–45 (1), 181 (3) Hellenist. Welt 40–41 (1), 224 (1) Islam 56–57 (1), 226 (3), 227 (4), (6), 235 (4) Ökonomie 234 (1) Safawiden 231 (4) UdSSR 208 (2), 215 (4) Weltreligionen 48 (1) siehe auch Armenische SSR, Kleinarmenien, Urartu

Armenier Volk Südwestasien Kreuzzüge 64–65 (1) Osmanen 232–233 (1)

Armenische SSR Staat Südwestasien Arabien im 20. Jh. 233 (3)

Armstrong Region Nordamerika Frühe Kulturen 121 (4)

Arnaud siehe Grotte Arnaud

Arnheim Westeuropa (Niederl.) ZWK 211 (4)

Arno siehe Arnus

Arnus mod. Arno Fluss Ital. Hbl. Antikes Rom 178 (1)

Aromata Ostafrika (Somalia) Handel d. Antike 44–45 (1)

Arpi Ital. Hbl. Antikes Rom 178 (1)

Arras ant. Nemetocenna Westeuropa (Frankr.) EWK 206 (2), (3) Frühe Neuzeit 197 (5) Handel im Mittelalter 190–191 (1) Mittelalterliche Staaten 192 (2) Reformation 195 (5) Reiche & Revolutionen 199 (4)

Arretium mod. Arezzo Ital. Hbl. Antikes Rom 178 (1), (2), 180–181 (1) Erste Hochkulturen 176–177 (1) siehe auch Arezzo

Arriaca siehe Guadalajara

Ar Riyāḍ siehe Riyadh

Arroyo Sonso arch. Stätte Mittelamerika (Mexiko) Frühe Kulturen 121 (3)

Ar Rub 'al Khali Dtsch. Leeres Viertel, Eng. Empty Quarter, Great Sandy Desert Wüste Südwestasien Arabien im 20. Jh. 233 (4) Eiszeit 170, 217 Erkundung 219 (4)

Ar Rutbah var. Rutba Südwestasien (Irak) Arabien im 20. Jh. 235 (5)

Arsenal var. Darsena Gebäude Ital. Hbl. Stadtplan Venedig 191 (3)

Arsuf Südwestasien (Israel) Kreuzzüge 65 (3)

Arta ant. Ambrakia Südosteuropa (Griech.) Mittelalterliche Staaten 189 (4) siehe auch Ambrakia

Artakoana Zentralasien (Afghanistan) Hellenist. Welt 40–41 (1)

Artashat Südwestasien (Armenien) Weltreligionen 48 (1)

Artemision, Kap Südosteuropa (Griech.) Antikes Persien 223 (4)

Artemita Südwestasien (Irak) Hellenist. Welt 41 (2)

Artois Region Westeuropa (Frankr.) Mittelalterliche Staaten 192 (2) Reformation 195 (5)

Arua Volk Südamerika Die Welt 1300 66–67 Die Welt 1400 70–71

Aruak Volk Südamerika Die Welt 1500 74–75 passim

Aruaki Volk Südamerika Die Welt 1500 74–75 Frühe Reiche 147 (2)

Aruba Insel Westindien Die Welt 1800 86–87 Die Welt 1850 90–91 Heutige Welt 110–111

Aru-Inseln Insel Mar. Südostasien Erkundung 239 (2)

Arumvale Australien Die Welt 10 000 v.Chr. 14–15

Arunachal Pradesh ehem. North East Frontier Agency Region Südasien China nach 1949 275 (3) Nachkriegszeit 252 (1)

Arvad siehe Arados

Arvand Rūd siehe Shatt al 'Arab

Arverner var. Arverni Volk Westeuropa (Frankr.) Antikes Rom 179 (5)

Arwad siehe Arados

Arya var. Aryer, Arier Volk Südasien Die Welt 750 v.Chr. 30–31 Frühe Religion 242 (1)

Aryer siehe Arya

Asab Arab. Al 'Aşab Ölfeld Südwestasien Ökonomie 234 (1)

Asabon Südwestasien (Oman) Handel d. Antike 44–45 (1)

Asahikawa Japan Ökonomie 270 (1)

Asante var. Ashanti Staat Westafrika Die Welt 1700 82–83 passim Handel 166–167 (1) Kolonialismus 166–167 (4) Sklavenhandel 84–85 (1) 165 (4)

Ascensión Mittelamerika (Mexiko) Mexikan. Revolution 133 (3)

Ascension Insel Atlantik Die Welt 1850 90–91 passim Erkundung 156 (3)

Ascension Island siehe Pohnpei, Ponape

Aschur siehe Aššur

Ascoli Satriano siehe Asculum

Asculum mod. Ascoli Satriano Ital. Hbl. Antikes Rom 178 (1)

Asejire Westafrika (Nigeria) Früher Ackerbau 158 (1)

Aserbaidschan UN Azerbayjan As. Azärbaycan Respublikasi Region/Staat Zentralasien Europapolitik 214 (2) EWK 233 (2) Heutige Welt 113 (3) Islam 235 (4) Ökonomie 234 (1) Safawiden 231 (4) UdSSR 208 (2), 213 (4)

Aserbaidschaner Volk Südwestasien Islam 275 (5)

Ashanti siehe Asante

A Shau Schlacht Kont. Südostasien (Vietnam) Vietnam-Krieg 251 (5)

Ashburton Neuseeland Kolonisation 283 (5)

Ashburton River Fluss Australien Kolonisation 282 (1) Erkundung 279 (2)

Ashgabat ehem. Poltoratsk, Ashkhabad Zentralasien (Turkmenistan) UdSSR 215 (4) siehe auch Ashkhabad

Ashkhabad mod. Ashgabat, ehem. Poltoratsk Zentralasien (Turkmenistan) Kolonialismus 269 (3) siehe auch Ashgabat

Ashmaka Region Südasien Frühe Religion 242 (1), (2)

Ashqelon siehe Askalon

Ash Shām siehe Damaskus

Ash Shāriqah siehe Sharjah

Asia Provinz Südwestasien Antikes Rom 179 (5), 180–181 (1)

Asiago Ital. Hbl. EWK 207 (5)

Asia Minor siehe Kleinasien, Anatolien

Asiana Provinz Südwestasien Antikes Rom 181 (4)

Asien Kontinent 216–255 Biol. Austausch 73 (3), 81 (2) Eiszeit 154–155 (1) Erkundung 80–81 (1), 156 (3), 172 (1), (2), 219 (3), 287 (2) Frühe Religion 36 (1) Globale Migration 100 (1), 101 (3) Handel 230 (2), 267 (3) Handel d. Antike 44–45 (1) Kolonialismus 81 (3) Osmanen 232–233 (1) Reiche & Revolutionen 88 (1) Weltreligionen 49 (4) Weltwirtschaft 93 (2) Wissen & Technologie 76 (8), (9), (10), 76–77 (1)

Asir Staat Südwestasien Die Welt 1925 98–99

Asir Arab. 'Asīr Gebirge Südwestasien Arabien im 20. Jh. 233 (4) Erkundung 219 (4)

Askalon var. Ascalon, mod. Ashqelon Südwestasien (Israel) Altes Ägypten 159 (5) Kreuzzüge 64–65 (2), 65 (3)

Asmaka Region/Staat Südasien Frühe Reiche 241 (5)

Asmara Ostafrika (Eritrea) Afrika nach 1960 169 (4) Ökonomie 168 (2)

Asow siehe Azov

Asowsches Meer Gr. ant. Maiotis Meer Osteuropa EWK 207 (4) Osmanen 230 (1), 231 (3) siehe auch Maiotis

Aspadana siehe Isfahan, Gabai

Aspern-Essling Schlacht Mitteleuropa (Deutschland) Napoleon 200–201 (1)

Aspero arch. Stätte Südamerika (Peru) Frühe Kulturen 144 (1)

Asphaltites, Lacus siehe Totes Meer

Aspinwall siehe Colón

Assam Region/Staat Südasien Dekolonisation 250 (2) Die Welt 1700 82–83 Die Welt 1800 86–87 Kolonialismus 248 (2), 269 (4) Mogul-Reich 246 (1) Nachkriegszeit 252 (1), (3), 253 (4) Ökonomie 249 (4) siehe auch East Bengal and Assam

Assam-Staaten Staat Südasien Die Welt 1500 74–75 Die Welt 1600 78–79

Assassinen Sekte Südwestasien Kreuzzüge 65 (3)

Assiniboin Volk Nordamerika Kolonialismus 126 (1)

Assinie Westafrika (Elfenbeinküste) Die Welt 1700 82–83

Assiout siehe Asyut

Assisi Ital. Hbl. Mittelalterliche Staaten 187 (3)

Assiut siehe Asyut

Asslou siehe Bir Aslu

Assos Südwestasien (Türkei) Antike Griechen 177 (2)

Assuan Arab. Aswân, Qus, ant. Syene/Elephantine Ägypten Islam 56–57 (1) Kreuzzüge 228 (2) Mongolen 229 (3) Ökonomie 168 (2) siehe auch Qus, Syene, Elephantine

Assur siehe Aššur

Aššur var. Assur, Aschur Südwestasien (Irak) Die Welt 1250 v.Chr. 26–27 Erste Städte 220 (2), 25 (3) Frühe Kulturen 221 (4) Frühe Reiche 222 (2) Schrift & Zahl 223 (3)

As Suways siehe Suez

Assyria Provinz Südwestasien Antikes Persien 223 (4)

Asta Colonia siehe Asti

Astakos Lat. Astacus Staat Südwestasien (Türkei) Antike Griechen 177 (2)

Astana Ostasien (China) Weltreligionen 49 (3)

Asta Pompeia siehe Asti

Asti ant. Asta Colonia, Asta Pompeia, Hasta Colonia, Hasta Pompeia Ital. Hbl. Handel im Mittelalter 190–191 (1)

Astrakhan Osteuropa (Russ. Föderation) Erkundung 219 (3) Handel 267 (3) Kolonialismus 269 (3) Osmanen 231 (3) Timur 229 (4) UdSSR 208 (2), 213 (4)

Astrakhan, Khanat Staat Osteuropa/Westasien Die Welt 1500 74–75 Handel 267 (3) Islam 162 (1)

Astures Volk Iberische Hbl. Antikes Rom 179 (5)

Asturias siehe Oviedo

Asturica Iberische Hbl. (Spanien) Antikes Rom 180–181 (1)

Asturien ant. Asturias Staat Iberische Hbl. Die Welt 750 54–55 Franken 184 (2) Islam 184 (1)

Astypalaia Lat. Astypalaea Südosteuropa (Griech.) Antike Griechen 177 (2)

Asuka Japan Frühe Reiche 264 (1) Mittelalterliche Staaten 264 (2), (3)

Asunción Südamerika (Paraguay) Die Welt 1800 86–87 Erkundung 143 (2) Kolonialismus 148 (2) Ökonomie 153 (3) Politik nach 1930 152 (1), (2) Staatenbildung 150 (1)

Asuncion Mita Mittelamerika (Mexiko) Frühe Kulturen 122 (2)

Asuristan Staat Südwestasien Antikes Persien 225 (6)

Asyut var. Assiout, Assiut, Sauty, Siut, ant. Lycopolis Ägypten Altes Ägypten 159 (3)–(5) Islam 235 (4) siehe auch Sauty

Atacama Region/Staat Südamerika Die Welt 250 v.Chr. 38–39 Die Welt 1000 58–59 Staatenbildung 151 (4)

Atacama Volk Südamerika Die Welt 250 46–47 passim Frühe Reiche 147 (2)

Atacama, Desierto de Wüste Südamerika Eiszeit 140 Frühe Kulturen 144 (1), 145 (2) Inka 147 (3) Staatenbildung 150 (1), 151 (3), (4)

Atacama, San Pedro de Südamerika (Chile) Frühe Reiche 146 (1)

Atakapa Volk Mittelamerika Kolonialismus 125 (4), 126 (1)

A-tan siehe Aden, Eudaemon Arabia

Atapuerca arch. Stätte Iberische Hbl. (Spanien) Frühmensch 13 (2)

Atarco Südamerika (Peru) Frühe Reiche 146 (1)

Atazta Mittelamerika (Mexiko) Frühe Kulturen 122 (1)

Atchin siehe Aceh, Achin

Atepehuacan Mittelamerika (Mexiko) Azteken 124 (3)

Atepetla Mittelamerika (Mexiko) Azteken 124 (3)

Atgram Südasien (Bangladesh) Nachkriegszeit 252 (3)

Athabasca var. Athabaska Fluss Nordamerika Aufstieg der USA 129 (2)

Athabasca, Lake var. Athabaska See Nordamerika Aufstieg der USA 129 (2) Erkundung 286 (1) Früher Ackerbau 120 (1) Kolonialismus 126 (1)

Athabaska siehe Athabasca

Athen Gr. Athenai, Lat. Athenae, mod. Gr. Athína Südosteuropa (Griechenland) Antike Griechen 177 (2), (3), 179 (4) Antikes Persien 223 (4) Antikes Rom 179 (5), 180–181 (1), 181 (4) Biol. Austausch 72–73 (1) Die Welt 1300 66–67 passim Erkundung 172 (1) Erste Hochkulturen 175 (4), 176–177 (1) Frühe Religion 36 (1) Handel d. Antike 181 (3) Hellenist. Welt 40–41 (1), 224 (1) Islam 226 (3) Kalter Krieg 108 (3) Mittelalterliche Staaten 182 (2), 185 (3), 187 (5), 189 (4) Nachkriegszeit 212 (3) Napoleon 200–201 (1), 201 (2), (3) Ökonomie 205 (4) Osmanen 203 (4), 230 (1) Reiche & Revolutionen 202 (1) Schrift & Zahl 32 (1), 33 (2), (3) Spätantike 182 (1) Urbane Zivilisationen 28–29 (1) Völkerwanderung 52–53 (1) Weltreligionen 48 (1) Zwischenkriegszeit 209 (3) ZWK 210 (1), 211 (2), (4)

Athen, Herzogtum Staat Südosteuropa (Griech.) Mittelalterliche Staaten 187 (5), 189 (4)

Athenai siehe Athen

Athene-Tempel Tempel Südosteuropa (Griech.) Stadtplan des antiken Athen 177 (4)

Athesis Fluss Ital. Hbl. Antikes Rom 178 (2)

Athína siehe Athen

Athínai siehe Athen

Äthiopien UN Ethiopia, ehem. Abessinien, Eng. Abyssinia, Region/Staat Ostafrika Afrika nach 1960 169 (4) Arabien im 20. Jh. 233 (4) Dekolonisation 168 (1) Die Welt 1000 58–59 passim Erkundung 61 (3), 157 (4) Handel 230 (2) Heutige Welt 112 (1), 113 (3) Islam 162 (1), 235 (4) Kalter Krieg 109 (1) Ökonomie 163 (2), 168 (2), (3) Osmanen 231 (3) Sklavenhandel 84–85 (1), 165 (4) Weltreligionen 49 (4), 226 (1) siehe auch Abessinien

Äthiopisches Hochland var. Äthiopisches Plateau Hochland Ostafrika Erkundung 61 (3) Frühe Kulturen 160 (1) Frühe Neuzeit 165 (3) Frühmensch 12 (1), 13 (2) Handel d. Antike 44–45 (1), 225 (3) Spätantike161 (3), (4), (5)

Athr Südwestasien (Saudi-Arabien) Erkundung 61 (3), Islam 56–57 (1)

Atico Südamerika (Peru) Inka 147 (3)

Atitlan, Lago de See Mittelamerika Frühe Kulturen 122 (2)

Atjeh mod. Aceh, var. Acheh, ehem. Achin Region/Staat Die Welt 1500 74–75 passim Mar. Südostasien siehe auch Achin

Atlacomulco Mittelamerika (Mexiko) Frühe Kulturen 122 (1)

Atlacuihuayan Mittelamerika (Mexiko) Azteken 124 (3)

Atlan Staat Mittelamerika Azteken 124 (1)

Atlanta Nordamerika (USA) Aufstieg der USA 129 (2), 132 (1) Ökonomie 134 (1) US-Bürgerkrieg 130 (5), 131 (7) US-Gesellschaft 135 (6), 137 (6)

Atlantic and Pacific Railroad Eisenbahn Nordamerika Aufstieg der USA 129 (2)

Atlantischer Ozean Biol. Austausch 81 (2) Erkundung 60–61 (1), 80–81 (1), 118 (1), 142 (1), 143 (3), 156 (3), 172 (1), (2), 286 (1), 287 (2), (3) Globale Migration 100 (1), 101 (2), (3) Handel 166–167 (1) Imperialismus 96 (1), (2), 97 (4) Kolonialismus 81 (3), 85 (2), 125 (4), 126 (1) Sklavenhandel 84–85 (1), 165 (4) Weltwirtschaft 92 (1), 93 (2) Zwischenkriegszeit 208 (1) ZWK 104 (1), (2), 105 (3), (4) siehe auch Occidental, Oceanus

Atlapulco Mittelamerika (Mexiko) Azteken 124 (2)

Atlas-Gebirge Gebirge Nordafrika Antikes Rom 161 (2), 180–181 (1) Biol. Austausch 72–73 (1) Frühe Kulturen 160 (1) Handel d. Antike 44–45 (1) Islam 56–57 (1), 162 (1) Ökonomie 163 (2) Osmanen 232–233 (1) Sklavenhandel 165 (4) ZWK 210 (1), 211 (4)

Atlatonco Mittelamerika (Mexiko) Azteken 124 (2)

Atlazolpa Mittelamerika (Mexiko) Azteken 124 (3)

Atlixco Mittelamerika (Mexiko) Kolonialismus 125 (5)

Ätolien siehe Aitolia

Atomata Ostafrika (Somalia) Handel d. Antike 225 (3)

Aton-Tempel var. Aten-Tempel Gebäude Ägypten Stadtplan El Amarna 29 (5)

Atontonilco Staat Mittelamerika Azteken 124 (1)

Atoyac Mittelamerika (Mexiko) Azteken 124 (3)

Atoyac Fluss Nordamerika Kolonialismus 125 (5)

Atsugashi-yama Schlacht Japan Mittelalterliche Staaten 265 (5)

Attaleia siehe Attalia, Adalia, Antalya

Attalia var. Attaleia ma. Adalia mod. Türk. Antalya Südwestasien (Türkei) Antikes Rom 180–181 (1) Hellenist. Welt 41 (2) siehe auch Adalia, Antalya

Attica siehe Attika

Attigny Westeuropa (Frankr.) Franken 184 (2)

Attika Lat. Attica Region Südosteuropa (Griech.) Antike Griechen 177 (2)

Attikamek Volk Nordamerika Kolonialismus 126 (1)

Attu Insel Nordamerika ZWK 272 (1), 273 (2)

Atwetwebooso arch. Stätte Westafrika (Ghana) Frühe Kulturen 160 (1)

Atzacualco Mittelamerika (Mexiko) Azteken 124 (3)

Atzalan Nordamerika (USA) Präkolumbische Kulturen 123 (5)

Atzcapotzalco siehe Azcapotzalco

Auaris siehe Avaris

Auberoche Westeuropa (Frankr.) Mittelalterliche Staaten 192 (1)

Auch Westeuropa (Frankr.) Frühe Neuzeit 197 (5)

Auckland Neuseeland Erkundung 279 (3) Imperialismus 284–285 (1) Kolonisation 283 (4), (5) Ökonomie 285 (2)

Auckland Region Neuseeland Kolonisation 283 (5)

Auckland-Inseln Archipel Neuseeland Dekolonisation 285 (3) Eiszeit 276–277 (1)

Auerstedt siehe Jena-Auerstädt

Augila var. Awjilah Nordafrika (Libyen) Islam 162 (1)

Augsburg ant. Augusta Vindelicorum Mitteleuropa (Deutschland) Biol. Austausch 72–73 (1) Franken 184 (2) Handel im Mittelalter 190–191 (1) Kreuzzüge 186 (1) Mittelalterliche Staaten 188 (1) Reformation 194 (2) siehe auch Augusta Vindelicorum

Augusta Nordamerika (USA) Aufstieg der USA 129 (2) Staatenbildung 127 (3) US-Bürgerkrieg 131 (7)

Augusta siehe London, Londinium

Augusta Suessionum siehe Soissons

Augusta Taurinorum mod. Torino, Dtsch./Eng. Turin Ital. Hbl. Völkerwanderung 52–53 (1) siehe auch Turin

Augusta Treverorum mod. Trier, Eng. Treves, Frz. Trèves Mitteleuropa (Deutschland) Antikes Rom 180–181 (1), 181 (4) Handel d. Antike 44 (2), 44–45 (1), 181 (3) Völkerwanderung 52–53 (1) Weltreligionen 48 (1) siehe auch Trier

Augusta Vangionum siehe Worms

Augusta Vindelicorum mod. Augsburg Mitteleuropa (Deutschland) Antikes Rom 180–181 (1) siehe auch Augsburg

Augustobona Tricassium siehe Troyes

Augustodunum mod. Autun Westeuropa (Frankr.) Antikes Rom 180–181 (1)

Augustodurum siehe Bayeux

Augustoritum Lemovicensium siehe Limoges

Augustus-Mausoleum Gebäude Ital. Hbl. Stadtplan des antiken Rom 181 (2)

Aupaga Region Südasien Frühe Religion 242 (2)

Auranitis Region/Staat Südwestasien Antikes Rom 225 (4)

Aurelia, Via Straße Ital. Hbl. Antikes Rom 178 (1) Stadtplan des antiken Rom 181 (2)

Aurelianum siehe Orléans

Aurunci Volk Ital. Hbl. Antikes Rom 178 (2)

Auschwitz-Birkenau KZ/Ort Mitteleuropa ZWK 211 (3)

Ausculum Ital. Hbl. Antikes Rom 178 (1)

Aussa Staat Ostafrika Die Welt 1600 78–79

Äußere Mongolei mod. Republik Mongolei Region/Staat Ostasien Chinesische Revolution 271 (5) Kolonialismus 269 (4) Qing-China 268 (1), (2) siehe auch Mongolei

Austerlitz Mitteleuropa (Österreich) Die Welt 1850 90–91 Napoleon 200–201 (1)

Austin Nordamerika (USA) Aufstieg der USA 129 (2), 132 (1)

Australien Kontinent Pazifik/Indischer Ozean Eiszeit 276–277, 254–255 Erkundung 60 (2), 80–81 (1), 279 (2), (3) Frühe Kulturen 280–281 (2), (3) Früher Ackerbau 20–21 (2) Kolonisation 282 (1) Weltwirtschaft 92 (1), 93 (2) siehe auch Australische Kolonien, Australischer Bund, Neu-Holland

Australische Aborigines siehe Aborigines

Australische Kolonien mod. Australischer Bund, ehem. Neu-Holland Staat Australien Die Welt 1850 90–91 Die Welt 1900 94–95 Imperialismus 284–285 (1) siehe auch Australien

Australischer Bund var. Australien, ehem. Australische Kolonien, Eng. Commonwealth of Australia Staat Australien Aufstieg der USA 133 (4) Biol. Austausch 72–73 (1) 73 (2) Dekolonisation 285 (3) Globale Migration 100 (1), 101 (3) Kalter Krieg 109 (1) Ökonomie 138 (2), 285 (2) Supermacht USA 138 (1) Wissen & Technologie 76–77 (1) ZWK 104 (1), 105 (4), 250–251 (3), 272 (1), 273 (2) siehe auch Australien, Australische Kolonien, Neu-Holland

Austral Islands Archipel Pazifik Erkundung 60 (2), 279 (3) Frühe Kulturen 280–281 (3) Imperialismus 284–285 (1) Ökonomie 285 (2)

Austrasia siehe Austria

Austria var. Austrasia Region Mitteleuropa Franken 183 (6), 184 (2) Mittelalterliche Staaten 183 (4) siehe auch Österreich

Austrogothae siehe Ostgoten

Autun siehe Augustodunum

Auvergne Region Westeuropa (Frankr.) Franken 183 (6) Frühe Neuzeit 197 (5) Mittelalterliche Staaten 192 (1)

Ava Kont. Südostasien (Burma) Kolonialismus 247 (4), 248 (1) Mittelalterliche Staaten 245 (6) Weltreligionen 243 (5)

Ava Region/Staat Kont. Südostasien Die Welt 1400 70–71 Die Welt 1500 74–75 Mittelalterliche Staaten 245 (6) Mogul-Reich 246 (1) Handel 267 (3)

Avalites Ostafrika (Djibuti) Handel d. Antike 44–45 (1), 225 (3) Spätantike 161 (3), (4), (5)

Avanti Südasien (Indien) Frühe Religion 48 (2)

Avanti Region/Reich Südasien Die Welt 500 v.Chr. 34–35 Frühe Religion 48 (2), 242 (1), (2)

Avaricum siehe Bourges

Avaris var. Auaris Ägypten Altes Ägypten 159 (4)

Avebury arch. Stätte Brit. Inseln (UK) Kupferzeit 174 (2)

Avenio siehe Avignon

Aventinus, Mons var. Aventin Hügel Ital. Hbl. Stadtplan des antiken Rom 181 (2)

Aversa Ital. Hbl. Handel im Mittelalter 190–191 (1)

Avignon ant. Avenio Westeuropa (Frankr.) Die Welt 1400 70–71 Franken 183 (5), 184 (2) Frühe Neuzeit 193 (4), 197 (5) Handel im Mittelalter 190–191 (1) Kreuzzüge 186 (1) Mittelalterliche Staaten 187 (3), (4), 188 (1), (2) Reformation 194 (2)

Avignon ant. Avenio Staat Westeuropa (Frankr.) Reiche & Revolutionen 199 (4)

Awadh Staat Südasien Mogul-Reich 246 (1)

Awaren Volk Osteuropa Franken 184 (2) Mittelalterliche Staaten 183 (4)

Awaren-Reich Staat Mitteleuropa Die Welt 750 54–55 Islam 56–57 (1) Mittelalterliche Staaten 182 (2)

Awazu Schlacht Japan Mittelalterliche Staaten 265 (5)

Awdaghost Westafrika (Mauretanien) Islam 162 (1) Mittelalterliche Staaten 163 (4)–(7)

Awjilah siehe Augila

Axim siehe Aksim

Axiós siehe Vardar

Axocopan Staat Mittelamerika Azteken 124 (1)

Axotla Mittelamerika (Mexiko) Azteken 124 (3)

Axum siehe Aksum

Ayacucho Südamerika (Peru) Drogenhandel 153 (5) Inka 148 (1) Staatenbildung 150 (1)

Ayas siehe Laias

Ayaviri Südamerika (Peru) Inka 147 (3)

Aydhab Ägypten Biol. Austausch 72–73 (1) Islam 162 (1)

Ayeyarwady siehe Irrawaddy

Ayodhya Südasien (Indien) Frühe Religion 36 (2), 48 (2) Mittelalterliche Staaten 244 (1) Mogul-Reich 246 (1)

Ayotzinco Mittelamerika (Mexiko) Kolonialismus 125 (5)

Ayr Brit. Inseln (UK) Ökonomie 204 (1)

Ayuthia Staat Kont. Südostasien (Thailand) Mittelalterliche Staaten 245 (6)

Ayutla Mittelamerika (Mexiko) Azteken 124 (1)

Ayutthaya var. Ayuthia, Phra Nakhon Si Ayutthaya Stadt/Tempel Kont. Südostasien (Thailand) Die Welt 1400 70–71 Handel 267 (3) Mittelalterliche Staaten 245 (6) Weltreligionen 243 (5)

Ayyubiden-Sultanat Staat Ägypten/Nordafrika/Südwestasien Die Welt 1200 62–63 Kreuzzüge 65 (3) Mittelalterliche Staaten 187 (5) Mongolen 68–69 (1)

Azad Kashmir Region Südasien Nachkriegszeit 252 (1), (2)

Azak siehe Azov

Azärbaycan siehe Aserbaidschan

Azcapotzalco var. Atzcapotzalco Mittelamerika (Mexiko) Azteken 124 (2), (3) Frühe Kulturen 122 (1)

Azerbayjan siehe Aserbaidschan

Azimabad siehe Patna

Azoren Port. Açores, Ilhas dos Açores, Arquipélago dos Açores Archipel Atlantik Die Welt 1500 74–75 passim Erkundung 80–81 (1) Kalter Krieg 109 (1) Reiche & Revolutionen 88 (1), 88–89 (1) ZWK 104 (2)

Azov var. Asow Türk. Azak Osteuropa (Ukraine) Osmanen 197 (4), 231 (3)

Azraq, Bahr El siehe Blauer Nil

Azteken Volk Mittelamerika Kolonialismus 126 (1)

Azteken-Reich Staat Mittelamerika Azteken 124 (1) Die Welt 1500 74–75 Wissen & Technologie 76 (2)

'Azza siehe Gaza

Az Zāb al Kabīr siehe Großer Zab

Aẓ Ẓahran siehe Dhahran

B

Ba var. Pa Provinz/Region Ostasien Frühe Religion 37 (4) Frühe Reiche 260 (1)

Ba Volk Ostasien Frühe Reiche 259 (4)

Ba siehe Pegu

Baalbek var. Ba'labakk, ant. Heliopolis Südwestasien (Libanon) Frühe Religion 37 (3) Kreuzzüge 65 (3) siehe auch Heliopolis

Babi Jar siehe Babi Yar

Bab-i Sin Ostasien (China) Handel 230 (2)

Babi Yar var. Babi Jar Osteuropa (Ukraine) ZWK 211 (3)

Babylon Südwestasien (Irak) Antikes Persien 223 (4), 225 (6) Antikes Rom 224 (2), 225 (5) Erkundung 218 (1), (2) Frühe Kulturen 221 (4) Frühe Reiche 221 (5), 222 (2) Handel d. Antike 44 (2), 44–45 (1), 225 (3) Hellenist. Welt 40–41 (1), 41 (2) Schrift & Zahl 223 (3) Urbane Zivilisationen 28–29 (1)

Babylonien Gr./Lat. Babylonia Provinz Südwestasien Antikes Persien 223 (4) Frühe Reiche 221 (5), 222 (2) Hellenist. Welt 40–41 (1), 41 (2)

Bachíniva Mittelamerika (Mexiko) Mexikan. Revolution 133 (3)

Back Fluss Nordamerika Erkundung 287 (2)

Badajoz ant. Pax Augusta Iberische Hbl. (Spanien) Handel im Mittelalter 190–191 (1) Islam 192 (3) Napoleon 200–201 (1) Zwischenkriegszeit 209 (4)

Badakhshan Staat Zentralasien Die Welt 1800 86–87 Die Welt 1850 90–91

Badari Ägypten Altes Ägypten 159 (2)

Badarika Südasien (Indien) Weltreligionen 243 (4)

Baden Staat Mitteleuropa Die Welt 1850 90–91 Frühe Neuzeit 193 (5) Reiche & Revolutionen 202 (1), 203 (2)

Badr Südwestasien (Saudi-Arabien) Islam 56–57 (1), 226 (2), (3)

Badyarada 'Admêd siehe Aden, Golf von

Baecula Schlacht Iberische Hbl. (Spanien) Antikes Rom 179 (3)

Baeterrae siehe Béziers

Baetica Provinz Iberische Hbl. Antikes Rom 180–181 (1)

Baffin Bay Bucht Nordamerika Aufstieg der USA 129 (2) Erkundung 286 (1), 287 (2)

Baffin Island Insel Nordamerika Aufstieg der USA 129 (2) Erkundung 80–81 (1), 286 (1), 287 (2) Präkolumbische Kulturen 123 (3)

Baffinland Inuit Volk Nordamerika Präkolumbische Kulturen 123 (3)

Bagacum Westeuropa (Frankr.) Antikes Rom 180–181 (1)

Bagamoyo Ostafrika (Tanzania) Erkundung 157 (4), (5)

Bagdad siehe Baghdad

Bagh Südasien (Indien) Weltreligionen 49 (3)

Baghdad var. Bagdad, Arab. Baghdād Südwestasien (Irak) Arabien im 20. Jh. 233 (3), (4), 235 (5) Biol. Austausch 72–73 (1) Die Welt 1300 66–67 passim Erkundung 61 (3), 218 (2), 219 (3), (4) EWK 233 (2) Handel 267 (3) Islam 57 (2), 162 (1), 227 (4), (6) Kreuzzüge 65 (1), 228 (2) Mittelalterliche Staaten 185 (3) Mongolen 68 (2), 68–69 (1), 229 (3) Ökonomie 234 (1) Osmanen 231 (3), 232–233 (1) Safawiden 231 (4) Seldschuken 228 (1) Timur 229 (4) Weltreligionen 226 (1)

Baghirmi siehe Bagirmi

Baghouz Südwestasien (Syrien) Früher Ackerbau 220 (1)

Bagirmi var. Baghirmi, Frz. Baguirmi Staat Westafrika Handel 166–167 (1) Kolonialismus 166–167 (4)

Bago siehe Pegu

Bagradas Nordafrika (Tunesien) Antikes Rom 161 (2)

Bagram Zentralasien (Afghanistan) Die Welt 250 46–47 Handel d. Antike 44–45 (1)

Baguirmi siehe Bagirmi

Bahadurgarh Schlacht Südasien (Indien) Kolonialismus 249 (3)

Bahama Islands siehe Bahamas

Bahamas var. Bahama Islands Kolonie/Archipel/Staat Westindien Die Welt 1700 82–83 passim Eiszeit 116 Erkundung 80 (1), 118 (1) Heutige Welt 110–111, 112 (1) Kalter Krieg 108 (2) Kolonialismus , 85 (2), 125 (4), 126 (1) Ökonomie 136 (2) Reiche & Revolutionen 88 (1) Sklavenhandel 84–85 (1) Supermacht USA 138 (1), 139 (5) ZWK 104 (2)

Bahariya Arab. Wāhat el Baharīya Oase Ägypten Altes Ägypten 159 (2)–(5)

Bahawalpur Staat Südasien Kolonialismus 248 (2)

Bahia mod. Salvador, ehem. São Salvador Südamerika (Brasilien) Die Welt 1600 78–79 passim Erkundung 142 (1), 143 (2), (3) Kolonialismus 149 (3), (4) Staatenbildung 151 (3) siehe auch Salvador

Bahia Region Südamerika (Brasilien) Kolonialismus 149 (3)

Bahía Region Südamerika (Ecuador) Frühe Kulturen 145 (4)

Bahía Blanca Südamerika (Argentinien) Erkundung 143 (3) Ökonomie 153 (3) Staatenbildung 151 (3)

Bahía Grande Golf Südamerika/Atlantik Kolonialismus 148 (2)

Bahía Honda Westindien (Cuba) Aufstieg der USA133 (5)

Bahía Negra Fort Südamerika (Paraguay) Politik nach 1930 152 (2)

Bahlika Reich Zentralasien Frühe Reiche 241 (5)

Bahmani, Königreich Staat Südasien Die Welt 1400 70–71 Die Welt 1500 74–75 Mittelalterliche Staaten 245 (4)

Bahrain ehem. Bahrein, ant. Tylos, Tyros Arab. Al Baīrayn Südwestasien (Bahrain) Erkundung 156 (3) Handel 230 (2) Osmanen 231 (3) Safawiden 231 (4)

Bahrain Insel/Staat Südwestasien Antikes Persien 225 (6) Arabien im 20. Jh. 235 (5) Die Welt 1800 86–87 passim Heutige Welt 110–111, 113 (3) Islam 56–57 (1), 227 (4) Kalter Krieg 109 (1) Ökonomie 234 (1) Schrift & Zahl 223 (3) ZWK 104 (1)

Bahrein siehe Bahrain

Baía de Lourenço Marques siehe Delagoa Bai

Baiern siehe Bayern

Baikal-See Russ. Ozero Baykal See Zentralasien Biol. Austausch 72–73 (1) Eiszeit 254–255 (1) Erkundung 257 (2), (3) Früher Ackerbau 258 (1) Handel 267 (3) Islam 275 (5) Kolonialismus 269 (3), (4) Mittelalterliche Staaten 262–263 (1) Mongolen 68 (2),

68–69 (1) Qing-China 268 (2) UdSSR 208 (2), 215 (4) Völkerwanderung 261 (6) ZWK 272 (1), 273 (2)
Baikunthpur Südasien (Indien) Ökonomie 247 (3)
Baile Átha Cliath *siehe* Dublin
Bailén *var.* Baylen Iberische Hbl. (Spanien) Napoleon 200–201
Bailén *var.* Baylen *Schlacht* Iberische Hbl. (Spanien) Napoleon 200–201 (1)
Baipu *Volk* Ostasien Frühe Reiche 259 (4)
Baja California *Region/Staat* Mittelamerika Aufstieg der USA 129 (2) Erkundung 118 (1), 119 (2), (3) Mexikan. Revolution 133 (3)
Bajuwaren *siehe* Bayern
Bajwara Südasien (Indien) Ökonomie 247 (3)
Bakan *siehe* Shimonoseki
Baker & Howland Islands *US-Stützpunkt* Pazifik Heutige Welt 110–111
Baki *siehe* Quban
Bakı *siehe* Baku
Baktra *var.* Valhika, Zariaspa, *mod.* Balkh Zentralasien (Afghanistan) Erkundung 256 (1) Frühe Reiche 241 (4) Handel d. Antike 44 (2), 44–45 (1) Hellenist. Welt 40–41 (1), 224 (1) Mittelalterliche Staaten 262–263 (1) Weltreligionen 49 (3), (4) *siehe auch* Balkh, Valhika
Baktrien *Gr.* Baktria, *Lat.* Bactria *Region/Staat* Zentralasien Antikes Persien 223 (4), 225 (6) Antikes Rom 224 (2) Handel d. Antike 44 (2), 44–45 (1) Frühe Reiche 241 (4) Hellenist. Welt 40–41 (1), 224 (1)
Baku *As.* Bakı Südwestasien (Aserbaidschan) Arabien im 20. Jh. 233 (3) EWK 233 (2) Globale Migration 100 (1) Handel 267 (3) Kolonialismus 269 (3) Kommunismus 271 (8) Ökonomie 205 (4) Osmanen 231 (3) Safawiden 231 (4) UdSSR 208 (2), 215 (4)
Ba'labakk *siehe* Baalbek, Heliopolis
Balaclava *siehe* Balaklava
Balancán Mittelamerika (Mexiko) Frühe Kulturen 121 (2)
Balankanché Mittelamerika (Mexiko) Frühe Kulturen 122 (1)
Balasaghun Zentralasien (Kazahkstan) Biol. Austausch 72–73 (1) Mongolen 68–69 (1)
Balasore *var.* Bāleshwar Südasien (Indien) Ökonomie 247 (3)
Balboa Mittelamerika (Panama) Ökonomie 136 (2)
Balchasch-See *siehe* Balkasch-See
Balclutha Neuseeland Kolonisation 283 (5)
Bâle *siehe* Basel
Balearen *var.* Balearische Inseln, *Span./Lat.* Baleares *Archipel* Mittelmeer Antikes Rom 180–181 (1) Erkundung 60–61 (1), 172 (1) Erste Hochkulturen 176–177 (1) Frühe Neuzeit 194 (1) Handel d. Antike 181 (3) Handel im Mittelalter 190–191 (1) Islam 184 (1), 192 (3) Kreuzzüge 64–65 (2), 186 (1) Mittelalterliche Staaten 182 (2), 185 (3) Nachkriegszeit 212 (3), 213 (5) Napoleon 201 (2) Reformation 194 (2) Reiche & Revolutionen 202 (1) Spätantike 182 (1) ZWK 210 (1) *siehe auch* Baleares
Baleares *Dtsch.* Balearen *Archipel* Mittelmeer Antikes Rom 179 (3), (5), 180–181 (1), 181 (4), Weltreligionen 48 (1) *siehe auch* Balearen
Baleares Major *siehe* Mallorca
Baleares Minor *siehe* Menorca
Balearicum, Mare *Dtsch.* Balearisches Meer *Meer* Iberische Hbl. Antikes Rom 179 (3)
Bāleshwar *siehe* Balasore
Bălgrad *siehe* Apulum, Weißenburg
Balhika *Region* Südasien Frühe Religion 242 (2)
Bali *Insel/Staat* Mar. Südostasien Antikes Indien 241 (6) Die Welt 1400 70–71 Eiszeit 236–237 (1) Erkundung 239 (2) Kolonialismus 247 (4) Mittelalterliche Staaten 245 (5), (6) Sklavenhandel 84–85 (1) Weltreligionen 243 (5), (6) Wissen & Technologie 76–77 (1)
Bali *Staat* Ostafrika Die Welt 1300 66–67
Balikpapan *Truppenlandung* Mar. Südostasien ZWK 273 (2)
Balkan *Region* Südosteuropa Bronzezeit 175 (3) Früher Ackerbau 174 (1) Urbane Zivilisationen 28–29 (1) ZWK 211 (3)
Balkan-Gebirge *Bul./SKr.* Stara Planina *Gebirge* Südosteuropa EWK 207 (6) Islam 56–57 (1) Kreuzzüge 64–65 (2) Osmanen 230 (1)
Balkasch-See *var.* Balchasch, Balkhash, *Kas.* Balqash *See* Zentralasien Biol. Austausch 72–73 (1) Erkundung 256 (1), 257 (3) Früher Ackerbau 258 (1) Frühe Reiche 260 (1) Handel 267 (3) Handel d. Antike 44–45 (1) Kolonialismus 269 (3), (4) Mittelalterliche Staaten 262–263 (1) Mongolen 68 (2), 68–69 (1) Qing-China 268 (2) Timur 229 (4) UdSSR 208 (2), 215 (4) Völkerwanderung 261 (6)
Balkh *ant.* Baktra, Valhika, Zariaspa Zentralasien (Afghanistan) Antikes Persien 225 (6) Biol. Austausch 72–73 (1) Die Welt 1800 86–87 *passim* Handel 267 (3) Islam 56–57 (1), 227 (4) Kolonialismus 248 (1) Mogul-Reich 246 (1) Mongolen 68–69 (1), 229 (3) Safawiden 231 (4) Timur 229 (4) *siehe auch* Baktra, Valhika
Balkuwara *Gebäude* Südwestasien (Irak) Stadtplan Samarra 57 (3)
Ballabgarh *Schlacht* Südasien (Indien) Kolonialismus 249 (3)
Ballarat *Goldlagerstätte* Australien Ökonomie 282 (2)
Balleny Islands *Archipel* Antarktis Erkundung 287 (3)
Balqash *siehe* Balkasch-See
Balsas *Fluss* Mittelamerika Frühe Kulturen 121 (2), 122 (1)
Balten *Volk* Osteuropa Die Welt 750 v.Chr. 30–31 *passim* Handel d. Antike 44–45 (1) Mongolen 68–69 (1) Völkerwanderung 53 (2)
Balticum, Mare *mod. Dtsch.* Ostsee *Meer* Nordeuropa Handel d. Antike 44–45 (1) *siehe auch* Ostsee
Baltimore Nordamerika (USA) Aufstieg der USA 129 (2), 132 (1) Kolonialismus 127 (2) Ökonomie 134 (1)
Baltisches Meer *siehe* Ostsee
Baltische Staaten *var.* Baltikum *Region* Osteuropa ZWK 211 (3)
Baltiskoye More *siehe* Ostsee
Baltkrievija *siehe* Belorussland
Baluchen *Volk* Südasien Islam 275 (5)
Baluchistan *var.* Belutschistan *Region/Staat* Südasien Die Welt 1800 86–87 *passim* Kolonialismus 248 (2), 249 (3) Nachkriegszeit 252 (1), 253 (4) Ökonomie 249 (4) Safawiden 231 (4) Weltreligionen 243 (4)
Balurghat Südasien (Bangladesh) Nachkriegszeit 252 (3)
Balzi Rossi *arch. Stätte* Westeuropa (Italien) Frühmensch 17 (4)
Bamako Westafrika (Mali) Afrika nach 1960 169 (4) Kolonialismus 166–167 (4) Ökonomie 168 (2)
Bamangwato *Staat* Südl. Afrika Kolonialismus 166–167 (4)
Bamberg Mitteleuropa (Deutschland) Handel im Mittelalter 190–191 (1) Kreuzzüge 186 (1)
Bamborough *siehe* Bamburgh
Bamburgh *var.* Bamborough Brit. Inseln (UK) Mittelalterliche Staaten 183 (3)
Bamiyan Zentralasien (Afghanistan) Weltreligionen 49 (3)
Bampur Südwestasien (Iran) Erste Städte 25 (3)
Bampur *arch. Stätte* Südwestasien (Iran) Erste Städte 240 (2)
Banakat Zentralasien (Tadschikistan) Mongolen 68–69 (1)
Banaras *var.* Baranasi, Kashi, Kasi, *Eng.* Benares, *mod.* Varanasi Südasien (Indien) Mittelalterliche Staaten 244 (1), 244–245 (3) *siehe auch* Baranasi, Benares, Kashi, Varanasi
Banat *var.* Banat Temesvár, *Staat* Südostasien Osmanen 197 (4)
Ban Chiang *arch. Stätte* Kont. Südostasien (Thailand) Bronzezeit 240 (3)
Banda *Staat* Westafrika Die Welt 1700 82–83
Banda, Laut *siehe* Banda-See
Banda-Inseln *Archipel* Mar. Südostasien Kolonialismus 247 (4)
Bandaneira *Insel* Mar. Südostasien Islam 243 (6)
Bandar Abbas *mod.* Bandar-e 'Abbās, *ehem.* Gombroon, Gombrun Südwestasien (Iran) Ökonomie 234 (1) Safawiden 231 (4) *siehe auch* Gombrun
Bandar-e 'Abbās *siehe* Bandar Abbas, Gombrun
Bandar-e Būshehr *siehe* Bushir
Bandar Seri Begawan *ehem.* Brunei Mar. Südostasien (Brunei) Nachkriegszeit 253 (5)
Banda-See *var.* Laut Banda *Meer* Mar. Südostasien Dekolonisation 285 (3) Erkundung 239 (1), (2) Imperialismus 97 (3) Islam 243 (6) Kolonialismus 247 (4) Mittelalterliche Staaten 245 (6)
Bandelier *arch. Stätte* Nordamerika (USA) Präkolumbische Kulturen 123 (4)
Bandjarmasin Mar. Südostasien (Indonesien) Imperialismus 284–285 (1) Kolonialismus 247 (4) Reiche & Revolutionen 88 (1) ZWK 272 (1), 273 (2)
Bandjarmasin *var.* Banjermasin *Region* Mar. Südostasien Die Welt 1700 82–83 Die Welt 1800 86–87 Kolonialismus 247 (4)
Bangala *mod.* Bengal *Region/Staat* Südasien Die Welt 1500 74–75 Mittelalterliche Staaten 244–245 (3) Mogul-Reich 246 (1) *siehe auch* Bengalen
Bangalore Südasien (Indien) Dekolonisation 250 (1) Nachkriegszeit 252 (1), 253 (5) Ökonomie 249 (4)
Bangkok *Thai* Krung Thep Kont. Südostasien (Thailand) Die Welt 1800 86–87 *passim* Erkundung 239 (1) Handel 230 (2) Heutige Welt 113 (4) Imperialismus 97 (3) Kolonialismus 247 (4), 248 (1), 269 (4) Nachkriegszeit 253 (5) Sklavenhandel 84–85 (1) Supermacht USA 138 (1) Tigerstaaten 275 (4) Weltreligionen 243 (5) ZWK 250–251 (3)
Bangladesh *ehem.* Ost-Pakistan *Staat* Südasien China nach 1949 275 (3) Heutige Welt 110–111, 113 (3) Islam 275 (5) Nachkriegszeit 252 (1), (3), 253 (4), 253 (5) Ökonomie 274 (2) Supermacht USA 138 (1) *siehe auch* Ost-Pakistan
Bangor Brit. Inseln (UK) Ökonomie 204 (1)
Bangui Zentralafrika (ZAR) Afrika nach 1960 169 (4) Ökonomie 168 (2)
Bangweulu-See *var.* Bangweolo-See Südl. Afrika Erkundung 157 (4) Frühmensch 12 (1)
Banja Luka Südosteuropa (B.-H.) Europapolitik 215 (3)
Banjermasin *siehe* Bandjarmasin
Banjul *ehem.* Bathurst Westafrika (Gambia) Afrika nach 1960 169 (4) *siehe auch* Bathurst
Ban Kao *arch. Stätte* Kont. Südostasien (Thailand) Bronzezeit 240 (3) Die Welt 5000 v.Chr. 18–19
Banks Island *Insel* Nordamerika Aufstieg der USA 129 (2)
Ban Me Thuot *Schlacht* Kont. Südostasien (Vietnam) Vietnam-Krieg 251 (5)
Bannock *Volk* Nordamerika Kolonialismus 126 (1)
Bannockburn *Schlacht* Brit. Inseln (UK) Mittelalterliche Staaten 188 (2)
Banpo *arch. Stätte* Ostasien Die Welt 5000 v.Chr. 18–19 Früher Ackerbau 258 (1), (2)
Banshan *arch. Stätte* Ostasien Früher Ackerbau 258 (1)
Bantam *ehem.* Banten Mar. Südostasien (Indonesien) Handel 267 (3) Kolonialismus 247 (4) Mittelalterliche Staaten 245 (6) *siehe auch* Banten
Bantam *Reich* Mar. Südostasien Die Welt 1600 78–79 Kolonialismus 247 (4)
Banten *mod.* Bantam Mar. Südostasien (Indonesien) Erkundung 239 (1) *siehe auch* Bantam
Bantry Bay *Bucht* Brit. Inseln (Irland) Napoleon 200–201 (1)
Bantu *Volk* Südl. Afrika Die Welt 500 v.Chr. 34–35 *passim* Islam 162 (1) Ökonomie 163 (2)
Banwari Trace *arch. Stätte* Westindien (Trinidad) Frühe Kulturen 145 (2)
Banzart *siehe* Bizerte
Baoji *arch. Stätte* Ostasien Früher Ackerbau 258 (2)
Baozitou *arch. Stätte* Ostasien Früher Ackerbau 258 (1)
Bar Westeuropa (Frankr.) Handel im Mittelalter 190–191 (1)
Bar *Region* Westeuropa (Frankr.) Frühe Neuzeit 197 (5)
Bar, Herzogtum *Staat* Westeuropa (Frankr.) Frühe Neuzeit 197 (5)
Baraawe *siehe* Brava
Barabina *arch. Stätte* Südamerika (Venezuela) Frühe Kulturen 144 (1), 145 (2)
Baracoa Westindien (Cuba) Kolonialismus 125 (4)
Baranasi *var.* Banaras, Varanasi, *Eng.* Benares Südasien (Indien) Frühe Religion 242 (3) *siehe auch* Banaras, Benares, Varanasi
Baranowitschi Osteuropa (Belorussland) EWK 207 (4)
Barar *mod.* Berar *Staat* Südasien Mittelalterliche Staaten 245 (4) Mogul-Reich 246 (1) *siehe auch* Berar
Barbados *Insel/Kolonie/Staat* Westindien Die Welt 1700 82–83 *passim* Heutige Welt 110–111, 112 (1) Kalter Krieg 108 (2) Kolonialismus 126 (1) Ökonomie 136 (2) Reiche & Revolutionen 88 (1) Sklavenhandel 84–85 (1) Staatenbildung 150 (1) Supermacht USA 139 (5)
Barbalissus Südwestasien (Syrien) Antikes Persien 225 (6)
Barbara *Reich* Südasien Frühe Reiche 241 (5) Frühe Religion 242 (2)
Barbaria *Region* Ostafrika Handel d. Antike 44 (2)
Barbaricon *var.* Barbaricum Südasien (Pakistan) Handel d. Antike 44–45 (1)
Barbaricum *siehe* Barbaricon
Barbuda *Insel* Westindien Die Welt 1700 82–83 passim
Barca *siehe* Barka
Barcelona Südamerika (Venezuela) Erkundung 143 (3)
Barcelona *ant.* Barcino, Barcinona Iberische Hbl. (Spanien) Die Welt 1400 70–71 Franken 184 (2) Frühe Neuzeit 194 (1) Handel im Mittelalter 190–191 (1) Islam 57 (2), 162 (1), 192 (3) Kreuzzüge 186 (1) Mittelalterliche Staaten 185 (3) Napoleon 200–201 (1), 201 (2), (3) Ökonomie 205 (4) Reiche & Revolutionen 202 (1) Sklavenhandel 84–85 (1) Zwischenkriegszeit 209 (4)
Barcelore *siehe* Coondapoor
Barcino *siehe* Barcelona
Barcinona *siehe* Barcelona
Barcoo *mod.* Cooper Creek, Cooper's Creek *Fluss* Australien Erkundung 279 (2) *siehe auch* Cooper Creek
Bardoli Taluka Südasien (Indien) Dekolonisation 250 (1)
Barduli *siehe* Barletta
Bareilly *var.* Bareli Südasien (Indien) Kolonialismus 249 (3) Ökonomie 249 (4)
Bareli *siehe* Bareilly
Barents-See *Meer* Polarmeer Eiszeit 254–55 (1) Erkundung 256 (1), 287 (2) UdSSR 208 (2), 215 (4)
Barguzin *siehe* Barguzinsk
Barguzinsk *mod.* Barguzin Sibirien (Russ. Föderation) Erkundung 257 (2)
Bari *var.* Bari delle Puglie, *ant.* Barium Ital. Hbl. Handel im Mittelalter 190–191 (1) Kreuzzüge 186 (1), 64–65 (2) Mittelalterliche Staaten 185 (3), 187 (5), 188 (1) *siehe auch* Barium
Bari delle Puglie *siehe* Bari
Baringo *arch. Stätte* Ostafrika (Kenya) Frühmensch 12 (1)
Barium *mod.* Bari (Ital. Hbl.) Antikes Rom 178 (1) *siehe auch* Bari
Barka *Lat.* Barca Nordafrika (Libyen) Antikes Persien 223 (4) Erste Hochkulturen 176–177 (1) Islam 56–57 (1), 162 (1), 226 (3) Ökonomie 163 (2)
Barka *Region/Staat* Nordafrika Islam 56–57 (1), 162 (1)
Barkal, Djebel *siehe* Ġebel Barkal
Bar-le-Duc Westeuropa (Frankr.) EWK 206 (2)
Barletta *ant.* Barduli (Ital. Hbl.) Handel im Mittelalter 190–191 (1) Kreuzzüge 186 (1)
Barnaul *arch. Stätte* Sibirien Früher Ackerbau 258 (1)
Baroda *var.* Vadodara Südasien (Indien) Dekolonisation 250 (1) Kolonialismus 248 (1) Marathen 246 (2) Ökonomie 249 (4) *siehe auch* Vadodara
Baropilas *Mine* Mittelamerika (Mexiko) Kolonialismus 125 (4)
Barotse *Staat* Südl. Afrika Kolonialismus 166–167 (4)
Barotseland-Nordwest-Rhodesien *Kolonie* Südl. Afrika Die Welt 1900 94–95
Barqah *siehe* Cyrenaica
Barquisimeto Südamerika (Venezuela) Staatenbildung 150 (1), 151 (3) Ökonomie 153 (3)
Barrackpore *Schlacht* Südasien (Indien) Kolonialismus 249 (3)
Barrancabermeja Südamerika (Kolumbien) Drogenhandel 153 (5)
Barrancas *arch. Stätte* Südamerika (Venezuela) Frühe Kulturen 144 (1), 145 (2)
Barrancoide *Span.* Barrancos *Volk* Südamerika Die Welt 250 46–47 *passim* Frühe Kulturen 145 (2)
Barrancos *siehe* Barrancoide
Barranquilla Südamerika (Kolumbien) Staatenbildung 151 (3) Ökonomie 153 (3)
Barrow Nordamerika (USA) Erkundung 287 (2)
Barrow-in-Furness Brit. Inseln (UK) Ökonomie 204 (1)
Barton Ramie Mittelamerika (Belize) Frühe Kulturen 121 (2)
Barumini *Fort* Ital. Hbl. Bronzezeit 175 (3)
Barus Mar. Südostasien (Indonesien) Erkundung 61 (3)
Barygaza *Hindi* Bharukachha, *mod.* Broach Südasien (Indien) Erkundung 256 (1) Handel d. Antike 44 (2), 44–45 (1) Völkerwanderung 261 (6) *siehe auch* Bharukachha, Broach
Baschkiren *Volk* Südwestasien Islam 275 (5)
Basel *Frz.* Bâle, *Eng.* Basle Mitteleuropa (Schweiz) EWK 206 (2), (3) Franken 184 (2) Frühe Neuzeit 193 (4), (5) Mittelalterliche Staaten 188 (1), 192 (2) Reformation 194 (2) Reiche & Revolutionen 203 (2) *siehe auch* Uri
Bashkortostan *Staat* Osteuropa UdSSR 215 (4)
Basken *Frz.* Basques *Volk* Iberische Hbl. Franken 183 (5), (6), 184 (2) Mittelalterliche Staaten 182 (2) Spätantike 182 (1) Völkerwanderung 53 (2)
Basketmaker-Kultur *var.* Korbflechter-Kultur *Region* Nordamerika Die Welt 250 46–47 Die Welt 500 50–51
Baskische Republik *Staat* Iberische Hbl. Zwischenkriegszeit 209 (4)
Basra Südwestasien (Irak) Arabien im 20. Jh. 233 (3), (4), 235 (5) EWK 233 (2), (3), (4) Islam 56–57 (1), 227 (4), (6) Ökonomie 234 (1) Osmanen 231 (3) Safawiden 231 (4) Seldschuken 228 (1) Weltreligionen 226 (1)
Bassano Ital. Hbl. EWK 207 (5)
Bassano *Schlacht* Ital. Hbl. Napoleon 200–201 (1)
Bassein *var.* Pathein Kont. Südostasien (Burma) Die Welt 1600 78–79 *passim* Kolonialismus 247 (4), 248 (1)
Basse Normandie *Region* Westeuropa (Frankr.) Frühe Neuzeit 197 (5)
Bass Point Australien Frühe Kulturen 280 (1)
Bass Strait *Meeresstraße* Australien Erkundung 279 (2) Kolonisation 282 (1) Ökonomie 282 (2) Staatenbildung 283 (3)
Bastia Westeuropa (Korsika) Handel im Mittelalter 190–191 (1)
Basutoland *mod.* Lesotho *Kolonie/Staat* Südl. Afrika Die Welt 1850 90–91 *passim* Handel 166–167 (1) Imperialismus 96 (1), (2) Kolonialismus 166 (2) *siehe auch* Lesotho
Bataan *Schlacht* Philippinen ZWK 272 (1)
Batae Coritanorum *siehe* Leicester
Batanaea *Region/Staat* Südwestasien Antikes Rom 225 (4)
Batang Kapas Mar. Südostasien (Indonesien) Die Welt 1800 86–87
Batavia *mod.* Jakarta Mar. Südostasien (Indonesien) Die Welt 1700 82–83 *passim* Erkundung 239 (1), (2) Globale Migration 100 (1) Handel 267 (3) Imperialismus 97 (3), 284–285 (1) Kolonialismus 247 (4) Reiche & Revolutionen 88 (1) ZWK 250–251 (3), 272 (1) *siehe auch* Jakarta
Batavische Republik *mod.* Königreich der Niederlande *Staat* Westeuropa Die Welt 1800 86–87 Napoleon 200–201 (1) *siehe auch* Niederlande, Vereinigte Provinzen
Bat Cave *arch. Stätte* Nordamerika (USA) Die Welt 5000 v.Chr. 18–19 Präkolumbische Kulturen 123 (4)
Bath *ehem.* Akermanceaster, *ant.* Aquae Calidae, Aquae Solis Brit. Inseln (UK) Ökonomie 204 (1)
Bathurst *mod.* Banjul Westafrika (Gambia) Die Welt 1850 90–91 *siehe auch* Banjul
Bathurst Australien Erkundung 279 (2) Kolonisation 282 (1) Ökonomie 282 (2)
Baton Rouge Nordamerika (USA) Aufstieg der USA 129 (2) US-Bürgerkrieg 131 (6)
Batticaloa Südasien (Sri Lanka) Die Welt 1600 78–79 Ökonomie 247 (3)
Batum Südwestasien (Georgien) UdSSR 208 (2)
Bauchi Westafrika (Nigeria) Islam 167 (3)
Bautzen *Schlacht* Mitteleuropa (Deutschland) Napoleon 200–201 (1)
Bauzanum *siehe* Bozen
Bavaria *Dtsch.* Bayern *Region/Staat* Mitteleuropa Franken 184 (2) *siehe auch* Bayern
Bayamo Westindien (Cuba) Kolonialismus 125 (4)
Bayana Südasien (Indien) Kolonialismus 247 (3)
Bayern *var.* Bajuwaren, Bavarier *Volk* Mitteleuropa Franken 183 (6) Mittelalterliche Staaten 182 (2)
Bayern *var.* Baiern, *Lat., ma.* Bavaria *Region/Staat* Mitteleuropa Die Welt 750 54–55 Die Welt 1850 90–91 Frühe Neuzeit 193 (5) Kreuzzüge 64–65 (2) Mittelalterliche Staaten 185 (3), 188 (1) Napoleon 200–201 (1) Osmanen 197 (4) Reformation 194 (2), 196 (1) Reiche & Revolutionen 199 (3), 202 (1), 203 (2) *siehe auch* Bavaria
Bayeux *ant.* Augustodurum Westeuropa (Frankr.) Franken 184 (2) Mittelalterliche Staaten 186 (2)
Bayji Südwestasien (Irak) Arabien im 20. Jh. 235 (5)
Baykal, Ozero *siehe* Baikal-See
Baylen *siehe* Bailén
Bay of Islands *Walfangstation* Neuseeland Kolonisation 283 (4)
Bayonne *ant.* Lapurdum Westeuropa (Frankr.) Die Welt 1400 70–71 Frühe Neuzeit 197 (5) Mittelalterliche Staaten 187 (4), 192 (1)
Bayonne *Region* Westeuropa (Frankr.) Frühe Neuzeit 197 (5)
Bayrūt *siehe* Beirut
Baysān *siehe* Scythopolis
Bayt Laḩm *siehe* Bethlehem
Beaconsfield *Goldlagerstätte* Australien Ökonomie 282 (2)
Beagle-Kanal *Meeresstraße* Südamerika Erkundung 143 (3)
Béal Feirste *siehe* Belfast
Beardmore Glacier *Gletscher* Antarktis Erkundung 287 (3)
Béarn Westeuropa (Frankr.) Die Welt 1400 70–71 Franken 184 (2)
Béarn *Staat/Region* Westeuropa (Frankr.) Frühe Neuzeit 194 (1), 197 (5) Islam 192 (3) Mittelalterliche Staaten 192 (1), (2) Reformation 194 (2)
Bear Paw Mountains *Schlacht* Nordamerika (USA) Aufstieg der USA 129 (2)
Bear River *Schlacht* Nordamerika (USA) Aufstieg der USA 129 (2)
Beas *Fluss* Südasien Mittelalterliche Staaten 244 (1)
Beaufort-See *Meer* Polarmeer Aufstieg der USA 129 (2) Erkundung 118 (1), 119 (3), 286 (1), 287 (2) Präkolumbische Kulturen 123 (3) Weltwirtschaft 93 (3)
Beauvais *ant.* Bellovacum, Caesaromagus Westeuropa (Frankr.) Handel im Mittelalter 190–191 (1)
Beaver *Volk* Nordamerika Präkolumbische Kulturen 123 (3)
Bec Westeuropa (Frankr.) Mittelalterliche Staaten 186 (2), 187 (3)
Becan Mittelamerika (Mexiko) Frühe Kulturen 122 (2)
Bechuanaland *mod.* Botswana *Kolonie/Staat* Südl. Afrika Die Welt 1950 102–103 Imperialismus 96 (1), (2), 97 (4) Kalter Krieg 109 (1) ZWK 104 (1) *siehe auch* Botswana
Bécs *siehe* Wien
Bedford Nordamerika (USA) Staatenbildung 127 (3) Frühe Kulturen 121 (4)
Beduinen *Arab.* Bedu *Volk* Nordafrika/Südwestasien Die Welt 1200 62–63 *passim* Islam 162 (1) Mongolen 68–69 (1) Ökonomie 163 (2)
Beer Alston Brit. Inseln (UK) Handel im Mittelalter 190–191 (1)
Be'er Sheba *Arab.* Bir es Saba, *Ivr.* Be'ér Sheva' Südwestasien (Israel) Arabien im 20. Jh. 234 (2) Frühe Reiche 222 (1)
Beginner's Luck Cave (Australien) Die Welt 10 000 v.Chr. 14–15
Begram *siehe* Alexandria ad Caucasum, Bagram, Kapisa
Beidha Südwestasien (Jordanien) Die Welt 5000 v.Chr. 18–19
Beidi *Provinz* Ostasien (China) Frühe Reiche 260 (1)
Beihai *var.* Pakhoi Ostasien (China) Kolonialismus 269 (4) Ökonomie 274 (2)
Beijing *var.* Pei-ching, *ehem.* Khanbalik, Beiping, *Eng.* Peking Ostasien (China) Aufstieg der USA 133 (4) Biol. Austausch 72–73 (1) China nach 1949 275 (3) Chinesische Revolution 271 (5), (7), 274 (1) Die Welt 1200 62–63 *passim* Erkundung 257 (3) Frühe Neuzeit 266 (1), (2) Frühe Religion 37 (4) Globale Migration 100 (1), 101 (3) Handel 267 (3) Imperialismus 270 (2)–(4) Kolonialismus 269 (3), (4) Kommunismus 271 (8) Ökonomie 274 (2) Qing-China 268 (1), (2) Tigerstaaten 275 (4) Weltreligionen 49 (3) Weltwirtschaft 92 (1) Wissen & Technologie 76 (9) ZWK 272 (1), 273 (2) *siehe auch* Beiping, Khanbalik
Beijing *Provinz* Ostasien China nach 1949 275 (3) Ökonomie 274 (2)
Beiping Ostasien (China) Chinesische Revolution 271 (7) *siehe auch* Beijing, Khanbalik
Beira Südl. Afrika (Moçambique) Kolonialismus 166–167 (4) Ökonomie 168 (2)
Beirut *var.* Bayrūt, *ant.* Berytus Südwestasien (Libanon) Arabien im 20. Jh. 233 (3), (4), 234 (2), 235 (4), (5) EWK 233 (2) Handel im Mittelalter 190–191 (1) Islam 235 (4) Kreuzzüge 65 (3) Napoleon 200–201 (1)
Beisān *siehe* Scythopolis
Beishouling *var.* Pei-shou-ling Ostasien (China) Die Welt 5000 v.Chr. 18–19
Beit el-Wali Ägypten Altes Ägypten 159 (5)
Bei Zhili *Provinz* Ostasien Frühe Neuzeit 266 (1), (2)
Belarus *siehe* Belorussland
Belcher Nordamerika (USA) Präkolumbische Kulturen 123 (5)
Belchite Iberische Hbl. (Spanien) Zwischenkriegszeit 209 (4)
Belém do Pará *ehem.* Pará Südamerika (Brasilien) Erkundung 143 (2) Ökonomie 153 (3), (4) Politik nach 1930 152 (1) *siehe auch* Pará
Belfast *Ir.* Béal Feirste Brit. Inseln (UK) Ökonomie 205 (4) Zwischenkriegszeit 209 (3) ZWK 210 (1)
Belfast *Schlacht* Südl. Afrika (Südafrika) Imperialismus 96 (2)
Belfort Westeuropa (Frankr.) EWK 206 (2), (3)
Belgard *mod.* Białogard Mitteleuropa (Polen) Mittelalterliche Staaten 189 (3)
Belgica *Provinz* Westeuropa (Frankr.) Antikes Rom 180–181 (1)
België *siehe* Belgien
Belgien *Fläm.* België, *Frz.* Belgique, *ehem.* Spanische Niederlande, Südliche Niederlande *Staat* Westeuropa Die Welt 1850 90–91 *passim* Europapolitik 214 (1), (2) EWK 206 (1)–(3) Kalter Krieg 108 (3), 109 (1) Nachkriegszeit 212 (1), (3), 213 (5) Ökonomie 205 (4) Reiche & Revolutionen 88–89 (1), 202 (1), 203 (2) Supermacht USA 138 (1) UdSSR 215 (4) Zwischenkriegszeit 208 (1), 209 (3), (5) ZWK 104 (1), 211 (2)–(4) *siehe auch* Spanische Niederlande
Belgique *siehe* Belgien
Belgisch-Kongo *mod. Kongo (*Zaire), *ehem.* Kongo-Freistaat *Staat* Zentralafrika Imperialismus 96 (1), 97 (4) ZWK 104 (1) *siehe auch* Kongo-Freistaat
Belgrad *ant.* Singidunum, *SKr.* Beograd Südosteuropa (Jugoslawien) Europapolitik 215 (3) EWK 207 (4), (6) Frühe Neuzeit 193 (4) Kalter Krieg 108 (3) Kreuzzüge 64–65 (2) Mittelalterliche Staaten 185 (3), 189 (4) Nachkriegszeit 212 (3) Napoleon 200–201 (1), 201 (2), (3) Ökonomie 198 (1) Osmanen 195 (4), 203 (4), 230 (1), 231 (3) Reformation 194 (2) Reiche & Revolutionen 202 (1) Zwischenkriegszeit 209 (3) ZWK 210 (1), 211 (2), (3) *siehe auch* Singidunum
Belice *siehe* Belize
Belize *var.* Belize City, *Span.* Belice Mittelamerika (Belize) Die Welt 1700 82–83 Die Welt 1800 86–87
Belize *ehem.* British Honduras, *Span.* Belice *Staat* Mittelamerika Kolonialismus 126 (1) Ökonomie 136 (2) Reiche & Revolutionen 88 (1) Supermacht USA 139 (5) *siehe auch* Britisch-Honduras
Belize City *siehe* Belize
Bell Nordamerika (Kanada) Präkolumbische Kulturen 123 (3)
Bellingshausen-See *Meer* Antarktis Erkundung 287 (3)
Bello Horizonte *siehe* Belo Horizonte
Bellona *Insel* Pazifik Frühe Kulturen 280–281 (3)
Bellote Mittelamerika (Mexiko) Frühe Kulturen 122 (2)
Bellovacum *siehe* Beauvais
Belluno Ital. Hbl. EWK 207 (5)
Belo Horizonte *ehem.* Bello Horizonte Südamerika (Brasilien) Ökonomie 153 (3) Politik nach 1930 152 (1) Staatenbildung 151 (3)
Belonia Südasien (Indien) Nachkriegszeit 252 (3)
Belorussland *var.* Belarus, Weißrussland, *Latv.* Baltkrievija *Staat* Südosteuropa Europapolitik 214 (1), (2) Heutige Welt 112 (2), 113 (3) UdSSR 215 (4) *siehe auch* Weißrussland
Beloye More *siehe* Weißes Meer
Belsen *siehe* Bergen-Belsen
Beluga Point Nordamerika (USA) Präkolumbische Kulturen 123 (3)
Belutschistan *siehe* Baluchistan
Belvoir *Fort* Südwestasien (Israel) Kreuzzüge 65 (3)
Belzec *KZ/Ort* Mitteleuropa ZWK 211 (3)
Bemis Heights *Schlacht* Nordamerika (USA) Staatenbildung 127 (3)
Benaco *siehe* Garda-See
Benares Südasien (Indien) Kolonialismus 248 (1), 249 (3) Ökonomie 247 (3), 249 (4)
Bender *mod.* Tighina, *Russ.* Bendery Südosteuropa (Moldawien) Osmanen 231 (3)
Bendery *siehe* Bender
Bendigo *Goldlagerstätte* (Australien) Kolonisation 282 (1) Ökonomie 282 (2)
Benevento *ant.* Beneventum, Malventum Ital. Hbl. Franken 184 (2) Mittelalterliche Staaten 183 (4) *siehe auch* Beneventum
Benevento *Schlacht* Ital. Hbl. Mittelalterliche Staaten 188 (1)
Benevento, Fürstentum *Staat* Ital. Hbl. Mittelalterliche Staaten 185 (3)
Benevento, Herzogtum *Staat* Ital. Hbl. Franken 184 (2) Mittelalterliche Staaten 182 (2), 183 (4)
Beneventum *mod.* Benevento Ital. Hbl. Antikes Rom 178 (1) *siehe auch* Benevento
Bengalen *Eng.* Bengal *Region/Staat* Südasien Dekolonisation 250 (2) Die Welt 1800 86–87 Kolonialismus 248 (1), (2), 249 (3) Ökonomie 247 (3) Reiche & Revolutionen 88 (1)
Bengalen, Golf von *Golf* Indischer Ozean Biol. Austausch 72–73 (1) China nach 1949 275 (3) Erkundung 61 (3), 239 (1) Handel 230 (2), 267 (3) Handel d. Antike 44–45 (1) Islam 275 (5) Kolonialismus 269 (4) Mongolen 68 (2), 68–69 (1) Qing-China 268 (1) Reiche & Revolutionen 88–89 (2) Sklavenhandel 84–85 (1) Tigerstaaten 275 (4) Timur 229 (4)
Bengasi, Bengazi *siehe* Benghasi, Benghazi
Bengdoushan *var.* Peng-tou-shan Ostasien (China) Die Welt 5000 v.Chr. 18–19
Benghasi *var.* Bengazi, *Ital.* Bengasi Nordafrika (Libyen) ZWK 210 (1), 211 (4) *siehe auch* Benghazi
Benghazi *var.* Bengazi, *Dtsch.* Benghasi, *Ital.* Bengasi Nordafrika (Libyen) Kolonialismus 166–167 (4) Ökonomie 168 (2) Osmanen 232–233 (1) *siehe auch* Benghasi
Bengkoeloe *siehe* Benkulen
Bengkulu Mar. Südostasien (Indonesien) Kolonialismus 247 (4)
Bengkulu *siehe* Benkulen
Benguela *var.* Benguella Südl. Afrika (Angola) Erkundung 157 (4) Frühe Neuzeit 164 (2) Imperialismus 96 (1) Kalter Krieg 109 (5) Kolonialismus 166–167 (4) Sklavenhandel 84–85 (1), 165 (4)
Benguela *Staat* Südl. Afrika Islam 162 (1)
Benguella *siehe* Benguela
Bengweulu, Lake *siehe* Bangweulu-See
Beni *Fluss* Südamerika Frühe Reiche 146 (1) Drogenhandel 153 (5) Inka 147 (3)
Beni Hasan Ägypten Altes Ägypten 159 (3), (4)
Benin *ehem.* Dahomey *Staat* Westafrika Afrika nach 1960 169 (4) Dekolonisation 168 (1) Die Welt 1400 70–71 *passim* Frühe Neuzeit 164 (2), 166–167 (1) Heutige Welt 112 (1), 113 (3) 162 (1), 235 (4) Ökonomie 163 (2), 168 (2), (3) Sklavenhandel 165 (4) *siehe auch* Dahomey
Benin, Bucht von Westafrika Erkundung 156 (3)
Benkoelen *siehe* Benkulen
Benkulen *ehem.* Bengkoeloe, Benkoelen, Bengkulu Mar. Südostasien (Indonesien) Die Welt 1700 82–83 Die Welt 1800 86–87 Reiche & Revolutionen 88 (1)
Bennington Nordamerika (USA) Staatenbildung 127 (3)
Bénoué *siehe* Benue
Bentonville Nordamerika (USA) US-Bürgerkrieg 131 (6)
Benue *Frz.* Bénoué *Fluss* Westafrika Frühe Kulturen 160 (1) Früher Ackerbau 158 (1) Handel d. Antike 44–45 (1) Islam 162–163 (1), 167 (3)
Beograd *siehe* Belgrad, Singidunum
Beothuk *Volk* Nordamerika Kolonialismus 126 (1) Präkolumbische Kulturen 123 (3)
Berar *var.* Barar *Staat* Südasien Die Welt 1500 74–75 Kolonialismus 248 (2) *siehe auch* Barar
Berau *Staat* Mar. Südostasien (Indonesien) Kolonialismus 248 (1)
Berber *Volk* Nordafrika Antikes Rom 181 (4) Die Welt 750 v. Chr. 30–31 *passim* Frühe Kulturen 160 (1) Frühe Neuzeit 164 (2) Handel d. Antike 44–45 (1) Islam 162 (1) Ökonomie 163 (2) Reiche & Revolutionen 88–89 (1)
Berber-Staaten *Staat* Nordafrika Antikes Rom 161 (2) Frühe Kulturen 160 (1) Mittelalterliche Staaten 182 (2) Spätantike 182 (1)
Berbera Ostafrika (Somalia) Erkundung 156 (3), 157 (4) Islam 162 (1)
Berbice *Staat* Südamerika Die Welt 1700 82–83
Berenice *var.* Berenike Ostafrika (Sudan) Handel d. Antike 44–45 (1), 225 (3) Spätantike 161 (3), (4), (5)
Beresina *var.* Byerezino *Fluss* Osteuropa EWK 207 (4) Napoleon 200–201 (1)
Berezov *mod.* Berezovo Osteuropa (Russ. Föderation) Erkundung 257 (2)
Berezovo *siehe* Berezov
Berg *Staat* Mitteleuropa (Deutschland) Napoleon 201 (2)
Bergama *siehe* Pergamon
Bergamo *ant.* Bergomum Ital. Hbl. Handel im Mittelalter 190–191 (1) Mittelalterliche Staaten 188 (1)
Bergen Skandinavien (Norwegen) Handel im Mittelalter 190–191 (1)
Bergen-Belsen *KZ/Ort* Mitteleuropa ZWK 211 (3)
Bergerac Westeuropa (Frankr.) Mittelalterliche Staaten 192 (1) Reformation 194 (2)
Berg-Karabach *siehe* Nagornyy-Karabakh
Bergomum *siehe* Bergamo
Beringia *Landschaft* Nordamerika/Asien Eiszeit 116, 254–255 (1)
Bering-Meer Pazifik Aufstieg der USA 129 (2), 133 (4) Erkundung 119 (3), 286 (1), 287 (2) Mittelalterliche Staaten 262–263 (1) Präkolumbische Kulturen 123 (3)
Bering-Straße *Meeresstraße* Polarmeer/Pazifik Aufstieg der USA 129 (2) Eiszeit 217 Erkundung 257 (2), 286 (1), 287 (2) Früher Ackerbau 120 (1) Weltwirtschaft 93 (3) ZWK 272 (1), 273 (2)
Berlin Mitteleuropa (Deutschland) Die Welt 1800 86–87 Die Welt 1850 90–91 *passim* Frühe Neuzeit 193 (4) Globale Migration 101 (2) Kalter Krieg 108 (3), 109 (1) Mittelalterliche Staaten 189 (3), (4) Nachkriegszeit 212 (1), (2), (3) Napoleon 200–201 (1), 201 (2), (3) Ökonomie 205 (4) Reformation 194 (2), 196 (1) Reiche & Revolutionen 199 (3), 202 (1), 203 (2) Weltwirtschaft 92 (1) Zwischenkriegszeit 209 (5) ZWK 105 (3), 210 (1), 211 (2), (3), (4) *siehe auch* Berlin Mitte
Berlin (Ost) Mitteleuropa (Deutschland) Nachkriegszeit 212 (2)
Bermuda *var.* Bermuda Islands, Bermudas, *ehem.* Somers Islands *Kolonie/Insel* Atlantik Die Welt 1700 82–83 Die Welt 1800 86–87 Eiszeit 116 Reiche & Revolutionen 88 (1) ZWK 104 (2)
Bermuda Islands *siehe* Bermuda
Bermudas *siehe* Bermuda
Bern Mitteleuropa (Schweiz) Frühe Neuzeit 193 (5) Kalter Krieg 108 (3) Reformation 196 (1)
Berne *siehe* Bern
Bernicia *Region* Brit. Inseln Mittelalterliche Staaten 183 (3)
Beroea *siehe* Aleppo
Berry *Region* Westeuropa (Frankr.) Frühe Neuzeit 197 (5) Kreuzzüge 64–65 (2)
Berwick Brit. Inseln (UK) Mittelalterliche Staaten 187 (4), 188 (2) Ökonomie 204 (1)
Berytus *siehe* Beirut
Besançon *ant.* Besontium, Vesontio Westeuropa (Frankr.) Franken 184 (2) Frühe Neuzeit 197 (5) Handel im Mittelalter 190–191 (1) Mittelalterliche Staaten 188 (1) Reiche & Revolutionen 199 (4) *siehe auch* Besontium
Besarh *siehe* Vaishali
Beshbagowa *arch. Stätte* Nordamerika (USA) Präkolumbische Kulturen 123 (4)
Beshbalik Ostasien (China) Biol. Austausch 72–73 (1) Mittelalterliche Staaten 262–263 (1)
Besigheim Mitteleuropa (Deutschland) Weltreligionen 48 (1)
Besontium *var.* Vesontio, *mod.* Besançon Westeuropa (Frankr.) Antikes Rom 180–181 (1) Weltreligionen 48 (1) *siehe auch* Besançon
Bessarabien *Region/Staat* Südosteuropa EWK 207 (4) Osmanen 232–233 (1) Zwischenkriegszeit 208 (1) ZWK 210 (1), 211 (2), (4)
Beswick Brit. Inseln (UK) Ökonomie 204 (2)
Beszterce *siehe* Bistritz
Betancí Südamerika (Kolumbien) Frühe Reiche 146 (1)
Betatakin *arch. Stätte* Nordamerika (USA) Präkolumbische Kulturen 123 (4)
Beth-Horon Südwestasien (West Bank) Antikes Rom 225 (4)
Bethlehem *Arab.* Bayt Laḩm, *Ivr.* Bet Leśem Südwestasien (West Bank) Weltreligionen 226 (1)
Beth-Shean Südwestasien (Israel) Altes Ägypten 159 (5)
Bet Leśem *siehe* Bethlehem
Beyçesultan Südwestasien (Türkei) Früher Ackerbau 174 (1) Urbane Zivilisationen 28–29 (1)
Béziers *ant.* Baeterrae, Baeterrae Septimanorum, Julia Beterrae Westeuropa (Frankr.) Handel im Mittelalter 190–191 (1) Kreuzzüge 186 (1) Mittelalterliche Staaten 187 (3), 192 (1)
Bezwada *siehe* Vijayawada
Bhaddiya Südasien (Indien) Frühe Religion 242 (3)
Bhagalpur Südasien (Indien) Ökonomie 249 (4)
Bhagatrav *arch. Stätte* Südasien (Indien) Erste Städte 240 (2)
Bharadvaja *Region* Südasien Frühe Religion 242 (2)
Bharata-Varsha *Region* Südasien (Indien) Frühe Religion 36 (2)
Bharukachha *ant.* Barygaza, *mod.* Bharuch, *ehem.* Broach Südasien (Indien) Frühe Reiche 241 (4) Frühe Religion 48 (2), 242 (1) Mittelalterliche Staaten 244 (1) *siehe auch* Barygaza, Broach
Bhatkal Südasien (Indien) Die Welt 1600 78–79 Die Welt 1700 82–83
Bhauma *Dynastie* Südasien Die Welt 1000 58–59
Bhimbetka Südasien (Indien) Die Welt 10 000 v.Chr. 14–15 (2) Frühmensch 17 (2)
Bhoganagara Südasien (Indien) Frühe Religion 242 (3)
Bhoja *Region/Reich* Südasien Frühe Reiche 241 (5) Frühe Religion 242 (2)
Bhojakata Südasien (Indien) Mittelalterliche Staaten 244 (1)
Bhonsle *Region* Südasien Marathen 246 (2)
Bhopal Südasien (Indien) Kolonialismus 248 (1) Nachkriegszeit 252 (1), 253 (5)
Bhopal *Staat* Südasien Kolonialismus 248 (2)
Bhota *siehe* Tibet
Bhubaneshwar *siehe* Bhubaneswar
Bhubaneswar *mod.* Bhubaneshwar Südasien (Indien) Nachkriegszeit 252 (1)
Bhuket *siehe* Phuket
Bhutan *var.* Druk-yul *Kolonie/Staat* Südasien China nach 1949 275 (3) Dekolonisation 251 (4) Die Welt 1600 78–79 *passim* Erkundung 257 (3) Heutige Welt 113 (3) Islam 275 (5) Kolonialismus 248 (1), (2), 269 (4), 249 (3) Kommunismus 271 (8) Nachkriegszeit 252 (1), 253 (4), (5) Ökonomie 274 (2) Qing-China 268 (1) ZWK 250–251 (3)
Biache *arch. Stätte* Westeuropa (Frankr.) Frühmensch 13 (2)
Biafra *Region* Westafrika Afrika nach 1960 169 (4)
Biafra, Bucht von *Bucht* Westafrika Erkundung 156 (3)
Białogard *siehe* Belgard
Bialystok *Poln.* Białystok Mitteleuropa (Polen) ZWK 211 (3)
Bian *var.* Pien, Kaifeng Ostasien (China) Mittelalterliche Staaten 263 (5) *siehe auch* Kaifeng
Bianliang Ostasien (China) Mittelalterliche Staaten 263 (7)
Bianzhou *var.* Pienchou Ostasien (China) Mittelalterliche Staaten 262–263 (1)
Bibi Hakimeh *Ölfeld* Südwestasien (Iran) Ökonomie 234 (1)
Bida Westafrika (Nigeria) Islam 167 (3)
Bidai *Volk* Mittelamerika Kolonialismus 125 (4)
Bidar Südasien (Indien) Kolonialismus 247 (3) Mittelalterliche Staaten 245 (4) Mogul-Reich 246 (1)
Bidar *Staat* Südasien Die Welt 1600 78–79 Mittelalterliche Staaten 245 (4) Mogul-Reich 246 (1)
Bié *siehe* Bihe
Biel *Frz.* Bienne Mitteleuropa (Schweiz) Frühe Neuzeit 193 (5)
Biên Đông *siehe* Südchinesisches Meer
Bien Hoa *Schlacht* Kont. Südostasien (Vietnam) Vietnam-Krieg 251 (5)
Bienne *siehe* Biel
Big Cypress Swamp *Schlacht* Nordamerika (USA) Aufstieg der USA 129 (2)
Big Hole *Schlacht* Nordamerika (USA) Aufstieg der USA 129 (2)
Big Meadows *Schlacht* Nordamerika (USA) Aufstieg der USA 129 (2)
Big Mound *Schlacht* Nordamerika (USA) Aufstieg der USA 129 (2)
Bihać Südosteuropa (B.-H.) Europapolitik 215 (3)
Bihar *Region/Staat* Südasien Dekolonisation 250 (2) Die Welt 1800 86–87 Kolonialismus 248 (1), (2) Mogul-Reich 246 (1) Nachkriegszeit 252 (1), (3)
Bihar-Bengal *Staat* Südasien Weltreligionen 243 (4)
Bihe *mod.* Bié *Region* Südl. Afrika Die Welt 1800 86–87 Die Welt 1850 90–91 Erkundung 157 (4)
Bijagos, Archipelago *siehe* Bissagos-Inseln
Bijagós, Arquipélago dos *siehe* Bissagos-Inseln
Bijai-Raghogarh *Schlacht* Südasien (Indien) Kolonialismus 249 (3)

Bijapur Südasien (Indien) Mittelalterliche Staaten 244–245 (3), 245 (4)
Bijapur Staat Südasien Die Welt 1500 74–75 Mittelalterliche Staaten 245 (4) Mogul-Reich 246 (1)
Bikini Atoll Pazifik (Marshall Islands) Ökonomie 285 (2)
Bilbao Bask. Bilbo Iberische Hbl. (Spanien) Ökonomie 205 (4) Zwischenkriegszeit 209 (3), (4)
Bilbo siehe Bilbao
Bilma Westafrika (Niger) Islam 162 (1) Kolonialismus 166–167 (4)
Bilzingsleben arch. Stätte Mitteleuropa (Deutschland) Frühmensch 13 (2)
Bima Mar. Südostasien (Indonesien) Kolonialismus 247 (4)
Bimlipatam Südasien (Indien) Ökonomie 247 (3)
Bingen siehe Bingium
Bingium mod. Bingen Mitteleuropa (Deutschland) Weltreligionen 48 (1)
Binh Đinh siehe Vijaya
Binxian arch. Stätte Ostasien Früher Ackerbau 258 (2)
Bioco, Isla de siehe Fernando Póo
Bioko siehe Fernando Póo
Bir Aslu var. Asslou Nordafrika (Algerien) Islam 162 (1)
Birch Creek Schlacht Nordamerika (USA) Aufstieg der USA 129 (2)
Bird Creek Schlacht Nordamerika (USA) Aufstieg der USA 129 (2)
Bir es Saba siehe Be'er Sheba
Birka Skandinavien (Schweden) Mittelalterliche Staaten 185 (3) Wikinger 60–61 (1)
Birkenhead Brit. Inseln (UK) Ökonomie 204 (1)
Birma siehe Burma
Birmingham Nordamerika (USA) Aufstieg der USA 132 (1) Ökonomie 134 (1) US-Gesellschaft 137 (6)
Birmingham Brit. Inseln (UK) Nachkriegszeit 212 (3) Ökonomie 198 (1), 204 (1) Zwischenkriegszeit 209 (3) ZWK 210 (1)
Birnick Nordamerika (USA) Präkolumbische Kulturen 123 (3)
Bir Sahara arch. Stätte Nordafrika (Libyen) Frühmensch 13 (2)
Bir Tarfawi arch. Stätte Nordafrika (Libyen) Frühmensch 13 (2)
Bisa Volk Südl. Afrika Handel 166–167 (1)
Biscaya, Golf von Bucht Atlantik Frühmensch 17 (3) Mittelalterliche Staaten 187 (4), 192 (1), (2) Handel im Mittelalter 190–191 (1) Reiche & Revolutionen 199 (4)
Biscoe Islands Archipel Antarktis Erkundung 287 (3)
Bishkek var. Pishpek, ehem. Frunze Zentralasien (Kirgisistan) UdSSR 215 (4)
Bishop's Lynn siehe King's Lynn
Bismarck Nordamerika (USA) Aufstieg der USA 129 (2)
Bismarck-Archipel Neuguinea Frühe Kulturen 280–281 (3) Imperialismus 97 (3) ZWK 272 (1), 273 (2)
Bissagos-Inseln var. Archipelago Bijagos, Arquipélago dos Bijagós Archipel Westafrika Erkundung 156 (3)
Bissau Westafrika (Guinea-Bissau) Afrika nach 1960 169 (4) Die Welt 1850 90–91
Bistrița siehe Bistritz
Bistritz mod. Bistrița, ehem. Nösen, Ung. Beszterce Südosteuropa (Rumänien) Mittelalterliche Staaten 189 (4)
Bit-Akitu Gebäude Südwestasien (Irak) Stadtplan Uruk 220 (3)
Bithur Schlacht Südasien (Indien) Kolonialismus 249 (3)
Bithynia et Pontus Provinz Südwestasien Antikes Rom 180–181 (1)
Bithynien Gr./Lat. Bithynia Provinz/Region/Staat Südwestasien Antikes Rom 179 (5) Die Welt 250 v.Chr. 38–39 Hellenist. Welt 40–41 (1) Weltreligionen 48 (1)
Bitola ehem. Bitolj, Türk. Monastir Südosteuropa (FYR Mazedonien) Europapolitik 215 (3) EWK 207 (6) siehe auch Monastir
Bitonto ant. Butuntum Ital. Hbl. Handel im Mittelalter 190–191 (1)
Bitorri Cave Zentralafrika (Kongo) Früher Ackerbau 158 (1)
Bit-Reš Gebäude Südwestasien (Irak) Stadtplan Uruk 220 (3)
Bituricae Westeuropa (Frankr.) Weltreligionen 48 (1)
Bituriger var. Bituriges Volk Westeuropa (Frankr.) Antikes Rom 179 (5)
Biya Fluss Sibirien Eiszeit 254–255 (1)
Biysk arch. Stätte Sibirien (Russ. Föderation) Früher Ackerbau 258 (1)
Bizerte Arab. Banzart Nordafrika (Tunesien) ZWK 211 (4)
Blackburn Brit. Inseln (UK) Ökonomie 204 (1) Weltwirtschaft 93 (4)
Blackfoot Volk Nordamerika Kolonialismus 126 (1)
Black Mesa arch. Stätte Nordamerika (USA) Präkolumbische Kulturen 123 (4)
Black Patch Brit. Inseln (UK) Bronzezeit 175 (3)
Blackpool Brit. Inseln (UK) Ökonomie 204 (1)
Black River siehe Schwarzer Fluss
Blackstock Schlacht Nordamerika (USA) Staatenbildung 127 (3)
Blagoveshchensk var. Blagowjeschtschensk Sibirien (Russ. Föderation) Kolonialismus 269 (3) Kommunismus 271 (8) UdSSR 208 (2), 215 (4)
Blagowjeschtschensk siehe Blagoveshchensk
Blantyre var. Blantyre-Limbe Südl. Afrika (Malawi) Erkundung 157 (4) Ökonomie 168 (2)
Blantyre-Limbe siehe Blantyre
Blauer Nil var. Abai, Bahr El Azraq, Amh. Ābay Wenz, Arab. An Nīl al Azraq Fluss Ostafrika Erkundung 157 (4) Früher Ackerbau 158 (1) Frühe Neuzeit 165 (3) Islam 162 (1) Sklavenhandel 165 (4)
Blaye Westeuropa (Frankr.) Frühe Neuzeit 197 (5)
Blenheim Neuseeland Kolonisation 283 (5)
Blgariya siehe Bulgarien
Bloemfontein var. Mangaung Südl. Afrika (Südafrika) Afrika nach 1960 169 (4) Imperialismus 96 (2) Migrationen 166 (2)
Blois Westeuropa (Frankr.) Mittelalterliche Staaten 192 (2)
Blois Region Westeuropa (Frankr.) Kreuzzüge 64–65 (2)
Blučina Fort Mitteleuropa (Tschech. Rep.) Bronzezeit 175 (3)
Bluefish Cave Nordamerika (USA) Die Welt 10 000 v.Chr. 14–15
Bluff Neuseeland Kolonisation 283 (4)
Blutfeld, auf dem Schlacht Südwestasien (Syrien) Kreuzzüge 65 (3)
Blythe Intaglios arch. Stätte Nordamerika (USA) Präkolumbische Kulturen 123 (4)
Bobangi Volk Zentralafrika Handel 166–167 (1)
Boca de Río Mittelamerika (Mexiko) Frühe Kulturen 121 (2)
Bodensee var. Konstanzer See Mitteleuropa Frühe Neuzeit 193 (5)
Bodh Gaya var. Buddh Gaya Südasien (Indien) Erkundung 256 (1) Frühe Religion 36 (2), 48 (2) Weltreligionen 49 (3)
Bodrum siehe Halikarnassos
Boeroe siehe Buru
Boğazköy siehe Hattušaš
Bogotá ehem. Santa Fe, Santa Fé de Bogotá Südamerika (Kolumbien) Aufstieg der USA 133 (4) Drogenhandel 153 (5) Erkundung 143 (3) Ökonomie 153 (3) Politik nach 1930 152 (1) Staatenbildung 150 (1), (2), 151 (3) siehe auch Santa Fé de Bogotá
Bogram Zentralasien (Afghanistan) Hellenist. Welt 41 (2)
Bohai var. Pohai Staat Ostasien (China) Die Welt 750 54–55 Mittelalterliche Staaten 262–263 (1), 263 (3)
Bo Hai var. Po Hai, ehem. Chihli-Golf Golf Ostasien Frühe Neuzeit 266 (1), (2) Früher Ackerbau 258 (1), (2) Frühe Reiche 259 (3)–(5), 260 (1), 264 (1), Imperialismus 270 (3), (4) Mittelalterliche Staaten 262–263 (1), 263 (2), (4), (7)
Bohemia siehe Böhmen
Böhmen var. Tschechen Volk Mitteleuropa Franken 184 (2)
Böhmen Lat. Bohemia Region/Staat Mitteleuropa Die Welt 1000 58–59 passim Frühe Neuzeit 193 (4) Kreuzzüge 64–65 (2) Mittelalterliche Staaten 188 (1) Napoleon 200–201 (1) Osmanen 197 (4) Reformation 196 (1), (2) Reiche & Revolutionen 198 (2), 199 (3), 203 (2) siehe auch Böhmen-Mähren, Böhmen und Mähren
Böhmen-Mähren Staat Mitteleuropa Mittelalterliche Staaten 185 (3), 189 (3), (4) siehe auch Böhmen, Böhmen und Mähren
Böhmen und Mähren Region Mitteleuropa ZWK 210 (1), 211 (2), (4) siehe auch Böhmen, Böhmen-Mähren
Böhmisches Kronland Staat Mitteleuropa Frühe Neuzeit 194 (1)
Bohuslän Region Skandinavien Frühe Neuzeit 197 (3)
Boiotia Staat Südosteuropa (Griech.) Antike Griechen 179 (4)
Bois Belleau Schlacht Westeuropa (Frankr.) EWK 206 (3)
Boise Nordamerika (USA) Aufstieg der USA 129 (2)
Bojador, Kap mod. Kap Boujdour Westafrika Erkundung 156 (3)
Bojnurd Zentralasien (Iran) Hellenist. Welt 40–41 (1)
Bokhara siehe Bukhara
Bolgar siehe Bulgar
Bolgary siehe Bulgar
Bolivien Span. **Bolivia** Staat Südamerika Aufstieg der USA 133 (4) Die Welt 1850 90–91 passim Drogenhandel 153 (5) Heutige Welt 112 (1), 113 (4) Kalter Krieg 109 (1) Ökonomie 153 (3), (4) Politik nach 1930 152 (1), (2) Staatenbildung 150 (1), 151 (3), (4), 88–89 (2) Supermacht USA 138 (1) ZWK 104 (2)
Bologna ant. Felsina, später Bononia Ital. Hbl. Franken 184 (2) Handel im Mittelalter 190–191 (1) Kreuzzüge 186 (1) Mittelalterliche Staaten 183 (4), 187 (3), 188 (1) Napoleon 200–201 (1), 201 (2) Reiche & Revolutionen 203 (3) siehe auch Bononia, Felsina
Bol'sheretsk Sibirien (Russ. Föderation) Erkundung 257 (2)
Bolton Brit. Inseln (UK) Weltwirtschaft 93 (4)
Bolzano siehe Bozen
Boma Westafrika (Kongo (Zaire)) Erkundung 157 (4)
Bombay Guj. Mumbai Südasien (Indien) Dekolonisation 250 (1) Die Welt 1600 78–79 passim Erkundung 239 (1) Globale Migration 100 (1), 101 (3) Handel 230 (2) Kolonialismus 248 (1), 269 (4) Mogul-Reich 246 (1) Nachkriegszeit 252 (1), 253 (5) Ökonomie 247 (3), 249 (4) Reiche & Revolutionen 88 (1) Sklavenhandel 84–85 (1) Weltwirtschaft 92 (1), 93 (5)
Bombay Region/Staat Südasien Kolonialismus 248 (2), 249 (3) Nachkriegszeit 252 (1), 253 (4)
Bombo Kaburi arch. Stätte Ostafrika (Kenya) Frühe Kulturen 160 (1)
Bomboná Schlacht Südamerika (Kolumbien) Staatenbildung 150 (1)
Bom Jardim arch. Stätte Südamerika (Brasilien) Frühe Kulturen 145 (2)
Bonaire Insel Westindien Die Welt 1800 86–87 Die Welt 1850 90–91
Bonampak Mittelamerika (Mexiko) Frühe Kulturen 122 (2)
Bône mod. Annaba Nordafrika (Algerien) Handel im Mittelalter 190–191 (1) ZWK 211 (4) siehe auch Annaba
Bone Cave (Australien) Die Welt 10 000 v.Chr. 14–15
Bonin Islands Jap. Ogasawara-guntō Archipel Japan Imperialismus 270 (2) ZWK 272 (1), 273 (2)
Bonn ant. Bonna Mitteleuropa (Deutschland) Frühe Neuzeit 197 (5) Kalter Krieg 108 (3) Nachkriegszeit 212 (1), (3)
Bonna mod. Bonn Mitteleuropa (Deutschland) Antikes Rom 180–181 (1)
Bonneville, Lake See Eiszeit 116
Bonny, Bight of siehe Biafra, Bucht von
Bono Staat Westafrika Die Welt 1700 82–83
Bononia mod. Bologna Ital. Hbl. Antikes Rom 180–181 (1) siehe auch Bologna, Felsina
Bononia siehe Boulogne, Vidin
Boomplaats arch. Stätte Südl. Afrika (Südafrika) Frühe Kulturen 160 (1)
Boomplaats Schlacht Südl. Afrika (Südafrika) Migrationen 166 (2)
Boone Grabhügel Nordamerika (USA) Frühe Kulturen 121 (4)
Boonesboro siehe Boonesborough
Boonesborough mod. Boonesboro Nordamerika (USA) Erkundung 119 (2) Staatenbildung 127 (3)
Booneville Nordamerika (USA) US-Bürgerkrieg 131 (6)
Borbetomagus mod. Worms Mitteleuropa (Deutschland) Völkerwanderung 52–53 (1) siehe auch Worms
Borburata Südamerika (Venezuela) Kolonialismus 85 (2)
Bordeaux ant. Burdigala Westeuropa (Frankr.) Biol. Austausch 72–73 (1) Die Welt 1400 70–71 Franken 183 (5), (6), 184 (2) Frühe Neuzeit 194 (1), 197 (5) Handel im Mittelalter 190–191 (1) Kreuzzüge 186 (1) Mittelalterliche Staaten 185 (3), 187 (4), 192 (1), (2) Napoleon 200–201 (1), 201 (2) Ökonomie 198 (1), 205 (4) Reformation 194 (2) Reiche & Revolutionen 199 (4), 202 (1) Spätantike 182 (1) ZWK 104 (2), 210 (1), 211 (2), (4) siehe auch Burdigala
Borden Island Insel Polarmeer Erkundung 287 (2)
Border Cave arch. Stätte Südl. Afrika (Südafrika) Frühmensch 13 (2)
Borġ in-Nadur Fort Mittelmeer (Malta) Bronzezeit 175 (3)
Borgo siehe Burgen
Borgu Staat Westafrika Die Welt 1600 78–79 Frühe Neuzeit 164 (2) Islam 162 (1) Sklavenhandel 165 (4)
Borgu-Königreiche Staat Westafrika Die Welt 1400 70–71 passim
Borley, Cape Kap Antarktis Erkundung 287 (3)
Borneo Region/Insel Mar. Südostasien Antikes Indien 241 (6) Biol. Austausch 72–73 (1), 73 (3) Dekolonisation 251 (4) Die Welt 1000 58–59 passim Früher Ackerbau 20–21 (2) Imperialismus 97 (3) Erkundung 80–81 (1), 239 (1), (2), 278 (1) Globale Migration 101 (3) Handel 230 (2), 267 (3) Handel d. Antike 44–45 (1) Islam 243 (6) Kolonialismus 247 (4), 248 (1), 269 (4) Mittelalterliche Staaten 245 (5), (6) Nachkriegszeit 253 (4), (5) Reiche & Revolutionen 88 (1) Sklavenhandel 84–85 (1) Weltreligionen 49 (4), 243 (5) Wissen & Technologie 76–77 (1) ZWK 250–251 (3), 272 (1), 273 (2)
Bornholm Insel Skandinavien Frühe Neuzeit 197 (3) Reiche & Revolutionen 202 (1)
Bornu Staat Zentralafrika Die Welt 1700 82–83 passim Handel 166–167 (1) Ökonomie 163 (2) Sklavenhandel 84–85 (1), 165 (4) siehe auch Kanem-Bornu
Borobudur Tempel Mar. Südostasien (Indonesien) Die Welt 1000 58–59 Mittelalterliche Staaten 245 (5) Weltreligionen 49 (4), 243 (5)
Borodino Schlacht Osteuropa (Russ. Föderation) Napoleon 200–201 (1)
Borongo siehe Schwarzer Volta
Bororo Volk Südamerika Frühe Reiche 147 (2)
Bosanski Novi Südosteuropa (B.-H.) Europapolitik 215 (3)
Bosna Saray siehe Sarajevo
Bosnien Staat Südosteuropa Die Welt 1400 70–71 Mittelalterliche Staaten 189 (4) Osmanen 230 (1)
Bosnien-Herzegowina UN Bosnia-i-Herzegovina Staat Südosteuropa Die Welt 1900 94–95 Europapolitik 214 (1), (2), 215 (3) EWK 207 (6) Heutige Welt 110–111, 112 (2), 113 (3) Islam 235 (4) Osmanen 203 (4), 232–233 (1) UdSSR 215 (4)
Bosporanisches Königreich Lat. Regnum Bospori Staat Osteuropa Antikes Rom 180–181 (1), 225 (5) Die Welt 250 v.Chr. 38–39 Die Welt 1 n.Chr. 42–43 Handel d. Antike 44–45 (1)
Bospori-Reich siehe Bosporanisches Reich
Boston ehem. St Botolph's Town Brit. Inseln (UK) Handel im Mittelalter 190–191 (1)
Boston Nordamerika (USA) Aufstieg der USA 129 (2), 132 (1) Die Welt 1800 86–87 passim Globale Migration 100 (1) Kolonialismus 126 (1), 127 (2) Ökonomie 134 (1), (3), 136 (2) Staatenbildung 127 (3) US-Bürgerkrieg 130 (5) Weltwirtschaft 93 (5)
Bostra Südwestasien (Syrien) Antikes Rom 180–181 (1) Weltreligionen 48 (1)
Bosumpra Westafrika (Elfenbeinküste) Früher Ackerbau 158 (1)
Botany Bay Bucht Australien Erkundung 278 (1)
Botsu Japan Mittelalterliche Staaten 264 (2)
Botswana var. Botsuana, ehem. Bechuanaland Staat Südl. Afrika Afrika nach 1960 169 (4) Dekolonisation 168 (1) Heutige Welt 112 (1), 113 (3) Kalter Krieg 109 (5) Ökonomie 168 (2), (3) siehe auch Bechuanaland
Bottnischer Meerbusen Finn. Pohjanlahti, Schwe. Bottniska Viken Golf Skandinavien Frühe Neuzeit 197 (3) Ökonomie 205 (4)
Bouar Zentralafrika (Kamerun) Früher Ackerbau 158 (1)
Boucher Grabhügel Nordamerika (USA) Frühe Kulturen 121 (4)
Bougainville Insel Pazifik Erkundung 279 (3), 280 (1) Frühe Kulturen 280 (2) Imperialismus 97 (3), 284–285 (1) ZWK 250–251 (3)
Bougie Nordafrika (Algerien) Handel im Mittelalter 190–191 (1) ZWK 211 (4)
Bouillon Westeuropa (Belgien) Kreuzzüge 64–65 (2)
Boulogne var. Boulogne-sur-Mer, ant. Bononia, Gesoriacum, Gessoriacum Westeuropa (Frankr.) EWK 206 (2), (3) Franken 184 (2) Mittelalterliche Staaten 186 (2) Napoleon 200–201 (1)
Boulogne-sur-Mer siehe Boulogne
Bourbon Insel Indischer Ozean Die Welt 1700 82–83
Bourbonnais Region Westeuropa (Frankr.) Frühe Neuzeit 197 (5)
Bourem Westafrika (Mali) Erkundung 157 (4)
Bourges ant. Avaricum Westeuropa (Frankr.) Franken 183 (5), (6) Frühe Neuzeit 197 (5) Handel im Mittelalter 190–191 (1) Mittelalterliche Staaten 192 (1), (2) Reiche & Revolutionen 199 (4)
Bourgogne Dtsch. Burgund Region Westeuropa (Frankr.) Frühe Neuzeit 197 (5) siehe auch Burgund
Bourke Australien Kolonisation 282 (1)
Boussargues arch. Stätte Westeuropa (Frankr.) Kupferzeit 174 (2)
Bouvines Westeuropa (Frankr.) Mittelalterliche Staaten 187 (4)
Bovec siehe Flitsch
Bovianum Vetus Ital. Hbl. Antikes Rom 178 (1)
Bovillae Ital. Hbl. Antikes Rom 178 (1)
Bowmans Brook Nordamerika (USA) Präkolumbische Kulturen 123 (5)
Boxgrove arch. Stätte Brit. Inseln (UK) Frühmensch 13 (2)
Boyacá Schlacht Südamerika (Kolumbien) Staatenbildung 150 (1)
Boyra Südasien (Bangladesh) Nachkriegszeit 252 (3)
Bozeman Trail Straße Nordamerika Aufstieg der USA 129 (2)
Bozen ant. Bauzanum, Ital. Bolzano Ital. Hbl. EWK 207 (5) Handel im Mittelalter 190–191 (1), 190–191 (1) ZWK 211 (3)
Brabant Provinz/Region Westeuropa Mittelalterliche Staaten 192 (2) Reformation 195 (5) siehe auch Niederlande
Brač var. Brach, ant. Brattia, Ital. Brazza Insel Südosteuropa Europapolitik 215 (3)
Bracara var. Bracara Augusta, mod. Braga Iberische Hbl. (Portugal) Antikes Rom 180–181 (1) Weltreligionen 48 (1)
Bracara Augusta siehe Bracara
Brach siehe Brač
Bradford Brit. Inseln (UK) Ökonomie 204 (1), (2) Weltwirtschaft 93 (4)
Braga siehe Bracara
Brahmanabad Südasien (Pakistan) Mittelalterliche Staaten 244 (2)
Brahmaputra var. Padma, Tsangpo, Ben. Jamuna, Chin. Yarlung Zangbo Jiang, Ind. Bramaputra, Dihang, Siang Fluss Südasien Biol. Austausch 72–73 (1), 73 (3) Dekolonisation 250 (1), (2) Erkundung 239 (1), 257 (3) Früher Ackerbau 258 (1) Frühe Religion 36 (2) Handel d. Antike 44–45 (1) Kolonialismus 269 (4) Mittelalterliche Staaten 244 (1), 244–245 (3), 262–263 (1) Mogul-Reich 246 (1) Mongolen 68–69 (1) Nachkriegszeit 252 (1), (3) Ökonomie 247 (3), 249 (4) Qing-China 268 (2) Weltreligionen 49 (3), (4) Weltwirtschaft 92 (1)
Brahmavarta Region Südasien Frühe Religion 242 (2)
Bramaputra siehe Brahmaputra
Branco Fluss Südamerika Kolonialismus 149 (3) Politik nach 1930 152 (1)
Brandanus Fluss Ital. Hbl. Antikes Rom 178 (1)
Brandenburg Mitteleuropa (Deutschland) Mittelalterliche Staaten 189 (3)
Brandenburg Region/Staat Mitteleuropa Die Welt 1700 82–83 Frühe Neuzeit 193 (4), 195 (3) Mittelalterliche Staaten 188 (1), 189 (4) Reformation 194 (2), 196 (1), (2) Reiche & Revolutionen 199 (3), 203 (2)
Brandenburg-Preußen siehe Preußen
Brandywine Schlacht Nordamerika (USA) Staatenbildung 127 (3)
Brasil siehe Brasilien
Brasilianisches Bergland Port. Planalto Central Gebirge Südamerika Eiszeit 140 Erkundung 143 (2), (3) Frühe Kulturen 145 (2) Kolonialismus 149 (3), (4) Ökonomie 153 (3)
Brasilien ehem. Vizekönigreich Brasilien, Port. República Federativa do Brasil Staat Südamerika Aufstieg der USA 133 (4) Die Welt 1700 82–83 passim Drogenhandel 153 (5) Globale Migration 100 (1), 101 (2) Heutige Welt 112 (1), 113 (4) Kalter Krieg 109 (1) Kolonialismus 81 (3), 149 (4) Ökonomie 153 (3), (4) Politik nach 1930 152 (1), (2) Reiche & Revolutionen 88–89 (2) Sklavenhandel 84–85 (1) Staatenbildung 150 (1), (2), 151 (3) Supermacht USA 138 (1) Weltwirtschaft 92 (1) ZWK 104 (2)
Brasilien, Kaiserreich mod. Brasilien Staat Südamerika Die Welt 1850 90–91 siehe auch Brasilien
Brasilien, Vizekönigreich mod. Brasilien Staat Südamerika Kolonialismus 149 (3) siehe auch Brasilien
Brașov ehem. Orașul Stalin, Ung. Brassó, ma. Kronstadt Südosteuropa (Rumänien) Nachkriegszeit 212 (3) siehe auch Kronstadt
Brass Westafrika (Nigeria) Sklavenhandel 84–85 (1)
Brassempouy arch. Stätte Westeuropa (Frankr.) Frühmensch 17 (4)
Brassó siehe Brașov, Kronstadt
Bratislava ehem. Dtsch. Preßburg, Ungar. Pozsony Mitteleuropa (Slowakei) ZWK 210 (1), 211 (3), (4) siehe auch Preßburg
Bratsk Sibirien (Russ. Föderation) Erkundung 257 (2)
Brattahlid mod. Julianehåb Nordamerika (Grönland) Erkundung 60–61 (1)
Brattia siehe Brač
Braunschweig Mitteleuropa (Deutschland) Frühe Neuzeit 193 (4) Handel im Mittelalter 190–191 (1) Mittelalterliche Staaten 189 (3) Reformation 196 (2) Reiche & Revolutionen 199 (3)
Brava var. Baraawe Ostafrika (Somalia) Erkundung 156 (3) Frühe Neuzeit 165 (3) Islam 162 (1)
Bravo, Río siehe Grande, Rio
Bravo del Norte Río siehe Grande, Rio
Brazos Fluss Nordamerika Kolonialismus 125 (4)
Brazza siehe Brač
Brazzaville Zentralafrika (Kongo) Afrika nach 1960 169 (4) Kolonialismus 166–167 (4) Ökonomie 168 (2)
Brčko Südosteuropa (B.-H.) Europapolitik 215 (3)
BRD siehe Deutschland, Bundesrepublik
Breda Schlacht Westeuropa (Niederl.) Reformation 195 (5)
Bréifne Staat Brit. Inseln Mittelalterliche Staaten 188 (2)
Breisach Westeuropa (Frankr.) Frühe Neuzeit 197 (5)
Breitenfeld Schlacht Mitteleuropa (Deutschland) Reformation 196 (1)
Brême siehe Bremen
Bremen Frz. Brême Mitteleuropa (Deutschland) Franken 184 (2) Frühe Neuzeit 193 (4), 197 (3) Handel im Mittelalter 190–191 (1) Mittelalterliche Staaten 188 (1), 189 (3) Nachkriegszeit 212 (3) Napoleon 200–201 (1), 201 (2) Ökonomie 205 (4) Reformation 196 (1) Reiche & Revolutionen 199 (3), 203 (2) Zwischenkriegszeit 209 (3) ZWK 211 (4)
Bremen Region Mitteleuropa Frühe Neuzeit 197 (3)
Brenner, Col du siehe Brenner-Pass
Brennero, Passo del siehe Brenner-Pass
Brenner-Pass var. Brenner-Sattel, Frz. Col du Brenner, Ital. Passo del Brennero Pass Mitteleuropa Handel im Mittelalter 190–191 (1)
Brenner Sattel siehe Brenner-Pass
Brenta Fluss Ital. Hbl. EWK 207 (5)
Brescia ant. Brixia (Ital. Hbl.) Handel im Mittelalter 190–191 (1), 190–191 (1) Mittelalterliche Staaten 188 (1) EWK 207 (5)
Breslau Poln. Wrocław Mitteleuropa (Polen) EWK 207 (4) Frühe Neuzeit 193 (4) Handel im Mittelalter 190–191 (1) Mittelalterliche Staaten 188 (1), 189 (3), (4) Reiche & Revolutionen 203 (2) siehe auch Wrocław
Bresse Region Westeuropa (Frankr.) Frühe Neuzeit 197 (5)
Brest Westeuropa (Frankr.) Die Welt 1400 70–71 Frühe Neuzeit 193 (4), 197 (5) Mittelalterliche Staaten 187 (4), 192 (1), (2) Napoleon 200–201 (1) Ökonomie 205 (4) Reiche & Revolutionen 199 (4) ZWK 104 (2)
Brest ehem. Brześć Litewski, Dtsch. Brest-Litowsk, Poln. Brześć nad Bugiem, Russ. Brest-Litovsk Osteuropa (Belorussland) Nachkriegszeit 212 (3) siehe auch Brest-Litowsk
Brest-Litowsk mod. Brest, ehem. Brześć Litewski, Poln. Brześć nad Bugiem Osteuropa (Belorussland) EWK 207 (4) Reiche & Revolutionen 202 (1) siehe auch Brest
Brétigny Westeuropa (Frankr.) Mittelalterliche Staaten 192 (1)
Bretagne Region/Staat Westeuropa (Frankr.) Die Welt 750 54–55 Franken 184 (2) Frühe Neuzeit 197 (5) Mittelalterliche Staaten 186 (2), 187 (4), 192 (1), (2) Wikinger 60–61 (1)
Bretonen Volk Westeuropa (Frankr.) Franken 183 (5), (6) Spätantike 182 (1) Mittelalterliche Staaten 182 (2)
Bretonische Mark Region Westeuropa (Frankr.) Franken 184 (2)
Briançon Westeuropa (Frankr.) Frühe Neuzeit 197 (5)
Briar Creek Schlacht Nordamerika (USA) Staatenbildung 127 (3)
Bricgstow siehe Bristol
Bricindarioi siehe Brikindarioi
Brielle siehe Brill
Brigantium Iberische Hbl. (Spanien) Antikes Rom 180–181 (1)
Brigetio Mitteleuropa (Ungarn) Antikes Rom 180–181 (1) Weltreligionen 48 (1)
Brighton Brit. Inseln (UK) Ökonomie 204 (1)
Brigukachha Südasien (Indien) Frühe Religion 242 (2)
Brikindarioi Staat Südosteuropa (Griech.) Antike Griechen 177 (2)
Brill Frz. Brielle Westeuropa (Niederl.) Reformation 195 (5)
Brindisi Ital. Hbl. Handel im Mittelalter 190–191 (1) Mittelalterliche Staaten 183 (4)
Brisbane Australien Erkundung 279 (2), (3) Imperialismus 284–285 (1) Kolonisation 282 (1) Ökonomie 282 (2) Staatenbildung 283 (3)
Bristol ant. Bricgstow Staat Brit. Inseln (UK) Handel im Mittelalter 190–191 (1) Mittelalterliche Staaten 187 (4), 188 (2) Napoleon 200–201 (1), 201 (2) Ökonomie 198 (1), 205 (4) Sklavenhandel 84–85 (1) ZWK 210 (1)
Bristol Channel Bucht Brit. Inseln Ökonomie 204 (1)
Britannien Lat. Britannia Region/Provinz Brit. Inseln Antikes Rom 180–181 (1), 181 (4) Die Welt 250 46–47 Erkundung 172 (1) Früher Ackerbau 174 (1) Handel d. Antike 44–45 (1) Völkerwanderung 52–53 (1) Weltreligionen 48 (1), 49 (4)
Briten Volk Brit. Inseln Mittelalterliche Staaten 182 (2) Spätantike 182 (1)
Britische Inseln Archipel Europa Bronzezeit 175 (3) Erkundung 286 (1) Früher Ackerbau 174 (1), 20–21 (2) Kupferzeit 174 (2) Wissen & Technologie 76–77 (1)
Britisches Territorium im Indischen Ozean Eng. British Indian Ocean Territory Kolonie Indischer Ozean Heutige Welt 110–111
Britisch-Guayana Eng. British Guiana mod. Guyana Kolonie/Staat Südamerika Die Welt 1850 90–91 Globale Migration 101 (3) Kalter Krieg 109 (1) Staatenbildung 150 (1), 151 (3) ZWK 104 (1) siehe auch Guyana
Britisch-Honduras mod. Belize Kolonie Mittelamerika Aufstieg der USA 129 (2) Die Welt 1850 90–91 passim Kalter Krieg 108 (2), 109 (1) siehe auch Belize
Britisch-Indien Kolonie Südasien Imperialismus 97 (3)
Britisch-Malaya Kolonie Kont. Südostasien (Malaysia) Imperialismus 97 (3)
Britisch-Neuguinea var. Papua, Eng. British New Guinea Kolonie Mar. Südostasien Imperialismus 97 (3), 284–285 (1)
Britisch-Nordborneo mod. Sabah Kolonie Mar. Südostasien Dekolonisation 251 (4) Erkundung 279 (3) Imperialismus 97 (3), 284–285 (1) Kalter Krieg 109 (1) Kolonialismus 269 (4) ZWK 250–251 (3), 272 (1), 273 (2) siehe auch Sabah
Britisch-Ostafrika mod. Kenya Kolonie/Staat Ostafrika Imperialismus 96 (1), 97 (4) siehe auch Kenya
Britisch-Somaliland Kolonie Ostafrika Imperialismus 96 (1), 97 (4)
Britisch-Zentralafrika var. Nyasaland Staat Südl. Afrika Imperialismus 97 (4)
British Columbia Frz. Colombie-Britannique Provinz/Staat Nordamerika Aufstieg der USA 129 (1), (2) Ökonomie 136 (2)
British Virgin Islands Kolonie Westindien Heutige Welt 110–111
Brixia siehe Brescia
Brno siehe Brünn
Broach Südasien (Indien) Ökonomie 247 (3) siehe auch Bharukachha, Barygaza
Brock Island Insel Polarmeer Erkundung 287 (2)
Brody Osteuropa (Ukraine) EWK 207 (4)
Broederstroom arch. Stätte Südl. Afrika (Südafrika) Frühe Kulturen 160 (1)
Broken Hill Australien Kolonisation 282 (1) Staatenbildung 283 (3)
Bronocice arch. Stätte Mitteleuropa (Polen) Kupferzeit 174 (2)
Brooks Range Gebirge Nordamerika Aufstieg der USA 129 (2) Erkundung 287 (2)
Broome Australien Kolonisation 282 (1)
Broucsella siehe Brüssel
Broughton Brit. Inseln (UK) Ökonomie 204 (2)
Brskovo Südosteuropa (Jugoslawien) Handel im Mittelalter 190–191 (1)
Brügge Frz. Bruges Westeuropa (Belgien) Biol. Austausch 72–73 (1) EWK 206 (2), (3) Handel im Mittelalter 190–191 (1) Reformation 195 (5)
Brundisium mod. Brindisi Ital. Hbl. Antikes Rom 178 (1), 180–181 (1) Handel der Antike 181 (3) siehe auch Brindisi
Brunei Mar. Südostasien (Brunei) Biol. Austausch 72–73 (1) Die Welt 1700 82–83 Erkundung 239 (2) Imperialismus 97 (3) Kolonialismus 247 (4) Mittelalterliche Staaten 245 (6)
Brunei Kolonie/Staat Mar. Südostasien China nach 1949 275 (3) Dekolonisation 251 (4) Die Welt 1500 74–75 passim Heutige Welt 113 (3) Imperialismus 284–285 (1) Kolonialismus 247 (4) Nachkriegszeit 253 (4), (5) Tigerstaaten 275 (4) ZWK 250–251 (3), 272 (1), 273 (2)
Brunei Town siehe Bandar Seri Begawan
Brunete Iberische Hbl. (Spanien) Zwischenkriegszeit 209 (4)
Brünn Tsch. Brno Mitteleuropa (Tschech. Rep.) Frühe Neuzeit 193 (4) Frühmensch 17 (4) Mittelalterliche Staaten 189 (4)
Brussa mod. Türk. Bursa, ant. Prusa Südwestasien (Türkei) Die Welt 1400 70–71 Mittelalterliche Staaten 189 (4) Osmanen 203 (4), 230 (1) siehe auch Bursa, Prusa
Brussel siehe Brüssel
Brüssel Frz. Bruxelles, ant. Broucsella, Ndl. Brussel, Eng. Brussels Westeuropa (Belgien) EWK 206 (2), (3) Frühe Neuzeit 193 (4) Handel im Mittelalter 190–191 (1) Kalter Krieg 108 (3) Napoleon 200–201 (1), 201 (2), (3) Reformation 194 (2), 195 (5) Reiche & Revolutionen 199 (4), 202 (1), 203 (2) Zwischenkriegszeit 209 (3)
Bruttier Lat. Bruttii Volk Ital. Hbl. Antikes Rom 178 (1), (2)
Bruxelles siehe Brüssel
Brześć Litewski siehe Brest, Brest-Litowsk
Brześć nad Bugiem siehe Brest, Brest-Litowsk
Buang Bep arch. Stätte Kont. Südostasien (Thailand) Bronzezeit 240 (3)
Bubastis Ägypten Altes Ägypten 159 (4), (5) Urbane Zivilisationen 28–29 (1)
Buchenwald KZ Mitteleuropa ZWK 211 (3)
București siehe Bukarest
Buda ant. Aquincum, ehem. Dtsch. Ofen, mod. Budapest Mitteleuropa (Ungarn) Biol. Austausch 72–73 (1) Frühe Neuzeit 193 (4), 194 (1) Handel im Mittelalter 190–191 (1) Mittelalterliche Staaten 187 (5), 188 (1), 189 (4) Napoleon 200–201 (1), 201 (2) Ökonomie 198 (1) Osmanen 195 (4), 230 (1), 231 (3) Reformation 194 (2) Reiche & Revolutionen 202 (1) siehe auch Aquincum, Budapest
Budapest ehem. Buda und Pest, Mitteleuropa (Ungarn) EWK 207 (4) Kalter Krieg 108 (3), 109 (1) Osmanen 203 (4), 232–233 (1) ZWK 210 (1), 211 (2), (3), (4) Zwischenkriegszeit 209 (5) siehe auch Buda, Pest
Buddh Gaya siehe Bodh Gaya
Budimpešta siehe Budapest
Buenaventura Südamerika (Kolumbien) Staatenbildung 150 (1), 151 (3)
Buena Vista Schlacht Mittelamerika (Mexiko) Aufstieg der USA 129 (2)
Buenos Aires ehem. Santa Maria del Buen Aire Südamerika (Argentinien) Die Welt 1800 86–87 passim Erkundung 142 (1), 143 (2), (3) Globale Migration 100 (1), 101 (2) Kolonialismus 148 (2) Ökonomie 153 (3) Politik nach 1930 152 (1) Sklavenhandel 84–85 (1) Staatenbildung 150 (1), 151 (3) Weltwirtschaft 92 (1)
Buenos Aires Staat Südamerika Staatenbildung 151 (3)
Buenos Aires, Audiencia von Region Südamerika Kolonialismus 148 (2)
Buffalo Nordamerika (USA) Aufstieg der USA 129 (2), 132 (1) Ökonomie 134 (1), (3) US-Bürgerkrieg 130 (5)
Bug Beloruss. Zakhodni Buh, Eng. Western Bug, Russ. Zapadnyy Bug, Ukr. Zakhidnyy Buh Fluss Osteuropa EWK 207 (4) Mittelalterliche Staaten 189 (4)
Buganda Staat Ostafrika Die Welt 1700 82–83 passim Erkundung 157 (4), (5) Handel 166–167 (1) Kolonialismus 166–167 (4) Sklavenhandel 165 (4)
Bu Gia Map Schlacht Kont. Südostasien (Vietnam) Vietnam-Krieg 251 (5)
Bu Hasa Arab. Bū Ḩaṣā' Ölfeld Südwestasien Ökonomie 234 (1)
Buhen Ägypten Altes Ägypten 159 (3), (4), (5)
Bujiden siehe Buwaihiden
Bujumbura ehem. Usumbura Ostafrika (Burundi) Afrika nach 1960 169 (4), (5) siehe auch Usumbura
Buka Neuguinea (PNG) Frühe Kulturen 280 (1), (2)
Buka Insel Pazifik Erkundung 279 (3) Imperialismus 97 (3), 284–285 (1)
Bukarest Rum. București, Türk. Bükreş Südosteuropa (Rumänien) EWK 207 (6) Kalter Krieg 108 (3) Nachkriegszeit 212 (3) Napoleon 200–201 (1), 201 (3) Ökonomie 205 (4) Osmanen 197 (4), 230 (1) Reiche & Revolutionen 202 (1) Zwischenkriegszeit 209 (3) ZWK 210 (1), 211 (2), (4)
Bukavu ehem. Costermansville Zentralafrika (Kongo (Zaire)) Afrika nach 1960 169 (4) Ökonomie 168 (2)
Bukephala Südasien (Pakistan) Hellenist. Welt 40–41 (1)
Bukhara var. Bochara, Buchoro Zentralasien (Usbekistan) Biol. Austausch 72–73 (1) Die Welt 1200 62–63 passim Handel 267 (3) Hellenist. Welt 40–41 (1) Islam 56–57 (1), 57 (2), 226 (3), 227 (4), (6) Kolonialismus 269 (3) Kommunismus 271 (8) Kreuzzüge 65 (1) Mongolen 68–69 (1) Safawiden 231 (4) Timur 229 (4) UdSSR 208 (2), 215 (4)
Bukhara Provinz/Region/Staat Zentralasien Die Welt 1600 78–79 passim Kolonialismus 248 (1), 269 (3) Safawiden 231 (4)
Bukhoro siehe Bukhara
Bukit Tengku Lembu arch. Stätte Kont. Südostasien (Thailand) Bronzezeit 240 (3)
Bukoba Ostafrika (Tanzania) Erkundung 157 (5)
Bukowina Provinz/Region Osteuropa Osmanen 197 (4)
Bükreş siehe Bukarest
Bulawayo var. Buluwayo Südl. Afrika (Zimbabwe) Imperialismus 96 (2) Kolonialismus 166–167 (4) Ökonomie 168 (2)
Bulgar var. Bolgar, mod. Bolgary Osteuropa (Russ. Föderation) Die Welt 1000 58–59 Mittelalterliche Staaten 185 (3) Mongolen 68 (2), 68–69 (1) Wikinger 60–61 (1)
Bulgaren siehe Wolga-Bulgaren
Bulgaren-Reich Staat Südosteuropa Die Welt 750 54–55 Die Welt 1000 58–59 Mittelalterliche Staaten 185 (3), 187 (3), (5), 188 (1), 189 (4) Wikinger 60–61 (1) siehe auch Bulgarien
Bulgarien ehem. Bulgaren-Reich, ma. Blgariya, Bul. Bŭlgariya Staat Südosteuropa Arabien im 20. Jh. 233 (3) Die Welt 1200 62–63 Die Welt 1300 66–67 Europapolitik 214 (1), (2), 215 (3) EWK 206 (1), 207 (6), 233 (2) Handel im Mittelalter 190–191 (1) Heutige Welt 112 (2), 113 (3), (4) Kalter Krieg 108 (3), 109 (1) Nachkriegszeit 212 (3), 213 (5) Ökonomie 205 (4) Osmanen 203 (4), 230 (1) UdSSR 208 (2), 213 (4) Zwischenkriegszeit 208 (1), 209 (3) ZWK 104 (2), 210 (1), 211 (2), (4) siehe auch Bulgaren-Reich
Bull Brook Nordamerika (USA) Die Welt 5000 v.Chr. 18–19
Bull Run var. Manassas Schlacht Nordamerika (USA) US-Bürgerkrieg 131 (6)
Bulungan Staat Mar. Südostasien Die Welt 1800 86–87
Buluwayo siehe Bulawayo
Bunbury Australien Kolonisation 282 (1)
Bunce Island Westafrika (Liberia) Sklavenhandel 165 (4)
Bundaberg arch. Stätte Australien Frühmensch 17 (5)
Bundela Staat Südasien Mongolen 68–69 (1)
Bundelkhand Staat Südasien Kolonialismus 249 (3)
Bunker Hill Schlacht Nordamerika (USA) Staatenbildung 127 (3)
Bunyoro Staat Ostafrika Die Welt 1700 82–83 passim Handel 166–167 (1) Kolonialismus 166–167 (4) Sklavenhandel 165 (4)
Buraida Arab. Buraydah Südwestasien (Saudi-Arabien) Arabien im 20. Jh. 233 (4)
Buraydah siehe Buraida
Burdigala mod. Bordeaux Westeuropa (Frankr.) Antikes Rom 180–181 (1), 181 (4) Handel der Antike 181 (3) Weltreligionen 48 (1) siehe auch Bordeaux
Burgen Ital. Borgo Ital. Hbl. EWK 207 (5)
Burgos Iberische Hbl. (Spanien) Franken 184 (2) Islam 192 (3) Zwischenkriegszeit 209 (4)
Burgund Frz. Bourgogne, var. Burgundia, Königreich Burgund, Herzogtum Burgund Staat/Region Westeuropa (Frankr.) Erkundung 61 (1) Franken 183 (6), 184 (2) Frühe Neuzeit 193 (4) Mittelalterliche Staaten 185 (3), 187 (4), 192 (1), (2) siehe auch Burgunder, Königreich der
Burgund, Freigrafschaft mod. Franche-Comté Staat Mitteleuropa/Westeuropa (Frankr.) Frühe Neuzeit 193 (4) siehe auch Franche-Comté
Burgunder Lat. Burgundiones Volk Mitteleuropa/Frankr. Antikes Rom 180–181 (1) Völkerwanderung 52–53 (1)
Burgunder, Königreich der Staat Mitteleuropa/Frankr. Die Welt 500 50–51 Franken 183 (5) Spätantike 182 (1) Völkerwanderung 52–53 (1), 53 (2)
Burhanpur Südasien (Indien) Ökonomie 247 (3) Mittelalterliche Staaten 244–245 (3)
Buritaca Südamerika (Kolumbien) Frühe Reiche 146 (1)
Burjaten Volk Sibirien Die Welt 1500 74–75 passim Handel 267 (3) Mongolen 68–69 (1)
Burjatija var. Buryatia Region Sibirien UdSSR 215 (4)
Burketown Australien Kolonisation 282 (1)
Burkina Faso ehem. Upper Volta, Dtsch. Obervolta Staat Westafrika Afrika nach 1960 169 (4) Dekolonisation 168 (1) Heutige Welt 112 (1), 113 (3) Islam 235 (4) Ökonomie 168 (2), (3) siehe auch Obervolta
Burlag Region Sibirien UdSSR 213 (4)
Burma var. Birma, mod. Myanmar Kolonie/Staat Kont. Südostasien Biol. Austausch 72–73 (1) China nach 1949 275 (3) Chinesische Revolution 271 (7) Dekolonisation 250 1), 251 (4) Die Welt 1600 78–79 passim Erkundung 257 (3) Frühe Neuzeit 266 (1), (2) Globale Migration 100 (1), 101 (3) Handel 267 (3) Heutige Welt 113 (3), (4) Imperialismus 97 (4) Kolonialismus 248 (1), (2), 249 (3), 269 (4) Mittelalterliche Staaten 263 (7) Ökonomie 274 (2) Qing-China 268 (1) Tigerstaaten 275 (4) Weltreligionen 243 (5), 49 (3) Weltwirtschaft 92 (1) ZWK 104 (1), 250–251 (3), 272 (1), 273 (2) siehe auch Myanmar
Burma-Straße Straße Ostasien/Kont. Südostasien ZWK 250–251 (3)
Burnt Corn Creek Schlacht Nordamerika (USA) Aufstieg der USA 129 (2)
Bursa ehem. Brussa var. Brusa ant. Prusa Südwestasien (Türkei) Osmanen 203 (4) siehe auch Brussa, Prusa
Būr Sa'īd siehe Port Said
Buru Ndl. Boeroe Insel Mar. Südostasien Erkundung 278 (1) Imperialismus 97 (3) Islam 243 (6) Kolonialismus 247 (4)
Burundi ehem. Urundi Staat Zentralafrika Afrika nach 1960 169 (4), (5) Dekolonisation 168 (1) Die Welt 1700 82–83 passim Handel 166–167 (1) Heutige Welt 112 (1), 113 (3) Kolonialismus 166–167 (4) Ökonomie 168 (2), (3) siehe auch Ruanda-Urundi
Buryatia siehe Burjatija
Burzenland Region/Staat Osteuropa Kreuzzüge 186 (1) siehe auch Siebenbürgen; Walachei
Busan siehe Pusan
Buschmänner siehe Khoi-San
Bush Barrow Grabhügel Brit. Inseln (UK) Bronzezeit 175 (3)
Būshehr siehe Bushir
Bushir var. Būshehr, Russ. Bandar-e Būshehr Südwestasien (Iran) Arabien im 20. Jh. 235 (5) Handel 230 (2) Ökonomie 234 (1)
Busoga Staat Ostafrika Die Welt 1700 82–83 passim
Busra siehe Basra
Busselton Australien Kolonisation 282 (1)
Bussora siehe Basra
Bustard Bay Bucht Australien Erkundung 278 (1)
Buto Ägypten Altes Ägypten 159 (2) Urbane Zivilisationen 28–29 (1)
Butua Staat Südl. Afrika Die Welt 1600 78–79 Die Welt 1800 86–87
Butuntum siehe Bitonto
Buwaihiden var. Buyiden, Bujiden Staat Südwestasien Die Welt 1000 58–59 Erkundung 61 (3) Islam 57 (2), 227 (6)
Büyükzap Suyu siehe Großer Zab
Byblos Arab. Djubail, Bibl. Gebal, Ägyp. Keban Südwestasien (Libanon) Altes Ägypten 159 (4), (5) Erste Hochkulturen 176–177 (1) Frühe Kulturen 221 (4) Früher Ackerbau 220 (1) Frühe Reiche 222 (2) Hellenist. Welt 40–41 (1) Schrift & Zahl 223 (3) Urbane Zivilisationen 28–29 (1)
Byerezino siehe Beresina
Byker Brit. Inseln (UK) Ökonomie 204 (3)

Bylany Mitteleuropa (Polen) Früher Ackerbau 174 (1)
Bynum *Grabhügel* Nordamerika (USA) Frühe Kulturen 121 (4)
Byumba Ostafrika (Ruanda) Afrika nach 1960 169 (5)
Byzantinisches Reich *var.* Oströmisches Reich, Rhomäer-Reich *Staat* Südosteuropa/Südwestasien Die Welt 750 54–55 *passim* Handel im Mittelalter 190–191 (1) Islam 56–57 (1), 57 (2), 184 (1), 226 (3), 227 (4), (6) Kreuzzüge 65 (3), 186 (1), 228 (2) Mittelalterliche Staaten 185 (3), 189 (4) Mongolen 229 (3) Seldschuken 228 (1) Timur 229 (4) Wikinger 60–61 (1) *siehe auch* Oströmisches Reich
Byzantion *Lat.* Byzantium, *später* Nova Roma, Constantinopolis *Dtsch.* Byzanz, Konstantinopel *mod. Türk.* Istanbul *Staat* Südwestasien (Türkei) Antike Griechen 177 (2), (3), 179 (4) Antikes Persien 223 (4), 225 (6) Antikes Rom 179 (5), 180–181 (1), 181 (4), 224 (2), 225 (5) Erkundung 218 (1) Erste Hochkulturen 176–177 (1) Handel d. Antike 44 (2), 44–45 (1), 181 (3) Hellenist. Welt 40–41 (1), 224 (1) *siehe auch* Konstantinopel, Istanbul
Byzanz *siehe* Byzantion, *siehe auch* Konstantinopel, Istanbul

C

Cabango Zentralafrika (Angola) Erkundung 157 (4)
Cabillonum *siehe* Chalon-sur-Saône
Cabinda *var.* Kabinda Südl. Afrika (Angola) Imperialismus 96 (1) Kalter Krieg 109 (5)
Cabo Verde *siehe* Verde, Kap
Cabo Verde, Ilhas do *siehe* Kapverden
Cacalco Mittelamerika (Mexiko) Azteken 124 (3)
Cacaxtla Mittelamerika (Mexiko) Frühe Kulturen 122 (1)
Cáceres *Arab.* Qazris Iberische Hbl. (Spanien) Zwischenkriegszeit 209 (4)
Cachar *Staat* Südasien Die Welt 1800 86–87
Cacheo *siehe* Cacheu
Cacheu *var.* Cacheo Westafrika (Guinea-Bissau) Die Welt 1600 78–79 *passim* Frühe Neuzeit 164 (2) Islam 162 (1) Reiche & Revolutionen 88 (1) Sklavenhandel 84–85 (1), 165 (4)
Caddo *Volk* Nordamerika Kolonialismus 125 (4), 126 (1)
Cádiz *ant.* Gades, Gadier, Gadir, Gadire Iberische Hbl. (Spanien) Franken 184 (2) Handel im Mittelalter 190–191 (1) Islam 192 (3) Kolonialismus 81 (3) Napoleon 200–201 (1) Ökonomie 198 (1), 205 (4) Zwischenkriegszeit 209 (4) *siehe auch* Gades
Cadurcum *siehe* Cahors
Caelius, Mons *Hügel* Ital. Hbl. Stadtplan des antiken Rom 181 (2)
Caen Westeuropa (Frankr.) Frühe Neuzeit 197 (5) Mittelalterliche Staaten 186 (2), 192 (1) Reiche & Revolutionen 199 (4)
Caerdydd *siehe* Cardiff
Caere *mod.* Cerveteri Ital. Hbl. Antikes Rom 178 (1), (2) Erste Hochkulturen 176–177 (1) Frühe Religion 36 (1)
Caer Glou *siehe* Gloucester
Caer Gybi *siehe* Holyhead
Caerleon *siehe* Isca Silurum
Caer Luel *siehe* Carlisle
Caesaraugusta *var.* Salduba, *ma.* Saragossa, *mod.* Zaragoza Iberische Hbl. (Spanien) Antikes Rom 180–181 (1) *siehe auch* Saragossa, Zaragoza
Caesarea *var.* Shershell, *mod.* Cherchell Nordafrika (Algerien) Antikes Rom 161 (2), 181 (4) Handel d. Antike 44–45 (1)
Caesarea Cappadociae *var.* Eusebia, Mazaca, *mod. Türk.* Kayseri Südwestasien (Türkei) Antikes Rom 180–181 (1) Weltreligionen 48 (1) *siehe auch* Kayseri
Caesarea Maritima *var.* Caesarea Südwestasien (Israel) Antikes Rom 161 (2), 180–181 (1), 181 (4), 225 (4), (5) Handel d. Antike 181 (3) Kreuzzüge 65 (3)
Caesarodunum *später* Turoni, *mod.* Tours Westeuropa (Frankr.) Antikes Rom 180–181 (1) *siehe auch* Tours, Turoni
Caesaromagus *siehe* Beauvais
Cafunfo Südl. Afrika (Angola) Kalter Krieg 109 (5)
Čagatai *siehe* Chagatai-Khanat
Cagliari *ant.* Carales Sardinien (Italien) Handel im Mittelalter 190–191 (1) *siehe auch* Carales
Cahokia Nordamerika (USA) Die Welt 1300 66–67 Frühe Religion 36 (1) Präkolumbische Kulturen 123 (5) Staatenbildung 127 (3)
Cahors *ant.* Cadurcum Westeuropa (Frankr.) Franken 184 (2) Mittelalterliche Staaten 187 (3) Reiche & Revolutionen 199 (4)
Cahuachi Südamerika (Peru) Frühe Kulturen 145 (4)
Caiambé *Staat* Südamerika Die Welt 750 54–55 Die Welt 1000 58–59 Die Welt 1200 62–63
Caiffa *siehe* Haifa
Caiphas *siehe* Haifa
Cairns Australien Kolonisation 282 (1) Staatenbildung 283 (3)
Cairo Nordamerika (USA) US-Bürgerkrieg 131 (6)
Cajamarca *ehem.* Caxamarca Südamerika (Peru) Inka 147 (3), 148 (1) Kolonialismus 148 (2)
Cajamarquilla Südamerika (Peru) Frühe Reiche 146 (1)
Calabar *var.* Kalabar *Staat* Westafrika Die Welt 1600 78–79 Frühe Neuzeit 164 (2)
Calabozo *Schlacht* Südamerika (Venezuela) Staatenbildung 150 (1)
Calais Westeuropa (Frankr.) Die Welt 1400 70–71 *passim* EWK 206 (2), (3) Frühe Neuzeit 193 (4), 194 (1), 197 (5) Mittelalterliche Staaten 192 (1), (2) Ökonomie 205 (4)
Calais, Pas de siehe Dover, Straße von
Calama Südamerika (Chile) Staatenbildung 151 (4)
Calatafimi *Schlacht* Ital. Hbl. Reiche & Revolutionen 203 (3)
Calatrava Iberische Hbl. (Spanien) Kreuzzüge 186 (1) Islam 192 (3)
Calcutta *var.* Kalkutta Südasien (Indien) Dekolonisation 250 (1), (2) Erkundung 239 (1) Globale Migration 100 (1), 101 (3) Imperialismus 97 (3) Kolonialismus 248 (1), 269 (4) Mogul-Reich 246 (1) Nachkriegszeit 252 (1), 253 (5) Ökonomie 247 (3), 249 (4) Supermacht USA 138 (1) ZWK 104 (2), 250–251 (3), 272 (1), 273 (2)
Caldera Südamerika (Chile) Staatenbildung 151 (3)
Çaldiran *Schlacht* Südwestasien (Türkei) Osmanen 195 (4)
Çaldiran *var.* Tschaldyran Südwestasien (Türkei) Osmanen 231 (3) Safawiden 231 (4)
Caledonia *Region* Brit. Inseln Antikes Rom 180–181 (1)
Calf Creek *arch. Stätte* Nordamerika (USA) Präkolumbische Kulturen 123 (4)
Calgary Nordamerika (Kanada) Aufstieg der USA 129 (2), 132 (1) Ökonomie 136 (2)
Cali Südamerika (Kolumbien) Drogenhandel 153 (5) Inka 148 (1) Ökonomie 153 (3) Politik nach 1930 152 (1) Staatenbildung 150 (2), 151 (3)
Calico Hills *arch. Stätte* Nordamerika (USA) Die Welt 10000 v.Chr. 14–15
Calicut *var.* Kozhikode, *ehem.* Kalikod, Qalqut Südasien (Indien) Biol. Austausch 72–73 (1) Die Welt 1600 78–79 *passim* Erkundung 80–81 (1), 239 (1) Handel 230 (2), 267 (3) Kolonialismus 247 (3), 248 (1) Mogul-Reich 246 (1) Mongolen 68 (2) Ökonomie 249 (4) Weltwirtschaft 93 (5) *siehe auch* Kalikod, Qalqut
California *Staat/Landschaft* Nordamerika Aufstieg der USA 129 (1) Früher Ackerbau 120 (1) Ökonomie 134 (2) US-Bürgerkrieg 130 (2), (5)
California, Golfo de *ehem.* Sea of Cortez Nordamerika Aufstieg der USA 129 (2) Kolonialismus 125 (4) Mexikan. Revolution 133 (3) Präkolumbische Kulturen 123 (4)
Calima *Staat* Südamerika Die Welt 1200 62–63
Calisia *siehe* Kalisch
Calixtlahuaca Mittelamerika (Mexiko) Frühe Kulturen 122 (1)
Callao Südamerika (Peru) Erkundung 143 (3) Inka 148 (1) Kolonialismus 148 (2) Politik nach 1930 152 (1) Sklavenhandel 84–85 (1) Staatenbildung 150 (1), 151 (3)
Callatis *siehe* Kallatis
Calpan Mittelamerika (Mexiko) Kolonialismus 125 (5)
Calpotitlan Mittelamerika (Mexiko) Azteken 124 (3)
Calusa *Volk* Nordamerika Kolonialismus 125 (4), 126 (1)
Calydnioi *siehe* Kalydnioi
Calynda *siehe* Kalynda
Camagüey *siehe* Puerto Príncipe
Camani *Volk* Südamerika (Kolumbien) Die Welt 250 46–47
Camarina *siehe* Kamarina
Ca Mau *Schlacht* Kont. Südostasien (Vietnam) Vietnam-Krieg 251 (5)
Cambay Südasien (Indien) Biol. Austausch 72–73 (1) Die Welt 1600 78–79 *passim* Kolonialismus 247 (3)
Cambay, Gulf of *siehe* Khambhat, Golf von
Camberia *siehe* Chambéry
Cambrai *ehem.* Cambray, *ant.* Cameracum, *Fläm.* Kambryk Westeuropa (Frankr.) EWK 206 (3) Franken 184 (2) Frühe Neuzeit 197 (5) Reformation 195 (5)
Cambray *siehe* Cambrai
Cambridge Nordamerika (USA) Staatenbildung 127 (3)
Cambridge *Lat.* Cantabrigia Brit. Inseln (UK) Mittelalterliche Staaten 187 (3) Ökonomie 204 (1)
Cambridge Bay Nordamerika (Kanada) Erkundung 287 (2)
Camden Nordamerika (USA) Staatenbildung 127 (3)
Cameirus *siehe* Kamiros
Cameracum *siehe* Cambrai
Cameroons *siehe* Kamerun
Cameroun *siehe* Kamerun
Camiri *Ölfeld* Südamerika Politik nach 1930 152 (2)
Camirus *siehe* Kamiros
Campani *Volk* Ital. Hbl. Antikes Rom 178 (2)
Campbell Mound *Grabhügel* Nordamerika (USA) Frühe Kulturen 121 (4)
Campeche Mittelamerika (Mexiko) Mexikan. Revolution 133 (3)
Campeche *Region* Mittelamerika Azteken 124 (1) Mexikan. Revolution 133 (3)
Campeche, Bahía de Mittelamerika Azteken 124 (1)
Campo de la Alianza *Schlacht* Südamerika (Peru) Staatenbildung 151 (4)
Campo Formio Ital. Hbl. (Italien) Napoleon 200–201 (1)
Campo Grande Südamerika (Brasilien) Politik nach 1930 152 (1)
Campus Stellae *siehe* Santiago de Compostela
Camranh-Bucht *var.* Camranh Bay *Militärbasis* Kont. Südostasien (Vietnam) ZWK 250–251 (3), 272 (1), 273 (2)
Camulodunum *mod.* Colchester, *hist.* Colneceaste Brit. Inseln (UK) Antikes Rom 180–181 (1) *siehe auch* Colchester
Cana *Arab.* Qana Südwestasien (Yemen) Handel d. Antike 44–45 (1), 225 (3) Spätantike 161 (3), (5)
Canada, Dominion of *mod.* Kanada *Staat* Nordamerika Aufstieg der USA 129 (2) *siehe auch* Kanada
Canadian Pacific Railway *Eisenbahn* Nordamerika Aufstieg der USA 129 (2) Globale Migration 100 (1)
Canadian *Fluss* Nordamerika Erkundung 119 (3)
Çanakkale Boğazı *siehe* Dardanellen, Hellespont
Canal Grande *Kanal* Brit. Inseln Stadtplan Venedig 191 (3)
Canareggio Ital. Hbl. Stadtplan Venedig 191 (3)
Canarias, Islas *siehe* Kanaren
Canberra Australien Staatenbildung 283 (3)
Cancha Rayada *Schlacht* Südamerika (Chile) Staatenbildung 150 (1)
Candamo *arch. Stätte* Iberische Hbl. (Spanien) Frühmensch 17 (3)
Candelaria Südamerika (Argentinien) Erkundung 143 (2)
Candelaria *Fluss* Südamerika Frühe Kulturen 122 (2)
Candia *Lat.* Creta, *Gr.* Kríti, *Dtsch.* Kreta, *Ägyp.* Kaptara *Insel* Mittelmeer Mittelalterliche Staaten 187 (5) Osmanen 230 (1) *siehe auch* Creta, Kaptara, Kreta
Candra *später* Arakan *Staat* Kont. Südostasien Die Welt 500 50–51 *siehe auch* Arakan
Cane Südwestasien (Yemen) Handel d. Antike 44 (2)
Cangwu *Provinz* Ostasien Frühe Reiche 260 (1)
Cangzhou *var.* Tsangchou Ostasien (China) Mittelalterliche Staaten 262–263 (1)
Canhasan Südwestasien (Türkei) Die Welt 5000 v.Chr. 18–19 Früher Ackerbau 174 (1)
Çankiri *siehe* Gangra
Cannae *Schlacht* Ital. Hbl. Antikes Rom 179 (3)
Cannanore *var.* Kananur, Kannur Südasien (Indien) Die Welt 1600 78–79 *passim* Ökonomie 247 (3)
Cannes Westeuropa (Frankr.) Napoleon 200–201 (1)
Canosa di Puglia *siehe* Canusium
Cantabri *Volk* Iberische Hbl. Antikes Rom 179 (5)
Cantabrigia *siehe* Cambridge
Cantabrisches Gebirge *Gebirge* Iberische Hbl. Frühmensch 17 (3)
Canterbury *ehem.* Cantwaraburh, *ant.* Durovernum, *Lat.* Cantuaria Brit. Inseln (UK) Kreuzzüge 65 (1) Mittelalterliche Staaten 183 (3), 186 (2), 187 (3), (4), 188 (2) Reformation 194 (2)
Canterbury *Region* Neuseeland Kolonisation 283 (5)
Can Tho *Schlacht* Kont. Südostasien (Vietnam) Vietnam-Krieg 251 (5)
Cantigny Westeuropa (Frankr.) EWK 206 (3)
Canton *siehe* Kanton
Cantor Westafrika (Gambia) Erkundung 156 (3)
Cantuaria *siehe* Canterbury
Cantwaraburh *siehe* Canterbury
Canusium *mod.* Canosa di Puglia Ital. Hbl. Antikes Rom 178 (1)
Canyon de Chelly *arch. Stätte* Nordamerika (USA) Präkolumbische Kulturen 123 (4)
Canyon de Chelly *Schlacht* Nordamerika (USA) Aufstieg der USA 129 (2)
Cao Bang *Fort* Kont. Südostasien Vietnam-Krieg 251 (5)
Caoreng *Staat* Ostasien Frühe Reiche 259 (3)
Caparcotna Südwestasien (Israel) Antikes Rom 180–181 (1)
Cap-Breton, Île du *siehe* Cape Breton Island
Cape Breton Island *Frz.* Île du Cap-Breton *Insel* Nordamerika Die Welt 1850 90–91 Kolonialismus 126 (1)
Cape Coast *ehem.* Cape Coast Castle Westafrika (Ghana) Sklavenhandel 84–85 (1) *siehe auch* Cape Coast Castle
Cape Coast Castle *mod.* Cape Coast Westafrika (Ghana) Sklavenhandel 165 (4) *siehe auch* Cape Coast
Cape Denbigh Nordamerika (USA) Präkolumbische Kulturen 123 (3)
Cape Fear *Fluss* Nordamerika Staatenbildung 127 (3)
Cape Krusenstern Nordamerika (USA) Präkolumbische Kulturen 123 (3)
Capelletti Nordafrika (Algerien) Früher Ackerbau 158 (1)
Capena Ital. Hbl. Antikes Rom 178 (1)
Cape Nome Nordamerika (USA) Präkolumbische Kulturen 123 (3)
Capernaum Südwestasien (Israel) Antikes Rom 225 (4), (5)
Cape Town *var.* Ekapa, *Afr.* Kaapstad, *Dtsch.* Kapstadt Südl. Afrika (Südafrika) Heutige Welt 110–111 *siehe auch* Kapstadt
Cape York Australien Erkundung 279 (2)
Cap-Haïtien *var.* Le Cap Westindien (Haiti) Reiche & Revolutionen 89 (3)
Capitolinus, Mons *var.* Kapitol *Hügel* Ital. Hbl. Stadtplan des antiken Rom 181 (2)
Caporetto *Dtsch.* Karfreit Mitteleuropa (Slowenien) EWK 207 (5)
Cappadocia *Gr.* Kappadokia, *Dtsch.* Kappadokien *Region/Staat* Südwestasien Antikes Rom 161 (2), 180–181 (1), 225 (5) Weltreligionen 48 (1) *siehe auch* Kappadokien
Capreae *mod.* Capri *Insel* Ital. Hbl. Antikes Rom 178 (1)
Capri *siehe* Capreae
Caprivi Strip *siehe* Caprivi-Zipfel
Caprivi-Zipfel *var.* Caprivi Strip *Landschaft* Südl. Afrika Kalter Krieg 109 (5)
Capua Ital. Hbl. Antikes Rom 178 (1), 179 (3), 180–181 (1) Franken 184 (2) Handel im Mittelalter 190–191 (1) Mittelalterliche Staaten 188 (1) Weltreligionen 48 (1)
Caquetá *Region* Südamerika Drogenhandel 153 (5)
Caquetá *var.* Rio Japurá, Yapurá *Fluss* Südamerika Frühe Kulturen 145 (4) Staatenbildung 150 (2)
Caquetá, Río *siehe* Japurá
Carabobo *Schlacht* Südamerika (Venezuela) Staatenbildung 150 (1)
Caracalla-Thermen *var. Lat.* Thermae Antoninianae *Gebäude* (Ital. Hbl.) Stadtplan des antiken Rom 181 (2)
Caracas Südamerika (Venezuela) Aufstieg der USA 133 (4) Erkundung 143 (2), (3) Kalter Krieg 108 (2) Kolonialismus 85 (2), 126 (1), 148 (2) Ökonomie 153 (3) Politik nach 1930 152 (1) Staatenbildung 150 (1), (2), 151 (3) Supermacht USA 139 (5)
Caracas, Captaincy General and Presidencia of *Region* Südamerika Kolonisation 148 (2)
Caracol Mittelamerika (Mexiko) Frühe Kulturen 122 (2)
Carales *var.* Caralis, *mod.* Cagliari Sardinien (Italien) Antikes Rom 178 (2), 179 (3), 180–181 (1) Weltreligionen 48 (1) *siehe auch* Cagliari
Caraibisches Meer *siehe* Karibisches Meer
Caralis *siehe* Cagliari, Carales
Carcaso *siehe* Carcassonne
Carcassonne *ant.* Carcaso Westeuropa (Frankr.) Franken 184 (2) Islam 192 (3) Kreuzzüge 186 (1) Mittelalterliche Staaten 187 (4), 192 (1)
Carchemish *siehe* Karkemiš
Cardiff *Wal.* Caerdydd Brit. Inseln (UK) Ökonomie 204 (1), 205 (4)
Cardigan *Wal.* Aberteifi Brit. Inseln (UK) Mittelalterliche Staaten 188 (2)
Caria *siehe* Karien
Caribana *Volk* Südamerika Die Welt 1600 78–79 Die Welt 1700 82–83
Caribou Inuit *Volk* Nordamerika Präkolumbische Kulturen 123 (3)
Carinthia *siehe* Karantania
Carlisle *ant.* Caer Luel, Luguvallium, Luguvallum Brit. Inseln (UK) Mittelalterliche Staaten 186 (2) Ökonomie 204 (1)
Carlsruhe *siehe* Karlsruhe
Carmen de Patagones Südamerika (Argentinien) Kolonialismus 148 (2)
Carmona *siehe* Uige
Carnac *arch. Stätte* Westeuropa (Frankr.) Kupferzeit 174 (2)
Carnarvon Australien Kolonisation 282 (1)
Carnatic *var.* Karnatik *Region/Staat* Südasien Ökonomie 247 (3) Kolonialismus 248 (1)
Carniola *siehe* Krain
Carnuntum Mitteleuropa (Österreich) Antikes Rom 180–181 (1) Weltreligionen 48 (1)
Caroline *Insel* Pazifik Erkundung 278 (1)
Caroline Islands *siehe* Carolinen
Carolinen *var.* Karolinen, *Eng.* Caroline Islands, *ehem.* Thornton Island *Insel* Pazifik Die Welt 1850 90–91 *passim* Erkundung 60 (2), 278 (1), 279 (3) Frühe Kulturen 280–281 (3) Imperialismus 270 (2), 284–285 (1) ZWK 104 (1), 250–251 (3), 272 (1), 273 (2)
Carpentaria-Golf Australien Erkundung 279 (2) Kolonisation 282 (1) Staatenbildung 283 (3)
Carpentaria-See *eiszeitlicher See* Australien Die Welt 10 000 v.Chr. 14–15, Eiszeit 254–255 (1), 276–277
Carraig Fhearghais *siehe* Carrickfergus
Carrhae *siehe* Karrhai
Carrickfergus *Ir.* Carraig Fhearghais Brit. Inseln (UK) Mittelalterliche Staaten 187 (4)
Carrier *Volk* Nordamerika Kolonialismus 126 (1) Präkolumbische Kulturen 123 (3)
Carrizal Mittelamerika (Mexiko) Mexikan. Revolution 133 (3)
Carsedi *siehe* Carsioli
Carsioli *var.* Carsedi ital. Hbl. Antikes Rom 178 (1)
Carso *siehe* Karst
Carson City Nordamerika (USA) Aufstieg der USA 129 (2)
Cartagena Iberische Hbl. (Spanien) Handel im Mittelalter 190–191 (1) Mittelalterliche Staaten 182 (2) Napoleon 200–201 (1) Spätantike 182 (1) Zwischenkriegszeit 209 (4)
Cartagena *var.* Cartagena de Indias Südamerika (Kolumbien) Drogenhandel 153 (5) Erkundung 143 (2) Kolonialismus 85 (2), 126 (1), 148 (2) Ökonomie 153 (3) Sklavenhandel 84–85 (1) Staatenbildung 150 (1), (2), 151 (3) *siehe auch* Carthago Nova
Cartagena de Indias *siehe* Cartagena
Carteia Iberische Hbl. (Spanien) Antikes Rom 180–181 (1)
Cartenna *var.* Cartennae Nordafrika (Algerien) Antikes Rom 179 (3), 180–181 (1)
Carthago *var.* Karthago, *Phönik.* Qart Hadašt, *Gr.* Karchedon Nordafrika (Tunesien) Antikes Rom 161 (2), 179 (3), (5), 180–181 (1), 181 (4), 225 (5) Erste Hochkulturen 176–177 (1) Frühe Kulturen 160 (1) Frühe Religion 36 (1), 37 (3) Handel d. Antike 44 (2), 44–45 (1), 181 (3) Mittelalterliche Staaten 182 (2) Spätantike 182 (1) Völkerwanderung 52–53 (1) Weltreligionen 48 (1), 49 (4) *siehe auch* Karchedon, Karthago, Qart Hadašt
Carthago Nova *mod.* Cartagena Iberische Hbl. (Spanien) Antikes Rom 179 (3), (5), 180–181 (1) Die Welt 1 n.Chr. 42–43 Handel d. Antike 181 (3) Völkerwanderung 52–53 (1) Weltreligionen 48 (1) *siehe auch* Cartagena
Cartwright Nordamerika (Kanada) ZWK 104 (2)
Carusbur *siehe* Cherbourg
Carystus *siehe* Karystos
Casablanca *Arab.* Dar-el-Beida Nordafrika (Marokko) Ökonomie 168 (2) Supermacht USA 138 (1) ZWK 104 (2), 211 (4)
Casa de Cruces Mittelamerika (Panama) Kolonialismus 85 (2)
Casa Grande *arch. Stätte* Nordamerika (USA) Präkolumbische Kulturen 123 (4)
Casanare *Region* Südamerika Erkundung 143 (2) Kolonialismus 148 (2)
Casas Grandes *arch. Stätte* Mittelamerika (Mexiko) Präkolumbische Kulturen 123 (4)
Cascades *Schlacht* Nordamerika (USA) Aufstieg der USA 129 (2)
Casco Bay *Bucht* Nordamerika ZWK 104 (2)
Casiquiare *Fluss* Südamerika Erkundung 143 (3)
Casper Nordamerika (USA) Die Welt 5000 v.Chr. 18–19
Caspium, Mare *Dtsch.* Kaspisches Meer *Binnenmeer* Asien/Europa Handel d. Antike 44 (2) *siehe auch* Kaspisches Meer
Cassai *siehe* Kasai
Cassange Westafrika (Angola) Erkundung 157 (4)
Cassel *siehe* Kassel
Cassinga Südl. Afrika (Angola) Kalter Krieg 109 (5)
Castello Ital. Hbl. Stadtplan Venedig 191 (3)
Castellón de la Plana Iberische Hbl. (Spanien) Zwischenkriegszeit 209 (4)
Castelluccio *arch. Stätte* Ital. Hbl. Kupferzeit 174 (2)
Castelvetere *siehe* Kaulonia
Castiglione *var.* Castiglione delle Stiviere *Schlacht* Ital. Hbl. Napoleon 200–201 (1)
Castiglione delle Stiviere *siehe* Castiglione
Castilia *siehe* Kastilien
Castilla *siehe* Kastilien
Castillon *Schlacht* Westeuropa (Frankr.) Mittelalterliche Staaten 192 (2)
Castle Cavern *arch. Stätte* Südl. Afrika (Südafrika) Frühe Kulturen 160 (1)
Castle Leazes Brit. Inseln (UK) Ökonomie 204 (3)
Castlemaine *Goldlagerstätte* Australien Ökonomie 282 (2)
Castlepoint Neuseeland Kolonisation 283 (4), (5)
Castra Praetoria *siehe* Praetorianer Garde, Lager der
Castra Regina *mod.* Regensburg, *hist.* Ratisbona, *Eng.* Ratisbon, *Frz.* Ratisbonne Mitteleuropa (Deutschland) Weltreligionen 48 (1) *siehe auch* Regensburg, Ratisbon
Castrum Novum Ital. Hbl. Antikes Rom 178 (1)
Çatal Hüyük Südwestasien (Türkei) Die Welt 5000 v.Chr. 18–19 Erste Städte 220 (2) Frühe Kulturen 221 (4) Früher Ackerbau 220 (1) Frühe Religion 37 (3)
Catamarca Südamerika (Argentinien) Staatenbildung 151 (3)
Catambela *siehe* Katombela
Catania Ital. Hbl. Handel im Mittelalter 190–191 (1) Mittelalterliche Staaten 187 (5)
Catarpe Südamerika (Chile) Inka 147 (3)
Catawba *Volk* Nordamerika Kolonialismus 125 (4), 126 (1)
Catemaco Mittelamerika (Mexiko) Frühe Kulturen 122 (1)
Cathay *var.* China *Landschaft* Ostasien Wissen & Technologie 76 (9) *siehe auch* China
Cato *Grabhügel* Nordamerika (USA) Frühe Kulturen 121 (4)
Cattaro *mod.* Kotor *Staat* Südosteuropa Osmanen 197 (4)
Cattigara Ostasien (China) Handel d. Antike 44 (2), 44–45 (1)
Caturmukha *mod.* Phnom Penh, Phnum Penh Kont. Südostasien (Kambodscha) Mittelalterliche Staaten 245 (6) *siehe auch* Phnom Penh
Cauca *Fluss* Südamerika Inka 148 (1) Kolonialismus 148 (2)
Caucasus *siehe* Kaukasus
Caucasus Indicus *siehe* Hindukusch
Caudium Ital. Hbl. Antikes Rom 178 (1)
Caulonia *siehe* Kaulonia
Cauvery *siehe* Kaveri
Cave Bay Cave Australien Frühe Kulturen 280 (1)
Cave of Hearths *arch. Stätte* Südl. Afrika (Südafrika) Frühmensch 13 (2)
Cawnpore *var.* Kānpur Südasien (Indien) Dekolonisation 250 (1) Kolonialismus 249 (3) Ökonomie 249 (4) Weltwirtschaft (5)
Caxamarca *siehe* Cajamarca
Cayenne Südamerika (Frz.-Guayana) Die Welt 1700 82–83 Die Welt 1800 86–87 Kolonialismus 149 (4) Ökonomie 153 (3) Politik nach 1930 152 (1) Staatenbildung 151 (3)
Cayes *var.* Les Cayes Westindien (Haiti) Reiche & Revolutionen 89 (3)
Cayman Islands *Kolonie/Staat* Westindien Heutige Welt 113 (4)
Çayönü Südwestasien (Türkei) Die Welt 5000 v.Chr. 18–19
Cazombo Südl. Afrika (Angola) Kalter Krieg 109 (5)
Ceará *mod.* Fortaleza, *ehem.* Villa do Forte de Assumpeão Südamerika (Brasilien) Kolonialismus 149 (4) *siehe auch* Fortaleza
Ceará *Region* Südamerika Kolonialismus 149 (3)
Cebu *off.* Cebu City Philippinen Kolonialismus 247 (4) ZWK 272 (1), 273 (2)
Čečnja *Dtsch.* Tschetschenien *Region* Osteuropa UdSSR 215 (4)
Cedi *var.* Chedi *Region/Reich* Südasien Frühe Reiche 241 (5)
Ceduna Australien Kolonisation 282 (1)
Ceh Pech *Staat* Mittelamerika Azteken 124 (1)
Celaya Mittelamerika (Mexiko) Mexikan. Revolution 133 (3)
Celebes *mod.* Sulawesi *Insel* Mar. Südostasien Antikes Indien 241 (6) Bronzezeit 240 (3) Erkundung 239 (1), (2) Handel 267 (3) Handel d. Antike 44–45 (1) Imperialismus 97 (3) Islam 243 (6) Kolonialismus 247 (4) Mittelalterliche Staaten 245 (6) Reiche & Revolutionen 88 (1) Weltreligionen 243 (5), 49 (4) ZWK 272 (1), 273 (2) *siehe auch* Sulawesi
Celebes-See *Indon.* Laut Sulawesi *Meer* Mar. Südostasien Erkundung 239 (1), (2) Imperialismus 97 (3) Islam 243 (6) Kolonialismus 247 (4)
Celenderis *siehe* Kelenderis
Celtiberi *siehe* Keltiberer
Cemenelium *siehe* Cemenelum
Cemenelum *var.* Cemenelium Ital. Hbl. Antikes Rom 180–181 (1)
Cempoala Mittelamerika (Mexiko) Frühe Kulturen 122 (1)
Central Bihar *Region* Südasien Dekolonisation 250 (1)
Central India Agency *Staat* Südasien Kolonialismus 248 (2)
Central Overland Trail *Straße* Nordamerika Aufstieg der USA 129 (2)
Central Pacific Railroad *Eisenbahn* Nordamerika Aufstieg der USA 129 (2) Globale Migration 100 (1)
Central Provinces *Staat* Südasien Kolonialismus 248 (2)
Central Western Queensland *arch. Stätte* Australien Frühmensch 17 (5)
Cephallenia *siehe* Cephalonia, Kephallenia
Cephalonia *Lat.* Cephallenia, *mod.* Kephalonia *Insel* Mittelmeer Osmanen 230 (1) *siehe auch* Kephallenia
Cer Südosteuropa (Jugoslawien) EWK 207 (6)
Cera *Staat* Südasien Die Welt 1200 62–63 Die Welt 1300 66–67 Mongolen 68–69 (1)
Ceram *var.* Seram, Serang, Pulau Seram *Insel* Mar. Südostasien Erkundung 239 (1), (2) Islam 243 (6) Kolonialismus 247 (4) Mittelalterliche Staaten 245 (6)
Ceramicus-Friedhof *siehe* Kerameikos-Friedhof
Ceram-See *var.* Seram-See, *Indon.* Laut Seram *Meer* Mar. Südostasien Erkundung 239 (2) Mittelalterliche Staaten 245 (6)
Ceribon *siehe* Cheribon
Cerignola *Schlacht* Ital. Hbl. Frühe Neuzeit 194 (1)
Cerrillos Südamerika (Peru) Frühe Kulturen 145 (4)
Cerro de la Bomba Mittelamerika (Mexiko) Frühe Kulturen 121 (2)
Cerro de las Mesas *Region* Mittelamerika Frühe Kulturen 121 (2), 122 (1)
Cerro de Real Iberische Hbl. (Spanien) Bronzezeit 175 (3)
Cerro Gordo Mittelamerika (Mexiko) Aufstieg der USA 129 (2)
Cerros Mittelamerika (Mexiko) Frühe Kulturen 122 (2)
Cerro Sechín *arch. Stätte* Südamerika (Peru) Frühe Kulturen 144 (1), 145 (3)
Cerro Vicús Südamerika (Peru) Frühe Kulturen 145 (4)
Cerveteri *siehe* Caere
Cēsis *siehe* Wenden
Česká Republika *siehe* Tschech. Rep.
Cetinje Südosteuropa (Jugoslawien) EWK 207 (6) Osmanen 203 (4)
Ceuta *var.* Sebta *Exklave* Nordamerika (Spanien) Biol. Austausch 72–73 (1) Die Welt 1600 78–79 *passim* Handel im Mittelalter 190–191 (1) Islam 192 (3)
Cévennes *Dtsch.* Cevennen *Gebirge* Westeuropa (Frankr.) Frühe Neuzeit 197 (5)
Ceylon *var.* Saylan, Sarandib, *mod.* Sri Lanka, *Chin.* Hsi-lan, *ant.* Taprobane, Simhala, Singhala, Lambakannas, Lanka *Region/Staat/Insel* Südasien Biol. Austausch 72–73 (1) Die Welt 1000 58–59 *passim* Dekolonisation 250 (1), 251 (4) Erkundung 239 (1) Globale Migration 100 (1) Handel 230 (2), 267 (3) Kolonialismus 248 (1), (2) Marathen 246 (2) Mongolen 68 (2) Mogul-Reich 246 (1) Ökonomie 247 (3), 249 (4) Sklavenhandel 84–85 (1) Urbane Zivilisationen 28–29 (1) ZWK 250–251 (3), 272 (1), 273 (2) *siehe auch* Lambakannas, Lanka, Simhala, Sri Lanka, Taprobana
Ceyre to the Caribs *siehe* Marie Galante
Chabarowsk *siehe* Khabarovsk
Chacabuco Südamerika (Chile) Staatenbildung 150 (1)
Chacalapan *siehe* Chicolapan
Chachalacas Mittelamerika (Mexiko) Frühe Kulturen 122 (1)
Chacha *Staat* Südasien Mittelalterliche Staaten 244 (2)
Chaco *Region* Südamerika Kolonialismus 148 (2) Erkundung 143 (2)
Chaco Canyon *arch. Stätte* Nordamerika (USA) Präkolumbische Kulturen 123 (4)
Chad *siehe* Tschad
Chafadje *siehe* Khafajah
Chagai Hills *Gebirge* Südasien Erste Städte 240 (2)
Chagar Bazar Südwestasien (Syrien) Frühe Kulturen 221 (4)
Chagatai-Khanat *var.* Khanat Kashgar, Khanat Tschagatai *Staat/Region* Zentralasien/Ostasien Biol. Austausch 72–73 (1) Die Welt 1300 66–67 *passim* Mongolen 229 (3), 68 (2) Timur 229 (4)
Chagatayiden *siehe* Chagatai-Khanat
Chagos-Inseln *var.* Chagos Archipelago, Tschagos-Inseln, *pol.* Britisches Territorium im Indischen Ozean *Archipel* Indischer Ozean Die Welt 1850 90–91 Die Welt 1900 94–95 Die Welt 1925 98–99 Die Welt 1950 102–103 *siehe auch* Britisches Territorium im Indischen Ozean
Chahamana *Staat* Südasien Mittelalterliche Staaten 244 (2)
Chaironeia *Lat.* Chaeronea *Schlacht* Südosteuropa (Griech.) Erste Hochkulturen 176–177 (1)
Chakan *Staat* Mittelamerika Azteken 124 (1)
Chalandriani *arch. Stätte* Südosteuropa (Griech.) Kupferzeit 174 (2)
Chalcatzinco Mittelamerika (Mexiko) Frühe Kulturen 121 (2), 122 (1)
Chalcedon *Gr.* Chalkedon Südwestasien (Türkei) Erste Hochkulturen 176–177 (1) Antike Griechen 177 (2) Weltreligionen 48 (1), 226 (1)
Chalchuapa Mittelamerika (El Salvador) Frühe Kulturen 121 (2)
Chalcis Südwestasien (Syrien) Antikes Rom 225 (4)
Chalcis *siehe* Chalkis
Chalco Mittelamerika (Mexiko) Azteken 124 (2)
Chalco *Staat* Mittelamerika Azteken 124 (1)
Chalco-See Mittelamerika Azteken 124 (2)
Chaldiran *siehe* Çaldiran
Chalkedon *siehe* Chalcedon
Chalkída *siehe* Chalcis
Chalkis *Lat.* Chalcis, *mod.* Chalkída, *var.* Halkida, *ehem.* Khalkís *Staat* Südosteuropa (Griech.) Antike Griechen 177 (2), (3), 179 (4) Erste Hochkulturen 176–177 (1)
Chalma Mittelamerika (Mexiko) Azteken 124 (3)
Chalna *var.* Pankhali Südasien (Bangladesh) Nachkriegszeit 252 (3)
Chalon Westeuropa (Frankr.) Franken 183 (5), (6), 184 (2)
Châlons Westeuropa (Frankr.) Franken 184 (2)
Châlons-sur-Marne Westeuropa (Frankr.) EWK 206 (3) Frühe Neuzeit 197 (5) Handel im Mittelalter 190–191 (1)
Chalon-sur-Saône *ant.* Cabillonum Westeuropa (Frankr.) Handel im Mittelalter 190–191 (1)
Chaluka Nordamerika (USA) Präkolumbische Kulturen 123 (3)
Chalukya *var.* Tschalukja *Volk/Staat* Südasien Die Welt 750 54–55 *passim* Erkundung 61 (3) Mittelalterliche Staaten 244 (2) Weltreligionen 243 (4)
Cham *Volk* Kont. Südostasien Handel d. Antike 44–45 (1)
Chama Mittelamerika (Mexiko) Frühe Kulturen 122 (2)
Chambal *Fluss* Südasien Mittelalterliche Staaten 244 (2), 244–245 (3) Ökonomie 247 (3), 249 (4) Marathen 246 (2) Frühe Religion 242 (2)
Chambéry *ant.* Camberia Westeuropa (Frankr.) Handel im Mittelalter 190–191 (1)
Champa Südasien (Indien) Frühe Religion 36 (2), 48 (2), 242 (3)
Champa *Region/Reich* Kont. Südostasien Antikes Indien 241 (6) Biol. Austausch 72–73 (1) Die Welt 250 46–47 *passim* Erkundung 61 (3) Frühe Reiche 260 (1) Handel 67 (3) Mittelalterliche Staaten 245 (5), (6), 262–263 (1), 263 (7) Mongolen 68–69 (1) Weltreligionen 243 (5), 49 (4)
Champagne *Region* Westeuropa (Frankr.) Frühe Neuzeit 197 (5) Handel im Mittelalter 190–191 (1) Mittelalterliche Staaten 187 (4)
Champaran *Region* Südasien Dekolonisation 250 (1)
Champaubert *Schlacht* Westeuropa (Frankr.) Napoleon 200–201 (1)
Champlain, Lake *See* Nordamerika Erkundung 119 (2) Kolonialismus 126 (1) Staatenbildung 127 (2)
Champutun *Staat* Mittelamerika Azteken 124 (1)
Chanca *Volk* Südamerika Frühe Reiche 147 (2)
Chancay Südamerika (Peru) Frühe Reiche 146 (1)
Chance Nordamerika (USA) Präkolumbische Kulturen 123 (5)
Chancellorsville Nordamerika (USA) US-Bürgerkrieg 131 (6)
Chan Chan Südamerika (Peru) Die Welt 1000 58–59 Die Welt 1400 70–71 Frühe Reiche 146 (1) Inka 147 (3)
Chandannagar *ehem.* Chandernagore Südasien (Indien) Nachkriegszeit 252 (1) *siehe auch* Chandernagore
Chandella *Staat* Südasien Erkundung 61 (3) Mittelalterliche Staaten 244 (2), Mongolen 68–69 (1)
Chandernagore *mod.* Chandanngar Südasien Dekolonisation 251 (4) Die Welt 1850 90–91 *passim* Kolonialismus 248 (2), 269 (4) Ökonomie 247 (3) Reiche & Revolutionen 88 (1) ZWK 250–251 (3) *siehe auch* Chandannagar
Chandigarh Südasien (Indien) Nachkriegszeit 252 (1)
Chandra *Reich* Kont. Südostasien Antikes Indien 241 (6)
Chang'an *var.* Ch'ang-an, Xi'an Ostasien (China) Handel d. Antike 44–45 (1) Erkundung 256 (1) Frühe Religion 37 (4) Frühe Reiche 260 (1), 261 (2), (3) Mittelalterliche Staaten 261 (5), 262–263 (1) Völkerwanderung 261 (6) Weltreligionen 49 (3), (4) *siehe auch* Xi'an
Changbai Ostasien (China) Kalter Krieg 109 (4)
Changchou *siehe* Changzhou
Changchun *var.* Ch'ang-ch'un, *ehem.* Hsinking Ostasien (China) Imperialismus 270 (2), (4)
Changchun *Schlacht* Ostasien (China) Chinesische Revolution 274 (1) Ökonomie 274 (2)
Changde Ostasien (China) Mittelalterliche Staaten 263 (7)
Chang Jiang *siehe* Yangtze
Changle Ostasien (China) Handel 267 (3)
Changsha *var.* Ch'angsha, Ch'ang-sha Ostasien (China) Biol. Austausch 72–73 (1) Chinesische Revolution 271 (7), 274 (1) Imperialismus 270 (2) Kolonialismus 269 (4) Ökonomie 274 (2) Qing-China 268 (1) Weltreligionen 49 (3) ZWK 250–251 (3)
Changsha *Provinz* Ostasien Frühe Reiche 260 (1)
Changwu *arch. Stätte* Ostasien (China) Frühmensch 13 (2)
Changyang *arch. Stätte* Ostasien (China) Frühmensch 13 (2)
Changzhou *var.* Changchou Ostasien (China) Mittelalterliche Staaten 262–263 (1), 263 (7)
Chanhu-Daro *arch. Stätte* Südasien (Pakistan) Erste Städte 24 (2), 240 (2)
Channel Islands *siehe* Kanalinseln
Chantilly Westeuropa (Frankr.) EWK 206 (2), (3)
Chao *siehe* Zhao
Ch'ao-an *siehe* Chaozhou
Chaochow *siehe* Chaozhou
Chaoge *Staat* Ostasien Frühe Reiche 259 (3)
Chaozhou *var.* Ch'ao-an, *ehem.* Chaochow Ostasien (China) Mittelalterliche Staaten 263 (5)
Chaplina, Mys *Eng.* Cape Chaplino *Kap* Sibirien Erkundung 257 (2)
Chaplino, Cape *siehe* Chaplina, Mys
Chapultepec Mittelamerika (Mexiko) Azteken 124 (2), (3) Frühe Kulturen 122 (1) Kolonialismus 125 (5)
Charax Südwestasien (Irak) Handel d. Antike 44–45 (1), 225 (3) Hellenist. Welt 41 (2) Spätantike 161 (3), (4), (5)
Charcas, Presidencia von *Region* Südamerika Kolonialismus 148 (2)
Charkow *siehe* Kharkov
Charleroi Westeuropa (Belgien) EWK 206 (2)
Charleston Nordamerika (USA) Aufstieg der USA 129 (2), 132 (1) Kolonialismus 126 (1) Sklavenhandel 84–85 (1) Staatenbildung 127 (3) US-Bürgerkrieg 130 (5), 131 (6), (7) Weltwirtschaft 93 (5)
Charleville Australien Kolonisation 282 (1)
Charlotte Nordamerika (USA) Staatenbildung 127 (3)
Charlottenburg Mitteleuropa (Deutschland) Nachkriegszeit 212 (2)
Charlottesville Nordamerika (USA) Staatenbildung 127 (3)
Charlottetown Nordamerika (Kanada) Aufstieg der USA 129 (2), 132 (1)
Charolais, Grafschaft *Staat* Westeuropa (Frankr.) Frühe Neuzeit 197 (5)
Charolles Westeuropa (Frankr.) Frühe Neuzeit 194 (1)
Charsadda Südasien (Pakistan) Hellenist. Welt 41 (2)
Chartres Westeuropa (Frankr.) Mittelalterliche Staaten 187 (3)
Chasaren-Reich *siehe* Khazaren-Reich
Chasniki Osteuropa (Belorussland) Frühe Neuzeit 195 (3)
Château-Thierry Westeuropa (Frankr.) EWK 206 (2), (3) Napoleon 200–201 (1)
Chatgaon *mod.* Chittagong, *var.* Chāttagām Südasien (Bangladesh) Mittelalterliche Staaten 244–245 (3) Mogul-Reich 246 (1) *siehe auch* Chittagong
Chatgaon *Staat* Südasien Mogul-Reich 246 (1)
Chatham Brit. Inseln (UK) Ökonomie 204 (1)
Chatham Islands *Archipel* Pazifik Dekolonisation 285 (3) Erkundung 60 (2) Frühe Kulturen 280–281 (3)
Chāttagām *siehe* Chatgaon, Chittagong
Chattahoochee *Fluss* Nordamerika Präkolumbische Kulturen 123 (5) US-Bürgerkrieg 131 (6)
Chattanooga Nordamerika (USA) US-Bürgerkrieg 131 (6), (7)
Chatti *später* Hessen *Volk* Europa Antikes Rom 180–181 (1)
Chaul Südasien (Indien) Die Welt 1700 82–83 Die Welt 1800 86–87 Kolonialismus 247 (3) Mittelalterliche Staaten 245 (4) Weltreligionen 243 (4)
Chaulukya *var.* Solanki *Dynastie* Südasien Die Welt 750 54–55 *passim* Erkundung 61 (3) Mongolen 68–69 (1) *siehe auch* Solanki
Chauri Chaura Südasien (Indien) Dekolonisation 250 (1)
Chauvet *arch. Stätte* Westeuropa (Frankr.) Frühmensch 17 (2)
Chavín *Staat* Südamerika Die Welt 750 v.Chr. 30–31 Frühe Religion 36 (1)
Chavín de Huantar *arch. Stätte* Südamerika (Peru) Die Welt 750 v.Chr. 30–31 Frühe Kulturen 144 (1), 145 (3), (4) Frühe Religion 36 (1)
Cheb *siehe* Eger
Che-chiang *siehe* Zhejiang
Chedi *siehe* Cedi
Cheetham Brit. Inseln (UK) Ökonomie 204 (2)
Chefoo *siehe* Zhifu
Cheju-do *ehem.* Quelpart, *Jap.* Saishū *Insel* Ostasien (Süd-Korea) Frühe Neuzeit 267 (4) Frühe Reiche 264 (1) Kalter Krieg 109 (4) Mittelalterliche Staaten 264 (2), 265 (5) *siehe auch* Quelpart
Chekiang *siehe* Zhejiang
Chelmno *Poln.* Chełmno *KZ/Ort* Mitteleuropa ZWK 211 (3)
Chełmno *siehe* Kulm
Chelyabinsk Osteuropa (Russ. Föderation) UdSSR 215 (4)
Chelyuskin, Cape *siehe* Chelyuskin, Mys
Chelyuskin, Mys *Eng.* Cape Chelyuskin *Kap* Sibirien Erkundung 257 (2)
Chemin des Dames Westeuropa (Frankr.) EWK 206 (2), (3)
Chemulpo *siehe* Inchon
Chen Ostasien (China) Frühe Reiche 259 (5) Frühe Religion 37 (4)
Chen *Staat* Ostasien Mittelalterliche Staaten 261 (5)

Chenab *Fluss* Südasien Kolonialismus 248 (1) Mittelalterliche Staaten 244 (1) Nachkriegszeit 252 (2)
Ch'eng-chou, Chengchow *siehe* Zhengzhou
Chengdu *var.* Chengtu, Ch'eng-tu, *ehem.* Shu Ostasien (China) Biol. Austausch 72–73 (1) China nach 1949 275 (3) Frühe Neuzeit 266 (1), (2) Frühe Reiche 260 (1), 261 (2) Handel d. Antike 44–45 (1) Kolonialismus 269 (4) Mittelalterliche Staaten 262–263 (1), 263 (3), (4), (5), (7) Mongolen 68–69 (1) Ökonomie 274 (2) Qing-China 268 (1) Tigerstaaten 275 (4) Weltreligionen 49 (3) ZWK 272 (1), 273 (2) *siehe auch* Shu
Chenggao Ostasien (China) Frühe Reiche 259 (5)
Chenghsien *siehe* Zhengzhou
Chengtian Ostasien Frühe Neuzeit 266 (2)
Ch'eng-tu, Chengtu *siehe* Chengdu
Chengziya *arch. Stätte* Ostasien (China) Früher Ackerbau 258 (2)
Chenkiang *siehe* Zhenjiang
Chenla *var.* Chen-la, *mod.* Kambodscha, *ehem.* Funan, *später* Khmer, Kambujadesha *Reich* Kont. Südostasien Antikes Indien 241 (6) Die Welt 750 54–55 Weltreligionen 49 (4) *siehe auch* Kambodscha, Funan, Kambujadesha, Khmer
Chennai *siehe* Madras
Cheraw Nordamerika (USA) Staatenbildung 127 (3)
Cherbourg *ant.* Carusbur Westeuropa (Frankr.) Die Welt 1400 70–71 Frühe Neuzeit 197 (5) Mittelalterliche Staaten 187 (4), 192 (1), (2) ZWK 210 (1)
Cherchell *siehe* Caesarea, Iol
Cherchen *Chin.* Qiemo Ostasien (China) Biol. Austausch 72–73 (1) Frühe Reiche 260 (1)
Cheribon *mod.* Ceribon, *Ndl.* Tjeribon *Staat* Mar. Südostasien Die Welt 1600 78–79
Cherkess *siehe* Tscherkessen
Chernigov *Ukr.* Chernihiv Osteuropa (Ukraine) Mongolen 68–69 (1)
Chernihiv *siehe* Chernigov
Chernobyl *Dtsch.* Tschernobyl Osteuropa (Ukraine) UdSSR 215 (4)
Chernomen *siehe* Maritsa
Cherno More *siehe* Schwarzes Meer
Chernovaya *arch. Stätte* Sibirien (Russ. Föderation) Früher Ackerbau 258 (1)
Chernoye More *siehe* Schwarzes Meer
Cherokee *Volk* Nordamerika Kolonialismus 125 (4), 126 (1)
Cherronesita *Staat* Südwestasien (Türkei) Antike Griechen 177 (2)
Cherry Island *siehe* Anuta
Cherry Valley Nordamerika (USA) Staatenbildung 127 (3)
Chersonesus *Staat* Südosteuropa (Griech.) Antike Griechen 177 (2)
Cherusker *Lat.* Cherusci *Volk* Europa Antikes Rom 180–181 (1)
Chesapeake Bay *Bucht* Nordamerika Kolonialismus 127 (2) Staatenbildung 127 (3)
Cheshire *Region* Brit. Inseln Weltwirtschaft 93 (4)
Chesowanja *arch. Stätte* Ostafrika (Kenya) Frühmensch 12 (1)
Chester *hist.* Legaceaster, *Lat.* Deva, Devana Castra *Wal.* Caerleon Brit. Inseln (UK) Handel im Mittelalter 190–191 (1) Mittelalterliche Staaten 183 (3), 188 (2) *siehe auch* Deva
Chesterfield *Kanal* Brit. Inseln Ökonomie 204 (1)
Chetiya *Region* Südasien Frühe Religion 242 (1), (3)
Chetwai Südasien (Indien) Ökonomie 247 (3)
Chevdar Südosteuropa (Bulgarien) Früher Ackerbau 174 (1)
Cheyenne Nordamerika (USA) Aufstieg der USA 129 (2)
Cheyenne *Volk* Nordamerika Kolonialismus 126 (1)
Ch'i *siehe* China, Qi, Qi-Reich
Chiang-hsi *siehe* Jiangxi
Chiang-ling *siehe* Jiangling
Chiang Mai *siehe* Chiengmai
Chiangnan Hsitao *siehe* Jiangnan Xidao
Chiang-su *siehe* Jiangsu
Chian-ning *siehe* Nanjing
Chiapa de Corzo Mittelamerika (Mexiko) Frühe Kulturen 121 (2), 122 (1), (2)
Chiapas *Staat* Mittelamerika Aufstieg der USA 129 (2) Mexikan. Revolution 133 (3)
Chiba *var.* Tiba *Präfektur* Japan Ökonomie 270 (1)
Chibcha *Volk/Staat* Südamerika Die Welt 1200 62–63 Frühe Reiche 147 (2)
Chibcha- (Muisca-)Häuptlingstümer Südamerika Frühe Reiche 146 (1)
Chicago Nordamerika (USA) Aufstieg der USA 129 (2), 132 (1) Die Welt 1850 90–91 *passim* Erkundung 119 (3) Heutige Welt 113 (4) Ökonomie 92 (1), 134 (1), (3), 136 (2) US-Bürgerkrieg 130 (5) US-Gesellschaft 135 (6), 137 (4)
Chicama *arch. Stätte* Südamerika (Peru) Frühe Kulturen 145 (3)
Chichén Itzá Mittelamerika (Mexiko) Azteken 124 (1) Die Welt 1000 58–59 Frühe Kulturen 122 (2) Frühe Religion 36 (1)
Chichou *siehe* Jizhou
Chickamauga Nordamerika (USA) US-Bürgerkrieg 131 (7)
Chickasaw *Volk* Nordamerika Kolonialismus 125 (4), 126 (1)
Chiclayo Südamerika (Peru) Ökonomie 153 (3) Drogenhandel 153 (5)
Chiconauhtla Mittelamerika (Mexiko) Azteken 124 (2)
Chien-Chung *siehe* Jianzhong
Chiengmai *var.* Chiang Mai, Kiangmai, *mod.* Chiang Mai Kont. Südostasien (Thailand) Erkundung 239 (1) Kolonialismus 247 (4), 248 (1) Weltreligionen 243 (5)
Chiengmai *var.* Chiangmai, Kiangmai, *mod.* Chiang Mai *Staat* Kont. Südostasien Die Welt 1300 66–67 *passim* Kolonialismus 248 (1)
Chien-k'ang *siehe* Jiankang
Chiennan *siehe* Jiannan
Chien-yeh *siehe* Jianye, Nanjing
Chihli *siehe* Zhili
Chihli-Golf *siehe* Bo Hai
Chihuahua Mittelamerika (Mexiko) Mexikan. Revolution 133 (3)
Chihuahua *Staat* Mittelamerika Aufstieg der USA 129 (2) Mexikan. Revolution 133 (3)
Chikinchel *Staat* Mittelamerika Azteken 124 (1)
Chilcotin *Volk* Nordamerika Präkolumbische Kulturen 123 (3)
Chile *Staat* Südamerika Aufstieg der USA 133 (4) Die Welt 1850 90–91 *passim* Globale Migration 100 (1), 101 (2) Heutige Welt 112 (1), 113 (4) Kalter Krieg 109 (1) Ökonomie 153 (3) Politik nach 1930 152 (1) Reiche & Revolutionen 88–89 (2) Staatenbildung 150 (1), 151 (3), (4) Supermacht USA 138 (1) Weltwirtschaft 92 (1) ZWK 105 (3)
Chile, Generalkapitanat und Presidencia von *Region* Südamerika Kolonialismus 148 (2)
Chile-Becken *Meer* Südamerika Eiszeit 140
Chilecito Südamerika (Argentinien) Inka 147 (3) Staatenbildung 151 (3)
Chi-lin *siehe* Jilin
Chillon *Fluss* Südamerika Frühe Kulturen 145 (3)
Chiloé, Isla de *var.* Isla Grande de Chiloé *Insel* Südamerika Erkundung 143 (3), 80–81 (1)
Chimalhuacan Mittelamerika (Mexiko) Azteken 124 (2)
Chimbote Südamerika (Peru) Ökonomie 153 (3)
Chimú *Volk/Staat* Südamerika Die Welt 1200 62–63 *passim* Frühe Reiche 147 (2)
Chin *siehe* Jin-Reich
China *mod.* Volksrepublik China, *ehem.* Cathay, Han-Reich, Ming-Reich, Qing-Reich, Sinae *Region/Staat* Ostasien Arabien im 20. Jh. 235 (4) Biol. Austausch 72–73 (1), 73 (3) Chinesische Revolution 271 (5) Dekolonisation 251 (4), 285 (3) Erkundung 61 (3), 256 (1), 257 (3) Frühe Neuzeit 266 (1), (2) Frühe Reiche 264 (1), (2) Frühe Religion 36 (1), 37 (4) Frühmensch 13 (2) Globale Migration 100 (1), 101 (2), (3) Handel 267 (3) Handel d. Antike 44–45 (1) Imperialismus 270 (2), (3), (4), 284–285 (1) Kommunismus 271 (8) Mittelalterliche Staaten 245 (5) Reiche & Revolutionen 88 (1) Schrift & Zahl 32 (1), 33 (2), (3) Sklavenhandel 84–85 (1) Völkerwanderung 261 (6) Weltreligionen 243 (5), 49 (3), (4) Weltwirtschaft 92 (1) Wissen & Technologie 77 (6) ZWK 104 (2), 105 (4), 250–251 (3), 272 (1), 273 (2) *siehe auch* Cathay; China, Volksrepublik; Han-Reich; Qing-Reich; Sinae
China, Republik *siehe* Taiwan
China, Volksrepublik *Chin.* Zhongua Renmin Gongheguo *Staat* Ostasien Aufstieg der USA 133 (4) China nach 1949 275 (3) Chinesische Revolution 274 (1) Heutige Welt 113 (3), (4) Islam 235 (4) Kalter Krieg 109 (1), (4) Ökonomie 274 (2) UdSSR 208 (2), 213 (4) *siehe auch* China
Chi-nan *siehe* Jinan
Chincha, Islas de *Archipel* Südamerika Staatenbildung 151 (3)
Chin-ch'ang *siehe* Jinchang
Chin-ch'uan *siehe* Jinchuan
Chindaka-Naga *Dynastie* Südasien Mongolen 68–69 (1)
Chinesische Mauer *siehe* Große Mauer
Chinghai *siehe* Qinghai
Ching-nan *siehe* Jingnan
Ch'ing-tao *siehe* Qingdao
Chinkiang *siehe* Zhenjiang
Chinkultic Mittelamerika (Mexiko) Frühe Kulturen 122 (2)
Chinmen Tao *siehe* Quemoy
Chinon Westeuropa (Frankr.) Mittelalterliche Staaten 192 (2)
Chinsura *ehem.* Chunchura Südasien (Indien) Ökonomie 247 (3)
Chin-t'ien *siehe* Jintian
Chinwangtao *siehe* Qinhuangdao
Chioggia *ant.* Fossa Claudia Ital. Hbl. Handel im Mittelalter 190–191 (1)
Chios *var.* Hios, Khíos, *Ital.* Scio, *Türk.* Sakiz Adasi *Ort/Insel* Mittelmeer Antike Griechen 177 (2), (3), 179 (4) Erste Hochkulturen 175 (4), 176–177 (1) *siehe auch* Scio
Chipata Südl. Afrika (Malawi) Frühe Kulturen 160 (1)
Chipewyan *Volk* Nordamerika Kolonialismus 126 (1) Präkolumbische Kulturen 123 (3)
Chippewa, Lake *See* Nordamerika Die Welt 10 000 v.Chr. 14–15
Chiquihuitillo Mittelamerika (Mexiko) Frühe Kulturen 122 (1)
Chiquito *Volk* Südamerika Frühe Reiche 147 (2)
Chiquitos *Region* Südamerika Erkundung 143 (2) Kolonialismus 148 (2)
Chiquitoy Südamerika (Peru) Inka 147 (3)
Chiripa *arch. Stätte* Südamerika (Bolivien) Frühe Kulturen 144 (1)
Chirokitia *siehe* Khirokitia
Chishima-rettō *siehe* Kurilen
Chisholm Trail *Straße* Nordamerika Aufstieg der USA 129 (2)
Chita *var.* Tschita Sibirien (Russ. Föderation) Kolonialismus 269 (3) Kommunismus 271 (8) UdSSR 208 (2)
Chitambo Ostafrika (Zambia) Erkundung 157 (4)
Chitan *siehe* Khitan
Chitato Südl. Afrika (Angola) Kalter Krieg 109 (5)
Chitimacha *Volk* Mittelamerika/Nordamerika Kolonialismus 125 (4), 126 (1)
Chitor Südasien (Indien) Mittelalterliche Staaten 244–245 (3) Mogul-Reich 246 (1)
Chittagong *ehem.* Chatgaon, *Ben.* Chāttagām Südasien (Bangladesh) Biol. Austausch 72–73 (1) Dekolonisation 250 (1) Erkundung 239 (1) Handel 230 (2), 267 (3) Kolonialismus 248 (1) Nachkriegszeit 252 (3), 253 (5) Ökonomie 247 (3) ZWK 250–251 (3) *siehe auch* Chatgaon
Chittagong Hills *Region* Südasien Nachkriegszeit 253 (4)
Chiusi *siehe* Clusium
Chiwa *siehe* Khiva
Chkalov *siehe* Orenburg
Chocola Mittelamerika (Mexiko) Frühe Kulturen 122 (2)
Choctaw *Volk* Nordamerika Kolonialismus 125 (4), 126 (1)
Chocuan *Staat* Mittelamerika Azteken 124 (1)
Chodschand *siehe* Alexandria Eschate
Choga Mami *var.* Tschogamami, Südwestasien (Irak) Die Welt 5000 v.Chr. 18–19 Früher Ackerbau 220 (1)
Choga Mish Südwestasien (Iran) Erste Städte 220 (2)
Chogwe Ostafrika (Tanzania) Erkundung 157 (4)
Chokai-zan *Berg* Japan Mittelalterliche Staaten 265 (3)
Chokwe *var.* Cokwe *Volk/Staat* Zentralafrika/Südl. Afrika Die Welt 1850 90–91 Handel 166–167 (1) Kolonialismus 166–167 (4)
Chola *var.* Tschola *Region/Reich* Südasien Die Welt 750 54–55 Die Welt 1200 62–63 Erkundung 61 (3) Handel d. Antike 44–45 (1) Frühe Reiche 241 (5) Mittelalterliche Staaten 244 (2) Mongolen 68–69 (1) Frühe Religion 242 (2)
Cholm *siehe* Kholm
Cholula Mittelamerika (Mexiko) Frühe Kulturen 122 (1)
Chondwe *arch. Stätte* Südl. Afrika (Zambia) Frühe Kulturen 160 (1)
Chongjin Ostasien (Nord-Korea) Kalter Krieg 109 (4)
Chongoyapa *arch. Stätte* Südamerika (Peru) Frühe Kulturen 145 (3)
Chongqing *var.* Ch'ung-ch'ing, Chungking, Pahsien, Yuzhou Ostasien (China) Biol. Austausch 72–73 (1) Chinesische Revolution 271 (7), 274 (1) Frühe Neuzeit 266 (2) Kolonialismus 269 (4) Mittelalterliche Staaten 263 (7) Ökonomie 274 (2) Qing-China 268 (1) Tigerstaaten 275 (4) ZWK 250–251 (3), 272 (1), 273 (2)
Chonju *Region* Ostasien Mittelalterliche Staaten 264 (2)
Chonos, Archipiélago de los *Archipel* Südamerika Erkundung 143 (3)
Chopani-Mando Südasien (Indien) Die Welt 5000 v.Chr. 18–19
Chorax Nordafrika (Libyen) Antikes Rom 179 (3)
Choresm *siehe* Khwarizm-Reich
Choresmia *var.* Choresmien, Chorasmia, *ma.* Khwarizm, *var.* Chuaresm, *später* Khiva *var.* Chiva *Region/Provinz* Zentralasien Antikes Persien 223 (4) Hellenist. Welt 40–41 (1) *siehe auch* Khwarizm, Khiva
Chorlton Brit. Inseln (UK) Ökonomie 204 (2)
Chorne More *siehe* Schwarzes Meer
Chorrera *arch. Stätte* Südamerika (Ecuador) Die Welt 750 v.Chr. 30–31 Frühe Kulturen 144 (1)
Chosan Ostasien (Nord-Korea) Kalter Krieg 109 (4)
Chōsen *siehe* Choson, Korea, Koryo, Silla
Chōsen-kaikyō *siehe* Korea-Straße
Choshi *Jap.* Chōshi Japan ZWK 273 (3)
Choson *var.* Chōsen, *später* Silla, *mod.* Korea, Koryo *Staat* Ostasien Die Welt 250 v.Chr. 38–39 *siehe auch* Korea, Silla, Koryo
Chotuna Südamerika (Peru) Frühe Reiche 146 (1)
Christchurch Neuseeland Kolonisation 283 (4), (5)
Christiania *siehe* Kristiania, Oslo
Christmas Island *Kolonie/Staat* Indischer Ozean Die Welt 1975 106–107 Heutige Welt 110–111 ZWK 272 (1), 273 (2)
Christmas Island *siehe* Kiritimati, Weihnachtsinsel
Chryse Chersonesus *Region* Südosteuropa (Griech.) Handel d. Antike 44 (2)
Chu *Region/Staat* Ostasien Frühe Reiche 259 (4), (5) Frühe Religion 37 (4) Mittelalterliche Staaten 263 (3)
Chuaresm *siehe* Khwarizm
Chubut *Fluss* Südamerika Staatenbildung 151 (3) Ökonomie 153 (3)
Chubut *siehe* Rawson
Chucalissa Nordamerika (USA) Präkolumbische Kulturen 123 (5)
Chucuito Südamerika (Peru) Die Welt 1300 66–67 Frühe Reiche 146 (1) Inka 147 (3)
Chudskoye Ozero *siehe* Peipus-See
Chu-fu *siehe* Zhufu
Chugacha Südasien (Bangladesh) Nachkriegszeit 252 (3)
Chukchi-See *siehe* Tschuktschen-See
Chukotka *Region* Sibirien Erkundung 257 (2)
Chukumuk Mittelamerika (Mexiko) Frühe Kulturen 122 (2)
Chu-lu *siehe* Zhulu
Chunchura *siehe* Chinsura
Ch'ung-ch'ing, Chungking *siehe* Chongqing
Chung nan Shan *siehe* Zhongnan Shan
Chung t'iao Shan *siehe* Zhongtiao Shan
Chupicuaro Mittelamerika (Mexiko) Frühe Kulturen 121 (2)
Chuquiabo Südamerika (Bolivien) Inka 147 (3)
Chuquibamba Südamerika (Peru) Frühe Reiche 146 (1)
Chuquicamata Südamerika (Chile) Ökonomie 153 (3)
Chuquisaca *var.* La Plata, *mod.* Sucre Südamerika (Bolivien) Staatenbildung 150 (1) *siehe auch* La Plata, Sucre
Chur *ant.* Curia, Curia Rhaetorum, *Frz.* Coire, *Ital.* Coira, *Rätorom.* Cuera, Quera Mitteleuropa (Schweiz) Frühe Neuzeit 193 (5) *siehe auch* Curia
Churchill *Fluss* Nordamerika Aufstieg der USA 129 (2) Kolonialismus 126 (1)
Chustenahlah *Schlacht* Nordamerika (USA) Aufstieg der USA 129 (2)
Chuuk *siehe* Truk
Chu-Wall *Wall* Ostasien (China) Frühe Reiche 259 (5)
Ciboney *Volk* Westindien Kolonialismus 125 (4)
Ciénaga de Oro Südamerika (Kolumbien) Frühe Reiche 146 (1)
Çiftlik Südwestasien (Türkei) Früher Ackerbau 220 (1)
Cihuatlan *Staat* Mittelamerika Azteken 124 (1)
Cilicia *Gr.* Kilikia, Heth. Kizzuwatna *Region* Südwestasien Antikes Rom 180–181 (1) *siehe auch* Kilikien
Cina Selatan, Laut *siehe* Südchinesisches Meer
Cincinnati Nordamerika (USA) Aufstieg der USA 129 (2), 132 (1) Ökonomie 134 (1), (3) US-Bürgerkrieg 131 (6), (7) US-Gesellschaft 135 (6)
Cipangu *var.* Japan *Archipel* Japan Wissen & Technologie 76 (9) *siehe auch* Japan
Circassen *siehe* Tscherkessen
Circei *mod.* San Felice Circco Ital. Hbl. Antikes Rom 178 (1)
Circeo *arch. Stätte* Ital. Hbl. Frühmensch 13 (2)
Circum-Caribbean *siehe* Karibischer Kreis
Circus Maximus *Gebäude* Ital. Hbl. Stadtplan des antiken Rom 181 (2)
Cirencester *ant.* Corinium, Corinium Dobunorum Brit. Inseln (UK) Mittelalterliche Staaten 183 (3)
Cirta Nordafrika (Algerien) Antikes Rom 161 (2), 180–181 (1)
Cisalpinische Republik *Staat* Ital. Hbl. Die Welt 1800 86–87
Cishan *arch. Stätte* Ostasien Die Welt 5000 v.Chr. 18–19 Früher Ackerbau 258 (1), (2)
Cîteaux Westeuropa (Frankr.) Mittelalterliche Staaten 187 (3), 188 (1)
Citium *siehe* Kition
Citlaltepec Mittelamerika (Mexiko) Azteken 124 (2)
Ciudad Bolívar *ehem.* Angostura Südamerika (Venezuela) Staatenbildung 151 (3) *siehe auch* Angostura
Ciudad del Este *ehem.* Presidente Stroessner, Puerto Presidente Stroessner Südamerika (Paraguay) Ökonomie 153 (3)
Ciudad de México *siehe* México, Tenochtitlan
Ciudad de Panamá *siehe* Panamá, Panamá City
Ciudad Guayana Südamerika (Venezuela) Ökonomie 153 (3)
Ciudad Juárez Mittelamerika (Mexiko) Mexikan. Revolution 133 (3)
Ciudad Madero Mittelamerika (Mexiko) Mexikan. Revolution 133 (3)
Ciudad Real Südamerika (Paraguay) Kolonialismus 148 (2)
Ciudad Rodrigo *Schlacht* Iberische Hbl. (Spanien) Napoleon 200–201 (1)
Ciudad Trujillo *siehe* Santo Domingo
Cividale *var.* Forum Julii Ital. Hbl. EWK 207 (5) Franken 184 (2) *siehe auch* Forum Julii
Civitas Nemetum *siehe* Speyer
Clairvaux Westeuropa (Frankr.) Mittelalterliche Staaten 187 (3)
Clasons Point Nordamerika (USA) Präkolumbische Kulturen 123 (5)
Claudia, Aqua *Aquädukt* Ital. Hbl. Stadtplan des antiken Rom 181 (2)
Claudius-Tempel *Gebäude* Ital. Hbl. Stadtplan des antiken Rom 181 (2)
Clausentum *siehe* Southampton
Clazomenae *siehe* Klazomenai
Clearwater *Schlacht* Nordamerika (USA) Aufstieg der USA 129 (2)
Clemsons Island Nordamerika (USA) Präkolumbische Kulturen 123 (5)
Cleonae *Staat* Südosteuropa (Griech.) Antike Griechen 177 (2)
Clermont Westeuropa (Frankr.) Franken 183 (5), (6), 184 (2) Kreuzzüge 64–65 (2)
Clermont-Ferrand Westeuropa (Frankr.) Ökonomie 205 (4)
Cleve *mod.* Kleve, *Eng.* Cleves *Region* Mitteleuropa Reiche & Revolutionen 199 (3)
Cleveland Nordamerika (USA) Aufstieg der USA 129 (2), 132 (1) Ökonomie 134 (1), (3)
Clipperton Island *Kolonie/Staat/Insel* Pazifik Die Welt 1950 102–103 Die Welt 1975 106–107 Heutige Welt 110–111
Clodia, Via *Straße* Ital. Hbl. Antikes Rom 178 (1)
Clogg's Cave Australien Frühe Kulturen 280 (1)
Cloncurry Australien Kolonisation 282 (1)
Clontarf Brit. Inseln (Irland) Kreuzzüge 186 (1)
Cloudy Bay *Bucht* Australien Erkundung 278 (1)
Clovis Nordamerika (USA) Die Welt 10 000 v.Chr. 14–15
Cluj-Napoca *siehe* Klausenburg
Clunes *Goldlagerstätte* Australien Ökonomie 282 (2)
Clunia Iberische Hbl. (Spanien) Antikes Rom 180–181 (1)
Cluny Westeuropa (Frankr.) Reiche & Revolutionen 199 (4)
Clusium *mod.* Chiusi Ital. Hbl. Antikes Rom 178 (1), (2) Erste Hochkulturen 176–177 (1)
Clyde Neuseeland Kolonisation 283 (5)
Cnidus *siehe* Knidos
Cnossus *siehe* Knossos
Coahuila *Staat* Mittelamerika Aufstieg der USA 129 (2) Mexikan. Revolution 133 (3)
Coahuiltec *Volk* Mittelamerika/Nordamerika Kolonialismus 125 (4), 126 (1)
Coast Mountains *Frz.* Chaîne Côtière, *Dtsch.* Küstengebirge *Gebirge* Nordamerika Aufstieg der USA 129 (2)
Coatepec Mittelamerika (Mexiko) Azteken 124 (2)
Coatlayauhcan Mittelamerika (Mexiko) Azteken 124 (3)
Coatlinchan Mittelamerika (Mexiko) Azteken 124 (2)
Coatzacoalcos *Fluss* Mittelamerika Frühe Kulturen 121 (3)
Coba Mittelamerika (Mexiko) Frühe Kulturen 122 (2)
Cobar *Goldlagerstätte* Australien Ökonomie 282 (2)
Cocanada Südasien (Indien) ZWK 250–251 (3)
Cochabamba *ehem.* Oropeza Südamerika (Bolivien) Inka 147 (3)
Cochimi *Volk* Mittelamerika Kolonialismus 125 (4)
Cochin *var.* Kochi, *Chin.* Ko-chih Südasien (Indien) Die Welt 1600 78–79 *passim* Handel 230 (2), 267 (3) Kolonialismus 248 (1) Mogul-Reich 246 (1) Nachkriegszeit 253 (5) Ökonomie 247 (3) Sklavenhandel 84–85 (1)
Cochin-China *Kolonie/Staat* Kont. Südostasien Imperialismus 97 (3) Kolonialismus 269 (4)
Cochinos, Bahía de *siehe* Schweinebucht
Cocopa *Volk* Mittelamerika Kolonialismus 125 (4), 126 (1)
Cocos Islands *Kolonie/Archipel* Indischer Ozean Die Welt 1900 94–95 Die Welt 1925 98–99 Die Welt 1950 102–103 Die Welt 1975 106–107 Heutige Welt 110–111
Cod, Cape *Kap* Nordamerika Kolonialismus 127 (2)
Cognac *ant.* Compniacum Westeuropa (Frankr.) Reformation 194 (2)
Cohuna and Kow Swamp Australien Frühe Kulturen 280 (1)
Coimbatore Südasien (Indien) Nachkriegszeit 253 (5)
Coimbra *ant.* Conimbria, Conimbriga Iberische Hbl. (Portugal) Franken 184 (2) Islam 192 (3) Mittelalterliche Staaten 187 (3)
Coira *siehe* Chur, Curia
Coire *siehe* Chur, Curia
Coixtlahuacan *Staat* Mittelamerika Azteken 124 (1)
Cojumatlan Mittelamerika (Mexiko) Frühe Kulturen 122 (1)
Cokwe *siehe* Chokwe
Cola *siehe* Chola
Colchester *hist.* Colneceaste, *ant.* Camulodunum Brit. Inseln (UK) Mittelalterliche Staaten 183 (3) Ökonomie 204 (1) *siehe auch* Camulodunum
Colchi Südasien (Indien) Handel d. Antike 44–45 (1)
Cold Harbor *Schlacht* Nordamerika (USA) US-Bürgerkrieg 131 (7)
Colee Hammock *Schlacht* Nordamerika (USA) Aufstieg der USA 129 (2)
Colenso *Schlacht* Südl. Afrika (Südafrika) Imperialismus 96 (2)
Colesberg Südl. Afrika (Südafrika) Imperialismus 96 (2) Migrationen 166 (2)
Coles Creek-Kultur *Region* Nordamerika Die Welt 500 50–51 Die Welt 750 54–55 Die Welt 1000 58–59
Coligny Mitteleuropa (Westeuropa (Frankr.)) Schrift & Zahl 33 (3)
Colima Mittelamerika (Mexiko) Frühe Kulturen 122 (1)
Colima *Staat* Mittelamerika Aufstieg der USA 129 (2) Mexikan. Revolution 133 (3)
Colless Creek Australien Frühe Kulturen 280 (1)
Collingwood Neuseeland Kolonisation 283 (4), (5)
Collo Nordafrika Handel im Mittelalter 190–191 (1)
Colmar *Dtsch.* Kolmar Westeuropa (Frankr.) Reiche & Revolutionen 199 (4)
Colneceaste *siehe* Camulodunum, Colchester
Colombie-Britannique *siehe* British Columbia
Colombo Südasien (Sri Lanka) Die Welt 1600 78–79 Erkundung 239 (1) Handel 230 (2), 267 (3) Kolonialismus 81 (3), 248 (1) Nachkriegszeit 252 (1), 253 (5) Ökonomie 247 (3), 249 (4) ZWK 104 (2), 250–251 (3), 272 (1)
Colón *ehem.* Aspinwall Mittelamerika (Panama) Staatenbildung 150 (2)
Colón, Archipiélago de *siehe* Galapagos Islands
Colonia *Port.* Colônia do Sacramento Südamerika (Uruguay) Die Welt 1700 82–83 Staatenbildung 151 (3) *siehe auch* Colônia do Sacramento
Colonia Agrippina *var.* Colonia, Oppidum Ubiorum, *mod.* Köln Mitteleuropa (Deutschland) Weltreligionen 48 (1) Antikes Rom 180–181 (1), 181 (4) Handel d. Antike 181 (3) *siehe auch* Köln
Colônia do Sacramento *var.* Colonia, *Eng.* Colonia del Sacramento Südamerika (Uruguay) Kolonialismus 148 (2) Erkundung 143 (2) *siehe auch* Colonia
Colonia Dublán Mittelamerika (Mexiko) Mexikan. Revolution 133 (3)
Colorado *Staat* Nordamerika Aufstieg der USA 129 (1) Ökonomie 134 (2)
Colorado *Fluss* Nordamerika Aufstieg der USA 129 (2) Erkundung 118 (1), 119 (3) Kolonialismus 125 (4), 126 (1) Präkolumbische Kulturen 123 (4)
Colorado, Río *Fluss* Südamerika Ökonomie 153 (3)
Colosseum *var.* Kolosseum *Gebäude* Ital. Hbl. Stadtplan des antiken Rom 181 (2)
Coltonco Mittelamerika (Mexiko) Azteken 124 (3)
Columbia Nordamerika (USA) Aufstieg der USA 129 (2)
Columbia *Fluss* Nordamerika Früher Ackerbau 120 (1)
Columbia, Cape *Kap* Nordamerika Erkundung 287 (2)
Columbus Nordamerika (USA) Aufstieg der USA 129 (2) Mexikan. Revolution 133 (3) Ökonomie 134 (1) US-Bürgerkrieg 131 (6) US-Gesellschaft 135 (6)
Columnae Herculis *Dtsch.* Säulen des Herakles *mod.* Straße von Gibraltar *Meerenge* Iberische Hbl./Afrika Antikes Rom 179 (3)
Comalcalco Mittelamerika (Mexiko) Frühe Kulturen 122 (1), (2)
Comana *rel. Stätte* Südwestasien (Türkei) Frühe Religion 37 (3)
Comanche *Volk* Nordamerika Die Welt 1600 78–79 Kolonialismus 126 (1)
Comilla *Ben.* Kumillā Südasien (Bangladesh) Dekolonisation 250 (1) Nachkriegszeit 252 (3)
Commagene *Staat* Südwestasien Die Welt 1 n.Chr. 42–43
Commonwealth of Australia *siehe* Australien
Como *ant.* Comum Ital. Hbl. Handel im Mittelalter 190–191 (1) Mittelalterliche Staaten 188 (1)
Comodoro Rivadavia Südamerika (Argentinien) Ökonomie 153 (3)
Compiègne Westeuropa (Frankr.) EWK 206 (2), (3) Franken 184 (2) Mittelalterliche Staaten 192 (2)
Compniacum *siehe* Cognac
Compostela Mittelamerika (Mexiko) Kolonialismus 125 (4)
Compostella *siehe* Santiago de Compostela
Compton Nordamerika (USA)
Comum *siehe* Como
Conakry Westafrika (Guinea) Afrika nach 1960 169 (4) Ökonomie 168 (2)
Concelho de Ribeira Grande *siehe* Ribeira Grande
Concepción *var.* Villa Concepción Südamerika (Paraguay) Erkundung 143 (2)
Concepción Südamerika (Chile) Erkundung 143 (3) Kolonialismus 148 (2) Ökonomie 153 (3) Staatenbildung 150 (1), 151 (3)
Concho *Volk* Mittelamerika Kolonialismus 125 (4), 126 (1)
Concord Nordamerika (USA) Aufstieg der USA 129 (2) Staatenbildung 127 (3) US-Bürgerkrieg 130 (5)
Condate *siehe* Rennes
Condivincum *siehe* Nantes
Conestoga *siehe* Susquehanna
Conimbria *siehe* Coimbra
Conimbriga *siehe* Coimbra
Conjeeveram *siehe* Kanchipuram
Connacht *Region* Brit. Inseln Mittelalterliche Staaten 186 (2)
Connecticut *Staat* Nordamerika Aufstieg der USA 129 (1) Kolonialismus 127 (2) Staatenbildung 127 (3) US-Bürgerkrieg 130 (1), (5) Ökonomie 134 (2)
Connecticut *Fluss* Nordamerika Staatenbildung 127 (3)
Consentia *siehe* Cosentia
Constance *siehe* Konstanz
Constanţa Südosteuropa (Rumänien) EWK 207 (6)
Constantia *siehe* Konstanz
Constantinus-Thermen *Lat.* Thermae Constantini *Gebäude* Ital. Hbl. Stadtplan des antiken Rom 181 (2)
Constanz *siehe* Konstanz
Con Thien *Schlacht* Kont. Südostasien (Vietnam) Vietnam-Krieg 251 (5)
Conway Brit. Inseln (UK) Mittelalterliche Staaten 188 (2)
Cooch Behar *Region* Südasien Dekolonisation 250 (2)
Cook County *Region* Nordamerika
Cook Islands *Kolonie* Pazifik Imperialismus 284–285 (1) Dekolonisation 285 (3) Frühe Kulturen 280–281 (3) Ökonomie 285 (2) Erkundung 60 (2), 279 (3)
Cook Strait *var.* Raukawa *Meeresstraße* Neuseeland Kolonisation 283 (5)
Cooktown Australien Staatenbildung 283 (3)
Coomassie *siehe* Kumasi
Coondapoor *var.* Barcelore Südasien (Indien) Ökonomie 247 (3)
Cooper *Region* Nordamerika Frühe Kulturen 121 (4)
Cooper Creek *var.* Barcoo, Cooper's Creek *Fluss* Austrailia Kolonisation 282 (1) *siehe auch* Barcoo
Coorg *Staat* Südasien Kolonialismus 248 (2)
Coosa *Volk* Nordamerika Kolonialismus 126 (1)
Copán Mittelamerika (Honduras) Frühe Kulturen 121 (2)
Copena *Region* Nordamerika Frühe Kulturen 121 (4)
Copiapó *ehem.* San Francisco de Selva Südamerika (Chile) Erkundung 143 (3) Inka 147 (3) Staatenbildung 151 (3), (4)
Copper Inuit *Volk* Nordamerika Präkolumbische Kulturen 123 (3)
Coppermine *Fluss* Nordamerika Erkundung 286 (1), 287 (2)
Coquimbo Südamerika (Chile) Kolonialismus 148 (2)
Coral Sea Islands *Kolonie* Pazifik Heutige Welt 110–111
Corcaigh *siehe* Cork
Corcyra *siehe* Corfu, Korkyra
Corcyra Nigra *siehe* Korčula
Cordillera Central *Gebirge* Südamerika Frühe Kulturen 145 (2)
Cordillera Occidental *Gebirge* Südamerika Frühe Kulturen 145 (2)
Cordillera Oriental *Gebirge* Südamerika Frühe Kulturen 145 (2)
Córdoba *var.* Cordova, *ant.* Corduba Iberische Hbl. (Spanien) Die Welt 1000 58–59 *passim* Franken 184 (2) Handel im Mittelalter 190–191 (1) Islam 56–57 (1), 57 (2), 184 (1), 192 (3), 227 (4) Kreuzzüge 64–65 (2), 65 (1), 186 (1) Mittelalterliche Staaten 182 (2), 185 (3) Napoleon 201 (2) Spätantike 182 (1) Zwischenkriegszeit 209 (4) *siehe auch* Corduba
Córdoba Südamerika (Argentinien) Erkundung 143 (2) Kolonialismus 148 (2) Ökonomie 153 (3) Politik nach 1930 152 (1) Staatenbildung 150 (1), 151 (3)
Córdoba, Emirat, Kalifat *Staat* Iberische Hbl. Die Welt 1000 58–59 (1) Franken 184 (2) Mittelalterliche Staaten 185 (3) Wikinger 60–61 (1)
Corduba *mod.* Córdoba Iberische Hbl. (Spanien) Antikes Rom 181 (4) Völkerwanderung 52–53 (1) Weltreligionen 48 (1) *siehe auch* Córdoba
Corfinium Ital. Hbl. Antikes Rom 178 (1), 180–181 (1)
Corfu *ant.* Korkyra *mod. Gr.* Kérkira, *Dtsch.* Korfu *Insel* Mittelmeer Mittelalterliche Staaten 189 (4) Napoleon 201 (2) Osmanen 230 (1), 231 (3) Reiche & Revolutionen 202 (1) *siehe auch* Korkyra
Corinium, Corinium Dobunorum *siehe* Cirencester
Corinth Nordamerika (USA) US-Bürgerkrieg 131 (7)
Corinthiacus Sinus *siehe* Korinth, Golf von
Corinthus *siehe* Korinth
Cork *Ir.* Corcaigh Brit. Inseln (Irland) Mittelalterliche Staaten 186 (2), 187 (4) Ökonomie 205 (4)
Corneto *siehe* Tarquinii
Coro *ehem.* Santa Ana de Coro Südamerika (Venezuela) Erkundung 142 (1)
Coromandel-Küste *var.* Koromandel-Küste *Landschaft* Südasien Dekolonisation 250 (1) Mittelalterliche Staaten 244 (1), (2) Ökonomie 247 (3) 249 (4) Frühe Reiche 241 (4), (5) Frühe Religion 242 (2) Weltreligionen 243 (4)
Coromandel Peninsula *Region* Neuseeland Kolonisation 283 (4)
Coron *siehe* Koron
Corozal *Volk* Südamerika Die Welt 1 n.Chr. 42–43 Die Welt 250 46–47
Corregidor *Schlacht* Philippinen ZWK 104 (2)
Correntes, Kap Südl. Afrika Erkundung 156 (3)
Correo Mexicano *Schlacht* Golf von Mexiko Aufstieg der USA 129 (2)
Corrientes *ehem.* San Juan de Vera Südamerika (Argentinien) Erkundung 143 (2) Ökonomie 153 (3) Staatenbildung 151 (3)
Corsi *siehe* Korsen
Corsica *Gr.* Kyrnos, *Dtsch.* Korsika *Insel* Westeuropa (Frankr.) Antikes Rom 161 (2), 178 (2), 179 (3), 180–181 (1), 181, (4) Handel d. Antike 181 (3) Weltreligionen 48 (1) *siehe auch* Korsika
Corsica et Sardinia *Provinz* Ital. Hbl. Antikes Rom 179 (5)
Cortaillod-Est Westeuropa (Frankr.) Bronzezeit 175 (3)
Cortellazzo Ital. Hbl. EWK 207 (5)
Cortenuova *Schlacht* Ital. Hbl. Mittelalterliche Staaten 188 (1)
Cortes de Navarra Iberische Hbl. (Spanien) Bronzezeit 175 (3)
Cortez-See *siehe* California, Golfo de
Cortina *siehe* Hayden
Cortona Ital. Hbl. Antikes Rom 178 (2) Erste Hochkulturen 176–177 (1)
Corumbá Südamerika (Brasilien) Kolonialismus 148 (2) Staatenbildung 151 (3)
Corunna *siehe* La Coruña
Corvo, Passo di Ital. Hbl. Früher Ackerbau 174 (1)
Cos *siehe* Kos
Cosa Ital. Hbl. Antikes Rom 178 (1)
Cosentia *var.* Consentia Ital. Hbl. Antikes Rom 178 (1)
Cosquer *arch. Stätte* Westeuropa (Frankr.) Frühmensch 17 (2)
Cossimbazar Südasien (Indien) Ökonomie 247 (3)
Costa Rica *Staat* Mittelamerika Aufstieg der USA 129 (2) Die Welt 1850 90–91 *passim* Heutige Welt 112 (1) Kalter Krieg 108 (2), 109 (1) Supermacht USA 138 (1) Ökonomie 136 (2) Supermacht USA 139 (5)
Costermansville *siehe* Bukavu
Côte d'Ivoire *siehe* Elfenbeinküste
Côte Française des Somalis *siehe* Djibuti, Französisch-Somaliland
Côtière, Chaîne *siehe* Coast Mountains
Cotopachi Südamerika (Bolivien) Inka 147 (3)
Cottbus *Region/Staat* Mitteleuropa Reiche & Revolutionen 199 (3)
Courtrai Westeuropa (Belgien) EWK 206 (2)
Cova Negra *arch. Stätte* Iberische Hbl. (Spanien) Frühmensch 13 (2)
Coventry Brit. Inseln (UK) Handel im Mittelalter 190–191 (1) ZWK 210 (1)
Coveta de l'Or Iberische Hbl. (Spanien) Früher Ackerbau 174 (1)
Cowpens Nordamerika (USA) Staatenbildung 127 (3)
Coyoacan Mittelamerika (Mexiko) Azteken 124 (2), (3) Kolonialismus 125 (5)
Coyolapan *Staat* Mittelamerika Azteken 124 (1)
Coyotepec Mittelamerika (Mexiko) Azteken 124 (2)
Cozúmel, Isla de *Insel* Nordamerika Azteken 124 (1) Frühe Kulturen 122 (2)
Crab Orchard *Region/Grabhügel* Nordamerika Frühe Kulturen 121 (4)
Cracovia *siehe* Krakau
Cracow *siehe* Krakau
Craig Harbour Nordamerika (Kanada) Präkolumbische Kulturen 123 (3)
Cranganur Südasien (Indien) Ökonomie 247 (3)
Cravant *Schlacht* Westeuropa (Frankr.) Mittelalterliche Staaten 192 (2)
Crécy *Schlacht* Westeuropa (Frankr.) Mittelalterliche Staaten 192 (1)
Cree *Volk* Nordamerika Die Welt 1600 78–79 *passim* Kolonialismus 126 (1) Präkolumbische Kulturen 123 (3)
Creek *Volk* Nordamerika Kolonialismus 125 (4), 126 (1)
Crema Ital. Hbl. Handel im Mittelalter 190–191 (1)
Cremera *Fluss* Ital. Hbl. Antikes Rom 178 (1)
Cremona Ital. Hbl. Antikes Rom 180–181 (1) Franken 184 (2) Handel im Mittelalter 190–191 (1) Mittelalterliche Staaten 183 (4)
Crépy Westeuropa (Frankr.) Reformation 194 (2)
Crestaulta Mitteleuropa (Schweiz) Bronzezeit 175 (3)
Creta *Gr.* Kríti, *Ägyp.* Kaptara, *ehem. Ital.* Candia, *Dtsch.* Kreta *Insel* Mittelmeer Antikes Rom 180–181 (1), 181 (4) Handel d. Antike 44–45 (1) Hellenist. Welt 161 (2) Weltreligionen 48 (1) *siehe auch* Candia, Kaptara, Kreta
Crewe Brit. Inseln (UK) Ökonomie 204 (1)
Criel Mound *Grabhügel* Nordamerika (USA) Frühe Kulturen 121 (4)
Crimea *siehe* Krim
Crna Gora *siehe* Montenegro
Croatia *siehe* Kroatien
Crocodile *siehe* Limpopo
Cro-Magnon Westeuropa (Frankr.) Die Welt 10 000 v.Chr. 14–15
Cromford Brit. Inseln (UK) Weltwirtschaft 93 (4)
Cromwell Neuseeland Kolonisation 283 (5)
Crooked Creek *Schlacht* Nordamerika (USA) Aufstieg der USA 129 (2)
Croquants *Revolten* Westeuropa (Frankr.) Reformation 196 (2)
Cross, Cape *siehe* Kreuzkap
Croton *siehe* Kroton
Crow *Volk* Nordamerika Kolonialismus 126 (1)
Crown Point Nordamerika (USA) Kolonialismus 127 (2) Staatenbildung 127 (3)
Crozet Islands *Archipel* Indischer Ozean Die Welt 1800 86–87
Cruz del Milagro *arch. Stätte* Mittelamerika (Mexiko) Frühe Kulturen 121 (3)
Cruzeiro do Sul Südamerika (Brasilien) Ökonomie 153 (4)
Crystal II Nordamerika (Kanada) Präkolumbische Kulturen 123 (3)
Ctesiphon *siehe* Ktesiphon
Cuahuacan *Staat* Mittelamerika Azteken 124 (1)
Cuando *var.* Kwando *Fluss* Südl. Afrika Erkundung 157 (4)
Cuangar Südl. Afrika (Angola) Kalter Krieg 109 (5)
Cuango *var.* Kwango *Fluss* Zentralafrika Frühe Neuzeit 164 (2)
Cuanza *var.* Kwanza *Fluss* Südl. Afrika Erkundung 157 (4) Frühe Neuzeit 164 (2) Kalter Krieg 109 (5)
Cuarte Iberische Hbl. (Spanien) Islam 192 (3)
Cuauhquecholan Mittelamerika (Mexiko) Kolonialismus 125 (5)
Cuauhtepec Mittelamerika (Mexiko) Azteken 124 (3)
Cuauhtitlan Mittelamerika (Mexiko) Azteken 124 (1), (2) Kolonialismus 125 (5)
Cuauhtochco *Staat* Mittelamerika Azteken 124 (1)
Cuautlapan Mittelamerika (Mexiko) Azteken 124 (3)
Cuba *var.* Kuba *Staat/Insel* Westindien Aufstieg der USA 129 (2), 133 (5) 133 (4) Die Welt 1850 90–91 *passim* Eiszeit 116 Erkundung 80 (1), 143 (3) Früher Ackerbau 120 (1) Globale Migration 100 (1), 101 (3) Heutige Welt 112 (1) Kalter Krieg 108 (2), 109 (1) Kolonialismus 85 (2), 126 (1) Ökonomie 136 (2) Reiche & Revolutionen 88 (1) Sklavenhandel 84–85 (1) Supermacht USA 138 (1), 139 (5) Weltwirtschaft 92 (1) ZWK 104 (1)
Cubango *var.* Kuvango, *Port.* Vila Artur de Paiva, Vila da Ponte *Fluss* Südl. Afrika Erkundung 157 (4) Kalter Krieg 109 (5)
Cuckadoo Australien Die Welt 10 000 v.Chr. 14–15
Cúcuta *var.* San José de Cúcuta Südamerika (Kolumbien) Staatenbildung 150 (1), (2)
Cuello Mittelamerika (Belize) Frühe Kulturen 121 (2)
Cuenca Südamerika (Ecuador) Kolonialismus 148 (2) Staatenbildung 151 (3)
Cuera *siehe* Chur, Curia
Cuernavaca Mittelamerika (Mexiko) Kolonialismus 125 (5)
Cuetlaxtlan *Staat* Mittelamerika Azteken 124 (1)
Cueva *Volk* Südamerika Die Welt 1500 74–75 Frühe Reiche 147 (2)
Cuiabá *ehem.* Cuyabá Südamerika (Brasilien) Ökonomie 153 (4) Politik nach 1930 152 (1)
Cuicatlan Mittelamerika (Mexiko) Frühe Kulturen 122 (1)
Cuicuilco Mittelamerika (Mexiko) Frühe Kulturen 121 (2)
Cuihuacan Mittelamerika (Mexiko) Frühe Kulturen 122 (1)
Cuiry-lès-Chaudardes Westeuropa (Frankr.) Früher Ackerbau 174 (1)
Cuitlahuac Mittelamerika (Mexiko) Azteken 124 (2) Kolonialismus 125 (5)
Cuitzeo-See *See* Mittelamerika Azteken 124 (1)
Cularo *siehe* Grenoble
Culhuacan Mittelamerika (Mexiko) Azteken 124 (2), (3)
Culiacán *var.* Culiacán Rosales, Culiacán-Rosales Mittelamerika (Mexiko) Mexikan. Revolution 133 (3)
Culiacán Rosales *siehe* Culiacán
Cullalvera *arch. Stätte* Iberische Hbl. (Spanien) Frühmensch 17 (3)
Cullerson's Ranch Nordamerika (USA) Mexikan. Revolution 133 (3)
Culver City Nordamerika (USA) Ökonomie 135 (4)
Cumae *Gr.* Kyme Ital. Hbl. Antikes Rom 178 (1), (2) Die Welt 750 v.Chr. 30–31 Erste Hochkulturen 176–177 (1)
Cumaná Südamerika (Venezuela) Kolonialismus 148 (2) Staatenbildung 150 (1), (2)
Cumberland *Fluss* Nordamerika Aufstieg der USA 129 (2)
Cunjamba Südl. Afrika (Angola) Kalter Krieg 109 (5)
Cupisnique *arch. Stätte* Südamerika (Peru) Frühe Kulturen 145 (3)
Cupul *Staat* Mittelamerika Azteken 124 (1)
Curaçao *Insel* Westindien Die Welt 1800 86–87 *passim* Kolonialismus 85 (2)
Curia *mod.* Chur, *ant.* Curia Rhaetorum, *Frz.* Coire, *Ital.* Coira, Quera Mitteleuropa (Schweiz) Antikes Rom 180–181 (1) *siehe auch* Chur
Curia Rhaetorum *siehe* Chur, Curia
Curitiba Südamerika (Brasilien) Ökonomie 153 (3)
Curium *siehe* Kurion
Currarong Australien Die Welt 5000 v.Chr. 18–19
Curzola *siehe* Korčula
Cusco *var.* Cuzco Südamerika (Peru) Drogenhandel 153 (5) Ökonomie 153 (3) *siehe auch* Cuzco
Cutch, Gulf of *siehe* Kachchh, Golf von
Cuttack Südasien (Indien) Kolonialismus 248 (1) Ökonomie 247 (3), 249 (4)
Cuyabá *siehe* Cuiabá
Cuyutec *Volk* Mittelamerika Kolonialismus 125 (4)

Cuzco mod. Cusco Südamerika (Peru) Die Welt 1000 58–59 Die Welt 1200 62–63 Erkundung 142 (1) Frühe Reiche 146 (1) Inka 147 (3), 148 (1) Kolonialismus 148 (2) Staatenbildung 151 (3) siehe auch Cusco
Cuzco Staat Südamerika Die Welt 250 46–47 passim
Cyclades siehe Kykladen
Cyme siehe Kyme
Cymru siehe Wales
Cynossema siehe Kynossema
Cypern, Königreich Staat Südwestasien Die Welt 1200 62–63 Die Welt 1300 66–67 Kreuzzüge 65 (3), 228 (2) Mongolen 68–69 (1) Osmanen 230 (1)
Cyprus mod. Zypern, var. Cypern, Aram. Alašia, Gr. Kypros, Türk. Kıbrıs Insel/Staat Mittelmeer Antikes Rom 179 (5), 180–181 (1), 181 (4) Handel d. Antike 44–45 (1), 44 (2), 181 (3) Weltreligionen 48 (1) siehe auch Alašia, Cypern, Kypros, Zypern
Cyrenaica Gr. Kyrenaika, Arab. Barka, Barqah Region/Staat Nordafrika Antikes Rom 161 (2), 225 (5) Kolonialismus 166–167 (4) Osmanen 232–233 (1) Sklavenhandel 165 (4) siehe auch Barka
Cyrene var. Cyrenia, Gr. Kyrene, Kyrenai Nordafrika (Libyen) Antikes Rom 161 (2), 180–181 (1), 181 (4), 225 (5) Handel d. Antike 44–45 (1), 181 (3) Weltreligionen 48 (1) siehe auch Kyrene
Cyrene et Creta Provinz Nordafrika Antikes Rom 180–181 (1)
Cyrrhus Südwestasien (Syrien) Antikes Rom 180–181 (1)
Cytorus siehe Kytoros
Cyzicus siehe Kyzikos
Czernowitz Osteuropa (Ukraine) EWK 207 (4)
Czikador Mitteleuropa Mittelalterliche Staaten 187 (3)

D

Daamat Staat Ostafrika Die Welt 500 v.Chr. 34–35
Dabal Südasien (Pakistan) Weltreligionen 243 (4)
Dacca mod. Dhaka Südasien (Bangladesh) Dekolonisation 250 (1), (2) Kolonialismus 247 (3) Ökonomie 249 (4) Weltwirtschaft 93 (5) siehe auch Dhaka
Dachau KZ/Ort Mitteleuropa ZWK 211 (3)
Dacia siehe Dakien
Dade's Battle Schlacht Nordamerika (USA) Aufstieg der USA 129 (2)
Dading Ostasien (China) Mittelalterliche Staaten 263 (4)
Dadiwan arch. Stätte Ostasien Früher Ackerbau 258 (1)
Dadra and Nagar Haveli Region Südasien Nachkriegszeit 252 (1)
Dadri Schlacht Südasien (Indien) Kolonialismus 249 (3)
Dadu Ostasien (China) Mittelalterliche Staaten 263 (7)
Dagden siehe Dagö
Dagestan ehem. Daghestan Staat Osteuropa/Südwestasien UdSSR 215 (4) siehe auch Daghestan
Daghestan mod. Dagestan Staat Osteuropa/Südwestasien Die Welt 1200 62–63 Mongolen 68–69 (1) siehe auch Dagestan
Dagö Est. Hiiumaa, Ger. Dagden, Insel Südosteuropa EWK 207 (4) Frühe Neuzeit 195 (3)
Dagomba Staat Westafrika Die Welt 1800 86–87 Die Welt 1850 90–91
Dagon siehe Rangoon
Dagushan var. Takushan Ostasien (China) Imperialismus 270 (4)
Dahecun arch. Stätte Ostasien Früher Ackerbau 258 (1)
Dahlak Insel Ostafrika Islam 162 (1)
Dahomey mod. Benin Staat Westafrika Die Welt 1700 82–83 Die Welt 1800 86–87 Handel 166–167 (1) Imperialismus 96 (1) Islam 167 (3) Kolonialismus 166–167 (4) Sklavenhandel 84–85 (1), 165 (4) siehe auch Benin
Dahshur Ägypten Altes Ägypten 159 (3), (4)
Daibul var. Daybul Südasien (Pakistan) Erkundung 61 (3)
Dai Do Schlacht Kont. Südostasien (Vietnam) Vietnam-Krieg 251 (5)
Daifang Ostasien (Korea) Mittelalterliche Staaten 264 (2)
Daijun Ostasien (China) Frühe Reiche 259 (5)
Dai-la mod. Hanoi, ehem. Thang Long Kont. Südostasien (Vietnam) Mittelalterliche Staaten 245 (5), (6) siehe auch Hanoi
Daima arch. Stätte Westafrika (Nigeria) Frühe Kulturen 160 (1) Früher Ackerbau 158 (1)
Dainzú Mittelamerika (Mexiko) Frühe Kulturen 121 (2)
Dairen var. Dalian, Dalien, Jay Dairen, Lüda, Ta-lien, Russ. Dalny Ostasien (China) Imperialismus 270 (2), (3), (4) Kolonialismus 269 (4) UdSSR 213 (4) siehe auch Dalian
Dairut Ägypten Islam 235 (4)
Dai-sen Berg Japan Mittelalterliche Staaten 265 (3)
Dai-Viet Staat Kont. Südostasien Mittelalterliche Staaten 245 (5), (6) Weltreligionen 243 (5)
Daju Staat Zentralafrika Die Welt 1200 62–63 passim
Dakar Westafrika (Senegal) Afrika nach 1960 169 (4) Globale Migration 100 (1) Imperialismus 96 (1) Ökonomie 168 (2) ZWK 104 (2)
Daker Lat. Daci Volk Südosteuropa Die Welt 1 n.Chr. 42–43
Dakhla Arab. Wāhat el Dākhla Oase Ägypten Altes Ägypten 159 (2), (3), (5)
Dakien Lat. Dacia Provinz/Staat Südosteuropa Antikes Rom 180–181 (1), 181 (4) Handel d. Antike 44–45 (1) Völkerwanderung 52–53 (1) Weltreligionen 48 (1)
Dakota Volk Nordamerika Kolonialismus 126 (1)
Đakovica Südosteuropa (Jugoslawien) Europapolitik 215 (3)
Dakshina Koshala Region Südasien Frühe Religion 242 (2)
Dakshinapatha var. Daksinatya Region Südasien Frühe Religion 36 (2), 48 (2), 242 (1) Frühe Reiche 241 (4) siehe auch Daksinatya
Daksinatya var. Dakshinapatha Region Südasien Frühe Religion 242 (2) siehe auch Dakshinapatha
Dak To Schlacht Kont. Südostasien (Vietnam) Vietnam-Krieg 251 (5)
Dalautabad Südasien (Indien) Mittelalterliche Staaten 244–245 (3)
Dali var. Xiaguan Ostasien (China) Mittelalterliche Staaten 245 (5), 263 (3), (5) Mongolen 68–69 (1)
Dalian Ostasien (China) Tigerstaaten 275 (4) Ökonomie 274 (2) siehe auch Dairen
Daliang Ostasien (China) Frühe Reiche 259 (5)
Dalien siehe Dairen, Dalian
Dallas Nordamerika (USA) Kalter Krieg 108 (2) Ökonomie 93 (5), 134 (1), (3), 136 (2) US-Gesellschaft 135 (6)
Dalmatien Eng./Lat. Dalmatia Region Südosteuropa Antikes Rom 161 (2), 180–181 (1), 225 (5) Osmanen 203 (4), 230 (1) Reiche & Revolutionen 202 (1)
Dalny siehe Dairen, Dalian
Dalriada Staat Brit. Inseln Mittelalterliche Staaten 183 (3)
Dalstroi Region Sibirien UdSSR 213 (4)
Daluo Kont. Südostasien (Vietnam) Mongolen 68–69 (1)
Daman ehem. Damão Südasien (Indien) Ökonomie 247 (3) Nachkriegszeit 252 (1) Handel 230 (2) ZWK 250–251 (3) siehe auch Damão
Damão mod. Daman Kolonie Südasien (Indien) Die Welt 1600 78–79 passim Handel 267 (3) Reiche & Revolutionen 88–89 (2) siehe Daman
Damargam Staat Westafrika Die Welt 1850 90–91
Damas siehe Damaskus
Damasco siehe Damaskus
Damaskus var. Ash Shām, Frz. Damas, Ital. Damasco, Lat. Damascus, Arab. Dimashq, Aram. Dimašqa Südwestasien (Syrien) Antikes Persien 223 (4), 225 (6) Antikes Rom 161 (2), 180–181 (1), 224 (2), 225 (4), (5) Arabien im 20. Jh. 233 (3), (4), 234 (2), 235 (5) Biol. Austausch 72–73 (1) Erkundung 156 (3), 218 (2), 219 (4) EWK 233 (2) Frühe Reiche 222 (1), (2) Handel 230 (2) Handel d. Antike 44–45 (1), 225 (3) Hellenist. Welt 224 (1) Islam 56–57 (1), 57 (2), 184 (1), 227 (4), (6) Kreuzzüge 64–65 (1), (3), 228 (2) Mittelalterliche Staaten 185 (3) Mongolen 68–69 (1), 229 (3) Napoleon 200–201 (1) Osmanen 231 (3), 232–233 (1) Seldschuken 228 (1) Timur 229 (4) Weltreligionen 48 (1), 226 (1) siehe auch Dimašqa
Damaskus, Emirat von Staat Südwestasien Kreuzzüge 65 (3)
Damaskus-Aram Staat Südwestasien Frühe Reiche 222 (1)
Damb Sadaat arch. Stätte Südasien (Pakistan) Erste Städte 240 (2)
Dambwa arch. Stätte Südl. Afrika (Zimbabwe) Frühe Kulturen 160 (1)
Damghan Südwestasien (Iran) Islam 56–57 (1)
Damiette var. Damietta, Arab. Dumyât Ägypten Handel im Mittelalter 190–191 (1) Kreuzzüge 64–65 (2), 65 (3)
Daming Ostasien (China) Stadtplan Chang'an 262 (2)
Daming var. Ta-ming Ostasien (China) Mittelalterliche Staaten 263 (4) Mongolen 68–69 (1)
Damot Staat Ostafrika Die Welt 1000 58–59 Die Welt 1200 62–63 Erkundung 61 (3)
Dampier Australien Staatenbildung 283 (3)
Dan Südwestasien (Israel) Frühe Reiche 222 (1)
Da Nang Schlacht Kont. Südostasien (Vietnam) Vietnam-Krieg 251 (5)
Dandaka Region Südasien Frühe Religion 242 (2)
Dandanqan Zentralasien (Turkmenistan) Seldschuken 228 (1)
Dandong var. Tan-tung, ehem. Antung, Jap. Antō Ostasien (China) Kalter Krieg 109 (4) siehe auch Andong
Danelaw Staat Brit. Inseln Mittelalterliche Staaten 185 (3) Wikinger 60–61 (1)
Dänemark Dän. Danmark, UN Denmark Staat Skandinavien Die Welt 1000 58–59 Europapolitik 214 (1), (2) EWK 206 (1) Frühe Neuzeit 193 (4), 197 (3) Handel im Mittelalter 190–191 (1) Heutige Welt 112 (2) Kalter Krieg 108 (3), 109 (1) Kreuzzüge 64–65 (2), 186 (1) Mittelalterliche Staaten 185 (3), 188 (1), 189 (3), (4) Mongolen 68–69 (1) Nachkriegszeit 212 (1), (3), 213 (5) Napoleon 200–201 (1), 201 (2) Ökonomie 205 (4) Reformation 196 (1) Reiche & Revolutionen 88 (1), 88–89 (2), 199 (3), 202 (1), 203 (2) Sklavenhandel 84–85 (1) Supermacht USA 138 (1) UdSSR 213 (4) Wikinger 60–61 (1) Zwischenkriegszeit 209 (3), (5) ZWK 210 (1), 211 (2), (4)
Dänemark-Norwegen Staat Skandinavien Frühe Neuzeit 195 (3) Reformation 194 (2)
Dänemark-Straße var. Danmarksstraedet Meeresstraße Atlantik Erkundung 172 (2)
Dänen Volk Skandinavien Franken 184 (2) Heutige Welt 112 (2) Mittelalterliche Staaten 182 (2), 185 (3) Spätantike 182 (1)
Danger Cave Nordamerika (USA) Die Welt 5000 v.Chr. 18–19
Dangerous Archipelago siehe Tuamotu - Archipel
Daning Ostasien (China) Mittelalterliche Staaten 263 (7)
Dänische Mark Region Mitteleuropa Franken 184 (2)
Danischmenden Staat Südwestasien Kreuzzüge 64–65 (2)
Danish West Indies siehe Virgin Islands of the US
Danmark siehe Dänemark
Dannoura Schlacht (Japan) Mittelalterliche Staaten 265 (5)
Dantapura Südasien (Indien) Frühe Religion 242 (1)
Danube siehe Donau, Danuvius, Istros
Danum siehe Doncaster
Danuvius Dtsch. Donau Fluss Südosteuropa Antikes Rom 180–181 (1), Handel d. Antike 44 (2) siehe auch Donau, Istros
Danyang Ostasien (China) Frühe Reiche 259 (5) Frühe Religion 37 (4)
Danyang Provinz Ostasien Frühe Reiche 260 (1)
Danzig mod. Gdańsk Mitteleuropa (Polen) Biol. Austausch 72–73 (1) EWK 207 (4) Frühe Neuzeit 193 (4), 195 (3) Handel im Mittelalter 190–191 (1) Mittelalterliche Staaten 189 (3), (4) Napoleon 200–201 (1) Ökonomie 205 (4) Reiche & Revolutionen 198 (2), 199 (3), 202 (1), 203 (2) Zwischenkriegszeit 209 (3), (5) ZWK 210 (1), 211 (4) siehe auch Gdańsk
Darada Reich Südasien Frühe Reiche 241 (5)
Daradus Fluss Westafrika (Senegal) Handel d. Antike 44 (2)
Darbelo Südasien (Pakistan) Ökonomie 247 (3)
Dardanellen var. Hellespont, Türk. Çanakkale Boğazı Meeresstraße Südwestasien (Südosteuropa (Griech.)) Erste Hochkulturen 175 (4) EWK 207 (6)
Dardanos Lat. Dardanus Südwestasien (Türkei) Antike Griechen 177 (2)
Dar-el-Beida siehe Casablanca
Dar es Salaam Ostafrika (Tanzania) Erkundung 156 (3), 157 (4), (5) Kolonialismus 166–167 (4) Ökonomie 168 (2)
Dar es-Soltan arch. Stätte Nordafrika (Marokko) Frühmensch 13 (2)
Darfur Staat Zentralafrika Die Welt 1700 82–83 passim Handel 166–167 (1) Kolonialismus 166–167 (4) Sklavenhandel 165 (4)
Dargaville Neuseeland Kolonisation 283 (4), (5)
Dariabad Südasien (Indien) Ökonomie 247 (3)
Darién, Golfo del siehe Darién, Golf von
Darién, Golf von Span. Golfo del Darién Südamerika Inka 148 (1) Kolonialismus 148 (2)
Darien, Isthmus von siehe Panama, Isthmus von
Dariorigum Westeuropa (Frankr.) Antikes Rom 180–181 (1)
Dariya var. Deraya, Arab. Dar'īyah Südwestasien (Saudi-Arabien) Arabien im 20. Jh. 233 (4)
Dar'īyah siehe Dariya
Darjeeling Südasien (Indien) Erkundung 257 (3)
Darling Fluss Australien Erkundung 279 (2) Kolonisation 282 (1) Früher Ackerbau 20–21 (2) Ökonomie 282 (2), 283 (3)
Darlington Brit. Inseln (UK) Ökonomie 204 (1)
Darsena siehe Arsenal
Dar Tichit Westafrika (Mauretanien) Früher Ackerbau 158 (1)
Darwin ehem. Palmerston, Port Darwin Australien Erkundung 279 (2) Kolonisation 282 (1) Staatenbildung 283 (3) ZWK 250–251 (3), 272 (1)
Dās Insel Südwestasien Ökonomie 234 (1)
Dasapura Südasien (Indien) Frühe Religion 48 (2)
Dasarna Reich Südasien Frühe Reiche 241 (5)
Dasharna Region Südasien Frühe Religion 242 (2)
Dashhowuz siehe Dashkhovuz
Dashiqiao var. Tashihkiao Ostasien (China) Imperialismus 270 (4)
Dashkhovuz ehem. Tashauz, Turkm. Dashhowuz Zentralasien (Turkmenistan) UdSSR 215 (4)
Dasht Fluss Südasien Erste Städte 24 (2), 25 (3), 240 (2)
Datong Ostasien (China) Frühe Neuzeit 266 (1) Mittelalterliche Staaten 263 (4), (5) Weltreligionen 49 (3)
Daugava siehe Düna
Daugavpils siehe Dünaburg, Dvinsk
Daulatabad Südasien (Indien) Mittelalterliche Staaten 245 (4)
Dauni Volk Ital. Hbl. Antikes Rom 178 (2)
Dauphiné Region Westeuropa (Frankr.) Frühe Neuzeit 197 (5) Mittelalterliche Staaten 192 (1), (2)
Davao off. Davao City Philippinen Kolonialismus 247 (4)
Davao City siehe Davao
Davis Strait Meeresstraße Nordamerika Aufstieg der USA 129 (2) Erkundung 286 (1), 287 (2)
Daw Staat Westafrika Mittelalterliche Staaten 163 (4)
Dawaro Staat Ostafrika Die Welt 1200 62–63 Die Welt 1300 66–67
Dawenkou arch. Stätte Ostasien Früher Ackerbau 258 (1), (2)
Dawson siehe Dawson City
Dawson City mod. Dawson Nordamerika (Kanada) Weltwirtschaft 93 (3)
Dawston siehe Degsastan
Daybul var. Daibol Südasien (Indien) Handel 230 (2)
Daybul (Pakistan) siehe Daibul
Dayi Shang Staat Ostasien Frühe Reiche 259 (3)
Dayton Nordamerika (USA) US-Gesellschaft 135 (6)
Da Yunhe siehe Großer Kanal
Dazaifu Japan Mittelalterliche Staaten 264 (2), 265 (3), (5)
Dazhangheguo Staat Ostasien Mittelalterliche Staaten 263 (3)
DDR siehe Deutsche Demokratische Republik
De Blicquy Nordamerika (Kanada) Präkolumbische Kulturen 123 (3)
Debrecen siehe Debreczin
Debreczin Ung. Debrecen, Rum. Debreţin Mitteleuropa (Ungarn) Reformation 194 (2)
Debreţin siehe Debreczin
Decapolis var. Dekapolis Staat Südwestasien Antikes Rom 225 (4) Die Welt 1 n.Chr. 42–43
Deccan var. Dekkhan Hochland/Region Südasien Die Welt 2500 v.Chr. 22–23 Frühe Reiche 241 (4), (5) Frühe Religion 36 (2), 242 (2) Kolonialismus 248 (2) Ökonomie 247 (3), 249 (4) Urbane Zivilisationen 28–29 (1) Weltreligionen 243 (4) Weltwirtschaft 93 (5)
Dedeagach mod. Alexandroupolis Südosteuropa (Griech.) EWK 207 (6)
Dego Schlacht Ital. Hbl. Napoleon 200–201 (1)
Degsastan var. Dawston Schlacht Brit. Inseln (UK) Mittelalterliche Staaten 183 (3)
Dehli siehe Delhi, Indraprastha
Dehra Dun Südasien (Indien) Dekolonisation 250 (1) Erkundung 257 (3)
Deira Region Brit. Inseln Mittelalterliche Staaten 183 (3)
Deir el-Bahri Ägypten Altes Ägypten 159 (4)
Deir el-Balah Südwestasien (Israel) Altes Ägypten 159 (5)
Deir el-Bersha Ägypten Altes Ägypten 159 (4)
Deir el-Gabrawi Ägypten Altes Ägypten 159 (3)
De Kelders arch. Stätte Südl. Afrika (Südafrika) Frühe Kulturen 160 (1) Frühmensch 13 (2)
Dekapolis siehe Decapolis
Dekkhan siehe Deccan
Delagoa Bai var. Baía de Lourenço Marques Bucht Südl. Afrika Sklavenhandel 165 (4)
Delaware Staat Nordamerika Aufstieg der USA 129 (1) Kolonialismus 127 (2) Ökonomie 134 (2) Staatenbildung 127 (3) US-Bürgerkrieg 130 (1), (5), 131 (6)
Delaware Volk Nordamerika Kolonialismus 126 (1)
Delgado, Kap Südl. Afrika Erkundung 156 (3)
Delhi var. Dehli, Hindi Dilli, ehem. Indraprastha, hist. Shahjahanabad Südasien (Indien) Biol. Austausch 72–73 (1) Dekolonisation 250 (1) Die Welt 1200 62–63 passim Erkundung 239 (1), 257 (3) Globale Migration 101 (3) Handel 267 (3) Kolonialismus 248 (1), 249 (3), 269 (4) Kommunismus 271 (8) Mittelalterliche Staaten 244–245 (3) Mogul-Reich 246 (1) Mongolen 68 (2) Nachkriegszeit 25 (5) Ökonomie 247 (3), 249 (4) Supermacht USA 138 (1) Timur 229 (4) Weltwirtschaft 92 (1), 93 (5) ZWK 250–251 (3) siehe auch Indraprastha
Delhi Region Südasien Nachkriegszeit 252 (1) Mogul-Reich 246 (1)
Delhi, Sultanat von Staat Südasien Die Welt 1300 66–67 Mittelalterliche Staaten 244–245 (3) Mongolen 68–69 (1) Timur 229 (4)
Delhi United Provinces Staat Südasien Kolonialismus 248 (2)
Delion Lat. Delium Schlacht Südosteuropa (Griech.) Antike Griechen 177(3)
Delos Südosteuropa (Griech.) Antike Griechen 177 (2), 179 (4)
Delphi rel. Stätte Südosteuropa (Griech.) Antike Griechen 177 (3), 179 (4) Antikes Rom 180–181 (1) Frühe Religion 36 (1), 37 (3)
Demchok var. Dêmqog Region Südasien Nachkriegszeit 252 (2)
Demerara Kolonie Südamerika Die Welt 1700 82–83 Die Welt 1800 86–87 Kolonialismus 149 (4)
Demetrias Südosteuropa (Griech.) Hellenist. Welt 41 (2)
Demnat Nordafrika (Marokko) Erkundung 157 (4)
Demotika Staat Südosteuropa ZWK 211 (2)
Dêmqog siehe Demchok
Dendra Südosteuropa (Griech.) Erste Hochkulturen 175 (4)
Deng Staat Ostasien Frühe Reiche 259 (4)
Dengchong Ostasien (China) Mittelalterliche Staaten 263 (7)
Dengkil arch. Stätte Kont. Südostasien (Malaysia) Bronzezeit 240 (3)
Dengyue var. Tengchung Ostasien (China) Kolonialismus 269 (4)
Dengzhou var. Teng-chou Ostasien (China) Frühe Neuzeit 266 (1) Mittelalterliche Staaten 264 (2), 265 (5) Mongolen 68–69 (1)
Den Haag Westeuropa (Niederl.) Reformation 195 (5) Reiche & Revolutionen 202 (1), 203 (2) Zwischenkriegszeit 209 (5)
Denison, Cape Kap Antarktis Erkundung 287 (3)
Denjong siehe Sikkim
Denkyera Staat Westafrika Die Welt 1700 82–83
Denver Nordamerika (USA) Aufstieg der USA 129 (2), 132 (1) Ökonomie 134 (1), 136 (2) US-Gesellschaft 135 (6)
Depford-Kultur Volk Nordamerika Die Welt 250 v.Chr. 38–39
Dariya var. Deraya, Arab. Dar'īyah Südwestasien (Saudi-Arabien) Arabien im 20. Jh. 233 (4)
Derbend siehe Derbent
Derbent Osteuropa (Russ. Föderation) Islam 226 (3), 227 (4), (6) Mongolen 68–69 (1), 229 (3) Osmanen 231 (3) Safawiden 231 (4) Timur 229 (4)
Derby Brit. Inseln (UK) Ökonomie 204 (1)
Derbyshire Region Brit. Inseln Weltwirtschaft 93 (4)
Dereivka arch. Stätte Osteuropa (Ukraine) Kupferzeit 174 (2)
Derna Nordafrika (Libyen) Kolonialismus 166–167 (4)
Dertosa mod. Tortosa Iberische Hbl. (Spanien) Antikes Rom 179 (3), 180–181 (1) siehe auch Tortosa
Derwent Fluss Brit. Inseln Ökonomie 204 (1)
Desalpur arch. Stätte Südasien (Indien) Erste Städte 240 (2)
Deseado Fluss Südamerika Kolonialismus 148 (2)
Des Moines Nordamerika (USA) Aufstieg der USA 129 (2)
Desmumu Staat Brit. Inseln Mittelalterliche Staaten 188 (2)
Desna Fluss Osteuropa EWK 207 (4)
Desterro mod. Florianópolis Südamerika (Brasilien) Kolonialismus 149 (3), (4)
Detroit ehem. Fort Pontchartrain Nordamerika (USA) Aufstieg der USA 129 (2), 132 (1) Kolonialismus 126 (1) Ökonomie 134 (1), (3) US-Gesellschaft 135 (6)
Deutsche Demokratische Republik Abk. DDR Staat Mitteleuropa Europapolitik 214 (1), (2) Kalter Krieg 108 (3), 109 (1) Nachkriegszeit 212 (3), 213 (5) Supermacht USA 138 (1) UdSSR 213 (4) siehe auch Deutschland
Deutscher Orden var. Deutschritter Staat Osteuropa Die Welt 1300 66–67 passim 74–75 Frühe Neuzeit 193 (4) Handel im Mittelalter 190–191 (1) Kreuzzüge 186 (1) Mittelalterliche Staaten 188 (1), 189 (3), (4) Mongolen 68–69 (1)
Deutsches Kaiserreich siehe Heiliges Römisches Reich (deutscher Nation); Deutsches Reich
Deutsches Königreich var. Regnum Teutonicum Staat Mitteleuropa Handel im Mittelalter 190–191 (1) Kreuzzüge 186 (1) Mittelalterliche Staaten 185 (3), 188 (1), 189 (3) siehe auch Deutschland
Deutsches Reich Mitteleuropa Die Welt 1900 92 (1) EWK 206 (1), (2), (3), 207 (4) Globale Migration 100 (1) Imperialismus 97 (4) Ökonomie 205 (4) Weltwirtschaft 92 (1) Zwischenkriegszeit 208 (1), 209 (3), (5) ZWK 104 (1), (2), 210 (1), 211 (2), (3), (4) siehe auch Deutschland
Deutschland Lat. Germania, Eng. Germany, Fr. Allemagne Region Biol. Austausch 72–73 (1) Nachkriegszeit 212 (1) siehe auch Deutschland, Bundesrepublik; Deutsche Demokratische Republik; Germanien, Deutsches Königreich; Deutsches Kaiserreich; Deutsches Reich
Deutschland, Bundesrepublik Abk. BRD, Eng. Federal Republic of Germany, Abk. FRG Staat Mitteleuropa Europapolitik 214 (1), (2) Heutige Welt 112 (2), 113 (3), (4) Kalter Krieg 108 (3), 109 (1) Nachkriegszeit 212 (3), 213 (5) Supermacht USA 138 (1) UdSSR 213 (4), 215 (4) siehe auch Deutschland
Deutsch-Ostafrika Kolonie Ostafrika Imperialismus 96 (1), 97 (4)
Deutschritter siehe Deutschritter-Orden
Deutsch-Samoa var. Sāmoa-i-Sisifo, mod. Samoa, ehem. West-Samoa Kolonie Pazifik Erkundung 279 (3) Imperialismus 284–285 (1)
Deutsch-Südwestafrika Kolonie/Staat Südl. Afrika Imperialismus 96 (1), (2), 97 (4) siehe auch Südwestafrika
Deva var. Legaceaster, Devana Castra, mod. Chester Brit. Inseln (UK) Antikes Rom 180–181 (1) Weltreligionen 48 (1) siehe auch Chester
Devagiri Südasien (Indien) Frühe Religion 48 (2)
Devagiri Region Südasien Mittelalterliche Staaten 244–245 (3)
Devana siehe Aberdeen
Devana Castra siehe Chester, Deva
Devapattana Südasien (Nepal) Mittelalterliche Staaten 244 (1) Frühe Reiche 241 (4)
Deventer Westeuropa (Niederl.) Handel im Mittelalter 190–191 (1)
Devils Lake Grabhügel Nordamerika (USA) Frühe Kulturen 121 (4)
Dez Fluss Südwestasien Erste Städte 220 (2) Frühe Kulturen 221 (4)
Dezful Südwestasien (Iran) Arabien im 20. Jh. 235 (5)
Dezhneva, Mys Kap Sibirien Erkundung 287 (2)
Dhahran Arab. Aẓ Ẓahran Südwestasien (Saudi-Arabien) Arabien im 20. Jh. 233 (4), 235 (5) Ökonomie 234 (1) Supermacht USA 138 (1)
Dhaka ehem. Dacca Südasien (Bangladesh) Nachkriegszeit 252 (1), (3), 253 (5) siehe auch Dacca
Dhanbad Südasien (Indien) Nachkriegszeit 253 (5)
Dharangaon Südasien (Indien) Ökonomie 247 (3)
Dharwar Südasien (Indien) Ökonomie 249 (4)
Dhlo Dhlo Südl. Afrika (Zimbabwe) Frühe Neuzeit 164 (1)
Dhofar Südwestasien (Yemen) Handel 267 (3)
Dholavira arch. Stätte Südasien (Pakistan) Erste Städte 240 (2)
Dhualdadr siehe Dulkadir
Dhu Qar Südwestasien (Irak) Antikes Persien 225 (6)
Di Volk Ostasien Frühe Reiche 259 (4) Frühe Reiche 261 (2)
Diamantina Südamerika (Brasilien) Kolonialismus 149 (3) Staatenbildung 151 (3)
Dian Volk/Staat Ostasien/Kont. Südostasien Frühe Reiche 259 (5), 260 (1) Völkerwanderung 261 (6)
Dias Point siehe Volta, Kap da
Dibio siehe Dijon
Dickson Nordamerika (USA) Präkolumbische Kulturen 123 (5)
Dicle siehe Tigris
Didyma Südwestasien (Türkei) Frühe Religion 37 (3)
Diedenhofen var. Thionville Westeuropa (Frankr.) Franken 184 (2)
Diegueño Volk Nordamerika Kolonialismus 125 (4)
Dien Bien Phu Schlacht Kont. Südostasien (Vietnam) Vietnam-Krieg 251 (5)
Dieppe Westeuropa (Frankr.) EWK 206 (2), (3)
Dieu, Hôtel Gebäude Westeuropa (Frankr.) Stadtplan Paris 191 (2)
Dihang siehe Brahmaputra
Dijlah siehe Tigris
Dijon ant. Dibio Westeuropa (Frankr.) Franken 184 (2) Frühe Neuzeit 193 (4), 197 (5) Mittelalterliche Staaten 187 (4), 192 (2) Reiche & Revolutionen 199 (4)
Dikaiopolis Lat. Dicaeopolis Südosteuropa (Griech.) Antike Griechen 177 (2)
Dikbosch arch. Stätte Südl. Afrika (Südafrika) Frühe Kulturen 160 (1)
Dikson Sibirien (Russ. Föderation) Erkundung 287 (2)
Dikwa Westafrika (Nigeria) Erkundung 157 (4)
Dili var. Dilli, Dilly Mar. Südostasien (Indonesien) ZWK 272 (1), 273 (2)
Dilli, Dilly siehe Dili
Dilli siehe Delhi, Indraprastha
Dilmun Arabische Halbinsel Erste Städte 24 (2), 25 (3)
Dimashq siehe Damaskus, Dimašqa
Dimašqa mod. Damaskus, Arab. Dimashq Südwestasien (Syrien) Altes Ägypten 159 (5) Frühe Kulturen 221 (4) Frühe Reiche 221 (5) siehe auch Damaskus
Dinajpur Südasien (Bangladesh) Nachkriegszeit 252 (3)
Dinant Westeuropa (Belgien) EWK 206 (2), (3)
Dingcun arch. Stätte Ostasien (China) Frühmensch 13 (2)
Dingiray Westafrika (Guinea) Islam 167 (3)
Dingliao Ostasien Frühe Neuzeit 266 (1), (2)
Diocaesarea Südwestasien (Syrien) Weltreligionen 48 (1)
Diocletian-Thermen Lat. Thermae Diocletiani Gebäude (Ital. Hbl.) Stadtplan des antiken Rom 181 (2)
Dion Staat Südosteuropa (Griech.) Antike Griechen 177 (2)
Dionysos-Theater Gebäude Südosteuropa (Griech.) Stadtplan des antiken Athen 177 (4)
Dioskurias Lat. Dioscurias Südwestasien (Georgien) Antikes Rom 161 (2) Erste Hochkulturen 176–177 (1)
Diospolis Magna siehe Theben
Dipylon Lat. Dipylum Gebäude Südosteuropa (Griech.) Stadtplan des antiken Athen 177 (4)
Dire Dawa arch. Stätte Ostafrika (Äthiopien) Frühmensch 13 (2)
Dishasha Ägypten Altes Ägypten 159 (3)
Dispur Südasien (Indien) Nachkriegszeit 252 (1)
Diu ehem. Divi Südasien (Indien) Dekolonisation 251 (4) Die Welt 1600 78–79 passim Erkundung 239 (1) Handel 230 (2), 67 (3) Kolonialismus 247 (3), 248 (1), (2), 269 (4) Nachkriegszeit 252 (1) Reiche & Revolutionen 88 (1) 88–89 (2) Sklavenhandel 84–85 (1) ZWK 250–251 (3) siehe auch Divi
Divi mod. Diu Südasien (Indien) Weltreligionen 243 (4) siehe auch Diu
Divodurum Mediomatricum siehe Metz
Divostin Südosteuropa (Jugoslawien) Früher Ackerbau 174 (1)
Dixmude Westeuropa (Belgien) EWK 206 (2), (3)
Diyala var. Rudkhaneh-ye Diyālā, Nahr, Sirvān, Sirwan, Fluss Südwestasien Erste Städte 220 (2) Frühe Kulturen 221 (4) Frühe Reiche 221 (5)
Diyarbakır Südwestasien (Türkei) Arabien im 20. Jh. 235 (5)
Djailolo siehe Halmahera
Djakarta siehe Batavia, Jakarta
Djambi siehe Jambi
Djaulan siehe Golan-Höhen
Djawa siehe Java
Djenné var. Jenne Westafrika (Mali) Die Welt 1200 62–63 passim Frühe Kulturen 160 (1) Islam 167 (3) Kreuzzüge 65 (2) Mittelalterliche Staaten 163 (4)–(7) Mongolen 68 (2) Ökonomie 163 (2) Weltreligion 62 (2)
Djenné Staat Westafrika Mittelalterliche Staaten 163 (6)
Djerba Insel Nordafrika Osmanen 231 (3)
Djibuti var. Djibouti Ostafrika (Djibuti) Afrika nach 1960 169 (4) Imperialismus 96 (1) Kolonialismus 166–167 (4)
Djibuti var. Djibouti, Dschibuti, Jibuti, ehem. Französisch- Somaliland, Französisches Territorium der Afar und Issa, Frz. Côte Française des Somalis Staat Ostafrika Afrika nach 1960 169 (4) Dekolonisation 168 (1) Heutige Welt 112 (1), 113 (3) Imperialismus 96 (1) Islam 235 (4) Kolonialismus 166–167 (4) Ökonomie 168 (2), (3) siehe auch Französisch-Somaliland; Afar und Issa, Französisches Territorium der
Djidda siehe Jiddah
Djubail siehe Byblos
Dnepr siehe Dnjepr
Dnepropetrovsk siehe Dnipropetrovs'k, Yekaterinoslav
Dnestr siehe Dnjestr
Dnipro siehe Dnjepr
Dnipropetrovs'k var. Yekaterinoslav, Russ. Dnepropetrovsk Osteuropa (Ukraine) UdSSR 215 (4) siehe auch Yekaterinoslav
Dnister siehe Dnjestr
Dnjepr Beloruss. Dnyapro, Eng. Dnieper, Russ. Dnepr, Ukr. Dnipro Fluss Osteuropa Biol. Austausch 72–73 (1) Erkundung 60–61 (1), 172 (1) EWK 207 (4) Handel d. Antike 44–45 (1) Handel im Mittelalter 190–191 (1) Islam 227 (4) Kreuzzüge 64–65 (2) Mittelalterliche Staaten 185 (3) Mongolen 68–69 (1) Napoleon 200–201 (1) Osmanen 231 (3) Reiche & Revolutionen 198 (2), 202 (1) Timur 229 (4) ZWK 210 (1), 211 (4)
Dnjestr ant. Tyras, Rum. Nistru, Eng. Dniester, Russ. Dnestr Ukr. Dnister Fluss Osteuropa Bronzezeit 175 (3) Erkundung 172 (1) EWK 207 (4) Früher Ackerbau 174 (1) Handel im Mittelalter 190–191 (1) Kreuzzüge 64–65 (2) Mittelalterliche Staaten 189 (4) Mongolen 68–69 (1) Napoleon 200–201 (1) Ökonomie 205(4) Osmanen 197 (4), 231 (3) Reiche & Revolutionen 198 (2), 202 (1) Völkerwanderung 52–53 (1), 53 (2) ZWK 210 (1), 211 (4)
Dnyapro siehe Dnjepr
Doboj Südosteuropa (Bosnien-Herzegowina) Europapolitik 215 (3)
Dobro Polje Schlacht Südosteuropa (FYR Mazedonien) EWK 207 (6)
Dobrudja var. Dobrudscha Region/Staat Südosteuropa Osmanen 203 (4), 230 (1)
Dobrudscha siehe Dobrudja
Dodekanes Gr. Dodekanissos, ehem. Nóties Sporádes Staat/Archipel Südosteuropa (Griech.) Antike Griechen 177 (2), (3) Arabien im 20. Jh. 233 (3) EWK 210 (1), 233 (2) Mittelalterliche Staaten 187 (5) Osmanen 203 (4), 232–233 (1) ZWK 211 (2), (4)
Do Dimmi Westafrika (Niger) Früher Ackerbau 158 (1)
Dodoma Ostafrika (Tanzania) Afrika nach 1960 169 (4) Ökonomie 168 (2)
Dodona rel. Stätte Südosteuropa (Griech.) Frühe Religion 37 (3)
Dogenpalast Gebäude Ital. Hbl. Stadtplan Venedig 191 (3)
Dogrib Volk Nordamerika Präkolumbische Kulturen 123 (3)
Doha Südwestasien (Qatar) Ökonomie 234 (1)
Dojran Schlacht Südosteuropa (FYR Mazedonien) EWK 207 (6)
Dolní Věstonice arch. Stätte Mitteleuropa (Polen) Frühmensch 17 (4)
Dolomiten var. Dolomiti, Ital. Dolomitiche, Alpi Gebirge Ital. Hbl. EWK 207 (5)
Dolomiti, Dolomitiche siehe Dolomiten
Dominica Kolonie/Staat/Insel Westindien Aufstieg der USA 129 (2) Die Welt 1700 82–83 passim Heutige Welt 112 (1) Kolonialismus 85 (2) Ökonomie 136 (2) Reiche & Revolutionen 88 (1) Staatenbildung 150 (1) Supermacht USA 139 (5)
Dominikanische Republik Staat Westindien Aufstieg der USA 129 (2), 133 (4) Die Welt 1850 90–91 Die Welt 1900 94–95 Die Welt 1925 98–99 Die Welt 1950 102–103 Die Welt 1975 106–107 Heutige Welt 110–111, 112 (1), 113 (4) Kalter Krieg 108 (2), 109 (1) Ökonomie 136 (2) Reiche & Revolutionen 88–89 (2) Supermacht USA 138 (1) Supermacht USA 139 (5) ZWK 104 (1)
Domitian-Stadium Gebäude Ital. Hbl. Stadtplan des antiken Rom 181 (2)
Domrémy Westeuropa (Frankr.) Mittelalterliche Staaten 192 (2)
Don ant. Tanais Fluss Osteuropa Biol. Austausch 72–73 (1) EWK 207 (4) Früher Ackerbau 174 (1) Handel d. Antike 44–45 (1) Islam 162 (1), 227 (4) Mittelalterliche Staaten 185 (3) Mongolen 68–69 (1) Napoleon 200–201 (1) Ökonomie 205 (4) Osmanen 231 (3), 232–233 (1) Timur 229 (4) Völkerwanderung 52–53 (1) ZWK 210 (1), 211 (4)
Donau Gr. Istros, Lat. Danuvius, Bul. Dunav, Tschech. Dunaj, Ungar. Duna, Rum. Dunărea, Fluss Südosteuropa Antikes Rom 181 (4), 224 (2), 225 (5) Biol. Austausch 72–73 (1) Bronzezeit 175 (3) Erkundung 172 (1) Europapolitik 215 (3) EWK 207 (6) Früher Ackerbau 174 (1), 20–21 (2) Frühe Neuzeit 193 (4) Handel d. Antike 44–45 (1), 181 (3) Handel im Mittelalter 190–191 (1) Hellenist. Welt 224 (1) Islam 162 (1), 226 (3), 227 (4) Kreuzzüge 64–65 (2), 186 (1) Kupferzeit 174 (2) Mittelalterliche Staaten 182 (2), 185 (3), 189 (4) Mongolen 68–69 (1), 229 (3) Napoleon 200–201 (1), 201 (2) Osmanen 197 (4), 230 (1), 231 (3), 232–233 (1) Reformation 196 (1) Reiche & Revolutionen 199 (3), 202 (1), Seldschuken 228 (1) Timur 229 (4) Völkerwanderung 52–53 (1), 53 (2) Zwischenkriegszeit 209 (5) ZWK 210 (1), 211 (4) siehe auch Danuvius, Istros
Donbass Region Osteuropa Ökonomie 205 (4)
Doncaster ant. Danum Brit. Inseln (UK) Ökonomie 204 (1)
Donets var. Donez Fluss Osteuropa EWK 207 (4) Mittelalterliche Staaten 185 (3)
Donets'k Osteuropa (Ukraine) UdSSR 215 (4)
Dong Ap Bia siehe Hamburger Hill
Dong Duong Kont. Südostasien (Vietnam) Weltreligionen 243 (5), 49 (4)
Dong Hai siehe Ostchinesisches Meer
Donghu Volk Ostasien Frühe Reiche 259 (5)
Dong Khe Fort Kont. Südostasien Vietnam-Krieg 251 (5)
Dongola var. Donqola, Dunqulah Ostafrika (Sudan) Handel d. Antike 44–45 (1) Islam 162 (1) Kolonialismus 166–167 (4) Spätantike 161 (3)–(5)
Dong Son arch. Stätte Kont. Südostasien (Thailand) Bronzezeit 240 (3)
Dongting Hu See Ostasien Frühe Neuzeit 266 (1) Frühe Reiche 259 (4), (5), 260 (1)
Dongyi Staat Ostasien Frühe Reiche 259 (3)
Dongzhen var. Tung-chen Staat Ostasien Mittelalterliche Staaten 263 (5)
Donja Slatina Fort Südosteuropa (Jugoslawien) Bronzezeit 175 (3)
Don-Kosaken Volk Osteuropa/Sibirien Reformation 196 (2)
Donqola siehe Dongola
Doornik siehe Tournai
Dorchester ant. Durnovaria Brit. Inseln (UK) Mittelalterliche Staaten 183 (3) Ökonomie 204 (1)
Dordogne Fluss Westeuropa (Frankr.) Frühe Neuzeit 197 (5) Handel im Mittelalter 190–191 (1) Kreuzzüge 186 (1)
Dordrecht var. Dordt, Dort Westeuropa (Niederl.) Handel im Mittelalter 190–191 (1)
Dordt siehe Dordrecht
Dorestad Westeuropa (Niederl.) Mittelalterliche Staaten 185 (3) Wikinger 60–61 (1)
Dori Westafrika (Burkina Faso) Erkundung 157 (4)
Dornach Schlacht Mitteleuropa (Schweiz) Frühe Neuzeit 193 (5)
Dorpat Osteuropa (Estland) Frühe Neuzeit 195 (3) Handel im Mittelalter 190–191 (1) Mittelalterliche Staaten 189 (3)
Dorsoduro Ital. Hbl. Stadtplan Venedig 191 (3)
Dort siehe Dordrecht
Dortmund Mitteleuropa (Deutschland) Handel im Mittelalter 190–191 (1) Mittelalterliche Staaten 188 (1)
Dorylaeum Gr. Dorylaion Südwestasien (Türkei) Antikes Rom 180–181 (1)
Dorylaion Schlacht Südwestasien (Türkei) Kreuzzüge 64–65 (2)
Douai ant. Duacum, ehem. Douay Westeuropa (Frankr.) Handel im Mittelalter 190–191 (1)
Douala var. Duala Westafrika (Kamerun) Kolonialismus 166–167 (4) Ökonomie 168 (2)
Douanas Fluss Kont. Südostasien Handel d. Antike 44 (2)
Douay siehe Douai
Dougga siehe Thugga
Doullens Westeuropa (Frankr.) EWK 206 (2)
Douro Span. Duero Fluss Iberische Hbl. Bronzezeit 175 (3) Handel im Mittelalter 190–191 (1) Kreuzzüge 64–65 (2) Völkerwanderung 52–53 (1), 53 (2) siehe auch Duero
Dove Creek Schlacht Nordamerika (USA) Aufstieg der USA 129 (2)
Dover Brit. Inseln (UK) EWK 206 (2), (3) Ökonomie 204 (1), 205 (4)
Dover Nordamerika (USA) Aufstieg der USA 129 (2)
Downpatrick Ir. Dún Pádraig Brit. Inseln (UK) Bronzezeit 175 (3)
Drač siehe Durazzo, Dyrrachium
Draç siehe Durazzo, Dyrrachium
Drakensberg Mountains Landschaft Südl. Afrika Frühmensch 12 (1) Ökonomie 163 (2)
Drancy Westeuropa (Frankr.) ZWK 211 (3)
Drangiane Region Zentralasien Hellenist. Welt 40–41 (1)
Drapsaka Zentralasien (Afghanistan) Hellenist. Welt 40–41 (1)
Drau var. Drava, Eng. Drave, Ungar. Dráva Fluss Südosteuropa Europapolitik 215 (3) EWK 207 (5), (6)
Drava siehe Drau
Dravida Region/Reich Südasien Frühe Reiche 241 (5) Frühe Religion 48 (2), 242 (2)
Dreikönigsinseln siehe Three Kings Islands
Dreizehn Kolonien var. Neu-England-Kolonien Staat Nordamerika Die Welt 1700 82–83 Reiche & Revolutionen 88 (1) Staatenbildung 127 (3)
Drenthe Provinz Westeuropa Reformation 195 (5)
Drepanum siehe Trapani
Dresden Mitteleuropa (Deutschland) Frühe Neuzeit 193 (4) Nachkriegszeit 212 (1) Napoleon 200–201 (1) Ökonomie 205 (4) Reformation 196 (1) Reiche & Revolutionen 199 (3) ZWK 211 (4)
Drina Fluss Südosteuropa Europapolitik 215 (3) EWK 207 (6)
Drontheim ehem. Nidaros, mod. Trondhjem, Trontheim Skandinavien (Norwegen) Frühe Neuzeit 197 (3) Mittelalterliche Staaten 185 (3) Wikinger 60–61 (1) siehe auch Trondheim
Drontheim var. Trondhjem Region Skandinavien Frühe Neuzeit 197 (3)
Druk-yul siehe Bhutan
Dry Creek arch. Stätte Nordamerika Die Welt 10 000 v.Chr. 14–15
Dschammu siehe Jammu
Dschebeil siehe Byblos
Dschibuti siehe Djibuti
Dschidda siehe Jiddah
Dschurtschen var. Jurchen, Gurcen, Schurschen, Tschurdschen Volk Sibirien Mittelalterliche Staaten 263 (5) Handel 267 (3)
Dsungarei var. Dzungaria Region Zentralasien Eiszeit 217 Handel d. Antike 44–45 (1) Mittelalterliche Staaten 262–263 (1)
Dsungaren Volk Zentralasien Qing-China 268 (1)
Dsungaren, Khanat der Die Welt 1700 83–84
Duacum siehe Douai
Duala siehe Douala
Dubai Arab. Dubayy Südwestasien (VAE) Ökonomie 234 (1)
Dubayy siehe Dubai
Dublin Brit. Inseln (Irland) Biol. Austausch 72–73 (1) Handel im Mittelalter 190–191 (1) Mittelalterliche Staaten 185 (3), 186 (2), 187 (4), 188 (2) Nachkriegszeit 212 (3) Napoleon 200–201 (1), 201 (2) Ökonomie 198 (1), 205 (4) Reformation 194 (2) Reiche & Revolutionen 202 (1) Wikinger 60–61 (1) ZWK 211 (2) Zwischenkriegszeit 209 (3)
Dubrae var. Dubris, mod. Dover arch. Stätte Brit. Inseln (UK) Antikes Rom 180–181 (1) siehe auch Dover
Dubris siehe Dover, Dubrae
Dubrovnik ehem. Ragusa Südosteuropa (Kroatien) Europapolitik 215 (3) siehe auch Ragusa
Ducie Island Insel Pazifik Erkundung 278 (1)
Duero Port. Douro Fluss Iberische Hbl. Erkundung 172 (1) Franken 184 (2) Islam 56–57 (1), 192 (3) Kreuzzüge 186 (1) Napoleon 200–201 (1) Zwischenkriegszeit 209 (4) siehe auch Douro
Duff Islands Archipel Pazifik Erkundung 278 (1)
Duinekerke siehe Dünkirchen
Duji var. Tuchi Provinz Ostasien Mittelalterliche Staaten 262–263 (1)

Dukang Ostasien (China) Frühe Reiche 259 (5)
Duke of York Islands Archipel Pazifik Frühe Kulturen 280–281 (3)
Dulkadir var. Dhualdadr Staat Südwestasien Die Welt 1400 70–71 Die Welt 1500 74–75
Dumbarton Brit. Inseln (UK) Mittelalterliche Staaten 186 (2)
Dumnonia siehe West-Wales
Dumyât siehe Damiette
Duna siehe Donau
Düna var. Westliche Dvina, Eng. Western Dvina, Beloruss. Dzvina, Lett. Daugava, Russ. Zapadnaya Dvina Fluss Osteuropa EWK 207 (4) Frühe Neuzeit 197 (3) Handel im Mittelalter 190-191 (1) Mittelalterliche Staaten 185 (3), 189 (3)
Dünaburg Russ. Dvinsk, mod. Daugavpils Osteuropa (Lettland) Frühe Neuzeit 195 (3) Mittelalterliche Staaten 189 (3) siehe auch Dvinsk
Dunaj siehe Donau
Dunărea, Dunav siehe Donau
Dundee Brit. Inseln (UK) Ökonomie 204 (1)
Dunedin Neuseeland Kolonisation 283 (4), (5)
Dunholme siehe Durham
Dunhuang Ostasien (China) Die Welt 750 54–55 Erkundung 256 (1), 257 (3) Frühe Reiche 260 (1), 261 (3) Handel d. Antike 44–45 (1) Mittelalterliche Staaten 262–263 (1), 263 (7) Völkerwanderung 261 (6) Weltreligionen 49 (3), (4)
Dunhuang Provinz Ostasien Frühe Reiche 260 (1)
Dunkerque siehe Dünkirchen
Dünkirchen ehem. Dunquerque, Engl. Dunkirk, Fläm. Duinekerke, Frz. Dunkerque, Westeuropa (Frankr.) EWK 206 (3) Reformation 195 (5)
Dún Pádraig siehe Downpatrick
Dunquerque siehe Dünkirchen
Dunqul Ägypten Altes Ägypten 159 (4)
Dunqulah siehe Dongola
Du Page County Region Nordamerika
Dura Europos Südwestasien (Irak) Antikes Persien 225 (6) Antikes Rom 180–181 (1), 224 (2), 225 (5) Handel d. Antike 225 (3) Hellenist. Welt 41 (2) Weltreligionen 48 (1), 226 (1)
Durango Mittelamerika (Mexiko) Kolonialismus 125 (4) Mexikan. Revolution 133 (3)
Durango Staat Mittelamerika Aufstieg der USA 129 (2) Mexikan. Revolution 133 (3)
Durazzo ant. Dyrrachium, mod. Durrës, Dursi Südosteuropa (Albanien) EWK 207 (6) Kreuzzüge 64–65 (2) Frühe Neuzeit 193 (4) Mittelalterliche Staaten 185 (3), 187 (5), 188 (1), 189 (4) Osmanen 203 (4), 230 (1) siehe auch Dyrrachium
Durban ehem. Port Natal Südl. Afrika (Südafrika) Handel 166–167 (4) Imperialismus 96 (2) Migrationen 166 (2) Ökonomie 168 (2)
Durham ehem. Dunholme Brit. Inseln (UK) Mittelalterliche Staaten 186 (2)
Dürnkrut Schlacht Mitteleuropa (Österreich) Mittelalterliche Staaten 189 (4)
Durnovaria siehe Dorchester
Durocortorum Westeuropa (Frankr.) Antikes Rom 180–181 (1), 181 (4)
Durostorum var. Silistria, mod. Silistra, Südosteuropa (Bulgarien) Antikes Rom 180–181 (1) siehe auch Silistria
Durovernum siehe Canterbury
Durrës siehe Durazzo, Dyrrachium
Dursi siehe Durazzo, Dyrrachium
Dushanbe var. Dyushambe, ehem. Stalinabad, Tadsch. Stalinobod Zentralasien (Tadschikistan) UdSSR 215 (4)
Dusky Sound Walfangstation Neuseeland Kolonisation 283 (4)
Düsseldorf Mitteleuropa (Deutschland) EWK 206 (2), (3) ZWK 211 (4)
Dutch Harbor Militärbasis Nordamerika (USA) ZWK 104 (2), 272 (1), 273 (2)
Dvaraka Südasien (Indien) Frühe Religion 242 (2)
Dvarasamudra Südasien (Indien) Mittelalterliche Staaten 244 (2), 244–245 (3)
Dvaravati Südasien (Indien) Frühe Religion 48 (2), 242 (1)
Dvaravati Region/Reich Südasien Antikes Indien 241 (6) Die Welt 750 54–55 Die Welt 1000 58–59 Erkundung 61 (3) Mittelalterliche Staaten 245 (5) Weltreligionen 243 (5)
Dvin Südwestasien (Armenien) Weltreligionen 48 (1)
Dvinsk ehem. Dtsch. Dünaburg, mod. Daugavpils Osteuropa (Lettland) EWK 207 (4) siehe auch Dünaburg
Dwarka Südasien (Indien) Mittelalterliche Staaten 244–245 (3) Weltreligionen 243 (4)
Dyfed Region Brit. Inseln Mittelalterliche Staaten 183 (3)
Dyrrhachium mod. Durrës, Ital. Durazzo, SKr. Drač, Türk. Draç Südosteuropa (Albanien) Antikes Rom 179 (5), 180–181 (1) siehe auch Durazzo
Dyushambe siehe Dushanbe
Dza Chu siehe Mekong
Dzhruchula arch. Stätte Osteuropa (Russ. Föderation) Frühmensch 13 (2)
Dzibilchaltún Mittelamerika (Mexiko) Frühe Kulturen 121 (2)
Dzungaria siehe Dsungarei
Dzvina siehe Düna

E

Eagle Pass Nordamerika (USA) Mexikan. Revolution 133 (3)
Eanna Gebäude Südwestasien (Irak) Stadtplan Uruk 220 (3)
Early Man Shelter Australien Frühe Kulturen 280 (1)
East Bengal and Assam Region Südasien Dekolonisation 250 (2)
East Cape Kap Australien Kolonisation 283 (4)
Eastern Ghats var. Ostghats Gebirge Südasien Eiszeit 236–237 (1) Frühe Religion 36 (2) Kolonialismus 247 (3), 248 (1) Ökonomie 249 (4)
Eastern States Staat Südasien Kolonialismus 248 (2)
Eastern Woodland-Kultur Volk Nordamerika Die Welt 500 50–51 Die Welt 750 54–55
East Fjords Fjord Atlantik (Island) Erkundung 172 (2)
East Florida Kolonie Nordamerika Staatenbildung 127 (3)
East London ehem. Emonti, Afr. Oos-Londen, Port Rex Südl. Afrika (Südafrika) Imperialismus 96 (2) Ökonomie 168 (2)
Eastmain Nordamerika (Kanada) Kolonialismus 126 (1)
East River Fluss Nordamerika Aufstieg der USA 132 (2)
Ebbou arch. Stätte Westeuropa (Frankr.) Frühmensch 17 (3)
Eberbach Mitteleuropa Mittelalterliche Staaten 187 (3)
Ebla Südwestasien (Syrien) Erste Städte 24 (2) Frühe Kulturen 221 (4) Schrift & Zahl 223 (3)
Eblana siehe Dublin
Ebora siehe Évora
Eboracum siehe Eburacum, York
Ebrach Mitteleuropa Mittelalterliche Staaten 187 (3)
Ebro Lat. Iberus Fluss Iberische Hbl. Erkundung 172 (1) Franken 184 (2) Islam 56–57 (1), 192 (3) Kreuzzüge 186 (1) Mittelalterliche Staaten 182 (2) Napoleon 200–201 (1) Zwischenkriegszeit 209 (4) siehe auch Iberus
Eburacum var. Eboracum, mod. York Brit. Inseln (UK) Antikes Rom 180–181 (1), 181 (4) Die Welt 250 46–47 Weltreligionen 48 (1) siehe auch York
Ebusus siehe Ibiza
Ecab Staat Mittelamerika Azteken 124 (1)
Ecatepec Mittelamerika (Mexiko) Azteken 124 (2)
Echunga Goldlagerstätte Australien Kolonisation 282 (2)
Eckmühl Mitteleuropa (Deutschland) Napoleon 200–201 (1)
Ecnomus Dtsch. Eknomus Schlacht Ital. Hbl. Antikes Rom 179 (3)
Ecuador Staat Südamerika Aufstieg der USA 133 (4) Die Welt 1850 90–91 passim Heutige Welt 112 (1), 113 (4) Kalter Krieg 109 (1) Ökonomie 153 (3), (4) Politik nach 1930 152 (1) Staatenbildung 150 (2), 151 (3) Supermacht USA 138 (1) ZWK 105 (3)
Ed-Derr Ägypten Altes Ägypten 159 (5)
Edendale Nordamerika (USA) Ökonomie 135 (4)
Edessa mod. Türk. Şanlıurfa, Urfa Südwestasien (Türkei) Antikes Persien 225 (6) Antikes Rom 224 (2), 225 (5) Die Welt 1200 62–63 Hellenist. Welt 41 (2) Islam 227 (4) Kreuzzüge 64–65 (2), 65 (3), 228 (2) Mittelalterliche Staaten 182 (2) Weltreligionen 48 (1), 226 (1)
Edessa, Grafschaft Staat Südwestasien Kreuzzüge 65 (3)
Edfu var. Idfu Ägypten Altes Ägypten 159 (3) Erste Städte 24 (2) Urbane Zivilisationen 28–29 (1)
Edinburgh Brit. Inseln (UK) Biol. Austausch 72–73 (1) Handel im Mittelalter 190–191 (1) Mittelalterliche Staaten 186 (2), 187 (4), 188 (2) Napoleon 200–201 (1), 201 (2) Ökonomie 198 (1), 205 (4) Reformation 194 (2) Reiche & Revolutionen 202 (1)
Edirne ehem. Adrianopolis Südosteuropa (Griech.) Osmanen 203 (4) siehe auch Adrianopel, Adrianopolis, Hadrianopolis
Edmonton Nordamerika (Kanada) Aufstieg der USA 129 (2), 132 (1) Ökonomie 136 (2)
Edo mod. Tokyo, Tōkyō (Japan) Die Welt 1800 86–87 passim Frühe Neuzeit 267 (4) Handel 267 (3) Qing-China 268 (1) siehe auch Tokyo
Edom Staat Südwestasien Frühe Reiche 222 (1)
Edward-See var. Edward Nyanza, Lac Idi Amin, Lake Rutanzige See Ostafrika Erkundung 157 (4) Frühmensch 12 (1)
Edward Nyanza siehe Edward-See
Edzna Mittelamerika (Mexiko) Frühe Kulturen 122 (2)
Eems siehe Ems
Eesti siehe Estland
Éfaté Insel Pazifik (Vanuatu) Frühe Kulturen 280–281 (3)
Efes siehe Ephesos
Eflâk siehe Walachei
Egadi, Isole siehe Aegates
Egbaland Staat Westafrika Islam 167 (3)
Ege Denizi siehe Ägäis
Eger mod. Cheb Mitteleuropa (Tschech. Rep.) Mittelalterliche Staaten 188 (1)
Egina siehe Aigina
Egmont, Cape Kap Neuseeland Kolonisation 283 (4)
Egoli siehe Johannesburg
Egtved Grabhügel Skandinavien (Dänemark) Bronzezeit 175 (3)
Ehime Präfektur Japan Ökonomie 270 (1)
Eichstätt Mitteleuropa (Deutschland) Franken 184 (2)
Eidgenossenschaft, Schweizer var. Schweiz, Frz. La Suisse, Ital. Svizzera, ehem. Helvetia, Helvetische Republik, ant. Helvetia Staat Mitteleuropa Die Welt 1500 74–75 passim Frühe Neuzeit 193 (4), 197 (5) Napoleon 200–201 (1) Reformation 194 (2), 196 (1), (2) Reiche & Revolutionen 199 (3), (4) Schweiz bis 1815 193 (5) siehe auch Helvetische Republik, Schweiz
Eilat var. Elat Südwestasien (Israel) Arabien im 20. Jh. 234 (2)
Éire siehe Hibernia, Irland
Éireann, Muir siehe Irische See
Eivissa siehe Ibiza
Ekain arch. Stätte Iberische Hbl. (Spanien) Frühmensch 17 (3)
Ekapa siehe Cape Town, Kapstadt
Ekbatana Lat. Ecbatana, mod. Hamadan Südwestasien (Iran) Antikes Persien 223 (4), 225 (6) Antikes Rom 224 (2), 225 (5) Erkundung 218 (1), (2) Frühe Reiche 222 (2) Handel d. Antike 44–45 (1), 225 (3) Hellenist. Welt 224 (1) Weltreligionen 226 (1) siehe auch Hamadan
Ekven Nordamerika (USA) Präkolumbische Kulturen 123 (3)
El Abra var. El Abra Cave arch. Stätte Südamerika (Kolumbien) Frühe Kulturen 144 (1)
El Agheila Nordafrika (Libyen) ZWK 210 (1), 211 (4)
Elaine Nordamerika (USA) US-Gesellschaft 135 (6)
El Alamein Ägypten ZWK 104 (2), 211 (4)
Elam var. Susiana, Uvja, mod. Khūzestān, Khuzistan Staat Südwestasien Frühe Kulturen 221 (4) Frühe Reiche 221 (5), 222 (2)
El-Amarna var. Tell el-Amarna, Ägyp. Akhenaten Ägypten Altes Ägypten 159 (5) Die Welt 1250 v.Chr. 26–27 Stadtplan 29 (5) Urbane Zivilisationen 28–29 (1)
Eland's Bay arch. Stätte Südl. Afrika (Südafrika) Frühe Kulturen 160 (1)
Elandslaagte Schlacht Südl. Afrika (Südafrika) Imperialismus 96 (2)
El Argar Fort Iberische Hbl. (Spanien) Bronzezeit 175 (3)
Elat siehe Aila, Eilat, Elath
Elatea Südosteuropa (Griech.) Erste Hochkulturen 176–177 (1)
Elat, Golf von siehe Aqaba, Golf von
Elath Gr. Aila, Lat. Aelana, mod. Aqaba Südwestasien (Israel) Erkundung 61 (3) Kreuzzüge 65 (3) siehe auch Aelana, Aila, Aqaba
Elba Insel Ital. Hbl. Napoleon 200–201 (1)
El-Ballas Ägypten Altes Ägypten 159 (2)
Elbasan var. Elbasani Südosteuropa (Albanien) EWK 207 (6)
Elbasani siehe Elbasan
El Baul Mittelamerika (Mexiko) Frühe Kulturen 122 (2)
Elbe Lat. Albis Fluss Mitteleuropa Bronzezeit 175 (3) Erkundung 172 (1) Franken 184 (2) Früher Ackerbau 174 (1) Frühe Neuzeit 193 (4) Handel d. Antike 44–45 (1) Kreuzzüge 64–65 (2), 186 (1) Kupferzeit 174 (2) Mittelalterliche Staaten 182 (2), 187 (3), 189 (3), (4) Mongolen 68–69 (1) Napoleon 200–201 (1), 201 (2) Ökonomie 205 (4) Reformation 196 (1) Reiche & Revolutionen 199 (3), 202 (1), 203 (2) Völkerwanderung 52–53 (1), 53 (2) Zwischenkriegszeit 209 (5) ZWK 210 (1) siehe auch Albis
Elbeuf Westeuropa (Frankr.) EWK 206 (2), (3)
Elbing Mitteleuropa (Polen) Frühe Neuzeit 197 (3) Handel im Mittelalter 190–191 (1) Mittelalterliche Staaten 189 (3)
El Bosque Mittelamerika (Nicaragua) Die Welt 10 000 v.Chr. 14–15
Elburz-Gebirge Per. Reshteh-ye Kūhhā-ye Alborz Gebirge Südwestasien Antikes Persien 223 (4), 225 (6) Erkundung 218 (1), (2), 219 (3) Früher Ackerbau 220 (1) Frühe Reiche 222 (2) Hellenist. Welt 224 (1) Ökonomie 234 (1)
El Carmen Südamerika (Argentinien) Erkundung 143 (3)
El Castillo arch. Stätte Iberische Hbl. (Spanien) Frühmensch 17 (3)
El Djazaïr siehe Algier
Elea siehe Velia
Elephanta Südasien (Indien) Weltreligionen 49 (3)
Elephantine bei Assuan Ägypten Altes Ägypten 159 (2), (3), (4), (5) Erste Städte 24 (2) Frühe Kulturen 160 (1) siehe auch Assuan
Elephant Island Insel Antarktis Erkundung 287 (3)
El Fasher var. Al Fāshir Ostafrika (Sudan) Islam 162 (1)
Elfenbeinküste Frz. Côte d'Ivoire Staat Westafrika Afrika nach 1960 169 (4) Dekolonisation 168 (1) Heutige Welt 112 (1), 113 (3) Islam 235 (4) Kolonialismus 166–167 (4) Ökonomie 168 (2), (3)
El Ferrol Iberische Hbl. (Spanien) Zwischenkriegszeit 209 (4)
Elgin Brit. Inseln (UK) Mittelalterliche Staaten 188 (2)
El Ġīzā siehe Giza
El Guettar arch. Stätte Nordafrika (Tunesien) Frühmensch 13 (2)
El Inga Südamerika (Kolumbien) Die Welt 10 000 v.Chr. 14–15
Elis Staat Südosteuropa (Griech.) Antike Griechen 179 (4)
El-Jadida siehe Mazagan
El Jobo Mittelamerika (Mexiko) Frühe Kulturen 122 (2)
El-Kab Ägypten Altes Ägypten 159 (5) Erste Städte 24 (2)
El Khartûm siehe Karri, Khartoum
El Khril Nordafrika (Marokko) Früher Ackerbau 158 (1)
El-Lahun Ägypten Altes Ägypten 159 (4)
Ellás siehe Griechenland, Hellas
Ellesmere Island Insel Nordamerika Aufstieg der USA 129 (2) Erkundung 286 (1), 287 (2) Präkolumbische Kulturen 123 (3)
Ellice Islands mod. Tuvalu Archipel Pazifik Imperialismus 284–285 (1) Erkundung 279 (3) siehe auch Tuvalu
El-Lisht Ägypten Altes Ägypten 159 (4) Die Welt 1250 v.Chr. 26–27 Urbane Zivilisationen 28–29 (1)
Ellora Südasien (Indien) Weltreligionen 49 (3)
El Mesón arch. Stätte Mittelamerika (Mexiko) Frühe Kulturen 121 (3)
Elmham Brit. Inseln (UK) Mittelalterliche Staaten 183 (3)
Elmina Westafrika (Ghana) Erkundung 156 (3) Frühe Neuzeit 164 (2) Islam 162 (1) Sklavenhandel 84–85 (1), 165 (4)
El Mirador Mittelamerika (Mexiko) Frühe Kulturen 122 (2)
El Morro arch. Stätte Nordamerika (USA) Präkolumbische Kulturen 123 (4)
Elne siehe Illiberis
El Opeño Mittelamerika (Mexiko) Frühe Kulturen 121 (2)
Elouae Islands Archipel Melanesien Frühe Kulturen 280–281 (3)
Elp Westeuropa (Niederl.) Bronzezeit 175 (3)
El Paraíso arch. Stätte Südamerika (Peru) Frühe Kulturen 144 (1)
El Paso Nordamerika (USA) Aufstieg der USA 129 (2) Mexikan. Revolution 133 (3) Ökonomie 136 (2)
El Paso del Norte Nordamerika (USA) Kolonialismus 125 (4)
El Purgatório Südamerika (Peru) Frühe Reiche 146 (1)
El Qâhira siehe Kairo, Al Fustat
El Salvador ehem. Salvador Staat Mittelamerika Aufstieg der USA 129 (2) Die Welt 1850 90–91 passim Kalter Krieg 108 (2), 109 (1) Ökonomie 136 (2) Supermacht USA 138 (1), 139 (5) siehe auch Salvador
Elsass Frz. Alsace Region Westeuropa (Frankr.) Frühe Neuzeit 197 (5) siehe auch Elsass-Lothringen
Elsass-Lothringen Region Westeuropa (Frankr.) Reiche & Revolutionen 203 (2) Zwischenkriegszeit 208 (1) siehe auch Elsass
Elsloo Westeuropa (Niederl.) Früher Ackerbau 174 (1)
El Suweis siehe Suez
Elswick Brit. Inseln (UK) Ökonomie 204 (3)
El Tajin Mittelamerika (Mexiko) Frühe Kulturen 122 (1)
El Teul Mittelamerika (Mexiko) Frühe Kulturen 122 (1)
El Trapiche Mittelamerika (Mexiko) Frühe Kulturen 121 (2)
Elvas Iberische Hbl. (Portugal) Reformation 196 (2)
El Viejon Mittelamerika (Mexiko) Frühe Kulturen 121 (2)
Ely Brit. Inseln (UK) Mittelalterliche Staaten 186 (2) Ökonomie 204 (1)
Elymais Staat Südwestasien Antikes Rom 224 (2)
Elymer Lat. Elymi Volk Ital. Hbl. Antikes Rom 178 (2)
Emden Mitteleuropa (Deutschland) Reformation 195 (5)
Emerald Isle siehe Montserrat
Emerald Mound Nordamerika (USA) Präkolumbische Kulturen 123 (5)
Emerita Augusta mod. Mérida Iberische Hbl. (Spanien) Antikes Rom 180–181 (1), 181 (4) Weltreligionen 48 (1) siehe auch Mérida
Emesa mod. Homs Südwestasien (Syrien) Frühe Religion 37 (3) Hellenist. Welt 40–41 (1) siehe auch Homs
Emilia Region Ital. Hbl. Mittelalterliche Staaten 183 (4)
Emin mod. Niger Fluss Westafrika Erkundung 156 (2) siehe auch Niger
Emirate, Türkische Staat Südwestasien Die Welt 1300 66–67 Handel im Mittelalter 190-191 (1) Mittelalterliche Staaten 189 (4)
Emmaus Südwestasien (Syrien) Antikes Rom 225 (4)
Emona siehe Ljubljana
Emonti siehe East London
Emporiae Gr. Emporion, mod. Ampurias Iberische Hbl. (Spanien) Antikes Rom 179 (3) Erste Hochkulturen 176–177 (1)
Emporion Ostafrika (Somalia) Handel d. Antike 44–45 (1) Spätantike 161 (3), (5)
Emporion siehe Emporiae
Emporium Gebäude Ital. Hbl. Stadtplan des antiken Rom 181 (2)
Empty Quarter siehe Ar Rub 'al Khali
Ems Ndl. Eems Fluss Mitteleuropa Reformation 195 (5)
Emu Australien Ökonomie 285 (2)
Emuckfaw Schlacht Nordamerika (USA) Aufstieg der USA 129 (2)
Encounter Bay Bucht Australien Erkundung 279 (2)
Enderby Land Landschaft Antarktis Erkundung 287 (3)
Endersdorf mod. Jędrzejów, Mitteleuropa (Polen) Mittelalterliche Staaten 187 (3)
Enewetak ehem. Eniwetok Atoll Pazifik Ökonomie 285 (2) siehe auch Eniwetok
Engaruka arch. Stätte Ostafrika (Tanzania) Frühe Kulturen 160 (1)
Engis Westeuropa (Belgien) Die Welt 10 000 v.Chr. 14–15
Engkomi Südwestasien (Zypern) Altes Ägypten 159 (5)
England Lat. Anglia Staat Brit. Inseln Die Welt 1000 58–59 passim Erkundung 60–61 (1), 80–81 (1) Frühe Neuzeit 194 (1) Handel im Mittelalter 190–191 (1) Kreuzzüge 186 (1), 64–65 (2) Mittelalterliche Staaten 185 (3), 186 (2), 187 (3), (4), 188 (2) Reformation 194 (2), 196 (1), (2) Reiche & Revolutionen 202 (1)
Englewood Nordamerika (USA) Präkolumbische Kulturen 123 (5)
Englischer Kanal var. Kanal, Ärmelkanal Meeresstraße Westeuropa Mittelalterliche Staaten 183 (3), 186 (2), 187 (4), 188 (2), 192 (1), (2) Ökonomie 204 (1) Reiche & Revolutionen 199 (4)
Eniwetok Insel Pazifik ZWK 104 (1), 273 (2)
Enlil-Tempel Gebäude Südwestasien (Irak) Stadtplan Nippur 28 (2)
En Nazira siehe Nazareth
Eno Volk Nordamerika Kolonialismus 125 (4)
Enotachopco Creek Schlacht Nordamerika (USA) Aufstieg der USA 129 (2)
Enryaku-ji Japan Mittelalterliche Staaten 265 (4)
Entebbe Ostafrika (Uganda) Kolonialismus 166–167 (4)
Entrevaux Westeuropa (Frankr.) Frühe Neuzeit 197 (5)
Épernay Westeuropa (Frankr.) EWK 206 (2)
Ephesos Lat. Ephesus, Türk. Efes Südwestasien (Türkei) Antike Griechen 177 (2), (3), 179 (4) Antikes Persien 223 (4) Antikes Rom 179 (5), 180–181 (1), 181 (4), 225 (5) Erste Hochkulturen 176–177 (1) Frühe Religion 37 (3) Handel d. Antike 181 (3) Hellenist. Welt 40–41 (1), 161 (2) Kreuzzüge 64–65 (2) Spätantike 182 (1) Weltreligionen 48 (1), 226 (1)
Ephesus siehe Ephesos
Ephthalites siehe Hephthaliten
Epidamnos Lat. Epidamnus Südosteuropa (Albanien) Antike Griechen 179 (4) Erste Hochkulturen 176–177 (1) Hellenist. Welt 40–41 (1)
Epidauros Lat. Epidaurus Südosteuropa (Griech.) Antike Griechen 177 (3)
Épinal Westeuropa (Frankr.) EWK 206 (2), (3)
Epiros Lat. Epirus Gr. mod. Ipiros Region Südosteuropa (Griech.) Antike Griechen 177 (3), 179 (4) Antikes Rom 179 (5), 180–181 (1), 225 (5) Erste Hochkulturen 176–177 (1) Hellenist. Welt 40–41 (1), 224 (1) Mittelalterliche Staaten 189 (4) Mongolen 68–69 (1)
Epiros, Despotat Staat Südosteuropa Mittelalterliche Staaten 187 (5), 188 (1)
Epirus siehe Epiros
Epitoli siehe Pretoria
Erautini siehe Johannesburg
Erbil siehe Arbela, Arbil
Erdély siehe Siebenbürgen
Erebus, Mount Berg Antarktis Erkundung 287 (3)
Erech siehe Uruk
Erechtheion Lat. Erechtheum Tempel Südosteuropa (Griech.) Stadtplan des antiken Athen 177 (4)
Ereğli siehe Heraklea
Eressos Lat. Eressus Mittelmeer (Lesbos) Antike Griechen 177 (2)
Eretoka Insel Pazifik Frühe Kulturen 280–281 (3)
Eretria Südosteuropa (Griech.) Antike Griechen 177 (2), (3) Erste Hochkulturen 176–177 (1)
Erevan siehe Erivan, Yerevan
Erfurt Mitteleuropa (Deutschland) Früher Ackerbau 174 (1) Reformation 196 (2)
Eridanos Lat. Eridanus Fluss Südosteuropa (Griech.) Stadtplan des antiken Athen 177 (4)
Eridu Südwestasien (Irak) Die Welt 5000 v.Chr. 18–19 Erste Städte 220 (2) Frühe Kulturen 221 (4) Früher Ackerbau 220 (1)
Erie Volk Nordamerika Kolonialismus 126 (1)
Erie, Lake See Nordamerika Aufstieg der USA 129 (2) Erkundung 118 (1), 119 (2), (3) Früher Ackerbau 120 (1) Frühe Kulturen 121 (4) Kolonialismus 126 (1), 127 (2) Präkolumbische Kulturen 123 (5) Staatenbildung 127 (3) US-Bürgerkrieg 131 (6)
Eritrea Kolonie/Staat Ostafrika Afrika nach 1960 169 (4) Arabien im 20. Jh. 233 (4) Dekolonisation 168 (1) Heutige Welt 112 (1), 113 (3) Imperialismus 96 (1) Islam 235 (4) Ökonomie 168 (2), (3)
Erivan Südwestasien (Aserbaidschan) Safawiden 231 (4)
Erligang arch. Stätte Ostasien Früher Ackerbau 258 (2)
Erlitou arch. Stätte Ostasien Die Welt 1250 v.Chr. 26–27 Früher Ackerbau 258 (1), (2) Frühe Reiche 259 (3) Urbane Zivilisationen 28–29 (1)
Erment siehe Armant
Ermes Osteuropa (Lettland) Frühe Neuzeit 195 (3)
Ermland Lat. Warmia Region/Staat Mitteleuropa Frühe Neuzeit 195 (3) Reiche & Revolutionen 199 (3)
Erserum mod. Türk. Erzurum, ant. Theodosiopolis Südwestasien (Türkei) EWK 233 (2) Islam 227 (4), (5) Osmanen 230 (1), 231 (3) siehe auch Theodosiopolis
Ersindschan mod. Erzincan Südwestasien (Türkei) EWK 233 (2)
Ertis siehe Irtysh
Erythrai Südwestasien (Türkei) Antike Griechen 177 (2) Erste Hochkulturen 176–177 (1)
Erythra, Mare Dtsch. Rotes Meer, mod. Dtsch. Arabisches Meer Meer Indischer Ozean Handel d. Antike 44–45 (1) siehe auch Arabisches Meer
Erzincan siehe Ersindschan
Erzurum siehe Erserum
Escalón Mittelamerika (Mexiko) Mexikan. Revolution 133 (3)
Escaut siehe Schelde
Eschnunna siehe Ešnunna
Eşfahān siehe Isfahan
Esh Shaheinab Ostafrika (Sudan) Die Welt 5000 v.Chr. 18–19
Esh Sham siehe Damascus
Eskimo siehe Inuit
Esna var. Isna Ägypten Altes Ägypten 159 (4)
Ešnunna var. Eschnunna Südwestasien (Irak) Erste Städte 24 (2), 25 (3), 220 (2) Frühe Kulturen 221 (4) Urbane Zivilisationen 28–29 (1)
España siehe Spanien
Esperance Australien Erkundung 279 (2) Kolonisation 282 (1) Staatenbildung 283 (3)
Espiríto Santo Region Südamerika Kolonialismus 149 (3)
Espiritu Santo Insel Pazifik (Vanuatu) Dekolonisation 285 (3) Erkundung 278 (1) ZWK 104 (2)
Esquilinus, Mons var. Esquilin Hügel Ital. Hbl. Stadtplan des antiken Rom 181 (2)
Essaouira siehe Mogador
Esseg siehe Osijek
Essen var. Essen an der Ruhr Mitteleuropa (Deutschland) Ökonomie 205 (4) ZWK 210 (1), 211 (2), (3)
Essen an der Ruhr siehe Essen
Essequibo Kolonie Südamerika Die Welt 1700 82–83 Die Welt 1800 86–87 Kolonialismus 149 (4)
Essex Staat Brit. Inseln Mittelalterliche Staaten 183 (3)
Esten Volk Osteuropa Die Welt 1200 62–63 Kreuzzüge 186 (1) Mongolen 68–69 (1)
Estero Rabón arch. Stätte Mittelamerika (Mexiko) Frühe Kulturen 121 (3)
Estland Engl. Estonia, Est. Eesti, Lett. Igaunija Region/Staat Osteuropa Europapolitik 214 (1), (2) Frühe Neuzeit 195 (3) Heutige Welt 112 (2) Nachkriegszeit 212 (3) UdSSR 208 (2), 213 (4) Zwischenkriegszeit 208 (1), 209 (3) ZWK 210 (1) siehe auch Baltische Staaten
Estonia siehe Estland
Eszék siehe Osijek
Esztergom ant. Strigonium, hist. Dtsch. Gran Mitteleuropa (Ungarn) Mittelalterliche Staaten 185 (3), 188 (1) Mongolen 68–69 (1) siehe auch Gran
Étaples Westeuropa (Frankr.) EWK 206 (2), (3)
Etaules Fort Westeuropa (Frankr.) Bronzezeit 175 (3)
Etawah Südasien (Indien) Ökonomie 247 (3)
Etowah Nordamerika (USA) Aufstieg der USA 129 (2) Präkolumbische Kulturen 123 (5)
Etruria Region Ital. Hbl. Erste Hochkulturen 176–177 (1)
Etrusci siehe Etrusker
Etrusker Lat. Etrusci Volk Ital. Hbl. Antikes Rom 178 (1), (2) Die Welt 750 v.Chr. 30–31 Frühe Religion 36 (1)
Etrusker-Städte Staat Ital. Hbl. Die Welt 500 v.Chr. 34–35
Etsch siehe Adige
Etzatlan Mittelamerika (Mexiko) Frühe Kulturen 122 (1)
Euboia var. Euböa, Lat. Euboea Insel Mittelmeer Antike Griechen 177 (2), (3), 179 (4) Erste Hochkulturen 175 (4)
Eudaemon Arabia var. Aden, Arab. 'Adan, Chin. A-tan Südwestasien (Yemen) Handel d. Antike 44–45 (1) 225 (3) siehe auch Aden
Euhesperides Nordafrika (Libyen) Erste Hochkulturen 176–177 (1)
Eupatoria Osteuropa (Ukraine) Osmanen 203 (4)
Euphrat Lat./Eng. Euphrates, Arab. Al Furāt, Türk. Firat Nehri Fluss Südwestasien Altes Ägypten 159 (5) Antikes Persien 223 (4), 225 (6) Antikes Rom 180–181 (1), 224 (2), 225 (5) Arabien im 20. Jh. 233 (3), (4) 235 (5) Biol. Austausch 72–73 (1), 73 (3) Erkundung 172 (1), (2), 219 (3), (4) Erste Städte 25 (3), 220 (2) EWK 233 (2) Frühe Kulturen 221 (4) Früher Ackerbau 20–21 (2), 174 (1), 220 (1) Frühe Reiche 221 (5), 222 (2) Handel 230 (2) Handel d. Antike 44–45 (1), 225 (3) Hellenist. Welt 224 (1), 41 (2) Islam 56–57 (1), 226 (3), 227 (4), (6) Kreuzzüge 65 (3), 228 (2) Mongolen 68–69 (1), 229 (3) Ökonomie 234 (1) Osmanen 231 (3), 232–233 (1) Safawiden 231 (4) Schrift & Zahl 223 (3) Seldschuken 228 (1) Stadtplan Samarra 57 (3) Timur 229 (4) Urbane Zivilisationen 28–29 (1), Weltreligionen 226 (1) ZWK 211 (4)
Eurasischer Eisschild Eisformation Euopa/Asien Die Welt 10 000 v.Chr. 14–15
Europa Kontinent Biol. Austausch 73 (2), 81 (2) Handel d. Antike 44 (2) Wissen & Technologie 76 (8), (9), (10), 76–77 (1), (2)
Europäisches Russland Region Osteuropa Globale Migration 100 (1)
Eurymedon Schlacht Südwestasien (Türkei) Antikes Persien 223 (4)
Eusebia siehe Caesaria Cappadociae, Kayseri
Eutaw Springs Schlacht Nordamerika (USA) Staatenbildung 127 (3)
Euxinisches Meer siehe Schwarzes Meer
Euxinus, Pontus Meer Asien/Europa Handel d. Antike 44 (2)
Even siehe Lamuten
Everest, Mount Berg Ostasien Erkundung 257 (3)
Évora ant. Ebora, Lat. Liberalitas Julia Iberische Hbl. (Portugal) Islam 192 (3)
Évreux Westeuropa (Frankr.) EWK 206 (2), (3)
Évros siehe Maritsa
Exeter ant. Isca Dumnoniorum Brit. Inseln (UK) Ökonomie 204 (1) Mittelalterliche Staaten 183 (3), 186 (2) siehe auch Isca Dumnoniorum
Exloo arch. Stätte Westeuropa (Belgien) Kupferzeit 174 (2)
Eylau Schlacht Mitteleuropa (Polen) Napoleon 200–201 (1)
Eyre, Lake See Australien Eiszeit 276–277 (1)
Eyu Ostasien (China) Frühe Reiche 259 (5)
Ezero Fort Südosteuropa (Bulgarien) Bronzezeit 175 (3)

F

Fadak Südwestasien (Saudi-Arabien) Weltreligionen 226 (1)
Faenza ant. Faventia Ital. Hbl. Handel im Mittelalter 190–191 (1) Mittelalterliche Staaten 188 (1)
Faesulae mod. Fiesole Ital. Hbl. Antikes Rom 178 (1)
Failaka Südwestasien (Irak) Erste Städte 24 (2), 25 (3)
Faisalabad Südasien (Pakistan) Nachkriegszeit 253 (5)
Faiyum Ägypten Altes Ägypten 159 (2), (4) Die Welt 5000 v.Chr. 18–19 Früher Ackerbau 158 (1)
Faizābād, Faizabad siehe Fyzabad
Falaise Westeuropa (Frankr.) Mittelalterliche Staaten 186 (2)
Falisci Volk Ital. Hbl. Antikes Rom 178 (1), (2)
Falkland Islands var. Falklands, Islas Malvinas Kolonie/Staat/Archipel Südamerika Die Welt 1850 90–91 passim Eiszeit 140 (1) Erkundung 142 (1), 143 (3), 287 (3) Ökonomie 153 (3) Politik nach 1930 152 (1) Staatenbildung 151 (3) siehe auch Malvinas, Islas
Falklands siehe Falkland Islands, Malvinas, Islas
Fallen Timbers Schlacht Nordamerika (USA) Aufstieg der USA 129 (2)
Famagusta Südwestasien (Zypern) Handel im Mittelalter 190–191 (1) Kreuzzüge 64–65 (2), 65 (3)
Fang Staat Ostasien Frühe Reiche 259 (3)
Fante var. Fanti Staat Westafrika Handel 166–167 (1)
Fanti siehe Fante
Fao siehe Al Faw
Farawiyyn Staat Westafrika Mittelalterliche Staaten 163 (4)
Farewell, Cape Kap Neuseeland Kolonisation 283 (4)
Farghona siehe Ferghana
Faro Iberische Hbl. (Portugal) Islam 192 (3)
Färöer Dän. Færøerne, Fär. Føroyar Archipel/Kolonie Atlantik Eiszeit 170 Erkundung 60–61 (1), 172 (1), (2) Heutige Welt 112 (2) Mittelalterliche Staaten 185 (3) ZWK 210 (1), 211 (4)
Farrukhabad Südasien (Indien) Kolonialismus 249 (3) Ökonomie 249 (4)
Farruknagar Schlacht Südasien (Indien) Kolonialismus 249 (3)
Fars Region/Staat Südwestasien Antikes Persien 225 (6) Islam 56–57 (1) Safawiden 231 (4)
Fars, Khalīj-e siehe Persischer Golf
Fartak Staat Südwestasien Die Welt 1500 74–75 Islam 162 (1)
Fashoda Ostafrika (Sudan) Kolonialismus 166–167 (4)
Fatehgarh Schlacht Südasien (Indien) Kolonialismus 249 (3)
Fatehpur Südasien (Indien) Ökonomie 247 (3)
Fatimiden var. Fatimiden-Kalifat Dynastie/Staat Nordafrika/Südwestasien Die Welt 1000 58–59 Erkundung 61 (3) Islam 57 (2), 227 (5) Kreuzzüge 64–65 (2), 65 (3) Mittelalterliche Staaten 185 (3) Seldschuken 228 (1)
Faventia siehe Faenza
Faxaflói Fjord Island Erkundung 172 (2)
Fayetteville Nordamerika (USA) US-Bürgerkrieg 131 (7)
Fazzān siehe Fezzan
Færøerne siehe Färöer
Fehrbellin Schlacht Mitteleuropa (Deutschland) Frühe Neuzeit 197 (3)
Felicitas Julia siehe Lisbon, Olisipo
Fellin Est. Viljandi Osteuropa (Estland) Frühe Neuzeit 195 (3)
Fell's Cave arch. Stätte Südamerika (Chile) Frühe Kulturen 144 (1)
Felsengebirge siehe Rocky Mountains
Felsina var. Bononia, mod. Bologna Ital. Hbl. Antikes Rom 178 (2) siehe auch Bononia, Bologna
Feltre Ital. Hbl. EWK 207 (5)
Feng Ostasien (China) Frühe Reiche 259 (4) Mongolen 68–69 (1)
Fengtian Region Ostasien Chinesische Revolution 271 (5) Imperialismus 270 (2)
Fengtien siehe Mukden, Shenyang
Fengyuan Ostasien (China) Mittelalterliche Staaten 263 (7)
Fengzhou Ostasien (China) Mittelalterliche Staaten 263 (5)
Feni Islands Archipel Pazifik Frühe Kulturen 280–281 (3)
Fenni siehe Fenny
Fenny var. Fenni Südasien (Bangladesh) Nachkriegszeit 252 (3)
Feodosiya siehe Kaffa, Theodosia
Fère Westeuropa (Frankr.) EWK 206 (2), (3)
Fergana siehe Ferghana
Ferghana var. Fergana, mod. Farghona Region/Staat Zentralasien /Ostasien Frühe Reiche 260 (1) Handel d. Antike 44–45 (1) Islam 56–57 (1) Kolonialismus 269 (3) Mittelalterliche Staaten 262–263 (1) Völkerwanderung 261 (6) Weltreligionen 49 (3)
Fernandia Nordamerika (USA) US-Bürgerkrieg 131 (6)
Fernando de Noronha Insel Südamerika Heutige Welt 110–111
Fernando Póo var. Fernando Po, ehem. Macías Nguema Biyogo, mod. Bioko Insel Westafrika Die Welt 1500 74–75 passim Frühe Neuzeit 164 (2) Kolonialismus 166–167 (4)
Fernöstliche Republik Staat Sibirien Kommunismus 271 (8)
Ferozepore Schlacht Südasien (Indien) Kolonialismus 249 (3)
Ferrara ant. Forum Alieni Ital. Hbl. Frühe Neuzeit 193 (4) Handel im Mittelalter 190–191 (1) Mittelalterliche Staaten 188 (1)
Fès var. Fez Nordafrika (Marokko) Biol. Austausch 72–73 (1) Erkundung 156 (3), 157 (4) Islam 56–57 (1), 162–163 (1) Kreuzzüge 64–65 (2), 65 (1) Mittelalterliche Staaten 185 (3) Mongolen 68 (2) Osmanen 231 (3)
Fetegar Staat Ostafrika Die Welt 1200 62–63
Fetterman's Defeat Schlacht Nordamerika (USA) Aufstieg der USA 129 (2)
Feyzābād siehe Fyzabad
Fez siehe Fès
Fezzan mod. Fazzān, ant. Phazania Region/Staat Nordafrika Die Welt 1600 78–79 passim Osmanen 232–233 (1)
Fidschi Eng. Fiji Staat/Archipel Pazifik Dekolonisation 285 (3) Eiszeit 276–277 Erkundung 60 (2), 279 (3) Frühe Kulturen 280–281 (3) Globale Migration 101 (3) Heutige Welt 113 (3) Imperialismus 284–285 (1) Ökonomie 285 (2)
Fiesole siehe Faesulae
Fiji siehe Fidschi
Filitosa Fort Westeuropa (Frankr.) Bronzezeit 175 (3)
Finanj Kont. Südostasien (Malaysia) Handel 230 (2)
Finca Arizona Mittelamerika (Mexiko) Frühe Kulturen 122 (2)
Fingira Südl. Afrika (Malawi) Früher Ackerbau 158 (1)
Finnen Volk Skandinavien Die Welt 750 54–55 Die Welt 1000 58–59 Kreuzzüge 186 (1) Mongolen 68–69 (1)
Finnischer Meerbusen siehe Finnland, Golf von
Finnland Region Skandinavien Die Welt 1850 90–91 passim Frühe Neuzeit 197 (3) Mittelalterliche Staaten 189 (3) Ökonomie 205 (4) Reiche & Revolutionen 202 (1)
Finnland Finn. Suomen Tasavalta Staat Skandinavien Europapolitik 214 (1) EWK 207 (4) Heutige Welt 112 (2), 113 (4) Kalter Krieg 108 (3) Nachkriegszeit 212 (3), 213 (5) UdSSR 208 (2), 213 (4) Zwischenkriegszeit 208 (1), 209 (3) ZWK 104 (1), (2), 210 (1), 211 (2), (4)
Finnland, Golf von Est. Soome Laht, Finn. Suomenlahti, Russ. Finskiy Zaliv, Schwe. Finska Viken ehem. Dtsch. Finnischer Meerbusen, Skandinavien EWK 207 (4) Frühe Neuzeit 197 (3)
Finno-Ugrier Volk Osteuropa /Skandinavien Die Welt 750 v.Chr. 30–31 passim
Finska Viken, Finskiy Zaliv siehe Finnland, Golf von
Firat Nehri siehe Euphrat
Firenze siehe Florentia, Florenz
Firmum var. Firmum Picenum Ital. Hbl. Antikes Rom 178 (1)
Firmum Picenum siehe Firmum
Firuzukh Südasien (Afghanistan) Mittelalterliche Staaten 244 (2)
Fisher Nordamerika (USA) Präkolumbische Kulturen 123 (5)
Fishguard Wal. Abergwaun Brit. Inseln (UK) Ökonomie 204 (1)
Fitzroy Fluss Australien Kolonisation 282 (1)
Fiume siehe Rijeka
Flagler Bay Nordamerika (Kanada) Präkolumbische Kulturen 123 (3)
Flaminia, Via Straße Ital. Hbl. Antikes Rom 178 (1) Stadtplan des antiken Rom 181 (2)
Flandern Provinz/Region Westeuropa Frühe Neuzeit 197 (5) Handel im Mittelalter 190–191 (1) Kreuzzüge 64–65 (2) Mittelalterliche Staaten, 187 (4), 192 (1) Reformation 195 (5) siehe auch Niederlande
Flathead Volk Nordamerika Kolonialismus 126 (1)
Flensborg siehe Flensburg
Flensburg Eng. Flensborg Mitteleuropa (Deutschland) Reiche & Revolutionen 199 (3)
Fleurus Schlacht Westeuropa (Belgien) Reiche & Revolutionen 199 (4)
Flinders Fluss Australien Erkundung 279 (2) Frühmensch 17 (5) Kolonisation 282 (1)
Flint Run Nordamerika (USA) Die Welt 5000 v.Chr. 18–19
Flitsch mod. Bovec, Ital. Plezzo Mitteleuropa (Slowenien) EWK 207 (5)
Florence Nordamerika (USA) Präkolumbische Kulturen 123 (5) US-Bürgerkrieg 131 (7)
Florentia mod. Firenze, Dtsch. Florenz Ital. Hbl. Antikes Rom 180–181 (1) siehe auch Florenz
Florenz ant. Florentia, Ital. Firenze Ital. Hbl. Franken 184 (2) Frühe Neuzeit 193 (4) Handel im Mittelalter 190–191 (1) Mittelalterliche Staaten 188 (1) Napoleon 200–201 (1), 201 (2), (3) Ökonomie 198 (1) Reformation 194 (2) siehe auch Florentia
Florenz Staat Ital. Hbl. Reformation 194 (2) siehe auch Italienische Fürstentümer
Flores Insel Mar. Südostasien Dekolonisation 251 (4) Erkundung 239 (1), (2) Islam 243 (6) Kolonialismus 247 (4) Mittelalterliche Staaten 245 (6) Nachkriegszeit 253 (4), (5) Reiche & Revolutionen 88–89 (2) Weltreligionen 243 (5) ZWK 250–251 (3), 272 (1), 273 (2)
Flores-See Meer Mar. Südostasien Erkundung 239 (1), (2) Imperialismus 97 (3) Islam 243 (6) Kolonialismus 247 (4) Mittelalterliche Staaten 245 (5), (6)
Floreşti Südosteuropa (Moldawien) Früher Ackerbau 174 (1)
Florianópolis siehe Desterro
Florida Staat Nordamerika Aufstieg der USA 129 (1) Die Welt 1850 90–91 Ökonomie 134 (2), 139 (3) US-Bürgerkrieg 130 (2), (5), 131 (6) US-Gesellschaft 137 (6)
Flórina Schlacht Südosteuropa (Griech.) EWK 207 (6)
Florisbad arch. Stätte Südl. Afrika (Südafrika) Frühmensch 13 (2)
Flossenbürg Mitteleuropa ZWK 211 (3)
Foča Südosteuropa (B.-H.) Europapolitik 215 (3)
Focia ant. Phokaia, Lat. Phocaea, mod. Foça Südwestasien (Türkei) Handel im Mittelalter 190–191 (1) siehe auch Phokaia
Foix Westeuropa (Frankr.) Kreuzzüge 186 (1)
Foix Region Westeuropa (Frankr.) Frühe Neuzeit 197 (5)
Folkestone Brit. Inseln (UK) Ökonomie 204 (1)
Folsom arch. Stätte Nordamerika (USA) Die Welt 5000 v.Chr. 18–19
Fongafale Pazifik (Tuvalu) Dekolonisation 285 (3)
Fontbrégoua Ital. Hbl. Früher Ackerbau 174 (1)
Font-de-Gaume arch. Stätte Westeuropa (Frankr.) Frühmensch 17 (3)
Foochow siehe Fuzhou
Forbes Goldlagerstätte Australien Ökonomie 282 (2)
Forbes Quarry arch. Stätte Iberische Hbl. (Spanien) Frühmensch 13 (2)
Forlì ant. Forum Livii Ital. Hbl. Handel im Mittelalter 190–191 (1)
Formosa var. Taiwan Insel Ostasien Biol. Austausch 72–73 (1) Die Welt 1700 82–83 Die Welt 1925 98–99 Imperialismus 270 (2) Kolonialismus 247 (4) Weltreligionen 49 (3), (4) ZWK 104 (1), (2), 272 (1), 273 (2) siehe auch Taiwan
Føroyar siehe Färöer

Fort Albany Nordamerika (Kanada) Kolonialismus 126 (1)
Fortaleza ehem. Ceará, Villa do Forte de Assuppeãs Südamerika (Brasilien) Ökonomie 153 (3) siehe auch Ceará
Fort Ancient Grabhügel Nordamerika (USA) Frühe Kulturen 121 (4) Präkolumbische Kulturen 123 (5)
Fort Augusta Fort Nordamerika (USA) Kolonialismus 127 (2)
Fort Beauséjour Fort Nordamerika (USA) Kolonialismus 127 (2)
Fort Chambly Fort Nordamerika (USA) Staatenbildung 127 (3)
Fort Churchill Nordamerika (Kanada) Kolonialismus 126 (1)
Fort Dauphin siehe Fort Liberté
Fort Dearborn Schlacht Nordamerika (USA) Aufstieg der USA 129 (2)
Fort Detroit Fort Nordamerika (USA) Kolonialismus 127 (2) Staatenbildung 127 (3)
Fort Donelson Fort Nordamerika (USA) US-Bürgerkrieg 131 (6)
Fort Duquesne Fort Nordamerika (USA) Kolonialismus 127 (2)
Fort Fisher Fort Nordamerika US-Bürgerkrieg 131 (7)
Fort Frontenac Fort Nordamerika (USA) Kolonialismus 127 (2)
Forth and Clyde Kanal Brit. Inseln Ökonomie 204 (1)
Fort Hatteras Fort Nordamerika (USA) US-Bürgerkrieg 131 (6), (7)
Fort Henry Fort Nordamerika (USA) Staatenbildung 127 (3) US-Bürgerkrieg 131 (6)
Fortín Balliván Fort Südamerika (Paraguay) Politik nach 1930 152 (2)
Fortín Boquerón Fort Südamerika (Paraguay) Politik nach 1930 152 (2)
Fortín Nanawa Fort Südamerika (Paraguay) Politik nach 1930 152 (2)
Fort Jackson Fort Nordamerika (USA) US-Bürgerkrieg 131 (6)
Fort James siehe Akkra
Fort James Island Westafrika (Gambia) Die Welt 1700 82–83 Die Welt 1800 86–87 Sklavenhandel 165 (4)
Fort Kaministikwia Nordamerika (USA) Kolonialismus 126 (1)
Fort Kearney Schlacht Nordamerika (USA) Aufstieg der USA 129 (2)
Fort Kosmo Nordamerika (USA) Weltwirtschaft 93 (3)
Fort Liberté var. Fort Dauphin Westindien (Haiti) Reiche & Revolutionen 89 (3)
Fort Louis Mitteleuropa (Deutschland) Frühe Neuzeit 197 (5)
Fort Macon Fort Nordamerika (USA) US-Bürgerkrieg 131 (6), (7)
Fort Malden Fort Nordamerika (USA) Staatenbildung 127 (3)
Fort Maurits Südamerika (Brasilien) Kolonialismus 149 (3), (4)
Fort Mellon Schlacht Nordamerika (USA) Aufstieg der USA 129 (2)
Fort Mims Schlacht Nordamerika (USA) Aufstieg der USA 129 (2)
Fort Monroe Fort Nordamerika (USA) US-Bürgerkrieg 131 (6), (7)
Fort Necessity Fort Nordamerika (USA) Kolonialismus 127 (2)
Fort Niagara Fort Nordamerika (USA) Kolonialismus 127 (2) Staatenbildung 127 (3)
Fort Ninety Six Fort Nordamerika (USA) Staatenbildung 127 (3)
Fort Orange Nordamerika (USA) Kolonialismus 126 (1)
Fort Oswego Fort Nordamerika (USA) Kolonialismus 127 (2) Staatenbildung 127 (3)
Fort Pickens Fort Nordamerika (USA) US-Bürgerkrieg 131 (6), (7)
Fort Pitt var. Fort Pittsburgh Nordamerika (USA) Staatenbildung 127 (3)
Fort Pittsburgh siehe Fort Pitt
Fort Pontchartrain siehe Detroit
Fort Pulaski Fort Nordamerika (USA) US-Bürgerkrieg 131 (6), (7)
Fort-Repoux siehe Akjoujt
Fort St. Andries siehe New Amsterdam
Fort St. David Südasien (Indien) Reiche & Revolutionen 88 (1)
Fort St. John Fort Nordamerika (USA) Kolonialismus 127 (2)
Fort St. John's Fort Nordamerika (USA) Staatenbildung 127 (3)
Fort St. Phillip Fort Nordamerika (USA) US-Bürgerkrieg 131 (6)
Fort Sedgewick Schlacht Nordamerika (USA) Aufstieg der USA 129 (2)
Fort Selkirk Nordamerika (Kanada) Weltwirtschaft 93 (3)
Fort Stanwix Fort Nordamerika (USA) Staatenbildung 127 (3)
Fort Sumter Fort Nordamerika (USA) US-Bürgerkrieg 131 (6), (7)
Fort Ticonderoga Fort Nordamerika (USA) Kolonialismus 127 (2) Staatenbildung 127 (3)
Fortunatae Insulae Archipel Atlantik Handel d. Antike 44 (2)
Fort Walton Nordamerika (USA) Präkolumbische Kulturen 123 (5)
Fort William Nordamerika (Kanada) Aufstieg der USA 129 (2)
Fort Willam Henry Fort Nordamerika (USA) Kolonialismus127 (2)
Fort William H Seward Nordamerika (USA) Weltwirtschaft 93 (3)
Fort Worth Nordamerika (USA) Aufstieg der USA 132 (1) Kalter Krieg 108 (2)
Fort Wrangell mod. Wrangell Nordamerika (USA) Weltwirtschaft 93 (3)
Fortymile Nordamerika (Kanada) Weltwirtschaft 93 (3)
Forum Alieni siehe Ferrara
Forum Julii mod. Cividale Ital. Hbl. Mittelalterliche Staaten 183 (4) siehe auch Cividale
Forum Julii mod. Fréjus arch. Stätte Westeuropa (Frankr.) Antikes Rom 180–181 (1) siehe auch Fréjus
Forum Livii siehe Forlì
Forum Romanum Ital. Hbl. Stadtplan des antiken Rom 181 (2)
Fossa Claudia siehe Chioggia
Fossoli Ital. Hbl. ZWK 211 (3)
Fountains Brit. Inseln (UK) Mittelalterliche Staaten 187 (3)
Fou-shan siehe Fushun
Fouta-Djallon siehe Futa Jallon, Serram Geley
Fouta-Toro siehe Futa Toro
Foveaux Strait Meeresstraße Neuseeland Kolonisation 283 (5)
Fowltown Schlacht Nordamerika (USA) Aufstieg der USA 129 (2)
Fox Volk Nordamerika Kolonialismus 126 (1)
Foxe-Becken Meer Nordamerika Aufstieg der USA 129 (2) Erkundung 287 (2)
Franche-Comté éhem. Freigrafschaft Burgund Staat Mitteleuropa/ Westeuropa (Frankr.) Frühe Neuzeit 194 (1), 197 (5) Reformation 194 (2), 196 (1) siehe auch Burgund, Freigrafschaft
Franchthi Südosteuropa (Griech.) Früher Ackerbau 174 (1)
Francia mod. Fr. France, Dtsch. Frankreich Region/Provinz Westeuropa Franken 184 (2) siehe auch Frankreich
Franken var. Franci, Volk Mitteleuropa Antikes Rom 181 (4) Völkerwanderung 52–53 (1)
Franken var. Franconia Region Mitteleuropa Mittelalterliche Staaten 185 (3), 188 (1)
Franken-Reich var. Fränkisches Königreich, Merowinger-Reich, Karolinger-Reich Staat Westeuropa/Mitteleuropa Die Welt 500 50–51 Islam 57 (2), 56–57 (1), 184 (1) Mittelalterliche Staaten 182 (2), 183 (4) Spätantike 182 (1) Völkerwanderung 53 (2) siehe auch Frankreich, Karolinger-Reich, Merowinger-Reich
Frankfort Nordamerika (USA) Aufstieg der USA 129 (2) US-Bürgerkrieg 131 (6)
Frankfurt var. Frankfurt am Main Mitteleuropa (Deutschland) Franken 184 (2) Frühe Neuzeit 193 (4) Handel im Mittelalter 190–191 (1) Mittelalterliche Staaten 189 (3) Nachkriegszeit 212 (1) Napoleon 201 (2) Ökonomie 198 (1), 205 (4) Reformation 196 (1) ZWK 211 (4)
Frankfurt am Main siehe Frankfurt
Frankfurt an der Oder Mitteleuropa (Deutschland) Reiche & Revolutionen 199 (3)
Franklin Schlacht Nordamerika (USA) US-Bürgerkrieg 131 (7)
Frankreich Fr. France, Lat. Gallia Region Westeuropa Biol. Austausch 72–73 (1) Erkundung 60–61 (1), 80–81 (1) Handel im Mittelalter 190–191 (1) Islam 192 (3) Mittelalterliche Staaten 185 (3), 186 (2), (4), 188 (1), (2) Napoleon 200–201 (1) Sklavenhandel 84–85 (1) siehe auch Gallien; Franken-Reich; Französische Republik; Französisches Kaiserreich; Frankreich, Königreich; Vichy-Frankreich
Frankreich, Königreich Staat Westeuropa Die Welt 1000 58–59 passim Frühe Neuzeit 193 (4), (5), 194 (1), 197 (5) Kreuzzüge 64–65 (2), 186 (1) Mittelalterliche Staaten 187 (3) Ökonomie 198 (1) Osmanen 231 (3) Reformation 194 (2), 195 (5), 196 (1), (2) Reiche & Revolutionen 88 (1), 88–89 (2), 199 (3), (4), 202 (1) siehe auch Gallien; Franken-Reich; Frankreich; Französische Republik; Französisches Kaiserreich; Vichy-Frankreich
Franzien siehe Francia
Franziskaner Mönchsorden Südamerika Erkundung 143 (2)
Franz-Josef-Land Archipel Polarmeer Erkundung 257 (2)
Französisch-Äquatorialafrika Staat Zentralafrika Imperialismus 96 (1), 97 (4) ZWK 104 (1), (2)
Französische Republik Staat Westeuropa Europapolitik 214 (1), (2) EWK 206 (1), (2), (3) Heutige Welt 112 (1), (2), 113 (3), (4) Imperialismus 97 (4) Kalter Krieg 108 (3), 109 (1) Nachkriegszeit 212 (1), (3), 213 (5) Ökonomie 205 (4) Reiche & Revolutionen 199 (4) Supermacht USA 138 (1) UdSSR 213 (4) Weltwirtschaft 92 (1) Zwischenkriegszeit 208 (1), 209 (3), (4), (5) ZWK 104 (1), 211 (2), (3), (4) siehe auch Frankreich; Frankreich, Königreich; Französisches Kaiserreich
Französisches Kaiserreich Staat Westeuropa Napoleon 201 (2) Reiche & Revolutionen 203 (2), (3) siehe auch Frankreich; Frankreich, Königreich; Französische Republik
Französisches Territorium der Afar und Issa siehe Afar und Issa, Französisches Territorium der
Französisch-Guayana var. Guiana, Guyane Kolonie Südamerika Die Welt 1850 90-91 Heutige Welt 112 (1) Kalter Krieg 109 (1) Ökonomie 153 (3), (4) Politik nach 1930 152 (1) Staatenbildung 150 (1), 151 (3) ZWK 104 (1), (2)
Französisch-Guinea siehe Guinea
Französisch-Indochina Kolonie Kont. Südostasien Chinesische Revolution 271 (5), 271 (7) 274 (1) Imperialismus 97 (3), (4), 270 (2) Kolonialismus 269 (4) Kommunismus 271 (8) ZWK 104 (1), 250–251 (3), 272 (1), 273 (2)
Französisch-Kongo siehe Ubangi Shari
Französisch-Polynesien Kolonie Pazifik Dekolonisation 285 (3)
Französisch-Somaliland Frz. Côte Française des Somalis, später Französisches Territorium der Afar und Issa, mod. Djibuti Kolonie/Staat Ostafrika Arabien im 20. Jh. 233 (4) Imperialismus 96 (1) Kalter Krieg 109 (1) siehe auch Afar und Issa, Französisches Territorium der; Djibuti
Französisch-Sudan siehe Mali
Französisch-Togoland siehe Togo
Französisch-Westafrika Kolonie Westafrika Imperialismus 96 (1), 97 (4) ZWK 104 (1), (2)
Fraser Cave Australien Frühe Kulturen 280 (1)
Fraxinetum Westeuropa (Frankr.) Mittelalterliche Staaten 185 (3)
Fredericksburg Nordamerika (USA) US-Bürgerkrieg 131 (6), (7)
Fredericton Nordamerika (Kanada) Aufstieg der USA 132 (1)
Frederiksnagar var. Frederiksnagore, später Serampore,Serampur, mod. Shrīrāmpur Südasien (Indien) Die Welt 1800 86–87 siehe auch Serampore
Frederiksnagore siehe Frederiksnagar, Serampore
Freeman's Farm Schlacht Nordamerika (USA) Staatenbildung 127 (3)
Freetown Westafrika (Sierra Leone) Afrika nach 1960 169 (4) Die Welt 1800 86–87 Die Welt 1850 90–91 Imperialismus 96 (1) Ökonomie 168 (2) ZWK 104 (2)
Fregellae Ital. Hbl. Antikes Rom 178 (1)
Fregenae Ital. Hbl. Antikes Rom 178 (1)
Freiburg Mitteleuropa (Deutschland) Handel im Mittelalter 190–191 (1) Nachkriegszeit 212 (1)
Freie und Hansestadt Hamburg siehe Hamburg
Freising Mitteleuropa (Deutschland) Franken 184 (2)
Fréjus ant. Forum Julii Westeuropa (Frankr.) Franken184 (2) siehe auch Forum Julii
Fremantle Australien Kolonisation 282 (1) Staatenbildung 283 (3)
Frentani Dtsch. Frentani Volk Ital. Hbl. Antikes Rom 178 (1), (2)
FRG siehe Deutschland, Bundesrepublik
Friaul It. Friuli Region Ital. Hbl. Mittelalterliche Staaten 188 (1)
Friaul, Herzogtum Staat Ital. Hbl. Mittelalterliche Staaten 183 (4)
Friaul, Mark Mitteleuropa Franken 184 (2)
Fribourg Ger. Freiburg Mitteleuropa (Schweiz) Frühe Neuzeit 193 (5)
Friedland Schlacht Mitteleuropa (Polen) Napoleon 200–201 (1)
Friedrichshain Mitteleuropa (Deutschland) Nachkriegszeit 212 (2)
Friendly Islands siehe Tonga
Friesen Volk Westeuropa Franken 183 (5), (6)
Frisia Dtsch. Friesland Region Westeuropa Franken 184 (2) siehe auch Friesland
Friesland Lat. Frisia Provinz Westeuropa Mittelalterliche Staaten 185 (3), 188 (1) Reformation 195 (5) siehe auch Frisia
Friuli siehe Friaul
Fronde Revolte Westeuropa (Frankr.) Reformation 196 (2)
Fruchtbarer Halbmond Region Südwestasien Eiszeit 217 Erste Städte 24 (2), 220 (2) Früher Ackerbau 174 (1)
Frühere Shu Staat Ostasien Mittelalterliche Staaten 263 (3)
Frunze siehe Bishkek
Fu-chien siehe Fujian
Fu-chou siehe Fuzhou
Fucino, Lago siehe Fucinus, Lacus
Fucinus, Lacus mod. Lago Fucino See Ital. Hbl. Antikes Rom 178 (1)
Fudodo arch. Stätte Japan Früher Ackerbau 258 (1)
Fuga Ostafrika (Tanzania) Erkundung 157 (4)
Fujairah Arab. Al Fujayrah Südwestasien (VAE) Ökonomie 234 (1)
Fujian var. Fu-chien, Fuhkien, Fujian Sheng, Fukien, Min Provinz Ostasien China nach 1949 275 (3) Chinesische Revolution 271 (5), 274 (1) Frühe Neuzeit 266 (1), (2) Imperialismus 270 (2) Ökonomie 274 (2) Qing-China 268 (1), (2) siehe auch Min
Fuji-san var. Fujiyama Berg Japan Mittelalterliche Staaten 265 (3)
Fujiwara Schlacht Japan Mittelalterliche Staaten 265 (3), (5)
Fujiyama siehe Fuji-san
Fukien siehe Fujian
Fukuhara Japan Mittelalterliche Staaten 265 (5)
Fukui var. Hukui Japan Ökonomie 270 (1) ZWK 273 (3)
Fukui var. Hukui Präfektur Japan Ökonomie 270 (1)
Fukui var. Fukui Cave arch. Stätte Japan Die Welt 5000 v.Chr. 18–19 Früher Ackerbau 20 (1)
Fukuoka var. Hukuoka, hist. Najima Japan Ökonomie 270 (1) ZWK 273 (3)
Fukuoka var. Hukuoka Präfektur Japan Ökonomie 270 (1)
Fukuoka-ken siehe Fukuoka
Fukushima var. Hukusima Japan Ökonomie 270 (1)
Fukushima var. Hukusima Präfektur Japan Ökonomie 270 (1)
Funan Reich Kont. Südostasien Antikes Indien 241 (6) Die Welt 250 46–47 passim
Fundy, Bay of Bucht Nordamerika Kolonialismus 127 (2)
Fünfkirchen mod. Ung. Pécs, Lat. Sopianae Mitteleuropa (Ungarn) Frühe Neuzeit 193 (4) Mittelalterliche Staaten 188 (1), 189 (4)
Funing Ostasien (China) Imperialismus 270 (4)
Funj Staat Ostafrika Die Welt 1600 78–79 passim Islam 162 (1) Osmanen 231 (3)
Fur Volk Ostafrika Die Welt 500 v.Chr. 34–35 passim Spätantike 161 (5)
Fusan siehe Pusan
Fushimi Schlacht Japan Ökonomie 270 (1)
Fushun var. Fou-shan, Fu-shun Ostasien (China) Imperialismus 270 (4)
Futa Jallon Frz. Fouta-Djallon, var. Fuuta Jaalo Region/Staat Westafrika Die Welt 1700 82–83 passim Handel 166–167 (1) Islam 167 (3) Sklavenhandel 165 (4) siehe auch Serram Geley
Futa Toro Frz. Fouta-Toro Region/Staat Westafrika Die Welt 1700 82–83 passim Handel 166–167 (1) Islam 167 (3) Sklavenhandel 165 (4)
Futuna Kolonie/Insel Pazifik Dekolonisation 285 (3) Erkundung 60 (2), 279 (3) Frühe Kulturen 280–281 (3) Imperialismus 284–285 (1)
Fuyō siehe Puyo
Fuyu Volk Ostasien Frühe Reiche 260 (1)
Fuzhou var. Foochow, Fu-chou Ostasien (China) Chinesische Revolution 271 (7), 274 (1) Frühe Neuzeit 266 (1), (2) Handel 267 (3) Handel d. Antike 44–45 (1) Imperialismus 270 (2) Kolonialismus 269 (4) Mittelalterliche Staaten 262–263 (1), 263 (3), (4), (5) Mongolen 68–69 (1) Ökonomie 274 (2) Qing-China 268 (1)
FYR Mazedonien siehe Mazedonien
Fyzabad var. Faizabad, Faizābād, Feyzābād Südasien (Indien) Kolonialismus 248 (1), 249 (3)

G

Gabai var. Gai, Aspadana, mod. Esfahan, var. Isfahan Südwestasien (Iran) Hellenist. Welt 40–41 (1) siehe auch Isfahan
Gabès var. Qābis Nordafrika (Tunesien) Handel im Mittelalter 190–191 (1) Kreuzzüge 65 (1) ZWK 211 (4)
Gabii Ital. Hbl. Antikes Rom 178 (1)
Gaboon siehe Gabun
Gaborone Südl. Afrika (Botswana) Afrika nach 1960 169 (4)
Gabun ehem. Gaboon Staat Zentralafrika Afrika nach 1960 169 (4) Dekolonisation 168 (1) Heutige Welt 112 (1), 113 (3) Ökonomie 168 (2), (3)
Gachsaran Ölfeld Südwestasien Ökonomie 234 (1)
Gadara Südwestasien (Jordanien) Antikes Rom 225 (4)
Gades Phön. Gadira, mod. Cádiz Iberische Hbl. (Spanien) Antikes Rom 161 (2), 179 (3), 180–181 (1), 181 (4) Erkundung 172 (1) Erste Hochkulturen 176–177 (1) Handel d. Antike 44–45 (1), 181 (3) Weltreligionen 48 (1) siehe auch Cádiz
Gadira siehe Gades
Gaeta Ital. Hbl. Mittelalterliche Staaten 188 (1)
Gaeta Kolonie Ital. Hbl. Mittelalterliche Staaten 185 (3)
Gahadavala Dynastie Südasien Mittelalterliche Staaten 244 (2)
Gaikwar Region Südasien Marathen 246 (2)
Gail Fluss Mitteleuropa EWK 207 (5)
Gaine's Battle Schlacht Nordamerika (USA) Aufstieg der USA 129 (2)
Gajapati Dynastie Südasien Die Welt 1500 74–75
Galam Staat Westafrika Mittelalterliche Staaten 163 (4)
Galangi Staat Südl. Afrika Die Welt 1800 86–87 Die Welt 1850 90–91
Galapagos-Inseln var. Islas de los Galápagos, Tortoise Islands, Span. Archipiélago de Colón Archipel Südamerika Erkundung 142 (1), 143 (3)
Galatien Lat./Gr. Galatia Provinz/Region/Staat Südwestasien Antikes Rom 180–181 (1), 225 (5) Die Welt 250 v.Chr. 38–39 Hellenist. Welt 40–41 (1) Weltreligionen 48 (1)
Galepsos Lat. Galepsus Südosteuropa (Griech.) Antike Griechen 177 (2)
Galič var. Galitsch, Poln. Halicz Osteuropa (Russ. Föderation) Mongolen 68–69 (1) siehe auch Halicz
Galilaea Region/Provinz Südwestasien Antikes Rom 225 (4)
Galindo Südamerika (Peru) Frühe Kulturen 145 (4)
Galitsch siehe Galizien
Galizien Russ. Galič, var. Galitsch, Poln. Halicz, var. Halitsch Region/Staat Osteuropa Die Welt 1800 86–87 EWK 207 (4) Islam 192 (3) Mittelalterliche Staaten 189 (4) Napoleon 200–201 (1) Osmanen 197 (4) Reiche & Revolutionen 198 (2), 202 (1) ZWK 211 (2) siehe auch Galizien-Wolhynien, West-Galizien
Galizien-Wolhynien var. Wladimir-Galič Staat Osteuropa Mittelalterliche Staaten 189 (3) siehe auch Galizien
Gallaeci Volk Iberische Hbl. Antikes Rom 179 (5)
Galla-See See Ostafrika Die Welt 10 000 v.Chr. 14–15
Galle ehem. Point de Galle Südasien (Sri Lanka) Die Welt 1600 78–79 Ökonomie 247 (3)
Gallia Cisalpina Region Ital. Hbl. Antikes Rom 179 (5)
Gallien var. Gallia Provinz/Region/Staat Westeuropa (Frankr.) Antikes Rom 180–181 (1), 181 (4), 225 (5) Erkundung 172 (1) Handel d. Antike 44 (2), 44–45 (1) Völkerwanderung 52–53 (1) Weltreligionen 48 (1), 49 (4) siehe auch Frankreich
Gallicus, Sinus siehe Lion, Golfe du
Gallipoli ant. Kalipolis, mod. Türk. Gelibolu Hbl. Südwestasien (Türkei) EWK 207 (6) 233 (2) Osmanen 230 (1)
Gallisches Reich des Postumus Staat Westeuropa (Frankr.) Antikes Rom 181 (4)
Galveston Nordamerika (USA) US-Bürgerkrieg 131 (6), (7) Weltwirtschaft 93 (5)
Gamala Südwestasien (Syrien) Antikes Rom 225 (4)
Gamarra Schlacht Südamerika (Venezuela) Staatenbildung 150 (1)
Gambia var. The Gambia Kolonie/Staat Westafrika Afrika nach 1960 169 (4) Dekolonisation 168 (1) Heutige Welt 112 (1), 113 (3) Imperialismus 96 (1) Islam 235 (4) Kalter Krieg 109 (1) Kolonialismus 166–167 (4) Ökonomie 168 (2), (3) ZWK 104 (1)
Gambia Frz. Gambie Fluss Westafrika Erkundung 156 (2), (3) Frühe Neuzeit 164 (2) Handel 166–167 (1)
Gambie siehe Gambia
Gambier-Inseln Frz. Îles Gambier Archipel Pazifik Eiszeit 276–277 Frühe Kulturen 280–281 (3) Imperialismus 284–285 (1)
Gampala Südasien (Sri Lanka) Mittelalterliche Staaten 245 (4)
Gan siehe Jiangxi
Ganaane siehe Juba
Gand siehe Gent
Gandhara Provinz/Region Zentralasien Antikes Persien 223 (4) Die Welt 500 v.Chr. 34–35 Frühe Religion 242 (1), (2) Weltreligionen 49 (3)
Gandhinagar Südasien (Indien) Nachkriegszeit 252 (1)
Gangaikondacholapuram Südasien (Indien) Mittelalterliche Staaten 244 (2)
Ganga, Östliche siehe Östliche Ganga
Gangem Region Südasien Handel d. Antike 44 (2)
Ganges Beng. Padma Fluss Südasien Biol. Austausch 72–73 (1), 73 (3) China nach 1949 275 (3) Dekolonisation 250 (2) Erkundung 239 (1) Frühe Reiche 241 (4), (5) Früher Ackerbau 20–21 (2), 258 (1) Frühe Religion 36 (1), (2), 48 (2), 242 (1), (2), (3) Handel 230 (2), 267 (3) Handel d. Antike 44 (2), 44–45 (1) Kolonialismus 248 (1), (2), 269 (4) Marathen 246 (2) Mittelalterliche Staaten 244 (1), (2), 244–245 (3), 262–263 (1) Mogul-Reich 246 (1) Mongolen 68 (2), 68–69 (1) Nachkriegszeit 252 (1), (3) Ökonomie 247 (3), 249 (4) Qing-China 268 (2) Sklavenhandel 84–85 (1) Timur 229 (4) Urbane Zivilisationen 28–29 (1) Weltreligionen 243 (4), 49 (3), (4) Weltwirtschaft 92 (1) siehe auch Padma
Gangeticus, Sinus Meer Südasien Handel d. Antike 44 (2)
Gangra Südwestasien (Türkei) Antikes Rom 180–181 (1) Weltreligionen 48 (1)
Gangtok Südasien (Indien) Nachkriegszeit 252 (1)
Ganja Südwestasien (Aserbaidschan) Osmanen 231 (3) Safawiden 231 (4)
Gansu var. Kansu Provinz/Staat Ostasien Chinesische Revolution 271 (5) Mittelalterliche Staaten 262–263 (1), 263 (7) Ökonomie 274 (2) Qing-China 268 (1), (2)
Gantoli var. Kan-t'o-li Staat Mar. Südostasien Die Welt 500 50–51
Ganuweriwala arch. Stätte Südasien (Pakistan) Erste Städte 240 (2)
Ganzhou Militärbasis Ostasien (China) Frühe Neuzeit 266 (1) Mittelalterliche Staaten 262–263 (1), 263 (7)
Gao Westafrika (Mali) Erkundung 156 (3) Frühe Kulturen 160 (1) Islam 162 (1) Kolonialismus 166–167 (4) Mittelalterliche Staaten 163 (4)–(7)
Gaocheng Ostasien (China) Frühe Reiche 260 (1)
Gaoli var. Kao-li Staat Ostasien Mittelalterliche Staaten 263 (3), (4)
Gaoyang Ostasien (China) Weltreligionen 49 (3)
Garagum siehe Karakum
Garamanten Volk/Staat Nordafrika Die Welt 500 v.Chr. 34–35 passim Frühe Kulturen 160 (1) Handel d. Antike 44–45 (1)
Garda, Lago di siehe Garda-See
Garda-See var. Benaco, Ital. Lago di Garda See Ital. Hbl. EWK 207 (5)
Gareus-Tempel Tempel Südwestasien (Irak) Stadtplan Uruk 220 (3)
Gargas arch. Stätte Westeuropa (Frankr.) Frühmensch 17 (3)
Garhgaon Südasien (Indien) Mogul-Reich 246 (1)
Garoga Nordamerika (USA) Präkolumbische Kulturen 123 (5)
Garonne Fluss Westeuropa (Frankr.) Franken 183 (5) Frühe Neuzeit 197 (5) Islam 56–57 (1) Mittelalterliche Staaten 187 (4), 192 (1), (2) Reiche & Revolutionen 199 (4)
Garysburg Nordamerika (USA) US-Bürgerkrieg 131 (7)
Gasawe Volk Mittelamerika Kolonialismus 126 (1)
Gascogne Lat. Gasconia Region Westeuropa (Frankr.) Frühe Neuzeit 197 (5) Mittelalterliche Staaten 187 (4), 192 (1), (2) siehe auch Gasconia
Gasconia mod. Gascogne Region Westeuropa (Frankr.) Franken 184 (2) siehe auch Gascogne
Gasus, Wadi Fluss Ägypten Altes Ägypten 159 (4)
Gath mod. Gaza Südwestasien (Israel) Frühe Reiche 222 (1) siehe auch Gaza
Gatow Flughafen Mitteleuropa (Deutschland) Nachkriegszeit 212 (2)
Gatton arch. Stätte Australien Frühmensch 17 (5)
Gauda Südasien (Bangladesh) Mittelalterliche Staaten 244 (2)
Gauda Region Südasien Frühe Reiche 241 (4)
Gauda-Desha Region Südasien Frühe Religion 242 (2)
Gaugamela Südwestasien (Irak) Antikes Persien 223 (4) Die Welt 250 v.Chr. 38–39 Hellenist. Welt 40–41 (1)
Gaulanitis Region/Staat Südwestasien Antikes Rom 225 (4)
Gaur Südasien (Indien) Mittelalterliche Staaten 244–245 (3)
Gauteng siehe Johannesburg
Gawilgarh Südasien (Indien) Mittelalterliche Staaten 245 (4)
Gaya Südasien (Indien) Frühe Reiche 241 (4) Frühe Religion 36 (2
Gaza Arab. Ghazzah, Ivr. 'Azza Südwestasien (Gaza-Streifen) Altes Ägypten 159 (5) Antikes Rom 225 (4) Arabien im 20. Jh. 234 (2) Erkundung 218 (1) EWK 233 (2), Frühe Reiche 222 (2) Handel d. Antike 44–45 (1), 181 (3), 225 (3) Hellenist. Welt 40–41 (1) Napoleon 200–201 (1) Spätantike 161 (3), (4), (5) siehe auch Gath
Gaza Staat Südl. Afrika Die Welt 1850 90–91
Gaza-Streifen Arab. Qita Ghazzah Region Südwestasien Arabien im 20. Jh. 234 (2)
Gazel siehe Grotte Gazel
Gdańsk ehem. Danzig Mitteleuropa (Polen) Nachkriegszeit 212 (3) siehe auch Danzig
Gdov Osteuropa (Russ. Föderation) Frühe Neuzeit 197 (3)
Gê Volk Südamerika Die Welt 1500 74–75 passim
Ġebel Adda var. Djebel Adda Ostafrika (Sudan) Spätantike 161 (4), (5)
Ġebel Barkal var. Djebel Barkal Ostafrika (Sudan) Altes Ägypten 159 (5) Frühe Kulturen 160 (1)
Gebelein Ägypten Altes Ägypten 159 (2)
Gebtu siehe Qift
Gedrosien Gr. Gedrosia Region Südwestasien Antikes Persien 223 (4) Handel d. Antike 44 (2) Hellenist. Welt 40–41 (1), 224 (1) Völkerwanderung 261 (6)
Geelong Australien Staatenbildung 283 (3)
Gela ehem. Terranova di Sicilia Sizilien (Italien) Erste Hochkulturen 176–177 (1) ZWK 211 (4)
Gelber Fluss Chin. Huang He Fluss Ostasien Biol. Austausch 72–73 (1) China nach 1949 275 (3) Chinesische Revolution 271 (5), (7), 274 (1) Eiszeit 236–237 Früher Ackerbau 20–21 (2), 258 (1), (2) Frühe Neuzeit 266 (1), (2) Frühmensch 13 (2) Frühe Reiche 259 (3), (4), (5), 261 (2), (3) Globale Migration 100 (1) Handel 230 (2), 267 (3) Handel d. Antike 44–45 (1) Kolonialismus 269 (4) Mittelalterliche Staaten 261 (4), (5), 262–263 (1), 263 (3), (4), (5), (6), (7) Mongolen 68 (2), 68–69 (1) Ökonomie 274 (2) Qing-China 268 (2) Urbane Zivilisationen 28–29 (1) Völkerwanderung 261 (6)
Gelbes Meer Chin. Huang Hai, Kor. Hwang-hae Meer Ostasien Chinesische Revolution 271 (7), 275 (3) Eiszeit 254–255 Früher Ackerbau 258 (1), (2) Frühe Reiche 259 (3), (4), (5) Handel 267 (3) Handel d. Antike 44–45 (1) Imperialismus 270 (3), (4) Kalter Krieg 109 (4) Mittelalterliche Staaten 262–263 (1), (2), 265 (5), 266 (1), (2) Mongolen 68–69 (1) Qing-China 268 (2) Tigerstaaten 275 (4)
Gelderland var. Geldern Provinz Westeuropa Reformation 195 (5)
Geldern siehe Gelderland
Geldria siehe Pulicat
Gelibolu siehe Gallipoli
Gelibolu Yarımadası siehe Gallipoli Peninsula
Gelnhausen Mitteleuropa (Deutschland) Mittelalterliche Staaten 188 (1)
Gembloux Schlacht Westeuropa (Belgien) Reformation 195 (5)
Genalē Wenz siehe Juba
General-Gouvernement Provinz Mitteleuropa ZWK 211 (2)
Gênes siehe Genoa, Genua
Geneva siehe Genf
Geneva, Lake siehe Genfer See
Genève siehe Genf
Genève, Lac de siehe Genfer See
Genezareth, See var. See von Galilea, Tiberias-See, Arab. Bahrat Tabariya, Ivr. Yam Kinneret See Südwestasien Antikes Rom 225 (4) Frühe Reiche 222 (1) Kreuzzüge 65 (3)
Genf Frz. Genève, It. Ginevra, Eng. Geneva Mitteleuropa (Schweiz) Franken 184 (2) Frühe Neuzeit 193 (4), (5) Handel im Mittelalter 190–191 (1) Kalter Krieg 108 (3) Mittelalterliche Staaten 188 (1) Napoleon 200–201 (1), 201 (2), (3) Reformation 194 (2) Reiche & Revolutionen 199 (4), 202 (1) Zwischenkriegszeit 209 (3)
Genfer-See Frz. Lac de Genève, Lac Léman, le Léman, Eng. Lake Geneva See Mitteleuropa Frühe Neuzeit 193 (5)
Geng Staat Ostasien Frühe Reiche 259 (3)
Genova siehe Genua
Genshū siehe Wonju
Gent var. Ghent, Frz. Gand Westeuropa (Belgien) Franken 184 (2) Handel im Mittelalter 190–191 (1) Reformation 195 (5)
Genua Frz. Gênes, Ital. Genova, Eng. Genoa, ant. Genua Ital. Hbl. Antikes Rom 178 (2) Biol. Austausch 72–73 (1) Die Welt 1000 58–59 Die Welt 1200 62–63 Franken 184 (2) Frühe Neuzeit 193 (4) Globale Migration 100 (1) Handel im Mittelalter 190–191 (1) Kreuzzüge 186 (1), 64–65 (2) Mittelalterliche Staaten 182 (2), 183 (4), 187 (3), (5), 188 (1) Ökonomie 198 (1), 205 (4) Reformation 194 (2), 196 (1) Reiche & Revolutionen 203 (3) Sklavenhandel 84–85 (1) Spätantike 182 (1) Völkerwanderung 52–53 (1) ZWK 104 (2)
Genua Staat Ital. Hbl. Frühe Neuzeit 193 (4), 194 (1) Reformation 194 (2), 196 (1), (2) Reiche & Revolutionen 199 (4)
Genusia Ital. Hbl. Antikes Rom 178 (1)
George Sound Neuseeland Kolonisation 283 (4)
Georgetown Mar. Südostasien (Malaysia) ZWK 272 (1), 273 (2)
Georgetown Nordamerika (USA) US-Bürgerkrieg 131 (7)
Georgetown var. **Stabroek,** Stabrok Südamerika (Guyana) Eiszeit 140 Ökonomie 153 (3) Politik nach 1930 152 (1) Staatenbildung 151 (3)
Georgia Staat Nordamerika Aufstieg der USA 129 (1) Ökonomie 134 (2), 139 (3) Staatenbildung 127 (3) US-Bürgerkrieg 130 (1), (5), 131 (6) US-Gesellschaft 137 (6) Weltwirtschaft 93 (5)
Georgien var. Grusien, Russ. Gruziya, Georg. Sak'art'velo Region/Staat/Staat Südwestasien Die Welt 1200 62–63 passim Europapolitik 214 (2) EWK 233 (2) Heutige Welt 113 (3) Islam 235 (4) Mittelalterliche Staaten 187 (5) Mongolen 68–69 (1) Ökonomie 234 (1) Safawiden 231 (4) Timur 229 (4) UdSSR 208 (2), 215 (4) siehe auch Georgische Fürstentümer, Georgische SSR
Georgier Volk Südwestasien Osmanen 232–233 (1)
Georgische Fürstentümer Staat Südwestasien Die Welt 1500 74–75 Islam 162 (1) Mittelalterliche Staaten 185 (3) Osmanen 231 (3) Seldschuken 228 (1) siehe auch Georgien, Georgische SSR
Georgische SSR Staat Südwestasien Arabien im 20. Jh. 233 (3) siehe auch Georgien, Georgische Fürstentümer
Gepiden var. Gepidae Volk Osteuropa Antikes Rom 181 (4) Völkerwanderung 53 (2)
Gepiden, Königreich der Staat Osteuropa/Südosteuropa Die Welt 500 50–51 Spätantike 182 (1)
Geraldton Australien Erkundung 279 (2) Kolonisation 282 (1) Staatenbildung 283 (3)
Gerf Hussein Ägypten Altes Ägypten 159 (5)
Germanen Volk Mitteleuropa/Osteuropa/Skandinavien Die Welt 750 v.Chr. 30–31 passim.
Germanien var. Germania Region Mitteleuropa Antikes Rom 180–181 (1), 225 (5) Handel d. Antike 44 (2), 44–45 (1) Weltreligionen 48 (1), 49 (4)
Germania Inferior Provinz Mitteleuropa Antikes Rom 180–181 (1)
Germania Superior Provinz Mitteleuropa Antikes Rom 180–181 (1)
Germanicum, Mare mod. Dtsch. Nordsee Meer Nordeuropa Handel d. Antike 44–45 (1) siehe auch Nordsee
German Ocean siehe Nordsee
Germantown Nordamerika (USA) Staatenbildung 127 (3)
Gerona var. Girona, ant. Gerunda Iberische Hbl. (Spanien) Franken 184 (2) Handel im Mittelalter 190–191 (1) Islam 192 (3)
Gerrha var. Gerra Südwestasien (Saudia Arabia) Handel d. Antike 44 (2), 44–45 (1), 225 (3) Spätantike 161 (3), (5)
Gerunda siehe Gerona
Gerza Ägypten Altes Ägypten 159 (2)
Gesellschaftsinseln var. Societätsinseln Eng. Society Islands, Frz. Îles de la Société Archipel Pazifik Eiszeit 276–277 Erkundung 60 (2), 279 (3) Frühe Kulturen 280–281 (3) Imperialismus 284–285 (1) Ökonomie 285 (2)
Gesoriacum, Gessoriacum siehe Boulogne
Gettysburg Nordamerika (USA) US-Bürgerkrieg 131 (6)
Gezer Südwestasien (Israel) Altes Ägypten 159 (5)
Ghadamès Nordafrika (Libyen) Islam 162–163 (1)
Ghagara ehem. Sarayu Fluss Südasien Mittelalterliche Staaten 244 (1), 244–245 (3) Ökonomie 247 (3), 249 (4) Mogul-Reich 246 (1) Weltreligionen 243 (4)
Ghana ehem. Gold Coast Staat Westafrika Afrika nach 1960 169 (4) Dekolonisation 168 (1) Die Welt 1000 58–59 passim Heutige Welt 112 (1), 113 (3) Islam 235 (4) Mittelalterliche Staaten 163 (4), (6) Ökonomie 168 (2), (3) siehe auch Goldküste
Gharantal Staat Westafrika Mittelalterliche Staaten 163 (4)
Ghasna siehe Ghazna
Ghassaniden Dynastie Südwestasien Die Welt 500 50–51
Ghat Nordafrika (Libyen) Erkundung 157 (4) Islam 162 (1) Kolonialismus 166–167 (4)
Ghawar Ölfeld Südwestasien (Saudi-Arabien) Ökonomie 234 (1)
Ghazna var. Ghasna, Ghasni, Ghazni Zentralasien (Afghanistan) Islam 227 (4), (6) Mittelalterliche Staaten 244 (2), 244–245 (3) Mongolen 68–69 (1) Weltreligionen 243 (4) siehe auch Ghazni
Ghaznawiden var. Ghasnawiden Dynastie Zentralasien/Südwestasien Die Welt 1000 58–59 Erkundung 61 (3) Islam 57 (2), 227 (6) Mittelalterliche Staaten 244 (2)
Ghazni var. Ghazna Zentralasien (Afghanistan) Weltreligionen 49 (3) siehe auch Ghazna
Ghazzah siehe Gaza
Ghent siehe Gent
Ghilan Staat Südwestasien Die Welt 1500 74–75 Islam 162–163 (1)
Ghiryu Staat Westafrika Die Welt 1200 62–63
Ghoraghat Südasien (Bangladesh) Ökonomie 247 (3)
Ghoriden siehe Ghuriden
Ghuriden var. Ghoriden Dynastie Zentralasien/Südasien Die Welt 1200 62–63 Mittelalterliche Staaten 244 (2) Mongolen 68–69 (1)
Giau-Pass Pass Mitteleuropa EWK 207 (5)
Gibraltar Südamerika (Venezuala) Kolonialismus 85 (2)
Gibraltar Kolonie Iberische Hbl. Die Welt 1800 86–87 Die Welt 1850 90–91 Heutige Welt 112 (2) Kalter Krieg 109 (1) Napoleon 200–201 (1), 201 (2), (3) Reiche & Revolutionen 88 (1), 202 (1) ZWK 210 (1), 211 (4)
Gibraltar, Straße von Frz. Détroit de Gibraltar, Span. Estrecho de Gibraltar Meeresstraße Afrika/Europa Eiszeit 154–155 (1) Erkundung 156 (3) Handel im Mittelalter 190–191 (1)
Gibson Desert Wüste Australien Erkundung 279 (2) Frühmensch 17 (5)
Ġidā siehe Jiddah
Gien Westeuropa (Frankr.) Mittelalterliche Staaten 192 (2)
Gifu var. Gihu Japan Ökonomie 270 (1)
Gifu var. Gihu Präfektur Japan Ökonomie 270 (1)
Gihu siehe Gifu
Gijón Iberische Hbl. (Spanien) Ökonomie 205 (4) Zwischenkriegszeit 209 (4)
Gila arch. Stätte Nordamerika (USA) Präkolumbische Kulturen 123 (4)
Gilbert Islands mod. Kiribati, Tungaru Archipel Pazifik Imperialismus 284–285 (1) Erkundung 279 (3) Ökonomie 285 (2) ZWK 272 (1), 273 (2) siehe auch Kiribati
Gilgit Südasien (Indien) Nachkriegszeit 252 (2) Weltreligionen 49 (3)
Gilgit Agency Staat Südasien Kolonialismus 248 (2)
Gilimanuk arch. Stätte Maritme Südostasien (Indonesien) Bronzezeit 240 (3)
Gilolo siehe Halmahera
Ginevra siehe Genf
Giornico Schlacht Mitteleuropa (Schweiz) Frühe Neuzeit 193 (5)
Gipeswic siehe Ipswich
Girin siehe Jilin
Girinagara Südasien (Indien) Frühe Religion 48 (2) Frühe Reiche 241 (4) Mittelalterliche Staaten 244 (1)
Girona siehe Gerona
Girsu Südwestasien (Irak) Erste Städte 25 (3)
Gisborne Neuseeland Kolonisation 283 (4), (5)
Giseh siehe Giza
Gitarama Ostafrika (Ruanda) Afrika nach 1960 169 (4)
Giudecca Ital. Hbl. Stadtplan Venedig 191 (3)
Giudeccca, Canale della Kanal Ital. Hbl. Stadtplan Venedig 191 (3)
Giurgiu Schlacht Südosteuropa (Rumänien) Osmanen 195 (4)
Giza var. Giseh, Arab. Al Djīzah, El Ġīzā Ägypten Altes Ägypten 159 (3), (5) Frühe Religion 36 (1)
Gjoa Haven Nordamerika (Kanada) Erkundung 287 (2)
Gla Südosteuropa (Griech.) Erste Hochkulturen 175 (4) Urbane Zivilisationen 28–29 (1)
Gladstone Australien Kolonisation 282 (1) Staatenbildung 283 (3)
Glasgow Brit. Inseln (UK) Ökonomie 198 (1), 204 (1), 205 (4) Weltwirtschaft 93 (5) ZWK 210 (1)
Glastonbury Brit. Inseln (UK) Mittelalterliche Staaten 183 (3)
Glavn'a Morava siehe Morava, Velika Morava
Glendale Nordamerika (USA)
Glen Elliott arch. Stätte Südl. Afrika (Südafrika) Frühe Kulturen 160 (1) Früher Ackerbau 158 (1)
Glevum siehe Gloucester
Glockenbecher-Kultur Region Brit. Inseln/Westeuropa Die Welt 2500 v.Chr. 22–23
Gloucester hist. Caer Glou, Lat. Glevum Brit. Inseln (UK) Ökonomie 204 (1)
Gnesen Poln. Gniezno Mitteleuropa (Polen) Handel im Mittelalter 190–191 (1) Mittelalterliche Staaten 188 (1)
Gnezdovo Osteuropa (Belorussland) Mittelalterliche Staaten 185 (3) Wikinger 60–61 (1)
Gniezno Dtsch. Gnesen Mitteleuropa (Polen) Mittelalterliche Staaten 188 (1) siehe auch Gnesen
Goa ehem. Alt-Goa, Gove, Vela Goa, Velha Goa Südasien (Indien) Dekolonisation 251 (4) Die Welt 1600 78–79 passim Erkundung 80–81 (1), 239 (1) Handel 230 (2), 267 (3) Kolonialismus 81 (3), 248 (1), (2) 269 (4) Mogul-Reich 246 (1) Nachkriegszeit 252 (1), 253 (4) Ökonomie 247 (3) Reiche & Revolutionen 88–89 (2) Sklavenhandel 84–85 (1) Weltreligionen 49 (4) ZWK 250–251 (3) siehe auch Gove
Gobedra Ostafrika (Äthiopien) Die Welt 5000 v.Chr. 18–19 Früher Ackerbau 158 (1)
Gobi Wüste Ostasien Biol. Austausch 72–73 (1), 73 (3) China nach 1949 275 (3) Chinesische Revolution 274 (1) Eiszeit 216–217, 254–255 (1) Früher Ackerbau 20–21 (2) Frühe Neuzeit 266 (1), (2) Handel 267 (3) Handel d. Antike 44–45 (1) Kolonialismus 269 (4) Erkundung 256 (1), 257 (3) Frühe Reiche 259 (4), (5) Frühe Reiche 260 (1) Mittelalterliche Staaten 261 (5), 262–263 (1), 263 (3), (4), (5), (7) Mongolen 68 (2), 68–69 (1) Ökonomie 274 (2) Qing-China 268 (2) Urbane Zivilisationen 28–29 (1) Völkerwanderung 261 (6) Wissen & Technologie 76–77 (1)
Gobir Staat Westafrika Die Welt 1600 78–79 Frühe Neuzeit 164 (2) Sklavenhandel 165 (4)
Godavari Fluss Südasien Frühe Reiche 241 (4), (5) Frühe Religion 36 (2) Mittelalterliche Staaten 244 (1), (2), 244–245 (3) Ökonomie 249 (4)
Godin Tepe Südwestasien (Iran) Erste Städte 24 (2), 220 (2)
Godthåb ehem. Nuuk Nordamerika (Grönland) Erkundung 287 (2) siehe auch Nuuk
Goeie Hoop, Kaap die/de siehe Good Hope, Cape of
Gogra siehe Ghaghara, Sarayu
Goiás Südamerika (Brasilien) Kolonialismus 149 (3)
Goiás Region Südamerika Kolonialismus 149 (3)
Gojjam Staat Ostafrika Die Welt 1200 62–63
Gokarna Südasien (Indien) Frühe Religion 242 (2)
Gokomere arch. Stätte Südl. Afrika (Zimbabwe) Frühe Kulturen 160 (1)
Golan-Höhen Ivr. HaGolan, Arab. Ġaulān, var. Djaulan Region Südwestasien Arabien im 20. Jh. 234 (2)
Golconda var. Golkonda Staat Südasien Die Welt 1600 78–79 siehe auch Golkonda
Gold Coast siehe Goldküste
Goldene Horde, Khanat der Staat Osteuropa Biol. Austausch 72–73 (1) Die Welt 1300 66–67 passim Handel im Mittelalter 190–191 (1) Islam 162 (1) Mittelalterliche Staaten 189 (4) Mongolen 229 (3), 68 (2) Timur 229 (4)
Goldküste Eng. Gold Coast, mod. Ghana Region/Staat Westafrika Die Welt 1700 82–83 passim Handel 166–167 (1) Imperialismus 96 (1), 97 (4) Islam 162 (1), 167 (3) Kolonialismus 166–167 (4) Sklavenhandel 165 (4) ZWK 104 (1) siehe auch Ghana
Goldsboro Nordamerika (USA) US-Bürgerkrieg 131 (7)
Golfküstentradition Kultur Nordamerika Die Welt 500 v.Chr. 34–35
Goliad Massaker Schlacht Nordamerika (USA) Aufstieg der USA 129 (2)
Goliathsquelle siehe Ain Djalut
Golkonda Südasien (Indien) Mittelalterliche Staaten 245 (4) Mogul-Reich 246 (1)
Golkonda Staat Südasien Mittelalterliche Staaten 245 (4) Mogul-Reich 246 (1) siehe auch Golconda
Goma Zentralafrika (Kongo (Zaire)) Afrika nach 1960 169 (5)
Gombe Point arch. Stätte Zentralafrika (Kongo (Zaire)) Frühe Kulturen 160 (1)
Gombroon siehe Bandar Abbas, Gombrun

Gombrun var. Gombroon, mod. Bandar Abbas, Bandar-e 'Abbas Südwestasien (Iran) Osmanen 231 (3) siehe auch Bandar Abbas
Gomel' var. Gomel Osteuropa (Russ. Föderation) UdSSR 208 (2) ZWK 211 (4)
Gomolava Südosteuropa (Jugoslawien) Bronzezeit 175 (3) Früher Ackerbau 174 (1)
Gonâve Insel Westindien Reiche & Revolutionen 89 (3)
Gondar mod. Gonder Ostafrika (Äthiopien) Frühe Neuzeit 165 (3)
Gonder siehe Gondar
Gondeshapur Südwestasien (Iran) Weltreligionen 48 (1)
Gondokoro Ostafrika (Sudan) Erkundung 157 (4), (5)
Gondwana Region/Staat Südasien Die Welt 1500 74–75 passim Mittelalterliche Staaten 244–245 (3) Mogul-Reich 246 (1) Ökonomie 247 (3)
Gonja Staat Westafrika Die Welt 1700 82–83
Goodall Grabhügel/Region Nordamerika (USA) Frühe Kulturen (4)
Gooty Region Südasien Marathen 246 (2)
Goražde Südosteuropa (B.-H.) Europapolitik 215 (3)
Gordion Lat. Gordium Südwestasien (Türkei) Die Welt 750 v.Chr. 30–31 Frühe Kulturen 221 (4) Frühe Reiche 222 (2) Hellenist. Welt 40–41 (1) Urbane Zivilisationen 28–29 (1)
Gore Neuseeland Kolonisation 283 (5)
Goreé Westafrika (Senegal) Die Welt 1700 82–83 passim Frühe Neuzeit 164 (2) Reiche & Revolutionen 88 (1) Sklavenhandel 165 (4), 84–85 (1)
Gorgan Südwestasien (Iran) Erkundung 60–61 (1)
Gorica siehe Görz
Gorki siehe Nizhniy Novgorod
Gorlice Mitteleuropa (Polen) EWK 207 (4)
Gornichevo Südosteuropa (Griech.) EWK 207 (6)
Gorton Brit. Inseln (UK) Ökonomie 204 (2)
Gortyna Kreta (Griech.) Antikes Rom 180–181 (1) Weltreligionen 48 (1)
Goryōkaku Schlacht Japan Ökonomie 270 (1)
Görz Slov. Gorica Ital. Hbl. EWK 207 (5)
Goslar Mitteleuropa (Deutschland) Handel im Mittelalter 190–191 (1) Mittelalterliche Staaten 189 (3)
Göteborg Skandinavien (Schweden) Frühe Neuzeit 195 (3)
Goten Volk Völkerwanderung 52–53 (1)
Gotland Insel Skandinavien Frühe Neuzeit 195 (3) Mittelalterliche Staaten 185 (3)
Göttingen Mitteleuropa (Deutschland) Mittelalterliche Staaten 189 (3)
Gough Island Insel Atlantik Heutige Welt 110–111
Gough's Cave Brit. Inseln (UK) Die Welt 10 000 v.Chr. 14–15
Goulburn Australien Kolonisation 282 (1)
Gouwu Staat Ostasien Frühe Reiche 259 (4)
Govardhana Südasien (Indien) Mittelalterliche Staaten 244 (1)
Gove mod. Goa, ehem. Alt-Goa, Vela Goa, Velha Goa Südasien (Indien) Mittelalterliche Staaten 244–245 (3) siehe auch Goa
Goyaz mod. Goiás Südamerika (Brasilien) Staatenbildung 151 (3) siehe auch Goiás
Graaff-Reinet Südl. Afrika (Südafrika) Migrationen 166 (2)
Grabhügelbauer Region Nordamerika Die Welt 500 v.Chr. 34–35 Die Welt 250 v.Chr. 38–39
Grado Ital. Hbl. EWK 207 (5)
Graecia siehe Griechenland
Graeco-Baktria Staat Zentralasien Die Welt 250 v.Chr. 38–39
Grafton Australien Kolonisation 282 (1)
Graham Land Landschaft Antarktis Erkundung 287 (3)
Grahamstad siehe Grahamstown
Grahamstown Afr. Grahamstad Südl. Afrika (Südafrika) Migrationen 166 (2)
Gran ant. Strigonium, Ungar. Esztergom Mitteleuropa (Ungarn) Mittelalterliche Staaten 189 (4) Osmanen 231 (3) siehe auch Esztergom
Granada Iberische Hbl. (Spanien) Die Welt 1300 66–67 Erkundung 156 (3) Franken 184 (2) Handel im Mittelalter 190–191 (1) Islam 57 (2), 162 (1), 192 (3), 227 (4) Kreuzzüge 64–65 (2) Mongolen 68 (2) Ökonomie 205 (4) Sklavenhandel 84–85 (1) Zwischenkriegszeit 209 (4)
Granada Mittelamerika (Nicaragua) Kolonialismus 85 (2)
Granada, Königreich Staat Iberische Hbl. Die Welt 1400 70–71 Handel im Mittelalter 190–191 (1) Mittelalterliche Staaten 187 (3)
Gran Chaco var. Chaco Landschaft Südamerika Eiszeit 140 Erkundung 142 (1), 143 (2) Frühe Kulturen 144 (1), 145 (2) Kolonialismus 148 (2) Ökonomie 153 (3) Politik nach 1930 152 (1)
Gran Colombia Dtsch. Groß-Kolumbien Staat Südamerika Staatenbildung 150 (1) Reiche & Revolutionen 88–89 (2)
Grand Canyon Tal Nordamerika Präkolumbische Kulturen 123 (4)
Grande, Bahía Bucht Südamerika Kolonialismus 148 (2)
Grande de Chiloé, Isla siehe Chiloé, Isla de
Grande, Rio var. Río Bravo, Span. Río Bravo del Norte, Bravo del Norte Fluss Nordamerika Aufstieg der USA 129 (2) Eiszeit 116 Erkundung 118 (1), 119 (3) Früher Ackerbau 120 (1), 20–21 (2) Kolonialismus 125 (4), 126 (1) Mexikan. Revolution 133 (3) Präkolumbische Kulturen 123 (4), (5)
Grand Junction Kanal Brit. Inseln Ökonomie 204 (1)
Grand Lac de l'Ours siehe Great Bear Lake
Grand Lac des Esclaves siehe Great Slave Lake
Grandsee siehe Grandson
Grandson Ger. Grandsee Schlacht Mitteleuropa (Schweiz) Frühe Neuzeit 193 (5)
Grand Village Nordamerika (USA) Präkolumbische Kulturen 123 (5)
Granikos Fluss Südwestasien (Türkei) Hellenist. Welt 40–41 (1) Antikes Persien 223 (4)
Gran Quivira arch. Stätte Nordamerika (USA) Präkolumbische Kulturen 123 (4)
Gran Santiago siehe Santiago
Grasshopper arch. Stätte Nordamerika (USA) Präkolumbische Kulturen 123 (4)
Gratianopolis siehe Grenoble
Grattan's Defeat Schlacht Nordamerika (USA) Aufstieg der USA 129 (2)
Gratz siehe Graz
Grave Creek Schlacht Nordamerika (USA) Aufstieg der USA 129 (2)
Grave Creek Mound Grabhügel Nordamerika (USA) Frühe Kulturen 121 (4)
Graz ehem. Gratz Mitteleuropa (Österreich) Frühe Neuzeit 193 (4) Mittelalterliche Staaten 188 (1) Nachkriegszeit 212 (1) Osmanen 197 (4) Reformation 196 (1)
Great Australian Bight Golf Indischer Ozean Erkundung 279 (2) Kolonisation 282 (1)
Great Basin Region Nordamerika Früher Ackerbau 120 (1)
Great Bear Lake Frz. Grand Lac de l'Ours See Nordamerika Aufstieg der USA 129 (2) Erkundung 118 (1), 119 (3), 286 (1), 287 (2) Früher Ackerbau 120 (1) Präkolumbische Kulturen 123 (3)
Great Britain siehe Großbritannien
Great Dividing Range Gebirge Australien Erkundung 279 (2) Ökonomie 282 (2) Staatenbildung 283 (3)
Great Grimsby mod. Grimsby Brit. Inseln (UK) Ökonomie 204 (1)
Great Indian Desert siehe Thar, Wüste
Great Lakes Seen Nordamerika Früher Ackerbau 20–21 (2)
Great Plains var. High Plains Landschaft Nordamerika Erkundung 118 (1), 119 (3) Früher Ackerbau 120 (1), 20–21 (2)
Great Rift Valley siehe Rift Valley
Great Ruaha Fluss Ostafrika Erkundung 157 (4)
Great Salt Lake Salzsee Nordamerika Präkolumbische Kulturen 123 (4)
Great Sand Dunes arch. Stätte Nordamerika (USA) Präkolumbische Kulturen 123 (4)
Great Sandy Desert Wüste Australien Erkundung 279 (2) Staatenbildung 283 (3)
Great Sandy Desert siehe Ar Rub 'al Khali
Great Serpent Mound Nordamerika (USA) Die Welt 500 v.Chr. 34–35
Great Slave Lake Frz. Grand Lac des Esclaves See Nordamerika Erkundung 119 (3), 286 (1), 287 (2) Früher Ackerbau 120 (1) Kolonialismus 126 (1) Präkolumbische Kulturen 123 (3)
Great Victoria Desert Wüste Australien Staatenbildung 283 (3) Erkundung 279 (2)
Great Yarmouth var. Yarmouth Brit. Inseln (UK) Handel im Mittelalter 190–191 (1) siehe auch Yarmouth
Green Islands var. Nissan Islands Archipel Pazifik Frühe Kulturen 280–281 (3)
Greenock Brit. Inseln (UK) Ökonomie 204 (1)
Greensboro Nordamerika (USA) US-Gesellschaft 137 (6)
Grenada Staat/Insel Westindien Die Welt 1700 82–83 passim Heutige Welt 112 (1) Kolonialismus 126 (1) Ökonomie 136 (2) Reiche & Revolutionen 88 (1) Sklavenhandel 84–85 (1) Supermacht USA 138 (1), 139 (5)
Grenfell Goldlagerstätte Australien Ökonomie 282 (2)
Grenoble ant. Cularo, Gratianopolis Westeuropa (Frankr.) Franken 184 (2) Frühe Neuzeit 197 (5) Mittelalterliche Staaten 187 (3)
Gresik ehem. Grissee, Grisee Mar. Südostasien (Indonesien) Kolonialismus 247 (4)
Greymouth Neuseeland Kolonisation 283 (5)
Griechen Volk Europa/Kleinasien Die Welt 750 v.Chr. 30–31 Frühe Religion 36 (1) Heutige Welt 112 (2) Osmanen 232–233 (1) Schrift & Zahl 32 (1), 33 (2), (3)
Griechenland UN Greece, Gr. Ellás, ant. Hellas, Lat. Graecia Region/Staat Südosteuropa Arabien im 20. Jh. 233 (3) Die Welt 1850 90–91 passim Erkundung 172 (1) Europapolitik 214 (1) EWK 206 (1), 207 (6), 233 (2) Handel d. Antike 44–45 (1) Kalter Krieg 108 (3), 109 (1) Nachkriegszeit 212 (3), 213 (5) Ökonomie 205 (4) Osmanen 203 (4), 232–233 (1) Reiche & Revolutionen 88–89 (2) Supermacht USA 138 (1) UdSSR 208 (2), 213 (4) Völkerwanderung 52–53 (1) Weltreligionen 48 (1) Zwischenkriegszeit 208 (1), 209 (3) ZWK 104 (1), 211 (2), (4) siehe auch Hellas
Grijalva Fluss Mittelamerika Frühe Kulturen 122 (2)
Grimaldi Westeuropa (Frankr.) Die Welt 10 000 v.Chr. 14–15
Grimsby siehe Great Grimsby
Griqua Volk/Staat Südl. Afrika Die Welt 1850 90–91 Frühe Neuzeit 164 (1) Handel 166–167 (1)
Griquatown Südl. Afrika (Südafrika) Erkundung 157 (4)
Grisee siehe Gresik
Grissee siehe Gresik
Grobiņa Osteuropa (Litauen) Mittelalterliche Staaten 185 (3)
Grodno Beloruss. Hrodna Osteuropa (Belorussland) EWK 207 (4) Reiche & Revolutionen 198 (2)
Grol Westeuropa (Niederl.) Reformation 195 (5)
Groningen Westeuropa (Niederl.) Handel im Mittelalter 190–191 (1)
Groningen Provinz Westeuropa Reformation 195 (5)
Grönland var. Grünland, Eng. Greenland Kolonie/Insel Nordamerika Aufstieg der USA 129 (2), 132 (1) Die Welt 10000 v.Chr. 14–15 passim Eiszeit 116 Erkundung 60–61 (1), 80–81 (1), 118 (1), 119 (3), 172 (2), 286 (1), 287 (2) Früher Ackerbau 120 (1), 20–21 (2) Kalter Krieg 109 (1) Präkolumbische Kulturen 123 (3) Reiche & Revolutionen 88 (1) Supermacht USA 138 (1) Wissen & Technologie 76–77 (1) ZWK 104 (1)
Grönländischer Eisschild Eisformation Nordamerika Die Welt 10 000 v.Chr. 14–15
Grönland-See Meer Atlantik Erkundung 172 (2), 286 (1), 287 (2)
Grosny siehe Groznyy
Großbritannien Eng. Great Britain, ehem. Britannien, mod. Vereinigtes Königreich Staat Brit. Inseln Biol. Austausch 72–73 (1) Die Welt 1800 86–87 Die Welt 1850 90–91 EWK 206 (1), (2), (3) Globale Migration 100 (1) Imperialismus 97 (4) Napoleon 200–201 (1), 201 (2), (3) Ökonomie 198 (1), 205 (4) Reiche & Revolutionen 88 (1) 88–89 (2), 202 (1) Sklavenhandel 84–85 (1) Weltwirtschaft 92 (1), 93 (5) Zwischenkriegszeit 208 (1), 209 (3), (5) ZWK 104 (1), 211 (2), (4) siehe auch Vereinigtes Königreich Britannien,
Große Antarktis Eng. East Antarctica Greater Antarctica Landschaft Antarktis Erkundung 287 (3)
Große Antillen Archipel Westindien Erkundung 118 (1), 119 (3)
Große Mauer var. Chinesische Mauer Mauer Ostasien Mittelalterliche Staaten 262–263 (1)
Großer Grabenbruch siehe Rift Valley
Großer Kanal Chin. Da Yunhe Kanal Ostasien Frühe Neuzeit 266 (1)
Großer Salzsee siehe Tuz-See
Großer Wannsee See Mitteleuropa Nachkriegszeit 212 (2)
Großer Zab Arab. Az Zāb al Kabīr, Kurd. Zē-i Bādīnān, Türk. Büyükzap Suyu Fluss Südwestasien Erste Städte 220 (2) Frühe Kulturen 221 (4) Frühe Reiche 221 (5)
Große Salzwüste Wüste Südwestasien Eiszeit 254–255 (1) Hellenist. Welt 40–41 (1)
Große Walachei Staat Osteuropa Osmanen 197 (4)
Groß-Fulo Staat Westafrika Die Welt 1600 78–79 Frühe Neuzeit 164 (2)
Groß-Khan, Reich des var. Groß-Khanat Staat Ostasien Die Welt 1300 66–67 Mongolen 68 (2)
Groß-Polen Region/Staat Mitteleuropa Kreuzzüge 186 (1) Mittelalterliche Staaten 188 (1) siehe auch Polen, Königreich; Polnische Fürstentümer
Groß-Rosen KZ Mitteleuropa ZWK 211 (3)
Groß-Seldschukisches Reich Staat Südwestasien Kreuzzüge 64–65 (2) Seldschuken 228 (1)
Großserbisches Reich Staat Südosteuropa Mittelalterliche Staaten 189 (4) siehe auch Serbien
Großwardein Ung. Várad, mod. Rum. Oradea Südosteuropa (Rumänien) Mittelalterliche Staaten 189 (4) Osmanen 195 (4)
Groß-Zimbabwe Staat Südl. Afrika Die Welt 1300 66–67 passim Frühe Kulturen 160 (1) Ökonomie 163 (2) Palast 163 (3)
Gros Ventres Volk Nordamerika Kolonialismus 126 (1)
Grotta dell'Uzzo Ital. Hbl. Früher Ackerbau 174 (1)
Grotte Arnaud arch. Stätte Westeuropa (Frankr.) Kupferzeit 174 (2)
Grotte Gazel Westeuropa (Frankr.) Früher Ackerbau 174 (1)
Groznyy var. Groznyj, Dtsch. Grosny Osteuropa (Russ. Föderation) UdSSR 215 (4)
Grumentum Ital. Hbl. Antikes Rom 178 (1)
Grundy County Region Nordamerika
Grunwald siehe Tannenberg
Grusien siehe Georgien
Gruziya siehe Georgien
Gua Bintong arch. Stätte Kont. Südostasien (Malaysia) Bronzezeit 240 (3)
Gua Cha arch. Stätte Kont. Südostasien (Malaysia) Bronzezeit 240 (3) Die Welt 5000 v.Chr. 18–19
Guachichil Volk Mittelamerika Kolonialismus 125 (4), 126 (1)
Guadalajara ant. Arriaca, Arab. Wad Al-Hajarah Iberische Hbl. (Spanien) Zwischenkriegszeit (4)
Guadalajara Mittelamerika (Mexiko) Kolonialismus 125 (4) Mexikan. Revolution 133 (3)
Guadalcanal Insel Pazifik Frühe Kulturen 280–281 (3) ZWK 104 (2), 250–251 (3), 272 (1)
Guadalquivir Fluss Iberische Hbl. Erste Hochkulturen 176–177 (1) Franken 184 (2) Handel im Mittelalter 190–191 (1) Islam 192 (3) Napoleon 200–201 (1)
Guadeloupe Insel/Kolonie Westindien Aufstieg der USA 129 (2) Die Welt 1700 82–83 passim Globale Migration 101 (3) Heutige Welt 110–111, 112 (1) Kalter Krieg 108 (2) Kolonialismus 85 (2), 126 (1) Reiche & Revolutionen 88 (1) Sklavenhandel 84–85 (1) Staatenbildung 150 (1)
Guadiana Fluss Iberische Hbl. Franken 184 (2) Islam 192 (3)
Guaira Volk Südamerika Frühe Reiche 147 (2)
Guairá Region Südamerika Erkundung 143 (2) Kolonialismus 148 (2)
Gua Kechil arch. Stätte Kont. Südostasien (Malaysia) Bronzezeit 240 (3)
Gua Lawa Mar. Südostasien (Indonesien) Die Welt 5000 v.Chr. 18–19
Gualupita Mittelamerika (Mexiko) Frühe Kulturen 121 (2)
Guam Insel Pazifik Aufstieg der USA 133 (4) Dekolonisation 285 (3) Erkundung 278 (1), 279 (3) Imperialismus 270 (2), 284–285 (1) Kalter Krieg 109 (1) Ökonomie 285 (2) ZWK 250–251 (3), 272 (1)
Guamares Volk Mittelamerika Kolonialismus 125 (4)
Gua Musang arch. Stätte Kont. Südostasien (Malaysia) Bronzezeit 240 (3)
Guanajay Militärbasis Westindien (Cuba) Kalter Krieg 108 (2)
Guanajuato Provinz Mittelamerika Aufstieg der USA 129 (2) Mexikan. Revolution 133 (3)
Guang Staat Ostasien Frühe Reiche 259 (3)
Guangala Region/Staat Südamerika (Peru) Die Welt 1 n.Chr. 42–43 Die Welt 250 46–47 Frühe Kulturen 145 (4)
Guangdong Ostasien (China) Chinesische Revolution 271 (7)
Guangdong var. Kuang-tung, Kwangtung, Yue Provinz Ostasien Chinesische Revolution 271 (5), 274 (1) Frühe Neuzeit 266 (1), (2) Ökonomie 274 (2) Qing-China 268 (1), (2)
Guanghan Provinz Ostasien Frühe Reiche 260 (1)
Guangju siehe Kongju, Kwangju
Guangling Ostasien (China) Frühe Reiche 260 (1)
Guangu Ostasien (China) Frühe Reiche 261 (3)
Guangxi Provinz/Region Ostasien China nach 1949 275 (3) Chinesische Revolution 271 (5) Frühe Neuzeit 266 (1), (2) Ökonomie 274 (2) Qing-China 268 (1), (2)
Guangzhou var. Kuang-chou, Kwangchow, Nanhai, Eng. Canton, Dtsch. Kanton Ostasien (China) Biol. Austausch 72–73 (1) China nach 1949 275 (3) Chinesische Revolution 274 (1) Erkundung 61 (3) Frühe Neuzeit 266 (1) Handel 267 (3) Kolonialismus 248 (1), 269 (4) Mittelalterliche Staaten 245 (6), 262–263 (1), 263 (3), (4), (6) Mongolen 68 (2), 68–69 (1) Ökonomie 274 (2) Tigerstaaten 275 (4) Weltreligionen 49 (3) ZWK 250–251 (3) siehe auch Kanton, Nanhai
Guangzhouwan var. Kwangchowwan Kolonie Ostasien (China) Kolonialismus 269 (4)
Guanipa arch. Stätte Südamerika (Venezuela) Frühe Kulturen 145 (2)
Guannei var. Kuannei Provinz Zentralasien Mittelalterliche Staaten 262–263 (1)
Guantánamo Westindien (Cuba) ZWK 104 (2)
Guantánamo Bay Militärbasis Westindien (Cuba) Aufstieg der USA 133 (5) Kalter Krieg 108 (2)
Guaraní Volk Südamerika Die Welt 250 46–47 passim Erkundung 143 (2) Frühe Reiche 147 (2) Kolonialismus 148 (2)
Guatavita Südamerika (Kolumbien) Frühe Reiche 146 (1)
Guatemala Staat Mittelamerika Aufstieg der USA 129 (2), 133 (4) Heutige Welt 113 (4) Kalter Krieg 108 (2), 109 (1) Ökonomie 136 (2) Supermacht USA 138 (1), 139 (5) ZWK 104 (1)
Guatemala Mittelamerika (Guatemala) Aufstieg der USA 129 (2) Ökonomie 136 (2)
Guatemala-Becken Meer Mittelamerika Eiszeit 140
Guaviare Region Südamerika Drogenhandel 153 (5)
Guayana Staat Südamerika Sklavenhandel 84–85 (1)
Guayana-Bergland Span. Macizo de las Guayanas Gebirge Südamerika Eiszeit 140 Erkundung 142 (1), 143 (2), (3) Früher Ackerbau 20–21 (2) Frühe Kulturen 145 (2) Kolonialismus 148 (2), 149 (3), (4) Ökonomie 153 (3), (4)
Guayana-Stämme Kultur/Region Südamerika Die Welt 750 54–55 passim
Guayanas, Macizo de las siehe Guayana-Bergland
Guayaquil var. Santiago de Guayaquil Südamerika (Ecuador) Erkundung 143 (3) Ökonomie 153 (3) Staatenbildung 150 (1), (2), 151 (3)
Guaymas Mittelamerika (Mexiko) Mexikan. Revolution 133 (3)
Guazhou var. Kua-chou Ostasien (China) Mittelalterliche Staaten 262–263 (1)
Gubbio siehe Iguvium
Guernica Iberische Hbl. (Spanien) Zwischenkriegszeit 209 (4)
Guerrero Region Mittelamerika Mexikan. Revolution 133 (3)
Gui Staat Ostasien Frühe Reiche 259 (3)
Guiana Region siehe Guayana
Guiana siehe Französisch-Guayana
Guiba siehe Juba
Guibray Westeuropa (Frankr.) Handel im Mittelalter 190–191 (1)
Guida Farm Nordamerika (USA) Präkolumbische Kulturen 123 (5)
Guidriari-Pass Pass Mitteleuropa EWK 207 (5)
Guienne siehe Guyenne
Guiji Ostasien (China) Frühe Reiche 259 (4), (5) Frühe Religion 37 (4)
Guilá Naquitz Mittelamerika (Mexiko) Die Welt 5000 v.Chr. 18–19
Guildford Nordamerika (USA) Staatenbildung 127 (3)
Guildford Court House Schlacht Nordamerika (USA) Staatenbildung 127 (3)
Guilin var. Kuei-lin, Kweilin Ostasien (China) Chinesische Revolution 274 (1) Frühe Neuzeit 266 (1)
Guimarães Iberische Hbl. (Portugal) Handel im Mittelalter 190–191 (1)
Guinea var. Guinée, ehem. Französisch-Guinea Staat Westafrika Afrika nach 1960 169 (4) Dekolonisation 168 (1) Heutige Welt 112 (1), 113 (3) Islam 235 (4) Ökonomie 168 (2), (3)
Guinea-Bissau Frz. Guinée-Bissau, Port. Guiné-Bissau, ehem. Portugiesisch-Guinea Staat Westafrika Afrika nach 1960 169 (4) Dekolonisation 168 (1) Heutige Welt 112 (1), 113 (3) Islam 235 (4) Ökonomie 168 (2), (3) siehe auch Portugiesisch-Guinea
Guinea, Golf von Frz. Golfe de Guinée Atlantik Erkundung 156 (3) Frühe Neuzeit 164 (2) Ökonomie 168 (2), (3) Sklavenhandel 165 (4)
Guiné-Bissau, Guinée-Bissau siehe Guinea-Bissau, Portugiesisch-Guinea
Guinée siehe Guinea
Guinée, Golfe de siehe Guinea, Golf von
Guitarrero var. Guitarrero Cave arch. Stätte Südamerika (Peru) Die Welt 5000 v.Chr. 18–19 Frühe Kulturen 144 (1)
Guiyang var. Kuei-Yang, Kueyang, Kweiyang, ehem. Kweichu Ostasien (China) Chinesische Revolution 274 (1) Frühe Neuzeit 266 (1)
Guiyang Provinz Ostasien Frühe Reiche 260 (1)
Guizhou var. Kuei-chou, Kweichow, Qian Provinz Ostasien Chinesische Revolution 271 (5) Frühe Neuzeit 266 (1), (2) Ökonomie 274 (2) Qing-China 268 (1), (2)
Gujarat Region/Staat Südasien Die Welt 1300 66–67 Die Welt 1500 74–75 Mittelalterliche Staaten 244–245 (3) Mogul-Reich 246 (1) Nachkriegszeit 252 (1), 253 (4) Ökonomie 247 (3) Weltreligionen 243 (4)
Gujarat States and Baroda Staat Südasien Kolonialismus 248 (2)
Gujerat siehe Gujarat
Gujranwala Südasien (Pakistan) Nachkriegszeit 253 (5)
Gulbarga Südasien (Indien) Dekolonisation 250 (1) Mittelalterliche Staaten 244–245 (3), 245 (4) Mogul-Reich 246 (1)
Gulgong Goldlagerstätte Australien Ökonomie 282 (2)
Gulja siehe Kuldja
Gumbinnen Osteuropa (Litauen) EWK 207 (4)
Gumla arch. Stätte Südasien (Indien) Erste Städte 240 (2)
Gumma siehe Gunma
Gundu arch. Stätte Südl. Afrika (Zambia) Frühe Kulturen 160 (1)
Gunma var. Gumma Präfektur Japan Ökonomie 270 (1)
Güns mod. Kőszeg Mitteleuropa (Ungarn) Osmanen 231 (3)
Gupta-Reich var. Magadha Staat Südasien Die Welt 500 50–51 Mittelalterliche Staaten 244 (1) siehe auch Magadha
Gur Volk Westafrika Die Welt 1300 66–67 passim Frühe Kulturen 160 (1)
Gurgan var. Gorgan Fort Südwestasien (Iran) Islam 56–57 (1) siehe auch Gorgan
Gurjara-Pratihara Dynastie Südasien Die Welt 750 54–55 Die Welt 1000 58–59 Erkundung 61 (3) Mittelalterliche Staaten 244 (2)
Gurkhaland Region Südasien Nachkriegszeit 253 (4)
Gurma Staat Westafrika Frühe Neuzeit 164 (2)
Gutäer var. Guti Volk Südwestasien Frühe Kulturen 221 (4)
Guti siehe Gutäer
Guyana off. Co-operative Republic of Guyana, ehem. Britisch-Guayana, Eng. British Guiana Staat Südamerika Drogenhandel 153 (5) Heutige Welt 112 (1), 113 (3) Ökonomie 153 (3), (4) Politik nach 1930 152 (1) Supermacht USA 139 (5) siehe auch Britisch-Guayana
Guyane siehe Französisch-Guayana, Guiana
Guyenne var. Guienne, ant. Aquitania Region Westeuropa (Frankr.) Frühe Neuzeit 197 (5) Mittelalterliche Staaten 192 (1), (2) siehe auch Aquitanien
Gwadar var. Gwādor Südasien (Pakistan) Die Welt 1850 90–91 passim Hellenist. Welt 40–41 (1) Nachkriegszeit 252 (1) Handel 230 (2)
Gwādor siehe Gwadar
Gwalior Südasien (Indien) Frühe Religion 48 (2) Kolonialismus 248 (1), 249 (3) Ökonomie 249 (4)
Gwalior Staat Südasien Kolonialismus 248 (2)
Gwandu Westafrika (Niger) Erkundung 157 (4) Islam 167 (3)
Gwisho Südl. Afrika (Zambia) Früher Ackerbau 158 (1)
Gwy siehe Wye
Gwynedd var. Gwyneth Region Brit. Inseln Mittelalterliche Staaten 183 (3)
Gwyneth siehe Gwynedd
Gyangtse mod. Gyangzê Ostasien (China) Erkundung 257 (3)
Gyangzê siehe Gyangtse
Gympie Goldlagerstätte Australien Ökonomie 282 (2)
Gyulafehérvár siehe Apulum, Weißenburg

H

Ha'apai Islands Archipel Pazifik Frühe Kulturen 280–281 (3)
Haapsalu siehe Hapsal
Haarlem ehem. Harlem Schlacht Westeuropa (Niederl.) Reformation 195 (5)
Haarlem ehem. Harlem Westeuropa (Niederl.) Kreuzzüge 186 (1)
Habsburger-Reich var. Österreich Staat Mitteleuropa Reiche & Revolutionen 198 (2), 199 (3)
Habuba Kabira Südwestasien (Türkei) Erste Städte 220 (2)
Ha-chia-pang siehe Majiabang
Hacılar Südwestasien (Türkei) Erste Städte 220 (2) Früher Ackerbau 174 (1) Frühe Kulturen 221 (4)
Hadar arch. Stätte Ostafrika (Äthiopien) Frühmensch 12 (1)
Hadda Zentralasien (Afghanistan) Weltreligionen 49 (3)
Hadhramaut Staat/Region Südwestasien Arabien im 20. Jh. 233 (4) Erkundung 219 (4) Islam 226 (2) Weltreligionen 226 (1)
Hadhramaut, Wadi Tal Südwestasien Erkundung 219 (4) Islam 227 (5)
Ḥaḍramawt siehe Hadhramaut
Hadria mod. Adria Ital. Hbl. Antikes Rom 178 (1)
Hadriani, Murus siehe Hadrianswall
Hadrian-Mausoleum Gebäude Ital. Hbl. Antikes Rom 181 (2)
Hadrianopolis var. Adrianopolis Dtsch. Adrianopel mod. Edirne Südwestasien (Türkei) Antikes Rom 180–181 (1) siehe auch Adrianopel, Adrianopolis, Edirne
Hadrian-Stoa Gebäude Südosteuropa (Griech.) Stadtplan des antiken Athen 177 (4)
Hadrianswall Lat. Murus Hadriani Mauer Brit. Inseln Antikes Rom 180–181 (1)
Hadrian-Tempel Gebäude Ital. Hbl. Antikes Rom 181 (2)
Hadrumetum mod. Sousse Nordafrika (Tunesien) Antikes Rom 179 (3), 180–181 (1) Erste Hochkulturen 176 (1) siehe auch Sousse
Hadya Staat Ostafrika Die Welt 1300 66–67
Haerae siehe Hairai
Haerbin siehe Harbin
Ha-erh-pin siehe Harbin
Hafit Südwestasien (Oman) Erste Städte 25 (3)
Hafnia siehe Kopenhagen
Hafren siehe Severn
Hafsiden Dynastie Nordafrika Die Welt 1300 66–67 passim Islam 162 (1) Ökonomie 163 (2), 190–191 (1)
Hagenau siehe Haguenau
HaGolan siehe Golan
Haguenau var. Hagenau Westeuropa (Frankr.) Bronzezeit 175 (3) Mittelalterliche Staaten 188 (1)
Haguro-san Berg Japan Mittelalterliche Staaten 265 (3)
Haidarabad siehe Hyderabad
Haifa ant. Sycaminum, hist. Caiffa, Caiphas, Ivr. Hefa Südwestasien (Israel) Arabien im 20. Jh. 234 (2) Kreuzzüge 65 (3)
Haihaya Dynastie Südasien Mongolen 68–69 (1)
Hainan var. Qiong Insel Ostasien Chinesische Revolution 274 (1) Erkundung 80–81 (1), 239 (1) Frühe Neuzeit 266 (1), (2) Frühe Reiche 259 (5), 260 (1), 261 (2), (3) Handel d. Antike 44–45 (1) Imperialismus 97 (3) Kolonialismus 247 (4), 248 (1), 269 (4) Mittelalterliche Staaten 245 (5), (6), 261 (4), (5), 262–263 (1), 263 (3), (4), (5), (7) Mongolen 68–69 (1) Vietnam-Krieg 251 (5) Weltreligionen 243 (5), 49 (3), (4) ZWK 104 (2), 250–251 (3), 272 (1), 273 (2)
Hainaut Provinz Westeuropa (Frankr.) Reformation 195 (5)
Haiphong Kont. Südostasien (Vietnam) Nachkriegszeit 253 (5)
Haiphong Schlacht Kont. Südostasien (Vietnam) Vietnam-Krieg 251 (5)
Hairai Lat. Haerae Staat Südosteuropa (Türkei) Antike Griechen 177 (2)
Haiti off. República de Haiti Dtsch. Republik Haiti Staat Westindien Aufstieg der USA 129 (2), 133 (4) Die Welt 1700 82–83 Die Welt 1800 86–87 Kalter Krieg 108 (2), 109 (1) Ökonomie 136 (2) Reiche & Revolutionen 88 (1), 88–89 (2) Sklavenhandel 84–85 (1) Staatenbildung 150 (1) Supermacht USA 138 (1), 139 (5) ZWK 104 (1)
Haizhou Ostasien (China) Mittelalterliche Staaten 263 (5)
Hajj Creiem arch. Stätte Nordafrika (Libyen) Frühmensch 13 (2)
Hakata Japan Mittelalterliche Staaten 264 (2), 265 (3) Mongolen 68–69 (1)
Hakodate Japan Ökonomie 270 (1)
Haku Berg Japan Mittelalterliche Staaten 265 (3)
Halab Dtsch. Aleppo, ant. Beroea, Arab. Ḥalab, Südwestasien (Syrien) Frühe Kulturen 221 (4) Urbane Zivilisationen 28–29 (1) siehe auch Aleppo
Halicarnassus siehe Halikarnassos
Halicz var. Halitsch, Russ. Galič, var. Galitsch Osteuropa (Ukraine) Mittelalterliche Staaten 189 (3) siehe auch Galič
Halicz (Staat) siehe Galizien
Halifax Brit. Inseln (UK) Ökonomie 204 (1)
Halifax Nordamerika (Kanada) Aufstieg der USA 129 (2), 132 (1) Globale Migration 100 (1) Kolonialismus 126 (1), 127 (2) ZWK 104 (2)
Halikarnassos Lat. Halicarnassus, ma. Halikarnass, Petronium mod. Türk. Bodrum Südwestasien (Türkei) Antike Griechen 177 (2) Erste Hochkulturen 176–177 (1) Hellenist. Welt 40–41 (1)
Halitsch siehe Halicz
Halkida siehe Chalkis
Hallan Cemi Südwestasien (Türkei) Die Welt 5000 v.Chr. 18–19
Halland Region Skandinavien Frühe Neuzeit 197 (3)
Halle var. Halle an der Saale Mitteleuropa (Deutschland) Mittelalterliche Staaten 189 (3)
Halle an der Saale siehe Halle
Hallein Mitteleuropa (Österreich) Bronzezeit 175 (3)
Halls Creek Australien Kolonisation 282 (1)
Hallstatt Mitteleuropa (Österreich) Bronzezeit 175 (3)
Hallunda Skandinavien (Schweden) Bronzezeit 175 (3)
Halmahera ehem. Djailolo, Gilolo, Jailolo Insel Mar. Südostasien Imperialismus 97 (3) Kolonialismus 247 (4) Mittelalterliche Staaten 245 (6)
Halys Fluss Südwestasien Antikes Persien 223 (4) Erste Städte 28 (3), 220 (2) Frühe Kulturen 221 (4) Frühe Reiche 221 (5), 222 (2) Hellenist. Welt 40–41 (1)
Hamadan ant. Ekbatana Südwestasien (Iran) Arabien im 20. Jh. 235 (5) Erste Städte 24 (2) Islam 56–57 (1) Mongolen 68–69 (1), 229 (3) Osmanen 231 (3) Safawiden 231 (4) siehe auch Ekbatana
Hamah Südwestasien (Syrien) Islam 235 (4)
Hamamatsu Japan ZWK 273 (3)
Hamath Südwestasien (Syrien) Frühe Reiche 221 (5)
Hamburg Mitteleuropa (Deutschland) Frühe Neuzeit 197 (3) Globale Migration 100 (1) Handel im Mittelalter 190–191 (1) Mittelalterliche Staaten 189 (3) Nachkriegszeit 212 (1) Napoleon 200–201 (1), 201 (2) Ökonomie 198 (1), 205 (4) Reformation 194 (2), 196 (1) Reiche & Revolutionen 202 (1), 203 (2) Wikinger 60–61 (1) Zwischenkriegszeit 209 (3), (5) ZWK 210 (1), 211 (2), (3), (4)
Hamburger Hill Vtn. Dong Ap Bia Schlacht Kont. Südostasien (Vietnam) Vietnam-Krieg 251 (5)
Hamdaniden Dynastie Südwestasien Die Welt 1000 58–59 Islam 57 (2) Islam 227 (6) Mittelalterliche Staaten 185 (3)
Hamdullahi Westafrika (Mali) Islam 167 (3)
Hamdullahi Staat Westafrika Handel 166–167 (1)
Hamea Volk Südamerika Frühe Kulturen 281 (4)
HaMelaḥ, Yam siehe Totes Meer
Hamelin siehe Hameln
Hameln Eng. Hamelin Mitteleuropa (Deutschland) Mittelalterliche Staaten 189 (3)
Hamersley Range Gebirge Australien Staatenbildung 283 (3)
Hami var. Ha-mi, Uigh. Kumul, Qomul Ostasien (China) Erkundung 257 (3) Handel 267 (3) Qing-China 268 (1)
Hamilton Neuseeland Kolonisation 283 (5)
Hamilton Nordamerika (Kanada) Aufstieg der USA 132 (1)
Hammamiya Ägypten Altes Ägypten 159 (2)
Hamwih siehe Southampton
Han Volk Nordamerika Präkolumbische Kulturen 123 (3)
Han-Reich Staat Ostasien Die Welt 1 n.Chr. 42–43 Handel d. Antike 44–45 (1) Frühe Reiche 259 (5), 260 (1) siehe auch China
Hanchou siehe Hanzhou
Hanchu Region Ostasien Mittelalterliche Staaten 264 (2)
Han-chung siehe Hanzhong, Nanzheng
Handan var. Han-tan Ostasien (China) Frühe Reiche 259 (5) Frühe Religion 37 (4)
HaNegev siehe Negev
Hanga Roa Südamerika (Chile) Frühe Kulturen 281 (4)
Hang-chou siehe Hangzhou, Lin'an
Hangchow siehe Hangzhou, Lin'an
Hangö Skandinavien (Finnland) EWK 207 (4)
Hangyang Ostasien (China) Mongolen 68–69 (1)
Hangzhou var. Hang-chou, Hangchow, Lin'an Ostasien (China) Biol. Austausch 72–73 (1) Chinesische Revolution 271 (7), 274 (1) Die Welt 1200 62–63 Erkundung 256 (1) Frühe Neuzeit 266 (1) Handel d. Antike 44–45 (1) Imperialismus 270 (2) Kolonialismus 269 (4) Mittelalterliche Staaten 263 (3), (7) Mongolen 68 (2), 68–69 (1) Ökonomie 274 (2) siehe auch Lin'an
Hankou var. Han-kou, Han-k'ou, Hanyang, Wuchang, Wuhan, Wu-han, ehem. Hankow Ostasien (China) Handel d. Antike 44–45 (1) Kolonialismus 269 (4) Mongolen 68–69 (1) Qing-China 268 (2) siehe auch Wuhan
Hankow siehe Hankou, Wuhan
Hannover Engl. Hanover Mitteleuropa (Deutschland) Mittelalterliche Staaten 189 (3) Nachkriegszeit 212 (1) Napoleon 200–201 (1), 201 (2) Reiche & Revolutionen 199 (3), 202 (1)
Hannover Staat Mitteleuropa Napoleon 200–201 (1) Reiche & Revolutionen 199 (3), 202 (1), 203 (2)
Hanoi mod. Ha Nôi, ehem. Dai-La, Thang Long Kont. Südostasien (Vietnam) Kolonialismus 247 (4), 248 (1), 269 (4) Mittelalterliche Staaten 262–263 (1), 263 (7) Vietnam-Krieg 251 (5), 253 (5) Qing-China 268 (1) Tigerstaaten 275 (4) Weltreligionen 243 (5), 49 (4) ZWK 250–251 (3), 272 (1), 273 (2) siehe auch Dai-La
Hanover siehe Hannover
Han-tan siehe Handan
Hanyang siehe Hankou, Wuhan
Hanzhong var. Han-Chung, Nanzheng Provinz/Region Ostasien (China) Frühe Neuzeit 266 (2) Frühe Religion 37 (4) Frühe Reiche 260 (1) Mongolen 68–69 (1) siehe auch Nanzheng
Hanzhou var. Hanchou Ostasien (China) Mittelalterliche Staaten 262–263 (1)
Hao Ostasien (China) Frühe Reiche 259 (5)
Hao Insel Ostasien Erkundung 278 (1)
Happo var. Masan Südostasien (Süd-Korea) Mongolen 68–69 (1)
Hapsal Est. Haapsalu Osteuropa (Estland) Frühe Neuzeit 195 (3)
Hara Japan Frühe Neuzeit 267 (4)
Haradvara Südasien (Indien) Frühe Religion 242 (2)
Haraga Ägypten Altes Ägypten 159 (2)
Hara-Huna Reich Zentralasien Frühe Reiche 241 (5) siehe auch Huna
Harappa arch. Stätte Südasien (Indien) Die Welt 2500 v.Chr. 22–23 Erste Städte 24 (2), 240 (2)
Harar Ostafrika (Äthiopien) Frühe Neuzeit 165 (3)
Harar Staat Ostafrika Die Welt 1200 62–63 passim
Harare ehem. Salisbury Südl. Afrika (Zimbabwe) Afrika nach 1960 169 (4) Ökonomie 168 (2) siehe auch Salisbury
Harbin var. Haerbin, Ha-erh-pin, Kharbin, ehem. Haerhpin, Pingkiang, Pinkiang Ostasien (China) Chinesische Revolution 274 (1) Imperialismus 270 (2), (4) Kolonialismus 269 (4) Kommunismus 271 (8) Ökonomie 274 (2) Tigerstaaten 275 (4)
Hare Volk Nordamerika Präkolumbische Kulturen 123 (3)
Harfleur Westeuropa (Frankr.) Mittelalterliche Staaten 192 (2)
Hargraves Goldlagerstätte Australien Ökonomie 282 (2)
Haripunjaya Region/Staat Kont. Südostasien Die Welt 750 54–55 passim Erkundung 61 (3) Mittelalterliche Staaten 245 (5) Mongolen 68–69 (1)
Harjedalen Region Skandinavien Frühe Neuzeit 197 (3)
Harlem Nordamerika (USA) US-Gesellschaft 135 (6) siehe auch Haarlem
Harmozia mod. Hormuz, Ormuz Südwestasien (Iran) Hellenist. Welt 40–41 (1) siehe auch Hormuz, Ormuz
Harness Grabhügel Nordamerika (USA) Frühe Kulturen 121 (4)
Harper's Ferry Nordamerika (USA) US-Bürgerkrieg 131 (6)
Harran Südwestasien (Türkei) Antikes Persien 223 (4) Frühe Kulturen 221 (4) Frühe Reiche 221 (5), 222 (2)
Harrisburg Nordamerika (USA) Aufstieg der USA 129 (2)
Harrodsborough siehe Harrodsburg
Harrodsburg ehem. Harrodsborough Nordamerika (USA) Staatenbildung 127 (3)
Hartford Nordamerika (USA) Aufstieg der USA 129 (2) Staatenbildung 127 (3)
Haryana Region Südasien Nachkriegszeit 253 (4)
Hasa mod. Hofuf, Arab. Al Hufūf Südwestasien (Saudi-Arabien) Erkundung 61 (3) Islam 56–57 (1)
Hasa Region Südwestasien EWK 233 (2) Osmanen 232–233 (1)
Hasanlu Südwestasien (Iran) Erste Städte 24 (2), 220 (2)
Hasinai Volk Mittelamerika Kolonialismus 125 (4)
Hassuna Südwestasien (Irak) Die Welt 5000 v.Chr. 18–19
Hasta Colonia siehe Asti
Hasta Pompeia siehe Asti
Hastinapura Südasien Frühe Religion 36 (2), 242 (1), (3) Frühe Reiche 241 (5)
Hastings Neuseeland Kolonisation 283 (5)
Hastings Schlacht Brit. Inseln (UK) Mittelalterliche Staaten 186 (2)
Hatra var. Al Hadhar, mod. Al Ḥaḍr Südwestasien (Irak) Antikes Rom 224 (2)
Hatteras-Tiefsee-Ebene Eiszeit 140
Hattin Südwestasien (Israel) Kreuzzüge 64–65 (1), 65 (3), 228 (2)
Hattušaš var. Hattuscha beim heutigen Dorf Boğazköy Südwestasien (Türkei) Frühe Kulturen 221 (4) Frühe Reiche 221 (5) Schrift & Zahl 223 (3) Stadtplan 28 (3) Urbane Zivilisationen 28–29 (1)
Hattuscha siehe Hattušaš
Hatuncolla Südamerika (Peru) Inka 147 (3)
Haua Fteah arch. Stätte Nordafrika (Libyen) Früher Ackerbau 158 (1) Frühmensch 13 (2)
Haumoana Volk Südamerika Frühe Kulturen 281 (4)
Hauran Gebirge Südwestasien (Syrien/Jordanien) Frühe Reiche 222 (1)
Hausaland var. Haussaland Region Westafrika Erkundung 157 (4) siehe auch Hausa-Staaten
Hausa-Staaten var. Haussa-Staaten Region Westafrika Die Welt 1200 62–63 passim Islam 162 (1) siehe auch Hausaland
Haussa siehe Hausa
Haute Normandie Region Westeuropa (Frankr.) Frühe Neuzeit 197 (5)
Haute Volta siehe Ober-Volta
Havana Grabhügel Nordamerika (USA) Frühe Kulturen 121 (4)
Havana Region Nordamerika Frühe Kulturen 121 (4)
Havanna siehe La Habana
Havel Fluss Mitteleuropa Nachkriegszeit 212 (2)
Havelock Neuseeland Kolonisation 283 (5)
Havre siehe Le Havre
Hawaii Staat Nordamerika Ökonomie 136 (2) ZWK 104 (1) siehe auch Hawaii-Inseln
Hawaii-Inseln mod. Hawaii, ehem. Sandwich Islands, Archipel Pazifik Aufstieg der USA 133 (4) Erkundung 60 (2), 279 (3) Frühe Kulturen 280–281 (3) Imperialismus 284–285 (1) Kalter Krieg 109 (1) Ökonomie 285 (2) ZWK 272 (1), 273 (2) siehe auch Hawaii
Hawara Ägypten Altes Ägypten 159 (4)
Hawikuh arch. Stätte Nordamerika (USA) Präkolumbische Kulturen 123 (4)
Hawke's Bay Region Neuseeland Kolonisation 283 (5)
Hawlēr siehe Arbela
HaYarden siehe Jordan
Hayden Ital. Cortina Ital. Hbl. EWK 207 (5)
Hazor Südwestasien (Israel) Altes Ägypten 159 (5) Urbane Zivilisationen 28–29 (1)
Hebei var. Hopei Provinz Ostasien Mittelalterliche Staaten 262–263 (1) Ökonomie 274 (2)
Hebriden Eng. Hebrides Archipel Brit. Inseln Mittelalterliche Staaten 185 (3)
Hebron Südwestasien (Israel) Arabien im 20. Jh. 234 (2) Frühe Reiche 222 (1)
Hebrus siehe Maritsa
Hedeby Skandinavien (Dänemark) Mittelalterliche Staaten 185 (3) Wikinger 60–61 (1)
Heeresgruppe Mitte Region Osteuropa ZWK 211 (2)
Heeresgruppe Nord Region Osteuropa ZWK 211 (2)
Heeresgruppe Süd Region Osteuropa ZWK 211 (2)
Hefa siehe Haifa
Hefei Ostasien (China) China nach 1949 275 (3) Frühe Reiche 260 (1)
Heian-kyo mod. Kyoto Japan Mittelalterliche Staaten 264 (2), 265 (5) siehe auch Kyoto
Heijo-kyo mod. Nara Japan Mittelalterliche Staaten 264 (2), 265 (3) siehe auch Nara
Heiligenkreuz Mitteleuropa Mittelalterliche Staaten 187 (3)
Heiliges Römisches Reich (deutscher Nation) var. Deutsches Kaiserreich, Lat. Sacrum Imperium Romanum

Staat Mitteleuropa Frühe Neuzeit 193 (4), 194 (1), 195 (3), 197 (5) Handel im Mittelalter 190–191 (1) Kreuzzüge 186 (1) Mittelalterliche Staaten 185 (3), 187 (3), (4), (5), 192 (1), (2) Mongolen 68–69 (1) Osmanen 230 (1), 231 (3) Reformation 195 (5) Reiche & Revolutionen 199 (3) Wikinger 60–61 (1)
Heilong Jiang siehe Amur
Heilongjiang Provinz Ostasien Ökonomie 274 (2)
Hejaz var. Hijaz, Hidjas, Arab. Al Ḥijāz Region/Staat Südwestasien Arabien im 20. Jh. 233 (4) Erkundung 219 (4) EWK 233 (2) Handel 230 (2) Islam 56–57 (1), 57 (2), 226 (3), 227 (4), (6) Kreuzzüge 228 (2) Mongolen 229 (3) Osmanen 231 (3), 232–233 (1) Seldschuken 228 (1) Weltreligionen 226 (1)
Hejian var. Ho-chien Ostasien (China) Mongolen 68–69 (1) Weltreligionen 49 (3)
Hekatompylos var. Hecatompylus Südwestasien (Iran) Antikes Rom 225 (5) Handel d. Antike 44–45 (1) Hellenist. Welt 40–41 (1), 224 (1)
Helena Nordamerika (USA) Aufstieg der USA 129 (2)
Heliopolis bei Kairo Ägypten Altes Ägypten 159 (2), (4), (5) Erste Städte 24 (2), 220 (2) Frühe Religion 37 (3) Hellenist. Welt 40–41 (1) Islam 56–57 (1), 226 (3) Urbane Zivilisationen 28–29 (1) siehe auch Al Fustat, Kairo
Heliopolis mod. Baalbek Südwestasien (Libanon) Antikes Rom 180–181 (1) Hellenist. Welt 40–41 (1) Frühe Religion 37 (3) siehe auch Baalbek
Helladische Kultur Region Südosteuropa/Kleinasien Die Welt 2500 v.Chr. 22–23
Hellas Region Südosteuropa/Ägäis/Kleinasien Antikes Persien 223 (4) Die Welt 750 v.Chr. 30–31 Hellenist. Welt 40–41 (1) Schrift & Zahl 223 (3) siehe auch Griechenland
Helles Schlacht Südwestasien (Türkei) EWK 207 (6)
Hellespont var. Dardanellen, Türk. Çanakkale Boğazı Meeresstraße Europa/Anatolien Antike Griechen 177 (2) Erkundung 218 (1) Erste Hochkulturen 176–177 (1) siehe auch Dardanellen
Helluland Region Nordamerika Erkundung 60–61 (1)
Helmand var. Rūd-e Hīrmand Fluss Zentralasien Erste Städte 240 (2)
Helmsdorf Grabhügel Mitteleuropa (Deutschland) Bronzezeit 175 (3)
Helsingfors Finn. Helsinki Skandinavien (Finnland) EWK 207 (4) Frühe Neuzeit 195 (3) Reiche & Revolutionen 202 (1) siehe auch Helsinki
Helsinki Schwe. Helsingfors Skandinavien (Finnland) Kalter Krieg 108 (3) Nachkriegszeit 212 (3) UdSSR 208 (2) ZWK 210 (1), 211 (2), (4) siehe auch Helsingfors
Helvetische Republik Engl. Helvetic Republic, mod. Schweiz, ant. Helvetica, Frz. La Suisse, Ger. Schweiz, Ital. Svizzera Staat Mitteleuropa Die Welt 1800 86–87 Napoleon 201 (2) siehe auch Schweiz, Eidgenossenschaft
Hemeroskopion Lat. Hemeroscopium Iberische Hbl. (Spanien) Erste Hochkulturen 176–177 (1)
Hemudu var. Ho-mu-tu arch. Stätte Ostasien (China) Die Welt 5000 v.Chr. 18–19 Früher Ackerbau 258 (1), (2)
Henan var. Yêgainnyin Ostasien (China) Mittelalterliche Staaten 263 (3), (4), (5)
Henan var. Honan Provinz/Region Ostasien Chinesische Revolution 271 (5) Frühe Neuzeit 266 (1), (2) Frühe Reiche 259 (3), (4), (5) Mittelalterliche Staaten 262–263 (1), 263 (7) Ökonomie 274 (2) Qing-China 268 (1), (2)
Henderson Island Insel Pazifik Erkundung 278 (1)
Hendū Kosh siehe Hindukusch
Henegouwen siehe Holland
Henen-nesut Ägypten Altes Ägypten 159 (5)
Heng Shan Berg Ostasien Frühe Religion 37 (4)
Hengzhen arch. Stätte Ostasien Früher Ackerbau 258 (2)
Hengzhou Ostasien (China) Mittelalterliche Staaten 263 (7)
Hening var. Karakorum Ostasien (Mongolei) Mittelalterliche Staaten 263 (5) siehe auch Karakorum
Hephaistaion Lat. Hephaestus Tempel Südosteuropa (Griech.) Stadtplan des antiken Athen 177 (4)
Hephaistia Lat. Hephaestia Staat Südosteuropa (Griech.) Antike Griechen 177 (2)
Hephthaliten var. Hepthaliten, Weiße Hunnen, Lat. Ephthalites Volk Zentralasien Die Welt 500 50–51 Mittelalterliche Staaten 244 (1)
Hepu Provinz Ostasien Frühe Reiche 260 (1)
Heraclea Ital. Hbl. Antikes Rom 178 (1)
Heraclea Pontica var. Heraklea, mod. Ereğli Südwestasien (Türkei) Antikes Rom 180–181 (1) siehe auch Herakleia Pontika
Herakleia Pontika Lat. Heraclea Pontica, mod. Ereğli Südwestasien (Türkei) Erste Hochkulturen 176–177 (1) Hellenist. Welt 40–41 (1) siehe auch Heraclea Pontica
Herakleopolis Ägypten Altes Ägypten 159 (3)
Herat Zentralasien (Afghanistan) Antikes Persien 223 (4) Biol. Austausch 72–73 (1) Handel 267 (3) Islam 56–57 (1), 226 (3), 227 (4), (6) Kolonialismus 248 (1) Mogul-Reich 246 (1) Mongolen 68–69 (1), 229 (3) Safawiden 231 (4) Timur 229 (4) Weltreligionen 226 (1)
Herdoniae Ital. Hbl. Antikes Rom 178 (1)
Hereford Brit. Inseln (UK) Mittelalterliche Staaten 186 (2) Ökonomie 204 (1)
Héristal siehe Herstal
Hermannstadt Ung. Nagyszeben, mod. Sibiu Südosteuropa (Rumänien) Frühe Neuzeit 193 (4)
Hermonthis siehe Armant
Hermunduri Volk Mitteleuropa Antikes Rom 181 (4)
Hernici Volk Ital. Hbl. Antikes Rom 178 (2)
Herrerías arch. Stätte Iberische Hbl. (Spanien) Frühmensch 17 (3)
Herstal Frz. Héristal Westeuropa (Belgien) Franken 184 (2)
Hertenrits arch. Stätte Südamerika (Surinam) Frühe Kulturen 145 (2)
Heruler var. Heruli Volk Osteuropa Antikes Rom 181 (4)
Herzegowina Staat Südosteuropa Osmanen 230 (1) siehe auch Bosnien-Herzegowina
Hestiaea siehe Histiaea Oreus
Hessen-Kassel Region/Staat Mitteleuropa Reiche & Revolutionen 199 (3)
Hethiter var. Hittiter Volk Südwestasien Schrift & Zahl 32 (1), 33 (2)
Hethiter-Reich Staat Südwestasien Die Welt 1250 v.Chr 26–27 Frühe Reiche 221 (5)
Hexham Brit. Inseln (UK) Mittelalterliche Staaten 183 (3)
Hezhou Ostasien (China) Mongolen 68–69 (1)
Hibernia mod. Éire, Dtsch. Irland Insel Brit. Inseln Antikes Rom 180–181 (1), 181 (4) Handel d. Antike 44 (2) siehe auch Irland
Hidalgo Provinz Mittelamerika Mexikan. Revolution 133 (3)
Hidalgo del Paral siehe Parral
Hiei-zan Berg Japan Mittelalterliche Staaten 265 (3)
Hierakonpolis Ägypten Altes Ägypten 159 (2), (3) Erste Städte 24 (2)
Hierapolis Südwestasien (Türkei) Weltreligionen 48 (1)
Hierosolyma siehe Jerusalem
High Cliff Grabhügel Nordamerika (USA) Frühe Kulturen 121 (4)
High Plains siehe Great Plains
Higo Japan Frühe Neuzeit 267 (4)
Hiiumaa siehe Dagö
Hijaz siehe Hejaz
Hijili Südasien (Indien) Ökonomie 247 (3)
Hiko-san Berg Japan Mittelalterliche Staaten 265 (3)
Hili Südwestasien (Oman) Erste Städte 25 (3)
Hill End Goldlagerstätte Australien Ökonomie 282 (2)
Hillgrove Goldlagerstätte Australien Ökonomie 282 (2)
Hilli var. Hili Südasien (Bangladesh) Nachkriegszeit 252 (3)
Hill Tippera siehe Tripura
Himachal Pradesh Region Südasien Nachkriegszeit 252 (1), (2)
Himalaya Chin. Himalaya Shan Gebirge Südasien Biol. Austausch 72–73 (1), 73 (3) China nach 1949 275 (3) Chinesische Revolution 271 (5) Eiszeit 216–217 Erkundung 61 (3), 239 (1), 257 (3) Früher Ackerbau 20–21 (2), 258 (1) Frühe Reiche 260 (1) Handel 230 (2), 267 (3) Handel d. Antike 44–45 (1) Hellenist. Welt 40–41 (1) Islam 275 (5) Kolonialismus 248 (1), 269 (3), (4) Kommunismus 271 (8) Mittelalterliche Staaten 262–263 (1) Mongolen 68–69 (1) Nachkriegszeit 252 (1) Qing-China 268 (1), (2) Reiche & Revolutionen 88 (1) Sklavenhandel 84–85 (1) Timur 229 (4) Völkerwanderung 261 (6) Weltreligionen 49 (3), (4), 243 (4)
Himavat Region Südasien Frühe Religion 242 (3)
Himera Ital. Hbl. Erste Hochkulturen 176–177 (1)
Himjaren siehe Himyaren
Hims siehe Homs
Himyar Südwestasien (Yemen) Spätantike 161 (4), (5)
Himyaren var. Himyariten, Himjaren Volk/Staat Südwestasien Die Welt 250 v.Chr. 38–39 passim Frühe Kulturen 160 (1) Spätantike 161 (3), (4), (5)
Hindi Bhārat siehe Indien
Hindukusch var. Hindu Kush, Per. Hendū Kosh, ant. Caucasus Indicus Gebirge Zentralasien Antikes Persien 225 (6) Antikes Rom 224 (2) Biol. Austausch 72–73 (1) Erkundung 218 (2), 256 (1), 257 (3) Erste Städte 24 (2), 25 (3) Frühe Reiche 241 (4) Handel d. Antike 44–45 (1) Hellenist. Welt 224 (1) Islam 56–57 (1), 227 (4) Kolonialismus 269 (3) Mongolen 68–69 (1), 229 (3) Timur 229 (4) Völkerwanderung 261 (6) Weltreligionen 243 (4), 49 (3)
Hindu Shahi Dynastie Südasien Die Welt 1000 58–59 Erkundung 61 (3) Mittelalterliche Staaten 244 (2)
Hinterpommern var. Ostpommern, Pomerellen Region/Staat Mitteleuropa Reformation 196 (1) Reiche & Revolutionen 199 (3) siehe auch Pomerellen, Vorpommern
Hios siehe Chios, Scio
Hippo Diarrhytus var. Hipp Zarytus Nordafrika (Tunesien) Erste Hochkulturen 176–177 (1)
Hipponion Lat. Hipponium, mod. Vibo Valentia, ehem. Monteleone di Calabria Ital. Hbl. Erste Hochkulturen 176–177 (1)
Hippo Regius Nordafrika (Algerien) Antikes Rom 180–181 (1) Erste Hochkulturen 176–177 (1) Völkerwanderung 52–53 (1)
Hippo Zarytus siehe Hippo Diarrhytus
Hiraizumi Japan Mittelalterliche Staaten 265 (4), (5)
Hīrmand, Rūd-e siehe Helmand
Hiroshima var. Hirosima Japan Imperialismus 270 (3), (4) Ökonomie 270 (1) ZWK 273 (3)
Hiroshima var. Hirosima Präfektur Japan Ökonomie 270 (1)
Hirosima siehe Hiroshima
Hirpini Dtsch. Hirpiner Volk Ital. Hbl. Antikes Rom 178 (1)
Hispalis mod. Sevilla Iberische Hbl. (Spanien) Antikes Rom 180–181 (1) Weltreligionen 48 (1) siehe auch Sevilla
Hispana siehe Hispania, Iberia, Spanien
Hispania Provinz/Region Iberische Hbl. Antikes Rom 180–181 (1), 181 (4) Handel d. Antike 44 (2) Weltreligionen 48 (1) siehe auch Iberia, Spanien
Hispania Citerior Provinz Iberische Hbl. Antikes Rom 179 (5)
Hispania Ulterior Provinz Iberische Hbl. Antikes Rom 179 (5)
Hispaniola Insel Westindien Die Welt 1500 74–75 Erkundung 142 (1) Früher Ackerbau 120 (1) Kolonialismus 85 (2), 125 (4), 126 (1) Reiche & Revolutionen 89 (3) Sklavenhandel 84–85 (1) Staatenbildung 150 (1)
Hissar Südwestasien (Iran) Erste Städte 220 (2)
Histiaea Oreus var. Hestiaea Staat Südosteuropa (Griech.) Antike Griechen 177 (2)
Histria siehe Istria
Hitichi Volk Nordamerika Kolonialismus 125 (4), 126 (1)
Hittiter siehe Hethiter
Hiwassee Island Nordamerika (USA) Präkolumbische Kulturen 123 (5)
Hoa Binh Kont. Südostasien (Vietnam) Die Welt 5000 v.Chr. 18–19 Vietnam-Krieg 251 (5)
Hobart ehem. Hobarton, Hobart Town Australien Erkundung 279 (2), (3) Imperialismus 284–285 (1) Kolonisation 282 (1) Ökonomie 282 (2) Staatenbildung 283 (3)
Hobarton siehe Hobart
Hobart Town siehe Hobart
Hobkirk's Hill Schlacht Nordamerika (USA) Staatenbildung 127 (3)
Hocaba Staat Mittelamerika Azteken 124 (1)
Hochelaga mod. Montreal, Montréal Nordamerika (Kanada) Erkundung 80–81 (1) siehe auch Montreal
Ho-chien siehe Hejian
Ho-Chi-Minh-Stadt var. Hô Chi Minh, ehem. Saigon Kont. Südostasien (Vietnam) Nachkriegszeit 253 (5) Tigerstaaten 275 (4) siehe auch Saigon
Hochland-Maya Region Mittelamerika Frühe Kulturen 122 (2)
Hodeida Südwestasien (Yemen) Biol. Austausch 72–73 (1)
Hoeryong Jap. Kainei Ostasien (Nord-Korea) Imperialismus 270 (4)
Hofei siehe Hefei
Hofuf siehe Hasa
Hoggar siehe Ahaggar
Hogoley Islands siehe Truk
Hohenlinden Schlacht Mitteleuropa (Deutschland) Napoleon 200–201 (1)
Hohenzollern Staat Mitteleuropa Frühe Neuzeit 193 (5) Reiche & Revolutionen 203 (2)
Hohhot Ostasien (China) China nach 1949 275 (3) Ökonomie 274 (2)
Hohlenstein arch. Stätte Mitteleuropa (Deutschland) Frühmensch 17 (2)
Hohnstein Region Mitteleuropa Reiche & Revolutionen 199 (3)
Hohokam-Kultur Die Welt 1200 62–63
Hojo Volk Japan Frühe Neuzeit 267 (4)
Hokitika Neuseeland Kolonisation 283 (5)
Hokkaido Jap. Hokkaidō Insel Japan Frühe Reiche 264 (1) Imperialismus 270 (2) Mittelalterliche Staaten 263 (7), 264 (2), 265 (3), (4), (5) Ökonomie 270 (1) ZWK 273 (3)
Hokō siehe Pohang
Hokurikudo var. Hokurokudo Region Japan Mittelalterliche Staaten 265 (3)
Hokurokudo siehe Hokurikudo
Holkar Region Südasien Marathen 246 (2)
Holland Ndl. Henegouwen Provinz/Region Westeuropa Reformation 195 (5) siehe auch Batavische Republik, Niederlande, Vereinigte Provinzen
Hollandia mod. Jayapura, ehem. Sukarnapura Neuguinea (Indonesien) Imperialismus 97 (3) ZWK 272 (1), 273 (2)
Holländisch-Brasilien Kolonie Südamerika Kolonialismus 149 (4)
Holländische Niederlande Westeuropa Reiche & Revolutionen 88–89 (2)
Holländische Republik siehe Vereinigte Provinzen, siehe auch Batavische Republik, Niederlande
Holländisch-Kapland Südl. Afrika Die Welt 1700 82–83
Holländisch-Neuguinea siehe Niederländisch-Neuguinea, Irian Jaya
Holländisch-Westindien siehe Niederländische Antillen
Hollywood Nordamerika (USA) Ökonomie 135 (4) Präkolumbische Kulturen 123 (5)
Holm siehe Kholm
Holmgard siehe Novgorod
Holmul Mittelamerika (Mexiko) Frühe Kulturen 122 (2)
Holstein Staat Mitteleuropa Frühe Neuzeit 193 (4), 195 (3) Reiche & Revolutionen 202 (1) siehe auch Schleswig-Holstein
Holyhead Wal. Caer Gybi Brit. Inseln (UK) Ökonomie 204 (1)
Homestead Air Force Base Militärbasis Nordamerika Kalter Krieg 108 (2)
Homs var. Hims, ant. Emesa Südwestasien (Syrien) EWK 233 (2) Islam 56–57 (1) Kreuzzüge 65 (3) Mongolen 68–69 (1), 229 (3)
Ho-mu-tu siehe Hemudu
Honan siehe Henan, Luoyang
Honavar Südasien (Indien) Ökonomie 247 (3)
Hondschoote Schlacht Westeuropa (Belgien) Reiche & Revolutionen 199 (4)
Honduras Staat Mittelamerika Aufstieg der USA 129 (2), 133 (4) Die Welt 1850 90–91 passim Heutige Welt 112 (1) Kalter Krieg 108 (2) Ökonomie 136 (2) Supermacht USA 138 (1), 139 (5) ZWK 104 (1)
Honduras, Golf von Mittelamerika Azteken 124 (1) Kolonialismus 126 (1)
Honein Nordafrika (Marokko) Handel im Mittelalter 190–191 (1)
Hong Kong Dtsch. Hongkong, Chin. Xiang Gang Kolonie Ostasien (China) Aufstieg der USA 133 (4) China nach 1949 275 (3) Chinesische Revolution 274 (1) Dekolonisation 251 (4) Die Welt 1850 90–91 passim Globale Migration 100 (1) Imperialismus 97 (3) Kalter Krieg 109 (1) Kolonialismus 269 (4) Kommunismus 271 (8) Ökonomie 274 (2) Reiche & Revolutionen 88–89 (2) Tigerstaaten 275 (4) Weltwirtschaft 92 (1) ZWK 250–251 (3), 272 (1), 273 (2) siehe auch Xiang Gang
Hongshan arch. Stätte Ostasien Früher Ackerbau 258 (2)
Hongzhou var. Hungchou Ostasien (China) Mittelalterliche Staaten 262–263 (1)
Honolulu Hawaiian Islands Ökonomie 285 (2)
Honshu Jap. Honshū Insel Japan Frühe Neuzeit 267 (4), (5) Frühe Reiche 264 (1) Ökonomie 270 (1) Imperialismus 270 (2), (3), (4) Mittelalterliche Staaten 264 (2), 265 (4), (5) ZWK 273 (3)
Hooghly Südasien (Indien) Ökonomie 247 (3)
Hooper Bay Nordamerika (USA) Präkolumbische Kulturen 123 (3)
Hoorn, Kap siehe Horn, Kap
Hopei siehe Hebei
Hopewell Grabhügel Nordamerika (USA) Frühe Kulturen 121 (4) Frühe Religion 36 (1)
Hopewell-Kultur Volk Nordamerika Die Welt 250 46–47 siehe auch Adena/Hopewell
Hopi Volk Nordamerika Kolonialismus 125 (4), 126 (1)
Hora Hora Region Südasien Frühe Religion 242 (2)
Hormoz, Tangeh-ye siehe Hormuz, Straße von
Hormuz var. Ormuz, ant. Harmozia Südwestasien (Iran) Biol. Austausch 72–73 (1) Die Welt 1600 78–79 Handel 267 (3) Islam 56–57 (1), 57 (2), 227 (4), (6) Mongolen 229 (3), 68 (2) Seldschuken 228 (1) Timur 229 (4) siehe auch Harmozia, Ormuz
Hormuz, Straße von var. Straße von Ormuz, Per. Tangeh-ye Hormoz Meeresstraße Südwestasien Eiszeit 216–217 Ökonomie 234 (1)
Horn, Kap var. Kap Hoorn, Span. Cabo de Hornos Kap Südamerika Erkundung 80–81 (1), 142 (1), 143 (3), 287 (3) Kolonialismus 148 (2) Wissen & Technologie 76–77 (1)
Horne, Îles de siehe Hoorn-Inseln
Hornos, Cabo de siehe Horn, Kap
Horn von Afrika Landschaft Ostafrika Frühe Neuzeit 165 (3) Sklavenhandel 84–85 (1), 165 (4)
Hortus arch. Stätte Westeuropa (Frankr.) Frühmensch 13 (2)
Hoshangabad Südasien (Indien) Ökonomie 249 (4)
Hoshino Japan Die Welt 10 000 v.Chr. 14–15
Hososhima Japan Mittelalterliche Staaten 265 (5)
Ho-t'ien, Hotan siehe Khotan
Hottentotten siehe Khoi-San
Hougang arch. Stätte Ostasien Früher Ackerbau 258 (1), (2)
Houma Volk Nordamerika Kolonialismus 125 (4), 126 (1)
Houston Nordamerika (USA) Aufstieg der USA 129 (2), 132 (1) Kalter Krieg 108 (2) Ökonomie 134 (1), (3), 136 (2)
Howard Lake Grabhügel Nordamerika (USA) Frühe Kulturen 121 (4)
Howieson's Poort arch. Stätte Südl. Afrika (Südafrika) Frühmensch 13 (2)
Howrah Südasien (Indien) Ökonomie 249 (4)
Hoysala Dynastie Südasien Die Welt 1200 62–63 Die Welt 1300 66–67 Mittelalterliche Staaten 244 (2), 244–245 (3) Mongolen 68–69 (1)
Hrodna siehe Grodno
Hrvatska siehe Kroatien
Hsia-men siehe Xiamen
Hsi-an siehe Chang'an, Xi'an
Hsiangchou siehe Xiangzhou
Hsiang-yang siehe Xiangyang
Hsi Chiang siehe Xi Jiang
Hsien-pi siehe Xianbi
Hsi-hsia siehe Xixia
Hsi-lan siehe Ceylon, Lambakannas, Lanka, Simhala, Sri Lanka, Taprobana
Hsing-k'ai Hu siehe Khanka-See
Hsinking siehe Changchun
Hsin-yeh siehe Xinye
Hsi-tsang siehe Tibet
Hsiung-nu siehe Xiongnu
Hsuanchou siehe Xuanzhou
Hsüan-hua siehe Xuanhua
Hu Ägypten Altes Ägypten 159 (2)
Huaca Colorada Südamerika (Peru) Frühe Reiche 146 (1)
Huaca del Brujo Südamerika (Peru) Frühe Kulturen 145 (4)
Huaca de los Reyes arch. Stätte Südamerika (Peru)
Huacalco Mittelamerika (Mexiko) Azteken 124 (3)
Huaca Prieta arch. Stätte Südamerika (Peru) Frühe Kulturen 144 (1)
Huacho Südamerika (Peru) Staatenbildung 150 (1)
Huai Fluss Ostasien Frühe Neuzeit 266 (1) Frühe Reiche 260 (1)
Huainan var. Huaninan Provinz Zentralasien Mittelalterliche Staaten 262–263 (1)
Huaitará var. Huaytará Südamerika (Peru) Inka 147 (3)
Hualapai Volk Nordamerika Kolonialismus 125 (4)
Hualfín Südamerika (Argentinien) Frühe Reiche 146 (1)
Huallaga Fluss Südamerika Drogenhandel 153 (5) Erkundung 143 (2) Frühe Kulturen 145 (3), (4)
Hualla Tampu Südamerika (Bolivien) Inka 147 (3)
Huamachuco Südamerika (Peru) Inka 148 (1)
Huambo Port. Nova Lisboa Südl. Afrika (Angola) Kalter Krieg 109 (5)
Huamunga Südamerika (Peru) Inka 147 (3)
Huancabamba Südamerika (Peru) Inka 147 (3)
Huancayo Südamerika (Peru) Drogenhandel 153 (5) Inka 148 (1)
Huang Hai siehe Gelbes Meer
Huang He siehe Gelber Fluss
Huaninan siehe Huainan
Huánuco Südamerika (Peru) Inka 147 (3)
Huarás ehem. Huaraz Südamerika (Peru) Inka 147 (3) siehe auch Huaraz
Huaraz var. Huarás Südamerika (Peru) Inka 148 (1) siehe auch Huarás
Huari Südamerika (Peru) Die Welt 1 n.Chr. 42–43 Die Welt 750 54–55 Frühe Reiche 146 (1)
Huari Region/Staat Südamerika Die Welt 1 n.Chr. 42–43 Die Welt 750 54–55
Huarmey Fluss Südamerika Frühe Kulturen 145 (3)
Hua Shan Berg Ostasien (China) Frühe Religion 37 (4)
Huating arch. Stätte Ostasien (China) Früher Ackerbau 258 (2)
Huaura Fluss Südamerika Frühe Kulturen 145 (3)
Huaxian arch. Stätte Ostasien (China) Früher Ackerbau 258 (2)
Huayin arch. Stätte Ostasien (China) Früher Ackerbau 258 (2)
Huaylas Südamerika (Peru) Inka 147 (3)
Huaymil Staat Mittelamerika Azteken 124 (1)
Huaytará siehe Huaitará
Hubei var. Hupeh, Hupei Provinz/Region Ostasien Chinesische Revolution 271 (5), 274 (1) Frühe Neuzeit 266 (1), (2) Ökonomie 274 (2) Qing-China 268 (1), (2)
Hubli Südasien (Indien) Kolonialismus 247 (3)
Huddersfield Brit. Inseln (UK) Ökonomie 204 (1)
Hudson Fluss Nordamerika Staatenbildung 127 (3) Aufstieg der USA 132 (2)
Hudson Bay Bucht Nordamerika Aufstieg der USA 129 (2), 132 (1) Erkundung 118 (1), 119 (3), 286 (1), 287 (2) Früher Ackerbau 120 (1) Kolonialismus 126 (1) Präkolumbische Kulturen 123 (3) Sklavenhandel 84–85 (1)
Hudson's Bay Company, Territorium der siehe Rupert's Land
Hudson, Détroit d' siehe Hudson Strait
Hudson Strait Frz. Détroit d'Hudson Meeresstraße Nordamerika Aufstieg der USA 129 (2) Erkundung 286 (1), 287 (2)
Hué mod. Huê Kont. Südostasien (Vietnam) Imperialismus 97 (3) Kolonialismus 247 (4), 248 (1) Mittelalterliche Staaten 262–263 (1) Vietnam-Krieg 251 (5)
Huehuetoca Mittelamerika (Mexiko) Azteken 124 (2)
Huelva ant. Onuba Iberische Hbl. (Spanien) Zwischenkriegszeit 209 (4)
Huepochtlan Staat Mittelamerika Azteken 124 (1)
Huesca ant. Osca Iberische Hbl. (Spanien) Islam 192 (3)
Huetamo var. Huetamo de Núñez Mittelamerika (Mexiko) Frühe Kulturen 122 (1)
Huetamo de Núñez siehe Huetamo
Huexotzinco Mittelamerika (Mexiko) Kolonialismus 125 (5)
Huextepec Staat Mittelamerika Azteken 124 (1)
Hueyotlipan Mittelamerika (Mexiko) Kolonialismus 125 (5)
Hughenden Australien Kolonisation 282 (1)
Huguang Provinz Ostasien Frühe Neuzeit 266 (1), (2) Mittelalterliche Staaten 263 (7)
Hugenotten rel. Gruppe Westeuropa (Frankr.) Reformation 196 (2)
Hui-Aufstand Ostasien Reiche & Revolutionen 88–89 (2)
Huining Ostasien (China) Mittelalterliche Staaten 263 (5)
Huipulco Mittelamerika (Mexiko) Azteken 124 (2)
Huitzilpochco Mittelamerika (Mexiko) Azteken 124 (3)
Huitzlan Mittelamerika (Mexiko) Azteken 124 (2)
Huitznahuac Mittelamerika (Mexiko) Azteken 124 (3)
Huixian Ostasien (China) Frühe Reiche 259 (3) Urbane Zivilisationen 28–29 (1)
Hukui siehe Fukui
Hukuoka siehe Fukuoka
Hukusima siehe Fukushima
Hull var. Kingston upon Hull Brit. Inseln (UK) Ökonomie 204 (1) ZWK 210 (1)
Hulme Brit. Inseln (UK) Ökonomie 204 (2)
Hulst Schlacht Westeuropa (Niederl.) Reformation 195 (5)
Humahuaca Südamerika (Argentinien) Frühe Reiche 146 (1)
Humaita arch. Stätte Südamerika (Brasilien) Frühe Kulturen 145 (2)
Humber Fjord Brit. Inseln Mittelalterliche Staaten 183 (3)
Huna Chin. Xiongnu var. Hsiung-nu, Dtsch. Hunnen Volk Südasien Frühe Religion 242 (2) Mittelalterliche Staaten 244 (1) siehe auch Hara-Huna, Hunnen, Xiongnu
Húnaflói Fjord Island Erkundung 172 (2)
Hunan var. Xiang Provinz/Region Ostasien Chinesische Revolution 271 (5) Frühe Neuzeit 266 (1) Ökonomie 274 (2) Qing-China 268 (2)
Hunchun Ostasien (China) Imperialismus 270 (2) Kolonialismus 269 (4)
Hungchou siehe Hongzhou
Hungnam Ostasien (Nord-Korea) Kalter Krieg 109 (4)
Hüningen Westeuropa (Frankr.) Frühe Neuzeit 197 (5)
Hunnen Volk Osteuropa/Mitteleuropa Die Welt 250 46–47 Völkerwanderung 52–53 (1) siehe auch Xiongnu, Huna, Hephthaliten
Hunnen, Reich der Staat Osteuropa Völkerwanderung 52–53 (1)
Huo Staat Ostasien Frühe Reiche 259 (3)
Huon Peninsula Neuguinea (PNG) Frühe Kulturen 280 (1)
Huo Shan Berg Ostasien (China) Frühe Religion 37 (4)
Hupeh, Hupei siehe Hubei
Huron Volk Nordamerika Kolonialismus 126 (1)
Huron, Lake See Nordamerika Aufstieg der USA 129 (2) Erkundung 118 (1), 119 (2), (3) Frühe Kulturen 121 (4) Früher Ackerbau 120 (1) Kolonialismus 126 (1), 127 (2) Präkolumbische Kulturen 123 (5) Staatenbildung 127 (3) US-Bürgerkrieg 131 (6)
Hurriter var. Hurri Volk Südwestasien Frühe Kulturen 221 (4), (5) Schrift und Zahl 32 (1)
Hvar Ital. Lesina, ant. Pharus Insel Südosteuropa Europapolitik 215 (3)
Hwang-hae siehe Gelbes Meer
Hwicce Volk Brit. Inseln Mittelalterliche Staaten 183 (3)
Hydaspes mod. Jhelum Fluss Südasien Erste Städte 240 (2) Hellenist. Welt 40–41 (1) siehe auch Jhelum
Hyderabad ehem. Haidarabad Südasien (Indien) Kolonialismus 248 (1) Nachkriegszeit 252 (1), 253 (5) Ökonomie 249 (4) Weltwirtschaft 93 (5)
Hyderabad Staat Südasien Kolonialismus 248 (2), 249 (3)
Hydissos Lat. Hydissus Südwestasien (Türkei) Antike Griechen 177 (2)
Hydraotes mod. Ravi Fluss Südasien Erste Städte 240 (2) Hellenist. Welt 40–41 (1) siehe auch Ravi
Hyères Westeuropa (Frankr.) Kreuzzüge 186 (1)
Hyesan Ostasien (Nord-Korea) Kalter Krieg 109 (4)
Hyogo Japan Frühe Neuzeit 267 (4)
Hyogo Präfektur Japan Ökonomie 270 (1)
Hyphasis mod. Beas Fluss Südasien Erste Städte 240 (2) Hellenist. Welt 40–41 (1) siehe auch Beas
Hyrax Hill arch. Stätte Ostafrika (Kenya) Frühe Kulturen 160 (1)
Hyrkanien var. Hyrkania Region Zentralasien Hellenist. Welt 40–41 (1)

I

Iader siehe Zadar, Zara
Ia Drang Schlacht Kont. Südostasien (Vietnam) Vietnam-Krieg 251 (5)
Ialysos Lat. Ialysus Südosteuropa (Griech.) Antike Griechen 177 (2) Erste Hochkulturen 176–177 (1)
Iaşi Südosteuropa (Rumänien) Nachkriegszeit 212 (3)
Iasos Lat. Iasus Südwestasien (Türkei) Antike Griechen 177 (2)
Iazyges Volk Osteuropa Antikes Rom 181 (4)
Ibadan Zentralafrika (Nigeria) Ökonomie 168 (2)
Ibar Alb. Ibër Fluss Südosteuropa Europapolitik 215 (3)
Ibaraki Präfektur Japan Ökonomie 270 (1)
Ibër siehe Ibar
Iberer Volk Iberische Hbl. Die Welt 750 v.Chr. 30–31 passim
Ibericum, Mare mod. Alboran-Meer Meer Iberische Hbl. Antikes Rom 179 (3)
Iberien Lat. Iberia Region Iberische Hbl. Antikes Rom 225 (5) Erkundung 172 (1) Erste Hochkulturen 176–177 (1) Handel d. Antike 44–45 (1) Völkerwanderung 52–53 (1) Weltreligionen 49 (4)
Iberische Halbinsel Landschaft Europa Antikes Rom 161 (2), 179 (3) Bronzezeit 175 (3) Früher Ackerbau 174 (1) Frühe Religion 37 (3) Islam 56–57 (1), 57 (2), 227 (4) Kupferzeit 174 (2)
Iberus mod. Ebro Fluss Iberische Hbl. Antikes Rom 179 (3), 180–181 (1) siehe auch Ebro
Ibiza var. Iviza, Eivissa, ant. Ebusus Insel Mittelmeer (Spanien) Zwischenkriegszeit 209 (4)
Ica Südamerika (Peru) Drogenhandel 153 (5) Inka 147 (3)
Ica Fluss Südamerika Frühe Kulturen 145 (4)
Içá, Rio siehe Putumayo
Ichang siehe Yichang
Ichigodani Japan Mittelalterliche Staaten 265 (5)
Ichinotani Schlacht Japan Mittelalterliche Staaten 265 (5)
Icosium siehe Algerien, Algier
Iculisma siehe Angoulême
Idaho Staat Nordamerika Aufstieg der USA 129 (1) Ökonomie 134 (2)
Idalion Lat. Idalium Südwestasien (Zypern) Erste Hochkulturen 176–177 (1)
Idfu siehe Edfu
Idi Amin, Lac siehe Edward-See
Idojiri arch. Stätte Japan Früher Ackerbau 258 (1)
Idrisiden Dynastie Nordafrika Islam 57 (2) Islam 227 (4)
Idyma Südwestasien (Türkei) Antike Griechen 177 (2)
Ifat Staat Ostafrika Die Welt 1200 62–63 passim Ökonomie 163 (2)
Ife Westafrika (Nigeria) Die Welt 1200 62–63 Islam 162 (1)
Ifni Staat Nordafrika Die Welt 1900 94–95 passim
Ifriqiyah Staat Nordafrika Islam 56–57 (1)
Igala Staat Westafrika Die Welt 1400 70–71 passim Frühe Neuzeit 164 (2) Handel 166–167 (1) Islam 162 (1)
Igaunija siehe Estland
Igbo-Staaten Westafrika Die Welt 1600 78–79 Frühe Neuzeit 164 (2)
Iglau Tsch. Jihlava, Poln. Igława Mitteleuropa (Tschech. Rep.) Handel im Mittelalter 190–191 (1)
Igława siehe Jihlava
Iglesias Ital. Hbl. Handel im Mittelalter 190–191 (1)
Igluligardjuk Nordamerika (Kanada) Präkolumbische Kulturen 123 (3)
Iglulik Inuit Volk Nordamerika Präkolumbische Kulturen 123 (3)
Iguaçu Fluss Südamerika Politik nach 1930 152 (2)
Iguvium mod. Gubbio Ital. Hbl. Antikes Rom 178 (1)
Ihnasya el-Medina var. Ihnāsiyat al Madīnah Ägypten Altes Ägypten 159 (4)
Ijebu Ode Westafrika (Nigeria) Islam 167 (3)
Ijsselmeer siehe Zuider Zee
Ikkur Ägypten Altes Ägypten 159 (4)
Ikonion Lat. Iconium ma. Konia, Konieh mod. Konya Südwestasien (Türkei) Antikes Rom 180–181 (1) Islam 57 (2) Weltreligionen 48 (1) siehe auch Iconium, Konya
Ile siehe Ili
Île de France Region Westeuropa (Frankr.) Frühe Neuzeit 197 (5)
Île de la Cité Insel Westeuropa (Frankr.) Stadtplan Paris 191 (2)
Île de Ré Fort Westeuropa (Frankr.) Frühe Neuzeit 197 (5)
Île d'Oléron Fort Westeuropa (Frankr.) Frühe Neuzeit 197 (5)
Ileret arch. Stätte Ostafrika (Kenya) Frühe Kulturen 160 (1) Früher Ackerbau 158 (1) Frühmensch 12 (1)
Îles Saint-Pierre et Miquelon siehe St. Pierre and Miquelon
Île Ste-Marguerite Fort Westeuropa (Frankr.) Frühe Neuzeit 197 (5)
Îles Tuamotu siehe Tuamotu
Ilhéus hist. São Jorge dos Ilhéos Südamerika (Brasilien) Kolonialismus 149 (3), (4)
Ili Region Ostasien Kolonialismus 269 (3), (4) Qing-China 268 (1)
Ili Kas. Ile, Russ. Reka Ili Fluss Zentralasien Frühe Reiche 260 (1) Mongolen 68–69 (1)
Ilion var. Troia arch. Stätte Südwestasien (Türkei) Frühe Religion 37 (3) Hellenist. Welt 40–41 (1) siehe auch Troia
Ilipa Schlacht Iberische Hbl. (Spanien) Antikes Rom 179 (3)
Ilissos Fluss Südosteuropa (Griech.) Stadtplan des antiken Athen 177 (4)
Il-Khanat Staat Zentralasien Biol. Austausch 72–73 (1) Die Welt 1300 66–67 Handel im Mittelalter 190–191 (1) Mittelalterliche Staaten 244–245 (3) Ökonomie 163 (2) Mongolen 68 (2), 229 (3)
Illiberis mod. Elne Iberische Hbl. (Spanien) Weltreligionen 48 (1)
Illichpur Südasien (Indien) Mogul-Reich 246 (1)
Illinois Staat Nordamerika Aufstieg der USA 129 (1) Ökonomie 134 (2) US-Bürgerkrieg 130 (1), (5), 131 (6) US-Gesellschaft 137 (4)
Illinois Volk Nordamerika Kolonialismus 126 (1)
Illinois Post Nordamerika (USA) Kolonialismus 126 (1)
Illummersuit Nordamerika (Grönland) Präkolumbische Kulturen 123 (3)
Illutalik Nordamerika (Grönland) Präkolumbische Kulturen 123 (3)
Illyricum Provinz/Region Südosteuropa Antikes Rom 179 (5), 180–181 (1) Weltreligionen 48 (1)
Illyrien siehe Illyris, Illyricum
Illyrier Lat. Illyri Volk Südosteuropa Antikes Rom 179 (5)
Illyris Lat. Illyricum, Dtsch. Illyrien Region Südosteuropa (Griech.) Hellenist. Welt 40–41 (1)
Illyrische Provinzen Staat Südosteuropa Napoleon 201 (2)
Ilva mod. Elba Insel Ital. Hbl. Antikes Rom 178 (1) siehe auch Elba
Ilyas Shahi Volk Südasien Mittelalterliche Staaten 244–245 (3)
Imagawa Region Japan Frühe Neuzeit 267 (4)
Imbros Mittelmeer (Ägäis) Antike Griechen 177 (2)
Imola Ital. Hbl. Mittelalterliche Staaten 188 (1)
Imphal Südasien (Indien) Kolonialismus 248 (1) Nachkriegszeit 252 (1) ZWK 250–251 (3), 272 (1), 273 (2)
Imuris Volk Mittelamerika Kolonialismus 126 (1)
Incahuasi siehe Incawasi
Incawasi var. Incahuasi Südamerika (Peru) Inka 147 (3)
Inchon ehem. Chemulpo, Jap. Jinsen Ostasien (Süd-Korea) Imperialismus 270 (3) Kalter Krieg 109 (4)
Incirlik Südwestasien (Iran) Arabien im 20. Jh. 235 (5)
Independence Nordamerika (USA) Aufstieg der USA 129 (2)
Indiana Staat Nordamerika Aufstieg der USA 129 (1) Ökonomie 134 (2) US-Bürgerkrieg 130 (5), 131 (6) US-Gesellschaft 137 (4)
Indianapolis Nordamerika (USA) Aufstieg der USA 129 (2), 132 (1) US-Bürgerkrieg 131 (6) US-Gesellschaft 135 (6)
Indian Desert siehe Thar
Indianer-Reservat Region Nordamerika Staatenbildung 127 (3)
Indian Union siehe India
Indicus, Oceanus mod. Indischer Ozean Handel d. Antike 44 (2) siehe auch Indischer Ozean
Indien Lat. India off. Hindi Bhārat Region/Staat Südasien Antikes Persien 223 (4) Aufstieg der USA 133 (4) Biol. Austausch 72–73 (1), 73 (3) China nach 1949 275 (3) Dekolonisation 251 (4) Erkundung 80–81 (1), 156 (3), 239 (1), 256 (1), 257 (3) Frühmensch 13 (2) Frühe Religion 36 (1) Globale Migration 100 (1), 101 (2), (3) Handel 230 (2), 267 (3) Handel d. Antike 44 (2), 44–45 (1) Heutige Welt 112 (1), 113 (3), (4) Imperialismus 97 (4) Islam 227 (4) Kolonialismus 269 (3), (4) Kommunismus 271 (8) Kreuzzüge 65 (1) Mittelalterliche Staaten 262–263 (1) Mongolen 68 (2) Nachkriegszeit 252 (1), (2), 253 (4), (5) Ökonomie 249 (4), 274 (2) Reiche & Revolutionen 88–89 (2), 88 (1) Schrift & Zahl 32 (1), 33 (2), (3) Sklavenhandel 84–85 (1) Supermacht USA 138 (1) UdSSR 213 (4) Völkerwanderung 261 (6) Weltreligionen 49 (3) Weltwirtschaft 92 (1), 93 (5) Wissen & Technologie 76–77 (1) ZWK 104 (1), 105 (4), 250–251 (3), 272 (1), 273 (2)
Indigirka Fluss Sibirien Erkundung 257 (2)
Indischer Ozean Ozean Biol. Austausch 72–73 (1), 73 (3), 81 (2) China nach 1949 275 (3) Erkundung 61 (3), 80–81 (1), 156 (3), 239 (1) Globale Migration 100 (1), 101 (2), (3) Handel 230 (2), 267 (3) Handel d. Antike 44–45 (1) Heutige Welt 113 (3) Imperialismus 97 (4) Kalter Krieg 109 (1) Kolonialismus 81 (3) Nachkriegszeit 252 (1) Sklavenhandel 84–85 (1), 165 (4) Weltwirtschaft 92 (1) ZWK 105 (4), 272 (1), 273 (2)
Indo-China Region Kont. Südostasien ZWK 104 (2)
Indo-Griechen Volk Südasien Mittelalterliche Staaten 244 (1)
Indonesien ehem. Niederländisch-Ostindien Staat Mar. Südostasien China nach 1949 275 (3) Dekolonisation 251 (4), 285 (3) Heutige Welt 113 (3), (4) Nachkriegszeit 253 (4), (5) Tigerstaaten 275 (4) siehe auch Niederländisch-Ostindien
Indo-Parthisches Reich var. Seistan, Sistan Staat Südasien Antikes Rom 224 (2) siehe auch Sistan
Indore Südasien (Indien) Kolonialismus 247 (3) Nachkriegszeit 253 (5) Ökonomie 249 (4)
Indraprastha mod. Delhi, Hindi Dilli Südasien (Indien) Frühe Religion 48 (2), 242 (2), (3) Frühe Reiche 241 (5) siehe auch Dehli
Indrapura Kont. Südostasien (Vietnam) Völkerwanderung 261 (6)
Indus Chin. Yindu He Fluss Südasien Antikes Persien 223 (4), 225 (6) Biol. Austausch 72–73 (1), 73 (3) Dekolonisation 250 (1) Erkundung 218 (1), (2), 239 (1) Erste Städte 24 (2), 25 (3), 240 (2) Früher Ackerbau 20–21 (2) Frühe Reiche 241 (4), (5) Handel 230 (2), 267 (3) Handel d. Antike 44 (2), 44–45 (1) Hellenist. Welt 224 (1) Islam 226 (3), 227 (4) Kolonialismus 269 (4) Mittelalterliche Staaten 244 (1), (2), 244–245 (3), 262–263 (1) Mongolen 229 (3), 68 (2), 68–69 (1) Mogul-Reich 246 (1) Ökonomie 247 (3), 249 (4) Safawiden 231 (4) Schrift & Zahl 223 (3) Timur 229 (4) Völkerwanderung 261 (6) Weltreligionen 243 (4), 49 (3), (4)
Indus-Tal Region Südasien Erste Städte 24 (2)
Ingaladdi Shelter Australien Die Welt 5000 v.Chr. 18–19
Ingalik Volk Nordamerika Präkolumbische Kulturen 123 (3)
Ingapirca Südamerika (Ecuador) Inka 147 (3)
Ingelheim Mitteleuropa (Deutschland) Franken 184 (2)
Ingermanland var. Ingria Region Osteuropa Frühe Neuzeit 197 (3)
Ingria siehe Ingermanland
Inhambane Südl. Afrika (Moçambique) Die Welt 1600 78–79 Frühe Neuzeit 164 (1) Sklavenhandel 84–85 (1), 165 (4)
Injaram Südasien (Indien) Ökonomie 247 (3)
Inka Volk Südamerika Frühe Reiche 147 (2) Inka 148 (1)
Inka-Reich Südamerika Die Welt 1500 74–75 Frühe Reiche 147 (2) Inka 148 (1) Wissen & Technologie 76 (2)
Inlandsee Jap. Seto-naikai Binnenmeer Japan Frühe Neuzeit 267 (4) Ökonomie 270 (1) ZWK 273 (3)
Innere Mongolei Chin. Nei Mongol, var. Nei Monggol Zizhiqu Region Ostasien China nach 1949 275 (3) Chinesische Revolution 271 (5), 274 (1) Kolonialismus 269 (4) Ökonomie 274 (2) Qing-China 268 (1), (2) ZWK 272 (1), 273 (2) siehe auch Mongolei
Innsbruck var. Innsbruch Mitteleuropa (Österreich) Frühe Neuzeit 193 (4)
Insubrer Lat. Insubres Volk Ital. Hbl. Antikes Rom 178 (2)
Insula siehe Lille
Interlacustrine States siehe Zwischenseen-Staaten
Internum, Mare var. Mare Nostrum, mod. Mittelmeer Meer Europa/Asien/Afrika Antikes Rom 161 (2) Handel d. Antike 44 (2) siehe auch Mittelmeer
Inuarfissuaq Nordamerika (Grönland) Präkolumbische Kulturen 123 (3)
Inuit Volk Nordamerika Die Welt 2500 v.Chr. 22–23 passim Präkolumbische Kulturen 123 (3)
Inussuk Nordamerika (Grönland) Präkolumbische Kulturen 123 (3)
Invercargill Neuseeland Kolonisation 283 (5)
Inverell Australien Kolonisation 282 (1)
Iol var. Iol Caesarea, mod. Cherchell Nordafrika (Algerien) Antikes Rom 179 (3)
Iol Caesarea siehe Iol
Iolkos Südosteuropa (Griech.) Erste Hochkulturen 175 (4)
Iona Brit. Inseln (UK) Mittelalterliche Staaten 183 (3)
Ionia Region Südosteuropa (Griech.) Antike Griechen 177 (2) Antikes Persien 223 (4)
Iónioi Nísoi siehe Ionische Inseln
Ionische Inseln Gr. Iónioi Nísoi Archipel Südosteuropa (Griech.) Die Welt 1850 90–91 Napoleon 201 (2) Osmanen 203 (4)
Ionische Republik Staat Südosteuropa (Griech.) Die Welt 1800 86–87
Ionisches Meer Meer Südosteuropa Antike Griechen 179 (4) Antikes Rom 178 (1) Erste Hochkulturen 175 (4) EWK 207 (6) Osmanen 203 (4)
Ios Insel/Siedlung Mittelmeer (Kykladen) Antike Griechen 177 (2)
Iowa Staat Nordamerika Aufstieg der USA 129 (1) Ökonomie 134 (2) US-Bürgerkrieg 130 (2), (5)
Iowa Volk Nordamerika Kolonialismus 126 (1)
Ipsos Schlacht Südwestasien (Türkei) Hellenist. Welt 224 (1)
Ipswich hist. Gipeswic Brit. Inseln (UK) Handel im Mittelalter 190–191 (1)
Ipu siehe Akhmim

Iquique Südamerika (Chile) Erkundung 143 (3) Ökonomie 153 (3) Staatenbildung 151 (3), (4)
Iquitos Südamerika (Ecuador) Drogenhandel 153 (5) Staatenbildung 150 (2), 151 (3)
Irak Arab. 'Irāq Staat Südwestasien Arabien im 20. Jh. 233 (3), (4), 234 (3), 235 (5) Erkundung 219 (4) Heutige Welt 113 (3), (4) Islam 235 (4) Kalter Krieg 109 (1) Ökonomie 234 (1) UdSSR 213 (4) ZWK 104 (1), 211 (4)
Iran ehem. Persien, Persisches Reich, Safawiden-Reich, Sassaniden-Reich Staat Südwestasien Arabien im 20. Jh. 235 (5) Heutige Welt 113 (3), (4) Islam 235 (4) Kalter Krieg 109 (1) Ökonomie 234 (1) UdSSR 213 (4) siehe auch Persien, Persisches Reich, Sassaniden-Reich, Safawiden-Reich
Iraner Volk Zentralasien Die Welt 750 v.Chr. 30–31 Handel d. Antike 44–45 (1)
Iranisches Plateau var. Hochland von Iran Hochland Südwestasien Antikes Persien 223 (4) Erste Städte 24 (2), 25 (3), 220 (2) Handel 267 (3) Handel d. Antike 44–45 (1) Hellenist. Welt 40–41 (1) Islam 56–57 (1) Mongolen 229 (3) Völkerwanderung 261 (6)
Iran, Hochland von siehe Iranisches Plateau
Iranshahr siehe Pura
Irbīl siehe Arbela
Irboska siehe Izborsk
Iren Volk Brit. Inseln Mittelalterliche Staaten 182 (2) Spätantike 182 (1)
Irian siehe Neuguinea
Irian Barat siehe Irian Jaya, Niederländisch-Neuguinea
Irian Jaya var. Irian Barat, West-Irian, West-Neuguinea, ehem. Niederländisch-Neuguinea Region Mar. Südostasien Dekolonisation 251 (4) Nachkriegszeit 253 (4) siehe auch Niederländisch-Neuguinea
Irigal Gebäude Südwestasien (Irak) Stadtplan Uruk 220 (3)
Irische Königreiche Staat Brit. Inseln Die Welt 750 54–55 Die Welt 1000 58–59 Mittelalterliche Staaten 185 (3) Wikinger 60–61 (1)
Irischer Freistaat Staat Brit. Inseln Zwischenkriegszeit 208 (1) siehe auch Irland
Irische See Ir. Muir Éireann Meer Brit. Inseln Mittelalterliche Staaten 183 (3), 186 (2), 187 (4), 188 (2) Ökonomie 204 (1) Weltwirtschaft 93 (4)
Irkutsk Sibirien (Russ. Föderation) Erkundung 257 (2), (3) Früher Ackerbau 258 (1) Kolonialismus 269 (3), (4) Kommunismus 271 (8) UdSSR 213 (4)
Irkutsk Region Sibirien Kolonialismus 269 (3)
Irland ant. Hibernia, Ir. Éire Region/Insel Brit. Inseln Bronzezeit 175 (3) Die Welt 1200 62–63 passim Erkundung 172 (1) Früher Ackerbau 174 (1) Globale Migration 100 (1) Handel im Mittelalter 190–191 (1) Kreuzzüge 64–65 (2), 186 (1) Mittelalterliche Staaten 186 (2), 187 (3), (4), 188 (2) Ökonomie 205 (4) Reformation 194 (2), 196 (2) Reiche & Revolutionen 202 (1), 88–89 (2) siehe auch Hibernia; Irland, Republik
Irland, Republik Ir. Éire Staat Brit. Inseln Europapolitik 214 (1) Heutige Welt 112 (2), 113 (4) Kalter Krieg 108 (3) Nachkriegszeit 212 (3), 213 (5) UdSSR 215 (4) Zwischenkriegszeit 209 (3) ZWK 210 (1), 211 (2), (4) siehe auch Hibernia, Irland
Ironbridge Brit. Inseln (UK) Ökonomie 204 (1)
Iroquois var. Irokesen Volk Nordamerika Kolonialismus 126 (1)
Irokesen siehe Iroquois
Irrawaddy var. Ayeyarwady Fluss Kont. Südostasien Antikes Indien 241 (6) Biol. Austausch 72–73 (1), 73 (3) China nach 1949 275 (3) Erkundung 256 (1) Handel d. Antike 44–45 (1) Kolonialismus 269 (4) Mittelalterliche Staaten 245 (5), (6), 262–263 (1), 263 (7) Mongolen 68–69 (1) Ökonomie 247 (3) Weltreligionen 243 (5), 49 (3)
Irtish siehe Irtysh
Irtysh var. Irtish, Kas. Ertis Fluss Zentralasien/Sibirien Biol. Austausch 72–73 (1) Erkundung 257 (3) Frühe Reiche 260 (1) Handel 267 (3) Kolonialismus 269 (3), (4) Mongolen 68–69 (1) Qing-China 268 (2)
Iruñea siehe Pamplona
Isanapura Kont. Südostasien (Kambodscha) Antikes Indien 241 (6)
Isandhlwana Schlacht Südl. Afrika (Südafrika) Imperialismus 96 (2) Migrationen 166 (2)
Isaurien ant. Isauria Region Südwestasien Hellenist. Welt 40–41 (1)
Isca Dumnoniorum mod. Exeter Brit. Inseln (UK) Antikes Rom 180–181 (1) siehe auch Exeter
Isca Silurum mod. Caerleon Brit. Inseln (UK) Antikes Rom 180–181 (1) Weltreligionen 48 (1)
Ise Japan Mittelalterliche Staaten 265 (4) Ökonomie 270 (1)
Isernia siehe Aesernia
Isfahan mod. Esfahan, Eşfahān, ant. Aspadana, Gabai, Gai Südwestasien (Iran) Biol. Austausch 72–73 (1) Die Welt 1600 78–79 passim Erkundung 218 (2) Handel 230 (2) Islam 56–57 (1), 226 (2), 227 (4), (6) Kreuzzüge 65 (1) Ökonomie 234 (1) Osmanen 231 (3), 232–233 (1) Safawiden 231 (4) Seldschuken 228 (1) Timur 229 (4) Weltreligionen 226 (1)
Ishango Zentralafrika (Kongo (Zaire)) Die Welt 5000 v.Chr. 18–19
Ishibashi-yama Schlacht Japan Mittelalterliche Staaten 265 (5)
Ishiguchi Berg Japan Mittelalterliche Staaten 265 (3)
Ishika Region Südasien Frühe Religion 242 (2)
Ishikawa var. Isikawa Präfektur Japan Ökonomie 270 (1)
Isikawa siehe Ishikawa
Isipatana var. Sarnath Südasien (Indien) Frühe Religion 242 (3)
İskenderun siehe Alexandretta
Isla de Tenaspi arch. Stätte Mittelamerika (Mexiko) Frühe Kulturen 121 (3)
Islamabad Südasien (Pakistan) Nachkriegszeit 252 (1), (2), 253 (5)
Island Isl. Ísland Staat/Insel Atlantik Die Welt 1000 58–59 passim Eiszeit 116 Erkundung 60–61 (1), 80–81 (1) 172 (1), (2), 286 (1), 287 (2) Früher Ackerbau 20–21 (2) Kalter Krieg 108 (3),109 (1) Mittelalterliche Staaten 185 (3) Reiche & Revolutionen 88–89 (2) Supermacht USA 138 (1) Wissen & Technologie 76–77 (1) ZWK 104 (1), 211 (4)
I-ning siehe Kuldja
Ismailiten var. Assassinen Dynastie Südwestasien Islam 57 (2) siehe auch Assassinen
Isna siehe Esna
Isonzo var. Soča Fluss Ital. Hbl. EWK 207 (5)
Ispahan siehe Isfahan
Israel Ivr. Yisrael, Yisra'el Staat Südwestasien Arabien im 20. Jh. 234 (2), (3), 235 (5) Frühe Reiche 222 (1) Heutige Welt 113 (3), (4) Islam 235 (4) siehe auch Palästina
Issedon Scythia Zentralasien Handel d. Antike 44 (2)
Issedon Serica Zentralasien Handel d. Antike 44 (2)
Issiq Köl siehe Issyk-Kul
Issos Südwestasien (Türkei) Antikes Persien 223 (4) Hellenist. Welt 40–41 (1)
Issyk-Kul var. Issiq Köl, Kir. Ysyk-Köl, Issyk-kul', Ozero See Ostasien Erkundung 257 (3) Frühe Reiche 260 (1) Mongolen 68–69 (1)
Istabl Antar Ägypten Altes Ägypten 159 (5)
Istanbul ehem. Konstantinopel, var. Stambul, ant. Byzantion, Byzantium, Byzanz Südwestasien (Türkei) Kalter Krieg 108 (3) Nachkriegszeit 212 (3) ZWK 210 (1), 211 (4) siehe auch Byzantion, Konstantinopel, Stambul
Ister, Istrus siehe Istros
Istros Dtsch. Donau, Lat. Danubius, Danuvus Fluss Südosteuropa Erste Hochkulturen 176–177 (1) Hellenist. Welt 40–41 (1) siehe auch Danubius, Donau
Istros siehe Istria
Istria var. Histria, Istros, Istrus Südosteuropa (Rumänien) Erste Hochkulturen 176–177 (1) Hellenist. Welt 40–41 (1)
Istrien Region Südosteuropa EWK 207 (5)
Isyaslavl Staat Osteuropa Mittelalterliche Staaten 189 (4)
Italia var. Italien Region/Provinz Ital. Hbl. Antikes Rom 161 (2), 179 (5), 180–181 (1), 181 (4), 225 (5) Erste Hochkulturen 176–177 (1) Handel d. Antike 44 (2) Weltreligionen 48 (1) siehe auch Italien, Italien, Italienisches Königreich,
Italica Iberische Hbl. (Spanien) Antikes Rom 180–181 (1)
Italien var. Italische Halbinsel, Lat. Italia Region Südeuropa Biol. Austausch 72–73 (1) Erkundung 172 (1) Frühe Religion 37 (3) Mittelalterliche Staaten 187 (5) Schrift & Zahl 223 (3) Völkerwanderung 52–53 (1) siehe auch Italia, Italien, Italienisches Königreich
Italien mod. Republica Italiana, ehem. Königreich Italien Staat Südeuropa Europapolitik 214 (1), (2), 215 (3) EWK 206 (1), 207 (5), (6) Globale Migration 100 (1) Heutige Welt 112 (2), 113 (4) Imperialismus 97 (4) Kalter Krieg 108 (3), 109 (1) Nachkriegszeit 212 (1), (3), 213 (5) Napoleon 201 (2) Ökonomie 205 (4) Osmanen 203 (4) Reiche & Revolutionen 203 (2) Supermacht USA 138 (1) UdSSR 213 (4) Weltwirtschaft 92 (1) Zwischenkriegszeit 208 (1), 209 (3), (5) ZWK 104 (1), (2), 210 (1), 211 (2), (3), (4) siehe auch Italia, Italien, Italienisches Königreich
Italienische Fürstentümer d.i. Hzm. Mailand, Fsm. Piemont, Rep. Florenz Staat Ital. Hbl. Frühe Neuzeit 193 (4)
Italienisches Königreich var. Regnum Italicum Staat Südeuropa Kreuzzüge 186 (1) Mittelalterliche Staaten 185 (3), 188 (1) siehe auch Italia; Italien; Italien
Italienisch-Ostafrika Kolonie Ostafrika ZWK 104 (1)
Italienisch-Somaliland Kolonie Ostafrika Imperialismus 96 (1) ZWK 104 (2)
Itanagar Südasien (Indien) Nachkriegszeit 252 (1)
Itanos Südosteuropa (Griech.) Erste Hochkulturen 176–177 (1)
Itatín Region Südamerika Kolonialismus 148 (2) Erkundung 143 (2)
Itil Osteuropa (Russ. Föderation) Erkundung 60–61 (1)
Ituraea Region/Staat Südwestasien Antikes Rom 225 (4)
Itza Staat Mittelamerika Azteken 124 (1)
Itztepetl Mittelamerika (Mexiko) Frühe Kulturen 122 (1)
Itzyocan Mittelamerika (Mexiko) Kolonialismus 125 (5)
Iudaea siehe Judäa
Iuliobona Westeuropa (Frankr.) Antikes Rom 180–181 (1)
Iuny siehe Armant
Iuthungi Volk Mitteleuropa Antikes Rom 181 (4)
Iuvavum Mitteleuropa (Österreich) Antikes Rom 180–181 (1)
Ivangorod Osteuropa (Russ. Föderation) Frühe Neuzeit 195 (3)
Ivanovo var. Iwanowo Osteuropa (Russ. Föderation) UdSSR 208 (2)
Iviza siehe Ibiza
Ivrea Westeuropa (Frankr.) Franken 184 (2)
Iwanowo siehe Ivanovo
Iwate Präfektur Japan Ökonomie 270 (1)
Iwo Eleru Westafrika (Nigeria) Früher Ackerbau 158 (1)
Iwo Jima Schlacht/Insel/Militärbasis Japan Kalter Krieg 109 (1) ZWK 105 (3), 272 (1)
Ixcaquiztla Mittelamerika (Mexiko) Frühe Kulturen 122 (1)
Ixcatec Volk Mittelamerika Kolonialismus 125 (4)
Ixhuacan Mittelamerika (Mexiko) Kolonialismus 125 (5)
Ixhuatepec Mittelamerika (Mexiko) Azteken 124 (3)
Iximché Mittelamerika (Guatemala) Azteken 124 (1)
Ixtacalco Mittelamerika (Mexiko) Azteken 124 (3)
Ixtaccíhuatal, Volcán var. Volcano Iztac-Cihuate Vulkan Mittelamerika Kolonialismus 125 (5)
Ixtapalapa Mittelamerika (Mexiko) Azteken 124 (2), (3) Kolonialismus 125 (5)
Ixtlahuacan Mittelamerika (Mexiko) Frühe Kulturen 122 (1)
Ixtlan var. Ixtlán del Río Mittelamerika (Mexiko) Frühe Kulturen 122 (1)
Ixtlán del Río siehe Ixtlan
Iya Japan Mittelalterliche Staaten 265 (5)
Izamal Mittelamerika (Mexiko) Frühe Kulturen 122 (1), (2)
Izapa arch. Stätte Mittelamerika (Mexiko) Frühe Kulturen 121 (2)
Izawa Japan Mittelalterliche Staaten 265 (4)
Izborsk Est. Irboska Osteuropa (Russ. Föderation) Frühe Neuzeit 195 (3) Mittelalterliche Staaten 185 (3)
İzmir ant./Gr. Smyrna Arabien im 20. Jh. 233 (3)
İzmit siehe Nikomedia
İznik Gr. Nikaia, Lat. Nicaea Südwestasien (Türkei) Osmanen 230 (1) siehe auch Nikaia, Nicaea
Iztac-Cihuate, Volcano siehe Ixtaccíhuatal, Volcán
Iztac-Maxtitlan Mittelamerika (Mexiko) Kolonialismus 125 (5)
Iztahuacan Mittelamerika (Mexiko) Azteken 124 (2)
Izumo Staat Japan Frühe Reiche 264 (1)

J

Jabalpur ehem. Jubbulpore Südasien (Indien) Nachkriegszeit 253 (5)
Jabbaren Nordafrika (Algerien) Früher Ackerbau 158 (1)
Jablanica Südosteuropa (B.-H.) Europapolitik 215 (3)
Jackson Nordamerika (Kanada) Präkolumbische Kulturen 123 (3)
Jackson Nordamerika (USA) Aufstieg der USA 129 (2) US-Gesellschaft 137 (6)
Jackson Bay Walfangstation Neuseeland Kolonisation 283 (4)
Jackson, Lake Nordamerika (USA) Präkolumbische Kulturen 123 (5)
Jacksonville Nordamerika (USA) Aufstieg der USA 129 (2) Kalter Krieg 108 (2) US-Bürgerkrieg 131 (6), (7)
Jadar Fluss Südosteuropa EWK 207 (6)
Jaén Iberische Hbl. (Spanien) Handel im Mittelalter 190–191 (1) Islam 192 (3)
Jaffa Südwestasien (Israel) Arabien im 20. Jd. 234 (2) Kreuzzüge 65 (3)
Jaffna Südasien (Sri Lanka) Die Welt 1600 78–79 Kolonialismus 248 (1) Ökonomie 247 (3) Mogul-Reich 246 (1)
Jagannathapuram Südasien (Indien) Ökonomie 247 (3)
Jago Mar. Südostasien (Indonesien) Weltreligionen 243 (5)
Jailolo siehe Halmahera
Jaipur ehem. Jeypore Südasien (Indien) Ökonomie 247 (3), 249 (4) Nachkriegszeit 252 (1), 253 (5)
Jajce Schlacht Südosteuropa (Hungary) Frühe Neuzeit 193 (4)
Jajnagar Südasien (Indien) Mittelalterliche Staaten 244 (2), 244–245 (3)
Jakarta ehem. Djakarta, Ndl. Batavia Mar. Südostasien (Indonesien) Handel 230 (2) Mittelalterliche Staaten 245 (6) Nachkriegszeit 253 (5) Tigerstaaten 275 (4) siehe auch Batavia
Jaketown Grabhügel Nordamerika (USA) Frühe Kulturen 121 (4)
Jakobstadt Osteuropa (Lettland) EWK 207 (4)
Jakuten Volk Sibirien Die Welt 1600 78–79
Jalalpur Südasien (Pakistan) Ökonomie 247 (3)
Jalisco Staat Mittelamerika Aufstieg der USA 129 (2) Mexikan. Revolution 133 (3)
Jalula Südwestasien (Iran) Antikes Persien 225 (6)
Jamaica Kolonie/Staat/Insel Westindien Aufstieg der USA 129 (2) Die Welt 1700 82–83 passim Globale Migration 100 (1), 101 (3) Heutige Welt 112 (1) Kalter Krieg 108 (2), 109 (1) Kolonialismus 85 (2), 125 (4), 126 (1) Ökonomie 136 (2) Reiche & Revolutionen 88 (1) Sklavenhandel 84–85 (1) Staatenbildung 150 (1) Supermacht USA 138 (1), 139 (5)
Jamal-Nenzen siehe Yamalo-Nenet
Jamapa Fluss Nordamerika Kolonialismus 125 (5)
Jambi var. Telanaipura, ehem. Djambi Mar. Südostasien (Indonesien) Kolonialismus 247 (4) Weltreligionen 243 (5)
Jambi var. Djambi Region Mar. Südostasien Kolonialismus 247 (4)
Jambukolapattana Mar. Südasien (Sri Lanka) Frühe Reiche 241 (4) Mittelalterliche Staaten 244 (1)
James Bay Bucht Nordamerika Aufstieg der USA 129 (2) Kolonialismus 126 (1)
James Island Insel Westafrika Reiche & Revolutionen 88 (1)
Jamestown Nordamerika (USA) Die Welt 1700 82–83 Erkundung 118 (1), 119 (2), (3) Kolonialismus 126 (1)
Jammu var. Dschammu Region Südasien Nachkriegszeit 252 (2), 253 (4)
Jammu & Kashmir var. Jammu-Kashmir Region/Staat Südasien Kolonialismus 248 (2) Nachkriegszeit 252 (1), (2) siehe auch Kashmir
Jamshedpur Südasien (Indien) Nachkriegszeit 253 (5)
Jämtland Region Skandinavien Frühe Neuzeit 197 (3)
Jamuna siehe Brahmaputra
Janapada Reich Südasien Frühe Reiche 241 (5)
Janchou siehe Runzhou
Jand var. Jend Südasien (Pakistan) Mongolen 68–69 (1)
Jangtzekiang siehe Yangzi
Janina mod. Ioánnina Südosteuropa (Griechenland) Osmanen 203 (4)
Janitsa mod. Giannitsá Schlacht Südosteuropa (Griechenland) Osmanen 203 (4)
Jankau Schlacht Mitteleuropa (Tschech. Rep.) Reformation 196 (1)
Jan Mayen Kolonie/Insel Atlantik Erkundung 287 (2)
Jano Volk Mittelamerika Kolonialismus 126 (1)
Japan Archipel Ostasien (Japan) Die Welt 10000 14–15 passim Eiszeit 254–55 (1) Erkundung 257 (2) Früher Ackerbau 20 (1), 20–21 (2), 258 (1) Frühe Reiche 264 (1) Frühmensch 14–15, 16 (1) Handel d. Antike 44–45 (1) Mittelalterliche Staaten 264 (2) Wissen & Technologie 77 (1) siehe auch Japan (Staat)
Japan off. Nihon-Koku Staat Ostasien Aufstieg der USA 133 (4) Chinesische Revolution 271 (5), 271 (7) Erkundung 80–81 (1) Frühe Neuzeit 267 (4), (5) Globale Migration 100 (1) Handel 267 (3) Heutige Welt 113 (4) Imperialismus 270 (2), (3), (4) Kalter Krieg 109 (1) Kolonialismus 269 (3), (4) Kommunismus 271 (8) Mittelalterliche Staaten 262–263 (1), 263 (7), 265 (3), (4), (5) Mongolen 68–69 (1) Ökonomie 138 (2), 270 (1) Reiche & Revolutionen 88–89 (2) Supermacht USA 138 (1) Tigerstaaten 275 (4) UdSSR 208 (2), 213 (4) Weltreligionen 49 (4) ZWK 104 (1), (2), 105 (4), 250–251 (3), 272 (1), 273 (2), (3) siehe auch Japan (Archipel)
Japaner Volk Japan Die Welt 750 v.Chr. 30–31 passim
Japanisches Meer Jap. Nihon-kai Meer Ostasien Frühe Neuzeit 267 (4), (5) Frühe Reiche 264 (1) Frühmensch 13 (2) Imperialismus 270 (2), (3), (4) Mittelalterliche Staaten 262–263 (1), 263 (7), 264 (2), 265 (3), (4), (5) Mongolen 68–69 (1) Handel 267 (3) Kalter Krieg 109 (4) Kolonialismus 269 (3), (4) Ökonomie 270 (1) Tigerstaaten 275 (4) ZWK 272 (1), 273 (2), (3)
Japanisches Reich Staat Japan Die Welt 1925 98–99
Japurá var. Río Caquetá, Yapurá Fluss Südamerika Frühe Kulturen 145 (2), 146 (1) siehe auch Caquetá
Japurá, Rio siehe Caquetá
Jarmo Südwestasien (Irak) Die Welt 5000 v.Chr. 18–19 Früher Ackerbau 220 (1)
Jarmuk siehe Yarmuk
Jaroslawl siehe Yaroslavl'
Jarrow Brit. Inseln (UK) Mittelalterliche Staaten 183 (3) Zwischenkriegszeit 209 (3)
Jarvis Island Insel Pazifik Heutige Welt 110–111
Jassy Südosteuropa (Rumänien) Napoleon 200–201 (1) Osmanen 195 (4), 231 (3)
Jathrib siehe Yathrib
Jauarí arch. Stätte Südamerika (Brasilien) Frühe Kulturen 145 (2)
Jauf Arab. Al Jawf Südwestasien (Saudi-Arabien) Arabien im 20. Jh. 233 (4) Erkundung 219 (4)
Jauja Südamerika (Peru) Inka 147 (3), 148 (1)
Jaunpur Südasien (Indien) Ökonomie 247 (3)
Java Insel Mar. Südostasien Antikes Indien 241 (6) Biol. Austausch 72–73 (1) Bronzezeit 240 (3) Dekolonisation 251 (4) Die Welt 1000 58–59 passim Erkundung 80–81 (1), 239 (1), (2) Früher Ackerbau 20–21 (2) Frühmensch 13 (2) Globale Migration 101 (3) Handel 230 (2), 267 (3) Imperialismus 97 (3), (4) Islam 243 (6) Kolonialismus 247 (4) Mittelalterliche Staaten 245 (5), (6) Mongolen 68 (2) Nachkriegszeit 253 (4), (5) Weltreligionen 243 (5), 49 (4) ZWK 250–251 (3), 272 (1), 273 (2)
Java-See Indon. Laut Jawa Meer Mar. Südostasien Handel d. Antike 44–45 (1) Kolonialismus 247 (4) Mittelalterliche Staaten 245 (5), (6) Imperialismus 97 (3) Erkundung 239 (1), (2) Islam 243 (6) Weltreligionen 243 (5) ZWK 272 (1), 273 (2)
Jawa siehe Java
Jawa, Laut siehe Java-See
Jaxartes var. Sai Hun, Sir Darya, Syrdarya, Kas. Syrdariya, Russ. Syrdar'ya, Usb. Sirdaryo, mod. Syr Darya Fluss Zentralasien Antikes Persien 225 (6) Antikes Rom 224 (2) Erkundung 256 (1) Handel d. Antike 44 (2) Hellenist. Welt 224 (1), 41 (2) Völkerwanderung 261 (6) Weltreligionen 49 (3), (4) siehe auch Syr Darya
Jayapura siehe Hollandia
Jay Dairen siehe Dairen, Dalian
Jaydebpur Südasien (Bangladesh) Nachkriegszeit 252 (3)
Jebel, Bahr el siehe Weißer Nil
Jebel Irhoud arch. Stätte Nordafrika (Marokko) Frühmensch 13 (2)
Jedisan Staat Osteuropa Osmanen 197 (4)
Jędrzejów siehe Endersdorf
Jefferson City Nordamerika (USA) Aufstieg der USA 129 (2)
Jehol Region/Provinz Ostasien Chinesische Revolution 271 (5) Imperialismus 270 (2)
Jekaterinburg siehe Yekaterinburg
Jekaterinoslaw siehe Yekaterinoslav
Jelgava siehe Mitau, Mitava
Jemappes Schlacht Westeuropa (Frankr.) Reiche & Revolutionen 199 (4)
Jemdet Nasr Südwestasien (Irak) Erste Städte 220 (2)
Jemen siehe Yemen
Jemex siehe Towa
Jena Mitteleuropa (Deutschland) Reiche & Revolutionen 199 (3)
Jena-Auerstädt mod. Auerstedt Schlacht Mitteleuropa (Deutschland) Napoleon 200–201 (1)
Jend siehe Jand
Jenderam Hilir arch. Stätte Kont. Südostasien (Malaysia) Bronzezeit 240 (3)
Jenisei siehe Yenisey
Jenne siehe Djenné
Jenne-jeno Westafrika (Mali) Die Welt 250 v.Chr. 38–39
Jérémie Westindien (Haiti) Reiche & Revolutionen 89 (3)
Jerez var. Jerez de la Frontera Iberische Hbl. (Spanien) Handel im Mittelalter 190–191 (1) Islam 192 (3)
Jericho Arab. Arīḥā, Ivr. Yeriḥo Südwestasien (Israel) Antikes Rom 225 (4) Arabien im 20. Jd. 234 (2) Die Welt 5000 v.Chr. 18–19 Die Welt 1250 v.Chr. 26–27 Erste Städte 220 (2) Früher Ackerbau 220 (1) Frühe Reiche 221 (5), 222 (1)
Jerusalem Ivr. Yerušalayim, Arab. El-Kuds, var. Al Quds ash-Sharīf, Lat. Hierosolyma, var. Aelia Capitolina, Akkad. Urušalim Südwestasien (Israel) Altes Ägypten 159 (4), (5) Antikes Persien 223 (4), 225 (6) Antikes Rom 180–181 (1), 224 (2), 225 (4), (5) Arabien im 20. Jh. 233 (3), (4), 234 (2), 235 (5) Die Welt 1250 v.Chr. 26–27 passim Erkundung 156 (3), 218 (2), 219 (3), (4) EWK 233 (2) Frühe Reiche 222 (1), (2) Frühe Religion 36 (1), 37 (3) Handel d. Antike 44–45 (1), 225 (3) Handel im Mittelalter 190–191 (1) Hellenist. Welt 40–41 (1), 224 (1) Islam 56–57 (1), 57 (2), 162 (1), 226 (3), 227 (6) Kreuzzüge 65 (1), (3), 228 (2) Mittelalterliche Staaten 185 (3), 187 (5) Mongolen 229 (3), 68 (2), 68–69 (1) Napoleon 200–201 (1) Osmanen 231 (3), 232–233 (1) Seldschuken 228 (1) Weltreligionen 48 (1), 49 (4), 226 (1) siehe auch Urušalim
Jerusalem, Königreich Staat Südwestasien Die Welt 1200 62–63 Kreuzzüge 228 (2), 65 (3) Mittelalterliche Staaten 187 (5)
Jervaulx Brit. Inseln (UK) Mittelalterliche Staaten 187 (3)
Jesmond Brit. Inseln (UK) Ökonomie 204 (3)
Jessore Südasien (Bangladesh) Nachkriegszeit 252 (3)
Jeypore siehe Jaipur
Jhajjar Schlacht Südasien (Indien) Kolonialismus 249 (3)
Jhansi Schlacht Südasien (Indien) Kolonialismus 249 (3)
Jharkhand Region/Staat Südasien Mittelalterliche Staaten 244–245 (3) Mogul-Reich 246 (1)
Jhelum Fluss Südasien Mogul-Reich 246 (1)
Ji Ostasien (China) Frühe Reiche 259 (4), (5) Frühe Religion 37 (4)
Ji siehe Jilin
Ji'an Ostasien (China) Mittelalterliche Staaten 263 (7)
Jian Ostasien (China) Mittelalterliche Staaten 263 (5)
Jianchang Militärbasis Ostasien (China) Frühe Neuzeit 266 (1)
Jiangling var. Chiang-ling Ostasien (China) Mittelalterliche Staaten 263 (4) Mongolen 68–69 (1) Weltreligionen 49 (3)
Jiangnan Xidao var. Chiangnan Hsitao Provinz Zentralasien Mittelalterliche Staaten 262–263 (1)
Jiangning Ostasien (China) Mittelalterliche Staaten 263 (4), (5)
Jiangou arch. Stätte Ostasien Früher Ackerbau 258 (2)
Jiangsu var. Chiang-su, Kiangsu, Su Provinz/Region Ostasien Chinesische Revolution 271 (5) Frühe Neuzeit 266 (1) Ökonomie 274 (2) Qing-China 268 (2)
Jiangxi var. Chiang-hsi, Gan, Kiangsi Provinz Ostasien Chinesische Revolution 271 (5) Frühe Neuzeit 266 (1), (2) Mittelalterliche Staaten 263 (7) Ökonomie 274 (2) Qing-China 268 (1), (2)
Jiangxia Provinz Ostasien Frühe Reiche 260 (1)
Jiangzhai arch. Stätte Ostasien Früher Ackerbau 258 (1)
Jiangzhe Provinz Ostasien Mittelalterliche Staaten 263 (7)
Jiankang var Chien-k'ang Ostasien (China) Frühe Reiche 261 (2), (3) Mittelalterliche Staaten 261 (4), (5) Weltreligionen 49 (3)
Jiannan var. Chien-nan Provinz Zentralasien Mittelalterliche Staaten 262–263 (1)
Jianning Militärbasis Ostasien (China) Frühe Neuzeit 266 (1)
Jianwei Provinz Ostasien Frühe Reiche 260 (1)
Jianye var. Chien-yeh, Nan-ching, Nanking, mod. Nanjing, ehem. Chianning, Chian-ning, Kiang-ning Ostasien (China) Die Welt 250 46–47 siehe auch Nanjing
Jianzhong var. Chien-chung Provinz Zentralasien Mittelalterliche Staaten 262–263 (1)
Jiaohe Ostasien (China) Handel d. Antike 44–45 (1)
Jiaoli Ostasien (China) Frühe Reiche 260 (1)
Jiaozhi Provinz Ostasien Frühe Reiche 260 (1)
Jiaozhou Ostasien (China) Die Welt 1900 94–95 Frühe Neuzeit 266 (1)
Jibannagar Südasien (Bangladesh) Nachkriegszeit 252 (3)
Jibuti siehe Djibuti
Jiddah var. Djidda, Dschidda, Arab. Ġiddā Südwestasien (Saudi-Arabien) Arabien im 20. Jh. 233 (4) Biol. Austausch 72–73 (1) Erkundung 61 (3), 156 (3), 218 (2), 219 (4) Handel 230 (2), 267 (3) Islam 56–57 (1), 162 (1) Osmanen 231 (3)
Jih-k'a-tse siehe Shigatse
Jihlava siehe Iglau
Jilin var. Chi-lin, Girin, Kirin, ehem. Yungki, Yunki Ostasien (China) Chinesische Revolution 271 (7) Imperialismus 270 (4)
Jilin Schlacht Ostasien (China) Chinesische Revolution 274 (1)
Jilin Provinz Ostasien Ökonomie 274 (2)
Jiménez Mittelamerika (Mexiko) Mexikan. Revolution 133 (3)
Jimo Ostasien (China) Frühe Reiche 259 (5)
Jinan var. Chinan, Chi-nan, Tsinan Ostasien (China) Chinesische Revolution 271 (7), 274 (1) Frühe Neuzeit 266 (1) Mongolen 68–69 (1) Tigerstaaten 275 (4)
Jinchang var. Chin-ch'ang Ostasien (China) Erkundung 256 (1)
Jincheng Provinz Ostasien Frühe Reiche 260 (1)
Jinchuan var. Chin-ch'uan Ostasien Qing-China 268 (2)
Jingnan var. Ching-nan Staat Ostasien Mittelalterliche Staaten 263 (3)
Jingyuan siehe Ningbo
Jingzhou Ostasien (China) Frühe Neuzeit 266 (2) Mittelalterliche Staaten 263 (4)
Jinji Südasien (Indien) Mittelalterliche Staaten 245 (4)
Jinmen Dao siehe Quemoy
Jin-Reich var. Chin Staat Ostasien Die Welt 1200 62–63 Frühe Reiche 259 (4) Mittelalterliche Staaten 263 (3), (5) Mongolen 68–69 (1)
Jinsen siehe Inchon
Jin Shui Fluss Ostasien Stadtplan Zhengzhou 29 (4)
Jintian var. Chin-t'ien Ostasien (China) Qing-China 268 (2)
Jinyang Ostasien (China) Frühe Reiche 259 (5) Frühe Religion 37 (4)
Jinzhou Ostasien (China) Chinesische Revolution 274 (1)
Jiuchuan Provinz Ostasien Frühe Reiche 260 (1)
Jiujiang var. Kiukiang Ostasien (China) Kolonialismus 269 (4)
Jiuzhang Provinz Ostasien Frühe Reiche 260 (1)
Jiuzhen Provinz Kont. Südostasien Frühe Reiche 260 (1)
Jizan Staat Südwestasien Die Welt 1500 74–75
Jizhou var. Chi-chou Ostasien (China) Mittelalterliche Staaten 262–263 (1)
Joal mod. Joal-Fadiout Westafrika (Senegal) Die Welt 1800 86–87
Joal-Fadiout siehe Joal
João Pessoa siehe Paraíba
Jo'burg siehe Johannesburg
Jocome Volk Mittelamerika Kolonialismus 126 (1)
Johannesburg var. Egoli, Erautini, Gauteng, Abk. Jo'burg Südl. Afrika (Südafrika) Imperialismus 96 (2) Kolonialismus 166–167 (4) Migrationen 166 (2) Ökonomie 168 (2) Weltwirtschaft 92 (1)
Johanniter-Orden Staat Rhodos/Malta Die Welt 1500 74–75 Die Welt 1700 82–83 Mittelalterliche Staaten 189 (4) Osmanen 230 (1)
Johnston Atoll Kolonie/Insel/Atomtest Pazifik Dekolonisation 285 (3) Ökonomie 285 (2) ZWK 104 (2)
Johor siehe Johore
Johore var. Johor, Sultanat Johore Region/Staat Mar. Südostasien Die Welt 1600 78–79 Kolonialismus 247 (4)
Johore-Riau Staat Mar. Südostasien Die Welt 1800 86–87
Jolof Staat Westafrika Die Welt 1000 58–59 Die Welt 1200 62–63
Jomsborg var. Julin, Jumneta, Jomsburg Mitteleuropa (Polen) Erkundung 60–61 (1)
Jomsburg siehe Jomsborg
Jonaz Volk Mittelamerika Kolonialismus 125 (4), 126 (1)
Jordan Arab. Urdunn, Ivr. HaYarden Fluss Südwestasien Arabien im 20. Jh. 233 (3), 234 (2) Antikes Rom 225 (4) Kreuzzüge 65 (3) Früher Ackerbau 220 (1) Frühe Reiche 222 (1)
Jordanien Arab. Al Urdunn, ehem. Transjordanien Staat Südwestasien Arabien im 20. Jh. 234 (2), 235 (4), (5) Heutige Welt 113 (3) Islam 235 (4) siehe auch Transjordanien
Jotapata Südwestasien (Israel) Antikes Rom 225 (4)
Jova Volk Mittelamerika Kolonialismus 125 (4)
Ju Ostasien (China) Frühe Reiche 259 (5)
Juan Fernández Span. Islas Juan Fernández Archipel Südamerika Erkundung 278 (1) Heutige Welt 110–111
Juan-juan siehe Ruanruan, Kingdom of the
Juba var. Jūbā Ostafrika (Sudan) Erkundung 157 (5) Handel d. Antike 44–45 (1) Islam 162 (1)
Juba Amh. Genalē Wenz, It. Giuba, Som. Ganaane, Webi Jubba Fluss Ostafrika Frühe Kulturen 160 (1)
Jubbulpore siehe Jabalpur
Jubeil siehe Byblos
Juda Region/Staat Südwestasien Frühe Reiche 222 (1), (2)
Judäa Lat. Iudaea Provinz/Region/Staat Südwestasien Antikes Rom 180–181 (1), 225 (5) Frühe Religion 36 (1), 37 (3)
Jugoslawien Eng. Yugoslavia SKr. Jugoslavija Staat Südosteuropa Arabien im 20. Jh. 233 (3) Die Welt 1950 102–103 Europapolitik 214 (1), (2), 215 (3) Heutige Welt 112 (2), 113 (3), (4) Kalter Krieg 108 (3), 109 (1) Nachkriegszeit 212 (3), 213 (5) UdSSR 213 (4) Zwischenkriegszeit 208 (1), 209 (3), (5) ZWK 104 (1), 211 (2), (4)
Jujuy Südamerika (Argentinien) Staatenbildung 151 (3), (4)
Jukun Staat Westafrika Die Welt 1600 78–79 Frühe Neuzeit 164 (2) Sklavenhandel 165 (4)
Juli Südamerika (Peru) Inka 147 (3)
Julia Beterrae siehe Béziers
Julianehaab var. Julianehåb, Inuit Qaqortoq ehem. Brattahlid Nordamerika (Grönland) ZWK 104 (2) siehe auch Brattahlid
Julijske Alpe siehe Julische Alpen
Julin siehe Jomsborg
Juliomagus mod. Angers Westeuropa (Frankr.) Antikes Rom 180–181 (1) siehe auch Angers
Julische Alpen It. Alpi Giulie, Slwn. Julijske Alpe Gebirge Südosteuropa EWK 207 (5)
Jullundur Südasien (Indien) Ökonomie 249 (4)
Julu Ostasien (China) Frühe Reiche 260 (1)
Jumano Volk Mittelamerika Kolonialismus 125 (4), 126 (1)
Jummoo siehe Jammu
Jumneta siehe Jomsborg
Junagadh var. Junagarh Landschaft Südasien Nachkriegszeit 252 (1)
Junagarh var. Jūnāgadh Südasien (Indien) Kolonialismus 248 (1)
Juneau Nordamerika (USA) Aufstieg der USA 129 (2), 132 (1) Weltwirtschaft 93 (3)
Junejo-Daro arch. Stätte Südasien (Pakistan) Erste Städte 240 (2)
Jungerhof KZ Osteuropa (Lettland) ZWK 211 (3)
Jungferninseln Eng./mod. Virgin Islands Staat/Archipel Westindien Die Welt 1800 86–87 Reiche & Revolutionen 88 (1) siehe auch Virgin Islands of the US, Virgin Islands
Junín Schlacht Südamerika (Peru) Staatenbildung 150 (1)
Junkseylon siehe Phuket
Junnar Südasien (Indien) Mogul-Reich 246 (1)
Jupiter-Tempel Gebäude Ital. Hbl. Stadtplan des antiken Rom 181 (2)
Jurchen siehe Dschurtschen
Juruá var. Río Yuruá Fluss Südamerika Frühe Kulturen 144 (1), 145 (2), (4), 146 (1) Inka 147 (3), 148 (1) Kolonialismus 149 (3) Ökonomie 153 (3), (4) Politik nach 1930 152 (1)
Jüten var. Jutes Volk Skandinavien/Brit. Inseln Völkerwanderung 53 (2)
Juvavum siehe Salzburg
Juxtlahuaca Mittelamerika (Mexiko) Frühe Kulturen 121 (2)
Juyan Ostasien (China) Frühe Reiche 260 (1)
Juyang Ostasien (China) Frühe Reiche 259 (5) Frühe Religion 37 (4)
Južna Morava Dtsch. Südliche Morava Fluss Mitteleuropa Europapolitik 215 (3)
Jysan Staat Südwestasien Die Welt 1500 74–75 Islam 162 (1)

K

Kaabu Staat Westafrika Die Welt 1600 78–79 passim Frühe Neuzeit 164 (2) Sklavenhandel 165 (4)
Kaapstad siehe Cape Town, Kapstadt
Kaarta Staat Westafrika Die Welt 1700 82–83 passim Handel 166–167 (1) Sklavenhandel 165 (4)
Kabah Mittelamerika (Mexiko) Frühe Kulturen 122 (2)
Kabamba Staat Zentralafrika Ökonomie 163 (2)
Kabaregas Ostafrika (Uganda) Erkundung 157 (5)
Kabi var. Kebbi Staat Westafrika Die Welt 1600 78–79 Frühe Neuzeit 164 (2) Sklavenhandel 165 (4)
Kabinda siehe Cabinda
Kabul Zentralasien (Afghanistan) Antikes Persien 225 (6) Biol. Austausch 72–73 (1) Die Welt 1200 62–63 Erkundung 218 (2) Frühe Religion 242 (1) Islam 56–57 (1), 57 (2), 226 (3), 227 (4), (6), 235 (4) Kolonialismus 248 (1), 269 (3), (4) Kommunismus 271 (8) Mittelalterliche Staaten 244 (2), 244–245 (3) Mogul-Reich 246 (1) Mongolen 68–69 (1) Nachkriegszeit 252 (1), 253 (5) Timur 229 (4) Weltreligionen 49 (3), 226 (1) ZWK 250–251 (3)
Kabul Staat Zentralasien Mogul-Reich 246 (1)
Kabul var. Daryā-ye Kābul Fluss Zentralasien Erste Städte 240 (2) Frühe Religion 242 (2) Mittelalterliche Staaten 244 (1), (2), 244–245 (3) Ökonomie 247 (3)
Kach var. Kutch Staat Südasien Mogul-Reich 246 (1)
Kachchh, Golf von var. Gulf of Kutch, Golf von Katsch Golf Südasien Erste Städte 240 (2)
Kachchh, Rann of siehe Kutch, Rann of
Kachiya Region Südasien Frühe Religion 242 (2)
Kadamba Dynastie Südasien Die Welt 1200 62–63 Mongolen 68–69 (1)
Kadaram Kont. Südostasien (Malaysia) Antikes Indien 241 (6)
Kadero Ostafrika (Sudan) Früher Ackerbau 158 (1)
Kadeš var. Kadesch, Qadeš, Südwestasien (Libanon) Altes Ägypten 159 (5) Die Welt 1250 v.Chr. 26–27 Frühe Reiche 221 (5), 222 (1) Urbane Zivilisationen 28–29 (1)
Kadiri Staat Mar. Südostasien (Indonesien) Mittelalterliche Staaten 245 (5)
Kadisija siehe Qadisiya
Kadranj Ostasien (China) Erkundung 61 (3)
Kaduna Zentralafrika (Nigeria) Ökonomie 168 (2)
Kaédi Westafrika (Mauretanien) Kolonialismus 166–167 (4)
Kaekyong Ostasien (Korea) Mittelalterliche Staaten 263 (7)
Kaesong Ostasien (Nord-Korea) Frühe Neuzeit 267 (4) Mittelalterliche Staaten 265 (5) Mongolen 68–69 (1) Weltreligionen 49 (3)
Kaffa var. Kefe, Caffa, mod. Feodosiya, ant. Theodosia Osteuropa (Ukraine) Biol. Austausch 72–73 (1) Handel im Mittelalter 190–191 (1) Osmanen 195 (4), 230 (1), 231 (3) Timur 229 (4) siehe auch Theodosia
Kaffa Staat Ostafrika Handel 166–167 (1)
Kafiavana Neuguinea (PNG) Frühe Kulturen 280 (1)
Kafue Fluss Zentralafrika Erkundung 157 (4)
Kagawa Präfektur Japan Ökonomie 270 (1)
Kagoshima var. Kagosima Japan Ökonomie 270 (1)
Kagoshima var. Kagosima Präfektur Japan Ökonomie 270 (1)
Kagosima siehe Kagoshima
Kaiapoi Neuseeland Kolonisation 283 (4)
Kaifeng Ostasien (China) Biol. Austausch 72–73 (1) Die Welt 1200 62–63 Die Welt 1300 66–67 Erkundung 256 (1) Frühe Neuzeit 266 (1) Frühe Religion 37 (4) Handel 267 (3) Handel d. Antike 44–45 (1) Mittelalterliche Staaten 263 (3), (4), (7) Mongolen 68–69 (1) Qing-China 268 (2) siehe auch Kaifeng (Schlacht)
Kaifeng Schlacht Ostasien (China) Chinesische Revolution 274 (1)
Kai Islands Archipel Mar. Südostasien Nachkriegszeit 253 (4)
Kai Kepulauan siehe Kai Islands
Kaikoura Neuseeland Kolonisation 283 (4), (5)
Kailasha Ostasien (China) Weltreligionen 243 (4)
Kainei siehe Hoeryong
Kaira Region Südasien Dekolonisation 250 (1)
Kairo Arab. Al Qāhirah, Eng. Cairo ehem. Al Fustat, Heliopolis, Memphis Ägypten Afrika nach 1960 169 (4) Arabien im 20. Jh. 233 (3), (4) Biol. Austausch 72–73 (1) Die Welt 1800 86–87 passim Erkundung 156 (3), 157 (4), 218 (2), 219 (4) EWK 233 (2) Handel 230 (2) Handel im Mittelalter 190–191 (1) Islam 57 (2), 235 (4) Kolonialismus 166–167 (4) Kreuzzüge 65 (1), (3), 228 (2) Mittelalterliche Staaten 187 (5) Mongolen 229 (3), 68 (2) Napoleon 200–201 (1) Ökonomie 168 (2) Osmanen 231 (3), 232–233 (1) Sklavenhandel 84–85 (1) Seldschuken 228 (1) Supermacht USA 138 (1) Timur 229 (4) ZWK 210 (1), 211 (4) siehe auch Al Fustat, Heliopolis, Memphis
Kairouan var. Al Qayrawān Nordafrika (Tunesien) Handel im Mittelalter 190–191 (1) Islam 56–57 (1), 57 (2), 227 (4) Kreuzzüge 65 (1) Mittelalterliche Staaten 185 (3)
Kaiserforen Ital. Hbl. Stadtplan des antiken Rom 181 (2)
Kaiserliche Stadt Ostasien (China) Stadtplan Chang'an 262 (2)
Kaiser-Wilhelm's-Land Kolonie Neuguinea Die Welt 1900 94–95 Imperialismus 97 (3), 284–285 (1)
Kajangala Südasien (Indien) Frühe Religion 242 (3)
Kakatiya Dynastie Südasien Die Welt 1200 62–63 Die Welt 1300 66–67 Mittelalterliche Staaten 244 (2), 244–245 (3) Mongolen 68–69 (1)
Kakimbon Westafrika (Guinea) Früher Ackerbau 158 (1)
Kakonda Staat Südl. Afrika Die Welt 1800 86–87 Die Welt 1850 90–91
Kakongo Staat Zentralafrika Die Welt 1600 78–79 passim Islam 162 (1) Frühe Neuzeit 164 (2)
Kalabar siehe Calabar
Kalabhra Dynastie Südasien Die Welt 500 50–51
Kalachuri, Frühe Dynastie Südasien Mittelalterliche Staaten 244 (2)
Kalachuri, Späte Dynastie Südasien Die Welt 1000 58–59 Mittelalterliche Staaten 244 (2)
Kaladi Südasien (Indien) Weltreligionen 243 (4)
Kalahari Wüste Südl. Afrika Die Welt 10000 14–15 passim Frühe Kulturen 160 (1) Früher Ackerbau 158 (1), 20–21 (2) Frühmensch 16 (1) Islam 162 (1) Ökonomie 163 (2) Sklavenhandel 84–85 (1)
Kalam Staat Westafrika Die Welt 1600 78–79 Frühe Neuzeit 164 (2)
Kalambo Falls arch. Stätte Ostafrika (Tanzania) Die Welt 5000 v.Chr. 18–19 Frühe Kulturen 160 (1) Früher Ackerbau 158 (1)
Kalanjar Südasien (Indien) Mittelalterliche Staaten 244 (2)
Kalat Südasien (Pakistan) Kolonialismus 248 (1)
Kalcuri Dynastie/Staat Erkundung 61 (3)
Kalewa Schlacht Kont. Südostasien (Burma) ZWK 104 (2)
Kalgan Hall Australien Frühe Kulturen 280 (1)
Kalgoorlie Australien Kolonisation 282 (1) Staatenbildung 283 (3)
Kalhat var. Qalhat Südwestasien (Oman) Handel 230 (2)
Kaliakra Südosteuropa (Bulgarien) Mittelalterliche Staaten 189 (4)
Kalibangan arch. Stätte Südasien (Indien) Erste Städte 24 (2), 240 (2)
Kalikod siehe Calicut, Qalqut
Kalinga Region/Reich Südasien Frühe Reiche 241 (4), (5) Frühe Religion 36 (2), 48 (2), 242 (2)
Kalinganagara Südasien (Indien) Mittelalterliche Staaten 244 (1), (2)
Kalinin siehe Tver'
Kaliningrad ehem. Königsberg Osteuropa (Russ. Föderation) Nachkriegszeit 212 (3) UdSSR 213 (4) siehe auch Königsberg
Kalisch Lat. Calisia, Poln. Kalisz Mitteleuropa (Polen) EWK 207 (4) Reiche & Revolutionen 199 (3)
Kalisz siehe Kalisch
Kalka Schlacht Osteuropa (Ukraine) Mongolen 68–69 (1)
Kalkutta siehe Calcutta
Kallatis Lat. Callatis Südosteuropa (Bulgarien) Erste Hochkulturen 176–177 (1)
Kalleh Nisar Südwestasien (Iran) Erste Städte 25 (3)

Kalmar Skandinavien (Schweden) Mittelalterliche Staaten 189 (3)
Kalmücken Volk Zentralasien Handel 267 (3) Qing-China 268 (1) UdSSR 213 (4)
Kalmückien Region/Staat Zentralasien Qing-China 268 (1) siehe auch Kalmykija
Kalmykija Region/Staat Zentralasien UdSSR 215 (4) siehe auch Kalmückien
Kalocsa Mitteleuropa (Ungarn) Mittelalterliche Staaten 185 (3)
Kalonga Staat Südl. Afrika Die Welt 1700 82–83 Frühe Neuzeit 164 (1) Sklavenhandel 165 (4)
Kalpi Schlacht Südasien (Indien) Kolonialismus 249 (3)
Kaluga Osteuropa (Russ. Föderation) UdSSR 208 (2)
Kalunde Staat Zentralafrika Die Welt 1700 82–83 passim
Kalundu arch. Stätte Südl. Afrika (Zambia) Frühe Kulturen 160 (1)
Kalyani Südasien (Indien) Mittelalterliche Staaten 244 (2)
Kalyani, Chalukya von Dynastie Südasien Mittelalterliche Staaten 244 (2) siehe Chalukya
Kalydnioi Lat. Calydnioi Staat Südosteuropa (Griech.) Antike Griechen 177 (2)
Kalynda Lat. Calynda Staat Südosteuropa (Griech.) Antike Griechen 177 (2)
Kamabai Westafrika (Sierra Leone) Früher Ackerbau 158 (1)
Kamaishi Japan ZWK 273 (3)
Kamakura Japan Frühe Neuzeit 267 (4) Mittelalterliche Staaten 263 (7), 265 (4)
Kamalpur Südasien (Bangladesh) Nachkriegszeit 252 (3)
Kamarina Lat. Camarina Ital. Hbl. Erste Hochkulturen 176–177 (1)
Kamba Volk Ostafrika Handel 166–167 (1)
Kamboja Region Südasien Frühe Religion 242 (1), (2)
Kambryk siehe Cambrai
Kambodscha ehem. Chenla, Funan, Kambujadesha, Khmer, Kamb. Kampuchea Staat Kont. Südostasien China nach 1949 275 (3) Dekolonisation 251 (4) Die Welt 1400 70-71 passim Handel 267 (3) Imperialismus 97 (3) Kalter Krieg 109 (1) Kolonialismus 269 (4) Supermacht USA 138 (1) Tigerstaaten 275 (4) Vietnam-Krieg 251 (5), 253 (4), (5) siehe auch Chenla, Funan, Kambujadesha, Khmer
Kambujadesha mod. Kambodscha, ehem. Chenla, Funan, später Khmer Staat Kont. Südostasien Mittelalterliche Staaten 245 (5), (6) siehe auch Kambodscha, Chenla, Funan, Khmer
Kamchatka siehe Kamtschatka
Kamenets var. Kamyanyets Osteuropa (Russ. Föderation) Mongolen 68–69 (1)
Kamerun ehem. Cameroons, Cameroon Trusteeship, Frz. Cameroun Kolonie/Staat Westafrika Afrika nach 1960 169 (4) Dekolonisation 168 (1) Die Welt 1900 94–95 Heutige Welt 112 (1), 113 (3) Imperialismus 96 (1), 97 (4) Islam 235 (4) Ökonomie 168 (2), (3) ZWK 104 (1)
Kami-Kuroiwa arch. Stätte Japan Früher Ackerbau 20 (1)
Kaminaljuyú Mittelamerika (Guatemala) Frühe Kulturen 121 (2), 122 (2)
Kamiros Lat. Camirus, var. Cameirus Staat Südosteuropa (Griech.) Antike Griechen 177 (2)
Kamnama arch. Stätte Südl. Afrika (Malawi) Frühe Kulturen 160 (1)
Kampala Ostafrika (Uganda) Afrika nach 1960 169 (4) Erkundung 157 (4), (5) Kolonialismus 166–167 (4) Ökonomie 168 (2)
Kampe Reich Mar. Südostasien Antikes Indien 241 (6)
Kampen Westeuropa (Niederl.) Handel im Mittelalter 190–191 (1) Mittelalterliche Staaten 187 (3)
Kamperduin siehe Camperdown
Kampilya Südasien (Indien) Frühe Religion 36 (2), 242 (3)
Kampuchea siehe Kambodscha
Kamtschatka Russ. Poluostrov Kamchatka Region Sibirien Eiszeit 116, 216–217 Erkundung 257 (2) Früher Ackerbau 258 (1) Kolonialismus 269 (3) ZWK 272 (1), 273 (2)
Kamyanyets siehe Kamenets
Kanaan Region Südwestasien Altes Ägypten 159 (4), (5)
Kanada UN Canada ehem. Dominion of Canada Staat Nordamerika Aufstieg der USA 132 (1), 133 (4) Die Welt 1700 82–83 Erkundung 287 (2) Globale Migration 100 (1), 101 (2), (3) Heutige Welt 112 (1), 113 (4) Kalter Krieg 109 (1) Ökonomie 138 (2) Staatenbildung 127 (3) Supermacht USA 138 (1) Weltwirtschaft 92 (1), 93 (3) ZWK 104 (1), 105 (4), 272 (1) siehe auch Canada, Dominion of
Kanadischer Schild Landschaft Nordamerika Eiszeit 116
Kanagawa Präfektur Japan Ökonomie 270 (1)
Kanaky siehe Neu-Kaledonien
Kanal siehe Englischer Kanal
Kanalinseln Eng. Channel Islands, Frz. Îles Normandes Archipel Westeuropa Mittelalterliche Staaten 186 (2)
Kanalzone Region/Kanal Mittelamerika Die Welt 1925 98–99 passim siehe auch Panama, Panama-Kanal
Kananga ehem. Luluabourg Zentralafrika (Kongo (Zaire)) Ökonomie 168 (2)
Kananur siehe Cannanore
Kanara var. Karnātaka, ehem. Maisur, Mysore Region Südasien Ökonomie 247 (3) siehe auch Karnātaka, Mysore
Kanaren var. Kanarische Inseln, Span. Islas Canarias Archipel Atlantik Die Welt 1500 74–75 passim Eiszeit 154–155 (1) Erkundung 60–61 (1), 80–81 (1), 156 (3) Imperialismus 96 (1) Reiche & Revolutionen 88 (1) siehe auch Fortunatae Insulae
Kanarische Inseln siehe Kanaren
Kanauj var. Karnnauj Südasien (Indien) Frühe Religion 36 (2), 48 (2) Weltreligionen 49 (3)
Kanazawa Japan Ökonomie 270 (1)
Kanchi Südasien (Indien) Frühe Religion 242 (2)
Kanchipuram Südasien (Indien) Erkundung 256 (1) Frühe Religion 48 (2) Frühe Reiche 241 (4) Mittelalterliche Staaten 244 (1), (2) Weltreligionen 49 (3)
Kanchou siehe Ganzhou
Kandahar var. Qandahār, Qandhar, ant. Alexandria Arachoton Zentralasien (Afghanistan) Antikes Persien 223 (4) Islam 56–57 (1), 227 (4) Kolonialismus 248 (1) Ökonomie 247 (3) Safawiden 231 (4) Timur 229 (4) siehe auch Qandhar, Alexandria Arachoton
Kandana Südl. Afrika (Zambia) Früher Ackerbau 158 (1)
Kandiaro Südasien (Pakistan) Ökonomie 247 (3)
Kandrian Insel Pazifik Frühe Kulturen 280–281 (3)
Kandy Südasien (Sri Lanka) Dekolonisation 250 (1) Die Welt 1800 87–88 Kolonialismus 248 (1) Ökonomie 249 (4) Weltreligionen 49 (3) ZWK 250–251 (3)
Kandy, Königreich von Staat Südasien Die Welt 1700 82–83 Kolonialismus 248 (1)
Kanem var. Kaneu Staat Zentralafrika Die Welt 1000 58–59 passim Ökonomie 163 (2) siehe auch Kanem-Bornu
Kanem-Bornu Staat Zentralafrika Die Welt 1400 70–71 Die Welt 1500 74–75 Islam 162 (1) Kolonialismus 166–167 (4) siehe auch Kanem
Kaneš var. Kanesch, mod. Kültepe Südwestasien (Türkei) Erste Städte 220 (2) Frühe Kulturen 221 (4) Frühe Reiche 221 (5) Schrift & Zahl 223 (3) Urbane Zivilisationen 28–29 (1) siehe auch Kültepe
Kanesch siehe Kaneš
Kaneu siehe Kanem
Kangeq Nordamerika (Grönland) Präkolumbische Kulturen 123 (3)
Kanggye Ostasien (Nord-Korea) Kalter Krieg 109 (4)
Kangju Region Ostasien Mittelalterliche Staaten 264 (2)
Kangra Staat Südasien Mogul-Reich 246 (1)
Kaniok Staat Zentralafrika Die Welt 1700 82–83 Die Welt 1800 86–87 Die Welt 1850 90–91
Kanior Staat Zentralafrika Die Welt 1700 82–83
Kannanur var. Vikrampura Südasien (Indien) Mittelalterliche Staaten 244 (2)
Kannauj siehe Kanauj
Kannur siehe Cannanore
Kano Westafrika (Nigeria) Die Welt 1600 78–79 Erkundung 157 (4) Islam 162 (1) Kolonialismus 166–167 (4) Ökonomie 163 (2)
Kano Staat Westafrika Frühe Neuzeit 164 (2) Sklavenhandel 165 (4)
Kānpur siehe Cawnpore
Kansa Volk Nordamerika Kolonialismus 126 (1)
Kansas Staat Nordamerika Aufstieg der USA 129 (1) Ökonomie 134 (2) US-Bürgerkrieg 130 (5)
Kansas Fluss Nordamerika Frühe Kulturen 121 (4) Präkolumbische Kulturen 123 (5)
Kansas City Nordamerika (USA) Aufstieg der USA 132 (1) Erkundung 119 (3) Frühe Kulturen 121 (4) Ökonomie 134 (1)
Kansas Territory Region Nordamerika US-Bürgerkrieg 130 (3)
Kansu siehe Gansu
Kantipur siehe Kathmandu
Kantō siehe Kwantung
Kan-t'o-li siehe Gantoli
Kanton Chin. Guangzhou, var. Canton, Kuang-chou, Kwangchow, Nanhai Ostasien (China) Imperialismus 97 (3), 284–285 (1) Weltreligionen 243 (5) siehe auch Guangzhou, Nanhai
Kanyakubja Südasien (Indien) Frühe Religion 242 (2), (3) Mittelalterliche Staaten 244 (1), (2)
Kanya Kumari Südasien (Indien) Weltreligionen 243 (4)
Kaolan siehe Lanzhou
Kao-li siehe Gaoli
Kap Blanco mod. Kap Blanc Westafrika Erkundung 156 (3) Früher Ackerbau 158 (1)
Kap der drei Spitzen mod. Cape Three Points Westafrika Früher Ackerbau 158 (1)
Kap der Guten Hoffnung Afr. Kaap de Goede Hoop, Kaap die Goeie Hoop Kap Südl. Afrika Erkundung 80–81 (1), 156 (3) Frühe Neuzeit 164 (1) Imperialismus 96 (2) Sklavenhandel 165 (4)
Kapilavastu var. Kapilavatthu Südasien (Indien) Frühe Religion 36 (2), 48 (2), 242 (3) Frühe Reiche 241 (4)
Kapilavatthu siehe Kapilavastu
Kapisa var. Alexandria ad Caucasum, mod. Bagram, var. Begram Zentralasien (Afghanistan) Mittelalterliche Staaten 244 (1) siehe auch Alexandria ad Caucasum, Bagram
Kapishi Südasien (Pakistan) Frühe Reiche 241 (4)
Kapiti Island Walfangstation Neuseeland Kolonisation 283 (4)
Kapitol siehe Capitolinus, Mons
Kapkolonie Staat Südl. Afrika Die Welt 1800 86–87 Die Welt 1850 90–91 Globale Migration 101 (3) Imperialismus 96 (2) Weltwirtschaft 92 (1)
Kappadokien Gr. Kappadokia, Lat. Cappadocia Region/Staat Südwestasien Antikes Persien 223 (4) Antikes Rom 179 (5) Die Welt 250 v.Chr. 38–39 Die Welt 1 n.Chr. 42–43 Frühe Kulturen 221 (4) Hellenist. Welt 40–41 (1), 224 (1) siehe auch Cappadocia
Kapstadt var. Cape Town, Ekapa, Afr. Kaapstad Südl. Afrika (Südafrika) Afrika nach 1960 169 (4) Die Welt 1800 86–87 Die Welt 1850 90–91 Frühe Neuzeit 164 (1) Globale Migration 100 (1), 101 (2) Imperialismus 96 (1), (2) Kolonialismus 166–167 (4) Ökonomie 168 (2) Sklavenhandel 84–85 (1), 165 (4) Weltwirtschaft 92 (1) ZWK 104 (2) siehe auch Cape Town
Kaptara Dtsch. Kreta, Gr. ant. Kretai, Gr. mod. Kriti, Lat. Creta, ehem. It. Candia Insel Mittelmeer Altes Ägypten 159 (5) siehe auch Candia, Creta, Kreta
Kapverden var. Kapverdische Inseln Port. Ilhas do Cabo Verde Kolonie/Staat/Archipel Atlantik Afrika nach 1960 169 (4) Dekolonisation 168 (1) Die Welt 1800 86–87 Die Welt 1850 90–91 Eiszeit 154–155 (1) Erkundung 142 (1), 143 (3) Heutige Welt 112 (1) Imperialismus 96 (1)
Kapwirimbwe arch. Stätte Südl. Afrika (Zambia) Frühe Kulturen 160 (1)
Karabakh siehe Qarabagh
Kara Balgasun Ostasien (China) Die Welt 750 54–55
Karačajevo-Čerkesija Staat Osteuropa UdSSR 215 (4)
Karachi var. Karāchi, Dtsch. Karatschi Südasien (Pakistan) Dekolonisation 250 (1) Erkundung 239 (1) Nachkriegszeit 252 (1), 253 (5) Ökonomie 249 (4) Supermacht USA 138 (1) Weltwirtschaft 93 (5)
Karadeniz siehe Schwarzes Meer
Karafuto Kolonie Sibirien Imperialismus 270 (2)
Karaganda Zentralasien (Kasachstan) Früher Ackerbau 258 (1) UdSSR 215 (4)
Karagwe Staat Ostafrika Die Welt 1700 82–83 Die Welt 1800 86–87 Kolonialismus 166–167 (4)
Karahüyük Südwestasien (Türkei) Urbane Zivilisationen 28–29 (1)
Kara-Indash-Tempel Tempel Südwestasien (Irak) Stadtplan Uruk 220 (3)
Karakhaniden var. Qarakhaniden, Karachaniden Staat Zentralasien Die Welt 1000 58–59 Islam 57 (2), 227 (6) Seldschuken 228 (1)
Kara Khitai, Reich der Staat Zentralasien /Ostasien Die Welt 1200 62–63
Karakol var. Przheval'sk Zentralasien (Kirgisistan) Erkundung 257 (3)
Karakoram Range Gebirge Zentralasien Frühe Reiche 241 (4)
Karakorum Ostasien (Mongolei) Biol. Austausch 72–73 (1) Die Welt 1300 66–67 Erkundung 257 (3) Mittelalterliche Staaten 262–263 (1), 263 (7) Mongolen 68–69 (1) Sklavenhandel 84–85 (1) siehe auch Hening
Karakota Dynastie Südasien Die Welt 750 54–55
Karakum Wüste Zentralasien Eiszeit 217 Islam 56–57 (1)
Karaman Südwestasien (Türkei) Frühe Kulturen 221 (4)
Karanbas Südasien (Indien) Ökonomie 247 (3)
Karankawa Volk Nordamerika Kolonialismus 126 (1)
Karanovo arch. Stätte Südosteuropa (Bulgarien) Die Welt 5000 v.Chr. 18–19 Früher Ackerbau 174 (1) Kupferzeit 174 (2)
Karantanen Volk Mitteleuropa Franken 184 (2)
Karantania var. Carinthia, Region Mitteleuropa Mittelalterliche Staaten 185 (3)
Karantanische Mark var. Kärnten Region Mitteleuropa Franken 184 (2)
Kara-See Meer Südasien Eiszeit 216–217 Erkundung 257 (2)
Karaskara Region Südasien Frühe Religion 242 (2)
Karasuk arch. Stätte Sibirien (Russ. Föderation) Früher Ackerbau 258 (1)
Karatschaier Volk Osteuropa UdSSR 213 (4)
Karatschi siehe Karachi
Kara-Ukok arch. Stätte Zentralasien (Kasachstan) Früher Ackerbau 258 (1)
Karchedon Lat. Carthago, Phönik. Qart Hadašt Nordafrika (Tunesien) Die Welt 250 v.Chr. 38–39 siehe auch Qart Hadašt, Carthago, Karthago
Karelien Region/Staat Osteuropa Frühe Neuzeit 197 (3) Nachkriegszeit 212 (3) UdSSR 213 (4) ZWK 211 (2)
Karenni Staat Kont. Südostasien Kolonialismus 248 (2)
Karepuna Volk Südamerika Die Welt 1500 74–75
Karfreit siehe Caporetto
Karg siehe Kharg
Kargemiş siehe Karkemiš
Karia siehe Karien
Kariba Südl. Afrika (Zimbabwe) Erkundung 157 (4)
Kariben Volk Westindien Die Welt 1200 62–63 passim Kolonialismus 125 (4)
Karibik Region Nordamerika Biol. Austausch 73 (2) Ökonomie 138 (2)
Karibischer Kreis Eng. Circum Caribbean Region Westindien Früher Ackerbau 120 (1) Frühe Kulturen 144 (1)
Karibisches Meer ehem. Caraibisches Meer Meer Atlantik Aufstieg der USA 129 (2) Eiszeit 140 Erkundung 118 (1), 142 (1), 143 (3) Früher Ackerbau 120 (1), 20–21 (2) Kalter Krieg 108 (2) Kolonialismus 85 (2), 125 (4), 126 (1) Ökonomie 136 (2)
Karien Gr. Karia, Lat. Caria Region Südwestasien Antike Griechen 177 (2), (3) Erste Hochkulturen 176–177 (1) Hellenist. Welt 40–41 (1)
Karikal Südasien (Indien) Dekolonisation 251 (4) Die Welt 1800 86–87 passim Kolonialismus 269 (4) Nachkriegszeit 252 (1) Ökonomie 247 (3) Reiche & Revolutionen 88 (1), 88–89 (2) ZWK 250–251 (3)
Karimganj Südasien (Indien) Nachkriegszeit 252 (3)
Karipuna Volk Südamerika Frühe Reiche 147 (2)
Karkarichinkat Westafrika (Mali) Früher Ackerbau 158 (1)
Karkemiš var. Karkemisch, Carchemish, Türk. Kargemiş Südwestasien (Türkei) Altes Ägypten 159 (5) Erste Städte 220 (2) Frühe Kulturen 221 (4) Frühe Reiche 221 (5), 222 (2) Schrift & Zahl 223 (3) Urbane Zivilisationen 28–29 (1)
Karkheh Fluss Südwestasien Erste Städte 220 (2) Frühe Kulturen 221 (4)
Karkota Dynastie Südasien Mittelalterliche Staaten 244 (2)
Karkük siehe Kirkuk
Karlag Region Sibirien UdSSR 213 (4)
Karle Südasien (Indien) Weltreligionen 49 (3)
Karlovac Dtsch. Karlstadt, Ungar. Károlyváros Südosteuropa (Kroatien) Europapolitik 215 (3)
Karlsbad Mitteleuropa (Deutschland) Die Welt 1850 90–91
Karlsburg siehe Apulum, Weißenburg
Karlsruhe var. Carlsruhe Mitteleuropa (Deutschland) EWK 206 (3) Reiche & Revolutionen 203 (2)
Karlstadt siehe Karlovac
Karmana Zentralasien (Usbekistan) Handel d. Antike 44 (2)
Karmanien Gr. Karmania, Lat. Carmania Region Südwestasien Hellenist. Welt 40–41 (1)
Karmaten siehe Qarmaten
Karmi Südwestasien (Zypern) Altes Ägypten 159 (5)
Karnak var. Theben-Ost Ägypten Altes Ägypten 159 (4)
Karnapravarana Reich Südasien Frühe Reiche 241 (5)
Karnata Region Südasien Frühe Religion 48 (2), 242 (2)
Karnataka Region/Staat Südasien Nachkriegszeit 252 (1), 253 (4) Weltreligionen 243 (4)
Karnatik siehe Carnatic
Kärnten ma. Karantania, var. Carinthia Region Mitteleuropa Frühe Neuzeit 193 (4), 194 (1) Mittelalterliche Staaten 188 (1), 189 (4) siehe auch Karantania, Karantanische Mark
Karolinen siehe Carolinen
Karolinger-Reich var. Franken-Reich, Fränkisches Königreich, Merowinger-Reich Staat Westeuropa (Frankr.) Franken 184 (2) siehe auch Franken-Reich, Merowinger-Reich
Károly-Fehérvár siehe Apulum, Weißenburg
Károlyváros siehe Karlovac
Karpaten Gebirge Osteuropa Früher Ackerbau 174 (1) Handel im Mittelalter 190–191 (1) Kreuzzüge 64–65 (2), 186 (1) Mittelalterliche Staaten 185 (3), 189 (4) Napoleon 200–201 (1) Ökonomie 205 (4) Völkerwanderung 52–53 (1)
Karpathos siehe Scarpanto
Karrhai Lat. Carrhae Südwestasien (Iran) Antikes Rom 224 (2) Hellenist. Welt 40–41 (1)
Karri var. El Khartûm, Khartoum, Khartum Ostafrika (Sudan) Islam 162 (1) siehe auch Khartoum
Kars var. Qars Südwestasien (Türkei) Arabien im 20. Jh. 233 (3) EWK 233 (2) Osmanen 231 (3) Safawiden 231 (4) UdSSR 208 (2)
Karst SKr. Kras, It. Carso Landschaft Südosteuropa EWK 207 (5)
Karthago Lat. Carthago, Phönik. Qart Hadašt, Gr. Karchedon Nordafrika (Tunesien) Erkundung 172 (1) Islam 56–57 (1), 184 (1) siehe auch Carthago, Karchedon, Qart Hadašt
Karusha Reich Südasien Frühe Reiche 241 (5)
Karwar Südasien (Indien) Kolonialismus 247 (3)
Karystos Lat. Carystus Staat Südosteuropa (Griech.) Antike Griechen 177 (2)
Kasachen Volk Zentralasien Die Welt 1700 83–84 passim Reiche & Revolutionen 88–89 (2)
Kasachen-Khanat Staat Zentralasien Handel 267 (3)
Kasai var. Cassai, Kassai Fluss Zentralafrika Erkundung 157 (4) Frühe Kulturen 160 (1) Frühe Neuzeit 164 (2)
Kasan siehe Kazan
Kasanje Staat Südl. Afrika Die Welt 1700 82–83 Die Welt 1800 86–87 Handel 166–167 (1) Sklavenhandel 165 (4)
Kaschau Ung. Kassa, Poln. Kovsice, mod. Košice Mitteleuropa (Slowakei) Frühe Neuzeit 193 (4)
Kaschmir siehe Kashmir, Kashmira
Kashan Südwestasien (Iran) Safawiden 231 (4)
Kashgar Chin. Kaxgar, K'o-shih, Uigh Ostasien (China) Biol. Austausch 72–73 (1) Erkundung 256 (1) Frühe Reiche 260 (1) Handel 267 (3) Handel d. Antike 44–45 (1) Kolonialismus 248 (1) Mittelalterliche Staaten 262–263 (1) Mongolen 68–69 (1) Qing-China 268 (1), (2) Völkerwanderung 261 (6) Weltreligionen 49 (3)
Kashgar, Khanat von Staat Ostasien Handel 267 (3)
Kashi var. Baranasi, Banaras, Kasi, Eng. Benares, mod. Varanasi Südasien (Indien) Frühe Religion 36 (2), 48 (2), 242 (2) Mittelalterliche Staaten 244 (2) Weltreligionen 243 (4) siehe auch Baranasi, Banaras, Benares, Varanasi
Kashi Region/Reich Südasien (Indien) Frühe Reiche 241 (5) Frühe Religion 242 (2)
Kashir siehe Kashgar
Kashmir var. Kaschmir Region/Staat Südasien Dekolonisation 251 (4) Erkundung 257 (3) Handel 267 (3) Kolonialismus 249 (3) Mittelalterliche Staaten 244–245 (3) Mogul-Reich 246 (1) Mongolen 68–69 (1) Nachkriegszeit 252 (2), 253 (4) Weltreligionen 243 (4), 49 (3) siehe auch Kashmira
Kashmira Region Südasien Frühe Religion 242 (2) siehe auch Kashmir
Kasi siehe Kashi
Kaska Volk Nordamerika Die Welt 1600 78–79 passim Präkolumbische Kulturen 123 (3)
Kaskaskia Nordamerika (USA) Staatenbildung 127 (3)
Kaspische Tore Pass Südwestasien (Iran) Hellenist. Welt 40–41 (1)
Kaspisches Meer var. Kaspi-See, ant. Mare Caspium, As. Xäzär Dänizi, Kas. Kaspiy Tengizi, Pers. Baḩr-e Khazar, Russ. Kaspiyskoye More Binnenmeer Asien/Europa Antikes Persien 223 (4), 225 (6) Antikes Rom 181 (4), 224 (2), 225 (5) Arabien im 20. Jh. 234 (1) Biol. Austausch 72–73 (1), 73 (3) Eiszeit 217 Erkundung 60–61 (1), 172 (1), (2), 219 (3) Erste Städte 25 (3), 220 (2) EWK 233 (2) Frühe Reiche 222 (2) Handel 267 (3) Handel d. Antike 44–45 (1), 181 (3) Hellenist. Welt 224 (1), 41 (2) Islam 56–57 (1), 226 (3), 227 (4), 275 (5) Kolonialismus 269 (3) Mongolen 229 (3), 68 (2), 68–69 (1) Ökonomie 205 (4) Osmanen 231 (3), 232–233 (1) Safawiden 231 (4) Seldschuken 228 (1) Timur 229 (4) UdSSR 208 (2), 213 (4) Völkerwanderung 52–53 (1), 261 (6) siehe auch Caspium, Mare
Kaspi-See siehe Kaspisches Meer
Kassa Poln. Kovsice, Dtsch. Kaschau, mod. Košice Mitteleuropa (Slowakei) Frühe Neuzeit 193 (4)
Kassai siehe Kasai
Kassala Ostafrika (Sudan) Spätantike 161 (4), (5)
Kassandros, Königreich von Staat Südosteuropa (Griech.) Hellenist. Welt 224 (1)
Kassel ehem. Cassel Mitteleuropa (Deutschland) Frühe Neuzeit 193 (4)
Kassiten Volk Südwestasien Frühe Kulturen 221 (4), (5)
Kastilien Lat. Castilia, Span. Castilla Region/Staat Iberische Hbl. Die Welt 1000 58–59 passim Frühe Neuzeit 194 (1) Handel im Mittelalter 190–191 (1) Islam 192 (3) Kreuzzüge 186 (1) Mittelalterliche Staaten 185 (3), 192 (1), (2) Reformation 196 (2) Wikinger 60–61 (1) siehe auch Kastilien und León
Kastilien und León Span. Castilla y León Staat Iberische Hbl. Kreuzzüge 64–65 (2) siehe auch Kastilien
Kataha Ostasien (China) Erkundung 61 (3)
Katak mod. Cuttack Südasien (Indien) Mogul-Reich 246 (1) siehe auch Cuttack
Kataka Südasien (Indien) Mittelalterliche Staaten 244 (2), 244–245 (3)
Katalanische Grafschaften Staat Iberische Hbl. Mittelalterliche Staaten 185 (3)
Katalanischer Aufstand Revolte Iberische Hbl. Reformation 196 (2)
Katalaunische Felder beim heut. Troyes (Champagne) Schlacht Westeuropa (Frankr.) Völkerwanderung 52–53 (1)
Katale Zentralafrika (Kongo (Zaire)) Afrika nach 1960 169 (5)
Katalonien Staat/Region Iberische Hbl. Islam 192 (3) Kreuzzüge 64–65 (2) Napoleon 201 (2) Zwischenkriegszeit 209 (4)
Katanga Region Zentralafrika Afrika nach 1960 169 (4) Kalter Krieg 109 (1)
Katar siehe Qatar
Katarpur Südasien (Indien) Dekolonisation 250 (1)
Katehar Region Südasien Mittelalterliche Staaten 244–245 (3)
Katharer relig. Sekte Westeuropa (Frankr.) Kreuzzüge 186 (1)
Katherine Australien Kolonisation 282 (1)
Kathiawar Staat Südasien Mogul-Reich 246 (1)
Kathio Nordamerika (USA) Präkolumbische Kulturen 123 (5)
Kathmandu var. Katmandu, ehem. Kantipur Südasien (Nepal) Erkundung 257 (3) Kolonialismus 248 (1) Mittelalterliche Staaten 244–245 (3) Nachkriegszeit 252 (1), 253 (5) Qing-China 268 (1) ZWK 250–251 (3)
Katima Mulilo Südl. Afrika (Namibia) Erkundung 157 (4)
Katmandu siehe Kathmandu
Katombela mod. Catambela Südl. Afrika (Angola) Erkundung 157 (4)
Katpatuka siehe Cappadocia
Katsina Westafrika (Nigeria) Die Welt 1600 78–79 Erkundung 157 (4) Islam 162 (1) Ökonomie 168 (2)
Katsina Staat Westafrika Frühe Neuzeit 164 (2) Sklavenhandel 165 (4)
Kattegat Dän. Kattegatt Meeresstraße Skandinavien Frühe Neuzeit 197 (3)
Kattegatt siehe Kattegat
Kattura Südasien (Indien) Frühe Religion 48 (2)
Katuruka arch. Stätte Ostafrika (Tanzania) Frühe Kulturen 160 (1)
Katyn Osteuropa ZWK 211 (3)
Kauen siehe Kaunas, Kovno
Kaukasier Volk Osteuropa/Südwestasien Die Welt 750 v.Chr. 30–31 passim
Kaukasus Lat. Caucasus, Russ. Kavkaz Gebirge Zentralasien Antikes Persien 223 (4), 225 (6) Antikes Rom 180–181 (1), 181 (4) Biol. Austausch 72–73 (1) Die Welt 1600 78–79 Eiszeit 217 Erkundung 172 (1), (2), 219 (3) EWK 233 (2) Frühmensch 13 (2) Handel d. Antike 44–45 (1) Hellenist. Welt 224 (1) Islam 56–57 (1), 57 (2), 227 (4) Mongolen 68–69 (1), 229 (3) Ökonomie 205 (4) Osmanen 231 (3), 232–233 (1) Safawiden 231 (4) Seldschuken 228 (1) Timur 229 (4) UdSSR 208 (2) Völkerwanderung 261 (6) ZWK 210 (1), 211 (2), (4)
Kaulonia Lat. Caulonia Ital. Hbl. Antikes Rom 178 (1) Erste Hochkulturen 176 (1)
Kaunas ehem. Russ. Kovno, var. Kowno, Dtsch. Kauen Osteuropa (Litauen) Frühe Neuzeit 195 (3) ZWK 211 (3) siehe auch Kovno
Kaurava Dynastie Südasien Frühe Reiche 241 (5)
Kaushambi Südasien (Indien) Frühe Religion 36 (2), 242 (3)
Kauthara Kont. Südostasien (Vietnam) Antikes Indien 241 (6)
Kaválla Südosteuropa (Griech.) EWK 207 (6)
Kaveri var. Cauvery Fluss Südasien Frühe Reiche 241 (4), (5) Frühe Religion 242 (2) Mittelalterliche Staaten 244 (2), 244–245 (3), 245 (4) Ökonomie 247 (3), 249 (4) Weltreligionen 243 (4)
Kavik Nordamerika (USA) Präkolumbische Kulturen 123 (3)
Kavkaz siehe Kaukasus
Kawa Ostafrika (Sudan) Altes Ägypten 159 (5) Frühe Kulturen 160 (1)
Kawasaki Japan ZWK 273 (3)
Kawhia Neuseeland Kolonisation 283 (4)
Kawkau mod. Songhay Staat Westafrika Mittelalterliche Staaten 163 (4)
Kawthule siehe Kaya
Kaxgar siehe Kashgar, Kashi
Kaya Jap. Mimana Ostasien (Korea) Frühe Reiche 264 (1)
Kaya var. Kawthule, Kayin Staat Ostasien Die Welt 250 46–47 Frühe Reiche 264 (1)
Kayalapattinam var. Kayalpatnam, Punneikayal Südasien (Indien) Weltreligionen 243 (4) siehe auch Kayalpatnam
Kayalpatnam var. Kayalapattinam, Punneikayal Südasien (Indien) Ökonomie 247 (3) siehe auch Kayalapattinam
Kayankulam Südasien (Indien) Ökonomie 247 (3)
Kayapo Volk Südamerika Frühe Reiche 147 (2)
Kayenta arch. Stätte Nordamerika (USA) Präkolumbische Kulturen 123 (4)
Kayes Westafrika (Mali) Kolonialismus 166–167 (4)
Kayin Staat siehe Kaya
Kayor Staat Westafrika Die Welt 1600 78–79 Frühe Neuzeit 164 (2)
Kayseri ma. Eusebia, Mazacca, ant. Caesarea Cappadociae Südwestasien (Türkei) Mongolen 68–69 (1) siehe auch Caesarea Cappadociae
Kasachen Volk Zentralasien Islam 275 (5)
Kasachstan UN Kazakstan, Kas. Qazaqstan, ehem. Kazakhskaya SSR Staat Südwestasien China nach 1949 275 (3) Europapolitik 214 (2) Heutige Welt 110–111, 113 (3), (4) Islam 235 (4), 275 (5) Ökonomie 234 (1), 274 (2) UdSSR 215 (4)
Kasan siehe Kazan'
Kazakstan siehe Kasachstan
Kazan' var. Kasan Osteuropa (Russ. Föderation) Handel 267 (3) Kolonialismus 269 (3) UdSSR 208 (2), 215 (4)
Kazan', Khanat von Staat Osteuropa/Sibirien Die Welt 1500 74–75
Kazan-rettō siehe Volcano Islands
Kazeh siehe Tabora
Kazembe Staat Südl. Afrika Die Welt 1850 90–91 Handel 166–167 (1)
Kazvin mod. Qazvin Südwestasien (Iran) Erkundung 219 (3) siehe auch Qazvin
Keban siehe Byblos
Kebana arch. Stätte Ostafrika Frühmensch 12 (1), 13 (2)
Kebbi siehe Kabi
Kebren Südwestasien (Türkei) Antike Griechen 177 (2)
Kedah Kont. Südostasien (Malaysia) Mittelalterliche Staaten 245 (5)
Kedah Region Kont. Südostasien (Malaysia) Kolonialismus 247 (4)
Kedara Südasien (Indien) Weltreligionen 243 (4)
Kediri Staat Mar. Südostasien Die Welt 1200 62–63
Kedungbrubus arch. Stätte Mar. Südostasien (Indonesien) Frühmensch 13 (2)
Kefe siehe Kaffa, Theodosia
Keijō siehe Seoul
Keilor Australien Frühe Kulturen 280 (1)
Keishū siehe Kumsong, Kyongju
Kelenderis Lat. Celenderis Südwestasien (Türkei) Erste Hochkulturen 176–177 (1)
Kelso Nordamerika (USA) Präkolumbische Kulturen 123 (5)
Kelten Volk Brit. Inseln/Westeuropa/Mitteleuropa Die Welt 500 v.Chr. 34–35 passim Erste Hochkulturen 176–177 (1) Handel d. Antike 44–45 (1) Schrift & Zahl 33 (3) Völkerwanderung 53 (2)
Keltiberer Lat. Celtiberi Volk Iberische Hbl. Antikes Rom 179 (5) Die Welt 250 v.Chr. 38–39
Kemp Land Landschaft Antarktis Erkundung 287 (3)
Kendall County Region Nordamerika
Kendari Mar. Südostasien (Indonesien) ZWK 272 (1), 273 (2)
Kenduli Südasien (Indien) Weltreligionen 243 (4)
Kenia siehe Kenya
Kénitra siehe Port Lyautey
Kennesaw Mountain Schlacht Nordamerika (USA) US-Bürgerkrieg 131 (7)
Kennet and Avon Kanal Brit. Inseln Ökonomie 204 (1)
Kenniff Cave Australien Die Welt 5000 v.Chr. 18–19 Frühe Kulturen 280 (1)
Kent Staat Brit. Inseln Die Welt 750 54–55 Mittelalterliche Staaten 183 (3)
Kentucky Staat Nordamerika Aufstieg der USA 129 (1) Ökonomie 134 (2), 139 (3) US-Bürgerkrieg 130 (1), (5), 131 (6)
Kentucky Frontier Region Nordamerika Staatenbildung 127 (3)
Kenya var. Kenia, ehem. Britisch-Ostafrika Staat Ostafrika Afrika nach 1960 169 (4), Dekolonisation 168 (1) Heutige Welt 112 (1), 113 (3) Islam 235 (4) Kalter Krieg 109 (1) Ökonomie 168 (2), (3) ZWK 104 (1) siehe auch Britisch-Ostafrika
Kenya, Mount mod. Kirinyaga Berg Ostafrika Erkundung 157 (4)
Kenyérmező Schlacht Südosteuropa Frühe Neuzeit 193 (4)
Kephallenia Lat. Cephallenia, mod. Kephalonia, var. Cephalonia Insel Mittelmeer Antike Griechen 177 (3), 179 (4) siehe auch Cephalonia
Kephalonia siehe Kephallenia
Kephalonia Keppel Island siehe Niuatoputapu
Kerala Region/Reich Südasien Frühe Religion 48 (2), 242 (2) Frühe Reiche 241 (5) Nachkriegszeit 252 (1), 253 (4)
Kerameikos-Friedhof Lat. Ceramicus Friedhof Südosteuropa (Griech.) Stadtplan des antiken Athen 177 (4)
Kerch siehe Panticapaeum
Kerguelen Insel Indischer Ozean Die Welt 1800 86–87
Kerikeri Neuseeland Kolonisation 283 (4)
Kérkira siehe Corfu, Korkyra
Kerkuk siehe Kirkuk
Kerma Ostafrika (Sudan) Altes Ägypten 159 (4) Spätantike 161 (4), (5)
Kermadec Islands Archipel Neuseeland Dekolonisation 285 (3) Erkundung 60 (2) Frühe Kulturen 280–281 (3)
Kerman Südwestasien (Iran) Arabien im 20. Jh. 235 (5) Islam 56–57 (1) Ökonomie 234 (1) Safawiden 231 (4)
Kerman Region/Staat Südwestasien Antikes Persien 225 (6) Islam 56–57 (1) Safawiden 231 (4)
Kermanshah Südwestasien (Iran) Erste Städte 24 (2) Islam 227 (6) Seldschuken 228 (1)
Kernonen Grabhügel Westeuropa (Frankr.) Bronzezeit 175 (3)
Kern River Volk Nordamerika Kolonialismus 125 (4)
Kerulen Fluss Ostasien Erkundung 256 (1) Frühe Reiche 260 (1)
Kexholm Osteuropa (Russ. Föderation) Frühe Neuzeit 195 (3)
Key Marco Nordamerika (USA) Präkolumbische Kulturen 123 (5)
Key West Naval Air Station Militärbasis Nordamerika (USA) Kalter Krieg 108 (2)
Khabarovsk var. Chabarowsk Sibirien (Russ. Föderation) Kolonialismus 269 (3) Tigerstaaten 275 (4) UdSSR 208 (2)
Khafajah siehe Tutub
Khairabad Südasien (Indien) Ökonomie 247 (3)
Khairpur Staat Südasien Kolonialismus 248 (2)
Khakasija Region Zentralasien UdSSR 215 (4)
Khalka Volk Ostasien Frühe Neuzeit 266 (1) Handel 267 (3)
Khalkís siehe Chalcis
Khambhat, Golf von Eng. Gulf of Cambay Golf Südasien Erste Städte 240 (2)
Khami Südl. Afrika (Zimbabwe) Frühe Neuzeit 164 (1)
Khanbalik var. Khanbaliq, mod. Beijing Ostasien (China) Erkundung 256 (1) Mongolen 68 (2) siehe auch Beijing
Khandesh Region/Staat Südasien Mittelalterliche Staaten 244–245 (3) Mogul-Reich 246 (1)
Khanka, Ozero siehe Khanka-See
Khanka-See var. Hsing-k'ai Hu, Hanka-See, Chin. Xingkai Hu, Russ. Ozero Khanka See Ostasien Frühe Reiche 260 (1), 264 (1) Mittelalterliche Staaten 264 (2)
Khanti-Mansi (AB) Region Osteuropa UdSSR 215 (4)
Kharbin siehe Harbin
Kharga var. Charga, Arab. Wahāt el Khārga Oase Ägypten Altes Ägypten 159 (2), (3), (5) Islam 162 (1)
Kharg var. Karg, Per. Jazīreh-ye Khārk Insel Südwestasien Arabien im 20. Jh. 235 (5) Ökonomie 234 (1)
Khārk, Jazīreh-ye siehe Kharg
Kharkov var. Charkow Osteuropa (Ukraine) UdSSR 208 (2) ZWK 211 (3), (4)
Khartoum var. El Khartûm, Khartum, Karri Ostafrika (Sudan) Afrika nach 1960 169 (4) Erkundung 157 (4) Kolonialismus 166–167 (4) Ökonomie 168 (2) siehe auch Karri
Khasa Region Südasien Frühe Religion 48 (2), 242 (2)
Khasi States Staat Südasien Kolonialismus 248 (2)
Khatanga Sibirien (Russ. Föderation) Erkundung 287 (2)
Khazar, Daryā-ye siehe Kaspisches Meer
Khazaren-Reich var. Chasaren-Reich Region/Staat Zentralasien /Osteuropa Die Welt 750 54–55 Islam 56–57 (1), 57 (2), 226 (3)
Khe Sanh Schlacht Kont. Südostasien (Vietnam) Vietnam-Krieg 251 (5)
Kheta Fluss Ostasien Qing-China 268 (1)
Khíos siehe Chios, Scio
Khirokitia var. Choirokoitia, Chirokitia Südwestasien (Zypern) Früher Ackerbau 220 (1)
Khitan var. Chitan Volk Ostasien Die Welt 1200 62–63 Mittelalterliche Staaten 262–263 (1)
Khitan-Reich var. Liao-Reich Staat Ostasien Die Welt 1000 58–59 Mittelalterliche Staaten 263 (3), (4), 265 (5)
Khiva var. Chiwa Zentralasien (Turkmenistan) Handel 267 (3) Kolonialismus 269 (3) Kommunismus 271 (8) Safawiden 231 (4) UdSSR 208 (2)
Khiva var. Choresmia, Khworizm Region/Staat Zentralasien Die Welt 1600 78–79 passim Kolonialismus 269 (3) Safawiden 231 (4) siehe auch Choresmia, Khworizm
Khmer siehe Khmer-Reich, Mon-Khmer
Khmer-Reich mod. Kambodscha, ehem. Chenla Staat Kont. Südostasien Die Welt 1200 62–63 Erkundung 61 (3) Mittelalterliche Staaten 262–263 (1), 263 (7) Mongolen 68–69 (1) Weltreligionen 243 (5) siehe auch Kambodscha, Chenla, Funan, Kambujadesha
Khocho Ostasien (China) Weltreligionen 49 (3)
Khoi-San var. Khoisan, ehem. Hottentotten und Buschmänner Volk Südl. Afrika Die Welt 750 v.Chr. 30–31 passim Frühe Kulturen 160 (1) Islam 162 (1) Ökonomie 163 (2)
Khokand var. Kokand, Qŭqon ant. Alexandria Eschate Zentralasien (Usbekistan) Handel 267 (3) siehe auch Kokand, Alexandria Eschate
Kholm var. Cholm, Holm Osteuropa (Russ. Föderation) Frühe Neuzeit 195 (3)
Khorasan siehe Khurasan
Khorat siehe Nakhon Ratchasima
Khor Bahan Ägypten Altes Ägypten 159 (2)
Khorramabad Südwestasien (Iran) Arabien im 20. Jh. 235 (5)
Khorramshahr var. Khurramshahr, Muhammerah, ehem. Mohammerah Südwestasien (Iran) Arabien im 20. Jh. 235 (5)
Khorsabad Südwestasien (Irak) Frühe Reiche 222 (2)
Khotan var. Hotan, Ho-t'ien Ostasien (China) Biol. Austausch 72–73 (1) Erkundung 256 (1), 257 (3) Frühe Reiche 241 (4), 260 (1) Handel d. Antike 44–45 (1) Mittelalterliche Staaten 262–263 (1) Qing-China 268 (1) Weltreligionen 49 (3)
Khotin Südosteuropa (Moldawien) Osmanen 231 (3)
Khulna Südasien (Bangladesh) Nachkriegszeit 252 (3)
Khurasan Region/Staat Zentralasien Antikes Persien 225 (6) Islam 56–57 (1), 227 (4) Safawiden 231 (4) Seldschuken 228 (1) Timur 229 (4)
Khurja Südasien (Indien) Ökonomie 247 (3)
Khurramshahr siehe Khorramshahr
Khūzestān siehe Elam, Susiana
Khwarizm var. Choresmia, Khiva Region Zentralasien Mittelalterliche Staaten 262–263 (1) siehe auch Choresmia, Khiva
Khwarizm-Reich var. Choresm Staat Südwestasien Die Welt 1200 62–63 Islam 57 (2), 227 (4) Mongolen 68–69 (1) Seldschuken 228 (1)
Kiaka Staat Südl. Afrika Die Welt 1800 86–87 Die Welt 1850 90–91
Kiangmai siehe Chiengmai
Kiang-ning siehe Jianye, Nanjing
Kiangsi siehe Jiangxi
Kiangsu siehe Jiangsu
Kiatuthlana arch. Stätte Nordamerika (USA) Präkolumbische Kulturen 123 (4)
Kibi Staat Japan Frühe Reiche 264 (1)
Kibris siehe Zypern
Kibyra Staat Südwestasien Antikes Rom 179 (5)
Kichai Volk Nordamerika Kolonialismus 125 (4)
Kickapoo Volk Nordamerika Kolonialismus 126 (1)
Kiel Mitteleuropa (Deutschland) Mittelalterliche Staaten 189 (3) Reiche & Revolutionen 199 (3)
Kiet Siel arch. Stätte Nordamerika (USA) Präkolumbische Kulturen 123 (4)
Kiev Russ. Kiyev, Ukr. Kyyiv Osteuropa (Ukraine) Biol. Austausch 72–73 (1) Frühe Neuzeit 193 (4) Handel im Mittelalter 190–191 (1) Mittelalterliche Staaten 185 (3), 189 (3), (4) Mongolen 68–69 (1), (2) Napoleon 200–201 (1) Ökonomie 198 (1), 205 (4) Osmanen 195 (4), 231 (3) Reiche & Revolutionen 198 (2), 202 (1) UdSSR 215 (4) Weltreligionen 65 (1) Wikinger 60–61 (1) Zwischenkriegszeit 208 (1) ZWK 210 (1), (2), (3), (4)
Kiev var. Kiew Schlacht Osteuropa (Ukraine) ZWK 105 (3)
Kiever Rus var. Kiever Reich, Staat Osteuropa Die Welt 1000 58–59 Mittelalterliche Staaten 185 (3) Wikinger 60–61 (1)
Kiev, Fürstentum Staat Osteuropa Mittelalterliche Staaten 189 (4)
Kifri Südwestasien (Irak) Arabien im 20. Jh. 235 (5)
Kigali Ostafrika (Ruanda) Afrika nach 1960 169 (4)
Kiik-Koba arch. Stätte Osteuropa (Ukraine) Frühmensch 13 (2)
Kikládhes siehe Cyclades
Kikonja Staat Zentralafrika Die Welt 1700 82–83 passim
Kilikien Gr. Kilikia, Lat. Cilicia, Heth. Kizzuwatna Region Südwestasien Kreuzzüge 65 (3) Frühe Reiche 222 (2) Hellenist. Welt 40–41 (1) siehe auch Cilicia
Kilimane siehe Quelimane
Kilimanjaro var. Kilimandscharo, Uhuru Peak Berg Ostafrika Erkundung 157 (4), (5)
Killala Bay Bucht Brit. Inseln (Irland) Napoleon 200–201 (1)
Killam Südasien (Indien) Weltreligionen 243 (4)
Kilmain siehe Quelimane
Kilwa mod. Kilwa Kivinje Ostafrika (Tanzania) Die Welt 1700 82–83 passim Erkundung 61 (3) 80–81 (1), 156 (3) Handel 230 (2) Islam 162 (1) Mongolen 68 (2) Ökonomie 163 (2) Sklavenhandel 165 (4)
Kilwa Kivinje siehe Kilwa
Kimberley Südl. Afrika (Südafrika) Imperialismus 96 (2) Kolonialismus 166–167 (4)
Kimberley Plateau Hochland Australien Erkundung 279 (2) Kolonisation 283 (3)
Kimchaek ehem. Sŏngjin Ostasien (Nord-Korea) Kalter Krieg 109 (4)
Kimmerer var. Kimmerier Volk Südwestasien Die Welt 750 v.Chr. 30–31
Kimmswoci arch. Stätte Nordamerika Die Welt 10 000 v.Chr. 14–15
Kinai Staat Japan Frühe Reiche 264 (1)
Kinderkreuzzug Mitteleuropa Kreuzzüge 186 (1)
Kindye Lat. Cindye Südwestasien (Türkei) Antike Griechen 177 (2)
Kingisepp siehe Yam
Kingman Reef Kolonie Pazifik Heutige Welt 110–111
King's Lynn var. Bishop's Lynn, Lynn Regis Brit. Inseln (UK) Handel im Mittelalter 190–191 (1)
Kings Mounds Nordamerika (USA) Präkolumbische Kulturen 123 (5)
King's Mountain Schlacht Nordamerika (USA) Staatenbildung 127 (3)
King's Table Australien Frühe Kulturen 280 (1)

Kingston Westindien (Jamaica) Aufstieg der USA 129 (2) Kalter Krieg 108 (2) Ökonomie 136 (2)
Kingston upon Hull siehe Hull
Kinishba arch. Stätte Nordamerika (USA) Präkolumbische Kulturen 123 (4)
Kinlichee arch. Stätte Nordamerika (USA) Präkolumbische Kulturen 123 (4)
Kinneret, Yam siehe Genezareth, See
Kinshasa ehem. Léopoldville Zentralafrika (Kongo (Zaire)) Afrika nach 1960 169 (4) Ökonomie 168 (2) siehe auch Léopoldville
Kintampo Westafrika (Ghana) Früher Ackerbau 158 (1)
Kiowa Volk Nordamerika Kolonialismus 126 (1)
Kipchaks siehe Cumans
Kirata Reiche Südasien Frühe Reiche 241 (5)
Kirchenstaat siehe Patrimonium Petri
Kirensk Sibirien (Russ. Föderation) Erkundung 257 (2)
Kirgisen Volk Zentralasien Handel 267 (3) Islam 275 (5) Mittelalterliche Staaten 262–263 (1)
Kirgisien siehe Kirgisistan
Kirgisische Steppe var. Steppe Region Zentralasien Eiszeit 216–217 siehe auch Steppe
Kirgisistan ehem. Kirgisien, off. Kyrgyzstan Staat Zentralasien China nach 1949 275 (3) Heutige Welt 113 (3) Islam 235 (4), 275 (5) Ökonomie 274 (2) UdSSR 215 (4)
Kiribati Staat/Insel Pazifik Dekolonisation 285 (3) Frühe Kulturen 280–281 (3)
Kirin siehe Jilin
Kirinyaga siehe Kenya, Mount
Kiritimati ehem. Weihnachtsinsel, Eng. Christmas Island Insel Pazifik Erkundung 278 (1) Ökonomie 285 (2) siehe auch Weihnachtsinsel
Kirkstall Brit. Inseln (UK) Mittelalterliche Staaten 187 (3)
Kirkuk var. Karkūk, Kerkuk Südwestasien (Irak) Arabien im 20. Jh. 233 (3), 235 (5) EWK 233 (2) Ökonomie 234 (1)
Kirman Südwestasien (Iran) Erkundung 61 (3), 219 (3)
Kirov siehe Vyatka
Kirte Schlacht Südwestasien (Türkei) EWK 207 (6)
Kiš var. Kisch Südwestasien (Irak) Erste Städte 24 (2), 25 (3), 220 (2), Frühe Kulturen 221 (4) Schrift & Zahl 33 (3) Urbane Zivilisationen 28–29 (1)
Kisangani ehem. Stanleyville Zentralafrika (Kongo (Zaire)) Ökonomie 168 (2)
Kisch siehe Kiš
Kischinew siehe Kishinev
Kisese var. Kisesse Ostafrika (Tanzania) Frühmensch 17 (2)
Kishinev var. Kischinew, Chisinău Südosteuropa (Moldawien) EWK 207 (4) Nachkriegszeit 212 (3) UdSSR 208 (2)
Kiska Insel Nordamerika ZWK 272 (1), 273 (2)
Kiso Japan Mittelalterliche Staaten 265 (5)
Kistna siehe Krishna
Kisumu ehem. Port Florence Ostafrika (Kenya) Kolonialismus 166–167 (4)
Kitagiri Südasien (Indien) Frühe Religion 242 (3)
Kitai Ostasien (China) Handel d. Antike 44–45 (1)
Kitanosho Schlacht Japan Frühe Neuzeit 267 (4)
Kitava Reich Südasien Frühe Reiche 241 (5)
Kition Lat. Citium Südwestasien (Zypern) Altes Ägypten 159 (5) Erste Hochkulturen 176–177 (1)
Kiukiang siehe Jiujiang
Kiungchow siehe Qiongzhou
Kivu, Lac siehe Kivu-See
Kivu-See Frz. Lac Kivu Zentralafrika Afrika nach 1960 169 (5) Erkundung 157 (4) Frühmensch 12 (1)
Kiyev siehe Kiev
Kızıl Irmak Fluss Südwestasien Erste Städte 24 (2)
Kizzuwatna siehe Kilikien, Cilicia
Klausenburg Ung. Kolozsvár, mod. Cluj-Napoca Südosteuropa (Rumänien) Frühe Neuzeit 193 (4)
Klaipeda Dtsch. Memel Osteuropa (Litauen) Nachkriegszeit 212 (3) siehe auch Memel
Klasies-Mündung var. Klasies River Mouth arch. Stätte Südl. Afrika (Südafrika) Frühmensch 13 (2)
Klazomenai Lat. Clazomenae Südwestasien (Türkei) Antike Griechen 177 (2)
Kleinarmenien Region/Staat Südwestasien Die Welt 1200 62–63 Die Welt 1300 66–67 Handel im Mittelalter 190–191 (1) Kreuzzüge 65 (3), 228 (2) Mittelalterliche Staaten 187 (5) Mongolen 68–69 (1), 229 (3) Seldschuken 228 (1)
Kleinasien Lat. Asia Minor, var. Gr. Anatolia, Dtsch. Anatolien Region Südwestasien Antikes Rom 224 (2) Erkundung 172 (1) Handel d. Antike 44–45 (1) Osmanen 231 (3) Völkerwanderung 52–53 (1) Weltreligionen 48 (1), 49 (4), 65 (1), 226 (1) siehe auch Anatolien
Kleine Antarktis var. West-Antarktis Landschaft Antarktis Erkundung 287 (3)
Kleine Antillen Archipel Westindien Erkundung 118 (1), 119 (2), (3) Kolonialismus 125 (4)
Kleine Walachei Staat Osteuropa Osmanen 197 (4)
Kleiner Zab Arab. Nahraz Zāb aş Şaghīr, Kurd. Zē-i Kōya, Per. Rūdkhāneh-ye Zāb-e Kūchek Fluss Südwestasien Erste Städte 220 (2) Frühe Kulturen 221 (4) Frühe Reiche 221 (5)
Klein-Polen Staat Mitteleuropa Mittelalterliche Staaten 188 (1) siehe auch Polen, Königreich; Polnische Fürstentümer
Kleve siehe Cleve
Klokotnitsa Schlacht Südosteuropa (Griech.) Mittelalterliche Staaten 189 (4)
Klondike City Nordamerika (Kanada) Weltwirtschaft 93 (3)
Klowa Neuguinea (PNG) Frühe Kulturen 280 (1)
Knidos Lat. Cnidus Südwestasien (Türkei) Antike Griechen 177 (2), (3) Antikes Rom 180–181 (1) Erste Hochkulturen 176–177 (1) Hellenist. Welt 40–41 (1), 41 (2)
Knight Grabhügel Nordamerika (USA) Frühe Kulturen 121 (4)
Knights of St. John siehe Johanniter-Orden
Knights of the Cross siehe Teutonic Order
Knin Südosteuropa (Kroatien) Europapolitik 215 (3)
Knosós siehe Knossos
Knossos Gr. Knosós arch. Stätte Mittelmeer (Kreta) Altes Ägypten 159 (5) Bronzezeit 175 (3) Die Welt 1250 v.Chr. 26–27 Erste Hochkulturen 175 (4), 176–177 (1) Früher Ackerbau 174 (1) Frühe Religion 37 (3) Hellenist. Welt 40–41 (1) Kupferzeit 174 (2) Schrift & Zahl 223 (3) Urbane Zivilisationen 28–29 (1)
Knoxville Nordamerika (USA) Aufstieg der USA 129 (2) US-Bürgerkrieg 131 (6), (7) US-Gesellschaft 137 (6)
Kobe Jap. Kōbe Japan Ökonomie 270 (1) Tigerstaaten 275 (4) ZWK 273 (3)
København siehe Kopenhagen
Koblenz Mitteleuropa (Deutschland) EWK 206 (2), (3) Frühe Neuzeit 197 (5)
Kochi var. Kōti Japan Frühe Neuzeit 267 (4) Ökonomie 270 (1)
Kochi Präfektur Japan Ökonomie 270 (1)
Kochi, Ko-chih siehe Cochin
Kodiak Island Nordamerika (USA) Präkolumbische Kulturen 123 (3)
Kodiak Island Insel Nordamerika Weltwirtschaft 93 (3)
Koepang siehe Kupang
Kofu Jap. Kōfu Japan ZWK 273 (3)
Kofuku-ji Japan Mittelalterliche Staaten 265 (4)
Koguryo Region/Staat Ostasien Die Welt 250 46–47 Frühe Reiche 264 (1) Mittelalterliche Staaten 264 (2) Weltreligionen 49 (4)
Kohat Südasien (Indien) Dekolonisation 250 (1)
Kohima Südasien (Indien) Nachkriegszeit 252 (1)
Koinon ton Kretaieon Dtsch. Kretischer Bund Städtebund Mittelmeer (Kreta) Hellenist. Welt 40–41 (1) siehe auch Kretai
Kokala Südasien (Pakistan) Hellenist. Welt 40–41 (1)
Kokand var. Khokand, Qŭqon ant. Alexandria Eschate Staat Zentralasien Die Welt 1800 86–87 Die Welt 1850 90–91 siehe auch Khokand, Alexandria Eschate
Kokenhausen mod. Koknese Osteuropa (Lettland) Mittelalterliche Staaten 189 (3)
Koknese siehe Kokenhausen
Kokoli Staat Westafrika Die Welt 1600 78–79 Frühe Neuzeit 164 (2)
Koko Nor See Ostasien Erkundung 257 (3)
Kökshetaú arch. Stätte Sibirien Früher Ackerbau 258 (1)
Kola-Halbinsel Russ. Kol'skiy Poluostrov Region Osteuropa Erkundung 257 (2)
Kolam siehe Quilon
Kolberg mod. Kołobrzeg Mitteleuropa (Polen) Handel im Mittelalter 190–191 (1) Mittelalterliche Staaten 189 (3)
Kolchis Region Osteuropa Hellenist. Welt 40–41 (1)
Kolhapur Südasien (Indien) Marathen 246 (2)
Kollam siehe Quilon
Kolmar siehe Colmar
Köln ant. Colonia Agrippina, Oppidum Ubiorum, ma. Colonia Mitteleuropa (Deutschland) Biol. Austausch 72–73 (1) EWK 206 (2), (3) Franken 183 (5), (6), 184 (2) Frühe Neuzeit 193 (4), 197 (5) Handel im Mittelalter 190–191 (1) Kreuzzüge 186 (1) Mittelalterliche Staaten 187 (3), 188 (1), (2) Nachkriegszeit 212 (1) Ökonomie 205 (4) Reformation 194 (2), 195 (5), 196 (1) Reiche & Revolutionen 203 (2) ZWK 211 (4) siehe auch Colonia Agrippina
Köln-Lindenthal Mitteleuropa (Deutschland) Früher Ackerbau 174 (1)
Ko-lo Kont. Südostasien (Malaysia) Antikes Indien 241 (6)
Ko-Lo Reich Kont. Südostasien Antikes Indien 241 (6)
Kołobrzeg siehe Kolberg
Kololo Volk Afrika Migrationen 166 (2)
Kolomna Osteuropa (Russ. Föderation) Mongolen 68–69 (1)
Kolomoki Nordamerika (USA) Präkolumbische Kulturen 123 (5)
Kolophon Südwestasien (Türkei) Antike Griechen 177 (2)
Kolosseum siehe Colosseum
Kolozsvár siehe Klausenburg
Kol'skiy Poluostrov siehe Kola-Halbinsel
Kolubara Schlacht Südosteuropa (Jugoslawien) EWK 207 (6)
Kolumbianische Häuptlingstümer Staat Südamerika Die Welt 1000 58–59
Kolumbien Span. República de Colombia ehem. Vizekönigreich Nueva Granada Staat Südamerika Aufstieg der USA 133 (4) Drogenhandel 153 (5) Heutige Welt 112 (1), 113 (4) Kalter Krieg 108 (2), 109 (1) Ökonomie 153 (3), (4) Politik nach 1930 152 (1) Staatenbildung 151 (3) Supermacht USA 138 (1) Supermacht USA 139 (5) ZWK 105 (3) siehe auch Nueva Granada
Kolyma Fluss Sibirien Erkundung 257 (2)
Komandorski Islands Archipel Sibirien ZWK 272 (1), 273 (2)
Komarow Schlacht Mitteleuropa (Polen) EWK 207 (4)
Komatipoort Südl. Afrika (Südafrika) Imperialismus 96 (2)
Komatsu Japan Frühe Neuzeit 267 (4)
Komi Region Osteuropa UdSSR 215 (4)
Komi-Permjaken Region Osteuropa UdSSR 215 (4)
Kom Medinet Ghurab Ägypten Altes Ägypten 159 (5)
Komoren var. Comoros ehem. Comoro Islands Kolonie/Archipel Staat Südl. Afrika Afrika nach 1960 169 (4) Dekolonisation 168 (1) Die Welt 1850 90–91 passim Heutige Welt 112 (1), 113 (3) Imperialismus 96 (1) Ökonomie 168 (2)
Kompong Som Kont. Südostasien (Kambodscha) Vietnam-Krieg 251 (5)
Kompong Thom Kont. Südostasien (Kambodscha) Vietnam-Krieg 251 (5)
Kondavidu Südasien (Indien) Mittelalterliche Staaten 244–245 (3)
Kondūz siehe Drapsaka, Kunduz
Konföderierte Staaten von Amerika Staat Nordamerika US-Bürgerkrieg 131 (5), (6), (7) siehe auch Vereinigte Staaten von Amerika
Kong Staat Westafrika Die Welt 1700 82–83 Handel 166–167 (1) Sklavenhandel 165 (4)
Kongju Jap. Kōshū var. Kwangju Ostasien (Korea) Frühe Reiche 264 (1) siehe auch Kwangju
Kongo Volk Zentralafrika Handel 166–167 (1)
Kongo var. Congo, Frz. Zaire Fluss Zentralafrika Erkundung 156 (1)–(3), 157 (4) Frühe Kulturen 160 (1) Früher Ackerbau 158 (1), 20–21 (2) Frühe Neuzeit 164 (2) Globale Migration 100 (1) Islam 162 (1) Ökonomie 163 (2) Sklavenhandel 84–85 (1), 165 (4)
Kongo ehem. Französisch-Kongo, Mittel-Kongo, Frz. Moyen-Congo Staat Zentralafrika Afrika nach 1960 169 (4) Dekolonisation 168 (1) Die Welt 1400 70–71 passim Frühe Neuzeit 164 (2) Handel 166–167 (1) Heutige Welt 113 (3) Islam 162 (1) Kalter Krieg 109 (5) Ökonomie 168 (2), (3) Sklavenhandel 165 (4) siehe auch Französisch-Kongo
Kongo (Zaire) Staat Zentralafrika Afrika nach 1960 169 (4) Dekolonisation 168 (1) Heutige Welt 112 (1) Ökonomie 168 (2), (3)
Kongo-Becken Region Zentralafrika Eiszeit 154–155 (1) Frühmensch 16 (1)
Kongo-Freistaat var. Belgisch-Kongo, Zaire, mod. Demokratische Republik Kongo Staat Zentralafrika Die Welt 1900 94–95 siehe auch Belgisch-Kongo, Kongo (Zaire), Zaire
Konia siehe Ikonion, Iconium, Konya
Konieh siehe Ikonion, Iconium, Konya
Königsberg mod. Kaliningrad Osteuropa (Russ. Föderation) EWK 207 (4) Frühe Neuzeit 193 (4), 195 (3) Handel im Mittelalter 190–191 (1) Kreuzzüge 186 (1) Mittelalterliche Staaten 189 (3), (4) Ökonomie 198 (1) Reformation 194 (2), 196 (2) Reiche & Revolutionen 203 (2) ZWK 105 (3), 210 (1), 211 (4) siehe auch Kaliningrad
Königshofen Mitteleuropa (Deutschland) Weltreligionen 48 (1)
Königspalast Gebäude Westeuropa (Frankr.) Stadtplan Paris 191 (2)
Konjic Südosteuropa (B.-H.) Weltreligionen 48 (1)
Konkan Region Südasien Kolonialismus 247 (3)
Konkana Region Südasien Frühe Religion 48 (2)
Konstantinopel var. Byzanz Gr. Byzantion Lat. Byzantium, später Nova Roma, Constantinopolis ma. Bul. Tsarigrad ma. Norw. Mikligard mod. Türk. ab 1930 Istanbul Europa/ Südwestasien (Türkei) Arabien im 20. Jh. 233 (3) Biol. Austausch 72–73 (1) Die Welt 1200 62–63 passim Erkundung 60–61 (1), 172 (1), 218 (2), 219 (3) EWK 207 (6), 233 (2) Globale Migration 100 (1) Handel im Mittelalter 190–191 (1) Islam 56–57 (1), 57 (2), 162 (1), 184 (1), 226 (3), 227 (4), (6) Kreuzzüge 64–65 (2), 65 (1), 186 (1) Mittelalterliche Staaten 182 (2), 185 (3), 187 (5), 189 (4) Mongolen 229 (3), 68 (2) Napoleon 200–201 (1), 201 (3) Ökonomie 205 (4) Osmanen 195 (4), 230 (1), 231 (3), 232–233 (1) Reiche & Revolutionen 202 (1) Seldschuken 228 (1) Sklavenhandel 84–85 (1) Spätantike 182 (1) Timur 229 (4) Völkerwanderung 52–53 (1) Weltreligionen 48 (1), 49 (4), 226 (1) Weltwirtschaft 92 (1) siehe auch Byzantion, Istanbul
Konstantinopel, Eroberung von Südwestasien (Türkei) Osmanen 230 (1)
Konstantin-Thermen siehe Constantinus-Thermen
Konstanz var. Constanz, hist. Kostnitz, ant. Constantia, Frz. Constance Mitteleuropa (Deutschland) Franken 184 (2) Frühe Neuzeit 193 (4) Mittelalterliche Staaten 188 (1)
Konstanzer See siehe Bodensee
Kontum Schlacht Kont. Südostasien (Vietnam) Vietnam-Krieg 251 (5)
Konya ma. Konia var. Konieh ant. Ikonion, Iconium Südwestasien (Türkei) Kreuzzüge 228 (2) Mongolen 229 (3) Seldschuken 228 (1) Timur 229 (4) siehe auch Iconium
Konya-See See Südwestasien Eiszeit 170, 217
Koobi Fora arch. Stätte Ostafrika (Kenya) Frühmensch 12 (1), 13 (2)
Koolan Australien Die Welt 10 000 v.Chr. 14–15
Koolburra arch. Stätte Australien Frühmensch 17 (5)
Koonalda Cave Australien Frühmensch 17 (2)
Kopenhagen ant. Hafnia, Dän. København Skandinavien (Dänemark) Die Welt 1700 82–83 Frühe Neuzeit 193 (4), 195 (3) Handel im Mittelalter 190–191 (1) Kalter Krieg 108 (3) Mittelalterliche Staaten 189 (3) Nachkriegszeit 212 (3) Napoleon 200–201 (1), 201 (2), (3) Ökonomie 198 (1), 205 (4) Reformation 194 (2) Reiche & Revolutionen 202 (1), 203 (2) ZWK 210 (1), 211 (2), (3), (4)
Kopor'ye Osteuropa (Russ. Föderation) Frühe Neuzeit 195 (3)
Korallen-See Eng. Coral Sea Meer Australien Dekolonisation 285 (3) Erkundung 60 (2) Frühe Kulturen 280–281 (1), (3) Kolonisation 282 (1) Ökonomie 285 (2) ZWK 104 (2), 272 (1), 273 (2)
Korat siehe Nakhon Ratchasima
Korbflechter-Kultur siehe Basketmaker
Korčula It. Curzola, ant. Corcyra Nigra Insel Südosteuropa Europapolitik 215 (3)
Kordilleren-Eisschild Eisformation Nordamerika Eiszeit 116
Korea Region Ostasien Chinesische Revolution 271 (5), (7), 274 (1) Die Welt 1500 74–75 Frühe Neuzeit 266 (1), 267 (4), (5) Frühe Reiche 259 (5) Frühe Reiche 260 (1) Handel 267 (3) Handel d. Antike 44–45 (1) Imperialismus 270 (2), (3), (4) Kalter Krieg 109 (1), (4) Kolonialismus 269 (3), (4) Kommunismus 271 (8) Qing-China 268 (1), (2) Reiche & Revolutionen 88–89 (2) Supermacht USA 138 (1) Völkerwanderung 261 (6) Weltreligionen 49 (3) ZWK 104 (1), 250–251 (3), 272 (1), 273 (2), (3) siehe auch Koryo, Nord-Korea, Paekche, Süd-Korea, Silla
Koreaner Volk Ostasien Die Welt 750 v.Chr. 30–31 Die Welt 500 v.Chr. 34–35
Korea-Straße Jap. Chōsen-kaikyō, Kor. Taehan-haehyŏp Meeresstraße Ostasien Kalter Krieg 109 (4)
Koressos Lat. Coressus Insel/Siedlung Mittelmeer Antike Griechen 177 (2)
Korfu siehe Corfu, Korkyra
Koriabo Volk Südamerika Die Welt 1300 66–67
Korinth Lat. Corinthus, Gr. Kórinthos Südosteuropa (Griech.) Antike Griechen 177 (3), 179 (4) Antikes Rom 179 (5), 180–181 (1) Erkundung 172 (1) Erste Hochkulturen 176–177 (1) Handel d. Antike 181 (3) Hellenist. Welt 40–41 (1) Mittelalterliche Staaten 182 (2) Osmanen 203 (4) Spätantike 182 (1) Völkerwanderung 52–53 (1) Weltreligionen 48 (1)
Korinth, Golf von ant. Corinthiacus Sinus Südosteuropa (Griech.) Antike Griechen 177 (3) Erste Hochkulturen 175 (4)
Kórinthos siehe Korinth
Koritsa Südosteuropa (Albanien) EWK 207 (6)
Korjaken Volk Sibirien Die Welt 1700 82–83
Korkai Südasien (Indien) Frühe Reiche 241 (4)
Korkyra mod. Gr. Kérkira, Dtsch. Korfu Insel Mittelmeer Antike Griechen 177 (3), 179 (4) Erste Hochkulturen 176–177 (1) Hellenist. Welt 40–41 (1) siehe auch Corfu
Koromandel-Küste siehe Coromandel-Küste
Koron var. Coron Südosteuropa (Griech.) Mittelalterliche Staaten 187 (5), 189 (4)
Kororareka var. Russell Neuseeland Kolonisation 283 (4)
Korsen Lat. Corsi Volk Westeuropa (Frankr.) Antikes Rom 178 (2) Heutige Welt 112 (2)
Korsika var./Lat./Eng. Corsica Insel Westeuropa (Frankr.) Bronzezeit 175 (3) Erste Hochkulturen 176–177 (1) Europapolitik 214 (1) Franken 184 (2) Früher Ackerbau 174 (1) Handel im Mittelalter 190–191 (1) Islam 56–57 (1), 227 (4) Kreuzzüge 64–65 (2), 186 (1) Mittelalterliche Staaten 183 (4), 185 (3), 188 (1) Nachkriegszeit 212 (3), 213 (5) Napoleon 200–201 (1), 201 (2) Ökonomie 205 (4) Osmanen 231 (3) Reiche & Revolutionen 199 (4), 202 (1), 203 (3), 88–89 (2) Spätantike 182 (1) Zwischenkriegszeit 209 (5) ZWK 210 (1), 211 (2), (4) siehe auch Corsica
Koryo mod. Korea ant. Choson, Silla, Jap. Chōsen var. Chosen Staat Ostasien Die Welt 1000 58–59 passim Mittelalterliche Staaten 263 (5), (7), 265 (5) Mongolen 68–69 (1) siehe auch Choson, Korea, Silla
Kos Lat. Cos Staat Südosteuropa (Griech.) Antike Griechen 177 (2) Erste Hochkulturen 176–177 (1)
Kosaken-Aufstand Revolte Osteuropa Reformation 196 (2)
Köse Dağ ehem. Köse Dagh Berg Südwestasien (Türkei) Seldschuken 228 (1)
Koshala var. Kosala Region/Reich Südasien Die Welt 500 v.Chr. 34–34 Frühe Reiche 241 (4), (5) Frühe Religion 36 (2), 242 (1), (2), (3)
K'o-shih siehe Kashgar, Kashi
Kōshū siehe Kongju, Kwangju
Košice siehe Kassa
Kosipe Neuguinea (PNG) Frühe Kulturen 280 (1)
Kosovo Provinz Südosteuropa Europapolitik 215 (3) Heutige Welt 112 (2)
Kosovo Polje Dtsch. Amselfeld Schlacht Osmanen 230 (1)
Kosovska Mitrovica siehe Mitrovica
Koster Nordamerika (USA) Die Welt 5000 v.Chr. 18–19
Kostienki var. Kostjenki arch. Stätte Osteuropa (Russ. Föderation) Frühmensch 17 (4)
Kostnitz siehe Konstanz
Kostroma Osteuropa (Russ. Föderation) UdSSR 208 (2)
Kostromskaya Osteuropa (Russ. Föderation) Frühe Religion 36 (1)
Kőszeg Schlacht Mitteleuropa (Ungarn) Osmanen 195 (4)
Kőszeg siehe Güns
Kota Baharu siehe Kota Bharu
Kotabangun Mar. Südostasien (Indonesien) Weltreligionen 243 (5)
Kota Bharu var. Kota Baharu, Kota Bahru Kont. Südostasien (Malaysia) ZWK 250–251 (3)
Kot Diji arch. Stätte Südasien (Pakistan) Erste Städte 240 (2)
Kōti siehe Kochi
Kotor siehe Cattaro
Kotosh arch. Stätte Südamerika (Peru) Frühe Kulturen 144 (1), 145 (3)
Kouklia Südwestasien (Zypern) Altes Ägypten 159 (5)
Kourou arch. Stätte Südamerika (Frz.-Guayana) Frühe Kulturen 145 (2)
Kourounkorokale Westafrika (Mali) Früher Ackerbau 158 (1)
Kovno var. Kowno Dtsch. Kauen Lit. Kaunas Osteuropa (Litauen) Handel im Mittelalter 190–191 (1) Napoleon 200–201 (1) siehe auch Kauen
Koweit siehe Kuwait
Kowloon Kolonie Ostasien (China) Kolonialismus 269 (4)
Kowno siehe Kaunas, Kovno
Kow Swamp Australien Die Welt 10 000 v.Chr. 14–15
Koyahan Ostasien (Süd-Korea) Mittelalterliche Staaten 264 (2)
Koya-san Japan Mittelalterliche Staaten 265 (4)
Koya-san Berg Japan Mittelalterliche Staaten 265 (3)
Koyukon Volk Nordamerika Präkolumbische Kulturen 123 (3)
Kozhikode siehe Calicut, Kalikad, Qalqut
Kragujevac Südosteuropa (Jugoslawien) Europapolitik 215 (3) ZWK 211 (3)
Krain var. Carniola Region/Staat Mitteleuropa Frühe Neuzeit 193 (4), 194 (1) Franken 184 (2) Mittelalterliche Staaten 188 (1), 189 (4)
Kra, Isthmus von Eng. Isthmus of Kra Region Kont. Südostasien Imperialismus 97 (3) Nachkriegszeit 253 (4)
Krak des Chevaliers Fort Südwestasien (Syrien) Kreuzzüge 65 (3), 228 (2)
Krak des Moabites var. Krak von Moab Fort Südwestasien (Jordon) Kreuzzüge 65 (3)
Krakau Poln. Kraków, Engl. Cracow, ant. Cracovia Mitteleuropa (Polen) Biol. Austausch 72–73 (1) EWK 207 (4) Frühe Neuzeit 193 (4), 194 (1) Handel im Mittelalter 190–191 (1) Mittelalterliche Staaten 188 (1), 189 (3), (4) Mongolen 68–69 (1) Nachkriegszeit 212 (3) Napoleon 200–201 (1), 201 (2) Osmanen 195 (4) Reformation 194 (2) Reiche & Revolutionen 198 (2), 202 (1) Zwischenkriegszeit 209 (3) ZWK 210 (1), 211 (3), (4) siehe Kraków
Krakau, Republik Staat Mitteleuropa Reiche & Revolutionen 202 (1)
Kraków siehe Krakau
Kras siehe Karst
Krasnik Schlacht Mitteleuropa (Polen) EWK 207 (4)
Krasnoi siehe Krasnoy
Krasnoy var. Krasnoi Osteuropa (Russ. Föderation) Napoleon 200–201 (1)
Krasnoyarsk var. Krasnojarsk Sibirien (Russ. Föderation) Erkundung 257 (2) Kolonialismus 269 (3) UdSSR 208 (2), 213 (4)
Kremenets Staat Osteuropa Mittelalterliche Staaten 189 (4)
Kreta Gr. Kretai, mod. Kríti, Lat. Creta, ehem. It. Candia, Ägyp. Kaptara Insel Mittelmeer Antike Griechen 179 (4) Antikes Persien 223 (4) Antikes Rom 179 (5), 224 (2), 225 (5) Arabien im 20. Jh. 233 (3) Bronzezeit 175 (3) Erste Hochkulturen 175 (4) Europapolitik 214 (1) EWK 233 (2) Frühe Religion 37 (3) Früher Ackerbau 174 (1) Handel d. Antike 181 (3) Handel im Mittelalter 190–191 (1) Hellenist. Welt 224 (1) Islam 56–57 (1), 226 (3), 227 (4), (6) Kreuzzüge 64–65 (2), 186 (1) Mittelalterliche Staaten 182 (2), 185 (3) Nachkriegszeit 212 (3), 213 (5) Napoleon 200–201 (1) Ökonomie 205 (4) Osmanen 231 (3), 232–233 (1) Reformation 196 (2) Reiche & Revolutionen 202 (1) Schrift & Zahl 223 (3) Seldschuken 228 (1) Spätantike 182 (1) Weltreligionen 226 (1) ZWK 210 (1), 211 (2), (4)
Kretai Städtebund Mittelmeer (Kreta) Erste Hochkulturen 176–177 (1) siehe auch Koinon ton Kretaieon
Kretischer Bund siehe Koinon ton Kretaieon
Kreuzberg Mitteleuropa (Deutschland) Nachkriegszeit 212 (2)
Kreuzkap Südl. Afrika (Namibia) Erkundung 156 (3)
Kreuzritter-Staaten Staat Südwestasien Mongolen 68–69 (1)
Krievija siehe Russland
Krim var. Krym, Eng. Crimea, Gr. Taurika, Region Osteuropa Eiszeit 170 Erkundung 219 (3) EWK 207 (4) Heutige Welt 112 (2) Osmanen 203 (4), 232–233 (1)
Krim, Khanat der Staat Osteuropa Die Welt 1500 74–75 passim Islam 162 (1) Osmanen 195 (4), 197 (4), 230 (1), 231 (3)
Krim-Tataren Volk Osteuropa UdSSR 213 (4)
Krishna ehem. Kistna Fluss Südasien Dekolonisation 250 (1) Frühe Reiche 241 (4), (5) Frühe Religion 36 (2), 242 (2) Mittelalterliche Staaten 244 (1), (2), 244–245 (3), 245 (4) Mogul-Reich 246 (1) Ökonomie 247 (3), 249 (4) Weltreligionen 243 (4)
Kristiania var. Christiania, mod. Oslo Skandinavien (Norwegen) Frühe Neuzeit 197 (3) Ökonomie 205 (4) siehe auch Oslo
Kríti siehe Candia, Creta, Kaptara, Kreta
Krivoy Rog Osteuropa (Ukraine) ZWK 211 (4)
Kroaten Volk Südosteuropa Franken 184 (2)
Kroatien UN Croatia, Kr. Hrvatska Region/Staat Südosteuropa Die Welt 1000 58–59 Erkundung 61 (1) Europapolitik 214 (1), (2), 215 (3) Heutige Welt 112 (2), 113 (3) Mittelalterliche Staaten 185 (3), 189 (4) Osmanen 197 (4), 230 (1), 232–233 (1) UdSSR 215 (4) ZWK 210 (1), 211 (2), (4)
Kromdraai arch. Stätte Südl. Afrika (Südafrika) Frühmensch 12 (1)
Kronstadt mod. Braşov, ehem. Oraşul Stalin, Ung. Brassó Südosteuropa (Rumänien) Mittelalterliche Staaten 189 (4) siehe auch Braşov
Kroton var. Krotona, mod. Crotone, var. Croton Ital. Hbl. Antikes Rom 161 (2), 178 (1), (2), 179 (3) Erste Hochkulturen 176–177 (1)
Krung Thep siehe Bangkok
Kruševac Südosteuropa (Jugoslawien) Europapolitik 215 (3)
Krym siehe Krim
Ktesiphon Lat. Ctesiphon, var. Tayspun ehem. Seleukia, Seleucia ad Tigris Südwestasien (Irak) Antikes Persien 225 (6) Antikes Rom 180–181 (1), 224 (2) Handel d. Antike 44–45 (1) Islam 227 (6) Völkerwanderung 261 (6) Weltreligionen 48 (1), 49 (4), 226 (1) siehe auch Seleukia
Kuachou siehe Guazhou
K'uai Chi Shan siehe Kuaiji Shan
Kuala Lumpur Kont. Südostasien (Malaysia) Nachkriegszeit 253 (5) Tigerstaaten 275 (4) ZWK 250–251 (3), 272 (1), 273 (2)
Kuang-chou siehe Canton, Guangzhou
Kuang-tung siehe Guangdong
Kuannei siehe Guannei
Kuaua arch. Stätte Nordamerika (USA) Präkolumbische Kulturen 123 (4)
Kuba siehe Cuba
Kuba Staat Zentralafrika Die Welt 1700 82–83 passim Handel 166–167 (1) Sklavenhandel 165 (4)
Kubaniya Ägypten Altes Ägypten 159 (2)
Kucha var. Kuqa Ostasien (China) Frühe Reiche 260 (1)
Küchek, Rūdkhāneh-ye Zāb-e siehe Little Zab
Kuching ehem. Sarawak Mar. Südostasien (Malaysia) Erkundung 239 (2) ZWK 250–251 (3)
Kuei-chou siehe Guizhou
Kuei-lin siehe Guilin
Kuei-Yang siehe Guiyang
Kueyang siehe Guiyang
Kufa var. Al Kūfah Südwestasien (Irak) Islam 56–57 (1)
Kugha Staat Westafrika Mittelalterliche Staaten 163 (4)
Kūhhā-ye Zāgros siehe Zagros-Gebirge
Kuizhou Ostasien (China) Mittelalterliche Staaten 263 (4)
Kuk Neuguinea (PNG) Frühe Kulturen 280 (2)
K.u.K. Monarchie siehe Österreich-Ungarn, Kaiserreich
Kuka Westafrika (Nigeria) Islam 162 (1)
Kukawa Westafrika (Nigeria) Islam 167 (3)
Ku Klux Klan Geheimbund Nordamerika US-Gesellschaft 135 (6)
Kukura Reich Südasien Frühe Reiche 241 (5)
Kulam Mali Südasien (Indien) Erkundung 61 (3)
Kuldja var. Gulja, Chin. Yining Ostasien (China) Handel d. Antike 44–45 (1) Qing-China 268 (1) Weltreligionen 49 (3)
Kulm mod. Chełmno Mitteleuropa (Polen) Mittelalterliche Staaten 189 (3)
Kulmerland Region Mitteleuropa Reiche & Revolutionen 199 (3)
Kůlna Cave arch. Stätte Mitteleuropa (Tschech. Rep.) Frühmensch 13 (2)
Kültepe ant. Kaneš Südwestasien (Türkei) Erste Städte 24 (2) siehe auch Kaneš
Kum siehe Qom, Qum
Kumamoto Japan Ökonomie 270 (1)
Kumanen Russ. Polovtsy Volk Mitteleuropa Kreuzzüge 186 (1) Mittelalterliche Staaten 187 (3) Mongolen 68–69 (1)
Kumanisches Reich Region/Staat Osteuropa Kreuzzüge 186 (1)
Kumano Japan Mittelalterliche Staaten 265 (4)
Kumanova siehe Kumanovo
Kumanovo Türk. Kumanova Südosteuropa (FYR Mazedonien) Europapolitik 215 (3) EWK 207 (6) Osmanen 203 (4)
Kumari Südasien (Indien) Frühe Religion 242 (2)
Kumasi ehem. Coomassie Westafrika (Ghana) Kolonialismus 166–167 (4) Ökonomie 168 (2)
Kumaun Staat Südasien Mogul-Reich 246 (1)
Kumillā siehe Comilla
Kumma Ägypten Altes Ägypten 159 (5)
Kumsong siehe Kyongju
Kumul siehe Hami
Kunaxa Südwestasien (Irak) Antikes Persien 223 (4)
Kundagrama Südasien (Indien) Frühe Religion 242 (3)
Kundivrsa Reich Südasien Frühe Reiche 241 (5)
Kunduz Gr. Drapsaka, Per. Kondūz Staat Zentralasien Die Welt 1800 86–87 Die Welt 1850 90–91 siehe auch Drapsaka
Kungitavik Nordamerika (USA) Präkolumbische Kulturen 123 (3)
Kungnaesong Ostasien (China) Mittelalterliche Staaten 264 (2)
Kunjakari Südasien (Indien) Weltreligionen 243 (4)
Kunjja Nordamerika (Kanada) Präkolumbische Kulturen 123 (3)
Kunlun Shan Gebirge Zentralasien Erkundung 256 (1), 257 (3) Frühe Reiche 260 (1) Mittelalterliche Staaten 262–263 (1) Mongolen 68–69 (1) Völkerwanderung 261 (6)
Kunming var. K'un-ming, ehem. Yunnan Ostasien (China) China nach 1949 275 (3) Handel d. Antike 44–45 (1) Kolonialismus 269 (4) Ökonomie 274 (2) Tigerstaaten 275 (4) ZWK 272 (1), 273 (2) siehe auch Yunnan
Kuntala Region/Reich Südasien Frühe Reiche 241 (5) Frühe Religion 242 (2)
Kuntur Wasi arch. Stätte Südamerika (Peru) Frühe Kulturen 145 (3)
Kuocang Shan var. K'uo Ts'ang Shan Gebirge Ostasien Frühe Religion 37 (4)
K'uo Ts'ang Shan siehe Kuocang Shan
Kupang ehem. Koepang Südostasien (Indonesien) Kolonialismus 247 (4)
Kuqa siehe Kucha
Kür siehe Kura
Kura As. Kür, Geor. Mtkvari, Türk. Kura Nehri Fluss Südwestasien Mongolen 68–69 (1)
Kura Nehri siehe Kura
Kuratoy arch. Stätte Sibirien (Russ. Föderation) Früher Ackerbau 258 (1)
Kurden Volk Südwestasien Islam 275 (5) Osmanen 232–233 (1) Safawiden 231 (4)
Kurdistan Region Südwestasien Arabien im 20. Jh. 233 (3) Safawiden 231 (4) UdSSR 213 (4)
Kurdzhali mod. Kordžali Schlacht Griechenland Osmanen 203 (4)
Kure Japan Ökonomie 270 (1) ZWK 273 (3)
Kurikara-tani Schlacht Japan Mittelalterliche Staaten 265 (5)
Kurilen var. Kuril'skiye Ostrova, Jap. Chishima-rettō Archipel Sibirien Imperialismus 270 (2) Kolonialismus 269 (3) ZWK 272 (1), 273 (2)
Kuril'skiye Ostrova siehe Kurilen
Kurion Lat. Curium Südwestasien (Zypern) Erste Hochkulturen 176–177 (1)
Kuriyagawa Japan Frühe Neuzeit 265 (5)
Kurkur Oase Ägypten Altes Ägypten 159 (3), (4), (5)
Kurland Eng. Courland Staat Osteuropa Die Welt 1600 78–79 passim Frühe Neuzeit 195 (3) Reformation 194 (2), 196 (2)
Kurmainz Staat Mitteleuropa (Deutschland) Reformation 196 (1)
Kurpfalz Staat Mitteleuropa (Deutschland) Frühe Neuzeit 197 (5) Reformation 196 (1)
Kursk Osteuropa (Russ. Föderation) ZWK 104 (2), 211 (4)
Kuru Region Südasien Frühe Religion 48 (2), 242 (1), (2), (3)
Kurukshetra Südasien (Indien) Frühe Reiche 241 (5) Frühe Religion 36 (2)
Kuruman Südl. Afrika (Südafrika) Erkundung 157 (4)
Kurupedion Schlacht Südwestasien (Türkei) Hellenist. Welt 224 (1)
Kuşadası siehe Nova Scala
Kusumi Ostasien (China) Erkundung 61 (3)
Kusch-Reich var. Meroe Staat Ostafrika (Sudan) Altes Ägypten 159 (4), (5) Die Welt 750 v.Chr. 30–31 passim Handel d. Antike 44–45 (1) Spätantike 161 (3), (4) siehe auch Meroe
Kuschiten var. Nubier, var. Gr. Aithiopoi (Äthiopen) siehe Kusch-Reich
Kushana-Reich var. Reich der Kushan Staat Zentralasien/Südasien Die Welt 250 46–47 Frühe Religion 48 (2) Handel d. Antike 44–45 (1) Völkerwanderung 261 (6) Weltreligionen 49 (3)
Kushinagara var. Kushinara Südasien (Indien) Frühe Religion 36 (2), 48 (2), 242 (3)
Kushinara siehe Kushinagara
Küstengebirge siehe Coast Mountains
Küstenindianer Die Welt 1 n.Chr. 42–43 passim
Küsten-Provinz Russ. Primorskiy Kray Region Sibirien Kolonialismus 269 (3)
Kut al Amara Südwestasien (Irak) EWK 233 (2)
Kutch siehe Kach
Kutch, Gulf of siehe Kachchh, Gulf of
Kutchin Volk Nordamerika Die Welt 1600 78–79 passim Präkolumbische Kulturen 123 (3)
Kutch, Rann of var. Rann of Kachchh Landschaft Südasien Ökonomie 249 (4) Nachkriegszeit 252 (1)
Kutei Staat Mar. Südostasien Die Welt 1700 82–83 Die Welt 1800 86–87
Kutná Hora siehe Kuttenberg
Kutsch, Rann von siehe Kutch, Rann of
Kutsch, Rann von siehe Kutch, Rann of
Kuttenberg Tsch. Kutná Hora Mitteleuropa (Tschech. Rep.) Handel im Mittelalter 190–191 (1)
Kuvango siehe Cubango
Kuwait Südwestasien (Kuwait) Arabien im 20. Jh. 235 (5)
Kuwait var. Dawlat al Kuwait, Koweit, Kuweit Kolonie/Staat Südwestasien Arabien im 20. Jh. 233 (3), (4), 235 (5) Erkundung 219 (4) EWK 233 (2) Heutige Welt 110–111, 113 (3) Imperialismus 97 (4) Islam 235 (4) Kalter Krieg 109 (1) Ökonomie 234 (1) Osmanen 232–233 (1)
Kuweit siehe Kuwait
Kuybyshev siehe Samara
Kvarnby Skandinavien (Schweden) Bronzezeit 175 (3)
Kwa Volk Westafrika Die Welt 1300 66–67 passim Frühe Kulturen 160 (1)
Kwajalein Insel Pazifik Kalter Krieg 109 (1) ZWK 272 (1), 273 (2)
Kwale arch. Stätte Ostafrika (Kenya) Frühe Kulturen 160 (1)
Kwando siehe Cuando
Kwangchow siehe Canton, Guangzhou
Kwangchowwan siehe Guangzhouwan
Kwangchu siehe Konju, Kwangju
Kwangju var. Guangju, Kongju, Kwangchu, Jap. Kōshū Ostasien (Süd-Korea) Kalter Krieg 109 (4) siehe auch Kongju
Kwangtung siehe Guangdong,
Kwantung Jap. Kantō Kolonie Ostasien Imperialismus 270 (2)
Kwanza siehe Cuanza
Kwararafa Staat Westafrika Die Welt 1500 74–75 passim Islam 162 (1)
Kwazulu/Natal siehe Natal
Kweichow siehe Guizhou
Kweichu siehe Guiyang
Kweilin siehe Guilin
Kweiyang siehe Guiyang
Kwekwe ehem. Que Que Südl. Afrika (Zimbabwe) Ökonomie 168 (2)
Kykladen Gr. Kikládhes, Lat. Cyclades Archipel Südosteuropa (Griech.) Antike Griechen 177 (2), (3) Erste Hochkulturen 175 (4) Kupferzeit 174 (2)
Kyllandioi Lat. Cyllandioi Südwestasien (Türkei) Antike Griechen 177 (2)
Kyme siehe Cumae
Kyme Lat. Cyme Staat Südosteuropa (Griech.) Antike Griechen 177 (2)
Kynoskephalai Schlacht Südosteuropa (Griech.) Antike Griechen 179 (4)
Kynossema Lat. Cynossema Schlacht Südwestasien (Türkei) Antike Griechen 177 (3)
Kyongju var. Kumsong Jap. Keishū Ostasien (Korea) Frühe Reiche 264 (1) Mittelalterliche Staaten 264 (2), 265 (5)
Kyŏngsŏng siehe Seoul
Kyoto Jap. Kyōto ehem. Heian-kyo Japan Die Welt 1000 58–59 Frühe Neuzeit 267 (4) Handel 267 (3) Mittelalterliche Staaten 262–263 (1), 263 (7), 265 (4) Ökonomie 270 (1) Qing-China 268 (1) Weltreligionen 49 (4) siehe auch Heian-kyo
Kyoto Präfektur Japan Ökonomie 270 (1)
Kypros mod. Zypern, var. Cypern, Aram. Alašia, Lat. Cyprus, Türk. Kıbrıs Insel/Staat Mittelmeer Erste Hochkulturen 176–177 (1) Hellenist. Welt 40–41 (1), 161 (2) siehe auch Alašia, Cypern, Cyprus, Zypern
Kyrenaika siehe Cyrenaica
Kyrene Lat. Cyrene Nordafrika (Libyen) Antikes Persien 223 (4) Antikes Rom 179 (5) Erste Hochkulturen 176–177 (1) Frühe Kulturen 160 (1) Hellenist. Welt 40–41 (1) siehe auch Cyrene
Kyrgyzstan siehe Kirgisistan
Kyrnos siehe Corsica
Kyros Fluss Südwestasien Antikes Persien 223 (4) Hellenist. Welt 40–41 (1)
Kythera Insel Mittelmeer Antike Griechen 177 (2), (3)
Kythnos Lat. Cythnos Insel/Siedlung Mittelmeer Antike Griechen 177 (2)
Kytoros Lat. Cytorus Südwestasien (Türkei) Erste Hochkulturen 176–177 (1)
Kyushu Jap. Kyūshū Insel Japan Frühe Neuzeit 267 (4), (5) Imperialismus 270 (2), (3) Mittelalterliche Staaten 264 (1), (2), 265 (3), (4), (5) Ökonomie 270 (1) ZWK 273 (3)
Kyzikos Lat. Cyzicus Staat Südwestasien (Türkei) Antike Griechen 177 (2), (3) 179 (4) Antikes Rom 180–181 (1)
Kyzylkum Dtsch. Qizilqum Wüste Zentralasien Eiszeit 217
Kyyiv siehe Kiev

L

Laatokka siehe Ladoga-See
La Banda Oriental siehe Uruguay
La Baume-Latrone arch. Stätte Westeuropa (Frankr.) Frühmensch 17 (3)
Labe siehe Elbe
Labicana, Via Straße Ital. Hbl. Stadtplan des antiken Rom 181 (2)
Labici var. Labicum Ital. Hbl. Antikes Rom 178 (1)
Labicum siehe Labici
La Blanca Mittelamerika (Guatemala) Frühe Kulturen 121 (2)
Labna Mittelamerika (Mexiko) Frühe Kulturen 122 (2)
Labrada Mittelamerika (Mexiko) Frühe Kulturen 122 (1)
Labrador Region Nordamerika Aufstieg der USA 129 (2) Erkundung 80–81 (1), 118 (1) Kolonialismus 126 (1) Wikinger 60–61 (1)
Labrador Inuit Volk Nordamerika Präkolumbische Kulturen 123 (3)
Labrador-See Meer Nordamerika Aufstieg der USA 129 (2) Erkundung 286 (1) Präkolumbische Kulturen 123 (3)
Labuan var. Pulau Labuan Insel Mar. Südostasien Die Welt 1850 90–91
Labuan, Pulau siehe Labuan
Laccadiven var. Dtsch. Lakkadiven, Eng. Laccadive Islands, var. Lakshadweep Archipel Südasien Mongolen 68 (2)
La Chapelle-aux-Saints arch. Stätte Westeuropa (Frankr.) Frühmensch 13 (2)
Lachisch siehe Lakiš
Lachmiden siehe Lakhmiden
La Copa arch. Stätte Südamerika (Peru) Frühe Kulturen 145 (3)
La Coruña Eng. Corunna Iberische Hbl. (Spanien) Napoleon 200–201 (1), 201 (2) Ökonomie 205 (4) Zwischenkriegszeit 209 (4)
Ladaka mod. Ladakh Reich Südasien Frühe Reiche 241 (5) siehe auch Ladakh
Ladakh ant. Ladaka Region Südasien Nachkriegszeit 252 (2) siehe auch Ladaka
Ladha Region Südasien Frühe Religion 242 (3)
Lado Staat Ostafrika Die Welt 1900 94–95
Ladoga-See Finn. Laatokka, var. Ladozhskoye, Ozero Osteuropa EWK 207 (4) Frühe Neuzeit 195 (3) Mittelalterliche Staaten 185 (3) Ökonomie 205 (4) exploration 172 (1) UdSSR 208 (2)
Ladozhskoye, Ozero siehe Ladoga-See
Lady Franklin Point Nordamerika (Kanada) Präkolumbische Kulturen 123 (3)
Ladysmith Südl. Afrika (Südafrika) Imperialismus 96 (2)
Lae Neuguinea (PNG) ZWK 272 (1), 273 (2)
Laetolil arch. Stätte Ostafrika (Tanzania) Frühmensch 12 (1), 13 (2)
La Fère Champenoise Schlacht Westeuropa (Frankr.) Napoleon 200–201 (1)
La Ferrassie arch. Stätte Westeuropa (Frankr.) Frühmensch 17 (2)
La Ferté Westeuropa (Frankr.) Mittelalterliche Staaten 187 (3)
La Florida Südamerika (Peru) Die Welt 1250 v.Chr. 26–27
La Galgada arch. Stätte Südamerika (Peru) Frühe Kulturen 144 (1), 145 (3)
Lagaš var. Lagasch mod. Shipurla Südwestasien (Irak) Erste Städte 25 (3), 220 (2) Frühe Kulturen 221 (4) Urbane Zivilisationen 28–29 (1)
Lagasch siehe Lagaš
Laghouat Nordafrika (Algerien) Kolonialismus 166–167 (4)
Lagny Westeuropa (Frankr.) Handel im Mittelalter 190–191 (1)
Lagoa Santa arch. Stätte Südamerika (Brasilien) Frühe Kulturen 145 (2)
Lagos Westafrika (Nigeria) Globale Migration 100 (1) Imperialismus 96 (1) Islam 167 (3) Kolonialismus 166–167 (4) Ökonomie 168 (2)
La Gruta arch. Stätte Südamerika (Venezuela) Frühe Kulturen 144 (1), 145 (2)
Laguna Südamerika (Brasilien) Kolonialismus 149 (3)
Laguna de los Cerros Mittelamerika (Mexiko) Frühe Kulturen 121 (2), (3)

La Habana *Dtsch.* Havanna, *Eng.* Havana Westindien (Cuba) Aufstieg der USA *129* (2), *133* (5) Die Welt 1700 *82–83 passim* Erkundung *119* (3) Kalter Krieg *108* (2) Kolonialismus *81* (3), *85* (2), *126* (1) Ökonomie *136* (2) Reiche & Revolutionen *88* (1) Sklavenhandel *84–85* (1)
La Honradez Mittelamerika (Mexiko) Frühe Kulturen *122* (2)
Lahontan, Lake *See* Nordamerika Eiszeit *116* (1)
Lahor *siehe* Lahore, Lahur
Lahore *ehem.* Lahur *var.* Lahor Südasien (Pakistan) Dekolonisation *250* (1) Erkundung *257* (3) Kolonialismus *248* (1) Nachkriegszeit *252* (1), *253* (5) Ökonomie *247* (3), *249* (4) Weltwirtschaft *93* (5) *siehe auch* Lahur
Lahur *var.* Lahor *mod.* Lahore Südasien (Pakistan) Frühe Religion *48* (2) Kreuzzüge *65* (1) Mittelalterliche Staaten *244–245* (3) Mogul-Reich *246* (1) *siehe auch* Lahore
Lai Ostasien (China) Frühe Reiche *259* (5)
Laias *var.* Ayas Südwestasien (Türkei) Erkundung *219* (3)
Laibach *siehe* Ljubljana
Laighin *Region* Britische Inseln Mittelalterliche Staaten *188* (2)
Laizhou Ostasien (China) Erkundung *256* (1)
Lakedaimon *siehe* Sparta
Lake Mungo Australien Die Welt 10 000 v.Chr. *14–15*
Lake Superior *Dtsch.* Oberer See *See* Nordamerika Aufstieg der USA *129* (2), *132* (1) Erkundung *118* (1), *119* (2), (3) Frühe Kulturen *121* (4) Früher Ackerbau *120* (1) Kolonialismus *126* (1) Präkolumbische Kulturen *123* (3) US-Bürgerkrieg *131* (6)
Lakhawar Südasien (Indien) Ökonomie *247* (3)
Lakhmiden *var.* Lachmiden *Staat* Südwestasien Die Welt 500 *50–51* Spätantike *182* (1)
Lakhnau *siehe* Lucknow
Lakiš *var.* Lachisch Südwestasien (Israel) Altes Ägypten *159* (5) Urbane Zivilisationen *28–29* (1)
Lakonia *Staat* Südosteuropa (Griech.) Antike Griechen *179* (4)
Lakshadweep *siehe* Laccadiven
Lalibela Ostafrika (Äthiopien) Die Welt 1200 *62–63* Weltreligionen *49* (4)
Lalibela Cave *arch. Stätte* Ostafrika (Äthiopien) Früher Ackerbau *158* (1)
La Madeleine *arch. Stätte* Westeuropa (Frankr.) Frühmensch *17* (4)
Lamanai Mittelamerika (Mexiko) Frühe Kulturen *122* (2)
Lamar Nordamerika (USA) Präkolumbische Kulturen *123* (5)
Lambaesis *mod.* Tazoult Nordafrika (Algerien) Antikes Rom *180–181* (1) Weltreligionen *48* (1)
Lambakanna *mod.* Sri Lanka, *Chin.* Hsi-lan, *ant.* Taprobane *Staat* Südasien Die Welt 250 *46–47 passim* Erkundung 61 (3) Mittelalterliche Staaten *244* (2) *siehe auch* Ceylon, Lanka, Simhala, Sri Lanka, Taprobane
Lambayeque *Fluss* Südamerika Frühe Kulturen *145* (3), (4)
Lambing Flat *Goldlagerstätte* Australien Kolonisation 282 (2)
Lamb Spring Nordamerika Die Welt 10000 v.Chr. *14–15*
La Mosquitia *siehe* Mosquito-Küste
Lampsakos *Lat.* Lampsacus Südwestasien (Türkei) Antike Griechen *177* (2), (3) Erste Hochkulturen *176–177* (1)
Lamuten *var.* Even *Volk* Sibirien Handel *267* (3)
Lancang Jiang *siehe* Mekong
Lancashire *Region* Britische Inseln Weltwirtschaft *93* (4)
Lancaster Brit. Inseln (UK) Ökonomie *204* (1)
Lan Chang *mod.* Louanphabang, Louangphrabang, Luang, Prabang Südostasien (Laos) Mittelalterliche Staaten *245* (6)
Lanchow, Lan-chou, Lan-chow *siehe* Lanzhou
Langebaan *arch. Stätte* Südl. Afrika (Südafrika) Frühmensch *13* (2)
Lange Mauern *Stadtmauer* Südosteuropa (Griech.) Stadtplan des antiken Athen *177* (4)
Langkasuka Südostasien (Thailand) Antikes Indien *241* (6)
Langobarden *var.* Lombarden, *Lat.* Langobardi *Volk* Südosteuropa Antikes Rom *180–181* (1), *181* (4) Spätantike *182* (1) Völkerwanderung *53* (2)
Langobarden, Königreich der *später* Lombardia, *Dtsch.* Lombardei *Region/Staat* Ital. Hbl. Die Welt 750 *54–55* Islam *56–57* (1), *184* (1) Mittelalterliche Staaten *182* (2), *183* (4) *siehe auch* Lombardei
Lang Son *Fort* Südostasien (Vietnam) Vietnam-Krieg *251* (5)
Langtandong *arch. Stätte* Ostasien (China) Frühmensch *13* (2)
Languedoc *Region* Westeuropa (Frankr.) Frühe Neuzeit *197* (5) Mittelalterliche Staaten *192* (1)
Langweiler Westeuropa (Niederl.) Die Welt 5000 v.Chr. *18–19* Früher Ackerbau *174* (1)
Langye Ostasien (China) Weltreligionen *49* (3)
Langye *var.* Lang-Yeh *Region* Ostasien Frühe Religion *37* (4)
Lang-Yeh *siehe* Langye
Lanka *var.* Simhala, Ceylon *Insel* Südasien Frühe Religion *36* (2), *48* (2) *siehe auch* Lambakannas, Simhala, Sri Lanka, Taprobane
Lan-Na *Region* Kont. Südostasien Mittelalterliche Staaten *245* (6)
L'Anse aux Meadows Nordamerika (Kanada) Erkundung *118* (1) Präkolumbische Kulturen *123* (3) Wikinger *60–61* (1)
Lansing Nordamerika (USA) Aufstieg der USA *129* (2)
Lantian *arch. Stätte* Ostasien (China) Frühe Reiche *259* (4), *260* (1) Frühmensch *13* (2)
Lan-ts'ang Chiang *siehe* Mekong
Lanuvium Ital. Hbl. Antikes Rom *178* (1)
Lanzhou *var.* Lan-chou, Lanchow, Lanchow, *ehem.* Kaolan *arch. Stätte* Ostasien (China) Biol. Austausch *72–73* (1) Chinesische Revolution *271* (7), *274* (1) Frühe Neuzeit *266* (1) Früher Ackerbau *258* (2) Frühe Reiche *260* (1) Ökonomie *274* (2) Qing-China *268* (2) Tigerstaaten *275* (4) Völkerwanderung *261* (6)
Lao Cai *Fort* Kont. Südostasien Vietnam-Krieg *251* (5)
Laodicea *var.* Laodikeia Südwestasien (Syrien) Antikes Rom *180–181* (1)
Laodicea *var.* Laodikeia Südwestasien (Türkei) Antikes Rom *180–181* (1) Weltreligionen *48* (1)
Laodicea ad Mare *siehe* Laodicea (Syrien)
Laodikea in Media *mod.* Nehavend Südwestasien (Iran) Hellenist. Welt *41* (2) *siehe auch* Nehavand
Laon *Schlacht* Westeuropa (Frankr.) Napoleon *200–201* (1)
Laos *off.* Lao People's Democratic Republic *Staat* Kont. Südostasien China nach 1949 *275* (3) Chinesische Revolution *274* (1) Dekolonisation *251* (4) Die Welt 1400 *70–71 passim* Imperialismus *97* (3) Kalter Krieg *109* (1) Kolonialismus *269* (4) Nachkriegszeit *253* (4), (5) Ökonomie *274* (2) Qing-China *268* (1) Tigerstaaten *275* (4) Vietnam-Krieg *251* (5)
Laos *Volk* Kont. Südostasien Die Welt 1300 *66–67*
La Paz Mittelamerika (Mexiko) Kolonialismus *125* (4)
La Paz *var.* La Paz de Ayacucho Südamerika (Bolivien) Die Welt 1800 *86–87* Drogenhandel *153* (5) Inka *148* (1) Kolonialismus *148* (2) Ökonomie *153* (3) Politik nach 1930 *152* (1) Staatenbildung *150* (1), *151* (3), (4)
La Paz de Ayacucho *siehe* La Paz
La-Pérouse-Straße *Jap.* Sōya-kaikyō *Meeresstraße* Ostasien ZWK *273* (3)
Lapita *arch. Stätte* Pazifik (Neu-Kaledonien) Frühe Kulturen *280–281* (3)
La Plata Südamerika (Bolivien) Kolonialismus *148* (2) Erkundung *142* (1), *143* (2)
La Plata Südamerika (Argentinien) Staatenbildung *151* (3)
La Plata *siehe* Chuquisaca, Sucre
La Plata, Vereinigte Provinzen von *Staat* Südamerika Staatenbildung *150* (1)
La Playa Südamerika (Argentinien) Inka *147* (3)
Lappen *Volk* Skandinavien Die Welt 1200 *62–63* Die Welt 1300 *66–67* Die Welt 1400 *70–71* Die Welt 1500 *74–75*
Lappland *Finn.* Lappi, *Schwe.* Lappland *Landschaft* Skandinavien Erkundung *286* (1)
Lappmark *Region* Skandinavien Frühe Neuzeit *197* (3)
Laptev-See *Meer* Polarmeer Eiszeit *217* Erkundung *257* (2)
La Puerta *Schlacht* Südamerika (Venezuela) Staatenbildung *150* (1)
Lapurdum *siehe* Bayonne
Larache *siehe* Lixus
Laredo Nordamerika (USA) Mexikan. Revolution *133* (3)
Larino *siehe* Larinum
Larinum *mod.* Larino Ital. Hbl. Antikes Rom *178* (1)
La Rioja Südamerika (Argentinien) Staatenbildung *151* (3)
Larissa Südosteuropa (Griech.) Osmanen *203* (4) Weltreligionen *48* (1)
La Roche *arch. Stätte* Westeuropa (Frankr.) Frühmensch *17* (4)
La Roche-aux-Moines Westeuropa (Frankr.) Mittelalterliche Staaten *187* (4)
La Rochelle *ant.* Rupella Westeuropa (Frankr.) Frühe Neuzeit *197* (5) Kreuzzüge *186* (1) Mittelalterliche Staaten *192* (1) Ökonomie *198* (1) Reformation *196* (2)
Larsa Südwestasien (Irak) Erste Städte *220* (2) Frühe Kulturen *221* (4) Urbane Zivilisationen *28–29* (1)
La-sa *siehe* Lhasa
Lascaux *arch. Stätte* Westeuropa (Frankr.) Frühmensch *17* (3) Die Welt 10000 v.Chr. *14–15*
Lasen *Volk* Südwestasien Osmanen *232–233* (1)
La Serena Südamerika (Chile) Staatenbildung *151* (3), (4)
Las Flores Mittelamerika (Mexiko) Frühe Kulturen *122* (1)
Las Haldas *arch. Stätte* Südamerika (Peru) Frühe Kulturen *144* (1)
Lashio Südostasien (Burma) ZWK *104* (2), *273* (2)
Lashkari Bazar Zentralasien (Afghanistan) Islam *56–57* (1)
Las Limas *arch. Stätte* Mittelamerika (Mexiko) Frühe Kulturen *121* (3)
Las Navas de Tolosa *Schlacht* Iberische Hbl. Kreuzzüge *186* (1) Reconquista *192* (3)
Las Palomas Iberische Hbl. Die Welt 10000 v.Chr. *14–15*
Lassa *siehe* Lhasa
La Suisse *siehe* Schweiz
Las Vegas Nordamerika (USA) Drogenhandel *113* (4)
Las Vegas *arch. Stätte* Südamerika (Ecuador) Frühe Kulturen *144* (1)
Las Victorias Mittelamerika (El Salvador) Frühe Kulturen *121* (2)
Latacunga Südamerika (Equador) Inka *147* (3)
Latakia *siehe* Laodicea
Lateinisches Kaiserreich *Staat* Südosteuropa Mongolen *68–69* (1)
Latina, Via *Straße* Ital. Hbl. Stadtplan des antiken Rom *181* (2)
Latiner *Lat.* Latini *Volk* Ital. Hbl. Antikes Rom *178* (1), (2)
Latinische Städte *Staat* Ital. Hbl. Die Welt 500 v.Chr. *34–35*
Latmos *Lat.* Latmus Südwestasien (Türkei) Antike Griechen *177* (2)
La Tolita Südamerika (Kolumbien) Die Welt 250 v.Chr. *38–39*
La Tranche Westeuropa (Frankr.) Früher Ackerbau *174* (1)
Lattaquié *siehe* Laodicea
Latvija *siehe* Lettland
Laugerie Basse *arch. Stätte* Westeuropa (Frankr.) Frühmensch *17* (3)
Lau-Gruppe *Archipel* Pazifik Erkundung *60* (2) Frühe Kulturen *280–281* (3)
Lauis *siehe* Lugano
Launceston Australien Erkundung *279* (2) Kolonisation *282* (1), (2) Staatenbildung *283* (3)
Laurentian Highlands *var.* Laurentian Mountains, *Frz.* Les Laurentides *Hochland* Nordamerika Eiszeit *116*
Laurentischer Eisschild *Eisformation* Nordamerika Eiszeit *116* (1)
Lausanne *Ital.* Losanna Mitteleuropa (Schweiz) Schweiz bis 1815 *193* (5)
Lausitz *var.* Lusatia *Region* Mitteleuropa Mittelalterliche Staaten *188* (1)
Laut Sulawesi *siehe* Celebes-See
Lavak *Insel* Südwestasien Arabien im 20. Jh. *235* (5)
Lavan *Insel* Südwestasien (Iran) Ökonomie *234* (1)
Lāvān, Jazīreh-ye *siehe* Lavan
Lavapura *mod.* Lop Buri Südostasien (Thailand) Antikes Indien *241* (6) *siehe auch* Lopburi
La Venta Mittelamerika (Mexiko) Die Welt 750 v.Chr. *30–31* Frühe Kulturen *121* (2), (3) Frühe Religion *36* (1)
La Victoria Mittelamerika (Guatemala) Frühe Kulturen *121* (2)
Lavinium Ital. Hbl. Antikes Rom *178* (1)
Lavo *Staat* Kont. Südostasien Die Welt 1300 *66–67*
Lazica *Staat* Südwestasien Die Welt 500 *50–51* Die Welt 750 *54–55*
Lealui Südl. Afrika (Zambia) Erkundung *157* (4)
Lebedos Südosteuropa (Griech.) Antike Griechen *177* (2)
Le Cap *siehe* Cap-Haïtien
Lechfeld *Schlacht* Mitteleuropa (Österreich) Mittelalterliche Staaten *185* (3)
L'Écluse *siehe* Sluis, Sluys
Le Creusot Westeuropa (Frankr.) Ökonomie *205* (4)
Ledo Südasien (Indien) ZWK *250–251* (3)
Ledro Ital. Hbl. Bronzezeit *175* (3)
Leeds Brit. Inseln (UK) Ökonomie *204* (1) Weltwirtschaft *93* (4)
Leeds and Liverpool *Kanal* Britische Inseln Ökonomie *204* (1)
Leer Mitteleuropa (Deutschland) Reformation *195* (5)
Leeward Islands *Kolonie* Westindien Die Welt 1900 *94–95* Die Welt 1925 *98–99* Die Welt 1950 *102–103*
Lefkosía, Lefkoşa *siehe* Nikosia
Lefroy *Goldlagerstätte* Australien Ökonomie *282* (2)
Le Gabillou *arch. Stätte* Westeuropa (Frankr.) Frühmensch *17* (3)
Legaceaster *siehe* Chester, Deva
Legio VII Gemina *Legionslager* Iberische Hbl. (Spanien) Antikes Rom *180–181* (1)
Legnano *Schlacht* Ital. Hbl. Mittelalterliche Staaten *188* (1)
Leh Südasien (Indien) (1) Biol. Austausch *72–73* (1) Nachkriegszeit *252* (2)
Le Havre *ehem.* le Havre-de-Grâce, *Eng.* Havre Westeuropa (Frankr.) Frühe Neuzeit *197* (5) Ökonomie *198* (1), *205* (4) Reiche & Revolutionen *199* (4) Zwischenkriegszeit *209* (3)
Leicester *Lat.* Batae Coritanorum Brit. Inseln (UK) Ökonomie *204* (1)
Leiden Westeuropa (Niederl.) Reformation *195* (5)
Leie *siehe* Lys
Leipsic *siehe* Leipzig
Leipzig *ant.* Lipsia, *hist.* Leipsic, *Poln.* Lipsk Mitteleuropa (Deutschland) Frühe Neuzeit *193* (4) Handel im Mittelalter *190–191* (1) Nachkriegszeit *212* (1) Ökonomie *205* (4) Reformation *196* (1) Reiche & Revolutionen *203* (2)
Lekno *mod.* Wągrowiec *Kloster* Mitteleuropa Mittelalterliche Staaten *187* (3)
Leli *siehe* Tianlin
Léman, Lac *siehe* Genfer See
Le Mas d'Azil *arch. Stätte* Westeuropa (Frankr.) Frühmensch *17* (3)
Lemberg *Poln.* Lwów, *Russ.* L'vov, *Ukr.* L'viv Osteuropa (Ukraine) EWK *207* (4) Handel im Mittelalter *190–191* (1) Reiche & Revolutionen *198* (2) ZWK *211* (4), (3) *siehe auch* L'vov, Lwów
Lemnos *mod.* Limnos *Insel/Siedlung* Mittelmeer (Ägäis) Antike Griechen *177* (2), (3), *179* (4) Erste Hochkulturen *175* (4) EWK *207* (6)
Lemovices *siehe* Limoges
Lena *Fluss* Sibirien Erkundung *257* (2) Frühmensch *16* (1) Handel *267* (3) Kolonialismus *269* (3) Mongolen *68–69* (1) Qing-China *268*
Leningrad *ehem.* und *mod.* Sankt-Peterburg, *ehem.* Petrograd, *Dtsch.* St. Petersburg, *Finn.* Pietari Osteuropa (Russ. Föderation) Kalter Krieg *108* (3) Nachkriegszeit *212* (3) UdSSR *213* (4) ZWK *210* (1), *211* (2), (4) *siehe auch* Petrograd, St. Petersburg
Lens Westeuropa (Frankr.) EWK *206* (2), (3)
Lentia *siehe* Linz
Leoben Mitteleuropa (Österreich) Napoleon *200–201* (1)
León Iberische Hbl. (Spanien) Franken *184* (2) Mittelalterliche Staaten *185* (3) Reconquista *192* (3) Zwischenkriegszeit *209* (4)
León *Staat/Region* Iberische Hbl. Kreuzzüge *186* (1) Mittelalterliche Staaten *185* (3) Reconquista *192* (3) Wikinger *60–61* (1)
Leopard's Kopje *arch. Stätte* Südl. Afrika (Zimbabwe) Frühe Kulturen *160* (1)
Leopoldville *mod.* Kinshasa Zentralafrika (Kongo (Zaire)) Erkundung *157* (4) Kolonialismus *166–167* (4) *siehe auch* Kinshasa
Lepanto *Schlacht* Südosteuropa (Griech.) Osmanen *231* (3)
Lepenski Vir Südosteuropa Die Welt 5000 v.Chr. *18–19*
Leptis Magna *var.* Leptis Nordafrika (Libyen) Antikes Rom *179* (3), *180–181* (1) Handel d. Antike *44–45* (1) Frühe Kulturen *160* (1) Erste Hochkulturen *176–177* (1) Völkerwanderung *52–53* (1) Weltreligionen *48* (1)
Lérida Iberische Hbl. (Spanien) Mittelalterliche Staaten *187* (3) Reconquista *192* (3)
Lerma *Fluss* Mittelamerika Frühe Kulturen *121* (2)
Les Bolards Westeuropa (Frankr.) Weltreligionen *48* (1)
Lesbos *It.* Mytilini, *mod.* Lésvos *Insel* Mittelmeer Antike Griechen *177* (2), (3), *179* (4) Erste Hochkulturen *175* (4) *siehe auch* Mytlini
Les Cayes *siehe* Cayes
Les Combarelles *arch. Stätte* Westeuropa (Frankr.) Frühmensch *17* (3)
Les Halles *Gebäude* Westeuropa (Frankr.) Stadtplan Paris *191* (2)
Lesina *siehe* Hvar
Les Laurentides *siehe* Laurentian Highlands
Lesotho *off.* Königreich Lesotho, *ehem.* Basutoland *Staat* Südl. Afrika Afrika nach 1960 *169* (4) Dekolonisation *168* (1) Heutige Welt *112* (1) Ökonomie *168* (2), (3) *siehe auch* Basutoland
Lespugue *arch. Stätte* Westeuropa (Frankr.) Frühmensch *17* (4)
Les Trois Frères *arch. Stätte* Westeuropa (Frankr.) Frühmensch *17* (3)
Lésvos *siehe* Lesbos
Le Temple *Gebäude* Westeuropa (Frankr.) Stadtplan Paris *191* (2)
Leticia Südamerika (Kolumbien) Politik nach 1930 *152* (1)
Lettland *Lett.* Latvija *Staat* Ost-Europa Drogenhandel *113* (4) Europapolitik *214* (1), (2) Heutige Welt *112* (2) Nachkriegszeit *212* (3) UdSSR *208* (2), *213* (4) Zwischenkriegszeit *208* (1), *209* (3), (5) ZWK *210* (1) *siehe auch* Baltische Staaten
Le Tuc d'Audoubert *arch. Stätte* Westeuropa (Frankr.) Frühmensch *17* (3)
Lëtzebuerg *siehe* Luxemburg
Leubingen Mitteleuropa (Deutschland) Bronzezeit *175* (3)
Leucas *siehe* Leukas
Leucecome *var.* Leukekome Südwestasien (Saudi-Arabien) Handel d. Antike *44–45* (1), *225* (3) Spätantike *161* (3)–(5)
Leukas *Lat.* Leucas *Insel/Siedlung* Südosteuropa (Griech.) Antike Griechen *177* (3), *179* (4)
Leukekome *siehe* Leucecome
Leutschau *Ung.* Lőcse, *mod.* Levoča Mitteleuropa (Slowakei) Mittelalterliche Staaten *189* (4)
Levante *Region* Südwestasien Bronzezeit *175* (3) Erste Hochkulturen *176–177* (1) Handel im Mittelalter *190–191* (1) *siehe auch* Israel, Judäa, Palästina, Phönikien
Levoča *siehe* Locse
Lexington Nordamerika (USA) Staatenbildung *127* (3) US-Bürgerkrieg *131* (6)
Leyte Philippinen ZWK *250–251* (3), *273* (2)
Leyte-Golf *Schlacht* Philippinen ZWK *105* (3), *273* (2)
Lezetxiki *arch. Stätte* Iberische Hbl. (Spanien) Frühmensch *13* (2)
Lhasa *var.* La-sa, Lassa Ostasien (China) Biol. Austausch *72–73* (1) China nach 1949 *275* (3) Erkundung *257* (3) Kolonialismus *248* (1), *269* (4) Mittelalterliche Staaten *244–245* (3), *262–263* (1), *263* (7) Qing-China *268* (1)
Li *Staat* Ostasien Frühe Reiche *259* (3)
Liang *Staat* Ostasien Mittelalterliche Staaten *261* (4)
Liangcheng *arch. Stätte* Ostasien Früher Ackerbau *258* (2)
Liangchou *siehe* Liangzhou
Liangzhou *var.* Liangchou, Liangchow *ehem.* Wuwei Ostasien (China) Frühe Neuzeit *266* (1) Mittelalterliche Staaten *262–263* (1) *siehe auch* Wuwei
Liangzhou *Staat* Ostasien Mittelalterliche Staaten *263* (3)
Liangzhu *arch. Stätte* Ostasien (China) Früher Ackerbau *258* (1), (2)
Lianyungang Ostasien (China) Ökonomie *274* (2)
Liaodong Ostasien (China) Frühe Neuzeit *266* (1)
Liaodong-Halbinsel *Region* Ostasien Imperialismus *270* (3), (4)
Liaoning *Provinz* Ostasien Ökonomie *274* (2)
Liao-Reich *siehe* Khitan-Reich
Liaoxi *Provinz* Ostasien Frühe Reiche *260* (1)
Liaoyang *Schlacht* Ostasien (China) Imperialismus *270* (4) Mittelalterliche Staaten *263* (5)
Liaoyang *Provinz* Ostasien Frühe Neuzeit *266* (1), (2) Mittelalterliche Staaten *263* (7)
Liban *siehe* Libanon
Libanon *Arab.* Al Lubnān, *Frz.* Liban *Region* Südwestasien Arabien im 20. Jh. *235* (5) Erkundung *219* (4) Osmanen *232–233* (1)
Libanon *Arab.* Al Lubnān, *Frz.* Liban *Staat* Südwestasien Arabien im 20. Jh. *234* (2), (3) Heutige Welt *113* (3) Islam *235* (4) Kalter Krieg *109* (1) ZWK *210* (1), *211* (4)
Libanon *Arab.* Jebel al Lubnān *Gebirge* Südwestasien (Libanon) Frühe Reiche *222* (1)
Libau *siehe* Libava
Libava *Dtsch.* Libau Osteuropa (Lettland) EWK *207* (4)
Liberalitas Julia *siehe* Évora
Liberia *Staat* Westafrika Afrika nach 1960 *169* (4) Dekolonisation *168* (1) Die Welt 1850 *90–91* Handel *166–167* (1) Heutige Welt *112* (1), *113* (3) Imperialismus *96* (1) Islam *235* (4) Ökonomie *168* (2), (3) Sklavenhandel *84–85* (1) ZWK *105* (3)
Libreville Zentralafrika (Gabun) Afrika nach 1960 *169* (4) Die Welt 1850 *90–91* Erkundung *157* (4) Kolonialismus *166–167* (4) Ökonomie *168* (2)
Libya *Region* Nordafrika Handel d. Antike *44* (2) Weltreligionen *48* (1)
Libycum, Mare *Dtsch.* Libysches Meer *Meer* Nordafrika Antikes Rom *179* (3)
Libyen *off.* Sozialistische Libysch-Arabische Volks-Jamahiria *Staat* Nordafrika Afrika nach 1960 *169* (4) Dekolonisation *168* (1) Heutige Welt *112* (1), *113* (3), (4) Imperialismus *96* (1), *97* (4) Islam *235* (4) Kalter Krieg *109* (1) Ökonomie *168* (2) Osmanen *232–233* (1) ZWK *104* (1), (2), *210* (1), *211* (4)
Lichfield Brit. Inseln (UK) Mittelalterliche Staaten *183* (3)
Lichtenberg Mitteleuropa (Deutschland) Nachkriegszeit *212* (2)
Lidice Mitteleuropa (Tschech. Rep.) ZWK *211* (3)
Liechtenstein *Staat* Mitteleuropa Heutige Welt *112* (2) Schweiz bis 1815 *193* (5)
Liège *siehe* Lüttich
Liegnitz *Poln.* Legnica *off.* Województwo Mitteleuropa (Polen) Mittelalterliche Staaten *189* (3) Mongolen *68–69* (1) *siehe auch* Liegnitz
Lietuva *siehe* Litauen
Liger *mod.* Loire *Fluss* Westeuropa (Frankr.) Antikes Rom *180–181* (1) *siehe auch* Loire
Ligny/Quatre-Bras *var.* Ligny Quatre-Bras *Schlacht* Westeuropa (Belgien) Napoleon *200–201* (1)
Ligure, Mar *siehe* Ligurisches Meer
Ligurer *Lat.* Ligures, *Gr.* Ligyes *Volk* Westeuropa (Frankr./Ital. Hbl.) Antikes Rom *178* (1), (2) Die Welt 250 v.Chr. *38–39* Die Welt 750 v.Chr. *30–31* Erste Hochkulturen *176–177* (1)
Ligures *siehe* Ligurer
Ligurische Republik *Staat* Ital. Hbl. Die Welt 1800 *86–87*
Ligurisches Meer *Frz.* Mer Ligurienne, *Ital.* Mar Ligure *Meer* Ital. Hbl. Antikes Rom *178* (1)
Ligusticum, Mare *mod.* Ligurisches Meer *Meer* Ital. Hbl. Antikes Rom *179* (3) *siehe auch* Ligurisches Meer
Ligyes *siehe* Ligurer
Liivi Laht *siehe* Rigaer Bucht
Lille *var.* l'Isle, *ehem.* Lisle, *ant.* Insula, *Ndl.* Rijssel, *Fläm.* Ryssel Westeuropa (Frankr.) Frühe Neuzeit *197* (5) Handel im Mittelalter *190–191* (1) Reformation *195* (5) Zwischenkriegszeit *209* (3)
Lilongwe Ostafrika (Malawi) Afrika nach 1960 *169* (4)
Lilybaeum *Gr.* Lilybaion, *mod.* Marsala Sizilien (Italien) Antikes Rom *161* (2), *179* (3), *180–181* (1) Erste Hochkulturen *176–177* (1)
Lim *Fluss* Südosteuropa Europapolitik *215* (3)
Lima Südamerika (Peru) Die Welt 1600 *78–79 passim* Drogenhandel *153* (5) Erkundung *80–81* (1), *142* (1), *143* (2), (3) Globale Migration *100* (1) Inka *148* (1) Kolonialismus *148* (2) Ökonomie *153* (3) Politik nach 1930 *152* (1) Staatenbildung *150* (1), *151* (3)
Lima *Region* Südamerika Frühe Kulturen *145* (4)
Lima, Audiencia von *Region* Südamerika Kolonialismus *148* (2)
Limassol Südwestasien (Zypern) Kreuzzüge *65* (3)
Limburg *Provinz/Staat* Westeuropa Reformation *195* (5) Reiche & Revolutionen *202* (1)
Limerick *Ir.* Luimneach Britische Inseln (Irland) Mittelalterliche Staaten *185* (3) Ökonomie *205* (4) Wikinger *60–61* (1)
Limín Vathéos *siehe* Samos
Límni Prespa *siehe* Prespa-See
Limnos *siehe* Lemnos
Limoges *ant.* Augustoritum Lemovicensium, Lemovices Westeuropa (Frankr.) Frühe Neuzeit *197* (5) Mittelalterliche Staaten *187* (4)
Limonum *siehe* Poitiers
Limousin *Region* Westeuropa (Frankr.) Frühe Neuzeit *197* (5)
Limpopo *var.* Crocodile *Fluss* Südl. Afrika Frühe Kulturen *160* (1) Frühe Neuzeit *164* (1) Frühmensch *12* (1) Imperialismus *96* (2) Sklavenhandel *165* (4)
Limpurg *var.* Limburg *Region* Mitteleuropa Reiche & Revolutionen *199* (3)
Lin Ostasien (China) Frühe Reiche *259* (5)
Lin'an *var.* Hangchou, Hangchow, Hangzhou Ostasien (China) Mittelalterliche Staaten *263* (5) *siehe auch* Hangzhou
Lincoln *ant.* Lindum, Lindum Colonia Brit. Inseln (UK) Handel im Mittelalter *190–191* (1) Mittelalterliche Staaten *183* (3) *siehe auch* Lindum
Lincoln Nordamerika (USA) Aufstieg der USA *129* (2)
Lincoln Sea *Meer* Polarmeer Erkundung *287* (2)
Líndhos *siehe* Lindos
Lindisfarne Brit. Inseln (UK) Mittelalterliche Staaten *183* (3), *187* (3) Wikinger *60–61* (1)
Lindos *var.* Líndhos, *Lat.* Lindus Rhodos (Griech.) Antike Griechen *177* (2), (3) Erste Hochkulturen *176–177* (1)
Lindsey *Region* Britische Inseln Mittelalterliche Staaten *183* (3)
Lindum *var.* Lindum Colonia, *mod.* Lincoln Brit. Inseln (UK) Antikes Rom *180–181* (1) *siehe auch* Lincoln
Lindum Colonia *siehe* Lincoln, Lindum
Line Islands *ehem. Dtsch.* Niedrige Inseln *Archipel* Pazifik Erkundung *279* (3) Frühe Kulturen *280–281* (3) Imperialismus *284–285* (1) Ökonomie *285* (2)
Lingen *Region* Mitteleuropa Reiche & Revolutionen *199* (3)
Lingfang Ostasien (China) Frühe Reiche *260* (1)
Lingling *Provinz* Ostasien Frühe Reiche *260* (1)
Lingnan *Provinz* Zentralasien Mittelalterliche Staaten *262–263* (1)
Lingzhi *Volk* Ostasien Frühe Reiche *259* (4)
Linhuai Ostasien (China) Weltreligionen *49* (3)
Linhuang Ostasien (China) Die Welt 1000 *58–59*
Linny Ägypten Altes Ägypten *159* (3)
Linyanti Südl. Afrika (Nambia) Erkundung *157* (4)
Linz *ant.* Lentia Mitteleuropa (Österreich) Handel im Mittelalter *190–191* (1) ZWK *210* (1), *211* (2), (3), (4)
Linzi Ostasien (China) Frühe Reiche *259* (4), (5), *260* (1) Frühe Religion *37* (4)
Lion Cave Südl. Afrika (Swaziland) Frühmensch *17* (2)
Lion, Golfe du *Eng.* Gulf of Lyons, *ehem. Dtsch.* Löwengolf, *ant.* Sinus Gallicus Westeuropa (Frankr.) Frühe Neuzeit *197* (5)
Lipan *Volk* Mittelamerika Kolonialismus *126* (1)
Lipany *Schlacht* Mitteleuropa Frühe Neuzeit *193* (4)
Lipara *arch. Stätte* Ital. Hbl. Kupferzeit *174* (2)
Lipsk, Lipsia *siehe* Leipzig
Liqeni i Ohrit *siehe* Ohrid-See
Liqeni i Prespës *siehe* Prespa-See
Lisan-See Südwestasien Eiszeit *217*
Lisboa *siehe* Lissabon, Olisipo
Lishi Ostasien (China) Frühe Reiche *259* (5)
Lisieux *ant.* Noviomagus Westeuropa (Frankr.) Franken *184* (2)
Lisle, l'Isle *siehe* Lille
Lissabon *ant.* Felicitas Julia, Olisipo, *Port.* Lisboa Iberische Hbl. (Portugal) Biol. Austausch *72–73* (1) Die Welt 1200 *62–63 passim* Erkundung *156* (3) Franken *184* (2) Handel im Mittelalter *190–191* (1) Islam *56–57* (1) Kolonialismus *81* (3) Kreuzzüge *186* (1), *64–65* (2) Mittelalterliche Staaten *185* (3) Napoleon *200–201* (1), *201* (2), (3) Ökonomie *198* (1), *205* (4) Osmanen *231* (3) Reconquista *192* (3) Reformation *194* (2), *196* (2) Reiche & Revolutionen *202* (1) Sklavenhandel *84–85* (1) Zwischenkriegszeit *209* (3), (4) ZWK *210* (1), *211* (4) *siehe auch* Olisipo
Lissos Südosteuropa (Albanien) Hellenist. Welt *40–41* (1)
Litauen *UN* Lithuania, *Lit.* Lietuva, *Poln.* Litwa, *Russ.* Litva *Region/Staat* Osteuropa Die Welt 1400 *70–71* Europapolitik *214* (1), (2) Handel im Mittelalter *190–191* (1) Heutige Welt *112* (2) Islam *162* (1) Mittelalterliche Staaten *189* (3), (4) Nachkriegszeit *212* (3) Osmanen *230* (1) Reiche & Revolutionen *198* (2) UdSSR *208* (2), *213* (4) Zwischenkriegszeit *208* (1), *209* (3), (5) ZWK *210* (1) *siehe auch* Baltische Staaten
Litauer *Volk* Osteuropa Kreuzzüge *186* (1), *64–65* (2) Mittelalterliche Staaten *185* (3)
Lithuania *siehe* Litauen
Little Big Horn *Schlacht* Nordamerika (USA) Aufstieg der USA *129* (2)
Little Rock Nordamerika (USA) Aufstieg der USA *129* (2), *132* (1) US-Gesellschaft *137* (6)
Little Salt Spring Nordamerika (USA) Die Welt 10 000 v.Chr. *14–15*
Litva, Litwa *siehe* Litauen
Liu Song *Staat* Ostasien Mittelalterliche Staaten *261* (4)
Liutizen *Volk* Mitteleuropa Mittelalterliche Staaten *185* (3)
Liven *var.* Livländer *Volk* Osteuropa Mittelalterliche Staaten *189* (3)
Livenza *Fluss* Ital. Hbl. EWK *207* (5)
Liverpool Brit. Inseln (UK) Die Welt 1850 *90–91* Globale Migration *100* (1) Ökonomie *204* (1), *205* (4) Sklavenhandel *84–85* (1) Weltwirtschaft *93* (4), (5) Zwischenkriegszeit *209* (3) ZWK *210* (1)
Livingstone *var.* Maramba Südl. Afrika (Zambia) Kolonialismus *166–167* (4)
Livland *Lat.* Livonia *Region* Mitteleuropa Frühe Neuzeit *195* (3) Reiche & Revolutionen *198* (2)
Livno Südosteuropa (B.-H.) Europapolitik *215* (3)
Livonia *siehe* Livland
Lixus *mod.* Larache Nordafrika (Marokko) Erste Hochkulturen *176–177* (1)
Lizard Mound *Grabhügel* Nordamerika (USA) Frühe Kulturen *121* (4)
Ljubljana *ant.* Aemona, Emona, *ehem. Dtsch.* Laibach, *Ital.* Lubiana Mitteleuropa (Slowenien) Europapolitik *215* (3)
Llano del Jicaro *arch. Stätte* Mittelamerika (Mexiko) Frühe Kulturen *121* (3)
Llanos *Landschaft* Südamerika Eiszeit *140* Frühe Kulturen *144* (1), Frühe Reiche *147* (2) Ökonomie *153* (4) Staatenbildung *150* (1), (2)
Llanos de Mojos *arch. Stätte* Südamerika (Bolivien) Frühe Kulturen *145* (2)
Loanda *siehe* Luanda
Loango Zentralafrika (Kongo) Frühe Neuzeit *164* (2) Sklavenhandel *84–85* (1), *165* (4)
Loango *Staat* Zentralafrika Die Welt 1600 *78–79 passim* Frühe Neuzeit *164* (2) Handel *166–167* (1) Sklavenhandel *165* (4)
Lobito Südl. Afrika (Angola) Kalter Krieg *109* (5) Ökonomie *168* (2)
Lob Nor *siehe* Lop Nor
Lobo, Kap *Eng.* Cape St. Mary Zentralafrika Erkundung *156* (3)
Loburi *siehe* Lop Buri
Loch Garman *siehe* Wexford
Loc Ninh *Schlacht* Südostasien (Vietnam) Vietnam-Krieg *251* (5)
Locri *var.* Locri Epizephyrii, *Gr.* Lokri Ital. Hbl. Antikes Rom *178* (1), (2) Erste Hochkulturen *176–177* (1)
Lőcse *siehe* Leutschau
Lodi *Schlacht* Ital. Hbl. Napoleon *200–201* (1)
Lodi-Sultanat von Delhi *Staat* Südasien Die Welt 1500 *74–75*
Lodz Mitteleuropa (Polen) EWK *207* (4)
Lo Fu Shan *siehe* Luofu Shan
Loire *Lat.* Liger *Fluss* Westeuropa (Frankr.) Erkundung *172* (1) Franken *183* (5), (6), *184* (2) Frühe Neuzeit *197* (5) Frühmensch *17* (3), (4) Handel im Mittelalter *190–191* (1) Kreuzzüge *64–65* (2), *186* (1) Mittelalterliche Staaten *185* (3), *187* (4), *192* (1), (2) Napoleon *200–201* (1), *201* (2) Ökonomie *205* (4) Reiche & Revolutionen *199* (4), *202* (1)
Lokoja Westafrika (Nigeria) Kolonialismus *166–167* (4)
Lokri *siehe* Locri
Lombardei *var./It.* Lombardia, *ehem.* Reich der Langobarden *Region/Staat* Ital. Hbl. Franken *184* (2) Handel im Mittelalter *190–191* (1) Kreuzzüge *64–65* (2) Mittelalterliche Staaten *188* (1) Reiche & Revolutionen *203* (3)
Lombardei und Venetien, Königreich *Staat* Ital. Hbl. Reiche & Revolutionen *202* (1) Schweiz bis 1815 *193* (5)
Lombardei-Venetien *siehe* Venetien
Lombarden *siehe* Langobarden
Lombardia *siehe* Lombardei
Lombok *Insel* Mar. Südostasien Erkundung *239* (2) Imperialismus *97* (3) Mittelalterliche Staaten *245* (5), (6)
Lombok-Straße *Schlacht* Südostasien (Indonesien) ZWK *272* (1)
Lomé Westafrika (Togo) Afrika nach 1960 *169* (4) Kolonialismus *166–167* (4)
Lomekwi *arch. Stätte* Ostafrika (Kenya) Frühmensch *12* (1)
Lonato *Schlacht* Ital. Hbl. Napoleon *200–201* (1)
Londinium *mod.* London, *ant.* Augusta Brit. Inseln (UK) Antikes Rom *180–181* (1) Handel d. Antike *181* (3) Völkerwanderung *52–53* (1) Weltreligionen *48* (1) *siehe auch* London
London Nordamerika (Kanada) Aufstieg der USA *132* (1)
London *ant.* Londinium Brit. Inseln (UK) Biol. Austausch *72–73* (1) Die Welt 1300 *66–67 passim* EWK *206* (2), (3) Handel im Mittelalter *190–191* (1) Kalter Krieg *108* (3) Kreuzzüge *186* (1) Mittelalterliche Staaten *182* (2), *183* (3), *186* (2), *187* (3), (4), *188* (2) Nachkriegszeit *212* (3) Napoleon *200–201* (1), *201* (2), (3) Ökonomie *205* (4) Reformation *194* (2) Reiche & Revolutionen *88* (1), *202* (1) Sklavenhandel *84–85* (1) Spätantike *182* (1) Weltwirtschaft *92* (1), *93* (5) Wikinger *60–61* (1) Zwischenkriegszeit *209* (3) ZWK *210* (1), *211* (2)–(4) *siehe auch* Londinium
Longarone Ital. Hbl. EWK *207* (5)
Long-bien Kont. Südostasien (Vietnam) Erkundung *256* (1)
Longcheng Ostasien (China) Frühe Reiche *261* (3)
Long Island *Insel* Nordamerika Kolonialismus *127* (2)
Longjingcun *var.* Lungchingtsun Ostasien (China) Kolonialismus *269* (4)
Longkou *var.* Lungkow Ostasien (China) Imperialismus *270* (2) Kolonialismus *269* (4)
Longobucco Ital. Hbl. Handel im Mittelalter *190–191* (1)
Longreach Australien Kolonisation *282* (1)
Long's Drift *arch. Stätte* Ostafrika (Kenya) Früher Ackerbau *158* (1)
Longwy Westeuropa (Frankr.) Frühe Neuzeit *197* (5)
Longxi *Provinz* Ostasien Frühe Reiche *260* (1)
Longxing Ostasien (China) Mittelalterliche Staaten *263* (4), (5), (7)
Longyu *var.* Lungyu *Provinz* Zentralasien Mittelalterliche Staaten *262–263* (1)
Longzhou *var.* Lungchow Ostasien (China) Kolonialismus *269* (4)
Loochoo Islands *siehe* Ryukyu-Inseln
Loos Westeuropa (Frankr.) EWK *206* (2), (3)
Lop Buri *var.* Loburi Südostasien (Thailand) Weltreligionen *243* (5) *siehe auch* Lavapura
Lopera Iberische Hbl. (Spanien) Zwischenkriegszeit *209* (4)
Lopez, Kap Zentralafrika Erkundung *156* (3)
Lop Nor *var.* Lob Nor, Lop Nur, Lo-pu Po *See* Ostasien Erkundung *257* (3) Früher Ackerbau *258* (1) Frühe Reiche *260* (1)
Lop Nur, Lo-pu Po *siehe* Lop Nor
Lorca Iberische Hbl. (Spanien) Reconquista *192* (3)
Lord Howe Island *Insel* (Australien) Die Welt 1800 *86–87 passim*
Lorient Westeuropa (Frankr.) Frühe Neuzeit *197* (5)
Lorna Negra Südamerika (Peru) Frühe Kulturen *145* (4)
Lorraine *siehe* Lothringen
Los Altos Nordamerika (USA)
Los Angeles Nordamerika (USA) Aufstieg der USA *129* (2), *132* (1) Drogenhandel *113* (4) Erkundung *119* (3) Globale Migration *100* (1), *101* (3) Ökonomie *134* (1), (3) *136* (2) US-Gesellschaft *135* (6), *137* (5)
Losanna *siehe* Lausanne
Los Gatos Nordamerika (USA)
Los Idolos *arch. Stätte* Mittelamerika (Mexiko) Frühe Kulturen *121* (3)
Los Llanos *Region* Südamerika Erkundung *143* (2)
Los Millares *arch. Stätte* Iberische Hbl. (Spanien) Kupferzeit *174* (2)
Los Naranjos Mittelamerika (Honduras) Frühe Kulturen *121* (2)
Los Palmos Südamerika (Peru) Frühe Kulturen *145* (4)
Los Soldados *arch. Stätte* Mittelamerika (Mexiko) Frühe Kulturen *121* (3)
Los Toldos *arch. Stätte* Südamerika (Argentinien) Frühe Kulturen *144* (1)
Lot *Fluss* Westeuropa (Frankr.) Frühe Neuzeit *197* (5) Frühmensch *17* (3)
Lothagam *arch. Stätte* Ostafrika (Kenya) Frühmensch *12* (1)
Lothal *arch. Stätte* Südasien (Indien) Erste Städte *24* (2), *25* (3), *240* (2)
Lothringen *Frz.* Lorraine *Region* Westeuropa (Frankr.) Kreuzzüge *64–65* (2) *siehe auch* Elsass-Lothringen; Lothringen, Herzogtum; Nieder-Lothringen, Ober-Lothringen
Lothringen, Herzogtum *Staat* Westeuropa (Frankr.) Frühe Neuzeit *197* (5) Reformation *196* (1)
Loualaba *siehe* Lualaba
Louangphrabang *siehe* Lan Chang, Luang Prabang
Louisbourg Nordamerika (Kanada) Kolonialismus *127* (2) Reiche & Revolutionen *88* (1)
Louisiana *Staat* Nordamerika Aufstieg der USA *129* (1) Kolonialismus *126* (1) Ökonomie *134* (2), *139* (3) Reiche & Revolutionen *88* (1) US-Bürgerkrieg *130* (1), (5), *131* (6) US-Gesellschaft *137* (6) Weltwirtschaft *93* (5)
Louisville Nordamerika (USA) Aufstieg der USA *129* (2), *132* (1) US-Bürgerkrieg *131* (6)
Loulan Ostasien (China) Weltreligionen *49* (3)
Lourenço Marques *mod.* Maputo Südl. Afrika (Moçambique) Kolonialismus *166–167* (4) Migrationen *166* (2) *siehe auch* Maputo
Lourenço Marques, Baía de *siehe* Delagoa Bai
Louvain Westeuropa (Belgien) Handel im Mittelalter *190–191* (1)
Louvo *Region* Kont. Südostasien Mittelalterliche Staaten *245* (5)
Louvre *Gebäude* Westeuropa (Frankr.) Stadtplan Paris *191* (2)
Lovat' *Fluss* Osteuropa Erkundung *172* (1)
Lovelock Cave *arch. Stätte* Nordamerika (USA) Die Welt 1250 v.Chr. *26–27*
Loviisa *siehe* Lovisa
Lovisa *Finn.* Loviisa Skandinavien (Finnland) EWK *207* (4)
Löwengolf *siehe* Lion, Golfe du
Lower Pima *Volk* Mittelamerika Kolonialismus *126* (1)
Lowry *arch. Stätte* Nordamerika (USA) Präkolumbische Kulturen *123* (4)
Lo-yang *siehe* Luoyang
Lozi *Staat* Südl. Afrika Die Welt 1800 *86–87 passim* Handel *166–167* (1) Sklavenhandel *165* (4)
Loznica Südosteuropa (Jugoslawien) EWK *207* (6)
Lu *Staat* Ostasien Frühe Reiche *259* (4), (5) Frühe Religion *37* (4)
Lualaba *Frz.* Loualaba *Fluss* Zentralafrika Erkundung *157* (4)
Luanda *var.* Loanda, *hist.* São Paulo de Loanda Zentralafrika (Angola) Afrika nach 1960 *169* (4) Erkundung *157* (4) Frühe Neuzeit *164* (2) Kalter Krieg *109* (5) Kolonialismus *81* (3), *166–167* (4) Ökonomie *168* (2) Sklavenhandel *84–85* (1), *165* (4)
Luang Prabang *var.* Lan Chang, Louangphrabang, Louangphabang Südostasien (Laos) Die Welt 1800 *86–87 passim* Kolonialismus *248* (1) Ökonomie *247* (4) *siehe auch* Lan Chang
Luang Prabang *Staat* Kont. Südostasien Die Welt 1800 *86–87* Die Welt 1850 *90–91*
Luba *Staat* Zentralafrika Die Welt 1700 *82–83 passim* Handel *166–167* (1) Sklavenhandel *165* (4)
Lubaantun Mittelamerika (Belize) Frühe Kulturen *122* (2)
Lubango *Port.* Sá da Bandeira Südl. Afrika (Angola) Kalter Krieg *109* (5)
Lübeck Mitteleuropa (Deutschland) Biol. Austausch *72–73* (1) Frühe Neuzeit *193* (4), *195* (3) Handel im Mittelalter *190–191* (1) Mittelalterliche Staaten *188* (1), *189* (3) Napoleon *200–201* (1), *201* (2) Reiche & Revolutionen *199* (3)
Lubiana *siehe* Ljubljana
Lublin Mitteleuropa (Polen) EWK *207* (4) Frühe Neuzeit *193* (4) Handel im Mittelalter *190–191* (1) Mittelalterliche Staaten *189* (3) ZWK *211* (3)
Lubumbashi *ehem.* Élisabethville Zentralafrika (Kongo (Zaire)) Ökonomie *168* (2)
Lubusi *arch. Stätte* Südl. Afrika (Zambia) Frühe Kulturen *160* (1)
Luca *siehe* Lucca
Lucani *Dtsch.* Lukaner *Volk* Ital. Hbl. Antikes Rom *178* (1), (2)
Lucayaner *Volk* Westindien Die Welt 1500 *74–75*
Lucca *ant.* Luca Ital. Hbl. Handel im Mittelalter *190–191* (1) Kreuzzüge *186* (1)
Lucca *ant.* Luca *Staat* Ital. Hbl. Napoleon *201* (2) Reiche & Revolutionen *202* (1)
Lucentum *siehe* Alicante
Luceria Ital. Hbl. Antikes Rom *178* (1)
Lucerna, Lucerne *siehe* Luzern
Luchow *siehe* Hefei
Lucknow Südasien (Indien) Dekolonisation *250* (1) Kolonialismus *249* (3) Nachkriegszeit *252* (1) Ökonomie *247* (3), *249* (4) Weltwirtschaft *93* (5)
Lucus Augusti Iberische Hbl. (Spanien) Antikes Rom *180–181* (1)
Lüda *siehe* Dairen, Dalian
Ludhiana Südasien (Indien) Nachkriegszeit *253* (5)
Luena *var.* Lwena, *Port.* Luso Südl. Afrika (Angola) Kalter Krieg *109* (5)
Lugano *Dtsch.* Lauis Mitteleuropa (Schweiz) Schweiz bis 1815 *193* (5)
Lugdunensis *Provinz* Westeuropa (Frankr.) Antikes Rom *180–181* (1)
Lugdunum *mod.* Lyon Westeuropa (Frankr.) Antikes Rom *180–181* (1), 181 (4) Die Welt 1 n.Chr. *42–43 passim* Handel d. Antike *181* (3) Weltreligionen *48* (1) *siehe auch* Lyon
Lugenda *Fluss* Zentralafrika Erkundung *157* (4)
Luguvallium *siehe* Carlisle
Luguvallum *siehe* Carlisle
Luhun *Staat* Ostasien Frühe Reiche *259* (3)
Luik *siehe* Lüttich
Luimneach *siehe* Limerick
Lukaner *siehe* Lucani
Lukenya *arch. Stätte* Ostafrika (Kenya) Frühe Kulturen *160* (1) Früher Ackerbau *158* (1)
Luluabourg *siehe* Kananga
Lululampembele *arch. Stätte* Ostafrika (Tanzania) Früher Ackerbau *158* (1)
Lumbini Südasien (Nepal) Frühe Reiche *241* (4) Frühe Religion *36* (2), *242* (3)
Lund Skandinavien (Schweden) Mittelalterliche Staaten *185* (3)

Lunda Staat Zentralafrika Die Welt 1700 82–83 passim Handel 166–167 (1) Sklavenhandel 165 (4)
Lundu Staat Südl. Afrika Die Welt 1600 78–79 passim Frühe Neuzeit 164 (1) Sklavenhandel 165 (4)
Lüneburg Mitteleuropa (Deutschland) Handel im Mittelalter 190–191 (1)
Lunéville Westeuropa (Frankr.) EWK 206 (2), (3)
Lungchingtsun siehe Longjingcun
Lungchow siehe Longzhou
Lungkow siehe Longkou
Lungyu siehe Longyu
Luni Ital. Hbl. Bronzezeit 175 (3)
Luni Fluss Südasien Erste Städte 240 (2) Mogul-Reich 246 (1)
Luofu Shan var. Lo Fu Shan Gebirge Ostasien Frühe Religion 37 (4)
Luolang var. P'yŏngyang-si, P'yŏngyang, mod. Pyŏngyang Ostasien (Nord-Korea) Frühe Reiche 260 (1), 264 (1) Mittelalterliche Staaten (2) Völkerwanderung 261 (6) siehe auch Pyŏngyang
Luolang Provinz Ostasien Frühe Reiche 260 (1)
Luoling Ostasien (China) Frühe Reiche 260 (1)
Luoyang var. Honan, Lo-yang Ostasien (China) Biol. Austausch 72–73 (1) Chinesische Revolution 274 (1) Erkundung 256 (1) Erste Städte 259 (3)–(5) Früher Ackerbau 258 (2) Frühe Reiche 260 (1), 261 (2), (3) Frühe Religion 36 (1), 37 (4) Handel d. Antike 44–45 (1) Mittelalterliche Staaten 261 (4), 262–263 (1) Mongolen 68–69 (1) Urbane Zivilisationen 28–29 (1) Völkerwanderung 261 (6) Weltreligionen 49 (3)
Luoyi Ostasien (China) Frühe Reiche 259 (4)
Luristan Region Südwestasien Safawiden 231 (4)
Lusaka Südl. Afrika (Zambia) Afrika nach 1960 169 (4) Kolonialismus 166–167 (4) Ökonomie 168 (2)
Lusatia siehe Lausitz
Lu Shan Gebirge Ostasien (China) Frühe Religion 37 (4)
Lü-shun siehe Port Arthur
Lusitani Volk Iberische Hbl. Antikes Rom 179 (5)
Lusitania Provinz Iberische Hbl. Antikes Rom 180–181 (1)
Luso siehe Luena
Lustucru Revolte Westeuropa (Frankr.) Reformation 196 (2)
Lūt, Baḩrat, Lut, Bahret siehe Totes Meer
Lutetia var. Lutetia Parisiorum, Parisii, mod. Paris Westeuropa (Frankr.) Antikes Rom 180–181 (1) Völkerwanderung 52–53 (1) siehe auch Paris
Lutetia Parisiorum siehe Lutetia, Paris
Lūt Kavīr-e siehe Lut, Dasht-e
Lutsk Osteuropa (Ukraine) EWK 207 (4)
Lutter Schlacht Mitteleuropa (Deutschland) Reformation 196 (1)
Lüttich Ndl. Luik, Frz. Liège Westeuropa (Belgien) EWK 206 (2), (3) Franken 184 (2) Handel im Mittelalter 190–191 (1) Reformation 195 (5)
Lützel Mitteleuropa (Luxemburg) Mittelalterliche Staaten 187 (3)
Lützen Schlacht Mitteleuropa (Deutschland) Napoleon 200–201 (1) Reformation 196 (1)
Luxemburg Frz. Luxembourg Westeuropa (Lux.) Frühe Neuzeit 193 (4), 197 (5) Mittelalterliche Staaten 192 (1) Reformation 195 (5)
Luxemburg var. Lëtzebuerg, Frz./off. Grand-Duché de Luxembourg Staat/Provinz Westeuropa Drogenhandel 113 (4) Europapolitik 214 (1), (2) EWK 206 (2), (3) Heutige Welt 112 (2) Kalter Krieg 108 (3), 109 (1) Nachkriegszeit 212 (1), (3), 213 (5) Reformation 195 (5) Reiche & Revolutionen 202 (1), 203 (2) Supermacht USA 138 (1) UdSSR 215 (4) Zwischenkriegszeit 208 (1), 209 (3), (5) ZWK 210 (1) siehe auch Niederlande
Luxor Ägypten Altes Ägypten 159 (4), (5) Islam 235 (4) Urbane Zivilisationen 28–29 (1)
Luzern Frz. Lucerne, Ital. Lucerna Mitteleuropa (Schweiz) Schweiz bis 1815 193 (5)
Luzhou Ostasien (China) Mittelalterliche Staaten 263 (7)
Luzon Insel Mar. Südostasien China nach 1949 275 (3) Erkundung 239 (1) Handel d. Antike 44–45 (1) Imperialismus 97 (3) Kolonialismus 247 (4) Nachkriegszeit 253 (4) ZWK 272 (1)
L'viv siehe Lemberg, L'vov, Lwów
L'vov Dtsch. Lemberg, Poln. Lwów, Ukr. L'viv Osteuropa (Ukraine) Nachkriegszeit 212 (3) siehe auch Lemberg, Lwów
Lwena siehe Luena
Lwów Dtsch. Lemberg, Russ. L'vov, Ukr. L'viv Osteuropa (Ukraine) Frühe Neuzeit 193 (4) siehe auch Lemberg
Lycia siehe Lykien
Lydenburg arch. Stätte Südl. Afrika (Südafrika) Frühe Kulturen 160 (1)
Lyder Volk Südwestasien Frühe Reiche 221 (5)
Lydia siehe Lydien
Lydien Lat./Gr. Lydia Region/Staat Südwestasien Antikes Persien 223 (4) Schrift & Zahl 33 (2) Frühe Reiche 222 (2) Frühe Religion 37 (3) Hellenist. Welt 40–41 (1)
Lykaonien Gr. Lykaonia Region Südwestasien Hellenist. Welt 40–41 (1)
Lykien Gr. Lykia, Lat. Lycia Region/Staat Südwestasien Antikes Rom 179 (5), 180–181 (1) Erste Hochkulturen 176–177 (1) Hellenist. Welt 40–41 (1) Weltreligionen 48 (1)
Lykischer Bund Staat Südwestasien Die Welt 1 n.Chr. 42–43
Lykopolis siehe Asyut
Lynn siehe King's Lynn
Lynn Regis siehe King's Lynn
Lyon Lat. Lugdunum, Eng. Lyons Westeuropa (Frankr.) Franken 183 (5), (6), 184 (2) Frühe Neuzeit 193 (4), 197 (5) Handel im Mittelalter 190–191 (1) Islam 184 (1) Kreuzzüge 186 (1) Mittelalterliche Staaten 185 (3), 192 (1), (2) Napoleon 200–201 (1), 201 (2) Ökonomie 205 (4) Reformation 194 (2) Reiche & Revolutionen 199 (4), 202 (1) ZWK 210 (1), 211 (4) siehe auch Lugdunum
Lyonnais Region Westeuropa (Frankr.) Frühe Neuzeit 197 (5)
Lyons siehe Lugdunum, Lyon
Lys Schlacht Westeuropa (Frankr.) EWK 206 (3)
Lys var. Leie Fluss Westeuropa (Frankr.) EWK 206 (2), (3)
Lysimachus, Königreich von Staat Südwestasien Hellenist. Welt 224 (1)
Lystra Südwestasien (Türkei) Hellenist. Welt 40–41 (1)
Lyttelton Neuseeland Kolonisation 283 (4), (5)
Lyublin siehe Lublin

M

Maadi Ägypten Altes Ägypten 159 (2)
Maas Frz./Eng. Meuse Fluss Westeuropa EWK 206 (2), (3) Franken 183 (5) Reiche & Revolutionen 199 (4), 203 (2) Völkerwanderung 52–53 (1), 53 (2)
Maastricht var. Maestricht, ant. Traiectum ad Mosam, Traiectum Tungorum Westeuropa (Niederl.) EWK 206 (2), (3) Reiche & Revolutionen 202 (1)
Maba arch. Stätte Ostasien (China) Frühmensch 13 (2)
Mabaruma Volk Südamerika Die Welt 1300 66–67
Mabiyyat Südwestasien (Saudi-Arabien) Islam 56–57 (1)
Mabveni arch. Stätte Südl. Afrika (Zimbabwe) Frühe Kulturen 160 (1)
Macao Chin. Aomen, Port. Macau Kolonie Ostasien (China) China nach 1949 275 (3) Dekolonisation 251 (4) Die Welt 1600 78–79 passim Erkundung 80–81 (1) Frühe Neuzeit 266 (1) Handel 267 (3) Imperialismus 97 (3), 284–285 (1) Kolonialismus 247 (4), 248 (1) Qing-China 268 (1) Reiche & Revolutionen 88 (1), 88–89 (2) Sklavenhandel 84–85 (1) Tigerstaaten 275 (4) ZWK 250–251 (3), 272 (1), 273 (2)
Macapá Südamerika (Brasilien) Politik nach 1930 152 (1)
Macassar Mar. Südostasien (Indonesien) Imperialismus 284–285 (1) Kolonialismus 247 (4) ZWK 272 (1), 273 (2)
Macassar Region Mar. Südostasien Kolonialismus 247 (4)
Macassar-Straße Indon. Selat Makasar Meeresstraße Mar. Südostasien Antikes Indien 241 (6) Islam 243 (6) Kolonialismus 247 (4)
Macau siehe Macao
Maçayó siehe Maceió
Macbar Region Südasien Mittelalterliche Staaten 244–245 (3)
Macdonnell Ranges Gebirge Australien Erkundung 279 (2) Staatenbildung 283 (3)
Maceió ehem. Maçayó Südamerika (Brasilien) Ökonomie 153 (3) Staatenbildung 151 (3)
Machaerus Südwestasien (Jordanien) Antikes Rom 225 (4)
Machang arch. Stätte Ostasien Früher Ackerbau 258 (2)
Machaquila Mittelamerika (Mexiko) Frühe Kulturen 122 (2)
Machiwara Südasien (Indien) Ökonomie 247 (3)
Machu Picchu Südamerika (Peru) Die Welt 1400 70–71 passim Inka 147 (3)
Macina siehe Masina
Mackay Australien Kolonisation 282 (1)
Mackenzie Fluss Nordamerika Aufstieg der USA 129 (2) Erkundung 118 (1), 286 (1), 287 (2) Früher Ackerbau 120 (1) Präkolumbische Kulturen 123 (3)
Mackenzie Inuit Volk Nordamerika Präkolumbische Kulturen 123 (3)
Mackenzie Mountains Gebirge Nordamerika Aufstieg der USA 129 (2) Erkundung 286 (1), 287 (2)
Macon Nordamerika (USA) US-Bürgerkrieg 131 (7)
Macquarie Australien Ökonomie 285 (2)
Macquarie Harbour Straflager Australien Kolonisation 282 (1)
Macquarie Island Insel Pazifik Erkundung 287 (3)
Mač-Só, Banat var. Matschwa und Só, Region Südosteuropa Mittelalterliche Staaten 189 (4)
Madagascar Malg. Madagasikara, ehem. Malagasy Republic Insel/Staat Indischer Ozean Afrika nach 1960 169 (4) Biol. Austausch 73 (3) Dekolonisation 168 (1) Die Welt 1800 86–87 passim Eiszeit 154–155 (1), 254–255 (1) Erkundung 80–81 (1) Früher Ackerbau 158 (1) Globale Migration 100 (1) Handel 230 (2) Heutige Welt 112 (1), 113 (3), (4) Imperialismus 96 (1), 97 (4) Islam 162 (1) Ökonomie 163 (2), 168 (2) Sklavenhandel 165 (4) Weltwirtschaft 92 (1) Wissen & Technologie 76–77 (1) ZWK 104 (1), (2)
Madagasikara siehe Madagascar
Madapallam siehe Narasapur
Mađarska siehe Ungarn
Madasa Staat Westafrika Mittelalterliche Staaten 163 (4)
Madeira var. Ilha de Madeira Insel Atlantik Die Welt 1700 82–83 passim Erkundung 156 (3) Sklavenhandel 165 (4)
Madeira Span. Río Madera Fluss Südamerika Erkundung 142 (1), 143 (2) Frühe Kulturen 144 (1), 145 (2), Frühe Reiche 146 (1), 147 (2) Kolonialismus 149 (3) Ökonomie 153 (3), (4) Staatenbildung 151 (3)
Madeira, Ilha de siehe Madeira
Madera, Río siehe Madeira
Madhya-Desha Region Südasien Frühe Religion 48 (2), 242 (2)
Madhyama-Dish Region Südasien Frühe Religion 36 (2), 242 (1)
Madhyama Pava Südasien (Indien) Frühe Religion 242 (3)
Madhya Pradesh Region Südasien Nachkriegszeit 252 (1)
Madira Bickel Mound Nordamerika (USA) Präkolumbische Kulturen 123 (5)
Madison Nordamerika (USA) Aufstieg der USA 129 (2)
Madnases Südwestasien (Türkei) Antike Griechen 177 (2)
Madras var. Chennai Südasien (Indien) Dekolonisation 250 (1) Handel 267 (3) Kolonialismus 248 (1), (2), 269 (4) Mogul-Reich 246 (1) Nachkriegszeit 252 (1), 253 (5) Ökonomie 247 (3), 249 (4) Reiche & Revolutionen 88 (1)
Madras Region/Staat Südasien Die Welt 1700 82–83 Kolonialismus 248 (2), 249 (3) Nachkriegszeit 253 (4)
Madras States Staat Südasien Kolonialismus 248 (2)
Madre de Dios Fluss Südamerika Kolonialismus 148 (2)
Madrid Iberische Hbl. (Spanien) Die Welt 1400 70–71 passim Frühe Neuzeit 194 (1) Kalter Krieg 108 (3) Nachkriegszeit 212 (3) Napoleon 200–201 (1), 201 (2), (3) Ökonomie 198 (1), 205 (4) Osmanen 231 (3) Reconquista 192 (3) Reformation 194 (2) Reiche & Revolutionen 202 (1) Zwischenkriegszeit 209 (3), (4) ZWK 210 (1), 211 (4)
Madu Ägypten Altes Ägypten 159 (4)
Madura mod. Madurai, ehem. Mathurai Südasien (Indien) Frühe Religion 48 (2) Ökonomie 247 (3) Weltwirtschaft 93 (5) siehe auch Madurai
Madurai ehem. Madura, Mathurai Südasien (Indien) Frühe Reiche 241 (4) Kolonialismus 248 (1) Mittelalterliche Staaten 244 (1), (2), 244–245 (3), 245 (4) Mogul-Reich 246 (1) Nachkriegszeit 253 (5) siehe auch Madura
Maebashi var. Maebasi, Mayebashi Japan Ökonomie 270 (1)
Maebasi siehe Maebashi
Mae Nam Khong siehe Mekong
Mae Nam Yom Fluss Kont. Südostasien Frühe Reiche 260 (1)
Mae Nan Ping Fluss Kont. Südostasien Frühe Reiche 260 (1)
Maeotis Palus Binnenmeer Osteuropa Handel d. Antike 44 (2)
Maes Howe arch. Stätte Brit. Inseln (UK) Kupferzeit 174 (2)
Maestricht siehe Maastricht
Mafeking Südl. Afrika (Südafrika) Imperialismus 96 (2) Kolonialismus 166–167 (4)
Mafia Insel Ostafrika Ökonomie 163 (2)
Magadan Osteuropa (Russ. Föderation) UdSSR 215 (4)
Magadha Südasien (Indien) Frühe Religion 36 (1)
Magadha var. Guptu-Reich Region/Reich Südasien Frühe Reiche 241 (4), (5) Frühe Religion 36 (2), 242 (1)–(3) Handel d. Antike 44–45 (1) Völkerwanderung 261 (6) siehe auch Guptu-Reich
Magaliesburg Südl. Afrika (Südafrika) Erkundung 157 (4)
Magallanes siehe Punta Arenas
Magallanes, Estrecho de siehe Magellan-Straße
Magdalena Fluss Südamerika Erkundung 143 (3) Frühe Kulturen 145 (2), Frühe Reiche 146 (1) Inka 148 (1) Kolonialismus 148 (2) Ökonomie 153 (3) Politik nach 1930 152 (1) Staatenbildung 150 (2), 151 (3)
Magdeburg Mitteleuropa (Deutschland) Franken 184 (2) Handel im Mittelalter 190–191 (1) Mittelalterliche Staaten 185 (3), 188 (1), 189 (3) Reformation 196 (2) Reiche & Revolutionen 199 (3)
Magdeburg, Erzbistum Region/Staat Mitteleuropa Reiche & Revolutionen 199 (3)
Magellan-Straße Span. Estrecho de Magallanes Meeresstraße Südamerika Erkundung 80–81 (1), 142 (1), 143 (3) Kolonialismus 148 (2)
Magersfontein Schlacht Südl. Afrika (Südafrika) Imperialismus 96 (2)
Maghreb Landschaft Nordafrika Islam 56–57 (1), 57 (2)
Magindanao Staat Philippinen Die Welt 1800 86–87 Die Welt 1850 90–91
Magna Graecia Region Ital. Hbl. Frühe Religion 37 (3)
Magnesia Schlacht Südwestasien (Türkei) Antike Griechen 179 (4)
Magnus Sinus Meer Ostasien Handel d. Antike 44 (2)
Magonsaeta Volk Britische Inseln Mittelalterliche Staaten 183 (3)
Magsharen-Tuareg Staat Westafrika Die Welt 1400 70–71 Mittelalterliche Staaten 163 (6) siehe auch Tuareg
Magyaren Volk Mitteleuropa Die Welt 750 54–55 Mittelalterliche Staaten 185 (3) siehe auch Ungarn
Magyar Köztársaság siehe Ungarn
Magyarország siehe Ungarn
Mahagama Südasien (Sri Lanka) Mittelalterliche Staaten 244 (2)
Maha-Meghavahana Staat Südasien Handel d. Antike 44–45 (1)
Mahanadi Fluss Südasien Frühe Reiche 241 (4), (5) Kolonialismus 248 (1) Mittelalterliche Staaten 244 (1), (2), 244–245 (3) Mogul-Reich 246 (1) Ökonomie 247 (3), 249 (4) Weltreligionen 243 (4)
Maharashtra Region Südasien Frühe Religion 242 (2) Nachkriegszeit 252 (1), 253 (4) Weltreligionen 49 (3)
Mahasna Ägypten Altes Ägypten 159 (2)
Mahdia var. Al Mahdīyah, Mehdia Nordafrika (Tunesien) Islam 56–57 (1)
Mahé ehem. Mayyali, Frz. Mahé Südasien (Indien) Dekolonisation 251 (4) Die Welt 1800 86–87 Kolonialismus 248 (2), 269 (4) Nachkriegszeit 252 (1) Ökonomie 247 (3) Reiche & Revolutionen 88 (1), 88–89 (2) ZWK 250–251 (3)
Maheshwar Südasien (Indien) Marathen 246 (2)
Maheya Region Südasien Frühe Religion 242 (2)
Mahican siehe Mohican
Mahisamandala Region Südasien Frühe Reiche 241 (4)
Mahishaka Reich Südasien Frühe Reiche 241 (5)
Mahishmati Südasien (Indien) Weltreligionen 243 (4)
Mähren Lat. Moravia Region/Staat Mitteleuropa Frühe Neuzeit 193 (4) Kreuzzüge 186 (1) Mittelalterliche Staaten 188 (1), 189 (4) Napoleon 200–201 (1) Osmanen 197 (4) Reiche & Revolutionen 198 (2), 199 (3)
Mähren Volk Mitteleuropa Franken 184 (2)
Maidum Ägypten Altes Ägypten 159 (3)
Mailand ant. Mediolanum, Ital. Milano, Eng. Milan Ital. Hbl. Franken 184 (2) Frühe Neuzeit 193 (4), 194 (1) Handel im Mittelalter 190–191 (1) Kalter Krieg 108 (3) Kreuzzüge 186 (1) Mittelalterliche Staaten 182 (2), 183 (4), 185 (3), 187 (3), (5), 188 (1) Nachkriegszeit 212 (3) Napoleon 200–201 (1), 201 (2), (3) Ökonomie 198 (1), 205 (4) Reformation 194 (2), 196 (1) Reiche & Revolutionen 202 (1), 203 (3) ZWK 210 (1), 211 (2), (3), (4) siehe auch Mediolanum
Mailand, Herzogtum Staat Ital. Hbl. Frühe Neuzeit 194 (1) Reformation 194 (2), 196 (1), (2) siehe auch Italienische Fürstentümer
Mailapura Südasien (Indien) Weltreligionen 243 (4)
Main Fluss Mitteleuropa Reiche & Revolutionen 199 (3)
Maina Südosteuropa (Griech.) Mittelalterliche Staaten 187 (5)
Mainake Lat. Mainaca Iberische Hbl. (Spanien) Erste Hochkulturen 176–177 (1)
Maine Region Westeuropa (Frankr.) Mittelalterliche Staaten 187 (4)
Maine Staat Nordamerika Kolonialismus 127 (2) Aufstieg der USA 129 (1) Ökonomie 134 (2) US-Bürgerkrieg 130 (1), (5)
Maine, Golf von Nordamerika Kolonialismus 127 (2)
Maine-Anjou Region Westeuropa (Frankr.) Frühe Neuzeit 197 (5) siehe auch Anjou, Maine
Mainz Mitteleuropa (Deutschland) EWK 206 (2), (3) Franken 184 (2) Frühe Neuzeit 193 (4), 197 (5) Handel im Mittelalter 190–191 (1) Kreuzzüge 186 (1) Mittelalterliche Staaten 182 (2), 185 (3) Nachkriegszeit 212 (1) Reiche & Revolutionen 199 (3), (4) Spätantike 182 (1)
Mainz Staat Mitteleuropa Reiche & Revolutionen 199 (3) siehe auch Kurmainz
Maiotis Lat. Maeotis Palus, mod. Asowsches Meer Meer Osteuropa Hellenist. Welt 40–41 (1) siehe auch Asowsches Meer, Maeotis Palus
Maipú Schlacht Südamerika (Chile) Staatenbildung 150 (1)
Maisur siehe Kanara, Karnataka, Mysore
Majapahit Südostasien (Indonesien) Mittelalterliche Staaten 245 (6)
Majapahit Staat Mar. Südostasien Die Welt 1300 66–67 passim Mittelalterliche Staaten 245 (6)
Majdanek KZ/Ort Mitteleuropa (Polen) ZWK 211 (3)
Maji Ostafrika (Äthiopien) Handel d. Antike 44–45 (1)
Majiabang arch. StätteOstasien (China) Die Welt 5000 v.Chr. 18–19 Früher Ackerbau 258 (1)
Majiayao arch. Stätte Ostasien (China) Früher Ackerbau 258 (1)
Majuba Hill Schlacht Südl. Afrika (Südafrika) Imperialismus 96 (2) Migrationen 166 (2)
Makapansgat arch. Stätte Südl. Afrika (Südafrika) Frühmensch 12 (1)
Makasar siehe Macassar, Ujungpandang
Makasar, Selat siehe Macassar, Straße von
Makatea Insel Pazifik Erkundung 278 (1)
Makedonien Gr. Makedonia, Lat. Macedonia Region/Staat Südosteuropa Antike Griechen 179 (4) Antikes Persien 223 (4) Antikes Rom 179 (5), 180–181 (1), 225 (5) Erkundung 218 (1) Erste Hochkulturen 175 (4), 176–177 (1) Hellenist. Welt 40–41 (1), 41 (2), 224 (1) Osmanen 203 (4), 232–233 (1)
Makgadikgadi-See Südl. Afrika Eiszeit 154–155 (1)
Makira siehe San Cristóbal
Makran Provinz/Staat Südwestasien Antikes Persien 223 (4), 225 (6)
Makran-Gebirge Gebirge Südasien Erste Städte 240 (2)
Makuria Staat Ostafrika Die Welt 500 50–51 passim Erkundung 61 (3) Frühe Kulturen 160 (1) Islam 162 (1) Spätantike 161 (5)
Makwe Südl. Afrika (Südafrika) Die Welt 5000 v.Chr. 18–19
Malab Ostafrika (Somalia) Spätantike 161 (3), (5) Handel d. Antike 225 (3)
Malabar Staat Südasien Weltreligionen 243 (4)
Malabar-Küste Landschaft Südasien Frühe Reiche 241 (4), (5) Mogul-Reich 246 (1) Ökonomie 247 (3), 249 (4) Weltreligionen 243 (4)
Malabo Westafrika (Äquatorialguinea) Afrika nach 1960 169 (4)
Malaca mod. Málaga Iberische Hbl. (Spanien) Antikes Rom 179 (3) Völkerwanderung 52–53 (1) siehe auch Málaga
Malacca var. Malakka Mal. Melaka Südostasien (Malaysia) Biol. Austausch 72–73 (1) Die Welt 1600 78–79 passim Erkundung 80–81 (1), 239 (1), (2) Handel 230 (2), 267 (3) Kolonialismus 81 (3) Mittelalterliche Staaten 245 (6)
Malacca, Straße von Indon. Selat Melaka Meeresstraße Mar. Südostasien Antikes Indien 241 (6) Erkundung 61 (3) Islam 243 (6) Mittelalterliche Staaten 245 (6) Weltreligionen 243 (5)
Malacca, Sultanat Mal. Melaka Staat Kont. Südostasien Handel 267 (3)
Malaien var. Malayen Volk Mar. Südostasien/Philippinen Die Welt 750 v.Chr. 30–31 passim Handel d. Antike 44–45 (1) Islam 162 (1) Ökonomie 163 (2)
Malaiische Halbinsel Landschaft Kont. Südostasien Antikes Indien 241 (6) Erkundung 239 (2) Islam 243 (6) Kolonialismus 247 (4) Mittelalterliche Staaten 245 (5), (6) Weltreligionen 243 (5)
Málaga Iberische Hbl. (Spanien) Handel im Mittelalter 190–191 (1) Mittelalterliche Staaten 182 (2) Reconquista 192 (3) Spätantike 182 (1) Zwischenkriegszeit 209 (4)
Malagasy siehe Madagascar
Malakka siehe Malacca
Malakula siehe Malekula
Malakunanja arch. Stätte Australien Frühmensch 17 (2)
Malangangerr Australien Frühe Kulturen 280 (1)
Malange siehe Malanje
Malanje var. Malange Südl. Afrika (Angola) Kalter Krieg 109 (5)
Malao Ostafrika (Somalia) Handel d. Antike 44 (2)
Malapati arch. Stätte Südl. Afrika (Zimbabwe) Frühe Kulturen 160 (1)
Malatia mod. Türk. Malatya, ant. Melitene Südwestasien (Türkei) Osmanen 230 (1) siehe auch Melitene, Malatya
Malatya ehem. Malatia, ant. Melitene Südwestasien (Türkei) Frühe Reiche 221 (5) siehe auch Melitene, Malatia
Malava Region/Reich Südasien Frühe Reiche 241 (5) Hellenist. Welt 40–41 (1)
Malawi ehem. Nyasaland Staat Ostafrika Afrika nach 1960 169 (4) Dekolonisation 168 (1) Heutige Welt 112 (1), 113 (3) Ökonomie 168 (2), (3) siehe auch Nyasaland
Malawi-See siehe Nyasa-See
Malaya Region/Staat Kont. Südostasien Globale Migration 100 (1), 101 (3) Kolonialismus 269 (4) ZWK 104 (1), 272 (1), 273 (2)
Malayen siehe Malaien
Malaysia off. Persekutuan Tanah Malaysia Staat Kont. Südostasien China nach 1949 275 (3) Dekolonisation 251 (4) Heutige Welt 113 (3), (4) Islam 275 (5) Nachkriegszeit 253 (4), (5) Tigerstaaten 275 (4) siehe auch Malaya, Sarawak, Sabah
Malay-Staaten Staat Mar. Südostasien Die Welt 250 46–47 passim Kolonialismus 248 (1) ZWK 250–251 (3)
Malayu Südostasien (Indonesien) Antikes Indien 241 (6) Mittelalterliche Staaten 245 (5), (6)
Malayu Reich Mar. Südostasien Antikes Indien 241 (6)
Malazgirt, Gr. Mantsikert, var. Manzikert Südwestasien (Türkei) Frühe Kulturen 221 (4) siehe auch Manzikert
Malbork siehe Marienburg
Malden Island Atomtest/Insel Pazifik Ökonomie 285 (2)
Malediven Eng. Maldive Islands Archipel/Staat Indischer Ozean Dekolonisation 251 (4) Erkundung 61 (3), 239 (1) Handel 230 (2), 267 (3) Heutige Welt 113 (3) Kolonialismus 248 (2) Nachkriegszeit 253 (4), (5) Weltreligionen 49 (4) ZWK 250–251 (3)
Malema arch. Stätte Ostafrika (Tanzania) Frühmensch 12 (1)
Malemba Zentralafrika (Angola) Sklavenhandel 165 (4)
Malembo Zentralafrika (Kongo) Sklavenhandel 84–85 (1)
Maleruakik Nordamerika (Kanada) Präkolumbische Kulturen 123 (3)
Malgal Volk Sibirien Mittelalterliche Staaten 262–263 (1)
Mali ehem. Französisch-Sudan, Sudanesische Republik Staat Westafrika Afrika nach 1960 169 (4) Die Welt 1200 62–63 passim Dekolonisation 168 (1) Frühe Neuzeit 164 (2) Heutige Welt 112 (1), 113 (3), (4) Islam 162 (1), 235 (4) Mittelalterliche Staaten 163 (4)–(7) Mongolen 68 (2) Ökonomie 163 (2), 168 (2), (3)
Malinalco Staat Mittelamerika Azteken 124 (1)
Malindi Ostafrika (Kenya) Erkundung 80–81 (1), 156 (3) Frühe Neuzeit 164 (1) Handel 230 (2), 267 (3) Islam 162 (1) Mongolen 68 (2) Ökonomie 163 (2)
Maliseet Volk Nordamerika Kolonialismus 126 (1)
Malla Region/Reich Südasien Die Welt 1400 70–71 Frühe Religion 242 (1)
Mallia Südosteuropa (Griech.) Urbane Zivilisationen 28–29 (1)
Mallicolo siehe Malekula
Mallorca var. Majorca Staat/Insel Iberische Hbl. Erkundung 62–63 Kreuzzüge 186 (1) Reconquista 192 (3) Zwischenkriegszeit 209 (4)
Malmö Skandinavien (Schweden) Frühe Neuzeit 197 (3) Mittelalterliche Staaten 189 (3) Ökonomie 205 (4)
Malo Insel Pazifik Frühe Kulturen 280–281 (3)
Malojaroslawez siehe Maloyaroslavets
Maloyaroslavets var. Malojaroslawez Schlacht Osteuropa (Russ. Föderation) Napoleon 200–201 (1)
Mal'ta Sibirien (Russ. Föderation) Die Welt 10 000 v.Chr. 14–15
Malta ant. Melita Insel Mittelmeer Bronzezeit 175 (3) Die Welt 2500 v.Chr. 22–23 passim Islam 227 (4) Kreuzzüge 186 (1) Mittelalterliche Staaten 185 (3) Napoleon 200–201 (1), 201 (2) Osmanen 231 (3) Reiche & Revolutionen 202 (1) ZWK 104 (2), 210 (1), 211 (4) siehe auch Malta, Republik, Melita
Malta, Republik ant. Melita Staat Mittelmeer Heutige Welt 112 (2) siehe auch Malta, Melita
Maluku Selatan Dtsch. Republik der Südmolukken Staat ZWK 250–251 (3)
Malventum siehe Benevento, Beneventum
Malvinas, Islas Dtsch. Falkland-Inseln Eng. Falkland Islands Archipel Südamerika Kolonialismus 148 (2) siehe auch Falkland Islands
Malwa Region/Staat Südasien Die Welt 1500 74–75 Kolonialismus 249 (3) Mittelalterliche Staaten 244–245 (3) Mogul-Reich 246 (1) Ökonomie 247 (3)
Maly Trostinets KZ Osteuropa (Belorussland) ZWK 211 (3)
Mamelucken siehe Mamluken
Mamluken var. Mamelucken Volk Nordafrika/Südwestasien Die Welt 1300 66–67 passim
Mamluken-Sultanat var. Mamelucken Staat Nordafrika/Südwestasien Handel 230 (2) Handel im Mittelalter 190–191 (1) Islam 162 (1) Mongolen 229 (3) Ökonomie 163 (2) Timur 229 (4)
Mammoth Cave Australien Frühe Kulturen 280 (1)
Mamoré var. Río Mamoré Fluss Südamerika Frühe Kulturen 144 (1) Inka 147 (3)
Mampava var. Mempawah Staat Mar. Südostasien Die Welt 1700 82–83
Mamprusi Staat Westafrika Die Welt 1700 82–83 passim
Man var. Isle of Man, Königreich Man Insel/Staat Britische Inseln Mittelalterliche Staaten 186 (2), 187 (4), 188 (2) siehe auch Man, Isle of
Man Volk Ostasien Frühe Reiche 259 (4) Mittelalterliche Staaten 263 (3)
Man, Isle of Insel Britische Inseln Mittelalterliche Staaten 185 (3)
Manacapuru Region Südamerika Die Welt 500 50–51 Die Welt 750 54–55 Die Welt 1200 62–63
Manado siehe Menado
Managua Mittelamerika (Nicaragua) Aufstieg der USA 129 (2)
Manáos mod. Manaus, hist. São José do Rio Negro, später Villa da Barra Südamerika (Brasilien) Erkundung 143 (2) Kolonialismus 149 (3) Ökonomie 153 (3), (4) Politik nach 1930 152 (1) Staatenbildung 151 (3)
Manapadu Südasien (Indien) Ökonomie 247 (3)
Manar siehe Mannar
Manassas Nordamerika (USA) US-Bürgerkrieg 131 (6)
Manassas siehe Bull Run
Manaus siehe Manáos
Manchán Südamerika (Peru) Frühe Reiche 146 (1)
Manchester Brit. Inseln (UK) Die Welt 1850 90–91 Ökonomie 204 (1), (2), 205 (4) Weltwirtschaft 93 (4), (5) Zwischenkriegszeit 209 (3) ZWK 210 (1)
Manchester Ship Canal Kanal Britische Inseln Ökonomie 204 (2)
Man-chou-li siehe Manzhouli
Manchu siehe Mandschu
Mancunium siehe Manchester
Manda Westafrika Die Welt 1000 58–59 Erkundung 61 (3)
Manda arch. Stätte Südasien Erste Städte 240 (2)
Mandagora Südasien (Indien) Handel d. Antike 44–45 (1)
Mandalay Südostasien (Burma) Kolonialismus 269 (4) Tigerstaaten 275 (4) Weltreligionen 243 (5) ZWK 250–251 (3)
Mandasor Schlacht Südasien (Indien) Kolonialismus 249 (3)
Mande Volk Westafrika Die Welt 500 v.Chr. 34–35 passim Frühe Kulturen 160 (1)
Mandeville Nordamerika (USA) Frühe Religion 36 (1)
Mandheera Ostafrika (Somalia) Die Welt 5000 v.Chr. 18–19
Mandjarur Südasien (Indien) Erkundung 61 (3)
Mandschu var. Manchu, Chin. Manzhu, ehem. Mandschuren Volk Ostasien Die Welt 750 v.Chr. 30–31 passim Frühe Neuzeit 266 (1) Handel 267 (3)
Mandschurei Region Ostasien Biol. Austausch 72–73 (1) Chinesische Revolution 271 (5), 274 (1) Erkundung 256 (1), 257 (3) Frühe Neuzeit 266 (2), Frühe Reiche 264 (1) Globale Migration 101 (2) Imperialismus 270 (2), (3), (4) Kolonialismus 269 (3), (4) Mittelalterliche Staaten 264 (2) Qing-China 268 (1), (2) UdSSR 213 (4) Völkerwanderung 261 (6) ZWK 272 (1), 273 (2) siehe auch Manzhuguo
Mandschurische Tiefebene Ostasien Frühe Reiche 260 (1)
Mandu Mandu Cave arch. Stätte Australien Frühmensch 17 (2)
Mane Staat Westafrika Die Welt 1600 78–79 Frühe Neuzeit 164 (2)
Manfredonia Ital. Hbl. Mittelalterliche Staaten 189 (4)
Mangalia siehe Callatis
Mangalore Südasien (Indien) Die Welt 1600 78–79 passim Ökonomie 247 (3)
Mangalur mod. Mangalore Südasien (Indien) Mittelalterliche Staaten 245 (4) Mogul-Reich 246 (1) siehe auch Mangalore
Mangaung siehe Bloemfontein
Mangazeya Sibirien (Russ. Föderation) Erkundung 257 (2)
Mangbetu Staat Ostafrika Handel 166–167 (1)
Mangonui Neuseeland Kolonisation 283 (5)
Maní Mittelamerika (Mexiko) Frühe Kulturen 121 (2)
Maní Staat Mittelamerika Azteken 124 (1)
Maniago Ital. Hbl. EWK 207 (5)
Manila Philippinen Die Welt 1700 82–83 passim Erkundung 279 (3) Globale Migration 100 (1) Handel 267 (3) Imperialismus 97 (3), 284–285 (1) Kolonialismus 81 (3), 247 (4) Nachkriegszeit 253 (5) Sklavenhandel 84–85 (1) Tigerstaaten 275 (4) Weltwirtschaft 92 (1) ZWK 250–251 (3), 272 (1), 273 (2)
Manipur Region/Staat Südasien Die Welt 1700 82–83 passim Kolonialismus 248 (2) Nachkriegszeit 252 (1), 253 (4)
Manitoba Provinz Nordamerika (Kanada) Aufstieg der USA 129 (2) Ökonomie 136 (2)
Manitoba, Lake See Nordamerika Eiszeit 116 (1)
Man Mound Grabhügel Nordamerika (USA) Frühe Kulturen 121 (4)
Mann Grabhügel Nordamerika (USA) Frühe Kulturen 121 (4)
Mannar var. Manar Südasien (Sri Lanka) Ökonomie 247 (3)
Mannea Staat Südwestasien Frühe Reiche 222 (2)
Mannheim Mitteleuropa (Deutschland) EWK 206 (3) ZWK 211 (4)
Manoa Staat Südamerika Die Welt 1500 74–75
Manoa Volk Südamerika Die Welt 1600 78–79 Frühe Reiche 147 (2)
Manpo var. Manp'ojin Ostasien (Nord-Korea) Kalter Krieg 109 (4)
Manp'ojin siehe Manpo
Mansfeld Region/Staat Mitteleuropa Reiche & Revolutionen 199 (3)
Mansura Südasien (Pakistan) Erkundung 61 (3) Weltreligionen 243 (4)
Manta Volk Südamerika Die Welt 1000 58–59 passim
Mantes Westeuropa (Frankr.) Mittelalterliche Staaten 192 (2)
Mantinea Schlacht Südosteuropa (Griech.) Antike Griechen 177 (3)
Mantova siehe Mantua
Mantsikert siehe Manzikert
Mantua Ital. Mantova Ital. Hbl. EWK 207 (5) Franken 184 (2) Handel im Mittelalter 190–191 (1) Mittelalterliche Staaten 188 (1) Napoleon 200–201 (1)
Manus Insel Pazifik ZWK 250–251 (3)
Manyakheta Südasien (Indien) Mittelalterliche Staaten 244 (2)
Manzhou siehe Mandschu
Manzhuguo Staat Ostasien Chinesische Revolution 271 (7) Kommunismus 271 (8) ZWK 104 (1), (2), 272 (1), 273 (2) siehe auch Mandschurei
Manzhouli var. Man-chou-li Ostasien (China) Kolonialismus 269 (4)
Manzikert var. Mantsikert, mod. Malazgırt Südwestasien (Türkei) Islam 57 (2) Kreuzzüge 65 (1) Seldschuken 228 (1)
Mao Khe Schlacht Südostasien (Vietnam) Vietnam-Krieg 251 (5)
Maori Volk Neuseeland Die Welt 750 54–55 passim
Mao Shan Gebirge Ostasien Frühe Religion 37 (4)
Ma-pa siehe Maba
Mapungubwe Staat Südl. Afrika Die Welt 1200 62–63
Maputo ehem. Lourenço Marques Südl. Afrika (Moçambique) Ökonomie 168 (2) siehe auch Lourenço Marques
Maracaibo Südamerika (Venezuela) Inka 148 (1) Kolonialismus 148 (2) Ökonomie 153 (3) Politik nach 1930 152 (1) Sklavenhandel 85 (2) Staatenbildung 150 (1), (2), 151 (3)
Maracaibo-Golf siehe Venezuela, Golf von
Maracaibo-See, Span. Lago de Maracaibo Bucht Südamerika Frühe Kulturen 145 (2), 146 (1) Inka 148 (1) Kolonialismus 148 (2)
Maradi Staat Westafrika Die Welt 1850 90–91 Islam 167 (3)
Maragha siehe Maragheh
Maragheh var. Maragha Südwestasien (Iran) Mongolen 68–69 (1)
Marajó Region/Volk Südamerika Die Welt 1 n.Chr. 42–43 passim
Marajó arch. Stätte Südamerika Frühe Kulturen 145 (2)
Marajoara Region Südamerika Frühe Kulturen 145 (2)
Marakanda Lat. Maracanda, mod. Samarkand, Samarqand Zentralasien (Usbekistan) Handel d. Antike 44–45 (1) Hellenist. Welt 40–41 (1) siehe auch Samarkand
Maralinga Australien Ökonomie 285 (2)
Marama Volk Südamerika Frühe Kulturen 281 (4)
Maramba siehe Livingstone
Maranhão Region Südamerika Kolonialismus 149 (3)
Maranhão siehe São Luis, São Luiz do Maranhão
Marañón Fluss Südamerika Drogenhandel 153 (5) Erkundung 143 (2) Frühe Kulturen 144 (1), 145 (2), (3), (4), Frühe Reiche 146 (1) Inka 147 (3), 148 (1) Kolonialismus 148 (2) Ökonomie 153 (3) (4) Politik nach 1930 152 (1)
Maraş Südwestasien (Türkei) Islam 227 (4)
Marathen var. Marathen-Verband Staat Südasien Die Welt 1800 86–87 Kolonialismus 248 (1)
Marathon Südosteuropa (Griech.) Antikes Persien 223 (4) Erste Hochkulturen 176–177 (1)
Maravi Staat Südl. Afrika Die Welt 1600 78–79 passim Islam 162 (1)
Marburg siehe Maribor
Marcellus-Theater Gebäude Ital. Hbl. Stadtplan des antiken Rom 181 (2)
March siehe Morava
Marcia, Aqua Aquädukt Ital. Hbl. Stadtplan des antiken Rom 181 (2)
Marcianopolis Südosteuropa (Bulgarien) Weltreligionen 48 (1)
Marcomanni var. Markomannen Volk Mitteleuropa Antikes Rom 180–181 (1), 181 (4)
Marcus Island var. Minami-tori-shima Insel Pazifik ZWK 272 (1)
Mar del Plata Südamerika (Argentinien) Staatenbildung 151 (3)
Mardi var. Mardoi Region Südwestasien Hellenist. Welt 40–41 (1)
Mardoi siehe Mardi
Mare Erythra Dtsch. Rotes Meer siehe Arabisches Meer, Rotes Meer
Mare Nostrum siehe Mittelmeer
Margarita Island Insel Westindien Sklavenhandel 85 (2)
Mari Südwestasien (Irak) Erste Städte 24 (2), 25 (3), 220 (2) Frühe Kulturen 221 (4) Urbane Zivilisationen 28–29 (1)
Maria Island Insel Australien Kolonisation 282 (1) Ökonomie 285 (2)
Mariana Islands siehe Marianen
Marianen Eng. Mariana Islands Archipel Pazifik Erkundung 60 (2), 279 (3) Frühe Kulturen 280–281 (3) Imperialismus 270 (2) 284–285 (1) Ökonomie 285 (2) ZWK 104 (1), 105 (3), 272 (1), 273 (2)
Maria-Theresiopel siehe Subotica
Ma'rib Südwestasien (Yemen) Handel d. Antike 225 (3)
Maribor ehem. Dtsch. Marburg Mitteleuropa (Slowenien) Europapolitik 215 (3)
Marica siehe Maritsa
Marienburg mod. Malbork Mitteleuropa (Polen) Frühe Neuzeit 195 (3) Mittelalterliche Staaten 188 (1)
Marietta Grabhügel Nordamerika (USA) Frühe Kulturen 121 (4)
Marifa Ölfeld Südwestasien Ökonomie 234 (1)
Marignano mod. Melegnano Schlacht Ital. Hbl. Frühe Neuzeit 194 (1)
Marij El Region Osteuropa UdSSR 215 (4)
Mariniden Dynastie Nordafrika Die Welt 1300 66–67 Die Welt 1400 70–71 Handel im Mittelalter 190–191 (1) Ökonomie 163 (2)
Mariqua Schlacht Südl. Afrika (Südafrika) Migrationen 166 (2)
Maritsa var. Marica, ehem. Tschirmen, ant. Hebrus, Gr. Évros, Türk. Meriç Fluss Südosteuropa EWK 207 (6)
Maritsa var. Tschirmen Schlacht Südosteuropa (Griech.) Mittelalterliche Staaten 189 (4)
Maritzburg siehe Pietermaritzburg
Marj Dabik siehe Marj Dabiq
Marj Dabiq var. Marj Dabik Südwestasien (Syrien) Osmanen 231 (3)
Mark Region Mitteleuropa Reiche & Revolutionen 199 (3)
Marka Ostafrika (Somalia) Ökonomie 163 (2)
Markland Region Nordamerika Wikinger 60–61 (1)
Markomannen siehe Marcomanni
Marksville arch. Stätte/Mound Nordamerika (USA) Frühe Kulturen 121 (4) Frühe Religion 36 (1)
Marksville-Kultur Nordmerika Die Welt 1 n.Chr. 42–43 passim
Marlborough Region Neuseeland Kolonisation 283 (5)
Marlik Südwestasien (Iran) Erste Städte 25 (3)
Marmara-Meer Türk. Marmara Denizi Meer Südwestasien Antike Griechen 177 (2), (3) EWK 207 (6)
Marne Fluss Westeuropa (Frankr.) EWK 206 (3) Frühe Neuzeit 197 (5)
Maroc siehe Marokko
Marokko Arab. Al Mamlakah, Eng. Morocco, Frz. Maroc, Span. Marruecos, off. Königreich Marokko Region/Staat Nordafrika Afrika nach 1960 169 (4) Dekolonisation 168 (1) Die Welt 1600 78–79 passim EWK 206 (1) Frühe Neuzeit 164 (2) Globale Migration 101 (2) Handel 166–167 (1) Heutige Welt 112 (1), 113 (3), (4) Imperialismus 96 (1), 97 (4) Islam 235 (4) Kalter Krieg 109 (1) Kolonialismus 166–167 (4) Napoleon 200–201 (1) Ökonomie 168 (2), (3) Osmanen 231 (3) Sklavenhandel 84–85 (1), 165 (4) ZWK 104 (1), 211 (4)
Maroneia Lat. Maronea Südosteuropa (Griech.) Antike Griechen 177 (2)
Maroni Südwestasien (Zypern) Altes Ägypten 159 (5)
Marquesas Frz. Îles Marquises Archipel Pazifik Erkundung 60 (2), 278 (1), 279 (3) Frühe Kulturen 280–281 (3) Imperialismus 284–285 (1) Ökonomie 285 (2)
Marquises, Îles siehe Marquesas
Marrakesh Frz. Marrakech Nordafrika (Marokko) Biol. Austausch 72–73 (1) Erkundung 156 (3), 157 (4) Islam 162 (1) Mongolen 68 (2) Ökonomie 163 (2)
Marree Australien Kolonisation 282 (1)
Marrucini Volk Ital. Hbl. Antikes Rom 178 (1)
Marruecos siehe Marokko
Marsala siehe Lilybaeum
Marseille ant. Massalia, Massilia, Eng. Marseilles Westeuropa (Frankr.) Biol. Austausch 72–73 (1) Franken 183 (5), (6), 184 (2) Frühe Neuzeit 197 (5) Globale Migration 100 (1) Handel im Mittelalter 190–191 (1) Kreuzzüge 64–65 (2), 186 (1) Mittelalterliche Staaten 182 (2), 185 (3) Napoleon 200–201 (1), 201 (2), (3) Ökonomie 198 (1), 205 (4) Reiche & Revolutionen 199 (4), 202 (1) Sklavenhandel 84–85 (1) Spätantike 182 (1) ZWK 210 (1), 211 (2), (4) siehe auch Massalia, Massilia
Marshall Islands Archipel/Staat Pazifik Dekolonisation 285 (3) Erkundung 60 (2), 278 (1), 279 (3) Frühe Kulturen 280–281 (3) Imperialismus 270 (2) 284–285 (1) Ökonomie 285 (2) ZWK 273 (2)
Marsi Volk Ital. Hbl. Antikes Rom 178 (1)
Martaban var. Moktama Südostasien (Burma) Kolonialismus 247 (4) Handel 230 (2)
Martinique Insel/Staat Westindien Aufstieg der USA 129 (2) Die Welt 1700 82–83 passim Heutige Welt 112 (1) Kalter Krieg 108 (2) Kolonialismus 126 (1)(1) Reiche & Revolutionen 88 (1) Sklavenhandel 84–85 (1) Staatenbildung 150 (1)
Martin Point Kap Nordamerika Erkundung 287 (2)
Marton Neuseeland Kolonisation 283 (5)
Maru-Desha Region Südasien Frühe Religion 242 (2)
Marwar Region Südasien Mittelalterliche Staaten 244–245 (3)
Mary siehe Alexandria Margiana, Merv
Maryborough Australien Kolonisation 282 (1)
Mary Island siehe Canton Island
Maryland Staat Nordamerika Aufstieg der USA 129 (1) Kolonialismus 127 (2), (3) Ökonomie 134 (2) US-Bürgerkrieg 130 (1), (5), 131 (6)
Marzūq siehe Murzuk
Masada Südwestasien (Israel) Antikes Rom 225 (4)
Más Afuera Insel Pazifik Erkundung 278 (1)
Masan siehe Happo

Masawa siehe Massawa
Mascouter Volk Nordamerika Kolonialismus 126 (1)
Masdsched siehe Masjed
Masena Zentralafrika (Tschad) Erkundung 157 (4)
Maseru Südl. Afrika (Lesotho) Afrika nach 1960 169 (4)
Masina Region/Staat Westafrika Die Welt 1600 78–79 Die Welt 1850 90–91 Frühe Neuzeit 164 (2) Islam 167 (3)
Masjed-e Soleymān siehe Masjed Soleyman
Masjed Soleyman var. Masjed-e Soleyman, Masjid-i Sulaiman Südwestasien (Iran) Arabien im 20. Jh. 235 (5) Ökonomie 234 (1)
Masjid-i Sulaiman siehe Masjed Soleymān
Maskat var. Maskat, Eng. Muscat, Arab. Masqaṭ Südwestasien (Oman) Arabien im 20. Jh. 233 (4) Biol. Austausch 72–73 (1) Die Welt 1600 78–79 Erkundung 61 (3), 219 (4) Handel 230 (2) Islam 56–57 (1), 57 (2), 226 (3), 227 (4) Kolonialismus 81 (3) Ökonomie 234 (1) Osmanen 231 (3) Seldschuken 228 (1) Sklavenhandel 84–85 (1) Weltreligionen 226 (1)
Masqaṭ siehe Maskat
Masowien Staat/Region Mitteleuropa Kreuzzüge 186 (1)
Massachusetts Staat Nordamerika Aufstieg der USA 129 (1) Kolonialismus 127 (2) Ökonomie 134 (2) Staatenbildung 127 (3) US-Bürgerkrieg 130 (1), (5)
Massacre Canyon Schlacht Nordamerika (USA) Aufstieg der USA 129 (2)
Massalia mod. Marseille, Lat. Massilia Westeuropa (Frankr.) Antikes Rom 179 (3), (5) Die Welt 250 v.Chr. 38–39 passim Erkundung 172 (1) Erste Hochkulturen 176–177 (1) siehe auch Marseille, Massilia
Massalia mod. Marseille Staat Westeuropa (Frankr.) Antikes Rom 179 (5)
Massangano Südl. Afrika (Angola) Erkundung 157 (4)
Massa und Carrara Staat Ital. Hbl. Reiche & Revolutionen 202 (1)
Massawa var. Masawa, Amh. Mits'iwa Ostafrika (Eritrea) Frühe Neuzeit 165 (3) Kolonialismus 166–167 (4) Osmanen 231 (3) Sklavenhandel 84–85 (1)
Massif Central Dtsch. Zentralmassiv Hochland Westeuropa (Frankr.) Frühe Neuzeit 197 (5) Frühmensch 17 (3)
Massilia var. Massalia, mod. Marseille Westeuropa (Frankr.) Antikes Rom 161 (2), 180–181 (1) Handel d. Antike 44 (2), 44–45 (1), 181 (3) Völkerwanderung 52–53 (1) Weltreligionen 48 (1) siehe auch Marseille, Massalia
Masterton Neuseeland Kolonisation 283 (5)
Masulipatam Südasien (Indien) Die Welt 1600 78–79 passim Handel 267 (3) Handel d. Antike 44–45 (1) Kolonialismus 247 (3) Mittelalterliche Staaten 245 (4) Mogul-Reich 246 (1) Ökonomie 249 (4) ZWK 272 (1)
Masurische Seen Schlacht Mitteleuropa (Polen) EWK 207 (4)
Matabele siehe Ndebele
Matacapan Piedra Mittelamerika (Mexiko) Frühe Kulturen 122 (1)
Matamba Staat Zentralafrika Die Welt 1600 78–79 passim Frühe Neuzeit 164 (2) Sklavenhandel 165 (4)
Matamoros Mittelamerika (Mexiko) Aufstieg der USA 129 (2)
Matanzas Westindien (Cuba) Sklavenhandel 85 (2)
Matara Südasien (Sri Lanka) Ökonomie 247 (3)
Matara Ostafrika (Eritrea) Frühe Kulturen 160 (1)
Mataram Südostasien (Indonesien) Kolonialismus 247 (4)
Mataram Region/Staat Mar. Südostasien Die Welt 1600 78–79 passim Kolonialismus 247 (4) Mittelalterliche Staaten 245 (5)
Mata-Utu Pazifik (Samoa) Dekolonisation 285 (3)
Matenkupum Neuguinea (New Ireland) Frühe Kulturen 280 (1), (2)
Mathura Südasien (Indien) Erkundung 256 (1) Frühe Reiche 241 (4) Frühe Religion 36 (2), 242 (2), (3) Handel d. Antike 44–45 (1) Mittelalterliche Staaten 244 (1) Weltreligionen 49 (3), 243 (4)
Mathurai siehe Madura, Madurai
Mathuru siehe Mathura, Muttra
Matianus siehe Urmia-See
Matjiesrivier Südl. Afrika (Südafrika) Früher Ackerbau 158 (1)
Matmar Ägypten Altes Ägypten 159 (2)
Mato Grosso Region Südamerika Kolonialismus 149 (3)
Mato Grosso siehe Vila Bela
Mato Grosso, Planalto de Hochland Südamerika Erkundung 142 (1), 143 (2), (3) Frühe Kulturen 144 (1), 145 (2) Kolonialismus 149 (3) Ökonomie 153 (3) Staatenbildung 151 (3)
Matola arch. Stätte Südl. Afrika (Moçambique) Frühe Kulturen 160 (1)
Matschwa siehe Mač-Só
Matsu Insel Japan Kalter Krieg 109 (1) China nach 1949 275 (3)
Matsubara var. Matubara Japan Mittelalterliche Staaten 264 (2), 265 (3)
Matsuura Japan Frühe Neuzeit 267 (4)
Matsuyama Japan Ökonomie 270 (1) ZWK 273 (3)
Matsya Region/Reich Südasien Frühe Reiche 241 (5) Frühe Religion 242 (1), (2)
Matubara siehe Matsubara
Matupi Cave arch. Stätte Zentralafrika (Kongo/Zaire) Früher Ackerbau 158 (1) Frühmensch 13 (2), 17 (2)
Matuyama siehe Matsuyama
Mau var. Maunāth Bhanjan Südasien (Indien) Ökonomie 247 (3)
Maubeuge Westeuropa (Frankr.) EWK 206 (2), (3)
Mauer arch. Stätte Mitteleuropa (Deutschland) Frühmensch 13 (2)
Maule Fluss Südamerika Inka 147 (3)
Maulmain siehe Moulmein
Maunāth Bhanjan siehe Mau
Mauretania Dtsch. Mauretanien Region/Provinz Nordafrika Antikes Rom 161 (2), 179 (5), 181 (4), 225 (5) Handel d. Antike 44 (2), 44–45 (1) Völkerwanderung 52–53 (1) Weltreligionen 48 (1)
Mauretania Caesariensis Provinz Nordafrika Antikes Rom 180–181 (1)
Mauretania Tingitana Provinz Nordafrika Antikes Rom 180–181 (1)
Mauretanien siehe Mauretania
Maurice siehe Mauritius
Mauritanien Staat Eng. Mauritania, Arab. Mawrītāniyya Westafrika Afrika nach 1960 169 (4) Dekolonisation 168 (1) Heutige Welt 112 (1), 113 (3) Islam 235 (4) Ökonomie 168 (2), (3)
Mauritius Frz. Maurice Insel/Staat Indischer Ozean Dekolonisation 168 (1) Die Welt 1600 78–79 passim Globale Migration 100 (1), 101 (3) Heutige Welt 112 (1), 113 (3) Imperialismus 96 (1) Sklavenhandel 84–85 (1)
Mauritsstad siehe Pernambuco, Recife
Maurya-Reich var. Maurja Staat Südasien Die Welt 250 v.Chr. 38–39
Mauthausen KZ/Ort Mitteleuropa (Österreich) ZWK 211 (3)
Mawhai Point Kap Neuseeland Kolonisation 283 (4)
Mawlamyine siehe Moulmein
Maw Shan Region Kont. Südostasien Mittelalterliche Staaten 245 (6)
Maxwell Bay Nordamerika (Kanada) Präkolumbische Kulturen 123 (3)
Maya Südasien (Indien) Frühe Religion 48 (2)
Maya Volk Mittelamerika Frühe Kulturen 122 (2) Frühe Religion 36 (1) Kolonialismus 125 (4) siehe auch Maya-Stadtstaaten, Yucatan-Maya
Mayapán Mittelamerika (Mexiko) Azteken 124 (1) Die Welt 1200 62–63 passim Frühe Kulturen 122 (1)
Maya-Stadtstaaten Staat Mittelamerika Die Welt 500 50–51 passim
Mayebashi siehe Maebashi
Mayence siehe Mainz
Maynas Region Südamerika Erkundung 143 (2) Kolonialismus 148 (2)
Mayotte Kolonie Indischer Ozean Afrika nach 1960 169 (4) Die Welt 1975 106–107 Heutige Welt 110–111
Mayyafariqin Südwestasien (Irak) Kreuzzüge 228 (2)
Mayyali siehe Mahe
Mazaca siehe Caesarea Cappadociae, Kayseri
Mazagan mod. El-Jadida Nordafrika (Marokko) Die Welt 1600 78–79
Mazantzintamalco Mittelamerika (Mexiko) Azteken 124 (3)
Mazapil Mine Mittelamerika (Mexiko) Kolonialismus 125 (4)
Mazar-i Sharif Zentralasien (Afghanistan) Weltreligionen 243 (4)
Mazatec Volk Mittelamerika Kolonialismus 125 (4)
Mazatlán Mittelamerika (Mexiko) Mexikan. Revolution 133 (3)
Mazedonien UN FYR Macedonia Staat Südosteuropa Europapolitik 214 (1), (2), 215 (3) Heutige Welt 110, 112 (2), 113 (3), (4) UdSSR 215 (4)
Mazouro Iberische Hbl. Die Welt 10 000 v.Chr. 14–15
Mazumbo A Kalunga Staat Südl. Afrika Die Welt 1700 82–83
Mazun Staat Südwestasien Antikes Persien 225 (6)
Mbabane Südl. Afrika (Swaziland) Afrika nach 1960 169 (4)
Mbailundu Staat Südl. Afrika Die Welt 1800 86–87 Die Welt 1850 90–91 Handel 166–167 (1) Sklavenhandel 165 (4)
Mbamba Staat Zentralafrika Ökonomie 163 (2)
Mbata Staat Zentralafrika Ökonomie 163 (2)
Mbwila Staat Zentralafrika Die Welt 1600 78–79 Frühe Neuzeit 164 (2)
McClellan Creek Nordamerika (USA) Aufstieg der USA 129 (2)
McHenry County Region Nordamerika
Meadowcroft var. Meadowcroft Rock Shelter Nordamerika (USA) Die Welt 10 000 v.Chr. 14–15 Früher Ackerbau 120 (1)
Meaux Westeuropa (Frankr.) Mittelalterliche Staaten 192 (2) EWK 206 (2)
Mecklenburg Staat Mitteleuropa Reiche & Revolutionen 203 (2)
Mecyberna siehe Mekyberna
Medan Südostasien (Indonesien) Nachkriegszeit 253 (5) ZWK 272 (1), 273 (2)
Medellín Südamerika (Kolumbien) Drogenhandel 153 (5), 113 (4) Ökonomie 153 (3) Staatenbildung 150 (2), 151 (3)
Medeshamstede siehe Peterborough
Media Region/Staat Südwestasien Antikes Persien 223 (4) Antikes Rom 224 (2) Handel d. Antike 44 (2) Frühe Reiche 222 (2) Hellenist. Welt 40–41 (1), 224 (1)
Media Atropatene Staat Zentralasien Antikes Rom 224 (2) Die Welt 250 v.Chr. 38–39 Hellenist. Welt 224 (1)
Medias Aguas arch. Stätte Mittelamerika (Mexiko) Frühe Kulturen 121 (3)
Medina ehem. Yathrib, var. Jathrib, Arab. Al Madīnā Südwestasien (Saudi-Arabien) Arabien im 20. Jh. 233 (4) Erkundung 61 (3), 219 (4) EWK 233 (2) Handel d. Antike 225 (3) Islam 56–57 (1), 57 (2), 162 (1), 227 (4) Kreuzzüge 65 (1), 228 (2) Mongolen 229 (3) Osmanen 231 (3) Spätantike 161 (3), (4), (5) Weltreligionen 49 (4) siehe auch Yathrib
Medina del Campo Iberische Hbl. (Spanien) Handel im Mittelalter 190–191 (1)
Medina, Sharif von Staat Südwestasien Die Welt 1400 70–71
Mediolanum mod. Ital. Milano, Dtsch. Mailand Ital. Hbl. Antikes Rom 180–181 (1), 181 (4) Völkerwanderung 52–53 (1) Weltreligionen 48 (1) siehe auch Mailand
Mediomatrica siehe Metz
Mediterran-Meer siehe Mittelmeer
Medja Region/Staat Ägypten Altes Ägypten 159 (4)
Medlock Fluss Britische Inseln Ökonomie 204 (2)
Meeker Agency Schlacht Nordamerika (USA) Aufstieg der USA 129 (2)
Meerut Südasien (Indien) Ökonomie 249 (4) Kolonialismus 249 (3) Nachkriegszeit 253 (5) Weltreligionen 49 (3)
Mega Tschad See Zentralafrika Die Welt 10 000 v.Chr. 14–15 Eiszeit 154–155 (1)
Megáli Préspa, Límni siehe Prespa
Megalo-Wlachia Staat Südosteuropa (Griech.) Mittelalterliche Staaten 189 (4)
Megara Südosteuropa (Griech.) Erste Hochkulturen 176–177 (1)
Megara-Hyblaia Lat. Megara-Hyblaea Sizilien (Italien) Erste Hochkulturen 176–177 (1)
Meghalaya Region Südasien Nachkriegszeit 252 (1), (3)
Meghna Fluss Südasien Nachkriegszeit 252 (3)
Megiddo Südwestasien (Israel) Altes Ägypten 159 (4), (5) Erste Städte 220 (2) EWK 233 (2) Frühe Reiche 221 (5), 222 (1) Urbane Zivilisationen 28–29 (1)
Mehadia Südosteuropa (Rumänien) EWK 207 (6)
Mehdia siehe Mahdia
Meherpur Südasien (Bangladesh) Nachkriegszeit 252 (3)
Mehran Südwestasien (Iran) Arabien im 20. Jh. 235 (5)
Mehrgarh arch. Stätte Südasien (Pakistan) Die Welt 5000 v.Chr. 18–19 Die Welt 2500 v.Chr. 22–23 Erste Städte 240 (2)
Meir Ägypten Altes Ägypten 159 (4)
Meissen Region Mitteleuropa Mittelalterliche Staaten 188 (1)
Mekala Reich Südasien Frühe Reiche 241 (5)
Mekka Arab. Al Makkā Südwestasien (Saudi-Arabien) Arabien im 20. Jh. 233 (4) Biol. Austausch 72–73 (1) Die Welt 1400 70–71 Erkundung 61 (3), 156 (3), 218 (2), 219 (4) Handel 230 (2), 267 (3) Handel d. Antike 225 (3) Islam 56–57 (1), 57 (2), 162 (1), 226 (2), (3), 227 (4), (5), 235 (4) Kreuzzüge 65 (1) Mongolen 229 (3), 68 (2) Osmanen 231 (3) Sklavenhandel 84–85 (1) Spätantike 161 (3), (4), (5) Weltreligionen 49 (4), 226 (1)
Mekka, Sharif von Staat Südwestasien Die Welt 1400 70–71
Mekong Kamb. Mékôngk, Chin. Lancang Jiang, Lan-ts'ang Chiang, Lao. Mènam Khong, Thai Mae Nam Khong, Tib. Dza Chu, Vtn. Sông Tiên Giang Fluss Kont. Südostasien Antikes Indien 241 (6) Biol. Austausch 72–73 (1), 73 (3) Bronzezeit 240 (3) China nach 1949 275 (3) Frühe Neuzeit 266 (1) Früher Ackerbau 20–21 (2), 258 (1) Frühe Reiche 260 (1) Frühmensch 16 (1) Globale Migration 100 (1) Handel 230 (2) Handel d. Antike 44–45 (1) Kolonialismus 269 (4) Mittelalterliche Staaten 245 (5), (6), 263 (7) Mongolen 68–69 (1) Vietnam-Krieg 251 (5) Weltreligionen 243 (5), 49 (3), (4)
Mékôngk siehe Mekong
Mekyberna Lat. Mecyberna Südosteuropa (Griech.) Antike Griechen 177 (2)
Melaka siehe Malacca
Melaka, Selat siehe Malacca, Straße von
Melanesien Archipel Pazifik ZWK 272 (1), 273 (2)
Melbourne Australien Die Welt 1850 90–91 Erkundung 279 (2), (3) Frühmensch 17 (5) Globale Migration 100 (1) Imperialismus 284–285 (1) Kolonisation 282 (1) Ökonomie 282 (2), 285 (2) Weltwirtschaft 92 (1)
Melegnano siehe Marignano
Melilla ant. Rusaddir, Russadir Exklave Nordafrika (Spanien) Biol. Austausch 72–73 (1) Die Welt 1600 78–79 passim siehe auch Rusaddir
Melita mod. Malta, Insel Mittelmeer Antikes Rom 179 (3) siehe auch Malta
Melitene mod. Malatya Südwestasien (Türkei) Antikes Rom 180–181 (1) Hellenist. Welt 40–41 (1) Islam 56–57 (1) Weltreligionen 48 (1) siehe auch Malatya
Melk Mitteleuropa (Österreich) Mittelalterliche Staaten 188 (1)
Melka Kunture Ostafrika (Äthiopien) Die Welt 5000 v.Chr. 18–19
Mellifont Brit. Inseln (Irland) Mittelalterliche Staaten 187 (3)
Melos Insel/Siedlung Mittelmeer Antike Griechen 177 (2) Erste Hochkulturen 175 (4), 176–177 (1)
Melrose Brit. Inseln (UK) Mittelalterliche Staaten 183 (3)
Meltus siehe Miletos
Melun Westeuropa (Frankr.) Mittelalterliche Staaten 192 (2)
Melville Island Insel Australien Kolonisation 282 (1) Ökonomie 285 (2)
Melville Koppies arch. Stätte Südl. Afrika (Südafrika) Frühe Kulturen 160 (1)
Mema Staat Westafrika Die Welt 1400 70–71 Mittelalterliche Staaten 163 (6)
Memel Lit. Klaipėda Osteuropa (Litauen) EWK 207 (4) Frühe Neuzeit 197 (3) Reiche & Revolutionen 199 (3) Zwischenkriegszeit 209 (5) siehe auch Klaipėda
Memel Beloruss. Nyoman, Eng. Neman, Lit. Nemunas, Poln. Niemen Fluss Osteuropa Frühe Neuzeit 197 (3) Napoleon 200–201 (1)
Memorana Nordamerika (Kanada) Präkolumbische Kulturen 123 (3)
Mempawah siehe Mampava
Memphis Ägypten Altes Ägypten 159 (3), (4), (5) Antikes Persien 223 (4) Antikes Rom 161 (2), 180–181 (1) Erste Städte 220 (2) Frühe Kulturen 160 (1) Frühe Reiche 222 (2) Frühe Religion 37 (3) Hellenist. Welt 40–41 (1) Islam 56–57 (1) Schrift & Zahl 32 (1), 33 (2), (3) Urbane Zivilisation 28–29 (1) Weltreligionen 48 (1)
Memphis Nordamerika (USA) Aufstieg der USA 129 (2), 132 (1) Ökonomie 136 (2) US-Bürgerkrieg 131 (7) US-Gesellschaft 135 (6), 137 (6) Weltwirtschaft 93 (5)
Menado mod. Manado Südostasien (Indonesien) Die Welt 1800 86–87 Kolonialismus 247 (4) Reiche & Revolutionen 88 (1) Sklavenhandel 84–85 (1)
Mènam Khong siehe Mekong
Menasha Mounds Grabhügel Nordamerika (USA) Frühe Kulturen 121 (4)
Mende Südosteuropa (Griech.) Antike Griechen 177 (2) Erste Hochkulturen 176–177 (1)
Mendes Ägypten Altes Ägypten 159 (2), (3)
Mendota Mounds Grabhügel Nordamerika (USA) Frühe Kulturen 121 (4)
Mendoza Südamerika (Argentinien) Kolonialismus 148 (2) Staatenbildung 150 (1), 151 (3) Ökonomie 153 (3)
Mendut Südostasien (Indonesien) Weltreligionen 243 (5)
Menelaion Südosteuropa (Griech.) Erste Hochkulturen 175 (4)
Mengtze siehe Mengzi
Mengzi var. Mengtze Ostasien (China) Kolonialismus 269 (4)
Meniet Nordafrika (Algerien) Früher Ackerbau 158 (1)
Menindee Australien Erkundung 279 (2)
Menindee Lake Australien Frühe Kulturen 280 (1)
Menominee Volk Nordamerika Kolonialismus 126 (1)
Menongue ehem. Vila Serpa Pinto, Serpa Pinto Südl. Afrika (Angola) Kalter Krieg 109 (5)
Menorca ant. Balearis Minor, Eng. Minorca Insel Mittelmeer Die Welt 1800 86–87 Reiche & Revolutionen 88 (1) Zwischenkriegszeit 209 (4)
Menzies Australien Kolonisation 282 (1)
Meran Ital. Merano Ital. Hbl. EWK 207 (5)
Merano siehe Meran
Mercia Staat Britische Inseln Die Welt 750 54–55 Mittelalterliche Staaten 183 (3)
Mergui Südostasien (Burma) Kolonialismus 247 (4), 248 (1)
Meriç siehe Maritsa
Mérida Südamerika (Venezuela) Staatenbildung 150 (1)
Mérida ant. Emerita Augusta Iberische Hbl. (Spanien) Franken 184 (2) Islam 56–57 (1) Zwischenkriegszeit 209 (4) siehe auch Emerita Augusta
Mérida Mittelamerika (Mexiko) Kolonialismus 125 (4), 126 (1) Mexikan. Revolution 133 (3)
Merimda Ägypten Altes Ägypten 159 (2) Früher Ackerbau 158 (1)
Merina-Reich Staat Südliches Afrika Die Welt 1800 86–87 Die Welt 1850 90–91
Merkiten Volk Ostasien/Sibirien Mongolen 68–69 (1)
Meroe var. Meroë arch. Stätte Ostafrika (Sudan) Die Welt 250 46–47 Die Welt 1 n.Chr. 42–43 Frühe Kulturen 160 (1) Früher Ackerbau 158 (1) Handel d. Antike 45–45 (1), 225 (3) Spätantike 161 (3), (4), (5)
Merowinger-Reich var. Franken-Reich Westeuropa Die Welt 750 54–55 Franken 183 (5), (6) siehe auch Franken-Reich, Karolinger-Reich
Mersa Gawasis var. Sawu Ägypten Altes Ägypten 159 (4)
Merseburg Mitteleuropa (Deutschland) Mittelalterliche Staaten 188 (1), 189 (3)
Mersin Südwestasien (Türkei) Erste Städte 220 (2) Frühe Kulturen 221 (4) Früher Ackerbau 174 (1) Frühe Reiche 221 (5)
Merthyr Tydfil Brit. Inseln (UK) Ökonomie 204 (1)
Merv mod. Mary, ant. Alexandria Margiana Südwestasien (Turkmenistan) Antikes Persien 223 (4), 225 (6) Antikes Rom 224 (2) Biol. Austausch 72–73 (1) Handel d. Antike 44–45 (1) Hellenist. Welt 224 (1) Islam 226 (3), 227 (4), (5) Safawiden 231 (4) Seldschuken 228 (1) Völkerwanderung 261 (6) Weltreligionen 226 (1) siehe auch Alexandria Margiana
Mesa Grande arch. Stätte Nordamerika (USA) Präkolumbische Kulturen 123 (4)
Mesa Verde Nordamerika (USA) Die Welt 1200 62–63
Mescalero Apache Volk Nordamerika Kolonialismus 125 (4), 126 (1)
Mescheten Volk Südwestasien UdSSR 213 (4)
Mesembria Südosteuropa (Südosteuropa (Griech.)) Erste Hochkulturen 176–177 (1)
Meshan Staat Südwestasien Antikes Persien 225 (6)
Meshed Südwestasien (Iran) Hellenist. Welt 40–41 (1) Safawiden 231 (4)
Mesoamerika Region Mittelamerika Früher Ackerbau 120 (1)
Mesoamerikanische Stadtstaaten Staat Mittelamerika Die Welt 1400 70–71
Mesopotamien, Gr. Mesopotamia Region Südwestasien Antikes Rom 180–181 (1), 224 (2), 225 (5) Die Welt 1600 78–79 Erkundung 218 (1), (2) Erste Städte 220 (2) Früher Ackerbau 220 (1) Frühe Reiche 221 (4), 222 (2) Frühe Religion 36 (1) Hellenist. Welt 40–41 (1) Islam 56–57 (1), 57 (2), 227 (5) Kreuzzüge 228 (2) Osmanen 231 (3) Safawiden 231 (4) Schrift & Zahl 223 (3), 32 (1), 33 (3) Völkerwanderung 261 (6) Weltreligionen 48 (1), 226 (1)
Messana mod. Messina, ehem. Zancle Ital. Hbl. Antikes Rom 179 (3), 180–181 (1) Handel d. Antike 181 (3) siehe auch Messina
Messapii Volk Ital. Hbl. Antikes Rom 178 (2)
Messene Südosteuropa (Griech.) Antike Griechen 179 (4)
Messene siehe Messana, Messina
Messenia Staat Südosteuropa (Griech.) Antike Griechen 179 (4)
Messina Gr./Lat. Messana, var. Messene Ital. Hbl. Handel im Mittelalter 190–191 (1) Islam 227 (4) Kreuzzüge 64–65 (2), 186 (1) Mittelalterliche Staaten 188 (1), 189 (4) Ökonomie 198 (1) ZWK 211 (4) siehe auch Messana
Messines Westeuropa (Frankr.) EWK 206 (2), (3)
Meta Region Südamerika Drogenhandel 153 (5)
Meta Fluss Südamerika Drogenhandel 153 (5) Erkundung 143 (2) Frühe Reiche 146 (1)
Metapontion Lat. Metapontum Ital. Hbl. Antikes Rom 178 (1) Erste Hochkulturen 176–177 (1)
Metapontum siehe Metapontion
Metaurus Schlacht Ital. Hbl. Antikes Rom 179 (3)
Methone Südosteuropa (Griech.) Antike Griechen 177 (2), (3)
Methymna Südosteuropa (Griech.) Antike Griechen 177 (2)
Metis siehe Metz
Metz Westeuropa (Frankr.) Franken 183 (5), (6), 184 (2) Frühe Neuzeit 193 (4), 197 (5) Handel im Mittelalter 190–191 (1) Kreuzzüge 186 (1) Mittelalterliche Staaten 188 (1) Reiche & Revolutionen 199 (4)
Metztitlan Staat Mittelamerika Azteken 124 (1)
Meung Westeuropa (Frankr.) Mittelalterliche Staaten 187 (3), 192 (2)
Meuniers, Pont aux Brücke Westeuropa (Frankr.) Stadtplan Paris 191 (2)
Meuse siehe Maas
Mexicaltzinco Mittelamerika (Mexiko) Azteken 124 (2), (3)
México var. Mexico City, ehem. Tenochtitlan, Span. Ciudad de México Mittelamerika (Mexiko) Aufstieg der USA 129 (2) Die Welt 1400 70–71 passim Drogenhandel 113 (4) Erkundung 119 (3) Globale Migration 100 (1) Kalter Krieg 108 (2) Kolonialismus 81 (3), 85 (2), 125 (4), 126 (1) Mexikan. Revolution 133 (3) Sklavenhandel 84–85 (1) Ökonomie 136 (2) Weltwirtschaft 92 (1) siehe auch Tenochtitlan
Mexiko Staat Mittelamerika Aufstieg der USA 129 (2), 132 (1), 133 (4) Die Welt 1850 90–91 passim Drogenhandel 113 (4) Globale Migration 100 (1), 101 (2) Kalter Krieg 108 (2), 109 (1) Mexikan. Revolution 133 (3) Moderne Welt 112 (1) Ökonomie 136 (2) Reiche & Revolutionen 88–89 (2) Supermacht USA 138 (1), 139 (5) Weltwirtschaft 92 (1) ZWK 104 (2)
Mexiko, Golf von Nordamerika Aufstieg der USA 129 (2), 132 (1) Erkundung 118 (1), 119 (2), (3) Frühe Kulturen 121 (2), (3), (4), 122 (1) Kalter Krieg 108 (2) Kolonialismus 85 (2), 125 (4), (5), 126 (1) Mexikan. Revolution 133 (3) Ökonomie 136 (2) Präkolumbische Kulturen 123 (5) Reiche & Revolutionen 88–89 (2) Wissen & Technologie 76–77 (1) US-Bürgerkrieg 131 (6), (7)
Mexiquito Mittelamerika (Mexiko) Frühe Kulturen 122 (1)
Mezcala Mittelamerika (Mexiko) Frühe Kulturen 121 (2)
Mezcalapa Fluss Mittelamerika Frühe Kulturen 122 (1)
Mezhirich Osteuropa Die Welt 10 000 v.Chr. 14–15
Mézières Westeuropa (Frankr.) EWK 206 (2), (3)
Mezőkeresztes Schlacht Südosteuropa (Ungarn) Osmanen 195 (4)
Mfengu Volk Südl. Afrika Migrationen 166 (2)
Miam siehe Aniba
Miami Nordamerika (USA) Aufstieg der USA 133 (4) Drogenhandel 113 (4) Kalter Krieg 108 (2) Ökonomie 134 (1), 136 (2) US-Gesellschaft 137 (6)
Miami Volk Nordamerika Kolonialismus 126 (1)
Miamisburg Grabhügel Nordamerika (USA) Frühe Kulturen 121 (4)
Mian Staat Kont. Südostasien Mittelalterliche Staaten 263 (7)
Miaodigou arch. Stätte Ostasien (China) Früher Ackerbau 258 (2)
Michigan ehem. Michigan Territory Staat Nordamerika Aufstieg der USA 129 (1) Ökonomie 134 (2) US-Bürgerkrieg 130 (2), (5) siehe auch Michigan Territory
Michigan Territory mod. Michigan Region Nordamerika US-Bürgerkrieg 130 (1) siehe Michigan
Michigan, Lake See Nordamerika Aufstieg der USA 129 (2), 132 (1) Erkundung 118 (1), 119 (2), (3) Frühe Kulturen 121 (4) Früher Ackerbau 120 (1) Kolonialismus 126 (1) Präkolumbische Kulturen 123 (5) Staatenbildung 127 (3) US-Bürgerkrieg 131 (6)
Michilmackinac Nordamerika (Kanada) Kolonialismus 126 (1)
Michoacán var. Tavascan Staat Mittelamerika (Mexiko) Aufstieg der USA 129 (2) Mexikan. Revolution 133 (3)
Micmac Volk Nordamerika Die Welt 1600 78–79 Kolonialismus 126 (1)
Middelburg Südl. Afrika (Südafrika) Imperialismus 96 (2)
Middelburg Schlacht Westeuropa (Niederl.) Reformation 195 (5)
Middle Congo siehe Kongo
Middleport Nordamerika (USA) Präkolumbische Kulturen 123 (5)
Middlesbrough Brit. Inseln (UK) Ökonomie 204 (1)
Midhe mod. Meath Staat Britische Inseln Mittelalterliche Staaten 188 (2) siehe auch Meath
Midway-Inseln Archipel/Kolonie Pazifik Aufstieg der USA 133 (4) Dekolonisation 285 (3) Eiszeit 276–277 Kalter Krieg 109 (1) Supermacht USA 138 (1)
Mie Präfektur Japan Ökonomie 270 (1)
Miguel de Aguayo Mittelamerika (Mexiko) Kolonialismus 125 (4)
Mihambo Ostafrika (Tanzania) Erkundung 157 (4)
Mikindani Ostafrika (Tanzania) Erkundung 157 (4)
Mikligard siehe Byzantion, Konstantinopel, Istanbul
Mikronesien Staat Pazifik Ökonomie 285 (2)
Mikronesien Archipel Pazifik ZWK 272 (1), 273 (2)
Milan siehe Mediolanum, Mailand
Milano siehe Mediolanum, Mailand
Milet siehe Miletos
Miletos Lat. Miletus, Dtsch. Milet Südwestasien (Türkei) Antike Griechen 177 (2), (3) Antikes Persien 223 (4) Antikes Rom 180–181 (1) Erkundung 172 (1) Erste Hochkulturen 175 (4), 176–177 (1) Frühe Reiche 221 (5), 222 (2) Hellenist. Welt 40–41 (1) Urbane Zivilisationen 28–29 (1)
Militärgrenze Region Mitteleuropa Reiche & Revolutionen 202 (1)
Miller Grabhügel Nordamerika (USA) Frühe Kulturen 121 (4)
Miller Region Nordamerika Frühe Kulturen 121 (4)
Millstream Australien Die Welt 5000 v.Chr. 18–19
Milne Bay Schlacht Neuguinea (PNG) ZWK 104 (2)
Milpitas Nordamerika (USA)
Milton Neuseeland Kolonisation 283 (5)
Milwaukee Nordamerika (USA) Aufstieg der USA 132 (1) Ökonomie 134 (1), (3)
Mimana siehe Kaya
Mimbres Valley arch. Stätte Nordamerika (USA) Präkolumbische Kulturen 123 (4)
Min Staat Ostasien Mittelalterliche Staaten 263 (3)
Mina arch. Stätte Südamerika (Brasilien) Frühe Kulturen 144 (1), 145 (2)
Minab Südwestasien (Iran) Ökonomie 234 (1)
Mînâ Baranîs siehe Berenice
Minami-tori-shima siehe Marcus Island
Minangkabau Region Mar. Südostasien Mittelalterliche Staaten 245 (6)
Minas Gerais Region Südamerika Kolonialismus 149 (3)
Minas Novas Südamerika (Brasilien) Kolonialismus 149 (3) Staatenbildung 151 (3)
Minca Südamerika (Kolumbien) Frühe Reiche 146 (1)
Mindanao Insel Philippinen Eiszeit 236–237 (1) Erkundung 239 (1) Imperialismus 97 (3) Islam 243 (6) Kolonialismus 247 (4) Nachkriegszeit 253 (4) Weltreligionen 243 (5) ZWK 272 (1), 273 (2)
Minden ant. Minthun Mitteleuropa (Deutschland) Mittelalterliche Staaten 189 (3)
Minden Region Mitteleuropa Reiche & Revolutionen 199 (3)
Mindoro Insel Philippinen Imperialismus 97 (3) ZWK 273 (2)
Minfeng siehe Niya
Ming-Reich Staat Ostasien Die Welt 1400 70–71 passim Erkundung 80–81 (1) Frühe Neuzeit 266 (1), (2), 267 (4) Handel 230 (2), 267 (3) siehe auch China
Minisink Nordamerika (USA) Präkolumbische Kulturen 123 (5)
Minneapolis Nordamerika (USA) Aufstieg der USA 132 (1) Ökonomie 134 (1), (3)
Minnesota ehem. Minnesota Territory Staat Nordamerika Aufstieg der USA 129 (1) Ökonomie 134 (2) US-Bürgerkrieg 130 (5) siehe auch Minnesota Territory
Minnesota Territory mod. Minnesota Region Nordamerika US-Bürgerkrieg 130 (2) siehe auch Minnesota
Minong, Lake See Nordamerika Die Welt 10 000 v.Chr. 14–15
Minshat Ägypten Altes Ägypten 159 (2)
Minsk Osteuropa (Belorussland) EWK 207 (4) Nachkriegszeit 212 (3) Reiche & Revolutionen 198 (2) UdSSR 208 (2), 215 (4) ZWK 211 (2), (3), (4)
Minthun siehe Minden
Minyue Provinz/Staat Ostasien Frühe Reiche 259 (5), 260 (1)
Mirabib arch. Stätte Südl. Afrika (Namibia) Frühe Kulturen 160 (1)
Miraflores Südamerika (Kolumbien) Drogenhandel 153 (5)
Miraflores Südamerika (Chile) Staatenbildung 151 (4)
Mirambo Staat Ostafrika Kolonialismus 166–167 (4)
Miran Ostasien (China) Weltreligionen 49 (3)
Miriwun Australien Frühe Kulturen 280 (1)
Miru Volk Südamerika Frühe Kulturen 281 (4)
Mirzapur Südasien (Indien) Ökonomie 249 (4)
Misasa Japan Mittelalterliche Staaten 265 (5)
Misenum arch. Stätte Ital. Hbl. Antikes Rom 180–181 (1)
Misisil Melanesien (New Britain) Frühe Kulturen 280 (1), (2)
Miskito siehe Mosquito
Misr siehe Ägypten
Mississippi Staat Nordamerika Aufstieg der USA 129 (1) Ökonomie 134 (2), 139 (3) US-Bürgerkrieg 130 (1), (5), 131 (6) US-Gesellschaft 137 (6) Weltwirtschaft 93 (5)
Mississippi Fluss Nordamerika Aufstieg der USA 129 (2), 132 (1) Erkundung 118 (1), 119 (2), (3) Frühe Kulturen 121 (4) Früher Ackerbau 120 (1), 20–21 (2) Frühe Religion 36 (1) Frühmensch 16 (1) Kolonialismus 125 (4), 126 (1) Präkolumbische Kulturen 123 (5) Reiche & Revolutionen 88 (1) Sklavenhandel 84–85 (1) Staatenbildung 127 (3) US-Bürgerkrieg 130 (5), 131 (6), (7)
Mississippi-Kulturen Region Nordamerika Die Welt 1200 62–63 passim
Mississippi-Kultur, Frühe Region Nordamerika Die Welt 1000 58–59
Missoula, Lake See Nordamerika Die Welt 10 000 v.Chr. 14–15 Eiszeit 116
Missouri Staat Nordamerika Aufstieg der USA 129 (1) Ökonomie 134 (2) US-Bürgerkrieg 130 (1), (5), 131 (6)
Missouri Volk Nordamerika Kolonialismus 126 (1)
Missouri Fluss Nordamerika Aufstieg der USA 129 (2) Erkundung 118 (1), 119 (2), (3) Früher Ackerbau 120 (1), 20–21 (2) Frühe Kulturen 121 (4) Kolonialismus 126 (1) Präkolumbische Kulturen 123 (5) US-Bürgerkrieg 130 (5)
Mistra Südosteuropa (Griech.) Mittelalterliche Staaten 187 (5), 189 (4)
Miswar Südwestasien (Yemen) Handel d. Antike 225 (3)
Mitanni, Königreich Staat Südwestasien Frühe Reiche 221 (5)
Mitau Lett. Jelgava, Russ. Mitava Osteuropa (Lettland) Frühe Neuzeit 195 (3) siehe auch Mitava
Mitava Lett. Jelgava, Dtsch. Mitau Osteuropa (Lettland) EWK 207 (4) siehe auch Mitau
Mithila Südasien (Indien) Frühe Religion 242 (1), (2), (3)
Mithraeum Gebäude Südwestasien (Irak) Stadtplan Uruk 220 (3)
Mitla Mittelamerika (Mexiko) Frühe Kulturen 122 (1)
Mitrovica var. Kosovska Mitrovica Südosteuropa (Jugoslawien) Europapolitik 215 (3)
Mits'iwa siehe Massawa
Mittelamerika var. Zentralamerika Region Mittelamerika Biol. Austausch 73 (2) Frühe Religion 36 (1) Ökonomie 138 (2) Wissen & Technologie 76–77 (1)
Mittel-Angeln Volk Britische Inseln Mittelalterliche Staaten 183 (3)
Mittelländisches Meer siehe Mittelmeer
Mittelmeer var. Mittelländisches Meer, Mediterran-Meer, Lat. Mare Internum, var. Mare Nostrum Meer Europa/Asien/Afrika Antikes Persien 223 (4) Antikes Rom 161 (2), 179 (3), (5), 180–181 (1), 224 (2), 225 (5) Biol. Austausch 73 (3) Bronzezeit 175 (3) Erkundung 156 (3), 172 (1), (2), 219 (3) Erste Hochkulturen 175 (4), 176–177 (1) Erste Städte 220 (2) EWK 233 (2) Frühe Kulturen 221 (4) Früher Ackerbau 20–21 (2), 174 (1), 220 (1) Frühe Reiche 221 (5) Frühmensch 13 (2) Handel 166–167 (1) Handel d. Antike 44–45 (1), 225 (3) Handel im Mittelalter 190–191 (1) Hellenist. Welt 40–41 (1) Islam 56–57 (1), 57 (2), 184 (1), 226 (2) Kreuzzüge 186 (1) Kupferzeit 174 (2) Mittelalterliche Staaten 182 (1), (2), 185 (3), 187 (5) Mongolen 229 (3) Nachkriegszeit 212 (3), 213 (5) Napoleon 200–201 (1) Osmanen 231 (3), 232–233 (1) Reformation 194 (2), 196 (2) Seldschuken 228 (1) Sklavenhandel 165 (4) UdSSR 213 (4) Völkerwanderung 52–53 (1) Wikinger 60–61 (1)
Mittelsibirisches Bergland Gebirge Sibirien Eiszeit 217 Erkundung 257 (2)
Mitterberg Mine Mitteleuropa Bronzezeit 175 (3)
Mittimatalik Nordamerika (Kanada) Präkolumbische Kulturen 123 (3)
Mittlerer Osten Region Südwestasien Ökonomie 138 (2)
Miwa Berg Japan Mittelalterliche Staaten 265 (3)
Mixcoac Mittelamerika (Mexiko) Azteken 124 (2), (3)
Mixco Viejo Mittelamerika (Guatemala) Azteken 124 (1)
Mixiucan Mittelamerika (Mexiko) Azteken 124 (3)
Mixquic Mittelamerika (Mexiko) Azteken 124 (2)
Mixteken Span. Mixtec siehe Totopec
Mixtlan Mittelamerika (Mexiko) Azteken 124 (1)
Miyagi Präfektur Japan Ökonomie 270 (1)
Miyanouchi Japan Mittelalterliche Staaten 265 (5)
Miyazaki Präfektur Japan Ökonomie 270 (1)
Mizda Nordafrika (Libyen) Erkundung 157 (4)
Mizoram Region Südasien Nachkriegszeit 252 (1), (3), 253 (4)
Mizquic Mittelamerika (Mexiko) Kolonialismus 125 (5)
Mizu-shima Schlacht Japan Mittelalterliche Staaten 265 (5)
Mladec arch. Stätte Mitteleuropa (Tschech. Rep.) Die Welt 10 000 v.Chr. 14–15
Mlozi Staat Ostafrika Kolonialismus 166–167 (4)
Mo Volk Ostasien Frühe Reiche 259 (4)
Moab Staat Südwestasien Frühe Reiche 222 (1)
Mobile Nordamerika (USA) Aufstieg der USA 129 (2) Kalter Krieg 108 (2) Sklavenhandel 84–85 (1) US-Bürgerkrieg 131 (7) US-Gesellschaft 137 (6)
Mobutu Sese Seko, Lac siehe Albert-See
Moçambique Eng. Mozambique, Dtsch. Mosambik Südl. Afrika (Moçambique) Afrika nach 1960 169 (4) Die Welt 1600 78–79 passim Erkundung 156 (3) Frühe Neuzeit 164 (1) Islam 162 (1) Kolonialismus 81 (3), 166–167 (4) Sklavenhandel 84–85 (1), 165 (4)
Moçambique Eng. Mozambique, var. Mosambik, ehem. Portugiesisch-Ostafrika, Staat Südl. Afrika Dekolonisation 168 (1) Handel 166–167 (1) Heutige Welt 112 (1), 113 (3) Imperialismus 96 (1), (2) Kalter Krieg 109 (1) Ökonomie 168 (2), (3) Sklavenhandel 84–85 (1) siehe auch Portugiesisch-Ostafrika
Moçâmedes siehe Mossamedes, Namibe
Moccassin Bluff Nordamerika (USA) Präkolumbische Kulturen 123 (5)
Moche Südamerika (Peru) Die Welt 1 n.Chr. 42–43 Frühe Kulturen 145 (4)
Moche Region/Staat Südamerika Die Welt 1 n.Chr. 42–43 Frühe Kulturen 145 (4)
Moche Fluss Südamerika Frühe Kulturen 145 (3), (4)
Moche/Chan Chan Staat Südamerika Die Welt 1000 58–59
Moctezuma Fluss Mittelamerika Frühe Kulturen 121 (2)
Modder River Afr. Modderrivier Schlacht Südl. Afrika (Südafrika) Imperialismus 96 (2)
Modderrivier siehe Modder River
Modena ant. Mutina Ital. Hbl. Franken 184 (2) Handel im Mittelalter 190–191 (1) Mittelalterliche Staaten 188 (1) siehe auch Mutina
Modena Staat Ital. Hbl. Reformation 194 (2), 196 (1), (2) Reiche & Revolutionen 202 (1), 203 (3)
Modon Südosteuropa (Griech.) Handel im Mittelalter 190–191 (1) Mittelalterliche Staaten 187 (5)
Moeraki Kap Neuseeland Kolonisation 283 (4)
Moero, Lac siehe Mweru-See
Moers siehe Mörs
Moesia Inferior var. Unter-Moesien Provinz Südosteuropa Antikes Rom 180–181 (1) siehe auch Unter-Moesien
Moesia Superior var. Ober-Moesien Provinz Südosteuropa Antikes Rom 180–181 (1)
Moesien Lat. Moesia Provinz/Region Südosteuropa Antikes Rom 180–181 (1), 181 (4) Handel d. Antike 44 (2) Weltreligionen 48 (1)
Mogadishu Chin. Mo-ku-ta-shu, Som. Muqdisho Ostafrika (Somalia) Afrika nach 1960 169 (4) Biol. Austausch 72–73 (1) Erkundung 61 (3), 80–81 (1), 156 (3) Frühe Neuzeit 165 (3) Globale Migration 100 (1) Handel 230 (2), 267 (3) Islam 162 (1) Kolonialismus 166–167 (4) Mongolen 68 (2) Ökonomie 163 (2) Sklavenhandel 84–85 (1)
Mogador mod. Essaouira Nordafrika (Marokko) Erkundung 157 (4) Frühe Kulturen 160 (1)
Mogilev var. Mogilew, Mohilew Osteuropa (Belorussland) EWK 207 (4) Handel im Mittelalter 190–191 (1) UdSSR 208 (2) ZWK 210 (1), 211 (4)
Mogollon arch. Stätte Nordamerika (USA) Präkolumbische Kulturen 123 (4)
Mogollon-Kultur Nordamerika/Mittelamerika Präkolumbische Kulturen 123 (4)
Mogontiacum mod. Mainz Mitteleuropa (Deutschland) Antikes Rom 180–181 (1), 181 (4) Völkerwanderung 52–53 (1) siehe auch Mainz
Mogul-Reich var. Mughal-Reich Staat Südasien Die Welt 1600 78–79 passim Kolonialismus 248 (1) Mogul-Reich 246 (1) Safawiden 231 (4)
Mohács Mitteleuropa (Ungarn) Osmanen 195 (4), 231 (3)
Mohammerah siehe Khorramshahr
Mohelnice Mitteleuropa (Tschech. Rep.) Früher Ackerbau 174 (1)
Mohenjo-Daro var. Mohendjo-Daro arch. Stätte Südasien (Pakistan) Erste Städte 24 (2), 25 (3), 240 (2) Schrift & Zahl 223 (3)
Mohican var. Mahican Volk Nordamerika Kolonialismus 126 (1)
Mojave Volk Nordamerika Kolonialismus 125 (4), 126 (1)
Mojave Desert Wüste Nordamerika Präkolumbische Kulturen 123 (4)
Moji Japan Ökonomie 270 (1)
Mojo Volk Südamerika Die Welt 1 n.Chr. 42–43 passim Erkundung 143 (2) Kolonialismus 148 (2)
Mokpo Jap. Moppo Ostasien (Süd-Korea) Frühe Neuzeit 267 (4) Imperialismus 270 (4) Kalter Krieg 109 (4)
Moktama siehe Martaban
Mo-ku-ta-shu siehe Mogadishu
Moldau mod. Moldawien, Rum. Moldova Region/Staat Südosteuropa Die Welt 1400 70–71 passim EWK 207 (4) Frühe Neuzeit 193 (4) Mittelalterliche Staaten 189 (3), (4) Napoleon 200–201 (1) Osmanen 195 (4), 197 (4), 203 (4), 230 (1), 231 (3) Reformation 194 (2), 196 (2) Reiche & Revolutionen 198 (2), 202 (1) siehe auch Moldawien
Moldawien ehem. Moldau, Rum. Moldova Region/Staat Südosteuropa Europapolitik 214 (1), (2) Heutige Welt 112 (2) UdSSR 213 (4) siehe auch Moldau
Moldova siehe Moldawien
Mollendo Südamerika (Peru) Staatenbildung 151 (3)
Molokai Insel Pazifik (Hawaii) Ökonomie 285 (2)
Molopo Fluss Südl. Afrika Imperialismus 96 (2)
Molotov Osteuropa (Russ. Föderation) UdSSR 213 (4)
Molukken var. Gewürzinseln, Indon. Maluku Eng. Moluccas Archipel Mar. Südostasien Biol. Austausch 72–73 (1) Bronzezeit 240 (3) Die Welt 1600 78–79 passim Erkundung 80–81 (1), 239 (1), (2) Handel 230 (2), 267 (3) Handel d. Antike 44–45 (1) Islam 243 (6) Kolonialismus 81 (3)
Molukken-See Indon. Laut Maluku Meer Mar. Südostasien Bronzezeit 240 (3) Islam 243 (6) Mittelalterliche Staaten 245 (6)
Mombasa var. Mombassa Ostafrika (Kenya) Die Welt 1600 78–79 passim Erkundung 156 (3), 157 (4), (5) Frühe Neuzeit 164 (1) Globale Migration 100 (1) Handel 230 (2), 267 (3) Imperialismus 96 (1) Islam 162 (1) Kolonialismus 81 (3), 166–167 (4) Mongolen 68 (2) Ökonomie 163 (2) Sklavenhandel 84–85 (1), 165 (4)
Mon-Staaten Staat Kont. Südostasien Die Welt 250 46–47 Die Welt 500 50–51 Weltreligionen 49 (4) siehe auch Mon-Khmer
Monacan Volk Nordamerika Kolonialismus 125 (4), 126 (1)
Monaco var. Monaco-Ville, ant. Monoecus Staat Westeuropa (Frankr.) Drogenhandel 113 (4) Heutige Welt 112 (2) Reiche & Revolutionen 202 (1), 203 (3)

Monaco siehe München
Monaco-Ville siehe Monaco
Monastir var. Bitolj, mod. Bitola Südosteuropa (FYR Mazedonien) EWK 207 (6) Islam 56–57 (1) siehe auch Bitola
Monastir Nordafrika (Tunesien) Islam 56 (1)
Moncastro Osteuropa (Ukraine) Handel im Mittelalter 190–191 (1) Mittelalterliche Staaten 189 (4)
Mondidier Westeuropa (Frankr.) EWK 206 (2), (3)
Mondovi Schlacht Ital. Hbl. Napoleon 200–201 (1)
Monemvasia var. Monemvassia Südosteuropa (Griechenland) Mittelalterliche Staaten 187 (5) Osmanen 230 (1), 231 (3)
Monfalcone Ital. Hbl. EWK 207 (5)
Monggol Ulus siehe Äußere Mongolei, Mongolei, Oiraten-Khanat
Monghyr var. Munger Südasien (Indien) Ökonomie 249 (4)
Mongolei Region Ostasien Biol. Austausch 72–73 (1) Die Welt 1600 78–79 Erkundung 256 (1), 257 (3) Frühe Neuzeit 266 (2) Weltreligionen 49 (4) siehe auch Äußere Mongolei, Innere Mongolei, Mongolei, Oiraten-Khanat
Mongolei Mong./off. Monggol Ulus ehem. Äußere Mongolei mod. Republik Mongolei Staat Ostasien China nach 1949 275 (3) Chinesische Revolution 271 (7), 274 (1) Heutige Welt 113 (3), (4) Islam 275 (5) Kalter Krieg 109 (1) Kommunismus 271 (8) Ökonomie 274 (2) Tigerstaaten 275 (4) UdSSR 208 (2), 213 (4) ZWK 104 (1), (2), 272 (1), 273 (2) siehe auch Äußere Mongolei, Mongolei
Mongolen Volk Ostasien/Sibirien Die Welt 1 n.Chr. 42–43 Frühe Neuzeit 266 (1) Handel 267 (3) Mongolen 68–69 (1)
Mongolisches Hochland Hochland Ostasien Mongolen 68–69 (1)
Mongolisches Reich Staat Ostasien Mittelalterliche Staaten 263 (5)
Monkchester siehe Newcastle-upon-Tyne
Mon-Khmer Volk Kont. Südostasien Die Welt 750 v.Chr. 30–31 Die Welt 250 46–47 Handel d. Antike 44–45 (1)
Monkwearmouth Brit. Inseln (UK) Mittelalterliche Staaten 183 (3)
Monmouth Nordamerika (USA) Staatenbildung 127 (3)
Monoecus siehe Monaco
Monopoli Ital. Hbl Handel im Mittelalter 190–191 (1)
Monrovia Westafrika (Liberia) Afrika nach 1960 169 (4) Ökonomie 168 (2)
Mons Westeuropa (Belgien) EWK 206 (2), (3)
Montagnais Volk Nordamerika Kolonialismus 126 (1) Präkolumbische Kulturen 123 (3)
Montana Staat Nordamerika Aufstieg der USA 129 (1) Ökonomie 134 (2)
Montauban Westeuropa (Frankr.) Frühe Neuzeit 197 (5) Reformation 194 (2)
Mont-Dauphin Westeuropa (Frankr.) Frühe Neuzeit 197 (5)
Monte Acay Südamerika (Argentinien) Inka 147 (3)
Monte Albán Mittelamerika (Mexiko) Azteken 124 (1) Die Welt 500 50–51 Frühe Kulturen 122 (1) , (2), 122 (1) Frühe Religion 36 (1)
Monte Alegre arch. Stätte Südamerika (Brasilien) Frühe Kulturen 144 (1)
Monte Alto Mittelamerika (Mexiko) Frühe Kulturen 122 (2)
Monte Bello Islands Insel Australien Ökonomie 285 (2)
Monte Cassino Ital. Hbl. Franken 184 (2) Mittelalterliche Staaten 183 (4) ZWK 211 (4)
Montecristi Westindien (Dominikanische Republik) Sklavenhandel 85 (2)
Monteleone di Calabria siehe Hipponium
Montenegro SKr. Crna Gora Staat Südosteuropa Die Welt 1500 74–75 Die Welt 1850 90–91 Europapolitik 215 (3) EWK 206 (1), 207 (6) Frühe Neuzeit 193 (4) Napoleon 200–201 (1) Ökonomie 205 (4) Osmanen 195 (4), 197 (4), 203 (4), 232–233 (1) Reformation 194 (2) ZWK 211 (2), (4)
Montenotte Schlacht Ital. Hbl. Napoleon 200–201 (1)
Montereau Schlacht Westeuropa (Frankr.) Napoleon 200–201 (1)
Monterey Nordamerika (USA) Aufstieg der USA 129 (2)
Monterey siehe Monterrey
Monterrey var. Monterey Mittelamerika (Mexiko) Aufstieg der USA 129 (2) Kalter Krieg 108 (2) Mexikan. Revolution 133 (3) Ökonomie 136 (2)
Montespan arch. Stätte Westeuropa (Frankr.) Frühmensch 17 (3)
Monte Verde arch. Stätte Südamerika (Chile) Frühe Kulturen 144 (1)
Montevideo Südamerika (Uruguay) Erkundung 143 (3) Globale Migration 100 (1) Kolonialismus 148 (2) Ökonomie 153 (3) Politik nach 1930 152 (1) Staatenbildung 150 (1), 151 (3) Weltwirtschaft 92 (1)
Montezuma Castle arch. Stätte Nordamerika (USA) Präkolumbische Kulturen 123 (4)
Montferrat Staat Ital. Hbl. Reformation 196 (1)
Montgaudier arch. Stätte Westeuropa (Frankr.) Frühmensch 17 (3)
Montgomery Brit. Inseln (UK) Mittelalterliche Staaten 188 (2)
Montgomery Nordamerika (USA) Aufstieg der USA 129 (2), 132 (1) US-Bürgerkrieg 131 (7) US-Gesellschaft 137 (6)
Montmaurin arch. Stätte Westeuropa (Frankr.) Frühmensch 13 (2)
Montmirail Westeuropa (Frankr.) EWK 206 (2) Napoleon 200–201 (1)
Montpelier Nordamerika (USA) Aufstieg der USA 129 (2)
Montpellier Westeuropa (Frankr.) Frühe Neuzeit 197 (5) Handel im Mittelalter 190–191 (1) Mittelalterliche Staaten 187 (3), 192 (1) Reiche & Revolutionen 199 (4)
Montreal var. Hochelaga, Frz. Montréal Nordamerika (Kanada) Aufstieg der USA 129 (2), 132 (1) Die Welt 1800 86–87 Erkundung 119 (2), (3) Kolonialismus 126 (1), 127 (2) Ökonomie 136 (2) Reiche & Revolutionen 88 (1) Sklavenhandel 84–85 (1) Staatenbildung 127 (3) Weltwirtschaft 92 (1) siehe auch Hochelaga
Montréal Fort Südwestasien (Jordanien) Kreuzzüge 65 (3)
Montreuil Westeuropa (Frankr.) EWK 206 (2)
Montserrat var. Emerald Isle Kolonie Westindien Die Welt 1975 106–107 Heutige Welt 110–111
Monza Ital. Hbl. Mittelalterliche Staaten 183 (4)
Mook Schlacht Westeuropa (Niederl.) Reformation 195 (5)
Mooloya Estate Aufstand Südasien (Sri Lanka) Dekolonisation 250 (1)
Moose Factory Nordamerika (Kanada) Kolonialismus 126 (1)
Mootwingee arch. Stätte Australien Frühmensch 17 (5)
Moppo siehe Mokpo
Moquegua Südamerika (Peru) Staatenbildung 151 (4)
Moradabad Südasien (Indien) Ökonomie 249 (4)
Morat var. Murten Schlacht Mitteleuropa (Schweiz) Schweiz bis 1815 193 (5)
Morava var. Glavn'a Morava, March, Velika Morava Fluss Mitteleuropa EWK 207 (6) siehe auch Velika Morava
Moravia siehe Mähren
Mordovija Dtsch. Mordwinien Region Osteuropa UdSSR 215 (4)
Mordwinien siehe Mordovija
Morea ant., mod. Peloponnes Region/Staat Südosteuropa (Griechenland) Osmanen 230 (1)
Moreruela Iberische Hbl. Mittelalterliche Staaten 187 (3)
Moreton Bay Bucht Australien Kolonisation 282 (1) Ökonomie 285 (2)
Morgarten Schlacht Mitteleuropa (Schweiz) Schweiz bis 1815 193 (5)
Mori Region Japan Frühe Neuzeit 267 (4)
Morimond Westeuropa (Frankr.) Mittelalterliche Staaten 187 (3)
Morioka Japan Ökonomie 270 (1)
Mormon Trail Straße Nordamerika (USA) Aufstieg der USA 129 (2)
Mörs var. Moers Mitteleuropa (Deutschland) Reformation 195 (5)
Mörs Region Mitteleuropa Reiche & Revolutionen 199 (3)
Mosambik siehe Moçambique, Portugiesisch-Ostafrika
Moscow siehe Moskau
Mosega Schlacht Südl. Afrika (Südafrika) Migrationen 166 (2)
Mosel Frz. Moselle Fluss Westeuropa (Frankr.) EWK 206 (2), (3) Reformation 195 (5) Reiche & Revolutionen 199 (4), 203 (2)
Moselle siehe Mosel
Moskau Eng. Moscow, Russ. Moskva Osteuropa (Russ. Föderation) Biol. Austausch 72–73 (1) Die Welt 1400 70–71 Erkundung 257 (2), 286 (1) Globale Migration 100 (1), 101 (2) Handel im Mittelalter 190–191 (1) Kalter Krieg 108 (3) Kolonialismus 269 (3) Mongolen 68 (2), 68–69 (1) Nachkriegszeit 212 (3) Napoleon 200–201 (1) Ökonomie 198 (1), 205 (4) Reformation 196 (2) Reiche & Revolutionen 202 (1) Timur 229 (4) UdSSR 208 (2), 213 (4) Weltwirtschaft 92 (1) ZWK 104 (2), 210 (1), 211 (2), (3), (4)
Moskau, Fürstentum Region/Staat Osteuropa Biol. Austausch 72–73 (1) Die Welt 1400 70–71 Die Welt 1500 74–75
Moskva siehe Moskau
Mosquito-Küste var. Miskito-Küste Kolonie/Staat Mittelamerika Die Welt 1700 82–83 passim Kolonialismus 126 (1) Reiche & Revolutionen 88 (1)
Mosquito-Protektorat var. Miskito-Protektorat Staat Mittelamerika Die Welt 1850 90–91
Mossamedes var. Namibe, mod. Moçâmedes Südl. Afrika (Angola) Erkundung 157 (4) siehe auch Namibe
Mossel-Bai Bucht Südl. Afrika Erkundung 156 (3)
Mossi-Reiche Staaten Westafrika Die Welt 1400 70–71 passim Frühe Neuzeit 164 (2) Islam 162 (1) Mittelalterliche Staaten 163 (6), (7)
Mostagedda Ägypten Altes Ägypten 159 (2)
Mostar Südosteuropa (B.-H.) Europapolitik 215 (3) Napoleon 200–201 (1) Osmanen 230 (1)
Mosul Arab. Al Mawşil Südwestasien (Irak) Arabien im 20. Jh. 233 (3), 235 (5) Erkundung 219 (3) EWK 233 (2) Islam 56–57 (1), 57 (2), 227 (5) Kreuzzüge 228 (2) Mongolen 229 (3) Ökonomie 234 (1) Seldschuken 228 (1) Timur 229 (4)
Mosyllon Ostafrika (Somalia) Handel d. Antike 225 (3)
Motagua Fluss Mittelamerika Frühe Kulturen 122 (2)
Motecuzoma Mittelamerika (Mexiko) Azteken 124 (3)
Motuhora Neuseeland Kolonisation 283 (4)
Motul var. Motul de Felipe Carrillo Puerto Mittelamerika (Mexiko) Frühe Kulturen 122 (1)
Motul de Felipe Carrillo Puerto siehe Motul
Motu Marotiri Insel Pazifik Frühe Kulturen 281 (4)
Motu Nui Insel Pazifik Frühe Kulturen 281 (4)
Motupalli Südasien (Indien) Ökonomie 247 (3)
Motya Sizilien (Italien) Antikes Rom 178 (2), 179 (3) Erste Hochkulturen 176–177 (1)
Mouhoun siehe Schwarzer Volta
Mouila arch. Stätte Zentralafrika (Gabun) Frühe Kulturen 160 (1)
Moukden siehe Mukden, Shenyang
Moulins Westeuropa (Frankr.) Frühe Neuzeit 197 (5)
Moulmein var. Maulmain, Mawlamyine Südostasien (Burma) ZWK 250–251 (3)
Mound Bottom Nordamerika (USA) Präkolumbische Kulturen 123 (5)
Mound City Grabhügel Nordamerika (USA) Frühe Kulturen 121 (4)
Mound-Kultur siehe Grabhügelbauer
Mounds State Park Grabhügel Nordamerika (USA) Frühe Kulturen 121 (4)
Moundville Nordamerika (USA) Präkolumbische Kulturen 123 (5)
Moun Hou siehe Schwarzer Volta
Mountain Volk Nordamerika Präkolumbische Kulturen 123 (3)
Mountain View Nordamerika (USA)
Mount Burr Australien Die Welt 5000 v.Chr. 18–19
Mount Cameron West arch. Stätte Australien Frühmensch 17 (5)
Mount Isa Australien Kolonisation 282 (1) Staatenbildung 283 (3)
Mount Lyell Goldlagerstätte Australien Ökonomie 282 (2)
Mount Magnet Australien Kolonisation 282 (1)
Mount Newham Australien Frühe Kulturen 280 (1)
Mount Royal Nordamerika (USA) Präkolumbische Kulturen 123 (5)
Mourzouk siehe Murzuk
Moxeke arch. Stätte Südamerika (Peru) Frühe Kulturen 144 (1), 145 (3)
Moyen-Congo siehe Kongo
Mozambique siehe Moçambique, Portugiesisch-Ostafrika
Mpangu Staat Zentralafrika Ökonomie 163 (2)
Mpondo siehe Pondo
Mrohaung var. Myohaung Südostasien (Burma) Kolonialismus 248 (1) Mittelalterliche Staaten 245 (6)
Msalala Ostafrika (Tanzania) Erkundung 157 (5)
Msiri Staat Zentralafrika Kolonialismus 166–167 (4)
Msiri Volk Zentralafrika Handel 166–167 (1)
Msiris Zentralafrika (Kongo (Zaire)) Erkundung 157 (4)
Mtamvuna siehe Orange
Mtkvari siehe Kura
Mubi Westafrika (Nigeria) Erkundung 157 (4)
Muchiri Südasien (Indien) Weltreligionen 243 (4)
Mudgagiri Südasien (Indien) Mittelalterliche Staaten 244 (2)
Mughal-Reich siehe Mogul-Reich
Mugharet el-'Aliya arch. Stätte Nordafrika (Marokko) Frühmensch 13 (2)
Mugi Ostafrika (Sundan) Erkundung 157 (5)
Muhammerah siehe Khorramshahr
Muhi Schlacht Mitteleuropa (Ungarn) Mittelalterliche Staaten 189 (4)
Mühlberg Mitteleuropa (Deutschland) Reformation 194 (2)
Mühlhausen var. Mühlhausen in Thüringen Mitteleuropa (Deutschland) Mittelalterliche Staaten 189 (3)
Muir Éireann siehe Irische See
Muju Region Ostasien Mittelalterliche Staaten 264 (2)
Mukalla Arab. Al Mukallā Südwestasien (Yemen) Arabien im 20. Jh. 233 (4)
Mukden ehem. Fengtien, Chin. Shenyang, Shen-yang, Eng. Moukden Ostasien (China) Chinesische Revolution 271 (7) Frühe Neuzeit 266 (1) Imperialismus 270 (3), (4) Kommunismus 271 (8) siehe auch Shenyang
Mülhausen mod. Mulhouse Mitteleuropa (Westeuropa (Frankr.)) Schweiz bis 1815 193 (5)
Mulhouse siehe Mülhausen
Multan Südasien (Pakistan) Biol. Austausch 72–73 (1) Dekolonisation 250 (1) Die Welt 1500 74–75 Islam 56–57 (1), 57 (2) Kolonialismus 247 (3), 248 (1), 249 (3) Mittelalterliche Staaten 244–245 (3) Mogul-Reich 246 (1) Mongolen 68 (2), 68–69 (1) Ökonomie 249 (4) Timur 229 (4) Weltreligionen 49 (3), 243 (4) Weltwirtschaft 93 (5)
Multan Region/Staat Südasien Mittelalterliche Staaten 244–245 (3)
Mumbai siehe Bombay
Mumhain Region Britische Inseln Mittelalterliche Staaten 188 (2)
München Eng. Munich Ital. Monaco Mitteleuropa (Deutschland) Frühe Neuzeit 193 (4) Nachkriegszeit 212 (1), (3) Napoleon 200–201 (1), 201 (2) Ökonomie 198 (1), 205 (4) Reformation 196 (1) Reiche & Revolutionen 202 (1), 203 (2) Zwischenkriegszeit 209 (5) ZWK 210 (1), 211 (2), (3), (4)
Munda Region/Reich Südasien Frühe Reiche 241 (5) Frühe Religion 242 (2)
Mundigak arch. Stätte Zentralasien (Afghanistan) Erste Städte 24 (2), 25 (3), 240 (2)
Mundus Ostafrika (Somalia) Handel d. Antike 225 (3) Spätantike 161 (3), (5)
Munger siehe Monghyr
Mu Nggava siehe Rennell
Munich siehe München
Münster var. Münster in Westfalen Mitteleuropa (Deutschland) Frühe Neuzeit 193 (4) Franken 184 (2) Mittelalterliche Staaten 189 (3) Reformation 194 (2), 196 (2)
Muqdisho siehe Mogadishu
Murchison Fluss Australien Erkundung 279 (2) Frühmensch 17 (5) Kolonisation 282 (1)
Murcia Iberische Hbl. (Spanien) Handel im Mittelalter 190–191 (1) Reconquista 192 (3)
Murderer's Bay Bucht Australien Erkundung 278 (1)
Muret Westeuropa (Frankr.) Kreuzzüge 186 (1)
Mureybat Südwestasien (Türkei) Früher Ackerbau 220 (1)
Murfreesboro Nordamerika (USA) US-Bürgerkrieg 131 (6)
Mūrītānīyah siehe Mauretanien, Eng. Mauritania
Murmansk Osteuropa (Russ. Föderation) Frühe Neuzeit 197 (3) ZWK 211 (4)
Muroran Japan ZWK 273 (3)
Murray Fluss Australien Erkundung 279 (2) Frühmensch 17 (5) Kolonisation 282 (1) Ökonomie 282 (2) Staatenbildung 283 (3)
Murrumbidgee Fluss Australien Erkundung 279 (2)
Mursa Südosteuropa (Kroatien) Antikes Rom 180–181 (1)
Murshidabad Südasien (Indien) Kolonialismus 248 (1) Mogul-Reich 246 (1) Ökonomie 249 (4)
Murten siehe Morat
Murzuch siehe Murzuk
Murzuk var. Mourzoule, Arab. Marzūq, Ital. Murzuch Nordafrika (Libyen) Erkundung 157 (4) Handel d. Antike 44–45 (1) Islam 162 (1) Kolonialismus 166–167 (4)
Musang var. Musang Cave arch. Stätte Philippinen Die Welt 5000 v.Chr. 18–19
Musawwarat es Sufra Ostafrika (Sudan) Frühe Kulturen 160 (1)
Musay'īd siehe Umm Saīd
Muscat siehe Maskat
Muscoda Mounds Grabhügel Nordamerika (USA) Frühe Kulturen 121 (4)
Muskat siehe Maskat
Muskat und Oman siehe Oman
Muskogean siehe Tallahassee
Mutapa Staat Südl. Afrika Die Welt 1500 74–75 passim Islam 162 (1)
Mutina mod. Modena Ital. Hbl. Weltreligionen 48 (1) siehe auch Modena
Muttra var. Mathura, Mathuru Südasien (Indien) Ökonomie 249 (4) siehe auch Mathura
Mu Us Shamo siehe Ordos
Muyinga Ostafrika (Burundi) Afrika nach 1960 169 (5)
Muza Südwestasien (Yemen) Handel d. Antike 44 (2), 225 (3) Spätantike 161 (3), (4), (5)
Muzaffarabad Südasien (Pakistan) Nachkriegszeit 252 (2)
Muziris Südasien (Indien) Handel d. Antike 44–45 (1)
Muzumbo a Kalunga Staat Südl. Afrika Die Welt 1600 78–79 passim Frühe Neuzeit 164 (2)
Mwanza Ostafrika (Tanzania) Erkundung 157 (5)
Myanmar ehem. Burma Staat Kont. Südostasien Nachkriegszeit (1), 253 (4), (5) siehe auch Burma
Myconos siehe Mykonos
Myitkyina Südostasien (Burma) ZWK 272 (1), 273 (2)
Mykale Schlacht Südwestasien (Türkei) Antikes Persien 223 (4) Erste Hochkulturen 176–177 (1)
Mykene Südosteuropa (Griech.) Altes Ägypten 159 (5) Bronzezeit 175 (3) Die Welt 1250 v.Chr. 26–27 Erste Hochkulturen 175 (4) Urbane Zivilisationen 28–29 (1)
Mykonos Insel/Siedlung Mittelmeer (Ägäis) Antike Griechen 177 (2)
Mylae Sizilien (Italien) Antikes Rom 179 (3)
Mylasa Südwestasien (Türkei) Antike Griechen 177 (2)
Myongju Region Ostasien Mittelalterliche Staaten 264 (2)
Myos Südwestasien (Türkei) Antike Griechen 177 (2)
Myos Hormus var. Myus Hormus Ägypten Handel d. Antike 44–45 (1), 225 (3) Spätantike 161 (3), (5)
Myra Südwestasien (Türkei) Antikes Rom 180–181 (1) Weltreligionen 48 (1)
Myrina Südosteuropa (Griech.) Antike Griechen 177 (2) Erste Hochkulturen 176–177 (1)
Mysien var. Mysia Region Südwestasien Antike Griechen 177 (3) Frühe Religion 37 (3) Hellenist. Welt 40–41 (1)
Mysore Südasien (Indien) Ökonomie 249 (4) Weltwirtschaft 93 (5)
Mysore Region/Staat Südasien Die Welt 1800 86–87 Kolonialismus 248 (1), (2) Nachkriegszeit 253 (4)
Mytilene Südosteuropa (Griech.) Antike Griechen 177 (2), (3), 179 (4) Erste Hochkulturen 176–177 (1)
Mytilini ant. Lesbos, mod. Lésvos Insel Mittelmeer Mittelalterliche Staaten 189 (4) siehe auch Lesbos
Myus siehe Myos
Myus Hormus siehe Myos Hormos
Mzcheta Südwestasien (Georgien) Weltreligionen 48 (1)

N

Nabataea Provinz/Staat Südwestasien Die Welt 1 n.Chr. 42–43 Handel d. Antike 225 (3) Spätantike 161 (3), (5)
Nabatäer Volk Südwestasien Antikes Rom 225 (4)
Nabesna Volk Nordamerika Präkolumbische Kulturen 123 (3)
Nabta Ägypten Die Welt 5000 v.Chr. 18–19 Früher Ackerbau 158 (1)
Nachi-san Berg Japan Mittelalterliche Staaten 265 (3)
Nachitschewan siehe Nakhichevan
Naco Mittelamerika (Honduras) Azteken 124 (1)
Nadikagama Südasien (Indien) Frühe Religion 242 (3)
Nad-i-Ali Zentralasien (Afghanistan) Hellenist. Welt 40–41 (1)
Nafplio siehe Nauplia
Naga ed-Der Ägypten Altes Ägypten 159 (2)
Nagaland Region Südasien Nachkriegszeit 252 (1), 253 (4)
Nagano Präfektur Japan Ökonomie 270 (1)
Nagappattinam var. Negapatam Südasien (Indien) Weltreligionen 49 (3) siehe auch Negapatam
Nagara Sridharmaraj siehe Nakhon Si Thammarat
Nagarjunakonda Südasien (Indien) Erkundung 256 (1) Weltreligionen 49 (3)
Nagasaki Japan Biol. Austausch 72–73 (1) Die Welt 1700 82–83 Frühe Neuzeit 267 (4), (5) Erkundung 80–81 (1) Handel 267 (3) Ökonomie 270 (1) ZWK 272 (1), 273 (2), (3)
Nagasaki Präfektur Japan Ökonomie 270 (1)
Nagata Japan Mittelalterliche Staaten 265 (4)
Nagelwanze Südasien (Indien) Ökonomie 247 (3)
Nagidos var. Nagidus Südwestasien (Türkei) Erste Hochkulturen 176–177 (1) Hellenist. Welt 40–41 (1)
Nagornyy-Karabakh var. Nagorny-Karabach, Dtsch. Berg-Karabach Region Osteuropa UdSSR 215 (4) siehe auch Qarabagh
Nagoya Japan Frühe Neuzeit 267 (4) Islam 275 (4) Mittelalterliche Staaten 262–263 (1) Ökonomie 270 (1) ZWK 273 (3)
Nagpur Südasien (Indien) Dekolonisation 250 (1) Kolonialismus 248 (1) Marathen 246 (2) Nachkriegszeit 253 (5) Ökonomie 249 (4)
Nagur Südasien (Indien) Weltreligionen 243 (4)
Nagyszeben siehe Hermannstadt
Nahr siehe Diyala
Naimanen Volk Ostasien/Sibirien Mongolen 68–69 (1)
Na'in siehe Nayin
Nairobi Ostafrika (Kenya) Afrika nach 1960 169 (4) Kolonialismus 166–167 (4) Ökonomie 168 (2)
Naishadha Region Südasien Frühe Religion 242 (2)
Naissus siehe Niš, Nisch
Najd siehe Nejd
Najima siehe Fukuoka
Najran Südwestasien (Saudi-Arabien) Handel d. Antike 225 (3) Islam 56–57 (1), 226 (2) Spätantike 161 (3), (4), (5) Weltreligionen 226 (1)
Nakambé siehe Weißer Volta
Nakhichevan var. Nachitschewan Südwestasien (Aserbaidschan) Osmanen 231 (3) Safawiden 231 (4)
Nakhon Pathom Stadt/Tempel Südostasien (Thailand) Mittelalterliche Staaten 245 (5) Weltreligionen 243 (5)
Nakhon Ratchasima var. Khorat, Korat Südostasien (Thailand) Kolonialismus 248 (1)
Nakhon Si Thammarat var. Nagara Sridharmaraj, Nakhon Sithamnaraj Südostasien (Thailand) Kolonialismus 248 (1)
Nakhon Sithamnaraj siehe Nakhon Si Thammarat
Naknek Nordamerika (USA) Präkolumbische Kulturen 123 (3)
Nakum Mittelamerika (Mexiko) Frühe Kulturen 122 (2)
Nal arch. Stätte Südasien (Pakistan) Erste Städte 240 (2)
Nalanda Südasien (Indien) Handel d. Antike 44–45 (1) Frühe Religion 36 (2), 242 (3)
Nama Volk Südl. Afrika Frühe Neuzeit 164 (1)
Namen siehe Namur
Namibe Port. Moçâmedes, Mossamedes Südl. Afrika (Angola) Kalter Krieg 109 (5) siehe auch Mossamedes
Namibia ehem. Deutsch-Südwestafrika, Southwest Africa Staat Südl. Afrika Afrika nach 1960 169 (4) Dekolonisation 168 (1) Heutige Welt 112 (1) Ökonomie 168 (2), (3) siehe auch Deutsch-Südwestafrika
Namiquipa Mittelamerika (Mexiko) Mexikan. Revolution 133 (3)
Namnetes siehe Nantes
Nam Tun Ostasien (China) Die Welt 5000 v.Chr. 18–19
Namu Insel Pazifik Erkundung 278 (1)
Namur Ndl. Namen Westeuropa (Belgien) EWK 206 (2), (3) Frühe Neuzeit 197 (5)
Namur Provinz Westeuropa Reformation 195 (5)
Nan Provinz Ostasien Frühe Reiche 260 (1)
Nanagunas Fluss Südasien Handel d. Antike 44 (2)
Nana Mode arch. Stätte Zentralafrika (ZAR) Frühe Kulturen 160 (1)
Nanchang var. Nan-ch'ang, Nanch'ang-hsien Ostasien (China) Biol. Austausch 72–73 (1) Chinesische Revolution 271 (7), 274 (1) Frühe Neuzeit 266 (1), (2) Qing-China 268 (1)
Nanch'ang-hsien siehe Nanchang
Nanchao siehe Nanzhao, Yunnan
Nan-chao siehe Nanzhao, Yunnan
Nan-ching siehe Jianye, Nanjing
Nancy Schlacht Westeuropa (Frankr.) EWK 206 (2), (3) Frühe Neuzeit 193 (4), 197 (5) Mittelalterliche Staaten 192 (1), (2) Reiche & Revolutionen 199 (4)
Nandivardhana Südasien (Indien) Mittelalterliche Staaten 244 (1)
Nan Hai siehe Südchinesisches Meer
Nanhai mod. Guangzhou, var. Kanton Ostasien (China) Handel d. Antike 44–45 (1) Erkundung 256 (1) Frühe Reiche 260 (1) Völkerwanderung 261 (6) siehe auch Kanton, Guangzhou
Nanhai Provinz Ostasien Frühe Reiche 260 (1)
Nanhan var. Nan-han Staat Ostasien Mittelalterliche Staaten 263 (3)
Nanjing var. Nan-ching, Nanking, ehem. Chianning, Chian-ning, Jianye, Kiangning Ostasien (China) Chinesische Revolution 271 (5), (7), 274 (1) Die Welt 1850 90–91 Frühe Neuzeit 266 (1) Frühe Religion 37 (4) Handel 267 (3) Kolonialismus 269 (4) Mittelalterliche Staaten 263 (5) Mongolen 68–69 (1) Ökonomie 274 (2) Qing-China 268 (1), (2) Tigerstaaten 275 (4) ZWK 272 (1), 273 (2) siehe auch Jianye
Nanjing Provinz Ostasien Frühe Neuzeit 266 (1), (2)
Nankaido Region Japan Mittelalterliche Staaten 265 (3)
Nanking siehe Jianye, Nanjing
Nanning var. Nan-ning, ehem. Yungning Ostasien (China) Biol. Austausch 72–73 (1) Kolonialismus 269 (4) ZWK 272 (1), 273 (2)
Nansei-shotō siehe Ryukyu-Inseln
Nan Shan siehe Qilian Shan
Nansha Qundao siehe Spratly Islands
Nantes ant. Condivincum, Namnetes, Bret. Naoned Westeuropa (Frankr.) Franken 184 (2) Frühe Neuzeit 197 (5) Kreuzzüge 186 (1) Mittelalterliche Staaten 185 (3), 187 (4), 192 (1), (2) Ökonomie 198 (1), 205 (4) Reformation 194 (2) Reiche & Revolutionen 199 (4) Wikinger 60–61 (1)
Nantong Ostasien (China) Ökonomie 274 (2)
Nanyang Ostasien (China) Weltreligionen 49 (3)
Nanyue Volk Ostasien Frühe Reiche 259 (5)
Nanzhao var. Nan-chao, mod. Yunnan Region/Staat Ostasien Die Welt 750 54–55 passim Erkundung 61 (3) Mittelalterliche Staaten 245 (5), 262–263 (1) Mongolen 68–69 (1) Völkerwanderung 261 (6) Weltreligionen 49 (3), (4) siehe auch Yunnan
Nanzheng var. Hanzhong, Han-Chung Ostasien (China) Frühe Reiche 259 (5) siehe auch Hanzhong
Naoned siehe Nantes
Napata var. Ġebel Barkal Ostafrika (Sudan) Altes Ägypten 159 (5) Die Welt 750 v.Chr. 30–31 Frühe Kulturen 160 (1)
Napier Neuseeland Kolonisation 283 (4), (5)
Napo Fluss Südamerika Frühe Kulturen 144 (1), 145 (4), Frühe Reiche 146 (1) Erkundung 142 (1) Inka 147 (3) Politik nach 1930 152 (1) Staatenbildung 150 (2)
Napoli siehe Neapel, Neapolis
Naqa Ostafrika (Sudan) Die Welt 500 v.Chr. 34–35
Naqada Ägypten Altes Ägypten 159 (2), (3) Die Welt 5000 v.Chr. 18–19 Erste Städte 24 (2)
Nara Japan Mittelalterliche Staaten 262–263 (1), 264 (2), 265 (3), (4), (5), 267 (4) Weltreligionen 49 (4) siehe auch Heijo-kyo
Nara Präfektur Japan Ökonomie 270 (1)
Naranjo Mittelamerika (Mexiko) Frühe Kulturen 122 (2)
Narasapur var. Madapallam Südasien (Indien) Ökonomie 247 (3)
Naravaranagara mod. Angkor Borei Kont. Südostasien Antikes Indien 241 (6)
Narbo mod. Narbonne Westeuropa (Frankr.) Antikes Rom 161 (2), 179 (3), (5), 180–181 (1), 181 (4) Handel d. Antike 181 (3) Völkerwanderung 52–53 (1) Weltreligionen 48 (1) siehe auch Narbonne
Narbonensis Provinz Westeuropa (Frankr.) Antikes Rom 180–181 (1)
Narbonne ant. Narbo Westeuropa (Frankr.) Franken 184 (2) Islam 56–57 (1), 184 (1) Mittelalterliche Staaten 182 (2), 187 (3), 192 (1) siehe auch Narbo
Narce Ital. Hbl. Bronzezeit 175 (3)
Narev Poln. Narew Fluss Mitteleuropa EWK 207 (4)
Narew siehe Narev
Nargund Schlacht Südasien Kolonialismus 249 (3)
Nariokotome arch. Stätte Ostafrika (Kenya) Frühmensch 13 (2)
Narmada arch. Stätte Südasien (Indien) Frühmensch 13 (2)
Narmada Fluss Südasien Dekolonisation 250 (1) Erste Städte 240 (2) Frühe Reiche 241 (4), (5) Frühe Religion 36 (2), 242 (2) Kolonialismus 247 (3) Marathen 246 (2) Ökonomie 249 (4) Weltreligionen 243 (4)
Narni siehe Narnia
Narnia mod. Narni Ital. Hbl. Antikes Rom 178 (1)
Narosura arch. Stätte Ostafrika (Kenya) Frühe Kulturen 160 (1) Früher Ackerbau 158 (1)
Narotsch-See Schlacht Osteuropa (Belorussland) EWK 207 (4)
Narraganset Volk Nordamerika Kolonialismus 126 (1)
Narva Osteuropa (Estland) Frühe Neuzeit 195 (3)
Narvik Skandinavien (Norwegen) ZWK 104 (2), 210 (1), 211 (4)
Narym Nordasien (Russ. Föderation) Erkundung 257 (2)
Nasarpur Südasien (Pakistan) Ökonomie 247 (3)
Nashikya Südasien (Indien) Frühe Religion 242 (2)
Nashville Nordamerika (USA) Aufstieg der USA 129 (2), 132 (1) US-Bürgerkrieg 131 (6), (7) US-Gesellschaft 137 (6)
Nasik Südasien (Indien) Dekolonisation 250 (1) Erkundung 256 (1)
Naskapi Volk Nordamerika Präkolumbische Kulturen 123 (3)
Nassau Westindien (Bahamas) Kalter Krieg 108 (2)
Natal Südamerika (Brasilien) Kolonialismus 149 (3), (4) Ökonomie 153 (3) Politik nach 1930 152 (1)
Natal Staat Südl. Afrika Die Welt 1850 90–91 Globale Migration 101 (3) Imperialismus 96 (2) Kolonialismus 166–167 (4)
Natchez Volk Mittelamerika Kolonialismus 125 (4)
Natrun, Wadi el- Fluss Ägypten Altes Ägypten 159 (2), (3)
Naucratis siehe Naukratis
Naujan Nordamerika (Kanada) Präkolumbische Kulturen 123 (3)
Naukratis Lat. Naucratis Ägypten Erste Hochkulturen 176–177 (1)
Naumburg Mitteleuropa (Deutschland) Mittelalterliche Staaten 189 (3)
Nauplia mod. Nafplio, ehem. Navplion Südosteuropa (Griech.) Mittelalterliche Staaten 189 (4)
Nauru Staat/Insel Pazifik Dekolonisation 285 (3) Erkundung 279 (3) Imperialismus 284–285 (1) Ökonomie 285 (2)
Nautaka Zentralasien (Usbekistan) Hellenist. Welt 40–41 (1)
Navadvipa Südasien (Bangladesh) Mittelalterliche Staaten 244 (2)
Navaho Volk Nordamerika Kolonialismus 125 (4), 126 (1)
Navarra Staat/Region Iberische Hbl. Die Welt 1000 74–75 passim Franken 184 (2) Frühe Neuzeit 194 (1), 197 (5) Kreuzzüge 64–65 (2) Mittelalterliche Staaten 185 (3), 192 (1), (2) Reconquista 192 (3) Reformation 194 (2) Wikinger 60–61 (1)
Navplion siehe Nauplia
Nawait, Lake See Australien Die Welt 10 000 v.Chr. 14–15
Nawamoyn Australien Frühe Kulturen 280 (1)
Naxos Sizilien (Italien) Erste Hochkulturen 176–177 (1)
Naxos Insel/Siedlung Mittelmeer (Griech.) Antike Griechen 177 (2) Erste Hochkulturen 175 (4) siehe auch Naxos, Herzogtum
Naxos, Herzogtum var. Archipelago Staat Mittelmeer (Griech.) Mittelalterliche Staaten 187 (5), 189 (4) Osmanen 230 (1)
Nayaka Dynastie Südasien Mogul-Reich 246 (1)
Nayarit Staat Mittelamerika Mexikan. Revolution 133 (3)
Nayin var. Na'in Südwestasien (Iran) Islam 56–57 (1)
Nazareth Südwestasien (Israel) Antikes Rom 225 (4) Arabien im 20. Jh. 234 (2)
Nazca Südamerika (Peru) Die Welt 250 46–47 Frühe Kulturen 145 (4) Inka 147 (3)
Nazca Region Südamerika Frühe Kulturen 145 (4)
Nazca Volk Südamerika Die Welt 250 v.Chr. 38–39 passim
Nazlet Khatir arch. Stätte Ostafrika (Sudan) Frühmensch 13 (2)
Ndebele var. Matabele Staat/Volk Südl. Afrika Die Welt 1850 90–91 Migrationen 166 (2)
N'Dhala Gorge arch. Stätte Australien Frühmensch 17 (5)
Ndjamena Zentralafrika (Tschad) Afrika nach 1960 169 (4)
Ndola Südl. Afrika (Zambia) Ökonomie 168 (2)
Ndongo Staat Zentralafrika Die Welt 1500 74–75 passim Islam 162 (1) Frühe Neuzeit 164 (2)
Ndulu Staat Südl. Afrika Die Welt 1800 86–87 Die Welt 1850 90–91
Neagră, Marea siehe Schwarzes Meer
Neandertal ehem. Neanderthal arch. Stätte Mitteleuropa (Deutschland) Frühmensch 13 (2)
Nea Nikomideia Südosteuropa (Griech.) Früher Ackerbau 174 (1)
Neapel ant. Neapolis, Ital. Napoli, Eng. Napels Südeuropa (Italien) Biol. Austausch 72–73 (1) Die Welt 1300 66–67 passim Drogenhandel 113 (4) Franken 184 (2) Frühe Neuzeit 194 (1) Globale Migration 100 (1) Handel im Mittelalter 190–191 (1) Kreuzzüge 186 (1) Mittelalterliche Staaten 182 (2), 183 (4), 185 (3), 187 (3), (5), 188 (1), 189 (4) Nachkriegszeit 212 (3) Napoleon 200–201 (1), 201 (2), (3) Ökonomie 198 (1), 205 (4) Reformation 194 (2) Reiche & Revolutionen 202 (1), 203 (3) siehe auch Neapolis
Neapel, Königreich Staat Südeuropa (Italien) Die Welt 1700 82–83 Frühe Neuzeit 193 (4), 194 (1) Mittelalterliche Staaten 189 (4) Napoleon 201 (2), (3) Osmanen 195 (4), 230 (1), 231 (3) Reformation 194 (2), 196 (1), (2)
Neapolis var. Neapel, mod. Napoli, Eng. Naples Ital. Hbl. Antikes Rom 178 (1), (2), 180–181 (1) Erste Hochkulturen 176–177 (1) Völkerwanderung 52–53 (1) siehe auch Neapel
Neapolis Südosteuropa (Griech.) Erste Hochkulturen 176–177 (1)
Nebas Mittelamerika (Mexiko) Frühe Kulturen 122 (2)
Nebraska Staat Nordamerika Aufstieg der USA 129 (1) Ökonomie 134 (2)
Nebraska Territory Region Nordamerika US-Bürgerkrieg 130 (3), (5)
Nechtansmere Schlacht Brit. Inseln (UK) Mittelalterliche Staaten 183 (3)
Nederland siehe Niederlande
Nedjd, Nedschd siehe Nejd
Neerwinden Schlacht Westeuropa (Belgien) Reiche & Revolutionen 199 (4)
Nefertare Südosteuropa (B.-H.) Weltreligionen 48 (1)
Negapatam mod. Nāgappattinam Südasien (Indien) Die Welt 1600 78–79 passim Ökonomie 247 (3) Weltwirtschaft 93 (5) siehe auch Nagappattinam
Negev Ivr. HaNegev Wüste Südwestasien Arabien im 20. Jh.234 (2) Kreuzzüge 65 (3)
Negombo Südasien (Sri Lanka) Ökonomie 247 (3)
Negoro Japan Mittelalterliche Staaten 265 (4)
Negotin Südosteuropa (Serbien) EWK 207 (6)
Negroponte Südosteuropa (Griech.) Handel im Mittelalter 190–191 (1)
Negroponte Region Südosteuropa (Griech.) Mittelalterliche Staaten 187 (5)
Negro, Rio Fluss Südamerika Erkundung 143 (2), (3) Frühe Kulturen 144 (1), 145 (2) Inka 148 (1) Kolonialismus 148 (2), 149 (3) Ökonomie 153 (3), (4) Staatenbildung 151 (3)
Nehavend var. Nihawand Südwestasien (Iran) Antikes Persien 225 (6) Islam 56 (1)
Neilos Dtsch. Nil, Arab. Nahr an Nīl, Lat. Nilus Fluss Afrika Erste Hochkulturen 176–177 (1) Hellenist. Welt 40–41 (1)
Nei Mongol siehe Innere Mongolei
Nejd var. Nedjd, Nedschd Region/Staat Südwestasien Arabien im 20. Jh. 233 (3), (4) Die Welt 1800 86–87 Erkundung 219 (4) EWK 233 (2) Imperialismus 97 (4) Islam 56–57 (1), 57 (2) Osmanen 232–233 (1)
Nekheb siehe El-Kab
Nelson Neuseeland Kolonisation 283 (4), (5)
Nelson Region Neuseeland Kolonisation 283 (5)
Nelson Fluss Nordamerika Kolonialismus 126 (1) Aufstieg der USA 129 (2)
Nelson Bay var. Nelson Bay Cave, arch. Stätte Südl. Afrika (Südafrika) Die Welt 5000 v.Chr. 18–19 Frühe Kulturen 160 (1)
Nemausus mod. Nîmes, Nismus Westeuropa (Frankr.) Antikes Rom 180–181 (1) siehe auch Nîmes
Nemetocenna siehe Arras
Nemorensis, Lacus See Ital. Hbl. Antikes Rom 178 (1)
Nemours Westeuropa (Frankr.) Reformation 194 (2)
Nemunas siehe Memel
Nen Jiang auch Nonni Fluss Ostasien Frühe Reiche 260 (1)
Nepal Region/Staat Südasien China nach 1949 275 (3) Die Welt 1800 86–87 passim Erkundung 257 (3) Handel 267 (3) Heutige Welt 113 (3) Islam 275 (5) Kolonialismus 248 (1), (2), 249 (3), 269 (4) Nachkriegszeit 252 (1), 253 (4), (5) Ökonomie 247 (3), 274 (2) Reiche & Revolutionen 88–89 (2) Qing-China 268 (1) ZWK 250–251 (3)
Nepala Region Südasien Mittelalterliche Staaten 244–245 (3)
Nepalesische Fürstentümer Staat Südasien Die Welt 1500 74–75 passim
Nepeña Fluss Südamerika Frühe Kulturen 145 (3)
Nerchinsk Sibirien (Russ. Föderation) Die Welt 1700 82–83 Erkundung 257 (2) Kolonialismus 269 (3)
Nerja, Cueva de Iberische Hbl. (Spanien) Früher Ackerbau 174 (1)
Nestepe arch. Stätte Mittelamerika (Mexiko) Frühe Kulturen 121 (3)
Netsilik Inuit Volk Nordamerika Präkolumbische Kulturen 123 (3)
Netzahualcoyotl Damm Mittelamerika Azteken 124 (2)
Netze-Distrikt Region Mitteleuropa Reiche & Revolutionen 199 (3)
Neu-Britannien siehe New Britain
Neuchâtel, Fürstentum var. Neuenburg Region/Staat Mitteleuropa Napoleon 200–201 (1) Reiche & Revolutionen 199 (3), (4), 202 (1) Schweiz bis 1815 193 (5)
Neue Hebriden mod. Vanuatu Frz. Nouvelles Hébrides Kolonie/Archipel Pazifik Erkundung 278 (1), 279 (3) Imperialismus 284–285 (1) ZWK 272 (1), 273 (2) siehe auch Vanuatu
Neuenburg mod. Neuchâtel Mitteleuropa (Schweiz) Schweiz bis 1815 193 (5)
Neuenburg, Fsm. siehe Neuchâtel, Fsm.
Neu-England siehe New England
Neu-England-Kolonien siehe Dreizehn Kolonien
Neuenheim Mitteleuropa (Deutschland) Weltreligionen 48 (1)
Neu-Frankreich siehe Nouvelle France
Neufundland siehe Newfoundland
Neu-Goa siehe Panaji
Neu-Granada siehe Nueva Granada
Neuguinea ehem. Neu Guinea, Eng. New Guinea Insel Pazifik Biol. Austausch 73 (3) Bronzezeit 240 (3) Dekolonisation 251 (4) Die Welt 10000 v.Chr. 14–15 passim Eiszeit 236–237 (1), 276–277 Erkundung 60 (2), 80–81 (1), 239 (1), (2) Frühe Kulturen 280 (2), 280–281 (3) Imperialismus 97 (3) Kalter Krieg 109 (1) Kolonialismus 247 (4) Nachkriegszeit 253 (4), (5) Sklavenhandel 84–85 (1) Weltreligionen 243 (5) ZWK 104 (1), 250–251 (3), 272 (1), 273 (2) Wissen & Technologie 76–77 (1)
Neu Holland später Australische Kolonien, Australischer Bund, mod. Australien Region Australasien Erkundung 278 (1) siehe auch Australien, Australische Kolonien
Neu-Irland siehe New Ireland
Neu-Kaledonien var. Kanaky, Frz. Nouvelle-Calédonie, Eng. New Caledonia Kolonie/Insel Pazifik Dekolonisation 285 (3) Erkundung 60 (2), 278 (1), 279 (3) Frühe Kulturen 280–281 (3) Imperialismus 284–285 (1) Kalter Krieg 109 (1) Ökonomie 285 (2) ZWK 272 (1), 273 (2)
Neukölln Mitteleuropa (Deutschland) Nachkriegszeit 212 (2)
Neumark Region Mitteleuropa Frühe Neuzeit 195 (3)
Neu-Ostpreußen Region Mitteleuropa Reiche & Revolutionen 198 (2)
Neuquén Südamerika (Argentinien) Staatenbildung 151 (3) Ökonomie 153 (3)
Neu-Sarai siehe Nevy Sarai
Neusatz siehe Novi Sad
Neu-Schlesien Region Mitteleuropa Reiche & Revolutionen 198 (2), 199 (3)
Neuseeland Eng. New Zealand Staat/Archipel Pazifik Dekolonisation 285 (3) Die Welt 10000 v.Chr. 14–15 passim Drogenhandel 113 (4) Eiszeit 276–277, 279 (3) Globale Migration 100 (1) Imperialismus 284–285 (1) Kalter Krieg 109 (1) Ökonomie 285 (2), 138 (2) Supermacht USA 138 (1) Weltwirtschaft 92 (1) Wissen & Technologie 76–77 (1) ZWK 104 (1), 105 (4)
Neusibirische Inseln Russ. Novosibirskiye Ostrova Archipel Polarmeer Erkundung 257 (2), 286–287 (2)
Neustria Region Westeuropa (Frankr.) Franken 183 (6), 184 (2)
Neustria Region Ital. Hbl. Mittelalterliche Staaten 183 (4)
Neuve-Chapelle Westeuropa (Frankr.) EWK 206 (2)
Neva Fluss Osteuropa (Russ. Föderation) Mittelalterliche Staaten 189 (3)
Nevada Staat Nordamerika Aufstieg der USA 129 (1) Ökonomie 134 (2)
Nevel' Osteuropa (Russ. Föderation) Frühe Neuzeit 195 (3)
Nevers ant. Noviodunum Westeuropa (Frankr.) Mittelalterliche Staaten 192 (2)
Neville's Cross Schlacht Brit. Inseln (UK) Mittelalterliche Staaten 188 (2)
Nevome Volk Mittelamerika Kolonialismus 126 (1)
Nevy Sarai var. Neu-Sarai Osteuropa (Russ. Föderation) Biol. Austausch

72–73 (1) Mongolen 68 (2) Timur 229 (4)
New Amsterdam *mod.* New York Nordamerika (USA) Kolonialismus 126 (1) *siehe auch* New York
Newark *Grabhügel* Nordamerika (USA) Frühe Kulturen 121 (4)
Newbattle Brit. Inseln (UK) Mittelalterliche Staaten 187 (3)
New Britain *Dtsch.* Neu-Britannien *Insel* Melanesien Erkundung 60 (2), 278 (1) Frühe Kulturen 280 (2), 280–281 (3) ZWK 250–251 (3)
New Brunswick *Provinz* Nordamerika Aufstieg der USA 129 (2) Die Welt 1800 86–87 *passim* Ökonomie 136 (2)
New Calabar Westafrika (Nigeria) Sklavenhandel 84–85 (1), 165 (4)
New Caledonia *siehe* Neu-Kaledonien
Newcastle Australien Kolonisation 282 (1) Ökonomie 282 (2), 285 (2) Staatenbildung 283 (3)
Newcastle-upon-Tyne *var.* Newcastle, *hist.* Monkchester, *Lat.* Pons Aelii Brit. Inseln (UK) Handel im Mittelalter 190–191 (1) Mittelalterliche Staaten 186 (2) Ökonomie 198 (1)
Newchwang *siehe* Niuzhuang, Yingkou
New Delhi Südasien (Indien) Nachkriegszeit 252 (1)
New England *Region* Nordamerika Kolonialismus 126 (1), 127 (2)
Newfoundland *var.* Neufundland, *Frz.* Terre-Neuve *Provinz* Nordamerika Aufstieg der USA 129 (2), 132 (1) Die Welt 1850 90–91 Erkundung 118 (1) Ökonomie 136 (2) Reiche & Revolutionen 88 (1)
Newfoundland *Insel* Nordamerika Aufstieg der USA 129 (2) Kolonialismus 126 (1) Präkolumbische Kulturen 123 (3)
Newgrange Britische Inseln (Irland) Kupferzeit 174 (2) Schrift & Zahl 33 (3)
New Guinea *siehe* Neuguinea
New Hampshire *Staat* Nordamerika Aufstieg der USA 129 (1) Kolonialismus 127 (2) Ökonomie 134 (2) Staatenbildung 127 (3) US-Bürgerkrieg 130 (1), (5)
New Haven Nordamerika (USA) Staatenbildung 127 (3)
Newhaven Brit. Inseln (UK) Ökonomie 204 (1)
New Ireland *Dtsch.* Neu-Irland, *ehem.* Neu Ireland *Insel* Melanesien Erkundung 60 (2), 278 (1) Frühe Kulturen 280 (2), 280–281 (3)
New Jersey *Staat* Nordamerika Aufstieg der USA 129 (1) Kolonialismus 127 (2) Ökonomie 134 (2) Staatenbildung 127 (3) US-Bürgerkrieg 130 (2), (5), 131 (6)
New London Nordamerika (USA) Staatenbildung 127 (3)
New Mexico *Region/Staat* Nordamerika Aufstieg der USA 129 (1) Mexikan. Revolution 133 (3) Ökonomie 134 (2)
New Mexico Territory *Region* Nordamerika US-Bürgerkrieg 130 (2), (5)
New Munster *mod.* South Island *Insel* Neuseeland Kolonisation 283 (4) *siehe auch* South Island
New Orleans Nordamerika (USA) Aufstieg der USA 129 (2), 132 (1), 133 (4) Erkundung 119 (2), (3) Globale Migration 100 (1) Kalter Krieg 108 (2) Kolonialismus 126 (1) Ökonomie 134 (1), 136 (2) Sklavenhandel 84–85 (1) US-Bürgerkrieg 130 (5), 131 (6), (7) US-Gesellschaft 137 (6) Weltwirtschaft 92 (1), 93 (5)
New Plymouth Neuseeland Kolonisation 283 (4), (5)
Newport Nordamerika (USA) Kolonialismus 126 (1) Staatenbildung 127 (3)
New Sarum *siehe* Salisbury
New Silesia *siehe* Neu-Schlesien
New South Wales *Staat* Australien Die Welt 1800 86–87 Kolonisation 282 (1) Ökonomie 282 (2) Staatenbildung 283 (3)
New Territories *Kolonie* Ostasien (Hong Kong) Kolonialismus 269 (4)
Newton Brit. Inseln (UK) Ökonomie 204 (2)
New Ulm Nordamerika (USA) Aufstieg der USA 129 (2)
New Ulster *mod.* North Island *Insel* Neuseeland Kolonisation 283 (4) *siehe auch* North Island
New York Nordamerika (USA) Aufstieg der USA 129 (2), 132 (1) Die Welt 1700 82–83 *passim* Drogenhandel 113 (4) Erkundung 119 (2), (3) Globale Migration 100 (1), 101 (2), (3) Kalter Krieg 108 (2) Kolonialismus 126 (1), 127 (2) Ökonomie 134 (1), (3), 136 (2) Sklavenhandel 84–85 (1) Staatenbildung 127 (3) US-Bürgerkrieg 130 (5) US-Gesellschaft 135 (6) Weltwirtschaft 92 (1)
New York *Region/Staat* Nordamerika Aufstieg der USA 129 (1), 132 (2) Frühe Kulturen 121 (4) Kolonialismus 127 (2) Ökonomie 134 (2) Staatenbildung 127 (3) US-Bürgerkrieg 130 (1), (5)
Nextitlan Mittelamerika (Mexiko) Azteken 124 (3)
Neyriz *siehe* Niriz
Neyshabur *siehe* Nishapur
Ngara Ostafrika (Tanzania) Afrika nach 1960 169 (5)
Ngatimo *Volk* Südamerika Frühe Kulturen 281 (4)
Ngaure *Volk* Südamerika Frühe Kulturen 281 (4)
Ngoni *Volk/Staat* Südl. Afrika Die Welt 1850 90–91 Die Welt 1850 90–91 Migrationen 166 (2)
Ngoyo *Staat* Zentralafrika Die Welt 1500 74–75 *passim* Frühe Neuzeit 164 (2)
Ngozi Ostafrika (Burundi) Afrika nach 1960 169 (5)
Nguigmi *var.* N'Guigmi Westafrika (Niger) Erkundung 157 (4)
Nguni *Volk* Südl. Afrika Frühe Neuzeit 164 (1)
Ngwane *Volk* Südl. Afrika Migrationen 166 (2)
Niagara Nordamerika (USA) Kolonialismus 126 (1)
Niah *var.* Niah Cave Südostasien (Malaysia) Die Welt 10 000 v.Chr. 14–15 Die Welt 5000 v.Chr. 18–19
Niamey Westafrika (Niger) Afrika nach 1960 169 (4)
Niani Westafrika (Guinea) Islam 162 (1) Mongolen 68 (2)
Niaux *arch. Stätte* Westeuropa (Frankr.) Frühmensch 17 (3)
Nicaea *var. Dtsch.* Nizäa, *Gr.* Nikaia, *mod.* İznik Südwestasien (Türkei) Weltreligionen 48 (1), 226 (1) *siehe auch* İznik, Nikaia
Nicaea *siehe* Nizza
Nicaragua *Staat* Mittelamerika Aufstieg der USA 129 (2), 133 (4) Die Welt 1850 90–91 *passim* Drogenhandel 113 (4) Heutige Welt 112 (1) Kalter Krieg 108 (2), 109 (1) Ökonomie 136 (2) Supermacht USA 139 (5) ZWK 104 (1)
Nicephorium *siehe* Nikephorion
Nicobaren *var.* Nikobaren, *Eng.* Nicobar Islands *Archipel* Indischer Ozean Biol. Austausch 72–73 (1) Dekolonisation 251 (4) Die Welt 1800 86–87 *passim* Erkundung 239 (1) Handel 230 (2) Handel d. Antike 44–45 (1) Imperialismus 97 (3) Kolonialismus 248 (1), (2), 269 (4) Nachkriegszeit 253 (4) Reiche & Revolutionen 88 (1), 88–89 (2) ZWK 250–251 (3), 272 (1), 273 (2)
Nicopolis Südosteuropa (Griechenland) Weltreligionen 48 (1)
Nicopolis Ägypten Antikes Rom 180–181 (1)
Nicopolis Südwestasien (Türkei) Antikes Rom 180–181 (1)
Nida Mitteleuropa (Deutschland) Weltreligionen 48 (1)
Nidaros *siehe* Drontheim; Trondheim
Nie Japan Mittelalterliche Staaten 265 (5)
Nieder-Bembe *Staat* Südl. Afrika Die Welt 1600 78–79 *passim* Frühe Neuzeit 164 (2)
Niederlande *d.i.* Gft. Flandern, Hzm. Brabant, Gft. Holland, Hzm. Luxemburg *Staat* Westeuropa Frühe Neuzeit 193 (4), 194 (1) Reformation 194 (2)
Niederlande, Königreich der *var.* Holland, *ehem.* Batavische Republik, Holländische Republik, Vereinigte Provinzen, *Ndl.* Nederland *Staat* Westeuropa Die Welt 1700 82–83 *passim* Erkundung 80–81 (1) Europapolitik 214 (1), (2) EWK 206 (1), (2), (3) Heutige Welt 112 (1), (2), 113 (3), (4) Imperialismus 97 (4) Kalter Krieg 108 (3), 109 (1) Nachkriegszeit 212 (1), (3) Ökonomie 205 (4) Reiche & Revolutionen 199 (3), 203 (2) Sklavenhandel 84–85 (1) Supermacht USA 138 (1) UdSSR 213 (4) Zwischenkriegszeit 208 (1), 209 (3), (5) ZWK 104 (1), 211 (2), (3), (4) *siehe auch* Batavische Republik, Vereinigte Niederlande, Vereinigte Provinzen
Niederländische Antillen *ehem.* Niederländisch-Westindien *Kolonie* Westindien Die Welt 1700 82–83 Kalter Krieg 108 (2)
Niederländisch-Guayana *var.* Holländisch-Guiana, *mod.* Surinam, Suriname *Kolonie/Staat* Südamerika Die Welt 1850 90–91 Kalter Krieg 109 (1) ZWK 104 (1) *siehe auch* Surinam, Suriname
Niederländisch-Neuguinea *var.* Irian Barat, West-Irian, West-Neuguinea, *mod.* Irian Jaya *Kolonie/Staat* Neuguinea Die Welt 1950 102–103 Imperialismus 97 (3) Kalter Krieg 109 (1) *siehe auch* Irian Jaya
Niederländisch-Ostindien *mod.* Indonesien *Kolonie* Mar. Südostasien Aufstieg der USA 133 (4) Globale Migration 100 (1) Imperialismus 97 (3), (4), 284–285 (1) Kolonialismus 269 (4) ZWK 104 (1), 250–251 (3), 272 (1), 273 (2) *siehe auch* Indonesien
Niederländischer Besitz u. abhängige Gebiete *Kolonie* Mar. Südostasien Reiche & Revolutionen 88–89 (2) *siehe auch* Niederländisch-Ostindien
Niederländisch-Südafrika *Kolonie* Südl. Afrika Frühe Neuzeit 164 (1) Sklavenhandel 165 (4)
Nieder-Lothringen *Region* Mitteleuropa Mittelalterliche Staaten 185 (3), 187 (4), 188 (1)
Niedrige Inseln *siehe* Line Islands
Niemen *siehe* Memel
Nieuw Amsterdam *ehem.* Fort St Andries Südamerika (Guayana) Kolonialismus 149 (4)
Nieuw Guinea *siehe* Neuguinea
Nieuwpoort *Schlacht* Westeuropa (Niederl.) Reformation 195 (5)
Nievería Südamerika (Peru) Frühe Kulturen 145 (4)
Niger *Staat* Westafrika Afrika nach 1960 169 (4) Dekolonisation 168 (1) Heutige Welt 112 (1), 113 (3), (4) Islam 235 (4) Ökonomie 168 (2), (3)
Niger *Fluss* Westafrika Erkundung 156 (1)–(3), 157 (4) Frühe Kulturen 160 (1) Frühe Neuzeit 164 (2) Früher Ackerbau 158 (1), 20–21 (2) Globale Migration 100 (1) Handel 166–167 (1) Handel d. Antike 44 (2), 44–45 (1) Islam 162 (1), 167 (3) Mittelalterliche Staaten 163 (4)–(7) Ökonomie 163 (2)
Nigeria *off.* Bundesrepublik Nigeria *Staat* Westafrika Afrika nach 1960 169 (4) Dekolonisation 168 (1) Heutige Welt 112 (1), 113 (3), (4) Imperialismus 96 (1) Islam 235 (4) Ökonomie 168 (2), (3)
Niger-Kongo-Stämme *Volk* Westafrika Die Welt 750 v.Chr. 30–31
Nihawand *siehe* Nehavend
Nihon-kai *siehe* Japanisches Meer
Nihon-koku *siehe* Japan
Niigata Japan Ökonomie 270 (1)
Niigata *Präfektur* Japan Ökonomie 270 (1)
Nijmegen *siehe* Nimwegen
Nikaia *Lat.* Nicaea, *var. Dtsch.* Nizäa, *mod.* İznik Südwestasien (Türkei) Kreuzzüge 64–65 (2) Hellenist. Welt 41 (2) Mittelalterliche Staaten 187 (5) Seldschuken 228 (1) *siehe auch* İznik, Nicaea
Nikaia, Reich von *Staat* Südosteuropa /Südwestasien (Griech.) Mittelalterliche Staaten 187 (5) Mongolen 68–69 (1)
Nikephorion *Lat.* Nicephorium Südwestasien (Syrien) Hellenist. Welt 40–41 (1)
Nikki Westafrika (Benin) Kolonialismus 166–167 (4)
Nikobaren *siehe* Nicobaren
Nikolajew *siehe* Nikolayev
Nikolayev *var.* Nikolajew Osteuropa (Ukraine) EWK 207 (4) UdSSR 208 (2)
Nikomedia *Lat.* Nicomedia, *mod.* İzmit, *off.* Kocaeli Südwestasien (Türkei) Antike Griechen 179 (4) Antikes Rom 180–181 (1), 181 (4) Hellenist. Welt 40–41 (1), 41 (2) Kreuzzüge 64–65 (2) Mittelalterliche Staaten 187 (5) Weltreligionen 48 (1) *siehe auch* Izmit
Nikopol *siehe* Nicopolis
Nikopolis *var.* Nicopolis, *mod.* Nikopol Südosteuropa (Bulgarien) Antikes Rom 180–181 (1) Mittelalterliche Staaten 189 (4) Osmanen 230 (1)
Nikopolis *siehe* Nicopolis
Nikosia *Gr.* Lefkosía, *Türk.* Lefkoşa Südwestasien (Zypern) Kreuzzüge 64–65 (2), 65 (3)
Nil *Arab.* Nahr an Nīl, *Lat.* Nilus, *Gr.* Neilos *Fluss* Afrika Altes Ägypten 159 (2), (3), (4), (5) Antikes Persien 223 (4) Antikes Rom 180–181 (1), 224 (2), 225 (5) Arabien im 20. Jh. 233 (4) Biol. Austausch 72–73 (1), 73 (3) Erkundung 156 (3), 157 (4), (5), 172 (1), (2), 219 (3), (4) Erste Städte 220 (2) EWK 233 (2) Früher Ackerbau 158 (1), 20–21 (2), 220 (1) Frühe Kulturen 160 (1) Frühe Reiche 222 (2) Handel 166–167 (1), 230 (2) Handel d. Antike 44–45 (1), 225 (3) Hellenist. Welt 224 (1), 41 (2) Islam 56–57 (1), 162 (1), 226 (1), 227 (4) Kreuzzüge 65 (3), 228 (2) Mongolen 229 (3) Napoleon 200–201 (1) Ökonomie 163 (2) Osmanen 231 (3), 232–233 (1) Reiche & Revolutionen 88 (1), 88–89 (2) Seldschuken 228 (1) Sklavenhandel 84–85 (1), 165 (4) Spätantike 161 (3), (4), (5) Timur 229 (4) Urbane Zivilisationen 28–29 (1) Weltreligionen 49 (4) ZWK 210 (1), 211 (4) *siehe auch* Nilus
Nil-Delta Ägypten Altes Ägypten 159 (3)–(5) Bronzezeit 175 (3)
Nil der Schwarzen *Fluss* Westafrika Erkundung 156 (1)
Nil-Katarakte Ägypten Altes Ägypten 159 (2)–(5)
Nil-Tal Ägypten Früher Ackerbau 20 (1)
Nilo-saharische Völker Afrika Die Welt 750 v.Chr. 30–31 *passim*
Niloten *Volk* Zentralafrika/Ostafrika Die Welt 500 v.Chr. 34–35 *passim* Frühe Kulturen 160 (1)
Nil, Shatt al *Fluss* Südwestasien (Irak) Erste Städte 28 (2)
Nilus *Arab.* Nahr an Nīl, *Dtsch.* Nil *Fluss* Afrika Handel d. Antike 44 (2) *siehe auch* Nil
Nîmes *ant.* Nemausus, Nismes Westeuropa (Frankr.) Franken 184 (2) Frühe Neuzeit 197 (5) Reiche & Revolutionen 199 (4) *siehe auch* Nemausus
Nimrud *var.* Nimrod Südwestasien (Irak) Die Welt 750 v.Chr. 30–31 Frühe Reiche 222 (2) Schrift & Zahl 33 (2)
Nimule *siehe* Afuddo
Nimwegen *ant.* Noviomagus, *Ndl.* Nijmegen Westeuropa (Niederl.) Franken 184 (2) Reformation 195 (5)
Ninetyeast Ridge *siehe* Bengalischer Rücken
Nineveh *siehe* Ninive
Ningbo *var.* Ning-po, Ningpu, Ninghsien, *ehem.* Jingyuan Ostasien (China) Handel 267 (3) Handel d. Antike 44–45 (1) Kolonialismus 269 (4) Mongolen 68–69 (1) Ökonomie 274 (2)
Ning-hsia *siehe* Ningxia
Ninghsien *siehe* Ningbo
Ningi *Staat* Westafrika Die Welt 1600 78–79 Frühe Neuzeit 164 (2)
Ning-po *siehe* Ningbo
Ningpu *siehe* Ningbo
Ningsia *siehe* Ningxia
Ningxia *var.* Ning-hsia, Ningsia Ostasien (China) Biol. Austausch 72–73 (1) Frühe Neuzeit 266 (1) Mittelalterliche Staaten 263 (7) Mongolen 68–69 (1)
Ningxia *var.* Ning-hsia, Ningsia, *Provinz/Staat* Ostasien China nach 1949 275 (3) Mittelalterliche Staaten 262–263 (1) Ökonomie 274 (2)
Ninive *var.* Nineveh, Südwestasien (Irak) Antikes Persien 223 (4) Die Welt 5000 v.Chr. 18–19 Die Welt 1250 v.Chr. 26–27 Die Welt 750 v.Chr. 30–31 Erste Städte 220 (2) Frühe Kulturen 221 (4) Frühe Reiche 221 (5), 222 (2) Hellenist. Welt 40–41 (1) Islam 56–57 (1)
Ninnis Glacier *Gletscher* Antarktis Erkundung 287 (3)
Nioro *var.* Nioro du Sahel Westafrika (Mali) Islam 167 (3) Kolonialismus 166–167 (4)
Nioro du Sahel *siehe* Nioro
Nipissing *Volk* Nordamerika Kolonialismus 126 (1)
Nipissing, Lake *See* Nordamerika Erkundung 119 (2)
Nippon *siehe* Japan
Nippur Südwestasien (Irak) Antikes Persien 223 (4) Die Welt 5000 v.Chr. 18–19 Erste Städte 24 (2), 25 (3), 220 (2) Früher Ackerbau 220 (1) Frühe Reiche 221 (4) Stadtplan 28 (2) Urbane Zivilisationen 28–29 (1)
Niriz *var.* Neyriz Südwestasien (Iran) Islam 56–57 (1)
Niš Südosteuropa (Jugoslawien) Europapolitik 215 (3) *siehe auch* Nisch
Nisa Südwestasien (Iran) Antikes Rom 224 (2)
Nisch *mod.* Niš, *ant.* Naissus Südosteuropa (Jugoslawien) EWK 207 (6) Frühe Neuzeit 193 (4) Kreuzzüge 64–65 (2) Mittelalterliche Staaten 189 (4) Osmanen 197 (4) *siehe auch* Niš
Nischnij Nowgorod *siehe* Nizhniy Novgorod
Nishada *Reich* Südasien Frühe Reiche 241 (5)
Nishadha *Reich* Südasien Frühe Reiche 241 (5)
Nishapur *Per.* Neyshabur Südwestasien (Iran) Antikes Persien 225 (6) Islam 56–57 (1), 57 (2), 226 (3), 227 (4), (5) Mongolen 68–69 (1) Safawiden 231 (4) Timur 229 (4)
Nisibis Südwestasien (Türkei) Antikes Rom 224 (2) Hellenist. Welt 40–41 (1), 41 (2) Weltreligionen 48 (1)
Nismes *siehe* Nemausus, Nîmes
Nissan Islands *siehe* Green Islands
Nistru *siehe* Dnjestr
Nisyros *Insel/Siedlung* Mittelmeer Antike Griechen 177 (2)
Nitaro *var.* Nitaro Cave Japan Die Welt 5000 v.Chr. 18–19
Niuatobutabu *siehe* Niuatoputapu
Niuatoputapu *var.* Niuatobutabu, *ehem.* Keppel Island *Insel* Pazifik Erkundung 60 (2) Frühe Kulturen 280–281 (3)
Niuchwang *siehe* Niuzhuang, Yingkou
Niue *Kolonie/Insel* Pazifik Dekolonisation 285 (3) Erkundung 278 (1), 279 (3) Imperialismus 284–285 (1) Ökonomie 285 (2)
Niuzhuang *var.* Newchwang, Ying-k'ou, Yingkow Ostasien (China) Kolonialismus 269 (4) *siehe auch* Yinkou
Niya Südwestasien (Syrien) Altes Ägypten 159 (5)
Niya Zentralasien (China) Weltreligionen 49 (3)
Nizäa *siehe* Nicaea, Nikaia
Nizampatam *var.* Petapoli Südasien (Indien) Ökonomie 247 (3) Kolonialismus 248 (1)
Nizam-Territorium *var.* Hyderabad *Staat* Südasien Kolonialismus 248 (1) *siehe auch* Hyderabad
Nizhne-Kamchatsk Sibirien (Russ. Föderation) Erkundung 257 (2)
Nizhne-Kolymsk Sibirien (Russ. Föderation) Erkundung 257 (2)
Nizhniy Novgorod *var.* Nischnij Nowgorod, *ehem.* Gorki Osteuropa (Russ. Föderation) Biol. Austausch 72–73 (1) UdSSR 208 (2), 215 (4)
Nizhnyaya Tunguska *siehe* Untere Tunguska
Nizza *Fr.* Nice, *Ital.* Nizza, *ant.* Nicaea Westeuropa (Frankr.) Frühe Neuzeit 193 (4), 197 (5) Mittelalterliche Staaten 188 (1) Napoleon 200–201 (1) Reiche & Revolutionen 199 (4)
Nizza *Region/Staat* Westeuropa (Frankr.) Reiche & Revolutionen 199 (4), 203 (3)
Njassa-See *siehe* Nyasa-See
Njimbo a Kalunga *Staat* Südl. Afrika Sklavenhandel 165 (4)
Njoro River Cave *arch. Stätte* Ostafrika (Kenya) Frühe Kulturen 160 (1)
Nkope *arch. Stätte* Südl. Afrika (Malawi) Frühe Kulturen 160 (1)
Nkore *Staat* Ostafrika Handel 166–167 (1)
No *siehe* Theben
Noakhali *Region* Südasien Dekolonisation 250 (1)
Nobi *Staat* Japan Frühe Reiche 264 (1)
Nocera Inferiore *siehe* Nuceria
Nogales Mittelamerika (Mexiko) Mexikan. Revolution 133 (3)
Noin Ula Ostasien (Mongolia) Die Welt 250 v.Chr. 38–39
Noirmoutier Westeuropa (Frankr.) Wikinger 60–61 (1)
Nok Westafrika (Nigeria) Frühe Kulturen 160 (1) Handel d. Antike 44–45 (1)
Nok *Volk* Westafrika Die Welt 500 v.Chr. 34–35 Die Welt 250 v.Chr. 38–39
Nola Ital. Hbl. Antikes Rom 178 (1)
Nomadische Plains-Kulturen *Region* Nordamerika Die Welt 1600 78–79 Die Welt 1700 82–83
Nombe Neuguinea (PNG) Die Welt 10 000 v.Chr. 14–15
Nombre de Dios Mittelamerika (Panama) Sklavenhandel 85 (2)
Nome Nordamerika (USA) Erkundung 287 (2) Weltwirtschaft 93 (3)
Nomentana, Via *Straße* Ital. Hbl. Antikes Rom 178 (1) Stadtplan des antiken Rom 181 (2)
Nomentum Ital. Hbl. Antikes Rom 178 (1)
Nong Chae Sao *arch. Stätte* Südostasien (Thailand) Bronzezeit 240 (3)
Nonni *siehe* Nen Jiang
Non Nok Tha Südostasien (Thailand) Bronzezeit 240 (3)
Nonoalco Mittelamerika (Mexiko) Azteken 124 (3)
Noordzee *siehe* Nordsee
Nora Sardinien (Mittelmeer) Erste Hochkulturen 176 (1)
Nord, Mer du *siehe* Nordsee
Nordamerika *Kontinent* 116-139 Arabien im 20. Jh. 134 (3) Biol. Austausch 73 (2), 81 (2) Frühmensch 16 (1) Wissen & Technologie 76 (10), 76–77 (1)
Nordchinesische Ebene *Region* Ostasien Urbane Zivilisationen 28–29 (1)
Nordirland *Eng.* Northern Ireland *var.* The Six Counties *Region* Britische Inseln Zwischenkriegszeit 208 (1)
Nord-Jemen *siehe* Yemen
Nordkap Skandinavien Erkundung 257 (2)
Nord-Korea *Staat* Ostasien China nach 1949 275 (3) Ökonomie 274 (2) Tigerstaaten 275 (4) UdSSR 213 (4) *siehe auch* Korea
Nord-Kyushu *Staat* Japan Frühe Reiche 264 (1)
Nördliche Bukowina *Staat* Osteuropa/ Südosteuropa ZWK 210 (1), 211 (2)
Nördliche Dvina *siehe* Severnaya Dvina
Nördliche Liang *Staat* Ostasien Frühe Reiche 261 (3)
Nördliche Marianen *Eng.* Northern Mariana Islands *Kolonie/Archipel* Pazifik Dekolonisation 285 (3) Supermacht USA 138 (1) ZWK 250–251 (3)
Nördliche Qi *Staat* Ostasien Mittelalterliche Staaten 261 (5)
Nördliche Wei *siehe* Toba
Nördliche Woodland-Kulturen *Volk* Nordamerika Die Welt 1600 78–79
Nördliche Xiongnu *Volk* Ostasien Die Welt 1 n.Chr. 42–43 Frühe Reiche 260 (1) *siehe auch* Xiongnu
Nördliche Yan *Staat* Ostasien Frühe Reiche 261 (3)
Nördliche Zhou *Staat* Ostasien Mittelalterliche Staaten 261 (5)
Nördlingen Mitteleuropa (Deutschland) Handel im Mittelalter 190–191 (1) Reformation 196 (1)
Nordossetien *siehe* Severnaja Osetija
Nordosteuropäische Ebene *siehe* Osteuropäische Ebene
Nordost-Fidschi *Insel* Pazifik (Fidschi) Ökonomie 285 (2)
Nordost-Rhodesien *Kolonie* Südl. Afrika Die Welt 1900 94–95
Nord-Ouest, Territoires du *siehe* Northwest Territories
Nord-Rhodesien *mod.* Zambia, *ehem.* Nordwest-Rhodesien und Nordost-Rhodesien *Staat* Südl. Afrika Imperialismus 96 (1), 97 (4) ZWK 104 (1) *siehe auch* Nordost-Rhodesien, Zambia
Nord-Sarkar *var.* Northern Circars *Staat* Südasien Die Welt 1800 86–87 *siehe auch* Northern Circars
Nordsee *Lat.* Mare Germanicum, *Dän.* Nordsøen, *Ndl.* Noordzee, *Frz.* Mer du Nord, *Norw.* Nordsjøen *Eng.* North Sea *Meer* Nordwesteuropa Antikes Rom 180–181 (1), 181 (4) Bronzezeit 175 (3) Erkundung 172 (1), (2) Handel d. Antike 181 (3) Handel im Mittelalter 190–191 (1) Mittelalterliche Staaten 182 (2), 186 (2) Nachkriegszeit 213 (5) Ökonomie 198 (1) Reformation 195 (5), 196 (2) Völkerwanderung 52–53 (1), 53 (2) Wikinger 60–61 (1) ZWK 210 (1), 211 (4) *siehe auch* Germanicum, Mare
Nord-Shaka *Volk* Südasien Frühe Reiche 241 (4)
Nordsjøen *siehe* Nordsee
Nordsøen *siehe* Nordsee
Nordwest-Rhodesien *siehe* Nord-Rhodesien
Nordwestküsten-Kulturen *Region* Nordamerika Die Welt 1300 66–77 *passim*
Nord-Vietnam *Staat* Kont. Südostasien Kalter Krieg 109 (1) Vietnam-Krieg 251 (5)
Norfolk Nordamerika (USA) Kolonialismus 127 (2) Staatenbildung 127 (3) US-Bürgerkrieg 131 (6), (7)
Norfolk Island *Kolonie/Insel* Pazifik Dekolonisation 285 (3) Erkundung 278 (1), 279 (3) Imperialismus 284–285 (1)
Norge *siehe* Norwegen
Noricum *Provinz* Mitteleuropa Antikes Rom 180–181 (1) Weltreligionen 48 (1)
Normanby Island *Insel* Pazifik Erkundung 60 (2) Frühe Kulturen 280–281 (3)
Normandes, Îles *siehe* Channel Islands
Normandie *Region* Westeuropa (Frankr.) Kreuzzüge 64–65 (2) Mittelalterliche Staaten 185 (3), 186 (2), 187 (4), 192 (1), (2) Wikinger 60–61 (1) ZWK 105 (3), 211 (4)
Normanton Australien Kolonisation 282 (1) Staatenbildung 283 (3)
Norsen *Volk* Skandinavien Die Welt 750 54–55 Völkerwanderung 53 (2)
Norske Havet *siehe* Norwegische See
North Alaskan Inuit *Volk* Nordamerika Präkolumbische Kulturen 123 (3)
Northampton Brit. Inseln (UK) Mittelalterliche Staaten 188 (2) Ökonomie 204 (1)
North Bay Nordamerika (Kanada) Aufstieg der USA 132 (1)
North Cape *Kap* Neuseeland Kolonisation 283 (4)
North Carolina *Staat* Nordamerika Aufstieg der USA 129 (1) Ökonomie 134 (2), 139 (3) Staatenbildung 127 (3) US-Bürgerkrieg 130 (1), (5), 131 (6) US-Gesellschaft 137 (6)
North Dakota *Staat* Nordamerika Aufstieg der USA 129 (1) Ökonomie 134 (2)
North East Frontier Agency *siehe* Arunachal Pradesh
Northern Areas *Region* Südasien Nachkriegszeit 252 (1), (2)
Northern Circars *Staat* Südasien Kolonialismus 248 (1) *siehe auch* Nord-Sarkar
Northern Ireland *siehe* Nordirland
Northern Mariana Islands *siehe* Nördliche Marianen
Northern Pacific Railroad *Eisenbahn* Nordamerika Aufstieg der USA 129 (2) Globale Migration 100 (1)
Northern Shoshoni *Volk* Nordamerika Kolonialismus 126 (1)
North Horr Ostafrika (Kenya) Früher Ackerbau 158 (1)
North Island *Insel* Neuseeland Kolonisation 283 (5)
North Sea *siehe* Nordsee
Northumbria *Staat* Britische Inseln Die Welt 750 54–55 Mittelalterliche Staaten 183 (3)
Northwest Frontier Province *Region* Südasien Kolonialismus 248 (2) Nachkriegszeit 252 (1), 253 (4)
Northwest Provinces *Staat* Südasien Kolonialismus 249 (3)
Northwest Territories *Frz.* Territoires du Nord-Ouest *Provinz* Nordamerika Aufstieg der USA 129 (2), 132 (1) Ökonomie 136 (2)
Norton *Grabhügel* Nordamerika (USA) Frühe Kulturen 121 (4)
Norwegen, Königreich *Norw.* Norge *Staat* Skandinavien Die Welt 1400 70–71 *passim* Erkundung 172 (2) Europapolitik 214 (1) EWK 206 (1), 207 (4) Frühe Neuzeit 197 (3) Handel im Mittelalter 190–191 (1) Heutige Welt 112 (2) Kalter Krieg 108 (3), 109 (1) Kolonialismus 269 (3) Kreuzzüge 64–65 (2), 186 (1) Mittelalterliche Staaten 185 (3) Nachkriegszeit 212 (3), 213 (5) Napoleon 200–201 (1), 201 (2) Ökonomie 205 (4) Reiche & Revolutionen 88–89 (2), 202 (1) Supermacht USA 138 (1) UdSSR 208 (2), 213 (4) Wikinger 60–61 (1) Zwischenkriegszeit 208 (1), 209 (3) ZWK 104 (1), 211 (2), (4)
Norweger *Volk* Skandinavien Mittelalterliche Staaten 185 (3)
Norwegische See *Norw.* Norske Havet *Meer* Atlantik Eiszeit 116 Erkundung 172 (2), 286 (1), 287 (2)
Norwegische Siedler Grönland Die Welt 1200 62–63
Norwich Brit. Inseln (UK) Handel im Mittelalter 190–191 (1) Mittelalterliche Staaten 186 (2)
Noryllag *Region* Sibirien UdSSR 213 (4)
Nösen *siehe* Bistritz
Nossa Senhora de Belém do Grão Pará *siehe* Belém do Pará
Nossi-Bé *var.* Nosy Be *Insel* Indischer Ozean Die Welt 1850 90–91
Nosy Be *siehe* Nossi-Bé
Nóties Sporádes *siehe* Dodecanese
Notion *Schlacht* Südwestasien (Türkei) Antike Griechen 177 (3)
Noto Japan Mittelalterliche Staaten 264 (2)
Nottingham Brit. Inseln (UK) Mittelalterliche Staaten 183 (3) Ökonomie 204 (1)
Nouakchott Westafrika (Mauretanien) Afrika nach 1960 169 (4)
Nouméa Neu-Kaledonien Ökonomie 285 (2)
Nouveau-Brunswick *siehe* New Brunswick
Nouvelle-Calédonie *siehe* Neu-Kaledonien
Nouvelle Écosse *siehe* Nova Scotia
Nouvelle France *Kolonie* Nordamerika Die Welt 1700 82–83 Kolonialismus 126 (1), 127 (2) Reiche & Revolutionen 88 (1)
Nouvelles Hébrides *siehe* Neue Hebriden, Vanuatu
Novae Südosteuropa (Bulgarien) Antikes Rom 180–181 (1) Weltreligionen 48 (1)
Nova Lisboa *siehe* Huambo
Novara *ant.* Novaria Ital. Hbl. Franken 184 (2) Frühe Neuzeit 194 (1) Mittelalterliche Staaten 188 (1)
Novaria *siehe* Novara
Nova Scala *mod.* Kuşadası Südwestasien (Türkei) Handel im Mittelalter 190–191 (1)
Nova Scotia *var.* Nouvelle Écosse, *ehem.* Acadia *Provinz/Staat* Nordamerika Aufstieg der USA 129 (2) Die Welt 1800 86-87 *passim* Kolonialismus 126 (1) Ökonomie 136 (2) *siehe auch* Acadia
Novaya Zemlya *Archipel* Polarmeer Eiszeit 217 Erkundung 80–81 (1), 257 (2), 286 (1), 287 (2)
Novgorod *var.* Nowgorod *ma. Norw.* Holmgard Osteuropa (Russ. Föderation) Biol. Austausch 72–73 (1) Frühe Neuzeit 195 (3) Handel im Mittelalter 190–191 (1) Mittelalterliche Staaten 185 (3) Mongolen 68–69 (1) UdSSR 208 (2) Wikinger 60–61 (1)
Novgorod *Staat* Osteuropa Die Welt 1400 70–71 Mittelalterliche Staaten 189 (3)
Noviodunum *siehe* Nevers, Soissons
Noviomagus Brit. Inseln (UK) Antikes Rom 180–181 (1)
Noviomagus *siehe* Lisieux, Nijmegen
Novi Pazar *var.* Nowipasar Südosteuropa (Jugoslawien) Osmanen 203 (4)
Novi Sad *ehem. Dtsch.* Neusatz, *Ungar.* Újvidék Südosteuropa (Jugoslawien) Europapolitik 215 (3)
Novocherkassk *var.* Nowotscherkassk Osteuropa (Russ. Föderation) UdSSR 208 (2)
Novomarinsk *siehe* Anadyrsk
Novorossiysk *var.* Noworossisk Osteuropa (Russ. Föderation) UdSSR 208 (2)
Novosibirsk Osteuropa (Russ. Föderation) Globale Migration 100 (1) UdSSR 213 (4)
Novosibirskiye Ostrova *siehe* Neusibirische Inseln
Novo-Urgench *siehe* Urgench
Nowgorod *siehe* Novgorod
Nowipasar *siehe* Novi Pazar
Noworossisk *siehe* Novorossysk
Nowotscherkassk *siehe* Novocherkassk
Noyon Westeuropa (Frankr.) EWK 206 (2), (3)
Nsundi *Staat* Zentralafrika Ökonomie 163 (2)
Ntereso Westafrika (Ghana) Früher Ackerbau 158 (1)
Nubien *var.* Nubia *Region/Staat* Ägypten Altes Ägypten 159 (5) Arabien im 20. Jh. 233 (4) Die Welt 500 50–51 Frühe Kulturen 160 (1), 161 (5) Früher Ackerbau 158 (1)
Nubische Wüste *Wüste* Ägypten Altes Ägypten 159 (3) (4) (5)
Nuceria *var.* Nuceria Alfaterna, *mod.* Nocera Inferiore Ital. Hbl. Antikes Rom 178 (1)
Nuceria Alfaterna *siehe* Nuceria
Nu Chiang *siehe* Salween
Nueva España, Vizekönigreich *Kolonie* Mittelamerika/Westindien Die Welt 750 54–55 *passim* Kolonialismus 81 (3), 85 (2), 126 (1) Reiche & Revolutionen 88 (1) Sklavenhandel 84–85 (1)
Nueva Granada, Vizekönigreich *später* Gran Colombia, *mod.* Kolumbien *Kolonie* Südamerika Die Welt 1800 86–87 *passim* Kolonialismus 148 (2) Reiche & Revolutionen 88 (1) Sklavenhandel 84–85 (1) Staatenbildung 150 (1), (2) *siehe auch* Gran Colombia, Kolumbien
Nuevo León *Staat* Mittelamerika Aufstieg der USA 129 (2) Mexikan. Revolution 133 (3)
Nu Jiang *siehe* Salween
Nulato Nordamerika (USA) Weltwirtschaft 93 (3)
Nullarbor Plain *Hochland* Australien Erkundung 279 (2) Frühmensch 17 (5) Staatenbildung 283 (3)
Numantia Iberische Hbl. (Spanien) Antikes Rom 179 (3), (5)
Numazu Japan Mittelalterliche Staaten 265 (5)
Numidien *var.* Numidia *Region/Staat* Nordafrika Antikes Rom 161 (2), 179 (5), 180–181 (1), 225 (5) Die Welt 250 46–47 Erste Hochkulturen 176–177 (1) Völkerwanderung 52–53 (1)
Nunguvik Nordamerika (Kanada) Präkolumbische Kulturen 123 (3)
Nunivak Island Nordamerika (USA) Präkolumbische Kulturen 123 (3)
Nupe *Staat* Westafrika Die Welt 1400 70–71 *passim* Frühe Neuzeit 164 (2) Islam 162 (1)
Nu-Pieds *Revolte* Westeuropa (Frankr.) Reformation 196 (2)
Nuquí Südamerika (Kolumbien) Drogenhandel 153 (5)
Nur Zentralasien (Usbekistan) Mongolen 68–69 (1)
Nuremberg *siehe* Nürnberg
Nuri Ostafrika (Sudan) Frühe Kulturen 160 (1)
Nürnberg Mitteleuropa (Deutschland) Frühe Neuzeit 193 (4) Handel im Mittelalter 190–191 (1) Mittelalterliche Staaten 188 (1), 189 (3) Nachkriegszeit 212 (1), (3) Reformation 194 (2), 196 (1) Reiche & Revolutionen 203 (2) ZWK 211 (2)
Nursia Ital. Hbl. Antikes Rom 178 (1)
Nusaybin *siehe* Nisibis
Nuuk *mod.* Godthåb Nordamerika (Grönland) Wikinger 60–61 (1) *siehe auch* Nuuk
Nuzi Südwestasien (Irak) Erste Städte 24 (2), 220 (2)
Nyamwezi *Volk* Ostafrika Handel 166–167 (1)
Nyangwe Zentralafrika (Kongo) Erkundung 157 (4)
Nyasa-See *var.* Njassa-See, Malawi-See, *Port.* Lago Nyassa Ostafrika Erkundung 156 (3), 157 (4) Frühe Neuzeit 164 (1) Früher Ackerbau 158 (1) Imperialismus 96 (1) Islam 162 (1) Ökonomie 163 (2) Sklavenhandel 165 (4)
Nyasaland *mod.* Malawi *Staat* Ostafrika Imperialismus 96 (1) ZWK 104 (1) *siehe auch* Malawi
Nyassa, Lago *siehe* Nyasa-See
Nylstroom Südl. Afrika (Südafrika) Migrationen 166 (2)
Nyoman *siehe* Memel
Nysa Südwestasien (Türkei) Hellenist. Welt 41 (2)
Nzabi *arch. Stätte* Zentralafrika (Kongo) Frühe Kulturen 160 (1)
Nziko *Staat* Zentralafrika Die Welt 1600 78–79 Frühe Neuzeit 164 (2)

O

Oahu *Insel* Pazifik ZWK 272 (1), 273 (2)
Oakfield Nordamerika (USA) Präkolumbische Kulturen 123 (5)
Oak Hill Nordamerika (USA) Präkolumbische Kulturen 123 (5)
Oamaru Neuseeland Kolonisation 283 (5)
Oaxaca *var.* Oaxaca de Juárez, *ehem.* Antequera Mittelamerika (Mexiko) Frühe Religion 36 (1) Mexikan. Revolution 133 (3) *siehe auch* Antequera
Oaxaca *Staat* Mittelamerika Aufstieg der USA 129 (2) Mexikan. Revolution 133 (3)
Oaxaca de Juárez *siehe* Oaxaca
Ob' *Fluss* Sibirien Eiszeit 217 Erkundung 257 (2) Frühe Reiche 260 (1) Globale Migration 100 (1) Handel 267 (3) Kolonialismus 269 (3) Mongolen 68–69 (1) Qing-China 268 (1) UdSSR 208 (2)
Obb Ostafrika (Sudan) Erkundung 157 (4)
Obdorsk *mod.* Salekhard Sibirien (Russ. Föderation) Erkundung 257 (2)
Oberägypten *Staat* Ägypten Altes Ägypten 159 (3), (4), (5)
Ober-Bembe *Staat* Südl. Afrika Handel 164 (2)
Oberburma *Staat* Kont. Südostasien Imperialismus 97 (3)
Oberer See *siehe* Lake Superior
Ober-Gelderland *Provinz/Region* Mitteleuropa Reformation 195 (5) Reiche & Revolutionen 199 (3) *siehe auch* Gelderland
Ober-Lothringen *Region* Mitteleuropa Mittelalterliche Staaten 185 (3), 188 (1)
Obero Mittelamerika (Mexiko) Frühe Kulturen 122 (2)
Oberschlesien *Region* Mitteleuropa Zwischenkriegszeit 208 (1)
Obervolta *mod.* Burkina Faso *Staat* Westafrika Die Welt 1975 106-107
Obi *Insel* Mar. Südostasien Kolonialismus 247 (4)
Occidentalis, Oceanus *mod.* Atlantischer Ozean *Ozean* Handel d. Antike 44 (2) *siehe auch* Atlantischer Ozean
Ocean Island *siehe* Banaba
Oc Eo Südostasien (Kambodscha) Handel d. Antike 44–45 (1)
Ochrida-See *siehe* Ohrid-See
Ockergräber-Kultur *Region* Osteuropa Die Welt 2500 v.Chr. 22–23
Očkov *Fort* Mitteleuropa (Slowakei) Bronzezeit 175 (3)
Ocmulgee Nordamerika (USA) Präkolumbische Kulturen 123 (5)
Octodurum Mitteleuropa (Schweiz) Antikes Rom 180–181 (1)
Ocucaje Südamerika (Peru) Frühe Kulturen 145 (4)
Ocuilan *Staat* Mittelamerika Azteken 124 (1)
Oda *Region* Japan Frühe Neuzeit 267 (4)
Odawara Japan Frühe Neuzeit 267 (4) Mittelalterliche Staaten 265 (5)
Odeion des Herodes Atticus *Gebäude* Südosteuropa (Griech.) Stadtplan des antiken Athen 177 (4)
Oder *Tschech./Poln.* Odra *Fluss* Mitteleuropa EWK 207 (4) Franken 184 (2) Frühe Neuzeit 193 (4) Frühmensch 17 (4) Handel im Mittelalter 190–191 (1) Mittelalterliche Staaten 188 (1), 189 (3), (4) Mongolen 68–69 (1) Napoleon 200–201 (1), 201 (2) Ökonomie 205 (4) Reformation 196 (1) Reiche & Revolutionen 198 (2), 199 (3), 203 (2) Zwischenkriegszeit 209 (5) ZWK 210 (1)
Odesa *Russ.* Odessa Osteuropa (Ukraine) UdSSR 215 (4) *siehe auch* Odessa
Odessa *Ukr.* Odesa Osteuropa (Ukraine) EWK 207 (4) Globale Migration 100 (1), 101 (2) Nachkriegszeit 212 (3) Napoleon 200–201 (1) Ökonomie 205 (4) Reiche & Revolutionen 202 (1) UdSSR 208 (2), 213 (4) *siehe auch* Odesa
Odessos *Lat.* Odessus Südosteuropa (Bulgarien) Erste Hochkulturen 176–177 (1) Hellenist. Welt 40–41 (1)
Odra *siehe* Oder
Oea *Gr.* Oia Nordafrika (Libyen) Antikes Rom 180–181 (1) Erste Hochkulturen 176 (1)
Oescus Südosteuropa (Bulgarien) Antikes Rom 180–181 (1)
Ofen *siehe* Buda
Ofiral *siehe* Sharm el Sheikh
Ogachi Japan Mittelalterliche Staaten 265 (4)
Ogaden Ostafrika (Äthiopien) Afrika nach 1960 169 (4)
Ogasawara-guntō *siehe* Bonin Islands
Ogooué *Fluss* Zentralafrika Frühe Neuzeit 164 (2)
Ohio *Staat* Nordamerika Aufstieg der USA 129 (1) Ökonomie 134 (2) US-Bürgerkrieg 130 (1), (5), 131 (6) *siehe auch* Upper Ohio Frontier
Ohio *Fluss* Nordamerika Aufstieg der USA 129 (2) Erkundung 118 (1), 119 (2) Frühe Kulturen 121 (4) Früher Ackerbau 120 (1) Kolonialismus 126 (1), 127 (2) Präkolumbische Kulturen 123 (5) Staatenbildung 127 (3)
Ohrid-See *var.* Ochrida-See, *Alb.* Liqeni i Ohrit, *Maz.* Ohridsko Ezero *See* Südosteuropa Europapolitik 215 (3) EWK 207 (6)
Ohridsko Ezero *siehe* Ohrid-See
Oia *siehe* Oea
Oinoi Südosteuropa (Griech.) (Ikaria) Antike Griechen 177 (2)
Oiraten-Khanat *Staat* Ostasien Die Welt 1400 70–71 Die Welt 1500 74–75
Oise *Fluss* Westeuropa (Frankr.) EWK 206 (2), (3) Frühe Neuzeit 197 (5)
Oita *Präfektur* Japan Ökonomie 270 (1)
Ojibwa *Volk* Nordamerika Die Welt 1600 78–79 Kolonialismus 126 (1) Präkolumbische Kulturen 123 (3)
Okayama *Präfektur* Japan Ökonomie 270 (1)
Okayama Japan ZWK 273 (3)
Okhotsk Sibirien (Russ. Föderation) Erkundung 257 (2) Kolonialismus 269 (3)
Okhotskisches Meer *var.* Ochotskisches Meer *Meer* Sibirien Eiszeit 116, 217 Erkundung 257 (2), 286 (1) Kolonialismus 269 (3) Mittelalterliche Staaten 262–263 (1) Qing-China 268 (1) UdSSR 208 (2) ZWK 272 (1), 273 (2)
Oki *Insel* Japan Frühe Neuzeit 267 (4) Frühe Reiche 264 (1) Mittelalterliche Staaten 264 (2), 265 (3), (4), (5)
Okinawa *Insel* Japan Kalter Krieg 109 (1) ZWK 105 (3), 250–251 (3), 272 (1)
Oklahoma *Staat* Nordamerika Aufstieg der USA 129 (1) Ökonomie 134 (2), 139 (3)
Oklahoma City Nordamerika (USA) Ökonomie 134 (1)
Okuma Japan Mittelalterliche Staaten 265 (5)
Okunev *arch. Stätte* Sibirien Früher Ackerbau 258 (1)
Okvik Island Nordamerika (USA) Präkolumbische Kulturen 123 (3)
Öland *Insel* Skandinavien Frühe Neuzeit 197 (3)
Olary *arch. Stätte* Australien Frühmensch 17 (5)
Olbia *ehem.* Terranova Pausania Sardinien (Italien) Antikes Rom 179 (3)
Olbia Osteuropa (Ukraine) Erste Hochkulturen 176–177 (1)
Old Crow *arch. Stätte* Nordamerika Die Welt 10 000 v.Chr. 14–15
Oldenzaal Westeuropa (Niederl.) Reformation 195 (5)
Old Fort Nordamerika (USA) Präkolumbische Kulturen 123 (5)
Old Providence Island *Insel* Mittelamerika Kolonialismus 85 (2)
Old Spanish Trail *Straße* Nordamerika Aufstieg der USA 129 (2)
Olduvai Gorge *arch. Stätte* Ostafrika (Tanzania) Frühmensch 12 (1), 13 (2)
Olekminsk Sibirien (Russ. Föderation) Erkundung 257 (2)
Olieboompoort *arch. Stätte* Südl. Afrika (Südafrika) Frühe Kulturen 160 (1)
Olinda Südamerika (Brasilien) Kolonialismus 149 (3)
Olisipo *var.* Felicitas Julia, *mod. Port.* Lisboa, *Dtsch.* Lissabon Iberische Hbl (Portugal) Antikes Rom 180–181 (1) Handel d. Antike 181 (3) *siehe auch* Lissabon
Ollantaytambo Südamerika (Peru) Inka 147 (3), 148 (1)
Olmeken *Kulturregion/Volk* Mittelamerika Die Welt 750 v.Chr. 30–31 Frühe Religion 36 (1)
Olmütz *Tsch.* Olomouc, *Poln.* Ołomuniec Mitteleuropa (Tschech. Rep.) Mittelalterliche Staaten 189 (3)
Olomouc *siehe* Olmütz
Ołomuniec *siehe* Olmütz
Olszanica Mitteleuropa (Polen) Früher Ackerbau 174 (1)
Olt *var.* Oltul, *Ger.* Alt *Fluss* Südosteuropa EWK 207 (6)
Oltul *siehe* Olt
Olustee *Schlacht* Nordamerika (USA) US-Bürgerkrieg 131 (7)
Olympia Südosteuropa (Griech.) Die Welt 750 v.Chr. 30–31 Erste Hochkulturen 176–177 (1)
Olympia Nordamerika (USA) Aufstieg der USA 129 (2)
Olympieion *Tempel* Südosteuropa (Griech.) Stadtplan des antiken Athen 177 (4)
Olympos *var.* Olymp *Berg/rel. Stätte* Südosteuropa (Griech.) Frühe Religion 36 (1), 37 (3)
Olympus Südosteuropa (Griech.) Erste Hochkulturen 175 (4)
Olynthos *Lat.* Olynthus Südosteuropa (Griech.) Antike Griechen 177 (2)
Omagua *Volk* Südamerika Die Welt 1400 70–71 Frühe Kulturen 147 (2)
Omaha Nordamerika (USA) Ökonomie 134 (1)
Omaijaden, Omajjaden *siehe* Umayyaden

Oman ehem. Muskat und Oman, Arab. 'Umān Region/Staat Südwestasien/Ostafrika Arabien im 20. Jh. 233 (4), 235 (5) Die Welt 1200 62–63 passim Erkundung 219 (4) Handel 166–167 (1), 230 (2), 267 (3) Heutige Welt 112 (1), 113 (3) Islam 56–57 (1), 57 (2), 162 (1), 226 (3), 227 (4), (5), 235 (4) Mongolen 68–69 (1) Ökonomie 163 (2), 234 (1) Weltreligionen 226 (1)
Oman, Golf von Arab. Khalīj 'Umān Südwestasien Arabien im 20. Jh. 233 (4) Ökonomie 234 (1) Safawiden 231 (4) Timur 229 (4)
Omana siehe Ommana
Omari Ägypten Altes Ägypten 159 (2)
Omdurman var. Umm Durmān Ostafrika (Sudan) Kolonialismus 166–167 (4)
Omeo Goldlagerstätte Australien Ökonomie 282 (2)
Ommana var. Omana Südwestasien (VAE) Handel d. Antike 44–45 (1), 225 (3) Spätantike 161 (3), (5)
Omo arch. Stätte Ostafrika (Sudan) Frühmensch 12 (1), 13 (2)
Omsk Sibirien (Russ. Föderation) Erkundung 257 (2) Kolonialismus 269 (3) Kommunismus 271 (8) UdSSR 208 (2), 213 (4)
Ona Volk Südamerika Frühe Reiche 147 (2)
Onega-See Russ. Onezhskoye Ozero Osteuropa Ökonomie 205 (4)
Onezhskoye Ozero siehe Onega, Lake
Oniguayál Volk/Staat Südamerika Die Welt 1500 74–75 passim Frühe Reiche 147 (2)
Onon Gol Fluss Nordasien Frühe Reiche 260 (1)
Ontario var. Upper Canada Provinz Nordamerika Aufstieg der USA 129 (2) Ökonomie 136 (2)
Ontario, Lake See Nordamerika Aufstieg der USA 129 (2) Erkundung 118 (1) Frühe Kulturen 121 (4) Früher Ackerbau 120 (1) Kolonialismus 126 (1),127 (2) Präkolumbische Kulturen 123 (5) Staatenbildung 127 (3) US-Bürgerkrieg 131 (6)
Ontong Java Atoll siehe Lord Howe Island
Onuba siehe Huelva
Oodnadatta Australien Kolonisation 282 (1) Erkundung 279 (2)
Oos-Londen siehe East London
Opata Volk Mittelamerika Kolonialismus 125 (4)
Open Bay Islands Meerling station Neuseeland Kolonisation 283 (4)
Openshaw Brit. Inseln (UK) Ökonomie 204 (2)
Opiana Südasien (Pakistan) Hellenist. Welt 40–41 (1)
Opochka Osteuropa (Russ. Föderation) Frühe Neuzeit 195 (3)
Opone Ostafrika (Somalia) Handel d. Antike 44 (2), 225 (3) Spätantike 161 (3), (5)
Oporto Iberische Hbl. (Portugal) Franken 184 (2) Napoleon 200–201 (1) Ökonomie 198 (1), 205 (4) Reconquista 192 (3) Zwischenkriegszeit 209 (4)
Opotiki Neuseeland Kolonisation 283 (4)
Oppidum Ubiorum siehe Cologne, Colonia, Colonia Agrippina
Oradea siehe Großwardein
Orahovac Alb. Rahovec Südosteuropa (Jugoslawien) Europapolitik 215 (3)
Orak arch. Stätte Sibirien (Russ. Föderation) Früher Ackerbau 258 (1)
Oral siehe Ural'sk
Oran var. Ouahran, Wahran Nordafrika (Algerien) Die Welt 1600 78–79 passim Handel im Mittelalter 190–191 (1) Kolonialismus 166–167 (4) Ökonomie 168 (2) Osmanen 231 (3) ZWK 211 (4)
Orange ant. Arausio Westeuropa (Frankr.) Reiche & Revolutionen 199 (4) siehe auch Arausio
Orange Staat Westeuropa (Frankr.) Frühe Neuzeit 197 (5) Mittelalterliche Staaten 192 (1), (2)
Orange var. Mtamvuna, Afr. Oranjerivier Fluss Südl. Afrika Erkundung 157 (4) Frühe Kulturen 160 (1) Früher Ackerbau 158 (1) Frühmensch 12 (1), 13 (2) Imperialismus 96 (2) Migrationen 166 (2)
Oranje-Freistaat Staat Südl. Afrika Imperialismus 96 (2) Kolonialismus 166–167 (4)
Oranjerivier siehe Orange
Oraşul Stalin siehe Braşov, Kronstadt
Orchestra Shell Cave Australien Die Welt 5000 v.Chr. 18–19
Orchha Staat Südasien Mogul-Reich 246 (1)
Orchomenos var. Orkhómenos, ma. Skripón Südosteuropa (Griech.) Frühe Kulturen 175 (4)
Ordos Chin. Mu Us Shamo Wüste Ostasien Erkundung 257 (3) Frühe Neuzeit 266 (1) Früher Ackerbau 258 (1), (2) Frühe Reiche 259 (4), (5), 260 (1)
Oregon Staat Nordamerika Aufstieg der USA 129 (1) Ökonomie 134 (2) US-Bürgerkrieg 130 (5)
Oregon Territory Region Nordamerika US-Bürgerkrieg 130 (2), (3)
Oregon Trail Straße Nordamerika Aufstieg der USA 129 (2)
Orel Osteuropa (Russ. Föderation) UdSSR 208 (2) ZWK 210 (1), 211 (4)
Orenburg ehem. Chkalov Osteuropa (Russ. Föderation) Erkundung 257 (2) Kolonialismus 269 (3) UdSSR 208 (2)
Oreshek Osteuropa (Russ. Föderation) Frühe Neuzeit 195 (3)
Orhomenos siehe Orchomenus
Orhon var. Orkhon Fluss Südwestasien Mongolen 68–69 (1)
Oriens Provinz Südwestasien Antikes Rom 181 (4)
Oriente Region Südamerika Politik nach 1930 152 (1)
Orinoco Fluss Südamerika Erkundung 142 (1), 143 (2), (3) Früher Ackerbau 20–21 (2) Frühe Kulturen 144 (1), 145 (2) Inka 148 (1) Kolonialismus 148 (2) Ökonomie 153 (3) Staatenbildung 150 (1), (2), 151 (3)
Orinoqueponi Volk Südamerika Die Welt 1500 74–75 Frühe Reiche 147 (2)
Orisa mod. Orissa Staat Südasien Mogul-Reich 246 (1) Weltreligionen 243 (4) siehe auch Orissa
Oriskany Schlacht Nordamerika (USA) Staatenbildung 127 (3)
Orissa ehem. Orisa Region/Staat Südasien Kolonialismus 248 (2) Nachkriegszeit 252 (1), 253 (4) siehe auch Orisa
Orkhómenos siehe Orchomenus
Orkhon siehe Orhon
Orkney, Grafschaft Staat Britische Inseln Mittelalterliche Staaten 185 (3
Orkney Islands Archipel Britische Inseln Erkundung 172 (2) Mittelalterliche Staaten 185 (3), 188 (2) Wikinger 60–61 (1)
Orléanais Region Westeuropa (Frankr.) Frühe Neuzeit 197 (5)
Orléans ant. Aurelianum Westeuropa (Frankr.) Franken 183 (5), (6), 184 (2) Frühe Neuzeit 197 (5) Kreuzzüge 186 (1) Mittelalterliche Staaten 185 (3), 192 (1), (2) Napoleon 200–201 (1) Reformation 194 (2) Reiche & Revolutionen 199 (4) ZWK 210 (1), 211 (4)
Ormuz var. Hormuz, Hormus, ant. Harmozia Südwestasien (Iran) Erkundung 218 (2), 219 (3) Handel 230 (2) Safawiden 231 (4) siehe auch Hormuz, Harmozia
Orol Dengizi siehe Aral-See
Oromo Volk Ostafrika Frühe Neuzeit 165 (3)
Oromo-Kleinstaaten Staat Ostafrika Die Welt 1700 82–83 Frühe Neuzeit 164 (1)
'Orongo arch. Stätte Südamerika (Chile) Frühe Kulturen 281 (4)
Oropeza siehe Cochabamba
Orşova Südosteuropa (Rumänien) EWK 207 (6)
Ortospana siehe Kabul
Orungallu Südasien (Indien) Mittelalterliche Staaten 244 (2)
Orvieto ant. Velsuna Ital. Hbl. Handel im Mittelalter 190–191 (1)
Oryokko siehe Yalu
Osage Volk Nordamerika Kolonialismus 125 (4), 126 (1)
Osaka Japan Frühe Neuzeit 267 (4) Mittelalterliche Staaten 264 (2), 265 (5) Ökonomie 270 (1) ZWK 272 (1), 273 (2), (3)
Osca siehe Huesca
Osceola's Capture Schlacht Nordamerika (USA) Aufstieg der USA 129 (2)
Oseberg Skandinavien (Norwegen) Mittelalterliche Staaten 185 (3)
Ösel ehem. Saare, Est. Saaremaa Insel Osteuropa Frühe Neuzeit 195 (3) EWK 207 (4)
Osh Zentralasien (Kirgisistan) UdSSR 215 (4)
Oshima Gebirge Japan Mittelalterliche Staaten 265 (3)
Osiek siehe Osijek
Osijek ehem. Osiek, Osjek, ehem. Dtsch. Esseg, Ungar. Eszék Südosteuropa (Kroatien) Europapolitik 215 (3)
Osjek siehe Osijek
Oslo ehem. Christiania, Kristiania Skandinavien (Norwegen) Frühe Neuzeit 195 (3) Handel im Mittelalter 190–191 (1) Kalter Krieg 108 (3) Mittelalterliche Staaten 185 (3) Nachkriegszeit 212 (3) Zwischenkriegszeit 209 (3) ZWK 210 (1), 211 (2), (4) siehe auch Christiania
Osmanisches Reich Staat Afrika/Asien/Europa Arabien im 20. Jh. 233 (4) Die Welt 1400 70–71 passim EWK 206 (1), 207 (6), 233 (2) Frühe Neuzeit 194 (1) Globale Migration 100 (1), 101 (2) Handel 230 (2) Imperialismus 97 (4) Islam 162 (1) Napoleon 200–201 (1), 201 (2), (3) Ökonomie 198 (1), 205 (4) Osmanen 195 (4), 203 (4), 230 (1), 231 (3), 232–233 (1) Reformation 194 (2), 196 (2) Reiche & Revolutionen 88–89 (2), 198 (2), 202 (1), 203 (3) Safawiden 231 (4) Sklavenhandel 84–85 (1) Timur 229 (4) Weltwirtschaft 92 (1)
Osnabrück Mitteleuropa (Deutschland) Handel im Mittelalter 190–191 (1) Mittelalterliche Staaten 189 (3) Reformation 196 (1)
Osrhoene var. Osroene Staat Südwestasien Die Welt 1 n.Chr. 42–43
Osroene siehe Osrhoene
Ost-Anglia var. East Anglia Staat Brit. Inseln Die Welt 750 54–55 Mittelalterliche Staaten 183 (3)
Ostantarktis siehe Große Antarktis
Ostasien Region Asien Biol. Austausch 73 (2) Wissen & Technologie 77 (6)
Ostchinesisches Meer Chin. Dong Hai Meer Ostasien Biol. Austausch 72–73 (1) Chinesische Revolution 271 (7), 274 (1) Eiszeit 254–55 (1) Frühe Neuzeit 266 (1) Früher Ackerbau 258 (1), (2) Frühe Reiche 259 (3), (4), (5), 260 (1) Handel d. Antike 44–45 (1) Mittelalterliche Staaten 262–263 (1), 263 (7) Mongolen 68 (2), 68–69 (1) Tigerstaaten 275 (4) ZWK 272 (1), 273 (2)
Ostende Westeuropa (Belgien) EWK 206 (2), (3) Kreuzzüge 186 (1) Reformation 195 (5)
Österbotten Region Skandinavien Frühe Neuzeit 197 (3)
Osterbucken Mitteleuropa (Deutschland) Weltreligionen 48 (1)
Osterinsel var. Isla de Pascua, Rapa Nui, Easter Island Insel Pazifik Dekolonisation 285 (3) Erkundung 278 (1), 279 (3) Imperialismus 284–285 (1) Ökonomie 285 (2) siehe auch Rapa Nui
Österreich Lat. Austria Region Mitteleuropa Frühe Neuzeit 193 (4), 194 (1) Mittelalterliche Staaten 188 (1), 189 (4) Reformation 196 (1), (2) Reiche & Revolutionen 198 (2), 199 (3) ZWK 210 (1), 211 (2), (3), (4) siehe auch Habsburger-Reich; Österreich, Kaiserreich; Österreich-Ungarn
Österreich, Republik UN Austria Staat Mitteleuropa Europapolitik 214 (1), (2), 215 (3) Heutige Welt 112 (2), 113 (3) Kalter Krieg 108 (3) Nachkriegszeit 212 (1), (3), 213 (5) UdSSR 213 (4) Zwischenkriegszeit 208 (1), 209 (3), (5) siehe auch Österreich; Österreich, Kaiserreich; Österreich-Ungarn
Österreich, Kaiserreich Staat Mitteleuropa/Osteuropa Die Welt 1850 90–91 Napoleon 200–201 (1), 201 (2) Reiche & Revolutionen 202 (1) Schweiz bis 1815 193 (5) siehe auch Habsburger-Reich; Österreich, Österreich-Ungarn
Österreich-Ungarn var. K.u.K.-Monarchie Staat Mitteleuropa EWK 206 (1), 207 (4), (5), (6) Globale Migration 100 (1) Ökonomie 205 (4) Osmanen 203 (4), 232–233 (1) Reiche & Revolutionen 203 (2), (3) Weltwirtschaft 92 (1) siehe auch Habsburger-Reich; Österreich, Österreich-Ungarn
Österreichische Habsburger Staat Mitteleuropa Osmanen 231 (3) Reformation 194 (2) siehe auch Habsburger-Reich; Österreich, Österreich-Ungarn
Österreichische Niederlande ehem. Spanische Niederlande Staat Westeuropa Reiche & Revolutionen 199 (3), (4) siehe auch Spanische Niederlande
Osteuropäische Ebene var. Nordosteuropäische Ebene Europa Eiszeit 217 Früher Ackerbau 174 (1) Kreuzzüge 64–65 (2)
Ostfranken Volk Mitteleuropa Franken 183 (5)
Ostfriesland Region Mitteleuropa Reiche & Revolutionen 199 (3)
Ostfalen Volk Mitteleuropa Franken 184 (2)
Ostgoten Lat. Ostrogothi, Austrogothae Volk Osteuropa Antikes Rom 181 (4) Völkerwanderung 52–53 (1)
Ostgoten, Königreich der Staat Mitteleuropa/Ital. Hbl./Südosteuropa Die Welt 500 50–51 Franken 183 (5) Spätantike 182 (1) Völkerwanderung 53 (2)
Ostgrönland-Inuit Volk Nordamerika Präkolumbische Kulturen 123 (3)
Ostia Ital. Hbl. Antikes Rom 161 (2), 178 (1), 179 (3) Handel d. Antike 44–45 (1) Weltreligionen 48 (1)
Ostiensis, Via Straße Ital. Hbl. Antikes Rom 178 (1) Stadtplan des antiken Rom 181 (2)
Ostindien var. Ostindische Insel Archipel Mar. Südostasien Erkundung 61 (3), 279 (3) Handel d. Antike 44–45 (1) Wissen & Techologie 76–77 (1) siehe auch Niederländisch-Ostindien
Ostindische Inseln siehe Ostindien
Ostinoide Volk Westindien Die Welt 500 50–51 Die Welt 1000 58–59
Ost-Java, Königreich Staat Mar. Südostasien Die Welt 1000 58–59 Erkundung 61 (3)
Östliche Chalukya Dynastie Südasien Die Welt 1000 58–59 Erkundung 61 (3)
Östliche Ganga Dynastie/Staat Südasien Die Welt 1300 66–67 passim Erkundung 61 (3) Mittelalterliche Staaten 244 (2), 244–245 (3) Mongolen 68–69 (1)
Östliche Ghats siehe Eastern Ghats
Östliche Jin Staat Ostasien Frühe Reiche 261 (3)
Östliche Woodland-Kultur siehe Eastern Woodland-Kultur
Östliche Wüste Arab. Aş Şaīrā' aş Şarqīyā, var. Arabische Wüste Wüste Ägypten Altes Ägypten 159 (2)–(5)
Ostmark Region Osteuropa Franken 184 (2) siehe auch Österreich
Ost-Pakistan mod. Bangladesh Staat Südasien Dekolonisation 251 (4) Kalter Krieg 109 (1) Supermacht USA 138 (1) siehe auch Bangladesh
Ostpommern siehe Hinterpommern
Ostpreußen ehem. Königreich Preußen Region Mitteleuropa Reiche & Revolutionen 198 (2), 199 (3), 203 (2) UdSSR 213 (4) Zwischenkriegszeit 208 (1), 209 (3), (5) ZWK 210 (1) siehe auch Preußen
Ostrava-Petřkovice arch. Stätte Mitteleuropa (Polen) Frühmensch 17 (4)
Ostrogothi siehe Ostgoten
Ostrolenka Poln. Ostrołeka Mitteleuropa (Polen) Reiche & Revolutionen 88–89 (2)
Oströmisches Reich var. Rhomäer-Reich, Byzantinisches Reich Staat Südosteuropa/Südwestasien Franken 183 (6) Frühe Kulturen 160 (1), 161 (5) Mittelalterliche Staaten 182 (2), 183 (4) Spätantike 182 (1) Völkerwanderung 53 (2) siehe auch Byzantinisches Reich
Ostrov Osteuropa (Russ. Föderation) Frühe Neuzeit 195 (3)
Ost-Rumelien Region Südosteuropa Osmanen 203 (4), 232–233 (1)
Ostsee var. Baltisches Meer, Lat. Mare Balticum, Eng. Baltic Sea, Russ. Baltiskoye More Meer Nordeuropa Bronzezeit 175 (3) Eiszeit 217 Erkundung 172 (1) Europapolitik 214 (1), (2) EWK 207 (4) Frühe Neuzeit 193 (4), 195 (3) Handel im Mittelalter 190–191 (1) Kalter Krieg 108 (3) Kreuzzüge 186 (1) Kupferzeit 174 (2) Mittelalterliche Staaten 185 (3), 189 (3), (4) Nachkriegszeit 213 (5) Reiche & Revolutionen 198 (2), 199 (3) UdSSR 208 (2) Völkerwanderung 52–53 (1) ZWK 210 (1), 211 (2), (3), (4) siehe auch Balticum, Mare
Ostsibirische See Meer Polarmeer Eiszeit 116, Erkundung 257 (2), 286 (1), 287 (2)
Osttimor Region Mar. Südostasien Dekolonisation 251 (4)
Ost-Thrakien Region Südwestasien Arabien im 20. Jh. 233 (3)
Ostturkestan siehe Xinjiang
Ost-Ukraine Region Osteuropa Reiche & Revolutionen 198 (2)
ōsumi-kaikyō siehe Osumi Strait
Osumi-Straße Jap. ōsumi-kaikyō Meeresstraße Japan ZWK 273 (3)
Otago Region Neuseeland Kolonisation 283 (5)
Otago Peninsula Halbinsel Neuseeland Kolonisation 283 (4)
Otaki Neuseeland Kolonisation 283 (4)
Otaru Japan Ökonomie 270 (1)
Oto Volk Nordamerika Kolonialismus 126 (1)
Otomi Volk Mittelamerika Kolonialismus 125 (4)
Otomo Region Japan Frühe Neuzeit 267 (4)
Otranto Ital. Hbl. Mittelalterliche Staaten 185 (3), 188 (1)
Otrar Zentralasien (Kasachstan) Mongolen 68–69 (1) Timur 229 (4)
Ottawa Nordamerika (Kanada) Aufstieg der USA 129 (2), 132 (1) Die Welt 1925 98–99 Ökonomie 136 (2)
Ottawa Volk Nordamerika Kolonialismus 126 (1)
Ottawa Fluss Nordamerika Kolonialismus 126 (1) Staatenbildung 127 (3)
Ottio Region Nordamerika Frühe Kulturen 121 (4)
Ottomanisches Reich siehe Osmanisches Reich
'Otu'Itu Volk Südamerika Frühe Kulturen 281 (4)
Otumba var. Otumba de Gómez Farías Mittelamerika (Mexiko) Kolonialismus 125 (5)
Otumba de Gómez Farías siehe Otumba
Ouadaï siehe Wadai
Ouaddaï siehe Wadai
Ouagadougou Westafrika (Burkina Faso) Afrika nach 1960 169 (4)
Ouahran siehe Oran
Ouan Muhaggiag Nordafrika (Niger/Algerien) Früher Ackerbau 158 (1)
Oubangui siehe Ubangi
Oubangui-Chari siehe Zentralafrikanische Republik, Ubangi-Shari
Oudh Region/Staat Südasien Die Welt 1800 86–87 Kolonialismus 249 (3) Ökonomie 247 (3), 248 (1)
Oundle Brit. Inseln (UK) Mittelalterliche Staaten 183 (3)
Ouro Prêto Südamerika (Brasilien) Staatenbildung 151 (3)
Ouse Fluss Britische Inseln Mittelalterliche Staaten 186 (2) Ökonomie 204 (1)
Ouse Burn Fluss Britische Inseln Ökonomie 204 (3)
Ovens Goldlagerstätte Australien Ökonomie 282 (2)
Overijssel Provinz Westeuropa Reformation 195 (5)
Oviedo ant. Asturias Iberische Hbl. (Spanien) Franken 184 (2) (4) Reconquista 192 (3) Zwischenkriegszeit 209
Ovimbundu Volk Südl. Afrika Handel 166–167 (1)
Owasco Nordamerika (USA) Präkolumbische Kulturen 123 (5)
Owl Creek Nordamerika (USA) Präkolumbische Kulturen 123 (5)
Owyhee Forks Schlacht Nordamerika (USA) Aufstieg der USA 129 (2)
Oxford Lat. Oxonia Brit. Inseln (UK) Handel im Mittelalter 190–191 (1) Mittelalterliche Staaten 187 (3), (4), 188 (2)
Oxford Kanal Britische Inseln Ökonomie 204 (1)
Oxitipan Staat Mittelamerika Azteken 124 (1)
Oxonia siehe Oxford
Oxos Lat. Oxus, mod. Aral-See See Zentralasien Hellenist. Welt 40–41 (1)
Oxtotitlán Mittelamerika (Mexiko) Frühe Kulturen 121 (2)
Oxus mod. Amu Darya, Russ. Amudar'ya, Tadsch. Dar"yoi Amu, Turkm. Amyderya, Usb. Amudaryo Fluss Zentralasien Antikes Persien 223 (4), 225 (6) Antikes Rom 224 (2) Erkundung 218 (1), (2), 219 (3), 256 (1) Handel d. Antike 44 (2) Hellenist. Welt 40–41 (1), 41 (2), 224 (1) Mongolen 229 (3) Völkerwanderung 261 (6) Schrift & Zahl 223 (3) Seldschuken 228 (1) Timur 229 (4) Weltreligionen 49 (3), (4) siehe auch Amu Darya
Oxyrhynchos Ägypten Hellenist. Welt 40–41 (1)
Oyo Staat Westafrika Die Welt 1600 78–79 passim Frühe Neuzeit 164 (2) Handel 166–167 (1) Islam 167 (3) Ökonomie 163 (2) Sklavenhandel 165 (4)
Ozaki Japan Frühe Neuzeit 267 (4)
Özbegen siehe Usbeken
Ozeanien Region Pazifik Wissen & Techologie 73 (2), 76–77 (1), 77 (7)

P

Pa siehe Ba
Paardeberg Schlacht Südl. Afrika (Südafrika) Imperialismus 96 (2)
Pacatnamú Südamerika (Peru) Frühe Kulturen 145 (4), Frühe Reiche 146 (1)
Pachacamac Südamerika (Peru) Frühe Kulturen 145 (4), Frühe Reiche 146 (1) Inka 147 (3)
Pachamachay Südamerika (Peru) Die Welt 5000 v.Chr. 18–19
Pacheco Südamerika (Peru) Frühe Reiche 146 (1)
Padah-lin Südostasien (Burma) Die Welt 5000 v.Chr. 18–19
Padang Südostasien (Indonesien) Die Welt 1800 86–87 Kolonialismus 247 (4) Reiche & Revolutionen 88 (1)
Paderborn Mitteleuropa (Deutschland) Franken 184 (2)
Padma var. Ganges Fluss Südasien Nachkriegszeit 252 (3) siehe auch Ganges
Padma siehe Brahmaputra
Padova siehe Patavium, Padua
Padre Piedra Mittelamerika (Mexiko) Frühe Kulturen 121 (2)
Padua Ital. Hbl. EWK 207 (5) Handel im Mittelalter 190–191 (1) Mittelalterliche Staaten 182 (2), 183 (4), 187 (3)
Padus Fluss Ital. Hbl. Antikes Rom 178 (2)
Paekche Region/Staat Ostasien Die Welt 250 46–47 passim Frühe Reiche 264 (1) Weltreligionen 49 (4) siehe auch Choson, Korea, Koryo, Silla
Paestum ehem. Posidonia Ital. Hbl. Antikes Rom 178 (1) Frühe Religion 37 (3) siehe auch Posidonia
Páfos siehe Paphos
Pagan Südostasien (Burma) Biol. Austausch 72–73 (1) Die Welt 1000 58–59 passim Mittelalterliche Staaten 262–263 (1), 263 (7) Mongolen 68 (2), 68–69 (1) Weltreligionen 49 (3), (4), 243 (5)
Pagan Staat Kont. Südostasien Erkundung 61 (3) Mittelalterliche Staaten 245 (5) Mongolen 68–69 (1)
Pagani Ostafrika (Tanzania) Ökonomie 163 (2)
Pahlava Region/Reich Südasien Frühe Reiche 241 (5) Frühe Religion 242 (2) Handel d. Antike 44–45 (1)
Pahsien siehe Chongqing
Paide siehe Weissenstein
Paisley Brit. Inseln (UK) Weltwirtschaft 93 (5)
Paita Südamerika (Peru) Kolonialismus 148 (2) Inka 148 (1)
Paithan Südasien (Indien) Frühe Religion 48 (2)
Paiute Volk Nordamerika Kolonialismus 126 (1)
Pajajaran Staat Mar. Südostasien Die Welt 1400 70–71
Pakhoi siehe Beihai
Pakhtunistan Region Südasien Nachkriegszeit 252 (1)
Pakistan off. Islamische Republik Pakistan Staat Südasien Heutige Welt 113 (3), (4) Islam 235 (4), 275 (5) Kalter Krieg 109 (1) Nachkriegszeit 252 (1), (2), 253 (4), (5) UdSSR 213 (4)
Pala Dynastie Südasien Die Welt 1000 58–59 Erkundung 61 (3) Mittelalterliche Staaten 244 (2)
Palaestina Staat Südwestasien Antikes Rom 224 (2) siehe Judaea, Palästina
Paläosibirier Volk Sibirien Die Welt 750 v.Chr. 30–31 passim
Palästina Lat. Palaestina, Gr. Palaistion Staat Südwestasien Arabien im 20. Jh. 233 (3), (4) Erkundung 219 (4) EWK 233 (2) Früher Ackerbau 220 (1) Frühe Religion 37 (3) Globale Migration 101 (2) Hellenist. Welt 40–41 (1) Osmanen 232–233 (1) Weltreligionen 48 (1) ZWK 210 (1), 211 (4) siehe auch Israel, Judäa, Levante, Phönikien
Palatinus, Mons var. Palatin Hügel Ital. Hbl. Stadtplan des antiken Rom 181 (2)
Palau Archipel/Staat Pazifik Dekolonisation 285 (3) Erkundung 279 (3) Heutige Welt 110–111 Imperialismus 284–285 (1) ZWK 250–251 (3), 272 (1), 273 (2)
Palawan Insel Mar. Südostasien Erkundung 278 (1) Imperialismus 97 (3) Islam 243 (6)
Pale Südosteuropa (B.-H.) Nachkriegszeit 215 (3)
Palembang Südostasien (Indonesien) Biol. Austausch 72–73 (1) Die Welt 1000 58–59 Erkundung 256 (1) Imperialismus 97 (3) Kolonialismus 247 (4) Nachkriegszeit 253 (5) Weltreligionen 49 (4), 243 (5) ZWK 250–251 (3), 272 (1), 273 (2)
Palembang Region Mar. Südostasien Kolonialismus 247 (4)
Palenque Mittelamerika (Mexiko) Die Welt 500 50–51 Frühe Kulturen 122 (2)
Palermo ant. Panormus Sizilien (Italien) Biol. Austausch 72–73 (1) Handel im Mittelalter 190–191 (1) Islam 227 (4) Kreuzzüge 186 (1) Mittelalterliche Staaten 185 (3), 187 (3), (5), 188 (1) Napoleon 200–201 (1), 201 (2), (3) Ökonomie 198 (1) Osmanen 230 (1) Seldschuken 228 (1) Völkerwanderung 52–53 (1) ZWK 211 (4) siehe auch Panormos
Pälghät siehe Pulicat
Palibothra Südasien (Indien) Handel d. Antike 44 (2)
Palk-Straße Eng. Palk Strait Meeresstraße Südasien Ökonomie 249 (4) Nachkriegszeit 252 (1)
Pallava var. Pallawa Dynastie Südasien (Indien) Die Welt 750 54–55 Mittelalterliche Staaten 244 (1) (2)
Pallipuram Südasien (Indien) Ökonomie 247 (3)
Palma var. Palma de Mallorca Mallorca Handel im Mittelalter 190–191 (1) Kreuzzüge 186 (1) Reconquista 192 (3) Zwischenkriegszeit 209 (4)
Palmas, Kap Westafrika Erkundung 156 (3)
Palmerston siehe Darwin
Palmerston North Neuseeland Kolonisation 283 (5)
Palmyra var. Tadmur, Tamar, Bibl. Tadmor Südwestasien (Syrien) Antikes Rom 180–181 (1), 181 (4), 225 (5) Frühe Kulturen 221 (4) Frühe Reiche 221 (5) Handel d. Antike 225 (3) Hellenist. Welt 224 (1) Spätantike 161 (3), (4), (5) siehe auch Tadmor
Palmyra Atoll Kolonie/Insel Pazifik Heutige Welt 110–111 ZWK 104 (2)
Palmyra, Königreich von Staat Südwestasien Antikes Rom 181 (4)
Palo Alto Nordamerika (USA)
Palo Duro Canyon Schlacht Nordamerika (USA) Aufstieg der USA 129 (2)
Pamir Gebirge Zentralasien Biol. Austausch 72–73 (1) Erkundung 256 (1), 257 (3) Frühe Reiche 241 (4), 260 (1) Handel d. Antike 44–45 (1) Kolonialismus 269 (3) Mongolen 68–69 (1) Timur 229 (4) Völkerwanderung 261 (6) Weltreligionen 49 (3)
Pamlico Volk Nordamerika Kolonialismus 126 (1)
Pampa Aullagas, Lago siehe Poopó, Lago
Pampa Grande Südamerika (Peru) Frühe Kulturen 145 (4)
Pampahun Südostasien (Thailand) Weltreligionen 243 (5)
Pampa Ingenio Südamerika (Peru) Frühe Kulturen 145 (4)
Pampas Ebene Südamerika Eiszeit 140 Erkundung 142 (1), 143 (2) Frühe Kulturen 144 (1) Frühe Reiche 147 (2) Kolonialismus 148 (2) Ökonomie 153 (3)
Pampeluna siehe Pamplona
Pamplona ehem. Pampeluna, ant. Pompaelo, Bask. Iruñea Iberische Hbl. (Spanien) Franken 184 (2) Mittelalterliche Staaten 187 (3), 192 (1), (2) Reconquista 192 (3)
Pamsurastra Reich Südasien Frühe Reiche 241 (5)
Pamwak PNG (Admiralty Island) Die Welt 10 000 v.Chr. 14–15
Panaji var. Pangim, Panjim, Neu-Goa Südasien (Indien) Nachkriegszeit 252 (1)
Panama var. Ciudad de Panamá, Eng. Panama City Dtsch. Panama Mittelamerika (Panama) Erkundung 80–81 (1), 142 (1) Inka 148 (1) Kolonialismus 81 (3), 85 (2), 126 (1), 148 (2) Staatenbildung 150 (1), (2), 151 (3)
Panama Staat Mittelamerika Aufstieg der USA 133 (4) Drogenhandel 113 (4), 153 (5) Heutige Welt 112 (1) Kalter Krieg 108 (2), 109 (1) Ökonomie 136 (2), 153 (3), 153 (4) Politik nach 1930 152 (1) Supermacht USA 138 (1), 139 (5) Weltwirtschaft 92 (1) ZWK 104 (2)
Panama-Kanal Mittelamerika Globale Migration 100 (1) Staatenbildung 151 (3)
Panama var. Ciudad de Panamá, Panamá Mittelamerika (Panama) Kalter Krieg 108 (2) Ökonomie 136 (2) siehe auch Panamá
Panamá, Golfo de siehe Panama, Golf von
Panama, Golf von Span. Golfo de Panamá Mittelamerika Frühe Kulturen 144 (1), 145 (2), Frühe Reiche 146 (1) Kolonialismus 148 (2)
Panama, Isthmus von Span. Istmo de Panamá, ehem. Isthmus of Darien Region Mittelamerika Erkundung 118 (1) Früher Ackerbau 120 (1)
Panamá, Istmo de siehe Panama, Isthmus von
Pañamarca Südamerika (Peru) Frühe Kulturen 145 (4), Frühe Reiche 146 (1)
Panaramitee Australien Die Welt 10 000 v.Chr. 14–15
Panathenäen-Weg Straße Südosteuropa (Griech.) Stadtplan des antiken Athen 177 (4)
Pančevo Südosteuropa (Jugoslawien) Europapolitik 215 (3)
Panchagarh Südasien (Bangladesh) Nachkriegszeit 252 (3)
Panchala Region/Reich Südasien Frühe Reiche 241 (5) Frühe Religion 36 (2), 48 (2), 242 (1), (2), (3)
Panchanada Region Südasien Frühe Religion 48 (2), 242 (2)
Pandava Dynastie Südasien Frühe Religion 242 (2)
Pandschab siehe Punjab
Panduranga Südostasien (Vietnam) Antikes Indien 241 (6) Erkundung 61 (3)
Pandya Reich Südasien Die Welt 750 54–55 passim Frühe Reiche 241 (5) Frühe Religion 48 (2), 242 (2) Handel d. Antike 44–45 (1) Mittelalterliche Staaten 244 (2), 244–245 (3) Mongolen 68–69 (1)
Pandya, Vasallen von Staat Südasien Die Welt1300 66–67
Pangim siehe Panaji
Panhormus siehe Palermo, Panormus
Panipat Südasien (Indien) Die Welt 1800 86–87
Panjab mod. Punjab Staat Südasien Mogul-Reich 246 (1) Weltreligionen 243 (4) Ökonomie 247 (3) siehe auch Punjab
Panjim siehe Panaji
Pankhali siehe Chalna
Pankow Mitteleuropa (Deutschland) Nachkriegszeit 212 (2)
Panlongcheng Ostasien (China) Frühe Reiche 259 (3)
Panmunjom Ostasien (Nord-Korea) Kalter Krieg 109 (4)
Pannonhalma Mitteleuropa (Ungarn) Mittelalterliche Staaten 189 (4)
Pannonia Inferior Provinz Südosteuropa Antikes Rom 180–181 (1)
Pannonia Superior Provinz Südosteuropa Antikes Rom 180–181 (1)
Pannonien var. Pannonia Provinz Südosteuropa Antikes Rom 180–181 (1), 181 (4) Völkerwanderung 52–53 (1) Weltreligionen 48 (1)
Pannonische Mark Region Osteuropa Franken 184 (2)
Panormos var. Panormus, Panhormus, mod. Palermo Sizilien (Italien). Antikes Rom 178 (2), 179 (3), (5), 180–181 (1) Erste Hochkulturen 176–177 (1) siehe auch Palermo
Pantheon Gebäude Ital. Hbl. Stadtplan des antiken Rom 181 (2)
Pantheon Tempel Südosteuropa (Griech.) Stadtplan des antiken Athen 177 (4)
Panther Intaglio Grabhügel Nordamerika (USA) Frühe Kulturen 121 (4)
Pantikapaion var. Panticapaeum, mod. Kerch Osteuropa (Ukraine) Antikes Rom 225 (5) Erste Hochkulturen 176–177 (1) Handel d. Antike 44–45 (1), 181 (3) Hellenist. Welt 40–41 (1)
Pantlaco Mittelamerika (Mexiko) Azteken 124 (3)
Panuco Fluss Mittelamerika Frühe Kulturen 122 (1)
Paoli Schlacht Nordamerika (USA) Staatenbildung 127 (3)
Papago Volk Mittelamerika Kolonialismus 125 (4), 126 (1)
Papaloapan Fluss Mittelamerika Frühe Kulturen 122 (1)
Paphlagonien Gr./Lat. Paphlagonia Region/Staat Südwestasien Die Welt 250 v.Chr. 38–39 Erste Hochkulturen 176–177 (1) Hellenist. Welt 40–41 (1)
Paphos Lat. Paphus Südwestasien (Zypern) Antikes Rom 180–181 (1) Erste Hochkulturen 176–177 (1) Hellenist. Welt 40–41 (1)
Papua Volk Neuguinea Die Welt 750 v.Chr. 30–31 passim
Papua, Territorium Staat Neuguinea Imperialismus 97 (3)
Papua-Neuguinea Eng. Papua New Guinea Staat Neuguinea Dekolonisation 251 (4), 285 (3) Drogenhandel 113 (4) Nachkriegszeit 253 (5)
Pará off. Nossa Senhora de Belém do Grão Pará, mod. Belém do Pará Südamerika (Brasilien) Erkundung 143 (2) Kolonialismus 149 (3), (4) Staatenbildung 151 (3) siehe auch Belém do Pará
Pará Region Südamerika Kolonialismus 149 (3)
Paracas Südamerika (Peru) Die Welt 250 v.Chr. 38–39 Frühe Kulturen 145 (4)
Paracas Staat Südamerika Die Welt 500 v.Chr. 34–35 Die Welt 250 v.Chr. 38–39
Paracel Islands Archipel Mar. Südostasien China nach 1949 275 (3)
Parada Region/Reich Südasien Frühe Reiche 241 (5) Frühe Religion 242 (2)
Paraetacene siehe Paraitakene
Paraetonium siehe Paraitonion
Paraguai siehe Paraguay
Paraguay Staat Südamerika Die Welt 1850 90–91 passim Drogenhandel 113 (4) Heutige Welt 112 (1) Kalter Krieg 109 (1) Ökonomie 153 (3), 153 (4) Politik nach 1930 152 (1), (2) Reiche & Revolutionen 88–89 (2) Staatenbildung 150 (1), 151 (3) Supermacht USA 138 (1) ZWK 105 (3)
Paraguay var. Río Paraguay, Port. Paraguai Fluss Südamerika Erkundung 142 (1), 143 (2) Frühe Kulturen 144 (1), 145 (2) Kolonialismus 148 (2), 149 (3) Ökonomie 153 (3) Politik nach 1930 152 (2) Staatenbildung 150 (1), 151 (3)
Paraguay, Río siehe Paraguay
Parahiba siehe Paraíba
Parahyba siehe Paraíba
Paraíba mod. João Pessoa Südamerika (Brasilien) Kolonialismus 149 (3), (4)
Paraíba ehem. Parahiba, Parahyba Region Südamerika Kolonialismus 149 (3)
Paraitakene var. Paraetacene Region Südwestasien Hellenist. Welt 40–41 (1)
Paraitonion var. Paraetonium Ägypten Hellenist. Welt 40–41 (1)
Paramara Dynastie Südasien Die Welt 1200 62–63 Die Welt 1300 66–67 Mittelalterliche Staaten 244 (2) Mongolen 68–69 (1)
Paramaribo Südamerika (Surinam) Kolonialismus 149 (4) Ökonomie 153 (3) Politik nach 1930 152 (1) Staatenbildung 151 (3)
Paramonga Südamerika (Peru) Frühe Reiche 146 (1) Inka 147 (3)
Paraná Volk Südamerika Die Welt 1 n.Chr. 42–43
Paraná var. Alto Paraná Fluss Südamerika Erkundung 142 (1), 143 (2), (3) Frühe Kulturen 144 (1), 145 (2) Kolonialismus 148 (2), 149 (3), (4) Ökonomie 153 (3), (4) Politik nach 1930 152 (2) Staatenbildung 150 (1), 151 (3)
Paranaíba Fluss Südamerika Politik nach 1930 152 (1)
Parapamisos Region Zentralasien Hellenist. Welt 40–41 (1)
Paraspur siehe Parihasapura
Para-Tangana Reich Südasien Frühe Reiche 241 (5)
Parava Reich Südasien Frühe Reiche 241 (5)
Paredão Staat Südamerika Die Welt 1000 58–59 Die Welt 1200 62–63
Parhae Staat Ostasien (China) Mittelalterliche Staaten 262–263 (1)
Paria Südamerika (Bolivien) Inka 147 (3)
Paricora Volk Südamerika Die Welt 1500 74–75 Frühe Reiche 147 (2)
Parihasapura var. Paraspur Südasien (Indien) Weltreligionen 49 (3)
Parion Lat. Parium Südwestasien (Türkei) Antike Griechen 177 (2)
Paris Westeuropa (Frankr.) Biol. Austausch 72–73 (1) Die Welt 1000 58–59 passim EWK 206 (2), (3) Franken 183 (5), (6), 184 (2) Frühe Neuzeit 194 (1), 197 (5) Handel im Mittelalter 190–191 (1) Kalter Krieg 108 (3) Kreuzzüge 186 (1), 64–65 (2), 65 (1) Mittelalterliche Staaten 182 (2), 185 (3), 186 (2), 187 (3), (4), 192 (1), (2) Nachkriegszeit 212 (3) Napoleon 200–201 (1), 201 (2), (3) Ökonomie 198 (1), 205 (4) Reformation 194 (2), 195 (5), 196 (2) Reiche & Revolutionen 88 (1), 199 (4), 202 (1) Spätantike 182 (1) Weltwirtschaft 92 (1) Wikinger 60–61 (1) Zwischenkriegszeit 209 (3) ZWK 210 (1), 211 (2), (3), (4)
Parisii siehe Lutetia, Paris
Parium siehe Parion
Parkersburg Nordamerika (USA) US-Bürgerkrieg 131 (6)
Parma Ital. Hbl. Handel im Mittelalter 190–191 (1) Mittelalterliche Staaten 183 (4), 188 (1)
Parma Staat Ital. Hbl. Reformation 194 (2), 196 (1), (2) Reiche & Revolutionen 202 (1), 203 (3)
Parmana Staat Südamerika Die Welt 1200 62–63 passim Frühe Kulturen 144 (1), 145 (2)
Parni var. Parnoi Volk Zentralasien Hellenist. Welt 224 (1)
Parnoi siehe Parni
Pärnu siehe Pernau
Paros Insel Mittelmeer Antike Griechen 179 (4) Erste Hochkulturen 175 (4)
Parral var. Hidalgo del Paral Mittelamerika (Mexiko) Mexikan. Revolution 133 (3)
Parras var. Parras de la Fuente Mittelamerika (Mexiko) Kolonialismus 125 (4) Mexikan. Revolution 133 (3)
Parras de la Fuente siehe Parras
Parry Islands mod. Queen Elizabeth Islands Archipel Nordamerika Erkundung 287 (2)
Parsen var. Parsi religiöse Gruppe Südasien Weltreligionen 243 (4)
Parsi siehe Parsen
Parthenon Tempel Südosteuropa (Griech.) Stadtplan des antiken Athen 177 (4)
Parthien Gr./Lat. Parthia Region/Staat Südwestasien Antikes Persien 223 (4) Handel d. Antike 44–45 (1) Hellenist. Welt 40–41 (1), 41 (2), 224 (1) Völkerwanderung 261 (6)
Parthisches Reich Staat Südwestasien Antikes Rom 180–181 (1), 224 (2), 225 (5) Die Welt 1 n.Chr. 42–43 Handel d. Antike 181 (3) Spätantike 161 (3)
Parvan siehe Parvan
Parvat-Ashreya Region Südasien Frühe Religion 48 (2), 242 (2)
Parwan var. Parvan Zentralasien (Afghanistan) Mongolen 68–69 (1)
Pasadena Nordamerika (USA)
Pasargadai Südwestasien (Iran) Antikes Persien 223 (4) Frühe Religion 36 (1) Hellenist. Welt 40–41 (1)
Pascad-Desha siehe Aparanta
Paschtunistan siehe Pakhtunistan
Pascua, Isla de siehe Osterinsel, Rapa Nui
Pashash Südamerika (Peru) Frühe Kulturen 145 (4)
Pashupathinatha Südasien (Indien) Weltreligionen 243 (4)
Passamaquoddy Volk Nordamerika Kolonialismus 126 (1)
Passau Mitteleuropa (Deutschland) Franken 184 (2) Frühe Neuzeit 193 (4) Mittelalterliche Staaten 189 (4)
Passchendaele Westeuropa (Frankr.) EWK 206 (2), (3)
Pasto Südamerika (Kolumbien) Staatenbildung 150 (2)
Pataccara Reich Südasien Frühe Reiche 241 (5)
Patagonia Dtsch. Patagonien Landschaft Südamerika Eiszeit 140 Erkundung 142 (1), 143 (3) Frühe Kulturen 144 (1) Frühe Reiche 147 (2) Kolonialismus 148 (2) Ökonomie 153 (3) Reiche & Revolutionen 88–89 (2) Staatenbildung 150 (1), 151 (3)
Patala Südasien (Pakistan) Mittelalterliche Staaten 244 (1) Frühe Reiche 241 (4)
Pataliputra mod. Patna, Var. Azimabad Südasien (Indien) Erkundung 256 (1) Frühe Reiche 241 (4) Frühe Religion 36 (2), 48 (2), 242 (1), (3) Handel d. Antike 44–45 (1) Mittelalterliche Staaten 244 (1), 262–263 (1) Schrift & Zahl 32 (1), 33 (2), (3) Völkerwanderung 261 (6) Weltreligionen 49 (3) siehe auch Patna
Patalla siehe Pattala
Patan-Somnath Südasien (Indien) Ökonomie 247 (3)
Patara Südwestasien (Türkei) Erste Hochkulturen 176–177 (1)
Patavium Eng. Padua, Ital. Padova Ital. Hbl. Völkerwanderung 52–53 (1) siehe auch Padua
Patay Schlacht Westeuropa (Frankr.) Mittelalterliche Staaten 192 (2)
Patayan Region Nordamerika Präkolumbische Kulturen 123 (4)
Patea Neuseeland Kolonisation 283 (5)
Pathein siehe Bassein
Patmadoer siehe Vembar
Patna ehem. Pataliputra, var. Azimabad Südasien (Indien) Biol. Austausch 72–73 (1) Dekolonisation 250 (2) Kolonialismus 248 (1) Mittelalterliche Staaten 244–245 (3) Mogul-Reich 246 (1) Nachkriegszeit 252 (1), 253 (5) Ökonomie 247 (3), 249 (4) Reiche & Revolutionen 88 (1) Weltwirtschaft 93 (5) siehe auch Pataliputra
Patne Südasien (Indien) Frühmensch 17 (2)
Patos, Paso de los Pass Südamerika Staatenbildung 150 (1)
Patrimonium Petri var. Kirchenstaat Staat Südeuropa (Italien) Die Welt 1000 58–59 passim Erkundung 61 (3) Franken 184 (2) Frühe Neuzeit 193 (4), 194 (1) Kreuzzüge 64–65 (2), 186 (1) Mittelalterliche Staaten 187 (3), (5), 189 (4) Napoleon 200–201 (1) Osmanen 195 (4), 230 (1), 231 (3) Reformation 194 (2), 196 (1), (2) Reiche & Revolutionen 202 (1), 203 (3) Wikinger 60–61 (1)
Pattala mod. Patalla Südasien (Pakistan) Hellenist. Welt 40–41 (1)
Patura Südasien (Indien) Handel d. Antike 44 (2)
Pau Westeuropa (Frankr.) Frühe Neuzeit 197 (5)
Paulistas var. mamelucos Sklavenjäger Südamerika Erkundung 143 (2)
Pava Südasien (Indien) Frühe Religion 242 (3)
Pavia Ital. Hbl. Franken 184 (2) Mittelalterliche Staaten 182 (2), 185 (3)
Pavón Mittelamerika (Mexiko) Frühe Kulturen 121 (2)
Pawiken Skandinavien (Schweden) Wikinger 60–61 (1)
Pawnee Volk Nordamerika Kolonialismus 126 (1)
Pax Augusta siehe Badajoz
Pax Julia Iberische Hbl. (Portugal) Antikes Rom 180–181 (1)
Pays D'En Haut Staat Nordamerika Kolonialismus 126 (1)
Pazifische Inseln, Treuhandgebiet Kolonie Pazifik Die Welt 1950 102–103
Pazifischer Ozean Ozean Aufstieg der USA 133 (4) Biol. Austausch 81 (2) Dekolonisation 285 (3) Erkundung 60 (2), 80–81 (1), 118 (1), 239 (1), (2), 279 (3), 287 (3) Frühe Kulturen 280 (1) 280–281 (3) Globale Migration 100 (1), 101 (2), (3) Handel 267 (3) Imperialismus 97 (3), (4), 270 (2) Kalter Krieg 109 (1) Kolonialismus 81 (3), 269 (3), (4), 284–285 (1) Mittelalterliche Staaten 264 (2) Ökonomie 285 (2) Qing-China 268 (2) Sklavenhandel 84–85 (1) Supermacht USA 138 (1) Weltwirtschaft 92 (1), 93 (2), (3) ZWK 104 (1), (2), 105 (3), (4), 250–251 (3), 272 (1), 273 (2), (3)
Pazyryk Sibirien (Russ. Föderation) Die Welt 250 v.Chr. 38–39 Frühe Religion 36 (1)
Peace Fluss Nordamerika Aufstieg der USA 129 (2)
Pearl Harbor Hawaii (USA) ZWK 104 (2), 272 (1), 273 (2)
Peć Südosteuropa (Jugoslawien) Europapolitik 215 (3)
Pech-Merle arch. Stätte Westeuropa (Frankr.) Frühmensch 17 (3)
Pecos arch. Stätte Nordamerika (USA) Präkolumbische Kulturen 123 (4)
Pecos Volk Nordamerika Kolonialismus 125 (4), 126 (1)
Pecos Fluss Nordamerika Kolonialismus 125 (4) Präkolumbische Kulturen 123 (4)
Pécs Dtsch. Fünfkirchen, Lat. Sopianae Mitteleuropa (Ungarn) Frühe Neuzeit 193 (4) Mittelalterliche Staaten 188 (1), 189 (4)

Pedasa Südwestasien (Türkei) Antike Griechen 177 (2)
Pedra Furada *arch. Stätte* Südamerika (Brasilien) Frühe Kulturen 145 (2)
Pedra Pintada *arch. Stätte* Südamerika (Brasilien) Frühe Kulturen 145 (2)
Pee Dee *Fluss* Nordamerika Staatenbildung 127 (3)
Pegu *var.* Bago Südostasien (Burma) Biol. Austausch 72–73 (1) Die Welt 1000 58–59 Die Welt 1300 66–67 Erkundung 239 (1) Kolonialismus 247 (4), 248 (1) Mittelalterliche Staaten 245 (5), (6), 262–263 (1), 263 (7) Qing-China 268 (1) Weltreligionen 49 (4), 243 (5)
Pegu *Staat* Ostasien/Kont. Südostasien Kolonialismus 269 (4) Mittelalterliche Staaten 263 (7) Wikinger 60–61 (1)
Pei-ching *siehe* Beijing, Khanbalik
Peikthanomyo Südostasien (Burma) Antikes Indien 241 (6)
Peikthanomyo *Reich* Kont. Südostasien Antikes Indien 241 (6)
Peiligang *var.* P'ei-li-kang *arch. Stätte* Ostasien (China) Die Welt 5000 v.Chr. 18–19 Früher Ackerbau 258 (1)
P'ei-li-kang *siehe* Peiligang
Pei-p'ing *siehe* Beijing, Khanbalik
Peipsi Järv *siehe* Peipus-See
Peipus-See *Est.* Peipsi Järv, *Russ.* Chudskoye Ozero *See* Osteuropa (Estland/Russ. Föderation) Frühe Neuzeit 197 (3) Kreuzzüge 186 (1) Mittelalterliche Staaten 189 (3)
Pei-shou-ling *siehe* Beishouling
Pekarna *arch. Stätte* Mitteleuropa (Tschech. Rep.) Frühmensch 17 (4)
Peking *siehe* Beijing, Khanbalik
Pella Südosteuropa (Griech.) Antike Griechen 177 (3), 179 (4) Antikes Persien 223 (4) Islam 56–57 (1) Hellenist. Welt 40–41 (1), 41 (2)
Pella Südwestasien (Libanon) Islam 56–57 (1)
Peloponnes *Gr.* Pelopónnisos, *Lat.* Peloponnesus, *ma.* Morea *Region* Südosteuropa (Griech.) Altes Ägypten 159 (5) Antike Griechen 177 (2), (3) Bronzezeit 175 (3) Erste Hochkulturen 175 (4), 176–177 (1) Frühe Religion 37 (3) *siehe auch* Morea
Pelusion Ägypten Hellenist. Welt 40–41 (1)
Pemba *Insel* Ostafrika Handel 230 (2) Handel d. Antike 44–45 (1) Islam 162 (1) Ökonomie 163 (2)
Pembroke Brit. Inseln (UK) Ökonomie 204 (1)
Pembroke Clark Nordamerika (Kanada) Präkolumbische Kulturen 123 (3)
Penang Südostasien (Malaysia) Die Welt 1800 86–87 Kolonialismus 247 (4), 248 (1)
Penas, Golfo de Südamerika Kolonialismus 148 (2)
Peng *Staat* Ostasien Frühe Reiche 259 (3)
Pengli Ostasien (China) Frühe Reiche 259 (5)
Peng-tou-shan *siehe* Bengdoushan
Peninj *arch. Stätte* Ostafrika (Tanzania) Frühmensch 12 (1)
Peninsular Malaysia *siehe* Malaya
Pennine Chain *siehe* Pennines
Pennines *var.* Pennine Chain *Gebirge* Britische Inseln Weltwirtschaft 93 (4)
Pensa *siehe* Penza
Pennsylvania *Staat* Nordamerika Aufstieg der USA 129 (1) Kolonialismus 127 (2) Ökonomie 134 (2) Staatenbildung 127 (3) US-Bürgerkrieg 130 (1), (5), 131 (6)
Pensacola Nordamerika (USA) Aufstieg der USA 129 (2), 132 (1) US-Bürgerkrieg 131 (6), (7)
Pentapolis *Region* Ital. Hbl. Mittelalterliche Staaten 183 (4)
Pentun *Volk* Nordamerika Kolonialismus 126 (1)
Penugonda Südasien (Indien) Mittelalterliche Staaten 244–245 (3), 245 (4)
Penza *var.* Pensa Osteuropa (Russ. Föderation) UdSSR 208 (2)
Penzance Brit. Inseln (UK) Ökonomie 204 (1)
Peparethos *Lat.* Peparethus *Insel/Siedlung* Mittelmeer (Ägäis) Antike Griechen 177 (2)
Pequot *Volk* Nordamerika Kolonialismus 126 (1)
Pera Südosteuropa (Türkei) Handel im Mittelalter 190–191 (1)
Peraia *Region/Provinz* Südosteuropa (Türkei) Antike Griechen 179 (4)
Perak *Region* Mar. Südostasien Kolonialismus 247 (4)
Perath Südwestasien (Irak) Weltreligionen 48 (1)
Pereira Südamerika (Kolumbien) Drogenhandel 153 (5)
Pereyaslav Osteuropa (Ukraine) Mongolen 68–69 (1)
Pereyaslavl' Osteuropa (Russ. Föderation) Mongolen 68–69 (1)
Pergamon *Lat.* Pergamum, *Türk.* Bergama Südwestasien (Türkei) Antike Griechen 177 (2), 179 (4) Antikes Rom 179 (5), 180–181 (1), 224 (2) Die Welt 250 v.Chr. 38–39 Frühe Religion 37 (3) Hellenist. Welt 40–41 (1), 41 (2), 224 (1) Weltreligionen 48 (1), 226 (1)
Pergamum *siehe* Pergamon
Perge Südwestasien (Türkei) Hellenist. Welt 40–41 (1) Weltreligionen 48 (1)
Périgueux *ant.* Vesuna Westeuropa (Frankr.) Mittelalterliche Staaten 187 (4)
Perinthos *Lat.* Perinthus Südosteuropa (Griech.) Antike Griechen 177 (2)
Perleberg Mitteleuropa (Deutschland) Bronzezeit 175 (3)
Perm' Osteuropa (Russ. Föderation) Kolonialismus 269 (3) Ökonomie 205 (4) UdSSR 208 (2), 215 (4)
Pernambuco *var.* Mauritsstad, *mod.* Recife Südamerika (Brasilien) Sklavenhandel 84–85 (1) Staatenbildung 151 (3) *siehe auch* Recife
Pernambuco *Region* Südamerika Kolonialismus 149 (3)
Pernau *Russ.* Pernov, *mod.* Pärnu Osteuropa (Estland) Frühe Neuzeit 195 (3) Mittelalterliche Staaten 189 (3)
Pernov *siehe* Pernau
Péronne Westeuropa (Frankr.) EWK 206 (2), (3)
Perote Mittelamerika (Mexiko) Frühe Kulturen 122 (1)
Pérouse *siehe* Perugia, Perusia
Peroz-Shapur *Schlacht* Südwestasien (Irak) Antikes Persien 225 (6)
Perpignan Westeuropa (Frankr.) Frühe Neuzeit 197 (5) Handel im Mittelalter 190–191 (1)
Perryville Nordamerika (USA) US-Bürgerkrieg 131 (6)
Persepolis Südwestasien (Iran) Antikes Persien 223 (4), 225 (6) Antikes Rom 224 (2), 225 (5) Erkundung 218 (1), (2), 219 (3) Handel d. Antike 44 (2), 44–45 (1), 225 (3) Hellenist. Welt 224 (1) Schrift & Zahl 223 (3), 32 (1), 33 (2), (3) Völkerwanderung 261 (6)
Perser *Volk* Südwestasien Frühe Reiche 222 (2) Islam 275 (5)
Persicus, Sinus *Meer* Südwestasien Erkundung 218 (1) Handel d. Antike 44 (2), 44–45 (1)
Persien *Region/Staat* Südwestasien Antikes Rom 224 (2) Arabien im 20. Jh. 233 (3), (4) Biol. Austausch 72–73 (1) Die Welt 1850 90–91 Erkundung 218 (1), (2), 219 (3) EWK 206 (1), 233 (2) Islam 56–57 (1), 57 (2) Imperialismus 97 (4) Frühe Religion 36 (1) Handel 230 (2), 267 (3) Handel d. Antike 44–45 (1) Islam 226 (3), 227 (4), (5) Kolonialismus 269 (3) Kommunismus 271 (8) Kreuzzüge 65 (1) Mongolen 229 (3) Osmanen 232–233 (1) Reiche & Revolutionen 88–89 (2) Seldschuken 228 (1) Schrift & Zahl 223 (3) Sklavenhandel 84–85 (1) Timur 229 (4) Völkerwanderung 261 (6) Weltreligionen 226 (1) ZWK 104 (1)
Persis *Provinz* Südwestasien Antikes Persien 223 (4) Handel d. Antike 44 (2) Hellenist. Welt 40–41 (1), 224 (1)
Persischer Golf *Lat.* Persicus Sinus, *Arab.* Khalīj al 'Arabī, *Per.* Khalīj-e Fars Südwestasien Antikes Persien 225 (6) Antikes Rom 224 (2), 225 (5) Arabien im 20. Jh. 233 (3), (4), 235 (5) Biol. Austausch 72–73 (1) Eiszeit 217 Erkundung 218 (2), 219 (3), (4), 239 (1) Erste Städte 25 (3), 220 (2) EWK 233 (2) Frühe Kulturen 221 (4), Frühe Reiche 222 (2) Handel 230 (2), 267 (3) Handel d. Antike 225 (3) Hellenist. Welt 40–41 (1), 224 (1) Islam 56–57 (1), 226 (3), 227 (4) Mongolen 68–69 (1), 229 (3) Ökonomie 234 (1) Osmanen 231 (3), 232–233 (1) Safawiden 231 (4) Seldschuken 228 (1) Timur 229 (4) Weltreligionen 226 (1) *siehe auch* Persicus Sinus
Persisches Reich *Staat* Südwestasien Antike Griechen 177 (2), (3) Antikes Persien 223 (4) Erste Hochkulturen 176–177 (1)
Persische Tore *Pass* Südwestasien Hellenist. Welt 40–41 (1)
Perth Brit. Inseln (UK) Mittelalterliche Staaten 186 (2)
Perth Australien Erkundung 279 (2) Kolonisation 282 (1) Ökonomie 285 (2) Staatenbildung 283 (3)
Peru *Staat* Südamerika Aufstieg der USA 133 (4) Die Welt 1850 90–91 passim Drogenhandel 138 (1), 153 (5), 152 (1) Globale Migration 101 (2), (3) Heutige Welt 112 (1), 113 (4) Kalter Krieg 109 (1) Ökonomie 153 (3), (4) Reiche & Revolutionen 88–89 (2) Staatenbildung 150 (1), (2), 151 (3), (4) ZWK 105 (3) *siehe auch* Peru, Vizekönigreich
Peru, Vizekönigreich *Kolonie* Südamerika Die Welt 750 54–55 passim Kolonialismus 81 (3), 148 (2) Sklavenhandel 84–85 (1) Staatenbildung 150 (1) *siehe auch* Peru
Perugia Ital. Hbl. Franken 184 (2) Frühe Neuzeit 193 (4) Handel im Mittelalter 190–191 (1) Mittelalterliche Staaten 183 (4), 187 (3), 188 (1)
Perugia-See *siehe* Lacus Trasimenus
Perusia *mod.* Perugia, *Frz.* Pérouse Ital. Hbl. Antikes Rom 178 (1), (2), 179 (3), 180–181 (1) *siehe auch* Perugia
Perwali Zentralasien (Afghanistan) Erkundung 256 (1)
Pescadores *Archipel* Taiwan Kolonialismus 247 (4) ZWK 272 (1), 273 (2)
Peshawar Südasien (Pakistan) Dekolonisation 250 (1) Die Welt 250 46–47 Erkundung 256 (1) Nachkriegszeit 252 (1), 253 (5) Ökonomie 249 (4) Weltreligionen 49 (3)
Peshwa *Region* Südasien Marathen 246 (2)
Pessinus *rel. Stätte* Südwestasien (Türkei) Frühe Religion 37 (3)
Pest Mitteleuropa (Ungarn) Mittelalterliche Staaten 185 (3) Mongolen 68–69 (1) Napoleon 200–201 (1), 201 (2) Ökonomie 198 (1) Osmanen 197 (4) Reiche & Revolutionen 202 (1) *siehe auch* Budapest
Petapoli *siehe* Nizampatam
Petatlan Mittelamerika (Mexiko) Frühe Kulturen 122 (1)
Peten *Landschaft* Mittelamerika Frühe Kulturen 122 (2)
Peterborough *ehem.* Medeshamstede Brit. Inseln (UK) Ökonomie 204 (1)
Petersburg Nordamerika (USA) Staatenbildung 127 (3) US-Bürgerkrieg 131 (7)
Petersburg, Siege of *Schlacht* Nordamerika (USA) US-Bürgerkrieg 131 (7)
Peterwardein *siehe* Petrovaradin
Petlacalco *Staat* Mittelamerika Azteken 124 (1)
Petra Südwestasien (Jordanien) Antikes Rom 180–181 (1) Erkundung 219 (4) Handel d. Antike 44–45 (1), 225 (3) Schrift & Zahl 223 (3) Spätantike 161 (3), (4), (5) Weltreligionen 48 (1), 226 (1)
Petralona *arch. Stätte* Südosteuropa (Griech.) Frühmensch 13 (2)
Petroglyph Canyons *arch. Stätte* Nordamerika (USA) Präkolumbische Kulturen 123 (4)
Petrograd *Finn.* Pietari, *ehem./mod. Russ.* Sankt-Peterburg, *Dtsch.* St. Petersburg Osteuropa (Russ. Föderation) EWK 207 (4) UdSSR 208 (2) *siehe auch* Leningrad, St. Petersburg
Petropavlovsk *mod.* Petropavlovsk-Kamchatskiy Sibirien (Russ. Föderation) Erkundung 257 (2) Früher Ackerbau 258 (1) Kolonialismus 269 (3)
Petropavlovsk-Kamchatskiy *siehe* Petropavlovsk
Petrosawodsk *siehe* Petrozavodsk
Petroskoi *siehe* Petrozavodsk
Petrovaradin *var. Dtsch.* Peterwardein *Schlacht* Südosteuropa (Jugoslawien) Osmanen 197 (4)
Petrozavodsk *var.* Petrosawodsk *Finn.* Petroskoi Osteuropa (Russ. Föderation) UdSSR 208 (2)
Petsamo Osteuropa (Russ. Föderation) ZWK 210 (1), 211 (4)
Petschenegen *Volk* Osteuropa Mittelalterlicher Staaten 185 (3)
Pettau *siehe* Poetovio
Peucetii *Dtsch.* Peuketier *Volk* Ital. Hbl. Antikes Rom 178 (1), (2)
Peuketier *siehe* Peucetii
Pevek Sibirien (Russ. Föderation) Erkundung 287 (2)
Pevensey Brit. Inseln (UK) Mittelalterliche Staaten 186 (2)
Pfalz *siehe* Kurpfalz
Pfefferküste *Eng.* Windward Coast *Landschaft* Westafrika Islam 162 (1) Sklavenhandel 165 (4)
Phaestus *siehe* Phaistos
Phaistos *Lat.* Phaestus Kreta (Griech.) Altes Ägypten 159 (5) Bronzezeit 175 (3) Erste Hochkulturen 175 (4) Urbane Zivilisationen 28–29 (1)
Phalaborwa *arch. Stätte* Südl. Afrika (Südafrika) Frühe Kulturen 160 (1)
Phalerische Mauer *Stadtmauer* Südosteuropa (Griech.) Stadtplan des antiken Athen 177 (4)
Phanagoria Osteuropa (Russ. Föderation) Erste Hochkulturen 176–177 (1)
Phan Thiet *Schlacht* Südostasien (Vietnam) Vietnam-Krieg 251 (5)
Pharus *siehe* Hvar
Phaselis Südwestasien (Türkei) Antike Griechen 177 (2) Erste Hochkulturen 176–177 (1)
Phasis Südwestasien (Georgien) Erste Hochkulturen 176–177 (1) Hellenist. Welt 40–41 (1)
Phayao *Staat* Kont. Südostasien Die Welt 1300 66–67
Phazania *siehe* Fezzan
Philadelphia Nordamerika (USA) Aufstieg der USA 129 (2), 132 (1) Erkundung 119 (2), (3) Kalter Krieg 108 (2) Kolonialismus 126 (1), 127 (2) Ökonomie 134 (1), (3) Staatenbildung 127 (3) US-Bürgerkrieg 130 (5), 131 (6), (7) US-Gesellschaft 135 (6), 137 (6) Weltwirtschaft 93 (5)
Philadelphia Südwestasien (Syrien) Hellenist. Welt 41 (2)
Philadelphia Südwestasien (Türkei) Mittelalterliche Staaten 189 (4) Weltreligionen 48 (1)
Philippinen *Archipel/Staat* Aufstieg der USA 133 (4) Bronzezeit 240 (3) China nach 1949 275 (3) Chinesische Revolution 274 (1) Dekolonisation 251 (4), 285 (3) Die Welt 1600 78–79 passim Eiszeit 236–237 (1), 276–277 Erkundung 80–81 (1), 239 (1), (2), 279 (3) Frühe Kulturen 280–281 (3) Früher Ackerbau 20–21 (2) Globale Migration 101 (3) Handel 267 (3) Handel d. Antike 44–45 (1) Heutige Welt 113 (3), (4) Imperialismus 97 (3), (4), 270 (2), 284–285 (1) Islam 243 (6) Kalter Krieg 109 (1) Kolonialismus 81 (3), 269 (4) Nachkriegszeit 253 (4), (5) Ökonomie 285 (2) Reiche & Revolutionen 88 (1), 88–89 (2) Sklavenhandel 84–85 (1) Tigerstaaten 275 (4) ZWK 104 (1), 250–251 (3), 272 (1), 273 (2)
Philippinen-See *Schlacht* Pazifik ZWK 273 (2)
Philippopel *ant.* Philippopolis, *mod.* Plovdiv Südosteuropa (Bulgarien) Osmanen 203 (4) *siehe auch* Philippopolis
Philippopolis *ehem.* Philippopel, *mod.* Plovdiv Südosteuropa (Bulgarien) Antikes Rom 180–181 (1) Hellenist. Welt 40–41 (1), 41 (2) Mittelalterliche Staaten 182 (2) Spätantike 182 (1) Völkerwanderung 52–53 (1) *siehe auch* Philippopel
Philippsburg Mitteleuropa (Deutschland) Frühe Neuzeit 197 (5)
Philister *Volk/Staat* Südwestasien Frühe Reiche 222 (1)
Phnom Penh *ehem.* Caturmukha, *var.* Phnum Penh Südostasien (Kambodscha) Imperialismus 97 (3) Kolonialismus 247 (4), 248 (1), 269 (4) Vietnam-Krieg 251 (5), 253 (5) ZWK 250–251 (3) *siehe auch* Caturmukha
Phnum Penh *siehe* Caturmukha, Phnom Penh
Phocaea *siehe* Focia, Phokaia
Phoenix Nordamerika (USA) Aufstieg der USA 129 (2)
Phoenix Islands *Archipel* Pazifik Erkundung 279 (3) Frühe Kulturen 280–281 (3) Imperialismus 284–285 (1) Ökonomie 285 (2)
Phokaia *Lat.* Phocaea, *ma.* Focia, *mod.* Foça Südwestasien (Türkei) Antike Griechen 177 (2), (3) Erste Hochkulturen 176–177 (1) *siehe auch* Focia
Phongsali *siehe* Phong Saly
Phong Saly *mod.* Phongsali *Region* Kont. Südostasien Vietnam-Krieg 251 (5)
Phöniker *var.* Phönizier, *Gr.* Phoinikoi, *Bibl.* Kanaaniter *Volk/Kultur* Mittelmeer Die Welt 750 v.Chr. 30–31 Die Welt 250 v.Chr. 38–39 Frühe Religion 36 (1) *siehe auch* Phönikien, Carthago
Phönikien *Gr.* Phoinikia, *Lat.* Phoenicia *Provinz/Staat* Südwestasien Antikes Rom 225 (4) Erste Hochkulturen 176–177 (1) Frühe Reiche 222 (1), (2) Hellenist. Welt 40–41 (1) *siehe auch* Israel, Judäa, Levante, Palästina
Phönizier *siehe* Phöniker, Phönikien, Carthago
Phopo Hills *arch. Stätte* Südl. Afrika (Malawi) Frühe Kulturen 160 (1)
Phra Nakhon Si Ayutthaya *siehe* Ayutthaya
Phryger *Volk* Südwestasien Frühe Reiche 221 (5)
Phrygien *var.* Phrygia *Staat/Region* Südwestasien Antike Griechen 177 (3) Die Welt 750 v.Chr. 30–31 Erste Hochkulturen 176–177 (1) Frühe Reiche 222 (2) Hellenist. Welt 224 (1)
Phuket *var.* Bhuket, Puket, *ehem.* Junkseylon, Salang, *Mal.* Ujung Salang, Südostasien (Thailand) Kolonialismus 247 (4), 248 (1)
Phuoc Long *Schlacht* Südostasien (Vietnam) Vietnam-Krieg 251 (5)
Phylakopi Südosteuropa (Griech.) Erste Hochkulturen 175 (4)
Pi *Provinz* Ostasien Frühe Reiche 259 (3)
Piacenza Ital. Hbl. Handel im Mittelalter 190–191 (1) Mittelalterliche Staaten 187 (3), 188 (1)
Piauí *Region* Südamerika Kolonialismus 149 (3)
Piave *Fluss* Ital. Hbl. EWK 207 (5)
Picardie *Region* Westeuropa (Frankr.) Frühe Neuzeit 197 (5)
Picentes *Volk* Ital. Hbl. Antikes Rom 178 (1), (2)
Piedmont *siehe* Piemont
Piedras Negras *var.* Porfirio Díaz Mittelamerika (Mexiko) Frühe Kulturen 122 (2) *siehe auch* Porfirio Díaz
Piemont *Ital.* Piemonte, *Eng.* Piedmont *Region/Staat* Ital. Hbl. Die Welt 1800 86–87 Reiche & Revolutionen 199 (4), 203 (3) *siehe auch* Italienische Fürstentüme
Piemonte *siehe* Piemont
Pien *siehe* Bian
Pienchou *siehe* Bianzhou
Pierre Nordamerika (USA) Aufstieg der USA 129 (2)
Pietari *siehe* Leningrad, Petrograd, St. Petersburg
Pietermaritzburg Südl. Afrika (Südafrika) Imperialismus 96 (2) Migrationen 166 (2)
Pietersburg Südl. Afrika (Südafrika) Migrationen 166 (2)
Pieve di Cadore Ital. Hbl. EWK 207 (5)
Pijijiapan Mittelamerika (Mexiko) Frühe Kulturen 121 (2)
Pikes Peak *Grabhügel* Nordamerika (USA) Frühe Kulturen 121 (4)
Pikilacta Südamerika (Peru) Frühe Reiche 146 (1)
Pikimachay Südamerika (Peru) Die Welt 10 000 v.Chr. 14–15
Pikten, Königreiche der *Staat* Britische Inseln Die Welt 750 54–55 Mittelalterliche Staaten 183 (3)
Pikten *Lat.* Picti *Volk* Britische Inseln Antikes Rom 181 (4) Mittelalterliche Staaten 182 (2) Spätantike 182 (1) Völkerwanderung 52–53 (1)
Pilcomayo *Fluss* Südamerika Kolonialismus 148 (2) Ökonomie 153 (3) Politik nach 1930 152 (2)
Pilica *Fluss* Mitteleuropa EWK 207 (4)
Pima *Volk* Mittelamerika/Nordamerika Die Welt 1600 78–79 Kolonialismus 125 (4)
Pima Bajo *Volk* Mittelamerika Kolonialismus 125 (4)
Pinciacum *siehe* Poissy
Ping Ostasien (China) Frühe Reiche 259 (5)
Pingcheng Ostasien (China) Frühe Reiche 261 (3) Mittelalterliche Staaten 261 (4)
Pingkiang *siehe* Harbin
Pingyang Ostasien (China) Frühe Reiche 259 (5)
Pinkiang *siehe* Harbin
Pins, Île des *Insel* Pazifik Erkundung 60 (2) Frühe Kulturen 280–281 (3)
Pinsk Osteuropa (Belorussland) EWK 207 (4)
Pinson *Grabhügel* Nordamerika (USA) Frühe Kulturen 121 (4)
Pinyang Ostasien (China) Frühe Religion 37 (4)
Piombino *Staat* Ital. Hbl. Napoleon 201 (2)
Pipli Südasien (Indien) Ökonomie 247 (3)
Pi-Ramesse Ägypten Altes Ägypten 159 (5) Urbane Zivilisationen 28–29 (1)
Pirapora Südamerika (Brasilien) Staatenbildung 151 (3)
Pirincay *Volk* Südamerika Die Welt 500 v.Chr. 34–35 Die Welt 250 v.Chr. 38–39
Pirineos *siehe* Pyrenäen
Pirot Südosteuropa (Serbien) EWK 207 (6)
Pisa *var.* Pisae Ital. Hbl. Die Welt 1200 62–63 Erkundung 61 (3) Frühe Neuzeit 193 (4) Franken 184 (2) Handel im Mittelalter 190–191 (1) Mittelalterliche Staaten 185 (3), 187 (3), (5), 188 (1) Wikinger 60–61 (1) *siehe auch* Pisae
Pisae *mod.* Pisa Ital. Hbl. Antikes Rom 178 (1), (2), 179 (3), 180–181 (1) *siehe auch* Pisa
Pisagua Südamerika (Chile) Staatenbildung 151 (3) (4)
Pisco Südamerika (Peru) Staatenbildung 151 (3)
Pishpek *siehe* Bishkek
Pisidia *Region/Staat* Südwestasien Antikes Rom 179 (5) Hellenist. Welt 40–41 (1)
Pistoia *ant.* Pistoria, Pistoriæ Ital. Hbl. Handel im Mittelalter 190–191 (1)
Pistoria *siehe* Pistoia
Pistoriæ *siehe* Pistoia
Pitcairn Island *Insel* Pazifik Dekolonisation 285 (3) Erkundung 278 (1) Imperialismus 284–285 (1)
Pithecusae *Insel* Ital. Hbl. Antikes Rom 178 (1)
Pithekusai *Lat.* Pithecusae Ital. Hbl. Erste Hochkulturen 176–177 (1)
Pit River *Schlacht* Nordamerika (USA) Aufstieg der USA 129 (2)
Pitsane *var.* Pitsani Südl. Afrika (Botswana) Imperialismus 96 (2)
Pitsani *siehe* Pitsane
Petschenegen *Volk* Südosteuropa Kreuzzüge 64–65 (2)
Pittsburgh Nordamerika (USA) Ökonomie 134 (1), (3) US-Gesellschaft 135 (6)
Pittsburg Landing *var.* Shiloh *Schlacht* Nordamerika (USA) US-Bürgerkrieg 131 (6) *siehe auch* Shiloh
Pityusae *var.* Pityussae *Archipel* Iberische Hbl. Antikes Rom 179 (3)
Pityussae *siehe* Pityusae
Pitzuwo *siehe* Piziwo
Piura Südamerika (Peru) Inka 147 (3) Drogenhandel 153 (5)
Piura *Fluss* Südamerika Frühe Kulturen 145 (4), Frühe Reiche 146 (1)
Piziwo *var.* Pitzuwo Ostasien (China) Imperialismus 270 (4)
Placentia *mod.* Piacenza Ital. Hbl. Antikes Rom 179 (3), 180–181 (1) *siehe auch* Piacenza
Placentia Bay Nordamerika (Kanada) ZWK 104 (2)
Plains-Dörfer *Region* Nordamerika Die Welt 1400 70–71 Die Welt 1500 74–75
Planalto Central *siehe* Brasilianisches Bergland
Planina, Stara *siehe* Balkan Mountains
Plassey Südasien (Indien) Die Welt 1800 86–87 Reiche & Revolutionen 88 (1)
Plataia Südosteuropa (Griech.) Antikes Persien 223 (4) Erste Hochkulturen 176–177 (1)
Plata, Río de la *siehe* Plate, River
Plateau *Region* Nordamerika Früher Ackerbau 120 (1)
Platte Bridge *Schlacht* Nordamerika (USA) Aufstieg der USA 129 (2)
Platte *Fluss* Nordamerika Präkolumbische Kulturen 123 (5)
Playa de los Muertos Mittelamerika (Honduras) Frühe Kulturen 121 (2)
Pleiku *Schlacht* Südostasien (Vietnam) Vietnam-Krieg 251 (5)
Plenty, Bay of *Bucht* Neuseeland Kolonisation 283 (5)
Plesetsk Osteuropa (Russ. Föderation) UdSSR 215 (4)
Pleskau *siehe* Pskov
Pleskava *siehe* Pskov
Pleven *siehe* Plevna
Plevna *mod.* Pleven Südosteuropa (Bulgarien) EWK 207 (6) Osmanen 203 (4)
Plezzo *siehe* Flitsch
Plock Mitteleuropa (Polen) Mittelalterliche Staaten 189 (4)
Ploeşti Südosteuropa (Rumänien) ZWK 210 (1), 211 (4)
Plovdiv *siehe* Philippopolis, Philippopel
Plymouth Brit. Inseln (UK) Ökonomie 204 (1) ZWK 210 (1)
Po *Fluss* Ital. Hbl. Erkundung 172 (1) Erste Hochkulturen 176–177 (1) EWK 207 (5) Franken 184 (2) Frühe Neuzeit 193 (4) Früher Ackerbau 174 (1) Handel im Mittelalter 190–191 (1) Kreuzzüge 64–65 (2) Kupferzeit 174 (2) Mittelalterliche Staaten 183 (4), 188 (1) Napoleon 201 (2) Völkerwanderung 52–53 (1)
Podgorica *ehem.* Titograd Südosteuropa (Jugoslawien) Europapolitik 215 (3)
Podolia *var.* Podolien *Region/Staat* Mitteleuropa/ Osteuropa Osmanen 197 (4) Reiche & Revolutionen 198 (2)
Poduca Südasien (Indien) Handel d. Antike 44–45 (1)
Poetovio *mod.* Ptuj, *Ger.* Pettau Mitteleuropa (Slowenien) Weltreligionen 48 (1)
Pohai *siehe* Bohai
Pohang *Jap.* Hokō Ostasien (Süd-Korea) Kalter Krieg 109 (4)
Pohjanlahti siehe Bottnischer Meerbusen
Pohnpei *ehem.* Ponape, Ponape Ascension Island, siehe auch Ponape *Insel* Pazifik Ökonomie 285 (2)
Poictiers *siehe* Poitiers
Poike *Landschaft* Pazifik Frühe Kulturen 281 (4)
Point Barrow Nordamerika (USA) Präkolumbische Kulturen 123 (3)
Point de Galle *siehe* Galle
Pointe-Noire Zentralafrika (Kongo) Ökonomie 168 (2)
Poissy *ant.* Pinciacum Westeuropa (Frankr.) Mittelalterliche Staaten 192 (1)
Poitiers Westeuropa (Frankr.) Islam 56–57 (1) Mittelalterliche Staaten 192 (1)
Poitou *Region* Westeuropa (Frankr.) Frühe Neuzeit 197 (5)
Polada Ital. Hbl. Bronzezeit 175 (3)
Polar Inuit *Volk* Nordamerika Präkolumbische Kulturen 123 (3)
Polarmeer *var.* Arktischer Ozean *Ozean* Aufstieg der USA 129 (2), 132 (1), 133 (4) Eiszeit 254–55 (1) Erkundung 257 (2) Globale Migration 100 (1) Kalter Krieg 109 (1) Kolonialismus 269 (3) Mittelalterliche Staaten 185 (3) Präkolumbische Kulturen 123 (3) Reiche & Revolutionen 88 (1), 88–89 (2) Supermacht USA 138 (1) UdSSR 213 (4) ZWK 211 (4)
Polen *Poln.* Polska *off.* Rzeczpospolita Polska *Staat* Mitteleuropa Drogenhandel 113 (4) Europapolitik 214 (1), (2) Heutige Welt 112 (2) Kalter Krieg 108 (3), 109 (1) Nachkriegszeit 212 (1), (3), 213 (5) Reiche & Revolutionen 88–89 (2) UdSSR 208 (2), 213 (4) Zwischenkriegszeit 208 (1), 209 (3), (5) ZWK 104 (1) *siehe auch* Polen, Königreich
Polen, Königreich *Staat/Region* Mitteleuropa Biol. Austausch 72–73 (1) Die Welt 1000 58–59 passim EWK 207 (4) Frühe Neuzeit 194 (1) Kreuzzüge 64–65 (2), 186 (1) Mittelalterliche Staaten 185 (3) Osmanen 195 (4), 230 (1) Reformation 196 (1), (2) Reiche & Revolutionen 199 (3), 202 (1) 203 (2) Wikinger 60–61 (1) ZWK 211 (3) *siehe auch* Polen
Polen-Litauen *Staat* Mitteleuropa/ Osteuropa Die Welt 1600 78–79 passim Frühe Neuzeit 193 (4), 195 (3) Osmanen 231 (3) Reformation 194 (2) *siehe auch* Polen, Königreich
Po-Li *Reich* Mar. Südostasien Antikes Indien 241 (6)
Polnische Fürstentümer *d.i.* Groß-Polen, Klein-Polen, Masowien, Sandomirz *Staat* Mitteleuropa Handel im Mittelalter 190–191 (1) Mongolen 68–69 (1) *siehe auch* Polen, Königreich
Polonnaruwa Südasien (Sri Lanka) Mittelalterliche Staaten 244–245 (3) Weltreligionen 49 (3)
Polotsk Osteuropa (Belorussland) Mittelalterliche Staaten 189 (3)
Polovtsy *siehe* Cumans
Polska *siehe* Polen
Poltava *var.* Poltawa Osteuropa (Ukraine) UdSSR 208 (2)
Poltoratsk *siehe* Ashgabat, Ashkhabad
Polyanitsa *arch. Stätte* Südosteuropa (Bulgarien) Kupferzeit 174 (2)
Polychrome *Region* Südamerika Frühe kulturen 145 (2)
Polygar-Reiche *var.* Poygars *Staat* Südasien Die Welt 1600 78–79 passim
Polynesien *Archipel* Pazifik Die Welt 750 54–55 Frühe Kulturen 280–281 (3) Imperialismus 284–285 (1)
Pomata Südamerika (Bolivien) Inka 147 (3)
Pomerania *siehe* Pommern
Pomerellen *später* Hinterpommern *Region/Staat* Mitteleuropa Frühe Neuzeit 193 (4), 195 (3) Mittelalterliche Staaten 185 (3) *siehe auch* Hinterpommern
Pommern *var.* Pomerania *Region/Staat* Mitteleuropa Kreuzzüge 186 (1) Mittelalterliche Staaten 188 (1), 189 (3) Reiche & Revolutionen 198 (2), 203 (2)
Pommern *ehem.* Pomoranen *Volk* Mitteleuropa Kreuzzüge 64–65 (2) *siehe auch* Pomoranen
Pomoranen *Volk* Mitteleuropa Franken 184 (2)
Pompaelo *siehe* Pamplona
Pompeii Ital. Hbl. Die Welt 250 46–47
Pompeiopolis Südwestasien (Türkei) Antikes Rom 180–181 (1)
Ponape *mod.* Pohnpei, *ehem.* Ascension Island *Insel* Pazifik Erkundung 60 (2) Frühe Kulturen 280–281 (3) *siehe auch* Pohnpei
Pondicherry Südasien (Indien) Dekolonisation 250 (1), 251 (4) Die Welt 1700 82–83 passim Kolonialismus 248 (1), (2) Nachkriegszeit 252 (1) Ökonomie 247 (3) Reiche & Revolutionen 88 (1), 88–89 (2) ZWK 250–251 (3)
Pondicherry *Kolonie* Südasien Kolonialismus 269 (4)
Pondichéry *siehe* Pondicherry
Pondo *var.* Mpondo *Volk* Südl. Afrika Die Welt 1850 90–91
Pons Aelii *siehe* Newcastle-upon-Tyne
Pons Saravi Westeuropa (Frankr.) Weltreligionen 48 (1)
Pontebba Ital. Hbl. EWK 207 (5)
Ponthion Westeuropa (Frankr.) Franken 184 (2)
Pontiae *Insel* Ital. Hbl. Antikes Rom 178 (1)
Pontianuntum Ital. Hbl. Weltreligionen 48 (1)
Pontigny Westeuropa (Frankr.) Mittelalterliche Staaten 187 (3)
Pontnewydd *arch. Stätte* Brit. Inseln (UK) Frühmensch 13 (2)
Pontos *Lat.* Pontus *Staat/Provinz* Südwestasien Antikes Rom 179 (5), 181 (4), 225 (5) Die Welt 250 v.Chr. 38–39 Die Welt 1 n.Chr. 42–43 Hellenist. Welt 224 (1) Weltreligionen 48 (1)
Pontos Euxinos *siehe* Schwarzes Meer
Pony Express Route *Postroute* Nordamerika Aufstieg der USA 129 (2)
Poona *mod.* Pune Südasien (Indien) Dekolonisation 250 (1) Kolonialismus 248 (1) Marathen 246 (2) Ökonomie 249 (4) Weltwirtschaft 93 (5) *siehe auch* Pune
Poopó, Lago *siehe* Poopō-See
Poopó-See *Span.* Lago Pampa Aullagas, Lago Poopó *See* Südamerika Kolonialismus 148 (2) Frühe Reiche 146 (1) Inka 147 (3) Staatenbildung 151 (4)
Popo *Staat* Westafrika Die Welt 1600 78–79
Popocatépetl *Vulkan* Mittelamerika Kolonialismus 125 (5)
Popayán Südamerika (Kolumbien) Drogenhandel 153 (5) Staatenbildung 150 (2)
Popayán *Staat* Südamerika Die Welt 1200 62–63
Popo *Staat* Westafrika Frühe Neuzeit 164 (2)
Popotlan Mittelamerika (Mexiko) Azteken 124 (3)
Populonium Ital. Hbl. Antikes Rom 178 (1), (2) Erste Hochkulturen 176–177 (1)
Porakad Südasien (Indien) Ökonomie 247 (3)
Porfirio Díaz *ehem.* Piedras Negras Mittelamerika (Mexiko) Mexikan. Revolution 133 (3) *siehe auch* Piedras Negras
Porirua Neuseeland Kolonisation 283 (4)
Porkhov Osteuropa (Russ. Föderation) Frühe Neuzeit 195 (3)
Port Arthur *Chin.* Lü-shun, *Jap.* Ryojun Ostasien (China) Imperialismus 270 (2), (3), (4) Kolonialismus 269 (3), (4) ZWK 272 (1), 273 (2)
Port Arthur Australien Kolonisation 282 (1)
Port Augusta Australien Erkundung 279 (2) Kolonisation 282
Port-au-Prince Westindien (Haiti) Ökonomie 136 (2) Reiche & Revolutionen 89 (3)
Port Dalrymple *Straflager* Australien Kolonisation 282 (1)
Port Darwin *siehe* Darwin
Port-de-Paix Westindien (Haiti) Reiche & Revolutionen 89 (3)
Port Desire *siehe* Puerto Deseado
Port Elizabeth Südl. Afrika (Südafrika) Imperialismus 96 (2) Migrationen 166 (2), 166–167 (4) Ökonomie 168 (2)
Porter *Grabhügel* Nordamerika (USA) Frühe Kulturen 121 (4)
Porter *Region* Nordamerika Frühe Kulturen 121 (4)
Porter County *Region* Nordamerika
Port Essington Australien Erkundung 279 (2)
Port Florence *siehe* Kisumu
Port-Gentil Zentralafrika (Gabun) Ökonomie 168 (2)
Port Harcourt Zentralafrika (Nigeria) Ökonomie 168 (2)
Port Hedland Australien Erkundung 279 (2) Kolonisation 282 (1) Staatenbildung 283 (3)
Port Hudson Nordamerika (USA) US-Bürgerkrieg 131 (6)
Port Jackson *Hafen* Australien Erkundung 278 (1)
Port Láirge *siehe* Waterford
Portland Nordamerika (USA) Aufstieg der USA 132 (1) US-Gesellschaft 135 (6)
Portland Bay *Bucht* Australien Erkundung 279 (2)
Port Lincoln Australien Erkundung 279 (2) Kolonisation 282 (1)
Port Macquarie Australien Erkundung 279 (2) Kolonisation 282 (1) Ökonomie 285 (2)
Port Molyneux *Walfangstation* Neuseeland Kolonisation 283 (4)
Port Moresby Neuguinea (PNG) Imperialismus 97 (3) ZWK 104 (2), 250–251 (3), 272 (1), 273 (2)
Port Natal *siehe* Durban
Pôrto Alegre *var.* Porto Alegre Südamerika (Brasilien) Kolonialismus 148 (2), 149 (3) Ökonomie 153 (3) Staatenbildung 151 (3)
Porto Bello *siehe* Portobelo, Puerto Bello
Portobelo Mittelamerika (Panama) Kolonialismus 85 (2) Sklavenhandel 84–85 (1)
Port of Spain Westindien (Trinidad & Tobago) ZWK 104 (2)
Porto Novo Südasien (Indien) Afrika nach 1960 169 (4) Ökonomie 247 (3)
Porto Rico *siehe* Puerto Rico
Porto Seguro Südamerika (Brasilien) Kolonialismus 149 (4)
Porto Seguro *Region* Südamerika Kolonialismus 149 (3)
Porto Velho *var.* Velho Südamerika (Brasilien) Ökonomie 153 (3), (4) Politik nach 1930 152 (1)
Port Pegasus *Bucht* Neuseeland Kolonisation 283 (4)
Port Phillip Australien Kolonisation 282 (1)
Port Pirie Australien Kolonisation 282 (1)
Port Rex *siehe* East London
Port Royal Nordamerika (USA) US-Bürgerkrieg 131 (6), (7)
Port Royal Nordamerika (Jamaica) Kolonialismus 85 (2)
Port Said *Arab.* Būr Saʿīd Ägypten Arabien im 20. Jh. 234 (2) Ökonomie 168 (2) Osmanen 232–233 (1)
Portsmouth Brit. Inseln (UK) Ökonomie 204 (1)
Portsmouth *Grabhügel* Nordamerika (USA) Frühe Kulturen 121 (4)
Port Stephens Australien Kolonisation 282 (1)
Port Sudan Ostafrika (Sudan) Ökonomie 168 (2)
Portudal Westafrika (Senegal) Die Welt 1500 74–75 passim Islam 162 (1) Frühe Neuzeit 164 (2)
Portuensis, Via *Straße* Ital. Hbl. Stadtplan des antiken Rom 181 (2)
Portugal *ant.* Lusitania *off.* República Portuguesa *Staat* Iberische Hbl. Die Welt 1200 62–63 passim Drogenhandel 113 (4) Erkundung 80–81 (1) Europapolitik 214 (1) EWK 206 (1) Globale Migration 100 (1) Handel im Mittelalter 190–191 (1) Heutige Welt 112 (1), (2) Imperialismus 97 (4) Kalter Krieg 108 (3), 109 (1) Kreuzzüge 186 (1) Mittelalterliche Staaten 187 (3) Nachkriegszeit 212 (3), 213 (5) Napoleon 200–201 (1), 201 (2), (3) Ökonomie 205 (4) Osmanen 231 (3) Reconquista 192 (3) Reformation 194 (2) Reiche & Revolutionen 88 (1), 88–89 (2), 202 (1) Sklavenhandel 84–85 (1) Supermacht USA 138 (1) UdSSR 215 (4) Zwischenkriegszeit 208 (1), 209 (3), (4) ZWK 104 (1), 211 (4) *siehe auch* Lusitania
Portugiesisch-Ostafrika *mod.* Moçambique, *Dtsch.* Mosambik *Kolonie/Staat* Südl. Afrika Die Welt 1850 90–91 Imperialismus 97 (4) *siehe auch* Moçambique
Portugiesisch-Guinea *mod.* Guinea-Bissau, *Frz.* Guinée-Bissau, *Port.* Guiné-Bissau *Staat* Westafrika Imperialismus 96 (1) Kalter Krieg 109 (1) Kolonialismus 166–167 (4) *siehe auch* Guinea-Bissau
Portugiesisch-Timor *Kolonie/Staat* Südostasien Die Welt 1700 82–83 passim Imperialismus 97 (3) Reiche & Revolutionen 88–89 (2) ZWK 272 (1), 273 (2)
Portugiesisch-Westafrika *siehe* Angola
Portus Itius Westeuropa (Frankr.) Antikes Rom 180–181 (1)
Portus Magnus *arch. Stätte* Nordafrika (Algerien) Antikes Rom 180–181 (1)
Portus Magnus *siehe* Almería
Portus Namnetum Westeuropa (Frankr.) Antikes Rom 180–181 (1)
Port William *Walfangstation* Neuseeland Kolonisation 283 (4)
Posen *Lat.* Posnania, *Poln.* Poznań Mitteleuropa (Polen) Handel im Mittelalter 190–191 (1) Mittelalterliche Staaten 188 (1), 189 (3), (4) Reiche & Revolutionen 198 (2), 199 (3), 202 (1), 203 (2) *siehe auch* Poznań
Posen *Poln.* Poznań *Region* Mitteleuropa Reiche & Revolutionen 203 (2)
Posidonia Ital. Hbl. Erste Hochkulturen 176–177 (1)
Posnania *siehe* Posen, Poznań
Potano *Volk* Nordamerika Kolonialismus 126 (1)
Potchefstroom Südl. Afrika (Südafrika) Migrationen 166 (2)
Potidaia *Lat.* Potidaea Südosteuropa (Griech.) Antike Griechen 177 (2), (3) Erste Hochkulturen 176–177 (1)
Potomac *Fluss* Nordamerika Staatenbildung 127 (3)
Potosí Südamerika (Bolivien) Die Welt 1600 78–79 Erkundung 142 (1) 143 (2) Kolonialismus 148 (2) Sklavenhandel 84–85 (1) Staatenbildung 150 (1), 151 (3), (4)
Potrero Nuevo *arch. Stätte* Mittelamerika (Mexiko) Frühe Kulturen 121 (3)
Potsdam Mitteleuropa (Deutschland) Reiche & Revolutionen 199 (3)
Powder River *Schlacht* Nordamerika (USA) Aufstieg der USA 129 (2)
Powhatan *Volk* Nordamerika Kolonialismus 126 (1)
Powys *Region* Britische Inseln Mittelalterliche Staaten 183 (3)
Poyang Hu *See* Ostasien Frühe Neuzeit 266 (1) Frühe Reiche 259 (4), (5)
Poygars *siehe* Polygar-Reiche
Poznań *Lat.* Posnania, *Dtsch.* Posen Mitteleuropa (Polen) Frühe Neuzeit 193 (4) Mittelalterliche Staaten 188 (1), 189 (3), (4) *siehe auch* Posen
Pozo Almonte Südamerika (Chile) Staatenbildung 151 (4)
Pozsony *siehe* Preßburg
Prabang *siehe* Lan Chang
Prabhasa Südasien (Indien) Frühe Religion 242 (2)
Prachya *var.* Purva-Desha *Region* Südasien Frühe Reiche 241 (4) Frühe Religion 36 (2), 48 (2), 242 (1)
Praeneste Ital. Hbl. Antikes Rom 178 (1)
Praenestina, Via *Straße* Ital. Hbl. Stadtplan des antiken Rom 181 (2)
Praetorianer-Garde, Lager der *Lat.* Castra Praetoria *Gebäude* Ital. Hbl. Stadtplan des antiken Rom 181 (2)
Prag *Tschech.* Praha, *Poln.* Praga, *Eng./Frz.* Prague Mitteleuropa (Tschech. Rep.) Frühe Neuzeit 193 (4) Handel im Mittelalter 190–191 (1) Kalter Krieg 109 (1) Kreuzzüge 186 (1) Mittelalterliche Staaten 185 (3), 188 (1), 189 (3), (4) Nachkriegszeit 212 (3) Napoleon 200–201 (1), 201 (2), (3) Ökonomie 198 (1), 205 (4) Reformation 194 (2), 196 (1) Reiche & Revolutionen 199 (3), 202 (1), 203 (2) Sklavenhandel 84–85 (1) Zwischenkriegszeit 209 (5) ZWK 105 (3), 210 (1), 211 (4)
Praga *siehe* Prag
Prager Fenstersturz *Revolte* Mitteleuropa Reformation 196 (2)
Pragjyotisha *Region* Südasien Frühe Religion 242 (2)
Pragjyotishapura Südasien (Indien) Frühe Reiche 241 (4) Mittelalterliche Staaten 244 (1)
Praha *siehe* Prag
Prambanan Südostasien (Indonesien) Weltreligionen 243 (5)
Prärie-Indianer *Volk* Nordamerika Die Welt 250 46–47 passim
Prasodes Mare *Meer* Indischer Ozean Handel d. Antike 44 (2)
Prasum Promontorium *Kap* Ostafrika Handel d. Antike 44 (2)
Prathet Thai *siehe* Siam, Thailand
Pratichya *Region* Südasien Frühe Religion 36 (2), 242 (1)
Pratisthana Südasien (Indien) Frühe Reiche 241 (4) Frühe Religion 242 (2) Mittelalterliche Staaten 244 (1)
Pravarapura Südasien (Indien) Mittelalterliche Staaten 244 (1)
Prayaga Südasien (Indien) Frühe Religion 36 (2), 48 (2), 242 (2), (3) Frühe Reiche 241 (4) Mittelalterliche Staaten 244 (1) Weltreligionen 243 (4)
Predmostí Mitteleuropa (Slowakei) Die Welt 10 000 v.Chr. 14–15
Prenzlauer Berg Mitteleuropa (Deutschland) Nachkriegszeit 212 (2)
Preservation Bay *Bucht* Neuseeland Kolonisation 283 (4)
Presidente Stroessner *siehe* Ciudad del Este
Presidi, Stato Dei *Staat* Ital. Hbl. Reformation 194 (2)
Prespa-See *Gr.* Limni Prespa, *Alb.* Liqeni i Prespa *See* Südosteuropa (Serbien) EWK 207 (6)
Preßburg *mod.* Bratislava, *Ung.* Pozsony Mitteleuropa (Slowakei) Frühe Neuzeit 193 (4) Mittelalterliche Staaten 185 (3), 188 (1), 189 (4) *siehe auch* Bratislava
Preston Brit. Inseln (UK) Ökonomie 204 (1) Weltwirtschaft 93 (4)
Pretoria *var.* Epitoli, Tshwane Südl. Afrika (Südafrika) Afrika nach 1960 169 (4) Imperialismus 96 (2) Migrationen 166 (2) Ökonomie 168 (2)
Preußen *Lat.* Prussia, *var.* Brandenburg-Preußen *Staat* Mitteleuropa/ Osteuropa Die Welt 1600 78–79 passim Frühe Neuzeit 195 (3) Napoleon 200–201 (1), 201 (2), (3) Ökonomie 198 (1) Reformation 194 (2), 196 (1), (2) Reiche & Revolutionen 198 (2), 202 (1), 203 (2) *siehe auch* Ostpreußen, Westpreußen
Preußisch-Vorpommern *Region/Provinz* Mitteleuropa Reiche & Revolutionen 199 (3)
Preveza Südosteuropa (Griech.) Osmanen 231 (3)
Priene Südwestasien (Türkei) Antike Griechen 177 (2) Erste Hochkulturen 176–177 (1) Hellenist. Welt 40–41 (1)
Primorskiy Kray *siehe* Küsten-Provinz
Prince-Edouard, Île-du *siehe* Prince Edward Island
Prince Edward Island *Frz.* Île-du Prince-Edouard, *ehem.* Ile St Jean, *Eng.* Isle St John *Provinz* Nordamerika Aufstieg der USA 129 (2) Die Welt 90-91 Ökonomie 136 (2)
Prince of Wales Island *Insel* Nordamerika Weltwirtschaft 93 (3)
Prince's Island *siehe* Príncipe
Princeton Nordamerika (USA) Staatenbildung 127 (3)
Príncipe *var.* Príncipe Island, *Eng.* Prince's Island *Insel* Westafrika Erkundung 156 (3)
Príncipe Island *siehe* Príncipe
Pripjet *Beloruss.* Prypyats', *Ukr.* Pryp'yat' *Fluss* Osteuropa EWK 207 (4)
Pripjet-Sümpfe Osteuropa EWK 207 (4) Früher Ackerbau 174 (1) Napoleon 200–201 (1)
Prischtina *mod.* Priština Südosteuropa (Jugoslawien) Osmanen 197 (4), 203 (4)
Priština *var.* Prischtina Südosteuropa (Jugoslawien) Europapolitik 215 (3) EWK 207 (6) *siehe auch* Prischtina
Prizren *Alb.* Prizreni Südosteuropa (Jugoslawien) Europapolitik 215 (3) EWK 207 (6)
Prizreni *siehe* Prizren

Proconnesus siehe Prokonnesos
Progreso Mittelamerika (Mexiko) Mexikan. Revolution 133 (3)
Prokonnesos Lat. Proconnesus Südwestasien (Türkei) Antike Griechen 177 (2)
Prome Südostasien (Burma) Weltreligionen 243 (5), 49 (4)
Prospect Farm arch. Stätte Ostafrika (Kenya) Frühe Kulturen 160 (1)
Provence Lat. Provincia Region Westeuropa (Frankr.) Frühe Neuzeit 193 (4), 197 (5) Franken 183 (6), 184 (2) Mittelalterliche Staaten 192 (2)
Providence Nordamerika (USA) Aufstieg der USA 129 (2), 132 (1) Staatenbildung 127 (3)
Providence, Cape Kap Neuseeland Kolonisation 283 (4)
Provincias Unidas del Centro de América siehe Mittelamerika, Vereinigte Provinzen
Provins Westeuropa (Frankr.) Handel im Mittelalter 190–191 (1) Kreuzzüge 186 (1)
Prusa später Brusa, Brussa, mod. Bursa Südwestasien (Türkei) Antikes Rom 180–181 (1) siehe auch Brusa, Bursa
Prussen Volk Mitteleuropa Kreuzzüge 64–65 (2), 186 (1) Mittelalterliche Staaten 185 (3), 187 (3)
Prussia siehe Preussen
Prut siehe Pruth
Pruth var. Prut Fluss Osteuropa EWK 207 (4)
Pryp"yat' siehe Pripet
Prypyats' siehe Pripet
Przemyśl Mitteleuropa (Polen) EWK 207 (4) Nachkriegszeit 212 (3)
Przheval'sk siehe Karakol
Pskov var. Pskow, Pskowo, Dtsch. Pleskau, Lett. Pleskava Osteuropa (Russ. Föderation) EWK 207 (4) Frühe Neuzeit 195 (3) Handel im Mittelalter 190–191 (1) Mittelalterliche Staaten 189 (3) Nachkriegszeit 212 (3) UdSSR 208 (2)
Pskov var. Pskow, Pskowo, Dtsch. Pleskau, Lett. Pleskava Staat Osteuropa Die Welt 1400 70–71 passim Mittelalterliche Staaten 189 (3)
Ptolemäer-Reich Staat Ägypten/Südwestasien Antikes Rom 179 (5) Die Welt 250 v.Chr. 38–39 Hellenist. Welt 224 (1)
Ptolemais Südwestasien (Syrien) Antikes Rom 225 (4)
Ptolemais Nordafrika (Libyen) Antikes Rom 180–181 (1)
Ptolemais var. Akko Südwestasien (Israel) Weltreligionen 48 (1) siehe auch Akko
Ptuj siehe Poetovio
Pu'a Katiki Berg Pazifik Frühe Kulturen 281 (4)
Pucará Südamerika (Peru) Frühe Reiche 146 (1)
Pucará de Andalgalá Südamerika (Argentinien) Inka 147 (3)
Pu-chou siehe Puzhou
Puduchcheri siehe Pondicherry
Puebla var. Puebla de Zaragoza Mittelamerika (Mexiko) Kolonialismus 125 (4) Mexikan. Revolution 133 (3)
Puebla Staat Mittelamerika Aufstieg der USA 129 (2) Mexikan. Revolution 133 (3)
Puebla de Zaragoza siehe Puebla
Pueblo Grande arch. Stätte Nordamerika (USA) Präkolumbische Kulturen 123 (4)
Pueblo-Kulturen Volk Nordamerika Die Welt 750 54–55 passim
Puelche Volk Südamerika Die Welt 1600 78–79 Frühe Reiche 147 (2)
Puerto Bello var. Porto Bello, mod. Portobelo Mittelamerika (Panama) Staatenbildung 150 (2) siehe auch Portobelo
Puerto Cabello Südamerika (Venezuela) Staatenbildung 150 (1), (2)
Puerto Casado Fort Südamerika (Paraguay) Politik nach 1930 152 (2)
Puerto Deseado Eng. Port Desire Südamerika (Argentinien) Erkundung 143 (3)
Puerto Hormiga arch. Stätte Südamerika (Kolumbien) Frühe Kulturen 144 (1)
Puerto Montt Südamerika (Chile) Staatenbildung 151 (3)
Puerto Plata Westindien (Dominikanische Republik) Kolonialismus 85 (2)
Puerto Presidente Stroessner siehe Ciudad del Este
Puerto Príncipe mod. Camagüey Westindien (Cuba) Kolonialismus 85 (2)
Puerto Rico Kolonie/Insel Westindien Aufstieg der USA 133 (4) Die Welt 1850 90–91 passim Drogenhandel 113 (4) Eiszeit 140 Globale Migration 100 (1) Kalter Krieg 108 (2), 109 (1) Kolonialismus 85 (2), 125 (4), 126 (1) Supermacht USA 139 (5)
Puerto San Julián var. San Julián Südamerika (Argentinien) Erkundung 80–81 (1)
Puket siehe Phuket
Pulicat var. Pālghāt, Geldria Südasien (Indien) Die Welt 1700 82–83 Ökonomie 247 (3)
Pulinda Region/Staat Südasien Frühe Reiche 241 (5) Frühe Religion 242 (2)
Pumpo Südamerika (Peru) Inka 147 (3)
Punakha Südasien (Bhutan) Kolonialismus 248 (1)
Puna Pau arch. Stätte Pazifik Frühe Kulturen 281 (4)
Pundra Südasien (Bangladesh) Frühe Reiche 241 (4)
Pundra Region/Reich Südasien (Bangladesh) Frühe Religion 48 (2), 242 (2) Frühe Reiche 241 (5)
Pundravardhana Südasien (Bangladesh) Frühe Religion 242 (2) Mittelalterliche Staaten 244 (1)
Pune ehem. Poona Südasien (Indien) Nachkriegszeit 253 (5) siehe auch Poona
Punier var. Phöniker, Karthager, Karchedonier Nordafrika Die Welt 250 v.Chr. 38–39 siehe auch Phöniker
Punjab var. Pandschab ehem. Panjab Region/Staat Südasien Kolonialismus 248 (2), 249 (3) Nachkriegszeit 252 (1), 253 (4) Ökonomie 249 (4) Timur 229 (4) siehe auch Panjab
Punjab States Staat Südasien Kolonialismus 248 (2)
Punkuri arch. Stätte Südamerika (Peru) Frühe Kulturen 145 (3)
Punneikayal siehe Kayalapattinam, Kayalpatnam
Puno Südamerika (Peru) Staatenbildung 150 (1) 151 (4)
Punt Region/Staat Nordafrika (Ägypten/Sudan) Altes Ägypten 159 (5)
Punta Arenas ehem. Magallanes Südamerika (Chile) Ökonomie 153 (3) Staatenbildung 151 (3)
Punta de Angamos Schlacht Südamerika (Chile) Staatenbildung 151 (4)
Puntutjarpa Australien Frühe Kulturen 280 (1)
Pura mod. Iranshahr Südwestasien (Iran) Hellenist. Welt 40–41 (1)
Puranadhisthana var. Shrinagara Südasien (Indien) Frühe Reiche 241 (4)
Puri Südasien (Indien) Biol. Austausch 72–73 (1)
Puritjarra Australien Die Welt 10 000 v.Chr. 14–15
Purosottama-Puri Südasien (Indien) Weltreligionen 243 (4)
Purus Span. Río Purús Fluss Südamerika Frühe Kulturen 144 (1), 145 (2), (4), Frühe Reiche 146 (1) Kolonialismus 149 (3) Ökonomie 153 (3)
Purush Khaddum Südwestasien (Türkei) Frühe Kulturen 221 (4)
Purús, Río siehe Purus
Purva-Desha siehe Prachya
Pusan var. Busan, Jap. Fusan Ostasien (Süd-Korea) Frühe Neuzeit 267 (4) Handel 267 (3) Imperialismus 270 (3), (4) Kalter Krieg 109 (4) Tigerstaaten 275 (4)
Pushkalavati Südasien (Pakistan) Frühe Religion 242 (2)
Pushkar siehe Puskara
Pushkari arch. Stätte Osteuropa (Russ. Föderation) Die Welt 10 000 v.Chr. 14–15
Pusilha Mittelamerika (Mexiko) Frühe Kulturen 122 (2)
Puskara mod. Pushkar Südasien (Indien) Mittelalterliche Staaten 244 (1) Weltreligionen 243 (4)
Pusyabhuti Staat Südasien Mittelalterliche Staaten 244 (2)
Putan Maya Staat Mittelamerika Azteken 124 (1)
Puteoli Ital. Hbl. Antikes Rom 180–181 (1) Handel d. Antike 181 (3)
Puttalam Südasien (Sri Lanka) Ökonomie 247 (3)
Putumayo Region Südamerika Drogenhandel 153 (5)
Putumayo var. Rio Içá Fluss Südamerika Kolonialismus 148 (2) Frühe Kulturen 145 (4), Frühe Reiche 146 (1) Staatenbildung 150 (2), 151 (3) Ökonomie 153 (3) Inka 148 (1)
Puyang Ostasien (China) Frühe Religion 37 (4)
Puye arch. Stätte Nordamerika (USA) Präkolumbische Kulturen 123 (4)
Puyo Ostasien (Korea) Frühe Reiche 264 (1) Mittelalterliche Staaten 264 (2)
Puzhou var. Pu-chou Ostasien (China) Mongolen 68–69 (1)
Pydna Schlacht Südosteuropa (Griech.) Antike Griechen 179 (4)
Pygela Südwestasien (Türkei) Antike Griechen 177 (2)
Pylos Südosteuropa (Griech.) Antike Griechen 177 (3), 179 (4) Bronzezeit 175 (3) Erste Hochkulturen 175 (4) Schrift & Zahl 223 (3) Urbane Zivilisationen 28–29 (1)
Pyŏngyang ehem. Luolang, Var. P'yŏngyang-si Ostasien (Nord-Korea) Frühe Neuzeit 267 (4) Imperialismus 270 (3) Kalter Krieg 109 (4) Tigerstaaten 275 (4) Weltreligionen 49 (3) siehe auch Luolang
P'yŏngyang-si siehe Luolang, Pyŏngyang
Pyramid Lake Schlacht Nordamerika (USA) Aufstieg der USA 129 (2)
Pyrenaei Montes siehe Pyrenäen
Pyrenäen Eng. Pyrenees, Frz. Pyrénées, Span. Pirineos, Lat. Pyrenaei Montes Gebirge Westeuropa (Frankr./Iberische Hbl.) Antikes Rom 179 (3), 180–181 (1) Eiszeit 170 Erkundung 172 (1) Franken 184 (2) Frühe Neuzeit 197 (5) Frühmensch 17 (3), (4) Handel im Mittelalter 190–191 (1) Handel d. Antike 181 (3) Islam 56–57 (1), 57 (2) Kreuzzüge 64–65 (2), 186 (1) Mittelalterliche Staaten 185 (3) Napoleon 200–201 (1) Ökonomie 205 (4) Reconquista 192 (3) Völkerwanderung 52–53 (1) ZWK 210 (1), 211 (4)
Pyrenees, Pyrénées siehe Pyrenäen
Pyrrha Südosteuropa (Griech.) Antike Griechen 177 (2)
Pyu Region/Staat Kont. Südostasien Die Welt 750 54–55 Mittelalterliche Staaten 262–263 (1) Weltreligionen 49 (3), (4)

Q

Qābis siehe Gabès
Qadesh siehe Kadeš
Qadisiya Schlacht Südwestasien (Irak) Islam 56–57 (1)
Qafzeh arch. Stätte Südwestasien (Israel) Frühmensch 13 (2)
Qaidam Pendi Region Ostasien Erkundung 257 (3)
Qalat mod. Kalat Südasien (Pakistan) Mogul-Reich 246 (1) siehe auch Kalat
Qalat Staat Südasien Mogul-Reich 246 (1)
Qalhat siehe Kalhat
Qalqut var. Kalikod, mod. Calicut, Kozhikode Südasien (Indien) Mittelalterliche Staaten 244–245 (3), 245 (4) siehe auch Calicut
Qana siehe Cana
Qânâq siehe Thule
Qandahār siehe Kandahar, Qandhar, Alexandria Arachoton
Qandhar var. Qandahār, mod. Kandahar Südasien (Afghanistan) Mittelalterliche Staaten 244–245 (3) Mogul-Reich 246 (1) siehe auch Kandahar, Alexandria Arachoton
Qandhar var. Qandahar Staat Südasien Mogul-Reich 246 (1)
Qannauj Südasien (Indien) Mittelalterliche Staaten 244–245 (3)
Qaqortoq siehe Julianehåb
Qarabagh mod. Karabakh Region Südwestasien Safawiden 231 (4)
Qaraghandy siehe Karaganda
Qarakhaniden siehe Karakhaniden
Qarmaten Dynastie Südwestasien Die Welt 1000 58–59 Erkundung 61 (3) Islam 57 (2), 227 (4), (5)
Qars siehe Kars
Qart Hadašt Lat. Carthago, Gr. Karchedon Nordafrika (Tunesien) Die Welt 750 v.Chr. 30 Die Welt 500 v.Chr. 34 siehe auch Karchedon, Carthago, Karthago
Qatar var. Katar Staat Südwestasien Arabien im 20. Jh. 233 (4), 235 (5) Heutige Welt 113 (3) Islam 235 (4) Kalter Krieg 109 (1) Ökonomie 234 (1)
Qatna Südwestasien (Syrien) Altes Ägypten 159 (4), (5)
Qaw var. Qaw el-Kebir Ägypten Altes Ägypten 159 (2), (4)
Qaw el-Kebir siehe Qaw
Qazaqstan siehe Kasachstan
Qazris siehe Cáceres
Qazvin var. Kazvin Südwestasien (Iran) Arabien im 20. Jh. 235 (5) Islam 56–57 (1) Mongolen 68–69 (1), 229 (3) siehe auch Kazvin
Qeshm Südwestasien (Iran) Ökonomie 234 (1)
Qi var. Ch'i Region/Staat Ostasien Frühe Reiche 259 (4), (5) Frühe Religion 37 (4)
Qiang Ostasien (China) Frühe Reiche 259 (4)
Qiang Volk Ostasien Frühe Reiche 259 (4), 260 (1), 261 (2) Mittelalterliche Staaten 261 (4), (6), 262–263 (1)
Qiang Rong Staat Ostasien Frühe Reiche 259 (3)
Qiantang Ostasien (China) Frühe Reiche 260 (1)
Qiemo siehe Cherchen
Qi-Reich var. Ch'i Staat Ostasien Die Welt 500 50–51 siehe auch China
Qift var. Geptu Ägypten Altes Ägypten 159 (4)
Qilian Shan ehem. Nan Shan Gebirge Ostasien Erkundung 257 (3) Frühe Neuzeit 266 (1) Früher Ackerbau 258 (1) Frühe Reiche 260 (1) Handel 267 (3)
Qin Staat Ostasien Frühe Reiche 259 (4), (5) Frühe Religion 37 (4)
Qin-Reich Staat Ostasien Die Welt 250 v.Chr. 38–39 siehe auch China
Qing siehe Qinghai
Qing-China mod. China Staat Ostasien Imperialismus 97 (3), (4), 270 (3), (4) Kolonialismus 248 (1), (2), 269 (3), (4) Reiche & Revolutionen 88–89 (2) siehe auch China
Qingdao var. Ching-tao, Ch'ing-tao, Tsingtao, Tsintao, Dtsch. Tsingtau Ostasien (China) Chinesische Revolution 274 (1) Imperialismus 270 (2), (4) Ökonomie 274 (2) Tigerstaaten 275 (4)
Qingdao var. Tsingtao Kolonie Ostasien Kolonialismus 269 (4)
Qinghai var. Chinghai, Qing, Tsinghai Provinz/Staat Ostasien China nach 1949 275 (3) Chinesische Revolution 271 (5) Frühe Neuzeit 266 (1), (2) Ökonomie 274 (2) Qing-China 268 (1), (2)
Qinghai Hu var. Ch'ing Hai, Tsing Hai, Mong. Koko Nor See Ostasien Frühe Neuzeit 266 (1) Frühe Reiche 260 (1) siehe auch Koko Nor
Qingjiang Ostasien (China) Mittelalterliche Staaten 263 (7)
Qingliangang arch. Stätte Ostasien (China) Früher Ackerbau 258 (2)
Qingtang Xiang Staat Ostasien Mittelalterliche Staaten 263 (3)
Qingyang Ostasien Frühe Neuzeit 266 (2)
Qingzhou ehem. Yidu Ostasien (China) Frühe Neuzeit 266 (2) Mittelalterliche Staaten 263 (4)
Qinhuangdao var. Chinwangtao Ostasien (China) Kolonialismus 269 (4) Ökonomie 274 (2)
Qiong siehe Hainan
Qiongzhou var. Kiungchow Ostasien (China) Kolonialismus 269 (4)
Qita Ghazzah siehe Gaza-Streifen
Qizhou Ostasien Frühe Neuzeit 266 (1)
Qom var. Kum, Qum Südwestasien (Iran) Ökonomie 234 (1) siehe auch Qum
Qomul siehe Hami
Quadi var. Quaden Volk Osteuropa Antikes Rom 180–181 (1), 181 (4)
Quang Tri Schlacht Südostasien (Vietnam) Vietnam-Krieg 251 (5)
Quanrong Staat Ostasien Frühe Reiche 259 (3)
Quanzhou Ostasien (China) Handel 267 (3) Handel d. Antike 44–45 (1) Mittelalterliche Staaten 263 (5) Mongolen 68 (2), 68–69 (1)
Quapaw Volk Nordamerika Kolonialismus 126 (1)
Quarai arch. Stätte Nordamerika (USA) Präkolumbische Kulturen 123 (4)
Quban var. Baki Ägypten Altes Ägypten 159 (4), (5)
Quebec var. Québec Nordamerika (Kanada) Aufstieg der USA 129 (2), 132 (1) Die Welt 1800 86–87 Erkundung 118 (1), 119 (2), (3) Globale Migration 100 (1), 101 (3) Kolonialismus 126 (1), 127 (2) Ökonomie 136 (2) Reiche & Revolutionen 88 (1) Sklavenhandel 84–85 (1) Staatenbildung 127 (3)
Quebec Kolonie/Provinz Nordamerika Aufstieg der USA 129 (2) Ökonomie 136 (2) Staatenbildung 127 (3)
Queen Elizabeth Islands Eiszeit 116 siehe auch Parry Islands
Queensland Region Australien Kolonisation 282 (1) Ökonomie 282 (2) Staatenbildung 283 (3)
Queenstown Neuseeland Kolonisation 283 (5)
Quelimane var. Kilimane, Kilmain, Quilimane Südl. Afrika (Moçambique) Erkundung 157 (4) Frühe Neuzeit 164 (1) Islam 162 (1) Sklavenhandel 84–85 (1)
Quelpart Jap. Saishū, Kor. Cheju-do Insel Ostasien Imperialismus 270 (3) siehe auch Cheju-do
Quemoy var. Chinmen Tao, Jinmen Dao Insel Ostasien China nach 1949 275 (3) Kalter Krieg 109 (1)
Quentovic Westeuropa (Frankr.) Mittelalterliche Staaten 185 (3)
Que Que siehe Kwekwe
Quera siehe Chur, Curia
Querero Südamerika Die Welt 10 000 v.Chr. 14–15
Queres Volk Nordamerika Kolonialismus 126 (1)
Querétaro Staat Mittelamerika Aufstieg der USA 129 (2) Mexikan. Revolution 133 (3)
Quetta Südasien (Pakistan) Hellenist. Welt 40–41 (1) Nachkriegszeit 252 (1)
Quetzaltepec Mittelamerika (Mexiko) Azteken 124 (1)
Qufu Ostasien (China) Frühe Reiche 259 (5) Frühe Religion 37 (4)
Quiahuac Mittelamerika (Mexiko) Azteken 124 (3)
Quiahuitztlan Mittelamerika (Mexiko) Kolonialismus 125 (5)
Quiauhteopan Staat Mittelamerika Azteken 124 (1)
Quiberon, Bucht von Schlacht Westeuropa (Frankr.) Reiche & Revolutionen 88 (1)
Quierzy Westeuropa (Frankr.) Franken 184 (2)
Quilimane siehe Quelimane
Quilon var. Kolam, Kollam Südasien (Indien) Biol. Austausch 72–73 (1) Die Welt 1600 78–79 passim Kolonialismus 247 (3)
Quimbaya Staat Südamerika Die Welt 1200 62–63
Quimbaya Häuptlingstümer Staat Südamerika Frühe Reiche 146 (1)
Quimper ant. Quimper Corentin Westeuropa (Frankr.) Franken 184 (2)
Quimper Corentin siehe Quimper
Qui Nhon Schlacht Südostasien (Vietnam) Vietnam-Krieg 251 (5)
Quintana Roo Staat Mittelamerika Mexikan. Revolution 133 (3)
Quirigua Mittelamerika (Guatemala) Frühe Kulturen 122 (1), (2)
Quirinalis, Collis var. Quirinal Hügel Ital. Hbl. Stadtplan des antiken Rom 181 (2)
Quito Südamerika (Ecuador) Erkundung 142 (1), 143 (2), (3) Inka 147 (3), 148 (1) Kolonialismus 148 (2) Ökonomie 153 (3) Politik nach 1930 152 (1) Staatenbildung 150 (1), (2), 151 (3)
Quito, Presidencia von Region Südamerika Kolonialismus 148 (2)
Qujialing arch. Stätte Ostasien (China) Früher Ackerbau 258 (2)
Qum mod. Qom Südwestasien (Iran) Mongolen 68–69 (1), 229 (3) Safawiden 231 (4) siehe auch Qom
Qumis Südwestasien (Iran) Islam 56–57 (1)
Quonset Nordamerika (USA) ZWK 104 (2)
Qŭqon siehe Kokand
Qurein siehe Kuwait
Qus var. Assouan, Assuan, Aswân, ant. Syene Ägypten Kreuzzüge 228 (2) siehe auch Aswân, Syene

R

Rabat var. al Dar al Baida Nordafrika (Marokko) Afrika nach 1960 169 (4) Islam 56–57 (1) Ökonomie 168 (2)
Rabaul Neuguinea (PNG) ZWK 104 (2), 250–251 (3), 272 (1), 273 (2)
Rabbah Ammon siehe Amman
Rabbath Ammon siehe Amman
Rabeh Volk Zentralafrika Handel 166–167 (1)
Racibórz siehe Ratibor
Radom Mitteleuropa (Polen) Reiche & Revolutionen 198 (2)
Radschputana siehe Rajputana
Rae Bareli Region Südasien Dekolonisation 250 (1)
Raeti var. Räten Volk Ital. Hbl. Antikes Rom 178 (2)
Raetia var. Rhaetia Provinz/Region Mitteleuropa Antikes Rom 180–181 (1) Franken 183 (6), 184 (2) Weltreligionen 48 (1)
Rafa siehe Rafah
Rafah var. Rafa, Rafaḥ, Ivr. Rafiaḥ Südwestasien (Gaza-Streifen) Arabien im 20. Jh. 234 (2)
Rafiaḥ siehe Rafah
Ragusa mod. Dubrovnik Südosteuropa (Kroatien) Frühe Neuzeit 193 (4) Handel im Mittelalter 190–191 (1) Mittelalterliche Staaten 188 (1), 189 (4) Osmanen 195 (4), 197 (4), 203 (4) Reformation 196 (2) siehe auch Dubrovnik
Ragusa, Republik Staat Südosteuropa Die Welt 1500 74–75 Die Welt 1800 86–87 Frühe Neuzeit 193 (4), 194 (1) Osmanen 195 (4), 197 (4), 230 (1), 231 (3) Reformation 194 (2)
Rahanagar Südasien (Bangladesh) Nachkriegszeit 252 (3)
Rahovec siehe Orahovac
Rai siehe Rayy
Rajagriha Südasien (Indien) Frühe Reiche 241 (4) Frühe Religion 36 (2), 242 (3)
Rajamahendri Südasien (Indien) Mittelalterliche Staaten 244–245 (3), 245 (4)
Rajarattha Region Südasien Frühe Reiche 241 (4)
Rajasthan Region/Staat Südasien Nachkriegszeit 252 (1) Weltreligionen 243 (4)
Rajgir rel. Stätte Südasien (Indien) Frühe Religion 36 (2)
Rajputana var. Radschputana, Rajputen-Staaten Region/Staat Südasien Die Welt 1500 74–75 passim Kolonialismus 248 (1), (2) Mittelalterliche Staaten 244–245 (3) Ökonomie 247 (3)
Rakka siehe Raqqa
Rakvere siehe Wesenberg
Raleigh Nordamerika (USA) Aufstieg der USA 129 (2), 132 (1) US-Bürgerkrieg 131 (7) US-Gesellschaft 137 (6)
Ramagama Südasien (Indien) Frühe Religion 242 (3)
Ramazan Staat Südwestasien Die Welt 1400 70–71 Die Welt 1500 74–75
Rameshwaram Südasien (Indien) Weltreligionen 243 (4)
Ramhormoz Südwestasien (Iran) Arabien im 20. Jh. 235 (5)
Rampur Südasien (Indien) Kolonialismus 248 (1) Ökonomie 249 (4)
Rampur Staat Südasien Kolonialismus 248 (2)
Ramsay's Mill Nordamerika (USA) Staatenbildung 127 (3)
Ramsgate Brit. Inseln (UK) EWK 206 (2), (3)
Rana Ghundai arch. Stätte Südasien (Indien) Erste Städte 240 (2)
Ranas Mittelamerika (Mexiko) Frühe Kulturen 122 (1)
Ranchillos Südamerika (Argentinien) Inka 147 (3)
Rancho la Chua Nordamerika (USA) Kolonialismus 125 (4)
Rancho Peludo arch. Stätte Südamerika (Venezuela) Frühe Kulturen 144 (1), 145 (2)
Rangiroa Insel Pazifik Erkundung 278 (1)
Rangoon Dtsch. Rangun, var. Yangon, ant. Dagon Südostasien (Burma) Die Welt 1800 86–87 Imperialismus 97 (3) Kolonialismus 247 (4), 248 (1), 269 (4) Nachkriegszeit 253 (5) Ökonomie 249 (4) Sklavenhandel 84–85 (1) Supermacht USA 138 (1) Tigerstaaten 275 (4) Weltreligionen 243 (5) ZWK 250–251 (3), 272 (1), 273 (2)
Rangpur Südasien (Bangladesh) Ökonomie 247 (3) Nachkriegszeit 252 (3)
Rangun siehe Rangoon
Rano Kao var. Rano Kau volcano Pazifik Frühe Kulturen 281 (4)
Rano Kao siehe Rano Kau
Rano Raraku arch. Stätte Südamerika (Chile) Frühe Kulturen 281 (4)
Rapa Nui var. Isla de Pascua, Easter Island, Osterinsel Insel Pazifik Erkundung 60 (2) Frühe Kulturen 280–281 (3), 281 (4) siehe auch Easter Island
Raqqa var. Rakka Südwestasien (Syrien) Islam 56–57 (1)
Raroia Insel Pazifik Erkundung 278 (1)
Ra's al Junayz Südwestasien (Oman) Erste Städte 25 (3)
Rashtrakuta Dynastie Südasien Die Welt 750 54–55 Mittelalterliche Staaten 244 (2)
Ra's Shamrah siehe Ugarit
Ras Tannura Südwestasien (Saudi-Arabien) Ökonomie 234 (1)
Rasuliden Dynastie Südwestasien Die Welt 1300 66–67 passim Ökonomie 163 (2)
Ratiaria Südosteuropa (Bulgarien) Weltreligionen 48 (1)
Ratibor mod. Racibórz Mitteleuropa (Polen) Mittelalterliche Staaten 189 (3)
Ratisbona siehe Castra Regina, Regensburg
Ratnagiri Südasien (Indien) Erkundung 256 (1)
Ratomagus siehe Rotomagus
Raukawa siehe Cook Strait
Ravenna Südeuropa (Italien) Antikes Rom 180–181 (1), 181 (4) Frühe Neuzeit 194 (1) Franken 184 (2) Handel im Mittelalter 190–191 (1) Mittelalterliche Staaten 182 (2), 183 (4) Osmanen 230 (1) Spätantike 182 (1) Völkerwanderung 52–53 (1) Weltreligionen 48 (1)
Ravenna, Exarchat von Staat Südeuropa (Italien) Mittelalterliche Staaten 183 (4)
Ravensberg Region Mitteleuropa Reiche & Revolutionen 199 (3)
Ravensbrück KZ Mitteleuropa ZWK 211 (3)
Ravi Fluss Südasien Marathen 246 (2) Mittelalterliche Staaten 244–245 (3) Mogul-Reich 246 (1) Ökonomie 247 (3), 249 (4)
Rawak Ostasien (China) Weltreligionen 49 (3)
Rawalpindi Südasien (Pakistan) Nachkriegszeit 253 (5)
Rawson var. Chubut Südamerika (Argentinien) Staatenbildung 151 (3)
Ray siehe Rayy
Rayigama Südasien (Sri Lanka) Mittelalterliche Staaten 244–245 (3)
Raysut Südwestasien (Oman) Erkundung 61 (3), Islam 56–57 (1)
Rayy var. Rai, Ray, Rey, ant. Rhagae Südwestasien (Iran) Biol. Austausch 72–73 (1) Islam 227 (5) Mongolen 68–69 (1), 229 (3)
Real Alto arch. Stätte Südamerika (Ecuador) Die Welt 5000 v.Chr. 18–19 Frühe Kulturen 144 (1)
Reao Leprakolonie Pazifik Ökonomie 285 (2)
Reate Ital. Hbl. Antikes Rom 178 (1)
Recife var. Pernambuco, Ndl. Mauritsstad Südamerika (Brasilien) Erkundung 142 (1), 143 (2) Kolonialismus 149 (3), (4) Ökonomie 153 (3), (4) Politik nach 1930 152 (1) siehe auch Pernambuco
Recuay Südamerika (Peru) Frühe Kulturen 145 (4)
Recuay Region Südamerika Frühe Kulturen 145 (4)
Reddi Dynastie Südasien Die Welt 1400 70–71
Red River Fluss Nordamerika Aufstieg der USA 129 (2) Erkundung 118 (1), 119 (2) Frühe Kulturen 121 (4) Früher Ackerbau 120 (1) Kolonialismus 125 (4) Präkolumbische Kulturen 123 (5) US-Bürgerkrieg 131 (6), (7)
Redruth Brit. Inseln (UK) Ökonomie 204 (1)
Redstone Fort Nordamerika (USA) Staatenbildung 127 (3)
Reefton siehe Reef Town
Reef Town mod. Reefton Neuseeland Kolonisation 283 (5)
Reged Region Britische Inseln Mittelalterliche Staaten 183 (3)
Regensburg Lat. Castra Regina, hist. Ratisbona Mitteleuropa (Deutschland) Franken 184 (2) Frühe Neuzeit 193 (4) Handel im Mittelalter 190–191 (1) Kreuzzüge 64–65 (2), 65 (1), 186 (1) Mittelalterliche Napoleon 200–201 (1) Staaten 188 (1), 189 (3), (4) siehe auch Castra Regina
Reggio var. Reggio di Calabria, ant. Rhegium Ital. Hbl. Handel im Mittelalter 190–191 (1) Mittelalterliche Staaten 188 (1) Osmanen 231 (3) siehe auch Rhegium
Regillus Lacus See Ital. Hbl. Antikes Rom 178 (1)
Regina Nordamerika (Kanada) Aufstieg der USA 129 (2)
Reginum siehe Castra Regina, Ratisbon, Regensburg
Regnum Italicum siehe Italienisches Königreich
Regnum Teutonicum var. Regnum Teutonicorum siehe Deutsches Königreich
Reichenau Mitteleuropa (Polen) Franken 184 (2)
Reichskommissariat-Ostland Region Osteuropa ZWK 211 (2)
Reichskommissariat-Ukraine Region Osteuropa ZWK 211 (2)
Reims var. Remi, ehem. Durocortorum, ma. Rheims Westeuropa (Frankr.) EWK 206 (2), (3) Franken 183 (5), (6), 184 (2) Handel im Mittelalter 190–191 (1) Mittelalterliche Staaten 185 (3), 188 (1), (2), 192 (1), (2) Napoleon 200–201 (1) Spätantike 182 (1) siehe auch Durocortorum
Reine-Charlotte, Îles de la siehe Queen Charlotte Islands
Reine-Élisabeth, Îles de la siehe Queen Elizabeth Islands
Reinickendorf Mitteleuropa (Deutschland) Nachkriegszeit 212 (2)
Reka siehe Rijeka
Reka Ili siehe Ili
Remedello arch. Stätte Ital. Hbl. Kupferzeit 174 (2)
Remedios Westindien (Cuba) Kalter Krieg 108 (2)
Remi siehe Reims
Remojadas Mittelamerika (Mexiko) Frühe Kulturen 121 (2), 122 (1)
Remojadas Region Mittelamerika Frühe Kulturen 122 (1)
Ren Staat Ostasien Frühe Reiche 259 (3)
Rennell var. Mu Nggava Insel Pazifik Frühe Kulturen 280–281 (3)
Renner Grabhügel Nordamerika (USA) Frühe Kulturen 121 (4)
Rennes ant. Condate, Bret. Roazon Westeuropa (Frankr.) Franken 184 (2) Mittelalterliche Staaten 187 (4) Reiche & Revolutionen 199 (4)
Republica Italiana siehe Italien
Resolute Nordamerika (Kanada) Präkolumbische Kulturen 123 (3)
Réunion ehem. Bourbon Kolonie/Insel/Staat Indischer Ozean Die Welt 1800 86–87 passim Globale Migration 101 (3) Imperialismus 96 (1) Sklavenhandel 84–85 (1) siehe auch Bourbon
Reval var. Revel, mod. Tallinn, Russ. Tallin Osteuropa (Estland) Frühe Neuzeit 195 (3) Handel im Mittelalter 190–191 (1) Kreuzzüge 186 (1) Mittelalterliche Staaten 189 (3) UdSSR 208 (2) siehe auch Revel, Tallinn
Revel var. Reval, mod. Tallinn, Russ. Tallin Osteuropa (Estland) Frühe Neuzeit 197 (3) siehe auch Reval, Tallinn
Revillagigedo, Islas Archipel Nordamerika Heutige Welt 110–111
Rewardashur Südwestasien (Iran) Weltreligionen 48 (1)
Rey siehe Rayy
Reykjavik Europa (Island) Erkundung 287 (2) Wikinger 60–61 (1) ZWK 104 (2)
Rezā'īyeh, Daryācheh-ye siehe Urmia-See
RFA siehe Deutschland, Bundesrepublik
Rha mod. Ural Fluss Osteuropa Handel d. Antike 44 (2)
Rhaetia siehe Raetia
Rhagai mod. Tehran, var. Teheran Südwestasien (Iran) Hellenist. Welt 40–41 (1)
Rhapta Ostafrika (Äthiopien) Handel d. Antike 44 (2)
Rhegion siehe Rhegium
Rhegium Gr. Rhegion, var. Reggio, mod. Reggio di Calabria Ital. Hbl. Antikes Rom 178 (1), 179 (3), 180–181 (1) Erste Hochkulturen 176–177 (1) siehe auch Reggio
Rheims siehe Reims
Rhein Ndl. Rijn, Frz. Rhin, Lat. Rhenus Fluss Westeuropa/Mitteleuropa Antikes Rom 180–181 (1), 181 (4) Biol. Austausch 72–73 (1) Bronzezeit 175 (3) Erkundung 172 (1) EWK 206 (2), (3) Franken 183 (5), (6), 184 (2) Frühe Neuzeit 193 (4), (5) Früher Ackerbau 20–21 (2) Frühmensch 13 (2), 16 (1) Handel im Mittelalter 190–191 (1) Handel d. Antike 44–45 (1), 181 (3) Kreuzzüge 64–65 (2), 186 (1) Mittelalterliche Staaten 182 (2), 185 (3), 188 (1), (2) Napoleon 200–201 (1), 201 (2) Reformation 195 (5), 196 (1) Reiche & Revolutionen 199 (3), (4), 202 (1), 203 (2) Völkerwanderung 52–53 (1), 53 (2) ZWK 210 (1), 211 (4)
Rheinbund Staat Mitteleuropa Napoleon 201 (2)
Rhenus siehe Rhein
Rhodae Iberische Hbl. (Spanien) Antikes Rom 179 (3)
Rhodanus siehe Rhône
Rhode Island Staat Nordamerika Aufstieg der USA 129 (1) Kolonialismus 127 (2) Ökonomie 134 (2) Staatenbildung 127 (3) US-Bürgerkrieg 130 (1), (5)
Rhodesien mod. Zimbabwe, ehem. Süd-Rhodesien Staat Südl. Afrika Die Welt 1975 106–107 siehe auch Süd-Rhodesien, Zimbabwe
Rhodos var. Rodhos, Gr. Ródos, Lat. Rhodus, Ital. Rodi Südwestasien (Griech.) Antike Griechen 179 (4) Islam 56–57 (1) Handel im Mittelalter 190–191 (1) Hellenist. Welt 40–41 (1) Mittelalterliche Staaten 187 (5) Osmanen 203 (4), 231 (3)
Rhodos var. Rodhos, Gr. Ródos, Lat. Rhodus, Ital. Rodi Insel/Staat Mittelmeer Antike Griechen 177 (2), (3), 179 (4), (5) Antikes Persien 223 (4) Antikes Rom 179 (5) Die Welt 250 v.Chr. 38–39 Erste Hochkulturen 175 (4), 176–177 (1) Frühe Reiche 221 (5) Islam 226 (3) Kreuzzüge 64–65 (2) Mittelalterliche Staaten 187 (5), 189 (4) Osmanen 230 (1) Nachkriegszeit 212 (3) siehe auch Rhodus
Rhodus Südwestasien (Griech.) Antikes Rom 180–181 (1) Weltreligionen 48 (1)
Rhône Lat. Rhodanus Fluss Westeuropa (Frankr.) Biol. Austausch 72–73 (1) Bronzezeit 175 (3) Franken 183 (5), (6), 184 (2) Frühe Neuzeit 193 (4) Frühmensch 17 (3) Früher Ackerbau 174 (1) Handel im Mittelalter 190–191 (1) Handel d. Antike 44–45 (1), 181 (3) Kreuzzüge 64–65 (2), 186 (1) Kupferzeit 174 (2) Mittelalterliche Staaten 185 (3), 188 (1) Ökonomie 205 (4) Völkerwanderung 52–53 (1), 53 (2)
Riad siehe Riyadh
Rialto-Brücke Ital. Hbl. Stadtpan Venedig 191 (3)
Ribeira Grande var. Concelho de Ribeira Grande Insel Atlantik Die Welt 1500 74–75
Richmond Nordamerika (USA) Aufstieg der USA 129 (2), 132 (1) Kolonialismus 126 (1) Sklavenhandel 84–85 (1) Staatenbildung 127 (3) US-Bürgerkrieg 130 (5), 131 (6), (7) US-Gesellschaft 137 (6)
Riel-Aufstände Schlacht Nordamerika (Kanada) Aufstieg der USA 129 (2)
Rievaulx Brit. Inseln (UK) Mittelalterliche Staaten 187 (3)
Rift Valley var. Great Rift Valley, Großer Grabenbruch Depression Ostafrika Die Welt 10 000 v.Chr. 14–15 Eiszeit 155 Frühmensch 12 (1), 13 (2) Frühe Kulturen 158 (1)
Riga Lett. Rīga Osteuropa (Lettland) Biol. Austausch 72–73 (1) EWK 207 (4) Frühe Neuzeit 193 (4), 195 (3) Handel im Mittelalter 190–191 (1) Kalter Krieg 108 (3) Kreuzzüge 186 (1) Mittelalterliche Staaten 189 (3) Nachkriegszeit 212 (3) Napoleon 200–201 (1), 201 (2) Reformation 194 (2) Reiche & Revolutionen 198 (2), 202 (1) UdSSR 215 (4) ZWK 211 (2), (3), (4)
Rigaer Bucht Est. Liivi Laht, Lett. Rīgas Jūras Līcis, Russ. Rizhskiy Zaliv, ehem. Est. Riia Laht Osteuropa EWK 207 (4)
Rīgas Jūras Līcis siehe Rigaer Bucht
Riia Laht siehe Rigaer Bucht
Rijeka ant. Tarsatica, ehem. Dtsch. Sankt Veit am Flaum, Ital. Fiume, Slwn. Reka Südosteuropa (Kroatien) Europapolitik 215 (3)
Rijn siehe Rhine
Rijssel siehe Lille
Rim arch. Stätte Westafrika (Burkina Faso) Frühe Kulturen 160 (1) Früher Ackerbau 158 (1)
Rimini ant. Ariminum Ital. Hbl. Handel im Mittelalter 190–191 (1) Mittelalterliche Staaten 183 (4), 188 (1) siehe auch Ariminum
Rinan Provinz Kont. Südostasien Frühe Reiche 260 (1)
Ringsted Skandinavien (Dänemark) Wikinger 60–61 (1)
Rio siehe Rio de Janeiro
Ríobamba Südamerika (Equador) Inka 147 (3)
Rio Barbate Schlacht Iberische Hbl. Islam 56–57 (1)
Rio Bec Mittelamerika (Mexiko) Frühe Kulturen 122 (2)
Rio Branco Südamerika (Brasilien) Politik nach 1930 152 (1)
Rio de Janeiro var. Rio, hist. São Sebastião de Rio de Janeiro Südamerika (Brasilien) Die Welt 1800 86–87 passim Erkundung 143 (2), (3) Globale Migration 100 (1) Kolonialismus 149 (3), (4) Ökonomie 153 (3) Politik nach 1930 152 (1) Sklavenhandel 84–85 (1) Staatenbildung 151 (3) Weltwirtschaft 92 (1)
Rio de Janeiro Region Südamerika Kolonialismus 149 (3)
Río de la Hacha Südamerika (Columbia) Kolonialismus 85 (2)
Río de la Plata Bucht Südamerika Erkundung 80–81 (1), 142 (1), 143 (2) Kolonialismus 148 (2)
Río de la Plata, Vizekönigreich Kolonie Südamerika Die Welt 1800 86-87 Kolonialismus 148 (2) Sklavenhandel 84–85 (1) Staatenbildung 150 (1)
Rio de Oro später Spanisch-Sahara, mod. West-Sahara Staat Nordafrika Die Welt 1900 94–95 Die Welt 1925 98–99 siehe auch Spanisch-Sahara, West-Sahara
Rio Grande var. Rio Grande do Sul, hist. São Pedro do Rio Grande do Sul Südamerika (Brasilien) Kolonialismus 149 (3) Staatenbildung 151 (3) Ökonomie 153 (3)
Rio Grande do Sul Region Südamerika Kolonialismus 149 (3)
Riom Westeuropa (Frankr.) Frühe Neuzeit 197 (5)
Rio Muni Staat/Kolonie Zentralafrika Imperialismus 96 (1)
Ripen Skandinavien (Dänemark) Wikinger 60–61 (1)
Ripuarische Franken Volk Mitteleuropa Franken 183 (5)
Riverton Neuseeland Kolonisation 283 (4), (5)
Rivière au Vase Nordamerika (USA) Präkolumbische Kulturen 123 (5)
Rivoli var. Rivoli Veronese Schlacht Ital. Hbl. Napoleon 200–201 (1)
Rivoli Veronese siehe Rivoli
Riyadh var. Riad Arab. Ar-Riyāḍ Südwestasien (Saudi-Arabien) Arabien im 20. Jh. 233 (4), 235 (5) Erkundung 219 (4) Ökonomie 234 (1)
Rizhskiy Zaliv siehe Rigaer Bucht
Roanoke Fluss Nordamerika Staatenbildung 127 (3)
Roazon siehe Rennes
Roccastrada Ital. Hbl. Handel im Mittelalter 190–191 (1)
Roc-de-Sers arch. Stätte Westeuropa (Frankr.) Frühmensch 17 (3)
Rochdale Canal Kanal Britische Inseln Ökonomie 204 (2)
Rochefort Westeuropa (Frankr.) Frühe Neuzeit 197 (5)
Rock Eagle Nordamerika (USA) Präkolumbische Kulturen 123 (5)
Rockhampton Australien Kolonisation 282 (1) Staatenbildung 283 (3)
Rocks Point Robbenfangstation Neuseeland Kolonisation 283 (4)
Rocky Mountains var. Felsengebirge Gebirge Nordamerika Aufstieg der USA 129 (2) Erkundung 118 (1), 119 (3), 286 (1), 287 (2) Kolonialismus 125 (4), 126 (1)
Ródhos siehe Rhodes
Rodi siehe Rhodes
Ródos siehe Rhodes
Rodrigues var. Rodriquez Insel Indischer Ozean Heutige Welt 110–111
Rodriquez siehe Rodrigues
Roebourne Australien Erkundung 279 (2)
Roebuck Nordamerika (USA) Präkolumbische Kulturen 123 (5)
Rohilkhand Region/Staat Südasien Ökonomie 247 (3), 248 (1) Kolonialismus 249 (3)
Rojadi Südasien (Indien) Erste Städte 24 (2)
Rom Lat./It. Roma Ital. Hbl. Antikes Rom 161 (2), 179 (3), (5), 180–181 (1), 181 (4), 225 (5) Die Welt 750 v.Chr. 30–31 passim Erkundung 172 (1) Franken 184 (2) Frühe Neuzeit 193 (4), 194 (1) Frühe Religion 36 (1), 37 (3) Handel im Mittelalter 190–191 (1) Handel d. Antike 44–45 (1), 181 (3) Islam 56–57 (1), 184 (1), 227 (4) Kalter Krieg 108 (3) Kreuzzüge 64–65 (2), 65 (1), 186 (1) Mittelalterliche Staaten 182 (2), 183 (4), 185 (3), 187 (3), (5), 188 (1) Nachkriegszeit 212 (3) Napoleon 200–201 (1), 201 (2), (3) Ökonomie 205 (4) Osmanen 195 (4), 230 (1) Reformation 194 (2) Reiche & Revolutionen 202 (1), 203 (3) Schrift & Zahl 32 (1), 33 (2), (3) Sklavenhandel 84–85 (1) Spätantike 182 (1) Stadtplan des antiken Rom 181 (2) Völkerwanderung 52–53 (1) Weltreligionen 48 (1), 49 (4) Weltwirtschaft 92 (1) Wikinger 60–61 (1) Zwischenkriegszeit 209 (5) ZWK 210 (1), 211 (2), (4) siehe auch Roma
Rom, Herzogtum von Staat Ital. Hbl. Mittelalterliche Staaten 183 (4)
Roma Dtsch. Rom Ital. Hbl. Antikes Rom 178 (1), (2), Erste Hochkulturen 176–177 (1) Handel d. Antike 44 (2) siehe auch Rom
Romagna Staat Ital. Hbl. Reiche & Revolutionen 203 (3)
Romania siehe Rumänien
Romania Region/Staat Südosteuropa Mittelalterliche Staaten 187 (5)
Romînia siehe Rumänien
Römisches Reich Lat. Imperium Romanum, ehem. Senatus Populusque Romanus, später Heiliges Römisches Reich Staat Europa/Afrika Antikes Persien 225 (6) Antikes Rom 180–181 (1),181 (4), 224 (2), 225 (5) Handel d. Antike 44–45 (1), 225 (3) Spätantike 161 (3), (4) Weltreligionen 49 (4) siehe auch Heiliges Römisches Reich, Oströmisches Reich, Senatus Populusque Romanus, Weströmisches Reich
Roncesvalles Schlacht Iberische Hbl. Franken 184 (2)
Rong Volk Ostasien Frühe Reiche 259 (4)
Ronne Ice Shelf Eisformation Antarktis Erkundung 287 (3)
Roonka Australien Frühe Kulturen 280 (1)
Roque River Schlacht Nordamerika (USA) Aufstieg der USA 129 (2)
Rorke's Drift Schlacht Südl. Afrika (Südafrika) Imperialismus 96 (2)
Rosario Südamerika (Argentinien) Ökonomie 153 (3) Staatenbildung 151 (3)
Rosario var. Rosario de Tezopaco Mittelamerika (Mexiko) Kolonialismus 125 (4) Mexikan. Revolution 133 (3)
Rosario de Tezopaco siehe Rosario
Rosenkrans Grabhügel Nordamerika (USA) Frühe Kulturen 121 (4)
Roskilde Skandinavien (Dänemark) Frühe Neuzeit 197 (3) Mittelalterliche Staaten 185 (3)
Ross Neuseeland Kolonisation 283 (5)
Ross Ice Shelf Eisformation Antarktis Erkundung 287 (3)
Rossiyskaya Federatsiya siehe Russ. Föderation
Ross Sea Meer Antarktis Erkundung 287 (3)
Rostock Mitteleuropa (Deutschland) Handel im Mittelalter 190–191 (1) Mittelalterliche Staaten 189 (3) Ökonomie 205 (4) Reiche & Revolutionen 203 (2)
Rostov var. Rostov-na-Donu, Rostow Osteuropa (Russ. Föderation) Biol. Austausch 72–73 (1) EWK 207 (4) Mittelalterliche Staaten 185 (3) UdSSR 208 (2), 215 (4) ZWK 210 (1), 211 (4)
Rostov-na-Donu siehe Rostov
Rostow siehe Rostov
Roter Fluss var. Yuan, Chin. Yuan Jiang, Vtn. Sông Hông Hà Fluss Ostasien Bronzezeit 240 (3) Mittelalterliche Staaten 245 (5), (6) Vietnam-Krieg 251 (5) Weltreligionen 243 (5)
Rotes Meer ant. Sinus Arabicus Meer Afrika/Asien Altes Ägypten 159 (2)–(5) Antikes Persien 223 (4) Antikes Rom 161 (2), 180–181 (1), 224 (2) Arabien

im 20. Jh. 233 (4) Biol. Austausch 72–73 (1) Eiszeit 154–155 (1), 217 Erkundung 61 (3), 156 (3), 157 (4), 172 (1), (2), 219 (3), (4) Erste Städte 220 (2) EWK 233 (2) Früher Ackerbau 158 (1) Handel 230 (2) Handel d. Antike 225 (3) Hellenist. Welt 224 (1) Islam 56–57 (1), 57 (2), 162 (1), 226 (2), (3), 227 (4) Kreuzzüge 228 (2) Mongolen 229 (3) Ökonomie 163 (2) Osmanen 231 (3), 232–233 (1) Seldschuken 228 (1) Timur 229 (4) Spätantike 161 (3), (4), (5) Weltreligionen 49 (4), 226 (1) siehe auch Arabicus, Sinus

Rotomagus var. Ratomagus, mod Rouen Westeuropa (Frankr.) Antikes Rom 180–181 (1) Weltreligionen 48 (1) siehe auch Rouen

Rotterdam Westeuropa (Niederl.) ZWK 210 (1)

Rottweil Mitteleuropa (Deutschland) Schweiz bis 1815 193 (5)

Rouad siehe Aradus

Rouen ant. Ratomagus, Rotomagus Westeuropa (Frankr.) EWK 206 (2), (3) Franken 184 (2) Frühe Neuzeit 197 (5) Handel im Mittelalter 190–191 (1) Kreuzzüge 65 (1) Mittelalterliche Staaten 185 (3), 186 (2), 187 (4), 192 (1), (2) Napoleon 200–201 (1), 201 (2) Ökonomie 198 (1) Reiche & Revolutionen 199 (4) Wikinger 60–61 (1) siehe auch Rotomagus

Rouergue Region Westeuropa (Frankr.) Frühe Neuzeit 197 (5)

Roumania siehe Rumänien

Roussillon Region/Staat Westeuropa (Frankr.)/Iberische Hbl. Frühe Neuzeit 197 (5) Mittelalterliche Staaten 192 (2)

Rovereto siehe Rovreit

Rovine Schlacht Südosteuropa (Rumänien) Mittelalterliche Staaten 189 (4)

Rovreit Ital. Rovereto Ital. Hbl. EWK 207 (5)

Rovuma siehe Ruvuma

Roxolani var. Roxalanen Volk Südosteuropa Antikes Rom 180–181 (1)

Rozwi Staat Südl. Afrika Die Welt 1700 82–83 Frühe Neuzeit 164 (1) Sklavenhandel 165 (4)

Ruanda intern./Eng. Rwanda Staat Zentralafrika Afrika nach 1960 169 (4), (5) Dekolonisation 168 (1) Die Welt 1700 82–83 passim Handel 166–167 (1) Heutige Welt 112 (1) Kalter Krieg 109 (1) Kolonialismus 166–167 (4) Ökonomie 168 (2), (3) siehe auch Ruanda-Urundi

Ruanda-Urundi mod. Burundi, Ruanda Staat Ostafrika ZWK 104 (1)

Ruanruan var. Awaren, Juan-juan Volk Ostasien Die Welt 500 50–51 Mittelalterliche Staaten 261 (4), (6) siehe auch Awaren

Ruapuke Island Insel Neuseeland Kolonisation 283 (4)

Rudolf-See siehe Turkana-See

Rufiji Fluss Ostafrika Erkundung 157 (5)

Ruhrgebiet var. Ruhr Region Mitteleuropa Ökonomie 205 (4) Zwischenkriegszeit 208 (1)

Rumänien UN Romania, Rum. România, Bul. Rumŭniya, SKr. Rumunjska, ehem. Roumania, Romînia Staat Südosteuropa Europapolitik 214 (1), (2), 215 (3) EWK 206 (1), 207 (4), (6) Heutige Welt 112 (2) Kalter Krieg 108 (3), 109 (1) Nachkriegszeit 212 (3), 213 (5) Ökonomie 205 (4) Osmanen 203 (4), 232–233 (1) UdSSR 208 (2), 213 (4), 215 (4) Zwischenkriegszeit 208 (1), 209 (3), (5) ZWK 104 (2), 210 (1), 211 (2), (3), (4)

Rummelsburger See See Mitteleuropa Nachkriegszeit 212 (2)

Rum-Seldschuken var. Rûm Staat Südwestasien Erkundung 62–63 Handel im Mittelalter 190–191 (1) Kreuzzüge 64–65 (2), 65 (3), 66–67, 228 (2) Mittelalterliche Staaten 187 (5) Mongolen 68–69 (1), 229 (3) Seldschuken 228 (1) Timur 229 (4)

Rumŭniya siehe Rumänien

Rumunjska siehe Rumänien

Runan Provinz Ostasien Frühe Reiche 260 (1)

Runzhou var. Janchou Ostasien (China) Mittelalterliche Staaten 262–263 (1)

Ruo siehe Yanying

Rupar arch. Stätte Südasien (Indien) Erste Städte 240 (2)

Rupella siehe La Rochelle

Rupert House Nordamerika (Kanada) Kolonialismus 126 (1)

Rupert's Land var. Territorium der Hudson's Bay Company Staat Nordamerika Die Welt 1700 82–83 Die Welt 1800 86–87 Kolonialismus 126 (1) Reiche & Revolutionen 88 (1), 88–89 (2)

Rusaddir Nordafrika (Spanien) Antikes Rom 161 (2), 179 (3), 180–181 (1)

Ruschuk mod. Ruse Südosteuropa (Rumänien) EWK 207 (6)

Ruse siehe Ruschuk

Rusellae Ital. Hbl. Antikes Rom 178 (2)

Ruseştii-Noui arch. Stätte Südosteuropa (Rumänien) Kupferzeit 174 (2)

Rush Creek Schlacht Nordamerika (USA) Aufstieg der USA 129 (2)

Ruspina siehe Monastir

Russadir siehe Melilla, Rusaddir

Russell Neuseeland Kolonisation 283 (5)

Russell siehe Kororareka

Russland Region/Staat Osteuropa/Sibirien Aufstieg der USA 129 (2), 133 (4) Erkundung 286 (1), 287 (2) Frühe Neuzeit 195 (3) Imperialismus 270 (2), (4) Kreuzzüge 65 (1) Osmanen 195 (4) Reformation 194 (2) Reiche & Revolutionen 203 (2) siehe auch Russisches Reich, Russ. Föderation, Russische Fürstentümer, Union der Sozialistischen Sowjetrepubliken

Russisch-Amerika siehe Alaska

Russische Föderation var. Russland, ehem. Russisches Reich, UdSSR, Union der Sozialistischen Sowjetrepubliken, GUS, Lett. Krievija, Russ./off. Rossiyskaya Federatsiya Staat Osteuropa/Südwestasien China nach 1949 275 (3) Drogenhandel 113 (4) Europapolitik 214 (1), (2) Heutige Welt 112 (2) Islam 235 (4), 275 (5) Ökonomie 274 (2) UdSSR 215 (4) siehe auch Russland, Russisches Reich, Union der Sozialistischen Sowjetrepubliken

Russische Fürstentümer Staat Osteuropa Die Welt 1300 66–67 passim Handel im Mittelalter 190–191 (1) Kreuzzüge 64–65 (2), 186 (1) Mittelalterliche Staaten 187 (3) Mongolen 68–69 (1) siehe auch Russland, Russisches Reich, Russ. Föderation, Union der Sozialistischen Sowjetrepubliken

Russisches Reich Staat Osteuropa/Nordasien Chinesische Revolution 271 (5) Die Welt 1600 78–79 passim Erkundung 257 (3) EWK 206 (1), 207 (4), (6), 233 (2) Globale Migration 100 (1), 101 (2) Imperialismus 97 (4) Kolonialismus 269 (3), (4) Napoleon 200–201 (1), 201 (2), (3) Ökonomie 198 (1), 205 (4) Osmanen 203 (4), 231 (3), 232–233 (1) Reiche & Revolutionen 88 (1), 88–89 (2), 198 (2), 202 (1) Sklavenhandel 84–85 (1) Weltwirtschaft 92 (1) siehe auch Russland, Russ. Föderation, Russische Fürstentümer, Union der Sozialistischen Sowjetrepubliken

Rustenburg Südl. Afrika (Südafrika) Migrationen 166 (2)

Rutanzige, Lake siehe Edward Lake

Ruvuma Port. Rovuma Fluss Ostafrika Erkundung 157 (4) Frühe Neuzeit 164 (1)

Ruyigi Ostafrika (Burundi) Afrika nach 1960 169 (5)

Rwanda siehe Ruanda

Ryazan' Osteuropa (Russ. Föderation) Mongolen 68–69 (1) UdSSR 215 (4)

Ryazan' Staat Osteuropa Die Welt 1400 70–71 Die Welt 1500 74–75

Ryojun siehe Port Arthur

Ryssel siehe Lille

Ryukyu-Inseln ehem. Loochoo Islands, Jap. Nansei-shotō Archipel Ostasien Handel 267 (3) Imperialismus 270 (2) Kolonialismus 269 (4) ZWK 272 (1), 273 (2), (3)

Ryzan Staat Osteuropa Islam 162 (1)

S

Saalkreis Region/Staat Mitteleuropa Reiche & Revolutionen 199 (3)

Saargebiet Region Mitteleuropa Nachkriegszeit 212 (1) Zwischenkriegszeit 208 (1)

Saare siehe Ösel

Saaremaa siehe Ösel

Saarlouis Mitteleuropa (Deutschland) Frühe Neuzeit 197 (5)

Saba Ostafrika (Eritrea) Frühe Kulturen 161 (4)

Saba var. Sheba Staat Ostafrika/Südwestasien Die Welt 500 v.Chr. 34–35 Handel d. Antike 44–45 (1), 225 (3)

Šabac Südosteuropa (Serbien) EWK 207 (6)

Sabah ehem. Britisch Nord-Borneo, Nordborneo Region Mar. Südostasien China nach 1949 275 (3) siehe auch Britisch Nord-Borneo

Sabarmati Fluss Südasien Erste Städte 240 (2) Mogul-Reich 246 (1)

Sabatinus, Lacus See Ital. Hbl. Antikes Rom 178 (1)

Sabe Staat Westafrika Die Welt 1600 78–79 Frühe Neuzeit 164 (2)

Sabine Nordamerika (USA) US-Bürgerkrieg 131 (6), (7)

Sabiner Lat. Sabini Volk Ital. Hbl. Antikes Rom 178 (1), (2)

Sabotiers Revolte Westeuropa (Frankr.) Reformation 196 (2)

Sabrata Nordafrika (Libyen) Antikes Rom 180–181 (1) Erste Hochkulturen 176–177 (1)

Saccopastore arch. Stätte Ital. Hbl. Frühmensch 13 (2)

Sachsen Lat. Saxones Volk Mitteleuropa Antikes Rom 181 (4) Franken 183 (5), (6) Mittelalterliche Staaten 182 (2) Völkerwanderung 53 (2)

Sachsen Lat. Saxonia Region/Staat Mitteleuropa Die Welt 1850 90–91 Franken 184 (2) Kreuzzüge 64–65 (2) Mittelalterliche Staaten 185 (3), 188 (1) Napoleon 200–201 (1), 201 (3) Ökonomie 205 (4) Reformation 194 (2), 196 (1), (2) Reiche & Revolutionen 199 (3), 202 (1), 203 (2)

Sachsenhausen KZ/Ort Mitteleuropa ZWK 211 (3)

Sacramento Nordamerika (USA) Aufstieg der USA 129 (2)

Sá da Bandeira siehe Lubango

Sado var. Sadoga-shima Insel Japan Frühe Reiche 264 (1) Mittelalterliche Staaten 264 (2), 265 (3), (4), (5), 267 (4) Ökonomie 270 (1) ZWK 273 (3)

Sadoga-shima siehe Sado

Sadowa Schlacht Mitteleuropa (Tschech. Rep.) Reiche & Revolutionen 203 (2)

Sadras Südasien (Indien) Die Welt 1700 82–83 Kolonialismus 247 (3)

Saena Julia siehe Siena, Sena Iulia

Safad siehe Safed

Safawiden Volk Südwestasien Die Welt 1500 74–75

Safawiden-Reich Staat Südwestasien Die Welt 1600 78–79 passim Islam 162 (1) Mogul-Reich 246 (1) Osmanen 231 (3) Safawiden 231 (4)

Safed Arab. Safad, Ivr. Zefat Südwestasien (Israel) Kreuzzüge 65 (1)

Safety Harbor Nordamerika (USA) Präkolumbische Kulturen 123 (5)

Saffariden Dynastie Südwestasien Islam 57 (2) Islam 227 (4)

Safi Nordafrika (Marokko) Erkundung 157 (4)

Safinaya Ölfeld Südwestasien Ökonomie 234 (1)

Saga Präfektur Japan Ökonomie 270 (1)

Sagartia Provinz Südwestasien Antikes Persien 223 (4)

Sagastan siehe Sistan

Sagrajas Iberische Hbl. (Portugal) Reconquista 192 (3)

Sagua la Grande Militärbasis Westindien (Cuba) Kalter Krieg 108 (2)

Sagunto siehe Saguntum

Saguntum var. Sagunto Iberische Hbl. (Spanien) Antikes Rom 179 (3), 180–181 (1)

Sahagún Iberische Hbl. (Spanien) Napoleon 200–201 (1)

Sahajati Südasien (Indien) Frühe Religion 242 (3)

Sahara Wüste Nordafrika Antikes Persien 223 (4) Antikes Rom 161 (2) Biol. Austausch 72–73 (1), 73 (3) Erkundung 156 (1)–(3), 157 (4) Frühe Kulturen 160 (1) Früher Ackerbau 158 (1), 20 (1), 20–21 (2) Frühmensch 12 (1), 13 (2), 16 (1) Handel d. Antike 44–45 (1) Islam 56–57 (1), 57 (2), 162 (1) Imperialismus 96 (1) Ökonomie 163 (2) Sklavenhandel 84–85 (1), 165 (4) Spätantike 161 (3)–(5)

Sahara siehe West-Sahara

Sahara el Gharbīya siehe Westliche Wüste

Sahel Landschaft Westafrika Afrika nach 1960 169 (4) Frühe Neuzeit 164 (2) Handel d. Antike 44–45 (1) Sklavenhandel 165 (4)

Sahrawi Volk Zentralafrika/Westafrika Die Welt 500 v.Chr. 34–35 passim

Sahul var. Sahul-Schelf Landschaft Australien Eiszeit 254–255 (1), 276–277

Saidpur var. Syedpur Südasien (Bangladesh) Nachkriegszeit 252 (3)

Saigon mod. Ho-Chi-Minh-Stadt, Südostasien (Vietnam) Erkundung 239 (1) Handel 230 (2) Imperialismus 97 (3) Kolonialismus 247 (4), 248 (1), 269 (4) Nachkriegszeit 251 (5) Supermacht USA 138 (1) ZWK 250–251 (3) siehe auch Ho-Chi-Minh-Stadt

Saigon-Cholon Südostasien (Vietnam) ZWK 272 (1), 273 (2)

Sai Hun siehe Jaxartes, Syr Darya

Saikaido Region Japan Mittelalterliche Staaten 265 (3)

St Agostin siehe St Augustine, San Agostin, San Austin

St Augustine ehem. San Agostin, St Agostin, San Agustín Nordamerika (USA) 126 (1) US-Bürgerkrieg 131 (6) siehe auch San Agostín, San Agustín

St Botolph's Town siehe Boston

St. Césaire arch. Stätte Westeuropa (Frankr.) Frühmensch 13 (2)

Saint Christopher-Nevis siehe St. Kitts and Nevis

St Clairís Defeat Schlacht Nordamerika (USA) Aufstieg der USA 129 (2)

St. Denis Westeuropa (Frankr.) Handel im Mittelalter 190–191 (1)

Saint Domingue Kolonie/Staat Westindien Kolonialismus 126 (1) Reiche & Revolutionen 89 (3)

St Francis Nordamerika (USA) Kolonialismus 127 (2)

St Gall siehe Sankt Gallen

St. Gilles Westeuropa (Frankr.) Handel im Mittelalter 190–191 (1) Kreuzzüge 186 (1)

Saint Helena Kolonie/Insel Atlantik Die Welt 1800 86–87 passim Erkundung 156 (3)

St. Helena-Bai Bucht Südl. Afrika Erkundung 156 (3)

St Jago de Vega Westindien (Jamaica) Kolonialismus 125 (4)

St-Jean-d'Acre siehe Akko, Ptolemais

St Jean, Ile siehe Prince Edward Island

St John, Isle siehe Prince Edward Island

St John's Nordamerika (Kanada) Aufstieg der USA 132 (1)

St. Jones River Grabhügel Nordamerika (USA) Frühe Kulturen 121 (4)

St. Kitts & Nevis var. Saint Christopher-Nevis Staat Nordamerika Heutige Welt 112 (1) Ökonomie 136 (2) Supermacht USA 139 (5)

St. Lawrence Fluss Nordamerika Aufstieg der USA 129 (2) Erkundung 80–81 (1), 118 (1), 119 (2) Kolonialismus 126 (1), 127 (2) Staatenbildung 127 (3) Wikinger 60–61 (1)

St. Lawrence, Gulf of Nordamerika Kolonialismus 126 (1), 127 (2) Aufstieg der USA 129 (2)

Saint Lawrence Island Insel Nordamerika Erkundung 287 (2)

Saint Lawrence Island Inuit Volk Nordamerika Präkolumbische Kulturen 123 (3)

Saint-Louis Insel Westafrika (Senegal) Die Welt 1700 82–83 passim Reiche & Revolutionen 88 (1) Sklavenhandel 84–85 (1), 165 (4)

St. Louis Nordamerika (USA) Aufstieg der USA 129 (2), 132 (1) Erkundung 119 (2), (3) Kalter Krieg 108 (2) Ökonomie 134 (1), (3), 136 (2) Staatenbildung 127 (3) US-Bürgerkrieg 130 (5), 131 (6), (7) US-Gesellschaft 135 (6)

St. Lucia Insel/Staat Westindien Die Welt 1700 82–83 passim Kalter Krieg 108 (2) Ökonomie 136 (2) Reiche & Revolutionen 88 (1) Sklavenhandel 84–85 (1) Supermacht USA 139 (5) ZWK 104 (2)

St-Malo Westeuropa (Frankr.) Frühe Neuzeit 197 (5)

St. Marks Schlacht Nordamerika (USA) Aufstieg der USA 129 (2)

St. Martin Ndl. Sint Maarten Insel Westindien Die Welt 1700 82–83 passim

St. Mary, Cape siehe Lobo, Kap

St. Michael Nordamerika (USA) Weltwirtschaft 93 (3)

St. Mihiel Westeuropa (Frankr.) EWK 206 (2), (3)

St-Nazaire Westeuropa (Frankr.) ZWK 104 (2)

St. Omer Westeuropa (Frankr.) Handel im Mittelalter 190–191 (1)

Saintonge Region Westeuropa (Frankr.) Frühe Neuzeit 197 (5)

St. Paul Nordamerika (USA) Aufstieg der USA 129 (2)

St. Pierre & Miquelon Kolonie/Archipel Nordamerika Aufstieg der USA 129 (2) Reiche & Revolutionen 88 (1)

St. Pol Westeuropa (Frankr.) EWK 206 (2), (3)

St. Quentin Westeuropa (Frankr.) EWK 206 (2), (3)

Saint Thomas siehe São Tomé

St. Thomé Südasien (Indien) Ökonomie 247 (3)

St. Valéry Westeuropa (Frankr.) Mittelalterliche Staaten 186 (2)

St. Vincent Insel Westindien Die Welt 1700 82–83 passim Reiche & Revolutionen 88 (1) Sklavenhandel 84–85 (1)

Saint Vincent siehe São Vicente

St. Vincent und Die Grenadinen Staat Nordamerika Ökonomie 136 (2) Supermacht USA 139 (5)

Saipan Insel Pazifik ZWK 104 (2), 250–251 (3), 272 (1), 273 (2)

Sais Ägypten Die Welt 500 v.Chr. 34–35 Urbane Zivilisationen 28–29 (1)

Saishū siehe Cheju-do, Quelpart Island

Saitama Präfektur Japan Ökonomie 270 (1)

Saitobaru Staat Japan Frühe Reiche 264 (1)

Sai Yok arch. Stätte Südostasien (Thailand) Bronzezeit 240 (3)

Šaka siehe Shaka

Sak'art'velo siehe Georgien

Sakastane siehe Sistan

Sakata Japan Ökonomie 270 (1)

Sakchu Region Ostasien Mittelalterliche Staaten 264 (2)

Saken siehe Shaka, Nord-Shaka

Saketa Südasien (Indien) Frühe Religion 242 (3)

Sakhalin Insel Ostasien Eiszeit 217 Erkundung 257 (2) Imperialismus 270 (2) Kolonialismus 269 (3), (4) Mittelalterliche Staaten 263 (7) ZWK 272 (1), 273 (2)

Sakiz-Adasi siehe Chios

Salado Fluss Südamerika Frühe Reiche 146 (1) Inka 147 (3) Kolonialismus 148 (2) Politik nach 1930 152 (1)

Saladoide Volk Südamerika Die Welt 500 50–51 Frühe Kulturen 145 (2)

Salaga Westafrika (Ghana) Islam 162 (1)

Salala Südwestasien (Oman) Arabien im 20. Jh. 233 (4) Erkundung 219 (4)

Salamanca Lat. Salamantica Iberische Hbl. (Spanien) Mittelalterliche Staaten 187 (3) Reconquista 192 (3) Napoleon 200–201 (1) Zwischenkriegszeit 209 (4) siehe auch Salamantica

Salamantica mod. Salamanca Iberische Hbl. (Spanien) Antikes Rom 180–181 (1) siehe auch Salamanca

Salamaua Neuguinea (PNG) ZWK 272 (1)

Salamis Südwestasien (Zypern) Antikes Rom 180–181 (1) Erste Hochkulturen 176–177 (1) Hellenist. Welt 40–41 (1) Weltreligionen 48 (1)

Salamis Schlacht Südosteuropa (Griech.) Antikes Persien 223 (4)

Salang siehe Phuket

Salaria vetus, Via Straße Ital. Hbl. Antikes Rom 178 (1) Stadtplan des antiken Rom 181 (2)

Saldae mod. Bougie Nordafrika (Algerien) Antikes Rom 179 (3) siehe auch Bougie

Salduba siehe Saragossa, Zaragoza

Salekhard siehe Obdorsk

Salem Südasien (Indien) Kolonialismus 247 (3)

Salem Nordamerika (USA) Aufstieg der USA 129 (2)

Salerno Ital. Hbl. Franken 184 (2) Mittelalterliche Staaten 183 (4), 187 (3)

Salerno, Fürstentum Staat Ital. Hbl. Mittelalterliche Staaten 185 (3)

Salford Brit. Inseln (UK) Ökonomie 204 (2)

Salghuriden Dynastie Südwestasien Die Welt 1200 62–63

Salina Cruz Mittelamerika (Mexiko) Mexikan. Revolution 133 (3)

Salinas la Blanca Mittelamerika (Mexiko) Frühe Kulturen 122 (2)

Salisbury Südl. Afrika (Zimbabwe) Kolonialismus 166–167 (4)

Salisbury var. New Sarum Brit. Inseln (UK) Handel im Mittelalter 190–191 (1)

Salische Franken Volk Westeuropa (Frankr.) Franken 183 (5)

Sallentini Volk Ital. Hbl. Antikes Rom 178 (1)

Salmon arch. Stätte Nordamerika (USA) Präkolumbische Kulturen 123 (4)

Salomonen var. Salomon-Inseln Eng. Solomon Islands Archipel/Staat Pazifik Dekolonisation 285 (3) Erkundung 60 (2), 279 (3) Frühe Kulturen 280 (1), (2), 280–281 (3) Imperialismus 97 (3) Ökonomie 285 (2) ZWK 250–251 (3), 272 (1), 273 (2) siehe auch Südliche Salomonen

Salona siehe Salonae

Salonae mod. Solin Südosteuropa (Kroatien) Antikes Rom 161 (2), 180–181 (1) Die Welt 250 46–47 Handel d. Antike 181 (3) Weltreligionen 48 (1)

Salonika siehe Saloniki, Thessalonike, Thessalonica

Saloniki var. Salonika, Salonica, mod. Thessaloníki, ehem. Thessalonike, Lat. Thessalonica, SKr. Solun, Türk. Selânik Südosteuropa (Griechenland EWK 207 (6) Kreuzzüge 64–65 (2) Mittelalterliche Staaten 187 (5), 189 (4) Napoleon 200–201 (1) Ökonomie 198 (1) Osmanen 195 (4), 230 (1) Reformation 194 (2) Reiche & Revolutionen 202 (1) siehe auch Thessalonike, Thessalonica

Saloniki Staat Südosteuropa Mittelalterliche Staaten 187 (5) ZWK 211 (2)

Salsette Island Insel Südasien Ökonomie 247 (3)

Salta Südamerika (Argentinien) Staatenbildung 150 (1), 151 (3), (4)

Salţanat 'Umān siehe Oman

Saltillo Mittelamerika (Mexiko) Mexikan. Revolution 133 (3)

Salt Lake City Nordamerika (USA) Aufstieg der USA 129 (2), 132 (1) Ökonomie 136 (2)

Saluum Staat Westafrika Die Welt 1400 70–71 Mittelalterliche Staaten 163 (6)

Salva Reich Südasien Frühe Reiche 241 (5)

Salvador ehem. Bahia, São Salvador Südamerika (Brasilien) Ökonomie 153 (3) Politik nach 1930 152 (1) Sklavenhandel 84–85 (1) siehe auch Bahia

Salvador mod. El Salvador Mittelamerika, Staat Die Welt 1900 94–95 ZWK 104 (1) siehe auch El Salvador

Salvador siehe Bahia

Salween Bur. Thanlwin, Chin. Nu Chiang, Nu Jiang Fluss Kont. Südostasien Antikes Indien 241 (6) Bronzezeit 240 (3) Frühe Reiche 260 (1) Mongolen 68–69 (1) Weltreligionen 243 (5)

Salzburg ant. Juvavum Mitteleuropa (Österreich) Frühe Neuzeit 193 (4) Franken 184 (2) Mittelalterliche Staaten 185 (3), 188 (1), 189 (4) Nachkriegszeit 212 (1) Reformation 196 (1)

Salzburg, Erzbistum Region/Staat Mitteleuropa Reiche & Revolutionen 199 (3)

Sama Staat Westafrika Die Welt 1200 62–63

Samana Südasien (Indien) Ökonomie 247 (3)

Samaniden Dynastie Zentralasien/Südwestasien Islam 57 (2), 227 (4), (5)

Samapa Südasien (Indien) Frühe Reiche 241 (4)

Samar Insel Mar. Südostasien Erkundung 278 (1)

Samara ehem. Kuibyschew, Kuybyshev Osteuropa (Russ. Föderation) Kolonialismus 269 (3) UdSSR 208 (2), 215 (4)

Samara Ägypten Altes Ägypten 159 (2)

Samarang siehe Semarang

Samaria Südwestasien (Israel) Hellenist. Welt 40–41 (1)

Samaria Provinz Südwestasien Antikes Rom 225 (4)

Samarkand ant. Maracanda, Usb. Samarqand Zentralasien (Usbekistan) Biol. Austausch 72–73 (1) Die Welt 1300 66–67 passim Erkundung 218 (2), 256 (1) Handel 267 (3) Islam 56–57 (1), 57 (2), 226 (3), 227 (4), (5) Kreuzzüge 65 (1) Mongolen 68–69 (1), 229 (3) Osmanen 232–233 (1) Safawiden 231 (4) Timur 229 (4) UdSSR 215 (4) Völkerwanderung 261 (6) Weltreligionen 49 (3), (4) siehe auch Maracanda, Samarkand

Samarkand Provinz Zentralasien Kolonialismus 269 (3) siehe auch Samarkand

Samarobriva siehe Amiens

Samarqand siehe Maracanda, Samarkand

Samarra Südwestasien (Irak) Die Welt 5000 v.Chr. 18–19 passim EWK 233 (2) Islam 56–57 (1), 57 (2), 227 (4) Stadtplan Samarra 57 (3)

Sambas Südostasien (Indonesien) Die Welt 1800 86–87 Kolonialismus 247 (4)

Sambesi siehe Zambezi

Sambia siehe Zambia

Samhar Südwestasien (Oman) Handel d. Antike 225 (3) Spätantike 161 (3), (5)

Samkashya Südasien (Indien) Frühe Religion 36 (2), 242 (3)

Sam Neua mod. Xam Nua Region Kont. Südostasien Vietnam-Krieg 251 (5)

Samniten Lat. Samnites Volk Ital. Hbl. Antikes Rom 178 (1), (2)

Samoa Staat/Archipel Pazifik Dekolonisation 285 (3) Erkundung 60 (2), 278 (1) Frühe Kulturen 280–281 (3) Heutige Welt 110–111, Ökonomie 285 (2) siehe auch Deutsch-Samoa

Sāmoa-i-Sisifo siehe Deutsch-Samoa

Samojeden Volk Osteuropa/Sibirien Die Welt 750 v.Chr. 30–31 passim Handel 267 (3)

Samory Staat Westafrika Kolonialismus 166–167 (4)

Samos ehem. Limín Vathéos Südosteuropa (Griech.) Erste Hochkulturen 176–177 (1)

Samos Südosteuropa (Griech.) Antike Griechen 177 (2)

Samosata mod. Samsat Südwestasien (Türkei) Antikes Rom 180–181 (1) Erste Städte 220 (2)

Samothrake Lat. Samothrace Insel/Siedlung Südosteuropa (Griech.) Antike Griechen 177 (2), 179 (4)

Samsat siehe Samosata

Samsun siehe Amisus

Samun Dukiya arch. Stätte Westafrika (Nigeria) Frühe Kulturen 160 (1)

San Fluss Osteuropa EWK 207 (4)

Sana siehe Sana'a

Sana'a var. Şan'ā, Sana Südwestasien (Yemen) Arabien im 20. Jh. 233 (4) Erkundung 61 (3), 156 (3) Handel d. Antike 44–45 (1), 225 (3) Islam 56–57 (1)

San Agostín Fort Nordamerika (USA) Kolonialismus 125 (4) siehe auch San Agustín, St Augustine

San Agustín Nordamerika (USA) Erkundung 119 (2), 142 (1) 143 (2) Kolonialismus 85 (2) siehe auch San Agostín, St Augustine

San Agustín Staat Südamerika Die Welt 1 n.Chr. 42–43 Die Welt 250 46–47

San Ambrosio Insel Südamerika Die Welt 1950 102–103 Heutige Welt 110–111

Sanandita Ölfeld Südamerika Politik nach 1930 152 (2)

San Antonio Nordamerika (USA) Aufstieg der USA 129 (2) Kalter Krieg 108 (2) Mexikan. Revolution 133 (3)

San Antonio Fort Nordamerika (USA) Kolonialismus 125 (4)

San Carlos de Ancud mod. Ancud Südamerika (Chile) Kolonialismus 148 (2)

San Casciano Ital. Hbl. Mittelalterliche Staaten 188 (1)

Sanchi Südasien (Indien) Frühe Religion 48 (2), 242 (3)

San Cristóbal Südamerika (Venezuela) Politik nach 1930 152 (1) Staatenbildung 150 (1), (2)

San Cristóbal var. San Cristóbal de las Casas Mittelamerika (Mexiko) Mexikan. Revolution 133 (3)

San Cristóbal var. Makira Insel Pazifik Erkundung 278 (1)

San Cristóbal Westindien (Cuba) Kalter Krieg 108 (2)

San Cristóbal Westindien (Cuba) Kolonialismus 125 (4)

San Cristóbal de las Casas siehe San Cristóbal

Sancti Spíritus Westindien (Cuba) Kolonialismus 85 (2)

Sand Creek Schlacht Nordamerika (USA) Aufstieg der USA 129 (2)

San Diego Nordamerika (USA) Aufstieg der USA 129 (2) Erkundung 119 (3) Ökonomie 136 (2)

Sandomierz Russ. Sandomir Mitteleuropa (Polen) Mittelalterliche Staaten 189 (3) Mongolen 68–69 (1)

Sandomirz Staat siehe Polnische Fürstentümer

Sandomir siehe Sandomierz

Sandu'ao var. Santuao Ostasien (China) Kolonialismus 269 (4)

Sandwich-Inseln mod. Hawaii, Hawaii-Inseln, Archipel Pazifik Erkundung 278 (1) siehe auch Hawaii, Hawaii-Inseln

Sandy Creek arch. Stätte Australien Frühmensch 17 (2)

Sandy Hill Grabhügel Nordamerika (USA) Frühe Kulturen 121 (4)

San Felice Circco siehe Circei

San Felipe Mittelamerika (Mexiko) Frühe Kulturen 122 (2)

San Félix, Isla Insel Pazifik Die Welt 1950 102–103 Heutige Welt 110–111

San Fernando siehe San Fernando de Apure

San Fernando de Apure var. San Fernando Südamerika (Venezuela) Staatenbildung 150 (1), (2)

San Francisco ehem. San Francisco de Asís Nordamerika (USA) Aufstieg der USA 129 (2), 132 (1) Erkundung 119 (3) Globale Migration 100 (1), 101 (3) Ökonomie 134 (1), (3), 136 (2) Weltwirtschaft 92 (1)

San Francisco de Asís siehe San Francisco

San Francisco de Macorís Westindien (Dom. Republik) Reiche & Revolutionen 89 (3)

San Francisco de Selva siehe Copiapó

Sanga arch. Stätte Zentralafrika (Kongo/Zaire) Frühe Kulturen 160 (1)

Sangama Dynastie Südasien Mittelalterliche Staaten 244–245 (3)

Sangela Südasien (Indien) Hellenist. Welt 40–41 (1)

Sangiran arch. Stätte Südostasien (Indonesien) Frühmensch 13 (2)

Sangju Region Ostasien Mittelalterliche Staaten 264 (2)

San Ignacio de Ostimuri Mine Mittelamerika (Mexiko) Kolonialismus 125 (4)

Sanindo Region Japan Mittelalterliche Staaten 265 (3)

San Isidoro arch. Stätte Südamerika (Ecuador) Die Welt 5000 v.Chr. 18–19

San Isidro Piedra Parada Mittelamerika (Guatemala) Frühe Kulturen 121 (2)

Sanjayani Südasien (Indien) Weltreligionen 243 (4)

San Jerónimo Mittelamerika (Mexiko) Frühe Kulturen 121 (2)

San Jorge, Golfo de Südamerika Kolonialismus 148 (2)

San José Mittelamerika (Mexiko) Frühe Kulturen 122 (2)

San José Mittelamerika (Costa Rica) Aufstieg der USA 129 (2)

San José de Cúcuta siehe Cúcuta

San José Mogote Mittelamerika (Mexiko) Frühe Kulturen 121 (2)

San Juan Westindien (Puerto Rico) Kalter Krieg 108 (2) Kolonialismus 125 (4), 126 (1) ZWK 104 (2)

San Juan Mittelamerika (Mexiko) Erkundung 118 (1)

San Juan Bautista mod. Villahermosa Mittelamerika (Mexiko) Kolonialismus 125 (4)

San Juan Bautista Tuxtepec siehe Tuxtepec

San Juan del Rio Mittelamerika (Mexiko) Frühe Kulturen 122 (1)

San Juan de Ulna Mittelamerika (Mexiko) Kolonialismus 125 (5)

San Juan de Vera siehe Corrientes

San Julián siehe Puerto San Julián

St. Gallen Mitteleuropa (Schweiz) Franken 184 (2) Schweiz bis 1815 193 (5)

St. Gotthard Schlacht Südosteuropa (Österreich) Osmanen 197 (4)

St. Gotthard-Pass Pass Mitteleuropa Handel im Mittelalter 190–191 (1)

St. Lorenz siehe St. Lawrence

Sankt Peter, Patrimonium von siehe Patrimonium Petri

Sankt-Peterburg siehe Leningrad, St. Petersburg, Petrograd

St. Petersburg ehem. Leningrad, Petrograd, Russ. Sankt-Peterburg, Eng. Saint Petersburg, Finn. Pietari Osteuropa (Russ. Föderation) Die Welt 1800 86–87 passim Erkundung 257 (2) Frühe Neuzeit 197 (3) Globale Migration 100 (1) Kolonialismus 269 (3) Napoleon 200–201 (1) Ökonomie 205 (4) Reiche & Revolutionen 202 (1) UdSSR 215 (4) siehe auch Leningrad, Petrograd

Sankt Veit am Flaum siehe Rijeka

Sanliqiao arch. Stätte Ostasien (China) Früher Ackerbau 258 (2)

Sanli Urfa siehe Edessa

San Lorenzo Mittelamerika (Mexiko) Die Welt 1250 v.Chr. 26–27 Die Welt 750 v.Chr. 30–31 Frühe Kulturen 121 (2), (3), 122 (1) Frühe Religion 36 (1)

San Luis Südamerika (Argentinien) Staatenbildung 151 (3)

San Luis Potosí Mittelamerika (Mexiko) Aufstieg der USA 129 (2) Kolonialismus 125 (4)

San Luis Potosí Staat Mittelamerika Aufstieg der USA 129 (2) Mexikan. Revolution 133 (3)

San Marco Ital. Hbl. Stadtpan Venedig 191 (3)

San Marco, Canale di Kanal Ital. Hbl. Stadtpan Venedig 191 (3)

San Marcos de Arica siehe Arica

San Marino Staat Ital. Hbl. Reiche & Revolutionen 203 (3)

San Martín Pajapán arch. Stätte Mittelamerika (Mexiko) Frühe Kulturen 121 (3)

San Miguel Südamerika (Peru) Inka 148 (1)

San Miguel Mittelamerika (Mexiko) Frühe Kulturen 122 (2)

San Miguel de Culiacan Mittelamerika (Mexiko) Kolonialismus 125 (4)

San Miguel de Tucumán var. Tucumán Südamerika (Argentinien) Erkundung 143 (2) Ökonomie 153 (3) siehe auch Tucumán

Sannār siehe Sennar

San Pedro Nordamerika (USA) Kolonialismus 125 (4)

San Pedro de Lagunas Mittelamerika (Mexiko) Kolonialismus 125 (4)

San Salvador Mittelamerika (El Salvador) Aufstieg der USA 129 (2)

San Salvador De Jujuy siehe Jujuy

San Sebastián Iberische Hbl. (Spanien) Zwischenkriegszeit 209 (4)

Sanshui Ostasien (China) Frühe Reiche 260 (1)

Sansibar siehe Zanzibar

San Stefano siehe Yeşilköy

Santa Ana de Coro siehe Coro

Santa Barbara Nordamerika (USA) Erkundung 119 (3)

Santa Catarina Region Südamerika Kolonialismus 149 (3)

Santa Clara Nordamerika (USA)

Santa Clara Nordamerika (USA) Kolonialismus 125 (4)

Santa Clara Westindien (Cuba) Kalter Krieg 108 (2)

Santa Croce Ital. Hbl. Stadtpan Venedig 191 (3)

Santa Cruz Mittelamerika (Mexiko) Frühe Kulturen 121 (2)

Santa Cruz mod. Santa Cruz Cabrália Südamerika (Brasilien) Kolonialismus 149 (4) Staatenbildung 151 (3)

Santa Cruz var. Santa Cruz de la Sierra Südamerika (Bolivien) Drogenhandel 153 (5) Ökonomie 153 (3) Staatenbildung 151 (3)

Santa Cruz Cabrália, Santa Cruz de la Sierra siehe Santa Cruz

Santa Cruz Islands Archipel Pazifik Die Welt 1900 94–95 Erkundung 60 (2) Frühe Kulturen 280–281 (3) ZWK 272 (1), 273 (2)

Santa Cruz Valley Region Nordamerika

Santa Elena Fort Nordamerika (USA) Kolonialismus 125 (4)

Santa Fe Südamerika (Argentinien) Erkundung 143 (2), (3) Ökonomie 153 (3)

Santa Fe Nordamerika (USA) Aufstieg der USA 129 (2) Erkundung 118 (1), 119 (3) Kolonialismus 125 (4), 126 (1)

Santa Fé, Audiencia von Region Südamerika Kolonialismus 148 (2)

Santa Fé de Bogotá mod. Bogotá Südamerika (Kolumbien) Erkundung 142 (1), 143 (2) (3) Inka 148 (1) Kolonialismus 148 (2) siehe auch Bogotá

Santa Fe Trail Straße Nordamerika Aufstieg der USA 129 (2)

Santa Lucia Fort Nordamerika (USA) Kolonialismus 125 (4)

Santa Maria de Belém siehe Belém do Pará

Santa Maria del Buen Aire siehe Buenos Aires

Santa Marta Südamerika (Kolumbien) Erkundung 142 (1) Inka 148 (1) Kolonialismus 148 (2) Staatenbildung 150 (1), (2), 151 (3)

Santa Monica Nordamerika (USA)

Santana de Riacho arch. Stätte Südamerika (Brasilien) Frühe Kulturen 145 (2)

Santander Iberische Hbl. (Spanien) Ökonomie 205 (4) Zwischenkriegszeit 209 (4)

Santarém Iberische Hbl. (Portugal) Reconquista 192 (3)

Santarém Südamerika (Brasilien) Ökonomie 153 (4) Staatenbildung 151 (3)

Santarém Staat Südamerika Die Welt 1000 58–59 passim

Santarém Volk siehe Tapajosó

Santa Rita Mittelamerika (Mexiko) Frühe Kulturen 122 (1), (2

Santa Rosa Mittelamerika (Mexiko) Frühe Kulturen 122 (2)

Santee Volk Nordamerika Kolonialismus 126 (1)

Santiago Westindien (Dom. Republik) Reiche & Revolutionen 89 (3)

Santiago Mittelamerika (Cuba) Erkundung 119 (3)

Santiago var. Gran Santiago, Santiago de Chile Südamerika (Chile) Die Welt 1800 86–87 passim Erkundung 142 (1), 143 (2), (3) Inka 147 (3) Kolonialismus 148 (2) Ökonomie 153 (3) Politik nach 1930 152 (1) Staatenbildung 150 (1), 151 (3) Weltwirtschaft 92 (1)

Santiago siehe Santiago de Chile

Santiago siehe Santiago de Compostela

Santiago de Compostela var. Santiago, Eng. Compostella, ant. Campus Stellae Iberische Hbl. (Spanien) Kreuzzüge 186 (1) Mittelalterliche Staaten 185 (3) Reconquista 192 (3) Zwischenkriegszeit 209 (4)

Santiago de Cuba var. Santiago Westindien (Cuba) Erkundung 118 (1) US Imperialismus 133 (5) Kalter Krieg 108 (2) Kolonialismus 125 (4) siehe auch Santiago

Santiago de Guayaquil siehe Guayaquil

Santiago del Estero Südamerika (Argentinien) Staatenbildung 151 (3)

Santiago de Saltillo Mittelamerika (Mexiko) Kolonialismus 125 (4)

Santo siehe Espiritu Santo

Santo Domingo Kolonie/Staat Westindien (Dom. Republik) Aufstieg der USA 129 (2) Erkundung 118 (1) Kalter Krieg 108 (2) Kolonialismus 85 (2), 125 (4), 126 (1) Reiche & Revolutionen 89 (3)

Santo Domingo Westindien (Dom. Republik) Reiche & Revolutionen 89 (3)

Santo Domingo Tehuantepec siehe Tehuantepec

Santorini siehe Thera

Santos Südamerika (Brasilien) Kolonialismus 149 (3) Staatenbildung 151 (3)

Santuao siehe Sandu'ao

Sanussi Volk Nordafrika Handel 166–167 (1)

San Vicente del Caguán Südamerika (Kolumbien) Drogenhandel 153 (5)

Sanyodo Region Japan Mittelalterliche Staaten 265 (3)

Saochou siehe Shaozhou

São Francisco Fluss Südamerika Erkundung 142 (1), 143 (2) Frühe Kulturen 144 (1), 145 (2) Kolonialismus 149 (3), (4) Ökonomie 153 (3), (4)

São Jorge da Mina siehe Elmina

São Jorge dos Ilhéos siehe Ilhéus

São José do Rio Negro siehe Manáos, Manaus

São Luís Südamerika (Brasilien) Kolonialismus 149 (3), (4) Politik nach 1930 152 (1)

São Luiz do Maranhão var. Maranhão, mod. São Luís Südamerika (Brasilien) Staatenbildung 151 (3)

Saône Fluss Westeuropa (Frankr.) Früher Ackerbau 174 (1) Völkerwanderung 52–53 (1)

São Paulo Südamerika (Brasilien) Die Welt 1800 86–87 passim Erkundung 142 (1) 143 (2) Kolonialismus 149 (3), (4) Sklavenhandel 84–85 (1) Staatenbildung 151 (3) Ökonomie 153 (3) Politik nach 1930 152 (1)

São Paulo Region Südamerika Kolonialismus 149 (3)

São Paulo de Loanda siehe Luanda

São Pedro do Rio Grande do Sul siehe Rio Grande

São Salvador siehe Bahia, Salvador

São Sebastião de Rio de Janeiro siehe Rio de Janeiro

São Tomé Insel Atlantik Die Welt 1600 78–79 passim Frühe Neuzeit 164 (2) Imperialismus 96 (1) Reiche & Revolutionen 88 (1) Sklavenhandel 84–85 (1)

São Tomé & Príncipe var. Sao Tome & Principe Archipel/Staat Atlantik Afrika nach 1960 169 (4) Die Welt 1850 90–91 Heutige Welt 112 (1)

São Vicente Eng. Saint Vincent Südamerika (Brasilien) Kolonialismus 149 (3)

Saponi Volk Nordamerika Kolonialismus 125 (4)

Saporoger Kosaken Volk/Staat Osteuropa Die Welt 1700 82–83 Reformation 196 (2)

Sapta Sindhava Region Südasien Frühe Religion 36 (2)

Saqqara Ägypten Die Welt 2500 v.Chr. 22–23 Altes Ägypten 159 (3), (5) Frühe Religion 36 (1)

Saragossa mod. Zaragoza, ant. Caesaraugusta, Salduba Iberische Hbl. (Spanien) Franken 184 (2) Handel im Mittelalter 190–191 (1) Islam 56–57 (1) Kreuzzüge 65 (1) Napoleon 200–201 (1) Reconquista 192 (3) siehe auch Caesaraugusta, Zaragoza

Saraguro Südamerika (Ecuador) Inka 147 (3)

Sarai Khola arch. Stätte Südasien (Pakistan) Erste Städte 240 (2)

Sarajevo var. Sarajewo Südosteuropa (B.-H.) Europapolitik 215 (3) EWK 207 (6) Nachkriegszeit 212 (3) Ökonomie 205 (4) Osmanen 197 (4), 232–233 (1) ZWK 210 (1), 211 (4)

Sarandib siehe Ceylon, Lambakannas, Lanka, Simhala, Sri Lanka, Taprobane

Sarapion Ostafrika (Somalia) Handel d. Antike 44–45 (1)

Saratoga Nordamerika (USA) Staatenbildung 127 (3)

Saratov var. Saratow Osteuropa (Russ. Föderation) UdSSR 208 (2)

Sarawak Region/Siedlung Mar. Südostasien China nach 1949 275 (3) Dekolonisation 251 (4) Die Welt 90-91 Imperialismus 97 (3), 284–285 (1) Kolonialismus 269 (4) ZWK 250–251 (3), 272 (1), 273 (2)

Sarazenen var. Araber, Volk Nordafrika Mittelalterliche Staaten 185 (3)

Sardegna siehe Sardinien

Sardes siehe Sardis

Sardi Volk Ital. Hbl. Antikes Rom 178 (2)

Sardinien, Kgr. Staat Ital. Hbl. Die Welt 1800 86–87 passim Frühe Neuzeit 193 (4), (5), 194 (1) Napoleon 200–201 (1), 201 (2) Reformation 194 (2), 196 (2) Reiche & Revolutionen 202 (1), 203 (3)

Sardinien Lat. Sardinia, It. Sardegna Insel Mittelmeer Antikes Rom 161 (2), 178 (2), 179 (3), 180–181 (1), 181 (4) Bronzezeit 175 (3) Die Welt 1700 82–83 Eiszeit 170 Erkundung 172 (1) Europapolitik 214 (1) Früher Ackerbau 174 (1) Handel im Mittelalter 190–191 (1) Handel d. Antike 181 (3) Islam 56–57 (1), 184 (1), 227 (4) Kreuzzüge 64–65 (2) Mittelalterliche Staaten 182 (2), 183 (4), 185 (3), 187 (3) Nachkriegszeit 212 (3), 213 (5) Ökonomie 205 (4) Osmanen 231 (3) Reiche & Revolutionen 88–89 (2) Spätantike 182 (1) Völkerwanderung 52–53 (1), 53 (2) Weltreligionen 48 (1) Zwischenkriegszeit 209 (5) ZWK 210 (1), 211 (2), (4) siehe auch Sardo

Sardinia et Corsica Provinz Westeuropa (Frankr.)/Ital. Hbl. Antikes Rom 180–181 (1)

Sardis var. Sardes Südwestasien (Türkei) Antikes Persien 223 (4) Die Welt 250 v.Chr. 38–39 Erkundung 218 (1) Frühe Reiche 222 (2) Hellenist. Welt 40–41 (1) Weltreligionen 226 (1)

Sardo mod. Sardinien Insel Mittelmeer Erste Hochkulturen 176–177 (1) siehe auch Sardinien

Sarkel Osteuropa (Russ. Föderation) Wikinger 60–61 (1)

Sarkhej Südasien (Indien) Kolonialismus 247 (3)

Sarmaten Lat. Sarmati Volk Mitteleuropa/Osteuropa Antikes Rom 180–181 (1), 181 (4) Die Welt 1 n.Chr. 42–43 Handel d. Antike 44–45 (1)

Sarmatia Region Osteuropa Handel d. Antike 44 (2)

Sarmizegethusa var. Sarmizegetusa Mitteleuropa (Rumänien) Antikes Rom 180–181 (1) siehe auch Sarmizegetusa

Sarmizegetusa var. Sarmizegethusa Südosteuropa (Rumänien) Weltreligionen 48 (1) siehe auch Sarmizegethusa
Sarnath var. Isipatana Südasien (Indien) Erkundung 256 (1) Frühe Religion 36 (2) Weltreligionen 49 (3) siehe auch Isipatana
Saschutkenne Volk Nordamerika Präkolumbische Kulturen 123 (3)
Sasebo Japan Imperialismus 270 (3) Ökonomie 270 (1) ZWK 273 (3)
Saskatchewan Provinz Nordamerika Aufstieg der USA 129 (2) Ökonomie 136 (2)
Saskatchewan Fluss Nordamerika Aufstieg der USA 129 (2) Kolonialismus 126 (1)
Saskatoon Nordamerika (Kanada) Aufstieg der USA 129 (2)
Sassaniden-Reich var. Persisches Reich Staat Zentralasien/Südwestasien Antikes Persien 225 (6) Antikes Rom 181 (4), Die Welt 250 46–47 passim Frühe Kulturen 161 (4), (5) Mittelalterliche Staaten 182 (2) Spätantike 182 (1) Weltreligionen 48 (1) 226 (1), 49 (4) siehe auch Persisches Reich
Satala Südwestasien (Türkei) Antikes Rom 180–181 (1)
Satara Südasien (Indien) Marathen 246 (2)
Satavahana var. Shatavahana Dynastie Südasien (Indien) Die Welt 250 46–47 Handel d. Antike 44–45 (1)
Satpura Range Gebirge Südasien Ökonomie 247 (3) Weltreligionen 243 (4)
Saturnia Ital. Hbl. Antikes Rom 178 (1)
Saturn, Tempel des Gebäude Ital. Hbl. Stadtplan des antiken Rom 181 (2)
Sau siehe Sava
Saudi-Arabien Arab. Al 'Arabīya as Sa'ūdīya Staat Südwestasien Arabien im 20. Jh. 233 (4), 234 (2), 235 (5) Heutige Welt 112 (1), 113 (3), (4) Islam 235 (4) Kalter Krieg 109 (1) Ökonomie 234 (1) Supermacht USA 138 (1) ZWK 105 (3), 210 (1), 211 (4)
Sauk Volk Nordamerika Kolonialismus 126 (1)
Saulteaux Volk Nordamerika Präkolumbische Kulturen 123 (3)
Sault Ste Marie Nordamerika (Kanada) Aufstieg der USA 129 (2)
Saurimo Port. Henrique de Carvalho, Vila Henrique de Carvalho Südl. Afrika (Angola) Kalter Krieg 109 (5)
Sauty var. Assiout, Assiut, Asyut, Siut, ant. Lycopolis Ägypten Altes Ägypten 159 (2) siehe auch Asyut
Sauvira Region/Reich Südasien Frühe Reiche 241 (5) Frühe Religion 242 (2)
Sauwan siehe Tell es Sawwan
Sava Eng. Save, Dtsch. Sau, Ungar. Száva Fluss Südosteuropa Nachkriegszeit 215 (3)
Savannah Nordamerika (USA) Aufstieg der USA 129 (2), 132 (1) Kolonialismus 126 (1) Staatenbildung 127 (3) US-Bürgerkrieg 131 (7) Weltwirtschaft 93 (5)
Savannah Fluss Nordamerika Kolonialismus 125 (4) US-Bürgerkrieg 131 (6)
Savanur Region Südasien Marathen 246 (2)
Savaria Mitteleuropa (Ungarn) Antikes Rom 180–181 (1)
Save siehe Sava
Savoia, Savoie siehe Savoyen
Savoyen var. Savoie, Lat. Savoia Region/Staat Westeuropa (Frankr./Italien) Frühe Neuzeit 194 (1), 197 (5) Reformation 194 (2), 196 (1), (2) Reiche & Revolutionen 199 (4), 203 (3)
Savulus Staat Südasien Mogul-Reich 246 (1)
Savu, Pulau siehe Savu
Savu-See Indon. Laut Sawu Meer Mar. Südostasien Mittelalterliche Staaten 245 (6)
Sawakin siehe Suakin
Sawaris Ägypten Altes Ägypten 159 (3)
Sawu siehe Mersa Gawasis, Savu
Sawu, Laut siehe Savu Sea
Saxones siehe Sachsen
Saxonia siehe Sachsen
Say Westafrika (Niger) Erkundung 157 (4) Kolonialismus 166–167 (4)
Şaydā, Sayida siehe Sidon
Sayil Mittelamerika (Mexiko) Frühe Kulturen 122 (2)
Saylac siehe Zeila
Saylan siehe Ceylon, Lambakannas, Lanka, Simhala, Sri Lanka, Taprobane
Sayn Region Mitteleuropa Reiche & Revolutionen 199 (3)
Sayultec Volk Mittelamerika Kolonialismus 125 (4)
Scalabis siehe Scallabis
Scallabis var. Scalabis Iberische Hbl. (Portugal) Antikes Rom 180–181 (1)
Scandia Region Skandinavien Handel d. Antike 44 (2)
Scania siehe Schonen
Scapa Flow Meeresstraße Britische Inseln ZWK 104 (2)
Scarpanto mod. Gr. Kárpathos Insel Mittelmeer Antike Griechen 177 (2) Mittelalterliche Staaten 187 (5)
Scebeli siehe Shebeli
Schaffhausen Frz. Schaffhouse Mitteleuropa (Schweiz) Schweiz bis 1815 193 (5)
Schaffhouse siehe Schaffhausen
Schaibaniden Dynastie Zentralasien Die Welt 1500 74–75
Schelde Eng. Scheldt, Frz. Escaut Fluss Westeuropa EWK 206 (2), (3) Völkerwanderung 52–53 (1)
Scheldt siehe Schelde
Schemnitz Mitteleuropa (Ungarn) Handel im Mittelalter 190–191 (1)
Schirwan var. Shirvan Region Südwestasien Safawiden 231 (4) Seldschuken 228 (1)
Schitomir siehe Zhitomir
Schiwadschi siehe Shivaji
Schlesien Lat. Silesia Region/Staat Mitteleuropa Frühe Neuzeit 193 (4) Kreuzzüge 186 (1) Mittelalterliche Staaten 189 (3), (4) Ökonomie 198 (1), 205 (4) Osmanen 197 (4) Reiche & Revolutionen 198 (2), 199 (3), 203 (2) ZWK 211 (2)
Schleswig Mitteleuropa (Deutschland) Reiche & Revolutionen 199 (3)
Schleswig-Holstein Staat Mitteleuropa/Skandinavien Reiche & Revolutionen 203 (2)
Schmalkalden Mitteleuropa (Deutschland) Reformation 194 (2)
Schnurkeramik-Kultur Region Nordosteuropa Die Welt 2500 v.Chr. 22–23
Schöneberg Mitteleuropa (Deutschland) Nachkriegszeit 212 (2)
Schönefeld Flughafen Mitteleuropa (Deutschland) Nachkriegszeit 212 (2)
Schonen Lat. Scania, Schwe. Skåne Region Skandinavien Frühe Neuzeit 197 (3)
Schotten siehe Skoten
Schottische Covenanters Revolte Britische Inseln Reformation 196 (2)
Schottland ant. Caledonia Staat Britische Inseln Die Welt 1000 58–59 passim Handel im Mittelalter 190–191 (1) Heutige Welt 112 (2) Kreuzzüge 64–65 (2), 186 (1) Mittelalterliche Staaten 185 (3), 186 (2), 187 (3), (4), 188 (2) Reformation 196 (2) Reiche & Revolutionen 202 (1) Wikinger 60–61 (1) siehe auch Caledonia
Schwaben Lat. Swabia Region Mitteleuropa Kreuzzüge 64–65 (2) Mittelalterliche Staaten 185 (3), 188 (1)
Schwarzer Fluss Eng. Black River Fluss Kont. Südostasien Nachkriegszeit 251 (5)
Schwarzer Volta var. Borongo, Mouhoun, Moun Hou, Frz. Volta Noire Fluss Westafrika Früher Ackerbau 158 (1) Ökonomie 163 (2)
Schwarzes Meer Gr. Pontos Euxinos, Lat. Pontus Euxinus, Bul. Cherno More, Rum. Marea Neagrč, Russ. Chernoye More, Türk. Karadeniz, Ukr. Chorne More Meer Asien/Europa Antike Griechen 179 (4) Antikes Persien 223 (4), 225 (6) Antikes Rom 179 (5), 180–181 (1), 181 (4), 224 (2), 225 (5) Biol. Austausch 72–73 (1) Eiszeit 170, 217 Erkundung 172 (1), (2), 219 (3) Erste Hochkulturen 176–177 (1) Erste Städte 25 (3) EWK 207 (4), (6), 233 (2) Früher Ackerbau 174 (1), 220 (1) Handel im Mittelalter 190–191 (1) Handel d. Antike 44–45 (1), 181 (3), 225 (3) Hellenist. Welt 41 (2), 224 (1) Kupferzeit 174 (2) Mittelalterliche Staaten 185 (3), 189 (4) Mongolen 68 (2), 68–69 (1), 229 (3) Osmanen 195 (4), 203 (4), 230 (1), 231 (3), 232–233 (1) Safawiden 231 (4) Seldschuken 228 (1) Timur 229 (4) Urbane Zivilisationen 28–29 (1) Völkerwanderung 52–53 (1), 261 (6) Weltreligionen 49 (4), 226 (1) Wikinger 60–61 (1)
Schwarzmeer-See See Asien/Europa Die Welt 10 000 v.Chr. 14–15
Schweden UN Sweden, Schwe. Sverige Staat Skandinavien Die Welt 1000 58–59 passim Europapolitik 214 (1), (2) EWK 206 (1), 207 (4) Frühe Neuzeit 193 (4), 195 (3) Handel im Mittelalter 190–191 (1) Heutige Welt 112 (2) Kalter Krieg 108 (3) Kolonialismus 269 (3) Kreuzzüge 64–65 (2), 186 (1) Mittelalterliche Staaten 185 (3) Mongolen 68–69 (1) Nachkriegszeit 212 (3), 213 (5) Napoleon 200–201 (1), 201 (2) Ökonomie 205 (4) Reformation 194 (2), 196 (1), (2) Reiche & Revolutionen 199 (3), 202 (1), 203 (2) UdSSR 208 (2), 213 (4) Weltwirtschaft 92 (1) Wikinger 60–61 (1) Zwischenkriegszeit 208 (1), 209 (3), (5) ZWK 104 (1), 211 (2), (4)
Schweden Volk Skandinavien Heutige Welt 112 (2) Mittelalterliche Staaten 185 (3)
Schwedisch-Pommern Kolonie Mitteleuropa Napoleon 200–201 (1) Reiche & Revolutionen 199 (3)
Schweinebucht Span. Bahía de Cochinos Bucht Westindien Kalter Krieg 108 (2)
Schweiz var. Frz. La Suisse, Ital. Svizzera, ehem. Helvetia, Helvetische Republik, off. Schweizer Eidgenossenschaft Staat Mitteleuropa Die Welt 1850 90–91 passim Europapolitik 214 (1), (2) EWK 206 (1), (2), (3), 207 (5) Heutige Welt 112 (2), 113 (3), (4) Kalter Krieg 108 (3) Nachkriegszeit 212 (1), (3), 213 (5) Ökonomie 205 (4) Reiche & Revolutionen 202 (1), 203 (2), (3) UdSSR 213 (4) Zwischenkriegszeit 208 (1), 209 (3), (5) ZWK 104 (1), 211 (2), (3), (4) siehe auch Helvetia, Helvetische Republik, Eidgenossenschaft
Schwertbrüder Orden Osteuropa Kreuzzüge 186 (1)
Schwiebus Region Mitteleuropa Reiche & Revolutionen 199 (3)
Schwyz Region Mitteleuropa Schweiz bis 1815 193 (5)
Scilly, Isles of Archipel Britische Inseln Erkundung 172 (1)
Scio Gr. Chios, var. Hios, Khíos, Türk. Sakiz Adasi Insel Mittelmeer Mittelalterliche Staaten 189 (4) siehe auch Chios
Scione siehe Skione
Scodra mod. Shkodër Südosteuropa (Albanien) Weltreligionen 48 (1)
Scoglio del Tonno Ital. Hbl. Bronzezeit 175 (3)
Scone Brit. Inseln (UK) Mittelalterliche Staaten 187 (4)
Scoresby Sound Nordamerika (Grönland) Erkundung 287 (2)
Scoti siehe Skoten
Scott River arch. Stätte Australien Frühmensch 17 (5)
Scotts Lake Nordamerika (USA) Präkolumbische Kulturen 123 (5)
Scrobesbyrig' siehe Shrewsbury
Scupi mod. Skopje, Skoplje, Üsküb, Üsküp Südosteuropa (FYR Mazedonien) Weltreligionen 48 (1) siehe auch Skopje, Skoplje, Üsküb
Scutari Südosteuropa (Bulgarien) EWK 207 (6)
Scythopolis Arab. Baysān, Beisān Südwestasien (Israel) Antikes Rom 225 (5)
Seattle Nordamerika (USA) Aufstieg der USA 129 (2), 132 (1) Ökonomie 136 (2)
Sebastia siehe Sivas
Sebastopol siehe Sevastopol
Sebezh Osteuropa (Russ. Föderation) Frühe Neuzeit 195 (3)
Sebka d'Idjil Westafrika (Mauretanien) Islam 162 (1)
Sebonac Nordamerika (USA) Präkolumbische Kulturen 123 (5)
Sebta siehe Ceuta
Secheles Südl. Afrika (Botswana) Erkundung 157 (4)
Šechem var. Schechem, Sichem, Bibl. Samaria Südwestasien (Israel) Altes Ägypten 159 (4) Frühe Reiche 222 (1)
Sechín Alto arch. Stätte Südamerika (Peru) Frühe Kulturen 144 (1)
Sechura Span. Desierto de Sechura Wüste Südamerika Frühe Kulturen 145 (4) Frühe Reiche 146 (1)
Sedan Westeuropa (Frankr.) EWK 206 (2), (3) Frühe Neuzeit 197 (5) Reiche & Revolutionen 203 (2) ZWK 210 (1), 211 (4)
Sedeinga Ägypten Altes Ägypten 159 (5)
Sedunum siehe Sion
Segestica siehe Sisak
Seghedin siehe Szeged
Segni siehe Signia
Segontium Brit. Inseln (UK) Weltreligionen 48 (1)
Ségou siehe Segu
Segovia Iberische Hbl. (Spanien) Kreuzzüge 186 (1) Mittelalterliche Staaten 187 (3)
Segu Frz. Ségou Westafrika (Mali) Islam 167 (3)
Segu Frz. Ségou Staat Westafrika Die Welt 1700 82–83 passim Handel 166–167 (1) Islam 167 (3) Sklavenhandel 165 (4)
Segusio Westeuropa (Frankr.) Antikes Rom 180–181 (1)
Sehwan Südasien (Pakistan) Ökonomie 247 (3)
Seibal Mittelamerika (Guatemala) Frühe Kulturen 121 (2)
Seila Ägypten Altes Ägypten 159 (3)
Seine Fluss Westeuropa (Frankr.) Bronzezeit 175 (3) Franken 183 (5), (6) Frühe Neuzeit 197 (5) Handel im Mittelalter 190–191 (1) Kreuzzüge 64–65 (2) Mittelalterliche Staaten 186 (2), 187 (4), 192 (1), (2) Napoleon 200–201 (1), 201 (2) Ökonomie 205 (4) Reformation 195 (5) Reiche & Revolutionen 199 (4), 202 (1) Stadtplan Paris 191 (2) Völkerwanderung 52–53 (1), 53 (2)
Seistan siehe Sistan
Sekani Volk Nordamerika Präkolumbische Kulturen 123 (3)
Sekigahara Schlacht Japan Frühe Neuzeit 267 (5)
Sekomis Südl. Afrika (Botswana) Erkundung 157 (4)
Sekondi siehe Sekondi-Takoradi
Sekondi-Takoradi var. Sekondi Westafrika (Ghana) Ökonomie 168 (2)
Selânik siehe Saloniki, Thessalonike
Seldschuken von Rûm siehe Rûm-Seldschuken
Seldschukische Emirate siehe Emirate, Türkische
Selenga siehe Selenge Mörön
Selenge Mörön var. Selenga Fluss Ostasien/Sibirien Frühe Reiche 260 (1) Mongolen 68–69 (1)
Seleucia siehe Seleukia
Seleukeia siehe Seleukia
Seleukia var. Seleukeia pros Kalykadnos, Lat. Seleucia, mod. Silifke Südwestasien (Türkei) Antikes Rom 180–181 (1) Hellenist. Welt 41 (2) Weltreligionen 48 (1)
Seleukia ad Tigris Südwestasien (Irak) Hellenist. Welt 224 (1)
Seleukia Pieria Südwestasien (Türkei) Hellenist. Welt 41 (2)
Seleukia Sidera Südwestasien (Türkei) Hellenist. Welt 41 (2)
Seleukiden-Reich Staat Südwestsien Antike Griechen 179 (4) Antikes Rom 179 (5) Die Welt 250 v.Chr. 38–39 Hellenist. Welt 224 (1)
Selima Oase Ostafrika Altes Ägypten 159 (5)
Selinunt siehe Selinus
Selinus mod. Selinunt Sizilien (Italien) Erste Hochkulturen 176 (1)
Selma Nordamerika (USA) US-Bürgerkrieg 131 (7) US-Gesellschaft 137 (6)
Selymbria Südosteuropa (Griech.) Antike Griechen 177 (2)
Semarang var. Samarang Südostasien (Indonesien) Nachkriegszeit 253 (5)
Semey siehe Semipalatinsk
Seminole Volk Nordamerika Kolonialismus 125 (4)
Semipalatinsk Kas. Semey Sibirien (Kasachstan) Erkundung 257 (2) Kolonialismus 269 (3)
Semipalatinsk Kas. Semey Oblysy Region Zentralasien Kolonialismus 269 (3)
Semirech'ye Region Zentralasien Kolonialismus 269 (3), (4)
Semiten Volk Ostafrika/Südwestasien Die Welt 750 v.Chr. 30–31 passim
Semna West Ägypten Altes Ägypten 159 (5)
Sempach Schlacht Mitteleuropa (Schweiz) Schweiz bis 1815 193 (5)
Sena Südl. Afrika (Moçambique) Erkundung 157 (4) Islam 162 (1)
Sena Dynastie Südasien Mittelalterliche Staaten 244 (2) Mongolen 68–69 (1)
Sena Gallica mod. Senigallia Ital. Hbl. Antikes Rom 178 (1)
Sena Iulia var. Saena Julia, mod. Siena, Sienne Ital. Hbl. Antikes Rom 178 (1) siehe auch Siena
Senatus Populusque Romanus Abk. SPQR Staat Ital. Hbl. Die Welt 250 v.Chr. 38–39
Sendai Japan Ökonomie 270 (1) ZWK 273 (3)
Senegal Frz. Sénégal Staat Westafrika Afrika nach 1960 169 (4) 168 (1) Heutige Welt 112 (1), 113 (3) Imperialismus 96 (1) Islam 235 (4) Kolonialismus 166–167 (4) Ökonomie 168 (2), (3) Reiche & Revolutionen 88 (1)
Senegal Frz. Sénégal Fluss Westafrika Erkundung 156 (1), (2) Frühe Kulturen 160 (1) Früher Ackerbau 158 (1) Handel 166–167 (1) Islam 162 (1) Mittelalterliche Staaten 163 (4)–(7) Ökonomie 163 (2) Sklavenhandel 165 (4)
Senegambia Region Westafrika Erkundung 157 (4)
Senigallia siehe Sena Gallica
Senna siehe Sofala
Sennar var. Sannār Ostafrika (Sudan) Frühe Kulturen 160 (1) Frühe Neuzeit 165 (3) Handel d. Antike 44–45 (1) Islam 162 (1) Spätantike 161 (3), (5)
Sennar Staat Ostafrika Sklavenhandel 165 (4)
Senones siehe Sens
Senpoku Japan Frühe Neuzeit 267 (4)
Senpukuji arch. Stätte Japan Früher Ackerbau 258 (1)
Sens ant. Agendicum, Senones Westeuropa (Frankr.) Franken 184 (2)
Senta Ungar. Zenta Südosteuropa (Jugoslawien) Europapolitik 215 (3) siehe auch Zenta
Sentinum Ital. Hbl. Antikes Rom 178 (1)
Seoul ehem. Kyŏngsŏng, Kor. Sŏul, Sŏul off. Sŏul-t'ŭkpyŏlsi, Jap. Keijō Ostasien (Süd-Korea) Frühe Neuzeit 267 (4) Imperialismus 270 (3), (4) Kalter Krieg 109 (4) Tigerstaaten 275 (4)
Septimania Region/Staat Westeuropa (Frankr.) Franken 183 (5), (6), 184 (2)
Serabit el-Khadim Südwestasien (Sinai) Altes Ägypten 159 (5)
Sera Metropolis Ostasien (China) Handel d. Antike 44 (2)
Seram, Laut siehe Ceram-See
Serampore var. Shrīrāmpur, Frederiksnagore, Frederiksnagar, ehem. Serampur Südasien (Indien) Ökonomie 247 (3) siehe auch Frederiksnagar
Seram, Pulau siehe Ceram
Serampur siehe Frederiksnagar, Serampore
Serang siehe Ceram
Serapis, Tempel des Gebäude Ital. Hbl. Stadtplan des antiken Rom 181 (2)
Serbien Serb. Srbija, ehem. Serbisches Königreich, Reich der Serben Staat Südosteuropa Die Welt 1400 70–71 Europapolitik 215 (3) EWK 206 (1), 207 (4), (6), 233 (2) Handel im Mittelalter 190–191 (1) Mittelalterliche Staaten 187 (3), (5), 188 (1), 189 (4) Mongolen 68–69 (1) Ökonomie 205 (4) Osmanen 197 (4), 203 (4), 230 (1), 232–233 (1) Reiche & Revolutionen 88–89 (2) ZWK 211 (2), (4) siehe auch Großserbisches Reich
Serdica mod. Sofija, var. Sofia, Sophia Südosteuropa (Bulgarien) Antikes Rom 180–181 (1) Weltreligionen 48 (1) siehe auch Sofia
Seres mod. Serrai Südosteuropa (Griech.) EWK 207 (6) Mittelalterliche Staaten 189 (4)
Sergipe Region Südamerika Kolonialismus 149 (3)
Sergipe siehe Sergipe del Rey
Sergipe del Rey mod. Sergipe Südamerika (Brasilien) Kolonialismus 149 (4)
Serica Landschaft Zentralasien Handel d. Antike 44 (2)
Serifos Insel/Siedlung Mittelmeer Antike Griechen 177 (2)
Seringapatam ehem. Shrirangapattanam Südasien (Indien) Kolonialismus 248 (1) siehe auch Shrirangapattanam
Sermermiut Nordamerika (Grönland) Präkolumbische Kulturen 123 (3)
Sermylia Südosteuropa (Griech.) Antike Griechen 177 (2)
Serpa Pinto siehe Menongue
Serpent Mound arch. Stätte Nordamerika (USA) Frühe Kulturen 121 (4) Frühe Religion 36 (1)
Serrai siehe Seres
Serram Geley mod. Futa Jallon, Fouta-Djallon Gebirge Westafrika Erkundung 156 (2) siehe auch Futa Jallon
Serrano Volk Nordamerika Kolonialismus 125 (4)
Serranopolis arch. Stätte Südamerika (Brasilien) Frühe Kulturen 145 (2)
Serrey Region Osteuropa Reiche & Revolutionen 199 (3)
Sesamos Lat. Sesamus Südwesteuropa (Türkei) Erste Hochkulturen 176–177 (1)
Sesebi Ägypten Altes Ägypten 159 (5)
Sesheke var. Sesheko Südl. Afrika (Zambia) Erkundung 157 (4)
Sesheko siehe Sesheke
Sestos Lat. Sestus Südosteuropa (Türkei) Erste Hochkulturen 176–177 (1)
Setavya Südasien (Indien) Frühe Religion 242 (3)
Setia mod. Sezze Ital. Hbl. Antikes Rom 178 (1)
Seto-naikai siehe Inlandsee
Setschuan siehe Sichuan
Sevastopol var. Sewastopol, Eng. Sebastopol Osteuropa (Ukraine) EWK 207 (4) Napoleon 200–201 (1) Ökonomie 205 (4) Osmanen 203 (4), 232–233 (1) Reiche & Revolutionen 202 (1) UdSSR 208 (2)
Seven Days' Battle Schlacht Nordamerika (USA) US-Bürgerkrieg 131 (6)
Severin, Banat Region Südosteuropa Mittelalterliche Staaten 189 (4)
Severn Wal. Hafren Fluss Britische Inseln Mittelalterliche Staaten 183 (3) Ökonomie 204 (1)
Severnaja Osetija Dtsch. Nordossetien Region Osteuropa UdSSR 215 (4)
Severnaya Dvina Dtsch. Nördliche Dvina Fluss Osteuropa Erkundung 257 (2), 286 (1), 287 (2)
Severnaya Zemlya Archipel Polarmeer Erkundung 257 (2)
Severn Factory Nordamerika (Kanada) Kolonialismus 126 (1)
Sevilla ant. Hispalis Iberische Hbl. (Spanien) Franken 184 (2) Handel im Mittelalter 190–191 (1) Islam 57 (2), 227 (4) Kreuzzüge 186 (1) Mittelalterliche Staaten 185 (3) Ökonomie 198 (1) Reconquista 192 (3) Reformation 194 (2), 196 (2) Sklavenhandel 84–85 (1) Wikinger 60–61 (1) Zwischenkriegszeit 209 (4) siehe auch Hispalis
Sevilla la Nueva Westindien (Jamaica) Kolonialismus 125 (4)
Sewastopol siehe Sevastopol
Seychelle Islands siehe Seychellen
Seychellen var. Seychelle Islands Kolonie/Staat/Archipel Indischer Ozean Dekolonisation 168 (1) Die Welt 1800 86–87 passim Handel 230 (2) Heutige Welt 112 (1), 113 (3)
Seyhan siehe Adana
Sezuan siehe Sichuan
Sezze siehe Setia
Shaan siehe Shaanxi
Shaanxi var. Shaan, Shan-hsi, Shenshi, Shensi Provinz Ostasien Chinesische Revolution 271 (5) Frühe Neuzeit 266 (1), (2) Ökonomie 274 (2) Qing-China 268 (1), (2)
Shaat Ägypten Altes Ägypten 159 (3), (4)
Shaba siehe Katanga
Shabara Reich Südasien Frühe Reiche 241 (5)
Shabwah Südwestasien (Yemen) Handel d. Antike 225 (3)
Shache siehe Yarkand
Shachou siehe Shazhou
Sha-chou siehe Shazhou
Shackleton Ice Shelf Eisformation Antarktis Erkundung 287 (3)
Shagarh Schlacht Südasien Kolonialismus 249 (3)
Shahdad Südwestasien (Iran) Erste Städte 25 (3)
Shaheinab Ostafrika (Sudan) Früher Ackerbau 158 (1)
Shahi-tump arch. Stätte Südasien (Pakistan) Erste Städte 240 (2)
Shahjahanabad siehe Delhi, Indraprastha
Shahjahanpur Südasien (Indien) Ökonomie 249 (4)
Shahr-i Sokhta arch. Stätte Südasien (Iran) Erste Städte 24 (2), 240 (2) Schrift & Zahl 223 (3) Urbane Zivilisationen 28–29 (1)
Shah Tepe Südwestasien (Iran) Erste Städte 25 (3)
Shaka var. Šaka, Saken Volk Südasien Handel d. Antike 44–45 (1) Frühe Reiche 241 (4) siehe auch Nord-Shaka
Shaka Region/Reich Zentralasien Frühe Reiche 241 (5), Frühe Religion 242 (2)
Shakala Südasien (Indien) Mittelalterliche Staaten 244 (1)
Shakambhari Südasien (Indien) Mittelalterliche Staaten 244 (2)
Shaksgam Region Südasien Nachkriegszeit 252 (2)
Shalagrama Südasien (Nepal) Weltreligionen 243 (4)
Shalva Region Südasien Frühe Religion 242 (2)
Shām, Bādiyat ash siehe Syrische Wüste
Shan-Staaten Die Welt 1500 74–75
Shandong var. Shantung Provinz/Region Ostasien Chinesische Revolution 271 (5) Frühe Neuzeit 266 (1), (2) Frühe Reiche 259 (3), (4), (5) Imperialismus 270 (2) Ökonomie 274 (2) Qing-China 268 (1), (2)
Shandong Bandao siehe Shandong Peninsula
Shandong-Halbinsel Chin. Shandong Bandao, Eng. Shantung Peninsula Halbinsel Ostasien Frühe Reiche 264 (1) Imperialismus 270 (3) Mittelalterliche Staaten 264 (2), 265 (5)
Shangdu Ostasien (China) Biol. Austausch 72–73 (1) Mittelalterliche Staaten 263 (7) Mongolen 68 (2)
Shanggu Ostasien (China) Frühe Reiche 259 (5)
Shanghai var. Shang-hai Ostasien (China) China nach 1949 275 (3) Chinesische Revolution 271 (7), 274 (1) Globale Migration 100 (1), 101 (3) Kolonialismus 269 (4) Kommunismus 271 (8) Ökonomie 274 (2) Qing-China 268 (2) Sklavenhandel 84–85 (1) Tigerstaaten 275 (4) Weltwirtschaft 92 (1) ZWK 272 (1), 273 (2)
Shangqiu var. Zhuji Ostasien (China) Frühe Reiche 259 (4), (5) Frühe Religion 37 (4)
Shangyong Ostasien (China) Frühe Reiche 259 (5)
Shan-hsi siehe Jin, Shanxi, Shaanxi
Shanidar arch. Stätte Südwestasien (Irak) Frühmensch 13 (2)
Shannan Dongdao var. Shannan Tungtao Provinz Zentralasien Mittelalterliche Staaten 262–263 (1)
Shannan Hsitao siehe Shannan Xidao
Shannan Tungtao siehe Shannan Dongdao
Shannan Xidao var. Shannan Hsitao Provinz Zentralasien Mittelalterliche Staaten 262–263 (1)
Shansi siehe Jin, Shanxi
Shan-Staaten Staat Kont. Südostasien Kolonialismus 248 (2) Mittelalterliche Staaten 263 (7)
Shantou var. Shan-t'ou, Swatow Ostasien (China) Chinesische Revolution 271 (7) Kolonialismus 269 (4) Ökonomie 274 (2)
Shantung siehe Shandong
Shantung Peninsula siehe Shandong Peninsula
Shanxi var. Jin, Shan-hsi, Shansi Provinz Ostasien Chinesische Revolution 271 (5) Frühe Neuzeit 266 (1), (2) Ökonomie 274 (2) Qing-China 268 (1), (2)
Shaoxing Aufstand Ostasien Frühe Neuzeit 266 (2)
Shaozhou var. Saochou Ostasien (China) Mittelalterliche Staaten 262–263 (1)
Sharada Südasien (Pakistan) Weltreligionen 243 (4)
Sharjah Arab. Ash Shāriqah Südwestasien (VAE) Ökonomie 234 (1)
Sharkara Südasien (Pakistan) Weltreligionen 243 (4)
Sharm ash Shaykh siehe Sharm el Sheikh
Sharm el Sheikh var. Ofiral, Sharm ash Shaykh Ägypten Arabien im 20. Jh. 234 (2)
Sharpsburg Schlacht Nordamerika (USA) US-Bürgerkrieg 131 (6)
Sharqis Staat Südasien Die Welt 1400 70–71
Shatavahana siehe Satavahana
Shatt al 'Arab Per. Arvand Rūd Fluss Südwestasien Arabien im 20. Jh. 235 (5)
Shavli Osteuropa (Litauen) EWK 207 (4)
Shawnee Volk Nordamerika Kolonialismus 126 (1)
Shazhou var. Shachou, Sha-chou Ostasien (China) Mittelalterliche Staaten 262–263 (1)
Shazhou Staat Ostasien Mittelalterliche Staaten 263 (3)
Sheba siehe Saba
Shebeli Amh. Wabē Shebelē Wenz, Ital. Scebeli, Som. Webi Shabeelle Fluss Ostafrika Frühe Kulturen 160 (1) Frühe Neuzeit 165 (3)
Sheffield Brit. Inseln (UK) Ökonomie 204 (1) Weltwirtschaft 93 (4)
Shengle Ostasien (China) Mittelalterliche Staaten 261 (4)
Shenshi, Shensi siehe Shaanxi
Shenyang ehem. Fengtien, Chin. Shenyang, Eng. Moukden, Mandsch. Mukden Ostasien (China) Chinesische Revolution 274 (1) Kalter Krieg 109 (4) Ökonomie 274 (2) Tigerstaaten 275 (4) siehe auch Mukden
Shenzhen Ostasien (China) Ökonomie 274 (2)
Sherman Nordamerika (USA) US-Gesellschaft 135 (4)
Sherpur Südasien (Bangladesh) Ökonomie 247 (3)
Shershell siehe Caesarea
Shetland-Inseln Archipel Britische Inseln Bronzezeit 175 (3) Erkundung 172 (1), (2) Mittelalterliche Staaten 185 (3) Wikinger 60–61 (1) ZWK 210 (1), 211 (4)
Shibam Südwestasien (Yemen) Islam 56–57 (1)
Shibushi Japan Mittelalterliche Staaten 265 (5)
Shiga var. Siga Präfektur Japan Ökonomie 270 (1)
Shigatse var. Jih-k'a-tse, Xigaze, Xigazê Ostasien (China) Erkundung 257 (3)
Shihr Südwestasien (Yemen) Sklavenhandel 84–85 (1)
Shikarpur Südasien (Bangladesh) Nachkriegszeit 252 (3)
Shikoku Insel Japan Frühe Reiche 264 (1) Imperialismus 270 (2) Mittelalterliche Staaten 264 (2), 265 (3), (4), (5), 267 (4), (5) Ökonomie 270 (1) ZWK 273 (3)
Shillacoto arch. Stätte Südamerika (Peru) Frühe Kulturen 145 (3)
Shillong Südasien (Indien) Dekolonisation 250 (2) Nachkriegszeit 252 (1)
Shilluk Staat Ostafrika Sklavenhandel 165 (4) Handel 166–167 (1)
Shiloh Nordamerika (USA) US-Bürgerkrieg 131 (6), (7)
Shimabara var. Simabara Japan Frühe Neuzeit 267 (5)
Shimane var. Simane Präfektur Japan Ökonomie 270 (1)
Shimazu Region Japan Frühe Neuzeit 267 (4)
Shimla siehe Simla
Shimonoseki var. Simonoseki, hist. Akamagaseki, Bakan Japan Imperialismus 270 (3), (4) Ökonomie 270 (1)
Shimonoseki Insel Japan ZWK 273 (3)
Shinohara var. Shinowara Schlacht Japan Mittelalterliche Staaten 265 (5)
Shinowara siehe Shinohara
Ship Island Nordamerika (USA) US-Bürgerkrieg 131 (6)
Shipurla siehe Lagaš
Shira Staat Westafrika Frühe Neuzeit 164 (2)
Shiraz var. Shīrāz Südwestasien (Iran) Biol. Austausch 72–73 (1) Erkundung 61 (3), 218 (2), 219 (3) Islam 56–57 (1) Ökonomie 234 (1) Safawiden 231 (4) Seldschuken 228 (1) Timur 229 (4)
Shirvan Südwestasien (Iran) Safawiden 231 (4)
Shiwei Volk Ostasien Mittelalterliche Staaten 262–263 (1)
Shizuoka var. Sizuoka Japan Ökonomie 270 (1)
Shizuoka var. Sizuoka Präfektur Japan Ökonomie 270 (1)
Shkodër siehe Scodra
Shoa Staat Ostafrika Die Welt 1000 58–59 Die Welt 1200 62–63 Erkundung 61 (3)
Sholapur Südasien (Indien) Ökonomie 249 (4) Weltwirtschaft 93 (5)
Shonai Japan Frühe Neuzeit 267 (4)
Shongweni arch. Stätte Südl. Afrika (Südafrika) Frühe Kulturen 160 (1)
Shorapur Schlacht Südasien Kolonialismus 249 (3)
Shortughai Zentralasien (Tadschikistan) Erste Städte 24 (2)
Shouchun Ostasien (China) Frühe Reiche 259 (5) Frühe Religion 37 (4)
Shqipëria siehe Albanien
Shravana Belgola Südasien (Indien) Frühe Reiche 241 (4)
Shravasti var. Sravasti Südasien (Indien) Frühe Religion 36 (2), 48 (2), 242 (3)
Shreveport Nordamerika (USA) Aufstieg der USA 129 (2)
Shrewsbury hist. Scrobesbyrig' Brit. Inseln (UK) Handel im Mittelalter 190–191 (1) Mittelalterliche Staaten 186 (2)
Shriksetra var. Shrikshetra, mod. Prome Südostasien (Burma) Mittelalterliche Staaten 245 (5) siehe auch Prome, Shrikshetra
Shrikshetra var. Shriksetra, mod. Prome Südostasien (Burma) Antikes Indien 241 (6) siehe auch Prome, Shriksetra
Shrikshetra Reich Kont. Südostasien Antikes Indien 241 (6)
Shrinagara var. Srinagar, Südasien (Indien) Mittelalterliche Staaten 244 (1), (2), 244–245 (3) siehe auch Srinagar
Shriperambudur Südasien (Indien) Weltreligionen 243 (4)
Shripurushottama Südasien (Indien) Frühe Religion 242 (2)
Shrīrāmpur siehe Frederiksnagar, Serampore
Shrirangam Südasien (Indien) Mittelalterliche Staaten 244–245 (3) Weltreligionen 243 (4)
Shrirangapattanam var. Srirangapattanam, mod. Seringapatam Südasien (Indien) Mittelalterliche Staaten 245 (4) Mogul-Reich 246 (1) siehe auch Seringapatam
Shriver Nordamerika Die Welt 10 000 v.Chr. 14–15
Shrivijaya siehe Srivijaya
Shu mod. Chengdu Ostasien (China) Frühe Reiche 259 (5) Frühe Religion 37 (4) siehe auch Chengdu
Shu Region/Provinz/Staat Ostasien Frühe Reiche 259 (5), 260 (1), 261 (2) Frühe Religion 37 (4)
Shu Volk Ostasien Frühe Reiche 259 (4)
Shuar Volk Südamerika Die Welt 1700 82–83
Shu Han Staat Ostasien Die Welt 250 46–47
Shuruppak Südwestasien (Irak) Erste Städte 25 (3)
Shūsh, **Shushan** siehe Susa
Siak Staat Mar. Südostasien Die Welt 1800 86–87
Sialk Südwestasien (Iran) Erste Städte 24 (2), 220 (2)
Sialkot Südasien (Pakistan) Ökonomie 247 (3)
Siam mod. Thailand, Prathet Thai Staat/Region Kont. Südostasien Biol. Austausch 72–73 (1) Die Welt 1400 70–71 passim Frühe Neuzeit 266 (1), (2) Globale Migration 100 (1), 101 (3) Handel 267 (3) Kolonialismus 248 (1), 269 (4) Kommunismus 271 (8) Qing-China 268 (1) ZWK 250–251 (3), 272 (1), 273 (2) siehe auch Thailand
Siam, Golf von var. Golf von Thailand, Thai Ao Thai, Vtn. Vinh Thai Lan Kont. Südostasien Kolonialismus 248 (1) ZWK 250–251 (3) siehe auch Thailand, Golf von
Siam, Königreich Staat Kont. Südostasien Imperialismus 97 (3), (4)
Sian siehe Chang'an Xi'an
Siang siehe Brahmaputra
Sibi Reich Südasien Frühe Reiche 241 (5)
Sibir' siehe Sibirien
Sibir, Khanat von Staat Sibirien Handel 267 (3)
Sibirien Russ. Sibir' Landschaft Asien Biol. Austausch 72–73 (1) Eiszeit 116, 217, 254–55 (1) Erkundung 257 (2), 286 (1), 287 (2) Früher Ackerbau 258 (1) Frühmensch 16 (1) Globale Migration 100 (1) Kolonialismus 269 (3), (4) Kommunismus 271 (8) Kreuzzüge 65 (1) Mittelalterliche Staaten 262–263 (1) Reiche & Revolutionen 88–89 (2) Völkerwanderung 261 (6)
Sibirische Inuit Volk Sibirien Präkolumbische Kulturen 123 (3)
Sibirische Tataren Volk Sibirien Handel 267 (3)
Sibiu siehe Hermannstadt
Siblag Region Sibirien UdSSR 213 (4)
Sicani Volk Ital. Hbl. Antikes Rom 178 (2)
Sichem siehe Šechem
Sichuan var. Szechwan, Sezuan, Setschuan Provinz/Region Ostasien China nach 1949 275 (3) Chinesische Revolution 271 (5), 274 (1) Frühe Neuzeit 266 (1), (2) Frühe Religion 37 (4) Mittelalterliche Staaten 263 (7) Ökonomie 274 (2) Qing-China 268 (1), (2)
Sichuan-Becken Region Ostasien Frühe Neuzeit 266 (1)
Sicilia Provinz Südeuropa Antikes Rom 178 (2), 179 (3), (5) siehe auch Sikelia; Sizilien
Siculi siehe Sikuler
Sidama-Staaten Staat Ostafrika Die Welt 1400 70–71
Side Südwestasien (Türkei) Erste Hochkulturen 176–177 (1) Hellenist. Welt 40–41 (1)
Sidi Abderrahman arch. Stätte Nordafrika (Marokko) Frühmensch 13 (2)
Sidi Barrani Ägypten ZWK 210 (1)
Sidon Arab. Şaydā, Sayida Südwestasien (Libanon) Antikes Persien 223 (4) Antikes Rom 225 (4) Erste Hochkulturen 176–177 (1) Frühe Reiche 221 (5), 222 (1), (2) Handel d. Antike 225 (3) Hellenist. Welt 40–41 (1) Kreuzzüge 65 (3) Weltreligionen 48 (1), 226 (1)
Sidra siehe Sirt
Siebenbürgen Rum. Transylvania, Eng. Transilvania, Ardeal, Ungar. Erdély Region/Staat Südosteuropa Die Welt 1600 78–79 passim Mittelalterliche Staaten 189 (4) Napoleon 200–201 (1) Osmanen 195 (4), 197 (4), 230 (1) Reformation 194 (2), 196 (2) siehe auch Transylvania
Siena ant. Saena Julia, Sena Iulia, Frz. Sienne Ital. Hbl. Handel im Mittelalter 190–191 (1) Mittelalterliche Staaten 183 (4), 187 (3), 188 (1) siehe auch Sena Iulia
Sienne siehe Siena
Sienpi siehe Xianbi
Sierra Leone Staat Westafrika Afrika nach 1960 169 (4) Dekolonisation 168 (1) Die Welt 1700 82–83 passim Handel 166–167 (1) Heutige Welt 112 (1), 113 (3) Imperialismus 96 (1) Islam 235 (4) Kalter Krieg 109 (1) Kolonialismus 166–167 (4) Ökonomie 168 (2), (3) Sklavenhandel 84–85 ZWK 104 (1)
Sierra Leone, Cape Kap Westafrika Erkundung 80–81 (1)
Sierra Madre del Sur Gebirge Nordamerika Erkundung 118 (1), 119 (3) Frühe Kulturen 121 (2), 122 (1)
Sierra Madre Occidental var. Western Sierra Madre Gebirge Mittelamerika Erkundung 118 (1), 119(3) Mexikan. Revolution 133 (3) Präkolumbische Kulturen 123 (4)
Sierra Madre Oriental var. Eastern Sierra Madre Gebirge Mittelamerika Erkundung 118 (1), 119 (3) Frühe Kulturen 121 (2) Mexikan. Revolution 133 (3)
Sifnos Insel/Siedlung Mittelmeer Antike Griechen 177 (2)
Siga siehe Shiga
Sigiriya Südasien (Sri Lanka) Weltreligionen 49 (3)
Signak Zentralasien (Kasachstan) Mongolen 68–69 (1)
Signan siehe Chang'an Xi'an
Signia mod. Segni Ital. Hbl. Antikes Rom 178 (1)
Sigtuna Skandinavien (Schweden) Mittelalterliche Staaten 185 (3) Wikinger 60–61 (1)
Siine Staat Westafrika Die Welt 1500 74–75 passim Frühe Neuzeit 164 (2) Islam 162 (1) Mittelalterliche Staaten 163 (6), (7)
Sijilmassa Nordafrika (Marokko) Handel d. Antike 44–45 (1) Islam 162 (1)
Sikelia mod. Sizilien Insel Mittelmeer Erste Hochkulturen 176–177 (1) siehe auch Sicilia; Sizilien; Sizilien, Königreich
Sikh-Staaten Staat Südasien Die Welt 1800 86–87
Siking siehe Chang'an, Xi'an
Sikkim Staat Südasien Dekolonisation 250 (2) Kolonialismus 248 (2), 249 (3), 269 (4) Nachkriegszeit 252 (1) Ökonomie 249 (4)
Sikuler Lat. Siculi Volk Südeuropa Antikes Rom 178 (2)
Silahara Dynastie Südasien Die Welt 1200 62–63 Mongolen 68–69 (1)
Silebar Südostasien (Indonesien) Die Welt 1700 82–83 Die Welt 1800 86–87
Silesia siehe Schlesien
Silifke siehe Seleucia
Silistra siehe Durostorum, Silistria
Silistria mod. Silistra, ant. Durostorum Südosteuropa (Rumänien) Osmanen 203 (4) siehe auch Durostorum
Silla Region/Staat Ostasien Die Welt 250 46–47 passim Mittelalterliche Staaten 163 (4), 262–263 (1) Weltreligionen 49 (4) siehe auch Choson, Korea, Koryo
Silumiut Nordamerika (Kanada) Präkolumbische Kulturen 123 (3)
Silver Leaves arch. Stätte Südl. Afrika (Südafrika) Frühe Kulturen 160 (1)
Silves Iberische Hbl. (Portugal) Franken 184 (2) Reconquista 192 (3)
Simabara siehe Shimabara
Simane siehe Shimane
Simao var. Szemao Ostasien (China) Kolonialismus 269 (4)
Simbabwe siehe Zimbabwe
Simferopol Osteuropa (Ukraine) UdSSR 208 (2)
Simhala var. Singhala, Saylan, Sarandib, mod. Sri Lanka, ehem. Ceylon, Chin. Hsi-lan, ant. Lambakannas, Lanka, Taprobane Region/Staat/Insel Südasien Die Welt 1200 62–63 Frühe Religion 48 (2), 242 (2) Mittelalterliche Staaten 244–245 (3) Weltreligionen 49 (3), (4), 243 (4) siehe auch Ceylon, Lambakannas, Lanka, Sri Lanka, Taprobane
Simhala-Staaten Staat Südasien Mongolen 68–69 (1)
Simla mod. Shimla Südasien (Indien) Nachkriegszeit 252 (1)
Simonoseki siehe Shimonoseki
Simpson Desert Wüste Australien Erkundung 279 (2) Frühmensch 17 (5)
Simylla Südasien (Indien) Handel d. Antike 44 (2)
Simyra Südwestasien (Syrien) Altes Ägypten 159 (5)
Sīnā' siehe Sinai
Sinae Region Kont. Südostasien Handel d. Antike 44 (2)
Sinae Region Ostasien Handel d. Antike 44 (2) Wissen & Techologie 76 (8) siehe auch China
Sinai Arab. Shibh Jazīrat Sīnā', Sīnā' Landschaft Ägypten Altes Ägypten 159 (2)–(5) Antikes Persien 223 (4) Arabien im 20. Jh. 234 (2) Erste Städte 220 (2) EWK 233 (2) Frühe Reiche 222 (1), (2) Kreuzzüge 64–65 (2), 65 (3)
Sinaloa Staat Mittelamerika Aufstieg der USA 129 (2) Mexikan. Revolution 133 (3)
Sīnā', Shibh Jazīrat siehe Sinai
Sind var. Sindh Region/Staat Südasien Die Welt 1400 70–71 passim Kolonialismus 248 (2) Mittelalterliche Staaten 244–245 (3) Mogul-Reich 246 (1) Nachkriegszeit 252 (1), 253 (4) Weltreligionen 243 (4)
Sindae Insulae Insel Indischer Ozean Handel d. Antike 44 (2)
Sindh siehe Sind
Sindhia Region Südasien Marathen 246 (2)
Sindhu Region Südasien Frühe Religion 242 (2) Frühe Reiche 241 (4)
Singa arch. Stätte Ostafrika (Sudan) Frühmensch 13 (2)
Singan siehe Chang'an, Xi'an
Singapur Eng. Singapore Mal. Singapura Südostasien (Singapur) Die Welt 1850 90–91 Erkundung 239 (1), (2) Globale Migration 100 (1) Handel 267 (3) Imperialismus 97 (3) Kolonialismus 269 (4) Nachkriegszeit 253 (5) Weltwirtschaft 92 (1) Reiche & Revolutionen 88 (1) ZWK 104 (2), 250–251 (3), 272 (1), 273 (2) siehe auch Singapura
Singapur Eng. Singapore Mal. Singapura Staat Südostasien Dekolonisation 251 (4) Heutige Welt 113 (3) Kalter Krieg 109 (1) Nachkriegszeit 253 (4) Tigerstaaten 275 (4) ZWK 250–251 (3) siehe auch Singapura
Singapura Dtsch. Singapur Südostasien Mittelalterliche Staaten 245 (6) siehe auch Singapur
Singhala siehe Simhala
Singhalesen Volk Südasien Weltreligionen 243 (5)
Singhasari Südostasien (Indonesien) Mittelalterliche Staaten 245 (6) Weltreligionen 243 (5)
Singhasari Region Mar. Südostasien Mittelalterliche Staaten 245 (5), (6)
Singhbhum Schlacht Südasien Kolonialismus 249 (3)

Singidunum *mod.* Beograd, *Dtsch.* Belgrad Südosteuropa (Jugoslawien) Antikes Rom *180–181* (1) *siehe auch* Belgrad
Singkiang *siehe* Xinjiang
Singora *siehe* Songkhla
Singos *var.* Singus Südosteuropa (Griech.) Antike Griechen *177* (2)
Sinide *Volk* Ostasien Die Welt 750 v.Chr. *30–31* Die Welt 500 v.Chr. *34–35* Die Welt 250 v.Chr. *38–39*
Sin-Kašid, Palast von *Gebäude* Südwestasien (Irak) Stadtplan Uruk *220* (3)
Sinkiang *siehe* Sinope
Sinop *siehe* Sinope
Sinope *mod.* Sinop Südwestasien (Türkei) Antikes Persien *223* (4) Antikes Rom *161* (2), *180–181* (1) Erste Hochkulturen *176–177* (1) Hellenist. Welt *40–41* (1) Islam *56–57* (1) Kreuzzüge *64–65* (2) Osmanen *195* (4), *203* (4), *232–233* (1) Seldschuken *228* (1) Weltreligionen *226* (1)
Sint Maarten *siehe* St Martin
Sinú-Häuptlingstümer *Staat* Südamerika Frühe Reiche *146* (1)
Sinuessa Ital. Hbl. Antikes Rom *178* (1)
Sinuiju Ostasien (Nord-Korea) Kalter Krieg *109* (4)
Sion *ant.* Sedunum, *Dtsch.* Sitten Mitteleuropa (Schweiz) Schweiz bis 1815 *193* (5)
Sioux *Volk* Nordamerika Die Welt 1600 *78–79* Die Welt 1700 *82–83*
Sioux City Nordamerika (USA) Ökonomie *134* (1)
Šipka *arch. Stätte* Mitteleuropa (Tschech. Rep.) Frühmensch *13* (2)
Sippar Südwestasien (Irak) Erste Städte *24* (2), *25* (3)
Sira Südasien (Indien) Mogul-Reich *246* (1)
Sira *Staat* Südasien Mogul-Reich *246* (1)
Siracusa *siehe* Syrakus
Siraf Südwestasien (Iran) Erkundung *61* (3) Islam *56–57* (1)
Sir Darya *siehe* Jaxartes, Syr Darya
Sirdaryo *siehe* Jaxartes, Syr Darya
Şiria *siehe* Világos
Siria *siehe* Syrien
Sirmium Südosteuropa (Jugoslawien) Antikes Rom *180–181* (1), *181* (4) Weltreligionen *48* (1)
Sironj Südasien (Indien) Kolonialismus *247* (3)
Sirt *var.* Sidra, Sirte, Surt Nordafrika (Libyen) Islam *56–57* (1)
Sirvān, Rudkhaneh-ye, Sirwan *siehe* Diyala
Sirwa Pass *Schlacht* Südasien Kolonialismus *249* (3)
Sisak *Lat.* Siscia, *Gr.* Segestike, *ehem. Dtsch.* Sissek, *Ungar.* Sziszek Südosteuropa (Kroatien) Europapolitik *215* (3) *siehe auch* Siscia
Siscia Südosteuropa (Kroatien) Antikes Rom *180–181* (1) *siehe auch* Sisak
Sissek *siehe* Sisak,
Sistan *var.* Seistan, Sagastan, Sakastane, Indo-Parthisches Reich *Region/Staat* Südwestasien Islam *56–57* (1), *227* (4) Safawiden *231* (4) Timur *229* (4) *siehe auch* Indo-Parthisches Reich
Sitagroi Südosteuropa (Griech.) Früher Ackerbau *174* (1)
Sitifis Nordafrika (Algerien) Antikes Rom *180–181* (1)
Sitka Nordamerika (USA) Aufstieg der USA *129* (2) Weltwirtschaft *93* (3)
Sitten *siehe* Sion
Siut *siehe* Asyut
Siuyen *siehe* Xiuyan
Sivas *ant.* Sebastia Südwestasien (Türkei) Mongolen *68–69* (1) Timur *229* (4)
Siwa, Oase *var.* Siwah, Ammon-Heiligtum Ägypten Hellenist. Welt *40–41* (1) Islam *162* (1)
Six Counties, The *siehe* Northern Ireland
Sizebolu *siehe* Apollonia
Sizilien *Lat./It.* Sicilia, *Gr.* Sikelia,*ehem.* Königreich Sizilien *Insel/Region* Südeuropa Antikes Rom *161* (2), *180–181* (1), *181* (4), *225* (5) Biol. Austausch *72–73* (1) Bronzezeit *175* (3) Die Welt 1700 *82–83* Drogenhandel *113* (4) Erkundung *172* (1) Europapolitik *214* (1) Frühe Neuzeit *194* (1) Früher Ackerbau *174* (1) Handel im Mittelalter *190–191* (1) Handel d. Antike *181* (3) Islam *56–57* (1), *184* (1), *226* (3), *227* (4) Kreuzzüge *64–65* (2) Kupferzeit *174* (2) Mittelalterliche Staaten *182* (2), *183* (4), *185* (3) Nachkriegszeit *212* (3), *213* (5) Ökonomie *205* (4) Osmanen *195* (4), *231* (3) Reformation *194* (2) Reiche & Revolutionen *88–89* (2) Spätantike *182* (1) Völkerwanderung *52–53* (1), *53* (2) Weltreligionen *48* (1) Wikinger *60–61* (1) Zwischenkriegszeit *209* (3), (5) ZWK *210* (1), *211* (2), (4) *siehe auch* Sicilia; Sikelia; Sizilien, Königreich
Sizilien, Königreich *Staat* Südeuropa Erkundung *62–63* Kreuzzüge *186* (1) Mittelalterliche Staaten *187* (3), (5), *188* (1), *189* (4) Napoleon *201* (2) Osmanen *230* (1) Reformation *196* (2)
Sizilien, Königreich beider *Staat* Ital. Hbl. (Mittelmeer) Die Welt 1850 *90–91* Reiche & Revolutionen *202* (1), *203* (3)
Sizuoka *siehe* Shizuoka
Skandinavien *Region* Europa Biol. Austausch *72–73* (1) Bronzezeit *175* (3) Eiszeit *170* Erkundung *172* (1), *287* (2) Früher Ackerbau *174* (1), *20–21* (2) Globale Migration *100* (1) Kreuzzüge *65* (1) Kupferzeit *174* (2) Mittelalterliche Staaten *185* (3) ZWK *211* (3)
Skåne *siehe* Schonen
Skanör Skandinavien (Schweden) Handel im Mittelalter *190–191* (1)
Skardu Südasien (Pakistan) Nachkriegszeit *252* (2)
Skepsis *Lat.* Scepsis Südwestasien (Türkei) Antike Griechen *177* (2)
Skhul *arch. Stätte* Südwestasien (Israel) Frühmensch *13* (2)
Skione *Lat.* Scione Südosteuropa (Griech.) Antike Griechen *177* (2)
Skiringsal *var.* Kaupang Norwegen Erkundung *61* (1)
Sklavenküste *Landschaft* Westafrika Islam *162* (1) Sklavenhandel *165* (4)
Skopje *var.* Üsküb, *ant.* Scupi, *ehem.* Skoplje, *Türk.* Üsküp Südosteuropa (FYR Mazedonien) Europapolitik *215* (3) Nachkriegszeit *212* (3) *siehe auch* Skoplje, Scupi, Üsküb
Skoplje *mod.* Skopje, *ant.* Scupi, *Türk.* Üsküb, Üsküp Südosteuropa (FYR Mazedonien) EWK *207* (6) Mittelalterliche Staaten *189* (4) *siehe auch* Skopje, Scupi, Üsküb
Skoten *var.* Schotten, *Lat.* Scoti, *Eng.* Scots *Volk* Britische Inseln Antikes Rom *181* (4) Mittelalterliche Staaten *182* (2)
Skoten, Königreiche der *Staat* Britische Inseln Die Welt 750 *54–55* *siehe auch* Schottland
Skripón *siehe* Orchomenos
Skull Cave *Schlacht* Nordamerika (USA) Aufstieg der USA *129* (2)
Skyros *Insel/Siedlung* Mittelmeer (Ägäis) Antike Griechen *177* (2)
Skythen *var.* Scythae *Volk* Zentralasien/Osteuropa/Südasien Frühe Reiche *241* (4) *siehe auch* Saken
Skythien *Gr.* Skythia, *Lat.* Scythia *Region* Zentralasien Erste Hochkulturen *176–177* (1) Frühe Religion *36* (1) Handel d. Antike *44* (2), *44–45* (1) Hellenist. Welt *40–41* (1) Weltreligionen *49* (4)
Slagtersnek Südl. Afrika (Südafrika) Migrationen *166* (2)
Slankamen *Schlacht* Südosteuropa (Jugoslawien) Osmanen *197* (4)
Slave *Volk* Nordamerika Präkolumbische Kulturen *123* (3)
Slave *Fluss* Nordamerika Aufstieg der USA *129* (2)
Slawen *Volk* Osteuropa Die Welt 750 v.Chr. *30–31* *passim* Mittelalterliche Staaten *182* (2) Spätantike *182* (1) Völkerwanderung *53* (2)
Slawonien *Staat/Region* Südosteuropa Mittelalterliche Staaten *189* (4) Osmanen *230* (1)
Slenzanen *Volk* Mitteleuropa Franken *184* (2)
Sloan *arch. Stätte* Nordamerika Die Welt 5000 v.Chr. *18–19*
Slovenija, Slovensko *siehe* Slowakei
Slowakei *Ungar.* Szlovákia, *Slwk.* Slovensko, *off.* Slovenská Republika *Staat* Mitteleuropa Drogenhandel *113* (4) Europapolitik *214* (1), (2) Heutige Welt *112* (2) UdSSR *215* (4) ZWK *104* (2), *210* (1), *211* (2), (4) *siehe auch* Tschechoslowakei
Slowaken *Volk* Osteuropa Franken *184* (2)
Slowenien *Slvn.* Slovenija, *off.* Republika Slovenija *Staat* Südosteuropa Europapolitik *214* (1), (2), *215* (3) Heutige Welt *110–111*, *112* (2), *113* (3) UdSSR *215* (4) *siehe auch* Jugoslawien
Sluis *var.* Sluys, *Frz.* L'Écluse *Schlacht* Westeuropa (Niederl.) Reformation *195* (5) *siehe auch* Sluys
Sluys *var.* Sluis, *Frz.* L'Écluse *Schlacht* Westeuropa (Niederl.) Mittelalterliche Staaten *192* (1) *siehe auch* Sluis
Småland *Region* Skandinavien Frühe Neuzeit *197* (3)
Smolensk Osteuropa (Russ. Föderation) EWK *207* (4) Frühe Neuzeit *195* (3) Handel im Mittelalter *190–191* (1) Mittelalterliche Staaten *189* (3), (4) Nachkriegszeit *212* (3) Napoleon *200–201* (1) Reiche & Revolutionen *198* (2) UdSSR *208* (2)
Smolensk *Staat* Osteuropa Die Welt 1400 *70–71* Mittelalterliche Staaten *189* (3), (4)
Smorgon' *Poln.* Smorgonie Osteuropa (Belorussland) Napoleon *200–201* (1)
Smorgonie *siehe* Smorgon'
Smyrna *mod.* İzmir Südwestasien (Türkei) EWK *233* (2) Frühe Reiche *221* (5) Hellenist. Welt *40–41* (1) Mittelalterliche Staaten *182* (2), *185* (3), *189* (4) Napoleon *200–201* Osmanen *203* (4), *230* (1), *232–233* (1) Reiche & Revolutionen *202* (1) Timur *229* (4) Weltreligionen *48* (1) *siehe auch* İzmir
Snaketown *arch. Stätte* Nordamerika (USA) Präkolumbische Kulturen *123* (4)
Sŏ *siehe* Mač-Sŏ
Soasiu *siehe* Tidore
Soba Ostafrika (Sudan) Frühe Kulturen *161* (4), (5)
Sobibor *KZ/Ort* Osteuropa ZWK *211* (3)
Soča *siehe* Isonzo
Soccorra *mod.* Socorro Nordamerika (USA) Kolonialismus *125* (4)
Societätsinseln *siehe* Gesellschaftsinseln
Société, Îles de la *siehe* Gesellschaftsinseln
Society Islands *siehe* Gesellschaftsinseln
Sockna, Socna *siehe* Sokna
Soconusco *Staat* Mittelamerika (Mexiko) Aufstieg der USA *129* (2)
Soconusco, Sierra de *siehe* Sierra Madre
Socorro *siehe* Soccorra
Socotra *siehe* Sokotra
Soemba *siehe* Sumba
Soembawa *siehe* Sumbawa
Soerabaja *siehe* Surabaya
Sofala *var.* Senna Südl. Afrika (Moçambique) Die Welt 1600 *78–79* Erkundung *80–81* (1), *156* (3) Frühe Neuzeit *164* (1) Islam *162* (1) Ökonomie *163* (2) Sklavenhandel *84–85* (1), *165* (4)
Sofia *var.* Sophia, *Türk.* Sofya, *Lat.* Serdica, *mod.* Sofija, Südosteuropa (Bulgarien) EWK *207* (6) Frühe Neuzeit *193* (4) Kreuzzüge *64–65* (2) Nachkriegszeit *212* (3) Napoleon *200–201*, *201* (2), (3) Ökonomie *198* (1) Osmanen *197* (4), *203* (4), *230* (1), *231* (3), *232–233* (1) ZWK *211* (2) *siehe auch* Serdica
Sofija *siehe* Serdica, Sofia
Sofya *siehe* Serdica, Sofia
Sogabe *Region* Japan Frühe Neuzeit *267* (4)
Sogamoso Südamerika (Kolumbien) Frühe Reiche *146* (1)
Sogdiane *Lat.* Sogdiana *Provinz* Zentralasien Antikes Persien *223* (4) Frühe Reiche *241* (4) Handel d. Antike *44* (2), *44–45* (1) Hellenist. Welt *40–41* (1), *224* (1) Islam *56–57* (1) Mittelalterliche Staaten *262–263* (1)
Sogdianischer Fels Zentralasien (Kasachstan) Hellenist. Welt *40–41* (1)
Sohano Islands *Archipel* Pazifik Frühe Kulturen *280–281* (3)
Sohar *siehe* Suhar
Soissons *ant.* Augusta Suessionum, Noviodunum Westeuropa (Frankr.) EWK *206* (2), (3) Franken *183* (5), (6) Frühe Neuzeit *197* (5) Kreuzzüge *64–65* (2)
Sokna *var.* Sockna, *Ital.* Socna Nordafrika (Libyen) Erkundung *157* (4) Islam *162* (1)
Sokol Osteuropa (Russ. Föderation) Frühe Neuzeit *195* (3)
Sokoto Westafrika (Nigeria) Erkundung *157* (4) Islam *167* (3) Kolonialismus *166* (1)
Sokoto *Staat* Westafrika Die Welt 1850 *90–91* Handel *166–167* (1)
Sokotra *var.* Socotra, Suqutra *Insel* Indischer Ozean Arabien im 20. Jh. *233* (4) Biol. Austausch *72–73* (1) Die Welt 1600 *78–79* Frühe Neuzeit *165* (3) Handel *230* (2), *267* (3) Handel d. Antike *44–45* (1), *225* (3) Islam *56–57* (1) Osmanen *231* (3) Spätantike *161* (3), (4), (5)
Solander Island *Insel* Neuseeland Kolonisation *283* (4)
Solanki *var.* Chaulukya, Tschaulukja *Dynastie* Südasien Mittelalterliche Staaten *244* (2)
Soldaia Osteuropa (Ukraine) Mongolen *68–69* (1)
Soldier Spring *Schlacht* Nordamerika (USA) Aufstieg der USA *129* (2)
Soleb Ägypten Altes Ägypten *159* (5)
Soleure *siehe* Solothurn
Soli Südwestasien (Türkei) Erste Hochkulturen *176–177* (1)
Solikamsk Osteuropa (Russ. Föderation) Ökonomie *205* (4)
Solin *siehe* Salonae
Solomon Islands *siehe* *Salomonen*
Solothurn *Frz.* Soleure Mitteleuropa (Schweiz) Schweiz bis 1815 *193* (5)
Solun *siehe* Saloniki, Thessalonike
Somali *Volk* Ostafrika Frühe Neuzeit *165* (3)
Somalia *ehem.* Italienisch-Somaliland, *Som.* Soomaaliya *Staat* Ostafrika Afrika nach 1960 *169* (4) Dekolonisation *168* (1) Heutige Welt *112* (1), *113* (3), (4) Islam *235* (4) Ökonomie *168* (2) *siehe auch* Italienisch-Somaliland
Somalia Treuhandgebiet *Kolonie* Ostafrika Die Welt 1950 *102–103*
Somaliland Protektorat *siehe* Italienisch-Somaliland, Somalia
Sombor *Ungar.* Zombor Südosteuropa (Jugoslawien) Europapolitik *215* (3)
Somers Islands *siehe* Bermuda
Somme *Fluss* Westeuropa (Frankr.) EWK *206* (2), (3)
Somnath *arch. Stätte* Südasien (Indien) Erste Städte *240* (2) Mittelalterliche Staaten *244–245* (3)
Son *var.* Sone *Fluss* Südasien Frühe Religion *36* (2), *242* (3)
Sone *siehe* Son
Song *Staat* Ostasien Frühe Reiche *259* (4), (5) Mittelalterliche Staaten *263* (5)
Songdo *siehe* Kaesong
Songhai *siehe* Kawkav, Songhay
Songhay *var.* Songhai, Kawkav *Staat* Westafrika Die Welt 1400 *70–71* *passim* Frühe Neuzeit *164* (2) Islam *162* (1) Mittelalterliche Staaten *163* (4)–(7) Ökonomie *163* (2) *siehe auch* Kawkav
Sông Hông Hà *siehe* Roter Fluss
Songhua *Fluss* Ostasien Frühe Reiche *264* (1) Mittelalterliche Staaten *264* (2)
Söngjin *siehe* Kimchaek
Songkhla *var.* Songkla, *Mal.* Singora Südostasien (Thailand) Kolonialismus *248* (1)
Songkla *siehe* Songkhla
Songo *Staat* Südl. Afrika Die Welt 1700 *82–83* Frühe Neuzeit *164* (2)
Song-Reich *var.* Sung, China *Staat* Ostasien Die Welt 1000 *58–59* *siehe auch* China
Song Shan *var.* Sung Shan *Gebirge* Ostasien Frühe Religion *37* (4)
Sông Tiên Giang *siehe* Mekong
Songze *var.* Sung-tse Ostasien (China) Die Welt 5000 v.Chr. *18–19*
Sonoma Nordamerika (USA) Aufstieg der USA *129* (2)
Sonora *Staat* Mittelamerika Aufstieg der USA *129* (2) Mexikan. Revolution *133* (3)
Sonoran Desert *var.* Desierto de Altar *Wüste* Mittelamerika Präkolumbische Kulturen *123* (4)
Sonpur Südasien (Indien) Frühe Religion *48* (2)
Soochow *siehe* Suzhou
Soomaaliya *siehe* Italian Somaliland, Somalia
Soome Laht *siehe* Finnischer Meerbusen
Sophia *siehe* Serdica, Sofia
Sopianae *siehe* Pécs
Sora Ital. Hbl. Antikes Rom *178* (1)
Sorbonne *Gebäude* Westeuropa (Frankr.) Stadtplan Paris *191* (2)
Sorben *Volk* Osteuropa Franken *184* (2)
Soreyya Südasien (Indien) Frühe Religion *242* (3)
Soshangane *Volk* Südl. Afrika Migrationen *166* (2)
Sotho *Volk* Südl. Afrika Frühe Neuzeit *164* (1) Migrationen *166* (2)
Sotuta *Staat* Mittelamerika Azteken *124* (1)
Sŏul, Sŏul-t'ŭkpyŏlsi *siehe* Seoul
Sousse *hist.* Hadrumetum *Fort* Nordafrika (Tunesien) Islam *56–57* (1) *siehe auch* Hadrumetum
South Alaskan Inuit *Volk* Nordamerika Präkolumbische Kulturen *123* (3)
Southampton *hist.* Hamwih, *Lat.* Clausentum Brit. Inseln (UK) Globale Migration *100* (1) Handel im Mittelalter *190–191* (1) Ökonomie *198* (1) ZWK *210* (1)
Southampton Inuit *Volk* Nordamerika Präkolumbische Kulturen *123* (3)
Southampton Island *Insel* Nordamerika Aufstieg der USA *129* (2)
South Arabia, Protectorate of *siehe* Aden Protectorate, South Yemen
South Australia *Region* Australien Kolonisation *282* (1) Ökonomie *282* (2) Staatenbildung *283* (3)
South Carolina *Staat* Nordamerika Aufstieg der USA *129* (1) Ökonomie *134* (2), *139* (3) Staatenbildung *127* (3) US-Bürgerkrieg *130* (1), (5), *131* (6) US-Gesellschaft *137* (6) Weltwirtschaft *93* (5)
South Dakota *Staat* Nordamerika Aufstieg der USA *129* (1) Ökonomie *134* (2)
Southern Alps *Gebirge* Neuseeland Kolonisation *283* (5)
Southern Netherlands *siehe* Belgium
Southern Overland Trail *Straße* Nordamerika Aufstieg der USA *129* (2)
Southern Pacific Railroad *Eisenbahn* Nordamerika Aufstieg der USA *129* (2)
Southern Shoshoni *Volk* Nordamerika Kolonialismus *126* (1)
South Georgia *Insel* Atlantik Erkundung *142* (1), *143* (3), *287* (3)
South Georgia & South Sandwich Islands *Kolonie* Atlantik Heutige Welt *110–111*
South Glendale Nordamerika (USA) US-Gesellschaft *135* (4)
South Island *Insel* Neuseeland Kolonisation *283* (5)
Southland *Region* Neuseeland Kolonisation *283* (5)
South Sandwich Islands *Archipel* Atlantik Erkundung *287* (3)
South Shetland Islands *Archipel* Antarktis Erkundung *287* (3)
Southwest Cape *Kap* Neuseeland Kolonisation *283* (4)
Southwest Coast *Region* Mittelamerika/Nordamerika Früher Ackerbau *120* (1)
Sowjetunion *Staat* Osteuropa/Sibirien Ökonomie *138* (2) Supermacht USA *138* (1) *siehe auch* Russland, Russian Empire, Russ. Föderation, Russian Principalities
Sōya-kaikyō *siehe* La-Pérouse-Straße
Soyo Südl. Afrika (Angola) Kalter Krieg *109* (5)
Soyo *Staat* Zentralafrika Ökonomie *163* (2)
Sozopol *siehe* Apollonia
Spalato Südosteuropa (Kroatien) Mittelalterliche Staaten *187* (5)
Spandau Mitteleuropa (Deutschland) Nachkriegszeit *212* (2)
Spanien *ant.* Hispania, Iberia, *Span.* España, *UN* Spain *Region/Staat* Iberische Hbl. Biol. Austausch *72–73* (1) Die Welt 1500 *74–75* *passim* Drogenhandel *113* (4) Erkundung *80–81* (1) Europapolitik *214* (1) EWK *206* (1) Frühe Neuzeit *194* (1) Globale Migration *100* (1) Heutige Welt *112* (2) Imperialismus *97* (4) Islam *227* (4) Kalter Krieg *108* (3), *109* (1) Nachkriegszeit *212* (3), *213* (5) Napoleon *200–201* (1), *201* (2), (3) Ökonomie *198* (1), *205* (4) Osmanen *231* (3) Reformation *194* (2) Reiche & Revolutionen *88* (1), *88–89* (2), *199* (4), *202* (1) Sklavenhandel *84–85* (1) Supermacht USA *138* (1) UdSSR *215* (4) Weltwirtschaft *92* (1) Zwischenkriegszeit *208* (1), *209* (3), (4) ZWK *104* (1), *211* (2), (4) *siehe auch* Hispania; Iberia; Westgoten, Reich der; Kastilien
Spanische Mark *Region* Iberische Hbl. Franken *184* (2)
Spanische Niederlande *Staat* Westeuropa Frühe Neuzeit *197* (5) Reformation *196* (1), (2)
Spanisch-Guinea *mod.* Äquatorialguinea, *ehem.* Rio Muni *Staat* Zentralafrika Die Welt 1925 *98–99* Die Welt 1950 *102–103* *siehe auch* Äquatorialguinea
Spanisch-Marokko *Region/Kolonie* Nordafrika Imperialismus *96* (1) Zwischenkriegszeit *209* (4) ZWK *210* (1), *211* (4)
Spanisch-Sahara *mod.* West-Sahara, *ehem.* Rio de Oro *Staat* Nordafrika Die Welt 1950 *102–103* Die Welt 1975 *106–107* *siehe auch* Rio de Oro, West-Sahara
Sparta *var.* Lakedaimon Südosteuropa (Griech.) Antike Griechen *177* (2), (3), *179* (4) Antikes Persien *223* (4) Antikes Rom *180–181* (1) Erkundung *172* (1) Hellenist. Welt *40–41* (1)
Spartolos *var.* Spartalus Südosteuropa (Griech.) Antike Griechen *177* (2), (3)
Spätere Liang *Dynastie* Ostasien Mittelalterliche Staaten *263* (3)
Speyer *ant.* Civitas Nemetum, Spira, *Eng.* Spires Mitteleuropa (Deutschland) Franken *184* (2) Kreuzzüge *186* (1) Reformation *194* (2)
Sphakteria *Lat.* Spacteria Südosteuropa (Griech.) Antike Griechen *177* (3)
Spice Islands *siehe* Moluccas
Spion Kop *Schlacht* Südl. Afrika (Südafrika) Imperialismus *96* (2)
Spira, Spires *siehe* Speyer
Spirit Cave Südostasien (Burma) Die Welt 5000 v.Chr. *18–19*
Spiro Nordamerika (USA) Präkolumbische Kulturen *123* (5)
Spišský Štvrtok *Fort* Mitteleuropa (Slowakei) Bronzezeit *175* (3)
Spitsbergen *siehe* Spitzbergen
Spitzbergen *var.* Spitsbergen, Svalbard *Kolonie/Archipel* Skandinavien Eiszeit *217* Erkundung *80–81* (1), *257* (2), *286* (1), *287* (2) Kalter Krieg *109* (1) ZWK *104* (1)
Split *Ital.* Spalato Südosteuropa (Kroatien) Europapolitik *215* (3) *siehe auch* Spalato
Spokane Plain *Schlacht* Nordamerika (USA) Aufstieg der USA *129* (2)
Spoletium *mod.* Spoleto Ital. Hbl. Antikes Rom *178* (1) *siehe auch* Spoleto
Spoleto Ital. Hbl. Franken *184* (2) Mittelalterliche Staaten *183* (4)
Spoleto, Herzogtum *Staat* Ital. Hbl. Franken *184* (2) Mittelalterliche Staaten *183* (4)
Sporaden *Gr.* Sporades *Archipel* Südosteuropa (Griech.) Erste Hochkulturen *175* (4)
Spotsylvania Court House *Schlacht* Nordamerika (USA) US-Bürgerkrieg *131* (7)
Spratly Islands *Chin.* Nansha Qundao *Archipel* Mar. Südostasien Heutige Welt *110–111*
Spree *Fluss* Mitteleuropa Nachkriegszeit *212* (2)
Springfield Nordamerika (USA) Aufstieg der USA *132* (1) US-Bürgerkrieg *131* (6)
Springfield Nordamerika (USA) Aufstieg der USA *129* (2)
Springfontein Südl. Afrika (Südafrika) Imperialismus *96* (2)
Spy *arch. Stätte* Westeuropa (Frankr.) Frühmensch *13* (2)
Squawkie Hill *Grabhügel* Nordamerika (USA) Frühe Kulturen *121* (4)
Sravasti *siehe* Shravasti
Srbica Südosteuropa (Jugoslawien) Europapolitik *215* (3)
Srbija *siehe* Serbien
Srebrenica Südosteuropa (B.-H.) Europapolitik *215* (3)
Sredne-Kolymsk Sibirien (Russ. Föderation) Erkundung *257* (2)
Sresthapura Südostasien (Kambodscha) Antikes Indien *241* (6)
Sri Lanka *ehem.* Ceylon, *var.* Saylan, Sarandib, *Chin.* Hsi-lan, *ant.* Taprobane, Singhala, Simhala, Lambakannas, Lanka *Staat* Südasien Heutige Welt *113* (3) Nachkriegszeit *252* (1), *253* (4), (5) *siehe auch* Ceylon, Lambakannas, Lanka, Simhala, Taprobane
Srinagar *var.* Shrinagara Südasien (Indien) Dekolonisation *250* (1) Handel *267* (3) Kolonialismus *248* (1) Mogul-Reich *246* (1) Nachkriegszeit *252* (1), (2) Ökonomie *247* (3), *249* (4) Weltreligionen *49* (3), *243* (4) *siehe auch* Shrinagara
Srivijaya *var.* Shrivijaya Südostasien (Indonesien) Die Welt 750 *54–55* *passim*
Srivijaya *var.* Shrivijaya *Reich* Mar. Südostasien Antikes Indien *241* (6) Mittelalterliche Staaten *245* (5) Mongolen *68–69* (1) Weltreligionen *49* (4), *243* (5)
Ssu-ch'uan *siehe* Sichuan
St. *eingeordnet unter* Saint und Sankt
Stabroek *var.* Stabrok, *mod.* Georgetown Südamerika (Guayana) *siehe* Georgetown
Stabrok *siehe* Georgetown, Stabroek
Stalin *siehe* Odessus, Varna
Stalinabad *siehe* Dushanbe
Stalingrad *mod.* Volgograd, *ehem.* Tsaritsyn Osteuropa (Russ. Föderation) ZWK *104* (2), *210* (1), *211* (2), (4) *siehe auch* Tsaritsyn, Volgograd
Stalinobod *siehe* Dushanbe
Stambul *ehem.* Konstantinopel, *mod.* Istanbul, *ant.* Byzantion, Byzantium, Byzanz Südosteuropa/Westasien (Türkei) EWK *233* (2) Osmanen *203* (4) *siehe auch* Byzantion, Istanbul, Konstantinopel
Stamford Bridge *Schlacht* Brit. Inseln (UK) Mittelalterliche Staaten *186* (2)
Stanislau Osteuropa (Ukraine) EWK *207* (4)
Stanley-Fälle *Wasserfall* Zentralafrika Erkundung *157* (4)
Stanleyville *siehe* Kisangani
Stanovoy Khrebet *Gebirge* Sibirien Eiszeit *217*
Staraya Ladoga Osteuropa (Russ. Föderation) Mittelalterliche Staaten *185* (3) Wikinger *60–61* (1)
Staraya Russa Osteuropa (Russ. Föderation) Frühe Neuzeit *195* (3)
Stargard Mitteleuropa (Polen) Mittelalterliche Staaten *189* (3)
Staroselye *arch. Stätte* Osteuropa (Ukraine) Frühmensch *13* (2)
Staunton Nordamerika (USA) US-Bürgerkrieg *131* (6)
Stavanger Skandinavien (Norwegen) ZWK *210* (1)
Steen Mountains *Schlacht* Nordamerika (USA) Aufstieg der USA *129* (2)
Steglitz Mitteleuropa (Deutschland) Nachkriegszeit *212* (2)
Steiermark *Lat.* Styria *Region/Staat* Mitteleuropa Frühe Neuzeit *193* (4), *194* (1) Mittelalterliche Staaten *188* (1), *189* (4)
Steinheim *arch. Stätte* Mitteleuropa (Deutschland) Frühmensch *13* (2)
Stelvio-Pass *Pass* Ital. Hbl. EWK *207* (5)
Ste-Marie *siehe* Ste Marie Island
Stentinello Sizilien (Italien) Früher Ackerbau *174* (1)
Steppe *var.* *Kirgisische* Steppe *Landschaft* Sibirien Früher Ackerbau *258* (1) Frühe Reiche *260* (1) Handel *267* (3) Kreuzzüge *65* (1) Urbane Zivilisationen *28–29* (1) Völkerwanderung *52–53* (1), *261* (6) Wissen & Technologie *76–77* (1)
Steptoe Butte *Schlacht* Nordamerika (USA) Aufstieg der USA *129* (2)
Sterkfontein *arch. Stätte* Südl. Afrika (Südafrika) Frühmensch *12* (1), *13* (2)
Stettin *Poln.* Szczecin Mitteleuropa (Polen) Frühe Neuzeit *193* (4), *195* (3) Mittelalterliche Staaten *188* (1), *189* (3) Nachkriegszeit *212* (3) Reformation *196* (1)
Stewart Island *Insel* Neuseeland Kolonisation *283* (4), (5)
Sthanika Südasien (Indien) Weltreligionen *243* (4)
Sthanvishvara Südasien (Indien) Mittelalterliche Staaten *244* (2)
Stillman's Defeat *Schlacht* Nordamerika (USA) Aufstieg der USA *129* (2)
Stirling Brit. Inseln (UK) Mittelalterliche Staaten *188* (2)
Stobi Südosteuropa (Griech.) Antikes Rom *180–181* (1) Weltreligionen *48* (1)
Stockholm Skandinavien (Schweden) Biol. Austausch *72–73* (1) Die Welt 1600 *78–79* *passim* Frühe Neuzeit *195* (3) Handel im Mittelalter *190–191* (1) Kalter Krieg *108* (3) Mittelalterliche Staaten *189* (3) Nachkriegszeit *212* (3) Napoleon *200–201* (1), *201* (2), (3) Ökonomie *198* (1) Reformation *194* (2) Reiche & Revolutionen *198* (2), *202* (1) UdSSR *208* (2) ZWK *210* (1), *211* (2), (4)
Stockport Brit. Inseln (UK) Wirtschaftskraft *93* (4)
Stockstadt Mitteleuropa (Deutschland) Weltreligionen *48* (1)
Stockton *var.* Stockton on Tees, Stockton-on-Tees Brit. Inseln (UK) Ökonomie *204* (1)
Stockton on Tees *siehe* Stockton
Stoke *var.* Stoke-on-Trent Brit. Inseln (UK) Ökonomie *204* (1)
Stoke-on-Trent *siehe* Stoke
Stolos Südosteuropa (Griech.) Antike Griechen *177* (2)
Stonehenge *arch. Stätte* Brit. Inseln (UK) Die Welt 2500 v.Chr. *22–23* Frühe Religion *36* (3) Kupferzeit *174* (2) Schrift & Zahl *33* (3)
Stony Lake *Schlacht* Nordamerika (USA) Aufstieg der USA *129* (2)
Stora Köpinga *arch. Stätte* Skandinavien (Schweden) Kupferzeit *174* (2)
Stormberg *Schlacht* Südl. Afrika (Südafrika) Imperialismus *96* (2)
Stralsund Mitteleuropa (Deutschland) Frühe Neuzeit *197* (3) Handel im Mittelalter *190–191* (1) Mittelalterliche Staaten *189* (3)
Stranraer Brit. Inseln (UK) Ökonomie *204* (1)
Strasbourg *siehe* Argentoratum, Straßburg
Straßburg *ant.* Argentoratum, *Frz.* Strasbourg Westeuropa (Frankr.) EWK *206* (2), (3) Franken *183* (5), (6), *184* (2) Frühe Neuzeit *193* (4), *197* (5) Handel im Mittelalter *190–191* (1) Napoleon *200–201* (1) Reiche & Revolutionen *199* (4), *203* (2) *siehe auch* Argentoratum
Strathclyde *Staat/Region* Britische Inseln Die Welt 750 *54–55* Mittelalterliche Staaten *183* (3)
Strathcona Sound Nordamerika (Kanada) Präkolumbische Kulturen *123* (3)
Strepsa Südosteuropa (Griech.) Antike Griechen *177* (2)
Stretford Brit. Inseln (UK) Ökonomie *204* (2)
Strigonium *siehe* Esztergom, Gran
Struma *Gr.* Strymónas *Fluss* Südosteuropa EWK *207* (6)
Strymónas *siehe* Struma
Studjanka *siehe* Studyanka
Studyanka *var.* Studjanka Osteuropa (Russ. Föderation) Napoleon *200–201* (1)
Stuhlweißenberg *siehe* Székesfehérvár
Sturts Meadows *arch. Stätte* Australien Frühmensch *17* (5)
Stuttgart Mitteleuropa (Deutschland) Frühe Neuzeit *193* (4) Nachkriegszeit *212* (1) Reiche & Revolutionen *203* (2) ZWK *211* (4)
Styra Südosteuropa (Griech.) Antike Griechen *177* (2)
Styria *siehe* Steiermark
Su *siehe* Jiangsu
Suakin *var.* Sawakin Ostafrika (Sudan) Erkundung *156* (3) Handel *230* (2) Islam *162* (1) Osmanen *231* (3)
Süanhua *siehe* Xuanhua
Subarktische Indianer *siehe* Waldindianer
Subotica *ehem. Dtsch.* Maria-Theresiopel, *Ungar.* Szabadka Südosteuropa (Jugoslawien) Europapolitik *215* (3)
Suceava Südosteuropa (Rumänien) Osmanen *230* (1)
Su-chou, Suchow *siehe* Suzhou
Sucre *hist.* Chuquisaca, La Plata Südamerika (Bolivien) Ökonomie *153* (3) *152* (1) Staatenbildung *151* (3), (4) *siehe auch* Chuquisaca, La Plata
Südafrika *Afr.* Zuid-Afrika, *UN* Republic of South Africa, *ehem.* Union Südafrika *Staat* Südl. Afrika Afrika nach 1960 *169* (4) Dekolonisation *168* (1) Globale Migration *100* (1), *101* (2) Ökonomie *168* (2), (3), *138* (2) ZWK *105* (4) *siehe auch* Kapkolonie, Natal, Oranje-Freistaat, Südafrikanische Republik, Union Südafrika
Südafrikanische Republik *später* Transvaal *Staat* Südl. Afrika Imperialismus *96* (2) Kolonialismus *166–167* (4) *siehe auch* Südafrika, Union Südafrika
Südamerika *Kontinent* 140–153 Arabien im 20. Jh. Biol. Austausch 73 (2), 81 (2) Frühmensch *16* (1) Wissen & Technologie *76* (1), *76–77* (1)
Sudan *ehem.* Anglo-Ägyptischer Sudan *Staat* Ostafrika Afrika nach 1960 *169* (4) Arabien im 20. Jh. *235* (5) Biol. Austausch *72–73* (1) Dekolonisation *168* (1) Die Welt 1850 *90–91* Heutige Welt *112* (1), *113* (3) Islam *235* (4) Kolonialismus *166–167* (4) Ökonomie *168* (2), (3) Osmanen *232–233* (1) *siehe auch* Anglo-Ägyptischer Sudan
Sudan *Landschaft* Ostafrika Erkundung *157* (4) Islam *162* (1) Ökonomie *163* (2)
Sudanesische Republik *siehe* Mali
Südasien *Region* Asien Wissen & Technologie *73* (2), *76* (4)
Sudbury Nordamerika (Kanada) Aufstieg der USA *129* (2)
Südchinesisches Meer *Chin.* Nan Hai, *Indon.* Laut Cina Selatan, *Vtn.* Biên Đông *Meer* Ostasien Biol. Austausch *72–73* (1) China nach 1949 *275* (3) Chinesische Revolution *274* (1) Erkundung *61* (3), *239* (1), (2) Frühe Neuzeit *266* (1), (2) Frühe Reiche *259* (5), *260* (1) Handel *230* (2), *267* (3) Handel d. Antike *44–45* (1) Imperialismus *97* (3) Islam *275* (5) Kolonialismus *269* (4) Mittelalterliche Staaten *262–263* (1), *263* (7) Mongolen *68* (2), *68–69* (1) Ökonomie *274* (2) Qing-China *268* (1), (2) Tigerstaaten *275* (4) ZWK *272* (1), *273* (2)
Sudd *wetland* Ostafrika Frühmensch *12* (1)
Suddhammavati Kont. Südostasien (Burma) Antikes Indien *241* (6)
Sudetenland *Region* Mitteleuropa ZWK *211* (2)
Süd-Korea *off.* Republik Korea *Kor.* Taehan Min'guk *Staat* Ostasien China nach 1949 *275* (3) Drogenhandel *113* (4) Kalter Krieg *109* (1) Ökonomie *274* (2) Supermacht USA *138* (1) Tigerstaaten *275* (4) UdSSR *213* (4) *siehe auch* Korea
Südliche Hauptstadt Ostasien (China) Mittelalterliche Staaten *263* (4)
Südliche Liang *Staat* Ostasien Frühe Reiche *261* (3)
Südliche Morava *siehe* Južna Morava
Südlichen Song, Reich der *var.* Sung *Staat* Ostasien Mongolen *68–69* (1) Die Welt 1200 *62–63*
Südliche Qi *Staat* Ostasien Mittelalterliche Staaten *261* (4)
Südlicher Ozean *Meer* Erkundung *80–81* (1)
Südliche Solomonen *Archipel* Pazifik Imperialismus *284–285* (1) *siehe auch* Salomonen
Südliche Xiongnu *Volk* Ostasien Die Welt 1 n.Chr. *42–43* Frühe Reiche *260* (1) *siehe auch* Xiongnu
Südliche Yan *Staat* Ostasien Frühe Reiche *261* (3)
Südmolukken, Republik der *siehe* Maluku Selatan
Südostasien *Region* Asien Biol. Austausch *73* (2)
Südost-Bantu *Volk* Südl. Afrika Die Welt 250 v.Chr. *38–39* *passim*
Südöstliche Stämme *Staat* Nordamerika Die Welt 1600 *78–79*
Süd-Preussen *Region* Mitteleuropa Reiche & Revolutionen *198* (2)
Süd-Rhodesien *später* Rhodesien, *mod.* Zimbabwe, *var.* Simbabwe *Kolonie/Staat* Südl. Afrika Imperialismus *96* (1), (2), *97* (4) ZWK *104* (1) *siehe auch* Rhodesien, Zimbabwe
Südtirol *Region* Mitteleuropa Zwischenkriegszeit *208* (1)
Süd-Vietnam *Eng.* Republic of Vietnam *Staat* Kont. Südostasien Kalter Krieg *109* (1) Vietnam-Krieg *251* (5)
Südwestafrika *ehem.* Deutsch-Südwestafrika, *mod.* Namibia, *Afr.* Suidwes-Afrika, *Eng.* Southwest Africa *Staat* Südl. Afrika Kalter Krieg *109* (5) ZWK *104* (1) *siehe auch* Deutsch-Südwestafrika, Namibia
Süd-Yemen *var.* Süd-Jemen, *ehem.* Föderation Südarabien, Protektorat Südarabien, Aden-Protektorat *Staat* Südwestasien Die Welt 1975 *106–107* *siehe auch* Aden-Protektorat
Sueben *var.* Sweben, *Lat.* Suebi *Volk* Iberische Hbl. Antikes Rom *180–181* (1) Mittelalterliche Staaten *182* (2) Völkerwanderung *52–53* (1)
Sueben, Königreich der *Staat* Iberische Hbl. Die Welt 500 *50–51* Spätantike *182* (1) Völkerwanderung *53* (2)
Suez *Arab.* As Suways, El Suweis Ägypten Arabien im 20. Jh. *233* (4), *234* (2) Erkundung *156* (3), *157* (4) EWK *233* (2) Handel *230* (2) Osmanen *231* (3), *232–233* (1)
Suez, Golf von *Arab.* Khalij as Suways Ägypten Arabien im 20. Jh. *234* (2)
Suez-Kanal *Arab.* Qanāt as Suways *Kanal* Südwestasien Arabien im 20. Jh. *233* (3), (4), *234* (2) Erkundung *219* (4) Osmanen *232–233* (1)
Suhar *var.* Sohar Südwestasien (Oman) Erkundung *61* (3) Islam *56–57* (1)
Suidwes-Afrika *siehe* Namibia, Südwestafrika
Suidwes-Afrika *siehe* Namibia
Sukadana Südostasien (Indonesien) Imperialismus *284–285* (1) Reiche & Revolutionen *88* (1)
Sukadana *Region/Staat* Mar. Südostasien Die Welt 1800 *86–87* Kolonialismus *247* (4)
Sukarnapura *siehe* Hollandia
Sukhothai *var.* Sukotai Südostasien (Thailand) Mittelalterliche Staaten *245* (6), *263* (7) Weltreligionen *49* (4), *243* (5)
Sukhothai *Staat* Kont. Südostasien Die Welt 1300 *66–67* Die Welt 1400 *70–71* Mittelalterliche Staaten *245* (6)
Sukhoye Ozero *arch. Stätte* Sibirien (Russ. Föderation) Früher Ackerbau *258* (1)
Sukkur Südasien (Pakistan) Ökonomie *247* (3)
Sukotai *siehe* Sukhothai
Sulaiman Range *Gebirge* Südasien Erste Städte *240* (2) Weltreligionen *243* (4)
Sulawesi *ehem.* Celebes *Insel* Mar. Südostasien ZWK *250–251* (3), (4) Nachkriegszeit *253* (4), (5) *siehe auch* Celebes
Sulawesi, Laut *siehe* Celebes-See
Sulci *siehe* Sulcis
Sulcis *var.* Sulci Sardinien (Italien) Erste Hochkulturen *176–177* (1)
Suleyman Südwestasien (Iran) Islam *56–57* (1)
Sullana Südamerika (Peru) Inka *147* (3), *148* (1)
Sultanabad Südwestasien (Iran) EWK *233* (2)
Sulu *Staat* Mar. Südostasien Die Welt 1600 *78–79* *passim*
Sulu, Laut *siehe* Sulu-See
Sulu-See *Indon.* Laut Sulu *Meer* Mar. Südostasien Erkundung *239* (1), (2) Islam *243* (6)
Suma *Volk* Mittelamerika Kolonialismus *125* (4), *126* (1)
Suma-Misquito *Volk* Mittelamerika Die Welt 1500 *74–75*
Sumatera *siehe* Sumatra
Sumatra *Indon.* Sumatera *Insel* Mar. Südostasien Antikes Indien *241* (6) Biol. Austausch *72–73* (1), *73* (3) Bronzezeit *240* (3) Dekolonisation *251* (4) Die Welt 1700 *82–83* *passim* Eiszeit *236–237* (1) Erkundung *80–81* (1), *239* (1), (2) Früher Ackerbau *20–21* (2) Globale Migration *101* (3) Handel *230* (2), *267* (3) Handel d. Antike *44–45* (1) Imperialismus *97* (3), (4) Islam *243* (6) Kolonialismus *247* (4), *248* (1), *269* (4) Mittelalterliche Staaten *245* (5), (6) Nachkriegszeit *253* (4), (5) Reiche & Revolutionen *88* (1), *88–89* (2) Sklavenhandel *84–85* (1) Weltreligionen *49* (4), *243* (5) ZWK *250–251* (3), *272* (1), *273* (2)
Sumba *Ndl.* Soemba *Insel* Mar. Südostasien Dekolonisation *251* (4) Erkundung *239* (1), (2) Imperialismus *97* (3) Kolonialismus *247* (4) Mittelalterliche Staaten *245* (6) Nachkriegszeit *253* (4), (5) Reiche & Revolutionen *88–89* (2) ZWK *250–251* (3), *272* (1), *273* (2)
Sumbawa *Ndl.* Soembawa *Insel* Mar. Südostasien Erkundung *239* (1), (2) Imperialismus *97* (3) Islam *243* (6) Kolonialismus *247* (4) Mittelalterliche Staaten *245* (5), (6) Weltreligionen *243* (5)
Sumer Südwestasien (Irak) Die Welt 2500 v. Chr. *22–23* Erste Städte *220* (2) Frühe Religion *36* (1) Schrift & Zahl *32* (1)
Sumha *Region* Südasien Frühe Religion *242* (2)
Sunchon Ostasien (Süd-Korea) Frühe Neuzeit *267* (4)
Sunda *Landschaft* Mar. Südostasien Eiszeit *254–255* (1), *276–277*
Sunda-Straße *Meeresstraße* Südostasien (Indonesien) ZWK *272* (1)
Sunderland *var.* Wearmouth Brit. Inseln (UK) Ökonomie *204* (1)
Sundgau *Region* Westeuropa (Deutschl./Frankr.) Frühe Neuzeit *197* (5)
Sundown Point *arch. Stätte* Australien Frühmensch *17* (5)
Sung *siehe* Song Empire, Southern Song Empire
Sungari *Fluss* Ostasien Früher Ackerbau *258* (1)
Sungaria *siehe* Dzungaria
Sunghir *arch. Stätte* Osteuropa (Russ. Föderation) Die Welt 10 000 v.Chr. *14–15*
Sung Shan *siehe* Song Shan
Sung-tse *siehe* Songze
Sunomata *Schlacht* Japan Mittelalterliche Staaten *265* (5)
Süntel *Schlacht* Mitteleuropa (Deutschland) Franken *184* (2)
Suomenlahti *siehe* Finnischer Meerbusen
Suomen Tasavalta *siehe* Finnland
Suomi *siehe* Finnland
Suomussalmi Skandinavien (Finnland) ZWK *210* (1)
Supara Südasien (Indien) Erkundung *61* (3)
Suqutra *siehe* Sokotra
Sūr *siehe* Syrien
Surabaja *siehe* Surabaya
Surabaya *ehem.* Soerabaja, Surabaja Südostasien (Indonesien) Erkundung *239* (2) Handel *267* (3) Nachkriegszeit *253* (5) Tigerstaaten *275* (4) ZWK *272* (1)
Surasena *Region/Reich* Südasien Frühe Reiche *241* (5) Frühe Religion *36* (2), *242* (1), (3)
Surashtra *Region/Reich* Südasien Frühe Reiche *241* (4), (5) Frühe Religion *242* (2)
Surat Südasien (Indien) Dekolonisation *250* (1) Die Welt 1600 *78–79* Handel *230* (2) Kolonialismus *247* (3) Mittelalterliche Staaten *244–245* (3) Ökonomie *249* (4) Reiche & Revolutionen *88* (1)
Surgut Sibirien (Russ. Föderation) Erkundung *257* (2) Kolonialismus *269* (3)
Surinam *ehem.* Niederländisch-Guayana *Staat* Südamerika Die Welt 1700 *82–83* *passim* Globale Migration *101* (3) Heutige Welt *112* (1), *113* (3) Kolonialismus *149* (4) Ökonomie *153* (3), (4) Politik nach 1930 *152* (1) Staatenbildung *150* (1), *151* (3)
Sūriya *siehe* Syrien
Surkotada *arch. Stätte* Südasien (Indien) Erste Städte *240* (2)
Surparaka Südasien (Indien) Frühe Religion *48* (2) Frühe Reiche *241* (4)
Surt *siehe* Sirt
Susa *mod.* Shūsh, *Bibl.* Schuschan Südwestasien (Iran) Antikes Persien *223* (4), *225* (6) Antikes Rom *224* (2), *225* (5) Erkundung *218* (1) Erste Städte *24* (2), *25* (3), *220* (2) Frühe Kulturen *221* (4) Handel d. Antike *225* (3) Hellenist. Welt *224* (1) Islam *56–57* (1), *227* (4), (5) Schrift & Zahl *32* (1) Urbane Zivilisationen *28–29* (1)
Susia Zentralasien (Turkmenistan) Hellenist. Welt *40–41* (1)
Susiana *Provinz/Region* Südwestasien Antikes Persien *223* (4) Hellenist. Welt *40–41* (1)
Susquehanna *var.* Conestoga *Volk* Nordamerika Kolonialismus *126* (1)
Susquehanna *Fluss* Nordamerika Staatenbildung *127* (3)
Sussex *Staat* Britische Inseln Mittelalterliche Staaten *183* (3)
Sutkagen Dor *arch. Stätte* Südasien (Pakistan) Erste Städte *240* (2)
Sutlej *Fluss* Südasien Dekolonisation *250* (1) Kolonialismus *247* (3), *248* (2) Ökonomie *249* (4) Weltreligionen *243* (4)
Sutrium Ital. Hbl. Antikes Rom *178* (1)
Sutton Hoo Brit. Inseln (UK) Mittelalterliche Staaten *183* (3)
Suva (Fiji) ZWK *104* (2)
Suvarnagiri Südasien (Indien) Frühe Reiche *241* (4)
Suvla *Schlacht* Südwestasien (Türkei) EWK *207* (6)
Suways, Khalij as *siehe* Suez, Golf of
Suways, Qanāt as *siehe* Suez Canal
Suzdal Osteuropa (Russ. Föderation) Mongolen *68–69* (1)
Suzhou *var.* Soochow, Su-chou, Suchow, *ehem.* Wuhsien Ostasien (China) Frühe Neuzeit *266* (1) Imperialismus *270* (2) Kolonialismus *269* (4) Mittelalterliche Staaten *263* (7)
Svalbard *siehe* Spitzbergen
Sverdlovsk Sibirien (Russ. Föderation) UdSSR *213* (4)
Sverige *siehe* Schweden
Svizhden *Staat* Osteuropa Mittelalterliche Staaten *189* (4)
Svizzera *siehe* Helvetia, Helvetische Republik, Schweizer Eidgenossenschaft, Schweiz
Svobodnyy Osteuropa (Russ. Föderation) UdSSR *215* (4)
Swabia *siehe* Schwaben

Swahili-Stadtstaaten Ostafrika/Südl. Afrika Die Welt 1000 58–59 passim Erkundung 61 (3) Ökonomie 163 (2)
Swanscombe arch. Stätte Brit. Inseln (UK) Frühmensch 13 (2)
Swansea Wal. Abertawe Brit. Inseln (UK) Ökonomie 204 (1)
Swartkrans arch. Stätte Südl. Afrika (Südafrika) Frühmensch 12 (1)
Swasiland siehe Swaziland
Swatow siehe Shantou
Swazi Volk Südl. Afrika Die Welt 1850 90–91
Swazi siehe Swaziland
Swaziland var. Swasiland, off. Königreich Swaziland, ehem. Swazi Staat Südl. Afrika Afrika nach 1960 169 (4) Dekolonisation 168 (1) Handel 166–167 (1) Imperialismus 96 (1) Ökonomie 168 (2), (3)
Syagrius, Reich des Staat Westeuropa (Frankr.) Franken 183 (5)
Syangela Südwestasien (Türkei) Antike Griechen 177 (2)
Sybaris Ital. Hbl. Erste Hochkulturen 176 (1)
Sycaminum siehe Haifa
Sydney Australien Die Welt 1800 86–87 passim Erkundung 279 (2), (3) Frühmensch 17 (5) Globale Migration 100 (1) Imperialismus 284–285 (1) Kolonisation 282 (1) Ökonomie 282 (2), 285 (2) Staatenbildung 283 (3) Weltwirtschaft 92 (1)
Syedpur siehe Saidpur
Syene var. Assouan, Assuan, Qus, Arab. Aswân Ägypten Hellenist. Welt 40–41 (1) siehe auch Aswân, Qus
Sylhet Südasien (Bangladesh) Nachkriegszeit 252 (3)
Synnada Südwestasien (Türkei) Weltreligionen 48 (1)
Syracusae mod. Ital. Syracusa, Gr. Syrakusai, Dtsch. Syrakus Sizilien (Italien) Antikes Rom 161 (2), 178 (2), 179 (3), (5), 180–181 (1), 181 (4) Handel d. Antike 181 (3) siehe auch Syrakus
Syrakus mod. Ital. Syracusa, Lat. Syracusae, Gr. Syrakusai, Dtsch. Syrakus Sizilien (Italien) Erste Hochkulturen 176–177 (1) Frühe Religion 37 (3) Handel im Mittelalter 190–191 (1) Islam 184 (1), 227 (4) Kreuzzüge 186 (1) Mittelalterliche Staaten 183 (4), 188 (1) siehe auch Syracusae,
Syrakusai siehe Syracusae, Syrakus
Syr Darya Region Zentralasien Kolonialismus 269 (3)
Syr Darya var. Sir Darja, Kas. Syrdariya, Russ. Syrdar'ya, Usb. Sirdaryo, ant. Jaxartes Fluss Zentralasien Biol. Austausch 72–73 (1) Die Welt 1500 74–75 Erkundung 257 (3) Frühmensch 13 (2) Handel d. Antike 44–45 (1) Kolonialismus 269 (3) Mongolen 68–69 (1) siehe auch Jaxartes
Syrdar'ya siehe Jaxartes, Syr Darya
Syrien var. Siria, Sūrīyya, Syrie, Lat. Syria, Aram. Aram Region Südwestasien Antikes Rom 180–181 (1), 224 (2), 225 (4), (5) Arabien im 20. Jh. 234 (3) Erkundung 218 (2), 219 (4) EWK 233 (2) (2) Frühe Religion 37 (3) Handel d. Antike 44–45 (1), 225 (3) Hellenist. Welt 40–41 (1), 41 (2), 224 (1) Islam 56–57 (1), 57 (2), 226 (3), 227 (4), (5) Kreuzzüge 65 (3), 228 (2) Mittelalterliche Staaten 187 (5) Mongolen 229 (3) Osmanen 231 (3), 232–233 (1) Seldschuken 228 (1) Spätantike 161 (3), (5) Timur 229 (4) Weltreligionen 49 (4), 226 (1) siehe auch Aram, Syrien (Staat)
Syrien var. Siria, Syrie, Eng. Syria, off. al-Ğumhūriyya al 'Arabiyya as Sūrīyya Staat Südwestasien Arabien im 20. Jh. 233 (3), (4), 234 (2) 235 (5) Islam 235 (4) Heutige Welt 113 (3) Kalter Krieg 109 (1) Ökonomie 234 (1) UdSSR 215 (4) ZWK 104 (1), (2), 210 (1), 211 (2), (4) siehe auch Aram, Syrien
Syrische Wüste Arab. Al Hamad, Bādiyat aş Šām Wüste Südwestasien Antikes Persien 223 (4) Antikes Rom 180–181 (1), 181 (4) Eiszeit 217 Erkundung 219 (4) Erste Städte 220 (2) Früher Ackerbau 220 (1) Frühe Kulturen 221 (4) Frühe Reiche 221 (5) 222 (1), (2) Hellenist. Welt 40–41 (1) Ökonomie 234 (1)
Szabadka siehe Subotica
Száva siehe Sava
Szczecin siehe Stettin
Szechuan, Szechwan siehe Sichuan
Szegedin Ung. Szeged, Rum. Seghedin Mitteleuropa (Ungarn) Frühe Neuzeit 193 (4) Mittelalterliche Staaten 189 (4)
Székesfehérvár ant. Alba Regia, Dtsch. Stuhlweißenberg Mitteleuropa (Ungarn) Mittelalterliche Staaten 188 (1)
Szemao siehe Simao
Szigetvár Mitteleuropa (Ungarn) Osmanen 231 (3)
Sziszek siehe Sisak
Szlovákia siehe Slowakei

T

Tabaristan Staat Zentralasien Islam 56–57 (1)
Tabariya, Bahr, Tabariya, Bahrat siehe Genezareth, See
Tabasco Staat Mittelamerika Aufstieg der USA 129 (2) Mexikan. Revolution 133 (3)
Tabon var. Tabon Cave Philippinen Die Welt 10 000 v.Chr. 14–15
Tábor Mitteleuropa (Tschech. Rep.) Frühe Neuzeit 193 (4)
Tabora var. Unyanyembe, Kazeh Ostafrika (Tanzania) Erkundung 157 (4), (5)
Täbris mod. Tabriz Südwestasien (Iran) Arabien im 20. Jh. 233 (3) Biol. Austausch 72–73 (1) Die Welt 1300 66–67 Erkundung 218 (2), 219 (3) EWK 233 (2) Islam 226 (3), 227 (4), (5) Mongolen 68 (2), 68–69 (1) Osmanen 231 (3) Safawiden 231 (4) Seldschuken 228 (1) Timur 229 (4) UdSSR 208 (2) Weltreligionen 226 (1) siehe auch Tabriz
Tabriz ehem. Täbris Südwestasien (Iran) Arabien im 20. Jh. 235 (5) siehe auch Täbris
Tabun arch. Stätte Südwestasien (Israel) Frühmensch 13 (2)
Tacna Südamerika (Peru) Staatenbildung 150 (1), 151 (3), (4)
Tacna Region Südamerika Staatenbildung 151 (4)
Tacuba Mittelamerika (Mexiko) Azteken 124 (2) Kolonialismus 125 (5)
Tadmor Südwestasien (Syrien) Frühe Reiche 222 (1) siehe auch Palmyra
Tadschikistan Russ. Tadzhikistan, Tadsch. Tojikiston Staat Zentralasien China nach 1949 275 (3) Heutige Welt 113 (3) Islam 235 (4) UdSSR 215 (4)
Tadschiken Volk Zentralasien Islam 275 (5)
Tadzhikistan siehe Tadschikistan
Taegu Ostasien (Süd-Korea) Kalter Krieg 109 (4)
Taehan-haehyŏp siehe Korea Strait
Taehan Min'guk siehe Süd-Korea
Taejon Jap. Taiden Ostasien (Süd-Korea) Kalter Krieg 109 (4)
Tafahi Insel Pazifik Erkundung 278 (1)
Taforalt arch. Stätte Nordafrika (Algerien) Frühmensch 13 (2)
Taga Japan Mittelalterliche Staaten 264 (2), 265 (3), (4), (5)
Taghaza Westafrika (Mauretanien) Erkundung 156 (3) Islam 162 (1)
Tagish Volk Nordamerika Präkolumbische Kulturen 123 (3)
Tagliacozzo Schlacht Ital. Hbl. Mittelalterliche Staaten 188 (1)
Tagliamento Fluss Ital. Hbl. EWK 207 (5)
Tagus siehe Tajo
Tahert Nordafrika (Algerien) Islam 56–57 (1), 162 (1)
Tahiriden Dynastie Zentralasien Islam 227 (4)
Tahiti Insel Pazifik Erkundung 60 (2), 278 (1), 279 (3) Frühe Kulturen 280–281 (3) Imperialismus 284–285 (1) Ökonomie 285 (2)
Tahltan Volk Nordamerika Präkolumbische Kulturen 123 (3)
Ta'if Arab. Al-Ṭa'if Südwestasien (Saudi-Arabien) Arabien im 20. Jh. 233 (4) Islam 56–57 (1), 226 (2) Weltreligionen 226 (1)
Tai Hu See Ostasien Frühe Neuzeit 266 (1) Frühe Reiche 260 (1)
Taiji var. Kaiser-Palast Gebäude Ostasien (China) Mittelalterliche Staaten 262 (2)
Taimataima arch. Stätte Südamerika (Venezuela) Frühe Kulturen 144 (1)
Taimyr Peninsula siehe Taymyr, Poluostrov
Taipei Ostasien (Taiwan) Tigerstaaten 275 (4)
Taiping-Rebellion Ostasien Reiche & Revolutionen 88–89 (2)
Taira Japan Ökonomie 270 (1)
Tairona Staat Südamerika Die Welt 1200 62–63
Tairona-Häuptlingstümer Staat Südamerika Frühe Reiche 146 (1)
Tai Shan var. T'ai Shan Gebirge Ostasien Frühe Religion 37 (4)
Taiwan Port. Formosa Insel Ostasien Chinesische Revolution 271 (7) Eiszeit 236–237 (1), 254–255 (1) Frühe Neuzeit 266 (2) Früher Ackerbau 258 (1) Frühe Reiche 259 (4), (5), 260 (1), 261 (2), (3) Handel 267 (3) Handel d. Antike 44–45 (1) Imperialismus 97 (3) Kolonialismus 269 (4) Mittelalterliche Staaten 261 (4), (5), 262–263 (1), 263 (3), (4), (5), (6), (7) Mongolen 68–69 (1) ZWK 250–251 (3) siehe auch Formosa
Taiwan Provinz Ostasien Chinesische Revolution 271 (5) Qing-China 268 (1), (2) siehe auch Formosa, Taiwan
Taiwan off. Republik China Staat Ostasien China nach 1949 275 (3) Chinesische Revolution 274 (1) Dekolonisation 285 (3) Die Welt 1950 102–103 Drogenhandel 113 (4) Kalter Krieg 109 (1) Tigerstaaten 275 (4) siehe auch Formosa, Taiwan
Taixicun Ostasien (China) Frühe Reiche 259 (3)
Taiyuan ehem. T'ai-yuan, T'ai-yüan, Yangku Ostasien (China) Biol. Austausch 72–73 (1) Chinesische Revolution 271 (7), 274 (1) Frühe Neuzeit 266 (1) Mittelalterliche Staaten 262–263 (1), 263 (4), (5) Ökonomie 274 (2) Tigerstaaten 275 (4)
Tajo Port. Tejo, Lat. Tagus Fluss Iberische Hbl. Antikes Rom 180–181 (1) Bronzezeit 175 (3) Erste Hochkulturen 176–177 (1) Franken 184 (2) Kreuzzüge 64–65 (2) Kupferzeit 174 (2) Napoleon 200–201 (1), 201 (2) Ökonomie 205 (4) Reconquista 192 (3) Völkerwanderung 52–53 (1), 53 (2) Zwischenkriegszeit 209 (4)
Takamatsu Schlacht Japan Frühe Neuzeit 267 (4)
Takaoka Japan Ökonomie 270 (1)
Takeda Region Japan Frühe Neuzeit 267 (4)
Takedda Westafrika (Mali/Niger) Erkundung 156 (3)
Ta Kieu Südostasien (Vietnam) Antikes Indien 241 (6)
Takkola Südostasien (Thailand) Antikes Indien 241 (6)
Takla Makan Chin. Taklimakan Shamo Wüste Zentralasien Biol. Austausch 72–73 (1) Erkundung 256 (1), 257 (3) Früher Ackerbau 258 (1) Frühe Reiche 260 (1) Handel 267 (3) Handel d. Antike 44–45 (1) Kolonialismus 269 (4) Mittelalterliche Staaten 262–263 (1) Mongolen 68–69 (1) Qing-China 268 (1), (2) Urbane Zivilisationen 28–29 (1) Völkerwanderung 261 (6) Weltreligionen 49 (3), (4)
Taklimakan Shamo siehe Takla Makan
Takoradi Westafrika (Ghana) Kolonialismus 166–167 (4)
Takrur var. Toucouleur Staat Westafrika Die Welt 1000 58–59 passim Mittelalterliche Staaten 163 (4), (6), (7) Islam 162 (1)
Taksashila var. Taxila Südasien (Pakistan) Frühe Reiche 241 (4) Mittelalterliche Staaten 244 (1) siehe auch Taxila
Takushan siehe Dagushan
Talas Fluss Zentralasien (Kasachstan) Islam 56–57 (1)
Talasea Insel Pazifik Frühe Kulturen 280–281 (3)
Talavera var. Talavera de la Reina Iberische Hbl. (Spanien) Napoleon 200–201 (1)
Talavera de la Reina siehe Talavera
Talca Südamerika (Chile) Inka 147 (3) Ökonomie 153 (3) Staatenbildung 150 (1), 151 (3)
Talcahuano Schlacht Südamerika (Chile) Staatenbildung 150 (1)
Talgai Australien Frühe Kulturen 280 (1)
Ta-lien siehe Dairen, Dalian
Tal-i Ghazir Südwestasien (Iran) Erste Städte 220 (2)
Tal-i Iblis Südwestasien (Iran) Erste Städte 24 (2)
Tal-i Malyan Südwestasien (Iran) Erste Städte 220 (2)
Tallahassee ehem. Muskogean Nordamerika (USA) Aufstieg der USA 129 (2) US-Bürgerkrieg 131 (6), (7) US-Gesellschaft 137 (6)
Tallin siehe Reval, Revel, Tallinn
Tallinn ehem. Revel, Dtsch. Reval, Russ. Tallin Osteuropa (Estland) Nachkriegszeit 212 (3) UdSSR 215 (4) siehe auch Reval, Revel
Tall-i Qaleh Südwestasien (Iran) Erste Städte 25 (3)
Taltal Südamerika (Chile) Staatenbildung 151 (4)
Tamanrasset var. Tamenghest Nordafrika (Algerien) Handel d. Antike 44–45 (1) Kolonialismus 166–167 (4)
Tamar siehe Palmyra, Tadmor
Tamar Hat arch. Stätte Nordafrika (Algerien) Frühmensch 17 (2)
Tamatsukuri Japan Mittelalterliche Staaten 265 (5)
Tamaulepec Volk Mittelamerika Kolonialismus 125 (4)
Tamaulipas Staat Mittelamerika Aufstieg der USA 129 (2) Mexikan. Revolution 133 (3)
Tambo Colorado Südamerika (Peru) Inka 147 (3)
Tambora Insel Mar. Südostasien Sklavenhandel 84–85 (1)
Tambov var. Tambow Osteuropa (Russ. Föderation) UdSSR 208 (2)
Tambo Viejo Südamerika (Peru) Frühe Kulturen 145 (4)
Tambralinga Südostasien (Thailand) Antikes Indien 241 (6) Mittelalterliche Staaten 245 (5)
Tambralinga Region Kont. Südostasien Mittelalterliche Staaten 245 (5)
Tame Südamerika (Kolumbien) Staatenbildung 150 (1)
Tamenghest siehe Tamanrasset
Tamil Nadu Region/Staat Südasien Nachkriegszeit 252 (1) Weltreligionen 243 (4)
Tamilen Volk Südasien Die Welt 250 46–47
Ta-ming siehe Daming
Tamluk Südasien (Indien) Handel d. Antike 44–45 (1)
Tammaulipeco Volk Mittelamerika Kolonialismus 126 (1)
Tampa Nordamerika (USA) Kalter Krieg 108 (2)
Tampico Mittelamerika (Mexiko) Aufstieg der USA 129 (2) Erkundung 118 (1) Kalter Krieg 108 (2) Kolonialismus 125 (4), 126 (1) Mexikan. Revolution 133 (3)
Tamralipti Südasien Frühe Reiche 241 (4) Frühe Religion 48 (2), 242 (2), (3) Mittelalterliche Staaten 244 (1)
Tamuin Mittelamerika (Mexiko) Frühe Kulturen 122 (1)
Tamut siehe Theben
Tamworth Brit. Inseln (UK) Mittelalterliche Staaten 183 (3)
Tana Osteuropa (Russ. Föderation) Biol. Austausch 72–73 (1) Handel im Mittelalter 190–191 (1) Osmanen 195 (4)
T'ana Häyk' siehe Tana, Lake
Tanais siehe Don
Tana-See var. T'ana Häyk' Ostafrika Erkundung 157 (4) Frühmensch 12 (1), 13 (2) Frühe Neuzeit 165 (3) Handel d. Antike 225 (3) Islam 162 (1) Spätantike 161 (3), (4), (5)
Tanana Volk Nordamerika Präkolumbische Kulturen 123 (3)
Tanana Fluss Nordamerika Weltwirtschaft 93 (3)
Tanasari Südostasien (Burma) Handel 230 (2)
Tancah Mittelamerika (Mexiko) Frühe Kulturen 122 (2)
Tanchon Ostasien (Nord-Korea) Kalter Krieg 109 (4)
Tanchou siehe Tanzhou
Tanegashima Insel Japan Mittelalterliche Staaten 265 (5) ZWK 273 (3)
Tang Staat Ostasien Frühe Reiche 259 (3) siehe auch Tang-Reich
Tangana Reich Südasien Frühe Reiche 241 (5)
Tanganhuato Mittelamerika (Mexiko) Frühe Kulturen 122 (1)
Tanganjika und Sansibar siehe Tanzania
Tanganyika mod. Tanzania, ehem. Deutsch-Ostafrika Kolonie Ostafrika ZWK 104 (1) Kalter Krieg 109 (1) siehe auch Deutsch-Ostafrika, Tanzania
Tanganyika-See var. Tanganjika-See Ostafrika Afrika nach 1960 169 (5) Erkundung 156 (3), 157 (4), (5) Frühe Kulturen 160 (1) Früher Ackerbau 158 (1) Frühmensch 12 (1), 13 (2) Imperialismus 96 (1) Islam 162 (1) Sklavenhandel 165 (4)
Tanganyika und Zanzibar siehe Tanzania
Tanger ant. Tingis, Eng. Tangier, Span. Tánger Nordafrika (Marokko) Die Welt 1600 78–79 Erkundung 156 (3), 157 (4) Imperialismus 96 (1) Islam 57 (2), 162 (1) Mongolen 68 (2) Napoleon 200–201 (1), 201 (2) Ökonomie 163 (2) Reconquista 192 (3) Sklavenhandel 165 (4) Zwischenkriegszeit 209 (4) siehe auch Tingis
Tanggula Shan siehe Tanglha Range
Tangier siehe Tanger, Tingis
Tangjin Schlacht Ostasien (Süd-Korea) Imperialismus 270 (3)
Tanglha Range Chin. Tanggula Shan Gebirge Ostasien Erkundung 257 (3)
Tang-Protektorat siehe Ferghana
Tang-Reich Staat Ostasien Die Welt 750 54–55 Mittelalterliche Staaten 262–263 (1) Weltreligionen 49 (4)
Tanguten Volk Ostasien Die Welt 1000 58–59 Frühe Neuzeit 266 (1) Handel 267 (3) Mittelalterliche Staaten 263 (3)
Tangxiang Staat Ostasien Mittelalterliche Staaten 263 (3)
Tanis var. Avaris Ägypten Altes Ägypten 159 (5) Frühe Reiche 221 (5) siehe auch Avaris
Tanjavur Südasien (Indien) Mittelalterliche Staaten 244–245 (3)
Tanjore var. Thanjāvūr Südasien (Indien) Kolonialismus 248 (1) Mogul-Reich 246 (1) Ökonomie 249 (4)
Tanjore Region/Staat Südasien Kolonialismus 248 (1) Marathen 246 (2) Mogul-Reich 246 (1)
Tanjungpura Südostasien (Indonesien) Erkundung 239 (1) Mittelalterliche Staaten 245 (6) Weltreligionen 243 (5)
Takume Insel Pazifik Erkundung 278 (1)
Tannenberg var. Grunwald Schlacht Mitteleuropa (Polen) EWK 207 (4) Frühe Neuzeit 193 (4)
Tannu-Tuva Region/Staat Sibirien Kommunismus 271 (8) UdSSR 208 (2), 213 (4) ZWK 104 (1)
Tansania siehe Tanzania
Tan-Tan Reich Mar. Südostasien Antikes Indien 241 (6)
Tan-tung siehe Andong, Dandong
Tanzania var. Tansania, ehem. Deutsch-Ostafrika, Tanganyika und Zanzibar, var. Tanganjika und Sansibar, Staat Ostafrika Afrika nach 1960 169 (4), (5) Dekolonisation 168 (1) Heutige Welt 112 (1), 113 (3) Ökonomie 168 (2), (3) siehe auch Deutsch-Ostafrika, Tanganyika, Zanzibar
Tanzhou var. Tanchou Ostasien (China) Mittelalterliche Staaten 262–263 (1), 263 (3)
Taodeni Frz. Taoudenni, Taoudenit Westafrika (Mali) Islam 162 (1)
Taos Nordamerika (USA) Erkundung 119 (3) Kolonialismus 126 (1)
Taos Volk Nordamerika Kolonialismus 126 (1)
Taoudenit siehe Taodeni, Taoudenni
Taoudenni var. Taoudenit, Taodeni Westafrika (Mali) Kolonialismus 166–167 (4) siehe auch Taodeni
Taourirt Nordafrika (Marokko) Islam 162 (1)
Tapajosó var. Santarém Volk Südamerika Die Welt 1500 74–75 passim Frühe Kulturen 145 (2) Frühe Reiche 147 (2) Frühe Kulturen 145 (2)
Tapajós var. Tapajóz Fluss Südamerika Erkundung 142 (1), 143 (2) Frühe Kulturen 144 (1), 145 (2) Kolonialismus 149 (3) Ökonomie 153 (3) Staatenbildung 151 (3)
Tapajóz siehe Tapajós
Tapasha Region Südasien Frühe Religion 242 (2)
Taprobane var. Sarandib, Saylan, mod. Sri Lanka Insel Südasien Handel d. Antike 44 (2), 44–45 (1) siehe auch Ceylon, Lambakannas, Lanka, Simhala, Sri Lanka
Taquira Tradition Volk Südamerika Die Welt 1000 58–59
Tara Sibirien (Russ. Föderation) Erkundung 257 (2)
Tarābulus siehe Tripoli, Tripolis
Ṭarābulus al Gharb siehe Oea, Tripoli
Ṭarābulus ash Shām siehe Tripoli, Tripolis
Taradavadi Südasien (Indien) Mittelalterliche Staaten 244 (2)
Tarahumara Volk Mittelamerika Kolonialismus 125 (4)
Tarakan Landungsoffensive Mar. Südostasien ZWK 273 (2)
Taranaki Region Neuseeland Kolonisation 283 (5)
Tarangambādi siehe Tranquebar
Taranto var. Tarantum, Tarentum Ital. Hbl. Handel im Mittelalter 190–191 (1) Kreuzzüge 186 (1), 64–65 (2) Mittelalterliche Staaten 187 (5) siehe auch Tarantum, Tarentum
Tarantum var. Tarentum, mod. Taranto Ital. Hbl. Antikes Rom 180–181 (1), 181 (4) siehe auch Taranto, Tarentum
Tarapacá Region Südamerika Staatenbildung 151 (4)
Taras siehe Tarentum
Tarawa Landungsoffensive Gilbert Islands ZWK 273 (2)
Tarazona Iberische Hbl. (Spanien) Mittelalterliche Staaten 187 (3)
Tardanizats Revolte Westeuropa (Frankr.) Reformation 196 (2)
Tarentaise Westeuropa (Frankr.) Franken 184 (2)
Tarentinus, Sinus mod. Golf von Tarent Antikes Rom 178 (1)
Tarentum var. Tarantum, Gr. Taras, mod. Taranto Ital. Hbl. Antikes Rom 178 (1), (2), 179 (3), (5) Erste Hochkulturen 176–177 (1) siehe auch Taranto, Tarantum
Târgovişte siehe Tŭrgovişte
Târguşor ehem. Tirguşor, Têrguşor Südosteuropa (Rumänien) Weltreligionen 48 (1) siehe auch Tîrguşor
Tari Ostasien (China) Frühe Reiche 259 (5)
Tarifa Iberische Hbl. (Spanien) Reconquista 192 (3)
Tarim Fluss Ostasien Erkundung 257 (3) Frühe Reiche 260 (1) Mittelalterliche Staaten 262–263 (1) Mongolen 68–69 (1)
Tarim-Becken Landschaft Südasien Eiszeit 217
Tarka Südl. Afrika (Südafrika) Migrationen 166 (2)
Tarkhan Ägypten Altes Ägypten 159 (2)
Tarma Südamerika (Peru) Inka 147 (3)
Tarnow Mitteleuropa (Polen) EWK 207 (4)
Taroudannt var. Taroudant Nordafrika (Marokko) Islam 162 (1)
Taroudant siehe Taroudannt
Tarquinia siehe Tarquinii
Tarquinii mod. Tarquinia, hist. Corneto Ital. Hbl. Antikes Rom 178 (1), (2) Erste Hochkulturen 176–177 (1)
Tarraco mod. Tarragona Iberische Hbl. (Spanien) Antikes Rom 161 (2), 179 (3), 180–181 (1), 181 (4), 225 (5) Die Welt 250 46–47 Handel d. Antike 181 (3) Völkerwanderung 52–53 (1) Weltreligionen 48 (1) siehe auch Tarragona
Tarraconensis Provinz Iberische Hbl. Antikes Rom 180–181 (1)
Tarragona Iberische Hbl. (Spanien) Mittelalterliche Staaten 182 (2) Reconquista 192 (3) Spätantike 182 (1) Zwischenkriegszeit 209 (4)
Tarsatica siehe Rijeka
Tarsus ant. Gr. Tarsos Südwestasien (Türkei) Antikes Rom 180–181 (1) Erste Städte 24 (2) Frühe Kulturen 221 (4) Hellenist. Welt 40–41 (1) Islam 56–57 (1), 226 (3), 227 (4) Kreuzzüge 228 (2), 65 (3) Mittelalterliche Staaten 185 (3) Mongolen 229 (3) Weltreligionen 48 (1)
Tartaren siehe Tataren
Tartu siehe Dorpat
Taruga arch. Stätte Westafrika (Nigeria) Frühe Kulturen 160 (1) Früher Ackerbau 158 (1) Handel d. Antike 44–45 (1)
Taruma Reich Mar. Südostasien Antikes Indien 241 (6)
Tarut Südwestasien (Saudi-Arabien) Erste Städte 25 (3)
Tarvisium siehe Treviso
Tarxien Mittelmeer (Malta) Die Welt 2500 v.Chr. 22–23
Tases Staat Mittelamerika Azteken 124 (1)
Tashauz siehe Dashkhovuz
Tashi Chho Dzong siehe Thimphu
Tashihkiao siehe Dashiqiao
Tashi Lhunpo Südasien (China) Erkundung 257 (3)
Taschkent Usb. Toshkent Zentralasien (Usbekistan) Biol. Austausch 72–73 (1) Erkundung 256 (1), 257 (3) Globale Migration 100 (1) Handel 267 (3) Hellenist. Welt 40–41 (1) Kolonialismus 269 (3), (4) Kommunismus 271 (8) Mongolen 68–69 (1) Osmanen 232–233 (1) Safawiden 231 (4) Timur 229 (4) UdSSR 208 (2), 215 (4) Völkerwanderung 261 (6)
Tasmania Dtsch. Tasmanien, ehem. Van Diemen's Land Region/Insel Australien Eiszeit 276–277 Erkundung 60 (2), 279 (2), (3) Kolonisation 282 (1) Ökonomie 282 (2) Staatenbildung 283 (3)
Tasman-See Meer Pazifik Eiszeit 276–277 (1) Erkundung 60 (2) Kolonisation 282 (1), 283 (4), (5) Ökonomie 285 (2)
Tataren var. Tartaren Volk Sibirien Islam 275 (5) Mongolen 68–69 (1)
Tatarija Staat Osteuropa UdSSR 215 (4)
Tatarstan siehe Tatarija
Tatta siehe Thatta
Ta-t'ung, Tatung siehe Datong
Tauchira Nordafrika (Libyen) Erste Hochkulturen 176–177 (1)
Taung arch. Stätte Südl. Afrika (Südafrika) Frühmensch 12 (1)
Taunton Brit. Inseln (UK) Ökonomie 204 (1)
Taunum Mitteleuropa (Deutschland) Weltreligionen 48 (1)
Taupo, Lake See Neuseeland Kolonisation 283 (5)
Tauranga Neuseeland Kolonisation 283 (5)
Taurika siehe Krim
Tauroggen Region Osteuropa Reiche & Revolutionen 199 (3)
Taurus-Gebirge var. Toros Dağları Gebirge Südwestasien Antikes Persien 223 (4), 225 (6) Erkundung 218 (1), (2), 219 (3) Erste Städte 220 (2) EWK 233 (2) Frühe Kulturen 221 (4) Früher Ackerbau 220 (1) Frühe Reiche 221 (5), 222 (2) Hellenist. Welt 224 (1) Kreuzzüge 64–65 (2) Osmanen 231 (3)
Tau'u Island Insel Pazifik Erkundung 278 (1)
Tavascan siehe Michoacan
Tawahi Südostasien (Burma) Handel 230 (2)
Tawakoni Volk Nordamerika Kolonialismus 125 (4)
Taxila Südasien (Indien) Antikes Persien 225 (6) Antikes Rom 224 (2) Erkundung 256 (1) Frühe Religion 36 (2) Handel d. Antike 44 (2), 44–45 (1) Hellenist. Welt 40–41 (1), 41 (2), 224 (1) Mittelalterliche Staaten 262–263 (1) Weltreligionen 49 (3), (4)
Taxla Mittelamerika (Mexiko) Frühe Kulturen 121 (2)
Tayasal Mittelamerika (Guatemala) Azteken 124 (1)
Tayloris Battle Schlacht Nordamerika (USA) Aufstieg der USA 129 (2)
Taymyr-Halbinsel Russ. Taymyr Poluostrov Sibirien Eiszeit 217 Erkundung 257 (2)
Tayspun siehe Ktesiphon
Taz Fluss Osteuropa Erkundung 257 (2)
Tazoult siehe Lambaesis
Tazumal Mittelamerika (Mexiko) Frühe Kulturen 122 (2)
T'bilisi ehem. Tiflis Südwestasien (Georgien) UdSSR 215 (4) siehe auch Tiflis
Tchad siehe Chad
Tchefuncte-Kultur Volk Nordamerika Die Welt 250 v.Chr. 38–39
Tchongking siehe Chongqing
Te Anau, Lake See Neuseeland Kolonisation 283 (5)
Teano siehe Teanum
Teanum var. Teanum Sidicinum, mod. Teano Ital. Hbl. Antikes Rom 178 (1)
Teanum Apulum Ital. Hbl. Antikes Rom 178 (1)
Teanum Sidicinum siehe Teanum
Teayo Mittelamerika (Mexiko) Frühe Kulturen 122 (1)
Tebuk Südwestasien (Saudi-Arabien) Arabien im 20. Jh. 233 (4) Islam 56–57 (1)
Tecama Mittelamerika (Mexiko) Azteken 124 (2)
Tecklenburg Region Mitteleuropa Reiche & Revolutionen 199 (3)
Tédèllis Nordafrika (Algerien) Handel im Mittelalter 190–191 (1)
Teganapatam var. Ft. St. David Südasien (Indien) Ökonomie 247 (3)
Tegasta Fort Nordamerika (USA) Kolonialismus 125 (4)
Tegel Flughafen Mitteleuropa (Deutschland) Nachkriegszeit 212 (2)
Tegeler See See Mitteleuropa Nachkriegszeit 212 (2)
Tegucigalpa Mittelamerika (Honduras) Aufstieg der USA 129 (2)
Teheran siehe Tehran
Tehran var. Teheran, Pers. Tehrān Südwestasien (Iran) Arabien im 20. Jh. 235 (5) Die Welt 1800 86–87 passim Islam 235 (4) Kolonialismus 269 (3) Kommunismus 271 (8) Ökonomie 234 (1) Osmanen 231 (3), 232–233 (1) Safawiden 231 (4)
Tehri Garhwal Staat Südasien Kolonialismus 248 (2)
Tehuacán Mittelamerika (Mexiko) Die Welt 5000 v.Chr. 18–19 Frühe Kulturen 122 (1) Früher Ackerbau 20 (1) Mexikan. Revolution 133 (3)
Tehuantepec var. Santo Domingo Tehuantepec Mittelamerika (Mexiko) Frühe Kulturen 122 (1) Mexikan. Revolution 133 (3)
Tehuantepec, Golfo de siehe Tehuantepec, Golf von
Tehuantepec, Golf von var. Tehuantepec, Golfo de Mittelamerika Azteken 124 (1) Mexikan. Revolution 133 (3)
Tehuantepec, Isthmus von var. Istmo de Tehuantepec Region Mittelamerika Azteken 124 (1)
Tehuantepec, Istmo de siehe Tehuantepec, Isthmus of
Tehuelche Volk Südamerika Frühe Reiche 147 (2)
Tejo siehe Tajo
Teke Staat Zentralafrika Die Welt 1700 82–83 passim
Tekesta Volk Nordamerika Kolonialismus 125 (4), 126 (1)
Telanaipura siehe Jambi
Telandria Südwestasien (Türkei) Antike Griechen 177 (2)
Tel Aviv Südwestasien (Israel) Arabien im 20. Jh. 235 (5)
Telingana Region/Staat Südasien Mittelalterliche Staaten 244–245 (3)
Tell Açana siehe Alalakh
Tell Agrab var. Tell Ajrab Tempel Südwestasien (Irak) Erste Städte 24 (2), 25 (3), 220 (2)
Tell 'Asmar, Tell Asmar siehe Eshnunna
Tell Aswad Südwestasien (Irak) Erste Städte 220 (2)
Tell Brak Südwestasien (Syrien) Die Welt 5000 v.Chr. 18–19 Die Welt 2500 v.Chr. 22–23 Erste Städte 24 (2) Schrift & Zahl 32 (1), 223 (3) Urbane Zivilisationen 28–29 (1)
Tell el-Ajjul Südwestasien (Israel) Altes Ägypten 159 (4)
Tell el-Amarna siehe El-Amarna
Tell el 'Ubaid Südwestasien (Irak) Erste Städte 220 (2) Früher Ackerbau 220 (1)
Teller Nordamerika (USA) Erkundung 287 (2)
Tell es Sawwan var. Sauwan Südwestasien (Irak) Früher Ackerbau 220 (1)
Tell Halaf Südwestasien (Syrien) Die Welt 5000 v.Chr. Früher Ackerbau 220 (1)
Tell Ibrahim Awad Ägypten Altes Ägypten 159 (2)
Tellicherry var. Thalassery Südasien (Indien) Ökonomie 247 (3)
Telloh Südwestasien (Irak) Erste Städte 220 (2)
Tell Sleimeh Südwestasien (Iran) Erste Städte 25 (3)
Tell 'Uqair Tempel Südwestasien (Irak) Erste Städte 220 (2) Frühe Kulturen 221 (4)
Telmessos Südwestasien (Türkei) Antike Griechen 177 (2)
Teloapan Mittelamerika (Mexiko) Azteken 124 (1)
Telo Martius siehe Toulon
Telugucoda Staat Südasien Die Welt 1200 62–63 Mongolen 68–69 (1)
Temazcalapan Mittelamerika (Mexiko) Azteken 124 (2)
Temesvár Schlacht Südosteuropa (Rumänien) Osmanen 197 (4)
Tempelhof Mitteleuropa (Deutschland) Kreuzzüge 186 (1)
Tempelhof Flughafen Mitteleuropa (Deutschland) Nachkriegszeit 212 (2)
Tenanitla Mittelamerika (Mexiko) Azteken 124 (3)
Tenasserim Staat/Kolonie Kont. Südostasien Die Welt 90-91 Imperialismus 97 (3) Kolonialismus 269 (4)
Tenayucan Mittelamerika (Mexiko) Azteken 124 (3)
Tenedos Insel/Siedlung Mittelmeer (Ägäis) Antike Griechen 177 (2)
Tenerife Schlacht Südamerika (Kolumbien) Staatenbildung 150 (1)
Ténès Nordafrika (Algerien) Handel im Mittelalter 190–191 (1)
Teng Ostasien (China) Frühe Reiche 259 (5)
Teng Staat Ostasien Frühe Reiche 259 (5)
Tengasseri Südasien (Indien) Ökonomie 247 (3)
Teng-chou siehe Dengzhou
Tengchung siehe Dengyue
Tennant Creek Australien Erkundung 279 (2) Kolonisation 282 (1) Staatenbildung 283 (3)
Tennessee Staat Nordamerika Aufstieg der USA 129 (1) Ökonomie 134 (2), 139 (3) US-Bürgerkrieg 130 (1), (5), 131 (6) US-Gesellschaft 137 (6)
Tennessee Fluss Nordamerika Aufstieg der USA 129 (2) Frühe Kulturen 121 (4) Präkolumbische Kulturen 123 (5) US-Bürgerkrieg 131 (6)
Tenochtitlan mod. Ciudad de Mexico, México, Mexico City Mittelamerika (Mexiko) Azteken 124 (1), (2), (3) Die Welt 1500 74–75 Erkundung 118 (1) Frühe Kulturen 121 (3) Kolonialismus 125 (5) siehe auch México, Mexico City
Tenos mod. Gr. Tínos Insel/Siedlung Mittelmeer (Ägäis) Antike Griechen 177 (2) Osmanen 230 (1) Reformation 194 (2), 196 (2)
Teodomir, Reichs des Staat Iberische Hbl. Die Welt 750 54–55
Teos Südosteuropa (Griech.) Antike Griechen 177 (2) Erste Hochkulturen 176–177 (1)
Teotihuacan Mittelamerika (Mexiko) Azteken 124 (2) Die Welt 500 50–51 Frühe Kulturen 122 (1)
Teotihuacan Region Mittelamerika Frühe Kulturen 122 (1)
Teotitlan del Camino Staat Mittelamerika Azteken 124 (1)
Tepeacac Mittelamerika (Mexiko) Frühe Kulturen 122 (1)
Tepeacac Staat Mittelamerika Azteken 124 (1)
Tepecano Volk Mittelamerika Kolonialismus 125 (4)
Tepecuacuilco Staat Mittelamerika Azteken 124 (1)
Tepe Gawra Tempel Südwestasien (Irak) Die Welt 5000 v.Chr. 18–19 Erste Städte 220 (2) Früher Ackerbau 220 (1)
Tepe Giyan Südwestasien (Iran) Erste Städte 24 (2) Früher Ackerbau 220 (1)
Tepe Guran Südwestasien (Iran) Früher Ackerbau 220 (1)
Tepe Hissar Südwestasien (Iran) Erste Städte 25 (3)
Tepehuan Volk Mittelamerika Kolonialismus 125 (4), 126 (1)
Tepe Sabz Südwestasien (Irak) Früher Ackerbau 220 (1)
Tepetlacalco Mittelamerika (Mexiko) Azteken 124 (3)
Tepetlatzinco Mittelamerika (Mexiko) Azteken 124 (3)
Tepexic Mittelamerika (Mexiko) Frühe Kulturen 122 (1)
Tepexpan Mittelamerika (Mexiko) Azteken 124 (2)
Tepeyacac Mittelamerika (Mexiko) Azteken 124 (2), (3) Kolonialismus 125 (5)
Tepe Yahya Südwestasien (Iran) Erste Städte 25 (3)
Tepic Mittelamerika (Mexiko) Mexikan. Revolution 133 (3)
Tepoatlan Mittelamerika (Mexiko) Frühe Kulturen 122 (1)
Tepotzotlan Mittelamerika (Mexiko) Azteken 124 (2)
Tequexquinahuac Mittelamerika (Mexiko) Azteken 124 (3)
Terevaka, Ma'unga Gebirge Pazifik Frühe Kulturen 281 (4)
Têrguşor siehe Târguşor, Tîrguşor
Termera Südwestasien (Türkei) Antike Griechen 177 (2)
Ternate Mar. Südostasien (Indonesien) Handel 267 (3) Imperialismus 284–285 (1) Kolonialismus 247 (4)
Ternate Insel Mar. Südostasien Kolonialismus 247 (4) Mittelalterliche Staaten 245 (6)
Ternate, Sultanat Staat Mar. Südostasien Die Welt 1500 74–75
Ternopol' Osteuropa (Ukraine) ZWK 211 (4)
Terranova di Sicilia siehe Gela
Terranova Pausania siehe Olbia
Terre-Neuve siehe Newfoundland
Teruel ant. Turba Iberische Hbl. (Spanien) Reconquista 192 (3) Zwischenkriegszeit 209 (4)
Tešetice-Kyjovice Mitteleuropa (Tschech. Rep.) Früher Ackerbau 174 (1)
Teshik Tash arch. Stätte Zentralasien (Usbekistan) Frühmensch 13 (2)
Tete Südl. Afrika (Moçambique) Erkundung 157 (4) Frühe Neuzeit 164 (1) Islam 162 (1) Kolonialismus 166–167 (4)
Tetecpilco Mittelamerika (Mexiko) Azteken 124 (3)
Teton Volk Nordamerika Kolonialismus 126 (1)
Tetzcoco Mittelamerika (Mexiko) Kolonialismus 125 (5)
Teul Volk Mittelamerika Kolonialismus 125 (4)
Teurnia Mitteleuropa (Österreich) Antikes Rom 180–181 (1)
Tevere siehe Tiber, Tiberis
Texas Region/Staat Nordamerika Aufstieg der USA 129 (1) Mexikan. Revolution 133 (3) Ökonomie 134 (2), 139 (3) US-Bürgerkrieg 130 (2), (5) 131 (6) Weltwirtschaft 93 (5)
Texcoco Mittelamerika (Mexiko) Azteken 124 (1), (2)
Texcoco-See See Mittelamerika Azteken 124 (1), (2), (3) Frühe Kulturen 122 (1) Kolonialismus 125 (5)
Thaba Bosiu Südl. Afrika (Südafrika) Migrationen 166 (2)
Thaba Nchu Südl. Afrika (Südafrika) Migrationen 166 (2)
Thailand ehem. Siam, off. Königreich Thailand, Thai Prathet Thai Staat Kont. Südostasien China nach 1949 275 (3) Dekolonisation 251 (4) Heutige Welt 113 (3), (4) Islam 275 (5) Kalter Krieg 109 (1) Nachkriegszeit 253 (4), (5) Supermacht USA 138 (1) Tigerstaaten 275 (4) Vietnam-Krieg 251 (5) ZWK 104 (1), (2) siehe auch Siam
Thailand, Golf von var. Golf von Siam, Thai Ao Thai, Vtn. Vinh Thai Lan Kont. Südostasien Erkundung 239 (1) Mittelalterliche Staaten 245 (5), (6) Mongolen 68–69 (1) Weltreligionen 243 (5) siehe auch Siam, Golf von
Thai Volk Kont. Südostasien Die Welt 750 54–55 passim
Thalassery siehe Tellicherry
Thalner Südasien (Indien) Mittelalterliche Staaten 244–245 (3)
Thames Neuseeland Kolonisation 283 (5)
Thames siehe Themse
Thames and Severn Kanal Britische Inseln Ökonomie 204 (1)
Tham Khuyen arch. Stätte Kont. Südostasien (Vietnam) Frühmensch 13 (2)
Thamugadi Nordafrika (Algerien) Antikes Rom 180–181 (1)
Thana mod. Thāne Südasien (Indien) Ökonomie 249 (4)
Thāne siehe Thana
Thang Long siehe Hanoi
Thang Phong Schlacht Südostasien (Vietnam) Vietnam-Krieg 251 (5)
Thanh Hoa Südostasien (Vietnam) Mittelalterliche Staaten 245 (6) Mongolen 68–69 (1)
Thanjārur siehe Tanjore
Thanjāvūr siehe Tanjore
Thanlwin siehe Salween
Thapsakos Südwestasien (Syrien) Hellenist. Welt 40–41 (1)
Thapsus Gr. Thapsos Nordafrika (Tunesien) Antikes Rom 180–181 (1) Erste Hochkulturen 176–177 (1)
Thar var. Great Indian Desert Wüste Südasien Biol. Austausch 72–73 (1) Eiszeit 217, 254–255 Frühe Reiche 241 (5) Handel d. Antike 44–45 (1) Islam 56–57 (1) Nachkriegszeit 252 (1) Ökonomie 247 (3), 249 (4) Safawiden 231 (4) Weltreligionen 243 (4)
Thara Südwestasien (Iran) Erkundung 61 (3)
Tharros Lat. Tharrus Sardinien (italien) Erste Hochkulturen 176–177 (1)
Thasos Insel/Siedlung Mittelmeer Antike Griechen 177 (2), (3) Erste Hochkulturen 176–177 (1)
That Khe Fort Kont. Südostasien Vietnam-Krieg 251 (5)
Thaton Südostasien (Burma) Erkundung 61 (3) Handel d. Antike 44–45 (1) Mittelalterliche Staaten 262–263 (1)
Thaton Staat Kont. Südostasien Die Welt 750 54–55 Die Welt 1000 58–59
Thatta var. Tatta Südasien (Pakistan) Kolonialismus 248 (1) Mittelalterliche Staaten 244–245 (3) Mogul-Reich 246 (1) Weltreligionen 243 (4)
Thebai siehe Theben
Theben Altägypt. Tamut, Nut, Bibl. No, mod. Luxor Ägypten Altes Ägypten 159 (3) (4) (5) Antikes Persien 223 (4) Die Welt 1250 v.Chr. 26–27 Frühe Kulturen 160 (1) Frühe Reiche 222 (2) Frühe Religion 37 (3) Hellenist. Welt 40–41 (1) Spätantike 161 (3), (4), (5) Urbane Zivilisationen 28–29 (1)
Theben Gr. Thebai Südosteuropa (Griech.) Antike Griechen 177 (2), (3) Erste Hochkulturen 175 (4) Hellenist. Welt 40–41 (1)
Theben-Ost siehe Karnak, Luxor
The Gambia siehe Gambia
The Hague siehe Den Haag
Theiß mod. Tisza Fluss Südosteuropa Mittelalterliche Staaten 189 (4) Mongolen 68–69 (1) Völkerwanderung 52–53 (1)
Themse Eng. Thames Fluss Britische Inseln Bronzezeit 175 (3) Mittelalterliche Staaten 186 (2), 187 (4), 188 (2) Ökonomie 204 (1) Völkerwanderung 52–53 (1)
Thenai Lat. Thenae Nordafrika (Tunesien) Erste Hochkulturen 176–177 (1)
Theodosia var. Caffa, Kefe, mod. Feodosiya, Ital. Kaffa Osteuropa (Ukraine) Erste Hochkulturen 176–177 (1) Hellenist. Welt 40–41 (1) siehe auch Kaffa
Theodosiopolis mod. Türk. Erzurum, ehem. Erserum Südwestasien (Türkei) Islam 56–57 (1), 226 (3) siehe auch Erserum
Thera var. Ital. Santorini Insel/Siedlung Mittelmeer Antike Griechen 177 (2) Erste Hochkulturen 175 (4), 176–177 (1)
Theresienstadt KZ/Ort Mitteleuropa ZWK 211 (3)
Thermopylen Gr. Thermopyloi, Lat. Theroplylae Südosteuropa (Griech.) Antike Griechen 179 (4) Antikes Persien 223 (4) Völkerwanderung 52–53 (1)
Thessalonica mod. Thessaloníki, Gr. Thessalonike, ehem. Saloniki, Salonika, SKr. Solun, Türk. Selânik Südosteuropa (Griech.) Antikes Rom 179 (5), 180–181 (1), 181 (4) Spätantike 182 (1) Weltreligionen 48 (1) siehe auch Saloniki, Thessalonike
Thessalonike mod. Thessaloníki, Lat. Thessalonica, ehem. Saloniki, Salonika, SKr. Solun, Türk. Selânik Südosteuropa (Griech.) Antike Griechen 179 (4) Hellenist. Welt 41 (2), 161 (2) siehe auch Saloniki, Thessalonica
Thessaloníki siehe Saloniki, Thessalonica
Thessalien Gr./Lat. Thessalia Region Südosteuropa (Griech.) Antike Griechen 177 (3), 179 (4) Erste Hochkulturen 175 (4) EWK 207 (6) Frühe Religion 37 (3) Osmanen 203 (4)
The Wilderness Schlacht Nordamerika (USA) US-Bürgerkrieg 131 (7)
Thimbu siehe Thimphu
Thimphu var. Thimbu, ehem. Tashi Chho Dzong Südasien (Bhutan) Nachkriegszeit 253 (5)
Thinis Ägypten Altes Ägypten 159 (3)
Thionville siehe Diedenhofen
Thiruvanathapuram siehe Trivandrum
Thíva siehe Theben
Thomas Quarry arch. Stätte Nordafrika (Marokko) Frühmensch 13 (2)
Thon Buri Südostasien (Thailand) Biol. Austausch 72–73 (1)
Thorn Poln. Toruń Mitteleuropa (Polen) EWK 207 (4) Handel im Mittelalter 190–191 (1) Mittelalterliche Staaten 188 (1), 189 (3) siehe auch Toruń
Thornton Island siehe Caroline Island
Thospitis siehe Van, Lake
Thovela Staat Südl. Afrika Die Welt 1700 82–83
Thracia siehe Thrakien
Thrake siehe Thrakien
Thraker Volk Südosteuropa Antikes Rom 179 (5) Die Welt 750 v.Chr. 30–31
Thrakien Gr. Thrake, Lat. Thracia Region Südosteuropa Antike Griechen 177 (2), (3) 179 (4) Antikes Persien 223 (4) Antikes Rom 180–181 (1), 181 (4), 225 (5) Handel d. Antike 44–45 (1) Erkundung 218 (1) Erste Hochkulturen 175 (4), 176–177 (1) Frühe Religion 37 (3) Hellenist. Welt 40–41 (1), 224 (1) Osmanen 203 (4), 230 (1) Völkerwanderung 52–53 (1) Weltreligionen 48 (1)

Three Kings Islands *var.* Dreikönigsinseln *Archipel* Pazifik Erkundung *278* (1)

Three Points, Cape *siehe* Kap der drei Spitzen

Thugga *var.* Dougga Nordafrika (Tunesien) Antikes Rom *180–181* (1)

Thule *var.* Qânâq Nordamerika (Grönland) Aufstieg der USA *129* (2) Erkundung *287* (2) Präkolumbische Kulturen *123* (3) Wikinger *60–61* (1)

Thule *Insel* Atlantik Handel d. Antike *44* (2)

Thuna Südasien (Indien) Frühe Religion *242* (3)

Thurii Ital. Hbl. Antikes Rom *179* (3) Antikes Rom *178* (1)

Thüringen *var.* Thuringia *Region/Staat* Mitteleuropa Franken *184* (2) Mittelalterliche Staaten *185* (3), *188* (1) Reiche & Revolutionen *203* (2)

Thüringer *Volk* Mitteleuropa Franken *183* (5), (6) Mittelalterliche Staaten *182* (2) Spätantike *182* (1) Völkerwanderung *53* (2)

Thüringer Mark *Region* Mitteleuropa Franken *184* (2)

Thuringia *siehe* Thüringen

Thyatira *mod.* Akhisar Südwestasien Weltreligionen *48* (1)

Thyssos *Lat.* Thyssus Südosteuropa (Griech.) Antike Griechen *177* (2)

Tiahuanaco Südamerika (Bolivien) Die Welt 500 *50–51 passim* Frühe Reiche *146* (1) Inka *147* (3)

Tiahuanaco *Staat* Südamerika Die Welt 250 v.Chr. *38–39 passim*

Tianjin *var.* Tientsin Ostasien (China) Kolonialismus *269* (4) Ökonomie *274* (2) Qing-China *268* (2) Tigerstaaten *275* (4)

Tianjin *Provinz* Ostasien Ökonomie *274* (2)

Tianjin *Schlacht* Ostasien (China) Chinesische Revolution *274* (1)

Tianlin *ehem.* Leli Ostasien (China) Mittelalterliche Staaten *263* (7)

Tian Shan *Eng.* Tien Shan, *Russ.* Tyan'-Shan' *Gebirge* Ostasien Biol. Austausch *72–73* (1) Eiszeit *217* Erkundung *256* (1), *257* (3) Früher Ackerbau *258* (1) Frühe Reiche *260* (1) Handel *267* (3) Handel d. Antike *44–45* (1) Islam *275* (5) Kolonialismus *269* (4) Mittelalterliche Staaten *262–263* (1) Mongolen *68–69* (1) Qing-China *268* (2) Völkerwanderung *261* (6)

Tianshui *var.* T'ien-shui *hl. Berg* Ostasien (China) Weltreligionen *49* (3)

Tianshui *Provinz* Ostasien Frühe Reiche *260* (1)

Tiba *siehe* Chiba

Tibbu Tib *Volk* Ostafrika/Zentralafrika Handel *166–167* (1)

Tiber *It.* Tevere, *ant.* Tiberis *Fluss* Ital. Hbl. Mittelalterliche Staaten *183* (4) *siehe auch* Tevere, Tiberis

Tiberias Südwestasien (Israel) Antikes Rom *225* (4)

Tiberias, See von *siehe* Genezareth, See

Tiberis *It.* Tevere, *Eng.* Tiber *Fluss* Ital. Hbl. Antikes Rom *178* (1), (2) Stadtplan des antiken Rom *181* (2) *siehe auch* Tevere, Tiber

Tibesti *Arab.* Tībistī *Gebirge* Nordafrika Frühe Kulturen *160* (1) Handel d. Antike *44–45* (1) Islam *162* (1) Ökonomie *163* (2)

Tibet *Chin.* Xizang *ehem.* Hsi-tsang *Chin. ehem.* Tufan, *ehem. var.* T'ufan, Bhota *Region/Provinz/Staat* Ostasien China nach 1949 *275* (3) Chinesische Revolution *271* (5), (7) Die Welt 1000 *58–59 passim* Erkundung *257* (3) Frühe Neuzeit *266* (1), (2) Frühe Reiche *260* (1) Handel *267* (3) Kalter Krieg *109* (1) Kolonialismus *248* (1), (2), *269* (3), (4) Kommunismus *271* (8) Mittelalterliche Staaten *262–263* (1), *263* (3), (4), (5), (7) Mongolen *68* (2), *68–69* (1) Nachkriegszeit *252* (1), (2) Ökonomie *274* (2) Qing-China *268* (1), (2) Völkerwanderung *261* (6) Weltreligionen *49* (3), (4), *243* (4) ZWK *272* (1), *273* (2)

Tibeter *Volk* Ostasien Die Welt 750 v.Chr. *30–31 passim* Handel d. Antike *44–45* (1)

Tibet-Plateau *var.* Xizang Gaoyuan, Qingzang Gaoyuan *Hochland* Ostasien Eiszeit *217* Erkundung *256* (1), *257* (3) Früher Ackerbau *258* (1) Frühe Reiche *260* (1) Handel *267* (3) Handel d. Antike *44–45* (1) Mittelalterliche Staaten *262–263* (1), *263* (3), (4), (5), (7) Weltreligionen *49* (3) Wissen & Techologie *72–73* (1), *76–77* (1)

Tibistī *siehe* Tibesti

Tibur Ital. Hbl. Antikes Rom *178* (1)

Tiburón, Cabo *Kap* Südamerika Erkundung *80–81* (1)

Tiburtina vetus, Via *Straße* Ital. Hbl. Stadtplan des antiken Rom *181* (2)

Tiburtina, Via *Straße* Ital. Hbl. Antikes Rom *178* (1) Stadtplan des antiken Rom *181* (2)

Ticoman Mittelamerika (Mexiko) Azteken *124* (3)

Tidore *var.* Soasiu Südostasien (Indonesien) Die Welt 1800 *86–87* Imperialismus *284–285* (1) Kolonialismus *247* (4)

Tidore *Region* Mar. Südostasien Kolonialismus *247* (4) Mittelalterliche Staaten *245* (6)

Tiefland-Maya *Volk* Mittelamerika Frühe Kulturen *122* (2)

Tien Shan *siehe* Tian Shan

T'ien-shui *siehe* Tianshui

Tientsin *siehe* Tianjin

Tiergarten Mitteleuropa (Deutschland) Nachkriegszeit *212* (2)

Tierra del Fuego *Dtsch.* Feuerland *Insel* Südamerika Erkundung *142* (1) Staatenbildung *151* (3)

Tieum *siehe* Tios

Tiflis *mod.* T'bilisi Südwestasien (Georgien) Islam *56–57* (1), *57* (2), *226* (3), *227* (4) Mongolen *68–69* (1) Osmanen *195* (4), *231* (3), *232–233* (1) Safawiden *231* (4) Seldschuken *228* (1) Timur *229* (4) Weltreligionen *226* (1) *siehe auch* T'bilisi

Tighina *siehe* Bender

Tigris *Arab.* Didjlah, *Türk.* Dicle *Fluss* Südwestasien Antikes Persien *223* (4), *225* (6) Antikes Rom *180–181* (1), *224* (2), *225* (5) Arabien im 20. Jh. *233* (3), (4), *235* (5) Biol. Austausch *72–73* (1), *73* (3) Erkundung *172* (1), (2), *219* (3), (4) Erste Städte *25* (3), *220* (2) EWK *233* (2) Frühe Kulturen *221* (4) Früher Ackerbau *20–21* (2), *220* (1) Frühe Reiche *221* (5), *222* (2) Handel *230* (2) Handel d. Antike *44–45* (1), *225* (3) Hellenist. Welt *40–41* (1), *41* (2), *224* (1) Islam *56–57* (1), *57* (2), *226* (3), *227* (4), (5) Kreuzzüge *228* (2) Mongolen *68–69* (1) Ökonomie *234* (1) Osmanen *231* (3), *232–233* (1) Safawiden *231* (4) Seldschuken *228* (1)

Stadtplan Samarra 57 (3) Timur *229* (4) Weltreligionen *226* (1)

Ti-hua, Tihwa *siehe* Urumchi, Ürümqi

Tikal Mittelamerika (Guatemala) Die Welt 500 *50–51* Frühe Kulturen *121* (2) Schrift & Zahl *32* (1), *33* (2), (3)

Tikopia *Insel* Pazifik Erkundung *278* (1)

Tiksi Sibirien (Russ. Föderation) Erkundung *287* (2)

Tilanga *Region* Südasien Frühe Religion *242* (2)

Tilantango Mittelamerika (Mexiko) Frühe Kulturen *122* (1)

Tilimsen *siehe* Tlemcen

Tilio Martius *siehe* Toulon

Tilsit Osteuropa (Russ. Föderation) Napoleon *200–201* (1), *201* (2)

Timaru Neuseeland Kolonisation *283* (4), (5)

Timbuktu *Frz.* Tombouctou Westafrika (Mali) Biol. Austausch *72–73* (1) Die Welt 1300 *66–67* Erkundung *156* (3), *157* (4) Islam *162* (1), *167* (3) Kolonialismus *166–167* (4) Kreuzzüge *65* (1) Mittelalterliche Staaten *163* (5) Mongolen *68* (2) Ökonomie *163* (2) Sklavenhandel *84–85* (1), *165* (4)

Timna' Südwestasien (Jordanien) Altes Ägypten *159* (5)

Timna' Südwestasien (Yemen) Handel d. Antike *225* (3) Spätantike *161* (3), (5)

Timor *Insel* Südostasien (Indonesien) Dekolonisation *251* (4) Die Welt 1600 *78–79* Erkundung *239* (1), (2) Handel *267* (3) Imperialismus *97* (3) Islam *243* (6) Kolonialismus *81* (3), *247* (4) Mittelalterliche Staaten *245* (6) Nachkriegszeit *253* (4), (5) Reiche & Revolutionen *88–89* (2) Skalvenhandel *84–85* (1) Weltreligionen *243* (5) ZWK *250–251* (3), *272* (1), *273* (2)

Timor-See *Meer* Mar. Südostasien Erkundung *239* (1), (2) ZWK *272* (1), *273* (2)

Timucua *Volk* Nordamerika Kolonialismus *125* (4)

Timur, Reich von *Staat* Südostasien Timur *229* (4)

Timuriden *Staat* Südasien/Südwestasien Die Welt 1500 *74–75*

Tingis *mod.* Tanger, *Eng.* Tangier Nordafrika (Marokko) Antikes Rom *179* (3), *180–181* (1), *181* (4) Handel d. Antike *44–45* (1), *181* (3) *siehe auch* Tanger

Tingo María Südamerika (Peru) Drogenhandel *153* (5)

Tinian *Insel* Pazifik ZWK *250–251* (3), *272* (1)

Tínos *siehe* Tenos

Tin Tellust Westafrika (Niger) Erkundung *157* (4)

Tio *Staat* Zentralafrika Die Welt 1500 *74–75* Handel *166–167* (1) Islam *162* (1) Sklavenhandel *165* (4)

Tios Südwestasien (Türkei) Erste Hochkulturen *176–177* (1)

Tipecanoe *Schlacht* Nordamerika (USA) Aufstieg der USA *129* (2)

Tippera *Region* Südasien Dekolonisation *250* (1)

Tirana Südosteuropa (Albanien) EWK *207* (6) Kalter Krieg *108* (3) Nachkriegszeit *212* (3) Osmanen *203* (4), *232–233* (1) ZWK *210* (1), *211* (2), (4)

Tirangole Ostafrika (Sudan) Erkundung *157* (5)

Tîrgu-Jiu *Schlacht* Südosteuropa (Rumänien) EWK *207* (6)

Tîrguşor *siehe* Târguşor,

Tirol *var.* Tyrol *Region/Staat* Mitteleuropa EWK *207* (5) Frühe Neuzeit *193* (4), *194* (1) Mittelalterliche Staaten *188* (1) Reiche & Revolutionen *199* (3)

Tiruchchirappalli *siehe* Trichinopoly

Tiryns Südosteuropa (Griech.) Erste Hochkulturen *175* (4) Urbane Zivilisationen *28–29* (1)

Tisza *Dtsch.* Theiß *Fluss* Südosteuropa Europapolitik *215* (3) *siehe auch* Theiß

Tiszapolgár *arch. Stätte* Mitteleuropa (Ungarn) Kupferzeit *174* (2)

Titicaca-See Südamerika Drogenhandel *153* (5) Frühe Kulturen *145* (2), (4), Frühe Reiche *146* (1), *147* (2) Inka *147* (3), *148* (1) Kolonialismus *148* (2) Ökonomie *153* (3) Staatenbildung *150* (1), *151* (4), *152* (1)

Titograd *siehe* Podgorica

Tizapan Mittelamerika (Mexiko) Azteken *124* (2)

Tizapantzinco Mittelamerika (Mexiko) Kolonialismus *125* (5)

Tizayucan Mittelamerika (Mexiko) Azteken *124* (2)

Tjeribon *siehe* Cheribon

Tlaceteco Mittelamerika (Mexiko) Azteken *124* (3)

Tlachco *Staat* Mittelamerika Azteken *124* (1)

Tlachquiauhco *Staat* Mittelamerika Azteken *124* (1)

Tlacopaque Mittelamerika (Mexiko) Azteken *124* (3)

Tlacoquemecan Mittelamerika (Mexiko) Azteken *124* (3)

Tlalcozauhtitlan *Staat* Mittelamerika Azteken *124* (1)

Tlalnepantla Mittelamerika (Mexiko) Azteken *124* (2), (3)

Tlalpan Mittelamerika (Mexiko) Azteken *124* (2)

Tlaltenango Mittelamerika (Mexiko) Azteken *124* (3)

Tlapacoya Mittelamerika (Mexiko) Azteken *124* (2) Frühe Kulturen *121* (2)

Tlapacoyan *Staat* Mittelamerika Azteken *124* (1)

Tlapan *Staat* Mittelamerika Azteken *124* (1)

Tlatayan Mittelamerika (Mexiko) Frühe Kulturen *122* (1)

Tlatelolco Mittelamerika (Mexiko) Azteken *124* (3)

Tlatilco Mittelamerika (Mexiko) Die Welt 750 v.Chr. *30–31* Frühe Kulturen *121* (2)

Tlatlauhquitepec *Staat* Mittelamerika Azteken *124* (1)

Tlaxcala Mittelamerika (Mexiko) Azteken *124* (1) Kolonialismus *125* (5)

Tlaxcala *Staat* Mittelamerika Aufstieg der USA *129* (2) Mexikan. Revolution *133* (3)

Tlaxcaltec *Volk* Mittelamerika Kolonialismus *125* (4)

Tlaxialtemalco Mittelamerika (Mexiko) Azteken *124* (2)

Tlemcen *var.* Tilimsen, Tlemsen Nordafrika (Algerien) Islam *162* (1)

Tlemsen *siehe* Tlemcen

Tlilhuacan Mittelamerika (Mexiko) Azteken *124* (3)

Tlingit *Region* Nordamerika Die Welt 1700 *82–83* Die Welt 1800 *86–87*

Tmutarakan Osteuropa (Russ. Föderation) Mittelalterliche Staaten *185* (3)

Toala *arch. Stätte* Zentralafrika (Tschad) Frühe Kulturen *160* (1)

Toba *var.* Nördliche Wei, *Chin.* T'o-pa *Staat* Ostasien Die Welt 500 *50–51* Mittelalterliche Staaten *261* (4)

Tobago *Insel* Westindien Die Welt 1700 *82–83 passim* Reiche & Revolutionen *88* (1) Sklavenhandel *84–85* (1)

Tobol'sk *var.* Tobolsk Sibirien (Russ. Föderation) Erkundung *257* (2) Kolonialismus *269* (3) UdSSR *208* (2)

Tobol'sk *Region* Sibirien Kolonialismus *269* (3)

Toboso *Volk* Mittelamerika Kolonialismus *125* (4), *126* (1)

Tobruk Nordafrika (Libyen) ZWK *210* (1), *211* (4)

Tocantins *Fluss* Südamerika Erkundung *142* (1), *143* (2) Frühe Kulturen *144* (1), *145* (2) Kolonialismus *149* (3), (4) Ökonomie *153* (3) Politik nach 1930 *152* (1)

Tocharer *var.* Tochari *Volk* Zentralasien Die Welt 500 v.Chr. *34–35* Die Welt 1 n.Chr. *42–43* Handel d. Antike *44–45* (1)

Tochgi *Präfektur* Japan Ökonomie *270* (1)

Tochpan *Staat* Mittelamerika Azteken *124* (1)

Tochtepec *Staat* Mittelamerika Azteken *124* (1)

Tocopilla Südamerika (Chile) Staatenbildung *151* (3)

Tocuyanoide *Volk* Südamerika Frühe Kulturen *145* (2)

Todaiji Japan Mittelalterliche Staaten *265* (3)

Todmorden Brit. Inseln (UK) Weltwirtschaft *93* (4)

Toeban *siehe* Tuban

Togariishi *arch. Stätte* Japan Früher Ackerbau *258* (1)

Togo *off.* République togolaise, *ehem.* Französisch-Togo, Togoland *Staat* Westafrika Afrika nach 1960 *169* (4) Dekolonisation *168* (1) Heutige Welt *112* (1), *113* (3) Imperialismus *96* (1) Islam *235* (4) Ökonomie *168* (2) ZWK *104* (1)

Togoland *siehe* Togo

Tojikiston *siehe* Tadschikistan

Tokaido *Region* Japan Mittelalterliche Staaten *265* (3)

Tokelau *Archipel/Staat* Pazifik Dekolonisation *285* (3) Erkundung *279* (3) Heutige Welt *110–111* Imperialismus *284–285* (1) Ökonomie *285* (2)

Tokio *siehe* Edo, Tokyo

Tokushima Japan Mittelalterliche Staaten *265* (5)

Tokushima *var.* Tokusima *Präfektur* Japan Ökonomie *270* (1)

Tokyo *Jap.* Tōkyō, *ehem.* Edo Japan Imperialismus *270* (2) Kommunismus *271* (8) Ökonomie *270* (1) Tigerstaaten *275* (4) Weltwirtschaft *92* (1) ZWK *272* (1), *273* (2), *273* (3) *siehe auch* Edo

Tolan Mittelamerika (Mexiko) Azteken *124* (3)

Toledo *ant.* Toletum Iberische Hbl. (Spanien) Franken *184* (2) Handel im Mittelalter *190–191* (1) Islam *56–57* (1), *227* (4) Kreuzzüge *64–65* (2), *65* (1), *186* (1) Mittelalterliche Staaten *182* (2), *185* (3) Reconquista *192* (3) Spätantike *182* (1) Zwischenkriegszeit *209* (3), (4) *siehe auch* Toletum

Toletum *mod.* Toledo Iberische Hbl. (Spanien) Antikes Rom *180–181* (1) Völkerwanderung *52–53* (1) Weltreligionen *48* (1) *siehe auch* Toledo

Toliman Mittelamerika (Mexiko) Frühe Kulturen *122* (1)

Tollantzinco Mittelamerika (Mexiko) Frühe Kulturen *122* (1)

Tolmezzo Ital. Hbl. EWK *207* (5)

Tolosa *mod.* Toulouse Westeuropa (Frankr.) Antikes Rom *179* (3), (5), *180–181* (1) Handel d. Antike *44* (2) Völkerwanderung *52–53* (1) *siehe auch* Toulouse

Tolteken *Volk* Mittelamerika Frühe Kulturen *122* (2)

Tolteken-Reich *Staat* Mittelamerika Die Welt 1000 *58–59*

Tomar Iberische Hbl. (Portugal) Kreuzzüge *186* (1)

Tombouctou *siehe* Timbuktu

Tomebamba Südamerika (Ecuador) Inka *147* (3)

Tomi *mod.* Constanţa Südosteuropa (Rumänien) Antikes Rom *180–181* (1), Handel d. Antike *181* (3) *siehe auch* Constanţa

Tomóchic Mittelamerika (Mexiko) Mexikan. Revolution *133* (3)

Tomsk Sibirien (Russ. Föderation) Erkundung *257* (2) Früher Ackerbau *258* (1) Kolonialismus *269* (3), (4) Kommunismus *271* (8) UdSSR *208* (2), *215* (4)

Tomsk *Region* Sibirien (Russ. Föderation) Kolonialismus *269* (3)

Tonala Mittelamerika (Mexiko) Frühe Kulturen *122* (1), (2)

Tonga *var.* Friendly Islands *Archipel/Staat* Pazifik Dekolonisation *285* (3) Eiszeit *276–277* Erkundung *60* (2), *279* (3) Frühe Kulturen *280–281* (3) Imperialismus *284–285* (1) Ökonomie *285* (2)

Tongatapu *Insel* Pazifik Erkundung *278* (1) Frühe Kulturen *280–281* (3)

Tongchuan Ostasien (China) Mittelalterliche Staaten *263* (4)

Tonggou Ostasien (China) Frühe Reiche *264* (1)

Tongguan *var.* T'ung-kuan Ostasien Mongolen *68–69* (1)

Tonghua Ostasien (China) Kalter Krieg *109* (4)

Tongking *var.* Tonking *Staat* Kont. Südostasien Imperialismus *97* (3) Kolonialismus *269* (4)

Tongking, Golf von Kont. Südostasien Erkundung *239* (1) Frühe Neuzeit *266* (1) Mittelalterliche Staaten *245* (5), (6) Vietnam-Krieg *251* (5)

Tongnae Ostasien (Süd-Korea) Frühe Neuzeit *267* (4)

Tongzi *arch. Stätte* Ostasien (China) Frühmensch *13* (2)

Tonkawa *Volk* Nordamerika Kolonialismus *126* (1)

Tonking *siehe* Tongking

Tonle Sap *Eng.* Great Lake *See* Kont. Südostasien Vietnam-Krieg *251* (5) Weltreligionen *243* (5)

Tonto *arch. Stätte* Nordamerika (USA) Präkolumbische Kulturen *123* (4)

Toolesboro Mounds *Grabhügel* Nordamerika (USA) Frühe Kulturen *121* (4)

Toowoomba Australien Kolonisation *282* (1)

T'o-pa *siehe* Toba

Topeka Nordamerika (USA) Aufstieg der USA *129* (2)

Topoc Maze *arch. Stätte* Nordamerika (USA) Präkolumbische Kulturen *123* (4)

Toprakkale *Urartu-Zitadelle* Südwestasien (Türkei) Frühe Reiche *222* (2) (auf der Karte aber falsch positioniert!)

Torguten *Volk* Ostasien Frühe Neuzeit *266* (1)

Torino *siehe* Augusta, Taurinorum, Turin

Tornacum *siehe* Tournai

Tornaval Südamerika (Peru) Frühe Kulturen *145* (4)

Toro Ägypten Erkundung *156* (3)

Toro *Staat* Ostafrika Die Welt 1700 *82–83 passim*

Torone Südosteuropa (Griech.) Antike Griechen *177* (2) Erste Hochkulturen *176–177* (1)

Toronto Nordamerika (Kanada) Aufstieg der USA *129* (2), *132* (1) Ökonomie *136* (2)

Toropets Osteuropa (Russ. Föderation) Frühe Neuzeit *195* (3)

Toros Dağları *siehe* Taurus Mountains

Torrance Nordamerika (USA)

Torreón Mittelamerika (Mexiko) Mexikan. Revolution *133* (3)

Torres-Straße *Meeresstraße* Australien Eiszeit *276–277* Erkundung *279* (2)

Tortoise Islands *siehe* Galapagos Islands

Tortosa *ant.* Dertosa Iberische Hbl. (Spanien) Franken *184* (2) Kreuzzüge *186* (1) Reconquista *192* (3) *siehe auch* Dertosa

Tortuga *var.* Tortuga Island, *mod.* Île de la Tortue *Insel* Westindien Reiche & Revolutionen *89* (3)

Toruń *Dtsch.* Thorn Mitteleuropa (Polen) Frühe Neuzeit *193* (4) *siehe auch* Thorn

Torwa *Staat* Südl. Afrika Islam *162* (1) Die Welt 1500 *74–75*

Torzhok *var.* Toržok Osteuropa (Russ. Föderation) Mongolen *68–69* (1)

Toržok *siehe* Torzhok

Toscana *var.* Toskana, *Eng.* Tuscany *Region/Staat* Ital. Hbl. Die Welt 1800 *86–87 passim* Mittelalterliche Staaten *188* (1) Napoleon *200–201* (1) Reformation *196* (1), (2) Reiche & Revolutionen *202* (1), *203* (3)

Toshka Ägypten Altes Ägypten *159* (3)

Toshkent *siehe* Taschkent

Toskana *siehe* Toscana

Tószeg Südosteuropa (Jugoslawien) Bronzezeit *175* (3)

Toterfout *Grabhügel* Westeuropa (Niederl.) Bronzezeit *175* (3)

Totes Meer *Lat.* Lacus Asphaltites, *Arab.* Al Baḩr al Mayyit, Baḩrat Lūt, *Ivr.* Yam HaMelaḩ *Salzsee* Südwestasien Antikes Rom *225* (4) Arabien im 20. Jh. *233* (3), *234* (2) Frühe Kulturen *221* (4), Frühe Reiche *222* (1) Kreuzzüge *65* (3), *228* (2)

Totopec *Dtsch.* Totopeken, *var.* Mixtec *Staat* Mittelamerika Azteken *124* (1)

Tottori *Präfektur* Japan Ökonomie *270* (1)

Toucouleur *siehe* Takrur

Toulon *ant.* Telo Martius, Tilio Martius Westeuropa (Frankr.) Frühe Neuzeit *197* (5) Napoleon *200–201* (1) Ökonomie *205* (4) Reiche & Revolutionen *199* (4) Sklavenhandel *84–85* (1) ZWK *211* (2)

Toulouse *ant.* Tolosa Westeuropa (Frankr.) Franken *183* (5), (6), *184* (2) Frühe Neuzeit *197* (5) Handel im Mittelalter *190–191* (1) Islam *56–57* (1), *184* (1) Kreuzzüge *186* (1), *64–65* (2) Mittelalterliche Staaten *182* (2), *185* (3), *187* (3), (4), *192* (1), (2) Napoleon *200–201* (1), *201* (2) Ökonomie *205* (4) Reconquista *192* (3) Reformation *194* (2) Reiche & Revolutionen *199* (4) Spätantike *182* (1) Zwischenkriegszeit *209* (3) *siehe auch* Tolosa

Toulouse *Region* Westeuropa (Frankr.) Frühe Neuzeit *197* (5) Kreuzzüge *64–65* (2) Mittelalterliche Staaten *187* (4)

Toungoo Südostasien (Burma) Mittelalterliche Staaten *245* (6) ZWK *250–251* (3)

Toungoo *Staat* Kont. Südostasien Die Welt 1400 *70–71* Die Welt 1500 *74–75* Mittelalterliche Staaten *245* (6)

Tournai *var.* Tournay, *ant.* Tornacum, *Ndl.* Doornik Westeuropa (Belgien) EWK *206* (2), (3) Franken *183* (5), (6), *184* (2) Frühe Neuzeit *197* (5) Handel im Mittelalter *190–191* (1)

Tournay *siehe* Tournai

Tours *ant.* Caesarodunum, Turoni Westeuropa (Frankr.) Frühe Neuzeit *197* (5) Franken *183* (5), *184* (2) Mittelalterliche Staaten *187* (3), *192* (1), (2) *siehe auch* Caesarodunum, Turoni

Town Creek Nordamerika (USA) Präkolumbische Kulturen *123* (5)

Townsville Australien Kolonisation *282* (1) Staatenbildung *283* (3)

Towosahgy Nordamerika (USA) Präkolumbische Kulturen *123* (5)

Toyama *Präfektur* Japan Ökonomie *270* (1)

Toyohashi *var.* Toyohasi Japan Ökonomie *270* (1)

Toyohasi *siehe* Toyohashi

Tozando *Region* Japan Mittelalterliche Staaten *265* (3)

Trâblous *siehe* Tripoli, Tripolis

Trabzon *siehe* Trapezus, Trapezunt, Trebizond

Trachonitis *Staat* Südwestasien Antikes Rom *225* (4)

Trafalgar, Kap *Schlacht* Iberische Hbl. (Spanien) Napoleon *200–201* (1)

Traiana, Aqua *Aquädukt* Ital. Hbl. Stadtplan des antiken Rom *181* (2)

Traiectum ad Mosam, Traiectum Tungorum *siehe* Maastricht

Trajan-Thermen *Lat.* Thermae Traiani *Gebäude* Ital. Hbl. Stadtplan des antiken Rom *181* (2)

Trajan, Tempel des *Gebäude* Ital. Hbl. Stadtplan des antiken Rom *181* (2)

Trajectum ad Rhenum *siehe* Utrecht

Trang Südostasien (Thailand) Handel d. Antike *44–45* (1)

Trani *ant.* Turenum Ital. Hbl. Handel im Mittelalter *190–191* (1)

Tran Ninh *Staat* Kont. Südostasien Die Welt 1600 *78–79 passim*

Tranquebar *mod.* Tarangambādi Südasien (Indien) Die Welt 1700 *82–83 passim* Ökonomie *247* (3)

Transamazônica *Straße* Südamerika Ökonomie *153* (3)

Transantarktisches Gebirge *Gebirge* Antarktis Erkundung *287* (3)

Transbaikal *Region* Sibirien Kolonialismus *269* (3)

Trans-Gangem *Region* Südasien Handel d. Antike *44* (2)

Transjordanien *Eng.* Transjordan *mod.* Jordanien *Region/Staat* Südwestasien Arabien im 20. Jh. *233* (3), (4), *234* (2), (3) Erkundung *219* (4) ZWK *104* (1), *211* (4) *siehe auch* Jordanien

Transkaspien *Region* Zentralasien Kolonialismus *269* (3)

Transnistrien *Staat* Osteuropa ZWK *211* (2)

Transoxanien *var.* Transoxiana *Region/Staat* Zentralasien Handel d. Antike *44–45* (1) Islam *56–57* (1), *57* (2), *227* (4) Mittelalterliche Staaten *262–263* (1) Safawiden *231* (4) Timur *229* (4) Völkerwanderung *261* (6) Weltreligionen *49* (3), (4)

Transoxiana *siehe* Transoxanien

Transsibirische Eisenbahn Sibirien Globale Migration *100* (1)

Transvaal *ehem.* Südafrikanische Republik *Staat* Südl. Afrika Imperialismus *96* (2) Kolonialismus *166–167* (4) *siehe auch* Südafrika, Union Südafrika

Transylvania *ehem.* Siebenbürgen, *Eng.* Ardeal, Transilvania, *Ungar.* Erdély *Region/Staat* Südosteuropa Zwischenkriegszeit *208* (1) *siehe auch* Siebenbürgen

Trapani *ant.* Drepanum Ital. Hbl. Handel im Mittelalter *190–191* (1)

Trapezus *Gr.* Trapezous, *ma.* Trapezunt, *var.* Trebisond, *Türk.* Trabzon Südwestasien (Türkei) Antikes Rom *161* (2), *180–181* (1), *181* (4) Erste Hochkulturen *176–177* (1) Handel d. Antike *44–45* (1), *181* (3) Hellenist. Welt *40–41* (1) Mittelalterliche Staaten *182* (2) Osmanen *231* (3) Weltreligionen *226* (1) *siehe auch* Trapezunt, Trebizond

Trapezunt *Lat.* Trapezus, *ma.* Trebisond, *Türk.* Trabzon Südwestasien (Türkei) Islam *56–57* (1) Mittelalterliche Staaten *187* (5) Seldschuken *228* (1) Völkerwanderung *261* (6) *siehe auch* Trapezus, Trebizond

Trapezunt, Kaiserreich *Staat* Südwestasien Die Welt 1300 *66–67 passim* Handel im Mittelalter *190–191* (1) Mongolen *68–69* (1), *229* (3) Timur *229* (4)

Trasimenischer See *siehe* Trasimenus, Lacus

Trasimenus, Lacus *Dtsch.* Trasimenischer See, *mod.* Lago Trasimeno *Schlacht* Italien Antikes Rom *178* (1), *179* (3)

Trau *siehe* Trogir

Travancore *Staat* Südasien Die Welt 1800 *86–87* Kolonialismus *248* (1)

Trebia *Schlacht* Ital. Hbl. Antikes Rom *179* (3)

Trebinje Südosteuropa (B.-H.) Europapolitik *215* (3)

Trebisond *var.* Trapezunt, *ant.* Trapezus, *Türk.* Trabzon Südwestasien (Türkei) Arabien im 20. Jh. *233* (3) Biol. Austausch *72–73* (1) Erkundung *219* (3) EWK *233* (2) Mittelalterliche Staaten *185* (3) Osmanen *195* (4), *230* (1) *siehe auch* Trapezus, Trapezunt

Treblinka *KZ/Ort* Mitteleuropa (Polen) ZWK *211* (3)

Trempeleau *Grabhügel* Nordamerika (USA) Frühe Kulturen *121* (4)

Tremper *Grabhügel* Nordamerika (USA) Frühe Kulturen *121* (4)

Trent *Ital.* Trento Ital. Hbl. EWK *207* (5)

Trent and Mersey *Kanal* Britische Inseln Ökonomie *204* (1)

Trento *siehe* Trent

Trenton Nordamerika (USA) Aufstieg der USA *129* (2) Staatenbildung *127* (3)

Treptow Mitteleuropa (Deutschland) Nachkriegszeit *212* (2)

Tres Zapotes Mittelamerika (Mexiko) Frühe Kulturen *121* (2), (3), *122* (1)

Treves *siehe* Augusta Treverorum, Trier

Treviso *ant.* Tarvisium Ital. Hbl. EWK *207* (5) Handel im Mittelalter *190–191* (1)

Trévoux Westeuropa (Frankr.) Frühe Neuzeit *197* (5)

Trichinopoly *mod.* Tiruchchirappalli Südasien (Indien) Ökonomie *249* (4)

Trier *ant.* Augusta Taurinorum, Augusta Treverorum, *Eng.* Treves, *Frz.* Trèves Mitteleuropa (Deutschland) EWK *206* (2), (3) Franken *184* (2) Kreuzzüge *186* (1) Mittelalterliche Staaten *182* (2), *188* (1) Spätantike *182* (1) *siehe auch* Augusta Treverorum

Triest *Ital.* Trieste, *Slvn.* Trst Ital. Hbl. EWK *207* (5) Mittelalterliche Staaten *189* (4) Nachkriegszeit *212* (3) Ökonomie *198* (1), *205* (4) ZWK *211* (2), (3)

Triest, Freistaat *Staat* Ital. Hbl. Die Welt 1950 *102–103*

Trieste *siehe* Triest

Trigarta *Region* Südasien Frühe Religion *242* (2)

Trinacria *siehe* Sicily

Trincomalee *var.* Trinkomali Südasien (Sri Lanka) Ökonomie *247* (3) ZWK *250–251* (3), *272* (1)

Trindade *Insel* Atlantik Heutige Welt *110–111*

Trinidad *Kolonie/Insel* Westindien Die Welt 1800 *86–87 passim* Globale Migration *101* (3) Kolonialismus *85* (2), *125* (4) Staatenbildung *150* (1)

Trinidad & Tobago *Staat* Westindien Heutige Welt *112* (1) Kalter Krieg *108* (2) Ökonomie *136* (2), *153* (3) Politik nach 1930 *152* (1) Supermacht USA *139* (5)

Trinil *arch. Stätte* Südostasien (Indonesien) Frühmensch *13* (2)

Trinkomali *siehe* Trincomalee

Trinovo *siehe* Trnovo

Tripoli *var.* Tarābulus, Ţarābulus ash Shām, Trāblous, *ant.* Tripolis Südwestasien (Libanon) Afrika nach 1960 *169* (4) Arabien im 20. Jh. *233* (3) Kreuzzüge *65* (3) Mittelalterliche Staaten *187* (5) Osmanen *231* (3) *siehe auch* Tripolis

Tripoli *ant.* Tripolis, aus ›Dreistadt‹, näml. Oea, Sabratha, Leptis Magna, *Arab.* Ţarābulus, *var.* Ţarābulus al Gharb Nordafrika (Libyen) Biol. Austausch *72–73* (1) Erkundung *156* (3), *157* (4) Handel im Mittelalter *190–191* (1) Islam *56–57* (1), *162* (1), *226* (3), *227* (4) Kolonialismus *166–167* (4) Napoleon *200* (1) Ökonomie *163* (2), *168* (2) Osmanen *231* (3), *232* (1) Sklavenhandel *84* (1) Supermacht USA *138* (1) ZWK *210* (1), (4) *siehe auch* Oea, Leptis

Tripoli, Grafschaft *Staat* Südwestasien Kreuzzüge *65* (3), *228* (2) Mittelalterliche Staaten *187* (5)

Tripolis Südwestasien (Libanon) Antikes Rom *180–181* (1)

Tripolitanien *Region/Staat* Nordafrika Die Welt 1600 *78–79 passim* Handel *166–167* (1) Islam *56*, (1) *227* (4) Kolonialismus *166–167* (4) Napoleon *200–201* (1) Osmanen *232–233* (1) Sklavenhandel *165* (4)

Tripura *var.* Hill Tippera *Region/Staat* Südasien Kolonialismus *248* (2) Nachkriegszeit *252* (1), *253* (4)

Tripuri Südasien (Indien) Mittelalterliche Staaten *244* (2)

Tristan da Cunha *Kolonie/Insel* Atlantik Heutige Welt *110–111*

Trivandrum *var.* Thiruvanathapuram Südasien (Indien) Kolonialismus *248* (1) Nachkriegszeit *252* (1), *253* (5) Ökonomie *249* (4)

Troesmis *arch. Stätte* Südosteuropa (Rumänien) Antikes Rom *180–181* (1)

Trogir *Ital.* Trau Südosteuropa (Kroatien) Mittelalterliche Staaten *189* (4)

Troia Ital. Hbl. Kreuzzüge *186* (1)

Troia *var.* Troja, *ant.* Illion *arch. Stätte* Südwestasien (Türkei) Bronzezeit *175* (3) Die Welt 1250 v.Chr. *26–27* Erste Städte *220* (2) Erste Hochkulturen *175* (4) Frühe Reiche *221* (5) Kupferzeit *174* (2) Urbane Zivilisationen *28–29* (1) *siehe auch* Ilion

Tromelin, Île *Insel* Indischer Ozean Heutige Welt *110–111*

Tromsø Skandinavien (Norwegen) Erkundung *287* (2)

Trondheim *ehem.* Nidaros, Drontheim Skandinavien (Norwegen) Erkundung *287* (2) ZWK *104* (2) *siehe auch* Drontheim

Troyes *ant.* Augustobona Tricassium Westeuropa (Frankr.) EWK *206* (2), (3) Frühe Neuzeit *193* (4) Handel im Mittelalter *190–191* (1) Kreuzzüge *186* (1) Mittelalterliche Staaten *188* (1), (2) Reformation *194* (2)

Trnovo *var.* Tirnovo, *mod.* Veliko Türnovo Südosteuropa (Bulgarien) Mittelalterliche Staaten *189* (4)

Trst *siehe* Triest

Trucial Coast, Trucial States *siehe* Vertrags-Oman, Vereinigte Arabische Emirate

Truckee *Schlacht* Nordamerika (USA) Aufstieg der USA *129* (2)

Trujillo Südamerika (Venezuela) Staatenbildung *150* (1)

Trujillo Südamerika (Peru) Erkundung *143* (3) Kolonialismus *126* (1), *148* (2) Politik nach 1930 *152* (1) Staatenbildung *150* (1), *151* (3)

Truk *var.* Chuuk *Archipel* Pazifik ZWK *104* (2), *250–251* (3), *272* (1), *273* (2)

Trundholm Skandinavien (Dänemark) Die Welt 1250 v.Chr. *26–27*

Trung Phân *siehe* Annam

Truso Mitteleuropa (Polen) Mittelalterliche Staaten *185* (3) Wikinger *60–61* (1)

Tsangchou *siehe* Cangzhou

Tsangpo *siehe* Brahmaputra

Tsarigrad *siehe* Byzantium, Constantinople, Istanbul

Tsaritsyn *var.* Zarizyn, *mod.* Volgograd, Wolgograd, *ehem.* Stalingrad Osteuropa (Russ. Föderation) UdSSR *208* (2) *siehe auch* Stalingrad, Volgograd

Tschad *Eng.* Chad, *off.* République du Tchad *Staat* Zentralafrika Afrika nach 1960 *169* (4) Dekolonisation *168* (1) Heutige Welt *112* (1), *113* (3), (4) Islam *235* (4) Ökonomie *168* (2), (3)

Tschadohamiten *Volk* Zentralafrika/Westafrika Die Welt 750 v.Chr. *30–31 passim* Frühe Kulturen *160* (1) Handel d. Antike *44–45* (1)

Tschad-See *Frz.* Lac Tchad, *Eng.* Lake Chad Zentralafrika Eiszeit *154–155* (1) Erkundung *157* (4) Frühe Kulturen *160* (1) Frühmensch *12* (1) Handel d. Antike *44–45* (1) Imperialismus *96* (1) Islam *162* (1), *167* (3) Ökonomie *163* (2)

Tschagatai *siehe* Chagatai

Tschaharen *Volk* Ostasien Handel *267* (3)

Tschaldyran *siehe* Çaldiran

Tschalukja *siehe* Chalukya

Tschaulukja *siehe* Solanki

Tscherkessen *var.* Circassen *Eng.* Circassians, Cherkess *Volk* Osteuropa Mongolen *68–69* (1) Osmanen *231* (3), *232–233* (1) Reiche & Revolutionen *88–89* (2)

Tschernobyl *siehe* Chernobyl

Tschetschenen *Volk* Südwestasien UdSSR *213* (4)

Tschetschenien *siehe* Čečnja

Tschirmen *siehe* Maritsa

Tschita *siehe* Chita

Tschogamami *siehe* Choga Mami

Tschogamisch *siehe* Choga Mish

Tschola *siehe* Chola

Tschuktschen *var Chukchi Volk* Sibirien Die Welt 1700 *82–83* Die Welt 1800 *86–87*

Tschuktschen-See *var Chukchi-See* Austria *Meer* Alaska/Sibirien Erkundung *286* (1), *287* (2)

Tsetsaut *Volk* Nordamerika Präkolumbische Kulturen *123* (3)

Tshwane *siehe* Pretoria

Tsinan *siehe* Jinan

Tsing Hai, Tsinghai *siehe* Koko Nor, Qinghai Hu

Tsingtao, Tsingtau, Tsintao *siehe* Qingdao

Tsou *siehe* Zou

Tsugaru-kaikyō *siehe* Tsugaru-Straße

Tsugaru-Straße *Jap.* Tsugaru-kaikyō *Meeresstraße* Japan ZWK *273* (3)

Tsushima *var.* Tsushima-tō, Tusima *Archipel* Japan Frühe Neuzeit *267* (4) Kalter Krieg *109* (4) Mittelalterliche Staaten *264* (2), *265* (3), (4), (5)

Tsushima-kaikyō *siehe* Tsushima, Straße von

Tsushima, Straße von *Jap.* Tsushima-kaikyō *Meeresstraße* Japan Frühe Neuzeit *267* (4) Imperialismus *270* (3) Ökonomie *270* (1), (4)

Tsushima-tō *siehe* Tsushima

Tu *Staat* Ostasien Frühe Reiche *259* (3)

Tuadmumu *Staat* Britische Inseln Mittelalterliche Staaten *188* (2)

Tuamotu-Archipel *Frz.* Îles Tuamotu, Var. Archipel des Tuamotu, Dangerous Archipelago *Archipel* Pazifik Erkundung *60* (2), *279* (3) Frühe Kulturen *280–281* (3) Imperialismus *284–285* (1)

Tuareg *Volk/Staat* Nordafrika/Westafrika Die Welt 1000 *58–59 passim* Islam *162* (1) Mittelalterliche Staaten *163* (4) Ökonomie *163* (2) *siehe auch* Maghsharen-Tuareg

Tuban *ehem.* Toeban Südostasien (Indonesien) Handel *230* (2)

Tubar *Volk* Mittelamerika Kolonialismus *126* (1)

Tubuai, Îles, Tubuai Islands *siehe* Australes, Îles

Tuchi *siehe* Duji

Tucson Nordamerika (USA) Aufstieg der USA *129* (2), *132* (1)

Tucumán *var.* San Miguel de Tucumán Südamerika (Argentinien) Staatenbildung *150* (1), *151* (3), (4) *siehe auch* San Miguel de Tucumán

Tufan *siehe* Tibet

Tugela *Fluss* Südl. Afrika Migrationen *166* (2)

Tugur *siehe* Tugursk

Tugursk *mod.* Tugur Sibirien (Russ. Föderation) Erkundung *257* (2)

Tuktoyaktuk Nordamerika (Kanada) Erkundung *287* (2)

Tula Osteuropa (Russ. Föderation) UdSSR *208* (2), *215* (4)

Tula *var.* Tula de Allende Mittelamerika (Mexiko) Die Welt 1000 *58–59* Die Welt 1200 *62–63* Frühe Kulturen *122* (1)

Tula de Allende *siehe* Tula

Tulpetlac Mittelamerika (Mexiko) Azteken *124* (2)

Tulsa Nordamerika (USA) Ökonomie *134* (1) US-Gesellschaft *135* (6)

Tulucan *Staat* Mittelamerika Azteken *124* (1)

Tuluniden *Dynastie* Ägypten/Südwestasien Islam *57* (2), *227* (4)

Tulyehualco Mittelamerika (Mexiko) Azteken *124* (2)

Tumaco Südamerika (Kolumbien) Inka *148* (1)

Tumbes Südamerika (Peru) Inka *147* (3), *148* (1) Kolonialismus *148* (2) Staatenbildung *150* (2), *151* (3)

Tumbos Ostafrika (Sudan) Altes Ägypten *159* (5)

Tümet *Volk* Ostasien Frühe Neuzeit *266* (1), (2) Handel *267* (3)

Tunes *siehe* Tunis, Tunesien

Tunesien *Eng.* Tunisia, *ehem.* Tunis, *ant.* Tunes *Staat* Nordafrika Afrika nach 1960 *169* (4) Dekolonisation *168* (1) EWK *206* (1) Heutige Welt *112* (1), *113* (3) Imperialismus *96* (1), *97* (4) Islam *57* (2), *235* (4) Ökonomie *168* (2), (3) Osmanen *232–233* (1) ZWK *210* (1), *211* (4) *siehe auch* Tunis

Tung-chen *siehe* Dongzhen

T'ung-kuan *siehe* Tongguan

Tungusen *Volk* Sibirien Die Welt 500 v. Chr. *34–35 passim* Handel *267* (3)

Tunica *Volk* Nordamerika Kolonialismus *125* (4), *126* (1)

Tunis *ant.* Tunes Nordafrika (Tunesien) Afrika nach 1960 *169* (4) Biol. Austausch *72–73* (1) Die Welt 1600 *78–79* Die Welt 1850 *90–91* Erkundung *156* (3), *157* (4) Handel im Mittelalter *190–191* (1) Islam *57* (2), *162* (1), *227* (4) Kolonialismus *166–167* (4) Kreuzzüge *64–65* (2), *186* (1) Mittelalterliche Staaten *185* (3) Napoleon *200–201* (1), *201* (2) Ökonomie *163* (2) Osmanen *231* (3), *232–233* (1) Sklavenhandel *84–85* (1) Wikinger *60–61* (1) ZWK *210* (1), *211* (4)

Tunis *mod.* Tunesia *Dtsch.* Tunesien *ant.* Tunes *Region/Staat* Nordafrika Handel *166–167* (1) Kolonialismus *166–167* (4) Sklavenhandel *165* (4) *siehe auch* Tunesien

Tunis *Schlacht* Nordafrika (Tunesien) ZWK *104* (2)

Tunja Südamerika (Kolumbien) Frühe Reiche *146* (1) Staatenbildung *150* (1)

Tunjur *Staat* Zentralafrika Die Welt 1500 *74–75 passim* Islam *162* (1)

Tun-Sun *Reich* Kont. Südostasien Antikes Indien *241* (6)

Tupí *Volk* Südamerika Die Welt 250 *46–47 passim*

Tupi-Guaraní *Volk* Südamerika Die Welt 1000 *58–59* Frühe Kulturen *145* (2)

Tupinambá *Volk* Südamerika Die Welt 1200 *62–63 passim* Frühe Reiche *147* (2)

Tupiza Südamerika (Bolivien) Inka *147* (3)

Turba *siehe* Teruel

Turenum *siehe* Trani

Turfan Ostasien (China) Die Welt 750 *54–55* Frühe Reiche *260* (1) Handel *267* (3) Handel d. Antike *44–45* (1) Mittelalterliche Staaten *262–263* (1) Qing-China *268* (1) Völkerwanderung *261* (6) Weltreligionen *49* (3)

Turgay *Region* Zentralasien Kolonialismus *269* (3)

Tûrgovişte *mod.* Targovişte *Schlacht* Südosteuropa (Bulgarien) Osmanen *195* (4)

Turin *Ital.* Torino, *ant.* Augusta Taurinorum Ital. Hbl. Franken *184* (2) Frühe Neuzeit *193* (4) Mittelalterliche Staaten *182* (2), *183* (4) Napoleon *200–201* (1) Ökonomie *205* (4) Reiche & Revolutionen *203* (3) Spätantike *182* (1) *siehe auch* Augusta Taurinorum

Turkana-See *ehem.* Rudolf-See Ostafrika Erkundung *157* (4) Frühe Neuzeit *165* (3) Früher Ackerbau *158* (1) Frühmensch *12* (1) Islam *162* (1) Ökonomie *163* (2)

Türkei *Türk.* Türkiye *off.* Türkiye Cumhuriyeti *Staat* Südwestasien Arabien im 20. Jh. *233* (3), *235* (5) Europapolitik *214* (1), (2) Heutige Welt *113* (3), (4) Islam *235* (4) Kalter Krieg *108* (3), *109* (1) Nachkriegszeit *212* (3), *213* (5) Ökonomie *234* (1) Supermacht USA *138* (1) UdSSR *208* (2), *213* (4) Zwischenkriegszeit *208* (1), *209* (3) ZWK *105* (3), *210* (1), *211* (2), (4)

Türken *Volk* Ostasien/Sibirien/Südwestasien Heutige Welt *112* (2) Osmanen *232–233* (1)

Turkestan *Region* Ostasien Erkundung *257* (3) Kolonialismus *269* (3) Qing-China *268* (1) Weltreligionen *49* (4) *siehe auch* Xinjiang

Türkiye *siehe* Türkei

Türkische Emirate *siehe* Emirate, Türkische

Turkmenische Emirate *Staat* Zentralasien Die Welt 1800 *86–87*

Turkmenistan *Region* Zentralasien Antikes Rom *224* (2) *siehe auch* Turkmenistan

Turkmenistan *off.* Turkmenostan Respublikasy *Staat* Zentralasien Heutige Welt *113* (3) Islam *235* (4), *275* (5) Ökonomie *234* (1) UdSSR *215* (4) *siehe auch* Turkmenistan

Turkmenen *Volk* Zentralasien Islam *275* (5) Reiche & Revolutionen *88–89* (2)

Turks & Caicos Islands *Kolonie/Archipel* Westindien Die Welt 1925 *98–99 passim* Heutige Welt *110–111*

Turk-Völker *Volk* Zentralasien/Sibirien Die Welt 500 *50–51 passim* Mittelalterliche Staaten *263* (3)

Turner *Grabhügel* Nordamerika (USA) Frühe Kulturen *121* (4)

Turoni *mod.* Tours Westeuropa (Frankr.) Weltreligionen *48* (1) *siehe auch* Caesarodunum, Tours

Turpan *siehe* Turfan

Turtle Mound Nordamerika (USA) Präkolumbische Kulturen *123* (5)

Turukhansk Sibirien (Russ. Föderation) Erkundung *257* (2)

Tus Zentralasien (Turkmenistan) Islam *56* (1)

Tusayan *arch. Stätte* Nordamerika (USA) Präkolumbische Kulturen *123* (4)

Tuscany *siehe* Toscana

Tuscarora *Volk* Nordamerika Kolonialismus *126* (1)

Tuschpa *siehe* Tušpa

Tuscia *var.* Tuszien *Region* Ital. Hbl. Mittelalterliche Staaten *183* (4)

Tusculana, Via *Straße* Ital. Hbl. Stadtplan des antiken Rom *181* (2)

Tusculum Ital. Hbl. Antikes Rom *178* (1)

Tushara *Reich* Zentralasien Frühe Reiche *241* (5)

Tushara *Region* Südasien Frühe Religion *242* (2)

Tushki Ägypten Kolonialismus *166–167* (4)

Tusima *siehe* Tsushima

Tuskegee *Volk* Nordamerika Kolonialismus *125* (4)

Tušpa *var.* Tuschpa, *mod.* Van Südwestasien (Türkei) Die Welt 750 v.Chr. *30–31* Frühe Reiche *222* (2) (auf 222 (2) aber falsch positioniert!)

Tuszien *siehe* Tuscia

Tutchone *Volk* Nordamerika Präkolumbische Kulturen *123* (3)

Tutelo *Volk* Nordamerika Kolonialismus *125* (4), *126* (1)

Tuticorin Südasien (Indien) Die Welt 1700 *82–83* Ökonomie *247* (3)

Tutishcainyo *arch. Stätte* Südamerika (Peru) Frühe Kulturen *144* (1), *145* (2)

Tutub *mod.* Khafajah, Chafadje *arch. Stätte* Südwestasien (Irak) Erste Städte *25* (3), *220* (2) Frühe Kulturen *221* (4)

Tututepec Mittelamerika (Mexiko) Frühe Kulturen 122 (1)
Tu'u Volk Südamerika Frühe Kulturen 281 (4)
Tuvalu Staat/Archipel Pazifik Dekolonisation 285 (3) Eiszeit 276–277 Erkundung 60 (2) Frühe Kulturen 280–281 (3)
Tuxtepec var. San Juan Bautista Tuxtepec Mittelamerika (Mexiko) Frühe Kulturen 122 (1)
Tuyuhun var. Tu-yu-hun Staat Ostasien Die Welt 500 50–51
Tuyuhun Volk Ostasien Mittelalterliche Staaten 261 (4)
Tuzigoot arch. Stätte Nordamerika (USA) Präkolumbische Kulturen 123 (4)
Tuzla Südosteuropa (B.-H.) Europapolitik 215 (3)
Tuz-See var. Großer Salzsee, Tuz Gölü See Südwestasien (Türkei) Arabien im 20. Jh. 233 (3)
Tver' ehem. Kalinin Osteuropa (Russ. Föderation) Mongolen 68–69 (1) UdSSR 208 (2)
Tyana Südwestasien (Türkei) Hellenist. Welt 40–41 (1)
Tyan'-Shan' siehe Tian Shan
Tylis, Königreich Staat Südosteuropa Die Welt 250 v.Chr. 38–39
Tylos siehe Bahrain
Tyne Fluss Britische Inseln Ökonomie 204 (3)
Tyras Südosteuropa (Ukraine) Hellenist. Welt 40–41 (1)
Tyras siehe Dniester
Tyre siehe Tyros
Tyrol siehe Tirol
Tyros var. Şūr, Lat. Tyre, var. Tyrus Südwestasien (Libanon) Altes Ägypten 159 (5) Antikes Persien 223 (4) Antikes Rom 225 (4), (5) Erkundung 172 (1) Erste Hochkulturen 176–177 (1) Frühe Reiche 221 (5), 222 (1), (2) Handel d. Antike 225 (3) Hellenist. Welt 40–41 (1) Kreuzzüge 64–65 (2), 65 (3) Mittelalterliche Staaten 182 (2), 185 (3) Spätantike 161 (3), (4), (5) siehe auch Tyrus
Tyrrhenisches Meer Meer Ital. Hbl. Handel im Mittelalter 190–191 (1) Kreuzzüge 64–65 (2) Mittelalterliche Staaten 183 (4) Reiche & Revolutionen 203 (3)
Tyrrhenum, Mare mod. Tyrrhenisches Meer Meer Ital. Hbl. Antikes Rom 179 (3) siehe auch Tyrrhenisches Meer
Tyrus var. Tyre, Gr. Tyros, Eng. Tyre Südwestasien (Libanon) Antikes Rom 180–181 (1) Handel d. Antike 44–45 (1), 181 (3) Weltreligionen 48 (1) siehe auch Tyros
Tyumen' Osteuropa (Russ. Föderation) UdSSR 215 (4)
Tzauhtlan Mittelamerika (Mexiko) Kolonialismus 125 (5)
Tziccoac Staat Mittelamerika Azteken 124 (1)
Tzilcayoapan Mittelamerika (Mexiko) Frühe Kulturen 122 (1)
Tzinapecuaro Mittelamerika (Mexiko) Frühe Kulturen 122 (1)
Tzintzuntzan Mittelamerika (Mexiko) Azteken 124 (1) Frühe Kulturen 122 (1)
Tzompantzinco Mittelamerika (Mexiko) Kolonialismus 125 (5)
Tz'u-shan siehe Cishan

U

Uaxactún Mittelamerika (Guatemala) Die Welt 500 50–51 Frühe Kulturen 121 (2)
Ubangi Frz. Oubangui Fluss Zentralafrika Früher Ackerbau 158 (1) Islam 162 (1) Ökonomie 163 (2) Sklavenhandel 165 (4)
Ubangi Shari var. Französisch-Kongo, mod. Zentralafrikanische Republik Region Zentralafrika Imperialismus 96 (1) siehe auch Zentralafrikanische Republik
Ucayali Fluss Südamerika Drogenhandel 153 (5) Erkundung 143 (2) Frühe Kulturen 145 (2), (4), Frühe Reiche 146 (1) Inka 147 (3), 148 (1) Kolonialismus 148 (2) Ökonomie 153 (3) Politik nach 1930 152 (1)
Udabhanda Südasien (Pakistan) Mittelalterliche Staaten 244 (2)
Udaiyar Staat Südasien Mogul-Reich 246 (1)
Udichya var. Uttarapatha Region Südasien Frühe Religion 36 (2), 48 (2), 242 (1), (2) siehe auch Uttarapatha
Udine Ital. Hbl. EWK 207 (5)
Udmurtija Region Osteuropa UdSSR 215 (4)
UdSSR siehe Union der Sozialistischen Sowjetrepubliken
Uelen Nordamerika (USA) Präkolumbische Kulturen 123 (3)
Uesugi Region Japan Frühe Neuzeit 267 (4)
Ufa Osteuropa (Russ. Föderation) Handel 267 (3) UdSSR 208 (2), 215 (4)
Uganda Staat Ostafrika Afrika nach 1960 169 (4), (5) Dekolonisation 168 (1) Heutige Welt 112 (1), 113 (3) Imperialismus 96 (1), 97 (4) Kalter Krieg 109 (1) Ökonomie 168 (2), (3) ZWK 104 (1)
Ugarit mod. Arab. Ra's Shamrah Südwestasien (Syrien) Altes Ägypten 159 (4), (5) Früher Ackerbau 220 (1) Frühe Kulturen 221 (4) Frühe Reiche 221 (5) Frühe Religion 37 (3) Urbane Zivilisationen 28–29 (1)
Ugogi Ostafrika (Tanzania) Erkundung 157 (5)
Ugrier Volk Osteuropa/Sibirien Die Welt 750 54–55 passim
Uhorshchyna siehe Ungarn
Uhuru Peak siehe Kilimanjaro
Uige ehem. Carmona, Vila Marechal Carmona Südl. Afrika (Angola) Kalter Krieg 109 (5)
Uighuren var. Uygur Volk Ostasien Die Welt 1000 58–59 Handel 267 (3) Islam 275 (5) Mittelalterliche Staaten 262–263 (1), 263 (3), (5)
Uighuren-Reich Staat Ostasien Die Welt 750 54–55
Uighurische Stadtstaaten Staat Ostasien Die Welt 1200 62–63
Uí Néill Staat Britische Inseln Mittelalterliche Staaten 188 (2)
Uitenhage Südl. Afrika (Südafrika) Migrationen 166 (2)
Ujain siehe Ujjain, Ujjayini
Uji-gawa Schlacht Japan Mittelalterliche Staaten 265 (5)
Ujiji Ostafrika (Tanzania) Erkundung 157 (4), (5)
Ujjain ehem. Ujain, Ujjayini Südasien (Indien) Kolonialismus 248 (1) Marathen 246 (2) siehe auch Ujjayini
Ujjayani siehe Ujjayini
Ujjayini var. Ujain, Ujjain, Ujjayani Südasien (Indien) Die Welt 250 v.Chr. 38–39 Frühe Religion 36 (2), 48 (2), 242 (2) Frühe Reiche 241 (4) Mittelalterliche Staaten 244 (1), (2), 244–245 (3) siehe auch Ujjain
Ujungpandang var. Macassar, Makassar, ehem. Makasar Südostasien (Indonesien) Nachkriegszeit 253 (5) siehe auch Macassar
Ujung Salang siehe Phuket
Újvidék siehe Novi Sad
UK siehe Vereinigtes Königreich
Ukraina siehe Ukraine
Ukraine Russ. Ukraina, Ukr. Ukraïna Region Osteuropa UdSSR 208 (2) ZWK 210 (1)
Ukraine Russ. Ukraina, Ukr./off. Ukraïna Staat Osteuropa Europapolitik 214 (1), (2) Heutige Welt 112 (2) UdSSR 215 (4)
Ukrayina siehe Ukraine
Ulaanbaatar siehe Ulan Bator, Urga
Ulaidh mod. Ulster Staat Britische Inseln Mittelalterliche Staaten 188 (2) siehe auch Ulster
Ulan Bator ehem. Urga, Mong. Ulaanbaatar Ostasien (Mongolia) Kommunismus 271 (8) Tigerstaaten 275 (4) siehe auch Urga
Ulan-Ude siehe Verkhneudinsk
Ulenje Volk Südl. Afrika Frühe Neuzeit 164 (1)
Uliassutai Ostasien (Mongolia) Erkundung 256 (1)
Ulithi Insel Pazifik ZWK 250–251 (3), 272 (1)
Ullung-do Insel Ostasien Kalter Krieg 109 (4)
Ulm Mitteleuropa (Deutschland) Frühe Neuzeit 193 (4) Mittelalterliche Staaten 188 (1)
Ulsan Ostasien (Süd-Korea) Frühe Neuzeit 267 (4)
Ulster Region/Provinz Britische Inseln Reformation 194 (2) Zwischenkriegszeit 209 (3)
Ulundi Schlacht Südl. Afrika (Südafrika) Imperialismus 96 (2)
'Umān, Khalīj siehe Oman, Golf von
Umataka arch. Stätte Japan Früher Ackerbau 258 (1)
Umayyaden var. Omajjaden, Omaijaden Dynastie Iberische Hbl./Nordafrika/Südwestasien Die Welt 750 54–55 Islam 57 (2), 184 (1), 227 (4)
Umballa var. Ambala Schlacht Südasien Kolonialismus 249 (3)
Umbri Volk Ital. Hbl. Antikes Rom 178 (2)
Umbu arch. Stätte Südamerika (Brasilien) Frühe Kulturen 145 (2)
Umma Südwestasien (Irak) Erste Städte 25 (3)
Umm an Nar Südwestasien (VAE) Erste Städte 24 (2), 25 (3)
Umm Durmān siehe Omdurman
Umm Saīd var. Musay'īd Südwestasien (Qatar) Ökonomie 234 (1)
Unci siehe Almería
Undi Staat Südl. Afrika Die Welt 1700 82–83 Frühe Neuzeit 164 (1) Sklavenhandel 165 (4)
Ungaria siehe Ungarn
Ungarn Volk Osteuropa Heutige Welt 112 (2) siehe auch Magyaren
Ungarn UN Hungary, Rum. Ungaria, SKr. Mađarska, Ungar. Magyarország Staat Mitteleuropa Europapolitik 214 (1), (2), 215 (3) Heutige Welt 112 (2), (4) Kalter Krieg 108 (3), 109 (1) Nachkriegszeit 212 (1), (3), 213 (5) Osmanen 197 (4) UdSSR 213 (4) Zwischenkriegszeit 208 (1), 209 (3), (5) ZWK 104 (2), 210 (1), 211 (2), (3), (4) siehe auch Habsburger-Reich; Ungarn, Königreich; Österreich-Ungarn
Ungarn, Königreich Staat Mitteleuropa Die Welt 1000 58–59 passim Frühe Neuzeit 193 (4), 194 (1) Handel im Mittelalter 190–191 (1) Kreuzzüge 64–65 (2), 186 (1) Mittelalterliche Staaten 185 (3), 187 (3), (5), 188 (1), 189 (3), (4) Mongolen 68–69 (1) Napoleon 200–201 (1) Osmanen 195 (4), 230 (1), 231 (3) Reformation 194 (2), 196 (1), (2) Reiche & Revolutionen 88–89 (2), 202 (1), 203 (2) Wikinger 60–61 (1) siehe auch Habsburger-Reich; Österreich-Ungarn; Ungarn
Ungava, Péninsule d' Region Nordamerika Aufstieg der USA 129 (2)
Ungju Region Ostasien Mittelalterliche Staaten 264 (2)
Ungro-Wlachia Rum. Valachia, Dtsch. Walachei Region Südosteuropa Mittelalterliche Staaten 189 (4) siehe auch Walachei
Unguja siehe Zanzibar
Union der Sozialistischen Sowjetrepubliken Abk. UdSSR Staat Osteuropa Arabien im 20. Jh. 233 (3), 134 (3) Chinesische Revolution 274 (1) Kalter Krieg 109 (1), (4) Kommunismus 271 (8) Nachkriegszeit 212 (3), 213 (5), 271 (7) Tigerstaaten 275 (4) UdSSR 208 (2), 213 (4) Zwischenkriegszeit 208 (1), 209 (3), (5) ZWK 104 (1), 105 (4), 210 (1), 211 (2), (3), (4), 272 (1), 273 (2) siehe auch Russland, Russisches Reich, Russ. Föderation, Russian Principalities
Union Pacific Railroad Eisenbahn Nordamerika Aufstieg der USA 129 (2)
Union Südafrika ehem. Südafrikanische Republik, mod. South Africa, Suid-Afrika, Dtsch. Südafrika Staat Südl. Afrika Imperialismus 96 (1), (2), 97 (4) ZWK 104 (1) siehe auch Südafrika, Südafrikanische Republik
United Provinces siehe Uttar Pradesh
United States siehe Vereinigte Staaten von Amerika
United States of America siehe Vereinigte Staaten von Amerika
University Grabhügel Nordamerika (USA) Frühe Kulturen 121 (4)
Unterägypten Staat Ägypten Altes Ägypten 159 (3), (4), (5)
Untere Tunguska Russ. Nizhnyaya Tunguska Fluss Sibirien UdSSR 215 (4)
Unter-Moesien Region Südosteuropa Völkerwanderung 52–53 (1)
Unterwalden Region Mitteleuropa Schweiz bis 1815 193 (5)
Unyanyembe siehe Tabora
Upper Ohio Frontier Region Nordamerika Staatenbildung 127 (3)
Upper Swan Australien Frühe Kulturen 280 (1)
Uppsala Skandinavien (Schweden) Frühe Neuzeit 197 (3) Mittelalterliche Staaten 189 (3)
Ur Südwestasien (Irak) Erste Städte 25 (3), 220 (2) Frühe Kulturen 221 (4) Frühe Reiche 221 (5), 222 (2) Frühe Religion 36 (1) Schrift & Zahl 223 (3) Stadtplan Ur 24 (1) Urbane Zivilisationen 28–29 (1)
Uraiyur Südasien (Indien) Frühe Reiche 241 (4) Mittelalterliche Staaten 244 (1) Weltreligionen 243 (4)
Ural ant. Rha, Kas. Zayyq Fluss Zentralasien/ Osteuropa Biol. Austausch 72–73 (1) Kolonialismus 269 (3) Mittelalterliche Staaten 262–263 (1) Mongolen 68–69 (1) Osmanen 231 (3) Völkerwanderung 261 (6)
Ural-Gebirge Russ. Ural'skiy Khrebet, Ural'skiye Gory Gebirge Osteuropa Biol. Austausch 72–73 (1) Erkundung 172 (1), 257 (2), 286 (1), 287 (2) Kolonialismus 269 (3) Mittelalterliche Staaten 185 (3) Mongolen 68–69 (1) UdSSR 208 (2) Völkerwanderung 261 (6)
Ural'sk Kas. Oral Zentralasien (Kasachstan) UdSSR 215 (4)
Ural'sk Region Zentralasien Kolonialismus 269 (3)
Ural'skiye Gory, **Ural'skiy Khrebet** siehe Ural-Gebirge
Urartu mod. Armenien Staat Südwestasien Die Welt 750 v.Chr. 30–31 Frühe Reiche 222 (2) siehe auch Armenien
Urbino Ital. Hbl. Frühe Neuzeit 193 (4)
Urbino Staat Ital. Hbl. Osmanen 195 (4) Reformation 194 (2)
Urdunn siehe Jordan
Uren Nordamerika (USA) Präkolumbische Kulturen 123 (5)
Ures Mittelamerika (Mexiko) Kolonialismus 125 (4)
Urewe arch. Stätte Ostafrika (Kenya) Frühe Kulturen 160 (1)
Urfa siehe Edessa
Urga mod. Ulan Bator, Mong. Ulaanbaatar Ostasien (Mongolei) Erkundung 256 (1), 257 (3) Kolonialismus 269 (3) Qing-China 268 (1) UdSSR 208 (2) siehe auch Ulan Bator
Urgench var. Urgentsch, ehem. Novo-Urgench Zentralasien (Usbekistan) Mongolen 68–69 (1) Timur 229 (4)
Urgentsch siehe Urgench
Uri Dtsch. Basel Region Mitteleuropa Schweiz bis 1815 193 (5) siehe auch Basel
Uriankhai var. Tannu Tuva Region Ostasien Kolonialismus 269 (3), (4) Qing-China 268 (1) siehe auch Tannu-Tuva
Uribe Südamerika (Kolumbien) Drogenhandel 153 (5)
Uriva Ostafrika (Kongo (Zaire)) Afrika nach 1960 169 (5)
Urmia-See Lat. Matianus, Per. Urumi Yeh, var. Daryācheh-ye Reşā'īyeh See Südwestasien Antikes Persien 223 (4) Arabien im 20. Jh. 233 (3) Erste Städte 25 (3), 220 (2) Frühe Kulturen 221 (4) Früher Ackerbau 220 (1) Frühe Reiche 221 (5), 222 (2) Hellenist. Welt 224 (1) Mongolen 229 (3) Ökonomie 234 (1) Safawiden 231 (4) Seldschuken 228 (1) Timur 229 (4)
Uruguai, Rio siehe Uruguay
Uruguay ehem. La Banda Oriental Staat Südamerika Drogenhandel 113 (4) Globale Migration 100 (1), 101 (2) Heutige Welt 112 (1) Kalter Krieg 109 (1) Ökonomie 153 (3) Politik nach 1930 152 (1) Reiche & Revolutionen 88–89 (2) Staatenbildung 150 (1), 151 (3) Supermacht USA 138 (1) Weltwirtschaft 92 (1) ZWK 105 (3)
Uruguay var. Rio Uruguai Fluss Südamerika Erkundung 143 (2) Kolonialismus 148 (2) Staatenbildung 151 (3) Ökonomie 153 (3) Politik nach 1930 152 (1)
Uruk var. Erech Südwestasien (Irak) Erste Städte 25 (3) Frühe Kulturen 221 (4) Früher Ackerbau 220 (1) Frühe Reiche 222 (2) Schrift & Zahl 223 (3) Stadtplan Uruk 220 (3) Urbane Zivilisationen 28–29 (1)
Urumchi var. Urumqi, Urumtsi, Wu-lu-k'o-mu-shi, Wu-lu-mu-ch'i, ehem. Tihwa, Ti-hua, mod. Ürümqi Ostasien (China) Erkundung 256 (1), 257 (3) Qing-China 268 (1) siehe auch Ürümqi
Urumi Yeh siehe Urmia-See
Urumqi siehe Urumchi, Ürümqi
Ürümqi var. Urumchi, Urumqi, Urumtsi, Wu-lu-k'o-mu-shi, Wu-lu-mu-ch'i, ehem. Tihwa, Ti-hua Ostasien (China) China nach 1949 275 (3) siehe auch Urumchi
Urumtsi siehe Urumchi, Ürümqi
Urundi siehe Burundi
Urušalim Dtsch. Jerusalem, Ivr. Yerušalayim, Arab. El-Kuds, var. Al Quds ash-Sharīf, Lat. Hierosolyma, var. Aelia Capitolina Südwestasien (Israel) Frühe Reiche 221 (5) siehe auch Jerusalem
Uruvela Südasien (Indien) Frühe Religion 242 (3)
USA siehe Vereinigte Staaten von Amerika
Usbeken var. Özbeken Volk Zentralasien Islam 275 (5) Mogul-Reich 246 (1) Safawiden 231 (4)
Usbeken-Reich Staat Zentralasien Handel 267 (3)
Usbekistan off. Republik Usbekistan Staat Zentralasien Islam 235 (4), 275 (5) UdSSR 215 (4) Heutige Welt 113 (3)
Ushinara Region Südasien Frühe Religion 242 (3)
Üsküb off. Üsküp, mod. Skopje, Skoplje, ant. Scupi Südosteuropa (FYR Mazedonien) Mittelalterliche Staaten 189 (4) siehe Scupi, Skopje, Skoplje
Uspanapa Fluss Mittelamerika Frühe Kulturen 121 (3)
Ussuri Region/Staat Sibirien China nach 1949 275 (3) Kolonialismus 269 (3), (4) Qing-China 268 (1)
Ussuri var. Usuri, Wusuri, Chin. Wusuli Jiang Fluss Ostasien Frühe Reiche 260 (1)
Usui Ostafrika (Tanzania) Erkundung 157 (4)
Usumacinta Fluss Mittelamerika Frühe Kulturen 122 (1)
Usumbura mod. Bujumbura Ostafrika (Burundi) Erkundung 157 (5)
Usuri siehe Ussuri
Utah ehem. Utah Territory Staat Nordamerika Aufstieg der USA 129 (1) Ökonomie 134 (2) siehe auch Utah Territory
Utah Territory mod. Utah Region Nordamerika US-Bürgerkrieg 130 (2), (5) siehe auch Utah
Utatlán Mittelamerika (Guatemala) Azteken 124 (1) Frühe Kulturen 122 (2)
Ute Volk Nordamerika Die Welt 750 54–55 Kolonialismus 125 (4), 126 (1)
U Thong Südostasien (Thailand) Antikes Indien 241 (6)
Utica Nordafrika (Tunesien) Antikes Rom 179 (3), 180–181 (1) Erste Hochkulturen 176–177 (1)
Utkala Region Südasien Frühe Religion 242 (2)
Utqiagvik Nordamerika (USA) Präkolumbische Kulturen 123 (3)
Utrecht Lat. Trajectum ad Rhenum Westeuropa (Niederl.) Franken 184 (2) Handel im Mittelalter 190–191 (1) Mittelalterliche Staaten 188 (1) Reformation 194 (2), 195 (5) Reiche & Revolutionen 202 (1)
Utrecht Provinz Westeuropa Reformation 195 (5)
Utsunomiya Japan Mittelalterliche Staaten 265 (5)
Uttara Parvat-Ashreya Region Südasien Frühe Religion 48 (2), 242 (2)
Uttarapatha var. Udichya Region Südasien Frühe Religion 48 (2) Frühe Reiche 241 (4) siehe auch Udichya
Uttar Pradesh ehem. United Provinces, United Provinces of Agra and Oudh Region Südasien Nachkriegszeit 252 (1)
Utz Nordamerika (USA) Präkolumbische Kulturen 123 (5)
Uvea Insel Pazifik Erkundung 60 (2) Frühe Kulturen 280–281 (3)
Uvira Zentralafrika (Kongo) Erkundung 157 (4)
Uvja siehe Elam
Uxmal Mittelamerika (Mexiko) Frühe Kulturen 122 (2)
Uygur siehe Uighur City States
Uzbegs siehe Uzbeks
Uzhgorod Osteuropa (Ukraine) Nachkriegszeit 212 (3)

V

Vaccaei Volk Iberische Hbl. Antikes Rom 179 (5)
Vadodara ehem. Baroda Südasien (Indien) Nachkriegszeit 253 (5) siehe auch Baroda
Vadschi siehe Vajji
Vadsø Skandinavien (Norwegen) Erkundung 287 (2)
VAE siehe Vereinigte Arabische Emirate
Vagarshapat Südwestasien (Armenien) Weltreligionen 48 (1)
Vahavasi Südasien (Indien) Frühe Reiche 241 (4)
Vaidisha Region Südasien Frühe Religion 242 (2)
Vaikam Südasien (Indien) Dekolonisation 250 (1)
Vairaatea Insel Pazifik Erkundung 278 (1)
Vaishali mod. Besarh Südasien (Indien) Frühe Religion 36 (2), 48 (2)
Vaitea Landschaft Pazifik Frühe Kulturen 281 (4)
Vajji Region Südasien Frühe Religion 242 (1)
Vajji-Verband var. Vadschi-Konföderation Staat Südasien Die Welt 500 v.Chr. 34–35
Vakataka Dynastie Südasien Die Welt 500 50–51 Mittelalterliche Staaten 244 (1)
Valachia siehe Walachei
Valdivia Südamerika (Chile) Erkundung 143 (3) Kolonialismus 148 (2) Ökonomie 153 (3) Staatenbildung 151 (3)
Valdivia arch. Stätte Südamerika (Ecuador) Frühe Kulturen 144 (1)
Valence ant. Valentia, Valentia Julia, Ventia Westeuropa (Frankr.) Mittelalterliche Staaten 192 (1)
Valencia Südamerika (Venezuela) Ökonomie 153 (3) Staatenbildung 150 (1), 151 (3)
Valencia Iberische Hbl. (Spanien) Franken 184 (2) Handel im Mittelalter 190–191 (1) Napoleon 200–201 (1), 201 (2) Reconquista 192 (3) Zwischenkriegszeit 209 (4)
Valenciennes Westeuropa (Frankr.) Frühe Neuzeit 197 (5)
Valentia mod. Valencia Iberische Hbl. (Spanien) Antikes Rom 180–181 (1) siehe auch Valencia
Valentia Julia siehe Valence
Valeria, Via Straße Ital. Hbl. Antikes Rom 178 (1)
Valhika var. Baktra, mod. Balkh, var. Balch Zentralasien (Afghanistan) Mittelalterliche Staaten 244 (1) siehe auch Baktra, Balkh
Valladolid Iberische Hbl. (Spanien) Handel im Mittelalter 190–191 (1) Reconquista 192 (3) Zwischenkriegszeit 209 (4)
Valle de Bravo Mittelamerika (Mexiko) Frühe Kulturen 122 (1)
Vallée d'Andorre siehe Andorra
Valle San Bartolomé Mittelamerika (Mexiko) Kolonialismus 125 (4)
Valls d'Andorra siehe Andorra
Valmiera siehe Wolmar
Valmy Schlacht Westeuropa (Frankr.) Reiche & Revolutionen 199 (4)
Valona mod. Vlorë, ehem. Vlonë, Ital. Vlora Südosteuropa (Albanien) EWK 207 (6) Mittelalterliche Staaten 189 (4)
Valparaíso Südamerika (Chile) Erkundung 143 (2), (3) Globale Migration 100 (1) Kolonialismus 148 (2) Ökonomie 153 (3) Politik nach 1930 152 (1) Staatenbildung 150 (1), 151 (3) Weltwirtschaft 92 (1)
Valsequillo Mittelamerika (Mexiko) Die Welt 10 000 v.Chr. 14–15
Vamsha Region Südasien Frühe Religion 242 (1), (3)
Vanavashika Region Südasien Frühe Religion 242 (2)
Vanavasi Südasien (Indien)Frühe Religion 242 (2) Mittelalterliche Staaten 244 (1)
Vanchi Südasien (Indien) Frühe Reiche 241 (4) Mittelalterliche Staaten 244 (1)
Vancouver Nordamerika (Kanada) Aufstieg der USA 129 (2), 132 (1) Globale Migration 100 (1) Ökonomie 136 (2)
Vandalen ehem. Wandalen, Lat. Vandali Volk Osteuropa Antikes Rom 180–181 (1), 181 (4) Völkerwanderung 52–53 (1)
Vandalen, Königreich der Staat Ital. Hbl./Nordafrika Die Welt 500 50–51 Frühe Kulturen 160 (1) Spätantike 182 (1) Völkerwanderung 53 (2)
Van Diemen's Land mod. Tasmania Insel Australien Erkundung 278 (1) siehe auch Tasmania
Vanga Region Südasien Frühe Religion 48 (2), 242 (2) Frühe Reiche 241 (4)
Van-See ant. Thospitis See Südwestasien Antikes Persien 223 (4) Arabien im 20. Jh. 233 (3) Erste Städte 25 (3), 220 (2) EWK 233 (2) Frühe Kulturen 221 (4) Früher Ackerbau 220 (1) Frühe Reiche 221 (5), 222 (2) Hellenist. Welt 224 (1) Kreuzzüge 228 (2) Mongolen 229 (3) Osmanen 231 (3) Safawiden 231 (4) Seldschuken 228 (1) Timur 229 (4)
Vannes ant. Dariorigum Westeuropa (Frankr.) Franken 184 (2) siehe auch Dariorigum
Vanuatu Archipel/Staat Pazifik Dekolonisation 285 (3) Erkundung 60 (2) Frühe Kulturen 280–281 (3) Ökonomie 285 (2) siehe auch Neue Hebriden
Vapheio Südosteuropa (Griech.) Erste Hochkulturen 175 (4)
Várad siehe Großwardein
Varanasi ehem. Banaras, Benares, Baranasi, hist. Kashi Südasien (Indien) Mittelalterliche Staaten 244 (1) Nachkriegszeit 253 (5) siehe auch Kashi, Banaras, Baranasi, Benares
Varaždin Südosteuropa (Kroatien) Europapolitik 215 (3)
Vardar Gr. Axiós Fluss Südosteuropa EWK 207 (6)
Varman Staat Südasien Mittelalterliche Staaten 244 (2)
Varna var. Warna, ehem. Stalin, ant. Odessus Südosteuropa (Bulgarien) Die Welt 5000 v.Chr. 18–19 EWK 207 (6) Handel im Mittelalter 190–191 (1) Kupferzeit 174 (2) Napoleon 200 (1) Osmanen 203 (4), 230 (1) siehe auch Odessus
Varshava siehe Warschau
Varunadvipa Staat Mar. Südostasien Weltreligionen 243 (5)
Vasa var. Wasa Skandinavien (Finnland) Ökonomie 205 (4)
Vasati Reich Südasien Frühe Reiche 241 (5)
Västerbotten Region Skandinavien Frühe Neuzeit 197 (3)
Vatapi Südasien (Indien) Mittelalterliche Staaten 244 (1), (2)
Vatapi, Chalukya von Staat Südasien Mittelalterliche Staaten 244 (2)
Vatikan Stadt Staat Ital. Hbl. Heutige Welt 112 (2)
Vatnajökull Gletscher Island Erkundung 172 (2)
Vatsa Region/Reich Südasien Frühe Reiche 241 (5)
Vatsagulma Südasien (Indien) Mittelalterliche Staaten 244 (1)
Vattina Südosteuropa (Rumänien) Bronzezeit 175 (3)
Vauchamps Schlacht Westeuropa (Frankr.) Napoleon 200–201 (1)
Vava'u Archipel Pazifik Frühe Kulturen 280–281 (3)
Vegkop Schlacht Südl. Afrika (Südafrika) Migrationen 166 (2)
Veii Ital. Hbl. Antikes Rom 178 (1), (2) Erste Hochkulturen 176–177 (1)
Vela Goa, **Velha Goa** siehe Goa, Gove
Velho siehe Porto Velho
Velia var. Elea Ital. Hbl. Antikes Rom 178 (1) Erste Hochkulturen 176–177 (1)
Velika Morava var. Glavn'a Morava, Dtsch. Große Morava Fluss Mitteleuropa Europapolitik 215 (3) siehe auch Morava
Veliko Tŭrnovo siehe Tirnovo
Velikye Osteuropa (Russ. Föderation) Frühe Neuzeit 195 (3)
Velitrae Ital. Hbl. Antikes Rom 178 (1)
Velizh Osteuropa (Russ. Föderation) Frühe Neuzeit 195 (3)
Velsuna siehe Orvieto
Vembar var. Patmadoer Südasien (Indien) Ökonomie 247 (3)
Venaissin Staat Westeuropa (Frankr.) Frühe Neuzeit 197 (5) Mittelalterliche Staaten 192 (1), (2)
Vendée Region Westeuropa (Frankr.) Reiche & Revolutionen 199 (4)
Venedig ant. Venetia, Ital. Venezia Mitteleuropa (Italien) Biol. Austausch 72–73 (1) Die Welt 1400 70–71 passim EWK 207 (5) Franken 184 (2) Frühe Neuzeit 193 (4) Handel im Mittelalter 190–191 (1) Kreuzzüge 64–65 (2), 186 (1) Mittelalterliche Staaten 185 (3), 187 (3), (5), 188 (1) Mongolen 68 (2) Napoleon 200 (1), 201 (2), (3) Ökonomie 198 (1) Osmanen 230 (1), 231 (3) Reformation 194 (2), 196 (1) Reiche & Revolutionen 202 (1), 203 (3) Sklavenhandel 84–85 (1) Stadtplan Venedig 191 (3)
Venedig, Republik var. Venezianische Republik Staat Südosteuropa Die Welt 1000 58–59 passim Erkundung 61 (3) Kreuzzüge 64–65 (2), 186 (1) Frühe Neuzeit 193 (4), 194 (1) Mittelalterliche Staaten 185 (3), 187 (3), (5), 188 (1), 189 (4) Osmanen 195 (4), 197 (4), 231 (3) Reformation 194 (2), 196 (1), (2) Wikinger 60–61 (1)
Veneter Lat. Veneti Volk Ital. Hbl. Antikes Rom 178 (1), (2)
Venetia siehe Venedig
Venetien var. Lombardei-Venetien Staat Mitteleuropa Reiche & Revolutionen 202 (1), 203 (3)
Venezia siehe Venedig
Venezianische Republik siehe Republik Venedig
Venezuela Staat Südamerika Aufstieg der USA 133 (4) Die Welt 1850 90–91 passim Drogenhandel 153 (5), 113 (4) Heutige Welt 112 (1) Kalter Krieg 108 (2), 109 (1) Ökonomie 153 (3), (4) Politik nach 1930 152 (1) Staatenbildung 150 (2), 151 (3) Supermacht USA 138 (1), 139 (5) ZWK 105 (3)
Venezuela, Golf von Span. Golfo de Venezuela, Var. Golfo de Maracaibo Südamerika Inka 148 (1) Kolonialismus 148 (2)
Vengi Südasien (Indien) Mittelalterliche Staaten 244 (1)
Vengipura Südasien (Indien) Frühe Religion 48 (2)
Vengurla Südasien (Indien) Ökonomie 247 (3)
Venosa siehe Venusia
Venta Belgarum siehe Winchester
Ventia siehe Valence
Ventspils siehe Vindava, Windau
Venus und Romus, Tempel der Gebäude Ital. Hbl. Stadtplan des antiken Rom 181 (2)
Venusia mod. Venosa Ital. Hbl. Antikes Rom 178 (1)
Veracruz var. Vera Cruz Mittelamerika (Mexiko) Aufstieg der USA 129 (2) Erkundung 118 (1) Kalter Krieg 108 (2) Kolonialismus 85 (2), 125 (4), (5), 126 (1) Mexikan. Revolution 133 (3) Sklavenhandel 84–85 (1)
Veracruz Llave siehe Veracruz
Veranja Südasien (Indien) Frühe Religion 242 (3)
Vercellae siehe Vercelli
Vercelli ant. Vercellae Ital. Hbl. Handel im Mittelalter 190–191 (1) Mittelalterliche Staaten 188 (1)
Verde, Kap Westafrika Erkundung 156 (3)
Verden Region Mitteleuropa Frühe Neuzeit 197 (3)
Verdun var. Verdun-sur-Meuse, ant. Verodunum Westeuropa (Frankr.) EWK 206 (2), (3) Franken 184 (2) Frühe Neuzeit 197 (5) Mittelalterliche Staaten 188 (1)
Verdun-sur-Meuse siehe Verdun
Vereinigte Arabische Emirate Abk. VAE, off. United Arab Emirates, Abk. UAE, ehem. Vertragsküste, Vertragsstaaten, Vertrags-Oman, Eng. Trucial Coast, Trucial States, Trucial Oman Staat Südwestasien Arabien im 20. Jh. 235 (5) Heutige Welt 113 (3) Islam 235 (4) Ökonomie 234 (1) siehe auch Vertrags-Oman
Vereinigte Arabische Republik siehe Ägypten
Vereinigtes Königreich (von Großbritannien und Nordirland) Eng. United Kingdom of Great Britain and Northern Ireland, Abk. UK, var. Großbritannien Staat Britische Inseln Drogenhandel 113 (4) Europapolitik 214 (1) Heutige Welt 112 (2) Kalter Krieg 108 (3), 109 (1) Nachkriegszeit 212 (3), 213 (5) Supermacht USA 138 (1) UdSSR 215 (4) siehe auch Großbritannien
Vereinigte Staaten von Amerika off. United States of America var. Amerika, Die Staaten, The States, ehem. United States of North America, Abk. US, USA Staat Nordamerika Arabien im 20. Jh. 134 (3) Aufstieg der USA 129 (2), 132 (1), 133 (4) Die Welt 1800 86–87 passim Drogenhandel 113 (4) Globale Migration 101 (2), (3) Heutige Welt 112 (1) Kalter Krieg 108 (2), 109 (1) Mexikan. Revolution 133 (3) Ökonomie 138 (2) Reiche & Revolutionen 88–89 (2) Staatenbildung 127 (3) Supermacht USA 138 (1), 139 (5) Weltwirtschaft 92 (1), 93 (5) ZWK 104 (1), 105 (4), 272 (1), 273 (2)
Vereinigte Mexikanische Staaten siehe Mexiko
Vereinigte Niederlande Staat Westeuropa Reiche & Revolutionen 202 (1) siehe auch Batavische Republik, Niederlande, Vereinigte Provinzen
Vereinigte Provinzen var. Holland, Vereinigte Niederlande Staat Westeuropa Frühe Neuzeit 197 (5) Reformation 196 (1), (2) siehe auch Batavische Republik, Niederlande
Vereinigte Provinzen von Río de la Plata Staat Südamerika Reiche & Revolutionen 88–89 (2)
Verkhneudinsk mod. Ulan-Ude Sibirien (Russ. Föderation) Erkundung 257 (3)
Verkhoyanskiy Khrebet Gebirge Sibirien Eiszeit 217
Vermont Staat Nordamerika Aufstieg der USA 129 (1) Ökonomie 134 (2) US-Bürgerkrieg 130 (1), (5)
Vernon Nordamerika (USA) US-Gesellschaft 135 (4)
Verny mod. Alma-Ata, Kas. Almaty Zentralasien (Kasachstan) Erkundung 257 (3) siehe auch Alma-Ata
Verodunum siehe Verdun
Verona Ital. Hbl. EWK 207 (5) Franken 184 (2) Frühe Neuzeit 193 (4) Handel im Mittelalter 190–191 (1) Kreuzzüge 186 (1) Mittelalterliche Staaten 182 (2), 183 (4) Völkerwanderung 52–53 (1)
Verona Region Ital. Hbl. Mittelalterliche Staaten 188 (1)
Versailles Westeuropa (Frankr.) EWK 206 (2), (3) Frühe Neuzeit 197 (5)
Vertragsküste siehe Vertrags-Oman, Vereinigte Arabische Emirate
Vertrags-Oman mod. Vereinigte Arabische Emirate, ehem. Seeräuberküste, Vertragsküste, später Vertragsstaaten Kolonie/Staat Südwestasien Arabien im 20. Jh. 233 (4) siehe auch Vereinigte Arabische Emirate
Verulamium mod. St. Albans Brit. Inseln (UK) Antikes Rom 180–181 (1)
Vesali Südasien Mittelalterliche Staaten 244 (1) Frühe Religion 242 (3)
Vesontio siehe Besontium, Besançon
Vesta-Tempel Gebäude Ital. Hbl. Stadtplan des antiken Rom 181 (2)
Vestini Volk Ital. Hbl. Antikes Rom 178 (1), (2)
Vesuna siehe Périgueux
Vetera Mitteleuropa (Deutschland) Antikes Rom 180–181 (1)
Vetulonia Ital. Hbl. Antikes Rom 178 (1), (2) Erste Hochkulturen 176–177 (1)
Vézeronce Schlacht Westeuropa (Frankr.) Franken 183 (5)
Viborg Osteuropa (Russ. Föderation) Frühe Neuzeit 197 (3)
Viborg Skandinavien (Dänemark) Mittelalterliche Staaten 185 (3)
Vibo Valentia siehe Hipponium
Vicentia siehe Vicenza
Vicenza var. Vicentia Ital. Hbl. EWK 207 (5) Handel im Mittelalter 190–191 (1) Mittelalterliche Staaten 187 (3)
Vichy Westeuropa (Frankr.) ZWK 210 (1), 211 (2), (3), (4)
Vichy-Frankreich Region Westeuropa (Frankr.) ZWK 210 (1), 211 (2), (3), (4) siehe auch Frankreich
Vicksburg Nordamerika (USA) Aufstieg der USA 129 (2) US-Bürgerkrieg 131 (6), (7)
Victoria mod. Vitória Südamerika (Brasilien) Staatenbildung 151 (3) siehe auch Vitória
Victoria Nordamerika (Kanada) Aufstieg der USA 129 (2), 132 (1)
Victoria Region Australien Kolonisation 282 (1) Ökonomie 282 (2) Staatenbildung 283 (3)
Victoria-Fälle Wasserfall Südl. Afrika Erkundung 157 (4)
Victoria Island Insel Nordamerika Aufstieg der USA 129 (2) Erkundung 287 (2) Präkolumbische Kulturen 123 (3)
Victoria-See var. Victoria Nyanza Ostafrika Erkundung 157 (4), (5) Frühe Kulturen 160 (1) Früher Ackerbau 158 (1) Frühmensch 12 (1), 13 (2) Handel d. Antike 44–45 (1) Imperialismus 96 (1) Islam 162 (1) Ökonomie 163 (2) Sklavenhandel 165 (4)
Victoria Land Landschaft Antarktis Erkundung 287 (3)
Victoria Nyanza siehe Victoria, Lake
Victoria River Fluss Australien Frühmensch 17 (5)
Vicus Elbii siehe Viterbo
Vidarbha Region/Reich Südasien Frühe Reiche 241 (5) Frühe Religion 242 (2)
Videha Region/Reich Südasien Frühe Reiche 241 (5) Frühe Religion 242 (2), (3)
Víden siehe Vienna, Vindobona
Vidin Südosteuropa (Bulgarien) EWK 207 (6) Mittelalterliche Staaten 189 (4) Osmanen 230 (1)
Vidisha var. Bhilsa Südasien (Indien) Frühe Reiche 241 (4) Frühe Religion 242 (2), (3) Mittelalterliche Staaten 244 (1)
Vienna siehe Wien
Vienna mod. Frz. Vienne Westeuropa (Frankr.) Antikes Rom 181 (4) Weltreligionen 48 (1)
Vienne siehe Vienna
Vienne siehe Wien
Viennensis Provinz Westeuropa (Frankr.) Antikes Rom 181 (4)
Vientiane Südostasien (Laos) Die Welt 1800 86–87 Kolonialismus 247 (4), 248 (1) Vietnam-Krieg 251 (5), 253 (5) Weltreligionen 243 (5)
Vientiane Staat Kont. Südostasien Die Welt 1800 86–87
Vierzon Westeuropa (Frankr.) Mittelalterliche Staaten 192 (1)
Vietnam off. Sozialistische Republik Vietnam Staat Südostasien (Vietnam) Chinesische Revolution 274 (1) Dekolonisation 251 (4) Die Welt 1800 86–87 Drogenhandel 113 (4) Kalter Krieg 109 (1) Kolonialismus 248 (1) Nachkriegszeit 253 (4), (5) Ökonomie 274 (2) Supermacht USA 138 (1) Tigerstaaten 275 (4) Vietnam-Krieg 251 (5)
Vigo Iberische Hbl. (Spanien) Napoleon 200–201 (1)
Viipuri siehe Viborg, Vyborg
Vijaya mod. Binh Đinh Südostasien (Vietnam) Antikes Indien 241 (6) Mittelalterliche Staaten 245 (5), (6)
Vijaya Dynastie Südasien Die Welt 1 n.Chr. 42–43
Vijayanagara Südasien (Indien) Die Welt 1500 74–75 Mittelalterliche Staaten 244–245 (3), 245 (4) Ökonomie 247 (3)
Vijayanagara Region/Staat Südasien Die Welt 1400 70–71 Die Welt 1500 74–75 Mittelalterliche Staaten 244–245 (3), 245 (4)
Vijayapura Südasien (Indien) Mittelalterliche Staaten 244 (2)
Vijayapura Staat Mar. Südostasien Antikes Indien 241 (6)
Vijayawada ehem. Bezwada Südasien (Indien) Nachkriegszeit 253 (5)
Vijosa, Vijosë siehe Vjosë
Vila Artur de Paiva siehe Cubango
Vila Bela var. Mato Grosso Südamerika (Brasilien) Kolonialismus 149 (3)
Vila da Ponte siehe Cubango
Vila do Zumbo siehe Zumbo
Vila Henrique de Carvalho siehe Saurimo
Vila Marechal Carmona siehe Uige
Vila Serpa Pinto siehe Menongue
Vilcas Südamerika (Peru) Inka 147 (3)
Vilcas Huamán Südamerika (Peru) Inka 148 (1)
Viljandi siehe Fellin
Villa Alta var. S.I. Villa Alta Mittelamerika (Mexiko) Frühe Kulturen 122 (1)
Villach Mitteleuropa (Österreich) EWK 207 (5)
Villa Concepción siehe Concepción
Villa da Barra siehe Manáos, Manaus
Villa de la Veracruz Mittelamerika (Mexiko) Kolonialismus 125 (5)
Villa do Forte de Assumpeão siehe Ceará, Fortaleza
Villahermosa siehe San Juan Bautista
Villa Montes Südamerika (Bolivien) Politik nach 1930 152 (2)
Villa San Luis Mittelamerika (Mexiko) Kolonialismus 125 (4)
Villefranche-de-Conflent Westeuropa (Frankr.) Frühe Neuzeit 197 (5)
Vilna siehe Wilna
Vilnius ehem. Vilna, Dtsch. Wilna, Poln. Wilno Osteuropa (Litauen) Nachkriegszeit 212 (3) UdSSR 215 (4) siehe auch Vilna, Wilno
Vilno siehe Vilna
Vimeiro Iberische Hbl. (Portugal) Napoleon 200–201 (1)
Viminacium Südosteuropa (Jugoslawien) Antikes Rom 180–181 (1)
Viminalis, Collis var. Viminal Hügel Ital. Hbl. Stadtplan des antiken Rom 181 (2)
Viña del Mar Südamerika (Chile) Staatenbildung 151 (3)
Vinča Südosteuropa (Jugoslawien) Früher Ackerbau 174 (1)
Vincennes Fort Nordamerika (USA) Staatenbildung 127 (3)
Vindava Dtsch. Windau, Lat. Ventspils Osteuropa (Lettland) EWK 207 (4) siehe auch Windau
Vindhya-Kette siehe Vindhya Range
Vindhya-Prishthya Region Südasien Frühe Religion 48 (2), 242 (2)
Vindhya Range var. Dtsch. Vindhya-Kette Gebirge Südasien Ökonomie 247 (3) Weltreligionen 243 (4)
Vindobona mod. Wien Mitteleuropa (Österreich) Antikes Rom 180–181 (1) siehe auch Wien
Vine Mound Grabhügel Nordamerika (USA) Frühe Kulturen 121 (4)
Vinh Thai Lan siehe Siam, Gulf of, Thailand, Gulf of
Vinh Yen Schlacht Südostasien (Vietnam) Vietnam-Krieg 251 (5)
Vinjha Region Südasien Frühe Religion 242 (3)
Vinland Region Nordamerika Wikinger 60–61 (1)
Vinot Südasien (Pakistan) Weltreligionen 243 (4)
Virginia Staat Nordamerika Aufstieg der USA 129 (1) Kolonialismus 127 (2) Ökonomie 134 (2), 139 (3) Staatenbildung 127 (3) US-Bürgerkrieg 130 (1), (5), 131 (6) US-Gesellschaft 137 (6)
Virginia Capes Schlacht Nordamerika (USA) Staatenbildung 127 (3)
Virgin Islands Dtsch./ehem. Jungferninseln Staat/Archipel Westindien Aufstieg der USA 133 (4) Kalter Krieg 108 (2) siehe auch Jungferninseln, Virgin Islands of the US
Virgin Islands of the US var. American Virgin Islands, Dtsch. Amerikanische Jungferninseln, ehem. Dänisch-Westindien Kolonie Westindien Kalter Krieg 108 (2) siehe auch Jungferninseln, Virgin Islands
Virgo, Aqua Aquädukt Ital. Hbl. Stadtplan des antiken Rom 181 (2)
Virú Fluss Südamerika Frühe Kulturen 145 (3)
Virunum Mitteleuropa (Österreich) Antikes Rom 180–181 (1)
Visakhapatnam Südasien (Indien) Nachkriegszeit 253 (5)
Visby var. Wisby Skandinavien (Schweden) Handel im Mittelalter 190–191 (1) siehe auch Wisby
Višegrad Südosteuropa (Bosnien-Herzegowina) EWK 207 (6)
Visigothi siehe Westgoten
Vistula siehe Weichsel
Vitcos Südamerika (Peru) Inka 147 (3)
Vitebsk var. Vitsyebsk, Witebsk Osteuropa (Belorussland) Frühe Neuzeit 195 (3) Handel im Mittelalter 190–191 (1) UdSSR 208 (2)
Viterbo ant. Vicus Elbii Ital. Hbl. Handel im Mittelalter 190–191 (1) Mittelalterliche Staaten 188 (1)
Vitez Südosteuropa (B.-H.) Europapolitik 215 (3)
Viti Levu Insel Pazifik Erkundung 60 (2) Frühe Kulturen 280–281 (3)
Vitim Fluss Nordasien Frühe Reiche 260 (1) Qing-China 268 (1)
Vitoria Iberische Hbl. (Spanien) Napoleon 200–201 (1)
Vitória ehem. Victoria Südamerika (Brasilien) Kolonialismus 149 (3) siehe auch Victoria
Vitsyebsk siehe Vitebsk
Vittòrio Vèneto Ital. Hbl. EWK 207 (5)
Viye Staat Südl. Afrika Handel 166–167 (1) Sklavenhandel 165 (4)
Vizagapatam Südasien (Indien) Dekolonisation 250 (1) Ökonomie 247 (3) ZWK 250–251 (3), 272 (1)
Vizcaíno, Desierto de Wüste Mittelamerika Präkolumbische Kulturen 123 (4)
Vizekönigreich Neu-Granada siehe Nueva Granada, Gran Colombia, Kolumbien

Vjosë var. Vijosa, Vijosë, Gr. Aóos Fluss Südosteuropa EWK 207 (6)
Vlonë, Vlora, Vlorë siehe Valona
Vogelherd arch. Stätte Mitteleuropa (Deutschland) Frühmensch 17 (2)
Vogesen Gebirge Westeuropa (Frankr.) EWK 206 (2), (3) Frühe Neuzeit 197 (5)
Vojvodina var. Wojwodina Provinz Südosteuropa Europapolitik 215 (3)
Volaterrae Ital. Hbl. Antikes Rom 178 (1), (2) Erste Hochkulturen 176–177 (1)
Volcae Volk Westeuropa (Frankr.) Antikes Rom 179 (5)
Volci var. Vulci Ital. Hbl. Erste Hochkulturen 176–177 (1) siehe auch Vulci
Voldtofte Skandinavien (Dänemark) Bronzezeit 175 (3)
Volga siehe Wolga
Volgograd var. Wolgograd, ehem. Stalingrad, Tsaritsyn Osteuropa (Russ. Föderation) UdSSR 215 (4) siehe auch Stalingrad, Tsaritsyn
Vol'mar siehe Wolmar
Vologda var. Wologda Osteuropa (Russ. Föderation) UdSSR 208 (2)
Volsci siehe Volsker
Volsiniensis, Lacus See Ital. Hbl. Antikes Rom 178 (1)
Volsinii Ital. Hbl. Antikes Rom 178 (1), (2) Erste Hochkulturen 176–177 (1)
Volsker Lat. Volsci Volk Ital. Hbl. Antikes Rom 178 (2)
Volta Fluss Westafrika Islam 162 (1)
Volta Blanche siehe Weißer Volta
Volta, Kap da var. Diaz Point Kap Südl. Afrika Erkundung 156 (3)
Volta Noire siehe Schwarzer Volta
Volta-See Westafrika Afrika nach 1960 169 (4)
Volterra siehe Volaterrae
Volturno siehe Volturnus
Volturnus mod. Volturno Fluss Ital. Hbl. Antikes Rom 178 (1)
Volubilis Nordafrika (Marokko) Weltreligionen 48 (1)
Vorder-Österreich Region Mitteleuropa Reiche & Revolutionen 199 (3)
Vorkuta Osteuropa (Russ. Föderation) Erkundung 287 (2)
Voronezh var. Woronesch Osteuropa (Russ. Föderation) UdSSR 208 (2), 215 (4)
Vorpommern Region Mitteleuropa Frühe Neuzeit 197 (3) Reformation 196 (1) siehe auch Preußisch-Vorpommern, Schwedisch-Pommern
Vorskla Fluss Osteuropa EWK 207 (4)
Vouillé Schlacht Westeuropa (Frankr.) Franken 183 (5)
Vrshni Reich Südasien Frühe Reiche 241 (5)
Vryburg Südl. Afrika (Südafrika) Imperialismus 96 (2)
Vukovar Ungar. Vukovár Südosteuropa (Kroatien) Europapolitik 215 (3)
Vulci Ital. Hbl. Antikes Rom 178 (1), (2)
Vungu Staat Zentralafrika Ökonomie 163 (2)
Vyadhapura Südostasien (Kambodscha) Antikes Indien 241 (6)
Vyatka var. Wjatka, mod. Kirov Osteuropa (Russ. Föderation) UdSSR 208 (2)
Vyborg var. Wiborg Osteuropa (Russ. Föderation) EWK 207 (4) Frühe Neuzeit 195 (3) ZWK 211 (4)

W

Wabash Fluss Nordamerika US-Bürgerkrieg 131 (6), (7)
Wadai var. Ouadaï, Ouaddaï Staat Zentralafrika Die Welt 1700 82–83 passim Handel 166–167 (1) Kolonialismus 166–167 (4) Sklavenhandel 84–85 (1), 165 (4)
Wad Al-Hajarah siehe Guadalajara
Wadan Westafrika (Mauretanien) Biol. Austausch 72–73 (1)
Wadi Halfa var. Wādī Ḥalfā' Ägypten Kolonialismus 166–167 (4)
Wadi Maghara Südwestasien (Saudi-Arabien) Altes Ägypten 159 (5)
Wagadugu Staat Westafrika Handel 166–167 (1)
Wagram Mitteleuropa (Tschech. Rep.) Napoleon 200–201 (1)
Wągrowiec siehe Lekno
Wahhabiten var. Wahabi Bewegung/Dynastie Südwestasien Arabien im 20. Jh. 233 (4) Reiche & Revolutionen 88–89 (2)
Wahran siehe Oran
Waicuri Volk Mittelamerika Kolonialismus 125 (4)
Waikanae Neuseeland Kolonisation 283 (5)
Waikawa Walfangstation Neuseeland Kolonisation 283 (4)
Waikouaiti Neuseeland Kolonisation 283 (4), (5)
Waimate Neuseeland Kolonisation 283 (5)
Wairagarh Südasien (Indien) Ökonomie 247 (3)
Wakayama Japan Ökonomie 270 (1)
Wakayama off. Wakayama-ken Präfektur Japan Ökonomie 270 (1)
Wake Kolonie/Insel Pazifik Aufstieg der USA 133 (4) Eiszeit 276–277 Imperialismus 270 (2) Kalter Krieg 109 (1) Supermacht USA 138 (1) ZWK 272 (1)
Walachei Rum. Valachia, Türk. Eflâk Region Südosteuropa Die Welt 1400 70–71 passim Frühe Neuzeit 193 (4) Mittelalterliche Staaten 189 (4) Napoleon 200–201 (1) Osmanen 195 (4), 203 (4), 230 (1), 231 (3) Reformation 194 (2), 196 (2) Reiche & Revolutionen 202 (1)
Walata Westafrika (Mauretanien) Erkundung 156 (3)
Waldenser Volk Ital. Hbl. Kreuzzüge 186 (1)
Waldindianer var. Subarktische Indianer, Volk Nordamerika Die Welt 250 46–47 passim
Waldland-Indianer siehe Eastern Woodland-Kultur, Woodland-Kultur
Wales Wal. Cymru Staat Britische Inseln Die Welt 750 54–55 Heutige Welt 112 (2) Mittelalterliche Staaten 187 (4), 188 (2) Reiche & Revolutionen 202 (1) siehe auch Walisische Fürstentümer
Walfisch-Bai siehe Walvis Bai
Walhalla Goldlagerstätte Australien Ökonomie 282 (2)
Walisische Fürstentümer Staat Britische Inseln Kreuzzüge 64–65 (2) Mittelalterliche Staaten 183 (3), 186 (2)
Walkunder Arch Australien Frühe Kulturen 280 (1)
Walla Walla Schlacht Nordamerika (USA) Aufstieg der USA 129 (2)
Wallis Kolonie/Archipel Pazifik Dekolonisation 285 (3)
Wallis Islands Archipel Pazifik Erkundung 278 (1), 279 (3) Imperialismus 284–285 (1)
Walnut Canyon arch. Stätte Nordamerika (USA) Präkolumbische Kulturen 123 (4)
Walo Staat Westafrika Die Welt 1700 82–83 Handel 166–167 (1) Sklavenhandel 165 (4)
Walvis Bai var. Walvis Bay Afr. Walvisbaai Siedlung/Bucht/Region Südl. Afrika (Namibia) Die Welt 1900 94–95 Die Welt 1925 98–99 Erkundung 156 (3), 157 (4) Imperialismus 96 (1), (2) Kolonialismus 166–167 (4) Ökonomie 168 (2)
Wambu Staat Südl. Afrika Handel 166–167 (1) Sklavenhandel 165 (4)
Wan auch Nanyang Ostasien (China) Frühe Reiche 259 (5), 260 (1) siehe auch Nanyang
Wan siehe Anhui
Wandalen siehe Vandalen
Wandel-Sea Meer Polarmeer Erkundung 287 (2)
Wandiwash Schlacht Südasien (Indien) Reiche & Revolutionen 88 (1)
Wandu Staat Zentralafrika Sklavenhandel 165 (4)
Wang Staat Ostasien Frühe Reiche 259 (3)
Wanganui Neuseeland Kolonisation 283 (4), (5)
Wanhsien siehe Wanxian
Wankarani Staat Südamerika Die Welt 500 v.Chr. 34–35
Wanxian var. Wanhsien Ostasien (China) Kolonialismus 269 (4)
Warangal Südasien (Indien) Mittelalterliche Staaten 244–245 (3), 245 (4) Ökonomie 247 (3)
Warka Südwestasien (Irak) Die Welt 5000 v.Chr. 18–19
Warmia siehe Ermland
Warna siehe Varna
Warrnambool Australien Kolonisation 282 (1) Staatenbildung 283 (3)
Warschau Poln. Warszawa Mitteleuropa (Polen) Die Welt 1600 78–79 passim EWK 207 (4) Globale Migration 101 (2) Kalter Krieg 108 (3) Mittelalterliche Staaten 189 (3), (4) Nachkriegszeit 212 (3) Napoleon 200–201 (1), 201 (2), (3) Ökonomie 198 (1), 205 (4) Reformation 194 (2) Reiche & Revolutionen 198 (2), 199 (3), 202 (1) UdSSR 208 (2) ZWK 210 (1), 211 (2), (3), (4)
Warschau, Herzogtum var. Großherzogtum Warschau Staat Mitteleuropa Napoleon 201 (2)
Warszawa siehe Warschau
Warwick Brit. Inseln (UK) Mittelalterliche Staaten 187 (4)
Wasa siehe Vasa
Waschukanni siehe Waššukanni
Washington ehem. Washington Territory Staat Nordamerika Aufstieg der USA 129 (1), (2) 131 (6), (7) Ökonomie 134 (2), 136 (2) Staatenbildung 127 (3)
Washington DC Nordamerika (USA) Aufstieg der USA 132 (1) Drogenhandel 113 (4) Kalter Krieg 108 (2) Ökonomie 134 (1), (3), 136 (2)
Washington Territory mod. Washington Region Nordamerika US-Bürgerkrieg 130 (4), (5)
Washita Schlacht Nordamerika (USA) Aufstieg der USA 129 (2)
Wasserburg var. Wasserburg am Inn Mitteleuropa (Deutschland) Bronzezeit 175 (3)
Waššukanni var. Waschukanni Südwestasien (Irak) Frühe Reiche 221 (5)
Wateree Volk Nordamerika Kolonialismus 125 (4)
Waterford Ir. Port Láirge Britische Inseln (Irland) Mittelalterliche Staaten 185 (3), 187 (4)
Waterloo Schlacht Westeuropa (Frankr.) Napoleon 200–201 (1)
Watom Insel Pazifik Frühe Kulturen 280–281 (3)
Wattasiden Dynastie Nordafrika Die Welt 1500 74–75 Islam 162 (1) Reconquista 192 (3)
Wattignies Schlacht Westeuropa (Frankr.) Reiche & Revolutionen 199 (4)
Waverley Brit. Inseln (UK) Mittelalterliche Staaten 187 (3)
Wawat Region/Staat Ägypten/Sudan Altes Ägypten 159 (4)
Wearmouth siehe Sunderland
Webi Jubba siehe Juba
Webi Shabeelle siehe Shebeli
Weddell-See Meer Antactica Erkundung 287 (3)
Wedding Mitteleuropa (Deutschland) Nachkriegszeit 212 (2)
Wedjh siehe Wejh
Weeden Island Staat Nordamerika (USA) Präkolumbische Kulturen 123 (5)
Weeden Island-Kultur Region Nordamerika Die Welt 500 50–51
Weenen Südl. Afrika (Südafrika) Migrationen 166 (2)
Wei Provinz/Staat Ostasien Die Welt 250 46–47 Frühe Reiche 259 (3), (4), (5), 261 (2), (3)
Weichou siehe Weizhou
Weichsel Poln. Wisła, Lat./Eng. Vistula Fluss Mitteleuropa Bronzezeit 175 (3) Erkundung 172 (1) EWK 207 (4) Früher Ackerbau 174 (1) Frühe Neuzeit 193 (4) Kreuzzüge 64–65 (2) Kupferzeit 174 (2) Mittelalterliche Staaten 189 (3), (4) Mongolen 68–69 (1) Napoleon 200–201 (1), 201 (2) Ökonomie 205 (4) Reiche & Revolutionen 198 (2), 199 (3), 203 (2) Völkerwanderung 52–53 (1)
Weihaiwei Ostasien (China) Imperialismus 270 (3), (4) Kolonialismus 269 (4)
Weihnachtsinsel mod. Kiritimati Eng. Christmas Island Insel Pazifik Ökonomie 285 (2) siehe auch Kiritimati
Weiße Bulgaren siehe Wolga Bulgaren
Weiße Hammel siehe Ak Koyunlu
Weiße Hunnen siehe Hephthaliten
Weißenburg ant. Apulum, ma. Weißenburg, Ungar. Gyulafehérvár, Slaw. Bălgrad, später Karlsburg, Ungar. Károly-Fehérvár, mod. Rum. Alba Iulia Südosteuropa (Rumänien) Mittelalterliche Staaten 189 (4) Osmanen 195 (4) Reformation 194 (2) siehe auch Apulum
Weißensiehe Mitteleuropa (Deutschland) Nachkriegszeit 212 (2)
Weißenstein Est. Paide Skandinavien (Schweden) Frühe Neuzeit 195 (3)
Weißer Berg Schlacht Mitteleuropa (Tschech. Rep.) Reformation 196 (1)
Weißer Nil Arab. Al Baḥr al Abyaḍ, An Nīl al Abyaḍ, Bahr el Jebel Fluss Ostafrika Erkundung 157 (4), (5) Frühe Neuzeit 165 (3) Früher Ackerbau 158 (1) Islam 162 (1) Ökonomie 163 (2) Sklavenhandel 165 (4)
Weißer Tempel Südwestasien (Irak) Stadtplan Uruk 220 (3)
Weißer Volta var. Nakambé, Frz. Volta Blanche Fluss Westafrika Islam 162 (1) Frühe Neuzeit 164 (2)
Weißes Meer Russ. Beloye More Polarmeer Erkundung 257 (2) Eiszeit 170, 254–55 (1)
Weißrussland Staat Osteuropa UdSSR 208 (2)
Wei-Wall, Langer Ostasien (China) Frühe Reiche 259 (5)
Weizhou var. Weichou Ostasien (China) Mittelalterliche Staaten 262–263 (1)
Wejh var. Wedjh, Arab. Al-Wajh Südwestasien (Saudi-Arabien) Arabien im 20. Jh. 233 (4)
Welle siehe Uele
Wellington Neuseeland Erkundung 279 (3) Imperialismus 284–285 (1) Kolonisation 283 (4), (5) Ökonomie 285 (2)
Wellington Region Neuseeland Kolonisation 283 (5)
Wellington Australien Kolonisation 282 (1)
Wen-chou, Wenchow siehe Wenzhou
Wenden mod. Cēsis, Lett. Cesis Osteuropa (Lettland) Frühe Neuzeit 195 (3) Mittelalterliche Staaten 189 (3)
Wenden Volk Mitteleuropa Kreuzzüge 64–65 (2)
Wenzhou var. Wen-chou, Wenchow Ostasien (China) Kolonialismus 269 (4) Mittelalterliche Staaten 263 (5) Ökonomie 274 (2)
Wesenberg Est. Rakvere Osteuropa (Estland) Frühe Neuzeit 195 (3)
Weser Fluss Mitteleuropa Franken 184 (2) Reiche & Revolutionen 199 (3)
Wessex Staat Britische Inseln Die Welt 750 54–55 Mittelalterliche Staaten 183 (3)
Westalaska-Inuit Volk Nordamerika Präkolumbische Kulturen 123 (3)
West and Central Punjab Region Südasien Dekolonisation 250 (1)
West Antarctica siehe Kleine Antarktis
Westasien Region Asien Biol. Austausch 73 (2)
Westbank Region Südwestasien Arabien im 20. Jh. 234 (2), (3)
West Bengal Staat Südasien Nachkriegszeit 252 (1), (3), 253 (4)
West Berlin Mitteleuropa (Deutschland) Nachkriegszeit 212 (2)
West Bihar Region Südasien Dekolonisation 250 (1)
West Coast siehe Westland
West Dawson Nordamerika (Kanada) Weltwirtschaft 93 (3)
West-Deutschland siehe Deutschland, Bundesrepublik
Westerbotten siehe Västerbotten
Westeregeln Mitteleuropa (Deutschland) Früher Ackerbau 174 (1)
Western Australia Region Australien Kolonisation 282 (1) Ökonomie 282 (2)
Western Cree Volk Nordamerika Präkolumbische Kulturen 123 (3)
Western Dvina siehe Düna
Western Ghats var. Westghats Gebirge Südasien Eiszeit 236–237 (1) Ökonomie 247 (3), 249 (4)
Western Port Australien Kolonisation 282 (1) Ökonomie 285 (2)
Western Shoshoni Volk Nordamerika Kolonialismus 126 (1)
Western Sierra Madre siehe Madre Occidental, Sierra
Western Tarahumara Volk Nordamerika Kolonialismus 126 (1)
Westeuropa Region Europa Arabien im 20. Jh. 134 (3) Ökonomie 138 (2)
Westfalen Volk Mitteleuropa Franken 184 (2)
Westfalen var. Westphalia Region Mitteleuropa Reiche & Revolutionen 203 (2)
West-Fjords Fjord Island Erkundung 172 (2)
West Florida Kolonie Nordamerika Staatenbildung 127 (3)
West-Galizien Region/Staat Osteuropa Reiche & Revolutionen 198 (2), 199 (3) siehe auch Galizien
Westgate Brit. Inseln (UK) Ökonomie 204 (3)
Westgoten Lat. Visigothi Volk Südosteuropa/Südwestasien Antikes Rom 181 (4) Völkerwanderung 52–53 (1)
Westgoten, Königreich der Staat Westeuropa (Frankr.)/Iberische Hbl. Franken 183 (5), (6) Islam 56–57 (1) Mittelalterliche Staaten 182 (2) Spätantike 182 (1) Völkerwanderung 52–53 (1), 53 (2)
Westgrönland-Inuit Volk Nordamerika Präkolumbische Kulturen 123 (3)
West India States Staat Südasien Kolonialismus 248 (2)
Westindien Eng. West Indies Archipel Nordamerika Kolonialismus 126 (1) Eiszeit 140
West-Irian siehe Niederländisch-Neuguinea, Irian Jaya
West-Küste Region Südamerika Frühe Kulturen 144 (1)
Westland Eng. West Coast Region Neuseeland Kolonisation 283 (5)
Westliche Atlantikvölker Westafrika Die Welt 1200 62–63 passim Frühe Kulturen 160 (1)
Westliche Dvina siehe Düna
Westliche Liang Staat Ostasien Frühe Reiche 261 (3)
Westlicher Bug siehe Bug
Westliche Wüste Arab. Aş Şaḥrā' al Gharbīyah Wüste Nordafrika Altes Ägypten 159 (2), (3), (5)
West Malaysia siehe Malaya
West-Neuguinea siehe Niederländisch-Neuguinea, Irian Jaya
West-Pakistan Staat Südasien Dekolonisation 251 (4) Nachkriegszeit 252 (1)
West Point Nordamerika (USA) Staatenbildung 127 (3)
Westpommern siehe Vorpommern
Westport Neuseeland Kolonisation 283 (5)
Westpreußen Region Mitteleuropa Reiche & Revolutionen 198 (2), 199 (3), 203 (2)
West River Grabhügel Nordamerika (USA) Frühe Kulturen 121 (4)
West River siehe Xi Jiang
Weströmisches Reich Staat Europa/Afrika Völkerwanderung 52–53 (1)
West-Samora siehe Samoa
West-Sahara off. Demokratische Arabische Republik Sahara Region/Staat Nordafrika Afrika nach 1960 169 (4) Dekolonisation 168 (1) Heutige Welt 113 (3) Islam 235 (4) Ökonomie 168 (2), (3)
Westsibirische Ebene Sibirien Eiszeit 217, 254–55 (1) Erkundung 257 (2)
West Turkana arch. Stätte Ostafrika (Kenya) Frühmensch 12 (1)
Westtürken Volk Zentralasien Mittelalterliche Staaten 261 (4), (5), 262–263 (1)
West-Ukraine var. Westukrainische Republik Region Osteuropa Reiche & Revolutionen 198 (2)
West Virginia Staat Nordamerika Aufstieg der USA 129 (1) Ökonomie 134 (2), 139 (3) US-Bürgerkrieg 131 (6)
West-Wales var. Dumnonia Staat Britische Inseln Die Welt 750 54–55 Mittelalterliche Staaten 183 (3)
Wexford Ir. Loch Garman Britische Inseln (Irland) Mittelalterliche Staaten 185 (3), 187 (4)
Wey and Arun Kanal Britische Inseln Ökonomie 204 (1)
Whakatane Neuseeland Kolonisation 283 (4)
Whangarei Neuseeland Kolonisation 283 (4), (5)
Whitby Brit. Inseln (UK) Mittelalterliche Staaten 183 (3)
Whitebird Creek Schlacht Nordamerika (USA) Aufstieg der USA 129 (2)
Whitehorse Nordamerika (Kanada) Aufstieg der USA 129 (2)
White Plains Nordamerika (USA) Staatenbildung 127 (3)
Whitestone Hill Schlacht Nordamerika (USA) Aufstieg der USA 129 (2)
Whittier Nordamerika (USA)
Whydah mod. Ouidah, Eng. Wida Westafrika Die Welt 1800 86–87 passim Reiche & Revolutionen 88 (1) Sklavenhandel 84–85 (1), 165 (4) siehe auch Ouidah
Wiborg siehe Vyborg
Wichita Volk Nordamerika Kolonialismus 125 (4), 126 (1)
Wichita Village Schlacht Nordamerika (USA) Aufstieg der USA 129 (2)
Wida siehe Ouidah, Whydah
Wien ant. Vindobona, Eng. Vienna, Frz. Vienne, Ungar. Bécs, Slwk. Vídeň, Slvn. Dunaj Mitteleuropa (Österreich) Die Welt 1700 82–83 passim Frühe Neuzeit 193 (4), 194 (1) Kalter Krieg 108 (3) Mittelalterliche Staaten 185 (3), 188 (1), 189 (3), (4) Nachkriegszeit 212 (1), (3) Napoleon 200–201 (1), 201 (2), (3) Ökonomie 198 (1), 205 (4) Osmanen 195 (4), 197 (4), 231 (3), 232–233 (1) Reformation 194 (2), 196 (1), (2) Reiche & Revolutionen 198 (2), 202 (1) Zwischenkriegszeit 209 (5) ZWK 210 (1), 211 (2), (3), (4) siehe auch Vindobona
Wigan Brit. Inseln (UK) Ökonomie 204 (1)
Wight, Isle of Insel Britische Inseln Mittelalterliche Staaten 186 (2)
Wigorna Ceaster siehe Worcester
Wikinger Volk Skandinavien Mittelalterliche Staaten 185 (3)
Wila Staat Südl. Afrika Die Welt 1600 78–79 passim Frühe Neuzeit 164 (2)
Wilkes-Barre Nordamerika (USA) Staatenbildung 127 (3)
Wilkes Land Landschaft Antarktis Erkundung 287 (3)
Willandra Lakes Australien Frühe Kulturen 280 (1)
Will County Region Nordamerika
Willendorf arch. Stätte Mitteleuropa (Schweiz) Frühmensch 17 (4)
Williamsburg Nordamerika (USA) Kolonialismus 127 (2) Staatenbildung 127 (3)
Willkawain Südamerika (Peru) Frühe Reiche 146 (1)
Wilmersdorf Mitteleuropa (Deutschland) Nachkriegszeit 212 (2)
Wilmington Nordamerika (USA) Kolonialismus 127 (2) Staatenbildung 127 (3) US-Bürgerkrieg 131 (6), (7)
Wilna mod. Vilnius, Eng. Vilna, Poln. Wilno Osteuropa (Litauen) EWK 207 (4) Frühe Neuzeit 193 (4), 195 (3) Mittelalterliche Staaten 189 (3), (4) Napoleon 200–201 (1) Reiche & Revolutionen 198 (2) ZWK 210 (1), 211 (4) siehe auch Vilnius
Wilson Butte Cave Nordamerika (USA) Die Welt 10 000 v.Chr. 14–15
Wilson's Creek Schlacht Nordamerika (USA) US-Bürgerkrieg 131 (6)
Wilson's Promontory Australien Die Welt 5000 v.Chr. 18–19
Wilton arch. Stätte Südl. Afrika (Südafrika) Frühe Kulturen 160 (1) Früher Ackerbau 158 (1)
Wiluna Australien Kolonisation 282 (1)
Wilzi Volk Mitteleuropa Franken 184 (2)
Winburg Südl. Afrika (Südafrika) Migrationen 166 (2)
Winburg-Potchefstroom, Republik Staat Südl. Afrika Die Welt 1850 90–91
Winchester hist. Wintanceaster, Lat. Venta Belgarum Brit. Inseln (UK) Handel im Mittelalter 190–191 (1) Mittelalterliche Staaten 183 (3), 186 (2), 187 (4)
Windau var. Vindava, mod. Ventspils, Osteuropa (Lettland) Mittelalterliche Staaten 189 (3) siehe auch Vindava
Windhoek Dtsch. Windhuk Südl. Afrika (Namibia) Afrika nach 1960 169 (4) Imperialismus 96 (2) Kolonialismus 166–167 (4) Ökonomie 168 (2)
Windhuk siehe Windhoek
Windward Islands Kolonie/Staat Westindien Die Welt 1900 94–95 passim
Winneba Westafrika (Ghana) Reiche & Revolutionen 88 (1)
Winnebago Volk Nordamerika Kolonialismus 126 (1)
Winnipeg Nordamerika (Kanada) Aufstieg der USA 129 (2), 132 (1) Ökonomie 136 (2)
Winnipeg, Lake See Nordamerika Aufstieg der USA 129 (2) Erkundung 118 (1), 119 (3) Kolonialismus 126 (1) Präkolumbische Kulturen 123 (3)
Wintanceaster siehe Winchester
Winterville Nordamerika (USA) Präkolumbische Kulturen 123 (5)
Winwaed Schlacht Brit. Inseln (UK) Mittelalterliche Staaten 183 (3)
Wisby mod. Visby Skandinavien (Schweden) Mittelalterliche Staaten 189 (3) siehe auch Visby
Wisconsin Staat Nordamerika Aufstieg der USA 129 (1) Ökonomie 134 (2) US-Bürgerkrieg 130 (2), (5)
Wisła siehe Weichsel
Wismar Mitteleuropa (Deutschland) Handel im Mittelalter 190–191 (1) Mittelalterliche Staaten 189 (3)
Wismar Region Mitteleuropa Frühe Neuzeit 197 (3)
Witebsk siehe Vitebsk
Wittenberg Mitteleuropa (Deutschland) Reformation 194 (2)
Wittstock Schlacht Mitteleuropa (Deutschland) Reformation 196 (1)
Wjatka siehe Vyatka
Wladimir Poln. Włodzimierz Osteuropa (Russ. Föderation) Mittelalterliche Staaten 189 (3), 189 (4) Mongolen 68–69 (1)
Wladimir Staat Osteuropa Mittelalterliche Staaten 189 (4)
Wladimir-Galič siehe Galizien-Wolhynien
Wladiwostok Sibirien (Russ. Föderation) Erkundung 257 (2) Globale Migration 100 (1) Imperialismus 270 (2), (4) Kalter Krieg 109 (4) Kolonialismus 269 (3), (4) Kommunismus 271 (8) Tigerstaaten 275 (4) UdSSR 208 (2), 215 (4)
Włodzimierz siehe Wladimir
Woju Volk Ostasien Frühe Reiche 260 (1)
Wojwodina siehe Vojvodina
Wolga var. Volga Fluss Osteuropa Biol. Austausch 72–73 (1) Erkundung 172 (1), 219 (3) Frühmensch 13 (2) Globale Migration 100 (1) Mittelalterliche Staaten 185 (3) Mongolen 68–69 (1) Ökonomie 205 (4) Osmanen 231 (3), 232–233 (1) Timur 229 (4) UdSSR 208 (2) Völkerwanderung 52–53 (1), 261 (6) Wikinger 60–61 (1) ZWK 210 (1), 211 (4)
Wolga-Bulgaren var. Bulgaren, Weiße Bulgaren Volk/Staat Osteuropa Die Welt 750 54–55 Die Welt 1200 62–63 Mittelalterliche Staaten 185 (3) Mongolen 68–69 (1) Wikinger 60–61 (1)
Wolga-Deutsche Volk Osteuropa UdSSR 213 (4)
Wolgograd siehe Volgograd
Wolhynien siehe Galizien-Wolhynien
Wollongong Australien Staatenbildung 283 (3)
Wolmar Lett. Valmiera, Russ. Vol'mar Osteuropa (Lettland) Frühe Neuzeit 195 (3)
Wolof Staat Westafrika Die Welt 1400 70–71 Die Welt 1500 74–75 Islam 162 (1) Mittelalterliche Staaten 163 (4), (6), (7)
Wologda siehe Vologda
Wolverhampton Brit. Inseln (UK) Ökonomie 204 (1)
Wonju Jap. Genshū Ostasien (Süd-Korea) Kalter Krieg 109 (4)
Wonsan Ostasien (Nord-Korea) Frühe Neuzeit 267 (4) Imperialismus 270 (3), (4) Kalter Krieg 109 (4)
Wood Lake Schlacht Nordamerika (USA) Aufstieg der USA 129 (2)
Woodland-Kultur Region Nordamerika/Südamerika Die Welt 1000 58–59 passim
Worcester ant. Wigorna Ceaster Brit. Inseln (UK) Mittelalterliche Staaten 183 (3)
Workington Brit. Inseln (UK) Ökonomie 204 (1)
Wormatia siehe Worms
Worms ant. Augusta Vangionum, Borbetomagus, Wormatia Mitteleuropa (Deutschland) Franken 184 (2) Handel im Mittelalter 190–191 (1) Kreuzzüge 186 (1) Mittelalterliche Staaten 182 (2), 187 (3) Reformation 194 (2) Spätantike 182 (1) siehe auch Borbetomagus
Woronesch siehe Voronezh
Wounded Knee Schlacht Nordamerika (USA) Aufstieg der USA 129 (2)
Wrangel Insel Polarmeer Erkundung 257 (2) Kolonialismus 269 (3)
Wrangell siehe Fort Wrangell
Wrocław Dtsch. Breslau Mitteleuropa (Polen) Mittelalterliche Staaten 188 (1) siehe auch Breslau
Wu Ostasien (China) Frühe Reiche 259 (4), (5) Frühe Religion 37 (4)
Wu Region/Staat Ostasien Die Welt 250 46–47 Frühe Reiche 261 (2) Frühe Religion 37 (4) Mittelalterliche Staaten 263 (3)
Wubei Ostasien (China) Frühe Reiche 260 (1)
Wuchang var. Wu-ch'ang Ostasien (China) Biol. Austausch 72–73 (1) Frühe Neuzeit 266 (1), (2) Mittelalterliche Staaten 263 (7) Weltreligionen 49 (3)
Wuchang siehe Hankou, Wuhan
Wucheng Ostasien (China) Frühe Reiche 259 (3)
Wu-chou, Wuchow siehe Wuzhou
Wuci Ostasien (China) Frühe Reiche 260 (1)
Wudahai Ostasien (China) Mongolen 68–69 (1)
Wudang Shan var. Wu Tang Shan Gebirge Ostasien Frühe Religion 37 (4)
Wudu Provinz Ostasien Frühe Reiche 260 (1)
Wuhan var. Hankou, Han-kou, Han-k'ou, Hanyang, Wuchang, Wu-han, ehem. Hankow Ostasien (China) China nach 1949 275 (3) Chinesische Revolution 271 (5), (7), 274 (1) Kommunismus 271 (8) Ökonomie 274 (2) Tigerstaaten 275 (4) siehe auch Hankou
Wuhsien siehe Suzhou
Wu-hsing siehe Wuxing
Wuhu var. Wu-na-mu Ostasien (China) Kolonialismus 269 (4)
Wuhuan Volk Ostasien Frühe Reiche 260 (1), 261 (2)
Wuling Provinz Ostasien Frühe Reiche 260 (1)
Wulu Ostasien (China) Frühe Reiche 260 (1)
Wu-lu-k'o-mu-shi, Wu-lu-mu-ch'i siehe Urumchi, Ürümqi
Wu-na-mu siehe Wuhu
Wupatki arch. Stätte Nordamerika (USA) Präkolumbische Kulturen 123 (4)
Wuqie Südostasien (Vietnam) Frühe Reiche 260 (1)
Württemberg Region/Staat Mitteleuropa Die Welt 1850 90–91 Reiche & Revolutionen 199 (3), 202 (1), 203 (2) Schweiz bis 1815 193 (5)
Würzburg Mitteleuropa (Deutschland) Mittelalterliche Staaten 189 (3)
Wüstenindianer Volk Nordamerika Die Welt 250 46–47 passim
Wusuli Jiang, Wusuri siehe Ussuri
Wu Tang Shan siehe Wudang Shan
Wuwei Ostasien (China) Frühe Reiche 260 (1), 261 (3) Handel d. Antike 44–45 (1) Weltreligionen 49 (3) siehe auch Liangzhou
Wuwei Provinz Ostasien Frühe Reiche 260 (1)
Wuxing var. Wu-hsing Ostasien (China) Weltreligionen 49 (3)
Wuyi Ostasien (China) Weltreligionen 49 (3)
Wuyi Shan Gebirge Ostasien Eiszeit 254–255 (1)
Wuyuan Ostasien (China) Frühe Reiche 260 (1)
Wuyue Staat Ostasien Mittelalterliche Staaten 263 (3)
Wuzhong Volk Ostasien Frühe Reiche 259 (4)
Wuzhou var. Wu-chou, Wuchow Ostasien (China) Kolonialismus 269 (4) Mittelalterliche Staaten 262–263 (1)
Wye Wal. Gwy Fluss Britische Inseln Ökonomie 204 (1)
Wyndham Australien Kolonisation 282 (1) Staatenbildung 283 (3)
Wyoming Staat Nordamerika Aufstieg der USA 129 (1) Ökonomie 134 (2)
Wyoming Schlacht Nordamerika (USA) Staatenbildung 127 (3)

X

Xacalta Mittelamerika (Mexiko) Frühe Kulturen 122 (1)
Xalpan Mittelamerika (Mexiko) Azteken 124 (3)
Xaltenco Mittelamerika (Mexiko) Azteken 124 (3)
Xaltocan Mittelamerika (Mexiko) Azteken 124 (2) Kolonialismus 125 (5)
Xaltocan-See See Mittelamerika Azteken 124 (2) Kolonialismus 125 (5)
Xam Nua siehe Sam Neua
Xanthos Lat. Xanthus Südwestasien (Türkei) Erste Hochkulturen 176–177 (1) Hellenist. Welt 40–41 (1)
Xäzär Dänizi siehe Caspian Sea
Xhosa Volk Südl. Afrika Die Welt 1800 86–87
Xia Staat Ostasien Frühe Reiche 261 (3)
Xiaguan siehe Dali
Xiamen var. Hsia-men, ehem. Amoy Ostasien (China) Chinesische Revolution 274 (1) Handel 267 (3) Imperialismus 270 (2) Kolonialismus 269 (4) Ökonomie 274 (2) ZWK 250–251 (3)
Xi'an var. Chang'an, Ch'ang-an, Hsi-an, Sian, Signan, Siking, Singan, Xian Ostasien Biol. Austausch 72–73 (1) China nach 1949 275 (3) Chinesische Revolution 271 (7), 274 (1) Frühe Neuzeit 266 (1), (2) Früher Ackerbau 258 (2) Handel 267 (3) Mongolen 68–69 (1) Ökonomie 274 (2) Qing-China 268 (1) Tigerstaaten 275 (4) siehe auch Chang'an
Xianbi var. Hsien-pi, Sienpi, Tungusen Volk Ostasien Die Welt 250 46–47 Frühe Reiche 259 (3), 260 (1), 261 (2) Völkerwanderung 261 (6)
Xiang Staat Ostasien Frühe Reiche 259 (3)
Xiang Gang ehem. Hong Kong, Dtsch. Hongkong Region Ostasien (China) Heutige Welt 110 Drogenhandel 113 (4) siehe auch Hong Kong
Xiangping Ostasien (China) Frühe Reiche 259 (5)
Xiangyang var. Hsiang-yang Ostasien (China) Frühe Neuzeit 266 (2) Mittelalterliche Staaten 263 (4), (5) Mongolen 68–69 (1) Weltreligionen 49 (3)
Xiangzhou var. Hsiangchou Ostasien (China) Mittelalterliche Staaten 262–263 (1)
Xianrendong arch. Stätte Ostasien Früher Ackerbau 258 (1)
Xianyang Ostasien (China) Frühe Reiche 259 (5)
Xianyun Volk Ostasien Frühe Reiche 259 (4)
Xiapi Ostasien (China) Frühe Reiche 260 (1)
Xico Mittelamerika (Mexiko) Azteken 124 (2) Frühe Kulturen 122 (1)
Xicochimalco Mittelamerika (Mexiko) Kolonialismus 125 (5)
Xie Ostasien (China) Frühe Reiche 259 (5) Frühe Religion 37 (4)
Xie Staat Ostasien Frühe Reiche 259 (5)
Xigazê siehe Shigatse
Xiiqtepec Staat Mittelamerika Azteken 124 (1)
Xi Jiang var. Hsi Chiang, Eng. West River Fluss Ostasien Frühe Neuzeit 266 (1), (2) Frühe Reiche 260 (1) Mittelalterliche Staaten 262–263 (1), 263 (4), (7) Ökonomie 274 (2) Urbane Zivilisationen 28–29 (1) Völkerwanderung 261 (6)
Xi Jiang Delta Region Ostasien Urbane Zivilisationen 28–29 (1)
Xin siehe Xinjiang
Xing Staat Ostasien Frühe Reiche 259 (3)
Xingan Ostasien (China) Frühe Reiche 260 (1)
Xingkai Hu siehe Khanka-See
Xingqing Ostasien (China) Mittelalterliche Staaten 263 (5) siehe auch Xingqingfu
Xingqingfu Ostasien (China) Mittelalterliche Staaten 263 (4) siehe auch Xingqing
Xingqing-Palast Ostasien (China) Mittelalterliche Staaten 262 (2)
Xingtai Ostasien (China) Frühe Reiche 259 (3) Urbane Zivilisationen 28–29 (1)
Xingu Fluss Südamerika Erkundung 142 (1), 143 (2) Frühe Kulturen 144 (1), 145 (2) Kolonialismus 149 (3) Ökonomie 153 (3), (4) Staatenbildung 151 (3)
Xingyuan Ostasien (China) Mittelalterliche Staaten 263 (4)
Xingzhong Ostasien (China) Mittelalterliche Staaten 263 (5)
Xining Ostasien (China) Chinesische Revolution 274 (1)
Xinje Staat Südl. Afrika Die Welt 1600 78–79 passim Frühe Neuzeit 164 (2)
Xinjiang var. Singkiang, Sinkiang, Xin, Ostturkestan Provinz/Staat Ostasien China nach 1949 275 (3) Chinesische Revolution 271 (5) Frühe Reiche 260 (1) Handel d. Antike 44–45 (1) Kolonialismus 269 (3), (4) Kommunismus 271 (8) Mittelalterliche Staaten 262–263 (1) Nachkriegszeit 252 (2) Qing-China 268 (1), (2) Völkerwanderung 261 (6) siehe auch Turkestan
Xinye var. Hsin-yeh Ostasien (China) Weltreligionen 49 (3)
Xinzheng Ostasien (China) Frühe Reiche 259 (4), (5) Frühe Religion 37 (4)
Xiong'er Jiang Fluss Ostasien Erste Städte 29 (4)
Xiongnu var. Hsiung-nu, Hunnen Volk Ostasien Die Welt 250 v.Chr. 38–39 Frühe Reiche 259 (5), 261 (2) Handel d. Antike 44–45 (1) Völkerwanderung 261 (6) siehe auch Nördliche Xiongnu, Südliche Xiongnu
Xi Shan Gebirge Ostasien Frühe Religion 37 (4)
Xiuhquilpan Mittelamerika (Mexiko) Frühe Kulturen 122 (1)
Xiuhtetelco Mittelamerika (Mexiko) Frühe Kulturen 122 (1)
Xiuyan var. Siuyen Ostasien (China) Imperialismus 270 (3)
Xixia var. Hsi-hsia Staat Ostasien Die Welt 1200 62–63 Mittelalterliche Staaten 263 (4), (5) Mongolen 68–69 (1)
Xizang siehe Tibet
Xizang Gaoyuan siehe Tibet, Plateau of
Xoc Mittelamerika (Mexiko) Frühe Kulturen 121 (2)
Xochicalco Mittelamerika (Mexiko) Frühe Kulturen 122 (1)
Xochicalco Region Mittelamerika Frühe Kulturen 122 (1)
Xochimanca Mittelamerika (Mexiko) Azteken 124 (3)
Xochimilco Mittelamerika (Mexiko) Azteken 124 (2)
Xochimilco-See See Mittelamerika Azteken 124 (2), (3)
Xochinahuac Mittelamerika (Mexiko) Azteken 124 (3)
Xocotitlan Mittelamerika (Mexiko) Azteken 124 (3) Frühe Kulturen 122 (1)
Xocotitlan Staat Mittelamerika Azteken 124 (1)
Xocoyahualco Mittelamerika (Mexiko) Azteken 124 (3)
Xola-Xalac Mittelamerika (Mexiko) Azteken 124 (3)
Xoloc Mittelamerika (Mexiko) Azteken 124 (2)
Xpuhil Mittelamerika (Mexiko) Frühe Kulturen 122 (2)
Xtampak Mittelamerika (Mexiko) Frühe Kulturen 122 (2)
Xuanfu Ostasien (China) Frühe Neuzeit 266 (1)
Xuanhua var. Hsüan-hua, Süanhua Ostasien (China) Mongolen 68–69 (1)
Xuan Loc Schlacht Südostasien (Vietnam) Vietnam-Krieg 251 (5)
Xuanzhou var. Hsuanchou Ostasien (China) Mittelalterliche Staaten 262–263 (1)
Xuchou Ostasien Frühe Neuzeit 266 (2)
Xujiayao arch. Stätte Ostasien (China) Frühmensch 13 (2)
Xunantunich Mittelamerika (Belize) Frühe Kulturen 121 (2)
Xuyi Staat Ostasien Frühe Reiche 259 (3)
Xuzhou Schlacht Ostasien (China) Chinesische Revolution 274 (1)

Y

Yadava Dynastie Südasien Die Welt 1200 62–63 Die Welt1300 66-67 Mittelalterliche Staaten 244 (2) Mongolen 68–69 (1)
Yadavagiri Südasien (Indien) Weltreligionen 243 (4)
Yadufu Ostasien (Korea) Mittelalterliche Staaten 263 (3)
Yagala Westafrika (Sierra Leone) Früher Ackerbau 158 (1)
Yagul Mittelamerika (Mexiko) Frühe Kulturen 122 (1)
Yahata siehe Yawata
Yaka Staat Zentralafrika Handel 166–167 (1) Sklavenhandel 165 (4)
Yakutsk Sibirien (Russ. Föderation) Erkundung 257 (2) Kolonialismus 269 (3) UdSSR 213 (4)
Yakutsk Region Sibirien Kolonialismus 269 (3)
Yala Alego arch. Stätte Ostafrika (Kenya) Frühe Kulturen 160 (1)
Yalu Chin. Yalu Jiang, Jap. Oryokko, Kor. Amnok-kang Fluss Ostasien Frühe Reiche 260 (1), 264 (1) Imperialismus 270 (3) Kalter Krieg 109 (4) Mittelalterliche Staaten 264 (2), 265 (5), 267 (4)
Yalu Jiang siehe Yalu
Yam var. Yamburg, mod. Kingisepp Skandinavien (Schweden) Frühe Neuzeit 195 (3)
Yamagata Japan Ökonomie 270 (1)
Yamagata Präfektur Japan Ökonomie 270 (1)
Yamagawa Japan Frühe Neuzeit 267 (4)
Yamaguchi var. Yamaguti Präfektur Japan Ökonomie 270 (1)
Yamaguti siehe Yamaguchi
Yamalo-Nenet Dtsch. Jamal-Nenzen Region Osteuropa UdSSR 215 (4)
Yamal Peninsula siehe Yamal, Poluostrov
Yamal, Poluostrov Halbinsel Osteuropa Erkundung 257 (2)
Yamama Südwestasien (Saudi-Arabien) Islam 56–57 (1)
Yamamoto Japan Mittelalterliche Staaten 265 (4)
Yamanashi var. Yamanasi Präfektur Japan Ökonomie 270 (1)
Yamanasi siehe Yamanashi
Yamasee Volk Nordamerika Kolonialismus 125 (4), 126 (1)
Yamato Staat Japan Frühe Reiche 264 (1)
Yamazaki Schlacht Japan Frühe Neuzeit 267 (4)
Yamburg siehe Yam
Yambuya Zentralafrika (Kongo (Zaire)) Erkundung 157 (4)
Yamkhad siehe Aleppo
Yamoussoukro Westafrika (Elfenbeinküste) Afrika nach 1960 169 (4)
Yamuna Fluss Südasien Frühe Reiche 241 (4), 260 (1) Frühe Religion 242 (2), (3) Kolonialismus 248 (1) Mittelalterliche Staaten 244 (1), (2), 244–245 (3) Mogul-Reich 246 (1) Ökonomie 249 (4)
Yan Ostasien (China) Frühe Reiche 260 (1)
Yan var. Yen Region/Staat Ostasien Frühe Reiche 259 (4), (5) Frühe Religion 37 (4) Mittelalterliche Staaten 263 (3) siehe auch Yen
Yana Fluss Sibirien Erkundung 287 (2)
Yanam var. Yanaon Südasien (Indien) Dekolonisation 251 (4) Nachkriegszeit 252 (1) ZWK 250–251 (3) siehe auch Yanaon
Yan'an var. Yanan Ostasien (China) Die Welt 1950 102–103
Yanaon var. Yanam Südasien (Indien) Die Welt 1800 86–87 passim Kolonialismus 269 (4) Ökonomie 247 (3), 248 (1), (2) Reiche & Revolutionen 88 (1), 88–89 (2) siehe auch Yanam
Yanbu', Yanbu'al Baḥr siehe Yenbo
Yanbur siehe Yenbo
Yang Ostasien (China) Mittelalterliche Staaten 261 (4)
Yangchou siehe Yongzhou
Yang-chou, Yangchow siehe Yangzhou
Yangju Region Ostasien Mittelalterliche Staaten 264 (2)
Yangku siehe Taiyuan
Yangon siehe Rangoon
Yangshao arch. Stätte Ostasien (China) Früher Ackerbau 258 (2)
Yangshaocun arch. Stätte Ostasien (China) Früher Ackerbau 258 (1)
Yangtze siehe Yangzi
Yangzhou var. Yang-chou, Yangchow Ostasien (China) Frühe Neuzeit 266 (1) Mittelalterliche Staaten 263 (4), (5) Mongolen 68–69 (1)
Yangzi var. Jangtzekiang, Yangtze Chin. Chang Jiang Fluss Ostasien Biol. Austausch 72–73 (1) China nach 1949 275 (3) Chinesische Revolution 271 (5), (7), 274 (1) Frühe Neuzeit 266 (1), (2) Früher Ackerbau 258 (1), (2) Frühe Reiche 259 (3), (4), (5), 260 (1), 261 (2), (3) Frühmensch 13 (2) Globale Migration 100 (1) Handel 230 (2), 267 (3) Handel d. Antike 44–45 (1) Kolonialismus 269 (4) Mittelalterliche Staaten 261 (4), (5), (6), 262–263 (1), 263 (3), (4), (5), (6), (7) Mongolen 68 (2), 68–69 (1) Ökonomie 274 (2) Qing-China 268 (1), (2) Tigerstaaten 275 (4) Urbane Zivilisationen 28–29 (1) Weltreligionen 49 (3)
Yanikant Zentralasien (Kasachstan) Mongolen 68–69 (1)
Yanjing Ostasien (China) Die Welt 1200 62–63
Yanjing Rong Staat Ostasien Frühe Reiche 259 (3)
Yankton Volk Nordamerika Kolonialismus 126 (1)
Yanktonai Volk Nordamerika Kolonialismus 126 (1)

Yanmen Ostasien (China) Frühe Reiche 259 (5)
Yantai Ostasien (China) Ökonomie 274 (2)
Yan-Wall, Langer Ostasien (China) Frühe Reiche 259 (5)
Yanying Ostasien (China) Frühe Reiche 259 (5) Frühe Religion 37 (4)
Yao *Volk* Südl. Afrika Frühe Neuzeit 164 (1)
Yao-Häuptlingstümer *Staat* Ostafrika Kolonialismus 166–167 (4)
Yaoundé Westafrika (Kamerun) Afrika nach 1960 169 (4)
Yaoyang Ostasien (China) Frühe Reiche 260 (1)
Yap *Insel* Pazifik Erkundung 60 (2) ZWK 272 (1), 273 (2)
Yapanskoye More *siehe* Japanisches Meer
Yapapatuna *mod.* Jaffna Südasien (Sri Lanka) Mittelalterliche Staaten 245 (4)
Yap Islands *Archipel* Pazifik Frühe Kulturen 280–281 (3)
Yapurá *siehe* Caquetá, Japurá
Yaresna *Staat* Westafrika Die Welt 1200 62–63 Mittelalterliche Staaten 163 (4)
Yarimtepe Südwestasien (Türkei) Die Welt 5000 v.Chr. 18–19
Yarkand *var.* Yarkant, *Chin.* Shache Ostasien (China) Frühe Reiche 260 (1) Handel d. Antike 44–45 (1) Kolonialismus 248 (1) Mittelalterliche Staaten 262–263 (1) Qing-China 268 (1) Völkerwanderung 261 (6) Weltreligionen 49 (3)
Yarkant *siehe* Yarkand
Yarlung Zangbo Jiang *siehe* Brahmaputra
Yarmouth *var.* Great Yarmouth Brit. Inseln (UK) Ökonomie 204 (1) *siehe auch* Great Yarmouth
Yarmuk *var.* Jarmuk *Schlacht* Südwestasien (Jordanien) Islam 56–57 (1) Islam 226 (3)
Yaroslavl' *var.* Jaroslawl Osteuropa (Russ. Föderation) Mongolen 68–69 (1) UdSSR 208 (2)
Yarumela Mittelamerika (Honduras) Frühe Kulturen 121 (2)
Yashima *Schlacht* Japan Mittelalterliche Staaten 265 (5)
Yatenga *Staat* Westafrika Handel 166–167 (1)
Yathrib *var.* Jathrib, *mod.* Medina, *Arab.* Al Madīnā Südwestasien (Saudi-Arabien) Islam 226 (2), (3), 227 (5) Weltreligionen 226 (1) *siehe auch* Medina
Yawata *var.* Yahata Japan Ökonomie 270 (1) ZWK 273 (3)
Yaxchilán Mittelamerika (Guatemala) Die Welt 750 54–55
Yaxha Mittelamerika (Mexiko) Frühe Kulturen 122 (2)
Yaxuna Mittelamerika (Mexiko) Frühe Kulturen 122 (2)
Yazd *var.* Yezd Südwestasien (Iran) Islam 56–57 (1)
Yazılıkaya Südwestasien (Türkei) Frühe Reiche 221 (5)
Ye Ostasien (China) Frühe Reiche 259 (5) Mittelalterliche Staaten 261 (5)
Ye Ostasien (China) Weltreligionen 49 (3)
Yêgainnyin *siehe* Henan
Yeha Ostafrika (Eritrea) Frühe Kulturen 160 (1)
Yeh-Po-Ti *Reich* Mar. Südostasien Antikes Indien 241 (6)
Yekaterinburg *var.* Jekaterinburg Osteuropa (Russ. Föderation) Kolonialismus 269 (3) UdSSR 208 (2), 215 (4)
Yekaterinoslav *var.* Jekaterinoslaw Osteuropa (Ukraine) EWK 207 (4) UdSSR 208 (2) *siehe auch* Dnipropetrovs'k
Yelang Ostasien (China) Frühe Reiche 260 (1)
Yelets Osteuropa (Russ. Föderation) Timur 229 (4)
Yeliseyevichi *arch. Stätte* Osteuropa (Belorussland) Frühmensch 17 (4)
Yellowknife Nordamerika (Kanada) Aufstieg der USA 129 (2), 132 (1)
Yellowknife *Volk* Nordamerika Präkolumbische Kulturen 123 (3)
Yellowstone *Schlacht* Nordamerika (USA) Aufstieg der USA 129 (2)
Yelwa *arch. Stätte* Westafrika (Nigeria) Frühe Kulturen 160 (1)
Yemen *var.* Jemen *Region/Staat* Südwestasien Arabien im 20. Jh. 233 (4) Die Welt 1700 83–84 *passim* Erkundung 219 (4) Handel 230 (2) Heutige Welt 112 (1), 113 (3) Islam 56–57 (1), 57 (2), 162 (1), 226 (3), 227 (4), (5), 235 (4) Kalter Krieg 109 (1) Osmanen 232–233 (1) ZWK 104 (1)
Yen *siehe* Yan
Yenan Ostasien (China) Chinesische Revolution 274 (1)
Yenbo *mod.* Yanbu', *Arab.* Yanbu' al Baīr, Yanbur Südwestasien (Saudi-Arabien) Arabien im 20. Jh. 233 (4) EWK 233 (2) Islam 226 (3) Kreuzzüge 228 (2) Mongolen 229 (3)
Yenisey *Fluss* Sibirien Erkundung 257 (2), (3), 286 (1) Früher Ackerbau 258 (1) Globale Migration 100 (1) Kolonialismus 269 (3) Mittelalterliche Staaten 262–263 (1) Mongolen 68–69 (1) Qing-China 268 (1), (2) UdSSR 208 (2) Völkerwanderung 261 (6)
Yeniseysk Sibirien (Russ. Föderation) Erkundung 257 (2) Kolonialismus 269 (3)
Yeniseysk *Region* Sibirien Kolonialismus 269 (3)
Yerevan *var.* Erevan, *Eng.* Erivan Südwestasien (Armenien) UdSSR 215 (4) *siehe auch* Erivan
Yeriḥo *siehe* Jericho
Yerushalayim *siehe* Jerusalem
Yeşilköy *var.* San Stefano Westasien (Türkei) Osmanen 121 (2)
Yezd *siehe* Yazd
Yichang *var.* Ichang Ostasien (China) Kolonialismus 269 (4)
Yidu *siehe* Qingzhou
Yiling Ostasien (China) Frühe Reiche 260 (1)
Yindu He *siehe* Indus
Ying Ostasien (China) Frühe Reiche 259 (4), (5) Frühe Religion 37 (4)
Yingkou *var.* Ying-k'ou, Yingkow, *ehem.* Newchwang, Niuchwang, Niuzhuang Ostasien (China) Imperialismus 270 (3), (4) *siehe auch* Niuzhuang
Yingkow *siehe* Niuzhuang, Yingkou
Yingtian Ostasien (China) Mittelalterliche Staaten 263 (4)
Yin-hsien *siehe* Ningbo
Yining *siehe* Kuldja
Yisra'el, Yisrael *siehe* Israel
Yiyang Ostasien (China) Frühe Reiche 259 (5)
Yizhou *Provinz* Ostasien Frühe Reiche 260 (1)
Yochow *siehe* Yuezhou
Yohualinchan Mittelamerika (Mexiko) Frühe Kulturen 122 (1)
Yojoa Mittelamerika (Honduras) Frühe Kulturen 121 (2)
Yojoa, Lago de *See* Mittelamerika Frühe Kulturen 122 (2)
Yokohama Japan Globale Migration 100 (1) Ökonomie 270 (1) ZWK 273 (3)
Yokokurayama Japan Mittelalterliche Staaten 265 (5)
Yokotagawahara *Schlacht* Japan Mittelalterliche Staaten 265 (5)
Yola Westafrika (Nigeria) Erkundung 157 (4) Islam 167 (3)
Yoldia-Meer *Meer* Skandinavien Die Welt 10 000 v.Chr. 14–15
Yong Ostasien (China) Frühe Reiche 259 (4), (5)
Yong *Provinz* Ostasien Frühe Reiche 259 (3)
Yongchang Ostasien (China) Frühe Neuzeit 266 (2)
Yopitzinco *Staat* Mittelamerika Azteken 124 (1)
York *ant.* Eboracum, Eburacum Brit. Inseln (UK) Erkundung 172 (1) Handel im Mittelalter 190–191 (1) Kreuzzüge 65 (1) Mittelalterliche Staaten 182 (2), 183 (3), 186 (2), 187 (4), 188 (2) Reformation 194 (2) Wikinger 60–61 (1) *siehe auch* Eburacum
York, Cape *Kap* Australien Erkundung 278 (1)
York Factory Nordamerika (Kanada) Kolonialismus 126 (1)
Yorkshire *Region* Britische Inseln Weltwirtschaft 93 (4)
Yorktown Nordamerika (USA) Staatenbildung 127 (3) US-Bürgerkrieg 131 (7)
Yoro *Staat* Ostafrika Handel 166–167 (1)
Yoruba-Staaten Westafrika Kolonialismus 166–167 (4)
Yoshino-yama *Gebirge* Japan Mittelalterliche Staaten (3)
Yoshkar Ola Osteuropa (Russ. Föderation) UdSSR 215 (4)
Youngstown Nordamerika (USA) US-Gesellschaft 135 (6)
Ypern Westeuropa (Belgien) EWK 206 (2), (3) Handel im Mittelalter 190–191 (1)
Ysyk-Köl *siehe* Issyk-Kul
Yu *siehe* Henan
Yuan, Yuan Jiang *siehe* Roter Fluss
Yuanmou *arch. Stätte* Ostasien (China) Frühmensch 13 (2)
Yucatán *Staat* Mittelamerika Aufstieg der USA 129 (2) Mexikan. Revolution 133 (3)
Yucatan-Halbinsel *Region* Mittelamerika Azteken 124 (1) Frühe Kulturen 121 (2), 122 (1), (2) Kolonialismus 125 (4), 126 (1)
Yucatan-Maya *var.* Maya-Tolteken *Volk* Mittelamerika Kolonialismus 126 (1) *siehe auch* Maya
Yuchi *Volk* Nordamerika Kolonialismus 125 (4), 126 (1)
Yucunudahui Mittelamerika (Mexiko) Frühe Kulturen 122 (1)
Yue *Staat* Ostasien Frühe Reiche 259 (4), (5)
Yue *Volk* Ostasien Frühe Reiche 259 (4), (5), 260 (1)
Yue *siehe* Guangdong
Yuesui *Provinz* Ostasien Frühe Reiche 260 (1)
Yuezhou *var.* Yochow Ostasien (China) Kolonialismus 269 (4)
Yufu Ostasien (China) Frühe Reiche 260 (1)
Yugoslavia *siehe* Jugoslawien
Yukon *Fluss* Nordamerika Aufstieg der USA 129 (2) Erkundung 287 (2) Präkolumbische Kulturen 123 (3) Weltwirtschaft 93 (3)
Yukon Territory *var.* Yukon *Region* Nordamerika Aufstieg der USA 129 (2) Ökonomie 136 (2)
Yuku Neuguinea (PNG) Frühe Kulturen 280 (1)
Yule *Insel* Pazifik Frühe Kulturen 280–281 (3)
Yulian *siehe* Yulien
Yulien *var.* Yulian Ostasien (China) Frühe Neuzeit 266 (1)
Yulin *Provinz* Ostasien Frühe Reiche 260 (1)
Yuma *Volk* Nordamerika Kolonialismus 125 (4)
Yun *siehe* Nanzhao, Yunnan
Yungay Südamerika (Peru) Staatenbildung 151 (3)
Yungki *siehe* Jilin
Yung-ning *siehe* Nanning
Yunki *siehe* Jilin
Yunnan *var.* K'un-ming, *mod.* Kunming, *ehem.* Yunnan Ostasien Biol. Austausch 72–73 (1) Frühe Neuzeit 266 (1), (2) Qing-China 268 (2) *siehe auch* Kunming
Yunnan *var.* Nanzhao, Yun, Yünnan, Yun-nan *Provinz* Ostasien Chinesische Revolution 271 (5) Frühe Neuzeit 266 (1), (2) Ökonomie 274 (2) Qing-China 268 (1), (2) *siehe auch* Nanzhao
Yunnan-Rebellion *Aufstand* Ostasien Reiche & Revolutionen 88–89 (2)
Yunxian *arch. Stätte* Ostasien (China) Frühmensch 13 (2)
Yunyang Ostasien (China) Frühe Neuzeit 266 (1), (2)
Yuruá, Río *siehe* Juruá
Yur'yev *siehe* Dorpat
Yusef, Bahr *Fluss* Ägypten Altes Ägypten 159 (2), (3), (5)
Yuwan Rong *Staat* Ostasien Frühe Reiche 259 (3)
Yuxian Ostasien (China) Mongolen 68–69 (1)
Yuzhou *siehe* Chongqing
Yuzhsiblag *Region* Sibirien UdSSR 213 (4)

Z

Zaayfontein *arch. Stätte* Südl. Afrika (Südafrika) Frühe Kulturen 160 (1)
Zāb aş Şaghīr, Nahraz *siehe* Kleiner Zab
Zabid Südwestasien (Yemen) Erkundung 61 (3), Islam 56–57 (1)
Zabulistan *Staat* Zentralasien Islam 56–57 (1)
Zacaleu Mittelamerika (Guatemala) Azteken 124 (1)
Zacapu Mittelamerika (Mexiko) Frühe Kulturen 122 (1)
Zacateca *Volk* Mittelamerika Kolonialismus 125 (4), 126 (1)
Zacatecas *Staat* Mittelamerika Aufstieg der USA 129 (2) Mexikan. Revolution 133 (3)
Zacatecas Mittelamerika (Mexiko) Aufstieg der USA 129 (2)
Zacatenco Mittelamerika (Mexiko) Azteken 124 (3)
Zacatlalmanco Mittelamerika (Mexiko) Azteken 124 (3)
Zacatollan Mittelamerika (Mexiko) Frühe Kulturen 122 (1)
Zacualpa Mittelamerika (Guatemala) Frühe Kulturen 122 (2)
Zacynthus *siehe* Zakynthos
Zadar *ant.* Iader, *Ital.* Zara Südosteuropa (Kroatien) Europapolitik 215 (3) *siehe auch* Zara
Zafar Südwestasien (Yemen) Handel d. Antike 225 (3) Spätantike 161 (3), (4), (5)
Zafarwal Südasien (Pakistan) Ökonomie 247 (3)
Zafunu *Staat* Westafrika Die Welt 1200 62–63 *passim* Mittelalterliche Staaten 163 (4), (6)
Zaghawa *Staat* Zentralafrika Die Welt 750 54–55 Die Welt 1000 58–59
Zágráb *siehe auch* Zagreb, Agram
Zagreb *ehem. Dtsch.* Agram, *SKr.* Zágráb Südosteuropa (Kroatien) Europapolitik 215 (3) Nachkriegszeit 212 (3) Zwischenkriegszeit 209 (3) ZWK 210 (1), 211 (2), (3), (4) *siehe auch* Zágráb, Agram
Zagros-Gebirge *Pers.* Kūhhā-ye Zāgros *Gebirge* Südwestasien Antikes Persien 223 (4) Eiszeit 217 Erkundung 218 (1), (2), 219 (3) Erste Städte 25 (3), 220 (2) EWK 233 (2) Frühe Kulturen 221 (4) Früher Ackerbau 220 (1) Frühe Reiche 222 (2) Frühmensch 13 (2) Handel d. Antike 44–45 (1) Hellenist. Welt 224 (1) Islam 56–57 (1), 227 (4) Mongolen 229 (3) Ökonomie 234 (1) Osmanen 231 (3) Safawiden 231 (4) Seldschuken 228 (1) Timur 229 (4)
Zahuatlan Mittelamerika (Mexiko) Azteken 124 (3)
Zaiditen *var.* Za'idi-Imame *Staat* Südwestasien Islam 57 (2)
Zaire *Staat* Zentralafrika Kalter Krieg 109 (5) *siehe auch* Kongo, Belgisch-Kongo, Kongofreistaat
Zaitun Ostasien (China) Biol. Austausch 72–73 (1)
Zajsan *siehe* Zaysan
Zakhidnyy Buh, **Zakhodni Buh** *siehe* Bug
Zakro *siehe* Zakros
Zakros *var.* Zakro Kreta (Griech.) Altes Ägypten 159 (5) Erste Hochkulturen 175 (4) Urbane Zivilisationen 28–29 (1)
Zakynthos *Lat.* Zacynthus, *var. Ital. ma.* Zante *Insel/Siedlung* Mittelmeer Antike Griechen 177 (3), 179 (4) Erste Hochkulturen 176–177 (1) *siehe auch* Zante
Zama Nordafrika (Tunesien) Antikes Rom 161 (2), 179 (3)
Zambeze *siehe* Zambezi
Zambezi *var.* Sambesi, *Port.* Zambeze *Fluss* Südl. Afrika Erkundung 156 (3), 157 (4) Früher Ackerbau 20–21 (2), 158 (1) Frühe Neuzeit 164 (1) Islam 162 (1) Sklavenhandel 165 (4)
Zambia *var.* Sambia *ehem.* Nord-Rhodesien *Staat* Südl. Afrika Afrika nach 1960 169 (4) Dekolonisation 168 (1) Heutige Welt 112 (1), 113 (3) Kalter Krieg 109 (5) Ökonomie 168 (2), (3) *siehe auch* Nord-Rhodesien
Zambujal *arch. Stätte* Iberische Hbl. (Portugal) Kupferzeit 174 (2)
Zamfara *Staat* Westafrika Frühe Neuzeit 164 (2)
Zamorin *Staat* Südasien Mogul-Reich 246 (1)
Zancle *siehe* Messana, Messina
Zande *Staat* Zentralafrika Handel 166–167 (1)
Zangke *Provinz* Ostasien Frühe Reiche 260 (1)
Zanja Mittelamerika (Mexiko) Frühe Kulturen 121 (2)
Zante *ant. Gr.* Zakynthos, *mod.* Zákinthos *Insel* Mittelmeer Mittelalterliche Staaten 187 (5) Osmanen 230 (1)
Zanzibar *var.* Sansibar, *Swa.* Unguja Ostafrika (Tanzania) Die Welt 1000 58–59 *passim* Erkundung 61 (3), 157 (4), (5) Islam 162 (1) Mongolen 68 (2) Ökonomie 168 (2) Sklavenhandel 84–85 (1)
Zanzibar *var.* Sansibar *Kolonie/Staat/Insel* Ostafrika Handel 230 (2) Handel d. Antike 44–45 (1) Ökonomie 163 (2)
Zapadnaya Dvina *siehe* Düna
Zapadnyy Bug *siehe* Bug
Zapoteken *Region/Volk* Mittelamerika Die Welt 500 v.Chr. 34–35 Frühe Kulturen 121 (1)
Zapotitlan Mittelamerika (Mexiko) Azteken 124 (2)
ZAR *siehe* Zentralafrikanische Republik
Zara *mod.* Zadar, *ant.* Iader Südosteuropa (Kroatien) Frühe Neuzeit 193 (4) Mittelalterliche Staaten 187 (5), 188 (1), 189 (4) *siehe auch* Zadar
Zaradros *mod.* Sutlej *Fluss* Südasien Erste Städte 240 (2) Hellenist. Welt 40–41 (1) *siehe auch* Sutlej
Zaragoza *ant.* Caesaraugusta, Salduba, *ehem.* Saragossa Iberische Hbl. (Spanien) Zwischenkriegszeit 209 (4) *siehe auch* Caesaraugusta, Saragossa
Zaria *Staat* Westafrika Sklavenhandel 165 (4)
Zariaspa *siehe* Balkh, Baktra, Valhika
Zarizyn *siehe* Tsaritsyn
Zarnuq Zentralasien (Usbekistan) Mongolen 68–69 (1)
Zauzau Westafrika Ökonomie 163 (2)
Zavoloch'ye Osteuropa (Russ. Föderation) Frühe Neuzeit 195 (3)
Zawila Nordafrika (Libyen) Islam 56–57 (1)
Zawty *siehe* Asyut
Zawyet el-Amwat Ägypten Altes Ägypten 159 (3)
Zawyet el-'Aryan Ägypten Altes Ägypten 159 (3)
Zawyet Umm el-Rakham Nordafrika (Ägypten) Altes Ägypten 159 (5)
Zaysan *var.* Zajsan Sibirien (Kasachstan) Erkundung 257 (3)
Zaysan Köl *siehe* Zaysan-See
Zaysan-See *Kas.* Zaysan Köl, *Russ.* Ozero Zaysan *See* Zentralasien Mongolen 68–69 (1)
Zayyaniden *Dynastie* Nordafrika Die Welt 1300 66–67 *passim* Handel im Mittelalter 190–191 (1) 162 (1) Ökonomie 163 (2) Reconquista 192 (3)
Zayyq *siehe* Ural
Zeebrügge *Fläm.* Zeebrugge Westeuropa (Belgien) EWK 206 (2), (3)
Zeeland *Provinz* Westeuropa Reformation 195 (5)
Zeelandia Ostasien (Taiwan) Handel 267 (3)
Ẓefat *siehe* Safed
Zehlendorf Mitteleuropa (Deutschland) Nachkriegszeit 212 (2)
Zeila *var.* Saylac Ostafrika (Somalia) Biol. Austausch 72–73 (1) Erkundung 156 (3) Frühe Neuzeit 165 (3) Islam 162 (1) Sklavenhandel 84–85 (1)
Zē-i Bādīnān *siehe* Großer Zab
Zē-i Kōya *siehe* Kleiner Zab
Zela Südwestasien (Türkei) Antikes Rom 180–181 (1)
Zenebi Westafrika (Nigeria) Früher Ackerbau 158 (1)
Zengpiyan *arch. Stätte* Ostasien Früher Ackerbau 258 (1)
Zenica Südosteuropa (B.-H.) Europapolitik 215 (3)
Zenobia Südwestasien (Oman) Handel d. Antike 44–45 (1)
Zenta *Schlacht* Südosteuropa (Jugoslawien) Osmanen 197 (4)
Zentralafrikanische Republik *Abk.* ZAR, *ehem.* Zentralafrikanisches Reich, Ubangi-Shari, Oubangui-Chari *Staat* Zentralafrika Afrika nach 1960 169 (4) Dekolonisation 168 (1) Heutige Welt 112 (1), 113 (3) Islam 235 (4) Kalter Krieg 109 (1) Ökonomie 168 (2), (3) *siehe auch* Ubangi-Shari
Zentralafrikanisches Reich *siehe* Zentralafrikanische Republik
Zentralamerika *siehe* Mittelamerika
Zentralamerika, Vereinigte Provinzen von *Span.* Provincias Unidas del Centro de América *Staat* Mittelamerika Reiche & Revolutionen 88–89 (2)
Zentralasien *Region* Asien Biol. Austausch 73 (2)
Zentralmassiv *siehe* Massif Central
Žepa Südosteuropa (B.-H.) Europapolitik 215 (3)
Zeugma *var.* Seleucia ad Euphrates, *mod.* Belkıs Südwestasien (Türkei) Antikes Rom 180–181 (1) Handel d. Antike 225 (3) Hellenist. Welt 41 (2) Islam 56–57 (1)
Zhangye Ostasien (China) Frühe Reiche 261 (3)
Zhangyi *Provinz* Ostasien Frühe Reiche 260 (1)
Zhanjiang Ostasien (China) Ökonomie 274 (2)
Zhao *var.* Chao *Region* Ostasien Frühe Religion 37 (4)
Zhaoqing Ostasien (China) Frühe Neuzeit 266 (2)
Zhao-Wall, Langer Ostasien (China) Frühe Reiche 259 (5)
Zhe *siehe* Zhejiang
Zhejiang *var.* Che-chiang, Chekiang, Zhe *Provinz* Ostasien Chinesische Revolution 271 (5) Frühe Neuzeit 266 (1), (2) Ökonomie 274 (2) Qing-China 268 (1), (2)
Zhending Ostasien (China) Mittelalterliche Staaten 263 (4), (5), (7)
Zheng *Staat* Ostasien Frühe Reiche 259 (4)
Zhengzhou *var.* Ch'eng-chou, Chengchow, *ehem.* Chenghsien Ostasien Chinesische Revolution 271 (7) Die Welt 1250 v.Chr. 26–27 Früher Ackerbau 258 (2) Frühe Reiche 259 (3) Ökonomie 274 (2) Stadtplan 29 (4) Tigerstaaten 275 (4) Urbane Zivilisationen 28–29 (1)
Zhenjiang *var.* Chinkiang, Chenkiang Ostasien (China) Kolonialismus 269 (4)
Zhifu *var.* Chefoo Ostasien (China) Kolonialismus 269 (4)
Zhigalovo *arch. Stätte* Sibirien Früher Ackerbau 258 (1)
Zhigansk Sibirien (Russ. Föderation) Erkundung 257 (2)
Zhili *var.* Chihli *Region* Ostasien Chinesische Revolution 271 (5) Qing-China 268 (1), (2)
Zhitomir *var.* Schitomir Osteuropa (Ukraine) UdSSR 208 (2)
Zhongdu *var.* Dadu Ostasien (China) Mittelalterliche Staaten 263 (5) Mongolen 68–69 (1) *siehe auch* Dadu
Zhongmou Ostasien (China) Frühe Reiche 259 (5) Frühe Religion 37 (4)
Zhongnan Shan *var.* Chung Nan Shan *Gebirge* Ostasien Frühe Religion 37 (4)
Zhongshan *Staat* Ostasien Frühe Reiche 259 (5)
Zhongshu *Provinz* Ostasien Mittelalterliche Staaten 263 (7)
Zhongtiao Shan *var.* Chung t'iao Shan *Gebirge* Ostasien Frühe Religion 37 (4)
Zhongxing Ostasien (China) Mittelalterliche Staaten 263 (7)
Zhou *Staat* Ostasien Erste Reiche 259 (3), (4), (5) Die Welt 500 v.Chr. 34–35
Zhoukoudian *arch. Stätte* Ostasien (China) Frühmensch 13 (2)
Zhufu *var.* Chu-Fu Ostasien (China) Frühe Religion 37 (4)
Zhuhai Ostasien (China) Ökonomie 274 (2)
Zhuji *siehe* Shangqin
Zhulu *var.* Chu-Lu *Region* Ostasien Frühe Religion 37 (4)
Zikkurat von Inanna *Gebäude* Südwestasien (Irak) Stadtplan Uruk 220 (3)
Zimapan Mittelamerika (Mexiko) Azteken 124 (1)
Zimbabwe *Siedlung/arch. Stätte* Südl. Afrika Frühe Neuzeit 164 (1) Islam 162 (1)
Zimbabwe *var.* Simbabwe, *ehem.* Rhodesien, Süd-Rhodesien *Staat* Südl. Afrika Afrika nach 1960 169 (4) Dekolonisation 168 (1) Heutige Welt 112 (1), 113 (3), (4) Ökonomie 168 (2), (3) *siehe auch* Rhodesien, Süd-Rhodesien
Zinder Westafrika (Niger) Erkundung 157 (4) Islam 167 (3) Kolonialismus 166–167 (4)
Ziriden *Dynastie* Nordafrika Die Welt 1000 58–59 Islam 57 (2) Kreuzzüge 64–65 (2) Mittelalterliche Staaten 185 (3)
Ziwa *arch. Stätte* Südl. Afrika (Zimbabwe) Frühe Kulturen 160 (1)
Zobah-Aram *Staat* Südwestasien Frühe Reiche 222 (1)
Zomba Ostafrika (Malawi) Erkundung 157 (4)
Zombor *siehe* Sombor
Zou *var.* Tsou Ostasien (China) Frühe Religion 37 (4)
Zoug *siehe* Zug
Zug *Frz.* Zoug Mitteleuropa (Schweiz) Schweiz bis 1815 193 (5)
Zuider Zee *var.* IJsselmeer *See* Westeuropa Reformation 195 (5)
Zulu *Staat/Volk* Südl. Afrika Die Welt 1850 90–91 Handel 166–167 (1)
Zumbo *var.* Vila do Zumbo Südl. Afrika (Moçambique) Frühe Neuzeit 164 (1)
Zumpango Mittelamerika (Mexiko) Azteken 124 (2) Kolonialismus 125 (5)
Zungaria *siehe* Dsungarei
Zungomero Ostafrika (Tanzania) Erkundung 157 (4)
Zuni *Volk* Nordamerika Kolonialismus 125 (4), 126 (1)
Zürich *Ital.* Zurigo Mitteleuropa (Schweiz) Frühe Neuzeit 193 (4), (5) Mittelalterliche Staaten 188 (1) Napoleon 200–201 (1), 201 (2), (3) Reformation 194 (2)
Zurigo *siehe* Zürich
Zutphen *Provinz* Westeuropa Reformation 195 (5)
Zuttiyen *arch. Stätte* Südwestasien (Israel) Frühmensch 13 (2)
Zwischenseen-Staaten *Staat* Ostafrika Die Welt 1400 70–71 Die Welt 1500 74–75 Islam 162 (1) Kreuzzüge 66–67
Zypern *var.* Cypern, *Aram.* Alašia, *Gr.* Kypros, *Lat.* Cyprus, *Türk.* Kıbrıs *Insel/Staat* Mittelmeer Antikes Persien 223 (4) Antikes Rom 224 (2), 225 (5) Arabien im 20. Jh. 233 (3), 234 (3), 235 (5) Bronzezeit 175 (3) Eiszeit 170 Erkundung 172 (1) Erste Städte 220 (2) EWK 233 (2) Frühe Kulturen 221 (4) Früher Ackerbau 220 (1) Frühe Reiche 221 (5), 222 (2) Frühe Religion 37 (3) Handel im Mittelalter 190–191 (1) Hellenist. Welt 224 (1) Heutige Welt 112 (2), 113 (3), (4) Islam 56–57 (1), 226 (3), 227 (4), (6) Mittelalterliche Staaten 182 (2), 185 (3), 187 (5) Mongolen 229 (3) Nachkriegszeit 212 (3) Napoleon 200–201 (1) Osmanen 203 (4), 231 (3), 232–233 (1) Reiche & Revolutionen 202 (1) Seldschuken 228 (1) Spätantike 182 (1) Weltreligionen 226 (1) ZWK 210 (1), 211 (2), (4) *siehe auch* Alašia, Cypern, Cyprus, Kypros

BIBLIOGRAPHIE

Weltgeschichte

Atlanten:

Atlante Storico De Agostini Novara, 1995
Atlante Storico del Cristianesimo Andrea Dué, Juan Maria Laboa, Milan, 1997
Atlas Historico Universal y de Espagna Santillana Madrid, 1995
Atlas of Ancient Archaeology Jacquetta Hawkes (ed.), London, 1974
Atlas of Atlases: The Map Makers Vision of the World Phillip Allen, New York, 1992
Atlas of Disease Distributions: Analytical Approaches to Epidemiological Data Andrew D. Cliff and Peter Haggett, Oxford, 1988
Atlas of Food Crops J. Bertin (et al.), Paris, 1971
Atlas of Islamic History H.W. Hazard, Princeton, 1952
Atlas of Jewish History Dan Cohen-Sherbok, London and New York, 1996
Atlas of Modern Jewish History (revised from the Hebrew edn.) Evyatar Friesel, Oxford, New York,1990
Atlas of the Christian Church Henry Chadwick and G.R. Evans (eds.), Oxford, 1987
Atlas of the Jewish World Nicholas de Lange, Oxford, 1995
Atlas zur Geschichte V.E.B. Hermann Haack, GDR, 1988
Atlas zur Kirchengeschichte H. Jedin, K.S. Latourette, J. Martin, Freiburg, 1970
Cambridge Illustrated Atlas: Warfare, Renaissance to Revolution 1492–1792 Jeremy Black,Cambridge, 1996
Cambridge Illustrated Atlas: Warfare, The Middle Ages 768–1487 Nicholas Hooper and Matthew Bennett, Cambridge, 1996
Cassell Atlas of World History John Haywood, Brian Catchpole, Simon Hall, Edward Barratt, Oxford, 1997
Chambers Atlas of World History, Edinburgh, 1975
Collins Atlas of Twentieth Century World History Michael Dockrill, 1991
Grand Atlas Historique Georges Duby, Paris,1996
Grosser Atlas zur Weltgeschichte, Braunschweig, 1997
Grosser Historischer Weltatlas (3 vols.) Bayerischer Schulbuch-Verlag, Munich, 1981
Hammond Atlas of World History, Maplewood, New Jersey, 1997
Historical Atlas of Islam William C. Brice (ed.), Leiden, 1981
Historical Atlas of the Muslim Peoples R. Roolvink, London, 1957
Historical Atlas of World Mythology Vol. I: The Way of the Animal Powers J. Campbell, New York, 1984
Historical Atlas of World Mythology Vol. II: The Way of the Seeded Earth, Part I: The Sacrifice Joseph Campbell, New York, 1988
Historical Atlas of the World's Religions, Isma'il Ragi al Faruqi, New York, 1974
New Cambridge Modern History Atlas, H.C. Darby, Harold Fullard (eds.), 1970
Past Worlds: The Times Atlas of Archaeology C. Scarre (ed.) London, 1988
Philip's Atlas of Exploration, London, 1996
Rand McNally Atlas of World History 1993 (in England: **Philip's Atlas of World History**, London, 1992)
Review and Atlas of Palaeovegetation: Preliminary Land Ecosystem Maps of the World Since the last Glacial Maximum J.M. Adams and H. Faure (eds.), Quaternary Environments Network, www.soton.ac.uk/~tjms/adams4.html
Soguatlas, Stockholm, 1992
Társadalom – És Művelődéstörténeti Atlasz Budapest, 1991
The World...its History in Maps W.H. McNeill, M.R. Buske, A.W. Roehm, Chicago, 1969
Times Atlas of Exploration Felipe Fernandez-Armesto (ed.), London, 1991
Times Atlas of the 20th Century Richard Overy (ed.), London, 1996
Times Atlas of the Second World War J. Keegan (ed.), London, 1989
Times Atlas of World History Geoffrey Barraclough (ed.), London, 1993
Tortenelmi Vilagatlasz, Budapest, 1991
WDTV Atlas zur Weltgeschichte (2 vols.) H. Kinder & W. Hilgemann, Stuttgart, 1964 (in Englisch **The Penguin Atlas of World History** London, 1974 and 1978)
WWF Atlas of the Environment Geoffrey Lean and Don Hinrischsen, Oxford, 1992
West Point Atlas of American Wars: Volume II, 1900-1953 Vincent J. Esposito (chief ed.), New York, 1959
West Point Military History Series: Atlas for the Arab-Israeli War and the Korean War Thomas E. Greiss (series ed.), Wayne, New Jersey,1986
West Point Military History Series: Atlas for the Great War Thomas E. Greiss (series ed.), Wayne New Jersey, 1986
West Point Military History Series: Atlas for the Second World War (vols. I-III) Thomas E. Greiss (series ed.), Wayne, New Jersey,1985

Historische Werke:

A History of Discovery and Exploration: The Search Begins London,1973
A History of Islamic Societies I.M. Lapidus, Cambridge, 1988
A History of World Societies John P. McKay, Bennett D. Hill, John Buckler, Boston, 1997
A Study of History Arnold Toynbee, Oxford, 1972
Asia Before Europe: Economy and Civilization of the Indian Ocean from the Rise of Islam to 1750 K.N. Chauduri, Cambridge, 1991
Before European Hegemony: The World System AD 1250-1350 J.L. Abu-Lughod, Oxford, 1991
Chronology of the Ancient World E.J. Bickermann, London, 1968
Chronology of the Expanding World N. Williams, London, 1969
Chronology of the Modern World N. Williams, London, 1961
Claudius Ptolemy: The Geography Translated and edited by Edward Luther Stevenson, London, 1991
Columbia Lippincott Gazetteer of the World Saul B. Cohen (ed.), New York, 1999
Cross-cultural Trade in World History P.D. Curtin, Cambridge, 1984
Encyclopedia of Dates and Events L.C. Pascoe (ed.), London, 1991
Encyclopedia of World History, revised edn. W.L. Langer (ed.), London, 1987
Heck's Pictorial Archive of Military Science, Geography and History J.G. Heck, New York, 1994
Into the Unknown National Geographic Society: Washington, 1987
Maps and History J. Black, New Haven, 1997
Maps and Politics J. Black, London,1997
Maps from the Age of Discovery, Columbus to Mercator Kenneth Nebenzahl, London, 1990
Navies and Nations: Warships, Navies and State Building in Europe and America 1500-1860 J. Glete, Stockholm, 1993
Peoples and Places of the Past National Geographic Society: Washington, 1983
Plagues and Peoples W.H. McNeill, New York, 1992
Portugaliae Monumenta Cartographica Lisbon, 1960
The Atlantic Slave Trade P.D. Curtin, Madison, 1972
The Atlantic Slave Trade: Effects on Economy, Society and Population in Africa, America and Europe J.E. Inikori, S.L. Engerman, Durham, NC 1992
The Discoverers: An Encyclopedia of Explorers and Exploration Helen Delpar (ed.), New York, 1980
The Distribution of Wild Wheats and Barleys J.R. Harlan, D. Zohary, Science, 1966
The Earth and its Peoples: a Global History Richard W. Bulliet, Pamela Kyle, Crossley, Daniel R. Headrick, Steven W. Hirsch, Lyman L. Johnson, David Northrup, Boston, New York, 1997
The Evolution of International Business G. Jones, London, 1996
The First Imperial Age: European Overseas Expansion c. 1400–1715 G.V. Scammel London, 1992
The Geography behind History W.G. East, London, 1965
The History of Cartography (various vols.) J.B. Harley, D. Woodward, Chicago, 1987–
The Hutchinson History of the World, revised edn. J.M. Roberts, London, 1987
The Mapmaker's Art: A History of Cartography John Goss, London, 1993
The Osprey Companion to Military History Robert Cowley and Geoffrey Parker, London, 1996
The Oxford History of the British Empire II, the Eighteenth Century P.J. Marshall (ed.), Oxford, 1998
The Oxford History of the British Empire: The Origins of Empire Nicholas Canny (ed.), Oxford, 1998
The Oxford Illustrated History of Modern War C. Townshend (ed.), Oxford, 1999
The Plants and Animals that Nourish Man J.R. Harlan, Scientific American, 1976
The Revolutionary Age 1760–1791 H. Quebec Neaty, London, 1966
The Rise of Christianity: A Sociologist Reconsiders History R. Stark, Princeton, 1996
The Rise of the West: A History of the Human Community W.H, McNeill, Chicago, 1991
The Rise of Western Christendom: Triumph and Diversity 200–1000 P. Brown, Oxford, 1996
The Story of Archaeology Paul G. Bahn (ed.), London, 1996
The Wealth and Property of Nations D. Landes, London, 1998
The World since 1500: A Global History, 6th edn L.S. Stavrianos, Englewood Cliffs NJ, 1991
The World to 1500: A Global History, 5th edn L.S. Stavrianos, Englewood Cliffs NJ, 1991
The World: an Illustrated History Geoffrey Parker (ed.), London, 1986
The World's Religions Ninian Smart, Cambridge, 1992
War and the World: Military Power and the Fate of Continents 1450–2000 J Black, New York, 1998
War in the Early Modern World 1450–1815 J. Black (ed.), London, 1999
Why Wars Happen J. Black, London, 1998

Nordamerika

Atlanten:

Atlas of American Indian Affairs Francis Paul Prucha, Lincoln, Nebraska, 1990
Atlas of Ancient America Michael Coe, Dean Snow, Elizabeth Benson, Oxford and New York, 1993
Atlas of Early American History L. Cappon (et al), Chicago, 1976
Atlas of Great Lakes Indian History Helen Tanner, Norman, Oklahoma, 1987
Atlas of North American Exploration: from Norse Voyages to the Race to the Pole William H. Goetzmann, Glyndwr Williams, New York, 1992
Atlas of the Civil War James M. McPherson, New York, 1994
Atlas of the North American Indian C. Waldman, M. Braun, New York, 1995
Atlas of Westward Expansion Alan Wexler, Molly Braun, New York, 1995
Civil War Newspaper Maps, a Historical Atlas David Bosse, Baltimore and London, 1993
Historical Atlas of Canada Donald Kerr and Deryck W. Holdsworth (eds.), Toronto, 1990
Historical Atlas of the American West Warren A. Beck and Ynez D. Haase, Norman, Oklahoma, 1989
Historical Atlas of New York E. Homberger, A. Hudson, New York, 1994
Historical Atlas of the United States: Centennial Edition National Geographic Society: Washington, 1988
Mapping America's Past: a Historical Atlas M.C. Carnes, P. Williams, J. A. Garraty, New York, 1997
Our United States...its History in Maps E.B. Wesley, Chicago, 1977
Penguin Historical Atlas of North America Eric Homberger, London,1995
The Settling of North America: the Atlas of the Great Migrations into North America from the Ice Age to the Present Helen Hornbeck Tanner (ed.), New York, 1995)

Historische Werke:

A Guide to the Historical Geography of New Spain Peter Gerhard, Norman, Oklahoma, 1993
America in 1492: the World of the Indian Peoples before the Arrival of Columbus Alvin M. Josephy, New York, 1992
An Introduction to American Archaeology (vols. 1 & 2) Englewood Cliffs, NJ, 1970
Battle Cry of Freedom: the Civil War Era James McPherson, Oxford, 1988
Documents of American History Henry Steele Commager, 1973
European and Native American Warfare 1675–1815 A. Starkey, London, 1998
Encyclopedia of North America Indians Frederick E. Hoxie, Boston, 1996
Handbook of Middle American Indians Austin, Texas, 1964-76
Handbook of North American Indians Smithsonian Institution, Washington, D.C., 1978- (20 volumes projected)
Hispaniola; Caribbean Chiefdoms in the Age of Columbus S. M.Wilson, Tuscaloosa,1990
Native American Time: a Historical Time Line of Native America Lee Francis, New York, 1996
Oxford History of the American West Clyde A. Milner et al., Oxford and New York, 1994
Prehistory of North America, 3rd edn. J.D. Jennings, Mountain View, Calif., 1989
The American Century: the Rise and Decline of the United States as a World Power Donald W. White, New Haven, 1996
The Americans: Their Archaeology and Prehistory D. Snow London, 1976
The Fur Trader and the Indian L.O. Saum London, 1965
The Limits of Liberty Maldwyn A. Jones, Oxford/New York, 1983
The Market Revolution America: Social, Political and Religious Expressions, 1800–1880 M. Stokes, S. Conway, Charlottesville, 1996
The Northern Frontier of New Spain Peter Gerhard, Norman, Oklahoma, 1993
The Slave Trade Hugh Thomas, London/New York, 1997
The Southeast Frontier of New Spain Peter Gerhard, Norman, Oklahoma, 1993
The Spanish Frontier in North America D.J. Weber, New Haven, 1992
The Maya Michael D. Coe, London, 1993

Südamerika

Atlanten:

Atlas of Ancient America Michael Coe, Dean Snow, Elizabeth Benson, Oxford and New York, 1993
Latin American History: a Teaching Atlas Cathryn L. Lombardi, John V. Lombardi, Kym L. Stoner, Madison, Wisconsin, 1983

Historische Werke:

A History of Latin America: Empires and Sequels, 1450–1930 Peter John Bakewell, Gainesville, 1998
Anthropological Perspectives A. C. Roosevelt (ed.), Tucson and London, 1994
Ancient Mexico in the British Museum Colin McEwan, London, 1995
Ancient South America K. Bruhns, Cambridge 1994
Archaeology in the Lowland American Tropics P. W. Stahl (ed.), Cambridge, 1994
Cambridge History of Latin America Leslie Bethel (ed.), Cambridge, 1985
Chavín and the Origins of Andean Civilization R. L. Burger, London, 1992
Chiefdoms and Chieftaincy in the Americas E. M. Redmond (ed.), Malden Mass, 1997
Chieftains, Power and Trade: Regional Interaction in the Intermediate Area of the Americas C. H. Langebaek & F. C-Arroyo (eds.), Departamento de Antropologia, Universidad de los Andes: Bogota, Colombia, 1996
Moundbuilders of the Amazon. Geophysical Archaeology on Marajo Island, Brazil A. C. Roosevelt, New York, 1991
Parmana: Prehistoric Maize and Manioc Subsistence along the Amazon and Orinoco A. C. Roosevelt, New York, 1980
Prehistory of the Americas S. J. Fiedel, Cambridge, 1987
The Conquest of the Incas John Hemming, London, 1970
The Discoverie of the Large, Rich and Bewtiful Empire of Guiana by Sir Walter Ralegh N. L. Whitehead (ed.), Exploring Travel Series Vol. 1, Manchester University Press: Manchester, American Exploration and Travel Series Vol. 71, Oklahoma University Press: Norman, 1998
The Incas and Their Ancestors: The Archaeology of Peru M. E. Moseley, New York, 1992
The Meeting of Two Worlds: Europe and the Americas, 1492–1650 W. Bray (ed.), Proceedings of the British Academy 81, Oxford, 1993
The Penguin History of Latin America Edwin Williamson, London, 1992

Afrika

Atlanten:

An Atlas of African History J.D. Fage London, 1958
Atlas of African Affairs Ieuan LL. Griffiths, London and New York, 1994
Atlas of Ancient Egypt John Baines and Jaromir Malek, Oxford, 1996
Cultural Atlas of Africa Jocelyn Murray (ed.), Oxford, 1993
New Atlas of African History G.S.P. Freeman-Grenville, London, 1991
Penguin Historical Atlas of Ancient Egypt Bill Manley, London, 1996

Historische Werke:

A History of West Africa (2 vols.) 3rd edn. J.F.A. Ajaya, M. Crowder, 1985
A Survey of West African History B.A. Ogot (ed.), London, 1974–1976
Africa and Africans in the Formation of the Atlantic World 1400–1680 John Thornton, Cambridge and New York, 1992
Africa and Asia: Mapping Two Continents Natalie Ettinger, Elspeth Huxley, Paul Hamilton, London, 1973
Africa in the Iron Age c.500 BC–AD 1400 R. Oliver, B. Fagan, Cambridge, 1975
Africa since 1800, 3rd edn. R. Oliver, A. Atmore, Cambridge, 1981
African Archaeology, 2nd edn. David W. Phillipson, Cambridge, 1993
An Economic History of Africa From Earliest Times to Partition P.L. Wickins, New York, 1981
Arab Seafaring in the Indian Ocean in Ancient and Medieva[l] Times G.F. Hourani and J.Carswell, Princeton, 1995
Cambridge History of Africa J.D. Fage, R. Oliver (eds.), Cambridge, 1975–
Early Egypt: The Rise of Civilisation in the Nile Valley A.J. Spencer, London, 1993
Economic History of West Africa A.G. Hopkins, London, 197[3]
General History of Africa II: Ancient Civilizations of Africa G. Mokhtar (ed.), Paris and London, 1981
General History of Africa III: Africa from the Seventh to the Eleventh Century M. Elfasi (ed.), I. Hrbek (asst. ed.), Paris an[d] London, 1981
General History of Africa VII: Africa under Colonial Domination 1880–1935 A.A. Boahen (ed.), Paris and London, 1981
Oxford History of South Africa (vols. 1 & 2) Oxford, 1969, 1971
The African Inheritance Ieuan L.L. Griffiths, London and New York, 1995
The Art and Architecture of Ancient Egypt, revised edn. W.S. Smith, London, 1981
The Changing Geography of Africa and the Middle East Graham P. Chapman and Kathleen M. Baker, London and New York, 1992
Wars and Imperial Conquest in Africa 1830–1914 B. Vandervort, London, 1998
West Africa under Colonial Rule M. Crowder, London, 1968

Europa

Atlanten:

Atlas of Medieval Europe Angus Mackay, David Ditchburn (eds.), London, 1997
Atlas of the Classical World A.M. Van der Heydon, H.H. Scullard, London, 1959
Atlas of the Crusades Jonathon Riley-Smith, New York and Oxford, 1991
Atlas of the Greek World Peter Levi, Oxford, 1997
Atlas of the Roman World Tim Cornell, John Matthews, New York, 1982
Cultural Atlas of France John Ardagh and Colin Jones, Oxford, 1991
Cultural Atlas of Spain and Portugal Mary Vincent and R.A. Stradling, Oxford, 1994
Cultural Atlas of the Viking World J.Graham-Campbell (ed.), Oxford, 1994
Historical Atlas of East Central Europe: Volume I Paul Robert Magosci, Seattle and London, 1993
Penguin Historical Atlas of Ancient Greece Robert Morkot, London, 1996
Penguin Historical Atlas of Ancient Rome Chris Scarre, London, 1995
Penguin Historical Atlas of Russia John Channon with Robert Hudson, London, 1995
Penguin Historical Atlas of the Third Reich Richard Overy, London, 1996
Penguin Historical Atlas of the Vikings John Haywood, London, 1995
Russian History Atlas M. Gilbert, London, 1972
Times Atlas of European History London, 1994

Historische Werke:

A History of Ancient Greece N. Demand, New York, 1996
A History of Business in Medieval Europe 1200–1550 E.H. Hunt and J. Murray, Cambridge, 1999
A Russian Economic History A. Kahan, Chicago, 1991
An Historical Geography of Western Europe before 1800, revised edn. C.T. Smith, London and New York
As the Romans Did: a Sourcebook in Roman Social History, 2nd ed. Jo-Ann Shelton, Oxford, 1997
Britain and Industrial Europe 1750–1870 W.O. Henderson, Liverpool, 1965
Britain as a Military Power 1688–1815 J. Black, London, 1999
Cambridge Economic History of Europe II: Trade and Industry in the Middle Ages, 2nd edn. A. Miller (ed.), Cambridge, 1987
Capetian France 987–1328 E. Hallam, London, 1980
Eighteenth Century Europe 2nd edn. J. Black, London, 1999
Eighteenth Century Europe: Tradition and Progress I. Woloch, London and New York, 1982
Enlightened Absolutism H.M. Scott (ed.), London, 1990
Europe in the Eighteenth Century, 2nd edn J. Black, London, 1999
Europe in the Fourteenth and Fifteenth Centuries D.Hay, London, 1966
Europe under Napoleon, 1799–1815 M.G. Broers, London, 1997
European Warfare 1453–1815 J. Black (ed.), London, 1999
Frederick II. A Medieval Emperor D.Abulafia, London, 1988
From Louis XIV to Napoleon: The Fate of a Great Power J. Black, London, 1999

From Tsar to Soviets C. Read, 1996
Gainful Pursuits: The Making of Industrial Europe 1600–1914 J. Goodman, K. Honeyman, London, 1988
Geography of the Soviet Union J.P. Cole, London, 1984
Germany and the Germans, after Unification John Ardagh, London, 1991
Germany in the Middle Ages 800–1056 T. Reuter, London, 1991
History of the Byzantine State G. Ostrogorsky, Oxford, 1969
History of the National Economy of Russia to the 1917 Revolution P.I. Lyaschenko, New York, 1949
Ireland 1912–85 J.J. Lee, 1989
Louis XIV and the French Monarchy A. Lossky, London, 1995
Medieval England: Towns, Commerce and Crafts 1086–1348 E. Miller, J. Hatcher London, 1995
Medieval Trade in the Mediterranean World: Illustrative Documents R.S. Lopez and I.W. Raymond, reprinted New York, 1990
Money and its Use in Medieval Europe P. Spufford, Cambridge, 1988
Moorish Spain R. Fletcher, Phoenix, 1994
Napoleon and the Legacy of the French Revolution M. Lyons, London, 1994
Napoleon's Integration of Europe S.J. Woolf, London, 1991
National States and National Minorities C.A. Macartney, 1968
New Cambridge Medieval History, vol. V, c.1198–c.1300 David Abulafia (ed.), Cambridge, 1999
New Cambridge Medieval History, vol. VI, c.1300–c.1415 Michael Jones (ed.), Cambridge, 1999
New Cambridge Medieval History, vol. VII, c.1415–c.1500 Christopher Allmand Jones (ed.), Cambridge, 1998
Northern Europe in the Early Modern Period: the Baltic World 1492–1772 D. Kirby, London, 1990
Oxford Classical Dictionary, 3rd ed. Simon Hornblower and Antony Spawforth (eds.), Oxford, 1996
Oxford History of the Classical World J. Boardman (ed.), Oxford, 1989
Oxford Illustrated History of the Crusades J. Riley-Smith (ed.), Oxford, 1997
Oxford Illustrated History of the Vikings P. Sawyer (ed.) Oxford, 1997
Oxford Illustrated Prehistory of Europe B. Cunliffe, Oxford, 1994
Poverty and Capitalism in Pre-Industrial Europe C. Lis and H. Soly, Brighton, 1982
Roman Civilization (2 vols) 3rd ed. Naphtali Lewis and Meyer Reinhold (eds.), New York, 1990
Seventeenth-century Europe 1598–1700 T. Munck, London, 1990
Seventeenth–century Europe, 2nd ed. D.H. Pennington, London, 1989
Spain in the Middle Ages: from Frontier to Empire Angus Mackay, London, 1977
Textiles, Towns and Trade J.H. Munro, Aldershot, 1994
The British Revolution: British Politics 1880–1939 Robert Rhodes, London, 1978
The Cambridge Ancient History J.B. Bury, S.A. Cook, F.E. Adcock (eds.), Cambridge, 1923–; 2nd edn 1982–
The Civilization of Europe in the Renaissance J.R.Hale, London, 1993
The Creation of the Roman Frontier S.L. Dyson, Princeton, 1985
The Crusades: a Short History J.Riley -Smith, 1990
The Emergence of the Rus J. Shepherd, S. Franklin, 1996
The European Dynastic States 1494–1660 R. Bonney, Oxford, 1991
The German Hansa P.J. Dollinger, trans. D.S. Ault, S.H. Steinberg, London, 1970
The Habsburg Monarchy, 1618–1815 C. Ingrao, Cambridge, 1994
The Hundred Years War. England and France at War c.1300–c.1450 C.T. Allmand, Cambridge, 1988
The Huns E.A. Thompson, 1996
The Industrialization of Soviet Russia (3 vols.) R.W. Davis, Cambridge, 1989
The Italian City Republics, 3rd edn. D.Waley, London and New York, 1988
The Later Crusades 1274–1580: from Lyons to Alcazar N.Housley, Oxford, 1992
The Legacy of Rome: A New Appraisal Richard Jenkins (ed.) Oxford, 1992
The Making of Europe. Conquest, Colonization and Cultural Change 950–1350 R.Bartlett, London, 1993
The Making of Roman Italy Edward Togo Salmon, Ithaca, NY, 1982
The Mediterranean World in Late Antiquity AD 395–600 A.M. Cameron, London, 1993
The Merovingian Kingdoms 450–758 I.N. Wood, London, 1994
The Old European Order 1660–1800, 2nd ed. W. Doyle, Oxford, 1992
The Origins of the Second World War in Europe P.M.H. Bell, 1986
The Roman Empire, 27 BC–AD 476: A Study in Survival Chester G. Starr, New York, 1982
The State in Early Modern France J.B. Collins, Cambridge, 1995
The Struggle for Mastery in Germany, 1779–1850 B. Simms, London, 1998
The Thirty Years War Geoffrey Parker, London, 1984
The Transformation of the Roman World 400–900 L. Webster, M. Brown, London, 1997
The Two Cities. Medieval Europe 1050–1320 M.Barber, London and New York, 1992
The Wars of Napoleon C.J. Esdaile, London, 1995
The World in Depression 1929–1939 C. Kindleberger, 1973
Venice: A Maritime Republic F.C. Lane, Baltimore, 1973
War and Imperialism in Republican Rome 327–70 BC William V. Harris, Oxford, 1979
War in the Middle Ages P. Contamine, Oxford, 1984

Westasien:

Atlanten:

Atlas of the Jewish World Nicholas de Lange, Oxford, 1984
Cultural Atlas of Mesopotamia and the Ancient Near East Michael Roaf, New York and Oxford, 1996
Historical Atlas of Islam William C. Brice (ed.), Leiden, 1981
Historical Atlas of the Middle East G.S.P. Freeman-Grenville, New York, 1993
Times Concise Atlas of the Bible James B. Pritchard (ed.), London, 1991

Historische Werke:

A History of the Arab People A. Hourani, Harvard, 1991
A History of the Ottoman Empire to 1730 M.A. Cook (ed.), Cambridge, 1976
A Popular Dictionary of Islam Ian Richard Netton, Richmond, 1997
An Introduction to Islam David Waites, Cambridge, 1996
Arabia Without Sultans Fred Halliday, London, 1979
Cambridge Encyclopedia of The Middle East and North Africa Cambridge, 1988
Encyclopaedia of Islam (10 vols.) new edn. H.A.R. Gibb et al. (eds.), Leiden, 1960
Histoire de l'Empire Ottoman R. Mantran, Paris, 1989
History of the First World War B.H. Liddell Hart, London, 1979
Lords of Horizons: A History of the Ottoman Empire Jason Goodwin, Henry Hoh and Company, 1999
Middle East Sources: A MELCOM Guide to Middle Eastern and Islamic Books and Materials in the United Kingdom and Irish Libraries Ian Richard Netton, Richmond, 1998
Muhammed, Prophet and Statesman W. Montgomery Watt, London, 1961, 1967
Ottoman Warfare 1500–1600 R Murphy, London, 1999
Palestine and the Arab Israeli conflict C.D. Smith, 1994
The Age of the Crusades. The Near East from the Eleventh Century to 1517 P. M. Holt, London and New York
The Ancient Near East c. 3000–300 BC A.T.L. Kuhrt, London, 1995
The Arabs Peter Mansfield, London , 1997
The Birth of the Palestinian Refugee Problem 1947–1949 Benny Morris, Cambridge, 1988
The Cambridge History of Iran (vol. 3) E Yarshater (ed.) Cambridge, 1983
The Fifty Years War: Israel and the Arabs Ahron Bregman and Jihan el-Jahri, Penguin, London, 1996
The Lessons of Modern War: The Iran-Iraq War Anthony H. Cordesman and Abraham R. Wagner, Boulder and San Francisco, 1990
The Neolithic of the Near East J. Mellaart, London, 1975
The Ottoman Empire: The Classical Age 1300–1600 Halil Inalcik, London, 1973
The Ottoman Turks: an Introductory History to 1923 J. McCarthy, London, 1994
The Prophet and the Age of Caliphates: The Islamic Near East from the Sixth to the Eleventh Century Hugh Kennedy, London and New York, 1986
The Travels of Ibn Battuta AD 1325–1354 (4 vols.) Ibn Battuta trans. by H.A.R. Gibb and C.F. Beckingham, Cambridge, 1958–1984
The Venture of Islam (3 vols.) Marshall G.S. Hodgson, Chicago, 1974
The World of Islam Ernst J. Grube, London, 1966
The World of Islam Bernard Lewis, London, 1976

Süd- und Südostasien

Atlanten:

Historical Atlas of South Asia, 2nd edn. Joseph E. Schwartzberg, Oxford and New York, 1992
Historical Atlas of South-East Asia Jan M. Pluvier, Leiden, 1995
Historical Atlas of the Indian Peninsula C.C. Davies, London, 1959
Historical Atlas of the Vietnam War Harry G. Summers Jr., Boston and New York, 1995
Macmillan's Atlas of South-East Asia London, 1988

Historische Werke:

A History of India M.A. Edwardes, London, 1961
A History of India Burton Stein, Oxford, 1998
A History of India Romila Thapar, London, 1967
A History of Malaya 1400–1959 J. Kennedy, London, 1967
A History of South-East Asia, 4th edn. D.G.E. Hall London, 1981
A History of Vedic India Z.A. Ragozin, Delhi, 1980
A New History of India S. Wolpert, Oxford, 1993
Cambridge Economic History of India, Vol. 1, c.1200–c.1750 Tapan Raycgaudhuri and Irfan Habib (eds.), Cambridge, 1981
Cambridge Economic History of India, Vol. 2, c.1757–c.1970 Dharma Kumar and Meghnad Desai (eds.), Cambridge, 1983
Early India and Pakistan to Ashoka M. Wheeler, London, 1968
In Search of Southeast Asia, revised edn. David Joel Steinberg, Honolulu, 1987
In Search of the Indo-Europeans: Language, Archaeology and Myth J.P. Mallory, London, 1994
India: A Modern History, new edn. Percival Spear, Ann Arbor, Michigan, 1972
New Cambridge History of India G. Johnson (ed.), Cambridge, 1989
Prehistoric India to 1000 BC S. Piggott, London, 1992
Prehistoric Thailand from Early Settlement to Sukhothai C.F.W. Higham, R. Thosarat, Bangkok, 1999
Prehistory of the Indo-Malay Archipelago P. Bellwood, Ryde, NSW, 1985
South-East Asia C.A. Fisher, London, 1964
Southeast Asia: An Introductory History, 2nd edn. M.E. Osborne
Southeast Asia: History, Culture, People, 5th revised edn. E. Graff, H.E. Hammond, Cambridge, 1980
Thailand: A Short History David Wyatt, New Haven, 1984
The Archaeology of Mainland Southeast Asia Charles Higham, Cambridge, 1989
The Archaeology of Mainland Southeast Asia from 1000 BC to the Fall of Angkor C.F.W. Higham, Cambridge, 1989
The Birth of Indian Civilisation B. and R. Allchin, London, 1968
The History of Post-War Southeast Asia: Independence Problems John F. Cady, Athens, Ohio, 1972
The Indianized states of Southeast Asia Georges Coedes, Honolulu, 1968
The Making of South-East Asia D.J.M. Tate, Kuala Lumpur, 1971
The Stone Age of Indonesia, revised edn. H.R. Van Heekeren, The Hague, 1972
The Traditional Trade of Asia C.F. Simkin, Oxford, 1968
The Vedic Age R.C. Majumdar, Bombay, 1951
The Wonder That Was India (2 vols.) 3rd revised edn. A.L. Basham, London, 1987
Trade and Civilization in the Indian Ocean: An Economic History of the rise of Islam to 1750 K.N. Chauduri, Cambridge, 1985
Vietnam S.C Tucker, London, 1999
War, Culture and Economy in Java 1677–1721 M.C. Ricklefs, The Hague, 1990

Nord- und Ostasien

Atlanten:

Ajiarekishi chizu Matsui and Mori, Tokyo, 1965
Atlas of China Chiao-min Hsieh, USA, 1973
Cultural Atlas of China, C. Blunden and M. Elvin, Oxford, 1991
Historical and Commercial Atlas of China A. Herrmann, Harvard, 1935
Historical Atlas of China A. Herrmann, Edinburgh, 1966
Cultural Atlas of Japan, M. Collcutt, M. Jansen, Isao Kumakura Oxford, 1991
Nihon rekishi jiten Atlas Tokyo, 1959
Times Atlas of China P.J.M. Geelan D.C. Twitchett (eds.), London, 1974
Tubinger Atlas der Orients (various vols.) Wiesbaden, 1972-

Historische Werke:

A Historical Geography of Russia H.Parker (ed.), London, 1968
A History of the Peoples of Siberia J. Forsyth, Cambridge, 1992
Cambridge Illustrated History of China P. B. Ebrey, Cambridge, 1996
Cambridge History of China D. Twitchett, M. Loewe (eds.), Cambridge, 1979–
China, Korea and Japan: The Rise of Civilization in East Asia, Gina L. Barnes London, 1993
The Early Civilization of China Yong Yap and A. Cotterel, London, 1975
Histoire du Parti Communiste Chinois J. Guillermaz, Paris, 1968, English translation 1972
Inner Asian Frontiers of China O. Lattimore, New York, 1951
An Introduction to Chinese History, B. Wiethoff London, 1975
Le Monde Chinois J. Gernet, Paris, 1969; English translation 1982
The Archaeology of Ancient China, 4th edn. K.C. Chang, New Haven, 1986
The Empire of the Steppes: A History of Central Asia R. Grousset, New Brunswick, NJ, 1970
World Prehistory, G. Clarke, Cambridge, 1977

Australasien und Ozeanien

Atlanten:

Aboriginal Languages and Clans: An Historical Atlas of Western and Central Victoria J.D. Clark, Clayton, South Australia, 1988
Cultural Atlas of Australia New Zealand and the South Pacific Richard Nile and Christian Clerk, Oxford, 1996

Historische Werke:

A Prehistory of Australia, New Guinea, and Sahul J.P. White and J.F. O'Connell, Sydney, 1982
Aboriginal Australians: Black Responses to White Dominance Richard Broome, Sydney, 1982
Australia Unveiled Günter Schilder, Amsterdam, 1976
Australian Civilisation Richard Nile (ed.), Melbourne, 1994
Blood on the Banner: Nationalist Struggles in the South Pacific D.Robie, London, 1989
Convict Workers: Reinterpreting Australian History Stephen Nicholas, Cambridge (UK), 1988
Culture and Democracy in the South Pacific Ron Crocombe et al. (eds.), Suva, Fiji, 1992
Dispossession: Black Australians and White Invaders Henry Reynolds (ed.), Sydney, 1989
Easter Island Studies Steven Roger Fischer (ed.), Oxford, 1993
Ethnicity, Class and Gender in Australia Gill Bottomley and Marie de Lepervanche (eds.), Sydney, 1991
European Vision and the South Pacific Bernard Smith, New Haven, Conn., 1992
Fatal Necessity: British Intervention in New Zealand Peter Adams, Auckland, 1977
Frontier: Aborigines, Settlers and the Land Henry Reynolds, Sydney, 1987
Historical Charts and Maps of New Zealand Peter B. Maling, Auckland, 1996
History of Australia John Malony, Ringwood, Victoria (Australia), 1987
History of New Zealand Keith A. Sinclair, Auckland, 1988
History of the Pacific Islands I.C.Campbell, Berkeley, 1989
Man's Conquest of the Pacific Peter Bellwood, Auckland, 1978
Native Lands: Prehistory and Environmental Usage in Australia and the South-West Pacific J. Dodson (ed.), Melbourne, 1992
New History of Australia Frank Crowley, Melbourne, 1974
New Zealand Politics in Perspective H. Gold, Auckland, 1985
Oxford History of Australia Geoffrey Bolton (ed.), Melbourne, 1994
Oxford History of New Zealand W.H. Oliver and B.R. Williams, Wellington, 1981
Oxford Illustrated History of New Zealand Keith Sinclair (ed.), Auckland, 1990
Pacific Navigation and Voyaging Ben F. Finney (ed.), Wellington, 1976
Social Change in the Pacific Islands A.D. Robillard (ed.), London, 1992
Sunda and Sahul: Prehistoric Studies in Southeast Asia, Melanesia and Australia J. Allen, J. Golson and R. Jones (eds.), London, 1977
The Australian Colonists K.S. Inglis, Melbourne, 1974
The Discovery of the Pacific Islands Andrew Sharp, Oxford, 1960
The Evolution of Highland Papua New Guinea Societies D.K. Feil, Cambridge, 1987
The Exploration of the Pacific J.C. Beaglehole, Stanford, 1966
The Journals of Captain James Cook on his Voyages of Discovery (4 vols.) Beaglehole, J.C. (ed.), Cambridge, 1955–1974
The Maori Population of New Zealand 1769–1971 Ian Pool, Auckland, 1977
The Pacific Islands: Politics, Economics and International Relations Te'o I.J. Fairburn et al., Honolulu, 1991
The Pacific Since Magellan O.H.K. Spate, Canberra, 1988
The People's History of Australia since 1788 Verity Burgman and Jenney Lee (eds.), Melbourne, 1988
The Polynesians Peter Bellwood, London, 1987
The Prehistoric Exploration and Colonisation of the Pacific Geoffrey Irwin, Cambridge, 1992
The Prehistory of Australia D.J. Mulvaney, Ringwood, Victoria (Australia), 1975
The Prehistory of Polynesia Jesse D. Jennings (ed.), Cambridge (USA), 1979
The Quiet Revolution: Turbulence and Transition in Contemporary New Zealand Colin James, Wellington, 1986
The South Pacific: An Introduction Ron Crocombe, Suva, Fiji, 1989 (revised edition)
The World of the First Australians: Aboriginal Traditional Life – Past and Present R.M. and C.H Berndt, Canberra, 1988
We, the Navigators: The Ancient Art of Land-finding in the Pacific David Lewis, Canberra, 1972

Deutschsprachige Literatur

Adami's Schul-Atlas Verlag Dietrich Reimer, Berlin, 1858
Antike Welt, Zeitschrift zur Archäologie, Zabern, Mainz, verschiedene Jahrgänge ab 1979
Atlas zur Geschichte VEB H. Haack, Gotha u. Leipzig, 1979
Bertelsmann Lexikon Geschichte Bertelsmann, Gütersloh, 1996
Bertelsmann Weltaltlas Bertelsmann, Gütersloh, 1997
Byzanz. Das Reich und die Stadt Alain Ducellier, Campus, Frankfurt&M., New York 1990
Der große Ploetz Ploetz, Freiburg, 1986, 1998
Der kleine Pauli dtv, München, 1979
Die Bibel von A-Z Matthias Stubhann (Hg.), Karl Müller, Salzburg, ohne Jahr
Die europäische Stadt des Mittelalters Edith Ennen, Vandenhoek & Ruprecht, Göttingen, 1987
Die frühen Kulturen der Welt Marcel Brion, DuMont Schauberg, Köln, 1964
Die Hethiter und ihre Nachbarn Evelyn und Horst Klengel, Koehler & Amelang, Leipzig, 1975
Die islamische Welt bis 1500 Tilman Nagel, München, Oldenbourg, 1998 (Namen ohne diakritische Zeichen)
Die Kulturen der Alten Welt Görna Burenhult (Hg.), Jahr-Verlag, Hamburg, 1994
dtv-Atlas Weltgeschichte Hermann Kinder/Werner Hilgemann, dtv, München, 1998
DuMont's Lexikon der Seefahrer und Entdecker DuMont Buchverlag, Köln, 1995
Fischer Weltgeschichte div. Bd., Frankfurt/M., 1962 passim (Namen ohne diakritische Zeichen)
Geschichte der Antike Oswyn Murray (Hg.), dtv, München, 1982
Geschichte der arabischen Völker Albert Hourani, Fischer, Frankfurt/M., 1992
Geschichte des byzantinischen Staates Georg Ostrogorsky, C. H. Beck, München, 1963
Geschichte des Hellenismus Johann Gustav Droysen, WBG, Erich Bayer (Hg.), Darmstadt, 1952, 1998
Geschichte Indiens Hermann Kulke/Dietmar Rothermund, C. H. Beck, München, 1998
Geschichte in Gestalten Hans Herzfeld (Hg.), Fischer, Frankfurt/M. 1963,1981
Griechische Geschichte Erich Bayer, Kröner, Stuttgart, 1987
Großer Atlas zur Weltgeschichte Westermann, Braunschweig, 1997
Grundzüge der römischen Geschichte 2 Bd., Heinz Bellen, WBG, Darmstadt, 1995
Grundzüge früher Menschheitsgeschichte Hermann Müller-Karpe, 5 Bände, WBG, Darmstadt, 1998
Herodot, Neun Bücher zur Geschichte übers. v. Heinrich Stein, Phaidon, Essen, 1984
Knaurs Welt-Atlas Droemersche Verlagsanstalt, München, 1951,1952
Kultur und Alltag im Osmanischen Reich Suraiya Faroqhi, C.H. Beck, München1995
Kulturgeschichte des Alten Orient Hartmut Schmökel (Hg.), Körner, Stuttgart, 1961
Lexikon arabische Welt Günter Barthel u. Kristina Stock (Hg.), Verlag Ludwig Reichert, 1994
Lexikon der Alten Welt, Artemis Verlag, Zürich und München, 1965, 1990
Lexikon des Mittelalters Norbert Angermann (Hg.), Artemis u. LexMA, München1980-1998
Prominente der Antike German Hafner, Econ, Düsseldorf, 1981
Propyläen Weltgeschichte in 10 Bänden Golo Mann et.al. (Hg.), Propyläen, Berlin, 1960-64
Römische Geschichte 2 Bd., Ernst Kornemann, Kröner, Stuttgart, 1970
Universalgeschichte der Schrift Harald Haarmann, Campus, Frankfurt/M., 1991
Weltatlas der Archäologie Chris Scarre (Hg.), Südwest, München, 1990
Weltgeschichte in 12 Bänden Heinrich Pleticha (Hg.), Bertelsmann, Gütersloh, 1996

NACHWEISE

Der Verleger dankt folgenden Institutionen für die freundliche Erlaubnis zur Reproduktion der Abbildungen in diem Buch.

O = oben, M = Mitte, U = unten, L = links, R = rechts, o = oberhalb, u = unterhalb

1 **© 1996 Visual Language**.

2/3 **© 1996 Visual Language**.

5 **E.T. Archive**: British Library, London OM

10/11 **© Michael Holford**: British Museum, London.

12 **The Natural History Museum, London**: ORu, Mo, URo, MR, MU; **Science Photo Library**: John Reader TL.

13 **The Natural History Museum, London**: OML, OR; **Science Photo Library**: John Reader OMR.

14 **DK Picture Library**: ML, UML; **Professor Joseph E. Schwartzberg**: ORu; **Dr David Price Williams**: URo.

15 **DK Picture Library**: MRo; Ashmolean Museum, Oxford OR; British Museum, London OL; **Eye Ubiquitous**: John Miles MRu.

16 **CM Dixon**: MR; **DK Picture Library**: MLL, UL, UMR; University Museum of Archaeology and Anthropology, Cambridge OL; **Dr David Price Williams**: ML.

17 **Ancient Art & Architecture Collection**: Ronald Sheridan OMR; **Coo-ee Historical Picture Library**: Ron Ryan UR; **DK Picture Library**: University Museum of Archaeology and Anthropology, Cambridge ML, MR; **© Michael Holford**: OML.

18 **Ancient Art & Architecture Collection**: Ronald Sheridan ORu; **James Mellaant**: UR; **Scala, Florence**: Archaeological Museum, Belgrad ML; **The Utah Museum of Natural History, University of Utah**: UL.

19 **British Museum, London**: OMRu; **Robert Harding Picture Library**: Bildagentur Schuster / Schenk UR; **© Michael Holford**: Ankara Museum OML; **Catherine Jarrige**: Centre de Recherches Archéologiques Indus-Baluchistan, Musée Guimet, Paris MRu.

20 **DK Picture Library**: ML (kugelförmiger Behälter); British Museum, London OL, ML (hoher Becher); Museum of London MLo.

21 **Bridgeman Art Library, London / New York**: Foto: Mrs Sally Greene OL; **DK Picture Library**: OR, UML; British Museum, London UM.

22 **DK Picture Library**: OR; **Robert Harding Picture Library**: John G Ross URo; Karachi Museum, Pakistan / Foto: R Harding ML; **Smithsonian Institute**: Präsentiert von Mrs Alice K Bache, erworben von James Judge und Eugenia Rodriquez / Foto: David Heald UL.

23 **James Davis Travel Photography**: OM; **Robert Harding Picture Library**: ORu, MR; **© Michael Holford**: British Museum, London MRu.

24 **British Museum, London**: MLu; **DK Picture Library**: British Museum, London UL; **Werner Forman Archive**: Ashmolean Museum, Oxford OL; **Hirmer Verlag München**: Iraq Museum, Bagdad MuL.

25 **Bridgeman Art Library, London / New York**: Ashmolean Museum, Oxford URo; British Museum, London ORu; **DK Picture Library**: British Museum, London M, MR, UR; University Museum of Archaeology and Anthropology, Cambridge UMRo.

26 **AKG London / Erich Lessing**: UL; **Bridgeman Art Library, London / New York**: National Archaeological Museum, Athens UL (Nebenbild); **E.T. Archive**: National Museum, Copenhagen ORu; **National Museum of the American Indian**: Smithsonian Institute / Zusammengestellt von MR Harrington / Foto: David Heald ML.

27 **AKG London**: Archaeological Museum, Heraklion OL; **AKG London/ Erich Lessing**: UML; **© Michael Holford**: Musée Cernuschi MRo; **DK Picture Library**: British Museum, London OR; **The University of Auckland**: Department of Anthropology / Ausgegraben von Prof. R.C. Green MRu.

28 **Bridgeman Art Library, London / New York**: Musée du Louvre, Paris OL; **DK Picture Library**: British Museum, London MoL; **Friedrich-Schiller-Universität Jena / Hilprecht Collection of Near Eastern Antiquities**: Prof. Dr. Manfred Krebernik MuL; **Turkish Information Office, London**: ULo.

29 **© Michael Holford**: URo; Ashmolean Museum, Oxford UR; **The Institute of Archaeology, Beijing**: Professor Zheng Zhen Xiang MRo.

30 **Werner Forman Archive**: Anthropology Museum, Veragruz University, Jalapa OR; **Robert Harding Picture Library**: UML; **South American Pictures**: Kathy Jarvis ML.

31 **Bridgeman Art Library, London / New York**: Royal Albert Memorial Museum, Exeter UML; **DK Picture Library**: British Museum, London OML; **E.T. Archive**: British Museum, London MRo; Historical Museum of Armenia, Erevn OMRu; **Robert Harding Picture Library**: MRu.

32 **Bridgeman Art Library, London / New York**: Musée du Louvre, Paris / Foto: Peter Willi MLL; **DK Picture Library**: British Library, London M; British Museum, London OL, OMR, UL, UML; **© Michael Holford**: British Museum, London ML; Musée du Louvre, Paris MR.

33 **Bridgeman Art Library, London / New York**: Ashmolean Museum, Oxford MR (Athener Münze); British Museum, London OL, OMR; **DK Picture Library**: Ashmolean Museum, Oxford MRu; British Museum, London ML, M, MR (Zählstab); **Robert Harding Picture Library**: Adam Woolfitt MuR; **© Michael Holford**: British Museum, London MR (Herakles); **Ch. Thioc, Musée de la Civilisation Gallo-Romaine, Lyon**: MLu.

34 **British Museum, London**: ML; **E.T. Archive**: OMR; **N.J. Saunders**: MLu.

35 **DK Picture Library**: Ashmolean Museum, Oxford MRu; British Museum, London OLu, MRo; **© Michael Holford**: British Museum, London OMLu; **Robert Harding Picture Library**: UML; ACI OR.

36 **AKG London / Erich Lessing**: Iraq Museum, Bagdad OL; **Ancient Art & Architecture Collection**: Brian Wilson OMR; **Werner Forman Archive**: UL.

37 **AKG London**: UR; The Israel Museum, Jerusalem MRo; **AKG London / Erich Lessing**: National Museum of Archaeology, Naples MLo; **DK Picture Library**: British Museum, London MuR; **E.T. Archive**: Olympia Museum, Griechenland OM; **Werner Forman Archive**: Musées Royaux du Cinquantenaire, Brüssel MuL.

38 **E.T. Archive**: British Museum, London ML; **Werner Forman Archive**: David Bernstein Collection, New York UL; **© Michael Holford**: British Museum, London UMR; **Tony Stone Images**: Robert Everts OMR.

39 **E.T. Archive**: OL; Eremitage, St. Petersburg MRo; National Archaeological Museum, Neapel OR; **Hutchison Library**: Jenny Pate MRu.

40 **E.T. Archive**: National Archaeological Museum, Neapel ML; **Robert Harding Picture Library**: Archaeological Museum, Istanbul / Foto: Christina Gascoigne OL; R Ashworth OMR; **Scala, Florenz**: Museo Capitolini, Rom UL.

41 **British Museum, London**: MRu; **Robert Harding Picture Library**: MRo; **Réunion des Musées Nationaux Agence Photographique**: Musée des Arts Asiatique-Guimet, Paris M; **Scala, Florenz**: Museo di Villa Giulia, Rom OMR; Museo Gregoriano Egizio, Vatikan OMu.

42 **Axiom**: Guy Marks OM; **Bridgeman Art Library, London / New York**: British Museum, London URo; **E.T. Archive**: Archaeological Museum, Lima ML; **Scala, Florenz**: Museo della Civiltà Romana, Rom UML.

43 **Axiom**: James Morris MR; **Robert Harding Picture Library**: OMRu; Richard Ashworth MRu; **Novosti (London)**: OML.

44 **Bridgeman Art Library, London / New York**: British Museum, London OR; **CM Dixon**: MLu; **E.T. Archive**: Archaeological Museum of Merida ML; **Robert Harding Picture Library**: OL, Mu.

45 **Ancient Art & Architecture Collection**: B Crip OR; J Powell: MRo; **Chris Scarre**: UM.

46 **Ancient Art & Architecture Collection**: Ronald Sheridan UL; **Bridgeman Art Library, London / New York**: British Museum, London ML; Fitzwilliam Museum, University of Cambridge OM.

47 **Bruce Coleman Ltd**: Fred Bruemmer OL; **Robert Harding Picture Library**: OM; **© Michael Holford**: British Museum, London UML; Museo Prenestino MR; **Réunion des Musées Nationaux Agence Photographique**: Musée des Arts Asiatiques-Guimet, Paris / Foto: Richard Lambert UR.

48 **Bridgeman Art Library, London / New York**: British Museum, London OMu; Galleria e Museo Estense, Modena MRu; National Museum of India, New Delhi UMo; **British Museum, London**: OL.

49 **CM Dixon**: Victoria & Albert Museum, London UR; **Werner Forman Archive**: OMR.

50 **AKG London / Erich Lessing**: Musée Lapidaire, Arles OM; **Werner Forman Archive**: Privatsammlung, New York MLu; **© Michael Holford**: British Museum, London MRu.

51 **DK Picture Library**: British Museum, London OR; **Werner Forman Archive**: MRu; **Sonia Halliday Photographs**: MR; **Robert Harding Picture Library**: MuL; Chinese Exhibition OML.

52 **Ancient Art & Architecture Collection**: Ronald Sheridan OL; **Bridgeman Art Library, London / New York**: Privatsammlung OM; **© Michael Holford**: British Museum, London UR.

53 **AKG London / Erich Lessing**: National Museum, Budapest MRu; **Ancient Art & Architecture Collection**: Ronald Sheridan OM; **E.T. Archive**: Archaeological Museum, Madrid UL.

54 **Bridgeman Art Library, London / New York**: San Vitale, Ravenna OM; **Werner Forman Archive**: National Museum of Anthropology, Mexico-City UR; **© Michael Holford**: Museum of Mankind, London MuL.

55 **Werner Forman Archive**: Idemitsu Museum of Arts, Tokyo MRo; **Robert Harding Picture Library**: Bildagentur Schuster / Krauskopf OL; **© Michael Holford**: British Museum, London UR; **Leiden University Library, Niederlande**: (Or. 3101) OMR.

56 **Ancient Art & Architecture Collection**: Ronald Sheridan OL; **Bridgeman Art Library, London / New York**: British Library, London (Or.6810 f.27v) ML; **Werner Forman Archive**: OM.

57 **AKG London**: Bibliothèque Nationale de France, Paris (Arabe 5847, fol.84) OL; **Robert Harding Picture Library**: UM; D Kraus OML.

58 **DK Picture Library**: British Museum, London MRu; **Robert Harding Picture Library**: Gavin Hellier OM; **Tony Stone Images**: Robert Frerck MLu.

59 **Bodleian Library**: (Ms. Marsh 144 P.167) MR; **Bridgeman Art Library, London / New York**: British Library, London OL; **British Library, London**: OM; **DK Picture Library**: British Museum, London MLu; **E.T. Archive**: British Museum, London MRu.

60 **Bridgeman Art Library, London / New York**: Science Museum, London M; **Coo-ee Historical Picture Library**: UL; **Werner Forman Archive**: State Historiska Museum, Stockholm OL; **© Trustees of the National Museums of Scotland**: OMR.

61 **AKG London**: Bibliothèque Nationale, Paris (Arabe 5847, fol.119) UL.

62 **Axiom**: Chris Bradley MRu; **Bodleian Library**: Pococke (Ms. fol. 3v-4r) ML; **Werner Forman Archive**: Maxwell Museum of Anthropology, Albuquerque, New Mexico UL; **Robert Harding Picture Library**: OM.

63 **Bridgeman Art Library, London / New York**: Bibliothèque Nationale de France, Paris (Fr 2630 f.111v) OM; **E.T. Archive**: National Palace Museum, Taiwan MR; **Robert Harding Picture Library**: MRu; **Hulton Getty:** (Ms. Bodleian 264) OL.

64 **Bridgeman Art Library, London / New York**: Château Roux, Frankreich OR; British Library, London (Roy 2A XX11 f.220) OL, (Add 42130 f.82) UM.

65 **E.T. Archive**: Bibliothèque Nationale de France, Paris OLu; **Robert Harding Picture Library**: M.

66 **DK Picture Library**: British Library, London UL; Museum of Mankind, London ML; **Robert Harding Picture Library**: Bodleian Library, Oxford OMR.

67 **Bridgeman Art Library, London / New York**: Bibliothèque Nationale de France, Paris MR; **DK Picture Library**: National Maritime Museum, London OR; **Robert Harding Picture Library**: UR; I Van Der Harst UML; **© Michael Holford**: British Museum, London OL.

68 **Bridgeman Art Library, London / New York**: National Palace Museum, Taipei OL; Privatsammlung OR; **DK Picture Library**: British Library, London ML.

69 **Bridgeman Art Library, London / New York**: British Museum, London MR; Victoria & Albert Museum, London UR; **Werner Forman Archive**: Formerly Gulistan Imperial Library, Teheran MLo.

70 **Bridgeman Art Library, London / New York**: British Museum, London UL; **Werner Forman Archive**: University Library, Prague OM.

71 **Bridgeman Art Library, London / New York**: British Museum, London UL; **British Library, London**: (Harl.4379, fol.83v) OL; **Robert Harding Picture Library**: OR; MPH MR; Adam Woolfitt UR.

72 **Bridgeman Art Library, London / New York**: British Library, London (Harl 4380, f.22) UM; **Jean-Loup Charmet**: Musée d'Histoire de la Médecine, Lyon MLo; **DK Picture Library**: National Maritime Museum, London OL; **Scala, Florenz**: State Archive, Lucca UL; **Science Photo Library**: John Burbridge UL (Nebenbild).

73 **Sammlungen**: Liz Stares OMu; **Katz Pictures**: The Mansell Collection / Time Inc. ULo; **Scala, Florenz**: Galleria Sabauda, Turin OR.

74 **AKG London**: UM; **E.T. Archive**: OR; **Tony Stone Images**: Jerry Alexander MLu.

75 **AKG London**: OM; Pinacoteca Vaticana, Rom OL; **Ancient Art & Architecture Collection**: Ronald Sheridan ULo; **E.T. Archive**: MRu; **Sonia Halliday Photographs**: CAR.

76 **E.T. Archive**: Bibliothèque Nationale de France, Paris TL

77 **Bridgeman Art Library, London / New York**: Bibliothèque Nationale de France, Paris (Fr 2810 f.188) UML; **E.T. Archive**: University Library, Istanbul UL; **Library of Congress, Washington, D.C.**: (GA 1124 1555 F.8 G&M RR Plate 43) BCR.

78 **Bridgeman Art Library, London / New York**: Kunsthistorisches Museum, Wien OMR; **DK Picture Library**: UML; **© Michael Holford**: British Museum, London UMR; **Peter Newark's Pictures**: ML.

79 **Bridgeman Art Library, London / New York**: Bibliothèque Nationale de France, Paris (Fr 2810, f.84) MRu; **DK Picture Library**: British Library, London ORu; **Sonia Halliday Photographs**: Topkapi Palace Museum, Istanbul OL.

80 **AKG London**: UL; **Bridgeman Art Library, London / New York**: British Library, London (Sloane 197 f.18) OL; **Werner Forman Archive**: Art Institute, Chicago UR.

81 **Bridgeman Art Library, London / New York**: Prado, Madrid / Index UM; **British Library, London**: M; Institut Amatller D'Art Hispànic, Barcelona: MR.

82 **Bridgeman Art Library, London / New York**: Château de Versailles, Frankreich / Giraudon OM; **Peter Newark's Pictures**: MLu.

83 **E.T. Archive**: Musée Guimet Paris OM; **Robert Harding Picture Library**: UML; M Robertson MRu; **© Michael Holford:** Science Museum, London OMLu; **Royal Geographical Society Picture Library**: MR.

84 **Bridgeman Art Library, London / New York**: British Library, London UM; **DK Picture Library**: OL; **E.T. Archive:** National Maritime Museum, London MoR.

85 **AKG London**: MR; **DK Picture Library**: UL; **E.T. Archive**: Bibliothèque Nationale de France, Paris OMR; **Mary Evans Picture Library:** Mu; **Peter Newark's Pictures:** OL.

86 **DK Picture Library:** National Maritime Museum, London UML; **Peter Newark's Pictures:** OM, ML.

87 **Bridgeman Art Library, London / New York**: Victoria & Albert Museum, London MRu; **British Library, London:** OM; **Werner Forman Archive:** British Museum, London UM; **National Maritime Museum, London:** OL.

88 **Bridgeman Art Library, London / New York**: Privatsammlung Mu; **Hulton Getty:** OL; **Peter Newark's Pictures:** MR.

89 **The Granger Collection, New York:** OMR; **Hulton Getty:** UR; **Peter Newark's Pictures:** UL.

90 **Bridgeman Art Library, London / New York:** Privatsammlung MLu; **Image Select:** Ann Ronan OM; **Public Record Office Picture Library:** UML; **Peter Newark's Pictures:** ML.

91 **Bridgeman Art Library, London / New York:** National Maritime Museum, London OL; **Alexander Turnbull Library,** National Library of New Zealand, Te Puna Mātauranga o Aotearoa MR; The Stapleton Collection UM; **DK Picture Library:** OMR.

92 **Mary Evans Picture Library:** OMR, ML; **Hulton Getty:** OL; **Library of Congress, Washington, D.C.:** M.

93 **Corbis:** Bettmann Mu, MRo; **Mary Evans Picture Library:** MLu.

94 **Bridgeman Art Library, London / New York:** Historisches Museum der Stadt, Wien OM; **Public Record Office Picture Library:** UM; **William L. Clements Library, University of Michigan:** ML.

95 **AKG London:** UM; **British Library, London:** (Shelfmark No. 2443) OM; **Werner Forman Archive:** CD Wertheim Collection OL; **Peter Newark's Pictures:** MR.

96 **Jean-Loup Charmet:** MLu; **Mary Evans Picture Library:** OL, OMR, OR; **Hulton Getty:** URo.

97 **Corbis:** UL; **Mary Evans Picture Library:** OMRu, ORu.

98 **Advertising Archives:** ML; **E.T. Archive:** UM; **Frank Spooner Pictures:** Roger Viollet OMR.

99 **AKG London:** OM; **Jean-Loup Charmet:** UM; **Corbis:** Bettmann / Underwood OL; **National Motor Museum, Beaulieu:** MR.

100 **Corbis:** Bettmann UML; **DK Picture Library:** National Maritime Museum, London OL; **Mary Evans Picture Library:** MLo, UL.

101 **Corbis:** Bettmann MoL; **Peter Newark's Pictures:** MRu.

102 **Corbis:** Burs Can OMR; Hulton-Deutsch Collection UR; **Hulton Getty:** Keystone / Oscar Kersenbaum UM; **London Transport Museum:** ML.

103 **Hulton Getty:** OL, OR, UM.

104 **Rex Features:** OL.

105 - **Corbis:** UPI / Bettmann UL; **Topham Picturepoint:** M; Associated Press OLu.

106 **Robert Harding Picture Library:** David Lomax UM; **Hulton Getty:** OMR; **Tony Stone Images:** Earth Imaging ML.

107 **DK Picture Library:** OM, MR; **Hulton Getty:** OL; **Frank Spooner Pictures:** Cilo UM.

108 **Corbis:** Bettmann / UPI OL; **Hulton Getty:** UL; **Topham Picturepoint:** Mu.

109 **Rex Features:** OM; Sipa-Press UL; **Topham Picturepoint:** A Young-Joon M.

110 **Robert Harding Picture Library:** R. Hanbury-Tenison UM; **Rex Features:** Sipa-Press OR; **Science Photo Library:** CNES, 1986 Distribution Spot Image MLo.

111 **Corbis:** Philippe Wojazer / Reuter UM; **Rex Features:** Setboun / Sipa-Press OL; **Frank Spooner Pictures:** Xinhua-Chine OMu; **Tony Stone Images:** Robert Mort MR.

112 **PowerStock Photolibrary / Zefa:** N Solitrenick MLo; **Rex Features:** OL; Alexandra Boulat UR; **Frank Spooner Pictures:** Gamma / Tom Kidd MLu.

113 **Hutchison Library:** Carlos Freire OM; **Panos Pictures:** Chris Stowers MuR.

114/115 **© 1996 Visual Language**.

117 **Robert Harding Picture Library:** Robert Frerck / Odyssey / Chicago UM; **Tony Stone Images:** Tom Bean Mu; Jake Rajas MRu.

118 **Bibliothèque Nationale de France, Paris:** UM; **Bridgeman Art Library, London / New York:** British Library, London UR; **Robert Harding Picture Library:** New York Historical Society OL; **Musée de L'Homme, Paris:** D Ponsard OMR.

119 **DK Picture Library:** M, UL, MRu; **Robert Harding Picture Library:** OMu; **Peter Newark's Pictures:** OLu.

120 **DK Picture Library:** ML; **E.T. Archive:** UL; **Werner Forman Archive:** Field Museum of Natural History, Chicago OL; **Robert Harding Picture Library:** Robert Frerck / Odyssey / Chicago OMR.

121 **Werner Forman Archive:** British Museum, London OM; Ohio State Museum UR.

122 **Bridgeman Art Library, London / New York:** British Museum, London OL; **James Davis Travel Photography:** Mu; **E.T. Archive:** MLu; **Robert Harding Picture Library:** Robert Frerck / Odyssey / Chicago UR; **© Michael Holford:** MoR; **Hutchison Library:** Edward Parker OMR.

123 **DK Picture Library:** Museum of Mankind, London OL; **Werner Forman Archive:** Arizona State Museum M; Museum of the American Indian, Heye Foundation, New York MR.

124 **Ancient Art & Architecture Collection:** Ronald Sheridan OR; **E.T. Archive:** Antochiw Collection Mu; National Library, Mexico-City OL; **Werner Forman Archive:** British Museum, London Mu.

125 **Ancient Art & Architecture Collection:** G Tortoli OL; **Robert Harding Picture Library:** Mexican Museum of Natural History UR; **Peter Newark's Pictures:** MRo.

126 **E.T. Archive:** OM; **Peter Newark's Pictures:** OL, MR.

127 **Bridgeman Art Library, London / New York:** Trinity College, Cambridge UR; **Peter Newark's Pictures:** MLo, UM.

128 **Bridgeman Art Library, London / New York:** City of Bristol Museum and Art Gallery OL; **Corbis:** Bettmann OMR; **Peter Newark's Pictures:** UML.

129 **Bridgeman Art Library, London / New York:** Foto: D.F. Barry, Dakota ORu; **Mary Evans Picture Library:** UR; **Robert Harding Picture Library:** National Gallery of Art, Washington MR.

130 **Corbis:** Bettmann OR, M; **Mary Evans Picture Library:** OL.

131 **Corbis:** Bettmann UL; **Peter Newark's Pictures:** MRu; Alexander Gardener OM.

132 **Bridgeman Art Library, London / New York:** Liberty Island, New York OL; **Corbis:** Bettmann / UPI OMR; **Peter Newark's Pictures:** ORu, UR.

133 **AKG London:** Foto: Agustin Victor Casasola, (1874–1938) OLu; **Peter Newark's Pictures:** ML.

134 **Corbis:** MoL, Mu, UL; Bettmann OL; **Hulton Getty:** OMR.

135 **Corbis:** OR; **Mary Evans Picture Library:** MRu; **Ronald Grant Archive:** Mu, © Disney MRo; **Peter Newark's Pictures:** MuL.

136 **Corbis:** Grant Smith OMR; **Robert Harding Picture Library:** D Lomax UR; **Peter Newark's Pictures:** MRu; **Frank Spooner Pictures:** Hulton Getty Liaison OL.

137 **Corbis:** MLo; UPI OM, UL; **Redferns:** Elliot Landy MRu.

138 **Corbis:** Bettmann / UPI ML, M; **Rex Features:** JFK Library OL.

139 **Corbis:** Bettmann / UPI OMR, MR; **Rex Features:** Sipa-Press M.

140 **Robert Harding Picture Library:** Christopher Rennie MLu; **N.H.P.A.:** M Wendler Mu; **South American Pictures:** Tony Morrison UM.

142 **E.T. Archive:** Biblioteca Estense, Modena ML; **Mary Evans Picture Library:** OL; **Robert Harding Picture Library:** Cartes et Plans, Bibliothèque Nationale de France, Paris OM.

143 **Bridgeman Art Library, London / New York:** Royal Geographical Society, London UMR; **DK Picture Library:** UR; **Robert Harding Picture Library:** Nationalgalerie, Berlin MuR; **Royal Geographical Society Picture Library:** OLu.

144 **Bridgeman Art Library, London / New York:** British Museum, London UR; **E.T. Archive:** University Museum, Cuzco UL; **Robert Harding Picture Library:** Robert Frerck / Odyssey / Chicago ORu; **South American Pictures:** Tony Morrison OL.

145 **Ancient Art & Architecture Collection:** Mike Andrews UR; **Bridgeman Art Library, London / New York:** British Museum, London UM; **Werner Forman Archive:** David Bernstein Fine Art, New York ML.

146 **Bridgeman Art Library, London / New York:** British Museum, London UR; **Dumbarton Oaks Research Library and Collections, Washington, D.C.:** UM; **© Michael Holford:** Collection of Señor Mujica Gallo, Lima OL, UL; **South American Pictures:** Kimball Morrison MuL.

147 **Ancient Art & Architecture Collection:** Museo Oro del Peru, Lima / Foto: R Sheridan MuR; **E.T. Archive:** Museo del Oro, Bogota ML; **Werner Forman Archive:** Museum für Völkerkunde, Berlin UMo; **Robert Harding Picture Library:** ULo; **South American Pictures:** Tony Morrison OM.

148 **Jean-Loup Charmet:** OR; **E.T. Archive:** Archbishop Palace Museum Cuzco OL; **Mary Evans Picture Library:** UL; **Robert Harding Picture Library:** British Museum, London Mu; **South American Pictures:** ML.

149 **Bridgeman Art Library, London / New York:** Harold Samuel Collection, Corporation of London UM; **Jean-Loup Charmet:** Bibliothèque des Arts Decoratifs ML; **E.T. Archive:** UL; **Royal Geographical Society Picture Library:** MLo.

150 **AKG London:** OL, ML; **DK Picture Library:** OMR.

151 **Bridgeman Art Library, London / New York:** British Library, London ML; **DK Picture Library:** URo; **Mary Evans Picture Library:** MR.

152 **Rex Features:** Sipa-Press / Arias OL; **Sygma:** A Balaguer OM; **Topham Picturepoint:** MR.

153 **Panos Pictures:** Michael Harvey Mu; **Rex Features:** Sipa-Press MRu; Sipa-Press / Poveda OR.

154 **Bruce Coleman Ltd:** Christer Fredriksson MLu; **Tony Stone Images:** Hugh Sitton MRu; **World Pictures:** UM.

156 **DK Picture Library:** OL; **E.T. Archive:** British Library, London UR; **Katz Pictures:** The Mansell Collection / Time Inc. ML.

157 **AKG London:** OR; **Bridgeman Art Library, London / New York:** Royal Geographical Society, London MuL; **Royal Geographical Society Picture Library:** OM, UL; **Topham Picturepoint:** UR.

158 **AKG London / Erich Lessing:** Ägyptisches Museum, Berlin, SMPK OL; **Robert Estall Photo Library:** David Coulson MRo; **Dr David Price Williams:** OMR.

159 **Axiom:** James Morris MR; **Robert Harding Picture Library:** Gavin Hellier MLu.

160 **Werner Forman Archive:** Courtesy Entwistle Gallery, London OL; **Sonia Halliday Photographs:** James Wellard MoR; **Dr David Price Williams:** MoL.

161 **AKG London / Jean-Louis Nou:** OR; **Ancient Art & Architecture Collection:** Ronald Sheridan OM; **Werner Forman Archive:** Mu.

162 **Ashmolean Museum, Oxford:** Hebreden Coin Room OL; **Werner Forman Archive:** OM; Tanzania National Museum, Dar Es Salaam OMu; **© Michael Holford:** British Museum, London TRB.

163 **Musée de L'Homme, Paris:** UML.

164 **Bridgeman Art Library, London / New York:** British Library, London (Sloane 197 f.225v-6) OMu; **British Library, London:** OL, UM; **DK Picture Library:** ML.

165 **Axiom:** Chris Bradley OR; **Jean-Loup Charmet:** Bibliothèque de L'Arsenal, Paris ULo.

166 **Mary Evans Picture Library:** OL, ML, MRu; **Sonia Halliday Photographs:** Africana Library, Durban / Foto: Jane Taylor UM.

167 **Chester Beatty Library, Dublin:** (Ms 1599 fols 1v-2r) OMu; **Corbis:** Bettmann UR.

168 **Corbis:** Bettmann MoL; UPI Photo OL.

169 **PA News Photo Library:** EPA Photo / Lusa / Joao Relvas ML; **Panos Pictures:** Betty Press UR.

171 **The J. Allan Cash Photolibrary:** UMR; **Bruce Coleman Ltd:** Dr. Eckart Pott Mu; **World Pictures:** MRu.

172 **AKG London:** Postmuseum, Berlin UR; **DK Picture Library:** Danish National Museum MLu (Nebenbild); Statens Historika Museum, Stockholm MLu; **© Michael Holford:** Science Museum, London OL.

173 **Bridgeman Art Library, London / New York:** British Library, London M; Hereford Cathedral OM; **British Library, London:** UL, UM; **DK Picture Library:** National Maritime Museum, London OR; **E.T. Archive:** Musée Carnavalet MR; **Ordnance Survey © Crown Copyright:** UR; **Royal Geographical Society Picture Library:** MLu.

174 **DK Picture Library:** ML; British Museum, London OM, MRu; **© Michael Holford:** British Museum, London OL; **Images Colour Library:** The Charles Walker Collection UR.

175 **Bridgeman Art Library, London / New York:** Archaeological Museum, Heraklion / Lauros-Giraudon UML; **DK Picture Library:** Museum of London MR; **E.T. Archive:** Historical Museum, Sofia OM.

176 **Ancient Art & Architecture Collection:** Mike Andrews MLu; Dr S Coyne UM; **Bridgeman Art Library, London / New York:** British Museum, London OMR; **© Michael Holford:** British Museum, London OL.

177 **Ancient Art & Architecture Collection:** Ronald Sheridan UL; **DK Picture Library:** British Museum, London M; **Scala, Florenz:** National Archaeological Museum, Madrid OL.

178 **Robert Harding Picture Library:** Robert Frerck / Odyssey / Chicago UM; **© Michael Holford:** British Museum, London OL; **Scala, Florenz:** Musei Capitolini, Rom OM; Museo di Villa Giulia, Rom Mu.

179 **E.T. Archive:** MLo (Nebenbild); **Robert Harding Picture Library:** Gascoigne UL; **© Michael Holford:** MuR; British Museum MLo.

180 **Werner Forman Archive:** OL; **Sonia Halliday Photographs:** UL; **© Michael Holford:** OMRu.

181 **Ancient Art & Architecture Collection:** Ronald Sheridan UR; **DK Picture Library:** OL; **Sonia Halliday Photographs:** The Hatay Museum, Antiochia, Türkei UL; **© Michael Holford:** OM, MRu.

182 **Ancient Art & Architecture Collection:** Ronald Sheridan MuR; **DK Picture Library:** British Museum, London OL; **E.T. Archive:** San Apollinare Nuovo, Ravenna MLo; **Sonia Halliday Photographs:** OR.

183 **Bibliothèque Nationale de France, Paris:** UM; **E.T. Archive:** Medieval Museum, Rom OM; **© Michael Holford:** British Museum, London OLu.

184 **AKG London / Erich Lessing:** Musée du Louvre, Paris OL; **Bridgeman Art Library, London / New York:** Musée Goya, Castres (PF 2826, f.106r) / Foto: Giraudon M; **E.T. Archive:** Pfalzkapelle, Aachen ML.

185 **Ancient Art & Architecture Collection:** Ronald Sheridan UL; **Bridgeman Art Library, London / New York:** Musée Condé, Chantilly (PE 7887, Ms. 14) OLu; **© Michael Holford:** Statens Historiska Museum, Stockholm OM.

186 **AKG London:** Biblioteca Apostolica Vaticana, Rom OL; **E.T. Archive:** Templar Chapel, Cressac ML; **© Michael Holford:** Musée de Bayeaux M.

187 **Bridgeman Art Library, London / New York:** Privatsammlung ULo; **E.T. Archive:** Bibliothèque de L'Arsenal, Paris MuR; **Robert Harding Picture Library:** ORu.

188 **AKG London:** San Benedetto Monastery, Subiaco (Sacro Speco) OMRu; **Ancient Art & Architecture Collection:** Ronald Sheridan OL; **Bridgeman Art Library, London / New York:** British Library, London ML.

189 **AKG London:** MRu; **Robert Harding Picture Library:** K Gillham OM.

190 **Archiv der Hansestadt Lübeck:** OL; **Bridgeman Art Library, London / New York:** Bibliothèque Nationale de France, Paris (Fr 12420 f.71) UL.

191 **AKG London / Cameraphoto:** MRu; **E.T. Archive:** Bibliothèque Nationale de France, Paris OMRu; **Scala, Florenz:** Museo Correr, Venedig OMLu; Santa Francesco, Prato OM.

192 **Bridgeman Art Library, London / New York:** Archives Nationales, Paris / Giraudon OL; Bibliothèque Nationale de France, Paris (Fr 2643 f.165v) OMu; **Robert Harding Picture Library:** Simon Harris UR.

193 **AKG London:** Bürgerbibliothek, Bern (Mss hist.helv I, 1, fol.70) UL; **DK Picture Library:** Wallace Collection, London ML; **E.T. Archive:** OLu; National Gallery of Art, Budapest UR.

194 **AKG London:** National Museum, Stockholm OL; **Bridgeman Art Library, London / New York:** Musée de Sibiu, Rumänien / Giraudon MLu; **E.T. Archive:** Capodimonte, Neapel M.

195 **Bridgeman Art Library, London / New York:** British Library, London (Add 33733 f.9) M; Nationalmuseet, Kopenhagen OL; **Mary Evans Picture Library:** MR.

196 **AKG London:** ML; Musée du Louvre, Paris OL; **Bridgeman Art Library, London / New York:** Privatsammlung UMR; **DK Picture Library:** URo.

197 **AKG London:** Historisches Museum der Stadt Wien, Wien OR; Musée des Beaux-Arts, Arras UL; **Mary Evans Picture Library:** UML; **Scala, Florenz:** Museo Statale Russo, St. Petersburg M.

198 **Bridgeman Art Library, London / New York:** Privatsammlung / Giraudon URo; The Stapleton Collection UR; Tretyakov Gallery, Moskau OL; Mit freundl. Genehmigung von **Earl of Leicester and the Trustees of the Holkham Estate:** MLo.

199 **Bildarchiv Preußischer Kulturbesitz:** Kunstbibliothek Preußischer Kulturbesitz, Berlin MR; **Bridgeman Art Library, London / New York:** Musée Carnavalet, Paris UL.

200 **Bridgeman Art Library, London / New York:** Bibliothèque Nationale de France, Paris / Lauros-Giraudon OL; Musée du Louvre, Paris / Giraudon MLo; **Mary Evans Picture Library:** MLu.

201 **Bridgeman Art Library, London / New York:** Musée du Louvre, Paris / Giraudon OMR; **E.T. Archive:** Musée de Versailles MRu; **Mary Evans Picture Library:** UL.

202 **AKG London:** OR; Slg. E. Werner, Berlin OL.

203 **AKG London:** OMLu; **E.T. Archive:** Palazzo Pubblico, Siena UL; **Mary Evans Picture Library:** OLu, M.

204 **AKG London:** OMR; **Corbis:** Bettmann MLo; **DK Picture Library:** OL; **E.T. Archive:** UR.

205 **AKG London:** UL, UR; **DK Picture Library:** The Science Museum, London OR.

206 Mit freundl. Genehmigung durch **The Trustees of The Imperial War Museum, London:** MLo, MR, MRu; **Topham Picturepoint:** OL.

207 **Corbis:** Bettmann OMu; **Hulton Getty:** ML; **Topham Picturepoint:** UR.

208 **Corbis:** Bettmann UR; **Hulton Getty:** ML; **Rex Features:** Sipa-Press OL.

209 **Hulton Getty:** MRo; **Topham Picturepoint:** MLu, UM.

210 **Bridgeman Art Library, London / New York:** The Stapleton Collection OL; **Corbis:** MLo; **Robert Hunt Library:** UM.

211 **Corbis:** UPI / Bettmann MLu; **Rex Features:** UL.

212 **AKG London:** OL; **Corbis:** Jerry Cooke MLu; **Hulton Getty:** Keystone Munich MLo.

213 **Corbis:** Bettmann ULo; **David King Collection:** ORu; **Topham Picturepoint:** MR.

214 **Panos Pictures:** Jeremy Hartley Mu; **Rex Features:** OL; Darryn Lyons UL; Pensjo Mu.

215 **Rex Features:** Sipa-Press / Alexandra Boulat MLo.

216 **James Davis Travel Photography:** MLu; **Robert Harding Picture Library:** MRu, UM.

218 **Bibliothèque Nationale de France, Paris:** (Ms Arabe 5847.f.19) UL; **Bridgeman Art Library, London / New York:** Bibliothèque Nationale de Cartes et Plans, Paris OL; **British Library, London:** (Maps 856.(6.)) UR.

219 **Bridgeman Art Library, London / New York:** Bibliothèque Nationale de France, Paris OR; **E.T. Archive:** Naval Museum, Genoa OMu; Richmond Borough Council UM; **Koninklijke Bibliotheek, Den Haag:** (76 F 5: fol. 1r) MR; **Royal Geographical Society Picture Library:** MRu, UL.

220 **Bridgeman Art Library, London / New York:** Ashmolean Museum, Oxford OMRu; British Museum, London M; Rekonstruktion von **Mrs James Mellaant:** ML; **Scala, Florenz:** Iraq Museum, Bagdad OL.

221 **Caroline Chapman:** ORu; **Robert Harding Picture Library:** MRu; **© Michael Holford:** British Museum, London MLu.

222 **AKG London / Erich Lessing:** British Museum, London UR; Musée du Louvre, Paris OMR; **Caroline Chapman:** ML; **Topham Picturepoint:** OL.

223 **British Museum, London:** OMu; **Robert Harding Picture Library:** ML, MR; **© Michael Holford:** British Museum, London ORu.

224 **Bridgeman Art Library, London / New York:** British Museum, London OMR; Privatsammlung / Ancient Art and Architecture Collection Ltd UL; **© Michael Holford:** British Museum, London OL.

225 **Ancient Art & Architecture Collection:** Ronald Sheridan MR; **Bibliothèque Nationale de France, Paris:** UR; **DK Picture Library:** British Museum, London MLu; **Werner Forman Archive:** Coptic Museum, Kairo OMu.

226 **Ancient Art & Architecture Collection:** Ronald Sheridan OM; **Bridgeman Art Library, London / New York:** Institute of Oriental Studies, St. Petersburg (Ms.E-4/322a) / Giraudon ML; **British Library, London:** (Add 27261 f.363) MuL; **DK Picture Library:** British Museum, London OL.

227 **Bildarchiv Preußischer Kulturbesitz:** M; **Werner Forman Archive:** UR; **Robert Harding Picture Library:** Ellen Rooney UL.

228 **E.T. Archive:** Forrester / Wilkinson OL; Victoria & Albert Museum, London UM; **Robert Harding Picture Library:** OMR; **Peter Newark's Pictures:** UL.

229 **AKG London:** Bibliothèque Nationale de France, Paris (Add. 18866, fol.140) MLo; **Bildarchiv Preußischer Kulturbesitz:** Staatsbibliothek zu Berlin Preußischer Kulturbesitz Orientabteilung (Ms. Diez A.Fol.70) M; **Robert Harding Picture Library:** MLu.

230 **Bridgeman Art Library, London / New York:** Victoria & Albert Museum, London UR; **Sonia Halliday Photographs:** Topkapi Palace Museum, Istanbul (Ms. 3109) OL, (Ms. H1523 p.165A) ML.

231 **Werner Forman Archive:** MLu; **Sonia Halliday Photographs:** OL; Topkapi Palace Museum, Istanbul (Ms. H.1523 p.19A) M.

232 **AKG London:** OL; **Bridgeman Art Library, London / New York:** Château de Compiegne, Oise / Lauros-Giraudon UM; **Jean-Loup Charmet:** OMR; mit freundl. Genehmigung durch **The Trustees of The Imperial War Museum, London:** UR.

233 **Corbis:** Bettmann / UPI OR; **Hulton Getty:** ULo, UML; **Royal Geographical Society Picture Library:** Capt. W.I. Shakespear MR.

234 **Hulton Getty:** UM; **Rex Features:** Sipa-Press OL; **Frank Spooner Pictures:** Halstead / Liaison M.

235 **Rex Features:** Sipa-Press M, MRu; **Frank Spooner Pictures:** Eslami Rad ORu; Van der Stockt UR.

236 **Eye Ubiquitous:** David Cumming UM; **Robert Harding Picture Library:** Thomas Laird Mu; **Tony Stone Images:** Hugh Sitton MLu.

238 **British Library, London:** MRo, UR; (Egerton 1018 fol.335) UL; **E.T. Archive:** British Library, London OMR; **Robert Harding Picture Library:** M; © Free Gallery of Art Washington UM; **The History of Cartography, University of Wisconsin:** Bharat Kala Bhavan, Varanasi OL; **Professor Joseph E. Schwartzberg:** MLu.

239 **British Library, London:** ORu; (Sloane 197, fol.395v-396) Mu; **DK Picture Library:** MR, URo; **Robert Harding Picture Library:** Jim Thompson Collection MRo; **Royal Geographical Society Picture Library:** MuL, UL, UM.

240 **British Museum, London:** UR; **Robert Harding Picture Library:** MLu; HRH Princess Chumbhot Collection URo; Karachi Museum, Pakistan OL, OM; **Scala, Florenz:** New Delhi Museum, Indien Mu.

241 **Bridgeman Art Library, London / New York:** Oriental Museum, Durham University ML; **Robert Harding Picture Library:** UR; Adam Woolfitt OMR.

242 **DK Picture Library:** Ashmolean Museum, Oxford UL; **Robert Harding Picture Library:** OL; Adam Woolfitt MuR; **© Michael Holford:** Musée Guimet, Paris MoL.

243 **British Library, London:** MuL; **Werner Forman Archive:** Privatsammlung ORu; **Robert Harding Picture Library:** UR; Gavin Hellier MR.

244 **Robert Harding Picture Library:** OL; Nigel Cameron ML; A Kennet OM, M; Adam Woolfitt UM; **Hutchison Library:** Christine Pemberton BCR.

245 **Robert Harding Picture Library:** OR, Mu; Bangkok National Museum, Thailand UML; Rolf Richardson UM.

246 **Ancient Art & Architecture Collection:** Chebel Sotun Palace, Isfahan / Foto: Ronald Sheridan UML; **Bridgeman Art Library, London / New York:** Metropolitan Museum of Art, New York OL; Privatsammlung / The Stapleton Collection MLu; **Robert Harding Picture Library:** OMR; Gavin Hellier MLo.

247 **Bridgeman Art Library, London / New York:** Privatsammlung / The Stapleton Collection MR, MLu; **British Library, London:** OR, UR.

248 **Bridgeman Art Library, London / New York:** Victoria & Albert Museum, London UM; **DK Picture Library:** British Library, London OMRu; **E.T. Archive:** India Office Library UR; Zoological Society of London OL.

249 **Bridgeman Art Library, London / New York:** British Library, London OLu, (As10 Vol.52 ff.3 4896.cat.201 i-iv) MR; **Mary Evans Picture Library:** UR.

250 **Corbis:** UPI UM; **Robert Harding Picture Library:** Alain Evrard OL; **Hulton Getty:** MLo.

251 **Hulton Getty:** ML; **Rex Features:** Tim Page OMR; **Topham Picturepoint:** MRo.

252 **Hulton Getty:** UM; Bert Hardy OL; **Frank Spooner Pictures:** Gamma ML.

253 **Robert Harding Picture Library:** J Bright UL; **Pictor International:** UML; **Frank Spooner Pictures:** Olivier Duffau / Gamma OR; Gamma MRo; Xinhua-Chine / Gamma OM.

254 **Robert Harding Picture Library:** Mu, UM; Nigel Blythe MLu.

256 **British Library, London:** OL, MR, UR; **Werner Forman Archive:** Archaeological Museum, Teheran MRu; **Ninnaji Temple, Kyoto** ORu.

257 **Fotomas Index:** MR; **Réunion des Musées Nationaux Agence Photographique:** Musée des Arts Asiatiques-Guimet, Paris / Foto: Arnaudet MLu; **Royal Geographical Society Picture Library:** Zusammengestellt von T.G. Montgomerie aus dem Werk von Nain Singh UL.

258 **Bridgeman Art Library, London / New York:** British Museum, London OL; **Werner Forman Archive:** Art and History Museum, Shanghai UL; **Robert Harding Picture Library:** Gavin Hellier OMR.

259 **Bridgeman Art Library, London / New York:** Tomb of Qin Shi Huang Di, Xianyang, China UL; **DK Picture Library:** British Museum, London M; **E.T. Archive:** British Museum, London OR.

260 **Bridgeman Art Library, London / New York:** Privatsammlung UR; **DK Picture Library:** British Museum, London OL; **E.T. Archive:** British Museum, London OM.

261 **Bridgeman Art Library, London / New York:** Bonhams, London MR; **Werner Forman Archive:** OMR; **Peter Newark's Pictures:** Landesmuseum, Halle, Deutschland M.

262 **Ancient Art & Architecture Collection:** Ronald Sheridan OL; **Werner Forman Archive:** Christian Deydier, London UML; **Collection of the National Palace Museum, Taiwan, Republik China:** UL.

263 **Ancient Art & Architecture Collection:** Kadokawa OLu; Ronald Sheridan MoR, UMR; **Fotomas Index:** URo.

264 **DK Picture Library:** National Museum of Scotland, Edinburgh OL; **E.T. Archive:** National Museum of Tokyo ML; **Robert Harding Picture Library:** Nigel Blythe UR.

265 **AKG London:** National Museum of Tokyo UL; **Ancient Art & Architecture Collection:** Ronald Sheridan OR; **E.T. Archive:** Forrester / Wilkinson MRu.

266 **Robert Harding Picture Library:** Michael J Howell OM; **Collection of the National Palace Museum, Taiwan, Republik China:** OL; **Philadelphia Museum of Art, Pennsylvania:** Schenkung von John T. Dorrance MR.

267 **Bridgeman Art Library, London / New York:** National Museum of India, New Delhi MLo; Privatsammlung MRu; **DK Picture Library:** National Maritime Museum, London Mu; **Robert Harding Picture Library:** Gavin Hellier UL.

268 **Christie's Images:** OL; **E.T. Archive:** School of Oriental and African Studies, London Mu; **Peter Newark's Pictures:** OM.

269 **Bridgeman Art Library, London / New York:** Taylor Gallery, London UR; **Topham Picturepoint:** MLo.

270 **AKG London:** OL; **Bridgeman Art Library, London / New York:** British Museum, London ML; **E.T. Archive:** Postmuseum, Frankfurt Mu; **© Michael Holford:** Druck von Kokyo UM.

271 **David King Collection:** MLu; **Smithsonian Institute:** Freer Gallery of Art / Arthur M Sackler Gallery Archive / Foto: Hsun-Ling OM.

272 **Robert Hunt Library:** OL; **Rex Features:** Sipa-Press ML; **Topham Picturepoint:** Associated Press Photos OMR.

273 **Robert Hunt Library:** UR; **Topham Picturepoint:** OR.

274 **Corbis:** Bettmann / UPI UR; **E.T. Archive:** OM; **David King Collection:** ML; **Tony Stone Images:** OL.

275 **Rex Features:** Sipa-Press / Foto: East News UL; Sipa-Press / Foto: Ben Simmons MuR; **Frank Spooner Pictures:** Gamma / Foto: Xinhua OR.

276 **Bruce Coleman Ltd:** Nicholas de Vore UM; **Robert Harding Picture Library:** Nick Servian MLu; **Planet Earth Pictures:** Frank Krahmer Mu.

278 **Bridgeman Art Library, London / New York:** Mitchell Library, State Library of New South Wales UR; **DK Picture Library:** Museum of Mankind, London OR; **E.T. Archive:** National Library, Canberra, Australia OL; **Maritiem Museum 'Prins Hendrik', Rotterdam, Niederlande:** BCR.

279 **British Library, London:** MRo; **Coo-ee Historical Picture Library:** MLu, UL; **Mary Evans Picture Library:** OL.

280 **Bridgeman Art Library, London / New York:** British Museum, London OL; **Robert Harding Picture Library:** Richard Ashworth M; Robert Francis OR; David Holdsworth UL.

281 **Bridgeman Art Library, London / New York:** British Museum, London OM; Royal Geographical Society, London MR; **Peter Crawford:** ORu; **Robert Harding Picture Library:** Geoff Renner URo.

282 **Coo-ee Historical Picture Library:** OL; **Corbis:** Gleason's Pictorial Drawing-Room Companion UM; **State Library of New South Wales:** ORu.

283 **Panos Pictures:** Penny Tweedie OL; **Tony Stone Images:** Paul Chesley MRu; **Topham Picturepoint:** ML.

284 **Bridgeman Art Library, London / New York:** National Library of Australia, Canberra UL; **Hulton Getty:** OMRu; **Tony Stone Images:** Warren Bolster OL.

285 **Hutchison Library:** MR; **Science Photo Library:** US Department of Energy ORu.

286 **Corbis:** Bettmann OL; **E.T. Archive:** UR; British Museum, London MuR.

287 **Corbis:** Underwood & Underwood MR; **Mary Evans Picture Library:** OR, UL; **Hulton Getty:** OMR;

Umschlag:

vorn **Bridgeman Art Library, London / New York:** British Library, London (Add 33733 f.9) ML; British Museum, London MLu; Hereford Cathedral, Hertfordshire Globe L; **DK Picture Library:** Globe R; British Museum, London MRu ULo; **Werner Forman Archive:** Anthropology Museum, Veracruz University, Jalapa URo; **Robert Harding Picture Library:** Simon Harris UL; **National Maritime Museum, London:** Globe M; Popperfoto UR; Rex Features: MR.

hinten **Bridgeman Art Library, London / New York:** Tomb of Qin Shi Huang Di, Xianyang, China OR; **DK Picture Library:** British Museum, London MR; Museum of Mankind, London ML; **Rex Features:** Tim Rooke OL.

Umschlagklappe vorn **Bridgeman Art Library, London / New York:** Royal Geographical Society, London ; **Werner Forman Archive:** Idemitsu Museum of Arts, Tokyo; dpa, Frankfurt; außerdem Bilder aus dem Innenteil.

Vorsatzblätter **© 1996 Visual Language**.

Dorling Kindersley-Fotografen:

David Ashby, Geoff Brighting, Tina Chambers, Andy Crawford, Geoff Dann, Mike Dunning, Lynton Gardiner, Steve Gorton, Peter Hayman, Chas Howson, Ivor Kerslake, Andrew McRobb, Gillie Newman, Nick Nicholls, Laurence Pordes, James Stevenson, Linda Whitman, Peter Wilson, John Woodcock.

Dorling Kindersley dankt:

Alice Whitehead von der Bridgeman Art Library, Ute Krebs bei der AKG London, Caroline Haywood und Mitarbeiter bei E.T. Archive, Themis Halvantzi beim Werner Forman Archive, Michael Holford, Allen bei der Robert Harding Picture Library und Mark Vivian bei der Mary Evans Picture Library für ihre Hilfe bei der Bildrecherche.

enti Variabiles
Sive ME
I. de Dina et
Marseven
I de Tristan
de Cunha
Caput Terræ
Australis
Terra
Vitæ
MARE AUSTRALE
UM qui et HORIZON RATIONALIS
unius Circuli majoris Gradui in superficie telluris, cujus
deprehenditur. Veterum itaque Orbis terrestris descriptiones ad fig
diligentissimae delineationes propius scilicet accedentes
Sole Terra minor est Tychoni 140 Ricciolo 38600, imò